Akten zur Auswärtigen Politik der Bundesrepublik Deutschland

Herausgegeben im Auftrag des Auswärtigen Amts
vom Institut für Zeitgeschichte

Hauptherausgeber
Hans-Peter Schwarz

Mitherausgeber
Helga Haftendorn, Klaus Hildebrand,
Werner Link, Horst Möller und Rudolf Morsey

R. Oldenbourg Verlag München 2005

Akten zur Auswärtigen Politik der Bundesrepublik Deutschland

1974

Band II: 1. Juli bis 31. Dezember 1974

Wissenschaftliche Leiterin
Ilse Dorothee Pautsch

Bearbeiter
Daniela Taschler, Fabian Hilfrich
und Michael Ploetz

R. Oldenbourg Verlag München 2005

Bibliografische Information der Deutschen Bibliothek
Die Deutsche Bibliothek verzeichnet diese Publikation in der Deutschen
Nationalbibliografie; detaillierte bibliografische Daten sind im Internet
über <http://dnb.ddb.de> abrufbar.

Bibliographic information published by Die Deutsche Bibliothek
Die Deutsche Bibliothek lists this publication in the Deutsche
Nationalbibliografie; detailed bibliographic data is available in the Internet at
<http://dnb.ddb.de>.

© 2005 Oldenbourg Wissenschaftsverlag GmbH, München
Rosenheimer Straße 145, D-81671 München
Internet: http://www.oldenbourg.de

Das Werk einschließlich aller Abbildungen ist urheberrechtlich geschützt. Jede Verwertung außerhalb der Grenzen des Urheberrechtsgesetzes ist ohne Zustimmung des Verlages unzulässig und strafbar. Dies gilt insbesondere für Vervielfältigungen, Übersetzungen, Mikroverfilmungen und die Einspeicherung und Bearbeitung in elektronischen Systemen.

Umschlaggestaltung: Dieter Vollendorf
Gedruckt auf säurefreiem, alterungsbeständigem Papier (chlorfrei gebleicht).
Gesamtherstellung: R. Oldenbourg Graphische Betriebe Druckerei GmbH, München

ISBN 3-486-57558-9

194

Deutsch-belgisches Regierungsgespräch

3. Juli 1974[1]

Vermerk über das Gespräch des Bundeskanzlers mit dem belgischen Premierminister Tindemans am 3. Juli 1974 von 11.30 Uhr bis 13.40 Uhr im Bundeskanzleramt.[2]

Das Gespräch fand von 11.30 Uhr bis 12.15 Uhr unter vier Augen statt. Anschließend traten die Außenminister van Elslande und Genscher hinzu, außerdem von belgischer Seite Vicomte Davignon, Generaldirektor der politischen Abteilung des Außenministeriums, und MDg Dr. Per Fischer.

BM *Genscher* berichtete zunächst über die zwei bei den Gesprächen der Außenminister behandelten Probleme:

— Er habe dem belgischen Außenminister unseren Wunsch vorgetragen, bei den Verhandlungen mit der DDR über den Abschluß eines Konsularvertrages unsere Rechtsposition einer einheitlichen deutschen Staatsangehörigkeit zu wahren.[3] Die belgische Seite habe hierfür Verständnis gezeigt.

— Er habe ferner seinen belgischen Kollegen darum gebeten, bei den Verhandlungen mit der DDR über Flugrechte nach Berlin für die Zukunft die Möglichkeit der Aufnahme von Westberlin in die Fluglinienpläne offen zu halten.

Bei dem anschließenden Meinungsaustausch über die MBFR sei festgestellt worden, daß keine unterschiedlichen Meinungen bestünden.

Bundeskanzler legte zur KSZE dar, daß ihr Ausgang ein innenpolitisches Problem für Breschnew darstelle. Die sowjetische Politik im Nahen Osten habe mit einem Mißerfolg geendet. In den drei wesentlichen Entspannungsverhand-

---

[1] Ablichtung.
Die Gesprächsaufzeichnung wurde von Ministerialdirigent Fischer, Bundeskanzleramt, am 3. Juli 1974 gefertigt und am 8. Juli 1974 Vortragendem Legationsrat I. Klasse Schönfeld übermittelt.
Hat Schönfeld am 8. Juli 1974 vorgelegen.
Hat Ministerialdirigent Simon am 10. Juli 1974 vorgelegen.
Hat Ministerialdirigent Blech am 11. Juli 1974 vorgelegen.
Hat Vortragendem Legationsrat I. Klasse Lücking am 12. Juli 1974 vorgelegen.
Hat Botschafter Roth und Vortragendem Legationsrat Gehl am 15. Juli 1974 vorgelegen.
Hat den Vortragenden Legationsräten I. Klasse Ruth und Dannenbring am 16. Juli bzw. 6. August 1974 vorgelegen. Vgl. den Begleitvermerk; Referat 202, Bd. 109177.

[2] Am 29. Mai 1974 schrieb Ministerpräsident Tindemans an Bundeskanzler Schmidt: „La déclaration gouvernementale de l'équipe ministérielle que j'ai l'honneur de présider a placé au premier rang de ses priorités les problèmes relatifs à la coopération européenne. Nous avons le sentiment que le temps presse pour des initiatives précises et concrètes. [...] Comme votre pays assume la tâche de la Présidence, je serais heureux si vous acceptiez de me recevoir, accompagné du Ministre des Affaires Etrangères, en vue de nous donner l'occasion d'étudier avec vous les différents problèmes qui se posent et de dégager les priorités d'une action concertée dans le cadre communautaire." Vgl. Referat 202, Bd. 109177.
Vortragender Legationsrat I. Klasse Massion, Bundeskanzleramt, unterrichtete Vortragenden Legationsrat I. Klasse Schönfeld am 10. Juni 1974 darüber, „daß der Bundeskanzler dem vom belgischen Premierminister vorgeschlagenen Treffen in Bonn zugestimmt und gebeten hat, der belgischen Seite Mittwoch, den 3. Juli 1974, als Termin vorzuschlagen". Vgl. Referat 202, Bd. 109177.

[3] Zum geplanten Konsularvertrag zwischen Belgien und der DDR vgl. Dok. 192, besonders Anm. 28.

lungen SALT, MBFR und KSZE sei weder bei SALT noch bei MBFR aus zahlreichen Gründen ein baldiges Verhandlungsergebnis zu erwarten. Das Motiv der sowjetischen Entspannungspolitik, nämlich die Beschaffung westlicher Technologie, westlichen „Know-hows" und westlicher Kredite, sei ebenfalls, wie die Erfahrungen der Zusammenarbeit mit der Bundesrepublik Deutschland, den USA und Frankreich gezeigt haben, nicht kurzfristig zu befriedigen. Damit bliebe als Beweis für das Gelingen der von Breschnew eingeleiteten „Öffnung nach dem Westen" nur die KSZE übrig. Er sei sich sicherlich bewußt, daß er auch dort seine Wünsche nicht voll befriedigen könne, aber zumindest müsse er einen Teilerfolg aufweisen, um seine Politik gegenüber den konservativen Kreisen des Politbüros zu rechtfertigen. Die Frage für den Westen laute deshalb, ob einem entspannungsbereiten Breschnew die Möglichkeit gegeben werden solle, seine Politik fortzuführen.[4]

Er, der Bundeskanzler, sei der Meinung, daß der Westen in Genf mit unwichtigen Problemen keine weitere Zeit verlieren solle. Vielmehr müsse die Frage lauten, welche wichtigen Fragen der Westen in jedem Fall durchsetzen müsse. Eine Änderung der sowjetischen Verfassung[5] durch Wünsche in Korb III sei sicher nicht durchzusetzen.

BM *Genscher* warf ein, daß die Wünsche zu Korb III halbiert werden müßten.

Der *Bundeskanzler* fuhr fort, auch bei den vertrauensbildenden Maßnahmen werde zu viel verlangt. Es sei unerheblich, ob in der ersten Stufe Manöver in Divisions- oder Korpsstärke angemeldet würden. Wichtig sei, auf freiwilliger Basis einen Anfang mit derartigen Meldungen zu machen. Der Umfang von Manövern sei den beiden Seiten ohnehin durch ihre Nachrichtendienste bekannt. Sowjetisches Territorium müsse in jedem Fall eingeschlossen bleiben; allerdings nicht bis zum Ural. Auf westlicher Seite müßten mehrere Länder, und nicht ein einziges, eingeschlossen sein. Ziel müsse sein, aus der KSZE nicht einen Dauerspannungsherd zu machen, sondern sie 1974 abzuschließen, und zwar, falls Nixon und Breschnew es wünschten, in einer Weise, die diesen die Unterschrift unter das Schlußdokument gestatte.

BM *Genscher* erklärte sich mit den vom Bundeskanzler vorgetragenen Punkten einverstanden. In Korb III müsse der Informationsbereich anders gesehen werden als die humanitären Wünsche, wie die Familienzusammenführung. Die Zahl der an sowjetischen Kiosken zum Verkauf gelangenden Zeitungen sei weniger wichtig als ein Mindestmaß an humanitären Erleichterungen, die wir auch in unserem Verhältnis zur DDR benötigten. In den vertrauensbildenden Maßnahmen sei die sowjetische Bereitschaft zu verzeichnen, nicht nur einen Streifen ihres Landes, sondern auch Küstengewässer einzubeziehen.

AM *van Elslande* wies darauf hin, daß in Ottawa[6] beschlossen worden sei, zu neunt[7] zu überprüfen, was als wichtig erreicht werden müsse.

---

[4] Zu diesem Absatz vermerkte Vortragender Legationsrat Gehl handschriftlich: „Woher hat er das alles? Von uns stammt diese ‚Rettet-Br[eschnew]-Analyse' nicht!"
Dazu handschriftlicher Vermerk: „Hat ihm Tito gesagt!"
[5] Für den englischen Wortlaut der Verfassung der UdSSR vom 5. Dezember 1936 vgl. CONSTITUTIONS OF NATIONS, Bd. III, S. 989–1007.
[6] Zur NATO-Ministerratstagung am 18./19. Juni 1974 in Ottawa vgl. Dok. 183.
[7] Korrigiert aus: „Neun".

Auf die Frage von BM *Genscher*, ob die belgische Seite die Durchsetzbarkeit der westlichen Wünsche im Informationsbereich ähnlich beurteile wie die deutsche Seite, antwortete AM *van Elslande*, diese Wünsche stellten weitgehend „Schwindel" dar.

Bundeskanzler betonte erneut, bei den vertrauensbildenden Maßnahmen komme es nur darauf an, der Sowjetunion nicht eine Präferenzposition gegenüber den westeuropäischen Staaten zu geben.

AM *van Elslande* legte sodann die Problematik im Energiebereich dar. Er erklärte, auf belgischen Wunsch solle der Energieausschuß der Neun am 17. Juli zur Prüfung des amerikanischen Vorschlages eines „integrierten Notstandsprogramms"[8] zusammentreten.[9] Die Hoffnung der belgischen Regierung sei es, Frankreich als 13. Mitglied für den „Follow-up" von Washington[10] zu gewinnen.

Bundeskanzler erklärte, Präsident Giscard d'Estaing habe seinerzeit als Finanzminister zur Washingtoner Konferenz gehen wollen, sei aber aus französischen innenpolitischen und gaullistischen außenpolitischen Gründen daran gehindert worden. Auch heute habe er die Gaullisten als Koalitionspartner, worüber wir als seine Partner nicht hinwegsehen dürften. Er beabsichtige, Giscard di-

---

[8] Die USA legten am 12. Juni 1974 zur Vorbereitung der fünften Sitzung der Energie-Koordinierungsgruppe am 17./18. Juni 1974 in Brüssel ein Papier „Proposal for Integrated Emergency Program: Major Elements" vor, dessen Grundgedanken erstmals auf der Sitzung der Energie-Koordinierungsgruppe am 3./4. April 1974 in Brüssel vorgetragen worden waren. Dazu informierte Vortragender Legationsrat I. Klasse Kruse am 19. Juni 1974: „Das ‚Integrierte Notstandsprogramm' zielt darauf ab, die Verwundbarkeit der teilnehmenden Verbraucherländer gegenüber Beschränkungen, Manipulierungen und Unterbrechungen der Ölzufuhren zu verringern. Dies soll erreicht werden durch Vereinbarungen über Maßnahmen zur Verbrauchsbeschränkung, durch erhöhte Lagerhaltung und durch ein Zuteilungssystem im Krisenfalle, in das die Einfuhren, die Vorräte und die Rohöl-Eigenproduktion einbezogen werden sollen. Ziel: gerechte Verteilung von Lasten und Leistungen auf alle teilnehmenden Länder. Außer den kurzfristigen sind auch langfristige Maßnahmen vorgesehen, um die Abhängigkeit von Rohölimporten zu verringern. Dies soll außer langfristigen Einsparungsmaßnahmen durch die Entwicklung von alternativen Energiequellen erreicht werden. Zur Durchführung des integrierten Notstandsprogramms schlagen die Amerikaner die Schaffung einer kleinen internationalen Organisation mit einem Verwaltungsrat, bestehend aus den Außen- und Energieministern, einem Ausschuß höherer Beamten zum Krisenmanagement und einem kleinen internationalen Sekretariat, vor. Daneben sind die Einrichtung eines technischen Ausschusses für Krisenmanagement und Beratergruppen vorgesehen. Der amerikanische Vorschlag zeigt, daß die USA nicht gewillt sind, mit den Folgearbeiten der Energie-Koordinierungsgruppe die OECD zu beauftragen. Die Amerikaner haben darauf hingewiesen, daß eine beschleunigte Beschlußfassung notwendig sei, die Ende Juli abgeschlossen sein müßte. Die amerikanische Regierung lege Wert darauf, bis zu diesem Zeitpunkt zu wissen, ob ihre Partner zu einem solchen integrierten Notstandsprogramm bereit sind, weil hiervon die Einzelheiten der dem Kongreß vorzulegenden Gesetzesvorschläge abhängen. Die Alternative wäre ein autonomes amerikanisches Programm." Vgl. Referat 405, Bd. 113895.

[9] Botschafter Lebsanft, Brüssel (EG), berichtete am 18. Juli 1974 über die Sitzung des EG-Energieausschusses vom Vortag: „Franz[ösische] Del[egation] machte nach einem sehr ausführlichen Bericht Davignons über Stand der Beratungen deutlich, daß franz. Regierung bisher in dieser Frage keine Stellung bezogen habe und franz. Del. sich deshalb im gegenwärtigen Stadium auf Fragen zum besseren Verständnis der Ergebnisse der bisherigen Arbeiten beschränken müsse." Die Fragen hätten dann überwiegend darauf abgezielt darzulegen, „daß Modalitäten des integrierten Notstandsprogramms überwiegend vorteilhaft für die Vereinigten Staaten und nachteilig für die europäischen Staaten seien. [...] Reaktion der übrigen Delegationen zeigte große Entschlossenheit in Darlegung des Kompromißcharakters der bisherigen Ergebnisse." Vgl. den Drahtbericht Nr. 2660; Referat 412, Bd. 105694.

[10] Zur Energiekonferenz vom 11. bis 13. Februar 1974 in Washington vgl. Dok. 49.
Zum Stand der Arbeiten der Energie-Koordinierungsgruppe vgl. Dok. 167, Anm. 10.

rekt zu fragen, welcher der Weg sei, der ihm zur Zusammenführung der Neun und der Zwölf passabel erscheine. Er, der Bundeskanzler, sei bereit, „jeden Kopfstand" zu machen, um den für Giscard geeigneten Weg mitzugehen.

PM *Tindemans* erklärte, seine Besprechungen in Paris hätten ihn überzeugt, daß Präsident Giscard zur Zusammenarbeit mit den Zwölf im Rahmen der OECD bereit sei. Andererseits sei nicht zu verkennen, daß die französische Bürokratie noch weitgehend traditionalistisch denke.[11]

Bundeskanzler wies darauf hin, daß die Zwölf bereit sein sollten, „Follow-up"-Beschlüsse auf OECD-Briefpapier zu schreiben, wenn dies die Bedingung für eine französische Beteiligung sei.

AM *van Elslande* ergänzte, die Franzosen seien ebenfalls bereit, ein kleineres Gremium in der OECD bilden zu helfen. Sie seien sich inzwischen der Folgen der Energiekrise bewußt geworden, die sie seinerzeit in Washington noch nicht voll erkannt hatten.

Bundeskanzler stellte die Frage, ob die Stabilitätsmaßnahmen der französischen Regierung[12] ausreichten, um in 18 Monaten die Zahlungsbilanz, wie beabsichtigt, zu stabilisieren. Außerdem sei es fraglich, ob sie die innenpolitische Unterstützung dafür finden werde.

PM *Tindemans* stellte die Frage, ob zur Unterstützung der französischen Regierung bei der Umorientierung ihrer Energiepolitik die Zwölf nicht eine zeitliche Verschiebung der Verabschiedung des amerikanischen Vorschlages in Kauf nehmen sollten.

Bundeskanzler antwortete, dies sei sicherlich für Frankreich gut, allerdings angesichts der Notwendigkeit, zu einer gemeinsamen Energiepolitik der Hauptverbraucherstaaten zu kommen, schlecht.

Vicomte *Davignon* legte sodann als Inhalt des „integrierten Notstandsprogramms" dar:

1) die politische Verpflichtung, im Notstandsfall „oil-sharing" vorzunehmen,

2) die Verbindung zwischen „oil-sharing" und der gemeinsamen Entwicklung von Substitutionsquellen sowie der kommerziellen Verpflichtung zur Abnahme der Erzeugnisse dieser Quellen,

3) die Abstimmung zwischen Verbrauchern und Produzenten mit dem Ziel einer Preissenkung,

---

[11] Ministerpräsident Tindemans hielt sich am 1. Juli 1974 in Paris auf. Botschafter Limbourg, Brüssel, berichtete dazu am 2. Juli 1974, nach Informationen des belgischen Außenministeriums habe der französische Außenminister Sauvagnargues erklärt, „daß er das große Interesse der Partner Frankreichs, sich mit den USA über ein Programm des ‚oil sharing' zu verständigen, sehr gut verstehe. Er habe den USA in dieser Lage auch eine ‚dominante Stellung' zugesprochen. Es müsse eine pragmatische Lösung gefunden werden, damit Frankreich an diesem Schema teilhaben könne. Man müsse jedoch vermeiden, daß eine Lösung für Frankreich nach außen hin einen ‚Gang nach Canossa' beinhalte." Die belgische Seite habe den Standpunkt vertreten, daß die OECD nicht geeignet sei, „da sie zu groß und mithin in ihrer Wirksamkeit begrenzt sei; aber an etwas ähnliches, wie es die OECD darstellt, könne man durchaus denken. In dieser Frage scheine Sauvagnargues verständigungsbereiter zu sein als Chirac, der wiederholt ‚ziemlich deutlich' Joberts Thesen vertreten habe." Vgl. den Drahtbericht Nr. 249; Referat 202, Bd. 109177.

[12] Vgl. dazu die wirtschafts- und finanzpolitischen Maßnahmen vom 12. Juni 1974; Dok. 166, Anm. 14.

4) die Verwirklichung einer institutionellen Infrastruktur, die den politischen Charakter dieser Entscheidungen zu wahren erlaubt.

Bundeskanzler antwortete, daß Punkt 1) seinen Erwartungen entspreche, er bei Punkt 2) skeptisch sei und bei Punkt 3) nicht mit einem echten amerikanischen Willen zu Produzenten-Konsumenten-Absprachen rechne. Entscheidend sei, im Laufe einiger Jahre die OPEC in eine Organisation umzuwandeln, in der Konsumenten und Produzenten gemeinsam ihre Probleme erörterten. Er glaube nicht, daß die USA und Frankreich hierzu wirklich bereit seien. Bliebe es bei einem Produzentenkartell, dann bestünde weiterhin die Gefahr einer Konfrontation zwischen diesem Kartell und einem zersplitterten Westen. Großbritannien fühle sich bereits als prospektives OPEC-Land, Holland sei aufgrund seiner Erdgasvorkommen in ähnlicher Position. AM Kissinger habe ihm, dem Bundeskanzler, bereits in Washington[13] gesagt, es komme ihm weniger auf den Zusammenhang mit den Produzenten an. Den meisten westeuropäischen Staaten, und dazu gehörten die Bundesrepublik und Belgien, müsse es darauf ankommen, weil sie weiterhin von dem Erdöl der arabischen Produzenten abhängig blieben.

Vicomte *Davignon* wies darauf hin, daß bei den USA die Ölabhängigkeit zunächst steige, ehe sie in späteren Jahren zu sinken beginne. In diesem Anfangsjahr könne deshalb ein amerikanisches Interesse zu einer gemeinsamen Aktion gegenüber den Produzenten vorausgesetzt werden. Die Erkenntnis dieser Entwicklung habe auf amerikanischer Seite nach einem vorübergehenden Desinteresse an dem „Follow-up" wieder zu einer Reaktivierung geführt.

Bundeskanzler faßte zusammen, daß mit Giscard der Weg erkundet werden müsse, zu dem eine Zusammenführung der Neun und der Zwölf möglich sei, ohne das in Washington begonnene Werk zu schädigen.

Auf den zusätzlichen Hinweis von Vicomte *Davignon*, daß der amerikanische Druck auf eine Verabschiedung des Programms bis Ende Juli gelockert werden müsse, um Frankreich die Möglichkeit eines Beitritts zu geben, antwortete der *Bundeskanzler*, daß hierüber auch mit der amerikanischen Seite gesprochen werden solle.[14]

Bundeskanzler brachte abschließend die Frage auf, wie die Effizienz[15] der Gemeinschaftsinstitutionen verbessert werden könne. Die Vielzahl der Ministerräte gefährde die Kohäsion der Politik der einzelnen Mitgliedsregierungen und diskreditiere den europäischen Gedanken in der Öffentlichkeit. Die Bürokratie in Brüssel sei zu sehr aufgebläht worden. Die Gipfelkonferenzen hätten sich ebensowenig als geeignetes Mittel erwiesen. Die Kommission genieße bei den Mitgliedsregierungen keine Autorität.

---

[13] Bundesminister Schmidt und der amerikanische Außenminister Kissinger trafen am 10. Februar 1974 am Rande der Energiekonferenz vom 11. bis 13. Februar 1974 in Washington zusammen. Vgl. dazu KISSINGER, Memoiren 1973–1974, S. 1061 f.
Schmidt und Außenminister Kissinger führten am 19. März 1974 ein weiteres Gespräch in Washington. Vgl. dazu Dok. 97, Anm. 29.

[14] Vgl. dazu das Gespräch des Bundesministers Genscher mit dem amerikanischen Außenminister Kissinger am 6. Juli 1974 in Miesbach; Dok. 203.

[15] Korrigiert aus: „Ineffizienz".

Auf den Einwand vom PM *Tindemans*, die neue französische Präsidentschaft[16] könne hier Reformen einleiten, antwortete *Bundeskanzler*, die Präsidentschaft allein könne nicht Abhilfe schaffen.

BM *Genscher* schlug vor, mehr und mehr Angelegenheiten in den Allgemeinen Rat zu verlegen, der notfalls unter Hinzuziehung anderer Minister tagen könne. Außerdem könne das Instrument der Sitzungen im kleinsten Kreise weiter ausgebaut werden.

Bundeskanzler gab zu bedenken, ob der Allgemeine Rat nicht als einziger Rat, wie in den Verträgen vorgesehen[17], wieder eingesetzt werden solle. Daneben müsse wohl der Agrarrat beibehalten werden. Aber es sei auch denkbar, daß neben häufigeren Sitzungen des Allgemeinen Rates die übrigen Fachminister sich nur einmal in einem Vierteljahr zusammensetzten, um zu erörtern, welche Fragen sie in den Allgemeinen Rat einbringen wollten.

AM *van Elslande* wies auf den belgischen Vorschlag hin, häufiger Räte unter der Beteiligung von mehreren Ministern einzuberufen.[18]

PM *Tindemans* bat abschließend, den belgischen Wunsch zu prüfen, eine Autobahnverbindung Verviers–Prüm zur Eifelautobahn vorzusehen. Der belgischen Seite sei mitgeteilt worden, daß die ursprüngliche deutsche Planung eine Autobahnlinie über Prüm abgeändert worden sei. Die Anschlußstrecke Prüm–Verviers erlaube eine bessere Verbindung zu den deutschsprachigen Kantonen Belgiens, die in den Augen der belgischen Regierung wichtig sei.

Bundeskanzler sagte zu, das Bundesministerium für Verkehr um eine Aufzeichnung über Sachstand und zeitliche Vorstellungen zu bitten.[19]

Referat 202, Bd. 109177

---

[16] Frankreich übernahm am 1. Juli 1974 die EG-Ratspräsidentschaft.

[17] Im Vertrag vom 8. April 1965 über die Einsetzung eines gemeinsamen Rats und einer vereinigten Kommission der Europäischen Gemeinschaften (Fusion der Exekutiven) wurden die bisherigen Ministerräte der EWG, der EGKS und von EURATOM zu einem Ministerrat vereinigt. Für den Wortlaut vgl. BUNDESGESETZBLATT 1965, Teil II, S. 1454–1497.

[18] Der belgische Außenminister van Elslande unterbreitete dem EG-Ministerrat am 23./24. Juli 1973 einen Vorschlag zur Verbesserung der Entscheidungsverfahren des Ministerrats und der Kohärenz des gemeinschaftlichen Handelns, in dem es u. a. hieß: „Im Interesse einer besseren Zusammenarbeit für die Ratstagungen in unterschiedlicher Besetzung sollte vier bis fünfmal pro Jahr ein großer Rat unter Beteiligung aller von den Tagesordnungspunkten betroffenen Minister zusammentreten." Dazu berichtete Botschafter Lebsanft, Brüssel (EG), Parlamentarischer Staatssekretär Apel habe in der anschließenden Diskussion darauf hingewiesen, „daß regelmäßige Ratstagungen unter Beteiligung mehrerer Fachminister in einem zu großen Kreis stattfinden und deswegen kaum dem angestrebten Zweck dienlich sein könnten. [...] Für die niederländische Delegation schloß sich Außenminister van der Stoel den Bedenken gegen Ratstagungen mit Teilnahme mehrerer Minister bei jeder Delegation an." Vgl. den Drahtbericht Nr. 2656 vom 24. Juli 1973; Referat 410, Bd. 114327.

[19] Bundeskanzler Schmidt unterrichtete Ministerpräsident Tindemans am 16. August 1974 darüber, „daß die Bundesregierung entsprechend der ursprünglichen Planung weiterhin bereit ist, die in Belgien geplante Straße abzunehmen und bis zur Anbindung an das Bundesfernstraßennetz bei Prüm weiterzuführen. Da die belgische Strecke nach den im Bundesministerium für Verkehr vorliegenden Informationen Ihres Verkehrsministeriums die Grenze nicht vor 1982 erreichen wird, kann die Anbindung nicht die erste Dringlichkeitsstufe im deutschen Straßenprogramm erhalten. Offen ist zur Zeit noch, ob eine zwei- oder vierspurige Anbindung erforderlich ist; die vorliegenden Verkehrsprognosen sprechen eher gegen eine Autobahn auf deutscher Seite. Ich schlage vor, daß wir die Verkehrsminister bitten, die Angelegenheit in positivem Geist weiter zu verfolgen." Vgl. Referat 202, Bd. 109179.

195

Aufzeichnung des Staatssekretärs Gehlhoff

StS-859/74 VS-vertraulich 4. Juli 1974[1]

Betr.: Amerikanisch-sowjetisches Gipfeltreffen[2];
hier: Gespräch Gromyko/Kissinger über das Umweltbundesamt

1) Außenminister Kissinger unterrichtete den Bundesaußenminister am 3. Juli 1974 auf dem Flughafen Düsseldorf[3] wie folgt:

Gromyko habe das Thema der Errichtung des Umweltbundesamtes in Berlin während eines Gesprächs auf der Krim angeschnitten. Das Gespräch habe etwa zehn Minuten gedauert und sei in englischer Sprache geführt worden. Es sei im Ganzen in nicht-aggressiver Weise verlaufen. Gromyko habe ausgeführt, daß die Errichtung des UBA[4] in Berlin nicht hingenommen werden könne. Hier sei von Bonn ein Schritt beabsichtigt, der mit dem Vier-Mächte-Abkommen eindeutig nicht vereinbar sei. Auch die DDR mache stärksten Widerstand gegen die Errichtung des Amtes in Berlin. Demgegenüber habe er, Kissinger, darauf hingewiesen, daß die Sowjetunion sich mit Gegenmaßnahmen auf einem gefährlichen Kurs bewegen würde. Die Errichtung des UBA in Berlin sei voll mit dem Vier-Mächte-Abkommen vereinbar. Gromyko habe dann erklärt, daß die Sowjetunion nicht dem von Bonn auf sie ausgeübten Druck nachgeben könne. Der Plan Bonns sei es offensichtlich, die Sowjetunion Schritt für Schritt in der Berlin-Frage zurückzudrängen. Hierzu habe er, Kissinger, erwidert, daß die Errichtung des UBA in Berlin keineswegs der erste Schritt einer demonstrativen Politik Bonns gegenüber der Sowjetunion sein solle.[5]

---

[1] Hat Bundesminister Genscher am 5. Juli 1974 vorgelegen.

[2] Der amerikanische Außenminister Kissinger hielt sich vom 27. Juni bis 3. Juli 1974 gemeinsam mit Präsident Nixon in der UdSSR auf. Vgl. dazu Dok. 197–200.

[3] Der amerikanische Außenminister Kissinger traf nach dem Besuch in der UdSSR am 3. Juli 1974 zu einem Gespräch mit Bundesminister Genscher zusammen, um anschließend vom 4. bis 8. Juli 1974 die EG-Kommission und den Ständigen NATO-Rat sowie die Regierungen von Belgien, Frankreich, Italien und Großbritannien über die amerikanisch-sowjetischen Gespräche zu unterrichten. Genscher und Kissinger führten am 6. Juli 1974 in Miesbach ein weiteres Gespräch. Vgl. dazu Dok. 202 und Dok. 203.

[4] Umweltbundesamt.

[5] Am 7. Juli 1974 vermerkte Ministerialdirektor van Well, z. Z. München: „Botschafter Hillenbrand erzählte mir von seinem kürzlichen Gespräch mit Botschafter Jefremow, daß dieser bei der Erörterung des Umweltbundesamtes etwas ruhiger wie bisher argumentiert habe. Er habe nicht mit Gegenmaßnahmen gedroht, sondern sich auf den Satz beschränkt: ‚Ich habe diese bittere Pille noch nicht geschluckt', woraufhin Hillenbrand ihm gesagt habe, daß er das allmählich tun müsse. Der sowjetische Botschaftsrat Koptelzew sprach mich am 5. Juli von sich aus auf das Umweltbundesamt an und bemühte sich, die Sache herunterzuspielen. Er meinte, man werde wohl bei gegenseitiger Rücksichtnahme über die Sache hinwegkommen. Die östliche Seite werde wohl eine Anordnung erlassen müssen, wonach die Angehörigen des Amtes die Privilegien der Zugangsregelung nicht in Anspruch nehmen könnten. Die östliche Seite gehe davon aus, daß der Westen gegen diese Anordnung protestieren werde. Er glaube jedoch nicht, daß es zu Schwierigkeiten auf den Zugangswegen kommen werde, es sei denn, daß die Bediensteten des Umweltbundesamtes demonstrativ zu erkennen gäben, daß sie Angehörige dieses Amtes seien. Ich habe mich auf Informationen bezogen, wonach man in Moskau an hoher Stelle der Annahme sei, daß das Umweltbundesamt mehr als 3000 Angestellte haben solle und nur der erste Schritt in einer großen Aktion der Ansiedlung von Bun-

2) AM Kissinger empfahl dem Bundesminister des Auswärtigen, bei dem weiteren Vorgehen hinsichtlich des UBA vorsichtig zu operieren und zweckmäßigerweise laufend die amerikanische Regierung zu konsultieren. BM Genscher erwiderte, voraussichtlich werde das UBA in diesem Jahr noch keineswegs seine volle Personalstärke erhalten. BM Genscher und AM Kissinger stimmten in der Ansicht überein, daß ein schrittweiser personeller Aufbau des UBA vielleicht ein Signal gegenüber Moskau sein könnte.

BM Genscher sagte zu, die amerikanische Seite über den Ablauf seines bevorstehenden Gesprächs mit Botschafter Falin zu unterrichten, insbesondere soweit hierin das UBA behandelt werde.[6]

Gehlhoff

VS-Bd. 528 (014)

196

Gesandter Freiherr von Groll, z. Z. Genf, an das Auswärtige Amt

114-12778/74 VS-vertraulich Aufgabe: 4. Juli 1974, 12.30 Uhr[1]
Fernschreiben Nr. 986 Ankunft: 4. Juli 1974, 14.34 Uhr
Citissime

Delegationsbericht Nr. 534

Betr.: KSZE – militärische Aspekte der Sicherheit;
hier: Vorherige Ankündigung größerer militärischer Manöver
Stand und Bewertung der Diskussion

I. In den letzten beiden Wochen traten bei den militärischen Aspekten nachfolgende Veränderungen ein:

Der Warschauer Pakt erklärte sich zur Ankündigung größerer militärischer Manöver in Grenzzonen von einer Tiefe von 100 km (bisher 50 km) und zehn Tage im voraus (bisher fünf Tage) bereit.[2] Die Fünfzehn antworteten mit einer

---

Fortsetzung Fußnote von Seite 865
desbehörden in Berlin sei. Ich habe diese Annahme als völlig ungerechtfertigt bezeichnet." Vgl. VS-Bd. 10122 (210); B 150, Aktenkopien 1974.

[6] Für das Gespräch des Bundesministers Genscher mit dem sowjetischen Botschafter Falin am 12. Juli 1974 vgl. Dok. 212 und Dok. 213.

[1] Hat Vortragendem Legationsrat I. Klasse Ruth am 12. Juli 1974 vorgelegen.

[2] Das Mitglied der sowjetischen KSZE-Delegation, Mendelewitsch, nahm am 18. Juni 1974 in der Unterkommission 2 (Militärische Aspekte der Sicherheit) Stellung zu den vertrauensbildenden Maßnahmen. Dazu berichtete Gesandter Kühn, Genf (KSZE-Delegation): „In einer Erklärung von 37 Minuten Dauer sprach Mendelewitsch (erstmals seit Wochen wieder anwesend) zum allgemeinen Konferenzverlauf. Er wiederholte, allein die sowjetische Konzeption der CBM – Abbau von Furcht – sei akzeptabel. Er bot 100 Kilometer Grenzstreifen, Notifizierung multinationaler Manöver an alle Teilnehmerstaaten und Ankündigungsfrist von zehn Tagen an. Alles darüber Hinausgehende sei in bila-

Erhöhung der Ankündigungsschwelle (12 000 statt bisher 10 000 Mann) und einer Verminderung der Ankündigungsfrist auf sieben Wochen (statt bisher 60 Tage). Die westlichen Staaten deuteten darüber hinaus Flexibilität auf dem Gebiet des Notifizierungsinhaltes an und machten deutlich, daß zum geographischen Anwendungsbereich „Europa" Ausnahmen für das europäische Territorium der SU möglich seien.[3]

Inzwischen ist die Arbeit in der Unterkommission vorübergehend wieder ins Stocken geraten: Beide Seiten betrachten die gemachten Konzessionen als geringfügig. Sie haben Schwierigkeiten, die eingetretenen Veränderungen in die jeweils andersartigen Konzepte einzufügen. Die Vertreter der Sowjetunion und des Warschauer Pakts erklären, ihr Verhandlungsspielraum sei nunmehr erschöpft, doch seien sie für neue Anregungen dankbar, die sie an Moskau weitergeben könnten.

II. Die Problematik bei den vertrauensbildenden Maßnahmen konzentriert sich im Augenblick namentlich auf zwei Fragen:

a) Der WP will nur größere multinationale Manöver an alle Teilnehmerstaaten ankündigen. Hiervon wäre die Sowjetunion nicht betroffen, da auf ihrem Territorium multinationale Manöver nicht stattfinden. Ankündigungen größerer nationaler Manöver sollen nur an Staaten erfolgen, die dem Manövergebiet benachbart sind. Unabhängig von der Tiefe des von der Sowjetunion zugestandenen Grenzstreifens würden größere sowjetische Manöver auf eigenem Territorium nur an die benachbarten Pakt-Mitglieder Polen, ČSSR und Ungarn sowie Norwegen bzw. Türkei (bei Manövern an der Nord- oder Südflanke) notifiziert.

Eine Lösung des Problems auf dieser Grundlage wäre unausgewogen, weil andererseits der Warschauer Pakt über die DDR von allen größeren Manövern in der Bundesrepublik Deutschland Ankündigungen erhalten würde.

b) Das Konzept der Grenzzonen (bloße Beseitigung von Beunruhigung) würde bei der gegenwärtig zugestandenen Tiefe (100 km) auch die osteuropäischen Staaten nur teilweise einschließen. Es hätte eine nicht annehmbare Aufteilung Europas in sicherheitspolitisch unterschiedliche Zonen zur Folge. Über den Ein-

---

Fortsetzung Fußnote von Seite 866

teralen Verträgen auszuhandeln. Gegenüber Staaten des eigenen Bündnisses und Staaten mit vergleichbarer Gesellschaftsordnung sei die USSR bereit, wesentlich großzügiger zu verfahren. Mendelewitsch schloß mit der banalen, aber pathetisch vorgetragenen Feststellung, bei den CBM gehe es um drei Grundgedanken: ‚We must do, what is necessary, indispensable, possible'. Alles andere sei fragwürdig in der Motivation und daher unakzeptabel." Vgl. den Drahtbericht Nr. 908 vom 19. Juni 1974; Referat 221, Bd. 107362.

[3] Ministerialdirigent Brunner, z. Z. Genf, informierte am 27. Juni 1974: „Britischer Sprecher erwiderte, wie unter den Fünfzehn vereinbart, in der Sitzung der Unterkommission 2 am 25. Juni 1974 auf die Ausführungen von Mendelewitsch am 18. Juni 1974. Er kritisierte die Vorstellung der Sowjetunion, ein Kompromiß könne nur auf dem Boden ihres Konzeptes zustandekommen, und würdigte gleichzeitig das Einlenken des Warschauer Pakts bei der Frist (zehn statt fünf Tage) und hinsichtlich der Tiefe des Grenzstreifens (100 statt 50 km) als Geste der Flexibilität. Er unterstrich die Kompromißbereitschaft seiner Delegation: In der Frage der Ankündigungsfrist würden sieben Wochen (49 statt bisher 60 Tage) und bei der Ankündigungsschwelle 12000 Mann (bisher 10000) genügen. Der Anwendungsbereich ‚ganz Europa' sei als Grundsatz unabdingbar; über bestimmte Ausnahmen könne man reden. Als negative Elemente in den Ausführungen Mendelewitschs nannte er das Festhalten an der Unterscheidung zwischen nationalen und multinationalen Manövern, am Konzept der Notifizierung nationaler Manöver nur an Nachbarstaaten sowie am Prinzip der Grenzgebiete." Vgl. den Drahtbericht Nr. 946; Referat 221, Bd. 107362.

schluß von Küstengewässern in die Grenzzonen wird nach Angaben der sowjetischen Delegation zur Zeit in Moskau beraten.

Das sowjetische Konzept eines begrenzten Adressatenkreises bei nationalen Manövern sowie eines beschränkten geographischen Anwendungsbereiches (Grenzzonen) widerspricht unseren Vorstellungen. Eine befriedigende Lösung dieser Fragen ist nicht in Sicht.

III. Bei den übrigen Parametern sind Lösungsmöglichkeiten nähergerückt:

Die SU weigert sich zwar nach wie vor, beim Schwellenwert Zahlen zu nennen.[4] Sie bestätigt aber, daß der Warschauer Pakt bereit sei, alle auf der Kommandoebene eines Armeekorps (einer Armee) stattfindenden größeren Manöver, also praktisch ab zwei Divisionen, anzukündigen (multinationale Manöver an alle Teilnehmerstaaten, nationale nur an Nachbarn).

Bei der Vorankündigungsfrist ist ausreichend Flexibilität gegeben, um die noch gegensätzlichen Meinungen zu überbrücken.

In der Frage des Notifizierungsinhaltes wird man sich in etwa auf der Basis des jugoslawischen Vorschlages[5] einigen können.

IV. Der Bindungscharakter (nature of commitment) der Vorankündigung größerer militärischer Manöver ist noch offen. Nach westlicher Vorstellung sollte es sich bei Deklaration über vertrauensbildende Maßnahmen um eine politische Absichtserklärung handeln („will" oder „declare their intention").

In der Praxis würde sich dann eine Übung der Vorankündigung entwickeln, bei der jeder notifizierende Teilnehmerstaat in eigener politischer Verantwortlichkeit über die Anwendung der objektiven Parameter entscheidet.

Die Sowjetunion würde Maßnahmen auf der Basis völliger Freiwilligkeit vorziehen (analog der Regelung beim Austausch von Manöverbeobachtern), glaubt in

---

[4] Am 25. Mai 1974 erläuterte Ministerialdirigent Brunner, z. Z. Genf, die Haltung der Warschauer-Pakt-Staaten zur Frage eines Schwellenwerts für die Ankündigung von Manövern: „Die Delegationen des Warschauer Pakts sind zur Zeit nicht bereit, den von ihnen vorgeschlagenen Schwellenwert von der Größe eines Armeekorps (Armee) durch ein Zahlenbeispiel zu belegen. Sie stellen es den westlichen und neutralen Delegationen frei, ihrerseits hierzu Zahlenangaben zu machen. Sie bestreiten im übrigen die Zweckmäßigkeit der Fixierung einer Zahl mit der Begründung, der operative Einsatz der Einheiten sei entscheidend und nicht die Zahl der daran teilnehmenden Soldaten. Außerdem geben sie zu bedenken, daß es häufig vorkomme, daß unter der Führungsebene eines Armeekorps nur zwei Divisionen übten. In diesen Fällen sei das Ausmaß der Bereitschaft der WP-Staaten, größere Manöver im voraus anzukündigen, mit dem der neutralen (reinforced division – achtzehntausend Mann) ‚nahezu deckungsgleich'." Vgl. den Drahtbericht Nr. 765; Referat 221, Bd. 107362.

[5] Am 7. Juni 1974 erörterte die Unterkommission 2 (Militärische Aspekte der Sicherheit) der KSZE in Genf einen jugoslawischen Vorschlag zum Inhalt der Ankündigung von Manövern: „Notification (nature of commitment) contains information on the designation, nature and general purpose of the manoeuvre, the type, scale and numerical strength of the armed forces engaged, the estimated time frame of its conduct including the estimated date of the beginning and ending of movements of participating forces, the area involved and possibly any other relevant information." Dazu berichtete Botschaftsrat Henze, Genf (KSZE-Delegation), am selben Tag: „Im NATO-Caucus vor der Sitzung kamen die NATO-Staaten überein, diesem Text trotz erheblicher Verzichte zuzustimmen, um nach neun Monaten Konferenzdauer das Zeichen zu ernsthaften Fortschritten zu geben. Demgegenüber hätten die Warschauer-Pakt-Staaten, nachdem sie am Vortag den Entwurf noch „lebhaft begrüßt" hätten, in der Sitzung der Unterkommission grundsätzliche Einwände erhoben und Änderungen des Textes verlangt: „Der Westen und die Neutralen lehnten durch ihre Sprecher dieses Ansinnen ab. Bei derart radikalen Änderungen sei keine Rede mehr von einem Kompromißtext. Leerformeln brauche man nicht. Hier sei ein Verhandlungsminimum erreicht." Vgl. den Drahtbericht Nr. 843; Referat 212, Bd. 100007.

diesem Falle jedoch auf Parameter überhaupt verzichten zu können. Angesichts der westlichen Haltung zum Bindungscharakter versucht sie, die Parameter so weit als möglich flexibel zu halten (zunächst undefinierte Grenzgebiete, variabler Schwellenwert, dehnbare Zeitvorstellungen: „nicht weniger als zehn Tage").

V. Es wäre nach Meinung der Fünfzehn verfrüht, schon jetzt eine Paketlösung anzustreben. Ein Tauschgeschäft Anwendungsbereich unbeschränkter Adressatenkreis gegen übrige Parameter könnte im Bereich des Möglichen liegen. Eine baldige Abstimmung in der NATO über Lösungsmöglichkeiten wäre erwünscht.[6]

[gez.] Groll

VS-Bd. 9443 (221)

197

Botschafter Krapf, Brüssel (NATO), an das Auswärtige Amt

114-12796/74 VS-vertraulich   Aufgabe: 4, Juli 1974, 18.45 Uhr[1]
Fernschreiben Nr. 984   Ankunft: 4. Juli 1974, 21.28 Uhr
Citissime

Betr.: Gipfeltreffen Nixon – Breschnew;
hier: Unterrichtung des NATO-Rats durch AM Kissinger

Zur Unterrichtung

I. Außenminister Kissinger unterrichtete den NATO-Rat am 4.7.1974 über die Ergebnisse der Gespräche zwischen Präsident Nixon und Generalsekretär Breschnew in der Sowjetunion vom 27.6. bis 3.7.1974. Neben den NATO-Botschaftern waren anwesend der belgische Außenminister van Elslande, der Staatssekretär im kanadischen Außenministerium[2] sowie der Leiter der dänischen KSZE-Delegation in Genf[3].

---

[6] Gesandter Boss, Brüssel (NATO), informierte am 30. Juli 1974: „Im Anschluß an den Auftrag des Politischen Ausschusses auf Gesandtenebene beschloß der Politische Ausschuß am 30. Juli 1974, am 13. und 20. August auf der Grundlage der im NATO-Caucus in Genf erarbeiteten Tagesordnungsvorschläge [...] ein Papier über die Konferenzziele der Bündnispartner für den Bereich der vertrauensbildenden Maßnahmen zu erarbeiten. Dieses Papier soll dann Gegenstand der Erörterung einer Sitzung des Politischen Ausschusses mit Experten sein. Als Termin für diese Sitzung ist der 5. oder 6. September in Aussicht genommen worden." Vgl. den Drahtbericht Nr. 1078; VS-Bd. 9443 (221); B 150, Aktenkopien 1974.

[1] Hat Vortragendem Legationsrat I. Klasse Pfeffer am 5. Juli 1974 vorgelegen, der Vortragenden Legationsrat Hartmann handschriftlich um Rücksprache bat.
Hat Hartmann vorgelegen.

[2] Albert Edgar Ritchie.

[3] S.G. Mellbin.

Kissingers einleitende Unterrichtung dauerte etwa 50 Minuten. Es schloß sich eine Diskussion von etwa 30 Minuten an.

II. Die Ergebnisse der Ratssitzung lassen sich wie folgt zusammenfassen:

1) Kissinger legte dar, daß das Gipfeltreffen, wie erwartet, keine weltbewegenden Ergebnisse gebracht habe. Nachdem in den vergangenen Jahren grundsätzliche Entscheidungen für das Verhältnis zwischen den USA und der Sowjetunion gefallen seien, könne man nicht von jedem Gipfeltreffen Sensationen erwarten. Das Gipfeltreffen als solches sei jedoch bereits ein wesentliches Element in den Beziehungen zwischen beiden Ländern. Die amerikanische Presse sei offensichtlich bemüht, aus innenpolitischen Gründen die Ergebnisse des Gipfeltreffens abzuwerten. Dadurch sollten sich die Bündnispartner nicht beeindrucken lassen.

Kissinger hob immer wieder hervor, daß in fast allen wesentlichen Punkten die Ergebnisse des Gipfels mit der Unterrichtung übereinstimmten, die er den Bündnispartnern in Ottawa[4] gegeben habe. Weder bei diesem Gipfeltreffen noch in den vorausgegangenen drei Jahren hätten die Vereinigten Staaten wesentliche Positionen der Bündnispartner aufgegeben. Ich habe diesen Gedanken in der Diskussion aufgegriffen und darauf hingewiesen, daß die sorgfältige Konsultation vor und nach dem Gipfeltreffen beispielhaft für den in der Erklärung von Ottawa erneut bekräftigten Willen zur Konsultation im Bündnis[5] sei.

2) Im Mittelpunkt der Ausführungen Kissingers und im Mittelpunkt der Gipfelgespräche in der Sowjetunion standen Überlegungen zur weiteren Begrenzung der strategischen Waffen.

a) In grundsätzlichen Ausführungen zu diesem Thema wies Kissinger darauf hin, das zentrale Anliegen seiner Regierung in diesem Bereich sei es, den strategischen Rüstungswettlauf in den Griff zu bekommen. Seine Regierung werde es nicht zulassen, daß sie durch die technologische Entwicklung in ihrer politischen Entscheidungsfreiheit eingeengt werde.

In diesem Rahmen sei der Begriff der strategischen Überlegenheit (superiority) von wesentlicher Bedeutung. Er sei außerordentlich gefährlich, weil er sich innenpolitisch mißbrauchen lasse. Es bestehe die Gefahr, daß der Westen sich, entgegen dem tatsächlichen Kräfteverhältnis, in eine strategische Unterlegenheit hineinrede. Dabei hob Kissinger mehrfach und nachdrücklich hervor, daß das SALT-I-Abkommen[6] technologische Nachteile nicht für die Vereinigten Staaten, sondern allenfalls für die Sowjetunion mit sich gebracht habe.

Eine Definition des Begriffs der strategischen Überlegenheit sei sehr schwierig. Man müsse sich hüten, das Sicherheitsproblem isoliert zu betrachten. Bei der Weiterentwicklung der strategischen Waffen könne die sogenannte strategische Überlegenheit einen Punkt erreichen, in dem sie nur noch schwer in po-

---

[4] Zur Unterrichtung des Ständigen NATO-Rats durch den amerikanischen Außenminister Kissinger am 18. Juni 1974 über den bevorstehenden Besuch des Präsidenten Nixon in der UdSSR vgl. Dok. 187.
[5] Vgl. dazu Ziffer 11 der Erklärung über die Atlantischen Beziehungen; Dok. 183, Anm. 11.
[6] Für den Wortlaut des Interimsabkommens vom 26. Mai 1972 zwischen den USA und der UdSSR über Maßnahmen hinsichtlich der Begrenzung strategischer Waffen (SALT) mit Protokoll vgl. UNTS, Bd. 944, S. 4–12. Für den deutschen Wortlaut vgl. EUROPA-ARCHIV 1972, D 396–398.
Vgl. auch die vereinbarten und einseitigen Interpretationen; DEPARTMENT OF STATE BULLETIN, Bd. 67 (1972), S. 11–14. Für den deutschen Wortlaut vgl. EUROPA-ARCHIV 1972, D 398–404.

litische oder strategische Vorteile umgesetzt werden könne. Daraus ergebe sich die Notwendigkeit einer Stärkung der konventionellen Verteidigungsfähigkeit.[7]

Man habe sich bemüht, den sowjetischen Führern klarzumachen, daß eine Entspannungsatmosphäre auf die Dauer nur aufrechterhalten werden könne, wenn substantielle Entspannungsmaßnahmen getroffen werden. Sowohl im Westen als auch im Osten müsse eingesehen werden, daß man nicht gleichzeitig ein Höchstmaß von Verteidigungsbereitschaft (maximum preparedness) und ein Höchstmaß von Entspannung (maximum relaxation) leisten könne.

Kissinger regte einen Gedankenaustausch unter den Bündnispartnern über die grundsätzlichen strategischen Vorstellungen der USA im SALT-Zusammenhang, insbesondere zu dem Begriff „superiority", an.

b) Über Rüstungsbegrenzung im allgemeinen und SALT seien mit der Sowjetunion sehr ernste, offene und im technischen Detail außerordentlich weitgehende Gespräche geführt worden. Dabei habe sich ergeben, daß die ursprünglichen Zeitvorstellungen für SALT zu kurz bemessen gewesen seien. Die alte Zeitplanung habe jeder Seite Gelegenheit gegeben, ein Mammut-Rüstungsprogramm vorzubereiten, welches unmittelbar nach Ablauf des Abkommens hätte aufgenommen werden können.

Deshalb habe man sich auf einen neuen Zeitplan geeinigt, der eine Laufzeit von zehn Jahren (bis 1985) vorsehe. Damit sei ein wesentlich neues Element für SALT geschaffen worden, die im einzelnen nunmehr in Genf weiterverfolgt werden müßten.

Zu den einzelnen Abkommen, die in Moskau unterzeichnet wurden, bemerkte Kissinger folgendes:

ABM (Beschränkung auf die Verteidigung eines Komplexes)[8]

Dieses Abkommen stelle sicher, daß beide Seiten füreinander verwundbar bleiben. Ein wesentliches Element für die Vereinigten Staaten sei, daß rund tausend Sprengköpfe, die ursprünglich zur Abdeckung erwarteter sowjetischer Verteidigungsanlagen bereitgestellt worden seien, nunmehr für andere Ziele zur Verfügung stünden.

Begrenzung unterirdischer Atomtests

Dieses Abkommen solle dazu führen, daß sich die weitere Entwicklung auf Köpfe mit geringer Sprengkraft und hoher Zielgenauigkeit konzentriere. Auf eine kanadische Frage, ob die Unterscheidung zwischen militärischen und friedlichen Sprengungen eine neue Haltung der USA darstelle, ging Kissinger nicht direkt ein. Für die weitere Vertiefung der Gespräche über friedliche Sprengungen sei ein Artikel III des Abkommens[9] in bilateralem Rahmen vereinbart wor-

---

[7] Der Passus „Notwendigkeit einer ... Verteidigungsfähigkeit" wurde von Vortragendem Legationsrat I. Klasse Pfeffer hervorgehoben. Dazu vermerkte er handschriftlich: „Leider umgekehrter Trend."

[8] Für den Wortlaut des Protokolls vom 3. Juli 1974 zum Vertrag vom 26. Mai 1972 zwischen den USA und der UdSSR über die Begrenzung der Raketenabwehrsysteme (ABM-Vertrag) vgl. DEPARTMENT OF STATE BULLETIN, Bd. 71 (1974), S. 216 f. Für den deutschen Wortlaut vgl. EUROPA-ARCHIV 1974, D 363 f.

[9] In Artikel III des Abkommens vom 3. Juli 1974 zwischen den USA und der UdSSR über die Begrenzung unterirdischer Kernwaffenversuche wurde ausgeführt: „The provisions of this Treaty do not extend to underground nuclear explosions carried out by the Parties for peaceful purposes. Underground nuclear explosions for peaceful purposes shall be governed by an agreement which is to

den, weil multilaterale Bemühungen hierzu zu zeitraubend sein würden. Die USA hätten der Sowjetunion eindeutig klargemacht, daß sie dieses Abkommen nur ratifizieren würden, sofern friedliche Sprengungen über 150 Kilotonnen[10] lückenlos kontrolliert werden könnten.

Umweltschädigende Mittel der Kriegführung[11]

Die Sowjetunion habe stark auf eine entsprechende Vereinbarung gedrängt. Von amerikanischer Seite habe man noch keine Übersicht, was die Sowjetunion hier im einzelnen erörtern wolle. Die Bündnispartner würden über Einzelheiten der sowjetischen Vorstellungen unterrichtet werden, sobald sie bekannt werden.

Geheimprotokolle im Zusammenhang mit „Standing Consultative Commission"[12]

Es geht hierbei um technische Details bei der Abrüstung von defensiven und offensiven strategischen Waffen im Rahmen früherer Abkommen. Beide Abkommen würden lediglich auf Wunsch der Sowjetunion geheimgehalten. Sie enthielten ausschließlich technische Details. Im Einzelfalle werden die USA bereit sein, Fragen der Bündnispartner nach dem Inhalt zu beantworten.

3) Bei der Erörterung der internationalen Lage seien insbesondere die folgenden Probleme angesprochen worden:

Nahost

Der Gesprächsinhalt ergebe sich im wesentlichen aus dem Kommuniqué.[13] Die USA hätten insbesondere klargemacht, daß nur ein schrittweises Vorgehen zum Erfolg führen könne. Wenn die Sowjetunion die Probleme globalisieren

Fortsetzung Fußnote von Seite 871
    be negotiated and concluded by the Parties at the earliest possible time." Vgl. DEPARTMENT OF STATE BULLETIN, Bd. 71 (1974), S. 217. Für den deutschen Wortlaut vgl. EUROPA-ARCHIV 1974, D 365.

10 Artikel I des Abkommens vom 3. Juli 1974 zwischen den USA und der UdSSR über die Begrenzung unterirdischer Kernwaffenversuche legte fest: „1) Each Party undertakes to prohibit, to prevent, and not to carry out any underground nuclear weapon test having a yield exceeding 150 kilotons at any place under its jurisdiction or control, beginning March 31, 1976. 2) Each Party shall limit the number of its underground nuclear weapon tests to a minimum. 3) The Parties shall continue their negotiations with a view toward achieving a solution to the problem of the cessation of all underground nuclear weapon tests." Vgl. DEPARTMENT OF STATE BULLETIN, Bd. 71 (1974), S. 217. Für den deutschen Wortlaut vgl. EUROPA-ARCHIV 1974, D 365.

11 Für den Wortlaut der Erklärung vom 3. Juli 1974 über den Schutz der Umwelt vor Beeinflussung zu militärischen Zwecken vgl. DEPARTMENT OF STATE BULLETIN, Bd. 71 (1974), S. 185. Für den deutschen Wortlaut vgl. EUROPA-ARCHIV 1974, D 367.

12 Zur Bildung der „Standing Consultative Commission" vgl. Artikel VI des Interimsabkommens vom 26. Mai 1972 zwischen den USA und der UdSSR über Maßnahmen hinsichtlich der Begrenzung strategischer Waffen (SALT) mit Protokoll; Dok. 187, Anm. 15.

13 Im Kommuniqué über den Besuch des Präsidenten Nixon vom 27. Juni bis 3. Juli 1974 in der UdSSR hieß es: „Both Sides believe that the removal of the danger of war and tension in the Middle East is a task of paramount importance and urgency, and therefore, the only alternative is the achievement, on the basis of UN Security Council Resolution 338, of a just and lasting peace settlement in which should be taken into account the legitimate interests of all peoples in the Middle East, including the Palestinian people, and the right to existence of all states in the area. As Co-Chairmen of the Geneva Peace Conference on the Middle East, the USA and the USSR consider it important that the Conference resume its work as soon as possible, with the question of other participants from the Middle East area to be discussed at the Conference. Both Sides see the main purpose of the Geneva Peace Conference, the achievement of which they will promote in every way, as the establishment of just and stable peace in the Middle East. They agreed that the USA and the USSR will continue to remain in close touch with a view to coordinating the efforts of both countries toward a peaceful settlement in the Middle East." Vgl. DEPARTMENT OF STATE BULLETIN, Bd. 71 (1974), S. 188. Für den deutschen Wortlaut vgl. EUROPA-ARCHIV 1974, D 372f.

wolle, würden den Vereinigten Staaten Mittel und Wege zur Verfügung stehen, dies zu verhindern.[14]

MBFR

Kissinger betonte mehrfach, daß sich keinerlei neue Gesichtspunkte zur sowjetischen Haltung ergeben hätten. Er habe den Eindruck, die Sowjetunion habe noch keine Entscheidungen zu den grundlegenden Fragen von MBFR getroffen und warte vor weiteren Schritten bei MBFR den Ausgang der KSZE ab. MBFR sei weder von der amerikanischen noch von der sowjetischen Seite mit besonderem Nachdruck behandelt worden.

KSZE

Kissinger legte hier besonderen Wert auf die Feststellung, daß sich die USA streng an die Position gehalten hätten, die er den Bündnispartnern in Ottawa erläutert habe, obwohl die Sowjetunion sehr starken Druck auf die USA ausgeübt habe. Kissinger betonte erneut, daß zwei Probleme vordringlicher Klärung bedürften:
– Sei nach dem bisherigen Verhandlungsstand ein Ergebnis denkbar, das eine dritte Phase auf höchster Ebene rechtfertige?
– Sofern diese Frage bejaht werde, sollten die Bündnispartner so schnell wie möglich die „acht oder zehn Punkte" herausarbeiten, die sie für wesentlich hielten.

Diese Abstimmung im Bündnis solle unverzüglich in Angriff genommen werden, entweder hier im NATO-Rat oder in Genf (Generalsekretär Luns bemerkte in seiner Zusammenfassung, man solle mit dieser Abstimmung schon in der nächsten Zukunft im NATO-Rat beginnen). Kissinger betonte nachdrücklich, daß die USA sich an das Ergebnis einer Abstimmung zur KSZE halten würden („we will not push beyond allied consensus").[15]

Berlin

Die sowjetischen Gesprächspartner hätten dieses Problem angesprochen. Es sei zwar nicht mit Nachdruck erwähnt worden, aber doch eindeutig als Problem identifiziert worden.[16] Einzelheiten habe er mit Bundesminister Genscher erörtert.[17]

---

14 Am 4. Juli 1974 informierte Botschafter Sahm, Moskau, daß der amerikanische Botschafter Stoessel folgendes mitgeteilt habe: „Über den entsprechenden Abschnitt des Kommuniqués wurde erst in letzter Minute Übereinstimmung erzielt. Es sei vor allem um die Teilnahme der Palästinenser an der Genfer Konferenz gegangen. Die Sowjets hätten die Formulierung gewünscht: ‚Genfer Konferenz so bald wie möglich unter Teilnahme aller Betroffenen'. Man hätte sich schließlich an eine Formulierung aus dem ursprünglichen Einladungsschreiben zu der Genfer Konferenz angelehnt. Die Amerikaner hätten den Sowjets gesagt, daß die Palästinenser sicher zu irgendeinem Zeitpunkt teilnehmen müßten. Aus innerpolitischen Gründen und mit Rücksicht auf Israel könne man sich aber nicht schon jetzt festlegen." Vgl. den Drahtbericht Nr. 2378; VS-Bd. 10109 (210); B 150, Aktenkopien 1974.

15 Zum Vorschlag des amerikanischen Außenministers Kissinger, Konsultationen über die wesentlichen Punkte („essentials") der KSZE durchzuführen, vgl. Dok. 199, Anm. 10.

16 Botschafter Sahm, Moskau, berichtete am 4. Juli 1974 ergänzend, der amerikanische Botschafter Stoessel habe mitgeteilt, „daß er über Berlin kein Wort gehört hätte. Es sei aber möglich, daß Kissinger–Gromyko darüber gesprochen hätten. Über den Passus im Kommuniqué ‚strict and consistent implementation' hätte keine Diskussion stattgefunden. Darüber hätte man sich wohl schon bei den Vorarbeiten in Washington mit den Sowjets geeinigt." Vgl. den Drahtbericht Nr. 2378; VS-Bd. 10109 (210); B 150, Aktenkopien 1974.

17 Zum Gespräch des Bundesministers Genscher mit dem amerikanischen Außenminister Kissinger am 3. Juli 1974 in Düsseldorf vgl. Dok. 195.

4) Kissinger unterrichtete den NATO-Rat darüber, daß er bei seinem Besuch im Madrid am 9.7.1974 eine bilaterale Erklärung mit Spanien paraphieren werde, die sich im großen und ganzen an der Erklärung von Ottawa orientiere.[18]

5) Zu den Fragen
– Abrüstung SALT, Mittelmeer und KSZE[19]
– Verhältnis USA–Spanien[20]
werde ich gesondert im einzelnen berichten.

[gez.] Krapf

VS-Bd. 8125 (201)

---

[18] Am 9. Juli 1974 paraphierten der amerikanische Außenminister Kissinger und sein spanischer Amtskollege Cortina Mauri eine Grundsatzerklärung über die gegenseitigen Beziehungen, die am 19. Juli 1974 von Präsident Nixon in San Clemente und von Prinz Juan Carlos in Madrid unterzeichnet wurde. Darin bekräftigten beide Staaten ihren Willen zur Verbesserung der Zusammenarbeit im Bereich der Verteidigung. Sie äußerten die Ansicht, daß ihre gemeinsamen Verteidigungsanstrengungen diejenigen der im atlantischen Bereich bestehenden Sicherheitssysteme ergänzten. Weiter hieß es: „The two Governments recognize that the security and integrity of both the United States and Spain are necessary for the common security. They reaffirm, therefore, that a threat to or an attack on either country would be a matter of concern to both and each country would take such action as it may consider appropriate within the framework of its constitutional processes. [...] Aware that cooperation should be reflected in all fields, they believe that harmonious political and economic relations constitute valuable support for security, insofar as they permit each country to benefit from the program of the other. To this end both Governments will endeavor to avoid conflicts between their respective economic policies and to eliminate any obstacles which may arise in the way of their collaboration." Vgl. DEPARTMENT OF STATE BULLETIN, Bd. 71 (1974), S. 231. Für den deutschen Wortlaut vgl. EUROPA-ARCHIV 1974, D 343.

[19] Vgl. dazu Dok. 199 und Dok. 200.

[20] Botschafter Krapf, Brüssel (NATO), informierte am 5. Juli 1974, daß der amerikanische Außenminister Kissinger die Bedeutung von Spanien für das Bündnis hervorgehoben habe: „Diese Bedeutung ergebe sich einmal aus der strategischen Lage des Landes, sie folge aber auch aus den politischen Problemen, die sich aus ‚biologischen Gründen' bald für Spanien ergeben könnten. Die USA hielten es deshalb für wichtig, eine ‚politische Verbindung' zwischen Spanien und den Bündnispartnern herzustellen. Dabei seien sich die USA im klaren darüber, daß dies im Augenblick nicht allen Bündnispartnern möglich sei. Die in Aussicht stehende bilaterale Erklärung zwischen den USA und Spanien, die sich an die Ottawa-Erklärung inhaltlich anlehnen werde, solle auch die Grundlage sein für die Verträge über die Basen der USA in Spanien." Vgl. den Drahtbericht Nr. 988; VS-Bd. 9965 (204); B 150, Aktenkopien 1974.

198

Aufzeichnung des Ministerialdirektors van Well

210-341.31-1891/74 VS-vertraulich 5. Juli 1974[1]

Über Herrn Staatssekretär[2] Herrn Minister[3]
Zur Unterrichtung
Betr.: KSZE;
   hier: Gespräch Kissingers mit Gromyko in Moskau[4] über den Grundsatz der friedlichen Grenzänderung
Bezug: mündliche Weisung

1) Positiv zu werten ist:

— Der amerikanische Außenminister hat bei dem bilateralen Gipfel in Moskau das für uns politisch außerordentlich bedeutsame Problem angesprochen und dadurch den Sowjets die amerikanische Bereitschaft zur Unterstützung unserer Interessen zu erkennen gegeben. Die Amerikaner sind damit aus ihrer bisherigen Reserve in diesem Bereich herausgetreten.

— Während Kissinger noch in Ottawa mehrfach betonte, in Genf einmal registrierte Texte seien praktisch nicht mehr abänderbar[5], hat er jetzt den Sowjets selbst eine Formel vorgeschlagen, die von der am 5.4. vorläufig registrierten abweicht.[6]

— Die Sowjets haben den amerikanischen Vorstoß nicht von vornherein zurückgewiesen. Damit erscheint die Möglichkeit einer Änderung des vorläufig registrierten Textes eröffnet.

2) Die Ablehnung einer Anbindung der Formel der friedlichen Grenzänderung an Prinzip 3 (Unverletzlichkeit der Grenzen) überrascht nicht. Sie entspricht der bisherigen sowjetischen Haltung. Festzuhalten ist aber, daß eine Anbin-

---

[1] Die Aufzeichnung wurde von Vortragendem Legationsrat I. Klasse Lücking konzipiert.
[2] Hat Staatssekretär Gehlhoff am 5. Juli 1974 vorgelegen, der handschriftlich für Bundesminister Genscher vermerkte: „Dieses Problem sollte in der heutigen Besprechung noch eingehend erörtert werden."
[3] Hat Bundesminister Genscher am 10. Juli 1974 vorgelegen.
Hat Legationsrat I. Klasse Engelhard am 10. Juli 1974 vorgelegen, der die Aufzeichnung „unter Hinweis auf die handschriftl[ichen] Bemerkungen des Herrn Ministers" an Staatssekretär Gehlhoff leitete.
Hat Gehlhoff am 10. Juli 1974 erneut vorgelegen, der handschriftlich vermerkte: „Herrn D 2 m[it] d[er] B[itte] um Stellungnahme zu den beiden Fragen des Ministers."
Hat in Vertretung von van Well Ministerialdirigent Simon am 11. Juli 1974 vorgelegen. Vgl. Anm. 8–10.
[4] Der amerikanische Außenminister Kissinger hielt sich vom 27. Juni bis 3. Juli 1974 gemeinsam mit Präsident Nixon in der UdSSR auf.
[5] Vgl. dazu das Gespräch der Außenminister Callaghan (Großbritannien), Genscher (Bundesrepublik), Kissinger (USA) und Sauvagnargues (Frankreich) am 18. Juni 1974; Dok. 182.
[6] Zum Dokument CSCE/II/A/126 vgl. Dok. 102, Anm. 7.
Für die vom amerikanischen Außenminister Kissinger seinem sowjetischen Amtskollegen Gromyko übergebene Formulierung zur friedlichen Grenzänderung vgl. Dok. 202.

dung der Formel bei Prinzip 3 durch das von der Unterkommission 1 am 5. April gewählte Verfahren nicht formell ausgeschlossen ist.

3) Der Wortlaut des von Kissinger Gromyko gegenüber gemachten Formulierungsvorschlags ist hier nicht bekannt.

a) Wir sind bisher davon ausgegangen, daß unabdingbare Voraussetzung einer Unterbringung der friedlichen Grenzänderung bei Prinzip 1 (souveräne Gleichheit) eine der Stelle angepaßte Umformulierung ist, um klarzustellen, daß die Zulässigkeit friedlicher Grenzänderung (als positiver Ausdruck der Souveränität des Staates) durch die nachfolgenden Prinzipien nicht eingeschränkt ist. Unsere Formel, die Kissinger von Außenminister Scheel im Frühjahr 1974 auch mitgeteilt worden war[7], hat folgenden Wortlaut:

„Die Souveränität der Teilnehmerstaaten umfaßt gemäß dem Völkerrecht das Recht, ihre Grenzen durch friedliche Mittel und einvernehmlich zu ändern, und nichts in dieser Erklärung wird dieses Recht berühren."[8]

Falls Kissinger Gromyko diesen Wortlaut vorgeschlagen hat, stellt sich die Frage, wie prozedural weiter verfahren werden soll:
– Wollen die Amerikaner den Sowjets gegenüber die Angelegenheit bilateral weiter verfolgen,
– oder sollen wir das Problem in Genf im Sinne des Gesprächs Kissinger–Gromyko zwischen den Delegationen aufnehmen?

b) Sollte Kissinger dagegen Gromyko gegenüber von der am 5. April vorläufig registrierten Formel mit zwei Änderungen (vorgezogene Bezugnahme auf das Völkerrecht und positive Formulierung) gesprochen haben – eine Formulierung, die wir für die Anbindung bei Prinzip 4, nicht aber bei Prinzip 1, vorgesehen hatten –, so stellt sich die Frage, ob wir diese Formel letztlich auch bei der Anbindung an Prinzip 1 verwenden könnten. Insbesondere wäre dann zu prüfen, ob wir auf den o. a. Zusatz („und nichts in dieser Erklärung wird dieses Recht berühren") verzichten[9] können.

Ohne den Zusatz besteht die Gefahr, daß die Sowjets die Aussage zur friedlichen Grenzänderung dahin interpretieren, daß sie durch die nachfolgenden Prinzipien (Unverletzlichkeit der Grenzen, territoriale Integrität) eingeschränkt wird. Bei Verwendung der von uns für Prinzip 4 vorgesehenen Formel bei Prinzip 1 würden als mögliches Gegengewicht besondere Bedeutung erlangen:
– klare Aussage über die Gleichgewichtigkeit und den Zusammenhang der Prinzipien (valeur égale);
– Placierung der Aussage im Prinzip 1 selbst, das einen umfangreichen Text hat.

4) Falls wir zu dem Ergebnis kommen, daß die Aussage zur friedlichen Grenzänderung ohne den genannten Zusatz für uns nicht akzeptabel ist, die Sowjets eine uns befriedigende Formulierung aber strikt ablehnen, so sollten wir – wie

---

[7] Vgl. dazu das Schreiben des Bundesministers Scheel an den amerikanischen Außenminister Kissinger vom 30. April 1974; Dok. 138.
[8] Der Passus „und nichts ... berühren" wurde von Bundesminister Genscher hervorgehoben. Dazu vermerkte er handschriftlich: „Wo bleibt das in der jetzigen Formulierung!"
[9] Dieses Wort wurde von Bundesminister Genscher hervorgehoben. Dazu Ausrufezeichen und handschriftliche Bemerkung: „M[eines] E[rachtens]: Nein."

bereits im bisherigen Szenario vorgesehen – eine Anbindung der friedlichen Grenzänderung an das Prinzip 4 (territoriale Integrität) vorschlagen. In diesem Fall könnten wir auf den Zusatz verzichten. Mit dem vorgezogenen Hinweis auf das Völkerrecht und durch die positive Formulierung würden unseren Interessen ausreichend Rechnung getragen.[10]

Die Referate 500 und 212 haben mitgewirkt.

van Well

VS-Bd. 10114 (210)

199

Botschafter Krapf, Brüssel (NATO), an das Auswärtige Amt

114-12809/74 VS-vertraulich   Aufgabe: 5. Juli 1974, 11.15 Uhr[1]
Fernschreiben Nr. 987   **Ankunft: 5. Juli 1974, 13.31 Uhr**
Cito

Betr.: Unterrichtung des NATO-Rats durch AM Kissinger;
hier: allgemeine Aspekte der internationalen Lage

Bezug: DB vom 4.7.1974 – 20-91.36/3-2629/74 VS-v[2]

Zur Unterrichtung

In Ergänzung des zusammenfassenden Bezugsberichts ist aus der Erörterung im NATO-Rat am 4.7.1974 folgendes festzuhalten:

1) Einleitend bemerkte Kissinger, die Vereinigten Staaten seien sich völlig im klaren über das „ambivalente" Gefühl der Bündnispartner im Hinblick auf die

---

[10] Am 19. Juli 1974 vermerkte Ministerialdirektor van Well zu den handschriftlichen Bemerkungen des Bundesministers Genscher: „1) Wir haben von amerikanischer Seite nicht in Erfahrung bringen können, warum Kissinger Gromyko für die Aufnahme der Aussage zur friedlichen Grenzänderung beim Prinzip Nr. 1 eine Formel vorgeschlagen hat, bei der die klarstellende Ergänzung ‚und nichts in dieser Erklärung wird dieses Recht berühren' weggelassen ist. Wir hatten den Amerikanern gesagt, daß wir einen solchen Zusatz im Interesse der Eindeutigkeit der Aussage für zweckmäßig hielten. Nicht nur die Amerikaner, sondern auch die Franzosen und Briten hatten uns allerdings bereits bei der vorausgegangenen Erörterung dieser Problematik mehrfach zu erkennen gegeben, daß ein derartiger Zusatz nicht durchsetzbar sein werde. Diese Überlegung dürfte bei Kissingers Vorgehen in Moskau eine ausschlaggebende Rolle gespielt haben. 2) Ich habe daraufhin dem amerikanischen Gesandten Cash am 9. Juli bestätigt, daß es bei dem zwischen Außenminister Kissinger und dem Herrn Minister in Miesbach vereinbarten Wortlaut bleibe: ‚In accordance with international law the participating states consider that their frontiers can be changed through peaceful means and by agreement'. 3) Wir konzentrieren unsere Bemühungen nunmehr darauf, die von uns angestrebte Eindeutigkeit der Aussage zur friedlichen Grenzänderung dadurch zu erreichen, daß durch eine klare Aussage über die Gleichgewichtigkeit und den Zusammenhang der Prinzipien (valeur égale) ein Gegengewicht hergestellt wird." Vgl. VS-Bd. 10114 (210); B 150, Aktenkopien 1974.

[1] Hat Vortragendem Legationsrat Hartmann vorgelegen.
[2] Vgl. Dok. 197.

amerikanisch-sowjetischen Beziehungen. Präsident Nixon habe in Europa zunächst als ein Vertreter einer harten Linie gegenüber der Sowjetunion gegolten. Deshalb seien zu Beginn der Administration dieses Präsidenten[3] nahezu alle europäischen Politiker in Washington vorstellig geworden und hätten auf eine konziliantere Haltung der USA zur Sowjetunion gedrängt. Sobald sich das Verhältnis zwischen Washington und Moskau gebessert habe, seien die Sowjetunion und die USA verdächtigt worden, sie wollten ein weltweites Kondominium errichten. Aus amerikanischer Sicht sehe es gelegentlich so aus, als ob die Bündnispartner weder gute Beziehungen zwischen Washington und Moskau noch ein gespanntes Verhältnis wünschten. Aus dieser Situation gebe es nur einen Ausweg: volle und vertrauensvolle Konsultationen von Seiten der USA.

2) Zur Nahost-Frage führte Kissinger aus, daß die Gespräche[4] nicht weit über den im Kommuniqué gezogenen Rahmen[5] hinausgegangen seien. Man stimme mit der Sowjetunion darin überein, daß die Genfer Konferenz[6] so schnell wie möglich fortgesetzt werden solle. Die USA seien sich jedoch darüber hinaus im klaren, daß die wesentlichen Fragen im Nahen Osten nur am Rande der Konferenz und nicht in aller Öffentlichkeit ausgetragen werden könnten. Die Vereinigten Staaten würden der Sowjetunion nicht erlauben, sich als Führer des radikalen Flügels der Araber aufzuspielen. In einem solchen Falle würden sie die Konferenz zum Stillstand bringen. Auf eine Frage des italienischen Botschafters[7] antwortete Kissinger, daß die Sowjetunion über die amerikanischen Vorstellungen zum Nahost-Problem voll unterrichtet sei. Die Initiativen der USA in diesem Gebiet seien jedoch nicht das Ergebnis einer Koordination zwischen Washington und Moskau. Die Sowjetunion sei über die Entwicklung des Nahost-Problems nicht begeistert. Selbstverständlich werde sie versuchen, den im Nahen Osten verlorenen Boden zurückzugewinnen. Die Vereinigten Staaten hätten jedoch immer wieder klargemacht, daß es nur zwei Wege gebe: Man könne alle Probleme wie Territorium, Palästinenser, Jerusalem zusammenfassen und gleichzeitig angehen. Dann würden die Israelis auch unter starkem amerikanischen Druck niemals einer Lösung zustimmen, und die extremen Araber würden ermuntert. Aus Sorge vor einem Einschlagen dieses Weges habe man auch Bedenken gegen die ursprünglichen Vorstellungen der Neun zu einem gemeinsamen Dialog mit allen Arabern[8] geäußert. Der andere Weg sei ein schrittweises Herangehen an die Probleme. Dieses Konzept habe man sowohl der Sowjetunion als auch allen anderen Betroffenen immer wieder erläutert. Das „Geheimnis des Erfolges" der amerikanischen Politik in Nahost bestehe darin, daß man allen Betroffenen stets dasselbe gesagt und dann auch entsprechend gehandelt habe.

---

[3] Richard M. Nixon wurde am 20. Januar 1969 als Präsident der USA vereidigt.
[4] Präsident Nixon hielt sich vom 27. Juni bis 3. Juli 1974 in der UdSSR auf.
[5] Zum Nahost-Teil des Kommuniqués über den Besuch des Präsidenten Nixon vom 27. Juni bis 3. Juli 1974 in der UdSSR vgl. Dok. 197, Anm. 13 und 14.
[6] Zur Friedenskonferenz für den Nahen Osten in Genf vgl. Dok. 10, Anm. 9.
[7] Felice Catalano di Melilli.
[8] Vgl. dazu das Gespräch des Bundesministers Scheel mit dem amerikanischen Außenminister Kissinger am 4. März 1974 in Brüssel; Dok. 69.
Vgl. dazu ferner die Beschlüsse der Konferenz der Außenminister der EG-Mitgliedstaaten im Rahmen der EPZ am 4. März 1974 in Brüssel; Dok. 77.

Wenn die Sowjetunion sich die Forderungen der Araber zu eigen machen wolle, so werde dies zwar zu großartigen Erklärungen führen, aber nicht zu praktischen Fortschritten.

Die USA nähmen keine Sonderrolle für sich in Anspruch. Sie hätten keine Einwendungen gegen sowjetische Wirtschaftshilfe. Sie unterstützten nachdrücklich eine wirtschaftliche Hilfe der europäischen Staaten, insbesondere wenn diese gezielt an bestimmte Staaten gegeben werde („particularly if targeted on key countries").

3) Zur KSZE führte Kissinger im einzelnen aus, daß die Sowjetunion sehr starken Druck ausgeübt habe, um die Vereinigten Staaten zu einer Beschleunigung der Konferenz und zu einer Zustimmung zu einer dritten Phase auf höchster Ebene zu veranlassen. Die amerikanische Haltung zur KSZE bleibe jedoch unverändert: Es bestehe keinerlei Absprache zwischen der Sowjetunion und den Vereinigten Staaten über eine dritte Phase auf höchster Ebene. Allerdings hätten die Vereinigten Staaten eine Zeitlang angenommen, daß eine derartige Absprache zwischen einigen Bündnispartnern und der Sowjetunion bestünde. Für den Fortgang der Konferenz in Genf sei es wesentlich, von den „theologischen Diskussionen" wegzukommen. Die Vereinigten Staaten seien bereit, mit den Bündnispartnern die Fragen zu definieren, die als wesentliche Voraussetzung für einen Abschluß auf höchster Ebene anzusehen seien. Abstrakte Diskussionen führten zu nichts. Man müsse eine Anzahl von „essentials" definieren. Die USA würden die Bündnispartner hierzu nicht unter Druck setzen, sie hielten es jedoch für erforderlich, mit entsprechenden Abstimmungen so schnell wie möglich zu beginnen. Dies werde er auch bei seinen bilateralen Kontakten in den Hauptstädten einiger der Bündnispartner in den nächsten Tagen[9] darlegen.[10]

Aufgrund einer Andeutung des belgischen Außenministers van Elslande, daß er beim ersten Lesen des KSZE-Teils des Kommuniqués[11] doch einigermaßen

---

9 Der amerikanische Außenminister Kissinger reiste im Anschluß an die Unterrichtung des Ständigen NATO-Rats in Brüssel am 4. Juli 1974 nach Paris und am 5. Juli 1974 nach Rom. Am 6./7. Juli 1974 hielt sich Kissinger anläßlich des Endspiels der Fußball-Weltmeisterschaft in Miesbach bzw. München auf. Die britische Regierung unterrichtete er am 8. Juli 1974 in London. Zu den Gesprächen mit Bundesminister Genscher vgl. Dok. 202 und Dok. 203.

10 Botschafter Krapf, Brüssel (NATO), übermittelte am 5. Juli 1974 den Vorschlag des NATO-Generalsekretärs Luns, „die von Außenminister Kissinger angeregte Konsultation über die wesentlichen Punkte (essentials) der Verhandlungsposition der Bündnispartner in der Ratssitzung am 10. Juli 1974 zu beginnen. Wenn im Bündnis die Konsultation über die essentials beginnt, sollten wir – zu einem möglichst frühen Zeitpunkt – die für uns wichtigen Punkte zur Geltung bringen. Das gilt insbesondere für unser Anliegen im Bereich der Grundsätze zwischenstaatlicher Beziehungen." Vgl. den Drahtbericht Nr. 994; VS-Bd. 10127 (212); B 150, Aktenkopien 1974.

11 Im Kommuniqué über den Besuch des Präsidenten Nixon vom 27. Juni bis 3. Juli 1974 in der UdSSR vermerkten beide Seiten ihre Befriedigung über den Fortschritt bei der Herstellung friedlicher Beziehungen in Europa: „Both Sides welcome the major contribution which the Conference on Security and Cooperation in Europe is making to this beneficial process. They consider that substantial progress has already been achieved at the Conference on many significant questions. They believe that this progress indicates that the present stage of the Conference will produce agreed documents of great international significance expressing the determination of the participating states to build their mutual relations on a solid jointly elaborated basis. The US and USSR will make every effort, in cooperation with the other participants, to find solutions acceptable to all for the remaining problems. Both Sides expressed their conviction that successful completion of the Conference on Security and Cooperation in Europe would be an outstanding event in the interests of establishing a lasting peace. Proceeding from this assumption the USA and the USSR expressed

„unglücklich" gewesen sei, unterstrich Kissinger nochmals die Notwendigkeit, so schnell wie möglich die Konsultationen der von ihm aufgezeigten Fragen im Bündnis aufzunehmen. Auf die Frage van Elslandes, ob die Vereinigten Staaten mit einer Unterbrechung der Konferenz im August einverstanden wären, antwortete Kissinger, eine solche Unterbrechung könne notwendig werden. Man solle sie in Genf als eine selbstverständliche Ferienregelung betrachten und ihr so wenig Bedeutung wie möglich zulegen. Die Diskussion in Genf sei übertrieben bürokratisch (excessively bureaucratic). Auf diesem Wege werde man nicht weiterkommen. Die Art und Weise der Redaktion, z. B. im Bereich der humanitären Fragen, müsse bei der Sowjetunion zu Befürchtungen führen. Man müsse die für die Bündnispartner wesentlichen Punkte festlegen und an diesen Punkten auch eindeutig festhalten. Die gegenwärtige Redaktionsmethode erwecke bei der Sowjetunion den Eindruck, daß einige Teilnehmer den Fortgang der Verhandlungen bewußt aufhielten.

[gez.] Krapf

VS-Bd. 8125 (201)

200

Botschafter Krapf, Brüssel (NATO), an das Auswärtige Amt

114-12812/74 VS-vertraulich Aufgabe: 5. Juli 1974, 17.30 Uhr[1]
Fernschreiben Nr. 989 Ankunft: 5. Juli 1974, 20.19 Uhr
Cito

Betr.: Unterrichtung des NATO-Rats durch Außenminister Kissinger über die Gipfelgespräche in der Sowjetunion[2];
hier: SALT und allgemeine Abrüstung

Bezug: DB Nr. 984 vom 4.7.1974 – 20-91.26/3-2629/74 VS-v[3]

Zur Unterrichtung

I. 1) Zu SALT führte Außenminister Kissinger in der Ratssitzung am 4. Juli 1974 im einzelnen aus, daß in diesem Bereich Klarheit über die Möglichkeiten und die politischen Ziele bestehen müsse. Das Bündnis (Kissinger sagte: wir)

Fortsetzung Fußnote von Seite 879
themselves in favor of the final stage of the Conference taking place at an early date. Both Sides also proceed from the assumption that the results of the negotiations will permit the Conference to be concluded at the highest level, which would correspond to the historic significance of the Conference for the future of Europe and lend greater authority to the importance of the Conference's decisions." Vgl. DEPARTMENT OF STATE BULLETIN, Bd. 71 (1974), S. 188. Für den deutschen Wortlaut vgl. EUROPA-ARCHIV 1974, D 372.

[1] Hat Vortragendem Legationsrat I. Klasse Pfeffer am 11. Juli 1974 vorgelegen.
[2] Präsident Nixon hielt sich vom 27. Juni bis 3. Juli 1974 in der UdSSR auf.
[3] Vgl. Dok. 197.

habe ein schwerwiegendes Verteidigungsproblem; man müsse aber eindeutig identifizieren, worin es bestehe.

2) In zahlreichen Bemerkungen zog Kissinger den Wert und die Haltbarkeit des Begriffs der strategischen Überlegenheit in Zweifel. Angesichts der Kompliziertheit, der Unerprobtheit im Masseneinsatz und der Wirkung von strategischen Waffen würden es die zuständigen Militärs im Ernstfall außerordentlich schwer haben, den für den Einsatz von strategischen Waffen politisch Verantwortlichen von der Notwendigkeit eines ersten Schlages zu überzeugen. In der weiteren Entwicklung der strategischen Waffen werde es praktisch kaum noch möglich sein, ihren Besitz in einen taktischen oder politischen Vorteil umzusetzen. Die politische Verwendbarkeit dieser Waffen könne bis zu einem Punkt abnehmen, in dem sie jeden politischen Wert verlieren. Schon in den Krisen der vergangenen Jahre habe sich gezeigt, daß die strategischen Waffen politisch wertlos gewesen seien. Politik sei gemacht worden mit Truppen, Flugzeugen und Schiffen, die man, sichtbar für alle Welt, in Alarmzustand versetzt habe. Angesichts dieser Situation müsse man verhindern, daß beide Seiten durch öffentliche Angaben über eine angebliche strategische Überlegenheit der anderen Seite in einen immer sinnloseren Rüstungswettlauf getrieben werden.

3) Langfristig könnten die Anstrengungen im strategischen Bereich deshalb nicht nach dem zweifelhaften Maßstab strategischer Überlegenheit ausgerichtet werden. Die eigentliche Sorge der USA lasse sich nicht mit dem Begriff von strategischer Überlegenheit erfassen. Sie ergebe sich vielmehr aus einem möglichen Auseinanderklaffen zwischen der Fähigkeit zu einem ersten und zu einem zweiten Schlag (the inherent gap between first and second strike capabilities). Wenn es notwendig werde, seien die USA darauf vorbereitet, auch im Rahmen eines Rüstungswettlaufs alles für ihre Sicherheit Notwendige zu tun. Keine amerikanische Regierung werde es zulassen, daß die USA im Sicherheitsbereich hinter die Sowjetunion zurückfallen werde.

II. 1) Kissinger erläuterte mehrfach die Vorteile der Situation, die sich für die USA aus dem SALT-I-Abkommen[4] ergeben haben. Es sei völlig falsch anzunehmen, SALT I habe es der Sowjetunion erleichtert, die Vereinigten Staaten im strategischen Bereich einzuholen. Durch dieses Abkommen sei kein amerikanisches Entwicklungsprogramm gestoppt worden. Im Gegenteil, das U-Boot-Programm sei von 1980/81 auf 1978/79 vorgezogen worden. SALT I habe jedoch offensichtlich die Durchführung sowjetischer Programme verlangsamt. Die Vorteile der Sowjetunion durch die größeren Wurfgewichte ihrer Raketen würden weit überschätzt; das größere Wurfgewicht lasse sich kaum in einen strategischen Vorteil umsetzen. Bei der Bewertung von SALT I werde auch häufig vergessen, daß zwar der Sowjetunion eine größere Zahl von Raketen zugestanden worden sei, daß aber sowohl die[5] strategischen Luftstreitkräfte als auch die

---
[4] Für den Wortlaut des Interimsabkommens vom 26. Mai 1972 zwischen den USA und der UdSSR über Maßnahmen hinsichtlich der Begrenzung strategischer Waffen (SALT) mit Protokoll vgl. UNTS, Bd. 944, S. 4–12. Für den deutschen Wortlaut vgl. EUROPA-ARCHIV 1972, D 396–398.
Vgl. auch die vereinbarten und einseitigen Interpretationen; DEPARTMENT OF STATE BULLETIN, Bd. 67 (1972), S. 11–14. Für den deutschen Wortlaut vgl. EUROPA-ARCHIV 1972, D 398–404.
[5] Korrigiert aus: „aber die".

überseeischen Stützpunkte der USA von dem Abkommen nicht erfaßt worden seien.

2) Bei den Gesprächen in der Sowjetunion über SALT II habe der Zeitfaktor eine große Rolle gespielt. Die sehr intensive Diskussion der SALT-Probleme habe zu der Einsicht geführt, daß weder die ursprünglich vorgesehenen kurzfristigen Abkommen noch unbefristete Abkommen mit den Interessen beider Seiten zu vereinbaren seien. Man habe sich deshalb grundsätzlich auf eine zehnjährige Laufzeit (1975–1985) geeinigt.[6]

In der äußerst schwierigen Frage nach einem Maßstab für den Vergleich der jeweiligen Arsenale strategischer Waffen sei man noch nicht zu einem Ergebnis gekommen. Die Sowjetunion habe zwar grundsätzlich dem Konzept zugestimmt, daß man sich auf der Basis von Stückzahlen einigen solle. Hinsichtlich konkreter Zahlen sei man sich jedoch nicht näher gekommen. Die Sowjetunion habe Zahlen vorgeschlagen, die keinerlei sowjetische Reduzierungen erfordert und als bloße Sanktionierung der sowjetischen Planungen gewirkt hätten.

Auf eine Frage des französischen Botschafters[7], ob die Sowjetunion ernsthaft an einem ausgeglichenen strategischen Verhältnis zu den USA interessiert sei, oder ob sie die SALT benutze, um für sich eine strategische Überlegenheit zu erreichen, erwiderte Kissinger folgendes: Im Laufe der Diskussion der SALT-Themen hätten die sowjetischen Gesprächspartner in sehr detaillierter Weise die aus sowjetischer Sicht bestehende Bedrohung durch das strategische Potential der USA dargelegt. Für die amerikanische Seite, deren Planung natürlicherweise von einem ersten Schlag der Sowjetunion ausgehe, habe diese Darlegung der von der Sowjetunion empfundenen Bedrohung neue Akzente gesetzt. Nach seinen Gesprächen mit Gretschko und sowjetischen Wirtschaftsführern sei er, Kissinger, der Überzeugung, daß die Sowjets bei SALT von der Annahme ihrer Unterlegenheit im strategischen Bereich ausgingen. Die Sowjets seien bemüht, diese aktuelle strategische Unterlegenheit auszugleichen. Die amerikanischen Militärs ließen sich demgegenüber von der Furcht vor einer künftigen strategischen Unterlegenheit leiten.

3) Kissinger stellte sich sodann selbst die Frage, ob bei einem weiteren SALT-Abkommen, auch wenn man es nach sorgfältiger Prüfung für „wasserdicht" halte, die Sowjetunion nicht doch unbeabsichtigt eine Chance zur Erringung von Überlegenheit im strategischen Bereich erlangen könne. Nach einigem Zögern

---

[6] Am 4. Juli 1974 übermittelte Botschafter Sahm, Moskau, Informationen des amerikanischen Botschafters Stoessel: „Über SALT hätten sehr lange und intensive Gespräche stattgefunden mit dem Ziel, das Interimsabkommen auszuweiten und eine Beschränkung des ‚deployment' zu erreichen. Es sei jedoch nicht möglich gewesen, eine Einigung zu erzielen. Die Gespräche hierüber seien außerordentlich freimütig gewesen und hätten viele Einzelheiten berührt, deren Erwähnung noch vor zwei Jahren nicht denkbar gewesen sei. Die Sowjets hätten dann die Ausarbeitung eines langfristigen Abkommens vorgeschlagen. Kissinger sei der Meinung, daß man nur noch 18 Monate Zeit habe, ein solches Abkommen zustande zu bringen. Nach diesen 18 Monaten würden die Sowjets in der Lage sein, schwere Raketen mit MIRV einzusetzen. Von da ab sei ein Rüstungswettlauf nicht mehr zu vermeiden. Nach Kissingers Meinung würden die schweren Raketen mit MIRV – und bei Nichtvorhandensein von ABM – eine solche enorme Masse von Offensivwaffen darstellen, die zwar letztlich sinnlos sei, aber doch die strategische Lage unstabil mache. Auch wenn keine Einigung erzielt worden sei, so bestehe jetzt doch ein besseres Verständnis auf beiden Seiten." Vgl. den Drahtbericht Nr. 2378; VS-Bd. 10109 (210); B 150, Aktenkopien 1974.

[7] François de Tricornot de Rose.

verneinte Kissinger diese Frage. Zu dieser negativen Antwort führe zunächst die Erfahrung mit dem SALT-I-Abkommen, bei dem man auch nach sorgfältiger Prüfung keinen unausgeglichenen Vorteil der Sowjetunion feststellen könne. Allerdings werde im Hinblick auf SALT II die Frage nach der Verletzlichkeit der Minutemen-Raketen gestellt. Eine solche Annahme mancher amerikanischer Kritiker sei aus sowjetischer Sicht jedoch kaum realistisch. Um die Minutemen auszuschalten, müsse die Sowjetunion gleichzeitig mindestens 2000 Raketen abfeuern, was in sich schon ein außerordentlich schwieriges technisches Problem wäre. Selbst wenn dann die Minutemen ausgeschaltet wären, würde dies nur ein Viertel der amerikanischen Sprengköpfe und ein Fünftel des zur Verfügung der USA stehenden Wurfgewichts betreffen. Die USA könnten einem ersten Schlag besser standhalten als die Sowjetunion, da 5/6 des zur sowjetischen Verfügung stehenden Wurfgewichts verbunkert seien und nur 1/3 des Wurfgewichts in der Verfügung der USA. Dies sei genau die Situation, aus der die Sowjetunion in den nächsten zehn Jahren herauskommen wolle.

4) Auf eine weitere Frage des französischen Botschafters nach der Rolle von U-Boot-Raketen mit Mehrfachsprengköpfen erklärte Kissinger, nach amerikanischen Erkenntnissen werde die Sowjetunion nicht vor 1978/79 über U-Boot-Raketen mit MIRVs verfügen. Außerdem sei auch die übrige sowjetische Technologie bezüglich des Einsatzes von U-Booten der amerikanischen unterlegen. Auf absehbare Zeit werde es außerordentlich schwierig sein, strategische U-Boot-Waffen zu entwickeln, die für einen ersten Schlag eingesetzt werden könnten. Die strategische U-Boot-Waffe könne praktisch nur für eine zweiten Schlag verwendet werden. Die Ausrüstung sowjetischer U-Boot-Raketen mit Mehrfachsprengköpfen sei deshalb nicht so sehr ein Problem der Fähigkeit zum ersten Schlage; sie werde jedoch ein sehr schwieriges Verifikationsproblem aufwerfen.

III. 1) Zu dem Abkommen über die Begrenzung unterirdischer Atomversuche bemerkte Kissinger, daß die Verifizierung von friedlichen Nuklearexplosionen[8] über 150 Kilotonnen durch Inspektionen an Ort und Stelle als ein Durchbruch auf dem Verifikationsgebiet anzusehen sei. Einzelheiten der Inspektion an Ort und Stelle müßten noch ausgearbeitet werden; Einigkeit bestehe jedoch schon darüber, daß Beobachter am Ort der Explosion zugelassen würden.

2) Auf eine Frage des kanadischen Sprechers nach den Auswirkungen des Abkommens über den Stop unterirdischer Versuche und der Unterscheidung zwischen militärischen und friedlichen Atomversuchen erwiderte Kissinger folgendes:

Die Atomexplosionen zu friedlichen Zwecken brächten besondere Verifikationsschwierigkeiten. Eine Kontrolle der Einhaltung des Verbots von Versuchen über 150 Kilotonnen sei nämlich nur möglich, wenn man die genauen Daten (Zeit und Ort) der Explosionen unter 150 Kilotonnen kenne. Da die Versuchsgebiete für militärische Atomexplosionen bekannt seien, habe man bei den friedlichen Atomversuchen unter 150 Kilotonnen den Austausch entsprechender Daten vereinbart.

---

[8] Die Bestimmungen über Verifizierung waren in Artikel II des Abkommens vom 3. Juli 1974 zwischen den USA und der UdSSR über die Begrenzung unterirdischer Kernwaffenversuche sowie im dazugehörigen Protokoll festgelegt. Für den Wortlaut vgl. DEPARTMENT OF STATE BULLETIN, Bd. 71 (1974), S. 217 f. Für den deutschen Wortlaut vgl. EUROPA-ARCHIV 1974, D 365–367.

In diesem Zusammenhang erwähnte Kissinger, daß die Sowjetunion versucht habe, in das Abkommen folgende Auflösungsklausel einzubauen: Jede Seite könne vom Abkommen zurücktreten, wenn ein dritter Staat (auf seinem Territorium) unterirdische Atomtests vornehme. Diese Klausel sei als politische Waffe insbesondere gegen China und Frankreich gedacht gewesen. Angesichts der Beziehungen zu Frankreich hätte dies zu einer starken Belastung der USA führen können. Eine solche Klausel sei deshalb zurückgewiesen worden.

Bei den friedlichen Explosionen über 150 Kilotonnen müsse selbstverständlich sichergestellt werden, daß solche Versuche nicht zu militärischen Zwecken genutzt werden. Eine Verifikation solcher Versuche sei deshalb unabdingbar. Mit diesem Problem stehe im Zusammenhang, daß nach Artikel III des Abkommens[9] ein bilaterales Abkommen über friedliche Atomversuche geschlossen werden müsse. Der Sowjetunion sei klargemacht werden, daß die Vereinigten Staaten das Abkommen über unterirdische Nuklearwaffenversuche nicht ratifizieren würden, bevor ein Abkommen über die friedlichen Atomversuche geschlossen sei. Diese Verbindung beider Abkommen und der Zeitdruck, unter den man dadurch für den Abschluß eines Abkommens für friedliche Atomversuche gesetzt sei, habe dazu gezwungen, auch das Abkommen über friedliche Atomversuche bilateral auszuhandeln.[10] In diesem Zusammenhang bemerkte Kissinger noch, der Gesamtbereich der Nichtverbreitungsproblematik werde zur Zeit in Washington sehr sorgfältig und ins einzelne gehend überprüft. Anlaß sei der indische, friedlichen Zwecken dienende Atomversuch.[11]

Ich bitte, diesen Bericht auch dem Herrn Bundesaußenminister und dem Herrn Staatssekretär[12] vorzulegen.

[gez.] Krapf

VS-Bd. 8244 (201)

---

[9] Für Artikel III des Abkommens vom 3. Juli 1974 zwischen den USA und der UdSSR über die Begrenzung unterirdischer Kernwaffenversuche vgl. Dok. 197, Anm. 9.

[10] Botschafter Sahm, Moskau, übermittelte am 4. Juli 1974 Informationen des amerikanischen Botschafters Stoessel: „Die Sowjets hätten, wohl vorwiegend aus propagandistischen Gründen, auf einem umfassenden Teststopp bestanden. Sie hätten den Amerikanern allerdings die Ablehnung dadurch erleichtert, daß sie eine solche Vereinbarung von der Teilnahme aller Kernwaffenstaaten abhängig gemacht hätten. Dies sei für USA nicht akzeptabel gewesen. Das jetzt erreichte Abkommen über die Begrenzung von unterirdischen Versuchen bedeute einen Schritt vorwärts, verhindere allerdings nicht solche Versuchsexplosionen, wie sie bisher (vor allem zum Testen von MIRV) üblich gewesen seien. Die sowjetische Forderung, eine Beitrittsklausel vorzusehen, hätten die USA abgelehnt. Es handele sich also um ein rein bilaterales, ratifizierungsbedürftiges Abkommen. Die Amerikaner hätten den Sowjets deutlich gemacht, daß der Senat dieses Abkommen nicht ratifizieren würde, wenn nicht gleichzeitig ein Abkommen über ein entsprechendes Verbot von Nuklearexplosionen für friedliche Zwecke ohne zeitliche Begrenzung abgeschlossen würde. Die sowjetische Seite hätte hinsichtlich der Kontrolle von friedlichen Explosionen interessante Bemerkungen gemacht. Sie hätten einen Informationsaustausch über rechtzeitige Ankündigungen, genaue Angaben von Zeit und Ort und sogar über Teilnahme von Beobachtern für möglich erklärt. Solche Versuche würden übrigens außerhalb der gegenwärtig für Waffenversuche verwendeten Versuchsgelände stattfinden. Um die nötige Zeit für die Ausarbeitung eines solchen Abkommens und der geologisch-technischen Einzelheiten zu gewinnen, sei das Wirksamwerden der Verpflichtungen aus dem Vertrag über die Begrenzung von unterirdischen Kernwaffenversuchen auf den 31. März 1976 festgelegt worden." Vgl. den Drahtbericht Nr. 2378; VS-Bd. 10109 (210); B 150, Aktenkopien 1974.

[11] Zur Zündung eines nuklearen Sprengsatzes durch Indien am 18. Mai 1974 vgl. Dok. 228.

[12] Walter Gehlhoff.

201

Gespräch des Bundeskanzlers Schmidt
mit dem ägyptischen Außenminister Fahmi

6. Juli 1974[1]

Vermerk über ein Gespräch des Bundeskanzlers mit dem ägyptischen Außenminister Fahmi am 6. Juli 1974 im Bundeskanzleramt von 11.30 bis 12.30 Uhr[2]

Teilnehmer auf ägyptischer Seite: Botschafter Kaamel; auf deutscher Seite: StS Gehlhoff, Botschafter Steltzer, MD Sanne.

Außenminister *Fahmi* äußerte sich befriedigt über den erreichten Stand der deutsch-ägyptischen Beziehungen. Es habe bei den Gesprächen hier[3] keine Probleme gegeben. Er sei mit allen wichtigen Persönlichkeiten in Bonn zusammengetroffen. Die Behandlung in der ägyptischen Presse sei sehr gut gewesen und werde ihre Wirkung auf andere arabische Staaten nicht verfehlen. Unsere Zusammenarbeit werde für Araber, Europäer und Amerikaner beispielhaft sein.

Unsere Beziehungen ruhten auf einem festen Fundament. Sadat wolle mit den Europäern zusammenarbeiten und bewundere vor allem die Deutschen. Die Bundesrepublik könne sich auf Ägypten verlassen.

Sadat befinde sich im dauernden Kontakt mit König Feisal, Präsident Boumedienne und Präsident Assad. Mit dem Sudan bestünden besonders enge Beziehungen. Der Irak dagegen isoliere sich selbst von der arabischen Familie. Auch mit Libyen befinde sich Ägypten in einem Verhältnis enger Zusammenarbeit. Ghadafi sei etwas labil, habe aber fast die volle Macht. Die ganze Gruppe seiner Mitarbeiter sei ziemlich unerfahren. 250 000 Ägypter seien in Libyen, um beim Aufbau des Landes zu helfen.

Die Fragen des Nahen Ostens bildeten ein altes und komplexes Problem, dessen Lösung Mut erfordere. Innerhalb und außerhalb der Region gebe es die verschiedensten Strömungen einschließlich des geopolitischen Spiels der Supermächte. Die Amerikaner hätten ihre Position seit dem 6. Oktober 1973[4] grundsätzlich verändert und spielten jetzt eine aktive Rolle in der Region. Sie hätten aber ein System, das schwierig zu verstehen sei, und es gebe auch dort feindselige Strömungen. Daher hoffe Ägypten, daß es möglich sein werde, noch wäh-

---

[1] Die Gesprächsaufzeichnung wurde von Ministerialdirektor Sanne, Bundeskanzleramt, am 10. Juli 1974 gefertigt.

[2] Der ägyptische Außenminister Fahmi hielt sich vom 2. bis 6. Juli 1974 in der Bundesrepublik auf.

[3] Der ägyptische Außenminister Fahmi führte während seines Aufenthalts in Bonn außer mit Bundeskanzler Schmidt Gespräche mit den Bundesministern Eppler, Fridrichs und Genscher, ferner mit dem Vorsitzenden des Außenpolitischen Ausschusses des Bundestages, Schröder, und dem Vorsitzenden des Ausschusses für wirtschaftliche Zusammenarbeit des Bundestags, Holtz. Für einen Auszug des Gesprächs mit Genscher am 3. Juli 1974 vgl. Anm. 11.
Darüber hinaus fand am 4. Juli 1974 auf Schloß Gymnich die konstituierende Sitzung der Gemeinsamen deutsch-ägyptischen Regierungskommission für Entwicklung und Wiederaufbau unter Vorsitz von Genscher und Fahmi statt. Vgl. dazu BULLETIN 1974, S. 838 f.

[4] Am Mittag des 6. Oktober 1973, dem israelischen Feiertag Jom Kippur, begannen ägyptische Angriffe am Suez-Kanal auf das Sinai-Gebiet sowie syrische Angriffe auf israelische Stellungen auf den Golan-Höhen.

rend der Amtszeit von Nixon und Kissinger die Beziehungen zu den Vereinigten Staaten auf eine breitere Basis zu stellen.

Die USA seien die einzige Macht mit Einfluß in Israel. Die Sowjets wüßten das, wenn sie es auch nicht zugäben. Moskau versuche, Druck auf eine baldige Fortsetzung der Konferenz in Genf[5] auszuüben. Seine Regierung sei dazu jetzt noch nicht bereit. Erst müßten weitere Kontakte mit den arabischen Staaten und den Palästinensern stattfinden. So werde es in Genf wohl erst im September oder im Oktober weitergehen.

Der *Bundeskanzler* unterstrich, daß Willy Brandt ihn und andere ausführlich über seinen Besuch in Algier und Kairo im April[6] informiert habe. Es sei unsere feste Absicht, die Politik fortzusetzen, die Brandt und Sadat ins Auge gefaßt haben, sowohl auf dem bilateralen Feld wie auf dem des europäisch-arabischen Dialogs. Als Fußnote wolle er anfügen, daß wir aus vielen Gründen ein ausgewogenes Verhältnis auch zu Israel nötig hätten.

Zu den bisher erreichten Fortschritten bei der Lösung des Nahost-Konflikts äußerte der Bundeskanzler seine Anerkennung für die Leistung der ägyptischen Führung, ohne deren Hilfe Kissinger seine Erfolge nicht hätte erzielen können. Die Europäer wollten sich nicht in die Genfer Gespräche einmischen, betrachteten aber die Entwicklung im Nahen Osten als besonders wichtig. Fortschritte in Richtung auf den Frieden seien nicht nur aus moralischen Gründen, sondern auch im wohlverstandenen Eigeninteresse der Europäer nötig. Er habe allerdings das Gefühl, daß die sowjetische Führung nicht besonders glücklich über die entstandene Lage sei.

Außenminister *Fahmi* antwortete, daß Ägypten nach siebenjähriger Unterbrechung der diplomatischen Beziehungen mit der Bundesrepublik die Initiative ergriffen habe.[7] Seine Regierung habe niemals irgendeinen Staat veranlassen wollen, schlechte Beziehungen mit Israel zu unterhalten. Ohnehin könne die Bundesrepublik keine engeren Beziehungen zu Israel unterhalten als die Vereinigten Staaten! Allerdings verstünde seine Regierung nicht, wie man von einer ausbalancierten Politik sprechen könne, soweit es sich um Grundsätze handele. Wenn man Grundsätze habe, so müsse man sich an diese halten. Die Bundesregierung habe während ihrer Präsidentschaft in der EG[8] nach diesem Prinzip gehandelt und für eine entsprechende Resolution der EG[9] gesorgt. Die ägyptische Auffassung sei, daß die Israelis kein Recht hätten, die Europäer dahingehend zu erpressen, daß sie schlechte Beziehungen mit den Arabern unterhalten sollten.

---

[5] Zur Friedenskonferenz für den Nahen Osten in Genf vgl. Dok. 10, Anm. 9.
[6] Zum Besuch des Bundeskanzlers Brandt vom 19. bis 21. April 1974 in Algerien und vom 21. bis 24. April 1974 in Ägypten vgl. Dok. 121 und Dok. 123–127.
[7] Nach Bekanntgabe der Aufnahme diplomatischer Beziehungen zwischen der Bundesrepublik und Israel am 12. Mai 1965 brach die VAR am 13. Mai 1965 die Beziehungen ab. Vgl. dazu AAPD 1965, II, Dok. 203.
Diplomatische Beziehungen zwischen der Bundesrepublik und Ägypten wurden am 8. Juni 1972 wiederhergestellt. Vgl. dazu AAPD 1972, I, Dok. 127.
[8] Die Bundesrepublik hatte die EG-Ratspräsidentschaft vom 1. Januar bis 30. Juni 1974 inne.
[9] Zu den Beschlüssen der Konferenz der Außenminister der EG-Mitgliedstaaten im Rahmen der EPZ am 4. März 1974 in Brüssel vgl. Dok. 77.

Ägypten habe mit der Sowjetunion zusammenarbeiten müssen, weil Dulles seinerzeit einen großen politischen Fehler begangen habe. Dies sei nicht gleichbedeutend mit Sympathie für die Russen. Sadat werde den Bundeskanzler einladen, nach Ägypten zu kommen. Dann könne er sich selbst vom Zustand des Landes und vom Denken seiner Bevölkerung überzeugen.

In der Tat sei die gegenwärtige Lage nicht einfach für die Sowjetunion. Der Außenhandel Ägyptens mit der Sowjetunion sei von früher 75% auf jetzt 10% abgesunken. Dies sei nur vergleichbar mit dem Niedergang des ägyptischen Außenhandels mit Großbritannien, der in der kolonialen Periode einmal 85% betragen habe.

Es gebe viele Gerüchte über die angeblich schwache Position Breschnews. Diese Gerüchte würden von Chinesen, Jugoslawen und anderen Quellen lanciert. Im Gegensatz zu Kreisky und Tito sei er der Auffassung, daß Breschnew die volle Führungsgewalt in Moskau innehabe. Er spreche aus der Erfahrung langer Gespräche mit den Sowjets.

Die Beziehungen zwischen Ägypten und Jugoslawien seien eng. Sie beruhten auf dem Grundsatz des non-alignment. Die Sowjets hätten sich beim Ausbruch der Feindseligkeiten im Oktober geweigert, Panzer zu liefern. Tito dagegen habe zwei Panzerbrigaden demobilisiert und deren gesamte Ausrüstung nach Ägypten geliefert.

Der *Bundeskanzler* wandte sich dann den Rohstoff-Fragen zu. Er sei weniger besorgt über eine Verknappung von Erdöl als über den Einfluß, den die Preissteigerungen für Rohstoffe auf die Weltwirtschaft haben könnten. Er sei auch nicht gegen Preissteigerungen als solche, sondern gegen deren Plötzlichkeit und Ausmaß. Möglicherweise stecke man jetzt schon in einer Weltwirtschaftskrise, ohne daß dies alle Beteiligten erkannt hätten. Es sei sehr gefährlich, wenn alle drei Monate 12 bis 15 Mrd. Dollar kurzfristiger Gelder auf den sog. Euro-Dollar-Markt flössen, die dort in langfristige Kredite umgewandelt würden. Wenn irgendein Staat am Persischen Golf sich entschließen würde, seine Guthaben von einer Bank auf eine andere zu verschieben, so könne das erhebliche Folgen auslösen. Es gebe bisher weder eine nationale noch eine internationale Kontrolle für diesen Markt. Internationale Vereinbarungen zur Lösung dieser Probleme seien unbedingt erforderlich. Er hoffe, daß Ägypten seinen maßgebenden Einfluß auf die beteiligten arabischen Staaten noch verstärken werde. Es gehe um drei Dinge:

Erstens müßten die Überschüsse der ölproduzierenden Länder herangezogen werden, um die Defizite anderer Länder auszugleichen;

zweitens müßten international vereinbarte Regeln für die Kontrolle der kurzfristigen Kredite auf dem sog. Euro-Dollar-Markt geschaffen werden;

drittens müßten die vagabundierenden Kapitalien zu langfristigen Investitionen in der europäischen und amerikanischen Industrie herangezogen werden.[10]

Außenminister *Fahmi* bestätigte, daß es tiefgehende Meinungsverschiedenheiten zwischen den arabischen Staaten in der Frage der Ölpreise gebe. Seine

---

[10] Zur Rückführung der Devisenüberschüsse der erdölproduzierenden Staaten („recycling") vgl. Dok. 177, Anm. 27.

Regierung werde weiterhin versuchen, die Dinge zu beeinflussen. Investitionen der verfügbaren Kapitalien in den Industrien entwickelter Länder seien der beste Weg zur Lösung der vom Bundeskanzler genannten Probleme. Dazu gehöre aber auch, daß die europäischen und amerikanischen Industriellen in diesem Sinne Kontakt mit den erdölproduzierenden Ländern suchten. Gerade hier könne die Bundesrepublik eine aktive Rolle spielen. Allerdings dürfe dies keine Einbahnstraße sein. Er verstehe nicht, warum die Deutschen sich davor fürchteten, ihrerseits in Ägypten zu investieren. Auf den Einwurf von Botschafter *Steltzer*, daß dies ein wichtiges Thema des europäisch-arabischen Dialogs sein könnte, entgegnete Außenminister *Fahmi*, daß der bilaterale Weg besser sei.[11] Nur die Bundesrepublik könne auf diesem Feld wirklich eine Rolle spielen. Er empfehle die Entsendung einer Wirtschaftsdelegation nach Saudi-Arabien.

Der *Bundeskanzler* wies auf das Problem hin, daß nach der nationalen Wirtschaftslage die deutsche Industrie Kapitalexport betreiben müsse, während nach der internationalen Wirtschaftslage eine Notwendigkeit für den Import arabischen Kapitals bestehe.

Abschließend bat der Bundeskanzler, dem ägyptischen Präsidenten seine Grüße zu übermitteln. Die von Willy Brandt im April ausgesprochene Einladung bleibe unverändert aufrechterhalten.

Archiv der sozialen Demokratie, Depositum Helmut Schmidt, Mappe 6934

---

[11] Zum europäisch-arabischen Dialog führte der ägyptische Außenminister Fahmi am 3. Juli 1974 gegenüber Bundesminister Genscher aus: „Ägypten sehe im europäisch-arabischen Rahmen keinen Gegensatz zwischen bilateraler Kooperation zwischen den einzelnen europäischen und arabischen Staaten und einer multilateralen Kooperation. Beides könne sich im Gegenteil gut ergänzen. [...] Ägypten setze sich nachdrücklich für den Dialog der arabischen Staaten mit Europa ein. Ägypten habe sich im übrigen auch für die Aufhebung des Embargos gegen die Niederlande verwandt und werde dies auch künftig tun. Hinsichtlich Dänemarks sei das Embargo ohnehin unverständlich. Ganz allgemein werde es wohl einige Zeit brauchen, bis die verschiedenen Aspekte der Ölkrise eine Lösung gefunden hätten. Auf der arabischen Seite bestehe die Hoffnung, daß Europa den Arabern im Rahmen solcher Lösungen sein Know-how zur Verfügung stelle. Es sei sicher richtig, daß Europa unter den Erdölpreisen leide. Andererseits solle man in Europa aber auch nicht übersehen, daß ein Entwicklungsland wie Ägypten unter der Erhöhung anderer Preise zu leiden habe, so etwa für Weizen, Kupfer usw. Auch dieser Aspekt müsse in die künftigen Überlegungen einbezogen werden." Genscher wies darauf hin, daß die Bundesrepublik im europäisch-arabischen Dialog „in erster Linie einen politischen Akt" sehe: „Schließlich wolle er noch erwähnen, daß die Schwierigkeiten mit den USA hinsichtlich des Dialogs nunmehr überwunden seien. Es habe sich hier auch nicht um eine amerikanische Opposition in der Sache gehandelt, sondern um generelle Verständigungsschwierigkeiten mit den USA, die man habe ausräumen können." Vgl. die Gesprächsaufzeichnung; Referat 310, Bd. 104662.

202

Aufzeichnung des Ministerialdirektors van Well, z. Z. München

VS-vertraulich   6. Juli 1974

I. Vermerk:

Betr.: Gespräch des Bundesministers mit Außenminister Kissinger am 6. Juli 1974 in Miesbach[1];
hier: KSZE

1) Friedliche Grenzänderung

Kissinger habe Gromyko zunächst gesagt, die Deutschen wünschten eine Erwähnung des peaceful change im Prinzip über die Unverletzlichkeit der Grenzen.[2] Gromyko habe dies als nicht akzeptabel bezeichnet. Sie seien bereit, einen Hinweis im ersten Prinzip über die souveräne Gleichheit aufzunehmen. Kissinger habe geantwortet, dann müsse die in Genf vorläufig registrierte Formulierung[3] geändert werden. Auf die Frage Gromykos, ob er eine Formulierung vorzuschlagen habe, habe Kissinger folgenden Text aufgeschrieben und Gromyko gegeben:

„In accordance with international law the participating states consider that their frontiers can be changed through peaceful means and by agreement."

Gromyko habe Prüfung zugesagt, sei jedoch im weiteren Verlauf der Gespräche nicht wieder auf den Punkt zurückgekommen.

Kissinger habe bei der Übergabe des Textes hervorgehoben, daß er zunächst nur von den Amerikanern vorgeschlagen sei und er den genauen Text noch mit den westlichen Partnern, vor allem den deutschen, besprechen müsse. Er werde die sowjetische Seite über deren Reaktion unterrichten. Auf die Frage Kissingers, ob wir einverstanden seien, haben wir geantwortet, die von Kissinger

---

[1] Der amerikanische Außenminister Kissinger besuchte die Bundesrepublik am 6./7. Juli 1974 anläßlich des Endspiels der Fußball-Weltmeisterschaft am 7. Juli 1974 in München. Zum Gespräch mit Bundesminister Genscher vgl. ferner Dok. 203.
Hans-Dietrich Genscher schrieb über sein Treffen mit Kissinger im Rückblick: „Kissinger nutzte bei unserem Miesbacher Treffen die Gelegenheit eines längeren Spaziergangs, um mir seine außenpolitische Philosophie zu erläutern, sein Bild der Sowjetunion und die Schlußfolgerungen, die sich für die amerikanische Außenpolitik daraus ergaben. Seiner Auffassung nach war vor allem das direkte Gespräch mit der sowjetischen Führung von Bedeutung. [...] Insgesamt kann man unsere Begegnung in Miesbach in dreifacher Hinsicht als Erfolg bezeichnen: Im Hinblick auf das menschliche Verhältnis, das sich zwischen Kissinger und mir entwickelte, auf die Arbeitsatmosphäre, die wir geschaffen hatten, und schließlich hinsichtlich der KSZE, die für die deutsche Außenpolitik so wichtig war. Immerhin hatten wir in drei bedeutsamen Fragen Übereinstimmung erreicht, beim peaceful change, bei den vertrauensbildenden Maßnahmen auf einem Teil des sowjetischen Territoriums und in der gemeinsamen Einschätzung, daß auch im westlichen Interesse liege, wenn man nach erfolgtem Abschluß der zweiten Phase, also einer Verständigung über das Schlußdokument, die Konferenz auf der höchsten Ebene der Staats- und Regierungschefs abhalte." Vgl. GENSCHER, Erinnerungen, S. 229 f.
[2] Der amerikanische Außenminister Kissinger hielt sich vom 27. Juni bis 3. Juli 1974 in der UdSSR auf. Zu seinem Gespräch mit dem sowjetischen Außenminister Gromyko über den Grundsatz der friedlichen Grenzänderung in einer KSZE-Prinzipienerklärung vgl. Dok. 198.
[3] Zum Dokument CSCE/II/A/126 vgl. Dok. 102, Anm. 7.

vorgeschlagene Formulierung sei ein großer Fortschritt, allerdings hätten wir im Falle der Einfügung des peaceful change in das erste Prinzip noch die zusätzliche Klarstellung vorgesehen gehabt, daß „nothing in the present declaration shall affect that right". Kissinger gab jedoch zu bedenken, daß es sehr schwierig sein würde, im jetzigen Zeitpunkt noch einen derartigen Zusatz durchzusetzen.

Wir haben daraufhin gesagt, wir könnten auf diesen Zusatz dann verzichten, wenn im zehnten Prinzip[4] klargestellt würde, daß alle Prinzipien gleichwertig seien und jedes Prinzip im Kontext der anderen Prinzipien interpretiert werden solle. Kissinger sagte uns die amerikanische Unterstützung in dieser Frage zu. Auf seine Frage, wer das Gespräch mit den Sowjets führen soll, antworteten wir, angesichts des Gesprächs in Moskau hielten wir es für ratsam, wenn die amerikanische Seite diesen Kontakt fortsetze. Kissinger erklärte sich bereit, am nächsten Mittwoch[5] in diesem Sinne mit Dobrynin zu sprechen.

2) Unberührtheitsklausel

Es wurde daran erinnert, daß die Franzosen im zehnten Prinzip darauf hinweisen wollen, daß bestehende Rechte, Verträge und Vereinbarungen, die von den Teilnehmerstaaten geschlossen wurden oder die sie betreffen, von der Prinzipiendeklaration unberührt bleiben. Wir stellten fest, daß es sich hier in erster Linie um ein alliiertes Anliegen handele, daß jedoch auch wir daran interessiert seien, wegen der Rechte der Drei Mächte in Berlin und wegen des Zugangs nach Berlin diese Klarstellung einzufügen. Wir würden es allerdings vorziehen, wenn statt der Formulierung „Verträge, die sie betreffen" ein anderer Text gewählt werden würde. Wenn jedoch die Drei Mächte darauf bestehen, würden wir die Sache daran nicht scheitern lassen, zumal wir eine gleichartige Formel im Warschauer Vertrag[6] und beim Grundvertrag[7] akzeptiert hätten.

Kissinger erwähnte, Sauvagnargues habe ihn in Paris[8] auf diesen Punkt angesprochen, und die amerikanische Seite sei bereit, ihn zu unterstützen. Kissinger meinte, dieser Punkt solle am besten von den Franzosen mit den Sowjets aufgenommen werden. Wir erklärten uns bereit, am 8./9. Juli in Bonn[9] mit Sauvagnargues darüber zu sprechen und ihm anheimzustellen, die Frage bei seinem bevorstehenden Moskau-Besuch[10] anzuschneiden.

---

[4] Für Ziffer 10 des französischen Entwurfs vom 19. Oktober 1973 einer Erklärung über die Prinzipien der Beziehungen zwischen den Teilnehmerstaaten der KSZE vgl. Dok. 182, Anm. 13.
[5] 10. Juli 1974.
[6] In Artikel IV des Vertrags vom 7. Dezember 1970 zwischen der Bundesrepublik und Polen über die Grundlagen der Normalisierung ihrer gegenseitigen Beziehungen war festgelegt: „Dieser Vertrag berührt nicht die von den Parteien früher geschlossenen oder sie betreffenden zweiseitigen oder mehrseitigen internationalen Vereinbarungen." Vgl. BUNDESGESETZBLATT 1972, Teil II, S. 363.
[7] Vgl. dazu Artikel 9 des Vertrags vom 21. Dezember 1972 über die Grundlagen der Beziehungen zwischen der Bundesrepublik und der DDR; Dok. 169, Anm. 8.
[8] Zum Besuch des amerikanischen Außenministers Kissinger am 4./5. Juli 1974 in Frankreich vgl. Dok. 203, Anm. 3.
[9] Zu den deutsch-französischen Konsultationsbesprechungen am 8./9. Juli 1974 vgl. Dok. 205 und Dok. 206.
[10] Zum Aufenthalt des französischen Außenministers Sauvagnargues vom 11. bis 13. Juli 1974 in der UdSSR vgl. Dok. 206, Anm. 9.

3) Vertrauensbildende Maßnahmen

Beide Minister stimmten darin überein, daß das bisherige sowjetische Konzept der sog. Grenzzonen schlecht sei. Es stehe ja fest, daß bis auf die Sowjetunion alle europäischen Teilnehmerstaaten bereit seien, mit ihrem gesamten Territorium sich an den Maßnahmen zu beteiligen. Es handele sich also nur darum, die Tiefe des einzubeziehenden sowjetischen Territoriums festzulegen. Kissinger schlug vor, der Westen solle weiterhin 500 km verlangen, könne jedoch letzten Endes sich mit 300 km einverstanden erklären.[11]

Es bestand Übereinstimmung, daß in den anderen Einzelaspekten der vertrauensbildenden Maßnahmen eine flexible Haltung eingenommen werden könne.

Dieser Punkt soll unter den Neun und den Fünfzehn erörtert und dann durch die Delegationen in Genf vertreten werden.

4) Dritter Korb

Beide Minister waren sich einig, daß die Präambel des dritten Korbes[12] nur einen generellen Hinweis auf die Beachtung der Prinzipiendeklaration enthalten solle. Dafür solle man den Russen eine Einfügung in das erste Prinzip (nicht jedoch im Prinzip über die Nichteinmischung) zugestehen, wonach jeder Teilnehmerstaat das Recht habe, seine eigenen Gesetze und Vorschriften zu bestimmen. Kissinger erwähnte, daß Gromyko immer wieder auf die Notwendigkeit des „respect for laws und regulations" hingewiesen habe. Der weitere Zusatz, daß die Teilnehmerstaaten die politischen, wirtschaftlichen und kulturellen Grundlagen jedes Teilnehmerstaates respektieren sollten, wurde von beiden Ministern abgelehnt. Kissinger hatte den Eindruck, daß die Sowjets auf den Hinweis über die Respektierung der politischen Institutionen letzthin nicht bestehen würden. Dieser Punkt solle nach Abstimmung unter den Neun und Fünfzehn von den Delegationen in Genf verfolgt werden.

5) Niveau der dritten Phase

Die Minister stimmten darin überein, daß es inkonsequent wäre, das Konferenzergebnis zu billigen, dann jedoch zu sagen, es sei so mager, daß man es nicht von den Regierungschefs absegnen lassen könne. Falls man zum Abschluß der zweiten Phase komme, könne man nicht verhindern, daß der Osten bei der dritten Phase auf höchstem Niveau vertreten sei, eine ganze Zahl anderer Staaten sich dem anschlösse und der Westen in eine peinliche Lage gerate. Der springende Punkt sei daher nicht das Niveau der dritten Phase, sondern die westliche Zustimmung zum Ergebnis der zweiten Phase. Wenn dem zugestimmt werde, könne man sich dem Abschluß auf der Ebene der Regierungschefs wohl nicht entziehen.

Kissinger stellte ferner die Frage, ob man den Abschluß der zweiten Phase verweigern könne. Die Diskussion der beiden Minister ergab, daß dies zu einer schweren Belastung der internationalen Lage führen würde. Erstrebenswert sei daher, baldmöglichst mit der Bereitschaft zum höchsten Niveau Forderungen nach östlichen Konzessionen zu verbinden

---

[11] Zur Einbeziehung sowjetischen Staatsgebiets in die vertrauensbildenden Maßnahmen im Rahmen einer KSZE vgl. Dok. 196.

[12] Für den finnischen Entwurf vom 27. April 1974 für eine Präambel zu Korb III vgl. Dok. 171, Anm. 16.

6) Die westlichen Essentialia in Korb III (8 bis 10 Punkte)[13]

Wir erklärten uns bereit, uns bei den Franzosen am 8./9. Juli in Bonn dafür einzusetzen, daß das Politische Komitee der Neun auf seiner Sitzung am 11. Juli in Paris die Essentialia zusammenstellt[14], daß dann die Neun entsprechende Vorschläge in den NATO-Rat einbringen.[15] Nach Abstimmung im NATO-Rat über die für die westliche Zustimmung zum Abschluß der zweiten Phase notwendigen Konzessionen bei Korb III sollten die Delegationen in Genf zu entsprechenden Sondierungen der übrigen Teilnehmer, vor allem der Sowjets, angewiesen werden. Die Rollenverteilung in Genf für diese Sondierungen soll gemäß dem in Genf üblichen Verfahren erfolgen.

7) Zeitfolge

Kissinger hatte den Eindruck, daß die Sowjets nichts dagegen haben würden, wenn die Konferenz erst im Herbst abgeschlossen werden würde. Sie sträubten sich jedoch gegen eine Unterbrechung der Konferenz. Beide Minister hielten es für wünschenswert, wenn die erste Lesung nach bisherigem Verfahren vor der Sommerpause[16] abgeschlossen werden könnte und dann der Koordinationsausschuß beauftragt würde, die bestehenden offenen Punkte zügig zu klären. Auf diese Weise könne den Sowjets hinsichtlich der kontinuierlichen Weiterführung der Arbeiten entgegengekommen werden.

II. Herrn Staatssekretär[17] vorzulegen.

van Well

VS-Bd. 10129 (212)

---

[13] Zum Vorschlag des amerikanischen Außenministers Kissinger, Konsultationen über die wesentlichen Punkte („essentials") der KSZE durchzuführen, vgl. Dok. 199, Anm. 10.

[14] Vortragende Legationsrätin Steffler teilte zur Behandlung des Themas KSZE auf der Sitzung des Politischen Komitees im Rahmen der EPZ am 11. Juli 1974 in Brüssel mit: „Es ist erstmals gelungen, unsere Vorschläge durch eine Aufzählung der wesentlichen Punkte zu präzisieren und so weit zu reduzieren, wie im Augenblick möglich; damit haben wir eine gute Basis für Abstimmung in der NATO; andererseits durchaus möglich, daß wir unser Papier aufgrund amerikanischer Überlegungen, insbesondere zu den CBMs, ergänzen und eine gemeinsame Haltung für Schlußverhandlungen erreichen." Vgl. den Runderlaß Nr. 2800 vom 12. Juli 1974; VS-Bd. 9896 (200); B 150, Aktenkopien 1974.

[15] Am 19. Juli 1974 beschloß der Ständige NATO-Rat in Brüssel, daß der Vorschlag des amerikanischen Außenministers Kissinger, Konsultationen über die wesentlichen Punkte („essentials") der KSZE durchzuführen, sowie die „Überlegungen der Neun (CSCE (74) 140 p, Ziffer 19–32) vom NATO-Caucus in Genf weiter erörtert werden" sollten. Vgl. den Drahtbericht Nr. 1049 des Botschafters Krapf, Brüssel (NATO); VS-Bd. 10113 (210); B 150, Aktenkopien 1974.

[16] Die zweite Phase der KSZE in Genf wurde am 26. Juli 1974 unterbrochen. Die Verhandlungen wurden am 2. September 1974 wiederaufgenommen.

[17] Hat Staatssekretär Gehlhoff am 8. Juli 1974 vorgelegen.

203

Aufzeichnung des Ministerialdirektors van Well, z. Z. München

VS-vertraulich 7. Juli 1974[1]

Betr.: Gespräch des Bundesministers mit Außenminister Kissinger am 6. Juli 1974 in Miesbach[2];
hier: Energiepolitik

In dem Gespräch mit Dr. Kissinger in Miesbach warf der Bundesminister die Frage auf, wie die Zusammenarbeit in der Energiepolitik gefördert werden könne. Uns komme es vor allem darauf an, daß sich auch die Franzosen beteiligten. Der Bundesminister fragte, ob Kissinger in seinem Gespräch mit Sauvagnargues am 5. Juli in Paris[3] Anzeichen dafür bemerkt habe, daß die französische Regierung bereit sei, auf eine gemeinsame Linie in der Energiepolitik einzuschwenken.

Dr. Kissinger berichtete, daß die Frage der Energiepolitik von französischer Seite aufgeworfen worden sei. Schon diese Tatsache deute auf ein verstärktes Interesse der französischen Regierung hin. Sauvagnargues habe allerdings in dem Delegationsgespräch die bekannten französischen Bedenken wieder vorgetragen, um zu zeigen, daß auch er die französischen Interessen energisch vertrete. Im Gegensatz zu seinem Vorgänger Jobert habe er jedoch nicht so stark insistiert, sondern seinerseits die Möglichkeiten der Zusammenarbeit (cooperative action) zur Erwägung gestellt. Kissinger sagte weiter, er habe den Eindruck gewonnen, daß die Franzosen nach Wegen der Zusammenarbeit im Energiebereich suchten.

---

[1] Hat Vortragender Legationsrätin Steffler am 11. Juli 1974 vorgelegen, die die Weiterleitung an Ministerialdirigent Simon verfügte.
Hat Simon am 12. Juli 1974 vorgelegen.

[2] Der amerikanische Außenminister Kissinger besuchte die Bundesrepublik am 6./7. Juli 1974 anläßlich des Endspiels der Fußball-Weltmeisterschaft am 7. Juli 1974 in München. Zum Gespräch mit Bundesminister Genscher vgl. ferner Dok. 202.

[3] Der amerikanische Außenminister Kissinger besuchte am 4./5. Juli 1974 Frankreich. Gesandter Blomeyer-Bartenstein, Paris, übermittelte am 5. Juli 1974 Informationen von französischer Seite über ein Gespräch von Kissinger mit dem französischen Außenminister Sauvagnargues vom Vortag: „Auf Kissingers Frage nach Frankreichs etwaiger künftiger Beteiligung an den Folgearbeiten zur Washingtoner Energiekonferenz habe Sauvagnargues mit der Gegenfrage reagiert, wann man die vorgesehene gemeinsame Konferenz der Erdölverbraucher- und -erzeugerländer veranstalten wolle. (Inwieweit diese Frage des französischen Außenministers im Sinne einer Vorbedingung für eine künftige französische Mitwirkung bei den Folgearbeiten gemeint war, konnte oder wollte Gesprächspartner nicht sagen). Kissinger habe – so die Darstellung des Gewährsmannes – seinerseits noch einmal mit einer Frage geantwortet, und zwar der, welches von den interessierten Ländern eine solche zweite Konferenz im Augenblick überhaupt wünsche. Die französische Entgegnung sei gewesen, die Erzeuger-Verbraucher-Konferenz stelle immerhin einen wesentlichen Beschluß der Washingtoner Energiekonferenz dar. Kissinger habe nicht widersprochen, jedoch unterstrichen, daß die beste Vorbereitung derartiger neuer Kontakte in der Organisierung einer gemeinsamen Interessenvertretung der Verbraucherländer bestehen würde. [...] Auf Erkundigungen Kissingers nach der französischen Haltung zu dem von den USA vorgeschlagenen integrierten Notstandsprogramm habe Sauvagnargues erwidert, daß dieses Programm von Frankreich keinesfalls schlechthin abgelehnt würde." Vgl. den Drahtbericht Nr. 2189; VS-Bd. 9938 (202); B 150, Aktenkopien 1974.

Auf die Frage des Bundesministers, ob die amerikanische Regierung mit der Weiterführung der Energiezusammenarbeit im Rahmen der OECD einverstanden sei, erklärte Kissinger, ihm komme es darauf an, daß das Paket nicht auf verschiedene Institutionen verteilt werde und daß kein einzelnes Land ein Vetorecht erhalte.[4] Unter dieser Voraussetzung sei er damit einverstanden, daß die gemeinsame Energiepolitik etwa in der Form des „Development Assistance Committee" bei der OECD angehängt werde, so daß man die vorhandene Infrastruktur nutzen könne. Auch Giscard scheine mit einer solchen Lösung einverstanden gewesen zu sein. Die Franzosen hätten offenbar eingesehen, daß man die Energieprobleme nicht im nationalen Alleingang lösen könne. Allerdings benötige die französische Regierung noch etwas Zeit. Die amerikanische Regierung habe dafür Verständnis und wolle nicht drängen.

Herrn Staatssekretär[5] vorzulegen.

van Well

VS-Bd. 9960 (204)

---

[4] Am 8./9. Juli 1974 erörterte die von der Energiekonferenz vom 11. bis 13. Februar 1974 in Washington eingesetzte Energie-Koordinierungsgruppe auf ihrer sechsten Sitzung in Brüssel die Verlagerung der energiepolitischen Zusammenarbeit in die OECD. Ministerialdirektor Hermes führte dazu am 11. Juli 1974 aus: „Im Gegensatz zu den anderen in der ECG mitarbeitenden Staaten und Frankreich, die die Folgearbeiten und die Durchführung des Notstandsprogramms in die OECD verlagern wollen, haben die Amerikaner, die die Schaffung einer eigenen Organisation vorgeschlagen hatten, gewisse Bedenken gegen die Übertragung auf die OECD. Sie weisen darauf hin, daß die OECD bisher auf dem Gebiet der Energiepolitik nicht effizient genug gewesen sei. Gegenwärtig sei die OECD nach ihrem Verfahren und ihrer Struktur für die vorgesehene intensive energiepolitische Zusammenarbeit nicht geeignet." Hermes hielt die amerikanischen Bedenken für nicht unberechtigt, verwies aber auf die Möglichkeit, innerhalb der OECD „die erforderlichen strukturellen und verfahrensmäßigen Voraussetzungen" zu schaffen, „um die Durchführung der auf der Washingtoner Energiekonferenz geplanten energiepolitischen Zusammenarbeit in der OECD anzusiedeln". Dies habe den Vorteil, „daß andere Verbraucherstaaten wie etwa Österreich, die Schweiz und Schweden, aber auch Australien und Neuseeland an der Zusammenarbeit teilnehmen könnten". Auf der Sitzung der Energie-Koordinierungsgruppe habe sich abgezeichnet, daß die energiepolitische Zusammenarbeit zukünftig „im Rahmen der OECD durchgeführt werden soll, wobei allerdings die erforderlichen organisatorischen und verfahrensmäßigen Voraussetzungen geschaffen werden müssen. Insbesondere ist es wichtig, daß das Programm nicht durch das Veto eines Landes blockiert werden kann." Vgl. Referat 405, Bd. 113895.

[5] Hat Staatssekretär Gehlhoff laut Vermerk des Legationsrats I. Klasse Engelhard vom 8. Juli 1974 vorgelegen.

204

Aufzeichnung des Ministerialdirigenten Kinkel

010-1354/74 VS-vertraulich 8. Juli 1974[1]

1) Vermerk:

Am 7. Juli 1974 fand auf Wunsch von Minister Dragan (Rumänien)[2] und durch Vermittlung von Herrn Rechtsanwalt Dr. Hüsch, Neuss, in München im Hotel Hilton ein Gespräch statt, an dem teilnahmen:

Minister Genscher, Minister Dragan, Herr Popescu (Begleiter von Dragan), VLR Dr. Keil (als Dolmetscher), MinDirig Dr. Kinkel.

Minister Dragan überbrachte die Grüße des rumänischen Staatsratsvorsitzenden Ceaușescu und des rumänischen Außenministers Macovescu an Bundeskanzler Schmidt und Bundesminister Genscher. Er wies darauf hin, daß er im Auftrag seiner Regierung drei Punkte besprechen wolle:

a) Problematik Familienzusammenführung,

b) Kreditgewährung,

c) Wiedergutmachungsleistungen.

Zu a) Minister Dragan betonte, daß die rumänische Seite gewillt sei, die getroffenen Vereinbarungen[3] zu halten. Die abgesprochene Familienzusammenführungspersonenzahl sei strikt eingehalten worden. Dies bringe für die rumänische Seite vor allem deshalb erhebliche Schwierigkeiten, weil es sich gerade in letzter Zeit oft um Personen handele, die einen hohen Ausbildungsstand hätten

---

[1] Hat Bundesminister Genscher am 21. Juli 1974 vorgelegen.

[2] Ministerialdirigent Simon vermerkte am 26. August 1974 zur Identität des rumänischen Gesprächspartners: „Diese konnte bisher nicht eindeutig festgestellt werden. Nach dem Bezugsvermerk ist Dragan als Minister aufgetreten. Nach der vorliegenden Ministerliste gibt es keinen Ressortminister namens Dragan. Nach Auffassung der Botschaft Bukarest könnte es sich um den gleichnamigen Generalsekretär des rumänischen Ministerrats handeln, der allerdings reine Verwaltungsfunktionen ausübt. Die Art und Weise der Gesprächsführung von Dragan legt die Vermutung nahe, daß dieser einen höheren Rang als den des Generalsekretärs des Ministerrates inne hat. Ein weiterer Dragan ist Mitglied des Exekutivkomitees der rumänischen Partei. Ob es sich allerdings um diesen handelt, war bisher nicht festzustellen." Vgl. VS-Bd. 14059 (010); B 150, Aktenkopien 1974.

[3] Referat 214 führte am 16. März 1973 zum Stand der Familienzusammenführung aus: „Aus Anlaß hochrangiger Kontakte haben wir in den letzten Jahren wiederholt sogenannte Härtelisten der Familienzusammenführung der rumänischen Seite übergeben. So wurden im Zusammenhang mit dem Staatsbesuch von Bundespräsident Heinemann zwei Listen übergeben. Auf beide Listen erfolgte 1972 eine Antwort. Aus der ersten Liste wurde die Ausreise von 59 Personen genehmigt und von 176 abgelehnt. Rumänische Seite sagte eine Überprüfung der abgelehnten Fälle zu, zu der bisher noch keine Antwort eingegangen ist." Aus der zweiten Liste seien nicht alle Ausreiseanträge bewilligt worden. Vgl. Referat 214, Bd. 112652.

Am 4. Februar 1974 berichtete Botschafter Wickert, Bukarest, das rumänische Innenministerium habe das Ergebnis der Überprüfung einer neuen Härtefall-Liste vom 4. Dezember 1973 mitgeteilt, die abgelehnten Fälle aus den beiden von Bundespräsident Heinemann im Mai 1971 übergebenen Listen sowie neue Fälle enthalten habe. Wiederum sei nur ein Teil der Anträge genehmigt worden, in einigen Fällen sei jedoch kein Ausreiseantrag gestellt bzw. wieder zurückgezogen worden. Vgl. dazu den Schriftbericht, Referat 214, Bd. 112652.

Am 6. Juni 1974 stellte Wickert fest: „Die Umsiedlung der Volksdeutschen in die Bundesrepublik Deutschland, die früher oft Anlaß zur Kritik bot, läuft zur Zeit diskret und befriedigend." Vgl. den Drahtbericht Nr. 436; Referat 214, Bd. 112640.

(Ausbildungskosten!), andererseits aber wegen ihrer Sprachkenntnisse problemlos in den Arbeitsprozeß in der Bundesrepublik eingegliedert werden könnten. Die rumänische Seite rege deshalb im Hinblick auf den Dollar-Verfall an, die Ablösungsbeträge zu erhöhen.[4]

Minister Genscher erwiderte, daß er sich – wie der rumänischen Seite bekannt sei – in besonderer Weise auch während seiner Tätigkeit als Bundesminister des Innern um die deutsch-rumänischen Beziehungen gekümmert habe. In der Bundesrepublik sei unvergessen, daß es Rumänien gewesen sei, das als erstes Land des Ostblocks die Tür zur Bundesrepublik geöffnet habe.[5] Selbstverständlich werde er sich auch weiterhin der Familienzusammenführungsangelegenheiten annehmen, in erster Linie sei nun aber Bundesminister Maihofer, der jetzige Bundesminister des Innern, zuständig. Zur Frage der Dollar-Abwertung und der Finanzsituation im allgemeinen: Auch die Bundesrepublik habe auf diesem Gebiet ihre Probleme. Deshalb sehe er keine Möglichkeit, die getroffenen Vereinbarungen zu ändern.

Minister Dragan bat nochmals, den Wunsch der rumänischen Regierung auf Erhöhung der Ablösungsbeträge zu überprüfen.

Minister Genscher sagte dies zu, fügte aber sofort hinzu, daß er eine Änderung der deutschen Haltung nicht als möglich ansehe. Im übrigen gehe er davon aus, daß – unabhängig von der neuerlichen Forderung der rumänischen Seite – die getroffenen Vereinbarungen voll erfüllt würden.

Minister Dragan sagte dies ausdrücklich zu.

Es wurde vereinbart, daß die rumänische Seite nach einer zu veranlassenden Prüfung der Angelegenheit[6] eine offizielle Antwort erhält.

---

[4] Erwin Wickert erläuterte im Rückblick zu den Modalitäten der deutsch-rumänischen Familienzusammenführung: „Bevor ich meinen Dienst in Bukarest antrat, hatte Willy Brandt so nebenbei bemerkt, es gebe ja die Vereinbarung von Staatssekretär Nahm mit den Rumänen über die Familienzusammenführung. Als ich mich später danach erkundigte, fand ich im Auswärtigen Amt niemand, der sie kannte. Ich erfuhr nur, daß sie vermutlich im Innenministerium liegen werde, obwohl es sich doch um eine auswärtige Angelegenheit handelte. Die Vereinbarung habe ich nie gesehen, auch nicht darauf bestanden, sie zu sehen, weil ich mündlich unterrichtet wurde. Mit der Zeit erfuhr ich, daß für jeden Volksdeutschen, dem ‚die Rumänen' die Ausreise zu ihren Familienangehörigen in die Bundesrepublik Deutschland erlaubten, eine Kopfprämie gezahlt wurde. Die Preise waren gestaffelt: Kategorie A: 1800 DM (Normalfall); Kategorie B 1: 5500 DM (Student); Kategorie B 2: 7000 DM (Student in den letzten beiden Jahren seiner Ausbildung); Kategorie C: 11000 DM (Akademiker mit Abschluß): Kategorie D: 2900 DM (Techniker und Facharbeiter). [...] Es fanden auch während meiner Dienstzeit in Bukarest und in der Bundesrepublik Deutschland Folgegespräche statt, nachdem die erste Vereinbarung abgelaufen war und nun verlängert werden sollte. Ich hörte nur nachträglich davon. Der rumänische Geheimdienstchef Dragan, der als Unterhändler nach Deutschland gesandt wurde, weigerte sich, die neue Vereinbarung schriftlich zu fixieren. Es sollte überhaupt nichts Schriftliches darüber vorliegen. Er wußte nicht, daß er etwas Unmögliches verlangte: Er kannte die deutsche Bürokratie nicht, die ohne Papier nicht existieren kann. Es wurde jedoch ein Kompromiß gefunden." Vgl. WICKERT, Augen, S. 500 f.

[5] Die Bundesrepublik und Rumänien nahmen am 31. Januar 1967 diplomatische Beziehungen auf. Vgl. dazu AAPD 1967, I, Dok. 20.

[6] Ministerialdirigent Simon teilte am 26. August 1974 mit, aus der Sicht des Auswärtigen Amts gebe es keinen Anlaß, auf die rumänischen Wünsche hinsichtlich der Erhöhung der Ablösungsbeträge im Rahmen der Familienzusammenführung einzugehen: „Rumänien hat bis einschließlich der ersten Hälfte 1974 seine Verpflichtungen aus der entsprechenden Vereinbarung im wesentlichen erfüllt." Vgl. VS-Bd. 14059 (010); B 150, Aktenkopien 1974.

Zu b) Minister Dragan erklärte, daß Bundeskanzler Brandt anläßlich des Besuchs von Staatsratsvorsitzendem Ceaușescu[7] zugesagt habe, Rumänien einen Kredit zu vernünftigen Bedingungen einzuräumen. Bundeskanzler Brandt habe damals für die Regierung gesprochen. Nach dem Besuch Ceaușescus habe Stefan Andrei in der Bundesrepublik ebenfalls Gespräche mit Herrn Brandt, Herrn Wehner und weiteren Vertretern der SPD geführt.[8] In diesen Gesprächen sei erneut eine Kreditgewährung in Aussicht gestellt worden. Leider sei seitens der Bundesregierung nie eine offizielle weitere Antwort erfolgt.

In Rumänien habe man mit großem Interesse die Kreditgewährung gerade an Jugoslawien[9] und Ägypten[10] zur Kenntnis genommen.

Minister Genscher erwiderte, daß er davon ausgegangen sei, daß das Gespräch nur über Familienzusammenführungsfragen geführt werden sollte. Deshalb sei er auf diesen Fragenkomplex nicht vorbereitet. Er schlug vor, die Angelegenheit nochmals prüfen zu lassen. Es werde eine Antwort erfolgen.

Minister Dragan betonte mit Nachdruck, daß Rumänien auf ein Wort des Bundeskanzlers vertraut habe und dringend darum bitte, daß dieses Wort eingelöst werde. Dies habe er im Namen seines Staatsratsvorsitzenden mit Nachdruck vorzubringen. Gedacht sei an eine Summe von zwei Milliarden DM. Rumänien sei ein Entwicklungsland; dies müsse gesehen werden.

Minister Genscher fragte, ob in den Gesprächen mit Bundeskanzler Brandt auch über die Höhe dieses Kredits gesprochen worden sei.

Minister Dragan bestätigte dies.

Minister Genscher sagte Prüfung[11] und Antwort zu.

---

[7] Staatsratsvorsitzender Ceaușescu hielt sich vom 26. bis 30. Juni 1973 in der Bundesrepublik auf. Vgl. dazu AAPD 1973, II, Dok. 202, Dok. 203 und Dok. 209.

[8] Am 2. April 1974 empfing Bundeskanzler Brandt den Sekretär des ZK der Kommunistischen Partei Rumäniens, Andrei, zu einem Gespräch, über das Vortragender Legationsrat Schilling, Bundeskanzleramt, notierte: „Andrei bezeichnete es als nützlich, wenn die Gespräche der Spezialisten zu Kreditfragen beschleunigt werden könnten. [...] Botschafter Oancea sei von rumänischer Seite beauftragt, solche Gespräche zu führen." Brandt habe die Frage der Kreditgewährung als „schwierig" bezeichnet, sich aber mit der Aufnahme von Expertengesprächen einverstanden erklärt. Vgl. Referat 214, Bd. 112640.
Ferner traf Andrei mit Bundesminister Bahr und dem SPD-Abgeordneten Wischnewski zusammen. Vgl. dazu den Drahtbericht Nr. 218 des Botschafters Wickert, Bukarest, vom 3. April 1974; Referat 214, Bd. 112640.

[9] Am 24. Mai 1974 paraphierten Bundesminister Eppler und der jugoslawische Botschafter Lončar ein Protokoll, wonach die Bundesrepublik in den Jahren 1974 bis 1977 Jugoslawien Kredite in Höhe von 700 Mio. DM gewährte. Vgl. dazu BULLETIN 1974, S. 627.

[10] Anläßlich der Sitzung der „deutsch-ägyptischen Regierungskommission für Entwicklung und Wiederaufbau" am 4./5. Juli 1974 wurde ein Abkommen zwischen der Bundesrepublik und Ägypten über finanzielle Zusammenarbeit unterzeichnet, nach dem die Bundesrepublik im Jahr 1974 Ägypten eine Kapitalhilfe in Höhe von 155 Mio. DM zur Verfügung stellte. Vgl. dazu BULLETIN 1974, S. 839.

[11] Ministerialdirigent Simon erläuterte dazu am 26. August 1974: „Die Äußerungen Dragans, daß Bundeskanzler Brandt bei Gesprächen mit Präsident Ceaușescu während dessen Besuches im Juni 1973 einen Kredit zu vernünftigen Bedingungen zugesagt habe und daß führende SPD-Politiker dem ZK-Sekretär Andrei bei dessen Besuchen im Februar und April 1974 eine Kreditgewährung in Aussicht gestellt hätten, treffen nach den dem Auswärtigen Amt vorliegenden Unterlagen nicht zu." Die wiederholt vorgetragenen Kreditwünsche seien gegenüber rumänischen Gesprächspartnern „unmißverständlich als unreal" bezeichnet worden. In einem Gespräch mit Andrei am 2. April 1974 habe Brandt der Aufnahme von Expertengesprächen zugestimmt. Dagegen habe Staatssekretär Sachs bei den „deutsch-rumänischen Konsultationen vom 12. bis 14. Juni 1974 [...] auf entspre-

Zu c) Minister Dragan betonte, daß die rumänische Seite verschiedentlich nach Wiedergutmachungsleistungen für Geschädigte des Dritten Reiches bei der Bundesregierung angefragt habe.[12] Bisher ohne Erfolg.

Die rumänische Seite habe 220 000 Wiedergutmachungseinzelakten angelegt und frage hiermit nochmals an, ob die Bundesregierung bereit sei, Wiedergutmachungsleistungen zu erbringen.

Minister Genscher antwortete hierauf, daß er auch für diesen Fragenkomplex nicht vorbereitet sei und hierfür um Verständnis bitte. Im übrigen sehe er keine Möglichkeit für Wiedergutmachungsleistungen. Er wolle sich über den Sachstand informieren[13] und sage eine Äußerung zu.

Minister Dragan bat, die Fragenkomplexe a) und b) (Familienzusammenführung, Kreditgewährung) nicht mit dem rumänischen Außenminister zu behandeln. Es sei ein Staatsratsbeschluß, daß diese beiden Komplexe über ihn, Dragan, und den Staatsratsvorsitzenden Ceaușescu selbst abzuwickeln seien. Anders verhalte es sich mit dem Komplex c) (Wiedergutmachung); dieser Fragenkreis könne und solle in Zukunft mit dem rumänischen Außenministerium besprochen werden.

Fortsetzung Fußnote von Seite 897
chende Frage von Vizeminister Gliga erklärt, die Bundesrepublik sei zu zinsverbilligten Krediten nicht in der Lage. Der Weg zu einer Intensivierung der wirtschaftlichen Zusammenarbeit müsse über Kooperationen führen." Vgl. VS-Bd. 14059 (010); B 150, Aktenkopien 1974.

[12] Rumänien erhob Forderungen zur Wiedergutmachung von Opfern pseudomedizinischer Versuche aus der Zeit des Nationalsozialismus sowie Rückerstattungsforderungen. Vgl. dazu AAPD 1972, I, Dok. 85. Am 20. März 1974 berichtete Botschafter Wickert, Bukarest, über ein Gespräch mit dem rumänischen Außenminister vom Vortag: „Macovescu benutzte die Gelegenheit, seine allgemeine Unzufriedenheit mit der Entwicklung der deutsch-rumänischen Beziehungen in Wirtschaft, Politik und der Atmosphäre zu äußern. [...] Auf die Bitte um Präzision seiner Beschwerden nannte er unsere Weigerung, den Rumänen allgemeine Wiedergutmachungszahlungen zu leisten. Er sagte, wenn Rumänien klug gewesen wäre, hätte es bereits 1967 darauf bestehen sollen, aber die Rumänen seien eben keine Händler und hätten damals bewußt auf eine solche Forderung verzichtet. Damals wäre die Bundesregierung bereit gewesen, Wiedergutmachung zu leisten, wie er seinerzeit verschiedenen Unterredungen mit einem deutschen Gesprächspartner, teilweise in geheim gebliebenen Treffen, entnommen habe. Ich erwiderte, daß diese Auskünfte sicher nicht von einem zuständigen Gesprächspartner gekommen seien. Die Bundesrepublik war weder im Jahre 1967 bereit gewesen, Rumänien allgemeine Wiedergutmachung zu gewähren, noch sei sie heute dazu bereit. Das hätten die kompetenten Vertreter der Bundesregierung stets mit aller Deutlichkeit gesagt. Zuletzt habe das Staatspräsident Ceaușescu vom Bundeskanzler und der ZK-Sekretär für Außenbeziehungen, Stefan Andrei, von Bundesminister Helmut Schmidt gehört. Die rumänische Regierung wäre gut beraten, wenn sie ihre Versuche aufgäbe, die Bundesregierung zu einer Änderung dieser durch einen Kabinettsbeschluß bestätigten Haltung zu bewegen." Vgl. den Drahtbericht Nr. 185; Referat 214, Bd. 112640.

[13] Ministerialdirigent Simon führte dazu am 26. August 1974 aus: „Ansprüche wegen nationalsozialistischer Verfolgungsmaßnahmen kann Rumänien nicht geltend machen, da es in seinem Friedensvertrag von 1947 für sich und seine Staatsangehörigen auf alle Forderungen gegenüber Deutschland verzichtete. Die Bundesrepublik ist zwar nicht Partner des Friedensvertrages, aber sie ist über das Londoner Schuldenabkommen hieran gebunden. In Verhandlungen über Rückerstattungsforderungen nach dem Bundesrückerstattungsgesetz kann sich die Bundesregierung nicht einlassen, da es sich hierbei nur um die Pauschalisierung von Einzelansprüchen handeln könnte. Solche sind jedoch innerhalb der festgesetzten Frist (April 1959) nicht gestellt worden. Bezüglich der rumänischen Opfer pseudo-medizinischer Versuche ist die Bundesregierung zur Entschädigung bereit. Dies wurde der rumänischen Seite wiederholt zugesagt, zuletzt bei den Konsultationen im März 1973. Rumänien ist auf diesen Vorschlag bisher nicht eingegangen. Es könnte allerdings nur ein Betrag von höchstens 500 000 DM angeboten werden, da die o. a. Unterlagen nur eine kleine Zahl von Opfern enthalten." Vgl. VS-Bd. 14059 (010); B 150, Aktenkopien 1974.

2) BM Maihofer hat eine Ablichtung erhalten.[14]
3) Über Herrn Staatssekretär Dr. Gehlhoff[15] Herrn D 2[16].

Kinkel

VS-Bd. 14059 (010)

205

Deutsch-französische Konsultationsbesprechung

VS-Nur für den Dienstgebrauch 9. Juli 1974[1]

Stenographisches Protokoll der abschließenden Plenarsitzung im Rahmen der deutsch-französischen Konsultationen[2] am 9. Juli 1974, 11.00 bis 12.00 Uhr, Bonn, Bundeskanzleramt.[3]

Bundeskanzler *Schmidt*: Monsieur le Président! Meine Herren! Ich darf Sie sehr herzlich hier im Bundeskanzleramt begrüßen. Wir haben schon viele Stunden der Arbeit und der Gespräche hinter uns. Herr Präsident Giscard und ich waren der Meinung, nachdem wir selbst sehr viele Stunden, zum Teil – vier Stunden – zu zweit, und eine Reihe von Stunden beim Abendessen in Gegenwart von Premierminister Chirac und in Gegenwart der beiden Außenminister

---

[14] Die Aufzeichnung wurde von Ministerialdirigent Kinkel am 9. Juli 1974 an das Bundesministerium des Innern übermittelt mit der Anregung, das Ministerium solle „mit den zuständigen Stellen im AA Kontakt aufnehmen". Vgl. das Begleitschreiben; VS-Bd. 14059 (010); B 150, Aktenkopien 1974.
[15] Hat Staatssekretär Gehlhoff am 23. Juli 1974 vorgelegen.
[16] Hat in Vertretung des Ministerialdirektors van Well Ministerialdirigent Simon am 24. Juli 1974 vorgelegen, der handschriftlich vermerkte: „1) Herrn Dg 21, 2) Herrn D 2 n[ach] R[ückkehr]".
Hat Ministerialdirigent Blech am 25. Juli 1974 vorgelegen.
Hat van Well am 1. August 1974 vorgelegen, der die Wiedervorlage bei Blech sowie die Weiterleitung an Vortragende Legationsrätin I. Klasse Finke-Osiander verfügte und handschriftlich vermerkte: „Z[ur] w[eiteren] V[eranlassung] wegen Beantwortung der Fragen."
Hat Blech erneut am 2. August 1974 vorgelegen.
Hat Finke-Osiander am 2. August 1974 vorgelegen.
[1] Ablichtung.
Die Gesprächsaufzeichnung wurde am 10. Juli 1974 von Staatssekretär Schüler, Bundeskanzleramt, an Bundesminister Genscher übermittelt.
Hat Genscher vorgelegen.
Hat Ministerialdirigent Kinkel am 12. Juli 1974 vorgelegen.
Hat Staatssekretär Gehlhoff am 17. Juli 1974 vorgelegen, der die Weiterleitung an Ministerialdirektor van Well verfügte.
Hat van Well am 19. Juli 1974 vorgelegen, der die Weiterleitung an Ministerialdirigent Simon verfügte.
Hat Simon am 22. Juli 1974 vorgelegen.
Hat Ministerialdirektor Hermes am 24. Juli 1974 vorgelegen.
Hat Ministerialdirigent Lautenschlager am 25. Juli 1974 vorgelegen. Vgl. den Begleitvermerk; Referat 202, Bd. 111206.
[2] Die deutsch-französischen Konsultationsbesprechungen fanden am 8./9. Juli 1974 statt.
[3] An dieser Stelle Fußnote in der Vorlage: „Zu beachten: (Beiträge der französischen Teilnehmer nach der Simultanübersetzung)."

sowie weiterer Kollegen haben sprechen können, daß es nicht notwendig ist, dies alles hier in kurz gerafter Form zu wiederholen. Es ist vielmehr der Wunsch, daß wir in diesem großen Kreise hören, was die Finanzminister zu berichten haben, sodann die Wirtschaftsminister, sodann die Agrarminister und sodann die Coordinateurs. Ich bin aber, Herr Präsident, soeben von Herrn Außenminister Genscher informiert worden, daß es doch vielleicht wünschenswert wäre, daß auch die Außenminister für den großen Kreis der beiden Delegationen ein Wort des Berichtes sagen. Ich würde dem gerne entsprechen, wenn Sie einverstanden sind, und wir würden das an die erste Stelle setzen. Nur darf ich alle Herren bitten, sich daran zu erinnern, daß wir noch genau 50 Minuten zur Verfügung haben für diese Unterhaltung heute morgen. Wenn Sie, Herr Präsident, einverstanden sind, würden wir zuerst Herrn Kollegen Sauvagnargues das Wort geben.

Außenminister *Sauvagnargues*: Ich werde mich sehr kurz fassen. Wir haben uns sehr allgemein unterhalten und haben – das wird Sie nicht erstaunen – vollkommene Übereinstimmung feststellen können.

Zu Europa hat mein Kollege mir gesagt, welches seine Erfahrungen sind, wie ich ihm unsere Erfahrungen mitteilen konnte. Wir haben dann sehr schnell die Probleme besprochen, die sich noch stellen: Ausarbeitung des Mandats für die Mittelmeerverhandlungen[4], afrikanische Verhandlungen[5] ebenfalls, und wir haben die verschiedenen Möglichkeiten, die sich uns bieten, erörtert.

Herr Genscher hat ebenfalls unterstrichen, daß es wichtig sei, die Verfahrensfragen in der Gemeinschaft zu verbessern. Herr Genscher hat ebenfalls darauf hingewiesen, daß es doch unangenehm sei, in welcher Weise die Ratssitzungen sich vervielfachen. Wir haben gesagt, daß wenigstens ein Rat eine gewisse Autonomie wahren müsse – und Herr Ertl wird mir sicher zustimmen –, nämlich der Rat der Landwirtschaftsminister. – Ich werde mich zu Europa nicht weiter äußern. Wir werden Gelegenheit haben, erneut darüber zu sprechen.[6] Wir haben auch von den Energieproblemen gesprochen. Ich glaube, zu diesem Thema genügt es ebenfalls zu wissen, daß dieses Thema auch von den Industrie- und Finanzministern erörtert worden ist. Ich glaube, dieses Thema ist auch auf höchster Ebene angesprochen worden, und so werde ich hierauf nicht weiter eingehen.

Ich werde mich zur Sicherheitskonferenz darauf beschränken, zu sagen, daß wir auch hier vollkommene Übereinstimmung der beiden Seiten festgestellt ha-

---

[4] Zu den Verhandlungen der Europäischen Gemeinschaften mit Staaten des Mittelmeerraums im Rahmen eines Globalabkommens vgl. Dok. 65, Anm. 41.
Am 22./23. Juli 1974 verabschiedete der EG-Ministerrat in Brüssel ein ergänzendes Mandat für die Fortsetzung der Verhandlungen. Vgl. dazu BULLETIN DER EG 7-8/1974, S. 84 f.

[5] Am 25./26. Juli 1974 fand in Kingston/Jamaika eine Ministerkonferenz statt über die Erneuerung des Abkommens von Jaunde vom 29. Juli 1969, durch das Burundi, Dahome, die Elfenbeinküste, Gabun, Kamerun, die Volksrepublik Kongo, Madagaskar, Mali, Mauretanien, Niger, Obervolta, Ruanda, der Senegal, Somalia, Togo, der Tschad, Zaire und die Zentralafrikanische Republik mit den Europäischen Gemeinschaften assoziiert waren, und des Abkommens von Arusha vom 24. September 1969, das die Assoziierung von Kenia, Tansania und Uganda regelte. Beide Abkommen liefen zum 31. Januar 1975 aus. Vgl. dazu SIEBENTER GESAMTBERICHT 1973, S. 429–436, und ACHTER GESAMTBERICHT 1974, S. 271–275.

[6] Vgl. dazu das Gespräch des Bundesministers Genscher mit dem französischen Außenminister Sauvagnuargues am 20. Juli 1974 in Paris; Dok. 220.

ben. Wir glauben, daß wir ein zufriedenstellendes Gleichgewicht im ersten Korb herstellen müssen. Zum Prinzip der Unverletzlichkeit der Grenzen ist gesagt worden, daß dieses nicht sozusagen das Oberprinzip sein sollte. Es muß ferner klar sein, daß auf der einen Seite die deutsche Option und auf der anderen Seite die Viererverantwortlichkeit, also die Besonderheit der deutschen Situation, gewahrt bleiben. Das sei, so wurde von uns gesagt, nicht gewährleistet, wenn hierüber nichts gesagt würde. Die DDR wird natürlich versuchen, die Schlußresolutionen der KSZE zu nehmen und festzustellen, daß sich hier juristische Schlußfolgerungen ableiten lassen, und sagen, daß die Dinge, die ihren Status betreffen, somit hinfällig sind.

Mit meinem Kollegen habe ich dann abgemacht, daß ich diese Dinge mit Herrn Gromyko während meines kommenden Besuches[7] besprechen werde.

Dritter Korb. Da sind wir beiderseits der Auffassung, daß man nicht unvernünftige Erwartungen haben darf, sie beschränken muß auf zwei oder drei präzise Punkte, die russischerseits guten Willen kennzeichnen würden. Sie haben bisher sich darauf beschränkt, die Zugeständnisse der westlichen Seite in die Tasche zu stecken, und in dieser dritten Phase, an der den Russen sehr viel liegt, muß den Russen klargemacht werden, daß von ihrer Seite etwas zugestanden werden muß. Unsere Erwartungen müssen vernünftig sein, aber es muß etwas Präzises sein.

Wir haben gesagt, daß in der gegenwärtigen Konjunktur Bedrohungen bestehen bezüglich des Umweltschutzamtes in Berlin. Da dürfte man den Russen nicht die Möglichkeit geben, hier einzugreifen und die Dinge zurückzuweisen. Wir haben gesagt, daß wir Interesse haben, diese Dinge, die ja doch eine recht überflüssige Übung sind, zu beenden, und zwar unter annehmbaren Bedingungen, wobei natürlich vermieden werden muß – die Bundesregierung und die französische Regierung befinden sich hier in Übereinstimmung –, daß diese Konferenz nicht ein ständiges Organ hervorbringen sollte, denn dies wäre ein ernstes Instrument, womit die Russen ständig blockierend wirken könnten.

Das in etwa war das, was wir besprochen haben, Herr Bundeskanzler.

Bundeskanzler *Schmidt*: Schönen Dank, Herr Außenminister. Ist von Ihrer Seite, Herr Genscher, dazu etwas zu bemerken?

Bundesaußenminister *Genscher*: Der Bericht ist absolut korrekt; ich stimme voll zu.

Bundeskanzler *Schmidt*: Darf ich fragen, wer für die beiden Finanzminister spricht? – Herr Fourcade.

Finanzminister *Fourcade*: Herr Bundeskanzler! Herr Präsident! Mit meinem Kollegen, Herrn Apel, haben wir eine bestimmte Anzahl von finanziellen Problemen geprüft, und wir sind uns einig geworden in bezug auf einen wesentlichen Punkt, d. h. das Goldproblem. Wir haben unseren Standpunkt wesentlich angenähert in bezug auf die Erneuerung des Europäischen Entwicklungsfonds.[8]

---

[7] Zum Aufenthalt des französischen Außenministers Sauvagnargues vom 11. bis 13. Juli 1974 in der UdSSR vgl. Dok. 206, Anm. 9.
[8] Der Europäische Entwicklungsfonds wurde 1958 gegründet mit der Aufgabe, den mit der EWG assoziierten Entwicklungsländern nicht-rückzahlbare Darlehen zu gewähren. Der Fonds wurde zwischen 1958 und 1973 dreimal erneuert. Ende 1973 waren „von den Mitteln des dritten Europäi-

Was das Gold betrifft, haben wir eine starke Konvergenz festgestellt. Einerseits haben wir das Abkommen von Zeist[9], das von uns festgelegt wurde. Andererseits ist in Washington eine gemeinsame Position festgesetzt worden[10]; wir haben festgestellt, daß diese Position in Frage gestellt werden könnte durch eine restriktive und zu legalistische Auslegung seitens des Zentralinstituts des Internationalen Währungsfonds, durch den jetzigen Direktor[11]. Wir waren uns einig darüber, daß wir versuchen sollten, der Vereinbarung von Zeist ein stärkeres Maß von Wirklichkeit zu geben. Die jetzige Position des Direktors des Internationalen Währungsfonds sollte nicht befolgt werden bei den gemeinsamen Positionen, die wir auf internationaler Ebene zu treffen haben.

In bezug auf den Europäischen Entwicklungsfonds sind wir von Standpunkten ausgegangen, die wesentlich voneinander unterschiedlich waren. Nach langer Debatte haben wir unsere Standpunkte einander angenähert. Ich habe darauf hingewiesen, daß mir am Herzen liegt, daß die assoziierten Länder in einer gewissen Weise behandelt werden. Herr Apel hat unterstrichen, daß die Anstrengungen, die die Bundesrepublik im Rahmen der Diskussion des Europäischen Entwicklungsfonds unternehmen könnte, eine Größenordnung haben könnten, die erlaubt, die bestehenden Rechte der Assoziierten zu erhalten. Wir kommen zu einer Größenordnung des Entwicklungsfonds, die zwischen 3,2 und 3,5 Milliarden Rechnungseinheiten liegen würde. Dies würde es ermöglichen, glaube ich, eine zufriedenstellende Position für die Gesamtheit der betroffenen Staaten einzunehmen.[12]

Andererseits waren wir beide der Auffassung, daß das Ziel eines derartigen Fonds leichter zu verwirklichen sei, wenn ein vom Haushalt getrennter Fonds gebildet wird. Infolgedessen haben wir beide gemeinsam die Methoden einer Annäherung geprüft, um zu einer Finanzierung dieses Fonds zu kommen, nicht

---

Fortsetzung Fußnote von Seite 901
schen Entwicklungsfonds rund 631 Mio. RE, d. h. über zwei Drittel seiner Ausstattung, gebunden". Vgl. SIEBENTER GESAMTBERICHT 1973, S. 422 f.
Am 6. Juli 1974 berichtete Botschafter Lebsanft, Brüssel (EG), über eine Sitzung der Gruppe „AASM/Finanzen" vom 3. Juli 1974 zur zukünftigen Höhe des Europäischen Entwicklungsfonds. Während von französischer Seite eine von der EG-Kommission vorgeschlagene Steigerung des Fondsvolumens befürwortet wurde, um den Besitzstand zu gewährleisten, vertrat die Bundesrepublik die Auffassung, das „Fondsvolumen, das sich bei Anwendung der Kommissionskriterien ergebe, sei nach deutscher Auffassung zu hoch [...]. Der für Deutschland annehmbare Betrag liege erheblich niedriger und zwar nicht nur um einige -zig Millionen, es handele sich vielmehr um eine ganz andere Größenordnung." Darüber hinaus sei seitens der Bundesrepublik betont worden, daß die Höhe des Fonds Ergebnis einer politischen Entscheidung sei. Dabei „müßten die finanziellen Möglichkeiten und die Gesamtverpflichtungen der Gemeinschaft und ihrer Mitgliedstaaten im entwicklungspolitischen Bereich berücksichtigt werden". Vgl. den Drahtbericht Nr. 2513; Referat 410, Bd. 101224.
[9] Zur Vereinbarung der Finanzminister der EG-Mitgliedstaaten vom 22./23. April 1974 über die Verwendung der Goldreserven zur Überwindung von Zahlungsbilanzdefiziten vgl. Dok. 160, Anm. 5.
[10] Zur Konferenz der Wirtschafts- und Finanzminister sowie der Notenbankpräsidenten der Zehnergruppe am 11. Juni 1974 in Washington vgl. Dok. 160, Anm. 7.
[11] Johannes Witteveen.
[12] Am 5. Juli 1974 legte die EG-Kommission ihren jährlichen Bericht über „die finanzielle und technische Zusammenarbeit zwischen der Gemeinschaft und den assoziierten afrikanischen Staaten und Madagaskar" vor, der das Haushaltsjahr 1973 umfaßte: „Insgesamt belief sich die Finanzhilfe der Gemeinschaft an die assoziierten Staaten im Jahr 1973 auf 194,3 Millionen RE. Davon stammen 183,4 Millionen RE aus dem EEF, und 10,9 Millionen RE aus den Eigenmitteln der Europäischen Investitionsbank waren normale Darlehen. 1972 belief sich diese Summe auf 213 Millionen RE und im vorhergehenden Jahr auf 253 Millionen RE." Vgl. BULLETIN DER EG 7-8/1974, S. 90.

durch Eigeneinnahmen der Gemeinschaft, sondern durch einen Fonds, der außerhalb des Haushalts der Gemeinschaft gebildet wird.

Dies, Herr Bundeskanzler, sind die Punkte, in bezug auf die wir einig geworden sind. Wir haben noch andere Punkte, in bezug auf die wir einig waren. Wir waren etwas beunruhigt über die schnelle Progression des Haushalts der Europäischen Gemeinschaft. Wir waren uns einig darüber – das war aber ein Punkt, worüber wir uns schon vorher einig waren –, daß wir restriktiv vorgehen wollen. Wir waren der Auffassung, daß wir dem europäischen Haushalt dieselben Beschränkungen wie unseren nationalen Haushalten auferlegen sollen.

Bundesfinanzminister Dr. *Apel*: Was den Entwicklungsfonds anbelangt, gibt es noch eine Differenz in den Zahlen. Wir sind der Meinung, über 3,2 Milliarden Rechnungseinheiten bis 1979 könnten wir nicht hinausgehen. Dies ist für die französische Delegation die Untergrenze. Hier müssen wir uns einander annähern.

Sonst ist es so, wie mein Kollege Finanzminister Fourcade gesagt hat, wir sind weitgehend aufeinander zugekommen, insbesondere was die Konstruktion anbelangt, die heißen würde, daß Großbritannien, Frankreich und die Bundesrepublik rund 24% der Mittel aufbringen. Das ist ein Fonds außerhalb des Haushalts der Gemeinschaften, was die Schlüsselfrage erleichtert.

Letzte Bemerkung: Ich habe Herrn Kollegen Fourcade darauf aufmerksam gemacht, daß die Kommission eine Steigerungsrate des Haushalts 1975 gegenüber dem Haushalt 1974 um 40% will. Wir sind uns einig geworden, daß wir hier allerdings notfalls mit Brutalität darauf hinweisen müssen, daß dieses unerträglich ist für die finanzielle Solidität aller Mitgliedsländer und auch der Europäischen Gemeinschaft insgesamt.

Bundeskanzler *Schmidt*: Herr Präsident, wenn Sie erlauben, würde ich gerne zwei kommentierende Bemerkungen machen. Ich glaube, daß Sie und ich darüber einig sind, daß nach unserer sehr persönlichen Erfahrung die politische Zusammenarbeit unserer beiden Länder sehr wesentlich von der persönlichen Zusammenarbeit der Finanzminister abhängt und daß wir den Wunsch ausdrücken, daß es sich in Zukunft so entwickelt, wie es in der Vergangenheit war.

Die zweite Bemerkung, die ich machen möchte, ist die, daß mir scheint, daß die Leute in Brüssel mit aller Festigkeit auf den Teppich der Vernunft zurückgebracht werden müssen. Was die Budgetfragen angeht, werden wir alle Anstrengungen machen, um zu einem ausgeglichenen und restriktiven Budget zu kommen. Dort werden auch Beschlüsse gefaßt, die uns die Kommission auf den Tisch legt, in der die Länder ermahnt werden, eine restriktive Budgetpolitik zu treiben, und die eigene Budgetpolitik ist eine inflationistische Bestleistung, wenn man es freundlich betrachten will. Ich würde deshalb dem, was die Herren Fourcade und Apel gesagt haben, gern den ausdrücklichen Segen der Regierungschefs erteilen, wenn Sie einverstanden sein sollten.

Staatspräsident *Giscard d'Estaing*: Herr Bundeskanzler! Meine Herren! Ich bin ebenfalls der Auffassung, daß diese Frage der Ausweitung des Budgets, der öffentlichen Ausgaben, eine sehr wichtige Frage ist und daß sie innerhalb von vernünftigen Grenzen gehalten werden sollte. Wir haben zu unseren Zeiten gekämpft, um zu diesem Ergebnis zu gelangen, leider ohne Erfolg, und wir können infolgedessen unseren beiden Nachfolgern nur alles Gute wünschen, damit sie besseren Zeiten entgegengehen.

Wenn ich richtig verstanden habe, ist es so, daß beim Europäischen Entwicklungsfonds die Standpunkte sich einander angenähert zu haben scheinen, aber in bezug auf eine sehr hohe Ebene. Es sind Beträge, die sehr hoch sind in absoluten Werten, die die Bundesrepublik beunruhigen, aber auch die französische Delegation beunruhigen, allerdings aus anderen Gründen, weil wir der Auffassung sind, daß die ehemaligen assoziierten Länder keine Verschlechterung erfahren sollten. Wir befanden uns in einem gewissen Widerspruch. Wir wollen den Anwendungsbereich dieses Abkommens ausweiten, andererseits möchten wir keine exzessive finanzielle Belastung. Ich glaube, daß unsere Finanzminister die Frage prüfen sollten, ob dies nicht Auswirkungen haben kann auf unsere zukünftigen Entscheidungen in bezug auf die IDA[13]. Wenn es auf weltweiter Ebene zu einer Erweiterung der Assoziierung kommt, so müssen wir zweifellos in bezug auf die IDA eine vorsichtige Haltung einnehmen. Ich möchte die Finanzminister darauf hinweisen und sie bitten, diesen Standpunkt bei den zukünftigen Erwägungen zu berücksichtigen. Was die europäische Angelegenheit betrifft, bin ich durchaus einverstanden. Ich glaube, daß man das sehr früh zum Ausdruck bringen sollte, sonst kommt es dazu, daß es sich um Sparmaßnahmen handelt, die politisch inakzeptabel sind. Wenn man die wachsende Steigerung der budgetären Progression verändern will, müßte man von Anfang an unsere restriktive Haltung bekanntgeben, und ich bin voll und ganz einverstanden mit dem, was Sie, Herr Bundeskanzler, zu diesem Punkt gesagt haben.

Bundeskanzler *Schmidt*: Schönen Dank! – Darf ich fragen, wer für die beiden Wirtschaftsminister berichtet?

Bundeswirtschaftsminister *Friderichs*: Herr Bundeskanzler! Wir haben zunächst die wirtschaftliche Lage der beiden Länder verglichen, wir haben ebenfalls die angewandten Instrumente zur Regelung der wirtschaftlichen Probleme verglichen, um festzustellen, inwieweit sie miteinander deckungsgleich sind. Es gab keine Meinungsverschiedenheit über die Ziele, die die französische Regierung zur Rückgewinnung von Stabilität und einer ausgeglichenen Bilanz ins Auge gefaßt hat und teilweise auch bereits realisiert hat mit dem Ziel, die Bilanz auszugleichen[14], wobei ich deutlich gemacht habe, daß auch wir an einem Ausgleich unserer Bilanz, d.h. an einem Abbau der Überschüsse ein untrennbares Interesse haben. Abbau der Überschüsse bedeutet dann, daß wir einen Rückgang der Überschüsse, die mit Sicherheit die Folge einer anderen Politik in anderen Ländern sein werden, nicht durch irgendwelche administrativen Maßnahmen behindern werden, sondern in irgendeiner Form stimulieren, und daß wir andererseits mit einer zunehmenden konjunkturellen Belebung im Ausland wieder mit einer Zunahme der Importe in die Bundesrepublik rechnen, so daß sich von daher der Überschuß reduziert.

Ich habe Kollege Fourcade in diesem Zusammenhang die neuesten Mai-Zahlen vorlegen können, die zeigen, daß beim Auftragseingang die Auslandsauftrags-

---

[13] International Development Agency.
[14] Vgl. dazu die wirtschafts- und finanzpolitischen Maßnahmen vom 12. Juni 1974; Dok. 166, Anm. 14.

eingänge zumal seit über einem Jahr wieder abnehmende Tendenz haben und die Inlandsaufträge zunehmende Tendenz. Wir waren uns einig, daß wir von administrativen Maßnahmen, auf der französischen Seite von Importen und bei uns von Exporten, Abstand nehmen wollen.

Wir haben in der Energiepolitik den Teil diskutiert, der mit der Kontrolle multinationaler Konzerne, mit der Durchleuchtung der Preispolitik zusammenhängt. Wir haben unsere Kenntnisse sehr offen auf den Tisch gelegt und verabredet, daß sich unsere beiderseitigen Experten unverzüglich zusammensetzen, denn diejenigen internationalen Gesellschaften, die uns einen totalen Einblick gewährt haben, haben sich in der vergangenen Woche damit einverstanden erklärt, daß wir dieses Material unseren Partnern innerhalb der Gemeinschaft zur Verfügung stellen, so daß wir hoffen, hier durch einen Austausch eine größere Transparenz in diese Dinge hineinbringen zu können mit dem Ziel, die Basispreise nicht über ein von der Kostenseite aus vertretbares Maß hinaus ansteigen zu lassen.

Wir haben ein spezielles Problem behandelt, nämlich die Frage der Einfuhr von Fertigprodukten, von Mineralölfertigprodukten in die Europäische Gemeinschaft aus Anlagen, die kooperativ entstanden sind. Wir haben ähnliche Vorhaben im Iran[15]. Ich hoffe, daß wir, ohne hier die Globalpolitik der Gemeinschaft ändern zu müssen, Regelungen erreichen können, die die Fertigprodukte aus Gemeinschaftsraffinerien außerhalb der Gemeinschaft möglichst zollfrei in die Gemeinschaft hineinkommen lassen, um mit unseren eigenen nationalen Gesellschaften auch in eine vernünftige Position zu gelangen.

Wir haben schließlich einige Spezialfragen des GATT diskutiert und waren uns einig, daß vor einer nächsten Runde ein Sonderministerrat stattfinden solle, so wie er seinerzeit von dem jetzigen französischen Staatspräsidenten in Tokio[16] angeregt worden war, um das Mandat der Europäischen Gemeinschaft auch im Politischen klar von der Politik her zu diskutieren. Es folgte ein diskreter Gedankenaustausch über die Gespräche mit dem Iran und die wechselseitigen Modalitäten der Zusammenarbeit mit diesem Land Mittelasiens.

Mit Minister d'Ornano haben wir uns ausschließlich auf bestimmte Problembereiche der Energiepolitik konzentriert, einmal auf den Bereich der Forschung, vor allen Dingen dann aber auf die Frage, wie das „Follow-up" von Washington[17] weiter behandelt werden sollte und in welcher Form eine Teilnahme Frankreichs an diesen Dingen möglich und sinnvoll ist. Wir waren uns einig, daß es für die europäische Energiepolitik ein schwerwiegender Nachteil wäre, wenn am „Follow-up" Washingtons nur ein Teil der Mitgliedsländer der EG beteiligt wäre. Wir sehen übereinstimmend die OECD als einen geeigneten Mechanismus an, die Dinge zum richtigen Zeitpunkt zu übernehmen. Mein französischer Kollege hat allerdings klar darauf hingewiesen, daß es für ihn nicht akzeptabel sei, das fertige Paket nur in der OECD akzeptieren zu sollen oder

---

15 Zum geplanten Bau einer Erdölraffinerie in Buschehr vgl. Dok. 166, Anm. 9.
16 Die Verhandlungsrunde im Rahmen des GATT wurde mit der Ministerkonferenz vom 12. bis 14. September 1973 in Tokio eröffnet.
17 Zur Energiekonferenz vom 11. bis 13. Februar 1974 in Washington vgl. Dok. 49.
Zur Frage einer Beteiligung Frankreichs an den Folgearbeiten der Energiekonferenz vgl. Dok. 203, Anm. 3.

zu müssen, sondern daß es sehr darauf ankomme, in welcher Form die bisherigen Ergebnisse zum richtigen Zeitpunkt in die OECD eingebracht werden könnten und welcher Mechanismus in der OECD dann zu entwickeln sei. In den anzustrebenden Zielen bestand eine weitgehende Übereinstimmung, wenngleich mein französischer Partner einige Bedenken, insbesondere bei der Frage der Poolung der Ölreserven hatte, ebenso wie bei der Bevorratungspolitik und den Verbrauchseinschränkungen, insbesondere die Frage, ob diejenigen Länder, die große Eigenproduktion haben, bereit seien, sich auf Dauer denselben Kriterien zu unterwerfen. Hier sind die Gespräche noch im Gange.[18]

Bundeskanzler *Schmidt*: Von seiten der französischen Gesprächspartner eine Ergänzung?

Finanzminister *Fourcade*: Herr Bundeskanzler! Herr Präsident! Ich möchte nur ein Wort zu den Ausführungen von Herrn Minister Friderichs hinzufügen, mit dem ich ein ebenso eingehendes Gespräch wie mit Herrn Apel hatte. Ich möchte nur ganz einfach sagen, welches das Anliegen der französischen Regierung ist. Wir möchten, daß es zu einer gemeinsamen Haltung bei unserer allgemeinen Politik der Bekämpfung der Inflation kommt. Auch im Verhältnis zu den großen internationalen Gesellschaften sollte dies gelten. Diese Gesellschaften versuchen, Verfahren für die Fertigprodukte zu praktizieren, die weitgehend das berücksichtigen, was heute bei den Belieferungen im Persischen Golf und im Iran geschieht. Ich bin der Auffassung, daß eine Kontrolle und Überwachung ... ein wichtiges Element der gemeinsamen Politik ist, die wir uns stellen müssen, wie Herr Minister Friderichs so richtig gesagt hat, damit im Rahmen einer Komplementarität die Möglichkeit besteht, das Gleichgewicht wieder herzustellen und wirksame Bekämpfung der Inflation betreiben zu können.

Bundeskanzler *Schmidt*: Ich möchte eine Bemerkung machen. Ich finde es im Sinne dessen, was Herr Friderichs über die zukünftige Form der Zusammenarbeit gesagt hat, sehr wichtig, daß in einem konkreten Kreis materiell Übereinstimmung hergestellt wird, ehe die Sache auf die OECD übergeht.

Bundeswirtschaftsminister *Friderichs*: Herr Bundeskanzler, vielleicht kann ich diese Ihre Anregung ergänzen. Wir waren uns darüber einig, daß wir vor Entscheidungen in Brüssel das eine oder andere bilaterale Gespräch zur Vorbereitung der Sitzungen führen werden.

Bundeskanzler *Schmidt*: Ich kann mir auch vorstellen, daß dieser kleine diskrete Kreis, von dem ich sprach, z. B. die Vereinigten Staaten von Amerika einbezieht (Zuruf: Beim Follow-up, Ja!) beim Follow-up, damit wir nicht später in Schwierigkeiten hineinlaufen. Das muß nicht unter den Augen der Pressefotografen geschehen.

Wenn zu diesem Thema von französischer Seite keine Bemerkungen mehr gemacht werden, dürfte ich vielleicht die Herren Agrarminister bitten.

Landwirtschaftsminister *Bonnet*: Herr Bundeskanzler! Herr Präsident! Herr Ertl und ich haben festgestellt, daß wir sehr stark festhalten an dem gemeinsamen Prinzip der europäischen Agrarpolitik, die den Pfeiler der communautä-

---

[18] Vgl. dazu den amerikanischen Vorschlag vom 12. Juni 1974 für ein „integriertes Notstandsprogramm" zur Sicherstellung der Energieversorgung; Dok. 194, Anm. 8.

ren Konstruktion darstellt, von der Herr Ertl gesagt hat, daß ein irreversibler Punkt erreicht worden ist. Mit dieser Einstellung haben wir unseren festen Willen bekundet, daß für unseren italienische Partner der äußerste Termin der 31. Juli sein sollte, um den wesentlichen Teil der Maßnahmen aufzugeben, die die italienische Regierung unter Berücksichtigung der eignen Situation getroffen hat, insbesondere die Aufhebung der Bardepots.[19]

Wir haben auch festgestellt, daß die communautäre Präferenz nicht systematisch von unserem italienischen Partner angewandt wird. Wir haben festgestellt, daß in einem sehr schwierigen Moment für den Fleischmarkt Importe, die aus Drittländern kamen, sich in sehr starkem Maße entwickelt hatten in der italienischen Halbinsel.

Wir haben eine Tour d'horizon über die Marktlage gemacht, sehr kurz in bezug auf den Getreidemarkt und den Weinmarkt, ein eingehenderes Gespräch über die Frage des Schweinefleisches und Rindfleisches. Was das Getreide betrifft, so hat Herr Ertl über die Schwierigkeiten berichtet, die in Deutschland wegen des Fehlens eines Grenzausgleichs gegenüber französischen Getreideeinfuhren bestehen. Wir waren bereit, diese Frage unseren Experten zur Prüfung zu überlassen. Diese fehlende Ausgleichsabgabe in bezug auf das Getreide macht hier offenbar die gleichen Schwierigkeiten wie in unseren Beziehungen zu Holland und Belgien.

In bezug auf den Wein haben wir uns unsere Schwierigkeiten in bezug auf die Destillation[20] mitgeteilt, und wir sind uns sehr bald einig geworden in bezug auf eine gemeinsame Position. Wir haben ferner sehr lange über die Schwierigkeiten in bezug auf das Schweinefleisch[21] gesprochen, die noch verstärkt werden durch die Tatsache, daß es sich um eine weltweite Krise handelt. Wir haben mit Genugtuung die Entscheidung der Kommission, die gestern getroffen wurde, zur Kenntnis genommen, das Prinzip der „Koppelung"[22], das sich auf das Tiefkühlfleisch bezogen hatte, auf sämtliche Fleischsorten auszudehnen. Wir sind der Auffassung, daß dieser Mechanismus noch verhältnismäßig gemäßigt ist.

Um den Markt des Schweinefleisches wieder auszugleichen, müssen dreierlei Maßnahmen getroffen werden, erstens zum Schutz an der Grenze, ferner, was

---

19 Zu den Einfuhrbeschränkungen in Italien vgl. Dok. 157, Anm. 8.
20 Der EG-Ministerrat auf der Ebene der Landwirtschaftsminister erörterte am 29./30. April sowie am 4. Juni 1974 in Luxemburg von Frankreich und Italien eingebrachte Anträge betreffend „die in der Grundverordnung vorgesehene Destillation von Wein". Angesichts des Verfalls der Weinpreise wurden am 10. Juli 1974 „die allgemeinen Regeln für die Destillation von Tafelwein in der Zeit vom 15. Juli bis 30. September 1974" beschlossen. Vgl. BULLETIN DER EG, 7-8/1974, S. 62.
21 Zur Lage auf dem Markt für Schweinefleisch führte Referat 411 am 31. Mai 1974 aus: „Schweinezyklus führt seit Frühjahr 1974 zu großem Angebot, auf das Markt mit fallenden Erzeugerpreisen reagiert. Preis zur Zeit 15–16 % unter dem Niveau des Vorjahres; Marktpreis 95 % des zur Zeit geltenden Grundpreises, der ab 1.11. (neues Wirtschaftsjahr der Marktordnung für Schweinefleisch) gilt. Weiterer Preisdruck ist zu erwarten. Die Interventionsmöglichkeiten sind gering, zumal Kühlhäuser durch die Intervention auf dem Rindfleischmarkt in Anspruch genommen werden." Vgl. Referat 411, Bd. 556.
22 Am 29./30. April 1974 stimmte der EG-Ministerrat auf der Ebene der Landwirtschaftsminister in Luxemburg einer Reihe von Maßnahmen zur Stabilisierung des Rindfleischmarktes zu, darunter einer „Koppelung der Gewährung von Lizenzen für die Einfuhr von Gefrierfleisch mit der Verpflichtung zur Abnahme von Fleisch, das aufgrund von EG-Intervention eingelagert ist". Vgl. den Runderlaß Nr. 1826 des Vortragenden Legationsrats I. Klasse Loeck vom 2. Mai 1974; Referat 411, Bd. 556.

gestern positiv für die Ausdehnung der „Koppelung" beschlossen wurde, und was für uns zufriedenstellend ist. Schließlich muß es zu einer Ausweitung des Binnenkonsums kommen. Nun müssen wir sagen, daß wir bezüglich des Beschlusses, den die Kommission gestern gefaßt hat, fünf Millionen Rechnungseinheiten für eine Propaganda zugunsten des Verbrauchs von Schweinefleisch innerhalb der Gemeinschaft auszugeben, etwas skeptisch sind.

Daß der Rindfleischmarkt keine so starke Depression wie der Schweinefleischmarkt erfahren hat, ist in der Tatsache begründet, daß ein weltweites System ständiger Interventionen besteht. Dieses System der ständigen Interventionen wird auch dann noch beibehalten werden, wenn die Frage der Kühlhäuser rechtzeitig geregelt ist. Ich habe mit Kollegen Ertl von unseren schweren Sorgen auf diesem Gebiet gesprochen. Er hat mir gesagt, daß die Frage der Freigabe des Rindfleisches der Kühlhäuser für den Handel mit der Sowjetunion[23] in Bonn ein politisches Problem darstelle. Ich habe ihm gesagt, daß es sich auf Grund der Tatsache, daß es sich um ein Prozent der Fleischproduktion der Gemeinschaft handele, nach meiner Auffassung nicht um ein sehr schwerwiegendes Problem handeln dürfte. Ich glaube, daß man vor der öffentlichen Meinung jede Lösung verteidigen könnte mit Ausnahme derer, die eintreten könnte, wenn die ständigen Interventionen unterbrochen werden müssen, weil wir keinen Platz mehr in den Kühlhäusern haben.

Die Lage des Schweinefleischmarktes hat uns lange beschäftigt. Herr Ertl und ich sind der Auffassung, daß dies im Moment das schwerwiegendste Problem ist. Auf Grund des Scherenphänomens ist es so, daß die Schweinefleischproduzenten einerseits betroffen werden von der Steigerung der Preise der Futtermittel, und andererseits von einer Baisse bei den Notierungen, die im übrigen Folge der Tatsache ist, daß sich der dreijährige Schweinezyklus zur Zeit in der Talsohle befindet. Wir sind der Auffassung, daß wir die Fabrikation der Konserven weiterentwickeln sollten, abgesehen von Beihilfen für die Lagerung, die vor einigen Tagen beschlossen wurden.[24] Ich habe meinem Kollegen, Herrn Ertl, gesagt, daß Frankreich die Absicht habe, zum 1. August die Steigerung um 8%, die auf Grund des Abkommens vom März[25] eintreten soll, vorzuziehen.

---

[23] Das Bundesministerium für Landwirtschaft und Forsten informierte das Auswärtige Amt am 5. Juli 1974, es habe „Ende Juni 1974 erstmals Kunde von Verhandlungen einer französischen Firmengruppe mit der Sowjetunion über den Verkauf von 40–50 000 t Rindergefrierfleisch" erhalten: „Die Informationen wurden zum Anlaß genommen, seitens der deutschen Delegation im engeren Rahmen des Sonderausschusses Landwirtschaft in Brüssel am 2.7.1974 [...] auf die zu erwartende Kritik der Öffentlichkeit hinzuweisen, sofern dieses Geschäft unter Gewährung besonderer finanzieller Konditionen zustande komme." Vgl. Referat 411, Bd. 521.
Dazu führte Ministerialdirektor Hermes am 5. Juli 1974 aus, es sei gesichert, daß Rindfleisch nicht zu Sonderbedingungen an die UdSSR geliefert werde: „Der Verkauf eingelagerten Rindfleischs zu den allgemeinen, für Drittländer geltenden Bedingungen (Ausfuhrerstattung) an die Sowjetunion ist rechtlich zulässig und erscheint auch als möglich, weil die Sowjetunion bereits entsprechende Kontakte mit europäischen Händlern aufgenommen hat und nach den geltenden Regeln ein Händler, der in einer Ausschreibung den Zuschlag erhalten hat, in jedes beliebige Land liefern kann." Vgl. Referat 411, Bd. 556.

[24] Am 18. Juni 1974 beschloß der EG-Ministerrat auf der Ebene der Landwirtschaftsminister in Luxemburg, „als Interventionsmaßnahmen zur Berücksichtigung der gegenwärtigen Lage [...] die Bedingungen zur Auslösung der Gewährung von Beihilfen zur privaten Lagerung" auszuweiten. Vgl. BULLETIN DER EG 6/1974, S. 55.

[25] Korrigiert aus: „Mai".
Im März 1974 beschloß die EG-Kommission eine Anhebung des Grundpreises für geschlachtete

Herr Ertl hat gesagt, daß dieses Datum des 1. August nicht günstig sei, da es sehr heiß sei, die Leute in Urlaub seien und so vielleicht weniger Schweinefleisch verwendet werde. Er sprach von Schwierigkeiten, aber wir waren uns darüber einig, daß wir Anfang der nächsten Woche noch einmal darüber sprechen werden.

Wir haben auch über den Zucker[26] gesprochen. Wir sind uns einig darüber, daß man versuchen sollte, auf diesem Gebiet jede malthusianische Lösung zu vermeiden. Zweifellos wird sich die Zuckerproduktion steigern, denn es handelt sich um ein Lebensmittel, das billig ist, das leicht zu lagern ist und das auch von unterentwickelten Ländern in starkem Maße konsumiert wird. Wir sind uns darüber einig, daß man im September die Prinzipien festlegen und im Oktober zum Abschluß kommen sollte.[27] Schließlich haben wir über die Verbesserung der Verfahren gesprochen. Wir waren der Auffassung, daß diese Verfahren innerhalb der Gemeinschaft außergewöhnlich schwerfällig sind. Wir sind der Auffassung, daß Sitzungen der Minister in begrenzter Weise vor jeder Ratssitzung wünschenswert sind, daß die Zahl der Mitglieder jeder Delegation eingeschränkt werden sollte, daß Begegnungen zwischen den Verantwortlichen für den Markt der neun Länder der Gemeinschaft abgehalten werden und daß im Rahmen der bilateralen deutsch-französischen Beziehungen ebenfalls periodische Begegnungen der hohen Beamten stattfinden sollten. Insgesamt sollten die Verfahren verbessert werden. Wir waren der Auffassung, daß im Rahmen der Verstärkung der Freundschaft und auf Grund der Tatsache, daß in Brüssel im August keine Sitzung stattfinden wird, ich Herrn Ertl persönlich in Bad Wiessee aufsuchen werde.

Bundeslandwirtschaftsminister *Ertl*: Herr Präsident! Herr Bundeskanzler! Ich habe dem nicht sehr viel hinzuzufügen. Ich habe mich sehr für die Offenheit des Gespräches zu bedanken, in der wir alle Probleme behandelt haben. Ich glaube, sehr entscheidend ist, daß wir gemeinsam mit der Kommission einen Weg finden, daß die europäische Agrarpolitik weniger verwaltet und daß mehr politisch regiert und ausgestaltet wird. Ich halte das für einen sehr wichtigen Punkt.

Wir haben zwei sehr schwierige Probleme, worauf mein Kollege, Herr Bonnet, hingewiesen hat. Das ist einmal das Problem auf dem Schweinemarkt und auf

---

Fortsetzung Fußnote von Seite 908
    Schweine um acht Prozent. Vgl. dazu BULLETIN DER EG 3/1974, S. 29.
    Am 16. Juli 1974 stimmte der EG-Ministerrat auf der Ebene der Landwirtschaftsminister in Brüssel „grundsätzlich zu, das Inkrafttreten des im März 1974 für das Wirtschaftsjahr 1974/75 festgesetzten Grundpreises für geschlachtete Schweine vorzuverlegen". Der neue Grundpreis sollte nach Anhörung des Europäischen Parlaments spätestens ab 1. Oktober 1974 gelten. Vgl. BULLETIN DER EG 7-8/1974, S. 64.

26 Der EG-Ministerrat beschloß am 25. Juni 1974 in Luxemburg „mehrere Änderungen der Grundverordnung über die gemeinsame Marktorganisation für Zucker. Insbesondere wurde unter der Berücksichtigung der unsicheren Versorgungslage der Gemeinschaft beschlossen, daß eine Abschöpfung bei der Ausfuhr bei Zucker anwendbar sein soll, der über die Höchstquote hinaus erzeugt wird, jedoch mit der Möglichkeit, sie nicht zu erheben, wenn die Prognosen über die Versorgungsaussichten zufriedenstellend sind." Vgl. BULLETIN DER EG 6/1974, S. 53.

27 Am 21./22. Oktober 1974 einigte sich der EG-Ministerrat auf der Ebene der Landwirtschaftsminister in Luxemburg auf ein System der gemeinsamen Marktorganisation für Zucker, das zum 1. Juli 1975 in Kraft treten sollte, und faßte den Beschluß, Zuckereinfuhren zu bezuschussen. Vgl. dazu BULLETIN DER EG 10/1974, S. 36 f.

dem Rindermarkt. Die französische Regierung sieht Möglichkeiten, speziell beim Rindermarkt, Exportgeschäfte zu tätigen. Ich habe meinen Kollegen Bonnet darauf hingewiesen, daß es diesbezüglich in Deutschland eine große öffentliche Diskussion gibt, muß allerdings Herrn Kollegen Bonnet zustimmen, es ist besser, einen Weg zu finden, das Fleisch in den Konsum zu bringen, als es unbedingt in Interventionsstellen zu lagern.

Ich persönlich habe auch darauf hingewiesen, daß ich der Meinung bin, daß wir zu einem gegebenen Zeitpunkt das Problem der permanenten Intervention, das der Herr Premierminister aus einer Nachtsitzung kennt, auf irgendeine Art und Weise noch einmal neu durchdenken müssen. Das werden wir bilateral fortsetzen. Mehr habe ich nicht hinzuzufügen.

Bundeskanzler *Schmidt*: Ich möchte gerne eine politische, keine agrarpolitische Bemerkung machen. Der billige Verkauf von europäischen Lebensmitteln an die Sowjetunion begegnet in unserem Lande starker innenpolitischer Kritik, und ich bitte, sich dessen bewußt zu sein.

Staatspräsident *Giscard d'Estaing*: Herr Bundeskanzler, ich wollte Ihnen sagen, daß ich Ihre letzte Bemerkung teile. Ich bin der Auffassung, daß der Verkauf von sehr billigen landwirtschaftlichen Produkten zu einem niedrigen Preis in die industrialisierten Länder sehr starke Reserven und Vorbehalte bei uns hervorruft und nur in einer Ausnahmesituation in Betracht kommt. Wir werden also in dieser Hinsicht die Dinge sehr aufmerksam verfolgen.

Bundeskanzler *Schmidt*: Darf ich die Coordinateurs bitten?

Koordinator *Lapie*: Herr Bundeskanzler! Herr Staatspräsident! Die Koordinatoren, die mit dem Vertrag aus dem Jahre 1963 bestellt worden sind[28], haben den gestrigen Nachmittag damit verbracht, die letzten Punkte, die seit der letzten Gipfelkonferenz[29] zur Sprache gekommen sind, zu prüfen. Bei jener Novembersitzung haben sie bedauert, daß jenes Verbindungsgremium zu Wirtschaft und Industrie, das von der Gipfelkonferenz 1967 gegründet worden ist[30], nicht weiter zusammengetreten ist. Dank der Ermutigung von beiden Regierungen und dank der Impulse, die von dem Gesprächspartner, Herrn Carlo Schmid,

---

[28] In Teil I Absatz 4 des deutsch-französischen Vertrags vom 22. Januar 1963 wurde festgelegt: „In jedem der beiden Staaten wird eine interministerielle Kommission beauftragt, die Fragen der Zusammenarbeit zu verfolgen. In dieser Kommission, der Vertreter aller beteiligten Ministerien angehören, führt ein hoher Beamter des Außenministeriums den Vorsitz. Ihre Aufgabe besteht darin, das Vorgehen der beteiligten Ministerien zu koordinieren und in regelmäßigen Abständen ihrer Regierung einen Bericht über den Stand der deutsch-französischen Zusammenarbeit zu erstatten. Die Kommission hat ferner die Aufgabe, zweckmäßige Anregungen für die Ausführung des Programms der Zusammenarbeit und dessen etwaige Ausdehnung auf neue Gebiete zu geben." Vgl. BUNDESGESETZBLATT 1963, Teil II, S. 707 f.

[29] Die deutsch-französischen Konsultationsbesprechungen fanden am 26./27. November 1973 in Paris statt. Vgl. dazu AAPD 1973, III, Dok. 390–394.

[30] Auf der deutsch-französischen Konsultationsbesprechung am 14. Januar 1967 wurde eine bilaterale Arbeitsgruppe zur Intensivierung der Zusammenarbeit auf den Gebieten der Wirtschaft und der Industrie gegründet. Seitens der Bundesrepublik waren Vertreter des Auswärtigen Amts, der Bundesministerien der Finanzen sowie für Wirtschaft und für wissenschaftliche Forschung, der Deutschen Forschungsgemeinschaft, der Konferenz der Kultusminister der Länder, des Bundesverbandes der Deutschen Industrie und des Deutschen Gewerkschaftsbundes beteiligt. Die konstituierende Sitzung der deutsch-französischen Arbeitsgruppe fand am 11. April 1967 statt. Vgl. dazu die Aufzeichnung des Vortragenden Legationsrats Sanne vom 24. April 1967; Referat I A 1, Bd. 695. Vgl. dazu auch AAPD 1967, I, Dok. 19.

ausgegangen sind, hat der Präsident des BDI, Herr Sohl, am 20. Juni[31] diesen Ausschuß in Köln einberufen[32], und Herr Minister Friderichs und sein Staatssekretär[33] haben an der abschließenden Sitzung teilgenommen. Die Fragen auf der Tagesordnung und die Diskussionen waren interessant. Infolgedessen sind die Koordinatoren der Auffassung, daß man diesem Ausschuß, diesem Verfahren und den Arbeiten, die 1967 vorgesehen wurden, ein neues Leben einflößen sollte, auch zur Belebung der privaten industriellen Beziehungen zwischen unseren beiden Ländern.

In der Sitzung vom November 1973 hatten wir auch die Hoffnung zum Ausdruck gebracht, daß das Abkommen über die Dispensierung von Legalisierung in bezug auf öffentliche Akte, das am 13. September 1971 unterzeichnet worden ist, baldmöglichst ratifiziert werden soll. In Frankreich ist eine derartige Ratifizierung nicht erforderlich. Es ist uns gesagt worden, daß dieses Ratifikationsverfahren hier gut voranschreitet und Ende des Monats zu Ende gebracht werden kann.[34]

1963 gab es den Gedanken, in Deutschland eine Organisation für historische Studien und Forschungen zu schaffen, die ein entsprechendes Gegenstück in Paris hat. Dies wurde beschlossen, und in der Zwischenzeit sind bereits Kontakte zwischen den in Frage kommenden deutschen Universitäten, unter anderem in München, und verschiedenen französischen Universitäten wie Paris 1, 2, 3 und 6, Nancy, Straßburg und dem Institut für politische Wissenschaften aufgenommen worden.[35] Diese Angelegenheit läuft also gut weiter.

Auf Grund eines Wunsches der Bundesregierung hat sich die französische Regierung um Studien zur Förderung auf der Ebene der Sekundarschulen und

---

31 Korrigiert aus: „Juli".
32 Zu den Themen des deutsch-französischen Ausschusses für wirtschaftliche und industrielle Zusammenarbeit führte der Koordinator für die deutsch-französische Zusammenarbeit, Schmid, am 21. Juni 1974 aus, die Tagung habe sich mit den „Aussichten der europäischen Integration", der „wirtschaftliche Zusammenarbeit mit Erdöl- und anderen Rohstoffländern", der „Kooperation mit den Ostblockstaaten" und den „kurz- und langfristige Auswirkungen der Mitbestimmung und Vermögensbildung" befaßt. Die Teilnehmer seien zu dem Schluß gekommen, der Ausschuß sollte „künftig regelmäßiger als bisher tagen, seine Tagungsergebnisse protokollieren, die Protokolle zwischen Teilnehmern austauschen und auch anderen Interessenten auf geeignete Weise zur Kenntnis geben, in Zeiträumen zwischen den Tagungen den Informationsaustausch über beide Länder berührende und interessierende, die bilaterale und europäische Zusammenarbeit fördernde Fragen kontinuierlich fortsetzen" und „mit dieser Arbeit ein ständiges Sekretariat betrauen, das innerhalb der beiden Industrieverbände [...] zu schaffen wäre." Vgl. Referat 420, Bd. 106436.
33 Detlev Rohwedder.
34 Das Gesetz zum Abkommen vom 13. Dezember 1971 zwischen der Bundesrepublik und Frankreich über die Befreiung öffentlicher Urkunden von der Legalisation wurde am 30. Juli 1974 ratifiziert. Für den Wortlaut des Gesetzes und des Abkommens vgl. BUNDESGESETZBLATT 1974, Teil II, S. 1074–1078.
35 Am 19. März 1974 teilte der Koordinator für die deutsch-französische Zusammenarbeit, Schmid, Staatssekretär Haunschild, Bundesministerium für Forschung und Technologie, mit: „Mein französischer Kollege, Herr Lapie, hat die Anregung, ein unserem Historischen Institut in Paris analoges französisches Institut auch in der Bundesrepublik Deutschland zu gründen, mit Interesse aufgenommen. Er bat mich, für ihn Informationen über geeignete Standorte und entsprechende fachliche wie technische Voraussetzungen zu vermitteln. Darum habe ich mich in der Zwischenzeit bemüht, und zwar in enger Anlehnung an die Erfahrungen und daraus resultierenden Empfehlungen unseres eigenen Instituts in Paris. [...] Ich hoffe, daß die französische Seite anhand der von mir erbetenen und inzwischen gegebenen Informationen noch vor dem nächsten Gipfeltreffen zu einer konkreten Meinungsbildung kommt und dazu in dem bevorstehenden Gespräch Stellung nehmen kann." Vgl. Referat 621 B, Bd. 104059.

auf höherer Ebene bemüht. In diesem Felde sind im technischen Bereich noch weitere Anstrengungen erforderlich.

Was die kulturelle Zusammenarbeit anbetrifft, so möchten wir darauf hinweisen, daß die Universität Straßburg Fühler ausgestreckt hat, um einen finanziellen Beitrag zur Schaffung eines Wörterbuches für Kunstbegriffe und Begriffe aus der Welt der Architektur zu erlangen. Es handelt sich um ein Werk, das bisher nur mit Mitteln der Bundesrepublik gefördert worden ist.

Eine der wesentlichen Institutionen des Vertrages, das deutsch-französische Jugendwerk, ist 1973 reformiert worden. Diese Reform hat genau vor einem Jahr stattgefunden.[36] Diese Umstrukturierung ist also noch zu jungen Datums, als daß wir heute bereits ein Urteil darüber abgeben könnten. Wir möchten jedoch sagen, daß, wenn wir richtig informiert sind, die staatlichen Subventionen auf Grund der Tatsache, daß sie in französischen Franc angegeben sind – dies gilt auch für den deutschen Zahlungsbeitrag – durch den Wechselkurs des Franc beeinträchtigt sind.

Wir haben uns auch mit Fragen der Verwaltung und Fragen des zivilen Katastrophenschutzes befaßt. Schließlich haben wir Dank einer Intervention von Herrn Professor Carlo Schmid bei Herrn von Siemens erreicht, daß die Laboratorien dieser Firma auf Grund einer Einladung aus dem Januar dieses Jahres für gemeinsame Forschungen auf dem Gebiet des Fernmeldewesens geöffnet sind.

Diese Bemerkungen scheinen Ihnen, was die verschiedenen Bereiche betrifft, vielleicht etwas unzusammenhängend und auch von unterschiedlichem Interesse zu sein. Die beiden Koordinatoren haben sich mit diesen Fragen befaßt, ohne den Versuch gemacht zu haben, sie in eleganter Weise zu präsentieren.

Die Schlußfolgerung: Seit dem Gesamtbericht des Jahres 1973[37], der den Stand nach zehnjähriger Anwendung des Vertrages wiedergibt, bewegen wir uns jetzt in einer Routine, die zwar gut ist, aber auch bremsend wirken kann. Diese Auffassung sollte beibehalten werden. Eine Abschwächung der Zusammenarbeit ist selbstverständlich nicht wünschenswert. Wir sind voll der Auffassung, daß die Arbeit weiter gefördert werden soll.

Bundeskanzler *Schmidt*: Merci.

Koordinator Dr. Carlo *Schmid*: Ich habe dem nichts hinzuzufügen.

---

[36] Am 5. Juli 1963 unterzeichneten die Bundesrepublik und Frankreich ein Abkommen über die Errichtung des Deutsch-Französischen Jugendwerks. Für den Wortlaut vgl. BUNDESGESETZBLATT 1963, Teil II, S. 1613–1617.
Während der deutsch-französischen Konsultationsbesprechungen am 21./22. Juni 1973 wurde von Bundesminister Scheel und dem französischen Außenminister Jobert am 22. Juni 1973 ein Abkommen zur Änderung des Abkommens vom 5. Juli 1963 über die Errichtung des Deutsch-Französischen Jugendwerks unterzeichnet. Damit sollten die Strukturen des Deutsch-Französischen Jugendwerks neuen Erfordernissen angepaßt werden. Die Änderungen umfaßten in erster Linie eine Zusammenlegung der bisherigen beiden Abteilungen in Bonn und Paris zu einem integrierten Generalsekretariat mit Sitz in Bonn und einer Verbindungsstelle in Paris sowie Änderungen bei der personellen Zusammensetzung des Kuratoriums. Vgl. dazu BULLETIN 1973, S. 771 f.

[37] Für den Gemeinsamen Bericht der Deutsch-Französischen Koordinatoren über den Stand der Zusammenarbeit, der zu den deutsch-französischen Konsultationsbesprechungen am 22./23. Januar 1973 in Paris vorgelegt und am 29. Januar 1973 durch den Koordinator für die deutsch-französische Zusammenarbeit, Schmid, den Bundesministern mit der Bitte um Stellungnahme übermittelt wurde, vgl. Referat 420, Bd. 106426.

Bundeskanzler *Schmidt*: Ich möchte eine Bemerkung dazu machen. Ich teile die Besorgnis, die Herr Lapie in seinem letzten Satz ausgesprochen hat. Nun haben wir ein wenig Zeit bis zur nächsten offiziellen Konsultation. Entsprechend dem, was wir schon besprochen haben, wird sie erst im Frühjahr 1975 in Paris stattfinden.[38] Infolgedessen werden auch die beiden Coordinateurs ein bißchen Zeit zur Vorbereitung haben. Mir läge daran, daß die beiden Herren gemeinsam nicht für die öffentliche Meinung, aber für die Regierungen und für die Regierungschefs eine Art Bestandsaufnahme der bisherigen bilateralen Projekte vornehmen, daß sie für uns, nicht für die Öffentlichkeit, sondern für die Konsultationen, ein gemeinsames Papier mit einer Bestandsaufnahme vorlegen, aus dem sich dann möglicherweise auch eine Bewertung der verschiedenen Aktivitäten ergibt. Vielleicht sind wir dann im Frühjahr in der Lage, auf Grund eines solchen gemeinsamen Inventurpapiers unsere beiderseitigen Regierungen und unsere Ressorts, unsere Verwaltungen, auf bestimmten Gebieten zu einer verstärkten Aktivität anzuhalten. Ich würde ausdrücklich einbeziehen wollen – ich weiß nicht, ob das in den bisherigen Rahmen ihrer Arbeit, der Arbeit der beiden Coordinateurs, paßt – die Zusammenarbeit beider Länder auf dem Felde des Erziehungswesens. Wenn Sie sich vielleicht zu dieser Anregung äußern möchten, Herr Präsident?

Staatspräsident *Giscard d'Estaing*: Herr Bundeskanzler, ich kann mich sehr kurz fassen. Ich billige Ihre Initiative. Ich glaube, daß wir in der Tat den Problemen der Erziehung eine besondere Aufmerksamkeit widmen sollten.

Herr Bundeskanzler, möchten Sie, daß jetzt noch andere Mitglieder unserer Regierung das Wort ergreifen? Vielleicht noch die Innenminister, bevor wir zu unserem Schlußwort übergehen?

Innenminister *Poniatowski*: Herr Bundeskanzler! Herr Präsident! Bei unserer Sitzung haben wir eine sehr weitgehende Übereinstimmung unserer Meinungen festgestellt. Unser Gespräch mit Herrn Dr. Maihofer hat festgestellt, daß unsere Übereinstimmung in bezug auf Fragen, die wir behandelt haben, sehr weitgehend war. Zusammenfassend möchte ich sagen, daß wir beschlossen haben, der Arbeitsgruppe, die für das Gebiet der Sicherheit, der Luftsicherheit und der Sicherheit auf den Flughäfen zuständig ist, eine größere Aufmerksamkeit zu widmen. Die Arbeiten haben bisher sehr gut funktioniert. Wir haben die Absicht, eine neue Arbeitsgruppe zu bilden, die sich mit allgemeiner Sicherheit befaßt, insbesondere der Bekämpfung der Kriminalität, des Drogenmißbrauchs, der Waffengeschäfte und der Geschäfte mit Explosivstoffen.[39]

---

[38] Die deutsch-französischen Konsultationsbesprechungen fanden am 3./4. Februar 1975 in Paris statt. Vgl. dazu den Runderlaß des Vortragenden Legationsrats I. Klasse Dohms vom 7. Februar 1975; AAPD 1975.

[39] Durch das Bundesministerium des Innern wurde am 11. Juli 1974 bekanntgegeben, daß Bundesminister Maihofer und der französische Innenminister Poniatowski beschlossen hätten, „eine weitere Arbeitsgruppe für allgemeine Fragen der inneren Sicherheit einzurichten. Diese soll sich insbesondere mit der Bekämpfung der Kriminalität, des internationalen Handels mit Betäubungsmitteln und des illegalen Handels mit Waffen und Sprengstoff befassen." Ebenso sollte die Zusammenarbeit der nationalen Polizeibehörden verstärkt werden. Vgl. BULLETIN 1974, S. 842.
Die deutsch-französische Arbeitsgruppe für allgemeine Fragen der inneren Sicherheit konstituierte sich am 17./18. Oktober 1974 in Bonn. Botschafter Freiherr von Braun, Paris, berichtete dazu am 4. November 1974, „daß die französische Seite mit dem Verlauf der Besprechungen in Bonn sehr zufrieden sei. In den Arbeitsgruppen habe man gute Ergebnisse erreicht; man erwarte auch von

Wir beabsichtigen, zwei Abkommen zu unterzeichnen, die bereits jetzt in skizzierter Form vorliegen.[40] Sie beziehen sich einmal auf die Zusammenarbeit zwischen Polizeikräften in den Grenzgebieten und zum anderen auf die Koordinierung unserer Hilfsaktionen in Katastrophenfällen. Wir waren ebenfalls der Auffassung, daß es wünschenswert ist, eine progressive Harmonisierung unserer Rechtsvorschriften in bezug auf Ausländer, d. h. unserer Ausländergesetze, und eine Harmonisierung der Durchführung dieser Rechtsvorschriften in Angriff zu nehmen. Wir haben die Möglichkeit einer Konferenz der Innenminister der Gemeinschaft ins Auge gefaßt, die sich mit Fragen der Sicherheit und des Schutzes der Einzelperson befassen soll.

Dies ist das wesentliche dessen, was sich aus unseren Gesprächen ergeben hat.

Bundesinnenminister Dr. *Maihofer*: Herr Präsident! Herr Bundeskanzler! Ich bin sehr erfreut darüber, daß die feste Zusammenarbeit zu einem allgemeinen Meinungsaustausch und zur Abrede über konkrete gesetzgeberische Maßnahmen geführt hat. Ich freue mich sehr, daß wir auf diese Weise nicht nur den Kampf gegen die international organisierte Kriminalität durch gemeinsame Anstrengungen verstärken werden, und zwar schon in absehbarer Zeit, sondern daß wir auch die außerordentlichen Schwierigkeiten, denen wir uns in der Ausländergesetzgebung vor allem im Hinblick auf die Gastarbeiter in beiden Ländern gegenübersehen, durch gemeinsame konzentrierte Aktivitäten angehen wollen. Ich kann ansonsten nur unterstreichen, was mein Kollege Poniatowski gesagt hat.

Bundeskanzler *Schmidt*: Herr Präsident, ich möchte eine prozedurale und eine substantielle Bemerkung zu diesem Bericht von Herrn Poniatowski machen dürfen. Die Bundesregierung ist sehr dankbar, daß Herr Poniatowski Sie begleitet hat. Wir möchten auch, wenn wir Sie im Frühjahr 1975 in Paris zur offiziellen Konsultation besuchen, den Herrn Professor Maihofer mitbringen, nicht nur, weil er den Anteil der perfekt französisch sprechenden Deutschen verstärken dürfte, ebenso wie wir den Verteidigungsminister[41] wieder mitbringen möchten.

Zur Substanz möchte ich sagen, ich bin nicht ganz sicher, ob es nur in das Feld der Innenminister fällt, aber Sie und der Premierminister, unser Arbeitsminister[42] und ich haben gestern beim Abendbrot auch ein Problem besprochen, das vielleicht unsere Auswärtigen Ämter bisher nicht mit der großen Deutlichkeit gesehen haben, mit der es die Innenminister und die Arbeitsminister sehen müssen, nämlich das Problem, daß durch Assoziierungsabkommen in Zukunft der Anteil ausländischer Arbeitskräfte, wenn wir nicht aufpassen, auf

---

Fortsetzung Fußnote von Seite 913

den bevorstehenden Besprechungen der einzelnen Arbeitsgruppen eine weitere Verbesserung der Kontakte zwischen den beiden Innenministerien". Vgl. den Schriftbericht Nr. 3534; Referat 202, Bd. 109198.

40 Das Bundesministerium des Innern teilte nach Abschluß der deutsch-französischen Konsultationsbesprechungen mit, Bundesminister Maihofer und der französische Innenminister Poniatowski hätten „zwei Sonderkommissionen beauftragt, innerhalb kurzer Frist die seit mehreren Jahren unternommenen Arbeiten für Abkommen über die polizeiliche Zusammenarbeit im Grenzbereich und über die Voraussetzungen der gegenseitigen Hilfe im Katastrophenfall abzuschließen". Vgl. BULLETIN 1974, S. 842.

41 Georg Leber.

42 Walter Arendt.

ein Maß gesteigert wird, das wir weder arbeitsmarktpolitisch noch innenpolitisch ertragen können. Ich bin nicht ganz sicher, ob dies die Zuständigkeit der beiderseitigen Innenminister ist, aber ich glaube doch, daß wir unseren beiden Delegationen sagen sollten, daß wir von beiden Seiten aus das Gewicht dieses Problems sehr deutlich erkennen und daß wir aufpassen wollen, daß wir hier keine Quantitätssprünge erleben, die wir nachher nicht mehr bewältigen können.

Staatspräsident *Giscard d'Estaing:* Herr Bundeskanzler, um mich an den Zeitplan zu halten, möchte ich nur ganz einfach und direkt sagen, welches die Betrachtungen sind, die durch unsere Begegnung auf meiner Seite wie auch auf seiten der französischen Delegation gestern und heute hervorgerufen wurden. Wir legen einen besonderen Wert auf die Zusammenarbeit zwischen der Bundesrepublik und Frankreich. Im Wahlkampf um die Präsidentschaft[43], in dem wir uns wenig mit Außenpolitik befaßt haben, war dies ein Punkt, den ich besonders unterstrichen habe. Was sich im übrigen seither ereignet hat, ist ein Beweis dafür, daß dies unserer Politik entspricht.

Ich hatte den Vorzug Ihres Besuchs als des Besuchs des ersten ausländischen Regierungschefs nach meiner Wahl zum Präsidenten.[44] Wir haben zusammen mit dem Premierminister unseren ehemaligen Botschafter in Bonn als Außenminister benannt, insbesondere auf Grund seiner persönlichen Kompetenz, aber auch auf Grund der Funktion, die er bis dahin ausgeübt hat. Die Verständigung zwischen der Bundesrepublik Deutschland und Frankreich ist natürlich und realistisch, sie ist natürlich entscheidend für die Zukunft der Gestaltung Europas.

Wir sind uns voll und ganz der legitimen Empfindsamkeiten unserer anderen Partner bewußt. Es gibt in der Tat in unserem europäischen Aufbau andere Länder, wichtigere, weniger wichtige, aber es sind Länder, die wir zu dem, was wir tun, hinzuziehen wollen. Infolgedessen werden wir immer offen bleiben, daß die Kooperation in der Art und Weise geschieht, daß die Empfindlichkeiten unserer Partner geschont bleiben.

Unter den jetzigen Umständen gibt es zwei wesentliche Themen für unsere Zusammenarbeit. Das erste ist der Parallelismus unserer Bekämpfung der Inflation. Sie haben gegenüber uns einen gewissen Vorsprung. Ich würdige dies. Im übrigen haben Sie ausgezeichnete Ergebnisse erzielt, überraschend gute Ergebnisse, was die letzten bekannten Zahlen betrifft.[45] Wir sind entschlossen, in bezug auf unsere eigene Stabilitätspolitik sehr weit zu gehen. Die Mitglieder unserer Regierung sind vielleicht nicht davon überzeugt, weil sie gewohnt sind, mit einer gewissen französischen complaisance in bezug auf die Inflation zu denken. Aber die Aktion der Regierung ist eine sehr entschlossene Aktion, die

---

[43] Am 5. und 19. Mai 1974 fanden in Frankreich Wahlen zum Amt des Staatspräsidenten statt.
[44] Bundeskanzler Schmidt hielt sich am 31. Mai/1. Juni 1974 in Paris auf. Vgl. dazu Dok. 157.
[45] Das Bundesministerium für Wirtschaft teilte zur wirtschaftlichen Lage der Bundesrepublik im Juni 1974 mit: „Bei den Verbraucherpreisen trat zuletzt keine wesentliche Änderung ein. Der Preisindex für die Lebenshaltung aller privaten Haushalte zog zwar von April auf Mai nochmals spürbar an, (+0,6 v.H.), im Vorjahresabstand nahm er jedoch nur geringfügig zu (April: +7,1 v.H.; Mai: +7,2 v.H.)." Dagegen hätten sich die Erzeugerpreise und die Großhandelsverkaufspreise im gleichen Zeitraum stark erhöht. Vgl. BULLETIN 1974, S. 831f.

in sehr energischer Weise geführt werden wird und sehr weit führen wird, um zu einem Typ von Stabilität zu führen, der mit Ihrer Stabilität vergleichbar ist. Ich glaube, daß wir bereits Ende dieses Jahres Ergebnisse auf diesem Gebiet erreicht haben werden und im Frühjahr sehr deutliche Ergebnisse. Wir haben hier ganz deutlich egoistische Motive, aber es ist von fundamentaler Bedeutung auch für Europa, daß die Fragen der Konjunktur geregelt werden. Wir möchten unseren Beitrag dazu leisten.

Das zweite Gebiet betrifft die Kooperation und den Bezirk der gemeinsamen Überlegungen in bezug auf die Initiativen, die 1974 für die zukünftige Gestaltung Europas ergriffen werden. Die Gespräche, die die Außenminister geführt haben und die sie noch führen werden, sind von grundlegender Bedeutung, und Sie, Herr Bundeskanzler, werden auch die Gelegenheit haben, mit uns darüber zu sprechen, um diesen Initiativen, wenn sie ergriffen werden, einen substantiellen Inhalt zu geben und sie zur tatsächlichen Entscheidung zu führen und sich nicht nur auf die Bekundung des Willens zu beschränken, zu Fortschritten zu kommen.

Andere wichtige Themen werden wir weiterhin zu behandeln haben, insbesondere in der Kompetenz von Herrn Leber und Herrn Soufflet. Diese beiden Herren werden sicher auch in Zukunft Gelegenheit haben, sich mit den entsprechenden Fragen zu befassen.

Um auf diesem Wege der Kooperation voranzukommen, haben wir den Rahmen des Vertrages, ein Rahmen, der uns zu regelmäßigen und nützlichen Konsultationen verpflichtet.[46] Sie haben dem eine neue Dimension dadurch gegeben, daß Sie eine sehr viel persönlichere Begegnung zwischen den Mitgliedern Ihres Kabinetts und einflußreichen Mitgliedern des französischen Kabinetts ermöglicht haben. Ich glaube, daß diese persönliche Begegnung, die Begegnung der Persönlichkeiten, von fundamentaler Bedeutung bei unserer Zusammenarbeit ist. Infolgedessen bin ich der Auffassung, daß diese Initiative, Herr Bundeskanzler, in Zukunft zur Regel werden wird. Bei diesen Begegnungen werden wir uns wenig mit Förmlichkeiten befassen und werden immer praktischere, direktere und persönlichere Gespräche führen. In diesem Falle, Herr Bundeskanzler, ist es so, daß die Beziehung zwischen unseren beiden Regierungen der Niederschlag unserer persönlichen Beziehungen sind. Wir möchten dazu beitragen, daß es zu einer echten Konvergenz der Politik der Bundesrepublik und Frankreichs kommt und zu einer neuen Etappe beim Aufbau Europas.

Bundeskanzler *Schmidt*: Herr Präsident! Ich danke sehr für diese Worte und möchte gerne meinerseits meine tiefgehende Befriedigung über die sehr offenen, vielen Stunden des persönlichen Gesprächs ausdrücken, das wir beiden hatten, aber auch des persönlichen Gesprächs, das Herr Premierminister Chirac und ich gehabt haben.

---

[46] In Teil I Absatz 1 des deutsch-französischen Vertrags vom 22. Januar 1963 war festgelegt: „Die Staats- und Regierungschefs geben nach Bedarf die erforderlichen Weisungen und verfolgen laufend die Ausführungen des im folgenden festgelegten Programms. Sie treten zu diesem Zweck zusammen, sooft es erforderlich ist und grundsätzlich mindestens zweimal jährlich." Abschnitt I des Vertrags regelte darüber hinaus die Kooperation der auf der Ebene einzelner Ministerien und Behörden. Vgl. BUNDESGESETZBLATT 1963, Teil II, S. 707.

Ich möchte angesichts der Präsenz der beiden vollen Delegationen gern noch einmal einen Gedanken hervorheben, den ich gestern beim Abendbrot habe ausdrücken können bzw. eine Feststellung unterstreichen, die ich habe treffen können, nämlich die, daß alle politischen Kräfte in der Bundesrepublik Deutschland, einschließlich derjenigen Kräfte, die durch die Opposition repräsentiert sind, einschließlich der gewerkschaftlichen Kräfte, einschließlich der Kräfte auf seiten der Unternehmerschaft in unserem Lande, daß eine überwältigende Mehrheit in der öffentlichen Meinung unseres Landes tief innerlich auf die Karte der europäischen Integration gesetzt hat und daß fast genauso weitgehend wir Deutschen der Überzeugung sind, daß wir auf diesem Felde nur in dem Maße Forschritte leisten werden, in dem Frankreich und Deutschland zusammenarbeiten. Ich glaube, Sie werden niemanden in Bonn treffen, der einer solchen Feststellung widersprechen würde. Weil das so ist, bin ich besonders glücklich über die offene und freundschaftliche persönliche Beziehung, die die beiden gegenwärtigen Regierungschefs zueinander haben.

Ich bin auch dankbar dafür, daß Sie in dieser Ihrer Schlußbemerkung auf das Problem der Inflation hingewiesen haben. Es ist in der Tat so, daß die besondere Allergie, die innenpolitische Allergie unseres Volkes, unserer öffentlichen Meinung in bezug auf das Inflationsproblem die einzige Gefährdung darstellt, die hinsichtlich des Willens zur europäischen Zusammenarbeit denkbar wäre. Die außerordentlich mutigen und weitreichenden Entschlüsse, die Sie kurz nach Ihrem Amtsantritt zur Bekämpfung der Inflation in Ihrem Lande getroffen haben, sind für uns in unserem psychologisch-politischen Verhältnis zu Frankreich und zur weiteren europäischen Zusammenarbeit von ganz besonderer Bedeutung, wenn ich das quasi als Fußnote hinzufügen darf, was Sie Ihrer eigenen Antiinflationspolitik an nationaler Bedeutung beimessen. Wir wünschen Ihnen und uns selbst auf diesem Felde guten Erfolg.

Erfolg kann nicht immer statisch sein. Man hat auch manchmal wieder leichte Rückschläge. Wir rechnen durchaus auch damit, daß wir Rückschläge erleiden können. Wir glauben eben doch, daß sich niemand in der Welt zu ökonomischer Vernunft bequemen wird, wenn nicht Frankreich und Deutschland ein Beispiel an ökonomischer Stabilitätspolitik geben. Wir glauben, daß diese Politik in diesem Punkte von ganz besonderer Bedeutung ist, und wir sind sehr glücklich darüber, daß wir in der Richtung und nicht nur in der Richtung, sondern hinsichtlich der Instrumente, die wir anwenden, so sehr weitgehend übereinstimmen.

Ich danke Ihnen, Herr Präsident, für diese gemeinsame Beratung der Delegationen. Herzlichen Dank! Wir haben noch Gelegenheit, uns beim Essen zu sehen.

Referat 202, Bd. 111206

206

Aufzeichnung des
Ministerialdirigenten Fischer, Bundeskanzleramt

9. Juli 1974[1]

Vermerk für die Kabinettsitzung am 10. Juli 1974
Betr.: aTO[2]: Deutsch-französische Konsultationen am 8./9. Juli 1974[3]

1) Umfassende, intensive, ergebnisreiche Gespräche, insbesondere Vier-Augen-Gespräche mit Giscard d'Estaing und mit Chirac sowie Abendessen im kleinsten Kreis verantwortlicher Regierungsmitglieder.

2) Absicht Giscard zur Öffnung französischer Politik für weitreichende europäische Entwicklung offenkundig, allerdings wegen innenpolitischer Problematik nur schrittweise zu verwirklichen. Von unserer Seite deshalb keinerlei öffentliche Äußerungen über „weichere" französische Haltung, da damit Öffnung erschwert wird. Unser Interesse, französische Politik behutsam zu fördern und Vorschlägen Giscard in diese Richtung zu unterstützen.

3) Wichtigstes Ergebnis erneute Bestätigung gemeinsamer Inflationsbekämpfung. Giscard in Plenarsitzung: Selbst diejenigen, die in französischer Regierung noch in alter Inflationsmentalität verharren, werden umlernen müssen. Französische Stabilitätsbemühungen[4] eindrucksvoll, Aussicht auf Gelingen gegeben.

4) In Notwendigkeit Weiterführung europäischer Integration volle Übereinstimmung. Französische Vorschläge für Herbst angekündigt. Dann möglicherweise, falls politische und wirtschaftliche Voraussetzungen gegeben, auch Gipfeltreffen, allerdings in eingeschränkterer und von Öffentlichkeit abgeschirmterer Form als in Kopenhagen[5].

5) In einzelnen gemeinschaftlichen Sachfragen weitgehende Annäherung, z. B. Verbesserung des Entscheidungsmechanismus im Rat, Notwendigkeit größerer Sparsamkeit der Kommission, Größenordnung des neuen Europäischen Entwicklungsfonds[6].

6) Bei Energiepolitik schält sich folgende gemeinsame Doppelgleisigkeit heraus:
– zu Neunt Fortführung der Arbeiten an einer gemeinschaftlichen Energiepolitik;
– zugleich Heranführung Frankreichs an die Folgearbeiten der Washingtoner Konferenz[7] durch Verfahren, bei dem Hauptbeteiligte, z. B. Deutsche, Fran-

---

[1] Ablichtung.
[2] Außerhalb der Tagesordnung.
[3] Zu den deutsch-französischen Konsultationsbesprechungen vgl. Dok. 205.
[4] Vgl. dazu die wirtschafts- und finanzpolitischen Maßnahmen vom 12. Juni 1974; Dok. 166, Anm. 14.
[5] Am 14./15. Dezember 1973 fand in Kopenhagen eine Gipfelkonferenz der EG-Mitgliedstaaten statt. Vgl. dazu AAPD 1973, III, Dok. 422.
[6] Zur Neuordnung des Europäischen Entwicklungsfonds vgl. Dok. 205, Anm. 8.
[7] Zur Energiekonferenz vom 11. bis 13. Februar 1974 in Washington vgl. Dok. 49.
Zur Frage einer Beteiligung Frankreichs an den Folgearbeiten der Energiekonferenz vgl. Dok. 203, Anm. 3.

zosen, Engländer und Amerikaner, allseits akzeptable Kompromißformeln sowohl für vorgeschlagenes Notstandsprogramm[8] als auch für institutionelle Weiterführung in OECD entwerfen.

Wichtig, Hauptverbraucherländer nach Trennung auf Washingtoner Konferenz nun wiederum zu gemeinsamer Haltung zusammenzuführen.

7) Amerikanisch-europäische Beziehung kein Diskussionsgegenstand, da nach beiderseitiger Überzeugung nunmehr entspannt, Kooperationswilligkeit auf beiden Seiten Atlantiks gegeben.

8) KSZE – als einziges Ost-West-Thema – gemeinsam dahingehend beurteilt, daß baldiger Abschluß auf Grund Verwirklichung wichtigster westlicher Forderungen gesucht werden soll. Dabei starke französische Unterstützung – Sauvagnargues will in Moskau demnächst in unserem Sinn sprechen – für Zulassung friedlicher Grenzänderungen und Vorbehaltsklausel hinsichtlich Vier-Mächte-Abkommen und „deutscher Option".[9]

9) Nächste deutsch-französische Konsultation im Frühjahr 1975[10]: dabei Auftrag an Koordinatoren für deutsch-französische Zusammenarbeit[11], Bestandsaufnahme bestehender bilateraler Projekte mit kritischer Würdigung vorzunehmen. Bestandsaufnahme soll alle Gebiete, auch Kultur und Erziehungswesen, umfassen.

10) Gesamttreffen getragen von beiderseitiger Überzeugung, daß deutsch-französische Zusammenarbeit natürliche Grundlage europäischer Konstruktion ist. Rücksichtnahme auf Empfindlichkeit anderer Mitgliedstaaten selbstverständlich, beide wollen Zusammenarbeit weiterhin auf fortschrittliche europäische Beschlüsse ausrichten.

Fischer

Archiv der sozialen Demokratie, Depositum Bahr, Box 409 A

---

[8] Zum amerikanischen Vorschlag vom 12. Juni 1974 für ein „integriertes Notstandsprogramm" zur Sicherstellung der Energieversorgung vgl. Dok. 194, Anm. 8.
[9] Der französische Außenminister Sauvagnargues hielt sich vom 11. bis 13. Juli 1974 in der UdSSR auf. Am 16. Juli 1974 unterrichtete der Leiter der französischen KSZE-Delegation, Andréani, die EG-Mitgliedstaaten in Genf über die Gespräche von Sauvagnargues mit dem sowjetischen Außenminister zum Thema KSZE. Zur Prinzipienerklärung habe Gromyko ausgeführt: „a) ‚Unverletzlichkeit' und ‚peaceful change' seien ‚fast geregelt'; letzterer könne im ersten Prinzip (souveräne Gleichheit) aufgenommen werden, keinesfalls aber im vierten (territoriale Integrität). Auf Frage Sauvagnargues, ob die ‚positive', von Kissinger vorgebrachte Formel des ‚peaceful change' akzeptabel sei, habe Gromyko zwar nicht zugestimmt, aber auch nicht widersprochen. b) Artikel 10 sollte sich nach sowjetischen Vorstellungen lediglich zur gutgläubigen Ausführung internationaler Verpflichtungen äußern. Frage ‚früherer Verträge' könne in einem besonderen Artikel geregelt werden. In seiner jetzigen Fassung sei Artikel 10 des französischen Entwurfs für Sowjetunion nicht akzeptabel. [...] Völlig negativ sei Gromykos Einstellung zu Korb III gewesen; er habe ihn mit wuchernden Pilzen verglichen, denen man bis zur Wurzeln abschneiden müsse. Man solle hier nur auf einige wichtige Prinzipien hinweisen, wie Achtung der Souveränität, der Gesetze und Verordnungen, Nichteinmischung u. a.; konkrete Fragen sollte man bilateral lösen." Vgl. den Drahtbericht Nr. 1066 des Gesandten Freiherr von Groll, z. Z. Genf; Referat 212, Bd. 100008.
[10] Die deutsch-französischen Konsultationsbesprechungen fanden am 3./4. Februar 1975 in Paris statt. Vgl. dazu den Runderlaß des Vortragenden Legationsrats I. Klasse Dohms vom 7. Februar 1975; AAPD 1975.
[11] Carlo Schmid und Pierre-Olivier Lapie.

207

Aufzeichnung des Ministerialdirigenten Blech

210-321.21 DDR-1855/74 VS-vertraulich 9. Juli 1974[1]

Eilt sehr!

Betr.: Besuch des Leiters der Ständigen Vertretung der DDR beim Bundesminister des Auswärtigen und Arbeitskontakte der Ständigen Vertretung der DDR mit dem Auswärtigen Amt

Eilt sehr!

Über Herrn Staatssekretär[2] Herrn Minister[3]

I. Zweck der Vorlage

Entscheidung der Frage

- eines Antrittsbesuchs des Leiters der Ständigen Vertretung der DDR, Kohl, beim Bundesminister des Auswärtigen und Vizekanzler,
- von Arbeitskontakten der Ständigen Vertretung der DDR mit dem Auswärtigen Amt.

II. Vorschlag

Billigung folgender Grundsätze:

1) Ein Antrittsbesuch des Leiters der Ständigen Vertretung der DDR bei Herrn Minister sollte erst dann festgelegt werden, wenn Kohl auch um Besuche bei solchen Bundesministerien nachgesucht hat, deren Häuser bereits mit der DDR verhandelt haben oder in sonstiger Weise Sachkontakte unterhalten (z.B. Verkehr, Post, Wirtschaft, Inneres, Justiz, Gesundheit). Wenigstens ein Teil dieser Besuche sollte stattgefunden haben, bevor Herr Minister Kohl tatsächlich empfängt.

Der von DDR-Seite angeführte Gesichtspunkt, daß Kohl mit einem Besuch des Vizekanzlers beginnen möchte, sollte unbeachtet bleiben, solange der Herr Bundeskanzler Kohl nicht empfangen hat.

2) Kontakte der Ständigen Vertretung der DDR mit dem Auswärtigen Amt auf Arbeitsebene sollten nicht von der vorherigen Klärung der Frage des Antrittsbesuchs Kohls bei Herrn Minister abhängig gemacht werden. Für sie sollte gelten, was für den Kontakt mit anderen Behörden allgemein gilt: Sie können dann aufgenommen werden, wenn ein konkretes Thema dies erfordert und das Bundeskanzleramt als Anlaufstelle der Ständigen Vertretung dem zugestimmt hat.

---

[1] Die Aufzeichnung wurde von Vortragendem Legationsrat I. Klasse Lücking und von Vortragendem Legationsrat Kastrup konzipiert.
[2] Hat Staatssekretär Gehlhoff am 9. Juli 1974 vorgelegen.
[3] Hat Bundesminister Genscher am 10. Juli 1974 vorgelegen, der handschriftlich vermerkte: „Siehe Gespr[äch] vom 9.7."

3) Derartige Arbeitskontakte sollten vorzugsweise nicht auf Referatsebene, sondern mindestens auf der Ebene von Unterabteilungsleitern stattfinden. Dies verschafft uns die Möglichkeit, den Verkehr der Mitglieder der Ständigen Vertretung der DDR gerade in der wichtigsten Anfangsphase in Grenzen zu halten.

4) Anlaufstelle für die Ständige Vertretung der DDR, bei der sie Gesprächswünsche mit Vertretern des Auswärtigen Amts anmeldet, ist das Bundeskanzleramt. Die Koordination mit dem Bundeskanzleramt sollte im Haus durch Referat 210 erfolgen.

5) Der sachliche Gehalt der Gespräche mit DDR-Vertretern bleibt auf rein außenpolitische Angelegenheiten beschränkt.[4] Er sollte sich in dem Rahmen halten, in dem sich üblicherweise der Verkehr mit Vertretern anderer vergleichbarer Staaten, insbesondere also Ostblockstaaten, vollzieht.

III. Sachverhalt und Begründung

1) Die DDR-StV hat – insoweit die korrekten Verfahren einhaltend – beim Bundeskanzleramt folgende Wünsche vorgebracht:

– Vermittlung des Termins eines Höflichkeitsbesuches von Kohl bei Herrn Minister;

– Vermittlung eines Arbeitsbesuches eines „Botschaftsrats" bei Dg 21[5], insbesondere zur Erörterung von KSZE-Fragen und zur Übermittlung einer Information bezüglich der Abstimmung des deutschen Textes der Konvention über die Reinerhaltung der Ostsee[6] (diese Information wurde inzwischen schriftlich im Auswärtigen Amt abgegeben[7]);

– Vermittlung eines Arbeitsbesuches eines „Botschaftsrats" bei Referatsleiter 230[8] zur Erörterung von Frage der deutschen Übersetzungen von VN-Konventionen.

---

[4] Dieser Satz wurde von Staatssekretär Gehlhoff hervorgehoben. Dazu vermerkte er handschriftlich: „r[ichtig]."

[5] Klaus Blech.

[6] Für den Wortlaut des Übereinkommens vom 22. März 1974 über den Schutz der Meeresumwelt des Ostseegebiets vgl. BUNDESGESETZBLATT 1979, Teil II, S. 1230–1240.
Am 9. Juli 1974 führte Referat 501 aus, daß die DDR bereits während der Konferenz über den Schutz der Meeresumwelt des Ostseegebiets vom 18. bis 22. März 1974 in Helsinki angeregt habe, „vorbereitende Gespräche über eine gemeinsame deutsche Übersetzung zu führen" und eine Rohübersetzung des Abkommenstextes übergeben habe, die allerdings vom Sprachendienst des Auswärtigen Amts als „unbrauchbar" bezeichnet worden sei. Ein Übersetzungsentwurf des Auswärtigen Amts sei am 25. Juni 1974 der Botschaft der DDR in Helsinki übergeben und dazu vorgeschlagen worden, die Abstimmung der Übersetzung in der Zeit vom 8. bis 14. Juli 1974 in London vorzunehmen. Vgl. Referat 413, Bd. 114233.

[7] Die Information, die am 5. Juli 1974 übergeben wurde, lautete: „Das Auswärtige Amt der Bundesrepublik Deutschland hat über die Botschaft der BRD in Helsinki den Vorschlag unterbreitet, zwischen Delegationen der Deutschen Demokratischen Republik und der Bundesrepublik Deutschland in London bzw. Helsinki in der Woche vom 8. bis 14. Juli 1974 eine Beratung durchzuführen, deren Gegenstand die offizielle deutschsprachige Übersetzung des Konvention über den Schutz der Meeresumwelt des Ostseegebietes vom 22. März 1974 ist. Das Ministerium für Auswärtige Angelegenheiten der Deutschen Demokratischen Republik läßt dazu mitteilen, daß eine Teilnahme von Vertretern der DDR an einer derartigen Beratung aus terminlichen Gründen vor September 1974 nicht möglich ist. Das Ministerium für Auswärtige Angelegenheiten der Deutschen Demokratischen Republik wird zum gegebenen Zeitpunkt Vorschläge zu Termin und Ort einer solchen Beratung unterbreiten." Vgl. Referat 413, Bd. 114233.

[8] Walter Gorenflos.

Die politische Absicht hinter dem Besuchswunsch Kohls ist offenkundig. Kohl hat es unterlassen, gleichzeitig auch Besuchswünsche hinsichtlich anderer Bundesminister zu äußern. Es besteht kein Zweifel, daß er die Beziehungen zum Bundesminister des Auswärtigen besonders hervorheben möchte.

Bei den Besuchswünschen auf Arbeitsebene handelt es sich vielmehr um Themen, die unter sachlichen Gesichtspunkten gerechtfertigt erscheinen.

2) Das Protokoll über die Errichtung der Ständigen Vertretungen zwischen den Regierungen der Bundesrepublik Deutschland und der DDR vom 14.3.1974 bestimmt in Ziffer 6, daß für Angelegenheiten der Ständigen Vertretung der DDR das Bundeskanzleramt zuständig ist.[9] In den Erläuterungen zu dem Protokoll (vgl. Bulletin Nr. 36 vom 15.3.1974) hat die Bundesregierung darauf hingewiesen, daß Arbeitskontakte der Ständigen Vertretung mit anderen Behörden nicht ausgeschlossen sind. Sie bedürfen jedoch der Zustimmung des Bundeskanzleramtes.[10]

3) Die Entscheidungsvorschläge versuchen, drei wesentlichen Gesichtspunkten gerecht zu werden:

– Es gilt zu verhindern, daß das Prinzip der Zuordnung der StV und ihres Leiters zum Bundeskanzleramt und damit ein wesentliches Element der Besonderheit der Stellung der StV und der Beziehungen der beiden deutschen Staaten insgesamt systematisch unterlaufen und ausgehöhlt wird.

– Das Auswärtige Amt hat ein eigenes Interesse daran, genuin außenpolitische Themen unmittelbar mit der StV zu erörtern und auf diese Weise sicherzustellen, daß die Bundesregierung über derartige Themen sich gegenüber der DDR in der gleichen Weise äußert wie gegenüber anderen Mitgliedern des Warschauer Pakts. Hiervon ausgehend, hat Herr Bundesminister Scheel bereits am 7.7.1973 DDR-Außenminister Winzer in Helsinki erklärt, daß Kontakte zwischen dem Auswärtigen Amt und der Ständigen Vertretung in internationalen Fragen dem Grundvertrag entsprächen. Wie sonst die laufenden Geschäfte zwischen den Außenministerien über die Botschaften abgewickelt würden, so müsse dies hier über die Ständigen Vertretungen geschehen. (Eine Aufzeichnung über das Gespräch ist als Anlage beigefügt.[11])

– Wir müssen in unserem eigenen Verhalten in gewissem Maße den Grundsatz der Reziprozität in Rechnung stellen. Es ist davon auszugehen, daß unsere Vertreter in Ostberlin in ihren Kontaktmöglichkeiten beschränkt sein werden. Wir sollten vermeiden, durch unser eigenes Verhalten der DDR den Vorwand dafür zu geben, daß sie noch restriktiver werde, als sie es ohnehin sein wird. Andererseits besteht kein Anlaß, die hiesigen DDR-Vertreter

---

[9] Für Ziffer 6 des Protokolls vom 14. März 1974 zwischen der Regierung der Bundesrepublik und der Regierung der DDR über die Errichtung der Ständigen Vertretungen vgl. Dok. 79, Anm. 6.

[10] Für den Wortlaut der Erläuterungen zum Protokoll vom 14. März 1974 über die Errichtung der Ständigen Vertretungen zwischen der Regierung der Bundesrepublik und der DDR und zu den Protokollvermerken vgl. BULLETIN 1974, S. 338f.

[11] Dem Vorgang nicht beigefügt.
Für die Aufzeichnung des Legationsrats I. Klasse Lewalter vom 9. Juli 1973 über das Gespräch des Bundesministers Scheel mit dem Außenminister der DDR, Winzer, am 7. Juli 1973 in Helsinki vgl. AAPD 1973, II, Dok. 220.

großzügiger zu behandeln, als unsere Vertreter in Ostberlin behandelt werden.

Insgesamt sollte bei voller Wahrung insbesondere des ersten Gesichtspunktes im jetzigen Anfangsstadium pragmatisch vorgegangen und vermieden werden, starre Regeln aufzustellen. Derartige Regeln werden sich u. U. nicht durchhalten lassen und, je nach der weiteren Entwicklung, möglicherweise auch nicht in unserem Interesse liegen. Ein Verfahren wie das unter II. vorgeschlagene, insbesondere hinsichtlich der Arbeitskontakte, wäre im Lichte unserer Erfahrungen, die sich sowohl hier in Bonn wie in Ostberlin ergeben, laufend zu überprüfen.

i.V. Blech

VS-Bd. 10108 (210)

208

Botschafter Wieck, Teheran, an das Auswärtige Amt

114-12855/74 VS-vertraulich Aufgabe: 9. Juli 1974, 13.00 Uhr[1]
Fernschreiben Nr. 676 Ankunft: 9. Juli 1974, 19.47 Uhr

Betr.: Iranische Haltung zur Nuklearrüstung
Vorg.: FS Botschaft Teheran Msg.-Nr. 631 VS-v vom 27.6.74[2]
(Info BMVg Fü S 25)

1) Die mit Vorgang übermittelte „vorläufige Wertung" von Pressemeldungen über die iranische Haltung zur Frage einer eigenen Nuklearrüstung wurde

---

[1] Hat Vortragendem Legationsrat Hartmann vorgelegen.
[2] Botschafter Wieck, Teheran, berichtete, daß Äußerungen des Schah Reza Pahlevi gegenüber der französischen Presse, „wonach Iran bald über Kernwaffen verfügen werde", von der iranischen Regierung „kategorisch dementiert" worden seien. Reza Pahlevi habe vielmehr ausdrücken wollen, der Iran „denke nicht daran, Nuklearwaffen zu erwerben. Wenn aber kleinere Staaten sich mit solchen Waffen ausstatteten, werde Iran seine Politik revidieren." Wieck schloß folgende vorläufige Wertung an: „Die interpretationsfähigen Äußerungen des Schahs zur Frage der Entwicklung eigener Nuklearwaffen spiegeln die politischen und technischen Schwierigkeiten wider, in denen Iran sich in dieser Frage befindet: 1) Die Frage einer selbständigen Nuklearbewaffnung stellte sich militärstrategisch für Iran solange nicht, wie es sich für Iran ausschließlich darum handelte, durch ein enges Bündnis mit den Vereinigten Staaten einen glaubwürdigen sicherheitspolitischen Schutz gegenüber der Weltmacht Sowjetunion zu besitzen, also gegenüber der eigentlichen Bedrohung Irans, der gegenüber keine nationale Rüstung und kein regionales Bündnis – auch keine nukleare Eigenbewaffnung – ausreichen würden. 2) Die jüngste indische Nuklearexplosion – von langer Hand vorbereitet und erwartet – sowie die fortbestehenden Gerüchte über eine israelische Nuklearrüstung, aus eigenen Forschungszentren heraus entwickelt, beschwören die Gefahr herauf, daß sich Iran eines Tages unterhalb der Schwelle der nuklearen Weltmächte durch kleinere Nuklearmächte, z. B. Indien, Israel, Ägypten, Pakistan, bedroht sehen könnte, denen gegenüber das Bündnis mit den USA nicht in Anspruch genommen werden könnte, denen gegenüber aber eine auch moderne konventionelle Ausrüstung Irans keine abschreckende Wirkung haben würde. [...] 6) Ich bin der Auffassung, daß der Schah den Weg zur eigenen Nuklearisierung der iranischen Streitkräfte nur zögernd als Ultima ratio gehen würde. Ein solcher Schritt könnte neben seinen Folgen für die Bezie-

durch ein Gespräch des Botschafters mit Premierminister Hoveyda bestätigt. Hoveyda erklärte dabei u. a.:

Iran werde alles in seinen Kräften stehende tun, um die Staaten dieser Region vor dem sinnlosen Weg zur eigenen Nuklearrüstung abzuhalten. Man bedauere die indische Entscheidung[3], die andere Länder zu einem vergleichbaren Verhalten verleiten könne. Hoveyda wies darauf hin, daß Pakistan eine jährliche Budgethilfe von rund 700 Mio. Dollar erhalte. Man hoffe, dies helfe, um das Land von einer eigenen Nuklearrüstung abzuhalten. Iran werde sich auf geeignet erscheinende Weise (UNO) für die Freihaltung der Region von Nuklearwaffen einsetzen. Iran habe den Nichtverbreitungsvertrag unterschrieben[4] und werde sich daran halten, es sei denn, daß kleinere Mächte dieser Region durch eigene Nuklearrüstung Iran zu einer Überprüfung dieser Haltung zwängen.

2) In einem Kommuniqué des iranischen Außenministeriums vom 7.74[5] wurde angekündigt, daß Iran in der UNO-Vollversammlung den Vorschlag einbringen wolle, den Mittleren Osten zur atomwaffenfreien Zone zu erklären. Die geographische Definition des Begriffes Mittlerer Osten solle durch die Generalversammlung erfolgen.[6] Die Presse nennt den Raum Indien einschließlich im Osten bis afrikanische Atlantik-Küste im Westen als vermutliche Arbeitsthese.

3) Eine Vorstellung vom Zeitbedarf Irans beim Aufbau einer eigenen zivilen Nuklearkapazität ergibt sich aus einer Bemerkung des hiesigen US-Botschafters[7]: Der erste iranische Nuklearreaktor werde vermutlich nicht vor 1981 in Betrieb benommen werden.

Anmerkung des Verteidigungsattachés:

Auf Grund der vorliegenden Äußerungen kann gefolgert werden, daß Iran
- erstens ernsthaft darum bemüht ist, den Mittleren Osten zumindest für das nächste Jahrzehnt zu einer atomwaffenfreien Zone erklären zu lassen, womit ein stabilisierender Einfluß auf den regionalen Bereich ausgeübt wird,

---

Fortsetzung Fußnote von Seite 923

hungen zur Sowjetunion auch eine erhebliche Belastung im Verhältnis zu den USA und Europa mit sich bringen. Ich sehe einstweilen in den Erklärungen des Schahs eine Wahrung seines Anspruches, über diese Frage souverän zu entscheiden. Zugleich spricht er eine Warnung an kleinere Länder in der Mittelost-Region aus, nicht dem indischen Vorbild nachzueifern." Vgl. VS-Bd. 8084 (201); B 150, Aktenkopien 1974.

3 Zur Zündung eines nuklearen Sprengsatzes durch Indien am 18. Mai 1974 vgl. Dok. 228.

4 Für den Wortlaut des Nichtverbreitungsvertrags vom 1. Juli 1968 vgl. BUNDESGESETZBLATT 1974, Teil II, S. 786–793.
Der Vertrag wurde am selben Tag vom Iran unterzeichnet.

5 Unvollständige Angabe in der Vorlage.

6 Mit Schreiben vom 15. Juli 1974 an UNO-Generalsekretär Waldheim bat der amtierende iranische UNO-Botschafter Pishva darum, die Frage einer nuklearwaffenfreien Zone im Mittleren Osten auf die Tagesordnung der nächsten UNO-Generalversammlung zu setzen. Er verwies darauf, daß Schah Reza Pahlevi bereits 1968 die Errichtung einer nuklearwaffenfreien Zone im Mittleren Osten vorgeschlagen habe. Seitdem habe sich die Lage jedoch verschärft. Daher müsse die Frage jetzt in der UNO-Generalversammlung erörtert werden: „A decision as to the precise limit of the denuclearized zone should, in the view of the Iranian Government, be left to the General Assembly. Such delimitation by the Assembly is appropriate not only because of the ambiguity inherent in the geographical destination but also because the security interests of the entire region must be taken into consideration. The Government of Iran therefore believes that the zone should encompass as wide an area as possible." Vgl. das Dokument A/9693; UNITED NATIONS GENERAL ASSEMBLY, Official Records, Annexes, Twenty-Ninth Session (Agenda items 24, 27, 28, 29, 30, 31, 34, 35, 100, 101, 103 and 107), S. 3.

7 Richard Helms.

– zweitens noch auf Jahre hinaus damit beschäftigt sein wird, die technischen Voraussetzungen für eine eigene zivile Nuklearkapazität zu schaffen, um sich dadurch die Voraussetzungen zu eigener nuklearer Handlungsfähigkeit zu schaffen.

[gez.] Wietersheim

Zusatz Botschafter

In der sicherheitspolitischen Orientierung der iranischen Außenpolitik sehe ich einen wichtigen Beitrag zu unserer Zusammenarbeit mit dem Iran, nicht zuletzt im rüstungswirtschaftlichen Bereich.

[gez.] Wieck

VS-Bd. 8084 (201)

209

Botschafter Behrends, Wien (MBFR-Delegation), an das Auswärtige Amt

114-12873/74 geheim Aufgabe: 10. Juli 1974, 12.45 Uhr[1]
Fernschreiben Nr. 640 Ankunft: 10. Juli 1974, 14.38 Uhr

Delegationsbericht Nr. 206/74

Betr.: Verbindung der ersten und zweiten Verhandlungsphase;
hier: Form eines Phase-I-Abkommens

Bezug: DE Nr. 2591 Plurex vom 28.6.74 – Tgb.-Nr. 967/74 geheim[2]

---

[1] Hat Ministerialdirektor van Well am 15. Juli 1874 vorgelegen, der die Weiterleitung an Botschafter Roth verfügte. Dazu vermerkte er handschriftlich: „Ich teile die Auffassung von Herrn Behrends nicht. Die sog. ‚Formfrage' ist eine Substanzfrage (deutschland- und europapolitisch). Herr Behrends muß m. E. vorsichtiger sein. Vor uns ist eine Falle!"
Hat Roth am 16. Juli 1974 vorgelegen, der handschriftlich zum ersten Satz des Vermerks von van Well vermerkte: „Ich auch nicht."

[2] Staatssekretär Gehlhoff äußerte sich zur Zusage der Beteiligung aller nicht-amerikanischen an den MBFR-Verhandlungen teilnehmenden NATO-Mitgliedstaaten an den in der zweiten Phase der MBFR-Verhandlungen zu beschließenden Rüstungsverminderungen. Nach der Feststellung, daß dies dem Verhandlungskonzept der NATO entspreche, führte er aus: „Es ist offensichtlich, daß die Einbeziehung der nationalen europäischen Streitkräfte, insbesondere der Bundeswehr, für die östliche Seite von zentraler Bedeutung ist. Aus diesem Grunde muß diese Einbeziehung nationaler europäischer Streitkräfte in Verbindung zum allgemeinen Verhandlungsziel des Westens, nämlich der Herstellung des ungefähren Gleichstandes des Personalbestands der Landstreitkräfte in Mitteleuropa, gesetzt werden. Dies gilt auch für eine Zusage, sich künftig an Reduzierungen zu beteiligen." Diese Zusage sei allerdings „ein Maximum dessen, was hinsichtlich der Reduzierung nationaler Streitkräfte in der zweiten Phase im gegenwärtigen Verhandlungsstadium ins Auge gefaßt werden" könne. Weiterhin dürfe eine solche Zusage nicht „die Tür zur Schaffung von nationalen Höchststärken öffnen. Aus diesem Grunde sollte u. E. eine künftige Zusage nicht von den einzelnen direkten Vertretern der NATO gegeben werden, sondern sollte kollektiven Charakter haben." Die Aufschlüsse-

DE Nr. 2608 Plurex vom 1.7.74 – Tgb.-Nr. 970/74 geheim[3]
DE Nr. 2655 Plurex vom 4.7.74 – Tgb.-Nr. 1000/74 geheim[4]
– jeweils 221-372.20/32 –

I. Aus den in den Bezugserlassen dargelegten Gründen wird großer Wert darauf gelegt, daß eine künftige Teilnahmezusicherung zwar im zeitlichen und sachlichen Zusammenhang mit einer ersten sowjetisch-amerikanischen Reduzierungsvereinbarung, jedoch nicht als Bestandteil dieser Vereinbarung abgegeben wird und daß sie kollektiven Charakter hat. Ich nehme dies zum Anlaß, auf folgendes hinzuweisen:

1) Das Bündnis hat als Inhalt eines Phase-I-Abkommens zum Teil bilateral regelbare Gegenstände (amerikanisch-sowjetische Verminderungen und damit zusammenhängende Fragen), zum Teil Gegenstände multilateralen Charakters vorgeschlagen. So sehen die westlichen Rahmenvorschläge vom 22.11.73 in Übereinstimmung mit Ziffer 34 des NATO-Mandats CM (73)83[5] vor, daß das Übereinkommen über die erste Phase eine Vereinbarung über die Fortsetzung der Verhandlungen in einer zweiten Phase enthält (Punkt 10).[6] Zu diesem Zeitpunkt sah das Bündnis ferner vor, alle direkten Teilnehmer mit „stabilizing measures" und Verifikation an einer ersten Phase zu beteiligen. Bei Herstellung der deutschen Fassung der Rahmenvorschläge wurde daher für „a first phase agreement" statt „Abkommen" bewußt der den multilateralen Charakter andeutende Begriff „Übereinkommen" gewählt. Eine formal bilaterale amerikanisch-sowjetische erste Phase erschien damals als politisch nicht erwünscht.

2) Seither wurde die multilaterale Substanz der für die erste Phase gemachten Vorschläge durch Einengung der „stabilizing measures" auf amerikanische und sowjetische Streitkräfte auf diesem Gebiet vermindert. Sie hat sich im großen und ganzen jedoch erweitert:

Fortsetzung Fußnote von Seite 925
lung der auf die betroffenen NATO-Mitgliedstaaten entfallenden Reduzierungsanteile müsse Angelegenheit der westlichen Allianz bleiben. Vgl. VS-Bd. 9462 (221); B 150, Aktenkopien 1974.

3 Ministerialdirektor van Well bekräftigte: „Bei der Entscheidung über die Frage, wie im gegenwärtigen Zeitpunkt der Zusammenhang zwischen Teilnahmezusage und Reduzierungsvereinbarung der ersten Phase formuliert werden kann, muß darauf geachtet werden, daß eine solche Zusage nicht in die Nähe des sowjetischen Konzepts gerät, nach dem Reduzierungen aller direkten Teilnehmer von Anfang an konkret vereinbart werden sollen. Der anderen Seite darf durch ein solches Signal kein Ansatzpunkt für ihre Forderung nach Quantifizierung der individuellen nationalen Reduzierungen in einer ersten Vereinbarung gegeben werden." Vgl. VS-Bd. 9462 (221); B 150, Aktenkopien 1974.

4 Botschafter Roth erinnerte nochmals an die Position der Bundesregierung hinsichtlich des Zusammenhangs einer künftigen Teilnahmezusicherung mit einer ersten sowjetisch-amerikanischen Reduzierungsvereinbarung. Erstere dürfe nicht als Bestandteil dieser Vereinbarung abgegeben werden und müsse einen kollektiven Charakter haben. Daher könne keine Formulierung akzeptiert werden, „die eine von diesem Standpunkt abweichende Interpretation und damit eine negative Präjudizierung dieses Standpunktes zulassen würde". Vgl. VS-Bd. 9462 (221); B 150, Aktenkopien 1974.

5 Für das Papier CM (73) 83 (Final) „Alliance Approach to Negotiations on MBFR" vom 17. Oktober 1973 vgl. VS-Bd. 9417 (221). Vgl. dazu ferner AAPD 1973, III, Dok. 326.
Botschafter Roth erläuterte dazu am 9. August 1974: „Ziffer 34 des gemeinsamen Verhandlungspapiers der NATO – Dokument CM (73) 83 (Final) – beschreibt die Grundzüge der Vereinbarung wie folgt: ‚The allies will negotiate for inclusion in a first phase agreement of language providing for a second phase of negotiations and for agreement to the concept of a common manpower ceiling for NATO and Warsaw Pact Ground Forces in the NATO Guidelines Area'." Vgl. VS-Bd. 9693 (500); B 150, Aktenkopien 1974.

6 Zu den am 22. November 1973 von den an den MBFR-Verhandlungen teilnehmenden NATO-Mitgliedstaaten vorgelegten Rahmenvorschlägen vgl. Dok. 9, Anm. 2.

a) Das Bündnis bot zwischenzeitlich an, eine Verminderung des Personals amerikanischer und sowjetischer Landstreitkräfte mit einem entsprechenden no-increase-commitment der übrigen direkten Teilnehmer zu verbinden.[7]

b) Das Bündnis hat schließlich während des heutigen Emissärgespräches eine Zusicherung der Teilnahme aller übrigen westlichen Teilnehmer an Verminderungen der zweiten Phase „in the event of a satisfactory Phase-I-agreement" in Aussicht gestellt.[8]

3) Nach allem setzt ein das Bündnis befriedigender Abschluß der ersten Verhandlungsphase verbindliche multilaterale Regelungen voraus. Im Bündnis ist allerdings offengeblieben, ob diese Regelungen einem amerikanisch-sowjetischen Abkommen mehr oder weniger locker assoziiert werden oder den Rahmen eines solchen Abkommens bilden sollen. In beiden Fällen würden sich die multilateralen Regelungen zumindest als „Bestandteile" eines Phase-I-Abkommens im weiteren Sinne darstellen. Der deutschen Haltung – einer multilateralen Regelung im zeitlichen und sachlichen Zusammenhang – dürften Regelungen entsprechen, die mit einem amerikanisch-sowjetischen Abkommen als Zusatzprotokoll, Briefwechsel oder ähnlich verbunden werden.

4) Die Lösung der Formfrage wird m. E. nicht dadurch negativ präjudiziert, daß generell von einem „first phase agreement" gesprochen wird. Denn dieser Begriff schließt die Möglichkeit eines Vertragspaktes im Sinne der zeitlichen und sachlichen Zuordnung verschiedenartigster Vertragsinstrumente ein. Es würde sich im Gegenteil als kontraproduktiv erweisen, wenn die Form multilateraler Elemente der ersten Phase künftig grundsätzlich angesprochen würden, sobald von dem Abschluß der ersten Phase die Rede ist. Dies wäre der Fall, wenn künftig grundsätzlich von Abmachungen „in connection with", „in context of" oder „in the event of a first phase agreement" gesprochen würde. Dadurch würde die Formfrage im Ost-West-Verhältnis problematisiert, bevor sie bündnisintern geklärt ist.

5) Die Weiterverwendung des Begriffs „a first phase agreement" berührt meines Erachtens auch die Frage nicht, ob seine multilateralen Bestandteile westlicherseits kollektiven Charakter haben können. Dafür dürfte letztlich die öst-

---

[7] Zum Vorschlag der an den MBFR-Verhandlungen teilnehmenden NATO-Mitgliedstaaten vom 22. Mai 1974 für eine Vereinbarung, die Stärke der Landstreitkräfte zwischen Phase I und Phase II der MBFR-Verhandlungen nicht zu erhöhen, vgl. Dok. 170, Anm. 5.

[8] Botschafter Behrends, Wien (MBFR-Delegation), berichtete am 11. Juli 1974 über das Emissärgespräch vom Vortag. Der Leiter der niederländischen MBFR-Delegation, Quarles van Ufford, habe festgestellt, „daß die Diskussion inzwischen auf die Frage zurückgeführt worden sei, welcher Natur die Verpflichtungen der nichtvermindernden Teilnehmer im Rahmen eines Phase-I-Abkommens sein sollten", und daher als „‚letzten Schritt'" zur Herbeiführung einer Einigung über das Phasenkonzept ein „all-participants-Angebot" eingeführt: „Therefore, with regard to your questions whether the remaining Western direct participants would reduce their forces, we now wish to tell you that the allies are willing to consider a commitment to the effect that the Western contribution to second phase reductions to an agreed common ceiling on overall ground forces manpower of each side would include reductions in the ground forces in the area of all non-US Western direct participants. The allies could undertake such a commitment only in the event of a satisfactory first phase agreement. The only exception is the forces of Luxembourg. You have already informally indicated that you would not expect Luxembourg to reduce its forces, so we assume that this point will give rise to no difficulty." Behrends teilte mit, daß diese Mitteilung bei den Vertretern der an den MBFR-Verhandlungen teilnehmenden Warschauer-Pakt-Staaten auf eine „vorsichtig-kritische Aufnahme" gestoßen sei. Vgl. den Drahtbericht Nr. 647; VS-Bd. 8246 (201); B 150, Aktenkopien 1974.

liche Bereitschaft ausschlaggebend sein, inhaltlich, der Form nach oder in beiden Hinsichten kollektive Verpflichtungen entgegenzunehmen.

II. Falls meine Interpretation des Formproblems nicht geteilt wird, bitte ich um ergänzende Weisung.

[gez.] Behrends

VS-Bd. 9453 (221)

210

Gespräch des Botschafters von Staden, Washington, mit dem amerikanischen Verteidigungsminister Schlesinger

Geheim 11. Juli 1974[1]

Aufzeichnung über das Gespräch des Herrn Botschafters mit Verteidigungsminister Schlesinger am 11. Juli 1974 im Pentagon

Dauer: 16.20 Uhr bis 17.00 Uhr

Teilnehmer:

auf deutscher Seite: der Herr Botschafter, Brigadegeneral Speigl, Gesandter Lahusen;

auf amerikanischer Seite: Verteidigungsminister Schlesinger, Assistant Secretary Ellsworth, Deputy Assistant Secretary Bergold, General McAuliffe, zwei Protokollführer.

Herr *Botschafter* sagte einleitend, er habe Schlesinger aufgesucht, um sich für seine bevorstehende Reise zur Botschafterkonferenz nach Bonn[2] über dessen Beurteilung der Sicherheitssituation nach dem Moskauer Gipfeltreffen[3] zu in-

---

[1] Die Gesprächsaufzeichnung wurde von Gesandtem Lahusen, Washington, gefertigt, und von Gesandtem Matthias, Washington, am 15. Juli 1974 an das Auswärtige Amt übermittelt.
Hat Vortragendem Legationsrat I. Klasse Pfeffer am 22. Juli 1974 vorgelegen, der handschriftlich für Vortragenden Legationsrat Kunz vermerkte: „1) Bitte morgen früh sofort eine Abl[ichtung] für den größeren Verteiler. 2) Urschrift Herrn D 2 mit dem Vorschlag, den Herrn Bundesminister auf dem Flug in die USA zu unterrichten."
Hat Ministerialdirektor van Well am 23. Juli 1974 vorgelegen, der die Weiterleitung an Bundesminister Genscher verfügte.
Hat Genscher am 23. Juli 1974 vorgelegen.

[2] Auf der Botschafterkonferenz am 17. Juli 1974 hielt Botschafter von Staden, z. Z. Bonn, einen Kurzvortrag über die politische Lage der USA. Zur amerikanischen Sicherheitspolitik führte er aus: „Nixon ist es nicht gelungen, die Meinungsverschiedenheiten über SALT in der Administration auszuräumen. Für Kissinger stehe die Dynamik der Entspannungspolitik im Vordergrund. Schlesinger fürchte Absprachen zu Lasten der langfristigen sicherheitspolitischen Interessen der USA. Er rechne nicht mit Fortschritten bei SALT vor Entscheidung in der Watergate-Frage." Vgl. die Aufzeichnung des Ministerialdirigenten Simon; VS-Bd. 9891 (200); B 150, Aktenkopien 1974.

[3] Zum Besuch des Präsidenten Nixon vom 27. Juni bis 3. Juli 1974 in der UdSSR vgl. Dok. 197, Dok. 199 und Dok. 200.

formieren. Er habe Schlesingers Pressekonferenz vom 3. Juli über die Ergebnisse der Moskau-Reise des amerikanischen Präsidenten gelesen.[4]

Schlesinger fragte: Sie fanden meine Pressekonferenz also interessant (entertaining) und fühlten sich dadurch erleuchtet (illuminated), was Herr *Botschafter* bejahte.

Schlesinger fuhr fort, die Verteidigungssituation werde weder im allgemeinen, noch insbesondere hinsichtlich der Nuklearverteidigung durch die diplomatischen Aktivitäten beim Moskauer Gipfeltreffen berührt (unaffected). Das wirkliche Problem sei, wie er schon Bundesminister Leber gesagt habe[5], die Notwendigkeit, daß die europäischen Länder mehr für die Verteidigung tun müßten, um das Gesamtgleichgewicht zwischen Ost und West zu erhalten. Er sei beunruhigt (concerned) über die Neigung einiger Verbündeter (die er wiederholt als „the weak sisters" bezeichnete), weniger zu tun, weil hierdurch

1) das militärische Gesamtgleichgewicht,

2) die Bereitschaft des amerikanischen Kongresses, die Truppen in Europa zu halten,

in Mitleidenschaft gezogen würden. Schlesinger beklagte sich insbesondere, daß sich die niederländische und die britische Regierung in unvernünftiger Weise auf budgetäre Erwägungen und auf innenpolitische Verpflichtungen beriefen.[6] Er habe dem niederländischen Botschafter[7] kürzlich erklärt, daß die USA die geplante niederländische Verminderung des Verteidigungsbeitrags niemals unterstützen und sie nur widerwillig dulden werde. Er habe ähnliches auch den Briten gesagt. Er habe dazu bemerkt, die Logik, die darin liege, den deutschen Verteidigungsbeitrag verhältnismäßig niedrig zu halten und gleichzeitig den eigenen zu reduzieren, sei so windig, daß man dies als Unverantwortlichkeit bezeichnen müsse. Es sei viel wichtiger, daß die Verbündeten energische und ernsthafte Anstrengungen darauf richteten, die militärische Leistungsfähigkeit, die Austauschbarkeit, die Beweglichkeit der Verbände zu verbes-

---

[4] Auf der Pressekonferenz wies der amerikanische Verteidigungsminister Schlesinger die Vermutung zurück, daß das amerikanische Verteidigungsministerium den Abschluß weitergehender Vereinbarungen zur Abrüstung während des Besuchs des Präsidenten Nixon vom 27. Juni bis 3. Juli 1974 in der UdSSR verhindert habe. In der Presse wurde dazu gemeldet: „Mr. Schlesinger stressed that neither the Defense Department nor the uniformed military had impeded additional agreements. ‚We have firm civilian control in this country,' he said, adding that no agreement had been proposed by the Russians that was acceptable to Mr. Kissinger but which had been vetoed by Mr. Schlesinger or the Joint Chiefs of Staff.' [...] In an effort to dispel reports of a widening split within the administration over how to deal with the Russians against the background of Watergate Mr. Schlesinger said the administration had managed to put together ‚an agreement within the government regarding the general approach to be taken in Moscow' before the president departed. Mr. Schlesinger made it clear that in his view the ‚gross' and ‚disproportionate' increases now planned in the Soviet missile program were the principal obstacles to achieving more comprehensive missile agreements that maintained ‚essential equivalence' in nuclear strike power." Vgl. den Artikel „Schlesinger Denies Pentagon Blocked Wider Arms Pact"; INTERNATIONAL HERALD TRIBUNE vom 5. Juli 1974, S. 2.

[5] Bundesminister Leber hielt sich am 31. Mai 1974 zu Gesprächen mit dem amerikanischen Verteidigungsminister Schlesinger in Washington auf.

[6] Zur niederländischen Verteidigungsreform vgl. Dok. 175, Anm. 12 und 13.
Zur geplanten Überprüfung der britischen Verteidigungslasten vgl. Dok. 175, Anm. 15.

[7] Rijnhard Bernhard van Lynden.

sern, als daß sie sich darum bemühen müßten, leistungsschwache Verbündete („weak sisters") anzutreiben, mehr zu tun.

Auf die Frage des Herrn Botschafters sagte Schlesinger, er rechne damit, daß Senator McClellan im Rahmen des Appropriations-Verfahrens einen neuen Versuch zur Reduzierung der amerikanischen Truppen in Europa unternehmen werde.[8] Es sei zwar richtig, daß sich die Motivierung solcher Versuche hinweg von grundsätzlichen Bedenken gegen die Stationierung amerikanischer Truppen im Ausland in Richtung auf rein budgetäre Erwägungen entwickele. Entscheidend komme es aber auf die Haltung der europäischen Verbündeten an. Die psychologischen Auswirkungen seien dabei von größerem Gewicht als rein militärische Gesichtspunkte. Die Behauptung mancher Europäer, es sei wichtiger für die USA, Westeuropa zu verteidigen, als für die Europäer selbst, könne er nicht verstehen. Es sei für Westeuropa von vitaler Bedeutung, daß es bereit sei, für seine eigene Sicherheit einen Preis zu zahlen.

Wiederholt wies Schlesinger darauf hin, daß er die Bundesrepublik von seinen kritischen Betrachtungen ausnehme. Allerdings habe er nie recht verstanden, warum die Bundeswehr von den ursprünglich vorgesehenen 500 000 Mann auf 460 000 Mann verringert worden sei[9]: Die Zahl von 500 000 sei übrigens bei den Verhandlungen über den deutschen Eintritt in die WEU vereinbart worden[10], also zu einem Zeitpunkt, in dem die Erinnerung an den Zweiten Weltkrieg noch sehr wach gewesen sei. Damals habe die Bundesrepublik eine Bevölkerung von 50 Mio. gehabt, heute seien es 60 Mio. Er würde eine Vergrößerung der Bundeswehr auf beispielsweise 600 000 Mann nicht für unangebracht halten. Dann wäre 1% der Gesamtbevölkerung in den Streitkräften. Er sehe ein, daß die Lasten der gemeinsamen Verteidigung in Europa nicht fair verteilt seien. Aus amerikanischer Sicht komme es aber darauf an, daß Europa als ganzes genommen seinen Anteil übernehme. Der Gesichtspunkt, daß die Bundesrepublik mehr als 50% stelle, müsse demgegenüber zurücktreten.

Mit einer Freiwilligenarmee müsse ein Land 6% des BSP für seine Verteidigung aufwenden, bei allgemeiner Wehrpflicht 5%. Die Bundesrepublik leiste mit 3,9% des BSP einen vorzüglichen Beitrag, weil sie es besonders gut verstehe, wirtschaftliche Kraft in militärische Stärke umzusetzen. Eine Steigerung des deutschen Beitrags wäre aber nicht unangebracht.

---

[8] Henry Kissinger notierte im Rückblick zu der Bewilligung militärischer Mittel durch den amerikanischen Kongreß: „Für das Haushaltsjahr 1975 hatte die Nixon-Administration militärische Hilfe in Höhe von 1,4 Milliarden Dollar gefordert. Der Streitkräfteausschuß des Senats unter Leitung des ehrwürdigen konservativen John Stennis aus Mississippi hatte diese Summe auf eine Milliarde gekürzt. Nun strich der Haushaltsausschuß des Senats, dem der nicht weniger konservative John McClellan aus Arkansas vorsaß, weitere dreihundert Millionen." Vgl. KISSINGER, Jahre, S. 377.

[9] Zur zukünftigen Stärke der Bundeswehr vgl. den Bericht der Wehrstruktur-Kommission der Bundesregierung vom 28. November 1972; WEHRSTRUKTUR. Vgl. dazu ferner Dok. 64, Anm. 35.

[10] In Artikel 1 des Protokolls Nr. II vom 23. Oktober 1954 über die Streitkräfte der WEU war festgelegt: „1) The land and air forces which each of the High Contracting Parties to the present Protocol shall place under the Supreme Allied Commander Europe in peacetime on the mainland of Europe shall not exceed in total strength and number of formations: a) for Belgium, France, the Federal Republic of Germany, Italy and the Netherlands, the maxima laid down for peacetime in the Special Agreement annexed to the Treaty on the Establishment of a European Defence Community signed at Paris, on 27th May, 1952". Vgl. BUNDESGESETZBLATT 1955, Teil II, S. 263.

Der Herr *Botschafter* verwies auf die Bemühungen um MBFR. Er erwähnte die aus der deutschen Interessenlage heraus besonders wichtigen Konzepte des common ceiling ohne subceiling für einzelne Länder und des Phasenkonzepts.

Schlesinger erwiderte, er habe mehr Verständnis für den deutschen Standpunkt, als er jemals bekanntgeben werde. Es wäre nicht gerade ein Gipfel der Vernunft amerikanischer Politik, wenn man einerseits darauf bestände, daß die Bundesrepublik mehr für die Verteidigung tun müsse, andererseits aber erklärte, sie müsse ihren Verteidigungsbeitrag vermindern, um die Sowjetunion zufriedenzustellen. Wenn es in der ersten MBFR-Phase eine implizierte Verpflichtung (commitment) für die zweite Phase geben sollte, müsse sie so vage und mit so vielen Fußangeln (loopholes) ausgestaltet werden, daß man den Westen in der zweiten Phase nicht daran aufhängen könne.

Zu SALT erklärte Schlesinger, die Situation unterscheide sich heute in keiner Weise von der in seinem Jahresbericht an den Kongreß (Posture Statement) geschilderten Lage[11]. Es wäre für beide Seiten vorteilhaft, wenn es zu Beschränkungen käme. Man könne die Sowjets nicht dazu zwingen, ihnen aber besondere Anreize geben. Sie müßten wissen,
– wenn sie ihre Gesamtschlagkraft (gross capability) erhöhten, würden die USA gleichziehen;
– wenn beide Seiten ihre Gesamtschlagkraft vergrößerten, sei dies für keine der beiden von Vorteil, und zwar weder vom Kostenstandpunkt, noch von der Stabilität, noch von künftigen grundlegenden strategischen Konzepten her gesehen.

Nach dem letzten Moskauer Gipfeltreffen sei es angebracht, den Optimismus hinsichtlich SALT zurückzuschrauben. Die sowjetische Regierung habe eine recht harte Position eingenommen. Wenn der Westen überleben wolle, müsse er dafür Sorge tragen, daß das militärische Gleichgewicht erhalten bleibe und daß die Überzeugung hiervon auch der Sowjetunion vermittelt werde.

Auf Frage des Herrn *Botschafters*, ob er sich, wie die Presse spekuliere, mit Gretschko treffen wolle, sagte *Schlesinger*, er sei nicht eingeladen worden. Er habe auch sonst keinerlei Anzeichen für irgendein sowjetisches Interesse an einer solchen Begegnung, an der er selbst nicht interessiert sei. Er würde sich

---

[11] Botschafter von Staden, Washington, berichtete am 13. Februar 1974, daß der amerikanische Verteidigungsminister Schlesinger am 5. Februar 1974 anläßlich der Einbringung des Verteidigungshaushaltes vor dem Streitkräfte-Ausschuß des amerikanischen Kongresses ausgeführt habe, die USA müßten „als Führungsmacht für jedermann sichtbar das weltweite strategische Gleichgewicht aufrechterhalten und zur Bewachung des regionalen Gleichgewichts in mehreren Regionen, ‚insbesondere in Mitteleuropa' beitragen. Es gebe keine Anzeichen dafür, daß einseitige militärische Reduktionen zu entsprechendem Verhalten der Gegenseite führten. Nach dem in den letzten Jahren erfolgten, zu weitgehenden militärischen Abbau seitens der Amerikaner sollten weitere Reduzierungsschritte von internationalen Verträgen mit potentiellen Gegnern abhängig gemacht werden (SALT, MBFR). [...] Im strategischen Bereich werde die ‚Dreifaltigkeit' (triad) von land-, see- und luftgestützten Kernwaffensystemen erhalten und weiter verbessert werden. Art und Umfang der strategischen Streitkräfte könnten sich aber je nach Ausgang der SALT bedeutend ändern. (Umfangreiche Forschungs- und Entwicklungsprojekte wurden als Vorsorge für den Fall eines negativen Ausgangs von SALT II bezeichnet)." Vgl. den Drahtbericht Nr. 497; VS-Bd. 2077 (201); B 150, Aktenkopien 1974.
Für den Verteidigungshaushalt 1975 vgl. REPORT OF THE SECRETARY OF DEFENSE JAMES R. SCHLESINGER TO THE CONGRESS ON THE F[ISCAL] Y[EAR] 1975 DEFENSE BUDGET AND FY 1975–1979 DEFENSE PROGRAM, Washington D. C., March 4, 1974.

aber nicht verschließen, wenn sich eine entsprechende Notwendigkeit ergeben sollte.

Der Herr *Botschafter* fragte nach Schlesingers Einschätzung der Stellung Gretschkos. *Schlesinger* erwiderte, es gebe zwei Theorien, und man habe nicht genügend Beweise, um die eine als richtig, die andere als falsch bezeichnen zu können:

1) Es gebe in Moskau miteinander ringende Kräftegruppen. Die militärische Gruppe übe eine Art Vetomacht aus. Generalsekretär Breschnew und die Partei seien – anders als Nixon in den USA – nicht mehr in der Lage, ihren Willen durchzusetzen.

2) In Theorie und Praxis des sowjetischen Systems sei das Prinzip tief verankert, daß die Partei die höchste Macht darstelle. Alle höheren Offiziere seien indoktrinierte Parteimitglieder.

Die erste Theorie böten die Sowjets dem Westen an, wann immer dieser leichtgläubig genug sei, so etwas zu schlucken. Truman habe sich hierin von Stalin täuschen lassen, und absurde Vorstellungen von pressure groups in Moskau akzeptiert. Er, Schlesinger, glaube nicht ohne weiteres, daß sich die sowjetischen Militärs der Kontrolle durch die Partei entziehen könnten. Dies werde lediglich vorgeschoben. Im besten Falle halte er die erste Theorie für ein grobe Übertreibung. In Wahrheit sei die Macht des Parteiapparats außerordentlich stark, wenn er nur den Willen habe, sie einzusetzen.

Er sehe eine gewisse Möglichkeit, daß die SALT um den 1. August fortgesetzt werden könnten, aber es gebe dabei ein großes Maß an Unsicherheit.[12] Die Aussichten für Fortschritte bei SALT, was immer man sich darunter vorstellen wolle, seien in naher Zukunft gering. Die Sowjets hätten keine Eile, weil sie glaubten, sie könnten so gegen die USA gewinnen.

Die Tatsachen seien inzwischen ziemlich klar geworden; man dürfe sich nicht selbst täuschen. Die große Frage sei, wie die westlichen Regierungen und Völker auf diese Tatsachen reagierten.

Auch bei MBFR habe es in den letzten Monaten keine ermutigenden Anzeichen gegeben, die sowjetische Haltung sei dort genauso hart und unnachgiebig wie bei SALT. Es komme darauf an, daß der Westen nicht zuviel Interesse zeige, obwohl ein gutes MBFR-Ergebnis in den USA von großem Nutzen wäre.[13]

Abschließend bat Schlesinger den Herrn Botschafter, Bundesminister Leber seine besondere Wertschätzung zu übermitteln (very highest regards). Seine, Schlesingers, Position gründe sich auf objektive Realitäten, nämlich die militärische Planung (force posture) des Warschauer Pakts. Solange diese sich nicht ändere, werde sich auch seine Haltung nicht ändern.

VS-Bd. 8138 (201)

---

[12] Die siebte Runde der zweiten Phase der Gespräche zwischen den USA und der UdSSR über eine Begrenzung strategischer Waffen (SALT II) begann am 18. September 1974 in Genf.
[13] Dieser Absatz wurde von Ministerialdirektor van Well hervorgehoben. Dazu vermerkte er handschriftlich: „r[ichtig]."

211

Aufzeichnung des Ministerialdirektors Sanne, Bundeskanzleramt

VS-vertraulich   11. Juli 1974[1]

Betr.: Beziehungen zu Polen

Ergebnis des Gesprächs des Bundeskanzlers mit Bundesminister Genscher und Staatssekretär Gehlhoff am 10.7.1974:

1) Der Bundeskanzler führte aus, daß BM Apel eine Erhöhung der Rentenpauschale (maximal 700 – 750 Mio. DM)[2] für denkbar halte. Er bat das AA festzustellen, ob Rentenansprüche auch von anderen WP-Staaten geltend gemacht werden könnten.[3] Für den Kredit sei die Summe von 1 Mrd. DM das äußerste. Die Entwicklung seit Beginn dieses Jahres bringe die Gefahr mit sich, daß selbst diese Summe nicht mehr zur Verfügung stehen würde, wenn die polnische Seite noch lange zögere. Hinsichtlich der Kreditbedingungen habe man noch eine gewisse Bewegungsfreiheit.

Er sei auch dafür, daß wir weiterhin auf einer Zusage bestehen, nach der in drei Jahren 150 000 Personen aus Polen in die Bundesrepublik übersiedeln können. Über diese Ziffer hinaus sollte die eigene Position nicht festgelegt werden.

Im Gegensatz zu der von BM Genscher vertretenen Auffassung schloß der Bundeskanzler jede Art von Wiedergutmachung, auch eine symbolische Aktion[4], aus.

2) Es wurde vereinbart, daß das Auswärtige Amt den Entwurf einer Antwortbotschaft des Bundeskanzlers an Gierek möglichst bald vorlegt.[5] In dieser Antwort soll Bezug genommen werden auf das Schreiben des Vorsitzenden der

---

[1] Hat Ministerialdirigent Kinkel am 12. Juli 1974 vorgelegen, der die Weiterleitung an Bundesminister Genscher und Staatssekretär Gehlhoff verfügte.
Hat Legationsrat I. Klasse Engelhard am 23. Juli 1974 vorgelegen, der handschriftlich für Gehlhoff vermerkte: „Konnte Herrn Minister nicht mehr vorgelegt werden."
Hat Gehlhoff am 23. Juli 1974 vorgelegen, der die Weiterleitung an Ministerialdirektor van Well verfügte.
Hat dem Vertreter von van Well, Ministerialdirigent Simon, am 24. Juli 1974 vorgelegen, der handschriftlich vermerkte: „1) Herrn Dg 21, 2) Herrn D 2 n[ach] R[ückkehr]."
Hat Ministerialdirigent Blech am 24. Juli 1974 vorgelegen.
Hat van Well am 29. Juli 1974 vorgelegen, der die Weiterleitung an Referat 214 verfügte.
Hat Vortragender Legationsrätin I. Klasse Finke-Osiander am 31. Juli 1974 vorgelegen.
[2] Zum polnischen Wunsch nach Rentenausgleichszahlungen vgl. Dok. 134, Anm. 12.
[3] Dieser Satz wurde von Vortragender Legationsrätin I. Klasse Finke-Osiander hervorgehoben. Dazu vermerkte sie handschriftlich für Vortragenden Legationsrat Arnot „n[ach] R[ückkehr]": „Dieser Frage müssen wir noch nachgehen."
[4] Ministerialdirigent Blech regte in einer Aufzeichnung vom 8. Juli 1974 für Bundesminister Genscher und Staatssekretär Gehlhoff an, die Möglichkeit zu prüfen, „dem polnischen Wunsch nach einer symbolischen Geste auf dem Gebiet der Wiedergutmachung entgegenzukommen (Gründung einer Stiftung für Betreuungsmaßnahmen zugunsten polnischer KZ-Opfer; zu denken wäre z. B. an ein Altersheim in Polen). Eine solche Geste wäre jedoch nur dann sinnvoll, wenn zuvor sichergestellt werden kann, daß sie tatsächlich zur abschließenden Überwindung der Wiedergutmachungsfrage beiträgt und von polnischer Seite nicht als Ansatzpunkt für weitere Forderungen betrachtet werden würde." Vgl. VS-Bd. 10159 (214); B 150, Aktenkopien 1974.
[5] Für den Entwurf des Auswärtigen Amts vom 15. Juli 1974 für ein Schreiben des Bundeskanzlers Schmidt an den Ersten Sekretär des ZK der PVAP, Gierek, vgl. Referat 214, Bd. 116627.

SPD, das in diesen Tagen abgeht.⁶ Im übrigen sollen Verhandlungen innerhalb des im Dezember abgesteckten Rahmens⁷ angeboten werden.⁸

Das Auswärtige Amt kann der polnischen Seite eine mündliche Vorankündigung zur Botschaft des Bundeskanzlers geben. Bei dieser Gelegenheit soll auf die mögliche Gefährdung des 1-Mrd.-Kredits hingewiesen werden.⁹

Sanne

VS-Bd. 10160 (214)

212

Gespräch des Bundesministers Genscher mit dem sowjetischen Botschafter Falin

StS-903/74 VS-vertraulich   12. Juli 1974[1]

Betr.: Deutsch-sowjetische Beziehungen

Der Bundesminister des Auswärtigen empfing am Freitag, dem 12. Juli 1974, den sowjetischen Botschafter Falin zu einem längeren Gespräch, das während der ersten Stunde in Anwesenheit des sowjetischen Gesandten Tokowinin und des Unterzeichnenden geführt wurde.

---

[6] Am 15. Juli 1974 teilte der SPD-Vorsitzende Brandt dem Ersten Sekretär des ZK der PVAP, Gierek, mit: „Der Vorsitzende der Sozialdemokratischen Partei Deutschlands hält unverändert die Aufgabe für wichtig, den Versuch fortzusetzen, der zu der Zeit begonnen worden ist, als ich außerdem noch das Amt des Bundeskanzlers innehatte: Wenn es möglich wäre, einen Schlußstrich zu ziehen zwischen der Bundesrepublik und Polen und damit die Basis dafür zu legen, daß beide Staaten in ihren Beziehungen ihren Blick in die Zukunft richten und dabei von der Vergangenheit nicht mehr behindert würden, so wäre das für die Lage in Europa und nicht nur für unsere beiden Staaten von großer Bedeutung. Wie Sie wissen, ist es in unserem Teil der Welt nicht so wie in Ihrem, daß die Partei in der Lage wäre, Aufgaben zu übernehmen, die der Regierung zukommen. Ich kann Ihnen aber begründet versichern, daß Bundeskanzler Helmut Schmidt die Absicht hat, die Politik der Entspannung und Versöhnung fortzusetzen, die die beiden Bundesregierungen unter meiner Führung begonnen haben. Mit anderen Worten: Unsere Seite ist auch bereit, den Rahmen aufrechtzuerhalten, in dem die Gespräche zwischen den beiden damaligen Außenministern zuletzt Ende des vergangenen Jahres stattgefunden hatten." Vgl. BRANDT, Berliner Ausgabe, Bd. 9, S. 90 (Auszug).

[7] Der polnische Außenminister Olszowski hielt sich am 6./7. Dezember 1973 in der Bundesrepublik auf. Vgl. dazu AAPD 1973, III, Dok. 402.

[8] Zum Schreiben des Bundeskanzlers Schmidt vom 23. Juli 1974 an den Ersten Sekretär des ZK der PVAP, Gierek, vgl. Dok. 216, Anm. 3.

[9] Am 24. Juli 1974 wies Ministerialdirigent Blech Botschafter Ruete, Warschau, an, bei der Übergabe des Schreibens des Bundeskanzlers Schmidt vom 23. Juli 1974 an den Ersten Sekretär des ZK der PVAP, Gierek, „in geeigneter Weise zu betonen, daß die Entwicklung der wirtschaftlichen Lage in der Bundesrepublik Deutschland die Aufrechterhaltung unseres Angebotes des ungebundenen Finanzkredits nur erschweren kann". Vgl. den Drahterlaß Nr. 399; Referat 214, Bd. 116627.
Zur Übergabe des Schreibens vgl. Dok. 216, Anm. 9.

[1] Die Gesprächsaufzeichnung wurde von Staatssekretär Gehlhoff am 15. Juli 1974 gefertigt.
Hat Ministerialdirektor van Well am 15. Juli 1974 vorgelegen, der die Weiterleitung an Ministerialdirigent Blech und die Referate 213 und 210 verfügte.

Der *Minister* drückte einleitend seinen Wunsch nach einer umfassenden Erörterung der deutsch-sowjetischen Beziehungen aus. Er drückte ferner seine Hoffnung aus, möglichst bald mit dem sowjetischen Außenminister Gromyko zusammentreffen zu können. Ein solches Treffen könne auch der Vorbereitung des Besuchs des Bundeskanzlers in der SU dienen und sollte deshalb möglichst noch im Herbst stattfinden.[2]

Botschafter *Falin* übermittelte seinerseits eine Einladung des sowjetischen Außenministers Gromyko an den Bundesminister zu einem Besuch in der Sowjetunion Ende 1974 oder Anfang 1975. Der Besuch solle nicht nur Gesprächen, sondern auch einem besseren Kennenlernen der Sowjetunion dienen.

Der *Bundesminister* nahm diese Einladung an. Er wiederholte seinen Wunsch nach einem früheren Zusammentreffen mit AM Gromyko und sprach die Hoffnung aus, AM Gromyko etwa im September in Bonn begrüßen zu können, wenn Gromyko sich zu den VN begebe.[3] Zwar werde es auch am Rande der GV die Möglichkeit eines Gesprächs geben[4], doch sollte, wenn irgend möglich, auch ein eingehendes Gespräch in Bonn geführt werden.

Botschafter *Falin* versicherte nochmals, seiner Regierung über diese durch den Minister ausgesprochene Einladung berichten zu wollen.

Botschafter Falin griff den Gedanken des Ministers nach einer umfassenden Erörterung der deutsch-sowjetischen Beziehungen auf und hob insbesondere die wissenschaftlich-technische Zusammenarbeit als erfolgversprechend hervor. Folgende Gebiete kämen in Frage: friedliche Nutzung der Atomenergie, Erschließung anderer Energiequellen, Medizin und Gesundheitswesen, Verkehr, Landwirtschaft einschließlich biologischer Schädlingsbekämpfung sowie Wasserwirtschaft. Im Ganzen käme es darauf an, die zwischen den beiden Ländern geschlossenen Verträge[5] mit Leben zu erfüllen. Vielleicht habe man sich bisher zu sehr darauf verlassen, daß die Verträge von selber implementiert würden. Dies sei jedoch nicht der Fall. Die Regierungschefs ließen sich von dem neuen Geist in den deutsch-sowjetischen Beziehungen leiten, die Referen-

---

[2] Bundeskanzler Schmidt und Bundesminister Genscher hielten sich vom 28. bis 31. Oktober 1974 in der UdSSR auf. Vgl. dazu Dok. 309, Dok. 311–316 und Dok. 321.

[3] Der sowjetische Außenminister Gromyko hielt sich am 15./16. September 1974 in der Bundesrepublik auf. Für seine Gespräche mit Bundeskanzler Schmidt und Bundesminister Genscher vgl. Dok. 263–267 sowie Dok. 269 und Dok. 270.

[4] Die XXIX. UNO-Generalversammlung in New York wurde am 17. September 1974 eröffnet. Für das Gespräch des Bundesministers Genscher mit dem sowjetischen Außenminister Gromyko am 26. September 1974 in New York vgl. Dok. 277.

[5] Vgl. dazu den Vertrag vom 12. August 1970 zwischen der Bundesrepublik und der UdSSR; BUNDESGESETZBLATT 1972, Teil II, S. 354 f.
Vgl. dazu ebenso das Abkommen vom 11. November 1971 zwischen der Bundesrepublik und der UdSSR über den Luftverkehr; BUNDESGESETZBLATT 1972, Teil II, S. 1526–1530. Vgl. dazu auch AAPD 1971, II, Dok. 277.
Vgl. dazu ferner das Langfristige Abkommen vom 5. Juli 1972 zwischen der Bundesrepublik und der UdSSR über den Handel und die wirtschaftliche Zusammenarbeit; BUNDESGESETZBLATT 1972, Teil II, S. 843 f.
Während des Besuchs des Generalsekretärs des ZK der KPdSU, Breschnew, in der Bundesrepublik wurden am 19. Mai 1973 ein Abkommen über kulturelle Zusammenarbeit, ein weiteres über die Entwicklung der wirtschaftlichen, industriellen und technischen Zusammenarbeit und ein Zusatzabkommen zum Luftverkehrsabkommen vom 11. November 1971 geschlossen. Für den Wortlaut vgl. BUNDESGESETZBLATT 1973, Teil II, S. 1685–1687 und S. 1042 f. sowie BULLETIN 1973, S. 570 f. Zu den Abkommen vom 19. Mai 1973 vgl. auch AAPD 1973, II, Dok. 134.

ten seien aber mitunter noch einer früheren Phase verhaftet. Dies gelte für beide Seiten. Auf beiden Seiten seien deshalb neue Anstrengungen erforderlich. Hierbei müsse man immer prüfen, was in der jeweiligen Situation möglich sei, und was nicht. Dies gelte auch für das Problem West-Berlin.

Der *Minister* bestätigte, daß die Einbeziehung von Berlin (West) in das internationale Leben und insbesondere in die Verträge mit der Sowjetunion und anderen östlichen Staaten von ganz erheblicher Bedeutung sei. Auf deutscher Seite habe sich insoweit etwas Enttäuschung breitgemacht, wie er auch im jüngsten Wahlkampf in Niedersachsen[6] habe feststellen können. Für die Sowjetunion sei Berlin gewiß ein politisches Problem; die Sowjetunion möge aber berücksichtigen, daß Berlin für uns noch ein zusätzliches Problem unserer Gefühle sei. Durch eine großzügige Haltung in bezug auf Berlin würde die Sowjetunion keine ihrer vitalen Interessen als einer Großmacht verletzen, umgekehrt aber sich den Weg zum Herzen der Deutschen eröffnen können.

Botschafter *Falin* stimmte der großen psychologischen Bedeutung von West-Berlin für uns zu, erinnerte aber auch an die großen Leiden der Völker der Sowjetunion im Zweiten Weltkrieg; diese könnten nicht vergessen werden. In der Sowjetunion würde die deutsche Besetzung während des Zweiten Weltkrieges noch heute dem 300jährigen mongolischen Joch gleichgesetzt.

Der *Minister* erinnerte seinerseits daran, daß das deutsche Volk für die Hitlersche Politik ganz besonders schwer habe bezahlen müssen und vielleicht noch keinem Land ein ähnlich hartes Schicksal auferlegt worden sei.

Botschafter *Falin* wies darauf hin, daß Vertragspartner der Sowjetunion im Vier-Mächte-Abkommen die Drei Mächte seien und insbesondere die USA. Mit den USA seien bei den Verhandlungen vertrauliche Absprachen getroffen worden, die nicht in das Abkommen selber aufgenommen wurden. Moskau würde die Entwicklung der sowjetisch-amerikanischen Beziehungen auch daran messen, wie weit sich die USA an diese vertraulichen Absprachen hielten.

Botschafter Falin wies ferner auf das Filmförderungsgesetz vom 6. Mai 1974 hin. Die Formel von „Bundesgebiet einschließlich des Landes Berlin"[7] müsse wie eine planmäßige Verletzung des Vier-Mächte-Abkommens wirken. Er habe über dieses neue Gesetz noch nicht nach Moskau berichtet und sich insofern vielleicht eines dienstlichen Fehlers schuldig gemacht.

Der *Minister* erläuterte das Zustandekommen dieser Gesetzesnovelle und betonte, daß inzwischen Anweisung ergangen sei, derartige Vorkommnisse künftig zu verhüten. Er erklärte ferner, die Sowjetunion überschätze möglicherweise unsere Fähigkeiten zu koordinieren. Es gäbe keineswegs einen Meisterplan, demzufolge die Sowjetunion hinsichtlich Berlin Stück für Stück unter Druck gesetzt werden solle.

---

[6] Bei den Wahlen zum niedersächsischen Landtag am 9. Juni 1974 erhielt die SPD 43,0 % und die FDP 7,1 % der Stimmen. Die CDU kam auf 48,9 % der Stimmen.

[7] Im Gesetz vom 22. Dezember 1967 über Maßnahmen zur Förderung des deutschen Films (Filmförderungsgesetz) in der Fassung vom 6. Mai 1974 wurde die Formulierung „Bundesrepublik Deutschland einschließlich des Landes Berlin" mehrfach verwendet, so z. B. in Paragraph 7 Absatz 3: „Ein Film ist ein deutscher Film im Sinne dieses Gesetzes, wenn 1) der Hersteller seinen Wohnsitz oder Sitz in der Bundesrepublik Deutschland einschließlich des Landes Berlin hat, [...] 3) für Atelieraufnahmen Ateliers benutzt worden sind, die in der Bundesrepublik Deutschland einschließlich des Landes Berlin liegen." Vgl. BUNDESGESETZBLATT 1974, Teil I, S. 1049 f.

3) Das Gespräch wurde nach etwa einer Stunde im Kreise weiterer Berater fortgesetzt.[8]

VS-Bd. 10140 (213)

213

Gespräch des Bundesministers Genscher mit dem sowjetischen Botschafter Falin

213-321.00-SOW-2004/74 VS-vertraulich   12. Juli 1974[1]

Teilnehmer auf deutscher Seite: Herr Minister, Herr Staatssekretär, D2[2], D4[3], Dg21[4], Leiter Leitungsstab[5], Referatsleiter 213[6];

Teilnehmer auf sowjetischer Seite: Botschafter Falin, Gesandter Tokowinin, Botschaftsrat Koptelzew, Zweiter Sekretär Smirnow.

1) Berlin-Fragen

Das Gespräch, das bereits im kleinen Kreise begonnen hatte[7], wandte sich der Berlin-Frage zu, wobei der Herr *Minister* betonte, daß wir keine Absicht hätten, das Vier-Mächte-Abkommen (VMA) auszuhöhlen; wir wünschten jedoch seine volle Anwendung, wobei davon auszugehen sei, daß die gesamte Berlin-Frage für uns in einem geteilten Land mit dieser Hauptstadt in dieser Lage ein nicht zu unterschätzendes psychologisches Gewicht besitze. Das deutsche Volk habe für seine Fehler schwer bezahlt; wir wollten eine Politik betreiben, die in die Zukunft gerichtet sei. Manche Äußerung von manchem Politiker, manche administrative Maßnahme (Wortwahl im Filmförderungsgesetz)[8] sei viel zufälligerer Natur, als es der anderen Seite erscheine.

---

[8] Vgl. Dok. 213.

[1] Die Gesprächsaufzeichnung wurde von Vortragendem Legationsrat I. Klasse Meyer-Landrut am 15. Juli 1974 gefertigt.
Hat Ministerialdirigent Blech und Ministerialdirektor van Well am 15. Juli 1974 vorgelegen.
Hat Staatssekretär Gehlhoff am 17. Juli 1974 vorgelegen.
Hat Ministerialdirigent Kinkel am 18. Juli 1974 vorgelegen, der handschriftlich vermerkte: „Min[ister] hat zugestimmt."

[2] Günther van Well.

[3] Peter Hermes.

[4] Klaus Blech.

[5] Klaus Kinkel.

[6] Andreas Meyer-Landrut.

[7] Vgl. Dok. 212.

[8] Zur Verwendung der Formulierung „Bundesrepublik Deutschland einschließlich des Landes Berlin" im Gesetz vom 22. Dezember 1967 über Maßnahmen zur Förderung des deutschen Films (Filmförderungsgesetz) in der Fassung vom 6. Mai 1974 vgl. Dok. 212, Anm. 7.

Wir müßten freilich Anstrengen unternehmen, um derartiges in Zukunft möglichst zu vermeiden. Grundsätzlich jedoch komme es auf die Vertrauensinvestition an, die man beiderseits bereit sei zu leisten, und diese müsse zukunftsgerichtet sein.

Falin äußerte sein Einverständnis mit diesen Ausführungen und verwies seinerseits auf die Kriegsverluste insbesondere in Weißrußland, aber auch in der Ukraine, wo die Kriegsereignisse nicht vergessen seien und woher auch heute noch Widerstand gegen eine Politik der Aussöhnung mit dem ehemaligen Kriegsgegner komme. Er habe Verständnis für die deutsche Position, aber man solle die beiderseitigen Grenzen im Auge haben; man brauche Takt auf beiden Seiten. In der praktischen Politik solle man sich möglichst konsultieren, bevor man Entscheidungen treffe, die eine Situation schaffen könnten, die man hinterher nur schwer wieder korrigieren könnte.

Minister mit dieser Betrachtungsweise einverstanden, es gelte vornehmlich zu vermeiden, Einzelfragen zu Prestigeangelegenheiten werden zu lassen.

Minister schlug vor, nun konkrete Fragen zu besprechen, und forderte Herrn D 2 zur Darstellung des Standes der Rechtshilfegespräche auf.

D 2: In der Sache bestehe Einigung: Direktverkehr zwischen Länderjustizministerien und Republik-Justizministerien der Sowjetunion. Für uns seien noch einige Formfragen offen: Gleichförmigkeit der Texte, die die Bundesrepublik und Berlin betreffen, Datum des Inkrafttretens, Adressat der Berlin-Erklärung. Wir erwarteten die Beantwortung unserer Fragen durch die sowjetische Seite, hätten uns bei der Redaktion der Protokollnotizen zur Herbeiführung der Gleichförmigkeit[9] auch bereit erklärt, von uns aus Formulierungsvorschläge zu machen.

Falin stimmte der Sachdarstellung zu, wollte jedoch feststellen, daß die sowjetische Bereitschaft, gleiche Verfahren für Berlin (West) anzuwenden wie mit den Behörden der Bundesrepublik, keine Frage des Adressaten sei, demgegenüber eine solche Bereitschaft bekanntgemacht werde; dies sei eine einseitige sowjetische Erklärung, die im Anschluß an die zweiseitige Erklärung abgegeben werde. Es werde geprüft, ob nach Abgabe dieser Erklärung eine entsprechende Mitteilung den Drei Mächten gemacht werde. Was die von deutscher Seite geäußerten Änderungswünsche zum Text angehe, so seien diese nach Moskau weitergeleitet worden, besonders was die Frage eines festen Datums des Inkrafttretens angehe. Eine Antwort stehe aus; man werde sie anmahnen.

Minister sprach als nächstes Thema das Abkommen über wissenschaftlich-technische Zusammenarbeit an. Die Protokollnotiz[10] werde bei uns geprüft. Dabei ergebe sich die Frage, ob bei der Interpretation der Protokollnotiz und der Anwendung des Abkommens die sowjetische Seite davon ausgehe, daß bestimmte Einrichtungen prinzipiell und unabhängig vom sachlichen Interesse ausgeschlossen seien.

---

[9] Für die Entwürfe der Bundesregierung für zwei Protokollnotizen zum Rechtshilfeverkehr, die von Vortragendem Legationsrat I. Klasse Meyer-Landrut am 10. Mai 1974 übergeben wurden, vgl. Dok. 178, Anm. 3.

[10] Für die am 9. März 1974 durch Bundesminister Bahr und den sowjetischen Außenminister Gromyko in Moskau vereinbarte Protokollnotiz zu dem Abkommen über die wissenschaftlich-technische Zusammenarbeit vgl. Dok. 84.

Falin: 1) Bei der Verwirklichung dieses Abkommens wird allgemein und vorrangig das sachliche Interesse zu berücksichtigen sein.

2) Die sowjetische Seite sei nicht in der Lage, Kontakte mit Bundesämtern und -anstalten zu unterhalten, wohl aber mit Instituten und Institutionen, die vom Bund finanziert oder mitgetragen werden.

Das Motiv der sowjetischen Seite hinsichtlich der Einstellung zu den Bundesämtern ist bei den VMA-Verhandlungen klargelegt worden und seither unverändert.

Minister: Wie stehe es mit Personen, die im wissenschaftlichen Bereich eine für den Austausch sachlich interessante Position einnehmen und bei Berliner Bundesämtern beschäftigt seien, z. B. ein Abteilungsleiter im Bundesgesundheitsamt?

Falin: Er glaube, daß die Benennung eines solchen Mannes als eines Sachverständigen keine Schwierigkeiten bereiten werde, wohl, wenn er als Vertreter des Amtes reise: Dies würde prinzipielle Schwierigkeiten machen.

Minister: Es könnten also Personen am Austausch beteiligt sein, wenn sie als Personen, aber nicht als Repräsentanten des betreffenden Amtes reisten?

Falin: Seiner Meinung nach müßte dies möglich sein, wie er aus analoger Behandlung des Falles einer Moskau-Reise eines Angehörigen der Bundeswehr schließe, der als Privatmann den Antrag stellte, noch ehe die Militärattaché-Stäbe errichtet wurden.[11] Diese Reise wurde genehmigt.

(Zusatz 213: Es handelt sich um den Reiseantrag von Oberst Hopf, der als Militärattaché nach Moskau gehen soll und auf Privateinladung von Botschafter Sahm die Verhältnisse vorab anschauen sollte; die Reise wurde bisher wegen fehlender Genehmigung von Minister Leber nicht angetreten – Visum liegt vor.)

Minister: Der hohe Stellenwert, den die öffentliche Meinung der Berlin-Frage beimißt, sollte auch der Sowjetunion in dem Sinne zu denken geben, daß die Einstellung diesem Problem gegenüber einen Schlüssel für die Sowjetunion darstellen könnte, um die Lage in unserem Lande zu ihren Gunsten beeinflussen zu können.

D2: Das VMA sei nicht absolut zu sehen; es regele nicht alles; es gebe einen großen Bereich unterschiedlicher Rechtsauffassungen. Die Drei Mächte haben uns mitgeteilt: Die Rechtslage bleibe unverändert.

---

[11] Zum Austausch von Militärattachés zwischen der Bundesrepublik und der UdSSR führte Vortragender Legationsrat I. Klasse Limmer am 18. November 1974 aus: „Im Februar 1974 wurde mit der Sowjetunion durch Notenaustausch vereinbart, daß in Moskau und Bonn Militärattachéstäbe eingerichtet werden sollen. Leiter des Stabes soll jeweils ein Oberst oder ein General sein. Unser Stab in Moskau wird von einem Brigadegeneral geleitet werden; ihm werden ein Luftwaffen- und ein Marineattaché sowie drei Stabsdienstunteroffiziere und Hilfskräfte unterstehen. Es ist noch nicht abzusehen, wann der Attachéaustausch vollzogen werden kann. Die Sowjets haben bisher in Moskau keine ausreichenden Büro- und Wohnräume zur Verfügung gestellt. Da vereinbart worden war, daß der Austausch gleichzeitig vorgenommen werden soll, kann vor Lösung dieses Problems auch der sowjetische Militärattachéstab nicht nach Bonn kommen. Auf unserer Seite ist die Beschaffung der erforderlichen Personalstellen noch nicht völlig geklärt." Vgl. Referat 213, Bd. 112750.

Falin: Dem könne in dem Maße zugestimmt werden, als auch politisch prinzipielle Fragen offengeblieben sind – es ging um die Regelung praktischer, sachlicher Probleme.

Dies müsse auch auf dem angesprochenen Gebiet geschehen. Neben physischen Personen, die wegen der ausdrücklichen Nennung der ständigen Bewohner im VMA[12] am Austausch teilnehmen können, sei die Sowjetunion auch bereit zur Zusammenarbeit mit Organisationen wie Instituten, auch solchen öffentlichen Charakters, nicht jedoch mit staatlichen Stellen, die in Berlin (West) angesiedelt seien. Bei der Auswahl derjenigen Institute, mit denen kooperiert werden könne, werde die sowjetische Seite nicht kleinlich sein.

Minister: Könne man nicht darauf abkommen, daß kein Institut ausgeschlossen werde, unbeschadet der Tatsache, daß die Sowjetunion ihre Rechtsposition klarstellt?

Falin: Hier komme es doch auf den Charakter des Instituts an; es bestehe z. B. ein klarer Widerspruch in der Sache Umweltbundesamt. Man habe, um den eben geäußerten Gedanken zu Ende zu führen, beispielsweise bei Unterzeichnung die Rechtsposition klargelegt[13], dann aber trete bei der Kooperation das Umweltbundesamt als Partner auf. Die Zusammenarbeit mit diesem würde die sowjetische Rechtsposition zunichte machen.

Minister: Dieser Komplex habe bei der Diskussion um den Grundvertrag eine zentrale und unseres Erachtens noch viel schwieriger zu lösende Rolle gespielt wegen der jeweiligen weitreichenden Rechtsvorbehalte. Jedenfalls könne doch ein solcher Vorbehalt gemacht werden, ohne daß damit die praktische Zusammenarbeit ausgeschlossen werde.

Falin: Er sehe z. Z. keine Möglichkeit, daß diese Einstellung geändert werde. Die in Moskau gefundene Formel sei das letzte, was zu erreichen war. Hier wurde ohne Reserven gearbeitet. Er wiederhole: Die sowjetische Seite schließe die Kooperation mit wissenschaftlichen Instituten, auch wenn sie auf dem Budget des Bundes figurierten, nicht aus.

Dg 21: Wir hätten es mit zwei Fragen zu tun. Einmal der Aufrechterhaltung der beiderseitigen Rechtsstandpunkte, wobei wir unsere Rechtsposition als durch die Protokollnotiz gedeckt erklären müssen. Die zweite Frage zur Praxis: Wäre es möglich, wenn Angehörige von Bundesämtern/Behörden über Ressortabkommen am Austausch und der Kooperation teilnähmen?

Falin: Zur ersten Frage: Keiner solle das letzte Wort verlangen. Wer sage wegen des Rechtsstandpunktes das letzte Wort? Die Sowjetunion sei Teilnehmer des VMA. Sie habe deshalb das Recht, das zu wiederholen, was sie den Vertragspartnern beim Abschluß gesagt habe. Er hoffe, daß die angesprochene Teilnahme möglich sei.

Konkrete Fragen können gelöst werden, ohne die Rechtspositionen zu verletzen. Wenn dies unmöglich sei, werde es in dem betreffenden Einzelfall vorläu-

---

[12] Vgl. dazu Anlage IV A Ziffer 2 d) des Vier-Mächte-Abkommens über Berlin vom 3. September 1971; Dok. 22, Anm. 11.
[13] Vgl. dazu die Anlage IV B des Vier-Mächte-Abkommens über Berlin vom 3. September 1971; Dok. 22, Anm. 11.

fig keine Zusammenarbeit geben. Ein solcher Fall solle aber dann auch nicht gleich zu einem (negativen) Prinzip erhoben werden.

Minister: Wir wollen das Machbare eingrenzen und möglichst noch einige Dinge zusätzlich machbar machen.

Es seien im Gespräch Ansätze deutlich geworden, die von Beauftragten beider Seiten geprüft werden müßten. Es müsse festgestellt werden, was unstreitig, was streitig und was lösbar sei.

In diese Kategorie noch offener Fragen gehöre auch der Sport, wozu jedoch vorab noch ein Gespräch mit dem DSB intern zu führen sei.

BR *Koptelzew*: In allen diesen Fragen wäre es gut, wenn einzelne Projekte vorher auf diplomatischem Wege besprochen, zum Gegenstand von Konsultationen gemacht werden könnten.

Minister: Wir würden diese Anregung berücksichtigen.

2) KSZE

Minister: Wir hätten in den letzten Tagen in der Öffentlichkeit klargestellt und der Öffentlichkeit signalisiert, daß wir an einem zügigen Fortgang der KSZE-Verhandlungen interessiert seien. Wo lägen nun die sowjetischen Hauptprobleme?

Falin führte aus, das Interview des Herrn Ministers im Deutschlandfunk sei auch in Moskau als konstruktiv aufgefallen. Er kenne den allerletzten Stand der sowjetischen Überlegungen nicht, wolle aber folgendes ausführen: Schwierigkeiten beständen bei der Suche nach dem besten Platz, wo der „peaceful change" unterzubringen sei, bei den „vertrauensbildenden Maßnahmen" (CBM) und bei Korb III.

Minister: Es müsse möglich sein, einen Weg zu finden, wo der „peaceful change" untergebracht werden könne; hierbei komme der Forderung Bedeutung bei, die Gleichwertigkeit der Prinzipien zum Ausdruck zu bringen.

Falin: Die Gleichwertigkeit der Prinzipien sei unstreitig.

Minister: Wir legten aber Wert darauf, dies auch festzulegen, und würden entsprechende Vorschläge in die Diskussion einbringen.

Zu den CBM hätten wir eine positivere Reaktion aus der Sowjetunion festgestellt.

Zu Korb III wolle er auf die Rede seines Vorgängers in Helsinki verweisen, wo das Wesentliche zu dieser Frage ausgeführt sei: Die Menschen müssen etwas spüren von diesem politischen Vorhaben.[14] Gleichzeitig müsse selbstverstän-

---

[14] Bundesminister Scheel führte am 4. Juli 1973 auf der KSZE in Helsinki aus: „Wir müssen klarmachen, daß Entspannung auch Verbesserung der menschlichen Kontakte bedeutet. Die Unverletzlichkeit der Grenzen erhält erst ihren vollen Sinn, wenn die Grenzen natürliche Bindungen nicht zerreißen, wenn es möglich ist, über die Grenzen Kontakte zu erhalten und neu zu knüpfen. Zu der Entspannung gehören humanitäre Praktiken entlang der Grenzen. [...] Um es deutlich zu wiederholen: Für uns zählen zu dieser Wirklichkeit die vielfachen Impulse unserer Gesellschaften, die auf Begegnung, Austausch, Kontakte drängen. Diese elementaren Bedürfnisse der Menschen überall in Europa gehören ebenso zu jener Wirklichkeit, die die Politik zur Kenntnis nehmen muß, wie die Achtung der bestehenden Grenzen." Vgl. SICHERHEIT UND ZUSAMMENARBEIT, Bd. 2, S. 639 und S. 641.

lich die Rechts- und Gesellschaftsordnung jeweils unangetastet bleiben. Zwischen diesen beiden Polen müßten wir uns bewegen.

Falin: In Helsinki habe man die richtige Methode vereinbart: das Mögliche zu tun. Östliche wie westliche Teilnehmer würden überfordert, wenn man alle Probleme zugleich lösen oder auf einige Teilnehmer Druck ausüben wolle. Man solle auch nicht fordern, daß einzelne Teilnehmer Verpflichtungen übernähmen, die sie nicht übernehmen könnten. Diese Konferenz werde nicht die letzte dieser Art sein. Auf Folgekonferenzen könnten dann konkretere Probleme aller drei Körbe behandelt werden.

Bei den CBM müsse man davon ausgehen, daß in Korb I nur Prinzipien, keine konkreten Schritte verlangt würden; dasselbe solle auch bei den CBM gelten und im übrigen auch bei Korb III.

Wir sollten deshalb unsere gegenseitigen Wünsche begrenzen. Es scheine in Genf gelegentlich die Situation verkannt zu werden. Forderungen werden an einzelne Staaten erhoben, ja man versuche, einzelne Teilnehmer in Schwierigkeiten zu bringen.

Das Schlimmste, was gegenwärtig passieren könne, wäre, wenn die Konferenz platzt, dieser groß angelegte Versuch scheitert und damit die ihm zugrundeliegende Idee diskreditiert würde.

Minister: In dieser Konsequenz könnten wir den Ausführungen zustimmen. Aber die Außenpolitik solle etwas Konkretes für die Menschen bringen.

Falin: Man beachte aber, wie schwierig das sei. Beispielsweise auf dem Gebiete der Freizügigkeit. Die Kosten für die Ausbildung eines Kernphysikers beliefen sich auf 200 000 Rubel – man wolle so einen Mann nicht verlieren. Darüber hinaus bestünden für Auslandsreisen große Devisenprobleme für die Sowjetunion.

In der Frage der Zeitungen: Wenn es verantwortlich gemachte Regierungsorgane gebe, könne man darüber reden, aber man wolle keine Springer-Blätter und keine Pornographie.

Minister: Man müsse auf dem Gebiet der Information noch nach Wegen suchen, die jeweils akzeptabel seien; die Frage der Verantwortlichkeit sei in der Tat bedeutsam. Wichtig sei für uns aber ein anderes Problem, das der Familienzusammenführung, auch im bilateralen Bereich.

Falin ging auf diese Fragen nur in allgemeiner Form ein (vgl. hierzu besonderen Vermerk).

Dieser Teil der Gespräche dauerte etwa drei Stunden.

VS-Bd. 10139 (213)

214

Gespräch des Bundesministers Genscher mit NATO-Generalsekretär Luns

12. Juli 1974[1]

Niederschrift über das Gespräch des Herrn Bundesministers mit dem Generalsekretär der NATO, Herrn Luns, am Freitag, dem 12. Juli, 17.00 Uhr (in Gegenwart von StS Gehlhoff, Botschafter Krapf, Herrn Kastl, VLR I Dr. Pfeffer und Angehörigen Ministerbüros)

GS *Luns* äußerte sich eingangs anerkennend über die Beeinflussung der niederländischen Regierung durch die Bundesregierung und hob hervor, daß zwar die Bundesregierung nicht allein, aber doch im europäischen Rahmen den größten Eindruck auf die niederländische Verteidigungshaltung[2] ausüben könnte. Er kam zu sprechen auf das Bild-Interview mit dem niederländischen StS Stemerdink.[3] Diesen nannte er einen Ultra-Linken und stimmte mit BM überein, daß man trotz niederländischer Dementis[4] davon ausgehen könnte, daß „Bild" dieses Interview nicht erfunden habe. *Bundesminister* wies darauf hin, daß Interviews dieser Art bei uns sich gefährlich auswirken könnten in der Form, daß angenommen werden könnte, ein Land kleiner als die Bundesrepublik sorge sich stärker um seine Verteidigung als die Bundesregierung und das nur des-

---

[1] Die Gesprächsaufzeichnung wurde von Vortragendem Legationsrat Wallau am 17. Juli 1974 gefertigt.
Hat Ministerialdirigent Kinkel am 18. Juli 1974 vorgelegen.

[2] Zur niederländischen Verteidigungsreform vgl. Dok. 175, Anm. 12 und 13.

[3] Der Staatssekretär im niederländischen Verteidigungsministerium führte auf die Frage aus, ob die Niederlande „verteidigungsmüde" seien: „Noch nicht! Wir wollten die NATO schockieren!" Als Ziel der niederländischen Verteidigungspolitik nannte Stemerdink: „Wir wollen damit eine einheitlichere Ausrüstung der Truppen aller NATO-Partner erreichen. Wenn sich die Großen – also Amerika, England, Frankreich und die Bundesrepublik – auf ein Panzersystem, auf ein oder zwei Panzerabwehrsysteme, auf zwei Flugzeugtypen einigen würden, dann könnten auch die kleineren Länder mithalten. Wenn diese Waffenstandardisierung nicht bald kommt, macht Holland endgültig nicht mehr mit." Auf die Frage, ob dies den Austritt aus der NATO bedeute, antwortete er: „Nicht ganz. Politisch bleiben wir dabei. Militärisch aber spätestens ab 1979 nicht mehr." Im weiteren Verlauf des Interviews bezeichnete er die Politik der Bundesregierung als „eigensüchtig", weil kein Zweifel daran bestehe, „daß das holländische Signal-Radar besser und um Millionen billiger ist als das deutsche Radar. Bonn hat sich trotzdem für das schlechtere und teurere entschieden. Was Verteidigungsminister Leber tut, mag für sein Land gut sein. Für Europa ist es unvernünftig." Vgl. den Artikel „Was Holland gegen die NATO hat"; BILD-ZEITUNG vom 12. Juli 1974, S. 1 f.

[4] Am 17. Juli 1974 teilte Gesandtin Scheibe, Den Haag, mit, Ministerpräsident den Uyl habe am 12. Juli 1974 im Fernsehen betont, „daß Niederlande nicht daran dächten, aus der NATO auszutreten, falls Waffenstandardisierung bis Ende der siebziger Jahre nicht durchgeführt sei". Nach dem Abhören der Tonband-Aufzeichnungen mit den Ausführungen des Staatssekretärs Stemerdink gegenüber der Tageszeitung „Bild" sei man im niederländischen Verteidigungs- und im Außenministerium zu dem Schluß gekommen, daß das Interview anders verlaufen sei, als es veröffentlicht worden sei: „Aus Text soll deutlich hervorgehen, daß Reporter mehrfach versucht hat, Stemerdink zu Aussagen über Austritt aus Bündnis zu veranlassen, dieser die Insinuation jedoch jedesmal von der Hand gewiesen hat." Stemerdink habe zudem zugegeben, „daß er sich, vor allem, da sein Deutsch nicht allzu flüssig sei, mit dem Gespräch auf ein gefährliches Gebiet begeben und seine Bemerkung, wenn die Standardisierung nicht zustande käme, ,dann machen wir das nicht mehr mit', offenbar Verwirrung gestiftet habe." Vgl. den Drahtbericht Nr. 241; Referat 201, Bd. 102442.

halb, weil der deutsche Verteidigungsminister⁵ die falschen militärischen Geräte kaufe.

Luns äußerte sich zufrieden über den gegenwärtigen Stand der Atlantischen Beziehungen; Nixon sei zur NATO nach Brüssel gekommen.⁶ Die Atlantische Deklaration sei zustande gekommen.⁷ Er äußerte die Überzeugung, daß dies ohne die Haltung der neuen französischen Regierung⁸ nicht möglich gewesen wäre. In diesem Zusammenhang glaube er, gute deutsch-französische Beziehungen erhielten hier besonderes Gewicht auch für die Allianz. *Bundesminister* führte in seiner Erwiderung aus, daß wir diese Beziehungen auch im Interesse der Allianz nach Kräften förderten. Er wies darauf hin, daß selbst der komplizierteste Konsultationsmechanismus dann nicht zum Erfolg führen würde, wenn nicht der entsprechende Geist und die Bereitschaft zu gemeinsamen Absprachen und zur Zusammenarbeit vorhanden seien. Er sei froh, daß AM Kissinger nach seiner Moskau-Reise die europäischen Verbündeten unterrichtet habe.⁹ Auch den Franzosen – die bei ihrer sich andeutenden flexibleren Haltung im Hinblick auf die Allianz mit innenpolitischer Kritik rechnen müßten – sei durch den Kissinger-Besuch geholfen worden.

GS *Luns* meinte, es sollte vermieden werden, daß nur die USA die NATO-Partner konsultiere, denn dies würde einmal den Verdacht amerikanischer Hegemonie bewirken und ferner von den Amerikanern selbst nicht geschätzt werden; zum anderen sei auch im Interesse fruchtbarer Konsultationen durch die Amerikaner daran zu denken, die gemeinsame Abstimmung im NATO-Rat zu vertiefen.

Bundesminister stimmte zu und erklärte, daß er mit Außenminister Sauvagnargues nach dessen Rückkehr aus der Sowjetunion in Paris Gespräche zu führen beabsichtige¹⁰; er werde dort auch die Frage der Konsultationen vor dem Hintergrund der oben erwähnten Argumente aufgreifen.

Hier warf Herr *Kastl* ein, Berlin-Fragen und Angelegenheiten des innerdeutschen Verhältnisses sollten ebenfalls Gegenstand von Konsultationen werden, da diese Punkte zwar zu den Vorrechten der Vier Mächte gehörten, die Berlin- und Deutschlandpolitik aber auch stets von den übrigen Partnern des Atlantischen Bündnisses mitgetragen worden seien.

---

5 Georg Leber.
6 Präsident Nixon hielt sich am 25./26. Juni 1974 anläßlich der Sitzung des Ständigen NATO-Rats auf der Ebene der Staats- und Regierungschefs in Brüssel auf. Vgl. dazu Dok. 189.
7 Zur Erklärung über die Atlantischen Beziehungen vom 19. Juni 1974 vgl. Dok. 183 und Dok. 191.
8 Nach den Wahlen zum Amt des Staatspräsidenten in Frankreich am 5. und 19. Mai 1974, aus denen Valéry Giscard d'Estaing als Sieger hervorging, wurde am 28. Mai 1974 eine neue Regierung unter Ministerpräsident Chirac gebildet.
9 Der amerikanische Außenminister Kissinger hielt sich in Begleitung des Präsidenten Nixon vom 27. Juni bis 3. Juli 1974 in der UdSSR auf. Zur Unterrichtung des Ständigen NATO-Rats durch Kissinger vgl. Dok. 197, Dok. 199 und Dok. 200. Zur Unterrichtung der Bundesregierung vgl. auch Dok. 202.
10 Zum Aufenthalt des französischen Außenministers Sauvagnargues vom 11. bis 13. Juli 1974 in der UdSSR vgl. Dok. 206, Anm. 9.
Zum Gespräch des Bundesministers Genscher mit Sauvagnargues am 20. Juli 1974 in Paris vgl. Dok. 218–220.

GS *Luns* kam auf eine seiner Unterhaltungen mit AM Kissinger zu sprechen. Er habe den Eindruck gewonnen, daß Kissinger recht unflexibel nur die Situation des Kalten Krieges als Alternative zur Entspannung sehe. Er, Luns, halte das für nicht ganz richtig, da heute trotz Entspannung eine gewisse Konfrontation nicht zu verkennen sei.

In seiner Erwiderung stellte *Bundesminister* die Frage, was unter Entspannungspolitik eigentlich zu verstehen sei, und äußerte sich besorgt darüber, daß der häufige Gebrauch dieses Begriffs im Zusammenhang mit Konferenzen der Art, wie sie zur Zeit in Genf und Wien abgehalten würden, eine bestimmte Geisteshaltung vorbereiten helfen, die solche Entwicklungen, wie wir sie gerade in den Niederlanden beobachten, möglich machten. Unsere Sicherheit sei durch das Atlantische Bündnis und die amerikanische Präsenz in Europa garantiert; Entspannung könne lediglich dazu beitragen, Konflikte zu vermeiden.

Luns nannte zustimmend Entspannung ein komplementäres Element der Sicherheit, nicht aber ein Substitut. Man sollte Entspannung nicht um jeden Preis betreiben. Herr *Kastl* ergänzte den GS mit der Bemerkung, AM Kissinger könne sich bei seinen Bemühungen um Entspannung zu politischen Konzessionen gezwungen sehen und dadurch den Grundsatz des Kräftegleichgewichts außer acht lassen.

Bundesminister führte aus, AM Kissinger habe ihm gesagt, daß er seine Gespräche mit den Sowjets nur vor dem Hintergrund der militärischen Stärke der Vereinigten Staaten führen könne. Er glaube, Kissinger so verstanden zu haben, daß auch für Kissinger die Sicherheit auf dem Atlantischen Bündnis ruhe, man aber durch Entspannungspolitik politische Reibereien ausschalten könne. Unter diesem Aspekt sehe Kissinger die Alternative, nämlich Vermeidung unnötiger Reibereien durch Entspannung oder politische Differenzen und dadurch Kalter Krieg. Im übrigen sei AM Kissinger selbst nicht vom guten Willen der Sowjetunion überzeugt und eher skeptisch.

GS *Luns* erkundigte sich danach, wie BM nach seinen jüngsten Begegnungen mit den französischen Regierungsvertretern[11] die französische Bündnispolitik beurteile. *Bundesminister* erwiderte, er habe den Eindruck, die Franzosen hätten hier noch keine klar definierte Politik. Er, BM, glaube aber an eine positive französische Entwicklung.

GS *Luns* dankte für diese Unterrichtung und schilderte, daß er selber dadurch positiv beeindruckt worden sei, daß einmal die Franzosen die Atlantische Erklärung mit unterschrieben und zum anderen den Minimumerfordernissen für die KSZE im NATO-Rat[12] zugestimmt hätten. Bundesminister und Generalsekretär waren sich einig, daß man von den Franzosen nicht mehr als ein schrittweises Vorgehen erwarten dürfe. *Bundesminister* fügte hinzu, die Einstellung der Franzosen zur NATO sei vergleichbar der Einstellung der Briten zur EWG. Man dürfe sie jetzt nicht überfordern, sondern müsse Rücksicht nehmen auf

---

[11] Zu den deutsch-französischen Konsultationsbesprechungen am 8./9. Juli 1974 vgl. Dok. 205 und Dok. 206.
[12] Zum Vorschlag des amerikanischen Außenministers Kissinger, Konsultationen über die wesentlichen Punkte („essentials") der KSZE durchzuführen, vgl. Dok. 199, Anm. 10.

die innenpolitische Konsolidierung der neuen französischen Regierung. Das Gespräch befaßte sich kurz mit der wirtschaftspolitischen Lage in Italien und England. Die Gesprächspartner waren sich einig, daß die Lage in England fast noch bedrohlicher sei als in Italien. GS *Luns* wandte sich dann dem Thema KSZE zu und schilderte seinen Eindruck, daß die Amerikaner bei ihren Gesprächen in Moskau möglicherweise zu weit gegangen seien; der Allianz sei gesagt worden, an ein abschließendes Gipfeltreffen sei nur dann zu denken, wenn die Allianz die Ergebnisse der zweiten KSZE-Phase billigen könne. Nun habe man aber aus Moskau gehört, es käme bereits zum Jahresende zu einer Gipfelkonferenz. *Bundesminister* führte aus, die Sowjetunion habe sich hier in einem beschränkten Maße der westlichen Haltung genähert. Während sie früher gesagt habe, alle Probleme seien besprochen, und es stehe nur noch das Gipfeltreffen aus, habe sie jetzt zugegeben, daß noch offene Fragen einer Lösung harrten. AM Kissinger habe ihm angedeutet, er betrachte die Möglichkeit eines Gipfeltreffens als ein Verhandlungsobjekt, da es für die Sowjetunion ein sehr wichtiger Punkt sei. Für uns sei in diesem Zusammenhang wichtig, daß es kein Nachfolgeorgan der KSZE geben dürfe und daß an dem Prinzip der friedlichen Grenzveränderungen nicht nur als deutsche, sondern auch als europäische Option festgehalten werde. Die Sowjets interpretierten in den Begriff der Unverletzlichkeit der Grenzen die Bedeutung der Unverrückbarkeit; sie strebten damit einen europäischen Friedensvertrag an. Daher unsere Ablehnung gegen eine Festschreibung dieses Grundsatzes als erstes Prinzip des Prinzipienkatalogs. Der *Generalsekretär* wies auf die grundsätzliche Übereinstimmung der Alliierten zu diesen Punkten hin und meinte, daß man von der Sowjetunion keine allzu große Öffnung verlangen könne. *Bundesminister* bemerkte hierzu, daß die Sowjets zu humanitären Fragen nachgeben könnten, sich aber bei einem Informationsaustausch wesentlich schwerer täten. Er meinte aber, daß für den einzelnen im humanitären Bereich etwas herauskommen müßte. Herr *Kastl* fragte, ob es Formulierungsentwürfe der Neun gäbe, worauf *Bundesminister* erwiderte, daß man sich bemühe, eine gemeinsame Haltung der Neun zu finden, um zu vermeiden, daß die andere Seite bei uns vorhandene verschiedene Auffassungen gegeneinander ausspielen könne. Der *Generalsekretär* bedankte sich für die Information und fügte noch hinzu, daß es von Nutzen sein könne, nicht nur innerhalb der alliierten Länder zu einer einheitlichen Linie zu kommen, sondern auch zu versuchen, mit einigen neutralen Ländern – wie Schweden und Schweiz – zu einer gemeinsamen Abstimmung zu gelangen.

Referat 010, Bd. 178585

215

Gespräch des Bundesministers Genscher mit dem tschechoslowakischen Außenminister Chňoupek

214-321.11 TSE 19. Juli 1974[1]

Bundesminister *Genscher* begrüßte den tschechoslowakischen Außenminister[2] und die Gelegenheit, den bereits mit dem früheren Besuch in Bonn im Sommer des vergangenen Jahres[3] und dem Besuch Bundeskanzler Brandts und Außenminister Scheels in Prag im Dezember 1973[4] begonnenen Meinungsaustausch fortzusetzen. Er erklärte, daß wir versuchen wollten, den Besuch des tschechoslowakischen Ministerpräsidenten Štrougal bald zu verwirklichen.[5] Er bäte jedoch um Verständnis, daß ein Termin für diesen Besuch erst für das nächste Jahr vorgesehen werden könne. Bundeskanzler Schmidt habe vorerst alle eigenen Auslandsbesuche und auch die Besuche ausländischer Amtskollegen zurückgestellt.

Außenminister *Chňoupek* bedankte sich für die Begrüßung und erklärte auch seinerseits, wie sehr er die Gelegenheit schätze, mit Außenminister Genscher zur Erörterung politischer und auch anderer Fragen zusammenzutreffen. Seit dem ersten Treffen im vergangenen Jahr und seit dem Besuch Bundeskanzler Brandts und Außenminister Scheels in Prag hätten sich die Beziehungen positiv entwickelt. Das sei die Bestätigung dessen, was im Dezember auf der Prager Burg besprochen worden sei, und auch der tschechoslowakischen Bereitschaft, die Beziehungen intensiv weiter zu entwickeln. Die tschechoslowakische Regierung habe anhand der Erklärungen Bundeskanzler Schmidts und des Ministers mit Genugtuung festgestellt, daß die neue Bundesregierung die bewährte Politik mit den sozialistischen Ländern Osteuropas fortzusetzen beabsichtige. Die tschechoslowakische Regierung habe ein besonderes Interesse

---

[1] Die Gesprächsaufzeichnung wurde von Vortragendem Legationsrat Disdorn am 25. Juli 1974 gefertigt.
Seitens des Auswärtigen Amts nahmen außer Bundesminister Genscher teil: Staatssekretär Gehlhoff, Botschafter Ritzel, z. Z. Bonn, Ministerialdirektor van Well, die Ministerialdirigenten Blech und Sigrist, die Vortragenden Legationsräte I. Klasse Finke-Osiander und Sieger, die Vortragenden Legationsräte Disdorn und Freiherr von Richthofen sowie Dolmetscher Grönebaum. Auf tschechoslowakischer Seite nahmen neben Außenminister Chňoupek teil: die Abteilungsleiter im tschechoslowakischen Außenministerium, Křepelák und Johanes, die stellvertretenden Abteilungsleiter Kadnar, Vachata und Zeman sowie der Mitarbeiter im tschechoslowakischen Außenministerium, Kukan.

[2] Der tschechoslowakische Außenminister Chňoupek hielt sich vom 18. bis 20. Juli 1974 anläßlich des Austauschs der Ratifikationsurkunden zum Vertrag vom 11. Dezember 1973 über die gegenseitigen Beziehungen zwischen der Bundesrepublik und der ČSSR in Bonn auf.

[3] Der tschechoslowakische Außenminister Chňoupek besuchte die Bundesrepublik vom 19. bis 21. Juni 1973 anläßlich der Paraphierung des Vertrags über die gegenseitigen Beziehungen und die begleitenden Dokumente. Vgl. dazu AAPD 1973, II, Dok. 197.

[4] Bundeskanzler Brandt und Bundesminister Scheel hielten sich anläßlich der Unterzeichnung des Vertrags über die gegenseitigen Beziehungen zwischen der Bundesrepublik und der ČSSR am 11./12. Dezember 1973 in Prag auf. Vgl. dazu AAPD 1973, III, Dok. 412 und Dok. 415.

[5] Im Kommuniqué über den Besuch des Bundeskanzlers Brandt am 11./12. Dezember 1973 in Prag hieß es: „Der Bundeskanzler der Bundesrepublik Deutschland, Willy Brandt, lud den Ministerpräsidenten der Tschechoslowakischen Sozialistischen Republik, Dr. Lubomir Štrougal, zu einem offiziellen Besuch der Bundesrepublik Deutschland ein. Diese Einladung wurde angenommen, der Zeitpunkt des Besuchs wird später festgelegt werden." Vgl. BULLETIN 1973, S. 1630.

an der weiteren Entwicklung der bilateralen Beziehungen und sei befriedigt, daß ein solches Interesse auch auf deutscher Seite bestehe. Davon zeuge auch die Einladung an Ministerpräsident Štrougal, die dieser mit Freude angenommen habe. Lange Zeit habe für die Entwicklung der außenpolitischen Beziehungen der Tschechoslowakei, was die Bundesrepublik Deutschland betreffe, ein Vakuum bestanden. Jetzt seien wichtige Impulse für die Entwicklung dieser Beziehungen auf allen Gebieten gegeben worden. Es sei wichtig, daß jetzt beide Seiten mit konkreten Aktionen fortschritten.

In diesem Zusammenhang wolle er auch auf den kürzlichen Besuch von Karel Hoffman, des Generalsekretärs der Tschechoslowakischen Gewerkschaften, in der Bundesrepublik Deutschland verweisen. Diesem Zusammentreffen der Vertreter der größten Massenorganisationen in beiden Ländern messe man auf tschechoslowakischer Seite große Bedeutung bei. Hier wie auch auf anderen Gebieten sei man an der Entwicklung dauerhafter Beziehungen interessiert.

Das Gebiet mit den vielfältigsten Beziehungen zur Bundesrepublik Deutschland sei der Außenhandel und die wirtschaftliche Zusammenarbeit. Die Bundesrepublik Deutschland sei der größte und wichtigste Handelspartner der Tschechoslowakei unter den westlichen Ländern. Die tschechoslowakische Regierung sei zufrieden mit der Entwicklung des gegenseitigen Warenaustausches. Der im Jahre 1973 erzielte Warenaustausch in Höhe von 2,5 Mrd. DM sei ein sehr erheblicher Umsatz. Doch müsse festgestellt werden, daß damit die bestehenden Möglichkeiten noch nicht ausgeschöpft seien. Auf beiden Seiten seien daher Bemühungen notwendig, den wirtschaftlichen Austausch weiter zu intensivieren. In diesem Zusammenhang müsse er auch auf gewisse Störungen des Warenaustausches, nämlich die Diskriminierung der tschechoslowakischen Waren bei der Einfuhr in die Bundesrepublik Deutschland, hinweisen. Noch etwa 30% der Exporte aus der ČSSR in die Bundesrepublik Deutschland unterlägen einer Kontingentierung. Hier sollte eine Lösung gefunden werden. Nach Auslauf des langfristigen Abkommens über den Warenverkehr und die Kooperation von 1970[6] am Ende dieses Jahres werde ein vertragsloser Zustand entstehen, wenn es nicht gelinge, ein wirtschaftliches Kooperationsabkommen zwischen beiden Ländern an dessen Stelle zu setzen. Die ersten Verhandlungen über einen solchen Vertrag hätten im Mai stattgefunden. Sie seien unterbrochen worden, da die Unterhändler der Bundesrepublik Deutschland den erleichterten Zugang von Kooperationsprodukten zum deutschen Markt verweigert hätten, obwohl andere westeuropäische Länder diesen Zugang gewährten.[7] Es sei der dringende tschechoslowakische Wunsch, diese Verhandlungen

---

[6] Für den Wortlaut des Langfristigen Abkommens vom 17. Dezember 1970 zwischen der Bundesrepublik und der ČSSR über den Warenverkehr und die Kooperation auf wirtschaftlichem und wissenschaftlich-technischem Gebiet vgl. BUNDESANZEIGER, Nr. 1 vom 5. Januar 1971, S. 1–4.

[7] Vom 20. bis 24. Mai 1974 fanden in Prag Verhandlungen zwischen der Bundesrepublik und der ČSSR über ein Abkommen über die Entwicklung der wirtschaftlichen, industriellen und technischen Zusammenarbeit statt. Am 16. Juli 1974 informierte Referat 421, daß dabei im wesentlichen eine Einigung über den Vertragstext habe erzielt werden können: „Einziger offener Punkt blieb die Frage, in welcher Weise Kooperationsware – wie nach dem bisherigen Abkommen – von mengenmäßigen Beschränkungen bei der Einfuhr in das andere Partnerland freigestellt werden könne. Die tschechoslowakische Seite bot mehrere Kompromißformeln an, denen wir jedoch nicht zustimmen konnten, da sie eine Überschneidung mit den Kompetenzen der Gemeinschaft bedeutet hätten. Die tschechoslowakische Seite hat uns daraufhin wissen lassen, daß sie die Verhandlungen

fortzusetzen. Es müsse möglich sein, prinzipielle und doch flexible Standpunkte zu finden. Bisher hätten nur 16 Kooperationsverträge auf Unternehmensebene abgeschlossen werden können. Bei der insgesamt sich in vorteilhafter Weise ergänzenden Struktur der Industrien beider Länder sei diese Zahl unangemessen niedrig. Die tschechoslowakische Regierung habe ihn beauftragt, die deutsche Seite davon in Kenntnis zu setzen, daß die tschechoslowakische Regierung daran interessiert sei, so schnell wie möglich zu einem Abschluß der Abkommen über wirtschaftliche und wissenschaftlich-technische Zusammenarbeit zu kommen. Es gehe auch darum, daß die zuständigen Minister auf beiden Seiten sich bald träfen. Auf tschechoslowakischer Seite werde es als paradox empfunden, daß sich zwei benachbarte Länder, die einen solchen Handelsaustausch haben, so wenig kennen. Das gelte für die Ressortminister ebenso wie für die Generaldirektoren der tschechoslowakischen Außenhandelsorganisationen, die keine persönlichen Kontakte zu ihren deutschen Gesprächspartnern hätten. Außenminister Chňoupek schlug vor, daß der von Bundesminister Friderichs für den Besuch einer hochrangigen tschechoslowakischen Wirtschaftsdelegation vorgeschlagene Termin (Mitte November) nach Möglichkeit vorverlegt werden sollte.[8]

Von der tschechoslowakischen Regierung sei inzwischen auch ausdrücklich gebilligt worden, ein wissenschaftlich-technisches Abkommen mit der Bundesrepublik Deutschland abzuschließen. Die tschechoslowakische Seite sei bereit, Verhandlungen dazu gleich nach der Sommerpause aufzunehmen.[9] Eine Zu-

---

Fortsetzung Fußnote von Seite 948
erst im Herbst 1974 fortführen will. Sie hofft, daß die EG bis dahin in der strittigen Frage eine für die Tschechoslowakei zufriedenstellende Regelung getroffen haben wird. Wir haben der tschechoslowakischen Seite während der Verhandlungen erklärt, daß wir ihrem Wunsch nur deshalb nicht nachgeben könnten, weil die Kompetenz für den Abschluß handelspolitischer Regelungen nicht mehr bei uns liege. Damit sei jedoch keineswegs eine Verschlechterung unserer Wirtschaftsbeziehungen zu der ČSSR in Kauf genommen. Wir würden alles in unseren Kräften stehende tun, um die nach dem Langfristigen Abkommen bestehenden Vergünstigungen auch nach Auslaufen dieses Abkommens weiter zu gewähren." Vgl. Referat 421, Bd. 117647.

[8] Bundesminister Friderichs schlug dem tschechoslowakischen Botschafter Goetz am 5. Juli 1974 vor, Mitte November 1974 „eine Delegation von Vertretern der zuständigen Ministerien und von Generaldirektoren verschiedener Branchen in die Bundesrepublik zu schicken, um hier zusammen mit einer entsprechenden deutschen Delegation Kooperationsmöglichkeiten festzustellen". Vgl. die Gesprächsaufzeichnung; Referat 421, Bd. 117647.
Der Besuch einer Wirtschaftsdelegation aus der ČSSR in der Bundesrepublik fand vom 21. bis 24. Januar 1975 statt.

[9] Das Bundesministerium für Forschung und Technologie teilte mit Schreiben vom 22. April 1974 an das Auswärtige Amt mit, daß in der Frage eines Abkommens über wissenschaftlich-technische Zusammenarbeit keine Fortschritte zu verzeichnen seien: „Die Bereitschaft der deutschen Seite, ein derartiges Abkommen abzuschließen, wurde verschiedentlich erklärt. Eine offizielle Antwort der zuständigen tschechoslowakischen Stellen ist bisher wohl deshalb nicht erfolgt, weil man sich dort mit der hier aus sachlichen und technologiepolitischen Gründen unbedingt erforderlichen Trennung des Abkommens über die wissenschaftlich-technische Zusammenarbeit von einem entsprechenden Abkommen im wirtschaftlich-technischen Bereich aufgrund offensichtlicher einseitiger Interessen noch nicht abfinden kann." Vgl. Referat 214, Bd. 112667.
Am 11. Oktober 1974 übergab der tschechoslowakische Gesandte Mika den Entwurf für ein Abkommen über wissenschaftlich-technische Zusammenarbeit. Dazu vermerkte Referat 414 am 31. Oktober 1974: „Entwurf läßt, auf seinen sachlichen Inhalt abgestellt, baldige Einigung auf gemeinsamen Text als möglich erscheinen.[...] Entwurf enthält allerdings keine Berlin-Klausel. Deutscher Entwurf für ein Abkommen ist fertiggestellt. Er wurde hiesiger tschechoslowakischer Vertretung auf Arbeitsebene zur Vorabinformation bereits übergeben. Offizielle Übergabe in Prag durch Botschaft wurde zunächst aufgeschoben, da wir davon ausgehen, daß sich mit der ČSSR bezüglich der Einbeziehung des gesamten Berliner Forschungspotentials in die wissenschaftlich-technische Zu-

sammenarbeit im Bereich der Wissenschaft und Technik gebe es bereits auf den Gebieten der Datenverarbeitung, der Elektrotechnik und des Maschinenbaus. Für die Zukunft sei die tschechoslowakische Seite daran interessiert, zu einer Zusammenarbeit insbesondere in den Gebieten der Computer-Technik, der Meß- und Steuertechnik, des Gesundheitswesens, des Bauwesens, der Klimatechnik, der Automatisation im Verkehrswesen, des Straßenbaus, des Verkehrswesens, der Hüttentechnik, des Maschinenbaus und der Landwirtschaft zu kommen. Partner auf tschechoslowakischer Seite für derartige Vereinbarungen sei das Ministerium für Technik, aber auch die slowakische und die tschechische Akademie der Wissenschaften und das Ministerium für Schulwesen. Die Zusammenarbeit solle sich auf angewandte wie auf Grundlagenforschung beziehen. Möglich sei auch, daß Rahmenverträge über wissenschaftlich-technische Zusammenarbeit zwischen deutschen Konzernen und tschechoslowakischen Institutionen geschlossen werden. Ein derartiger Rahmenvertrag sei die zwischen der Firma Siemens und dem Ministerium für Technik abgeschlossene Vereinbarung.

Bei der Zusammenarbeit im Verkehrswesen halte er ein Schiffahrtsabkommen sowie andere Verkehrsabkommen für möglich.

Am 4. und 5. Juli hätten in Prag erste Sondierungsgespräche über ein Abkommen über den kulturellen Austausch stattgefunden. Die tschechoslowakische Seite habe diese Gespräche als korrekt und als in Übereinstimmung mit dem Geist der gegenseitigen Zusammenarbeit befindlich bewertet. Er wolle auf Einzelheiten nicht eingehen. Doch sei ihm gesagt worden, daß die eindeutige Mehrheit der besprochenen Projekte durchführbar sei. Die deutsche Seite habe erklärt, daß sie bereit sei, die Gespräche bald fortzusetzen.[10] Die tschechoslowakische Seite teile diese Auffassung. Die tschechoslowakische Regierung habe bereits mit einigen Dutzend Ländern Abkommen über die Regelung kultureller Beziehungen abgeschlossen. Die Erfahrungen seien gut. Er sei davon überzeugt, daß man gleich gute Erfahrungen auch mit dem Abkommen mit der Bundesrepublik Deutschland haben werde.

Zur weiteren Entwicklung der politischen Beziehungen rege er an, daß die Beziehungen zwischen den beiden Parlamenten auf ein höheres Niveau gebracht werden. Nach Inkrafttreten des Vertrages[11] sei jetzt die Lage günstig für derartige Treffen von Delegationen beider Parlamente. Es wäre ferner zu begrüßen, wenn regelmäßige Arbeitsbesprechungen über bilaterale und multilaterale Fragen zwischen den beiden Außenministerien stattfinden könnten. Es müsse geprüft werden, wie derartige Kontakte institutionalisiert werden könnten.

Fortsetzung Fußnote von Seite 949
  sammenarbeit die gleichen Schwierigkeiten ergeben werden wie mit der Sowjetunion." Vgl. Referat 214, Bd. 112667.
[10] Die zweite Runde der Gespräche über ein Kulturabkommen zwischen der Bundesrepublik und der ČSSR fand am 29./30. Oktober 1974 statt. Beide Seiten stimmten überein, „daß nunmehr die Voraussetzungen für Verhandlungen über den Abschluß eines Kulturabkommens gegeben seien. Sie vereinbarten, Entwürfe von Kulturabkommen vorzubereiten und diese in nächster Zeit auszutauschen. Die eigentlichen Verhandlungen sollten dann in absehbarer Zeit voraussichtlich in Prag stattfinden." Vgl. die Aufzeichnung des Legationsrats I. Klasse Krebs vom 3. Dezember 1974; Referat 214, Bd. 112670.
[11] Für den Wortlaut des Vertrags vom 11. Dezember 1973 über die gegenseitigen Beziehungen zwischen der Bundesrepublik und der ČSSR, der am 19. Juli 1974 in Kraft trat, vgl. BUNDESGESETZBLATT 1974, Teil II, S. 990–992.

Beispielsweise habe man vor etwa zwei Jahren Fragen der KSZE mit den stellvertretenden Außenministern sehr vieler Länder diskutiert.

Diese Aussprachen hätten für die Tschechoslowakei eine große Bedeutung, weil sie sowohl in der KSZE wie in den MBFR-Verhandlungen sehr engagiert sei. In der Palette derartiger Konsultationen sollten aber Aussprachen auch mit dem Auswärtigen Amt der Bundesrepublik Deutschland nicht fehlen.

Die tschechoslowakische Seite sei mit der bisherigen Entwicklung der Beziehungen zufrieden. Es sei aber wünschenswert, wenn jetzt neue Impulse gegeben würden. Nach der Ratifizierung des Vertrages[12] seien nun viele Hindernisse aus dem Wege geräumt. Er meine damit praktische Hindernisse wie mentale Vorbehalte auch in den einzelnen Ressorts.

Minister *Genscher* bedankte sich für die ausführliche Übersicht über den Stand der gegenseitigen Beziehungen. Auch die Bundesregierung lasse sich davon leiten, daß der Vertrag ein guter Ausgangspunkt für die aktive Gestaltung der gegenseitigen Beziehungen sei. Den angekündigten Kontakt zwischen den Parlamenten finde er sehr prüfenswert. Er wolle die Anregung weiterleiten. Auch er sei der Meinung, daß es sich lohne, darüber nachzudenken, wie man Konsultationen zwischen den beiden Außenministerien institutionalisieren könne.

Im Bereich des wirtschaftlichen Austausches stelle sich für uns allerdings das von tschechoslowakischer Seite dargestellte Problem nicht so scharf dar. Hierzu werde Botschafter Sigrist noch einiges sagen können. Die Vorbereitung des angekündigten Besuches einer tschechoslowakischen Wirtschaftsdelegation wolle er mit Bundesminister Friderichs noch besprechen, auch die hier vorgetragene Bitte, den Termin für den Besuch der Wirtschaftsdelegation vorzuverlegen. Er kenne den Zeitplan Bundesminister Friderichs nicht. Doch nehme er an, daß ein Termin für diesen Besuch wegen der im Oktober stattfindenden Landtagswahlen in zwei Bundesländern[13] nicht vor Mitte November vereinbart werden könne. Das Interesse an dem Abschluß eines wirtschaftlichen Kooperationsabkommens und eines wissenschaftlich-technischen Abkommens werde auch von der deutschen Seite geteilt. Die von tschechoslowakischer Seite anläßlich des Antrittsbesuches von Herrn Botschafter Goetz bei Staatssekretär Ruhnau vorgeschlagenen Verkehrsabkommen würden gegenwärtig von den beteiligten Ressorts geprüft.[14] Außenminister Chňoupek möge versichert sein, daß wir auch hier schnell reagieren würden.

---

12 Zur Ratifizierung des Vertrags vom 11. Dezember 1973 über die gegenseitigen Beziehungen zwischen der Bundesrepublik und der ČSSR vgl. Dok. 163, Anm. 20.

13 Am 27. Oktober 1974 fanden Wahlen zum hessischen und bayerischen Landtag statt. In Hessen erreichte die CDU 47,3 % der Stimmen, die SPD erhielt 43,2 % und die FDP 7,4 %. In Bayern kam die CSU auf 62,1 %, die SPD auf 30,2 % und die FDP auf 5,2 % der Stimmen.

14 Das Bundesministerium für Verkehr informierte mit Schreiben vom 12. Juli 1974 das Auswärtige Amt, daß der tschechoslowakische Botschafter Goetz am 2. Juli 1974 gegenüber Staatssekretär Ruhnau das Interesse der ČSSR an einer vertraglichen Regelung der Verkehrsfragen auf den Gebieten der Binnenschiffahrt, des Straßenverkehrs und der Luftfahrt bekundet habe. Ihm sei mitgeteilt worden, daß der bereits vorliegende tschechoslowakische Entwurf für ein Binnenschiffahrtsabkommen geprüft werde und die Bundesregierung zu Verhandlungen noch im Spätsommer bereit sei. Hinsichtlich eines Straßenverkehrsabkommens werde der tschechoslowakischen Regierung demnächst ein Entwurf übergeben werden, über den „zu gegebener Zeit" verhandelt werden könne. Aus der Sicht des Bundesministeriums für Verkehr bestehe allerdings „kein Interesse und keine Notwendigkeit für den Abschluß eines Luftverkehrsabkommens. Die derzeitige Praxis der Gewährung

Der Minister wies dann darauf hin, daß die deutsche Seite sehr an einer baldigen Regelung der Umsiedlungsfrage interessiert sei. Das erste Gespräch zwischen den beiden Rot-Kreuz-Organisationen Ende März 1974 sei zwar nach unserer Einschätzung erfolgreich verlaufen, doch habe das für Juni vereinbarte zweite Treffen nicht stattgefunden.[15] Der Fortgang dieser Gespräche sei von großer Bedeutung für die weitere Entwicklung der Beziehungen.

Anschließend führte Botschafter *Sigrist* zu den wirtschaftlichen Beziehungen zwischen beiden Ländern aus, daß nur 8,7% der deutschen Einfuhren noch nicht liberalisiert seien. Wegen der besonderen Struktur der tschechoslowakischen Warenlieferung in die Bundesrepublik Deutschland seien allerdings noch 30% dieser Einfuhren mengenmäßig beschränkt. Es sei die erklärte Politik der Bundesregierung, die Einfuhren weiter zu liberalisieren. Allerdings könne sie wegen des Übergangs der handelspolitischen Kompetenzen auf die Europäische Gemeinschaft[16] nicht mehr ohne weiteres frei handeln. Im übrigen sei hervorzuheben, daß es im Handel zwischen der Tschechoslowakei und der Bun-

Fortsetzung Fußnote von Seite 951
    von provisorischen Rechten trägt der Situation aus deutscher Sicht in optimaler Weise Rechnung." Vgl. Referat 423, Bd. 117913.
15 Am 29. März 1974 fand in Prag das erste Gespräch zwischen dem DRK und dem Tschechoslowakischen Roten Kreuz statt. Zu den Ergebnissen teilte Legationsrat I. Klasse Heymer, Prag, am 1. April 1974 mit: „Die tschechoslowakische Seite erklärte u. a. ihr Einverständnis damit, daß das DRK unverzüglich an in der Bundesrepublik lebende Angehörige von tschechoslowakischen Staatsangehörigen deutscher Nationalität, die in der Vergangenheit den Wunsch auf Aussiedlung geäußert haben, ein Aktualisierungsschreiben sendet, um über diese festzustellen, inwieweit der Aussiedlungswunsch noch fortbesteht. Das Tschechoslowakische Rote Kreuz wird dem DRK innerhalb von acht Tagen den Entwurf einer Karte übersenden, auf die die aussiedlungswilligen Familien deutscher Nationalität eingetragen werden sollen. Das DRK wird die ausgefüllten Karten dem Tschechoslowakischen Roten Kreuz monatlich übersenden. Die Karten werden fortlaufend numeriert. [...] Während des Gesprächs soll auch von den Vertretern des Tschechoslowakischen Roten Kreuzes akzeptiert worden sein, daß es bei der Aktion nicht auf die Kriterien der Familienzusammenführung ankommt, sondern daß es um die Aussiedlung von Personen deutscher Nationalität geht. Die tschechoslowakische Seite soll die von dem Herrn Bundeskanzler bei seinen Gesprächen in Prag genannte Zahl von 20 000–26 000 Aussiedlungswilligen, die auf DRK-Informationen beruht, nicht von vornherein in Zweifel gezogen haben." Vgl. den Schriftbericht Nr. 338; Referat 214, Bd. 112670.
Mit Schreiben vom 17. Juni 1974 an das DRK erklärte das Tschechoslowakische Rote Kreuz, daß eine Fortsetzung der Gespräche erst möglich sei, wenn das DRK die Gesamtzahl der Antragsteller mitgeteilt habe. Für das Schreiben vgl. Referat 214, Bd. 112670.
16 Nach Artikel 113 des EWG-Vertrags vom 25. März 1957 sollte nach Ablauf einer Übergangszeit die gemeinsame Handelspolitik nach einheitlichen Grundsätzen gestaltet werden. Artikel 113 Absatz 3 lautete: „Sind Abkommen mit dritten Ländern auszuhandeln, so legt die Kommission dem Rat Empfehlungen vor; dieser ermächtigt die Kommission zur Einleitung der erforderlichen Verhandlungen. Die Kommission führt diese Verhandlungen im Benehmen mit einem zu ihrer Unterstützung vom Rat bestellten besonderen Ausschuß nach Maßgabe der Richtlinien, die ihr der Rat erteilen kann." Vgl. BUNDESGESETZBLATT 1957, Teil II, S. 846.
Am 16. Dezember 1969 beschloß der EG-Ministerrat in Brüssel eine Sonderübergangsregelung, „aufgrund der er auf Vorschlag der Kommission die Mitgliedstaaten ermächtigen kann, bilaterale Verhandlungen aufzunehmen, wenn eine Gemeinschaftsverhandlung nach Artikel 113 des Vertrags nicht möglich ist. Auf diese Weise hat der Rat nach dem obligatorischen Konsultationsverfahren alle Mitgliedstaaten ermächtigt, Handelsprotokolle mit den sozialistischen Ländern Europas auszuhandeln. [...] Alle auf diese Weise geschlossenen Abkommen müssen spätestens zum 31. Dezember 1974 auslaufen; nach dem 31. Dezember 1972 können keine neuen Jahresprotokolle mehr vereinbart werden, da von diesem Termin an alle Handelsverhandlungen von der Kommission im Namen der Gemeinschaft geführt werden müssen." Vgl. FÜNFTER GESAMTBERICHT 1971, S. 400.
Für den Wortlaut der Entscheidung des Rats vom 16. Dezember 1969 über die schrittweise Vereinheitlichung der Abkommen über die Handelsbeziehungen zwischen den EG-Mitgliedstaaten und dritten Ländern vgl. AMTSBLATT DER EUROPÄISCHEN GEMEINSCHAFTEN, Nr. L 326 vom 29. Dezember 1969, S. 39–42.

desrepublik Deutschland vielmehr darauf ankomme, den großen, bereits liberalisierten Bereich weiterzuentwickeln. Die dort bestehenden Möglichkeiten müßten besser ausgenutzt werden.

Diesem Zweck solle auch das von beiden Seiten angestrebte Kooperationsabkommen dienen. Hier sei in den Verhandlungen die Frage offengeblieben, ob die von der ČSSR in die Bundesrepublik Deutschland gelieferten Kooperationswaren von mengenmäßigen Beschränkungen freigestellt werden könnten. Zu derartigen Abmachungen seien wir aber nicht mehr befugt, da die Zuständigkeit für handelspolitische Regelungen im Warenaustausch mit Drittländern auf die EG übergegangen sei. In der Praxis seien hier Schwierigkeiten noch nicht aufgetreten. Uns sei kein einziger Fall bekannt, wo die Einfuhr von Produkten aus Kooperationsverhältnissen auf mengenmäßige Beschränkungen gestoßen sei. Aber auch da, wo die Einfuhr noch mengenmäßig beschränkt sei, wollten wir tun, was möglich sei. Es sei nach seiner Überzeugung möglich, eine Formulierung zu finden, die in den Grenzen dessen, was der deutschen Seite möglich ist, bleibt und gleichzeitig der tschechoslowakischen Seite entgegenkommt. Eine solche Formulierung habe sich auch in den bereits paraphierten Abkommen mit Ungarn[17] und Bulgarien[18] finden lassen.[19]

Außenminister *Chňoupek* erklärte zur Umsiedlungsfrage, daß sich die tschechoslowakische Seite hier von dem Brief über humanitäre Fragen[20] leiten lasse. Die Frage werde beurteilt im Einklang mit den tschechoslowakischen Gesetzen und Vorschriften. Die tschechoslowakische Regierung habe sich bisher

---

[17] Eine erste Verhandlungsrunde zwischen der Bundesrepublik und Ungarn über ein Abkommen über die wirtschaftliche, industrielle und technische Zusammenarbeit fand vom 6. bis 10. Mai 1974 statt. Die Gespräche wurden vom 1. bis 5. Juli 1974 in Budapest fortgesetzt. Dabei einigten sich beide Seiten auf einen gemeinsamen Entwurf, dessen Artikel 1 Absatz 2 lautete: „Die Vertragsparteien werden einander im Bereich der wirtschaftlichen, industriellen und technischen Zusammenarbeit die in ihrem jeweiligen Land geltenden Bestimmungen günstigste Behandlung gewähren." Vgl. die Aufzeichnung des Ministerialdirigenten Sigrist vom 10. Juli 1974; Referat 421, Bd.
Das Abkommen wurde am 3. September 1974 paraphiert und am 11. November 1974 unterzeichnet. Für den Wortlaut vgl. BUNDESGESETZBLATT 1975, Teil II, S. 36 f.

[18] Zu den Verhandlungen mit Bulgarien über ein Abkommen über die Entwicklung der wirtschaftlichen, industriellen und technischen Zusammenarbeit vgl. Dok. 105, Anm. 5.
Eine weitere Verhandlungsrunde fand vom 9. bis 12 Juli 1974 statt. Dazu informierte Vortragender Legationsrat I. Klasse Sieger am 17. Juli 1974: „Die eigentlichen Schwierigkeiten bei den Verhandlungen bestanden bezüglich der Frage der Meistbegünstigung und der Freistellung der Kooperationsware von mengenmäßigen Beschränkungen. Die Bulgaren hatten beides gefordert und versuchten mit allen Mitteln, diese beiden Punkte zu ihren Gunsten durchzusetzen. [...] Ihnen wurde jedoch in aller Deutlichkeit immer wieder klargemacht, daß die Bundesregierung keine Kompetenz mehr hat, diese Fragen bilateral zu regeln. Schließlich wurde in dem Abkommenstext in Art. 1 Abs. 2 vereinbart, ‚um die Verwirklichung von Vorhaben im Bereich der wirtschaftlichen, industriellen und technischen Zusammenarbeit zu gewährleisten', werden die Vertragsparteien einander die nach den im jeweiligen Land geltenden Gesetzen und Vorschriften günstigste Behandlung gewähren'; hierzu wurde wiederholt klargestellt, daß es sich dabei z. B. um Fragen des Arbeits- und Niederlassungsrechts, nicht aber um Gebiete aus dem Bereich der Handelspolitik handeln kann; die Bulgaren haben dieses akzeptiert." Vgl. Referat 421, Bd. 117663.
Das Abkommen wurde am 12. Juli 1974 paraphiert und 14. Mai 1975 unterzeichnet. Für den Wortlaut vgl. BUNDESGESETZBLATT 1975, Teil II, S. 1154 f.

[19] Die Bundesrepublik und die ČSSR unterzeichneten am 22. Januar 1975 ein Abkommen über die weitere Entwicklung der wirtschaftlichen, industriellen und technischen Zusammenarbeit. Für den Wortlaut vgl. BUNDESGESETZBLATT 1975, Teil II, S. 598 f.

[20] Für den Wortlaut des Briefwechsels des Bundesministers Scheel mit dem tschechoslowakischen Außenminister Chňoupek über humanitäre Fragen vom 13. Dezember 1973 vgl. BUNDESGESETZBLATT 1974, Teil II, S. 995.

in diesen Fragen der Aussiedlung tschechoslowakischer Bürger deutscher Nationalität vom Prinzip der Großzügigkeit leiten lassen. Dieses Prinzip werde auch weiterhin beachtet, und nicht nur bei der Aussiedlung in die Bundesrepublik Deutschland, sondern auch in die USA und nach Kanada. Die deutsche Seite werde jedoch Verständnis dafür haben, daß die Aussiedlung für die Tschechoslowakei nicht nur eine humanitäre, sondern auch eine wirtschaftliche Frage sei. Die Tschechoslowakei sei nicht in der Lage, die Aussiedlung in großem Rahmen zu lösen. Die Aussiedler seien auch Arbeitskräfte. Eine schnelle und umfassende Aussiedlung würde zumindest in einigen Gebieten des Landes zu erheblichen Schwierigkeiten führen. Die Tschechoslowakei sei ein Land, in dem in gewisser Hinsicht ein Mangel an Arbeitskräften herrsche. Im Lande arbeiteten Polen, Ungarn, Jugoslawen, Bulgaren und sogar Schweden und Vietnamesen. Trotzdem weise die Statistik der Aussiedler für den Zeitraum zwischen 1965 und 1973 mehr als 67 000 Aussiedler aus. Die tschechoslowakische Seite sei weiterhin gewillt, die Aussiedlung im Geist des Briefwechsels weiterzuführen, dabei aber der Familienzusammenführung und der Ausreise alter Leute den Vorrang zu geben.

Außenminister Chňoupek bedankte sich anschließend für die Ausführungen im Bereich der wirtschaftlichen Beziehungen. Die tschechoslowakische Seite werde die vorgetragenen Erwägungen zur Kenntnis nehmen. Man sei sehr an einer entsprechenden Formulierung im Kooperationsabkommen interessiert. Wenn für das Abkommen mit den Bulgaren und Ungarn eine Formulierung gefunden werden konnte, dann sollte es auch möglich sein, für das Abkommen mit der Tschechoslowakei eine befriedigende Formulierung zu finden. Die Verhandlungen zu diesem Kooperationsabkommen müßten jetzt schnell zu Ende geführt werden. Er wiederholte dann den Wunsch nach dem Abschluß auch von Verkehrsabkommen.

Außenminister Chňoupek bedankte sich dann für das Verständnis der deutschen Seite, die angeregten Kontakte zwischen den beiden Parlamenten und den beiden Außenministerien zu institutionalisieren. Er werde die Leitung des tschechoslowakischen Parlaments von dem Ergebnis dieser Gespräche unterrichten. Für die Kontakte zwischen den beiden Außenministerien könne seiner Meinung nach damit angefangen werden, daß eine deutsche Delegation unter Leitung von Herrn Staatssekretär Gehlhoff demnächst nach Prag komme.[21] Außenminister Chňoupek lud dann Minister Genscher sehr herzlich zu einem Besuch in die Tschechoslowakei ein.

Minister *Genscher* nahm in seiner Erwiderung die Einladung an. Ein Termin werde sich finden lassen. Außenminister Chňoupek könne sicher sein, daß er den nächstmöglichen Termin wählen werde.[22]

Minister Genscher wiederholte, daß in der Frage der Umsiedlung jetzt sehr schnell ein Termin für die nächsten Gespräche zwischen den beiden Rot-Kreuz-

---

[21] Staatssekretär Gehlhoff führte vom 10. bis 12. November 1974 in Prag Gespräche mit dem tschechoslowakischen Außenminister Chňoupek, dem Stellvertretenden Außenminister Růžek und dem Ersten Stellvertretenden Außenminister Krajčir. Für die Gesprächsaufzeichnungen vgl. Referat 214, Bd. 112664.

[22] Bundesminister Genscher hielt sich vom 24. bis 26. März 1975 in der ČSSR auf. Vgl. dazu den Drahtbericht des Botschafters Ritzel, Prag, vom 26. März 1975; AAPD 1975.

Organisationen gefunden werden müsse. Der Briefwechsel über humanitäre Fragen schaffe hinsichtlich der Umsiedlung eine besondere Situation. Die Auswanderung in die USA oder nach Kanada könne damit nicht verglichen werden. Bei der Umsiedlung müsse auch die menschliche Problematik gesehen werden. Die für die Umsiedlung in Betracht kommenden Menschen seien nicht nur Arbeitskräfte. Das müsse bei der weiteren Behandlung dieser Frage berücksichtigt werden.

Der tschechoslowakische *Außenminister* legte sodann den Stand der Rot-Kreuz-Gespräche so dar, daß der Brief des Deutschen Roten Kreuzes mit Angaben über die zu erwartenden Umsiedlungsanträge[23] am 30. Juni eingegangen sei. Nach Mitteilung des Deutschen Roten Kreuzes seien diese Anträge höchstens vier Jahre alt. Die zuständigen tschechoslowakischen Behörden hätten nach vorläufiger Überprüfung festgestellt, daß eine ganze Reihe der von deutscher Seite übermittelten Anträge in der Zwischenzeit bereits erledigt sein müßten. Im Augenblick würde auch geprüft, welche organisatorischen Vorbereitungen auf tschechoslowakischer Seite für die Abwicklung der Umsiedlungsanträge geschaffen werden müßten. Zur Frage des Termins für das nächste Treffen meinte er, daß sich die beiden Delegationen noch Ende Juli oder jedenfalls im August oder September treffen könnten. Angesichts des Arbeitsstandes bestehe bei einem frühen Termin freilich das Risiko, daß einige der Fragen noch nicht gelöst werden können und daß auch die übermittelten Zahlen noch nicht überprüft werden konnten.

Minister *Genscher* betonte nochmals unser Interesse an einer baldigen Fortführung der Gespräche zwischen den Rot-Kreuz-Gesellschaften. Ein Termin im Juli sei besser als im September.[24]

Minister Genscher kam dann auf die Frage der Behandlung Berliner Firmen auf den tschechoslowakischen Messen und Ausstellungen zu sprechen. Er regte an, daß die tschechoslowakische Seite die Angelegenheit so behandele, wie das auch mit der Sowjetunion abgesprochen worden sei.[25] Botschafter Ritzel

---

[23] Mit Schreiben vom 30. Juni 1974 an das Tschechoslowakische Rote Kreuz teilte das DRK mit: „Wir haben zur Zeit 7923 Anträge von tschechoslowakischen Bürgern deutscher Nationalität vorliegen, die über ihre in der Bundesrepublik Deutschland lebenden Angehörigen oder Bekannten oder direkt Mitteilung gemacht haben, daß sie aus der Tschechoslowakei in die Bundesrepublik Deutschland umziehen möchten. Diese 7923 Fälle beziehen sich auf 20213 Personen." Vgl. Referat 513, Bd. 1984.

[24] Die Gespräche zwischen dem DRK und dem Tschechoslowakischen Roten Kreuz wurden am 2./3. Oktober 1974 fortgesetzt.

[25] Mit Schreiben vom 10. Januar 1974 informierte Vortragender Legationsrat Heinichen das Bundesministerium für Wirtschaft über das Ergebnis der Expertengespräche am 16./17. Oktober 1973 in Moskau hinsichtlich der Teilnahme von Firmen und Organisationen aus Berlin (West) bei Messen, Ausstellungen und Kongressen in der UdSSR: „1) Der deutsche Pavillon bzw. Stand wird durch die Beschriftung ‚Aussteller aus der Bundesrepublik Deutschland' gekennzeichnet. 2) Außen am Pavillon wird nur die Bundesfahne gezeigt." 3 a) Im Innern der Ausstellung seien die Stände der Firmen aus Berlin (West) mit einem Schild zu versehen, auf dem Textauszüge aus dem Vier-Mächte-Abkommen vom 3. September 1971 wiedergegeben würden. „b) Zusätzlich zu diesem Schild ist eine Berliner Fahne in Tischwimpelgröße anzubringen [...] 4) Berliner Firmen sind, wenn sie gemeinsam mit Firmen aus der BRD ausstellen, zusammengefaßt nicht verstreut zwischen den Firmen aus der BRD zu plazieren, soweit dies sachlich gerechtfertigt ist und die Struktur der Ausstellung nicht beeinträchtigt. 5) In dem deutschen Ausstellerkatalog (auch in Werbematerial, das auf teilnehmende Westberliner Firmen hinweist) ist der unter 3a) erwähnte russische Text einzudrucken. Dies sollte vorzugsweise auf der Innenseite des Titelblattes oder der gegenüberliegenden Seite geschehen. Das Titelblatt sollte nur den Aufdruck ‚Aussteller aus der Bundesrepublik Deutschland'

habe unsere Wünsche in dieser Frage wohl schon im tschechoslowakischen Außenministerium vorgetragen.²⁶

Der tschechoslowakische *Außenminister* wiederholte hierauf, daß die tschechoslowakische Seite ein Maximum an gutem Willen aufgebracht habe, sich in dieser Frage im Einklang mit den Bestimmungen des Vier-Mächte-Abkommens zu verhalten. In der Frage der Interpretation dieses Abkommens hätten Kontakte mit der Sowjetunion aufgenommen werden müssen. Richtig sei, daß es in Brünn zu einigen Unstimmigkeiten gekommen sei.²⁷ Jetzt verhalte sich die tschechoslowakische Seite jedoch genau im Einklang mit den Bestimmungen des Vier-Mächte-Abkommens und der sowjetischen Interpretation. Bei der letzten Ausstellung INCHEBA in Bratislava habe es in dieser Frage keine Unklarheiten mehr gegeben.

Minister *Genscher* entgegnete daraufhin, daß es seines Wissens auch in Bratislava Schwierigkeiten gegeben habe.²⁸ Er schlage vor, daß sich in dieser Frage

---

Fortsetzung Fußnote von Seite 955

erhalten. Berliner Aussteller sollten als ihre Anschrift ‚Berlin (West)‘ angeben." Vgl. Referat 422, Bd. 117195. Vgl. dazu ferner AAPD 1973, III, Dok. 450.

26 Botschaftsrat I. Klasse Graf Finck von Finckenstein, Prag, übermittelte am 10. April 1974 dem tschechoslowakischen Außenministerium die Vorstellungen der Bundesregierung hinsichtlich einer Teilnahme von Firmen aus Berlin (West) an Messen in der ČSSR entsprechend dem Ergebnis der Expertengespräche am 16./17. Oktober 1973 in Moskau. Vgl. dazu den Drahtbericht Nr. 293; Referat 422, Bd. 117195.
Am 21. Mai 1974 sprach Botschafter Ritzel, Prag, im tschechoslowakischen Außenministerium vor, um anläßlich der VI. Internationalen Chemiemesse INCHEBA vom 22. bis 28. Juni 1974 in Bratislava die Frage der Teilnahme von Firmen aus Berlin (West) zu erörtern. Vgl. dazu den Drahtbericht Nr. 419 vom 28. Mai 1974; Referat 422, Bd. 117195.

27 Vom 20. bis 28. April 1974 fand in Brünn die V. Internationale Konsumgütermesse statt. Dazu informierte Botschafter Ritzel, Prag, am 24. April 1974: „1) Entsprechend Zusage Außenministeriums wurde zum ersten Mal seit Bestehen Messe auf Zeigen Berliner Flagge unter Fahnen beteiligter Länder verzichtet. 2) Im Messekatalog wurden die drei teilnehmenden Berliner Firmen allerdings nach wie vor unter besonderer Rubrik ‚Westberlin‘ nach alphabetischer Reihenfolge, aber nicht unter Rubrik ‚Bundesrepublik‘ aufgeführt. Auf unsere sofortigen Vorstellungen wurde dies von Messeleitung glaubwürdig damit begründet, daß entsprechende Weisung Außenministeriums zur Neugestaltung Katalogs […] erst nach Drucklegung eingegangen sei, so daß Katalog nicht mehr geändert werden konnte. […] 3 a) Stand-Auszeichnung mit Textauszügen aus Berlin-Abkommens und Berliner Flagge in Tischwimpelgröße war nur bei einer der zwei Berliner Firmen, und dies auch erst drei Tage nach Eröffnung der Messe vorgenommen worden. […] b) Weiterer Hinweis auf Bindungen zwischen West-Berlin und Bundesrepublik sowie auf Textzitat, daß Westsektoren nicht von der Bundesrepublik regiert werden können, fehlte. […] 4) Berliner Firmen waren in verschiedenen Hallen untergebracht, also räumlich nicht besonders zusammengefaßt." Vgl. Referat 422, Bd. 117195.

28 Am 27. Juni 1974 berichtete Botschafter Ritzel, Prag, daß die Beteiligung von Firmen aus Berlin (West) an der VI. Internationalen Chemiemesse INCHEBA vom 22. bis 28. Juni 1974 wie folgt geregelt worden sei: „1) Unter den Flaggen der beteiligten Nationen wird die Berlin-Fahne, wie auch in Brünn, nicht gezeigt, sondern nur die Fahne der Bundesrepublik Deutschland. 2) Im Ausstellungskatalog sind die Firmen aus Berlin (West) in einer gesonderten Rubrik nach den Ausstellern aus der Bundesrepublik unter der Überschrift ‚West-Berlin‘ aufgeführt. 3) Unter dieser Zwischenüberschrift ist auf tschechisch die im Non-paper enthaltenen Auszüge aus dem Vier-Mächte-Abkommen abgedruckt. […] 4) Der gleiche Text war auch an den beiden Ständen der Firmen aus Berlin (West) angebracht worden. 5) Über dem Textauszug aus dem Vier-Mächte-Abkommen ist an den Berliner Ständen ein kleines rechteckiges Schild angebracht, auf dem auf weißem Grund, jeweils mit rotem Abschlußstreifen am oberen und unteren Rand, der Berliner Bär abgebildet ist. Der Bär trägt jedoch nicht die für Berlin (West) typische Blattkrone, jedoch auch nicht die Mauerkrone des Ostberliner Stadtwappens. 6) Im übrigen ist überall (sowohl im Katalog als auch auf der Auszeichnung an den einzelnen Ständen) wieder die Bezeichnung ‚NSR‘ (Německá spolková republika) statt ‚SRN‘ (Spolková republika německá) verwendet worden." Vgl. den Drahtbericht Nr. 489; Referat 210, Bd. 111622.

Botschafter Ritzel mit dem tschechoslowakischen Außenministerium in Verbindung setze und die ganze Angelegenheit dort noch einmal bespreche.

Minister Genscher trug dann unseren Wunsch vor, daß die Bundesrepublik Deutschland auch in der Tschechoslowakei richtig bezeichnet werde. Die Bezeichnungsfrage habe auch politische Bedeutung. Wir legten deshalb darauf Wert, daß unser Staat nicht mit „deutsche Bundesrepublik", sondern mit „Bundesrepublik Deutschland" bezeichnet werde.

Außenminister *Chňoupek* erwiderte darauf, daß diese Frage sehr ausführlich vor einem Jahr in Gymnich mit Außenminister Scheel besprochen worden sei.[29] Damals habe die tschechoslowakische Seite gesagt, daß es sich hier um eine rein linguistische Frage handele. Auch nach seiner heutigen Auffassung lasse sich das Wort „Bundesrepublik Deutschland" nicht in dieser Form in die tschechische Sprache übersetzen. Dennoch sei die tschechoslowakische Seite damals auf die deutsche Forderung eingegangen, in offiziellen Verlautbarungen die Bundesrepublik Deutschland mit „Spolková republika německá" oder mit der Abkürzung „SRN" zu bezeichnen. Diese Bezeichnung werde jetzt in allen offiziellen Verlautbarungen verwendet. In der Umgangssprache und in der Presse werde jedoch die Bezeichnung, die allein dem Geist der tschechischen Sprache entspreche, beibehalten. Seiner Erinnerung nach sei es bei dem damaligen Gespräch in Gymnich den deutschen Vertretern völlig gleichgültig gewesen, ob die Bundesrepublik Deutschland auch in den nichtoffiziellen Veröffentlichungen mit „SRN" bezeichnet werde. Seiner Ansicht nach sei es nicht von Vorteil, wenn diese Bezeichnung auch in den Massenmedien verwendet werde. Die Leute würden lachen und es nicht verstehen. Er wolle daher ganz entschieden dafür eintreten, daß insoweit die andere Bezeichnung beibehalten werde.

Minister *Genscher* warf hier ein, daß im Stempel der Außenstelle Frankfurt der tschechoslowakischen Botschaft immer noch die falsche Bezeichnung verwendet werde. Botschafter Goetz, der angab, hierüber nichts zu wissen, sagte zu, daß er dem nachgehen wolle.

Im internationalen Teil der Gespräche bekräftigte Außenminister *Chňoupek*, daß die Tschechoslowakei sich in ihrer Außenpolitik von den Prinzipien der friedlichen Zusammenarbeit und dem Abbau der Spannungen leiten lasse. Frieden und Entspannung sei kein automatischer Vorgang. Alle Regierungen müßten hier aktiv tätig sein. Die Tschechoslowakei sei kein Parteigänger der Supermächte. Sie begrüße die Ergebnisse der Verhandlungen zwischen Nixon und Breschnew.[30] Doch müsse sich jeder Staat, wenn er auch noch so klein sei, selbst aktiv an der Entspannung beteiligen. Die Tschechoslowakei handele nach dem Prinzip der friedlichen Koexistenz. Das bedeute der Wunsch nach guter Zusammenarbeit mit den Nachbarländern. Die Tschechoslowakei habe bereits die bestehenden schwierigen vermögensrechtlichen Probleme mit ihrem südlichen Nachbarn gelöst. Der Abschluß des diesbezüglichen Abkommens sei aller-

---

[29] Die Frage der Übersetzung der Bezeichnung „Bundesrepublik Deutschland" in die tschechische Sprache war Gegenstand der Verhandlungen des Staatssekretärs Frank mit dem tschechoslowakischen Stellvertretenden Außenminister Goetz am 28./29. Mai 1973. Vgl. dazu AAPD 1973, II, Dok. 161, Dok. 163 und Dok. 167.

[30] Präsident Nixon hielt sich vom 27. Juni bis 3. Juli 1974 zu Gesprächen mit dem Generalsekretär des ZK der KPdSU, Breschnew, in der UdSSR auf. Vgl. dazu Dok. 197, Dok. 199 und Dok. 200.

dings ins Stocken geraten, weil der frühere österreichische Außenminister inzwischen Präsident geworden sei.[31] Mit dem neuen österreichischen Außenminister sei jedoch vereinbart, am kommenden Donnerstag[32] in Brünn zusammenzutreffen und dort eine Inventur zu den drei großen Verträgen, die zur Paraphierung vorliegen, zu machen.[33] Die Tschechoslowakei sei an einer schnellen Regelung der Beziehungen zu Österreich interessiert. Zur Beurteilung des bisherigen Standes brauche er nur zu erwähnen, daß die beiden Länder bisher ihre Beziehungen auf der Ebene nur von Gesandtschaften geführt hätten.

Hinsichtlich weiterer offener Probleme sei die Tschechoslowakei in letzter Zeit auch an die USA zur Regelung der noch offenen vermögensrechtlichen Fragen herangetreten. Ein entsprechendes Abkommen werde in Kürze unterzeichnet werden können.[34] Die Tschechoslowakei habe sehr gute Beziehungen mit Japan, Indien und gute Beziehungen mit der Mehrheit der europäischen Staaten. In letzter Zeit sei die Tschechoslowakei in der weiteren Pflege ihrer Beziehungen zu anderen Ländern in eine objektiv schwierige Lage geraten. Der schlechte Gesundheitszustand des Präsidenten der Tschechoslowakischen Sozialistischen Republik[35] erlaube bereits seit längerer Zeit nicht mehr, Kontakte zu anderen Ländern in größerem Rahmen durchzuführen. Besuche auf höchster Ebene hätten sich daher inzwischen kumuliert.

Die Tschechoslowakei beteilige sich aktiv an den Genfer Verhandlungen zur KSZE. Auf tschechoslowakischer Seite rechne man mit einer Beendigung noch in diesem Jahr in einer sehr feierlichen Form. Mit Genugtuung habe die tsche-

---

[31] Am 23. Juni 1974 wurde Rudolf Kirchschläger als Nachfolger des am 24. April 1974 verstorbenen Franz Jonas zum Bundespräsidenten der Republik Österreich gewählt.
Der Vertrag zwischen Österreich und der ČSSR zur Regelung von Vermögensfragen wurde am 19. Dezember 1974 in Wien unterzeichnet.

[32] 25. Juli 1974.

[33] Österreich und die ČSSR unterzeichneten am 21. Dezember 1973 in Prag den Vertrag über das Verfahren zur Untersuchung von Vorfällen an der gemeinsamen Staatsgrenze und am selben Tag in Wien den Vertrag über die gemeinsame Staatsgrenze. Die Ratifikationsurkunden wurden am 17. September 1974 bzw. am 25. April 1975 ausgetauscht. Für den Wortlaut vgl. Vgl. BUNDESGESETZBLATT FÜR DIE REPUBLIK ÖSTERREICH 1974, S. 2512–2517, bzw. BUNDESGESETZBLATT FÜR DIE REPUBLIK ÖSTERREICH 1975, S. 1479–1513.
Der österreichische Außenminister Bielka-Karltreu und sein tschechoslowakischer Amtskollege Chňoupek führten am 5. September 1974 in Brünn Gespräche über vermögensrechtliche Fragen. Botschafter Ritzel, Prag, berichtete dazu am 6. September 1974, daß „im Bereich der komplizierten Vermögensverhandlungen noch einige wichtige Details ungelöst" seien. So bestehe „in der Frage der Höhe der Entschädigungssumme, die Tschechoslowakei an Österreich für das 1948 beschlagnahmte österreichische Vermögen zahlen soll, [...] offenbar noch kein völliges Einvernehmen". Vgl. den Drahtbericht Nr. 650; Referat 214, Bd. 112666.

[34] Am 20. Juni 1974 informierte Botschafter Ritzel, Prag, daß nach „neunmonatiger Dauer und insgesamt 18 zähen Gesprächsrunden" die Vermögensverhandlungen zwischen den USA und der ČSSR vor dem Abschluß stünden. Das Abkommen sehe tschechoslowakische Entschädigungsleistungen für nach 1948 beschlagnahmten amerikanischen Besitz in Höhe von 20,5 Mio. Dollar vor. Ferner erkläre sich die tschechoslowakische Regierung bereit, 7,7 Mio Dollar für nach dem Zweiten Weltkrieg geleistete, aber noch nicht bezahlte Materiallieferungen der USA anzuerkennen. Im Gegenzug werde die amerikanische Regierung „das nach Kriegsende in Deutschland beschlagnahmte tschechoslowakische Gold an die ČSSR zurückgeben. Es handelt sich insgesamt um 18 400 kg Gold in einem Wert von zur Zeit rund 100 Mio. Dollar. Bei Kriegsende betrug der Wert des Goldes nur rund 20 Mio. Dollar, so daß der jahrelange Disput um die Rückgabe des Goldes der ČSSR praktisch noch einen Gewinn von 80 Mio. Dollar eingebracht hat." Vgl. Referat 214, Bd. 112666.
Das Abkommen wurde am 5. Juli 1974 paraphiert.

[35] Ludvik Svoboda.

choslowakische Regierung die Presseverlautbarung zur Kenntnis genommen, in der Giscard d'Estaing und Bundeskanzler Schmidt bei Vorhandensein gewisser Voraussetzungen einen Abschluß der zweiten Phase der Gespräche noch in diesem Jahr für möglich gehalten haben. Die tschechoslowakische Delegation sei beauftragt, noch bis Ende dieses Monats verfügbar zu sein. Die Tschechoslowakei unterstütze den Vorschlag der neutralen Staaten Finnland, Österreich, Schweden, Schweiz und Jugoslawien, wonach das Prinzip der Nichteinmischung einschließlich der Verpflichtung, das gesellschaftliche System und die Gesetze des anderen Landes zu respektieren, nicht abgeschwächt werden dürfe. Nach tschechoslowakischer Ansicht sollten auch während der Sommerpause[36] informelle Arbeitskontakte zwischen den Delegationen weitergeführt werden.

Außenminister *Chňoupek* teilte mit, daß eine ganze Anzahl Länder den tschechoslowakischen Vorschlag eines ständigen Konsultativorgans[37] „zu begreifen beginne". Nach tschechoslowakischer Ansicht sei die Kontinuität der KSZE-Konferenz in maximaler Weise zu sichern. Auf die Form komme es dabei nicht an.

Hinsichtlich der Wiener MBFR-Verhandlungen habe er sehr nützliche Gespräche mit Bundesminister Scheel führen können. Die Verhandlungen dort seien inzwischen, jedenfalls teilweise, fortgeschritten. Man sei daran gegangen, die Fragen sowohl aus dem Gesichtspunkt der NATO wie aus der Sicht der sozialistischen Staaten zu lösen. Die Tschechoslowakei gehe von dem Prinzip aus, daß keine Seite in ihrer Sicherheit beeinträchtigt werden dürfe. Sie sei der Auffassung, daß im Prinzip alle nationalen und internationalen Streitkräfte im betroffenen Gebiet und auch die Rüstung aller elf beteiligten Staaten einbegriffen sein sollten. Die Tschechoslowakei sei ferner der Auffassung, daß der gleichmäßige, gegenseitige und prozentuale Abbau die Land-, Luft- und Seestreitkräfte betreffen müsse. Die Tschechoslowakei verfolge den Standpunkt, daß die Entspannung unwiderruflich gemacht werden müsse. Ein wichtiger Schritt in dieser Richtung sei eine konkrete Vereinbarung über den Abbau der Streitkräfte. Da der Abbau insgesamt eine sehr schwierige Aufgabe darstelle, habe die Tschechoslowakei (und andere Länder) einen Kompromißvorschlag unterbreitet, der eine symbolische Senkung der Streitkräfte schon für 1975 vorsehe.[38] Dieser Vorschlag laufe darauf hinaus, daß alle Beteiligten ihre Streitkräfte einschließlich Land-, Luft- und die mit Kernwaffen ausgerüsteten Streitkräfte um 20 000 Mann verringern würden. Die Annahme eines solchen Vorschlages wäre nach tschechoslowakischer Ansicht von großer politischer und militärischer Bedeutung.

In diesem Zusammenhang ging Außenminister Chňoupek auch auf die Zypernfrage ein. Die dortigen Vorgänge[39] stünden in Widerspruch zur Unabhängig-

---

36 Die zweite Phase der KSZE in Genf wurde am 26. Juli 1974 unterbrochen. Die Verhandlungen wurden am 2. September 1974 wiederaufgenommen.
37 Vgl. dazu den Vorschlag der tschechoslowakischen Delegation vom 4. Juli 1973 während der ersten Phase der KSZE auf der Ebene der Außenminister in Helsinki; SICHERHEIT UND ZUSAMMENARBEIT, Bd. 2, S. 683.
38 Zum Vorschlag der an den MBFR-Verhandlungen teilnehmenden Warschauer-Pakt-Staaten für eine symbolische erste Reduzierungsstufe vgl. Dok. 72.
39 Zum Regierungsumsturz auf Zypern am 15. Juli 1974 vgl. Dok. 217.

keit dieses Landes. Es sei der dringende tschechoslowakische Wunsch, daß die dortige Krise bald bereinigt werden könne.

In seiner Erwiderung umriß Minister *Genscher* die Grundzüge der deutschen Außenpolitik. In den Beziehungen zu den östlichen Nachbarländern werde die bisherige Politik fortgesetzt. Gegenüber dem Westen gelte die Hauptaufmerksamkeit der weiteren Entwicklung der Europäischen Wirtschaftsgemeinschaft.

Zur KSZE führte der Minister aus, daß wir an einem weiteren zügigen Ablauf der Genfer Beratungen interessiert seien. Wir hofften, daß die Konferenz noch vor Jahresende erfolgreich abgeschlossen werden könne. Bei einem befriedigenden Ergebnis sollte die Frage nach der Ebene der Schlußkonferenz keine Schwierigkeiten bereiten. Für die Bundesregierung gehöre zu einem befriedigenden Ergebnis nicht zuletzt eine annehmbare Lösung bei der Einfügung der Formel über die fortdauernde Zulässigkeit friedlicher und einvernehmlicher Grenzveränderungen. Zu den Konferenzfolgen seien wir der Meinung, daß zunächst einmal in einer Zwischenperiode von etwa zwei Jahren die praktischen Auswirkungen der Konferenz beobachtet werden sollten. Dann könne man weitersehen.

Hinsichtlich der MBFR-Verhandlungen in Wien begrüßten wir die sachliche Atmosphäre, in der die Aussprachen vor sich gingen. Die westlichen Alliierten strebten als zentrales Verhandlungsziel die Herstellung eines ungefähren Gleichstandes der Landstreitkräfte an. Auch die Bundesregierung messe diesem Ziel größte Bedeutung bei.

Referat 214, Bd. 112664

216

Vortragende Legationsrätin I. Klasse Finke-Osiander an die Botschaft in Warschau

214-321.00 POL 19. Juli 1974[1]
Fernschreiben Nr. 390 Aufgabe: 22. Juli 1974, 12.05 Uhr

Betr.: Gespräch des Ministers mit dem polnischen Botschafter am 17.7.1974

Minister Genscher empfing am 17.7. den polnischen Botschafter zu einem etwa 40 Minuten dauernden Gespräch, das bei einem kürzlichen gesellschaftlichen Zusammentreffen in Aussicht genommen worden war.

Der Minister erläuterte den Stand unserer Überlegungen zur Fortführung der deutsch-polnischen Gespräche. Der Parteivorsitzende der SPD, Willy Brandt, habe kürzlich an Herrn Gierek geschrieben[2]; der Kanzler werde sich in glei-

---

[1] Hat Bundesminister Genscher vor Abgang am 21. Juli 1974 vorgelegen.
[2] Zum Schreiben des SPD-Vorsitzenden Brandt vom 15. Juli 1974 an den Ersten Sekretär des ZK der PVAP, Gierek, vgl. Dok. 211, Anm. 6.

cher Form in Kürze an Herrn Gierek wenden.³ Aus unserer Sicht bestehe der Wunsch, das Gespräch bald wieder aufzunehmen. Die neue Bundesregierung setze die bisherige Politik unverändert fort und wünsche gute Beziehungen zu Polen.

Das Angebot des Finanzkredits werde von uns aufrechterhalten, obwohl die Schwierigkeiten wachsen.⁴

⁵Über die Frage der Ausgleichszahlungen auf dem Rentengebiet⁶ werde man noch einmal sprechen müssen.

Hier sehe er die Möglichkeit einer gewissen Flexibilität.

Auf der anderen Seite kenne der Botschafter die Probleme unserer Seite, für die eine Lösung schon in Aussicht genommen sei, an der wir festhalten müßten.

Botschafter Piątkowski erwiderte, er werde die Ausführungen des Ministers weiterleiten. Die polnische Seite habe das sogenannte Frelek-Papier⁷ übergeben; sie warte auf eine Antwort, insbesondere zu der Frage der Entschädigung.

Minister Genscher erwiderte, er wisse nicht, ob der Botschafter den Inhalt des Briefes von Herrn Brandt kenne, der darauf eingehe. Wir sähen die Möglichkeit zur Flexibilität in den anderen Bereichen. In diesem Bereich habe sich die Auffassung der Bundesregierung nicht verändert.

Botschafter Piątkowski erwiderte, er habe den Brief von Herrn Brandt weitergeleitet. Er sei zwar nicht Adressat, aber er kenne den Inhalt.

Zum Frelek-Papier wolle er unterstreichen, daß es sich, obwohl von Herrn Frelek übergeben, nicht nur um ein Parteidokument handle, sondern ebenso um ein Dokument der polnischen Regierung.

Er unterstrich den guten Willen auch der polnischen Regierung.

---

³ Im Schreiben vom 23. Juli 1974 bekräftigte Bundeskanzler Schmidt gegenüber dem Ersten Sekretär des ZK der PVAP, Gierek, unter Bezugnahme auf das Schreiben des SPD-Vorsitzenden Brandt vom 15. Juli 1974 die Fortsetzung der „auf Entspannung und Zusammenarbeit gerichteten Politik" der Bundesregierung gegenüber den osteuropäischen Staaten. In der Frage der Umsiedlung von Deutschstämmigen aus Polen in die Bundesrepublik plädierte er für eine Beibehaltung der „Grundlage vom Dezember 1973". Weiter führte Schmidt aus: „Die Bundesregierung hält das Angebot eines ungebundenen Finanzkredits in Höhe von 1 Milliarde DM aufrecht. Die allgemeine Entwicklung der Wirtschaftslage in der Bundesrepublik Deutschland erleichtert ihr freilich diese Position auf längere Sicht keineswegs. Was die Konditionen des Kredits betrifft, so sollte es möglich sein, zu einer für beide Seiten annehmbaren Regelung zu gelangen. Dieselbe Hoffnung hegt die Bundesregierung auch hinsichtlich der Höhe der Rentenpauschale. Im Hinblick auf die neuen polnischen Vorschläge zur Entschädigungsfrage möchte ich darauf hinweisen, daß auch die Regierung meines Vorgängers sich stets des vollen Gewichts dieser Problematik für die deutsch-polnischen Beziehungen bewußt gewesen ist. Sie hat sich deshalb ihre Haltung in dieser Frage niemals leicht gemacht. Ich muß aus der gleichen Verantwortung heraus sagen, daß ich auch für meine Regierung keine Möglichkeit sehe, auf derartige Vorschläge einzugehen. Die Konzeption, die von den damaligen Außenministern Scheel und Olszowski in Helsinki entwickelt wurde und die eine Ablösung der Entschädigung durch eine intensivere wirtschaftliche Zusammenarbeit einschließlich eines Kredits vorsah, war für die Bundesregierung ohnehin schon mit erheblichen Schwierigkeiten verbunden." Abschließend erneuerte Schmidt die bereits von Brandt ausgesprochene Einladung an Gierek zu einem Besuch in der Bundesrepublik. Vgl. Referat 214, Bd. 116627.

⁴ An dieser Stelle wurde von Bundesminister Genscher gestrichen: „Über die Konditionen werde man noch einmal reden können."

⁵ An dieser Stelle wurde von Bundesminister Genscher gestrichen: „Auch".

⁶ Zum polnischen Wunsch nach Rentenausgleichszahlungen vgl. Dok. 134, Anm. 12.

⁷ Zum polnischen Non-paper vom 11. April 1974 („Frelek-Papier") vgl. Dok. 118, Anm. 2.

Minister Genscher erläuterte, man müsse sehen, daß es Ende letzten Jahres Gespräche der Außenminister gegeben habe[8], die bestimmte Positionen ergeben hätten, an denen nicht gerüttelt werden dürfe, weil ein Abrücken von den damaligen Zusagen nicht vertreten werden könne.

Botschafter Piątkowski erwiderte, auch sein Minister müsse über die Ergebnisse von Gesprächen berichten und diese innenpolitisch vertreten. Die Zusagen des Frelek-Papiers lägen auf dem Tisch.

Minister Genscher erläuterte die Bedeutung der Umsiedlungsfrage und die Schwierigkeiten, die sich aus ihrer schleppenden Abwicklung ergäben. Die Umsiedlung sei ein Pfahl im Fleisch. Wenn jemand keine guten deutsch-polnischen Beziehungen wünsche, dann könne er für die Fortsetzung der bestehenden Situation sein. Gerade weil er persönlich sich der historischen Belastungen aus polnischer Sicht sehr bewußt sei, wünsche er eine gute Entwicklung des deutsch-polnischen Verhältnisses und die Lösung des Umsiedlungsproblems. Minister Genscher wies darauf hin, daß Minister Scheel die damaligen Zusagen hier sehr schwer erkämpft habe. Wir stünden zu diesen Zusagen. Es sei auch für Herrn Scheel schwer gewesen, eine Halbierung der gesicherten Zahlen des Deutschen Roten Kreuzes zu vertreten, aber zumindest diese Hälfte (150 000) sei damals nach beiderseitigem Verständnis dagewesen. Niemand könne vertreten, wieso das jetzt nicht mehr der Fall sein sollte.

Botschafter Piątkowski erläuterte hierzu die schon früher dargelegte polnische Auffassung, daß damals keine festen Zusagen gemacht worden seien, sondern daß diese abhängig gewesen seien von polnischen Erwartungen hinsichtlich einer Erhöhung des Finanzkredits, die sich nicht erfüllt hätten.

Auch die polnische Regierung habe den Wunsch nach guten Beziehungen und guten Willen. Auch die polnische Seite müsse rechtfertigen, weshalb sie derartige Zusagen gebe, trotz der Schwierigkeiten, die Polen mit Arbeitskräften habe. Man müsse einen Weg finden, sich mit den KZ-Opfern zu einigen, daß schon ein Fortschritt erzielt sei. Seiner Meinung nach sei das Problem der KZ-Opfer für die polnische Seite innenpolitisch wichtiger als die Umsiedlung für die Bundesregierung.

Minister Genscher erkläre hierzu, er sei von 1969 bis 1974 nicht nur Innenminister, sondern zugleich auch Vertriebenenminister gewesen. Er habe innenpolitisch die Politik der Bundesregierung, z. B. vor Schlesiern, vertreten müssen. Wenn wir den Stimmungen nachgegeben hätten, hätten wir nicht diese Politik gemacht. Eine Regierung dürfe nicht Stimmungen nachgeben, sondern müsse eine für richtig erkannte Politik durchführen und müsse Zusagen einhalten. Auf dem Entschädigungssektor seien von uns keine Zusagen gemacht worden.

Der gute Wille der Bundesregierung werde bekräftigt durch die Botschaft des Bundeskanzlers an Herrn Gierek. Er wolle diesen Brief nicht vorwegnehmen. Ihm liege jedoch daran, dem Botschafter gegenüber zu unterstreichen, daß wir an der Fortführung eines konstruktiven Dialogs interessiert seien.[9]

---

[8] Der polnische Außenminister Olszowski hielt sich am 6./7. Dezember 1973 in der Bundesrepublik auf. Für sein Gespräch mit Bundesminister Scheel vgl. AAPD 1973, III, Dok. 402.

[9] Am 26. Juli 1974 übergab Botschafter Ruete, Warschau, das Schreiben des Bundeskanzlers Schmidt vom 23. Juli 1974 dem Abteilungsleiter im ZK der PVAP, Frelek, da sich der Erste Sekretär des ZK

Botschafter Piątkowski erklärte, Minister Olszowski habe bereits bei seinem Besuch im September 1972[10] die Entschädigungsfrage angesprochen. Er wisse nicht, ob die Bundesregierung dies inzwischen vergessen habe. (Hierzu hielt Frau Finke-Osiander entgegen, daß man ‚nach ergebnisloser Konfrontation der Standpunkte zwischen September 1972 und Mai 1973, von Juni 1973 bis April 1974 gemeinsam von der Konzeption einer indirekten Lösung ausgegangen sei, von der die polnische Seite mit dem Frelek-Papier wieder abgewichen sei.)

Minister Genscher unterstrich, daß die Bundesregierung nicht in der Lage sei, auf den Wunsch nach Entschädigungsleistungen einzugehen. Auch Scheel und Brandt würden dies nicht anders sehen.

Botschafter Piątkowski erklärte, von polnischer Seite sei die Kontinuität der Politik der Bundesregierung nie in Zweifel gestellt worden. Er werde den Standpunkt des Ministers weiterleiten. Er bitte jedoch gleichzeitig nochmals, den Teil des Frelek-Papiers sehr ernst zu nehmen, der sich mit der Entschädigungsfrage beschäftigte. Er verstehe, daß die Umsiedlung für die deutsche Seite ein schweres Problem sei. Dies gelte aus polnischer Sicht für das Problem der KZ-Opfer. Was die polnische Seite fordere, sei keine wirkliche materielle Abgeltung, sondern eine symbolische Leistung, die in ihrer finanziellen Größenordnung einen Bruchteil des jährlichen deutsch-polnischen Handels ausmache.

Minister Genscher unterstrich, daß er Verständnis für das Gewicht dieser Frage aus polnischer Sicht habe. Er bekomme auch Briefe von Einzelpersonen, die deutsche Entschädigungsleistungen an Polen für richtig hielten, dabei werde aber auch gleichzeitig die Frage gestellt, was die DDR getan habe.

Hierzu verwies der Botschafter darauf, daß die DDR 850 Mio. (Reparationsleistungen) an Polen geleistet habe.

Der Botschafter bedankte sich abschließend für das Gespräch und versicherte nochmals, daß er die Ausführungen des Ministers nach Warschau weiterleiten werde.

Finke-Osiander[11]

Referat 214, Bd. 116627

Fortsetzung Fußnote von Seite 962
der PVAP, Gierek, im Urlaub befand. Ruete teilte mit, daß Frelek in dem sich anschließenden Gespräch darauf bestanden habe, daß allein das Non-paper vom 11. April 1974 („Frelek-Papier") die polnische Haltung wiedergebe und daher Basis künftiger Verhandlungen sein müsse. In der Frage der Umsiedlung Deutschstämmiger aus Polen in die Bundesrepublik habe Frelek bestritten, daß es nach den Vereinbarungen im Zusammenhang mit dem Warschauer Vertrag vom 7. Dezember 1970 weitere Abmachungen gegeben habe. Ruete berichtete weiter, auf seinen Einwand, „daß die polnische Seite im Dezember 1973 konkrete Umsiedlungszahlen genannt habe, daß Außenminister Olszowski in Bonn erklärt habe, im Jahre 1974 würden 50 000 Menschen Polen verlassen können, daß diese Zahlen in den Bundestagsausschüssen und in den Massenmedien bekannt geworden seien", so daß die Bundesregierung jetzt nicht von dieser Position abrücken könne, habe Frelek erwidert, „im Dezember 1973 seien keine Vereinbarungen getroffen worden. Wenn damals von 150 000 Umsiedlern die Rede gewesen sei, dann nur deshalb, weil man auch von einem 3-Milliarden-Kredit gesprochen habe." Vgl. den Drahtbericht Nr. 586; Referat 214, Bd. 116627.
10 Der polnische Außenminister Olszowski hielt sich am 13./14. September 1972 in der Bundesrepublik auf. Vgl. dazu AAPD 1972, II, Dok. 266, Dok. 268 und Dok. 270.
11 Paraphe.

217

Botschaftsrat I. Klasse Graf zu Rantzau, Brüssel (NATO), an das Auswärtige Amt

114-13044/74 VS-vertraulich Aufgabe: 20. Juli 1974, 13.30 Uhr[1]
Fernschreiben Nr. 1051 Ankunft: 20. Juli 1974, 14.02 Uhr
Citissime nachts

Betr.: Militärputsch in Zypern[2];

Bezug: DB 1050 vom 20. Juli 1974 – 2839/74 VS-v[3]

I. Der NATO-Rat trat am 20. Juli 1974 morgens zu einer Sondersitzung zusammen. Das Ergebnis läßt sich wie folgt zusammenfassen:

1) Der britische Geschäftsträger[4] unterrichtete den Rat, daß Außenminister Callaghan von der Nachricht über die türkische Landung auf Zypern überrascht worden sei. Er habe sofort den türkischen[5] und griechischen[6] Botschafter zu sich gebeten und um Übermittlung einer Einladung zu Konsultationen auf höchster Ebene in London an die Regierungen in Ankara und Athen gebeten. Die Konsultationen sollten in kürzester Frist beginnen. Der britische Sprecher nannte die folgenden Punkte, die Großbritannien bei diesen Konsultationen verfolgen werde:

– Vermeidung weiterer Eskalation;
– Rückkehr zu verfassungsmäßigen Verhältnissen;
– Einwirkung auf die türkische Regierung zur Begrenzung der Kämpfe und einen Waffenstillstand so schnell wie möglich;
– Einwirkung auf die türkische Regierung mit dem Ziel, daß diese eine öffentliche Erklärung abgibt, wonach das Ziel der türkischen Intervention die Wiederherstellung verfassungsmäßiger Zustände sei;

---

[1] Der Drahtbericht wurde von der Ständigen Vertretung bei der NATO in Brüssel auch an Bundesminister Genscher, z. Z. Paris, übermittelt.

[2] Am 15. Juli 1974 unternahm die von griechischen Offizieren befehligte zypriotische Nationalgarde einen Putsch gegen Präsident Makarios. Zum neuen Präsidenten Zyperns wurde Nicos Sampson proklamiert. Die Aufständischen nannten als ihre politischen Ziele u. a. die „Wiederherstellung der Einheit des zyprischen Griechentums und die Schaffung von Ruhe in den Reihen der Kirche" und „die Fortsetzung des begonnenen Verfahrens zur Lösung des Zypernproblems über die interkommunalen Gespräche", weiterhin die Ausschreibung „unbescholtener Wahlen" innerhalb eines Jahres. Die Außenpolitik solle unverändert weitergeführt werden. Vgl. den Drahtbericht Nr. 326 des Botschafters Oncken, Athen; Referat 203, Bd. 101457.
Makarios verließ Zypern am 16. Juli 1974.
Am frühen Morgen des 20. Juli 1974 landeten türkische Truppen auf Zypern. Ministerpräsident Ecevit gab in einer Rundfunkansprache „den Beginn der Intervention bekannt und drückte die Hoffnung aus, daß die türkischen Streitkräfte nicht beschossen würden und kein blutiger Kampf stattfände. Die Türkei wolle in Zypern nicht den Krieg, sondern Frieden sowohl für Türken wie für Griechen. Die Intervention sei nach Ausschöpfung aller diplomatischen Mittel notwendig geworden." Vgl. den Drahtbericht Nr. 637 des Gesandten Peckert, Ankara; Referat 203, Bd. 101457.

[3] Für den Drahtbericht des Botschaftsrats I. Klasse Graf zu Rantzau, Brüssel (NATO), vgl. VS-Bd. 9943 (203); B 150, Aktenkopien 1974. Für einen Auszug vgl. Anm. 8.

[4] Donald Arthur Logan.

[5] Turgut Menemencioglu.

[6] Nikolaos Broumas.

— Einwirken auf die griechische Regierung zur Vermeidung weiterer Eskalation und militärischer Intervention; Sampson müsse ausgeschaltet werden und sein Regime von der Szene verschwinden.

2) Der amerikanische Botschafter[7] übermittelte einen Appell seiner Regierung an die Bündnispartner, auf höchster Ebene in Athen und Ankara zu demarchieren (vgl. hierzu Bezugs-Drahtbericht[8]). Er erklärte ferner, daß Unterstaatssekretär Sisco Weisung erhalten habe, im Krisengebiet zu bleiben.

3) Generalsekretär Luns und andere Sprecher hoben die außerordentlich ernste Situation hervor, die durch die Entwicklung der Lage in Zypern für das Bündnis entstanden sei. Der Doyen[9] erklärte, man stehe vor der schwersten Krise des Bündnisses seit seinem Bestehen. Da das Auseinanderfallen des Bündnisses drohe, müsse von allen Bündnispartnern alles nur mögliche getan werden, um einen bewaffneten Konflikt zwischen zwei Bündnispartnern zu vermeiden.

4) Der Generalsekretär gab bekannt, daß er unverzüglich Botschaften an die Regierungen in Athen und Ankara im Sinne der britischen Initiative senden werde.

5) Zu Beginn der Sitzung hatte der Vorsitzende des Militärausschusses[10] darauf hingewiesen, daß eine militärische Lagebewertung sehr schwierig sei, da zwei Bündnispartner miteinander im Konflikt stünden. Trotzdem werde in SHAPE zur Zeit eine Lagebeurteilung erstellt.

II. Im einzelnen ist aus der Sitzung noch folgendes festzuhalten:

1) In einer sehr heftigen Stellungnahme beschuldigte der griechische Botschafter[11] die Türkei einer kriminellen Intervention in Zypern. Die Türkei wolle sich auf der Insel festsetzen; alles andere sei nur ein Vorwand. Die Türkei sei in ihrer aggressiven Politik durch die Haltung einiger Bündnispartner in der jüngsten Krise gestärkt worden. Die Verantwortung für die jetzige militärische Intervention der Türkei müsse deshalb von anderen mitgetragen werden. Er appellierte zum Schluß an alle Bündnispartner, zum Abbruch des türkischen Angriffs beizutragen und den Versuch zu machen, die Allianz zu retten.

Der türkische Geschäftsträger wies die griechischen Beschuldigungen zurück. Das griechische Kontingent auf Zypern sei erst angegriffen worden, nachdem es türkische Flugzeuge mit Luftabwehrbatterien angegriffen habe. Außerdem bringe die türkische Flotte der hungernden türkischen Bevölkerung Lebensmit-

---

[7] Donald Rumsfeld.
[8] Botschaftsrat I. Klasse Graf zu Rantzau, Brüssel (NATO), übermittelte am 20. Juli 1974 einen ersten Bericht von der Sondersitzung des Ständigen NATO-Rats. Der amerikanische NATO-Botschafter Rumsfeld habe mitgeteilt, daß Präsident Nixon an die griechische und türkische Regierung appelliert habe, „im Interesse der Aufrechterhaltung des Bündnisses jede weitere Eskalation der Lage in Zypern zu vermeiden". Rumsfeld habe ausgeführt: „I have been instructed to seek the strongest possible support from other allies for our efforts including the conveyance of messages from highest levels to the Greek and Turkish governments on the following points: asking for restraint in the interest of preserving the integrity of the alliance; encouraging the avoidance of escalating military steps; pressing for return to diplomatic efforts to resolve the issues." Vgl. den Drahtbericht Nr. 1050; VS-Bd. 9943 (203); B 150, Aktenkopien 1974.
[9] André de Staercke.
[10] Peter Hill-Norton.
[11] Angelos Chorafas.

tel. Das türkische Ziel sei die Rückkehr zu verfassungsmäßigen Verhältnissen und der Schutz der türkischen Bevölkerung.

2) Der belgische Botschafter[12] sagte die Unterstützung seiner Regierung für die britische Initiative zu. Seine Regierung werde sicherlich auch den amerikanischen Appell positiv beantworten. Der Friede in Zypern müsse so schnell wie möglich wieder hergestellt werden.

Der französische Botschafter[13] schloß sich den Ausführungen des Doyens über die Gefahr dieses Konfliktes für das Bündnis an. Er unterstrich die Gefahr, daß der Konflikt „fremde Streitkräfte" anziehen könne. Die Aufgabe des NATO-Rates sehe er darin, den Brandherd einzukreisen und den Konflikt so schnell wie möglich zu beseitigen. Er habe keinen Zweifel, daß seine Regierung die britische Initiative unterstützen werde.

3) Nach einer halbstündigen Unterbrechung der Ratssitzung, die zu Gelegenheit der Kontaktaufnahme mit den Hauptstädten erfolgte, erklärten der italienische, der belgische, der niederländische, der luxemburgische, der norwegische, der portugiesische, der französische und der deutsche Vertreter, daß ihre Regierungen die Initiativen Großbritanniens und der Vereinigten Staaten nachdrücklich unterstützten und entsprechend auf die Regierungen in Athen und Ankara einwirken würden.[14]

[gez.] Rantzau

VS-Bd. 9943 (203)

---

[12] André de Staercke.
[13] François de Tricornot de Rose.
[14] Am 20. Juli 1974 richtete Bundeskanzler Schmidt wortgleiche Schreiben an Ministerpräsident Androutsopoulos und Ministerpräsident Ecevit, in denen er seine Sorge über die Lage in Zypern äußerte und ausführte: „Ein militärischer Konflikt zwischen den beiden Bundesgenossen an der Südostflanke der NATO muß auf jeden Fall vermieden werden. Ein solcher Konflikt würde schwerste Gefahren für den Frieden und das gesamte Bündnis mit sich bringen. Die Bundesregierung ersucht deshalb die griechische/türkische Regierung mit großem Ernst, auf jede weitere Eskalierung militärischer Maßnahmen zu verzichten und bereits eingeleitete militärische Aktionen einzustellen. Im Interesse des Friedens und des gemeinsamen Bündnisses hält die Bundesregierung die Rückkehr zur Lösung des Konflikts auf dem Verhandlungswege für geboten. Die Bundesregierung ist der Ansicht, daß die Unabhängigkeit und territoriale Integrität Zyperns für die Stabilität der östlichen Mittelmeerregion ebenso wie für das friedliche Zusammenleben der beiden Bevölkerungsgruppen auf Zypern unter Wiederherstellung der verfassungsmäßigen Ordnung unerläßlich sind." Vgl. den Drahterlaß Nr. 2926 des Staatssekretärs Gehlhoff an die Botschaften in Ankara und Athen; Referat 203, Bd. 101457.

218

Runderlaß des Ministerialdirigenten Simon

203-320.10 ZYP-1379/74 geheim Aufgabe: 20. Juli 1974, 16.30 Uhr[1]
Fernschreiben Nr. 2928 Plurex
Citissime

Nur für Botschafter

Betr.: Gespräch Außenminister Sauvagnargues, Außenminister Genscher/Außenminister Kissinger

Die Minister Sauvagnargues und Genscher hielten es bei ihrem Zusammentreffen in Paris[2] für angebracht, Außenminister Kissinger unmittelbar telefonisch über die vorgesehene Neuner-Demarche in Athen und Ankara[3] zu unterrichten. In Anwesenheit des Bundesministers verlas Sauvagnargues Kissinger den Text der Neuner-Demarche[4]. Kissinger erklärte sich mit der allgemeinen Linie dieser Demarche voll einverstanden. Er meinte, man müsse hinsichtlich der Wiederherstellung verfassungsmäßiger Verhältnisse eine andere Lösung als Makarios anstreben, da die griechische Regierung die schlichte Wiederherstellung des Status quo ante nicht akzeptieren könne. Er unterstütze lebhaft den Gedanken, Herrn Klerides zum Staatspräsidenten zu machen. Was die unmittelbare Gefahr einer griechischen Intervention angehe, so habe die amerikanische Regierung mit der Einstellung der Militärhilfe gedroht, falls die griechische Regierung das Minister Sisco übermittelte Ultimatum aufrecht erhalte. Die griechische Regierung habe daraufhin gestern nacht Ultimatum zurückgezogen.[5]

---

[1] Der Runderlaß wurde von Ministerialdirektor van Well konzipiert.
[2] Zum Gespräch des Bundesministers Genscher mit dem französischen Außenminister Sauvagnuargues am 20. Juli 1974 in Paris vgl. auch Dok. 219 und Dok. 220.
[3] Zum Zypern-Konflikt vgl. Dok. 217, besonders Anm. 2.
[4] Bei einem Treffen der Botschafter der EG-Mitgliedstaaten im Rahmen der EPZ am 20. Juli 1974 in Paris wurde von französischer Seite folgende Demarche der EG-Mitgliedstaaten in Ankara und Athen vorgeschlagen: „1) Les neuf gouvernements appuient l'initiative anglaise tendant à réunir à Londres les puissances garantes en vue des consultations urgentes qu'imposent les événements à Chypre. Ils font appel aux gouvernements grec et turc pour qu'ils acceptent cette invitation. 2) Les neuf gouvernements insistent pour les gouvernements intéressés prennent toutes mésures en leur pouvoir pour éviter une aggravation de la situation. Ils demandent à la Turquie d'arrêter les operations militaires et de cesser le feu. Ils demandent à la Grèce de ne pas intervenir militairement. 3) Les neuf gouvernements prononcent pour le retour à l'ordre constitutionnel à Chypre et demandent aux gouvernements grec et turc, chacun en ce qui le concerne, de prendre également position dans ce sens. Les neuf gouvernements ne peuvent considérer comme conforme à l'ordre constitutionnel le maintien à Chypre du présent régime de fait." Vgl. den Drahtbericht Nr. 2347 des Botschafters Freiherr von Braun, Paris, vom 20. Juli 1974; Referat 203; Bd. 101457.
[5] Nach dem Regierungsumsturz am 15. Juli 1974 auf Zypern versuchte der Abteilungsleiter im amerikanischen Außenministerium, Sisco, zwischen Griechenland und der Türkei zu vermitteln. Botschafter Oncken, Athen, teilte dazu am 20. Juli 1974 mit, daß Sisco am Mittag des 19. Juli 1974 mit Vertretern der griechischen Regierung und des Militärs in Athen ein Gespräch geführt habe, das sich auf „Abzug oder Auswechslung" der griechischen Offiziere auf Zypern konzentriert habe. Dabei sei das Angebot, die Offiziere abzulösen, als „erhebliches Entgegenkommen" bezeichnet worden, „das um so höher zu werten sei, als Angebot mit Zustimmung der Streitkräfte (also des Regimes) zustande gekommen sei". Oncken berichtete weiter, er habe von türkischer Seite erfahren, „daß man auf Abzug der Griechen bestehen werde". Vgl. den Drahtbericht Nr. 353; Referat 203, Bd. 101457. Am 20. Juli 1974 informierte Gesandter Peckert, Ankara, daß Sisco am Vorabend in der Türkei

Am Schluß des Gesprächs betonte Kissinger nochmals, daß seine Überlegungen übereinstimmten mit den Überlegungen der Neuner-Demarche.[6]

Simon[7]

VS-Bd. 9943 (203)

219

Aufzeichnung des Ministerialdirektors van Well

212-341.00-2067/74 VS-vertraulich   22. Juli 1974[1]

Betr.: Gespräche über KSZE in Paris beim Zusammentreffen der Minister Genscher und Sauvagnargues am 20. Juli[2]

M. Sauvagnargues fragte nach unserer Haltung zur sofortigen Einbringung der Unberührtheits-Klausel im Prinzip 10.[3] Herr Dahlhoff habe sich gegen die Einbringung ausgesprochen und auch zu erkennen gegeben, daß wir überhaupt gegen die vorgesehene Formel („Verträge, die sie betreffen") eingestellt seien.

Minister Genscher führte dieses Mißverständnis auf Tendenzen zurück, die Frage der Unberührtheit der Vier-Mächte-Rechte in concreto festzuhalten, vielleicht sogar in einem besonderen Briefwechsel. Falls dies geschehe, müßten wir dar-

---

Fortsetzung Fußnote von Seite 967
eingetroffen sei und mit Ministerpräsident Ecevit gesprochen habe: „Sisco konnte jedenfalls keine befriedigende Antwort auf die türkischen Forderungen von Athen überbringen. Er wurde von Ecevit sehr höflich empfangen. Ecevit machte jedoch klar, daß unter diesen Umständen die türkische Intervention unvermeidlich sei." Vgl. den Drahtbericht Nr. 637; Referat 203, Bd. 101457.
Gleichfalls am 20. Juli 1974 unterrichtete der Abteilungsleiter im amerikanischen Außenministerium, Hartman, Botschafter von Staden, Washington, Sisco sei „gestern nacht, nachdem er in Ankara erfahren habe, daß Türken Invasion unternehmen, nach Athen geflogen. Dort sei ihm erklärt worden, daß die griechische Regierung ‚Enosis' und Krieg erklären werde, wenn die Türken Waffenstillstand und Abzug nicht zustimmen. Die Griechen hätten hierfür verschiedene Fristen gesetzt, von denen zwei ohne Folgen verstrichen seien. [...] Sisco sei von Athen nach Ankara zurückgekehrt und habe die Türken über die griechische Mitteilung unterrichtet. Die Antwort sei gewesen, daß die türkische Regierung dann die Teilung der Insel erklären werde (double Enosis)." Vgl. den Drahtbericht Nr. 2128 von Staden; VS-Bd. 9943 (203); B 150, Aktenkopien 1974.
6 Botschafter Sonnenhol, Ankara, berichtete am 20. Juli 1974, daß der britische Botschafter Phillips der türkischen Regierung die Einladung zu den Dreier-Gesprächen nach London übermittelt habe. Phillips „habe aber nicht den Eindruck gewonnen, daß die türkische Regierung z. Z. bereit sei, diese Einladung anzunehmen, und habe seine Regierung entsprechend unterrichtet". Vgl. den Drahtbericht Nr. 642; Referat 203, Bd. 101457.
7 Paraphe.
1 Hat Ministerialdirigent Blech am 23. Juli 1974 vorgelegen, der die Weiterleitung an Referat 212 verfügte.
Hat Vortragendem Legationsrat I. Klasse Freiherr von Groll am 29. Juli und Vortragendem Legationsrat Gehl am 30. Juli 1974 vorgelegen.
2 Zum Gespräch des Bundesministers Genscher mit dem französischen Außenminister Sauvagnargues am 20. Juli 1974 in Paris vgl. auch Dok. 218 und Dok. 220.
3 Für Ziffer 10 des französischen Entwurfs einer KSZE-Prinzipienerklärung vgl. Dok. 182, Anm. 13.

auf bestehen, den Brief zur deutschen Einheit zu wiederholen. In allen Fällen, in denen bisher die Vier-Mächte-Rechte konkret angesprochen worden seien (Moskauer Vertrag, Grundvertrag und VN-Beitritt), sei gleichzeitig auch ein Brief zur deutschen Einheit geschrieben worden.[4]

Sauvagnargues erkannte die Berechtigung dieses Vorbringens an und stellte fest, daß eine solche Prozedur ungeheure Schwierigkeiten hervorrufen würde, und daß deshalb von einer konkreten Erwähnung der Vier-Mächte-Rechte in den KSZE-Dokumenten Abstand genommen werden sollte.

1) Beide Außenminister einigten sich darauf, daß

a) die französische Seite unverzüglich die Formulierung zur Unberührtheit bestehender Rechte und Verträge, so wie sie in der Bonner Vierergruppe abgesprochen worden war[5], in Genf formell einbringt. Andréani und van Well stellten klar, daß beide Seiten gegen die neue amerikanische Formulierung (reserved rights, corresponding treaties) seien.

b) Gleichzeitig soll die Kissingersche Formulierung zur friedlichen Grenzänderung beim ersten Prinzip[6] eingebracht werden – vorzugsweise von den Amerikanern selbst. Mit Andréani habe ich abgesprochen, daß die Registrierung des peaceful change am Anfang der zweiten Lesung, die mit Prinzip 1 beginnen soll, stehen muß.

c) Gleichzeitig soll in Genf nochmals bekräftigt werden, daß die westliche Seite an dem Hinweis in Punkt 11 des französischen Papiers[7] auf die Gleichwertigkeit der Prinzipien festhalten werde. (Beide Minister waren sich jedoch einig, daß der genaue Text des französischen Entwurfs kein Tabu ist, daß jedoch Änderungen dem Ziel dieser Passage entsprechen müssen, nämlich: das dritte Prinzip[8] ist kein Oberprinzip, das dritte Prinzip kann nicht der Politik entgegengehalten werden, die im Brief zur deutschen Einheit niedergelegt ist.)

---

[4] Zu den Briefen zur deutschen Einheit, die bei der Unterzeichnung des Moskauer Vertrags am 12. August 1970 und des Grundlagenvertrags am 21. Dezember 1972 übergeben wurden, sowie zur Erklärung des Bundesministers Scheel am 19. September 1973 vor der UNO-Generalversammlung vgl. Dok. 158, Anm. 6.

[5] Zu den Studien der Bonner Vierergruppe über die deutschland- und berlinpolitischen Aspekte der KSZE vgl. Dok. 171, Anm. 15.
Die Bonner Vierergruppe kam am 13. Juni 1974 zu dem Ergebnis, daß die Rechte und Verantwortlichkeiten der Vier Mächte in Bezug auf Deutschland als Ganzes und Berlin am besten geschützt werden könnten durch die Aufnahme folgender Feststellung in Ziffer 10 des Prinzipienkatalogs: Die Teilnehmerstaaten an der KSZE stellten fest, „daß die vorliegende Erklärung weder die Rechte noch die von ihnen bisher einseitig oder mehrseitig abgeschlossenen oder die betreffenden Verträge, Übereinkommen und Abmachungen berührt". Vgl. die Aufzeichnung des Ministerialdirektors van Well vom 14. Juni 1974; VS-Bd. 10114 (210); B 150, Aktenkopien 1974.

[6] Zum Vorschlag des amerikanischen Außenministers Kissinger vgl. Dok. 202.

[7] Ziffer 11 des französischen Entwurfs vom 19. Oktober 1973 einer Erklärung über die Prinzipien der Beziehungen zwischen den Teilnehmerstaaten der KSZE: „Die Teilnehmerstaaten erklären, daß die Entwicklung ihrer Beziehungen und der Fortschritt ihrer Zusammenarbeit auf allen Gebieten von der strikten Einhaltung der oben aufgeführten Prinzipien abhängen. Sie erkennen an, daß diese Prinzipien gleichwertig sind und daß jedes von ihnen im Zusammenhang mit den anderen ausgelegt werden muß." Vgl. EUROPA-ARCHIV 1974, D 3.

[8] Ziffer 3 des französischen Entwurfs vom 19. Oktober 1973 einer Erklärung über die Prinzipien der Beziehungen zwischen den Teilnehmerstaaten der KSZE: „Die Teilnehmerstaaten halten ihre Grenzen, wie sie an diesem Tage bestehen, wie immer nach ihrer Auffassung deren rechtlicher Status sein mag, für unverletzlich. Die Teilnehmerstaaten sind der Auffassung, daß ihre Grenzen nur im Einklang mit dem Völkerrecht, durch friedliche Mittel und mittels Übereinkunft, in Achtung des Selbstbestimmungsrechts der Völker geändert werden können." Vgl. EUROPA-ARCHIV 1974, D 2.

2) Die Minister beauftragten die Herren Arnaud, Andréani und van Well, sich über eine gemeinsame Haltung zu dem package deal der Neutralen[9] zu verständigen. Dies geschah anschließend wie folgt:

a) Wir sind mit der Einfügung des Satzes über die Respektierung des Rechts, das politische System etc. und die eigenen Gesetze und Vorschriften zu bestimmen in Prinzip 1[10] einverstanden.

b) Wir sind mit dem vorgesehenen allgemeinen Hinweis auf den Prinzipienkatalog in der Präambel von Korb III[11] einverstanden.

c) Die jüngste Formulierung für Prinzip 10 über die Einhaltung internationaler Verpflichtungen und die angemessene Berücksichtigung der Konferenzergebnisse (disposition, provisions)[12] sind grundsätzlich akzeptabel.

d) Der Prozedurvorschlag der Neutralen ist annehmbar, allerdings muß sichergestellt sein, daß das Prinzip 10 in seiner Gesamtheit, d. h. mit der Einfügung über die Unberührtheit bestehender Rechte und Verträge, registriert wird. Dies wiederum setzt die Durchführung der sonstigen in Ziffer 1 aufgeführten Abreden voraus.

3) Ich habe am Abend des 20. Juli die Herren Staatssekretär Gehlhoff, Blech und von Groll über das Vorstehende unterrichtet. Staatssekretär Gehlhoff war

---

[9] Am 11. Juli 1974 legten die blockfreien Teilnehmerstaaten der KSZE, Finnland, Jugoslawien, Liechtenstein, Malta, Österreich, Schweden, die Schweiz und Zypern, den Entwurf eines „package deal" vor, der geänderte Formulierungen in Ziffer 1 und 10 des Prinzipienkatalogs sowie einen Vorschlag für eine Präambel zu Korb III beinhaltete. Der Entwurf wurde am Folgetag von Ministerialdirigent Brunner, z. Z. Genf, an das Auswärtige Amt übermittelt. Dazu führte Brunner aus: „Heutige Sitzung der Delegationsleiter der Neun erörterte den von acht Neutralen gestern eingebrachten neuen Entwurf eines ‚package deal' (vgl. Anlage). Es bestand Einverständnis, daß der Entwurf – von Einzelheiten abgesehen – akzeptabel sei und daß der Westen sich den Bemühungen der Neutralen gegenüber aufgeschlossen zeigen sollte. Der ‚package deal' könnte dann noch vor der Sommerpause verabschiedet werden." Vgl. den Drahtbericht Nr. 1050; Referat 212, Bd. 100008.

[10] Der von den blockfreien Teilnehmerstaaten der KSZE im Rahmen des „package deal" zur Einfügung in Ziffer 1 des Prinzipienkatalogs vorgesehene Passus lautete: „The participating states respect each other's rights to choose its political, economic and cultural systems as well as its right to determine its own laws and regulations." Vgl. den Drahtbericht Nr. 1050 des Ministerialdirigenten Brunner, z. Z. Genf, vom 12. Juli 1974; Referat 212, Bd. 100008.

[11] Die von den blockfreien Teilnehmerstaaten der KSZE im Rahmen des „package deal" vorgeschlagene Präambel für Korb III lautete: „The participating states, desirous to contribute to the strengthening of peace and understanding among peoples and to the spiritual enrichment of the human personality without distinction as to race, sex, language or religion, conscious that increased cultural and educational exchanges, broader dissemination of information, contacts between people, and the solution of humanitarian problems will contribute to the attainment of these aims, determined therefore to co-operate among themselves, irrespective of their political, economic and social systems, in order to create better conditions in the above fields, to develop and strengthen existing forms of co-operation and to work out new ways and means appropriate to these aims, convinced that this co-operation should take place in full respect for the principles guiding relations among participating states as set forth in the relevant document". Vgl. den Drahtbericht Nr. 1050 des Ministerialdirigenten Brunner, z. Z. Genf, vom 12. Juli 1974; Referat 212, Bd. 100008.

[12] Am 19. Juli 1974 teilte Ministerialdirigent Brunner, z. Z. Genf, mit, daß die blockfreien Teilnehmerstaaten der KSZE, die die Autoren des ‚package deal' seien, „übereingekommen seien, den übrigen Konferenzteilnehmern folgende Formulierung zur Aufnahme in das 10. Prinzip (Einhaltung völkerrechtlicher Pflichten) vorzuschlagen: (Nach einem vorangehenden oder vorangehenden Sätzen:) ‚In exercising their laws and regulations the participating states will conform with their legal obligations under international law; they will pay due regard to and implement the provisions of the conference for the security and co-operation in Europe." Vgl. den Drahtbericht Nr. 1095; Referat 212, Bd. 111532.

einverstanden. Die Herren Blech und von Groll wollten das Notwendige veranlassen.[13]

4) Herrn Dg 21[14] mit der Bitte, sich mit Abteilung 5 abzustimmen.[15]

van Well

VS-Bd. 10125 (212)

220

Aufzeichnung der Vortragenden Legationsrätin Steffler

202-321.90/2 VS-NfD   22. Juli 1974[1]

Betr.: Deutsch-französische Außenministerkonsultationen in Paris am 20. Juli 1974[2];
hier: Vorbereitung des EG-Rats in Brüssel am 22. Juli 1974

Ergänzend zum Ortex vom 22. Juli über die bilateralen Außenministerkonsultationen[3] ist zu der unter den Ministern erörterten Thematik „Vorbereitung des EG-Rats" folgendes festzuhalten:

a) Finanzhilfe für die AKP-Länder

Wie erwartet, hat sich bei den Gesprächen der Minister Fourcade und Apel ein Mißverständnis zur von deutscher Seite ins Auge gefaßten Höchstgrenze des Hilfsfonds[4] ergeben. AM Sauvagnargues machte deutlich, daß er von diesem

---

[13] Gesandter Freiherr von Groll, z.Z. Genf, berichtete am 23. Juli 1974, in einer Besprechung des von den blockfreien Teilnehmerstaaten der KSZE am 11. Juli 1974 vorgelegten Entwurfs im Koordinationsausschuß hätten sich die Staaten des Warschauer Pakts bereit erklärt, „dem ‚package deal' trotz erheblicher Bedenken zuzustimmen, sofern ‚kein Wort und kein Komma' geändert werde. Auch der Westen nahm den Paketvorschlag günstig auf." Vgl. den Drahtbericht Nr. 1112; Referat 212, Bd. 100008.
[14] Klaus Blech.
[15] Für eine Stellungnahme der Rechtsabteilung vgl. die Aufzeichnung des Vortragenden Legationsrats I. Klasse Fleischhauer vom 23. Juli 1974; VS-Bd. 10130 (212); B 150, Aktenkopien 1974.
[1] Hat Ministerialdirektor van Well vorgelegen.
Hat Ministerialdirigent Simon am 23. Juli 1974 vorgelegen.
[2] Zum Gespräch des Bundesministers Genscher mit dem französischen Außenminister Sauvagnargues am 20. Juli 1974 in Paris vgl. auch Dok. 218 und Dok. 219.
[3] Vortragender Legationsrat I. Klasse Dohms resümierte die deutsch-französischen Konsultationsbesprechungen auf Ebene der Außenminister am 20. Juli 1974 in Paris zum Zypern-Konflikt, zum Besuch des französischen Außenministers Sauvagnuargues in der UdSSR und seinen dort geführten Gesprächen zur Deutschland-Frage, zu den KSZE-Verhandlungen und zur Errichtung des Umweltbundesamts in Berlin (West), weiterhin zur EG-Ministerratstagung am 22./23. Juli 1974 in Brüssel, zur Reise des Bundesministers Genscher am 26. Juli 1974 in die USA sowie zum Besuch des Premierministers Wilson und des britischen Außenministers Callaghan am 19. Juli 1974 in Paris. Vgl. dazu den Runderlaß Nr. 80; Referat 240, Bd. 102873.
[4] Zur Neuordnung des Europäischen Entwicklungsfonds vgl. Dok. 205, Anm. 8.

Gesprächsergebnis entmutigt sei, und bat BM, sich in dem Größenrahmen zu halten, den man bei der letzten Begegnung in Bonn[5] vereinbart hätte.

BM erinnerte daran, daß er bei diesem Gespräch zum Ausdruck gebracht habe, wir könnten nur dann die Höchstgrenze von 3,2 Mrd. RE ins Auge fassen, wenn gleichzeitig eine gleichmäßige Belastung nach politischem Schlüssel der drei Großen von je 24% erfolge. Er habe in Bonn also eine konditionierte Zustimmung erteilt und gehe davon aus, daß dies auch das Verständnis von AM Sauvagnargues gewesen sei.

Französischer AM bestätigte, daß ihm dies vernünftig erscheine und daß er begrüße, daß die deutsche Seite bei dieser Absprache bleibe. Es gelte nun, Großbritannien dazu zu gewinnen, daß es seine 24% tatsächlich übernehme.

b) Energiepolitik

BM bemühte sich, über künftige französische Politik Aufklärung zu erhalten; er erkundigte sich besonders nach Stand der Überlegungen zur Zusammenkunft in kleinem Kreise. Er bemerkte, daß wir den Eindruck gewonnen hätten, daß Paris es vorziehen würde, vor einem Gespräch mit den USA eine gemeinsame deutsch-französische Position zu erarbeiten, daß es nach unserer Auffassung aber besser wäre, offen in das Gespräch zu dritt (bzw. mit Davignon) zu gehen.

AM Sauvagnargues bestätigte, daß französische Seite über Energiefragen nachgedacht, aber noch keine definitive Haltung gefunden habe. Für Paris sei es noch nicht leicht, in ein direktes Gespräch mit den USA zu treten. Man könne nichts tun, was die Arbeiten des (französischen) Energiegremiums beeinträchtigt; einige Ministerien wünschten deshalb eine abwartende Haltung der französischen Regierung. Er selbst beharre auf der mit BM abgesprochenen Position; die Probleme könnten nur in erweitertem Rahmen besprochen werden. Während des EG-Rats würde man Gelegenheit haben, sich über die Absichtserklärung der Kommission[6] zu unterhalten. Bisher wären die Modalitäten einer „démarrage de fait" noch nicht festgelegt; dies sei jedoch von großer Wichtigkeit, denn es gelte, den integrierten Plan zu erhalten.

Seiner Ansicht nach sollte sich die Frage eines Gesprächs mit den USA erst nach einem ersten Konsens der Europäer untereinander stellen. Er sehe zwei Prioritäten:

a) die Notwendigkeit, gemeinsam mit den USA zu handeln (d.h., das integrierte Notstandsprogramm[7] zu akzeptieren, wobei sich Frankreich allerdings, wie wahrscheinlich auch uns, gewisse technische Probleme stellten);

b) eine europäische Energiepolitik nicht zu ver- bzw. behindern.

---

[5] Zu den deutsch-französischen Konsultationsbesprechungen am 8./9. Juli 1974 vgl. Dok. 205 und Dok. 206.

[6] Am 5. Juni 1974 legte die EG-Kommission dem EG-Ministerrat die Aufzeichnungen „Auf dem Wege zu einer neuen energiepolitischen Strategie für die Gemeinschaft" und „Energie für Europa: Forschung und Entwicklung" vor. Für den Wortlaut vgl. BULLETIN DER EG, Beilage 4 und 5/1974.

[7] Zum amerikanischen Vorschlag vom 12. Juni 1974 für ein „integriertes Notstandsprogramm" zur Sicherstellung der Energieversorgung vgl. Dok. 194, Anm. 8.

BM stimmte zu und erläuterte, daß wir nicht beabsichtigten, die europäische Energiepolitik in den Eisschrank zu legen. Er halte Strategiepapier der Kommission für gute Basis einer Gemeinschaftspolitik. Mit dem Dreier- oder Vierergespräch wollten wir nicht eine europäische Energiepolitik aufhalten; ganz im Gegenteil. Er erinnerte an sehr informellen Charakter der beabsichtigten Gespräche in kleinstem Rahmen, dessen Teilnehmer von deutscher Seite wahrscheinlich vom Bundeswirtschaftsministerium kommen werden. Französischer AM sah sich nicht in der Lage, Auskunft darüber zu geben, wann dieses Gespräch stattfinden könnte, verwies aber auf aufgeschlossene französische Haltung, besonders die des Staatspräsidenten[8]. Das Ergebnis von Brüssel[9] bleibe abzuwarten.

Steffler

Referat 202, Bd. 111206

---

[8] Valérie Giscard d'Estaing.

[9] Botschafter Lebsanft, Brüssel (EG), berichtete über die EG-Ministerratstagung am 22./23. Juli 1974: „Rat konnte sich weder auf Entschließung über neue energiepolitische Strategie für die Gemeinschaft noch über Verfahren einigen, um Teilnahme Frankreichs und der Gemeinschaft an Arbeiten für integriertes Notstandsprogramm (Follow-up Washingtoner Energiekonferenz) zu ermöglichen. Britische Delegation (Handelsminister Shore) sah sich überraschend außerstande, dem im Energieausschuß und der von den Ständigen Vertretern ausgearbeiteten Entschließungsentwurf zu energiepolitischer Strategie für die Gemeinschaft zuzustimmen. [...] Alle anderen Delegationen (deutsche Sprecher: StS Rohwedder, StS Wischnewski) und die Kommission drückten sehr deutlich ihre tiefe Enttäuschung über britische Haltung aus. Vizepräsident Simonet wertete Nichteinigung des Rates in einer dramatisierenden Schlußerklärung als Weigerung, jetzt und wahrscheinlich auf lange Zeit überhaupt gemeinschaftliche Energiepolitik zu definieren mit der Folge, daß jeder Mitgliedstaat seine Energiepolitik weiterhin selbst gestalte." Hinsichtlich der Frage einer Teilnahme Frankreichs und der Europäischen Gemeinschaften an den Arbeiten für ein integriertes Notstandsprogramm sei darauf hingewiesen worden, daß die „Durchführung des integrierten Notstandsprogramms in Rahmen der OECD verlegt werden könne, sofern hierfür effizientes Verfahren gefunden werde. Dringlich gewordene Teilnahme Frankreichs und der EG an Notstandsprogramm könnte ermöglicht werden durch Beobachterstatus der Kommission in der Zwölfergruppe [und] laufende Abstimmung der Arbeiten in der Energie-Koordinierungsgruppe (ECG) mit Frankreich." Der französische Außenminister Sauvagnargues habe allerdings die französische Haltung offengelassen und lediglich die Bereitschaft, den Dialog fortzusetzen, erklärt, da die Prüfung des Entwurfs für das integrierte Notstandsprogramm durch die französische Regierung noch nicht abgeschlossen sei. Er habe auf die „Gefahr" verwiesen, daß die „Politik der Gemeinschaft unter Aufsicht von außen (‚tutelle') gerate und damit eine echte gemeinschaftliche Energiepolitik unmöglich werde. Hieran würde dann auch ein OECD-Etikett nichts ändern. Es gehe um die Ernsthaftigkeit und Glaubwürdigkeit der EG-Arbeiten an einer gemeinschaftlichen Energiepolitik. In diesem Zusammenhang käme der Ratsentschließung zur energiepolitischen Strategie für die Gemeinschaft wesentliche Bedeutung als Ausdruck dieses politischen Willens zu." Vgl. den Drahtbericht Nr. 2743 vom 23. Juli 1974; Referat 412, Bd. 105694.

221

Botschafter Sahm, Moskau, an das Auswärtige Amt

114-13090/74 VS-vertraulich Aufgabe: 23. Juli 1974, 18.35 Uhr[1]
Fernschreiben Nr. 2581 Ankunft: 23. Juli 1974, 19.13 Uhr
Citissime

Betr.: Gespräch mit Gromyko am 23.7.1974

Bezug: DB Nr. 2580 vom 23.7.1974

Zur Unterrichtung

Verlauf des Gesprächs:

1) Gromyko dankte freundlich für Grüße Bundesminister und bestätigte den Termin für seinen Besuch in Bonn am 15.9. mit Weiterreise am 16.9.1974.[2] Meinen Ausführungen, daß ich weder Absicht noch Auftrag hätte, die Punkte aus dem Gespräch Bundesminister–Falin[3] weiterzubesprechen, stimmt er zu.

2) Zypern

Nach einem kurzen Hinweis auf die Probleme, die sich vor allem in den VN zwischen Industrienationen und Entwicklungsländern herausbildeten, kam ich zunächst auf Zypern zu sprechen, wobei ich unserer Befriedigung über die Sicherheitsratsresolution 353[4] Ausdruck gab. Auch die Politik der neun Staaten der Europäischen Gemeinschaft sei auf eine solche Entscheidung gerichtet gewesen.

Auf Frage nach sowjetischer Meinung über jetzige Lage und zukünftige Entwicklung antwortete Gromyko zunächst mit Verweis auf Breschnews Rede in

---

[1] Hat Ministerialdirigent Simon am 26. Juli 1974 vorgelegen.

[2] Zum Besuch des sowjetischen Außenministers Gromyko in der Bundesrepublik vgl. Dok. 263–267, Dok. 269 und Dok. 270.

[3] Für das Gespräch vom 12. Juli 1974 vgl. Dok. 212 und Dok. 213.

[4] Am 20. Juli 1974 verabschiedete der UNO-Sicherheitsrat die Resolution Nr. 353. Darin wurde ausgeführt: „The Security Council [...] 1) calls upon all States to respect the sovereignty, independence and territorial integrity of Cyprus; 2) calls upon all parties to the present fighting as a first step to cease all firing and requests all States to exercise the utmost restraint and to refrain from any action which might further aggravate the situation; 3) demands an immediate end to foreign military intervention in the Republic of Cyprus that is in contravention of operative paragraph 1) above; 4) requests the withdrawal without delay from the Republic of Cyprus of foreign military personnel present otherwise than under the authority of international agreements including those whose withdrawal was requested by the President of the Republic of Cyprus, Archbishop Makarios, in his letter of 2 July 1974; 5) calls upon Greece, Turkey and the United Kingdom of Great Britain and Northern Ireland to enter into negotiations without delay for the restoration of peace in the area and constitutional government in Cyprus and to keep the Secretary-General informed; 6) calls upon all parties to co-operate fully with the United Nations' Peace-keeping Force in Cyprus to enable it to carry out its mandate; 7) decides to keep the situation under constant review and asks the Secretary-General to report as appropriate with a view to adopting further measures in order to ensure that peaceful conditions are restored as soon as possible." Vgl. UNITED NATIONS RESOLUTIONS, Serie II, Bd. IX, S. 63. Für den deutschen Wortlaut vgl. EUROPA-ARCHIV 1974, D 444f.

Auf der Basis dieser Resolution konnte ein Waffenstillstand auf Zypern vereinbart werden, der am 22. Juli 1974 in Kraft trat.

Warschau⁵ und machte dann allgemeine Ausführungen über die Entspannungspolitik. Die Sowjetunion glaube, daß dies die dominierende Tendenz in der Welt sei, die nicht eines Tages plötzlich gekommen sei, sondern unter Schmerzen geboren und Resultat vieler Schritte der Regierungen gewesen sei. Auch die Sowjetunion mit der Bundesrepublik zusammen hätte dazu einen nicht unbedeutenden Beitrag vor allem in letzter Zeit geleistet. Darüber habe man früher Genugtuung ausgedrückt, und das tue er auch jetzt. Die Tendenz zur Entspannung sei in der Farbskala des internationalen Lebens am deutlichsten, was das sowjetische Volk mit Genugtuung feststelle. (Diese Einleitung zum Zypernthema erscheint bemerkenswert gemäßigt.)

Gleichzeitig sei dieser Prozeß aber auch schwierig, und der Frieden sei noch nicht vollständig sicher vor gefährlichen Spannungen und Verschärfungen. Dazu zähle die Lage um Zypern. Die NATO möge tausend verschiedene Erklärungen geben, die Sowjetunion könne nicht glauben, daß es unmöglich gewesen sei, die Krise zu verhindern. Diese Schlußfolgerung stütze sich auch auf Positionen und Erklärungen einiger NATO-Länder, wobei die Sowjetunion aber nicht alle NATO-Staaten gleichsetze. Die Entwicklung sei sehr bedauernswert. Die sowjetische Position sei schon dargelegt worden, dabei sei die Stellung verschiedener Staaten und der Organisatoren des Putsches (griechische Junta) bewertet worden. Jetzt müsse man sich Mühe geben, die Lage zu normalisieren. Der einzige, zuverlässige Weg dazu sei die Wiederherstellung der Lage vor dem Putsch. Dabei sei die Hauptsache die Wiederherstellung der legitimen Regierung unter Makarios. Auch die Sowjetunion sei mit der Sicherheitsratsresolution zufrieden. Wenn sie realisiert werde, werde sich die Lage normalisieren. Die Zukunft werde zeigen, wie sie realisiert werden könne, denn die Erfahrung lehre, daß sogar die Erfüllung guter Resolutionen verzögert werden könne. Man wolle glauben, daß das hier nicht geschehe. Offen gesagt, sei man der Ansicht, daß Regierungen, die nicht wollten, daß ihre Taten und Worte voneinander abwichen, eine klare Position beziehen müßten, d.h. die Putschisten und ihre Inspiratoren verurteilen und sich für Wiederherstellung der früheren Zustände aussprechen und dafür Anstrengungen unternehmen. Dazu gehöre auch die Bundesrepublik.

Auf meine Frage nach weiteren Aufgaben für die VN in dem Zypern-Konflikt meinte Gromyko, das beste wäre, wenn alle Staaten die Sicherheitsresolution ausführen würden; sonst habe die UNO praktisch keine Organe, die die Ausführung der Resolution übernehmen könnten. Auf Frage nach eventuellen neu-

---

5 In einer Rede aus Anlaß des 30. Jahrestags der Gründung der Volksrepublik Polen am 21. Juli 1974 führte der Generalsekretär des ZK der KPdSU, Breschnew, zum Zypern-Konflikt aus: „In einer Reihe von Gebieten der Welt ist es immer noch unruhig. Eine neue Bestätigung dafür liefern die Ereignisse auf Zypern, die im Resultat einer unverhüllten bewaffneten Aggression des griechischen Militärregimes entstanden sind. Die Verantwortung dafür tragen bestimmte Kreise der NATO, jene, die von der Unabhängigkeit Zyperns nicht erbaut sind. Die Sowjetunion, die sozialistischen Länder und alle friedliebenden Staaten fordern entschieden, der militärischen Einmischung von außen in die inneren Angelegenheiten Zyperns ein Ende zu setzen und den Status der Republik als unabhängigen souveränen Staat, der bis zur griechischen Aggression existierte, wiederherzustellen." Vgl. den Artikel „Unsere Freundschaft wurde im Kampf geschmiedet"; NEUES DEUTSCHLAND vom 22. Juli 1974, S. 4.

en Aufgaben der UNO-Streitkräfte auf der Insel⁶ meinte er, man habe noch keine Position zu dieser konkreten Frage. (Er ließ aber in längeren Ausführungen Zweifel daran erkennen, daß es nützliche Aufgaben für die UNO-Truppen bei der Erfüllung der Resolution gebe.)

Nur die Staaten könnten die Frage der Erfüllung der Sicherheitsratsresolution lösen. Es sei notwendig, alles griechische Personal zu entfernen, was nur Griechenland tun könne. Selbstverständlich dürften auch die türkischen Truppen nicht für ewig auf der Insel bleiben, was auch in der UNO-Resolution bestimmt sei. Die Regierung Makarios sei sofort wieder einzusetzen, damit die verfassungsmäßige Macht wieder wirksam werden könne. Bei all dem könnten die UNO-Truppen nicht viel helfen.

Die Erklärung der „Neun"⁷ habe man zur Kenntnis genommen. Sie sei nicht ganz eindeutig, sondern 50 zu 50. Alle Staaten müßten die Entschlüsse des Sicherheitsrates mit allen Mitteln, die ihnen zur Verfügung stehen, erfüllen. Er stimmte zu, daß hierbei den Sicherheitsratsmitgliedern eine besondere Bedeutung zukomme.

3) Nahost

Ich wies darauf hin, daß der nächste Schritt wohl das Zusammentreten der Genfer Konferenz⁸ sei und fragte nach sowjetischen Vorstellungen über die Lösung des Palästinenserproblems. Gromyko erwiderte, die Sowjetunion habe ihre Vorstellungen und glaube, daß die Palästinenser auf der Genfer Konferenz, die so bald als möglich zusammentreten solle, möglichst von Anfang an vertreten sein sollten. Nur die Palästinenser könnten für ihre eigenen Probleme sprechen. Nach gefühlvollen Ausführungen über die schwere Lage von Millionen von palästinensischen Vertriebenen in den arabischen Staaten, die er selbst in Syrien⁹ beobachtet hätte, äußerte er auf Frage nach der Bewertung des jordanisch-ägyptischen Abkommens¹⁰ über dieses Problem: Es handle sich nicht um

---

6 Mit Resolution Nr. 186 des UNO-Sicherheitsrats vom 4. März 1964 wurde die Entsendung einer UNO-Friedenstruppe nach Zypern (United Nations Force in Cyprus) beschlossen. Für den Wortlaut vgl. UNITED NATIONS RESOLUTIONS, Serie II, Bd. V, S. 12–14.

7 Am 22. Juli 1974 verabschiedeten die Außenminister der EG-Mitgliedstaaten im Rahmen der EPZ folgendes Kommuniqué: „Die Außenminister der neun Mitgliedstaaten der Gemeinschaft haben die gemeinsamen Schritte der letzten Tage geprüft und fordern unter Bezugnahme auf Resolution 353 des Sicherheitsrats alle an dem Konflikt beteiligten Parteien dringend auf: 1) den Waffenstillstand tatsächlich einzuhalten; 2) mit den Streitkräften der Vereinten Nationen bei der Erfüllung ihrer Aufgaben hinsichtlich der beiden Bevölkerungsgruppen Zyperns eng zusammenzuarbeiten; 3) sich einzusetzen für die Wiederherstellung der verfassungsmäßigen Ordnung in Zypern, mit der ihrer Ansicht nach das Weiterbestehen des gegenwärtigen De-facto-Regimes nicht vereinbar ist. Sie bekräftigen in dieser Hinsicht ihre Unterstützung der vom Vereinigten Königreich eingeleiteten Initiative und halten es für sehr wichtig, daß die Konsultationen, zu denen das Vereinigte Königreich nach Genf einberufen will, unverzüglich unter Beteiligung der beiden anderen Garantiemächte eröffnet werden. Die neun Minister erwarten, daß die drei Länder, die mit der Europäischen Wirtschaftsgemeinschaft assoziiert sind, den an sie gerichteten Appell beachten werden. Sie sind entschlossen, ihre diplomatische Aktion im Sinne der hiermit festgelegten Ziele fortzuführen, und haben die Präsidentschaft mit dieser Aufgabe betraut." Vgl. EUROPA-ARCHIV 1974, D 444 f.

8 Zur Friedenskonferenz für den Nahen Osten in Genf vgl. Dok. 10, Anm. 9.

9 Der sowjetische Außenminister Gromyko besuchte Syrien vom 5. bis 7. Mai 1974.

10 Zum Abschluß eines Besuchs des Königs Hussein von Jordanien vom 16. bis 18. Juli 1974 in Kairo wurde ein Kommuniqué verabschiedet, zu dem Botschafter Dassel, Amman, am 19. Juli 1974 berichtete, daß es „insbesondere bezüglich des Verhältnisses Jordanien–PLO wesentliche neue Gesichtspunkte" enthalte. Die wichtigsten Aussagen des Kommuniqués seien „die ägyptisch-jordani-

eine sehr klare Übereinkunft. Wenn sie aber so verstanden werde, daß sie die Erfüllung der Wünsche der Palästinenser fördere, sei sie ein Schritt zur Lösung des Problems. Auf den bevorstehenden Besuch von Arafat in Moskau[11] angesprochen, meinte Gromyko, dieser werde sich wahrscheinlich auch so aussprechen. Die Position der Palästinenser sei für Sowjets mehr oder weniger klar. Sie sei offiziell formuliert worden, und die Sprecherrolle Arafats sei anerkannt. Auf meinen Hinweis, daß die bisherige Position der Palästinenser nicht sehr klar sei, meinte er, daß dies zutreffend gewesen sei, weil die Meinungen der Palästinenser nicht einheitlich gewesen seien. Auf dem kürzlichen Nationalkongreß[12] seien aber ihre Hauptpositionen formuliert worden. Auf alle Fälle würden sie, wenn erst einmal in Genf, ihre Positionen auf den Tisch legen.

Die Sowjetunion werde bestrebt sein, zwei Hauptziele zu erreichen:

a) volle Befreiung der von Israel besetzten arabischen Gebiete (er gab keine Definition),

b) Lösung des Palästinenserproblems.

Das sei der Kern des Problems. Beide Probleme seien gleichwertig, keines dürfe hinter dem anderen zurückstehen.

4) NV-Vertrag[13] und Indien

Ich sprach Gromyko auf den Nukleartest Indiens[14] an und fragte, ob er eine Vergrößerung der Gefahr der weiteren Proliferation sehe, und machte Ausführungen im Sinne DE 2892 vom 19.7. zu II. Gromyko erklärte, sowjetische Position sei völlig klar. Die Staaten müßten alles tun, damit eine weitere Proliferation vermieden werde. Es gebe den Vertrag, obwohl ihm einige Regierungen nicht beigetreten seien. (In diesem Zusammenhang erkundigte er sich nach dem Stand der Ratifizierung durch die Bundesrepublik, die ich unter Hinweis auf

---

Fortsetzung Fußnote von Seite 976
sche Einigung über eine Kompetenzteilung Jordaniens mit der PLO, nach der die PLO lediglich rechtmäßige Vertretung der Palästinenser sein soll, die außerhalb des Königreichs Jordanien leben, sowie Übereinstimmung über die [...] unabhängige Teilnahme der PLO an den Arbeiten der Genfer Konferenz in der geeigneten Verhandlungsphase unter Anerkennung des Rechtes des palästinensischen Volkes auf Selbstbestimmung und Einigung über die Notwendigkeit einer fortgesetzten, regelmäßigen Abstimmung der Standpunkte zwischen Ägypten, Syrien, Jordanien und der PLO im Interesse der Erzielung gemeinsamer arabischer Positionen (Arab understanding) vor Wiederaufnahme der Friedenskonferenz in Genf." Vgl. den Drahtbericht Nr. 260; Referat 310, Bd. 104812.

11 Der Vorsitzende des Exekutivkomitees der PLO, Arafat, hielt sich vom 30. Juli bis 3. August 1974 in der UdSSR auf. Gesandter Balser, Moskau, teilte dazu am 6. August 1974 mit, die Behandlung des Besuchs in der sowjetischen Presse und die relativ hochrangigen sowjetischen Gesprächspartner legten den Schluß nahe, „daß die SU die PLO aufwerten möchte, mit der offiziellen Anerkennung aber noch zögert. Spekulationen in der arabischen Presse über ein Treffen Arafats mit Gromyko und Breschnew haben sich nicht bewahrheitet. In westlichen Botschaftskreisen herrscht der Eindruck vor, daß die Sowjetunion in wichtigen Detailfragen vor der Genfer Konferenz keine festen Positionen bezüglich des Palästinaproblems beziehen möchte, die nachher nur ihren Verhandlungsspielraum im Rahmen einer globalen Nahostregelung einengen würden. Deshalb werden wichtige Fragen wie die Art der palästinensischen Vertretung auf der Genfer Konferenz, die Zukunft der Westbank etc. entweder vage behandelt oder ganz ausgeklammert." Vgl. den Drahtbericht Nr. 2752; Referat 310, Bd. 104866.

12 Vom 1. bis 9. Juni 1974 fand in Kairo die 12. Tagung des Palästinensischen Nationalrats statt.

13 Für den Wortlaut des Nichtverbreitungsvertrags vom 1. Juli 1968 vgl. BUNDESGESETZBLATT 1974, Teil II, S. 786–793.

14 Zur Zündung eines nuklearen Sprengsatzes durch Indien am 18. Mai 1974 vgl. Dok. 228.

Problem Verifikationsabkommen[15] erläuterte.[16]) Die Sowjetunion sei für die Erfüllung des Vertrages und dafür, daß alle Staaten der Welt, nukleare und nichtnukleare, ihm beitreten. Dann wäre das Problem praktisch gelöst.

Zum Indien-Test wolle man glauben, daß es sich um eine friedliche Zielsetzung handle und keine Absicht bestehe, Nuklearwaffen zu produzieren. Zur Frage von Artikel 5 NV-Vertrag[17] erklärte er, es handle sich um ein Problem, das geregelt werden müsse. Man sei mit den USA übereingekommen, die Frage zu erörtern. Wenn meine Frage nach weiterer Proliferation einer Sorge der Bundesregierung Ausdruck gebe, so sei diese in gewissem Maße begründet. Die Gefahr sei jetzt geringer als vor dem Vertrag, aber alle Staaten müßten sich bemühen, daß er effektiv werde. Dies gelte unabhängig von Indien.

5) Da bereits eine Stunde vergangen war und Gromyko zu einer Sitzung mußte, erklärte er abschließend, daß die Sowjetunion das Positive in unseren bilateralen Beziehungen schätze und daß die Führung der Sowjetunion nach Möglichkeiten suche, nicht nur das Erreichte zu halten, sondern auch in Zukunft Lösungen anstehender Probleme zu finden. Die Bundesregierung, Bundeskanzler und Bundesminister hätten erklärt, daß sie ihre Aufgabe so verstünden. Wenn die Bundesrepublik und die Sowjetunion ihre Aufgaben gleich verstünden, bestehe die Möglichkeit einer guten weiteren Entwicklung.

Ich erklärte, daß ich aufgrund meiner kürzlichen Gespräche mit allen maßgebenden Stellen in Bonn bestätigen könne, daß diese Wert auf langfristig gute politische und wirtschaftliche Beziehungen legten, und darauf, daß auf Dauer ein Vertrauen geschaffen werde, das eine solche langfristige Entwicklung ermögliche. Der Moskauer Vertrag, das Vier-Mächte-Abkommen über Berlin und dessen Folgeverträge[18] bleiben unverändert für uns unveränderliche Grundlage

---

15 Für den Wortlaut des Übereinkommens vom 5. April 1973 zwischen Belgien, der Bundesrepublik, Dänemark, Irland, Italien, Luxemburg, den Niederlanden, EURATOM und der IAEO in Ausführung von Artikel III Absätze 1 und 4 des Vertrags vom 1. Juli 1968 über die Nichtverbreitung von Kernwaffen (Verifikationsabkommen) sowie des dazugehörigen Protokolls vgl. BUNDESGESETZBLATT 1974, Teil II, S. 795–832.

16 Zur Ratifizierung des Nichtverbreitungsvertrags vom 1. Juli 1968 durch die Bundesrepublik vgl. Dok. 143.

17 Artikel V des Nichtverbreitungsvertrags vom 1. Juli 1968: „Each Party to the Treaty undertakes to take appropriate measures to ensure that, in accordance with this Treaty, under appropriate international observation and through appropriate international procedures, potential benefits from any peaceful applications of nuclear explosions will be made available to non-nuclear weapon States Party to the Treaty on a non-discriminatory basis and that the charge to such Parties for the explosive devices used will be as low as possible and exclude any charge for research and development. Non-nuclear-weapon States Party to the Treaty shall be able to obtain such benefits, pursuant to a special international agreement or agreements, through an appropriate international body with adequate representation of non-nuclear-weapon States. Negotiations on this subject shall commence as soon as possible after the Treaty enters into force. Non-nuclear-weapon States Party to the Treaty so desiring may also obtain such benefits pursuant to bilateral agreements." Vgl. BUNDESGESETZBLATT 1974, Teil II, S. 790.

18 Zu den Zusatzvereinbarungen gehörte das Abkommen vom 17. Dezember 1971 zwischen der Regierung der Bundesrepublik und der Regierung der DDR über den Transitverkehr von zivilen Personen und Gütern zwischen der Bundesrepublik und Berlin (West). Für den Wortlaut vgl. EUROPA-ARCHIV 1972, D 68–76.
Ferner zählten dazu die Vereinbarungen vom 20. Dezember 1971 zwischen der Regierung der DDR und dem Senat von Berlin über Erleichterungen und Verbesserungen des Reise- und Besucherverkehrs bzw. über die Regelung der Frage von Enklaven durch Gebietsaustausch. Für den Wortlaut vgl. EUROPA-ARCHIV 1972, D 77–80. Vgl. ferner ZEHN JAHRE DEUTSCHLANDPOLITIK, S. 178f.
Unter die mit dem Vier-Mächte-Abkommen über Berlin vom 3. September 1971 in Kraft tretenden

für die Beziehungen zwischen unseren Ländern und die Entspannung in Europa.

Gromyko erklärte, wenn wir von diesen Positionen ausgingen, könne man gemeinsam die Sache weiterführen. Die Sowjetunion werde von diesem Standpunkt auch bei weiteren Treffen ausgehen. Er fügte hinzu, daß man mit großem Interesse den Besuch des Bundeskanzlers in der Sowjetunion erwarte[19] und hoffe, daß dieser Besuch ein wichtiger Schritt auf dem Weg der Festigung unserer Beziehungen sein werde.

6) Gromyko stimmte meiner Absicht zu, um Pressespekulationen zu verhindern, der Presse mitzuteilen, daß wir einen allgemeinen Meinungsaustausch über weltpolitische Fragen ohne besonderen Anlaß geführt hätten.[20]

7) Durch Abbruch des Gespräches wegen Verpflichtungen Gromykos kamen leider die übrigen von mir vorgesehenen Themen, insbesondere KSZE sowie Polen, Tschechoslowakei, Wirtschaftslage, nicht mehr zur Sprache.

[gez.] Sahm

VS-Bd. 9943 (203)

222

Runderlaß der Vortragenden Legationsrätin Steffler

200-350.31-1415/74 VS-vertraulich Aufgabe: 24. Juli 1974, 14.30 Uhr
Fernschreiben Nr. 2985 Plurex
Citissime

Betr.: EPZ-Ministertreffen am 22. Juli 1974 in Brüssel

1) Auf Vorschlag der Präsidentschaft trafen sich die neun Außenminister am Abend des 22. Juli am Rande der EG-Ratstagung in Brüssel[1] zu einer zweistündigen EPZ-Restraint-Sitzung, an der außer ihnen die ständigen Vertreter in Brüssel, die Politischen Direktoren und die Nahost-Experten teilnahmen.

Fortsetzung Fußnote von Seite 978
  Zusatzvereinbarungen fielen auch die Punkte 6 und 7 des Protokolls vom 30. September 1971 über Verhandlungen zwischen dem Bundesministerium für das Post- und Fernmeldewesen und dem Ministerium für Post- und Fernmeldewesen der DDR. Für den Wortlaut vgl. BULLETIN 1971, S. 1523.
[19] Bundeskanzler Schmidt und Bundesminister Genscher hielten sich vom 28. bis 31. Oktober 1974 in der UdSSR auf. Vgl. dazu Dok. 309, Dok. 311–316 und Dok. 321.
[20] In der Presse wurde dazu gemeldet: „Ulrich Sahm, Botschafter der Bundesrepublik in Moskau, ist am Dienstag zu einem einstündigen Gespräch mit dem sowjetischen Außenminister Gromyko zusammengetroffen. Nach Angaben der Botschaft gab es für die Unterredung, die in sachlicher und freimütiger Atmosphäre verlaufen sei, keinen konkreten Anlaß. Ob über das Umweltbundesamt gesprochen wurde, ist nicht bekannt." Vgl. die Rubrik „Kleine Meldungen"; FRANKFURTER ALLGEMEINE ZEITUNG vom 24. Juli 1974, S. 4.
[1] Zur EG-Ministerratstagung am 22./23. Juli 1974 in Brüssel vgl. Dok. 220, Anm. 9.

Von der Kommission waren die Herren Ortoli, Soames, Cheysson und Wellenstein vertreten. Während in der Vergangenheit auf Drängen eines Landes eine deutliche – auch örtliche – Trennung von EG- und EPZ-Begegnungen eingehalten werden mußte, konnte diese EPZ-Begegnung zum ersten Mal im EG-Gebäude in Brüssel abgehalten werden. Der britische Außenminister war wegen seiner Inanspruchnahme in der Zypernfrage nur zu dieser Sitzung angereist und flog anschließend nach London zurück.

Erörtert wurden die Themen Zypern und der euro-arabische Dialog. Der belgische Außenminister[2] beantragte am Schluß der Sitzung, daß sich das Politische Komitee unverzüglich mit den Möglichkeiten einer Unterstützung Portugals befaßt, und erhielt die Zustimmung seiner Kollegen. Ein Termin hierfür ist noch nicht bestimmt.

2) Zypern

Die Situation wurde ausführlich erörtert und die von den Politischen Direktoren ausgearbeitete Erklärung (Presse-Kommuniqué[3]) von den Ministern gebilligt (vgl. Ortex Nr. 85 vom 24. Juli[4]).

Außenminister Callaghan gab eine gründliche Situationsanalyse. Dabei würdigte er zunächst die Bemühungen der französischen Präsidentschaft[5] und die von Außenminister Sauvagnargues persönlich und stellte fest, daß die EPZ mit der Behandlung der Zypern-Krise in eindrucksvoller Weise gezeigt habe, wie nützlich dieses Instrument sein könne.

Den Krisenursprung sah er in der Unfähigkeit der Behörden von Zypern, die Abkommen von Zürich und London[6] zu verwirklichen, deren Bedingungen zu keinem Zeitpunkt erfüllt worden seien. Jüngste Versuche, Zypern enger an Griechenland zu binden, hätten zur Verschärfung der Haltung Makarios' geführt. Die griechischen Offiziere in Zypern hätten die Nationalgarde auf Enosis[7] eingeschworen und damit den Coup vorbereitet. Die Entwicklung sei durch den Brief von Makarios an den griechischen Präsidenten von Anfang Juli beschleunigt worden (vgl. Ortex Nr. 82 vom 23.7.[8]). Den neuen Machthaber Sampson charakterisierte er als „a person of no worth", den alle anständigen Leute

---

[2] Renaat van Elslande.

[3] Für das Kommuniqué vom 22. Juli 1974 vgl. Dok. 221, Anm. 7.

[4] Vortragender Legationsrat I. Klasse Dohms unterrichtete die Auslandsvertretungen über die Reaktion der EG-Mitgliedstaaten im Rahmen der EPZ auf den Zypern-Konflikt. Übermittelt wurden u. a. der Wortlaut der Demarchen bei der griechischen und türkischen Regierung vom 20. Juli und das Kommuniqué vom 22. Juli 1974. Vgl. dazu Referat 240, Bd. 102873.

[5] Frankreich übernahm am 1. Juli 1974 die EG-Ratspräsidentschaft.

[6] Auf den Konferenzen von Zürich (5. bis 11. Februar 1959) und London (17. bis 19. Februar 1959) wurde eine Einigung über den künftigen Status von Zypern erzielt. Der dabei ausgearbeitete Garantievertrag über die Unabhängigkeit Zyperns und der Bündnisvertrag zwischen Zypern, Griechenland und der Türkei wurden am 16. August 1960 unterzeichnet. Für den Wortlaut vgl. UNTS, Bd. 382, S. 3–7 bzw. UNTS, Bd. 397, S. 287–295.

[7] Griechisch: Vereinigung. Der Begriff „Enosis" ging in seiner politischen Bedeutung auf die im 19. Jahrhundert aus dem Widerstand gegen die osmanische Herrschaft entstandene Enosis-Bewegung der griechischen Bevölkerungsmehrheit auf Zypern zurück, die für eine staatliche Vereinigung mit Griechenland eintrat.

[8] Vortragender Legationsrat I. Klasse Dohms übermittelte den Auslandsvertretungen eine Aufzeichnung zum Stand des Zypern-Konflikts. Darin wurde vermerkt, daß Präsident Makarios Anfang Juli 1974 ein Schreiben an Präsident Ghizikis gerichtet habe mit der „Forderung nach Abzug griechischer Offiziere der Nationalgarde und Verurteilung von Regimen". Vgl. Referat 240, Bd. 102873.

ablehnen. Er habe keine verfassungsgemäßen Funktionen, da die Verfassung bestimmt, daß bei Abwesenheit des Präsidenten der Präsident des Parlaments, also Klerides, die Funktion des Staatsoberhaupts wahrnimmt.[9]

Die türkische Haltung erstrebe die Rückkehr zu den Verträgen. Ihr Interventionsziel[10] sei gewesen, Verbindung zur türkischen Bevölkerungsgruppe herzustellen und einen Korridor zur Küste zu schaffen, um damit das zwischen den Volksgruppen gestörte Gleichgewicht wiederherzustellen. Die Türkei habe Großbritannien allerdings irregeführt, da ihre Regierung auf britische Anfrage noch am Abend des 19. Juli erklärt habe, es seien keine Invasionsbefehle erteilt worden.

Der britische Außenminister erläuterte eingehend die Bemühungen seiner Regierung und die Entwicklung zum Waffenstillstand, der zu diesem Zeitpunkt nicht eingehalten wurde. Großbritannien habe Einheiten der auf Zypern stationierten britischen Truppen dem VN-Kommando unterstellt. Callaghan bat seine acht Kollegen um Unterstützung der britischen Bemühungen zur Lösung der Krise.[11] Das Pressekommuniqué der Neun enthält einen entsprechenden Absatz.

3) Euro-arabischer Dialog

Außenminister Sauvagnargues erläuterte die Vorstellungen der Präsidentschaft zur europäischen Gesprächsführung bei dem ersten Treffen mit arabischen Vertretern am 31. Juli in Paris. Die arabische Seite wird dabei durch den Außenminister von Kuwait[12] als derzeitigem Vorsitzenden des Rates der Arabischen Liga vertreten sowie durch den Generalsekretär der arabischen Liga[13]. Das bisher vorgesehene Procedere (Bildung einer allgemeinen Kommission, die ihrerseits Arbeitskommissionen einsetzt, etc.) soll eingehalten werden. Zur Substanz künftiger Zusammenarbeit werde es darauf ankommen, die verschiedenen Möglichkeiten aus der europäischen Sicht aufzuzeigen, andererseits aber auch die arabische Seite zu veranlassen, ihre eigenen Vorstellungen zu entwickeln.[14]

---

9 In Abschnitt III Artikel 36 der zyprischen Verfassung vom 16. August 1960 wurde festgelegt: „In the event of a temporary absence or a temporary incapacity to perform the duties of the President or of the Vice-President of the Republic, the President or the Vice-President of the House of Representatives and, in case of his absence or pending the filling of a vacancy in any such office, the Representative acting for him under Article 72 shall act for the President or the Vice-President of the Republic respectively during such temporary absence or temporary incapacity." Vgl. CONSTITUTIONS OF NATIONS, Bd. III, S. 152.
Am 23. Juli 1974 trat der am 15. Juli 1974 zum Präsidenten von Zypern proklamierte Nikos Sampson von seinem Amt zurück. Als sein Nachfolger wurde der Präsident der zypriotischen Abgeordnetenkammer, Klerides, vereidigt.

10 Zur Landung von türkischen Truppen auf Zypern am 20. Juli 1974 vgl. Dok. 217, Anm. 2.

11 Auf britische Initiative verhandelten Griechenland, Großbritannien und die Türkei vom 25. bis 30. Juli 1974 in Genf über eine Lösung des Zypern-Konflikts. Vgl. dazu Dok. 233, Anm. 1.

12 Scheich Sabah Al-Ahmad Al-Jabir.

13 Mahmoud Riad.

14 Auf einer Sitzung der Nahost-Experten im Rahmen der EPZ am 2. August 1974 in Paris informierte der französische Außenminister Sauvagnargues über den Verlauf des Gesprächs zwischen der EG-Ratspräsidentschaft und Vertretern der Arabischen Liga am 31. Juli/1. August 1974 in Paris. Es hätten zwei Gespräche stattgefunden: „eines auf Ministerebene am 31. Juli und ein weiteres auf Beamtenebene am 1. August. Die Atmosphäre war freundlich und konstruktiv. Beide Seiten begrüßten, daß der europäisch-arabische Dialog nunmehr in seine konkrete Phase eintrete. [...] Die arabische Seite stimmte den europäischen Vorschlägen hinsichtlich des weiteren Procedere grundsätzlich zu, d. h. als nächstem Schritt der Bildung einer Allgemeinen Kommission, die ihrerseits die

Der britische und der niederländische[15] Außenminister empfahlen, die politische Dimension des Dialogs von europäischer Seite nicht anzusprechen. Präsidentschaft sagte zu, diesem Aspekt Rechnung tragen zu wollen.

Steffler[16]

VS-Bd. 9844 (200)

223

Runderlaß des Ministerialdirigenten Blech

212-341.31-2112/74III VS-vertraulich Aufgabe: 25. Juli 1974, 22.10 Uhr[1]
Fernschreiben Nr. 3031 Plurex
Citissime nachts

Betr.: Prinzip 10[2];
hier: Erklärung über Unberührtheit bestehender Rechte, Verträge usw.
Bezug: Drahterlaß Nr. 3001 vom 24.7.1974[3]

1) Die Briten haben heute in Genf, wie in der Vierergruppe angekündigt, Modifikationen der zwischen uns und den Dreien seit längerem abgestimmten For-

---

Fortsetzung Fußnote von Seite 981
Prioritäten und Substanzen der Kooperation festlegt und hierfür jeweils Arbeitsgruppen einsetzen soll. Als Termin für das erstmalige Zusammentreffen der Kommission wurde die zweite Novemberhälfte ins Auge gefaßt, als Ort des Zusammentreffens Paris. [...] Etwa am 20. November soll in Kairo ein erneutes Treffen stattfinden, auf dem eventuell im Zusammenhang mit dem ersten Zusammentreten der Allgemeinen Kommission sich ergebende Fragen erörtert werden sollen." Vgl. die Aufzeichnung des Vortragenden Legationsrats I. Klasse Redies vom 5. August 1974, Referat 010, Bd. 178583.
[15] Max van der Stoel.
[16] Paraphe.

[1] Hat Vortragendem Legationsrat I. Klasse Fleischhauer am 25. Juli 1974 zur Mitzeichnung vorgelegen.
Hat Staatssekretär Gehlhoff am 26. Juli 1974 vorgelegen.
[2] Zu Entwürfen von Ziffer 10 einer KSZE-Prinzipiendeklaration vgl. Dok. 182, Anm. 13, und Dok. 219, Anm. 12.
[3] Ministerialdirigent Blech unterrichtete Ministerialdirektor van Well, z. Z. Washington, über eine Weisung an die britische KSZE-Delegation in Genf: „Danach habe das Foreign Office Zweifel an der Zweckmäßigkeit der Formulierung ‚qui les concernent' bzw. ‚which concern them' im französischen Text der Unberührtheitsaussage. Sie könnte als eine Indossierung der Breschnew-Doktrin interpretiert werden. Mit diesem einzigen Bedenken wolle die britische Seite den Gedanken, daß die Unberührtheit von Verträgen festgestellt werden solle, jedoch nicht grundsätzlich in Frage stellen. – Im Lichte ihrer Bedenken bitte die britische Seite um eine Überprüfung der Formulierung und unter diesem Gesichtspunkt auch darum, die Erörterung der bisherigen Formulierung in der Konferenz bis nach der Sommerpause zurückzustellen. Die Franzosen und wir haben erklärt, daß die bekannte Formulierung von unseren jeweiligen Außenministern gebilligt worden sei und wir daher nicht in der Lage seien, die Erörterung in der Vierergruppe hierüber wieder aufzunehmen. Die Amerikaner schweigen. Sachlich wurde daher zu dem britischen Bedenken nichts gesagt. Dies wird möglicherweise in Genf geschehen müssen, wo die Briten bisher nach unseren Informationen ihr Anliegen noch nicht eingebracht haben. Unsere Linie wird dann etwa sein: Prinzip 10 und insbesondere

mulierung der Unberührtheitsklausel (Wortlaut siehe Drahtbericht Genf Nr. 1124 vom 24.7. Ziffer I am Ende[4]) vorgeschlagen.

Die britischen Vorstellungen lauten:

1. Alternative

„(The participating states note that this declaration) cannot and will not affect the rights held by the participating states, or the *corresponding* bilateral or multilateral treaties, agreements and arrangements previously entered into by the participating states or which concern them."

2. Alternative

„(The participating states note that this declaration) cannot and will not affect the *rights and responsibilities* held by the participating states, or the bilateral or multilateral treaties, agreements and arrangements previously entered into by the participating states."

3. Alternative

„(The participating states note that this declaration) cannot and will not affect the rights held by the participating states, or the bilateral or multilateral treaties, agreements and arrangements previously entered into by the participating states."

Änderungen der bisherigen Formel unterstrichen.[5]

Bei den beiden letzten Alternativen entfällt der Halbsatz „or which concern them".

Die Engländer insistieren und sind bis jetzt nicht bereit, einer Einführung der abgestimmten Formel[6] durch die Franzosen in Zusammenhang mit dem „package deal"[7], die morgen noch vor Ende der Verhandlungen erfolgen soll, zuzustimmen. Demarche der Franzosen in London konnte sie nicht umstimmen.

2) Die Franzosen befürchten angesichts der heute im NATO-Caucus für morgen angekündigten Einbringung des abgestimmten Vorschlages betreffend die friedliche Grenzänderung[8] einerseits, angesichts der britischen Haltung ande-

---

Fortsetzung Fußnote von Seite 982

die Unberührtheitsklausel sind weder rechtlich noch politisch geeignet, der Breschnew-Doktrin entgegenzuwirken oder sie zu bestätigen. Soweit der Doktrin im Prinzipienkatalog überhaupt entgegengewirkt werden kann, geschieht dies bei den materiellen Prinzipien, insbesondere bei Prinzip 1 und Prinzip 6 (Nichteinmischung). Im Zweifelsfall hat für uns eine Berücksichtigung der deutschlandpolitischen Interessen Vorrang, die sich nicht nur unter dem Aspekt der Vier-Mächte-Rechte und -Verantwortlichkeiten darstellen." Vgl. VS-Bd. 10130 (212); B 150, Aktenkopien 1974.

[4] Ministerialdirigent Brunner, z. Z. Genf, berichtete aus einer Besprechung mit Vertretern der KSZE-Delegationen der Drei Mächte: „Der amerikanische Delegierte teilte mit, die Vier-Mächte-Klausel laute seiner Weisung gemäß wie folgt: ‚(The participating states note that this declaration) cannot and will not affect the rights held by the participating states, or the bilateral or multilateral treaties, agreements and arrangements previously entered into by the participating states or which concern them'." Vgl. VS-Bd. 10130 (212); B 150, Aktenkopien 1974.

[5] Im Abdruck kursiv wiedergegeben.

[6] Zu der in der Bonner Vierergruppe am 13. Juni 1974 vereinbarten Formulierung vgl. Dok. 219, Anm. 5.

[7] Zum Entwurf eines „package deal", der von den blockfreien Teilnehmerstaaten der KSZE am 11. Juli 1974 vorgeschlagen wurde, vgl. Dok. 219, Anm. 9–11.

[8] Ministerialdirigent Brunner, z. Z. Genf, berichtete am 26. Juli 1974, daß „die amerikanische Delegation die mit Kissinger verabredete positive Formulierung des ‚peaceful change', ‚in accordance with international law, the participating states consider that their frontiers can be changed through peaceful means and by agreement'" in der KSZE eingebracht habe. Vgl. den Drahtbericht Nr. 1140; Referat 212, Bd. 100008.

rerseits eine Auflösung des Zusammenhangs zwischen dem für sie wichtigen Prinzip 10 und der friedlichen Grenzänderung zu Lasten des ersteren. Sie zeigen Neigung, die erste britische Alternative (mit dem Zusatz „corresponding") zu akzeptieren.

3) Unsere Haltung hierzu, wie sie auch der hiesigen französischen Botschaft dargelegt wurde, ist folgende:

- Die Unberührtheitsklausel ist für die Breschnew-Doktrin[9] nicht relevant (siehe Bezugserlaß).
- Die evtl. Verwendung der Begriffe „rights and responsibilities" ohne die spezifizierende Bezugnahme auf Deutschland als Ganzes und Berlin ist für das angebliche britische Interesse eher kontraproduzent. Die andere Seite ist, wenn sie will, in der Lage, gerade solche spezifizierten Verantwortlichkeiten im Sinne des sozialistischen Internationalismus zu interpretieren und daraus Rechte zu entsprechenden Maßnahmen abzuleiten.
- Die Streichung des Satzes „or which concern them" ist für die Verträge zwischen der SU und ihren Verbündeten unerheblich, aus denen die SU Interventionsrechte ableiten mag. Diese Verträge sind zwischen den Beteiligten bilateral direkt geschlossen.
- Eine Einschränkung der Verträge, für die die Unberührtheitsklausel gelten soll, auf „corresponding treaties" läßt den Schluß e contrario zu, daß Verträge, die nicht „corresponding" sind, berührt werden können. Dies stellt den Sinn der Unberührtheitsklausel auf den Kopf. Damit wird der rechtliche Charakter der KSZE-Dokumente im Sinne einer rechtlichen Verbindlichkeit präjudiziert. Außerdem ist unerfindlich, wie der Bereich dieser „corresponding treaties" abgegrenzt und erfaßt werden soll.
- Die Verwendung des Ausdrucks „rights and responsibilities" auch ohne spezifizierenden Zusatz oder die Verwendung des Wortes „corresponding" ist geeignet zu suggerieren, daß sich diese Unberührtheitsklausel wesentlich auf Deutschland und Berlin bezieht. Dies widerspricht dem bisher unbestrittenen Prinzip, daß die KSZE keine Konferenz über Deutschland ist und daher die Unberührtheitsklausel, die selbstverständlich auch die Vier-Mächte-Rechte usw. erfassen soll, ganz allgemein zu fassen ist.
- Die bisher abgestimmte Klausel ist das Ergebnis intensiver Konsultationen auf verschiedenen Ebenen (insbesondere Ottawa).[10] Dieses Ergebnis ist aus-

---

[9] Am 3. Oktober 1968 erläuterte der sowjetische Außenminister Gromyko vor der UNO-Generalversammlung die sowjetische Auffassung von einem „sozialistischen Commonwealth": „Diese Gemeinschaft ist ein untrennbares Ganzes, das durch unzerstörbare Bande zusammengeschweißt ist, wie sie die Geschichte bisher nicht kannte. [...] Die Sowjetunion erachtet es für notwendig, auch von dieser Tribüne zu erklären, daß die sozialistischen Staaten keine Situation zulassen können und werden, in der die Lebensinteressen des Sozialismus verletzt und Übergriffe auf die Unantastbarkeit der Grenzen der sozialistischen Gemeinschaft und damit auf die Grundlagen des Weltfriedens vorgenommen werden." Vgl. EUROPA-ARCHIV 1968, D 555–557.
Am 12. November 1968 griff der Generalsekretär des ZK der KPdSU, Breschnew, diese Thesen auf dem V. Parteitag der PVAP in Warschau auf („Breschnew-Doktrin"): „Und wenn die inneren und äußeren, dem Sozialismus feindlichen Kräfte die Entwicklung irgendeines sozialistischen Landes auf die Restauration der kapitalistischen Ordnung zu lenken versuchen, wenn eine Gefahr für den Sozialismus in diesem Land, eine Gefahr für die Sicherheit der gesamten sozialistischen Staatengemeinschaft entsteht, ist das nicht nur ein Problem des Volkes des betreffenden Landes, sondern ein allgemeines Problem, um das sich alle sozialistischen Staaten kümmern müssen." Vgl. DzD V/2, S. 1478.

gewogen; wir haben mit der Akzeptierung des Satzes „or which concern them" und des Wegfalls des an sich für notwendig gehaltenen zweiten Halbsatzes bei der friedlichen Grenzänderung zu Prinzip 1 weitgehende Konzessionen im Interesse einer vernünftigen und reibungslosen Regelung gemacht.

– Die Alternative 3 wäre für uns für sich genommen akzeptabel. Sie entspricht unserer zu Beginn der Konsultationen eingenommenen Haltung (Bedenken gegen „or which concern them"). Wir betrachten uns allerdings aufgrund der bisherigen Konsultationsergebnisse an den Einschluß dieses Satzes in die Gesamtformel gebunden, so daß wir einer Streichung ohne gleichzeitiges Einverständnis aller Beteiligten jetzt nicht mehr zustimmen können.

– Es ist erstaunlich, daß neue Vorstellungen, die dieses für uns wichtige Gleichgewicht in Frage stellen, in letzter Minute insistent vorgebracht werden.

4) Auf Veranlassung von Herrn Staatssekretär Gehlhoff, der die obige Linie gebilligt hat, wurde Botschaft London heute abend telefonisch gebeten, auf angemessen hoher Ebene möglichst unverzüglich der britischen Seite diese unsere Bedenken darzulegen und sie zu bitten, ihren Widerstand gegen die abgestimmte Formel aufzugeben.[11]

5) Botschaft London wird gebeten, diesen Erlaß als Bestätigung der telefonischen Weisung zu betrachten.

Blech[12]

VS-Bd. 10130 (212)

Fortsetzung Fußnote von Seite 984

[10] Zum Gespräch des Bundesministers Genscher mit den Außenministern Callaghan (Großbritannien), Kissinger (USA) und Sauvagnargues (Frankreich) am 18. Juni 1974 in Ottawa vgl. Dok. 182.
Zur NATO-Ministerratstagung am 18./19. Juni 1974 in Ottawa vgl. Dok. 183.

[11] Am 26. Juli 1974 teilte Gesandter von Schmidt-Pauli, London, aus Gesprächen im britischen Außenministerium mit, von britischer Seite werde bestritten, daß bereits Einvernehmen über den Text einer Unberührtheitsklausel erzielt worden sei: Die „Briten [...] betrachten die bes. von den Franzosen hergestellte Verknüpfung der Wahrung der Vier-Mächte-Rechte mit dem ‚peaceful change' mit Argwohn (Verdacht einer französisch-sowjetischen Absprache?) und sehen keinen notwendigen inneren Zusammenhang". Sie hegten die Sorge, daß die vorgeschlagene Formulierung der Unberührtheitsklausel als eine Bestätigung der Breschnew-Doktrin aufgefaßt werden könnte: „6) Ihre Änderungsvorschläge verfolgen den Zweck, wenn schon eine Verabschiedung zum jetzigen Zeitpunkt nicht zu vermeiden ist, dann wenigstens eine Formulierung zu finden, die die Breschnew-Doktrin eindeutig ausschließt. Sie glauben, dies durch den Zusatz ‚corresponding' erreichen zu können. Unsere ausführlich vorgetragenen Argumente hiergegen vermögen die Rechtsberater des Foreign Office nicht zu überzeugen. 7) Briten haben allerdings Verständnis für die aus unserer Sicht geltend gemachten Bedenken gegen die Verwendung der Worte ‚corresponding' und ‚responsibilities' (Konzentration auf Vier-Mächte-Rechte und Deutschland) und sind bereit, gemeinsam nach anderen, weniger bedenklichen Formulierungen zu suchen, die aber denselben Zweck erfüllen, nämlich keinen Raum für eine Interpretation im Sinne der Breschnew-Doktrin zu lassen. Ohne Einbau derartiger ‚safeguards' sehen die Briten keine Chance, dem Text zustimmen zu können. 8) Im übrigen sehen die Briten es nicht als Katastrophe an, wenn man sich nicht auf einen Text einigte bzw. nach der Sommerpause das Einbringen einer ‚sauberen' Formulierung erschwert wäre. Es bleibe zur Rechtswahrung dann immer die Möglichkeit eines ‚disclaimers', der – ohne zusätzliches Risiko – denselben Zweck erfülle. 9) Unausgesprochen wurde klar, daß sich Briten nicht an zwischen uns und den Franzosen getroffene Abmachungen gebunden fühlen. Sie verweisen darauf, daß Franzosen und USA ihrem Änderungsvorschlag 1 zuzustimmen in der Lage sind. Bedenken gegen die gegenwärtige Formel sollen inzwischen auch von Holländern und Dänen erhoben worden sein. Sie sehen daher der weiteren Behandlung gelassen entgegen und lassen sich nicht mit dem Argument des Zeitdrucks beeindrucken." Vgl. den Drahtbericht Nr. 1945; VS-Bd. 10130 (212); B 150, Aktenkopien 1974.

[12] Paraphe.

224

Botschafter Behrends, Wien (MBFR-Delegation), an das Auswärtige Amt

114-13204/74 geheim	Aufgabe: 26. Juli 1974, 10.40 Uhr
Fernschreiben Nr. 682	Ankunft: 31. Juli 1974, 13.17 Uhr
Cito	

Delegationsbericht Nr. 225/74

Zur Unterrichtung

Betr.: MBFR;
    hier: Bilanz der dritten Runde der MBFR-Verhandlungen

I. Aus Sicht der Delegation ist der Verlauf der dritten MBFR-Verhandlungsrunde wie folgt zu bewerten:

1) Die ersten beiden Runden[1] waren vorwiegend der Darstellung und Erläuterung der beiderseitigen Positionen und der ihnen zugrundeliegenden Doktrin gewidmet. In der dritten Runde (10. Mai bis 17. Juli) setzten hingegen konkrete Detailverhandlungen ein:

a) Die informellen Gespräche konzentrierten sich auf das bereits vor Ostern[2] vereinbarte Thema: „Wessen Streitkräfte sollen von Anfang an vermindert werden?"

b) Ein loses Einvernehmen, daß die weiteren Hauptfragen („Welche Streitkräfte sollen vermindert werden?", „Wie und in welchem Umfang?" und – jedenfalls nach westlicher Auffassung ein Hauptthema – „begleitende Maßnahmen") anschließend in den informellen Gesprächen behandelt werden sollen, wurde festgestellt. Diese Fragen wurden in dieser Runde im wesentlichen nur in Plenarerklärungen und Gesprächen am Rande der Konferenz behandelt.

c) Sowohl die Plenarsitzungen wie die informellen Gespräche fanden nur noch einmal wöchentlich statt. Dies ermöglichte es, die Verhandlungen sorgfältiger vorzubereiten und ohne die Hektik der früheren Runden zu führen.

Die informellen Gespräche gewannen dadurch noch an Gewicht und wurden das eigentliche Verhandlungsforum. Auf der NATO-Seite wurde die in der zweiten Runde mit einiger Mühe etablierte Praxis, daß entweder der britische Delegationsleiter[3] oder ich an jedem informellen Gespräch teilnehmen, respektiert. Die Plenarsitzungen blieben von Bedeutung, da immer häufiger zunächst auf der Emissärebene eingeführte Verhandlungselemente in Plenarerklärungen übernommen wurden.

2) Die vor der Osterpause gehegte und aufgrund von Andeutungen der östlichen Seite nicht unberechtigte Erwartung, daß sich das vereinbarte Thema,

---

[1] Die erste Runde der MBFR-Verhandlungen in Wien dauerte vom 30. Oktober bis 12. Dezember 1973, die zweite Runde vom 17. Januar bis 9. April 1974.
[2] 14./15. April 1974.
[3] Clive Martin Rose.

wessen Streitkräfte zuerst reduziert werden, relativ leicht lösen lasse, erwies sich als trügerisch. Offenbar waren auf dem Gipfeltreffen des Konsultativ-Komitees des WP in Warschau im April[4] Beschlüsse gefaßt worden, die die Ausgangsposition des WP bestätigten und den WP-Unterhändlern kaum Spielraum für Flexibilität und Initiativen ließen. Während in der zweiten Verhandlungsrunde die östliche Seite, insbesondere die sowjetischen Unterhändler, auf Fortschritte drängten und oft eine gewisse nervöse Ungeduld erkennen ließen, gaben sie sich in dieser Verhandlungsrunde gelassen und verhandelten eher defensiv. Obwohl die sowjetische Delegation einen Zusammenhang zwischen MBFR und KSZE stets bestritt, wurde es doch recht deutlich, daß die östliche Seite zunächst den Fortgang der KSZE und für sie möglicherweise günstige Entwicklungen im Westen, sei es als Folge der Regierungsumbildungen in mehreren westlichen Staaten, der Abstimmungen über den Verteidigungshaushalt im amerikanischen Senat oder der Entwicklung der amerikanisch-sowjetischen Beziehungen, abwarten wollte.

3) Die NATO-Staaten haben in dieser Verhandlungsrunde erstmals gewisse Modifizierungen ihrer Verhandlungsposition eingeführt, um das Phasenkonzept[5] glaubwürdiger und für den Osten attraktiver zu machen. Sie unterbreiteten nacheinander folgende Angebote von „commitments" für den Fall eines befriedigenden Phase-I-Abkommens:

– Nichterhöhung des Gesamtpersonals der Landstreitkräfte beider Seiten zwischen den beiden Phasen[6];
– Möglichkeit der Überprüfung des Phase-I-Abkommens über amerikanisch-sowjetische Verminderungen und seiner Beendigung[7];
– Festlegung des Zeitraumes zwischen Abschluß der ersten und Beginn der zweiten Phase[8];
– Zusage der Beteiligung aller nicht-amerikanischen westlichen Teilnehmer (außer Luxemburg) an Verminderungen der zweiten Phase.[9]

Durch die Einführung dieser neuen Elemente konnte die NATO-Seite die Verhandlungsinitiative behalten und eine Diskussion auf der Grundlage der westlichen[10] Rahmenvorschläge fördern.

---

[4] Zur Tagung des Politischen Beratenden Ausschusses des Warschauer Pakts am 17./18. April 1974 in Warschau vgl. Dok. 119, Anm. 16.

[5] Vgl. dazu die am 22. November 1973 von den an den MBFR-Verhandlungen teilnehmenden NATO-Mitgliedstaaten vorgelegten Rahmenvorschläge; Dok. 9, Anm. 2.

[6] Zum Vorschlag der an den MBFR-Verhandlungen teilnehmenden NATO-Mitgliedstaaten vom 22. Mai 1974 vgl. Dok. 170, Anm. 5.

[7] Zu einem entsprechenden Angebot der an den MBFR-Verhandlungen teilnehmenden NATO-Mitgliedstaaten vom 4. Juni 1974 vgl. Dok. 170, Anm. 11.

[8] Am 6. Juni 1974 berichtete Botschafter Behrends, Wien (MBFR-Delegation), daß im Emissärgespräch am 4. Juni 1974 von den Delegationen der an den MBFR-Verhandlungen teilnehmenden NATO-Mitgliedstaaten „die Möglichkeit einer zeitlichen Festlegung des Beginns der zweiten Verhandlungsphase" vorgeschlagen worden sei, „ohne damit ein Echo zu erzielen". Vgl. den Drahtbericht Nr. 543; VS-Bd. 9462 (221); B 150, Aktenkopien 1974.

[9] Vgl. dazu die Ausführungen des Leiters der niederländischen MBFR-Delegation, Quarles van Ufford, im Emissärgespräch am 10. Juli 1974 in Wien; Dok. 209, Anm. 8.

[10] Korrigiert aus: „wesentlichen".

4) Die östliche Seite sah sich daher genötigt, nun die Initiative zurückzugewinnen, sich zumindest den Anschein von Flexibilität zu geben und zu versuchen, die Fixierung der informellen Gespräche auf das westliche Zwei-Phasen-Konzept zu verwischen. Zu diesem Zweck führte sie im Juni eine leicht modifizierte Version ihres ursprünglichen Vorschlags einer ersten symbolischen Reduzierungsstufe ein, die sie als „first reduction step".[11] Sie plädierte dafür, einen solchen ersten Schritt zu suchen, der unabhängig von den grundsätzlichen Reduzierungsprogrammen beider Seiten sei und diese nicht präjudizieren würde.

Der Inhalt dieses „ersten Schrittes" blieb recht undeutlich. Die östliche Seite erläuterte lediglich, daß

a) er Gegenstand getrennter Verhandlungen und eines eigenen Abkommens sein würde, dem ein oder evtl. mehrere Abkommen folgen würden;

b) der Hauptteil der Reduzierungen auf amerikanische und sowjetische Truppen entfallen, jedoch alle direkten Teilnehmer daran teilnehmen würden;

c) die Implementierung aller Reduzierungen des ersten Schrittes innerhalb eines Jahres (evtl. etwas länger) erfolgen sollte, jedoch phasenverschoben durchgeführt und mit amerikanischen und sowjetischen Verminderungen beginnen könnte, und

d) der Umfang der Reduzierungen 20 000 Mann auf jeder Seite sein werde, wobei man über eine Änderung dieser Zahl nach oben oder unten reden könne. Es wurde jedoch klar, daß der Osten nur an Reduzierungen in gleicher Anzahl oder allenfalls in gleichen Prozentsätzen denkt.

Die östliche Seite stellte klar, daß diese Flexibilität nur für den „Mikrokosmos" des ersten Schrittes gelte und den Makrokosmos des östlichen Vertragsentwurfs[12] unberührt lasse. Sie war nicht bereit, Fragen nach dem Inhalt des ersten Schrittes zu beantworten, solange der Westen nicht bereit sei, dem Prinzip zuzustimmen, daß beide Seiten zunächst einen ersten Schritt suchen würden. Über Varianten dieses ersten Schritts könne man reden, wenn sie vom Westen vorgeschlagen würden.

5 a) Während Chlestow vor Ostern im Kontext des symbolischen Reduzierungsschrittes angeboten hatte, daß diese Reduzierungen nur „global ceilings" auf beiden Seiten ohne nationale sub-ceilings herstellen würde und jede Seite über die Aufteilung der Reduzierungen unter ihren direkten Teilnehmern autonom entscheiden könne, war der Osten in dieser Frage nach Ostern wesentlich zurückhaltender. Chlestow sagte lediglich, daß man darüber reden könne.

b) Die sowjetische Delegation sondierte ferner eine Lösung des Phasenproblems auf Grundlage einer Unterscheidung zwischen stationierten und nationalen Truppen, wobei undeutlich blieb, ob unter stationierten Streitkräften auch die belgischen und niederländischen Truppen in der Bundesrepublik Deutschland verstanden wurden. (Dies würde bedeuten, daß in einer ersten Phase im Westen nur die Bundeswehr völlig ausgespart würde.)

---

[11] Unvollständiger Satz in der Vorlage.
Zum Vorschlag der an den MBFR-Verhandlungen teilnehmenden Warschauer-Pakt-Staaten für eine symbolische erste Reduzierungsstufe vgl. Dok. 72 und Dok. 170.

[12] Zum sowjetischen Entwurf vom 8. November 1973 für ein MBFR-Abkommen vgl. Dok. 6, Anm. 12.

c) Die östliche Seite deutete an, daß man beim ersten Schritt die Lösung der einen oder anderen besonders schwierigen Frage ausklammern und dem nächsten Abkommen vorbehalten könne. Die sowjetische Delegation schien dabei vor allem an die Frage der Einbeziehung nuklearer Waffen zu denken.

6a) Am Ende der Runde zeichnete sich keine auch nur formlose Einigung über das vereinbarte Thema ab. Die NATO-Seite vertrat die Ansicht, daß sie mit der Modifizierung ihres Konzepts, insbesondere durch die Bereitschaft zur Verpflichtung aller, im Falle eines befriedigenden Phase-I-Abkommens sich an Verminderungen in einer zweiten Phase zu beteiligen, die mittlere Position zwischen den beiden Ausgangspunkten eingenommen habe. Der Westen habe damit den „letzten Schritt" zur Lösung des Phasenproblems getan. Hingegen unterscheide sich der östliche Vorschlag eines „first step" nicht vom ursprünglichen WP-Konzept (Reduzierungen aller von Anfang an) und laufe auf eine Legalisierung des Kräftemißverhältnisses hinaus.

b) Von den vom Westen ausgeführten neuen Elementen fand auf WP-Seite der Vorschlag eines no-increase das größte Interesse. Den Vorschlag Teilnahme-Verpflichtung an Verminderungen wies der Osten als ungenügend zurück, weil er nichts über Zeitpunkt und Umfang dieser Verminderungen aussage. Die beiden übrigen Punkte fanden beim Osten nur geringes Interesse.

7) Die Verhandlungsatmosphäre blieb gut und sachlich. Die persönlichen Beziehungen zwischen Delegierten aus Ost und West lockerten sich noch weiter auf. Dies ermöglichte auf beiden Seiten eine sehr offene Gesprächsführung.

8) Während in der zweiten Verhandlungsrunde die Sowjets gelegentlich versuchten, gegenüber der deutschen Delegation eine härtere Gangart anzuschlagen und uns als die „Falken" im westlichen Lager zu identifizieren, waren sie in dieser Runde deutlich um ein gutes Verhältnis zu uns bemüht. Unser enger Kontakt zur polnischen Delegation wurde fortgesetzt. Die Polen haben uns oft versichert, daß sie dafür besonders dankbar seien. Auch die DDR-Delegation zeigte sich aufgeschlossener und an Kontakten interessiert.

9) Innerhalb des WP-Lagers dominierte weiterhin eindeutig die Sowjetunion. Dennoch zeigten sich innerhalb des WP-Lagers deutlich Unterschiede in den Prioritäten. Bei der Sowjetunion liegt die Priorität eindeutig bei streng symmetrischen Reduzierungen, der Ablehnung des common ceiling und der Bewahrung und Kodifizierung des gegenwärtigen Kräfteverhältnisses. Weniger wichtig ist für die Sowjetunion der Einschluß von Waffensystemen einschließlich nuklearer Waffen. Für die Sowjetunion wäre wahrscheinlich die Beschränkung zumindest des ersten Schrittes auf Verminderung von Personalstärken der Landstreitkräfte akzeptabel, wenn sie dadurch eine einseitige Verminderung ihrer Panzer verhindern kann. Eine Verminderung der Streitkräfte aller direkten Teilnehmer von Anfang an scheint für die Sowjetunion keine absolute Priorität zu haben. Für die Polen ist dagegen die Verminderung aller von Anfang an, zumindest präzise Verpflichtungen der Bundesrepublik bezüglich Zeitpunkt und Umfang ihrer Verminderungen, sowie der Einschluß von Waffensystemen, insbesondere nuklearer Waffen, wichtiger als streng symmetrische Verminderungen. Die DDR ist völlig auf die Bundeswehr fixiert. Sie vertritt daher mit besonderer Kompromißlosigkeit die Reduzierung aller von Anfang an und den

Einschluß von Waffensystemen. Da die DDR weniger als die Polen an einem Erfolg der Verhandlungen interessiert ist, ist sie vermutlich weniger geneigt, beim Umfang von Reduktionen Kompromisse zu machen. Die ČSSR vertritt keine erkennbare eigene Linie. Die passiver gewordenen Rumänen haben inzwischen ihre Kritik am bisherigen Verhandlungsmodus zurückgestellt und lassen sich entgegen ihren früheren prinzipiellen Bedenken von WP-Delegierten über den Verlauf von Emissärgesprächen unterrichten. Seither gehen NATO-Delegierte in ihrer über eine Sachdarstellung nicht mehr hinaus.[13]

10) Die WP-Seite hielt sich in dieser Runde der Presse gegenüber auffällig zurück. Um so gereizter reagiert sie auf eine Reuters-Meldung vom 17. Juli über Details des östlichen „first step"-Vorschlages, die offensichtlich auf Indiskretionen eines westlichen Konferenzteilnehmers beruht.

11) Innerhalb der bemerkenswert solidarischen NATO-Gruppe ging die Dynamik weiterhin vorwiegend von der amerikanischen Delegation aus. Ihr Problem ist es, daß die amerikanische Regierung auf hoher Ebene – insbesondere Außenminister Kissinger – mit dringenderen Problemen ausgelastet ist und sich daher mit MBFR kaum befaßt. Sie erhält daher wenig Führung und Anstoß aus Washington. Sie erkennt an, daß sich aus der inneramerikanischen Situation z. Z. kein Zeitdruck auf MBFR ergibt. Sie möchte jedoch ein Abkommen soweit wie möglich vorbereiten, um einem befürchteten, plötzlich auftretenden Zeitdruck, etwa ab Frühjahr 1975, gewachsen zu sein.

Die britische Delegation agiert wegen der Ungewißheit über künftige Entscheidung Londons zur „Defence Review"[14] und wegen der Wahrscheinlichkeit baldiger Neuwahlen ambivalent. Die niederländische Delegation ist neuerdings offenbar angewiesen, MBFR-Ergebnisse zugunsten der geplanten Wehrstrukturreform[15] so schnell wie möglich – auch unter Abstrichen am NATO-Konzept – zustande zu bringen. Sie ist damit bisher – auch im Benelux-Kreis – isoliert geblieben. Die enge Zusammenarbeit der deutschen Delegation mit der amerikanischen und der britischen Delegation sichert uns einen frühzeitigen und maßgeblichen Einfluß auf Inhalt und Formulierung der meist von den Amerikanern in die Ad-hoc-Gruppe eingebrachten Entwürfe von Sprechzetteln, Reden und Entwürfen.

II. 1) Es ist nicht sehr wahrscheinlich, daß der WP in der Sommerpause beschließt, sich mit dem Zwei-Phasen-Programm in seiner erweiterten Form zu Beginn der vierten Runde[16] abzufinden. Es ist im Gegenteil damit zu rechnen, daß der Osten in Wien wenigstens bis Abschluß der KSZE weiterhin kurztreten wird. In diesem Falle wird die NATO ihr Phasenkonzept nicht noch attraktiver gestalten können, ohne es

– durch Verwischen des Unterschiedes zwischen beiden Phasen ad absurdum zu führen, oder

---

[13] Unvollständiger Satz in der Vorlage.
[14] Zur geplanten Überprüfung der britischen Verteidigungslasten vgl. Dok. 175, Anm. 15.
[15] Zur niederländischen Verteidigungsreform vgl. Dok. 175, Anm. 12 und 13.
[16] Die vierte Runde der MBFR-Verhandlungen in Wien begann am 24. September 1974.

– durch einen Kompromiß aufzulösen, bei dem auf westlicher Phase nicht ausschließlich auf amerikanische Truppen beschränkt bleiben.[17]

2) In dieser Situation eines drohenden „deadlock" sollte die NATO dazu vorgehen, in den informellen Gesprächen der nächsten Runde ein anderes Thema zur Diskussion zu stellen. Hierfür wurde von der NATO-Seite bereits die Diskussion einer Definition der Landstreitkräfte hervorgeschlagen. Eine Erörterung dieses Themas würde

– die Begrenzung der Verminderungen auf Landstreitkräfte fördern;
– einen möglichen Einstieg in eine spätere Datendiskussion schaffen und
– die Diskussion dessen, was ein common ceiling konkret bedeuten würde, ermöglichen.

3) Obwohl bisher keine wirklichen Fortschritte in den Verhandlungen erzielt wurden, ist die Zwischenbilanz der MBFR-Verhandlungen nicht negativ:

a) Der Bindungseffekt innerhalb der Allianz (keine einseitigen Truppenverminderungen) hat sich bisher – mit einigen Abstrichen – als wirksam erwiesen.

b) Obwohl innerhalb der NATO-Staaten erhebliche Unterschiede in den Interessenlagen und im Erfolgsbedürfnis bestehen, haben die MBFR-Verhandlungen die atlantischen Beziehungen bisher nicht belastet. Im Gegenteil war die Solidarität der NATO-Staaten in den Verhandlungen bisher ein integrierendes Element für die Allianz und für die WP-Staaten eine neue und eindrucksvolle Erfahrung.

c) Schon die Tatsache, daß zwischen NATO-Staaten und WP-Staaten offene, sachliche und intensive Verhandlungen über militärische Fragen stattfinden, ist ein wichtiges Element der Entspannung. Dies wird auch von den WP-Staaten so gesehen.

4) Wir können uns allerdings nicht darauf verlassen, daß diese positiven Faktoren unverändert bleiben. Wir können nicht ausschließen, daß sich aus der inneramerikanischen Situation im nächsten Jahr ein akuter Erfolgszwang ergibt, daß der bei den Niederländern bereits entstandene Zeitdruck auch bei anderen westlichen Teilnehmern auftritt und daß die Sowjetunion ihr gegenwärtiges, eher gelassenes Verhandlungstempo aufgibt und dazu übergeht, mit allen diplomatischen Mitteln ein schnelles Verhandlungsergebnis zu betreiben.

[gez.] Behrends

VS-Bd. 8245 (201)

---

[17] Unvollständiger Satz in der Vorlage.

225

Botschafter von Staden, Washington, an Auswärtiges Amt

114-13168/74 VS-vertraulich Aufgabe: 27. Juli 1974, 14.00 Uhr
Fernschreiben Nr. 2202 Ankunft: 27. Juli 1974, 20.42 Uhr

Betr.: Gespräch des Bundesaußenministers mit Präsident Nixon am 26. Juli in San Clemente[1]

Der Präsident empfing den Bundesaußenminister am 26. in San Clemente zu einem etwa einstündigen Gespräch bei Anwesenheit von Außenminister Kissinger, den Botschaftern Hillenbrand und von Staden und MD van Well. Das Gespräch fand in einer sehr freundschaftlichen, aufgeschlossenen Atmosphäre statt. Der Präsident erschien zunächst ernst und von den innenpolitischen Problemen doch bedrückt.[2] Im Verlauf des Gesprächs wurde er jedoch gelöster. Der Präsident führte das Gespräch sehr konzentriert. Er war hervorragend vorbereitet und unterstrich immer wieder die Identität der Auffassungen. Im Mittelpunkt der Unterhaltung standen das Verhältnis Europa–Vereinigte Staaten, NATO, Wirtschafts- und Währungspolitik, die Lage im Mittelmeer, die Entspannungspolitik und KSZE und Berlin.

Im einzelnen:

Der Bundesminister verwies einleitend auf die Sorgen, die Präsident Nixon im Gespräch mit dem Bundeskanzler in Brüssel[3] über die Lage im Mittelmeer

---

[1] Bundesminister Genscher hielt sich vom 24. bis 27. Juli 1974 in den USA auf.
Im Rückblick notierte Hans-Dietrich Genscher über seinen Besuch bei Präsident Nixon in San Clemente: „Zu jenem Zeitpunkt wußte ich noch nicht, daß ich Nixons letzter ausländischer Gast sein würde, so wie mein Vorgänger Walter Scheel der letzte ausländische Besucher gewesen war, dessen Gespräch mit Nixon im Weißen Haus auf Tonband aufgenommen wurde. [...] Mich beeindruckte die Gelassenheit, mit der der Präsident das Gespräch führte, konnte man sich doch vorstellen, wie ihm zumute sein mußte. Seine Präsidentschaft stand unmittelbar vor dem Abschluß, ohne daß er sicher sein konnte, ob ein Impeachment, eine parlamentarische Anklage gegen ihn, zum Erfolg führen würde." Vgl. GENSCHER, Erinnerungen, S. 230 f. und S. 232.

[2] Zur „Watergate-Affäre" vgl. Dok. 163, Anm. 4.
Im Rückblick erläuterte Henry Kissinger zur innenpolitischen Lage in den USA und zum Besuch des Bundesministers Genscher in San Clemente, am 24. Juli 1974 habe der Oberste Gerichtshof der USA in der Watergate-Affäre entschieden, „daß die Vorrangstellung des Präsidenten, die zwar verfassungsmäßig begründet wäre, ihn nicht dazu berechtigte, sich über die unparteiliche Rechtsprechung hinwegzusetzen". Nixon sei aufgefordert worden, dem Gericht „die vierundsechzig Tonbänder zu übergeben, deren Herausgabe im Rahmen des Gerichtsverfahrens gegen sechs ehemalige Mitarbeiter des Weißen Hauses unter Strafandrohung verlangt worden war." Kissinger führte weiter aus: „Jeder von uns, der Nixon und seine Ausdrucksweise kannte, wußte, daß dies das Ende war. Wenn die Tonbänder den Präsidenten auch juristisch nicht belasten sollten, würden sie ihn doch politisch untragbar machen. [...] Am 26. Juli, zwei Tage nach der Entscheidung des obersten Gerichtshofs, machte ich Genscher mit Nixon bekannt. Ich war erschüttert zu sehen, wie sich der Präsident in nur einer Woche äußerlich verändert hatte. Er war totenblaß. Zwar machte er einen gefaßten Eindruck, aber es kostete ihn offensichtlich große Mühe, ein normales Gespräch zu führen. [...] Er erwähnte seine persönlichen Schwierigkeiten mit keinem Wort, sprach vernünftig, aber wie ein Automat. In seiner Stimme lag eine gewisse Wehmut. Was er sagte, war durchaus intelligent, aber er trug es so vor, als ginge es ihn nichts mehr an. Es waren nur noch Feststellungen und keine Stellungnahmen." Vgl. KISSINGER, Memoiren 1973–1974, S. 1392 f. und S. 1396.

[3] Präsident Nixon hielt sich am 25./26. Juni 1974 anläßlich der Sitzung des Ständigen NATO-Rats auf der Ebene der Staats- und Regierungschefs in Brüssel auf. Für sein Gespräch mit Bundeskanzler Schmidt am 26. Juni 1974 vgl. Dok. 189.

zum Ausdruck gebracht hatte. Diese Sorgen seien in jüngster Zeit durch die Entwicklung bestätigt worden. Er verwies auf die Probleme, denen Portugal gegenübersteht, die durch die zentrale Rolle von Franco und Tito in ihren Ländern bei deren Abtreten entstehen würden. Diese Lage im Mittelmeer müsse die Allianz dazu veranlassen, ihre politischen Funktionen in der Bewältigung von Krisen zu verbessern, die Entwicklung von Krisen besser vorauszusehen und darauf Einfluß zu nehmen.

Der Bundesminister verwies auf die gute Zusammenarbeit der Neun mit den USA in der Zypern-Krise. Die Neun hätten sehr schnell und wirkungsvoll eine einheitliche Position beziehen können.[4] Ihre Rolle sei durch die unkomplizierte Art, mit der Dr. Kissinger die Konsultationen durchgeführt habe, erleichtert worden. Der Bundesminister verwies auf die drei Dimensionen der Allianz. Politisch müsse man künftige Entwicklungen in und außerhalb des Bündnisses besser voraussehen und bewältigen. Der Einfluß der wirtschaftlichen Probleme auf die Verteidigung sei evident. Mit großer Befriedigung habe er aus der Rede des Präsidenten vom Vortage entnommen, daß auch die amerikanische Regierung eine energische Antiinflationspolitik betreiben wolle.[5] Dies entspreche unserer Politik, die durch die Parallelität der Haltung der neuen französischen Regierung[6] erleichtert werde.[7]

Der Präsident begrüßte die Übereinstimmung der Wirtschaftspolitik der Bundesrepublik und der der USA. Er erinnerte daran, daß die Worte des Bundeskanzlers bei dem NATO-Treffen in Brüssel[8] ihn sehr beeindruckt hätten. Wir alle sähen jetzt das überragende Problem der Inflationsbekämpfung. Auch in diesem Bereich mußten die USA als das stärkste Land des Westens eine führende Rolle übernehmen. Wichtig sei, daß Italien folge. Der Bundesminister machte auf die großen Anstrengungen der italienischen Regierung in den letzten Wochen aufmerksam, und sie habe es angesichts der schwierigen Gewerkschaftslage nicht leicht.

Der Bundesminister ging dann auf die Zusammenarbeit in der Energiepolitik ein und stellte eine größere französische Flexibilität fest. Die von der ECG in

---

[4] Vgl. dazu die auf einem Treffen der Botschafter der EG-Mitgliedstaaten im Rahmen der EPZ am 20. Juli 1974 in Paris vorgeschlagene Demarche; Dok. 218, Anm. 4.
Vgl. dazu ebenso das Kommuniqué der Konferenz der Außenminister der EG-Mitgliedstaaten im Rahmen der EPZ vom 22. Juli 1974; Dok. 221, Anm. 7.

[5] In der im Fernsehen übertragenen Rede auf einer Versammlung von Geschäftsleuten am 25. Juli 1974 in Los Angeles führte Präsident Nixon aus: „The key to fighting inflation, therefore, is steadiness. The steadiness that accepts the need for hard decisions, for occasional unpleasant statistics and even a measure of sacrifice in the short run in order to ensure stable growth without inflation for the long run [...]. We will be steadfast in holding down Federal spending, in slowing the growth of the Federal budget. We will have moderate but firm restraint on the growth of the money supply. We will work creatively with other nations to deal with inflation in world-wide dimensions. We will take new measures to encourage productivity, and this is perhaps the most important long-term objective we can set for ourselves – to encourage productivity and to increase supplies of scarce resources." Vgl. PUBLIC PAPERS, NIXON 1974, S. 613.

[6] Nach den Wahlen zum Amt des Staatspräsidenten in Frankreich am 5. und 19. Mai 1974, aus denen Valéry Giscard d'Estaing als Sieger hervorging, wurde am 28. Mai 1974 eine neue Regierung unter Ministerpräsident Chirac gebildet.

[7] Vgl. dazu die wirtschafts- und finanzpolitischen Maßnahmen vom 12. Juni 1974; Dok. 166, Anm. 14.

[8] Zur Sitzung des Ständigen NATO-Rats auf der Ebene der Staats- und Regierungschefs am 26. Juni 1974 in Brüssel vgl. Dok. 191.

Aussicht genommenen Projekte könnten unter das Dach der OECD gebracht werden. Das gelte vor allem auch für das integrierte Notstandsprogramm[9]. Dies werde eine Mitarbeit Frankreichs sehr erleichtern. Der Bundesminister hielt es für notwendig, die Inflationsbekämpfung nicht nur in der Haushalts- und Währungspolitik energisch durchzuführen (bei uns habe es sogar den Rücktritt eines Bundesministers deswegen gegeben[10]), sondern man müsse auch die Bevölkerung davon überzeugen, daß man für die Preisstabilität Opfer bringen müsse, so daß die Überflußgesellschaft ihre Grenzen habe. Der Präsident zeigte sich beeindruckt von der Entschlossenheit des italienischen Ministerpräsidenten[11]. Er hoffe, daß die extremen Linkskräfte ihn nicht stürzen.

Der Präsident brachte mit ernsten Worten seine Sorge über die Lage am nördlichen Rand des Mittelmeers zum Ausdruck. Die Bundesrepublik, Frankreich, Großbritannien und die Vereinigten Staaten müßten zusammenwirken und ihren ganzen Einfluß einsetzen, um die Entwicklung zum Guten zu führen. Es sei notwendig, eine Gesamtsicht der Dinge zu haben.

Der Bundesminister verwies auf die Ungewißheiten des Demokratisierungsprozesses in Portugal[12]. Dort sei der bestorganisierte innenpolitische Faktor die KP. Um einen Übergang Spaniens zur Nach-Franco-Periode leichter zu gestalten, solle der Westen schon jetzt potentiellen Nachfolgern die Hand reichen und Spanien den Weg zur Demokratie ebnen und damit auch die Annäherung an die Allianz. Jugoslawien müsse unabhängig bleiben. Der Westen müsse der SU klarmachen, daß eine Politik der Pressionen auf Jugoslawien mit der Entspannungspolitik nicht vereinbar sei.

Der Präsident erwähnte, daß er schon immer der Auffassung gewesen sei, daß man mehr tun müsse, um Spanien in die Familie der westlichen Demokratien aufzunehmen, aber in den Bündnisländern, auch in der USA, habe es die bekannten innerpolitischen Schwierigkeiten gegeben. Angesichts des bevorstehenden Führungswechsels in Spanien sollten neue Anstrengungen unternommen werden, um das Land näher an Europa heranzuführen.[13] Dr. Kissinger warf

---

[9] Zum amerikanischen Vorschlag vom 12. Juni 1974 für ein „integriertes Notstandsprogramm" zur Sicherstellung der Energieversorgung vgl. Dok. 194, Anm. 8.

[10] Bundesminister Eppler erklärte am 4. Juli 1974 seinen Rücktritt. In der Presse wurde dazu berichtet: „Entwicklungsminister Eppler ist am Donnerstagabend zurückgetreten. Der Minister, der sein Amt seit Oktober 1968 zunächst in der Großen Koalition und dann in beiden Regierungen Brandt/ Scheel sowie seither in der Regierung Schmidt/Genscher bekleidete, hat damit die Konsequenz aus den für ihn unbefriedigend verlaufenen Haushaltsberatungen gezogen. Eppler hat sich mit seinen Vorstellungen gegen Schmidt nicht durchsetzen können [...]. Eppler hat zur Begründung seines Rücktritts erklärt, er könne nicht mitverantworten, daß in diesem Augenblick die Bundesrepublik Deutschland ihre Finanzplanung für Entwicklungshilfe bis 1978 um mehr als zwei Milliarden kürzt." Vgl. den Artikel „Bundesminister Eppler zurückgetreten. Die erste Krise im Kabinett Schmidt"; FRANKFURTER ALLGEMEINE ZEITUNG vom 5. Juli 1974, S. 1.

[11] Mariano Rumor.

[12] Zum Regierungsumsturz in Portugal am 25. April 1974 vgl. Dok. 136.

[13] Am 29. Juli 1974 übermittelte Botschafter von Lilienfeld, Madrid, vor dem Hintergrund eines Krankenhausaufenthaltes des Staatschefs Franco, während dessen der spanische Kronprinz und designierte Nachfolger Francos, Juan Carlos, die Regierungsgeschäfte führte, folgende Einschätzung: „Es kann als sicher angenommen werden, daß Prinz Juan Carlos sowie ein Teil des spanischen politischen Establishments bestrebt sein werden, nach dem Ableben Francos und der Übernahme der Staatsgeschäfte durch den Prinzen auch innenpolitisch den Anschluß an die westeuropäischen Demokratien zu erlangen. [...] Der Wunsch des Prinzen ist es, sich nach seiner Amtseinführung so bald als möglich dem eigenen Volk und der Welt gegenüber als liberaler und aufgeschlossener Re-

hier ein, daß die zwischen Spanien und den USA vor einigen Tagen unterzeichnete Deklaration[14] vor allem diesem Zweck diene.

Der Bundesminister kam dann auf seine Gespräche mit Mitgliedern des amerikanischen Senats zu sprechen[15], in denen der Begriff der Entspannungspolitik eine große Rolle gespielt habe. Man müsse diesen Begriff für die Menschen verständlich definieren. Wir wollen Entspannung, und dazu gebe es keine Alternative. Die Alternative sei, ob man eine illusionäre oder eine realistische Entspannungspolitik betreibe. Sicherheit werde nur durch das Bündnis gewährleistet. Die Entspannungspolitik könne für sich allein keine Sicherheit gewähren. Sie könne nur Konflikte vermeiden. Auch solle man sich davor hüten, bei der Entspannungspolitik den Kommunismus als Ideologie zu verharmlosen. In den Niederlanden habe die unrichtige Vorstellung von der Entspannungspolitik schon zu besorgniserregenden Tendenzen geführt.[16]

Der Präsident betonte, daß dieses Anliegen, die Entspannungspolitik in realistischen Grenzen zu halten, eines der Hauptziele seiner Reise nach Brüssel gewesen sei. Übrigens habe die sowjetische Führung[17] ihm ziemlich deutlich gesagt, daß sie über die NATO-Deklaration[18] nicht glücklich gewesen sei. Man müsse den Tendenzen entgegenwirken, wegen der Entspannung die Opferbereitschaft für die Verteidigung zu verringern. Die kommunistischen Parteien seien innenpolitisch nach wie vor sehr skeptisch.

Der Präsident brachte dann von sich aus das Thema der KSZE auf. Er habe es mit dem Bundeskanzler in Brüssel erörtert und er habe volles Verständnis für unsere Anliegen beim peaceful change. Man habe sich bei den Sowjets in dieser Sache eingesetzt[19], was nicht einfach gewesen sei.

Der Präsident erwähnte dann die jüngsten Schwierigkeiten beim Verlauf der Autobahn nach Berlin.[20] Er habe gehofft, daß mit dem Vier-Mächte-Abkommen

Fortsetzung Fußnote von Seite 994
gent zu präsentieren, der nicht nur das starre Regime Francos weiterführt." Vgl. den Drahtbericht Nr. 426; Referat 203, Bd. 101439.

[14] Zur spanisch-amerikanischen Erklärung vom 9. Juli 1974 über bilaterale Zusammenarbeit vgl. Dok. 194, Anm. 17.

[15] Bundesminister Genscher führte am 24. Juli 1974 ein Gespräch mit dem amerikanischen Senator Jackson in Washington. Ministerialdirigent Kinkel notierte dazu: „Senator Jackson wies auf seine Einstellung zu den NATO-Problemen hin und erklärte, daß es aus seiner Sicht außerordentlich wichtig sei, die gesamte Ökonomie Europas und Amerikas einzubeziehen. Es sei notwendig, insbesondere auf dem Gebiet der Wirtschaft den Russen gegenüberzutreten und deutlich zu sagen, in welche Richtung es weitergehe. Minister Genscher wies darauf hin, daß es eine realistische und illusionäre Entspannungspolitik gebe. Die wirtschaftliche Zusammenarbeit mit der UdSSR führe dort oft zu einer Verhärtung der Haltung. Eine harte Konfrontationspolitik in Sachen Wirtschaft sei aber schwierig." Vgl. Referat 204, Bd. 101378.
Genscher traf sich zudem mit den Mitgliedern des Auswärtigen Ausschusses des amerikanischen Senats zu einem gemeinsamen Mittagessen. Vgl. dazu das Schreiben von Genscher vom 30. Juli 1974 an den amerikanischen Senator Fulbright; Referat 204, Bd. 101378.

[16] Zur niederländischen Verteidigungsreform vgl. Dok. 175, Anm. 12 und 13.

[17] Zum Besuch des Präsidenten Nixon vom 27. Juni bis 3. Juli 1974 in der UdSSR vgl. Dok. 197, Dok. 199 und Dok. 200.

[18] Zur Erklärung über die Atlantischen Beziehungen vom 19. Juni 1974 vgl. Dok. 183 und Dok. 191.

[19] Zum Gespräch des amerikanischen Außenministers Kissinger mit dem sowjetischen Außenminister Gromyko über die KSZE vgl. Dok. 202.

[20] Zur Lage des Transitverkehrs von und nach Berlin (West) wurde in der Presse gemeldet, daß die Regierung der DDR am 20. Juli 1974 mitgeteilt habe, sie werde Mitarbeitern des Umweltbundesamts in Berlin (West) „die Durchreise durch ihr Territorium untersagen, sobald das Gesetz über die Errichtung dieser Behörde ‚in West-Berlin praktisch in Kraft tritt'." Dies sei wiederum von der

diese Schwierigkeiten vorübergingen. Die amerikanische Seite werde, wie Dr. Kissinger uns gesagt habe, die Vorfälle bei den Sowjets zur Sprache bringen und die Verhandlungen mit der DDR[21] bis zur Klärung nicht abschließen.[22] Diese Probleme auf den Zugangswegen dürften uns nicht weiterhin plagen.

BM bedankte sich, daß US-Regierung wie Bundesregierung engen Zusammenhang zwischen Lage in Berlin und Entspannungspolitik sehe. Der Bundesminister meinte zur KSZE, daß Fortschritte gemacht worden seien. Falls die Ergebnisse es rechtfertigten, sollte man eine Gipfelkonferenz anstreben. Diese westliche Bereitschaft solle schon jetzt als Element der Verhandlungen angeführt werden. Der peaceful change beziehe sich nicht nur auf die deutsche, sondern auch auf die europäische Option.

Der Präsident stimmte damit voll überein, und der peaceful change sei gerade für das geteilte Europa eine wichtige Sache. Die Sowjetunion könne nicht eine Grenze durch die Mitte Europas ziehen und sagen: Weder auf der einen noch auf der anderen Seite darf sich etwas ändern. Es stelle sich jedoch die Frage, wie man den peaceful change zuwege bringen könne. Klar sei, daß die osteuropäischen Länder ihre Unabhängigkeit entwickeln möchten. Auch deshalb dürfe man den Eisernen Vorhang nicht für alle Zeiten ratifizieren, was offensichtlich die Sowjetunion wolle. Genscher, Kissinger und die anderen westlichen Ministerkollegen müßten ihre Fähigkeiten einsetzen, um ein Konzept für den peaceful change auszuarbeiten.

Der Bundesminister verwies auf die Bedeutung des Fernsehens bei der Verbesserung des Informationsaustausches. In der KSZE ständen für uns im Korb III vor allen Dingen die menschlichen Kontakte im Vordergrund.

Fortsetzung Fußnote von Seite 995
Bundesregierung als Verletzung des Vier-Mächte-Abkommens über Berlin vom 3. September 1971 bezeichnet worden. Vgl. den Artikel „DDR droht mit Behinderung des Berlin-Verkehrs"; FRANKFURTER ALLGEMEINE ZEITUNG vom 22. Juli 1974. S. 1.
Am 27. Juli 1974 wurde in der Presse berichtet, daß die Bundesregierung bemüht sei, keine „Anlässe oder Vorwände für ein Eingreifen der östlichen Seite zu liefern". So solle der Präsident des Umweltbundesamts, Lersner, auf den Reisen zwischen Berlin (West) und der Bundesrepublik das Flugzeug benutzen. Es lägen bereits „Berichte über Reisenden über Behinderungen im Transitverkehr bei der Abfertigung an DDR-Grenzkontrollstellen" vor: „Berichte über Behinderungen sollen von den Grenzkontrollstellen Dreilinden, Staaken und Lauenburg eingegangen sein." Vgl. den Artikel „Bonn will der DDR jede Gelegenheit für Störaktionen nehmen"; FRANKFURTER ALLGEMEINE ZEITUNG vom 27. Juli 1974, S. 1.
21 Seit dem 27. August 1973 verhandelten die USA und die DDR über die Aufnahme diplomatischer Beziehungen. Seit dem 15. Juli 1974 lief eine weitere Verhandlungsrunde. Zum Abschluß der Verhandlungen vgl. Dok. 254.
22 Zu diesem Gesprächspunkt vermerkte Hans-Dietrich Genscher im Rückblick: „Plötzlich kam ein Anruf aus Washington: Die Ampeln auf der Autobahn von der Bundesrepublik nach West-Berlin seien auf Rot geschaltet worden. Was nun? Auslöser war offensichtlich unsere Entscheidung, das Umweltbundesamt in Berlin zu errichten. Nun wurde ich Zeuge, mit welcher Klarheit und Bestimmtheit Kissinger das ganze Gewicht der Vereinigten Staaten einsetzte, um unsere gemeinsamen Interessen in Berlin zu wahren. Er beauftragte Helmut Sonnenfeldt, die Gespräche, die in Washington mit einer DDR-Delegation über die Aufnahme diplomatischer Beziehungen stattfanden, abbrechen zu lassen. Bevor die Autobahn nicht wieder frei sei, könnten sie nicht wieder aufgenommen werden. Durch seinen Mitarbeiter Hartman ließ er dem sowjetischen Botschafter Dobrynin mitteilen, die Unterbrechung der Autobahnverbindung werde von Washington als Angelegenheit zwischen den Vereinigten Staaten und der Sowjetunion betrachtet." Vgl. GENSCHER, Erinnerungen, S. 231 f.
Vgl. dazu auch die Demarche der Drei Mächte am 5. August 1974 in Moskau; Dok. 230.

Der Präsident bat abschließend den Bundesminister, dem Bundeskanzler und seinen acht westeuropäischen Außenministerkollegen folgendes zu überbringen:

Das wichtigste sei die Einheit zwischen Westeuropa und den USA. Vor allen Dingen die größeren Staaten unter ihnen müßten zusammenwirken, um am Südrand Europas Instabilitäten entgegenzuwirken. Solche Instabilitäten würden sich nicht zuletzt dann ergeben, wenn in Westeuropa und zwischen Westeuropa und den USA Uneinigkeiten bestehen. Die engen Konsultationen der letzten Wochen hielt er für eine sehr positive Entwicklung. Wir sollten wirtschaftliche, währungspolitische und politische Differenzen uns nicht entzweien lassen. Alleingänge sollen vermieden werden. Der neue französische Präsident sei ein Mann mit großem Verständnis für wirtschaftliche und außenpolitische Fragen. Er sei ein Mann mit großen Konzeptionen. Aber er müsse auf innenpolitische Kritik Rücksicht nehmen. Man solle ihn nicht zu stark bedrängen. Der brauche Zeit, um seine Regierung zu festigen. Der Präsident war überzeugt, daß unter Giscard Frankreich eine sehr konstruktive Rolle in Europa spielen werde. Dem deutsch-französischen Verhältnis komme eine Schlüsselrolle zu.

Der Bundesminister stimmte den Ausführungen des Präsidenten zu, verwies auf die Schwierigkeiten der neuen britischen Regierung in der Europapolitik[23], die ebenfalls das Verständnis der anderen Partner erforderte. Die Bundesregierung werde alles tun, um diese Überleitungsprozesse positiv zu fördern.[24]

[gez.] Staden

VS-Bd. 9942 (203)

---

[23] Zu den Wahlen zum britischen Unterhaus am 28. Februar 1974 und zur Regierungsbildung am 4. März 1974 vgl. Dok. 65, Anm. 3.
Zum britischen Wunsch nach Neuregelung der EG-Beitrittsbedingungen vgl. Dok. 99, Anm. 3, und Dok. 133.

[24] Henry Kissinger schilderte im Rückblick, daß er nach dem Gespräch zusammen mit Bundesminister Genscher einen Spaziergang entlang der Pazifikküste unternommen habe: „,Wie lange kann das noch weitergehen?' fragte Genscher unvermittelt. Das war die Schlüsselfrage. Was würde mit unseren Verbündeten geschehen, wenn die Regierungsunfähigkeit des Präsidenten andauerte? Das wollte Genscher wissen. [...] Ich versuchte, ihn zu beruhigen, und sagte, die Lage werde sich bald klären. Wir wären bereit, ebenso entschlossen zu handeln wie seinerzeit bei der Teilmobilmachung im Oktober. Aber in Wirklichkeit war es ein Täuschungsmanöver, die Frage hing weiter in der Luft und beantwortete sich irgendwie von selbst." Vgl. KISSINGER, Memoiren 1973–1974, S. 1396.

226

Aufzeichnung des Ministerialdirigenten Brunner

02-341.49-177/74 VS-vertraulich 29. Juli 1974

Dem Herrn Minister[1]

Am Ende der KSZE-Beratungen in Genf[2] hat mir der Leiter der Delegation der DDR, Botschafter Bock, folgendes gesagt:

Er habe den Auftrag, mich darauf hinzuweisen, daß die DDR sich in den letzten Tagen in Genf im Kreise ihrer Verbündeten intensiv um eine Kompromißlösung, besonders auch zu der Einleitung für Korb III, bemüht habe. Die Behauptungen, die DDR wolle eine Obstruktionspolitik betreiben, stimmten nicht. Er sage dies gerade vor dem Hintergrund der „Ereignisse der letzten Tage".[3] Was immer es an „einzelnen Streitpunkten in der bekannten Frage" zwischen der Bundesrepublik und der DDR gebe, ändere nichts an der Absicht seiner Regierung, gerade auch gegenüber der Bundesregierung eine Politik der Verbesserung der Beziehungen und der Entspannung zu betreiben.

Er bäte mich, dies meinen Minister wissen zu lassen.

Ich halte diese Mitteilung im Hinblick auf die Entwicklung auf den Transitwegen für wichtig.

Brunner

VS-Bd. 11593 (02)

---

[1] Hat Bundesminister Genscher vorgelegen.
[2] Die zweite Phase der KSZE in Genf wurde am 26. Juli 1974 unterbrochen. Die Verhandlungen wurden am 2. September 1974 wiederaufgenommen.
[3] Zu den Behinderungen im Transitverkehr nach Berlin (West) vgl. Dok. 225, Anm. 20.

227

Gespräch des Ministerialdirektors van Well mit dem amerikanischen Botschafter Hillenbrand

210-331.00-2178/74 VS-vertraulich   31. Juli 1974[1]

Herr D2, der am 31.7.1974 den amerikanischen Botschafter Hillenbrand zu sich gebeten hatte, brachte im Verlauf der Unterredung, an der noch BR Meehan und VLR Kastrup teilnahmen, die gegenwärtige Lage Berlins zur Sprache.

Herr D2 unterstrich den Wunsch der Bundesregierung, daß die Drei Mächte formell gegenüber der Sowjetunion vorstellig werden. Es sei wichtig, auf die Behauptungen der Sowjetunion[2] und der DDR[3] im Zusammenhang mit der Errichtung des Umweltbundesamts die westliche Position klarzustellen und gegen die Zurückweisung eines Bediensteten des Umweltbundesamts[4] zu prote-

---

[1] Die Gesprächsaufzeichnung wurde von Vortragendem Legationsrat Kastrup am 1. August 1974 gefertigt.
Hat Ministerialdirektor van Well am 1. August 1974 vorgelegen.

[2] In einer Erklärung des sowjetischen Außenministeriums vom 20. Juli 1974 zur Errichtung des Umweltbundesamts in Berlin (West) wurde ausgeführt: „Es ist völlig offensichtlich, daß die Schaffung des Bundesamtes für Umweltschutz in West-Berlin der Hauptbestimmung des Vierseitigen Abkommens vom 3. September 1971 widersprechen würde, wonach die Westsektoren Berlins kein Bestandteil der BRD sind und auch künftig nicht von ihr regiert werden. Ein solcher Schritt liefe dem Grundgedanken der Festlegung des Abkommens über die Einschränkung und den Abbau der Tätigkeit staatlicher Organe der BRD in West-Berlin zuwider ebenso wie der Verpflichtung der Seiten, die in diesem Gebiet bestehende Lage nicht einseitig zu verändern. [...] Die sowjetische Seite geht davon aus, daß sich, falls in West-Berlin das Bundesamt für Umweltschutz errichtet wird, die Notwendigkeit ergibt, entsprechende Maßnahmen zu ergreifen, um den Versuchen einer Verletzung des Vierseitigen Abkommens entgegenzuwirken und die legitimen Interessen der Sowjetunion und der mit ihr befreundeten Deutschen Demokratischen Republik zu schützen. Die Verantwortung für die Folgen einer Verletzung des Vierseitigen Abkommens trifft die Initiatoren der Einrichtung des Bundesamtes für Umweltschutz in West-Berlin." Vgl. EUROPA-ARCHIV 1974, D 581.

[3] In der Erklärung der Regierung der DDR vom 20. Juli 1974 zur Errichtung des Umweltbundesamts in Berlin (West) wurde ausgeführt: „Die Hauptbestimmung des Vierseitigen Abkommens besteht darin, daß Westberlin kein Bestandteil der BRD ist, nicht von ihr regiert und die bestehende Lage in Westberlin nicht einseitig verändert werden darf. [...] Im Gegensatz dazu hat der BRD-Bundestag am 19. Juni 1974 einstimmig ein Gesetz über die Errichtung des Umweltbundesamtes der BRD in Westberlin beschlossen, am 12. Juli hat auch der BRD-Bundesrat dem Gesetz zugestimmt. [...] Wenn die BRD die Verpflichtungen nicht einhält, die sich für sie aus dem Vierseitigen Abkommen ergeben, so kann dies nicht ohne Folgen bleiben. Angesichts der entstandenen Lage erklärt die Regierung der Deutschen Demokratischen Republik: Sowie das Gesetz über die Errichtung des Umweltbundesamtes der BRD in Westberlin praktisch in Kraft tritt, ist die DDR in Wahrnehmung ihrer berechtigten Interessen und zur Gewährleistung der Einhaltung des Vierseitigen Abkommens gezwungen, entsprechende Maßnahmen zu ergreifen. Die Durchreise von Mitarbeitern dieses Bundesamtes der BRD sowie die Beförderung entsprechenden Eigentums und entsprechender Dokumentationen auf den Kommunikationen der DDR wird als ungesetzlich betrachtet. Demnach gibt es keine Rechtsgrundlage für Transitreisen von Vertretern dieser Bundesbehörde." Vgl. den Artikel „Erklärung der Regierung der Deutschen Demokratischen Republik zum Umweltbundesamt der BRD in Westberlin"; NEUES DEUTSCHLAND vom 21. Juli 1974, S. 1.

[4] Am 31. Juli 1974 wurde in der Presse berichtet: „Die Regierung der DDR hat den Konflikt um die Errichtung des Umweltbundesamtes in West-Berlin in der Nacht zum Dienstag verschärft. Sie machte ihre Drohung wahr und verweigerte zum erstenmal einem Beamten dieser Behörde die Durchreise auf der Transitstrecke von Marienborn nach Berlin. [...] Bis zu diesem Zwischenfall hatte die DDR ihre vertragswidrigen Behinderungen des Berlin-Verkehrs darauf beschränkt, Reisende danach zu befragen, ob sie für das Umweltbundesamt in Berlin tätig seien. Hierdurch kam es verschiedentlich zu längeren Wartezeiten." Vgl. den Artikel „Die DDR behindert Berlin-Verkehr:

stieren. Unser Verständnis bei den Gesprächen in San Clemente[5] sei gewesen, daß ein Schritt der Drei Mächte durch den bilateralen amerikanischen Kontakt mit der sowjetischen Botschaft in Washington nicht ausgeschlossen werde. Herr D2 wies auf das große öffentliche Interesse hin und legte dar, daß die Bundesregierung unter zunehmenden innenpolitischen Druck gerate. Die Presse könne nicht mehr lange mit der Erklärung hingehalten werden, daß die Bonner Viererguppe über die Angelegenheit berate.

Botschafter *Hillenbrand* teilte mit, daß das State Department seine Entscheidung über eine Demarche der Drei Mächte in Moskau von der Reaktion der Sowjetunion auf das Gespräch zwischen Sonnenfeldt und Woronzow abhängig machen wolle. Es bevorzuge deshalb, noch etwas zu warten.[6]

Herr *D2* erklärte, daß der Bundesminister große Schwierigkeiten für die Fortsetzung der KSZE-Verhandlungen in Genf sehe, falls die Lage in Berlin nicht zuvor geklärt sei. Auch der Bundeskanzler lege Wert darauf, daß vor seiner Reise nach Moskau[7] die Situation bereinigt werde. Auf die Frage von Botschafter Hillenbrand nach der sowjetischen Motivation führte Herr D2 aus, das könne nicht eindeutig beurteilt werden. Einerseits sei die Sowjetunion – wie auch die DDR – bemüht, die Sache herunterzuspielen. Andererseits könne man nicht ausschließen, daß hier der Boden für Konsultationen nach dem Vier-Mächte-Schlußprotokoll[8] über die Bundespräsenz vorbereitet werden solle. Wir sähen natürlich die darin liegende Gefahr, daß dies zu einem Status quo minus führen könnte. Dennoch würde er, D2, es für nützlich halten, wenn die Viererguppe einmal ein contingency paper zu der Frage erarbeiten könnte, welches die westlichen Optionen für derartige Konsultationen sein könnten[9]. Ausgangspunkt der Überlegungen müsse dabei der Interpretationsbrief der drei Botschafter an den Bundeskanzler sein.[10] Ferner sei wesentlich, in Rechnung zu

---

Fortsetzung Fußnote von Seite 999
   Bediensteter des Umweltamtes zurückgewiesen"; FRANKFURTER ALLGEMEINE ZEITUNG vom 31. Juli 1974, S. 1.

[5] Zum Gespräch des Bundesministers Genscher mit Präsident Nixon am 26. Juli 1974 in San Clemente vgl. Dok. 225.

[6] Ministerialdirigent Blech übermittelte am 1. August 1974 Informationen der amerikanischen Regierung zu einer möglichen Demarche der Drei Mächte bei der sowjetischen Regierung: „Amerikaner haben uns heute morgen zunächst mündlich unterrichtet, daß sowjetische Botschaft sich am 30.7. gegenüber State Department unter Bezugnahme auf Sonnenfeldts telefonische Demarche bei Woronzow am 26.7. geäußert habe, die DDR-Aktion auf den Zugangswegen würde von der Sowjetunion gebilligt, sie seien im übrigen ja nur beschränkter Natur (in den letzten Tagen mehrfach zu beobachtende Tendenz des Herunterspielens der konkreten Vorgänge). Gesprächspartner im State Department habe diese Erklärung als gänzlich unbefriedigend bezeichnet. Amerikaner seien nunmehr zu einer baldigen Dreier-Demarche auf der Grundlage des Entwurfs der Viererguppe, zu dem sie noch einige Vorstellungen entwickeln würden, bereit." Vgl. den Runderlaß Nr. 3142; VS-Bd. 10122 (210); B 150, Aktenkopien 1974.
   Zur Demarche der Drei Mächte am 5. August 1974 in Moskau vgl. Dok. 230.

[7] Bundeskanzler Schmidt und Bundesminister Genscher hielten sich vom 28. bis 31. Oktober 1974 in der UdSSR auf. Vgl. dazu Dok. 309, Dok. 311–316 und Dok. 321.

[8] Vgl. dazu Ziffer 4 des Schlußprotokolls vom 3. Juni 1972 zum Vier-Mächte-Abkommen über Berlin vom 3. September 1971; Dok. 21, Anm. 7.

[9] Der Passus „welches die westlichen ... könnten" wurde von Ministerialdirektor van Well handschriftlich eingefügt. Dafür wurde gestrichen: „wo die Grenze eines möglichen Entgegenkommens für die westliche Seite läge".

[10] Für den Wortlaut des Schreibens der Botschafter Jackling (Großbritannien), Rush (USA) und Sauvagnargues (Frankreich) vom 3. September 1971 an Bundeskanzler Brandt vgl. UNTS, Bd. 880,

stellen, daß die Sowjetunion die bei Abschluß des Vier-Mächte-Abkommens bestehende Bundespräsenz hingenommen habe.

Botschafter *Hillenbrand* erwiderte, wir müßten uns darüber im klaren sein, daß im Bereich der Bundespräsenz auf westlicher Seite gewisse Meinungsverschiedenheiten bestünden. Es sei gelegentlich von einem Gentlemen's Agreement mit Abrassimow über eine Begrenzung der Bundespräsenz die Rede gewesen. Man sei dem auf amerikanischer Seite nachgegangen und habe festgestellt, daß ihnen hierüber nichts bekannt sei. Im Hinblick auf diese Unsicherheit stehe, soweit er sehe, seine Regierung Konsultationen nach dem Vier-Mächte-Schlußprotokoll zögernd gegenüber.

Herr D2 bemerkte, uns komme es darauf an, eine Eskalation zu vermeiden. Bei anhaltenden Schwierigkeiten dürften wir formelle Konsultationen der Vier Mächte jedoch nicht aus den Augen verlieren.

VS-Bd. 10122 (210)

228

Aufzeichnung des Ministerialdirektors Hermes

413-491.09 INI   31. Juli 1974[1]

Über Herrn Staatssekretär[2] Herrn Minister[3]

Betr.: Zündung eines nuklearen Sprengsatzes durch Indien[4];
hier: mögliche Folgen für die internationale Zusammenarbeit bei der friedlichen Verwendung der Kernenergie

Zweck der Vorlage: zur Unterrichtung und Billigung der deutschen Haltung

I. Die Zündung eines nuklearen Sprengsatzes durch Indien hat bewiesen, daß der NV-Vertrag allein nicht ausreicht, um eine weitere Proliferation von Kern-

---

Fortsetzung Fußnote von Seite 1000
S. 139–141. Für den deutschen Wortlaut vgl. BUNDESANZEIGER, Nr. 174 vom 15. September 1972, Beilage, S. 61. Für Auszüge vgl. Dok. 22, Anm. 10, Dok. 54, Anm. 7, und Dok. 172, Anm. 8.

[1] Die Aufzeichnung wurde von Vortragendem Legationsrat I. Klasse Randermann konzipiert.

[2] Hat den Staatssekretären Gehlhoff und Sachs am 12. August 1974 vorgelegen.
Hat Sachs erneut am 13. August 1974 vorgelegen, der handschriftlich vermerkte: „Sobald die Lage international etwas weiter abgeklärt ist, dürfte sich eine Befassung des Bundeskabinettes empfehlen. Es läßt sich voraussehen, daß nicht nur von Seiten der am Erwerb der Anreicherungstechnik interessierten Länder, sondern von unserer Industrie starker Druck ausgeübt wird, falls die betreffenden Länder wirklich Bestellungen normaler Kernanlagen von der Lieferung von Anreicherungstechnologie abhängig machen."

[3] Hat Bundesminister Genscher am 16. August 1974 vorgelegen.

[4] Botschafter Diehl, Neu Delhi, berichtete am 19. Mai 1974: „Indien ist am 18.5.1974 in den Kreis der Atommächte eingetreten. Das Ereignis gibt Indien einen Zuwachs an Macht und Einfluß, erzeugt aber auch außenpolitische Belastungen. Die indische Regierung ist offensichtlich der Auffassung, daß der Preis, der für das Einrücken in die Gruppe der Atommächte gezahlt werden muß,

waffen zu verhindern. Es ist daher zu prüfen, welche zusätzlichen, über den NV-Vertrag hinausgehenden Maßnahmen die Bundesregierung selbst ergreifen oder im internationalen Rahmen vorschlagen sollte.

Zur Erörterung der Frage hat am 18. Juli 1974 im Auswärtigen Amt eine Ressortbesprechung stattgefunden, die im wesentlichen folgendes Ergebnis hatte:

1) Es reicht nicht aus, daß wir entsprechend den Bestimmungen des NV-Vertrages spaltbares Material und nukleare Ausrüstungsgegenstände an Nichtkernwaffenstaaten nur gegen IAEO-Sicherungsmaßnahmen liefern.[5] Es muß vielmehr mit der Möglichkeit gerechnet werden, daß einzelne Staaten sich später über Verpflichtungen hinwegsetzen, die sie im NV-Vertrag oder in Sicherheitskontrollabkommen mit der IAEO eingegangen sind.

2) Es ist daher notwendig, bezüglich der Lieferung von spaltbarem Material und Kernanlagen an Staaten, bei denen diese Möglichkeit nicht auszuschließen ist, restriktiver zu verfahren. Betroffen wären politisch nicht stabile Staaten, Spannungsgebiete und Staaten, die, obwohl NV-Vertragspartei, erkennen lassen, daß sie, ggf. unter Bruch des NV-Vertrages, sich dennoch Kernwaffen zulegen wollen.

3) Eine Unterbindung von Lieferungen spaltbaren Materials und nuklearer Ausrüstungsgegenstände jeglicher Art an diese Staaten erscheint jedoch nicht möglich, da uns andere (Frankreich, aber selbst die USA) auf diesem Weg nicht folgen würden. Die Beschränkungen sollen sich daher nur erstrecken auf Material und Anlagen, die direkt für die Kernwaffenproduktion relevant sein können (angereichertes Uran, Plutonium, Wiederaufarbeitungsanlagen, Anreicherungsanlagen – besonders Zentrifugen – und Schwerwasserreaktoren).

Ein Transfer von entsprechendem Know-how soll ebenfalls unterbunden werden, allerdings nur, soweit dieser nicht schon allgemein bekannt ist und der Geheimhaltung unterliegt.

4) Im Rahmen der IAEO wäre an folgende Maßnahmen zu denken:
– Erweiterung des sog. Zangger-Ausschusses[6], der in Wien die Trigger-Liste bezüglich der unter die Bestimmungen des NV-Vertrages fallenden nuklea-

---

Fortsetzung Fußnote von Seite 1001

sich langfristig auszahlen wird. Angesichts der Bereitschaft der Staatengemeinschaft, sich mit geschaffenen Tatsachen abzufinden, spricht manches dafür, daß das indische Kalkül aufgeht. [...] Staatssekretär Kewal Singh im indischen Außenministerium hat mich am 18. Mai um 12.00 Uhr davon unterrichtet, daß um 8.05 Uhr in Rajastan ein atomarer Sprengkörper gezündet worden sei. Kewal Singh sagte, die indische Regierung wolle einige ‚befreundete Mächte' von dem Vorgang unmittelbar in Kenntnis setzen. Wie wir wüßten, habe Indien den Atomsperrvertrag nicht unterzeichnet, um sich die Optionen offenzuhalten. An der grundsätzlichen Entscheidung der indischen Regierung, die Atomenergie nur für friedliche Zwecke zu verwenden, habe sich nichts geändert. Indien wolle aber bei der Nutzung der Nuklearenergie auf der Höhe des technischen Fortschritts bleiben." Vgl. den Drahtbericht Nr. 404; Referat 413, Bd. 114252.

5 Artikel III Absatz 2 des Nichtverbreitungsvertrags vom 1. Juli 1968 bestimmte: „Each State Party to the Treaty undertakes not to provide: a) source or special fissionable material, or b) equipment or material especially designed or prepared for the processing, use or production of special fissionable material, to any non-nuclear-weapon State for peaceful purposes, unless the source or special fissionable material shall be subject to the safeguards required by this Article." Vgl. BUNDESGESETZBLATT 1974, Teil II, S. 786–793.

6 Zur Arbeit des Zangger-Komitees teilte Ministerialdirigent Lautenschlager am 20. August 1974 mit: „Der NV-Vertrag regelt in Artikel III Abs. 2 die Anwendung von Sicherungsmaßnahmen im Zusammenhang mit dem Export von Kernmaterial und -ausrüstungen. [...] Nicht festgelegt wurde

ren Ausrüstungsgegenstände ausgearbeitet hat, auf weitere Lieferstaaten (SU, Frankreich);
- Ausdehnung des neuen umfassenderen Sicherungssystems der IAEO[7] auch auf Sicherheitskontrollabkommen, die nicht auf Grund des NV-Vertrages abgeschlossen werden;
- Verstärkung des „Verfolgungsrechts" der IAEO bezüglich der Kontrolle von spaltbarem Material auch nach Beendigung der von ihr abgeschlossenen Sicherheitskontrollabkommen alter Art.

5) Bezüglich einer anscheinend von den USA und Großbritannien erwogenen[8] Verschärfung des IAEO-Sicherheitskontrollsystems verhalten wir uns abwartend, da die Gefahr besteht, daß wir hierdurch als ein auf dem Gebiet der friedlichen Verwendung der Kernenergie führender Nichtkernwaffenstaat am meisten belastet werden, ohne daß im Hinblick auf die Non-Proliferation wesentliche Fortschritte erzielt würden.

Den Gedanken einer Beschränkung der technischen Hilfe der IAEO auf Staaten, die NV-Vertragspartei sind oder zumindest ihren gesamten Brennstoffkreislauf IAEO-Sicherungsmaßnahmen unterwerfen, halten wir angesichts der starken Stellung der Nicht-NV-Vertragsstaaten im Gouverneursrat (14 von 34) nicht für durchsetzbar.

6) Angesichts der in Zukunft immer größer werdenden Menge von im Umlauf befindlichen spaltbaren Materials wird der Frage des physischen Schutzes dieses Materials (physical protection) vor einer sog. subnationalen Abzweigung (Terroristen) eine ebenso große Bedeutung zukommen wie der Abzweigung durch einzelne Staaten selbst. Mit dieser Frage, die auch ein wesentliches Thema der NV-Vertrags-Revisionskonferenz[9] sein wird, muß sich die IAEO befassen. Wir werden Vorschläge ausarbeiten.

Fortsetzung Fußnote von Seite 1002

in Artikel III Abs. 2, welche Materialien und Ausrüstungen im einzelnen von diesen Ausfuhrbedingungen betroffen sind. Um eine einheitliche Auslegung der Exportbeschränkungen zu gewährleisten und Wettbewerbsverzerrungen, die aus einer unterschiedlichen Auslegung herrühren könnten, möglichst auszuschließen, hat sich 1970 in Wien ein Ausschuß industriell fortgeschrittener Länder unter Vorsitz des Schweizer IAEO-Delegierten Zangger etabliert, der in langwierigen Verhandlungen zwei Memoranden fertiggestellt hat, die die fraglichen Gegenstände und die Bedingungen ihrer Ausfuhr definieren. Die Materialien und Ausrüstungsgegenstände, bezüglich derer man sich einig ist, daß sie unter die Bestimmungen von Art. III Abs. 2 NV-Vertrag fallen, ergeben sich aus den Memoranden bzw. aus der dem einen Memorandum beigefügten sog. Trigger-Liste." Es sei nicht beabsichtigt, „die Zangger-Memoranden in die Form völkerrechtlich verbindlicher Abkommen zu kleiden. Die einzelnen Staaten bekräftigen in auszutauschenden Noten einseitig lediglich die Absicht, nach den festgelegten Grundsätzen verfahren zu wollen." Mitglieder des Komitees seien nahezu alle in Frage kommenden Lieferstaaten mit Ausnahme Frankreichs und der UdSSR, die aber zu erkennen gegeben habe, sich gemäß den Memoranden verhalten zu wollen. Vgl. den Runderlaß Nr. 3547; Referat 413, Bd. 114193.

[7] In der Folge des Nichtverbreitungsvertrags vom 1. Juli 1968 wurde ein neues IAEO-Sicherungssystem zur Kontrolle der Nichtkernwaffenstaaten erforderlich. Am 20. April 1971 billigte der Gouverneursrat der IAEO ein entsprechendes Modellabkommen, das eine Kontrolle des gesamten Nuklearkreislaufs eines Staates ermöglichte. Für das Dokument INFCIRC/153 vgl. INTERNATIONAL ATOMIC ENERGY AGENCY, The Structure and Content of Agreements Between the Agency and States Required in Conncection with the Treaty on the Non-Proliferation of Nuclear Weapons, [Wien] 1971.

[8] Korrigiert aus: „erhobenen".

[9] Vgl. dazu Artikel VIII Absatz 3 des Nichtverbreitungsvertrags vom 1. Juli 1968; Dok. 143, Anm. 9.

Die weiteren Einzelheiten ergeben sich aus der anliegenden Ergebnisniederschrift[10], der die beteiligten Ressorts (BMWi und BMFT) auf Referentenebene zugestimmt haben.

II. Parallel zu diesen Überlegungen stellt sich das Problem, welche Maßnahmen in Bezug auf den NV-Vertrag selbst zu treffen sind, um weitere Staaten, insbesondere Schwellenmächte, zum Beitritt zu bewegen. Diese Frage wird von der Abteilung 2 weiter verfolgt.

III. Zu der Frage, wie die in Ziffer I enthaltenen Gedanken in die internationale Diskussion eingeführt werden sollen, wird Referat 413 für Mitte August zu einer weiteren Ressortbesprechung einladen. Es sollte dort vorgeschlagen werden, daß unsere Gedanken zunächst in informeller Form mit den Amerikanern und Briten erörtert werden, von denen wir wissen, daß sie ebenfalls entsprechende Überlegungen anstellen. Sodann könnte die Vertretung Wien ermächtigt werden, in einen ersten Meinungsaustausch mit den Vertretungen anderer befreundeter IAEO-Mitgliedstaaten einzutreten. Das weitere Verfahren würde von den erhaltenen Reaktionen abhängen.

IV. Bis eine weitere Klärung dieser Fragen im internationalen Rahmen erreicht ist, sollten wir uns bei Lieferzusagen für sensitive nukleare Anlagen an Staaten, die sich in Spannungsgebieten befinden oder deren langfristig politische Stabilität nicht gewährleistet erscheint (gegenwärtig akut sind Lieferungen von Zentrifugen an Brasilien[11] und den Iran) zurückhalten.

Abteilung 2 hat mitgezeichnet.

Hermes

Referat 413, Bd. 114252

---

[10] Dem Vorgang beigefügt. Vgl. Referat 413, Bd. 114252.
[11] Am 4. Juli 1974 vermerkte Ministerialdirektor Hermes, daß die brasilianische Regierung mit Note vom 24. Juni 1974 ihr Interesse bekundet habe, „in Zusammenarbeit mit der Bundesrepublik ein alle Stufen des Brennstoffkreislaufes umfassendes kerntechnisches Entwicklungsprogramm für friedliche Zwecke zu verwirklichen, wobei der Urananreicherung besondere Bedeutung zugemessen wird". Hermes führte dazu aus, durch die Zündung eines nuklearen Sprengsatzes durch Indien am 18. Mai 1974 werde allerdings die Frage aufgeworfen, „ob wir als Staat, der nunmehr selbst über Anreicherungs-Know-how verfügt, nicht auch eine eigene Verantwortung haben, dazu beizutragen, eine weitere Proliferation von Kernwaffen möglichst zu verhindern. Diese Frage ist zu bejahen." Durch den Abschluß eines Kontrollabkommens zwischen der IAEO und dem Empfängerstaat für eine Zentrifugenanlage in Brasilien „würden wir uns zwar hinsichtlich des NV-Vertrages formell freizeichnen; materiell jedoch würden wir Brasilien in die Lage versetzen, mit Hilfe dieser Anlage – wenn auch vertragswidrig – Uran für Kernwaffenzwecke anzureichern bzw. entsprechendes Knowhow an andere nicht zu kontrollierende Staaten zu exportieren. Der Abschluß eines Sicherheitskontrollabkommens gibt gegen eine vertragswidrige Verwendung der Anlage keine absolute Sicherheit. Dies gilt besonders für ein Land, das wie Brasilien dem NV-Vertrag nicht beitritt und in dem politische Umwälzungen langfristig nicht ausgeschlossen werden können. Auf dem Zentrifugengebiet sollten wir mit Brasilien deshalb nicht zusammenarbeiten." Der brasilianischen Regierung solle deshalb eine Zusammenarbeit bei dem weniger gefährlichen Trenndüsenverfahren angeboten werden. Vgl. Referat 413, Bd. 114140.

229

Aufzeichnung der
Vortragenden Legationsrätin I. Klasse Finke-Osiander

214-552 UNG-2199/74 VS-vertraulich   2. August 1974[1]

Betr.: Ungarische Wiedergutmachungsforderungen und Überlegungen zu langfristigen Wirtschafts- und Finanzierungskonstruktionen;
hier: Ergebnis der Hausbesprechung vom 30. Juli 1974

Vorsitz: Herr D 2[2]

Teilnehmer: Herren D 4[3], D 5[4], Dg 21[5], Dg 51[6], Frau VLR I Finke-Osiander (214), VLR I Sieger (421), VLR I Fleischhauer (500), VLR I Prof. Rumpf (514), VLR Bäumer (514), VLR Mattes (214) und LS Frick (500)

Zusammenfassung der Ergebnisse

1) Beantwortung der ungarischen Note[7]

– Die Beantwortung aller drei Komplexe erfolgt nicht getrennt, sondern in einer Note;

– Wiedergutmachungsansprüche[8]
Knappe Darstellung unseres Rechtsstandpunktes;

---

[1] Die Aufzeichnung wurde von Vortragender Legationsrätin I. Klasse Finke-Osiander und von Vortragendem Legationsrat Mattes konzipiert.
Hat Ministerialdirigent Blech am 5. August 1974 vorgelegen.
Hat Ministerialdirektor van Well am 6. August 1974 vorgelegen. Vgl. den Begleitvermerk; VS-Bd. 10164 (214); B 150, Aktenkopien 1974.

[2] Günther van Well.

[3] Peter Hermes.

[4] Dedo von Schenck.

[5] Klaus Blech.

[6] Herbert Dreher.

[7] Botschafter Kersting, Budapest, teilte am 15. Juli 1974 mit, der ungarische Stellvertretende Außenminister Nagy habe am 12. Juli 1974 eine Verbalnote sowie zwei dazugehörige Dokumente übergeben. In der Verbalnote vom 11. Juli 1974 werde ausgeführt: „Das Ministerium für Auswärtige Angelegenheiten der Ungarischen Volksrepublik bringt der Botschaft der Bundesrepublik Deutschland seine Hochachtung zum Ausdruck und hat die Ehre, unter Bezugnahme auf die Anlage Nr. 5 des bei den über die Aufnahme der diplomatischen Beziehungen geführten Verhandlungen von den beiden Seiten unterzeichneten Protokolls sowie auf den Gedankenaustausch, den Bundespräsident Walter Scheel in seiner Eigenschaft als Bundesminister des Auswärtigen während seines offiziellen Besuchs in Ungarn mit Minister für Auswärtige Angelegenheiten, Herrn Frigyes Puja, diesbezüglich geführt hat, die folgenden zwei Dokumente in der Anlage dieser Note zu überreichen. 1) Regelung beanspruchende vermögensrechtliche und finanzielle Fragen zwischen der Ungarischen Volksrepublik und der Bundesrepublik Deutschland. 2) Einige Gedanken zu langfristigen Wirtschafts- und Finanzierungskonstruktionen, die die wirtschaftliche Zusammenarbeit zwischen der Ungarischen Volksrepublik und der Bundesrepublik Deutschland fördern. Das Ministerium für Auswärtige Angelegenheiten der ungarischen Volksrepublik überreicht die obenerwähnten Dokumente in der Hoffnung, daß die zuständigen Behörden der Bundesrepublik Deutschland […] sie wohlwollend prüfen werden und die Besprechungen über diese Fragen zwischen den Vertretern der zuständigen Behörden der ungarischen Volksrepublik und der Bundesrepublik Deutschland baldmöglichst aufgenommen werden können." Vgl. den Drahtbericht Nr. 278; VS-Bd. 10164 (214); B 150, Aktenkopien 1974. Für Auszüge aus der den der Verbalnote beigefügten Anlagen 1 und 2 vgl. Anm. 8, 9 und 13.

[8] In Abschnitt 2 der Anlage 1 der ungarischen Verbalnote vom 11. Juli 1974 wurde darauf hingewiesen, daß die Ansprüche von in Ungarn lebenden Opfern nationalsozialistischer Verfolgungsmaß-

- Rückerstattungsansprüche[9]

Die Vertreter der Rechtsabteilung betonten, die von ungarischer Seite geltend gemachten Forderungen müßten im Hinblick auf Art. 30 des ungarischen Friedensvertrages[10], Art. 5 des Londoner Schuldenabkommens[11] und

Fortsetzung Fußnote von Seite 1005
nahmen bislang ungeregelt geblieben seien. Dazu wurde ausgeführt: ‚Infolge dieser Verfolgungen haben die Verfolgten solche Schäden erlitten, deren Abhilfe aufgrund der Prinzipien der ‚Londoner Deklaration' vom Jahre 1943 hätte geschehen müssen. Die Bundesrepublik Deutschland hat sich entsprechend dem Geist dieser Deklaration gegenüber den verschiedenen Verfolgten des Nazismus zur Wiedergutmachung in verschiedenen Verträgen verpflichtet, ungeachtet des Wohnorts und der Staatsangehörigkeit der Verfolgten. [...] Die ungarische Seite hat schon früher durch ihre zuständigen Organe mehrmals diese Ansprüche angemeldet und teilt auch hierdurch mit, daß sie über 88 000 Einzel-Anmeldungen verfügt. [...] Nach unserer Beurteilung sind zur Befriedigung der Ansprüche der Verfolgten 400 Millionen DM notwendig." Vgl. den Drahtbericht Nr. 278 des Botschafters Kersting, Budapest, vom 15. Juli 1974; VS-Bd. 10164 (214); B 150, Aktenkopien 1974.
[9] In Abschnitt 1 der Anlage 1 der ungarischen Verbalnote vom 11. Juli 1974 wurde ausgeführt: „Im Laufe des Zweiten Weltkrieges wurden verschiedene ungarische Güter und Vieh in großem Maße und Werte ohne Entgelt auf das Gebiet der heutigen Bundesrepublik Deutschland verbracht, bzw. die ungarischen Forderungen, die aus Warenlieferungen und verschiedenen Dienstleistungen stammten, blieben ungeregelt. Die auf dem Gebiet der Bundesrepublik Deutschland verbliebenen Güter [...] setzen sich nach dem Charakter der Entstehung aus den nachstehenden, wichtigeren Gruppen zusammen: 1) Räumgüter, die a) mit der Bahn, b) auf dem Wasserwege verbracht wurden; 2) Vorratsgüter, die a) mit der Bahn, b) auf dem Wasserwege verfrachtet wurden; 3) zum Zwecke der sog. ‚Industrieverlagerung' verbrachte Maschinen und sonstige Produktionsmittel, Rohstoffe und Halbwaren; 4) Güter der ungarischen Armee (ausgenommen Kriegsmaterial und Kriegsmittel); 5) mit Straßenfahrzeugen verbrachte Güter, verschiedene Fahrzeuge und vertriebenes Vieh; 6) von der SS und der Wehrmacht unmittelbar verbrachte Güter; 7) mit Warenverkehr und Dienstleistungen verbundene, ungeregelte ungarische Forderungen [...]; 8) Anteil der deutschen Banken an dem Vorschuß, der einem aus Wiener und Berliner Bankinstituten gebildeten Banksyndikat zwecks Nachkriegswarenlieferungen überwiesen wurde; 9) aufgrund der zwischen den Regierungen zustande gekommenen Vereinbarungen den deutschen Organen zur Verfügung gestellte Beträge. [...] Der Gesamtbetrag der obengenannten ungarischen Ansprüche beläuft sich auf etwa 500 Millionen DM." Vgl. den Drahtbericht Nr. 278 des Botschafters Kersting, Budapest, vom 15. Juli 1974; VS-Bd. 10164 (214); B 150, Aktenkopien 1974.
[10] Artikel 30 des Friedensvertrags vom 10. Februar 1947 zwischen den Alliierten und Assoziierten Mächten und Ungarn: „1) From the coming into force of the present Treaty, property in Germany of Hungary or of Hungarian nationals shall no longer be treated as enemy property and all restrictions based on such treatment shall be removed. 2) Identifiable property of Hungary and Hungarian nationals removed by force or duress from Hungarian territory to Germany by German forces or authorities after January 20, 1945, shall be eligible for restitution. 3) The restoration and restitution of Hungarian property in Germany shall be effected in accordance with measures which will be determined by the Powers in occupation of Germany. 4) Without prejudice to these and to any other dispositions in favour of Hungary and Hungarian nationals by the Powers occupying Germany, Hungary waives on its own behalf and on behalf of Hungarian nationals all claims against Germany and German nationals outstanding on May 8, 1945, except those arising out of contracts and other obligations entered into, and rights acquired, before September 1, 1939. This waiver shall be deemed to include debts, all inter-governmental claims in respect of arrangements entered into in the course of the war and all claims for loss or damage arising during the war." Vgl. UNTS, Bd. 41, S. 200.
[11] In Artikel 5 Absatz 4 des Abkommens vom 27. Februar 1953 über deutsche Auslandsschulden (Londoner Schuldenabkommen) wurde ausgeführt: „Die gegen Deutschland oder deutsche Staatsangehörige gerichteten Forderungen von Staaten, die vor dem 1. September 1939 in das Reich eingegliedert oder am oder nach dem 1. September 1939 mit dem Reich verbündet waren, und von Staatsangehörigen dieser Staaten aus Verpflichtungen, die zwischen dem Zeitpunkt der Eingliederung (bei dem mit dem Reich verbündet gewesenen Staaten dem 1. September 1939) und dem 8. Mai 1945 eingegangen worden sind, oder aus Rechten, die in dem genannten Zeitraum erworben worden sind, werden gemäß den Bestimmungen behandelt, die in den einschlägigen Verträgen genannt worden sind oder noch getroffen werden. Soweit gemäß den Bestimmungen dieser Verträge solche Schulden geregelt werden können, finden die Bestimmungen dieses Abkommens Anwendung." Vgl. BUNDESGESETZBLATT 1953, Teil II, S. 341.

Teil 10 des Überleitungsvertrages[12] zurückgewiesen werden. Es wurde Einigung erzielt, das BMF wegen der komplexen Materie der Rückerstattungsansprüche zu beteiligen und um baldige Stellungnahme zu bitten.

– Wirtschaftliche Zusammenarbeit[13]

Hinweis auf die bisherige und zukünftige Entwicklung der wirtschaftlichen Zusammenarbeit und geschäftsmäßige Behandlung der ungarischen Vorschläge in geeigneten Gremien.

Das Für und Wider einer Beteiligung des BMWi zum jetzigen Zeitpunkt oder später wurde ausführlich erörtert. Die Vertreter der Abteilung 2 betonten, das BMWi müsse vor allem wegen der eventuell im September in Aussicht genommenen Ungarnreise von BM Friderichs[14] unterrichtet werden. Dieser müsse entscheiden können, ob er unter diesen Umständen an seinem Besuch im Herbst festhalten wolle. D 4 stellte seine anfänglichen Bedenken gegen eine sofortige Beteiligung des BMWi zurück.

– Es wurde in Aussicht genommen, die Beantwortung der Note mit einer politisch gefaßten Stellungnahme zu verbinden, die unser Interesse und Wille zur umfassenden Weiterentwicklung der deutsch-ungarischen Beziehungen zum Ausdruck bringen soll. Nicht ausdiskutiert wurde die Frage, ob dies schriftlich als Vorspann der Antwortnote oder mündlich oder teils schriftlich teils mündlich geschehen soll.[15]

---

[12] Teil 10 des Vertrags vom 26. Mai 1952 zur Regelung aus Krieg und Besatzung entstandener Fragen in der Fassung vom 23. Oktober 1954 regelte die ausländischen Interessen in Deutschland. Für den Wortlaut vgl. BUNDESGESETZBLATT 1954, Teil II, S. 212–224, bzw. BUNDESGESETZBLATT 1955, Teil II, S. 239 f.

[13] In Anlage 2 der ungarischen Verbalnote vom 11. Juli 1974 wurde hinsichtlich der wirtschaftlichen Zusammenarbeit zwischen der Bundesrepublik und Ungarn ausgeführt: „Es ist bekannt, daß zwischen den beiden Ländern auch bisher enge industrielle, technische und kommerzielle Beziehungen – die auf traditioneller Basis ruhen – zustande gekommen sind, deren Weiterentwicklung zu erwarten ist. [...] Im Zusammenhang mit obigem ist die ungarische Seite der Meinung, daß die Fragen der Finanzierung, so besonders die der Kreditgewährung, ein wichtiges Element der Verwirklichung und Ausbreitung der langfristigen wirtschaftlichen Zusammenarbeit auf verschiedenen Gebieten bilden können bzw. bilden. Zum Zweck der Weiterentwicklung der ungarischen Volkswirtschaft hat Ungarn in der folgenden mittelfristigen Periode die Verwirklichung mehrerer solcher – nicht nur den ungarischen, sondern den gesamteuropäischen Interessen, so auch jenen der Bundesrepublik Deutschland dienenden – Programme mit infrastrukturellem Charakter auf die Tagesordnung gesetzt, an denen die Bundesrepublik Deutschland direkt oder indirekt interessiert ist. [...] Es würde die Verwirklichung dieser Programme fördern, wenn zu deren Finanzierung die mittelbar oder unmittelbar interessierten Länder, so auch die Bundesrepublik Deutschland, durch Gewährung günstiger Kredite beitragen würden." Vgl. den Drahtbericht Nr. 278 des Botschafters Kersting, Budapest, vom 15. Juli 1974; VS-Bd. 10164 (214); B 150, Aktenkopien 1974.

[14] Bundesminister Friderichs hielt sich vom 9. bis 12. November 1974 in Ungarn auf.

[15] Am 22. August 1974 resümierte Botschafter Kersting, Budapest, Äußerungen eines Mitarbeiters im ungarischen Außenministerium zu den in der ungarischen Verbalnote vom 11. Juli 1974 erhobenen Wiedergutmachungsforderungen: „In einem Gespräch gelegentlich eines Essens mit einem hohen Funktionär aus dem Außenamt kam dieser von sich aus auf die Wiedergutmachungsforderungen zu sprechen, die nach seiner Darstellung unter Druck des Finanzministeriums und des Nazi-Verfolgtenverbandes konkretisiert worden sind. Ich habe ferner aus seinen Worten den Eindruck gewonnen, daß man im ungarischen Außenamt selbst nicht daran glaubt, daß Forderungen dieser Art und Höhe überhaupt Aussicht haben, auch nur annähernd realisiert zu werden." Der Mitarbeiter im ungarischen Außenministerium habe des weiteren erklärt, „daß der ungarische Wunsch nach baldiger Beantwortung der Note von uns nicht so wörtlich zu nehmen sei. Seinem Ministerium wäre nicht damit gedient, wenn es wegen dieser Frage zu einer Belastung des Verhältnisses käme." Vgl. den Drahtbericht Nr. 323; VS-Bd. 8869 (421); B 150, Aktenkopien 1974.

2) Unterrichtung der zuständigen Ressorts

– Der Herr StS wird auf Veranlassung von Abteilung 2 vertrauliche Schreiben an seine Kollegen im BMF[16] und BMWi[17] zur Unterrichtung über die ungarischen Forderungen und mit der Bitte um Stellungnahme zum jeweiligen das BMF bzw. BMWi betreffenden Teil richten.

– Den getrennten Schreiben wird ein gleichlautender Teil über die grundsätzlichen Vorstellungen des Amtes zur Beantwortung der Note vorangestellt. Jeder der Staatssekretäre erhält Doppel des an seinen Kollegen gerichteten Schreibens.

– Die Referate 421 und 514 übersenden dem Referat 214 möglichst bald Entwürfe für den fachlichen Teil der beiden StS-Schreiben.

[Finke-Osiander][18]

VS-Bd. 10164 (214)

---

[16] Mit Schreiben vom 28. August 1974 unterrichtete Staatssekretär Gehlhoff Staatssekretär Hiehle, Bundesministerium der Finanzen, über die in der ungarischen Verbalnote vom 11. Juli 1974 geltend gemachten Restitutions- und Wiedergutmachungsforderungen. Gehlhoff bat ferner um Stellungnahme zum Vorschlag des Auswärtigen Amts für eine Antwortnote. Hinsichtlich der ungarischen Forderungen sei darzulegen: „Was die unter 1) der Anlage 1 zu der Verbalnote vom 11. Juli 1974 genannten Forderungen betrifft, muß das Auswärtige Amt darauf hinweisen, daß sie sämtlich unter Artikel 30 Absätze 2 bis 4 des ungarischen Friedensvertrages vom 10. Februar 1947 fallen. Nach Absatz 3 dieses Artikels wird ungarisches Eigentum in Deutschland gemäß den Maßnahmen zurückerstattet, die von den Besatzungsmächten in Deutschland bestimmt werden. Die Durchführung der von den Besatzungsmächten erlassenen Bestimmungen ist jedoch seit langem abgeschlossen. Die darin vorgesehenen Fristen sind abgelaufen. [...] Die übrigen in der ungarischen Note genannten Forderungen, einschließlich der Ansprüche wegen nationalsozialistischer Verfolgungsmaßnahmen (Ziffer 2 der Anlage 1), fallen sämtlich unter Absatz 4 des Artikels 30 des ungarischen Friedensvertrages. Wie der ungarischen Regierung gewiß bekannt ist, ist diese Bestimmung des ungarischen Friedensvertrages durch den Artikel 5 Absatz 4 des Londoner Schuldenabkommens vom 27. Februar 1953 für die Bundesregierung Deutschland verbindlich geworden." Vgl. VS-Bd. 10164 (214); B 150, Aktenkopien 1974.

[17] Mit Schreiben vom 28. August 1974 teilte Staatssekretär Gehlhoff Staatssekretär Rohwedder, Bundesministerium für Wirtschaft, mit, in der ungarischen Verbalnote vom 11. Juli 1974 seien „Restitutions- und Wiedergutmachungsansprüche in Höhe von 900 Mio. DM geltend gemacht und Vorstellungen zum Ausbau der wirtschaftlichen Zusammenarbeit, insbesondere durch die Gewährung von zinsverbilligten Krediten, entwickelt" worden. Hinsichtlich des Ausbaus der wirtschaftlichen Zusammenarbeit schlage das Auswärtige Amt folgende Antwort vor: „Was die Anlage 2 der Verbalnote betrifft, so teilt das Auswärtige Amt die Erwartung der ungarischen Seite, daß die bereits traditionell guten Wirtschaftsbeziehungen zwischen beiden Ländern weiter entwickelt werden. [...] In diesem Zusammenhang muß die Bundesregierung allerdings klarstellen, daß es ihr nicht möglich ist, ihre Kreditpolitik im Hinblick auf zinsverbilligte Rahmenkredite oder Zinssubventionen zu ändern. Die Bundesregierung hat dazu wiederholt erklärt, daß sie selbst grundsätzlich keine Kredite gewährt. Aus grundsätzlichen Erwägungen wie auch im Hinblick auf eine unerwünschte Ausweitung der Exportüberschüsse und – damit zusammenhängend – im Interesse der inneren Preisstabilität kann sie auch nicht die Gewährung von Zinssubventionen – auch nicht als Ausnahme – in Betracht ziehen." Vgl. VS-Bd. 10164 (214); B 150, Aktenkopien 1974.

[18] Verfasserin laut Begleitvermerk.

230

Gesandter Balser, Moskau, an das Auswärtige Amt

114-13276/74 VS-vertraulich   Aufgabe: 5. August 1974, 19.57 Uhr[1]
Fernschreiben Nr. 2738   Ankunft: 5. August 1974, 19.35 Uhr
Citissime

Zur Unterrichtung

Betr.: Umweltbundesamt
hier: Alliierten-Demarche in Moskau vom 5.8.74[2]

Bezug: DB 2729 vom 5.8.1974[3]

I. Von Missionschefs der drei Alliierten-Botschaften war über die Reaktion der sowjetischen Gesprächspartner auf die Demarche folgendes zu erfahren:

1) Stoessel:

Stellvertretender Außenminister Kusnezow habe zunächst gemäß der Erklärung sowjetischen Außenministeriums vom 20.7.[4] (Prawda-Artikel) sowjetischen Standpunkt wiederholt und hinzugefügt, daß Errichtung Bundesumwelt-

---

[1] Hat Ministerialdirektor van Well vorgelegen.
Hat Vortragendem Legationsrat Stabreit vorgelegen.
Hat Vortragendem Legationsrat Kastrup am 14. August 1974 vorgelegen.

[2] In ihrer Demarche erklärten die Drei Mächte unter Bezugnahme auf die Erklärung des sowjetischen Außenministeriums vom 20. Juli 1974 sowie auf Behinderungen im Transitverkehr nach Berlin (West), insbesondere die Zurückweisung von Beschäftigten des Umweltbundesamts: „Die drei Regierungen halten die strikte Einhaltung des Vierseitigen Abkommens für sehr wichtig. In diesem Zusammenhang möchten sie betonen, daß die DDR keinen Anspruch auf irgendwelche Rechte bezüglich der Anwendung des Teils II, B und der diesen Teil des Abkommens betreffenden Dokumente erheben kann sowie keinerlei Maßnahmen in Widerspruch zu den Bestimmungen des Abkommens, einschließlich des Teils II, A, treffen kann, in dem die Regierung der Union der Sozialistischen Sowjetrepubliken erklärt hat, daß der Transitverkehr von zivilen Personen und Gütern zwischen den Westsektoren Berlins und der BRD ohne Behinderungen sein wird. [...] Die drei Regierungen möchten die sowjetische Regierung an ihre früheren Erklärungen, die am 9. Oktober 1973 in Berlin sowie am 29. Dezember 1973 und am 29. Januar 1974 in Moskau abgegeben wurden, erinnern. Die drei Regierungen möchten ihre in diesen Erklärungen dargelegte Position bekräftigen. Insbesondere möchten sie unterstreichen, daß die Errichtung des Umweltbundesamtes in den Westsektoren Berlins nicht im Widerspruch zu irgendeiner Bestimmung des Vierseitigen Abkommens und der dazugehörenden Dokumente steht, während es eine Verletzung des Vierseitigen Abkommens bedeutet, wenn Mitarbeitern des Umweltbundesamtes die Benutzung der Transitwege verwehrt wird. [...] Außerdem möchten die drei Regierungen erklären, daß die Verzögerungen, die es im Ergebnis der Befragung von Transitreisenden im Zusammenhang mit der Errichtung des Umweltbundesamtes gegeben hat, ebenfalls dem Vierseitigen Abkommen widersprechen. [...] Die drei Regierungen appellieren an die sowjetische Regierung, ihre eindeutige Verpflichtung zu erfüllen, in Übereinstimmung mit dem Vierseitigen Abkommen den ungehinderten Transitverkehr von zivilen Personen und Gütern zwischen den Westsektoren Berlins und der BRD zu gewährleisten." Vgl. DOKUMENTE ZUR BERLIN-FRAGE 1967–1986, S. 462 f.

[3] Gesandter Balser, Moskau, teilte mit: „1) Nach Mitteilung amerikanischer Botschaft haben britischer und französischer Geschäftsträger getrennt Demarche heute vormittag bei zuständigen Abteilungsleitern im sowjetischen Außenministerium vorgenommen. US-Botschafter Stoessel wird Demarche heute nachmittag 16.00 Uhr (Moskauer Zeit) bei Stellvertretendem Außenminister Kusnezow (Ebene wurde wegen Abwesenheit Abteilungsleiters gewählt) ausführen. 2) Presseanfragen werden vor Ausführung amerikanischer Demarche von Botschaft nicht beantwortet werden. 3) Bericht über sowjetische Reaktionen bleibt vorbehalten." Vgl. Referat 210, Bd. 109273.

[4] Für die Erklärung des sowjetischen Außenministeriums vom 20. Juli 1974 vgl. Dok. 227, Anm. 2.

amtes absichtliche Herausforderung gewesen sei, um die Reaktion der sowjetischen Seite zu testen. Die Errichtung des Amtes sei eine Verletzung des Vier-Mächte-Abkommens. Im übrigen habe es keinen sachlichen Grund für die Errichtung dieses Amtes in Westberlin gegeben. Das Vier-Mächte-Abkommen stelle klar heraus, daß Westberlin kein Teil der Bundesrepublik Deutschland sei.[5] Die Errichtung des Amtes widerspreche dieser Vereinbarung, was die Sowjetunion nicht akzeptieren könne. Die Interpretation, daß die Errichtung des Amtes im Einklang mit dem Vier-Mächte-Abkommen stehe, sei eine Interpretation der Westmächte, die sowjetische Seite sei dazu nicht gefragt worden. Stoessel erwiderte Kusnezow, daß die Errichtung des Bundesumweltamtes nicht als Herausforderung beabsichtigt gewesen sei. Amerikaner hätten ein großes Interesse daran, daß Berlin nicht Spannungsquelle würde. Deshalb bedauerten sie die Aktionen der DDR auf den Zufahrtswegen sehr.[6] Diese Zugangsbehinderungen, nicht aber die Errichtung des Umweltamtes, seien eine klare Verletzung des Vier-Mächte-Abkommens. Die Amerikaner betrachteten dies als eine sehr ernste Angelegenheit und hätten deshalb die Verhandlungen mit der DDR betreffend die Aufnahme diplomatischer Beziehungen verschoben.[7] Kusnezow bemerkte hierzu: Dies sei eine Angelegenheit der Amerikaner (that is your concern), welche die Dinge aber nur noch mehr kompliziere.

Stoessel bemerkte mir gegenüber, Kusnezow habe sich nur sehr unwillig auf eine Erörterung des Themas eingelassen und habe nach zwanzig Minuten erklärt: „Nun wollen wir über wichtigere Dinge sprechen."

2) Sir Terence Garvey:

Leiter Zweiter Europäischer Abteilung Suslow habe ebenfalls sowjetische Haltung gemäß Erklärung vom 20.7. dargelegt und dabei betont:

– Sowjetische Regierung betrachte Errichtung des Bundesumweltamtes als Verletzung des Vier-Mächte-Abkommens;

– die Konsequenzen der Errichtung des Amtes fielen ausschließlich unter die Verantwortung der Initiatoren.

– Die Durchfahrt von Mitgliedern des Bundesamtes sowie von Dokumenten und anderem Eigentum des Amtes über die Zugangswege sei nach Maßgabe des Vier-Mächte-Abkommens illegal.

– Die sowjetische Regierung unterstütze (supports) die Maßnahmen der DDR-Behörden auf den Zugangswegen.

Sir Terence Garvey habe darauf geantwortet, die Verantwortung für die Durchführung des Vier-Mächte-Abkommens liege bei der sowjetischen Regierung und nicht bei der DDR. Die Maßnahmen auf den Transitwegen stellten eine klare und eindeutige Verletzung uneingeschränkter Verpflichtungen der sowjetischen Regierung dar. Diese DDR-Maßnahmen seien unrechtmäßig. Nach Auffassung der Alliierten sei die Errichtung des Bundesumweltamtes in den Westsektoren

---

[5] Vgl. dazu Teil II B sowie Anlage II Absatz 1 des Vier-Mächte-Abkommens über Berlin vom 3. September 1971; Dok. 18, Anm. 4.

[6] Zu den Behinderungen im Transitverkehr nach Berlin (West) vgl. Dok. 225, Anm. 20, und Dok. 227, Anm. 4.

[7] Zur Unterbrechung der Verhandlungen zwischen den USA und der DDR über die Aufnahme diplomatischer Beziehungen vgl. Dok. 225, Anm. 21.

von Berlin vereinbar mit dem Vier-Mächte-Abkommen. Das Vier-Mächte-Abkommen sehe eine Weiterentwicklung (gradual development of links) der Verbindungen zwischen der Bundesrepublik Deutschland und den Westsektoren von Berlin vor. Suslow habe dazu bemerkt, es handele sich um eine Frage von Ursache und Wirkung. Den Anlaß hätten nicht die Sowjets, sondern „andere" gegeben.

Sir Terence sagte mir, er habe die Sowjets nicht im Zweifel darüber gelassen, daß die Briten die Angelegenheit als ernst ansähen. Er habe aber keine Weisung gehabt, auf die Konsultationen hinzuweisen, die im Schlußprotokoll des Vier-Mächte-Abkommens vorgesehen sind[8].

3) Französischer Geschäftsträger Husson:
Der amtierende Leiter der Ersten Europäischen Abteilung, Medwedjewskij, habe sich in seiner Antwort ebenfalls an die sowjetische Erklärung vom 20.7. gehalten und dazu ebenfalls betont, daß die Errichtung des Bundesumweltamtes das Vier-Mächte-Abkommen verletze. Dem habe Husson unter Hinweis auf den Alliierten-Text energisch widersprochen. Zu einer weiteren Erörterung sei es nicht gekommen. Herr Medwedowskij habe erklärt, er werde die Angelegenheit weitergeben. Er müsse nur feststellen, daß die Positionen eben unterschiedlich seien.

II. Zur Pressebehandlung teilten die Missionschefs folgendes mit: Sie hätten der Presse auf Anfrage bekanntgegeben, daß sie im sowjetischen Außenministerium vorstellig geworden seien, daß über das Thema Berlin gesprochen worden sei, daß sie aber von hier aus keine weiteren Kommentare geben würden. Der britische Botschafter hat den Korrespondenten empfohlen, in Bonn anzufragen, der amerikanische Botschafter verwies auf das State Department.

Botschaft hat dementsprechend auf Anfrage deutschen Korrespondenten mitgeteilt:

Daß Botschaft von den Botschaften der Drei Mächte davon unterrichtet worden sei, daß diese heute im sowjetischen Außenministerium vorgesprochen hätten und daß es sich dabei um das Thema Berlin gehandelt habe. Auf weitere Anfragen verwies die Botschaft gemäß DE Plurex 3165 vom 2.8.1974 – 210-510.52-2206 VS-v[9] – darauf, daß Inhalt der Demarche vertraulichen Charakter habe, sich jedoch die alliierte Haltung gegenüber der Presse-Erklärung der drei Botschaften vom 24.7.[10] nicht geändert habe. Im übrigen sei die Angelegenheit zwischen Bundesregierung und Drei Mächten stets eng konsultiert worden.

---

[8] Vgl. dazu Ziffer 4 des Schlußprotokolls vom 3. Juni 1972 zum Vier-Mächte-Abkommen über Berlin vom 3. September 1971; Dok. 21, Anm. 7.
[9] Ministerialdirigent Blech erteilte der Botschaft in Moskau Weisung, Presseanfragen zur Demarche der Drei Mächte bei der sowjetischen Regierung wie folgt zu beantworten: „Die Botschafter der Drei Mächte haben bei der sowjetischen Regierung eine Demarche unternommen. Sie betrifft die Verantwortlichkeit der Sowjetunion nach dem Vier-Mächte-Abkommen dafür, daß der ungehinderte Transitverkehr zwischen Berlin (West) und der Bundesrepublik sichergestellt wird. Die Demarche bezog sich insbesondere auf die Zurückweisung eines Angehörigen des Umweltamtes von der Transitstrecke durch die DDR am 29. Juli und auf andere Vorfälle in jüngster Zeit, bei denen Reisende befragt und der Transitverkehr verzögert wurde." Vgl. VS-Bd. 10122 (210); B 150, Aktenkopien 1974.
[10] In der Erklärung der amerikanischen, britischen und französischen Botschaften in Bonn vom 24. Juli 1974 hieß es: „Die Regierungen der Drei Mächte sind der festen Auffassung, daß zivile Personen nicht von den Transitwegen nach Berlin ausgeschlossen werden sollten, nur weil sie Bedienste-

III. Aus Mitteilungen der drei Missionschefs ergibt sich, daß die Alliierten unseren gemeinsamen Standpunkt in der Angelegenheit ungeachtet einzelner unterschiedlicher Nuancen insgesamt mit erfreulicher Deutlichkeit vertreten haben. Die sowjetische Reaktion bestätigte sowohl hinsichtlich der Bewertung der Errichtung des Umweltamts als Verletzung des Berlin-Abkommens als auch hinsichtlich der Rechtfertigung der DDR-Maßnahmen die harte sowjetische Position und zeigte auch in der Form keine einlenkende Geste.[11]

[gez.] Balser

VS-Bd. 10122 (210)

Fortsetzung Fußnote von Seite 1011

te des Umweltbundesamtes sind. Das Vier-Mächte-Abkommen bestimmt ausdrücklich, daß außer in eindeutig festgelegten besonderen Fällen Reisende nicht von den Transitwegen zwischen den Westsektoren Berlins und der Bundesrepublik Deutschland ausgeschlossen werden, und diese besonderen Fälle beziehen sich nur auf den Mißbrauch der Transitwege selbst durch die Reisenden. Alle sonstigen vorgeschobenen Gründe für den Ausschluß von Reisenden von den Transitwegen entbehren daher jeder rechtlichen Grundlage. Die Drei Mächte vertreten den Standpunkt, daß die Errichtung des Umweltbundesamtes in den Westsektoren Berlins nicht gegen das Vier-Mächte-Abkommen verstößt. Das Vier-Mächte-Abkommen sieht ausdrücklich vor, daß die Bindungen zwischen der Bundesrepublik Deutschland und den Westsektoren Berlins aufrechterhalten und entwickelt werden; als die Drei Alliierten die Errichtung des Umweltbundesamtes genehmigten, berücksichtigten sie selbstverständlich, wie sie es im Vier-Mächte-Abkommen erklärt haben, daß die Westsektoren Berlins so wie bisher kein Bestandteil (konstitutiver Teil) der Bundesrepublik Deutschland sind und auch weiterhin nicht von ihr regiert werden. Die sowjetische Regierung ist dafür verantwortlich, daß der Transitverkehr von zivilen Personen und Gütern zwischen den Westsektoren Berlins und der Bundesrepublik Deutschland ohne Behinderung bleibt. Diese Auffassungen der Alliierten sind der sowjetischen Regierung bei verschiedenen Anlässen übermittelt worden." Vgl. EUROPA-ARCHIV 1974, D 582.

11 In ihrer Antwort vom 15. August 1974 wies die sowjetische Regierung die Ausführungen in der Demarche der Drei Mächte vom 5. August 1974 zurück und führte aus, daß an der Rechtmäßigkeit der Maßnahmen der DDR auf den Transitwegen nach Berlin (West) „keinerlei Zweifel" bestehe: „Was den Standpunkt der drei Mächte zu den Rechten und der Zuständigkeit der Deutschen Demokratischen Republik betrifft, möchte die sowjetische Seite darauf aufmerksam machen, daß die Verbindungswege, über die der Transitverkehr von zivilen Personen und Gütern zwischen den Westsektoren Berlins und der BRD abgewickelt wird, auf dem Territorium der DDR liegen. Der Verkehr auf diesen Wegen wird von der DDR entsprechend ihren souveränen Rechten und den geltenden internationalen Abkommen geregelt, die durch alle Seiten einzuhalten sind. Die sowjetische Regierung möchte erneut unterstreichen, daß sie das Vierseitige Abkommen strikt einhält. Es kommt darauf an, daß dieses Abkommen in allen seinen Teilen von allen beteiligten Seiten sorgfältig eingehalten wird. Die von der Regierung der DDR unternommenen Maßnahmen, die von der Sowjetunion unterstützt werden, sind von der Sorge um die Gewährleistung eines normalen Funktionierens des Vierseitigen Abkommens und dem Bemühen getragen, keinen Mißbrauch dieses Abkommens zuzulassen. Die Regierung der Sowjetunion tritt nach wie vor dafür ein, daß in den Westberlin betreffenden Fragen keine Reibungen auftreten, und erklärt ihre Bereitschaft, alles Notwendige zu tun, um zu vermeiden, daß solche entstehen. Sie verleiht der Hoffnung Ausdruck, daß die Regierungen der USA, Großbritanniens und Frankreichs ihrerseits in gleicher Weise handeln werden." Vgl. DOKUMENTE ZUR BERLIN-FRAGE 1967–1986, S. 464 f.
Vortragender Legationsrat I. Klasse Lücking vermerkte am 21. August 1974, in der Sitzung der Bonner Vierergruppe vom Vortag habe der britische Vertreter in der Bonner Vierergruppe über das Gespräch zwischen dem Mitarbeiter im sowjetischen Außenministerium, Wassew, und dem britischen Botschafter Garvey anläßlich der Übergabe der sowjetischen Antwort ausgeführt: „Wassew habe sich konziliant gegeben, habe das Vier-Mächte-Abkommen als ein gutes Abkommen bezeichnet, aus dem kein Streitstoff werden solle. Die Sowjetunion sei bereit, zumindest fürs erste die Sache ruhen zu lassen. [...] Die Bewertung der sowjetischen Antwort durch den britischen Vertreter, welcher sich auch der amerikanische und französische Vertreter anschlossen, erbrachte folgende Gesichtspunkte: Die sowjetische Antwort ist in zurückhaltendem Ton formuliert. Sie behandelt die Ereignisse auf den Transitstrecken im Zusammenhang mit der Errichtung des Umweltbundesamtes als vergangenes Geschehen. Sie enthält keinen Hinweis auf eine künftige sowjetische Haltung. Sie enthält kein neues Element, auf welches die westliche Seite eingehen müßte. Im Zu-

231

Staatssekretär Sachs, z.Z. Damaskus, an das Auswärtige Amt

Fernschreiben Nr. 119 Aufgabe: 7. August 1974, 21.00 Uhr
Cito Ankunft: 8. August 1974, 09.15 Uhr

Betr.: Deutsch-syrisches Verhältnis[1]

Die deutsch-syrischen diplomatischen Beziehungen sind wiederhergestellt.[2] Unsere Verhandlungen hierüber an Ort und Stelle haben sich als weniger kompliziert erwiesen, als dies nach der syrischen Haltung uns gegenüber in den vergangenen Jahren erwartet werden konnte. Die Verhandlungsatmosphäre war freimütig und freundlich, von syrischer Seite aus ohne unnötige Spitzen und Rückgriffe auf vergangene Belastungen im deutsch-arabischen Verhältnis. Selbst Außenminister Khaddam, der in vergangenen Jahren der Normalisierung des deutsch-arabischen Verhältnisses manche Schwierigkeiten bereitet hat, zeigte sich gelöst, friedlich und freundschaftlich gestimmt. Insgesamt war die von der syrischen Führung vorgegebene Leitlinie deutlich zu erkennen, ein neues Kapitel in den Beziehungen aufzuschlagen und zu einem guten bilateralen Ver-

---

Fortsetzung Fußnote von Seite 1012
  sammenhang mit den Behinderungen auf den Transitstrecken beruft sich die Sowjetunion zunächst auf eigenes Verhalten und bringt erst im Anschluß daran die Maßnahmen der DDR vor. Sie begnügt sich also nicht damit, die Handlungen der DDR als gerechtfertigt zu bezeichnen, sondern macht sie sich gewissermaßen zu eigen." Vgl. VS-Bd. 10112 (210); B 150, Aktenkopien 1974.

[1] Nach Bekanntgabe der Aufnahme diplomatischer Beziehungen zwischen der Bundesrepublik und Israel am 12. Mai 1965 brach Syrien am 13. Mai 1965 die diplomatischen Beziehungen zur Bundesrepublik ab. Vgl. dazu AAPD 1965, II, Dok. 203.
Ministerialdirektor Lahn resümierte am 30. Mai 1974 Gespräche mit Syrien zur Wiederaufnahme der diplomatischen Beziehungen: „In unseren bisherigen Wiederaufnahmekontakten mit Syrien erwies sich immer wieder als Hauptschwierigkeit, daß die Syrer auf konkrete Zusagen künftiger Entwicklungshilfe bestanden und dabei hinsichtlich der Höhe Erwartungen zum Ausdruck brachten, die über unseren Möglichkeiten liegen. [...] In den Gesprächen von VLR I Dr. Redies mit dem syrischen Außenminister in Damaskus am 18./20. Mai zeigte sich, daß die syrische Seite die Wiederaufnahmefrage nunmehr definitiv vorantreiben möchte. [...] Von unserer Seite wurde dem syrischen Außenminister in den Gesprächen nachdrücklich und wiederholt dargelegt, daß und warum für uns ein Verhandeln über die konkrete Höhe einer Entwicklungshilfe vor der Wiederaufnahme der Beziehungen nicht in Betracht komme. Gleichwohl beharrte der Außenminister auf seiner bisherigen Linie. [...] Gleichzeitig warf der Minister jedoch die Frage auf, warum die Bundesregierung nicht zumindest die Beteiligung an gewissen Projekten zusagen könne. Als Beispiel nannte er die Urbarmachung von 250 000 ha Land im Anschluß an den Bau des Euphrat-Dammes. Hier mögen sich Kompromißmöglichkeiten aufzeigen, die einerseits die syrische Seite das Gesicht wahren lassen, andererseits unseren Gesichtspunkten Rechnung tragen." Vgl. Referat 310, Bd. 104894.
[2] Die Wiederaufnahme der diplomatischen Beziehungen zwischen der Bundesrepublik und Syrien wurde am 7. August 1974 mit folgendem Kommuniqué bekanntgegeben: „Die Regierung der Bundesrepublik Deutschland und die Regierung der Arabischen Republik Syrien sind übereingekommen, die diplomatischen Beziehungen zwischen ihren Ländern vom heutigen Tage an (7. August 1974) wiederherzustellen. Der Austausch von Botschaftern soll so bald wie möglich erfolgen. Gleichzeitig wurde vereinbart, eine gute und enge Zusammenarbeit zwischen beiden Ländern in allen Bereichen, insbesondere auf wirtschaftlichem Gebiet, einzuleiten. Vertreter beider Regierungen werden in Kürze zusammentreffen, um Einzelheiten zu vereinbaren. Die beiden Regierungen sind davon überzeugt, auf diese Weise einen wichtigen Schritt vollzogen zu haben, um die zwischen ihren Ländern bestehenden Bindungen zu festigen." Vgl. BULLETIN 1974, S. 979.

hältnis kommen zu wollen: ein Zeichen der langsam wachsenden außenpolitischen Flexibilität Syriens überhaupt.

Während einstündigen Besuchs bei Außenminister Khaddam[3] und zwei insgesamt vierstündigen Arbeitssitzungen mit Staatssekretär Rafei[4] wurde gesamtes Spektrum deutsch-syrischer Beziehungen, des Nahost-Konflikts und der syrischen sowie der europäischen Haltung hierzu, des europäisch-arabischen Dialogs und der approche globale[5] der Europäischen Gemeinschaften gegenüber den Mittelmeerländern breit ausgehandelt.

Als einziger, die deutsch-syrischen Beziehungen ernstlich belastender Umstand wurde von syrischer Seite mit Nachdruck die Beschwerde über die immer noch nicht gemilderten deutschen Sichtvermerks- und Aufenthaltsbeschränkungen für Araber vorgebracht[6], verbunden mit der eindringlichen Bitte, die Zusagen Bundeskanzlers Brandt und Bundesministers Genscher sehr bald einzulösen.

Von syrischer Seite wurde in den Mittelpunkt der Gespräche die Frage künftiger deutsch-syrischer wirtschaftlicher Zusammenarbeit gestellt. Ohne – wie in früheren Fällen – uns nachdrücklich auf bestimmte Summen festlegen zu wollen, wurde doch die syrische Erwartung auf substantielle deutsche Hilfe auch mit Hinweis auf unsere Zusagen an andere arabische Länder, insbesondere

---

[3] Am 8. August 1974 vermerkte Legationsrat I. Klasse Dohmes, z. Z. Damaskus, zu dem Gespräch des Staatssekretärs Sachs mit dem syrischen Außenminister Khaddam: „Es traten keinerlei Animositäten zutage. Nach einer kurzen Darlegung der syrischen Außenpolitik – insbesondere im Nahost-Konflikt – brachte der syrische Außenminister das Gespräch auf die erstrebenswerte wirtschaftliche und technische Zusammenarbeit zwischen den beiden Ländern und bat um Präzisierung der von deutscher Seite zur Verfügung stehenden Kapitalhilfe für Syrien. [...] Der syrische Außenminister erwähnte im Zusammenhang mit der Bitte um Kapitalhilfe die Beispiele Ägypten und Israel." Sachs habe demgegenüber auf die verschiedenartigen Möglichkeiten hingewiesen, „die Finanzierung für die zukünftige Zusammenarbeit auf dem Gebiet der Wirtschaft als auch des Handels zu ermöglichen". Vgl. Referat 310, Bd. 104894.

[4] Botschaftsrat Bartels, Damaskus, notierte am 13. August 1974, der stellvertretende syrische Außenminister Rafei habe im Gespräch mit Staatssekretär Sachs am 6. August 1974 zu den Beziehungen zwischen Syrien und den Europäischen Gemeinschaften ausgeführt: „Es bestände großes Interesse an einer Kooperation im industriellen und technologischen Bereich, so wie auch Syrien nicht nur ein reines Präferenzabkommen, sondern wirksame wirtschaftliche und technologische Zusammenarbeit erstrebe. Im Gegensatz zu dem sonst ohne Begründung vorgetragenen Anspruch Syriens auf eine Sonderrolle in der arabischen Welt wies Rafei darauf hin, daß Syrien eine strategisch wichtige Stelle einnehme und bedeutender Mittelmeeranrainer sei, wobei der Mittelmeerraum zu einer neuralgischen Stelle internationaler Beziehungen geworden sei." Vgl. Referat 310, Bd. 104894.
Am 8. August 1974 berichtete Legationsrat I. Klasse Dohmes, z. Z. Damaskus, Rafei habe sich am 7. August 1974 gegenüber Sachs zur Visumspflicht für syrische Staatsbürger bei Reisen in die Bundesrepublik geäußert: „Vizeminister Rafei schnitt zu Beginn der Morgensitzung die Themen Visa-Erteilung und Arbeitserlaubnis für Syrer in Deutschland an. Er schilderte die schwierige Lage, die in der deutschen Praxis der Visa-Erteilung begründet ist, und äußerte den Wunsch, daß Bundesregierung und insbesondere Staatssekretär Sachs sich persönlich dafür einsetzen mögen, daß unverzüglich die notwendigen Entscheidungen getroffen würden. [...] Bezüglich der sich in Deutschland aufhaltenden Syrer bittet Vizeminister Rafei darum, diesen Personenkreis hinsichtlich anderer Ausländer in Deutschland nicht zu diskriminieren. Es seien ihm Fälle bekannt, in denen Syrer ohne ersichtlichen Grund die Arbeitserlaubnis entzogen worden sei." Vgl. Referat 310, Bd. 104894.

[5] Zu den Verhandlungen der Europäischen Gemeinschaften mit Staaten des Mittelmeerraums im Rahmen eines Globalabkommens vgl. Dok. 205, Anm. 4.

[6] Zur Neuregelung der Bestimmungen für die Einreise in die Bundesrepublik vom 12. September 1972 vgl. Dok. 59, Anm. 4.

1014

Ägypten[7], deutlich. Syrer wollen unserer Botschaft Prioritätenlisten syrischer Projekte vorlegen, erwarten die baldige Entsendung einer deutschen Experten-Delegation zur KH- und TH-Projektfindung und würden dann Vereinbarung auf Ministerebene begrüßen. Außenminister Khaddam bemerkte, BM Genscher sei zu diesem Zweck in Damaskus willkommen.[8] Syrien sei aber auch bereit, seinerseits Minister nach Bonn zu entsenden. Zusagen hierzu haben wir nicht gegeben.

Bemerkenswert ist insgesamt, wie sich syrische Seite, einschließlich Khaddams, aufgeschlossen und nüchtern zeigte und nicht – wie gewohnt – irreale Forderungen vorbrachte; sowie daß sie alles ungesagt ließ, was die Besuchsatmosphäre hätte beeinträchtigen können. Es bleibt freilich unüberhörbar an erster Stelle die schwere Belastung durch unsere Sichtvermerks- und Einreisebeschränkungen für Araber, die je[9] länger je mehr zur größten Bürde im deutsch-arabischen Verhältnis insgesamt werden. Und es bleibt die syrische Erwartung, auf dem Gebiet der wirtschaftlich-technischen Zusammenarbeit vergleichsweise mindestens so gestellt zu werden, wie diejenigen arabischen Länder, mit denen die diplomatischen Beziehungen wiederhergestellt worden sind.

[gez.] Sachs

Referat 310, Bd. 104894

---

[7] Vgl. dazu das Abkommen vom 8. Februar 1973 zwischen der Bundesregierung und der ägyptischen Regierung über Finanzielle Zusammenarbeit; BUNDESGESETZBLATT 1973, Teil II, S. 206 f.
Vgl. dazu ferner das Abkommen vom 27. Juni 1973 zwischen der Bundesregierung und der ägyptischen Regierung über Technische Zusammenarbeit; BUNDESGESETZBLATT 1977, Teil II, S. 1487–1489.
Vgl. dazu außerdem das Abkommen vom 11. April 1974 zwischen der Bundesregierung und der ägyptischen Regierung über Finanzielle Zusammenarbeit; BUNDESGESETZBLATT 1974, Teil II, S. 1102 f.
[8] Vortragender Legationsrat I. Klasse Redies erteilte der Botschaft in Damaskus am 15. August 1974 Weisung hinsichtlich der Einladung von Bundesminister Genscher durch die syrische Regierung: „Da Bundesminister in Woche ab 15. September durch andere Termine voll in Anspruch genommen ist (Besuch Gromyko, EG-Rat, Besuch finnischen Außenministers), erscheint Einladung Außenminister Khaddams wenig sinnvoll. Am 25. September ist in New York jedoch Einladung französischen Außenministers für alle europäischen und arabischen Außenminister vorgesehen, an der auch Bundesminister teilnimmt." Vgl. den Drahterlaß Nr. 114; Referat 310, Bd. 104894.
[9] Korrigiert aus: „ob".

232

Aufzeichnung des Staatssekretärs Gehlhoff

StS 1032/74 VS-vertraulich 9. August 1974[1]

Herrn D 2[2] zur Kenntnis und mit der Bitte um weitere Veranlassung zu den einzelnen Punkten

Betr.: Bonner Vierergruppe

Bei dem heutigen Essen mit den Botschaftern der Drei Mächte wurden folgende Punkte behandelt:

1) Der amerikanische und der britische Botschafter erwähnten die Meldung in der Stuttgarter Zeitung, wonach der Deutsche Entwicklungsdienst bestimmte Einheiten nach Berlin verlegen will.[3] Sie bestätigten, daß dieses Problem im Frühjahr 1973 in der Bonner Vierergruppe erwähnt worden sei.[4] Eine Diskussion habe damals jedoch nicht stattgefunden; man könne infolgedessen auch nicht sagen, daß von westlicher Seite keine Bedenken geltend gemacht worden seien. Die Botschafter baten nachdrücklich darum, daß dieses Problem in der Bonner Vierergruppe (Arbeitsebene) eingeführt und erörtert werde.[5]

---

[1] Hat Ministerialdirektor Lahn am 12. August 1974 vorgelegen.
   Hat Ministerialdirigent Blech am 13. August 1974 vorgelegen.
[2] Hat Ministerialdirektor van Well am 12. August 1974 vorgelegen.
[3] In der Presse wurde gemeldet: „Die Deutsche Entwicklungsdienst GmbH, eine fast 100prozentige bundeseigene und von der Bundesregierung unterhaltene Körperschaft des öffentlichen Rechts, soll bis zum Jahre 1977 restlos nach Westberlin verlegt werden. Dies teilte ein Sprecher des für den Dienst zuständigen Bundesministeriums für wirtschaftliche Zusammenarbeit am Dienstag mit. Dem Sprecher zufolge ist eine Ost-West-Kontroverse wegen dieser Verlegung nicht zu befürchten. Die Bundesregierung habe wegen der Verlegungspläne rechtzeitig mit den westlichen Alliierten Fühlung aufgenommen. Von dort seien keinerlei Bedenken geäußert worden. Anders als das Umweltbundesamt ist der Deutsche Entwicklungsdienst nicht als Bundesbehörde einzustufen."
Vgl. den Artikel „Zentrale des Entwicklungsdienstes wird nach Berlin verlegt"; STUTTGARTER ZEITUNG vom 7. August 1974, S. 2.
[4] Vortragender Legationsrat I. Klasse Blech notierte am 3. Mai 1973, daß die geplante Verlegung des Deutschen Entwicklungsdienstes nach Berlin (West) den Vertretern der Drei Mächte in der Sitzung der Bonner Vierergruppe am 26. April 1973 zur Kenntnis gebracht worden sei. Vgl. dazu Referat 210, Bd. 109270.
Am 11. Mai 1973 vermerkte Vortragender Legationsrat Bräutigam: „In der Sitzung der Bonner Vierergruppe am 9.5.1973 erklärten der amerikanische und der britische Sprecher, sie hätten ihre Hauptstädte von der geplanten Verlegung der DED-Arbeitseinheiten nach Berlin (West) unterrichtet. Eine Stellungnahme hierzu sei bisher nicht eingegangen und werde auch nicht mehr erwartet. Der französische Sprecher machte keine Bedenken geltend. Es wird empfohlen, Entscheidungen in dieser Angelegenheit noch bis zum 18.5.1973 zurückzustellen, da dann mit Sicherheit davon ausgegangen werden kann, daß die Drei Mächte keine Bedenken mehr vorbringen werden." Vgl. Referat 210, Bd. 109270.
[5] Vortragender Legationsrat Kastrup stellte am 13. August 1974 zur geplanten Verlegung des Deutschen Entwicklungsdienstes nach Berlin fest, daß er das Bundesministerium für wirtschaftliche Zusammenarbeit darauf hingewiesen habe, „daß die Angelegenheit in der Vierergruppe nochmals erörtert werden müsse und wir uns wegen der Einzelheiten des Vorhabens erneut mit dem BMZ in Verbindung setzen würden". Kastrup führte dazu weiter aus: „Am Nachmittag des 13.8. rief mich der Leiter des Ministerbüros des BMZ, RD Sahlmann, an, um mich davon zu unterrichten, daß Herr BM Bahr Weisung erteilt habe, über die geplante Verlegung von Arbeitseinheiten des DED nach Berlin der Presse gegenüber keinerlei Erklärung mehr abzugeben. Ich legte Herrn Sahlmann dar, daß die Angelegenheit zwar im April 1973 in der Vierergruppe behandelt worden sei, ohne daß

2) Botschafter Hillenbrand teilte mit, daß beabsichtigt sei, die Verhandlungen mit der DDR über die Aufnahme diplomatischer Beziehungen Anfang September 1974 wieder aufzunehmen und abzuschließen[6], sofern keine neuen Behinderungen auf den Zugangswegen nach Berlin einträten[7]. Ich kündigte unsere Absicht an, die von der sowjetischen Seite erbetenen VN-Konsultationen in der ersten Septemberhälfte durchzuführen[8], falls nicht neue Behinderungen auf den Zugangswegen einträten. Botschafter Hillenbrand widersprach zwar nicht, machte aber doch deutlich, daß unsere Absicht nicht schon jetzt publiziert und daß auch noch einige Zeit abgewartet werden sollte, ob der Transit von und nach Berlin wirklich störungsfrei funktioniere.

3) Die drei Botschafter erkundigten sich nach unserer Einschätzung der weiteren sowjetischen Reaktionen auf die Errichtung des Umweltbundesamtes. Ich führte aus, wir hätten im ganzen den Eindruck, daß die Sowjetunion zum normalen diplomatischen Geschäft mit uns zurückzukehren wünschte; wir hätten freilich keine Garantie dafür, daß keine weiteren Behinderungen des Transits stattfinden würden.

4) Botschafter Wormser teilte mit, daß sich der sowjetische Botschafter in Ost-Berlin (den er kürzlich dort gesehen hat) mit einiger Besorgnis hinsichtlich der möglichen Errichtung der Deutschen Nationalstiftung in West-Berlin geäußert habe. Ich teilte hierzu mit: Das Bundeskabinett habe sich in seiner Sitzung am 7.8. mit dieser Frage beschäftigt und dabei festgestellt, daß die Einzelheiten der Errichtung dieser Stiftung noch nicht spruchreif seien und daß sich die Frage des Sitzes einer solchen Stiftung mithin gegenwärtig nicht stelle.[9]

Fortsetzung Fußnote von Seite 1016
    die Drei Mächte Bedenken angemeldet hätten. Die politische Lage habe sich jedoch aus bekannten Gründen zwischenzeitlich geändert, und man könne nicht ohne weiteres davon ausgehen, daß die seinerzeitige Haltung der Alliierten unverändert fortbestehe. Es liege auch in unserem Interesse, hier sehr behutsam vorzugehen." Vgl. Referat 210, Bd. 109270.

6 Zur Aufnahme der diplomatischen Beziehungen zwischen den USA und der DDR am 6. September 1974 vgl. Dok. 254.

7 Zu den Behinderungen im Transitverkehr nach Berlin (West) vgl. Dok. 225, Anm. 20, und Dok. 227, Anm. 4.

8 Vortragender Legationsrat Stabreit informierte am 8. August 1974: „Sowjetische Regierung hat Bundesregierung bilaterale Konsultationen über bevorstehende 29. Generalversammlung der UNO vorgeschlagen und sich bereit erklärt, hierfür Botschafter z.b.V. Sorin nach Bonn zu entsenden. [...] Sowjets haben uns erklärt, daß sie auch anderen europäischen Hauptstädten entsprechende Konsultationen vorgeschlagen hätten." Vgl. den Runderlaß Nr. 3226; Referat 213, Bd. 112704.

9 Am 18. Januar 1973 stellte Bundeskanzler Brandt in seiner Regierungserklärung Überlegungen dazu an, daß „eines Tages öffentliche und private Anstrengungen zur Förderung der Künste in eine Deutsche Nationalstiftung münden könnten. Ansätze dazu böte die ‚Stiftung Preußischer Kulturbesitz', an der neben dem Bund Bundesländer beteiligt sind. In einer Nationalstiftung könnte auch das lebendige Erbe ostdeutscher Kultur eine Heimat finden." Vgl. BT STENOGRAPHISCHE BERICHTE, Bd. 81, S. 130.
Nach der Regierungserklärung des Bundeskanzlers Schmidt am 17. Mai 1974 wurde in der Presse vermerkt, daß dieses Projekt „Schmidts Beschränkung ‚in Realismus und Nüchternheit für das Wesentliche' zum Opfer" gefallen sei. Vgl. den Artikel „Die andere Handschrift"; DIE WELT vom 20. Mai 1974, S. 7.
Am 29. Mai 1974 wurde berichtet: „Die Sowjetunion sperrt sich gegen die Gründung einer ‚Deutschen Nationalstiftung für Kunst und Kultur' in Berlin. Auch die westlichen Alliierten haben Einwände. Die Alliierten deuteten an, sie würden die Einrichtung der Nationalstiftung in Berlin als Belastung des Vier-Mächte-Abkommens bewerten." Ein in fünfter Fassung vorliegender Gesetzentwurf des Bundesministeriums des Innern enthalte „keinen Hinweis auf den ursprünglichen Standort Berlin". Vgl. den Artikel „Scheitert das Projekt ‚Nationalstiftung'?"; DIE WELT vom 29. Mai 1974, S. 5.

5) Zur Gesamtproblematik führte ich aus: Die Bundesregierung sei der klaren Auffassung, daß die Errichtung des Umweltbundesamtes in Berlin (West) mit dem Vier-Mächte-Abkommen vereinbar sei und unter den Begriff der „Aufrechterhaltung und Ausbau der bestehenden Bindungen"[10] falle. Die Bundesregierung habe zur Zeit aber keine Pläne zur Errichtung anderer Bundesämter in Berlin (West) und sie werde etwaige Pläne rechtzeitig mit den Alliierten konsultieren.

6) Botschafter Hillenbrand bat darum, daß sich die Vierergruppe auf Arbeitsebene möglichst bald mit den beiden folgenden Problemen befasse:

a) Mögliches Verbot von NPD-Aktivitäten in Berlin (West) im Zusammenhang mit den Berlin-Wahlen im Frühjahr 1975.[11]

b) Mögliche Eingliederung von Ost-Berlin in die DDR anläßlich des 25. Jahrestages der DDR[12]. Diese Frage sei wichtig wegen einerseits einer Direktwahl der Ostberliner Abgeordneten in die Volkskammer und einer daraus möglicherweise resultierenden Forderung nach vollem Stimmrecht der Berliner Abgeordneten im Bundestag, andererseits der Aufrechterhaltung der alliierten Rechte für ganz Berlin, also der Rechte der drei Westmächte auch mit Bezug auf den Ostsektor.

Alle stimmten zu, daß die beiden letztgenannten Punkte möglichst bald in der Vierergruppe erörtert werden sollten.

7) Botschafter Wormser erkundigte sich nach der britischen Haltung hinsichtlich der Unberührtheitsformel, die Frankreich bei Korb I in die KSZE einbringen will. Botschafter Henderson zeigte sich nicht unterrichtet.[13]

8) Botschafter Henderson erkundigte sich nach unserer Haltung zu der Möglichkeit, daß sich die drei westlichen Botschafter mit dem sowjetischen Botschafter in Ost-Berlin zu einem gemeinsamen Treffen zusammenfinden. Ich führte – unter Zustimmung aller drei Botschafter – aus, daß offizielle Konsultationen der drei Westmächte mit der Sowjetunion im gegenwärtigen Zeitpunkt die Gefahr restriktiver Interpretationen des Vier-Mächte-Abkommens mit sich brächten. Botschafter Henderson wollte diese Gefahr auch seinerseits vermieden wissen, gab aber zu erwägen, ob ein gelegentliches gemeinsames Treffen der vier Botschafter das Risiko ausschlösse, daß Botschafter Jefremow bei Einzelgesprächen die westlichen Botschafter gegeneinander ausspiele. Der französische und der amerikanische Botschafter sahen dieses Risiko als nicht gegeben an.

Gehlhoff

VS-Bd. 10110 (210)

---

[10] Vgl. dazu Teil II B sowie Anlage II Absatz 1 des Vier-Mächte-Abkommens über Berlin vom 3. September 1971; Dok. 18, Anm. 4.
[11] Zum Wunsch der Drei Mächte und des Senats von Berlin, eine Teilnahme der NPD an den Wahlen zum Berliner Abgeordnetenhaus am 2. März 1975 zu verbieten, vgl. Dok. 245.
[12] Die DDR wurde am 7. Oktober 1949 gegründet.
[13] Vgl. dazu Ziffer 10 des französischen Entwurfs vom 19. Oktober 1973 einer Erklärung über die Prinzipien der Beziehungen zwischen den Teilnehmerstaaten der KSZE; Dok. 182, Anm. 13.

233

Gesandter Peckert, Ankara, an das Auswärtige Amt

114-13357/74 geheim
Fernschreiben Nr. 778
Citissime nachts

Aufgabe: 10. August 1974, 21.00 Uhr
Ankunft: 10. August 1974, 19.34 Uhr

Betr.: Zypern-Krise[1]

I. Botschafter Soysal sagte mir heute im Laufe eines längeren Gesprächs in seiner Wohnung, die türkische Regierung sei fest entschlossen, sich das für die Umsiedlung der Zyperntürken erforderliche Territorium mit Gewalt zu holen, wenn es darüber nicht in den nächsten Tagen in Genf zu einer Einigung käme. Die kurz vor dem Besuch von US-Unterstaatssekretär Hartman eingegangene Botschaft Kissingers habe so viel Verständnis für die türkischen Standpunkte durchblicken lassen[2], daß man von dieser Seite keine entscheidende Gegenwir-

---

[1] Die Außenminister Callaghan (Großbritannien), Güneş (Türkei) und Mavros (Griechenland) nahmen am 25. Juli 1974 in Genf Verhandlungen über eine Lösung des Zypern-Konflikts auf. In einer am 30. Juli 1974 veröffentlichten Erklärung betonten sie die Bedeutung des Garantievertrags vom 16. August 1960 über die Unabhängigkeit Zyperns und des Bündnisvertrags vom 16. August 1960 zwischen Zypern, Griechenland und der Türkei sowie der Resolution Nr. 353 des UNO-Sicherheitsrats vom 20. Juli 1974. Als Sofortmaßnahmen zur Stabilisierung der Lage sollten die am 30. Juli 1974 um 22 Uhr Genfer Zeit von den Streitkräften in der Republik Zypern kontrollierten Gebiete nicht weiter ausgedehnt und sämtliche Kampfhandlungen eingestellt werden. Vorgesehen war außerdem die Einrichtung einer Sicherheitszone entlang der Grenze der von türkischen Streitkräften besetzten Gebiete, die nur von Mitgliedern der UNFICYP betreten werden durfte, sowie die Räumung aller von griechischen oder griechisch-zypriotischen Truppen besetzten türkischen Enklaven und die Wahrnehmung von Sicherheits- und Polizeifunktionen durch UNFICYP. Neben einem Austausch von gefangenen Militärangehörigen und Zivilisten wurde die Ausarbeitung von Maßnahmen zum allmählichen Abbau von Truppenstärken und Waffen angestrebt. Die Außenminister kündigten außerdem an, am 8. August 1974 zu weiteren Verhandlungen erneut in Genf zusammenzukommen. An den auf die Verfassung bezogenen Gesprächen sollten auch Vertreter der griechischen Zyprioten und der türkischen Zyprioten teilnehmen. Für den Wortlaut der Erklärung vgl. EUROPA-ARCHIV 1974, D 445 f. Am 8. August 1974 wurde die zweite Verhandlungsrunde eröffnet. Gesandter von Schmidt-Pauli, London, übermittelte dazu am 12. August 1974 Informationen des britischen Außenministeriums: „1) Am Freitag (9.8.) hat Güneş Callaghan gegenüber die türkischen Vorstellungen für eine Verfassungslösung in Zypern vorgetragen: Durch einen substantiellen Bevölkerungstransfer soll die ethnische Gemengelage auf Zypern weitgehend bereinigt und damit die Grundlage für zwei völlig autonome griechische bzw. türkische Verwaltungen geschaffen werden. Die geographische Ausdehnung des türkischen Gebiets sollte in etwa dem Anteil der türkischen Volksgruppe an der zyprischen Bevölkerung entsprechen. 2) Mavros und Klerides reagierten auf diesen Vorschlag ablehnend, insbesondere lehnten sie den Plan einer weitgehenden Bevölkerungsumsiedlung ab." Vgl. den Drahtbericht Nr. 2093; Referat 203, Bd. 101459.

[2] Gesandter Baron von Stempel, Genf (Internationale Organisationen), resümierte am 11. August 1974 ein Gespräch, das er am selben Tag mit dem Abteilungsleiter im amerikanischen Außenministerium, Hartman, zu den Bemühungen der amerikanischen Regierung um eine Beendigung des Zypern-Konflikts geführt hatte. Hartman habe ausgeführt: „Türkische Regierung habe drei amerikanische Botschaften erhalten, und zwar eine vom Präsidenten, eine von Kissinger und eine letzte, ebenfalls von Kissinger, am 10. August. In allen, insbesondere auch in der letzten, habe US-Regierung türkische Regierung auf Einhaltung der Feuereinstellung ermahnt und auf Verhandlungsweg in Genf verwiesen. Erste Botschaft habe Hartman übrigens bei seinem Besuch in Ankara überbracht. Es sei unerfindlich, daß türkische Regierung auch nur aus einer dieser Botschaften amerikanisches Verständnis für eventuelles türkisches militärisches Vorgehen herauslesen könnte. Er werde aber seiner Regierung über meine Mitteilung berichten. Zu diesem Zweck fragte Hartman zweimal nach der Quelle; ich erklärte, daß Auswärtiges Amt von unserer Botschaft in Ankara

kung befürchte, wenn man nur schnell genug handle. Das Ziel der geplanten Operation sei, das gegenwärtig von den türkischen Truppen besetzte Gebiet auf ungefähr 25 Prozent des Gesamtterritoriums der Insel auszudehnen, um dann das politische Ziel der Zypern-Operation – Föderation einer griechischen und einer türkischen Verwaltungseinheit, unabhängiger, aber auf absehbare Zeit im zyperntürkischen Gebiet von türkischen Truppen besetzter Staat – verwirklichen zu können.

Es sei wahrscheinlich, aber noch nicht endgültig, daß er, Soysal, in zwei bis drei Tagen nach Moskau reisen werde, um diese Operation gegenüber der Sowjetunion abzusichern und allgemein um Verständnis für die türkische Position zu werben. Der sowjetische Botschafter[3] habe in Ankara mit der Frage vorgefühlt, ob die Türkei bereit sei, in die neue Verfassung für Zypern ein Anschlußverbot aufzunehmen. Dies würde er in Moskau bestätigen. Er werde darüber hinaus, – möglicherweise in Form einer Botschaft Ecevits oder des Staatspräsidenten[4] – die Versicherung abgeben, daß die Türkei ein unabhängiges Zypern wolle, das den Interessen der Sowjetunion nicht entgegenstehen würde. Er werde aber weder den Abzug der türkischen Truppen noch die Rückkehr Makarios'[5] (die eine zyperngriechische Sache sei) zugestehen können. Er werde die Russen an die Vertragstreue der Türkei im Zusammenhang mit dem Nahost-Krieg erinnern, die mit der Überflugerlaubnis für sowjetische Flugzeuge[6] gemäß dem Abkommen von Montreux[7] und im Verbot für die Amerikaner, ihre Stützpunkte in der Türkei zugunsten Israels zu verwenden[8], erst kürzlich be-

Fortsetzung Fußnote von Seite 1019
durch Gespräche mit hohem türkischem Beamten unterrichtet worden sei, womit sich Hartman zufrieden gab." Vgl. den Drahtbericht Nr. 1193; VS-Bd. 9943 (203); B 150, Aktenkopien 1974.

3 Wassilij Fjodorowitsch Grubijakow.

4 Fahri Korutürk.

5 Zum Sturz des Präsidenten Makarios am 15. Juli 1974 vgl. Dok. 217, Anm. 2.

6 Zur sowjetischen Luftbrücke während des türkisches Luftraumes während des am 6. Oktober 1973 ausgebrochenen israelisch-arabischen Krieges („Jom-Kippur-Krieg") vgl. AAPD 1973, III, Dok. 320.

7 In Artikel 23 des Abkommens vom 20. Juli 1936 zwischen Australien, Bulgarien, Frankreich, Griechenland, Großbritannien, Japan, Jugoslawien, Rumänien, der Türkei und der UdSSR über die Meerengen wurde festgelegt: „In order to assure the passage of civil aircraft between the Mediterranean and the Black Sea, the Turkish Government will indicate the air routes available for this purpose, outside the forbidden zones which may be established in the Straits. Civil aircraft may use these routes provided that they give the Turkish Government, as regards occasional flights, a notification of the dates of passage. The Turkish Government moreover undertake, notwithstanding any remilitarisation of the Straits, to furnish the necessary facilities for the safe passage of civil aircraft authorised under the air regulations in force in Turkey to fly across Turkish territory between Europe and Asia. The route which is to be followed in the Straits zone by aircraft which have obtained an authorisation shall be indicated from time to time." Vgl. LNTS, Bd. CLXXIII, S. 227.

8 In einer Deklaration vom 17. April 1972 zwischen der UdSSR und der Türkei über die Prinzipien der gutnachbarlichen Beziehungen wurde ausgeführt: „Entsprechend den Traditionen des Friedens, der Freundschaft und der guten Nachbarschaft, die W.I. Lenin und Kemal Atatürk begründet haben, erklären der Vorsitzende des Präsidiums des Obersten Sowjets, N.W. Podgornyj, und der Präsident der Türkischen Republik, Cevdet Sunay [...], daß sich beide Länder in ihren bilateralen Beziehungen von folgenden Prinzipien leiten lassen werden: [...] Verzicht auf Anwendung von Gewalt oder Gewaltandrohung sowie darauf, das eigene Territorium für Aggression und subversive Tätigkeit zur Verfügung zu stellen". Vgl. den Artikel „Deklaration der guten Nachbarschaft"; NEUES DEUTSCHLAND vom 19. April 1972, S. 6.
Am 12. Oktober 1973 wurde in der Presse berichtet, ein Sprecher der türkischen Regierung habe „die Neutralität der Türkei gegenüber den am Krieg beteiligten Nachbarstaaten unterstrichen. Er hob besonders hervor, daß ‚die Verteidigungsanlagen in der Türkei ausschließlich auf ihre Zweckbestimmung im Rahmen des NATO-Pakts beschränkt bleiben' sollen. Da kein unmittelbarer Anlaß für eine derartige Erklärung erkennbar war, ist zu folgern, daß die Türkei ein amerikanisches Er-

wiesen worden sei. Die beiden sowjetischen Hauptforderungen, Zypern nicht zum NATO-Stützpunkt werden zu lassen und die Unabhängigkeit der Insel zu erhalten, würde die Türkei respektieren.

Ich wandte ein, daß sich die Türkei doch der großen Gefährlichkeit dieser Pläne bewußt sein müsse und sich über die Wirkungslosigkeit ihrer Argumentation gegenüber den Sowjets keine Illusionen machen solle, die auf dem Truppenabzug und der Rückkehr von Makarios bestehen würden. Soysal meinte darauf, Ecevit sei überzeugt, daß schnelles Durchgreifen von der Weltöffentlichkeit hingenommen werden würde. Er wolle nicht mehr, als auf Zypern einen Zustand herzustellen, der der türkischen Minorität ein Leben in Ruhe sichere und gleichzeitig den militärischen Sicherheitsinteressen der Türkei entspräche.

Meinen Einwand, verständlicherweise pokere die Türkei jetzt hoch, um die Griechen mit einem Zurücknehmen gewisser Positionen im Zypern-Komplex zur Einbeziehung der Ägäisfrage[9] in die Genfer Verhandlungen zu zwingen, lehnte Soysal energisch ab. Man werde die Griechen in der Zypern-Frage rupfen, wie sie es verdient hätten. In der Ägäis müßten sie erneut Federn lassen. Sein Athener Kollege Tsounis habe schon angedeutet, daß man das Öl in der Ägäis gemeinsam ausbeuten könne. Das sei das erste Zeichen der Kompromißbereitschaft Athens. Man könne nur hoffen, daß die griechischen Überlegungen weiter in diese Richtung gehen würden.

II. Das Gespräch gab mir den Eindruck, daß die Türken es mit der Eventualplanung eines Handstreichs auf Zypern völlig ernst meinen, falls ihre territo-

Fortsetzung Fußnote von Seite 1020
  suchen zu besonderer Verwendung dieser Stützpunkte [...] vorsorglich verhindern will." Vgl. den Artikel „Sowjetisches Kriegsmaterial für Araber"; FRANKFURTER ALLGEMEINE ZEITUNG vom 12. Oktober 1973, S. 5.
[9] Gesandter Peckert, Ankara, informierte am 21. Mai 1974 über ein Gespräch mit dem Abteilungsleiter im türkischen Außenministerium, Soysal, zur Regelung der griechischen und türkischen Territorialgewässer in der Ägäis: „1) Soysal bestätigte mir, daß die Türkei eine Ausdehnung griechischer Territorialgewässer, auch wenn diese durch die Beschlüsse der Caracas-Konferenz international sanktioniert werden würde, ignorieren werde. Die daraus entstehenden Konsequenzen seien der Türkei bekannt, und sie sei bereit, diese auf sich zu nehmen. Schließlich sei die Türkei sowohl zu Wasser wie zu Luft den Griechen eindeutig überlegen. 2) Zur Rechtslage führte Soysal aus, nach türkischer Auffassung verlaufe die Trennungslinie der griechischen und der türkischen Interessensphäre in der Ägäis ungefähr in der Mitte zwischen beiden Ländern [...]. Die rund 3000 griechischen Inseln stellten freilich auch ein von der Türkei gesehenes Sonderproblem dar. Die Türkei sei bereit, über die Frage der Anerkennung eines Festlandssockels für einzelne Inseln zu verhandeln, wobei Größe und Bevölkerungsdichte in Betracht zu ziehen seien. Im Westteil Anatoliens lebten sieben Millionen Türken, auf den griechischen Inseln zusammen genommen nur rund eine halbe Million Griechen. Allein diese Tatsache zeige, daß die griechische These unhaltbar sei, jede einzelne ihrer vielen Inseln hätte ein eigenes Territorialgewässer und einen eigenen Festlandssockel zu beanspruchen." Peckert berichtete, er habe sich von Soysals Ausführungen nicht überzeugt gezeigt und erwidert: „Das geltende Völkerrecht spreche vielmehr mit ziemlicher Eindeutigkeit für die griechische These, daß jede Insel ihr Territorialgewässer und ihren Festlandssockel habe. Hinter der türkischen Argumentation schienen die mir geradezu sensationellen Ölfunde der Griechen bei der Insel Thasos zu stehen. Mir sei bekannt, daß die Geologen große Erwartungen in die Ölhöffigkeit des der Türkei vor Izmir und südlich davon vorgelagerten Teils der Ägäis setzten." Soysal habe darauf erwidert, „daß die Türkei in der internationalen Unbeliebtheit des griechischen Regimes sowie in der gleichgerichteten Interessenlage der Sowjetunion zwei mächtige Argumentationshilfen erkenne. [...] Die Sowjetunion würde der türkischen Argumentation vermutlich aus zwei Gründen nicht widersprechen: Einmal läge die Umwandlung der Ägäis in einen griechischen Binnensee kaum in sowjetischem Interesse, zum anderen habe die Sowjetunion von der Türkei einiges Verständnis und einige Flexibilität dann zu erhoffen, wenn sie sich anschicke, ihre beiden Flugzeugträger durch die Meerengen fahren zu lassen. Dies sei ein weiterer Aktivposten in der politischen Planung der Türkei." Vgl. den Drahtbericht Nr. 404; VS-Bd. 8095 (201); B 150, Aktenkopien 1974.

rialen Forderungen für ein autonomes Türkengebiet nicht in den nächsten Tagen angenommen werden. Soysal steht, obwohl formal im Urlaub, während der Abwesenheit von Außenminister Güneş in täglichem Arbeitskontakt mit Ministerpräsident Ecevit und dürfte mir dessen mit dem Generalstab abgestimmten oder von ihm diktierten Absichten richtig wiedergegeben haben. Der Ministerpräsident glaubt offensichtlich, er brauche im Augenblick nur auf die USA zu hören. Die Gefahr einer sowjetischen Einmischung wachse, je länger man warte. Deshalb müsse man vollendete Tatsachen schaffen. Ecevit scheint sich im Rahmen der dargestellten Pläne des stillschweigenden Einverständnisses oder zumindest der passiven Duldung und erforderlichenfalls der Rückendeckung der Amerikaner gegenüber den Sowjets sicher zu sein.

Die Äußerungen über die weitergehenden Pläne der Türkei in der Ägäis waren stark von persönlichen Vorstellungen des Gesprächspartners geprägt. Sie sind wahrscheinlich noch nicht zu Ende gedacht. Immerhin scheint es mir bemerkenswert, daß die Türken sich so stark fühlen, auf eine Paketlösung Zypern (wo sie stark sind) und Ägäis (wo sie in einer rechtlichen schwächeren Position sind) verzichten zu können, und vorerst allen Druck auf eine ihnen genehme Zypern-Lösung ansetzen. Ihre offensichtliche Bereitschaft, die Frage von Krieg und Frieden hinter ihre Zypern-Interessen zu stellen, sollte bedenklich stimmen. Einwirkungsmöglichkeiten scheinen augenblicklich nur die Amerikaner zu haben.[10]

[gez.] Peckert

VS-Bd. 9943 (203)

---

[10] Am 13. August 1974 berichtete Gesandter Noebel, Washington, über Ausführungen des Mitarbeiters im amerikanischen Außenministerium, Stabler, zur Haltung der amerikanischen Regierung im Zypern-Konflikt: „Die Amerikaner wirkten bei den beteiligten Parteien darauf hin, Flexibilität zu zeigen und von einseitigen Aktionen Abstand zu nehmen. Unter Flexibilität verstehe man in erster Linie, daß in Genf keine ‚deadlines' gesetzt würden, d. h., daß für die Verhandlungen genügend Zeit eingeräumt werde, um darüber nachzudenken, wie man sich ‚den neuen Realitäten' am besten anpassen könne. Bei einer objektiven Beurteilung müsse man berücksichtigen, daß die gegenwärtige Krise nicht zuletzt durch das frühere griechische Regime hervorgerufen sei. Es komme jetzt darauf an, ‚auf Zeit zu spielen'. Nach den jüngsten türkischen Versicherungen habe man den Eindruck, daß die Türkei nicht auf der Einhaltung künstlicher Termine bestehe. Wie sich Ankara letztlich verhalten werde, sei schwierig einzuschätzen." Vgl. den Drahtbericht Nr. 2362; VS-Bd. 9943 (203); B 150, Aktenkopien 1974.

234

Runderlaß des Bundesministers Genscher

110-201.00 12. August 1974[1]

Betr.: Führung der Bezeichnung „Staatsminister"

1) Auf Vorschlag des Bundeskanzlers im Einvernehmen mit mir hat der Präsident des Bundesrates[2] in seiner Eigenschaft als Vertreter des Bundespräsidenten mit Schreiben vom 5.8.1974 den Parlamentarischen Staatssekretären beim Bundesminister des Auswärtigen gemäß § 8 des Gesetzes über die Rechtsverhältnisse der Parlamentarischen Staatssekretäre vom 24.7.1974 (BGBl. I S. 1538)[3] das Recht verliehen, für die Dauer ihres Amtsverhältnisses die Bezeichnung „Staatsminister" zu führen.

2) Im Organisationsplan des Auswärtigen Amts werden die Parlamentarischen Staatssekretäre als „Staatsminister" geführt.

3) Die Abgrenzung der Aufgabenbereiche und Zuständigkeit der Parlamentarischen Staatssekretäre und der Staatssekretäre (Anordnung vom 29.5.73[4] in der Fassung des Hauserlasses vom 23.7.74 – 110-201.00[5]) wird hierdurch nicht berührt.

Genscher

Referat 014, Bd. 216

---

[1] Ablichtung.
Hat Staatssekretär Sachs vorgelegen.
[2] Hans Filbinger.
[3] Paragraph 8 des Gesetzes vom 24. Juli 1974 über die Rechtsverhältnisse der Parlamentarischen Staatssekretäre: „Auf Vorschlag des Bundeskanzlers im Einvernehmen mit dem zuständigen Bundesminister kann der Bundespräsident einem Parlamentarischen Staatssekretär für die Dauer seines Arbeitsverhältnisses oder für die Wahrnehmung einer bestimmten Aufgabe das Recht verleihen, die Bezeichnung ‚Staatsminister' zu führen." Vgl. BUNDESGESETZBLATT 1974, Teil I, S. 1538.
[4] Bundesminister Scheel legte am 29. Mai 1973 als Aufgabengebiete der Parlamentarischen Staatssekretäre fest: Verbindung zu Bundestag und Bundesrat sowie deren Ausschüssen, Verbindung zu den Bundestagsfraktionen und deren Arbeitskreisen und zu den Parteien. Parlamentarischem Staatssekretär Moersch oblag die Vertretung des Bundesministers in Kabinettssitzungen sowie im Ministerkomitee des Europarats und im Rat der WEU sowie bei zwischenstaatlichen gesellschaftspolitischen Aufgaben, Parlamentarischer Staatssekretär Apel war für die Vertretung im EG-Ministerrat zuständig. Die Vertretung in Sitzungen im Rahmen der EPZ oblag Staatssekretär Frank. Vgl. Referat 110, Bd. 112449.
[5] Im Erlaß vom 23. Juli 1974 wurden die mit der Anordnung des Bundesministers Scheel vom 29. Mai 1973 festgelegten Zuständigkeiten der Parlamentarischen Staatssekretäre bestätigt. Vgl. Referat 110, Bd. 112449.

235

Vortragender Legationsrat Arnot an die Botschaft in Warschau

214-321.00 POL Aufgabe: 12. August 1974, 18.34 Uhr[1]
Fernschreiben Nr. 425

Betr.: Gespräch des Herrn Staatssekretärs[2] mit Botschafter Piątkowski am 9. August 1974

Der Staatssekretär empfing auf dessen Wunsch Botschafter Piątkowski am 9. August 1974. Aus dem einstündigen Gespräch ist folgendes festzuhalten.

Nach einigen einleitenden Worten kam der Botschafter sogleich auf das angestrebte deutsch-polnische Kooperationsabkommen[3] zu sprechen und sagte, für die Fortsetzung der Verhandlungen sei unverbindlich Anfang September in Aussicht genommen worden. In Warschau sei man über den Ausgang der letzten Gespräche[4] und die dabei eingenommene deutsche Haltung hinsichtlich der polnischen Forderungen für eine Meistbegünstigungsklausel, für die zollbegünstigte Einfuhr von Kooperationswaren und für eine Revisionsklausel besorgt. Auf polnischer Seite bestehe die Bereitschaft und der Wille, die Gesprä-

---

[1] Hat Staatssekretär Gehlhoff am 12. August 1974 vorgelegen.
Hat Ministerialdirektor van Well und Ministerialdirigent Blech am 13. August 1974 vorgelegen.
Hat Vortragender Legationsrätin I. Klasse Finke-Osiander am 5. September 1974 vorgelegen.
[2] Walter Gehlhoff.
[3] Während eines Aufenthaltes in der Bundesrepublik schlug eine polnische Wirtschaftsdelegation am 13. Juli 1972 im Gespräch mit Staatssekretär Freiherr von Braun vor, das im Jahr 1974 auslaufende Langfristige Abkommen vom 15. Oktober 1970 zwischen der Bundesrepublik und Polen über den Warenverkehr und die Zusammenarbeit auf wirtschaftlichem und wissenschaftlichem Gebiet durch einen unbefristeten Rahmenvertrag zu ersetzen. Vgl. dazu die Aufzeichnung des Vortragenden Legationsrats Eggers vom 18. Juli 1972; Referat III A 6, Bd. 472.
Am 17. April 1973 übermittelte die polnische Handelsvertretung in Köln dem Bundesministerium für Wirtschaft den Entwurf eines Abkommens über die Entwicklung der Zusammenarbeit auf wirtschaftlichem, industriellem, wissenschaftlichem und technischem Gebiet, das eine Laufzeit von zehn Jahren haben sollte. Am 27. August 1973 übersandte Ministerialdirigent Simon der polnischen Botschaft den Entwurf der Bundesrepublik. Für die Entwürfe vgl. Referat 421, Bd. 117623.
Erste Verhandlungen über das Abkommen fanden am 24./25. September 1973 statt, eine zweite Verhandlungsrunde folgte vom 24. bis 26. Oktober 1973 in Warschau.
[4] Ministerialdirigent Sigrist resümierte am 19. März 1974 die dritte Gesprächsrunde über ein Kooperationsabkommen mit Polen vom 4. bis 8. März 1974: „Die Gespräche brachten zwar Annäherungen in Einzelbereichen, nach wie vor bestanden jedoch noch sehr unterschiedliche Auffassungen in Hauptfragen, so insbesondere bei der Abgrenzung der Kooperation von der Handelspolitik. Die polnische Delegation verlangte weiterhin, ohne eine Einschränkung oder Erläuterung zuzulassen, die Einfügung eines Artikels über die Meistbegünstigung nach dem deutsch-rumänischen Abkommen und forderte darüber hinaus wie in den polnischen Abkommen mit Frankreich, Großbritannien, Belgien, Luxemburg und Italien in der Präambel einen Hinweis auf die Mitgliedschaft im GATT. Andererseits verweigerte sie die Aufnahme eines Konsultationsartikels, der uns in die Lage versetzen würde, das Abkommen nach Konsultationen mit dem polnischen Vertragspartner der Entwicklung in der EWG anzupassen. Eine weitere Schwierigkeit stellte die polnische Forderung dar, im Langfristigen Kooperationsabkommen eine Bestimmung über die Erteilung von Arbeitsgenehmigungen für Bau- und Montagearbeiter aufzunehmen. Diese Forderung hatte sie erst in der zweiten Gesprächsrunde erhoben, in dem ursprünglichen Entwurf war sie nicht enthalten." Vgl. Referat 421, Bd. 117623.

che im September fortzusetzen. Sie müßten jedoch zu einem Erfolg führen und das heißt zur Paraphierung des Abkommenstextes.[5]

Der Staatssekretär leitete seine Erwiderung im Hinblick darauf, daß es sich um das erste Gespräch mit dem polnischen Botschafter handelte, mit allgemeinen Bemerkungen zum deutsch-polnischen Verhältnis ein.

– Die Deutschen und Polen seien Nachbarvölker, deren geschichtliches Verhältnis nie einfach gewesen sei. Das Deutsche Reich habe Polen entsetzlich behandelt und anschließend selbst für den von ihm ausgelösten Krieg einen schweren Preis gezahlt. Die Bundesregierung sei von der Notwendigkeit überzeugt, das Verhältnis zwischen Deutschen und Polen endlich anders zu gestalten. Wenn auch einige Kreise noch anderer Meinung seien, so werde die Politik der Bundesregierung von der ganz überwiegenden Mehrheit der Bevölkerung unterstützt.

– Der Neubeginn lasse sich nicht über Nacht einleiten, sondern nur durch langfristige und geduldige Arbeit erreichen. In unserem Land werde de facto das Ergebnis der Ostpolitik an zwei Dingen gemessen, nämlich an einer Beruhigung um Berlin sowie an günstigen Auswirkungen für die Menschen, das heißt auch an der Umsiedlung.

– Im Dezember vergangenen Jahres seien beide Seiten einer Lösung der noch offenen Fragen in den deutsch-polnischen Beziehungen bereits sehr nahe gewesen. Man müsse sich nun eingestehen, daß die günstige Konstellation vom vorigen Dezember nicht mehr bestehe. Daher müsse man sich ihm im Hinblick auf den Gesamtplan, langfristig gute Beziehungen herzustellen, wieder nähern. Ohne eine Rangordnung der zu lösenden Probleme aufzustellen, müsse festgestellt werden, daß auch die Aussöhnung zwischen den beiden Völkern bei uns an der Lösung des Problems der Umsiedlung gemessen werde. Es müsse eine derartige Lösung erreicht werden, daß die Umsiedlung kein Thema der beiderseitigen Beziehungen mehr bleibe. Wir glaubten, daß die Erklärungen, die Außenminister Olszowski dazu im Dezember[6] abgegeben habe, wieder die Basis für eine derartige Lösung sein müßten. Dabei seien wir uns dessen bewußt, daß damit sowohl wirtschaftliche Fragen als auch die Fragen der Renten in Zusammenhang stehen. Sie müßten dementsprechend behandelt und gemeinsam zur Lösung gebracht werden.

[5] Am 19. August 1974 erteilte Ministerialdirigent Sigrist der Botschaft in Warschau Weisung, im polnischen Außenhandelsministerium folgende Erklärung hinsichtlich der Verhandlungen über ein Kooperationsabkommen zwischen der Bundesrepublik und Polen abzugeben: „Auch wir seien zu Fortsetzung der Verhandlungen im September 1974 bereit. Dabei teilten wir die polnische Auffassung, daß die nächste Verhandlungsrunde zur Paraphierung des Abkommenstextes führen müsse. Daher müsse schon jetzt klargestellt werden, daß wir die polnischen Forderungen bezüglich Einfügung der Meistbegünstigungsklausel, Vereinbarung zollgünstiger Einfuhr von Kooperationsware und Streichung der von uns vorgeschlagenen Konsultationsklausel nach wie vor nicht akzeptieren können. [...] Betreffend die zollbegünstigte Einfuhr von Kooperationswaren sei das Zollrecht eindeutig eine Materie der EG, über die wir nicht verhandeln könnten. Die der polnischen Seite bekannten Erleichterungen des deutschen Zollgesetzes, die besonders die Lohnveredelung betreffen, würden nach wie vor gelten; insoweit sei eine Aufnahme dieser Bestimmungen in das Abkommen überflüssig. [...] Was schließlich die Konsultationsklausel angehe, so seien uns die polnischen Bedenken hiergegen um so unverständlicher, als sie offenbar von anderen sozialistischen Ländern nicht geteilt werden." Vgl. den Drahterlaß Nr. 440; Referat 421, Bd. 117623.
[6] Der polnische Außenminister Olszowski hielt sich am 6./7. Dezember 1973 in der Bundesrepublik auf. Vgl. dazu AAPD 1973, III, Dok. 402.

Zum Kooperationsabkommen verwies der Staatssekretär auf den Übergang von Kompetenzen an die EG.[7] Sodann stellte er fest, eine Reihe von Abkommen und von Besuchen seien in Aussicht genommen. Sie hätten sich jedoch bisher noch nicht realisiert. Auch auf diesem Gebiet sollte versucht werden, Fortschritte zu erzielen. Zum Abschluß dieser Ausführungen bat der Staatssekretär den Botschafter, davon überzeugt zu sein, daß sowohl der Bundeskanzler und der Bundesminister als auch er selbst von absolut gutem Willen geleitet seien.

Botschafter Piątkowski griff diese Bemerkung auf und erklärte, auch die polnische Seite hätte nicht den Weg eingeschlagen, den sie gegangen sei, wenn sie nicht von entsprechenden Absichten bestimmt gewesen sei. Er wies auf die positive Entwicklung der Beziehungen in verschiedenen Bereichen hin (Tourismus und Kulturaustausch). Zu den Wirtschaftsbeziehungen gab er der Erwartung Ausdruck, daß das beiderseitige Handelsvolumen in diesem Jahr auf 4,5 Mrd. steigen werde. Der Botschafter wies auf die nach seiner Auffassung im Hinblick auf die polnischen Bodenschätze bestehenden Möglichkeiten einer Entwicklung der wirtschaftlichen Beziehungen hin und sagte, daß bisher erst ein kleiner Anfang gemacht worden sei.

Zu den Problemen in den Beziehungen übergehend, hob er die Bedeutung der Entschädigungsfrage für die polnische Innenpolitik hervor. Er sagte, Gierek müsse bei seinem Besuch in der Bundesrepublik Deutschland erklären können, daß dieses Problem als geregelt betrachtet werden könne und die Vergangenheit überwunden sei. Er fügte hinzu, niemand in Polen beharre darauf, daß die Lösung in der ausdrücklichen Form einer Entschädigung gefunden werden müsse. Niemand in Polen habe auch die Absicht, durch die Behandlung dieses Themas entsprechende Forderungen anderer Länder an die Bundesrepublik Deutschland auszulösen.

Zur Umsiedlung sagte Botschafter Piątkowski, kein Politiker in Polen könne es sich leisten, qualifizierte Arbeitskräfte in die wirtschaftlich ohnehin begünstigte Bundesrepublik Deutschland zu schicken. Man finde keine Argumentation, die in Polen in dieser Hinsicht überzeuge. Er wisse nicht, ob die im Frelek-Papier[8] genannte Zahl völlig fest sei. Jedenfalls aber könne er feststellen, daß es ihretwegen schon schwere Auseinandersetzungen im Politbüro gegeben habe und kaum ein Spielraum bestehe. Zudem dürfe man nicht vergessen, daß die Situation komplizierter werde, je mehr Personen aus Polen ausreisten, weil dann die dort verbliebenen Personen ihren in die Bundesrepublik Deutschland umgesiedelten Verwandten nachreisen wollten. Wenn das Problem zusätzlich politisch aufgeladen werde, wie das im März bei uns der Fall gewesen sei, dann könne man nur sagen, daß dies der Sache nicht dienlich sei. Im polnischen Parlament sei es jedenfalls gelungen, eine Diskussion dieses Themas zu unterdrücken.

Wenn in den politischen Beziehungen eine Normalisierung nicht erreicht werde, würde die Frage entstehen, ob es auf anderen Gebieten wie der Wirtschaft

---

[7] Zur gemeinsamen Handelspolitik der Europäischen Gemeinschaften vgl. Dok. 215, Anm. 16.
[8] Zum polnischen Non-paper vom 11. April 1974 („Frelek-Papier") vgl. Dok. 118, Anm. 2.

und dem Sport weitere Fortschritte geben könne. Es habe schon manche für beide Länder auch im Hinblick auf die Zukunft wichtige Projekte gegeben, die wegen der bestehenden Lage hätten aufgegeben werden müssen. Jedenfalls müsse die weitere Diskussion der anstehenden Probleme vorbereitet werden, damit der politischen Führung entsprechende Vorschläge gemacht werden können.

Der Staatssekretär antwortete darauf, angesichts der Fülle der Probleme müsse das Gespräch fortgesetzt werden. Er sei mit der Auffassung einverstanden, daß die Entscheidungen der politischen Führung vorbereitet werden müßten. An einer vernünftigen Lösung würde noch eine Weile zu arbeiten sein. Gegenwärtig sei das Wichtigste, daß man sich gegenseitig keine Schwierigkeiten mache und keine weiteren Komplikationen schaffe. Sodann komme es darauf an, möglichst bald weiter zu sprechen.

Diesen Gedanken des Staatssekretärs aufgreifend, erklärte der Botschafter, bei einem Austausch von Delegationen zur Fortsetzung der Gespräche bestehe die Gefahr, daß sich manche Leute daran machen würden, Lösungsversuche zu torpedieren. Im übrigen erklärte er, wenn man bestimmte Dinge, die in der Diskussion gewesen seien, als abgesprochen hinstelle, dann löse das den Versuch der anderen Seite aus, zu beweisen, daß es zu einem derartigen Einvernehmen noch nicht gekommen sei. Der Staatssekretär bemerkte, ihm sei bewußt, worum es sich handele. Er sei bereit, in dieser Richtung weitere Prüfungen anzustellen und am äußeren Rahmen nicht unbedingt festzuhalten. Man müsse sich nur darüber im klaren sein, daß man zwar Etiketten wechseln könne, aber der Gehalt der Probleme der gleiche bleibe. Der Staatssekretär nannte als gemeinsame Aufgabe für die nächste Zukunft – und der Botschafter stimmte ihm darin zu – folgendes: Der Dialog solle wiederaufgenommen werden. Man müsse nach Lösungen suchen und die Entscheidung der politischen Führung vorbereiten. Dies soll in einer Weise geschehen, die nicht nach außen dringe. Beide Seiten sollen sich gegenseitig keine Schwierigkeiten bereiten.

Arnot[9]

Referat 214, Bd. 116627

---

[9] Paraphe.

236

Botschafter Krapf, Brüssel (NATO), an das Auswärtige Amt

114-13414/74 VS-vertraulich Aufgabe: 14. August 1974, 14.50 Uhr[1]
Fernschreiben Nr. 1131 Ankunft: 14. August 1974, 15.28 Uhr
Citissime nachts

Betr.: Zypern-Krise[2]

Zur Unterrichtung

1) Der NATO-Rat erörterte in einer Sondersitzung am 14. August vormittags die Entwicklung auf Zypern. Der Sitzung war eine Besprechung bei dem amtierenden Generalsekretär, Botschafter Pansa, vorangegangen, an der außer mir die Geschäftsträger der Vereinigten Staaten, Frankreichs, Großbritanniens und Belgiens teilnahmen. In der Besprechung habe ich darauf gedrungen, daß schnellstmöglich eine Ratssitzung einberufen und der Generalsekretär aus dem Urlaub zurückberufen werde.

2) In der Sondersitzung des NATO-Rats erklärte der griechische Botschafter[3] offiziell im Namen seiner Regierung den Rückzug der griechischen Streitkräfte aus dem Bündnis, in dessen politischen Verbund sein Land jedoch verbleibe. Zur Begründung wies er auf die angebliche Unfähigkeit des Bündnisses hin, eine bewaffnete Auseinandersetzung zwischen zwei Verbündeten zu verhindern. Der türkische Botschafter[4] gab zu dem türkischen Vorgehen auf Zypern keinerlei Erläuterungen ab. Er bemerkte lediglich, daß die Haltung von Klerides die türkische Regierung zu „überlegter Eile" genötigt habe. Auf persönlicher Basis drückte er die Hoffnung aus, daß nach einer Beilegung des Zypern-Konflikts die griechischen Streitkräfte wieder in die gemeinsame Verteidigung des Bündnisses zurückgeführt werden können.

3) Der britische Vertreter gab einen Bericht über den Ablauf der Ereignisse in Genf bis zu dem letzten türkischen Ultimatum am Abend des 13. August

---

[1] Hat in Vertretung des Ministerialdirektors van Well Botschafter Roth am 14. August 1974 vorgelegen, der die Weiterleitung an Referat 201 verfügte.
[2] Am 14. August 1974 traten die am 20. Juli 1974 auf Zypern gelandeten türkischen Streitkräfte zu einer neuen Offensive an, bei der sie die am 8. August mit der zypriotisch-griechischen Nationalgarde vereinbarte Waffenstillstandslinie überschritten. In der Presse wurde dazu berichtet: „Strategisches Ziel der türkischen Offensive ist die Abtrennung des nördlichen Inselteils etwa auf der Linie Lefka, Nikosia, Famagusta. Die Türkei hatte in der Nacht zum Mittwoch die Genfer Konferenz für gescheitert erklärt. In Athen rief der griechische Ministerpräsident Karamanlis unverzüglich den ‚Kriegsrat' zusammen, am Mittwochvormittag auch das Kabinett und die Führer der nicht zur Regierung gehörenden politischen Parteien. [...] Karamanlis gab den Austritt Griechenlands aus der militärischen Kommandostruktur der NATO bekannt und ordnete den sofortigen Abzug der griechischen Offiziere aus den Stäben des Bündnisses an. Der Abzug hatte bereits begonnen, als Griechenlands Botschafter Chorafas den zu einer Dringlichkeitssitzung zusammengetretenen NATO-Rat in Brüssel über die Entscheidung informierte." Vgl. den Artikel „Kriegsgefahr zwischen Griechen und Türken. Athen verläßt die NATO"; FRANKFURTER ALLGEMEINE ZEITUNG vom 15. August 1974, S. 1.
[3] Angelos Chorafas.
[4] Orhan Eralp.

1974[5]. Er ließ keinen Zweifel daran, daß nach britischer Ansicht der Verhandlungsstand in Genf das türkische Vorgehen nicht rechtfertige und daß der türkischen Regierung die volle Verantwortung für ihr Verhalten zukomme.

4) Alle Mitglieder des Ständigen NATO-Rats, außer den Vertretern der Türkei und Griechenlands, brachten übereinstimmend die Unterstützung ihrer Regierungen für die Resolution des Sicherheitsrats der Vereinten Nationen vom 14. August 1974[6] sowie den dringenden Appell an die Konfliktparteien zum Ausdruck, den bewaffneten Konflikt unverzüglich einzustellen und sobald wie möglich an den Konferenztisch zurückzukehren.

Unter Hinweis auf die schweren, im einzelnen noch nicht absehbaren Konsequenzen des Rückzugs der griechischen Streitkräfte aus dem Bündnis drückten sie alle die Hoffnung aus, daß diese Entscheidung der griechischen Regierung nicht unwiderruflich und nur vorübergehender Natur sei.

Alle Sprecher hoben übereinstimmend die unabsehbaren Gefahren hervor, die durch den Konflikt für die Sicherheit des Bündnisses, für die Sicherheit jedes einzelnen Bündnispartners und besonders auch für die Sicherheitsinteressen der beiden unmittelbar beteiligten Verbündeten selbst heraufbeschworen würden.

5) Ich erklärte, daß die Bundesregierung die Entwicklung mit größter Besorgnis verfolge und unterstrich, daß der Konflikt unmittelbar den Interessen unseres gemeinsamen Gegners Vorschub leiste. So wichtig auch die nationalen Interessen den beiden in den Konflikt verwickelten Verbündeten erscheinen möchten, seien doch die übergeordneten Sicherheitsinteressen des Bündnisses von größerer Bedeutung. Ich drückte die Hoffnung aus, daß die Entscheidung der griechischen Regierung, ihre Streitkräfte aus dem Bündnis zurückzuzie-

---

[5] Gesandter von Schmidt-Pauli, London, gab am 13. August 1974 Informationen des britischen Außenministeriums zum Stand der Genfer Verhandlungen über eine Beilegung des Zypern-Konflikts wieder: „In den letzten 24 Stunden habe sich das Verhandlungsklima sehr verschlechtert. Im Laufe des Montag, 12.8., hätten sowohl Denktasch in einem Gespräch mit Klerides wie parallel Güneş gegenüber Callaghan die türkischen Forderungen für eine Verfassungsregelung in unvermindert harter Form vorgetragen. Beide forderten für die türkische Minderheit eine autonome Region, deren geographische Ausdehnung etwa 34 Prozent des Territoriums der Insel ausmachen solle. Zwischen den Vorstellungen der beiden habe nur insofern ein Unterschied bestanden, als Denktasch ein geschlossenes türkisches Gebiet nördlich einer Linie Lefka-Nikosia-Famagusta verlangte, Güneş dagegen von einer Aufteilung der Insel in sechs türkische Distrikte ausging. In der Version von Güneş wären weniger massive Bevölkerungsverschiebungen notwendig als nach den Plänen von Denktasch. [...] Güneş lehnte eine Vertagung ab und setzte die griechische und griechisch-zypriotische Delegation unter ständigen Druck: Falls die türkischen Vorschläge nicht akzeptiert würden, würde er die Konferenz verlassen. Die Frist dieser Ultimaten habe er wiederholt verlängert: ursprünglich von 22.00 Uhr am 12.8. auf 10.00 Uhr am 13.8., und jetzt auf 22.00 Uhr am 13.8." Vgl. den Drahtbericht Nr. 2098; Referat 203, Bd. 101459.

[6] In Resolution Nr. 357 des UNO-Sicherheitsrats vom 14. August 1974 hieß es: „The Security Council, Recalling its resolutions 353 (1974) of 20 July, 354 (1974) of 23 July and 355 (1974) of 1 August 1974, Deeply deploring the resumption of fighting in Cyprus, contrary to the provisions of its resolution 353 (1974), 1) Reaffirms its resolution 353 (1974) in all its provisions and calls upon the parties concerned to implement those provisions without delay, 2) Demands that all parties to the present fighting cease all firing and military action forthwith; 3) Calls for the resumption of negotiations without delay for the restoration of peace in the area and constitutional government in Cyprus, in accordance with resolution 353 (1974); 4) Decides to remain seized of the situation and on instant call to meet as necessary to consider what more effective measures may be required if the cease-fire is not respected." Vgl. UNITED NATIONS RESOLUTIONS, Serie II, Bd. IX, S. 64. Für den deutschen Wortlaut vgl. EUROPA-ARCHIV 1974, D 448.

hen, nicht unwiderruflich sei. Die Begründung, daß das Bündnis „sich unfähig gezeigt habe", eine bewaffnete Auseinandersetzung zwischen zwei Verbündeten zu verhindern, träfe nicht zu. Das Bündnis sei nicht auf den Fall eines Konflikts zwischen Verbündeten angelegt. Dennoch habe das Bündnis, der Generalsekretär und die einzelnen Verbündeten alles in ihrer Macht Stehende getan, um die Krise nicht bis zum Äußersten kommen zu lassen. Die Bundesregierung sei auch weiterhin bereit, den beteiligten Verbündeten ihre guten Dienste anzubieten, wenn dies von ihnen gewünscht und als zweckmäßig angesehen würde.

6) Der Vertreter des Militärausschusses wies darauf hin, daß noch nicht bekannt sei, welche Folgen im einzelnen die griechische Regierung ihrem Entschluß geben[7] wollte. Der Rückzug der griechischen Streitkräfte aus dem Bündnis würde in der Süd-Ost-Flanke eine weite ungeschützte Lücke verursachen und für das Frühwarnsystem der NATO unabsehbare Konsequenzen haben.

7) Der NATO-Rat einigte sich auf folgende Richtlinien für die Pressebehandlung der Ratssitzung:

„– This morning the North Atlantic Council met at the urgent meeting to examine the situation in the eastern Mediterranean and the strained relations which have developed between two members of the Alliance.

– Members of the Council expressed their deep concern over the interruption of the ceasefire and the breakdown in the negotiations in Geneva.

– Members of the Council strongly supported an immediate re-establishment of the ceasefire and an urgent resumption of the negotiations.

– The Council heard a statement of the Greek permanent representative of the Greek government's decision to withdraw their armed forces from the integrated military forces of the Alliance while remaining a member of the Alliance.

In comments made on this statement members of the Council expressed their deep concern about this decision and its consequences for the whole alliance. They expressed the hope that the Greek government might early reconsider this decision.

– Secretary General Joseph Luns has interrupted his holiday and returned immediately to NATO headquarters."

[gez.] Krapf

VS-Bd. 9943 (203)

---

[7] Korrigiert aus: „gebeten".

237

Botschafter von Lilienfeld, Madrid, an das Auswärtige Amt

114-13443/74 VS-vertraulich Aufgabe: 16. August 1974, 08.00 Uhr[1]
Fernschreiben Nr. 483 Ankunft: 16. August 1974, 13.09 Uhr
Cito

Bitte Herrn Bundespräsident auch im Urlaub vorzulegen

Betr.: Interne Situation in Spanien[2]
hier: Gespräche mit Prinz Juan Carlos

I. 1) Prinz Juan Carlos hatte mich gestern nach Mallorca eingeladen, wo ich ihn über mein kürzliches Gespräch mit dem Bundespräsidenten[3] unterrichtete und dessen Grüße überbrachte. Er bat, diese auf das herzlichste zu erwidern. Er sei für die ihm von Herrn Scheel zu diesem für ihn sehr schwierigen Zeitpunkt erwiesene moralische Unterstützung und Sympathie besonders dankbar. Bei einem langen Gespräch unter vier Augen, das später beim Segeln fortgesetzt wurde, schilderte der Prinz sehr offenherzig die sich aus seiner Interims-Position ergebenden Probleme und betonte erneut, wie wichtig für ihn eine möglichst sichtbare Unterstützung durch seine Freunde im Westen – insbesondere uns – jetzt sei. „Deutschland" habe in Spanien eine psychologisch einzigarti-

---

[1] Hat Vortragendem Legationsrat I. Klasse Munz am 16. August 1974 vorgelegen.
Hat Vortragendem Legationsrat Bensch am 20. August 1974 vorgelegen, der die Weiterleitung an Ministerialdirigent Simon, Vortragenden Legationsrat Strenziok und Referat 201 verfügte.
Hat Strenziok am 27. August 1974 vorgelegen.
Hat Vortragendem Legationsrat Hartmann vorgelegen.
[2] Botschafter von Lilienfeld, Madrid, resümierte am 18. Juli 1974 die politischen Auswirkungen einer Erkrankung des Staatschefs Franco: „Wie das behandelnde Ärzteteam bekanntgab, hat sich der Zustand des erkrankten Staatschefs Franco weiter gebessert. [...] In den ersten Tagen vor Francos Erkrankung hat es hinter den Kulissen ein erhebliches Tauziehen darum gegeben, ob Franco gemäß Art. 11 des spanischen Grundgesetzes während der Dauer seiner Erkrankung die Geschäfte dem zukünftigen Staatschef, Prinz Juan Carlos, übertragen soll. Wie der Botschaft aus zuverlässiger Regierungsquelle mitgeteilt wurde, hatte Ministerpräsident Arias Navarro ein entsprechendes Dekret vorbereiten lassen, das er dem Staatschef bei seinem ersten Besuch im Krankenhaus vorlegen wollte. Da Franco während dieses Besuchs von zahlreichen Familienmitgliedern umringt war, die betont von einer nur vorübergehenden Erkrankung sprachen, soll Arias es nicht gewagt haben, die Vorlage dem Staatschef zu unterbreiten. Diese Begebenheit wirft ein bezeichnendes Schlaglicht auf die derzeitige Situation. Franco wird von seiner ‚Familie' (zu der auch der Arzt, der Beichtvater und einige Mitglieder seines persönlichen Stabes zu rechnen sind) abgeschirmt. Die ‚Familie' ist offensichtlich besorgt, daß sie ihre vorrangige Stellung unter einem Nachfolger Francos verlieren könnte. Das spanische Regime hat eine Gelegenheit verpaßt, den zukünftigen Staatschef gewissermaßen probeweise tätig werden zu lassen." Vgl. den Drahtbericht Nr. 403; Referat 203, Bd. 101439.
[3] Mit Schreiben vom 1. August 1974 informierte Ministerialdirektor Poensgen, Bundespräsidialamt, Staatssekretär Gehlhoff über einen „kurzen privaten Besuch" des Botschafters von Lilienfeld, Madrid, bei Bundespräsident Scheel vom Vortag. Lilienfeld habe „seine Vorstellungen über die künftige Entwicklung in Spanien dargelegt und zugleich angeregt, der Herr Bundespräsident möge zur Bekundung seiner Verbundenheit mit Spanien zur Inthronisierung des Prinzen Juan Carlos selber nach Spanien kommen." Scheel habe dazu erklärt, „er sei bereit, dem Prinzen, wie überhaupt dem demokratisch gesinnten Spanien, jede Unterstützung zu gewähren, die er in den Grenzen seines Amtes leisten könne. Dies sei natürlich mit der Bundesregierung sorgfältig abzustimmen. Zur Frage eines Besuchs in Spanien führte der Präsident aus, diese Frage könne seines Erachtens erst beantwortet werden, wenn sie sich konkret stelle." Vgl. Referat 203, Bd. 101444.

ge Position. Jede Stellungnahme unsererseits habe daher eine stärkere öffentliche Wirkung hier als die jedes anderen Verbündeten, einschließlich der USA.

2) Er habe – auch auf Wunsch Francos – seine eigene Staatsführung absichtlich auch nach außen sichtbarer gestaltet, um seinem Volk und der Welt zu zeigen, daß die Lage in Spanien stabil sei. Er könne dies jedoch nicht mehr lange auf provisorischer Basis tun, ohne seinem Ansehen als zukünftiger König zu schaden. Er habe vor zwei Tagen erneut versucht, Franco dazu zu bewegen, ihm die Staatsführung entweder voll zu übertragen oder sie selbst wieder zu übernehmen, damit auch dem Volk gegenüber klar sei, wer eigentlich die Verantwortung trage. Franco sei jedoch nicht – oder noch nicht – darauf eingegangen. Über den Sommer hinaus könne man diesen Zwitterzustand noch hinziehen. Zum Herbst jedoch, wenn sich aus der wirtschaftlichen Entwicklung u. U. innerpolitische Probleme ergäben, müsse eine voll funktionsfähige Regierung vorhanden sein. Er habe sich daher selbst etwa Anfang Oktober als Datum gesetzt. Sollte Franco bis dahin nicht auf seine Forderung eingehen, werde er das Amt des Staatschefs wieder an ihn abgeben. Es ginge Franco gesundheitlich zwar wieder besser, er sei jedoch nicht in der Lage, wirkliche Entscheidungen zu treffen. Die „Camarilla" um ihn habe einen gefährlichen Einfluß und sei auf Wahrung eigener Vorteile bedacht. Dies sei auch im Volke bekannt und wirke sich nachteilig aus. Ministerpräsident Arias sähe dies alles und versuche auch, ihn (Juan Carlos) gegenüber Franco zu stützen, sei aber diesem gegenüber aus seiner langjährigen engen Verbundenheit heraus recht schwach. Die Mehrheit des Kabinetts, die Armee, weite Kreise des Parlaments, der Wirtschaft, aber auch der Intellektuellen und sogar der Arbeiterschaft ständen hinter ihm (dem Prinzen). Sogar die neugebildeten Splittergruppen bis zu den Kommunisten hätten Verbindung zu ihm gesucht und würden sich – zumindest zunächst – vielleicht sogar an einer von ihm auf sehr viel breiterer Basis geplanten Regierung beteiligen. Das Beispiel Portugals[4] habe warnend sowohl auf die Rechte wie auf die Linke gewirkt, die beide die Gefahr eines zweiten Bürgerkriegs vermeiden wollten. Auch Franco selbst sähe die Chance für einen geordneten Übergang und wünsche ihn ja auch, könne sich nur wohl noch nicht ganz von seiner eigenen Machtvollkommenheit lösen. Jedes Zeichen von unserer Seite, daß wir Vertrauen in die Stabilität Spaniens und insbesondere in die Übernahme der Verantwortung durch den Prinzen hätten und daß diese der Unterstützung Spaniens durch die EG und die NATO förderlich sei, würde eine positive Wirkung auch auf Franco haben und vielleicht seine Entscheidung beschleunigen.

3) Der Prinz sagte mir dies alles sehr offen. Er bäte es vertraulichst zu behandeln, jedoch meiner Regierung und vor allem dem Bundespräsidenten, zu dem er größtes persönliches Vertrauen habe, zu berichten. Er sehe große Gefahren für die weitere Entwicklung in Spanien, wenn dieser Schwebezustand zu lange anhielte.

II. Ich sagte dem Prinzen Bericht und Vertraulichkeit zu. Die Probleme würden auch bei uns ähnlich gesehen. Unsere Presse habe in der letzten Zeit Proklamationen der spanischen Regimegegner herausgestellt.[5] Dies entspräche je-

---

[4] Zum Regierungsumsturz in Portugal am 25. April 1974 vgl. Dok. 136.
[5] Botschaftsrat Knackstedt, Madrid, bewertete am 9. August 1974 die Berichterstattung der Presse in der Bundesrepublik zur Bildung einer „demokratischen Junta" durch spanische Oppositionspar-

doch nicht der Ansicht der Regierung, die Vertrauen in die vom Prinzen angestrebte allmähliche Liberalisierung habe und bereit sei (ich verwies u. a. auf das kürzliche Gespräch des Bundesministers mit Nixon und Kissinger hinsichtlich Spaniens[6]), diese schon jetzt durch Erleichterung der Annäherung an EG und NATO zu fördern. Ich glaubte jedoch, dem Prinzen sagen zu sollen, daß sein etwaiger Rücktritt bei uns und sicher auch in anderen westlichen Ländern als ein schwerer Rückschlag für die Demokratie bewertet würde. Wir sähen gerade in dem gegenwärtigen, für ihn sicherlich äußerst schwierigen Zustand doch einen hoffnungsvollen Ansatz zu einem allmählichen Hineinwachsen in die volle Verantwortung. Die jetzt bei uns und anderen Verbündeten, besonders den USA, vorhandene Bereitwilligkeit, den Demokratisierungsprozeß zu unterstützen, könnte durch eine Rückkehr Francos gefährdet werden. Der Prinz hörte dieser Argumentation sichtlich interessiert zu. Er hoffe, daß er Franco kein „Ultimatum" werde stellen müssen.

III. Auch dieses Gespräch, dessen vertrauliche Behandlung ich zu gewährleisten bitte, zeigte erneut die große Bedeutung, die unserer Unterstützung des Prinzen und seiner Liberalisierungsbemühungen zukommt. Die jüngste Entwicklung Griechenland–Türkei hat die Bedeutung Spaniens für die Sicherheit Europas zweifellos erhöht. Ich möchte daher nochmals anregen, eine Beteiligung des Bundespräsidenten an der Inthronisierung – die der Prinz, falls sie nicht doch noch zu Lebzeiten Francos stattfinden sollte, in der Erkenntnis, daß die Beteiligung an seiner Beerdigung nicht so hochrangig sein würde, zeitlich um ein paar Tage von dieser trennen möchte – wenn irgend möglich vorzusehen sowie bei sich bietender Gelegenheit eine Äußerung des Vertrauens von führender deutscher Seite (Bundespräsident, Bundeskanzler oder Außenminister) in die Stabilität Spaniens und des dort durch Juan Carlos eingeleiteten Liberalisierungsprozesses abzugeben.[7]

Vorschlag für den Wortlaut einer solchen Erklärung wird nachgereicht.

[gez.] Lilienfeld

VS-Bd. 9948 (203)

Fortsetzung Fußnote von Seite 1032

  teien: „Ende Juli ist von Oppositionsgruppen eine ‚demokratische Junta' für Spanien gebildet worden. Ihr gehören die kommunistische Partei, einige sozialistische Splitterverbände sowie eine neugegründete ‚Demokratische Union' aus rechtsgerichteten Oppositionellen an. Die Christlichen Demokraten und die Sozialistische Partei Spaniens (PSOE) sind an der neuen Junta nicht beteiligt. [...] In der Beurteilung der Botschaft erscheinen die in der deutschen und ausländischen Presse gegebenen Darstellungen über das Ausmaß des neuen Oppositionsverbandes übertrieben. Schon das Fehlen der Christlichen Demokraten und der PSOE-Sozialisten zeigt, wie wenig repräsentativ die Junta zur Zeit ist. Von den Junta-Teilnehmern haben nur die Kommunisten organisierte Kader, die anderen bestehen aus kleinen Grüppchen ohne Tiefenwirkung in der Bevölkerung." Vgl. den Drahtbericht Nr. 474; Referat 203, Bd. 101439.

6 Zum Gespräch des Bundesministers Genscher mit Präsident Nixon und dem amerikanischen Außenminister Kissinger am 26. Juli 1974 in San Clemente vgl. Dok. 225.

7 Am 26. Juli 1974 legte Botschafter von Lilienfeld, Madrid, dar, wie sich die Bundesrepublik nach dem zu erwartenden Ableben des Staatschefs Franco und der sich daran anschließenden Inthronisation des Prinzen Juan Carlos verhalten solle. Lilienfeld empfahl, „daß der Herr Bundespräsident, dessen besonderes Interesse für Spanien sehr anerkannt wird, zu den Feierlichkeiten anläßlich der Amtseinführung des Prinzen die deutsche Delegation leitet. Er braucht dazu erst nach der Beerdigung Francos hier eintreffen. Für die Beisetzung könnte [...] auch an die Möglichkeit gedacht werden, den Alt-Bundeskanzler Kiesinger in Betracht zu ziehen, der Spanien mehrfach – auch offiziell – besucht hat." Vgl. den Drahtbericht Nr. 426; Referat 203, Bd. 101439.

238

Botschafter Sonnenhol, Ankara, an das Auswärtige Amt

114-20155/74 VS-vertraulich Aufgabe: 17. August 1974, 15.00 Uhr[1]
Fernschreiben Nr. 823
Citissime nachts

Betr.: Demarche bei MP Ecevit

Bezug: DE Nr. 384 vom 16.8.1974 – 203-320.10 ZYP VS-v[2]

Ich habe am 17.8. um 10.30 OZ o. a. Demarche gemacht. Herzlich verlaufene Unterredung dauerte in der Gegenwart von Außenminister Güneş und früherem Botschafter in Bonn, Gökmen, fast eine Stunde und wurde dann nur durch eine Sitzung des Nationalen Sicherheitsrats im Generalstab abgebrochen.

Wie bei früheren Begegnungen machte Ecevit trotz der großen Belastungen in den letzten Wochen einen ruhigen und besonnenen Eindruck, wenn auch die nationalistische Überhitzung und das Eingesponnensein in die eigenen Begründungen für den Ablauf der Dinge noch deutlich sichtbar war. Den Inhalt der Demarche nahm Ecevit ruhig und positiv auf und bat mich, Bundeskanzler Schmidt zu danken für das Verständnis, das die Bundesregierung den berechtigten türkischen Anliegen entgegengebracht habe.

Zur Frage der Wahl der militärischen Mittel in der letzten Phase der Krise[3] gab er die bekannten Begründungen, die darauf hinauslaufen, die Erfahrungen

---

[1] Hat Botschafter Roth am 19. August 1974 vorgelegen, der die Weiterleitung an Ministerialdirigent Simon „n[ach] R[ückkehr]" verfügte.
Hat Simon am 20. August 1974 vorgelegen.

[2] Bundesminister Genscher erteilte der Botschaft in Ankara Weisung für eine Demarche bei Ministerpräsident Ecevit zum türkischen Vorgehen im Zypern-Konflikt: „1) Die Bundesregierung habe schon in den vergangenen Jahren mit großer Aufmerksamkeit und nicht ohne Besorgnis die Entwicklung des Zypern-Problems verfolgt. Sie habe beobachtet, daß bei den Interkommunalen Gesprächen, die sich über viele Jahre hingezogen haben, der türkischen Bevölkerungsgruppe nicht der Platz zugestanden wurde, auf den sie nach der Verfassung Anspruch habe. Aus diesem Grunde habe die Bundesregierung auch großes Verständnis für die Sorgen, die sich die türkische Regierung über diese Probleme seit Jahren macht. Dies gelte um so mehr für die Lage, welche durch den Putsch der zyprischen Nationalgarde unter dem Kommando der griechischen Offiziere geschaffen wurde. 2) Die Bundesregierung wolle in keiner Weise der Türkei ihr vertragliches Interventionsrecht bestreiten. Sie habe Verständnis dafür, daß die türkische Regierung bestrebt ist, nunmehr eine dauerhafte Lösung herbeizuführen, die den Interessen der türkischen Bevölkerungsgruppe auf Zypern Rechnung trägt. Wegen ihrer eigenen politischen Grundsätze des Verzichts auf Gewaltanwendung, wozu sie sich auch bei der Lösung der deutschen nationalen Frage verpflichtet habe, sehe allerdings die Bundesregierung die von türkischer Seite gewählten Mittel zur Erreichung ihrer Ziele mit Sorge. Die eingetretene Entwicklung schwäche die Südostflanke des Bündnisses. Eine politische und militärische Demütigung der neuen Regierung in Griechenland berge im übrigen die Gefahr, daß in Athen das noch ungefestigte Experiment der Demokratisierung scheitere und möglicherweise in letzter Konsequenz eine Regierung mit Ausrichtung nach Moskau ans Ruder käme. Je stärker die Demütigung der griechischen Regierung, um so größer sei diese Gefahr. Dies könne nach unserer Auffassung auch nicht im Interesse der Türkei liegen." Vgl. VS-Bd. 9943 (203); B 150, Aktenkopien 1974.

[3] Am 16. August 1974 analysierte Botschafter Sonnenhol, Ankara, die Entscheidung der türkischen Regierung zu einer neuen Offensive auf Zypern: „Die Wiederaufnahme der Kampfhandlungen am 14.8. ist zu sehen im Lichte der nur teilweise gelungenen ersten militärischen Operation. [...] Die

mit dem griechischen Militärregime in der Ägäis-Frage[4] (Ablehnung von Verhandlungen durch den griechischen Ministerpräsidenten während des NATO-Gipfels in Brüssel[5]) und die Kontakte mit Karamanlis hätten die türkische Regierung zur Überzeugung gebracht, daß die Griechen nicht bereit seien, über irgend etwas zu verhandeln. In dieser Haltung seien die Griechen vom ersten Tage von den Engländern bestärkt worden. Er, Ecevit, sei der erste gewesen, Karamanlis zu seiner Regierungsübernahme[6] zu beglückwünschen und habe in einer schriftlichen Botschaft ein Treffen vorgeschlagen, um alle gemeinsamen Fragen zu erörtern. Dieser Vorschlag sei ohne Antwort geblieben.

Leider seien die Griechen in der Schlußphase der zweiten Genfer Runde[7] von Callaghan in ihrer ablehnenden Haltung unterstützt worden, wobei sich dieser auch auf eine Übereinstimmung mit den anderen EG-Ländern berufen habe.

Ecevit ging dann aber relativ offen auf die wahren Gründe der türkischen Haltung in der zweiten Phase ein. Die bei der ersten militärischen Operation erreichte Zone sei zu klein gewesen, um von dort aus eine befriedigende Lösung des Zypern-Problems am Verhandlungstisch zu erzwingen. Die Zyperntürken im griechischen Sektor seien nach wie vor Geiseln gewesen. Diese Lage hätte nicht lang andauern können. Auch sei er der Auffassung gewesen, daß Mavros am Verhandlungstisch den türkischen Vorschlag nur um den Preis der Selbstopferung hätte annehmen können. Längere Verhandlungen hätten die Lage aber nicht verbessert, sondern es für die griechische Regierung im Gegenteil schwerer gemacht, den türkischen Vorschlag anzunehmen. Die Zeit habe deshalb gedrängt, zumal die Lage in Zypern unhaltbar geworden sei. Aufgabe der Engländer wäre es gewesen, die griechische Regierung zur Annahme zu bewe-

Fortsetzung Fußnote von Seite 1034
    türkische Armee war wegen ihrer schwachen Leistung so heftiger Kritik und interner Auseinandersetzungen ausgesetzt, daß der Staatspräsident in einer öffentlichen Erklärung die Schwächen der Landungsoperation bescheinigen mußte." Während die türkische Presse nach dem Besuch des Abteilungsleiters im amerikanischen Außenministerium, Hartman, am 4. August 1974 in Ankara „einheitlich auf einen Ausgleich mit Griechenland" eingeschwenkt sei, „erschienen schlagartig am 8.8. in allen Zeitungen Karten mit der in der Schlußphase in Genf ultimativ geforderten türkischen ‚geographischen' Basis im Norden des Landes (Attila-Line – 34 Proz[ent] des Territoriums). Gleichzeitig reagierte die türkische Regierung negativ auf alle Bemühungen der Verbündeten, auch die Interessen Griechenlands und der NATO im Auge zu halten. Der außenpolitische Experte der Partei Ecevits, Prof. Ullmunn – von Haus aus ein Linker –, der an beiden Genfer Verhandlungen teilnahm, schrieb in einem Artikel: ‚In Genf werde nicht verhandelt, sondern es gehe nur darum, daß die militärisch unterlegene Partei die Folgen der Niederlage unterschreibe.' Ecevit war spätestens seit diesem Zeitpunkt weitgehend der Gefangene der Generäle und der Nationalisten aller Schattierungen." Vgl. den Drahtbericht Nr. 815; VS-Bd. 9943 (203); B 150, Aktenkopien 1974.
4 Zur türkischen Haltung im Hinblick auf eine Regelung der griechischen und türkischen Territorialgewässer in der Ägäis vgl. Dok. 233, insbesondere Anm. 9.
5 Zur Sitzung des NATO-Rats auf der Ebene der Staats- und Regierungschefs am 26. Juni 1974 vgl. Dok. 191.
6 Nach dem Rücktritt der Regierung von Ministerpräsident Androutsopoulos am 23. Juli 1974 forderte Präsident Ghizikis den ehemaligen Ministerpräsidenten Karamanlis zur Rückkehr aus dem Exil und zur Bildung einer Regierung der nationalen Einheit auf. Karamanlis traf am 24. Juli 1974 in Athen ein und bildete noch am selben Tag eine neue Regierung.
7 Zum Stand der Genfer Verhandlungen über eine Beilegung des Zypern-Konflikts am 12./13. August 1974 vgl. Dok. 236, Anm. 5.

gen. Statt dessen seien sie in Kolonialpolitik zurückgefallen durch die Zurverfügungstellung von Gurkha[8]-Truppen an UNFICYP.[9]

Es sei bedauerlich, daß die EG-Länder ihre positive Haltung der ersten Phase nicht aufrechterhalten hätten, gipfelnd in der von Frankreich vorgelegten UN-Resolution[10].

Ich habe darauf erwidert, daß die Neun bei Ausbruch des Konflikts auf Initiative des deutschen und französischen Außenministers[11], aber mit voller Unterstützung Callaghans, eine die Türkei begünstigende Haltung eingenommen hätten, bis sie nach Herstellung eines gewissen Gleichgewichts in Zypern zu einer ausgeglichenen Politik hätten übergehen müssen. In dieser ganzen Zeit habe die britische Regierung diese Haltung unterstützt. Die türkische Auffassung sei deshalb nicht überzeugend, daß England vom ersten Tage (Ablehnung einer gemeinsamen Garantie-Intervention bei Ecevits Besuch in London am 17.7.[12]) eine den türkischen Interessen abträgliche Haltung eingenommen hätte.

---

[8] Korrigiert aus: „Zurka".

[9] Gesandter von Schmidt-Pauli, London, übermittelte am 12. August 1974 Informationen des Abteilungsleiters im britischen Außenministerium, Killick, zur Verstärkung der britischen Streitkräfte auf Zypern. Demnach hätten sich am Abend des 9. August 1974 die Anzeichen dafür verdichtet, „daß die türkische Regierung militärische Vorbereitungen treffe, um ihre Ziele nach einem Scheitern der Genfer Verhandlungen mit Gewalt durchzusetzen. Dem ebenfalls in Genf anwesenden GS der VN lagen ähnliche Informationen über die türkischen Absichten vor. Callaghan und Waldheim waren sich einig, daß die türkische Regierung davon abgehalten werden müsse, eine Lösung auf anderem als Verhandlungswege anzustreben, und daß dazu UNFICYP verstärkt werden sollte. Die britische Regierung verstärkte daraufhin ihre Einheiten auf Zypern durch die Entsendung eines zusätzlichen Gurkha-Bataillons und führte den ursprünglich geplanten Abzug jener Einheiten [...] nicht durch, die am 28.7. zur Abschreckung des damals bevorstehenden Angriffs der Türken auf den Flughafen von Nikosia entsendet worden waren. Die britische Regierung gab dieser militärischen Geste eine große Publizität, um bei den Türken eine entsprechende Signalwirkung auszulösen. Außerdem bat Callaghan Sauvagnargues um eine unterstützende Demarche in Ankara [...]. Auch Außenminister Kissinger habe in einem Telefongespräch Ministerpräsident Ecevit am 10.8. zur Mäßigung und zur Konzilianz in Genf gemahnt. 4) Am Nachmittag des 11.8. erhielt AM Güneş neue Instruktionen aus Ankara: Zum ersten Mal gab er substantielle Zusicherungen für die militärische Zurückhaltung der Türkei und erklärte sich bereit, über eine Verfassungslösung auf der Grundlage eines kantonalen Föderalismus ohne Bevölkerungstransfer zu verhandeln." Vgl. den Drahtbericht Nr. 2093; Referat 203, Bd. 101459.

[10] Gesandter von Hassel, New York (UNO), berichtete am 20. August 1974, der stellvertretende französische UNO-Botschafter Lecompt habe erklärt, „er habe Mittwoch (14.8.) von Paris Instruktion erhalten, Res[olution] zu Zypernkrise, der Erklärung von Präsident Giscard d'Estaing entspreche, im SR einzubringen. GB habe es angesichts seiner Schiedsrichterrolle in Genf nicht für opportun gehalten, Res., die Urteil über eine der Parteien ausspreche, miteinzubringen. Frankreich habe deshalb im Alleingang gehandelt. Es habe sich im Laufe des 15.8. jedoch bald gezeigt, daß eine Res., die die militärische Aktion der Türkei offen mißbillige, keine Mehrheit finden würde. Frankreich habe daher jede Erwähnung der Türkei aus der Res. streichen müssen. Die Res. habe in der Form, in der sie angenommen wurde, nun einen anderen als den ursprünglichen Charakter. Schwerpunkt der Res. 360 liege nicht mehr auf Para[graph] 1 (Mißbilligung), sondern auf Para. 3, der feststelle, daß das Ergebnis der Verhandlungen, zu denen die Parteien aufgefordert werden, nicht durch die Vorteile, die durch die militärischen Operationen erzielt wurden, behindert oder präjudiziert [...] werden dürfe. Französischer Gesandter unterstrich nochmals, Frankreich habe seine Initiative allein in eigenem Namen unternommen, als ständige SR-Macht und nicht als derzeitige Präsidialmacht der Neun." Vgl. den Drahtbericht Nr. 1435; Referat 230, Bd. 113960.

[11] Jean Sauvagnargues.

[12] Am 18. Juli 1974 berichtete Botschafter von Hase, London, über das Gespräch des Ministerpräsidenten Ecevit mit Premierminister Wilson vom Vortag: „Am Abend des 17.7. fanden in 10 Downing Street ausführliche Gespräche zwischen der türkischen Regierungsdelegation unter der Führung von PM Ecevit und der britischen Regierung statt, in denen alle Aspekte der Zypern-Krise disku-

Es sei selbstverständlich gewesen, daß nach dem Umsturz in Athen die Sympathien der öffentlichen Meinung, die vor allem in der Bundesrepublik bis dahin auf türkischer Seite gewesen seien, sich stärker auf Griechenland verlagert hätten.

Hier erwiderte Ecevit erstaunlich emotional, ich wisse, daß er auch ein Freund Griechenlands sei und noch vor kurzem wegen eines pro-griechischen Gedichts im Parlament angegriffen worden sei. Griechenland sei das „spoiled child of Europe". Auf meinen Einwand, daß man das während der sieben Jahre Militärherrschaft nicht gerade sagen könne, erwiderte er, gerade die vehemente Ablehnung des Militärregimes spreche für das lebhafte europäische Interesse an Griechenland. Die Griechen würden diese sentimental privilegierte Situation für ihre Phantasien und Interessen ausnutzen, dabei die Sicht für die Realitäten verlieren und großhellenistischen Träumen nachgehen. Diese Zeit sei nunmehr vorbei.

Ich habe darauf noch einmal das Argument vorgebracht, daß die Neun nicht zuletzt unter dem Einfluß der Bundesrepublik eine wohlwollende Haltung gegenüber der Türkei eingenommen hätten, in dem Gefühl ihres Rechts und der Sorge, sie könne den Einflüssen des Osten ausgeliefert sein. Zu der Zeit hätten die Amerikaner noch überlegt, ob sie das Junta-Regime Sampsons[13] anerkennen sollten oder nicht. Der Umschwung der amerikanischen Auffassung sei sichtbar geworden, als der Bundesaußenminister in Washington mit Kissinger gesprochen habe und beide einig gewesen seien, daß die Isolierung der Türkei verhindert werden müsse und beide Länder dabei eine wichtige Rolle zu spielen hätten.

In der zweiten Phase seien die Amerikaner offen auf die türkische Seite getreten. Es sei deshalb eine gute Rollenverteilung, daß die europäischen Länder sich nunmehr stärker um das gefährdete Griechenland kümmerten, um ihm den Eindruck zu vermitteln, daß es nicht völlig verlassen ist. In diesem Sinne habe Callaghan in der Schlußphase in Genf auch im Namen und im Interesse der übrigen EG-Länder gehandelt, die ihre Interessenlage auch bilateral nachdrücklich deutlich gemacht hätten. In diesem Lichte sei auch die von Frankreich nur in seinem Namen eingebrachte UN-Resolution zu sehen, die Ecevit vorher – im Vergleich zu den heftigen Angriffen auf England – gemäßigt kritisiert hätte. Im übrigen dürfe die türkische Regierung nicht verkennen, daß im Ausland der Eindruck entstanden sei, in Genf sei nichts zu verhandeln, sondern nur etwas zu unterschreiben gewesen – eine Auffassung, die der Ministerpräsident gerade bestätigt habe.

Ich habe dann noch einmal unsere Sorge wegen des Zusammenbruchs der Südostflanke der NATO vorgetragen und die Hoffnung der Bundesregierung unter-

---

Fortsetzung Fußnote von Seite 1036
tiert wurden. Die beiden Seiten einigten sich nicht über eventuelle gemeinsame Maßnahmen. Auf Außenministerebene werden die Konsultationen heute weitergeführt werden. Nach Ansicht des Foreign Office hat die türkische Regierung sich noch nicht über ihr weiteres Vorgehen festgelegt. Eine militärische Intervention der Türkei auf Zypern sei weiterhin eine nicht auszuschließende Möglichkeit." Vgl. den Drahtbericht Nr. 1858; Referat 203, Bd. 101457.

13 Zum Sturz des Präsidenten Makarios am 15. Juli 1974 vgl. Dok. 217, Anm. 2.
 Zum Rücktritt des am 15. Juli 1974 zum Präsidenten von Zypern proklamierten Nikos Sampson vgl. Dok. 222, Anm. 9.

strichen, bald zu einer Verständigung mit Griechenland zu kommen, bei der es weder Sieger noch Besiegte geben dürfe, um es Karamanlis zu erlauben, ein neues Blatt der türkisch-griechischen Beziehungen aufzuschlagen.

Sollte es zu dieser Verständigung nicht kommen, müsse von der Bundesregierung geprüft werden, ob die bis dahin im Rahmen des Bündnisses identische deutsch-türkische Interessenlage noch dieselbe sei.

Ecevit wiederholte, was er mir am 20.7. gesagt hatte[14]: Entweder es käme zu einer verständnisvollen türkisch-griechischen Zusammenarbeit, dann würde es weiter eine NATO im östlichen Mittelmeer geben; wenn nicht, könne man diese dort abschreiben.

Die Türkei bleibe allerdings bestehen, und man könne ihre Position stärken, um die durch den Ausfall Griechenlands entstehende Lücke auszufüllen.

Ich habe zum Schluß des Gesprächs in vorsichtiger Form gefragt, ob als Ergänzung zur bedeutenden Rolle, die nun die Amerikaner spielen müßten, die Bundesrepublik mit ihren bescheideneren Mitteln nützlich sein könne. Dabei käme aber weder eine Rolle wie die Bismarcks 1878 noch militärische Maßnahmen in Frage.

Ecevit nahm diesen Gedanken sichtlich dankbar auf. Er wolle darüber nachdenken und bäte, daß auch wir unsererseits in der Zwischenzeit schon konkretere Vorstellungen entwickelten, in welcher Form wir zur Aufnahme des Gesprächs mit Athen nützlich sein könnten.[15]

---

[14] Am 20. Juli 1974 gab Botschafter Sonnenhol, Ankara, Ausführungen des Ministerpräsidenten Ecevit zu der am selben Tag erfolgten Landung türkischer Streitkräfte auf Zypern wieder: „Die Türkei habe sich monatelang bemüht, die verschiedenen Interessenkonflikte mit Griechenland auf dem Verhandlungswege zu lösen. Griechenland habe Verhandlungen hartnäckig abgelehnt, zuletzt während des NATO-Gipfels in Brüssel. Es habe darüber hinaus unter Verletzung des Völkerrechts und bestehender Verträge die Spannungen unerträglich verschärft durch die Einsetzung eines verfassungswidrigen Regimes in Zypern. Eine lange Erfahrung und diese letzten Vorgänge hätten die türkische Regierung zu der Auffassung gebracht, daß man mit den Griechen zwar eines Tages verhandeln müsse, daß sie aber nur die Sprache der Stärke verstünden. [...] Er könne dem Bundeskanzler aber versichern, daß die Türkei nicht an eine Eskalation und Kampfhandlungen gegen Griechenland denke, solange sie dazu nicht gezwungen würde." Hinsichtlich der Sorge der Bundesregierung über einen militärischen Konflikt zwischen den NATO-Mitgliedstaaten Türkei und Griechenland habe Ecevit erklärt, „die Türkei habe Verständnis für diese Sorge und werde von sich aus nichts tun, was einen solchen herbeiführen könne. Andererseits müsse die Bundesregierung verstehen, daß die Türkei angesichts der gegenwärtigen Situation nicht mehr mit Griechenland im Rahmen der NATO zusammenarbeiten könne. Sie zögen es vor, in der NATO zu bleiben, die Zusammenarbeit im östlichen Mittelmeer aber einzustellen. Die andere Alternative sei, aus der NATO auszutreten. Dies sei ihm aber nicht sympathisch und vorläufig nicht vorgesehen." Vgl. den Drahtbericht Nr. 643; Referat 203, Bd. 101457.

[15] Am 20. August 1974 führte Gesandter Peckert, Ankara, zu einer möglichen Vermittlerrolle der Bundesrepublik im Zypern-Konflikt aus: „1) Gegenüber einem Zweier-Gipfel Ecevit/Karamanlis hätte die Einschaltung einer dritten EG- oder NATO-Macht u. a. folgende Vorteile: a) Ecevit träte als führender türkischer Politiker aus dem Schatten des ihn gängelnden Generalstabs heraus. Seine Entschlüsse würden vom Prestige des Vermittlers mitgetragen. b) Die dem Streit übergeordneten allianzpolitischen Gesichtspunkte fänden gebührende Beachtung. c) Die künftige wirtschaftliche Zusammenarbeit beider Seiten mit den Neun in der Ägäis käme von berufener Seite ins Gespräch. 2) Ein Kriterium für den guten Willen der Griechen, den Ausgleich mit den Türken aufgrund der faktischen Lage anzustreben, ist vielleicht in der überraschenden Bereitschaft zu sehen, die Ägäisfrage in das Verhandlungspaket einzubeziehen. [...] 3) Ecevit scheint zu einer vernünftigen und maßvollen Politik gegenüber Griechenland bereit zu sein. Ich verweise auf die Bemerkung des Ecevit nahestehenden Leiters der politischen Abteilung des türkischen Außenministeriums, Soysal,

Ich gewann aus dem Gespräch den Eindruck, daß in der Begeisterung über das militärisch und diplomatisch Geleistete die Überlegungen, wie es nun weitergehen soll, noch nicht sehr weit gediehen sind. Die Russen möchte man allerdings offensichtlich heraushalten. Man hat die notwendigen Faustpfänder und wartet ab, bis Athen bereit ist, das fait accompli hinzunehmen bzw. von den Bündnispartnern dazu gebracht wird, das zu tun.

Angesichts dieser Geistes- und Gemütsverfassung, die sich in der nächsten Zeit – aufgrund insbesondere der amerikanischen und deutschen Einwirkungen – , aber auch – insbesondere bei Ecevit – aus eigener Erkenntnis und Verantwortungsbewußtsein ändern kann, halte ich vorläufig ein Treffen zwischen Karamanlis und Ecevit für verfrüht. Ecevit scheint daran nicht interessiert zu sein, solange die Griechen sich nicht mit der Lage abgefunden haben.

Für die Gemütsverfassung weiter Kreise in der Türkei dürfte typisch sein die Überschrift in der englischsprachigen „Daily News" (politisch Demirel nahestehend): „Famagusta is ours again after 403 years" – „an unprecedented victory" –. Wirtschaftskreise betrachten das alles mit viel mehr Skepsis und teilweise offenem Mißfallen.

Ich halte trotz allem Ecevit für den Mann, die Türken aus dem Taumel der nationalen Begeisterung zur Realität zurückzuführen.

[gez.] Sonnenhol

VS-Bd. 9943 (203)

Fortsetzung Fußnote von Seite 1038
die führenden Köpfe der Türkei seien einsichtig genug, den Sieg auf Zypern als eine Tragödie für das türkisch-griechische Verhältnis zu betrachten. [...] 4) Das Interesse der Wiederherstellung der Südost-Flanke der NATO und der Erhaltung der jungen griechischen Demokratie macht eine Vermittlung durch einen außerhalb der EG oder NATO stehenden Staat nicht wünschenswert." Vgl. den Drahtbericht Nr. 831; VS-Bd. 8091 (201); B 150, Aktenkopien 1974.

239

Aufzeichnung des Ministerialdirigenten Sigrist

400-440.00   20. August 1974[1]

Betr.: Äußerungen von BM Bahr[2] zur künftigen Entwicklungspolitik der Bundesregierung

I. Sommerseminar des BMZ in Tutzing am 9. August 1974

Teilnehmerkreis: Beamte des BMZ, Mitarbeiter der Deutschen Stiftung für Entwicklungsländer (DSE), des Deutschen Entwicklungsdienstes (DED), der GAWI, der politischen Stiftungen, ca. 15 Auslandsprojektleiter, ein Angehöriger des AA (Ref. 400).

Der Minister machte in diesem Kreis eine Reihe interessanter Ausführungen zur künftigen Entwicklungspolitik der Bundesregierung:

1) Eine Änderung der entwicklungspolitischen Konzeption der Bundesregierung ist nicht beabsichtigt.

Die entwicklungspolitische Konzeption[3], 1971 vom Bundeskabinett verabschiedet und an der VN-Strategie für die zweite Entwicklungsdekade[4] ausgerichtet, ist stark von Dr. Eppler[5] geprägt.

Das AA hat an der Ausarbeitung der Konzeption mitgewirkt und sie als Kompromiß akzeptiert, obwohl sie die außenpolitischen Belange nicht voll berücksichtigt. Die Tatsache, daß die Konzeption international allgemein anerkannt wird, wirkt sich auch außenpolitisch günstig aus. Aus der Sicht des AA sollte deshalb die Konzeption nicht aus Anlaß eines Ministerwechsels grundlegend geändert werden.

BM Bahr wird allerdings die Konzeption anders auslegen und anwenden als sein Vorgänger. Dabei nähert sich sein Standpunkt dem des AA stark an. Dies wird besonders in den folgenden Punkten deutlich:

2) Gegenüber Versuchen einer Übertragung unserer gesellschaftspolitischen Vorstellungen auf Entwicklungsländer ist Minister Bahr zurückhaltend:

– Er hat grundsätzlich Bedenken gegen Übertragung von Modellen auf andersartige Länder,

---

[1] Ministerialdirigent Sigrist leitete die Aufzeichnung am 20. August 1974 an Staatssekretär Gehlhoff weiter. Dazu vermerkte er: „Hiermit wird eine vergleichende Gegenüberstellung der Äußerungen von Minister Bahr mit den Ansichten seines Vorgängers und der Haltung des Auswärtigen Amts vorgelegt. BM Bahr hat die zugrundeliegenden Äußerungen im internen Kreis (Sommerseminar des BMZ in Tutzing) gemacht. Sie geben nur die ersten Eindrücke und die vorläufige Meinung des Ministers wieder. Von einer Verteilung dieser Aufzeichnung innerhalb des AA wurde deshalb vorerst abgesehen."
Hat Gehlhoff am 22. August 1974 und erneut am 27. August 1974 vorgelegen.
Hat Staatssekretär Sachs am 26. August 1974 vorgelegen. Am 27. August 1974 vermerkte er handschriftlich für Sigrist: „Bitte R[ücksprache]". Vgl. den Begleitvermerk; Referat 400, Bd. 118501.
[2] Egon Bahr wurde am 8. Juli 1974 zum Bundesminister für wirtschaftliche Zusammenarbeit ernannt.
[3] Für die am 11. Februar 1971 vom Kabinett verabschiedete Entwicklungspolitische Konzeption der Bundesregierung für die Zweite Entwicklungsdekade vgl. BULLETIN 1971, S. 263–274.
[4] Zur Zweiten Entwicklungsdekade der UNO vgl. Dok. 190, Anm. 19.
[5] Zum Rücktritt des Bundesministers Eppler am 4. Juli 1974 vgl. Dok. 225, Anm. 10.

- unsere eigene gesellschaftspolitische Entwicklung ist noch unsicher,
- wir könnten jedenfalls nicht entscheiden, was für die Entwicklungsländer adäquat sei,
- das Einverständnis der Regierung des Gastlandes muß bei jeder Übertragung von gesellschaftspolitischen Modellen jedenfalls vorliegen,
- die ideologische Ausrichtung der Arbeit des DED ist dem Minister ein Dorn im Auge.

Durch diese Äußerungen, die auch der Ansicht des AA entsprechen, distanziert sich Minister Bahr deutlich von seinem Vorgänger:

Dr. Eppler hatte es zwar abgelehnt, den Entwicklungsländern unsere gesellschaftspolitischen Vorstellungen („Kapitalismus" und Marktwirtschaft) aufzudrängen. Entwicklungsländer mit sozial fortschrittlichem Regime (Tansania, Peru) galten andererseits für Dr. Eppler als besonders förderungswürdig.

3) Sektorale Schwerpunkte der Entwicklungshilfe:

BM Bahr:

Die Bundesrepublik solle ihre Entwicklungshilfe vor allem auf solchen Gebieten erbringen, auf denen sie besonderes zu bieten habe, d. h. auch in hochspezialisierten Bereichen, falls für das jeweilige Entwicklungsland vernünftig. Die Priorität des Entwicklungslandes müsse jedenfalls „durchschlagen".

Dr. Eppler war bestrebt, entsprechend der entwicklungspolitischen Konzeption der Bundesregierung und basierend auf den Vorschlägen von Weltbankpräsident McNamara, der Unterstützung des landwirtschaftlichen Sektors in Entwicklungsländern und der Förderung ländlicher Gebiete erste Priorität auch für die deutsche Entwicklungshilfe einzuräumen. Wünschen von Regierungen von Entwicklungsländern (z. B. Indonesiens) auf deutsche Entwicklungshilfe für Industrieprojekte stand er meist ablehnend gegenüber.

Die Haltung des AA hierzu ist folgende:

- volle Unterstützung der Agrarförderung im multilateralen Bereich,
- Priorität des Agrarsektors und der Förderung ländlicher Gebiete auch bei der bilateralen Hilfe,
- trotzdem Eingehen auf solche bilateralen Wünsche von Entwicklungsländern, die nicht unseren, aber vernünftigen Prioritäten des Empfängerlandes entsprechen.

4) Geographische Verteilung der deutschen Hilfe

BM Bahr ist für eine geographische Konzentration der deutschen Hilfe auf die Mittelmeerländer und Schwarzafrika (z. B. Sahel-Länder). Unser entwicklungspolitisches Engagement in Asien und Lateinamerika solle etwas verdünnt werden:[6]

Dr. Eppler bevorzugte gleichfalls Schwarzafrika (insbesondere Tansania), unterstützte aber gleichermaßen die bedürftigen Länder in Asien und betrieb ei-

---

6 Zu diesem Absatz vermerkte Staatssekretär Gehlhoff handschriftlich: „Flexibilität dürften wir in erster Linie bei der Verteilung von Zuwachsraten haben."

ne Verdünnung unseres entwicklungspolitischen Engagements in Lateinamerika.

Die Politik des Auswärtigen Amts ist dagegen von folgenden Grundsätzen bestimmt:

- Weltweite Ausrichtung der deutschen Entwicklungshilfe; möglichst gute Beziehungen zu allen Entwicklungsländern; Entwicklungshilfe ist Bestandteil und Voraussetzung[7] guter Beziehungen; daher Aufrechterhaltung unseres entwicklungspolitischen Engagements in allen Kontinenten und Entwicklungsländern, zumindest als Präsenzprogramm (wurde vom BMZ auch unter Dr. Eppler im wesentlichen akzeptiert, wenn auch ungern).
- Politisch motivierte Schwerpunktbildung in den benachbarten Regionen (Mittelmeerraum).
- Akzeptierung einer entwicklungspolitischen Schwerpunktbildung in den ärmsten Ländern (vor allem Schwarzafrikas).
- Trotz Schwerpunktbildung ist darauf zu achten, daß vergleichbare Länder innerhalb derselben Region möglichst gleich behandelt werden.
- Bei allen ist zu bedenken, daß bei den von uns weniger bedachten Entwicklungsländern schon eine relativ geringfügige Erhöhung wesentlich mehr politischen good will bringt als eine entsprechende Erhöhung bei den sogenannten Schwerpunktländern.

Eine Verdünnung unseres entwicklungspolitischen Engagements in Asien und Lateinamerika würde der Politik des AA zuwiderlaufen. Die bisherige schwerpunktmäßige Berücksichtigung Schwarzafrikas ist ausreichend und sollte nicht weiter ausgedehnt werden.

Andererseits ist nicht zu verkennen, daß eine Reihe sog. Schwellenländer in Lateinamerika und Asien unsere Hilfe (vor allem unsere Kapitalhilfe) in absehbarer Zeit nicht mehr benötigen werden, womit sich der Anteil Schwarzafrikas an der deutschen Entwicklungshilfe vergrößern dürfte.

5) Entwicklungshilfe und Eigeninteressen (insbesondere Rohstoffversorgung)

BM Bahr: Beides kann auf einen Nenner gebracht werden. Für die Inlands-Öffentlichkeitsarbeit der Bundesregierung jedenfalls sei die Rohstoff-Frage ein geeigneter Hebel, das Interesse der Öffentlichkeit für die Entwicklungshilfe zu wecken. Durch eine solche Nutzung des vorhandenen Problembewußtseins könne die öffentliche Meinung mittelfristig auch für die entwicklungspolitische Motivation der Entwicklungshilfe gewonnen werden.

Zuvor hatte BM Bahr in Presseinterviews die Ansicht vertreten, Entwicklungspolitik sei eine Mischung aus vielen Faktoren, „bei denen auch Eigeninteressen drin sind". In dem – unwahrscheinlichen – Falle eines Interessenkonflikts würde ihm „das deutsche Hemd näher sein" als der Rock der Dritten Welt.

Dr. Eppler:

„Eines der Argumente, das die Energiepsychose hervorgebracht hat, ist, Entwicklungshilfe müsse zur Sicherung der Rohstoffvorkommen verwendet wer-

---

[7] Dieses Wort wurde von Staatssekretär Gehlhoff hervorgehoben. Dazu vermerkte er handschriftlich: „Dies sollten wir meines Erachtens nicht verabsolutieren."

den. Ganz abgesehen von der Frage, ob dies überhaupt möglich ist, ob also die Entwicklungsländer dabei mitzuspielen bereit wären, ist es nicht Sache der Entwicklungspolitik, an postkolonialen Abhängigkeitsmustern mitzuwirken, geschweige denn, eine Rohstoffpolitik nach kolonialer Manier zu etablieren."[8]

Auswärtiges Amt:
- In unsere entwicklungspolitische Zusammenarbeit mit der Dritten Welt sind rohstoffpolitische Überlegungen einzubeziehen. Mittel der öffentlichen Entwicklungshilfe sollen auch zur Exploration, Ausbeutung und Verarbeitung von Rohstoffvorkommen in Entwicklungsländern eingesetzt werden;
- dabei sind entwicklungspolitische Zielsetzungen ebenso wie rohstoffpolitische Gesichtspunkte zu berücksichtigen (Projekte, die beiden Gesichtspunkten gerecht werden, genießen also Vorrang).
- Gegenüber den Entwicklungsländern können wir unsere Rohstoffinteressen nicht verleugnen. Eine zu starke Betonung der Eigeninteressen unserer Entwicklungshilfe wäre allerdings außenpolitisch schädlich.
- Der Rohstoffaspekt der Entwicklungshilfe eignet sich besonders gut für die innenpolitische Öffentlichkeitsarbeit, d. h. für die Förderung des Bewußtseins der Bevölkerung für die Notwendigkeit von Entwicklungshilfe.

6) Hilfearten

BM Bahr ist gegen eine weitere Einschränkung des Anteils der bilateralen Hilfe und – innerhalb der bilateralen Hilfe für eine überproportionale Steigerung der Technischen Hilfe. Dies entspricht der bisherigen Linie des BMZ und des AA.

7) Strukturänderungen in der Bundesrepublik (zugunsten der Entwicklungsländer)

Die Entwicklungspolitik hat laut Minister Bahr keinen Hebel, Strukturänderungen aktiv zu bewirken. Im übrigen sei die Aufnahmekapazität von Öffentlichkeit und Regierung für die etwaige Notwendigkeit von Strukturänderungen begrenzt.

Die aus entwicklungspolitischen Gründen geforderte Verlagerung von Produktionen aus Industrieländern in Entwicklungsländer finde auch ohne Steuerung durch die Regierung statt. Die internationale Aufgabe der deutschen Wirtschaft werde künftig mehr als bisher auf dem Dienstleistungssektor liegen (Versand in Know-how); die Nachfrage sei bereits größer als das Angebot.

Auch hiermit distanziert sich BM Bahr von der bisherigen Politik des BMZ, die, jedenfalls ressortintern, auf eine Beschleunigung struktureller Anpassungen gerichtet war.

AA und BMWi waren demgegenüber eher zurückhaltend. Solche entwicklungspolitisch wie auch außenpolitisch wünschenswerten Strukturänderungen brauchen ihre Zeit.

[Sigrist][9]

Referat 400, Bd. 118501

[8] Vgl. den Vortrag des Bundesministers Eppler auf einer Tagung der Evangelischen Akademie Bad Boll vom 25. bis 27. Januar 1974; Referat 400, Bd. 118501.
[9] Verfasser laut Begleitvermerk.

240

Botschafter Oncken, Athen, an das Auswärtige Amt

114-20157/74 VS-vertraulich Aufgabe: 20. August 1974, 22.30 Uhr[1]
Fernschreiben Nr. 529 Ankunft: 20. August 1974, 23.16 Uhr
Citissime nachts

Betr.: Deutsch-griechisches Verhältnis
Bezug: DE Nr. 3536 vom 20.8. – 203-321.00 GRI[2]

I. Ich suchte am 20. August um 18.45 weisungsgemäß Ministerpräsident Karamanlis auf und trug ihm den Inhalt der Bezugsweisung vor. An dem Gespräch, das 40 Minuten dauerte, nahm der Generalsekretär im Außenministerium, Vlachos, teil.

II. 1) Karamanlis ging zunächst auf allgemeine Aspekte des türkisch-griechischen Verhältnisses ein. Immer wieder klang die Erbitterung über die Demütigung an, die Griechenland durch die Türkei erlitten habe. Die Türken hätten sich die schweren Fehler des vergangenen griechischen Regimes in der Zypern-Frage zunutze gemacht und hätten noch während der zweiten Phase der Genfer Verhandlungen[3] den neuen Schlag vorbereitet, der zur Besetzung von einem Drittel der Insel geführt habe. Man habe wegen der Entfernung Zyperns nicht zu Hilfe kommen können. Aber Griechenland sei nicht besiegt – dies wiederholte der Ministerpräsident immer wieder –, es werde seine Demütigung nicht hinnehmen.

2) Karamanlis machte mich eindrücklich darauf aufmerksam, daß eine Regelung des türkisch-griechischen Verhältnisses in Ehren gefunden werden müsse, sonst drohe eines Tages eine Explosion in Griechenland. Nur sein Ansehen als Ministerpräsident gewährleiste es, daß sich Armee und öffentliche Meinung

---

[1] Hat Vortragendem Legationsrat Strenziok am 21. August 1974 vorgelegen.
Hat Vortragendem Legationsrat I. Klasse von der Gablentz und Vortragender Legationsrätin Steffler am 22. August 1974 vorgelegen.
Hat Vortragendem Legationsrat I. Klasse Gorenflos am 26. August 1974 vorgelegen.
Hat Vortragendem Legationsrat Hartmann vorgelegen.

[2] Staatssekretär Gehlhoff erteilte Botschafter Oncken, Athen, Weisung für eine Demarche bei Ministerpräsident Karamanlis, der über das Gespräch des Botschafters Sonnenhol, Ankara, mit Ministerpräsident Ecevit am 17. August 1974 und die Bemühungen der Bundesregierung zur Beilegung des Zypern-Konflikts informiert werden sollte. Karamanlis sei davon in Kenntnis zu setzen, daß die Bundesregierung im Rahmen der EPZ „den Gedanken eines griechisch-türkischen Gipfeltreffens zum Zweck einer Art Generalbereinigung der Probleme zwischen beiden Ländern erörtert" habe: „Die Bundesregierung habe die Erörterung dieses Gedankens im Interesse der Konfliktlösung zwischen zwei befreundeten Ländern gern geführt. Sie sei auch weiterhin bereit, in diesem Sinne tätig zu werden." Karamanlis solle ferner dargelegt werden, daß es die Bundesregierung begrüßen würde, „wenn es möglich bald zu einem hochrangigen politischen Kontakt zur neuen demokratischen Regierung Griechenlands käme. Die Bundesregierung würde sich daher freuen, den griechischen Außenminister in Bonn begrüßen zu können. Falls es ihm angesichts der gegenwärtigen Lage nicht möglich sei, Athen zu verlassen, wären wir auch bereit, einen umgekehrten Besuch in Erwägung zu ziehen." Vgl. VS-Bd. 9948 (203); B 150, Aktenkopien 1974.

[3] Zum Stand der Genfer Verhandlungen über eine Beilegung des Zypern-Konflikts am 12./13. August 1974 vgl. Dok. 236, Anm. 5.

zurückhielten. Er betrachte insofern das türkische Zugreifen auf Zypern auch als eine Art persönlichen Affront, weil es ihm in einem entscheidenden Augenblick erschwere, das Land aus seiner inneren Krise herauszuführen.

3) Griechenland werde weiterhin auf das gestörte Verhältnis der griechischen Öffentlichkeit zu den Amerikanern Rücksicht zu nehmen haben, ganz gleich, ob die Erbitterung gerechtfertigt sei oder nicht. Es käme in dieser Lage viel auf die Haltung der europäischen Mächte an und hier vor allem auf die der Bundesrepublik Deutschland und Frankreichs. Er, Karamanlis, verliere die sowjetische Gefahr nicht aus dem Auge. Es gelte nunmehr, daß die Europäer durch Verständnis für und Unterstützung von Griechenland zum Aufbau einer Ordnung im Ostteil des Mittelmeeres beitragen, die gegenüber den Sowjets widerstandsfähig sei.

4) Dies setze aber auch voraus, daß die Europäer auf die Türken Druck ausübten und in gleicher Weise auf die Amerikaner im Sinne einer Druckausübung Washingtons in Ankara einwirkten.

5) Abschließend wandte er sich nochmals dem Verhältnis zur Türkei zu. Ein Gespräch werde erst dann möglich sein, wenn die Türken in einer ersten Phase Gesten machten, die die Würde und die Ehre Griechenlands berücksichtigten. Sei dies der Fall, dann könne man in einer zweiten Phase über die Substanz sprechen. Für unabdingbar halte er es, daß die Türken zur Waffenstillstandslinie vom 9. August zurückkehrten.[4] Was sein Verhältnis zur Türkei angehe, orientiere er sich an einem Worte Bismarcks, daß man wohl seinen Gegner besiegen, ihn aber nie demütigen dürfe.

III. 1) Ich brachte das Gespräch daraufhin auf unser Angebot in der Frage „griechisch-türkisches Gipfeltreffen" und „Ministerbesuch". Ich erklärte, daß wir die Anregung einer Hilfestellung nicht vorgebracht hätten, wenn wir nicht in Ankara den Eindruck einer gewissen türkischen Verständigungsbereitschaft gewonnen hätten. Wenn ich heute ihm, dem Ministerpräsidenten, gegenübersäße, dann auch deshalb, weil am 17. August ein Gespräch meines Kollegen in Ankara mit Ministerpräsident Ecevit vorangegangen sei[5].

---

[4] Am 8. August 1974 unterzeichnete die Waffenstillstandskommission für Zypern, an der türkische, griechische und britische Offiziere sowie Mitglieder von UNFICYP beteiligt waren, in Nikosia ein Abkommen über den Verlauf der Waffenstillstandslinie. In der Presse wurde dazu berichtet: „Die Nachricht aus Nikosia, daß der gemischten Offizierskommission am Freitag eine Vereinbarung über den Verlauf der Demarkations-Linie gelungen ist, hat auf der Genfer Konferenz sogleich die türkische Forderung nach sofortiger Befreiung der türkischen Dörfer und Enklaven aus griechischer Umfassung als Dringlichkeit erster Ordnung auf den Tisch gebracht. [...] Von griechischer Seite ist diese türkische Forderung als unmöglich bezeichnet worden. [...] Die Griechen räumen ein, daß die türkische Armee technisch in der Lage sei, innerhalb von drei oder vier Tagen ganz Zypern zu besetzen und die türkischen Enklaven zu ‚befreien'. Aber es wird auch darauf hingewiesen, daß die Türkei diese Drohung nicht wahrmachen könne, weil sie wisse, daß sie in einem solchen Falle die Ermordung der türkischen Bevölkerung durch die radikalen Gruppen unter den Inselgriechen, namentlich die EOKA, und einen allgemeinen Untergrund riskierte. Rauf Denktasch sagte, wenn die türkischen Enklaven nicht sofort freigegeben würden, werde auch der Waffenstillstand mit der Demarkationslinie von den türkischen Truppen nicht einen Augenblick lang respektiert werden." Vgl. den Artikel „Scheinbar unüberwindliche Gegensätze in Genf"; FRANKFURTER ALLGEMEINE ZEITUNG vom 10. August 1974, S. 1.

[5] Zum Gespräch des Botschafters Sonnenhol, Ankara, mit Ministerpräsident Ecevit am 17. August 1974 vgl. Dok. 238.

2) Wir seien an einer Lösung des türkisch-griechischen Konflikts vor allem auch deshalb interessiert, weil sich jede Störung des Friedens gerade für die Bundesrepublik verhängnisvoll auswirken könne. Wir wollten den Frieden für uns und träten daher für Friede zwischen den Türken und Griechen ein. Der Friede sei heutzutage nicht teilbar.

3) Wir wünschten daher Lösungen. Auch ich würde Bismarck kennen und dächte im vorliegenden Fall der griechisch-türkischen Differenz an sein Wort von der Politik als der Kunst des Möglichen[6]. Hier liege uns daran, das Mögliche möglich zu machen. Wir würden es sehr begrüßen, wenn alle Beteiligten aktiv nach Möglichkeiten einer Regelung suchten. Ich würde daher gern wissen, was er, der Ministerpräsident, von unserer Bereitschaft halte, weiterhin tätig zu werden.

4) Karamanlis erklärte darauf, daß er unser Bemühen begrüße, wenn es der Wiederherstellung von Recht und Gerechtigkeit diene. Er halte weitere Sondierungen bei den Türken für nützlich unter der Bedingung, daß diese nicht die Substanz der griechisch-türkischen Differenz berührten. Unsere Tätigkeit dürfe auf keinen Fall als Beginn eines griechisch-türkischen Dialogs interpretiert werden. Ziel unserer Bemühungen müsse die Herstellung eines günstigen Klimas sein und in diesem Zusammenhang die Erwirkung überzeugender türkischer Gesten. Die Gesten müßten so ausfallen, daß das in Griechenland verbreitete Gefühl der Demütigung verschwinde. Gewinne man den Eindruck, daß man nicht zur Verhandlung gezwungen werde, dann könne man verhandeln. Er sei hierzu in diesem Fall bereit. Ich erklärte darauf, daß ich entsprechend berichten würde.

5) Zur Frage des Besuchs von Außenminister Mavros[7] bemerkte der Ministerpräsident, daß dieser – wie ich wohl wisse – nicht nur außenpolitisch, sondern auch durch Aufgaben der Innenpolitik (sprich Parteipolitik: Konsolidierung des Zentrums) in Anspruch genommen sei. Er werde mit Mavros sprechen. Man griechische Entscheidung demnächst mitteilen.[8] Ich deutete an, daß unser Angebot in der Frage Ministerbesuch zeige, daß wir in Protokollfragen nicht kleinlich seien, uns ginge es auch in diesem Punkt um „expediency". Karamanlis stellte seinerseits fest, daß auch er kein Freund protokollarischer Pflichtübungen sei, worauf ich erwiderte, daß dann an sich Aussicht bestehen müsse, zu Ergebnissen zu gelangen. Ich erklärte abschließend, daß ich ihm jederzeit zur Verfügung stehen würde.

---

[6] Am 11. August 1867 erklärte der preußische Ministerpräsident Graf von Bismarck in einem Gespräch mit dem Journalisten Meyer von Waldeck: „‚Ich habe dem Fürsten Gortschakow gesagt: Ihr Wohlwollen für Preußen haben Sie billig; Sie sind darauf angewiesen, mit diesem Nachbar Freundschaft zu halten. Preußen ist das Tampon zwischen Frankreich und Rußland, und wenn Sie ein Bündnis mit Frankreich in Aussicht stellen, so kann sich Preußen nur darüber freuen. Eine solche Allianz wäre die sicherste Gewähr, daß Sie uns Frankreich vom Leibe halten, denn uns können und dürfen Sie nichts tun. Ja,' setzte der Graf lächelnd hinzu, ‚die Politik ist die Lehre vom Möglichen.'" Vgl. BISMARCK, Gesammelte Werk, Bd. 7, S. 221 f.

[7] Zum Besuch des griechischen Außenministers Mavros am 9./10. September 1974 in der Bundesrepublik vgl. Dok. 255–257.

[8] Unvollständiger Satz in der Vorlage.

IV. 1) Generalsekretär Vlachos, der mich beim Herausgehen begleitete, deutete an, daß er unsere Initiative für sehr bedeutsam halte. Er sagte mir gleichzeitig, daß wir bei weiterer Behandlung die Notwendigkeit einer Generalbereinigung im Auge behalten sollten. Dieser käme entscheidende Bedeutung zu.

2) Ich habe Vlachos angedeutet, daß auch wir gewisse Wünsche hätten. So würden wir es z. Z. nicht gern sehen, wenn unsere Initiative von griechischer Seite nicht vorbehaltlos unterstützt würde. Wenn der Ministerpräsident über den Ehrenpunkt gesprochen habe, so gelte dieser auch bei der Erledigung diplomatischer Geschäfte, wir wünschten ernstgenommen zu werden. Ich bäte ihn, das dem Ministerpräsidenten gegenüber ausdrücklich festzuhalten. Ich erwartete vor allem auch, daß man unserer Einladung für Herrn Mavros nicht eine ähnliche Behandlung wie der amerikanischen Einladung für Karamanlis und Mavros zuteil werden lasse. Vlachos sagte mir das zu.

V. 1) Herr Karamanlis machte einen sicheren, ruhigen, gesammelten Eindruck. Er war zunächst distanziert, dachte wohl auch, daß mein Besuch nur einer allgemeinen Sympathiekundgebung diente. Das Gespräch lockerte sich auf, als ich ihm nach seiner Bemerkung, wir sollten mehr für Griechenland tun und auf die Türken Druck ausüben, sagte, ob er sich vorstellen könne, wie die Gespräche meines Kollegen in Ankara verliefen. Er lachte und erwiderte, er wolle von meinem Kollegen in Ankara nicht zu viel verlangen, er bäte aber doch darum, daß Griechenland und die Türkei gegenüber der Öffentlichkeit nicht zu sehr in einem Atemzug genannt würden.

2) Mein politischer Eindruck: Karamanlis kann für ein Gespräch gewonnen werden, d. h. auch für ein Abgehen von seinen derzeitigen Maximalforderungen, sofern es gelingt, das heutige Widerstreben der hiesigen Öffentlichkeit zu neutralisieren. Dies setzt psychologisches Eingehen der Türken auf griechische Ehrenpunkte voraus. Daher die mehrfach vorgetragene Forderung türkischer Gesten, die die Initialzündung zur Einleitung des Bereinigungsprozesses bedeuten könnten.

[gez.] Oncken

VS-Bd. 9948 (203)

241

Aufzeichnung des Ministerialdirigenten Kinkel

21. August 1974[1]

Vermerk:

Am 7. August 1974, 10.00 Uhr, Gespräch mit dem israelischen Außenminister Yigal Allon. Ort: Außenministerium Jerusalem. Dauer: 1 Stunde, 10 Minuten. Teilnehmer: 1) Außenminister Allon, 2) Botschafter von Puttkamer, 3) Unterstaatssekretär Yohanan Meroz, 4) Deutschlandreferent Peled, 5) MDg Dr. Kinkel.

Kinkel überbrachte eingangs die besonderen Grüße von Bundesaußenminister Genscher an Minister Allon. Bundesregierung setzt Nahostpolitik ihrer Vorgängerin fort, legt dabei aber besonderes Gewicht auf absolute Ausgewogenheit. Minister Genscher sehe die deutsch-israelischen Beziehungen vor besonderem historischen Hintergrund mit Wohlwollen; er habe Verständnis für die Probleme und Sorgen Israels und fühle sich mit dem Land Israel und seinen Menschen verbunden. Kinkel erklärte, er habe den ausdrücklichen Auftrag, Minister Allon auszurichten, daß sich Israel auf den deutschen Außenminister verlassen kann, der im übrigen ein baldmögliches Zusammentreffen mit seinem israelischen Kollegen – egal wann und an welchem Ort – begrüßen würde.

Allon bedankte sich für die Grüße seines deutschen Kollegen. Er wisse, daß Bundesrepublik ein Freund Israels sei und daß Minister Genscher ein besonderes Verhältnis zu Israel habe. Die Münchener Ereignisse[2] und die positive Rolle, die Minister Genscher bei diesem traurigen Anlaß gespielt habe, seien in Israel nicht vergessen. Um so mehr bedaure er, daß die Einladung von Innenminister Burg an Minister Genscher nicht mehr habe durchgeführt werden können.

Folgende Themenkreise wurden im anschließenden Sachgespräch besprochen:

a) Deutsch-israelisches Verhältnis:

Allon: Keine besonderen Probleme. Israel dankbar für vielfältige deutsche Hilfe auf verschiedensten Gebieten. Hoffnung, daß Bundesregierung sich auch in Zukunft den israelischen Problemen und Sorgen gegenüber aufgeschlossen zeigt.

---

[1] Hat Bundesminister Genscher am 28. August 1974 vorgelegen.
Hat Ministerialdirigent Kinkel erneut am 22. September 1974 vorgelegen, der die Weiterleitung an Vortragenden Legationsrat Lewalter „n[ach] R[ückkehr]" verfügte. Dazu vermerkte er handschriftlich: „Was wurde mit Allon in New York vereinbart?"

[2] In den frühen Morgenstunden des 5. September 1972 drangen während der XX. Olympischen Sommerspiele in München acht Mitglieder des „Schwarzen September" in das Olympische Dorf ein und erschossen zwei Mitglieder der israelischen Olympiamannschaft. Weitere neun Israelis wurden als Geiseln genommen. In einem mehrfach verlängerten Ultimatum forderten die Terroristen die Freilassung von 200 in Israel inhaftierten Arabern. Die israelische Regierung lehnte eine Freilassung der inhaftierten Araber ab. Nachdem die Kontaktaufnahme mit der ägyptischen Regierung erfolglos geblieben war, wurden die Terroristen sowie die Geiseln mit zwei Hubschraubern zum Flughafen Fürstenfeldbruck gebracht. Bei dem Versuch, die Geiseln zu befreien, wurden sämtliche Geiseln sowie ein Polizeibeamter und fünf Terroristen getötet. Vgl. ÜBERFALL, S. 24–28 und S. 46–49. Vgl. dazu ferner AAPD 1972, II, Dok. 256.

Kinkel erklärte, daß er hiervon ausgehe.

Nach Abschluß der Ostverträge und Wiederaufnahme der diplomatischen Beziehungen zu den arabischen Ländern (Hinweis auf gleichzeitige Gespräche einer deutschen Delegation unter StS Sachs in Syrien[3]) in der Bundesrepublik Wiederbesinnung auf atlantisches Bündnis, auf NATO; Entspannungspolitik nur durch Sicherheitspolitik möglich, diese aber setzt intaktes NATO-Bündnis voraus. Wieder stärkere Betonung des atlantischen Bündnisses bringt zwangsläufig positive Bezüge auch für deutsch-israelisches Verhältnis.

Allon stimmt dem zu; begrüßt ausdrücklich die Wiederaufnahme diplomatischer Beziehungen zu Syrien. Wies allerdings auf die Unberechenbarkeit Assads und der Syrer hin.

b) Europäisch-arabischer Dialog:

Allon bedankte sich für laufende Unterrichtung Botschafters Ben-Horin in Sachen europäisch-arabischer Dialog durch Minister Genscher.[4]

Israel sehe der Entwicklung des Dialogs mit gewisser Sorge entgegen. Nicht wegen Entwicklung der wirtschaftlichen Beziehungen, sondern weil es unvermeidlich sei, daß die arabischen Länder auch zwangsläufig rüstungstechnisch profitieren. Auch habe er Sorge, ob zugesagte Parallelitäten im Hinblick auf Israel gewährt sei. Israel habe bedauert, daß Bundesregierung nur 1/2 Jahr Präsidentschaft in der EG innegehabt habe[5]. In dieser Zeit habe man in Israel Bemühungen um Parallelitäten deutlich wahrnehmen können. Nun allerdings Sorge im Hinblick auf französische Präsidentschaft.[6]

Kinkel wies auf den guten Willen hin, der hinsichtlich der Parallelitäten zweifellos bei den Neun vorhanden sei. Bundesregierung werde sich hierfür in Zukunft besonders einsetzen.

c) Europäische Einigung:

Allon äußerte seine große Sorge im Hinblick auf nur langsam fortschreitende europäische Einigung. Dies sei insbesondere während der Energiekrise zum Ausdruck gekommen. Aus israelischer Sicht sei die Behandlung der arabischen Länder während der Ölkrise durch die Neun falsch gewesen. Das zeige sich jetzt deutlich. Ein einiges Europa hätte sich anders verhalten können und müssen.

Kinkel bestätigte diese Beurteilung und wies darauf hin, daß Regierung in Frankreich noch Anlaufzeit benötige, während britische Regierung vor beabsichtigten Neuwahlen[7] im Herbst ebenfalls nicht voll handlungsfähig sei. Deshalb sei etwas Geduld notwendig.

Energiekrise habe Europa zweifellos und, um in der Boxersprache zu sprechen, „kalt" getroffen. Hoffnung, daß in Zukunft andere und bessere Reaktionen;

---

[3] Staatssekretär Sachs hielt sich vom 5. bis 11. August 1974 in Syrien auf. Vgl. dazu Dok. 231.
[4] Vgl. dazu das Gespräch des Bundesministers Genscher mit dem israelischen Botschafter Ben-Horin am 21. Juni 1974; Dok. 171, Anm. 9.
[5] Die Bundesrepublik hatte die EG-Ratspräsidentschaft vom 1. Januar bis 30. Juni 1974 inne.
[6] Frankreich übernahm am 1. Juli 1974 die EG-Ratspräsidentschaft.
[7] Die Wahlen zum britischen Unterhaus fanden am 10. Oktober 1974 statt.

trotzdem Abhängigkeit vom arabischen Öl nicht zu unterschätzen. Hinweis auf die Gespräche, die Minister Genscher in Washington geführt habe, insbesondere mit Senator Jackson[8], der die Europapolitik und die Einigung Europas in den Mittelpunkt des Gesprächs mit Minister Genscher gestellt hatte.

d) Zypern-Konflikt:

Allon äußerte seine Besorgnis über die Entwicklung der Lage auf Zypern und die möglichen Auswirkungen auf die Nahost-Probleme. Er brachte sodann zum Ausdruck, daß er die Lage im Nahen Osten nach den Friedensbemühungen Kissingers und nach Abschluß der Entflechtungsabkommen[9] im ganzen skeptisch beurteile. Die Hauptschwierigkeiten begännen erst. Nur die Vereinigten Staaten allein seien in der Lage, die Sicherheit Israels zu garantieren.

Kinkel wies auf die Probleme hin, die der Zypern-Konflikt für die NATO mit sich bringe und auf die Unsicherheit im gesamten Mittelmeerraum. Auf der anderen Seite habe die Abstimmung zwischen den Neun in der ersten wichtigen Phase der Zypern-Krisen-Situation außerordentlich gut funktioniert. Dies habe auch Kissinger anläßlich des Besuchs von Minister Genscher in Washington positiv hervorgehoben; wie überhaupt der gesamte Komplex Zypern und Mittelmeer problematisch sei und bei den Gesprächen zwischen Genscher/Kissinger/Nixon[10] eine Rolle gespielt habe.

e) aa) Bilaterale deutsch-ägyptische Gespräche[11]:

bb) Deutsch-algerisches Abkommen über Uranabbau[12]:

Allon bat, Minister Genscher seine besondere persönliche Bitte zu überbringen, die Bundesregierung möge in diesen beiden genannten Bereichen nichts unternehmen, was Israel schaden könnte. Er wisse, daß die vorgesehene bzw. vereinbarte Zusammenarbeit aus deutscher Sicht friedlichen Zwecken diene. Israel wisse aber, daß eine solche Zusammenarbeit auf technischem Gebiet, ins-

---

[8] Bundesminister Genscher hielt sich vom 24. bis 27. Juli 1974 in den USA auf. Zu seinem Gespräch mit dem amerikanischen Senator Jackson am 24. Juli 1974 in Washington vgl. Dok. 225, Anm. 15.

[9] Zur israelisch-ägyptischen Vereinbarung vom 18. Januar 1974 über Truppenentflechtung vgl. Dok. 14, Anm. 2.
Zur israelisch-syrischen Vereinbarung vom 31. Mai 1974 über Truppenentflechtung vgl. Dok. 171, Anm. 23.

[10] Zum Gespräch des Bundesministers Genscher mit Präsident Nixon und dem amerikanischen Außenminister Kissinger am 26. Juli 1974 in San Clemente vgl. Dok. 225.

[11] Zum Besuch des ägyptischen Außenministers Fahmi vom 2. bis 6. Juli 1974 vgl. Dok. 201.

[12] Das Bundesministerium für Forschung und Technologie legte am 5. Juni 1974 dar, der algerische Industrie- und Energieminister Abdessalam habe im Gespräch mit Bundesminister Matthöfer am 28. Mai 1974 den Vorschlag einer Kooperation bei der Erschließung der Uranvorkommen im Hoggargebirge unterbreitet: „Das algerische Angebot richte sich auf Zusammenarbeit bei der genauen Erfassung der im Hoggargebirge vorhandenen Uranvorkommen. Die Finanzierung dieser Prospektion, die auf weitgehenden Vorarbeiten aufbauen könne, wird von deutscher Seite erwartet; der Erschließung und Ausbeute der Vorkommen einschließlich des notwendigen Wasserbedarfs. Zur Finanzierung der erforderlichen Investitionen werden Kredite der BRD erwartet; der Ausdehnung der Uranprospektion auf andere Landesteile und auf andere Rohstoffvorkommen. Als Gegenleistung sei Algerien bereit, dem deutschen Partner mit Uran aus dem Vorkommen zu Weltmarktpreisen zu beliefern [...]." Vgl. Referat 311, Bd. 104717.
Mit Note vom 23. Juli 1974 teilte die Bundesregierung der algerischen Regierung ihr Interesse an einer Zusammenarbeit auf dem Gebiet des Uranabbaus mit und schlug die Aufnahme von Verhandlungen vor. Vgl. dazu Referat 311, Bd. 104717.

besondere auf dem Gebiet der Atomenergie, im Endeffekt zwangsläufig auch der rüstungstechnischen Entwicklung in den arabischen Ländern dienlich sei.

Kinkel sagte zu, diese Bitte Allons an Minister Genscher weiterzugeben. Er erläuterte im übrigen die offizielle Auffassung des Hauses zu diesen Fragen.

Abschließend brachte Minister Allon sein Interesse an einem baldigen Zusammentreffen mit Minister Genscher zum Ausdruck.

Kinkel erklärte Herrn Meroz gegenüber nach dem Gespräch, daß eine solches Zusammentreffen anläßlich der VN-Generalversammlung in New York im September vorgesehen werden könne.[13]

Im übrigen werde Minister Genscher Minister Allon in die Bundesrepublik einladen, wenn feststehe, daß Allon die Einladung annehmen werde.

Meroz erklärte, hiervon könne ausgegangen werden.[14]

gez. Dr. Kinkel
(aus dem Urlaub telefonisch diktiert)

Referat 010, Bd. 178569

---

[13] Zum Gespräch des Bundesministers Genscher mit dem israelischen Außenminister Allon am 25. September 1974 in New York vgl. Dok. 283.

[14] Am 8. August 1974 teilte Botschafter von Puttkamer, Tel Aviv, zum Besuch des Ministerialdirigenten Kinkel vom 6. bis 12. August 1974 in Israel mit: „Der Besuch von Ministerialdirigent Dr. Kinkel ist von israelischer Seite außerordentlich positiv aufgenommen worden. Insbesondere hat das persönliche Grußwort, das Dr. Kinkel Minister Allon überbracht hat, seine Wirkung nicht verfehlt. [...] Im Gespräch mit Außenminister Allon hat letzterer sein unbedingtes Vertrauen in die Politik der neuen deutschen Regierung gegenüber dem Nahen Osten und insbesondere gegenüber Israel zum Ausdruck gebracht. Allon ließ erkennen, daß er an einem baldigen persönlichen Kontakt mit Bundesminister Genscher ‚wo auch immer' interessiert sei. [...] Nach den im Gespräch mit Dr. Kinkel und mir gemachten Ausführungen besteht kein Zweifel, daß der früher scharf anti-deutsch eingestellte Allon eine Einladung in die Bundesrepublik annehmen würde." Vgl. den Drahtbericht Nr. 293; Referat 010, Bd. 178569.

242

Botschafter Schmidt-Dornedden, Amman, an das Auswärtige Amt

114-20158/74 VS-vertraulich   Aufgabe: 25. August 1974, 10.00 Uhr[1]
Fernschreiben Nr. 338   Ankunft: 25. August 1974, 09.53 Uhr
Citissime

Betr.: Reise König Husseins nach Washington[2] – Aussicht der Friedensbemühungen in Nahost
hier: Gespräch mit König Hussein

Zur Information

Gestern nachmittag rief mich der König zum Antrittsbesuch zu sich. Das Gespräch wurde von ihm sehr offen geführt und fand in sehr freundschaftlicher Atmosphäre statt. Im wesentlichen teilte er mir etwa dasselbe mit wie vor einigen Tagen Premierminister Rifai (vgl. DB Nr. 330 vom 22.8.74[3]), doch war der König in einigen Punkten nuancierter.

Der König schien nicht auszuschließen, vielleicht sogar damit zu rechnen und zu befürchten, daß die weiteren Entspannungsbemühungen zunächst auf eine zweite Phase des Auseinanderrückens auf der Sinai-Halbinsel[4] abzielen könnten. An einem solchen Schritt sei Ägypten naturgemäß interessiert und Israel könne sich dort ein Einlenken viel eher erlauben als am Jordan. Auch für die USA sei dort ein Erfolg leichter und rascher zu erreichen. Er habe in Washington seine Position deutlich gemacht und darauf hingewiesen, daß es nur konsequent sei, sich als nächsten Schritt um eine Entflechtung am Jordan zu bemühen.

Die jordanische Position sei klar:

Begrenzter Rückzug der Israelis entlang des Jordan, ohne daß jordanisches Militär nachrücke. Dem König seien die sich für Israel ergebenden Schwierigkei-

---

[1] Hat Vortragendem Legationsrat Niemöller am 26. August 1974 vorgelegen, der die Weiterleitung an die Referate 204, 230, 303 und 320 verfügte.
Hat Vortragendem Legationsrat Citron am 26. August 1974 vorgelegen.
Hat Vortragendem Legationsrat I. Klasse Gorenflos am 27. August 1974 vorgelegen.
Hat Vortragendem Legationsrat Fiedler am 28. August 1974 vorgelegen.
Hat Vortragendem Legationsrat I. Klasse Redies vorgelegen.

[2] König Hussein hielt sich vom 15. bis 18. August 1974 in den USA auf.

[3] Botschafter Schmidt-Dornedden, Amman, berichtete, Ministerpräsident Al-Rifai habe zu einer möglichen israelisch-jordanischen Vereinbarung über Truppenentflechtung erklärt: „Natürlich sei Jordanien daran interessiert, daß als nächster Schritt der Friedensbemühungen Disengagement-Verhandlungen mit Israel stattfinden. Dies sei nicht mehr als sinnvoll, da gleiches bereits an der israelisch-ägyptischen und der israelisch-syrischen Grenze geschehen sei. Es müsse zwar zugegeben werden, daß ein Auseinanderrücken am Jordan ein sehr viel größeres Problem darstellen als ein weiteres Zurückgehen der Israelis auf der wenig bevölkerten Sinai-Halbinsel, von den unterschiedlichen Vorstellungen zwischen Israel und Jordanien ganz abgesehen. Während Jordanien als Ausgangspunkt einen Rückzug der Israelis vom gesamten Jordanufer um 12 km ansehe, gewissermaßen einen ‚vertikalen' Rückzug von Nord nach Süd, strebten die Israelis einen ‚horizontalen' Rückzug von Ost nach West an. Mit anderen Worten sei die israelische Vorstellung diese: gewisse Teile in Ost-West-Richtung für eine jordanische Verwaltung freizugeben, jedoch entlang des Jordan weiterhin strategische Positionen beizubehalten." Vgl. VS-Bd. 9993 (203); B 150, Aktenkopien 1974.

[4] Zur israelisch-ägyptischen Vereinbarung vom 18. Januar 1974 über Truppenentflechtung vgl. Dok. 14, Anm. 2.

ten wohl klar, aber von dieser Vorstellung müßten die Beteiligten zunächst einmal ausgehen. Dem Gedanken, statt dieser Lösung – in einer ersten Entspannungsphase – ein begrenztes Gebiet der Westbank unter jordanische Zivilverwaltung zu stellen, könne er höchstens vertreten, wenn zur gleichen Zeit eine zweite Phase eines Rückzugs der Israelis klar und fest umrissen sei.

Auf eine Beteiligung der PLO bei Disengagementbemühungen auf der Westbank angesprochen, erwiderte der König, daß dies für ihn – in welcher Form auch – ausgeschlossen sei. Er verwies auf seinen bekannten Plan einer Volksabstimmung nach Rückgewinnung der besetzten Gebiete.[5] Sollte sich als dann die Bevölkerung für Arafat („Who is he!") entscheiden, so sei es ihm recht, und auch die jetzt in Jordanien (Ostteil) lebenden Palästinenser seien frei, dann in den neuen Staat überzusiedeln. Vorher aber müßten Verhandlungen ausschließlich mit ihm geführt werden, anderenfalls würde er auch nicht nach Genf gehen.[6]

Auch der König zeigte, wie schon Rifai, gewisse Sorge über mögliche, eventuell von Israel provozierte Reaktion Syriens, vor allem, falls die Friedensbemühungen bis Ende des UN-Mandats[7] keine sichtbaren Fortschritte gemacht hätten. Ich bemerkte, daß es in Syrien – zur Zeit jedenfalls wohl – keinerlei Anzeichen für einen militärischen Aufmarsch gebe (vgl. DB Damaskus[8] und so auch hiesiger britischer Botschafter[9]). Dessen bedürfe es auch nicht, da militärisch ja alles bereits an Ort und Stelle sei, erwiderte der König.

Zum Schluß kam das Gespräch auf die persönliche Seite seiner Begegnung mit Präsident Ford. König war mit Präsident Ford schon vorher, zuletzt vor einigen Monaten, als Ford Vize-Präsident war, zusammengekommen. Offensichtlich hat er einen besonders günstigen Eindruck von Präsident Ford mitgebracht, mit dem er sich jetzt freundschaftlich verbunden fühle. Mit aller Wahrscheinlichkeit könne davon ausgegangen werden, daß Präsident Ford nicht nur zwei[10], sondern sechs Jahre im Amt bliebe, wenn sich nichts Außergewöhnli-

---

5 Zum Vorschlag des Königs Hussein vom 15. März 1972 vgl. Dok. 14, Anm. 5.
6 Zur Friedenskonferenz für den Nahen Osten in Genf vgl. Dok. 10, Anm. 9.
7 Mit der am 31. Mai 1974 verabschiedeten Resolution Nr. 350 begrüßte der UNO-Sicherheitsrat die israelisch-syrische Vereinbarung vom 31. Mai 1974 über Truppenentflechtung und erklärte: „The Security Council [...] Decides to set up immediately under its authority a United Nations Disengagement Observer Force, and requests the Secretary-General to take the necessary steps to this effect in accordance with his above-mentioned report and the annexes thereto; the Force shall be established for an initial period of six months, subject to renewal by further resolution of the Security Council." Vgl. UNITED NATIONS RESOLUTIONS, Serie II, Bd. IX, S. 60.
8 Botschaftsrat Bartels, Damaskus, teilte am 14. August 1974 mit: „Für Zunahme von Kriegsvorbereitungen ist hier keine Bestätigung zu erhalten. VN-Beobachter bestreiten Verbringen schwerer Waffen ins Grenzgebiet. Sogenannte Reservisten werden seit zwei Wochen einberufen. Dabei handelt es sich im wesentlichen um jüngere Jahrgänge, die stets zu dieser Zeit militärische Übungen ableisten. Zutreffend erscheinen Nachrichten über verstärkte sowjetische Waffenlieferungen." Vgl. den Drahtbericht Nr. 124; Referat 310, Bd. 104958.
9 Hugh Balfour-Paul.
10 Präsident Nixon gab am 8. August 1974 in einer Rundfunk- und Fernsehansprache seinen Rücktritt bekannt: „In all the decisions I have made in my public life, I have always tried to do what was best for the Nation. Throughout the long and difficult period of Watergate, I have felt it was my duty to persevere, to make every possible effort to complete the term of office to which you elected me. In the past few days, however, it has become evident to me that I no longer have a strong enough political base in the Congress to justify continuing that effort. [...] Therefore, I shall resign the Presidency effective at noon tomorrow. Vice President Ford will be sworn in as President at that hour in this office." Vgl. PUBLIC PAPERS, NIXON 1974, S. 627.

ches ereignet. Nach Watergate sei er jetzt der Mann, dem überall viel Vertrauen entgegengebracht werde.

Bewertung:

Meiner Meinung nach betrachtet König Hussein Ergebnis seines Besuchs in Washington sehr nüchtern. Keinesfalls überbewertet er die im Kommuniqué enthaltene amerikanische Unterstützungszusage.[11] König ist sich der Bindungen, in denen die USA stehen, und der Eigeninteressen der beteiligten arabischen Staaten sowie der innenpolitischen Schwierigkeiten in Israel durchaus bewußt. Manchmal hatte ich fast den Eindruck einer gewissen Resignation des Königs. Etwa unter dem Gedanken, daß er nun zum Fortgang der nächsten Verhandlungen und Friedensbemühungen im Augenblick kaum mehr etwas beitragen kann.

[gez.] Schmidt-Dornedden

VS-Bd. 9993 (310)

243

Aufzeichnung des
Vortragenden Legationsrats I. Klasse Randermann

413-491.09 FRA-1285/74 VS-vertraulich   **27. August 1974**[1]

Ergebnisniederschrift über die Ressortbesprechung im Auswärtigen Amt vom 26. August 1974 über die Zusammenarbeit mit Frankreich bei der Urananreicherung.

Teilnehmerliste liegt bei.[2]

Als Grundlage der Besprechung diente die interne Aufzeichnung des Auswärtigen Amts vom 9.8.1974 – 413-491.09 FRA-1204/74 VS-v –, die allen Beteiligten vorlag.[3]

---

[11] Im Kommuniqué über den Besuch des Königs Hussein vom 15. bis 18. August 1974 in den USA wurde erklärt: „The United States and Jordan have established a general Jordan–United States Joint Commission under the chairmanship of the Jordanian Prime Minister and the U.S. Secretary of State. [...] The Commission will sponsor a meeting on economic development, trade and investment before the end of the year to review plans for Jordan's economic development and identify additional areas in which the United States can be of assistance. [...] The Commission will arrange meetings on military assistance and supply problems at a mutually acceptable date to review implementation of continuing U.S. assistance to the Jordanian Armed Forces and to advance planning for future assistance." Vgl. DEPARTMENT OF STATE BULLETIN, Bd. 71 (1974), S. 362.

[1] Hat Bundesminister Genscher am 2. September 1974 vorgelegen.

[2] Dem Vorgang nicht beigefügt.

[3] Für die Aufzeichnung des Ministerialdirigenten Sigrist vom 9. August 1974 vgl. VS-Bd. 8858 (413); B 150, Aktenkopien 1974. Für Auszüge vgl. Anm. 4, 5 und 6.

Die Ressortbesprechung ergab Übereinstimmung über die in der Aufzeichnung enthaltene Ausführung bezüglich der politischen Ausgangslage (Ziffer II[4]), der an Frankreich zu stellenden politischen Forderungen (Ziffer III[5]) und des weiteren Verfahrens (Ziffer IV[6]) mit folgender Maßgabe:

1) Es wurde festgestellt, daß hinsichtlich einer möglichen Zusammenarbeit zwischen Frankreich einerseits und der Bundesrepublik Deutschland, Großbritannien und den Niederlanden als den Betreibern des Gaszentrifugenverfahrens andererseits die Interessenlage etwa gleich ist. Frankreich muß sich bis 1975 für den Bau einer weiteren Anreicherungsanlage entscheiden. Es ist sicher daran interessiert, daß die zweite Anlage nach dem technologisch und kommerziell günstigsten Verfahren, dem Zentrifugenverfahren, errichtet wird. Notfalls kann es jedoch auch eine zweite Diffusionsanlage erstellen. Die militärische Nutzung des Zentrifugenverfahrens dürfte für Frankreich erst langfristig interessant sein, da der gegenwärtige Bedarf durch die französische Anlage in Pierrelatte gedeckt werden kann. Das Interesse der Troika liegt in der Verhinderung des Baus einer nur in großem Maßstab rentablen Diffusionsanlage, deren Kapazität den Markt für das Zentrifugenverfahren verengen könnte. Beide Seiten haben ein gemeinsames Interesse daran, der zu erwartenden künftigen amerikanischen Konkurrenz auch auf dem Zentrifugengebiet gewachsen zu

---

[4] Ministerialdirigent Sigrist legte am 9. August 1974 dar, die Bundesrepublik, Großbritannien und die Niederlande seien immer davon ausgegangen, daß ein Wunsch Frankreichs nach Beteiligung an der Entwicklung und Nutzung des Gasultrazentrifugenverfahrens zur Herstellung angereicherten Urans nicht abgewiesen werden könne. Sigrist führte dazu weiter aus: „Im übrigen haben wir selbst ein überragendes Interesse daran, das deutsch-französische Verhältnis zum Nutzen der europäischen und internationalen Entwicklung auszubauen. Dies trifft besonders bei der jetzigen günstigen Konstellation zu: enge Zusammenarbeit der neuen Bundesregierung und der neuen französischen Regierung, gemeinsame Stabilitätspolitik auch zwecks Festigung der Grundlagen für die Verteidigung. Zu berücksichtigen sind auch der sich anbahnende französisch-amerikanische Ausgleich, die Erleichterung unserer Politik im Dreieck Washington, Paris, Bonn sowie deren positive Ausstrahlungen auf die Zusammenarbeit innerhalb der EG und der NATO." Vgl. VS-Bd. 8858 (413); B 150, Aktenkopien 1974.

[5] Ministerialdirigent Sigrist vermerkte am 9. August 1974 die Haltung Frankreichs zu einer etwaigen Kontrolle seiner Uranvorräte durch EURATOM oder die IAEO: „Frankreich bemüht sich seit 1958 konsequent, sich EURATOM-Sicherheitskontrollen zu entziehen. Bereits vor Jahren ist ihm zugestanden worden, daß für militärische Zwecke bestimmtes spaltbares Material nicht mehr EURATOM-Kontrollen unterliegt. 1971 ist ihm anläßlich der Verabschiedung des Verhandlungsmandates für die EG-Kommission für die Verhandlungen mit der IAEO über den Abschluß des Verifikationsabkommens zugestanden worden, daß auch für friedliche Zwecke bestimmtes spaltbares Material in Frankreich nur dann EURATOM-Kontrollen unterliegt, wenn dies von Frankreich eingegangene internationale Verpflichtungen (Lieferungen aus den USA) erfordern. Diese Regelung wird zusammen mit dem Verifikationsabkommen in Kraft treten." Vgl. VS-Bd. 8858 (413); B 150, Aktenkopien 1974.

[6] Ministerialdirigent Sigrist führte am 9. August 1974 aus, wie die Einbeziehung Frankreichs in die von der Bundesrepublik, Großbritannien und den Niederlanden betriebene Entwicklung und Nutzung des Gasultrazentrifugenverfahrens zur Herstellung angereicherten Urans ausgestaltet werden könne: „Es bestehen keine Bedenken dagegen, daß mit den wirtschaftlichen Fragen einer Zusammenarbeit mit Frankreich das Joint Committee befaßt wird. Dieser Ausschuß, in dem die drei Regierungen durch hohe Beamte der in den drei Ländern jeweils für die friedliche Verwendung der Kernindustrie zuständigen Ministerien vertreten werden [...], dürfte jedoch nicht der geeignete Rahmen für die Behandlung der politischen Frage einer etwaigen militärischen Verwendung des Zentrifugenverfahrens durch Frankreich sein. Für dieses Problem, das im Vertrag selbst auch nicht geregelt ist, dürften vielmehr die Außenministerien der beteiligten Regierungen zuständig sein. [...] Falls die Franzosen auf der Forderung einer militärischen Verwendung des Zentrifugenverfahrens bestünden, müßten hierüber getrennte Regierungsverhandlungen stattfinden, über deren Ergebnis das Joint Committee dann unterrichtet würde." Vgl. VS-Bd. 8858 (413); B 150, Aktenkopien 1974.

sein. Von einem einseitigen französischen Interesse an einer Zusammenarbeit kann daher nicht ausgegangen werden.

2) Bezüglich der Sicherungsmaßnahmen[7] bestand Übereinstimmung, daß Frankreich sich für eine im Rahmen einer Zusammenarbeit mit der Troika zu errichtenden Zentrifugenanlage sowohl EURATOM-Kontrollen als auch einer IAEO-Verifikation unterwerfen müßte. Die Frage, ob dies zur Folge hat, daß die Verhandlungen über ein entsprechendes Abkommen mit der IAEO nach dem Vorbild des Verifikationsabkommens[8] und des britischen Beispiels[9] aufgrund eines vom EG-Rat zu erteilenden Mandats auch von der EG-Kommission geführt werden müßten, soll erst später gestellt werden, um nicht einen sofortigen Widerstand Frankreichs hervorzurufen.

Diesen Sicherungsmaßnahmen unterliegen muß auf jeden Fall die zu errichtende Zentrifugenanlage. Erörtert wurde die Frage, ob auch das von dieser Anlage produzierte Material in Frankreich Sicherungsmaßnahmen unterliegen müßte. Dies könnte bedeuten, daß langfristig ein großer Teil des französischen Brennstoffkreislaufes EURATOM- und IAEO-Sicherungsmaßnahmen unterliegen müß-

---

[7] In Artikel VII Absatz 2 des Abkommens vom 4. März 1970 zwischen der Bundesrepublik, Großbritannien und den Niederlanden über die Zusammenarbeit bei der Entwicklung und Nutzung des Gasultrazentrifugenverfahrens zur Herstellung angereicherten Urans (Abkommen von Almelo) wurde zu den Sicherungsverfahren ausgeführt: „Auf Grund der Vorschriften des Absatzes 1 werden folgende Verfahren angewendet: a) die Verfahren des durch die Europäische Atomgemeinschaft (EURATOM) geschaffenen Sicherungssystems und die von der Regierung des Vereinigten Königreichs festgelegten Maßnahmen zum Nachweis der Verwendung von Material und Ausrüstungen, wie sie in den Hoheitsgebieten der Vertragsparteien jeweils anwendbar sind; es finden angemessene Konsultationen und gegenseitige Besuche zwischen Vertretern der Vertragsparteien und erforderlichenfalls der Kommission der Europäischen Gemeinschaften statt, um zu gewährleisten, daß diese Verfahren für die Zwecke dieses Artikels zufriedenstellend und wirksam sind; b) die Verfahren, die sich aus zusätzlichen Verpflichtungen im Hinblick auf Sicherungsmaßnahmen ergeben, welche für eine Vertragspartei auf Grund von Übereinkünften mit der Internationalen Atomenergie-Organisation verbindlich sind; c) im Falle der Zusammenarbeit mit anderen Staaten oder einer Ausfuhr in jene Staaten die unter Buchstabe a oder b beschriebenen internationalen Verfahren entsprechend." Vgl. BUNDESGESETZBLATT 1971, Teil II, S. 937.

[8] Für den Wortlaut des Übereinkommens vom 5. April 1973 zwischen Belgien, der Bundesrepublik, Dänemark, Irland, Italien, Luxemburg, den Niederlanden, EURATOM und der IAEO in Ausführung von Artikel III Absätze 1 und 4 des Vertrags vom 1. Juli 1968 über die Nichtverbreitung von Kernwaffen (Verifikationsabkommen) sowie des dazugehörigen Protokolls vgl. BUNDESGESETZBLATT 1974, Teil II, S. 795–832.

[9] Gesandter von Schmidt-Pauli, London, berichtete am 29. März 1974, im Dezember 1973 seien „vorläufige Verhandlungen zunächst bilateral mit EURATOM, dann trilateral unter Hinzuziehung der IAEO wegen der Unterstellung britischer zivilgenutzter Kernenergieanlagen unter IAEO-Sicherungsmaßnahmen aufgenommen" worden: „Diese informellen Verhandlungen haben gezeigt, daß keine wesentlichen Schwierigkeiten zu erwarten sind. In Kürze sollen die offiziellen Verhandlungen beginnen." Vgl. den Drahtbericht Nr. 874; Referat 413, Bd. 114196.
Regierungsdirektor Freytag, Wien (Internationale Organisationen), teilte am 18. Juli 1974 mit: „Am 11./12. Juli verhandelte Delegation des UK und der Kommission mit IAEO in Wien über Abkommen zwischen EAG, IAEO und UK über freiwillige Unterstellung britischer zivilgenutzter Kernanlagen unter IAEO-Sicherungsmaßnahmen. [...] Im Anschluß an Verhandlungen unterrichtete Delegation in kurzem informellen Informationsgespräch unter französischem Vorsitz die hiesigen Ständigen Vertretungen der EG-Länder. Bei den Verhandlungen, die in guter Atmosphäre verlaufen seien, sei der IAEO ein Abkommensentwurf übergeben worden, zu dem sie bis Mitte September Stellung nehmen wolle. Danach solle in erster Oktoberhälfte erneut in Wien verhandelt werden. Insgesamt könnten noch ein bis drei Verhandlungsrunden, später auch in London, erforderlich sein. Bei jetziger Runde [...] habe sich IAEO bereits mit Prinzipien des Entwurfs einverstanden erklärt. Nur in einigen technischen Punkten bestünden noch Meinungsverschiedenheiten. Ob Verhandlungen bis Ende d. J. abgeschlossen werden könnten, sei offen." Vgl. den Drahtbericht Nr. 191; Referat 413, Bd. 114196.

te. Es wurden Zweifel geäußert, ob dies für Frankreich politisch zumutbar sei, nachdem es 1971 in der Präambel zum Mandat für die EG-Kommission für die Verifikationsverhandlungen gerade weitgehend von EURATOM-Sicherungsmaßnahmen befreit worden ist[10]. Entgegenstehen könnte auch die Tatsache, daß die entsprechende IAEO-Sicherungsmaßnahmen in den USA nur anlage- und nicht materialbezogen sein werden und daß auch die Briten eine entsprechende Lösung anstreben. Es bestand jedoch Übereinstimmung, daß in dem für die Verhandlung mit Frankreich aufzustellenden Forderungskatalog zunächst auch die Unterstellung des von der französischen Zentrifugenanlage produzierten Materials unter Sicherungsmaßnahmen mitaufgenommen werden sollte.

3) Hinsichtlich des Reexportes[11] von Anlagen, von Technologie und von dem in den Zentrifugenanlagen produzierten angereichertem Uran bestand Übereinstimmung, daß Frankreich im Prinzip nicht besser gestellt werden dürfte, als es die drei Troika-Staaten untereinander selbst sind. Die Vertreter des BMFT äußerten jedoch Bedenken, ob Frankreich ein Vetorecht der drei Troika-Staaten bezüglich eines beabsichtigten Exportes wirklich zugemutet werden könnte. Man müßte überlegen, ob für die Versagung der Zustimmung für einen Export von Frankreich nicht gewisse Kriterien, wie z. B. der Beitritt des Empfängerstaates zum NV-Vertrag[12], aufgestellt werden müßten. Es bestand jedoch Übereinstimmung, daß derartige Kriterien im voraus kaum aufgestellt werden können und daß gerade der Fall auch mitabgedeckt werden muß, daß die drei sich den Export in einen Staat versagen, obwohl dieser Partei des NV-Vertrags

---

[10] Der EG-Ministerrat erörterte seit Januar 1970 die Erteilung eines Mandats an die EG-Kommission für Verhandlungen mit der IAEO über ein Verifikationsabkommen. Vgl. dazu AAPD 1970, I, Dok. 100 und Dok. 176, sowie AAPD 1970, II, Dok. 210.
Am 13. Februar 1970 erklärte Frankreich, daß es einem Mandat nur zustimmen könne, „wenn das in Frankreich für friedliche Zwecke verwendete spaltbare Material mit Inkrafttreten des Verifikationsabkommens aus der EURATOM-Kontrolle herausgenommen werde". Vgl. die Aufzeichnung des Ministerialdirektors von Staden vom 11. Dezember 1970; Referat II B 3, Bd. 107312.
Der EG-Ministerrat verabschiedete am 20. September 1971 in Brüssel ein Mandat für die EG-Kommission zu Verhandlungen mit der IAEO über ein Verifikationsabkommen zwischen EURATOM und IAEO. Dazu teilte Vortragender Legationsrat I. Klasse Heimsoeth am selben Tag mit: „Dabei ist festzuhalten, daß es im Prinzip bei dem einheitlichen Sicherheitskontrollverfahren EURATOMs für alle Mitgliedstaaten bleibt, lediglich die Überprüfung dieses Kontrollverfahrens durch die IAEO wird auf die Unterzeichnerstaaten des NV-Vertrags beschränkt werden, und nach Abschluß des Verifikationsabkommens werden die EURATOM-Kontrollverfahren sich nur auf die Einrichtungen erstrecken, die Frankreich durch besondere Erklärung diesem Verfahren unterstellt." Vgl. den Runderlaß; Referat II B 3, Bd. 107316.
[11] In Artikel VI Absatz 1 des Abkommens vom 4. März 1970 zwischen der Bundesrepublik, Großbritannien und den Niederlanden über die Zusammenarbeit bei der Entwicklung und Nutzung des Gasultrazentrifugenverfahrens zur Herstellung angereicherten Urans (Abkommen von Almelo) wurde festgelegt: „Die Vertragsparteien verpflichten sich gemeinsam und jede für sich, zu gewährleisten, daß Informationen, Ausrüstungen, Ausgangs- oder besonderes spaltbares Material, soweit sie für diese Zwecke oder als Ergebnis der in Artikel I bezeichneten Zusammenarbeit darüber verfügen, nicht von einem Nichtkernwaffenstaat zur Herstellung oder zum sonstigen Erwerb von Kernwaffen oder sonstigen Kernsprengkörpern oder zum Erwerb der Verfügungsgewalt über solche Waffen oder Sprengkörper und auch nicht dazu verwendet werden, einen Nichtkernwaffenstaat bei einer solchen Herstellung oder einem solchen Erwerb zu unterstützen oder zu ermutigen oder dazu zu veranlassen. Im Sinne dieses Absatzes bezeichnet der Ausdruck ‚Nichtkernwaffenstaat' jeden Staat einschließlich der durch dieses Übereinkommen gebundenen Staaten, der vor dem 1. Januar 1967 weder eine Kernwaffe noch einen sonstigen Kernsprengkörper hergestellt und gezündet hat." Vgl. BUNDESGESETZBLATT 1971, Teil II, S. 936.
[12] Für den Wortlaut des Nichtverbreitungsvertrags vom 1. Juli 1968 vgl. BUNDESGESETZBLATT 1974, Teil II, S. 785–793.

ist. Vermieden werden muß, daß die Franzosen dann in diese Lücke hineinstoßen.

Bei den mit Frankreich zu führenden Verhandlungen soll daher zunächst die Forderung gestellt werden, daß ein Export nur mit Zustimmung der drei Troika-Staaten möglich ist. Der Gedanke, Frankreich umgekehrt auch ein Vetorecht für die Exporte der drei Troika-Länder einzuräumen, wurde dagegen abgelehnt. Dies wäre bei einer vollen Mitgliedschaft Frankreichs in der Troika möglich, die nicht beabsichtigt ist.

4) Hinsichtlich einer militärischen Nutzung des Zentrifugenverfahrens durch Frankreich konnte noch kein abschließendes Ergebnis erzielt werden. Es bestand Übereinstimmung, daß eine endgültige Entscheidung nur durch das Kabinett getroffen werden kann. Diese Frage muß nach Ansicht des Bundeskanzleramts und des AA sehr behutsam mit der französischen Seite erörtert werden. Es muß vermieden werden, den französischen Meinungsbildungsprozeß und eine sich möglicherweise anbahnende Annäherung Frankreichs an die NATO durch für die Franzosen nicht annehmbare Bedingungen zu stören. Der Vertreter des BMVg, der erklärte, sich mangels Abstimmung im Hause nur für sein Referat äußern zu können, hielt eine Annäherung Frankreichs an die NATO auf nuklearem Gebiet für wünschenswert, sprach sich aber dagegen aus, eine solche Annäherung zur Bedingung für die militärische Nutzung durch Frankreich zu machen.

Der Vertreter des BMWi hielt dem entgegen, innenpolitisch sei eine Unterstützung der Force de dissuasion kaum zu vertreten, so lange man damit rechnen müsse, daß französische Kernwaffen mit GUZ[13]-Material gegen Ziele auf dem Boden der Bundesrepublik eingesetzt würden, ohne daß die Bundesregierung auf die Einsatzplanung und Entscheidung Einfluß nehmen könne.

Es bestand Übereinstimmung, daß angestrebt werden sollte, die Frage der militärischen Nutzung aus den Verhandlungen zwischen der Troika und Frankreich zunächst möglichst auszuklammern. Falls jedoch Frankreich die Klärung dieser Frage zur Vorbedingung von Verhandlungen mache, was nicht auszuschließen ist, müßten wir uns möglichst umgehend eine Meinung bilden.

5) Bezüglich des weiteren Verfahrens bestand Übereinstimmung, daß keine Bedenken dagegen bestehen, wenn der gemeinsame deutsch-britisch-niederländische Regierungsausschuß gemäß Art. IX des Vertrages von Almelo[14] diejenigen Fragen berät, die ihren direkten Niederschlag in einer mit Frankreich abzuschließenden Übereinkunft finden würden. Hierzu gehören auch die Fragen der Sicherungsmaßnahmen und des Reexportes. Die Frage einer möglichen militärischen Verwendung des Zentrifugenverfahrens durch Frankreich sollte jedoch auf Regierungsebene außerhalb des Joint Committee beraten werden. In

---

[13] Gasultrazentrifuge.
[14] In Artikel IX des Abkommens vom 4. März 1970 zwischen der Bundesrepublik, Großbritannien und den Niederlanden über die Zusammenarbeit bei der Entwicklung und Nutzung des Gasultrazentrifugenverfahrens zur Herstellung angereicherten Urans (Abkommen von Almelo) wurde festgelegt: „Die Vertragsparteien können gemeinsam Übereinkünfte über eine Zusammenarbeit mit europäischen oder anderen Staaten oder internationalen Organisationen schließen. Vorschläge für den Abschluß einer derartigen Übereinkunft werden vom Gemeinsamen Ausschuß beraten." Vgl. BUNDESGESETZBLATT 1971, Teil II, S. 939.

dem Joint Committee sollten wir insoweit lediglich erklären, daß wir grundsätzlich von einer Gleichbehandlung Frankreichs und Großbritanniens ausgingen, die Fälle Frankreichs und Großbritanniens aber nicht gleich liegen, und daß wir es vorziehen würden, diese Frage aus den Verhandlungen auszuklammern. Falls Frankreich sich nicht damit einverstanden erkläre, sollten ihm insoweit getrennte Regierungsverhandlungen vorgeschlagen werden.[15]

Randermann

VS-Bd. 14067 (010)

244

Aufzeichnung des Vortragenden Legationsrats I. Klasse Lücking

210-331.45-2425/74 VS-vertraulich   **28. August 1974**

Betr.: Luftverkehr Berlin;
      hier: Vermerk über eine Besprechung am 27. August 1974

Einladender: Referat 210
Teilnehmer: Referate 404, 500, 502, Landesvertretung Berlin.

Die Diskussion anhand des Vermerkes 210-331.45-2305/74 VS-v vom 14. August 1974[1] erbrachte folgende Gesichtspunkte:

– Flüge von Berlin durch die Korridore ins Ausland: Wir müssen ein Interesse haben, daß die Sowjetunion den Drei Mächten nicht die Verletzung von Vier-Mächte-Abkommen über die Benutzung der Korridore vorwerfen kann. Wir können die Rechtslage hierzu nicht abschließend beurteilen, da wir nicht sa-

---

[15] Zu einer möglichen Beteiligung Frankreichs an der Entwicklung und Nutzung des Gasultrazentrifugenverfahrens zur Urananreicherung vgl. weiter Dok. 330.

[1] Vortragender Legationsrat Kastrup vermerkte zur Sitzung der Bonner Vierergruppe am 9. August 1974, der britische Vertreter habe die Auffassung seiner Regierung zur Entwicklung des Luftverkehrs nach Berlin (West) dargelegt: „Die Erhaltung der Luftkorridore und der darin betriebenen alliierten Dienste von und nach Berlin (West) sei das übergeordnete Prinzip, das alle Überlegungen in Rechnung zu stellen hätten. [...] Der zivile Luftverkehr durch Fluglinien der Drei Mächte zwischen Berlin und Punkten außerhalb der Bundesrepublik Deutschland biete den Vorteil, die Zahl der Korridorflüge in jedem Fall aufrechtzuerhalten. Ein solcher Verkehr werde jedoch in jüngster Zeit von sowjetischer Seite als nicht mit den Vier-Mächte-Vereinbarungen in Einklang stehend beanstandet. Nach Auffassung der britischen Regierung müsse man hier vorsichtig vorgehen." Zu einer Nutzung der Luftkorridore nach Berlin (West) durch die Lufthansa habe der britische Vertreter bemerkt: „Die britische Regierung habe den Eindruck, daß die Sowjetunion in dieser Frage mit verschiedenen Zungen gesprochen habe. Während sie sich in den bilateralen Vereinbarungen mit der Bundesrepublik Deutschland mit der Aufnahme von Tegel in den Fluglinienplan grundsätzlich einverstanden erklärt habe, sei den Drei Mächten auf ihren ersten Schritt gegenüber der Sowjetunion gesagt worden, es müsse hierzu eine allgemeine Diskussion über den Gesamtkomplex der zivilen Flüge von und nach Berlin (West) geführt werden." Vgl. VS-Bd. 10112 (210); B 150, Aktenkopien 1974.

gen können, alle einschlägigen Vier-Mächte-Abkommen zu kennen. Zu Flügen der Pan Am nach Wien[2] sollte zunächst das weitere Verhalten der Vereinigten Staaten abgewartet werden. Es bestehen Bedenken gegen die Schlüssigkeit einer allgemeinen Argumentation dahin, es müßten Flüge aus Berlin durch Korridore in das Ausland forciert werden, um das sinkende Passagieraufkommen im Korridorverkehr zur Bundesrepublik aufzufangen und die Frequenz der Flüge zu erhalten.

– Internationale Flugverbindungen Berlins außerhalb der Korridore:

Im Gespräch hierüber mit den Drei Mächten kann der Gedanke eingebracht werden, SAS und AUA die erteilte grundsätzliche Zustimmung zur Gewährung von Landerechten nicht abzuerkennen[3], nachdem zwei Jahre ungenutzt verstrichen sind, sondern sie ihnen unter dem Vorbehalt weiter zu gewähren, daß sie jederzeit entzogen werden können. Aus Berliner Sicht besteht ein besonderes Interesse, THY die grundsätzliche Zustimmung zur Gewährung von Landerechten mitzuteilen (Gastarbeiterproblem).[4] THY-Ver-

---

[2] Vortragender Legationsrat I. Klasse Jirka vermerkte am 14. August 1974, der österreichische Botschaftssekretär Maultaschl habe am selben Tag zum Wunsch der Luftfahrtgesellschaft Pan Am, eine Fluglinie zwischen Berlin (West) und Wien einzurichten, ausgeführt: „1) Die amerikanische Botschaft in Wien habe den Wunsch der Pan Am, von Berlin (West) nach Wien zu fliegen, vorgetragen. Österreichische Prüfung habe ergeben, daß eine solche Fluglinienverbindung nicht durch das österreichisch-amerikanische Luftverkehrsabkommen aus 1966 gedeckt sei. Die Einrichtung der Pan Am-Verbindung erfordere daher entweder ein neues (oder Zusatz-) Abkommen mit den Vereinigten Staaten oder aber eine besondere Genehmigung, die nach österreichischer Rechtslage aber nur unter der Bedingung der Gegenseitigkeit erteilt werden dürfe. Gegenseitigkeit sei im gegebenen Fall aber nicht möglich. 2) Nach der Vorsprache der US-Botschaft hätten die Botschaften der Sowjetunion und der DDR in Wien gegen eine Genehmigung der Pan Am-Flüge demarchiert. Hierbei hätten sie auf das Viermächteabkommen von 1955 verwiesen, das in den Korridoren lediglich militärische Flüge zulasse. Der Zivilluftverkehr in den alliierten Korridoren stelle bereits eine Verletzung des Abkommens dar. Für den Zivilluftverkehr herrsche ein vertragsloser Zustand." Vgl. Referat 210, Bd. 111586.

[3] Im Frühjahr 1972 nahmen die Luftfahrtgesellschaften Austrian Airlines (AUA) und Scandinavian Airlines Systems (SAS) mit Zustimmung der Drei Mächte den Luftverkehr nach Berlin-Schönefeld in der Erwartung auf, daß dies Überflugrechte nach Berlin (West) einschließe. Vgl. dazu AAPD 1972, II, Dok. 231.
Am 29. Januar 1973 teilte Vortragender Legationsrat I. Klasse Dietrich mit: „Im März 1972 haben die drei Westmächte erstmals Landegenehmigungen für nicht-alliierte Flugzeuge aus Berlin (West) erteilt, jedoch zunächst nur für SAS und AUA und nur für ein Probejahr. Die Flüge sollen außerhalb der Korridore und nur in Nord-Süd-Richtung erfolgen. Der Flugverkehr konnte bisher nicht aufgenommen werden, da die Zustimmung der DDR für das Überfliegen ihres Gebietes und der UdSSR für das Befliegen des Berliner Luftkontrollraums nicht erteilt wurde. SAS und AUA fliegen jetzt nach Schönefeld, ebenso wie die KLM. Dies ist für uns bedauerlich, da dieser Verkehr, der hauptsächlich aus Berlin (West) stammt, den Westberliner Flughäfen entzogen wird. Wenn weitere Gesellschaften diesem Beispiel folgen, besteht die Gefahr einer Austrocknung der Flughäfen Tegel und Tempelhof zugunsten von Schönefeld." Vgl. Referat 423, Bd. 117966.

[4] Vortragender Legationsrat I. Klasse Lücking führte am 21. Mai 1974 zur Gewährung von Landerechten für die Luftfahrtgesellschaft Türk Hava Yollari A.O. (THY) in Berlin (West) aus: „Die Drei Mächte unterrichteten uns in der Bonner Vierergruppe am 16. Mai 1974, daß die türkische Botschaft in Bonn bei ihren Botschaften um Landeerlaubnis für türkische Luftlinien in Berlin (West) – Tegel ersucht habe. Der amerikanische Vertreter überließ uns dazu eine beiliegende türkische Note. Er brachte zum Ausdruck, daß nach Auffassung seiner Regierung dem türkischen Antrag baldmöglichst entsprochen werden sollte." Vgl. Referat 210, Bd. 111586.
Vortragender Legationsrat Kastrup notierte am 3. Juli 1974: „Auf unsere Bitte ist der türkische Antrag auf Landeerlaubnis in Berlin (West) in der Bonner Vierergruppe am 2. Juli 1974 erneut beraten worden. Hierzu legte der amerikanische Vertreter Entwürfe für eine Antwort an die Türkei und eine Erklärung in der NATO vor. Es bestand Übereinstimmung, daß die Erklärung der NATO

treter sollen sich optimistisch geäußert haben, Flugrechte über die DDR zu
erhalten.
– Lufthansa-Flüge nach Berlin[5]:

Übereinstimmung, daß zur Zeit keine Aussichten dafür bestehen, das Thema
erfolgversprechend von den Drei Mächten an die Sowjetunion heranzutragen. Es wird ein Gesprächspunkt des Gromyko-Besuches in Bonn[6] werden.
Referat 404 wird ein ausführliches Sachstandspapier für den Herrn Minister
fertigen. Wir dürfen uns nicht dem Vorwurf aussetzen, daß wir mit der Sowjetunion bilateral Dinge erörtern, für die wir nicht kompetent sind. Deshalb strikte Beschränkung darauf, Landerechte der Lufthansa in Berlin mit
der Sowjetunion nur im Zusammenhang mit dem Luftverkehrsabkommen[7]
und dem entsprechenden Briefwechsel[8] anzusprechen.

Lücking

VS-Bd. 10112 (210)

Fortsetzung Fußnote von Seite 1060
möglichst unmittelbar nach der Antwort an die Türken erfolgen soll. Der deutsche Sprecher erklärte,
wir seien dafür, THY sobald wie möglich Landerechte in Berlin (West) zu gewähren. Auf seine Anregung, beide Erklärungen bereits in der nächsten Woche abzugeben, erklärte der britische Vertreter,
dies werde aus seiner Sicht in derart kurzer Frist kaum möglich sein." Vgl. Referat 210, Bd. 111586.
5 Zur Frage der Landung von Flügen der Lufthansa in Berlin-Tegel vgl. Dok. 80, Anm. 5.
6 Zum Besuch des sowjetischen Außenministers Gromyko am 15./16. September 1974 vgl. Dok. 263–
267, Dok. 269 und Dok. 270.
7 Für den Wortlaut des Abkommens vom 11. November 1971 zwischen der Bundesrepublik und der
UdSSR über den Luftverkehr vgl. BUNDESGESETZBLATT 1972, Teil II, S. 1526–1530. Vgl. dazu auch
AAPD 1971, II, Dok. 277.
8 Bei der Unterzeichnung des Abkommens vom 11. November 1971 zwischen der Bundesrepublik
und der UdSSR über den Luftverkehr wurden weitere ergänzende Dokumente unterzeichnet, u. a.
ein Notenwechsel über den Fluglinienplan. Darin hieß es in Abschnitt IV: „Die Regierung der Bundesrepublik Deutschland beabsichtigt, für die Lufthansa noch einen weiteren Punkt zu benennen,
über den sie der Regierung der Union der Sozialistischen Sowjetrepubliken eine besondere Mitteilung hat zugehen lassen." Vgl. Referat III A 4, Bd. 861.
Ergänzend dazu erklärte Staatssekretär Freiherr von Braun in einem Schreiben an den sowjetischen Botschafter Falin vom selben Tag „unter Bezugnahme auf den Notenwechsel, der über den
Fluglinienplan zu dem Abkommen vollzogen werden wird, [...] daß die Regierung der Bundesrepublik Deutschland gemäß Abschnitt IV des Fluglinienplans für die von ihr bezeichneten Unternehmen Berlin-Tegel benennen wird, sobald die Voraussetzungen hierfür durch Verhandlungen der
Bundesregierung mit den Regierungen in Frage kommender Staaten hergestellt sind". Vgl. Referat
III A 4, Bd. 861.

245

Aufzeichnung des Ministerialdirigenten Simon

210-331.25-2434/74 VS-vertraulich 29. August 1974[1]

Eilt sehr

Über Herrn Staatssekretär[2] Herrn Minister[3]

Betr.: Verbot einer Beteiligung der NPD am anstehenden Wahlkampf zum Berliner Abgeordnetenhaus

Zweck der Vorlage:

Entscheidung des Herrn Ministers über die Bitte der Drei Mächte, die Bundesregierung möge ihnen gegenüber intern erklären, daß sie gegen ein alliiertes Verbot aller Aktivitäten der NPD in Berlin während des bevorstehenden Wahlkampfes keine Einwendungen erhebe.

Vorschlag:

Nach Abstimmung mit dem Bundeskanzleramt und dem Bundesinnenministerium gibt der deutsche Sprecher in der Bonner Vierergruppe den Vertretern der Drei Mächte gegenüber die von ihnen erbetene Erklärung ab.

Sachstand und Begründung:

1) Die Vertreter der Drei Mächte haben uns am 20. August 1974 in der Bonner Vierergruppe unterrichtet, sie seien gegen eine Teilnahme der NPD an dem im September beginnenden Wahlkampf zum Abgeordnetenhaus von Berlin. Sie beabsichtigten, ein Verbot dahin auszusprechen, daß Kandidaten der NPD von den Wahllisten ausgeschlossen bleiben und daß der NPD vom Beginn des Wahlkampfes bis zur Wahl des Abgeordnetenhauses am 2. März 1975 jede öffentliche Betätigung im Wahlkampf verboten wird.

2) In der Sitzung vom 28. August haben die Vertreter der Drei Mächte mit großem Nachdruck die Eilbedürftigkeit der Angelegenheit unterstrichen. Mit Sicherheit würden die Sowjets in Kürze im Hinblick auf die Wahlen erneut wegen der NPD auf sie zukommen.[4] Die Mächte möchten vermeiden, daß von ih-

---

[1] Die Aufzeichnung wurde von Vortragendem Legationsrat I. Klasse Lücking konzipiert.
Hat Legationsrat I. Klasse von Berg am 9. September 1974 vorgelegen, der handschriftlich vermerkte: „Vermerk: BMJ teilt mit, daß auch Verfassungsabteilung keine Bedenken gegen vorgesehene Erklärung der Bundesregierung hat."
Hat Vortragendem Legationsrat Lewalter am 5. September 1974 vorgelegen.
Hat Ministerialdirigent Blech vorgelegen.

[2] Hat Staatssekretär Gehlhoff am 29. August 1974 vorgelegen.

[3] Hat Bundesminister Genscher am 2. September 1974 vorgelegen, der handschriftlich vermerkte: „1) Ich bitte, zunächst die Meinung des Bu[ndes]K[anzler]A[mts] u[nd] des BMI einzuholen. 2) Sind auch Maßnahmen gegen die S[ozialistische]E[inheitspartei]W[estberlins] beabsichtigt? Welche Parteien werden sich voraussichtlich an den Berliner Wahlen beteiligen? 4) Ist die Annahme zutreffend, daß die jetzt beabsichtigten Maßnahmen über frühere hinausgehen?"

[4] Ministerialdirigent Simon vermerkte am 3. September 1974, die britische Botschaft habe am Vortag mitgeteilt: „Ein Vertreter der sowjetischen Botschaft in Ostberlin suchte am 30. August 1974 den politischen Berater der US-Mission auf und gab eine Erklärung der sowjetischen Botschaft zur beabsichtigten Teilnahme der NPD am Wahlkampf zum Abgeordnetenhaus von Berlin ab. Sie besagt, die sowjetische Botschaft halte es für erforderlich, die Aufmerksamkeit der Drei Mächte auf

nen getroffene Maßnahmen gegen die NPD als eine Reaktion auf sowjetische Demarchen interpretiert werden.

3) Nach der Praxis der vergangenen Jahre ist die öffentliche Betätigung der NPD in Berlin auf jeweils folgende Weise unterbunden worden: Auf schriftliche Bitte des Regierenden Bürgermeisters haben die Kommandanten der Drei Mächte jeweils Vorhaben für ein öffentliches Auftreten der NPD in Berlin verboten (Beispiele: Tagung der Jungen Nationaldemokraten[5], Landesparteitage).

Die Drei Mächte legen auch in diesem Falle Wert auf einen „Antrag" des Senats, weil sie nicht den Eindruck erwecken wollen, sie handelten als reine Besatzungsmächte ohne Beteiligung der deutschen Seite. Im übrigen, so führten die Vertreter der drei Botschaften in der Vierergruppe weiter aus, handele es sich bei dem beabsichtigten Verbot um eine Maßnahme, die ihre Grundlage im Polizeirecht habe. Die Polizeigewalt hätten die Drei Mächte auf den Senat übertragen.[6]

Auf eine entsprechende Frage des deutschen Sprechers erklärten die Sprecher der Drei Mächte ausdrücklich, der bereits zwischen dem Senat und ihnen in Berlin erarbeitete Entwurf eines „Antrags" vom 17. Juli (s. Anlage[7]) befriedige sie vollauf. Dies ist insofern von Bedeutung, als das Schreiben des Senats keinen ausdrücklichen Antrag auf die eine oder andere denkbare Maßnahme enthält, sondern die notwendigen Informationen gibt sowie einen Hinweis darauf, daß der Senat grundsätzlich an seinem Antrag auf Verbot der Partei vom 3. Oktober 1968[8] festhält.

4) Zur Form der Stellungnahme der Bundesregierung erklärten die Vertreter der drei Botschaften auf die Frage des deutschen Sprechers, sie erwarteten nicht, daß sich die Bundesregierung öffentlich in der einen oder anderen Form mit der alliierten Maßnahme identifiziere. Sie hielten bei der Bundesregierung Rückfrage, weil sie sich bewußt seien, daß ihre Maßnahmen in Berlin gegen die NPD Rückwirkungen in der Bundesrepublik haben könnten. Es reiche ihnen

---

Fortsetzung Fußnote von Seite 1062

die Machenschaften der NPD in Berlin zu richten. Die Botschaft gehe davon aus, daß die Aktivitäten der NPD den bekannten Erklärungen der Drei Mächte aus der Kriegszeit und Nachkriegszeit ebenso wie den Bestimmungen des Vier-Mächte-Abkommens zuwiderlaufen. Die sowjetische Seite hoffe, daß, wie in der Vergangenheit, die Drei Mächte die erforderlichen Maßnahmen ergreifen werden, die Teilnahme der NPD an den Wahlen zum Abgeordnetenhaus von Berlin (West) zu verhindern." VS-Bd. 10110 (210); B 150, Aktenkopien 1974.

5 Am 30. Mai 1974 sprach die Alliierte Kommandantur ein Verbot der vom 31. Mai bis 2. Juni 1974 in Berlin geplanten Tagung der Bundesleitung der Jungen Nationaldemokraten aus. Für die BK/O (74) 5 vgl. Referat 210, Bd. 111582.

6 Der Status der Polizei von Berlin (West) wurde durch die BK/O (58) 3 vom 14. März 1958 geregelt. In Ziffer 1 hieß es: „Soweit diese Anordnung nichts anderes bestimmt, untersteht die Polizei gemäß den Bestimmungen des Artikels 44 Abs. 1 der Verfassung von Berlin dem Senat von Berlin." In Ziffer 9 behielt sich die Alliierte Kommandantur das Recht vor, „der Polizei direkte Anweisungen zu erteilen" sowie „die unumschränkte und direkte Kontrolle der Polizei zu übernehmen, wenn sie es im Interesse der Sicherheit Berlins für notwendig hält". Vgl. GESETZ- UND VERORDNUNGSBLATT FÜR BERLIN 1958, S. 304.

7 Dem Vorgang beigefügt. Für den Briefentwurf des Senats von Berlin vom 17. Juli 1974 an die Stadtkommandanten der Drei Mächte vgl. VS-Bd. 10110 (210).

8 Am 1. Oktober 1968 beschloß der Senat von Berlin, bei den Drei Mächten ein Verbot der NPD in Berlin zu beantragen. Vgl. dazu AAPD 1968, II, Dok. 331.

daher vollauf, wenn die Bundesregierung den Drei Mächten intern erkläre, sie erhebe keine Bedenken.[9]

Der Presse gegenüber könnte, falls Fragen gestellt werden, erklärt werden, die Bundesregierung sei vorab im Rahmen des bekannten ständigen Kontaktes zwischen den Drei Mächten und der Bundesrepublik in allen Berlin betreffenden Fragen unterrichtet worden. Sie habe keinen Grund gesehen, gegen die beabsichtigte Maßnahme der Drei Mächte in Berlin Bedenken zu erheben.[10]

5) Die Frage der NPD hat im Laufe der Verhandlungen der Vier Mächte über das Berlin-Abkommen eine erhebliche Rolle gespielt. Es kann kein Zweifel daran bestehen, daß die Drei Mächte den Sowjets, die auf einem völligen Verbot der NPD insistierten, bestimmte Zusicherungen gegeben haben. In dem geheimen Kommentar des Politischen Botschaftsrats in der amerikanischen Botschaft in Bonn, Dean, der an den Verhandlungen teilgenommen hat, heißt es:

„Die Alliierten sind eine Verpflichtung eingegangen, öffentliche Aktivitäten der NPD in den westlichen Sektoren zu verbieten, indem sie ausdrücklich feststellten, daß diese Frage einem Übereinkommen nicht im Wege stehen solle."[11]

Simon

VS-Bd. 10110 (210)

---

[9] Zu diesem Absatz vermerkte Vortragender Legationsrat Lewalter handschriftlich: „D[er] BM hat entschieden, daß den 3 Mächten gesagt werden soll, wir nähmen die Unterrichtung zur Kenntnis." Am 6. September 1974 vermerkte Ministerialdirigent Blech: „In der Sitzung der Bonner Vierergruppe am 5. September 1974 gab der deutsche Sprecher als Antwort auf die Bitte der Drei Mächte um eine Stellungnahme der Bundesregierung zu einem alliierten Verbot der Beteiligung der NPD am anstehenden Wahlkampf zum Berliner Abgeordnetenhaus in Berlin die folgende Erklärung ab: ‚Wir nehmen die Unterrichtung zur Kenntnis.' Der französische Vertreter forderte daraufhin in Anwesenheit des deutschen Sprechers seine beiden anderen Kollegen zu einem ‚Dreier-Gespräch' auf und bat um eine umgehende Stellungnahme zu der deutschen Erklärung." Während der amerikanische und französische Vertreter die Stellungnahme der Bundesregierung für ausreichend erachtet hätten, habe der britische Vertreter um Bedenkzeit gebeten. Dazu führte Simon weiter aus: „Wie uns die britische Botschaft am 6.9. mitteilte, hat sie inzwischen entsprechende Weisung aus London erhalten. Damit dürfte feststehen, daß die Drei Mächte ohne weitere Verzögerung eine Beteiligung der NPD am anstehenden Wahlkampf in Berlin verbieten werden. Das Verbot wird wahrscheinlich vordatiert werden, um den Anschein auszuschließen, es sei erst auf die sowjetische Vorstellungen hin ausgesprochen worden." Vgl. VS-Bd. 10110 (210); B 150, Aktenkopien 1974.

[10] Der Passus „gegen die beabsichtigte ... zu erheben" wurde von Ministerialdirigent Blech gestrichen. Dafür wurde handschriftlich eingefügt: „besser: ‚... gegen Maßnahmen, die die 3 Mächte in Ausübung ihrer obersten Gewalt in Berlin und aufgrund ihrer Beurteilung der dortigen Gegebenheiten treffen, Bedenken zu erheben."
Dieser Satz und die daran von Ministerialdirigent Blech vorgenommenen Änderungen wurden von Bundesminister Genscher gestrichen.

[11] Mit der BK/O (74) 10 vom 30. August 1974 verbot die Alliierte Kommandantur die „Teilnahme des Landesverbandes Berlin der Nationaldemokratischen Partei Deutschlands (NPD) an den Berliner Wahlen von 1975 sowie jegliche öffentliche Tätigkeit der NPD, des Landesverbandes Berlin der NPD, der Jungen Nationaldemokraten oder irgendeiner anderen der NPD angegliederten Organisation". Vgl. GESETZ- UND VERORDNUNGSBLATT FÜR BERLIN 1974, S. 2128.

246

Rundschreiben des
Vortragenden Legationsrats I. Klasse Gorenflos

230-381.50   29. August 1974[1]

Betr.: Grundsätzliche Fragen der Beteiligung der Bundesrepublik Deutschland
an friedenserhaltenden Operationen der VN;
hier: Ressortbesprechung im Auswärtigen Amt am 27.8.1974

Aus der obengenannten Ressortbesprechung halte ich folgende Ergebnisse fest:

Einführung und Fragestellung

Das in Kapitel VII der Charta der Vereinten Nationen vorgesehene System kollektiver militärischer Zwangsmaßnahmen[2] ist praktisch nicht wirksam geworden. Dagegen haben die VN in der Praxis ein in der Charta nicht vorgesehenes Instrumentarium friedenserhaltender Maßnahmen (Sammelbegriff: peace keeping operations, preventive diplomacy) entwickelt. Sie reichen von militärischen Beobachtern bis zum Einsatz von VN-Friedenstruppen.

Die Bundesregierung hat sich mit finanziellen Beiträgen und mit Transportleistungen bisher an zwei friedenserhaltenden Operationen der VN (UNFICYP[3] und UNEF II[4]) beteiligt. Es ist zu erwarten, daß sich die VN auch in künftigen Fällen mit Hilfeersuchen an die Bundesregierung wenden werden.

---

[1] Das Rundschreiben ging an das Bundeskanzleramt sowie an die Bundesministerien des Innern, der Justiz und der Verteidigung.

[2] In Artikel 42 der UNO-Charta vom 26. Juni 1945 hieß es: „Should the Security Council consider that measures provided for in Article 41 would be inadequate or have proved to be inadequate, it may take such action by air, sea, or land forces as may be necessary to maintain or restore international peace and security. Such action may include demonstrations, blockade, and other operations by air, sea, or land forces of Members of the United Nations." Vgl. BUNDESGESETZBLATT 1973, Teil II, S. 461.

[3] Mit Resolution Nr. 186 des UNO-Sicherheitsrats vom 4. März 1964 wurde die Entsendung einer UNO-Friedenstruppe nach Zypern (United Nations Force in Cyprus) beschlossen. Für den Wortlaut vgl. UNITED NATIONS RESOLUTIONS, Serie II, Bd. V, S. 12–14.
Am 20. August 1974 notierte Ministerialdirigent Simon zu den freiwilligen Beiträgen der Bundesrepublik zur Finanzierung von UNFICYP: „Die Bundesrepublik hat seit 1964 freiwillige Beiträge zu den Kosten der Stationierung der VN-Friedenstruppe auf Zypern in Höhe von zusammen 12,5 Mio. $ (Ende 1973) geleistet und liegt damit nach den Vereinigten Staaten (58,5 Mio.) und Großbritannien (34,7 Mio. $) an dritter Stelle der Beitragszahler. Unsere Leistungen machen knapp 8 % der Gesamtzahlungen in Höhe von 143 Mio. US $ 1964 und 1973 aus. Für 1974 haben wir einen weiteren Beitrag von 1 Mio. $ zugesagt, aber noch nicht ausgezahlt." Vgl. Referat 230, Bd. 113960.

[4] Vgl. dazu die Resolution Nr. 341 des UNO-Sicherheitsrats vom 27. Oktober 1973; Dok. 24, Anm. 11.
Am 13. Dezember 1973 informierte Vortragender Legationsrat I. Klasse Gorenflos die Ständige Vertretung bei der UNO in New York über eine Beteiligung der Bundesrepublik an den zur Dislozierung der UNEF erforderlichen Transportflügen: „Kabinett hat in seiner Sitzung vom 12.12. grundsätzlich einer deutschen Beteiligung an Transportflügen für UNEF zugestimmt und das Auswärtige Amt im Einvernehmen mit dem BMVg mit weiteren Schritten beauftragt. Wir rechnen damit, daß Haushaltsausschuß des deutschen Bundestags heute oder morgen für Haushalt 1974 einen neuen Haushaltsansatz von DM Mio. 1,8 zur Finanzierung der Transportflüge genehmigen wird, über den wir im Vorgriff schon jetzt verfügen können. Intern haben wir vorgesehen, daß wir Transport von zwei nationalen Kontingenten für UNEF und, soweit möglich, auch des dazugehörigen leichten Geräts übernehmen." Vgl. den Drahterlaß Nr. 4557; Referat 230, Bd. 113959.
Mit Fernschreiben vom 11. Januar 1974 teilte das Bundesministerium der Verteidigung zu den

Unsere Interessen und unsere Position bedürfen einer Klärung unter folgenden Gesichtspunkten:
- politische Zielsetzung;
- rechtliche Voraussetzungen;
- praktische Möglichkeiten.

1) Politische Zielsetzung

Eine Beteiligung an Friedensoperationen der VN entspricht den Grundsätzen unserer auf Friedenssicherung gerichteten Außenpolitik. Die Bundesrepublik Deutschland will ihre Verpflichtungen als Mitglied der VN voll ausfüllen und ist grundsätzlich bereit, Friedenssicherungsaktionen der VN im weitest möglichen Maße zu unterstützen. Ob und in welchem Umfang sie tätig werden kann, ist eine Frage der politischen Opportunität, über die in jedem Einzelfall nach unseren Interessen unter Berücksichtigung der gesamten Konstellation entschieden werden muß.

2) Rechtliche Grundlagen

Zentrale Frage ist, ob und ggf. unter welchen Voraussetzungen und Begrenzungen das Grundgesetz den Einsatz von Personal, evtl. auch schon von Transportmitteln oder Material, zuläßt. Sedes materiae: Art. 87 a Abs. 2[5] und Art. 24 GG[6]. Offen ist insbesondere die Auslegung der Begriffe Verteidigung, Einsatz (Art. 87 a 2 im Zusammenhang mit Art. 24, 2). Die kurze einleitende Diskussion in der Ressortbesprechung konnte noch keine Klärung bringen. Für die künftigen Erörterungen zeichnet sich die grundsätzliche Frage ab, ob das Grundgesetz überhaupt eine hinreichende klare und unstreitige Rechtsgrundlage für die Beteiligung der Bundeswehr an VN-Friedensaktionen bietet oder ob evtl. eine Änderung des Grundgesetzes ins Auge gefaßt werden muß. Österreich, das sich vor ähnlichen Problemen sah, hat die Frage durch ein Bundesverfassungsgesetz geregelt.[7]

Es wurde Einvernehmen darüber erzielt, wie folgt weiter vorzugehen:

Fortsetzung Fußnote von Seite 1065

Transportflügen der Bundeswehr für die UNEF mit: „1) Afrikanische Staaten Senegal und Ghana haben Bundesregierung um Übernahme des Lufttransports gebeten. [...] 2) PStS BMVg hat entschieden (Bezug 1), daß Luftwaffe erbetenen Personal- und Frachttransport beider Kontingente übernimmt. Dies schließt den Transport von Kraftfahrzeugen, soweit technisch möglich, ein." Vgl. Referat 230, Bd. 113959.

[5] Artikel 87 a Absatz 2 des Grundgesetzes vom 23. Mai 1949 in der Fassung vom 24. Juni 1968: „Außer zur Verteidigung dürfen die Streitkräfte nur eingesetzt werden, soweit dieses Grundgesetz es ausdrücklich zuläßt." Vgl. BUNDESGESETZBLATT 1968, Teil I, S. 711.

[6] Artikel 24 des Grundgesetzes vom 23. Mai 1949: „1) Der Bund kann durch Gesetz Hoheitsrechte auf zwischenstaatliche Einrichtungen übertragen. 2) Der Bund kann sich zur Wahrung des Friedens einem System gegenseitiger kollektiver Sicherheit einordnen; er wird hierbei in die Beschränkungen seiner Hoheitsrechte einwilligen, die eine friedliche und dauerhafte Ordnung in Europa und zwischen den Völkern der Welt herbeiführen und sichern. 3) Zur Regelung zwischenstaatlicher Streitigkeiten wird der Bund Vereinbarungen über eine allgemeine, umfassende, obligatorische, internationale Schiedsgerichtsbarkeit beitreten." Vgl. BUNDESGESETZBLATT 1949, S. 4

[7] Für den Wortlaut des Bundesverfassungsgesetzes vom 30. Juni 1965 über die Entsendung österreichischer Einheiten zur Hilfeleistung in das Ausland auf Ersuchen internationaler Organisationen vgl. BUNDESGESETZBLATT FÜR DIE REPUBLIK ÖSTERREICH 1965, S. 933 f.

- Die Ressorts werden die Rechtslage, ausgehend von der als sehr wertvoll anerkannten ersten Stellungnahme des BMVg[8], prüfen und dem Auswärtigen Amt bis Ende September eine Stellungnahme zuleiten.
- Das BMVg wird eine Übersicht über die bisherige Beteiligung der Bundeswehr bei humanitären Fällen und in Katastrophen in bilateralen Beziehungen zur Verfügung stellen. Die bisherige Praxis, deren verfassungsrechtliche Zulässigkeit nicht angezweifelt wurde, dürfte auch für die weiteren rechtlichen Überlegungen von Interesse sein.
- Das Auswärtige Amt (Ref. 230) wird (in Ergänzung der vom BMVg bereits erstellten Liste) einen Katalog der verschiedenen Typen und der institutionellen Formen der friedenssichernden Maßnahmen der VN nach der bisherigen Praxis aufstellen.[9]

3) Praktische Möglichkeiten

Die VN haben informell Interesse gezeigt, die möglichen Hilfeleistungen der Bundeswehr, insbesondere auf dem Materialsektor, kennenzulernen. Das BMVg wird versuchen, eine derartige Liste aufzustellen, dies jedoch unter dem Vorbehalt, daß nicht generell bestimmte Material- oder logistische Leistungen verfügbar gehalten werden können, sondern daß nur im Einzelfall über Leistungen entschieden werden kann.

4) Arbeiten des VN-Sonderausschusses über friedenserhaltende Operationen

Das Auswärtige Amt berichtete kurz über den Sachstand. Die friedenserhaltenden Operationen haben in den VN zahlreiche institutionelle, organisatorische und „verfassungsrechtliche" Fragen aufgeworfen. Dabei geht es insbesondere um die Abgrenzung der Zuständigkeiten zwischen GV und SR sowie zwischen SR und Generalsekretär. Die Arbeiten des 1965 eingesetzten Sonderausschusses, der allgemeine Richtlinien für friedenserhaltende Operationen ausarbeiten soll, haben in letzter Zeit eine gewisse Annäherung der gegensätzlichen Standpunkte, insbesondere der Sowjetunion einerseits und der USA an-

---

[8] In der Aufzeichnung des Bundesministeriums der Verteidigung vom 15. November 1973 wurde zu einer Beteiligung der Bundeswehr an friedenserhaltenden Operationen der UNO ausgeführt: „Art. 87 a Abs. 2 GG behält den Einsatz der Streitkräfte ‚außer zur Verteidigung' der ausdrücklichen grundgesetzlichen Regelung vor und verweist damit auf die Art. 35 Abs. 2 und 3 GG getroffenen Bestimmungen. Diese Regelungen sind abschließend. Andere Einsatzermächtigungen würden der Grundgesetzänderung bedürfen. Die Beteiligung der Bundeswehr an Maßnahmen der VN ist indessen weder ein Einsatz der Streitkräfte im Innern noch handelt es sich dabei um einen Einsatz ‚zur Verteidigung' [...]. Nach Art. 24 Abs. 2 GG ist es in das freie politische, verfassungsrechtlich nicht nachprüfbare Ermessen des Bundes gestellt, sich in die Völkergemeinschaft als friedliches Glied einzuordnen. Zwar war die Aufnahme der Bundesrepublik Deutschland in die VN, die im Zeitraum des Inkrafttretens des Grundgesetzes bereits bestand, zum damaligen Zeitpunkt zeitlich noch nicht voraussehbar, es kann aber angenommen werden, daß sie politisch als erstrebenswert galt. Die mit Art. 24 Abs. 2 GG verbundene Zielrichtung einer Teilnahme an der Wahrung der friedlichen und dauerhaften Ordnung der Welt wäre indessen in Frage gestellt, falls sich die Einordnung in ein kollektives Sicherheitssystem mit der formalen Beitrittserklärung erschöpfte, eine Unterstützung der Ziele und Grundsätze aber ausgeschlossen wäre, weil eine Beteiligung an ihnen dienenden Maßnahmen nicht in Betracht kommt." Vgl. Referat 230, Bd. 113972.

[9] Am 25. Oktober 1974 übersandte Vortragender Legationsrat I. Klasse Gorenflos die Aufzeichnung des Referats 230 „Friedenserhaltende Operationen der VN: Übersicht und Klassifizierung" an Vortragenden Legationsrat I. Klasse Oldenkott, Bundeskanzleramt; Regierungsdirektor Renger, Bundesministerium der Justiz; Regierungsdirektor Wiese, Bundesministerium des Innern; und Fregattenkapitän Müller, Bundesministerium der Verteidigung. Für die Aufzeichnung und den Begleitvermerk vgl. Referat 230, Bd. 113972.

dererseits, erbracht. Es zeichnet sich eine Lösungsmöglichkeit ab, nach der der Sicherheitsrat das ausschließliche Entscheidungsorgan sein soll, dem der Generalsekretär als Exekutivorgan, jedoch mit weitem Spielraum, zugeordnet ist.

Das Thema wird auf der Tagesordnung der bevorstehenden 29. GV stehen.[10]

Schlußbemerkung

Es bestand Einvernehmen darüber, daß die Ressorts keine verbindliche und abschließende Stellungnahme abgeben können, sondern daß zunächst nur eine vorbereitende Klärung und Aufarbeitung der Fragen auf Arbeitsebene angestrebt werden soll.

Das Auswärtige Amt wird zu gegebener Zeit wieder zu einer Ressortbesprechung einladen.

im Auftrag
Gorenflos

Referat 230, Bd. 113972

247

Gespräch des Bundeskanzlers Schmidt mit Ministerpräsident Rumor in Bellagio

Geheim   **31. August 1974**[1]

Dolmetscher-Aufzeichnung über ein Gespräch unter vier Augen zwischen dem Herrn Bundeskanzler und dem italienischen Ministerpräsidenten Mariano Rumor am 31. August 1974 um 9 Uhr 40 (Ortszeit) im Grand Hotel Serbelloni in Bellagio (Italien).[2]

---

[10] Am 29. November 1974 verabschiedete die XXIX. UNO-Generalversammlung die Resolution Nr. 3239. Darin wurde zum Sonderausschuß über friedenserhaltende Operationen ausgeführt: „The General Assembly [...] 1) Takes note of the report of the Special Committee on Peace-keeping Operations, in particular paragraph 6 thereof; 2) Requests the Special Committee and its Working Group to renew efforts towards the completion of agreed guidelines for carrying out peace-keeping operations in conformity with the Charter of the United Nations for submission to the General Assembly at its thirtieth session; 3) Requests the Special Committee to report to the General Assembly at its thirtieth session." Vgl. UNITED NATIONS RESOLUTIONS, Serie I, Bd. XV, S. 284.

[1] Die Gesprächsaufzeichnung wurde von Regierungsdirektor Leister, Bundeskanzleramt, gefertigt. Ministerialdirektor Sanne, Bundeskanzleramt, übermittelte die Gesprächsaufzeichnung am 9. September 1974 an Ministerialdirigent Kinkel. Dazu vermerkte er: „Der Bundeskanzler hat mich gebeten, die beigefügte Dolmetscheraufzeichnung über sein Vier-Augen-Gespräch mit Ministerpräsident Rumor Ihnen zur persönlichen Unterrichtung von Bundesminister Genscher zu übersenden." Hat Kinkel und Vortragendem Legationsrat Lewalter am 9. September 1974 vorgelegen.
Hat Genscher am 11. September 1974 vorgelegen, der handschriftlich vermerkte: „R[ücksprache] Kinkel (s[iehe] S[eite] 2 u[nd] 3)". Vgl. Anm. 9.
Hat Kinkel erneut vorgelegen, der handschriftlich vermerkte: „Erl[edigt]". Vgl. den Begleitvermerk; VS-Bd. 14058 (010); B 150, Aktenkopien 1974.

[2] Bundeskanzler Schmidt hielt sich am 30./31. August 1974 in Italien auf.

Der Herr *Bundeskanzler* sprach den Wunsch aus, in einer vertraulichen Unterredung mit Herrn Rumor drei Punkte zu vertiefen, die am Vortage[3] schon zur Sprache gekommen seien:

1) Internationale Energiepolitik

Die französische Regierung meine, daß Frankreich seine energiepolitischen Probleme allein lösen könne. Dies sei zur Zeit vielleicht möglich, gelte aber nicht für die Zukunft, besonders für den Fall, daß von arabischer Seite wieder „verrückt gespielt" werde. Er bitte daher Herrn Rumor herzlich darum, seinen Einfluß bei den Franzosen geltend zu machen, um dazu beizutragen, daß sie auf den richtigen Weg gebracht werden. Was England betreffe, sei die Lage schwieriger: Die Briten stellten sich vor, daß sie in sechs oder sieben Jahren ihren Ölbedarf aus der Nordsee decken könnten. Dies sei eine große Illusion. Ganz sicher sei dieses Ziel nicht bis 1980 zu erreichen, allenfalls – wenn überhaupt – im Jahr 1990 oder 2000 oder später. In der Zwischenzeit sei die britische Zahlungsbilanzsituation genau so schwierig wie die italienische[4]; diese Tatsache sei nur durch die Möglichkeiten des Eurodollar-Markts in London verdeckt. Innenpolitisch sei die Lage in England insofern einfacher als in Italien, als London nicht auf eine Koalitionsregierung angewiesen sei; dagegen seien die Dinge infolge der opportunistischen Haltung der britischen Regierungspartei komplizierter.

Auf die Frage von Herrn *Rumor*, was er in diesem Zusammenhang unter „opportunistisch" verstehe, erläuterte der Herr *Bundeskanzler*, im Prinzip sei die Regierung Wilson unentschlossen. Er selbst – der Herr Bundeskanzler – habe seit 30 Jahren persönliche Freunde in der Labour-Partei, wie den derzeitigen Schatzkanzler Healey. Auch sei er befreundet mit dem jetzigen Außenminister[5] und dem Innenminister[6]. Wilson kenne er ebenfalls seit 30 Jahren, ohne mit ihm befreundet zu sein. Es sei bedauerlich, daß es in bezug auf Europa in der Labour-Partei so unterschiedliche Meinungen gebe. Er (der Herr Bundeskanzler) sei ein „Anglophiler", aber er spiele die Karte der deutsch-französi-

---

[3] Zum Gespräch des Bundeskanzlers Schmidt mit Ministerpräsident Rumor am 30. August 1974 in Bellagio vgl. Dok. 248.

[4] Zur Wirtschafts- und Zahlungsbilanzsituation in Italien vgl. Dok. 157, Anm. 8.
Am 24. September 1974 führte Botschafter Meyer-Lindenberg, Rom, zum Defizit in der italienischen Zahlungsbilanz aus: „Bis Ende 1973 konnten die in den laufenden Posten der Zahlungsbilanz und durch Kapitalflucht entstandenen Defizite noch relativ mühelos auf dem Euro-Dollar-Markt durch Aufnahme kompensatorischer Kredite finanziert werden. Nach dem Ausbruch der Ölkrise im Herbst 1973 sind die Bemühungen der italienischen Notenbank um die Finanzierung der rapide ansteigenden Zahlungsbilanzdefizits auch mit Rücksicht auf die bereits bestehende hohe italienische Außenverschuldung auf zunehmende Schwierigkeiten gestoßen. Von Juni 1972 bis September 1974 hat Italien Auslandskredite in Höhe von etwa 17 Mrd. Dollar vereinbart. Davon sind bisher etwa 11 Mrd. Dollar in Anspruch genommen worden. Im gegenwärtigen Zeitpunkt verfügt Italien daher noch über eine nicht ausgenützte Kreditlinie im Ausland von etwa 6 Mrd. Dollar. Davon entfallen etwa 3,5 Mrd. Dollar auf kurzfristige Kredite bei anderen Notenbanken (Swap), die in erster Linie der Abwehr spekulativer Kursbewegungen dienen und nur eine dreimonatige Laufzeit haben. Zur mittelfristigen Finanzierung der Zahlungsbilanzdefizite stehen daher der Banca d'Italia gegenwärtig neben einem Restbestand konvertierbarer Devisen nur etwa 2,5 Mrd. Dollar zur Verfügung. Davon entfallen 350 Mio. Dollar auf die letzte Tranche des IWF-Kredits von 1,2 Mrd. Dollar und 2 Mrd. Dollar auf den Bundesbankkredit. Außerdem besitzt die Notenbank noch frei verfügbare Goldbestände in Höhe von etwa 2000 Tonnen." Vgl. den Schriftbericht; Referat 420, Bd. 108666.

[5] James Callaghan.

[6] Roy Jenkins.

schen Freundschaft aus, um England an Europa heranzubringen. Er glaube, daß die Chancen für Englands Bleiben in der Europäischen Gemeinschaft 50:50 stünden. Die wirtschaftlichen Folgen seines Ausscheidens aus der EG wären sehr schwerwiegend. Auf die Dauer würde auch die Lage Skandinaviens betroffen, in Dänemark seien bei Ausscheiden Englands schwere politische Auswirkungen zu gewärtigen. Damit komme er zum nächsten Punkt:

2) Europapolitik

Er sei froh, daß man in Giscard einen französischen Staatschef habe, der ein Anhänger der EG sei. Andererseits glaube er, daß Giscard – ein glänzender Wirtschaftsfachmann und Finanzminister – die Möglichkeiten einer schnelleren politischen Entscheidung der Gemeinschaft einstweilen noch überschätze. Er habe ihn davor gewarnt. Am Montag (2.9.) werde er Giscard treffen.[7] Während seines Urlaubs habe er ein 30seitiges privates Papier[8] über seine aktuellen europapolitischen Vorstellungen ausgearbeitet und es Giscard persönlich zukommen lassen.[9] Er habe in dem Papier den Versuch gemacht, einige konkrete Schritte zu skizzieren, die groß genug seien, um in der Öffentlichkeit einen gewissen Eindruck hervorzurufen, aber nicht so groß, daß ihre Verwirklichung unrealistisch sei. Falls er in dem Gespräch mit Giscard zu einer Einigung in bestimmten Bereichen komme, möchte er – der Herr Bundeskanzler – Ministerpräsident Rumor gerne darüber informieren, allerdings mit der Bitte, die Außenministerien ausklammern zu wollen. Er habe Giscard die folgende kleine Neuerung vorgeschlagen: Dieser möge die Regierungschefs der EG-Staaten (und in Zukunft der jeweilige Chairman alle sechs Monate) zu einem langen privaten Abendessen ohne Beamte – nur mit Dolmetschern – einladen. Falls sich in den vertraulichen Gesprächen etwas Positives ergäbe, könnte man dann die Außenminister oder die Finanzminister beauftragen, die Dinge weiter zu verfolgen. Komme man in dem einen oder anderen Punkt zu keiner Einigung und bleibe dies der Öffentlichkeit unbekannt, so könne kein Schaden daraus entstehen. Vielleicht lasse sich durch dieses Verfahren eine positive Routine entwickeln.

Der Herr Bundeskanzler führte weiter aus, er halte eine engere politische Zusammenarbeit zwischen den europäischen Regierungschefs für erforderlich, um die Außen- und Wirtschaftspolitik besser zu koordinieren. Aus wirtschafts- und finanzpolitischer Sicht dürfe man sich keine Illusionen machen: Man gehe der Möglichkeit einer Weltkrise entgegen. Er wehre sich deshalb rücksichtslos gegen die Forderungen der deutschen Automobilindustrie, des Baugewerbes, der Gewerkschaften und der eigenen Partei, die alle schon jetzt von der Bundesregierung Konjunkturspritzen erwarteten. Seine – des Bundeskanzlers – Stellung gegenüber seiner Partei sei insofern stark, als diese sich in den nächsten beiden Jahren keinen neuen Kanzlerwechsel erlauben könne. Er werde also sicher bis 1976 im Amt bleiben. In diesen zwei Jahren sei er bereit, mit äußerster Entschlossenheit vorzugehen, wenn er auch in seinem Inneren große Besorgnis vor einer größeren Arbeitslosigkeit habe, die sich auch infolge der

---

[7] Zu den Gesprächen des Bundeskanzlers Schmidt mit Staatspräsident Giscard d'Estaing am 2. September 1974 in Paris vgl. Dok. 249–251.
[8] Für die Aufzeichnung vgl. Dok. 253.
[9] Dieser Satz wurde von Bundesminister Genscher hervorgehoben. Vgl. Anm. 1.

italienischen, französischen, amerikanischen usw. Wirtschaftsmaßnahmen stärker entwickeln könnte. Es sei in den kommenden 1 1/2 Jahren mit einem Rückgang der deutschen Exporte zu rechnen. Herr Rumor möge sich allerdings nicht beirren lassen, wenn die Bundesregierung in der nächsten Zeit ein kleines zusätzliches Investitionsprogramm für Infrastrukturvorhaben bekannt gebe.[10] Es handele sich dabei nicht etwa um einen konjunkturpolitischen Kurswechsel, sondern nur um Maßnahmen, die auf einen engen, besonders benachteiligten Bereich beschränkt seien. In diesem Zusammenhang komme er zum dritten Punkt:

3) Geltungsdauer und Wirksamkeit der antiinflationistischen Maßnahmen

Die italienischen Maßnahmen[11] zur Bekämpfung der Inflation lägen wie auch die französischen Maßnahmen[12] in der gleichen guten Richtung, wie die Maßnahmen, die die Bundesregierung seit Mai 1973[13] durchführe. Dabei habe sich herausgestellt, daß der echte antiinflationistische Effekt erst etwa 18 Monate nach Einführung der Maßnahmen zum Tragen komme. Er – der Herr Bundeskanzler – sei auf Grund eigener Erfahrung der Ansicht, daß man deshalb derartige Maßnahmen nicht so schnell wieder aufheben sollte, wie es die italienische Regierung nach den Äußerungen Rumors offenbar zu tun gedenke. Falls die Maßnahmen in Italien schon im kommenden Frühjahr wieder eingestellt würden, könnten sie nur eine sehr vorübergehende und flache Wirkung haben.

Zur Frage der Energiepolitik erklärte Ministerpräsident *Rumor*, bereits auf der Konferenz von Washington[14] habe Italien die gleiche Haltung wie die Bundesregierung eingenommen. Dies gelte auch für die Zukunft. Er habe aber die Sorge, daß das „Follow-up" von Washington[15] geringer ausfalle, als es den Erwartungen entspreche. Italien sei besonders an einer internationalen Zusammenarbeit auf diesem Gebiet interessiert, da es am wenigsten eigene Energiequellen besitze und daher von der Erpressung durch die Ölpreisexplosion am stärksten betroffen sei. Er werde jede Möglichkeit nutzen, um bei den Franzosen Verständnis für die Notwendigkeit einer Zusammenarbeit zu wecken. Allerdings müsse er offen zugeben, daß der Herr Bundeskanzler in Paris wohl größere Einflußmöglichkeiten besitze als die italienische Regierung.

---

10 Zum Investitionsprogramm der Bundesregierung vom 13. Dezember 1974 vgl. Dok. 354, Anm. 14.
11 Ministerialdirektor Hermes vermerkte am 12. Juli 1974: „Die italienische Regierung hat am 6. Juli 1974 mehrere Gesetzesdekrete verabschiedet, die am 7. Juli 1974 in Kraft treten, jedoch innerhalb einer Frist von 60 Tagen nachträglich von beiden Häusern des Parlaments gebilligt werden müssen. Die getroffenen fiskalischen und parafiskalischen Maßnahmen bezwecken eine Verringerung des Staatshaushaltsdefizits und damit eine Kaufkraftabschöpfung von ca. 3000 Mrd. Lire (12 Mrd. DM) in den nächsten 12 Monaten ab Juli 1974 (Bekämpfung der Steuerhinterziehung, Anhebung der direkten Steuern, insbesondere für Grund- und Wohnungseigentümer, Erhöhung einzelner Mehrwertsteuersätze, insbesondere für Rindfleisch von 6% auf 18%, Benzin- und KfZ-Steuer, starke Erhöhung der Elektrizitätstarife). Diese Maßnahmen schließen sich den bisherigen Schritten zur Dämpfung der Inlandsnachfrage und Verringerung des Außenhandelsdefizits vom Frühjahr dieses Jahres an (restriktive Kreditpolitik der Notenbank seit April 1974, 50-prozentiges Bardepot auf 40 Prozent der Einfuhr seit Mai 1974, Beschränkung der Devisenzuteilung für italienische Touristen)." Vgl. Referat 420, Bd. 108661.
12 Vgl. dazu die wirtschafts- und finanzpolitischen Maßnahmen vom 12. Juni 1974; Dok. 166, Anm. 14.
13 Zum Stabilitätsprogramm der Bundesregierung vom 9. Mai 1973 vgl. Dok. 162, Anm. 13.
14 Zur Energiekonferenz vom 11. bis 13. Februar 1974 in Washington vgl. Dok. 49.
15 Zum Stand der Arbeiten der Energie-Koordinierungsgruppe vgl. Dok. 203, Anm. 4.

Auf die Bemerkung des Herrn *Bundeskanzlers*, Frankreich habe „schon immer ein Ohr für Italien" gehabt, versicherte *Rumor*, dann „werde Italien seine Stimme vernehmen lassen". Entsprechende Versuche habe er im übrigen schon vor und während der Konferenz von Kopenhagen[16] gemacht, sei dabei aber auf den Widerstand nicht nur Frankreichs, sondern auch Englands gestoßen, so daß er die Dinge nicht weiter vertieft habe. Es handele sich um eine Frage, über die man gemeinsam nachdenken sollte. Er glaube, daß die französische Regierung – und zum Teil auch die britische – mit einer Zusammenarbeit einverstanden sein könnte, wenn die Frage des Sitzes bzw. der Ebene (s. doppelte Bedeutung des italienischen Wortes „sede") und der Methode geklärt wäre. Man sollte Frankreich fragen, auf welcher Ebene bzw. in welcher Art von Organisation es zu einer Mitwirkung bereit wäre. Stelle sich heraus, daß die Bereitschaft Frankreichs nur von der Lösung einer formalen Frage abhänge, so könnte man Paris wohl in diesem Punkt weitgehend entgegenkommen. Der Herr *Bundeskanzler* teilte diese Auffassung.

Herr *Rumor* wies ferner darauf hin, daß man in diesem Zusammenhang vor zwei Problemen stehe: Man müsse Frankreich davon überzeugen, daß es sich Illusionen mache, wenn es meine, einseitig gegenüber den Erzeugerländern auftreten zu können. Andererseits dürften die Verbraucherländer keine polemische Haltung einnehmen, sondern sie sollten zu einer Zusammenarbeit mit den Produzentenländern bereit sein. (Der Herr *Bundeskanzler* stimmte dem voll und ganz zu.)

Er, *Rumor*, glaube, daß man einen gemeinsamen Weg finden könne, um Frankreich zu einer Änderung seiner Einstellung zu veranlassen. Das gleiche gelte wohl auch für England. Allerdings teile er die Meinung des Herrn Bundeskanzlers, daß die britische Regierung eher opportunistisch und pragmatisch vorgehe, im Gegensatz zu Frankreich, dessen Haltung systematischer und „organisierter" sei. Auf jeden Fall sei Italien zu der größtmöglichen Zusammenarbeit auf dem Gebiet der Energiepolitik bereit.

In bezug auf den zweiten Punkt (Europapolitik) teile er die Sorge des Herrn Bundeskanzlers, daß ein Gipfeltreffen nur deklamatorischen Charakter haben und zu geringen konkreten Ergebnissen führen könnte. Infolgedessen wäre es für ihn von großem Interesse, sobald wie möglich Kenntnis von dem Papier zu erhalten, das der Herr Bundeskanzler am Montag mit Giscard besprechen werde. Die italienische Regierung sehe in der Frage der Gipfelkonferenz eine doppelte Schwierigkeit: Finde die Konferenz nicht statt, so stehe Europa ohnmächtig da; werde die Konferenz veranstaltet, ohne zu praktischen Ergebnissen zu gelangen, so trete die Ohnmacht Europas ebenfalls zutage. Man müsse einen Weg finden, um aus diesem Dilemma herauszukommen.

Der Gedanke an vertrauliche Begegnungen zwischen den Staats- und Regierungschefs erscheine ihm reizvoll, und er sollte daher weiter verfolgt werden. Allerdings weise er auf eine Schwierigkeit hin, die sich für einige Länder in dieser Hinsicht ergebe, z.B. für die Niederlande und zum Teil auch für Italien: Die Regierungschefs der genannten Länder seien nicht ermächtigt, allein zu

---

16 Am 14./15. Dezember 1973 fand in Kopenhagen eine Gipfelkonferenz der EG-Mitgliedstaaten statt. Vgl. dazu AAPD 1973, III, Dok. 422.

außenpolitischen Fragen in vollem Umfang Stellung zu nehmen. Dieses Problem habe sich auch bei der Kopenhagener Konferenz ergeben. Daher sei aus juristischen Gründen die Präsenz der Außenminister erforderlich. Er glaube aber, daß sich eine Kompromißlösung finden lasse, wonach bei den privaten Treffen der Regierungschefs am Rande auch die Außenminister und, falls nötig, die Finanzminister anwesend seien. Im Grunde genommen gehe es darum, so paradox es auch klingen möge, „die katastrophale Erfahrung von Kopenhagen zu perfektionieren und wirksamer zu gestalten".

Herr Rumor unterstrich, angesichts der Erfahrungen mit den beiden letzten Gipfeltreffen[17] sei es von fundamentaler Bedeutung, die nächste Zusammenkunft lange und sorgfältig vorzubereiten. Man sollte dabei nicht „das ganze Universum" umfassen wollen, sondern sollte sich auf eine, zwei oder höchstens drei Fragen beschränken, deren Lösung bereits zu Beginn der Konferenz fest umrissen sein sollte. Ferner sei sicher nicht an ein Gipfeltreffen vor den britischen Wahlen[18] zu denken.

Als weiteren Punkt hob Herr Rumor die Notwendigkeit einer Verbindung zwischen der Politik der EG und den USA hervor. Mit einer entsprechenden Äußerung des Herrn Bundeskanzlers sei er völlig einverstanden.[19] Eine derartige wirksame Verbindung könnten die USA von der Versuchung fernhalten, mit den verschiedenen Ländern einzeln zu verhandeln. Um das gewünschte Ziel zu erreichen, müsse man aber die EG verstärken, damit eine echte Partnerschaft zwischen der EG und den USA möglich sei. Dies sei auch wichtig, um einzelne Länder der EG davon abzuhalten, ihrerseits eine jeweils antithetische Politik gegenüber den Vereinigten Staaten zu betreiben, wofür der französische Fall typisch sei.

Der Herr *Bundeskanzler* bemerkte hierzu, die jüngste Erklärung Giscards vor dem französischen Fernsehen[20] sei in dieser Hinsicht nicht sehr hilfreich gewesen, was von *Rumor* bestätigt wurde.

---

[17] Zur Gipfelkonferenz der EG-Mitgliedstaaten und -Beitrittsstaaten am 19./20. Oktober 1972 in Paris vgl. Dok. 19, Anm. 4.

[18] Die Wahlen zum britischen Unterhaus fanden am 10. Oktober 1974 statt.

[19] Am 7. Juli 1974 erklärte Bundeskanzler Schmidt in einem Interview mit dem amerikanischen Fernsehsender CBS zur Entwicklung der transatlantischen Beziehungen seit der Rede des Sicherheitsberaters des amerikanischen Präsidenten, Kissinger, am 23. April 1973 in New York: „Nun, ohne irgend jemand kritisieren zu wollen, könnte man sich die Frage stellen, ob das sogenannte ‚Jahr Europas' ganz glücklich in Gang gesetzt wurde. Wie dem auch sei, auf beiden Seiten des Atlantik und insbesondere in der Europäischen Gemeinschaft stellten sich einige möglicherweise überflüssige Eifersüchteleien, Eitelkeiten und auch Mißverständnisse ein. Ich glaube, daß die ganze Frage, wie wer wen fragen soll, wie und wann und auf welchem Wege man sich konsultieren soll, – all das ist wohl etwas zu künstlich gesponnen worden. Konsultation ist nun einmal notwendig, und es hat sie gegeben und wird sie geben. Ich glaube, daß die Frage der Institutionalisierung der Konsultation zu einigen überflüssigen Mißverständnissen geführt hat. Im Grunde war das Verhältnis gesund, und die Atlantik-Erklärung zeigt, daß es gesund ist und auch in Zukunft bleibt." Vgl. BULLETIN 1974, S. 833.

[20] Am 27. August 1974 erklärte Staatspräsident Giscard d'Estaing zur Ausgestaltung einer politischen Union Europas: „Deux grands événements ont dû retenir votre attention: d'abord le changement de président des Etats-Unis d'Amérique; lors de ce changement, le président sortant et le nouveau président ont prononcé des discours consacrés à la politique intérieure et à la politique extérieure, et dans aucun de ces deux discours, le mot d'Europe n'a été prononcé; d'autre part, les événements de Chypre, où se sont affrontés deux pays associés à la Communauté économique européenne, la Grèce [...], et aussi la Turquie, qui est associée à la Communauté économique euro-

Eine verstärkte EG-Politik, fuhr Rumor fort, könne im übrigen dazu dienen, Reserven bei gewissen Kreisen in den einzelnen Mitgliedstaaten zu überwinden. So gebe es in Italien z. B. Parteien, die an und für sich wenig Begeisterung für eine Zusammenarbeit mit den USA zeigten, aber bereit seien, über die EG mitzuwirken. Er – Rumor – glaube, daß es auch für Giscard leichter sein könnte, innerhalb seines Landes die Zustimmung zu einer Kooperation mit den USA zu erreichen, wenn die Dinge über die Gemeinschaft liefen. Die Gemeinschaft könne in dieser Hinsicht hilfreich sein, selbst wenn sie – wie der Herr Bundeskanzler zu Recht gesagt habe – außenpolitisch weniger stark sei, als man meinen könnte. In der Tat sei Europa bei allen großen politischen Fragen nicht präsent, und wenn es seine Stimme hören lasse, habe dies keine Wirkung. Im Mittelmeer z. B., dem eigenen Meer Europas, hätten alle anderen das Befehlen, nur nicht die Europäer selbst. Er sei daher mit dem Herrn Bundeskanzler, wie gesagt, einverstanden über die Notwendigkeit einer engen Zusammenarbeit mit den USA; dazu müsse aber die Gemeinschaft verstärkt werden.

Ministerpräsident Rumor führte weiter aus, er sehe sich veranlaßt, an diesem Punkt eine „kleine Klammer" zu öffnen: Er halte die Verbindung zwischen der Bundesregierung und der französischen Regierung auf Grund der ausgezeichneten Beziehungen zwischen dem Herrn Bundeskanzler und Giscard für sehr wichtig. Er glaube aber, daß diese Zusammenarbeit ergänzt werden sollte durch eine ebenso starke Verbindung zwischen der Bundesregierung und der italienischen Regierung. Die Bedeutung Frankreichs und der Bundesrepublik für den Ausbau der Europäischen Gemeinschaft werde allgemein anerkannt. Daher glaube er, daß Bonn die „Spitze eines Dreiecks Bonn – Paris – Rom" einnehmen sollte, wobei er allerdings nicht einem Direktorium das Wort reden wolle: Er denke nur daran, daß die drei Staaten eine homogene Politik betreiben sollten, auch um Großbritannien, das noch Bedenken habe, den Weg in die Gemeinschaft zu erleichtern. Er – Rumor – teile die Auffassung des Herrn Bundeskanzlers, daß die Chancen eines Verbleibens dieses Landes in der EG 50:50 stünden und sein Ausscheiden nicht nur für England verhängnisvoll wäre. Der Aufbau einer echten Gemeinschaft, in deren Rahmen eine erfolgreiche Zusammenarbeit möglich sei, könnte „unsichere Elemente" für die EG gewinnen.

Die italienische Regierung sei fest davon überzeugt, daß eine Initiative der Bundesregierung ein Orientierungspunkt sei, auf den alle ihre Blicke richten würden. Auf die Frage des Herrn *Bundeskanzlers*, wie dies zu verstehen sei, erläuterte Herr *Rumor*, die französischen Regierungen hätten aus innenpoliti-

---

Fortsetzung Fußnote von Seite 1073

péenne, et il est apparu que l'état actuel d'organisation du monde et de l'Europe ne permettait pas d'éviter un tel conflit. Je tire de ces événements deux conséquences: la première, c'est que l'Europe ne doit compter que sur elle-même pour s'organiser, et la deuxième conséquence, c'est que le monde moderne ne sera véritablement le monde moderne que lorsque sa carte cessera de comporter à la place de l'Europe une simple déchirure. C'est pourquoi la France prendra, au cours des mois à venir, des initiatives d'organisation politique de l'Europe. Il y a, je le sais bien, toutes sortes d'alibis pour ne pas faire l'Europe politique, mais il n'y aura aucun alibi pour ceux qui ont été convoqués au rendezvous de l'histoire, comme c'est le cas de notre génération, et qui en seraient repartis les mains vides. Au cours des prochaines semaines, la France proposera un certain nombre de mesures concernant la reprise de l'union monétaire et économique de l'Europe, mais je compte aussi m'adresser aux chefs d'Etats et de gouvernements des pays européens, nos partenaires et nos amis, pour leur proposer de réfléchir ensemble, du temps de la présidence française, au calendrier et aux méthodes de réalisation de l'union politique de l'Europe." Vgl. LA POLITIQUE ETRANGÈRE 1974, II, S. 69.

schen Gründen immer Zurückhaltung vor einem Engagement zugunsten der Gemeinschaft geübt. Der jetzige Präsident sei zwar europafreundlicher, stehe aber vor großen wirtschaftlichen Schwierigkeiten. England habe wirtschaftliche Schwierigkeiten und sei wenig europafreundlich. Die Bundesrepublik habe eine solide Regierung und wenn sie auch wirtschaftliche Schwierigkeiten habe, so seien diese weitaus geringer als in allen anderen Ländern. An der Spitze der Bundesregierung stehe glücklicherweise ein Kanzler, der „zutiefst europäisch empfinde, auch wenn er in seinem Europäertum realistisch sei". Ein weiterer Punkt spreche zugunsten der Bundesrepublik: Angesichts der engen und guten Beziehungen, die sie zu den USA unterhalte, sei sie am besten geeignet, eine Vermittlerrolle als Kristallisationspunkt zwischen der Gemeinschaft und den Vereinigten Staaten zu übernehmen.

Der Herr *Bundeskanzler* erklärte sich mit dem letzteren Punkt einverstanden. Vieles hänge aber davon ab, ob die Beziehungen zu der neuen Regierung Ford ebenso gut würden wie das Verhältnis zu Kissinger und früher zu Shultz und Melvin Laird. Es komme nicht nur darauf an, gute Beziehungen zu dem jeweiligen Präsidenten, sondern zu der gesamten Führungsschicht der Administration in Washington zu haben. Rockefeller z. B. sei zwar „internationally minded", habe aber in europäisch-amerikanischen Fragen noch keine „real experience".

Ministerpräsident *Rumor* sprach die Hoffnung aus, daß der Herr Bundeskanzler seine Politik nicht nur bis zum Ende der jetzigen Legislaturperiode[21], sondern auch während einer neuen Amtszeit durchführen könne, und brachte dann das Gespräch auf die italienischen Arbeiter in der Bundesrepublik. Sein Land sei natürlich interessiert daran, daß die zahlreichen Gastarbeiter in Deutschland nicht unter einer etwaigen Arbeitslosigkeit zu leiden hätten und in ihre Heimat zurückkehren müßten. Angesichts der Gleichbehandlung aller EG-Angehörigen sei diese Gefahr aber wohl nicht so groß.

Was die italienische Konjunkturlage betreffe, so habe er bereits am Vortage die Sorgen des Herrn Bundeskanzlers zur Kenntnis genommen. Die italienische Regierung sehe sich zu einem ähnlichen „Manöver" veranlaßt, wie das von dem Herrn Bundeskanzler beschriebene. Natürlich müsse man dabei die unterschiedliche Lage in den beiden Ländern berücksichtigen, besonders auf dem Gebiet der Beschäftigung. Von den aufgezählten steuerlichen und tariflichen Maßnahmen seien einige dauerhafter Art, andere seien zunächst bis zum Juni 1975 vorgesehen. Dann werde man je nach Konjunkturlage sehen, ob sie aufgehoben werden könnten oder nicht. Von den 3000 Milliarden Lire (= ca. 12 Milliarden DM) Kaufkraftabschöpfung bestünden etwa die Hälfte aus ständigen Steuern, deren Erhebung im Juni 1975 nicht eingestellt werde. Die einmalige Abgabe („una tantum") auf Luxusgüter usw. mache nur einen geringen Prozentsatz des Gesamtbetrages aus.

Herr Rumor bestätigte die Auffassung des Herrn Bundeskanzlers, daß diese Steuern psychologisch wichtig seien. Dadurch, daß sie von allen gezahlt werden müßten, würden die Leute verstehen, daß die Lage schwierig sei und daß sie den Konsum einschränken müßten.

---

21 Die siebte Wahlperiode des Bundestags endete am 13. Dezember 1976.

Was den kreditpolitischen Aspekt betreffe, so habe die italienische Regierung nicht die Absicht, die Schraube allgemein zu lockern, auch wenn es in Italien, wie in der Bundesrepublik, einige Bereiche gebe (z. B. Süditalien), die besonders darunter zu leiden hätten.

In diesem Zusammenhang stellte der Herr *Bundeskanzler* die Frage, ob es nicht möglich wäre, für Süditalien insgesamt geringere Zinssätze festzulegen.

Herr *Rumor* antwortete, es gebe fast in dem ganzen Kreditsystem differenzierte Zinssätze für mittel- und langfristige Investitionen in Süditalien. Ziel der italienischen Stabilisierungsmaßnahme sei der Ausgleich des Zahlungsbilanzdefizits, die Eindämmung der Rezession unter Berücksichtigung der Produktions- und Beschäftigungslage.

Der Herr *Bundeskanzler* bemerkte, daß man etwas Arbeitslosigkeit in Kauf nehmen müsse, und fragte nach der Arbeitslosenzahl in Italien.

Präsident *Rumor* antwortete, zu Beginn des laufenden Jahres habe die Arbeitslosigkeit 3,5% betragen und sie steige weiter an. Allerdings müsse man dabei berücksichtigen, daß es in der Bevölkerung auch eine weit verbreitete Unterbeschäftigung gebe und daß nicht alle Arbeitslosen sich bei den Arbeitsvermittlungsstellen meldeten und daher erfaßt werden könnten.

Auf die italienischen Maßnahmen zurückkommend, unterstrich Rumor, eine weitere Aufgabe sei die Herabsetzung der laufenden Staatsausgaben und die Durchführung eines Programms zur Wiederherstellung des Gleichgewichts in den Haushalten der sozialen Dienstleistungen (Krankenhäuser usw.) sowie der Gebietskörperschaften (Gemeinden usw.). Es handle sich um einen sehr schwierigen und harten Kampf, den er nicht nur aus finanziellen Erwägungen, sondern auch aus psychologischen Gründen führe.

Auf die Frage des Herrn *Bundeskanzlers* nach der innenpolitischen Kontinuität in Italien, von der der Erfolg der Wirtschaftspolitik auch abhänge, erklärte *Rumor*, es sei schwierig, den Propheten zu spielen; er glaube aber, daß die größten innenpolitischen Hindernisse überwunden seien, nachdem das italienische Parlament Mitte August seine Zustimmung zu den fiskalischen Maßnahmen gegeben habe.[22] Daher glaube er, auch in der Zukunft mit den sozialistischen Kollegen eine zwar schwierige, aber doch vom Verständnis für die strenge Stabilitätspolitik geprägte Zusammenarbeit fortführen zu können. Er halte die Perspektiven für die Fortsetzung der derzeitigen Regierungskoalition für gut, ohne verhehlen zu wollen, daß es sich um eine schwierige Koalition handle.

---

[22] Gesandter Steg, Rom, berichtete am 28. August 1974, daß die von der italienischen Regierung am 6. Juli 1974 verabschiedeten Maßnahmen zur Eindämmung der Inflation vom italienischen Parlament bestätigt worden seien: „Das Ende der Parlamentssitzungen vor der Sommerpause des 15. August stand im Zeichen einer gewissen Erleichterung. Es war schließlich doch noch gelungen, das ‚Paket der fiskalischen Maßnahmen' zur Inflationsbekämpfung zu verabschieden. Diese Erleichterung ist schon bald erheblichen Besorgnissen über die bevorstehenden wirtschaftlichen Schwierigkeiten gewichen. Die mahnenden Stimmen kommen aus verschiedenen Richtungen." So sei seitens der italienischen Notenbank erklärt worden: „Bis Jahresende würde das, was von den Gesetzen des ‚fiskalischen Pakets' übrig geblieben sei, kaum 800–900 Mrd. Lire übersteigen. Der Fehlbetrag bei den öffentlichen Ausgaben habe im ersten Halbjahr 1974 dagegen 4717 Mrd. Lire gegenüber 3000 Mrd. Lire im ersten Halbjahr 1973 erreicht. Es genüge nicht, die Kaufkraft, die das Schatzministerium zusätzlich schaffe, wieder abzuschöpfen." Vgl. den Drahtbericht Nr. 1396; Referat 420, Bd. 108663.

Der Herr *Bundeskanzler* fragte sodann, ob die Möglichkeit bestehe, daß die Kommunisten in die Regierung aufgenommen werden.[23]

Rumor antwortete, diese Möglichkeit bestehe absolut nicht, und führte – auf die Bemerkung des Herrn Bundeskanzlers, daß in der Presse viel darüber geschrieben werde – weiter aus, die Presse schreibe vieles, was manchmal nur sehr schwach fundiert sei. Die Democrazia Cristiana, die Republikanische und die Sozialdemokratische Partei seien gegen eine Regierung mit den Kommunisten. Praktisch bestehe also keine Möglichkeit zu einer derartigen Koalition. Im übrigen werde auch bei den Parteien, die eine stärkere Neigung zu den Kommunisten hätten, nur von einer „Wandlung der Beziehungen", aber nie von einem „Eintritt in die Regierung" gesprochen. Die genannte Hypothese bestehe zur Zeit nicht, sie sei de facto nicht möglich.

Der Herr *Bundeskanzler* sprach die Hoffnung aus, daß die italienische Regierung, wenn sie mit ihren Maßnahmen zur Bekämpfung der Inflation und zur Gesundung der Zahlungsbilanz Erfolg habe, auch an eine sicher viel Zeit in Anspruch nehmende Strukturreform herangehen könne, um die Vielzahl der „Enti"[24] herabzusetzen.

Abschließend brachte der Herr Bundeskanzler auch im Namen des deutschen und des österreichischen Bundespräsidenten[25] das Gespräch auf die Fälle Kappler[26] und Reder[27] und erinnerte an den Wunsch nach Freilassung der Häftlin-

---

[23] Am 27. August 1974 resümierte Gesandter Steg, Rom, den Stand der Diskussion um eine Regierungsbeteiligung der KPI: „Die sich immer mehr ausbreitende Sorge vor einer Verschärfung der Finanz-, Wirtschafts- und Beschäftigungskrise im kommenden Herbst in Verbindung mit dem wachsenden Bewußtsein der Unzulänglichkeit der wirtschaftlichen und fiskalischen Notstandsmaßnahmen hat in den vergangenen Monaten den Gedanken an eine Notstandskoalition (Linkssozialist Nenni: ‚Unter Einbeziehung der Kommunisten und der Gewerkschaften') neu belebt. [...] Motiv für die Forderung der linksstehenden Christdemokraten und der Sozialisten, die Kommunisten zu beteiligen, ist deren Überzeugung, daß die seit Kriegsende in Italien herrschende Führungsschicht den Niedergang der Innen- und Wirtschaftspolitik bewirkt habe, verbraucht und nicht im Stande sei, Italien aus der Krise herauszuführen." Vgl. den Drahtbericht Nr. 1392; Referat 203, Bd. 101431.

[24] Am 20. August 1974 wies Gesandter Steg, Rom, darauf hin, daß „das Grundübel der italienischen Innenpolitik [...] die Klientel-Struktur der Regierungsparteien" sei. Dazu führte er aus: „Durch die ebenfalls fast ausschließlich von Vertretern der DC verwalteten staatlichen und halbstaatlichen Produktionsbetriebe, Versorgungsbetriebe, Kreditinstitute und sonstigen Körperschaften erstreckt sich der Klientelismus auch auf die Wirtschaft und drängt das Leistungsprinzip immer weiter zurück. Die einzelnen Betriebe werden durch Gefälligkeitseinstellungen von Ungeeigneten, durch die Verpflichtung zur Parteienfinanzierung und durch überhöhte Soziallasten derart in Anspruch genommen, daß sie einem normalen Wettbewerb nicht mehr gewachsen sind und Zuflucht zu staatlichen Subventionen nehmen müssen. Damit schließt sich der Kreis, und sie werden zu politisch-parasitären Organen, die in der Regel den Staatshaushalt belasten. Es gibt in Italien über 50 000 dieser sogen[annten] ‚Enti'." Vgl. den Drahtbericht Nr. 1353; Referat 203, Bd. 101432.

[25] Rudolf Kirchschläger.

[26] Der ehemalige SS-Obersturmbannführer Kappler wurde am 20. Juli 1948 in Italien zu lebenslanger Haft verurteilt, die er im Militärgefängnis von Gaeta verbüßte. Er war wegen der von ihm geleiteten Erschießung von 335 italienischen Geiseln in der Fosse Ardeatine bei Rom am 24. März 1944 angeklagt worden. Das Gericht berücksichtigte den Kappler erteilten Erschießungsbefehl über 320 Geiseln und verurteilte ihn für die Ermordung von 15 weiteren Geiseln. Seit 1955 setzte sich die Bundesregierung bei der italienischen Regierung wiederholt für eine Begnadigung von Kappler ein.

[27] Der aus Österreich stammende Walter Reder wurde am 30. Oktober 1951 von einem italienischen Militärgericht in Bologna zu lebenslanger Haft verurteilt. Dem ehemaligen SS-Sturmbannführer wurde eine Reihe von Massakern zur Last gelegt, die Angehörige der 16. SS-Panzergrenadierdivision unter seinem Kommando im September und Oktober 1944 in der Umgebung von Bologna als Vergeltung für Partisanenüberfälle verübt hatten.

ge nach nunmehr 28 Jahren. Soviel er verstanden habe, gehe es für den italienischen Justizminister[28] darum, ein Gericht zu finden, das über die Haftentlassung entscheiden könnte. Er trage diese Bitte nur noch einmal vor, ohne von Herrn Rumor eine Antwort zu erwarten.

Ministerpräsident *Rumor* dankte für diese Bemerkung, erklärte aber, daß er dem Herrn Bundeskanzler eine Antwort geben möchte: Kreisky habe ihm in dieser Angelegenheit geschrieben und im vergangenen November auch Brandt. In aller Offenheit müsse er sagen, daß er dieses Problem in Italien jetzt nicht stellen könne, weil zu heftige Reaktionen zu erwarten seien. Er hoffe, daß der Zeitpunkt kommen möge, in dem sich die Frage unter leichteren Voraussetzungen behandeln lasse. Er werde aufmerksam nach dem geeigneten Moment Ausschau halten und hoffe, daß dies bald geschehe.

Bevor das Gespräch um 11 Uhr (Ortszeit) endete, wurden die beiderseitigen Fassungen über den Kredit und die Presseerklärungen[29] aufeinander abgestimmt, wobei Herr Rumor den Herrn Bundeskanzler bat, die Mittelmeer-Frage nicht von sich aus zu erwähnen, um peinliche Fragen der Pressevertreter zu vermeiden.

VS-Bd. 14058 (010)

---

[28] Mario Zagari.
[29] Im Kommuniqué wurde ausgeführt: „Bei ihrem Treffen in Bellagio am 30./31. August 1974 einigten sich Ministerpräsident Rumor und Bundeskanzler Schmidt in Übereinstimmung mit ihren Finanzministern auf die Anlage eines Betrages von zwei Mrd. Dollar aus den Währungsreserven der Deutschen Bundesbank bei der Banca d'Italia gegen ein Golddepot der Banca d'Italia bei der Deutschen Bundesbank. [...] Das Gold wird bei diesem Geschäft mit 80 Prozent des durchschnittlichen Preises der letzten zwei Monate am Londoner Markt bewertet. Dieses Abkommen ist das Ergebnis der Initiative, die in Zeist von Finanzministern aus EG-Mitgliedstaaten ergriffen und von der Zehnergruppe in Washington bestätigt worden war. Die Regierungschefs drückten ihre Genugtuung darüber aus, daß damit eine Mobilisierung des Währungsgoldes, bewertet zu einem marktnahen Preis, eingeleitet worden ist." Vgl. BULLETIN 1974, S. 1036.

248

Botschafter Meyer-Lindenberg, Rom, an Staatssekretär Gehlhoff

114-13653/74 VS-vertraulich Aufgabe: 2. September 1974, 12.20 Uhr[1]
Fernschreiben Nr. 1418 Ankunft: 2. September 1974, 13.57 Uhr
Citissime

Nur für StS

Betr.: Begegnung Bundeskanzler Schmidt mit Ministerpräsident Rumor in Bellagio am 30.–31. August 1974

I. Ablauf der Begegnung

Bundeskanzler traf am 30.8.1974 um 15.50 Uhr auf dem Flugplatz Malpensa ein, wo er von Ministerpräsident Rumor und Außenminister Moro begrüßt wurde. Der Flug von Malpensa nach Bellagio erfolgte im Hubschrauber.

Das erste Gespräch, über das unter II. berichtet wird und nach dessen Beendigung Außenminister Moro sich verabschiedete, begann um 17.00 Uhr und dauerte sechs Stunden. Dabei wurden der italienische Ministerpräsident und der Außenminister begleitet von MD Guazzaroni (Wirtschaftsabteilung des Außenministeriums), MD Palumbo (Schatzministerium), Petrignani (diplomatischer Berater von Rumor) und Bottai (Pressesprecher des Außenministeriums). Auf deutscher Seite wohnten dem Gespräch bei MD Weber (Bundesfinanzministerium), Grünewald (stellvertretender Regierungssprecher) und Leister (Chef des Kanzlerbüros). Ferner waren Botschafter Luciolli und der Unterzeichnete anwesend. Nach diesem Gespräch fand ein gemeinsames Abendessen (ohne Tischreden) statt.

Am 31.8.[2] um 9.30 Uhr trafen der Bundeskanzler und der italienische Ministerpräsident zu einem zweistündigen Vier-Augen-Gespräch zusammen. Danach gaben beide Regierungschefs kurze Erklärungen im Fernsehen ab und beantworteten auf einer Pressekonferenz (ca. 15 Minuten) Fragen aus dem Kreise der etwa 40 anwesenden Korrespondenten (siehe hierzu unter III.).

Beim Rückflug im Hubschrauber nach Malpensa begleitete Ministerpräsident Rumor den Herrn Bundeskanzler, der von dort um ca. 13.00 Uhr nach Deutschland zurückflog.

II. Unterredung am 30.8.1974

1) Wirtschaftspolitische Fragen

a) Bundeskanzler analysierte eingehend die wirtschaftlichen Schwierigkeiten der EG-Mitglieder, insbesondere die Ursachen der inflationären Entwicklung

---

[1] Hat Vortragendem Legationsrat I. Klasse Schönfeld am 2. September 1974 vorgelegen, der handschriftlich vermerkte: „1) Ablichtung an D 2 und MDg Dr. Fischer, BK; 2) StS Sachs".
Hat dem Vertreter des Ministerialdirektors van Well, Ministerialdirigent Simon, am 2. September 1974 vorgelegen.

[2] Für das Gespräch des Bundeskanzlers Schmidt mit Ministerpräsident Rumor am 31. August 1974 in Bellagio vgl. Dok. 247.

(Überliquidität, Kostendruck usw.). Die Folge sei, daß es den EG-Ländern als einzelnen nicht gelingen könne, die wirtschaftlichen Gefahren der gegenwärtigen Lage, die möglicherweise durch eine scharfe Deflationspolitik der USA noch verschärft würden, zu bestehen. Kein Land der Gemeinschaft könne gesund bleiben, wenn ein anderes in Dauerschwierigkeiten geriete. Natürlich müsse jedes Gemeinschaftsland von sich aus alle Anstrengungen zur Inflationsbekämpfung, zur Verringerung des Defizits der Zahlungsbilanz und des Staatshaushalts sowie zur Stabilisierung der Wirtschaft unternehmen, denn Hilfe von außen könne nur vorübergehend Erleichterung schaffen. In diesem Zusammenhang zollte der Herr Bundeskanzler den jüngsten Stabilitäts-Maßnahmen der Regierung Rumor Anerkennung.[3] Einem Gemeinschaftsland, das eine angemessene Stabilitätspolitik betreibe, sollten die anderen EG-Mitglieder helfen. Die Zusammenarbeit im Rahmen der EG, gerade auch auf wirtschaftspolitischem Gebiet, müsse intensiviert werden. Sie solle möglichst unbürokratisch, vertraulich und auf hoher politischer Ebene erfolgen. Dies gelte auch für die gemeinsame Agrarpolitik, die sich in einer schweren Krise befinde. Wichtig sei die gemeinsame Abstimmung im Bereich der Finanz- und Kreditpolitik sowie eine gemeinsame Öl- und Energiepolitik des Westens. Die Rolle, die den USA (und in gewisser Weise auch Japan) zur Verwirklichung der gemeinsamen wirtschaftspolitischen Ziele zukomme, müsse im Auge behalten werden.

b) Ministerpräsident Rumor stimmte Bundeskanzler in allen Punkten zu und referierte sodann im einzelnen über die italienische Wirtschaftslage. Seine Ausführungen und die von ihm genannten Zahlen entsprachen den letzten öffentlichen Äußerungen der italienischen Regierung und der hiesigen Notenbank (vgl. hierzu die laufende Berichterstattung der Botschaft). Für 1975 stellte Rumor eine Verringerung des Zahlungsbilanzdefizits[4] und der Inflationsrate in Aussicht. Rumor wies nachdrücklich auf die Schwierigkeiten hin, die dem an Bodenschätzen armen Italien durch die Verteuerung der Rohstoffe, vor allem des Öls, entstanden seien. Italien sei daher in besonderer Weise von der Hilfe der Gemeinschafts- und anderer Länder abhängig. Er bitte um Prüfung, ob nicht durch verstärkte Investitionen der deutschen Industrie in Italien und durch vermehrte deutsche Einfuhren aus Italien eine Entlastung für die italienische Zahlungsbilanz geschaffen werden könne. Auch wäre die italienische Regierung für eine deutsche Unterstützung der zur Herstellung eines wirtschaftlichen Gleichgewichts so bedeutsamen Regionalpolitik im EG-Rahmen dankbar. Auf entsprechende Fragen des Bundeskanzlers sagte Rumor, daß die italienische Regierung die kreditpolitischen Restriktionen auf lange Sicht beibehalten werde und daß sie beabsichtige, den beim IWF eingeräumten Kredit in vollem Umfang in Anspruch zu nehmen. Die vordringlichen kreditpolitischen Anliegen Italiens faßte Rumor wie folgt zusammen:

aa) Durchführung der Vereinbarung zwischen der Bundesbank und der italienischen Notenbank[5] über einen durch einen Teil der italienischen Goldbestände gedeckten Währungskredit.

---
[3] Zu den von der italienischen Regierung am 6. Juli 1974 verabschiedeten Maßnahmen zur Eindämmung der Inflation vgl. Dok. 247, Anm. 11 und 22.
[4] Zur Entwicklung der italienischen Zahlungsbilanz vgl. Dok. 247, Anm. 4.
[5] Zum Kredit der Bundesrepublik für Italien vgl. Dok. 247, Anm. 29.

bb) Umwandlung des im September 1974 fälligen stand-by-Kredits der EG in einen mittelfristigen Kredit.

cc) Deutsche Unterstützung für eine langfristige EG-Anleihe, die die EG in den ölproduzierenden Ländern placieren könnte.

c) Bundeskanzler Schmidt nahm zu den Darlegungen Rumors wie folgt Stellung:

Die Durchführung der Vereinbarung zwischen der Bundesbank und der italienischen Notenbank könne beschlossen und bei Abschluß der Begegnung bekanntgegeben werden. Einzelheiten der technischen Durchführung dieses Währungskredits im Betrage von 2 Mrd. Dollar (z. B. Laufzeit bis zu vier mal sechs Monaten, d. h. insgesamt zwei Jahre, Bewertung des verpfändeten Goldes mit 80 Prozent des freien Goldpreises, Verbleiben des verpfändeten Goldes bei der italienischen Notenbank, Verzinsung zu ca. acht Prozent entsprechend dem Zinssatz der federal reserve bonds usw.) sollten die Regierungssprecher in den beiden Hauptstädten erläutern (eine entsprechende Unterrichtung hat inzwischen stattgefunden).

Die Umwandlung des laufenden stand-by-Kredits der EG in einen mittelfristigen Kredit bedürfe der Zustimmung der anderen Partner. Vorläufig solle auf der nächsten EG-Ministerratstagung am 16.9.[6] eine Verlängerung des Kredits um drei Monate beschlossen werden. Zum Jahresende könne man dann im Gemeinschaftsrahmen, vermutlich mit Aussicht auf Erfolg, über die Umwandlung in einen mittelfristigen Kredit sprechen.

Über die langfristige EG-Anleihe sollten zunächst die Finanzminister beraten. Man sollte sich aber wegen der Höhe einer solchen Anleihe keine Illusionen machen, da auch die Ölländer ausreichende Garantien verlangen würden.

Die Bemühungen um eine wirksame Regionalpolitik der Gemeinschaft könnten auf deutsche Unterstützung zählen, vorausgesetzt, daß die hierfür zur Verfügung zu stellenden Mittel den wirklich bedürftigen Regionen (wie dem Mezzogiorno) zugute kämen.

Eine Verstärkung der deutschen Industrieinvestitionen in Italien könne nur von den Industriellen ausgehen, die in ihrer Entscheidung frei seien und mit denen die italienische Seite ggf. Fühlung nehmen könne. Auch sei eine Lenkung der deutschen Einfuhren aus Italien durch die Bundesregierung nicht möglich. Eine Beschränkung der Einfuhren aus Italien werde die Bundesregierung nicht vornehmen.

2) Sonstige außenpolitische Themen

Außenminister Moro leitete diesen Teil des Gesprächs mit einem „Tour d'horizon" ein, in dem er den bekannten italienischen Standpunkt zu den einzelnen Themen darlegte. Auf die Frage des Herrn Bundeskanzlers, wann Italien den NV-Vertrag ratifizieren werde, erklärte Moro, daß damit noch vor Jahresende zu rechnen sei.[7]

---

[6] Zur EG-Ministerratstagung auf der Ebene der Wirtschafts- und Finanzminister am 16. September 1974 in Brüssel vgl. Dok. 251, Anm. 10.

[7] Zum Stand der Ratifizierung des Nichtverbreitungsvertrags vom 1. Juli 1968 in Italien vgl. Dok. 109, Anm. 25.
Am 5. August 1974 resümierte Gesandter Steg, Rom, Ausführungen des italienischen Außenmini-

Aus den darauffolgenden Ausführungen des Herrn Bundeskanzlers ist folgendes festzuhalten:

KSZE: Die beteiligten Regierungen sollten sich bemühen, realistisch auf ein ausgeglichenes Ergebnis hinzuwirken, ohne die Forderungen zu überspitzen. In der Frage, auf welcher Ebene ein Konferenzergebnis zu sanktionieren wäre, solle der Westen sich nicht kleinlich zeigen.

MBFR: Die Nichtteilnahme Frankreichs an den Verhandlungen sei, ebenso wie die Nichtzugehörigkeit Frankreichs zur militärischen Integration der NATO[8] eine schwere Beeinträchtigung. Vielleicht könne Frankreich über rüstungswirtschaftliche Absprachen wieder näher an die gemeinsame Verteidigungsplanung herangeführt werden.

Europapolitik: Die französische Anregung für eine europäische Gipfelkonferenz[9] bezeichnete der Herr Bundeskanzler, ebenso wie Moro, als beachtlich. Man müsse aber vermeiden, daß Erwartungen der Öffentlichkeit enttäuscht würden, da dies einen Rückschlag der Einigungsbestrebungen herbeiführen müsse. Der Gedanke eines politischen Sekretariats sei zu erwägen, obzwar ein solches Sekretariat aus offenkundigen Gründen wohl bis auf weiteres keinen festen Sitz haben könne.[10]

Zypern: Im Interesse einer friedlichen Lösung sollte auf die Türken ein mäßigender Einfluß ausgeübt werden. Andererseits sei die emotionale anti-amerikanische Haltung der Griechen alles andere als hilfreich (siehe den soeben eingegangenen Brief von Karamanlis an die Regierungschefs).

Portugal: Man könne in Aussicht nehmen, Portugal behutsam an die EG heranzuführen. Die Verhältnisse in Portugal seien aber noch unklar. Für Spanien komme eine Annäherung an die EG wegen der dortigen inneren Lage noch nicht in Betracht, obwohl auch in diesem Lande die Entwicklung in Fluß geraten sei.

III. Fernseherklärungen und Pressekonferenz

In den Fernseherklärungen brachten die beiden Regierungschefs ihre volle Befriedigung über die Gespräche zum Ausdruck und bekräftigten ihren Entschluß, in Zukunft weiterhin eng bilateral und im Gemeinschaftsrahmen zusammenzuarbeiten. Gleichzeitig gaben sie die Vereinbarung über den Währungskredit der Bundesbank an die italienische Notenbank bekannt.

Die Fragen der Korrespondenten bezogen sich überwiegend auf die Einzelheiten dieser Vereinbarung. Der Herr Bundeskanzler erklärte, daß die deutsche Hilfe an keinerlei politische Bedingungen oder Auflagen geknüpft sei. Dies gel-

---

Fortsetzung Fußnote von Seite 1081
sters Moro: „Die italienische Regierung wird den Vertrag dem Parlament zur Billigung zuleiten, sobald das Zustimmungsgesetz zum Verifikationsabkommen verabschiedet ist. Es ist jedoch trotz dieser politischen Leitlinie ihre Pflicht, darauf hinzuweisen, daß es besorgniserregend ist, daß einige Staaten – besonders in der neuralgischen Zone des Mittelmeers – den Vertrag entweder nicht unterzeichnet oder nicht ratifiziert haben und dadurch eine Situation des Ungleichgewichts und der Gefahr der Nichtverwirklichung der Vertragsziele erzeugen." Vgl. den Drahtbericht Nr. 1293; Referat 220, Bd. 107354.

8 Frankreich schied am 1. Juli 1966 aus der militärischen Integration der NATO aus.
9 Vgl. dazu die Erklärung des Staatspräsidenten Giscard d'Estaing vom 27. August 1974; Dok. 247, Anm. 20.
10 Zur Frage eines politischen Sekretariats vgl. Dok. 253, Anm. 32.

te auch für das Verhältnis der italienischen Regierungsparteien zur kommunistischen Partei Italiens.[11] Zu inneren Angelegenheiten eines anderen Landes, auch eines Gemeinschaftspartners, nehme er selbstverständlich keine Stellung. Die italienischen Gastarbeiter in der Bundesrepublik hätten dieselbe Rechtstellung wie deutsche Arbeitnehmer.

IV. Würdigung der Begegnung

Das Treffen in Bellagio war ein wichtiger Beitrag zur Stärkung und Vertiefung des deutsch-italienischen Verhältnisses. Ministerpräsident Rumor sagte mir, daß er die Aussprache mit dem Bundeskanzler als überaus nützlich und inhaltsreich empfunden habe. Die italienische Presse (mit Ausnahme der kommunistischen und links-sozialistischen Blätter) begrüßt einmütig die deutsche Hilfe als Bestätigung des trotz aller Hemmnisse und vorübergehenden Rückschläge unaufhaltsamen Zusammenwachsens der Europäischen Gemeinschaft.

[gez.] Meyer-Lindenberg

VS-Bd. 9949 (203)

249

Aufzeichnung des Bundeskanzlers Schmidt

Geheim 3. September 1974[1]

Aus dem strikt persönlichen Teil meines Gespräches mit Giscard d'Estaing am 2. September in Paris[2], an dem kein Dolmetscher und kein Mitarbeiter beteiligt waren, halte ich folgende Punkte fest:

1) Gefangenenaustausch (auf Anregung Ernst Wolf Mommsens) im Dreieck Paris/Ostberlin/Bundesrepublik:

Giscard hat die Erfüllung meines seinerzeitigen Wunsches eingeleitet; ich war nicht ganz sicher, richtig informiert zu sein, und habe deshalb die mir mit Datum 2.9. für ihn durch das Bundeskanzleramt gemachte Gedächtnisstütze übergeben und hinzugefügt, er möge sie unbeachtet lassen, falls sie an dem Stand der Sache vorbeigehe.

Im späteren Acht-Augen-Gespräch unter Hinzuziehung von Pierre-Brossolette und Per Fischer haben wir diese darum gebeten, die Namenslisten zu vergleichen.

---

[11] Zur Frage einer Regierungsbeteiligung der KPI vgl. Dok. 247, Anm. 23.

[1] Ablichtung.
Die Aufzeichnung wurde von Regierungsdirektor Leister, Bundeskanzleramt, am 5. September 1974 an Bundesminister Genscher „zur persönlichen Kenntnisnahme" übermittelt.
Hat Genscher am 11. September 1974 vorgelegen. Vgl. den Begleitvermerk; VS-Bd. 14054 (010); B 150, Aktenkopien 1974.

[2] Zum Gespräch vgl. auch Dok. 250 und Dok. 251.

2) Verteidigungspolitik:

Die Bewertung der französischen Verteidigungspolitik durch Giscard ist noch nicht abgeschlossen; unabhängig davon wird jedoch schon erkennbar, daß er einerseits sich gern auf die europäische Kooperation zubewegen möchte, andererseits jedoch – ohne daß er dies im Klartext ausgedrückt hat – durch Rücksichtnahme auf den rechten Flügel der mit ihm koalierenden UDR außerordentlich gehemmt ist.

3) England:

Seine Beurteilung der englischen Haltung gegenüber der EG ist nach wie vor außerordentlich skeptisch, ebenso hinsichtlich der persönlichen Attitüde des englischen Premierministers[3].

4) Agrarpolitik:

Hinsichtlich meines Vorschlages, bei der von ihm angekündigten Zusammenkunft der Regierungschefs[4] eine Wiederholung der vor mehr als eineinhalb Jahrzehnten stattgefundenen (vertraulich vorgesehen gewesenen) Konferenz in Stresa zur Agrarpolitik[5] ins Auge zu fassen (Versuch der gemeinsamen Bilanz der bisherigen Agrarpolitik), hat G. recht positiv aufgenommen. Dabei betonte er, daß es nicht um eine Abschaffung der gemeinsamen Agrarpolitik, sondern nur um ihre Veränderung, Fortentwicklung, Anpassung usw. gehen könne.

5) Deutscher Beistandskredit für Italien auf der Basis der Goldverpfändung:[6]

G. hat erst durch unser Gespräch verstanden, daß die Pressemeldungen ihn (wie auch die meisten Zeitungsleser in der Welt) irregeführt haben. Er war zunächst auch auf die Anleihe-Version hereingefallen und hat jetzt verstanden, daß es sich um einen zeitlich begrenzten Währungsbeistand handelt, wobei der Zwang zum richtigen ökonomischen Verhalten der italienischen Regierung in der Besorgnis liegt, anderenfalls bei Rückzahlungsunfähigkeit etwa 1/6 ihres monetären Goldes an die Bundesrepublik zu verlieren. Er hat auch verstanden, daß die Goldverpfändung etwaige parallele Beistandswünsche anderer Partner uns gegenüber sehr begrenzen muß. Im übrigen war die Goldverpfändung im Vorwege mit ihm abgesprochen; sie führt in seinen Augen zu einer begrüßenswerten Mobilisierung und Höherbewertung der Goldreserven.

Giscard hatte keine rechte Vorstellung von Rumor; ich habe ihm geraten, Rumor zu sich einzuladen.

6) Weltwirtschaft:

Ich habe eindringlich und mit erheblicher Wirkung die möglichen depressiven Folgen einer weiteren Ölverknappung bzw. Preisanhebung durch die Ölexportländer dargelegt und ihm sehr ans Herz gelegt,

---

[3] Harold Wilson.
[4] Vgl. dazu die Erklärung des Staatspräsidenten Giscard d'Estaing vom 27. August 1974; Dok. 247, Anm. 20.
[5] Vom 3. bis 11. Juli 1958 fand in Stresa eine Landwirtschaftskonferenz der EWG statt. Die Teilnehmer bilanzierten die bisherigen Ergebnisse der Agrarpolitik der EWG und forderten u. a. eine enge Beziehung zwischen der Politik zur Strukturverbesserung und der Marktpolitik, ein Gleichgewicht zwischen Produktion und Absatzmöglichkeiten sowie die Vermeidung von Überproduktion. Für den Wortlaut der Entschließung vgl. EUROPA-ARCHIV 1958, S. 11131 f.
[6] Zum Kredit der Bundesrepublik für Italien vgl. Dok. 247, Anm. 29.

a) der gemeinsamen Energiepolitik⁷ beizutreten; wir würden alles tun, um dies psychologisch zu erleichtern.

b) die alte Library Group der Finanzminister der USA, Frankreichs, Englands und Deutschlands⁸ wiederbeleben zu helfen. Er hat mir zugestimmt, daß diese Gruppe in den letzten Jahren die einzige aktionsfähige weltwirtschaftliche Koordinierungsstelle der entscheidenden Industriestaaten war und daß der Versuch gemacht werden sollte, sie trotz der Tatsache, daß alle vier Länder durch neue Personen repräsentiert werden, wieder zu dieser Schaltstelle zu machen.

Er war des Lobes voll über George Shultz, womit ich übereinstimmte, und glaubte Anzeichen dafür zu haben, daß dieser in die amerikanische Regierung zurückkehren würde.

7) Handelsverträge mit der Sowjetunion:

Ich habe G. auf das Auslaufen der Verträge durch den Übergang der Handelspolitik auf die EG⁹ aufmerksam gemacht, insbesondere auf die Probleme der vertragslosen Zeit ab Ende dieses Jahres. Er meinte, die Handelsverträge mit der Sowjetunion seien von geringfügigerer Bedeutung, die entscheidenden Instrumente seien und blieben die bilateralen Kooperationsverträge mit der Sowjetunion und die darauf aufbauenden Aktivitäten und Operationen.

Auf seine Frage nach dem Grund für mein Interesse habe ich auf die brauchbare Berlin-Klausel hingewiesen, die in unserem Handelsvertrag enthalten ist.¹⁰

Wir haben zwanglos ins Auge gefaßt, möglicherweise beide gemeinsam der EG mitzuteilen, daß wir mit der Sowjetunion eine vorläufige Fortgeltung unserer beiden Handelsverträge¹¹ bis zum Abschluß eines Handelsvertrages EG/Sowjetunion vereinbaren; dabei war deutlich, daß diese Frage jetzt noch nicht entschieden werden muß; auf meinen bevorstehenden Besuch in Moskau habe ich hingewiesen.¹²

8) Beziehung Europa/USA:

Giscard ist tatsächlich ein bißchen pikiert über die nach seinem Urteil unzureichende Berücksichtigung Europas in den Anfangserklärungen durch Präsi-

---

7 Zum Stand der Arbeiten der von der Energiekonferenz vom 11. bis 13. Februar 1974 in Washington eingesetzten Energie-Koordinierungsgruppe vgl. Dok. 203, Anm. 4.
Die siebte Sitzung der Energie-Koordinierungsgruppe fand vom 29. bis 31. Juli 1974 in Brüssel statt. Vortragender Legationsrat I. Klasse Kruse vermerkte dazu am 1. August 1974, es seien „erhebliche Fortschritte" in der Frage eines integrierten Notstandsprogramms erzielt worden. Ferner zeichne sich immer deutlicher ab, „daß das Nachfolgeorgan der Energie-Koordinierungsgruppe innerhalb der OECD eingerichtet werden soll. Die Amerikaner scheinen sich hiermit abgefunden zu haben." Auch habe sich gezeigt, daß die Delegationen auf die Beteiligung Frankreichs großen Wert legten. Vgl. Referat 405, Bd. 113895.
8 Zur Entstehung der „Library Group" vgl. Dok. 181, Anm. 24.
9 Zur gemeinsamen Handelspolitik der Europäischen Gemeinschaften vgl. Dok. 215, Anm. 16.
10 Vgl. dazu Artikel 10 des Langfristigen Abkommens vom 5. Juli 1972 zwischen der Bundesrepublik und der UdSSR über den Handel und die wirtschaftliche Zusammenarbeit; Dok. 70, Anm. 12.
11 Für den Wortlaut des Handelsabkommens vom 26. Mai 1969 zwischen Frankreich und der UdSSR, das eine Laufzeit vom 1. Januar 1970 bis 31. Dezember 1974 hatte, vgl. SBORNIK DEJSTVUJUŠČICH DOGOVOROV, Bd. XXVI, S. 314 f.
12 Bundeskanzler Schmidt und Bundesminister Genscher hielten sich vom 28. bis 31. Oktober 1974 in der UdSSR auf. Vgl. dazu Dok. 309, Dok. 311–316 und Dok. 321.

dent Ford.[13] Sein Vorsatz, die EG als Ganzes stärker in den Vordergrund zu bringen, ist echt. Er hat sich interessiert nach meinem Urteil über die neue amerikanische Administration[14] erkundigt.

Ich habe von dem Stand der US-deutschen Fühlungnahme[15] berichtet und hatte dabei das Gefühl, daß er möglicherweise vermerkt haben könnte, daß die Kontakte der Administration Ford mit ihm bisher nicht von der gleichen Intensität seien wie gegenüber Bonn.

Über Griechenland ist in diesem Zusammenhang nicht gesprochen worden.

9) Fortschritt der EG:

Giscard hat sich für unsere Urlaubsarbeit[16] bedankt, die er für sehr nützlich erklärt hat. Er hat erneut bekräftigt, den Regierungschefs nichts vorschlagen zu wollen, was nicht zwischen uns beiden im Vorwege vereinbart werden kann; wir haben dabei eine Arbeitsteilung für eine solche Zusammenkunft ins Auge gefaßt, für die Giscard (mit Recht!) den Ausdruck Gipfelkonferenz vermieden sehen möchte.

Materielle und prozedurale Einzelheiten zu dem EG-Thema (Hauptthema der insgesamt fünf Stunden dauernden Unterhaltung) wird der Vermerk des zu diesem Thema zugezogenen MinDir. Fischer enthalten.[17]

gez. Schmidt

VS-Bd. 14054 (010)

---

[13] Präsident Ford erklärte am 12. August 1974 in einer Rede vor beiden Häusern des amerikanischen Kongresses in Washington, daß er die Außenpolitik des Präsidenten Nixon fortsetzen werde. U. a. führte er aus: „To our allies of a generation in the Atlantic community and Japan, I pledge continuity in the loyal collaboration on our many mutual endeavors." Vgl. PUBLIC PAPERS, FORD 1974, S. 11. Für den deutschen Wortlaut vgl. EUROPA-ARCHIV 1974, D 399.

[14] Zum Rücktritt des Präsidenten Nixon vom 9. August 1974 vgl. Dok. 242, Anm. 10.

[15] Bundeskanzler Schmidt führte am 19. August 1974 in einem Schreiben an Präsident Ford aus: „Sehr geehrter Herr Präsident, ich danke Ihnen für Ihr Schreiben vom 9.8.1974, mit dem Sie mir anläßlich Ihrer Amtsübernahme die wesentlichen Grundzüge Ihrer Außen- und Verteidigungspolitik dargelegt haben, und ebenso für Ihr persönliches Telefongespräch vom vergangenen Freitag. Ergänzend dazu habe ich mit großer Befriedigung von Ihrer Rede vor beiden Häusern des Kongresses und Ihren anderen öffentlichen Erklärungen Kenntnis genommen. Daraus entnehme ich, daß unsere beiden Regierungen in grundlegenden Fragen voll übereinstimmen. [...] Die Fortführung der Amtsgeschäfte durch Außenminister Kissinger gibt uns dabei die Möglichkeit, an ein bewährtes persönliches Vertrauensverhältnis anzuknüpfen. Ich teile Ihre Hoffnung, daß sich bald – wie wir es telefonisch schon besprochen haben – die Gelegenheit zu einer persönlichen Begegnung und einem ausführlichen Meinungsaustausch ergibt." Vgl. den Drahterlaß Nr. 963 des Legationsrats I. Klasse Engelhard vom 19. August 1974 an die Botschaft in Washington; VS-Bd. 9959 (204); B 150, Aktenkopien 1974.

[16] Für die Aufzeichnung zur Europapolitik vgl. Dok. 253.

[17] Vgl. Dok. 251.

250

Aufzeichnung des Bundesministers Genscher

VS-vertraulich 3. September 1974

Notiz über Gespräch mit dem Bundeskanzler am 3. September 1974, 16.30 Uhr

Bundeskanzler berichtet über sein Zusammentreffen mit Präsident Giscard d'Estaing am 2. September 1974.[1] Das Gespräch sei zwei Stunden unter vier Augen, später in Anwesenheit je eines Mitarbeiters geführt worden (auf deutscher Seite Per Fischer). Giscard habe seine Befriedigung über die Hilfe für Italien[2] geäußert und dabei besonders die Inanspruchnahme der italienischen Goldreserven begrüßt, weil das auch den Wert des eigenen Goldes erhöhe.

In der Frage der Verteidigungspolitik wolle sich Giscard nach Meinung Bundeskanzlers bewegen, müsse aber wohl Rücksichten auf die Gaullisten nehmen. Offenbar sei er skeptisch gegenüber der Effektivität der französischen nuklearen Streitmacht.

Zur Agrarpolitik habe sich Giscard mit dem von Bundeskanzler vorgetragenen Vorschlag, der auf Ertl und Rohr zurückgehe, einverstanden erklärt. Danach müsse man sich um eine neue Stresa-Konferenz[3] bemühen und dort zu einer Bestandsaufnahme der Agrarpolitik kommen. Aktuell müsse man wohl nach Giscards Meinung für die Bauern etwas tun, um Unruhen zu vermeiden.

Zur Energiepolitik habe Bundeskanzler noch einmal unsere Vorstellungen erläutert und damit wohl auch Giscard beeindruckt. Allerdings ist Bundeskanzler der Meinung, daß Giscard eine andere Option habe. Jedenfalls sei er keineswegs so aufgeschlossen gewesen wie bei dem letzten Zusammentreffen.[4]

Bundeskanzler habe den Eindruck, daß Giscard ernsthaft erwäge, in die Währungsschlange zurückzukehren.[5]

Zur Handelspolitik mit dem Osten habe Bundeskanzler seine Sorge vor dem vertragslosen Zustand[6] geäußert und gesagt, man muß dann wohl sich um Ein-

---

[1] Zum Gespräch des Bundeskanzlers Schmidt mit Staatspräsident Giscard d'Estaing am 2. September 1974 in Paris vgl. Dok. 249 und Dok. 251.

[2] Zum Kredit der Bundesrepublik für Italien vgl. Dok. 247, Anm. 29.

[3] Zur Landwirtschaftskonferenz der EWG vom 3. bis 11. Juli 1958 in Stresa vgl. Dok. 249, Anm. 5.

[4] Zu den deutsch-französischen Konsultationsbesprechungen am 8./9. Juli 1974 vgl. Dok. 205 und Dok. 206.

[5] Zur Freigabe des Wechselkurses des Franc am 19. Januar 1974 vgl. Dok. 23.

[6] Referat 411 vermerkte am 13. September 1974 zum Stand der Bemühungen um eine gemeinsame Handelspolitik der EG-Mitgliedstaaten gegenüber den RGW-Mitgliedstaaten: „Aufgrund Ratsbeschlusses vom 7. Mai soll vor dem 30. September 1974 Einvernehmen über den Inhalt einer gemeinsamen Handelspolitik erzielt werden. Die Arbeiten hierfür sind gemäß Ratsbeschluß und auf der Grundlage von Arbeitspapieren der Kommission innerhalb des Ausschusses der Ständigen Vertreter aufgenommen worden. Das bislang wenig substantielle Ergebnis ist in einem Bericht zusammengefaßt worden, der dem Rat zur Billigung vorliegt." Insgesamt seien die Perspektiven für eine rasche Erarbeitung materieller Grundlagen für die Osthandelspolitik ungünstig: „Die Kommission möchte die RGW-Länder dadurch an den Verhandlungstisch bringen, daß die bestehenden Einfuhrregelungen der EG-Länder auf dem jetzigen Stand eingefroren werden. Wir betrachten die Ausübung von Druck in dieser Form nicht als geeignetes Mittel zur Erzielung östlicher Verhandlungsbereit-

zelverträge bemühen. Giscard habe dazu erklärt, das werde Frankreich auch tun, um uns nicht allein zu lassen. Ich habe dazu erklärt, daß ich diese Entwicklung mit außerordentlicher Sorge beobachte und der Meinung sei, daß alles getan werden muß, um ein europäisches Angebot herbeizuführen. Ich beabsichtigte deshalb, eine Behandlung in der nächsten Ministerratssitzung[7] zu verlangen und die Kommission zur Vorlage eines Angebots zu bringen. Bundeskanzler erklärt dazu: „Das begrüße ich sehr." Das sei vollkommen seine Meinung. Im übrigen brauchten wir uns in dieser Frage erst bei dem Besuch in Moskau[8] zu entscheiden. Ich habe dazu erklärt, daß wir vorher alles unternehmen, um ein gemeinsames europäisches Angebot zu erreichen.

Zur Europa-Politik habe Bundeskanzler Giscard geraten, doch einmal informell alle Regierungschefs zum Abendessen einzuladen, damit man dort die Tagesordnung für eine formelle Konferenz besprechen könne. Darüber wolle Giscard mit Wilson telefonieren.[9]

Außerdem habe Giscard die Vorstellung, die EPZ in den Ministerrat zu verlagern. Ich habe dazu erklärt, daß das wohl auf englischen Widerstand stoßen werde, denn Callaghan habe mir bei meinem Besuch in London[10] gesagt, man solle möglichst viel in der EPZ tun. Dort könne sich die britische Regierung leichter bewegen als im Rat. Bundeskanzler erklärt, dies sei ihm nicht bewußt gewesen und Giscard wohl auch nicht.

Giscard wolle bei einer solchen Verlegung der EPZ in den Ministerrat auf die Idee eines Politischen Sekretariats verzichten. Er habe außerdem noch einmal den Plan einer Europäischen Paßunion erwähnt. Schließlich wolle er für die Wahl eines Europäischen Parlaments eintreten. Die Verteidigungspolitik wolle er ausklammern.

Man habe noch über die Frage einer europäischen Gemeinschaftsanleihe gesprochen und schließlich darüber, daß die Notenbankpräsidenten der Mitglied-

---

Fortsetzung Fußnote von Seite 1087

    schaft. Wir glauben, daß die RGW-Länder sich leichter zu Verhandlungen mit der EG entschließen werden, wenn wir ohne Rücksicht auf ihre Verhandlungsbereitschaft unsere bisherigen Einfuhrmöglichkeiten erweitern und möchten noch in diesem Jahr einen weiteren Liberalisierungsschritt unternehmen." Aufgrund der Haltung anderer EG-Mitgliedstaaten bedürften „die festgefahrenen Vorarbeiten des Ausschusses der Ständigen Vertreter eines energischen Anstoßes durch den Rat. Voraussetzung hierfür ist eine politische Grundsatzeinigung der Minister über die Priorität, die diesem Fragenkreis zukommt und das Erfordernis, daß jeder Mitgliedstaat durch Konzessionen zu konstruktiven Lösungen beiträgt." Vgl. Referat 411, Bd. 499.

[7] Ministerialdirigent Bömcke, Brüssel (EG), teilte am 18. September 1974 zur EG-Ministerratstagung vom Vortag mit: „Nachdem Rat am 7. Mai 1974 bereits seine Bereitschaft zu Handelsverhandlungen mit den einzelnen Staatshandelsländern erklärt hatte, beschloß er heute, daß die Gemeinschaft alsbald ein Angebot vorlegen wolle. Kommission wird entsprechende Vorschläge machen. Rat soll sich am 14. Oktober 1974 damit befassen. Da baldige Reaktion der Staatshandelsländer auf Verhandlungsangebot sehr zweifelhaft, soll Kommission gleichzeitig Vorschläge für autonome Handelsregelung ab 1.1.1975 vorlegen. Kommission wurde aufgefordert, insgesamt Arbeiten zu beschleunigen. Sie wies ihrerseits auf erforderliche Mitarbeit der Mitgliedstaaten hin." Vgl. den Drahtbericht Nr. 3088; Referat 411, Bd. 499.

[8] Bundeskanzler Schmidt und Bundesminister Genscher hielten sich vom 28. bis 31. Oktober 1974 in der UdSSR auf. Vgl. dazu Dok. 309, Dok. 311–316 und Dok. 321.

[9] Zum Abendessen der Staats- und Regierungschefs der EG-Mitgliedstaaten und des Präsidenten der EG-Kommission, Ortoli, am 14. September 1974 in Paris vgl. Dok. 268.

[10] Für das Gespräch des Bundesministers Genscher mit dem britischen Außenminister Callaghan am 15. Juni 1974 in Dorneywood vgl. Dok. 177.

staaten im Rahmen des Währungsfonds zusammenkommen und diesen damit aktivieren sollen.

Besorgt habe sich Giscard geäußert über die Zurückhaltung Fords in seinen letzten Erklärungen[11] in bezug auf Europa. Ich habe dazu gesagt, diese Besorgnis beruhe wohl eher darauf, daß er Frankreich nicht ausreichend gewürdigt habe, was möglicherweise darauf zurückzuführen sei, daß Washington doch mit einer gewissen Sorge die Aktivitäten Frankreichs in Athen[12] sehe, wobei ich mir nicht voll im klaren sei, ob das nicht noch die alte Politik des Außenamtes dort sei. Der Bundeskanzler erklärte, das halte er doch sehr wohl für möglich, um so mehr, als er vorgeschlagen habe, diese Zusammenkunft mit den Außenministern[13] vorzunehmen, Giscard dies aber abgelehnt habe.

Genscher[14]

VS-Bd. 14054 (010)

---

[11] Zu den Ausführungen des Präsidenten Ford am 12. August 1974 in Washington vgl. Dok. 249, Anm. 13.
[12] Botschafter Oncken, Athen, berichtete am 21. August 1974: „Die Botschaft hat bereits darauf hingewiesen, daß die Franzosen ihre Rolle als Sprecher der Neun zum Ausbau eigener Position in Griechenland auszunutzen verstehen. Sie profitieren dabei möglicherweise auch von der Tatsache langjährigen Aufenthalts von Karamanlis in Paris. Den größten Nutzen dürfte ihnen einbringen, daß der Regierung Karamanlis in absehbarer Zeit die großen Waffenlieferungen zugutekommen, die Frankreich Griechenland in der Ära Papadopoulos und Ioannidis in Aussicht stellte. Dies hat u. a. den bemerkenswerten Effekt, daß die gleichen griechischen Politiker, die sich seinerzeit in ihrer Kritik wegen angeblicher französischer Regimeunterstützung nicht genugtun konnten, Frankreich heute als großen Freund Griechenlands bezeichnen." Es müsse damit gerechnet werden, daß Frankreich neue Vorstöße in den Wirtschaftsbereichen unternehme, in denen es mit der Bundesrepublik konkurriere, und somit seine Stellung als Sprecher der Neun ausnutze, um seine wirtschaftliche Position auf Kosten der Bundesrepublik auszubauen. Vgl. den Drahtbericht Nr. 528; Referat 200, Bd. 101459.
[13] Hans-Dietrich Genscher und Jean Sauvagnargues.
[14] Paraphe.

251

Aufzeichnung des
Ministerialdirigenten Fischer, Bundeskanzleramt

Geheim 3. September 1974[1]

Über Herrn Abteilungsleiter II[2] und den Herrn Chef BK[3] dem Herrn Bundeskanzler[4]

Betr.: Gespräch Bundeskanzler – Präsident Giscard d'Estaing am 2. September 1974;[5]
hier: besprochene Hauptpunkte

BK und Präs. Giscard führten zunächst von 18.30 bis 20.00 Uhr Gespräch unter vier Augen, sodann von 20.00 bis 23.30 Uhr Gespräch unter Hinzuziehung von Generalsekretär Pierre-Brossolette und Dr. Per Fischer.

Gespräch hatte Charakter freien Meinungsaustausches, ohne Festlegung der einen oder der anderen Seite.

I. Französische Vorstellungen

1) Institutioneller Ausbau

a) Ministerrat

– Der Allgemeine Rat erhält förmlichen Auftrag zur Koordinierung sämtlicher Aktivitäten, insbesondere der Sonderräte.

– Vertragsmäßig vorgesehene Mehrheitsabstimmungen im Ministerrat werden für einzelne, schrittweise zu erweiternde Bereiche wieder praktiziert; die Forderung nach Einstimmigkeit unter Berufung auf den „Luxemburger Dissens"[6] fällt in diesen Bereichen fort.

– Politische Zusammenarbeit findet in Zukunft ebenfalls im EG-Ministerrat statt; er handelt dabei nach den hierfür festgelegten Verfahren (ebenso wie er unter EWG-Vertrag[7] und EGKS-Vertrag[8] nach unterschiedlichen Verfahren handelt); EPZ-Sitzungen des Ministerrates finden nur im engsten Kreis der Außenminister und eines Kommissionsvertreters statt.
(Giscard stellte Novum in franz. Haltung stark heraus.)

---

[1] Ablichtung.
Hat Bundesminister Genscher am 11. September 1974 vorgelegen.
[2] Hat Ministerialdirektor Sanne, Bundeskanzleramt, am 4. September 1974 vorgelegen.
[3] Hat Staatssekretär Schüler, Bundeskanzleramt, am 4. September 1974 vorgelegen, der handschriftlich vermerkte: „BK erwartet Vorlage rasch."
[4] Hat Bundeskanzler Schmidt am 4. September 1974 vorgelegen, der handschriftlich vermerkte: „Eilt. 1) Bitte 1 Ex[emplar] an BM Genscher persönlich. 2) Dito die entsprechenden Auszüge an die BM Friderichs, Apel, Leber, Ertl je persönlich."
[5] Zum Gespräch des Bundeskanzlers Schmidt mit Staatspräsident Giscard d'Estaing am 2. September 1974 in Paris vgl. Dok. 249 und Dok. 250.
[6] Zur EWG-Krise 1965/66 und zur französischen „Politik des leeren Stuhls" vgl. Dok. 109, Anm. 16.
[7] Für den Wortlaut des EWG-Vertrags vom 25. März 1957 vgl. BUNDESGESETZBLATT 1957, Teil II, S. 753–1013.
[8] Für den Wortlaut des EGKS-Vertrags vom 18. April 1951 vgl. BUNDESGESETZBLATT 1952, Teil II, S. 447–504.

b) Staats- und Regierungschefs
- Die Staats- und Regierungschefs treten drei- bis viermal im Jahr zu informellen Erörterungen der Angelegenheiten der Gemeinschaft und der politischen Zusammenarbeit (auf Grund fester Tagesordnungen) zusammen; sie treffen keine Entscheidungen (obwohl dies für die Zukunft offensichtlich nicht ausgeschlossen wird); falls verfassungsmäßig für einige Mitgliedstaaten unvermeidlich, nehmen Außenminister an Teilen der Beratungen teil (Verfassungsänderungen werden für die Zukunft dort, wo sie notwendig sind, um innerstaatlich Regierungschefs notwendige Vollmachten zu geben, nicht ausgeschlossen).
- Unter Fortfall des bisher für die politische Zusammenarbeit vorgesehenen Sekretariats sollte für Präsidentschaft bei Staats- und Regierungstreffen kleines Sekretariat ohne festen Sitz geschaffen werden; die Gegenvorstellung, daß Aufgabe Generalsekretariat des EG-Ministerrats unter Änderung seiner Struktur übertragen werden könnte, wurde als weitere Möglichkeit akzeptiert.
(Giscard stellte Novum in franz. Haltung heraus.)
- Nach Modell des UN-Sicherheitsrats sollten größere Mächte innerhalb der EG auch höheres Maß von Verantwortung übertragen bekommen, z. B. allein die rotierende Präsidentschaft ausüben (kleinere Mächte nur Vizepräsidentschaften mit Argument, daß sie zum Handel für Gemeinschaft in weltpolitischen Krisen nicht geeignet sind); hierzu sogar Vertragsänderung nicht ausgeschlossen; der Hinweis, daß die damit verbundene Diskriminierung der kleineren Mächte dies kaum durchführbar erscheinen ließe, wurde durch den Gedanken beantwortet, kleinere Mächte könnten Einflußverlust auf parlamentarischer Ebene ausgleichen.

c) Europäisches Parlament
- Allgemeine geheime Wahlen werden als möglich bezeichnet; ebenfalls schrittweise Erweiterung der Befugnisse sowohl im Haushaltsbereich als auch in der Beteiligung in der Legislative, zunächst in den Bereichen, die der Einstimmigkeit entzogen werden (auch Sitzänderung für EP im Zusammenhang mit sonstigen Fortschritten wurde angedeutet).
(Giscard stelle Novum in franz. Haltung heraus.)
- Da bei allgemeinen Wahlen zu einem (nach französischem Wunsch) in Mitgliederzahl zu beschränkenden Parlament die kleineren Staaten nur wenig Sitze haben würden, könnte zum Ausgleich ihres Einflusses (auch im Zusammenhang mit Beschränkung der Präsidentschaft auf größere Mächte) an Errichtung gewählter Staatenkammer (z. B. gewählt durch nationale Parlamente) neben Volkskammer gedacht werden, die ebenfalls an Legislative teilnimmt.
(Dieser letztere Gedanke war noch wenig präzis).

2) Wirtschafts- und Währungsfragen
- Durch gemeinschaftlich garantierte Anleihe sollte bei arabischen Ölproduzenten Summe von etwa zwei bis drei Mrd. $ aufgenommen werden; Frankreich wolle auch an Krediten aus dieser Masse teilnehmen; Bereitschaft für

Vorschlag, „Fonds für währungspolitische Zusammenarbeit" für Anleihe emissionsfähig zu machen.
- Bereitschaft auch zur Konzentrierung aller Befugnisse der Notenbankgouverneure im „Fonds".
- Französisches Interesse an Wiedereintritt in „Schlange"[9] wurde deutlich („we are considering it, but various questions must first be solved"); Aufmerksamkeit für Darstellung disziplinierenden Zwangs der Schlangenzugehörigkeit auf Harmonisierung der Konjunkturpolitik; frühere französische Vorstellung einer „Mehrfachschlange" nur angedeutet.
- Ankündigung baldigen französischen Vorschlags zur Neudefinition Europäischer Rechnungseinheit[10] durch Einführung eines „Numéraire" aus Korb mit gewogenen europäischen Währungen; zur Zeit geltende verschiedenartige Maße für Rechnungseinheit sollten durch neue einheitliche RE abgelöst werden; Hinweis auf unübersehbare Auswirkungen für finanzielle Abwicklung innerhalb EG, die zunächst geprüft werden müßten, fand verständnisvolle Aufnahme.
(Dieser Vorschlag wird auf Weisung des BK sofort von Abteilung IV auf seine Durchführbarkeit überprüft.)

3) Politische Zusammenarbeit
- Sachgebiete, die in EPZ zur Ausarbeitung gemeinsamer Haltung bestimmt würden, sollten schrittweise erweitert werden, insbesondere durch Einbeziehung der Beziehungen zu Ostblockstaaten, USA und wichtigsten Staaten der Dritten Welt; Gegenvorstellung, daß Politische Zusammenarbeit insbesondere gegenüber osteuropäischen Staaten auch Übereinstimmung in strategischen Überlegungen, insbesondere im Zusammenhang mit MBFR, SALT II, Bewertung Nixon – Breschnew Anti-Atom-Abkommens[11], verlange, wurde rezeptiv aufgenommen.

---

[9] Zur Freigabe des Wechselkurses des Franc am 19. Januar 1974 vgl. Dok. 23.

[10] Auf der EG-Ministerratstagung auf der Ebene der Wirtschafts- und Finanzminister am 16. September 1974 in Brüssel unterbreitete der französische Wirtschafts- und Finanzminister Fourcade als amtierender Ratspräsident Vorschläge zur Wiederbelebung der europäischen Währungspolitik. Zur Europäischen Rechnungseinheit erklärte er: „Die heutige Währungslage, die durch das allgemeine Floaten der Währungen und die Irrelevanz des amtlichen Goldpreises gekennzeichnet ist, läßt eine gründliche Revision der von der Gemeinschaft verwendeten Rechnungseinheiten als wünschenswert erscheinen. Es gilt dabei, eine Rechnungseinheit zu finden, deren Merkmale der heutigen Währungslage und den Bedürfnissen der Gemeinschaft besser entsprechen könnten. Im übrigen sollte man möglichst bald über eine gemeinschaftliche Anleiheeinheit verfügen können. Zur Durchführung dieses Vorhabens wäre es angebracht, aufgrund eines aus den einzelnen europäischen Währungen bestehenden Korbes eine spezifische Einheit zu definieren. In dieser Hinsicht stellen sich zwei Probleme: Die Gewichtung der Währungen könnte aus der Aufschlüsselung der Anteile an der kurzfristigen Währungsunterstützung abgeleitet werden – mit den eventuell erforderlichen Anpassungen. Die Wertschwankungen der Einheit: Es wäre weder realistisch noch zweckmäßig, die verschiedenen Währungen des ‚Korbes' auf ihrem Anfangsniveau in diesem Korb endgültig festzusetzen. Periodische Anpassungen würden den bedeutenden (bestimmte Schwellen überschreitenden) Wertschwankungen der einzelnen Währungen Rechnung tragen. Bevor eine gemeinschaftliche Allzweckrechnungseinheit definiert wird, könnte die schon erwähnte Anleiheeinheit als europäische Währungs-Rechnungseinheit (EWRE) im Rahmen des innergemeinschaftlichen Wechselsystems verwendet werden." Vgl. BULLETIN DER EG 9/1974, S. 23 f.

[11] Für den Wortlaut des Abkommens vom 22. Juni 1973 zwischen den USA und der UdSSR zur Verhinderung eines Atomkriegs vgl. DEPARTMENT OF STATE BULLETIN, Bd. 69 (1973), S. 160 f. Für den deutschen Wortlaut vgl. EUROPA-ARCHIV 1973, D 418 f. Vgl. dazu ferner AAPD 1973, II, Dok. 204.

4) Verteidigung
- Bitte, angesichts Standes gegenwärtiger Verteidigungsdiskussion in Frankreich Überlegungen zur Einbeziehung strategischer Fragen in Zusammenarbeit der Neun zunächst beiseite zu lassen; grundsätzliches Interesse an Neuner-Zusammenarbeit bestätigt; Ankündigung bevorstehender französischer Anregungen für deutsch-französische Generalstabsbesprechungen über Einsatzplanung französischer Streitkräfte in Deutschland (siehe S. 6 unten[12]).
- Wunsch nach Konzentrierung beginnender Zusammenarbeit der Neun auf rüstungspolitische Vorhaben; Gegenvorstellungen, daß rüstungspolitische Zusammenarbeit ohne strategische Übereinstimmung (wegen unterschiedlicher Kriterien für Waffen) erschwert, bisherige deutsch-französische Rüstungsprojekte nur dank politischer Förderung gelangen und Ablösung Eurogroup ohne Neuausrichtung europäischer Verteidigungspolitik kaum möglich sei, wurden rezeptiv aufgenommen.
- [13]französische Verteidigungsüberprüfung noch im ersten Stadium; bisheriges Ergebnis, daß französische strategische Nuklearmacht, auf Frankreich bezogen, genügende Abschreckungskraft besitzt; nuklear getriebene U-Boote mit SLBM (zur Zeit vier, Frage, ob Bau fünften Boots bei hohen Kosten möglich) aussichtsreichste Waffe; verbunkerte Raketen wegen räumlicher Konzentrierung gefährdeter; auf Grund jetziger Versuche im Pazifik[14] Aussicht auf Einführung von Mehrfachsprengkörpern; flugzeuggetragene Bomben allmählich auslaufend; Gegenvorstellung, daß auch SLBM nur durch Satellitenreconnaissance der Amerikaner einsatzfähig sind, wurde durch Hinweis auf Ziel der Flächendeckung (Moskau) als Abschreckung abgewehrt; Hinweis auf gewisse Zielinformationen von amerikanischer Seite.
- Einsatz französischer nuklearer Gefechtsfeldwaffen „Pluton" weiterhin für französische Streitkräfte in Deutschland nicht vorgesehen; Erkenntnis, daß hierzu Abstimmung der Einsatzplanung mit NATO entsprechend deutsch-englischer Vereinbarung unerläßlich, wurde bestätigt.
- Bereitschaft zu deutsch-französischer Erörterung für Planung konventionellen Einsatzes französischer Streitkräfte in Deutschland; auch Gespräche mit NATO hierüber möglich.
(Giscard stellte Novum in franz. Haltung heraus.)
- Insgesamt: gewisse Skepsis über Sinn Entwicklung französischer taktischer Gefechtsfeldwaffen; Festhalten an strategischer Nuklearmacht.[15]

5) Paßkontrollunion und Paßunion der Neun
- Bereitschaft zur Einführung Paßkontrollunion mit Verlegung Paßkontrolle an Außengrenzen; Voraussetzung Vereinheitlichung des Visumsrechts.
- Bereitschaft ebenfalls zur Einführung Paßunion; gemeinsames Ausweisdokument unter Überschrift „Europäische Gemeinschaft", anschließend Staatenname.

12 Vgl. Anm. 13 und 15.
13 Beginn der Seite 6 der Vorlage.
14 Frankreich führte seit 1966 Kernwaffenversuche auf dem Mururoa-Atoll durch. Zwischen dem 16. Juni und dem 15. September 1974 fand eine weitere Testreihe statt.
15 Ende der Seite 6 der Vorlage.

1093

– Wunsch, daß bei politischem Druck, insbesondere von Treffen Staats- und Regierungschefs, Verwirklichung innerhalb von 18 Monaten möglich; Gegenvorstellung, daß drei Jahre für technische Vorbereitungen nötig sein dürften.

6) Energiepolitik

– Trotz drängender Argumentation zugunsten französischer Beteiligung an Washington „Follow up"[16] weiterhin keine Entscheidung; Hinweis auf Notwendigkeit energiepolitischer Entschließung der Neun als Voraussetzung.

7) Landwirtschaftspolitik

– Bereitschaft zu Beauftragung Staatenkonferenz (analog zu Stresa[17]) mit Aufnahme Inventur bisheriger Ergebnisse und Untersuchungen über sinnvolle Weiterentwicklung.

– Französische Zustimmung zu Kommissionsvorschlag vierprozentiger Agrarpreiserhöhung angekündigt.[18]

8) Handelsvertragsverhandlungen mit Oststaaten

– Desinteresse an Fortsetzung bilateraler Handelsverträge, da ohnehin inhaltslos; kein Einwand, falls deutsch-sowjetischer Handelsvertrag[19] über 31.12.1974 verlängert würde, bis gemeinschaftliche Handelsvertragsregelung Platz greift.

II. Verfahren

– Vorschlag eines informellen Treffens der Staats- und Regierungschefs in Paris (Ablauf: 16.00 bis 18.00 Uhr Arbeitsgespräch, anschließend Arbeitsessen; keine Hinzuziehung der Außenminister) zur freien Aussprache über Fortführung europäischer Politik (keine vorherige Verteilung von schriftl. Text).

– Termin in etwa 14 Tagen[20]; vorher Gespräch Giscard – Wilson, ob dieser vor etwaigen Wahlen teilnehmen würde, sonst Verschiebung nach Wahlen.[21]

– Bei Treffen durch vorherige arbeitsteilige Absprache Präsentation einiger Vorstellungen durch Giscard, anderer durch BK (zu diesem Zweck kurz zuvor Treffen Pierre-Brossolette und Per Fischer).

[16] Zum Stand der Arbeiten der von der Energiekonferenz vom 11. bis 13. Februar 1974 in Washington eingesetzten Energie-Koordinierungsgruppe vgl. Dok. 249, Anm. 7.

[17] Zur Landwirtschaftskonferenz der EWG vom 3. bis 11. Juli 1958 in Stresa vgl. Dok. 249, Anm. 5.

[18] Die EG-Kommission legte am 30. August 1974 dem EG-Ministerrat eine Mitteilung über „Sondermaßnahmen angesichts der derzeitigen Konjunkturlage in der Landwirtschaft" vor. Darin stellte sie eine „sprunghafte Steigerung der Produktionskosten" durch die Verteuerung wichtiger Produktionsmittel wie Düngemittel, Futtermittel etc. fest. Gleichzeitig sei es jedoch nicht zu einer Erhöhung der Marktpreise gekommen. Zur Unterstützung der Landwirtschaft sollte daher eine allgemeine Erhöhung der Gemeinschaftspreise um 4% mit Wirkung ab 1. Oktober 1974 beschlossen werden. Vgl. BULLETIN DER EG 7–8/1974, S. 57.
Zur Behandlung der Frage in der EG-Ministerratstagung auf der Ebene der Landwirtschaftsminister vom 17. bis 20. September 1974 in Brüssel vgl. Dok. 280, Anm. 2.

[19] Für den Wortlaut des Langfristigen Abkommens vom 5. Juli 1972 zwischen der Bundesrepublik und der UdSSR über den Handel und die wirtschaftliche Zusammenarbeit vgl. BUNDESGESETZBLATT 1972, Teil II, S. 843 f.

[20] Zum Abendessen der Staats- und Regierungschefs der EG-Mitgliedstaaten und des Präsidenten der EG-Kommission, Ortoli, am 14. September 1974 in Paris vgl. Dok. 268.

[21] Die Wahlen zum britischen Unterhaus fanden am 10. Oktober 1974 statt.

– Anschließend an informelles Treffen Auftrag an Außenminister zur Ausarbeitung dabei festgelegter Orientierungen; sodann – noch unter französischer Präsidentschaft[22] – formelles Treffen der Staats- und Regierungschefs zur Verabschiedung (hierbei müßten wohl Außenminister und Kommission beteiligt sein).[23]

Per Fischer

VS-Bd. 14054 (010)

252

Aufzeichnung des Ministerialdirektors Sanne, Bundeskanzleramt

VS-vertraulich   **6. September 1974**[1]

Betr.: Vermerk über ein Gespräch des Bundeskanzlers mit dem polnischen Botschafter am 6. September 1974

Botschafter Piątkowski richtete Grüße von Herrn Gierek aus und übergab dessen schriftliche Botschaft vom 2. September.[2] Er wies im Auftrag seines Parteichefs auf die Notwendigkeit hin,
- alle Fragen in den künftigen Gesprächen zu behandeln,
- für beide Seiten befriedigende Ergebnisse zu erzielen,
- als Voraussetzung für den positiven Verlauf der Gespräche Vorentscheidungen auf höchster Ebene zu treffen,

andernfalls werde es erneut zu den im Frühjahr festgestellten Erschwerungen durch die Berichterstattung der Presse kommen.

Der Bundeskanzler erwiderte die Grüße und verwies auf seine Gespräche mit Olszowski und Czyrek im vergangenen Winter.[3] Schon damals habe er auf die Möglichkeit einer negativen Veränderung der wirtschaftlichen Situation in der Bundesrepublik hingewiesen und zu einem schnellen Abschluß der Gespräche über wirtschaftlich-finanzielle Fragen geraten. Leider sei die von ihm befürch-

---

22 Frankreich übernahm am 1. Juli 1974 die EG-Ratspräsidentschaft.
23 Zur Gipfelkonferenz der EG-Mitgliedstaaten am 9./10. Dezember 1974 in Paris vgl. Dok. 369.

1 Ablichtung.
  Die Aufzeichnung wurde von Vortragendem Legationsrat I. Klasse Dröge, Bundeskanzleramt, am 11. September 1974 an Vortragenden Legationsrat I. Klasse Schönfeld übermittelt.
  Hat den Staatsministern Moersch und Wischnewski vorgelegen. Vgl. den Begleitvermerk; VS-Bd. 520 (014); B 150, Aktenkopien 1974.
2 Für das Schreiben des Ersten Sekretärs des ZK der PVAP, Gierek, vom 2. September 1974 an Bundeskanzler Schmidt vgl. VS-Bd. 520 (014).
3 Zu den Gesprächen des Bundesministers Schmidt mit dem polnischen Außenminister Olszowski am 6. Dezember 1973 bzw. mit dem polnischen Stellvertretenden Außenminister Czyrek am 30. Januar 1974 vgl. Dok. 26, Anm. 9 bzw. 10.

tete Entwicklung eingetreten, nicht nur für die Bundesrepublik, sondern für die ganze Welt. Heute stehe die Bundesregierung unter einem doppelten Druck. Die eigene Wirtschaft verlange Investitionskredite, andere Staaten, mit denen wir enge wirtschaftliche Beziehungen haben, erwarteten unsere Hilfe bei der Lösung ihrer Zahlungsbilanzprobleme. Ihm liege sehr daran, daß die polnische Führung den Italien-Kredit[4] nicht mißverstehe. Dabei gehe es nicht um einen Investitionskredit, wie er Polen angeboten worden sei, sondern um einen kurzfristigen Währungsbeistand. Die Parallele, daß in beiden Fällen Währungsreserven der Bundesrepublik herangezogen würden, sei rein äußerlich.

Für den Kredit an Polen habe die Bundesregierung vorgehabt, etwa ein Zehntel ihrer Konjunkturausgleichsrücklage bei der Bundesbank als Deckung zu verwenden. Nunmehr bestehe die Gefahr, daß im Jahre 1975 die gesamte Rücklage für die inneren Bedürfnisse der Bundesrepublik gebraucht werde. Daher sei die Situation heute erheblich schwieriger als im letzten Winter. Ganz unabhängig also von politischen und psychologischen Gründen, über die er mit Herrn Gierek einer Meinung sei, ergebe sich auch aus wirtschaftlich-finanzieller Sicht, daß die Realisierung der geplanten Vereinbarung mit Polen immer schwieriger werde, je länger sie dauere.

Er habe das von Herrn Frelek dem damaligen Bundeskanzler überbrachte Papier[5] erst nachträglich kennengelernt. Er sei überrascht gewesen, denn es enthielt Punkte, die in seinen Gesprächen mit Olszowski und Czyrek nicht berührt worden waren. Er habe dann in seinem eigenen Brief an Gierek[6] seine Überraschung verborgen, aber deutlich gesagt, daß er es schwer finden würde, von der im Winter abgestimmten Position wieder abzugehen.

Er sehe in dem jetzigen Brief Möglichkeiten, das Gespräch wieder aufzunehmen. Zu diesem Zweck wolle er den Text genau prüfen lassen[7], bevor eine prä-

---

[4] Zum Kredit der Bundesrepublik für Italien vgl. Dok. 247, Anm. 29.

[5] Zum polnischen Non-paper vom 11. April 1974 („Frelek-Papier") vgl. Dok. 118, Anm. 2.

[6] Zum Schreiben des Bundeskanzlers Schmidt vom 23. Juli 1974 an den Ersten Sekretär des ZK der PVAP, Gierek, vgl. Dok. 216, Anm. 3.

[7] Ministerialdirigent Blech stellte am 10. September 1974 zum Schreiben des Ersten Sekretärs des ZK der PVAP, Gierek, vom 2. September 1974 an Bundeskanzler Schmidt fest: „1) Das Antwortschreiben von Herrn Gierek auf den Brief des Bundeskanzlers ist in der Form betont verbindlich und konziliant gehalten. Es läßt den Wunsch erkennen, den Weg für eine baldige Wiederaufnahme der deutsch-polnischen Gespräche zu ebnen. Es stimmt insoweit überein mit einem in den letzten Wochen beobachteten parallelen Verhalten des polnischen Außenministeriums (z. B. Einlenken in der Frage der Polenreise eines Bundestagsausschusses unter Einschluß des Abgeordneten Sauer). Der Brief betont Übereinstimmung in der Einschätzung der deutsch-polnischen Beziehungen. Er bezeugt Genugtuung über die Erneuerung der Einladung Giereks in die Bundesrepublik Deutschland und über die Aufnahme des direkten Kontaktes mit dem neuen Bundeskanzler. 2) In der Sache hält die polnische Seite an ihren im April 1974 übermittelten Vorstellungen fest. Unserem Wunsch (Wiederherstellung der Gesprächsbasis vom Dezember 1973 insbesondere in der Umsiedlungsfrage) setzt die polnische Seite den Wunsch entgegen, nicht nur ‚die positiven Ergebnisse' der bisherigen Gespräche, sondern auch die polnischen Vorschläge vom April zum Ausgangspunkt der künftigen Gespräche zu machen. Sie macht damit polnisches Eingehen auf unsere Anliegen abhängig von deutschem Eingehen auf polnische Anliegen, das heißt im Kern auf die polnischen Wünsche in der Wiedergutmachungsfrage. Offen bleibt auch, was die polnische Seite als ‚die positiven Ergebnisse' der bisher geführten Gespräche betrachtet. 3) Die polnische Seite befürwortet die baldige Wiederaufnahme der Gespräche, läßt jedoch die Ebene offen. Sie betont, daß diese Gespräche sich auf ‚alle bestehenden Fragen' erstrecken sollen. 4) Zum Termin des Gierek-Besuches verweist der Brief erneut darauf, daß dieser vom Verlauf der weiteren Gespräche und der Lösung der anstehenden Fragen abhängt." Vgl. VS-Bd. 10159 (214); B 150, Aktenkopien 1974.

zise Antwort über diese seine vorläufigen Bemerkungen hinaus gegeben werden könne. Seine Überzeugung von der Bedeutung unseres Verhältnisses zu Polen habe sich nicht geändert, ebensowenig aber habe er seine ökonomischen Einsichten gewechselt. Er werde sich freuen, wenn es gelinge, die Gespräche wieder in Gang zu setzen.

Aus dem anschließenden, mehr informellen Teil des Gesprächs halte ich folgende Meinungen und Mitteilungen des Botschafters fest:

— Es habe nie eine Vereinbarung über die Ausreise von 150 000 Personen in die Bundesrepublik gegeben, sondern nur einseitige Erklärungen von westdeutschen Persönlichkeiten. Man wolle der Bundesregierung keine Schwierigkeiten machen und suche nach einem Weg, der den beiderseitigen Interessen gerecht werde. Er könne sich vorstellen, daß man sich über eine Zahl von künftigen Ausreisen einige, die zusammen mit den bisher erfolgten Ausreisen seit Vertragsabschluß[8] die Ziffer 150 000 ausmache.

— Man werde nicht auf formeller Entschädigung bestehen. Ein praktischer Weg lasse sich vielleicht über die Rentenpauschale finden. Er weise auf den letzten Absatz des Schreibens vom 2. September hin, in dem es heißt: „daß die VRP und die BRD einen wesentlichen Fortschritt auf dem Wege der Überwindung der Vergangenheit und des Aufbaus der Zukunft der Beziehungen zwischen ihren Völkern erzielt haben". In diesem Sinne müsse sich Gierek äußern können, wenn er nach Polen zurückkomme. (Der Bundeskanzler unterstrich, daß es auch für ihn nötig sein werde, so etwas sagen zu können.)

— Herr Gierek werde ab 8. Oktober einen offiziellen Besuch in Washington machen.[9]

— Herr Sohl werde demnächst an der Spitze einer Delegation nach Polen reisen.

— Man denke weiter über die Frage der Elektrizitätswerke[10] nach und überlege jetzt, ob man den Stromtransport über die ČSSR vorschlagen solle, nachdem der andere Weg wegen der Vier-Mächte-Problematik nicht gangbar zu sein scheine.

Sanne

VS-Bd. 520 (014)

---

[8] Für den Wortlaut des Vertrags vom 7. Dezember 1970 zwischen der Bundesrepublik und Polen über die Grundlagen der Normalisierung ihrer gegenseitigen Beziehungen vgl. BUNDESGESETZBLATT 1972, Teil II, S. 362 f.

[9] Der Erste Sekretär des ZK der PVAP, Gierek, hielt sich vom 6. bis 13. Oktober 1974 in den USA auf.

[10] Seit Mai 1973 fanden Gespräche zwischen Energieversorgungsunternehmen aus der Bundesrepublik und der polnischen Regierung über die Lieferung von Strom in die Bundesrepublik und nach Berlin (West) statt. Zum Stand des Projekts teilte Vortragender Legationsrat I. Klasse Sieger der Botschaft in Warschau am 30. Juli 1974 mit: „Gespräche zwischen Polen und deutschen Stromerzeugern (HEW, PREAG, NWK, BEWAG) über die technischen und wirtschaftlichen Aspekte des Projektes stagnieren in letzter Zeit wegen nach wie vor ungeklärter Leitungsfrage. Kürzlicher Besuch Honeckers in Warschau hat für Polen in dieser Frage offensichtlich keine Fortschritte erbracht." Der polnischen Seite müsse deutlich gemacht werden, daß „a) Bundesregierung am Projekt nur dann interessiert, wenn Berlin in die Direktleitung für die Bundesrepublik einbezogen wird, b) die Lösung des Durchleitungsproblems eine Angelegenheit der Polen ist." Vgl. den Drahterlaß Nr. 412; Referat 421, Bd. 117625.

253

**Ministerialdirigent Fischer, Bundeskanzleramt,
an Ministerialdirigent Kinkel**

Geheim 6. September 1974[1]

Betr.: Gespräch Bundeskanzler/Präsident Giscard d'Estaing[2]

Lieber Herr Kinkel,

im Auftrag des Bundeskanzlers übersandte ich Ihnen gestern zur persönlichen Unterrichtung des Bundesministers des Auswärtigen eine Aufzeichnung über die bei diesem Gespräch besprochenen Hauptpunkte – II/1-30100-Ge 46/1/74 geh.[3]

Der Bundeskanzler hat mich nunmehr angewiesen, ebenfalls zur persönlichen Unterrichtung des Bundesministers des Auswärtigen ein Exemplar des Arbeitspapiers zu übersenden, das der Bundeskanzler Präsident Giscard vor dem Gespräch vom 2. September übermittelt hatte. Ich füge dieses Exemplar bei.

Mit freundlichen Grüßen

Per Fischer

[Anlage][4]

Gliederung

Betr.: Weitere Entwicklung der europäischen Einigungspolitik

I. Wirtschafts- und währungspolitischer Bereich

1) Gemeinschaftsanleihe

2) Koppelungsmanöver bei der Energiepolitik

3) Gemeinschaftliches Zentralbanksystem

II. Institutioneller Bereich

1) Verbesserung der Entscheidungsstruktur des EG-Rats

2) Weiterentwicklung in der Perspektive der Europäischen Union

3) Stärkung der Befugnisse des Europäischen Parlaments

4) Stärkung der Arbeitsmethoden des Rats und der Kommission

5) Einrichtung einer EG-Vertretung bei UN

6) Schaffung einer EPZ-Infrastruktur

---

[1] Hat Ministerialdirigent Kinkel am 6. September 1974 vorgelegen.
Hat Bundesminister Genscher am 11. September 1974 vorgelegen.
[2] Zum Gespräch des Bundeskanzlers Schmidt mit Staatspräsident Giscard d'Estaing am 2. September 1974 in Paris vgl. auch Dok. 249 und Dok. 250.
[3] Vgl. Dok. 251.
[4] Ablichtung.

III. Außenpolitischer Bereich
- Verbesserung der außenpolitischen Konsultationen der Neun

IV. Paßkontrollunion und Paßunion der Neun

V. Verteidigungsbereich
- Aufnahme einer Verteidigungszusammenarbeit der Neun

I. Wirtschafts- und währungspolitischer Bereich

1) Gemeinschaftsanleihe

Sachverhalt:
- Kommission hat Gemeinschaftsanleihe angeregt, mit deren Erträgen defizitäre Mitgliedstaaten einen Teil der aus der Ölverteuerung resultierenden Defizite finanzieren könnten. Weitergabe der Anleihe soll an wirtschaftspolitische Stabilisierungsprogramme geknüpft werden.

Trotz grundsätzlicher Zustimmung bei meisten Mitgliederregierungen hielt Finanzministerrat vom 15.7.1974 positive Grundsatzentscheidung noch für verfrüht[5]; Währungsausschuß und Ausschuß der Notenbankgouverneure jedoch aufgeschlossen; Untergruppe Währungsausschuß arbeitet zur Zeit an Modalitäten.

Problematik:
- Gefahr neuer Inflationsanzeige; Präzedenz vermeiden zur Lösung zukünftiger Finanzierungsschwierigkeiten in Gemeinschaft; Verwendung durch Kommission zum Zwecke der Haushaltsfinanzierung ausdrücklich ausschließen; eindeutige Begrenzung auf Finanzierung von Zahlungsbilanzdefiziten.
- Verbindung mit Stabilisierungsprogramm schwierig (mangelnder Einfluß auf konsequente Durchführung).
- Wichtig zur Absicherung gemeinsamer Energiepolitik. Wesentlicher Bestandteil des EG-Kompromisses könnte Gemeinschaftssolidarität bei Bewältigung der Folgen der Preispolitik der Ölländer für Zahlungsbilanzen sein (z. B. in Form der Gemeinschaftsanleihe).
- Beschränkung von Krediten aus Anleihe auf Mitgliedstaaten, die am stärksten unter Zahlungsbilanzschwierigkeiten, unerläßlich, um Größenordnung überschaubar zu halten;
- Haftung und Risikoverteilung bei vorübergehender Zahlungsunfähigkeit der Empfängerländer müßte
  - im Außenverhältnis gesamtschuldnerisch sein;
  - im Innenverhältnis aber quotenmäßig alle Mitgliedstaaten treffen (bei Rückgriffsrecht auf Erlösempfänger), dann allerdings fraglich, ob für Defizitländer Gemeinschaftsanleihe noch interessanter als bestehende Beistandsmechanismen.

---

[5] Im Kommuniqué über die EG-Ministerratstagung auf der Ebene der Wirtschafts- und Finanzminister am 15. Juli 1974 in Brüssel wurde mitgeteilt: „Der Rat hat über den Entwurf betreffend die eventuelle Auflegung von Gemeinschaftsanleihen gesprochen und die zuständigen Gemeinschaftsinstanzen beauftragt, einen Interventionsmechanismus auszuarbeiten, der im Falle einer in Zukunft zu treffenden positiven Entscheidung eingesetzt werden könnte." Vgl. BULLETIN DER EG 7–8/1974, S. 46.

– Europäischer Fonds für währungspolitische Zusammenarbeit könnte für Gemeinschaftsanleihe emissionsfähig gemacht werden, womit Zusammenhang mit Beistandsmechanismen gewahrt bliebe; hierzu zunächst Prüfung anregen.

Vorschlag:

– Die Gemeinschaftsanleihe wird als „fleet in being" beschlossen.
– Die Aufnahme einer Anleihe im Einzelfall ist jedoch an das Bestehen eines Stabilisierungsprogramms des Empfängerlandes zu knüpfen.
– Voraussetzung ist ferner, daß alle Mitgliedstaaten intern quotenmäßig am Risiko beteiligt sind.

2) Koppelungsmanöver bei der Energiepolitik

Sachverhalt:

Im Herbst werden voraussichtlich integriertes Notstandsprogramm (IEP) der Zwölf (Dreizehn)[6] mit

– gemeinsamem Krisenmechanismus,
– Basis für Gemeinschaftsposition gegenüber Förderländern,
– gemeinsamem Ansatz für die Suche nach Ersatzenergie sowie für Forschung und Entwicklung

und EG-Energieentschließung der Neun[7], die

– gemeinsame Energiepolitik (unter Wahrung des Rahmens des IEP möglich macht), z. B.
– preispolitische Regelungen zuläßt (z. B. Höchst- oder Meldepreissysteme für Krisenzeiten) oder
– gemeinschaftliche Forschungsarbeiten

verabschiedet sein.

Problematik:

Wir gehen bisher davon aus, daß Beteiligung Frankreichs am IEP der Zwölf bis Anfang Oktober abgeschlossen sein kann. Es könnten sich jedoch

– sowohl auf Seiten Frankreichs
– als auch auf Seiten der USA (Präsidentschaftskrise[8])

---

[6] Zum Stand der Arbeiten der Energie-Koordinierungsgruppe vgl. Dok. 249, Anm. 7.

[7] Der EG-Ministerrat verabschiedete am 17. September 1974 in Brüssel eine Entschließung zu Energiefragen. Darin wurde die Notwendigkeit einer gemeinsamen Energiepolitik der Europäischen Gemeinschaften betont. Dabei sollten folgende Leitlinien gelten: a) Senkung der Wachstumsrate des innergemeinschaftlichen Verbrauchs durch Maßnahmen zur rationellen Energieverwendung und zur Energieeinsparung; b) Verstärkung der Versorgungssicherheit durch Weiterentwicklung der Erzeugung von Kernenergie, Nutzung der Kohlevorkommen, diversifizierte und sichere Versorgung durch Drittstaaten, verstärkte Bemühungen um neue Energiequellen; c) Berücksichtigung der Probleme des Umweltschutzes. Ferner wurde beschlossen, auf einer weiteren EG-Ministerratstagung noch vor Ablauf des Jahres 1974 die zahlenmäßigen Ziele für die Erzeugung und den Verbrauch bis zum Jahr 1985 sowie die für den Ausbau der einzelnen Energiequellen erforderlichen Maßnahmen und die Bedingungen für ein Funktionieren des gemeinsamen Energiemarktes zu erörtern. Die EG-Mitgliedstaaten wurden aufgefordert, bei der Festlegung ihrer nationalen Energiepolitik die vom EG-Ministerrat festgelegten gemeinschaftlichen Ziele zu berücksichtigen. Dies sollte durch den Energieausschuß regelmäßig geprüft werden. Vgl. dazu BULLETIN DER EG 9/1974, S. 26 f.

[8] Zum Rücktritt des Präsidenten Nixon vom 9. August 1974 vgl. Dok. 242, Anm. 10.

Verzögerungen ergeben. Dies böte möglicherweise Chance, Koppelungsmanöver im Rahmen der EG-Neun auf europäischem Gipfel aus der Taufe zu heben, wenn Entscheidung in der Sache genügend vorbereitet ist.

Vorschlag:

Die Staats- bzw. Regierungschefs einigen sich auf die gemeinsame Beteiligung der EG-Länder am IEP. (Dabei wird davon ausgegangen, daß die Grundzüge einer gemeinsamen Energiepolitik der EG entsprechend der im Rat vom 23. Juli[9] noch nicht verabschiedeten Entschließung schon zuvor – voraussichtlich im September – beschlossen worden sind.)

3) Gemeinschaftliches Zentralbanksystem

Sachverhalt:

– Im März 1973 schuf Rat durch VO[10] „Europäischen Fonds für währungspolitische Zusammenarbeit".[11] Er soll sich „bei allmählicher Ausweitung seiner Aufgaben ... später in eine gemeinsame Zentralbankorganisation eingliedern".

– Z.Z. regelt „Fonds" i.w.[12] Saldenabrechnung aus Interventionen der Zentralbanken der Mitgliedstaaten, eine Funktion, die gegenwärtigem Stand der Integration in diesem Bereich entspricht.

– Durch Konvergenz-Entscheidung des Rates vom 18.2.1974[13] wurden ferner

---

[9] Zur EG-Ministerratstagung am 22./23. Juli 1974 in Brüssel vgl. Dok. 220, Anm. 9.

[10] Verordnung.

[11] In Ziffer 2 der Erklärung der Gipfelkonferenz der EG-Mitgliedstaaten und -Beitrittsstaaten am 19./20. Oktober 1972 in Paris wurde der Beschluß mitgeteilt, „daß spätestens zum 1. April 1973 durch einen auf den EWG-Vertrag gegründeten feierlichen Akt ein Europäischer Fonds für währungspolitische Zusammenarbeit errichtet wird, der von dem Ausschuß der Notenbankgouverneure im Rahmen der allgemeinen wirtschaftlichen Leitlinien des Rats verwaltet wird. Während einer Anlaufzeit wird der Fonds auf folgenden Grundlagen arbeiten: Konzertierung unter den Notenbanken für die Zwecke der Bandbreitenverringerung zwischen ihren Währungen; Multilateralisierung der Forderungen und Verbindlichkeiten, die sich aus Interventionen in Gemeinschaftswährungen ergeben, und Multilateralisierung des innergemeinschaftlichen Saldenausgleichs; Verwendung einer europäischen Währungs-Rechnungseinheit für diese Zwecke; Verwaltung des kurzfristigen Währungsbeistandes zwischen den Notenbanken; die in der Vereinbarung über die Bandbreitenverringerung vorgesehene sehr kurzfristige Finanzierung und der kurzfristige Währungsbeistand werden durch einen erneuerten Mechanismus im Fonds in Verbindung gebracht; zu diesem Zweck wird der kurzfristige Währungsbeistand technisch angepaßt, ohne daß seine wesentlichen Merkmale und dabei insbesondere die Konsultationsverfahren geändert werden. Die zuständigen Organe der Gemeinschaft sollen folgende Berichte vorlegen: bis spätestens 30. September 1973 den Bericht über die Ausgestaltung des kurzfristigen Währungsbeistandes; bis spätestens 31. Dezember 1973 den Bericht über die Bedingungen einer stufenweisen Vergemeinschaftung der Reserven." Vgl. EUROPA-ARCHIV 1972, D 504.
Für den Wortlaut der Verordnung Nr. 907/73 vom 3. April 1973 zur Errichtung eines Europäischen Fonds für währungspolitische Zusammenarbeit vgl. AMTSBLATT DER EUROPÄISCHEN GEMEINSCHAFTEN Nr. L 89 vom 5. April 1973, S. 2.

[12] Im wesentlichen.

[13] In der Entscheidung des EG-Ministerrats vom 18. Februar 1974 „zur Erreichung eines hohen Grades an Konvergenz der Wirtschaftspolitik der Mitgliedstaaten der Europäischen Wirtschaftsgemeinschaft" wurde ausgeführt, daß zur schrittweisen Verwirklichung der Wirtschafts- und Währungsunion eine Konvergenz der Wirtschaftspolitik der EG-Mitgliedstaaten erreicht werden müsse. Daher müßten die gegenwärtigen Koordinierungsverfahren erheblich gestrafft und verbessert werden. Ferner müßten gemeinschaftlich festgelegte Leitlinien sowohl für eine kurz- als auch für eine mittelfristige Wirtschaftspolitik festgelegt werden. Der EG-Ministerrat sollte daher mindestens dreimal im Jahr über die Wirtschaftslage der Europäischen Gemeinschaften beraten, auf unterer Ebene sollten noch häufigere Beratungen stattfinden. Die Notenbanken sollten die laufende Koor-

- Vorauskonsultationen bei wechselkurspolitischen Maßnahmen der Mitgliedstaaten eingeführt und
- Zentralbanken aufgefordert, laufende Koordinierung ihrer Geld- und Kreditpolitik zu verstärken, insbesondere in bezug auf Wirtschafts- und Bankenliquidität, Kreditbedingungen und Zinsniveau.

Problematik:
- Für Weiterentwicklung des „Fonds" zu Zentralbank fehlt es zur Zeit noch an notwendigen wirtschaftspolitischen Voraussetzungen: Man kann nicht Teil (Kreditpolitik) des wirtschaftspolitischen Instrumentariums vergemeinschaften und gleichzeitig anderen Teil (vor allem Finanzpolitik) in nationaler Souveränität belassen. Sonst wird entweder nationale Wirtschaftspolitik machtlos oder sie muß ihren Teil des Instrumentariums ständig überbeanspruchen, was nicht durchführbar.
- Erster Schritt auf dem Weg zu gemeinsamem Notenbanksystem könnte jedoch Zusammenfassung aller Befugnisse, die EG-Ausschuß der Notenbankgouverneure hat, im „Fonds" sein. Das würde bedeuten, daß laufende Koordinierung der Geld- und Kreditpolitik künftig im Fonds-Verwaltungsrat erfolgt, nicht mehr im „Ausschuß der Notenbankgouverneure". Ohnehin besteht Verwaltungsrat aus Notenbankpräsidenten. Dies hätte wenigstens optische und psychologische Wirkung, Fonds als Nukleus des europäischen Notenbanksystems (durch häufigeres Aktivwerden) schon stärker im Bewußtsein europäischer Öffentlichkeit zu verankern.
- Auch wegen z. Z. noch zu starker konjunktureller und struktureller Divergenzen gegenwärtig nicht mögliche und von keinem Partner gewollte Rückkehr der Vier in Schlange[14] würde keine Erweiterung der Fonds-Befugnisse notwendig machen. Nur Saldenabrechnung würde mengenmäßig zunehmen.
- Bisher war auch noch keine Harmonisierung der geld- und kreditpolitischen Instrumentarien möglich (z. B. Einführung der Kreditplafondierung in der Bundesrepublik).
- Ziel sollte deshalb sein, gesamten Bereich der wirtschaftspolitischen Koordinierung soweit zu verbessern, daß eines Tages Voraussetzungen für qualitativen Sprung zur Gemeinschaftsentscheidung geschaffen sind.

Vorschlag:
Ausgehend davon, daß gemeinsame Notenbank zur Zeit noch nicht geschaffen werden kann, werden als weiterer Schritt nach der erfolgten Gründung des

---

Fortsetzung Fußnote von Seite 1101

dinierung ihrer Geld- und Kreditpolitik verstärken. Für den Wortlaut vgl. AMTSBLATT DER EUROPÄISCHEN GEMEINSCHAFTEN Nr. L 63 vom 5. März 1974, S. 16–18.

14 Am 23. Juni 1972 beschloß die britische Regierung die Freigabe des Wechselkurses des Pfund Sterling. Die irische Notenbank entschied am folgenden Tag, keine Neubewertung des irischen Pfundes gegenüber dem Pfund Sterling vorzunehmen, was einer Freigabe des Wechselkurses des irischen Pfund gleichkam.
Nachdem die italienische Regierung zum 21. Januar 1973 bereits die Spaltung des Devisenmarktes in eine Handels-Lira mit festem Wechselkurs und eine Kapital-Lira mit freiem Wechselkurs beschlossen hatte, gab sie am 13. Februar 1973 auch die Freigabe des Wechselkurses der Handels-Lira bekannt.
Zur Freigabe des Wechselkurses des Franc am 19. Januar 1974 vgl. Dok. 23.

„Fonds" alle Arbeiten der Notenbankgouverneure im „Europäischen Fonds für währungspolitische Zusammenarbeit" konzentriert.

II. Institutioneller Bereich

1) Verbesserung der Entscheidungsstruktur des EG-Rats

Sachverhalt:

- Vertraglich nur ein Rat vorgesehen, der aus „Vertretern" der Mitgliedstaaten besteht[15]; Multiplizierung der in EG behandelten Fragen hat im Laufe der Entwicklung zu Bildung einer Vielzahl von Fachräten geführt, deren Koordinierung weder von sog. Allgemeinen Rat (der Außenminister) noch von Ständigen Vertretern gewährleistet werden kann.

- Sie haben im Gespräch mit PM Tindemans[16] Gedanken zur Diskussion gestellt, Allgemeinen Rat wieder als einzigen Rat einzusetzen, wobei allerdings für Agrarrat wohl Ausnahme gemacht werden müsse. Auch sei denkbar, neben häufigeren Sitzungen des Allgemeinen Rats übrige Fachminister nur in vierteljährlichen Abständen zusammenzubringen, um zu erörtern, welche Fragen sie in Allgemeinen Rat einbringen wollen.
Die Belgier wiederholten Vorschlag, häufiger Räte unter der Beteiligung von mehreren Ministern einzuberufen.

- Präsident Giscard hat (am 8./9. Juli 1974)[17] Gedanken der Beschränkung der Ministerräte positiv beurteilt.

- Bei Vorbereitung Pariser Konferenz der Staats- bzw. Regierungschefs[18] wurde im Jahr 1972 zwischen Mitgliedsregierungen Möglichkeit erörtert, Ständige Vertreter durch Staatssekretäre abzulösen oder Europaministerrat als zusätzliche Instanz einzuführen.[19] Bei Konferenz wurde Vorschlag jedoch wider Erwarten nicht zum Beschluß erhoben.

Problematik:

Angesichts weitgespannten Kreises von (weitgehend technischen) Fragen, die in EG behandelt werden, und der Tatsache, daß Fachminister innenpolitische

---

15 Im Vertrag vom 8. April 1965 über die Einsetzung eines gemeinsamen Rates und einer vereinigten Kommission der Europäischen Gemeinschaften (Fusion der Exekutiven) wurden die bisherigen Ministerräte der EWG, der EGKS und von EURATOM zu einem Ministerrat vereinigt. Für den Wortlaut vgl. BUNDESGESETZBLATT 1965, Teil II, S. 1454–1497.
16 Für das deutsch-belgische Regierungsgespräch am 3. Juli 1974 vgl. Dok. 194.
17 Zu den deutsch-französischen Konsultationsbesprechungen am 8./9. Juli 1974 vgl. Dok. 205 und Dok. 206.
18 Zur Gipfelkonferenz der EG-Mitgliedstaaten und -Beitrittsstaaten am 19./20. Oktober 1972 in Paris vgl. Dok. 19, Anm. 4.
19 Staatspräsident Pompidou führte am 21. Januar 1971 auf einer Pressekonferenz in Paris aus: „Il est possible que dans un temps plus ou moins proche – ou plus ou moins lointain – les gouvernements éprouvent le besoin d'avoir en leur sein des ministres chargés spécialement des questions européennes, ne serait-ce que parce que les questions qui seront débattues à l'échelle européenne seront de plus en plus nombreuses et les réunions de plus en plus fréquentes. On peut même penser ou imaginer, que dans une phase ultime ces ministres n'auront plus que des attributions strictement européennes et ne feront plus partie des gouvernements nationaux." Vgl. LA POLITIQUE ÉTRANGÈRE 1971, I, S. 53. Für den deutschen Wortlaut vgl. EUROPA-ARCHIV 1971, D 132.
Bundesminister Scheel schlug auf der EG-Ministerratstagung am 1. März 1971 in Brüssel vor, die Ständigen Vertreter bei den Europäischen Gemeinschaften in den Rang von Regierungsmitgliedern zu erheben. Gedacht wurde dabei an die Ernennung zu Staatssekretären. Vgl. dazu AAPD 1971, I, Dok. 79 und Dok. 111.

Verantwortung für in Brüssel gefaßte Beschlüsse übernehmen müssen, erscheint Rückführung auf ursprünglichen vertraglichen Zustand (nur ein Rat) und Beauftragung der Außenminister mit allen Problemen schwierig. Auch Ausweg, heutigen Ständigen Vertretern größere Befugnisse zur eigenen Entscheidung einzuräumen, verbietet sich, da es sich um weisungsgebundene Beamte handelt, denen Regierungen in der Regel keinen größeren Entscheidungsspielraum einräumen. In einigen Bereichen ist im übrigen Vorbereitung von Fachministerräten (z. B. Finanzminister und Agrarminister) ohnehin schon an Sonderausschüsse hochrangiger Vertreter jeweiliger nationaler Ministerien übertragen worden. Außerdem würde Engpaß, der bereits heute bei Ausschuß Ständiger Vertreter liegt, durch Betrauung mit weiteren Aufgaben nur noch vergrößert.

Verbesserung könnte in folgender Richtung gesucht werden:
- Außenminister könnten formellen Koordinierungsauftrag für Gesamtheit wichtiger Arbeiten in Gemeinschaft erhalten;
- als Instrument dieser Koordinierungsfunktion könnten Mitgliedstaaten Staatsminister, Juniorminister oder Parlamentarischen Staatssekretär als Ständige Vertreter in Brüssel einsetzen, die unter Weisungen des Außenministers am Allgemeinen Rat und an sämtlichen Fachministerräten teilnehmen und für laufende Abstimmung sorgen.

Vorschlag:

Zur Verbesserung der gemeinschaftlichen Koordinierung werden die Außenminister beauftragt, sich im Allgemeinen Rat regelmäßig (vierteljährlich) mit der Gesamtheit der wichtigen Arbeiten der Gemeinschaft zu befassen, dabei Schlußfolgerungen für die weitere Entwicklung auszuarbeiten und Anstöße für die Arbeiten in den Einzelbereichen zu geben.

Als politisches Instrument dieser Koordinierung ernennen die Mitgliedsregierungen zum Ständigen Vertreter bei der Europäischen Gemeinschaft einen Staatsminister, Juniorminister oder einen Parlamentarischen Staatssekretär. Diese haben einen Amtssitz sowohl in Brüssel als auch in ihren Hauptstädten, wo sie an den nationalen Kabinettssitzungen teilnehmen und für die innerstaatliche Koordinierung verantwortlich sind. Sie begleiten die Fachminister zu allen Fachministerräten und vertreten sie bei deren Abwesenheit. Sie sind für eine Abstimmung der Tätigkeit in den verschiedenen Bereichen und für Kohärenz der Politik der Gemeinschaft und der Mitgliedsregierungen verantwortlich. Sie erhalten einen Entscheidungsspielraum, der ihnen erlaubt, die laufenden Angelegenheiten sowohl des Allgemeinen Rates als auch der Fachministerräte zu erledigen (um hierbei Beschlüsse fassen zu können, wird ihnen gestattet, sich auch als Rat, dem einzig vertraglich vorgesehenen Entscheidungsorgan, zu konstituieren). Für die Vorbereitung ihrer Sitzungen stützen sie sich einerseits auf den bisherigen Ständigen Vertreter und seinen Stab, andererseits auf Ausschüsse hoher Beamter aus den jeweils betroffenen nationalen Ministerien. Damit wird auch den Fachministern die Gewähr gegeben, daß bei Beschlüssen der Ständigen Vertreter ihre Gesichtspunkte genügend berücksichtigt sind.

2) Weiterentwicklung in der Perspektive der Europäischen Union
Sachverhalt:
- Französische Regierung hat angekündigt, bei Gipfeltreffen Herbst 1974 neue Vorschläge zur Verwirklichung Europäischer Union vorzulegen[20]; im Wahlkampf hat Giscard insbesondere (18.4.1974) angekündigt, Frankreich werde Terminkalender und Verfahren vorschlagen, die Europäische Union bis 1980 zu erreichen erlaubten.[21]
- Seitherige Brüsseler Arbeiten haben zur Ausarbeitung Fragenkatalogs geführt, der wichtigste politische Fragen offenläßt.
  - Soll Union eher konföderale Züge (klassische gaullistische These, die in Vergangenheit zu Versuchen führte, auch Gemeinschaft unter Staatenbund zu subsumieren) oder mehr föderale Züge (These übriger Mitgliedstaaten, ausgehend von ohnehin schon bestehender Eigenständigkeit der Gemeinschaft) tragen?
  - Geht Exekutive Europäischer Union aus Rat (und EPZ-Ministerkonferenz) hervor oder aus Kommission?
- Französische Regierung (AM Jobert im Gespräch mit BM Scheel)[22] hat im November 1973 für Zeit bis 1980 Konföderation (mit Gipfeltreffen als Leitorgan) vorgeschlagen, ab 1980 Union, wobei Unterscheidung bedeutete, daß Union mit Föderation gleichzusetzen sei), ohne daß allerdings in Öffentlichkeit hierüber gesprochen werden dürfe.
  Giscard hat bisher sowohl von Konföderation als auch von Union gesprochen, ohne Begriffe zu unterscheiden.
- Bei informellen Treffen der Außenminister der Neun am 20./21. April 1974[23] erhielt BM Scheel mit Hinweis auf Struktur Bundesrepublik (Bundeskompetenzen föderaler Natur; wo Länderhoheit vorliegt, auch innerhalb Bundes intergouvernementale Zusammenarbeit; konkurrierende Gesetzgebung bei geteilter Zuständigkeit) allgemeine Zustimmung hinsichtlich Modellcharakter für Union.
- Als Träger für Entwicklung von heutiger EG und EPZ bis hin zur Europäischen Union hatte Pompidou (21.1.1971) Europaminister vorgeschlagen, die zunächst im Auftrag ihrer Regierungen für europäische Angelegenheiten ver-

20 Vgl. dazu die Erklärung des Staatspräsidenten Giscard d'Estaing vom 27. August 1974; Dok. 247, Anm. 20.
21 Zum europapolitischen Teil des Wahlprogramms des französischen Präsidentschaftskandidaten Giscard d'Estaing teilte Botschafter Freiherr von Braun, Paris, am 25. April 1974 mit: „Auch Giscard bezieht sich auf Jobert und benutzt das Thema der Macht, Unabhängigkeit und Entscheidungsfreiheit Frankreichs, wobei er hinzufügt, daß Frankreich nicht isoliert sein dürfe. Frankreich sei Teil eines Kontinents, der sich organisiere, Europa. Europa müsse sich den Herausforderungen der Sicherheit, der Wirtschaft und der Energiekrise stellen. Dies könne nur durch eine aktive Solidarität Europas in der Welt geschehen. Die für 1980 geplante Politische Union Europas sei ein realistisches Ziel. Unter der französischen Präsidentschaft ab 1. Juli d. Js. sollen die Neun sich auf Methoden und einen Terminkalender für die Stationen zu einer Europäischen Politischen Union einigen. Frankreich müsse jedenfalls einen aktiven Beitrag für das Gelingen der europäischen Politischen Union leisten." Vgl. den Drahtbericht Nr. 1261; Referat 202, Bd. 109183.
22 Bundesminister Scheel und der französische Außenminister Jobert trafen am 9. November 1973 in Paris zusammen. Vgl. dazu AAPD 1973, III, Dok. 367.
23 Zum informellen Treffen der Außenminister der EG-Mitgliedstaaten und des Präsidenten der EG-Kommission, Ortoli, im Rahmen der EPZ am 20./21. April 1974 auf Schloß Gymnich vgl. Dok. 128.

antwortlich gemacht, in einer letzten Phase jedoch nicht mehr den nationalen Regierungen angehören würden, sondern europäische Exekutive bildeten.
- Ergänzend hatte Pompidou vertraulich Botschafter von Braun erklärt (15.6. 1973[24]), Exekutive solle Struktur einer Regierung mit Wirtschafts-, Finanz-, Innen-, Außen- und – „chronologisch als letztem" – Verteidigungsminister haben.
- Unabhängige Republikaner Giscards hatten im Memorandum von 1971 ebenfalls Ernennung von Europaministern vorgeschlagen, die in Brüssel als Rat sowohl gemeinschaftliche Entscheidungen als auch Entscheidungen auf sonstigen, in Integration einzubeziehenden Gebieten treffen müßten.

Problematik:
Worauf es jetzt ankäme, wäre, einleuchtendes Verfahren für schrittweise Überleitung der EG und EPZ in Europäische Union festzulegen,
- dessen erste Phase Mitgliedsregierungen (Frankreich mit Rücksicht auf Gaullisten, England mit Rücksicht auf europapolitisch ungeklärte Lage, Dänemark mit ungesicherten Mehrheitsverhältnissen[25]) keine politisch unzumutbaren Entscheidungen abverlangt;
- dessen zweite Phase Weiterentwicklung zu stärkerer Integration gewährleistet, die uns auch als Gegenleistung für wirtschaftlich-finanzielle Opfer politische Fortschritte bringt;
- dessen dritte Phase – bei Verhinderung eines Wiederauflebens der sterilen Diskussion um Konföderation oder Föderation – die Auseinandersetzung, ob europäische Exekutive aus Rat oder Kommission hervorgeht, zugunsten des Rats beendet und dennoch grundsätzlich die Unabhängigkeit der Exekutive von nationalen Regierungen festlegt.

Dieses Verfahren könnte auf der Struktur der Staatsminister (oder Juniorminister bzw. Parlamentarischen Staatssekretäre) als Ständigen Vertretern in Brüssel (erste Phase) aufbauen und
- als zweite Phase die Umwandlung des zunächst den Räten unterstellten Ausschusses der Staatsminister (oder Juniorminister bzw. Parlamentarischen Staatssekretäre) als Ständige Vertreter in eine neue, permanente oberste Entscheidungsinstanz – dem Rat der Europaminister – vorsehen, denen gegenüber die einzelnen Fachministerräte in eine unseren Kabinettsausschüssen vergleichbare Stellung träten;
- zugleich könnten Europaminister in dieser Phase auch Befugnisse im Rahmen Europäischer Politischer Zusammenarbeit übernehmen, um Konvergenz zwischen EG und EPZ einzuleiten;
- in dritter Phase könnte Rat der Europaminister in europäische Exekutive umgewandelt werden, die schrittweise Befugnisse zur Ausübung unabhängig von Weisungen nationaler Regierungen, aber unter Kontrolle sowohl Ver-

---

[24] Das Gespräch des Botschafters Freiherr von Braun, Paris, mit Staatspräsident Pompidou fand am 14. Juni 1973 statt. Vgl. dazu AAPD 1973, II, Dok. 194.
[25] Zur Regierungsbildung in Dänemark vgl. Dok. 162, Anm. 16.

tretung der Staaten als direkt gewählten Parlaments übertragen bekäme; übrige Befugnisse verblieben bei nationalen Regierungen.[26]

Vorteil dieser Lösung läge in erster Linie darin, daß mit Staatsministern (oder Juniorministern bzw. Parlamentarischen Staatssekretären) Organ geschaffen würde, das, zunächst unter Autorität Außenminister, später derjenigen der Regierungschefs, mit eigener Dynamik die Entwicklung zur Union gestalten und tragen könnte. Nachteil liegt darin, daß sowohl Außen- als auch Fachministern schrittweise „Entmachtung" zugemutet würde.

Vorschlag:

In deutsch-französischen Gesprächen wird Einvernehmen über folgende organische Überleitung von der heutigen EG und der EPZ in die zukünftige Europäische Union angestrebt:

– Die zunächst als Ständige Vertreter eingesetzten Staatsminister (oder Minister-Stellvertreter oder Juniorminister bzw. Parlamentarischen Staatssekretäre) werden zu einem festzulegenden Zeitpunkt zu Europaministern mit Amtssitz am Sitz der Gemeinschaft und mit Sitz und Stimme in den Kabinetten ernannt. Es wird vorgesehen, daß sie später als „Rat der Europaminister" den obersten Entscheidungsträger in der Gemeinschaft bilden sollen. Im Rahmen der Europäischen Politischen Zusammenarbeit sollen sie dann ebenfalls Befugnisse erhalten. Die Fachministerräte bereiten in jenem Stadium in der Art von Kabinettsausschüssen die Entscheidungen des Rats der Europaminister vor.

– In einer weiteren Entwicklungsphase kann der Rat der Europaminister in eine Europäische Regierung umgewandelt werden, der schrittweise eigene Befugnisse (sowohl diejenigen, die die Gemeinschaft bereits besitzt, als auch weitere, neu zu definierende Befugnisse) übertragen werden. Alle übrigen Befugnisse verbleiben bei den nationalen Regierungen. Zu ihrer Amtsführung bedarf die Europäische Regierung der Mitwirkung einer Vertretung der Staaten und eines unmittelbar gewählten Parlaments.

Aufgrund eines deutsch-französischen Einvernehmens wird diese Formel mit den übrigen Mitgliedstaaten erörtert und als Leitlinie auf einem Gipfeltreffen festgelegt.

3) Stärkung der Befugnisse des Europäischen Parlaments

Sachverhalt:

– Von zwei langjährigen Forderungen des Europäischen Parlaments – Bestimmung seiner Mitglieder durch unmittelbare, geheime Wahlen und Einräumung legislativer Befugnisse – wird in gegenwärtiger Diskussion Nachdruck auf Befugnisse gelegt.

– Einräumung gewisser weiterer budgetärer Befugnisse haben Druck auf Teilnahme an legislativem Gemeinschaftsverfahren nicht gemildert.

– Bundesregierung hatte sich bei letzten Ratsberatungen über Budgetbefugnisse auch für Mitentscheidungsrecht des Parlaments bei Anwendung von Art. 235 EWG (Kompetenz des Rats zur Einbeziehung weiterer Tätigkeitsgebiete

---

[26] So in der Vorlage.

in Gemeinschaft, sofern dies zur Verwirklichung ihrer Ziele erforderlich[27]) eingesetzt, ohne Zustimmung dafür zu erhalten.
- Von Kommission 1972 eingesetzte Professorengruppe (unter Vorsitz von französischem Professor Vedel[28]) hatte in Bericht Erweiterung der Rechtsetzungsbefugnisse des Parlaments in zwei Stufen vorgeschlagen:
  - In erster Stufe Mitentscheidungsbefugnis des Parlaments in vier Bereichen (Vertragsänderung, Anwendung von Art. 235 EWG-Vertrag, Aufnahme neuer Mitglieder, Ratifizierung internationaler Abkommen) sowie aufschiebendes Vetorecht bei Ratsbeschlüssen in Angelegenheiten der Rechtsangleichung und gemeinsamer Politiken.
  - In zweiter Stufe (erst ab 1978) Mitentscheidungsrecht bei Beschlüssen bezüglich Rechtsangleichung und gemeinsamen Politiken.

Ferner hatte der Ausschuß die Zustimmung des Parlaments bei der Wahl des Präsidenten der Kommission durch die Mitgliedsregierungen angeregt. Die Vorschläge sind bisher nicht weiter verfolgt worden.
- Unabhängige Republikaner Giscards hatten im Memorandum von 1971 Einsetzung des Kommissionspräsidenten als eines „formateur" vorgeschlagen, der sich Mannschaft aus Staatsangehörigen der Mitgliedstaaten aufgrund ihrer Eignung zusammenstellt und sodann Zustimmung Rats und Europäischen Parlaments einholt; allgemeine, geheime Wahlen schlugen die unabhängigen Republikaner für den Zeitpunkt vor, zu dem EP das volle Budget-Recht zustünde.

Problematik:
Bei Zusammenstellung neuen europäischen Vorschlagspakets müßte aus Rücksicht auf Drängen der meisten europäischen Parteien und der Öffentlichkeit auch für Europäisches Parlament Fortschritt enthalten sein. Unmittelbare, geheime Wahlen dürften in nächster Zeit für Giscard noch einen unzumutbaren Schritt darstellen. Begrenzte Erhöhungen der legislativen Befugnisse des Parlaments und Zustimmungsrecht zu Wahl des Präsidenten der Kommission dürften zwar auch in französischer Öffentlichkeit auf Widerstand stoßen, sollten jedoch bei schrittweisem Vorgehen realisierbar sein.

Vorschlag:
Zur Stärkung der Rolle des Europäischen Parlaments werden die Organe der Gemeinschaft aufgefordert, eine Mitentscheidungsbefugnis (entsprechend den Vorschlägen des Vedel-Berichts) des Parlaments bei Vertragsänderungen, der Anwendung des Artikels 235 EWG-Vertrag, der Aufnahme neuer Mitglieder und der Ratifizierung internationaler Abkommen einzuräumen. Ferner sollte das Parlament ein Zustimmungsrecht bei der Wahl des Präsidenten der Kom-

---

[27] Artikel 235 des EWG-Vertrags vom 25. März 1957: „Erscheint ein Tätigwerden der Gemeinschaft erforderlich, um im Rahmen des Gemeinsamen Marktes eines ihrer Ziele zu verwirklichen, und sind in diesem Vertrag die hierfür erforderlichen Befugnisse nicht vorgesehen, so erläßt der Rat einstimmig auf Vorschlag der Kommission und nach Anhörung der Versammlung die geeigneten Vorschriften." Vgl. BUNDESGESETZBLATT 1957, Teil II, S. 898.

[28] Am 25. März 1972 legte die von der EG-Kommission am 22. Juli 1971 beauftragte Ad-hoc-Gruppe für die Prüfung der Frage einer Erweiterung der Befugnisse des Europäischen Parlaments unter dem Vorsitz des Ehrendekans der Rechts- und Wirtschaftswissenschaftlichen Fakultät an der Universität Paris, Vedel, ihren Bericht vor. Für den Wortlaut vgl. BULLETIN DER EG, Beilage 4/72.

mission durch die Mitgliedsregierungen erhalten. Die Einräumung eines aufschiebenden Vetorechts bei weiteren Ratsbeschlüssen sollte ebenfalls geprüft werden.

4) Verbesserung der Arbeitsmethoden des Rats und der Kommission

Sachverhalt:
- Staats- und Regierungschefs haben sowohl auf der Konferenz von Paris als auch auf der Konferenz von Kopenhagen Verbesserungen in der Arbeitsweise der Organe als erforderlich bezeichnet[29]; bisher ergriffene Beschlüsse – im wesentlichen Geschäftsordnungscharakters – nicht erschöpfend.

Problematik:
Von einer Verbesserung der Arbeitsmethode kann nicht zu viel erwartet werden. Andererseits sind weitere Fortschritte aufgrund der bisherigen Erfahrungen möglich. Zu beachten ist Autonomie der Kommission, die „Auflagen" ausscheiden läßt.

Folgende konkrete Maßnahmen sind vorzusehen:
- In Erweiterung des Ratsbeschlusses vom 4./5. Februar 1974[30], der die Vorlage eines Arbeitsprogramms mit genauem Terminplan für den Rat vorsieht, sollte die Präsidentschaft zu Beginn eines jeden Halbjahres für alle Ebenen

---

[29] In Ziffer 15 des Kommuniqués der Gipfelkonferenz der EG-Mitgliedstaaten und -Beitrittsstaaten am 19./20. Oktober 1972 in Paris wurde u. a. erklärt: „Die Staats- und Regierungschefs stellten fest, daß sich die Strukturen der Gemeinschaft bewährt haben, waren jedoch der Auffassung, daß die Entscheidungsverfahren und die Arbeitsweise der Organe verbessert werden müssen, um ihre Wirksamkeit zu erhöhen." EG-Ministerrat und EG-Kommission wurden aufgefordert, „unverzüglich praktische Maßnahmen" zur Stärkung der Kontrollbefugnisse des Europäischen Parlaments sowie zur „Verbesserung der Beziehungen zwischen Rat und Parlament einerseits und Kommission und Parlament andererseits in Gang zu setzen. Der Rat wird bis zum 30. Juni 1973 praktische Maßnahmen zur Verbesserung seiner Entscheidungsverfahren und der Kohärenz des gemeinschaftlichen Handelns treffen." Vgl. EUROPA-ARCHIV 1972, D 508.
In Ziffer 7 des Kommuniqués der Gipfelkonferenz der EG-Mitgliedstaaten am 14./15. Dezember 1973 in Kopenhagen kamen die Staats- und Regierungschefs überein, „die Arbeitsweise der Gemeinschaftsorgane wirksamer zu gestalten, indem die Zusammenarbeit zwischen Rat, Kommission und Europäischem Parlament verbessert, ein schnelleres Verfahren für die Regelung der den Gemeinschaftsinstanzen unterbreiteten Fragen eingerichtet und die Finanzkontrolle, unter anderem durch Gründung eines unabhängigen Gemeinschafts-Rechnungshofs, sowie die haushaltsrechtliche Rolle des Europäischen Parlaments verstärkt wird". Vgl. EUROPA-ARCHIV 1974, D 55.
[30] Zur EG-Ministerratstagung am 4./5. Februar 1974 in Brüssel vgl. Dok. 19, Anm. 5.
In den am 4./5. Februar 1974 gebilligten Maßnahmen betreffend die Arbeit des Rats wurde erklärt, daß die Kohärenz des gemeinschaftlichen Handelns verbessert werden müsse. Da der EG-Ministerrat sowohl auf der Ebene der Außenminister als auch auf der Ebene der Fachminister zusammentrete, sei diese Kohärenz gefährdet. Daher müsse es regelmäßige Gespräche zwischen dem EG-Ratspräsidenten und dem Präsidenten der EG-Kommission geben. Zu Beginn eines Halbjahres solle der EG-Ratspräsident dem EG-Ministerrat ein Arbeitsprogramm und einen Zeitplan für dessen Durchführung vorlegen. Die Termine für die EG-Ministerratstagungen sollten außerdem mindestens sieben Monate vor Beginn der Ratspräsidentschaft mitgeteilt werden. Zusammenhängende Tagesordnungspunkte sollten auf den EG-Ministerratstagungen in Zusammenhang behandelt werden. Um Probleme bei der Durchführung von Beschlüssen des EG-Ministerrats zu vermeiden, sollten entsprechende Arbeitsgruppen bereits während der EG-Ministerratstagungen beraten. Schließlich bekräftigte der EG-Ministerrat „erneut seinen Willen, die Beschlußfassung in der Gemeinschaft durch die Suche nach Lösungen zu beschleunigen, die der Notwendigkeit von Fortschritten der Gemeinschaft in den verschiedenen Bereichen Rechnung tragen. Zu diesem Zweck erteilen die Mitgliedstaaten ihren Vertretern in den Sitzungen im Rahmen des Rates auf allen Ebenen Weisungen, die es ermöglichen, innerhalb angemessener Fristen zu Entscheidungen zu gelangen." Vgl. BULLETIN DER EG 2/1974, S. 121 f.

(Ausschuß der Ständigen Vertreter, Arbeitsgruppen) ein fest umrissenes Arbeitsprogramm mit genauem Terminplan vorlegen.
- Am Ende jedes Halbjahres ist von jeder Arbeitsgruppe, vom Ausschuß der Ständigen Vertreter und vom Rat eine Erfolgskontrolle durchzuführen.
- Der Vorsitz in den Arbeitsgruppen fällt in Zukunft nicht automatisch dem Vertreter der Präsidialmacht zu, sondern der Vorsitzende wird aufgrund seiner besonderen Eignung und seinen Kenntnissen in der Materie vom Ausschuß gewählt.

Zur Verbesserung der Effizienz der Sitzungen der Arbeitsgruppen sowohl des Rats als auch der Kommission wird die Kommission ferner gebeten, zu gewährleisten, daß sie nur Vorschläge vorlegt, die verabschiedungs- und veröffentlichungsreif sind. Die Sitzung der Arbeitsgruppen sollten sorgfältiger vorbereitet werden; um dies zu gewährleisten, sollten sie weniger häufig einberufen werden.

Die Organe der Gemeinschaft sollten in Beratungen mit anderen Organisationen in Europa (Europarat, OECD) und auf weltweiter Ebene sicherstellen, daß die gleichen Themen nicht gleichzeitig in verschiedenen Institutionen behandelt werden, womit die Sachverständigen der Mitgliedsregierungen in untragbarer Weise belastet werden.

5) Einrichtung einer EG-Vertretung bei UN

Sachverhalt:
- Präsident Giscard hat (am 8./9. Juli 1974) Errichtung gemeinsamer Vertretung bei UN vorgeschlagen.
- Ablösung nationaler Vertretungen EG-Mitgliedstaaten durch gemeinsame europäische Vertretung erscheint solange schwierig, als keine gemeinsame Außenpolitik der Neun besteht (insbesondere Probleme der permanenten Mitglieder des Sicherheitsrats und der Rotation zwischen den übrigen).
- Auf Ratsbeschluß wird EG auf bevorstehender UN-Generalversammlung[31] Status eines Beobachters bei Sitzungen der Generalversammlung und eines Beobachters mit Rederecht bei Kommissionen beantragen.
- Gemeinschaft ist in Washington, Paris (für OECD), Genf (für dortige internationale Organisationen), Santiago de Chile (für Lateinamerika) und (demnächst) in Tokio durch „Delegationen der Kommission der EG" vertreten; Leiter der Washingtoner Vertretung ist ehemaliger dänischer Premierminister Krag; übrige Vertretungen werden von Beamten geleitet.

Problematik:

General de Gaulle nahm an aktivem Gesandtschaftsrecht der Gemeinschaft noch stärkeren Anstoß als an passivem Gesandtschaftsrecht; Einrichtung der Delegationen entsprach deshalb niedrigstem Nenner, der gefunden werden konnte.

Vorschlag Giscards könnte in dem Sinn verwirklicht werden, einerseits in New York neben nationalen Vertretungen der Mitgliedstaaten neue EG-Vertretung analog zu bisherigen „Delegationen der Kommission" zu errichten und ihr auch

---

[31] Die XXIX. UNO-Generalversammlung fand vom 17. September bis 19. Dezember 1974 statt.

EPZ-Aufgaben zu übertragen, andererseits bisheriges System der EG-Außenvertretung überprüfen zu lassen mit dem Ziel, den Delegationen politische Aufgaben sowohl im Rahmen der EG-Zuständigkeiten als auch der EPZ zu übertragen.

Vorschlag:

Die Gemeinschaft richtet am Sitz der Vereinten Nationen in New York analog zu den bereits bestehenden „Delegationen der Kommission" eine Vertretung ein. Ihr obliegt die Ausübung der beantragten Beobachterrolle und die Koordinierung zwischen den Vertretungen der Mitgliedstaaten in den EG-Materien. Die Delegation kann ferner auf Beschluß des Politischen Komitees der EPZ in einzelnen EPZ-Angelegenheiten tätig werden; sie nimmt an der Konsultationsrunde der Ständigen Vertreter der Neun bei den UN teil.

Die Gemeinschaft überprüft ferner die Rolle der Außenvertretungen mit dem Ziel, ihnen vermehrt politische Aufgaben sowohl im Rahmen der EG-Zuständigkeiten als auch, in geeigneten Fällen, der EPZ zu übertragen.

6) Schaffung einer EPZ-Infrastruktur

Sachverhalt:

– Präsident Giscard d'Estaing hat (am 8./9. Juli 1974) die Einrichtung Politischen Sekretariats für EPZ erwähnt.

– Aufbau Sekretariats ist seit zwei Jahren durch Sitzfrage blockiert.[32] Französische Regierung berief sich zugunsten von Paris unter anderem darauf, daß bei Diskussionen über Fouchet-Bericht 1962[33] Paris als Sitz angenommen gewesen sei (unzutreffend: In seinem zweiten Bericht nennt sogar Fouchet Paris nicht mehr) und erklärte außerdem, Ansiedlung Politischen Sekretariats der EG-Staaten am NATO-Sitz sei indiskutabel. Deutsche, britische und Benelux-Regierungen haben demgegenüber Standpunkt eingenommen, daß jede Zersplitterung zu vermeiden sei, Berücksichtigung von Paris zudem Forderungen übriger Mitgliedstaaten nach EG-Einrichtungen für ihre Hauptstädte nach sich ziehen müßte.

– Außenministerien der Neun gehen zur Zeit übereinstimmend davon aus, daß gegenwärtiges Verfahren (Sekretariatsgeschäfte werden durch jeweilige Prä-

---

[32] Vortragender Legationsrat I. Klasse Hansen vermerkte am 11. Februar 1972, Bundesminister Scheel habe im Gespräch mit dem französischen Außenminister Schumann am Vortag in Paris angesichts „gewisser Schwächen" der derzeitigen Konstruktion der Politischen Zusammenarbeit deren „institutionelle Stärkung" angeregt, „ohne dabei bereits die Richtung der künftigen Struktur Europas festzulegen. Dies könne sich in einfachen Formen vollziehen. Wir dächten bekanntlich an ein ‚bescheidenes Sekretariat' oder ein ‚standing committee' an einem ‚bestimmten Ort'. Damit könnten ständige Migration vermieden und Kontinuität der PZ gefördert werden. AM erklärte sich offen für den Gedanken eines ständigen Sekretariats." Vgl. Referat I A 1, Bd. 723.
Zur Diskussion über den Sitz des Sekretariats vgl. AAPD 1972, I, Dok. 148 und Dok. 150.

[33] Eine im Auftrag der EWG-Mitgliedstaaten eingesetzte und vom französischen Botschafter Fouchet geleitete Kommission legte am 2. November 1961 umfassende Vorschläge zur Gründung einer „Union der Europäischen Völker" vor. Ein modifizierter französischer Entwurf vom 18. Januar 1962 sah bezüglich der gemeinsamen Politik eine Annäherung, Koordinierung und Vereinheitlichung der Außen-, Wirtschafts-, Kultur- und Verteidigungspolitik vor. Auf der EWG-Ministerratstagung vom 17. April 1962 in Paris wurde jedoch keine Einigung über die Vorschläge erzielt, da sich die Niederlande und Belgien weigerten, dem vorliegenden Vertragsentwurf zuzustimmen, solange Großbritannien der EWG nicht beigetreten sei. Für den Wortlaut der beiden „Fouchet-Pläne" vgl. EUROPA-ARCHIV 1964, D 466–485. Vgl. dazu ferner AAPD 1963, I, Dok. 136.

sidentschaft erledigt, was allerdings bei Präsidentschaften wie die bevorstehende in Dublin[34] wegen mangelnder personeller und technischer Ausstattung problematisch ist) bis auf weiteres genügende Kontinuität erlaubt; sie sehen allerdings für Spezialproblem europäisch-arabischen Dialogs Notwendigkeit zusätzlicher Lösung.

Problematik:

Präsident Giscard dürfte angesichts Bedeutung der Sitzfrage in französischer Öffentlichkeit zur Zeit nicht auf Paris verzichten können. Übrige Mitgliedstaaten können solange nicht auf Paris eingehen, als Gefahr für die Zukunft nicht völlig auszuschließen ist, daß damit Gegenposition zur NATO und zur EG aufgebaut werden könnte. Sicherheiten, die Frankreich dazu hinsichtlich weiterer Entwicklung politischer und wirtschaftlicher Integration sowie Verteidigungszusammenarbeit bieten müßte, übersteigen zur Zeit von Giscard zu erwartende Zugeständnisse. Alternative eines Sekretariats, das an jeweiligem Sitz halbjährlich wechselnder Präsidentschaft amtiert („Wandersekretariat") ist gegenüber Öffentlichkeit wenig überzeugend. Nur bescheidener Anfang, anknüpfend an technischen Bedarf für europäisch-arabischen Dialog, könnte gegenwärtig praktikablen, ausbaufähigen Ausweg bieten.

Vorschlag:

Als erster Schritt zu einem später zu errichtenden Politischen Sekretariat, dessen Sitz weiterhin offen bleibt, wird durch Gentlemen's Agreement der Neun ohne öffentliche Bekanntgabe unter der Verantwortung der gegenwärtigen (französischen) Präsidentschaft[35] für den soeben begonnenen europäisch-arabischen Dialog ein Ad-hoc-Sekretär ernannt. Da die anfallenden Arbeiten teils in die Zuständigkeit der EG, teils in die Zuständigkeit der EPZ fallen, obliegen ihm die Sekretariatsgeschäfte des Dialogs in enger Zusammenarbeit mit der Kommission, dem Generalsekretariat des EG-Rats und dem Politischen Komitee der EPZ. Seine Amtszeit erstreckt sich über die Dauer des Dialogs. Die anfallenden Kosten werden aus dem Haushalt des Generalsekretariats des EG-Rats übernommen.

III. Außenpolitischer Bereich

Verbesserung der außenpolitischen Konsultationen der Neun

Sachverhalt:
- EPZ hat schrittweise aufgrund der Aktualität die von ihr zu behandelnden Themen erweitert: Nahost, KSZE, Amerika–Europa, Chile, Portugal, Zypern.
- Unabhängige Republikaner Giscards hatten in Memorandum von 1971 gemeinsame Außenpolitik insbesondere gegenüber Sowjetunion, USA, Mittelmeerraum und Dritter Welt verlangt.

Problematik:

Bilaterale Beziehungen der Mitgliedstaaten zu beiden Weltmächten, China und wichtigen Staaten Dritter Welt gehören nicht zu regelmäßigen Konsultati-

---

[34] Irland übernahm am 1. Januar 1975 die EG-Ratspräsidentschaft.
[35] Frankreich übernahm am 1. Juli 1974 die EG-Ratspräsidentschaft.

onsthemen, obwohl deren Einfluß auf die in der EPZ behandelten Themen, wie z. B. KSZE oder Amerika–Europa, deutlich ist.

Vorschlag:

Angesichts des positiven Entwicklungsstandes der außenpolitischen Zusammenarbeit und angesichts des Zusammenhangs zwischen den in der EPZ behandelten Themen und dem bilateralen Verhältnis der Mitgliedstaaten zur Außenwelt erklären sich die Mitgliedstaaten bereit, auch ihre bilateralen Beziehungen zu den Vereinigten Staaten, zur Sowjetunion, zu China und zu wichtigen Staaten der Dritten Welt in den Konsultationsprozeß einzubeziehen. Sie werden insbesondere vor wichtigen bilateralen Gesprächen mit diesen Mächten eine Koordinierungsrunde abhalten, um zu ermöglichen, daß der jeweilige europäische Politiker in Kenntnis der Meinungen der übrigen Mitgliedstaaten oder auch in deren Namen spricht.

IV. Paßkontrollunion und Paßunion der Neun

Sachverhalt:

– Präsident Giscard hat (am 8./9. Juli 1974) die Einrichtung einer Paßunion der Neun vorgeschlagen.
– Unter Eindruck der Notwendigkeit gemeinsamer europäischer Verbrechensbekämpfung (stärkere Mobilität der kriminellen Aktivität über die Grenzen hinweg) und Beschluß Pariser Konferenz zugunsten „Europäischer Union" ab 1980[36] hat Bundesinnenministerium in letzten Monaten in Zusammenarbeit mit Länderinnenministern neue Konzeption entwickelt, die auf rasche Aufnahme schrittweiser europäischer Zusammenarbeit für innere Sicherheit hinzielt.
– Darunter fällt Abbau innergemeinschaftlicher Paßkontrollen und deren Verlegung an EG-Außengrenzen; Voraussetzung hierfür ist gemeinsames Visumsrecht sowie Vereinheitlichung nationaler Ausländerrechte.
– Bei erster Abstimmung mit französischem Innenministerium (Gespräch Maihofer/Poniatowski anläßlich deutsch-französischer Konsultationen am 8./9. Juli 1974) erklärte sich französische Seite zu bilateralen Gesprächen mit dem Ziel der Einführung Vorschläge im Kreis der Neun bereit.

Problematik:

Einrichtung Paßkontrollunion der Neun (wie sie ähnlich bereits zwischen den nordischen Staaten und den Benelux-Staaten besteht), würde neben technischen Vorteilen erheblichen integrationspolitischen Wert haben. Zusätzliche Einrichtung Paßunion würde unter gegenwärtigen Umständen Ausgabe einheitlichen Passes für Staatsangehörige der EG-Mitgliedstaaten mit sich bringen, ohne daß sich daraus an Staatsangehörigkeit geknüpfte Rechte ergäben. Gefahr, daß einheitliches Ausweisdokument in Öffentlichkeit als rein propagandistische Aktion betrachtet würde, dadurch relativiert, daß einheitliches Dokument technische Vorteile für Verbrechensbekämpfung (Computerkontrolle damit möglich) bietet und Fortfall innergemeinschaftlicher Paßkontrollen damit bis zu gewissem Grad ausgleicht.

---

[36] Vgl. dazu Ziffer 16 der Erklärung der Gipfelkonferenz der EG-Mitgliedstaaten und -Beitrittsstaaten am 19./20. Oktober 1972 in Paris; Dok. 19, Anm. 4.

Vorschlag:

Zwischen den Mitgliedstaaten der Europäischen Gemeinschaft wird eine Paßkontrollunion eingeführt. Zu diesem Zweck werden die Grundsätze und das Verfahren zu der Erteilung von Sichtvermerken und die Regelung über Sichtvermerksbefreiungen für Angehörige von Nicht-EG-Staaten vereinheitlicht, insbesondere

- eine gemeinsame Politik im Bereich der Niederlassungs- und Sichtvermerksabkommen sowie der Anwerbevereinbarungen;
- eine Vereinheitlichung der nationalen Ausländerrechte;
- eine Vereinheitlichung der Vorschriften für den Grenzübertritt.

Die Mitgliedstaaten erklären sich ferner bereit, eine Paßunion mit einem einheitlichen Ausweisdokument für ihre Staatsangehörigen einzuführen, das neben der Erleichterung der Verbrechensbekämpfung über die Grenzen hinweg zugleich die gemeinsame Zugehörigkeit zur Europäischen Gemeinschaft dokumentiert.

V. Verteidigungsbereich (besonders geheimhaltungsbedürftig)

Aufnahme einer Verteidigungszusammenarbeit der Neun

Sachverhalt:

a) Auf politischer Ebene

- Seit 1972 zeichnete sich in Frankreich in zunehmendem Maße Einsicht ab, daß veränderte politische Lage Europas im Weltentspannungsprozeß Umdenken im Hinblick auf sicherheitspolitische Interessen Frankreichs und seine Handlungsmöglichkeit erforderlich mache, wobei zwei Tendenzen hervortraten:
  - Interesse für Wiederannäherung an militärische Komponente der NATO ohne Reintegration[37], wobei dieses Interesse unter innenpolitischen Einflüssen wechselnd zu- und abnahm;
  - vorsichtiges Drängen, ebenfalls mit wechselnder Intensität, auf Aufnahme westeuropäischer Verteidigungszusammenarbeit, die unabhängig von den USA, militärisch mit diesen jedoch verbunden sein müsse, wobei sowohl Rahmen der Neun als auch Rahmen der WEU angesprochen wurde.
- Zahlreiche Erörterungen zwischen BK Brandt und Präsident Pompidou anläßlich deutsch-französischer Konsultationen der Jahre 1972 und 1973 führten im Juni 1973[38] zu Einvernehmen, daß Verteidigungsbereich in beabsichtigte „Europäische Union" einbezogen und in dieser Perspektive Etappenprozeß zur schrittweise Annäherung unterschiedlicher Konzeptionen aufgenommen werden müsse.
- In Kabinettssondersitzung in Gymnich am 15. November 1973[39] bestand Einigkeit, daß Einbeziehung des Verteidigungsbereichs in europäische Inte-

---

[37] Frankreich schied am 1. Juli 1966 aus der militärischen Integration der NATO aus.
[38] Die deutsch-französischen Konsultationsbesprechungen fanden am 21./22. Juni 1973 statt. Vgl. dazu AAPD 1973, II, Dok. 198, Dok. 199 und Dok. 201.
[39] Korrigiert aus: „25. November 1973".
Zu den Ergebnissen der Sondersitzung des Kabinetts am 15. November 1973 auf Schloß Gymnich erklärte Bundeskanzler Brandt am folgenden Tag in einer Pressekonferenz, daß sich das Kabinett

gration schrittweise bis 1980 zu verwirklichen sei, damit zu diesem Zeitpunkt gemeinsame europäische Verteidigungspolitik zur Disposition europäischen Verteidigungsministers stünde. Falls Frankreich nicht in Eurogroup eintrete[40], müsse anderer Rahmen gefunden werden, in dem Frankreich bei allmählicher Entwicklung übereinstimmender verteidigungspolitischer Konzeption mitwirken könne.

– Während deutsch-französischer Konsultationen im November 1973[41] akzeptierte BK Brandt WEU als Rahmen für Gespräche über europäische Verteidigungsfragen, nachdem Präsident Pompidou Eintritt Frankreichs in die Eurogroup abgelehnt und Ausschaltung der die BRD diskriminierenden Elemente in WEU zugesagt hatte.

– Nutzung der WEU scheiterte dennoch in zahlreichen Expertengesprächen, nachdem sich französisches Interesse in erster Linie auf Beteiligung an den in Eurogroup erörterten Rüstungsprojekten zu konzentrieren schien und Frankreich Vorschlag ablehnte, Beobachter des WEU-Rüstungsausschusses in Eurogroup zu entsenden. Übrige Mitgliedstaaten forderten außerdem zunächst Beweise für Neuorientierung französischer Verteidigungspolitik, die Frankreich seinerseits nur im Rahmen einer „Paketlösung" anzubieten in der Lage zu sein schien.

– In (von den beiden Außenministerien unter Beteiligung der Verteidigungsministerien beschickter) deutsch-französischer „Studiengruppe für Sicherheitsfragen in den 70er Jahren" führte erster Meinungsaustausch über Aufbau gemeinsamer europäischer Verteidigung zu folgendem Dissens:

– Nach französischer Ansicht muß europäische Streitmacht in sich integriert sein, d. h. außereuropäische Streitkräfte, wie amerikanische, ausschließen; USA bleiben als Verbündete in Europa, aber nicht in gleicher Ebene der Integration;[42]

Fortsetzung Fußnote von Seite 1114

in „einer ganztägigen Sitzung mit der Weiterentwicklung der Europapolitik und mit aktuellen Fragen der Bündnispolitik befaßt" habe. Dabei sei „eine Reihe konkreter Vorschläge formuliert" worden: „Als erstes wünscht die Bundesregierung beim Übergang von diesem zum nächsten Jahr einen wesentlichen Fortschritt auf dem Weg zur Wirtschafts- und Währungs-Union. [...] Als zweites wünscht die Bundesregierung gleichzeitig die europäische Politische Zusammenarbeit zügig zu verbessern. In Straßburg habe ich kürzlich Fortschritte auf einer Reihe von Gebieten gefordert: für ein solidarisches Verhältnis der Gemeinschaft in der Mitverantwortung Europas für Frieden und Stabilität im Mittelmeerraum; in der Definition unserer Beziehungen zu unseren nordamerikanischen Partnern; in der Kooperation mit der Sowjetunion und den Staaten Osteuropas. [...] Als drittes wünscht die Bundesregierung die Festigung und Erneuerung des Atlantischen Bündnisses. Das Atlantische Bündnis, lassen Sie mich das betonen, bleibt die Grundlage der Sicherheit und der Entspannungspolitik. Seine Funktionsfähigkeit hängt ab vom Engagement der europäischen Verbündeten, von der Präsenz der amerikanischen Truppen in Westeuropa und vom gesamtstrategischen Konzept." Vgl. BULLETIN 1973, S. 1481 f. Vgl. dazu ferner AAPD 1973, III, Dok. 372.

40 Zur Nichtteilnahme von Frankreich an den Arbeiten der Eurogroup vgl. Dok. 38, Anm. 6.
41 Die deutsch-französischen Konsultationsbesprechungen fanden am 26./27. November 1973 in Paris statt. Vgl. dazu AAPD 1973, III, Dok. 390–394.
42 In der Sitzung der deutsch-französischen Studiengruppe für die Probleme der Sicherheit Europas in den siebziger Jahren am 15. Januar 1974 führte der stellvertretende Abteilungsleiter im französischen Außenministerium, Arnaud, aus, bezüglich der Integration der konventionellen Streitkräfte seien sich „die deutsche und die französische Seite offenbar nicht einig. Frankreich hat nichts gegen die Integration der Vierzehn und insbesondere nichts gegen die Verflechtung der deutschen und amerikanischen Streitkräfte. Frankreich will niemanden von dieser Integration abhalten, nur weil Frankreich selbst die Organisation der NATO verlassen hat. Die Frage stellt sich aber für die

- nach deutscher Ansicht muß Integration der Vierzehn aufrechterhalten werden und konventionelles französisches Potential mit diesen integrierten Strukturen verbunden werden.⁴³
- Französische Bereitschaft zu Aufnahme von europäischen Verteidigungsgesprächen erwies sich unter Pompidou dadurch als begrenzt, daß er als Folge der MBFR-Verhandlungen Reduktion nationaler europäischer Streitkräfte (einschließlich deutscher), Einrichtung europäischer Sonderzone und Abgleiten der BRD in neutralen Status fürchtete; unsere wiederholten Zusicherungen, daß Gefahr in Wien vermieden würde, vermochte Skepsis nicht voll aufzulösen.
- Unabhängige Republikaner Giscards hatten im Memorandum von 1971 – ausgehend von Tatsache, daß westeuropäische Verteidigungsbudgets nicht mehr erhöht werden könnten – Rationalisierung der Verteidigungsanstrengungen durch Zusammenfassung unter Verantwortung Europäischen Verteidigungsministerrates und Einrichtung Europäischer Rüstungsagentur gefordert.
- Giscard hat (am 8./9. Juli 1974) im Zusammenhang mit dem Wunsch nach europäischer Rüstungszusammenarbeit in erster Linie auf den dadurch ausgelösten „Lernprozeß" in der französischen Rüstungsindustrie zugunsten multilateral konzipierter Rüstungsprojekte verwiesen.

b) Auf militärischer Ebene
- Kennzeichnend war auch hier in vergangenen Jahren Wechsel zwischen französischen Vorstößen und anschließenden „Rückziehern".

Fortsetzung Fußnote von Seite 1115

Zukunft anders: Kann man der Auffassung sein, daß ‚es im Augenblick des Erreichens der Perspektive normal wäre, daß Teile oder die Gesamtheit der europäischen Streitkräfte mit außereuropäischen Streitkräften integriert sind? Das ist undenkbar. Eine europäische Streitmacht, die diesen Namen verdient, ist in sich integriert. Sie ist aber nicht mit anderen integriert, die außerhalb des europäischen Staatenbundes oder Bundesstaates stehen. Könnte man diese europäische Streitmacht sonst noch europäisch nennen?' Diese Frage ist insbesondere dann nicht positiv zu beantworten, wenn es sich um eine Integration mit einem außereuropäischen Land vom Gewicht der USA handelt. Aber wir können uns nicht erst Gedanken über die europäische Verteidigung nach dem Abzug der USA machen. Die europäische Verteidigung ist ein Selbstzweck. Europäische Verteidigung und Hierbleiben der Amerikaner sind miteinander vereinbar. Das Verhältnis zu den Amerikanern muß dann aber modifiziert werden: Die USA bleiben als Verbündete in Europa, aber nicht in der gleichen ‚Ebene' der Integration." Vgl. die Aufzeichnung des Ministerialdirektors van Well vom 17. Januar 1974; VS-Bd. 8107 (201); B 150, Aktenkopien 1974.

43 In der Sitzung der deutsch-französischen Studiengruppe für die Probleme der Sicherheit Europas in den siebziger Jahren am 15. Januar 1974 legte Ministerialdirektor van Well dar: „Wir gehen davon aus, daß auch die französische Regierung von der Notwendigkeit überzeugt ist, daß die Integration der Vierzehn aufrechterhalten bleiben muß, nicht zuletzt deshalb, um die Anwesenheit der amerikanischen Truppen in Europa aufrechtzuerhalten. Wir nehmen an, daß die französische Seite angesichts des gemeinsamen Wunsches nach Stationierung großer amerikanischer Verbände auf unserem Territorium die ‚Naturnotwendigkeit' der Verflechtung dieser amerikanischen Verbände mit denen der Bundeswehr anerkennt. Anders ausgedrückt: Wir gehen davon aus, daß Frankreich diese deutsche Verflechtung nicht contre-cœur betrachtet. Es kann sich also auf die Dauer in Europa nicht darum handeln, diese Integration der Vierzehn aufzulösen. Die Ratio dieser Verflechtung ist die Maximierung der Abschreckung und Verteidigung. Die Auflösung der deutsch-amerikanischen militärischen Verflechtung würde eine Minderung von Abschreckung und Verteidigung bedeuten. Wenn nun bei der Überprüfung der europäischen Verteidigungspolitik die Frage der Strukturen aufgeworfen wird, so meinen wir, daß die bestehenden Strukturen also erhalten werden müssen. Dann erhebt sich aber die Frage der Verbindung des konventionellen französischen Potentials mit diesen integrierten Strukturen." Vgl. die Aufzeichnung von van Well vom 17. Januar 1974; VS-Bd. 8107 (201); B 150, Aktenkopien 1974.

– So drängte französischer Generalstabschef[44] im November 1973 gegenüber Generalinspekteur[45] auf schnellen Abschluß Gespräche zwischen französischen und NATO-Kommandostellen über Operationspläne französischer Streitkräfte in Deutschland, ohne daß anschließend Schritte erfolgten.
– Frankreich-NATO-Gespräche deshalb auf Basis stehengeblieben, daß 2. französisches Korps als Reserve der CENTAG Gegenangriff bis zur Linie Hersfeld – Fulda – Bamberg – Nürnberg – Ingolstadt führt oder Abwehrstellungen zwischen Heidelberg und Stuttgart bezieht; geographische Begrenzung für uns unergiebig; sie läßt Schluß zu, daß französische Truppen erst nach Preisgabe großer deutscher Gebietsteile zum Einsatz kommen sollen.
– AM Jobert teilte BM Scheel im November 1973 mit, französische Militärs könnten sich im Zusammenhang mit Frage nach ihrem Verhalten im Falle eines Gegenangriffs vorstellen, die Verteidigung eines Abschnitts an deutscher Ostgrenze zu übernehmen, ohne daß dieses Angebot später substantiiert wurde.
– In Frage Ausrüstung französischer Streitkräfte in Deutschland mit nuklearen Gefechtsfeldwaffen vertraten französische Stellen in vergangenen Jahren Standpunkt, daß nur in Frankreich stationierte Truppen mit französischer Rakete „Pluton" ausgerüstet würden. Französischer Generalstabschef schlug im November 1973 Generalinspekteur vor, daß für französische Streitkräfte in Deutschland deshalb nukleare Gefechtsfeldwaffen vorläufig durch die NATO gestellt werden müßten, auf französischer Seite bestünde Verständnis für Notwendigkeit, Einsatz dieser Waffen Verfahrensvorschriften und „constraints policy" der NATO anzupassen.

d) Gegenwärtige strategische Prüfung in Frankreich
– Präsident Giscard führt gegenwärtig Überprüfung strategischer Richtlinien für französische Verteidigung durch; nationaler Verteidigungsrat tagte hierfür am 7. August.

Problematik:
Anzustreben ist Aufnahme europäischer Zusammenarbeit sowohl in Strategie – zunächst begrenzt auf europäisches Operationsgebiet – als auch in Rüstungsproduktion, ohne Frankreich den für Giscard unzumutbaren Schritt in NATO oder Eurogroup abzufordern. Dies muß mit amerikanischer Zustimmung geschehen, um nicht Schwächung amerikanischer Verteidigungsleistungen zu provozieren und von den übrigen NATO-Mitgliedstaaten zumindest geduldet werden, damit NATO-Zusammenhalt nicht darunter leidet. Als Rahmen bieten sich Neun an, da Argument Einführung auch Verteidigung in vorgesehene Europäische Union theoretisch und praktisch unanfechtbar ist (gilt nicht für WEU). Zur Abstimmung mit USA und übrigen NATO-Mitgliedern könnte pragmatisches EPZ-Verfahren dienen.
– Informelle Gespräche zwischen Verteidigungsministern der Neun sollten bald zu diesem Zweck aufgenommen werden. Falls Irland (wegen seiner Neutralität) und Dänemark (aus innenpolitischen Gründen) Mitarbeit ablehnen, soll-

---
44 François Maurin.
45 Armin Zimmermann.

ten übrige Mitgliedstaaten Zusammenarbeit zunächst zu Siebt[46] aufnehmen und beiden übrigen Staaten späteren Beitritt offenlassen. Auch in diesem Falle eignet sich WEU nicht, weil im Falle späteren dänischen oder irischen Beitritts Vertrag geändert werden müßte. Im übrigen richtiger, WEU eines Tages in Europäische Union aufgehen zu lassen, anstatt sie zu beleben.

– Angesichts sich abzeichnender neuer amerikanischer Überlegungen für Strategie auf europäischem Operationsfeld bekommen europäische Verteidigungsgespräche zusätzliche Aufgabe, gemeinsame Haltung zu US-Absichten zu formulieren.

– Bei Erarbeitung von Operationsplänen für französische Streitkräfte in Deutschland genügt Parallelismus zwischen NATO-Plänen und von Frankreich akzeptierten Plänen, um in Öffentlichkeit für Giscard schädlichen Eindruck zu vermeiden, er habe NATO-Strategie übernommen.

Im Fall späterer Ausrüstung französischer Streitkräfte in Deutschland mit „Pluton" müßte auf NATO-Vorschriften beruhende Vereinbarung über Einsatz analog zu deutsch-britischer Vereinbarung von 1971 abgeschlossen werden.

Vorschlag:

a) Auf politischer Ebene

In der Perspektive der Zugehörigkeit des Verteidigungsbereichs zur zukünftigen „Europäischen Union" werden zunächst informelle Gespräche zwischen den Verteidigungsministern der Neun aufgenommen. Ziel ist, nach dem Modell der Europäischen Politischen Zusammenarbeit zunächst ohne vertragliche Grundlage, periodische Treffen der Verteidigungsminister der EG-Mitgliedstaaten, vorbereitet von den Direktoren der Verteidigungsministerien, einzuführen. Aufgabe dieser Tätigkeit ist, in einer ersten Stufe die Auffassungen der Mitgliedsregierungen auf dem Gebiet der Strategie für das europäische Operationsgebiet zu harmonisieren. Ferner sollen die Verteidigungsminister die Voraussetzungen dafür schaffen, daß auch auf dem Gebiet der Rüstungsproduktion ein gemeinsamer Markt eingeführt wird. Ähnlich wie in der Luft- und Raumfahrt soll im Rahmen einer europäischen Rüstungsindustrie eine Rationalisierung der nationalen Rüstungsindustrien angestrebt werden. Dabei ist auch dem Umstand Rechnung zu tragen, daß im Rahmen der Offset-Abkommen die Bundesrepublik Deutschland weiterhin Rüstungslieferungen aus Amerika beizubehalten wünscht. In einer weiteren Stufe sollen die Verteidigungsminister in Vorbereitung der Europäischen Union die Grundlagen einer gemeinsamen Verteidigungspolitik erarbeiten.

b) Auf militärischer Ebene

In deutsch-französischen Konsultationen wird die Ausarbeitung von Operationsplänen für den Einsatz der französischen Streitkräfte in Deutschland soweit vorbereitet, daß die Verabschiedung zwischen französischen und NATO-Kommandostellen bald vorgenommen werden kann.

VS-Bd. 14054 (010)

---

[46] Korrigiert aus: „zu Sieben".

254

**Aufzeichnung des
Vortragenden Legationsrats I. Klasse Lücking**

210-322.00 USA-2487/74 VS-vertraulich 6. September 1974[1]

Betr.: Diplomatische Beziehungen USA–DDR[2]

Anlage: 1

Der amerikanische Vertreter in der Bonner Vierergruppe überließ uns am 5. September 1974 beiliegenden Erlaß des State Department[3] an alle diplomatischen und konsularischen Vertretungen der Vereinigten Staaten.

In ihm werden die Vertretungen von der Aufnahme diplomatischer Beziehungen zwischen den USA und der DDR unterrichtet und angewiesen, die Vertretungen der DDR und ihre Angehörigen in Drittländern in ihrer Behandlung den Vertretungen anderer Staaten des Warschauer Paktes gleichzustellen. Der Erlaß betont, daß mit der Aufnahme diplomatischer Beziehungen zur DDR die Rechte und Verantwortlichkeiten der Vereinigten Staaten für Berlin und ihre Beziehung zum NATO-Verbündeten Bundesrepublik Deutschland unberührt bleiben und von weit größerer Bedeutung für das nationale Interesse der Vereinigten Staaten sein werden als die Vorteile aus der diplomatischen Beziehung zur DDR. Als derartige Vorteile werden genannt, bilaterale und multilaterale Angelegenheiten, hauptsächlich wirtschaftlicher Natur, unmittelbar mit der DDR behandeln sowie Staatsangehörigen der Vereinigten Staaten in der DDR konsularischen Schutz gewähren zu können. In einer Ziffer 5 des Erlasses schließlich heißt es zur Frage des Kontaktes zu DDR-Vertretungen im Ausland, wegen der Empfindlichkeit der Bundesrepublik Deutschland (welche formell keine diplomatischen Beziehungen zur DDR unterhalte, sondern gemäß ihrer Konzeption von der Einheit der Deutschen Nation mit ihr „Ständige Vertretungen" ausgetauscht habe) sollten die Vertretungen jede besondere Erwägung der Vertretung der Bundesrepublik Deutschland im Gastland, welche die Beziehungen zur örtlichen Vertretung der DDR beträfen, in Rechnung stellen und bei auftretenden Fragen Weisung einholen.

Lücking

VS-Bd. 14057 (010)

---

[1] Hat Ministerialdirigent Kinkel am 16. September 1974 vorgelegen.
[2] Die USA und die DDR nahmen am 4. September 1974 diplomatische Beziehungen auf. Für den Wortlaut des Kommuniqués vgl. DEPARTMENT OF STATE BULLETIN, Bd. 71 (1974), S. 423. Für den deutschen Wortlaut vgl. AUSSENPOLITIK DER DDR, Bd. XXII/2, S. 912 f.
Botschafter von Staden, Washington, übermittelte am 4. September 1974 ein von beiden Seiten vereinbartes Protokoll, das nicht veröffentlicht werden sollte, und teilte mit, darin seien die Einzelheiten der Aufnahme diplomatischer Beziehungen geregelt. Ferner seien Briefwechsel ausgetauscht worden über den Status des Grundstücks der ehemaligen amerikanischen Botschaft am Pariser Platz, über die Anmietung eines neuen Botschaftsgrundstücks sowie von Wohnungen für die Mitarbeiter der Botschaft, über die Einrichtung von Fernmeldeanlagen und über Banktransaktionen im Zusammenhang mit der Eröffnung der beiderseitigen Vertretungen. Vgl. dazu den Drahtbericht Nr. 2599; VS-Bd. 9965 (204); B 150, Aktenkopien 1974.
[3] Dem Vorgang beigefügt. Vgl. VS-Bd. 14057 (010).

255

Deutsch-griechisches Regierungsgespräch

410-420.30 GRI VS-NfD   **9. September 1974**[1]

Bundesminister begrüßt die griechischen Gäste[2]; er verweist darauf, daß dies erster Besuch eines griechischen Außenministers nach zwölfjähriger Pause sei[3], während der freundschaftliche Gefühle beider Völker aber ungewöhnlich stark gewesen seien. Dies zeige sich auch an herzlicher Begrüßung der Vertreter einer demokratischen griechischen Regierung[4] durch Bundesregierung und Bevölkerung. Er freue sich auf die Gespräche, die über anstehende Fragen hinaus gemeinsamen Zielen Ausdruck verleihen sollten. Die erste Gesprächsrunde solle die wirtschaftlichen und die EG-Probleme behandeln.

Außenminister *Mavros* dankt für Begrüßung und für freundschaftliche Haltung der deutschen Regierung gegenüber demokratischem Griechenland. Er habe auch Botschafter Oncken für seine Haltung während der Diktatur und für seinen persönlichen Einsatz während seiner, Mavros', letzten KZ-Inhaftierung zu danken.

AM Mavros lädt im Namen griechischer Regierung Bundesminister zu einem Besuch nach Athen ein. *Bundesminister* nimmt die Einladung an. Er hoffe, ihr nach Möglichkeit sehr bald Folge leisten zu können.

AM *Mavros* bemerkt, daß er sich zu den wirtschaftlichen Fragen nur kurz äußern und dann Koordinationsminister Zolotas das Wort hierzu überlassen wolle. Die griechischen Wünsche seien:

– Wiederbelebung der Assoziierung, insbesondere der seit 1967 nicht mehr angewandten Teile des Abkommens[5], unter denen vor allem die agrarpolitischen Bestimmungen zu nennen seien;

---

[1] Durchschlag als Konzept.
Die Gesprächsaufzeichnung wurde von Vortragendem Legationsrat Trumpf am 10. September 1974 gefertigt.
Hat Ministerialdirektor Hermes, Ministerialdirigent Lautenschlager und Vortragendem Legationsrat I. Klasse Ruyter am 11. September 1974 vorgelegen.

[2] Der griechische Außenminister Mavros und der griechische Koordinationsminister Zolotas hielten sich am 9./10. September 1974 in der Bundesrepublik auf.

[3] Der griechische Außenminister Averoff-Tossizza besuchte die Bundesrepublik am 10. Dezember 1962.

[4] Zur Neubildung der griechischen Regierung am 24. Juli 1974 vgl. Dok. 238, Anm. 6.
Die neue griechische Regierung beschloß am 24. Juli 1974 die Auflösung eines Straflagers auf der Insel Jaros, die Freilassung aller politischen Häftlinge, eine Generalamnestie für politische Straftaten sowie die Rückgabe der griechischen Staatsangehörigkeit an Emigranten. Ferner wurde die Aufhebung des Verbots der Erteilung von Reisepässen und des Ausreiseverbots angeordnet. Vgl. dazu den Artikel „In Griechenland regieren wieder Zivilisten – Alle politischen Gefangenen amnestiert"; FRANKFURTER ALLGEMEINE ZEITUNG vom 25. Juli 1974, S. 1.
Am 1. August 1974 wurde die Verfassung vom 1. Januar 1952 wieder in Kraft gesetzt. Damit wurden die Streitkräfte unter zivile Kontrolle gestellt. Die Frage der künftigen Staatsform wurde offengelassen. Vgl. dazu den Artikel „Greece Puts Armed Forces Back Under Civilian Control"; INTERNATIONAL HERALD TRIBUNE vom 2. August 1974, S. 1.
In einem Dekret vom 8. August 1974 wurde die freie Ausübung der Grundrechte garantiert. Vgl. dazu EUROPA-ARCHIV 1974, Z 200.

[5] Für den Wortlaut des Abkommens vom 9. Juli 1961 zur Gründung einer Assoziation zwischen der

- Aufnahme von Verhandlungen über den Beitritt Griechenlands zur EG. Griechenland brauche die Frist bis 1984[6] nicht, es sei bereit, sofort mit den erforderlichen Verfahren zu beginnen.
- Hilfe bei den Bestrebungen zum Ausgleich der griechischen Zahlungsbilanz. Hierüber seien auch in Paris Gespräche geführt worden[7], deren Inhalt der deutschen Seite wohl bekannt sei. Man hoffe auf eine deutsch-französische Initiative.

AM Mavros wies in diesem Zusammenhang darauf hin, daß Griechenland so bald wie möglich freie Wahlen abhalten wolle.[8] Ein Zeitpunkt ließe sich angesichts der allgemeinen Mobilmachung und des Ausnahmezustandes im Lande jetzt noch nicht bestimmen. Es werde auch die Menschenrechtserklärung wieder in Kraft setzen[9], um die Voraussetzungen für die Rückkehr in die europäischen Gremien zu schaffen.

Minister *Zolotas* bezeichnete als wichtigste Wirtschaftsprobleme des Landes die Sanierung der Zahlungsbilanz und die Teilnahme an der europäischen Integration. Zur Zahlungsbilanzsituation verwies er auf das griechische Aidemémoire.[10] Die wirtschaftliche Lage des Landes bei Übernahme der Regierung

Fortsetzung Fußnote von Seite 1120
EWG und Griechenland sowie der dazugehörigen Dokumente vgl. BUNDESGESETZBLATT 1962, Teil II, S. 1144–1349.
Das Abkommen trat am 1. November 1962 in Kraft. Vgl. dazu BUNDESGESETZBLATT 1963, Teil II, S. 46. Seit dem Militärputsch in Griechenland vom 21. April 1967 wurden die Teile des Assoziierungsabkommens vom 9. Juli 1961 angewendet, die präzise Verpflichtungen enthielten. Dies betraf die Bereiche Zollregelungen und Handelsbeziehungen. Dagegen wurden die laufenden Verhandlungen über die Harmonisierung der Agrarpolitik der Europäischen Gemeinschaften und Griechenlands sowie über die Griechenland nach dem 31. Oktober 1967 zu gewährende Finanzhilfe nicht fortgesetzt. Vgl. dazu ERSTER GESAMTBERICHT 1967, S. 392.
Das Europäische Parlament beschloß am 7. Mai 1969, daß aufgrund der politischen Lage in Griechenland das Assoziierungsabkommen vom 9. Juli 1961 nicht vollständig angewendet werden könne und daß unter den gegenwärtigen Bedingungen ein EG-Beitritt Griechenlands ausgeschlossen sei. Das Europäische Parlament forderte außerdem eine Volksbefragung zur Wahl des Parlaments mit weitestgehenden Sicherungen für Redefreiheit, Vereinsrecht und Stimmrecht. Die EG-Kommission wurde dazu aufgefordert, keine weitere Entwicklung der Assoziierung zuzulassen, bis in Griechenland die Voraussetzungen für ein „normales demokratisches Leben" wiederhergestellt seien. Vgl. BULLETIN DER EG 7/1969, S. 114.

6 In Artikel 6 des Abkommens vom 9. Juli 1961 zur Gründung einer Assoziation zwischen der EWG und Griechenland wurde als Übergangszeit zur Errichtung einer Zollunion ein Zeitraum von zwölf Jahren festgesetzt. Artikel 15 Absatz 1 erlaubte jedoch für bestimmte Waren eine Übergangszeit von 22 Jahren. Vgl. dazu BUNDESGESETZBLATT 1962, Teil II, S. 1160 bzw. S. 1166–1168.
In Artikel 72 wurde ausgeführt: „Sobald das Funktionieren des Assoziierungsabkommens es in Aussicht zu nehmen gestattet, daß Griechenland die Verpflichtungen aus dem Vertrag zur Gründung der Europäischen Wirtschaftsgemeinschaft vollständig übernimmt, werden die Vertragsparteien die Möglichkeit eines Beitritts Griechenlands zur Gemeinschaft prüfen." Vgl. BUNDESGESETZBLATT 1962, Teil II, S. 1224.
7 Der griechische Außenminister Mavros hielt sich vom 5. bis 7. September 1974 in Frankreich auf.
8 Die Parlamentswahlen in Griechenland fanden am 17. November 1974 statt.
9 Für den Wortlaut der Konvention vom 4. November 1950 zum Schutze der Menschenrechte und Grundfreiheiten sowie des Zusatzprotokolls vom 20. März 1952 vgl. BUNDESGESETZBLATT 1952, Teil II, S. 686–700 bzw. BUNDESGESETZBLATT 1956, Teil II, S. 1880–1883.
Griechenland kündigte die Konvention und das Zusatzprotokoll am 12. Dezember 1969. Sie traten für Griechenland am 13. Juni 1970 außer Kraft. Vgl. dazu BUNDESGESETZBLATT 1971, Teil II, S. 5.
10 In einem Aide-mémoire vom 27. August 1974 an die EG-Mitgliedstaaten legte die griechische Regierung die gegenwärtigen finanziellen Schwierigkeiten dar und äußerte die Bitte um eine außerordentliche Finanzhilfe zur Konsolidierung der Auslandsschulden sowie zur Stabilisierung der wirtschaftlichen Lage Griechenlands. Benötigt werde ein Kredit über eine Laufzeit von 20 Jahren in Höhe von 800 Mio. Dollar, zahlbar in zwei Tranchen 1974 und 1975. Vgl. dazu Referat 420, Bd. 106447.

Karamanlis sei bedrückend. 1973 habe die Inflationsrate über 30% betragen; man hoffe, sie in diesem Jahr auf 12 bis 13%, den europäischen Durchschnitt, zu senken. Die scheinbar widersprüchlichen Maßnahmen der Regierung zur Belebung der Konjunktur erklärten sich aus den Rezessionstendenzen, die mit dem irrationalen Wirtschaftsverhalten der Bevölkerung wegen der außenpolitischen Lage des Landes zusammenhingen. Für 1974 und 1975 werde nach Abzug aller Zuflüsse (ausländische Kapitalinvestitionen, Zuflüsse von Griechen im Ausland, Anleihen der Bank von Griechenland) ein Defizit von jeweils 350 bis 400 Mio. $ erwartet. Es entspräche in gewisser Weise auch der zusätzlichen Belastung durch das Ansteigen der Ölpreise. In dieser Lage wende man sich an Bundesrepublik mit der Bitte um Hilfe. Man brauche Hilfe, um mittel- bis langfristige Probleme zu lösen, dann bestünde vielleicht Aussicht, bis Ende 1975 die Zahlungsbilanz zu bereinigen. Für Griechenland handele es sich auch um eine politische Frage zur Konsolidierung der Demokratie, deren Grundfesten durch die Inflation erschüttert werden könnten. Auch aus deutscher Sicht könne ein solcher Kredit zur Milderung der Überschußprobleme und Sicherung des deutschen Exports nach Griechenland, der 1974 750 Mio. $ (gegenüber 247 Mio. $ griechischer Exporte in die Bundesrepublik) betragen habe, von Interesse sein.

AM *Mavros* unterstützt die Bitte von Minister Zolotas mit dem Hinweis, daß die griechische Regierung besorgt sei, wegen der Wirtschaftslage in Schwierigkeiten zu geraten. Ihr Sturz würde für Griechenland ein Chaos bedeuten.

Zur Frage des Verhältnisses Griechenlands zur Gemeinschaft unterstreicht Minister *Zolotas* den griechischen Wunsch nach schneller Reaktivierung der Bestimmungen des Abkommens noch vor den Wahlen in Griechenland und voller Wiederaufnahme der Beziehungen des griechischen Parlaments zum Europäischen Parlament. In materieller Hinsicht erschienen die Fragen des Regimes für den Handel mit Agrarerzeugnissen und der Harmonisierung der Agrarpolitiken sowie die Wiederaufnahme gemeinschaftlicher Finanzhilfe wichtig. EP-Präsident Berkhouwer habe bei seinem Besuch in Athen[11] den Griechen vorgerechnet, daß ihnen durch das Einfrieren der Assoziierung ein Verlust von etwa 300 Mio. US-Dollar entstanden sei. Wesentlich sei für Griechenland aber die Aufnahme von Gesprächen über die Vollmitgliedschaft. Die griechische Wirtschaft sei dem Beitritt gewachsen. Sie habe fast die gleiche Struktur und das gleiche Entwicklungsniveau wie Irland. Die griechische Industrie sei zuversichtlich, den Anforderungen des Beitritts standzuhalten. AM *Mavros* ergänzt, daß die politische Auswirkung für die volle griechische Teilnahme an der europäischen Integration ausschlaggebend sei. Sobald sich die äußere Situation beruhigt habe, werde es Wahlen geben. Dies sei Frage einiger Monate. Wenn das Parlament zusammengetreten sei, könne man Beitrittsverhandlungen aufnehmen; drei bis fünf Jahre nach deren Beginn könne der Beitritt erfolgen.

Bundesminister antwortet, daß wir aus eigener Erfahrung wissen, welche Bedeutung wirtschaftliche Stabilität für die demokratische Entwicklung besitzt. Dieser politische Aspekt sei der Maßstab unseres Handelns gegenüber griechischer Regierung. Wir seien uns bewußt, daß es zur jetzigen demokratischen

---

[11] Der Präsident des Europäischen Parlaments, Berkhouwer, hielt sich vom 18. bis 23. August 1974 in Griechenland auf.

Kräftekoalition keine Alternative gebe. Sowohl bei der Wiederbelebung der Assoziierung wie bei der Aufnahme von Beitrittsverhandlungen handle es sich für uns um hochpolitische Fragen. Wir hätten die Initiative in der Assoziierungsfrage ergriffen[12]; der Erfolg auf der bevorstehenden Ratstagung schiene nun gesichert.[13] Die Assoziierung stelle für uns Vorstufe zum Beitritt dar. Das assoziierte Land müsse entscheiden, wann es Beitrittsantrag stellen wolle. Bei unserer Haltung dazu berücksichtigten wir die politischen Motive, die Griechenland schon seinerzeit als erstes europäisches Land zur Assoziierung geführt hätten. Er versichere, daß wir in bezug auf die Vollmitgliedschaft den griechischen Wünschen auch entsprechen wollten. Die einschlägigen Verfahren sollten zu gegebener Zeit schnell aufgenommen werden.

StS *Sachs* erläutert im einzelnen die deutsche Haltung hinsichtlich Wiederbelebung der Assoziierung (Wiederingangsetzung der Tätigkeit der Institutionen der Assoziation, Ausdehnung auf die neuen Mitgliedstaaten durch Ergänzungsprotokoll und Interimsabkommen, Freigabe des blockierten Betrages aus dem ersten[14] und Verhandlungen über ein neues Finanzprotokoll[15]). Hinsichtlich der Agrarfragen weist er, unterstützt durch den BM, auf die großen Schwierig-

---

[12] Ministerialdirigent Lautenschlager vermerkte am 28. August 1974: „Ausgehend von der Notwendigkeit, die Wiederherstellung der Demokratie in Griechenland zu unterstützen, hat Kabinett am 21.8.1974 die möglichst baldige Wiederbelebung des Assoziierungsabkommens EWG–Griechenland und zugleich die Prüfung der Möglichkeiten einer Wiederaufnahme der Finanzhilfe beschlossen. Die Ständige Vertretung in Brüssel hat die Präsidentschaft, die Kommission und die Vertretungen der anderen EG-Staaten von dem deutschen Wunsch in Kenntnis gesetzt." Vgl. Referat 410, Bd. 105623.

[13] Im Anschluß an die EG-Ministerratstagung am 17. September 1974 in Brüssel wurde folgende Erklärung veröffentlicht: „Der Rat hat die Lage der Assoziation zwischen der Gemeinschaft und Griechenland geprüft und seine tiefe Genugtuung darüber zum Ausdruck gebracht, daß Griechenland wieder zu den Idealen zurückgekehrt ist, von denen sich diejenigen haben leiten lassen, die das Abkommen von Athen aushandelten. Er hat seine feste Entschlossenheit bekundet, unverzüglich den Prozeß des Ausbaus der Assoziation wieder in Gang zu setzen und so den späteren Beitritt Griechenlands zur Gemeinschaft zu erleichtern. Er stellt erfreut fest, daß unter den neuen Umständen nunmehr der Weg wieder frei ist für ein normales Wirken der Organe der Assoziation und ganz allgemein für deren volle Entwicklung. Er erklärt sich schon jetzt bereit, im Hinblick darauf jederzeit mit den Vertretern der neuen griechischen Regierung im Rahmen einer Tagung des Assoziationsrates auf Ministerebene zusammenzutreffen. In diesem Sinne ist der Rat übereingekommen, aufgeschlossen und positiv sämtliche Fragen zu prüfen, die sich aus den politischen, wirtschaftlichen und rechtlichen Entwicklungen der letzten sieben Jahre, insbesondere innerhalb der Gemeinschaft, für das reibungslose Funktionieren des Abkommens ergeben. Er hat deshalb beschlossen, sofort in den Gremien der Gemeinschaft mit einer Bestandsaufnahme der Probleme zu beginnen, die sich hier stellen, und unverzüglich nach für beide Seiten annehmbaren Lösungen zu suchen." Vgl. BULLETIN DER EG 9/1974, S. 61.

[14] Zur Finanzhilfe der Europäischen Gemeinschaften für Griechenland vermerkte Vortragender Legationsrat I. Klasse Ruyter am 25. Juli 1974: „Nach Protokoll Nr. 19 zum Assoziationsabkommen konnte Griechenland in den ersten fünf Jahren nach Inkrafttreten des Abkommens Darlehen bis zu einem Betrag von insgesamt 125 Mio. US $ erhalten. Ein Drittel dieses Betrages sollte zu banküblichen Zinsen gewährt werden; bei den übrigen zwei Dritteln bestand zur Förderung von Infrastrukturvorhaben die Möglichkeit einer Zinsvergünstigung von jährlich 3%. Das Finanzprotokoll lief am 31. Oktober 1967 aus. Bis zu diesem Zeitpunkt wurden Darlehensverträge über rd. 69,2 Mio. $ abgeschlossen. Davon entfielen 15,9 Mio. $ auf produktive Vorhaben und 53,3 Mio. $ auf Infrastrukturvorhaben. Der bisher nicht gebundene Betrag wurde blockiert. Hierzu unterrichtete der Ratspräsident die Europäische Investitionsbank, die die Finanzhilfe für die Gemeinschaft verwaltet, davon, daß sie nach dem 31.10.1967 den noch vorhandenen Betrag nicht mehr verwenden darf, es sei denn, daß der Rat in Zukunft anders beschließt." Vgl. Referat 010, Bd. 178595.

[15] Auf der ersten Tagung des Assoziationsrats EWG-Griechenland auf Ministerebene am 2. Dezember 1974 in Brüssel brachten beide Seiten ihren Wunsch nach Abschluß eines zweiten Finanzprotokolls zum Ausdruck und beschlossen die baldige Aufnahme von Verhandlungen. Vgl. dazu BULLETIN DER EG 12/1974, S. 86.

keiten hin, die auch innerhalb der Gemeinschaft gerade auf diesem Gebiet bestehen.

Auf Frage von AM Mavros bestätigt der *Bundesminister*, daß wir zur Rückkehr Griechenlands in den Europarat[16] positiv eingestellt seien. Man müsse Ideen entwickeln, wie eine symbolische parlamentarische Teilnahme Griechenlands schon jetzt realisiert werden könne.

Im Hinblick auf die internen Finanzprobleme Griechenlands unterbreitet StM *Wischnewski* den Griechen einen Verhandlungsvorschlag zur Wiederaufnahme deutscher Kapitalhilfe im Rahmen der Entwicklungshilfe. Im Rahmen einer einmaligen Aktion wäre Bundesregierung bereit, in drei jährlichen Raten von 1974 bis 1976 insgesamt 180 Mio. DM zur Verfügung zu stellen. Davon könnten 60 Mio. DM für 1974 verbindlich zugesagt werden, und zwar für schnell abfließende Warenhilfe. Die Aktion bedürfe noch der parlamentarischen Zustimmung. Die Jahresraten für 1975 und 1976 sollten der Projekthilfe dienen, wobei auf die frühere gute Zusammenarbeit der KfW mit der griechischen Entwicklungsbank zurückgegriffen werden könnte. Falls die griechische Seite den Vorschlag akzeptiere, könne mit Verhandlungen alsbald begonnen werden.[17]

StS *Sachs* bemerkte, das Angebot zeige unseren guten Willen und habe eindeutig politischen Charakter, da Griechenland an sich wegen seines Entwicklungsstandes nicht mehr in die Kategorie der Entwicklungshilfeempfänger fallen könnte. Er unterrichtete die Griechen anschließend über den Stand unserer Überlegung hinsichtlich eines Finanzkredits in der von ihnen im Aide-mémoire genannten Höhe (OECD-Konsortium, Regierungsgarantien, Marktzinsen, Teilnahme des IWF). Innerhalb des Rahmens unserer rechtlichen und finanziellen Möglichkeiten seien wir zu einer positiven Aktion bereit.

AM *Mavros* nahm das Kapitalhilfeangebot im Prinzip an.

---

[16] Am 12. Dezember 1969 fand in Paris eine Tagung des Ministerkomitees des Europarats statt, auf der Belgien, die Bundesrepublik, Dänemark, Großbritannien, Irland, Island, Italien, Luxemburg, die Niederlande, Norwegen und Schweden einen Antrag auf Suspendierung der Mitgliedschaft Griechenlands stellten. Der griechische Außenminister Pipinelis gab daraufhin den Austritt Griechenlands aus dem Europarat bekannt. Das Ministerkomitee interpretierte dies dahingehend, daß die griechische Regierung sich nicht mehr an den Tätigkeiten des Europarats beteiligen werde, und stellte das Suspendierungsverfahren ein. Vgl. dazu das Kommuniqué; EUROPA-ARCHIV 1970, D 25 f. Vgl. dazu auch AAPD 1969, II, Dok. 401.
Der Ständige Ausschuß der Beratenden Versammlung des Europarats begrüßte am 29. Juli 1974 in seiner Resolution Nr. 573 die innenpolitische Entwicklung in Griechenland und drückte die Hoffnung auf eine Rückkehr Griechenlands in den Europarat nach der endgültigen Rückkehr zur Demokratie aus. Für den Wortlaut vgl. COUNCIL OF EUROPE, PARLIAMENTARY ASSEMBLY, Twenty-Sixth Ordinary Session (Second Part), 24–30 September 1974.
Referat 200 vermerkte dazu am 13. September 1974: „Griechisches Kabinett beschloß (20.8.1974) Wiederbeitritt zum Europarat und zur Menschenrechtskonvention nebst Zusatzprotokoll und leitete entsprechende Schritte ein: bilaterale Demarchen bei Mitgliedsregierungen des ER (am 3.9. in Bonn); Brief AM Mavros an Generalsekretär des ER, darin: Nichtigkeitserklärung der Austrittsnote der griechischen Militärregierung vom 12.12.1969; Benennung eines künftigen Vertreters beim ER, der bevollmächtigt, vorbereitende Gespräche zu führen; Absicht AM Mavros, vor nächster Beratender Versammlung zu sprechen." Vgl. Referat 200, Bd. 120022.

[17] Vom 4. bis 6. November 1974 fanden Verhandlungen zwischen der Bundesrepublik und Griechenland über Kapitalhilfe statt, die mit der Unterzeichnung eines Abkommens endeten. Dieses sah die Bereitstellung einer Warenhilfe in Höhe von 60 Mio. DM zu einem jährlichen Zinssatz von zwei Prozent bei einer Laufzeit von 30 Jahren und zehn Freijahren vor. Für den Wortlaut vgl. BUNDESGESETZBLATT 1974, Teil II, S. 1437 f. Vgl. dazu ferner BULLETIN 1974, S. 1328.

Minister *Zolotas* ließ durchblicken, daß er hinsichtlich des Finanzkredits größere Erwartungen gehegt hatte, und bat zu überlegen, ob die Kapitalhilfe etwas aufgestockt werden könne. 1974 müsse Griechenland 400 Mio. $ für den Auslandsschuldendienst aufbringen (1966: 40 Mio. $). Es könne deshalb keine Anleihen zu 12% Zinsen aufnehmen. Er sei ratlos, was Griechenland tun könne. Es sei fraglich, ob unter diesen Umständen eine Konsortialhilfe, die außerdem langwierige Verhandlungen erfordere, in Betracht käme. Der *Bundesminister* bemerkte, daß wir das Gespräch erst eröffnen können. Es sei noch nicht der Zeitpunkt gekommen, zu dem griechischen Wunsch abschließend etwas zu sagen. Die Zinsbelastungsprobleme für Griechenland verstünden wir, aber auch für uns sei die Größenordnung bilateral nicht machbar. Wir müßten auch mit Frankreich und unseren übrigen Partnern in der EG Kontakt aufnehmen.

Abschließend versprach Bundesminister, er wolle bei BM Friderichs anregen, daß die deutsche Wirtschaft Vertreter zu Gesprächen über Investitionsmöglichkeiten nach Griechenland senden möge. Wir hätten mit Besuchen dieser Art gute Erfahrungen gemacht.

Referat 410, Bd. 105623

256

Gespräch des Bundesministers Genscher mit dem griechischen Außenminister Mavros

203-321.11 GRI 9. September 1974[1]

Thema: Zypern

Außenminister *Mavros* begann mit ausführlicher Schilderung der Entwicklung der Zypernkrise seit Abschluß der ersten Genfer Konferenzrunde[2] und Erläuterung der heutigen türkischen Positionen in Zypern. Er verwies auf Nichtbeachtung der SR-Resolution[3], Verletzung der Erklärungen der ersten Genfer Konferenz und Bruch anderer Zusagen durch die türkische Regierung, auf Behinderung der VN-Verbände und des Roten Kreuzes durch die türkische Armee sowie auf das gravierende Flüchtlingsproblem auf der Insel. Die Türkei habe auf der zweiten Genfer Konferenz nicht verhandeln, sondern ihren Willen durchsetzen wollen. Erst jetzt, nachdem sie dieses Ziel mit militärischer Gewalt[4] erreicht habe, plädiere sie für eine Wiederaufnahme von Verhandlungen aus einer Position der Stärke heraus.

---

[1] Die Gesprächsaufzeichnung wurde von Referat 203 am 11. September 1974 gefertigt.
[2] Zum Stand der Genfer Verhandlungen über eine Beilegung des Zypern-Konflikts vgl. Dok. 236, Anm. 5.
[3] Für Resolution Nr. 357 des UNO-Sicherheitsrats vom 14. August 1974 vgl. Dok. 236, Anm. 6.
[4] Zur türkischen Offensive vom 14. August 1974 vgl. Dok. 236, Anm. 2.

Zu dem sowjetischen Konferenzvorschlag[5] erläuterte Mavros, seine Regierung habe keine Einwände dagegen erhoben, wohl aber klargestellt, daß man die Verlagerung der Zypernfrage vor ein größeres Forum nicht wünsche, wenn das nur Propagandazwecken dienen solle.[6] Die Einschaltung der VN hätte nur dann einen Zweck, wenn dort Maßnahmen zur Durchsetzung der SR-Resolution 353[7] getroffen werden. Das sei aber nicht abzusehen. Pessimistisch sei er auch hinsichtlich des jugoslawischen Vorschlags[8] und des pakistanischen Vermittlungsangebots.[9]

---

[5] Die sowjetische Regierung gab am 22. August 1974 eine Erklärung zum Zypern-Konflikt ab. Darin stellte sie einen Mißerfolg der bisherigen Friedensbemühungen der NATO-Mitgliedstaaten fest: „Angesichts dieser Sachlage ist die Sowjetregierung der Meinung, daß die Zeit gekommen ist, daß sich mit dem Zypern-Problem ein repräsentatives Staatenforum beschäftigt, das das politische Antlitz der heutigen Welt widerspiegelt. Es ist die Frage herangereift, zu diesem Zweck im Rahmen der Organisation der Vereinten Nationen eine internationale Konferenz unter Beteiligung Zyperns, Griechenlands, der Türkei und aller Mitgliedstaaten des Sicherheitsrats einzuberufen. Es ist natürlich möglich, auch andere Staaten, insbesondere nichtpaktgebundene, zur Teilnahme an der Konferenz hinzuzuziehen. Gerade auf einer solchen repräsentativen internationalen Konferenz könnten gemeinsam, unter unmittelbarer Beteiligung von Vertretern der Republik Zypern, Beschlüsse ausgearbeitet werden, die wirksam die Existenz Zyperns als unabhängiger, souveräner und territorial einheitlicher Staat garantieren und die den Interessen der griechischen und türkischen Zyprioten entsprechen würden." Die ständigen Mitglieder des UNO-Sicherheitsrats „könnten gemeinsam oder parallel die entsprechenden effektiven Garantien für die Unabhängigkeit, Souveränität und territoriale Integrität der Republik Zypern, die Garantien für die Einhaltung der Beschlüsse der internationalen Zypern-Konferenz geben." Vgl. EUROPA-ARCHIV 1974, D 454.

[6] In einer Erklärung vom 26. August 1974 legte die griechische Regierung dar, daß sie grundsätzlich keine Einwände gegen die Einberufung einer internationalen Zypern-Konferenz habe, sofern diese sich nicht in ein „Propaganda-Podium" verwandele. Voraussetzungen für Verhandlungen seien der Rückzug der türkischen Streitkräfte auf die Demarkationslinie vom 9. August 1974, der Beginn der Anwendung von Resolution Nr. 353 des UNO-Sicherheitsrats vom 20. Juli 1974 sowie die sichere Rückkehr aller Flüchtlinge in ihre Heimatorte. Vgl. dazu EUROPA-ARCHIV 1974, D 455 f.

[7] Für Resolution Nr. 353 des UNO-Sicherheitsrats vom 20. Juli 1974 vgl. Dok. 221, Anm. 4.

[8] Der jugoslawische Außenminister Minić besuchte Griechenland am 17. August 1974 sowie die Türkei am 19./20. August 1974. Botschaftsrat I. Klasse Eiff, Belgrad, berichtete dazu am 23. August 1974, nach Mitteilung des jugoslawischen Außenministeriums seien die Besuche „sehr befriedigend" verlaufen: „Jugoslawien hebe auf eine föderale Lösung in dem Sinne ab, daß die Türken nicht auf einen Minoritätsstatus beschränkt sein dürften. In einer gebietsmäßigen Trennung der Gemeinschaften sehe die jugoslawische Regierung jedoch die Gefahr einer politischen Teilung der Insel und damit eine Gefahr für die zyprische Unabhängigkeit und Blockfreiheit. Nach den in Athen und Ankara gewonnenen Eindrücken sehe die jugoslawische Auffassung durchaus Raum für Annäherung griechischer und türkischer Standpunkte in dieser Frage." Jugoslawien sei außerdem für den Abzug von ausländischen Truppen und Militärbasen. Ferner spreche es sich für die Wiedereinsetzung von Präsident Makarios aus. Vgl. den Drahtbericht Nr. 415; Referat 203, Bd. 101459. Am 27./28. August 1974 hielt sich Minić auf Zypern auf und führte Gespräche mit Präsident Klerides und dem Sprecher der türkischen Volksgruppe, Denktash. Botschafter Sartorius, Nikosia, teilte dazu am 29. August 1974 mit, Minić habe Botschaften des Staatspräsidenten Tito übergeben: „Vom jugoslawischen Botschafter erfuhr ich noch ergänzend, daß Jugoslawien auf keinen Fall eine Vermittlerrolle anstrebe. Es käme ihnen darauf an, daß so bald wie möglich Verhandlungen zwischen der Türkei und Griechenland aufgenommen würden, da ein längeres Hinausschieben solcher Gespräche neue gefährliche Situationen auf Zypern schaffen würde." Vgl. den Drahtbericht Nr. 154; Referat 203, Bd. 101459.

[9] Botschafter Scheske, Islamabad, informierte am 4. September 1974, nach einer Erklärung des pakistanischen Außenministeriums sei Ministerpräsident Bhutto um Vermittlung im Zypern-Konflikt gebeten worden und habe sich bereit erklärt, kurzfristig Griechenland und die Türkei zu besuchen. Nach Sondierungen des pakistanischen Außenministeriums in Ankara und Athen habe sich Bhutto „ermutigt gefühlt, einige Ideen vorzutragen, welche einen Ausgangspunkt für einen Dialog der beiden Regierungen bilden könnten. Der Premierminister habe u. a. telefonisch mit Ecevit und Karamanlis gesprochen. Pakistan habe bisher den türkischen Standpunkt unterstützt, daß die Rechte der türkisch-zypriotischen Gemeinschaft völlig gesichert werden müßten und kein

Auch von der angekündigten Entsendung des sowjetischen Stellvertretenden Außenministers Iljitschow nach Athen verspreche er sich nicht viel.[10] Die Türkei zeige bisher keinerlei Absicht, vernünftige Voraussetzungen für eine Wiederaufnahme der Verhandlungen zu schaffen. Für seine Regierung aber sei eine Kapitulation vor den türkischen Ansprüchen undenkbar. Wenn sie das täte, würde die Armee der neuen Demokratie noch am selben Tag ein Ende bereiten. Allein die USA und die BRD seien in der Lage, die türkische Regierung zum Einlenken zu bewegen.

Bundesminister erläuterte die Haltung der Bundesregierung (Wahrung der Unabhängigkeit, Verzicht auf militärische Aktionen, Verhandlungslösung), wie sie auch Ankara gegenüber deutlich zum Ausdruck gebracht worden sei.[11] Er äußerte unser Bedauern und unsere Sorge darüber, daß durch die Konfrontation zweier Bündnispartner Effizienz und Ansehen des Bündnisses geschädigt würden.

Dem sowjetischen Konferenzvorschlag stünden wir mit Distanz gegenüber. Einmal zweifelten wir daran, daß eine Vergrößerung der Zahl der Konferenzteilnehmer die Chancen für eine Lösung verbesserte. Zum anderen seien wir auch nicht daran interessiert, daß die Sowjetunion auf diesem Wege politischen – und im weiteren Verlauf vielleicht auch militärischen – Einfluß auf Zypern gewinne. Wir würden es vorziehen, daß der Konflikt im „Familienkreise" beigelegt wird.

Zur Stellung Griechenlands im Bündnis äußerte der Bundesminister, er habe mit Genugtuung die positiven Ausführungen von Außenminister Mavros (in dessen Tischrede) über den außenpolitischen Standort der griechischen Regierung insgesamt wie über ihre politische Position innerhalb des Bündnisses zur Kenntnis genommen. Er verwies auf die enge Interdependenz zwischen Europäischer Gemeinschaft und Verteidigungsbündnis, die eine Alternativhaltung nicht gut zulasse, und äußerte die Hoffnung, daß in absehbarer Zeit Bedingungen geschaffen würden, die eine Rückkehr Griechenlands in die militärische NATO-Integration[12] ermöglichten. Im Hinblick darauf und auf unsere engen Bindungen zu den USA würden wir es begrüßen, wenn die griechische Regierung sich bemühen würde, die in der öffentlichen Meinung Griechenlands entstandenen Vorbehalte gegen die USA abzubauen.

Fortsetzung Fußnote von Seite 1126
Rückfall in eine Situation zugelassen werden sollte, in welcher diese Gemeinschaft in der Furcht vor Ausrottung und in entehrenden Bedingungen lebe. Auf der anderen Seite teile Pakistan die international verbreitete Auffassung, daß die demokratische griechische Regierung unter Karamanlis zu unterstützen sei in ihrem Bestreben, sich von dem Erbe der Militär-Juntas in Athen und Nikosia zu befreien." Vgl. den Drahtbericht Nr. 291; Referat 203, Bd. 101460.

10 Zum Besuch des sowjetischen Stellvertretenden Außenministers Iljitschow am 14./15. September 1974 in Griechenland berichtete Botschafter Oncken, Athen, am 16. September 1974, nach Auskunft des griechischen Außenministeriums habe Iljitschow erneut den sowjetischen Vorschlag einer internationalen Konferenz zur Lösung des Zypern-Konflikts vorgetragen. Insgesamt habe, so Oncken, die Unterrichtung durch das griechische Außenministerium den Eindruck hinterlassen, „daß hinsichtlich der sowjetischen Zielsetzung in der Zypernfrage keine griechischen Illusionen bestehen. Insofern dürfte die Begegnung Iljitschow/Mavros nichts Neues erbracht haben." Vgl. den Drahtbericht Nr. 635; Referat 203, Bd. 101429.

11 Vgl. dazu die Demarche bei der türkischen Regierung vom 17. August 1974; Dok. 238.

12 Zum Austritt Griechenlands aus der militärischen Integration der NATO am 14. August 1974 vgl. Dok. 236.

Bundesminister erwähnte sein kürzliches Gespräch mit dem Vorsitzenden des außenpolitischen Ausschusses des türkischen Parlaments.[13] Er habe diesem klar gesagt, daß der Zypernkonflikt für uns nicht allein eine Bündnisfrage sei, sondern daß es uns auch um den Fortbestand der Demokratie in Griechenland ginge. Die türkische Regierung müsse einsehen, daß die neue griechische Regierung keine Bedingungen akzeptieren könne, die mit der nationalen Würde Griechenlands unvereinbar seien. Sie solle daher nicht aus einer Position der Stärke heraus handeln, sondern eine Geste machen, die Griechenland die Rückkehr an den Verhandlungstisch ermögliche.

Hieran knüpfte er die präzise Frage, welche Verhandlungsrunde sich die griechische Seite vorstelle und welche Geste sie von der Türkei erwarte.

Außenminister *Mavros* erwiderte, eine Rückkehr an den Verhandlungstisch stünde für Griechenland vorerst nicht zur Diskussion. Jetzt sei es zunächst an den Führern der beiden Volksgruppen in Zypern, direkt miteinander zu verhandeln.[14] Erst wenn sich dabei eine Annäherung anbahne, wolle Athen wieder in Erscheinung treten. Die Position seiner Regierung schilderte er wie folgt:

Vorbedingungen für aussichtsreiche Verhandlungen zwischen Klerides und Denktasch seien:

– Rückzug der türkischen Truppen von der Linie der neuen Straße Nikosia – Famagusta nach Norden bis zur alten Straße;
– Rückführung der heimkehrwilligen griechischen Flüchtlinge und Gewährleistung ihrer Sicherheit, notfalls durch die VN.

Die Verhandlungen selbst müßten folgende griechische Forderungen erfüllen:

– Größe des türkischen Gebiets entsprechend dem türkischen Bevölkerungsanteil (ca. 18%);
– Gewährleistung der Funktionsfähigkeit der Föderationsregierung;
– kein Bevölkerungsaustausch und keine türkische Einwanderung;
– Truppenabzug einschließlich der beiderseitigen Kontingenttruppen und anschließende Demilitarisierung.

---

[13] Bundesminister Genscher traf am 31. August 1974 mit dem Vorsitzenden des Außenpolitischen Ausschusses des türkischen Parlaments, Karakas, zusammen. Referat 203 vermerkte dazu am 2. September 1974: „Minister Genscher legte nahe, daß die Türkei möglichst vor Beginn der UN-Vollversammlung den Wiederbeginn von Zypern-Verhandlungen anstrebe. Hierzu bedürfe es einer großzügigen türkischen Geste etwa hinsichtlich der Demarkationslinie oder der türkischen Truppenstärke auf Zypern. Die türkischen Gesprächspartner meinten, über diese Dinge müsse man verhandeln. Karakas überbrachte eine mündliche Botschaft Ecevits an den Bundeskanzler, in der Ecevit die Haltung der Bundesregierung im Zypern-Konflikt positiv würdigt und die Verhandlungsbereitschaft der Türken betonte." Vgl. Referat 203, Bd. 101467.

[14] Am 6. September 1974 fand ein erstes Gespräch zwischen Präsident Klerides und dem Sprecher der türkischen Volksgruppe, Denktasch, statt. Botschafter Sartorius, Nikosia, berichtete dazu am 7. September 1974, es seien folgende Vereinbarungen getroffen worden: „1) Das Internationale Rote Kreuz wird von beiden Seiten eine Liste aller Kriegsgefangenen und Zivilinternierten erhalten. 2) Aufstellung eines Zeitplans für die Entlassung der Kriegsgefangenen und Zivilinternierten, wobei Verwundete und Kranke sowie Personen unter 18 und über 50 Jahren zuerst entlassen werden sollen. 3) Austausch von Listen über Vermißte und Beginn von Suchaktionen. 4) Kindern und älteren Personen, die aufgrund der Kampfhandlungen von ihren Familien isoliert sind, soll jede Hilfe gewährt werden." Vgl. den Drahtbericht Nr. 180; Referat 203, Bd. 101460.

Auf die Frage des *Bundesministers* nach der Autorität der beiden Volksgruppenführer, unabhängig Verhandlungen zu führen, erwiderte Außenminister *Mavros*, für Klerides sei das keine Frage und er pflege seine Haltung mit Makarios abzustimmen; Denktasch handele stets auf Weisung Ankaras.

Auf die weitere Frage des *Bundesministers*, ob Klerides nicht nur über humanitäre, sondern auch über Substanzfragen verhandeln könne und wolle, sagte Außenminister *Mavros*, Klerides habe sich mit eben dieser Frage an die griechische Regierung gewandt und von dieser grünes Licht dafür erhalten.

Nachdem Koordinationsminister *Zolotas* sein Mißtrauen in den Wert türkischer Zusicherungen ausgedrückt hatte, stellte Außenminister *Mavros* fest, daß es der Hilfe einflußreicher Mächte bedürfe, um die türkische Regierung zur Einsicht und zum Einlenken zu bewegen. Eine Möglichkeit hierzu sehe er in einem gemeinsamen deutsch-amerikanischen Einwirken auf Ankara.

Bundesminister bemerkte dazu abschließend, daß wir weiterhin bemüht bleiben wollten, mäßigend auf die Türkei einzuwirken, daß der Gedanke einer gemeinsamen deutsch-amerikanischen Aktion aber neu sei. Wir würden ihn überdenken und unsere Verbündeten konsultieren.

Referat 203, Bd. 101467

257

Gespräch des Bundeskanzlers Schmidt mit dem griechischen Außenminister Mavros und dem griechischen Koordinationsminister Zolotas

10. September 1974[1]

Von griechischer Seite nahmen an dem Gespräch Gesandter Spyridakis, Geschäftsträger a. i., von deutscher Seite StS Sachs, Botschafter Oncken, MD Sanne teil.

Der *Bundeskanzler* erklärte nach der Begrüßung, er sei über den Inhalt der Gespräche zwischen den Ministern und BM Genscher[2] unterrichtet, so daß es aus seiner Sicht nicht erforderlich wäre, daß die griechischen Gäste ihre gestrigen Darlegungen wiederholten.

Minister *Mavros* wies auf die ungeheure wirtschaftliche Belastung hin, die die Zypern-Frage für die griechische Regierung bedeute. Es gebe praktisch keine zyprische Wirtschaft mehr. Seine Regierung sei gezwungen, 100 Mio. Dollar aus dem Haushalt zugunsten Zyperns und seiner Flüchtlinge aufzuwenden.

---

[1] Ablichtung.
Die Gesprächsaufzeichnung wurde von Ministerialdirektor Sanne, Bundeskanzleramt, am 12. September 1974 gefertigt.
[2] Für die Gespräche am 9. September 1974 vgl. Dok. 255 und Dok. 256.

Dies bringe die Regierung an den Rand ihrer Existenz. Man müsse wissen, daß es nach dieser Regierung keine demokratische Alternative in Athen mehr gebe. Er sei beauftragt, die Hilfe der Bundesrepublik zu erbitten bei der Lösung der Zypern-Frage, bei der Aufnahme Griechenlands in die Europäischen Gemeinschaften und auf dem Gebiet der bilateralen Beziehungen.

Im Rahmen der Darlegung der griechischen Vorstellungen über eine Lösung des Zypern-Konflikts betonte der Minister, man könne Makarios nicht ignorieren. Er habe nach wie vor den größten Einfluß unter der griechischen Bevölkerung der Insel. Seine Rückkehr werde vermutlich heute selbst von denen gewünscht, die früher gegen ihn putschten.[3] Makarios werde erst zurückgehen, wenn die 650 griechischen Offiziere der Nationalgarde die Insel verlassen hätten. Ihre Rückkehr nach Griechenland würde aber eine Gefahr für das Verhältnis zwischen Regierung und Militär im Mutterland sein.

Minister *Zolotas* behauptete, die Türken hätten Absichten, die weit über Zypern hinausführten. Sie sprächen heute schon nicht mehr von türkischen Minderheiten in gewissen griechischen Gebieten, sondern von „Nationalitäten". Neben territorialen Ambitionen gehörten Ansprüche auf den Luftraum und auf den Schelf zu den türkischen Zielen. Ankara könne jederzeit Zwischenfälle konstruieren, um Griechenland anzugreifen. Die türkische Politik sei darauf angelegt, Griechenland aus der NATO zu verdrängen. Minister *Mavros* erwähnte als Möglichkeit, daß die Bundesrepublik Deutschland und die Vereinigten Staaten Druck auf die Türkei ausüben könnten. Dieser Druck wäre wirksamer als eine Aktion der Neun. Allerdings sei die Frage, inwieweit der türkische Ministerpräsident von seinen Militärs abhängig sei.

Der *Bundeskanzler* erklärte, er halte Ecevit nicht für einen Chauvinisten, er werde aber von der Strömung des Tages getragen. Im Grund handele es sich um eine Frage der Balance in dem Raum zwischen Ararat und Peloponnes.

Emotionelle Äußerungen in Athen gegen die Vereinigten Staaten und gegen die NATO erweckten seine Besorgnis. Man könne die Rolle der Sowjetunion in diesem Raum nicht positiv bewerten. Die Sowjetunion könne der Türkei nichts bieten, wohl aber seien die Vereinigten Staaten dazu in der Lage. Die Bundesrepublik habe weder Schiffe noch Flugzeuge im Mittelmeer. Ihr begrenzter wirtschaftlicher Einfluß gebe nicht den Ausschlag in einer Region voller militärischer Interessen und Konflikte. Letztlich falle den Vereinigten Staaten die entscheidende Rolle bei der Eindämmung gleichgewichtgefährdender Strömungen zu.

Dies sei seine nüchterne Analyse. Sie stehe nicht im Widerspruch zu der Tatsache, daß es in der Bundesrepublik Deutschland große Sympathien für Griechenland gebe.

Minister *Mavros* warf ein, seine Regierung habe den Sowjets gesagt, daß sie deren Konferenzplänen[4] nicht zustimmen könne. Athen spiele nicht die sowjetische Karte.

---

[3] Zum Putsch der zypriotischen Nationalgarde am 15. Juli 1974 vgl. Dok. 217, Anm. 2.

[4] Zum sowjetischen Vorschlag vom 22. August 1974 für eine internationale Zypern-Konferenz vgl. Dok. 256, Anm. 5.

Der *Bundeskanzler* betonte, daß die Lage Griechenlands nicht mit der von Frankreich verglichen werden könne. Je endgültiger Athen das Ausscheiden aus der militärischen Integration des Bündnisses[5] betone, desto weniger Einfluß habe es auf Washington. Er persönlich verstehe den innenpolitischen Zwang, unter dem die griechische Regierung derzeit stehe. Aber jede Äußerung über die Unwiderruflichkeit des Beschlusses stärke den Einfluß der Türken im Bündnis. Die militärische Bedeutung der anatolischen Landmasse werde im gleichen Maße wichtiger, wie die See- und Luftbasen in Griechenland verlorengingen. Es wäre ein Irrtum anzunehmen, daß der Beitritt zur EG den Rückzug aus der NATO kompensieren könne.

Minister *Mavros* entgegnete, seine Regierung verstehe gut, was der Abzug ihrer Streitkräfte aus dem Bündnis für die Weltstrategie bedeute. Athen habe deshalb klargemacht, daß die Zugehörigkeit zum Bündnis selbst nicht in Frage stehe und die griechische Politik sich in dieser Beziehung nicht ändern werde. Bei dem Entschluß habe es sich nicht um eine emotionelle Explosion gehandelt. Er beruhe auf Wurzeln aus dem Jahre 1967. Jeder Grieche sei überzeugt, daß die Militärdiktatur[6] seinerzeit von den Amerikanern fabriziert worden sei. Keine Regierung in Griechenland könne sich heute mit einer anderen Politik halten. Das Land werde von einem NATO-Partner angegriffen. Zypern sei für die Türkei nur der Ausgangspunkt. Eine Lösung des Zypern-Konflikts zu den Bedingungen der türkischen Armee sei nicht annehmbar. Man durchschaue das Spiel der sowjetischen Politik, die wünsche, daß alle ausländischen Streitkräfte von der Insel abgezogen, die Verfassung wiederhergestellt und Makarios zurückgerufen werde. Dies sei Propaganda, mit der jede Einigung zwischen Griechenland und der Türkei verhindert werden solle. Er habe Makarios abgeraten, eine Einladung nach Moskau anzunehmen.

Der zweite Teil des Gesprächs betraf die griechischen Wünsche nach finanzieller Unterstützung.

Die beiden *Minister* wiesen auf die außergewöhnlich hohen Staatsausgaben durch die Mobilisierung hin. Man habe bereits alle anderen Kreditmöglichkeiten ausgeschöpft. Griechenland müsse in diesem Jahre 500 Mio. Dollar für Zinsen aufbringen, im Vergleich zu 50 Mio. vor der Machtübernahme der Obristen. Für 1974 gebe es ein Defizit von 350 bis 370 Mio. Dollar im Haushalt. Das gleiche sei für 1975 zu erwarten. Giscard habe ihm geraten, mit dem Bundeskanzler zu sprechen.[7] Wenn dieser zustimme, sei er einverstanden mit einer trilateralen Aktion zwischen Frankreich, der Bundesrepublik und Griechenland.

Der *Bundeskanzler* stellte fest, was Griechenland brauche, sei hard currency. Die Kredite müßten vom Euro-Markt kommen und durch die Europäische Gemeinschaft oder durch ein Konsortium aufgenommen werden. Entscheidend sei die Garantiefrage. Wenn Frankreich zu Garantien bereit sei, würden auch wir darüber nachdenken.

---

5 Zum Austritt Griechenlands aus der militärischen Integration der NATO am 14. August 1974 vgl. Dok. 236.
6 In der Nacht vom 20. zum 21. April 1967 kam es in Griechenland zu einem Putsch der Armee.
7 Der griechische Außenminister Mavros hielt sich vom 5. bis 7. September 1974 in Frankreich auf.

Er müsse aber drauf hinweisen, daß auch die Bundesregierung Kredite für ihren Haushalt aufnehme, die sie nicht billiger als zu 11% und nicht längerfristig als für vier, höchstens fünf Jahre bekomme. Der von StS Sachs erwähnte Gedanke, die 60 Mio. Kapitalhilfe zur Kreditverbilligung einzusetzen, sei überlegenswert. Er widerspreche zwar unseren Vorschriften, aber man könne vielleicht über diesen Punkt hinwegkommen. Zinsverbilligte Kredite seitens der Bundesregierung seien dagegen unmöglich. Er empfehle, daß die griechische Regierung der Bundesregierung in angemessener Zeit schriftlich etwas mitteilt über ihre Pariser Gespräche und ihre eventuellen Wünsche hinsichtlich eines Einsatzes der 60 Mio. Kapitalhilfe für die Verbilligung eines Bankenkredits.

Abschließend bat der Bundeskanzler die beiden Minister, seine Grüße an Ministerpräsident Karamanlis zu überbringen und seine große Bewunderung und Respekt für die innenpolitische Transformation in Griechenland auszudrücken.

Referat 203, Bd. 101427

258

Aufzeichnung des Botschafters Roth

221-372.14 USA-1329/74 geheim 11. September 1974[1]

Herrn Staatssekretär vorgelegt[2]

Betr.: MBFR,
    hier: Deutsch-amerikanische Konsultationen

Anlage: 1

Als Anlage lege ich einen ausführlichen Vermerk über die deutsch-amerikanischen MBFR-Konsultationen am 3. und 4. September 1974 in Washington vor. Verfasser ist BR I Dr. Hofmann (MBFR-Delegation Wien).

Der Schwerpunkt der MBFR-Konsultationen lag auf Fragen der sogenannten „Option III" (Möglichkeit der Einbeziehung nuklearer Elemente als zusätzlichem Bestandteil der westlichen Verhandlungsposition) und der Vorbereitung einer offiziellen amerikanischen Position in dieser Frage.

Die amerikanischen Gesprächspartner waren sich darüber im klaren, daß eine NATO-Position zu dieser Frage noch nicht besteht. Sie haben die Absicht, nach Abschluß der amerikanischen Meinungsbildung und nach weiteren Konsultationen mit den Briten und uns den NATO-Rat mit der Frage zu befassen.

---

[1] Die Aufzeichnung wurde von Vortragendem Legationsrat I. Klasse Ruth konzipiert.
Hat Ministerialdirigent Kinkel am 16. September 1974 vorgelegen.
[2] Hat Staatssekretär Sachs am 16. September 1974 vorgelegen, der die Weiterleitung an Bundesminister Genscher verfügte.
Hat Genscher laut Vermerk des Ministerbüros vom 17. September 1974 vorgelegen.

Wir haben die amerikanischen Gesprächspartner darauf hingewiesen, daß die deutsche Haltung zu diesen Fragen noch nicht festgelegt sei und daß die Bundesregierung an hoher Stelle damit befaßt werden müsse, wenn die endgültige amerikanische Position vorliege.

Die zuständigen Arbeitseinheiten des Auswärtigen Amts und des BMVg haben den Auftrag, auf der Basis der bereits geleisteten Vorarbeiten eine Stellungnahme unter Berücksichtigung der deutschen Interessen vorzubereiten.

Roth

[Anlage]

Vermerk

Betr.: Deutsch-amerikanische MBFR-Konsultationen

1) Am 3. und 4. September fand zwischen einer von Herrn Dg 22 geleiteten deutschen Delegation (vgl. Anlage[3]) und verschiedenen amerikanischen Regierungsvertretern in Washington eine weitere bilaterale MBFR-Konsultation statt. Gesprächspartner waren

in der ACDA: Dr. Iklé;

im State Department: Dr. Sonnenfeldt und Mr. Eagleburger (Ministerbüro), Assistant Secretary Vest und Baker (Political-Military Affairs Division), Deputy Assistant Secretary Lowenstein und Mr. Streator (European Affairs);

im Department of Defense: Assistant Secretary Ellsworth und Dr. Wade (ISA), Colonel Michael (JCS);

White House, Executive Staff, Verification Panel: Mr. Lodal;

von der MBFR-Delegation: Botschafter Resor, Mr. Dean und Mr. Clarke.

Darüber hinaus wurde eine gemeinsame Sitzung mit der interministeriellen Arbeitsgruppe MBFR, dem sog. Miller-Comittee, unter Vorsitz von Mr. Miller (ACDA) durchgeführt.

2) Die Konsultationen erfüllten in erster Linie den Zweck, die Positionen beider Seiten kurz vor Beginn der vierten MBFR-Verhandlungsrunde[4] intensiv abzustimmen. Dabei gelang es, eingehende Erkenntnisse über die interne amerikanische Vorbereitung möglicher künftiger Verhandlungsinitiativen zu gewinnen. In diesem Zusammenhang erbrachten die Konsultationen auch eine bessere Einsicht in bestimmte innenpolitische Zwänge, welche (in unterschiedlichem Grade) die Terminvorstellungen amerikanischer Regierungsstellen bei MBFR mitbestimmen können. Schließlich war es möglich, Einblicke in die „informelle Organisationsstruktur" zu gewinnen, die in Washington neben den offiziell mit MBFR befaßten Stellen zu beachten ist (vgl. hierzu II 10).

---

[3] Dem Vorgang beigefügt. Die Delegation bestand aus Botschafter Roth, Vortragendem Legationsrat I. Klasse Ruth, Botschaftsrat I. Klasse Hofmann, Wien (MBFR-Delegation), und Oberstleutnant i.G. Schmidbauer, Bundesministerium der Verteidigung. Vgl. VS-Bd. 9451 (221); B 150, Aktenkopien 1974.

[4] Die vierte Runde der MBFR-Verhandlungen in Wien begann am 24. September 1974.

II. Nachstehend werden die wesentlichen Gesprächsergebnisse festgehalten. Amerikanische Gesprächspartner werden dabei namentlich erwähnt, wenn ihre Haltung offenbar nicht communis opinio der „MBFR-Community" ist.

1) „Option III":

a) Die Erörterung der eventuellen Einführung nuklearer Elemente in die Verhandlungen („Option III") stand im Mittelpunkt der Konsultationen. Dies entsprach dem Stellenwert, den diese Frage derzeit in der amerikanischen Administration genießt. Die Diskussion ergab, daß die Vorbereitung einer präsidentiellen Entscheidung hierüber bereits so weit gediehen ist, daß das Verification Panel am 9. September und der NSC in der Woche vom 9. September mit Option III hätte befaßt werden können, wofür Termine vorgesehen waren.

b) Die Amerikaner zögerten, sich zum vorgesehenen Procedere in dieser Frage zu äußern, da auch dieser Aspekt ministerielle Entscheidung erwarte. Es wird nunmehr jedoch in Washington nicht mehr bestritten, daß über Option III in der NATO noch keine Entscheidung gefallen ist und daß die Einführung nuklearer Elemente in die Verhandlungen die Billigung des NATO-Rats voraussetze.

Dg 22 regte an, die NATO-Behandlung dieser Frage gegebenenfalls einem besonderen Verfahren zu unterwerfen, das der Sensitivität des Gegenstandes ebenso wie seiner Bedeutung gerecht wird. Es empfehle sich, u. U. den NATO-Rat unmittelbar zu befassen, dabei die Teilnehmerzahl der Delegierten zu begrenzen und ein abgekürztes Verfahren bei der Einschaltung der Militärbehörden vorzusehen.

Dg 22 legte – wie zuvor mit den Briten abgesprochen[5] – ferner nahe, der Erörterung im NATO-Rat eine weitere trilaterale Diskussion der Option III vorzuschalten, um einer evtl. Konfrontation der Meinungen im Rat vorzubeugen. Diese Anregung wurde mit Zurückhaltung aufgenommen. Die Amerikaner verwiesen auf die nachteilige Reaktion, die das „Leak" über das letzte trilaterale Treffen[6] bei anderen Alliierten ausgelöst habe. (Offenbar wurde seinerzeit in Washington heftiger remonstriert als in Bonn.)

---

[5] Gesandter von Schmidt-Pauli, London, berichtete am 30. Juli 1974 nach einem Gespräch mit dem Mitarbeiter im britischen Außenministerium, Tickell: „Nach britischer Auffassung ist es für eine allgemeine Diskussion der Option III in der NATO noch zu früh. Man hofft aber, den trilateralen Gedankenaustausch darüber in Kürze fortsetzen und konkretisieren zu können. Tickell regt daher an, den Amerikanern trilaterale Option III-Konsultationen für Anfang Oktober vorzuschlagen." Vgl. den Drahtbericht Nr. 1974; VS-Bd. 9449 (221); B 150, Aktenkopien 1974.
Botschafter Roth bat die Botschaft in London am 1. August 1974, gegenüber Tickell zu erklären: „Wir stimmen britischer Auffassung zu, daß langfristige Überlegungen über die Zukunft der MBFR-Verhandlungen im Bündnis demnächst in Gang gebracht werden sollten und daß hierbei die Frage ‚nukleare Elemente' eine wichtige Rolle spielen wird. Ich möchte daran erinnern, daß bei dem letzten trilateralen Gespräch in Washington Übereinstimmung bestand, daß vor Einbringung der ‚Option III' in die Verhandlungen eine gemeinsame Position im NATO-Rat erarbeitet werden muß und hinsichtlich des Zeitpunkts einer Befassung des NATO-Rats der amerikanischen Seite die Initiative überlassen werden sollte. Auch wir halten den Zeitpunkt hierfür noch nicht gekommen und stimmen britischer Seite zu, daß vorher ein weiteres trilaterales Gespräch im gemeinsamen Interesse liegt. Wir haben jedoch den Eindruck, daß Anfang Oktober für ein solches Gespräch noch zu früh ist." Vgl. den Drahterlaß Nr. 3134; VS-Bd. 9449 (221); B 150, Aktenkopien 1974.
[6] Zu den Gesprächen zwischen der Bundesrepublik, Großbritannien und den USA über MBFR am 19. März 1974 in Washington vgl. Dok. 101.

c) Zum Inhalt einer amerikanischen Initiative in der NATO wagten die amerikanischen Gesprächspartner keine Prognose. Hinsichtlich Option III sei „alles noch offen". Sie bestätigten jedoch, daß die Stückzahl der zur Reduzierung eventuell vorgesehenen nuklearen Elemente (Sprengköpfe, Pershing und F-4) sich nicht wesentlich verändert habe. Die jetzige Planung sei lediglich dem Umstand angepaßt worden, daß sich die Stückzahl der in nuklearen Einheiten vorhandenen Waffenträger seit 1973 verändert habe. Daraus ist zu schließen, daß die Amerikaner jedenfalls hinsichtlich F-4, wahrscheinlich auch hinsichtlich Pershing, von vornherein an einen Rückzug vollständiger Einheiten (Geschwader; Bataillon) denken.

d) Im übrigen ließen die amerikanischen Gesprächspartner lediglich erkennen, daß u. a. folgende Probleme einer Entscheidung harrten:

(i) Wann sollte Option III eingeführt werden?

(ii) Für welche Gegenleistung?

(iii) Sollte die gesamte Option auf einmal (lump offer) oder sollten ihre Elemente sukzessive in die Verhandlungen eingeführt werden?

(iv) Wäre eine Verminderung von F-4 militärisch vertretbar?

(v) Sollte auf eine reziproke östliche Bindung im nuklearen Bereich hingewirkt werden?

Zu diesen Fragen im einzelnen:

(i) Das Pentagon scheint daran interessiert zu sein, möglichst bald den Prozeß einer Verminderung des taktisch-nuklearen Potentials in Europa einzuleiten. Zur Motivation dieser Einstellung trug Mr. Lowenstein aus seiner Kenntnis als ehemaliger Berater beim Außenpolitischen Ausschuß des Senats folgendes vor: Im Senat gewinne die Überzeugung Raum, daß die Anzahl nuklearer Sprengköpfe der USA in Europa (7000, davon 5000 in der NGA) „lächerlich hoch" und „willkürlich" sei. Senator Mansfield habe sich bereits den Entwurf einer „nuklearen Resolution" ausarbeiten lassen, in der die Verminderung dieses Potentials gefordert werde.

Manche Senatoren seien auch von der Verwundbarkeit der in einer STRIKE-Rolle, selbst in QRA[7], stehenden Waffensysteme beeindruckt und forderten daher zumindest eine Verringerung der STRIKE-Flugzeuge unter künftiger Abdeckung ihrer Ziele durch POLARIS/POSEIDON – also nicht als Maßnahme der „Denuklearisierung".[8] Unter diesen Umständen werde eine Verringerung zumindest von atomaren Sprengköpfen schon bald unvermeidlich, also ganz unabhängig davon, ob Option III beschlossen werde und in den Verhandlungen Erfolg habe.

Lowenstein glaubte zu wissen, daß das Pentagon ähnlich denke, obgleich die Militärs natürlich nie zugeben würden, daß ihrer nuklearen Aufrüstung in Europa von vornherein ein rationaler Maßstab gefehlt habe.

---

[7] Quick Reaction Alert.
[8] An dieser Stelle Fußnote in der Vorlage: „Daß dieses Motiv nicht im Spiel sei, gehe schon daraus hervor, daß die gleichen Senatoren darüber verstimmt seien, daß die deutsche Regierung sich nach wie vor weigere, einer zweckmäßigeren Verwendung von ADM – vor allem durch pre-positioning in der Bundesrepublik Deutschland – zuzustimmen."

Auch Resor teilte die Auffassung, daß die Option III bald eingeführt werden müsse. Er – wie die Herren im State Department – war dieser Ansicht allerdings eher aus Gründen der Verhandlungsoptik. Solange der Versuch nicht gemacht worden sei, die Ziele der Phase I mit Hilfe von Option III auch für den Osten akzeptabel zu machen, hätten die amerikanischen Unterhändler im nächsten Frühsommer gegenüber dem Senat einen schwierigen Stand. Erst dann sei glaubwürdig nachgewiesen, daß der Westen bis an die Grenze des Zumutbaren gegangen sei, um zu einer vertretbaren Abmachung zu gelangen.

Dean hingegen steht einer baldigen Einführung der Option III skeptisch gegenüber, da dieser Schritt nach der voraussichtlich verhandlungstaktischen Entwicklung in diesem Jahr verfrüht kommen würde. Es gelte, die Verhandlungen zunächst so weit vorwärtszutreiben, daß die Einbringung der Option III zur deutlichen conditio sine qua non eines sich abzeichnenden Erfolgs geworden sei. In der vierten Verhandlungsrunde solle man allenfalls ein „Signal" zur Bereitschaft der Verhandlung über Gegenstände der Option III geben. (Es ist schwer, sich ein derartiges Signal vorzustellen, da es vage bleiben müßte, gerade deshalb aber mehr versprechen würde, als Option III beinhaltet.)

Nach allem kann nach Eindruck der deutschen Delegierten nicht ausgeschlossen werden, daß die Amerikaner den NATO-Rat etwa im November mit einer Option-III-Initiative befassen könnten, in der Hoffnung, sie noch vor Ende der vierten Runde[9] – also vor Weihnachten – so in die Verhandlungen einzuführen, daß die WP-Staaten das Angebot in der Weihnachtspause prüfen können.

(ii) Überwiegend beteuerten die amerikanischen Partner, daß Option III die Aufgabe habe, die Phase I insgesamt – also einschließlich der Festlegung auf das Konzept eines common ceiling – zu „kaufen". Nur aus einer Äußerung von Clarke könnte man heraushören, daß die Allianz schon zufrieden sein müsse, wenn Option III den Rückzug einer sowjetischen Panzerarmee erkaufe. (Bei Verwirklichung dieser Vorstellung müßten u. U. in einer zweiten Phase erneut nukleare Mittel eingebracht werden, um den common ceiling durchzusetzen.)

(iii) Im Hinblick auf die Schlüsselfunktion, die Option III zukommen sollte, sprach sich Dg 22 dafür aus, sie nicht „seriatim", sondern „uno actu" in die Verhandlungen einzuführen, um der Gefahr des „Auskaufens" zu entgehen.

(iv) Die deutsche Delegation betonte, daß sie zu einer konkreten Stellungnahme zu Option III erst in der Lage sein könne, nachdem die USA zuvor präzisiert hätten, was der Inhalt dieser Option sein solle. Mit Rücksicht darauf meldete sie vorsorglich Bedenken nur gegen die Einbeziehung von F-4 an; denn dies bedeute zugleich die Verminderung von Luftwaffenpersonal, von „dual capable"-Flugzeugen und von nuklearen Mitteln, also ein Schritt hin auf Akzeptierung der östlichen Reduzierungsmethode („comprehensive approach").

Zu prüfen sei ferner, ob dadurch der Inhalt der zweiten Phase nicht zu stark im Sinne gleichartiger Verminderungen durch andere Verhandlungsteilnehmer präjudiziert werde. Die Amerikaner wurden schließlich darauf hingewiesen, daß sich der aus Verminderung von F-4 eo ipso ergebende ceiling unwillkürlich auf alle ähnlichen amerikanischen Jagdbomber erstrecken könne, weil

---

[9] Die vierte Runde der MBFR-Verhandlungen in Wien endete am 12. Dezember 1974.

bei einer Verminderung von F-4 auch das konventionelle Potential auf diesem Gebiet „eingefroren" worden wäre.

(v) Dg 22 wies darauf hin, daß es psychologisch und militärisch von Nachteil sein könne, bei Option III auf eine gewisse Reziprozität zu verzichten; es sei allerdings einzuräumen, daß eine Beschränkung der Anzahl nuklearer Sprengköpfe im östlichen Reduzierungsraum nicht verifizierbar und im Kriegsfalle umgehend rückgängig zu machen wäre. Nicht übersehen werde auch, daß die Pershing im Osten keine Entsprechung finde. Er denke mehr in Richtung auf ein „ceiling".

Dean warnte davor, bei der Verfolgung der Option III vom Prinzip des „mixed package" zu demjenigen der Reziprozität überzugehen. Dadurch würde – was ohnedies wahrscheinlich sei – geradezu provoziert, daß der Osten seinerseits Reziprozität fordere. So könne eine westliche Forderung nach Reziprozität im nuklearen Bereich zur östlichen Forderung von Reziprozität im Panzerbereich führen.

Alle amerikanischen Gesprächspartner anerkannten indessen, daß eine einseitige westliche Begrenzung des nuklearen Potentials in Mitteleuropa psychologische Probleme (Denuklearisierung?, Abnahme der Abschreckung?, Lockerung des nuklearen Nexus?) aufwerfen könnte, zumal die sowjetischen MR/IRBM bisher in SALT ausgeklammert blieben.

Übereinstimmend versicherten die Amerikaner schließlich, daß unter keinen Umständen eine Option III vorgesehen werde, die auf eine Begrenzung der westlichen Möglichkeiten hinauslaufen könnte, das taktische nukleare Potential zu modernisieren und umzuorganisieren. Ebensowenig dürfe der Eindruck entstehen, daß das gesamte nukleare Spektrum im Reduzierungsraum künftig, etwa in Phase II, negotiabel geworden sei.

2) „Scaled-down version of Phase I"

a) Die amerikanische Administration hatte bisher geleugnet, daß die von Kissinger bereits im Frühjahr gegenüber BAM und Minister Leber erwähnte Möglichkeit einer verkleinerten ersten Phase[10] ernsthaft erwogen werde. Nunmehr wurde bestätigt, daß die Option einer „scaled-down version" der Phase I geprüft und zu einer Entscheidung vorbereitet wird.

b) Über den Inhalt einer solchen Option kleinerer Verminderungen wurde wenig in Erfahrung gebracht. Clarke nannte sie eine „halbierte erste Phase". Problematisch schien den Amerikanern u. a.,

– ob der Senat mit einem ersten Abkommen über den Rückzug von nur etwa 14 000 Mann zufriedengestellt werden könnte und

– ob sich eine verkleinerte erste Phase zur „Befrachtung" mit dem common-ceiling-Konzept eigne.

Die Mehrheit der amerikanischen Gesprächspartner dürfte dazu neigen, beide Fragen zu verneinen, und zwar vor folgendem Hintergrund:

Es ist amerikanischerseits allenfalls daran gedacht, die „scaled-down version" der ersten Phase nach einem Scheitern der Option III, sei es bereits im NATO-

---

10 Vgl. dazu die Äußerungen des amerikanischen Außenminister Kissinger gegenüber Bundesminister Scheel am 24. März 1974 auf Schloß Gymnich; Dok. 104.

Rat, sei es in den Verhandlungen selbst, in Wien einzuführen. Die verkleinerte Phase I wäre demnach eine nichtnukleare, von der nicht erwartet werden könne, was selbst Option III nicht hatte durchsetzen können: die östliche Zustimmung zum common-ceiling-Konzept. Vielmehr stellte sich die verkleinerte Phase als ein Versuch dar, ein völliges Scheitern der Verhandlungen wenigstens in der Optik zu verhindern. In einer solchen Situation läge es nahe, daß der Senat das als vorläufig deklarierte Ergebnis von MBFR als vorläufig abschließendes betrachte.

3) „Air Manpower"

a) Es war beiden Delegationen bewußt, daß im Rahmen von Option III auch über die Einbeziehung von Personal der Luftstreitkräfte mitentschieden werden wird; denn der Rückzug von F-4-Geschwadern sieht die Rückverlegung von entsprechendem Lw-Personal[11] vor.

b) Deans Auffassung, daß eine gewisse Einbeziehung des Luftwaffenpersonals ohnedies unumgänglich sein würde, hat in Washington darüber hinaus Raum gewonnen. Dort wird nunmehr argumentiert, daß sich aus der Verhandlungsposition der NATO heraus nur die Frage stelle, ob das nicht zu reduzierende Luftwaffenpersonal unmittelbar oder als Konsequenz einer Nichtumgehungsvereinbarung begrenzt werden solle.

Eine unmittelbare Begrenzung komme in Frage

– in Form getrennter Höchststärken für das Personal beider Teilstreitkräfte oder

– in Form eines umfassenden Gesamt-ceilings mit einem Luftwaffen-Sub-ceiling.

– In letzterem Falle könne begrenzte Austauschbarkeit vereinbart werden.

Dg 22 wies darauf hin, daß es darum gehe, eine Verminderungspflicht für Luftwaffenpersonal auf westlicher Seite zu vermeiden. Andererseits dürfe es dem Osten nicht erlaubt werden, von der Verminderung von Landstreitkräften auf Personal der Luftwaffe auszuweichen.

Dean erwähnte in diesem Zusammenhang seinen früheren Vorschlag zu vereinbaren, daß höchstens 10 % des Gesamtumfangs der Verminderungen in Luftwaffenpersonal durchgeführt werden dürften. Er betonte ferner, daß kein Abkommen denkbar sei, in dem solche Fragen nicht ausdrücklich geregelt würden.

Es bestand Übereinstimmung darüber, daß es vorläufig genügen sollte, in den Verhandlungen darauf hinzuweisen, daß eine Einbeziehung des Personals der Luftstreitkräfte sich nicht in einer Verminderung der Disparität auswirken würde. Die rein rechnerische Einbeziehung verspreche daher derzeit wenig Erfolg.

Dg 22 wies darauf hin, daß die unmittelbare Einbeziehung des Personals der Luftstreitkräfte in einen ceiling, also die Begrenzungsalternative, tendenziell östliche Forderungen nach einer Verminderung des Luftwaffenpersonals (und

---

[11] Luftwaffen-Personal.

damit von Flugzeugen, einschließlich solcher in der STRIKE-Rolle), begünstigen wurde.

4) „Definition of Ground Forces"

Beide Seiten stimmten überein, daß eine Festlegung im NATO-Rat auf einen der beiden Neu-Definitionsfälle zur Zeit nicht erforderlich sei. Es genüge – wie in dem jüngsten amerikanischen Papier vorgeschlagen – die AHG[12] zunächst zu ermächtigen, im Rahmen bestimmter Prinzipien die Chancen einer Neudefinition schlechthin zu sondieren.

Es wurde indessen deutlich, daß dieses Verfahren zu Spannung zwischen der amerikanischen und unserer Delegation führen kann, sobald es sich darum handeln sollte, die Sondierungen in Richtung auf eine der beiden Neudefinitionslösungen hin zu steuern: Die Amerikaner lehnen ohne uns überzeugende Begründung nach wie vor jede Neukategorisierung amerikanischer Streitkräfte (und damit Case II) ab. Demgegenüber wies Dg 22 erneut auf die Gefahr hin, daß Case I einer weiteren Manipulation der Heeresdefinition den Weg ebne. Die deutsche Delegation leugnete ferner, daß Case II das Problem einer Nichtumgehungs-Verifikation wesentlich verschärfe.

5) „Data"

a) Dg 22 bezeichnete es als Ziel einer Datendiskussion, die östliche Seite zu einer ernsthaften Erörterung von Daten beider Seiten zu veranlassen. Die unilaterale Einführung neuer Daten durch den Westen sei nicht sinnvoll. Weder die Datendiskussion noch die Bewahrung der Verhandlungsinitiative seien Werte in sich.

Dean stimmte dem zu. Allerdings sei die Einführung der neuen Höchststärken und der Luftwaffen-Gesamtdaten unproblematisch und erwünscht.

b) Volle Übereinstimmung bestand darüber, daß die Verhandlungslage keine Überprüfung der gegebenen illustrativen Bezifferung eines common ceiling (700 000) und des internen Kriteriums dafür (maximal 10% der Ausgangsstärke der Landstreitkräfte im Westen) erfordere.

6) KSZE/SALT

Beide Seiten sprachen sich dafür aus, die MBFR-Verhandlungen grundsätzlich nach ihrer Eigengesetzlichkeit zu führen. Es wurde indessen eingeräumt, daß zwischen MBFR und SALT ein „relationship" – wenn auch nur ein „tenuous relationship" – bestehe, und daß vor Ende der KSZE kaum ein östliches Entgegenkommen in Wien zu erwarten sei.

7) Next steps

Das weitere Vorgehen in Wien wurde für die vierte Verhandlungsrunde wie folgt skizziert:

a) Fortsetzung der Diskussion über „whose forces should be reduced from the outset" ohne Einführung weiterer westlicher Angebote zur Verdeutlichung des Zusammenhangs der beiden Phasen. Bei weiterer östlicher Intransigenz Übergang zu

---

12 Ad-hoc-Gruppe.

b) Thema der Neudefinition der Landstreitkräfte. In diesem Rahmen Versuch der Auslösung einer ernsthaften Datendiskussion, Ausloten der östlichen Bereitschaft zu einer möglichen Begrenzung der Verminderung auf Landstreitkräfte sowie der Chancen einer common ceiling-Vereinbarung.

c) Falls es zu Fortschritten in diesen Richtungen kommt, Übergang zum Thema „which forces, and how many, are to be reduced"?

d) Vor Weihnachten Beurteilung in der NATO, ob ein Signal über „Option III" sinnvoll ist.

Die Amerikaner beteuerten wiederholt, daß sie vor Ablauf dieses Programms eine Änderung der Verhandlungsposition der NATO weder für notwendig noch für zweckmäßig hielten.

8) „Medium Term Policy"

Dg 22 betonte, daß das deutsche Interesse an MBFR ungeschmälert sei. Er erinnerte an das ursprüngliche deutsche Konzept von MBFR als eines langfristigen Prozesses. Es sei denkbar, daß die Zeit für die Verwirklichung der NATO-Position noch nicht reif sei. Die östliche Seite brauche offenbar noch geraume Zeit, um sich im weiteren Verlauf der Entspannung von ihrem jetzigen, militärische Überlegenheit erheischenden Sicherheitsbegriff zu lösen. Ein vorläufiger Abschluß der Verhandlungen mit Hilfe einer „scaled-down version" der Phase I könne unter diesem Umstand nützliche Zeit gewinnen a) zur Aufbereitung der komplizierten MBFR-Fragen und b) zur Präzisierung der europäischen Verteidigungszusammenarbeit. Beides würde die Chancen künftiger „kooperativer" Sicherheitsvereinbarungen im Ost-West-Verhältnis erleichtern. Daß das amerikanische Interesse bis auf weiteres an MBFR naturgemäß kurzfristiger sei, erkannte Dg 22 an.

Er regte an, die Diskussion solcher längerfristiger Aspekte von MBFR während des Besuchs von D 2 in Washington am 27. September[13] einzuleiten und im nächsten Jahr im Zusammenhang mit der evtl. Vorbereitung einer „scaled-down version" fortzusetzen.

---

[13] Botschafter Roth teilte am 30. September 1974 aus Gesprächen des Ministerialdirektors van Well am 27. September 1974 in Washington mit: „D 2 und Dg 22 unterstrichen die Bedeutung, die wir dem Zusammenhang zwischen den MBFR-Verhandlungen und den Verhandlungen bzw. Planungen im strategischen Bereich sowie den möglichen Auswirkungen auf den europäischen Einigungsprozeß beimessen. Es wurde von uns hervorgehoben, daß dem konventionellen Kräfteverhältnis in Europa ein um so größeres Gewicht zukomme, je sicherer im strategischen Bereich von einem ‚paritätischen Verhältnis' ausgegangen und dieses durch Vereinbarungen (SALT) festgeschrieben werden könne. Die strategische zentrale Stabilität müsse durch regionale Stabilität ergänzt und durch Vereinbarungen abgesichert werden. Hinsichtlich der Auswirkungen auf die Entwicklung der Europäischen Gemeinschaft legten wir besonderen Wert auf die Feststellung, daß Inhalt und Form künftiger Absprachen so gestaltet sein müßten, daß die Bildung einer engen Rüstungskontrollzone vermieden wird; daß versucht werden solle, den Raum der Reduzierungen durch geographisch umfassendere stabilisierende Maßnahmen nach Möglichkeit zu relativieren; daß in diesem Zusammenhang dem gesamteuropäischen Geltungsbereich der CBM besondere Bedeutung zukomme; und daß schließlich die Teilnahme Frankreichs an MBFR offengehalten werden solle. Es bestand Übereinstimmung darüber, daß sich MBFR nicht darin erschöpfen könne, ein Ost-West-Rahmen für einseitig ins Auge gefaßte Reduzierungen zu sein, sondern daß MBFR ein dynamisches, langfristiges Konzept zugrundeliegen müsse." Vgl. den Drahterlaß Nr. 4106; VS-Bd. 9451 (221); B 150, Aktenkopien 1974.

9) Formprobleme

In diesem Zusammenhang erläuterte Dg 22 erneut das deutsche Interesse daran, im Rahmen einer Phase I – zumal einer verkleinerten – in der künftigen sicherheits- und militärpolitischen Bewegungsfreiheit sowenig wie möglich beschränkt zu werden. Dies sei der Grund der deutschen Kriterien für annehmbare Reduzierungsmodalitäten. (Diese wurden von OtL Schmidbauer erneut aufgeführt.) Die deutsche Regierung wünsche insbesondere nicht, ein US-sowjetisches Reduzierungsabkommen zu unterzeichnen. Für die multilateralen Komponenten einer Absprache im Rahmen der ersten Phase müsse eine Lösung gefunden werden, die den gesamthänderischen Charakter unterstreicht – z.B. eine vom NATO-Rat zu indossierende Erklärung – und die weder nach Inhalt noch nach Form ratifizierungsbedürftig wäre.

10) MBFR-Zuständigkeiten in Washington

a) Die offizielle Struktur wurde von Mr. Baker wie folgt erläutert:
- National Security Council (Präsidentenebene);
- Verification Panel (Vorsitz: Kissinger);
- Verification Panel Working Group (Vorsitz: Mr. Lodal – policy);
- Backstopping Comitee („Miller-Committee" – operations).

An den beiden unteren Ebenen sind in gleicher Weise, jedoch in unterschiedlichem Rang, Vertreter vom Weißen Haus, State Department, Pentagon, ACDA, CIA und Joint Chiefs of Staff vertreten. Die Vertreter des State Department kommen u.a. aus der Politisch-Militärischen Abteilung, der Europa-Abteilung und dem Planungsstab.

Das Backstopping Committee, das sich wöchentlich zwei- bis dreimal trifft, stimmt die Routineweisungen an Wien ab und verteilt die Arbeit an Entwürfen, die auf höherer Ebene zu verabschieden sind.

Diese Struktur entspricht derjenigen bei SALT.

b) Die inoffizielle MBFR-Struktur wurde von Mr. Vest wie folgt beschrieben:

Mr. Sonnenfeldt, Mr. Hyland (beide langjährige Berater von Kissinger) sowie Mr. Lord übten kraft ihrer Nähe zum Präsidenten und ihres besonderen Interesses an MBFR (wie an SALT) besonderen Einfluß auf die Entscheidungsfindung für MBFR aus. Dies treffe auf Mr. Eagleburger nicht mehr zu. Er sei als Koordinator zwischen White House und State Department nur am reibungslosen Funktionieren der Abstimmung als solcher interessiert.

VS-Bd. 9451 (221)

259

Botschafter Steltzer, Kairo, an das Auswärtige Amt

114-13749/74 VS-vertraulich
Fernschreiben Nr. 1515
Citissime

Aufgabe: 11. September 1974, 14.40 Uhr
Ankunft: 11. September 1974, 14.24 Uhr

Betr.: Behandlung des Palästinenser-Problems vor den VN;
hier: Gespräch mit Außenminister Fahmi

Außenminister Fahmi empfing mich heute auf meinen Wunsch. Nach Übergabe der offiziellen Einladung an Frau Sadat und der Behandlung einiger Routinefragen brachte ich das Gespräch auf das Palästinenser-Problem, insbesondere dessen beabsichtigte Behandlung vor der Generalversammlung der Vereinten Nationen.[1] Der Außenminister erklärte, daß eine Resolution von arabischer Seite eingebracht würde, die mit Rücksicht auf die EG-Staaten und gerade auch auf uns milde gefaßt werden würde. Man erwarte seitens der arabischen Regierung, daß diese Resolution auch die Unterstützung der Bundesregierung finden würde.

Er müsse bei dieser Gelegenheit sagen, so fuhr der Außenminister fort, daß zahlreiche arabische Regierungen noch immer einen gewissen Argwohn gegen uns hegten, weil wir weniger als andere europäische Länder bereit seien, uns im Nahost-Konflikt politisch zu engagieren. Es bereite ihm zunehmend Mühe, andere arabische Regierungen davon zu überzeugen, daß sich die Haltung der Bundesrepublik gegenüber den Problemen des Nahost-Konflikts zum besseren gewandelt habe. Er höre auch von EG-Regierungen – und er bäte, dies streng vertraulich zu behandeln –, daß bei der Behandlung dieser Frage im Rahmen der Neun gerade von der Bundesrepublik Deutschland starke Bremswirkungen ausgingen. Er unterstrich ausdrücklich, daß weder die Niederlande noch Dänemark eine derart reservierte Haltung wie wir zeigten.

Auf meinen Einwand, daß mich seine Ausführungen überraschten, weil er doch selbst in Bonn[2] erklärt habe, daß die Deklaration der Neun vom 6.11.1973[3] und die darin enthaltenen Prinzipien die ägyptische Seite befriedigt haben und daß das deutsch-ägyptische Verhältnis seitdem nicht mehr durch politische Probleme belastet sei, entgegnete der Minister, daß wir die Kommuniqués von Bonn[4]

---

[1] Die XXIX. UNO-Generalversammlung fand vom 17. September bis 19. Dezember 1974 statt.
[2] Zum Besuch des ägyptischen Außenministers Fahmi vom 2. bis 6. Juli 1974 vgl. Dok. 201.
[3] Für die Nahost-Erklärung der Außenminister der EG-Mitgliedstaaten vom 6. November 1973 vgl. Dok. 10, Anm. 6.
[4] Im Kommuniqué über den Besuch des ägyptischen Außenministers Fahmi vom 2. bis 6. Juli 1974 in der Bundesrepublik hieß es: „Die Gespräche von Außenminister Fahmi ergaben Gelegenheit zu einem allgemeinen Gedankenaustausch über internationale Probleme, insbesondere der Entwicklung im Nahen Osten. Beide Seiten betonten ihr gemeinsames Interesse an der Herbeiführung einer gerechten und dauerhaften Friedensregelung in der Region. Sie bezeichneten die militärischen Abkommen über eine Truppenentflechtung im Sinai und auf den Golanhöhen als erste positive Schritte in dieser Richtung. Sie stimmten darin überein, daß eine Regelung des Konflikts im Nahen Osten auch die legitimen Rechte der Palästinenser berücksichtigen müsse." Vgl. BULLETIN 1974, S. 838.

mit denjenigen von Paris[5] und Washington[6] vergleichen sollten. So sei im Kommuniqué von Washington vom 19.8.[7] von den legitimen Interessen aller Völker in Nahost einschließlich der Palästinenser die Rede gewesen, während sich in unserem Kommuniqué vom 5.7. dieser Passus nur auf die legitimen Rechte der Palästinenser beziehe. Er habe seinerzeit versucht, die eben zitierte Passage aus dem Washingtoner Kommuniqué auch in der gemeinsamen Erklärung in Bonn unterzubringen, habe die Absicht aber fallenlassen, als er unsere Zurückhaltung bemerkte. Er habe das gute Klima nicht durch Insistieren stören wollen.

Ich sagte dem Minister, daß alles, was er in unserem Kommuniqué vermisse, von uns schon früherer Gelegenheit gesagt worden sei[8], und verwies dabei besonders auf die Erklärungen von Bundeskanzler Brandt während seines Besuchs in Kairo.[9] Bei dem Treffen in Bonn sei es ja schließlich in erster Linie um Wirtschaft und Wiederaufbau gegangen. Der Minister meinte darauf, der wahre Grund unserer Zurückhaltung läge in unserer besonderen Rücksichtnahme auf die Vereinigten Staaten. Wir seien von allen westeuropäischen Staaten am stärksten mit den USA liiert und sehr darum besorgt, die amerikanischen Interessen nicht zu stören. Unsere Sorge sei aber unbegründet, denn das ägyptisch-amerikanische Verhältnis sei gut und vertrauensvoll, ja es sei unter Präsident Ford noch besser geworden. Er verstehe daher nicht, warum wir nicht zumindest auf der Linie der amerikanischen Nahostpolitik lägen. Schließlich müsse sich die US-Regierung mit einer machtvollen jüdischen Lobby auseinandersetzen, ein Problem, das sich in der Bundesrepublik nicht stelle.

Man beobachte die deutsche Haltung von arabischer Seite sehr genau. Die Bundesrepublik Deutschland sei eines der bedeutendsten Länder der Welt. Sie müsse daher zu den brennenden Weltproblemen eine eigene Meinung haben und könne sich dieser nicht einfach entziehen (you cannot run away from the issue). Die Bundesrepublik sei heute Mitglied der VN und vielleicht morgen Mitglied des Sicherheitsrats. Wir müßten uns daher auch der Verantwortung gegenüber einer gerechten Lösung für den Nahost-Konflikt bewußt sein.

Meiner Feststellung, daß die Entwicklung der deutsch-arabischen Beziehungen, wie zahlreiche arabische Regierungen bestätigten, eine Wendung zum

---

[5] Der ägyptische Außenminister Fahmi hielt sich vom 5. bis 8. August 1974 in Frankreich auf. Im Kommuniqué vom 7. August 1974 hieß es zu den Gesprächen mit dem französischen Außenminister Sauvagnargues: „Les deux Ministres ont également rappelé les principes, contenus dans les résolutions successives des Nations Unies, qui impliquent, en vue du règlement pacifique et durable des problèmes du Proche-Orient, l'évacuation des territoires occupés, la reconnaissance du droit à l'existence de tous les Etats de la région et le respect des droits du peuple palestinien." Vgl. Referat 310, Bd. 104670.

[6] Im Kommuniqué vom 19. August 1974 über den Besuch des ägyptischen Außenministers Fahmi vom 12. bis 19. August 1974 in den USA wurde ausgeführt: „The discussions the Foreign Minister held with President Ford and Secretary Kissinger were a constructive contribution to the consultations now underway looking toward the next stage in negotiations for a just and durable peace in the Middle East – a peace which they agree should take into due account the legitimate interests of all the peoples in the Middle East, including the Palestinian people, and the right to existence of all states in the area." Vgl. DEPARTMENT OF STATE BULLETIN, Bd. 71 (1974), S. 381.

[7] Korrigiert aus: „20.8.".

[8] So in der Vorlage.

[9] Zu den Äußerungen des Bundeskanzlers Brandt am 23. April 1974 in Kairo vgl. Dok. 131, Anm. 8.

besseren genommen hätte und dies auch von höchster ägyptischer Stelle kürzlich zum Ausdruck gebracht worden sei, widersprach der Minister nicht. Soweit es Ägypten betreffe, erklärte er, ginge es nicht um die unzweifelhaft positive Haltung seiner Regierung zu uns, sondern um die Tatsache, daß linke Kreise unter der ägyptischen Intelligenz und in den Ministerien, die ihre kritische Einstellung zu uns aus der Nasser-Zeit gewahrt hätten, jede Gelegenheit nützten, um die Bundesrepublik anzuschwärzen. Dem könne nur nachhaltig entgegengewirkt werden, wenn die ägyptische Regierung überzeugende Argumente für unseren Goodwill an der Hand habe. Er deutete an, daß er versuchen werde, in New York mit dem Herrn Bundesminister über seine Besorgnisse zu sprechen.

Das Gespräch verlief freundlich, und Fahmi wollte die Unterhaltung als einen freimütigen Gedankenaustausch zwischen Freunden verstanden wissen. Vergleicht man die von ihm angeführten Kommuniqués, so ist tatsächlich kein ersichtlicher Grund für Fahmis Beschwerden zu finden, schon gar nicht in dem von Washington. Ich habe den Eindruck, daß Fahmi mit diesen Ausführungen seine bewährte Taktik der Zweckübertreibung angewandt hat, um uns zu einer stärkeren Unterstützung der arabischen Wünsche zu ermuntern.

Die Kritik an unserer angeblichen Zurückhaltung aus EG-Kreisen kann meines Erachtens nur von französischer Seite gekommen sein, zumal Großbritannien unter Wilson sicher keine größere Aufgeschlossenheit als wir in Nahost-Fragen gezeigt hat und man sich dies auch kaum von den Niederlanden und Dänemark vorstellen kann. Der Sinn dieser Indiskretion könnte daher meines Erachtens nur darin liegen, die beiden einzigen Staaten der Gemeinschaft, die zur Zeit in den nahöstlichen Überlegungen der Ägypter eine besondere Rolle spielen, nämlich Frankreich und die Bundesrepublik, auf einen einheitlichen Nenner zu bringen, und zwar mit dem Versuch, die Bundesrepublik Deutschland stärker an den französischen Standpunkt in der Nahost-Frage heranzuführen. Auf jeden Fall müssen wir uns darüber im klaren sein, daß unsere Haltung in der kommenden Debatte vor den VN über das Palästinenser-Problem für unser künftiges Verhältnis zu den arabischen Staaten von erheblicher Bedeutung sein wird.

Gerade im Hinblick auf die Bemerkungen über das Verhältnis zu den USA und unter Berücksichtigung der bewährten Taktik, die westlichen Länder gegeneinander auszuspielen, scheint es mir besonders wichtig, nicht nur im Rahmen der Neun, sondern auch mit den USA eine einheitliche Linie für die kommende Palästinenser-Debatte herbeizuführen.

Unmittelbar nach meinem Besuch wurde eine Meldung über das Gespräch veröffentlicht. Wörtlich heißt es darin zum Palästinenser-Problem: „Minister Fahmi sprach von der Bedeutung, die der Behandlung des Palästinenser-Problems durch die VN-Generalversammlung beigemessen würde, insbesondere die Bekräftigung des Rechts des palästinensischen Volkes auf Selbstbestimmung" in Übereinstimmung mit den Grundsätzen und Resolutionen der VN. Da Fahmi entsprechende Meldungen nach Gesprächen mit anderen westlichen Botschaftern veröffentlichte, liegt die Vermutung nahe, daß es den Ägyptern jetzt darauf ankommt, gegenüber den Palästinensern den Eindruck starken Engagements für ihre Sache zu vermitteln.

Pressemeldungen zufolge sollen die arabischen Botschafter bei der VN heute ihren Tagesordnungsvorschlag zur Palästina-Frage dem VN-Generalsekretariat übermitteln.[10]

[gez.] Steltzer

VS-Bd. 9990 (310)

260

Botschafter Böker, Rom (Vatikan), an das Auswärtige Amt

114-13753/74 VS-vertraulich   Aufgabe: 11. September 1974, 18.05 Uhr[1]
Fernschreiben Nr. 86   Ankunft: 11. September 1974, 18.52 Uhr
Citissime

Betr.: Vatikan und DDR

Der Sekretär der Bischofssynode, Bischof Rubin (Pole), hat gestern vormittag die Presse und gestern spätnachmittag das diplomatische Korps empfangen, um sie über die am 27. September beginnende Bischofssynode zu unterrichten. Bei dieser Gelegenheit wurden auch Listen der an der Synode teilnehmenden Persönlichkeiten verteilt. Die Teilnehmer werden dabei in folgende Gruppen eingeteilt:

1) Vertreter der orientalischen Kirchen,

2) Vertreter der (nationalen) Bischofskonferenzen,

3) Vertreter der Orden,

4) Kurienkardinäle,

5) Sekretariat,

6) vom Papst ad personam benannte Teilnehmer.

Unter der Rubrik „Vertreter der Bischofskonferenzen" ist der uns betreffende Abschnitt wie folgt formuliert:

---

[10] Mit Schreiben vom 11. September 1974 an UNO-Generalsekretär Waldheim ersuchten die Vertreter von 56 Staaten darum, die „Palästina-Frage" als eigenen Tagesordnungspunkt der bevorstehenden UNO-Generalversammlung aufzunehmen. Vgl. dazu YEARBOOK OF THE UNITED NATIONS 1974, S. 218.

[1] Hat Vortragendem Legationsrat I. Klasse Treviranus am 12. September 1974 und erneut am 13. September 1974 vorgelegen, der handschriftlich über ein Telefonat des Botschafters Böker, Rom (Vatikan), mit Ministerialdirigent Dreher notierte: „1) Am 12.9. bei Benelli, der dagegen gewesen sei (Sorgen, noch keine Weisung aus Bonn). 2) Vorsorglich: 9.30 Casaroli. Nächste Woche nach Bonn, Anfang Wochenende Frankfurt. Erbittet Weisung noch heute. Liste könnte noch geändert werden, da sowieso ... Döpfner sehr empört: Telegramm an seine Heiligkeit. Ob wir Verbindung mit K[ardinal] B[engsch] hätten."
Hat Vortragendem Legationsrat I. Klasse Munz am 16. September 1974 vorgelegen.

Deutschland

Bundesrepublik Deutschland:

Kardinal Döpfner, Erzbischof von München und Freising,

Kardinal Höffner, Erzbischof von Köln

Monsignore Angerhausen, Weihbischof von Essen.

Deutsche Demokratische Republik:

Kardinal Bengsch, Erzbischof, Bischof von Berlin.

Unter den von dem Papst ad personam eingeladenen Teilnehmern befindet sich u. a. Dr. Friedrich Wetter, Bischof von Speyer.

Die Tatsache, daß der Bischof von Berlin, Kardinal Bengsch, der sowohl für Westberlin wie für Ostberlin wie für die in der DDR selbst gelegenen Teile des Bistums Berlin zuständig ist, in der Teilnehmerliste unter der Rubrik „Deutsche Demokratische Republik" geführt wird, scheint mir im Hinblick auf den Status von Berlin sehr gravierend. Der Vatikan unterstellt damit in einem offiziellen Dokument, daß nicht nur Ostberlin, sondern auch Westberlin Bestandteile der DDR sind. Da dieses Dokument weltweite Verbreitung finden wird, sollten wir dies m. E. nicht stillschweigend hinnehmen. Ich hielt es dennoch für richtig, auf der allgemeinen Besprechung, die Bischof Rubin mit dem diplomatischen Korps hatte, diese Frage nicht anzuschneiden, werde aber bei meinem morgigen Routinebesuch bei dem Substituten im Staatssekretariat, Erzbischof Benelli, mein Erstaunen und Befremden ausdrücken.[2] Ich möchte anregen, dort zu überlegen, welche weiteren Schritte unternommen werden könnten, eventuell auch im Zusammenwirken mit den für Berlin besonders verantwortlichen Mächten, von denen allerdings nur Frankreich beim Heiligen Stuhl eine Botschaft unterhält (Großbritannien nur eine Gesandtschaft, USA nur einen inoffiziellen, aber dennoch einflußreichen Vertreter[3]).

Die gestern der Presse und dem diplomatischen Korps übergebene Liste soll in den nächsten Tagen gedruckt werden. Erst das gedruckte Exemplar gilt als offizielles Dokument der Synode. Es besteht also noch eine gewisse Möglichkeit der Einwirkung. Bischof Rubin hat gestern bereits zu verstehen gegeben, daß in der endgültigen Fassung noch Änderungen möglich seien, indem er z. B. er-

---

[2] Zum Gespräch mit dem Unterstaatssekretär im Staatssekretariat des Heiligen Stuhls über die Teilnehmerliste der bevorstehenden Bischofssynode teilte Botschafter Böker, Rom (Vatikan), am 12. September 1974 mit, Benelli habe „den uns betreffenden Teil noch nicht zur Kenntnis genommen gehabt und war ganz betroffen, als er sah, in welcher Weise Kardinal Bengsch dort rubriziert war. Ich stieß daher bei ihm offene Türen ein, als ich ihm erklärte, daß der Vatikan wohl alles vermeiden sollte, was den Eindruck erwecke, als betrachte er die beiden Teile Berlins als völkerrechtlich der DDR zugehörig. Auch mein Argument, daß kirchenrechtlich eine nationale Bischofskonferenz der DDR gar nicht existiere und daß Kardinal Bengsch und die in der DDR residierenden Bischöfe sich nach wie vor als zur deutschen Bischofskonferenz zugehörig empfänden, auch wenn sie an ihr nicht mehr aktiv mitarbeiten könnten, fiel bei Benelli auf fruchtbaren Boden." Benelli habe mehrfach versichert, auf eine Änderung der Teilnehmerliste hinwirken zu wollen. Dazu führte Böker aus: „Wir sollten dieses Verständnis und die Bereitschaft Benellis, so dankenswert sie sind, in ihrer Wirkung nicht überschätzen, da in allen ostpolitischen Fragen Erzbischof Casaroli mehr als Benelli das Ohr des Papstes hat. Trotzdem glaube ich, daß auch Casaroli sich unserer rechtlichen Argumentation hinsichtlich des Status von Berlin und der Nichtexistenz einer nationalen Bischofskonferenz der DDR kaum wird entziehen können." Vgl. den Drahtbericht Nr. 87; VS-Bd. 9951 (203); B 150, Aktenkopien 1974.

[3] Henry Cabot Lodge.

klärte, der Exarch von Sofia, Monsignore Stratiew, sei irrtümlicherweise als Vertreter der bulgarischen Bischofskonferenz aufgeführt worden. Eine solche gebe es aber gar nicht, weil Stratiew der einzige noch in Bulgarien vorhandene katholische Bischof sei. Er müsse daher in der endgültigen Fassung der Liste unter den von dem Papst ad personam eingeladenen Teilnehmern aufgeführt werden. In dieser Weise war übrigens auch Kardinal Bengsch während der letzten Bischofssynode 1971[4] aufgeführt worden. In einem Routinegespräch, das ich vor zwei Wochen mit Erzbischof Benelli hatte, hatte ich auch hierauf hingewiesen. Benelli hatte damals erwidert, der Andrang auf diese Liste sei schon sehr groß, und man werde Kardinal Bengsch diesmal dort möglicherweise nicht aufführen können: Man werde aber eine Regelung finden müssen, die der besonderen Lage Rechnung trage. Im übrigen spreche Bengsch ja auf der Synode nicht nur für sich selbst, sondern auch für die Bischöfe der DDR, deren volles Vertrauen er habe.

Hierzu ist jedoch zu bemerken, daß es kirchenrechtlich gesehen in der DDR noch keine nationale Bischofskonferenz gibt, weil die in der DDR residierenden Bischöfe, wie auch Kardinal Bengsch selbst, sich nach wie vor der Deutschen Bischofskonferenz zugehörig fühlen, an der sie jedoch aus politischen Gründen seit mehreren Jahren nicht mehr teilnehmen können. Die Bischöfe der DDR treffen sich indes seit einigen Jahren unter dem Vorsitz von Kardinal Bengsch in einem informellen Gremium, das gemeinhin als Berliner Ordinarienkonferenz bezeichnet wird.

Eventuelle Demarchen beim Heiligen Stuhl sollten sich daher m. E. auf folgende Rechtsargumente stützen:

1) Daß Westberlin nach allgemeiner Rechtsauffassung (einschließlich der Sowjetunion) nicht zur DDR gehört und Ostberlin nach westlicher Auffassung nicht Teil des Staatsgebiets der DDR ist. Der Bischof von Berlin könne daher nicht auf einer Liste als Vertreter der DDR aufgeführt werden.

2) Eine nationale Bischofskonferenz der DDR gibt es nicht. Es ist deshalb ebenso falsch und irreführend, Kardinal Bengsch auf einer Liste nationaler Bischofskonferenzen aufzuführen wie den Exarchen von Sofia.

3) Gleichgültig, welche Lösung gefunden wird – am besten wäre eine Fortführung der bisherigen Praxis –, sie muß auf jeden Fall der besonderen Lage des Kardinals Rechnung tragen, dessen Diözese zum Teil auf DDR-Gebiet, zum Teil auf Gebieten liegt, die nicht zur DDR gehören.

4) Trotz der seinerzeit gegebenen Konsultationsversprechen[5] sei die deutsche Seite in dieser Angelegenheit in keiner Weise konsultiert worden, obwohl ich

---

[4] Vom 30. September bis 6. November 1971 fand in Rom die zweite Ordentliche Bischofssynode nach dem Zweiten Vatikanischen Konzil statt.

[5] Zur Rechtslage in der Frage einer Konsultationsverpflichtung des Heiligen Stuhls gegenüber der Bundesrepublik nach Inkrafttreten des Grundlagenvertrags vom 21. Dezember 1972 zwischen der Bundesrepublik und der DDR legte Ministerialdirektor von Schenck am 23. Januar 1974 dar: „Der H[ei]l[ige] Stuhl wird seine Beziehungen zur DDR grundsätzlich frei regeln dürfen, nachdem die Bundesrepublik Deutschland als der vom Vatikan anerkannte staatliche Partner des Reichskonkordats der DDR im Grundvertrag die Selbständigkeit ihrer staatlichen Kompetenzen und die uneingeschränkte Parität mit der Bundesrepublik zuerkannt hat. Die Bundesrepublik hat hierbei nur ein begrenztes Mitspracherecht, das sich nur darauf stützen kann, daß die Diözesen Paderborn, Osnabrück, Fulda und Würzburg in das DDR-Gebiet hineinragen und Berlin (West) Teil des Bi-

Erzbischof Benelli auf die Wichtigkeit des Themas rechtzeitig vorher aufmerksam gemacht hatte.

Erkundigungen bei einem uns besonders verbundenen Mitglied des Sekretariats der Bischofssynode haben ergeben, daß das Sekretariat selbst für diese Version der Teilnehmerliste nicht verantwortlich ist. Bischof Rubin und seine Mitarbeiter hätten sich vielmehr den Kopf zerbrochen, wie Kardinal Bengsch am besten einzuordnen sei. Die nunmehr erfolgte Lösung ginge auf eine „Weisung von oben" (vermutlich Erzbischof Casaroli) zurück und sei dem Sekretariat wortwörtlich diktiert worden. Die Vermutung ist nicht von der Hand zu weisen, daß Erzbischof Casaroli auf diese Weise bei der DDR-Führung gutes Wetter für eventuelle weitere Schritte in seiner oft fragwürdigen Politik gegenüber der kommunistischen Staatenwelt schaffen möchte. Ich verweise in diesem Zusammenhang auf ein in hohen kirchlichen Kreisen umlaufendes Gerücht, wonach Casaroli im Spätherbst oder Winter einen offiziellen Besuch in der DDR plant – ein Projekt, dem die deutschen Bischöfe, insbesondere Kardinal Bengsch, heftigen Widerstand entgegensetzen.[6]

[gez.] Böker

VS-Bd. 9951 (203)

Fortsetzung Fußnote von Seite 1147

stums Berlin ist. Insoweit werden durch organisatorische Änderungen in diesen Bistümern eigene Belange der Bundesrepublik berührt, die ihr nach Artikel 11 des Reichskonkordats einen Anspruch auf vorherige Konsultation geben. Eine Aufspaltung der grenzdurchschnittenen Bistümer durch päpstliche Zirkumskriptionsbullen müßte mit der Bundesrepublik als loyalem Partner des Reichskonkordats rechtzeitig und umfassend konsultiert werden. Das ist mit dem Vatikan in den wiederholten Konsultationen, die von Botschafter Böker und MD Dr. von Schenck mit Erzbischof Casaroli im Laufe des Jahres 1973 in Rom geführt worden sind, eingehend dargelegt worden. Zwar würden solche Maßnahmen des Hl. Stuhls nach dessen Auffassung, die rechtlich kaum widerlegt werden kann, letztlich nicht von der Zustimmung der Bundesrepublik abhängen. Doch hat Erzbischof Casaroli unseren Argumenten immerhin mit der Zusage Rechnung getragen, vor Änderungen der kirchlichen Organisation in der DDR die Bundesregierung zu unterrichten." Vgl. Referat 501, Bd. 165571. Vgl. dazu ferner AAPD 1973, II, Dok. 226.

6 Vortragender Legationsrat I. Klasse Treviranus wies die Botschaft beim Heiligen Stuhl am 12. September 1974 an, den Versuch einer Änderung der Teilnehmerliste der Bischofssynode zu unternehmen. Dabei könne man erklären, daß durch die separate Aufführung einer DDR-Bischofskonferenz in einer Verlautbarung des Heiligen Stuhls „die kirchliche Zweiteilung Deutschlands erstmals erkennbar dokumentiert" werde. Vor einer so bedeutsamen Maßnahme hätte die Bundesrepublik gemäß Artikel 33 des Konkordats vom 20. Juli 1933 zwischen dem Deutschen Reich und dem Heiligen Stuhl konsultiert werden sollen. Auch die Sonderstellung des Kardinals Bengsch bleibe in der Liste unberücksichtigt: „Die amtliche Anerkennung der DDR-Bischofskonferenz durch den Vatikan erscheint hier gravierender als die Behandlung Berlins [...], unsere Aussichten dürften jedoch größer sein, eine Korrektur im Hinblick auf Berlin zu erreichen, zumal wir hier rechtlich stärker argumentieren können." Vgl. den Drahterlaß; VS-Bd. 9951 (203); B 150, Aktenkopien 1974.
Botschafter Böker, Rom (Vatikan), berichtete am 13. September 1974, daß er gegenüber dem Sekretär des Rats für die öffentliche Angelegenheiten der Kirche die Bedenken der Bundesregierung gegen die Teilnehmerliste vorgetragen habe. Casaroli habe schließlich eingeräumt, „daß die in dem vorliegenden Text vorgenommene Zuordnung Berlins zur DDR fehlerhaft sei und daß eine neue Formulierung gefunden werden müsse. Ich erklärte ihm, daß eine Fußnote hierzu m. E. nicht ausreiche. Konkrete Vorschläge für eine Neuformulierung könne ich mangels klarer Weisung aus Bonn nicht machen." Vgl. den Drahtbericht Nr. 88; VS-Bd. 9951 (203); B 150, Aktenkopien 1974.
Botschaftsrat I. Klasse Schaad, Rom (Vatikan), teilte am 18. September 1974 mit, er habe dem Stellvertreter von Casaroli, Silvestrini, Formulierungsvorschläge für die Teilnehmerliste unterbreitet. Dieser habe jedoch erklärt, „er halte es für ausgeschlossen, daß der Papst seine einmal getroffene Entscheidung, Kardinal Bengsch nicht ad personam, sondern als Vertreter der Berliner Ordinarienkonferenz einzuladen, rückgängig machen werde, zumal auch die erforderlichen Dokumente längst ausgefertigt und zugestellt worden seien. Hierzu komme, daß Papst Paul VI. Wert darauf

261

Aufzeichnung des
Vortragenden Legationsrats I. Klasse Andreae

220-371.10/10-1341/74 geheim 13. September 1974[1]
220-371.85/10-1341/74 geheim

Betr.: Besuch Botschafter Roth in Washington am 29. und 30. August 1974;[2]
hier: Gespräche über SALT und Nichtverbreitungspolitik

I. Aus den Gesprächen mit Mr. Fred Iklé ist folgendes festzuhalten:

1) SALT

Bei den sowjetisch/amerikanischen Gipfelgesprächen in Moskau[3] war die MIRV-Entwicklung nur ein Thema unter vielen, allerdings ein sehr wichtiges. Die Entwicklung neuer Trägerraketen spielte auch eine große Rolle. Desgleichen das Problem der Begrenzung des Wurfgewichts.

Es trifft zu, daß amerikanische Regierungsstellen sich zur Zeit darüber Gedanken machen, wie man das beiderseitige strategische Offensivpotential mit Hilfe von Meßzahlen quantifizieren kann. Es handelt sich hierbei aber erst um Überlegungen auf der Arbeitsebene. Es gehe eben darum, eine Basis für die Bewertung der beiderseitigen strategischen Kräfte zu gewinnen; der „conceptual breakthrough", um den in Moskau gerungen wurde, sei ja noch nicht erfolgt. Jetzt sei man für jeden Vorschlag und neue Gedanken dankbar.

Was FBS angehe, so sei die Nichtumgehungsklausel doch wohl immer noch das beste; sie werde den Interessen der Alliierten am ehesten gerecht. Für die Sowjets bedeuteten die FBS immer noch ein Verhandlungsobjekt, übrigens seien die sowjetischen IRBMs/MRBMs zwar teilweise obsolet, aber doch bis auf weiteres von erheblicher Zerstörungskraft.

Die Behandlung von FBS bei MBFR wäre eine Möglichkeit, die allerdings keine vollständige Lösung ermöglichen würde.

Es sei richtig, daß die Entwicklung neuer konventioneller Waffen die Diskussion über die Begrenzung strategischer Waffen beeinflussen könne; unter Umständen könne sie zu Änderungen in der Zielplanung führen. Nicht alle technischen Neuerungen würden unbedingt zum Vorteil der USA ausschlagen.

Fortsetzung Fußnote von Seite 1148
gelegt habe, daß Kardinal Bengsch in der Synode nicht nur für seine Person, sondern auch im Namen seiner Mitbrüder in der Ordinarienkonferenz sprechen könne. [...] Das heiße zwar nicht, daß der Heilige Stuhl damit eine zweite deutsche Bischofskonferenz anerkannt habe. Aus diesem Grunde habe sich auch für den Heiligen Stuhl die Frage einer eventuellen Konsultation mit uns nicht gestellt. Man müsse aber klar sehen, daß infolge der politischen Entwicklung in der DDR sich eine besondere Lage und dadurch auch ein gewisses Eigengewicht ergeben habe, die der Berliner Ordinarienkonferenz den Charakter einer Regionalkonferenz sui generis gäbe." Vgl. den Drahtbericht Nr. 90; Referat 501, Bd. 165571.

[1] Hat Botschafter Roth am 18. September 1974 vorgelegen.
[2] Zu den Gesprächen des Botschafters Roth vgl. auch Dok. 258.
[3] Präsident Nixon hielt sich vom 27. Juni bis 3. Juli 1974 in der UdSSR auf. Vgl. dazu Dok. 197, Dok. 199 und Dok. 200.

Mr. Iklé zeigte Interesse für die Arbeit der europäischen Gruppe über FBS.[4] Er nahm es zur Kenntnis, daß die Gruppe davon Abstand genommen habe, eine verbindliche Liste vergleichbarer sowjetischer und amerikanischer Systeme aufzustellen, die als FBS bezeichnet werden könnten.

Botschafter Roth erläuterte die Unterschiede in den Auffassungen der Engländer und der Deutschen, was die Option III bei MBFR angeht. Wir hielten im Gegensatz zu den Engländern ein „quid pro quo" auf nuklearem Gebiet in der ersten Phase nicht für zweckmäßig, da wir daraus eine stärkere präjudizierende Wirkung auf die zweite Phase befürchteten. Wir wollten uns für die zweite Phase die Option offenhalten. Jedoch dürften die Sowjets bei einer Option III nicht völlig frei bleiben, wir dächten an ein „ceiling" für sowjetische nukleare Waffen in der NGA. Jede reziproke Lösung sei mehr politisch als militärisch bedeutsam, da das Gebiet der Sowjetunion bei MBFR nicht erfaßt werde. Leider hätten wir uns mit unserer Absicht, die constraints area weiter auszudehnen, nicht durchsetzen können.

2) Nichtverbreitung

In der anschließenden Besprechung im größeren Rahmen wurden folgende Fragen angesprochen:

1. PNE

Iklé: Das sowjetische Interesse an friedlichen Kernexplosionen wächst, sie haben große Vorhaben, die sich in erster Linie auf Erdbewegungen beziehen. Das größte Problem ist der radioaktive Fallout (Verstoß gegen PTBT[5] von 63). Das Interesse der Sowjets erkläre sich z. T. daraus, daß sie in manchen konventionellen Techniken noch nicht den Erfahrungsstand der USA erreicht hätten und daher für gewisse Vorhaben, die in den USA konventionell behandelt würden, die Atomkraft einsetzen wollten. Das gelte z. B. für das Löschen von in Brand geratenen Gasquellen; hier sei in den USA die Notwendigkeit für das Löschen mittels Kernexplosionen nicht mehr gegeben. Was die Gefahren für die Bevölkerung beim Kanalbau mittels PNE betreffe, so hätten die Sowjets wohl noch nicht alle Aspekte wirklich erforscht. Für die USA sei es klar, daß zwar gesundheitliche Schäden der Anwohner weitgehend vermieden werden könnten, nicht aber Radioaktivität in der Atmosphäre. Eine Verletzung des Teststop-Vertrages von 1963 sei daher unvermeidbar.

Folgende Anwendungsverfahren von PNEs könne man sich vorstellen:

a) das Aufbrechen von Gas, Erdöl und Mineralvorkommen, um die Förderung zu erleichtern,

b) das Herstellen großer Höhlen (Vorratshaltung) unter der Erdoberfläche,

c) das Löschen von brennenden Gas- oder Ölquellen.

Hinsichtlich der Kosten müsse gesagt werden, daß sie nur dann erträglich seien, wenn die Forschungs- und Entwicklungsarbeiten über den militärischen Etat abgewickelt würden.

---

[4] Zur Arbeit der Gruppe europäischer SALT-Experten vgl. Dok. 287.

[5] Partial Test Ban Treaty.
Für den Wortlaut des Vertrags vom 5. August 1963 über das Verbot von Kernwaffenversuchen in der Atmosphäre, im Weltraum und unter Wasser vgl. BUNDESGESETZBLATT 1964, Teil II, S. 907–910.

Die Verifikation von PNEs bereitet noch besondere Schwierigkeiten. Sie muß selbst dann, wenn über die Zwecke der friedlichen Kernexplosion keine Zweifel bestehen, besonders strikt gehandhabt werden, da die Unterscheidungsmöglichkeiten zwischen friedlicher und militärischer Kernexplosion praktisch kaum gegeben sind. Wird aber die Verifikation streng gehandhabt und werden für PNEs besondere Sicherungskontrollen eingeführt, dann wird dieser Umstand wenig dazu beitragen, Staaten, die bisher noch nicht Mitglied des NV-Vertrages sind, zum Beitritt zu bewegen.

Insgesamt ist zu sagen, daß zwar Anwendungsmöglichkeiten für PNEs denkbar sind (sowjetischer Kanalbau für Sibirien). Diese sind aber weniger zahlreich, als gemeinhin angenommen wird. Die noch bei Vertragsabschluß in PNEs gesetzten großen Erwartungen haben sich nach westlicher Auffassung nicht bestätigt. Der Osten hat diesen – PNEs negativ beurteilenden – Erkenntnisstand noch nicht erreicht.

2) Überprüfungskonferenz zum NV-Vertrag[6]

Die USA bleiben auch nach dem indischen Atomtest[7] bei ihrer Planung für die Vorbereitung der Review-Konferenz. Sie hoffen, im Vorbereitungsausschuß Übereinstimmung über die wesentlichsten Fragen zu erzielen, wenn es auch deutlich geworden ist, daß die Haltung mancher Staaten seit dem Mai 1974 unduldsamer geworden ist. Bisher hat aber noch kein Staat damit gedroht, aus dem Vorbereitungsausschuß auszuscheiden.

Es wird weiterhin an dem Entwurf einer Deklaration gearbeitet, die nach dem Plan der drei Depositarmächte[8] von der Überprüfungskonferenz verabschiedet werden soll. Die USA hoffen, den Entwurf in der dritten Vorbereitungssitzung fertigstellen und dazu die Zustimmung des Ausschusses erhalten zu können. Es ist allerdings nicht auszuschließen, daß noch eine vierte Vorbereitungssitzung kurz vor Beginn der Konferenz eingelegt werden muß.

Die USA hoffen weiter, daß alle prozeduralen Fragen in der Vorbereitungsphase geklärt werden können. Bei der Abstimmung soll Einstimmigkeit die Regel sein; falls Einstimmigkeit nicht erzielt werden kann, wird Beschlußfassung mittels „no objections" angestrebt. Für alle Fragen aber, die die Rechte und Pflichten der Mitglieder des Vertrages angehen, muß Einstimmigkeit gefordert werden.

Die Frage der Teilnahme an der Konferenz soll erst bei der nächsten Vorbereitungssitzung entschieden werden, da im Februar klarer sein dürfte, ob die Konferenz in einem Rahmen durchgeführt werden soll, der auch Nichtmitglieder umfaßt. Nach Auffassung der USA ist es nach wie vor wünschenswert, daß die Teilnahme auf die Vertragspartner beschränkt wird. Auch die Frage der Beobachter wird bis zur dritten Vorbereitungssitzung zurückgestellt.

---

[6] Vgl. dazu Artikel VIII Absatz 3 des Nichtverbreitungsvertrags vom 1. Juli 1968; Dok. 143, Anm. 9.
[7] Zur Zündung eines nuklearen Sprengsatzes durch Indien am 18. Mai 1974 vgl. Dok. 228.
[8] In Artikel IX Absatz 2 des Nichtverbreitungsvertrags vom 1. Juli 1968 wurden Großbritannien, die UdSSR und die USA zu Depositarmächten des Vertrags bestimmt. Vgl. dazu BUNDESGESETZBLATT 1974, Teil II, S. 791.

3) Regionale nuklearfreie Zonen

Die USA sind nicht unbedingt gegen regionale Abmachungen, sie glauben z. B., daß der persische Vorschlag für eine nuklearfreie Zone im Mittleren Osten[9], wenn er auch schwach formuliert sei, doch nützlich sein könnte. Wesentlich sei natürlich die geographische Begrenzung. So dürfte die Türkei nicht einbezogen werden.

4) Überprüfung der Nichtverbreitungspolitik

Es wurde deutlich, daß sich auch die USA um das Schicksal der Nichtverbreitungspolitik Sorgen machen. Es haben schon verschiedene bilaterale Gespräche (mit UK, Kanada, Australien und anderen) stattgefunden mit dem Ziel, gemeinsame Wege zu finden, um die nukleare Proliferation auch weiterhin einzudämmen. Die Sowjetunion habe bisher eine konstruktive Haltung eingenommen. Wichtig, aber noch unklar, sei die Haltung Frankreichs. Nach amerikanischer Auffassung ist wohl nicht zu bestreiten, daß in 20 bis 30 Jahren jeder Staat über eine moderne nukleare Technologie verfügen kann. Es geht jetzt darum, diesen Zeitpunkt möglichst lange hinauszuschieben, da eben dieser Besitz fortgeschrittener Technologie Sicherheitsprobleme aufwirft. Es geht also darum, Zeit zu gewinnen. Hierzu können die nuklearfreien Zonen, der Test Ban und andere Maßnahmen helfen. Es besteht Einvernehmen darüber, daß der NV-Vertrag effektiver und attraktiver gemacht werden sollte, die Frage ist nur: wie. Indien wird nicht leicht davon abzubringen sein, seine Nuklearversuche fortzusetzen. Es möchte sich als Regionalmacht profilieren, auch gegenüber China; Nationalismus und Prestigedenken spielen eine große Rolle.

Japans Neigung, den NV-Vertrag zu ratifizieren, scheint durch den indischen Test verstärkt worden zu sein. Die USA glauben zuversichtlich, daß die japanische Regierung die Ratifikation jetzt zügig betreibt, um noch an der Überprüfungskonferenz teilnehmen zu können.[10]

5) Exportbeschränkung

Es bestand Einvernehmen darüber, daß Beschränkungen beim Export von sensitiven Anlagen und Material nur auf multilateraler Basis durchgeführt werden können. Die Frage ist also, ob die exportierenden Länder sich auf eine gemeinsame Haltung in jedem Einzelfall einigen können. Hierüber wird in einer gesonderten Besprechung weiter zu reden sein. Botschafter Tape, US-Vertreter im Gouverneursrat der IAEO, erklärt, daß das Zangger-Komitee[11] keine endgültige Lösung darstelle (abgesehen davon, daß es seine Arbeit beendet hat). Es muß ein ähnliches Gremium gefunden werden, das die Exportpolitik der Nuklearindustriestaaten von Fall zu Fall koordiniert. Die Schwierigkeit besteht darin, daß es heute außerordentlich schwierig ist, einen Staat durch Beschränkungen in der Zusammenarbeit daran zu hindern, aus eigener Kraft nukleartechnologische Kapazitäten aufzubauen.

Es wird festgestellt, daß den Staaten im Mittleren Osten eigentlich daran gelegen sein müßte, besondere Sicherungskontrollen einzuführen, da diese auch einen Schutz gegen die subnationale Abzweigung gewähren.

---

[9] Zum iranischen Vorschlag vom 15. Juli 1974 vgl. Dok. 208, Anm. 6.
[10] Japan ratifizierte den Nichtverbreitungsvertrag vom 1. Juli 1968 am 8. Juni 1976.
[11] Zur Arbeit des Zangger-Komitees vgl. Dok. 228, Anm. 6.

Die Nichtverbreitungspolitik wird immer dann gestützt werden können, wenn die ihr dienenden Maßnahmen gleichzeitig im Interesse der Empfängerstaaten liegen.

II. Gespräch mit Botschafter Alexis Johnson, dem Leiter der amerikanischen SALT-Delegation.

1) Zeitvorstellungen für weitere SALT-Verhandlungen

Die amerikanische Delegation wird Mitte September nach Genf zurückkehren, um die Verhandlungen mit den Sowjets wiederaufzunehmen.[12] Zunächst werden die Verhandlungen noch ohne festes Konzept wiedereröffnet werden. Dies kann erst abschließend erarbeitet werden, wenn Kissinger bei seinem für Mitte Oktober vorgesehenen Besuch in Moskau[13] den schon im vergangenen Sommer vergeblich angestrebten „conceptual break-through" erzielt hat. Die nächste Unterrichtung des NATO-Rats wird infolgedessen nicht schon Mitte September stattfinden, vielmehr wird die Delegation zunächst wieder nach Washington zurückkehren. Ein Datum für die Ratssitzung kann noch nicht genannt werden.[14]

2) Zeitrahmen für das Interimsabkommen

Da die modernen Waffensysteme von der Konzeption bis zur Dislozierung etwa zehn Jahre benötigen, sollte ein SALT-Abkommen einen etwa gleich großen Zeitraum umfassen. Die in Moskau beschlossene Laufzeit des neuen Abkommens bis 1985 entspricht dieser Vorstellung. Ein noch längeres Abkommen hätte neue technische Entwicklungen außer acht gelassen, bei einem kürzeren, wie etwa dem gegenwärtig auf fünf Jahre befristeten[15], ergibt sich die Schwierigkeit, daß bei seinem Ablauf die neuentwickelten Waffensysteme auf beiden Seiten gerade dann einsatzfähig werden, wenn sie eigentlich begrenzt oder abgeschafft werden sollten. Bei einer Zehn-Jahres-Periode handelt es sich dagegen um[16] einen überschaubaren Zeitraum, innerhalb dessen die gegenseitige Beeinflussung der beiderseitigen Rüstungsprogramme möglich sein sollte.

3) Strategisches Gleichgewicht

Die Definition des Begriffs „parity" ist ein großes Problem. Wir wissen auch nicht, was der Begriff „strategic capability" wirklich aussagt. Beide Seiten haben noch keine algebraische Gleichung zu diesen Punkten gefunden. Nach Johnsons Auffassung handelt es sich nicht um ein militärisches oder mathematisches Problem, sondern um eine politische Frage. Ohnehin kann man mit dem Begriff strategische Überlegenheit keinen Krieg führen. Letzten Endes kommt es darauf an, „was jedermann unter dem Begriff versteht". Gleichgewicht ist das, was wir dafür ausgeben (balance is what we say it is).

Übrigens ist die amerikanische Seite wegen des gegenwärtigen Kräfteverhältnisses keineswegs beunruhigt. Bei den Sprengköpfen besteht (die Bomber ein-

---

12 Die siebte Runde der zweiten Phase der Gespräche zwischen den USA und der UdSSR über eine Begrenzung strategischer Waffen (SALT II) begann am 18. September 1974 in Genf.

13 Der amerikanische Außenminister Kissinger besuchte die UdSSR vom 23. bis 27. Oktober 1974. Vgl. dazu Dok. 303, Anm. 12.

14 Der Ständige NATO-Rat erörterte den Stand der Gespräche zwischen den USA und der UdSSR über eine Begrenzung strategischer Waffen (SALT II) am 17. Oktober 1974. Vgl. Dok. 301.

15 Vgl. dazu Artikel VIII Absatz 2 des Interimsabkommens vom 26. Mai 1972 über Maßnahmen hinsichtlich der Begrenzung strategischer Waffen (SALT); Dok. 187, Anm. 11.

16 Korrigiert aus: „über".

geschlossen) ein Übergewicht von rund 10 000 US- zu 2500 SU-Geschossen. Selbst wenn die Sowjetunion neue Waffen im selben Tempo disloziert, wie sie es in den 60er Jahren getan hat, d. h. rund 200 pro Jahr, wird sie, was die Zahl der Sprengköpfe angeht, mit den USA erst 1980 bis 1982 gleichgezogen haben. Das nächste Abkommen, das jetzt in Angriff genommen werden soll, wird umfassenden Charakter haben, d. h. es soll nicht nur die Träger und Sprengköpfe von ICBMs und SLBMs, sondern auch die Fernbomber, die Cruise missiles und Luft-Bodenraketen umfassen.

4) FBS

Johnson: „Zu Beginn meiner Verhandlungen mit Semjonow[17] habe ich angenommen, daß die Sowjets mit den FBS einen Punkt für sich buchen könnten; mittlerweile bin ich zu der Auffassung gelangt, daß das nicht mehr der Fall ist. Unsere Interessen widersprechen sich in dieser Sache nicht unbedingt." Es dürfte z. B. keineswegs im sowjetischen Interesse liegen – so Johnson zu Semjonow –, wenn die europäischen Bündnispartner, um den durch Abzug der amerikanischen nicht-zentralen Systeme verursachten Verlust auszugleichen, eine europäische Nuklearmacht aufstellen würden.

Nach Johnsons Auffassung wird die nukleare Schlagkraft der amerikanischen FBS von den Sowjets im Vergleich zu den strategischen Kapazitäten überbewertet. Es sei nicht möglich, das strategische Gleichgewicht durch die Dislozierung von nicht-zentralen Systemen zu stören. Daher sei die von US vorgeschlagene Nichtumgehungsklausel nach wie vor ein brauchbares Instrument; sie müsse allerdings vielleicht ergänzt werden, um den Fall auszuschließen, daß die in Europa stationierten F-4-Flugzeuge aus der Luft betankt würden und damit eine strategische Sine im sowjetischen Sine zu spielen imstande seien. Im übrigen könne sich das FBS-Problem zumindest teilweise dadurch von selbst erledigen, daß einige der dazu gerechneten Systeme abgezogen bzw. ihre Aufgaben durch neue zentrale Systeme übernommen würden. Herr Roth erwähnte, daß wir uns ähnliche Gedanken gemacht hätten.

Was die Behandlung von FBS im Rahmen von MBFR angehe, so sei das sicherlich nicht ausgeschlossen, würde das Problem aber natürlich nur teilweise lösen. Er stimme mit Herrn Roth in der Auffassung überein, daß eine teilweise Lösung, also etwa der Abzug einer größeren Anzahl der für die Verteidigung Westeuropas bedeutsamen F-4 im Wege von MBFR-Verhandlungen, den Sowjets als ausreichende Lösung des Problems auch für SALT sicherlich nicht genügen werde. Außerdem werde dadurch das Ungleichgewicht der nicht-zentralen Systeme (sowjetisches Mittelstreckenpotential) im SALT-Zusammenhang noch größer.

5) Zeitlicher Zusammenhang SALT–MBFR

Nach Johnsons Auffassung ist es nicht so, daß eine MBFR-Lösung erst dann ins Auge gefaßt werden kann, wenn das SALT-Problem entscheidungsreif oder gar schon gelöst worden ist. Er nimmt an, daß die MBFR-Frage zuerst entschieden wird. Nach seiner Auffassung haben die Vereinigten Staaten die MBFR-

---

[17] Ural Alexis Johnson leitete seit 12. März 1973 die amerikanische Delegation bei der zweiten Phase der Gespräche zwischen den USA und der UdSSR über eine Begrenzung strategischer Waffen (SALT II), die am 21. November 1972 begonnen hatten.

Verhandlungen in erster Linie aus innenpolitischen Gründen begonnen, es ist aber, wie er sagte, eine sehr begrüßenswerte Entwicklung, daß sich diese Verhandlungen aus deren bilateralen Anfängen so aussichtsreich in den multilateralen Bereich fortentwickelt haben.

Andreae

VS-Bd. 9439 (220)

262

Botschafter Krapf, Brüssel (NATO) an das Auswärtige Amt

114-13814/74 VS-vertraulich Aufgabe: 13. September 1974, 19.30 Uhr[1]
Fernschreiben Nr. 1249   Ankunft: 13. September 1974, 20.35 Uhr

Betr.: KSZE;
  hier: Konsultation im NATO-Rahmen

Zur Unterrichtung

I. Am 13. September 1974 setzte der NATO-Rat mit den Leitern der KSZE-Delegationen der Bündnispartner die Konsultationen über die KSZE fort. Das Ergebnis läßt sich wie folgt zusammenfassen:

1) Alle Sprecher hoben die gemeinsamen Grundüberzeugungen und die Gemeinsamkeit der Ziele bei der KSZE hervor. Die Meinungsverschiedenheiten, insbesondere zwischen den USA einerseits und nahezu allen übrigen Bündnispartnern andererseits in wichtigen taktischen Fragen (Formulierung der Kernpunkte und Zeitpunkt des „Schlußhandels"), wurden vor diesem Hintergrund gesehen. Alle Sprecher unterstrichen die Notwendigkeit der Konsultation im NATO-Rat.

2) Im Bereich der Körbe I und II ergaben sich nur geringe Meinungsverschiedenheiten. Wichtig sind die unterschiedlichen taktischen Vorstellungen für Korb III.

Es bestand jedoch Einigkeit darüber, daß die Positionen der Bündnispartner so schnell wie möglich weiter angeglichen werden sollen. Grundlage der weiteren Erörterung im Kreise der 15 werden die Vorschläge der USA sowie die Überlegungen der Neun sein.

3) Nach Abschluß der Erörterungen zu Korb III unter den Bündnispartnern in Genf soll möglicherweise eine weitere Konsultation im NATO-Rat stattfinden. Die Mehrheit möchte diese Konsultationen wie bisher auf Leitlinien beschränken, ohne einzelne Texte zu erörtern.

---

[1] Hat Vortragender Legationsrätin Krüger und Vortragendem Legationsrat Pieck am 16. September 1974 vorgelegen.

4) Auch die USA scheinen sich damit abgefunden zu haben, daß zumindest zunächst das Bemühen um eine erste Lesung aller Themenbereiche fortgesetzt wird; der „Schlußhandel" wird auf einen späteren Zeitpunkt verschoben.

5) Die skandinavischen Bündnispartner wiesen darauf hin, daß man sich auf ein Ende der zweiten Phase im Laufe dieses Jahres einstellen solle, ohne dies jedoch als eine zeitliche Grenze zu betrachten.

6) Zu Beginn der Sitzung erhob der griechische Sprecher heftige Vorwürfe im Hinblick auf das türkische Vorgehen in Zypern. Hierüber berichte ich gesondert.

II. Im einzelnen ist aus der Sitzung folgendes festzuhalten:

1) Namens der Neun erläuterte der französische Delegationsleiter (Andréani) die Überlegungen zum weiteren Vorgehen auf der Konferenz auf der Grundlage des am 11.9.1974 von der französischen Delegation zirkulierten Papiers der Neun (RM (74) 8 vom 10.9.74).

Er unterstrich die Notwendigkeit, zunächst in einer ersten Lesung alle Texte zu behandeln, aus dem dann vorliegenden Konferenzmaterial müßten sich die wichtigsten Meinungsunterschiede zwischen West und Ost ergeben. Auf dieser Basis könne man dann den „Schlußhandel" mit der Sowjetunion versuchen. Dieser „Schlußhandel" müsse unter Beteiligung aller Bündnispartner sorgfältig vorbereitet werden. Damit könne man schon jetzt beginnen. Dieses Konzept sei aber nur durchführbar, wenn es von allen Bündnispartnern unterstützt würde. Er müsse Klarheit darüber bestehen, daß kein Bündnispartner den Versuch mache, dieses Konzept zu vereiteln.

2) Der amerikanische Sprecher wies auf die Meinungsverschiedenheiten unter den Bündnispartnern über taktische Fragen hin. Die Abstimmung im Bündnis über vertrauensbildende Maßnahmen (CM (74) 57) habe jedoch gezeigt, daß es möglich sei, Meinungsverschiedenheiten weitgehend auszuräumen. Im Bereich von Korb I und Korb II gebe es kaum noch Meinungsverschiedenheiten. Schwierigkeiten bestünden hinsichtlich Korb III. Hier müsse man realistisch sein. Mit Befriedigung betrachte die amerikanische Regierung die jüngsten Entwürfe der Neun. Auch die größere Flexibilität in den Arbeitsmethoden im Bereich von Korb III sei günstig. Eine große Gefahr bestehe darin, daß bei überzogenen Forderungen der Westen in relativ kurzer Zeit vor der Alternative stehen könne, entweder seine Forderungen weitgehend zurückzunehmen und damit erheblich an Prestige zu verlieren, oder die Konferenz scheitern zu lassen und dadurch den gesamten Entspannungsprozeß aufs Spiel zu setzen. Die Verhandlungen in Genf könnten das Klima der Ost-West-Beziehungen erheblich beeinträchtigen. Auch die USA wollten die Texte im Bereich von Korb III nicht so formulieren, daß sie bereits Minimalpositionen seien. Es müßten aber realistischere Maßstäbe angelegt werden. Die USA hätten vier Texte zu Korb III vorgelegt. Sie warteten nunmehr auf die Stellungnahme der Bündnispartner, insbesondere der Neun. Über das weitere Vorgehen hätten die USA noch keine endgültigen Vorstellungen. Man solle zunächst im NATO-Caucus in Genf weiterarbeiten; dann könne man die Texte im NATO-Rat erörtern. Dabei müsse man dann auch die Frage prüfen, wie man das Ergebnis der Überlegungen der

13. September 1974: Krapf an Auswärtiges Amt   **262**

Bündnispartner der Sowjetunion zukommen lasse. Die weiteren Vorarbeiten sollten so schnell wie möglich abgeschlossen werden.
3. Der norwegische Sprecher unterstrich die Notwendigkeit einer Abstimmung unter den Bündnispartnern. Die Probleme lägen eindeutig im Bereich von Korb III. Auch die norwegische Regierung neige zu der Meinung, daß es nicht im westlichen Interesse liege, die Konferenz unbegrenzt weiterlaufen zu lassen. Die Sowjetunion sei hinsichtlich der Themen von Korb III außerordentlich empfindlich. Man dürfe hier jetzt keine zu großen Erwartungen haben. Eine wirkliche Liberalisierung zwischen Ost und West könne erst am Ende einer langfristigen Entspannungspolitik stehen. Zu einem solchen Ergebnis müsse man über mehrere Zwischenstufen gelangen, von denen eine die KSZE sei. Die Überlegungen der Neun zu Korb III deckten sich weitgehend mit den norwegischen Vorstellungen. Die Meinungsunterschiede der Bündnispartner seien taktischer Natur. Man werde sie so lösen müssen, daß die Sowjetunion daraus keinen Nutzen ziehen könne. Auch Norwegen halte eine erste Lesung aller Themenbereiche für wichtig und den Zeitpunkt für einen Schlußhandel noch nicht für gekommen.
Der kanadische Sprecher hob hervor, daß man noch vor einer längeren und schwierigen Konferenzphase stehe. Es sei falsch, wichtige Forderungen jetzt schon aufzugeben. Eine erste Lesung aller Texte sei notwendig. Vorher könne man nicht in einen Schlußhandel eintreten. Die Überlegungen der Neun deckten sich weitgehend mit den kanadischen Vorstellungen.
Auch der griechische Sprecher unterstützte die Überlegungen der Neun. Der türkische Sprecher sagte sorgfältige Prüfung dieser Überlegungen zu.
Der niederländische Sprecher wies auf die bestehenden Meinungsunterschiede insbesondere mit den USA hin. Sie seien möglicherweise darauf zurückzuführen, daß die Beurteilung der europäischen Bündnispartner durch ihre geographische Nähe zur Sowjetunion beeinflußt werde. Die gesamte Entspannungspolitik werde in Europa vielleicht etwas anders gesehen als in Amerika. Im übrigen unterstützte er die Ausführungen des französischen Sprechers.
Auch der britische, belgische, luxemburgische und italienische Sprecher schlossen sich den Ausführungen Andreanis an.
Botschafter Brunner wies auf die jüngsten sowjetischen Überlegungen zur KSZE hin. Er hob hervor, daß die Sowjets bemüht sein werden, die Prinzipiendiskussion möglichst schnell, möglicherweise unter eigenen Konzessionen, abzuschließen. Die vertrauensbildenden Maßnahmen seien für die Sowjetunion nur schwer annehmbar und würden wahrscheinlich ganz am Ende der KSZE noch zu erheblichen Schwierigkeiten führen. Das Interesse der Sowjetunion an Folgeeinrichtungen dürfe nicht unterschätzt werden und belebe sich. Schließlich könne sich die Sowjetunion auf den Schlußhandel auch dadurch vorbereiten, daß sie Ergebnisse, die jetzt schon als vereinbart gelten, wieder in Frage stellen werde.

[gez.] Krapf

VS-Bd. 10127 (212)

263

Gespräch des Bundesministers Genscher mit dem sowjetischen Außenminister Gromyko auf Schloß Gymnich

VS-NfD   **15. September 1974**[1]

Konsultationsgespräche mit AM Gromyko am Morgen des 15.9.1974[2]

In seiner Begrüßung wies Herr *Bundesminister* darauf hin, daß die Außenministerkonsultationen den guten Stand der deutsch-sowjetischen Beziehungen zeigen und im Zeichen der Kontinuität stehen, die sich aus der außenpolitischen Zielsetzung der Bundesregierung hinsichtlich der Politik gegenüber der Sowjetunion ergibt. Unter Hinweis auf den in einem Vorgespräch von AM Gromyko ausgesprochenen Wunsch, in dem sein Interesse an der KSZE-Problematik zum Ausdruck gekommen war, lädt Herr BM Herrn Gromyko ein, das Gespräch hierüber zu eröffnen.

AM *Gromyko* begrüßt diesen Meinungsaustausch über Fragen von gemeinsamem Interesse. Er erklärt, daß die sowjetische Seite mit Befriedigung zur Kenntnis genommen hat, daß die gegenwärtige Bundesregierung den Kurs des früheren Bundeskanzlers und Außenministers in konstruktivem Geist fortsetzen will. Er erklärte: „Wir werden uns unserseits an die frühere Linie halten, die sich im Moskauer Vertrag und einer Reihe von in der Zwischenzeit vereinbarten Dokumenten widerspiegeln." Er habe vor seiner Abreise mit Generalsekretär Breschnew gesprochen, der auch seinerseits bekräftigt habe, daß der Kurs in den Beziehungen der Sowjetunion zur Bundesrepublik Deutschland derselbe bleibt. Wenn sich beide Seiten daran hielten, könne man mit Optimismus in die Zukunft blicken.

Hinsichtlich der Reihenfolge für Gesprächsthemen akzeptiert AM Gromyko den deutschen Vorschlag, mit der KSZE zu beginnen.

Gromyko betont, man brauche sich mit Äußerungen über die Bedeutung der KSZE wohl nicht aufzuhalten, da man sich hier einig sei. In der zweiten Etappe der KSZE sei große Arbeit geleistet worden, die man nicht unterschätzen dürfe. Aber es sei wichtig festzustellen, daß noch nicht alle Möglichkeiten erschöpft seien. Damit meine er, alle Beteiligten seien dafür, die Verhandlungen zum Erfolg zu führen, aber der Verhandlungsprozeß müsse beschleunigt werden. Es müsse klargestellt werden, daß diese Konferenz für alle wichtig sei und daß aus ihrer Beschleunigung nicht die Sowjetunion allein besondere politische Zinsen erhielte.

---

[1] Durchdruck.
Die Gesprächsaufzeichnung wurde von Referat 213 gefertigt.
Hat Vortragendem Legationsrat Lewalter am 1. Oktober 1974 vorgelegen, der handschriftlich für Ministerialdirigent Kinkel vermerkte: „Hat BM Original d[er] Protokolle genehmigt?"
Hat Kinkel am 2. Oktober 1974 vorgelegen, der handschriftlich vermerkte: „Mir nicht bekannt. Muß evtl. noch eingeholt werden."
[2] Der sowjetische Außenminister Gromyko hielt sich am 15./16. September 1974 in der Bundesrepublik auf.

Zum zweiten: Der Abschluß der Konferenz verbessert die Atmosphäre in ganz Europa. Die Bundesrepublik könne hier noch mehr als bisher leisten. Diesen Gedanken äußere er in freundschaftlicher Weise, entsprechend dem Charakter unserer Beziehungen und weil das Ausmaß der gegenseitigen Kontakte ebenso wie das Ausmaß der Verständigung zwischen beiden Ländern ständig zunimmt. Manche Länder seien offenbar der Ansicht, ein Teilnehmerland könne mehr, ein anderes weniger auf der KSZE erhalten. Dies sei nicht richtig, denn man könne nicht die Welt und auch nicht die Entspannung in einzelne Stückchen aufteilen. Zur Frage der Beschleunigung der KSZE führt AM Gromyko einige konkrete Fragen an, die in Genf noch offen seien, z. T. bei der Formulierung, z. T. bei der Diskussion um die Standpunkte:

1) Einvernehmliche Änderung der Grenzen

Hier sei ein Beispiel illustrativ: Durch einen Vertrag vereinbaren Land A und B einvernehmlich eine Grenzkorrektur. Er wolle hier einmal die Vereinbarung zwischen der Sowjetunion und dem Iran erwähnen.[3] Eine solche Frage sei einfach zu lösen. Gefährlich sei es aber, diese Frage mit allen möglichen Winkelzügen und Hintergedanken zu belasten. Man solle doch nicht versuchen, aus der Formel über die Veränderbarkeit der Grenzen alles mögliche herauszupressen. Hinter ihr stecke keine List, und es lohne sich nicht, sie wie mit einem Röntgengerät von Ost nach West und von Nord nach Süd zu durchleuchten. „Wir können uns den Luxus nicht leisten, in diese Formulierung etwas hineinzuinterpretieren, was nicht darin steht." Dies könnte andere Länder zu der Annahme verlocken, daß sie etwa nicht endgültig und zweideutig sei. Hauptfrage, wo dieses Prinzip untergebracht werden kann.

2) Das Verhältnis der Prinzipien zueinander

Dieses Problem kam erst gegen Ende der zweiten Phase auf. Man muß davon ausgehen, daß für jeden Teilnehmer die Bedeutung der Prinzipien in anderer Weise bedeutsam ist: Für die einen hat ein Prinzip einen Wert von 20%, für den anderen nur von 1%. Wichtig sei, daß man sich auf eine Reihenfolge einigt und daß alle Prinzipien in gleicher Weise erfüllt werden. Die jetzige Formulierung stelle im Grunde alle zufrieden, und man müsse hierüber zu einem Beschluß kommen.

3) Korb III

Die Sowjetunion sei nicht gegen den Austausch von Informationen und nicht gegen die Ausweitung kultureller Beziehungen. Bilateral vollziehe sich dies auch zur Zufriedenheit. Aber die inneren Angelegenheiten der Staaten dürften hiervon nicht berührt werden, und die Nichteinmischung in dieser Angelegenheit müsse gewährleistet werden. Keine vernünftige Regierung werde so etwas zulassen. Aber leider werde auf der Konferenz auch hier wieder das Röntgengerät benutzt. Zwar seien schon Fortschritte erzielt worden, aber vielleicht könne die Bundesregierung diese Problematik überdenken und zu einer Lösung der Probleme beitragen.

---

3 Für den Wortlaut des Abkommens vom 2. Dezember 1954 zwischen dem Iran und der UdSSR über die Regelung von Grenz- und Finanzfragen vgl. UNTS, Bd. 451, S. 229–267.

4) Die Wirtschaftsbeziehungen auf der KSZE

Der offenbar vorhandene Eindruck, die Sowjetunion hätte hier ein besonderes Interesse an der Meistbegünstigung, ist ganz unbegründet. Auch wenn diese Frage nicht positiv gelöst wird, wird sich die Sowjetunion doch weiter wirtschaftlich entwickeln.

5) Die militärische Entspannung

Hier gebe es Elemente des Argwohns, jedoch ohne Begründung. Für manche sehe es so aus: „Wir müssen der Sowjetunion auf den Fuß treten, also verzögern wir." Es gehe konkret um die Manöverankündigung, um Berichte über Bewegungen. Aber der Erhalt von Informationen über militärische Daten von Land A nach Land B sei beim gegenwärtigen Stand der Technik doch recht unsinnig. „Warum jenseits der Grenzen des Vernünftigen gehen?" Dies habe wohl eine psychologische Bedeutung, aber nur, soweit der Grenzbereich betroffen sei. Hier schwebe man leider noch etwas in den Wolken. Ein weiteres Argument sei: Kleine Länder müssen wissen, was große Länder tun und welche militärischen Einheiten sich dort bewegen und wohin. Aber man könne doch nicht jedesmal darüber berichten, wenn die Sommerzelte einer Division abgebrochen werden und sie ins Winterquartier einrückt. Das mag für kleine Länder wichtig sein, nicht aber für die Sowjetunion. Hier bewege sich die Diskussion nicht in die richtige Richtung, und zwar sowohl hinsichtlich der Manöver als auch der Truppenverschiebungen. Sicherlich sei die psychologische Bedeutung der Mitteilung bei Größenordnungen von 40 – 50000 nicht zu unterschätzen. Aber hier gebe es ernsthaftere Fragen, wie z. B. die Einstellung des Wettrüstens.

Außenminister Gromyko bringt die Hoffnung zum Ausdruck, daß die deutsche Seite in Kenntnis des sowjetischen Standpunktes zu diesen Fragen Überlegungen anstellt.

Herr *Bundesminister* erwidert, es bedürfe in der Tat keiner besonderen Darlegung, wie bedeutsam die KSZE sei. Auch bei uns werde die Konferenz stark beachtet. Er habe eine persönliche Beziehung hierzu, weil er bereits 1966 als erster Parlamentarier sich für die Konferenz ausgesprochen habe.[4] Man habe auch beim Besuch in der Sowjetunion 1969 ausführlich darüber mit Herrn Kos-

---

[4] Der FDP-Abgeordnete Genscher sprach sich am 6. September 1966 in einer Rede vor der „Liberalen Gesellschaft" in Stuttgart für den Abschluß bilateraler Sicherheitsvereinbarungen zwischen den europäischen Staaten zur Vorbereitung eines „multilateralen gesamteuropäischen Sicherheitssystems" aus: „Zugleich wären eine Vielzahl derartiger bilateraler Sicherheitsvereinbarungen der Bundesrepublik eine gründliche Vorbereitung für eine gesamteuropäische Sicherheitskonferenz. Je mehr Teilfragen der europäischen Sicherheit – die ja nicht nur die Bundesrepublik, sondern auch ein wiedervereinigtes Deutschland betreffen – bilateral erörtert oder gar geklärt sind, desto günstiger ist die Ausgangsposition der Bundesrepublik für eine gesamteuropäische Sicherheitskonferenz. Wir dürfen nicht Wortführer gegen eine solche Konferenz sein. Die gesamteuropäische Sicherheitskonferenz wird auf jeden Fall kommen – und sie erscheint im Augenblick als das einzige internationale Gremium, das sich auch mit der deutschen Frage befassen könnte. [...] Wir müssen aber klar erkennen: Auch hier wird die Zeit nicht für, sondern gegen uns arbeiten. Wer auf bessere Zeiten warten will, wird alsbald erkennen können, daß eine heute noch mögliche Verknüpfung von Regelungen für die europäische Sicherheit mit Schritten nach Deutschland als Einheit in absehbarer Zeit schon mehr als fraglich sein wird, ja, daß das Ergebnis einer gesamteuropäischen Sicherheitskonferenz sogar von Deutschland als Einheit wegführen kann." Vgl. DzD IV/12, S. 1307.

sygin gesprochen.[5] Die Meinungsbildung über die Jahre hinweg habe zu einer weitgehenden Annäherung der Standpunkte beigetragen. Dies sollte eine Lösung der noch ausstehenden Fragen möglich machen. Manche Verzögerungen in den Vorgesprächen und auch in der jetzigen Phase erklärten sich daraus, daß dies ein neuer Versuch in der internationalen Diplomatie sei. Auf jeden Fall dürfe aber die Zügigkeit der Verhandlungen nicht auf Kosten der Klarheit der zu verabschiedenden Bestimmungen gehen. Unsere Delegation hat die Anweisung, zügig zu verhandeln.

Zu einzelnen Punkten:

1) Zur friedlichen Veränderbarkeit der Grenzen

Die sowjetische Seite kennt den amerikanischen Vorschlag hierzu[6], den die Bundesregierung voll unterstütze. Souveräne Staaten können über ihre Grenzen miteinander reden, aber nicht nur über die Korrektur, sondern auch über den Wegfall der Grenzen, wenn sie wünschen, in einem Staat zu leben. Wir wären dankbar, wenn der amerikanische Vorschlag die sowjetische Zustimmung fände und wenn man zu einer schriftlichen Fixierung des Einvernehmens hierüber komme.

2) Die Korrelation der Prinzipien

Auch die Bundesregierung sei für die Gleichwertigkeit der Prinzipien, die man als Ganzes sehen müsse. Auch wir seien nicht für eine unterschiedliche Bewertung einzelner Prinzipien, die sich etwa in Prozenten ausdrücken ließe.

3) Korb III

Auch die Bundesregierung beabsichtige bei der KSZE keine Interventionen in die Angelegenheiten anderer Staaten, sondern nur die Erleichterung des grenzüberschreitenden Verkehrs. In dieser Hinsicht liegen z.T. schon Ergebnisse vor, z.T. zeichnen sie sich ab, z.T. gibt es noch offene Fragen. Herr Bundesminister erinnert an die Äußerung des damaligen Bundesaußenministers in Helsinki: „Bei der KSZE muß für die Menschen etwas herauskommen."[7] Dies sei unsere Motivation und wir hofften auf ein befriedigendes Ergebnis.

4) Wirtschaftsfragen

Hinsichtlich der Meistbegünstigung müssen die Ergebnisse der KSZE den Rahmen bilden. Verhandlungen hierüber müßten dann anschließend mit der EG aufgenommen werden.

5) Militärische Aspekte

Mit Recht habe Außenminister Gromyko auf die heute bestehenden technischen Möglichkeiten verwiesen und auf die psychologische Bedeutung der von der KSZE zu beschließenden Maßnahmen. „Wenn wir diese beiden Elemente in Rechnung stellen, werden wir befriedigende Ergebnisse erzielen."

---

[5] Der stellvertretende FDP-Vorsitzende Genscher hielt sich im Rahmen des Besuchs einer FDP-Delegation vom 22. bis 25. Juli 1969 in Moskau auf. Vgl. dazu AAPD 1969, II, Dok. 248.
[6] Zum amerikanischen Vorschlag für den Grundsatz der friedlichen Grenzänderung in einer KSZE-Prinzipienerklärung vgl. Dok. 202.
[7] Für die Ausführungen des Bundesministers Scheel auf der KSZE in Helsinki am 4. Juli 1973 vgl. Dok. 213, Anm. 14.

Die Voraussetzung der gesamten KSZE sei, daß alle Beteiligten die Verhandlungen offen führen und das Vereinbarte auch einhalten. „Unsere Delegation kommt zur KSZE, ausgerüstet mit den notwendigen Dokumenten und Schreibwerkzeugen, aber ohne Röntgenapparat."

Außenminister *Gromyko* erwidert, beim dritten Korb gebe es Schwierigkeiten, aber unsere Positionen seien offenbar nahe beieinander. Das Prinzip der Nichteinmischung müsse durchgehalten werden, und die allgemeinen Bestimmungen müßten ihren Niederschlag auch in den einzelnen Formulierungen finden. Die sowjetische Seite kenne den amerikanischen Vorschlag zum „peaceful change"; dieser könne jedoch nicht alle befriedigen. Die Delegationen sollten sich hierüber unterhalten.

Die Frage der Meistbegünstigung sei für alle Europäer bedeutsam; die Amerikaner sollten ihren Beitrag leisten.

Herr *Bundesminister* wiederholt, daß die KSZE den Rahmen über Verhandlungen über die Meistbegünstigung mit der EG bilde.

Bei Korb III gehe es nicht um Einmischung, sondern um eine Verbesserung der realen Situation für die Menschen. Nur dann könne man mit einer positiven Reaktion in der Öffentlichkeit rechnen. Für uns gehe es darum, durch einen erfolgreichen Abschluß der KSZE das Klima in Europa zu verbessern und Vertrauen zu schaffen. Gerade hier könne die KSZE einen entscheidenden Beitrag leisten.

Außenminister *Gromyko* fragt konkret, ob die deutsche Seite mit einer neutralen Formulierung zum Verhältnis der Prinzipien einverstanden wäre, die besagt, daß alle Prinzipien in gleicher Weise erfüllt werden müssen. Daran schließt sich eine Diskussion an, in der Herr *Bundesminister* betont, daß es keine Ober- oder Unterprinzipien geben dürfe, sondern alle ein einheitliches Ganzes bilden und kein Land sich das eine oder andere Prinzip als für sich besonders günstig herausgreifen solle. Demgegenüber schlägt Außenminister *Gromyko* eine Formulierung vor, die etwa lautet: „Alle diese Prinzipien sollen gleichermaßen strikt eingehalten werden." Die weitere Aussage: „und bilden ein einheitliches Ganzes" will nicht akzeptieren[8], meint jedoch, man drehe sich wohl um den gleichen Mittelpunkt. Eine Einigung über eine Formel kommt nicht zustande. Sie wird an die Delegationen in Genf verwiesen, wobei der Herr *Minister* auf die Notwendigkeit verweist, unsere Position im Kreise unserer Verbündeten abzustimmen.

Referat 010, Bd. 573

[8] So in der Vorlage.

264

Gespräch des Bundesministers Genscher mit dem sowjetischen Außenminister Gromyko auf Schloß Gymnich

15. September 1974[1]

Besprechungen zwischen dem Bundesminister des Auswärtigen, Genscher, und dem Außenminister der UdSSR, A. Gromyko, am 15. September 1974[2]; hier: Themen aus dem Bereich der Wirtschaft

a) vormittags

AM *Gromyko* führte im Anschluß an Fragen der KSZE[3] aus, im Bereich der wirtschaftlichen Beziehungen zwischen den europäischen Staaten sei die Meistbegünstigung von Bedeutung; die Sowjetunion strebe die Erstreckung auf alle Staaten an. Dabei gehe man davon aus, daß eine solche Lösung der Meistbegünstigungsfrage für alle Staaten günstig sei. Es bestehe kein Grund für die Annahme, daß die Sowjetunion besondere Vorteile daraus ziehe. Aber auch wenn diese Frage keine positive Lösung fände, werde sich die Wirtschaft der Sowjetunion dennoch ausgezeichnet entwickeln.

BM *Genscher* erklärte dazu (nach Stellungnahme zur amerikanischen Formel zum peaceful change[4], zur Gleichwertigkeit aller Prinzipien und zur Erleichterung des grenzüberschreitenden Verkehrs), Erörterungen über die Meistbegünstigung auf der KSZE sollten den Rahmen, die Voraussetzungen dazu schaffen, daß die Europäische Gemeinschaft eine Lösung für die Frage der Meistbegünstigung schaffe.

AM *Gromyko* erwiderte darauf, die Meistbegünstigung müsse von allen Teilnehmern der Konferenz gewährt werden; so sollten die USA nicht nur Privilegien erhalten, sondern auch Verpflichtungen eingehen.

BM *Genscher* wiederholte, in der Folge von Erörterungen auf der KSZE sei der Rahmen für Verhandlungen über die Meistbegünstigung die EG.

b) nachmittags

BM Genscher führte zum bilateralen Handel aus, der ansteigende Warenaustausch sei Ausdruck des wachsenden Vertrauens. Diese Entwicklung enthalte die politische Aussage, die Wirtschaftsbeziehungen langfristig weiterzuentwickeln. Die bilateralen Wirtschaftsbeziehungen hätten sich außerordentlich gut entwickelt; der Warenverkehr sei im ersten Halbjahr 1974 um 65% angestiegen, unsere Importe wertmäßig sogar um 100%! Natürlich seien darin Preiserhöhungen enthalten, trotz allem sei diese Entwicklung sehr begrüßenswert. Die Handelsbilanz tendiere auf einen Ausgleich hin! Die Warenstruktur der so-

---

[1] Ablichtung.
 Die Gesprächsaufzeichnung wurde von Vortragendem Legationsrat Hölscher am 16. September 1974 gefertigt.
[2] Der sowjetische Außenminister Gromyko hielt sich am 15./16. September 1974 in der Bundesrepublik auf.
[3] Für diesen Teil des Gesprächs vgl. Dok. 263.
[4] Zum amerikanischen Vorschlag für den Grundsatz der friedlichen Grenzänderung in einer KSZE-Prinzipienerklärung vgl. Dok. 202.

wjetischen Lieferungen sei verbesserungsfähig; dies sei möglich durch Intensivierung der Kooperation der Unternehmen.

Auf dem Gebiet der Kooperation stünden wir noch am Anfang der Entwicklung. Das Zehn-Jahres-Abkommen vom 19. Mai 1973[5] bildet einen Rahmen für die Kooperation in allen Bereichen. Die deutsch-sowjetische Wirtschaftskommission trete im Oktober zum vierten Mal (in Moskau) zusammen.[6] Das Interesse der deutschen Wirtschaft an der Teilnahme an den Wirtschaftsbeziehungen zur Sowjetunion sei außerordentlich groß. Der Wille zur fruchtbaren Zusammenarbeit sei gegeben. Es sei angebracht, bei größeren Projekten Konsortien zu bilden. Die Zusammenarbeit in der Dritten Welt könne intensiviert werden.

AM *Gromyko* bestätigte, daß die Wirtschaftsbeziehungen zweifelsohne ein sehr wichtiges Gebiet unserer Beziehungen darstellten. Als Generalsekretär Breschnew hier gewesen sei[7], habe er über die Entwicklung der wirtschaftlichen Zusammenarbeit mit dem Bundeskanzler gesprochen und auch eine Beratung in großem Kreise mit Vertretern der Industrie gehabt.[8] Dabei habe er die sowjetische Bereitschaft zu umfangreicher und vielfältiger Zusammenarbeit mit Firmen der Bundesrepublik Deutschland zum Ausdruck gebracht. Es sei im Interesse beider Länder, die Zusammenarbeit weiter zu entwickeln. Wenn 1973 der Warenaustausch 1 100 000 000 Rubel ausgemacht habe, sei er inzwischen noch weiter angestiegen. Der Warenaustausch sei allerdings nicht ganz ausgewogen, die russischen Importe seien höher. Hier stelle sich eine zweifache Aufgabe:

1) Die Warenbilanz auszugleichen, aber

2) gleichzeitig auch den Warenverkehr weiter auszudehnen.

Er wolle noch betonen, die Sowjetunion sei eher dafür, keine kleinen Geschäfte abzuschließen, man bevorzuge große Geschäfte, Aktionen wie Kursk[9] oder Atomstrom.[10] Die sowjetische Seite sei auch an Stabilität interessiert.

---

[5] Für den Wortlaut des Abkommens vom 19. Mai 1973 zwischen der Bundesrepublik und der UdSSR über die Entwicklung der wirtschaftlichen, industriellen und technischen Zusammenarbeit vgl. BUNDESGESETZBLATT 1973, Teil II, S. 1042 f.

[6] Die vierte Tagung der deutsch-sowjetischen Kommission für wirtschaftliche und wissenschaftlich-technische Zusammenarbeit fand vom 15. bis 18. Oktober 1974 in Moskau statt.

[7] Der Generalsekretär des ZK der KPdSU, Breschnew, hielt sich vom 18. bis 22. Mai 1973 in der Bundesrepublik auf. Vgl. dazu AAPD 1973, II, Dok. 145–152.

[8] Der Generalsekretär des ZK der KPdSU, Breschnew, traf am 19. Mai 1973 mit Vertretern der Wirtschaft der Bundesrepublik zusammen. Dazu vermerkte Vortragender Legationsrat Sieger am 20. Mai 1973, daß Breschnew eingangs „auf die gute Zusammenarbeit zwischen deutschen und sowjetischen Wirtschaftskreisen in der Vergangenheit" hingewiesen und dann erklärt habe: „In den letzten 30 Jahren habe jedoch eine Periode der Stagnation geherrscht, was verlorene Zeit sei. Man müsse neue Formen der Zusammenarbeit finden, wobei man politische und wirtschaftliche Fragen nicht voneinander trennen könne. [...] Die wirtschaftliche Zusammenarbeit zwischen der Sowjetunion und der Bundesrepublik Deutschland dürfe nicht kurzfristig, sondern müsse langfristig auf 40 bis 50 Jahre angelegt sein." Auf die Frage des Vorsitzenden des Ost-Ausschusses der Deutschen Wirtschaft, von Amerongen, „daß bei der von Breschnew erwähnten Größe der Vorhaben die Wirtschaftskraft der Bundesrepublik überfordert sein könne", habe Breschnew geantwortet, „daß man vor allem solche Vorhaben planen solle, denen man gewachsen ist. Er wolle eine multilaterale Zusammenarbeit nicht ganz ausschließen. [...] Zuerst müsse man jedoch bilateral miteinander sprechen." Vgl. Referat 421, Bd. 117678.

[9] Zum Stand der Verhandlungen über die Errichtung eines Hüttenwerks im Gebiet von Kursk vgl. Dok. 88, Anm. 11.

Referat 421 vermerkte dazu am 6. September 1974: „Das deutsche Firmenkonsortium hat zunächst

In der hier herrschenden freundschaftlichen Atmosphäre möchte er aber auch ein paar Beanstandungen vorbringen:

1) Einige Dinge würden mit zu großer Verzögerung geprüft (das Projekt Kursk sei gut gelaufen).

2) Manche Preise für Ausrüstungen seien zu hoch.

3) Kreditfragen würden nur langsam geprüft.

4) Die Lieferbedingungen seien oft unbefriedigend.

Er bitte, einen „frischen Blick" auf diese Probleme zu werfen.

Das Auslaufen des Handelsabkommens[11] am 31.12.1974 sei eine große Frage. Die Sowjetunion sei dafür, dieses Problem bilateral neu zu regeln. Die deutsche Seite kenne ihre Möglichkeit besser und könne besser sehen, ob sie frei sei, bilateral eine Regelung zu finden, oder ob die Gemeinschaft sie so in die Klemme genommen habe, daß dies nicht mehr gehe. Er hoffe, sich verständlich ausgedrückt zu haben: Falls der deutschen Seite beide Möglichkeiten offenstünden, sei die sowjetische Seite für eine bilaterale Lösung, diese sei vor allem präziser. Man wolle aber nicht in dieser Frage „die Neun in die Luft sprengen".

Fortsetzung Fußnote von Seite 1164

den Auftrag zur Ausarbeitung des ingenieurmäßigen Vorprojekts erhalten. Das deutsche Angebot für das Vorprojekt wurde Anfang Juli 1974 abgegeben, es wird zur Zeit in Moskau geprüft. Nach Einigung über das Angebot wird das Vorprojekt innerhalb von ca. zwei Jahren (1974–1976) im einzelnen ausgearbeitet werden. In der Folgezeit soll dann die erste Ausbaustufe, für die ein Zeitraum bis 1978 vorgesehen ist, in Angriff genommen werden." Vgl. Referat 421, Bd. 117692.

10 Zur Lieferung von Kernkraftwerken in die UdSSR bzw. der Lieferung von Strom in die Bundesrepublik vgl. Dok. 185, Anm. 11 und 20.
Botschafter Sahm, Moskau, teilte am 19. Juli 1974 mit, die Firma BBC, Mannheim, habe im Konsortium mit ihrer Beteiligungsgesellschaft Babcok-Brown Boveri Reaktor GmbH, Mannheim, am 17. Juli 1974 in Moskau der sowjetischen Außenhandelsorganisation W/O Atomenergoexport ebenfalls ein Angebot zur Lieferung eines Kernkraftwerks übergeben: „Gegenstand des Angebots ist wie bei der KWU eine Kernkraftanlage für 1300 MW mit nahezu kompletten Maschinen- und elektronischen Ausrüstungen außer Bauteil, Montage, Energieableitung. Als Bauzeit wird 5 bis 6 Jahre veranschlagt." Der sowjetischen Seite sei ein Preis von 1,15 Mrd. DM genannt worden. Vgl. den Schriftbericht Nr. 2923; Referat 421, Bd. 117687.
Referat 421 vermerkte am 6. September 1974 ergänzend, auf sowjetischen Wunsch sei außerdem vorgesehen, „daß der Kraftwerkslieferant auch das für die Brennelementerstausstattung erforderliche Natururan (ca. 550 000 kg) an die Sowjetunion liefert. Dieses Natururan soll dann in Anlagen in der Sowjetunion angereichert werden. Im Anschluß hieran soll das angereicherte Uran vom deutschen Kernkraftwerkslieferanten zu 197 Brennelementen verarbeitet werden, die zum Einsatz in das zu liefernde Kraftwerk – und zwar nur in dieses – bestimmt sind. [...] Ende August 1974 wurde vom Vorsitzenden der von der deutsch-sowjetischen Kommission eingesetzten Fachgruppe ‚Elektrotechnik', Herrn Keltsch, PREAG/Hannover, in Moskau ein komplexes Angebot über die Lieferung einer Kernkraftwerkseinheit und über den Bezug von elektrischem Strom deutscher Versorgungsunternehmen aus der Sowjetunion übergeben. Das Kraftwerk soll zur Sicherung der Stromversorgung von Berlin (West) und des Bundesgebiets beitragen. Insbesondere im Hinblick auf die zunehmende Energieverknappung in Berlin (West) kommt dem Projekt aus unserer Sicht hervorragende Bedeutung zu. Deshalb wurde auch das Kernkraftwerk für einen Standort östlich Berlins an der sowjetischen Ostseeküste konzipiert, der eine Leitungsführung von Osten aus durch Berlin (West) nach dem Bundesgebiet sichert und damit Berlin (West), gegebenenfalls in umgekehrter Richtung, in den Stromverbund der Bundesrepublik einbezieht." Die sowjetische Seite habe mitgeteilt, daß sie die Zustimmung Polens und der DDR für die Leitungsführung durch polnisches Gebiet und durch das Gebiet der DDR erhalten habe. Vgl. Referat 421, Bd. 117687.

11 Für den Wortlaut des Langfristigen Abkommens vom 5. Juli 1972 zwischen der Bundesrepublik und der UdSSR über den Handel und die wirtschaftliche Zusammenarbeit vgl. BUNDESGESETZBLATT 1972, Teil II, S. 843 f.

Die gemeinsame Kommission sei nach sowjetischer Ansicht nicht operativ genug. Die sowjetische Seite sei aber sicher, daß die deutsche Seite die richtigen Konsequenzen daraus ziehen und um eine Erweiterung und schnellere Entwicklung der Wirtschaftsbeziehungen bemüht sei.

Auch die sowjetische Seite sei dafür, weitere Abkommen zum Abschluß zu bringen. Sie denke dabei vor allem an die wissenschaftlich-technische Zusammenarbeit, die Landwirtschaft und den Straßenverkehr.

BM *Genscher* bemerkt zu diesen Ausführungen, es sei nicht ungewöhnlich, daß man sich gegenseitig über bürokratische Schwierigkeiten beklage.

Natürlich hätten Großprojekte eine ganz besondere Bedeutung, aber – auch aus strukturellen Gründen – seien wir daran interessiert, daß auch mittlere und kleinere Industrie an den Wirtschaftsbeziehungen teilnimmt.

Wir seien daran gehindert, einen neuen Handelsvertrag bilateral mit der Sowjetunion abzuschließen[12], wenngleich wir uns nicht „in der Zange der EG" fühlten. Verträge mit der EG würden für die Sowjetunion ihr Gewicht und ihre Bedeutung haben. Unsere bilateralen Beziehungen würden nicht leiden müssen.

Man werde ein besonderes Augenmerk darauf verwenden, die Tagung der deutsch-sowjetischen Wirtschaftskommission im Oktober in Moskau operativer zu gestalten.

Eine gemeinsame Sorge sei die Ausstellung in Moskau. Nach dem großen Erfolg der sowjetischen Ausstellung in Düsseldorf[13] sei die Bundesrepublik Deutschland bemüht, gleichfalls eine Ausstellung von großem Gewicht und mit angemessenem Kulturprogramm zu arrangieren. Im Interesse der wirklichen Bedeutung dieser Ausstellung und der damit verfolgten Zwecke sei es wichtiger, diese Ausstellung nicht hastig vorzubereiten, sondern eher für das Frühjahr 1975 vorzusehen mit entsprechendem kulturellem Programm und Teilnahme hoher Persönlichkeiten aus der deutschen Politik.[14]

Mit Recht habe AM Gromyko gewünscht, daß weitere Abkommen aus dem Gebiet der Wirtschaft und anderen Bereichen möglichst schnell zum Abschluß gebracht werden sollten. Es wäre ein Gewinn, wenn man noch bestehende Hindernisse heute ein Stück zur Seite schieben könnte.

AM *Gromyko* stimmte den Erwägungen über die Moskauer Ausstellung zu. Diese Frage werde in Moskau zur Zeit auch intensiv geprüft. Man werde sehr schnell zu einer Entscheidung kommen. Die russische Bevölkerung solle in der Tat sehen, was die Bundesrepublik Deutschland leisten könne.

BM *Genscher* erwähnte abschließend, er habe etwas ausführlicher darlegen wollen, welches unsere Motive gewesen seien, falls wir die Ausstellung verschieben sollten.

AM *Gromyko* stellte – nach längeren Ausführungen über das Vier-Mächte-Abkommen und Berlin – fest, den Text des wissenschaftlich-technischen Abkom-

---

[12] Zur gemeinsamen Handelspolitik der Europäischen Gemeinschaften vgl. Dok. 215, Anm. 16.
[13] Vom 23. März bis 7. April 1974 fand in Düsseldorf die Ausstellung „Sowjetunion heute" statt.
[14] Vom 13. bis 25. März 1975 fand in Moskau die „Ausstellung der Bundesrepublik" statt.

mens könnte die sowjetische Seite, wie ursprünglich vereinbart, unterzeichnen.[15]

BM *Genscher* stellte dazu heraus, wir müßten wissen, daß es feststehe, daß kein Berliner davon ausgeschlossen werde.

AM *Gromyko* erwiderte, die Sowjetunion könne nicht im voraus eine solche Verpflichtung übernehmen, daß keiner der Berliner Wissenschaftler ausgeschlossen werde. Bei der Erteilung des notwendigen Visums könne es z. B. „Probleme der Sicherheit" geben.

BM *Genscher* stellte hierzu klar, daß es nur um das Prinzip gehe, daß nicht jemand nur deswegen ausgeschlossen werde, „weil er Berliner sei".

AM *Gromyko* sagte, daß deswegen niemand ausgeschlossen werde, er habe das aber schon öfter erklärt!

BM *Genscher* regte an, jetzt zu versuchen, diese Frage erneut unter Hinzuziehung der Experten eingehend zu klären.

Dem wurde entsprochen.[16]

Referat 010, Bd. 573

265

Gespräch des Bundesministers Genscher mit dem sowjetischen Außenminister Gromyko auf Schloß Gymnich

15. September 1974[1]

Gespräche des Herrn Bundesministers des Auswärtigen mit dem sowjetischen Außenminister Gromyko am Nachmittag des 15. September 1974[2]

Thema: Berlin betreffende Fragen

Herr *Bundesminister* führte einleitend in Anlehnung an den vorliegenden Gesprächsvorschlag (Fach 13 der Gesprächsunterlage) folgendes aus:

Drei Jahre nach Unterzeichnung des Vier-Mächte-Abkommens über Berlin haben alle Beteiligten Gelegenheit, zurückzublicken auf die gesammelten Erfahrungen. Er sage an dieser Stelle ebenso wie in der Öffentlichkeit: Die Bilanz

---

[15] Vgl. dazu die am 9. März 1974 durch Bundesminister Bahr und den sowjetischen Außenminister Gromyko in Moskau vereinbarte Protokollnotiz zu dem Abkommen über die wissenschaftlich-technische Zusammenarbeit; Dok. 84.
Vgl. dazu ferner das Gespräch des Bundesministers Genscher mit dem sowjetischen Botschafter Falin am 12. Juli 1974; Dok. 213.
[16] Zu den Ergebnissen der Expertengespräche am Abend des 15. September 1974 vgl. Dok. 270.

[1] Durchdruck.
[2] Der sowjetische Außenminister Gromyko hielt sich am 15./16. September 1974 in der Bundesrepublik auf.

des Vier-Mächte-Abkommens ist überwiegend positiv, es ergaben sich bessere Perspektiven für Berlin, das psychologische Klima in der Stadt wurde positiv beeinflußt, wozu die Transitregelung[3] wesentlich beigetragen hat.

Angesichts dieser positiven Feststellung, daß das VMA[4] sich in vielen Bereichen bewährt hat, bestehen bei der Anwendung des Abkommens Probleme, die der Bundesregierung Sorgen machen. Angesichts der beiderseitigen Entspannungsbemühungen liegt es im Interesse der Weiterentwicklung der bilateralen Beziehungen, wenn wir den Gegensatz um Berlin abbauen. Er selbst habe sich ebenso wie andere Mitglieder der Bundesregierung öffentlich über den Zusammenhang zwischen der Lage in Berlin und Fortschritten im Bereich der allgemeinen Entspannung geäußert. Auch in gemeinsamen Kommuniqués mit Verbündeten sei dies zum Ausdruck gekommen. Ein solcher Zusammenhang besteht und ist keine Verquickung nicht zusammengehörender Elemente.

Wir wissen, daß in unserer Bevölkerung seit Abschluß der Ostverträge viele Vorurteile abgebaut werden konnten. Weitere Fortschritte in der Entwicklung unserer Beziehungen sollen nicht durch negative Auswirkungen des Berlin-Problems gehemmt werden. Unsere Position wurde in ständiger Konsultation und voller Abstimmung mit den Drei Mächten formuliert, die ihrerseits sehr sorgfältig auf die Einhaltung des von ihnen mitunterzeichneten Abkommens achten. Wir wollen mit solchen Konsultationen unseren Beitrag zur Einhaltung des Abkommens leisten. Unsere Öffentlichkeit betrachtet die Lage in Berlin mit besonderer Sorgfalt und Empfindlichkeit. Das ist eine Realität, die jede Bundesregierung in Rechnung stellen muß. Wir wollen, daß die positive Einstellung weiter Kreise der Öffentlichkeit zur Entspannungspolitik nicht durch eine Verschlechterung der Lage in Berlin negativ beeinflußt wird. Hier besteht ein enger Zusammenhang.

Wir sind realistisch genug zu wissen, daß ein Prinzipienstreit über Berlin zu nichts führt. Wir streben pragmatische Lösungen an, die die Möglichkeiten des VMA voll nutzen. Dabei haben wir nicht die Absicht, das von den Vier Mächten geschlossene Abkommen durch einseitige Auslegungen zu unterlaufen. Gleichzeitig können aber Zugeständnisse, die von den Bestimmungen des VMA abweichen, für die Bundesregierung nicht in Frage kommen.

Für die Bundesregierung ist es von zentralem Interesse, die Lebensfähigkeit Berlins zu erhalten. Das ist nur möglich, wenn die Bindungen entwickelt werden, was in vielfacher Weise geschehen kann. Die Bundesregierung will dieses Anliegen nicht mit politischen Demonstrationen verbinden, die das Interessengleichgewicht des VMA stören könnten – etwa so, wie es in der sowjetischen Presse zu lesen war. Auch in diesem Punkt besteht Einigkeit mit den Drei Mächten, mit denen wir nicht nur die Fragen der rechtlichen Zulässigkeit, sondern auch der politischen Zweckmäßigkeit beraten. Die volle Anwendung des VMA gedeiht am besten in einer Atmosphäre des Vertrauens und der politischen Ruhe in Europa.

---

[3] Für den Wortlaut des Abkommens vom 17. Dezember 1971 zwischen der Regierung der Bundesrepublik und der Regierung der DDR über den Transitverkehr von zivilen Personen und Gütern zwischen der Bundesrepublik und Berlin (West) vgl. EUROPA-ARCHIV 1972, D 68–76.
[4] Vier-Mächte-Abkommen.

Eine rein statische Interpretation des VMA und damit eine Festschreibung der wirtschaftlichen, kulturellen und anderen Entwicklung Berlins auf dem Status quo würde auf eine Austrocknung der Stadt hinauslaufen. Das aber würde unserem vitalen politischen Interesse, nämlich der Erhaltung der Lebensfähigkeit der Stadt, zuwiderlaufen und entspräche nicht dem von den Vier Mächten erklärten Wunsch, die Lage in Berlin zu verbessern.[5] Dies erfordert eine dynamische, nicht eine statische Interpretation.

Der Entwicklung Berlins sind räumliche Grenzen gesetzt; eine weitere großzügige industrielle Expansion ist nicht möglich. Deshalb ist der Dienstleistungssektor so wichtig, weil er wenig Raum und qualifizierte Fachkräfte erfordert. Er wird damit zum wichtigsten Entwicklungsbereich der Stadt. Der öffentliche Sektor hat hier eine besondere Rolle zu spielen, und wenn vom öffentlichen Sektor in Berlin die Rede ist, berührt das unmittelbar auch die Bundesinstitutionen in Berlin. Auch sie sind für die Lebensfähigkeit von Bedeutung. Dabei versteht sich von selbst, daß Berlin nicht von der Bundesregierung regiert oder Fragen von Sicherheit und Status berührt werden dürfen. Als Beispiel, wie die Lebensfähigkeit erhalten und die Lage in Berlin verbessert werden kann, zitiert Herr BM die Einbeziehung Berlins in den internationalen Luftverkehr. Der dynamischen Betrachtungsweise des VMA wird die Formel von der Entwicklung der Bindungen gerecht; die Aussage, daß Berlin nicht von der Bundesrepublik regiert wird[6], bringt einen statischen Aspekt zum Ausdruck.

Herr BM schlägt vor, auf der Expertenebene, die sich bereits bewährt habe, über folgende Einzelfragen zu sprechen:
– Einbeziehung Berlins in Abkommen,
– Rechtshilfe,
– Einbeziehung Berlins in den internationalen Austausch bei Messen, Kongressen und Ausstellungen.

Der gemeinsame Wille, die bilateralen Beziehungen zu verbessern, sollte eine Lösung dieser Fragen nach Geist und Inhalt des VMA erleichtern.

AM *Gromyko* erwidert, die sowjetische Seite würde die Frage der Anwendung des VMA auch von sich aus angeschnitten haben. Das VMA sei ein bedeutendes Abkommen. Die sowjetische Seite habe oft ihre Genugtuung über seine positiven Auswirkungen zum Ausdruck gebracht. Die Signatare seien sich darüber einig, daß das Abkommen ihren Interessen entspricht und der Entspannung im betroffenen Gebiet und in der Welt dient. Es bestehe kein Grund, hier wesentliche Bestimmungen des VMA zu wiederholen. „Es gibt nichts hinzuzufügen oder abzuschneiden." Die sowjetische Seite sei für die strikte Einhaltung des Abkommens. Es sei ihr unverständlich, wenn ernsthafte Staatsmänner der Bundesrepublik Deutschland vom Abkommen abweichen wollen. Die anderen

---

5 In der Präambel des Vier-Mächte-Abkommens über Berlin vom 3. September 1971 hieß es: „The Governments of the United Kingdom of Great Britain and Northern Ireland, the French Republic, the Union of the Soviet Socialist Republics and the United States of America [...] Guided by the desire to contribute to practical improvements of the situation, [...] have agreed on the following". Vgl. UNTS, Bd. 880, S. 124. Für den deutschen Wortlaut vgl. BUNDESANZEIGER, Nr. 174 vom 15. September 1972, Beilage, S. 45.

6 Vgl. dazu Teil II B sowie Anlage II Absatz 1 und 2 des Vier-Mächte-Abkommens über Berlin vom 3. September 1971; Dok. 18, Anm. 4.

drei Signatare des Abkommens – davon gehe die sowjetische Seite aus – werden ebenfalls auf strikter Erfüllung des Abkommens bestehen.

Im VMA seien die Beziehungen zwischen der Bundesrepublik Deutschland und Berlin (West) ganz klar geregelt. Man solle da alle Vorschriften zusammen betrachten und nichts vermindern und nichts hinzufügen. Die sowjetische Seite könne mit der Bundesrepublik Berlin (West) betreffende Fragen nur besprechen, soweit das dadurch politisch gerechtfertigt sei, daß die bilateralen Beziehungen im Zusammenhang mit dem VMA berührt werden. Nur in diesem Rahmen sei eine Erörterung dieser Fragen möglich.

„Wir müssen sagen, daß an der Position der Regierung der Bundesrepublik Deutschland nicht alles in Ordnung ist." Um einige ihrer Schritte, wie die Errichtung des Umweltbundesamts, zu rechtfertigen, habe die deutsche Seite erfunden, daß die Lage in Berlin (West) dynamisch zu verstehen sei. Man könne von sowjetischer Seite durchaus auch bestimmte andere Bereiche des Abkommens dynamisch interpretieren, „dies wäre aber dann nicht in Ihrem Sinne". So könne man die Bestimmung, daß Berlin (West) nicht von der Bundesrepublik regiert wird, einmal dynamisch so auslegen, daß Berlin immer weniger von der Bundesrepublik dynamisch regiert werden darf.

Wenn man das alles aber in eine normale Sprache umwandele, so müsse man sagen: Man kann eine praktische Lösung finden, die darauf beruht, daß alle die Verbindungen aufrechterhalten werden, die dem VMA nicht widersprechen. Dabei dürfe aber nichts unternommen werden, was der Bestimmung widerspricht, daß Berlin (West) nicht von der Bundesrepublik regiert werden kann. Nun komme ein Regierungsorgan wie das Umweltbundesamt nach Berlin. „Sie sagen, das sei mit den Drei Mächten abgestimmt." Aber für uns ist wichtig, daß es vier Mächte sind – es ist ein Vier-Mächte-Abkommen. Auf die gemeinsame Meinung der Vier komme es an, die Argumente der Drei seien für die sowjetische Seite ohne Bedeutung.

Zum Argument, das Umweltbundesamt übe keine hoheitlichen Funktionen aus, sei zu sagen, daß es schließlich eine staatliche Behörde sei. Man sage, das UBA[7] sei halb Verwaltungsorgan, halb wissenschaftliche Einrichtung. Sicher wisse man auf sowjetischer Seite, daß es sich nicht um ein Polizeirevier handele, aber es sei schließlich ein staatliches Organ. Wenn die deutsche Seite die Sache einmal mit sowjetischen Augen betrachte, müsse sie erkennen, daß dieses Argument nicht überzeuge. „Sie werden nicht einverstanden sein, aber das war ein falscher Schritt, der Ihnen nichts einbringt, denn ohne die Einwilligung der Sowjetunion kann dieses Amt nichts Nützliches machen." Außerdem scheine man auf deutscher Seite vermutet zu haben, die Errichtung des UBA werde nicht bemerkt, oder die Sowjetunion werde „die Augen zudrücken". Die deutsche Seite könne aber mit diesem Schritt nichts gewinnen, nur verlieren. Dies sei nun einmal der sowjetische Standpunkt. Man habe diese Frage jetzt abgehakt, man wolle sie lieber „ausradieren", aber das könne man nicht.

Zur Barometerfunktion Berlins (West) für die Entspannung sei zu sagen, daß es in den deutsch-sowjetischen Beziehungen wichtigere Fragen gebe, wie z.B., ob der Moskauer Vertrag kontinuierlich erfüllt wird, ob die Entspannung ver-

---

[7] Umweltbundesamt.

wirklicht wird. Dort seien die wirklichen Barometer. Es sei immer gut und nützlich, eine gemeinsame Formel zu finden, aber von dieser Formel zurückzuweichen, sei schwer. „Wir wollen keine Spannung durch Berlin – weder in Europa noch in unseren Beziehungen." Vor uns stünden große Aufgaben, und im Vergleich dazu sei der Streit um das Umweltbundesamt doch recht unsinnig. Die Bundesrepublik Deutschland habe ein großes wirtschaftliches und politisches Potential, das sie für den Frieden in die Waagschale werfen könne – und sie tue es auch. Auch die Sowjetunion wolle sich so verhalten, erwarte jedoch das gleiche von anderen.

Zum technisch-wissenschaftlichen Abkommen stehe die sowjetische Seite zu der Formulierung, die seinerzeit vereinbart und den Regierungen vorgelegt worden sei.[8] Die Einbeziehung der Berliner Wissenschaftler sei nicht möglich, wenn zwischen Berlin (West) und der Bundesrepublik kein Unterschied gemacht werde. In der Praxis könne es aber Fälle geben, in denen ein Berliner Wissenschaftler etwas mit wissenschaftlichen Institutionen der Bundesrepublik Deutschland zu tun hat. Er könne dann auch in die Sowjetunion kommen, und man werde dann praktisch keinen Unterschied zwischen Wissenschaftlern aus Berlin und aus der Bundesrepublik machen. So etwas könne jedoch nicht im vorhinein geregelt werden, sondern müsse sich mit der Zeit praktisch ergeben – dagegen habe die sowjetische Seite nichts einzuwenden.

Über die Rechtshilfe seien mit den früheren Ministern Scheel und Bahr ausführliche Gespräche geführt und gewisse Vereinbarungen getroffen worden. Auf dieser Grundlage könne man weiter diskutieren, die sowjetische Seite sei jedoch nicht bereit, mit der Bundesregierung eine Vereinbarung über Berlin (West) zu treffen. Man sei bereit, die Bundesregierung von der Vereinbarung mit Berlin (West) zu informieren. Wenn dies alles korrekt geschehe, werde niemand beeinträchtigt werden.

Herr *Bundesminister* beginnt seine Erwiderung mit der Feststellung, daß die mit Berlin und mit der Errichtung des UBA zusammenhängenden Fragen kein bilaterales Problem seien, sich jedoch auf unsere bilateralen Beziehungen auswirken. Unter dynamischer Entwicklung verstünden wir die Entwicklung der Bindungen und wir hätten nicht die Absicht, etwa die Dynamik überzuinterpretieren. Für uns sei es notwendig, Berlin zum Barometer der Entspannung zu machen, denn Berlin sei für uns mehr als ein Tagesproblem, während es für die Sowjetunion eines von vielen Problemen sei. Er habe die Bindungen vor allem auch im Hinblick auf die noch nicht unterzeichneten deutsch-sowjetischen Abkommen erwähnt.

Beim wissenschaftlich-technischen Abkommen habe die neue Bundesregierung keineswegs neue Probleme erfunden, sondern sie habe Probleme geerbt. Es müsse in der Vereinbarung klar und deutlich festgestellt werden, daß die Berliner Wissenschaftler nicht ausgeschlossen werden. Die Bundesregierung wird im Parlament danach gefragt werden. „Dann will ich mit gutem Gewissen sagen können: Die Berliner sind nicht ausgeschlossen, alle, die entsprechend qualifiziert sind, können grundsätzlich am Austausch teilnehmen."

---

[8] Vgl. dazu die am 9. März 1974 durch Bundesminister Bahr und den sowjetischen Außenminister Gromyko in Moskau vereinbarte Protokollnotiz zu dem Abkommen über die wissenschaftlich-technische Zusammenarbeit; Dok. 84.

In der Rechtshilfe gehe es uns darum, daß die Regelung für die Bundesrepublik Deutschland und für Berlin gleichzeitig in Kraft treten.

AM *Gromyko*: Die sowjetische Seite wird die Angelegenheit nicht verzögern. Faktisch wird die Rechtshilfevereinbarung mit Berlin (West) gleichzeitig in Kraft treten, aber nicht als Teil der Vereinbarung mit der Bundesrepublik. Es wird eine Linie Sowjetunion – Bundesrepublik und eine Linie Sowjetunion – Berlin (West) geben. „Wenn Sie aber sagen, mit der Sowjetunion sei ein Abkommen über Berlin (West) abgeschlossen worden, werden wir dementieren müssen."

Herr *Bundesminister* betont erneut die für uns vitale Bedeutung der Bindungen. Wir seien nun einmal von den Drei Mächten beauftragt, für Berlin (West) internationale Vereinbarungen zu schließen.[9] Es gebe jetzt zwei Regelungen für die Rechtshilfe und es sei für uns wichtig, daß wir die uns gegenüber hinsichtlich der Regelung für Berlin abgegebene Erklärung in der gehörigen Form publizieren. Gegen welche Bestimmung des VMA könnte wohl damit verstoßen werden? Was ist der Grund für diese restriktive Auslegung?

AM *Gromyko*: Schon die Tatsache, daß man mit der Bundesregierung über diese Frage rede, sei ein Entgegenkommen und entspreche nicht ganz dem Geist des VMA; denn die Frage der Rechtshilfe sei eine Statusfrage. Zwischen die Regelung mit der Bundesrepublik und der mit Berlin (West) könne man kein Gleichheitszeichen setzen, wenn hierüber Zweifel bestanden hätten, so sei das ein Mißverständnis. Hinsichtlich der Gleichzeitigkeit: Die einseitige sowjetische Mitteilung zur Rechtshilfe-Regelung mit Berlin könne erfolgen, wann es die deutsche Seite wünscht. Sie könne erfolgen durch den sowjetischen Botschafter[10] gegenüber einem Vertreter der Bundesregierung – und das sei schließlich gewichtig genug.

Herr *Bundesminister* wiederholte, die deutsche Seite gehe aus von einer inhaltlich identischen Lösung für die Bundesrepublik und Berlin sowie von einem gleichzeitigen Inkrafttreten beider Regelungen ohne einseitige Rechtsakte. Adressat der Erklärung müsse die Bundesrepublik Deutschland sein, nicht die Drei Mächte, und die Erklärung müsse vor der Öffentlichkeit verwandt werden können. Er schlägt eine unverzügliche Beratung der Experten über den Inhalt der Erklärung vor.

AM *Gromyko*: Was die sowjetische Haltung zur Information der Drei Mächte betrifft, so ist sie noch offen.

Herr *Bundesminister* kommt zurück auf das wissenschaftlich-technische Abkommen und bittet um eine Äußerung zu der Frage, ob effektiv kein Berliner vom Austausch ausgeschlossen wird.

AM *Gromyko*: „Eine solche Erklärung geben wir nicht im vorhinein."

---

[9] Im Schreiben der drei Hohen Kommissare vom 26. Mai 1952 an Bundeskanzler Adenauer über die Ausübung des den Drei Mächten vorbehaltenen Rechts in bezug auf Berlin erklärten McCloy, Kirkpatrick und François-Poncet, „ihr Recht in bezug auf Berlin in einer Weise auszuüben, welche [...] den Bundesbehörden gestattet, die Vertretung Berlins und der Berliner Bevölkerung nach außen sicherzustellen". Vgl. das Schreiben Nr. X in der Fassung vom 23. Oktober 1954; BUNDESGESETZBLATT 1955, Teil II, S. 500.
Vgl. dazu ferner Anlage IV A und B des Vier-Mächte-Abkommens über Berlin vom 3. September 1971; Dok. 22, Anm. 11.

[10] Walentin Michajlowitsch Falin.

Herr *Bundesminister* betont erneut, daß es um das Prinzip gehe, daß kein Wissenschaftler ausgeschlossen wird, nur weil er in Berlin (West) wohnt.

AM *Gromyko*: Für die sowjetische Seite stelle sich so die Frage nicht. Weil jemand in Berlin wohnt, werde er nicht ausgeschlossen.

Herr *Bundesminister*: „Wir wollen auch nicht, daß jemand wegen der Zugehörigkeit zu einem bestimmten Amt ausgeschlossen wird."

AM *Gromyko* erwidert, so stelle die sowjetische Seite die Frage nicht. Sie werde hingegen auch berücksichtigen, ob der Betreffende etwa für die Aufklärung oder Spionage arbeite.

Herr *Bundesminister* schließt ab mit der Bemerkung, hier gehe es nicht um Aufklärung oder Spionage, sondern um die Frage der vollen Einbeziehung der Berliner in den wissenschaftlich-technischen Austausch. Er schlägt vor, die Experten zu beauftragen, sich auch mit dieser Frage zu beschäftigen.

AM *Gromyko* stimmt diesem Vorschlag zu.[11]

Referat 010, Bd. 573

266

Gespräch des Bundesministers Genscher mit dem sowjetischen Außenminister Gromyko auf Schloß Gymnich

15. September 1974[1]

Protokoll der Gespräche mit AM Gromyko am Nachmittag des 15.9.1974[2]

Thema: Rückführung und Familienzusammenführung

Herr *Bundesminister* bringt einleitend die Befriedigung der Bundesregierung über die günstige Entwicklung der Familienzusammenführung zum Ausdruck, wie sie insbesondere nach dem Breschnew-Besuch in Bonn[3] und im Sinne der seinerzeit dem Bundespräsidenten gegebenen Zusagen[4] festzustellen ist. Es ge-

---

[11] Zu den Ergebnissen der Expertengespräche am Abend des 15. September 1974 vgl. Dok. 270.

[1] Durchdruck.
Die Gesprächsaufzeichnung wurde von Referat 213 am 16. September 1974 gefertigt.

[2] Der sowjetische Außenminister Gromyko hielt sich am 15./16. September 1974 in der Bundesrepublik auf.

[3] Der Generalsekretär des ZK der KPdSU, Breschnew, hielt sich vom 18. bis 22. Mai 1973 in der Bundesrepublik auf. Vgl. dazu AAPD 1973, II, Dok. 145–152.

[4] Am 19. Mai 1973 fand ein Gespräch des Bundespräsidenten Heinemann mit dem Generalsekretär des ZK der KPdSU, Breschnew, statt. Vortragender Legationsrat I. Klasse Meyer-Landrut vermerkte dazu am 20. Mai 1973, Heinemann habe auf die noch ungeklärten Fälle von Familienzusammenführung hingewiesen, die den beiden Rot-Kreuz-Gesellschaften bekannt seien, und darum gebeten, „die noch verbliebenen Restprobleme einer Lösung zuzuführen". Breschnew habe zugesagt, „der Frage sein persönliches Interesse zuzuwenden, damit mit möglichst wenig Bürokratie die Angelegenheit bereinigt werden könne". Die zuständigen Organe würden Anweisung erhalten, „die Fälle mit mehr Sorgfalt zu behandeln". Vgl. VS-Bd. 14055 (010); B 150, Aktenkopien 1973.

be allerdings auch heute noch viele Menschen in der Sowjetunion, die in die Bundesrepublik Deutschland ausreisen möchten. Die deutsche Seite wäre dankbar für eine Erhöhung des Tempos der Ausreisebewilligungen; dies sei vor allem im Interesse vieler alter Menschen, die schon seit Jahren von ihren Familien getrennt seien. Darüber hinaus bittet Herr BM um Großzügigkeit der sowjetischen Behörden gegenüber denjenigen, die bei der Verfolgung ihrer Ausreisewünsche aus Enttäuschung oder Ungeduld gegen sowjetische Gesetz verstoßen haben.

Mit der Bitte um wohlwollende Prüfung weist Herr BM auch auf die Ausreisewünsche im Zusammenhang mit Eheschließungen und Verwandtenbesuchen hin. Auch würden wir es begrüßen, wenn Touristenbesuche in bisher gesperrte Gebiete (Ostpreußen) möglich würden.

Insgesamt könnten beide Seiten gemeinsam durch Lösung solcher humanitärer Fragen den Völkern beider Länder einen guten Dienst erweisen. Hiervon ergäben sich positive Auswirkungen auf die bilateralen Beziehungen, die Effektivität der Konsultationen könne auf diese Weise demonstriert werden. Abschließend würdigte Herr BM erneut die positive Entwicklung im humanitären Bereich aufgrund des Breschnew-Besuches.

AM *Gromyko* erwiderte, daß es im humanitären Bereich sehr viele Fälle zu bearbeiten gebe und daß die sowjetische Seite hier eigentlich schon mehr tue, als von AM Genscher erbeten werde. Man müsse oft Fälle mehrmals bearbeiten, um eine eingehende Prüfung sicherzustellen. „Dabei werden nicht nur Einzelfälle geprüft, und was geprüft wird, wird nicht nur einmal geprüft und dann in die Schublade gelegt."

Aber diese eingehende Prüfung habe auch ihre Grenzen. Die Frage der sowjetischen Staatsangehörigkeit spiele schließlich eine Rolle, und es gebe auch Sicherheitsinteressen, „die uns dazu zwingen, uns Zurückhaltung aufzuerlegen". Wo es um die Staatssicherheit gehe, sei es der Staat selbst, der entscheiden müsse. Man könne – und damit war wohl das Außenministerium gemeint – über solche Fälle nicht entscheiden. Dies treffe auf nicht wenige Fälle zu. Schließlich stellten sich diese Fragen analog auch im Verkehr mit anderen Staaten, und die Sowjetunion sei ihrerseits nicht der einzige Staat, der sich von diesen Prinzipien (d. h. Beachtung der Sicherheitsinteressen) leiten lasse.

Im Vertrauen könne er jedoch sagen, daß bei der Prüfung das Wohlwollen überwiege. Schließlich seien in der ersten Hälfte dieses Jahres genauso viele Menschen ausgereist wie im ganzen Jahr 1973. Wenn es stimmte, daß die sowjetische Seite hier bremse, dann müßte schließlich die Entwicklung nicht aufwärts, sondern abwärts gehen.

Referat 213, Bd. 112688

267

Gespräch des Bundesministers Genscher mit dem sowjetischen Außenminister Gromyko auf Schloß Gymnich

VS-NfD 15. September 1974[1]

Protokoll des Gespräches des Herrn Bundesministers des Auswärtigen mit dem sowjetischen Außenminister Gromyko am 15. September 1974 abends[2]

Thema: Mittelmeer und Nahost

Herr *Bundesminister* führt aus, daß die Bundesrepublik mit Zypern stets gute Beziehungen unterhalten hat. Auch unsere Beziehungen zu Griechenland und der Türkei seien gut. Seit dem Putsch auf Zypern[3] sei die Bundesregierung für die Unabhängigkeit Zyperns eingetreten; sie habe deshalb auch die Regierung Sampson nicht anerkannt und in den Konflikt nicht durch militärische Unterstützung irgendeiner Seite eingegriffen. Es sei klar, daß die Bundesrepublik Deutschland im Zypern-Konflikt nicht Partei sein könne, dennoch habe sie ihre guten Dienste angeboten.[4] Zu diesen Bemühungen um eine Beilegung des Konflikts gehöre, daß sich die Bundesregierung für die Reaktivierung der Assoziierung Griechenlands an die EG ebenso einsetze wie für die Bestrebungen, die beiden nationalen Gruppen auf Zypern zu einigen. Solidarisch im Rahmen der Neun unterstütze die Bundesregierung die Resolution des Sicherheitsrates in dieser Frage.[5] Außenminister Mavros sei bei seinem Besuch in Bonn[6] gesagt worden, die Bundesregierung wolle Griechenland helfen, seine ökonomischen Probleme zu lösen. Die Lage auf der Insel sei äußerst schwierig und humanitäre Hilfsmaßnahmen seien jetzt vordringlich. Frage an Außenminister Gromyko, wie er eine Lösung des Konflikts sehe. Die Bundesregierung trete ihrerseits für die Achtung der Unabhängigkeit der Insel ein.

Außenminister *Gromyko* bedankt sich für die Information. Die Ereignisse auf Zypern hätten eine gefährliche Wende genommen. Man müsse sich fragen: Wem ist das nützlich? Hier habe zweifellos eine Einmischung in innere Angelegenheiten stattgefunden, die zum Sturz des Präsidenten[7] geführt habe. Es ge-

---

[1] Durchdruck.
Die Gesprächsaufzeichnung wurde von Referat 213 am 18. September 1974 gefertigt.
[2] Der sowjetische Außenminister Gromyko hielt sich am 15./16. September 1974 in der Bundesrepublik auf.
[3] Zum Putsch der zypriotischen Nationalgarde am 15. Juli 1974 vgl. Dok. 217, Anm. 2.
[4] Vgl. dazu die Demarchen bei der türkischen Regierung am 17. August 1974 bzw. bei der griechischen Regierung am 20. August 1974; Dok. 238 bzw. Dok. 240.
[5] In Resolution Nr. 361 des UNO-Sicherheitsrats vom 30. August 1974 hieß es u. a.: „The Security Council [...] Expresses its appreciation to the Secretary-General for the part he has played in bringing about talks between the leaders of the two communities in Cyprus; [...] Warmly welcomes this development and calls upon those concerned in the talks to pursue them actively with the help of the Secretary-General and in the interests of the Cypriot people as a whole; [...] Calls upon all parties, as a demonstration of good faith, to take, both individually and in co-operation with each other, all steps which may promote comprehensive and successful negotiations". Vgl. UNITED NATIONS RESOLUTIONS, Serie II, Bd. IX, S. 65 f. Für den deutschen Wortlaut vgl. EUROPA-ARCHIV 1974, D 459 f.
[6] Zum Besuch des griechischen Außenministers Mavros am 9./10. September 1974 vgl. Dok. 255–257.
[7] Erzbischof Makarios III.

be Kräfte, die auf Zypern militärische Interessen hätten. Viele hätten genau gewußt, was auf Zypern vor sich gegangen sei. Man frage sich immer wieder: Wem war das nützlich? Wozu eine Enosis[8] oder eine halbe Enosis? Jetzt werde die SR-Resolution nicht erfüllt „und wir wissen, wer sich nicht daran hält und wer die Drähte zieht". Das sei ein internationales Verbrechen. Ein hoher Preis an Menschenleben sei schon bezahlt worden. Die ganze Welt müsse ihren Einfluß geltend machen, um die Lage zu verbessern. Jetzt komme es zu einer „doppelten Enosis". „Wer dies Verbrechen begangen hat, ist bekannt." Die Konferenz der drei Länder in Genf[9] sei zum Nachteil von Zypern ausgenutzt worden. Manche Länder seien nicht bereit, ihre Meinung offen zu sagen. Damit förderten sie die Frage nicht. Die Sowjetunion dagegen habe ihre Meinung über den Konflikt immer klar gesagt.

Herr *Bundesminister* erwidert, daß die Bundesregierung gegenüber einer Internationalisierung des Problems skeptisch sei. Athen und Ankara müßten miteinander verhandeln. Sonst bestehe die Gefahr der Verfestigung des jetzigen Zustandes.

Außenminister *Gromyko* meint, man werde sehen, wie die Verhandlungen laufen. Wenn sie erfolgreich seien, wäre das gut. Es sei bedauerlich zu beobachten, wie die Staaten dem Konflikt nur „von der Seite" zuschauten. Das nenne sich dann die „zivilisierte Gesellschaft". Es stelle sich die Frage, wie man für Entspannung sein und sich dann so verhalten könne.

Zum Thema Nahost führte Herr *Bundesminister* aus, daß sich die Nahost-Politik der Bundesregierung weiterhin an den SR-Resolutionen und an der im Kreise der Neun abgesprochenen Linie orientiere. Der eingeleitete europäisch-arabische Dialog habe zweifellos eine stabilisierende Wirkung gehabt. Frage an Außenminister Gromyko nach seinem Eindruck von der Situation nach den Gesprächen mit Arafat in Moskau[10] und von der Haltung der PLO zu den Nahost-Friedensbemühungen.

Außenminister *Gromyko*: Die PLO unterstütze eine Friedensregelung – aber natürlich nur eine ihr genehme. Der Kongreß der PLO habe die Schaffung eines palästinensischen Staates gefordert.[11] Die Sowjetunion unterstütze die Schaffung eines solchen Staates. Die PLO sei nicht absolut für die Liquidierung des Staates Israel. Anders sei das bei den extremistischen Organisationen. Aber die realistischen Programme, wie sie von der PLO vertreten würden, hätten mehr Aussichten auf Erfolg.

Referat 010, Bd. 573

---

[8] Zum Begriff der „Enosis" vgl. Dok. 222, Anm. 7.
[9] Zum Stand der Genfer Verhandlungen über eine Beilegung des Zypern-Konflikts vgl. Dok. 236, Anm. 5.
[10] Der Vorsitzende des Exekutivkomitees der PLO, Arafat, hielt sich vom 30. Juli bis 3. August 1974 in der UdSSR auf. Vgl. dazu Dok. 221, Anm. 11.
[11] Vom 1. bis 9. Juni 1974 fand in Kairo die 12. Tagung des Palästinensischen Nationalrats statt.

268

Aufzeichnung des Bundeskanzlers Schmidt

Geheim   16. September 1974[1]

Betr.: Abendessen der Regierungschefs der neun EG-Staaten am 14. September 1974 in Paris

Die Unterhaltung, an der außer den Regierungschefs nur Präsident Ortoli sowie einige Dolmetscher teilnahmen, dauerte von kurz nach 18.00 Uhr bis kurz nach 24.00 Uhr. Sie wurde in einer wohltuend offenen und legeren Weise geführt. Es wurde vor Beginn verabredet, daß kein Teilnehmer über die Beiträge anderer berichten würde, daß ihm aber freistehe, über seine eigenen Beiträge zu berichten. Im folgenden halte ich die wichtigsten Punkte aus den Diskussionsbeiträgen fest und gebe am Schluß eine abschließende Bewertung.

A. Diskussionsbeiträge

1) Bundeskanzler:

Wie mit Präsident Giscard verabredet war, habe ich die Gesprächsrunde eröffnet (vgl. dazu den gesondert vorliegenden, von mir korrigierten Sprechzettel[2]). Abschließend habe ich stark betont, daß ein offizielles Treffen der Regierungschefs keine großen Verkündigungen von Zukunftszielen zum Ziele haben dürfe, sondern vielmehr konkrete Schritte tun müsse. Meine Darlegungen bildeten die Grundlage für die nachfolgenden Diskussionsbeiträge, die sich naturgemäß sehr stark auf mein Exposé bezogen haben.

2) Rumor:

Für offizielle Treffen der Regierungschefs im Sinne des Vortrages des BK, Vermeidung der Schaffung übertriebener Erwartungen. Für starke Harmonisierung der ökonomisch-politischen Zielsetzungen in Anlehnung an BK[3], für gemeinsame Ölpolitik in Anlehnung an BK[4], für Paß und Paßkontrollunion im

---

[1] Durchdruck.
Hat Bundesminister Genscher vorgelegen.

[2] Dem Vorgang beigefügt. Für den Sprechzettel vgl. VS-Bd. 14062 (010); B 150, Aktenkopien 1974. Für Auszüge vgl. Anm. 3–7.

[3] Laut dem beigefügten Sprechzettel führte Bundeskanzler Schmidt dazu u. a. aus: „The time has not yet come to return to the pursuit of economic and monetary union: Extreme disequilibria in current balances of payments might cause the Community to drift farther apart than grow closer together. Such imbalances are mainly the reflection of different internal developments that have been aggravated by increase [in] raw material and crude oil prices. Under these circumstances, the only way to success is to continue an European stability programme with a view to harmonizing national economic policies; some small initial progress is apparent. [...] Even where general economic target priorities are approximated we should try to make further progress; as long as economic decisions are made regardless of the directives which we jointly have agreed upon it will be hard to overcome existing divergencies; on the other hand an approximation of targets, and strictly speaking even harmonization and co-ordination of targets, could lead to a harmonization of economic processes which could in itself overcome and avoid the critical situations which keep recurring from time to time."
Vgl. VS-Bd. 14062 (010); B 150, Aktenkopien 1974.

[4] Laut dem beigefügten Sprechzettel wies Bundeskanzler Schmidt auf die Gefahren eines einzelstaatlichen Vorgehens in der Energiepolitik hin und erklärte: „The only way out would be a grouping of oil-consuming countries, not for the purpose of starting a confrontation with producers but to work out an agreed policy between producer and consumer countries which would stabilize quantities and

Sinne von BK[5]; Eventualidee, diese durch eine europäische Staatsbürgerschaft zu ergänzen. Herausstellen der Notwendigkeit einer effizienten Regionalpolitik in der EG; erhebliche, auf Italiens Verfassungsrecht begründete Bedenken gegen die Einrichtung von Europaministern; für Stärkung des Außenministerrates im Sinne BK[6]; Bestandsaufnahme der gemeinsamen Agrarpolitik im Sinne von BK[7] sei notwendig; für Ausweitung der EPZ; dabei erwähnt, daß diese sich schließlich auch auf die Verteidigung erstrecken müsse; für Einbettung der EPZ in den Außenministerrat; für direkte Wahl des Europäischen Parlaments.

3) Thorn:

Ministerpräsidenten sollten in der heutigen Form mehrfach im Jahr zusammenkommen. Teilt die weltwirtschaftliche Analyse von BK; es sei notwendig, in der EG Priorität auf die ökonomische Politik zu legen; stellt aber die Frage, ob wir gleichermaßen alle überzeugt seien, daß gemeinsame Lösungen immer besser wären als nationale Lösungen.

Einig mit der Notwendigkeit einer Bestandsaufnahme der Agrarpolitik im Sinne von BK; darf aber nicht so präsentiert werden, daß Zweifel am Willen zur

Fortsetzung Fußnote von Seite 1177

prices. To this end agreement of the Nine on energy policy would be an indispensable first step; appeal to the other member countries (especially Great Britain) to support the general resolution to be adopted by the Council of Ministers on 17 September; as a parallel measure completion of Washington ‚follow up' work and the adoption as soon as possible of the integrated emergency programme envisaged there; appeal to France to participate." Vgl. VS-Bd. 14062 (010); B 150, Aktenkopien 1974.

[5] Laut dem beigefügten Sprechzettel führte Bundeskanzler Schmidt aus: „Initiative, which would have the necessary public appeal but would also meet administrative requirements, might lie in the introduction of standardized passports and passport controls. Mobility of criminals across frontiers makes closer cooperation among member States essential; is already under consideration by some of the Ministers for domestic affairs. This could cover the abolition of intra-Community passport controls except on the Community perimeter, uniform visa and aliens legislation, the introduction of a uniform passport which would make computer control possible." Vgl. VS-Bd. 14062 (010); B 150, Aktenkopien 1974.

[6] Laut dem beigefügten Sprechzettel wies Bundeskanzler Schmidt auf das langsame Entscheidungsverfahren in den Europäischen Gemeinschaften sowie auf die Vielzahl der Fachministerräte und die damit verbundenen Probleme hin: „Of course it would be best to immediately dismantle the specialized councils in favor of the one and only council provided for by the Rome Treaty. My minimum proposal therefore: General Council of Foreign Ministers to give formal directives for the coordination of all major activities within the Community; member Governments would nominate a Minister of State, deputy minister, junior minister of Parliamentary State Secretary as their permanent representative in the European Community to assist the Foreign Ministers and serve as the political instrument. They could function in two places (Brussels and their respective capitals) where they would participate in Cabinet meetings and be responsible for national co-ordination. They would be responsible for co-ordination of the work of the different specialized Councils and for the coherence of overall policy; they would have to be given scope for political decision-making which would permit them to deal with the current business of both the General Council and the specialized Councils of Ministers. In a subsequent later phase one could appoint Ministers for European Affairs and constitute a new, permanent and supreme decision-making authority known as the ‚Council of Ministers for European Affairs'; I could imagine this Council one day developing into the European Executive." Vgl. VS-Bd. 14062 (010); B 150, Aktenkopien 1974.

[7] Laut dem beigefügten Sprechzettel führte Bundeskanzler Schmidt aus: „This is not the place to go into the detailed possibilities of solving current problems. We should, however, take the present agricultural crisis, which is so much more serious than previous ones, as justification for a review of the instruments and the results now that fifteen years have passed since the common agricultural policy was first worked out, and for seeking on that basis ways and means of making reasonable progress. Suggestion: We should therefore envisage a new conference along the lines of the Stresa Conference, at which member countries, the Commission, interested associations, representatives of political parties, and scientific institutions would work together to analyse the problem and make proposals for its solution." Vgl. VS-Bd. 14062 (010); B 150, Aktenkopien 1974.

Aufrechterhaltung und Fortsetzung der gemeinsamen Agrarpolitik entstehen können. Einig mit BK wegen gemeinsamer Energiepolitik im Kreise der Neun wie auch zu Zwölft und hoffentlich alsbald zu Dreizehnt. Betont in Anlehnung an Rumor Notwendigkeit der Regionalpolitik.

Offizielle Gipfeltreffen, die den Versuch machten, neue Horizonte zu setzen, sollten selten stattfinden.

Außenministerrat und EPZ-Sitzungen sollten am gleichen Ort und am gleichen Tag in Verbindung miteinander stattfinden; daß EPZ außerhalb des Außenministerrates geschähe, sei unverständlich. Das bestehende Sekretariat des Rates sollte für EPZ genutzt und evtl. für diesen Zweck ausgebaut werden. Kritisiert in Anlehnung an BK die Vielfalt der Ministerräte; Agrarrat[8] sei de facto ein Rat der Interessenten geworden. Vertrag sehe nur einen Rat vor[9]; es käme darauf an, zu jeder Sitzung einen entscheidungsbefugten Mann zu entsenden, dies könnten im jeweiligen Einzelfall durchaus verschiedene Personen sein. Die Präsidentschaft sollte nicht bloß das Wort erteilen und Schiedsrichter sein wollen; die Einstimmigkeitsregel (Luxemburger Kompromiß[10]) schlösse aus, daß aus einer Aktivität der Präsidentschaft eine Gefahr werden könne. Die Präsidentschaft müsse, wenn erforderlich, auch mit den Ländern einzeln reden, um Lösungen im Rat vorzubereiten.

Der Rat könnte zu einem Embryo für die spätere europäische Exekutive werden. Es sei nötig, die auf dem sogenannten Gipfel 1972 in Paris ins Auge gefaßte Europäische Union[11] zu definieren.

Die Haltung Englands sei eine ernste Belastung der unmittelbaren Zukunft; man muß wissen, ob man sich auf die britische Mitgliedschaft verlassen kann, auch im Hinblick auf den nächsten Gipfel.

Das Parlament müsse direkt gewählt werden, um ein Gegengewicht zur Kommission zu werden; evtl. auf dem nächsten Gipfel einen Endtermin für direkte Wahlen des Parlaments festlegen; evtl. ein Zweikammersystem (mit einer Kammer der Staaten) zweckmäßig.

4) Tindemans:

In Belgien wächst der europäische Pessimismus, z. B. wegen der Austritte aus der Schlange[12], weil eindeutig die Wirtschaft- und Währungsunion bis 1980[13] nicht zu schaffen ist und wegen der Gefahr der Rückkehr in nationale Autarkie.

Frage an Wilson: Was werdet Ihr tun? Ihr seid ein Element der Unsicherheit.

---

[8] Korrigiert aus: „Agraretat".
[9] Im Vertrag vom 8. April 1965 über die Einsetzung eines gemeinsamen Rates und einer vereinigten Kommission der Europäischen Gemeinschaften (Fusion der Exekutiven) wurden die bisherigen Ministerräte der EWG, der EGKS und von EURATOM zu einem Ministerrat vereinigt. Für den Wortlaut vgl. BUNDESGESETZBLATT 1965, Teil II, S. 1454–1497.
[10] Zur Entscheidung des EWG-Ministerrats vom 28./29. Januar 1966 („Luxemburger Kompromiß") vgl. Dok. 109, Anm. 16.
[11] Vgl. dazu Ziffer 16 der Erklärung der Gipfelkonferenz der EG-Mitgliedstaaten und -Beitrittsstaaten am 19./20. Oktober 1972 in Paris; Dok. 19, Anm. 4.
[12] Zur Freigabe der Wechselkurse des Pfund Sterling am 23. Juni 1972, des irischen Pfunds am 24. Juni 1972, der italienischen Handelslira am 13. Februar 1973 und des französischen Franc am 19. Januar 1974 vgl. Dok. 23 bzw. Dok. 253, Anm. 14.
[13] Zum Ziel einer Wirtschafts- und Währungsunion vgl. Dok. 107, Anm. 2, und Dok. 109, Anm. 12.

Will erst dann von einem „Gipfel" sprechen, wenn wir sicher sein können, daß er erfolgreich stattfinden könne; er hat nur Sinn, wenn er zu konkreten Einigungen führt. Ein großes Gipfeltreffen sei nicht möglich, solange die Haltung Englands so unklar bliebe wie gegenwärtig.

Betont Notwendigkeit der Regionalpolitik; teilt die Auffassung des BK zur Energiepolitik, zur Zahlungsbilanzsituation und zur Weltwirtschaft. In Sachen Öl müssen Konsumenten- und Produzentenländer an einen Tisch. Für Gemeinschaftsanleihe. Stellt die Frage, ob nicht jene Länder, die gegenwärtig nicht zur Schlange gehören, auf irgendeine Weise an diese herangeführt werden könnten.

Ist überzeugt, daß jetziger Stand der Agrarpolitik unbefriedigend ist. Wenn wir einzeln dem Druck der Verbände auf nationale Maßnahmen nachgeben, führt dies zum Ende der gemeinsamen Agrarpolitik. Gemeinsame Analyse der Resultate der Agrarpolitik notwendig. Der Ministerrat solle keine allzu vielen Detailentscheidungen treffen wollen, diese sollten vielmehr die Ständigen Vertreter unter sich ausmachen. Gegen europäischen oder Juniorenminister; vielmehr sollten Außenminister den eigentlichen Rat darstellen, damit Kommission immer die gleichen Gesprächspartner habe. Andererseits sei Globalisierung des Rates problematisch. Es wäre ein Fortschritt, wenn es im Rat die Mehrheitsentscheidung gäbe, die der Vertrag vorsieht.[14] Für Stärkung der Aufgabe der jeweiligen Präsidentschaft; für direkte Wahl des Parlaments.

5) An dieser Stelle wurde die Unterhaltung des Abendessens wegen unterbrochen; tatsächlich wurde sie während des Essens freimütig fortgesetzt, ich habe mir dabei keine Aufzeichnungen gemacht und kann nur einige wenige Punkte der Tischunterhaltung festhalten.

Allseits hartes Insistieren gegenüber Wilson, sich endlich festzulegen. Es sei unglaubwürdig, ein Referendum abhalten zu wollen[15], das offensichtlich negativ ausgehen werde, und gleichzeitig zu sagen, man wolle weiterhin zur EG gehören. Ich habe Wilson gefragt, wo der Kern seiner Re-Negotiation-Vorhaben[16] läge; seine Antwort: Bei den finanziellen Regelungen im Zuge der gemeinsamen Agrarpolitik; England sei der größte Lebensmittelimporteur unter allen Partnern; Rücksichtnahme auf die Staaten des Commonwealth (namentlich erwähnt nur Neuseeland).

Ich habe ihm erwidert, daß auch wir die finanziellen Regelungen der gemeinsamen Agrarpolitik nicht schätzten; nicht bloß, weil wir die großen Nettozahler seien, sondern auch weil Dänemark der größte Netto-Empfänger sei, danach Holland und Frankreich, während unvernünftigerweise Italien zu den Netto-Zahlern gehöre. Gerade das Beispiel Italiens zeige aber ein ungeheures wirtschaftliches Wachstum seit Errichtung der EG, die Agrarpolitik habe dies nicht

---

[14] Vgl. dazu Artikel 148 Absatz 1 des EWG-Vertrags vom 25. März 1957: „Soweit in diesem Vertrag nichts anderes bestimmt ist, beschließt der Rat mit der Mehrheit seiner Mitglieder." BUNDESGESETZBLATT 1957, Teil II, S. 862.

[15] Zur Ankündigung des britischen Außenministers Callaghan auf der EG-Ministerratstagung am 4. Juni 1974 in Luxemburg, über die Ergebnisse der Verhandlungen zur Neuregelung der EG-Beitrittsbedingungen in einem Referendum abstimmen zu lassen, vgl. Dok. 157, Anm. 6.

[16] Zum britischen Wunsch nach Neuregelung der EG-Beitrittsbedingungen vgl. Dok. 99, Anm. 3, und Dok. 133.

verhindert. Sie werde auch ein Wachstum Englands nicht verhindern, das dringend nötig sei; im übrigen müsse ja die Agrarpolitik ohnehin neu untersucht werden. Die englischen Unternehmer und Gewerkschaften verharrten zum Teil im 19. Jahrhundert. Sie hätten Konkurrenz auf englischem Boden notwendig; regte eine gemeinsame Zusammenkunft der Regierungschefs mit den wichtigsten Gewerkschaftsvorsitzenden an, damit letztere sich darüber klar werden könnten, für wie ernst die Regierungschefs die gemeinschaftliche Lage ansehen.

Wilson war gegenüber allen Punkten ausweichend, was jedermann vermerkt hat. Wegen der gewerkschaftlichen Anregung sagte er: Die britischen Gewerkschaften könnten, ihren Beschlüssen entsprechend, an solchen Zusammenkünften nicht teilnehmen.

Giscard und BK kritisierten Ortoli wegen des Wachstums der Brüsseler Bürokratie; Ortoli suchte sich damit zu verteidigen, er selber prüfe sorgfältig jede Stellenvermehrung.

6) Giscard d'Estaing:

nahm nach dem Essen als erster das Wort. Die bisherigen Schwierigkeiten für den Fortschritt Europas hätten gelegen in den Besorgnissen vor Entfernung aus oder Entfremdung von dem Atlantischen Bündnis; in Besorgnis gegenüber der möglichen Präponderanz eines Landes; in Besorgnis der Präponderanz der Kommission. Er wolle zur Verwirklichung der europäischen Integration energisch beitragen. Die Generation vor uns hätte Kriege organisiert, danach habe[17] sie den wirtschaftlichen Wiederaufbau organisiert, unsere Generation habe die Aufgabe, Europa zu organisieren.

Rat der Außenminister und EPZ müssen zusammengelegt werden; regelmäßige Sitzungen der Außenminister nötig, Fragen der Gemeinschaft und EPZ könnten in der Tagesordnung nacheinander abgehandelt werden; letztere unter Abwesenheit der Kommission und bei etwas anderen Verfahrensvorschriften als erstere. Dies werde zum stark sich einprägenden Bewußtsein der europäischen Union führen.

Aus gleichem Grunde sollten die Regierungschefs sich mindestens drei- bis maximal viermal im Jahr treffen; dies mache auch die Treffen der Regierungschefs zur Routine und vermeide sogenannte „Gipfel"-Erwartungshorizonte. Die Außenminister sollten dazutreten, „sozusagen als Sekretäre, die selbst nicht sprechen"[18]. Mindestens zwei Tagesordnungspunkte sollten immer gleich sein, nämlich Prüfung

1) des Standes der EPZ (z. Z. z. B. euro-arabischer Dialog, Zypern),

2) Prüfung des Standes der Integration in Richtung auf Union.

Solche Praxis würde nach und nach dazu führen, daß die Regierungschefs zu „höchster Instanz" in der Gemeinschaft würden, daraus könne sich die Europäische Exekutive entwickeln; die Außenminister in ihrer Funktion als allgemeiner Ministerrat würden zum notwendigen technischen Räderwerk dafür; der

---

17 Korrigiert aus: „hatten".
18 Der Passus „dazutreten ... sprechen" wurde von Bundesminister Genscher hervorgehoben. Dazu vermerkte er handschriftlich: „Es ist nicht beabsichtigt, die franz[ösische] Präsidialverfass[un]g auf andere Länder zu übertragen."

1181

Außenministerrat brauche dafür ein „leichtes" Sekretariat für die Kontinuität der Arbeits- und Sitzungsvorbereitung. Es habe bisher zu viele Räte, zu viele Tagungen und zu viele anwesende Personen gegeben, die Arbeitsmethode müsse gestrafft werden; an großen Themen sehe er das Ölthema, die Krisenherde Portugal, Griechenland, Zypern, die Angelegenheiten Afrikas etc.

Die Zukunft Europas kommt nicht zustande durch eine Stärkung des Parlaments als Gegengewicht zur Exekutive; wohl aber müsse die Autorität des Parlaments durch Zuteilung unmittelbarer Befugnisse und direkte Wahl gestärkt werden; ein Termin sollte festgelegt werden. Kleinere Länder seien beim Proporz bisher nicht ausreichend repräsentiert, deswegen sei evtl. eine Staatenkammer zusätzlich vorzusehen. Das Parlament müßte die Haushaltskontrolle bekommen (die Bedeutung der „Kontrolle" ist mir in diesem Zusammenhang nicht klar geworden), dazu evtl. Initiativrechte von größerer Verbindlichkeit als bisher.

Der Kompromiß von Luxemburg betreffend Mehrheitsentscheidung im Rat sei eigentlich gar kein Kompromiß gewesen, sondern vielmehr das offizielle Fortschreiben alter Streitigkeiten; vielleicht müsse der Kompromiß neu interpretiert werden: Bei nebensächlichen Themen dürfe Einmütigkeit nicht verlangt sein.[19] Viele Details sollten nicht durch die Minister, sondern durch deren ständige Vertreter zu entscheiden sein; will keine Europaminister im Sinne BK, denn nur die politische Verantwortlichen könnten die Zusammenarbeit entfalten; Europaminister hätten in ihren Hauptstädten nicht genug Einfluß; statt dessen könnte es vielleicht gut sein, die Ständigen Vertreter an den Kabinettssitzungen in den Hauptstädten teilnehmen zu lassen, um ihnen eine bessere Orientierung mitzugeben.

Eine gemeinsame Energiepolitik sei unerläßlich.

Aus Zwölf Dreizehn zu machen im Sinne des Washingtoner Follow-up[20] sei dann einfacher, wenn zuvor die Neun eine gemeinsame energiepolitische Position erarbeitet hätten.

Sieht die zukünftige Haltung Englands für entscheidend an. Nach der Wahl im Oktober in England[21] gäbe es jedenfalls zwei positive Möglichkeiten: Entweder schnelle Entscheidung für Europa, oder aber London entschließe sich, jedenfalls nicht den Fortschritt der übrigen acht Staaten zu verhindern.

Für Paß- und Paßkontrollunion im Sinne BK; Pässe im Namen der Europäischen Gemeinschaft ausstellen (mit Untertitel); gegen Rumors Vorschlag gemeinsamer Staatsbürgerschaft.[22]

Regierungen müßten den Willen haben, wo nötig entweder ihre nationalen Verfassungen zu ändern oder aber dem Vertrag von Rom anzupassen; bis 1980 sollten solche verfassungsmäßigen Konsequenzen gezogen werden, die für die Schaffung der Union notwendig sind.

---

[19] Dieser Satz wurde von Bundesminister Genscher hervorgehoben. Dazu vermerkte er handschriftlich: „Von Frankreich noch im Mai abgelehnt."
[20] Zum Stand der Arbeiten der von der Energiekonferenz vom 11. bis 13. Februar 1974 in Washington eingesetzten Energie-Koordinierungsgruppe vgl. Dok. 249, Anm. 7.
[21] Die Wahlen zum britischen Unterhaus fanden am 10. Oktober 1974 statt.
[22] Die Wörter „gegen Rumors Vorschlag gemeinsamer Staatsbürgerschaft" wurden von Bundesminister Genscher hervorgehoben. Dazu vermerkte er handschriftlich: „r[ichtig]".

8) Wilson:

Für häufige private Treffen der Regierungschefs, drei- bis viermal im Jahr, durch jeweilige Präsidentschaft vorzubereiten; „the more frequent, the less dramatic"; will heute abend nicht über die Re-Negotiation of the terms of Britain's entry reden. Dies geschehe in den zuständigen Organen der EG; wir tun das nicht von außerhalb, auch nicht im Verhältnis einer gegen acht; auch nicht durch eine Politik des leeren Stuhls, die andere einmal verfolgt haben, sondern als Mitglied der Organe.

In der Frage der Mitgliedschaft Englands sei die Labour Party geteilt, ebenso wie die Konservative Partei und das ganze britische Volk. Kern des Anliegens sei

a) England sei größter Lebensmittelimporteur, müsse Zugang behalten zu billigerem Weltmarktangebot (auf meinen Einwurf, draußen seien die Agrarpreise im allgemeinen höher: Dies werde wieder vorübergehen.);

b) Finanzierung der Agrarpolitik;

c) Verbindung zu den Verbindungen der Commonwealth-Länder;

lobt die bisherigen Ergebnisse der EG gegenüber den Entwicklungsländern.

Rufe in Erinnerung, daß er selbst als MP seinerzeit den Unterhaus-Beschluß für Eintrittsverhandlungen Englands herbeigeführt habe.[23] Seine damaligen beiden Hauptpunkte seien auch heute noch für ihn maßgebend:

a) Europa als größerer Markt sei notwendig auch für England;

b) das politische Argument (ich vermute: Unmöglichkeit, als Einzelstaaten eine weltweite politische Rolle zu spielen).

Wir Engländer wissen nicht genau, was political unity bedeuten soll; habe heute abend vieles erstmalig konkret verstanden. Großes Lob für die offene und klare Diskussion des heutigen Abends.

---

[23] Premierminister Wilson gab am 2. Mai 1967 im Unterhaus den Beschluß der britischen Regierung bekannt, einen Antrag auf Aufnahme in die EWG, die EGKS und EURATOM zu stellen. Nach einem Überblick über die im Zusammenhang mit einem Beitritt zu klärenden Fragen führte er aus: „But the Government's decision has been motivated by broader considerations of economic policy and still wider arguments to which I will turn later. On the economic arguments, each hon[ourable] Member will make his own judgement of the effect on exports and imports, on industrial productivity and investment. Eventually, every hon. Member must make his own assessment of the economic consequences of not going into the Community and, in an age of wider economic groupings, of seeking to achieve and maintain viability outside. But all of us are aware of the long-term potential for Europe, and, therefore, for Britain, of the creation of a single market of approaching 300 million people, with all the scope and incentive which this will provide for British industry, and of the enormous possibilities which an integrated strategy for technology, on a truly Continental scale, can create. [...] But whatever the economic arguments, the House will realise that, as I have repeatedly made clear, the Government's purpose derives, above all, from our recognition that Europe is now faced with the opportunity of a great move forward in political unity and that we can – and indeed must – play our full part in it. [...] Together, we can ensure that Europe plays in world affairs the part which the Europe of today is not at present playing. For a Europe that fails to put forward its full economic strength will never have the political influence which I believe it could and should exert within the United Nations, within the Western Alliance, and as a means for effecting a lasting détente between East and West; and equally contributing in ever fuller measure to the solution of the world's North–South problem, to the needs of the developing world." Vgl. HANSARD, Commons, Bd. 746, Sp. 313 f. Für den deutschen Wortlaut vgl. EUROPA-ARCHIV 1967, D 248 f. Das britische Unterhaus stimmte dem Beschluß der Regierung am 10. Mai 1967 zu. Vgl. HANSARD, Commons, Bd. 746, Sp. 1655.

Für gemeinsame Untersuchung der Agrarpolitik, die zur Zeit Bauern als auch Konsumenten verärgere. EG solle nicht tausend Details regeln wollen wie z.B. Vorschriften über die Qualität und das Verpackungsmaß von Bier, Hopfen usw.; stimmt BK zu in der Beurteilung des bürokratischen Regelungsperfektionismus der Kommission.

Wir brauchen Regeln für die Regionalpolitik; wir könnten möglicherweise dazu von Land zu Land unterschiedliche Regeln benötigen.

Unterstreicht, daß Öl- und Rohstoffpolitik tiefgreifende Wirkungen auf die terms of trade, auf die Zahlungsbilanzen und die Lebensstandarde an die einzelnen Staaten hätten. Zum Recycling-Problem[24] der Erlösüberschüsse der Ölländer: auf nationaler Ebene, auf Gemeinschaftsebene und weltweit versuche jeder, möglichst viel Investment aus[25] den Überschußländern bei sich zu erreichen (für mich blieb unklar, ob Wilson ein Zugeständnis in Richtung auf mehr Gemeinschaft in der Energiepolitik hat andeuten wollen). Es sei nötig, sich mit den ölproduzierenden Ländern zusammenzusetzen; dies aber nicht als Konsumentenkartell; die ölproduzierenden Länder würden letzteres nicht akzeptieren.

Gemeinschaftsanleihe sei eine gute Idee. Behauptete mit Zahlenangaben, daß sich Englands Zahlungsbilanz hinsichtlich des Non-oil-deficit stark verbessere, ohne Öldefizit sei die Leistungsbilanz nahezu ausgeglichen. England sei als Industrieexportland hart gegen Deflationspolitik.

Offizielles Treffen der Regierungschefs soll im Dezember 1974 in Paris stattfinden.[26] Durch die Präsidentschaft mit Hilfe internationaler Gruppe von Assistants vorzubereiten; sollte routinemäßigen Eindruck machen. „Ich hoffe, wir können im Dezember etwas positiver sein als heute."

Unterstreicht die gesamte ökonomische Analyse durch BK; alle Länder seien in der ökonomisch schlechtesten Lage seit 25 Jahren. BK habe Recht, für zwei Jahre seien keine realen Zuwächse zu erwarten; er habe dies den britischen Gewerkschaften auf deren Kongreß klar gesagt[27] – sie hätten dieses strong statement beklatscht; aber BK habe Recht, die Gewerkschaften hätten die Lage noch nicht verstanden. Wir müssen so eng wie möglich in der Weltwirtschaft zusammenarbeiten.

9) den Uyl:

Sehr für nicht-ehrgeizige private brainstorming meetings der Regierungschefs; Gipfelkonferenz vom Typus 1972 nur selten abhalten; der Typus Kopenhagen[28] war auch nicht gut.

---

[24] Zur Rückführung der Devisenüberschüsse der erdölproduzierenden Staaten („recycling") vgl. Dok. 177, Anm. 27.

[25] Korrigiert aus: „auf".

[26] Zur Gipfelkonferenz der EG-Mitgliedstaaten am 9./10. Dezember 1974 in Paris vgl. Dok. 369.

[27] Die Jahrestagung des britischen Gewerkschaftskongresses fand vom 2. bis 6. September 1974 in Brighton statt. In seiner Rede am 5. September 1974 erklärte Premierminister Wilson: „The Conservative leadership has recently endorsed what I have repeatedly said this summer, that because of the crisis we face, including the oil surcharge, we cannot expect any significant increase in living standards overall in the next year or two; indeed, it will be a tremendous challenge to our statesmanship even to maintain average living standards." Vgl. den Artikel „Prime Minister calls for a united Britain and gives warning of sacrifices to some"; THE TIMES vom 6. September 1974, S. 4.

[28] Am 14./15. Dezember 1973 fand in Kopenhagen eine Gipfelkonferenz der EG-Mitgliedstaaten statt. Vgl. dazu AAPD 1973, III, Dok. 422.

Die wirtschaftliche Lage sei bedrückend, weitgehend Folge der Energiepreise; beklagt zu hohe Inflationsrate und zu hohe Arbeitslosigkeit (Holland zur Zeit 3,5%); Gefahr einer Rezession des Welthandels und der Weltbeschäftigung: Gefahr einer amerikanischen Deflationspolitik ohne Rücksicht auf die Weltwirtschaft; binnen drei Monaten schwere Konfrontation innerhalb der Weltwirtschaft möglich.

Das System der gemeinsamen Agrarpolitik solle erhalten bleiben. Reserve gegen BKs Idee eines Stresa II[29], weil – wenn wie in Stresa außerhalb der Organe der EG analysiert werde – unnötige Kontroversen denkbar. Auftrag möge statt dessen an Kommission gegeben werden.

Heutige Haltung Englands sei eine Hypothek für Europa; Englands Ausscheiden nicht vorstellbar.

Die tatsächlich existierenden acht bis zehn Räte seien lästig. Der Ministerrat müsse straffer organisiert werden. Frage an Giscard: „Wo bleibt bei ihren interessanten Gedanken die Rolle der Kommission?" Möchte die „integrierende" Rolle der Kommission gestärkt und nicht geschwächt sehen.

Für direkte Wahl des Parlaments und Vermehrung von dessen Rechten und Aufgaben.

10) Cosgrave/Irland:

Stimmt der ökonomischen Analyse BK zu, besonders betreffend Ölentwicklung. Für direkte Kontakte der EG mit den Ölländern, für EG-Gemeinschaftsanleihe.

Für Regionalfonds, dauere schon zu lange.

Reserve gegenüber Vorschlag Stresa II; schon bisher gebe es zu viele Gremien; besser die notwendige Analyse durch die Außenminister und die Agrarminister machen zu lassen. Starke Unterstreichung irischen Interesses an der gemeinsamen Agrarpolitik: 25% der Iren seien Landwirte, sie hätten zu viele Rinder, aber zu wenig Futter.

Für Wiederholung der privaten Treffen wie am heutigen Abend.

Wenn Mehrheitsentscheidungen ermöglicht werden sollen, brauchen die kleineren Länder eine Gewichtungskompensation.

Für gemeinsame Energiepolitik, stark unterstrichen.

Irland sei an der Position Englands aus wirtschaftlichen Gründen stark interessiert. Irland brauche die Fortentwicklung des gemeinsamen Marktes, weil er den irischen Export stütze; Irland brauche eine Mitgliedschaft Englands.

11) Hartling/Dänemark:

In den sechziger Jahren sei die europäische Zusammenarbeit notwendig gewesen, um Wirtschaft, Produktion und Lebensstandard der Länder auszuweiten; in den siebziger Jahren sei European Unity notwendig, um den Standard der Industriegesellschaften Europas wenigstens aufrechterhalten zu können. Unterstreichung der bisherigen Bemerkungen über bedenkliche weltwirtschaftliche Lage, Inflation, Zahlungsbilanzverschlechterungen, Depressionserwartung.

---

[29] Zur Landwirtschaftskonferenz der EWG vom 3. bis 11. Juli 1958 in Stresa vgl. Dok. 249, Anm. 5.

1185

Griff die Kreditoren-Länder an, welche eine kontraktive Politik verfolgen; sie sollen statt dessen den Defizitländern stärker unter die Arme greifen. Gemeinsame Ölpolitik sei dringend, am besten als Washingtoner Follow-up. Recycling-Probleme müssen gemeinsam gelöst werden. Schlägt Pooling eines wesentlichen Teiles der Währungsreserven der Mitgliedstaaten vor.

Der gemeinsame Agrarmarkt werde mehr und mehr zur Illusion. Verlangt Abschaffung aller Währungsausgleiche und aller neuen wie auch der bisherigen alten wettbewerbsverfälschenden Maßnahmen.

Festgesetzte Agrarpreise müßten im Markt tatsächlich erreicht werden.

Die gemeinsame Agrarpolitik darf uns nicht in Bürokratie ertränken.

Für häufige persönliche Treffen der Regierungschefs nach dem Beispiel des heutigen Abends.

12) Nach dieser letzten der neun ausführlichen Interventionen der Regierungschefs erfolgt der Versuch, einige der Ergebnisse zusammenzufassen; daran beteiligten sich Giscard, Tindemans, Wilson, BK und Thorn.

Einigkeit, daß informelle Treffen drei- bis viermal im Jahr, die Außenminister seien zuzuladen.

Einigkeit, daß Untersuchung der gemeinsamen Agrarpolitik unerläßlich sei, daß diese nicht allein durch Agrarminister geschehen könne.

13) BK:

Weitergehendes Pooling der Währungsreserven könne nur in Betracht kommen, wenn Fortschritte in der wirtschaftspolitischen Harmonisierung, wenn gemeinsame Energiepolitik ermöglicht und wenn gemeinsame Untersuchung der Ergebnisse der Agrarpolitik verwirklicht würden (letzteres müsse nicht unbedingt nach Muster Stresa geschehen, dürfe jedoch keineswegs auf Agrarminister und Kommission abgewälzt werden).

14) Giscard:

In Sachen der Untersuchung der Agrarpolitik bin ich einer der wenigen, die auf seiten BK stehen; Lieferung billiger Butter an die SU, Butterberg und Fleischberg sei nicht zu verantworten. Landwirtschaftsminister können dies nicht ändern, schließlich haben sie durch ihre heutige Politik diese Lage herbeigeführt. Finanzminister seien auch nicht allein hilfreich, sie würden nämlich Einkommenssteigerungen der Bauern verhindern; möglicherweise müsse die Sache zuerst wissenschaftlich und danach politisch angefaßt werden.

Unwidersprochen wurde von Giscard festgestellt, daß informelle Treffen unter Herzuziehung der Außenminister drei- bis viermal im Jahr durch jeweilige Präsidentschaft herbeizuführen seien. Die angestrebte offizielle Begegnung der Regierungschefs Ende November/Anfang Dezember 1974 dürfe keine Enttäuschung mit sich bringen. Entnimmt der heutigen Diskussion, daß man für diese offizielle Begegnung in der Zwischenzeit wahrscheinlich genug konkreten Stoff für Entscheidungen vorbereiten, zum Teil aus der heutigen Unterhaltung herausarbeiten solle. Außenminister seien in diesem Sinne zu beauftragen, Substanz dieser Gipfelkonferenz und ihre konkreten Entscheidungen vorzubereiten. Anfang November werde man sodann feststellen können, ob der Stand der Vorbereitung Einberufung einer offiziellen Gipfelkonferenz rechtfertige.

B. Versuch einer ersten vorläufigen Bewertung:

Das starke Engagement Giscards für weiteren europäischen Fortschritt, das mir seit längerer Zeit völlig klar war, hat gewiß die übrigen Teilnehmer beeindruckt. Dabei werden sie wahrscheinlich erst bei der Analyse ihrer Aufzeichnung zu Hause (alle haben tatsächlich in großem Maße Notizen gemacht) feststellen, daß Giscard die Forderung auf ein sogenanntes politisches Sekretariat in Paris praktisch fallengelassen hat; ebenso die von ihm vorgeschlagene, von niemandem widersprochene Zusammenführung von EPZ und Außenministerrat wird allen als bedeutsam erscheinen.

Die Haltung Englands wurde von allen Seiten ausdrücklich kritisiert, teilweise allerdings nur im Tischgespräch. Wilson hat mit Sicherheit bei allen Beteiligten den Eindruck einer nach wie vor unklaren Position Englands hinterlassen; für Dänemark, Holland und Irland muß dies besonders enttäuschend sein. Meine Darlegungen zur Notwendigkeit einer gemeinsamen Energiepolitik im Hinblick auf die Weltwirtschaftssituation haben offensichtlich tiefen Eindruck gemacht. Es ist notwendig, die vorstehende Niederschrift (und die besonders in Reinschrift zu bringenden Ausführungen, die ich – nicht ganz dem mir vorgelegten Sprechzettel entsprechend – gemacht habe) zu prüfen. Dabei ist die Tragweite einzelner Äußerungen zu untersuchen, ebenso müssen die erkennbaren oder denkbaren Punkte der Übereinstimmung der Beteiligten herausgearbeitet und zum Gegenstand unserer Aktivitäten in den nächsten Wochen gemacht werden.

Schmidt[30]

VS-Bd. 14062 (Referat 010)

269

Gespräch des Bundeskanzlers Schmidt mit dem sowjetischen Außenminister Gromyko

16. September 1974[1]

Vermerk über das Gespräch des Bundeskanzlers mit dem sowjetischen Außenminister am 16. September 1974, 9.00–11.00 Uhr, im Bundeskanzleramt

Teilnehmer auf sowjetischer Seite: Botschafter Falin, Abteilungsleiter Bondarenko, Protokollführer Suchodrow, Dolmetscher Kurpakow;

auf deutscher Seite: Bundesminister Genscher, Botschafter Sahm, MD Dr. Sanne, Dolmetscher Weiß.

[30] Paraphe vom 17. September 1974.

[1] Ablichtung.
Die Gesprächsaufzeichnung wurde von Ministerialdirektor Sanne, Bundeskanzleramt, am 23. September 1974 gefertigt.

Gromyko erinnerte eingangs an das Gespräch mit dem damaligen Abgeordneten Schmidt vor fünf Jahren in Moskau.[2] Er bestellte Grüße von „L.I. Breschnew und anderen Kollegen in der Führung". Der bevorstehende Besuch des Bundeskanzlers sei ein wichtiger Schritt. Das Datum 28. bis 31. Oktober werde akzeptiert.[3] Man müsse jetzt die Ärmel hochkrempeln und viel arbeiten, um den Besuch mit guten Ergebnissen abschließen zu können.

Er habe eine Mitteilung von Breschnew für den Bundeskanzler: Es sei Großes geleistet worden. Der Vertrag[4] und andere Schritte auf seiner Grundlage würden von sowjetischer Seite hoch eingeschätzt. Man sei sich in der Beurteilung darüber wohl einig. Man könne jedoch nicht nur beim jetzigen Stand bleiben, sondern müsse weitergehen. Dieses bedürfe der Entschlossenheit und Tapferkeit, nicht der des Kavalleristen, der mit dem Säbel rasselt, sondern der Tapferkeit, die sich auf Tatsachen und objektive Interessen gründet.

Der *Bundeskanzler* dankte und erwiderte die Grüße. Er freue sich über die endgültige Terminfestlegung. Er werde gerne zusammen mit Herrn Genscher Gast der sowjetischen Führung sein.

Er sei dankbar auch für die Erinnerung an das vielstündige Gespräch im Jahre 1969. Zum ersten Mal habe er allerdings schon 1966 versucht, zur Verbesserung der Beziehungen beizutragen, damals in einem Kontakt mit Herrn Falin.[5] Er erinnere sich und Herrn Gromyko daran, weil man auf sowjetischer Seite dadurch sicher sein könne, daß der Bundeskanzler sich seit langem für diese Verbesserung eingesetzt hat.

Herr Genscher und er seien erst seit wenigen Monaten in ihren gegenwärtigen Ämtern, Herr Genscher aufgrund einer glücklichen Entwicklung in der Nachfolge des jetzigen Bundespräsidenten, er selbst infolge einer sehr unglücklichen Entwicklung, die Willy Brandt betroffen hat.[6] Gemeinsam mit Herrn Genscher trage er die Verantwortung für die Regierungserklärung vom Mai[7], die unter den Leitworten Kontinuität und Konzentration stand. Das letztere beziehe sich vor allem auf innenpolitische und ökonomische Aufgaben, das erstere auf Außenpolitik und hier besonders auf die Beziehungen zu Moskau und seinen Verbündeten, zu den Vereinigten Staaten und ihren Verbündeten und zur Europäischen Gemeinschaft.

Er teile die Beurteilung Gromykos über Stand und weitere Gestaltung der bilateralen Beziehungen, und er sei überzeugt, daß seine und unsere Seite die gleichen Motive habe. Bei uns gebe es zwei besonders wichtige: das politische Mo-

---

[2] Der SPD-Fraktionsvorsitzende Schmidt hielt sich vom 20. bis 22. August 1969 in der UdSSR auf. Vgl. dazu AAPD 1969, II, Dok. 288.

[3] Bundeskanzler Schmidt und Bundesminister Genscher hielten sich vom 28. bis 31. Oktober 1974 in der UdSSR auf. Vgl. dazu Dok. 309, Dok. 311–316 und Dok. 321.

[4] Für den Wortlaut des Vertrags vom 12. August 1970 zwischen der Bundesrepublik und der UdSSR vgl. BUNDESGESETZBLATT 1972, Teil II, S. 354 f.

[5] Zum Besuch des SPD-Abgeordneten Schmidt vom 25. Juli bis 6. August 1966 in der UdSSR vgl. Dok. 185, Anm. 17.

[6] Zum Rücktritt des Bundeskanzlers Brandt am 6. Mai 1974 vgl. Dok. 145, Anm. 3.
Helmut Schmidt wurde am 16. Mai 1974 zum Bundeskanzler gewählt. Am gleichen Tag wurde Hans-Dietrich Genscher zum Bundesminister des Auswärtigen ernannt.

[7] Für den Wortlaut der Regierungserklärung des Bundeskanzlers Schmidt vom 17. Mai 1974 vgl. BT STENOGRAPHISCHE BERICHTE, Bd. 88, S. 6593–6605.

tiv der Stabilisierung in Europa und das ökonomische Motiv, die Zusammenarbeit mit der Sowjetunion auszuweiten.

Herr Genscher habe ihn gestern nacht über die Gespräche des Sonntags informiert.[8] Er hoffe, daß die Experten anschließend in ähnlicher Weise Erfolge erzielt hätten wie die Außenminister.[9]

Natürlich dürften Herr Genscher und er, wenn sie von Moskau zurückreisten, nicht mit ungelösten Fragen belastet sein. Es sei deshalb richtig, die Ärmel aufzukrempeln und die beiden Abkommen unterschriftsreif zu machen. Er bitte um die anschließende Bewertung der gestrigen Gespräche durch den sowjetischen Außenminister.

Bei seinem schriftlichen Meinungsaustausch mit dem Generalsekretär[10] sei das ökonomische Feld besonders eingehend behandelt worden. Bundesminister Friderichs komme nächsten Monat nach Moskau.[11] Er hoffe, daß er bei seinem eigenen Besuch in der sowjetischen Hauptstadt einen Schritt nach vorn fertigbringen werde. Er sei der festen Überzeugung, daß die Ausdehnung der wirtschaftlichen Beziehungen nicht nur den beiderseitigen ökonomischen Interessen diene, sondern auch der politischen Zusammenarbeit eine stabile Grundlage gebe. Wir hätten schon Anstrengungen unternommen und würden weiter große Anstrengungen unternehmen, damit auch unsere öffentliche Meinung den Erfolg des Besuches richtig würdige. Unsere beiden Koalitionsparteien könnten sich den Besuch nicht leisten ohne einen Erfolg. Wir stünden inmitten einer Reihe von Länderwahlkämpfen.[12] Das politische Verhältnis zwischen Opposition und Regierungsparteien stehe insgesamt auf Messers Schneide. Zur Zeit des Rücktritts von Willy Brandt hätte eine Wahl uns aus der Regierung gefegt. Inzwischen sei wieder Boden gewonnen worden, aber nicht genug. Das Ergebnis von Moskau werde eine große Bedeutung haben. Allein im nächsten Frühjahr seien drei Landtagswahlen.[13]

Im Herbst werde er Präsident Ford besuchen.[14] Die innenpolitische Bedeutung dieser Reise stehe weit zurück gegenüber dem Besuch in Moskau, da die Opposition unserer Politik gegenüber den Vereinigten Staaten höchstens am Rande

---

8 Für die Gespräche des Bundesministers Genscher mit dem sowjetischen Außenminister Gromyko am 15. September 1974 vgl. Dok. 263–267.
9 Zu den Ergebnissen der Expertengespräche am Abend des 15. September 1974 vgl. Dok. 270.
10 Zum Schreiben des Bundeskanzlers Schmidt an den Generalsekretär des ZK der KPdSU, Breschnew, vom 16. Mai 1974 vgl. Dok. 151, Anm. 13.
Zur vom sowjetischen Botschafter Falin am 20. Mai 1974 vorgetragenen Mitteilung von Breschnew an Schmidt vgl. Dok. 151.
Ein weiteres Schreiben von Breschnew wurde am 12. Juni 1974 an Schmidt übermittelt. Vgl. dazu Dok. 179, Anm. 3.
Zur Mitteilung von Schmidt an Breschnew vom 22. Juni 1974 vgl. Dok. 185.
Für das Schreiben von Breschnew vom 9. August 1974 an Schmidt vgl. VS-Bd. 10139 (213).
Zum Schreiben von Schmidt vom 9. September 1974 an Breschnew vgl. Dok. 275, Anm. 3.
11 Zum Besuch des Bundesministers Friderichs vom 15. bis 18. Oktober 1974 in der UdSSR vgl. Dok. 305, Anm. 10.
12 Am 27. Oktober 1974 fanden in Bayern und Hessen Wahlen zum Landtag statt.
13 In Berlin (West) fanden am 2. März 1975 Wahlen zum Abgeordnetenhaus statt. Der Landtag von Rheinland-Pfalz wurde am 9. März 1975 gewählt, am 13. April 1975 folgten die Wahlen zum Landtag in Schleswig-Holstein sowie am 4. Mai 1975 in Nordrhein-Westfalen.
14 Bundeskanzler Schmidt und Bundesminister Genscher besuchten die USA vom 4. bis 7. Dezember 1974. Vgl. dazu Dok. 354, Dok. 355 und Dok. 357–362.

kritisiere, dagegen auf das Schärfste unsere Politik gegenüber der Sowjetunion und ihren Verbündeten, insbesondere der DDR. Würde es morgen Wahlen geben, so erhielte die CDU/CSU 49% der Stimmen. Er sage dies, weil es seines Erachtens auch sowjetisches Interesse sei, unsere Beziehungen noch ein erhebliches Stück weiterzubringen, bevor wir sie innenpolitischen Belastungen aussetzen könnten.

Willy Brandt habe einen Besuch in China für diesen Herbst vorgesehen gehabt. Dieser Besuch sei von dem jetzigen Bundeskanzler selbstverständlich nicht abgesagt, aber verschoben worden, vielleicht auf das Frühjahr 1975.[15] Das Datum werde auch von der Gesundheit Chou En-lais und inneren Entwicklungen in China abhängen. Er sage dies, weil der Besuch keine Beeinträchtigung unseres Wollens einer engen Zusammenarbeit mit der Sowjetunion darstelle.

Er wolle jetzt drei Bemerkungen zu den Themen machen, die gestern zwischen den Außenministern besprochen worden seien.

Bei KSZE gehe er davon aus, daß in allen offenen Fragen Einigung bis Ende des Jahres möglich sein werde, so daß der Abschluß Ende des Jahres oder Anfang nächsten Jahres möglich sei. Er teile den Wunsch des Generalsekretärs nach einem schnellen Abschluß und halte die höchste Ebene für vernünftig.

Bei MBFR habe er ein persönliches Engagement. Er bilde sich ein, einer der Erfinder des Prinzips zu sein, das heute MBFR genannt werde. Er habe 1959 ein sorgfältig erarbeitetes Buch veröffentlicht mit dem zentralen Thema beiderseitiger gleichgewichtiger Rüstungsbegrenzungen.[16] Er habe jede Gelegenheit benutzt und werde dies weiterhin tun, das Prinzip zu fördern. Er sei sich klar, daß die Verhandlungen komplizierter und schwieriger sein würden als bei KSZE, daß mehr Zeit erforderlich sei und auch hier keine Artillerieattacke geritten werden könne. Aber das Thema besitze eine zentrale Bedeutung im Bewußtsein der Völker, die in diesem Gebiet leben.

Er komme nun zu Berlin. Wir hätten im Sommer eine schwierige Situation infolge beiderseitiger Anstrengungen glimpflich bewältigt.[17] Er wolle die Vorgeschichte nicht aufwärmen. Er sei sich aber bewußt, daß die sowjetische Führung bei der Beilegung eine sehr positive Rolle gespielt habe. Er bitte Herrn Gromyko zu verstehen, daß wir aufgrund unserer Verhältnisse auf die Aufrechterhaltung und den Ausbau der Bindungen großen Wert legen müssen. Beide Seiten sähen die strikte Realisierung des Vier-Mächte-Abkommens als ein notwendiges Ziel an. Für eine gedeihliche Entwicklung um Berlin sei Voraussetzung, daß keine Seite die andere mit neuartigen Entwicklungen überrasche. Wir jedenfalls wollten uns an diese Notwendigkeit halten. Er sei nicht glücklich, gewisse Probleme geerbt zu haben.

---

[15] Bundeskanzler Schmidt besuchte die Volksrepublik China vom 29. Oktober bis 2. November 1975. Für die Gespräche mit dem chinesischen Stellvertretenden Ministerpräsidenten Teng Hsiao-ping am 29. und 31. Oktober 1975 und mit dem Vorsitzenden des Zentralkomitees und des Politbüros der Kommunistischen Partei Chinas, Mao Tse-tung, am 30. Oktober 1975 vgl. AAPD 1975.

[16] Vgl. Helmut SCHMIDT: Verteidigung oder Vergeltung. Ein deutscher Beitrag zum strategischen Problem der NATO, Stuttgart 1961.

[17] Zu den Behinderungen im Transitverkehr nach Berlin (West) infolge der Errichtung des Umweltbundesamts vgl. Dok. 225, Anm. 20, und Dok. 227, Anm. 4.

Für eine Verwirklichung des Vier-Mächte-Abkommens und aus anderen Gründen sei eine vernünftige Zusammenarbeit mit Ostberlin erforderlich. Zur Zeit sei das Verhältnis überschattet durch den Fall Guillaume[18], der hier innenpolitisch noch lange eine Rolle spielen werde. Wir hätten trotzdem die unterbrochenen Fäden zur DDR wieder aufgenommen. Wir würden in den allernächsten Tagen eine Bestandsaufnahme über den Stand der Beziehungen zur DDR machen. Ehe es zu einer öffentlichen Darlegung der Resultate komme, würden wir die sowjetische Seite unterrichten. Wir legten Wert darauf, daß zukünftige Entwicklungen für die sowjetische Seite von Anfang an durchsichtig seien. Wir glaubten, daß wir zu Fortschritten kommen würden, die auch sie befriedigen, weil sie auch in ihrem Interesse lägen.

Außenminister *Gromyko* erwiderte, er wolle zwei große Fragen anschneiden, die die Themen des Bundeskanzlers berührten.

Hinsichtlich der wirtschaftlichen Beziehungen zwischen der Sowjetunion und der Bundesrepublik Deutschland wolle er betonen, daß wirtschaftliche Fragen den politischen Kurs mitbestimmten, obwohl die prinzipiellen politischen Fragen das wichtigste seien. Wenn er den Bundeskanzler richtig verstanden habe, sei er für die Entwicklung der wirtschaftlichen Beziehungen und auch für die Verwirklichung von Großprojekten. In einem Gespräch habe der Generalsekretär vor seiner Abreise noch einmal die Notwendigkeit des Abschlusses von Projekten im großen Maßstab betont. An einigen Projekten sollte man zügiger arbeiten, vor allem an Kursk.[19] Man müsse hier in praktischere Gleise kommen. Man könne auch an kleinere oder mittlere Projekte denken, aber das Schwergewicht sollte auf den Großprojekten liegen. Das stimme auch zusammen mit den Entwicklungstendenzen auf den Gebieten der Energie und anderer Rohstoffe. Man müsse auch hier langfristig vorgehen und könne sich nicht von Launen leiten lassen. Er schlage vor, daß man den Besuch des Bundeskanzlers in Moskau auf beiden Seiten gründlich vorbereite, um hier starke Anstöße zu geben.

Die multilateralen Fragen seien nicht streng von den bilateralen zu trennen. Es gebe Wechselwirkungen. Der Bundeskanzler kenne die Bedeutung, die die sowjetische Seite der KSZE beimesse. Er habe mit Genugtuung die heutige und frühere Erklärungen des Bundeskanzlers vernommen, daß man die dritte Etappe auf höchster Ebene abhalten solle.[20] Er sei mit Bundesminister Genscher zu der Überzeugung gelangt, daß man sich nahe sei bei den verbliebenen

---

18 Zur Affäre um den Referenten im Bundeskanzleramt, Guillaume, vgl. Dok. 159, Anm. 2.
19 Zum Stand der Verhandlungen über die Errichtung eines Hüttenwerks im Gebiet von Kursk vgl. Dok. 264, Anm. 9.
20 Bundeskanzler Schmidt erklärte in einem Interview mit der Tageszeitung „Die Welt": „Wenn die Konferenz über die Sicherheit und Zusammenarbeit in Europa zu einem positiven Ergebnis gelangt, das eine Unterschrift durch die beteiligten Staaten wert ist, dann kann diese Unterschrift selbstverständlich durch Botschafter geschehen. Sie kann durch Außenminister oder durch Regierungschefs geschehen. Diese Varianten verändern die Bindungswirkung nicht, die von den Dokumenten ausgeht, die in Genf erarbeitet werden. Weil ich mit einem positiven Ausgang rechne und weil ich weiß, daß eine Reihe von beteiligten Staaten mit dem Gedanken liebäugeln, den Schlußakt durch die Regierungs- oder Staatschefs oder durch den Generalsekretär der KP der Sowjetunion vornehmen zu lassen, rechne ich also mit der von Ihnen so genannten Gipfelkonferenz. Ob sie noch dieses Jahr stattfinden kann, erscheint mir heute nicht mehr wahrscheinlich." Vgl. den Artikel „Moskaus Motive für die Entspannung"; DIE WELT vom 14. August 1974, S. 3.

Problemen. Vielleicht sollten die Experten weiter zusammen beraten. Jedenfalls sei es gut, noch in diesem Jahre abzuschließen. Dies würde eine günstige Atmosphäre schaffen für die Prüfung auch anderer Fragen, z. B. der MBFR-Verhandlung in Wien, deren Bedeutung der Bundeskanzler hervorgehoben habe.

Diese Frage sei zweifellos kompliziert, aber nicht unlösbar. Man könne nur den Knoten nicht mit dem Beil zerhacken. Es bedürfe der Filigranarbeit. Er betone, es sei unbedingt zu berücksichtigen, daß die Sicherheit für alle europäischen Staaten im gleichen Maße gewährleistet bleibe. Man müsse die Idee des common ceiling fallen lassen. Jetzt verhandele man so: Sie ziehen 7000 Panzer zurück, wir keine und keine Atomwaffen! Dies sei kein realistisches Herangehen an die Frage. Die sowjetische Seite schlage vor, daß man mit einem frischen Blick an die Sache herangehe und zu einem konkreten Konzept bei dem Besuch des Bundeskanzlers in Moskau komme. Man werde von sowjetischer Seite noch konkrete Vorschläge machen. Jedenfalls sehe man das Ganze nicht als hoffnungslos an. So wie bisher gehe es allerdings nicht.

Wenn der Westen sage, der Osten habe zu viele Panzer, dann könnte er antworten, mir gefallen nicht die Basen, die atomare Rüstung, die amerikanischen Soldaten, und dies würde nur zu gegenseitigen Sticheleien führen.

Zu Westberlin wolle er wiederholen, was er Bundesminister Genscher bereits gesagt habe. Die sowjetische Seite trete für die strikte Einhaltung des Vier-Mächte-Abkommens ein. Sie wolle nichts davon wegnehmen, aber auch nicht durch andere etwas wegnehmen lassen. Mit der Bundesrepublik Deutschland spreche man nur unter einem Gesichtspunkt, dem des Einflusses dieser Probleme auf unsere bilateralen Beziehungen. Der Bundeskanzler habe das sowjetische Verhalten positiv und richtig eingeschätzt, aber Politik bleibe Politik. Man habe das alles vermerkt. Man könne das nicht ausradieren.

Auf eine Frage des Bundeskanzlers erläuterte Botschafter *Falin:* Unser Verhalten bedeutet nicht, daß wir Ihr Verhalten vergessen haben. Ihr Schritt ist angehakt, aber nicht abgehakt.

Gromyko fuhr fort, seine Seite wolle, daß das Abkommen eingehalten werde. Das heiße, man müsse alle Bestimmungen einhalten, nicht die Augen vor der einen oder anderen zudrücken. Seiner Seite imponiere nicht die Idee des Barometers Berlin, sie wolle Entspannung und Frieden für die ganze Welt. Da sei Berlin keine besonders eindrucksvolle Größe.

Was die anderen Fragen anlange, die mit dem Außenminister behandelt worden seien, so sollte nach seiner Meinung die Erörterung fortgesetzt werden im gleichen Geist wie gestern, damit man sich einige und vielleicht die Abkommen in Moskau unterzeichnen könne.

In letzter Zeit höre man oft das Wort Wettrüsten, wenn von den Beziehungen zwischen der Sowjetunion und den Vereinigten Staaten die Rede sei. Dazu sage seine Seite nur: Wenn die NATO-Länder ihre Militärhaushalte erhöhen usw., wenn eine Seite verstärke, bleibe das nicht ohne Folge. Dies werde er auch in Washington sagen.[21]

---

[21] Der sowjetische Außenminister Gromyko hielt sich vom 17. bis 29. September 1974 in den USA auf.

Er wolle jetzt noch auf die Frage regelmäßiger Konsultationen eingehen. Man könnte doch in Moskau ein Protokoll unterschreiben, wie es mit Frankreich[22], Italien[23], Kanada[24] geschehen sei. Sei dies aber für die Bundesrepublik Deutschland nicht annehmbar, dann könne man ja vielleicht später einmal darüber reden.

Der *Bundeskanzler* erwiderte, er wolle dies gern ins Auge fassen. Ein Text könne durch die beiden Außenministerien vorbereitet werden.[25]

Zur Frage des Wettrüstens wolle er bemerken, daß SALT I[26] keine befriedigende Regelung für die Begrenzung des Wettrüstens sei. Die sehr schnelle maritime Rüstung der Sowjetunion finde er nicht beruhigend. Was die Militärhaushalte angehe, so werde Herr Gromyko wissen, daß der unsere relativ zurückgeblieben sei gegenüber anderen Haushalten, die wir aufstellten.

---

[22] Frankreich und die UdSSR unterzeichneten am 13. Oktober 1970 anläßlich des Besuchs des Staatspräsidenten Pompidou vom 6. bis 13. Oktober 1970 in der UdSSR ein Protokoll über Konsultationen. Für den Wortlaut vgl. LA POLITIQUE ETRANGÈRE 1970, II, S. 108 f. Für den deutschen Wortlaut vgl. EUROPA-ARCHIV 1970, D 517 f.

[23] Die Ministerpräsidenten Andreotti und Kossygin unterzeichneten während des Besuchs von Andreotti vom 24. bis 29. Oktober 1972 in der UdSSR am 26. Oktober 1972 ein Protokoll über Konsultationen. Für den Wortlaut vgl. PRAVDA vom 27. Oktober 1972, S. 1.

[24] Anläßlich des Besuchs des Ministerpräsidenten Trudeau vom 17. bis 28. Mai 1971 in der UdSSR unterzeichneten beide Seiten am 19. Mai 1971 ein Protokoll über Konsultationen. Für den Wortlaut vgl. EUROPA-ARCHIV 1971, D 297 f.

[25] Zum Vorschlag des sowjetischen Außenministers Gromyko für ein Konsultationsprotokoll vermerkte Vortragender Legationsrat I. Klasse Fleischhauer am 7. Oktober 1974: „Wenn wir dem sowjetischen Wunsch nach einer Absprache über regelmäßige Konsultationen nicht mehr ausweichen können, so müssen wir in jedem Fall bestrebt sein, die Begründung einer Konsultationspflicht zu vermeiden. Denn die Begründung einer Konsultationspflicht könnte von der Sowjetunion zum Ansatzpunkt für Versuche gemacht werden, die außenpolitische Bewegungsfreiheit der Bundesrepublik Deutschland einzuschränken. [...] Es ist ferner zu bedenken, daß die Sowjets eine Konsultationsverpflichtung auch dazu benutzen könnten, um ihrem Streben nach der Rolle einer vierten Statusmacht in Berlin (West) Vorschub zu leisten; die Sowjetunion könnte eine Konsultationsverpflichtung zum Vorwand nehmen, um uns in der Berlin-Frage ganz speziell an die Kette der jeweiligen sowjetischen Zustimmung zu legen. Um diesen Gefahren einer Protokollabsprache zu begegnen, müssen wir uns bei der Abfassung einer entsprechenden schriftlichen Unterlage zunächst einmal darum bemühen, jeden Anschein zu vermeiden, als handele es sich um eine vertragliche Fixierung." Vgl. VS-Bd. 10108 (210); B 150, Aktenkopien 1974.
Ministerialdirektor van Well notierte dazu am 10. Oktober 1974 ergänzend, Bundeskanzler Schmidt habe während einer Kabinettssitzung am Vortrag ausgeführt, „daß er bereit sei, in Moskau eine Verabredung zu regelmäßigen Konsultationen der Außenminister zu treffen". Van Well erläuterte dazu: „Frankreich, Italien und Kanada haben, wie Gromyko zutreffend ausführte, Protokolle über regelmäßige Konsultationen mit der Sowjetunion abgeschlossen, jedoch könnte in unserem Falle eine solche Entscheidung ungebührliche Beachtung finden, insbesondere für den Fall, daß der Besuch des Herrn Bundeskanzlers auf anderen Gebieten wenig konkrete Ergebnisse zeitigt. Darüber hinaus könnten Konsultationsverpflichtungen uns in eine Abhängigkeitssituation bringen, die nicht ungefährlich ist. Herr Minister Scheel ist deshalb entsprechenden Vorschlägen Gromykos bewußt ausgewichen. Wir sind der Auffassung, daß von einem Protokoll Abstand genommen werden sollte." Vielmehr solle diese Frage in einem Passus des Kommuniqués angesprochen werden. Vgl. VS-Bd. 10141 (213); B 150, Aktenkopien 1974.

[26] Für den Wortlaut des Interimsabkommens vom 26. Mai 1972 zwischen den USA und der UdSSR über Maßnahmen hinsichtlich der Begrenzung strategischer Waffen (SALT) mit Protokoll vgl. UNTS, Bd. 944, S. 4–12. Für den deutschen Wortlaut vgl. EUROPA-ARCHIV 1972, D 396–398.
Vgl. auch die vereinbarten und einseitigen Interpretationen; DEPARTMENT OF STATE BULLETIN, Bd. 67 (1972), S. 11–14. Für den deutschen Wortlaut vgl. EUROPA-ARCHIV 1972, D 398–404.

Den Bemerkungen über KSZE stimme er zu. Was den bilateralen Meinungsaustausch angehe, so würden wir Botschafter Brunner anweisen, dem sowjetischen Delegationsleiter[27] zur Verfügung zu stehen.

Auf das Thema MBFR würden Herr Genscher und er sich für Moskau besonders vorbereiten. Jedes der beiden Außenministerien werde es gegenwärtig schwer finden, die beiden komplizierten Konferenzen gleichzeitig abzuhalten. Er vermute aber, daß nach Beendigung der KSZE die Konferenz über MBFR in den Mittelpunkt multilateraler Arbeit treten werde.

Er habe die Bemerkungen über Berlin gut verstanden, auch die über „anhaken" oder „abhaken". Wir hätten natürlich auch etwas angehakt. Wir glaubten nicht, daß Kontrollen auf den Transitwegen in Übereinstimmung mit dem Vier-Mächte-Abkommen stünden, hofften aber, daß der Komplex mit den beiden Haken für die Zukunft als erledigt gelten könne.

Er habe verstanden, daß Berlin für die Sowjetunion kein zentrales Problem sein solle. Er verstehe sehr gut die globalen Interessen der Sowjetunion und daß in dieser Beziehung Berlin nur ein kleiner Punkt sei. Für uns jedoch sei Berlin ein großes Problem und die Frage der Bindung stelle ein zentrales Interesse dar, wenn auch kein Barometer. Wir seien eine Macht von mittlerer Bedeutung, die sich auf Zentraleuropa beschränke, und so habe das Problem für uns eine viel größere Wichtigkeit.

Hinsichtlich des technisch-wissenschaftlichen Abkommens und der Rechtshilfe würde er es für gut halten, daß beides für Moskau unterschriftsreif gemacht werde.

Er komme nun zu den ökonomischen Bemerkungen des Außenministers, bitte aber, ihn nicht zu zitieren: In Paris habe bei dem Abendessen mit den acht Regierungschefs[28] eine sehr gute Atmosphäre geherrscht, was den persönlichen Meinungsaustausch angehe. Dagegen sei die Stimmung gedrückt gewesen, was die Aussichten für die Entwicklung der Weltwirtschaft betraf. Wir seien in einer Weltwirtschaftskrise begriffen. Noch nie habe es im Frieden eine so große Inflation, noch nie eine solche Bewegung auf den Märkten für Rohstoff und Energie gegeben wie in den letzten zwölf Monaten. 80 oder 100 Entwicklungsländer seien in größeren Schwierigkeiten denn je. Auch die Industrieländer hätten jetzt große Schwierigkeiten. Unsere eigenen Schwierigkeiten seien bisher relativ klein. Sie würden unvermeidlich wachsen wegen unserer starken Verflechtung im Welthandel. Die Bundesrepublik Deutschland müsse sich in diesem Jahr und mehr noch im nächsten Jahr stark verschulden. Wir zahlten 10,5 bis 11 % für Kredite. Dieser Zins würde in den nächsten Monaten kaum fallen, weil er in den USA, Frankreich und Großbritannien inzwischen noch höher sei als bei uns. Schon jetzt seien erhebliche Gelder dem Gefälle in Richtung New York gefolgt.

Unter diesen Aspekten sei es für uns fast ausgeschlossen, nach außen Zinsverbilligung zu geben. Daher habe er sich für den dringend notwendigen Ausbau unserer Wirtschaftsbeziehungen etwas anderes ausgedacht. Der Generalsekre-

---

[27] Anatolij Gawrilowitsch Kowaljow.
[28] Zum Abendessen der Staats- und Regierungschefs der EG-Mitgliedstaaten und des Präsidenten der EG-Kommission, Ortoli, am 14. September 1974 in Paris vgl. Dok. 268.

tär sei schon unterrichtet.²⁹ Wir gingen davon aus, daß die Bedingungen und das Angebot der beiden Wirtschaften sich ergänzten. Die Bundesrepublik Deutschland könne im großen Maßstab Investitionsgüter und Technologie an die Sowjetunion liefern. Wir seien auch an Großprojekten interessiert, aber auch an der Eröffnung von Möglichkeiten für kleinere und mittlere Betriebe.

Die Sowjetunion könne uns Rohstoffe und aufbereitete Rohstoffe liefern. Für diese Lieferungen könnten wir gewisse finanzielle Leistungen erbringen, die sich innenpolitisch mit der Notwendigkeit der Energiesicherung begründen ließen. Auf dieser Basis könnte man die Wirtschaftsbeziehungen ausbauen.

Er werde Bundesminister Friderichs bitten, und es wäre gut, wenn auf sowjetischer Seite auch Herr Nowikow gebeten werde, im Oktober bei der Sitzung der Kommission dies vorzubereiten.³⁰ Die bisherige Kommissionsarbeit kranke an zwei Disparitäten, einmal der Schwerfälligkeit der sowjetischen Staatsbürokratie und zweitens an dem geringen Einfluß der Bundesregierung auf die privaten Unternehmer. In der Kommission spielten auf unserer Seite die Interessen einiger weniger großer privater Unternehmer eine zu große Rolle. Wir würden prüfen, wie wir hier die Zusammenarbeit zwischen Regierung und Industrie straffen könnten. Aber auch dann werde die autonome Stellung unserer privaten Unternehmer immer noch eine große Rolle spielen, auch wenn sie im Staatsapparat selbst keine offizielle Rolle hätten. Vier Männer seien für das Voranbringen großer Projekte mit der Sowjetunion von besonderer Bedeutung: Mommsen, Birnbaum, Keltsch und Wolff von Amerongen. Das Vertrauensverhältnis mit ihnen sei eng, die gegenseitige Unterrichtung mit der Regierung gewährleistet.

Die Vertragstreue der Sowjetunion genieße hier einen hohen Ruf. Er wurde von unseren Unternehmern bisher immer hervorgehoben. Jetzt gebe es eine kleine negative Erfahrung, die er nicht verschweigen wolle. Die sowjetischen Einschränkungen der Rohölliefererverpflichtungen hätten bei uns großes Aufsehen erregt. Es scheine, als ob sowjetische Stellen die gute Weltmarktsituation ausgenützt haben, um Öl auf unseren Märkten teurer zu verkaufen. Er bitte den Außenminister, dies zu Hause zur Sprache zu bringen, weil Zuverlässigkeit bei künftigen Energielieferungen von größter Bedeutung sei und mit der Zuverlässigkeit unserer Lieferungen zusammenhänge.

Er sei fest überzeugt, daß wir einen erheblichen Schritt in der Verbreiterung unserer ökonomischen Beziehungen zuwege bringen würden.

Der Bundeskanzler schloß mit Grüßen an den Generalsekretär. Er werde nie das Gespräch im Hause Willy Brandts über die beiderseitigen Erlebnisse im Kriege vergessen.³¹ Er sei sicher, daß sie beide alles tun würden, damit die Geschichte sich nicht wiederhole.

Bundeskanzleramt, AZ 21-30 100 (56), Bd. 40

---

29 Vgl. dazu die von Botschafter Sahm, Moskau, vorgetragene Mitteilung des Bundeskanzlers Schmidt vom 22. Juni 1974 an den Generalsekretär des ZK der KPdSU, Breschnew; Dok. 185, Anm. 7.
30 Die vierte Tagung der deutsch-sowjetischen Kommission für wirtschaftliche und wissenschaftlich-technische Zusammenarbeit fand vom 15. bis 18. Oktober 1974 in Moskau statt.
31 Zum Gespräch während des Besuchs des Generalsekretärs des ZK der KPdSU, Breschnew, vom 18. bis 22. Mai 1973 in der Bundesrepublik vgl. Dok. 151, Anm. 12.

270

Deutsch-sowjetisches Regierungsgespräch

VS-NfD 16. September 1974[1]

Abschlußgespräch mit AM Gromyko am 16.9.1974 im Auswärtigen Amt[2]

Die beiden Minister einigen sich darauf, sich zunächst über das Ergebnis der Expertenberatungen vom Vorabend unterrichten zu lassen. Botschafter *Falin* gibt für die sowjetische Seite folgenden Bericht:

1) Protokollnotiz zum wissenschaftlich-technischen Abkommen

Grundlage ist der im März mit Minister Bahr in Moskau abgestimmte Text.[3] Die deutsche Seite hat mit diesem Text Schwierigkeiten, weil sie die Einbeziehung von Personen, die an Bundesämtern in Berlin (West) arbeiten, nicht gewährleistet sieht. Obwohl sie zur Kenntnis genommen hat, daß die sowjetische Seite mit diesen Ämtern nicht kooperiert, möchte sie sie in die Zusammenarbeit einbeziehen. Der deutsche Wunsch, die Qualifikation des betreffenden Wissenschaftlers zum Kriterium zu machen, wirft für die sowjetische Seite eine grundsätzliche Frage auf: Die Teilnahme dieser Angehörigen der Bundesämter würde de facto eine Änderung der sowjetischen Haltung herbeiführen. Hier wurde von deutscher Seite das Beispiel des Leiters des Bundesamts für Materialprüfung genannt, der keine anderen Qualifikationen als nur die seines Amtes aufzuweisen hat. Nach der deutschen Vorstellung soll auch dieser Fall von der Protokollnotiz gedeckt werden. Hier ist aber keine Trennung der Qualifikationen mehr möglich. Die Verwirklichung einer solchen Vereinbarung würde in einen Dschungel von Problemen führen. Die sowjetische Seite kann sich nicht von vornherein festlegen, eine Teilnahme aller Berliner Wissenschaftler zuzulassen.

Ihr Vorschlag ist: Die Möglichkeit der Teilnahme Berliner Wissenschaftler wird nicht ausgeschlossen – ohne daß allerdings eine Verpflichtung bestünde, in allen Fällen die Einbeziehung dieses Personenkreises zuzulassen. Für die sowjetische Seite ist der Wohnsitz Berlin (West) kein Grund, eine bestimmte Person von der Zusammenarbeit auszuschließen. Dieser Vorschlag kommt der deutschen Seite weit entgegen, da von sowjetischer Seite die Teilnahme von Organisationen mit Sitz in Berlin (West) an der Zusammenarbeit zugestanden wird. Die deutsche Seite solle deshalb den Vorschlag genau prüfen. – Hier wirft AM *Gromyko* ein, man könne nicht noch weiter entgegenkommen, schließlich habe man hier eine Gleichbehandlung natürlicher und juristischer Personen vorgenommen.

---

[1] Durchdruck.
Die Gesprächsaufzeichnung wurde von Referat 213 am 17. September 1974 gefertigt.
[2] Der sowjetische Außenminister Gromyko hielt sich am 15./16. September 1974 in der Bundesrepublik auf.
[3] Für die am 9. März 1974 durch Bundesminister Bahr und den sowjetischen Außenminister Gromyko in Moskau erarbeitete Protokollnotiz zu dem Abkommen über die wissenschaftliche-technische Zusammenarbeit vgl. Dok. 84.

2) Zur Frage der Rechtshilfe

Hier führt *Falin* aus, beide Seiten hätten das seit den Moskauer Gesprächen vorgesehene Schema als akzeptabel bezeichnet. Es sieht eine zweiseitige Protokollnotiz und – hinsichtlich Berlin (West) – eine einseitige sowjetische Erklärung vor.

Die Schwierigkeit der deutschen Seite liegt darin, daß die Erwähnung der „geltenden Regelungen" nicht nur in die bilaterale Protokollnotiz, sondern auch in die einseitige Erklärung hineingenommen werden muß. Dieser Bezug bringt für die deutsche Seite die Gültigkeit des Haager Abkommens[4] auch für Berlin (West) zum Ausdruck, in sowjetischer Sicht sind die „geltenden Regelungen" lediglich die bilateral mit der Bundesrepublik getroffenen Vereinbarungen über den Rechtshilfeverkehr aus dem Jahre 1956/57[5], die für Berlin (West) nicht gelten. Der vorgeschlagene Ausweg, den Bezug auf die geltenden Regelungen in beiden Protokollnotizen ganz wegzulassen, ist für die deutsche Seite unakzeptabel. Sie hat vielmehr vorgeschlagen, den beiden Erklärungen einen Vorspann voranzusetzen, in dem auf die geltenden Regelungen Bezug genommen wird. Damit würde dann allerdings die einseitige Erklärung zu einem Teil der zweiseitigen Erklärung, was die sowjetische Seite nicht akzeptieren kann. Als weiterer Ausweg böte sich dann noch die Möglichkeit, daß beide Seiten einfach erklären, daß der direkte Rechtshilfeverkehr zu einem bestimmten Zeitpunkt – auch mit Berlin (West) – begonnen hat. Botschafter Falin schlägt vor, hierüber weitere Überlegungen anzustellen.

Für die deutsche Seite berichtet MDg *Blech* wie folgt: Den Ausführungen von Botschafter Falin ist nichts hinzuzufügen, die Gegensätze wurden klar herausgearbeitet.

1) Zum wissenschaftlich-technischen Abkommen

Die deutsche Seite war bereit, den sowjetischen Bedenken gegen die Zusammenarbeit mit den Bundesämtern dadurch entgegenzuwirken, daß die Bundesämter praktisch nicht als Partner der besonderen Vereinbarungen gemäß Artikel 3 des Abkommens genannt werden, wenn auch von deutscher Seite eine solche Möglichkeit nicht ausgeschlossen wird. Wir wollten die sowjetische Rechtsauffassung nicht präjudizieren, deshalb wurden die Bundesämter nicht benannt. Eine solche Präjudizierung können wir allerdings nicht sehen, wenn Mitglieder von Berliner Bundesämtern an dem von anderen Behörden mit der sowjetischen Seite vereinbarten Austausch teilnehmen – wie er z.B. durch ein Ressortabkommen geregelt würde. In diesem Fall würden die betreffenden Personen als Fachleute teilnehmen, nicht als Vertreter des Berliner Amts. Gegen den sowjetischen Vorschlag, jeweils eine andere wissenschaftliche Qualifikation als Kriterium für die Teilnahme anzugeben, spricht das schon angeführte Beispiel des Leiters des Bundesamts für Materialprüfung. Auch diese Lösung würde in einen Dschungel von Umwegen führen.

---

[4] Für den Wortlaut des Haager Übereinkommens vom 1. März 1954 über den Zivilprozeß vgl. BUNDESGESETZBLATT 1958, Teil II, S. 577–585.
[5] Zum Notenwechsel vom 4. Dezember 1956 bzw. 5. August 1957 vgl. Dok. 35, Anm. 10.

Für die von deutscher Seite vorgeschlagene Lösung sprechen drei Argumente:
- Die sowjetische Seite käme nicht in offizielle Berührung mit den von ihr abgelehnten Bundesämtern.
- Wir wollen solche Teilnehmer nicht demonstrativ benennen, sondern nur aufgrund ihrer fachlichen Qualifikation.
- Es steht der sowjetischen Seite frei, bei einem befürchteten indirekten Kontakt ihre Rechtsposition klarzustellen.

Auf diese Weise müßte das Problem lösbar sein.

2) Zur Rechtshilfe

Hier stehen sich zwei prinzipiell verschiedene Rechtspositionen gegenüber. Allein das Konzept von zwei verschiedenen Erklärungen ist schwierig, insbesondere, nachdem in Moskau bereits einmal ein anderes Modell entwickelt worden war. Aus den „geltenden Regelungen" hätte sich eine einheitliche zweiseitige Erklärung zur Rechtshilfe ergeben müssen. Auf die ausdrückliche Erwähnung dieser Regelungen hätten wir dann verzichten können. Bei zwei getrennten Erklärungen brauchen wir jedoch den Bezug auf die geltenden Regelungen in beiden.

Ein Entgegenkommen haben wir gezeigt mit dem Vorschlag, die Bezugnahme auf die geltenden Regelungen auf die Ebene der Einseitigkeit zu transponieren – mit der Vorspann-Lösung. Es mag das Mißverständnis entstanden sein, wir wollten hier eine Erklärung gegenüber der sowjetischen Seite abgeben. Beabsichtigt ist nur die intern-deutsche Veröffentlichung. Leider sah sich die sowjetische Seite nicht in der Lage, diesem Kompromiß zuzustimmen.

AM *Gromyko* erwidert, die sowjetische Seite könne, mit einem Wort gesagt, auf diese Vorschläge nicht eingehen und damit von ihren Prinzipien abgehen. „Es gibt eine Grenze, hinter die wir nicht zurücktreten können." Eine „Spaltung der Persönlichkeit" wie in der Medizin sei in der Politik nicht möglich. Man habe ohnehin mit dem Angebot, Personen aufgrund des Wohnorts Berlin (West) nicht vom Austausch auszuschließen, die Grenze schon etwas überschritten. Doch müßten alle diese Fragen nach dem einzelnen konkreten Fall entschieden werden. Wenn z. B. eine Person aus Sicherheitsgründen abgelehnt werde, so sei das eine Sache der Souveränität der Sowjetunion. Es geht hier nicht nur um natürliche, sondern auch um juristische Personen. Vielleicht habe die deutsche Seite die Prüfung noch nicht abgeschlossen – das Fortbestehen von Schwierigkeiten sei für die sowjetische Seite unverständlich. Offenbar gebe es auf deutscher Seite kein genügendes Interesse. Aber wenn kein Interesse bestünde, dann bräuchte man keine Zusammenarbeit und kein Abkommen. Andere Staaten wie die USA dächten da anders. „Vielleicht überlegen Sie sich das noch einmal."

Bei der Rechtshilfe sollte für die deutsche Seite annehmbar sein, daß die sowjetische Seite mit einem gleichzeitigen Beginn einverstanden ist. „Aber damit sind Sie nicht zufrieden." Man könne mit der deutschen Seite keine Vereinbarung über Berlin (West) unterschreiben. Wenn sie aber das wohlwollende sowjetische Verhalten zuungunsten der sowjetischen Rechtsposition ausnutze, würde eine entsprechende deutsche Erklärung ein sowjetisches Dementi zur

Folge haben. Das Verständnis für Gesten des Entgegenkommens sollte beiderseitig sein.

Wenn die Rechtshilfefrage bis zum Besuch des Bundeskanzlers[6] abgeschlossen werden könnte, wäre eine Paraphierung oder eine Mitteilung bei dieser Gelegenheit denkbar.

Herr *Bundesminister* erwidert hierauf, daß die vorangegangenen Gespräche mit AM Gromyko[7] eine Übereinstimmung hinsichtlich der langfristigen Perspektiven unserer Beziehungen auf der Grundlage gegenseitigen Vertrauens ergeben haben. Zwei wesentliche Unterschiede der Auffassungen gebe es jedoch, die beide Berlin betreffen. Einmal gebe es unterschiedliche Rechtspositionen, und zum anderen sei der Stellenwert unterschiedlich, den Berlin aus sowjetischer und aus deutscher Sicht in den Beziehungen hat.

Für die Sowjetunion als Großmacht sei Berlin mehr oder weniger nur ein Randproblem, nicht so für uns: Die Erhaltung der Lebensfähigkeit Berlins sei für uns eine zentrale Frage in der Außenpolitik und in der allgemeinen politischen Zielsetzung. Der Bundeskanzler habe dies als ein wesentliches Element der Handlungsfreiheit und der Existenz einer Bundesregierung bezeichnet. „Wir wollen nicht ständig mehr und mehr, wir wollen auch keine Gesten, sondern wir wollen die Lebensfähigkeit dieser Stadt erhalten und sie nicht austrocknen lassen." Wir seien nicht an Abkommen interessiert, die nur zu Schwierigkeiten mit Berlin führten. Wir wollten nicht dreimal im Jahr eine große Diskussion in Parlament und Presse darüber, daß ein Regierungsdirektor aus Berlin nicht an einer Delegationsreise in die Sowjetunion teilnehmen konnte. „Wir wollen die langfristige Zusammenarbeit, aber wir wollen sie nicht belasten mit solchen Kleinigkeiten."

Er könne das wissenschaftlich-technische Abkommen mit der jetzigen Protokollnotiz nicht dem Parlament vorlegen. Der Bundeskanzler habe sein Interesse an einer Unterzeichnung des Abkommens in Moskau bezeugt. Das solle der Sache wegen und zur Hebung der Bedeutung des Besuchs geschehen. Den sowjetischen Vorschlag, die Dinge für den Besuch reif zu machen, nehme er auf. Die Experten stünden zur Verfügung.[8] AM Gromyko müsse aber wissen, was Berlin für uns bedeute.

---

[6] Bundeskanzler Schmidt und Bundesminister Genscher hielten sich vom 28. bis 31. Oktober 1974 in der UdSSR auf. Vgl. dazu Dok. 309, Dok. 311–316 und Dok. 321.

[7] Für die Gespräche des Bundesministers Genscher mit dem sowjetischen Außenminister Gromyko am 15. September 1974 vgl. Dok. 263–267.

[8] Am 30. September 1974 fand ein Gespräch des Ministerialdirektors Sanne, Bundeskanzleramt, mit dem sowjetischen Botschafter Falin statt. Vortragender Legationsrat I. Klasse Meyer-Landrut vermerkte dazu am 1. Oktober 1974: „Botschafter Falin bestätigte das Schema als unverändert gegenüber März 1974 mit einer zweiseitigen und einer einseitigen Protokollnotiz. Versuche der deutschen Seite, die beiden Protokollnotizen zu verbinden oder ein gemeinsames Dach darüber zu spannen, könnten von sowjetischer Seite nicht akzeptiert werden. Die Sowjetunion sei der Bundesregierung in dieser Frage weit entgegengekommen, indem sie ihre Bereitschaft erklärt habe, ihre autonome Regelung des Rechtshilfeverkehrs mit Berlin (West) der Bundesregierung gegenüber in Form einer einseitigen Protokollnotiz zur Kenntnis zu geben und den Rechtshilfeverkehr im Wege des Direktverkehrs zwischen der Bundesrepublik und der UdSSR sowie zwischen Berlin (West) und der UdSSR gleichzeitig aufzunehmen, ohne daß diese Gleichzeitigkeit schriftlich fixiert würde. Aber auch hier habe man den Eindruck, daß die deutsche Seite nicht so sehr an einem sachlich befriedigenden Ergebnis als vielmehr an formellen Fragen interessiert sei; sie lege es darauf an, ihre Rechtsposition

In der sich hier anschließenden weiteren Diskussion zeigt sich AM *Gromyko* unnachgiebig. Er sagt, die deutsche Position sei bekannt, man solle auch die sowjetische Position in Rechnung stellen. Die deutsche Seite gehe „einseitig" an das Problem heran. Wenn sie beabsichtige, hier eine Situation des Entweder-Oder herbeizuführen, dann müsse man eben auf das Abkommen verzichten.

Herr *Bundesminister* stellt seinerseits klar, daß das deutsche Volk die derzeitigen rechtlichen Beziehungen zwischen Berlin (West) und der Bundesrepublik Deutschland keineswegs als ideal ansehen kann, sie aber zu akzeptieren bereit ist. Auf den wiederholten Hinweis AM Gromykos auf die Bedeutung, die die sowjetische Regierung und auch das sowjetische Volk dieser Frage beimesse, erwidert er, daß Berlin schließlich eine deutsche Stadt ist.

AM *Gromyko* bringt noch einmal den sowjetischen Vorschlag ins Spiel, den Berliner Wohnsitz eines Wissenschaftlers nicht als Ablehnungsgrund anzusehen, betont jedoch gleichzeitig, daß es sich die sowjetische Seite immer vorbehalten werde, jemanden z. B. aus Sicherheitsgründen abzulehnen. Das würden real sehr wenige Fälle sein, wenn es die deutsche Seite nicht darauf anlege, inakzeptable Personen zu schicken.

Herr *Bundesminister* wiederholt, daß es hier nicht um das Recht der Anwendung der sowjetischen Einreisevorschriften gehe. Er nehme die Anregung von AM Gromyko auf, die Frage bis zum Besuch des Bundeskanzlers auf Expertenebene aufzunehmen. Die deutsche Seite sei bereit, einen vernünftigen Weg zu finden.

Trotz Unterschieden in dieser Frage habe es in vielen anderen Bereichen im Laufe der Konsultationen eine Annäherung gegeben, und die Felder der Übereinstimmung seien groß. Er bedankt sich für den offenen Meinungsaustausch.

Auch AM *Gromyko* betont die Bedeutung der Übereinstimmung bzw. Annäherung der Positionen, die sich gezeigt habe. Er bezeichnet den Meinungsaustausch als nützlich, insbesondere hinsichtlich der Einschätzung der beiderseitigen Beziehungen und ihrer weiteren Entwicklung. Er schließt ab mit dem Dank für die ihm und seiner Delegation erwiesene Gastfreundschaft.

Referat 010, Bd. 573

Fortsetzung Fußnote von Seite 1199

zu untermauern und die der Sowjetunion zu schwächen. Auch hier könne er nur auf Außenminister Gromyko verweisen, der gesagt habe, daß die Sowjetunion der Bundesrepublik in ungewöhnlicher Weise entgegengekommen sei, und wenn die deutsche Seite dies nicht anerkenne, müsse das Projekt eben fallengelassen werden." Vgl. VS-Bd. 10141 (213); B 150, Aktenkopien 1974.

271

Botschafter Sonnenhol, Ankara, an das Auswärtige Amt

114-13834/74 geheim
Fernschreiben Nr. 954

Aufgabe: 17. September 1974, 13.00 Uhr[1]
Ankunft: 17. September 1974, 14.09 Uhr

Betr.: Deutsche Militärhilfe an die Türkei[2]

Bezug: DE Nr. 403 vom 11.9.1974 203-411.10 VS-v[3]

Wie ich aus dem Bezugstelegramm entnehme, hat die Bundesregierung den Lieferstop für Militärgerät an die Türkei nicht wieder aufgehoben.

Die von der Bundesregierung an die Türkei in den vergangenen Jahren gelieferten Waffensysteme verlieren ihre Einsatzfähigkeit schnell, wenn die Lieferung von Ersatzteilen unterbleibt. Die unmittelbare Folge davon ist, daß die Südflanke der NATO, die durch den Austritt Griechenlands[4] empfindlich geschwächt wird, eine weitere Schwächung erfährt.

Wir sollten unsere Lieferung sogleich wieder aufnehmen. Der Gedanke einer Gleichbehandlung mit Griechenland sollte dabei nicht aufkommen. Griechen-

---

[1] Hat Ministerialdirektor van Well am 17. September 1974 vorgelegen, der die Referate 201 und 203 um Rücksprache bat.
[2] Ministerialdirigent Simon vermerkte am 30. August 1974: „Auf dem Gebiet von Rüstungslieferungen an die Türkei sind die beiden folgenden Fragen akut: a) Wie bekannt, gewährt die Bundesrepublik seit 1963 wegen der beiderseitigen Zugehörigkeit zur NATO der Türkei Verteidigungshilfe. Zugrunde liegen Abkommen zwischen beiden Ländern, die jeweils über eine sogenannte ‚Tranche' geschlossen werden und üblicherweise einen Zeitraum von 1 1/2 Jahren umfassen. Zur Zeit steht ein Abkommen über die achte Tranche zur Unterzeichnung an; der Wert der vorgesehenen Lieferungen (neue Rüstungsgüter und ausgesondertes Rüstungsmaterial der Bundeswehr) beläuft sich wie schon bei den letzten vorauffgegangenen Tranchen auf 100 Mio. DM. Wegen der akuten Spannungen um Zypern hat das Auswärtige Amt noch keinen Termin für die Unterzeichnung fixiert, die üblicherweise vom Staatssekretär des Auswärtigen Amts und dem türkischen Botschafter vorgenommen wird. [...] b) Die Lieferungen von Rüstungsgütern aus der siebten Tranche der Verteidigungshilfe und von kommerziellen Rüstungsgütern wurde nach der Landung türkischer Truppen auf Zypern am 20.7.1974 wesentlich eingeschränkt. Die Entscheidung über seit dem 20.7.74 eingegangene Anträge auf Exportgenehmigung, die nach dem Kriegswaffenkontrollgesetz bzw. nach dem Außenwirtschaftsgesetz in beiden Fällen erforderlich ist, wurde ausnahmslos zurückgestellt. Die Durchführung bereits genehmigter Exporte wurde verzögert. Eine türkische Militärmaschine, die sich bei Wiederaufnahme der Kampfhandlungen auf Zypern durch die Türkei am 14.8.74 in der Bundesrepublik befand und ‚Starfighter'-Ersatzteile sowie verschiedene kommerziell erworbene Rüstungsgüter abholen sollte, wurde nicht beladen und kehrte am 16.8. in die Türkei zurück." Vgl. VS-Bd. 8627 (201); B 150, Aktenkopien 1974.
[3] Korrigiert aus: „DE Nr. 403 vom 11.9.1974 203-322.00".
Ministerialdirigent Simon teilte der Botschaft in Ankara mit: „Bei einer Vorsprache des türkischen Botschaftsrats Korkud im Auswärtigen Amt, die anderen Themen gewidmet war, erwähnte dieser auch folgendes: Der deutsche Botschafter in Ankara habe dem türkischen Generalstabschef in einem Brief mitgeteilt, daß der zeitweilige Aufschub militärischer Lieferungen und Leistungen an die Türkei aufgehoben worden sei und alles wieder normal verlaufen könne. Die türkischen Militärattachés in Bonn seien hierüber unterrichtet worden und hätten ihrerseits mit dem Bundesministerium der Verteidigung Verbindung aufgenommen, wo man ziemlich konsterniert reagiert habe. Es wird um Drahtbericht über den Hintergrund der Angelegenheit sowie Übermittlung des Textes eines etwaigen Schreibens an den türkischen Generalstabschef gebeten. Grundsätzlich darf daran erinnert werden, daß Schritte dieser Art nicht ohne Weisung bzw. Genehmigung des Auswärtigen Amts erfolgen sollten." Vgl. VS-Bd. 9955 (203); B 150, Aktenkopien 1974.
[4] Zum Austritt Griechenlands aus der militärischen Integration der NATO am 14. August 1974 vgl. Dok. 236.

land hat die militärische Partnerschaft in der NATO gekündigt, die Türkei ist unser Verbündeter. Die gefährdete Südflanke kann nur gestärkt werden, wenn der bei der Allianz verbliebene Partner Türkei bevorzugt behandelt wird. Dies hätte darüber hinaus den erwünschten Nebeneffekt, daß die griechische Regierung langsam einzusehen beginnt, daß man nicht die NATO militärisch verlassen, aber gleichzeitig mit vermehrten Ansprüchen an die ehemaligen Bundesgenossen herantreten kann. Die Amerikaner haben in richtiger Erkenntnis dieser Situation nicht nur die Belieferung mit Ersatzteilen wieder aufgenommen, sondern stellen den Türken jetzt modernste Phantom-Flugzeuge zur Verfügung.

Das Prinzip, Waffen nicht in Spannungsgebiete zu liefern, wird der gegebenen Lage nicht gerecht. Das Waffenembargo führt zu einer Schwächung der NATO-Südflanke und damit zu einer potentiellen Spannung zum Warschauer Pakt, der diese Schwächung auszunützen versucht sein könnte. Wir müssen die Türken stark machen, um einer solchen Entwicklung vorzubeugen, selbst wenn mit letzter Sicherheit nicht auszuschließen ist, daß die Türken ihre Stärke erneut gegenüber Griechenland ins Spiel bringen könnten. Dies zu verhindern, ist nicht in erster Linie unsere Aufgabe, sondern die der Hegemonialmacht Amerika. Würden wir den Lieferstop fortsetzen, würden wir zudem in bilateralem Verhältnis nicht nur den militärischen, sondern auch den politischen Effekt unserer bisherigen Militärhilfe verlieren, die wir durch den Lieferstop wichtiger Ersatzteile nachträglich entwerten.[5]

[gez.] Sonnenhol

VS-Bd. 9955 (203)

---

[5] Vortragender Legationsrat I. Klasse Munz teilte am 18. September 1974 aus einem Gespräch des Ministerialdirektors van Well mit dem türkischen Botschafter mit, Halefoglu habe darauf hingewiesen, „daß er von seiner Regierung gedrängt werde, eine möglichst baldige positive Entscheidung der Bundesregierung zu bewirken hinsichtlich der Unterzeichnung des Abkommens der achten Tranche der NATO-Verteidigungshilfe sowie der zurückgestellten militärischen Lieferungen". Van Well habe Halefoglu nahegelegt, noch zusätzliche Informationen und Argumente aus Ankara einzuholen: „Diese würden es uns gegebenenfalls erleichtern, der Bundesregierung in einem Spitzengespräch bald eine positive Entscheidung über den Fragenkomplex der militärischen Zusammenarbeit zu empfehlen." Vgl. den Runderlaß Nr. 3939; VS-Bd. 9955 (203); B 150, Aktenkopien 1974.
Zu einem Gespräch des Staatssekretärs Gehlhoff mit Halefoglu am 25. September teilte Munz am gleichen Tag mit, Gehlhoff habe darauf hingewiesen, „daß der Aufschub gewisser Maßnahmen der militärischen Zusammenarbeit nichts mit einem Versuch zu tun habe, auf die türkische Regierung Druck ausüben zu wollen. Es habe in beiderseitigem Interesse gelegen, eine öffentliche Diskussion über diesen Fragenkomplex zu vermeiden. Wir strebten eine baldige positive Entscheidung der anstehenden Fragen an. Hierüber werde die Bundesregierung voraussichtlich entscheiden, sobald der Bundesaußenminister aus New York zurück sei." Vgl. den Runderlaß Nr. 4050; VS-Bd. 9955 (203); B 150, Aktenkopien 1974.

272

**Aufzeichnung des
Ministerialdirektors Sanne, Bundeskanzleramt**

19. September 1974[1]

Über Herrn Chef BK[2] dem Herrn Bundeskanzler[3]

Betr.: Polen

1) Das Staatssekretärsgespräch mit AA, BMF und BMA hatte folgendes Ergebnis:
- Wir können unser finanzielles Angebot (1 Mrd. DM Kredit, 500 Mio. DM Rentenpauschale mit begrenztem Spielraum, keine Wiedergutmachung) nicht erweitern.
- Die finanziellen Voraussetzungen für die Erfüllung unseres Angebots sind jetzt noch gegeben. Die Entwicklung im nächsten Jahr ist nicht zu übersehen.
- In der Wiedergutmachungsfrage kann auch deshalb nicht nachgegeben werden, weil Forderungen der ČSSR, Rumäniens und Ungarns auf dem Tisch liegen.

Keine Übereinstimmung bestand in der Frage der Aussiedler. StS Sachs war gehalten, auf der Ziffer 150 000 zu bestehen. Die übrigen Gesprächsteilnehmer neigten der Auffassung zu, es sei besser, sich mit einer niedrigeren Zahl zu begnügen und jetzt zu einer Vereinbarung zu kommen, als weiter zu versuchen, unser Konzept vom Winter 1973/74 ohne Abstriche durchzusetzen.

2) Eine Überwindung des Stillstands in der Polen-Frage halte ich nur für möglich
- wenn Sie BM Genscher davon überzeugen können, daß wir bei der Zahl der Aussiedler zurückstecken müssen;
- wenn Sie durch eine Person Ihres Vertrauens Kontakt mit einem Beauftragten von Gierek aufnehmen lassen, um die Grundlinien einer Einigung abzustecken, bevor Verhandlungen seitens des AA und des BMA aufgenommen werden.

3) Linie unseres Angebots (Vorschlag):
- Kredit von 1 Mrd. DM zu 3%,
- Rentenpauschale von mindestens 500 Mio. DM,

---

[1] Ablichtung.
Hat Regierungsdirektor Leister, Bundeskanzleramt, am 20. September 1974 vorgelegen, der die Weiterleitung an Bundeskanzler Schmidt verfügte und handschriftlich vermerkte: „Verschlossen."
Hat Leister erneut am 23. September 1974 vorgelegen.

[2] Hat Staatssekretär Schüler, Bundeskanzleramt, am 19. September 1974 vorgelegen.

[3] Hat Bundeskanzler Schmidt am 20. September 1974 vorgelegen, der handschriftlich für Staatssekretär Schüler, Bundeskanzleramt, vermerkte: „Bitte R[ücksprache] – gemeinsam mit Herrn Sanne."
Hat Schüler erneut am 4. Oktober 1974 vorgelegen, der handschriftlich für Ministerialdirektor Sanne, Bundeskanzleramt, vermerkte: „Die von BK gewünschte Rücksprache sollte m. E. nach Vorliegen der Stellungnahmen AA, BMF, BMA stattfinden." Vgl. den Begleitvermerk; Archiv der sozialen Demokratie, Depositum Helmut Schmidt, Mappe 9361.

- Aussiedlung von mindestens 100 000 Personen in den Jahren 1975 bis 1977,
- eine mögliche Steigerung der Rentenpauschale setzt voraus, daß auch die Aussiedlerzahl höher wird als 100 000.

Sanne

Archiv der sozialen Demokratie, Depositum Helmut Schmidt, Mappe 9361

273

Botschafter Oncken, Athen, an das Auswärtige Amt

VS-NfD Aufgabe: 19. September 1974, 17.30 Uhr[1]
Fernschreiben Nr. 644 Ankunft: 19. September 1974, 18.23 Uhr
Citissime

Betr.: Schreiben des Herrn Bundeskanzlers an Ministerpräsident Karamanlis
Bezug: Drahterlaß Nr. 3910 vom 17.9.1974 – 201-360.90 GRI-1543/74 – VS-NfD[2]

Zur Information

I. Ich führte am 19.9.1974 die Bezugsweisung aus. Das 25minütige Gespräch mit Ministerpräsident Karamanlis nahm folgenden Verlauf:

---

[1] Hat Vortragendem Legationsrat I. Klasse Munz vorgelegen.
[2] Mit dem am 12. September 1974 konzipierten Drahterlaß übermittelte Ministerialdirektor van Well ein Schreiben des Bundeskanzlers Schmidt an Ministerpräsident Karamanlis mit der Bitte, dieses „möglichst sofort dem griechischen Ministerpräsidenten persönlich zu übergeben". Dazu erläuterte er: „Bei anschließendem Gespräch mit Karamanlis könnten Sie erwähnen, wir wüßten aus zuverlässiger Quelle in Paris und Brüssel, daß die griechische Seite vor und nach dem Besuch in Bonn in den beiden genannten Hauptstädten sehr viel detaillierter über die Implikationen des Ausscheidens aus der militärischen Integration gesprochen habe als in Bonn. Die Bundesregierung sei im Hinblick hierauf daran interessiert, von Ministerpräsident Karamanlis selbst zu erfahren, welche genauen Pläne die griechische Regierung habe." Es solle auf die Beunruhigung der Bundesregierung über das bereits vollzogene Ausscheiden Griechenlands aus verschiedenen Gremien der NATO ohne vorherige Konsultation mit der Bundesregierung hingewiesen werden.
In dem Schreiben vom 17. September 1974, das die Antwort auf ein Schreiben von Karamanlis vom 28. August 1974 war, führte Schmidt aus: „Ich schreibe Ihnen diesen Brief als ein Freund Griechenlands und als ein Freund Ihrer Regierung. Sie wissen, daß die Bundesregierung alle Anstrengungen unternehmen wird, um Griechenland und Ihrer Regierung in der schwierigen Lage zu helfen, die durch die unglücklichen Ereignisse in Zypern entstanden ist. Um so mehr bedauert es die Bundesregierung, daß Sie sich gezwungen gesehen haben, das Ausscheiden Griechenlands aus der militärischen Integration der NATO zu beschließen. Zu meiner Genugtuung habe ich indessen Ihrem Brief entnommen, daß Griechenland Mitglied der Allianz bleiben und den fundamentalen Grundsätzen der Allianz treu bleiben will. Ich habe auch zur Kenntnis genommen, daß Griechenland die Ost-West-Lage als unverändert einschätzt. Daraus leite ich ab, daß die griechische Regierung eine Schwächung der NATO-Position an der Süd-Ost-Flanke vermeiden möchte. Ich begrüße deshalb Ihren Vorschlag, mit den Bundesgenossen die praktischen Maßnahmen für die Implementierung der griechischen Entscheidung zu besprechen. Ich verspreche mir von einer gemeinsamen gründlichen Erörterung der Sicherheitslage in der östlichen Mittelmeerregion Ergebnisse, die den Sicherheitsbedürfnissen unserer Allianz und ihrer Mitglieder Rechnung tragen." Vgl. VS-Bd. 8093 (201); B 150, Aktenkopien 1974.

1) Ich fragte den Ministerpräsidenten, welches die genaueren Pläne der griechischen Regierung im Hinblick auf das Ausscheiden aus der militärischen Integration seien.[3] Uns liege an einer ausführlichen Konsultation.

2) Karamanlis erwiderte, daß ihm die detaillierte Planung nicht bekannt sei. Ich solle mich an Verteidigungsminister Averoff wenden. Er werde diesen bitten, mich zu informieren. Die Entscheidung für das Ausscheiden aus der militärischen Integration sei endgültig. Im übrigen müsse er sagen, daß Griechenland im Falle des Zypern-Konflikts keine Gelegenheit zur NATO-Konsultation geboten worden sei. Generalsekretär Luns habe die Anregung eines NATO-Außenministertreffens[4] mit der Begründung zurückgewiesen, daß er auf Urlaub gehen müsse. Als Griechenland erstmalig der Allianz bedurft hätte, habe diese enttäuscht.

3) Ich erklärte, daß ich ihm in den letzten Punkten nicht ganz folgen könne. Wenn das Bündnis nicht in der Lage gewesen sei, der Zuspitzung des türkisch-griechischen Konfliktes vorzubeugen, so habe doch der Abschreckungseffekt im Verhältnis zum Warschauer Pakt fortbestanden. Nichts veranschauliche dies besser als die Tatsache, daß sich die Sowjetunion trotz der internen Bündniskrise nicht in der Lage gesehen hätte, hiervon im Bereich des östlichen Mittelmeeres zu profitieren und den Versuch einer unmittelbaren politischen Expansion zu unternehmen.

4) Der Ministerpräsident erklärte darauf, daß er pro-westlich und antikommunistisch sei. Er werde dies bleiben. Diese Aussage betreffe freilich nur seine Person. Die über die Zypern-Krise aufgebrachte griechische Öffentlichkeit könne anders reagieren.

5) Ich bemerkte, daß mir eine öffentliche Meinung – so sehr ich Verständnis für Motive ihres Verhaltens haben könne – in Fragen der Sicherheits- und Verteidigungspolitik nicht unter allen Umständen der beste Ratgeber sei. Der Öffentlichkeit seien z. B. die sehr weitreichenden politischen Implikationen der technischen Seite von Sicherheits- und Verteidigungspolitik nicht bekannt, die mitunter schwer zu begreifen sei. Mir erscheine es jedenfalls wünschenswert, weiterhin nach Möglichkeiten einer bilateralen und multilateralen Verteidigungszusammenarbeit zu suchen.

6) Karamanlis widersprach dem nicht. Er verwies auf die schwierige Lage seines Landes, dankte für den Empfang, der Außenminister Mavros in Bonn zuteil geworden war.[5] Dem Besuch von Mavros sollten nun Gesten unsererseits

---

[3] Zum Austritt Griechenlands aus der militärischen Integration der NATO am 14. August 1974 vgl. Dok. 236.
[4] Gesandter von Schmidt-Pauli, London, berichtete am 29. Juli 1974, das britische Außenministerium habe zum Stand der Verhandlungen über eine Lösung des Zypern-Konflikts mitgeteilt: „Griechen seien über den Verlauf der Genfer Verhandlungen und türkische Intransigenz aufs höchste besorgt, was durch eine ‚apokalyptische' Botschaft von Karamanlis an Wilson und ihren Antrag auf Einberufung des NATO-Rats auf Ministerebene für heute 16.00 Uhr zum Ausdruck komme." Schmidt-Pauli führte dazu aus: „Wie Generalsekretär Luns betrachte auch die britische Regierung den griechischen Antrag (Treffen auf Ministerebene) als völlig ungewöhnlich und wenig sinnvoll. Callaghan wolle Mavros davon abhalten, nach Brüssel zu fliegen, und ihn dazu bewegen, weiterhin in Genf eine Einigung anzustreben." Vgl. den Drahtbericht Nr. 1957; Referat 203, Bd. 101458.
[5] Zum Besuch des griechischen Außenministers Mavros am 9./10. September 1974 vgl. Dok. 255–257.

folgen, die ihm, Karamanlis, die Durchführung seines schweren Auftrages erleichterten.

7) Ich verwies darauf, daß wir nicht durch Gesten, sondern bereits im europäischen Rahmen und anderswo durch Taten gezeigt hätten, wie sehr uns an einem Gelingen seiner Bemühungen liege. Orientierungspunkte unserer Politik seien die Sicherung eines Friedens mit Ehren im östlichen Mittelmeerbereich und unser fundamentales Interesse, die Politik der neuen griechischen Regierung abzusichern, die nicht nur Griechenland, sondern auch die Erhaltung des Friedens zugute komme.

8) Herr Karamanlis nahm dies positiv zur Kenntnis. Er bat mich, dem Herrn Bundeskanzler seine Grüße zu übermitteln.

II. 1) Mein Eindruck:

a) Persönliche Verstimmung über die NATO ist bei dem Ministerpräsidenten nach wie vor groß.

b) Dieser sieht das NATO-Verhältnis unter den Gesichtspunkten „Zypern" und „griechische Innenpolitik", weniger unter dem Gesichtspunkt des Verhältnisses NATO–WP.

c) Ich vermute, daß auch Karamanlis die verteidigungspolitische und militärtechnische Konsequenz des griechischen Ausscheidens aus der militärischen Zusammenarbeit nur oberflächlich bewußt ist.

2) Wie mit Bericht Nr. 612 vom 6.9. angeregt, möchte ich vorschlagen, das Thema der griechischen Beteiligung am Bündnis vor den griechischen Wahlen, die voraussichtlich im November stattfinden werden[6], nicht zu sehr zu vertiefen. Vor den Wahlen wird diese Frage unvermeidlich Gegenstand innenpolitisch motivierter Auseinandersetzungen sein. Es liegt auf der Hand, daß sich die Brücken zwischen Griechenland und Allianz dann leichter schlagen lassen, wenn in den Wahlen eine pro-westliche Regierung bestätigt wird und diese im Anschluß größere Bewegungsfreiheit gegenüber der eigenen Öffentlichkeit gewinnt.

[gez.] Oncken

Referat 203, Bd. 101426

---

[6] Die Parlamentswahlen in Griechenland fanden am 17. November 1974 statt.

274

Aufzeichnung des Botschafters Roth

221-372.00-1383/74 geheim   **20. September 1974**[1]

Herrn D2[2] mit der Bitte um Kenntnisnahme und Vorlage an die Leitung des Hauses

Betr.: Besprechung beim Bundeskanzler am 19. September 1974 über MBFR;
     hier: Zusammenfassung der Ergebnisse durch Bundeskanzler

Der Bundeskanzler faßte seinen Eindruck des Gesprächs und seine eigenen Vorstellungen in folgende elf Punkte zusammen:

1) Man müsse der amerikanischen Regierung sagen, daß wir heute angesichts der psychologischen Auswirkungen der Entspannungspolitik den Hauptzweck von MBFR darin sähen, einseitige westliche Truppenverminderungen zu verhindern. Einseitige amerikanische Reduzierungen würden wegen des dann entstehenden innenpolitischen Drucks in der Bundesrepublik auch zu einseitigen deutschen Reduzierungen führen.

2) „Common ceiling" kann als bargaining position aufrechterhalten werden. Was dann tatsächlich in den späteren Verhandlungen geschieht, ist eine andere Frage. Er könne sich nur prozentuale Reduzierungen vorstellen. Die Parität erschiene ihm eine Illusion.

3) Die Bundesrepublik Deutschland (und die Bundeswehr) darf im Laufe der Verhandlungen gegenüber allen anderen europäischen Partnern[3] (einschließlich der Franzosen) keine Sonderbehandlung erfahren.

4) Wir müssen auf einen geographisch weiter gespannten Raum (besonders für die Anwendung stabilisierender Maßnahmen) drängen.

5) Es sei nicht unsere Absicht, die Bundesrepublik in eine völkerrechtlich fixierte vertragliche Kontrollzone einzubauen. Es darf nicht zu einem irgendwie gearteten besonderen Regime für die Bundesrepublik Deutschland kommen. Keine Verträge oder bindende Vereinbarungen. Einhaltung von Absprachen richtet sich nach dem beiderseitigen Verhalten.

6) Dies gilt auch für Kontrollen (Verifikation). Kein Sonderstatus für das Gebiet der Bundesrepublik. Überwachung an Grenzübergängen möglich. Bundeskanzler erbittet Vorlage über Möglichkeiten von akzeptablen Kontrollen.

7) Option III: Sprengköpfe ja (sowieso zuviel), hinsichtlich Pershing und F-4 habe er erhebliche Zweifel. (Zur Verdeutlichung: Es geht bei Option III ausschließlich um amerikanische Systeme. Dies schien Bundeskanzler nicht sicher zu sein.)

---

[1] Hat Botschafter Roth erneut am 1. Oktober 1974 vorgelegen.
[2] Hat Ministerialdirektor van Well am 29. September 1974 vorgelegen, der die Weiterleitung an Staatssekretär Gehlhoff verfügte und handschriftlich vermerkte: „Der H[err] Minister hat Kenntnis."
Hat Gehlhoff am 30. September 1974 vorgelegen.
[3] An dieser Stelle wurde von Ministerialdirektor van Well handschriftlich eingefügt: „die Truppen in der Reduktionszone haben".
Diese Einfügung wurde von Botschafter Roth am 1. Oktober 1974 durch Fragezeichen hervorgehoben. Dazu vermerkte er handschriftlich: „Hatte ich längst gestrichen".

8) Reduzierungen nur in der Form des Personalabzugs und nur bei Landstreitkräften, kein Material, keine Verbände.

9) Erste Reduzierungsquote etwa je 3% für West und Ost insgesamt. Amerikaner und Sowjets können innerhalb dieser Quote etwas höher beteiligt werden. Reduktion müsse so klein gehalten werden, um ihr in erster Linie den Charakter einer vertrauensbildenden Maßnahme zu geben.[4]

10) Nach Durchführung der Reduzierungen gegenseitige Unterrichtung, welche Höchststärken auf beiden Seiten verbleiben.

11) Mit französischer Seite mit gleicher Zunge und ebenso offen sprechen wie mit den Amerikanern. Es war ein schwerer Fehler, Wien ohne Frankreich begonnen zu haben.

Der Bundeskanzler weist darauf hin, daß seine in diesen Punkten zusammengefaßten Vorstellungen keine Entscheidung oder Weisung darstellen. In einigen Fragen gibt es wohl noch unterschiedliche Auffassungen. Darüber muß weiter nachgedacht werden. Ein weiteres Gespräch soll stattfinden.

Während seines Besuches in Moskau[5] werden er und Bundesaußenminister sicherlich starkem sowjetischen Drängen ausgesetzt sein. Kein Vorgehen ohne oder gegen die Amerikaner.[6]

Roth

VS-Bd. 9448 (221)

---

[4] An dieser Stelle Fußnote in der Vorlage: „Ergänzung zu 9): Sowohl amerikanisch-sowjetische als auch europäische Truppen sollten in diesen ersten Reduzierungsschritt einbezogen werden."

[5] Bundeskanzler Schmidt und Bundesminister Genscher hielten sich vom 28. bis 31. Oktober 1974 in der UdSSR auf. Vgl. dazu Dok. 309, Dok. 311–316 und Dok. 321.

[6] Vortragender Legationsrat I. Klasse Ruth vermerkte am 24. September 1974 zu Ziffer 9 der vorliegenden Aufzeichnung: „Der Gedanke einer gleichen, kleinen Reduzierungsquote für Ost und West unter Beteiligung der Landstreitkräfte aller direkten Teilnehmer kommt dem sowjetischen Vorschlag eines symbolischen Reduzierungsschritts nahe, behält jedoch die Konzentration auf Landstreitkräfte bei. Es ist davon auszugehen, daß ein solcher Gedanke eine Chance hätte, von der anderen Seite akzeptiert zu werden. Die Schwierigkeiten dieses Vorschlags liegen darin, daß alle direkten Teilnehmer von Anfang an einbezogen werden; daß amerikanische und europäische Reduzierungen ohne Unterschied in einer Vereinbarung beschlossen würden; daß das Prinzip der prozentual gleichen Reduzierungen zugestanden wird; daß nicht mit Sicherheit vorausgesagt werden kann, ob nach einem solchen Reduzierungsschritt der Druck auf weitere prozentuale Reduzierungen anhält. Es müßte daher überlegt werden, ob dieser Gedanke in einer Weise modifiziert werden kann, daß er sowohl für die andere Seite attraktiv bleibt als auch den verhandlungspolitischen Erfordernissen des Westens gerecht wird." Vgl. VS-Bd. 9448 (221); B 150, Aktenkopien 1974.

275

**Gespräch des Bundeskanzlers Schmidt
mit dem sowjetischen Botschafter Falin**

VS-vertraulich   **25. September 1974**[1]

Der *Botschafter* übergab anliegende Antwort[2] von Generalsekretär Breschnew auf den Brief des Bundeskanzlers vom 9. September.[3]

Der *Bundeskanzler* erkundigte sich nach der Bedeutung der Textstelle:

„... Lösungen notwendig sind, die sowohl Ihre Verpflichtungen aus dem ‚Gemeinsamen Markt' als auch die bekannte Haltung der Sowjetunion und unserer Verbündeten gegenüber dieser Organisation berücksichtigen ..."

Ihn wundere, daß der Generalsekretär so ausführlich auf diese Frage eingehe. Es sei bekannt, daß die Bundesregierung ein eigenes starkes Interesse am Ausbau des Handels und der wirtschaftlichen Beziehungen zwischen den beiden

---

[1] Die Gesprächsaufzeichnung wurde von Ministerialdirektor Sanne, Bundeskanzleramt, am 26. September 1974 gefertigt und am 27. September 1974 an Staatssekretär Gehlhoff übermittelt. Dazu vermerkte er: „Auf den ersten Absatz auf Seite 8 darf ich besonders hinweisen." Vgl. Anm. 13.
Hat Gehlhoff am 27. September 1974 vorgelegen, der handschriftlich vermerkte: „1) Ablichtungen MB, D 4."
Hat Ministerialdirektor van Well am 1. Oktober 1974 vorgelegen.
Hat Ministerialdirigent Blech am 2. Oktober 1974 vorgelegen. Vgl. den Begleitvermerk; VS-Bd. 10140 (213); B 150, Aktenkopien 1974.

[2] Dem Vorgang beigefügt. Vgl. VS-Bd. 10140 (213).
In dem Schreiben vom 23. September 1974 an Bundeskanzler Schmidt legte der Generalsekretär des ZK der KPdSU, Breschnew, dar, daß beim bevorstehenden Besuch von Schmidt der bilateralen Zusammenarbeit auf den Gebieten Wirtschaft, Wissenschaft und Technik „besondere Aufmerksamkeit" gebühre. Zur Frage des auslaufenden Langfristigen Abkommens vom 5. Juli 1972 zwischen der Bundesrepublik und der UdSSR über den Handel und die wirtschaftliche Zusammenarbeit führte Breschnew aus, „daß es kaum gerechtfertigt wäre, den Ausbau wirtschaftlicher Verbindungen zwischen unseren Staaten in einer starren Weise davon abhängig zu machen, wie sich das Verhältnis unserer Staaten zu diesen oder jenen internationalen Organisationen gestalten sollte. Auf jeden Fall wäre es wahrscheinlich weder in Ihrem noch in unserem Interesse, die Entscheidung über lebenswichtige Fragen der Entwicklung der Beziehungen zwischen der UdSSR und der Bundesrepublik den Dritten zu überlassen. Ich wiederhole, daß hier Lösungen notwendig sind, die sowohl ihre Verpflichtungen aus dem ‚Gemeinsamen Markt' als auch die bekannte Haltung der Sowjetunion und unserer Verbündeten gegenüber dieser Organisation berücksichtigen würden." Vgl. Archiv der sozialen Demokratie, Depositum Helmut Schmidt, Mappe 6961.

[3] In dem Schreiben an den Generalsekretär des ZK der KPdSU, Breschnew, führte Bundeskanzler Schmidt aus, daß bei seinem bevorstehenden Besuch in der UdSSR die bilateralen Wirtschaftsbeziehungen „mit Nachdruck" behandelt werden sollten. Schmidt verwies darauf, daß nach dem 1. Januar 1975 die handelsvertragliche Kompetenz auf die Europäischen Gemeinschaften übergehen werde: „Ich bin davon überzeugt, daß diese Tatsache in keiner Weise die Entwicklung unserer Handels- und Wirtschaftsbeziehungen ungünstig beeinflussen wird. [...] Auch mir erscheint es nützlich, die Basis unserer Wirtschafts- und Handelsbeziehungen, wie sie sich nach dem 31. Dezember 1974 darstellen wird, zu erörtern." Hinsichtlich des Vier-Mächte-Abkommens über Berlin vom 3. September 1971 unterstrich Schmidt den Willen der Bundesregierung, „die Entwicklung der Beziehungen zwischen unseren Ländern von Kontroversen freizuhalten, die sich bei der Verwirklichung jenes Abkommens im beiderseitigen Verhältnis ergeben können". Zur KSZE führte Schmidt aus, daß die bislang erzielten Ergebnisse „es erleichtern sollten, die Verhandlungen zügig und konstruktiv fortzuführen. Wie ich auch schon öffentlich gesagt habe, rechne ich mit ihrem positiven Ausgang und einem Schlußakt auf höchster Ebene. Allerdings ist eine Reihe wichtiger Fragen noch offen, die wir ernst nehmen müssen und die sorgfältiger Bearbeitung bedürfen." Vgl. VS-Bd. 520 (014); B 150, Aktenkopien 1974.

Staaten habe. Es sei auch bekannt, daß es zwingende Rechtsgründe gebe, die eine Verlängerung des bestehenden bilateralen Handelsabkommens[4] über das Jahresende hinaus oder den Abschluß eines neuen Abkommens dieser Art unmöglich machen. Er habe Herrn Gromyko bei seinem Besuch hier[5] erklärt, daß nach seiner – des Bundeskanzlers – Meinung beide Seiten sich ab 1.1.1975 genauso verhalten sollten wie bisher, d. h. so, als ob das Abkommen weiterliefe. Dies könne man sogar in das Kommuniqué zum Abschluß seines Besuchs in Moskau[6] hineinschreiben. Man wolle die Sowjetunion nicht unter Zeitdruck setzen. Er habe darüber auch mit Giscard d'Estaing gesprochen[7], der in dieser Frage genauso denke.

Der *Botschafter* meinte, vielleicht liege das nochmalige Eingehen auf diese Frage daran, daß Herr Gromyko sich vorbehalten habe, dem Generalsekretär persönlich über sein Gespräch mit dem Bundeskanzler zu berichten, dazu aber bekanntlich bisher nicht gekommen sei.

Der *Bundeskanzler* erkundigte sich dann nach der Bedeutung der Textstelle:

„... daß diese oder jene zusätzlichen Probleme in der verbliebenen Zeit entstehen könnten. Das Leben steht nicht still ..."

Der *Botschafter* antwortete, er wisse nicht genau, was der Generalsekretär damit meine. Entweder denke er an aktuelle Entwicklungen, z. B. bei KSZE oder in der Zypern-Frage, oder er wolle damit nur ausdrücken, daß es keine abgeschlossene Tagesordnung geben würde, sondern jeder die Fragen ansprechen könne, die ihn zu dem Zeitpunkt des Treffens bewegten.

Der *Bundeskanzler* erläuterte, daß ihn die Textstelle an etwas erinnert habe, was er dem Botschafter ohnehin habe sagen wollen. Es gebe Gerüchte, daß die DDR daran denke, den Status ihres Teils von Berlin zu verändern. Er wolle darauf aufmerksam machen, daß eine derartige Statusänderung zu einer sehr schwierigen Frage führen könne.

Der *Botschafter* notierte sich diesen Punkt, ohne ihn zu kommentieren.

Der *Bundeskanzler* fuhr fort, er habe Herrn Gromyko gesagt, wir hätten wieder Fäden zur DDR geknüpft. Es gebe Aussichten für eine Einigung in verschiedenen Punkten. Es sei unser Wunsch, daß die Sowjetunion die Entwicklung verfolgen könne. Er könne heute nicht viel mehr zu diesem Thema sagen, außer daß er im Augenblick etwas weniger optimistisch sei als vor neun Tagen. In einigen der Punkte, über die zur Zeit offiziell gesprochen werde, seien die Dinge bisher nicht befriedigend verlaufen. Ihm liege daran, daß der Botschafter wisse, wie wichtig für den Bundeskanzler aus mehreren Gründen die Frage der Regelung des Mindestumtausches sei. Die DDR habe einseitig eine Verdoppelung vorge-

---

[4] Für den Wortlaut des Langfristigen Abkommens vom 5. Juli 1972 zwischen der Bundesrepublik und der UdSSR über den Handel und die wirtschaftliche Zusammenarbeit vgl. BUNDESGESETZBLATT 1972, Teil II, S. 843 f.

[5] Der sowjetische Außenminister Gromyko hielt sich am 15./16. September 1974 in der Bundesrepublik auf. Vgl. dazu Dok. 263–267, Dok. 269 und Dok. 270.

[6] Bundeskanzler Schmidt und Bundesminister Genscher hielten sich vom 28. bis 31. Oktober 1974 in der UdSSR auf. Vgl. dazu Dok. 309, Dok. 311–316 und Dok. 321.

[7] Zum Gespräch des Bundeskanzlers Schmidt mit Staatspräsident Giscard d'Estaing am 2. September 1974 in Paris vgl. Dok. 249–251.

nommen.⁸ Dies möge nach dem Völkerrecht ihre eigene Angelegenheit sein. Sie habe aber damit vorherige Verabredungen entwertet; denn der Reiseverkehr sei seitdem im Durchschnitt um etwa zwei Fünftel zurückgegangen. Im Verhältnis zu Westberlin seien sogar vorher konkrete Gespräche über den Mindestumtausch geführt worden, auf deren Grundlage dann die Vereinbarung über den Reise- und Besucherverkehr geschlossen werden könnte. Es sei für ihn sehr schwierig, neue Abmachungen mit der DDR zu treffen und sie der Bevölkerung plausibel zu machen, solange die DDR in den Augen der Öffentlichkeit kein zuverlässiger Partner sei. Er gebe gern zu, daß Herr Honecker etwas zur Verbesserung des Mindestumtausches tun wolle, nur leider nicht in dem für den Bundeskanzler wichtigen Punkt. Wir wüßten außerdem, daß die Verdoppelung der Umtauschsätze devisenpolitisch keine Vorteile für die DDR gebracht habe.

Der *Botschafter* unterstrich, daß der Beschluß der DDR seinerzeit ohne Kenntnis der sowjetischen Regierung erfolgt sei. In Moskau trete man für eine vernünftige Regelung des Mindestumtausches ein. Die Freunde in der DDR begründeten ihr Verhalten mit der Manipulation der DDR-Währung in der Bundesrepublik.

Der *Bundeskanzler* schloß diesen Teil des Gesprächs mit den Worten, er habe nicht um irgend etwas bitten wollen, sondern Wert auf die Unterrichtung der sowjetischen Seite gelegt.

Der *Botschafter* trug dann eine, wie er sagte, konkrete Bitte des Generalsekretärs vor. Man sei sehr interessiert, die Wünsche von Herrn und Frau Schmidt für die Programmgestaltung zu erfahren.

Der *Bundeskanzler* wies darauf hin, daß sein Aufenthalt in Moskau in ein zeitliches Korsett eingezwängt sei. So gern er mehr vom Land, seiner Wirtschaft und seiner Kultur sehen würde, die Gespräche seien für ihn das wichtigste. Er wolle jede Minute ausnutzen, die der Generalsekretär zur Verfügung stellen könne, obwohl er selbst sehr wohl wisse, welche Belastung das für diesen bedeute.

Der *Botschafter* schlug daraufhin vor, das Damenprogramm völlig unabhängig vom Programm des Bundeskanzlers zu gestalten.

Der *Bundeskanzler* stimmte dem zu und erwähnte, daß seine Frau Leningrad bereits kenne und sicher interessiert sei, z. B. Kiew zu sehen. Insgesamt solle ihr Programm nicht zu anstrengend werden. Sie würde auch sicher gern die Moskauer Galerien wieder besichtigen.

Er habe Herrn Genscher gebeten, mit ihm nach Moskau zu reisen, damit in der deutschen Öffentlichkeit die Übereinstimmung der beiden führenden Persönlichkeiten der Regierungsparteien deutlich werde. Ihm liege auch daran, daß Herr Genscher soweit wie möglich an den Gesprächen mit dem Generalsekretär beteiligt werde und damit an den Eindrücken und Erfahrungen der unmittelbaren Begegnung möglichst voll partizipieren könne. Soweit der Generalsekretär nicht auf Vier-Augen-Gesprächen bestehe, sollte man also von deutscher

---

8 Zur Neuregelung des Mindestumtauschs für die Einreise in die DDR vgl. Dok. 11, Anm. 11.

Seite Herrn Genscher hinzuziehen. Am Anfang oder am Ende solle man auch eine Delegationssitzung vorsehen.

Schließlich wolle er noch anmerken, daß ein ganzes Flugzeug voller Journalisten aus der Bundesrepublik anreisen werde, die für die Resonanz des Besuches in diesem Land wichtig seien.

Der *Botschafter* bat, ihm sobald wie möglich eine Namensliste zu übergeben, wenigstens aber die Zahl der Journalisten zu nennen, damit die Arbeitsmöglichkeiten entsprechend vorbereitet werden könnten. Er stimme dem Bundeskanzler zu, daß es wichtig sei, ein Programm für die Journalisten vorzusehen, damit diese sich nicht unbeschäftigt fühlten. Auf die Frage des Bundeskanzlers, welche Art von Pressekonferenzen in Moskau üblich sei, antwortete der Botschafter, dies hänge von den Wünschen des Gastes ab.

Der Botschafter kam dann auf die „Dokumente" zu sprechen, deren Unterzeichnung vorbereitet werden müsse. Es sei gut, schon vorher das Skelett einer gemeinsamen Erklärung abzustimmen. Man sollte jetzt zwischen den Außenministerien damit beginnen, das Gespräch in Moskau zu führen.

Seine Seite sei einverstanden, daß das technisch-wissenschaftliche Abkommen unterzeichnet, die Frage der Rechtshilfe gelöst und auch andere Dinge abgeschlossen würden. Es sei aber Eile nötig, wenn man bis zum Besuch mit diesen Dingen fertig werden wolle. In den beiden erstgenannten Fragen seien im Gespräch zwischen den Außenministern offenbar Mißverständnisse entstanden, so als ob sich die sowjetische Position in den letzter Monaten in negativer Richtung verändert habe. Dies sei nicht der Fall. Die sowjetische Position sei die gleiche wie im März dieses Jahres bei dem Besuch von Bundesminister Bahr in Moskau.[9]

Der *Bundeskanzler* unterstrich, daß bei allen Dingen jedenfalls klar sein müßte, was gehe und was nicht gehe, bevor er und Herr Genscher abreisten. Er wolle nicht, daß der Eindruck entstehe, man habe sich bei seinem Besuch in Moskau auf etwas nicht einigen können. Die Dinge sollten sofort in Angriff genommen werden und nicht erst, wenn Herr Genscher aus New York zurückgekehrt sei.[10]

Der *Botschafter* leitete dann auf die wirtschaftlichen Fragen über. Er habe dem Generalsekretär über die möglichen Modelle und Ausmaße einer künftigen Zusammenarbeit berichtet. Herr Breschnew habe großes Interesse gezeigt. Es wäre gut, wenn der Bundeskanzler seine konkreten Vorstellungen über die ökonomischen Perspektiven vorab mitteilen könnte, damit der Staatsapparat in Moskau in der Lage sei, diese vor der Ankunft des Bundeskanzlers durchzuarbeiten. Der Generalsekretär sei jedenfalls bereit, über alle diese Fragen zu sprechen, wie z. B. über

– Energieproduktion und ihre Verwendung, Errichtung von Betrieben mit energieintensiver Produktion und Lieferung der Erzeugnisse an die Bundesrepublik;

– Erschließung von Titan-, Kupfer-, Graphit- und Eisenerzvorkommen;

---

[9] Bundesminister Bahr hielt sich vom 27. Februar bis 9. März 1974 in der UdSSR auf. Vgl. dazu Dok. 64, Dok. 70, Dok. 80, Dok. 84 und Dok. 88.

[10] Bundesminister Genscher hielt sich anläßlich der XXIX. UNO-Generalversammlung in New York auf.

- Errichtung eines großen petrochemischen Betriebes;
- Errichtung eines großen Komplexes zur Verarbeitung von Zellstoff und Papier;
- Errichtung von Atomkraftwerken.

Auch die Idee, daß die Bundesrepublik Rohstoffe der Sowjetunion in der Erde kaufe mit der Vereinbarung einer späteren Lieferung, sei diskussionswürdig. Der Generalsekretär sei bereit, dies konkret und positiv zu besprechen.

Es gebe Sorgen mit Kursk. Die Verhandlungen kämen sehr langsam voran.[11] Herr Korff interpretiere die Bestimmungen des Generalkontrakts willkürlich. So dürfe man nicht beginnen. Man müsse solider, schneller, sachlicher und fachlicher miteinander arbeiten.

Der Generalsekretär sei auch bereit zu Gesprächen über die Frage VW, über das Projekt eines Metallurgiekombinates im Baltikum sowie über andere von Herrn Mommsen erwähnte Projekte. Es sei aber nötig, daß unsere Vorstellungen so konkret wie möglich seien, auch was die Zahlungen und Gegenzahlungen betreffe, damit etwas Konkretes dabei herauskomme.

Man solle auch das Dreiecksgeschäft mit dem Iran über Gaslieferungen[12] beschleunigen, damit man in der Lage sei zu sagen, dies sei auf dem besten Wege.

Er wolle noch anmerken, daß die Sowjetunion im Begriff sei, 10 000 Lastwagen bei Klöckner-Humboldt-Deutz zu kaufen. Dies sei ein Drittel der Jahresproduktion dieser Firma. Außerdem verhandele man mit Salzgitter, das Lizenzen von der Sowjetunion kaufen wolle. In diesem Zusammenhang wäre es interessant, wenn der Bundeskanzler mitteilen könnte, auf welchem Gebiet die Bundesrepublik am Kauf sowjetischen Know-hows interessiert sei.

Alle diese Vorstellungen bewegten sich in Milliardengröße. Man solle darin aber kein Hindernis sehen. Die Sowjetunion werde in den nächsten Jahren über freie Devisen aus Erdgaslieferungen verfügen können.

[13]Der *Bundeskanzler* dankte für die Ausführungen des Botschafters und bedauerte, daß er nicht die Zeit habe, auf die heute angeschnittenen Fragen im einzelnen einzugehen. Er sei einverstanden damit, daß mit den Gesprächen über das Gerüst für ein Abschlußkommuniqué sofort begonnen werde. Die Unterhal-

---

11 Zum Stand der Verhandlungen über die Errichtung eines Hüttenwerks im Gebiet von Kursk vgl. Dok. 264, Anm. 9.
12 Zum geplanten Dreiecksgeschäft zwischen der Bundesrepublik, dem Iran und der UdSSR über die Lieferung von Erdgas vgl. Dok. 166, Anm. 4.
  Zum Stand des Projekts legte Referat 403 am 6. September 1974 dar: „Iranisch-sowjetische Differenzen haben bis vor kurzem Fortschritte des Erdgasdreiecksgeschäfts verhindert. Der bestehende Erdgas-Liefervertrag, mit dem der Iran einen sowjetischen Kredit zurückzahlt, sah einen Gaspreis vor, der nach iranischer Ansicht nicht mehr marktgerecht war und daher durch einen Vertrag mit der UdSSR angehoben werden mußte. Erst danach wollte der Iran weiteren Dreiecksgesprächen zustimmen und hatte deshalb ein für Anfang Juli vorgesehenes Treffen abgesagt. Nach zweimonatigen Verhandlungen ist es am 17.08. zu einer sowjetisch-iranischen Einigung gekommen (Anhebung des Erdgaspreises für 1000 c[u]b[ic]f[leet] von 30,7 auf 57 Cents, das sind 5 Cents weniger, als der Iran gefordert hatte). Damit ist der Weg für die Wiederaufnahme der Dreiergespräche frei. [...] Der Iran drängt nunmehr darauf, schon in Kürze weiterzuverhandeln. Dem stimmen wir zu; auch wir sind an zügigen Fortschritten interessiert." Vgl. Referat 405, Bd. 113926.
13 Beginn der Seite 8 der Vorlage.

tung über die beiden Abkommen bitte er den Botschafter, mit MD Sanne weiterzuführen. Über die langfristigen Projekte auf wirtschaftlichem Gebiet sollte möglichst noch in dieser Woche ein weiteres Gespräch mit dem Botschafter stattfinden. Auf unserer Seite kämen Staatssekretär Rohwedder und MD Hiss dafür in Frage. Dabei müsse aber auch die sowjetische Seite ihre Vorstellungen darlegen. Um die Angelegenheit Kursk wolle er sich kümmern. Er müsse aber darauf hinweisen, daß es auch nicht angehe, daß bis heute noch nicht ein einziger Ingenieur das Gelände besichtigen konnte, auf dem das Werk gebaut werden soll.

Er wolle noch eine Fußnote anfügen: Er habe Herrn Gromyko gesagt, daß es Schwierigkeiten in der Einhaltung der Kontrakte über Öllieferungen gegeben habe. Die Sache sei im Grunde für VEBA nicht so schrecklich wichtig, aber er spüre im Gespräch mit Unternehmern die durch dieses Vorkommnis entstandene Unruhe. Er müsse deshalb eine Art von Antwort haben.

Der *Botschafter* behauptete, es habe seinerzeit nur Mengenabsprachen gegeben, nicht aber Preisabsprachen. Dies sei der Grund für die entstandenen Schwierigkeiten. Er kümmere sich darum und gleichzeitig um zwei andere Beispiele dieser Art, die Lieferung von Apatiten an die Firma Knappsack und die Lieferung von Zement an eine Hamburger Firma.

Der *Bundeskanzler* schloß mit der Bitte, man möge ihm in der nächsten Woche sagen, ob noch ein weiteres Gespräch zwischen ihm und dem Botschafter nötig sei.

VS-Bd. 10140 (213)

276

Ministerialdirektor van Well, z. Z. New York, an das Auswärtige Amt

114-13958/74 VS-vertraulich Aufgabe: 25. September 1974, 18.00 Uhr[1]
Fernschreiben Nr. 1708 Ankunft: 26. September 1974, 07.22 Uhr
Citissime

Betr.: Gespräch BM mit AM Kissinger in New York am 24.9.74

Beim Mittagessen, das AM Kissinger für BM am 24.9. in seiner Suite im Waldorf-Towers gab und an dem je vier Mitarbeiter (Sisco, Sonnenfeldt, Hartman, Scott George, von Staden, van Well, Verheugen, von der Gablentz) teilnahmen, wurde erörtert:

---

[1] Hat Vortragendem Legationsrat I. Klasse Munz am 26. September 1974 vorgelegen.

1) Treffen der Außen- und Finanzminister von Camp David am 27.9.[2]

a) BM warf Frage italienischer Teilnahme auf, um der schwer um ihre Existenz ringenden Regierung außenpolitische Rücksetzung zu ersparen. Kissinger, der Frage bei internen amerikanischen Vorbereitungen selbst gestellt hatte, wies darauf hin, daß es dann praktisch zum Teilnehmerkreis der Washingtoner Energiekonferenz[3] komme. Er erklärte sich aber bereit, mit Kanadiern zu sprechen, die bisher darauf bestanden hatten, sechster Teilnehmer zu sein, wenn es mehr als fünf gebe (mit Zustimmung Kissingers haben wir Ducci direkt unterrichtet).

b) Auf Frage BMs nach Verhandlungsziel meinte Kissinger, Amerikaner hätten keine konkreten Vorschläge. Man denke an Analyse der Weltwirtschaftslage, aus der sich die Richtung möglicher Vorschläge für eine Zusammenarbeit ergebe, die man dann vor einem erneuten Treffen in sechs bis sieben Wochen studieren solle. Wenn gegenwärtige Entwicklungstendenzen andauerten, habe man im nächsten Jahr eine große Weltwirtschaftskrise. Wir stünden vor einer riesigen Neuverteilung des Reichtums. Wenn arabische Ölproduzenten die wirtschaftliche Entwicklung finanzierten, entstünden völlig neue Beziehungen und Machtstrukturen. Er wolle das nicht von vornherein ablehnen, aber man solle sich über die Entwicklung im klaren sein und nicht in sie hineinrutschen. Wenn z. B. Italien dann zu einem weniger entwickelten Land werde und sich innenpolitisch nach links öffne, müsse sich das auf Frankreich und andere Mittelmeerländer auswirken und zur politischen Isolierung der Bundesrepublik führen. Gerade die angeblich „verantwortliche" kommunistische Partei Italiens mache ihm Sorge, da sie über eine Koalitionsregierung an die Macht kommen und dann die Struktur westlicher Zusammenarbeit und Allianz zersetzen könne. BM stimmte grundsätzlich dieser Analyse zu.

2) Zypern

Kissinger wies auf seine Begegnungen mit türkischem[4] und griechischem Außenminister[5] hin. Gegenüber den Griechen sei er in der eigenartigen Position, daß die USA und er persönlich von ihnen aufs heftigste angegriffen würden, während Mavros im persönlichen Gespräch an der US-Politik nichts Wesentliches zu kritisieren habe und ihn gleichzeitig sehr konkret um Hilfe für Griechenland bitte (er präsentierte list of Greek requirements). In der Rage des Austritts aus der NATO-Integration[6] solle man die Griechen nicht um Präzisierungen bitten. BM stimmte zu, daß man Griechen nicht zwingen dürfe, ihre Position gegenüber der NATO zu definieren. Die Gesprächspartner waren sich einig, den Kontakt zwischen den beiden Volksgruppenführern[7] auf Zypern zu

---

[2] Zu den Gesprächen der Außen- und Finanzminister der Bundesrepublik, Frankreichs, Großbritanniens, Japans und der USA am 28./29. September 1974 in Washington vgl. Dok. 285, Dok. 289 und Dok. 292.

[3] Zur Energiekonferenz vom 11. bis 13. Februar 1974 in Washington vgl. Dok. 49.

[4] Turan Güneş.

[5] Georgios Mavros.

[6] Zum Austritt Griechenlands aus der militärischen Integration der NATO am 14. August 1974 vgl. Dok. 236.

[7] Zum ersten Gespräch des Präsidenten Klerides und des Sprechers der türkischen Volksgruppe, Denktasch, am 6. September 1974 vgl. Dok. 256, Anm. 14.
Ein zweites Gespräch fand am 11. September 1974 statt. Botschafter Sartorius, Nikosia, teilte dazu

fördern. Es könne Griechenland leichter fallen, Verhandlungslösungen zu akzeptieren, die auf diesem Wege zustandegekommen seien. Daher solle man öffentlich auch nicht zu deutlich auf den Charakter dieser Gespräche als „Auftragsverhandlungen" hinweisen. Zum vorgesehenen Auftreten Erzbischof Makarios in der GV[8] meinte Kissinger, er würde ihn mit kühler Distanz behandeln. Interessant sei lediglich „his ability to sell a settlement".

3) Nahost

Kissinger stimmte der von BM erwähnten Analyse Waldheims zu, daß die Lage in Nahost gefährlicher sei als auf Zypern. Er zeigte sich irritiert darüber, daß die USA nicht von der Einladung Sauvagnargues' zum Mittagessen der europäischen und arabischen Außenminister am 25.9.[9] in New York unterrichtet worden seien. Auf unsere Bemerkung, daß es sich hierbei nur um einen allgemeinen Gedankenaustausch über den Beginn des euro-arabischen Dialogs handeln könne, der weder den Nahost-Konflikt noch internationale Erdölprobleme berühre, fragte er, wie die Europäer verhindern wollten, daß über Erdöl und die in seiner VN-Rede[10] erläuterte Haltung der USA gesprochen werde. (Inzwi-

Fortsetzung Fußnote von Seite 1215
mit, daß die Entlassung aller Kriegsgefangenen und Internierten unter 18 Jahren und von Studenten, Lehrern und Kranken oder Verwundeten sowie außerdem die Überführung alter und schwacher Personen zu ihren Familien vereinbart worden sei: „Obwohl der durch die oben angekündigten Maßnahmen erfaßte Personenkreis verhältnismäßig klein sein wird und die großen Probleme einer Rückkehr der Inselgriechen nach Famagusta und Morphou sowie das heikle Thema einer Umsiedlung der Inseltürken aus ihren Enklaven in den Nordteil der Insel nicht berührt worden sind, darf man von diesen konkreten Ergebnissen auch eine Beruhigung der immer noch gespannten Lage erwarten." Vgl. den Drahtbericht Nr. 189; Referat 203, Bd. 101460.
In einem dritten Gespräch am 13. September 1974 wurde vereinbart, daß der Austausch von kranken und verwundeten Kriegsgefangenen und Zivilinternierten am 16. September 1974 beginnen sollte. Vgl. dazu den Drahtbericht Nr. 192 von Sartorius vom 13. September 1974; Referat 203, Bd. 101460.
Weitere Einzelheiten des Austauschs bzw. der Entlassung von Kriegsgefangenen wurden in einem vierten Gespräch am 20. September 1974 vereinbart. Vgl. dazu den Drahtbericht Nr. 207 von Sartorius vom 21. September 1974; Referat 203, Bd. 101460.

[8] Für den Wortlaut der Rede des Präsidenten Makarios am 1. Oktober 1974 in New York vgl. UN GENERAL ASSEMBLY, 29th Session, Plenary Meetings, S. 339–342.

[9] Korrigiert aus: „2.9.".
Botschafter Freiherr von Wechmar, New York (UNO), berichtete am 25. September 1974: „Französischer Außenminister gab am 25.9. im Gebäude der VN Mittagessen der Europäischen Gemeinschaft für Außenminister und Delegierte der arabischen Staaten. Von der EG waren fünf (Frankreich, BR Deutschland, Belgien, Dänemark, Irland) Außenminister, von der arabischen Seite zehn Minister (Algerien, Bahrain, Ägypten, Vereinigte Emirate, Libanon, Mauretanien, Syrien, Tunesien, Demokratische Republik Jemen, Sudan) sowie Generalsekretär Arabische Liga vertreten. Sauvagnargues würdigte in Tischrede Zusammenkunft, die in gelockerter Atmosphäre stattfand, als ein ‚politisches Ereignis', das diesen Kreis zum ersten Mal zusammenführe. Er unterstrich Solidarität zwischen Gemeinschaft und arabischer Welt und bezog sich auf historische Bande zwischen beiden Gruppierungen. Er hob hervor, daß alle entschlossen seien, dem europäisch-arabischen Dialog zum Erfolg zu verhelfen. Libanesischer Außenminister und gegenwärtiger Sprecher der Araber pflichtete den Ausführungen Sauvagnargues' bei und betonte die traditionell guten Beziehungen zwischen den arabischen Staaten und Europa. Er unterstrich mehrfach die Notwendigkeit, daß im Zusammenleben der Völker Recht und Gerechtigkeit Platz greifen müßten. Man sei jetzt auf dem Wege zurück zur Normalität." Vgl. den Drahtbericht Nr. 1713; Referat 230, Bd. 113977.

[10] Der amerikanische Außenminister Kissinger erklärte am 23. September 1974 vor der UNO-Generalversammlung in New York zur Energiefrage: „Despite our best efforts to meet the oil producers' legitimate needs and to channel their resources into constructive uses, the world cannot sustain even the present level of prices, much less continuing increases. The prices of other commodities will inevitably rise in a never-ending inflationary spiral. [...] The complex, fragile structure of global economic co-operation required to sustain national economic growth stands in danger of be-

schen konnten wir nach Rücksprache mit Franzosen den Amerikanern gegenüber klarstellen, daß Vorabunterrichtung in Paris erfolgte.)

4) KSZE

Kissinger berichtete über die bereits unserer Botschaft übermittelte Darstellung, die Gromyko ihm von seinen KSZE-Gesprächen in Bonn[11] gegeben habe. Danach mußte er den Eindruck gewinnen, daß sich die deutsche Haltung seit den letzten Begegnungen in Ottawa[12] und München[13] wesentlich verändert habe. Insbesondere habe Gromyko den Eindruck erweckt, als sähen die Deutschen keine Probleme mehr beim peaceful change und wollten die Angelegenheit den USA überlassen, von denen auch der letzte Entwurf stamme. Nach Gromykos Darstellung seien sich Sowjets und Deutsche auch beim dritten Korb recht nahe gekommen. Kissinger berichtete, er habe es abgelehnt, das Gespräch mit Gromyko zu vertiefen vor einem erneuten Gespräch mit dem BM, da er sich den von Gromyko behaupteten Wandel der deutschen Haltung nicht erklären könne. Er habe den Verlauf der Diskussion mit Gromyko auch deshalb bedauert, weil er ursprünglich die Absicht gehabt habe, gegenüber Gromyko nachdrücklich die vier amerikanischen Resolutionsentwürfe zu Korb III zu vertreten.

BM betonte, daß sich deutsche KSZE-Position nicht gewandelt habe, wie sich auch klar aus der Antwort der Bundesregierung auf die Große Anfrage der Opposition im Bundestag ergebe.[14] Er berichtete über den Verlauf der Gespräche

Fortsetzung Fußnote von Seite 1216
    ing shattered. The United States will work with other consumer nations on means of conservation and on ways to cushion the impact of massive investments from abroad." Ferner müßten die Erzeugerstaaten mit den Verbraucherstaaten eine langfristige Strategie ausarbeiten, um den Bedarf an Energie und Nahrungsmitteln zu akzeptablen Preisen zu decken. Vgl. UN GENERAL ASSEMBLY, 29th Session, Plenary Meetings, S. 62. Für den deutschen Wortlaut vgl. EUROPA-ARCHIV 1974, D 522.
11 Der sowjetische Außenminister Gromyko hielt sich am 15./16. September 1974 in der Bundesrepublik auf. Vgl. dazu besonders Dok. 263 und Dok. 269.
12 Zum Gespräch des Bundesministers Genscher mit den Außenministern Callaghan (Großbritannien), Kissinger (USA) und Sauvagnargues (Frankreich) sowie zur NATO-Ministerratstagung am 18./19. Juni 1974 in Ottawa vgl. Dok. 182 und Dok. 183.
13 Zum Gespräch des Bundesministers Genscher mit dem amerikanischen Außenminister Kissinger am 6. Juli 1974 in Miesbach sowie zum amerikanischen Vorschlag für den Grundsatz der friedlichen Grenzänderung in einer KSZE-Prinzipienerklärung vgl. Dok. 202.
14 Für den Wortlaut der Großen Anfrage der CDU/CSU-Fraktion vom 8. Juli 1974 betr.: Konferenz über Sicherheit und Zusammenarbeit in Europa (KSZE) vgl. BT ANLAGEN, Bd. 172, Drucksache Nr. 7/2354. In der schriftlichen Antwort der Bundesregierung vom 10. Oktober 1974 auf die Große Anfrage wurde zur Unverletzlichkeit der Grenzen und zur friedlichen Grenzänderung ausgeführt, die Bundesregierung habe die bislang in Genf registrierte Formel „noch zusätzlich mit einem formellen Vorbehalt versehen, daß vor ihrer endgültigen Zustimmung das Prinzip des Selbstbestimmungsrechts befriedigend formuliert und über die Aussage zur fortdauernden Zulässigkeit friedlicher und einvernehmlicher Grenzänderungen (‚peaceful change') sowohl bezüglich ihres genauen Wortlauts wie ihrer Plazierung im Prinzipienkatalog Einigkeit hergestellt sein muß". Dem Verbot der Grenzänderungen mit Gewalt oder Androhung von Gewalt entspreche „die fortdauernde Zulässigkeit friedlicher und einvernehmlicher Grenzänderungen. Für die Bundesregierung ist eine Klarstellung in der Prinzipiendeklaration, die hieran keinen Zweifel läßt, unverzichtbar. Eine solche Klarstellung ist sowohl im nationalen deutschen Interesse wie auch im Hinblick auf den europäischen Einigungsprozeß geboten. [...] Es muß sichergestellt sein, daß die Deklaration weder im Widerspruch zu den bestehenden Verträgen, darunter insbesondere dem Deutschlandvertrag, noch als im Widerspruch zu den auch weiterhin fortbestehenden Rechten und Verantwortlichkeiten der Vier Mächte in bezug auf Berlin und Deutschland als Ganzes stehend interpretiert werden kann. Gleichermaßen ist eine Klarstellung notwendig, daß die Prinzipien gleichwertig sind und jedes Prinzip im Zu-

mit Gromyko und sagte, er werde Gromyko am 26.9. mit Nachdruck auf die falsche Darstellung der deutschen Haltung gegenüber Kissinger ansprechen.[15]

BM und Kissinger bestätigten ihr Einverständnis zum peaceful change wie folgt: Wir unterstützen gemeinsam mit den EG-Partnern die von den Amerikanern in Genf deponierte Formulierung. Falls die Sowjets, wie Gromyko zu erkennen gab, auf die alte französische Formulierung[16] zurückkommen möchten, können wir uns unter der Bedingung damit einverstanden erklären, daß sie im Prinzip der Unverletzlichkeit der Grenzen untergebracht wird. (Gromyko hatte gegenüber Kissinger vor allem bemängelt, daß die amerikanische Formulierung der Sache einen völlig neuen Charakter gebe, da sie mehr oder weniger zu Grenzänderungen aufrufe.)

Auch gegenüber Kissinger verbreitete sich Gromyko eingehend über das vom Westen verlangte Prinzip der Gleichwertigkeit der Prinzipien. Im Lichte der Gespräche in Bonn erklärte er sich bereit zur Formulierung „all principles must be equally strictly applied". BM meinte, westliche Seite könne folgenden Text überlegen: „Alle Prinzipien sollten gleichermaßen respektiert werden und bilden ein einheitliches Ganzes." BM wies darauf hin, daß er gegenüber Gromyko auf die Notwendigkeit des zweiten Satzteils zur Wahrung des Interpretationszusammenhangs hingewiesen habe. Das Wort „strictly" sollte vermieden werden, da es den Eindruck einer vertragsähnlichen Verpflichtung erwecke. Kissinger stimmte ausdrücklich zu.

(Zusatz: Gromyko behauptete auch im Gespräch mit Sauvagnargues, der peaceful change sei nach deutscher Auffassung eine amerikanische Angelegenheit, und die Sowjets sollten sich hierüber mit den Amerikanern unterhalten. Er bezeichnete amerikanische Formulierung als nicht akzeptabel, da sie der Sache einen anderen Sinn als früher erörtert gebe. Auf Gromykos Darlegung zu vertrauensbildenden Maßnahmen erwiderte Sauvagnargues nur kurz, diese Maßnahmen gehören nicht zu den für Frankreich essentiellen Punkten.)

5) Gespräch BM mit Präsident Ford[17]

Auf Frage BM nach Gesprächsthemen erwiderte Kissinger, die Themen hingen von deutschen Wünschen ab. Er erwähnte Beziehungen Bonn/Washington, Energie, KSZE (der Präsident sei nicht in alle Details eingearbeitet), [...][18]. BM erwähnte die Lage am Nordrand des Mittelmeers und regte an, dem Präsidenten einen Hinweis auf die außenpolitische Grundsatzerklärung in der Haushaltsdebatte des Bundestags[19] zu geben.

Fortsetzung Fußnote von Seite 1217
sammenhang mit den anderen zu interpretieren ist." Vgl. BT ANLAGEN, Bd. 195, Drucksache Nr. 7/2616, S. 5 f.
Bundesminister Genscher äußerte sich außerdem zur Großen Anfrage am 17. Oktober 1974 im Bundestag. Für den Wortlaut vgl. BT STENOGRAPHISCHE BERICHTE, Bd. 89, S. 8342–8347.

[15] Für das Gespräch des Bundesministers Genscher mit dem sowjetischen Außenminister Gromyko am 26. September 1974 in New York vgl. Dok. 277.
[16] Vgl. dazu Ziffer 3 des französischen Entwurfs vom 19. Oktober 1973 einer Erklärung über die Prinzipien der Beziehungen zwischen den Teilnehmerstaaten der KSZE; Dok. 219, Anm. 8.
[17] Zum Gespräch des Bundesministers Genscher mit Präsident Ford am 26. September 1974 vgl. Dok. 284.
[18] Unvollständige Übermittlung des Drahtberichts.
[19] Bundesminister Genscher gab am 18. September 1974 im Rahmen der Debatte über das Haushaltsgesetz für 1975 eine Regierungserklärung ab. Für den Wortlaut vgl. BT STENOGRAPHISCHE BERICHTE, Bd. 89, S. 7697–7702. Für einen Auszug vgl. Dok. 284, Anm. 4.

6) Berlin

BM berichtete über sein Gespräch mit Gromyko über Berlin-Abkommen.[20] Es habe keine Annäherung in der Frage der Einbeziehung Berlins in das Abkommen über wissenschaftlich-technische Zusammenarbeit gegeben. Es wäre besser, kein Abkommen zu schließen, als die Einbeziehung Berlins in künftige Abkommen zu präjudizieren. In der Frage der Rechtshilfe könne man wohl zu einer Einigung kommen.

7) Daten

Kissinger wird vom 24. bis 26.10. Moskau besuchen.[21] BM sprach die Hoffnung aus, daß Kissinger vielleicht vor der Dezember-Sitzung der NATO[22] zu einem Besuch nach Fürth kommen werde, wozu er bereits Kissingers Eltern am 23.9. eingeladen habe. Kissinger zeigte sich grundsätzlich bereit, am 27.1.75 nach Aachen zu kommen (Orden wider den tierischen Ernst).

[gez.] van Well

VS-Bd. 9942 (203)

277

Gespräch des Bundesministers Genscher mit dem sowjetischen Außenminister Gromyko in New York

010-2136/74 VS-vertraulich   26. September 1974[1]

Gespräch des Herrn Bundesaußenministers mit Außenminister Gromyko anläßlich eines Lunchs in der sowjetischen Mission am 26. September 1974 von 12.15 Uhr bis 14.30 Uhr. An dem Gespräch nahmen teil:

von deutscher Seite: Botschafter von Wechmar und MD van Well sowie der Unterzeichnete als Dolmetscher;

sowjetischerseits: u. a. die Botschafter Malik und Dobrynin.

Noch während des Lunchs stellte Minister *Gromyko* die Frage, wie weit die Vorbereitungen für die Expertengespräche gediehen seien. *D2* antwortete, man sei dabei, die Gespräche mit der sowjetischen Botschaft in Bonn vorzubereiten.

---

[20] Der sowjetische Außenminister Gromyko hielt sich am 15./16. September 1974 in der Bundesrepublik auf. Vgl. dazu besonders Dok. 265 und Dok. 270.

[21] Der amerikanische Außenminister Kissinger besuchte die UdSSR vom 23. bis 27. Oktober 1974. Vgl. dazu Dok. 303, Anm. 12.

[22] Zur NATO-Ministerratstagung am 12./13. Dezember 1974 in Brüssel vgl. Dok. 372–374 und Dok. 376.

[1] Die Gesprächsaufzeichnung wurde von Dolmetscher Weiß, z. Z. New York, am 27. September 1974 gefertigt.
Hat Bundesminister Genscher vorgelegen.
Hat Ministerialdirigent Kinkel am 1. Oktober 1974 vorgelegen.

Gromyko erklärte, dies solle schnell geschehen; von sowjetischer Seite sei man dazu bereit.[2]

Bei dem Gespräch nach dem Lunch führte *Gromyko* aus, die Atmosphäre bei der diesjährigen Generalversammlung[3] sei nicht schlecht. Es gebe viele Probleme und Erörterungen, die fortgesetzt werden müßten, darunter auch recht komplizierte Fragen wie das Zypern-Problem, der Nahe Osten, hier insbesondere die Rechte der Palästinenser. Außerdem stehe der gesamte Komplex der Abrüstung zur Diskussion, der sich in verschiedene Themenkreise teile. In diesem Zusammenhang wolle er auf den sowjetischen Vorschlag bezüglich der Umweltkriegsführung hinweisen.[4] Man habe den Eindruck, daß die Einstellung der Mehrheit der VN-Mitglieder zu dem sowjetischen Vorschlag positiv sei, und er hoffe, daß auch unsere Seite für diesen Vorschlag Verständnis aufbringe. Vielleicht könnten wir den sowjetischen Vorschlag auch unterstützen. Insgesamt hoffe er auf einen regen Meinungsaustausch zwischen beiden Delegationen. Er werde sich nun gerne die Ausführungen des Herrn Bundesaußenministers anhören, vielleicht auch zu einigen anderen Fragen.

Der Herr *Bundesaußenminister* erklärte, er habe den Eindruck, daß sich in der Zypernfrage, in der sich der Generalsekretär der VN[5] besonders verdient gemacht habe, trotz der zum Teil hitzigen Wortgefechte in der Generalversammlung eine Abkühlung des heißen Konflikts abzeichne. Hierbei komme den Führern der beiden Volksgruppen auf der Insel[6] besonderes Gewicht zu. Es wäre vernünftig, und das entspräche unserer Position, wenn sich die Beteiligten um eine Lösung bemühten. Man wisse aber auch, daß sowohl Griechenland wie die Türkei zustimmen müßten, wobei die griechische Regierung nur zustimmen könne, wenn dies auch Makarios tue. Neben der ernsten Situation auf der Insel und den schrecklichen Folgen für die Menschen erfülle unsere Seite die Situation im Nahen Osten mit besonderer Sorge. Was die ökonomischen Probleme angehe, über die man am Samstag in Washington im Kreis der Fünf sprechen werde[7], so hätten wir eine klare Position: keine Konfrontation, sondern Kooperation. Dies sei auch gestern bei dem Treffen der Außenminister der

---

[2] Zum Gespräch des Ministerialdirektors Sanne, Bundeskanzleramt, mit dem sowjetischen Botschafter Falin am 30. September 1974 vgl. Dok. 270, Anm. 8.

[3] Die XXIX. UNO-Generalversammlung fand vom 17. September bis 19. Dezember 1974 statt.

[4] Mit Schreiben vom 7. August 1974 ersuchte der sowjetische Außenminister Gromyko UNO-Generalsekretär Waldheim, die Frage der Beeinflussung der Umwelt und des Klimas zu militärischen Zwecken auf die Tagesordnung der UNO-Generalversammlung zu setzen. Für den Wortlaut vgl. UN GENERAL ASSEMBLY, Official Records, Annexes (Agenda items 24, 27, 28, 29, 30, 31, 34, 35, 100, 101, 103 and 107), S. 4 f.
Am 24. September 1974 brachte die UdSSR im Ersten Ausschuß der UNO-Generalversammlung den Entwurf einer Resolution sowie eines „Übereinkommens über das Verbot der Beeinflussung der Umwelt und des Klimas zu militärischen und sonstigen mit der Aufrechterhaltung der internationalen Sicherheit sowie des Wohlergehens und der Gesundheit der Menschen unvereinbaren Zwecken" ein. Für den Wortlaut vgl. UN GENERAL ASSEMBLY, Official Records, Annexes (Agenda items 24, 27, 28, 29, 30, 31, 34, 35, 100, 101, 103 and 107), S. 24–26. Für den deutschen Wortlaut des Entwurfs für ein Übereinkommen vgl. EUROPA-ARCHIV 1975, D 302–306.

[5] Kurt Waldheim.

[6] Rauf Denktasch und Glafkos Klerides.

[7] Zu den Gesprächen der Außen- und Finanzminister der Bundesrepublik, Frankreichs, Großbritanniens, Japans und der USA am 28./29. September 1974 in Washington vgl. Dok. 285, Dok. 289 und Dok. 292.

Neun mit den arabischen Außenministern[8], das im Rahmen des europäisch-arabischen Dialogs stattgefunden habe, zum Ausdruck gekommen. Die amerikanische Regierung strebe wie wir nach Kooperation. Was den sowjetischen Vorschlag bezüglich der Umweltkriegsführung anbelange, so wären wir offen und interessiert.

Gromyko erwiderte, auch die sowjetische Seite sei der Ansicht, daß die Richtung, die sich zu Beginn der Generalversammlung abzeichne, insgesamt konstruktiv sei. Das weitere werde die Erörterung der konkreten Probleme zeigen. Jedenfalls sei die Sowjetunion bestrebt, einen positiven Beitrag zur Generalversammlung zu leisten. Was die KSZE angehe, so hätte sich seit dem Treffen in Gymnich[9] wohl keine weitere Entwicklung ergeben. Dort habe man über eine entsprechende abgeänderte Formel für die friedliche Grenzänderung gesprochen, und wir hätten darauf hingewiesen, die sowjetische Seite möge über den amerikanischen Vorschlag[10] mit den Amerikanern selbst sprechen. Bei seinen Gesprächen in Washington[11] habe er den Eindruck gewonnen, als ob die amerikanische Seite diesem Punkt nicht die Bedeutung beimesse.

Der Herr *Bundesaußenminister* führte aus, er habe am Dienstag ein langes Gespräch gehabt, das sich auf das beziehe, wovon Gromyko gesprochen habe.[12] Offensichtlich handele es sich um ein Mißverständnis insofern, als die sowjetische Seite wohl verstanden habe, als gehe es hier um eine Frage, die nicht[13] von deutschem Interesse sei. Natürlich liege hier ein elementares deutsches Interesse vor. Als man auf die amerikanische Formulierung verwiesen habe, die wir unterstützten, habe dies nicht bedeuten sollen, als wäre die Frage für uns von zweitrangiger Bedeutung, sondern nur, daß wir uns hier mit den Amerikanern einig wüßten. Die erste und die zweite Formel müsse man danach beurteilen, welchem Prinzip sie zugeordnet werde. Die erste Formel habe zu der Unverletzlichkeit gehört. Wenn man sie jedoch an eine andere Stelle setzen würde, dann müsse die zweite Formel zum Zug kommen, d. h. der Platz beeinflußt die Formulierung. In diesem Punkt seien der deutsche und der amerikanische Standpunkt identisch. Wir hätten bereits bei den Gesprächen in Gymnich darauf hingewiesen, daß es hier nicht nur um die deutsche Einheit, sondern auch um eine politische Union Europas gehe. Mit den Amerikanern und den anderen europäischen Ländern sei man sich seinerzeit in Ottawa[14] im Rahmen der NATO einig gewesen. Er glaube, es wäre richtig, die Verhandlungen

---

8 Zum Treffen von Außenministern der EG-Mitgliedstaaten mit den Außenministern einiger arabischer Staaten am 25. September 1974 in New York vgl. Dok. 276, Anm. 9.
9 Der sowjetische Außenminister Gromyko hielt sich am 15./16. September 1974 in der Bundesrepublik auf. Vgl. dazu besonders Dok. 263 und Dok. 269.
10 Zum amerikanischen Vorschlag für den Grundsatz der friedlichen Grenzänderung in einer KSZE-Prinzipienerklärung vgl. Dok. 202.
11 Der sowjetische Außenminister Gromyko traf am 20./21. September 1974 in Washington mit Präsident Ford zusammen.
12 Zum Gespräch des Bundesministers Genscher mit dem amerikanischen Außenminister Kissinger am 24. September 1974 in New York vgl. Dok. 276.
13 Dieses Wort wurde von Bundesminister Genscher handschriftlich eingefügt. Dafür wurde gestrichen: „nur".
14 Zum Gespräch des Bundesministers Genscher mit den Außenministern Callaghan (Großbritannien), Kissinger (USA) und Sauvagnargues (Frankreich) sowie zur NATO-Ministerratstagung am 18./19. Juni 1974 in Ottawa vgl. Dok. 182 und Dok. 183.

in Genf mit allen Delegationen fortzuführen, damit es zu keinen Mißverständnissen komme.

Minister *Gromyko* antwortete, natürlich solle das Gespräch in Genf weitergehen. Sowjetischerseits sei man der Ansicht gewesen, die Sache sei bereits abgestimmt; man habe festgestellt, daß sie jedoch noch „schwimme". Er wolle eine abgeänderte Formulierung des amerikanischen Vorschlags uns zur Prüfung vorlegen. Man werde darüber auch die Amerikaner informieren.

Die sowjetische Seite sei bereit, auf diese Formel einzugehen, und wenn sie für uns und für andere akzeptabel sei, könne man die Frage zu einem schnellen Abschluß bringen.

(Text des sowjetischen Vorschlags: „Die teilnehmenden Staaten sind der Ansicht, daß ihre Grenzen in Übereinstimmung mit dem Völkerrecht nur auf friedlichem Wege und gemäß Vereinbarung verändert werden können.")

Gromyko fuhr fort, die sowjetische Seite hoffe sehr, daß die Bundesregierung einen realistischen Standpunkt zur Frage der Erleichterung einer Vereinbarung über CBM, d. h. Vorankündigung von Manövern und Truppenbewegungen sowie Beobachteraustausch, einnehme. Viele Positionen seien unrealistisch und weniger auf Fortschritte, denn auf ein Scheitern ausgerichtet. Er bitte den Herrn Bundesaußenminister, diese Frage aufmerksam zu prüfen.

Der Herr *Bundesaußenminister* erklärte, der sowjetischen Seite sei unsere Position wohlbekannt. Er könne nur wiederholen, daß wir bei der KSZE zu einer konstruktiven Zusammenarbeit und zu einem zügigen Vorwärtskommen bereit seien, auch dort, wo noch keine Annäherung der Standpunkte zu verzeichnen sei. Er glaube, daß auch unsere Position bei den CBM als realistisch bezeichnet werden könne.

Bei den Gesprächen in Bonn, fuhr Minister *Gromyko* fort, habe man auch über das Verhältnis der Prinzipien zueinander gesprochen, und die sowjetische Seite habe die Formulierung vorgeschlagen, alle Prinzipien sollten „gleichermaßen strikt erfüllt bzw. beachtet" werden. Er glaube, daß solch eine Formulierung allgemein akzeptabel sei.

Der Herr *Bundesaußenminister* erwiderte, wir würden die Frage der Gleichrangigkeit und der Tatsache, daß die Prinzipien ein einheitliches Ganzes darstellten, prüfen, um zu einer Formulierung zu kommen, die sowohl präzise wie auch für alle akzeptabel sei.

Der Herr Bundesminister fuhr fort, er wolle noch einen Punkt vorsorglich ansprechen. Er habe tags zuvor mit dem Herrn Bundeskanzler ein Telefonat geführt und wolle die gemeinsame Besorgnis zum Ausdruck bringen. Es gebe Gerüchte, daß die Absicht bestehe, zum 25. Jahrestag der Gründung der DDR eine Änderung der Verfassung der DDR[15] vorzunehmen, die eine Statusände-

---

[15] In Artikel 1 der Verfassung der DDR vom 6. April 1968 hieß es u. a.: „Die Deutsche Demokratische Republik ist ein sozialistischer Staat deutscher Nation." Vgl. GESETZBLATT DER DDR 1968, Teil I, S. 205. In Artikel 8 Absatz 2 der Verfassung der DDR vom 6. April 1968 wurde ausgeführt: „Die Herstellung und Pflege normaler Beziehungen und die Zusammenarbeit der beiden deutschen Staaten auf der Grundlage der Gleichberechtigung sind nationales Anliegen der Deutschen Demokratischen Republik. Die Deutsche Demokratische Republik und ihre Bürger erstreben darüber hinaus die Überwindung der vom Imperialismus der deutschen Nation aufgezwungenen Spaltung Deutschlands,

rung für Ostberlin beinhalte wie auch eine Änderung des Bezugs auf Deutschland.[16] Dies wäre keine gute Sache. Es würde nicht dem Geist des Briefwechsels zwischen dem Generalsekretär des ZK der KPdSU und dem Bundeskanzler entsprechen[17], auch nicht den Kontakten zwischen Honecker und dem Bundeskanzler.[18] Er wisse nicht, ob diese Gerüchte zuträfen, wolle aber rechtzeitig Gromykos Aufmerksamkeit hierauf lenken. Er habe auch tags zuvor bereits mit Fischer auf dem Empfang des Generalsekretärs der VN hierüber gesprochen.[19]

Minister *Gromyko* führte in Erwiderung aus, weder er noch die Sowjetunion könnten die Pläne der DDR beeinflussen, auch nicht bezüglich möglicher Änderungen der Verfassung der DDR. Dies sei eine Angelegenheit, über die die DDR selbst entscheide. Er müsse betonen, daß die Verfassung der DDR ebenso Sache der DDR sei wie unsere Verfassung unsere Angelegenheit. Die DDR sei ein souveräner Staat und frei in ihren Entscheidungen. Er könne nicht mehr als Antwort sagen.

Der Herr *Bundesminister* erklärte demgegenüber, Gromyko habe natürlich im Prinzip recht. Wenn die DDR aus einem Bezirk eine Provinz machen wolle oder die Befugnisse der Volkskammer oder eines anderen Organs ändern wolle, so sei dies nicht Sache von Gesprächen zwischen der Sowjetunion und der Bundesrepublik. Er habe jedoch von einer Verfassungsänderung bezüglich Berlins gesprochen.[20] Hier entspreche die Lage der DDR der der Bundesrepublik. Es werde das Vier-Mächte-Abkommen tangiert, und eine dieser Vier Mächte sei die Sowjetunion. Deshalb habe er dies im Namen der Bundesregierung gesagt. Er glaube, daß Gromyko trotz seiner grundsätzlichen Ausführungen verstanden habe, was er (der Herr Bundesaußenminister) habe sagen wollen.

Hierauf erwiderte *Gromyko*, man denke nicht an eine Aktion, die im Gegensatz zu dem Vierseitigen Abkommen über Berlin stehe, dem Vierseitigen Abkommen über Westberlin. Man stelle sich ebenso wenig eine Aktion im Wider-

---

Fortsetzung Fußnote von Seite 1222
    die schrittweise Annäherung der beiden deutschen Staaten bis zu ihrer Vereinigung auf der Grundlage der Demokratie und des Sozialismus". Vgl. GESETZBLATT DER DDR 1968, Teil I, S. 206.

16 Die Volkskammer der DDR beschloß am 27. September 1974 ein Gesetz zur Ergänzung und Änderung der Verfassung der DDR vom 6. April 1968, das am 7. Oktober 1974 in Kraft trat. Vgl. dazu den Artikel „Errungenschaften des Volkes in der Verfassung verankert"; NEUES DEUTSCHLAND vom 28. September 1974, S. 1.
In Artikel 1 hieß es nun: „Die Deutsche Demokratische Republik ist ein sozialistischer Staat der Arbeiter und Bauern." Vgl. GESETZBLATT DER DDR 1974, Teil I, S. 434.
Artikel 8 Absatz 2 wurde gestrichen. Vgl. dazu das Gesetz vom 7. Oktober 1974 zur Ergänzung und Änderung der Verfassung der DDR; GESETZBLATT DER DDR 1974, Teil I, S. 426.

17 Zum Briefwechsel des Bundeskanzlers Schmidt mit dem Generalsekretär des ZK der KPdSU, Breschnew, vgl. Dok. 269, Anm. 10.

18 Bundeskanzler Schmidt übermittelte am 10. Juli 1974 eine Mitteilung an den Ersten Sekretär des ZK der SED, Honecker. Für den Wortlaut vgl. BONN UND OST-BERLIN, S. 303 f.
Am 6. September 1974 richtete Schmidt ein Schreiben an Honecker, das am 10. September 1974 beantwortet wurde. Für den Wortlaut der Schreiben vgl. BONN UND OST-BERLIN, S. 305–311.
Eine weitere Mitteilung von Schmidt wurde am 25. September 1974 übermittelt. Für den Wortlaut vgl. BONN UND OST-BERLIN, S. 312–314.

19 Zum Gespräch des Bundesministers Genscher mit dem amtierenden Außenminister der DDR, Fischer, am 25. September 1974 in New York vgl. Dok. 282.

20 Zu diesem Satz vermerkte Bundesminister Genscher handschriftlich: „Und im Bezug auf die dt. Frage im ganzen Gespräch."

spruch zu dem Vierseitigen Abkommen vor, wie das auch für die Bundesrepublik gelte.

VS-Bd. 14055 (Referat 010)

278

Ressortbesprechung

403-411 IRN-1419/74 VS-vertraulich 26. September 1974[1]

Betr.: Deutsch-iranische Rüstungsbeziehungen;
hier: Staatssekretärsgespräch im BMVg am 26. Sept. 1974

I. An dem Gespräch nahmen StS Dr. Gehlhoff, StS Dr. Rohwedder, StS Dr. Mann, Botschafter Wieck, VLR I Dr. Kruse und der persönliche Referent von StS Dr. Mann[2] teil.

Botschafter *Wieck* teilte mit, daß der iranische stellvertretende Verteidigungsminister, General Toufanian, bald nach Deutschland kommen wolle, um das Projekt „Löwe Iran"[3] voranzutreiben. Leopard II dürfte für den Iran nicht interessant sein, da

– Fertigung frühestens nach sieben Jahren beginnen könne;
– Preis des Leopard II über dem anderer vergleichbarer Panzer liegen würde;
– die Iraner das Modell Leopard II nur dann einführen wollten, wenn es von der Bundesrepublik Deutschland oder einem anderen wichtigen NATO-Land übernommen würde;
– die Iraner den Panzer in drei Jahren brauchten, die Bundesregierung aber ihre Zustimmung nur zu einer Fertigung im Iran, nicht aber für eine Lieferung von Panzern gegeben habe.

Staatssekretär *Mann* verwies auf ein am 10. September mit Staatssekretär Schüler (Bundeskanzleramt) geführtes Gespräch, in dem Übereinstimmung bestanden habe, daß für eine Fertigung von Leopard II wohl eine degressive Lieferung von Teilen, in keinem Fall jedoch die Lieferung des gesamten Waffensystems, gleichgültig, ob Leopard I oder II, in Frage kommen könne. Im übrigen

---

[1] Die Gesprächsaufzeichnung wurde von Vortragendem Legationsrat I. Klasse Kruse am 30. September 1974 gefertigt und am gleichen Tag von Ministerialdirigent Lautenschlager an Staatssekretär Gehlhoff geleitet. Dazu vermerkte Lautenschlager: „Anbei werden der Vermerk über das Gespräch bei Staatssekretär Dr. Mann (BMVg) vom 26. September 1974 zur Genehmigung und der Entwurf eines Schreibens an StS Dr. Rohwedder (BMWi), mit dem ein Durchdruck des Vermerks übersandt wird, mit der Bitte um Zeichnung vorgelegt. Nach Genehmigung des Vermerks wird derselbe per Fernschreiben VS-v auch an Botschafter Dr. Wieck nach Teheran durchgegeben werden."
Hat Gehlhoff am 1. Oktober 1974 vorgelegen. Vgl. den Begleitvermerk; VS-Bd. 8846 (403); B 150, Aktenkopien 1974.

[2] Peter Körner.

[3] Zur Frage der Lieferung bzw. Lizenzproduktion von Panzern des Typs „Leopard" im Iran vgl. Dok. 153.

sei die seinerzeitige Zusage in die Gesamtbeziehungen Bundesrepublik Deutschland/Iran eingebettet.

Botschafter *Wieck* erläuterte auf eine Frage StS Rohwedders nach der Entwicklung dieser Beziehungen, daß nach seiner Auffassung die Dinge seit der Investitionskonferenz[4] erheblich vorangekommen seien: Stahlanlage, PAL[5], Kernkraftwerke.[6] Probleme bestehen noch hinsichtlich des Komplexes Exportraffinerie[7] und Petrochemie.

StS *Rohwedder* wies darauf hin, daß trotz eines gewissen Entgegenkommens der Iraner der Preis pro Produkt-Tonne noch um 20,– DM zu hoch sei. Die nächsten Verhandlungen zwischen den Iranern und der deutschen Gruppe seien erst für den 15. Januar 1975 vorgesehen. Nachdem BM Friderichs verschiedentlich im Iran gewesen sei, sei es nun an der Zeit, daß Finanzminister Ansari zu weiteren Gesprächen nach Bonn käme.

Botschafter *Wieck* meinte, Ansari sei hierzu bereit.[8]

---

[4] Die deutsch-iranische Investitionskonferenz fand vom 28. bis 30. April 1974 in Teheran statt.

[5] Zur Einführung des Farbfernsehens im Iran teilte das Bundesministerium für Wirtschaft am 7. August 1974 als Ergebnis einer Ressortbesprechung vom 2. August 1974 mit: „Die iranische Regierung scheint das Verfahren positiv zu beurteilen, zumal PAL in Gebirgslandschaften dem SECAM-System technisch überlegen sein soll. Neben der Ausbildung von Technikern (in Berlin) spielt die Herstellung von Empfangsgeräten für den Iran eine große Rolle. Die deutschen Gerätehersteller haben Tochterunternehmen im Iran, die miteinander im Wettbewerb stehen. Es ist deshalb wenig wahrscheinlich, daß es zur Entwicklung eines einheitlichen Empfangsgeräts kommt, das die iranische Regierung aus Kostengründen wünscht." Vgl. Referat 413, Bd. 105286.
Nach einem Besuch des Ministerpräsidenten Chirac vom 21. bis 23. Dezember 1974 im Iran wurde die Einführung des französischen Farbfernsehsystems SECAM im Iran bekanntgegeben. Vgl. dazu das Kommuniqué vom 23. Dezember 1974; LA POLITIQUE ETRANGÈRE 1974, II, S. 315.

[6] Referat 413 notierte dazu am 12. September 1974: „Der Iran will beschleunigt eine umfangreiche Kernkraftindustrie aufbauen. Geplant sind Kernkraftwerke mit einer Gesamtleistung von etwa 20 000 MW. [...] Die deutsche Industrie bemüht sich, ebenso wie die Schweden und Kanadier, mit den Iranern ins Geschäft zu kommen. Vertreter der Kernkraftwerk-Union (KWU) verhandeln in Teheran über einen Lieferauftrag von zwei Kernkraftanlagen (zu je 600 MW = 1200 MW). Der Iran macht die Auftragserteilung davon abhängig, daß das für die beiden Kernkraftwerke notwendige angereicherte Uran von der KWU geliefert und daß die Bundesregierung hierfür (ebenso wie dies Frankreich und die USA für die von ihnen zu liefernden Kraftwerke tun) eine Garantie übernimmt. KWU beabsichtigt, einen Teil des benötigten angereicherten Urans evtl. in der Sowjetunion zu kaufen. Wegen der geforderten Garantieerklärung der Bundesregierung sind intern noch verschiedene Fragen zu klären." Vgl. Referat 413, Bd. 105286.
Das Bundesministerium für Forschung und Technologie teilte am 8. Oktober 1974 mit: „Der Präsident der iranischen Atomenergiekommission, Dr. Etemad, hatte bei seinem Besuch in Bonn am 24. September die Bereitschaft des Iran zur Bestellung eines oder mehrerer Kernkraftwerke in der Bundesrepublik davon abhängig gemacht, daß die Bundesregierung dem Iran eine langfristige Unterstützung auf allen für die kerntechnische Entwicklung wesentlichen Gebieten in Aussicht stelle. Bei den Gesprächen mit den Staatssekretären Dr. Gehlhoff, Haunschild und Dr. Rohwedder ist diese Zusage im Grundsatz bereits abgegeben worden. Einzelheiten sollten in einem Memorandum niedergelegt werden, das in Anlehnung an wesentliche Punkte des Gesprächs mit Staatssekretär Haunschild abgefaßt und der iranischen Seite kurzfristig übermittelt werden sollte." Vgl. Referat 413, Bd. 114255.
Vertreter der Kraftwerkunion und der iranischen Atomenergiebehörde paraphierten am 3. November 1974 in Teheran eine Absichtserklärung über den Bau von zwei Kernkraftwerken mit je 1200 Megawatt, die 1980 bzw. 1981 betriebsbereit sein sollten. Vgl. dazu den Drahtbericht Nr. 1069 des Botschafters Wieck, Teheran, vom 18. November 1974; Referat 413, Bd. 114255.

[7] Zum Projekt der Errichtung einer Erdölraffinerie in Buschehr vgl. Dok. 166, Anm. 9.

[8] Der iranische Finanz- und Wirtschaftsminister Ansari hielt sich am 2. Dezember 1974 in der Bundesrepublik auf.

1225

StS *Gehlhoff* umriß den Standpunkt des Auswärtigen Amts wie folgt:
- Bundesregierung habe kein originäres außen- oder innenpolitisches Interesse an einer so engen rüstungspolitischen Zusammenarbeit mit dem Iran.
- Die Bereitschaft hierzu sei in einer bestimmten wirtschafts- und energiepolitischen Situation getroffen.[9] Die rüstungspolitische und die wirtschafts- und energiepolitische Zusammenarbeit müßten sich pari passu entwickeln.
- Da Leo II noch nicht realisiert sei und die Bundesregierung keinen Einfluß auf Bundeswehr ausüben könne, diesen Panzertyp einzuführen, erscheine es vernünftig, sich auf Fabrikation Leo I zu konzentrieren. Die Entscheidung zwischen den beiden Typen müsse aber den Iranern überlassen bleiben.
- Eine – degressive – Teilelieferung für die Fertigung des Panzers im Iran ließe sich nicht umgehen; unser Interesse besteht an möglichst geringen Zulieferungen; komplette Lieferung völlig ausgeschlossen.

Staatssekretär *Rohwedder*: Haltung des BMWi sei unverändert: Kein Export um des Exportes willen. Auch er bejahe den Zusammenhang zwischen rüstungspolitischer und allgemeinwirtschaftlicher bzw. energiewirtschaftlicher Zusammenarbeit. Das Interesse an solcher Zusammenarbeit bestehe nach wie vor; Deutschland bleibe energiepolitisch verwundbar. Es sei allerdings noch nicht gelungen, von den Iranern bezüglich der Lieferung von Erdöl und Erdgas größere Zusicherungen zu erhalten als von anderen Erdölländern. Es bleibe auch die Frage, ob sich die Bundesregierung nicht durch die rüstungspolitische Zusammenarbeit mit dem Iran in Schwierigkeiten gegenüber anderen Erdölproduzentenländern bringe.

Staatssekretär *Gehlhoff* erwiderte, diese Schwierigkeiten ließen sich nur dadurch meistern, daß es sich um eine Fertigung im Iran handele, zu der den anderen Erdölproduzenten die Voraussetzungen fehlten.

Staatssekretär Dr. *Mann* bejahte den Grundsatz, daß die rüstungspolitische Zusammenarbeit in die breitere wirtschaftliche Zusammenarbeit eingebettet sein müsse. Die Zusage gegenüber den Iranern betreffe den Panzer Leopard II; es sei aber nicht schwieriger, statt dessen die Fertigung des Leopard I vorzusehen. Das Angebot umfasse auch die Lieferung von Teilen.

Toufanian werde nach Deutschland kommen, sobald er das – bevorstehende – Gespräch mit Direktor Wolf von Firma Krauss Maffei in Teheran gehabt habe.[10] Die Iraner hätten einen Anspruch darauf zu wissen, ob und unter wel-

---

[9] So in der Vorlage.
[10] Botschafter Wieck, Teheran, berichtete dazu am 2. Oktober 1974: „Dr. Wolf (Krauss-Maffai) unterrichtete mich über sein dreistündiges Gespräch mit General Toufanian am 28. September. Ich halte aus dem Gespräch folgendes fest: 1) Dr. Wolf hat die Grundgedanken des Konsortiums für die Iran-Fertigung des Löwen Iran (Leo II) vorgetragen. Danach ist Produktions-Beginn im Jahre 1981 vorgesehen. Bis 1987 könnten 2000 Fahrzeuge gefertigt werden. 2) General Toufanian hat unverzüglich Vorlage des Rahmenplans, dessen Kosten- und Zeitelemente ihn nicht überraschten, beim Schah in Aussicht gestellt. Unter Hinweis auf den späten Produktionsbeginn hat er die Möglichkeit einer iranischen Initiative für eine Zwischenlösung zur Auffüllung einer Planungslücke durch Nachbau von Leo I erwähnt. [...] 3) Dr. Wolf erklärte General Toufanian, daß sich seine Vollmachten nur auf das Fahrzeug Löwe Iran auf der Basis von Leo II bezögen und daß alle anderen Fragen zunächst mit der Bundesregierung zu behandeln seien." Vgl. den Drahtbericht Nr. 931; VS-Bd. 8846 (403); B 150, Aktenkopien 1974.

chen Voraussetzungen die Bundesregierung bereit sei, die gegebene Zusicherung zu verwirklichen. Man müsse dies General Toufanian vor Jahresende sagen. Es sei zu begrüßen, daß das Projekt des U-Boot-Baus[11] gegenstandslos sei.

Staatssekretär *Gehlhoff* stimmte zu, daß Toufanian bald im BMVg empfangen wird. Das Gespräch sollte auf Leo II konzentriert werden; die Iraner müßten selbst als Demandeur die Umstellung auf Leo I vorschlagen. Diesem Vorschlag sollte man deutscherseits unter Hinweis auf den größeren wirtschaftlichen Zusammenhang zustimmen.

II. Zusammenfassung der zwischen den drei Staatssekretären erzielten Übereinstimmung:

Bundesregierung bereit, daß statt Leo II Fertigung von Leo I im Iran vorgesehen wird. Anregung muß von den Iranern kommen. Teilezulieferung (degressiv) wird genehmigt; deutsche Unterstützung bei Fertigung Leo I im Iran schließt Bereitschaft ein, später iranische Produktionsanlagen auf Fertigung des Typs Leo II umzurüsten. Im Gespräch mit Toufanian soll in diskreter Weise auf Zusammenhang rüstungswirtschaftlicher, allgemeinwirtschaftlicher und energiewirtschaftlicher Zusammenarbeit hingewiesen werden.

VS-Bd. 8846 (403)

---

[11] Ministerialdirektor Hermes legte am 22. Oktober 1974 dar: „1) Zwischen dem Iran und deutschen Werften laufen Verhandlungen über den Export von U-Booten 75 t, 450 t und 1000 t. Die Werften Howaldt-Werke – Deutsche Werft Kiel und Rheinstahl Nordseewerke GmbH Emden stehen in äußerst scharfer Konkurrenz zueinander, wobei beide gegen die Konkurrenz der Franzosen anzukämpfen haben, die dem Iran atomgetriebene U-Boote angeboten haben sollen. 2) Ob deutsche Werften den Auftrag zur Lieferung von U-Booten erhalten werden, erscheint noch ungewiß. Sowohl die Howaldt-Werke wie auch die Rheinstahl Nordseewerke haben sich an das Auswärtige Amt mit der Anfrage gewandt, ob sie mit der Erteilung der notwendigen Genehmigung zur Ausfuhr von U-Booten nach dem Iran rechnen können. Nach Angabe der Firma Rheinstahl besteht nach wie vor ein starkes Firmeninteresse an der Prüfung der Genehmigungsfähigkeit der Ausfuhr. Da der Firma Rheinstahl bisher nur ein Zwischenbescheid zugegangen sei, wolle sie jetzt um ein Gespräch auf Staatssekretärsebene nachsuchen, um so den Entscheidungsprozeß zu beschleunigen. [...] Im Staatssekretärsgespräch vom 26. September 1974 über Fragen der Rüstungsbeziehungen mit dem Iran hat StS Dr. Mann erklärt, es sei zu begrüßen, daß das U-Boot-Projekt gegenstandslos geworden sei. Diese Erklärung von StS Dr. Mann widerspricht jedoch den Angaben der Firma Rheinstahl, die in den vergangenen Wochen erheblich auf beschleunigte Entscheidung gedrängt hat." Vgl. VS-Bd. 8846 (403); B 150, Aktenkopien 1974.

279

Bundeskanzler Schmidt an Staatspräsident Giscard d'Estaing

Geheim 26. September 1974[1]

Sehr geehrter Herr Präsident,

die Ansätze für gemeinsame Maßnahmen und Schritte, die wir am 14. September 1974[2] unter Ihrem Vorsitz herausgearbeitet haben, bedürfen der raschen Weiterverfolgung. Da es hilfreich sein mag, den jeweils hiermit Betrauten die Gedankengänge und Vorschläge der Teilnehmer des Treffens am 14. September möglichst vollständig zugänglich zu machen, übersende ich Ihnen hiermit den Wortlaut meiner Darlegungen[3] zu Beginn unserer Sitzung.

Ich habe ferner in einer Analyse unserer Diskussion die Punkte zusammengefaßt, in denen mir vollständige oder teilweise Übereinstimmung zu herrschen schien. Auch diese Übersicht füge ich bei.[4]

Damit wir um die Wende Oktober/November entscheiden können, welche Materien Gegenstand eines offiziellen Treffens vor Jahresende sein können, erlaube ich mir den Vorschlag, daß nunmehr von Seiten des französischen Vorsitzes die Außenminister mit den für eine solche Entscheidung erforderlichen Vorarbeiten befaßt werden.

Nach meiner Ansicht sollten wir bei einem offiziellen Treffen mindestens über die Führungsrolle des Allgemeinen Rates und die Verknüpfungen zwischen EG und EPZ Einvernehmen erzielen, einen mit einer Frist versehenen Auftrag zur Ausarbeitung eines Vorschlages für die Paßunion erteilen und – wenn dieses zuvor noch nicht geschehen ist – Auftrag und Umfang der Bestandsaufnahme der gemeinsamen Agrarpolitik festlegen.

Mit Ihnen, Herr Präsident, weiß ich mich einig in dem Bestreben zu Fortschritten in der Gemeinschaft beizutragen. Sie ist unser vornehmstes Ziel.

Den Teilnehmern an der Begegnung in Ihrem Amtssitz[5] sende ich eine Kopie dieses Schreibens nebst Anlagen.

Genehmigen Sie, Herr Präsident, den Ausdruck meiner ausgezeichnetsten Hochachtung.

Ihr sehr ergebener
Schmidt[6]

VS-Bd. 9890 (200)

---

[1] Ablichtung.
[2] Zum Abendessen der Staats- und Regierungschefs der EG-Mitgliedstaaten und des Präsidenten der EG-Kommission, Ortoli, in Paris vgl. Dok. 268.
[3] Dem Vorgang beigefügt. Vgl. VS-Bd. 9890 (200).
Für den Sprechzettel des Bundeskanzlers Schmidt für das Abendessen der Staats- und Regierungschefs der EG-Mitgliedstaaten und des Präsidenten der EG-Kommission, Ortoli, am 14. September 1974 in Paris vgl. VS-Bd. 14062 (010); B 150, Aktenkopien 1974. Für Auszüge vgl. Dok. 268, Anm. 3–7.
[4] Dem Vorgang beigefügt. Vgl. VS-Bd. 9890 (200); B 150, Aktenkopien 1974.
[5] Liam Cosgrave (Irland), Poul Hartling (Dänemark), François-Xavier Ortoli (EG-Kommission), Mariano Rumor (Italien), Gaston Thorn (Luxemburg), Leo Tindemans (Belgien), Joop den Uyl (Niederlande) und Harold Wilson (Großbritannien).
[6] Paraphe.

280

Aufzeichnung des Ministerialdirigenten Lautenschlager

411-426.07-1413/74 VS-vertraulich   26. September 1974[1]

Betr.: Gespräch Bundeskanzler mit Bundesminister Ertl und Staatsminister Wischnewski am 26.9.1974 (weitere Teilnehmer: StS Rohr, BML; StS Bölling, BPA; MD Sanne, MD Hiss, Dg 41)[2]

I. Aus dem oben genannten Gespräch halte ich folgendes fest:

Bundeskanzler unterrichtete über Verlauf des heute morgen geführten Telefongesprächs mit Staatspräsident Giscard d'Estaing, zu dem er, der Bundeskanzler, die Initiative ergriffen habe.

Der Bundeskanzler habe die Beschlüsse des Bundeskabinetts[3] im einzelnen erläutert und dabei seiner Enttäuschung darüber Ausdruck gegeben, daß Landwirtschaftsminister Bonnet über die mit Giscard abgesprochenen 4%[4] hinausgegangen sei. Er habe betont, daß es bei dem Beschluß der Bundesregierung

---

[1] Hat Ministerialdirigent Kinkel am 26. September 1974 vorgelegen.
Hat Bundesminister Genscher am 4. Oktober 1974 vorgelegen.

[2] Vom 17. bis 20. September 1974 fand in Brüssel eine EG-Ministerratstagung auf der Ebene der Landwirtschaftsminister statt. Vortragender Legationsrat Engels teilte dazu am 23. September 1974 mit, die Delegation der Bundesrepublik unter Leitung des Bundesministers Ertl habe sich den Beschlüssen „nur unter Vorbehalt der Zustimmung der Bundesregierung" angeschlossen. Beschlossen worden sei: „Allgemeine Anhebung der Preise für Marktordnungswaren um fünf Prozent mit Wirkung vom 1. Oktober 1974; Verpflichtung der Kommission und des Rates, die Agrarpreise 1975/76 vor dem 1. Februar 1975 zu beschließen; Abwertung des ‚grünen' englischen Pfundes um ca. 8,5 Prozent, des ‚grünen' irischen Pfundes um ca. 11 Prozent; Aufforderung an Kommission, ‚in den kommenden Wochen' Vorschläge für eine Weiterentwicklung der gemeinsamen Agrarpolitik vorzulegen." Die Bundesrepublik habe ursprünglich jede Preisanhebung abgelehnt, dennoch habe sich die Delegation der Bundesrepublik nicht zu einer Ablehnung des Kompromißvorschlags der EG-Kommission durchringen können, „da dies den gemeinsamen Agrarmarkt möglicherweise vor die Existenzfrage gestellt hätte". Vgl. den Runderlaß Nr. 106; Referat 240, Bd. 102874.

[3] Die Ergebnisse der EG-Ministerratstagung auf der Ebene der Landwirtschaftsminister vom 17. bis 20. September 1974 in Brüssel waren Gegenstand der Kabinettssitzung am 25. September 1974. Dabei wurde beschlossen: „1) Die Bundesregierung spricht dem Bundesminister für Ernährung, Landwirtschaft und Forsten ihren Dank aus für die Umsicht, mit der er in den Beratungen des Ministerrats in Brüssel auf der Grundlage der Kommissionsvorschläge die Linien der deutschen Agrarpolitik vertreten hat. 2) Die Bundesregierung verfolgt mit Nachdruck die weitere Entwicklung der gemeinsamen Agrarpolitik auf der Grundlage der Römischen Verträge. 3) Die Bundesregierung war und ist weiterhin bereit, unter Zurückstellung schwerster Bedenken hinsichtlich der zu erwartenden zusätzlichen Überschüsse bei Milch und Milchprodukten dem Gesamtvorschlag, den die Kommission dem Rat am 6. September 1974 vorgelegt hat, unter der Voraussetzung zuzustimmen, daß diese Preiserhöhungen bei der nächsten Agrarpreisrunde angerechnet werden. 4) Dem Beschluß des Agrarministerrats vom 20. September 1974 vermag die Bundesregierung gegenwärtig nicht zuzustimmen. Über die Beschlüsse des Rates vom 20. September kann die Bundesregierung eine Entscheidung erst treffen, wenn befriedigende Erklärungen der Mitgliedstaaten darüber vorliegen, vertragswidrige nationale Maßnahmen abzubauen, die den Wettbewerb innerhalb des Gemeinsamen Marktes verfälschen. Sie wird ihre Beschlußfassung weiter abhängig machen von den zwischenzeitlich zu führenden Verhandlungen und ihren Ergebnissen, insbesondere im Hinblick auf die beabsichtigte erneute Agrarpreisfestsetzung und im Hinblick auf das Ingangsetzen einer Bestandsaufnahme der gemeinsamen Agrarpolitik. 5) Die Bundesregierung hält weitere Verhandlungen über den Gesamtkomplex der gemeinsamen Agrarpolitik im Rat für notwendig. Sie behält sich vor, Vorschläge auf der Grundlage der Römischen Verträge zu machen." Vgl. BULLETIN 1974, S. 1150.

[4] Zur Absprache vom 2. September 1974 vgl. Dok. 251.

1229

nicht darum gehe, das Verhältnis zwischen Nettozahlern und Nettoempfängern in der Gemeinschaft zu verändern. Die Bundesregierung halte an den Römischen Verträgen fest.

Giscard habe dabei ausgeführt:

— Der Wortlaut des Beschlusses der Bundesregierung sei im Grunde vernünftig; es sei verständlich, wenn die Bundesregierung auf der Aufhebung rechtswidriger, wettbewerbsverzerrender, nationaler Maßnahmen bestehe und eine gewisse Sicherheit in bezug auf die Anrechenbarkeit der jetzigen Preisanhebungen auf das Wirtschaftsjahr 1975/76 haben wolle.

Es sei zu begrüßen, daß die Bundesregierung sich hierbei voll auf den Boden der Römischen Verträge gestellt habe. Auch er sei von der mit dem Bundeskanzler gemeinsam ins Auge gefaßten Anhebung der Agrarpreise um nur 4% ausgegangen. Landwirtschaftsminister Bonnet habe kurz vor der Agrarratstagung eine höhere Marge gefordert (wobei nach den Erläuterungen des Bundeskanzlers offen blieb, aus welchen Gründen Giscard seinen Landwirtschaftsminister nicht enger an die 4%-Lösung angebunden habe).

— Man wolle pressepolitisch für eine Dämpfung der Stimmung eintreten.

— Die Außen- und Landwirtschaftsminister sollten sich möglichst bald im Rat treffen, um die bestehenden Probleme einer Lösung zuzuführen.

Der Bundeskanzler hat der französischen Anregung betreffend einem Rat der Außen- und Landwirtschaftsminister zugestimmt (voraussichtlich nach dem FDP-Parteitag[5] Mitte nächster Woche).

II. 1) Der Bundeskanzler teilte mit, daß er beabsichtige, noch heute über den französischen Botschafter in Bonn[6] Giscard ein Schreiben im Sinne seines Telefongesprächs zur Erläuterung des deutschen Kabinettsbeschlusses zu übersenden.[7] Die anderen Regierungschefs sollten Kopie erhalten sowie (auf Anregung StM Wischnewskis) auch der Kommissionspräsident[8].

---

[5] Der Parteitag der FDP fand vom 30. September bis 2. Oktober 1974 in Hamburg statt.

[6] Olivier Wormser.

[7] In dem Schreiben, das am 1. Oktober 1974 veröffentlicht wurde, bekräftigte Bundeskanzler Schmidt, daß die Bundesregierung mit ihrem Beschluß vom 25. September 1974 nicht die Gemeinsame Agrarpolitik infrage gestellt habe: „Le cabinet fédéral s'est toutefois étonné, compte tenu de notre volonté commune de pratiquer une politique de stabilité, de l'importance des augmentations de prix que laissaient prévoir les recommandations des ministres de l'agriculture. C'est pourquoi, après en avoir délibéré de façon approfondie, le gouvernement fédéral a décidé de ne donner son accord aux recommandations du conseil des ministres de l'agriculture qu'a la condition d'obtenir des déclarations satisfaisantes des Etats membres concernant les trois points énumérés au paragraphe 4 de la décision du cabinet. Après les conversations informelles qu'ont eues les chefs d'Etat et de gouvernement des Neuf et compte tenu de l'attitude qui avait été la mienne à cette occasion, vous ne serez pas surpris de voir notamment figurer au nombre de ces points la question de la suppression des mesures de politique agricole nationale qui sont contraires au traité ainsi que la demande de dresser un inventaire des instruments et résultats de la politique agricole commune. Le souhait exprimé par le cabinet de recevoir des assurances satisfaisantes pour que de nouvelles hausses importantes ne soient pas décidées lors de la fixation des prix agricoles pour l'année 1975–1976, ne constitue pas non plus un élément nouveau." Schmidt schlug die Einberufung einer EG-Ministerratstagung auf der Ebene der Außen- und Landwirtschaftsminister vor und fuhr fort: „Il n'y a certes aucune raison de dramatiser les choses. La fidélité de mon gouvernement à la politique européenne ne saurait être mise en doute. J'ai le ferme espoir que nous trouverons une solution commune aux problèmes en suspens." Vgl. LE MONDE vom 1. Oktober 1974, S. 42.

[8] François-Xavier Ortoli.

2) Die Europa-Staatssekretäre sollten sich alsbald mit der Vorbereitung der Ratstagung Mitte kommender Woche befassen. Zur pressemäßigen Behandlung legte der Bundeskanzler Wert darauf, daß nach außen ein einheitliches Konzept vertreten werde, wonach
- für uns eine Durchlöcherung des Vertrages durch rechtswidrige nationale Maßnahmen im Interesse der Wettbewerbsfähigkeit der deutschen Landwirtschaft nicht akzeptabel sei,
- die geforderte generelle Bestandsaufnahme (schon lange vom BML gefordert) ein entscheidendes deutsches Anliegen sei,
- wir auf einer Anrechnung der jetzigen Preisanhebung bei den Preisbeschlüssen 1975/76 bestehen müßten.

III. In der anschließenden Diskussion, die auf der Grundlage des heutigen Schreibens von BM Ertl an den Bundeskanzler[9] geführt wurde, erläuterte der Bundeskanzler seine Überlegungen für das weitere Verfahren:
- Wir bräuchten ein klares Bekenntnis des Rats zur Notwendigkeit einer Bestandsaufnahme der gemeinsamen Agrarpolitik und die Festlegung eines Zeitpunkts, bis zu dem die Bestandsaufnahme eingeleitet würde.
- Wir bräuchten klare Absichtserklärungen unserer Partner, daß die nationalen Maßnahmen[10] (soweit nicht bereits vollzogen) abgebaut und jedenfalls in Zukunft nicht wiederholt würden. Wir sollten deutlich machen, daß der Kabinettsbeschluß keine endgültig negative Entscheidung sei, auch keine Entscheidung unter Bedingungen. Wir sollten uns an den Wortlaut des Beschlus-

---

[9] In dem Schreiben vom 25. September 1974 an Bundeskanzler Schmidt wies Bundesminister Ertl darauf hin, daß die Beschlüsse des Kabinetts, die ohne seine Zustimmung zustande gekommen seien, und die von der Bundesregierung genannten Bedingungen von „weittragender politischer Bedeutung" seien: „Unsere Partner werden nämlich eine Zurücknahme der nationalen Beihilfen [...] kaum erfüllen können, weil sie einerseits politisch im Wort gegenüber ihrer eigenen Landwirtschaft stehen und zum anderen auch schon großenteils die parlamentarische Rückendeckung erhalten haben. Verstärkend kommt hinzu, daß wir in fast ultimativer Form unseren Standpunkt durchzusetzen gedenken." Für den weiteren Gang der Verhandlungen sei es entscheidend, vor allem Staatspräsident Giscard d'Estaing „zum Einlenken zu bewegen". Aus ökonomischer Sicht bestehe kein Zweifel, „daß die gemeinsame Agrarpolitik ohne gemeinsame wirtschaftliche und währungspolitische Absicherung in zunehmende Schwierigkeiten kommt". Vgl. Referat 010, Bd. 178595.

[10] Vortragender Legationsrat Engels legte am 23. September 1974 zu den Schwierigkeiten im Agrarbereich dar: „Das Funktionieren des gemeinsamen Agrarmarktes ist in den letzten Monaten, auch unter dem Einfluß der in den meisten Mitgliedstaaten aufgetretenen gesamtwirtschaftlichen Schwierigkeiten, in wachsendem Maße durch krisenhafte Entwicklungen gestört worden. Das Verhältnis zwischen Betriebsmittelkosten und Erzeugerpreisen hatte sich, auch wegen des Überangebots und des damit verbundenen Preisverfalls für Rind- und Schweinefleisch, zunehmend verschlechtert. Daher hatten sich Belgien, Frankreich, Italien, Luxemburg und die Niederlande veranlaßt gesehen, nationale Beihilfemaßnahmen für ihre Landwirtschaft zu ergreifen, die zum Teil von der Kommission und auch von der Bundesregierung als vertragswidrig betrachtet werden." Frankreich habe auf der EG-Ministerratstagung auf der Ebene der Landwirtschaftsminister vom 17. bis 20. September 1974 in Brüssel „die nachträgliche Billigung der nationalen Beihilfen gemäß Art. 93 Abs. 2 EWG-Vertrag beantragt. Da die BRD und Dänemark ihre Zustimmung verweigerten und die Billigung nur einstimmig erfolgen kann, ist der Antrag abgelehnt. Die Kommission muß nunmehr das von ihr eingeleitete Verfahren wegen der Vertragswidrigkeit einiger Beihilfen fortsetzen." Für die Haltung der Bundesregierung sei maßgebend, „daß ein Wettlauf nationaler Stützungsmaßnahmen den gemeinsamen Agrarmarkt zerstören würde, da er zum Zusammenbruch des freien Warenverkehrs führen müßte. Zudem würde der Grundsatz der finanziellen Solidarität in Frage gestellt, weil derartige Beihilfen die Überschußproduktion anreizen. Überdies würde eine Stabilitätspolitik erschwert, wenn nicht unmöglich gemacht." Vgl. den Runderlaß Nr. 106; Referat 240, Bd. 102874.

ses halten, wonach wir zustimmen, wenn die von uns genannten Punkte befriedigend geklärt werden.

Die Ressorts sollten prüfen, welche Erklärungen bezüglich des Abbaus der nationalen Maßnahmen für uns befriedigend sein könnten (einschließlich der Frage, wenn Partnerstaaten oder die Kommission sich damit begnügten, auf den in den Römischen Verträgen vorgesehenen Rechtsweg[11] zu verweisen).

- Wegen der politischen Bedeutung der Agrarfrage halte er, der Bundeskanzler, es im übrigen für undenkbar, daß unsere Partner etwa auf das Instrument von Mehrheitsbeschlüssen zurückgreifen würden.
- Er, der Bundeskanzler, halte eine differenzierte Preisanhebung in der EG nicht für möglich und teile die Auffassung des Landwirtschaftsministers, wonach eine Herabsetzung des deutschen Grenzausgleichs[12] innenpolitisch nicht möglich sei.

BM Ertl warf die Frage auf, wieso es möglich gewesen sei, daß in der entscheidenden Nachtsitzung der EG-Haushaltsausschuß in Brüssel, mit Zustimmung von Vertretern des BMF, ihm versichern konnte, daß zusätzliche Haushaltsbelastungen nicht entstehen würden, während in der Kabinettssitzung am nächsten Tage BM Apel mit anderen Zahlen auf neue Haushaltsbelastungen hingewiesen hat. Dies sei für ihn ein nicht zumutbares Verfahren. Bundeskanzler teilte diese Auffassung. Die Europa-Staatssekretäre sollten sich mit dieser Frage befassen.

IV. Nach meinem Eindruck sah BM Ertl durch die Erläuterungen des Herrn Bundeskanzlers den Inhalt seines Schreibens in sachlicher Hinsicht als erledigt an. Bundeskanzler und BM Ertl vereinbarten, im Bundestag heute gemeinsam die Beschlüsse des Bundeskabinetts zu vertreten.[13]

---

[11] Vgl. dazu Artikel 92 Absatz 3 des EWG-Vertrags vom 25. März 1957; Dok. 133, Anm. 18.
In Artikel 93 Absatz 2 hieß es: „Stellt die Kommission fest, nachdem sie den Beteiligten eine Frist zur Äußerung gesetzt hat, daß eine von einem Staat oder aus staatlichen Mitteln gewährte Beihilfe mit dem Gemeinsamen Markt nach Artikel 92 unvereinbar ist oder daß sie mißbräuchlich angewandt wird, so entscheidet sie, daß der betreffende Staat sie binnen einer von ihr bestimmten Frist aufzuheben oder umzugestalten hat. Kommt der betreffende Staat dieser Entscheidung innerhalb der festgesetzten Frist nicht nach, so kann die Kommission oder jeder betroffene Staat in Abweichung von den Artikeln 169 und 170 den Gerichtshof unmittelbar anrufen. Der Rat kann einstimmig auf Antrag eines Mitgliedstaates entscheiden, daß eine von diesem Staat gewährte oder geplante Beihilfe in Abweichung von Artikel 92 oder von den nach Artikel 94 erlassenen Verordnungen als mit dem Gemeinsamen Markt vereinbar gilt, wenn außergewöhnliche Umstände eine solche Entscheidung rechtfertigen. Hat die Kommission bezüglich dieser Beihilfe das in Unterabsatz 1 dieses Absatzes vorgesehene Verfahren bereits eingeleitet, so bewirkt der Antrag des betreffenden Staates an den Rat die Aussetzung dieses Verfahrens, bis der Rat sich geäußert hat. Äußert sich der Rat nicht binnen drei Monaten nach Antragstellung, so entscheidet die Kommission." Vgl. BUNDESGESETZBLATT 1957, Teil II, S. 832.
[12] Am 12. Mai 1971 beschloß der EG-Ministerrat, daß die Bundesrepublik und die Niederlande, die nach der EG-Ministerratstagung vom 8./9. Mai 1971 in Brüssel den Wechselkurs ihrer Währungen vorübergehend freigegeben hatten, für die Dauer der Wechselkursfreigabe Ausgleichsbeträge bei der Einfuhr landwirtschaftlicher Erzeugnisse erheben bzw. bei der Ausfuhr gewähren durften, wenn der Wechselkurs mehr als 2,5 % von der offiziellen Parität abwich. Vgl. dazu BULLETIN DER EG 7/1971, S. 60.
[13] Die Kabinettsbeschlüsse vom 25. September 1974 waren Thema einer Aktuellen Stunde im Bundestag am 26. September 1974. Für den Wortlaut der Ausführungen des Bundeskanzlers Schmidt vgl. BT STENOGRAPHISCHE BERICHTE, Bd. 89, S. 7986–7988 und S. 7994.
Für den Wortlaut der Äußerungen des Bundesministers Ertl vgl. BT STENOGRAPHISCHE BERICHTE, Bd. 89, S. 7983–7985 und 7995 f.

Bundesminister Genscher ist während der Besprechung von dem Herrn Bundeskanzler telefonisch in New York über den Inhalt der Besprechungen informiert worden.[14]

Lautenschlager

VS-Bd. 8845 (411)

281

Gesandter Kühn, Genf (KSZE-Delegation), an das Auswärtige Amt

114-13975/74 VS-vertraulich Aufgabe: 26. September 1974, 13.15 Uhr[1]
Fernschreiben Nr. 1375 Ankunft: 26. September 1974, 21.25 Uhr
Citissime

Delegationsbericht Nr. 612
Betr.: KSZE;
 hier: Haltung der DDR
Bezug: DE vom 24.9.1974 – 212-341.14/DDR[2]

1) Während der Vorbereitungsphase der KSZE in Helsinki[3] hatte sich die Delegation der DDR unter den WP-Staaten besonders profiliert: Sie wollte bei dem

---

[14] Am 2. Oktober 1974 fand in Luxemburg eine EG-Ministerratstagung auf der Ebene der Außen- und Landwirtschaftsminister statt. Vortragender Legationsrat Engels teilte dazu am 3. Oktober 1974 mit: „Am 2.10. hat der Rat nunmehr aufgrund eines Kompromißvorschlags der Kommission, der weitgehend von den deutschen Vorstellungen ausging, folgende Beschlüsse gefaßt: I. Einbeziehung der derzeitigen Preiserhöhung bei den für 1975/76 zu fassenden Preisbeschlüssen. Der Rat billigt die Absicht der Kommission, ihre Preisvorschläge für das Wirtschaftsjahr 1975/76 auf die Entwicklung der Produktionskosten in den Jahren 1973 und 1974 zu stützen und dabei die bereits gefaßten Preisbeschlüsse für das Wirtschaftsjahr 1974/75 einzubeziehen, sowie andere Faktoren wie die Einkommenssituation, die Lage auf den Agrarmärkten und in der Wirtschaft im allgemeinen zu berücksichtigen. II. Einzelstaatliche Hilfsmaßnahmen für die Landwirtschaft: a) Die Vertreter der Regierungen der Mitgliedstaaten erklären, daß sie in Zukunft hinsichtlich der gegenwärtigen und künftigen Beihilfen dafür Sorge tragen werden, daß die Regeln des EWG-Vertrages in bezug auf die Beihilfen (Art. 92, 93) streng eingehalten werden. b) Die Regierungen der Mitgliedstaaten übermitteln vor dem 1. Januar 1975 eine vollständige Aufstellung aller 1974 bestehenden Beihilfen. III. Bestandsaufnahme der Agrarpolitik. Der Rat fordert die Kommission auf, vor dem 1. März 1975 nach Prüfung aller ihr zur Verfügung gestellten Angaben eine vollständige Bestandsaufnahme der gemeinsamen Agrarpolitik zu erstellen und zwar insbesondere nach Maßgabe der Ziele des Art. 39 des EWG-Vertrags." Vgl. den Runderlaß Nr. 109; Referat 240, Bd. 102874.

[1] Hat Vortragendem Legationsrat I. Klasse Freiherr von Groll vorgelegen.
[2] Vortragender Legationsrat I. Klasse Freiherr von Groll teilte der KSZE-Delegation in Genf mit: „MR Dr. Bräutigam an unserer ständigen Vertretung Ostberlin wird Anfang kommender Woche Gespräch mit Leiter der für KSZE zuständigen Abteilung im DDR-Außenministerium führen. Delegation wird um Bericht über spezifische DDR-Haltung zur KSZE gebeten (auch für Bu[ndes]Ka[nzler]-Amt und Ständige Vertretung Berlin (Ost))." Vgl. den Drahterlaß Nr. 605; Referat 212, Bd. 111508.
[3] Die multilateralen Vorgespräche für die KSZE fanden vom 28. November 1972 bis 8. Juni 1973 in insgesamt vier Runden in Helsinki statt.

ersten Auftreten auf internationaler Bühne einen guten Eindruck machen. Die DDR zeigte sich Wünschen westlicher und neutraler Länder gegenüber aufgeschlossen. Sie spielte eine verhältnismäßig aktive Rolle, konnte mehrfach erfolgreiche Kompromißvorschläge einbringen. Ihre Stimme wurde häufiger gehört und entsprechend beachtet.

2) In Genf ist die DDR ins Glied zurückgetreten. Sie folgt in ihren Äußerungen eng der sowjetischen Haltung und hebt sich nicht von den anderen Verbündeten der Sowjetunion ab. In den Unterkommissionen „Menschliche Kontakte" und „Information" nahm sie oft eine besonders harte Haltung ein. Sie vermeidet jetzt nach Möglichkeit Schärfen, bemüht sich allerdings auch nicht um vermittelnde Lösungen. Soweit bekannt, vertritt die Delegation bei den internen Beratungen der WP-Staaten, insbesondere bei Korb III, eine harte Linie, jedoch tritt sie damit nach außen kaum hervor. So hatten uns z. B. vor Weihnachten sowjetische Delegierte erklärt, sie könnten in den Unterkommissionen „Kontakte" und „Information" alles akzeptieren, was für die DDR annehmbar sei. Jetzt zeigt sich, daß die DDR möglichst vermeidet, sich aus ihrer besonderen Lage ergebende Probleme zur Sprache zu bringen. Das gilt auch für andere Themen. Sie hat im übrigen offenbar Weisung, deutsch-deutsche Probleme nicht anzusprechen und Kontroversen mit uns zu vermeiden.

3) Die Beziehungen zwischen den beiden Delegationen sind dementsprechend sachlich-freundlich. Der Delegationsleiter, Professor Bock, ist ein fähiger Beamter. Sein Wort soll ein nicht unerhebliches Gewicht in den Beratungen der WP-Delegationen haben.

Die DDR-Delegation scheint allerdings oft nicht voll informiert, auch von seiten der Sowjetunion. Es kommt vor, daß die DDR-Vertreter in offener Sitzung von ihren sowjetischen Kollegen desavouiert werden und über den neuesten Stand der sowjetischen Meinungsbildung nur unzureichend unterrichtet sind. In Bemerkungen von DDR-Vertretern klang z. B. durch, daß sie bei den Diskussionen zur Möglichkeit friedlich vereinbarter Grenzänderungen von der sowjetischen Haltung sogar überrascht wurden. Auch bei den Themen aus der dritten Kommission (Menschliche Kontakte, Information, Kultur und Bildung) deckten sich inoffizielle Äußerungen von DDR-Vertretern nicht immer mit der später zutage tretenden sowjetischen Haltung. Informelle Gespräche mit Angehörigen der DDR-Delegation sind schon aus diesem Grunde meist weniger ergiebig als die mit anderen WP-Delegationen. Auch folgen die DDR-Vertreter selbst in diesem Rahmen recht stark der offiziellen sowjetischen Linie.

4) Die DDR vertritt nach außen erkennbar keine Sonderinteressen. Es liegt auf der Hand, daß sie neben den Problemen des dritten Korbes (Menschliche Kontakte, Information, Reiseerleichterungen) besonders von Fragen des Prinzipienkataloges (souveräne Gleichheit, Unverletzlichkeit der Grenzen, Nichtintervention) berührt wird.

Sie vermeidet jedoch, die Fragen unter diesen Aspekten anzusprechen, und bemüht sich, ihre Rolle als souveräner Staat ohne besondere nationale Probleme auf der KSZE mit Erfolg zu spielen. Ihr Gewicht auf der Konferenz ist begrenzt. Trotz der gelockerten und entspannten Atmosphäre zwischen den Delegationen, bleiben für uns aber im Ost/West-Rahmen andere WP-Delegationen –

auch vor allem die SU – wichtigere und – was die SU betrifft – oft der einzig ernsthafte Gesprächspartner.

[gez.] Kühn

VS-Bd. 10125 (212)

282

Ministerialdirektor van Well, z.Z. New York, an das Auswärtige Amt

VS-NfD Aufgabe: 26. September 1974, 15.30 Uhr[1]
Fernschreiben Nr. 1730 Ankunft: 27. September 1974, 00.05 Uhr
Citissime

Betr.: Gespräch BM mit DDR-Delegationsleiter Fischer

Bei einem Empfang des GS der VN[2] und des Präsidenten der GV[3] für die Delegationsleiter am 25.9. kam es zu mehreren Gesprächen des Ministers mit Außenministerkollegen. Es ergab sich auch die Gelegenheit zu einem kurzen Gespräch mit dem amtierenden DDR-AM Fischer, das etwa folgenden Verlauf nahm: Nach einer kurzen Erwähnung des gemeinsamen Antrags, ausgewählte VN-Dokumente in die deutsche Sprache zu übersetzen[4] – wobei Fischer bemerkte, daß das uns wohl allerhand kosten würde –, kam der Bundesminister auf die gestrige VN-Rede Fischers[5] zu sprechen. Fischer führte aus, er habe ei-

---

[1] Hat Ministerialdirigent Kinkel am 27. September 1974 vorgelegen.
[2] Kurt Waldheim.
[3] Abdul Aziz Bouteflika.
[4] Mit Schreiben vom 15. August 1974 an UNO-Generalsekretär Waldheim beantragten die Bundesrepublik, die DDR und Österreich, die Frage der Übersetzung offizieller UNO-Dokumente in die deutsche Sprache auf die Tagesordnung der UNO-Generalversammlung zu setzen. In einem dazugehörigen Memorandum erläuterten sie: „The documents in question should comprise the resolutions of the General Assembly, supplements to the official records of the General Assembly and the resolutions and decisions of the Security Council and the Economic and Social Council." Vgl. UN GENERAL ASSEMBLY, Official Records, Annexes, Twenty-Ninth Session (Agenda item 106), S. 1.
Die UNO-Generalversammlung beschloß am 18. Dezember 1974 mit Resolution Nr. 3355, daß mit Wirkung vom 1. Juli 1975 die Entscheidungen und Resolutionen der UNO-Generalversammlung und alle weiteren Ergänzungen ihrer offiziellen Protokolle sowie die Entscheidungen und Resolutionen des UNO-Sicherheitsrats und des Wirtschafts- und Sozialrats in die deutsche Sprache übersetzt werden sollten. Für den Wortlaut vgl. UNITED NATIONS RESOLUTIONS, Serie I, Bd. XV, S. 377.
[5] Der amtierende Außenminister der DDR, Fischer, führte am 25. September 1974 vor der UNO-Generalversammlung in New York aus: „Um auch künftigen Generationen ein Leben in Frieden zu ermöglichen, bedarf es der Vertiefung der Entspannung, die mit dem Vierseitigen Abkommen über Westberlin und den Verträgen zwischen der Union der Sozialistischen Sowjetrepubliken, der Volksrepublik Polen, der Deutschen Demokratischen Republik und der Tschechoslowakischen Sozialistischen Republik mit der BRD eingeleitet wurde. [...] Was die nationale Frage auf deutschem Boden betrifft, so hat hierüber die Geschichte längst entschieden. Das Volk der Deutschen Demokratischen Republik hat in freier Ausübung seines Selbstbestimmungsrechtes ein für allemal die sozialistische Gesellschaftsordnung gewählt. Heute existieren auf deutschem Boden ein sozialistischer

nige Passagen erst nach der Rede des BM⁶ eingefügt, er frage sich, ob es richtig sei, diese Dinge vor den VN zu sagen. BM hat geantwortet, er hielte es für richtig, daß die grundlegenden Positionen auch vor dem Weltforum dargelegt würden. Er halte die Bezeichnung des Vier-Mächte-Abkommens als ein „Vier-Mächte-Abkommen über West-Berlin" in der Rede von Fischer für besonders schwerwiegend. Derartige Abweichungen von der wirklichen Rechtslage müßten wir sehr ernst nehmen und könnten nicht ohne Einfluß auf die weitere Gestaltung unserer Beziehungen sein.

Der Minister erwähnte dann Gerüchte, wonach die DDR im Zusammenhang mit ihrer 25-Jahr-Feier beabsichtige, Änderungen des Status für Ostberlin und DDR-Verfassung vorzunehmen⁷, die die bestehende Rechtslage beeinflussen müßten. Wenn dies zutreffe, müsse das ernste Folgen für den durch den Briefwechsel Bundeskanzler – Honecker⁸ eingeleiteten Dialog haben. Fischer wich diesem Punkt mit der Bemerkung aus, er sei schon einige Wochen aus der DDR abwesend und wisse nicht, ob diese Gerüchte zuträfen. Der Minister antwortete hierauf, diese Feststellung von Herrn Fischer beunruhige ihn sehr. Wir seien aufrichtig bestrebt, die Beziehungen im Sinne des Gedankenaustausches Bundeskanzler-Honecker konstruktiv zu entwickeln und möchten jede Belastung vermeiden.

[gez.] van Well

Referat 010, Bd. 178588

Fortsetzung Fußnote von Seite 1235

Staat, die Deutsche Demokratische Republik, in dem sich die sozialistische Nation entwickelt, und die kapitalistische Bundesrepublik Deutschland, in der die kapitalistische Nation besteht." Vgl. AUSSENPOLITIK DER DDR, Bd. XXII/2, S. 948 f.

6 Bundesminister Genscher legte am 23. September 1974 vor der UNO-Generalversammlung in New York dar: „Ich möchte wiederholen, was die Bundesregierung an dieser Stelle vor einem Jahr deutlich gemacht hat: Wir können die Teilung nicht als das letzte Wort der Geschichte über die deutsche Nation akzeptieren. Dieses Wort wird vom deutschen Volk selbst gesprochen werden. Die Bundesregierung hält fest an ihrer Politik, auf einen Zustand des Friedens in Europa hinzuwirken, in dem das deutsche Volk in freier Selbstbestimmung seine Einheit wiedererlangt. Dies hindert uns jedoch nicht, das volle Maß an Zusammenarbeit auszuschöpfen, das in der gegebenen Lage erreichbar ist. Diese Politik hat vertraglich geregelte Beziehungen mit dem anderen deutschen Staat, der DDR, ermöglicht. [...] Die Entspannung in Europa mußte dort ansetzen, wo die Gegensätze am härtesten aufeinanderstießen, in Berlin. Das Viermächte-Abkommen vom 3. September 1971 hat den Weg dafür geöffnet. Wir müssen deshalb die Entspannung auch daran messen, wie sich dieses Abkommen in allen seinen Teilen bewährt. Die gesicherte Zukunft Berlins ist ein unverzichtbares Element der Entspannung in Europa und sie bleibt ein vitales Interesse unserer Politik." Vgl. BULLETIN 1974, S. 1137.

7 Zur Änderung der Verfassung der DDR vom 6. April 1968 vgl. Dok. 277, Anm. 16.

8 Zu den Kontakten des Bundeskanzlers Schmidt dem Ersten Sekretär des ZK der SED, Honecker, vgl. Dok. 277, Anm. 18.

283

Vortragender Legationsrat I. Klasse Redies, z.Z. New York, an das Auswärtige Amt

Fernschreiben Nr. 1734　　　　　　　Aufgabe: 26. September 1974, 15.30 Uhr[1]
　　　　　　　　　　　　　　　　　　Ankunft: 27. September 1974, 10.44 Uhr

Betr.: Gespräche des Herrn Bundesministers mit dem israelischen Außenminister Allon

Das gestrige Gespräch des Herrn Bundesministers mit dem israelischen Außenminister verlief in angenehmer und freundschaftlicher Atmosphäre. Der Herr Bundesminister lud Außenminister Allon zu einem baldigen Besuch in die Bundesrepublik ein. Außenminister Allon deutete an, daß er erst im Jahre 1975 kommen könne[2] und gab gleichzeitig seiner Hoffnung Ausdruck, daß der Herr Bundesminister in nicht allzu ferner Zeit seinerseits Israel besuche.[3] Es wurde abgesprochen, die Terminfrage für einen Besuch von Allon zu gegebener Zeit über die Botschaften beider Länder zu klären.

Außenminister Allon bedankte sich für die positive Haltung der Bundesregierung hinsichtlich der laufenden Handelsgespräche Israels mit der EG[4] und der Bemühungen, parallel zum europäisch-arabischen Dialog auch einen europäisch-israelischen Dialog einzuleiten. Er sei der Auffassung, daß Israel nicht zu den USA, sondern auch zu Europa gute Beziehungen anstreben solle. Dies habe er zuletzt auf einer Konferenz der israelischen Botschafter in Europa im August zum Ausdruck gebracht. Allerdings schiene ihm noch die Frage offen, was der Inhalt eines europäisch-israelischen Dialogs sein könne. Außenminister Allon äußerte in diesem Zusammenhang Zweifel, ob unter der französischen Präsidentschaft[5] der Gedanke der Ausgewogenheit der europäischen Politik im gleichen Maße zum Ausdruck komme wie unter der deutschen Präsi-

---

[1] Hat Ministerialdirigent Kinkel am 27. September 1974 vorgelegen.
[2] Der israelische Außenminister Allon hielt sich vom 26. bis 28. Februar 1975 in der Bundesrepublik auf. Für das Gespräch mit Bundesminister Genscher am 26. Februar 1975 vgl. AAPD 1975.
[3] Bundesminister Genscher besuchte Israel vom 27. bis 30. November 1975. Für die Gespräche mit dem israelischen Außenminister Allon am 27. November 1975 sowie mit Ministerpräsident Rabin am 28. November 1975 in Tel Aviv vgl. AAPD 1975.
[4] Zu den Verhandlungen über ein Präferenzabkommen mit Israel im Rahmen eines Globalabkommens mit Staaten des Mittelmeerraums vgl. Dok. 46, Anm. 5.
Der EG-Ministerrat einigte sich am 22./23. Juli 1974 in Brüssel auf ein ergänzendes Verhandlungsmandat für die EG-Kommission. Der Wortlaut des Mandats wurde auf der EG-Ministerratstagung am 17. September 1974 in Brüssel verabschiedet. Vgl. dazu BULLETIN DER EG 7–8/1974, S. 111, bzw. BULLETIN DER EG 9/1974, S. 60.
Eine weitere Verhandlungsrunde fand am 3./4. Oktober 1974 in Brüssel statt. Im Anschluß daran wurde mitgeteilt, in zahlreichen Verhandlungspunkten sei „völlige Übereinstimmung" festgestellt worden: „Die beiden Delegationen vereinbarten, einige noch offene Fragen zu überdenken; sie kamen zu dem Schluß, daß sich ihre Standpunkte so weit genähert haben, daß sie ihre Beratungen nunmehr auf der Grundlage eines Abkommensentwurfs weiterführen können. Die beiden Delegationen sind übereingekommen, zu diesem Zweck eine Arbeitsgruppe einzusetzen, die mit der Abfassung des Abkommensentwurfs beauftragt wird." Vgl. BULLETIN DER EG 10/1974, S. 65.
[5] Frankreich übernahm am 1. Juli 1974 die EG-Ratspräsidentschaft.

dentschaft[6] und bat die Bundesregierung um weitere Unterstützung der israelischen Anliegen.

Zu den Nahost-Friedensbemühungen äußerte AM Allon, daß Israel es grundsätzlich vorziehen würde, in der nächsten Phase mit der Erörterung einer umfassenden Friedensregelung zu beginnen, jedoch auch zu weiteren Interimsabkommen bereit sei. Allerdings würde man auch bei weiteren Interimsabkommen verlangen, daß die arabischen Staaten sich zu einer Beendigung des Kriegszustands bereit finden. Die Gespräche Kissingers mit beiden Seiten in der kommenden Woche in New York sowie die[7] für die erste Oktoberhälfte vorgesehene nächste Nahost-Reise[8] würden zeigen, in welche Richtung die Dinge weiterliefen. Israel werde dabei allerdings nicht die PLO anerkennen, da die PLO nach wie vor den Terrorismus als geeignetes Kampfmittel gegen Israel betrachte und außerdem weiterhin das Recht Israels, als souveräner Staat zu existieren, nicht anerkenne. In diesem Zusammenhang würde Israel sich bemühen, eine Vertagung der von den arabischen Staaten beantragten Diskussion des Palästinenser-Problems in der VN-Vollversammlung[9] auf das nächste Jahr zu erreichen. Eine solche Diskussion würde nur die Atmosphäre vergiften und die Friedensbemühungen erschweren. Israel hoffe, für dieses Anliegen die Unterstützung der USA zu gewinnen, und bat um Unterstützung auch seitens der Bundesrepublik.

Der Herr Bundesminister erklärte hierzu, daß wir uns im Rahmen der üblichen Erörterungen derartiger Fragen mit den anderen EG-Staaten bemühen würden, eine Mehrheit für eine vernünftige Resolution zu erreichen. Zur Zeit ließe sich offenbar noch nicht erkennen, welche Absichten die arabische Seite mit der Diskussion konkret verfolge. Außenminister Allon bestätigte dies und räumte ferner ein, daß die Aussichten für einen israelischen Vertagungsantrag nicht sehr groß seien.

Abschließend gab der Herr Bundesminister nochmals seiner Hoffnung Ausdruck, Außenminister Allon möglichst bald in Bonn wiedersehen zu können.

[gez.] Redies

Referat 010, Bd. 178588

---

[6] Die Bundesrepublik hatte vom 1. Januar bis 30. Juni 1974 die EG-Ratspräsidentschaft inne.
[7] Korrigiert aus: „denen".
[8] Der amerikanische Außenminister Kissinger besuchte vom 9. bis 15. Oktober 1974 Ägypten, Syrien, Jordanien, Israel, Saudi-Arabien, wieder Ägypten und Syrien sowie anschließend Algerien und Marokko. Vgl. dazu Dok. 306, Anm. 7.
[9] Zum Antrag vom 11. September 1974 vgl. Dok. 259, Anm. 10.
  Am 14. Oktober 1974 verabschiedete die UNO-Generalversammlung mit 105 gegen 4 Stimmen bei 20 Enthaltungen die Resolution Nr. 3210. Darin hieß es: „The General Assembly, Considering that the Palestinian people is the principal party to the question of Palestine, Invites the Palestine Liberation Organization, the representative of the Palestinian people, to participate in the deliberations of the General Assembly on the question of Palestine in plenary meetings." Vgl. UNITED NATIONS RESOLUTIONS, Serie I, Bd. XV, S. 253.

284

Ministerialdirektor van Well, z. Z. Washington, an das Auswärtige Amt

VS-NfD	Aufgabe: 27. September 1974, 19.05 Uhr[1]
Fernschreiben Nr. 2880	Ankunft: 28. September 1974, 01.15 Uhr
Cito	

Betr.: Gespräch des Herrn Bundesaußenministers mit Präsident Ford am 26.9. 1974 von 17.30 bis 18.30 Uhr

Anwesend waren: Außenminister Kissinger, General Scowcroft, Botschafter von Staden, MD van Well.

BAM[2] bestellte Grüße des Herrn Bundeskanzlers und drückte deutsche Befriedigung darüber aus, daß Präsident sich gleich nach Amtsantritt so positiv zum Verhältnis gegenüber der Bundesrepublik, Europa und der Allianz geäußert habe.[3] Der Regierungsantritt sei auch mit einer schwierigen Lage in Berlin zusammengefallen und wir seien dankbar für die dabei erwiesene amerikanische Hilfe.

Diesem Dank habe er in seiner Bundestagsrede am 18. September öffentlich Ausdruck gegeben.[4] Er schließe Außenminister Kissinger ein. Es sei ermutigend gewesen zu wissen, daß man zu jeder Stunde auf die Vereinigten Staaten habe zählen können.

Präsident erwiderte Grüße an den Herrn Bundeskanzler und sprach die Hoffnung aus, mit ihm zusammenzutreffen. Er habe den Wunsch, mit dem Herrn Bundeskanzler im politischen, wirtschaftlichen und sicherheitspolitischen Bereich zusammenzuarbeiten. Er habe zur Bundesregierung volles Vertrauen und begrüße das ausgezeichnete Arbeitsverhältnis zwischen beiden Regierungen, das im Interesse der beiden Länder und des Bündnisses liege. Die bevorstehende Zusammenkunft in Camp David habe größte Bedeutung.[5] Es sei essentiell, daß man der Herausforderung des Problems der Ölpreise begegne. Dies sei auch im Interesse der anderen Staaten einschließlich der Entwicklungsländer. Unter Hinweis auf seine eigenen Reden und die Rede von Kissin-

---

[1] Hat Vortragendem Legationsrat I. Klasse Dannenbring am 30. September 1974 vorgelegen.
[2] Bundesaußenminister.
[3] Zu den Ausführungen des Präsidenten Ford vor dem amerikanischen Kongreß am 12. August 1974 vgl. Dok. 249, Anm. 13.
[4] Bundesminister Genscher führte am 18. September 1974 im Bundestag aus, „daß auch unter der Amtsführung des neuen amerikanischen Präsidenten das vertrauensvolle deutsch-amerikanische Verhältnis in offener und konstruktiver Weise weiterentwickelt wird. [...] Der Präsidentenwechsel in Washington hat die Kontinuität der amerikanischen Außenpolitik im atlantischen Bereich und in den bilateralen Beziehungen zu uns in keiner Weise beeinträchtigt." In bezug auf Berlin erklärte er: „Gleichermaßen selbstverständlich ist für uns die engste Abstimmung mit den Drei Mächten, die in Berlin (West) die oberste Gewalt ausüben und entsprechende Verantwortung tragen. Ich möchte unterstreichen, daß diese vertrauensvolle Abstimmung sich gerade in den letzten Wochen und Monaten bewährt hat." Vgl. BT STENOGRAPHISCHE BERICHTE, Bd. 89, S. 7699 und S. 7701.
[5] Zu den Gesprächen der Außen- und Finanzminister der Bundesrepublik, Frankreichs, Großbritanniens, Japans und der USA am 28./29. September 1974 in Washington vgl. Dok. 285, Dok. 289 und Dok. 292.

ger vor der Generalversammlung der Vereinten Nationen[6] setzte der Präsident hinzu: „Wir meinen, was wir sagen." Nun ginge es darum, Wege zu finden, den politischen Willen zu implementieren.

BAM wies auf Übereinstimmung seiner VN-Rede[7] mit der des amerikanischen Außenministers hin, in der Presse habe man bemerkt, er habe Samthandschuhe angehabt, der Inhalt sei jedoch der gleiche gewesen. Man müsse die Probleme im Wege der Kooperation und nicht der Konfrontation lösen. Die Lage sei ernst, nicht zuletzt für die Entwicklungsländer. Man habe es mit dem Problem einer enormen Verschiebung von Leistungskraft zu tun und dazu mit dem recycling[8] und den hiermit zusammenhängenden Gefahren für das Weltwährungssystem. Es braucht auf seiten der ölproduzierenden Länder keineswegs böser Wille zu herrschen, vielmehr seien sie möglicherweise noch gar nicht in der Lage, die Konsequenzen ihres Vorgehens und ihrer Beeinflussung des Weltwirtschaftssystems ganz zu übersehen. Keine Notenbank, selbst die amerikanische, könne mit diesem Problem allein fertig werden. Wir müßten eine gemeinsame Lösung finden.

Präsident warf hier ein, daß man ganz unabhängig von kurzfristigen Aktionen eine langfristige Perspektive entwickeln müsse.

BAM wies auf das Ergebnis der ECG[9] hin, das er begrüße, und gab unserer Befriedigung darüber Ausdruck, daß Frankreich in Camp David dabeisein werde. Präsident bemerkte, daß wir unsere Ressourcen gemeinsam entwickeln müßten.

[6] Zu den Ausführungen des amerikanischen Außenministers Kissinger vor der UNO-Generalversammlung in New York am 23. September 1974 vgl. Dok. 276, Anm. 10.

[7] Bundesminister Genscher erklärte am 23. September 1974 vor der UNO-Generalversammlung in New York: „Eine Verschärfung von Interessengegensätzen zwischen Rohstoffstaaten und Industriestaaten schafft nicht nur Probleme zwischen den unmittelbar Beteiligten, sondern zieht zuerst und am stärksten dritte Staaten in Mitleidenschaft. Daraus würden neue Spannungen resultieren, und die Versuchung wäre für viele Staaten groß, ohne Rücksicht auf andere das Heil in der Rettung der eigenen Haut zu suchen. [...] Wenn die Rohstoffländer für ihre Rohstoffe höhere Preise im Markt erzielen wollen, so muß doch darauf geachtet werden, daß es nicht zu exzessiven Preisschwankungen auf den Rohstoffmärkten kommt. Zugleich müssen wir auch eine langfristig gesicherte Versorgung mit Rohstoffen anstreben. Im Interesse aller müssen wir aber auch dafür sorgen, daß die gestiegenen Energie- und Rohstofferlöse sinnvoll verwendet und so dem internationalen Wirtschaftskreislauf wieder zugeführt werden. Es gilt, die Mittel dorthin zu lenken, wo sie am dringendsten gebraucht werden." Vgl. BULLETIN 1974, S. 1135.

[8] Zur Rückführung der Devisenüberschüsse der erdölproduzierenden Staaten („recycling") vgl. Dok. 177, Anm. 27.

[9] Zum Stand der Arbeiten der von der Energiekonferenz vom 11. bis 13. Februar 1974 in Washington eingesetzten Energie-Koordinierungsgruppe vgl. Dok. 249, Anm. 7.
Am 19./20. September 1974 fand in Brüssel die achte Sitzung der Energie-Koordinierungsgruppe statt. Ministerialdirektor Hermes teilte dazu am 23. September 1974 mit, der Entwurf eines Internationalen Energieprogramms (IEP) sei ad referendum verabschiedet worden: „Die Struktur des IEP-Abkommens entspricht der in den vorangegangenen ECG-Sitzungen erarbeiteten Konzeption: Schwergewicht auf kurzfristigem Krisenprogramm (verbindlich), Informationssystem über den internationalen Ölmarkt, Zusammenarbeit mit den internationalen Gesellschaften, langfristiges Energieprogramm (zu dem die Einzelheiten allerdings noch ausgearbeitet werden müssen), Beziehungen zu den Produzentenländern und anderen Verbraucherländern sowie institutioneller Teil (internationale Energieagentur – IAE)." Der Zeitplan sehe vor, „daß Regierungen spätestens am 29.10. den Vorsitzenden der Energie-Koordinierungsgruppe unterrichten, daß sie politische Verpflichtung übernehmen, Text des Abkommens anzunehmen und dieses vorläufig anzuwenden, sowie über ihre Entscheidung, OECD-Rat zu ersuchen, im November Beschluß über die Durchführung des IEP im Rahmen der OECD zu treffen." Vgl. den Drahterlaß Nr. 4010; Referat 405, Bd. 113895.
Für den Wortlaut des Übereinkommens vom 18. November 1974 über ein Internationales Energieprogramm vgl. BUNDESGESETZBLATT 1975, Teil II, S. 702–737.

Kissinger warf ein, daß man amerikanischerseits eingehende Studien gemacht habe. Man werde in der Lage sein, einige vorläufige Vorschläge zum Problem des recycling zu machen und auch dazu, wie man mit den ölproduzierenden Ländern in einem realistischeren Rahmen verhandeln könnte (deal with).

BAM wies darauf hin, daß man den ölproduzierenden Ländern klarmachen müßte, daß es nicht in ihrem Interesse wäre, die Weltwirtschaft zu schädigen. Anschließend erläuterte BAM die deutsche Stabilitätspolitik im einzelnen. Er wies dabei besonders auf die historisch bedingte ausgeprägte Sensibilität der deutschen Bevölkerung gegenüber Inflation und Arbeitslosigkeit hin.

Der Präsident erwähnte den bevorstehenden amerikanischen Wirtschaftsgipfel vom 27. und 28. des Monats[10] und sagte, daß er in seiner Eröffnungserklärung darauf hinweisen würde, daß die amerikanische Wirtschaftspolitik nicht nur den eigenen Interessen Rechnung tragen, sondern auch die Interessen der Alliierten und der anderen an der Weltwirtschaft beteiligten Länder berücksichtigen müßte.[11] Er bat, dies dem Bundeskanzler auszurichten und ihm zu versichern, daß die Vereinigten Staaten keinen wirtschaftspolitischen Kurs einschlagen würden, der den Alliierten Schaden zufügte. Man hoffe, die Inflationsrate zum Jahresende auf etwa 8,5 Prozent zu drücken, müsse allerdings damit rechnen, daß die Arbeitslosigkeit von jetzt 5,5 Prozent auf 6 Prozent zum Jahresende steigen könne. Man hoffe, den Haushalt unter Kontrolle halten zu können. Die Situation in den Vereinigten Staaten sei gerade jetzt auch politisch nicht einfach. Man müsse eine genaue Linie steuern, die zwischen den Bemühungen, die Inflationsrate zu dämpfen, und der Vermeidung eines wirtschaftlichen Rückschlags (economic slump).

BAM wies darauf hin, daß die Situation in der Bundesrepublik zur Zeit besser sei als in anderen Ländern. Gefährlich sei aber die Lage Italiens. Auch deshalb seien wir für die amerikanische Kooperationsbereitschaft dankbar. In Italien drohe auch eine politische Gefahr. Nicht zuletzt deshalb sei der erhebliche deutsche Währungsbeistand gewährt worden.[12] Die italienische Regierung zeige in einer gefährlichen Lage großen Mut. Sie habe es mit einer starken kommunistischen Gewerkschaft und Partei zu tun. Es würde ernste Folgen haben, wenn ein Bündnispartner die kommunistische Partei an der Regierung beteiligt. Eine solche Entwicklung würde eine Verwirrung der Geister hervorrufen und könnte ansteckend sein. Wir müßten zusehen, daß der Erfolg, den wir der NATO im politischen und militärischen Bereich verdanken, nicht von der wirtschaftlichen Seite her unterlaufen würde.

---

10 Zur Inflationskonferenz am 27./28. September 1974 in Washington wurde in der Presse berichtet: „Die amerikanische Regierung will neue Maßnahmen zur Inflationsbekämpfung einleiten. Nach einem zweitägigen inneramerikanischen Gespräch, an dem in Washington 800 Vertreter der politischen Parteien, Wirtschaftsgruppen, Wissenschaftler und Gewerkschaften teilgenommen haben, hat Präsident Gerald Ford einen von Finanzminister William Simon geleiteten ‚Rat für Wirtschaftspolitik' und einen Ausschuß von ‚Arbeitnehmer- und Arbeitgeber-Vertretern' eingesetzt." Vgl. den Artikel „Ford ruft Amerika zum Kampf gegen Inflation auf"; FRANKFURTER ALLGEMEINE ZEITUNG vom 30. September 1974, S. 11.

11 Präsident Ford erklärte anläßlich der Eröffnung der Inflationskonferenz am 27. September 1974 in Washington: „Inflation is an international problem. The efforts of each nation can become more effective if concerted action is achieved. The United States Government will consult with friends abroad as we move to combat an international threat." Vgl. PUBLIC PAPERS, FORD 1974, S. 201.

12 Zum Kredit der Bundesrepublik für Italien vgl. Dok. 247, Anm. 29.

Präsident brachte zum Ausdruck, daß man diese Einschätzung amerikanischerseits teile und eine Beteiligung der Kommunisten an der Regierung in Italien, aber auch in jedem verbündeten Land Europas, auf jeden Fall vermieden sehen wolle.

BAM wies darauf hin, daß die Situation gerade in den Ländern des nördlichen Mittelmeers im Fluß und nicht frei von Gefahren sei. Von dieser Flanke her könnten dem Bündnis Gefahren drohen.

Wir müßten dafür sorgen, daß die Entspannungspolitik, zu der es keine Alternative gebe, nicht als eine Verharmlosung der inneren und äußeren Gefährdung durch den Kommunismus mißverstanden wird. Es sei unerhört wichtig, daß wir Notwendigkeit und Stärke des Bündnisses betonten. Dazu gehört als wichtiger Faktor die amerikanische Präsenz in Europa.

Präsident stimmte zu und wies zugleich darauf hin, daß es hierüber eine inneramerikanische Diskussion gebe. Manche meinten, daß die Vereinigten Staaten wegen des Fortschritts der Entspannung und nach 25 Friedensjahren einseitig abrüsten und sich zurückziehen könnten. Das wäre aber eine schlechte Politik (ill-advised). Man habe in der Vergangenheit Schwierigkeiten nicht deshalb gehabt, weil man stark gewesen sei, sondern, weil man schwach gewesen sei. Er habe im Abgeordnetenhaus für starke Streitkräfte mit modernen Waffen gestimmt und dementsprechend werde er als Präsident handeln. Man habe aber eine schwierige Zeit mit dem Kongreß. Allerdings sei es 1974 etwas leichter als im Jahre davor, weil die Administration auf dem Hill harte Arbeit geleistet habe. Jedermann müsse verstehen, daß die Vereinigten Staaten ihre Stärke zu erhalten hätten, und er als Präsident werde alles dazu tun. Aber man habe praktische Probleme. Der Präsident warf dann die Frage auf, wie diese Probleme in bezug auf MBFR zu beurteilen seien.

BAM erwiderte, gerade wenn man Entspannung wolle, müsse man einseitige Maßnahmen vermeiden, die nur dazu führen könnten, die Entspannung unmöglich zu machen. Im Rahmen von MBFR stehe für ihn eine Frage im Vordergrund. Diese Verhandlung dürfe nicht auf einen militärischen Sonderstatus für die Bundesrepublik als dem stärksten europäischen Partner der Allianz hinauslaufen. Übergehend auf die Berlin-Frage unterstrich BAM, daß das Vier-Mächte-Abkommen einen Fortschritt darstelle, das Problem jedoch nicht vom Tisch gebracht habe. Die sowjetische Politik einer Austrocknung Berlins gehe weiter und fordere ständige Abwehr. Ein Gerücht, wonach die DDR zu ihrem 25. Jahrestag eine Verfassungsänderung in Kraft setzen wolle[13], die den Status von Berlin-Ost verändern würde, habe Gromyko ihm gegenüber mit der Bemerkung kommentiert, er könne sich das nicht vorstellen.[14] BAM knüpfte daran erneuten Dank für die zuverlässige und ständige amerikanische Unterstützung in der Berlin-Frage.

[gez.] van Well

Referat 204, Bd. 101378

---

[13] Zur Änderung der Verfassung der DDR vom 6. April 1968 vgl. Dok. 277, Anm. 16.
[14] Zum Gespräch des Bundesministers Genscher mit dem sowjetischen Außenminister Gromyko am 26. September 1974 in New York vgl. Dok. 277.

285

Ministerialdirektor Hermes, z. Z. Washington, an das Auswärtige Amt

114-13998/74 geheim Aufgabe: 29. September 1974, 21.20 Uhr[1]
Fernschreiben Nr. 2885 Ankunft: 30. September 1974, 04.04 Uhr
Citissime nachts

BMWi für BM Friderichs

BMF für Staatssekretär Pöhl

Bundeskanzleramt – dem Herrn Bundeskanzler vorzulegen –

Betr.: Fünfertreffen am 28.9.1974 in Washington[2]

Das Fünfertreffen der Außen- und Finanzminister der Vereinigten Staaten, Japans, Frankreichs, Großbritanniens und der Bundesrepublik dauerte vier Stunden. Die Gespräche wurden bei einem anschließenden Essen noch zwei Stunden fortgesetzt. Außer dem britischen Außenminister Callaghan waren alle eingeladenen Minister erschienen, jeder von einem Mitarbeiter begleitet.

Kissinger beurteilte die gegenwärtige weltwirtschaftliche Lage und deren vorhersehbare politische Konsequenzen wie folgt: Hauptursache der wirtschaftlichen Schwierigkeiten seien die zu hohen Erdölpreise. Kein westliches Land könne sie auf die Dauer aushalten. So wie ihre derzeitige Höhe Ergebnis einer politischen Entscheidung gewesen sei, könne auch ihre Senkung Folge einer neuen politischen Entscheidung sein. Wenn die Haupterdölverbraucherländer nicht solidarisch handelten, würde die Masse der finanziellen Ressourcen der Welt in absehbarer Zeit in den Händen weniger Länder des Mittleren Ostens konzentriert sein. Für 1975 könnten diese Länder mit 120 Mrd. Dollar Öleinnahmen rechnen. Früher oder später könne diese gewaltige Finanzmasse einerseits zum Bezug oder Erwerb von Gütern und Leistungen verwendet werden und andererseits in große politische Macht umschlagen. Dabei könnte sich die teils bewußt, teils unbewußt gewonnene politische Macht auf verschiedene Ziele richten. Die regionale Konzentration sei eine große Gefahr. Kriegsgefahr einschließlich einer nuklearen Bedrohung wachse. Westliche Länder würden in hohem Maße wirtschaftlich verwundbar. So absurd sei der Gedanke nicht mehr, daß ein Land wie Italien auf den wirtschaftlichen und politischen Status eines Entwicklungslandes absinke und den Rechts- oder Linksradikalen anheim falle.

Wie der Westen durch seinen Zusammenhalt in der Nachkriegszeit der Sowjetunion erfolgreich widerstanden habe, müsse er jetzt dieser neuen großen Herausforderung gegenüber eine einheitliche Haltung einnehmen.

---

[1] Hat Vortragendem Legationsrat I. Klasse Dannenbring am 1. Oktober 1974 vorgelegen.
  Hat Ministerialdirektor van Well und Vortragendem Legationsrat I. Klasse von der Gablentz am 2. Oktober 1974 vorgelegen.
[2] Das Treffen, das ursprünglich in Camp David stattfinden sollte, wurde wegen schlechten Wetters nach Washington verlegt. Vgl. dazu KISSINGER, Jahre, S. 547 f.
  Zum Treffen vgl. auch Dok. 289 und Dok. 292.

Die amerikanische Regierung sehe vor allem drei Bereiche, in denen unverzüglich gehandelt werden müsse:

1) Solange der Mittlere Osten durch den arabisch-israelischen Konflikt höchstes Krisengebiet bliebe, sei das Ölproblem nicht lösbar. Die amerikanische Regierung sei zu einer neuen größeren Anstrengung bereit, um weitere Fortschritte in den Verhandlungen zu erreichen. Die Verbündeten würden hierbei helfen können.

2) Die Hauptverbraucherländer müßten politische, wirtschaftliche und finanzielle Solidarität üben. Niemand sollte vor der notwendigen Kooperation deshalb zurückschrecken, weil andere sie Konfrontation nennen. Konfrontation ließe sich durch Solidarität vermeiden.

Wirtschaftliche Solidarität müsse sich erweisen in einer gemeinsamen Politik der Verbrauchsbeschränkung. Dies sei auch für die Öffentlichkeit wichtig, weil sie dadurch den Ernst der Lage erkenne. In diesem Zusammenhang begrüßte Kissinger das von der französischen Regierung in der vergangenen Woche beschlossene Energiesparprogramm.[3]

Die finanzielle Solidarität werde sich darin erweisen, daß die großen westlichen Länder neue Beistandsmechanismen entwickelten, die sie von der Unsicherheit der Öldollars befreiten.

3) Schließlich müßten neue Formen der Beziehungen zwischen Erzeuger- und Verbraucherländern entwickelt werden. Hierzu blieb Kissinger sehr vage, ließ aber erkennen, daß dem nicht die gleiche Priorität zukomme wie den zwei anderen Punkten.

Finanzminister Simon ergänzte Kissingers Ausführungen. Die westlichen Länder sähen sich der größten Herausforderung seit dem Zweiten Weltkrieg gegenüber: Inflation, politische Instabilität, Energiekrise. Gegen die Inflation sollten die Länder gemeinsam angehen. Auf den internationalen Finanzmärkten funktioniere das recycling[4] zur Zeit ganz gut. Der Ölpreis sei jedoch zu hoch, als daß er als unabänderlich hingenommen werden könne. Die Ölpreise müßten heruntergehen.

Simon ging sodann auf die westliche Energiezusammenarbeit ein (internationales Energieprogramm[5]). Hier sei ein wirkungsvoller Ansatzpunkt bereits ge-

---

[3] Zur Energiepolitik der französischen Regierung wurde in der Presse berichtet: „Die französische Regierung will mit einer Steigerung der Kohleförderung und der Erzeugung von mehr Atomenergie der durch die erhöhten Ölpreise ausgelösten Energiekrise im Land begegnen. Ministerpräsident Chirac erklärte vor der Nationalversammlung, Frankreich müsse bei konsequenter Befolgung dieser Pläne und bei freiwilliger Einschränkung des Öl- und Treibstoffverbrauchs in der Industrie und im privaten Kraftverkehr bis 1985 nur noch 50 Prozent der benötigten Energie einführen. [...] Im einzelnen sehen die von Chirac vorgelegten Pläne eine durch Abkommen zwischen Regierung und Unternehmen vereinbarte Reduzierung des Ölverbrauchs in der Industrie vor. Außerdem soll die Kohleförderung in den nächsten 99 Jahren um 46 Mill[ionen] t gesteigert werden." Ferner sollten durch die verstärkte Elektizitätsgewinnung durch Kernkraftwerke ab 1985 jährlich etwa 65 Mio. t Öl eingespart werden. Vgl. den Artikel „Frankreich forciert die Kohle und baut mehr Kernkraftwerke"; DIE WELT vom 7. Oktober 1974, S. 11.

[4] Zur Rückführung der Devisenüberschüsse der erdölproduzierenden Staaten („recycling") vgl. Dok. 177, Anm. 27.

[5] Zum von der Energie-Koordinierungsgruppe am 19./20. September 1974 verabschiedeten Internationalen Energieprogramm vgl. Dok. 284, Anm. 9.

schaffen. Für die monetäre Zusammenarbeit müßte der Westen auch eine Form finden, an der die Ölländer nicht beteiligt würden.

Denis Healey wies zunächst auf die instabile politisch-militärische Lage im Persischen Golf hin, die kriegerische Ereignisse herbeiführen und damit die normale Ölzufuhr in den Westen unterbrechen könne. Der Westen dürfe aber in keinem Fall militärische Aktionen erwägen. Dem stimmte Kissinger nachdrücklich zu. Healey warnte vor dem Export von Kriegswaffen in diese und benachbarte Gebiete. Eine Senkung der Ölpreise hielt er für äußerst schwierig. Die größte wirtschaftliche Gefahr sah er in einer allgemeinen Rezession für 1975 und in einem schweren wirtschaftlichen Einbruch für 1975.

Zur Behandlung der Ölländer empfahl H. größte diplomatische Vorsicht. Der Westen dürfe keine Konfrontation herbeiführen, die er nicht bestehen könne.

Kissinger wiederholte, daß die Vereinigten Staaten keine Konfrontation wünschten. Taten der Solidarität seien wirkungsvoller als Worte.

Der japanische Außenminister Kimura äußerte die Sorge, die Energiekrise könne zur Errichtung neuer Handelsschranken führen. Hinsichtlich des recycling empfahl er, sich schon jetzt Gedanken über mittel- und langfristige Investitionen der Ölländer zu machen.

Sauvagnargues begrüßte den informellen Charakter der Gespräche und den Verzicht auf Beschlüsse, zu denen auch die vertretenen EG-Länder wegen der Abwesenheit ihrer anderen Partner sowieso nicht in der Lage wären.

Der allgemeinen Analyse Kissingers stimmte er ebenso zu wie seiner These, daß auf monopolistische Praktiken durch Solidarität reagiert werden solle.

Die weittragende globale und fast futuristische Weltbetrachtung Kissingers halte er jedoch nicht für unbedenklich. Sie könne sogar dazu führen, daß die Entwicklungsländer einschließlich der Neureichen von uns zusammengeschweißt würden. Ein pragmatisches, schrittweises Herangehen an die Probleme sei wirkungsvoller als der Versuch, in einer neuen umfassenden Institution alles bewältigen zu wollen. Produzenten- und Konsumentenländer sollten bald zusammenkommen, wobei die ersteren die Zuversicht gewinnen müssen, daß ihre Petrodollars, die sie jetzt nicht ausgeben könnten, auch auf die Dauer etwas wert blieben. In diesem Sinne sei die Yamani-Initiative[6] zu begrüßen. Hier könnte

---

[6] Ministerialdirektor Hermes teilte der Ständigen Vertretung bei der UNO in New York und der Botschaft in Washington am 24. September 1974 zur Weiterleitung an Bundesminister Genscher mit: „Minister Yamani regte am Rande der 14. Welthandelsratstagung in Genf gegenüber dem Ständigen Vertreter Frankreichs in Genf in generellen Formulierungen an, im VN-Rahmen einen Ministerausschuß zu schaffen bzw. im Anschluß an die 29. Generalversammlung eine Ministerkonferenz einzuberufen, der vier OPEC-Länder (Iran, Venezuela, Algerien, Saudi-Arabien) sowie drei wichtige Entwicklungsländer (Indien, Brasilien, Zaire) sowie drei Industrieländer (USA, Japan, EG) angehören sollten und die sich mit Grundstoff- (und Energie-), Technologie- und Finanzfragen beschäftigen solle. [...] Die Ständige Vertretung in Genf wurde angewiesen, den französischen Botschafter für ein erneutes Gespräch mit Yamani dahingehend zu unterrichten, daß deutscherseits die Anregung Yamanis (auch im Hinblick auf den von uns angestrebten Dialog zwischen Produzenten- und Verbraucherländern) Interesse und eingehende Prüfung verdiene, daß aber der Yamani-Vorschlag zunächst noch der Präzisierung – insbesondere im Hinblick auf Zielvorstellungen und mögliche Ergebnisse der Ministerkonferenz – bedürfe." Hermes führte weiter aus: „Wir sind nach wie vor hinsichtlich saudischer Initiativen skeptisch; eine Verwirklichung im Rahmen der Vereinten Nationen und deren emotionsgeladener Atmosphäre dürfte kaum zu dem sachlich-nüchternen Dialog führen, den wir für die Beziehungen zwischen Verbraucher-Ländern und Produzenten anstreben. Es sollte westlicherseits versucht werden, in etwaigen weiteren Gesprächen mit Saudi-Ara-

versucht werden, zwischen Erzeuger- und Verbraucherländern eine objektive Gesamtbetrachtung zu erreichen.

BM Genscher stimmte der Analyse Kissingers hinsichtlich einer möglichen weltpolitischen Machtverlagerung und der möglichen Gefahr für unsere demokratischen Strukturen zu. Wir sollten untereinander, aber auch mit den Entwicklungsländern, Solidarität üben. Die Konfrontation sei ein untaugliches Konzept, weil hinter ihr nicht der Wille und das Vermögen stehen, sie durchzuhalten.

Der Bundesaußenminister gab einige Hinweise zur Fortschreibung des Energieprogramms der Bundesregierung[7] und bemerkte, daß Abstimmung über solche nationalen Programme untereinander, insbesondere unter Nachbarländern (wie z. B. mit Frankreich), nützlich gewesen wäre und allgemein geübt werden sollte. Bei uns stellten sich infolge der hohen Preise Änderungen der Verbrauchsgewohnheiten ein, die zu erheblichen Energieeinsparungen führen könnten.

BM Genscher nannte die gemeinsame Energiepolitik der EG[8] und das internationale Energieprogramm der Zwölf einen konstruktiven Ausdruck für die Bewältigung der gestellten Probleme. Worauf es ankomme sei, mit dieser Politik und diesem Programm ernst zu machen, und zwar in engster Abstimmung.

Dem europäisch-arabischen Dialog würden wir erhebliche Bedeutung beimessen. Er sei aber nicht als Notprogramm für die Energiepolitik aufzufassen.

BM Apel bemerkte, daß der Nettotransfer der Ölmilliarden in die arabischen Länder, gemessen am Wert des Welthandels, nicht besorgniserregend zu sein

---

Fortsetzung Fußnote von Seite 1245

bien über die Initiative Yamanis Zeit zu gewinnen, in der man sich um weitere Klärung seiner Vorstellungen bemüht. [...] Ohne ausreichende Vorbereitung würde eine derartige Konferenz mehr Schaden stiften als Nutzen bringen können. Gegenüber den Saudis müssen wir den Eindruck vermeiden, als ob die Bundesregierung die weitere Verfolgung des Yamani-Vorschlages verzögere." Vgl. den Drahterlaß Nr. 4021; Referat 405, Bd. 113902.

[7] Die Bundesregierung verabschiedete am 26. September 1973 ein Energieprogramm. Darin wurden die Zielsetzungen für eine zukünftige Energiepolitik der Bundesrepublik formuliert und Maßnahmen aufgeführt, um eine dauerhafte umwelt- und kostengerechte Sicherung der Energieversorgung sowohl für die Volkswirtschaft als auch für die Einzelverbraucher zu erreichen. Für den Wortlaut vgl. BT ANLAGEN, Bd. 180, Drucksache Nr. 7/1057. Vgl. dazu ferner AAPD 1973, II, Dok. 256.
Das Kabinett billigte am 23. Oktober 1974 eine Fortschreibung des Energieprogramms. Dazu wurde mitgeteilt: „Die im Energieprogramm vom September 1973 festgelegte Gesamtkonzeption hat sich als richtig angelegt erwiesen. Die veränderten energiewirtschaftlichen Eckdaten verlangen aber neue Maßnahmen und eine andere Gewichtung der Prioritäten: Noch stärkeres Zurückdrängen des Mineralölanteils an der Energieversorgung und gleichzeitig höhere Priorität für die Sicherung einer ausreichenden und kontinuierlichen Mineralölversorgung. Der Mineralölanteil an der Primärenergieversorgung soll von 55 Prozent auf etwa 44 Prozent 1985 zurückgehen. Eine neue Position für den wichtigsten deutschen Energieträger Steinkohle; beschleunigte Nutzung der relativ sicheren Energien Erdgas, Braunkohle und Kernenergie; zügiger Ausbau der Energieanlagen in der Bundesrepublik Deutschland unter Berücksichtigung der Erfordernisse des Umweltschutzes. Langfristige Standortvorsorge für Energieanlagen; verstärkte Energieeinsparung durch rationellere Nutzung der Energie; höhere Priorität für die Energieforschung, um die Abhängigkeit der Bundesrepublik vom Öl mittel- und langfristig vermindern zu können; Verbesserung der Krisenvorsorge, insbesondere durch höhere Bevorratung, um zeitweilige Mengenverknappungen der Ölzufuhren besser begegnen zu können; intensive Anstrengungen für eine breit angelegte Zusammenarbeit der Verbraucherländer, um Lösungen für die Probleme des Weltölmarktes im internationalen Rahmen zu finden. Nationale Lösungsversuche reichen nicht aus." Vgl. BULLETIN 1974, S. 1261. Für den Wortlaut des Programms vgl. BT ANLAGEN, Bd. 196, Drucksache Nr. 7/2713.

[8] Vgl. dazu die Entschließung des EG-Ministerrats vom 17. September 1974 über Energiefragen; Dok. 253, Anm. 7.

brauche. Daraus müßte keine Weltkrise entstehen. Unsere größte Sorge müßte die politische Machtballung in wenigen Ländern sein.

Unsere gemeinsame große wirtschaftliche Sorge rühre daher, daß schon vor der Ölkrise manche Länder in einem prekären Gleichgewicht und im Grunde genommen schon über ihre Verhältnisse gelebt hätten, in der Meinung, eine Lösung über die Inflation, die soziale Unruhe schaffe und zu Lasten der sozial Schwachen gehe, finden zu können. Die Bundesregierung habe dagegen schon vor der Ölkrise eine Stabilitätspolitik geführt. Sie sei auch jetzt zur Solidarität bereit. Das bedeute aber gemeinsame Rücksichtnahme und gemeinsames Handeln in vielen Bereichen wie etwa der Energiepolitik und Handelspolitik. Solidarität dürfe nicht als Selbstbedienungsladen mißverstanden werden. Neben dem dringenden Problem des recycling dürften die genannten wichtigen Probleme nicht zu kurz kommen. Jeder müßte sein Haus in Ordnung bringen und alles tun, um einen offenen Welthandel zu erhalten. Für besonders wichtig erachte er, jetzt einen Versuch zu unternehmen, die technologische Zusammenarbeit so eng wie möglich zu gestalten. Bei allem, was die Bundesregierung vorhabe, sei es klar, daß eine Frontstellung gegen die Vereinigten Staaten nicht in Frage komme.

Healey wies darauf hin, daß bei Energieeinsparungen die Amerikaner mit gutem Beispiel vorangehen müßten, um erst einmal den europäischen Standard zu erreichen. Die Energieverschwendung in USA sei außerordentlich. Kissinger erläuterte sodann seine Vorschläge zur Energieeinsparung und finanziellen Solidarität.

Die Verbraucherländer sollten in Zukunft täglich drei bis vier Millionen Barrel Erdöl weniger importieren. Das sei etwa sieben Prozent weniger als 1973. Die finanzielle Solidarität solle in der Errichtung eines 15-Mrd.-Dollar-Trust durch die Teilnehmerländer Ausdruck finden. Aus dem Fonds sollten Kredite an die meistbetroffenen teilnehmenden Länder sowie für Zwecke der gemeinsamen Entwicklung und Forschung im Energiebereich gewährt werden. Die Vereinigten Staaten seien bereit, ihre Technologie zu teilen. Healey wandte sich gegen einen neuen Fonds. Für recycling werde der IWF sorgen, das genüge. Für etwas anderes brauche man aber keinen neuen Fonds.

BM Apel bemerkte, daß wir die Energieeinsparung über die Kräfte des Marktes (Preis) erreichten. [...] uns der beste Weg.[9]

Kissinger erwiderte Healey, der besondere Vorzug eines neuen Fonds sei der Umstand, daß auf diesen „Krisenfonds" die OPEC-Länder keinen Einfluß ausüben können. „A club that runs its own destiny." Kimura lehnte eine Beschränkung der Öleinfuhren für Japan ab. Japan müßte unter allen Umständen seine Ölzufuhren behalten.

Auf die Feststellung von BM Apel, daß die entscheidende Frage für das weitere Vorgehen sei, ob die Fünf bereit seien, etwas Wirkungsvolles gemeinsam zu unternehmen, meinte Healey, die Antwort liege leider im Detail. Kissinger stimmte BM Apel nachdrücklich zu.

---

[9] Unvollständige Übermittlung des Drahtberichts.

Sauvagnargues bekannte sich zu beidem. Zur westlichen Solidarität und zum Erzeuger-Verbraucherdialog.

Kissinger schlug vor Abschluß der Gespräche eine weitere Sitzung im selben Kreise vor, der eine Abstimmung unter den anwesenden Beamten vorausgehen sollte. Dem wurde nicht widersprochen. Als Zeitpunkt eines weiteren Fünfertreffens wurde die Vorweihnachtszeit genannt.

Zur Presseunterrichtung wurde beschlossen, in den zwei dem Fünfertreffen folgenden Tagen nichts zu sagen und sich danach so lakonisch wie möglich zu äußern wie etwa: informeller Gedankenaustausch über weltwirtschaftliche Probleme.

[gez.] Hermes

VS-Bd. 9965 (204)

286

Ministerialdirektor Hermes, z. Z. Washington, an das Auswärtige Amt

114-13999/74 geheim   Aufgabe: 29. September 1974, 21.05 Uhr[1]
Fernschreiben Nr. 2884   Ankunft: 30. September 1974, 04.05 Uhr
Citissime

Betr.: Gespräche des Bundesaußenministers mit Außenminister Kissinger am Rande des Fünfertreffens[2] am 28.9.1974 in Washington

BM warf folgende Punkte auf:

1) Staatsbesuch des Bundespräsidenten in den Vereinigten Staaten

Dem Bundespräsidenten liege daran, vor Durchführung seines für Herbst 1975 vorgesehenen Besuchs in der Sowjetunion[3] Staatsbesuche in Frankreich[4] und den Vereinigten Staaten[5] zu machen. Kissinger sah keine Schwierigkeit, rechtzeitig einen passenden Termin für einen dreitägigen Staatsbesuch zu finden.[6]

---

[1] Hat Ministerialdirigent Kinkel am 30. September 1974 vorgelegen.
   Hat Vortragendem Legationsrat Lewalter vorgelegen.
[2] Zu den Gesprächen der Außen- und Finanzminister der Bundesrepublik, Frankreichs, Großbritanniens, Japans und der USA am 28./29. September 1974 in Washington vgl. Dok. 285, Dok. 289 und Dok. 292.
[3] Bundespräsident Scheel besuchte die UdSSR vom 10. bis 15. November 1975.
[4] Bundespräsident Scheel stattete Frankreich vom 21. bis 24. April 1975 einen Besuch ab.
[5] Bundespräsident Scheel hielt sich vom 15. bis 20. Juni 1975 in den USA auf.
[6] Dieser Satz wurde von Vortragendem Legationsrat Lewalter hervorgehoben. Dazu vermerkte er handschriftlich: „M. E. hat Kissinger die Reise in 75 als ‚wohl möglich' bezeichnet, dann aber rückgefragt, ob ein voller Staatsbesuch von drei Tagen gemeint sei, und nach bejahender Antwort gemeint, dies sei schon schwieriger."

29. September 1974: Hermes an Auswärtiges Amt   **286**

2) Arbeitsbesuch des Bundeskanzlers und Bundesaußenministers in Washington

Kissinger antwortete, daß Präsident Ford Ende November – Anfang Dezember große Terminnot habe. Ende November sei der Präsident zum Staatsbesuch in Japan.[7] Er werde sich bemühen, uns die Antwort des Präsidenten vor dem Wochenende zu geben.[8]

3) Verteidigungshilfe an die Türkei

Kissinger bemerkte, daß der Fortgang der amerikanischen Verteidigungshilfe an die Türkei durch den Kongreß aufgehalten werde.[9] Die Regierung sei dringlich bemüht, dieses Hindernis aufzuheben. Die Bundesrepublik sollte jedoch unbedingt ihre Verteidigungshilfe an die Türkei ungeschmälert und zügig fortsetzen.[10]

4) Beziehungen zu Kuba

Kissinger meinte, Kuba sei ein weiterer Fall, wo Kongreßmitglieder versuchten, die Regierung in eine bestimmte politische Richtung zu zwingen. Der Be-

---

7 Präsident Ford besuchte Japan vom 19. bis 22. November 1974.
8 Bundeskanzler Schmidt und Bundesminister Genscher besuchten die USA vom 4. bis 7. Dezember 1974. Vgl. dazu Dok. 354, Dok. 355 und Dok. 357–362.
9 Das amerikanische Repräsentantenhaus stimmte am 24. September 1974 für die sofortige Aussetzung der Militärhilfe an die Türkei, bis es bei der Lösung des Zypern-Konflikts zu Fortschritten komme. Vgl. CONGRESSIONAL RECORD, Bd. 120, Teil 24, S. 32430 und S. 32439 f.
Der amerikanische Senat stimmt am 30. September 1974 ebenfalls für die Einstellung der Militärhilfe, woraufhin Präsident Ford mit einem Veto drohte. Vgl. dazu PUBLIC PAPERS, FORD 1974, S. 213 f.
Nachdem es nicht gelungen war, einen Kompromiß zu erzielen, verabschiedeten Senat und Repräsentantenhaus am 16. Oktober 1974 eine Gemeinsame Resolution, die Militärhilfe und den Verkauf von Rüstungsgütern an die Türkei untersagte. In einem ebenfalls verabschiedeten Zusatz wurde festgelegt, daß die Regelung ab dem 10. Dezember 1974 gelten solle, falls bis dahin nicht Fortschritte bei der Lösung des Zypern-Konflikts gemacht würden. Für die Resolution, den Zusatz und die Abstimmungen vgl. CONGRESSIONAL RECORD, Bd. 120, Teil 27, S. 35723, 35736 f., 35909.
Präsident Ford legte am 17. Oktober 1974 sein Veto gegen die Gemeinsame Resolution des Kongresses ein. Vgl. dazu PUBLIC PAPERS, FORD 1974, S. 371 f.
Da am selben Tag im Repräsentantenhaus keine 2/3-Mehrheit gegen das Veto des Präsidenten zustandekam, einigte man sich auf eine Kompromiß-Resolution, die den Präsidenten ermächtigte, die Waffenlieferungen bis zum 10. Dezember 1974 fortzusetzen, insofern diese Waffen nicht in Zypern eingesetzt wurden. Vgl. CONGRESSIONAL RECORD, Bd. 120, Teil 27, S. 36018-36023.
Ford unterzeichnete die Resolution am 18. Oktober 1974. Vgl. dazu PUBLIC PAPERS, FORD 1974, S. 380 f.
10 Zur Frage einer Wiederaufnahme der Verteidigungshilfe an die Türkei vgl. Dok. 271, besonders Anm. 5.
Botschafter von Staden, Washington, berichtete am 30. September 1974: „Sonnenfeldt rief mich im Auftrag von Kissinger am 30.9. an, um noch einmal zu wiederholen, daß man amerikanischerseits an der Fortsetzung der deutschen Verteidigungshilfe an die Türkei interessiert sei. Auf Befragen gab er zu, daß ihm selbst nicht ganz klar sei, warum dies wiederholt werden sollte. Auf alle Fälle zeigt der Schritt das starke Interesse der Administration. Die Abstimmung im Repräsentantenhaus, die bekanntlich trotz Intervention des Weißen Hauses mit einer empfindlichen Niederlage für die Administration endete, muß als ein spürbarer außenpolitischer Rückschlag für den Präsidenten und seinen Außenminister angesehen werden." Vgl. VS-Bd. 8627 (201); B 150, Aktenkopien 1974.
Ministerialdirigent Kinkel vermerkte am 3. Oktober 1974: „Herr Minister hat heute mit dem Herrn Bundeskanzler das Problem ‚Waffenlieferungen an die Türkei' besprochen. Es wurde Einverständnis erzielt, daß keinesfalls eine Entscheidung getroffen werden soll, bevor die endgültige amerikanische Haltung feststeht. Der Herr Bundeskanzler teilte die Auffassung des Herrn Ministers, daß innen- und außenpolitische Gründe zu außergewöhnlicher Zurückhaltung in dieser Frage auch dann Veranlassung geben, wenn die Amerikaner ihre Lieferungen fortsetzen. Der Herr Bundeskanzler brachte auf Fragen des Herrn Ministers zum Ausdruck, daß er in der Frage der ‚Wiederaufnahme von kommerziellen Lieferungen' nicht engagiert sei." Vgl. Referat 203, Bd. 101453.

1249

such der zwei Senatoren in Havanna[11] sei ohne Mitwirkung und ohne Mitgabe eines Auftrags der Regierung zustande gekommen. Vor den Kongreßwahlen im November[12] bitte er darum, daß die Bundesregierung zur Herstellung von Beziehungen mit Kuba[13] nichts unternehme. BM sagte dies zu.[14] Vor unserer eigenen Fühlungnahme würden wir mit den Amerikanern etwa Mitte November Kontakt aufnehmen.[15]

5. Ausfuhr deutschen Kernkraftwerks in die Sowjetunion[16]

BM wies darauf hin, daß Strom aus Kernkraftwerk, den[17] die Sowjets liefern

---

[11] Zu dem Besuch wurde in der Presse berichtet: „Zwei amerikanische Senatoren, der Republikaner Jacob Javits und der Demokrat Claiborne Pell, sind am Wochenende zu einem einwöchigen Besuch nach Kuba abgereist. Seit 13 Jahren sind dies die ersten offiziellen amerikanischen Besucher Kubas [...]. Beide Senatoren gehören dem außenpolitischen Ausschuß des Senats an; sie reisen mit der Zustimmung ihres Ausschußvorsitzenden Fulbright, aber gegen den erklärten Willen des amerikanischen Außenministeriums, das wiederholt die Reise zu verhindern suchte. Javits und Pell werden voraussichtlich mit dem kubanischen Staatschef Fidel Castro zusammentreffen sowie mit einer Reihe hoher kubanischer Regierungsbeamte." Vgl. den Artikel „Amerikanische Senatoren in Kuba"; FRANKFURTER ALLGEMEINE ZEITUNG vom 30. September 1974, S. 5.

[12] Am 5. November 1974 fanden in den USA Wahlen zum Repräsentantenhaus und Teilwahlen zum Senat statt.

[13] Zur Frage einer Wiederaufnahme der diplomatischen Beziehungen zu Kuba vgl. Dok. 131, Anm. 6. Ministerialdirektor Lahn vermerkte dazu am 18. September 1974, Kuba sei der Bundesregierung nach Gesprächen, die von einer Mitarbeiterin des kubanischen Außenministeriums im Mai 1974 in Bonn geführt worden waren, erheblich entgegengekommen. So sei ein zu einer langen Haftstrafe verurteilter Deutsch-Kubaner aus der Haft entlassen und die Rückzahlung von Handelsschulden geregelt worden. Das Kabinett habe am 11. September 1974 dem Vorschlag des Bundesministers Genscher zugestimmt, Ende Oktober 1974 Verhandlungen mit der kubanischen Regierung aufzunehmen. Vgl. dazu Referat 300, Bd. 100553a.

[14] Ministerialdirigent Jesser legte am 11. Oktober 1974 dar: „Nach allem werden wir nicht umhin können, den Kubanern in Kürze einen Verhandlungstermin in Aussicht zu stellen. Das würde nicht von der Zusage an Kissinger abweichen, ‚wir würden uns nicht vor Mitte November bewegen'." Je länger die Bundesregierung Kuba warten lasse, „um so ungünstiger sind die Aussichten, unsere Wünsche durchzusetzen (Außenvertretung Berlins, Vorkriegsschulden, Ausreise von Deutschen, Niederlassung deutscher Firmen usw.); das Auswärtige Amt läuft Gefahr, daß seine Verhandlungsposition dadurch geschwächt wird, daß Entwicklungshilfe und Hermes-Bürgschaften gewährt werden, bevor wir diplomatische Beziehungen aufnehmen". Vgl. Referat 300, Bd. 100553a.
Vortragender Legationsrat I. Klasse Hampe teilte der Botschaft in Washington am 31. Oktober 1974 mit: „1) Leiter Politischer Abteilung hiesiger US-Botschaft teilte heute mit, daß State Department keine Einwendungen habe, wenn wir nunmehr Kubanern einen Termin für Verhandlungen über Aufnahme diplomatischer Beziehungen vorschlagen. Es wurde lediglich gebeten, entsprechende amtliche Verlautbarung bis nach OAS-Konferenz Quito zurückzustellen. 2) US-Botschaft wurde von unserer Absicht unterrichtet, im Laufe nächster Woche Kubanern einen Termin Anfang Dezember vorzuschlagen." Vgl. den Drahterlaß Nr. 1222; Referat 300, Bd. 100553a.
Die diplomatischen Beziehungen zwischen der Bundesrepublik und Kuba wurden am 18. Januar 1975 wiederaufgenommen. Vgl. dazu die Aufzeichnung des Ministerialdirektors Lahn vom 10. Januar 1975; AAPD 1975.

[15] Dieser Satz wurde von Vortragendem Legationsrat Lewalter hervorgehoben. Dazu vermerkte er handschriftlich: „Ich habe nicht in Erinnerung, daß wir vor Vereinbarung des Termins d. Verhandlungen mit Amerikanern Fühlung nehmen sollten."

[16] Zur Lieferung von Kernkraftwerken in die UdSSR bzw. der Lieferung von Strom in die Bundesrepublik vgl. Dok. 264, Anm. 10.
Das Bundesministerium für Wirtschaft teilte am 9. Oktober 1974 mit, daß vom 30. September bis 5. Oktober 1974 in Hamburg eine weitere Verhandlungsrunde stattgefunden habe. In den entscheidenden Fragen von Kraftwerkslieferungen, Kosten, Finanzierung, Leitungsführung und Strompreisen lägen die Positionen noch weit auseinander. Die sowjetische Seite zeige jedoch nach wie vor starkes Interesse an dem Projekt. Allerdings lasse der gegenwärtige Verhandlungsstand die vorgesehene Inbetriebnahme 1980 als nicht mehr realistisch erscheinen. Vgl. dazu Referat 421, Bd. 117687.

[17] Korrigiert aus: „das".

wollten, zur Energieversorgung Berlins bestimmt sei. Er bat um Genehmigung unseres COCOM-Antrags.[18] Kissinger zeigte sich nicht unterrichtet und sagte beschleunigte Prüfung zu.[19]

[gez.] Hermes

VS-Bd. 14057 (010)

---

[18] Vortragender Legationsrat I. Klasse Mühlen teilte den Botschaften in London, Paris und Washington am 16. September 1974 mit, daß beabsichtigt sei, nach dem 23. September 1974 bei COCOM im Wege des Eilverfahrens einen Antrag auf Erteilung einer Ausnahmegenehmigung für die Ausfuhr eines Kernkraftwerks in die UdSSR zu stellen, und wies die Botschaften an, am 23. September 1974 in den dortigen Außenministerien ein entsprechendes Aide-mémoire zu übergeben, in dem um Unterstützung des Antrags gebeten werde: „Dem Kernkraftwerks-Stromprojekt kommt im Rahmen der deutsch-sowjetischen wirtschaftlichen Zusammenarbeit hohe Priorität zu. Eine Ablehnung des COCOM-Antrags würde uns in eine schwierige Lage bringen. Die sowjetische Seite könnte uns ein zweites ‚Röhren-Embargo' vorwerfen. Es muß von uns alles versucht werden, dieses insbesondere für die Stromversorgung Berlins wichtige Projekt bei COCOM durchzubringen." Vgl. den Drahterlaß Nr. 3886; Referat 421, Bd. 117698.
Gesandter Matthias, Washington, berichtete am 23. September 1974, daß er die Frage mit dem amtierenden Staatssekretär im amerikanischen Außenministerium, Enders, erörtert habe. Dieser habe erläutert, „daß die Administration dabei sei, ihre Haltung zur Frage der Ausfuhr von Kernkraftwerken im Grundsatz zu überprüfen. Die dafür erforderlichen Untersuchungen seien noch nicht abgeschlossen. Es werde wohl noch etwas Zeit in Anspruch nehmen, die damit verbundenen Sicherheitsaspekte eingehend zu durchdenken. Anderseits sei im vorliegenden Fall der besondere politische Charakter des Geschäftes in Rechnung zu stellen, zumal Berlin darin eine Rolle spiele." Matthias führte aus: „Nach hiesiger Ansicht wäre es zweckdienlich, wenn bereits jetzt der Herr Außenminister seinen amerikanischen Kollegen auf die politische Bedeutung hinweisen würde, die wir dem Vorhaben beimessen." Vgl. dazu den Drahtbericht Nr. 2825; Referat 421, Bd. 117698.
Gesandter Blomeyer-Bartenstein, Paris, berichtete am 26. September 1974, daß der Antrag am 24. September 1974 bei COCOM eingereicht worden sei und am 1. Oktober 1974 auf der Tagesordnung stehen werde. Die amerikanische Delegation habe zu einigen Punkten nähere Angaben erbeten. Vgl. dazu den Drahtbericht Nr. 3029; Referat 421, Bd. 117698.

[19] Gesandter Blomeyer-Bartenstein, Paris, teilte am 2. Oktober 1974 mit, der Antrag auf Genehmigung des Exports eines Kernkraftwerks sowie des erforderlichen Natururans sei am Vortag behandelt worden. Der amerikanische Vertreter habe eine Reihe von Fragen gestellt, von deren Beantwortung die amerikanische Stellungnahme abhänge, und dazu erläutert, „daß angesichts der außerordentlichen Bedeutung des deutschen Antrags und der Notwendigkeit, die amerikanische Stellungnahme auf sehr hoher Ebene abzufassen, eine solche nicht vor Ende Oktober oder Anfang November zu erwarten sei." Vgl. den Drahtbericht Nr. 3080; Referat 421, Bd. 117698.

287

**Aufzeichnung des
Vortragenden Legationsrats I. Klasse Andreae**

220-371.85/55-1435/74 geheim 30. September 1974

Über Herrn Dg 22[1] Herrn D 2[2]
Betr.: SALT;
hier: Erörterung der Europäischen Gruppe über nicht-zentrale Systeme
Bezug: Vermerk vom 26.7.1974 – 220-371.85/55-1117/74 geh.[3]
Anlg.: 1 – 1. Ausfertigung

Die „Gruppe europäischer SALT-Experten" hat in den ersten sechs Monaten dieses Jahres mehrfach über die Einbeziehung der amerikanischen nicht-zentralen Systeme (von den Sowjets FBS genannt) in die SALT-Verhandlungen beraten. Als Ergebnis der bisherigen Erörterungen wurden einige von deutscher Seite vorgeschlagene Schlußfolgerungen ausgearbeitet. Es ist beabsichtigt, daß einer der europäischen NATO-Botschafter diese Schlußfolgerungen anläßlich einer der nächsten SALT-Konsultationen im NATO-Rat als gemeinsame europäische Haltung vorträgt, wenn die Frage der nicht-zentralen Systeme in den wieder anlaufenden sowjetisch-amerikanischen Verhandlungen[4] erneute Bedeutung erlangen sollte.

Um Zustimmung wird gebeten.

Referat 201 und 221 haben mitgezeichnet.

Andreae

Anlage[5]

Schlußfolgerungen aus den Beratungen der an SALT interessierten europäischen Nationen über das Problem nicht-zentraler Systeme in Europa

1) Die interessierten europäischen Nationen sollten zu gegebener Zeit gegenüber dem amerikanischen Bündnispartner in Bezug auf die Verhandlungen zur Begrenzung strategischer Waffen folgende Haltung einnehmen:

---

[1] Hat Botschafter Roth am 4. Oktober 1974 vorgelegen.
[2] Hat Ministerialdirektor van Well am 8. Oktober 1974 vorgelegen.
[3] Vortragender Legationsrat I. Klasse Andreae notierte, daß auf der Sitzung der europäischen SALT-Experten ein erster Entwurf der Bundesrepublik für „Schlußfolgerungen aus den Beratungen der an SALT interessierten europäischen Nationen über das Problem nicht-zentraler Systeme in Europa" erarbeitet worden sei. Ferner sei der gegenwärtige Stand von SALT erörtert worden. Vgl. dazu VS-Bd. 9441 (220); B 150, Aktenkopien 1974.
[4] Die siebte Runde der zweiten Phase der Gespräche zwischen den USA und der UdSSR über eine Begrenzung strategischer Waffen (SALT II) begann am 18. September 1974 in Genf.
[5] Ablichtung.

a) Die europäischen Staaten begrüßen Maßnahmen zur Begrenzung strategischer Waffen. Sie setzen dabei voraus, daß
- die Begrenzung stabilisierend wirkt;
- die gemeinsame Abschreckung dadurch nicht in Frage gestellt wird.

b) Die Sowjets sollten veranlaßt werden, ihre nukleare Rüstung nach Art und Zahl offenzulegen, so wie dies die USA seit Jahren tun.

c) Nicht-zentrale Systeme der USA, die in Europa stationiert sind, besitzen über ihre militärische Aufgabe hinaus besondere politische und psychologische Bedeutung.

d) Der von der Sowjetunion eingeführte Begriff der „Forward Based Systems" sollte nicht in Diskussion und Vertragstext verwendet werden.

e) Allgemein gehaltene Definitionen bezüglich der nicht-zentralen Systeme sind für die Verhandlungen untauglich und führen zu keinem Erfolg.

f) Die konventionelle Kapazität der „dual capable"-Systeme darf keine Einbuße erleiden.

2) Aus unseren Überlegungen ergibt sich, daß die Einbeziehung nicht-zentraler Systeme in die SALT-Verhandlungen den Bündnisinteressen abträglich wäre. Da das strategische Gleichgewicht durch die zentralen Systeme bestimmt wird, sollten die Vereinigten Staaten weiterhin eine Sachdiskussion über nicht-zentrale Systeme in SALT mit der Begründung ablehnen, daß diese für Abkommen über das zentrale strategische Gleichgewicht unerheblich sind.

3) Sollte diese Absicht sich nicht durchsetzen lassen, wäre eine allgemein gefaßte Nichtumgehungsklausel, die die Einsatzmittel europäischer Nationen unberührt läßt, die am wenigsten nachteilige Lösung.

4) Sollte auch diese Lösung nicht möglich sein, so könnte man an ein Einfrieren aller amerikanischen und sowjetischen weltweit dislozierten nicht-zentralen Systeme denken, das möglichst allgemein formuliert werden und keine Höchststärken für einzelne Waffensysteme vorsehen sollte.

VS-Bd. 9441 (220)

288

Botschafter Krapf, Brüssel (NATO), an Bundesminister Genscher

VS-vertraulich   **3. Oktober 1974**[1]

Sehr geehrter Herr Minister,

da die Amerikaner in den letzten Tagen wiederholt zum Thema „common ceiling" und „prozentuale Reduktionen" Stellung genommen haben, möchte ich heute noch einmal die Haltung des Bündnisses hierzu erläutern, wozu neulich beim Bundeskanzler[2] keine Zeit mehr war.

Prozentuale Reduktionen sind bisher ein sowjetisches Verhandlungsziel, während die vereinbarte NATO-Politik absolute Reduktionszahlen[3] vorsieht, weil nur durch diese die Beseitigung des Ungleichgewichts zwischen Ost und West, d. h. ein common ceiling, erreicht werden kann.[4]

Beim gegenwärtigen Stärkeverhältnis müßte z. B. bei einer 3%-Kürzung der Osten nur ca. 27 500 Mann abziehen und der Westen ca. 23 500. Damit würde sich zwar rechnerisch am Kräfteverhältnis nichts ändern, aber der Westen würde in eine noch ungünstigere Situation geraten als jetzt, weil er das Minimum an Truppenstärke[5] schon erreicht, wenn nicht unterschritten hat.

Das Ziel der Ausgewogenheit der Reduzierung kann also nur durch absolute Kürzungszahlen erreicht werden, die beim Osten angesichts seiner konventionellen Überlegenheit wesentlich höher liegen müßten als im Fall einer prozentualen Kürzung.

Das Umschwenken auf ein prozentuales Kürzungsverfahren würde das MBFR-Konzept der NATO radikal verändern. Der Westen – in den letzten Tagen von den Amerikanern wiederholt stark unterstrichen – hat die Ausgewogenheit der Reduktionen, wie sie auch im Namen des ganzen Projekts zum Ausdruck kommt, bisher immer als ein wesentliches Kriterium von MBFR bezeichnet.

---

[1] Privatdienstschreiben.
    Hat Ministerialdirigent Kinkel am 4. Oktober 1974 vorgelegen, der handschriftlich vermerkte: „4.10. durch Boten überbracht."
    Hat Bundesminister Genscher am 5. Oktober 1974 vorgelegen, der handschriftlich vermerkte: „Ich stimme mit der Auffassung K[rapfs] voll überein u. bitte um einen entsprechenden Antwortentwurf."
    Hat Kinkel erneut am 6. Oktober 1974 vorgelegen, der die Weiterleitung an Staatssekretär Gehlhoff verfügte.
    Hat Gehlhoff am 7. Oktober 1974 vorgelegen, der die Weiterleitung an Ministerialdirektor van Well „z[ur] w[eiteren] V[erwendung]" verfügte.
    Hat van Well am 8. Oktober 1974 vorgelegen, der die Weiterleitung an Botschafter Roth verfügte.
    Hat Roth am 9. Oktober 1974 vorgelegen.
    Hat Vortragendem Legationsrat I. Klasse Ruth am 9. Oktober 1974 vorgelegen.

[2] Zur Ressortbesprechung bei Bundeskanzler Schmidt am 19. September 1974 über MBFR vgl. Dok. 274.

[3] Die Wörter „absolute Reduktionszahlen" wurden von Bundesminister Genscher hervorgehoben. Dazu vermerkte er handschriftlich: „r[ichtig]".

[4] Vgl. dazu die am 22. November 1973 von den an den MBFR-Verhandlungen teilnehmenden NATO-Mitgliedstaaten vorgelegten Rahmenvorschläge; Dok. 9, Anm. 2.

[5] Die Wörter „Minimum an Truppenstärke" wurden von Bundesminister Genscher hervorgehoben. Dazu vermerkte er handschriftlich: „r[ichtig]".

Theoretisch wäre es zwar denkbar, einen ersten symbolischen Schritt nach dem prozentualen, d. h. dem sowjetischen, Konzept[6] und weitere Schritte dann nach dem westlichen, asymmetrischen Konzept durchzuführen. Die Praxis zeigt jedoch, daß es sehr schwer ist, wieder davon herunterkommen, wenn man sich erst einmal auf ein sowjetisches Verhandlungskonzept eingelassen hat.[7]

Welches Verfahren man anwenden soll, spielt allerdings dann eine verhältnismäßig geringe Rolle, wenn man davon ausgeht, daß nach einer einmaligen kleinen symbolischen Reduktion das ganze MBFR-Projekt nicht mehr weiterverfolgt wird. Dies entspräche einem Gedanken, den Dobrynin mir gegenüber vor zwei Jahren vertreten hat, von dem die Sowjets jedoch inzwischen abgekommen sind, weil sie damit die Bundeswehr nur geringfügig treffen können. Wenn die Sowjets weiter wie bisher das common-ceiling-Konzept strikt ablehnen, ist jedoch eine solche Entwicklung trotzdem nicht auszuschließen.

Ich hoffe, mit diesen Ausführungen meine Bemerkung von neulich verständlicher gemacht zu haben, und verbleibe

mit besten Grüßen
Ihr F. Krapf

VS-Bd. 9457 (221)

289

Bundesminister Apel, z. Z. Washington, an Ministerialdirektor Hermes

114-14091/74 geheim Aufgabe: 3. Oktober 1974, 20.30 Uhr[1]
Fernschreiben Nr. 2928 Ankunft: 4. Oktober 1974, 07.39 Uhr
Citissime

Nur Herrn Dr. Hermes vorlegen

Betr.: Sitzung der Fünf am 28./29. September 1974[2]
   hier: Finanzielle Fragen

In Ergänzung der mir nicht bekannten Berichterstattung des AA gebe ich folgende Wertung:

---

6 Vgl. dazu sowjetischen Entwurf vom 8. November 1973 für ein MBFR-Abkommen; Dok. 6, Anm. 12.
7 Dieser Satz wurde von Bundesminister Genscher hervorgehoben. Dazu vermerkte er handschriftlich: „r[ichtig]".

1 Hat Ministerialdirigent Lautenschlager am 4. Oktober 1974 vorgelegen, der die Weiterleitung an Ministerialdirektor Hermes „n[ach] R[ückkehr]" verfügte und handschriftlich vermerkte: „Auf Anforderung des Min[ister]büros bitte eine Ablichtung sofort."
Hat Hermes am 7. Oktober 1974 vorgelegen, der die Weiterleitung an die Referate 403 und 412 verfügte.
Hat Vortragendem Legationsrat I. Klasse Kruse am 8. Oktober 1974 vorgelegen.
2 Zu den Gesprächen der Außen- und Finanzminister der Bundesrepublik, Frankreichs, Großbritanniens, Japans und der USA am 28./29. September 1974 in Washington vgl. auch Dok. 285 und Dok. 292.

Treffen der Außen- und Finanzminister am 28.9. war eindeutig beherrscht von Kissingers außenpolitischer Motivation. Die finanziellen Teile der Konzeption wurden von Simon zurückhaltend, von Burns dagegen mit Überzeugung unterstützt. Kissingers in fernere Zukunft gerichtete Sicht ging aus vom Machtzuwachs der Ölländer und der Gefährdung der Allianz als möglicher Konsequenz der Jahr für Jahr sich wiederholenden Öleinnahmen. Bloßes recycling[3] ändere daran nichts, so daß einzig wirkliche Problemlösung in Reduktion der Ölpreise liege. Um entsprechenden Druck auszuüben, sei Energiesparprogramm wichtigstes Instrument (französische Maßnahmen[4] als vorbildlich bezeichnet). Bis das wirkt, müßten die Fünf neben energiepolitischer Solidarität auch finanziell einander helfen. Hierzu soll ein Fonds von 15 Mrd. Dollar dienen, zu dem auch USA beisteuern wollen. Quelle, Aufbringungsschlüssel und Verwendung des Fonds weder mündlich noch schriftlich näher konkretisiert. Sparprogramm und Fonds zusammen sollen Position der Stärke der fünf Länder deutlich machen. Kissinger kündigte zwar diplomatisch-flankierende Maßnahmen an, erläuterte sie jedoch nicht. Lediglich Studie über mögliche Schutzmaßnahmen im Falle plötzlicher Wiederholung des Embargos angeregt.

Simons Ausführungen ließen vermuten, daß 15-Mrd.-Fonds der gegenseitigen Zahlungsbilanzhilfe dienen soll. Es ist auch an Investitionshilfen im Energiesektor gedacht. Der Fonds soll nur Ländern zu Verfügung stehen, die im Rahmen des internationalen Energieprogramms und evtl. auch bei konzertierten Sparmaßnahmen mitmachen.

Reaktion der anderen war zurückhaltend bis besorgt warnend. Japan verwies auf Gefahr heftiger Reaktionen der Ölländer, zeigte sich nur wenig bereit, Energiesparmaßnahmen zu ergreifen, bevorzugte kooperatives, bei Ölländern um Verständnis werbendes Vorgehen. UK war eindeutig ausschließlich an recycling mittels mehrerer, im Gespräch befindlicher Methoden interessiert, vor allem an Healey-Plan[5] (Witteveen-facility-mark II[6]). Warnung vor Konfrontation und

---

[3] Zur Rückführung der Devisenüberschüsse der erdölproduzierenden Staaten („recycling") vgl. Dok. 177, Anm. 27.

[4] Zur Energiepolitik der französischen Regierung vgl. Dok. 285, Anm. 3.

[5] Auf der Jahrestagung des IWF und der Weltbank vom 30. September bis 4. Oktober 1974 in Washington führte der britische Finanzminister Healey am 1. Oktober 1974 zu den von der Energiekrise verursachten Zahlungsbilanzdefiziten aus: „Ich habe von dem Beitrag gesprochen, den die Privatbanken zur Rückschleusung der Petrodollar-Überschüsse leisten können, und von den in zunehmendem Maß sichtbar werdenden Grenzen dieses Mechanismus. [...] Wie Mr. Witteveen gestern sagte, spricht alles dafür, daß der Internationale Währungsfonds eine erweiterte Rolle bei der Rückschleusung des Petrodollar-Überschusses übernimmt. Mr. Witteveen hat für den Fonds schon eine hilfreiche Ölfazilität in Höhe von 3,5 Milliarden Dollar eingerichtet, die für einige Entwicklungsländer besonders wertvoll sein dürfte. Meiner Ansicht nach gibt es überzeugende Argumente für die Einrichtung einer um vieles größeren Fazilität, durch die ein beträchtlicher Teil des Petrodollar-Überschusses beständig in einer internationalen Organisation investiert werden kann, so daß wir eine Grundlage haben, auf der wir bezüglich der Verteilung der Finanzierung zwischen den Verbraucherländern zusammenarbeiten können. Ich stelle mir eine neue Fazilität im IWF für die Anlage von Petrodollars zu einem Zinssatz vor, der die Stärke der vom IWF angebotenen Verpflichtungen wiedergibt, ohne ein Vorzugszins zu sein wie der Satz der jetzigen Fazilität zu der Zeit, als er ausgehandelt wurde. Die Verbraucherländer würden von der in Zusammenarbeit erfolgenden Rückschleusung der Ölüberschüsse profitieren, und die Produzenten hätten den Vorteil, in einer hervorragenden Anlage in Form einer Forderung an den Internationalen Währungsfonds zu investieren." Vgl. EUROPA-ARCHIV 1974, D 551 f.

[6] Zum ersten Vorschlag des Direktors des IWF, Witteveen, zur Schaffung einer Erdölfazilität vom 17./18. Januar 1974 vgl. Dok. 181, Anm. 25.

jedem Anschein einer solchen. Keine Zuversicht, Preise bald drücken zu können, unmittelbares Problem sei recycling und Kompensation deflationierenden Liquiditätsentzugs durch Ölpreissteigerungen.

Frankreich sah sich veranlaßt, hinsichtlich Energiesparprogramm Vorbehalt einzulegen. EG-Energiepolitik dürfe nicht gestört werden. Eintreten für Dialog mit Mäßigung auf beiden Seiten. Für Bundesrepublik habe ich praktische Solidarität zwischen Verbraucherländern unterstützt und auf Notwendigkeit der Lösung nächstliegender Probleme hingewiesen, ohne mich zum Thema Konfrontation zu äußern. Zum Thema Sparmaßnahmen erwähnte ich unsere pretiale Methode. In einem persönlichen Gespräch mit der amerikanischen Seite habe ich deutlich gemacht, daß es vor allem auf den Zusammenhalt ankäme. Das müßte bei der Formulierung gemeinsamer Ziele beachtet werden. Finanzpolitischer Teil des Treffens konzentrierte sich auf den Healey-Plan. Healey rückte ab von seiner Vorstellung über mögliche Größenordnung (25 Mrd. Dollar). Alle Sprecher unterstützten Prüfungsauftrag an IWF zur weiteren Behandlung im Interimsausschuß Dezember.[7] USA wiesen mit ablehnendem Unterton auf Schwierigkeiten mit dem Kongreß hin, schlossen sich aber der Meinung an, daß alle Recycling-Methoden prüfenswert seien. Es darf nicht übersehen werden, daß USA Zustimmung zum Healey-Plan abhängig machen könnten von von ihr gewünschter gemeinsamer Aktion.[8]

Burns faßte amerikanische Position mit folgendem Argument zusammen: Es sei das Problem der Ölländer, wie sie ihre Dollars diversifiziert anlegen können. Die Industrieländer sollten das von den Ölländern geschaffene und nun auch

Fortsetzung Fußnote von Seite 1256

Auf der Jahrestagung des IWF und der Weltbank vom 30. September bis 4. Oktober 1974 in Washington führte Witteveen am 30. September 1974 aus: „Die Art der zu lösenden Probleme und die bisherige Erfahrung des Fonds lassen es angebracht erscheinen, daß der Rückschleusung durch den IWF in dem Gesamtrahmen der Regelungen ein wichtiger Platz zugewiesen wird. Wir müssen uns auf die Möglichkeit vorbereiten, daß der Fonds für seine Transaktionen im Rahmen einer Ölfazilität 1975 eine wesentlich größere Summe brauchen wird als den Betrag von 2,8 Milliarden SZR, der für 1974 garantiert ist und der wahrscheinlich bei den meisten Mitgliedern, die diese Fazilität brauchen und in Anspruch nehmen wollen, einen Großteil der gestiegenen Ölimportkosten decken kann." Vgl. EUROPA-ARCHIV 1974, D 543.

[7] Auf der Tagung des Ausschusses des Gouverneursrats des IWF für die Reform des internationalen Währungssystems am 12./13. Juni 1974 in Washington wurde die Einrichtung eines Interimsausschusses beschlossen, der „die Aufsicht über die Handhabung und Anpassung des Währungssystems, die ständige Überwachung des Anpassungsprozesses der Zahlungsbilanzen und die Bewältigung plötzlich auftretender systembedrohender Störungen" gewährleisten sollte. Die erste Sitzung war für die Jahrestagung vom 30. September bis 4. Oktober 1974 vorgesehen. Vgl. EUROPA-ARCHIV 1974, D 410 f.
Auf seiner Sitzung am 16. Januar 1975 beschloß der Interimsausschuß, „daß 1975 die Ölfazilität auf breiterer Grundlage bestehen bleiben sollte. [...] Der Ausschuß einigte sich auf eine Größenordnung von fünf Milliarden SZR als Limit der für diesen Zweck aufzunehmenden Darlehen. Ferner wurde vereinbart, etwa ungenutzte Teile der 1974 aufgenommenen Darlehen im Jahr 1975 verfügbar zu machen." Für das Kommuniqué vgl. EUROPA-ARCHIV 1975, D 193.

[8] Der amerikanische Finanzminister Simon nahm auf der Jahrestagung des IWF und der Weltbank vom 30. September bis 4. Oktober 1974 in Washington am 1. Oktober 1974 Stellung zu den verschiedenen „recycling"-Maßnahmen auf den internationalen Finanzmärkten: „We must recognize that no recycling mechanism will insure that every country can borrow unlimited amounts. Of course, countries continue to have the responsibility to follow monetary, fiscal, and other policies such that their requirements for foreign borrowing are limited. [...] We believe that cooperative, market-oriented solutions to materials problems will be most equitable and beneficial to all nations. We intend to work for such cooperative solutions." Vgl. DEPARTMENT OF STATE BULLETIN, Bd. 71 (1974), S. 577 f. Für den deutschen Wortlaut vgl. EUROPA-ARCHIV 1974, D 554 f.

von ihnen zu lösende Problem nicht dadurch erleichtern, daß sie den Ölländern unnötig schnell hochverzinsliche und gesicherte Anlagemöglichkeiten bieten. Charakter des IWF werde durch zu viele Facilities mit Vorzugsbedingungen verändert, die Haftungsmasse des IWF werde überstrapaziert.

Zum Goldproblem nur kurze Diskussion. UK und Japan stimmen der Banalisierung nach französischem Vorschlag[9] zu, wollen aber selbst kein Währungsgold verkaufen. Frankreich drängt sehr darauf, das Goldproblem mitsamt allen Verzweigungen sehr bald, nämlich anläßlich der im Februar anstehenden IWF-Quotenerhöhung[10], zu lösen. Die Fünf gaben Prüfungsauftrag an Zehnergruppe und IWF. Frankreich hat seine Goldvorschläge in IWF-Rede ausführlich dargelegt.

Hinsichtlich Quotenerhöhung im Fonds scheint sich Einigung auf 25 Prozent Erhöhung abzuzeichnen. Ich habe diesem Kompromiß unter Vorbehalt zugestimmt. Das GAB[11] ist inzwischen ohne Betragserhöhung, aber mit Zinsangleichung (an SDR[12]-Verzinsung) verlängert.

[gez.] Apel

VS-Bd. 8848 (403)

---

[9] Am 1. Oktober 1974 führte der französische Wirtschafts- und Finanzminister Fourcade auf der Jahrestagung des IWF und der Weltbank vom 30. September bis 4. Oktober 1974 in Washington aus: „Les déséquilibres de paiements de l'époque présente commandent plus clairement que jamais d'examiner de manière plus pragmatique que doctrinale, avec le désir d'aboutir, le problème des liquidités internationales. Ce souci s'applique particulièrement à la question de l'or. Le problème va se poser, au plan des statuts du FMI, lors de la prochaine révision des quotas. [...] La France espère que de nouvelles étapes seront franchies sans tarder sur la voie de l'utilisation effective d'un avoir de réserve qui doit, plus que jamais dans les circonstances actuelles, jouer un rôle actif dans les règlements entre banques centrales. Il serait en effect, irréaliste, inéquitable et donc déraisonnable de geler, en vertu de dispositions anachroniques, un élément important des réserves mondiales; selon la position française que je rappelle, l'or devrait être en quelque sorte ‚banalisée', c'est-à-dire traité comme un actif monétaire parmi d'autres. La notion de prix officiel qui ne revêt plus aucune signification aujourd'hui devrait être abandonnée et l'or devrait être compatibilisé à sa vraie valeur. Les banques centrales devraient avoir la liberté d'acheter et de vendre de l'or à un prix déterminé en fonction du marché. Il ne serait pas souhaitable enfin, à nos yeux, que le Fonds monétaire soit autorisé à vendre l'or que ses membres lui ont remis. L'or du Fonds doit constituer tout au contraire un gage essentiel pour le développement des opérations d'emprunt que le Fonds doit réaliser de plus en plus activement sur les marchés étrangers, ainsi que j'en ai souligné il y a un instant la nécessité." Vgl. LA POLITIQUE ETRANGÈRE 1974, II, S. 108 f.

[10] Am 15. April 1974 berichtete der Exekutivdirektor im IWF, Schleiminger, über die erste Sitzung des „Committee of the Whole" in Washington über die sechste Quotenüberprüfung, die im Februar 1975 abgeschlossen sein sollte. Es habe im Kreis der Exekutivdirektoren noch große Zurückhaltung geherrscht, und er, Schleiminger, habe sich als einziger dagegen ausgesprochen, „daß jede SZR-Schaffung von einer entsprechenden Quotenerhöhung begleitet sein muß und umgekehrt." Das Komitee habe schließlich neue Quotenberechnungen und eine Studie über „den erwarteten globalen Bedarf an konditioneller Liquidität" in Auftrag gegeben. Vgl. Referat 412, Bd. 109330.

Der Interimsausschuß des Gouverneursrats des IWF beschloß am 16. Januar 1975 in Washington eine Quotenerhöhung. Vgl. dazu den Runderlaß des Vortragenden Legationsrats I. Klasse Dohms vom 20. Januar 1975; AAPD 1975.

[11] General Arrangements to Borrow.

[12] Special Drawing Rights.

290

Botschafter Sahm, Moskau, an das Auswärtige Amt

114-14106/74 geheim
Fernschreiben Nr. 3585
Citissime

Aufgabe: 4. Oktober 1974, 19.24 Uhr[1]
Ankunft: 4. Oktober 1974, 19.39 Uhr

Betr.: Amerikanischer Vorschlag für Koppelung KSZE – MBFR

Bezug: DB Nr. 1353 vom 3.10.1974 aus Brüssel NATO geh.[2]

Zur Unterrichtung

Aus der hiesigen Einschätzung der sowjetischen Haltung empfiehlt Botschaft, bei Entscheidung über Reaktion auf amerikanischen Vorschlag folgendes zu berücksichtigen:

1) Gromykos Bemerkung gegenüber Kissinger am 20./24.9.[3] (KSZE-Abschluß würde MBFR weiterhelfen) ist keine Änderung sowjetischer Politik. Ausdrückliche Formulierung bekannter sowjetischer Haltung an amerikanische Adresse verfolgt nach hiesiger Beurteilung wahrscheinlich den Zweck, US-Regierung zu Druck auf NATO-Partner zugunsten schnelleren KSZE-Abschlusses unter Verzicht auf Teil westlicher Forderungen zu veranlassen. Dabei versuchen Sowjets, amerikanischen, innenpolitisch begründeten Zeitdruck hinsichtlich MBFR auszunutzen (vgl. Bemerkung Chlestows zu Resor gemäß DB Nr. 776 vom 30.9. geh. aus Wien[4]).

---

[1] Hat Botschafter Roth am 7. Oktober 1974 vorgelegt, der die Weiterleitung an Ministerialdirigent Blech verfügte und handschriftlich vermerkte: „Stimme Bewertung zu, daß Koppelung nicht ratsam. Sollten Ball nach Washington zurückspielen. Sind USA zu dieser Linie bereit?"
Hat Vortragender Legationsrätin I. Klasse Finke-Osiander am 7. Oktober 1974 vorgelegen, die die Weiterleitung an Referat 212 verfügte.
Hat Vortragendem Legationsrat I. Klasse Freiherr von Groll am 8. Oktober 1974 vorgelegen, der die Weiterleitung an Ministerialdirektor van Well verfügte und handschriftlich vermerkte: „Auch aus der Sicht 212 ist die Beurteilung vollkommen zutreffend. Bei einer erneuten Koppelung – wir hatten sie bis Sommer 1972 – sind unsere Chancen, bei CBM und Korb III etwas zu erreichen, abzuschreiben. Die USA würde das nicht treffen, uns dagegen sehr – nicht zuletzt innenpolitisch."
Hat van Well am 8. Oktober vorgelegen.
Hat Vortragendem Legationsrat I. Klasse Meyer-Landrut vorgelegen.
[2] Botschafter Krapf, Brüssel (NATO), übermittelte einen amerikanischen Sprechzettel, der am 2. Oktober 1974 im Ständigen NATO-Rat übergeben worden sei: „Mr. Gromyko seems to have suggested that the MBFR negotiations could be advanced if the CSCE were successfully concluded. The Soviets thus seem to be establishing a procedural linkage between MBFR and CSCE. The United States believes that the allies should consult on implications of this Soviet position. [...] We would particularly welcome our allies' thoughts on the possibility of turning the present situation to our advantage by making progress in CSCE contingent on Eastern movements in MBFR. This would constitute, in effect, a ‚reverse linkage' of the two negotiations." Krapf berichtete ferner, der amerikanische Vorschlag sei in einer Sitzung des Politischen Ausschusses auf Gesandtenebene am 3. Oktober 1974 erörtert worden. Während der britische und der niederländische Vertreter ihr Interesse bekundet hätten, habe der französische Sprecher eine Verbindung von KSZE und MBFR abgelehnt. Vgl. VS-Bd. 10130 (212); B 150, Aktenkopien 1974.
[3] Der sowjetische Außenminister Gromyko hielt sich vom 17. bis 29. September 1974 in den USA auf.
[4] Botschafter Behrends, Wien (MBFR-Delegation), berichtete über ein Gespräch der Leiter der amerikanischen und der sowjetischen MBFR-Delegationen, Resor und Chlestow, am 26. September 1974: „Resor deutete an, daß die Verhandlungen nicht unbegrenzt ohne greifbare Ergebnisse weitergehen könnten. Je länger sie ohne sichtbaren Erfolg bleiben, desto schwerer werde es sein, ‚beider-

2) Erfolgsaussichten einer KSZE-MBFR-Koppelung erscheinen zweifelhaft: MBFR braucht der Natur des Verhandlungsstoffs nach erheblich längere Zeit. Bei Trägheit sowjetischer Verhandlungsführung ist auch Haltung der Militärs zu berücksichtigen, die sich von KSZE-Druckmittel weniger beeindrucken lassen würden. Sowjetische Militärs wollen bei MBFR keinen „einseitigen Sicherheitsnachteil" hinnehmen. Die Klärung der hierfür maßgeblichen Faktoren ist in Wien noch lange nicht erreicht. Sowjets wollen hierbei nicht nur Kräfteverhältnis in Europa berücksichtigen, sondern auch Auswirkungen von Veränderungen in Europa auf globales Gleichgewicht UdSSR–USA. Diese Querverbindungen von MBFR lassen sich aus sowjetischer Sicht nicht durch Forcierung der MBFR-Gespräche auflösen.

3) Verzögerung KSZE-Abschlusses durch Koppelung mit MBFR würde westliche Verhandlungsposition in Genf belasten. Falls es dann überhaupt noch zu einem Abschluß kommt, würde dieser für uns eher schlechter ausfallen, da Sowjets für MBFR-Konzessionen KSZE-Gegenkonzessionen fordern würden. (Hier könnten Sowjets Interessenunterschiede zwischen Amerikanern und Europäern auszunutzen suchen.)

4) Wir haben Sowjets gegenüber die Voraussetzungen für unsere Zustimmung zu KSZE-Abschluß genannt. Sowjets dürften auch Äußerungen Bundeskanzlers zu Gromyko[5] und in Öffentlichkeit[6] so verstanden haben, daß wir bei ausreichendem Einvernehmen im KSZE-Bereich selbst ohne weitere Bedingungen an Gipfelabschluß teilnehmen würden. Bei Unterstützung amerikanischen Koppelungsvorschlages durch uns muß deshalb mit Belastung der deutsch-sowjetischen Beziehungen gerechnet werden. Der bevorstehende Besuch des Bundeskanzlers[7] läßt diese Frage noch empfindlicher erscheinen.

5) Eine wesentliche Verzögerung des KSZE-Abschlusses im jetzigen Stadium aus KSZE-fremden Gründen könnte die sowjetische Führung, schon wegen des Prestiges, das Breschnew persönlich investiert hat, dazu veranlassen, gegenüber Westen eine taktische Frostperiode einzulegen, die uns möglicherweise wegen Berlin härter treffen würde als andere westliche Partner.

6) Zusammenfassend: Im Hinblick auf zu erwartende sowjetische Reaktion erscheint Erfolgsaussicht einer Koppelung gering, dagegen Risiken nicht unbedeutend. Deshalb würde ich von hier aus von einem solchen Schritt abraten. Dagegen bestünden m. E. keine Bedenken, sowjetischem Versuch, umgekehrtes Junktim (erst KSZE-Abschluß, dann MBFR-Fortschritte) zu schaffen, ener-

---

Fortsetzung Fußnote von Seite 1259

seits Flexibilität zu bewahren'. Die Verminderung amerikanischer Truppen in Europa, die von bestimmten Kräften in den USA gefordert werde, könne auch ohne ein Abkommen zustandekommen. Um die Möglichkeit eines ‚negotiated agreement' aufrechtzuerhalten, sei ein konstruktiveres Verhalten des Ostens [...] erforderlich. Chlestow reagierte auf diesen Appell an das sowjetische Interesse an einer vereinbarten Regelung der amerikanischen Truppenpräsenz in Europa mit der Bemerkung, er erkenne an, daß es sich um echte Sorgen (‚valid concerns') handele und daß Bewegung in den Verhandlungen notwendig sei." Vgl. VS-Bd. 9451 (221); B 150, Aktenkopien 1974.

[5] Für das Gespräch des Bundeskanzlers Schmidt mit dem sowjetischen Außenminister Gromyko am 16. September 1974 vgl. Dok. 269.

[6] Vgl. dazu das Interview des Bundeskanzlers Schmidt mit der Tageszeitung „Die Welt" vom 14. August 1974; Dok. 269, Anm. 20.

[7] Bundeskanzler Schmidt und Bundesminister Genscher hielten sich vom 28. bis 31. Oktober 1974 in der UdSSR auf. Vgl. dazu Dok. 309, Dok. 311–316 und Dok. 321.

gisch zu widersprechen und klarzustellen, daß sich Westen in seiner KSZE-Position davon nicht beeindrucken läßt, aber auch für eine künstliche Verzögerung der – zeitlich – parallelen MBFR-Verhandlungen kein Verständnis hat.[8]

[gez.] Sahm

VS-Bd. 10130 (212)

291

Botschafter Böker, Rom (Vatikan), an das Auswärtige Amt

114-14107/74 VS-vertraulich Aufgabe: 4. Oktober 1974, 18.30 Uhr[1]
Fernschreiben Nr. 98 Ankunft: 4. Oktober 1974, 19.41 Uhr
Citissime

Betr.: Vatikan und DDR
Bezug: Drahterlaß Nr. 42 vom 2.10.1974 – Az.: 501-506.01 VS-NfD[2]

Gemäß obigem Drahterlaß habe ich heute mittag Erzbischof Casaroli den Text der mir übermittelten Note unter Beifügung einer inoffiziellen italienischen Übersetzung überreicht. Casaroli erklärte, er wolle die Note jetzt gar nicht lesen, sondern sie in Ruhe studieren. Er würde dann evtl. später eine Stellungnahme dazu abgeben. Ich machte Casaroli darauf aufmerksam, daß dies m. E. das erste Mal seit Bestehen der Bundesrepublik sei, daß wir dem Heiligen Stuhl eine Note dieser Art überreichten. Daraus möge er sehen, wie ernst und wichtig wir die hier behandelten Themen nähmen.

Casaroli erwiderte, er hätte den Eindruck, wir seien – genau wie der deutsche Episkopat – in diesen Fragen überempfindlich. Er wiederholte, daß die Liste ja

---

8 Zur Haltung der Bundesregierung in Bezug auf eine Verbindung zwischen der KSZE und MBFR vgl. auch Dok. 304.

1 Hat Bundesminister Genscher vorgelegen, der handschriftlich vermerkte: „Erbitte Stellungnahme zur Frage des weiteren Vorgehens."

2 Staatssekretär Gehlhoff wies Botschafter Böker, Rom (Vatikan), an, dem Sekretär des Rats für die öffentlichen Angelegenheiten der Kirche, Casaroli, eine Note zur Teilnehmerliste für die Bischofssynode in Rom zu übergeben: „Die Art und Weise, wie Kardinal Bengsch in der Liste aufgeführt ist, läßt die Besonderheit der Lage Berlins – und zwar in beiden Teilen der geteilten Stadt – außer acht. Es führt zu Mißverständnissen, wenn Kardinal Bengsch als Bischof von Berlin und zugleich als Vertreter der Berliner Ordinarienkonferenz aufgeführt wird. [...] Um keine Zweifel an der besonderen Lage Berlins aufkommen zu lassen und alle Mißdeutungen der Fassung der Teilnehmerliste auszuschließen, hatte die Botschaft weisungsgemäß Vorschläge zur Änderung der Liste gemacht, deren Prüfung vom Staatssekretariat S[einer] H[eiligkeit] zugesagt worden war. Mit Bedauern mußte deshalb konstatiert werden, daß die endgültige – gedruckte – Liste keinerlei Textänderung enthält und der ihr beigegebene Vorspruch nur zu einem Teil geeignet ist, die geäußerten Bedenken auszuräumen. [...] Die deutsche Seite bedauert auch, über die beabsichtigte und zunächst publik gemachte Fassung der Liste nicht vor ihrer Herausgabe am 10. September d. J. unterrichtet worden zu sein." Vgl. Referat 501, Bd. 165571.
Zur Zuordnung von Berlin in der Teilnehmerliste für die Bischofssynode in Rom vgl. auch Dok. 260.

keinen offiziellen und schon gar keinen rechtsverbindlichen Charakter habe, mußte mir aber zugeben, daß sie vermutlich als Modell für künftige Listen dienen wird. Nachdem die Liste einmal im „Osservatore Romano" veröffentlicht worden sei, hätte der Vatikan sie nicht mehr ändern können, ohne daß dies als eine gewichtige politische Geste interpretiert worden wäre. Die Liste sei aber im Vatikan aus rein praktischen Erwägungen und „ohne jeden politischen Hintergedanken geboren worden". Ich erwiderte, daß wir auf Grund der uns zugegangenen Informationen gerade an dieser jungfräulichen Geburt einige Zweifel haben müßten. Den Beweis hierfür lieferte mir Casaroli kurz darauf selbst, indem er erklärte, er habe die Liste seinerzeit mit dem Papst[3] genau besprochen und sei sich darüber einig gewesen, daß es nunmehr an der Zeit sei, daß auch der Vatikan wie alle Welt von den beiden deutschen Staaten spreche und diese getrennt aufführe. Der Papst habe ihm gesagt, der Eintritt der beiden deutschen Staaten in die VN[4] sei für ihn der entscheidende Wendepunkt, das damit geschaffene Völkerrecht habe den höchsten Rang und sei auch für den Vatikan verbindlich. Man sei sich dabei klar gewesen, daß dies für viele Deutsche zunächst ein Schock sein werde. Aber irgendwann sei dieser Schock unvermeidlich. Im übrigen sei das Völkerrecht ein moralisches Gebot ersten Ranges.[5]

Ich erwiderte Casaroli, daß er m. E. gegen etwas argumentiere, was gar nicht existiert. Weder ich selbst noch meine Regierung hätten dagegen protestiert, daß der Vatikan nunmehr von der DDR und von zwei deutschen Staaten spreche. Dies sei die unvermeidliche Konsequenz der geschlossenen Verträge. Wohl aber protestierten wir dagegen, daß der Vatikan Berlin der DDR zuzuordnen scheine und daß er die Berliner Ordinarienkonferenz auf dieselbe Ebene wie die Deutsche Bischofkonferenz stelle. Hier sei doch wohl das Recht auf unserer Seite. Im übrigen hätten sich viele Schwierigkeiten vermeiden lassen, wenn wir im Sinne des Reichskonkordats rechtzeitig konsultiert worden wären.[6] Hier-

---

[3] Paul VI.

[4] Die Bundesrepublik und die DDR wurden am 18. September 1973 in die UNO aufgenommen. Vgl. dazu AAPD 1973, III, Dok. 310.

[5] Der Apostolische Nuntius Bafile versicherte Ministerialdirektor von Schenck in einem Gespräch am 5. November 1974, daß die Teilnehmerliste für die Bischofssynode in Rom „weder einen offiziellen Charakter noch eine politische Bedeutung habe. [...] Eine Nichterwähnung der DDR in der Liste hätte eine ‚grobe Beleidigung' der DDR bedeutet. Kardinal Bengsch sei nur persönlich mit dem Titel ‚Bischof von Berlin' aufgeführt worden; damit sei nichts darüber gesagt, welchen politischen und rechtlichen Status das Gebiet des Bistums Berlin habe." Schenck vermerkte, er habe erwidert, „daß mich diese Betonung eines völlig unpolitischen und inoffiziellen Charakters der Liste nach wie vor nicht überzeuge. [...] Es gäbe doch nur zwei Alternativen: Entweder sei die Liste völlig inoffiziell und unpolitisch, dann sähe ich nicht ein, warum die DDR darin in Erscheinung treten mußte und auf diese Weise ein politisches und leider auch völkerrechtliches Moment in die Liste hineingetragen werde. Wenn die Liste aber im Grunde doch eine offizielle Liste sei, die auch den politischen und rechtlichen Gegebenheiten in der Welt Rechnung tragen müsse, dann hätte der Status Berlins nicht so ignoriert werden dürfen, wie es durch die Subsumtion des Bischofs von Berlin unter dem Rubrum ‚DDR' geschehen sei. [...] Abschließend betonte ich nochmals die große Bedeutung und die besondere Empfindlichkeit der Berlin-Frage. Wenn der Heilige Stuhl es in dieser Frage zu weiteren Mißverständnissen in seiner Haltung kommen lasse, hätte ich ernste Befürchtungen für die Beziehungen zwischen der Bundesrepublik Deutschland und dem Heiligen Stuhl." Bafile habe eingeräumt, daß die Formulierung der Teilnehmerliste unglücklich und daß damit keine Stellungnahme zur Berlin-Frage intendiert gewesen sei. Für die Aufzeichnung vom 8. November 1974 vgl. Referat 501, Bd. 165571.

[6] In Artikel 33 Absatz 2 des Konkordats vom 20. Juli 1933 zwischen dem Deutschen Reich und dem Heiligen Stuhl hieß es: „Sollte sich in Zukunft wegen der Auslegung oder Anwendung einer Bestim-

auf gab Casaroli die verblüffende Antwort, sicher sei Konsultieren eine gute Sache, aber der Heilige Stuhl könne sich doch durch uns nicht die Hände binden lassen. Ich erwiderte, es ginge gar nicht darum, jemandem die Hände zu binden, sondern durch einen vertraulichen und freundschaftlichen Gedankenaustausch festzustellen, was für den jeweiligen Partner tragbar sei und was nicht. Dies sei bei Völkerrechtssubjekten, die freundschaftliche Beziehungen miteinander hätten, eigentlich eine Selbstverständlichkeit. Casaroli meinte dann à titre privé, er wolle mir ja gern versichern, daß er in Zukunft sich bemühen werde, uns nach Möglichkeit rechtzeitig zu Rate zu ziehen. Dieses Versprechen klang mir aber sehr verklausuliert und unverbindlich.[7]

[gez.] Böker

VS-Bd. 9713 (501)

Fortsetzung Fußnote von Seite 1262
  mung dieses Konkordates irgendeine Meinungsverschiedenheit ergeben, so werden der Heilige Stuhl und das Deutsche Reich im gemeinsamen Einvernehmen eine freundschaftliche Lösung herbeiführen." Vgl. REICHSGESETZBLATT 1933, Teil II, S. 688.
  [7] Botschafter Böker, Rom (Vatikan), berichtete am 9. Oktober 1974, der Pressesprecher des Heiligen Stuhls, Alessandrini, habe „auf Fragen von Journalisten überhaupt das Vorliegen einer Demarche der Bundesregierung bezüglich der Teilnehmerliste der Synode dementiert. [...] Der Vatikan ist damit auch von unserer in Bonn und Rom eingehaltenen Sprachregelung abgegangen." Vgl. den Drahtbericht Nr. 103; Referat 501, Bd. 165571.
  Ministerialdirektor von Schenck wies die Botschaft beim Heiligen Stuhl am 11. Oktober 1974 an: „Sollte der H[ei]l[ige] Stuhl fortfahren, auf gezielte Anfragen den Eingang jeder schriftlichen Mitteilung oder gar jeglicher Demarche der Botschaft in dieser Sache zu dementieren, obwohl unsere Note seit 5. d.M. wieder im Staatssekretariat vorliegt, so wäre dies im Hinblick auf unsere Zeitungsmeldungen [...] bedenklich und könnte uns zur Richtigstellung zwingen. Von uns aus sollten wir zwar in dieser Richtung nichts unternehmen, da wir kein Interesse daran haben können, die Aufmerksamkeit der Öffentlichkeit erneut auf einen Vorgang zu lenken, der für uns unerfreulich ist und bei dessen Behandlung der Vatikan mehr auf die Interessen der DDR als auf den Status Berlins und damit auf unsere Belange Rücksicht genommen hat." Sollte das Auswärtige Amt jedoch von der Presse auf die Widersprüche zwischen seiner Darstellung und den Dementis des Heiligen Stuhls hingewiesen werden, werde es erklären müssen, daß die Botschaft der Bundesrepublik die Enttäuschung der Bundesregierung über die mangelnde Konsultation in der Frage der Bischofssynode nicht nur mündlich, sondern auch schriftlich zum Ausdruck gebracht habe. Vgl. den am 10. Oktober 1974 konzipierten Drahterlaß Nr. 44; Referat 501, Bd. 165571.

292

Aufzeichnung des Ministerialdirektors Hermes

412-401.01-0/74 VS-vertraulich 5. Oktober 1974[1]

Herrn Minister[2]

Betr.: Bewertung des Fünfertreffens am 28. September 1974 in Washington[3]

Weisungsgemäß lege ich eine Bewertung des ersten Tags des Fünfertreffens, an dem die Außenminister teilgenommen haben, vor.

I. Das Fünfertreffen der Außen- und Finanzminister war eine Idee Kissingers. Für die fünf Finanzminister[4], die sich in dieser Zusammensetzung schon häufiger getroffen hatten, bestand für dieses Treffen kein dringlicher Anlaß.

Es ist daher angebracht, zunächst nach den Motiven Kissingers für das Fünfertreffen zu fragen. Hierzu bieten sich folgende Erklärungen an:

1) Kissinger ist überzeugt, daß die westlichen Länder der größten Herausforderung nach dem Zweiten Weltkrieg gegenüberstehen und ohne gemeinsame Strategie in eine schwere wirtschaftliche Krise schlittern, in deren Gefolge die demokratischen Strukturen erschüttert werden können.

Er meint, daß einige Länder sich des Ernstes der Lage noch nicht genügend bewußt sind und andere des politischen Willens ermangeln, etwas Wirkungsvolles gegen die Gefahren zu unternehmen.

Dabei geht es nach seiner Ansicht nicht darum, einen unmittelbar bevorstehenden westlichen Kollaps zu verhindern. Sowohl die wirtschaftlich-finanziellen als auch die politischen Probleme erscheinen auf kurze Sicht durchaus lösbar. Diese kurze Sicht mag sich sogar über einige Jahre erstrecken.

Kissinger hat einmal geschrieben: „Die Staatsmänner kennen die Zukunft, fühlen sie in ihren Knochen, sind aber nicht in der Lage, die Wahrheit ihrer Ansichten zu beweisen. Nationen lernen nur durch Erfahrung. Sie wissen es erst, wenn es zu spät ist, um zu handeln."[5]

Welches sind die Hauptgefahren, wegen derer Kissinger den Ruf auf sich nimmt, die Kassandra der westlichen Welt zu sein?

---

[1] Hat Legationsrat Chrobog am 10. Oktober 1974 vorgelegen, der die Weiterleitung an Referat 412 verfügte.
Hat Vortragendem Legationsrat I. Klasse Jelonek am 15. Oktober 1974 vorgelegen.
[2] Hat Bundesminister Genscher laut Vermerk des Legationsrats Chrobog vom 10. Oktober 1974 vorgelegen.
[3] Zu den Gesprächen der Außen- und Finanzminister der Bundesrepublik, Frankreichs, Großbritanniens, Japans und der USA am 28./29. September 1974 in Washington vgl. auch Dok. 285 und Dok. 289.
[4] Hans Apel (Bundesrepublik), Jean-Pierre Fourcade (Frankreich), Takeo Fukuda (Japan), Denis Healey (Großbritannien) und William E. Simon (USA).
[5] Henry Kissinger führte 1962 aus: „Der Staatsmann ähnelt daher einem Helden in einem klassischen Drama, der eine Vision der Zukunft hat, sich aber unmittelbar seinen Mitmenschen nicht verständlich machen, seine ‚Wahrheit' nicht an den Mann bringen kann. Nationen lernen nur aus Erfahrung; sie ‚wissen' die Dinge erst, wenn es zum Handeln schon zu spät ist. Staatsmänner müssen aber so handeln, als ob ihre Eingebung schon Erkenntnis, als ob ihr Wollen Wahrheit sei." Vgl. KISSINGER, Großmacht, S. 377.

Im wirtschaftlichen Bereich ist es in erster Linie die Energiekrise, die der schon im Gange befindlichen weltweiten Inflation einen außerordentlich starken zusätzlichen Impuls gegeben hat. Die Abhängigkeit der westlichen Länder vom arabischen und iranischen Erdöl hat dazu geführt, daß diese Länder sowohl einen wirtschaftlichen wie finanziellen und politischen Hebel zur massiven Einwirkung auf die westlichen Länder erhalten haben. Diese Hebel haben die Tendenz, in den nächsten Jahren noch stärker zu werden. Nur eine jetzt schon eingeleitete Gegenbewegung wäre in der Lage, die in einigen Jahren unvermeidlich erscheinende schwere Krise abzuwenden.

Kissinger sieht in allen bisher ergriffenen Maßnahmen des Westens nur unzureichende Palliative. Das vorgesehene westliche Energie-Krisenmanagement[6] und das recycling der Öl-Milliarden[7] sind erst Ansätze oder nur zeitweilige Hilfen.

Im politischen Bereich sieht Kissinger einige westliche Länder sehr gefährdet, insbesondere die des nördlichen Mittelmeers – von der Türkei bis Portugal. Italien scheint ihm die größte Sorge zu bereiten.

Die vorgehende Bewertung würde den Schluß nahelegen, daß Kissinger in dem vergangenen wie in einem zukünftigen Fünfertreffen vor allem auf eine Übereinstimmung in der Beurteilung der Lage und der möglichen Gefahren für die westliche Welt abzielt. Er will die anderen vier krisenbewußt und abwehrbereit machen. Daraus mag dann folgen, daß die Fünf im Laufe einer längeren Abstimmung auch eine Übereinstimmung über gemeinsame Aktionen erreichen, wobei die Aktionen im einzelnen unterschiedlicher Natur, aber in der Zielrichtung gleich sein sollten. Die bisherige amerikanische Willensbildung zu den Fragen eines zukünftigen gemeinsamen Aktionsprogramms ist noch nicht abgeschlossen. Es ist – jedenfalls nach dem heutigen Stand – unwahrscheinlich, daß schon bei einem nächsten Fünfertreffen ein präzises amerikanisches Aktionsprogramm vorgelegt wird. Überdies befürchten die Amerikaner auch, daß die anderen vier noch nicht bereit wären, darüber zu sprechen.

2) Ein zweites Motiv Kissingers für das Fünfertreffen mag innenpolitischer Natur sein. In den USA ist eine lebhafte öffentliche Diskussion über Maßnahmen der Energieeinsparung im Gange. Erhöhung der Benzinsteuer, selbst Benzinrationierung, werden vorgeschlagen. In dieser Lage wäre es für die Durchsetzung eines eventuellen Energiesparprogramms der Regierung hilfreich, wenn darauf hingewiesen werden könnte, daß nicht nur die reichste westliche Nation, sondern auch die anderen westlichen Länder Energiesparprogramme durchführen. Je mehr die anderen westlichen Länder in gleicher Richtung mitziehen, desto leichter wäre es in Washington, ein für unerläßlich erachtetes Energiespar- und Entwicklungsprogramm einzuleiten.[8]

---

[6] Zum von der Energie-Koordinierungsgruppe am 19./20. September 1974 verabschiedeten Internationalen Energieprogramm vgl. Dok. 284, Anm. 9.

[7] Zur Rückführung der Devisenüberschüsse der erdölproduzierenden Staaten („recycling") vgl. Dok. 177, Anm. 27.

[8] Präsident Ford präsentierte am 8. Oktober 1974 vor beiden Häusern des Kongresses Maßnahmen zur Bekämpfung der Inflation und der Energiekrise. Darin wurde die Erhöhung der Lebensmittelproduktion, die Bekämpfung von Kartellabsprachen, eine zehnprozentige Steuerbefreiung auf Investitionen, verbesserte Unterstützung der Arbeitslosen und eine einjährige Zusatzsteuer von fünf Prozent auf höhere Einkommen vorgesehen. Eine neue Energiebehörde sollte größere Autarkie in der Energieversorgung gewährleisten. Für den Wortlaut vgl. PUBLIC PAPERS, FORD 1974, S. 228–238.

3) Ein drittes Motiv für das Fünfertreffen mag mit den Friedensbemühungen Kissingers im Nahen Osten zusammenhängen.

Das Fünfertreffen fand nur kurze Zeit vor der beabsichtigten nächsten Nahost-Reise Kissingers[9] statt. Wie Kissinger schon nach der Washingtoner Energiekonferenz im Februar[10] auf der dann anschließenden Nahost-Reise[11] die westlich verabredete Ausarbeitung eines Krisenprogramms als ein Mittel zur Einwirkung auf die arabischen Länder einzusetzen versucht haben mag, würde ihm auch bei der nächsten Reise das Fünfertreffen dienlich sein. Dies vielleicht um so mehr, als wegen der Unkenntnis ihrer Ergebnisse allerlei Mutmaßungen über eine gemeinsame Strategie der größten Länder des Westens angestellt werden könnten.

II. Beim Fünfertreffen lag die deutsche Analyse der amerikanischen am nächsten. Allerdings sehen wir keine realistische Aussicht, die bestehenden Ölpreise zu senken. Recycling der Öl-Milliarden ist für uns noch kein Problem. Energieeinsparungen erfolgen über die Marktkräfte. Ein eigenes Sparprogramm wie in Paris vorgelegt[12] und in Washington diskutiert, ist bei uns nicht vorgesehen und innenpolitisch angesichts unserer günstigen Zahlungsbilanz schwer verständlich zu machen.

Die französische Regierung ist sich des Ernstes der Lage bewußt, hat ein Energiesparprogramm verabschiedet und hofft, auf verschiedenen Wegen die Zahlungsbilanzdefizite finanzieren zu können. Sie ist jedoch äußerst zurückhaltend, ja abweisend hinsichtlich einer gemeinsamen westlichen Strategie und will auch jeden Anschein einer Konfrontation mit den Erdölländern vermeiden.

Die britische Regierung hat über ein Energiesparprogramm nichts verlauten lassen und glaubt, das recycling vorerst im Griff zu haben. Nicht-britische Beobachter sehen die britische Lage jedoch sehr ernst an. Es wird angenommen, daß nach den britischen Wahlen[13] die Stunde der Wahrheit in London schlagen wird.

Die japanische Regierung hat sich im Fünfertreffen wenig geäußert. Japan wird wohl auch in Zukunft dabei sein, scheint aber ebenfalls sehr besorgt, den Anschein der Konfrontation mit den erdölexportierenden Ländern zu vermeiden.

Was den Dialog zwischen Erdölproduzenten und Erdölverbrauchern angeht, ist die amerikanische Einstellung im Grunde negativ. Zwar werden Lippenbekenntnisse für die Yamani-Initiative[14] abgegeben, aber in Wirklichkeit will man einen Dialog mit den Produzenten erst nach Erzielung einer gemeinsamen westlichen Position für einen solchen Dialog. Die Europäer sind dagegen für einen sofortigen europäischen Dialog mit den Arabern, wobei die Franzosen ihn auch über Erdöl und sogar dann schon wünschen, wenn die gesamtwestliche Posi-

---

[9] Der amerikanische Außenminister Kissinger besuchte vom 9. bis 15. Oktober 1974 Ägypten, Syrien, Jordanien, Israel, Saudi-Arabien, wieder Ägypten und Syrien sowie anschließend Algerien und Marokko. Vgl. dazu Dok. 306, Anm. 7.
[10] Zur Energiekonferenz vom 11. bis 13. Februar 1974 in Washington vgl. Dok. 49.
[11] Der amerikanische Außenminister Kissinger führte vom 26. Februar bis 1. März 1974 Gespräche in Syrien, Israel, Ägypten, Saudi-Arabien und Jordanien.
[12] Zur Energiepolitik der französischen Regierung vgl. Dok. 285, Anm. 3.
[13] Die Wahlen zum britischen Unterhaus fanden am 10. Oktober 1974 statt.
[14] Zum Vorschlag des saudi-arabischen Erdölministers Yamani vgl. Dok. 285, Anm. 6.

tion noch nicht gleichzeitig erarbeitet wird. Unser eigener Standpunkt liegt in der Mitte. Wir wollen die westliche Koordinierung gleichzeitig mit dem europäisch-arabischen Dialog, allerdings unter Ausklammerung des Erdöls, vornehmen.

Die Japaner sind ganz auf einen bilateralen Kontakt mit den Erdölproduzenten eingestellt. Für sie ist zwar die westliche Abstimmung von Bedeutung, darf aber die Beziehungen zu den Produzenten nicht stören.

III. Für uns stellt sich genauso wie für Frankreich und Großbritannien bei einer Fortsetzung der Fünfergespräche das Problem einer Vereinbarkeit mit der gemeinsamen EG-Politik. Wir werden daher, falls der Meinungsaustausch sich in einer etwas verbindlicheren Richtung entwickeln sollte, unsere Vorstellungen sowohl hinsichtlich energiepolitischer Aktionen als auch der Bewältigung der Zahlungsbilanzprobleme mit unseren EG-Partnern abstimmen müssen.

IV. Der Zusammenhang von Erdölpreis und Nahost-Konflikt liegt auf der Hand. Ohne Befriedung oder zunächst Fortschritten bei einer friedlichen Lösung des israelisch-arabischen Streits wird das Erdöl seinen Charakter als potentielle politische Waffe nicht verlieren. Alles, was daher der Herstellung einer dauerhaften Friedenslösung im Nahen Osten dient, dient auch der Lösung des Erdölproblems.

Hermes

Referat 412, Bd. 105678

293

Gespräch des Bundeskanzlers Schmidt mit dem Präsidenten des Jüdischen Weltkongresses, Goldmann

Geheim 8. Oktober 1974[1]

Vermerk über ein Gespräch des Bundeskanzlers mit Dr. Nahum Goldmann am 8. Oktober 1974 von 11.00 bis 12.00 Uhr im Palais Schaumburg

(Weitere Teilnehmer: MDg Dr. Per Fischer)

Der *Bundeskanzler* eröffnete das Gespräch mit einer Rekapitulierung der Punkte, in denen bereits Einigung besteht.

1) Die Bundesregierung wird zur abschließenden Wiedergutmachungsregelung[2]

---

[1] Ablichtung.
 Die Gesprächsaufzeichnung wurde von Ministerialdirigent Fischer, Bundeskanzleramt, am 9. Oktober 1974 gefertigt.
[2] Am 16. Februar 1973 übermittelte Staatssekretär Grabert, Bundeskanzleramt, Bundesminister Schmidt ein Memorandum der „Jewish Claims Conference" zu Fragen der Wiedergutmachung. Darin wurde gefordert, den Kreis der Anspruchsberechtigten für Wiedergutmachung zu erweitern und die Ausschlußfristen in der Entschädigungsgesetzgebung der Bundesrepublik aufzuheben. Nach

eine bestimmte Summe zur Verfügung stellen, 90% dafür sind für jüdische ehemalige Verfolgte bestimmt, 10% für nichtjüdische ehemalige Verfolgte.

Goldmann erklärt sein Einverständnis.

2) Diese Regelung erfolgt nicht durch eine Änderung der vorhandenen Wiedergutmachungsgesetzgebung[3], sondern aufgrund eines gemeinsamen Entschließungsantrages der drei Bundestagsfraktionen, in denen die Bundesregierung hierzu aufgefordert wird; die Rechtsgrundlage für die Zahlung wird im Haushaltsgesetz geschaffen.

Goldmann erklärt sein Einverständnis, sofern dadurch sichergestellt wird, daß die Gründung der Stiftung als solche nicht Gegenstand eines parlamentarischen Genehmigungsverfahrens ist.

3) Als Träger für die Durchführung der Aktion wird eine Stiftung ausländischen Rechts außerhalb der Bundesrepublik Deutschland gegründet.

Goldmann behält sich vor, gegen eine Stiftung ernsthafte Bedenken vorzutragen.

4) „Abschlußquittungen" als Beweis der endgültigen Regelung der Wiedergutmachung werden in Form je eines Briefes der Claims Conference und des Staates Israel an die Bundesregierung erteilt.

Fortsetzung Fußnote von Seite 1267
  Berechnungen des Bundesministeriums der Finanzen bedeutete ein Eingehen auf diese Forderungen ein finanzielles Gesamtrisiko von bis zu 27 Mrd. DM. Für das undatierte Memorandum und die Stellungnahme des Bundesministeriums der Finanzen vom 20. März 1973 vgl. Referat 514, Bd. 1350. In der Folgezeit wurden in der SPD-Fraktion Überlegungen zur Gründung einer Stiftung angestellt, deren Leistungen auch nicht-jüdischen Verfolgten aus der Zeit des Nationalsozialismus zugute kommen sollten. Der Vorschlag wurde zunächst vom Bundeskanzleramt aufgegriffen und weiter geprüft; Bundesminister Scheel sprach sich gegen weitere Sonderregelungen mit Israel aus. Vgl. dazu AAPD 1973, II, Dok. 169.
  Am 20. Juni 1974 konkretisierte der Präsident des Jüdischen Weltkongresses, Goldmann, im Gespräch mit Bundesminister Genscher seine Forderungen bezüglich einer Stiftung: „Es gehe zunächst um die Form, denn die Angelegenheit solle nicht vors Parlament (Grund: Araber, Ostblock). Man könnte an eine Stiftung des Ausländischen Rechts der ‚Claims Conference' denken, eine Stiftung aber sei daher viel komplizierter Satzung. Einfacher sei es Vorgehen wie seinerzeit bei dem Luxemburger Abkommen, wo die ‚Claims Conference' 500 Mio. DM für zerstörte jüdische Kulturgüter erhalten habe. Es müßte dann die Verwendung des Geldes auch in diesem Fall genau festgelegt und bestimmt werden. Diesen Gedanken habe er auch Herrn Schmidt noch in seiner Eigenschaft als Finanzminister dargelegt. Es gehe ihm also besonders um die Geldsumme. Mit der von deutscher Seite erhobenen Voraussetzung, daß bei Erhalt einer Summe die Claims Conference auf weitere Forderungen verzichte, sei er einverstanden. Er müsse sich deshalb aber über den Stand der noch aufrechterhaltenen Forderungen im klaren sein. Er, Goldmann, habe daher den Betrag von einer Milliarde DM verlangt, Herr Apel habe von einer halben Milliarde DM gesprochen, der Bundeskanzler von 600 Mio. DM." Vgl. die Aufzeichnung des Vortragenden Legationsrats Wallau vom 21. Juni 1974; VS-Bd. 14068 (010); B 150, Aktenkopien 1974.
[3] Für den Wortlaut des Gesetzes vom 29. Juni 1956 zur Entschädigung für Opfer der nationalsozialistischen Verfolgung (Bundesentschädigungsgesetz) vgl. BUNDESGESETZBLATT 1956, Teil I, S. 562–596. Für den Wortlaut des Gesetzes vom 19. Juli 1957 zur Regelung der rückerstattungsrechtlichen Geldverbindlichkeiten des Deutschen Reichs und gleichgestellter Rechtsträger (Bundesrückerstattungsgesetz) vgl. BUNDESGESETZBLATT 1957, Teil I, S. 734–742.
  Für Verfolgte, die nach dem 1. Oktober 1953 und bis spätestens 31. Dezember 1965 die osteuropäischen Staaten verlassen hatten („Post-fifty-three-Fälle"), wurde durch Artikel V des Zweiten Gesetzes vom 14. September 1965 zur Änderung des Bundesentschädigungsgesetzes (Bundesentschädigungs-Schlußgesetz) ein Sonderfonds in Höhe von 1,2 Mrd. DM geschaffen. Vgl. dazu BUNDESGESETZBLATT 1965, Teil I, S. 1335–1337. Somit bestand für Opfer, die erst nach dem 31. Dezember 1965 die osteuropäischen Staaten verlassen hatten, kein Anspruch auf Entschädigung („Post-sixty-five-Fälle").

Goldmann erklärt, auch hierzu einen neuen Vorschlag vortragen zu wollen.

5) Als „Vertrauensmann" der Bundesregierung wird ein Beauftragter in Person des ehemaligen Bundesministers Alex Möller in den Stiftungsrat berufen.

Goldmann erklärt sein Einverständnis.

Bundeskanzler rekapituliert die Punkte, in denen bisher kein Einverständnis besteht.

1) Gesamthöhe

2) Auszahlungstranchen

3) Konstruktion der Stiftung

4) Text der Abschlußquittung

Goldmann trägt als Bedenken gegen die Gründung einer Stiftung vor:

– Aufbau kompliziert und langwierig;
– Claims Conference könne in der Stiftung majorisiert werden;
– falls deutscher Wunsch dahin geht, ausländische Adresse für Trägerschaft zu erhalten, so biete die Claims Conference als in New York eingetragener Verein bereits diese Gewähr;
– die Bildung einer Stiftung in der Schweiz sei nach heutiger Gesetzgebung so gut wie unmöglich;
– die Claims Conference wolle die Abwicklung der Zahlung durch das in Frankfurt z. Z. nicht mehr voll ausgelastete Personal erledigen, was um vieles einfacher.[4]

Bundeskanzler weist darauf hin, daß für die deutsche Öffentlichkeit in der Gründung einer neuen Stiftung der deutlichste Beweis einer abschließenden Regelung liege; jedes Abgehen von diesem Konzept würde zu einer weiteren, gefährlichen Verzögerung führen. Er schlägt vor, daß Dr. Goldmann mit BM a. D. Möller und einem Beauftragten der israelischen Regierung, möglichst früherem Finanzminister Sapir, aufgrund der vorhandenen Vorentwürfe einen Satzungsentwurf erstellt, der seinen Überlegungen Rechnung trägt. In dem Stiftungsrat, für den z. Z. 22 Personen vorgeschlagen würden, was aber keine endgültige Festlegung bedeute, könne die Claims Conference ohnehin zehn Vertreter berufen; unter den international bekannten Persönlichkeiten könnten sich ebenfalls ehemalige Verfolgte befinden, daneben aber auch bekannte Vertreter der internationalen Finanzwelt. Der Stiftungsvorstand könnte sowohl von Angestellten der Claims Conference besetzt werden, als auch von ehrenamtlich berufenen Persönlichkeiten. Dr. Goldmann könne selbst auch Vorsitzender des Stiftungsvorstands sein. In dem Gespräch zwischen Dr. Goldmann, Dr. Möller und Herrn Sapir könnte auch eine Vorabeinigung über den Personenkreis getroffen werden. Ohnehin würde die Stiftung sich aus einem zunächst ad hoc zusammengerufenen Kreis heraus konstituieren.

Goldmann erklärt, er werde aus der Frage der Stiftung „keine Affäre" machen. Er erklärt sich mit dem Vorschlag des Bundeskanzlers zu einem Dreierge-

---

[4] So in der Vorlage.

spräch einverstanden. Bei seiner bevorstehenden Reise nach Israel werde er sich bemühen, Herrn Sapir hierfür zu gewinnen. Als Zeitpunkt für das Dreiergespräch könne der November in Aussicht genommen werden. Er sei gewiß, daß sehr schnell eine Einigung zustande käme.

Anschließend legt Goldmann seinen Vorschlag „Abschlußquittung" vor. Da die heutige israelische Regierung innenpolitisch nicht sehr stark sei, müsse bei einer ausdrücklichen schriftlichen Verzichtserklärung des Staates Israel mit einer harten Debatte in der Knesset gerechnet werden. Die israelische Regierung sei dazu bereit, sowohl Herr Sapir als der heutige Finanzminister Rabinowitz habe sich ihm gegenüber ausdrücklich einverstanden erklärt.[5] Sie werde eine derartige Debatte auch durchstehen, dennoch müsse mit einer erheblichen Vergiftung der Atmosphäre durch die Angriffe der Opposition auf einen derartigen Verzicht gerechnet werden, gleichzeitig auch mit scharfen Angriffen auf die Bundesregierung.

Goldmann schlägt deshalb vor, daß die Claims Conference eine schriftliche „Abschlußquittung" mit der ausdrücklichen Feststellung erteilt, sie handele „im vollen Einvernehmen und nach Konsultation" mit der israelischen Regierung. Die Bundesregierung brauche im übrigen neue spätere Forderungen der israelischen Regierung nicht zu fürchten, da auch in der Vergangenheit nie Israel, sondern immer die Claims Conference als Petent aufgetreten sei.

Bundeskanzler äußert Verständnis für das Motiv. Auf unserer Seite müsse darauf geachtet werden, daß eine rechtlich wirkungsvolle Bindung des israelischen Staates zustande käme. Wir müßten sicher sein, daß auch eine andere israelische Regierung, etwa eine, die von der heutigen Opposition gebildet werde, nicht neue Forderungen erheben könne.

Bundeskanzler stellt fest, daß die Frage der Quittung der Claims Conference damit klargestellt sei, zur Quittung der israelischen Regierung bestünde Einverständnis, daß für die Bundesrepublik Deutschland eine ausreichende rechtliche Bindung durch den Staat Israel eintreten müsse; ob das in Form eines gesonderten Briefwechsels oder durch eine besondere Klausel im Schreiben der Claims Conference bestehe, sei noch zu klären.

Goldmann erklärt, er werde die Frage der rechtlichen Bindung der israelischen Regierung in einem Schreiben der Claims Conference bei seinen bevorstehenden Gesprächen in Israel prüfen.

Goldmann stellt die Frage, wie weit im voraus die Tätigkeit der Stiftung festgelegt werden solle oder ob der Stiftung ein Handlungsraum belassen werden könne.

Bundeskanzler antwortet, daß die Entschließung des Bundestages eine grobe Leitlinie für die Tätigkeit der Stiftung abgeben werde. Im Haushaltsgesetz müsse darüber hinaus eine allgemeine Zweckbestimmung aufgenommen werden.

Goldmann stimmt zu, daß alle Einzelheiten im voraus nicht festgelegt werden könnten.

---

5 So in der Vorlage.

Bundeskanzler schlägt vor, daß die Herren Goldmann, Möller und Sapir beauftragt werden sollten, folgende Unterlagen zu erarbeiten:
- Satzungsentwurf,
- Liste der zu berufenden Persönlichkeiten,
- Text der Abschlußquittung,
- Formulierung der Zweckbestimmung im Haushaltsgesetz (als eine natürlich unverbindliche Empfehlung für die zuständigen Instanzen).

Goldmann schlägt vor, daß nach der abschließenden Regelung die Bekanntgabe bei einem Bankett erfolge, zu dem die Claims Conference und der Jüdische Weltkongreß einlade; als Ort schlägt er Washington oder New York vor. Da der Weltkongreß sich im nächsten Frühjahr in Israel versammeln werde, sei vielleicht auch hier eine Anwesenheit des Bundeskanzlers möglich.

Bundeskanzler erklärt sich mit New York oder Washington einverstanden, auch Westeuropa sei möglich. So gern er Israel besuchen würde, so scheine ihm dies für den Augenblick nicht möglich zu sein; im übrigen stünde auch ein Besuch des israelischen Ministerpräsidenten in der Bundesrepublik an.[6] Der Zeitpunkt könne im nächsten Frühjahr liegen, etwa zwischen Februar und Mai, wobei er sich hierfür auch kurzfristig freimachen könne. Bei dem Bankett stelle er sich vor, daß neben einer grundsätzlichen Rede von Goldmann er selbst sprechen würde.

Goldmann erklärt sich einverstanden.

Bundeskanzler schlägt als abschließende deutsche finanzielle Leistung eine Summe von 600 Mio. DM, verteilt über sechs Jahre vor, von denen 10% für nichtjüdische Verfolgte abgezweigt würden.

Eine Erhöhung dieser Summe sei nicht möglich, einerseits weil die Bundesregierung über keine zusätzlichen Mittel verfüge, andererseits weil er auch aus grundsätzlichen Erwägungen nicht über die einmal genannte Summe hinausgehen könne und wolle.

Goldmann bittet, bei allem Verständnis für die Position des Bundeskanzlers, eine Erhöhung auf 750 Mio. vorzusehen. Falls die Summe so klein bliebe, sehe er sich gezwungen, vorher die Kategorien der Empfänger festzulegen, womit eine Reihe von Ansprüchen von vornherein ausgeschaltet würden. Diese Ansprüche könnten dagegen bei einer höheren Dotierung erhöht werden, und die Claims Conference würde sich in diesem Fall verpflichten, dem Antragsteller von Einzelanträgen an die Bundesregierung und gerichtlichen Schritten gegen die Bundesregierung abzuraten. Immerhin würde die Bundesregierung dadurch das Risiko von belastenden Urteilen der höchsten Bundesgerichte frei.[7]

Bundeskanzler bezeichnet eine Erhöhung der Summe von 600 Mio. als unmöglich. Bundesminister Apel empfinde auch diese Summe als zu hoch.

Goldmann fragt, ob eine Vorfinanzierung möglich sei.

---

[6] Ministerpräsident Rabin besuchte die Bundesrepublik vom 8. bis 12. Juli 1975. Vgl. dazu das Gespräch mit Bundeskanzler Schmidt am 9. Juli 1975 und die Aufzeichnung des Vortragenden Legationsrats I. Klasse Böcker vom 11. Juli 1975; AAPD 1975.
[7] So in der Vorlage.

Bundeskanzler erklärt, daß die erste Zahlung 1976 fällig werde. Falls die Stiftung im zweiten Halbjahr 1975 bereits zu arbeiten beginne, habe er in seinem Gespräch mit Dr. Goldmann als Bundesfinanzminister vom 2. Mai bereits die Möglichkeit von Abschlagszahlungen zu Lasten des Haushalts von 1976 angedeutet, wobei etwa 20 oder 30 Mio. gezahlt werden könnten.

Goldmann weist darauf hin, daß die Zeitdauer von sechs Jahren zu lang sei.

Bundeskanzler erklärt, es werde ohnehin schwierig sein, diese Summe und die sechsmaligen Tranchen vom Haushaltsausschuß genehmigt zu bekommen. Er verweist auf die allgemeine Finanzsituation des Bundes und warnt, daß bei einer Verzögerung der Einigung diese Summe nicht mehr eingehalten werden könne. Wenn die Stiftung nicht bis zum 31. März 1975 stehe, sei zweifelhaft, ob die Bundesregierung die Zahlungen noch leisten könne.

Goldmann erklärt, unter diesen Umständen überlegen zu müssen, welche Kategorien als Zahlungsempfänger nur in Frage kämen. Für die übrigen müsse die Stiftung die Antragsteller an die Bundesregierung verweisen.

Bundeskanzler antwortet, dieses sei nicht seine Sorge, für ihn sei wichtig, daß weder die Claims Conference noch die israelische Regierung in Zukunft Ansprüche erheben würden. Individuelle Ansprüche könnten ohnehin nicht ausgeschlossen werden. Er weist erneut auf die zeitliche Dringlichkeit hin. Der Entschließungsentwurf der drei Fraktionen müsse im Bundestag verabschiedet sein, ehe die dritte Lesung über das Haushaltsgesetz 1975 etwa im März 1975 stattfinde. Deshalb müsse das Dreiergespräch noch im November stattfinden. Anschließend beabsichtige er, die Fraktionsvorsitzenden und möglicherweise die Haushaltsexperten zu einem Gespräch in Gegenwart von BM Apel zu bitten, bei dem BM a. D. Möller die Grundlagen der Einigung vortragen werde. Er rechne dabei nicht mit grundsätzlichen Einwänden der Opposition, wohl aber mit Änderungswünschen in Einzelheiten. Dadurch werde sich bereits eine gewisse Verzögerung ergeben. Es sei jetzt keine Zeit mehr zu verlieren, wenn die Angelegenheit in beiderseits befriedigendem Sinn geregelt werden solle.

Goldmann erklärt sich einverstanden.

Bundeskanzleramt, AZ: 21-30 100 (56), Bd. 40

294

Aufzeichnung der Ministerialdirektoren Hermes und van Well

410-350.13-1486/74 geheim 10. Oktober 1974

1) Herrn Staatsminister Wischnewski[1]
2) Über Herrn Staatssekretär[2] Herrn Minister[3] mit der Bitte um Zustimmung

Betr.: Vorbereitung einer europäischen Gipfelkonferenz
hier: Zusammenkunft der Außenminister am 15. Oktober in Luxemburg

Bezug: Handschriftliche Weisung des Herrn Ministers auf dem beigefügten Vorgang 010-2016/74 geh. VS-v[4]

I. Es ist davon auszugehen, daß es gegen Jahresende zu einer europäischen Gipfelkonferenz kommen wird[5], es sei denn, daß durch die Entwicklung in Großbritannien eine neue Lage entstehen sollte. Dies gilt auch für den Fall, daß die Fortschritte begrenzter Natur sind und eher im institutionell-prozeduralen Bereich als in der Lösung materieller Sachfragen zu erwarten sind.

Nach der Begegnung der Staats- und Regierungschefs am 14. September 1974 in Paris[6] hat die französische Präsidentschaft[7] zu einer formlosen Zusammenkunft der Außenminister am Rande der Oktobertagung des Rates in Luxemburg[8] eingeladen, an der auch der Präsident der Kommission[9] teilnehmen soll. Sie wird dazu dienen, die Frage zu klären, welche Themen den Regierungschefs für den Gipfel vorgeschlagen werden sollten.

Aus unserer Sicht kommt es in erster Linie darauf an, aus den Ergebnissen der Besprechung der Regierungschefs vom 14. September 1974 und den seither zusätzlich gewonnenen Erkenntnissen diejenigen Themen für den Gipfel auszuwählen, die sachlich wichtig, erfolgversprechend und zugleich politisch wirkungsvoll sind.

Das in Luxemburg dann erzielte Ergebnis sollte – entsprechend der Anregung des Bundeskanzlers in seinem Schreiben an Staatspräsident Giscard d'Estaing[10] – zunächst noch von den Regierungschefs gebilligt werden. Danach kann in die intensive Vorbereitung eingetreten werden, die in den Händen der Außenmini-

---

[1] Hat Staatsminister Wischnewski am 11. Oktober 1974 vorgelegen.
[2] Hat Staatssekretär Gehlhoff am 11. Oktober 1974 vorgelegen.
[3] Hat Bundesminister Genscher am 13. Oktober 1974 vorgelegen.
[4] Dem Vorgang beigefügt. Bundesminister Genscher vermerkte am 4. Oktober 1974 auf einem Schriftlaß des Vortragenden Legationsrats I. Klasse Schönfeld vom 27. September 1974: „Herrn StM, StS: Erbitte Stellungnahme u. Vorschläge für Au[ßen]m[inister]sitzung." Vgl. VS-Bd. 8850 (410); B 150, Aktenkopien 1974.
[5] Zur Gipfelkonferenz der EG-Mitgliedstaaten am 9./10. Dezember 1974 in Paris vgl. Dok. 369.
[6] Zum Abendessen der Staats- und Regierungschefs der EG-Mitgliedstaaten und des Präsidenten der EG-Kommission, Ortoli, vgl. Dok. 268.
[7] Frankreich übernahm am 1. Juli 1974 die EG-Ratspräsidentschaft.
[8] Zum informellen Treffen der Außenminister der EG-Mitgliedstaaten am 15. Oktober 1974 in Luxemburg vgl. Dok. 299.
[9] François-Xavier Ortoli.
[10] Für das Schreiben vom 26. September 1974 vgl. Dok. 279.

ster und ihrer engsten Mitarbeiter sowohl für EG- wie für EPZ-Fragen liegen sollte.

II. Es wird vorgeschlagen, daß wir zur Aufnahme der folgenden Themen in die Tagesordnung des Gipfels die Initiative ergreifen:

1) Engere Verknüpfung zwischen EG und EPZ

Bisherige Erörterungen der Neun zeigen Konsens für engere Verknüpfung, aber auch französische Sorge vor zeitlicher und örtlicher Zusammenlegung von Sitzungen, die zu einer Verschmelzung der beiden verschiedenartigen Verfahren intergouvernementaler und kommunitärer Zusammenarbeit führen könnte.

Wir sollten uns für pragmatische Lösungen einsetzen, die es ermöglichen,

– ein Problem unter EG- und EPZ-Aspekten zu prüfen, ohne durch Zuständigkeitsfragen eingeengt zu werden,

– Ort und Zeit der EPZ-Beratung nach sachlichen (Zusammenhang mit EG-Fragen) und praktischen Erwägungen zu bestimmen. Dabei sollte auch berücksichtigt werden, daß eine Verlegung aller EPZ-Sitzungen nach Brüssel das besondere europäische Verantwortungsgefühl, das die Präsidentschaftsaufgabe zur Zeit den einzelnen Regierungen und ihren Auswärtigen Ämtern auferlegt, mindern könnte.

Daher erscheint sinnvoll:

– Entscheidungen über Ort und Zeit der EPZ-Treffen liegt weiterhin bei der Präsidentschaft;

– soweit EG-Ratstagungen und EPZ-Ministertreffen zusammengelegt werden, was aus praktischen Gründen für den Normalfall anzustreben ist: getrennte Vorbereitung und Aufbereitung nach EG- oder EPZ-Verfahren; ob getrennte Tagesordnung, müßte jeweils konkret entschieden werden (andere Delegationsmitglieder, aber häufig Sachzusammenhang der Probleme);

– administrative Hilfe durch das Generalsekretariat des Rates (u. U. in Form einer besonderen EPZ-Gruppe) für die Präsidentschaft zur Vorbereitung und Abwicklung von EPZ-Sitzungen auf allen Ebenen (Minister, Politisches Komitee, Arbeitsgruppen) in Brüssel.

2) Verbesserung der EPZ

EPZ hat sich nach Meinung aller Neun bewährt. An ihrer grundsätzlichen Struktur (Zusammenführung der in den neun Außenministerien direkt Verantwortlichen) sollte nicht gerührt werden:

– Strukturverbesserungen ergeben sich aus engerer Verknüpfung mit EG: administrative Hilfe des Ratssekretariats für die Präsidentschaft zur Vorbereitung von EPZ-Sitzungen in Brüssel; Einschaltung von EG-Auslandsmissionen in die EPZ der neun Missionen am Ort (Washington, Genf, Tokio, New York u.a.); Rolle der Organe der EG im europäisch-arabischen Dialog.

– Ausweitung der EPZ auf den gesamten Bereich der Außenpolitik. Diese in der EPZ-Struktur angelegte Ausweitung könnte durch ausdrückliche Bestätigung der Regierungschefs praktisch erleichtert werden. Dabei sollten Regierungschefs – ohne dies öffentlich in Erscheinung treten zu lassen – Einvernehmen darüber herstellen, daß sich EPZ auch auf die außenpolitischen Aspekte der Sicherheitspolitik erstreckt.

3) Führungsrolle des Allgemeinen Rats

Bundeskanzler hat als Minimalposition in Paris vorgeschlagen, dem Allgemeinen Rat Verantwortung für Koordination aller wesentlichen Gemeinschaftsaktivitäten zu übertragen. Die weiter daran geknüpfte Forderung nach Einsetzung von Europäischen Staatsministern oder Staatssekretären mit Doppelfunktion[11] (Koordinierung im nationalen und im Gemeinschaftsrahmen, Tätigkeit in Brüssel und den Hauptstädten, Zugang zu nationalen Kabinetten) läßt sich wegen des verfassungsrechtlich begründeten Widerspruchs einiger Partnerländer nicht durchsetzen (mögliche Rückzugslinie: Stärkung und Aufwertung der Stellung der Ständigen Vertreter, z. B. Anhebung zu Staatssekretären mit Zugang zu Kabinettssitzungen).

Führungsrolle des Allgemeinen Rats könnte ferner durch Beteiligung der Ressortminister an Tagungen des Allgemeinen Rats (Beispiel: Agrarrat am 2. Oktober 1974[12]) und Eindämmung der Spezialräte gestärkt werden. Luxemburg hat vorgeschlagen, Spezialräte seltener zusammentreten zu lassen und ihnen Lösung technischer Fragen bzw. vorbereitende Aufgaben für den Allgemeinen Rat zu überlassen.

Damit werden allerdings schwierige ressortpolitische Probleme aufgeworfen. Auch wären organisatorische und personelle Konsequenzen unausweichlich, da die Führungsrolle der Außenminister im Rat ohne eine entsprechende innerstaatliche Stärkung ihrer Position nicht zu verwirklichen ist. Die gegenwärtige Koordinierungsstruktur innerhalb der Bundesregierung und die personelle Ausstattung der Europareferate des Auswärtigen Amts reichen dafür nicht aus.

4) Paßunion

Diesem Projekt messen wir wegen seiner Öffentlichkeitswirksamkeit besondere Bedeutung zu. Zunächst ist an die Einführung eines einheitlichen Passes (Giscard d'Estaing: Pässe im Namen der Europäischen Gemeinschaft mit Untertitel ausstellen) gedacht, der auch die Paßkontrolle erleichtern könnte, darüber hinaus an

— Abschaffung der innergemeinschaftlichen Paßkontrollen,

— Vereinheitlichung der Einreisevorschriften und Ausländergesetzgebung.

Das Projekt wirft allerdings schwierige materielle Fragen auf (innere Sicherheit, Verbrechensbekämpfung, Niederlassung von Drittlandsangehörigen, Anwerbung von Gastarbeitern), so daß als konkretes Ziel des Gipfels nur ein Grundsatzbeschluß mit Fristsetzung in Frage kommt.

5) Direktwahl der Abgeordneten des Europäischen Parlaments

In dieser wichtigen Frage erscheinen durch Auflockerung der französischen Haltung Fortschritte möglich. Deshalb sollten wir uns dafür einsetzen, daß der Gipfel eine Frist für die in Artikel 138 EWG-Vertrag vorgesehene Einführung allgemeiner und unmittelbarer Wahlen[13] nach einem einheitlichen Verfahren

---

11 Zum Vorschlag der Ernennung von Staatsministern bzw. Staatssekretären bei den Europäischen Gemeinschaften vgl. Dok. 253, Anm. 19.

12 Zur EG-Ministerratstagung auf Ebene der Außen- und Landwirtschaftsminister am 2. Oktober 1974 in Luxemburg vgl. Dok. 280, Anm. 14.

13 Artikel 138 des EWG-Vertrags vom 25. März 1957: „Die Versammlung besteht aus Abgeordneten, die nach einem von jedem Mitgliedstaat bestimmten Verfahren von den Parlamenten aus ihrer Mitte

in allen Mitgliedstaaten festlegt. Eventuell sollte das Europäische Parlament aufgefordert werden, einen neuen Entwurf vorzulegen bzw. seinen ursprünglichen Entwurf[14] im Lichte der durch die Erweiterung veränderten Lage der Gemeinschaft zu überarbeiten.

Ein besonderes Problem ist die für die kleinen Mitgliedstaaten notwendige Sonderregelung. Sie wären bei einer strikten Anwendung des Grundsatzes „one man, one vote" benachteiligt.

Auch das Problem der Erweiterung der Befugnisse des Europäischen Parlaments müßte in diesem Zusammenhang wieder aufgegriffen werden (schrittweise Übertragung von legislativen Befugnissen entsprechend den Vorschlägen, die die Gruppe „Vedel" im März 1972 vorgelegt hat[15]).

5) Verstärkte Mitwirkung des EP bei der EPZ

Auch für EPZ-Fragen sollten dem EP die Befugnisse und Rechte eingeräumt werden, die dem Stand der EPZ und den Befugnissen des EP im EG-Bereich entsprechen. Als erster Schritt Recht auf schriftliche und mündliche Anfragen, wie schon im Fouchet-Plan vorgesehen.[16]

6) Inflation und Zahlungsbilanzungleichgewichte

Eine Befassung mit diesen zentralen wirtschafts- und währungspolitischen Fragen, die die Gemeinschaft von innen her auszuhöhlen drohen, ist politisch unerläßlich. Gipfelkonferenz könnte – gegebenenfalls ohne neues Programm zu verabschieden – eine Verstärkung der Politik zur Wiederherstellung des innern und äußeren Gleichgewichts und flankierende Solidaritätsaktionen fordern.

Auch könnte die Rolle der Gemeinschaft bei der Sicherung des internationalen Wirtschafts- und Währungssystems verdeutlicht werden.

7) Energiepolitik

Das Energie-Thema dürfte auf absehbare Zeit akut und dringlich bleiben. Die Gemeinschaft will noch vor Jahresende ein energiepolitisches Aktionsprogramm ausarbeiten.[17] Je nach Arbeitsfortgang könnte Programm gegebenenfalls eingesegnet oder politische Impulse zur beschleunigten Fertigstellung gegeben werden.

Unerläßlich erscheint auch, daß sich Gipfelkonferenz im Lichte der weltweiten Bemühungen und unter Berücksichtigung des europäisch-arabischen Dialogs zu den EG-externen Energiefragen äußert.

Fortsetzung Fußnote von Seite 1275

ernannt werden. [...] Die Versammlung arbeitet Entwürfe für allgemeine unmittelbare Wahlen nach einem einheitlichen Verfahren in allen Mitgliedstaaten aus. Der Rat erläßt einstimmig die entsprechenden Bestimmungen und empfiehlt sie den Mitgliedstaaten zur Annahme gemäß ihren verfassungsrechtlichen Vorschriften." Vgl. BUNDESGESETZBLATT 1957, Teil II, S. 858–860.

14 Am 17. Mai 1960 legte das Europäische Parlament den Entwurf eines Abkommens über die Wahl des Europäischen Parlaments in allgemeiner, unmittelbarer Wahl vor. Vgl. dazu EUROPA-ARCHIV 1960, D 164–168.

15 Zum Bericht der Ad-hoc-Gruppe für die Prüfung der Frage einer Erweiterung der Befugnisse des Europäischen Parlaments vom 25. März 1972 („Vedel-Bericht") vgl. Dok. 253, Anm. 28.

16 Zu den „Fouchet-Plänen" vom 2. November 1961 und 18. Januar 1962 vgl. Dok. 253, Anm. 33.

17 Vgl. dazu die Entschließung des EG-Ministerrats vom 17. September 1974 über Energiefragen; Dok. 253, Anm. 7.

III. Auf folgende Themen, die von anderen Mitgliedstaaten voraussichtlich vorgebracht werden, sollten wir uns reaktiv vorbereiten:

1) Formelle Treffen der Regierungschefs

Französischer Vorschlag regelmäßiger formeller Treffen der Regierungschefs in Anwesenheit der Außenminister, die in Praxis zu „höchster europäischer Instanz" werden, ist problematisch, unter anderem wegen

— Auswirkungen auf die Organe der EG,
— der unterschiedlichen verfassungsrechtlichen Stellung der Regierungschefs in den einzelnen Staaten.

Man sollte aber nicht verkennen, daß beim gegenwärtigen Stand europäischer Einigungspolitik ein Bedürfnis nach einer politischen Instanz mit grundsätzlich umfassenden Zuständigkeiten besteht. Es bleibt zu prüfen, ob diese Funktion von informellen Treffen der Regierungschefs nach Art der letzten Pariser Zusammenkunft oder gelegentlichen formelleren (mit Tagesordnung, und wenn neue Leitlinien zu bestimmen sind) erfüllt werden kann.

2) Mehrheitsbeschlüsse

Wir haben immer den Standpunkt vertreten, daß die Bundesregierung das Einstimmigkeitsprinzip im Luxemburger Beschluß von 1966[18] zusammen mit ihren vier Partnern außer Frankreich nicht akzeptiert hat. Wenn nunmehr Frankreich von seiner damaligen Position abrückt, so können wir uns dem nicht verschließen. Wir sollten deshalb die Franzosen um möglichst konkrete Erläuterung ihrer Vorstellungen bitten und ihnen unsere Unterstützung in Aussicht stellen. Fortschritte in dieser Frage sind aber schon wegen der restriktiven britischen Haltung kaum zu erwarten.

3) Stärkung der Rolle der Präsidentschaft

Entsprechende Vorschläge sind schon früher, namentlich von den Benelux-Ländern, gemacht worden (u.a. Beilegung wichtiger Meinungsverschiedenheiten vor den Ratstagungen). An sich scheint uns dieses Thema für den Gipfel nicht geeignet; wir können die Vorschläge jedoch unterstützen. Eine Verlängerungsdauer der Amtszeit der Präsidentschaft von sechs auf zwölf Monate sollten wir allerdings nicht befürworten (Überforderung der kleineren Partner, Präsidentschaft erst wieder nach Ablauf von acht Jahren).

4) Europäische Union

Angesichts des britischen Widerstandes gegen dieses Projekt ist mit einem sachlich weiterführenden Beschluß kaum zu rechnen. Andererseits ist klar, daß alle institutionellen und materiellen Fortschritte, die der Gipfel bringen könnte, in der Perspektive einer Europäischen Union gesehen werden können. Infolgedessen sollte sichergestellt werden, daß der Begriff der Europäischen Union in der abschließenden Verlautbarung des Gipfels erscheint. Zu überlegen bleibt, ob zum Verfahren (Bericht der Organe bis Ende 1975[19]) eine weite-

---

[18] Zur Entscheidung des EWG-Ministerrats vom 28./29. Januar 1966 („Luxemburger Kompromiß") vgl. Dok. 109, Anm. 16.
[19] Korrigiert aus: „1976".
Vgl. dazu Ziffer 16 der Erklärung der Gipfelkonferenz der EG-Mitgliedstaaten und -Beitrittsstaaten am 19./20. Oktober 1972 in Paris; Dok. 19, Anm. 4.

re Aussage gemacht werden sollte. Dagegen spricht, daß schon der Beschluß der Kopenhagener Gipfelkonferenz über die Beschleunigung der Arbeiten[20] nicht erfüllt wurde.

5) Regionalpolitik

Maßnahmen zum Abbau der Strukturunterschiede in der Gemeinschaft sind ein wesentliches Element der wirtschafts- und währungspolitischen Integration. Solange die Voraussetzungen für einen Neuansatz zur Wirtschafts- und Währungsunion nicht geschaffen sind, kann von uns auch kein aktiver Einsatz für den Regionalfonds erwartet werden. Einige unserer Partner sehen jedoch Zusammenhänge und Prioritäten anders. Wir werden uns der Diskussion über den Regionalfonds nicht entziehen können.

IV. Nicht behandelt werden sollten die Themen:

– Agrarpolitik,

– britischer Wunsch nach Neuverhandlungen.[21]

Die Einigung am 3. Oktober macht es entbehrlich, daß sich die Regierungschefs erneut und schon zu diesem Zeitpunkt mit der Reform der Agrarpolitik befassen. Hinsichtlich der britischen Wünsche nach Neuverhandlungen der Beitrittsbedingungen haben wir immer auf dem Standpunkt gestanden, daß es hierbei um Fragen geht, die im Rahmen der normalen Gemeinschaftsarbeit gelöst werden sollen.

V. Die genannten Themen müssen im Gesamtzusammenhang gesehen werden. Inwieweit sie gegeneinander ausgehandelt werden können, ist im Augenblick noch nicht zu übersehen. Erst nach dem ersten Durchgang in Luxemburg wird sich je nach Lage der Verhandlungen entscheiden lassen, ob wir ein Paket für den Gipfel bilden können. Für die Aussprache der Außenminister in Luxemburg am 15.10. bereiten wir auf der Grundlage dieser Entscheidung entsprechende Unterlagen mit Gesprächsführungsvorschlägen vor.

Eine erste, später zu vertiefende Erörterung mit den Ressorts ist für den 11.10. in Aussicht genommen.

van Well   Hermes

VS-Bd. 8850 (410)

---

[20] Vgl. dazu Ziffer 2 des Kommuniqués der Gipfelkonferenz der EG-Mitgliedstaaten am 14./15. Dezember 1973 in Kopenhagen; Dok. 8, Anm. 5.

[21] Zum britischen Wunsch nach Neuregelung der EG-Beitrittsbedingungen vgl. Dok. 99, Anm. 3, und Dok. 133.

295

Aufzeichnung des Ministerialdirektors van Well

214-321.00 POL-2815/74 VS-vertraulich 11. Oktober 1974[1]

Über den Herrn Staatssekretär[2] dem Herrn Minister[3]

Betr.: Fortführung der deutsch-polnischen Gespräche;
hier: Vorschläge des Ersten Sekretärs Gierek in seinem Schreiben an den Bundeskanzler vom 26. September 1974[4]

Bezug: Anforderung des Herrn Leiters des Leitungsstabes[5] vom 8. Oktober 1974

Zweck der Vorlage: Unterrichtung des Herrn Ministers sowie Vorschläge für das Gespräch mit dem Bundeskanzler am 16. Oktober 1974[6]

---

[1] Die Aufzeichnung wurde von Vortragender Legationsrätin I. Klasse Finke-Osiander und von Vortragendem Legationsrat Arnot konzipiert.

[2] Hat Staatssekretär Gehlhoff am 12. Oktober 1974 vorgelegen.

[3] Hat Bundesminister Genscher am 13. Oktober 1974 vorgelegen, der handschriftlich vermerkte: „S[iehe] S. 6." Vgl. Anm. 14.
Hat Vortragendem Legationsrat I. Klasse Schönfeld am 14. Oktober 1974 vorgelegen, der die Weiterleitung an Staatssekretär Gehlhoff zur „Kenntnisn[ahme]" und an Ministerialdirektor van Well verfügte.
Hat Gehlhoff erneut am 15. Oktober 1974 vorgelegen.
Hat van Well erneut am 22. Oktober 1974 vorgelegen.
Hat Ministerialdirigent Blech am 23. Oktober 1974 vorgelegen.

[4] Für das Schreiben des Ersten Sekretärs des ZK der PVAP, Gierek, vgl. VS-Bd. 10230 (214).
Der polnische Botschafter Piątkowski übergab Bundeskanzler Schmidt am 1. Oktober 1974 das Schreiben von Gierek sowie „die Entwürfe für Vereinbarungen Rentenpauschale, Finanzkredit und Gewährleistungen sowie den Entwurf einer Erklärung der polnischen Regierung zur ‚Information' vom Dezember 1970. [...] Der Botschafter fügte als mündliche Mitteilung hinzu, die polnische Regierung sei bei einer Einigung auf der von ihr vorgeschlagenen Basis bereit, eine nicht zu veröffentlichende Erklärung darüber abzugeben, daß die Frage der Entschädigung für KZ-Opfer für die polnische Seite nunmehr endgültig erledigt sei. Der Bundeskanzler betonte, wie empfindlich er in diesem Punkte sei. [...] Er halte die 17 Millionen Menschen in der DDR für genauso verantwortlich für das, was während des Dritten Reiches geschehen sei, wie die Menschen in der Bundesrepublik Deutschland. Dies sei seine feste, sittlich begründete Auffassung, die niemand überwinden könne. Der Botschafter warf ein, dies sei ein schwerer Punkt. Der Bundeskanzler entgegnete, er wisse das, wolle aber schon jetzt deutlich sagen, daß er – selbst wenn wir uns in Sachfragen einigen können – doch niemals etwas unterschreiben werde, was der Bundesrepublik Deutschland eine moralische Verantwortung auferlege. Die Formulierungen in dem ihm übergebenen Papier seien für ihn so nicht akzeptabel." Schmidt bekräftigte, „daß er dafür sei, alle Vereinbarungen beim Besuch von Herrn Gierek in Bonn abzuschließen, wenn, und er betone noch einmal ‚wenn', man sich in der Sache einigen könne. Er werde den Außenminister unterrichten. Wir würden die uns übergebenen Unterlagen sorgfältig prüfen." Vgl. die Gesprächsaufzeichnung; Archiv der sozialen Demokratie, Depositum Helmut Schmidt, Mappe 6972.
Zum Gespräch vgl. auch PIATKOWSKI, Misja, S. 144 f.

[5] Klaus Kinkel.

[6] Die Ressortbesprechung bei Bundeskanzler Schmidt fand am 18. Oktober 1974 statt. Ministerialdirektor Sanne, Bundeskanzleramt, vermerkte dazu: „I) Ausreisen: Es bleibt bei der Forderung nach Ausreise von 150 000 Personen (vom Zeitpunkt einer Vereinbarung an). Ausreisequoten und Auszahlungsquoten sind zu synchronisieren. Eine Verständigung über weitere humanitäre Fragen muß auch nach Abschluß der Aktion möglich sein. II) Rentenpauschale: Verhandlungen der Sachverständigen können wieder aufgenommen werden unter dem ausdrücklichen Vorbehalt, daß ein Abschluß nur bei vorliegender Einigung in den anderen Punkten möglich ist. Eine Summe wird nicht genannt, wir sind bis zu einer bestimmten Größenordnung flexibel. Durch Abkommen und

I. Bewertung der Vorschläge Giereks

1) Mit seinem Schreiben vom 26. September 1974 hat der Erste Sekretär Gierek dem Bundeskanzler Lösungsvorschläge für die noch offenen Fragen unterbreitet. Er kennzeichnet sie als „Rahmenkonzeption". Tatsächlich handelt es sich um detaillierte Entwürfe für drei Vereinbarungen

– zum Finanzkredit,

– zu den Bürgschaften und

– zur Rentenpauschale sowie

– einen Entwurf für eine einseitige polnische Erklärung zur Umsiedlung.[7]

2) Im einzelnen beinhalten die Entwürfe folgendes:

a) Umsiedlung

Die polnische Seite will die „Information"[8] als in der Substanz erfüllt erklären. Die polnische Seite erklärt sich jedoch bereit, einer weiteren Gruppe von Personen die Ausreisegenehmigung zu erteilen. Zusammen mit denjenigen, die seit dem 8. Dezember 1970 ausgereist sind, sollen insgesamt 140 000 bis 150 000 Personen die Ausreisemöglichkeit erhalten.

Die polnische Seite unterstellt, daß seit Abschluß des Warschauer Vertrages in die beiden deutschen Staaten 60 000 Personen ausgereist sind. Aus den angegebenen Zahlen ergibt sich damit indirekt die polnische Bereitschaft, noch ca. 80 000 Personen die Ausreise in die Bundesrepublik Deutschland zu gestatten. Dies ist die bereits im Frelek-Papier[9] als maximale Größe bezeichnete Zahl.

Ebenso wiederholt das Papier die bekannte polnische Vorstellung, daß damit die Umsiedlung als endgültig abgeschlossen gelten soll.

Für uns ist der Inhalt dieses Papiers nicht annehmbar.[10]

– Die „Information" enthält keine zahlenmäßige Festlegung des Personenkreises, dem die Ausreise ermöglicht werden soll.

– Wir können die polnische Seite nicht von der in der „Information" eingegangen Verpflichtung entbinden, die Unterlagen des Deutschen Roten Kreuzes sorgfältig zu prüfen.

– Wir können keinen Abschluß der Umsiedlung bestätigen, der einen Teil der beim Deutschen Roten Kreuz erfaßten Umsiedlungswünsche von der Prüfung ausschließen würde.

Fortsetzung Fußnote von Seite 1279

Ratifizierungsgesetz müssen alle weiteren, auch individuellen, Ansprüche aus Vergangenheit und Zukunft ausgeschlossen werden [...]. III) Wiedergutmachung: Es wird keine Wiedergutmachungsleistungen geben; auch ähnliche Begriffe dürfen nicht erscheinen. Die polnische Seite muß darauf verzichten, weiterhin Ansprüche geltend zu machen. IV) Finanzkredit: Wir können hinter unsere bisherige Zusage von 1 Mrd. nicht zurückgehen. Die Höhe des Zinses ist kein wesentlicher Punkt." Zum weiteren Vorgehen sei beschlossen worden, den Brief des Ersten Sekretärs des ZK der PVAP, Gierek, vom 26. September 1974 zunächst nicht zu beantworten. Statt dessen solle Staatssekretär Gehlhoff im November in Polen ein Non-paper vorlegen. Der Öffentlichkeit dürften Einzelheiten dieser Überlegungen nicht bekannt werden. Vgl. VS-Bd. 10159 (214); B 150, Aktenkopien 1974.

[7] Für die Entwürfe vgl. VS-Bd. 10230 (214).

[8] Zur „Information" der polnischen Regierung vgl. Dok. 56, Anm. 4.

[9] Zum polnischen Non-paper vom 11. April 1974 („Frelek-Papier") vgl. Dok. 118, Anm. 2

[10] Dieser Satz wurde von Bundesminister Genscher hervorgehoben. Dazu vermerkte er handschriftlich: „r[ichtig]."

b) Entschädigung

Die übersandten Vorschläge enthalten keinen gesonderten Entwurf einer Vereinbarung über Entschädigungszahlungen. Statt dessen wird in dem Entwurf einer „Vereinbarung über die pauschale Erstattung von Renten und Sozialleistungen" vorgesehen, daß die von der Bundesrepublik Deutschland zu leistende Rentenpauschale unter anderem abgelten soll, daß die Volksrepublik Polen Renten und Sozialleistungen für während des Zweiten Weltkrieges geleistete Zwangsarbeit sowie für ehemalige KZ-Häftlinge und deren Witwen und Waisen leistet. Während im Frelek-Papier vom April die ausschließlich auf die Sozialversicherungs- und Unfallrenten bezogene Pauschale mit 700 Mio. DM beziffert wurde, beträgt die Forderung zur Höhe der Pauschale nunmehr 1,3 Mrd. DM. Diese Summe ist offenbar die Addition der ursprünglichen 700 Mio. DM und der 600 Mio. DM, die im Frelek-Papier für eine „symbolische Geste" auf dem Gebiet der Wiedergutmachung vorgesehen war.

Die Regelung über die Rentenpauschale wünscht die polnische Seite unabhängig von einem Sozialversicherungsabkommen zu treffen.

c) Finanzkredit

Die polnische Seite bestätigt nochmals (wie schon im Frelek-Papier), daß sie sich mit der Höhe von 1 Mrd. DM abgefunden hat. Sie erwartet jedoch

– weiteres Entgegenkommen beim Zinssatz (2%) sowie
– Laufzeit des Kredites 20 Jahre, Auszahlung innerhalb von zwei Jahren 1975/76 und
– eine Wohlwollenserklärung betreffend weiterer Kredite nach 1976.

d) Bürgschaften

Ohne Beschränkung in der Höhe verlangt die polnische Seite eine Wohlwollenserklärung für die Gewährung von Bürgschaften für alle von ihr in der Bundesrepublik Deutschland aufzunehmenden Kredite.

Damit verbindet sie die Forderungen nach Krediterleichterungen (offenbar Zinssubventionen) für Kooperationsvorhaben und andere Projekte.

3) Eine ausführliche Stellungnahme zum polnischen Entwurf hinsichtlich der Umsiedlungsfrage (für die das Auswärtige Amt bisher[11] federführend ist) ist als Anlage beigefügt.

Die Stellungnahme zu den Entwürfen für die Vereinbarungen zum Finanzkredit, den Bürgschaften und der Rentenpauschale muß in erster Linie den zuständigen Ressorts vorbehalten bleiben. Unabhängig davon läßt sich in bezug auf die Gesamtheit der Vorschläge folgendes feststellen:

– Die polnische Seite strebt weiterhin in ihrem Sinne eine Gesamtlösung aller anstehenden Probleme an.
– Sie kehrt mit ihren Vorschlägen nicht zu dem im Dezember 1973 abgesteckten Rahmen[12] zurück, sondern hält die Positionen des Frelek-Papiers in der Substanz unvermindert aufrecht. Eine bloß optische und zudem nicht gewich-

---

[11] Dieses Wort wurde von Bundesminister Genscher hervorgehoben. Dazu Fragezeichen.
[12] Bundesminister Scheel und der polnische Außenminister Olszowski trafen am 6. Dezember 1973 zusammen. Vgl. dazu AAPD 1973, III, Dok. 402.

tige Verschiebung bildet die Einführung von Entschädigungsforderungen in die entsprechend erhöhte Rentenpauschale.
- Damit bleibt in der Sache das bereits für das Frelek-Papier früher gezogene Fazit bestehen: Während die im Dezember 1973 gemachten polnischen Zusagen zur Umsiedlung so stark reduziert sind, daß damit die angestrebte politische Lösung dieses Problems unmöglich ist, hat die polnische Seite gleichzeitig ihre Erwartungen bezüglich finanzieller Leistungen im Verhältnis zu unserem damaligen Angebot erheblich erhöht.
- Die für uns in der Umsiedlungs- und der Entschädigungsfrage unannehmbare Gesamtlösung versucht die polnische Seite durch die Übersendung dieser Entwürfe, durch öffentliche Erklärungen Giereks, Jaroszewiczs und Olszowskis sowie den in der Presse erzeugten Schein eines Entgegenkommens zu forcieren und uns in eine Position hineinzudrängen, in der der Bundesregierung die Verantwortung für ein Scheitern der Lösungsversuche zufallen würde. Tatsächlich bedeuten die übersandten polnischen Entwürfe ein Beharren auf den Positionen des im April übermittelten Frelek-Papiers, die zusätzlich noch in einigen Elementen verschärft worden sind.

II. Vorschläge für die Stellungnahme des Herrn Ministers

1) Es wäre politisch wünschenswert, einen weiteren Versuch zu einer Gesamtlösung zu unternehmen[13], um die deutsch-polnischen Beziehungen entsprechend ihrem historischen und aktuellen Rang sowie im Einklang mit der allgemeinen Ost-West-Entspannung von den aus der Vergangenheit herrührenden Belastungen zu befreien.

2) Wir sollten deshalb noch einmal sorgfältig prüfen, auf welchen Sektoren eine Erhöhung unseres finanziellen Angebots möglich und vertretbar erscheint.

3) - Unter der Voraussetzung, daß sich eine Erhöhung unseres Gesamtangebots in einem politisch relevanten Umfang als möglich erweist, sollten wir anstreben, die Entschädigungsfrage und das Problem der Umsiedlung abschließend zu lösen.
- Die Entschädigungsfrage sollte indirekt, das heißt ohne die Bezugnahme auf die von polnischer Seite gezahlten Renten für ehemalige Zwangsarbeiter, KZ-Häftlinge, ihrer Witwen und Waisen, erfolgen. Unbeschadet der Tatsache, daß die Bevölkerung der DDR für die Vergangenheit in derselben Weise moralisch verantwortlich ist wie diejenige in unserem Staate, sollten wir eine einseitige polnische Abschlußquittung in einer von uns mitzubestimmenden Form annehmen.
- Entscheidendes Moment einer für uns akzeptablen Gesamtregelung bleibt die Umsiedlung. Wir sollten zunächst weiterhin eine Vereinbarung auf der Basis der Gespräche vom Dezember 1973 anstreben.
- Unsere gesamte Taktik sollte so angelegt sein, daß bei einem Scheitern auch dieses Gesamtlösungsversuches in einer auch für die europäische Öffentlichkeit verwertbaren Weise klar wird, daß die Verantwortung dafür

---

[13] Der Passus: „Es wäre ... zu unternehmen" wurde von Bundesminister Genscher hervorgehoben. Dazu vermerkte er handschriftlich: „r[ichtig]."

ausschließlich die polnische Regierung, und zwar wegen ihrer Haltung zur Umsiedlung, trifft.

4) Für den Fall, daß der Versuch einer großen Lösung mißlingt, wäre im Interesse der bedrängten deutschen Ausreisewilligen in Polen wenigstens eine Teillösung anzustreben. Sie enthält das Risiko, daß das deutsch-polnische Verhältnis für weitere Jahre belastet bleibt.[14]

Das Schreiben des Chefs des Bundeskanzleramtes vom 2. Oktober 1974 – 014-StS-1300/74 VS-v – an den Herrn Minister ist mit seinen Anlagen (ohne die polnische Version) beigefügt.[15]

van Well

Anlage

Betr.: Umsiedlung;
hier: Stellungnahme zu dem polnischen Entwurf einer Erklärung zu der „Information" der Volksrepublik Polen von 1970

1) Der polnische Entwurf entstellt den Inhalt der „Information", indem er den Eindruck erweckt, als enthalte die „Information" eine zahlenmäßige Festlegung auf die Ausreise von einigen „10 000 Personen", so daß die „Information" damit erfüllt sei.

Die „Information" enthält keine derartige zahlenmäßige Festlegung. Ausgehend von den unterschiedlichen Auffassungen beider Seiten über die Größenordnung des Problems, erklärt die polnische Regierung in Ziffer 3 der „Information" vielmehr,

– daß nach den bisherigen Untersuchungen der polnischen Behörden die Kriterien der „Information" einige 10 000 Personen betreffen können,

– daß jedoch das Polnische Rote Kreuz ermächtigt werden soll, die Unterlagen des Deutschen Roten Kreuzes entgegenzunehmen und daß diese sorgfältig geprüft werden sollen.

2) Entsprechend dieser in der „Information" getroffenen Vereinbarung hat das Deutsche Rote Kreuz seit 1971 laufend Listen über die von ihm erfaßten und aktualisierten Umsiedlungswünsche übermittelt. Das Deutsche Rote Kreuz wird die Übermittlung seiner gesamten Unterlagen an das Polnische Rote Kreuz bis Ende dieses Jahres abgeschlossen haben.

Das Deutsche Rote Kreuz hat erst kürzlich (Dr. Wagner; Herr Ohlsen, Leiter des Suchdienstes in Hamburg) nochmals versichert, daß auch die jetzt von ihm übersandten Umsiedlungswünsche ebenso aktuell sind und nach dem Eindruck

---

[14] Dieser Satz wurde von Bundesminister Genscher hervorgehoben. Dazu vermerkte er handschriftlich: „Das muß vermieden werden. Es erscheint erforderlich, die humanitäre Frage auch öffentlich in den Vordergrund zu rücken, um deutlich zu machen, um was es geht. Teillösung kann nur im Zusammenhang mit einer Besserungsklausel ins Auge gefaßt werden. Ich bitte, mich monatlich über die Entwicklung der Aussiedlung zu unterrichten."

[15] Dem Vorgang nicht beigefügt. Für das Schreiben des Staatssekretärs Schüler, Bundeskanzleramt, vgl. VS-Bd. 10230 (214).

des Deutschen Roten Kreuzes unter den Kriterien der „Information" ebenso berechtigt erscheinen wie die bereits früher übersandten.

3) Seit dem 1.1.1971 sind nach den Unterlagen des BMI 55000 Umsiedler aus Polen eingetroffen (davon 7000 sogenannte „Illegale", d. h. ohne dauernde Ausreisegenehmigung der polnischen Behörden).

4) Die Bundesregierung wird unverändert davon ausgehen müssen, daß die Gesamtheit der Unterlagen des Deutschen Roten Kreuzes über ca. 280000 noch bestehende offene Umsiedlungswünsche entsprechend der „Information" behandelt und in die Prüfung des Gesamtproblems einbezogen werden muß. Die Bundesregierung wird daher nach wie vor keiner innerhalb dieses Personenkreises diskriminierenden zahlenmäßigen Begrenzung zustimmen können, die einen Teil dieses Personenkreises ausschließt.

5) Falls keine die Gesamtheit dieses Personenkreises erfassende Gesamtregelung mit der polnischen Seite vereinbart werden kann, müssen wir Teilregelungen ins Auge fassen.

(Auch die im Dezember 1973 besprochene Zahl von 150000 Ausreisen in den nächsten drei Jahren war eine Teillösung. Sie wurde ergänzt durch die vorgesehene gemeinsame Prüfung des Restproblems nach Ablauf von 2 1/2 Jahren.)

6) Im Falle solcher Teilvereinbarungen werden wir jedoch der polnischen Seite – entgegen ihrem Wunsch – nicht den Abschluß der Umsiedlung bestätigen können.

7) Falls wir Teillösungen ins Auge fassen müssen, sollten folgende Gesichtspunkte berücksichtigt werden:

a) Eine jetzt zu vereinbarende Zahl von Ausreisegenehmigungen sollte nicht unter 100000 Personen liegen,

b) die Ausreise dieses Personenkreises sollte aufgrund zu treffender Vereinbarungen strikt mit dem Abfluß der Kreditmittel verbunden werden.

(D.h., wenn die polnische Seite die Auszahlung des Krediten im Zeitraum 1975/76 wünscht, sollte in diesem Zeitraum auch die Abwicklung der Ausreisen der vereinbarten Umsiedlerzahl erfolgen.)

c) Im Rahmen solcher Teillösungen sollte sichergestellt werden, daß alle politischen „virulenten" Ausreisefälle einbezogen werden; d.h. folgende Kategorien:

– Fälle, in denen unsere Botschaft in Warschau bisher interveniert hat,

– mehrjährige vergebliche Ausreisebemühungen,

– eingetretene Diskriminierungen wegen Ausreisebemühungen (insbesondere Verlust des Arbeitsplatzes),

– Familienzusammenführung der sogenannten „Illegalen" (Personen, die von Besuchsreisen in die Bundesrepublik Deutschland nicht zurückgekehrt sind und deren Angehörigen deshalb die Ausreise in die Bundesrepublik Deutschland verweigert wird).

VS-Bd. 10159 (214)

296

**Botschafter Behrends, Wien (MBFR-Delegation),
an das Auswärtige Amt**

114-14200/74 geheim Aufgabe: 11. Oktober 1974, 14.20 Uhr[1]
Fernschreiben Nr. 800 Ankunft: 11. Oktober 1974, 16.34 Uhr
Cito

Delegationsbericht Nr. 254/74

Betr.: MBFR
    hier: Gespräch mit sowjetischem Delegationsleiter

I. Am 9. Oktober lud ich Chlestow zu einem Mittagessen ein. Aus dem 2 1/2-stündigen Gespräch unter vier Augen ist folgendes berichtenswert:

1) Ich führte aus, daß die NATO-Delegationen den Eindruck hätten, der Osten sei zu seinen Ausgangspositionen zurückgekehrt, wünsche keinen Fortschritt und hoffe, daß er durch Abwarten seine taktische Situation verbessern könne. Diese Haltung mache jeden Fortschritt in den Verhandlungen unmöglich.

Chlestow erwiderte, den Vorwurf der Verzögerung müsse er an die Adresse der Bundesregierung richten. Er habe den Eindruck, der durch Berichte mehrerer sowjetischer Botschaften bestätigt werde, daß das Interesse der Bundesregierung an einem Erfolg der Verhandlungen seit ihrem Beginn[2] ständig geringer geworden sei und daß sie in der NATO wachsenden Einfluß ausübe mit dem Ziel, die Verhandlungen zu verlangsamen und Reduzierungen der Bundeswehr in eine möglichst ferne Zukunft zu vertagen. Die Bundesregierung sei schlecht beraten, wenn sie diesen retardierenden Einfluß weiter ausübe. Ihr komme z.Z. in den Verhandlungen eine Schlüsselrolle zu. Es liege in ihrem Interesse, wieder zum Motor der Verhandlungen zu werden. Er frage sich, ob die retardierende Haltung der Bundesregierung von dem Wunsch bestimmt sei, erst die Strukturreform der Bundeswehr[3] zu Ende zu führen.

Ich widersprach nachdrücklich seiner Beurteilung der Haltung der Bundesregierung und wies darauf hin, daß die Strukturreform ein langfristiger Prozeß der Anpassung an finanzielle und militärpolitische Gegebenheiten sei. Dieser Prozeß widerspreche nicht den Zielen der Wiener Verhandlungen und sei für sie nicht relevant. Die Bundesregierung sei ernsthaft an einem Erfolg dieser Verhandlungen, die weitgehend auf ihre Initiative zurückgingen, interessiert. Es sei die hinhaltende Taktik der Sowjetunion, die jeden Fortschritt in den Verhandlungen blockiere. Diese Taktik sei riskant. Wenn z.B. der amerikanische Senat zum Schluß käme, daß die MBFR-Verhandlungen aussichtslos seien, könne dies zu einseitigen Rückverlegungen amerikanischer Truppen führen.

---

[1] Hat Vortragendem Legationsrat Kunz am 14. Oktober 1974 vorgelegen, der die Weiterleitung an Vortragenden Legationsrat I. Klasse Pfeffer verfügte.
   Hat Pfeffer am 15. Oktober 1974 vorgelegen.
[2] Die MBFR-Verhandlungen in Wien begannen am 30. Oktober 1973.
[3] Zur Wehrstrukturreform der Bundeswehr vgl. Dok. 64, Anm. 35.

Dies werde das Ende von MBFR bedeuten. Chlestow wischte dies mit der Bemerkung beiseite, eine solche Situation werde nicht eintreten.

2) Chlestow deutete an, daß in sowjetischer Sicht ein Zusammenhang zwischen globalen ceilings und Bereitschaft der Bundesrepublik, sich von Anfang an zu Reduzierungen zu verpflichten, bestehe. Er stellte die Frage, ob die Bundeswehr an Reduzierungen in der ersten Phase teilnehmen würde, wenn der Osten den common ceiling akzeptiere. Ich erläuterte die Notwendigkeit von Reduzierungen nur der amerikanischen und sowjetischen Streitkräfte in einer ersten Phase und die Bedeutung der vom Westen eingeführten Modifizierungen des Phasenkonzepts.[4] Chlestow führte aus, es sei der Sowjetunion nicht zuzumuten, ihre Streitkräfte zu reduzieren, solange sie nicht wisse, wann und in welchem Umfang die Streitkräfte anderer direkter Teilnehmer reduziert würden.

3) Chlestow betonte, es sei unsinnig, der Sowjetunion zu unterstellen, daß sie Sonderregelungen für die Bundesrepublik anstrebe oder sie im MBFR-Rahmen isolieren wolle. Es sei ihm klar, daß die Bundesrepublik keine nationalen ceilings wünsche. Die Idee globaler ceilings sei sicher in Bonn geboren worden. Es sei verständlich, daß die Bundesregierung keinen ceiling für die Bundeswehr wünsche, weil die Streitkräfte Frankreichs und Großbritanniens, die zum größten Teil außerhalb des Reduzierungsgebiets stationiert seien, durch MBFR nicht ceilings unterworfen werden könnten. Andererseits sei es für die Sowjetunion nicht akzeptabel, wenn die Stärke der Bundeswehr innerhalb der globalen ceilings für die NATO-Streitkräfte im Reduzierungsgebiet unbeschränkt bliebe. Da die Bundesrepublik der wirtschaftlich und militärisch stärkste Staat in Westeuropa sei, würde ein globaler ceiling dazu führen, daß der Anteil der Bundeswehr an den NATO-Streitkräften im Reduzierungsgebiet immer weiter ansteigen werde. Da die Bundeswehr militärisch effizienter sei als die Streitkräfte anderer europäischer Staaten im Reduzierungsgebiet, würde dies eine Veränderung des Gleichgewichts bedeuten.[5]

(Der Militärberater der sowjetischen Delegation, Oberst Kapitanow, sagte seinem amerikanischen Kollegen, General Crittenberger, am 8. Oktober, die Sowjetunion würde niemals einen common ceiling akzeptieren, in dem die Bundesregierung „frei herumschwimmen" könne.)

Ich führte aus, daß die Annahme, die Bundesrepublik werde nach Erreichen eines common ceiling auf Kosten der Streitkräfte ihrer europäischen Verbündeten anwachsen, unrealistisch sei. Alle NATO-Staaten träten für einen common ceiling ohne nationale ceilings (mit Ausnahme eines ceilings für die amerikanischen und sowjetischen Landstreitkräfte in der NGA[6]) ein, weil die Auf-

---

[4] Vgl. dazu die am 22. November 1973 von den an den MBFR-Verhandlungen teilnehmenden NATO-Mitgliedstaaten vorgelegten Rahmenvorschläge; Dok. 9, Anm. 2.
Vgl. dazu ferner den Vorschlag der an den MBFR-Verhandlungen teilnehmenden NATO-Mitgliedstaaten vom 22. Mai 1974 für eine Vereinbarung, die Stärke der Landstreitkräfte zwischen Phase I und Phase II der MBFR-Verhandlungen nicht zu erhöhen; Dok. 170, Anm. 5.
Vgl. dazu außerdem den Vorschlag der an den MBFR-Verhandlungen teilnehmenden NATO-Mitgliedstaaten vom 10. Juli 1974 für eine Beteiligung aller nicht-amerikanischen westlichen Teilnehmer an Reduzierungen der zweiten Phase; Dok. 209, Anm. 8.
[5] Der Passus: „Da die Bundesrepublik ... Gleichgewichts bedeuten" wurde von Vortragendem Legationsrat Kunz hervorgehoben. Dazu Ausrufezeichen.
[6] NATO Guidelines Area.

teilung der Reduzierungsanteile eine interne Angelegenheit der NATO sei und weil nationale ceilings mit der Entwicklung der Europäischen Gemeinschaft zu einer politischen Gemeinschaft nicht vereinbar seien. Ein Bestehen auf nationalen ceilings wecke den Verdacht, daß sich die Sowjetunion in interne Angelegenheiten der Allianz einmische und die Entwicklung der Europäischen Gemeinschaft behindern wolle.

Chlestow erwiderte, er sehe in Ost und West einen Trend zu größerem Nationalismus. Er halte es für ausgeschlossen, daß Staaten wie Großbritannien, Frankreich und die Bundesrepublik auf nationale Streitkräfte verzichten und sie in eine westeuropäische Armee integrieren würden. Ich widersprach dem[7] und wies darauf hin, daß es andere Formen der militärischen Zusammenarbeit unter den Europäern gebe, die durch nationale ceilings behindert würden.

Chlestow führte aus, er könne verstehen, daß die Europäer sich die Möglichkeit offenlassen wollten, Lücken auszufüllen, die entstehen würden, wenn die Vereinigten Staaten ihre Streitkräfte drastisch reduzierten und den ceiling für amerikanische Streitkräfte im Reduzierungsgebiet nicht mehr ausfüllten. In diesem Falle könne vielleicht durch ein Review-Verfahren Abhilfe geschaffen und eine einvernehmliche Lösung gefunden werden. Ich antworte, daß dies eine höchst unproduktive Idee sei. Es sei völlig ausgeschlossen, daß der Westen der Sowjetunion erlauben werde, sich in die Lösung der Verteidigungsprobleme der NATO einzumischen und sie von ihrer Zustimmung abhängig zu machen.[8]

4) Chlestow fragte mich, warum der Westen nicht einen common ceiling vorschlage, der das Personal der Luftstreitkräfte einbeziehe. Ich stellte die Gegenfrage, warum der Osten dies nicht vorschlage und ob seine Frage impliziere, daß der Osten einen solchen Vorschlag akzeptieren würde. Chlestow beantwortete meine Frage nicht. Ich wies darauf hin, daß angesichts der Größenordnung des Luftwaffenpersonals auf beiden Seiten deren Einschluß in den common ceiling keine wesentliche Auswirkung auf die Disparitäten beim Personal der Landstreitkräfte und die Notwendigkeit stark asymmetrischer Reduzierungen haben würde. Chlestow antwortete lächelnd: „Wer weiß?" Chlestow stellte die – wohl mehr rhetorische – Frage, warum der Westen nicht einen common ceiling für alles Großgerät einschließlich von Antitankwaffen und Artillerie vorschlage. Als ich antwortete, daß dies ein schlechtes Geschäft für den Osten sein würde, wechselte er das Thema.

5) Auf meine Frage, was aus der vom Osten in dieser Runde[9] noch nicht vorgebrachten Idee eines ersten Schrittes[10] geworden sei, antwortete Chlestow, der Westen habe sich uninteressiert gezeigt. Unter diesen Umständen sei es sinnlos, das Projekt weiter zu verfolgen.

6) Ich wies auf die Notwendigkeit einer Datendiskussion hin. Chlestow antwortete, die Diskussion und Herstellung eines Einvernehmens über Daten sei erst dann notwendig, wenn Einvernehmen über die Reduzierungsmengen erzielt sei.

---

7 Der Passus: „Chlestow erwiderte ... Ich widersprach dem" wurde von Vortragendem Legationsrat Kunz hervorgehoben. Dazu Ausrufezeichen.

8 Dieser Absatz wurde von Vortragendem Legationsrat Kunz hervorgehoben. Dazu Ausrufezeichen.

9 Die vierte Runde der MBFR-Verhandlungen in Wien begann am 24. September 1974.

10 Zum Vorschlag der an den MBFR-Verhandlungen teilnehmenden Warschauer-Pakt-Staaten für eine symbolische erste Reduzierungsstufe vgl. Dok. 72.

Eine isolierte Datendiskussion sei zwecklos. Es sei ausgeschlossen, daß man sich über Daten einigen könne, so lange eine Einigung über den Umfang der Reduzierungen nicht in Sicht sei.

7) Chlestow brachte die vom Westen angebotene Review-Klausel[11] zur Sprache. Er führte aus, daß es zwei Möglichkeiten des Review gebe. Die erste Möglichkeit sei eine Überprüfung des Vertrages, deren Ergebnisse der Zustimmung aller direkten Teilnehmer bedürfe. Ein solcher Review habe einen gewissen Wert, sei aber offensichtlich untauglich als Mittel der Verbindung zwischen erster und zweiter Phase. Die andere Möglichkeit sei ein Review, der es z. B. der Sowjetunion erlauben würde, einseitig den Vertrag zu beenden. Eine solche Rücktrittsmöglichkeit sei ein Geschenk von sehr zweifelhaftem Wert. Es sei für die Sowjetunion politisch völlig unmöglich, zwei oder drei bereits abgezogene Divisionen wieder in den Reduzierungsraum zurückzuverlegen. Einige seiner Kollegen in der WP-Gruppe seien sogar der Ansicht, daß das Angebot einer Review ein Trick sei, dem recht bösartige Absichten zugrunde lägen.

Chlestow meinte im übrigen, die vom Westen genannte Fünf-Jahres-Frist für die Dauer des no-increase und das Eintreten der Review-Möglichkeit zeige bereits, welchen großen Zeitabstand der Westen zwischen das Abkommen der ersten und der zweiten Phase legen wolle. Ich sagte Chlestow, daß die Ausgestaltung der Review-Klausel negotiabel sei. Wenn der Osten den Vorschlägen der NATO folge, würden die Verhandlungen über die zweite Phase recht zügig geführt und abgeschlossen werden können. Der Westen habe nicht behauptet, daß das Abkommen über die zweite Phase erst fünf Jahre nach Abschluß des Abkommens über die erste Phase abgeschlossen werden könne.

8) Der Komplex der Einschließung nuklearer Waffen in die Reduzierungen[12] wurde von Chlestow nicht angesprochen.

III. Einige der recht unorthodoxen Bemerkungen und Fragen Chlestows, vor allem zum common-ceiling-Komplex, sollten in ihrer Bedeutung nicht überbewertet werden. Chlestow führte das Gespräch mit dem Ziel, die Auffassungen der Bundesregierung zu erkunden, und sicher weniger in der Absicht, mögliche Entwicklungen der sowjetischen Position anzudeuten.

[gez.] Behrends

VS-Bd. 8246 (201)

---

[11] Zum Vorschlag der an den MBFR-Verhandlungen teilnehmenden NATO-Mitgliedstaaten vom 4. Juni 1974 für die Überprüfung einer nach der ersten Phase getroffenen Vereinbarung vgl. Dok. 170, Anm. 11.

[12] Zur Frage der Einbeziehung der nuklearen und Luftstreitkräfte in MBFR vgl. Dok. 94, Anm. 2.

297

Aufzeichnung des Vortragenden Legationsrats Trumpf

410-350.13-1492I/74 geheim 12. Oktober 1974

Betr.: Formelles Treffen der Regierungschefs
hier: Arbeitspapier der französischen Präsidentschaft[1] für die Zusammenkunft der Außenminister in Luxemburg am 15.10.1974[2]

Anlg.: 1[3]

I. Französische Botschaft übergab am Freitagabend[4] gegen 21.00 Uhr ein Arbeitsdokument für die Zusammenkunft der Außenminister am 15. Oktober 1974 in Luxemburg. Der Inhalt konnte in die bereits fertigen Gesprächsunterlagen nicht mehr eingearbeitet werden; deshalb erfolgt hiermit besondere Stellungnahme. Dabei wird auch das Gespräch berücksichtigt, das Botschafter von Braun gestern mit AM Sauvagnargues führte (Drahtbericht Nr. 3195 vom 11.10.–14184/74 geheim[5]).

Insgesamt stellt das französische Papier den Versuch dar, die im Laufe der bisherigen Erörterungen unter den Neun aufgebrachten Themen zusammenzufassen und in einen Gesamtzusammenhang zu bringen. Dabei ist auch in diesem Papier ein deutlicher Ansatz der französischen Europapolitik nach vorn spürbar. Zwar wirft es eine Fülle materieller und institutioneller Probleme auf, zu denen wir uns teilweise erst nach neuer Abstimmung innerhalb der Bundesregierung äußern können. Jedoch bieten sich gerade für einen deutsch-französischen Konsens so viele Ansatzpunkte, daß mit einem positiven Ergebnis des Luxemburger Außenministertreffens zu rechnen ist, das wiederum ein Treffen

---

1 Frankreich übernahm am 1. Juli 1974 die EG-Ratspräsidentschaft.
2 Zum informellen Treffen der Außenminister der EG-Mitgliedstaaten am 15. Oktober 1974 in Luxemburg vgl. Dok. 299.
3 Dem Vorgang nicht beigefügt. Für die undatierte französische Aufzeichnung vgl. VS-Bd. 8850 (410).
4 11. Oktober 1974.
5 Botschafter Freiherr von Braun, Paris, berichtete, der französische Außenminister Sauvagnargues habe fünf Themenschwerpunkte identifiziert, die Frankreich prioritär auf einer Gipfelkonferenz der EG-Mitgliedstaaten behandeln wolle: „1) Vereinbarung regelmäßiger Treffen der Staats- und Regierungschefs. Stärkung der Führungsrolle des Rats auf der Ebene der Staats- und Regierungschefs mit Außenminister oder auf Ebene der Außenminister. 2) Schaffung eines ‚Secretariat souple'. 3) Verbesserung des Funktionierens der EG durch Definition der Rolle der Präsidentschaft im Rahmen der Römischen Verträge und Vorbereitung von Mehrheitsbeschlüssen. 4) Vorbereitung einer Paßunion. 5) Energiepolitik." Zum ersten Punkt habe Sauvagnargues ausgeführt, er denke an drei bis vier Gipfeltreffen jährlich, wobei Frankreich nicht an einer Schwächung der Europäischen Kommission gelegen sei. Ferner sei es wichtig, „die Kohäsion der Tätigkeiten der Gemeinschaft und der EPZ zu stärken. [...] Er denke an Konvergenz. Es gebe Themata wie den europäisch-arabischen Dialog, der sowohl in der EPZ wie in der EG behandelt werde." Im Hinblick auf zukünftige Mehrheitsbeschlüsse „müsse man eine Liste der Punkte aufstellen, für die Einstimmigkeit erforderlich ist. Das werde schwer sein." Die Paßunion solle von einer Expertengruppe vorbereitet werden, und „in der Energiepolitik dürfe man nicht zu ehrgeizig sein. Die Schwierigkeiten des Problems seien ihm voll bewußt. Immerhin müsse man hierzu, wie zur Harmonisierung der Wirtschaftspolitiken, Direktiven (lignes directives) erarbeiten." Ferner habe Sauvagnargues vorgeschlagen, ein Zieldatum für die Direktwahl des Europäischen Parlaments zu vereinbaren und den Ständigen Vertretern in Brüssel den Status von Staatssekretären mit Zugang zu Kabinettssitzungen zu verleihen. Vgl. VS-Bd. 9890 (200); B 150, Aktenkopien 1974.

1289

der Regierungschefs Ende des Jahres[6] als lohnend erscheinen lassen könnte. Unter den fünf Punkten, die Außenminister Sauvagnargues unserem Botschafter als französische Prioritäten genannt hat, befinden sich auch die wesentlichen deutschen Anliegen, wobei allerdings die Akzente teilweise etwas anders liegen (Führungsrolle des Rats, auch auf Ebene der Regierungschefs, Kohäsion von EG und EPZ, Paßunion, Energiepolitik).

Im einzelnen gehen die Vorschläge des französischen Arbeitspapiers in einigen Punkten über die Themen hinaus, die wir mit Vorrang behandelt wissen möchten, zum Beispiel:

- Europäischer Rat (Regierungschefs mit Außenministern) mit Sekretariat als Unterbau,
- Rückkehr zu Mehrheitsbeschlüssen[7],
- Initiativrecht des Europäischen Parlaments im Bereich der politischen Einigung/Europäischen Union.

In anderen Fällen sind sie detaillierter, z. B.:

- häufigere Treffen der EPZ-Korrespondenten,
- Bildung von permanenten EPZ-Arbeitsgruppen,
- Ausdehnung der Befugnisse des EP auf das Niederlassungsrecht und das Europäische Gesellschaftsrecht,

in anderen vager (Paßunion, Direktwahl, Führungsrolle des Rats). Darüber hinaus werden auch ganz neue Themen in die Diskussion eingeführt:

- Ausdehnung der intergouvernementalen Zusammenarbeit,
- direktes Kommunikationsnetz zwischen Regierungschefs und zwischen Außenministern.

Es kann als wahrscheinlich angesehen werden, daß sich aus unseren und aus den französischen Vorschlägen im Kreis der Neun ein solches Maß an Übereinstimmung ergibt, daß man im Anschluß an das Luxemburger Zusammentreffen in eine konkretere Phase der Vorbereitung des Gipfels eintreten könnte. Offen ist allerdings im Augenblick noch die Haltung der Briten. AM Sauvagnargues denkt an die Einsetzung einer Beamtengruppe zur Vorbereitung des Gipfels.

II. Analyse des französischen Papiers

1) Das Arbeitspapier stellt zunächst als Ziele heraus:

- Sicherung einer umfassenden politischen Kohäsion zwischen Gemeinschafts- und EPZ-Aktivitäten,
- pragmatische Fortentwicklung des aus EG und EPZ bestehenden Ganzen unter strikter Einhaltung der Römischen Verträge,
- Stärkung des Gemeinschaftszusammenhalts durch Verbesserung der Verfahren und Entwicklung gemeinsamer Politiken.

Stellungnahme:
Deckt sich mit unseren wesentlichen Zielen:

---

[6] Zur Gipfelkonferenz der EG-Mitgliedstaaten am 9./10. Dezember 1974 in Paris vgl. Dok. 369.
[7] Vgl. dazu die Entscheidung des EWG-Ministerrats vom 28./29. Januar 1966 („Luxemburger Kompromiß"); Dok. 109, Anm. 16.

- Verknüpfung von EG und EPZ,
- pragmatische Fortschritte in Richtung auf die Europäische Union bei voller Ausschöpfung der Möglichkeiten der Verträge,
- Stärkung und Ausbau der Gemeinschaft.

2) Anschließend werden in fünf Abschnitten konkrete Themenvorschläge gemacht:
- Räte: Schaffung eines Europäischen Rats (Regierungschefs mit Außenministern, drei bis vier Tagungen jährlich am Sitz der Präsidentschaft oder des Rats der EG), „leichtes" Sekretariat bereitet Sitzungen vor und überwacht Ausführung der Beschlüsse, Rat der Außenminister „sichert Kontinuität" der Ausübung der Kompetenzen des Europäischen Rats, Europäischer Rat und Rat der Außenminister sind gemeinsame Organe von EG und EPZ, wobei im Gemeinschaftsbereich Führungsrolle des Außenministerrats verstärkt werden muß, Stellung der Kommission in EG und EPZ bleibt gewahrt, sie nimmt an Beratungen der Räte teil. Verfahren: EG-Materien nach EG-, EPZ-Materien nach EPZ-Regeln.
  Stellungnahme:
  Wir erkennen an, daß Bedürfnis nach einer politischen Instanz mit grundsätzlich umfassenden Zuständigkeiten besteht, und stehen deshalb im Grundsatz dem Gedanken regelmäßiger formeller Treffen der Regierungschefs aufgeschlossen gegenüber. Bereit, das Thema für den Gipfel zu akzeptieren. Die Institutionalisierung eines „Europäischen Rats" mit einem Sekretariat bedarf aber noch weiterer Prüfung. – Verstärkte Führungsrolle des Außenministerrats wird uneingeschränkt akzeptiert.
- Europäische Politische Zusammenarbeit:
  Erweiterung der EPZ (in noch festzulegenden Bereichen), häufigere Treffen der „Korrespondenten", Bildung permanenter Arbeitsgruppen, Einrichtung eines direkten Kommunikationsnetzes zwischen den Regierungschefs sowie zwischen den Außenministerien.
  Stellungnahme:
  Neu: Direktes Kommunikationsnetz. Frage ist bisher im Zusammenhang mit dem EPZ-Krisenverfahren auf Expertenebene geprüft worden. Politische Entscheidung vielleicht nützlich. Korrespondententreffen und Arbeitsgruppenbildung sind Details der EPZ, die von Außenministern in eigener Verantwortung geregelt werden können. – Erweiterung der EPZ: Auch für uns wesentliches Thema, wobei zu prüfen bleibt, ob und wie weit die Vorstellungen hierüber sich im einzelnen decken.
  Unsere Vorstellungen zur Annäherung zwischen EPZ und EG werden durch den französischen Vorschlag des „Europäischen Rats" abgedeckt; sie sind allerdings elastischer und pragmatischer (Präsidentschaft regelt Zusammenwirken von EG und EPZ und wird dabei von Ratssekretariat unterstützt).
- Stärkung und Erweiterung der Gemeinschaftsaktivitäten:
  Einschränkung des Prinzips der Einstimmigkeit (nach AM Sauvagnargues durch Festlegung der Bereiche, in denen mit Mehrheit beschlossen werden soll). Mehr Weisungsspielraum für die Ständigen Vertreter, Erhebung der Ständigen Vertreter in den Rang von Staatssekretären.

Stellungnahme:
Zustimmung; Vorbehalt zur Aufwertung der Ständigen Vertreter (Stellenplan- und haushaltsmäßige Voraussetzungen müssen geschaffen werden). Wichtig ist Zugang zu nationalen Kabinettssitzungen. Wir halten daran fest, daß der Ausschuß der Ständigen Vertreter insgesamt reformbedürftig ist (Zielrichtung: Politisches Instrument).

– Neue Gemeinschaftspolitiken: Energie- (mit Priorität Entwicklung von Substitutionsenergie, Nuklearenergie), Industrie-, Verkehrs-, Umweltpolitik. Gemeinsame Richtlinien in der Wirtschafts- und Währungspolitik (Harmonisierung der Konjunkturpolitiken, Inflationsbekämpfung).

Stellungnahme:
Wir halten Beschränkung auf die beiden Themen Energiepolitik sowie Inflation und Zahlungsbilanzungleichgewicht für richtiger. Gefahr einer Neuauflage des zu umfangreichen Programms der Pariser Gipfelkonferenz von 1972.[8]

– Erweiterung der intergouvernementalen Zusammenarbeit:
Neue Bereiche: Inneres, Erziehung, Jugend, Einwanderung. Schaffung von Ministerkollegien und Ausschüssen hoher Beamter. Arbeitsgruppe für Projekt Paßunion.

Stellungnahme:
An sich kein neues, aber hier erstmals in Gipfelvorbereitung eingeführtes Thema. Unsere bisherige Linie: Zusammenarbeit in diesen Bereichen in größerer Gemeinschaftsnähe anzusiedeln. Vorschlag: Zurückhaltung, gegebenenfalls im Hinblick auf Paßunion versuchsweise für den Bereich Inneres ins Auge fassen. Für diesen Bereich Prüfung zusagen und mit unserem Themenvorschlag zur Vorbereitung der Paßunion[9] verbinden.

– Europäisches Parlament: Direktwahl für 1980 oder früher. Kontrolle über eigene Einnahmen der Gemeinschaft, Initiativ- und Vorschlagsrecht für Weiterentwicklung der Europäischen Union. Erweiterung der Befugnisse in Bereichen wie Niederlassungsrecht und europäisches Gesellschaftsrecht.

Stellungnahme:
Volle Zustimmung, da weitgehend mit unserer Linie übereinstimmend. Sollte im Sinne unserer Vorschläge[10] ergänzt werden.

---

[8] Zur Gipfelkonferenz der EG-Mitgliedstaaten und -Beitrittsstaaten am 19./20. Oktober 1972 in Paris vgl. Dok. 19, Anm. 4.

[9] Vortragender Legationsrat Trumpf legte am 11. Oktober 1974 ein Non-paper mit Themenvorschlägen für eine Gipfelkonferenz der EG-Mitgliedstaaten vor. Darin wurde vorgeschlagen, bis Ende 1976 eine Paßunion anzustreben, in deren Rahmen die Einreisebedingungen und die Ausländergesetzgebung innerhalb der Europäischen Gemeinschaften vereinheitlicht werden sollten: „Im Vorgriff darauf wird so bald wie möglich ein einheitlicher Paß eingeführt." Vgl. VS-Bd. 8850 (410); B 150, Aktenkopien 1974.

[10] Dazu wurde in einem Non-paper, das Vortragender Legationsrat Trumpf am 11. Oktober 1974 vorlegte, ausgeführt: „Der Rat wird aufgefordert, das EP um Vorlage eines neuen oder überarbeiteten Entwurfs für allgemeine unmittelbare Wahlen zu bitten und die in Artikel 138 Absatz 3 EWG-Vertrag vorgesehenen Bestimmungen bis 31.12.1976 zu erlassen. Da das EP aus Vertretern der Völker der in der Gemeinschaft zusammengeschlossenen Staaten besteht, ist auf eine angemessene Repräsentanz aller Völker zu achten. Das bedingt eine mehr als proportionale Repräsentanz der Völker der kleineren Mitgliedstaaten." Vgl. VS-Bd. 8850 (410); B 150, Aktenkopien 1974.

Neue Elemente: Initiativrecht im Bereich der politischen Einigung wird von uns uneingeschränkt positiv beurteilt, ebenso Befugniserweiterung, wobei zu prüfen bleibt, ob nicht noch weitere Bereiche hinzugefügt werden können.

- Europäische Union: Gipfel soll bestätigen, daß Prozeß der Umwandlung der Beziehungen unter den Mitgliedstaaten in EU bereits begonnen hat. Zeithorizont 1980 bleibt als eine Etappe des weiteren Einigungsprozesses aufrechterhalten: Durch Vertrag sollen dann die zwischen 1974 und 1980 erzielten Fortschritte festgelegt werden. Weitere Etappen sollen folgen und später jeweils vereinbart werden („Rendez-vous constitutionnel").

Stellungnahme:
Französische Linie ist realistisch. Auch wir halten am Zeithorizont 1980 fest und waren immer der Auffassung, daß 1980 nicht Abschluß, sondern Anfang der Europäischen Union darstellt. Wir können der Sache nach französischem Vorschlag folgen; allerdings muß – schon im Hinblick auf die Erwartungen der Öffentlichkeit – der Gipfelauftrag zur Erstellung eines Berichts der Organe bis Ende 1975 erhalten bleiben und erfüllt werden.

III. Weiteres Verfahren der Vorbereitung des Gipfels

Der Vorschlag von Außenminister Sauvagnargues zur Einsetzung einer Arbeitsgruppe aus Beamten zur Vorbereitung des Gipfels ist eine Möglichkeit. Diese Arbeitsgruppe müßte aber so zusammengesetzt sein, daß – auch im Hinblick auf die Interessen der inneren Ressorts – sowohl EG- als auch EPZ-Materien sachverständig behandelt werden können (zum Beispiel Ständige Vertreter und Politisches Komitee).

Französische Vorstellungen zum Datum des Gipfels: Entweder Montag/Dienstag, 25./26. November oder Donnerstag/Freitag, 28./29. November (bedürfen der Abstimmung mit dem Bundeskanzler).[11]

Trumpf

VS-Bd. 8850 (410)

---

[11] Ministerialdirigent Lautenschlager vermerkte auf der Aufzeichnung des Vortragenden Legationsrats Trumpf ergänzend: „Ich stimme obenstehender Stellungnahme und Bewertung zu. Ergänzend möchte ich auf folgendes hinweisen: Die politisch-institutionell zentrale Frage ist die Stellung und Funktion des geheim tagenden ‚Rats der Regierungschefs' (Europäischer Rat), dem ein ‚leichtes' Sekretariat zur Vorbereitung der Sitzung und zum Vollzug seiner Entscheidungen zugeordnet sein soll. Es fehlt ein Hinweis darauf, wo das Sekretariat angesiedelt sein soll und ob es nicht vielleicht auch Teil des bestehenden Ratssekretariats in Brüssel sein kann; es heißt lediglich, daß der Rat der Regierungschefs sei es am Ort der Präsidentschaft, sei es am Sitz des EG-Rats zusammentritt. Es ist offen, wie man sich die dem Sekretariat anvertraute Durchführung der Entscheidungen des Rats der Regierungschefs vorstellt. Diese Fragen bedürfen der präzisen Klärung – sowohl innerhalb der Bundesregierung als auch innerhalb der Neun. Diese Klärung sollte von uns mit aller Aufgeschlossenheit vorangetrieben werden, zugleich als konstruktive Antwort auf die – verglichen mit früher – in dem Arbeitspapier der Franzosen zweifellos zum Ausdruck kommende positive Entwicklung der französischen Vorstellungen. Die kleineren Partner werden sich hier ohnehin zu Wort melden, im Zweifel auch die Kommission. Aber auch wir müssen daran denken, daß wir bestehende und bewährte institutionelle Strukturen erst dann verändern, wenn wir sicher sind, sie durch etwas Besseres ergänzen zu können. Die künftige Europäische Union soll nach unseren Vorstellungen nicht nur intergouvernemental, sondern ebensosehr auch nach dem bestehenden Integrationsmodell der Römischen Verträge strukturiert sein, also eine vernünftige und ausgewogene Mischung beider Elemente enthalten. Bei der jetzt beginnenden Diskussion können in diesen Fragen entscheidende Weichen gestellt werden." Vgl. VS-Bd. 8850 (410); B 150, Aktenkopien 1974.

298

Aufzeichnung des Vortragenden Legationsrats I. Klasse Ruth

221-372.00-1540/74 geheim   14. Oktober 1974[1]

Betr.: MBFR;
    hier: Fortsetzung des beim Bundeskanzler am 19. September 1974 begonnenen Gesprächs[2]

Zu den nach dem Gespräch beim Bundeskanzler am 19. September 1974 festgehaltenen Punkten wird wie folgt Stellung genommen:

I. Verhandlungsstrategie und -taktik

1) Zweck der MBFR-Verhandlungen

a) Die Verhinderung einseitiger westlicher Truppenverminderungen war von Anfang an eines der wesentlichen Ziele der MBFR-Politik der NATO. Dies ist in zahlreichen NATO-Kommuniqués festgehalten. Der westliche Vorschlag, zunächst über die Reduzierung sowjetisch-amerikanischer Streitkräfte zu verhandeln[3], entspricht einerseits der Bedeutung der Streitkräfte der Supermächte und wird der Kompliziertheit des Verhandlungsgegenstandes gerecht; andererseits ist dieses phasenmäßige Vorgehen darauf gerichtet, dem innenpolitischen amerikanischen Druck auf einseitige Verminderung der amerikanischen Präsenz zu begegnen. Dies ist bisher weitgehend gelungen. Die Beibehaltung des Phasenkonzepts im Sinn einer Vorwegnahme sowjetisch-amerikanischer Reduzierungen begründet sich aus folgenden Überlegungen:

– die amerikanische Regierung braucht aus innenpolitischen Gründen einen auf amerikanische Stationierungstruppen begrenzten vereinbarten Reduzierungsschritt;

– amerikanische Regierung und Kongreß erwarten Beibehaltung angemessener europäischer Verteidigungsanstrengungen;

– bei gleichzeitiger Reduzierung europäischer Streitkräfte würde die Wirkung im amerikanischen Kongreß in Frage gestellt werden, so daß mit neuen Reduzierungsforderungen gerechnet werden müßte;

---

[1] Die Aufzeichnung wurde von Vortragendem Legationsrat I. Klasse Ruth am 14. Oktober 1974 über Botschafter Roth an Ministerialdirektor van Well „mit der Bitte um Billigung" weitergeleitet. Dazu vermerkte er: „Das Bundesministerium für Verteidigung hat noch nicht mitgezeichnet. Es ist vorgesehen, das Papier entweder als vom BMVg mitgezeichnetes oder als Auswärtiges-Amt-Papier in Kürze dem Herrn Bundesminister und dem Herrn Bundeskanzler vorzulegen."
Hat Roth am 16. Oktober 1974 vorgelegen, der handschriftlich vermerkte: „Ziel dieses Papiers ist der Versuch, deutlich zu machen, daß wir jetzt den gemeinsamen Verhandlungsansatz der Allianz nicht umstoßen sollen. Der interne Abklärungsprozeß in Bonn muß weitergehen, um zur richtigen Zeit, d. h. entweder am Ende der ersten Phase, oder wenn die erste Phase umschlägt, einen neuen langfristigen Verhandlungsansatz im Bündnis einzuführen, dessen Charakter Stabilität durch Vertrauensbildung, nicht umfangreiche Reduzierungen ist."
Hat van Well am 16. Oktober 1974 vorgelegen. Vgl. den Begleitvermerk; VS-Bd. 9448 (221); B 150, Aktenkopien 1974.
[2] Zur Ressortbesprechung bei Bundeskanzler Schmidt über MBFR vgl. Dok. 274.
[3] Vgl. dazu die am 22. November 1973 von den an den MBFR-Verhandlungen teilnehmenden NATO-Mitgliedstaaten vorgelegten Rahmenvorschläge; Dok. 9, Anm. 2.

– die innenpolitische Waffe MBFR wird ihre Wirksamkeit nur behalten, wenn es entweder in absehbarer Zeit zu einer Vereinbarung über sowjetisch-amerikanische Reduzierungen kommt oder wenn bewiesen wird, daß die andere Seite ein glaubwürdiges Verhandlungsangebot ablehnt. Dem Versuch, die Voraussetzungen für eine überzeugende Gegenüberstellung von Verhandlungspositionen zu schaffen, dient die Anreicherung der westlichen Verhandlungsposition, ggf. auch das effektive Ausspielen der Option III.

Wenn dieser Versuch gelingt und ein befriedigender Abschluß der ersten Phase erzielt wird, ist der Weg offen für die Fortsetzung der Verhandlungen in der zweiten Phase. Die europäischen Streitkräfte werden dann an den Reduzierungen mit dem Ziel einer Vollendung des common ceiling beteiligt werden.

b) Über den Zweck der Verhinderung einseitiger westlicher Truppenverminderungen hinaus ist MBFR für die NATO ein gemeinsames integrierendes Instrument der sicherheitspolitischen Auseinandersetzung zwischen Ost und West. Das langfristige Ziel der Verhandlungen ist nach gemeinsamer Auffassung der NATO die zunehmende Stabilisierung des militärischen Kräfteverhältnisses in Mitteleuropa. Dies entspricht dem deutschen MBFR-Ansatz: einem langfristigen, kontrollierten und in seinem Risiko kalkulierbaren Verhandlungsprozeß.

2) Ungefährer Gleichstand der Landstreitkräfte: common ceiling

Über die generelle Zielsetzung der Schaffung stabilerer Verhältnisse in Mitteleuropa haben sich die 19 Teilnehmer an den MBFR-Verhandlungen im Kommuniqué vom 28. Juni 1973[4] geeinigt. In der konkreten Definition dessen, was als Stabilisierung im militärischen Bereich gelten würde, liegt die zentrale Meinungsverschiedenheit zwischen Ost und West.

Für den Osten ist es die symmetrische Senkung des bestehenden militärischen Kräfteverhältnisses. Für den Westen ist es die Herstellung der ungefähren Parität auf niedrigerem Streitkräfteniveau.

Das Konzept der ungefähren Parität der Landstreitkräfte als Verhandlungziel und Maßstab für den Westen entspricht

– dem Prinzip der Ausgewogenheit,
– dem Ziel, ein militärisch und politisch potentiell prekäres Kräfteverhältnis zu verbessern,
– dem Ziel, künftige destabilisierende Entwicklungen zu verhindern,
– der Tatsache, daß im strategischen Bereich der Zustand ungefährer Parität erreicht ist und daß dadurch der Parität im konventionellen Bereich erhöhte Bedeutung zukommt,
– der Tatsache, daß MBFR, jedenfalls was Reduzierungen angeht, für absehbare Zeit auf den geographisch begrenzten Raum Mitteleuropa bezogen ist.

Das Konzept der Herstellung des ungefähren Gleichstandes der Landstreitkräfte stellt eine innen-, rüstungskontroll- und allianzpolitisch überzeugende Beschreibung der Verhandlungsmotivation und des Verhandlungszieles dar. Es darf nach Auffassung aller Alliierten nicht in Frage gestellt werden, wenn

---

[4] Vgl. dazu Ziffer 3 des Schlußkommuniqués der MBFR-Explorationsgespräche in Wien vom 28. Juni 1973; Dok. 6, Anm. 14.

nicht die Verhandlungsposition der Allianz insgesamt langfristig geschwächt werden soll. Dabei ist es durchaus vorstellbar, daß bei Beibehaltung des Verhandlungsmaßstabes und -zieles eines ungefähren Gleichstandes der Landstreitkräfte in der Form eines common ceiling ein verhandlungstaktisch ausreichendes Maß an Flexibilität praktiziert wird.

3) Begrenzung auf Landstreitkräfte und Reduzierungsmodalitäten

Über die Konzentration auf Landstreitkräfte besteht innerhalb der Allianz Übereinstimmung. Es ist jedoch nicht auszuschließen, daß die Allianz im Bemühen um Anreicherung ihrer Verhandlungsposition Elemente in die Verhandlungen einführt, die sie in die Nähe des umfassenden Verhandlungskonzepts des WP bringt. Dies gilt z. B. für die Einbeziehung des Personalbestandes der Luftstreitkräfte, die in der NATO gegenwärtig diskutiert wird. Wir werden alle zusätzlichen Angebote darauf zu prüfen haben, ob dabei die Konzentration auf die Landstreitkräfte gewahrt werden kann.

Hinsichtlich der Modalitäten der Reduzierungen besteht in der Allianz noch keine gemeinsame Position. Die Amerikaner haben mitgeteilt, daß sie für ihre Reduzierungen eine Mischung von Reduzierung nach Einheiten und Ausdünnung akzeptieren könnten. Die Sowjetunion hat für stationierte Streitkräfte den Abzug, für einheimische Streitkräfte deren Auflösung vorgeschlagen. Die Bundesregierung hält für die Bundeswehr weder die Verminderung nach Einheiten noch die Auflösung der Streitkräfte für vereinbar mit dem Erfordernis der Erhaltung ausreichender struktureller Flexibilität. Sie hält es für erforderlich, daß einheimische Streitkräfte ausgedünnt und gekadert werden. Hier liegt eine weitere Begründung für die Notwendigkeit, zwischen der Verminderung stationierter und einheimischer Streitkräfte zu differenzieren.

4) Option III

Die Frage der Einbeziehung der Option III in die MBFR-Verhandlungen ist nach wie vor offen. Wir vertreten die Auffassung, daß die Option III verhandlungstaktisch vor allem aus amerikanischer Sicht bedeutsam ist. Ihre Einführung in die Verhandlungen würde den westlichen Vorschlag für die erste Phase komplettieren, seine Erfolgschancen erhöhen und ihn vor dem amerikanischen Kongreß als ernsthaft rechtfertigen (bestimmten Senatsausschüssen wurde die Option III als Bestandteil der amerikanischen Verhandlungsposition vorgetragen). Aus diesem Grunde haben wir den Amerikanern gesagt, daß wir nicht beabsichtigen, eine eventuelle amerikanische Entscheidung zugunsten der Einführung der Option III zu blockieren.[5] Wir legen jedoch Wert auf enge Abstimmung über Zeitpunkt der Einführung, konkreten Inhalt und taktisches Vorgehen.

---

[5] Botschafter Roth teilte am 30. September 1974 mit, Gesprächspartner im amerikanischen Außenministerium hätten Ministerialdirektor van Well und ihm gegenüber ihr Interesse an einer eventuellen Einbeziehung des Nuklearpotentials in MBFR bekräftigt: „Eine Entscheidung der amerikanischen Regierung, über das ob, wann und wie einer Einführung des Themas steht jedoch noch immer aus. Wir haben gesagt, daß wir die Einschätzung der Option III als eines wichtigen potentiellen Verhandlungsinstruments teilen und eine amerikanische Entscheidung zur Nutzung dieses Instruments nicht blockieren wollten." Vgl. den Drahterlaß Nr. 4106; VS-Bd. 9451 (221); B 150, Aktenkopien 1974.

Die Option III war von Beginn an und sollte es auch bleiben ein einmaliges Angebot besonderer Qualität. Ihm liegt der Gedanke einer Wegnahme von „perceived as most threatening"-Elementen in einem nicht reziproken Verfahren – nukleare Elemente gegen Panzer – zugrunde. Diesen konzeptionellen Ansatz sollten wir nicht aufgeben. Er bietet die beste Möglichkeit,

a) die Dinge zu bewegen,

b) die Präjudizierung auf ein Minimum zu begrenzen.

Falls der WP auch das angereicherte westliche Verhandlungsangebot zur ersten Phase[6] ablehnt oder falls die amerikanische Regierung glaubt, auf einen nachdrücklichen Versuch mit der Option III verzichten zu sollen, entsteht für die Allianz wie für die amerikanische Regierung eine neue Situation. Für diese Situation ist es zweckmäßig, intern eine Alternative zu entwickeln. Bis dahin muß jedoch an der gemeinsamen bisherigen Position festgehalten werden.

5) Einbeziehung europäischer Landstreitkräfte

a) Es ist offenkundig, daß die Einbeziehung der Landstreitkräfte der europäischen direkten Teilnehmer und insbesondere der Bundeswehr in den Reduzierungsprozeß von Anfang an eine zentrale Rolle in der MBFR-Politik des Warschauer Pakts spielte. Dabei wird angestrebt, die Reduzierung auch der europäischen Streitkräfte nach nationalen Komponenten vorzunehmen und damit nationale Höchststärken zu vereinbaren.

Die Bedeutung, die besonders der Einbeziehung der Bundeswehr zugemessen wird, dürfte durch folgende Überlegungen motiviert sein:

– Die Bundeswehr stellt auf westlicher Seite im Raum der Reduzierungen den Hauptanteil der konventionellen Streitkräfte.

– Durch Auflagen auf die Bundeswehr und die anderen europäischen Partner kann auf die europäische Entwicklung im Verteidigungsbereich Einfluß genommen werden, insbesondere im Sinne einer Minderung der Integrationsfähigkeit der europäischen Streitkräfte.

– MBFR bietet eine Chance, die Nachkriegsentwicklung in Mitteleuropa durch Vereinbarungen auf sicherheitspolitischem Gebiet zu komplettieren.

b) Diese möglichen Zielsetzungen müssen bei der Formulierung von Absprachen über die Einbeziehung europäischer Streitkräfte berücksichtigt werden. Aus diesem Grunde haben wir die Forderung angemeldet, daß sich Vereinbarungen über sowjetisch-amerikanische und europäische Streitkräfte nach Form und Inhalt unterscheiden und daß die Absprachen für die europäischen Streitkräfte kollektiven Charakter haben sollen.

c) Die Mitglieder des Warschauer Pakts haben in Wien besonders intensiv gegen die Aufteilung des Verhandlungsprozesses in zwei Phasen und die Begrenzung auf sowjetisch-amerikanische Streitkräfte in der ersten Phase argumentiert. Sie behaupten, damit keine ausreichende Sicherheit über die Reduzie-

---

[6] Vgl. dazu den Vorschlag der an den MBFR-Verhandlungen teilnehmenden NATO-Mitgliedstaaten vom 22. Mai 1974 für eine Vereinbarung, die Stärke der Landstreitkräfte zwischen Phase I und Phase II der MBFR-Verhandlungen nicht zu erhöhen; Dok. 170, Anm. 5.
Vgl. dazu ferner den Vorschlag der an den MBFR-Verhandlungen teilnehmenden NATO-Mitgliedstaaten vom 10. Juli 1974 für eine Beteiligung aller nicht-amerikanischen westlichen Teilnehmer an Reduzierungen der zweiten Phase; Dok. 209, Anm. 8.

rung europäischer Streitkräfte zu haben. Der Westen hat dementsprechend zur Verdeutlichung der Bereitschaft zur Einbeziehung europäischer Streitkräfte eine Stillhalteabsprache für alle direkten Teilnehmer und eine Teilnahmezusage vorgeschlagen für den Fall, daß ein befriedigendes Abkommen über die erste Phase abgeschlossen werden kann.

d) Falls die Verhandlungen in Wien konkrete Aussicht auf eine befriedigende Vereinbarung über die erste Phase eröffnen (sowjetisch-amerikanische Reduzierungen, common-ceiling-Konzept), wäre zu prüfen, ob die Verdeutlichung der Bereitschaft der Europäer, in der zweiten Phase sich an Reduzierungen zu beteiligen, dadurch substantiiert werden könnte, daß ein zahlenmäßig geringfügiger Reduzierungsschritt parallel zu den sowjetisch-amerikanischen Reduzierungen angeboten wird. Dabei müßte darauf geachtet werden, daß die von uns für die Einbeziehung europäischer Streitkräfte für wesentlich gehaltenen Aspekte Berücksichtigung finden, nämlich:

– Begrenzung auf Landstreitkräfte,

– keine national definierten Reduzierungen und Höchststärken,

– kollektive Reduzierungsabsprachen für die europäischen direkten Teilnehmer.

Auch diese Modifikation würde erst in Frage kommen nach Einführung der Option III. Sie wurde vom Bündnis bisher nicht ins Auge gefaßt und müßte daher zu gegebener Zeit noch in der NATO diskutiert werden.

6) Kleiner erster Reduzierungsschritt

a) Der Gedanke eines verkürzten ersten Reduzierungsschrittes wurde von Außenminister Kissinger bereits im März d. J. geäußert.[7] Nach amerikanischer Auffassung soll auch ein verkürzter Reduzierungsschritt in Richtung auf die Herstellung der ungefähren Parität und einen längerfristigen Verhandlungsprozeß strukturiert sein und asymmetrische Reduzierungen beinhalten. Er wurde amerikanischerseits vorläufig zurückgestellt,

– um die Chancen der gegenwärtigen Verhandlungsposition vorher ausloten zu können,

– weil ohne diese Auslotung die Gefahr bestünde, daß eine kleine Reduzierungsquote vom Kongreß als nicht ausreichend, weil zu geringfügig, bezeichnet würde.

Wir haben gegenüber den Amerikanern und den Briten seit März d. J. immer wieder betont, daß wir einem solchen verkürzten ersten Reduzierungsschritt grundsätzlich positiv gegenüberstehen würden.

b) Bei der Entwicklung einer entsprechenden Alternative zum gegenwärtigen ersten Verhandlungsschritt der NATO wäre u. a. zu prüfen,

– ob alle direkten Teilnehmer von Anfang an einbezogen werden sollten,

– ob amerikanische und europäische Reduzierungen ohne Unterschied in einer einzigen Vereinbarung beschlossen würden,

– ob das Prinzip der prozentual gleichen Reduzierungen angewandt werden soll,

---

[7] Vgl. dazu das Gespräch des Bundesministers Scheel mit dem amerikanischen Außenminister Kissinger am 24. März 1974 auf Schloß Gymnich; Dok. 104.

- ob nach einem solchen Reduzierungsschritt der Druck auf weitere prozentuale Reduzierungen voraussichtlich verstärkt würde oder nicht.

c) Der Gedanke einer kleinen Reduzierungsquote unter Beteiligung der Landstreitkräfte aller direkten Teilnehmer kommt dem sowjetischen Vorschlag eines symbolischen, aber umfassenden Reduzierungsschritts[8] nahe. Es wäre zu prüfen, ob die Alternative „kleiner Reduzierungsschritt" so gefaßt werden kann, daß sie sowohl für die andere Seite attraktiv bleibt als auch den verhandlungspolitischen Erfordernissen des Westens gerecht wird.

Folgende Grundpositionen des Westens werden zu berücksichtigen sein:
- Begrenzung auf Landstreitkräfte sollten erhalten bleiben.
- Nationale Höchststärken (subceilings) müssen vermieden werden.
- Reduzierungen sollten nicht in prozentualen, sondern in absoluten Zahlen vereinbart werden. Der Spielraum des WP zwischen dem gegenwärtigen Streitkräfte-Niveau und dem für die unverminderte Sicherheit erforderlichen Streitkräfte-Niveau ist erheblich größer als der der NATO. Bei einer Kette prozentualer Verminderungen würde die NATO die unverminderte Sicherheit bereits unterschreiten, während der WP noch immer über Verhandlungsmasse verfügt. Ein erster Schritt prozentualer Reduzierungen aller Teilnehmer würde die Gefahr in sich bergen, das Prinzip für den restlichen Verlauf der Verhandlungen zu etablieren.
- Eine entsprechende Abmachung sollte eine formale und inhaltliche Differenzierung zwischen einer Absprache über die Reduzierungen sowjetisch/amerikanischer Landstreitkräfte und europäischer Landstreitkräfte beinhalten. Dies würde es uns erlauben, die europäischen Erfordernisse zu berücksichtigen und würde den deutschen Vorstellungen kollektiver Absprachen von Bündnis zu Bündnis Erfolgsaussichten einräumen.
- Es wäre denkbar, eine solche differenzierte Absprache in ihrer Implementierung zeitlich zu versetzen. Dies würde Überlegungen entsprechen, die der sowjetische Delegationsleiter Chlestow in informellen Gesprächen angestellt hat.[9]
- Eine solche Einlassung sollte mit der überzeugenden Feststellung des Westens verbunden sein, daß er am MBFR-Ziel der Herstellung eines stabileren Kräfteverhältnisses, d.h. an der schrittweisen Herbeiführung des ungefähren Gleichstandes der Landstreitkräfte, festhält. Dies wäre besonders dann von entscheidender Bedeutung, wenn der MBFR-Dialog fortgesetzt wird.

---

[8] Zum Vorschlag der an den MBFR-Verhandlungen teilnehmenden Warschauer-Pakt-Staaten für eine symbolische erste Reduzierungsstufe vgl. Dok. 72.
[9] Botschafter Behrends, Wien (MBFR-Delegation), berichtete, der Leiter der sowjetischen MBFR-Delegation, Chlestow, habe im Emissärgespräch am 18. Juni 1974 versucht, „eine Bewegung des Ostens auf eine mittlere Position nachzuweisen, indem er den östlichen Vorschlag einer ersten Reduzierungsstufe weiter modifizierte: Unter der Voraussetzung, daß sich alle direkten Teilnehmer von Anfang an zur Verminderung von Streitkräften und Rüstungen vor Ende 1975 verpflichteten, sei es möglich, die Implementierung der Verminderungen amerikanischer und sowjetischer Streitkräfte [...] vor der Implementierung der übrigen Truppenverminderungen zu beginnen. Während der Durchführung des Abkommens über diese erste Reduzierungsstufe würden die Verhandlungen über ein zweites Abkommen fortgesetzt." Vgl. den Drahtbericht Nr. 587 vom 20. Juni 1974; VS-Bd. 8246 (201); B 150, Aktenkopien 1974.

c) Eine Absprache über kleine Reduzierungen könnte die Form des „mutual example" nehmen. Reduzierungen, die unterhalb von zehn Prozent der Gesamtstärke der Bündnisse liegen, wären nicht verifizierbar. Sie hätten „vertrauensbildenden" Charakter. Der Ausdruck „symbolisch" sollte in diesem Zusammenhang vermieden werden, da er entweder den Eindruck europäischer Reduzierungsunwilligkeit oder aber bald folgender substantieller Reduzierungen hervorruft.

II. Einzelprobleme

1) Keine Sonderbehandlung der Bundesrepublik Deutschland

In dieser Frage haben wir sehr früh im Laufe der Entwicklung einer gemeinsamen MBFR-Position unsere Forderung zur Geltung gebracht. Ihr entspricht die Festlegung der Allianz, daß

— die Bundesrepublik Deutschland im Westen nicht allein territorial in MBFR-Verhandlungen einbezogen werden kann,

— für die europäischen Streitkräfte keine nationalen Höchststärken vereinbart werden dürfen,

— die Reduzierungsmodalitäten für die Bundeswehr sich im Effekt nicht von den Reduzierungen stationierter Streitkräfte unterscheiden dürfen,

— die europäische und atlantische Integrationsfähigkeit im militärischen Bereich unangetastet bleiben muß,

— eine vertragliche bilaterale Bindung der Bundesrepublik Deutschland im Rahmen einer multilateralen Absprache nicht in Frage kommt,

— Form und Inhalt künftiger Absprachen den Erfordernissen unserer besonderen Lage gerecht werden müssen,

— wir von Beginn an die Form kollektiver Absprachen oder Vereinbarungen anstreben.

2) Mitteilung verbleibender Höchststärken

Bei einem verkürzten Reduzierungsschritt bleibt die Verifikation der Durchführung von Vereinbarungen und der verbleibenden Höchststärken naturgemäß ausgeschlossen.

Hinsichtlich der verbleibenden Höchststärken könnte das Verfahren der bloßen Mitteilungen angewandt werden. Allerdings sollten wir auch dann daran festhalten, daß die europäischen Staaten nicht nationale Höchststärken mitteilen, sondern daß nur die verbleibenden Gesamthöchststärken mitgeteilt werden. Dies könnte beispielsweise durch Beauftragung eines Sprechers der NATO-Staaten geschehen.

3) Geographischer Geltungsbereich

Wir haben in der NATO darauf hingewiesen, daß eine Begrenzung von MBFR auf Mitteleuropa politisch problematisch sein könne. Nachdem die NATO und insbesondere die Vereinigten Staaten die Konzentration auf Mitteleuropa für erforderlich hielten, schlugen wir vor, die politischen Effekte der Begrenzung bei Reduzierungen dadurch zu relativieren, daß für die begleitenden Maßnahmen ein umfassenderer geographischer Geltungsbereich angestrebt wird. Dies ist von der Sache her sowohl wegen des Ungarn-Problems[10] als auch wegen der Bedeutung der Zufuhr sowjetischer Streitkräfte gerechtfertigt.

Eine generelle Einigung über die Ausweitung der begleitenden Maßnahmen im Westen ist bisher an der Haltung Frankreichs, aber auch an der Ablehnung durch die USA, Großbritannien und Italien gescheitert.

In Erkenntnis der derzeitigen Schwierigkeiten bei der Durchsetzung eines größeren geographischen Geltungsbereiches haben wir mit Erfolg im Kreise der Neun und der Fünfzehn darauf bestanden, daß die vertrauensbildenden Maßnahmen bei der KSZE grundsätzlich für ganz Europa gelten müssen und jedenfalls einen Teil der Sowjetunion einschließen sollen. Die Bedeutung, die wir den CBM beimessen, ist in erster Linie in der möglichen Schrittmacherfunktion für spätere MBFR-Entwicklungen hierin begründet.[11]

4) Position Frankreich

Frankreich hat die MBFR-Verhandlungen von vornherein abgelehnt. Diese Haltung hat sich unseres Wissens auch unter der neuen französischen Regierung[12] noch nicht geändert.

Frankreich ist sich darüber im klaren, daß seine Streitkräfte in der Bundesrepublik Deutschland bei der Erstellung der Datenbasis mitgezählt werden. Eine Einbeziehung in die Reduzierungsvereinbarungen lehnt es jedoch strikt ab. Frankreich hat immer mit Nachdruck auf die Gefahren von MBFR hingewiesen. Wir haben diese Hinweise ernstgenommen und versucht, die zahlreichen Kontaktmöglichkeiten mit der französischen Regierung zu einem Gedankenaustausch über MBFR zu nutzen. Frankreich ist darauf eingegangen. Es hat dabei aber vor allem auf die Befürchtung hingewiesen, daß mit MBFR

– ein sowjetisches Mitspracherecht in der verteidigungspolitischen Entwicklung Europas geschaffen werden könne,
– die Verteidigungsanstrengungen in Europa nachlassen könnten,
– ein besonderes sicherheitspolitisches Regime für die Bundesrepublik Deutschland entstehen könnte.

Eine Teilnahme Frankreichs an MBFR würde vor allem die Möglichkeit bieten, unsere Vorstellungen eines erweiterten MBFR-Bezugsraumes für stabilisierende Maßnahmen mit einer Aussicht auf Erfolg wieder aufzugreifen, wobei für Frankreich eine spezifische Form der territorialen Zugehörigkeit ohne Einschluß in den Raum der Reduzierungen als erstem Schritt angestrebt werden sollte. In die gleiche Richtung gehen Überlegungen, das Papier über die europäischen Implikationen von MBFR[13] zu überarbeiten und erneut in eine Neuner-Diskussion einzuführen. Man muß sich jedoch darüber im klaren sein, daß eine baldige Mitwirkung der Franzosen nicht erwartet werden kann. Für Frankreich heißt die Alternative zu seiner Nichtteilnahme noch immer das Nichtstattfinden der MBFR-Verhandlungen überhaupt. Es empfiehlt sich daher, wie

---

10 Zur Regelung der Teilnehmerfrage an MBFR vom 14. Mai 1973 vgl. Dok. 32, Anm. 8.
11 So in der Vorlage.
12 Nach den Wahlen zum Amt des Staatspräsidenten in Frankreich am 5. und 19. Mai 1974, aus denen Valéry Giscard d'Estaing als Sieger hervorging, wurde am 28. Mai 1974 eine neue Regierung unter Ministerpräsident Chirac gebildet.
13 Zu dem Non-paper vom 10. Januar 1974 vgl. Dok. 32, Anm. 9.

1301

bisher, behutsam auf Frankreich einzuwirken und sich auf einen nur allmählich wirksamen Umdenkungsprozeß einzustellen.

5) Zum Problem der Verifikationen wird ein besonderes Papier vorgelegt.[14]

[Ruth][15]

VS-Bd. 9448 (221)

299

Aufzeichnung des Ministerialdirektors van Well

200-350.13-2099/74 geheim   16. Oktober 1974

Über den Herrn Staatssekretär[1] dem Herrn Minister[2] mit dem Vorschlag vorzulegen, den unten stehenden Verteiler[3] zu billigen.

Betr.: Vorbereitung eines EG-Gipfels

Die Außenminister der Neun (für den erkrankten Außenminister Moro nahm der Parlamentarische Staatssekretär Pedini teil) trafen sich am Abend des 15. Oktober in Luxemburg am Rande des EG-Ministerrats[4] zu einem 5 1/2 stündigen Meinungsaustausch über die Frage der Vorbereitung eines formellen Tref-

---

[14] Botschafter Roth legte am 29. November 1974 eine Aufzeichnung zur Verifikation in einer Kurz- und einer Langfassung vor. In der Kurzfassung erläuterte Roth, daß als Formen der Verifikation Satellitenbeobachtung und „kooperative Formen" der Inspektion vor Ort in der NATO diskutiert würden. Während die Verbündeten diese Vorschläge „undifferenziert" für beide Phasen der MBFR erörterten, habe die Bundesrepublik zunächst eine Konzentration auf die erste Phase vorgeschlagen. Das von den Verbündeten befürwortete System begünstige das „Entstehen einer kontrollierten Zone mit besonderen Bindungen für die betroffenen Staaten (insbesondere für die Bundesrepublik Deutschland)" sowie eine „Behinderung möglicher Weiterentwicklungen im Bündnis". Für die erste Phase habe die Bundesregierung „folgendes Verifikationskonzept zur Diskussion gestellt: Truppentransfers nur über wenige, zu vereinbarende Übergangspunkte (exit-entry points) zulässig, in denen Inspektionsteams stationiert würden, im übrigen Überwachung vor allem durch Satellitenaufklärung." Vgl. VS-Bd. 9469 (222); B 150, Aktenkopien 1974.

[15] Verfasser laut Begleitvermerk. Vgl. Anm. 1.

[1] Hat Staatssekretär Gehlhoff am 16. Oktober 1974 vorgelegen.

[2] Hat Bundesminister Genscher am 18. Oktober 1974 vorgelegen, der um Rücksprache bat.
Hat Ministerialdirigent Kinkel am 18. Oktober 1974 vorgelegen, der handschriftlich vermerkte: „Erl[edigt]."

[3] Die Aufzeichnung sollte dem Ministerbüro, den Staatssekretären Gehlhoff und Sachs, den Staatsministern Moersch und Wischnewski, Ministerialdirigent Fischer, Bundeskanzleramt, den Ministerialdirektoren van Well, Hermes und Poensgen, Bundespräsidialamt, sowie Referat 200 zugeleitet werden.

[4] Vortragender Legationsrat I. Klasse Dohms teilte am 17. Oktober 1974 mit, auf der EG-Ministerratstagung am 14./15. Oktober 1974 in Luxemburg seien die Beziehungen zu den AKP-Staaten, die Beziehungen zum RGW, die Frage der Handelsverträge mit osteuropäischen Staaten, die Beteiligung Frankreichs am Internationalen Energieprogramm, die Beziehungen zum Iran und Kanada sowie der britische Finanzbeitrag zu den Europäischen Gemeinschaften erörtert worden. Vgl. dazu den Runderlaß Nr. 119; Referat 240, Bd. 102874.

fens der Regierungschefs der Mitgliedstaaten der EG in Paris.[5] Auf der Grundlage der informellen Treffen der Regierungschefs der Neun am 14. September[6] und der Außenminister am 16. September in Paris[7] sowie unter Berücksichtigung der hierüber angefertigten Exposés des Bundeskanzlers, des luxemburgischen und belgischen Ministerpräsidenten[8] hatte die französische Präsidentschaft ein Arbeitsdokument gefertigt, das uns am 11. Oktober in Bonn übergeben worden war.[9]

Dieses französische Arbeitsdokument war Gegenstand der Besprechung der Außenminister am 15. Oktober. Das Ergebnis dieser Besprechung kann wie folgt zusammengefaßt werden; eine ausführliche Niederschrift folgt:

Die Minister beschlossen, sich am Vortag des nächsten EG-Rats am 11. November um 10 Uhr in Brüssel zu treffen[10], um Vorschläge für die Regierungschefs zu verabschieden. Eine Ad-hoc-Gruppe wurde beauftragt, in der Zwischenzeit, ausgehend von dem französischen Papier, einen entsprechenden Entwurf auszuarbeiten. Diese Ad-hoc-Gruppe soll aus den Politischen Direktoren, den Ständigen Vertretern in Brüssel (und/oder den Wirtschaftsdirektoren der Außenministerien) sowie Vertretern der EG-Kommission bestehen. Das erste Treffen dieser Gruppe findet am 18. Oktober in Paris statt.[11]

---

[5] Zur Gipfelkonferenz der EG-Mitgliedstaaten am 9./10. Dezember 1974 in Paris vgl. Dok. 369.

[6] Zum Abendessen der Staats- und Regierungschefs der EG-Mitgliedstaaten und des Präsidenten der EG-Kommission, Ortoli, in Paris vgl. Dok. 268.

[7] Zur Konferenz der Außenminister der EG-Mitgliedstaaten im Rahmen der EPZ teilte Vortragender Legationsrat I. Klasse Dohms mit, sie habe sich eingefügt „in die intensive Beratung über europapolitische Themen, die mit dem inoffiziellen Treffen der neun Regierungschefs und des Präsidenten Ortoli in Paris am 14. September begann und mit den Ministerräten in Brüssel Anfang dieser Woche fortgesetzt wird. Ein Abendessen im kleinsten Kreis gab den Außenministern Gelegenheit, den von den Regierungschefs begonnenen Gedankenaustausch weiterzuführen. Inoffizielle Begegnungen dieses neuen Stils wurden von allen Teilnehmern als voller Erfolg gewertet und sollen als Treffen der Regierungschefs und der Außenminister (getrennt oder gemeinsam) zur europäischen Routine werden, ohne den bestehenden Entscheidungsgremien der Gemeinschaft vorzugreifen oder sie ersetzen zu wollen. [...] Um den erst beginnenden Prozeß gemeinsamer Meinungsbildung nicht zu gefährden, waren sich Teilnehmer informeller Treffen einig, keine Schlußfolgerungen zu ziehen oder Entscheidungen zu fällen und strikte Vertraulichkeit insbesondere über die Äußerungen anderer Teilnehmer zu wahren. [...] Mit allem Vorbehalt wird auf folgende Tendenzen des Gedankenaustausches hingewiesen: keine Schaffung neuer Institutionen, aber Rationalisierung der bestehenden." Konkrete Vorstellungen der Außenminister „gehen in Richtung einer Konzentration europäischer Beratungen und Entscheidungen. Verstärkung der Funktionsfähigkeit der EPZ-Präsidentschaft (diskutiert werden: fliegendes Sekretariat, häufigere Treffen in Brüssel)." Ferner seien die Lage in Zypern, die Beziehungen Europas zu Griechenland, die KSZE und der europäisch-arabische Dialog erörtert worden. Vgl. den Runderlaß Nr. 102 vom 17. September 1974; Referat 240, Bd. 102873.

[8] Für das Aide-mémoire der luxemburgischen Regierung vom 23. September 1974 vgl. VS-Bd. 9890 (200).
Für das Schreiben des Ministerpräsidenten Tindemans vom 8. Oktober 1974 an Staatspräsident Giscard d'Estaing vgl. VS-Bd. 14062 (010).

[9] Für die undatierte französische Aufzeichnung vgl. VS-Bd. 8850 (410). Vgl. dazu auch Dok. 297.

[10] Zur Konferenz der Außenminister der EG-Mitgliedstaaten im Rahmen der EPZ am 11. November 1974 in Brüssel vgl. Dok. 331.
Die EG-Ministerratstagung fand am 12. November 1974 in Brüssel statt.

[11] Ministerialdirektor van Well resümierte die Sitzung des Politischen Komitees im Rahmen der EPZ am 18. Oktober 1974 in Paris: „Direktoren erörterten im Auftrag der Außenminister, an deren informellem Treffen in Luxemburg am 15. Oktober sie teilgenommen hatten, Vorbereitung eines Treffens der Regierungschefs. [...] Sie einigten sich, den Ministern Vorbereitung durch eine Ad-hoc-Gruppe vorzuschlagen, die in zwei Untergruppen ‚institutionelle Fragen' in Paris und ‚Substanzfragen' in Brüssel arbeiten soll. Tagesordnung wird von der Ad-hoc-Gruppe erarbeitet." Die Zusammenset-

Die Außenminister stimmten grundsätzlich darin überein, daß noch vor Jahresende ein formelles Treffen der EG-Regierungschefs angestrebt werden solle, dessen Erfolg durch die intensive Vorbereitungsarbeit, die die Außenminister verabredet haben, gesichert werden soll. Für den vorgesehenen Gipfel sprach sich neben den Herren Sauvagnargues, BM Genscher und Thorn vor allen Dingen Callaghan aus. Callaghan unterstützte lebhaft die Feststellung von BM Genscher, es sei unumgänglich, daß sich die Regierungschefs bald mit den großen Problemen der Wirtschafts-, Währungs- und Rohstofffragen befassen. Die Öffentlichkeit erwarte dies.

Das französische Papier wurde in seiner Gänze ausführlich diskutiert. Die vorgesehene Ad-hoc-Gruppe erhielt die für ihre Arbeit notwendigen Orientierungen:

Substanzfragen

Guldberg, van der Stoel, van Elslande und BM Genscher brachten zum Ausdruck, daß ihre Regierungen ein formelles Treffen der EG-Regierungschefs nur dann vor der Öffentlichkeit vertreten könnten, wenn nicht nur über institutionelle Fragen, sondern auch über konkrete Substanzfragen Einigung herbeigeführt werden kann. Das hob auch Ortoli sehr stark hervor. Es ergab sich ein Konsens dahingehend, daß Teil III B des französischen Papiers, in dem nur die großen Themenbereiche genannt werden, angereichert werden soll. Und zwar sollen nicht zu viele Themen genannt werden. Der Forderung BM Genschers wurde zugestimmt, daß in den Bereichen der Stabilitätspolitik (Inflationsbekämpfung, Bekämpfung der Arbeitslosigkeit, der Regionalpolitik) und der Energiepolitik von den EG-Regierungschefs Orientierungen beschlossen werden, die so konkret sind, daß sie anschließend nicht mehr in Frage gestellt werden können. Es war vor allem Callaghan, der sich für Ergebnisse im Bereich der Inflationsbekämpfung und der Beschäftigungspolitik einsetzte. Italiener und Dänen legten besonderen Wert auf die Einbeziehung der Regionalpolitik. Dem Hinweis von BM Genscher, daß die Regionalpolitik zum Paket der Stabilitätspolitik gehöre, wurde zugestimmt.

Die Diskussion hierzu ergab, daß beim Treffen der EG-Regierungschefs keine neuen Rechtsgrundlagen geschaffen werden sollen (vor allen Dingen Guldberg legte auf diese Klarstellung Wert). Die Verbesserungen im institutionellen Bereich sollen vielmehr im bisherigen rechtlichen Rahmen erreicht werden. Sauvagnargues korrigierte deshalb auf Einwurf BM Genschers das im französischen Papier enthaltene Konzept von zwei Räten (Europäischer Rat und Rat der Außenminister). Er stellte fest, es gebe nur einen Rat, nämlich „Le Conseil" des Vertrags von Rom.[12] Alle Minister stimmten überein, daß dieser Rat sowohl auf der Ebene der Regierungschefs als auch auf der Ebene der Außenminister tagen könne.

Sauvagnargues bezeichnete die Konzeption der „globalen politischen Kohäsion" von Gemeinschaftsaktivitäten und EPZ als einen wichtigen Fortschritt, den

---

Fortsetzung Fußnote von Seite 1303
    zung der nationalen Gruppen solle den jeweiligen EG-Mitgliedstaaten überlassen werden, und die beiden Untergruppen würden am 23. bzw. 24. Oktober 1974 erstmals zusammentreten. Vgl. den Runderlaß Nr. 4379 vom 21. Oktober 1974; VS-Bd. 9890 (200); B 150, Aktenkopien 1974.

[12] Die Bestimmungen über den Ministerrat waren in Artikel 145 bis 154 des EWG-Vertrags vom 25. März 1957 festgelegt. Vgl. dazu BUNDESGESETZBLATT 1957, Teil II, S. 862–865.

das französische Papier enthalte. Die vorgesehenen Treffen der Regierungschefs sollten sowohl Gemeinschaftsfragen als auch EPZ-Fragen behandeln können. Wenn sie EG-Fragen erörterten, handelten sie als „Der Rat" mit den entsprechenden rechtlichen Konsequenzen. Da auf diesen Treffen jedoch auch EPZ-Fragen erörtert werden würden, sollten sie nicht als Ratstagungen bezeichnet werden, sondern als „Réunion des Chefs de Gouvernement". Auch die Außenminister sollten in der Lage sein, auf einer Tagung sowohl als Rat EG-Fragen wie auch als die zuständigen neun Außenminister EPZ-Fragen zu erörtern. Nur die Tagesordnung und die Form der Beschlüsse müßten sich unterscheiden. Bei EG- und EPZ-Materien müsse es sich weiterhin juristisch um klar unterschiedene Bereiche handeln, was jedoch nicht zu bedeuten brauche, daß die neun Außenminister nicht am selben Ort und in der gleichen Tagung beide Materien abhandeln könnten. Gegen diese Darlegung von Sauvagnargues wurden keine Einwendungen erhoben.

Die Diskussion über das „Sekretariat" brachte Klarheit darüber, daß drei Tätigkeitsbereiche unterschieden werden müssen:

1) Die Vorbereitung von Tagungen der Regierungschefs oder der Außenminister;

2) die Überwachung der Durchführung der Beschlüsse;

3) rein technische Sekretariatsarbeiten (Schreibkräfte, Vervielfältigung und Übersetzung von Dokumenten, Bereitstellung von Räumlichkeiten etc.).

Zwischen den Ministern bestand Einverständnis, daß das Generalsekretariat des Rates in Brüssel (Generalsekretär Hommel) nicht die Aufgabe erhalten könne, für die EPZ politische Vorlagen vorzubereiten, wie zum Beispiel ein Papier über die Zypern-Frage. Alle Minister waren sich vielmehr einig, daß die Aufgaben gemäß Ziffer 1 und gemäß Ziffer 2 wie bisher im EG-Bereich durch den Ausschuß der Ständigen Vertreter bzw. die EG-Kommission und bei EPZ durch das Politische Komitee und seine Hilfsorgane wahrgenommen werden müssen. Hinsichtlich der Aufgaben zu Ziffer 3 schien sich am Ende der Diskussion ein Konsens herauszubilden, wonach das Generalsekretariat des EG-Rats hierfür auch der EPZ-Präsidentschaft zur Verfügung gestellt werden könnte.

Die vorgesehene Ad-hoc-Gruppe wurde beauftragt, Abschnitt I des französischen Papiers entsprechend zu revidieren.

Hinsichtlich Abschnitt II „Politische Zusammenarbeit" waren die Minister nach Vortrag BM Genschers der Meinung, daß die EPZ keinen Bereich der Außenpolitik ausschließe und daß die Regierungschefs Prioritäten festlegen sollten für die Bereiche, die am unmittelbarsten die Interessen des werdenden Europa berühren.

Was Abschnitt V „Europäisches Parlament" angeht, so hielt Callaghan eine Beschlußfassung über eine Direktwahl für verfrüht. Mr. Wilson würde nach einer solchen Entscheidung auf dem kommenden Treffen der Regierungschefs schwerer Kritik der öffentlichen Meinung in Großbritannien ausgesetzt sein. BM Genscher insistierte demgegenüber, daß der Direktwahl und der Erweiterung der Befugnisse des EP große politische Bedeutung bei dem Ausbau der Gemeinschaft zukomme. Einige andere Minister wiesen auf Artikel 138 des EG-Vertrags¹³ hin und betonten, daß das Parlament selbst den Entwurf für die Direktwahl fertigen müsse, so daß die britischen Parlamentarier durchaus in der Lage seien, auf den Inhalt entscheidend Einfluß zu nehmen. Callaghan blieb jedoch skeptisch und wurde von Guldberg unterstützt.

Zu VI (Rendez-vous constitutionnels) hatte Guldberg in der Sache keine Einwendungen, betonte jedoch, daß er das Wort „constitutionnel" (verfassunggebend) aus innenpolitischen Gründen nicht akzeptieren könne. Sauvagnargues entwickelte seine Vorstellung vom pragmatischen Weiterbau der Construction Européenne bis 1980 und von der nachträglichen Kodifizierung des dann Erreichten in Form eines Vertrags über die Europäische Union. Einige andere Minister legten jedoch Wert darauf, daß die vom Gipfeltreffen in Kopenhagen vorgesehenen Arbeiten an einem Bericht über die Europäische Union¹⁴ fortgesetzt werden.

van Well

VS-Bd. 9890 (200)

300

Botschafter Böker, Rom (Vatikan), an Staatssekretär Gehlhoff

114-14241/74 geheim	**Aufgabe: 16. Oktober 1974, 09.15 Uhr¹**
Fernschreiben Nr. 105	**Ankunft: 16. Oktober 1974, 12.19 Uhr**
Citissime	

Nur für StS und MD von Schenck

Betr.: Vatikan und DDR
      hier: Gespräch mit Kardinal Bengsch

Bezug: DB Nr. 98 vom 4.10.74² und DB Nr. 94 vom 30.9.1974³

Zur Unterrichtung und mit der Bitte um Weisung.

I. Ich hatte dieser Tage ein zweistündiges Gespräch mit dem Bischof von Berlin, Kardinal Alfred Bengsch, der anläßlich der Bischofssynode in Rom weilt.

---

¹³ Für Artikel 138 des EWG-Vertrags vom 25. März 1957 vgl. Dok. 294, Anm. 13.
¹⁴ Vgl. dazu Ziffer 2 des Kommuniqués der Gipfelkonferenz der EG-Mitgliedstaaten am 14./15. Dezember 1973 in Kopenhagen; Dok. 8, Anm. 5.

¹ Hat Vortragendem Legationsrat I. Klasse Schönfeld am 16. Oktober 1974 vorgelegen, der handschriftlich vermerkte: „Dem Büro Bundesminister vorzulegen. Ich rege an, den H[errn] BK zu unterrichten."
  Hat Bundesminister Genscher am 20. Oktober 1974 vorgelegen, der handschriftlich vermerkte: „Erbitte Stellungnahme."
² Vgl. Dok. 291.
³ Botschafter Böker, Rom (Vatikan), berichtete, der Sekretär des Rats für die öffentlichen Angelegenheiten der Kirche, Casaroli, habe ihn am 27. September 1974 gefragt, ob die Bundesrepublik etwas ge-

Wir besprachen vornehmlich die Probleme, die durch die Form seiner Einladung zur Bischofssynode entstanden sind[4], sowie die möglichen weiteren Schritte des Vatikans im Hinblick auf die DDR.

Zu ersterem Punkt gab mir Kardinal Bengsch anhand von Dokumenten und Briefen, die er mir zeigte, eine genaue Schilderung über das Zustandekommen der befremdlichen Teilnehmerliste der Bischofssynode. Auf Grund seiner Schilderungen steht nunmehr über jedem Zweifel fest, daß es sich hierbei nicht um einen versehentlichen Lapsus, noch um eine unpolitische, am rein Praktischen orientierte Maßnahme handelte. Der Vatikan hat vielmehr den Weg zu dieser Entscheidung an langer Hand sorgfältig vorbereitet:

Beunruhigt über die Verhandlungen Erzbischofs Casarolis in Warschau Anfang Februar d. J.[5] hatte der Kardinal Ende Februar seinen inzwischen verstorbenen Vertrauensmann, Prälat Gross, nach Rom geschickt, um zu erkunden, ob Erzbischof Casaroli ähnliche Pläne hinsichtlich der DDR habe. Bereits damals habe Casaroli den Prälaten um eine Kopie der Statuten der Berliner Ordinarienkonferenz gebeten. Der erste Absatz dieser Statuten sagt aus, daß sich die Berliner Ordinarienkonferenz als Regionalkonferenz im Rahmen der Deutschen Bischofskonferenz versteht.[6] Im weiteren Verlauf der Verhandlungen hat der Vatikan versucht, auf die mitteldeutschen Bischöfe Druck dahingehend auszuüben, daß die Statuten, insbesondere im ersten Absatz, geändert werden. Diesem Druck haben die mitteldeutschen Bischöfe jedoch nicht nachgegeben.

Im April reiste Kardinal Bengsch persönlich nach Rom[7], um den Papst zu bitten, ihn zur Bischofssynode wieder wie vor drei Jahren ad personam einzula-

---

Fortsetzung Fußnote von Seite 1306

gen die Wiederaufnahme von Gesprächen des Heiligen Stuhls und der DDR einzuwenden habe: „Offenbar zielt er darauf ab, von uns Äußerungen zu erhalten, die ihm einen gewissen Spielraum für seine Verhandlungen mit der DDR einräumen. Auf dieses Spiel können wir uns sicherlich nicht einlassen. Wenn wir uns andererseits weiterhin in Schweigen hüllen, wird Casaroli uns später entgegenhalten, wir hätten die Gelegenheit zu einer Konsultation ja nicht genutzt. Wir müßten ihm daher meines Erachtens jetzt sagen, daß wir eine Veränderung des Status quo nicht wünschten oder eine solche nur in einem klar definierten Rahmen hinnehmen könnten." Die Bischöfe in der Bundesrepublik und in der DDR seien gegen eine Änderung des kirchenrechtlichen Rahmens. Casaroli könne jedoch bei einer Reise in die DDR die Abtrennung der in der DDR gelegenen Gebiete von Diözesen in der Bundesrepublik, die Einrichtung einer eigenen Bischofskonferenz, die „Herstellung permanenter Arbeitskontakte des Heiligen Stuhls mit der DDR-Regierung" und die Aufnahme diplomatischer Beziehungen zur Sprache bringen. Vgl. VS-Bd. 10120 (210); B 150, Aktenkopien 1974.

4 Zur Teilnehmerliste für die Bischofssynode in Rom vgl. Dok. 260.

5 Der Sekretär des Rats für die öffentlichen Angelegenheiten der Kirche hielt sich vom 4. bis 8. Februar 1974 in Polen auf. Botschafter Böker, Rom (Vatikan), berichtete dazu am 15. Februar 1974, Casaroli habe ihm mitgeteilt, daß das Hauptanliegen des Heiligen Stuhls eine „Normalisierung des Verhältnisses Staat–Kirche" in Polen gewesen sei. Im Zuge dieser Verhandlungen könne es auch zur Einrichtung einer Verbindungsstelle in Warschau kommen. „Etwas verblüffend – um nicht zu sagen enthüllend – war die Bemerkung Casarolis, der Kern des Problems sei eigentlich das gegenseitige Mißtrauen zwischen dem polnischen Episkopat und dem polnischen Staat. Beide behaupteten, der andere wolle seinen Gegenspieler übers Ohr hauen oder an die Wand spielen. Die Formulierungen Casarolis lassen erkennen, daß der Vatikan den polnischen staatlichen Stellen weniger mißtraut als dem polnischen Episkopat." Vgl. den Drahtbericht Nr. 18 vom 15. Februar 1974; Referat 203, Bd. 101446.

6 In Artikel 1 der Satzung der Berliner Ordinarienkonferenz vom 28./29. März 1966 wurde ausgeführt: „Die Berliner Ordinarienkonferenz setzt sich als Regionalkonferenz der Deutschen Bischofskonferenz aus den Bischöfen und Ordinarien im Bereich der Deutschen Demokratischen Republik zusammen." Vgl. DISTANZ, S. 14.

7 Über den Besuch des Bischofs von Berlin vom 6. bis 10. Mai 1974 beim Heiligen Stuhl berichtete Botschafter Böker, Rom (Vatikan), Bengsch habe vermutlich „die Bitte vorgetragen, der Papst sel-

den. Diese Bitte wurde vom Papst abgeschlagen.[8] Statt dessen forderte die Kurie, die mitteldeutschen Bischöfe sollten Kardinal Bengsch oder einen anderen Bischof zu ihrem Ständigen Vorsitzenden und gleichzeitig zu ihrem Vertreter auf der Bischofssynode wählen. Dem entsprach die Ordinarienkonferenz nach langem Hin und Her nur insoweit, als sie schließlich den Kardinal ad hoc zu ihrem Sprecher auf der Synode ernannte. Damit wird klargestellt, daß man sich in keiner Weise von der Deutschen Bischofskonferenz trennen wolle. Inzwischen hatte in dieser Sache ein Briefwechsel zwischen Kardinal Bengsch und Kardinalstaatssekretär Villot stattgefunden, und Nuntius Bafile war zweimal eigens nach Berlin gereist. Obwohl dieses Verhalten des Vatikans eine klare Tendenz anzeigte, war Kardinal Bengsch dennoch genauso überrascht über die schließliche Form der Teilnehmerliste wie wir.

II. Über die weiteren Pläne des Vatikans hinsichtlich der DDR meinte Kardinal Bengsch folgendes:

Die Verhandlungsgegenstände, die zur Diskussion stünden, ließen sich in drei Komplexe einteilen:

1) Die Anhebung der jetzt noch zu westdeutschen Bistümern gehörenden und von apostolischen Administratoren verwalteten Gebietsteile zu kanonisch-rechtlichen Administraturen (das bedeutet: ihre endgültige rechtliche Lösung von den Heimatbistümern) bzw. ihre Umwandlung in regelrechte Bistümer.

2) Die Anhebung der Berliner Ordinarienkonferenz zu einer selbständigen nationalen Bischofskonferenz der DDR, d. h. ihre rechtliche Loslösung von der Deutschen Bischofskonferenz.[9]

3) Die Aufnahme offizieller Beziehungen zwischen dem Vatikan und der DDR, sei es nach dem polnischen Modell (Einrichtung von Verbindungsstellen)[10], sei es auf regelrechter diplomatischer Ebene.

Fortsetzung Fußnote von Seite 1307

ber möge ihn unmittelbar zu Bischofssynode einberufen. Die Alternative wäre, daß der Kardinal von einer nationalen Bischofskonferenz zu der Synode entsandt wird. Eine Entsendung durch die Deutsche Bischofskonferenz ist jedoch nicht möglich, weil dies den Kardinal in eine unerträgbare Konfliktsituation mit dem DDR-Regime brächte. Eine nationale Bischofskonferenz der DDR besteht noch nicht und wird auch von dem dortigen Episkopat, und insbesondere von Bengsch selbst, keinesfalls gewünscht, weil dies einer Anerkennung nicht nur der Zweistaatlichkeit Deutschlands, sondern auch der Teilung der deutschen Nation seitens des Heiligen Stuhls gleichkäme." Böker vermutete außerdem, Bengsch habe gegenüber Papst Paul VI. die Errichtung eines Ständigen Sekretariats des Moskauer Patriarchats beim Heiligen Stuhl bedauert, da dieses völlig von der sowjetischen Regierung abhängig sei. Vgl. den Drahtbericht Nr. 60 vom 22. Mai 1974; VS-Bd. 9948 (203); B 150, Aktenkopien 1974.

8 Die Wörter „vom Papst abgeschlagen" wurden von Vortragendem Legationsrat I. Klasse Schönfeld hervorgehoben. Dazu Ausrufezeichen.

9 Dieser Satz wurde von Vortragendem Legationsrat I. Klasse Schönfeld hervorgehoben. Dazu Ausrufezeichen.

10 Während des Besuchs des polnischen Stellvertretenden Außenministers Czyrek am 4./5. Juli 1974 in Rom wurde die „Einrichtung ständiger Arbeitskontakte zwischen dem Heiligen Stuhl und der polnischen Regierung" vereinbart. Botschafter Böker, Rom (Vatikan), berichtete dazu am 10. Juli 1974, der Sekretär des Rats für die öffentlichen Angelegenheiten der Kirche, Casaroli, habe ihm dazu mitgeteilt: „Die polnische Regierung werde einen Diplomaten von entsprechend hohem Rang bestimmen, der, begleitet von einem oder zwei Mitarbeitern, demnächst in Rom seine Arbeit aufnehmen werde. Die polnischen Diplomaten werden weder beim Heiligen Stuhl noch bei der Italienischen Regierung akkreditiert sein und werden auf keiner der beiden Diplomatenlisten geführt werden. Für Zwecke der Verwaltung seien sie dem polnischen Botschafter beim Quirinal unterstellt. [...] Ebenso wird der Heilige Stuhl einen vatikanischen Diplomaten hinreichenden Ranges, ebenfalls mit einem

Zu diesen Punkten meinte der Kardinal:

1) Eine Administraturenlösung werde, wenn sie überhaupt noch ins Auge gefaßt sei, wohl nur ein kurzes Übergangsstadium zur Schaffung endgültiger Bistümer sein. Die Schaffung eines neuen Bistums erfordere aber nach kanonischem Recht eine formelle Zirkumskription der Bistumsgrenzen, was insbesondere in dem Falle Berlin schwerwiegende Probleme aufwerfen würde (siehe III).

2) Die Bischöfe in der DDR seien sich einig in der Ablehnung einer eigenen nationalen Bischofskonferenz, weil sie sich nach wie vor als Deutsche und als solche der Deutschen Bischofskonferenz zugehörig fühlten. Eine solche Lösung könnte ihnen also nur vom Vatikan aufgezwungen werden. Es sei auch möglich, daß in bevorstehenden Verhandlungen die DDR mehr Nachdruck auf Punkt 1 des Verhandlungspaketes legen wird, oder auch umgekehrt. Wie der Vatikan tendieren werde, sei nicht ganz klar.

3) Was offizielle Beziehungen anlangt, werde man es wahrscheinlich vorderhand bei dem polnischen Modell belassen. Er glaube nicht, daß der Vatikan in Ostberlin stärker in Erscheinung treten wolle als in Warschau, und er halte es auch für möglich, daß der bekannte Anerkennungsfimmel der DDR in diesem Falle von Moskau aus gebremst werde (Sofioter Beschlüsse der Kultusbeauftragten der Warschauer-Pakt-Staaten vom November 1972[11]).

III. Der Kardinal bat mich ausdrücklich, an die Bundesregierung folgendes heranzutragen:

Die Zirkumskription des Bistums Berlin werde unweigerlich schwerwiegende politische Fragen aufwerfen:

1) Verbleibe Westberlin bei dem Bistum Berlin, dann werde es gewissermaßen einer nunmehr rein ostdeutsch gewordenen kirchlichen Behörde unterstellt. Er könnte sich vorstellen, daß die Westberliner Katholiken dies selbst nur mit großem Unbehagen sehen würden. Er halte es auch für gut möglich, daß die Bundesregierung eine Einverleibung Westberlins in eine DDR-Diözese nicht hinnehmen werde.

2) Würde jedoch andererseits Westberlin aus dem Bistum Berlin ausgeklammert und zu einer selbständigen Administratur oder Bistum erhoben werden,

Fortsetzung Fußnote von Seite 1308
oder zwei Mitarbeitern, benennen, deren Aufgabe es sein werde, die Beziehungen zur polnischen Regierung zu pflegen. Die vatikanische Kontaktgruppe werde jedoch in Rom residieren und nur von Zeit zu Zeit nach Warschau reisen. [...] Meine Frage, ob diese Vereinbarungen mit Kardinal Wyszynski und dem polnischen Episkopat vorher besprochen worden seien, bejahte Casaroli. Er räumte aber ein, daß zwischen dem Heiligen Stuhl und dem polnischen Episkopat nach wie vor erhebliche Meinungsverschiedenheiten bestünden." Vgl. den Schriftbericht Nr. 393; Referat 214, Bd. 116641.

11 Am 22./23. November 1972 fand in Sofia eine Tagung der Warschauer-Pakt-Staaten über theoretische Probleme der wissenschaftlich-technischen Revolution und ihre Auswirkungen auf den ideologischen Kampf statt. Botschafter Böker, Rom (Vatikan), berichtete dazu am 29. November 1972: „Mein italienischer Kollege, Botschafter Pompei, erzählte mir kürzlich, die italienische Regierung habe aus mehreren zuverlässigen Quellen erfahren, daß Anfang November in Sofia eine Konferenz der Staatlichen Beauftragten für Kirchenfragen in den verschiedenen kommunistischen Ländern Osteuropas stattgefunden hat. Ähnliche Treffen sollen schon in der Vergangenheit von Zeit zu Zeit stattgefunden haben. Die Bedeutung der Zusammenkunft in Sofia liege aber darin, daß die versammelten Vertreter der Ostblockstaaten auf sowjetischen Druck beschlossen hätten, vorderhand keine konkordatsähnlichen Abmachungen mit dem Heiligen Stuhl zu schließen und vor allem keine diplomatischen Beziehungen mit ihm aufzunehmen. Laufende Verhandlungen mit dem Heiligen Stuhl sollten mindestens bis zum Ende der E[uropäischen] K[onferenz für] S[icherheit und] Z[usammenarbeit] nur schleppend weitergeführt werden." Vgl. den Schriftbericht Nr. 707; Referat I A 4, Bd. 457.

so würde nicht nur die Teilung der Stadt vertieft und verdeutlicht werden, sondern die in der DDR residierenden Bischöfe würden damit völlig von dem freien Kontakt mit der Bundesrepublik und dem Westen schlechthin abgeschlossen werden. Solange West- und Ostberlin ein und demselben Bistum angehörten, könnten er, Kardinal Bengsch, und seine Mitarbeiter in regelmäßigen Abständen nach Westberlin fahren und sich dort mit kirchlichen und anderen Persönlichkeiten aus der Bundesrepublik und dem freien Westen treffen. Dies sei für [...][12] und die ganze katholische Kirche in der DDR die lebenswichtige Verbindung schlechthin, auch in finanzieller Hinsicht.

Ähnliche Probleme, meinte Kardinal Bengsch, würden sich bei der Einrichtung einer offiziellen Verbindungsstelle oder gar bei der Aufnahme diplomatischer Beziehungen ergeben. Bisher ist Nuntius Bafile in Bad Godesberg nach wie vor für die Bistümer in der Bundesrepublik, in der DDR und für Berlin zuständig. Seine Zuständigkeit für die DDR und Ostberlin müßte dann auf jeden Fall entfallen. Es sei zweifelhaft, ob man dann Westberlin weiterhin bei der Zuständigkeit des Nuntius in Bonn belassen könne, weil die Nuntien grundsätzlich für ganze Bistümer und nicht für Bistumsteile zuständig seien. Er, Bengsch, habe Zweifel, ob die Bundesregierung eine Zuordnung Westberlins zu einem evtl. Nuntius in Ostberlin hinnehmen würde. Er bäte daher die Bundesregierung sehr nachdrücklich, diese Probleme sorgfältig zu überdenken und den Vatikan rechtzeitig von dem Ergebnis ihrer Überlegungen in Kenntnis zu setzen. Im Grunde, so meinte der Kardinal, sei der Status quo besser als irgendeine andere denkbare Lösung. Er trage in ausgewogener Weise den rechtlichen und tatsächlichen Verhältnissen in beiden Teilen Berlins, in der DDR und in der Bundesrepublik Rechung. Jede Veränderung dieses Status quo werfe kaum lösbare Probleme auf, insbesondere hinsichtlich Berlins.

IV. Kardinal Bengsch hält es für ziemlich sicher, daß der Papst entschlossen ist, Erzbischof Casaroli möglichst noch diesen Herbst zu Verhandlungen nach Ostberlin zu entsenden.[13] Er, Bengsch, habe schwerste Bedenken dagegen erhoben. Seines Wissens hätte der westdeutsche Episkopat dasselbe getan. Der Vatikan spiele nunmehr mit der Idee, daß das Treffen Casarolis mit den DDR-Beauftragten vielleicht nicht in Ostberlin, sondern in Dresden oder Eisenach stattfinden könne. Er, Bengsch, habe Casaroli erklärt, eine solche Ausflucht sei nichts anderes als ein „lächerliches Manöver". Er habe ferner Casaroli erklärt, er erwarte, daß dieser, wenn er schon nach Ostberlin komme, wenigstens in der offiziellen Residenz des Kardinals Wohnung nähme. Auch hier aber habe Casaroli ausweichend geantwortet. Der Kardinal befürchtet von der geplanten Reise Casarolis und den damit verbundenen Verhandlungen nicht nur eine implizierte Desavouierung des Episkopats in der DDR, sondern auch schwere Spannungen innerhalb des Kirchenvolkes. Man werde es Menschen, die jahrelang unter großen Opfern der kommunistischen Diktatur Widerstand geleistet hätten, nicht klarmachen können, daß sie sich noch mit einer römischen Welt-

---

[12] Auslassung in der Vorlage.
An dieser Stelle vermerkte Vortragender Legationsrat I. Klasse Schönfeld handschriftlich: „die B[erliner] Bischöfe?"
[13] Der Sekretär des Rats für die öffentlichen Angelegenheiten der Kirche, Casaroli, besuchte die DDR vom 9. bis 14. Juni 1975. Vgl. dazu die Aufzeichnung des Vortragenden Legationsrats I. Klasse Fleischhauer vom 11. Juli 1975; AAPD 1975.

kirche verbunden fühlen sollen, deren Oberhaupt über die Köpfe des Episkopats hinweg und gegen dessen Willen mit den Unterdrückern verhandelt.

Der deutsche Episkopat sei sich mit dem polnischen Episkopat völlig darüber einig, daß der Vatikan mit seiner schlecht durchdachten Ostpolitik den Karren vor das Pferd zu spannen versuche. Es sei bisher noch nirgends gelungen, die Lage der Kirche in einem kommunistischen Lande durch Verhandlungen des Vatikans zu verbessern. Deshalb verlangten die polnischen Bischöfe zu Recht, daß das Regime zunächst die kirchlichen Verhältnisse im Innern verbessern müsse. Erst danach sollte dies durch Verhandlungen des Vatikans sanktioniert werden. Dies wolle man in Rom aber offenbar nicht einsehen.

Kardinal Bengsch machte einen sehr deprimierten und verzweifelten Eindruck. Die Kurie, die in früheren Jahren die Hauptstütze der Bischöfe in den kommunistischen Ländern gewesen sei, schicke sich nun an, sich über die Köpfe der Bischöfe hinweg mit den Regimen zu verständigen. Wie er einen solchen Zweifrontenkampf bestehen solle, wisse er nicht. Er habe Nuntius Bafile jedoch erklärt, daß sein Rücktrittsschreiben an den Papst bereits geschrieben sei, er behalte sich nur noch den Zeitpunkt der Absendung vor. Bisher habe ihn seine Verantwortung gegenüber seinen Gläubigen davon abgehalten.

V. Ich darf bitten, Kenntnis dieses Drahtberichts nur auf den engstmöglichen Personenkreis zu beschränken, da schon die bloße Tatsache eines Zusammentreffens mit mir für Kardinal Bengsch gefährliche Folgen in der DDR haben könnte.[14]

[gez.] Böker

VS-Bd. 9713 (501)

---

[14] Ministerialdirektor von Schenck wies Botschafter Böker, Rom (Vatikan), am 28. Oktober 1974 an, „den H[ei]l[igen] Stuhl unter Bekräftigung unserer ihm bekannten [...] Position weiterhin daran zu erinnern, daß wir auf Einhaltung der Konsultationspflicht bestehen und daß dies auch im Interesse des Hl. Stuhls selbst liegen dürfte, wenn er eine Wiederholung unseres formellen Protestes vom 4.10.1974 und Weiterungen vermeiden will, die das Verhältnis zwischen ihm und der Bundesrepublik Deutschland belasten könnten." Vor dem Hintergrund der Gespräche des Bischofs von Berlin, Kardinal Bengsch, im Vatikan und der Einordnung von Berlin in der Teilnehmerliste für die Bischofssynode in Rom müsse davon ausgegangen werden, daß es dem Vatikan darum gehe, „einen weiteren Schritt zur Absonderung und Verselbständigung der Kirche in der DDR zu demonstrieren. Aus der völligen Nichtberücksichtigung des Sonderstatus Berlins wird zwar noch nicht auf eine Absicht der Kirche geschlossen werden müssen, an der Einheit des ganz Berlin und die Mark Brandenburg umfassenden Bistums Berlin etwas zu ändern. Doch kann es sich hier um einen ballon d'essai handeln." Es sei vorstellbar, daß der Heilige Stuhl die Umwandlung der Berliner Ordinarienkonferenz in eine nationale Bischofskonferenz der DDR oder die Aufnahme diplomatischer Beziehungen zur DDR vorbereite. Die Bundesrepublik müsse demgegenüber an ihrer Rechtsauffassung festhalten. Vgl. den Drahterlaß Nr. 45; VS-Bd. 9713 (501); B 150, Aktenkopien 1974.

301

Sitzung des Ständigen NATO-Rats

220-371.85.00-9/74 streng geheim 17. Oktober 1974[1]

Niederschrift über die SALT-Konsultationen im NATO-Rat am 17. Oktober 1974

Botschafter *Johnson*, Leiter der amerikanischen SALT-Delegation, unterrichtet den NATO-Rat über die Entwicklung der SALT-Gespräche seit Wiederbeginn der Verhandlungen am 18. September 1974[2] durch Verlesung seines später verteilten Berichts[3], aus dem sich ergibt, daß beide Seiten noch keine neuen Verhandlungsvorschläge vorgelegt, aber ihre letztjährigen Positionen in zum Teil bemerkenswerter Weise modifiziert haben.

Deutscher Botschafter: Wir begrüßen es sehr, daß die USA in der für die europäischen Partner der Allianz so bedeutungsvollen FBS-Frage an ihrer ablehnenden Haltung festhalten, d. h. die Einbeziehung der nicht-zentralen Systeme in die Verhandlungen verweigern. Es ist im übrigen bemerkenswert, wie die Sowjets ihre Verhandlungsposition auf den verschiedensten Gebieten verfeinern. Es fragt sich, welche Konsequenzen die Einführung der Option III bei MBFR auf SALT haben würde.

Botschafter *Johnson*: Die USA sind sich der Bedeutung der FBS-Frage für Europäer voll bewußt; daher habe ich in bisherigen Verhandlungen gegenüber sowjetischen Wünschen immer eine eindeutig ablehnende Haltung bezogen und mich sowjetischem Drängen auf Erörterung von Detailfragen widersetzt mit der Begründung, daß der sowjetischen Forderung durch die Vereinbarung einer Nichtverbreitungsklausel Rechnung getragen werden könne. Über Auswirkungen von MBFR auf SALT wird in Genf nicht gesprochen; ich möchte daher auf die Frage von Botschafter Krapf auch nicht eingehen, wenn ich natürlich auch Kontakt mit der amerikanischen Delegation in Wien halte und mich über diese Fragen persönlich informiere. Die sowjetische Delegation in Genf ist, was MBFR angeht, völlig zugeknöpft.

Botschafter *Peck* (Großbritannien): Ich teile die Auffassung Botschafter Krapfs betr. FBS. Die Einbeziehung der nicht-zentralen Systeme in die Verhandlungen würde für die Belange der europäischen Alliierten schädlich sein.

---

[1] Die Gesprächsaufzeichnung wurde am 4. November 1974 gefertigt und von Vortragendem Legationsrat I. Klasse Andreae am 5. November 1974 an die Ständige Vertretung bei der NATO in Brüssel, an die Botschaft in Washington und an das Bundesministerium der Verteidigung übermittelt. Hat Botschafter Roth am 9. November 1974 vorgelegen.
Hat Vortragendem Legationsrat I. Klasse Pfeffer am 13. November 1974 vorgelegen.
Hat Vortragendem Legationsrat I. Klasse Ruth am 14. November 1974 vorgelegen. Vgl. den Begleitvermerk, VS-Bd. 3617; B 150, Aktenkopien 1974.

[2] Die siebte Runde der zweiten Phase der Gespräche zwischen den USA und der UdSSR über eine Begrenzung strategischer Waffen (SALT II) begann am 18. September 1974 in Genf.

[3] An dieser Stelle Fußnote in der Vorlage: „Vgl. Bericht NATO Brüssel 1437 v[om] 17.10.1974 Nr. 18/74 C[osmic] T[op] S[ecret]-AA."

Italienischer[4], belgischer[5], niederländischer[6], türkischer[7] und kanadischer[8] Botschafter unterstützen deutsche und britische Stellungnahme zu FBS.

Kanadischer Botschafter: 1) Bezieht sich die angestrebte Gleichwertigkeit der zentralen Systeme (high degree of equivalence) auf die Anzahl der mit MIRV ausgestatteten Systeme oder die Zahl der MIRV-Gefechtsköpfe?

2) Wie kann das Problem der Verifikation gelöst werden?

Botschafter *Johnson*: Bei der von uns angestrebten wesentlichen Gleichwertigkeit (essential equivalence) sind drei Elemente zu beobachten:

1) die Gesamtzahl der Träger, einschließlich der Bomber. Diese Zahl soll nach unserem Vorschlag beiderseitig auf einen gleichen gemeinsamen niedrigeren Nenner reduziert werden (mutual phased reduction to a common lower level);

2) das Gesamtwurfgewicht (over-all throw-weight), bei dem auch die Bomber berücksichtigt werden müssen;

3) die Anzahl der MIRV-Träger, bei deren Begrenzung hier die Anzahl der Gefechtsköpfe und das Wurfgewicht ihrer Träger berücksichtigt werden muß. Wir benutzen (bei 2) und 3)) den Ausdruck Gleichheit (equality) nicht, da dieser Ausdruck eine zahlenmäßige Gleichheit implizieren würde.

Bei der Bewertung von Wurfgewicht und MIRVs ergeben sich große Unterschiede für beide Seiten und damit die Schwierigkeiten für die Verhandlungen. Für die Sowjets spielt immer noch das zahlenmäßige Übergewicht die große Rolle, während wir an einer Begrenzung des Wurfgewichts und der MIRVs interessiert sind. Auf diesem Gebiet ist aber genug Spielraum für die zukünftigen Verhandlungen.

Die Antwort auf die erste kanadische Frage: Bei MIRV streben wir eine Begrenzung der Anzahl der Trägerraketen, nicht der Gefechtsköpfe an.

Die Antwort auf die zweite kanadische Frage: Die Verifikation der MIRV über die Trägersysteme ist schwierig, wenn die Testphase beendet ist und die Systeme disloziert sind, aber nicht unmöglich.

Britischer Botschafter: Wie wollen Sie die sowjetischen und amerikanischen Systeme bewerten (equate), wenn es nicht das Ziel sein sollte, zu einer gleichen Anzahl der Gesamtsysteme zu kommen?

Botschafter *Johnson*: Es handelt sich hier nicht um ein rein mathematisches Problem. Die Frage ist nur lösbar im Sinne einer „total equal balance". Besondere Schwierigkeiten macht natürlich die Bewertung der Bomber; bei diesen muß die größtmögliche Nutzlast in Rechnung gestellt werden. Luftbodenraketen sollen mit MIRV-Raketen gleichgesetzt werden.

Norwegischer Botschafter[9]: Hat sich die sowjetische Haltung in bezug auf MIRV geändert?

---

[4] Felice Catalano di Melilli.
[5] André de Staercke.
[6] Abraham K. F. Hartogh.
[7] Orhan Eralp.
[8] Arthur R. Menzies.
[9] Rolf T. Busch.

Botschafter *Johnson*: Die Sowjets gehen jetzt von einer Gesamtzahl von SLBMs und ICBMs aus, innerhalb derer jede Seite frei ist, den Anteil der beiden Systemarten festzusetzen (freedom to mix). Grund für diese geänderte Haltung könnte sein, daß die Sowjets bald auch mit der MIRV-Erprobung von seegestützten Raketen anfangen wollen. Bisher setzen sie immer noch die Erprobung der ICBMs fort.

Holländischer Botschafter: Wie sehen die Vereinigten Staaten den zeitlichen Ablauf der SALT-Verhandlungen? Kann das geplante Zehn-Jahres-Abkommen trotz der noch ungelösten Fragen erreicht werden?

Botschafter *Johnson*: Beim letzten Moskauer Gipfel[10] ist verbindlich vereinbart worden, daß das nächste Abkommen über strategische Angriffswaffen wieder ein befristetes Abkommen sein soll, das bis 1985 läuft. Ein weiterer Fixpunkt ist die Tatsache, daß das gegenwärtige Interimsabkommen 1977 ausläuft[11]. Wir wollen und müssen schnell handeln und hoffen, uns im Laufe des kommenden Jahres auf ein neues Interimsabkommen einigen zu können, das dann die vorgesehene Laufzeit von zehn Jahren hätte. Es kann natürlich sein, daß dieses Abkommen noch nicht alle Fragen klärt, aber es soll ja gerade kein endgültiges, für die Dauer bestimmtes sein.[12]

Französischer Botschafter[13]: 1) Es hat mich erstaunt, daß nach den Worten Botschafter Johnsons die Sowjets ihre bisherige Absicht aufgegeben haben, auf einem Verbot neuer Entwicklungen bei SLBMs und Bombern zu bestehen. Bedeutet das, daß sie selbst neue Entwicklungen planen? Muß man daraus ersehen, daß die Sowjets den SALT jetzt vielleicht weniger Bedeutung beimessen?

2) Was antworten die Sowjets auf den US-Vorschlag, das FBS-Problem mit einer Nichtumgehungsklausel zu lösen?

3) Welche Aussichten eröffnen sich für die Verhandlungen, nachdem die Sowjets ihre Haltung in verschiedenen Punkten geändert haben?

Botschafter *Johnson*: zu 1) Die gemilderte sowjetische Haltung gegenüber amerikanischen Neuentwicklungen beruht wahrscheinlich darauf, daß die Sowjets eingesehen haben, daß das Trident-System und der B1-Bomber schon so weit gediehen sind, daß die Entwicklung nicht mehr rückgängig gemacht werden kann. Daher verlangten sie jetzt nur noch eine Begrenzung bei der Dislozierung dieser neuen Systeme. Auf meine Frage, ob die Sowjets denn diese geänderte Haltung auch gegenüber ihren eigenen Neuentwicklungen anwenden würden, antworteten sie übrigens ausweichend mit der Bemerkung, sie hätten keine neuen Systeme, etwa ICBMs, es handele sich in allen Fällen nur um Modernisierung. Auf meine Frage, was denn nach sowjetischer Auffassung den Unterschied zwischen Modernisierung und Neuentwicklung ausmache, antworte-

---

10 Präsident Nixon hielt sich vom 27. Juni bis 3. Juli 1974 in der UdSSR auf. Vgl. dazu Dok. 197, Dok. 199 und Dok. 200.
11 Vgl. dazu Artikel VIII Absatz 2 des Interimsabkommens vom 26. Mai 1972 zwischen den USA und der UdSSR über Maßnahmen hinsichtlich der Begrenzung strategischer Waffen (SALT); Dok. 187, Anm. 11.
12 Dieser Absatz wurde von Botschafter Roth hervorgehoben. Dazu vermerkte er handschriftlich: „Sollten wir nicht besser von einem Abkommen mit begrenzter (etwa zehnjähriger) Laufzeit sprechen als über ‚Interim‘, was dann den Eindruck erweckt, ein ‚endgültiges‘ würde folgen."
13 François de Tricornot de Rose.

ten sie mit dem Hinweis, daß die Presse in den Vereinigten Staaten von amerikanischen Neuentwicklungen berichte; das sei für sie der Beweis für derartige Arbeiten in den USA. Sie wollen sich eben alle Optionen offenhalten.

zu 2) Ich kann nicht sagen, daß die Sowjets von ihrer FBS-Position abgewichen sind oder ihre Forderung auf Einbeziehung fallenlassen werden. Allerdings hat sich ihre taktische Haltung gewandelt. Sie drängen nicht mehr so stark auf baldigen Rückzug der amerikanischen zentralen Systeme aus europäischen Basen (und deren Auflösung), dafür verlangen sie aber eine baldige Kompensation für alle noch nicht beseitigten US-Systeme in Gestalt einer größeren Anzahl ihrer eigenen zentralen Systeme. Die Flugzeugträger (der Sechsten und Siebten Flotte) mit ihren nuklearen Systemen sollen nach sowjetischer Vorstellung übrigens auch dann noch angerechnet werden, wenn sie aus einem bestimmten sensitiven geographischen Bereich zurückgezogen worden sind. Im übrigen bestehen die Sowjets weiterhin, ja fast stärker, auf der Einbeziehung der strategischen Systeme dritter Staaten und bringen in diesem Zusammenhang neuerdings einen geographischen Faktor ins Gespräch. Es ist nicht ausgeschlossen, daß sie damit auch China ansprechen wollen.

zu 3) Der Fortgang der Verhandlungen wird, sachlich und zeitlich, vom Ergebnis der Gespräche Kissingers bis Ende Oktober in Moskau[14] abhängen. Es ist vielleicht zuviel verlangt, von diesen Gesprächen den lange erwarteten „conceptual breakthrough" zu erwarten. Wir hoffen aber immerhin auf Impulse, die die Weiterführung der Verhandlungen ermöglichen. Insgesamt sind wir von der bisherigen Haltung der Sowjets nicht überrascht. Voraussagen über den Fortgang der Gespräche möchte ich aber im Augenblick nicht machen.

Dänischer Botschafter:[15] Haben bei den Sowjets die Politiker oder die Militärs mehr Einfluß auf die SALT-Gespräche?

Botschafter *Johnson*: Nach meinem Eindruck stellt in der Sowjetunion niemand die Meinung des Verteidigungsministeriums ernsthaft in Frage. Daneben wird die sowjetische Verhandlungsposition nicht nur von der Regierung, sondern auch von der Partei mit beeinflußt. Allerdings fehlt es offenbar innerhalb der Entscheidungsgremien der Sowjetunion an einer Diskussion, wie wir sie kennen. Die Denkweise und die Konzeption der Sowjets bleiben noch weit hinter der amerikanischen sophistication zurück. Ihre Gedanken kreisen immer noch um die Vorstellungen: „gleiche Sicherheit für beide Seiten" und „keine einseitigen Vorteile". Dementsprechend denken sie noch in den Begriffen „bigger is better" und „more is safer". Für sie scheint immer noch das Bewußtsein wichtig zu sein, daß sie im Notfall einen Konflikt irgendwie gewinnen können. Sie haben also sicherlich die Absicht, sich die Fähigkeit zum Kriegführen zu erhalten (war fighting capability), noch nicht ad acta gelegt.

Luxemburgischer Vertreter: Was bedeutet Kissingers Äußerung, daß die Existenz einer großen Anzahl von MIRV-Gefechtsköpfen einen destabilisierenden Effekt hat?

---

14 Der amerikanische Außenminister Kissinger besuchte die UdSSR vom 23. bis 27. Oktober 1974. Vgl. dazu Dok. 303, Anm. 12.
15 Anker Svart.

Botschafter *Johnson*: Der psychologische Aspekt spielt hierbei eine bedeutende Rolle; der Eindruck, den große Zahlen auf die Öffentlichkeit machen, ist manchmal wichtiger als ihre tatsächlichen Auswirkungen. Beispiel: die Seite, die fünffache „overkill capacity" besitzt, kann sich ihrem Gegner mit nur dreifacher „overkill capacity" überlegen fühlen. Ein solches falsches Gefühl der Überlegenheit ist eine enorme Gefahrenquelle in Spannungssituationen und kann das crisis management beeinflussen.

Aus diesem Grunde sind die USA – darüber sind sich Kissinger und Schlesinger einig – entschlossen, die Gleichwertigkeit der strategischen Systeme zu erhalten, wenn möglich auf einer niedrigeren Ebene. Sollten Reduktionen nicht möglich sein, wird die gegenwärtige Gleichwertigkeit in jedem Fall aufrechterhalten. Wir haben den Sowjets unmißverständlich klargemacht, daß wir uns nicht in die Position des Unterlegenen manövrieren lassen werden. Das ist vielleicht unser stärkstes Argument für ein neues Abkommen.

Anschließend erläuterte der amerikanische Vertreter in der Ständigen Beratungskommission (Standing Consultative Committee), *Dr. Graybeal*, die geheimen Protokolle über Verfahren bezüglich des Abbaus von ABM- und strategischen Offensivsystemen und das geheime Memorandum über die Errichtung der SCC sowie die dazugehörigen Protokolle und Verfahrensvorschriften.[16] Dr. Graybeal weist den NATO-Rat in Ergänzung seines vorbereiteten Statements vom 24.9.1974[17] darauf hin, daß es sich bei den geheimen Protokollen nur um Ausführungsbestimmungen zu dem ABM-Vertrag[18] und dem Interimsabkommen handelt, daß also die beiden Abkommen durch die beiden Geheimprotokolle nicht geändert worden sind. Er erläutert weiter, daß die Sowjetunion bei der Aushandlung dieser Protokolle den amerikanischen Wünschen weitgehend entgegengekommen sind. Eine besondere Schwierigkeit hat es bei der Frage gegeben, wie gegenwärtig unternomme Außerdienststellungen und Außerbetriebsetzungen von Raketenträgern bekanntgemacht werden sollen. Die Vereinigten Staaten hatten vorherige Bekanntgabe verlangt, die Sowjetunion wollte sich nur zur nachherigen Unterrichtung bereit finden. Schließlich hat die Sowjetunion jetzt eine Mitteilung über die jeweils laufenden Außerbetriebsetzungen (dismantling, destruction, replacement) zugesagt.

Die derzeitige vierte Sitzung der SCC befaßt sich mit dem Verfahren für die Zerstörung oder Demontage von überzähligen ABM-Restabschußvorrichtungen. Ein weiteres Tätigkeitsgebiet der Kommission bildet das Abkommen zur Verringerung des Risikos eines Nuklearkrieges zwischen der Sowjetunion und der USA vom 30.9.1971. Um die Anwendung dieses Abkommens zu erleichtern, haben die USA den Sowjets die Einführung von standardisierten, vorgefertigten

---

[16] An dieser Stelle Fußnote in der Vorlage: „Übersandt mit Bericht der Vertretung Brüssel vom 9.10. 1974; AZ: I-20-10-3-3793/74 geheim."
Für das Memorandum und die Protokolle vgl. VS-Bd. 9441 (220).

[17] Für die Ausführungen des amerikanischen Vertreters in der Ständigen Beratungskommission des Vertrags vom 26. Mai 1972 zwischen den USA und der UdSSR über die Begrenzung der Raketenabwehrsysteme (ABM-Vertrag), Graybeal, vgl. VS-Bd. 9441 (220).

[18] Für den Wortlaut des Vertrags vom 26. Mai 1972 zwischen den USA und der UdSSR über die Begrenzung der Raketenabwehrsysteme (ABM-Vertrag) vgl. UNTS, Bd. 944, S. 14–22. Für den deutschen Wortlaut vgl. EUROPA-ARCHIV 1972, D 392–395.

Meldungen vorgeschlagen, deren Durchgabe in kritischen Situationen die Warnzeit für die Gegenseite soweit wie möglich verlängern würde.

Britischer Botschafter: 1) Ich würde weitere Erläuterungen zu den pre-agreed messages begrüßen.

2) Warum ist in den geheimen Abkommen die Demontage von Abschußvorrichtungen mit so großen zeitlichen Intervallen vorgesehen?

Dr. Graybeal: zu 1) Die Einführung von Warnmeldungen in Kurzform, über deren Bedeutung sich beide Seiten vorher verständigt haben, soll dazu dienen, um die Gegenseite von Unglücksfällen, Zwischenfällen und anderen Ereignissen (z.B. launch by accident) zu unterrichten (vgl. Art. 2 des Abkommens von 1971[19]). Auch hier wollen und können wir das zugrundeliegende Abkommen nicht ändern, sondern nur dazu beitragen, daß es nutzbringend angewendet werden kann.

zu 2) Die Demontage von Abschußvorrichtungen in Intervallen, wie sie in den Geheimprotokollen vorgesehen ist, soll der Gegenseite die Verifikation erleichtern.

Deutscher Botschafter: 1) Art. XIII, Abs. 1 Buchstabe G[20] sieht vor, daß die SCC auch Vorschläge für weitere Maßnahmen zur Begrenzung der strategischen Waffen erörtern kann. Ist die Kommission schon in dieser Richtung tätig geworden? Ist derartiges beabsichtigt?

2) Wir haben gehört, daß die Sowjetunion bei den eigentlichen SALT-Verhandlungen recht zurückhaltend mit technischen Informationen ist[21]; ist die Situation innerhalb der SCC besser?

Dr. Graybeal: zu 1) Die Kommission soll weitere Maßnahmen zur Begrenzung der strategischen Waffen nur erörtern, soweit dies angebracht ist. Art. XIII des

---

19 Artikel 2 des Abkommens vom 30. September 1971 über Maßnahmen zur Verminderung der Gefahr des Ausbruchs eines unbeabsichtigten Atomkriegs zwischen den USA und der UdSSR: „The Parties undertake to notify each other immediately in the event of an accidental, unauthorized or any other unexplained incident involving a possible detonation of a nuclear weapon which could create a risk of outbreak of nuclear war. In the event of such an incident, the Party whose nuclear weapon is involved will immediately make every effort to take the necessary measures to render harmless or destroy such weapon without its causing damage." Vgl. UNTS, Bd. 807, S. 58 f. Für den deutschen Wortlaut vgl. EUROPA-ARCHIV 1971, D 535.

20 Artikel XIII des Vertrags vom 26. Mai 1972 zwischen den USA und der UdSSR über die Begrenzung der Raketenabwehrsysteme (ABM-Vertrag): „1) To promote the objectives and implementation of the provisions of this Treaty, the Parties shall establish promptly a Standing Consultative Commission, within the framework of which they will: a) consider questions concerning compliance with the obligations assumed and related situations which may be considered ambiguous; b) provide on a voluntary basis such information as either Party considers necessary to assure confidence in compliance with the obligations assumed; c) consider questions involving unintended interference with national technical means of verification; d) consider possible changes in the strategic situation which have a bearing on the provisions of this Treaty; e) agree upon procedures and dates for destruction or dismantling of ABM systems or their components in cases provided for by the provisions of this Treaty; f) consider, as appropriate, possible proposals for further increasing the viability of this Treaty, including proposals for amendments in accordance with the provisions of this Treaty; g) consider, as appropriate, proposals for further measures aimed at limiting strategic arms. 2) The Parties through consultation shall establish, and may amend as appropriate, Regulations for the Standing Consultative Commission governing procedures, composition and other relevant matters." Vgl. UNTS, Bd. 944, S. 16 f. Für den deutschen Wortlaut vgl. EUROPA-ARCHIV 1972, D 394 f.

21 Korrigiert aus: „sind".

ABM-Abkommens sagt dies ausdrücklich (if appropriate). Solange die SALT-Verhandlungen noch im Gange sind, wie z. B. jetzt, wäre es nicht nur überflüssig, sondern auch unangebracht, die Kommission mit Verhandlungsaufgaben zu betrauen.

zu 2) Die Vertreter der Sowjetunion in der SCC sind verhältnismäßig offen, zumindest bei der Erörterung von technischen Details gerade derjenigen Systeme, deren Träger zur Demontage anstehen[22] oder schon demontiert werden.

Botschafter *Johnson*: Ich kann nur bestätigen, daß die Sowjets in den eigentlichen SALT-Verhandlungen bezüglich technischer Angaben immer noch sehr, sehr reserviert sind. Es ist sogar immer noch so, daß die Sowjets ihre eigenen Systeme im Gespräch mit uns mit den Bezeichnungen benennen, die wir ihnen gegeben haben. Die russischen Bezeichnungen hören wir nicht.

VS-Bd. 3617

302

Aufzeichnung des Ministerialdirigenten Fischer, Bundeskanzleramt

Geheim 17. Oktober 1974[1]

Vermerk über ein Gespräch des Bundeskanzlers mit Präsident Jean Monnet am Mittwoch, dem 16. Oktober 1974, von 17.00 bis 18.30 Uhr im Palais Schaumburg

Weitere Teilnehmer: Herr Max Kohnstamm, MDg Dr. Per Fischer

Folgende drei Themen wurden behandelt:

1) Intensivierung der europäischen Zusammenarbeit, hier insbesondere gemeinsame Ölpolitik,

---

[22] Korrigiert aus: „heranstehen".

[1] Ablichtung.
Die Aufzeichnung wurde von Ministerialdirigent Fischer, Bundeskanzleramt, an Regierungsdirektor Leister, Bundeskanzleramt, weitergeleitet, „mit der Bitte, die Zustimmung des Bundeskanzlers zum Vermerk und zu dem Vorschlag herbeizuführen, ihn zur Unterrichtung an BM Genscher (auch für St[aatssekretär] Gehlhoff), BM Friederichs (auch für St. Rohwedder) und BM Apel (auch für St. Pöhl) zu übersenden."
Hat Leister am 18. Oktober 1974 vorgelegen.
Hat Bundeskanzler Schmidt am 18. Oktober 1974 vorgelegen, der die Weiterleitung an Staatsminister Wischnewski, den SPD-Fraktionsvorsitzenden Wehner und den SPD-Vorsitzenden Brandt „persönlich, privat" verfügte und handschriftlich vermerkte: „AL II: Siehe Randvermerke". Vgl. Anm. 11 und 13.
Hat Ministerialdirektor Sanne, Bundeskanzleramt, am 18. Oktober 1974 vorgelegen.
Die Aufzeichnung wurde von Staatssekretär Schüler, Bundeskanzleramt, mit Begleitvermerk vom 18. Oktober 1974 an Bundesminister Genscher „zu Ihrer Unterrichtung und zur Kenntnis von Staatssekretär Gehlhoff" übermittelt.
Hat Genscher vorgelegen.
Hat Gehlhoff am 4. November 1974 vorgelegen.
Hat Staatssekretär Sachs am 5. November 1974 vorgelegen. Vgl. den Begleitvermerk; VS-Bd. 14062 (010); B 150, Aktenkopien 1974.

2) Aufgabe des Europäischen Fonds für währungspolitische Zusammenarbeit,
3) Rolle der Kommission

Zu 1) Präsident Jean Monnet betonte die Notwendigkeit einer zwischen Präsident Giscard d'Estaing und BK abgesprochenen Führungsrolle innerhalb der EG. In der Gemeinschaft mangele es an Autorität, die nur durch den deutschen und den französischen höchsten Verantwortlichen ausgeübt werden könne. Alle übrigen Mitgliedstaaten würden angesichts der Alternative – Rückentwicklung der europäischen Einigung – gern folgen. Wichtigster Sachbereich sei die Ausarbeitung einer gemeinsamen Energiepolitik, insbesondere einer gemeinsamen Ölpolitik. Er schlug eine deutsch-französische Initiative, präsentiert in einer gemeinsamen, öffentlichen Erklärung des Präsidenten und des BK, mit der Konzeption einer Ölpolitik vor.

BK erklärte mehrfach, er sei zu sehr weitgehenden Unterstützung jedes[2] französischen Vorschlages bereit. In dem Meinungsaustausch mit Präsident Giscard in den letzten Monaten habe er ihm jede Unterstützung zu geben versucht, dabei aber bewußt ihm nach außen die führende Rolle überlassen. Der Präsident habe, wie verschiedene Beispiele zeigten, noch gewisse Schwierigkeiten, seine Überlegungen innenpolitisch, gegenüber Mitgliedern der Regierung und der Bürokratie, durchzusetzen. Dies habe sich insbesondere bei den ständigen deutschen Bemühungen gezeigt, die von Giscard gewünschte französische Beteiligung am Internationalen Energieprogramm[3] tatsächlich realisiert zu sehen.[4] Falls der Präsident die Konzeption einer gemeinsamen Ölpolitik öf-

---

2 Dieses Wort wurde von Bundeskanzler Schmidt gestrichen. Dafür fügte er handschriftlich ein: „eines".

3 Zum von der Energie-Koordinierungsgruppe am 19./20. September 1974 verabschiedeten Internationalen Energieprogramm vgl. Dok. 284, Anm. 9.
Am 24. Oktober 1974 gab die Bundesregierung zum Abschluß der Beratungen der Energie-Koordinierungsgruppe bekannt: „Die zwölf an den Folgearbeiten der Washingtoner Energiekonferenz vom Februar 1974 beteiligten Staaten – die USA, Kanada, Japan, Norwegen und acht EG-Länder, da Frankreich noch nicht beigetreten ist – haben in den vergangenen Monaten ein umfassendes Internationales Energieprogramm (IEP) ausgearbeitet. Es hat die Form eines Übereinkommens, zu dem die beteiligten Regierungen bis zum 29. Oktober 1974 ihre Zustimmung geben sollen. Das Bundeskabinett hat am 23. Oktober 1974 einen solchen Beschluß gefaßt. Das Internationale Energieprogramm umfaßt vier Bereiche der Zusammenarbeit: gemeinsamer Krisenmechanismus; Transparenz der Aktivitäten der internationalen Erdöl-Gesellschaften und des Ölmarktes; Verminderung der Abhängigkeit vom Öl durch Zusammenarbeit bei der rationellen Nutzung der Energie, der Entwicklung alternativer Energiequellen, der Energieforschung und -entwicklung sowie der Urananreicherung; Vorbereitung des Dialogs mit den Erdöl-Förderländern und den anderen Verbraucherländern. [...] Die gemeinsame Bewältigung künftiger Versorgungsstörungen aufgrund von gezielten Lieferkürzungen durch die Förderländer stellt den Kernpunkt des IEP dar. Der Krisenmechanismus soll gewährleisten, daß alle beteiligten Länder eine gleich lange Zeit ohne bzw. mit verminderten Ölimporten auskommen. [...] Bei der Bewertung des IEP hat sich die Bundesregierung davon leiten lassen, daß eine enge Zusammenarbeit der Verbraucherländer notwendig ist. Nun bestehen erstmals reale Chancen, daß maßgebliche Industrieländer für wesentliche Bereiche ihrer Energiepolitik eine gemeinsame Grundlage schaffen. Hierin sieht die Bundesregierung eine notwendige und wichtige Ergänzung der nationalen energiepolitischen Maßnahmen bei der Krisenvorsorge". Vgl. EUROPA-ARCHIV 1975, D 3 und 5.

4 Staatspräsident Giscard d'Estaing erklärte am 24. Oktober 1974 auf einer Pressekonferenz zur Teilnahme Frankreichs am Internationalen Energieprogramm: „Non, la France n'adhérera certainement pas au Traité des Douze, le 12 novembre. On donne l'indication tout à fait précise. Elle ne fera pas non plus objection à ce que s'installe, en relation avec l'OCDE, une agence de l'énergie; elle laisse à ceux qui ont entrepris cette organisation entre eux le soin de la mettre sur pieds, sans y faire obstacle, mais elle considère que plutôt que la participation à cette organisation elle doit maintenir son rôle qui est un rôle de recherche, de dialogue et de concertation avec les pays produc-

fentlich vortrage, werde er[5] in der Öffentlichkeit sofort eine unterstützende Erklärung abgeben. Eine solche Konzeption müsse allerdings einerseits[6] die französische Beteiligung am Internationalen Energieprogramm bringen, andererseits darüber hinausgehende Vorschläge für[7]
- Krisenmanagement,
- Verbrauchsbeschränkungen,
- [8]Substitution durch Steigerung der Produktion heimischer Erzeugnisse[9],
- Grundzüge der Zusammenarbeit zwischen Erzeuger- und Verbraucherländern,
- Grundzüge eines weltweiten „Recycling"-Systems[10]

enthalten. Die beiden letzten Ziele würden in Amerika anders gesehen als in Europa; bei einer europäischen Initiative würden sowohl die amerikanische als auch die japanische Regierung zur Beteiligung veranlaßt werden. Unter dem Stichwort „Energiepolitik" werde die Ölproblematik bei einem Treffen der Regierungschefs der Neun behandelt werden müssen; es sei undenkbar und gegenüber der Öffentlichkeit nicht zu vertreten, daß die Regierungschefs über institutionelle Fragen berieten, ohne das brennendste Problem der Stunde substantiell, konkret und energisch anzupacken.

Auf die erneute Frage von J. M., ob BK nicht zur gemeinsamen Präsentation eines solchen Konzepts mit Präsident Giscard in Paris bereit sein würde, schloß dieser diese Möglichkeit nicht aus und bat J. M., bei seinem bevorstehenden Gespräch mit Giscard diesem seine Bereitschaft zur Unterstützung einer neuen Initiative ausdrücklich mitzuteilen.

Zu 2) BK legte auf Frage von J. M. den Kabinettsbeschluß zur Gemeinschaftsanleihe dar. Er wies auf die nicht genügenden Stabilitätsanstrengungen Italiens und Großbritanniens hin; die deutsche Wirtschaft könne[11] nicht für Fehler in der Wirtschaftspolitik anderer Mitgliedstaaten bezahlen. Diese Fehler lägen einerseits in dem Mangel gemeinsamer energiepolitischer Anstrengungen, andererseits in der Nichtbefolgung von Stabilitätsempfehlungen der Gemeinschaft. Unter großen Schwierigkeiten habe sich die Bundesregierung dennoch zur Gemeinschaftsanleihe bereit gefunden.

Auf die Frage von J. M., ob er der Weiterentwicklung des „Europäischen Fonds für währungspolitische Zusammenarbeit"[12] hohe Priorität beimesse, antwortete BK bestätigend. Er habe deshalb auch darauf bestanden, daß der Fonds für

Fortsetzung Fußnote von Seite 1319
    teurs. Donc elle ne participera pas à cette organisation, elle ne fera pas obstacle à sa naissance, mais elle maintiendra son attitude de concertation, même dans le cadre de l'OCDE." Vgl. LA POLITIQUE ÉTRANGÈRE 1974, II, S. 137 f.
5 Dieses Wort wurde von Bundeskanzler Schmidt gestrichen. Dafür fügte er handschriftlich ein: „BK".
6 Dieses Wort wurde von Bundeskanzler Schmidt gestrichen.
7 Die Wörter „anderseits darüber hinausgehende Vorschläge für" wurden von Bundeskanzler Schmidt gestrichen. Dafür fügte er handschriftlich „d. h.:".
8 An dieser Stelle fügte Bundeskanzler Schmidt handschriftlich ein: „Öl-".
9 Die Wörter „heimischer Erzeugnisse" wurden von Bundeskanzler Schmidt gestrichen. Dafür fügte er handschriftlich ein: „andere Energiearten".
10 Zur Rückführung der Devisenüberschüsse der erdölproduzierenden Staaten („recycling") vgl. Dok. 177, Anm. 27.
11 Dieses Wort wurde von Bundeskanzler Schmidt gestrichen. Dafür fügte er handschriftlich ein: „und ihre Steuerzahler können".
12 Zum „Europäischen Fonds für währungspolitische Zusammenarbeit" vgl. Dok. 253, Anm. 11.

17. Oktober 1974: Aufzeichnung von Fischer

die Gemeinschaftsanleihe emissionsfähig gemacht werde[13]. Außerdem[14] habe er schon[15] Präsident Giscard vorgeschlagen[16], im Fonds[17] alle währungspolitischen Aktivitäten der Notenbankgouverneure zu konzentrieren[18].

Der Fonds müsse endlich seinem Titel entsprechend zum Instrument der währungspolitischen Zusammenarbeit der Mitgliedstaaten gemacht werden.[19]

BK bestätigte auf Frage von J. M., daß hierzu auch die Ernennung eines tüchtigen Direktors unerläßlich sein werde und fügte die Überlegung hinzu, ob Raymond Barre nicht hierfür der geeignete Mann sei.

Zu 3) BK wies auf die unbefriedigende Tätigkeit der Kommission hin. Er zählte die einzelnen deutschen Gravamina auf und wies insbesondere darauf hin, daß der Präsident und die Mitglieder der Kommission vor der Präsentation von finanzwirksamen Vorschlägen in der Öffentlichkeit keine Abstimmung mit den am meisten[20] betroffenen Mitgliedstaaten suchten.

Als Abschluß einer längeren Aussprache waren beide Gesprächspartner der Meinung, daß entweder die Stellung von Präsident Ortoli im Fall einer neuen Kandidatur für die Präsidentschaft gestärkt werden müsse (insbesondere auch in Paris) oder ein neuer, dynamischer, aus dem politischen Leben kommender, aber mit wirtschaftlicher und finanzieller Erfahrung versehener Kandidat gesucht werden müsse, für den als Beispiel der Name Colombo genannt wurde. J. M. erklärte, er wolle auch hierüber mit Giscard sprechen.[21]

Per Fischer

VS-Bd. 14062 (010)

---

[13] An dieser Stelle wurde von Bundeskanzler Schmidt handschriftlich eingefügt: „und daß er jedenfalls zur durchleitenden und verteilenden Instanz werde."

[14] Dieses Wort wurde von Bundeskanzler Schmidt gestrichen. Dafür fügte er handschriftlich ein: „Dies".

[15] An dieser Stelle wurde von Bundeskanzler Schmidt handschriftlich eingefügt: „im August".

[16] Vgl. dazu die Aufzeichnung zur Europapolitik; Dok. 253.

[17] An dieser Stelle wurde von Bundeskanzler Schmidt handschriftlich eingefügt: „sollten".

[18] Die Wörter „der Notenbankgouverneure zu konzentrieren" wurden von Bundeskanzler Schmidt gestrichen. Dafür fügte er handschriftlich ein: „konzentriert werden".

[19] Dieser Satz wurde von Bundeskanzler Schmidt mit einem Pfeil an den vorangegangenen Absatz angefügt.

[20] Die Wörter „am meisten" wurden von Bundeskanzler Schmidt gestrichen.

[21] Am 16. November 1974 berichtete Botschafter Limbourg, Brüssel, Ministerpräsident Tindemans habe ihm zu einem Gespräch mit dem Vorsitzenden des Aktionskomitees für die Vereinigten Staaten von Europa, Monnet, mitgeteilt: „Vor zwei Tagen sei Herr Monnet bei ihm gewesen und habe ihn dringend gebeten, sich möglichst umgehend zu dem Herrn Bundeskanzler zu begeben und mit diesem ein Gespräch über die in Aussicht genommene Pariser Gipfelkonferenz zu führen. Herr Monnet habe erklärt, daß er unmittelbar von einem Gespräch mit dem französischen Staatspräsidenten und mit dessen Wissen komme. Die Gipfelkonferenz müsse stattfinden und einen Erfolg haben. Das Nichtstattfinden der Konferenz oder ihr erfolgloser Verlauf wären eine Katastrophe für Europa und könnte den Todesstoß für die europäische Sache bedeuten." Vgl. den Drahtbericht Nr. 407; VS-Bd. 14062 (010); B 150, Aktenkopien 1974.

303

Bundeskanzler Schmidt an den amerikanischen Außenminister Kissinger

VS-vertraulich 18. Oktober 1974[1]

Dear Henry,

At the end of this month I shall be travelling to Moscow[2] to reciprocate the visit which Secretary-General Brezhnev paid to the Federal Republic of Germany in May last year[3] at the invitation of my predecessor, Chancellor Willy Brandt. I feel it is not only important to emphasize that I shall continue without change the policy which the Federal Republic of Germany has pursued towards the East since the autumn of 1969 in full agreement with the allied powers. I also consider that, where possible, regular contacts between the Soviet Union's top man and the heads of State or Government of the West are essential for the success of our détente efforts. Mr. Brezhnev has personally come out strongly in favour of opening up the Soviet Union towards Western Europe and the United States of America. In my view we should jointly support him in an attitude which is certainly not undisputed in the Soviet Union.

Mr. Brezhnev's attention focuses on questions of economic cooperation. He knows that he can implement the ambitious plans for the further economic development of the Soviet Union faster and better with the aid of Western know-how and Western finance. Furthermore, the people of his country are demanding a wider range of consumer goods. On political grounds we all have an interest in promoting this development. The Federal Republic of Germany has only a limited interest from the economic point of view. I shall therefore have to tell Mr. Brezhnev that my Government is still not prepared to provide federal budget funds to subsidize interest on loans. On the other hand, however, I shall encourage a widening of the economic exchange with the Soviet Union on a long-range basis.

Among the major projects which are at present the subject of negotiations between companies in the Federal Republic of Germany and the Soviet authorities, the supply of a nuclear power station is of special attention because the object is to link it with the supply of electricity to the Federal Republic of Germany via Berlin (West).[4] In this way Berlin could at long last be connected

---

[1] Ablichtung.
Das Schreiben wurde am 18. Oktober 1974 von Vortragendem Legationsrat I. Klasse Schönfeld der Botschaft in Washington „mit der Bitte um Weiterleitung an den Empfänger" übermittelt. Vgl. den Drahterlaß Nr. 1179; VS-Bd. 528 (014); B 150, Aktenkopien 1974.
Hat den Vortragenden Legationsräten I. Klasse Meyer-Landrut und Dannenbring am 21. bzw. 23. Oktober 1974 vorgelegen.

[2] Bundeskanzler Schmidt und Bundesminister Genscher hielten sich vom 28. bis 31. Oktober 1974 in der UdSSR auf. Vgl. dazu Dok. 309, Dok. 311–316 und Dok. 321.

[3] Der Generalsekretär des ZK der KPdSU, Breschnew, besuchte die Bundesrepublik vom 18. bis 22. Mai 1973. Vgl. dazu AAPD 1973, II, Dok. 145–152.

[4] Zur Lieferung von Kernkraftwerken in die UdSSR bzw. der Lieferung von Strom in die Bundesrepublik vgl. Dok. 286, Anm. 16.
Ministerialdirektor Hermes vermerkte am 11. Oktober 1974, Bundeskanzler Schmidt habe „das

with the West European grid, a project which the GDR has been resisting for the past 20 years. The solution of this problem is all the more urgent as the possibilities of building additional economically operable and environmentally compatible power stations in the territory of Berlin (West) will be exhausted by the end of this decade. The power link is therefore as much in the interest of the Three Powers as of the Federal Republic and West Berlin.

I know that certain misgivings have been expressed in Washington and London about the idea of supplying the Soviet Union with a nuclear power station before Moscow has agreed to allow IAEA controls in the territory of the Soviet Union.[5] Whilst fully appreciating the reasons for these misgivings, I feel it is impossible to try and force the Soviet Union to make what for it would be such a fundamental change of attitude in the field of non-proliferation policy by refusing to provide a nuclear power station of the conventional variety. The Soviet Union is one of the two big nuclear powers. It has as much plutonium as it wishes. Third world countries would be no more inclined to let their control policies be influenced by a Russian example than was India by the British and American examples.

As regards the inclusion of Berlin (West) in treaties between the Federal Republic and the Soviet Union, the well-known difficulties continue to exist. Indeed, Moscow's attitude of late has, if anything, been more restrictive than it was immediately after the conclusion of the Quadripartite Agreement. Consequently, I hardly expect a solution to this problem to be found in the foreseeable future. All the same, these matters will again be the subject of discussion during my visit. We shall maintain our standpoint that the external representation of Berlin (West) by the Federal Republic, which the Soviet Union accepted when it signed the Agreement[6], must be practised in equal measure in our relations with the East as with the West.

Fortsetzung Fußnote von Seite 1322

Stromprojekt (sowjetische Stromlieferungen gegen deutsche Lieferung eines Kernkraftwerks) das wichtigste Projekt überhaupt" genannt, „bei dem er nicht ausschließe, daß Breschnew anläßlich seines Besuchs in Moskau die sowjetische Zustimmung geben werde". Den Einwand der amerikanischen Regierung, das Projekt könne Berlin (West) „in unvertretbarer Weise von dem Wohlverhalten der Sowjetunion und der DDR abhängig" machen, habe Schmidt „abwegig" genannt. Zur von der amerikanischen Regierung aufgeworfenen Frage, „ob die Sowjetunion der Unterstellung eines Kernkraftwerks unter IAEO-Sicherheitskontrollen zugestimmt habe", habe Schmidt ausgeführt: „Ob nicht bei den amerikanischen Bedenken auch kommerzielle Gesichtspunkte im Spiele seien? Für die Sowjetunion sei es doch völlig ausgeschlossen, sich einer IAEO-Sicherheitskontrolle zu unterwerfen. Auf diese Weise könne man auch das militärische Potential der Sowjetunion nicht kontrollieren." Vgl. VS-Bd. 8869 (421); B 150, Aktenkopien 1974.

5 Am 16. Oktober 1974 berichtete die Botschaft in Moskau, Ministerialdirektor Hermes habe sich am Vortag beim stellvertretenden Abteilungsleiter im sowjetischen Außenministerium, Timerbajew, erkundigt, ob die UdSSR bereit sei, „sich freiwillig den IAEO-Kontrollen für den zivilen Kernbereich zu unterstellen und [...] ob Sowjetunion bei möglicher Lieferung eines ersten deutschen Reaktors in die UdSSR [...] in Betracht ziehen könnte, einen entsprechenden Schritt wie die anderen Depositarmächte zu tun". Timerbajew habe dazu erklärt, „daß dieses Thema schon wiederholt besprochen worden sei. Die UdSSR sehe keine Logik in einem solchen Schritt, da sie als Atomwaffenmacht über einen militärischen Nuklearbereich verfüge, der nicht kontrolliert werde. IAEO-Sicherheitskontrollen bei Kernkraftanlagen für friedliche Nutzung seien bei Atomwaffenstaaten sinnlos. Die UdSSR verfolge eine konsequente NV-Politik. Die sowjetische Regierung werde keinen Kontrollen zustimmen (our policy is not to accept any controls) und sei daher insoweit anderer Meinung als USA und Großbritannien." Vgl. den Drahtbericht Nr. 3758; Referat 213, Bd. 117706.

6 Vgl. dazu Anlage IV A und B des Vier-Mächte-Abkommens über Berlin vom 3. September 1971; Dok. 22, Anm. 11.

What I am worried about is the psychological situation of the Berliners. They have the feeling – whether it is justified or not – that the Three Powers and the Federal Republic are not sufficiently supporting the city's interests vis-à-vis the Soviet Union. In some spheres this cannot be altered, but there are others in which something might be done to give the Berliners encouragement. I think for instance of linking the city with the international air transport network. I am familiar with British and American doubts about a basic political discussion with the Soviets on the question of landing rights for Lufthansa and other non-allied airlines.[7] We are also agreed on the need to maintain the established regime of air corridors as an essential safeguard for Berlin traffic. But this should not be an obstacle to serious talks between the Three Powers and the Soviet Union on the question of landing rights, for only in this way will it be possible to find out whether the Soviets demand a price for their approval and, if so, how high it would be.

I shall follow Chancellor Brandt's example and, on the basis of the previous understanding between the Governments of the Three Powers and the Federal Government[8], confirm to Mr. Brezhnev the Federal Government's interest in obtaining permission for Lufthansa aircraft to begin as soon as possible making intermediate landings at Berlin-Tegel, a matter which has been agreed to in principle[9].

I have written along the same lines to the French President[10] and the British Prime Minister[11]. I am writing to you because I attach great importance to continuing the personal contacts we have had for many years. If it were possible for you to inform me about the results of your forthcoming talks in Moscow[12] this would be of great value to me in preparing for my own visit to the Soviet Union.

---

[7] Zur Einbindung von Berlin (West) in den internationalen Luftverkehr vgl. Dok. 244.

[8] Vortragender Legationsrat Bräutigam vermerkte am 21. Mai 1973, die französische Regierung habe sich am 18. Mai 1973 damit einverstanden erklärt, daß die Bundesregierung der UdSSR die Bereitschaft der Drei Mächte mitteile, mit der UdSSR Gespräche über den Einflug der Lufthansa in die Berliner Luftsicherheitszone aufzunehmen. Das Einverständnis der britischen und amerikanischen Regierung sei am darauf folgenden Tag übermittelt worden. Vgl. dazu Referat 210, Bd. 109237.

[9] Zur Frage der Landung von Flügen der Lufthansa in Berlin-Tegel vgl. Dok. 80, Anm. 5.

[10] Seinem Schreiben vom 18. Oktober 1974 an Staatspräsident Giscard d'Estaing fügte Bundeskanzler Schmidt folgendes Postskript an: „I am not clear as to the meaning of the French reservation in favour of the Soviet Union, as made by your Finance Minister in Washington on 2 October, concerning the question of minimum interest rates for export loans and loan maturities. It would be useful for the preparations for my forthcoming visit to Moscow to know exactly what the French position is." Vgl. VS-Bd. 526 (014); B 150, Aktenkopien 1974.

[11] Für das Schreiben des Bundeskanzlers Schmidt vom 18. Oktober 1974 an Premierminister Wilson vgl. VS-Bd. 529 (014); B 150, Aktenkopien 1974.

[12] Der amerikanische Außenminister Kissinger hielt sich vom 23. bis 27. Oktober 1974 in der UdSSR auf. Am 27. Oktober 1974 wurde Bundeskanzler Schmidt vom Berater im amerikanischen Außenministerium, Sonnenfeldt, und dem Abteilungsleiter im amerikanischen Außenministerium, Hartman, über die Gespräche Kissingers mit dem Generalsekretär des ZK der KPdSU, Breschnew, und dem sowjetischen Außenminister Gromyko unterrichtet. In Moskau seien die Themen MBFR und Berlin nicht erwähnt worden. SALT „habe den größten Teil der Zeit in Anspruch genommen. [...] Grob gesprochen ziele man auf einen Gleichstand bei den land- und seegestützten Raketen und auf eine Abrede, wieviel Mehrfachsprengköpfe beiden Seiten zustehen sollen. Das amerikanische Interesse sei, daß die Sowjets ihre neue Rakete SS 18 nicht mit Mehrfachsprengköpfen ausrüsteten. Die Sowjets hätten Sorgen wegen des neuen amerikanischen Bombers B 1, der Luft-Boden-Raketen tra-

Please convey my good wishes to President Ford and tell him that I am looking forward to my visit to Washington[13] and to the talks I shall be having with both of you.[14]

                                                                   Warmest Regards!
                                                                     Yours
                                                                   Helmut Schmidt

VS-Bd. 528 (014)

Fortsetzung Fußnote von Seite 1324

gen könne. [...] Jede Seite wisse, was die andere Seite besitze, und spreche offen darüber. Die Sowjets hätten immer noch ihren Inferioritätskomplex und ihre Angst vor Einkreisung, verstärkt durch das China-Problem. Sie sähen Feinde in West und Ost. Sie möchten ein Mehr an Raketen zum Ausgleich der Kernwaffen Chinas, Großbritanniens und Frankreichs. Daraus ergäben sich komplizierte Fragen, denn es könne sein, daß die Vereinigten Staaten bis 1985 ein Mehr an Raketen benötigten, um die chinesischen Bestände auszugleichen." Vgl. die Gesprächsaufzeichnung vom 28. Oktober 1974; Bundeskanzleramt, AZ: 21-30 100 (56), Bd. 40; B 150, Aktenkopien 1974.

Botschafter Krapf, Brüssel (NATO), teilte dazu am 29. Oktober 1974 ergänzend mit, Sonnenfeldt und Hartman hätten im Ständigen NATO-Rat ausgeführt: „Über SALT habe man zunächst während einiger Stunden eine ‚philosophische' Diskussion geführt. Breschnew habe die Unsinnigkeit eines fortgesetzten Wettrüstens hervorgehoben. Ein Nuklear-Krieg sei nicht denkbar, solange die USA und die Sowjetunion von ‚vernünftigen Männern' geführt würden. [...] Im Gegensatz zum sowjetisch-amerikanischen Gipfel im März d. J., wo den Amerikanern eine Karte mit der Dislozierung der amerikanischen FBS vorgelegt worden sei, hätten die sowjetischen Gesprächspartner das FBS-Problem nur am Rande berührt. Die Sowjetunion wolle es jedoch sicherlich als eines ihrer Zugeständnisse (gives) in der Diskussion halten. Stärker hervorgehoben worden sei dagegen die Bedeutung der nuklearen Drittländer, dabei sei insbesondere China in farbenreicher Darstellung erwähnt worden. Breschnew habe darlegen wollen, daß die drei [...] Drittländer zwar feindlich gegenüber der Sowjetunion eingestellt seien, nicht aber gegenüber den USA. Dieser Faktor müsse im Rahmen von SALT in irgendeiner Weise angerechnet werden." Vgl. den Drahtbericht Nr. 1502; VS-Bd. 8084 (201); B 150, Aktenkopien 1974.

13 Bundeskanzler Schmidt und Bundesminister Genscher hielten sich vom 4. bis 7. Dezember 1974 in den USA auf. Vgl. dazu Dok. 354, Dok. 355 und Dok. 357–362.

14 Botschafter von Staden, Washington, übermittelte am 23. Oktober 1974 das Antwortschreibens des amerikanischen Außenministers Kissinger an Bundeskanzler Schmidt. Zur geplanten Lieferung eines Kernkraftwerks aus der Bundesrepublik in die UdSSR wurde ausgeführt: „I understand your points regarding the benefits of the proposed nuclear reactor sale to the Soviet Union and I agree that there would be both political and economic reasons to carry through with it. On the other hand, there would also be important benefits flowing from Soviet acceptance of IAEA safeguards on a foreign-supplied power reactor. As you know, the United States is now working out an arrangement with IAEA to place safeguards on U.S. peaceful nuclear facilities. A Soviet step in this direction would be valuable in the over-all non-proliferation context. For this reason, your personal intervention on this question with the Soviet leadership would in my view be timely and place the safeguards aspect of this reactor sale in a suitable political framework." Vgl. den Drahtbericht Nr. 3134; VS-Bd. 9959 (204); B 150, Aktenkopien 1974.

304

Gesandter Boss, Brüssel (NATO), an das Auswärtige Amt

114-14297/74 geheim   Aufgabe: 18. Oktober 1974, 19.00 Uhr[1]
Fernschreiben Nr. 1449   Ankunft: 18. Oktober 1974, 20.32 Uhr

Betr.: Mögliche Verbindung (Link) zwischen KSZE und MBFR[2]

Bezug: Plurex Nr. 4311 vom 16.10.1974[3]

Zur Unterrichtung

I. Das Ergebnis der Erörterung im Politischen Ausschuß auf Gesandtenebene am 18.10.1974 läßt sich wie folgt zusammenfassen:

1) Alle Sprecher begrüßten, daß die Vereinigten Staaten den Vorschlag eines „Links" zwischen MBFR und KSZE zur Diskussion gestellt haben.

2) Im Anschluß an Ausführungen des britischen und dänischen Sprechers betonten auch alle anderen Sprecher, daß der amerikanische Vorschlag eine große Zahl von Fragen aufwerfe, die näherer Prüfung bedürften.

3) Indirekt oder direkt ließ sich den Ausführungen aller Sprecher entnehmen, daß gegen die Einführung eines formellen „Links" weitgehende Vorbehalte bestehen.

4) Das internationale Sekretariat wird auf der Grundlage der Diskussion einen Problemkatalog zum amerikanischen Vorschlag sowie die Vor- und Nachteile dieses Vorschlags zusammenstellen. Dieses Papier wird voraussichtlich am 22.10.1974 zur Verfügung stehen und dann vorgelegt.[4]

---

[1] Hat Ministerialdirektor van Well vorgelegen.
Hat Ministerialdirigent Blech vorgelegen.
Hat Vortragendem Legationsrat Gehl am 29. Oktober 1974 vorgelegen.
Hat Vortragendem Legationsrat I. Klasse Freiherr von Groll am 31. Oktober 1974 vorgelegen.

[2] Vgl. dazu die amerikanische Stellungnahme auf der Sitzung des Ständigen NATO-Rats am 2. Oktober 1974 in Brüssel; Dok. 290, Anm. 2.

[3] Staatssekretär Gehlhoff übermittelte eine Stellungnahme zu dem amerikanischen Vorschlag, den Abschluß der KSZE von Fortschritten bei den MBFR-Verhandlungen abhängig zu machen: „Die amerikanische Anregung, den Satz Gromykos: ‚Keine Bewegung bei MBFR vor Abschluß der KSZE' umzukehren in den Satz: Kein Abschluß der KSZE ohne Bewegung bei MBFR, wurde sorgfältig geprüft." Die Bundesregierung sei dabei zu der Auffassung gelangt, „daß eine solche Verbindung mehr Risiken als Erfolgsaussichten enthält. [...] Falls sich die Sowjetunion überhaupt auf ein direktes ‚quid pro quo KSZE/MBFR' einlassen würde, müßten wir damit rechnen, daß sie unter Ausnützung der westlichen Interessen an MBFR ihr eigenes Junktim verstärken und zusätzliche substantielle Gegenleistungen auf der KSZE fordern würde. Außerdem könnten sie das ‚umgekehrte Junktim' ihrerseits nutzen, um uns bei MBFR unter Druck zu setzen." Dessen ungeachtet sei aber zu prüfen, wie auf die sowjetischen Äußerungen zu einer Verbindung zwischen KSZE und MBFR reagiert werden solle. Ferner führte Gehlhoff aus: „Wir sind uns im übrigen darüber im klaren, daß die amerikanische Haltung zu Zeitpunkt und Niveau eines Abschlusses der KSZE für die sowjetische Verhandlungstaktik von großer Bedeutung ist. Wir können uns vorstellen, daß abgestimmte bilaterale Vorhaltungen wirksamer sein werden als das in seiner politischen Wirkung unsichere Instrument des Junktims, vorausgesetzt, daß die amerikanische Regierung tatsächlich bereit wäre, ihr volles Gewicht hinter eine entsprechende Aktion zu stellen." Vgl. den am 14. Oktober 1974 konzipierten Runderlaß; VS-Bd. 9463 (221); B 150, Aktenkopien 1974.

[4] Für das NATO-Dokument „Possible Link between CSCE and MBFR" vgl. VS-Bd. 10130 (212).

5) Zu der Frage, was konkret weiter getan werden kann, nahm außer uns (bilaterale Kontakte) nur der britische Sprecher Stellung. Er regte an zu prüfen, ob die USA gegenüber der Sowjetunion ihre Bereitschaft zur Teilnahme an einer dritte Phase der KSZE auf höchster Ebene in Frage stellen sollten.

6) Der Ausschuß wird die Erörterung dieses Themas am 24.10. fortsetzen.

II. Im einzelnen:

1) Der britische wie auch die übrigen Sprecher begrüßten den amerikanischen Vorschlag zur Prüfung der „Link"-Frage. Die Diskussion dieses Vorschlags sei für alle Bündnispartner außerordentlich nützlich. Es handele sich um eine echte Konsultation, da die USA mehrfach betont hätten, daß ihre eigene Haltung noch nicht festgelegt sei.

Zwischen KSZE und MBFR bestehe eine Verbindung im Rahmen des laufenden Ost-West-Dialogs. Nachdem die NATO-Partner die Sowjetunion im Zusammenhang mit dem Beginn der KSZE zu einem Beginn von MBFR veranlaßt hätten, habe die Sowjetunion in Wien von Anfang an versucht, dieses Zugeständnis auszuhöhlen. Dieser Versuch sei im Rahmen der KSZE dadurch unterstützt worden, daß man auf eine möglichst baldige Festlegung einer dritten Phase auf höchster Ebene gedrängt habe. Jetzt komme es darauf an zu verhindern, daß man von der Sowjetunion durch Hinweis auf die MBFR-Verhandlungen zu Zugeständnissen bei der KSZE gedrängt werde.

Zu einem „Gegen-Link" bestünden folgende Probleme:

a) KSZE und MBFR spielten sich in unterschiedlichen zeitlichen Rahmen ab. Die KSZE werde voraussichtlich in Kürze zum Abschluß gebracht. Wie könne man sicherstellen, daß mit den Mitteln der KSZE erreichte Zugeständnisse für MBFR in den erheblich länger dauernden Verhandlungen in Wien auch tatsächlich von der Sowjetunion eingeräumt würden?

b) Das Interesse an den beiden Verhandlungen lasse sich nicht ohne weiteres so aufteilen, daß ausschließlich die Sowjetunion ein Interesse an KSZE habe und ausschließlich die Bündnispartner ein Interesse an MBFR.

c) Der Teilnehmerkreis beider Konferenzen sei zu verschieden. Man dürfe der Sowjetunion keine Gelegenheit geben, in die bisher geschlossene westliche Haltung der KSZE dadurch einen Keil zu treiben, daß die unterschiedliche Haltung der Bündnispartner zu MBFR ausgenutzt werde. Insbesondere bestehe die Gefahr, daß ein „Gegen-Link" auf westlicher Seite die Europäer von den USA trenne.

d) Wenn man die Sowjetunion unter Druck setzen wolle, müsse man dort ansetzen, wo die sowjetische Position am empfindlichsten sei. Dies sei die sowjetische Hoffnung auf eine Anwesenheit des Präsidenten der Vereinigten Staaten bei einer dritten Phase der KSZE. Man könne also prüfen, ob es nicht zweckmäßig sei, daß die Vereinigten Staaten bilateral gegenüber der Sowjetunion ihre Bereitschaft zur Teilnahme an einem KSZE-Gipfel in Frage stellen.

Darüber hinaus werfe der amerikanische Vorschlag weitere Fragen auf: Man müsse bedenken, daß bei einem Scheitern des „Gegen-Links" unausweichlich Konsequenzen für den Gesamtbereich der Entspannungspolitik zu erwarten seien. Außerdem ergebe sich die Frage, wie man denkbare sowjetische MBFR-Konzessionen bewerten wolle. Die Bündnispartner könnten hierzu im vorhinein Bedingungen festlegen oder nach und nach hierüber entscheiden. Gleichzeitig sei eine Einigung im Bündnis darüber erforderlich, was man im Rahmen der KSZE oder Sowjetunion anbieten wolle.

Abschließend unterstrich der britische Sprecher, daß er Probleme und Fragen angeschnitten habe, auf die auch britischerseits noch keine Antwort gegeben werden könne.

2) Der dänische Sprecher wies auf persönlicher Basis ebenfalls auf den unterschiedlichen Zeitplan der Konferenzen hin. Wenn man überhaupt bei KSZE noch etwas für MBFR erreichen wolle, müsse man sich sehr beeilen, spätestens bei der Dezember-Ministerkonferenz[5] müsse eine Entscheidung fallen. Unter Hinweis auf Ausführungen Sonnenfeldts und Hartmans bei dem Besuch des Politischen Ausschusses auf Gesandtenebene in Washington am 10. und 11.10.1974 erklärte er, daß diese beiden amerikanischen Gesprächspartner keine westlichen Zugeständnisse bei Korb III zur Diskussion gestellt hätten, sondern lediglich eine größere Zurückhaltung des Westens im Zeitablauf der KSZE. Eine bewußte Verzögerung der KSZE durch die Bündnispartner werde jedoch von den neutralen Teilnehmerstaaten kaum verstanden werden. Ferner sei zu berücksichtigen, daß in Genf auch bei Korb III inzwischen einige Fortschritte gemacht worden seien. Durch eine Änderung der Verhandlungstaktik werde dies möglicherweise wieder in Frage gestellt. Schließlich müsse man überlegen, wie man bei Herstellung eines „Gegen-Links" taktisch vorgehen solle. Denkbar sei, daß man im Kommuniqué der bevorstehenden NATO-Ministerkonferenz ein Zeichen gäbe. Eine andere Möglichkeit sei, die Frage direkt mit der Sowjetunion in Genf anzusprechen.

3) Der norwegische Sprecher schloß sich den Ausführungen des britischen Sprechers an. Aus norwegischer Sicht sei sehr zweifelhaft (serious doubts), ob ein formales „Gegen-Link" sinnvoll sei. Er betonte die Gefahren einer derartigen Taktik für den westlichen Zusammenhalt. Die Neutralen würden sofort auf ihren alten Vorwurf einer „Block-zu-Block"-Verhandlung zurückkommen.

4) Der deutsche Sprecher nahm auf der Grundlage der Bezugsweisung Stellung. Der belgische Sprecher erklärte, daß unser Vorschlag möglicher bilateraler Kontakte interessant sei, jedoch sorgfältiger Prüfung bedürfe.

Auch der kanadische Sprecher schloß sich den britischen Ausführungen an. Er wies auf kanadische Zweifel an der Durchführbarkeit eines „Gegen-Links" hin, betonte jedoch, daß man diese Idee im gegenwärtigen Stadium der Verhandlungen nicht endgültig verwerfen solle.

Der niederländische Sprecher betonte seine völlige Übereinstimmung mit den britischen Überlegungen. Er hob hervor, daß der Westen mit der Einigung über die Unverletzlichkeit der Grenzen sein Faustpfand aus der Hand[6] gegeben habe. Außer der Teilnahme an einer dritte Phase auf höchster Ebene bliebe kaum noch ein Ansatzpunkt für nachhaltigen Druck auf die Sowjetunion.

---

[5] Zur NATO-Ministerratstagung am 12./13. Dezember 1974 in Brüssel vgl. Dok. 372–374 und Dok. 376.
[6] Der Passus „Der niederländischer Sprecher betonte ... Faustpfand aus der Hand" wurde von Vortragendem Legationsrat I. Klasse Freiherr von Groll hervorgehoben. Dazu vermerkte er handschriftlich: „alte, unrichtige holländische Darstellung".

Auch der türkische und italienische Sprecher bezogen sich auf die britischen Ausführungen. Der italienische Sprecher wies auf die Probleme der taktischen Durchführung des amerikanischen Vorschlags hin.

[gez.] Boss

VS-Bd. 10130 (212)

305

Aufzeichnung des Staatssekretärs Gehlhoff

StS 1379/74 VS-vertraulich   22. Oktober 1974[1]

Herrn D 2[2]

Betr.: Moskau-Reise des Bundeskanzlers und des Bundesministers[3]

Am 21. Oktober fand im Bundeskanzleramt die zweite Vorbesprechung[4] für die Moskau-Reise statt. Dauer etwa 80 Minuten. Teilnehmer: BK Schmidt, BM Genscher, BM Friderichs sowie einige Vertreter der drei Häuser.

Es wurden folgende operative Punkte besprochen:

1) Im Rahmen eines längeren Vortrags von BM Friderichs über seinen Besuch in Moskau[5] wurde erwähnt, daß Frankreich Mitte dieser Woche mit der SU über die künftigen handelspolitischen Beziehungen sprechen wird.

Das Auswärtige Amt wurde aufgefordert, über das Ergebnis der französisch-sowjetischen Besprechungen rechtzeitig Informationen einzuholen.

2) Der Bundeskanzler betonte, daß die Meistbegünstigung, die der Sowjetunion nach dem Handelsabkommen von 1958 gewährt wird[6], gewahrt bleiben müsse.

---

[1] Hat Ministerialdirigent Blech und Vortragendem Legationsrat I. Klasse Meyer-Landrut am 23. Oktober 1974 vorgelegen.

[2] Hat Ministerialdirektor van Well am 22. Oktober 1974 vorgelegen.

[3] Bundeskanzler Schmidt und Bundesminister Genscher hielten sich vom 28. bis 31. Oktober 1974 in der UdSSR auf. Vgl. dazu Dok. 309, Dok. 311–316 und Dok. 321.

[4] Am 14. Oktober 1974 fand ein erstes Gespräch zur Vorbereitung der Reise des Bundeskanzlers Schmidt und des Bundesministers Genscher vom 28. bis 31. Oktober 1974 in die UdSSR statt. Ministerialdirektor Sanne, Bundeskanzleramt, vermerkte dazu: „Der Bundeskanzler stellte zusammenfassend fest, daß die Sowjetunion ein erhebliches wirtschaftliches und politisches Interesse an der Kooperation mit dem Westen, vor allem bei der Errichtung großer Anlagen, habe. Wir wiederum hätten großes politisches Interesse, daß die Sowjetunion an unserem wirtschaftlichen Wohlergehen interessiert bleibe. Dabei müßten wir uns das persönliche Interesse Breschnews an diesem Bereich zunutze machen. Bei vielen Rohstoffen könnten wir durchaus noch differenzieren, d. h. einen Teil aus der Sowjetunion beziehen. Im Abschlußkommuniqué müsse etwas über die langfristige Zusammenarbeit stehen, möglichst mit einer Ziffer wie ,20 Jahre' oder bis zum ‚Jahr 2000'." Vgl. Referat 213, Bd. 112686.

[5] Bundesminister Friderichs hielt sich vom 15. bis 18. Oktober 1974 in Moskau auf. Vgl. dazu Anm. 10.

[6] In Artikel 1 des Abkommens vom 25. April 1958 zwischen der Bundesrepublik und der UdSSR über Allgemeine Fragen des Handels und der Seeschiffahrt war festgelegt: „Die aus dem Gebiet der bei-

Er bat, daß ein Passus vorbereitet wird, der eventuell in das Abschlußkommuniqué aufgenommen werden kann.

3) Der Bundeskanzler betonte, daß bei künftigen Rohstoffabkommen mit der Sowjetunion, in welchen durch eine Gleitklausel auf den jeweiligen Weltmarktpreis abgestellt wird, auch hinsichtlich des Zinses die Weltmarktbedingungen gelten müssen.

4) Bei Erörterung des Stromprojektes[7] wurde die Möglichkeit erwogen, noch in dieser Woche eine Reaktion von den drei Alliierten auf das Schreiben des Bundeskanzlers[8] (in dem die politische Bedeutung des Projekts für die sichere Stromversorgung Berlins behandelt wurde) zu erhalten.[9] Es überwog die Meinung, daß eine Reaktion der drei Alliierten in dieser Woche noch nicht zu erhalten sein werde und daß es jetzt vor allem darauf ankomme, mit der Sowjetunion über die Streckenführung der Stromleitung (über Berlin) zu sprechen.[10]

Fortsetzung Fußnote von Seite 1329

den Staaten stammenden Waren genießen sowohl bei ihrer Einfuhr wie auch bei ihrer Ausfuhr in das Gebiet des anderen Staates die unbedingte Meistbegünstigung hinsichtlich der Zölle und sonstiger mit der Einfuhr oder Ausfuhr von Waren verbundenen Steuern, Abgaben und Gebühren, hinsichtlich des Verfahrens bei der Erhebung dieser Zölle, Steuern, Abgaben und Gebühren, sowie hinsichtlich der Bestimmungen und Formalitäten, denen die Waren bei der Zollabfertigung unterworfen sind. Die Bestimmungen dieses Artikels gelten nicht für: a) Vergünstigungen, die einer der beiden Staaten zur Erleichterung des Grenzverkehrs den Nachbarstaaten gewährt hat oder in Zukunft gewährt; b) Vergünstigungen, die sich aus einer Zollunion ergeben, die einer der beiden Staaten abgeschlossen hat oder in Zukunft abschließt." Vgl. BUNDESGESETZBLATT 1959, Teil II, S. 222.

[7] Zur Lieferung von Kernkraftwerken in die UdSSR bzw. der Lieferung von Strom in die Bundesrepublik vgl. Dok. 286, Anm. 16, und Dok. 303, Anm. 4.

[8] Für das Schreiben des Bundeskanzlers Schmidt vom 18. Oktober 1974 an den amerikanischen Außenminister Kissinger, das weitgehend identisch an Staatspräsident Giscard d'Estaing und Premierminister Wilson übermittelt wurde, vgl. Dok. 303.

[9] Botschafter von Hase, London, berichtete am 22. Oktober 1974, Premierminister Wilson habe ihm am Vortag zur geplanten Lieferung eines Kernkraftwerks aus der Bundesrepublik in die UdSSR erklärt, „dies sei ein interessantes Projekt und sicherlich auch für die Versorgung Berlins von großer Bedeutung. Er werde den Foreign Secretary anweisen, uns möglichst bald eine Antwort zukommen zu lassen. Er erwähnte, daß die Sowjetunion häufig den Versuch mache, bei der Ausbeutung ihrer Rohstoffe und Bodenschätze mit dem Westen barter agreements abzuschließen, wonach die zu errichtenden Anlagen langfristig durch die Produktion bezahlt würden. Das hätte sich oft als wenig lukrativ und auch außerordentlich schwierig wegen der schwankenden Rohstoffpreise herausgestellt." Vgl. den Drahtbericht Nr. 2698; VS-Bd. 9958 (204); B 150, Aktenkopien 1974.
Hase teilte am 24. Oktober 1974 ergänzend mit, ihm sei im britischen Außenministerium ein Schreiben von Wilson an Bundeskanzler Schmidt übergeben worden. Darin werde zur Lieferung eines Kernkraftwerks ausgeführt: „You may be assured that we want to be as helpful as possible to you on this project. I am well aware of the difficulties involved and of the unique character of the circumstances, including the situation in Berlin. We share your concern that the power needs of the city should be met. I have seen that the Soviet response so far to your soundings on safeguards has been negative. You may wish to establish in Moscow whether this is a firmly held position at the highest level. Meanwhile, in view of the wider political aspects of the matter I consider – and my officials have already suggested this to yours – that there would be merit in further discussion between the Western powers directly concerned. I am sure we can work something out." Vgl. den Drahtbericht Nr. 2725; VS-Bd. 9918 (200); B 150, Aktenkopien 1974.
Zum Antwortschreiben des amerikanischen Außenministers Kissinger vom 23. Oktober 1974 vgl. Dok. 303, Anm. 14.

[10] Dolmetscherin Sell, Moskau, berichtete am 19. Oktober 1974 über ein Gespräch des Bundesministers Friderichs mit Ministerpräsident Kossygin vom Vortag: „Kossygin nahm irrtümlich an, daß es sich bei dem Abkommen über Zusammenarbeit auf dem Atomgebiet um die Frage des Projekts Atomkraftwerk gegen Lieferung von Strom handelte. In einem sehr ausführlichen Gespräch machte Kossygin folgendes deutlich: [...] Es sei ein Unfug, die Leitung von der Sowjetunion nach der Bundesrepublik Deutschland über Berlin umzuleiten. Die Bundesrepublik Deutschland solle den

5) Der Bundeskanzler bat um Information, welche Passagen besonders strittig gewesen seien, als anläßlich des Breschnew-Besuchs in Bonn 1973[11] über das Kommuniqué verhandelt wurde.[12]

6) Hinsichtlich der zu vereinbarenden Konsultationen[13] räumte der Bundeskanzler ein, daß eine Ziffer im Protokoll einem gesonderten Abkommen vorzuziehen sei. Er äußerte jedoch, daß wir nicht ausschließlich mit ablehnenden Positionen nach Moskau reisen könnten. Er bat deshalb, hinsichtlich der Konsultationsfrage nach einem mittleren Weg zu suchen, auf den man eventuell ausweichen könnte.

7) Im Hinblick auf den bevorstehenden Besuch des Bundeskanzlers und den geplanten Staatsbesuch des Bundespräsidenten im Herbst 1975[14] wurde es als wünschenswert bezeichnet, wenn zwischenzeitlich ein Mitglied der sowjetischen Führungsspitze nach Bonn kommen könnte. Es wurde deshalb vorgeschlagen, an eine Einladung Kossygins für das nächste Frühjahr zu denken.

8) Der Bundeskanzler bat das BMWi, ihm noch eine Liste mit bürokratischen Schwierigkeiten in der Sowjetunion aufzustellen, welche die Entwicklung des deutsch-sowjetischen Handels hemmen.

Gehlhoff

VS-Bd. 10141 (213)

Fortsetzung Fußnote von Seite 1330
Strom an ihrer Grenze von den Sowjets übernehmen. Wohin sie ihn dann liefere, sei ihre Sache. [...] Die Lieferung von Strom nach West-Berlin sei eine Angelegenheit, die die SU nichts angehe. Die Bemühungen des Bundesministers und des Staatssekretärs, den Ministerpräsidenten anhand der Entwicklungsgeschichte des Projekts und des Standes der gegenwärtigen Verhandlungen von seinen Ideen abzubringen, waren nicht sehr erfolgreich. Auch Nowikow versuchte Kossygin die Situation zu erklären. Das Gespräch zu diesem Thema endete mit der übereinstimmenden Auffassung, es solle weiter verhandelt werden." Vgl. den Drahtbericht Nr. 3817; VS-Bd. 10111 (210); B 150, Aktenkopien 1974.

[11] Der Generalsekretär des ZK der KPdSU, Breschnew, besuchte die Bundesrepublik vom 18. bis 22. Mai 1973. Vgl. dazu AAPD 1973, II, Dok. 145–152.

[12] Dieser Absatz wurde von Ministerialdirektor van Well und Ministerialdirigent Blech hervorgehoben. Dazu vermerkte Vortragender Legationsrat I. Klasse Meyer-Landrut am 23. Oktober 1974 handschriftlich: „Habe Herrn Dröge informiert; es waren: a) Rückführung (humanitäre Fragen) b) und Berlin. D. sagte Weiterleitung zu – nichts weiter zu veranlassen."

[13] Zum Vorschlag des sowjetischen Außenministers Gromyko vom 16. September 1974 für ein Konsultationsprotokoll vgl. Dok. 269, Anm. 25.

[14] Bundespräsident Scheel hielt sich vom 10. bis 15. November 1975 in der UdSSR auf.

306

Botschafter von Puttkamer, Tel Aviv, an das Auswärtige Amt

114-14342/74 VS-vertraulich Aufgabe: 22. Oktober 1974, 17.15 Uhr[1]
Fernschreiben Nr. 372 Ankunft: 22. Oktober 1974, 17.59 Uhr

Betr.: Informationsgespräch Allons mit den EG-Botschaftern

Anläßlich eines Essens, das der französische Botschafter[2] heute gab, hat Außenminister Allon ein ausführliches Informationsgespräch mit den EWG-Botschaftern geführt und sich dabei zur derzeitigen Situation im Nahen Osten geäußert.

Noch voll ehrlichen Zorns über die gestrigen Äußerungen Sauvagnargues' in Beirut nach dessen Gespräch mit Arafat, wo er ihn einen Staatsmann genannt hatte[3], begann Allon mit einer ziemlich ruppigen Gardinenpredigt an die Adresse der Europäer. Zunächst griff er nur Frankreich an und sagte, er könne überhaupt nicht verstehen, wie Außenminister Sauvagnargues heute nach Amman reisen konnte[4], nachdem er Hussein gestern den Dolch in den Rücken gestoßen habe (gemeint ist das zweistündige Gespräch mit Arafat). Allon wandte sich dann aber an die Adresse aller Europäer und sagte etwas ironisch, Stimmenthaltung sei natürlich schon etwas besser als ein Votum für die Terroristen, aber groß sei der Unterschied nicht.[5] Er könne einfach nicht verstehen, daß die

---

[1] Hat Vortragendem Legationsrat I. Klasse Redies vorgelegen, der handschriftlich vermerkte: „B[itte] nach Verteiler bzw. Umlauf an mich zurück".
[2] Jean Herly.
[3] Der französische Außenminister Sauvagnargues hielt sich vom 19. bis 21. Oktober 1974 im Libanon auf. Zum Gespräch mit dem Vorsitzenden des Exekutivkomitees der PLO, Arafat, am 21. Oktober 1974 in Beirut erklärte Sauvagnargues am selben Tag: „M[onsieur] Arafat est un homme qui m'a paru réaliste, modéré, certes conscient des devoirs que lui impose la direction d'un mouvement qui est encore un mouvement révolutionnaire dans un certain sens, mais qui est en train de prendre une stature d'homme d'Etat. Nous considérons que, vous le savez, un règlement au Moyen-Orient doit tenir compte des droits du peuple palestinien. C'est devenu un élément essentiel du problème. Il faut, je crois, que tous les responsables politiques dans les différents camps intéressés s'en rendent compte et, je crois aussi d'ailleurs, que le crédit de M. Arafat, le rôle qu'il va être appelé à jouer sur la scène internationale ne peut qu'orienter l'Organisation de libération Palestinienne vers une action qui tienne compte de toutes les réalités internationales. L'essentiel est d'arracher les Palestiniens à la violence, au désespoir, et je crois qu'un pas important vient d'être effectué en ce sens." Vgl. LA POLITIQUE ETRANGÈRE 1974, II, S. 123.
[4] Der französische Außenminister Sauvagnargues besuchte am 22. Oktober 1974 Jordanien. Botschafter Schmidt-Dornedden, Amman, übermittelte am 23. Oktober 1974 Informationen der französischen Botschaft zum Gespräch zwischen Sauvagnargues und König Hussein: „König habe in längeren Ausführungen seine Haltung zum weiteren Fortgang einer Entspannung am Jordan dargelegt und dabei seine bekannte Auffassung zur Frage der Vertretung der Palästinenser unterstrichen. Sauvagnargues habe alsdann von sich aus über sein Gespräch mit Arafat berichtet, wozu sich der König kaum geäußert habe. Über die Aussichten des Gipfeltreffens in Rabat und insbesondere die einer für ihn annehmbaren Regelung der Vertretungsfrage habe der König – offensichtlich bewußt – mit seiner Meinung zurückgehalten." Vgl. den Drahtbericht Nr. 438; Referat 310, Bd. 104977.
[5] Zur Abstimmung in der UNO-Generalversammlung am 14. Oktober 1974 über eine Teilnahme der PLO an der Debatte über die „Palästina-Frage" vgl. Dok. 283, Anm. 9.
Botschafter Freiherr von Wechmar, New York (UNO), berichtete dazu am 14. Oktober 1974: „Die Bemühungen, ein einheitliches Stimmverhalten der neun EG-Länder herbeizuführen, endeten kläglich. Nachdem schon vor einer Woche bekannt geworden war, daß sich Frankreich ohne Abstimmung mit Partnern gegenüber Ägypten zu positiver Stimmabgabe verpflichtet hatte, wechselte am

Europäer nicht einsehen wollten, daß eine moralische Unterstützung der PLO gleichbedeutend sei mit einer Behinderung der Friedensbemühungen in diesem Raum. Dies gelte genauso für das Nachgeben gegenüber dem Öldruck der arabischen Staaten. Je mehr Oberwasser die Araber durch die europäische Haltung bekämen, desto geringer würde ihre Bereitschaft zu reellen Friedensgesprächen sein. Der Außenminister ging dann sogar so weit zu formulieren, wenn es in den nächsten zwei Jahren keinen Frieden in dieser Region geben würde, so trügen die Europäer daran ein gerüttelt Maß an Mitverantwortung.

Allon wurde dann etwas sachlicher und gab eine nüchterne Einschätzung der Konferenz von Rabat.[6] Kissingers ausschließliches Reiseziel sei es gewesen[7], den gemäßigteren unter den arabischen Staaten – und er zählte auf: Ägypten, Saudi-Arabien, Jordanien, Marokko und möglicherweise Algerien, letzteres sei nicht klar – den Rücken zu stärken. Wenn Kissinger von Jerusalem aus nochmals nach Kairo und Damaskus gereist sei und Sisco nach Amman geschickt hätte, so hätte das dem Zweck gedient, den Arabern zu versichern, daß, wenn die Gipfelkonferenz von Rabat[8] die Tür nicht zuschlage, eine erfolgversprechende

---

Fortsetzung Fußnote von Seite 1332
Wochenende Italien aus Furcht vor evtl. arabischen Reaktionen von ‚Enthaltung' auf ‚Ja'. Auch Luxemburger AM-Treffen änderte nichts an dieser Position, konnte es aber offensichtlich auch nicht verhindern, daß die irische Regierung sich im Laufe des heutigen Tages entschied, mit ‚Ja' zu stimmen." Vgl. den Drahtbericht Nr. 1914; Referat 310, Bd. 104867.
Zur Debatte in der UNO-Generalversammlung über die „Palästina-Frage" vgl. auch Dok. 331 und Dok. 339.

[6] Die Außenminister der Mitgliedstaaten der Arabischen Liga trafen vom 22. bis 25. Oktober 1974 in Rabat zusammen, um die ebenfalls dort vom 26. bis 29. Oktober 1974 stattfindende Gipfelkonferenz der Mitgliedstaaten der Arabischen Liga vorzubereiten.

[7] Der amerikanische Außenminister Kissinger besuchte vom 9. bis 15. Oktober 1974 Ägypten, Syrien, Jordanien, Israel, Saudi-Arabien, wieder Ägypten und Syrien sowie anschließend Algerien und Marokko. Botschafter von Staden, Washington, teilte am 17. Oktober 1974 zu den Ergebnissen der Reise: „Kissinger erläuterte die bekannten Schwierigkeiten, die darin liegen, daß Israel mit der PLO nicht verhandeln will, einige arabische Regierungen jedoch darauf bestehen, daß die PLO und nicht Jordanien für die Palästinenser sprechen müßte. Aus den Ausführungen Kissingers hierzu ergab sich, daß er Zusagen bestimmter, von ihm nicht genannter arabischer Regierungen hat, sich auf dem Gipfel um eine Kompromißformel in dieser Frage zu bemühen. Kissinger machte, ohne auf Einzelheiten einzugehen, Ausführungen darüber, daß die Araber noch uneins und unschlüssig seien. Er unterließ es nicht, an die Adresse der Europäer gewandt hinzuzusetzen, daß er jede Regierung oder jede Gruppe von Regierungen zu ihrem Mut beglückwünschen müsse, die es unternähmen, sich mit allen arabischen Regierungen zugleich an einen Tisch zu setzen." Vgl. den Drahtbericht Nr. 3084; VS-Bd. 9983 (310); B 150, Aktenkopien 1974.

[8] Im Kommuniqué der Gipfelkonferenz der Mitgliedstaaten der Arabischen Liga vom 26. bis 29. Oktober 1974 in Rabat wurde ausgeführt: „Die arabischen Könige und Präsidenten legten die Grundlagen eines gemeinsamen arabischen Vorgehens für die kommende Phase wie folgt fest: I) Die inneren Kräfte der arabischen Staaten sollen militärisch, wirtschaftlich und politisch verstärkt werden. Die Fortbildung der militärischen Kräfte in den Konfrontationsländern muß gewährleistet werden [...]. II) Es muß zu einer wirksamen arabischen Koordinierung in den politischen, militärischen und wirtschaftlichen Bereichen kommen, damit die arabische Integration in allen Bereichen gewährleistet wird. III) Ausgehend vom unteilbaren nationalen Anliegen sind alle Versuche abzulehnen, die auf die Herbeiführung von Teilregelungen abzielen. IV) Alle arabischen Staaten sind verpflichtet, sämtliche besetzten arabischen Territorien zu befreien und die nationalen Rechte des palästinensischen Volkes wiederherzustellen. V) Im Rahmen ihres politischen Handelns sollen die arabischen Staaten Maßnahmen ergreifen, um der politischen, militärischen und wirtschaftlichen Unterstützung Israels durch irgendwelche Seiten ein Ende zu setzen. VI) Das Recht des palästinensischen Volkes auf Rückkehr in seine Heimat sowie auf Selbstbestimmung ist zu unterstreichen. Jedes durch Ausübung verschiedener Formen des Kampfes befreite palästinensische Territorium kehrt in den Besitz seines legitimen palästinensischen Inhabers unter Führung der PLO zurück. Ferner ist das Recht des palästinensischen Volkes zu unterstreichen, auf dem befreiten Territorium eine

zweite Verhandlungsrunde⁹ mit Israel beginnen könne. Allon versicherte ausdrücklich, daß bei den Gesprächen mit Kissinger keinerlei Detailfragen behandelt worden seien und schon gar nicht Karten gezeichnet wurden. Dasselbe gelte auch für die Gespräche in Kairo. Ob sich die von ihm aufgezählte Gruppe von Gemäßigten in Rabat durchsetzen werde, sei im Augenblick noch außerordentlich schwer abzuschätzen. Es bestünden aber Chancen dafür. Sollte sich die harte Linie durchsetzen und sollte ein Beschluß gefaßt werden, der die PLO zur alleinigen Vertretung der Palästinenser deklariere, so würde das unweigerlich den Rückzug Jordaniens aus allen Gesprächen bedeuten. Aber auch in einer solchen Situation schlösse er eine nächste Runde mit Ägypten selbst dann nicht aus.

Allon machte auch einige allerdings eher verklausulierte Ausführungen zur innenpolitischen Situation. Er begrüße, daß die nationalreligiöse Partei wahrscheinlich Anfang der kommenden Woche der Regierung Rabin wieder beitreten werde.¹⁰ Dies bedeute zweifellos eine Stärkung. Er selber scheint mit im übrigen logischen Argumenten für sofortige Neuwahlen einzutreten. Er sagt, auf diese Weise holen wir uns nur ein Verhandlungsmandat und erklären unsere Bereitschaft zu Kompromissen, wofür eine Mehrheit sicher wäre. Wenn über konkrete geographische Konzessionen in der Westbank abzustimmen wäre, so könne man für eine Mehrheit nicht garantieren. Eindrücklich befragt, wo nach seiner Meinung die Grenzlinie für einen Konsens in der Frage der Westbank liege, antwortete er, er könne sich vorstellen, daß der Allon-Plan¹¹ eine Mehrheit in Israel finden würde, darüber hinaus aber ginge mit Sicherheit nichts mehr.

Abschließend bat der Minister, noch einen Gedanken vortragen zu dürfen, der offenbar der künftigen operativen Linie der israelischen Außenpolitik entspricht.

Fortsetzung Fußnote von Seite 1333
nationale, unabhängige Autorität herzustellen, die dann in allen Bereichen und auf allen Ebenen von den Konfrontationsländern unterstützt wird." Vgl. EUROPA-ARCHIV 1975, D 614 f.

9 Zur Friedenskonferenz für den Nahen Osten in Genf vgl. Dok. 10, Anm. 9.

10 Am 21. Oktober 1974 wurde in der Presse über eine mögliche Beteiligung der national-religiösen Partei an der israelischen Regierung berichtet: „Ministerpräsident Rabins Bemühungen, die parlamentarische Basis seiner Koalitionsregierung zu erweitern, sind auf Schwierigkeiten gestoßen. Hindernisse werden von zwei Seiten gestellt: von den linksgerichteten Parteien in Rabins gegenwärtiger Koalition, gleichzeitig aber auch von den rechtsradikalen Kreisen in der national-religiösen Partei, die Rabin in seiner Koalition einschließen möchte. Eine Stärkung der Rabin-Regierung in der Knesset ist besonders wichtig geworden, weil die Vermittlung des amerikanischen Außenministers Kissinger zu israelisch-jordanischen Verhandlungen führen könnte. In solchen Verhandlungen wären territoriale Konzessionen Israels an Jordanien unvermeidlich, und das würde kaum ein Fortbestehen der jetzigen Koalitionsregierung zulassen, denn Rabins gegenwärtige Koalition verfügt nur über 61 Stimmen der 120 Knesset-Mitglieder." Vgl. den Artikel „Rabin will die Koalition erweitern"; DIE WELT vom 21. Oktober 1974, S. 2.

11 Zum Plan des israelischen Außenministers vermerkte Henry Kissinger im Rückblick: „Allon persönlich sprach sich dafür aus, daß sich Israel aus Teilen der West-Bank zurückzog. Dafür hatte er sich einen phantasievollen Plan ausgedacht. Da der gesamte Landstreifen zwischen Jordanien und der Küste kaum fünfundsiebzig Kilometer breit ist, hätte ein vollständiger Abzug Israel die strategisch wichtige Tiefe des Hinterlandes geraubt, die es brauchte, um die Küstenebene zu verteidigen, wo der größte Teil seiner Bevölkerung lebte, und um sich vor den arabischen Armeen zu schützen, die nach König Husseins Tod in Jordanien einrücken konnten. Nach Allons Plan sollte Israel eine Kette von Vorposten längs des Jordan behalten und an Jordanien lediglich einen schmalen Korridor um Jericho und von dort ins Zentrum der West-Bank abtreten, wo der größte Teil (etwa achtundneunzig Prozent) der arabischen Bevölkerung angesiedelt war [...]. In den Gebieten, die unter arabische Kontrolle gestellt werden sollten, wollte Israel Verwaltung und Polizei an Jordanien abtreten, selbst aber die Zuständigkeit für die allgemeine Sicherheit behalten." Vgl. KISSINGER, Jahre, S. 291 f.

Allon sagte, er wende sich jetzt nicht nur an die „Neun", sondern an die NATO-Staaten. Wenn die NATO nicht für eine unveränderte Stärke sorge, so könne es beim Ausscheiden Titos sehr leicht „territoriale Veränderungen" an der Südflanke geben, was automatisch auch die Dominanz der sowjetischen Flotte im Mittelmeer bedeuten würde. Dies wiederum könne Israel nicht unberührt lassen. Er sei immer – und nicht unterstützt von allen seinen politischen Freunden – für die Politik der Détente eingetreten. Die Détente habe aber nur einen Sinn, wenn sie auch im Süden Europas und im Mittelmeerraum Anwendung finde. Der andere Aspekt dieser Überlegungen sei, daß Europa begreifen müsse, daß ein starkes Israel für es nur von Nutzen sein könne.

[gez.] Puttkamer

VS-Bd. 9983 (310)

307

Botschafter Krapf, Brüssel (NATO), an das Auswärtige Amt

114-14388/74 geheim   **Aufgabe: 24. Oktober 1974, 12.15 Uhr**[1]
Fernschreiben Nr. 1478   **Ankunft: 24. Oktober 1974, 13.26 Uhr**
Citissime

Betr.:   Mitarbeit Portugals in der NPG
         hier: 16. NPG-Ministerkonferenz in Rom

Bezug: a) DB 1461 vom 22.10.1974 geh.[2]
         b) Telefongespräch BM Leber – Botschafter Krapf am 23.10.74

Zur Unterrichtung

Die Ständigen Vertreter der NPG haben sich in einer Sondersitzung am 23.10.1974 erneut mit der Frage der weiteren Mitarbeit Portugals in der NPG, insbesondere im Hinblick auf die in Rom geplante NPG-Ministerkonferenz, befaßt:

---

[1] Hat Vortragendem Legationsrat I. Klasse Munz am 25. Oktober 1974 vorgelegen.
[2] Botschafter Krapf, Brüssel (NATO), berichtete, NATO-Generalsekretär Luns habe am 21. Oktober 1974 die NATO-Botschafter, mit Ausnahme Portugals, zu einer Aussprache gebeten, „um eine Erklärung des amerikanischen Vertreters zur Teilnahme Portugals an der NPG-Arbeit, insbesondere an der 16. NPG-Ministerkonferenz in Rom, entgegenzunehmen [...]. Der amerikanische Vertreter führte aus, daß seine Regierung einer Teilnahme portugiesischer Vertreter an der 16. NPG-Konferenz nicht zustimmen könne. Es sei unvereinbar mit bestehenden Gesetzen, auf einer Konferenz im Beisein portugiesischer Vertreter sog. ‚restricted data, formerly restricted data and atomal information' zu besprechen, ohne die Sicherheitsinteressen der USA und damit auch der NATO zu verletzen. Er bäte um Verständnis und Zustimmung dazu, der portugiesischen Regierung nahezulegen, auf die Teilnahme an der Konferenz zu verzichten." Krapf berichtete des weiteren, Luns habe ihm soeben berichtet, „daß nach ersten Reaktionen aus Lissabon der portugiesische Botschafter der Auffassung sei, daß auf eine Ausladung Portugals von der NPG-Konferenz hin Portugal aus der NATO austreten würde". Vgl. VS-Bd. 9956 (203); B 150, Aktenkopien 1974.

1) Das Ergebnis der Sitzung läßt sich wie folgt zusammenfassen:
- Der deutsche Wunsch, die NPG-Ministerkonferenz wie vorgesehen mit Portugal und in Anwesenheit von Schlesinger in Rom abzuhalten, ist vom britischen Botschafter[3] unterstützt worden.
- Der amerikanische Sprecher erklärte, seine Regierung sei nach wie vor dafür, die Ministerkonferenz zu verschieben, ohne daß dies allerdings einen Präzedenzfall für die weitere Praxis bilden solle. Die Frühjahrskonferenz solle dann wie üblich, und zwar in den Vereinigten Staaten, stattfinden.
- Der belgische[4], italienische[5], dänische[6] und griechische[7] Botschafter erklärten, ihre Regierungen seien, wie die amerikanische Regierung, für eine Verschiebung der Ministerkonferenz. Dieser Vorschlag sei den deutschen und britischen Vorstellungen, eine verwässerte und in ihrer inhaltlichen Bedeutung entwertete Konferenz abzuhalten, vorzuziehen.

2) Die Ständigen Vertreter der NPG werden über den deutschen und britischen Vorschlag auf der Grundlage neuer amerikanischer Weisung – wenn möglich schon am 24. Oktober – erneut beraten.

3) Aus der Diskussion ist folgendes festzuhalten: Ich erläuterte die Gründe für unseren Vorschlag, daß eine Verschiebung oder das Nicht-Abhalten der NPG-Ministerkonferenz sich sowohl für die NPG als auch für die NATO insgesamt schädlicher auswirken müsse als das Abhalten einer „verwässerten" Konferenz. Es sei nicht zu vermeiden, daß Informationen und Spekulationen über die Gründe in die Öffentlichkeit durchsickerten. Dies würde sich gerade für die NATO-freundlichen Kreise in Portugal nachteilig auswirken. Bei einer Verschiebung werde sich außerdem dasselbe Problem über kurz oder lang erneut stellen, da noch nicht abzusehen sei, wann durch Wahlen in Portugal klare Verhältnisse geschaffen sein würden. Daß unsere Befürchtungen wegen der NPG nicht unbegründet sind, erhellt schon daraus[8], daß bei den Amerikanern Überlegungen angestellt werden, die Arbeit der NPG-staff-group vorläufig ganz einzustellen.[9]

Der britische Botschafter unterstützte unseren Vorschlag mit denselben Argumenten.

---

[3] Edward Peck.
[4] André de Staercke.
[5] Felice Catalano di Melilli.
[6] Anker Svart.
[7] Angelos Chorafas.
[8] So in der Vorlage.
[9] Am 25. Oktober 1974 vermerkte Ministerialdirektor van Well zu einem Telefongespräch zwischen Bundesminister Leber und dem amerikanischen Verteidigungsminister Schlesinger vom Vortag: „Die Verteidigungsminister haben sich in ihrer offenbar sehr langen fernmündlichen Erörterung darauf geeinigt, daß die NPG-Sitzung nicht am 7./8. November in Rom stattfindet, sondern aufgeschoben und mit der DPC-Sitzung am 11. Dezember 1974 in Brüssel kombiniert wird. Von der Sache her bedeutet das wahrscheinlich einen kaschierten Ausfall der Sitzung: Sie wird schon aus Zeitgründen kurz und sicher ohne wesentliche Substanz sein." Van Well führte ferner zu einem Schreiben des amerikanischen Außenministers aus: „Kissinger weist darauf hin, daß die Problematik über den Geheimnisschutz der NATO weit hinausreiche. Erlaube man einem Mitgliedstaat der NATO, nämlich Portugal, Kommunisten in Schlüsselstellungen der Regierung zu setzen, werde das den Charakter der Allianz tief verändern und gefährliche Imitationseffekte auf andere Alliierte haben." Vgl. VS-Bd. 8095 (201); B 150, Aktenkopien 1974.

– Der amerikanische Geschäftsträger erläuterte noch einmal die bekannten amerikanischen Vorstellungen, die die amerikanische Regierung dazu bewogen haben, eine Teilnahme Portugals an der geplanten NPG-Ministerkonferenz abzulehnen und die Konferenz daher zu verschieben. Wie er mir persönlich sagte, geht dies auf eine Weisung Kissingers zurück, der hier strenger eingestellt sei als Schlesinger. Zu dem deutschen und britischen Vorschlag müsse er erst neue Weisung einholen. Sollte die Konferenz mit Portugal stattfinden, werde seine Regierung allerdings keine Informationen des Geheimhaltungsgrades atomal zur Verfügung stellen.
– Der dänische, belgische, italienische und griechische Sprecher erklärten, sie zögen eine Verschiebung der Konferenz der Abhaltung einer in der Bedeutung herabgeminderten Veranstaltung vor. Der italienische Sprecher fügte hinzu, die Vorbereitungen in Rom seien bisher nicht eingestellt worden. Er müsse daher auf sehr schnelle Entscheidung der Frage dringen, ob die Konferenz wie geplant abgehalten werden wird.[10]

[gez.] Krapf

VS-Bd. 9956 (203)

308

Botschafter Behrends, Wien (MBFR-Delegation), an das Auswärtige Amt

114-14437/74 geheim Aufgabe: 25. Oktober 1974, 17.15 Uhr[1]
Fernschreiben Nr. 838 Ankunft: 25. Oktober 1974, 20.40 Uhr
Cito

Delegationsbericht Nr. 269/74
Betr.: MBFR
  hier: gegenwärtiger Stand der Verhandlungen

1) Der amerikanische Delegationsleiter Resor und sein Vertreter Dean, die bisher zu einer optimistischen Beurteilung des Verlaufs der MBFR-Verhandlungen neigten, sind seit der Einführung der formalisierten Version des östlichen

---

[10] Botschafter Krapf, Brüssel (NATO), teilte am 25. Oktober 1974 mit: „Da die Amerikaner unverändert an ihrem Standpunkt festhielten, wurde in einer Sondersitzung der Ständigen Vertreter der NPG am 25. Oktober 1974 beschlossen, die 16. NPG-Ministerkonferenz nicht, wie ursprünglich vorgesehen, am 7. und 8. November 1974 in Rom abzuhalten, sondern auf unbestimmte Zeit zu vertagen. Die Möglichkeit, die 16. NPG-Ministerkonferenz in Verbindung mit der Herbstministerkonferenz des Defense Planning Committees abzuhalten, soll geprüft werden." Vgl. den Drahtbericht Nr. 1488; VS-Bd. 8179 (201); B 150, Aktenkopien 1974.

[1] Hat Vortragendem Legationsrat I. Klasse Ruth am 31. Oktober 1974 vorgelegen.

Vorschlages eines ersten Reduzierungsschrittes am 15.10.² zum ersten Mal entmutigt und ein wenig ratlos. Sie glauben nicht mehr, daß es jedenfalls in dieser Verhandlungsrunde bis Ende des Jahres möglich sein wird, irgendwelche Fortschritte zu erzielen.

2) Die amerikanische Skepsis ist nicht unberechtigt. Die Formalisierung des Vorschlages eines ersten Reduzierungsschrittes, den der Osten erstmals im März 1974 lanciert hatte³, engt den östlichen Verhandlungsspielraum ein und verhärtet die Fronten:

a) Der Osten ist nunmehr im Unterschied zu früher auf die Methode des ersten Schrittes festgelegt. Er hat in aller Form für den ersten Schritt Vorschläge gemacht, die für den Westen weniger attraktiv sind als frühere informell lancierte Ideen. Er hat sich darauf festgelegt, über den Inhalt des ersten Schrittes nur dann zu verhandeln, wenn der Westen die Methode des ersten Schrittes im Grundsatz akzeptiert, sich damit auf das östliche Verhandlungsterrain begibt und darauf verzichtet, die Ziele des Verhandlungsprozesses (z. B. Herstellung der Parität der Landstreitkräfte, common ceiling, Verminderung der östlichen Überlegenheit an Kampfpanzern) zu klären.

b) Der mit östlichem Einverständnis unternommene Versuch, eine Kompromißlösung in der Frage, wessen Streitkräfte zuerst reduziert werden (Phasenkonzept⁴), zu finden, ist vorläufig gescheitert. Zwischen dem östlichen Reduzierungsansatz eines ersten Schrittes, bei dem der weitere Reduzierungsprozeß ungeklärt bleibt, und dem westlichen Phasenkonzept gibt es kaum eine Kompromißmöglichkeit.

c) Besonders bedenklich ist es, daß der Osten seinen Vorschlag vom März 1974, symbolische Reduzierungen mit globalen ceilings auf beiden Seiten und autonomer Festsetzung der nationalen Reduzierungsanteile innerhalb jedes Bündnissystems, aufgegeben hat und jetzt auf Vereinbarung nationaler Reduzierungsquoten und damit auf nationale ceilings besteht.

---

2 Botschafter Behrends, Wien (MBFR-Delegation), berichtete am 15. Oktober 1974, der Leiter der sowjetischen MBFR-Delegation, Chlestow, habe am selben Tag einen formalisierten Vorschlag für einen ersten Reduzierungsschritt vorgelegt. Dieser sehe vor: „a) Verminderung der Streitkräfte aller direkten Teilnehmer um insgesamt 20 000 Mann auf jeder Seite mit entsprechender Bewaffnung und Ausrüstung im Laufe des Jahres 1975. b) Im Rahmen dieser Gesamtreduzierungen sollen die Streitkräfte der Vereinigten Staaten und der Sowjetunion um je 10 000 Mann, die Streitkräfte Polens und der Bundesrepublik um je 5000 Mann vermindert werden, während die restlichen Reduzierungen von 5000 Mann auf jeder Seite auf die Streitkräfte der übrigen direkten Teilnehmer entfallen würden. c) Die Verminderungen der amerikanischen und sowjetischen Streitkräfte würden in der ersten Hälfte des Jahres 1975, die Verminderungen der Streitkräfte der übrigen Teilnehmer in der zweiten Hälfte des Jahres 1975 durchgeführt. d) Diese Reduzierungen könnten als erster Reduzierungsschritt in einem besonderen Abkommen vereinbart und formalisiert werden. Dieses Abkommen würde die Verpflichtung aller direkten Teilnehmer enthalten, Verhandlungen über weitere und substantiellere Reduzierungen ihrer Streitkräfte einschließlich ihrer Bewaffnung fortzusetzen. e) Die Durchführung dieses Vorschlages werde Vertrauen auf beiden Seiten schaffen und dazu beitragen, Lösungen für das Gebiet Mitteleuropa zu finden, in dem die militärische Konfrontation besonders gefährlich sei. Der Vorschlag befasse sich jedoch nur mit anfänglichen Verminderungen im Jahre 1975. Er könne nicht als ein Modell aufgefaßt werden, das ein Präjudiz für künftige weitergehende Reduktionen schaffe." Vgl. den Drahtbericht Nr. 809; VS-Bd. 8246 (201); B 150, Aktenkopien 1974.

3 Zum Vorschlag der an den MBFR-Verhandlungen teilnehmenden Warschauer-Pakt-Staaten für eine symbolische erste Reduzierungsstufe vgl. Dok. 72.

4 Vgl. dazu die am 22. November 1973 von den an den MBFR-Verhandlungen teilnehmenden NATO-Mitgliedstaaten vorgelegten Rahmenvorschläge; Dok. 9, Anm. 2.

d) Die Methode des ersten Schrittes erlaubt es dem Osten, sich in der Diskussion längerfristig politischen und militärischen Perspektiven und Zielen des Reduzierungsprozesses zu entziehen und sie als cura posterior auf später zu vertagen. Es ist damit zu rechnen, daß auch nach einem ersten Schritt, der nach östlichen Vorstellungen ohnehin den Reduzierungsprozeß in Richtung der östlichen Zielvorstellungen (Legalisierung des gegenwärtigen Kräfteverhältnisses, Erschwerung eines weiteren militärischen Integrationsprozesses im atlantischen und europäischen Rahmen) präjudizieren würde, der Osten allenfalls zu weiteren kleinen Schritten nach dem Vorbild des ersten Schrittes bereit sein wird. Der Osten wird wahrscheinlich versuchen, das östliche Konzept scheibchenweise zu realisieren.

3) Die amerikanische Delegation ist sich jetzt darüber im klaren, daß die bisherige westliche Taktik, sukzessive kleinere Modifikationen des westlichen Konzepts einzuführen, um es damit für den Osten attraktiver zu machen, kaum Erfolg verspricht. Die Konsequenzen, die sich aus dieser Erkenntnis ergeben, sind noch nicht durchdacht und bedürfen sorgfältiger Prüfung zwischen uns und den beiden Hauptbeteiligten (USA und GB) und in der Allianz. Wie dort bekannt ist, überlegen die Briten die Möglichkeit einer taktischen Alternative.

4) Bezeichnend für die Vermutung östlicher Delegationen darüber, in welche Richtung sich unsere Vorstellungen entwickeln, ist folgende Reaktion meines DDR-Kollegen Oeser. Als ich ihm heute die westlichen Bedenken gegen den östlichen Vorschlag eines ersten Reduzierungsschrittes erläuterte, sagte er, er sei erstaunt, diese Kritik aus meinem Munde zu hören. Oeser behauptete, daß von unserer Seite hinter „vorgehaltener Hand" gesagt werde, daß dieser Vorschlag „nicht so schlecht" sei.

[gez.] Behrends

VS-Bd. 9463 (221)

309

Gespräch des Bundeskanzlers Schmidt mit dem Generalsekretär des ZK der KPdSU, Breschnew, in Moskau

213-321.10 28. Oktober 1974[1]

Betr.: Erstes Delegationsgespräch in Moskau am 28.10.1974[2]

Teilnehmer:
Von sowjetischer Seite: Generalsekretär Breschnew; Ministerpräsident Kossygin; Außenminister Gromyko; Stellvertretender Ministerpräsident Archipow;

[1] Die Gesprächsaufzeichnung wurde von Vortragendem Legationsrat I. Klasse Meyer-Landrut am 4. November 1974 gefertigt.
[2] Zu dem Gespräch vgl. auch SCHMIDT, Menschen, S. 50–53.

Minister Samjatin; Botschafter Falin; Berater des Generalsekretärs, Blatow; Leiter der Dritten Europäischen Abteilung, Bondarenko; Stellvertretender Leiter Dritter Europäische Abteilung, Kwizinskij; Referatsleiter für die Bundesrepublik Deutschland, Terechow; Außenhandelsminister Patolitschew.

Von deutscher Seite: Bundeskanzler; Bundesminister des Auswärtigen; Staatssekretär Bölling; Parlamentarischer Staatssekretär Frau Schlei; Staatssekretär Gehlhoff; Staatssekretär Rohwedder; Staatssekretär a. D. Mommsen; Botschafter Sahm; MD Sanne; MD Hiss; MD van Well; MD Hermes; VLR I Meyer-Landrut.

Die Sitzung fand statt im Katharinensaal des Kreml-Palast. Beginn: kurz vor 17 Uhr, Ende: 19 Uhr. Sie wurde bestimmt durch eine offene und im ganzen freundliche Atmosphäre.

Breschnew eröffnete die Sitzung mit der Begrüßung des Bundeskanzlers und des Bundesaußenministers, woran er eine ausführliche Darlegung anschloß. Er werte diesen Besuch als einen wichtigen Meilenstein in den deutsch-sowjetischen Beziehungen. Durch den Briefwechsel zwischen ihm und dem Herrn Bundeskanzler[3] sei bereits mehr oder weniger der Kreis der Fragen abgesteckt, die behandelt werden sollten. Die neue Etappe der Beziehungen seit dem Moskauer Vertrag sei noch nicht allzulang, aber seines Erachtens könne man bereits Bilanz ziehen. Davon ausgehend, schlage er folgendes Procedere für die Gespräche vor:

1) Fazit der bisherigen Entwicklung der Beziehungen, Feststellung der Gesamtlinie und der Perspektiven dieser Beziehungen für die Zukunft;

2) wirtschaftliche Zusammenarbeit;

3) europäische Angelegenheiten;

4) sonstiges; hierunter stelle er sich einen beiderseitigen Meinungsaustausch vor, wobei beide Seiten sie interessierende Themen ansprechen könnten. Er lege seinerseits Wert darauf, den allgemeinen Fragen der Entspannung und aktuellen weltpolitischen Problemen Aufmerksamkeit zu widmen, wobei man tunlichst nicht nur Meinungen und Informationen austauschen solle, sondern feststellen, welchen Beitrag die beiden Länder zu ihrer Lösung leisten könnten.

In vielen dieser Fragen sei die gegenseitige Position bekannt. Man sollte sich auf die Hauptprobleme konzentrieren. Der Vertrag von 1970[4] und die dadurch hervorgerufene Wende der deutsch-sowjetischen Beziehungen sei eines der größten historischen Ereignisse der letzten 20 Jahre. Diese Wende herbeizuführen, sei für beide Seiten nicht einfach gewesen. Das sowjetische Volk schätze diese Tatsache hoch ein, weil es sich der Vergangenheit bewußt sei und Sorge für seine friedliche Zukunft empfinde. Nicht nur Partei und Regierung, sondern das ganze Volk trete entschlossen und eindeutig für friedliche und gutnachbarliche Beziehungen mit der Bundesrepublik ein. In diesem Sinne herrsche eine völlige Einheit in der Sowjetunion. Dies sei eine solide Grundlage für die Zukunft. Doch ob angenehm oder nicht, man solle offen und ehrlich in den Gesprä-

---

[3] Zum Briefwechsel des Bundeskanzlers Schmidt mit dem Generalsekretär des ZK der KPdSU, Breschnew, vgl. Dok. 269, Anm. 10.

[4] Für den Wortlaut des Vertrags vom 12. August 1970 zwischen der Bundesrepublik und der UdSSR vgl. BUNDESGESETZBLATT 1972, Teil II, S. 354 f.

chen sein, und deshalb wolle er auch darauf zu sprechen kommen, was bereits in der Vergangenheit geschah und leider auch jetzt noch in der Bundesrepublik Deutschland geschehe. Dies unterscheide sich von der Situation in der Sowjetunion. In der Bundesrepublik Deutschland gebe es Leute, Gruppen, Parteien, die nicht den Standpunkt teilen, durch gute Beziehungen zwischen den Ländern zur Verbesserung der Lage in Europa beizutragen. Sie hätten sowjetischen Erachtens nach auf revanchistische Ideen nicht verzichtet. Er wolle sich nicht in die inneren Angelegenheiten der Bundesrepublik Deutschland einmischen, doch betonen, daß das, was er ausgeführt habe, tatsächlich der Fall gewesen sei und die sowjetische Regierung sich hierüber Sorgen mache. Im übrigen sei es für die sowjetische Gesellschaft, das Volk, nicht gleichgültig, was in der Bundesrepublik vor sich gehe. Warum beispielsweise trete Franz Josef Strauß mit kriegerischen Reden hervor und wende sich gegen die gemeinsamen Bemühungen und verbesserten vertraglichen Beziehungen, die von den Regierungen geschaffen worden seien oder angestrebt werden?[5]

In den sowjetischen Massenmedien habe man sich bemüht, die Öffentlichkeit im positiven Sinne von der Entwicklung der Beziehungen mit der Bundesrepublik Deutschland zu informieren. Er habe nicht vor, hier dem Bundeskanzler Lehren zu erteilen, doch wolle er in aller Kürze zum Ausdruck bringen, was erreicht worden sei und welche Aussichten bestünden. Es werde noch Zeit vergehen, bis die Wunden verheilt seien; die Tragödie, die sich zwischen unseren Völkern abgespielt habe, sei nicht vergessen.

Zu den bilateralen Beziehungen wolle er ausführen, daß sie im ganzen befriedigend verlaufen. Es gelte, in dem Sinne die Gespräche und Verhandlungen zu führen und Ergebnisse zu erzielen, daß eine ununterbrochene Kontinuität in der Fortentwicklung der Beziehungen sichergestellt werde, selbst wenn dies nur mit kleinen Schritten geschehen könne. Auf alle Fälle müsse man Rückfälle in die Vergangenheit vermeiden. In unserer Welt, in unserem Jahrhundert, trete die große Zusammenarbeit in den Vordergrund. Dem sei vorrangige Bedeutung beizumessen. In diesem Zusammenhang sei die wirtschaftliche Zusammenarbeit nicht zu unterschätzen. Im Laufe der Gespräche könne konkret über praktische Dinge dieses Bereichs gesprochen werden. Dies diene sowohl der Entspannung als auch den Interessen beider Völker und Länder. Fragen,

---

[5] Botschafter Sahm, Moskau, berichtete am 23. Oktober 1974, in einem Kommentar der sowjetischen Tageszeitung „Prawda" vom selben Tag sei gegen den CSU-Vorsitzenden der Vorwurf erhoben worden, „Strauß versuche mit Hilfe der Rüstungsindustrie, extremistischer Kreise und verblendeter Anti-Kommunisten, alle reaktionären Kräfte in der ‚BRD', einschließlich ‚der Neonazisten und revanchistischen Gruppierungen' zu sammeln, um damit den Weg zur Macht zu bestreiten. Außenpolitisch ziele mit er auf Untergrabung der internationalen Entspannung und Fortsetzung des Kalten Krieges ab, worin ihm chinesische Führung [...] Unterstützung gebe." Sahm stellte dazu fest: „Wenn auch die Kritik an Strauß ein wiederkehrendes Thema der sowjetischen Presse ist, so geht die Widmung eines Kommentars in der Prawda [...] über den üblichen Grad an Beachtung hinaus. Der Artikel dürfte mit zur publizistischen Vorbereitung des Bundeskanzlerbesuchs bestimmt sein und den Zweck verfolgen, einen Kontrast zu der im allgemeinen recht positiven Würdigung der bilateralen Beziehungen in der Presseberichterstattung der letzten Zeit darzustellen, um die differenzierende sowjetische Beurteilung der politischen Kräfte in der Bundesrepublik Deutschland deutlich zu machen und zu zeigen, daß man über die guten Beziehungen zu der gegenwärtigen Regierung die potentiellen ‚feindlichen' Elemente nicht vergißt." Vgl. den Drahtbericht Nr. 3838; Referat 213, Bd. 112687.

die während des Besuches von Gromyko in der Bundesrepublik[6] angesprochen worden seien und von führenden Persönlichkeiten auch in der Öffentlichkeit dargetan wurden, könnten im Laufe der Gespräche diskutiert und auch gelöst werden.

Die Kontakte seien enger und häufiger geworden. Dies sei eine günstige Entwicklung und diene als Grundlage, auf der weiter fortgeschritten werden könne.

Er glaube, daß der Bundeskanzler ihn recht verstehe, wenn er darauf hinweise, daß die Tatsache, daß wichtige Fragen zwischen der Bundesrepublik Deutschland und der DDR gelöst worden seien, wie dies mit dem Grundvertrag geschehen sei, ebenso wie der Beitritt der beiden deutschen Staaten zu den Vereinten Nationen[7] und die Verbesserung der Beziehungen mit anderen Staaten, positiv beurteilt würde.

Was die wirtschaftlichen Fragen anbetreffe, so müsse man vom klassischen Handel übergehen zu größeren Projekten langfristiger Kooperation. Auf sowjetischer Seite spreche man von Zeiträumen von 20 bis 25 bis 30 Jahren. Auf solchen Fristen könne man Pläne aufbauen und die Wirtschaft einstellen. Für diese Art der Zusammenarbeit gebe es gegenwärtig eine Tendenz in der Welt. Man brauche dazu unter Politikern kein Zahlenwerk auszuarbeiten, keine wirtschaftlichen Berechnungen anzustellen, doch solle die Politik hierauf abgestimmt werden.

Für solche grundlegenden Entschließungen bedürfe man der Kühnheit der Willensstärke, des Mutes und der Vorausschau. Wenn man sie fasse, werde das die allgemeine Politik beeinflussen. Freilich würden sich Menschen finden, die ein solches Unterfangen in entstellender Form interpretieren würden. Diese müßten dann durch die Entwicklung überzeugt werden; man müsse ihnen beweisen, daß, sich einer solchen Politik entgegenzustellen, ein großer Fehler gewesen sei, wenn nicht mehr.

Der *Bundeskanzler* bedankte sich für die Begrüßung, erinnerte an seine früheren Besuche in Moskau[8] und daran, daß die Eindrücke, die im Sommer 1969 die Delegationen der SPD[9] und der FDP[10] aus ihren Gesprächen in Moskau gewonnen hätten, es ermöglichten, einen gemeinsamen ernsthaften Versuch zu machen, zu einer neuen Regelung der deutsch-sowjetischen Beziehungen zu kommen. Er habe hier daran erinnert, um zu unterstreichen, daß Bundesminister Genscher und er für die Kontinuität dieser Politik eintreten. Gleichzeitig bewahre er eine lebendige Erinnerung an den Besuch des Generalsekretärs am

---

[6] Der sowjetische Außenminister Gromyko hielt sich am 15./16. September 1974 in der Bundesrepublik auf. Vgl. dazu Dok. 263–267, Dok. 269 und Dok. 270.

[7] Die Bundesrepublik und die DDR wurden am 18. September 1973 in die UNO aufgenommen. Vgl. dazu AAPD 1973, III, Dok. 310.

[8] Der SPD-Abgeordnete Schmidt besuchte die UdSSR zusammen mit dem SPD-Abgeordneten Erler vom 11. bis 17. März 1959.
Zum Besuch von Schmidt vom 25. Juli bis 6. August 1966 vgl. Dok. 185, Anm. 17.

[9] Der SPD-Fraktionsvorsitzende Schmidt hielt sich vom 20. bis 22. August 1969 zusammen mit den stellvertretenden Fraktionsvorsitzenden Franke und Möller in der UdSSR auf. Vgl. AAPD 1969, II, Dok. 288.

[10] Die FDP-Abgeordneten Scheel, Mischnick und Genscher besuchten die UdSSR vom 22. bis 25. Juli 1969. Vgl. dazu AAPD 1969, II, Dok. 248.

Rhein[11] und das Gespräch, das er in Bonn mit ihm geführt habe[12]. Das persönliche Gespräch unter Führungspersonen erachte er als eine kardinale Notwendigkeit der Politik.

Die Bundesregierung betrachte die Beziehungen zur Sowjetunion als Eckpfeiler ihrer Entspannungspolitik. Es werde damit die Politik, die der Generalsekretär mit Willy Brandt mit der Unterzeichnung des Moskauer Vertrages begonnen habe, fortgesetzt. Diesen Vertrag schätze die Bundesregierung ebenso hoch ein, wie es der Generalsekretär in seinen Ausführungen getan habe. Er stelle auch im Bewußtsein der Menschen in unserem Lande eine Wende dar. Er sei tief in das Bewußtsein der Deutschen eingedrungen, weil sich an diesem Vertrage eine tiefe und langwierige Auseinandersetzung in unserem Parlament entzündet habe und ein scharfer Wahlkampf[13] durch ihn ausgelöst worden sei. Die überwiegende Mehrheit unseres Volkes setze große Hoffnungen in die weitere Entwicklung der deutsch-sowjetischen Beziehungen auf der Grundlage dieses Vertrages. Das gleiche gelte für die Bundesregierung.

In unserem Lande gebe es abweichende Meinungen, wie der Generalsekretär ausgeführt habe. Das sei wahr, sonst wäre ein Wahlkampf über diese Frage nicht erforderlich gewesen. Inzwischen jedoch sei die große Mehrheit der Bevölkerung davon überzeugt, daß es gut sei, was Breschnew mit Brandt und Scheel mit Gromyko getan haben. Abweichende Meinungen bei uns sollten jedoch von der sowjetischen Führung nicht durch ein Vergrößerungsglas gesehen werden. Der Generalsekretär habe vom politischen Hauptgegner von Herrn Genscher und ihm gesprochen. Er, der Bundeskanzler, sei nicht ein Freund dieses Mannes. Aber er glaube, daß man ihm Unrecht tue, wenn man ihm Revanchismus unterstelle. Propagandisten aller Länder hätten die Tendenz, politische Vorgänge zu vergröbern. Man solle sich in seinem Urteil nicht von ihnen allzusehr beeinflussen lassen.

Die Deutschen wüßten wohl, daß die Sowjetunion eine Großmacht sei und wir in fast allen Beziehungen ein mittlerer Staat, ein Staat, der sich bei einem Angriff von außen nicht selbst verteidigen könne. Er brauche andere zu seiner Hilfe und zu seinem Schutz. Er, der Bundeskanzler, begrüße, daß Breschnew seine Sorge bezüglich des Revanchismus angesprochen habe; man solle sich offen sagen, was man denke und was man fühle.

Breschnew unterbrach: Diese emotionelle Seite seiner Ausführungen habe einen natürlichen Grund. Ein großer Teil des Territoriums der UdSSR sei im Kriege zerstört worden. Millionen Menschen hätten ihr Leben verloren, Millionen standen unter fast unmenschlichen Bedingungen im Hinterland. Man habe auch seine Gegner töten müssen. Dies sei keine leichte Sache. Er, Breschnew, habe zuviel im Kriege gesehen. Deshalb berühre ihn dieses Problem emotional.

---

11 Der Generalsekretär des ZK der KPdSU, Breschnew, hielt sich vom 18. bis 22. Mai 1973 in der Bundesrepublik auf. Vgl. dazu AAPD 1973, II, Dok. 145–152.

12 Zum Gespräch während des Besuchs des Generalsekretärs des ZK der KPdSU, Breschnew, vom 18. bis 22. Mai 1973 in der Bundesrepublik vgl. Dok. 151, Anm. 12.

13 Nach der Auflösung des Bundestags am 22. September 1972 fanden am 19. November 1972 Neuwahlen statt.

Der *Bundeskanzler* sagte, er stimme den Ausführungen Breschnews zu, wolle aber doch bemerken, daß auch Millionen Deutscher umgekommen sind und wir als Folge des Krieges in einem geteilten Land lebten.

Die Erwähnung des Revanchismus gebe ihm die Möglichkeit, mit aller Offenheit darüber zu sprechen, daß auch in Deutschland viele Leute von Mißtrauen und Furcht gegenüber der großen Macht der Sowjetunion erfüllt seien. Er, der Bundeskanzler, nicht. Er habe weder Angst vor Revanchismus noch vor der Sowjetunion.

Breschnew unterbrach: Hiermit habe der Bundeskanzler der sowjetischen Führung gegenüber eine sehr prinzipielle und wichtige Mitteilung gemacht, die ihn und seine Kollegen mit Befriedigung erfülle.

Der *Bundeskanzler* führte weiter aus: Der Moskauer Vertrag und das Vierseitige Abkommen über Berlin[14] stellten eine solide Grundlage der Beziehungen dar. Bei seiner Ankunft in Bonn vor 18 Monaten habe Breschnew vom Gebäude gutnachbarlicher Beziehungen gesprochen.[15] Seiner Meinung nach habe man in der Zwischenzeit einige neue Stockwerke hinzugefügt und im ganzen die 18 Monate recht gut genutzt. Um dieses Gebäude abermals zu erweitern, sei er nach Moskau gekommen.

Für uns Deutsche sei es von sehr großer Bedeutung zu wissen, was die sowjetische Führung denke und was sie plane.

Er sei einverstanden mit der vorgeschlagenen Gliederung der Gespräche und stimme zu, diese Gespräche offen und im Geiste der Zusammenarbeit zu führen. Er sehe ebenfalls die Notwendigkeit der Kontinuität in der Entwicklung der Beziehungen. Deshalb habe er auch die Hoffnung, daß am Schluß des Besuchs verabredet werden könne, regelmäßige offizielle Konsultationen zu führen.

Er stimme zu, daß Begegnungen auf allen Ebenen in verbreiterter und vertiefter Form angestrebt werden sollten.

Niemand könne verlangen, daß der andere die Vergangenheit vergesse, aber wir sollten danach streben, sie hinter uns zu lassen.

Breschnew sei ausführlich auf die wirtschaftlichen Beziehungen eingegangen. Er, der Bundeskanzler, pflege, wenn er über die Notwendigkeit erweiterter deutsch-sowjetischer Wirtschaftsbeziehungen spreche, zu sagen: Wenn zwei wirtschaftlich voneinander abhängen, so führen sie auch keinen Krieg gegeneinander. Insofern diene die wirtschaftliche Zusammenarbeit den Interessen

---

[14] Für den Wortlaut des Vier-Mächte-Abkommens über Berlin vom 3. September 1971 sowie des Schlußprotokolls vom 3. Juni 1972 vgl. UNTS, Bd. 880, S. 116–148. Für den deutschen Wortlaut vgl. BUNDESANZEIGER, Nr. 174 vom 15. September 1972, Beilage, S. 44–73.

[15] Der Generalsekretär des ZK der KPdSU, Breschnew, erklärte am 18. Mai 1973 nach seiner Ankunft auf dem Flughafen Köln/Bonn: „Wir haben einen guten Vertrag, und zwar den Vertrag vom Jahr 1970. Wir haben bereits einige Abkommen abgeschlossen, welche die Entwicklung der Verbindungen zwischen der Union der Sozialistischen Sowjetrepubliken und der Bundesrepublik Deutschland auf verschiedenen Gebieten betreffen. […] So kann man sagen, daß ein gutes Fundament geschaffen wurde. Nun gilt es, auf diesem Fundament ein festes Gebäude gutnachbarlicher Beziehungen zwischen unseren Ländern zu errichten. Wir sind bereit, dazu einen konstruktiven Beitrag zu leisten, und wir hoffen, daß auch die Staatsmänner der Bundesrepublik Deutschland die notwendigen Bemühungen unternehmen werden, um Neues und Nützliches zum Wohle unserer Völker im Interesse eines dauerhaften Friedens in Europa zu vollbringen." Vgl. BULLETIN 1973, S. 562.

des Friedens und somit auch der gemeinsamen politischen Zielsetzung. Sie könne jedoch nur funktionieren, wenn sie auf gegenseitigem Nutzen basiere.

Breschnew stimmte diesem Gedanken zu.

Der *Bundeskanzler* sagte, er sei auch einverstanden mit der Idee, die der Generalsekretär geäußert habe, daß man über den Handel hinausgehen solle zu einer langfristigen Kooperation hin. Er teile die Vorstellungen der in Jahrzehnten ausgedrückten Perspektive dieser Kooperation. Man solle aber die objektiven Schwierigkeiten nicht übersehen, die dem entgegenstehen. Diese seien nur dann zu überwinden, wenn beiderseits große Anstrengungen unternommen und die strukturellen Unterschiede in Rechnung gestellt würden.

Auf sowjetischer Seite bestehe ein eingespieltes Planungs- und Exekutivapparat, dem auf unserer Seite unabhängige Unternehmer gegenüberstünden. Staat und Regierung hätten keine großen Möglichkeiten, um auf diese einzuwirken. Wir seien auf die Unternehmer angewiesen. Deshalb freue er sich, daß ein so fortschrittlicher Unternehmer wie sein Freund Mommsen ihn nach Moskau begleitet habe. Noch größere Aufmerksamkeit solle der Technik der Zusammenarbeit einer Staatswirtschaft einerseits und einer Vielzahl von Unternehmern andererseits gewidmet werden. Er sei bereit, hier wirtschaftliche Fragen mit der ihnen gebührenden Aufmerksamkeit zu behandeln.

Aber es gebe auch andere Themen im Bereich der bilateralen Beziehungen. Er würde es für schwierig halten, auf einem Gebiet erfolgreich fortzuschreiten, während man auf anderen zu verharren genötigt sei.

Der Generalsekretär habe von der Möglichkeit gesprochen, unter Punkt 4 der Tagesordnung sonstige Themen zu behandeln. Die deutsche Seite werde darauf zurückkommen. Bundesaußenminister Genscher werde im Laufe dieser Tage über diese Themen sprechen. Selbstverständlich sei er, der Bundeskanzler, auch bereit, über allgemeine europäische Fragen zu sprechen.

Breschnew kam abschließend auf Prozedurfragen zu sprechen, wobei er vorschlug, mit politischen Fragen zu beginnen, um vielleicht im weiteren Verlauf dann auf Wirtschaftsfragen zu kommen.

Der *Bundeskanzler* stimmte diesem Vorgehen zu und präzisierte, daß mithin politische Fragen am Vormittag des 29. besprochen werden sollten[16], und zwar sowohl bilaterale als auch KSZE und evtl. Nahost, und die wirtschaftlichen Fragen dann am Nachmittag[17] aufgenommen werden könnten. Möglicherweise werde sich aus der Diskussion ergeben, daß auch politische Fragen noch vertieft werden müßten. Dies könne dann vielleicht zwischen den Herren Gromyko und Genscher geschehen.[18]

Breschnew erklärte sein Einverständnis. Er ließ dann noch eine kurze Pressemitteilung verlesen, die von Minister Samjatin aufgesetzt worden war.

Referat 213, Bd. 112687

---

[16] Für das deutsch-sowjetische Regierungsgespräch am 29. Oktober 1974 in Moskau vgl. Dok. 311.
[17] Für das Gespräch des Bundeskanzlers Schmidt mit dem Generalsekretär des ZK der KPdSU, Breschnew, am 29. Oktober 1974 in Moskau vgl. Dok. 314.
[18] Für die Gespräche des Bundesministers Genscher mit dem sowjetischen Außenminister Gromyko am 29./30. Oktober 1974 in Moskau vgl. Dok. 312 und Dok. 316.

310

Botschafter Böker, Rom (Vatikan), an Staatssekretär Gehlhoff

114-14463/74 geheim	Aufgabe: 28. Oktober 1974, 18.35 Uhr[1]
Fernschreiben Nr. 107	Ankunft: 28. Oktober 1974, 20.11 Uhr

Nur für StS und MD von Schenck[2]

Betr.: Vatikan und DDR
hier: Gespräch von Kardinal Döpfner mit dem Papst und anderen Mitgliedern der Kurie

Bezug: DB Nr. 105 vom 16.10.1974 geh.[3]

Zur Unterrichtung

Ich hatte Samstag nochmals ein Gespräch mit Kardinal Döpfner, kurz ehe dieser nach beendeter Bischofssynode nach München zurückflog. Der Kardinal erzählte mir dabei von den Gesprächen, die er in den letzten zehn Tagen mit Papst Paul VI., Kardinalstaatssekretär Villot, Erzbischof Benelli und Erzbischof Casaroli hauptsächlich über Probleme der Deutschlandpolitik gehabt hatte. Da solche Gespräche eines Bischofs nach kanonischem Recht als secretum gelten, bitte ich, diesen Bericht mit besonderer Vertraulichkeit zu behandeln.

Das erste Gespräch des Kardinals war das mit Casaroli. Kardinal Döpfner hat Casaroli nochmals die Position des deutschen Episkopats zu den anstehenden Fragen mit aller Deutlichkeit dargelegt und sich dabei auch dagegen verwahrt, daß die Kurie immer wieder versuche, Bundesregierung und Episkopat gegeneinander auszuspielen. Der Episkopat unterstütze in diesen Fragen voll die Haltung der Bundesregierung in einigen Punkten noch darüber hinaus.[4] Kardinal Döpfner warnte Casaroli auch nachdrücklich vor einer Reise nach Ostberlin, weil dies die Stellung des Episkopats in der DDR erheblich schwächen und in katholischen Kreisen Deutschlands große Empörung auslösen würde. Auch jedes weitere Nachgeben der Kurie gegenüber der DDR sei in diesem Zeitpunkt völlig verfehlt, weil dafür keinerlei Gegenleistungen zu erwarten seien. Casaroli zeigte sich in diesem Gespräch äußerst nervös und unsicher, ohne aber in der Sache einzulenken.

Erzbischof Benelli hat die Darlegung des Kardinals mehr oder weniger schweigend[5], aber doch offensichtlich mit Zustimmung aufgenommen, dabei jedoch bedauernd auf seine mangelnde Zuständigkeit verwiesen.

Kardinal Villot gegenüber hat Kardinal Döpfner auch die merkwürdige Behandlung des von dem Regierenden Bürgermeister von Berlin geplanten Besuchs zur Sprache gebracht und den Kardinalstaatssekretär mit Nachdruck

---

[1] Hat Vortragendem Legationsrat I. Klasse Schönfeld am 29. Oktober 1974 vorgelegen.
[2] Hat Ministerialdirektor von Schenck am 29. Oktober 1974 vorgelegen.
[3] Vgl. Dok. 300.
[4] Unvollständige Übermittlung des Drahtberichts.
[5] Der Passus „Erzbischof Benelli [...] weniger schweigend" wurde von Ministerialdirektor von Schenck hervorgehoben. Dazu vermerkte er handschriftlich: „Wie immer!"

darauf verwiesen, von welch entscheidender Wichtigkeit für uns alle Berlin betreffenden Fragen seien.[6] Irgendwelchen Stellungnahmen sei Kardinal Villot, wie üblich, ausgewichen.

In dem Gespräch mit dem Papst hat Kardinal Döpfner die deutsche Problematik in den Gesamtzusammenhang der vatikanischen Ostpolitik gestellt. Er hat dem Papst sehr offen erklärt, man müsse sich doch wohl fragen, ob der Vatikan nicht schon allgemein in seinem Umgang mit der kommunistischen Staatenwelt zu große Vorleistungen gemacht habe, für die er wenig oder nichts habe einhandeln können. Es wäre fatal, wenn der Vatikan diese Politik nun auch gegenüber der DDR fortsetzen wolle, zumal zu einem Zeitpunkt, wo die öffentliche Meinung in Deutschland zu einer sehr nüchternen Beurteilung neige. Die DDR sei sicher nur allzu gern bereit, mit dem Heiligen Stuhl in Verhandlungen und vielleicht sogar in offizielle Beziehungen einzutreten, aber doch sicher nicht mit dem Ziel, die Kirche zu fördern, sondern um sie klein zu halten und zu schädigen. Unter diesen Umständen enthielten Verhandlungen dieser Art für die Kirche ein zu großes Risiko. Hierauf soll der Papst geantwortet haben: Das ist möglich, aber auch im Nicht-Handeln ist ein Risiko enthalten. Er bat den Kardinal eindringlich, nicht zu glauben, daß er, der Papst, die Gefährlichkeit des Kommunismus verkenne. Wenn er sich dennoch auf Verhandlungen mit Kommunisten einlasse, so nur deshalb, weil er das Wohl der Gesamtkirche im Auge haben müsse. Hierauf Kardinal Döpfner: Er zweifle nicht, daß das Handeln des Papstes nur auf das Wohl der Kirche ausgerichtet sei. Er bezweifele nur, ob die bisher beschrittenen Wege und evtl. geplanten weiteren Schritte geeignet seien, dem Interesse der Kirche zu dienen. Er wende sich auch gar nicht gegen Gespräche und Sondierungen. Er sei aber entschieden gegen Verhandlungen, die mit Vorleistungen begännen und am Ende nichts einbrächten. Als Beispiel solcher falscher Vorleistungen nannte er die Teilnehmerliste zur Bischofssynode[7], durch die die DDR einige Punkte gewonnen habe, während die Kirche in beiden Teilen Deutschlands darunter Schaden gelitten habe.

[gez.] Böker

VS-Bd. 9713 (501)

---

[6] Am 16. Oktober 1974 teilte Botschafter Böker, Rom (Vatikan), zur Frage einer Audienz des Regierenden Bürgermeisters von Berlin, Schütz, bei Papst Paul VI. mit: „Nach Mitteilung des zuständigen Referenten im päpstlichen Staatssekretariat hat Papst Paul VI. entschieden, dem Audienzgesuch des Regierenden Bürgermeisters Schütz stattzugeben, aber unter der Auflage, daß der Botschafter nicht an der Audienz teilnimmt. Man bezieht sich dabei einmal auf angebliche Präzedenzfälle, wonach der damalige Regierende Bürgermeister Brandt zweimal eine Privataudienz gehabt habe, ohne dabei von dem jeweiligen Botschafter begleitet gewesen zu sein. Außerdem wird angeführt, daß die Anwesenheit des Botschafters zur Folge haben müßte, daß auch der Papst einen hochrangigen Mitarbeiter – vermutlich Erzbischof Casaroli – zu den Gesprächen hinzuziehen müßte. Dies sei aber wiederum nur sinnvoll, wenn in dem Gespräch mit dem Besucher auch sachliche Themen berührt werden sollten und es damit auch zu einem Arbeitsgespräch käme. Das würde den Besuch aber über den Charakter eines privaten Höflichkeitsbesuchs hinaus aufwerten. Dazu sähe man aber wiederum ‚in diesem Zeitpunkt' keine Veranlassung." Böker empfahl dazu: „Um dem Vatikan aber dennoch klarzumachen, daß mit uns in Fragen Berlins und seiner Verbindungen zur BRD nicht zu spaßen ist, rege ich an, dem Regierenden Bürgermeister vorzuschlagen, unter den gegebenen Umständen von einem Besuch bei Papst Paul VI. Abstand zu nehmen." Vgl. den Drahtbericht Nr. 106; Referat 210, Bd. 111634.

[7] Zur Teilnehmerliste für die Bischofssynode in Rom vgl. Dok. 260.

311

Deutsch-sowjetisches Regierungsgespräch in Moskau

213-3062/74 VS-vertraulich
29. Oktober 1974[1]

Am 29.10. fand im Katharinensaal des Kreml eine Besprechung statt, an der von deutscher Seite Bundeskanzler Schmidt, Bundesminister Genscher und Botschafter Sahm[2], von sowjetischer Seite Generalsekretär Breschnew, Ministerpräsident Kossygin und Außenminister Gromyko teilnahmen. Ferner waren die Dolmetscher Weiß und Kurpakow anwesend. Das Gespräch dauerte von 11.00 bis 12.30 Uhr.

Der *Bundeskanzler* schlug vor, zunächst über Berlin zu sprechen. Bundesminister *Genscher* erklärte den Wunsch der Bundesregierung, die Beziehungen zwischen den beiden Ländern langfristig zu gestalten und die Möglichkeiten aus dem Moskau-Vertrag[3] zu nutzen. Diese Perspektiven seien sowohl für das bilaterale als auch für das multilaterale Gebiet, z. B. KSZE, gültig. Bereits 1969 hätte eine Delegation der FDP (Scheel, Mischnick, Genscher)[4] mit Kossygin über KSZE gesprochen. Seitdem hätten sich erhebliche Fortschritte bei der Annäherung der gegenseitigen Standpunkte ergeben.

Im bilateralen Bereich sei in der gemeinsamen Erklärung anläßlich des Besuchs Breschnews in Bonn davon gesprochen worden, daß die vertraglichen Beziehungen weiter ausgebaut werden sollten.[5] Eine Reihe von Abkommen seien fertig ausgearbeitet, jedoch bestehe ein Hinderungsgrund für die Unterzeichnung. Der Bundeskanzler hätte am Abend zuvor ausgedrückt, daß man Fortschritte auf allen Gebieten erzielen müsse.[6] Breschnew hätte in seiner Tischrede erwähnt, daß mit dem Vier-Mächte-Abkommen alle Berlin betreffenden Probleme gelöst seien.[7] Dieses hätte seinerzeit auch die deutsche Seite erwar-

---

[1] Die Gesprächsaufzeichnung wurde von Botschafter Sahm, Moskau, und Dolmetscher Weiß am 8. November 1974 gefertigt.
Hat Bundesminister Genscher vorgelegen.

[2] Rückblickend führte Ulrich Sahm zum Besuch des Bundeskanzlers Schmidt und des Bundesministers Genscher vom 28. bis 31. Oktober 1974 in der UdSSR aus: „Überhaupt ergab es sich erneut, daß bei allen mit der Einbeziehung Berlins in die deutsch-sowjetischen Vereinbarungen und Projekte zusammenhängenden Fragen die Gegensätze vor allem wegen der ausgesprochenen Härte Gromykos kaum überwindbar schienen. Bei einer langen nächtlichen Beratung zwischen Schmidt, Genscher, der großartigen Marie Schlei, Staatsministerin im Kanzleramt, und den anderen Beratern, wurde eine Taktik für die Gespräche der nächsten Tage ausgearbeitet, die dann tatsächlich zu gewissen Erfolgen führte und ein Scheitern der Verhandlungen und eine Versteinerung der Beziehungen verhinderte." Vgl. SAHM, Diplomaten, S. 355.

[3] Für den Wortlaut des Vertrags vom 12. August 1970 zwischen der Bundesrepublik und der UdSSR vgl. BUNDESGESETZBLATT 1972, Teil II, S. 354 f.

[4] Die FDP-Abgeordneten Scheel, Mischnick und Genscher besuchten die UdSSR vom 22. bis 25. Juli 1969. Vgl. dazu AAPD 1969, II, Dok. 248.

[5] Zur Gemeinsamen Erklärung vom 21. Mai 1973 über den Besuch des Generalsekretärs des ZK der KPdSU, Breschnew, vom 18. bis 22. Mai 1973 in der Bundesrepublik vgl. Dok. 64, Anm. 27.

[6] Für das Gespräch des Bundeskanzlers Schmidt mit dem Generalsekretär des ZK der KPdSU, Breschnew, am 28. Oktober 1974 in Moskau vgl. Dok. 309.

[7] Am 28. Oktober 1974 führte der Generalsekretär des ZK der KPdSU, Breschnew, bei einem zu Ehren des Bundeskanzlers Schmidt gegebenen Essen aus: „In der Praxis trifft man ab und zu auf eine Lage, wo man, anstatt weiterzukommen, den Versuch unternimmt, Hindernisse für eine Verständi-

tet, jedoch hätte sich gezeigt, daß man für den bilateralen Bereich noch gemeinsame Regelungen finden müsse, die die Anwendung der Verträge für Berlin (West) garantiere.

Gromyko und er hätten in Bonn diese Frage ausführlich erörtert.[8] Er (Genscher) hätte dargelegt, daß es uns darum gehe, im Rahmen der Möglichkeiten des Vier-Mächte-Abkommens die vorhandenen Probleme auszuräumen. Eine befriedigende Anwendung der durch den Moskauer Vertrag geschaffenen bilateralen Möglichkeiten auch auf Berlin würde ganz wesentlich die Verbesserung der Beziehungen erleichtern. Für uns sei das Berlin-Problem ein außerordentlich wichtiges Problem und von vitalem Interesse für die Bundesrepublik Deutschland. Wir wünschten die langfristige Entwicklung der Beziehungen ohne jede Belastung. Deswegen müsse man die Berlin betreffenden Fragen jetzt einer Lösung zuführen. Die Abkommen seien materiell fertig. Offen sei auch noch die Frage der Zwischenlandung in Tegel im Rahmen des Luftverkehrsabkommens.[9]

Breschnew erklärte, daß man die Erörterung dieser Fragen den Außenministern überlassen solle. Er wisse nicht, worum es gehe, insbesondere ob es sich um neue Fragen handele oder solche, die mit der Errichtung des Bundesumweltamtes zusammenhingen.

Kossygin meinte: „Keine neuen Fragen, es reichen uns die alten!"

Der *Bundeskanzler* bestätigte, daß es gut sei, wenn die beiden Außenminister die Fragen im einzelnen prüfen würden. Er wolle jedoch einen Augenblick, ohne auf Einzelheiten einzugehen, den allgemeinen Gedankenaustausch fortsetzen.

Wenn man die Entstehungsgeschichte des Vier-Mächte-Abkommens nachträglich studiere, so müsse man feststellen, daß es noch einen viel kunstvolleren Kompromiß darstelle, als es damals für ihn, ein nicht für die Außenpolitik verantwortliches Kabinettsmitglied, erkennbar gewesen sei. Die Kunst und die Feinheit des Abkommens bestünde insbesondere in dem, was fortgelassen sei. So sage die Überschrift z. B. nicht, wovon man eigentlich spreche. An vielen anderen Stellen lasse der Text des Abkommens sehr viele Fragen offen. Infolge dessen sei das Abkommen, das einen großen Schritt vorwärts bedeute, dennoch auch Quelle großer Mißverständnisse, wenn man nicht sehr sorgfältig aufpasse.

Ein solches Mißverständnis hätte man z. B. bei der Errichtung des Bundesumweltamtes erlebt, von dem Breschnew gesprochen hätte. Wenn er es richtig verstehe, so hätte das Mißverständnis darin gelegen, daß Bonn glaubte, in voller

---

Fortsetzung Fußnote von Seite 1348

gung dort zu schaffen, wo sie, wie es schien, bereits überwunden waren. So sieht es ja im Grunde genommen mit der West-Berlin-Frage aus, die bei dem Abschluß des Vierseitigen Abkommens geregelt worden ist. Dieses Abkommen ermöglicht es, wie allgemein anerkannt wird, auch die praktischen Probleme erfolgreich zu lösen, die sich auf West-Berlin beziehen. Unter den gegenwärtigen Gegebenheiten wäre ein besseres Abkommen kaum möglich. Strikte Einhaltung des Abkommens – eben das braucht man, damit die West-Berlin-Frage völlig aufhört, die politische Atmosphäre im Zentrum Europas zu verdüstern. Wir möchten glauben, daß die Bundesregierung ebenfalls davon ausgeht." Vgl. EUROPA-ARCHIV 1974, D 594.

8 Vgl. dazu das Gespräch des Bundesministers Genscher mit dem sowjetischen Außenminister Gromyko am 15. September 1974 sowie das deutsch-sowjetische Regierungsgespräch am 16. September 1974; Dok. 265 und Dok. 270.

9 Zur Frage der Landung von Flügen der Lufthansa in Berlin-Tegel vgl. Dok. 80, Anm. 5.

Übereinstimmung mit dem Abkommen zu handeln, während Moskau anderer Meinung gewesen sei. Er wolle Breschnew versichern, daß auf westdeutscher Seite nicht die Absicht bestehe, die Bestimmungen des Vier-Mächte-Abkommens auszudehnen, zu strecken oder gar zu überschreiten. Er fürchte, daß wir in Zukunft in ähnliche Situationen gelangen könnten, wenn nicht in kleinem Kreise ein enger persönlicher Kontakt – ohne Aufgabe von Rechtspositionen – hergestellt würde. Nur so könne man neue Schwierigkeiten vermeiden. Wir seien dazu bereit. Gromyko hätte in Bonn gesagt, daß Berlin für die Sowjetunion nicht Mittelpunkt der Welt und wichtigstes Problem sei.[10] Dem könne er nur beipflichten. Für uns (damit waren offensichtlich Schmidt, Genscher, Regierung und Koalition gemeint) und unsere Stellung zum eigenen Volk und Parlament und in der öffentlichen Meinung bedeute Berlin und die Bindung zu Berlin einen unverzichtbaren, vitalen und zentralen Punkt.

Man rede jetzt über die Vertiefung des wirtschaftlichen Austausches zwischen unseren beiden Ländern für einen Zeitraum von zwanzig, dreißig Jahren.

Er sei zuversichtlich, daß man in der Lage sein würde, sich darüber konzeptionell zu einigen, dies in Abkommensform zu gießen und trotz fundamentaler Unterschiede der wirtschaftlichen Strukturen in die Wirklichkeit umzusetzen. In der Bundesrepublik brauchten Genscher und er für eine solche Politik jedoch die Zustimmung der Parteien, des Parlaments, der öffentlichen Meinung. Die Lage werde aber auch durch so minimale Fragen wie den Besuch von Rentnern, die Kinder und Enkel auf der anderen Seite hätten, von einem Teil Berlins in den anderen psychologisch schwer belastet.

Mit großem Interesse und mit Dankbarkeit hätte er die Rede im Fernsehen verfolgt, die Breschnew anläßlich des 25jährigen Bestehens der DDR in Ostberlin gehalten habe.[11] Breschnew wisse, daß die Bundesregierung sich kurz nach dem Kanzlerwechsel bemüht hätte, das Gespräch mit Honecker wieder in Gang zu bringen, und es auch vorangebracht hätte.[12] Dies sei für die Bundesregierung nicht leicht gewesen, da die Untersuchung über den Spion Guillaume noch laufe und jeden Tag neue Schlagzeilen bringe.[13] Die Bundesregierung gebe sich

---

[10] Vgl. dazu das Gespräch des Bundeskanzlers Schmidt mit dem sowjetischen Außenminister Gromyko am 16. September 1974; Dok. 269.

[11] Der Generalsekretär des ZK der KPdSU, Breschnew, führte am 6. Oktober 1974 auf einer Kundgebung in Ost-Berlin anläßlich des 25. Jahrestags der DDR aus: „Aus verständlichen Gründen nehmen im Komplex der Probleme, von denen die Stabilität des europäischen Friedens abhängt, die Beziehungen der sozialistischen Länder zur Bundesrepublik Deutschland einen besonderen Platz ein. Dieser Frage schenken wir alle starke Beachtung. Ich denke, daß eine hohe Einschätzung des hierbei in den letzten Jahren erzielten Fortschritts begründet ist. [...] Wir erwarten, wie Sie wissen, demnächst Bundeskanzler Helmut Schmidt zu einem offiziellen Besuch in Moskau. Das wird sein erster Besuch als Regierungschef in der Sowjetunion sein. In Anbetracht der bekannten Erklärungen führender Männer der Bundesregierung über die Kontinuität der Außenpolitik der Bundesrepublik hoffen wir, daß die bevorstehenden Verhandlungen weitere konkrete Schritte in der Entwicklung gegenseitig vorteilhafter Verbindungen und der Zusammenarbeit ermöglichen werden." Vgl. EUROPA-ARCHIV 1974, D 589 f.

[12] Zu den Kontakten des Bundeskanzlers Schmidt mit dem Ersten Sekretär des ZK der SED, Honecker, vgl. Dok. 277, Anm. 18.

[13] Zur Affäre um den Referenten im Bundeskanzleramt, Guillaume, vgl. Dok. 159, Anm. 2.
Der mit dem Fall Guillaume befaßte parlamentarische Untersuchungsausschuß beendete am 11. Oktober 1974 vorläufig seine Ermittlungen. In der Presse wurde dazu ausgeführt: „Der Untersuchungsausschuß will bis zur Wahlentscheidung in Hessen und Bayern am 27. Oktober nicht mehr tagen. Bevor er diese Entscheidung gegen die Stimmen der Opposition fällte, kam es intern zu hef-

trotzdem große Mühe. Der Moskau-Vertrag könne aber nicht fruchtbar werden, wenn nicht auch das Vier-Mächte-Abkommen und der Grundvertrag mit der DDR fruchtbar gemacht würden. In der Auffassung unserer Leute sei dies alles ein einheitlicher Komplex, der vereinfachend unter dem Schlagwort Ostpolitik verstanden werde. Wir gingen von dem festen Vorsatz aus, alle drei Verträge strikt einzuhalten, das Vereinbarte aber auch anzuwenden. Es gebe auf der sowjetischen Seite anscheinend Mißtrauen, daß wir die Verträge überdehnen wollten (*Gromyko* wirft ein, im Zuge einer Diskussion auf sowjetischer Seite darüber, wie das Wort „überdehnen" im Russischen am besten wiederzugeben sei: extensiv anwenden) oder mehr erreichen wollen, als geschrieben steht. Gromyko wirft erneut ein: „ausweiten", während *Breschnew* bemerkt: „Interpretation ausdehnen".

Der *Bundeskanzler* fährt fort, er könne dieses Mißtrauen verstehen, es sei jedoch nicht gerechtfertigt. Auch bei uns bestünde Mißtrauen und zwar, daß die Sowjetunion die Verträge einschränken wolle. Als Beispiel könne er auf das von Genscher bereits erwähnte Kulturabkommen Bezug nehmen. Auch hier sei von der Einbeziehung Berlins die Rede.[14] Jetzt solle dieses Abkommen durch ein Zweijahres-Programm ausgefüllt werden.[15] Dabei wolle die sowjetische Seite jedoch Berlin nicht in vollem Umfang einbeziehen. Ähnliches gelte für den Fremdenverkehr. Die sowjetische Seite verlange, daß unsere Fremdenverkehrszentrale nicht für Bürger Berlins zuständig sein solle.[16]

Fortsetzung Fußnote von Seite 1350
tigen parteipolitischen Auseinandersetzungen. Opposition und Koalition warfen sich gegenseitig wahltaktische Manöver vor." Vgl. den Artikel „Bahr leugnet Kontakte zu KGB-Funktionären"; FRANKFURTER ALLGEMEINE ZEITUNG vom 12. Oktober 1974, S. 1.
14 Vgl. dazu Artikel 16 des Abkommens vom 19. Mai 1973 zwischen der Bundesrepublik und der UdSSR über kulturelle Zusammenarbeit; Dok. 57, Anm. 8.
15 Vgl. dazu Artikel 12 des Abkommens vom 19. Mai 1973 zwischen der Bundesrepublik und der UdSSR über kulturelle Zusammenarbeit; Dok. 70, Anm. 9.
Vortragender Legationsrat I. Klasse Meyer-Landrut vermerkte am 2. Oktober 1974 zu den Verhandlungen zwischen der Bundesrepublik und der UdSSR über ein Zweijahresprogramm zum Kulturaustausch: „Die am 23. September begonnenen Verhandlungen wurden am 1. Oktober abgebrochen, weil es nicht möglich war, in diesem Programm die vorgesehenen Berliner Vorhaben normal, zusammen mit den aus der Bundesrepublik vorgesehenen Vorhaben aufzuführen. Die von den Sowjets vorgeschlagenen Konstruktionen hätten unser Verständnis vom Vier-Mächte-Abkommen über den Haufen geworfen. Hier bedarf es sicherlich langwieriger Detail-Gespräche auf diplomatischem Wege, um nicht zu Formulierungen zu kommen, die uns negativ präjudizieren." Vgl. Referat 213, Bd. 112686.
16 Ministerialdirektor van Well resümierte am 21. Oktober 1974 Verhandlungen, die vom 1. bis 4. Oktober 1974 zwischen dem Bundesministerium für Wirtschaft und der sowjetischen Touristikorganisation INTOURIST über die Errichtung eines Büros der Deutschen Zentrale für Tourismus (DZT) in Moskau bzw. eines Büros von INTOURIST in Frankfurt/Main geführt worden waren: „Nachdem sowohl über die Sachfragen als auch über die Einbeziehung Berlins Einigkeit herbeigeführt worden war, wobei in den Verhandlungen auch vom Verkehrsamt des Senats von Berlin die Rede gewesen ist, wurde ein Verhandlungsprotokoll von den Delegationsleitern unterzeichnet. Die Vereinbarung selbst sollte durch Briefwechsel erfolgen, der während der Kommissionssitzung in Moskau ausgetauscht werden sollte. Nach Unterzeichnung des Verhandlungsprotokolls erklärte ein Mitglied der sowjetischen Botschaft, das der Delegation angehörte, dem deutschen Delegationsleiter, daß die sowjetische Seite davon ausgehe, daß keine staatlichen Stellen aus Berlin (West) vom Büro der Deutschen Zentrale für Fremdenverkehr in Moskau repräsentiert würden. Nach Lage der Dinge konnte auf deutscher Seite nur die Auffassung bestehen, daß es sich hierbei lediglich um Bundesstellen handele. Eine sicherheitshalber geführte Unterhaltung mit BR Koptelzew führte jedoch zu dem Ergebnis, daß die Intervention auf Weisung von Botschafter Falin geschehen sei und eben auf das Verkehrsamt des Senats abziele." Vgl. Referat 213, Bd. 112686.
Am 14. Oktober 1974 informierte Vortragender Legationsrat I. Klasse Meyer-Landrut die Bot-

Statt weiterer Beispiele wolle er ganz allgemein feststellen, daß die Sowjetunion zugestimmt hätte, daß die Bundesregierung Westberlin auch international vertrete.[17] Wenn man dabei bleibe und diese Bestimmung voll anwende, dann werde es auch möglich sein, die Fragen des wissenschaftlich-technischen Abkommens[18], des Rechtshilfeverkehrs[19] u. a. in übereinstimmender Weise zu regeln.

Wir wollten keine Maximalforderungen. Wir glaubten vielmehr, daß das Vier-Mächte-Abkommen mit dem gleichen Kompromißgeist ausgelegt und angewendet werden müsse, mit dem es abgeschlossen worden sei. Die diplomatischen Apparate und die Rechtsexperten beider Seiten machten aus jedem Problem eine völkerrechtlich aufgezäumte Grundsatzfrage. Es sei unvermeidlich, daß solche prinzipiellen Positionen in die Zeitungen gelangten und damit zu Prestige-Positionen beider Seiten würden. Dann könnten Außenminister und Regierungschefs nicht mehr darüber hinwegkommen.

Er (Bundeskanzler) als diplomatischer Laie sei der Auffassung, daß es notwendig sei, politische Kanäle für Gespräche über aktuelle Probleme zu eröffnen, ohne daß die Experten der Außenminister das erste und meistens dann auch das letzte Wort hätten.

Genscher[20] und er hätten zu Hause gesagt, sie erwarteten nicht, daß es während ihres Besuches zum Abschluß des technisch-wissenschaftlichen Abkom-

Fortsetzung Fußnote von Seite 1351
 schaft in Moskau darüber, daß der Briefaustausch verschoben werden müsse: „Sowjets verstehen die Formulierung des einseitigen Briefes tatsächlich so, daß das Fremdenverkehrsamt des Senats als ‚staatliche Stelle' zu gelten hat und damit von dem in Moskau zu eröffnenden Büro der DZT nicht vertreten werden kann." Vgl. den Drahterlaß Nr. 887; Referat 213, Bd. 112707.

[17] Vgl. dazu Anlage IV A und B des Vier-Mächte-Abkommens über Berlin vom 3. September 1971; Dok. 22, Anm. 11.

[18] Am 30. September 1974 legte der sowjetische Botschafter Falin Ministerialdirektor Sanne, Bundeskanzleramt, die sowjetische Haltung zu einem Abkommen über wissenschaftlich-technische Zusammenarbeit dar: „1) Die Sowjetunion sei nicht bereit, mit Ämtern und Anstalten der Bundesrepublik, die in Berlin (West) stationiert seien, zu kooperieren; 2) Sie sei bereit zu akzeptieren, daß ständige Einwohner von Berlin (West) Teilnehmer des Austauschs sein können; 3) Sie sei bereit zu akzeptieren, daß auch dort gelegene Institutionen Teilnehmer sein können, unbeschadet dessen, daß dies nicht direkt im Vier-Mächte-Abkommen vorgesehen sei. Hierzu könne noch als Präzisierung hinzugefügt werden, daß die Sowjetunion keine Einwände gegen die Teilnahme von Institutionen und deren Angehörigen habe, die vom Bund ganz oder teilweise finanziert werden. [...] In der gegenwärtigen Lage sehe er nur die Möglichkeit eines Versuchs, die Lage dadurch zu erleichtern, daß man eine andere Präsentation als die Protokollnotiz vorsehe. Er könne sich etwa vorstellen, daß man sich mit dem Artikel 8 (Berlin-Klausel) begnüge und folgende Punkte mündlich abstimme: 1) Beim Abschluß der ‚besonderen Vereinbarungen' schließe die Sowjetunion die Einbeziehung von ständigen Einwohnern oder Institutionen aus Berlin (West) nicht aus; 2) Bei der praktischen Anwendung dieser Bestimmung werden sich beide Seiten von sachlichen Überlegungen leiten lassen; 3) Unter Institutionen werden auch solche Einrichtungen verstanden, die in Berlin (West) tätig sind sowie ihr Personal." Vgl. die Aufzeichnung des Vortragenden Legationsrats I. Klasse Meyer-Landrut vom 1. Oktober 1974; VS-Bd. 10141 (213); B 150, Aktenkopien 1974.

[19] Zur Einbeziehung von Berlin (West) in ein Rechtshilfeabkommen zwischen der Bundesrepublik und der UdSSR vgl. Dok. 270, Anm. 8.

[20] Bundesminister Genscher äußerte sich am 19. Oktober 1974 zu seinen Erwartungen in bezug auf die bevorstehende Reise in die UdSSR: „Ich glaube, daß man Besuche eines deutschen Bundeskanzlers und auch des Außenministers in die sowjetische Hauptstadt überhaupt nicht zu sensationell sehen sollte. [...] Es wäre falsch, diesen Besuch nur mit der Fragestellung messen zu wollen, welche konkreten Ergebnisse in dieser oder jener Frage können erzielt werden. Es ist auch nicht so, daß hier Hoffnungen heruntergespielt werden. Aber wir legen Wert darauf, daß in diesen Besuch nicht mehr an Erwartungen hineingelegt wird, als tatsächlich gehalten werden kann." Vgl. BULLETIN 1974, S. 1246.

mens, zur Klärung der Rechtshilfe und zur Einigung über das Zweijahres-Kulturprogramm kommen würde, um die Gefahr einer Enttäuschung der öffentlichen Meinung zu vermeiden.[21] Wir bräuchten nicht Enttäuschungen, sondern Vertrauen in die Kontinuität und Wirksamkeit der Vertragspolitik. In diesem kleinen Kreis wolle er aber deutlich sagen, daß es für den Ausbau unserer Kooperation entscheidend sei, daß diese Probleme gelöst würden. Beide Seiten (gemeint: beide Koalitionsparteien) wollten nicht über die Verträge hinausgehende Maximalpositionen, sondern gleiche Bereitschaft zum Kompromiß, wie sie in den Verträgen zum Ausdruck gekommen sei, die von Brandt und Breschnew ausgehandelt und unterschrieben worden sind.

Es würde kein Unglück geschehen, wenn während dieser Tage in den drei genannten Fragen keine Ergebnisse erzielt würden. Wir würden der Öffentlichkeit dann mitteilen, daß die bekannten unveränderten Positionen bestünden, daß ein Meinungsaustausch stattgefunden hätte und intensive Vertiefung der wirtschaftlichen Kooperation besprochen worden sei. Wenn aber andererseits in diesen Bereichen oder auch nur einem Teil ein Schritt voran gemacht werden könne, dann würde die Moskau-Begegnung als ein erheblicher und bedeutender Schritt in neue Entwicklungen angesehen werden und das Vertrauen auf die Tragfähigkeit der Verträge verstärken. Dies sei auch notwendig wegen der Opposition – Breschnew hätte gestern einen Namen genannt –, wenn wir bei der wirtschaftlichen Kooperation über die bisherigen Kategorien hinausgehen wollten.

Er und Genscher seien nicht gekommen, um um etwas zu bitten. Die Entscheidung liege auf der sowjetischen Seite. Er bitte aber zu verstehen, daß eine Entscheidung über eine kategorische Vertiefung des Wirtschaftsaustausches zwar wünschbar und erstrebenswert sei, angesichts der Lage im eigenen Lande und in Berlin aber erschwert oder erleichtert werden könne. „Die Entscheidung liegt bei Ihnen."

Breschnew erwiderte, daß dem Bundeskanzler bekannt sei, daß die sowjetische Seite nach wie vor gegen jede Verletzung des Vierseitigen Abkommens eintrete. Es gehe nicht um Einzelheiten. Er halte es unter gewissen Voraussetzungen für möglich, daß man darüber vernünftig reden könne. Wichtig sei die prinzipielle Seite.

(Wörtlich:) Wenn die Handlungen der BRD in dieser Frage auf eine Korrektur des Vierseitigen Abkommens gebaut seien, um auf solchem Wege dem Ziel näherzukommen, Westberlin in ein Land der Bundesrepublik Deutschland umzuwandeln, so würden Reibungen und sogar Verschärfungen unvermeidlich sein. Er glaube, man solle die Außenminister beauftragen, einige Fragen des wissen-

---

21 Am 16. Oktober 1974 wurde in der Presse zum bevorstehenden Besuch des Bundeskanzlers Schmidt in der UdSSR ausgeführt: „Die vorbereitenden Gespräche über die Moskau-Reise des Bundeskanzlers, insbesondere über die Einbeziehung West-Berlins in drei noch offene Abkommen, verlaufen sehr zähflüssig. Das ist offenbar der Grund dafür, daß Schmidt seine Erwartungen für die Gespräche in Moskau heruntergeschraubt hat. War der Kanzler vor vier Wochen, unmittelbar nach Besprechungen mit dem sowjetischen Außenminister Gromyko, von optimistischen Einschätzungen in bezug auf Berlin ausgegangen, so rechnet er nun kaum noch mit einem Abschluß der Abkommen über wissenschaftliche und technische Zusammenarbeit, über Rechtshilfe und Kulturaustausch vor der Moskau-Reise am 28. Oktober." Vgl. den Artikel „Schmidt schraubt Erwartungen für Moskau-Reise herunter"; DIE WELT vom 16. Oktober 1974, S. 1.

1353

schaftlich-technischen Abkommens, des Kulturabkommens usw. ausführlich zu besprechen. Wie es gehen werde, könne er jetzt nicht sagen. Er wolle nur hervorheben, daß die sowjetische Seite nie danach gesucht hätte, und auch nicht danach suchen werde, ihrerseits die Frage Westberlin zu verschärfen oder aus dem Vierseitigen Abkommen verschärfende Elemente herauszusuchen.

Der *Bundeskanzler* entgegnete, daß auch er die Außenminister für besser unterrichtet hielte, um diese Fragen zu behandeln. Er sei ein Politiker, der in den Fingerspitzen das Gefühl habe für die Gesamtheit dessen, was er im eigenen Parlament als Gesamtergebnis der Reise anbieten könne. Er fahre gern nach Kiew[22], er sei aber bereit, auf den Außenminister bei dieser Reise zu verzichten, um die Gespräche zu Ergebnissen zu führen, die mehr erbrächten als nur eine Wiederholung alter Standpunkte. Er sei bereit, viel Kraft in die Formulierung der Prinzipien einer zwanzig- bis dreißigjährigen Periode der schrittweisen Vertiefung und Verbreitung der wirtschaftlichen Zusammenarbeit zu investieren, über die er, Breschnew, am Vortage an diesem Tisch und er, Schmidt, beim Essen mit Kossygin gesprochen hätten.

Er hätte bei dem Essen erklärt, daß die zentralen Punkte der Regierungserklärung[23] „Konzentration und Kontinuität" gewesen seien.[24] Der Begriff Kontinuität sei ausschließlich auf die Politik gegenüber der Sowjetunion und die anderen osteuropäischen Partner bezogen gewesen und bedeute die Fortsetzung der Tendenz, die durch die Wende des Moskau-Vertrages eingeleitet worden sei.

Breschnew stellte fest, daß die Außenminister beauftragt werden sollten, die Einzelheiten zu erörtern. Die Minister seien jedoch unter keinen Umständen beauftragt, das Vierseitige Abkommen zu revidieren.

Der *Bundeskanzler* stimmte beiden Punkten ausdrücklich zu. Es stünden auch weder eine Veränderung noch eine Interpretation des Vier-Mächte-Abkommens zur Debatte, sondern lediglich die Klärung der bilateralen Fragen, der Einbeziehung Berlins in das Kulturabkommen, die Rechtshilfe und das technischwissenschaftliche Abkommen. Das Vier-Mächte-Abkommen stehe dabei im Hintergrund, ermögliche eine Lösung, schreibe sie aber nicht bindend vor. Man müsse sich daher bilateral einigen und dabei im Rahmen von Geist und Buchstaben des Vier-Mächte-Abkommens bleiben.

Breschnew fragte, ob ein Übersetzungsfehler vorgelegen hätte, wenn er den Bundeskanzler verstanden hätte, daß er diese Fragen mit den bilateralen Wirtschaftsbeziehungen verbunden hätte.

---

[22] Bundeskanzler Schmidt besuchte am 30./31. Oktober 1974 Kiew. Ulrich Sahm führte dazu rückblickend aus: „Ein anschließender Besuch in Kiew und die Gespräche mit den dortigen Machthabern der Ukraine waren politisch bedeutungslos, das Programm bot aber gute Gelegenheit, einen Eindruck von dieser Stadt zu gewinnen, die einst die Wiege Rußlands gewesen war." Vgl. SAHM, Diplomaten, S. 355.

[23] Für den Wortlaut der Regierungserklärung des Bundeskanzlers Schmidt vom 17. Mai 1974 vgl. BT STENOGRAPHISCHE BERICHTE, Bd. 88, S. 6593–6605.

[24] Bundeskanzler Schmidt führte am 28. Oktober 1974 aus: „Ich möchte hier ausdrücklich darauf hinweisen, daß wir in der Regierungserklärung, die wir zusammen mit Herrn Minister Genscher im Mai vor dem Bonner Bundestag abgegeben haben, von Kontinuität gesprochen haben. Sie können mir glauben, daß wir dieses Wort sehr bewußt gewählt haben, und wir waren der Hoffnung, daß dies auch hier in Moskau verstanden wird." Vgl. BULLETIN 1974, S. 1304.

Der *Bundeskanzler* erwiderte, daß die bilateralen Wirtschaftsfragen mit dem Vier-Mächte-Abkommen nichts zu tun hätten.

Breschnew: Die sowjetische Seite habe alles, auch im Briefwechsel[25], so verstanden, daß die kulturellen, wirtschaftlichen und wissenschaftlich-technischen Fragen bilateral gesehen würden, ohne daß sie mit Westberlin verbunden würden. Es gebe auf der einen Seite die Sowjetunion, auf der anderen Seite die Bundesrepublik Deutschland. Wenn er von der Steigerung des Handelsaustauschs und der allgemeinen Weiterentwicklung der wissenschaftlich-technischen Zusammenarbeit gesprochen habe, so habe er betont, daß man erst am Anfang stehe, da die beiderseitigen Möglichkeiten gewaltig seien.

Der *Bundeskanzler* ging dann auf die Vertiefung des wirtschaftlichen Austausches und das Übersteigen der klassischen Handelskategorien ein. Beides biete große Möglichkeiten. Die Bundesrepublik Deutschland hätte wirtschaftliche und politische Interessen an einer Vertiefung des Austausches. Wirtschaftlich seien wir daran interessiert, die Importe von Rohstoffen und die Versorgung mit Energie zu sichern, wobei wir hofften, einen wachsenden Anteil aus der Sowjetunion zu erhalten. Wir könnten den Sowjets Investitionsgüter und Anlagen liefern, die Sowjets Energie, Rohstoffe und energieangereicherte Rohstoffe. Das politische Interesse beruhe auf der Überzeugung, daß das ökonomische Interesse beider Seiten am wirtschaftlichen Austausch dazu führen werde, die politischen Verhältnisse zwischen beiden Ländern in Zukunft störungsfrei zu machen.

Es treffe zu, daß die Partner der EG durch Inflation und die Entwicklung der Ölpreise in Zahlungsbilanz- und Beschäftigungsschwierigkeiten geraten sind. Es sei aber ein Irrtum anzunehmen, daß die Bundesrepublik Deutschland dadurch mehr als nur vorübergehend in Mitleidenschaft gezogen werde.[26] Für Ende der siebziger Jahre und für das achte Jahrzehnt sehe er eine gewaltige technologische und wirtschaftliche Steigerung der Leistungsfähigkeit voraus. Dadurch werde die Intensivierung des deutsch-sowjetischen Austausches noch gefördert.

Breschnew verwies zunächst auf den schriftlich geführten Meinungsaustausch. Früher hätte es nur geringe wirtschaftliche Beziehungen gegeben. Sowohl die Bundesrepublik Deutschland als auch die Sowjetunion verfügten über riesige

---

[25] Zum Briefwechsel des Bundeskanzlers Schmidt mit dem Generalsekretär des ZK der KPdSU, Breschnew, vgl. Dok. 269, Anm. 10.

[26] Am 14. Oktober 1974 resümierte Botschafter Sahm, Moskau, Ausführungen des Generalsekretärs des ZK der KPdSU vom 11. Oktober 1974. Breschnew habe „einerseits mit Genugtuung" erklärt, „daß die Krisenentwicklung in den kapitalistischen Staaten [...] zu einer ‚neuen Welle des Klassenkampfes führe'. Andererseits stellte er besorgt fest, daß die Krise, in der sich die ökonomischen und politischen Gegensätze verschärften, sich in einer Verstärkung des Wettrüstens" niederschlage. Sahm empfahl, dazu folgende Haltung einzunehmen: „Die Sowjets neigen ohnehin aus ideologischer Vorbestimmung dazu, die Bedeutung der Krisenerscheinungen im Westen zu übertreiben. Wir sollten darauf achten, diesen Eindruck nicht durch allzu pessimistische Urteile zu verstärken. Das würde nur diejenigen Kräfte auf sowjetischer Seite ermutigen, die darauf hinwirken, in der zweigleisigen Politik gegenüber dem Westen den Akzent von der Zusammenarbeit mit den [...] Regierungen und ‚kapitalistischen Wirtschaftskreisen' auf mehr oder weniger kommunistische ‚gesellschaftliche Kräfte' zu verschieben. Es könnte nützlich sein, wenn wir bei den bevorstehenden politischen Gesprächen darauf hinweisen würden, daß sowj[etische] Versuche, die wirtschaftlichen Probleme im Westen zur Förderung destabilisierender Kräfte auszunutzen, der Entspannungsbereitschaft bei uns entgegenwirken würden." Vgl. den Drahtbericht Nr. 3720; Referat 213, Bd. 112686.

unterschiedliche Werte und Reichtümer. Wenn man von langfristigen Beziehungen spreche, dann sei dies nicht nur rein kommerziell zu verstehen, sondern hätte auch politische Bedeutung. Bei der Auswahl der Möglichkeiten müsse berücksichtigt werden, was für jede der beiden Seiten wichtig sei. Erdöl, Gas, Holz, Erze, Titanschwamm, alles mögliche stehe zur Verfügung. Die Sowjetunion sei interessiert, das für ihre Industrie Notwendige zu erwerben. „Die Maßstäbe hängen von uns beiden ab." Bei dem Bau eines Atomkraftwerks käme es auf den richtigen Standort an.[27] So könne man mit Strom Rohstoffe erarbeiten und anreichern oder Strom liefern oder unverarbeitete Rohstoffe. Breschnew verwies dann auf den am gleichen Tage erfolgten Abschluß des dritten Erdgas-Röhren-Geschäftes[28] und das Dreiecksabkommen über Erdgaslieferungen aus dem Iran[29]. Er erwähnte ferner Düngemittel, chemische Fasern, Holzspanplatten und Kooperation beim Bau von Atomkraftwerken. Es liege im beiderseitigen Interesse, alle Möglichkeiten schnell auszunutzen.

Kossygin ergänzte, daß es den Sowjets gut bekannt sei, was die Bundesrepublik Deutschland brauche, und umgekehrt. Wenn zwei Länder gegenseitig passende Bedürfnisse hätten, sich aber nicht helfen, da sei Zusammenarbeit sinnlos. Die Bedingungen seien günstig, da wir uns ergänzten. Man könnte noch schneller zusammenarbeiten und Verzögerungen ausschalten. Was die sowjetische Seite anbelange, erfüllte sie alle Verpflichtungen.

Kossygin erwähnte dann die Möglichkeit der Errichtung einer großen Erdölraffinerie in Litauen, die jährlich 12 Mio. t Erdöl verarbeitet und dabei 10 Mio. t helle Erdölprodukte erzeuge. Die Raffinerie könne 20 Jahre im Auftrag der Bundesrepublik Deutschland arbeiten, nach ihren Standards die Erdölprodukte herstellen und mit Tankern an sie liefern. Dadurch würde sowohl die Energiefrage als auch die Umweltfrage erleichtert. Für all dies brauche man Kredite, um einen Teil der Ausrüstung in der Bundesrepublik Deutschland kaufen zu können. In einer späteren zweiten Etappe könne man dann auch gewisse Produkte liefern, die bei uns (d.h. BRD) zu Kunststoffen verarbeitet würden. Auch könne man über Zellstoff-Fabrikate sprechen, auch von Kursk wolle man

---

[27] Zur Lieferung von Kernkraftwerken in die UdSSR bzw. der Lieferung von Strom in die Bundesrepublik vgl. Dok. 303, Anm. 4, und Dok. 305, Anm. 9 und 10.

[28] Zu den Vereinbarungen vom 1. Februar 1970 bzw. vom 6. Juli 1972 zwischen Firmen aus der Bundesrepublik und der UdSSR über die Lieferung von Erdgas und Röhren vgl. Dok. 15, Anm. 12. Am 29. Oktober 1974 unterzeichneten in Moskau Vertreter der Mannesmann Export AG, der Thyssen Stahlunion Export GmbH, der Ruhrgas AG und der Deutschen Bank AG und der sowjetischen Außenhandelsbank ein weiteres Abkommen über die Lieferung von Erdgas und Röhren. Am 21. November 1974 vermerkte Referat 421 dazu: „Das neue Geschäft sieht in den Jahren 1975 und 1976 Röhrenlieferungen im Werte von rd. 1,5 Mrd. DM an die Sowjetunion vor (405 000 t im Jahr 1975, 480 000 t im Jahre 1976). Die Röhrenlieferungen werden von der sowjetischen Seite mit Erdgas-Rücklieferungen (bis zum Jahre 2000) bezahlt werden. Aufgrund der beiden ersten Erdgas-Röhren-Geschäfte liefert die Sowjetunion gegenwärtig ca. 7 Mrd. cbm jährlich. Vorgesehen ist jetzt durch das dritte Geschäft eine Erhöhung um fortschreitend 1,5–2,5 Mrd. cbm jährlich bis auf eine jährliche Gesamtmenge von etwa 10 Mrd. cbm Erdgas. Diese Menge macht 10% unserer Importe aus, 90% unserer Erdgasimporte kommen aus den Niederlanden. Das Erdgas-Röhren-Geschäft mit der Sowjetunion wird von einem Bankenkonsortium ohne staatliche Subventionen finanziert." Vgl. Referat 421, Bd. 117691.

[29] Zum geplanten Dreiecksgeschäft zwischen der Bundesrepublik, dem Iran und der UdSSR über die Lieferung von Erdgas vgl. Dok. 275, Anm. 12.

Pellets an die Bundesrepublik Deutschland liefern. Die dort eingetretene Verzögerung liege jedoch auf deutscher Seite.[30]

Der *Bundeskanzler* bestätigte dies, hielt die Schwierigkeiten jedoch für überwindbar.

Kossygin fuhr fort, daß die Firma Korf offensichtlich nicht sehr verständig (russisches Wort nesostojatelnyj kann auch „nicht kapitalkräftig" heißen) sei. Demgegenüber hätte die Firma Uhde vor zehn Jahren Ausrüstungen nach Zentralasien geliefert, um gelben Phosphor zu produzieren, der, auch nach Bezahlung der gelieferten Ausrüstungen, weiterhin in die Bundesrepublik Deutschland exportiert würde. Ähnliche Vorhaben seien bei Buntmetall und Titanerzen (gewaltige Vorkommen in Komi ASSR[31]) denkbar. Die Sowjetunion könne Titanschwamm liefern oder eine Titan-Dioxyd-Fabrik mit einer Jahresproduktion von 200 000 t errichten.

Auch der Stand der theoretischen Entwicklung sei in der Sowjetunion sehr hoch. Eine Million Menschen befaßten sich ausschließlich mit wissenschaftlicher Forschung. Vieles davon könne in praktische Verfahren umgesetzt und gemeinsam entwickelt werden. Er wolle keine weiteren Aufzählungen machen, jedoch müsse man ein Abkommen formulieren über die neue Linie der wirtschaftlichen Entwicklung. Auf der Grundlage eines Vertrages zwischen den Staaten würden dann praktische Abkommen zur Durchführung der eigentlichen Arbeiten geschlossen werden.

Kossygin kam dann darauf zu sprechen, daß eine Erdölleitung für einen Durchsatz von 80 Mio. t zu der Raffinerie in Wilna gebaut werden könne. Die dort zu errichtenden Betriebe würden zwanzig Jahre lang insgesamt 200 Mio. t Erdölprodukte erzeugen und an die BRD liefern. Diese sowjetischen Vorschläge seien einmalig, da sie sehr bequem seien. Man solle die Abkommen auf realer Grundlage aufbauen. Die beiden Staaten seien nicht Wohlfahrtsunternehmen, sondern vom gegenseitigen Interesse geleitet. Eine solche Lösung würde auch die Energieprobleme zu überwinden helfen.

---

30 Zum Stand der Verhandlungen über die Errichtung eines Hüttenwerks im Gebiet von Kursk vgl. Dok. 264, Anm. 9.
Am 30. Oktober 1974 vermerkte der Vorstandsvorsitzende der Fried. Krupp GmbH, Mommsen, für Bundeskanzler Schmidt den Stand der Verhandlungen: „1) Die gestrigen Verhandlungen haben zum Angebot der sowjetischen Seite geführt, daß die Baustelle Kursk ab 10. November besichtigt werden kann. 2) Verhandlungsatmosphäre aufgeschlossen, Wunsch der Russen, kurzfristig zum Abschluß zu kommen. 3) Offene Fragen für das Konsortium: a) Preis: Forderung 98,7 Mio. DM, Angebot der sowjetischen Seite 77 Mio. DM. b) Garantiefragen: Hier muß von der sowjetischen Seite eine etwas großzügigere Haltung erwartet werden, daß ein Projekt dieser Art überhaupt noch nicht in der Welt vorhanden ist. c) Betrifft noch eine technische Frage: Die SU will in dem Kombinat einen Stahl erzeugen, der in diesem Verfahren in der ganzen Welt noch nicht erzeugt wird. 4) Lizenzvertrag Korf: Hier Verhandlungspartner allein Willi Korf. Sorge der sowjetischen Seite vor amerikanischem Embargo, wenn Lizenzvertrag mit USA abgeschlossen werden muß. [...] Es würde vorteilhaft sein, der sowjetischen Seite nochmals dringendst zu empfehlen, auch ihrerseits etwas großzügiger zu sein. Zumal es sich ja erst um das Vorprojekt handelt und nicht um den Hauptvertrag über mehrere Milliarden. Wir hätten bei dem Projekt schon längst an der Arbeit sein können, wenn nicht ein Jahr über die Kreditfrage und inzwischen wieder drei Monate durch die langsame Verhandlungsweise bei den jetzigen Verhandlungen verloren gegangen wären." Vgl. Referat 421, Bd. 117692.
31 Autonome Sozialistische Sowjetrepublik.

Man hätte auch schon über Atomenergie gesprochen. Ein Kraftwerk würde 1,3 Mio. kW erzeugen. Ein einziger Reaktor sei jedoch nicht ausreichend, da alle von den Stromlieferungen abhängenden Einrichtungen stillstehen würden, wenn er kaputt gehe oder überarbeitet werden müsse. Man werde mit mehreren Firmen und auch mit Banken über dieses Vorhaben sprechen müssen. Es zeichneten sich sehr interessante Möglichkeiten ab; wenn man dies nicht gemeinsam tue, würden es andere tun; dies sei eine ökonomische Notwendigkeit.

Anschließend einigte man sich über das weitere Programm. Der *Bundeskanzler* behielt sich vor, auf die Ausführungen von Kossygin in einer Sitzung am Nachmittag unter Hinzuziehung von Wirtschaftsfachleuten zu antworten.[32]

VS-Bd. 14056 (010)

312

Gespräch des Bundesministers Genscher mit dem sowjetischen Außenminister Gromyko in Moskau

213 VS-NfD   **29. Oktober 1974**[1]

Betr.: Nachmittagssitzung in Moskau am Dienstag, den 29. Oktober 1974, zwischen Bundesminister Genscher und Außenminister Gromyko

An den Gesprächen nahmen teil:

Von deutscher Seite: Staatssekretär Gehlhoff; Botschafter Sahm; MD van Well; MD Sanne; MDg Kinkel; VLR I von Pachelbel; VLR I Meyer-Landrut.

Von sowjetischer Seite: Botschafter Falin; Abteilungsleiter Bondarenko; Stellvertretender Leiter Dritte Europäische Abteilung, Kwizinskij; Referatsleiter für die Bundesrepublik Deutschland, Terechow.

Der Herr *Minister* schlug vor, bilaterale Fragen unter Einschluß des Problems der Einbeziehung von Berlin (West) in Verträge zu behandeln und, soweit noch Zeit übrigbleibe, über Genf zu sprechen.

Hier sei nicht erforderlich, über die politische Bedeutung und den Hintergrund unserer Berlinpolitik zu sprechen. Dies sei durch den Herrn Bundeskanzler am heutigen Morgen geschehen.[2] Jetzt solle man sich im politischen Bereich um Lösungen bemühen.

---

[32] Für das Gespräch des Bundeskanzlers Schmidt mit Ministerpräsident Kossygin am 29. Oktober 1974 in Moskau vgl. Dok. 313.

[1] Die Gesprächsaufzeichnung wurde von Vortragendem Legationsrat I. Klasse Meyer-Landrut am 4. November 1974 gefertigt.

[2] Vgl. dazu das deutsch-sowjetische Regierungsgespräch am 29. Oktober 1974 in Moskau; Dok. 311.

29. Oktober 1974: Gespräch zwischen Genscher und Gromyko   312

Er, der Minister, wolle beginnen mit dem Briefwechsel über die Einrichtung von Touristikbüros in Frankfurt/Main und Moskau.³ Es sei eine Meinungsverschiedenheit entstanden darüber, ob das Westberliner Verkehrsamt durch unser Büro in Moskau vertreten werden könne. Die Einbeziehung von Berlin (West) sei bedeutungslos, wenn dieses Verkehrsamt nicht ebenso wie andere Verkehrsämter vertreten werden könne. Die Deutsche Zentrale für Fremdenverkehr vertrete in erster Linie die Verkehrsämter deutscher Städte. Insofern wäre es sinnlos, eine Berlinausdehnung in dem Briefwechsel zu vereinbaren und dann das Berliner Verkehrsamt als Mitglied der DZT⁴ auszuschließen.

Gromyko erwiderte, er könne einer Konzeption nicht zustimmen, die darauf hinausliefe, daß das Moskauer Büro den Senat vertrete. Dies sei jedoch der Fall, wenn das Westberliner Verkehrsamt, das dem Senat unterstellt sei, durch das DZT-Büro vertreten werden solle. Einer solchen Konzeption würde das Vier-Mächte-Abkommen entgegenstehen. Die sowjetische Seite sei zu praktischen Lösungen bereit, aber man solle nicht versuchen, sie davon zu überzeugen, daß irgendein Amt der Bundesrepublik den Senat vertreten könne. Das Moskauer Büro könne die Interessen von Berliner Firmen vertreten. Berlin sei kein konstitutiver Teil der Bundesrepublik, deshalb könne sie nicht Touristikorganisationen des Senats von Berlin vertreten.

Der Herr *Minister* führte aus, er wolle klarstellen, daß diese Organisation nichts mit der Bundesregierung zu tun habe, insofern entspreche die vorgesehene Konstruktion dem Vier-Mächte-Abkommen. Die Zentrale sei ein eingetragener Verein, der in Moskau sowohl kommerzielle Reiseunternehmer vertreten soll als auch die kommunalen Verkehrsämter.

Gromyko: Er verstehe die dargestellte Linie, aber sie stimme nicht mit Buchstaben und Geist des Vier-Mächte-Abkommens überein. Solange es sich um die Repräsentanz privater Firmen handele, sei es gut. Sobald jedoch versucht werde, diese Organisationen auf die Ebene der Repräsentation des Senats anzuheben, so sei dies unmöglich. Es sollte nicht versucht werden, die sowjetische Seite davon zu überzeugen, daß die bundesdeutsche Seite das offizielle Berlin vertreten könne.

Der *Bundesminister* erläuterte daraufhin die Unterscheidung zwischen bundesstaatlich – staatlich im Sinne der bei uns vorhandenen Länder und Stadtstaaten – sowie den kommunalen Organen. In den Stadtstaaten fallen die letzteren öfters zusammen. Insofern ist das Berliner Verkehrsamt, das eindeutig kommunalen Charakter hat, gleichzeitig eine Behörde des Senats.

Gromyko erklärte scharf, eine solche Logik könne er nicht mitmachen. Wenn er einer solchen Konstruktion zustimmen würde, dann könnte die deutsche Seite sagen, wir haben die sowjetische Position gebrochen: Westdeutschland kann den Westberliner Senat offiziell vertreten. Die Sowjetunion werde ihre Position nicht ändern.

---

3 Zu den Verhandlungen über die Errichtung eines Büros der Deutschen Zentrale für Tourismus in Moskau bzw. eines Büros von INTOURIST in Frankfurt/Main vgl. Dok. 311, Anm. 16.
4 Deutsche Zentrale für Tourismus.

1359

Bundesminister wies darauf hin, daß es sich um eine Meinungsverschiedenheit über den Anhang 4 handele[5]. Wir bräuchten keine Präjudizierung zu schaffen, da hier ja ohnehin nicht die Bundesregierung tätig werde, sondern ein eingetragener Verein. Es handele sich um einen klassischen Fall der praktischen Einbeziehung. Im übrigen seien wir gar nicht darauf aus, den Text, der abgesprochen wurde, zu ändern. Wir würden uns nur gerne darüber verständigen, daß dieses Büro der Zentrale für Fremdenverkehr alle seine Mitglieder vertreten kann.

Gromyko erklärte erneut, wenn er dem zustimmen würde, würde die deutsche Seite nach Hause gehen und eine Erklärung abgeben, daß sie die Position der Sowjetunion in der Frage des Tourismus gebrochen habe.

Das Gespräch wurde zu diesem Thema nicht fortgeführt. Als nächstes Thema wurde das Zweijahresprogramm zum Kulturabkommen[6] behandelt.

Gromyko sagte, die sowjetische Seite wolle eine mündliche Erklärung abgeben, die etwa folgenden Inhalt haben solle:

„Dieses Programm beeinträchtigt die Unterhaltung und Entwicklung direkter Kontakte, wie sie zwischen der UdSSR und Berlin (West) bestanden haben, nicht".

Der Herr *Minister* stellte dem unseren Gegenvorschlag entgegen, im Programm selbst zu erklären, daß sich außerhalb des Programms kulturelle Kontakte weiter entwickeln können.

Gromyko erklärte, daß zwar diese Formulierung in das Programm aufgenommen werden könne, aber zusätzlich hierzu eine Berlin-Erklärung der angeführten Art von den Sowjets bei Unterzeichnung abgegeben werde. Im übrigen hätte die sowjetische Seite bei der Einbeziehung von Berlin (West) in das Programm bereits erhebliche Konzessionen gemacht. Man habe die drei Anlagen, die zusammengebunden würden.[7] Dies sei für die sowjetische Seite schon sehr schwer zu akzeptieren. Hier handele es sich nicht um die Außenvertretung Berlins, sondern um ein Programm, in dem Berliner Vorhaben mit uns abgesprochen würden. Dabei könnten die Sowjets mit West-Berlin direkt verhandeln. Wenn die deutsche Seite die Beziehungen der Sowjetunion mit Berlin (West) nicht wünsche, dann müsse sie es sagen, nämlich, daß sie gegen offizielle Beziehungen der Sowjetunion mit West-Berlin sei.

---

[5] Für Anlage IV A und B des Vier-Mächte-Abkommens über Berlin vom 3. September 1971 vgl. Dok. 22, Anm. 11.

[6] Zu den Verhandlungen über ein Zweijahresprogramm zum Abkommen vom 19. Mai 1973 zwischen der Bundesrepublik und der UdSSR über kulturelle Zusammenarbeit vgl. Dok. 311, Anm. 15.

[7] Ministerialdirektor van Well vermerkte am 21. Oktober 1974 zur Frage der Anlagen zu einem Zweijahresprogramm zum Abkommen vom 19. Mai 1973 zwischen der Bundesrepublik und der UdSSR über kulturelle Zusammenarbeit: „Zum Zweijahresprogramm über kulturelle Beziehungen haben wir der Möglichkeit einer Aufnahme der gesamten Einzelprojekte des Kulturaustausches in drei Anlagen unter der Bedingung zugestimmt, daß diese drei Anlagen im Artikel 20 des Abkommens [...] aufgeführt werden. Damit würden diese drei Anlagen verklammert werden. Wir glaubten, diesem Verfahren zustimmen zu können, nachdem die Sowjets ihre bisherige Weigerung, den Berlin-Artikel auf die Frank-Falin-Formel des Kulturabkommens zu beziehen, aufgegeben und unserem Vorschlag zugestimmt haben. Gleichzeitig haben sie auf unseren Wunsch auf eine Erwähnung des Senats oder der Berliner Organisationen im Abkommen verzichtet. Sollten die Sowjets die Erwähnung der drei Anlagen im Artikel 20 akzeptieren, so könnten wir diese Lösung als tragbaren Kompromiß vertreten." Vgl. Referat 213, Bd. 112686.

Der Herr *Minister* stellte dann die Frage, wie es mit der Berücksichtigung des Sports stehe. Hier gehe es um die Frage, ob die Berliner Teilverbände des Deutschen Sportbundes mit eingeschlossen seien. Bisher hätten wir auf diese Frage von sowjetischer Seite keine Antwort bekommen.[8]

Gromyko: Diese Frage müsse geprüft werden. West-Berlin soll dann die entsprechenden Vorschläge machen hinsichtlich möglicher Sportveranstaltungen.

Der *Minister* führte aus, hier gehe es darum, daß die Westberliner Sportverbände Teilverbände des Deutschen Sportbundes seien und insofern nicht von sich aus tätig werden könnten.

Gromyko erwiderte, das Vier-Mächte-Abkommen sehe vor, daß der Senat und die Bundesregierung gemeinsam zu internationalen Veranstaltungen nach Berlin (West) einladen. Eine solche Einladungsform, nämlich durch zwei verschiedene Einladungen, müsse analog auch im Sportverkehr erfolgen. Wenn dies möglich sei, könne man weiter sprechen. Im übrigen sollten seiner Ansicht nach die Sportorganisationen noch einmal miteinander sprechen[9], damit man Ausgangsmaterial habe, auf dessen Grundlage dann politisch entschieden werden könne.

Der Herr *Minister* resümierte: Es sollten sich also die Sportverbände noch einmal in Verbindung setzen, bevor man weiter über das Programm redet. Es seien somit noch drei Komplexe zu behandeln:

a) das Abkommen über wissenschaftlich-technische Zusammenarbeit[10], b) der Luftverkehr[11], c) die Rechtshilfe[12].

Gromyko sagte, er habe keine neuen Vorschläge zu machen. Es wäre zwar gut, ein Abkommen über wissenschaftlich-technische Zusammenarbeit zu unterzeichnen, doch würden die Sowjets nichts tun, was im Widerspruch zum Vier-Mächte-Abkommen stehe. Ein Berlin betreffender Artikel wurde abgesprochen. Ebenso ist der Text der Protokollnotiz bekannt.[13] Nun seien in Bonn Zweifel erhoben worden. Man habe vorgeschlagen, daß die Sowjetunion erkläre, daß

---

[8] Zu den Verhandlungen zwischen der Bundesrepublik und der UdSSR über die Sportbeziehungen vgl. Dok. 80, Anm. 9.

[9] Am 26./27. November 1974 fanden in Moskau Verhandlungen zwischen dem DSB und dem Komitee für Körperkultur und Sport beim Ministerrat der UdSSR statt. Erörtert wurden ein sowjetischer Abkommensentwurf vom 14. November 1974 und ein Gegenentwurf des DSB vom 24. November 1974. DSB-Generalsekretär Gieseler teilte am 2. Dezember 1974 über die Verhandlungen mit: „Während auf sowjetischer Seite der Standpunkt vertreten wird, daß es sich hierbei um einen Sportverkehr zwischen der UdSSR und der BRD handelt, wird von deutscher Seite grundsätzlich festgestellt, daß der Deutsche Sportbund eine nichtstaatliche Organisation ist, die in ihrem Zuständigkeitsbereich über die Bundesrepublik Deutschland hinausgeht und entsprechend den Regeln, Bestimmungen und allgemeinen Gepflogenheiten der Internationalen Föderation auch Berlin (West) einschließt". Von sowjetischer Seite sei ein Programm mit 76 Sportbegegnungen für 1975 übergeben worden, „allerdings ohne Berlin-Begegnungen. Auf diesen Mangel wurde sofort aufmerksam gemacht". Vgl. Referat 213, Bd. 112718.

[10] Zur Einbeziehung von Berlin (West) in ein Abkommen zwischen der Bundesrepublik und der UdSSR über wissenschaftlich-technische Zusammenarbeit vgl. Dok. 311, Anm. 18.

[11] Zur Einbeziehung von Berlin (West) in den Luftverkehr zwischen der Bundesrepublik und der UdSSR vgl. Dok. 244.

[12] Zur Einbeziehung von Berlin (West) in ein Rechtshilfeabkommen zwischen der Bundesrepublik und der UdSSR vgl. Dok. 270, Anm. 8.

[13] Für die am 9. März 1974 durch Bundesminister Bahr und den sowjetischen Außenminister Gromyko in Moskau vereinbarte Protokollnotiz zu dem Abkommen über die wissenschaftlich-technische Zusammenarbeit vgl. Dok. 84.

sie keine Einwände gegen die Teilnahme von Personen erhebe, die in Organisationen beschäftigt sind, deren Aufenthalt in Berlin (West) von der Sowjetunion als ungesetzlich betrachtet werde. Er hoffe sehr, daß man nicht den Versuch machen wolle, den Sowjets so etwas aufzwingen zu wollen.

Der Herr *Minister* führte aus, wir haben den Vorschlag einer praktischen Lösung gemacht, die es ermöglichen würde, daß beide Seiten ihre Rechtsstandpunkte aufrechterhalten. In Bonn habe Minister Gromyko gesagt[14], die Sowjetunion sei auf das Abkommen nicht angewiesen. Es gebe einen praktischen Austausch. Dies könnten auch wir sagen. Aber wir hätten Sorge, daß bei einem solchen Verfahren dieser Austausch nicht die wünschenswerte Entwicklung nimmt. Deshalb wollten wir eine Erläuterung zur Protokollnotiz vorschlagen, wonach wir keine Ausführungsabkommen im Rahmen des Artikel 3 des Abkommens abschließen würden, an denen Bundesanstalten beteiligt wären. Die Zusammenarbeit auf den entsprechenden Gebieten solle durch Ressortabkommen geregelt werden. Doch Wohnsitz und Beschäftigungsverhältnis der für diesen Austausch vorgesehenen Personen solle kein Hinderungsgrund für ihre Teilnahme sein.

Gromyko entgegnete, daß der Wohnsitz nicht unbedingt ausschließe, diesen oder jenen auf der Grundlage dieses Abkommens an der Zusammenarbeit teilnehmen zu lassen. Doch schließe die Sowjetunion solche Leute aus, die in ungesetzlichen Organisationen arbeiten. Diese könnten nicht auf der vorgeschlagenen Basis der Persönlichkeitsspaltung einbezogen werden.

Der Herr *Minister* sagte, wir wollen nicht Persönlichkeiten spalten, sondern gerade im Gegenteil eine Unterscheidung zwischen Personen und ihren Arbeitsstellen vermeiden. Wir wollen nicht, daß jemand wegen seines Arbeitsplatzes zum Nichtfachmann wird.

Gromyko: Schließlich hätte die Sowjetunion sich gar nicht in diese Diskussion einzulassen brauchen, denn man hätte ja alle Leute dieser Art über Visumsverweigerung ausschließen können.

Der Herr *Minister* übergab den Text unserer Erläuterung mit der Bitte um nochmalige Prüfung.

Gromyko erwiderte, die Antwort hierauf sei schon erteilt.

Der Herr *Minister* griff als nächstes Thema den Luftverkehr auf. Das Problem bestehe aus mehreren Teilen:

a) Landegenehmigung der Drei Westmächte in Berlin-Tegel. Hierzu liege die Zustimmung der Drei vor[15];

b) der Überflug über die DDR. Die DDR sei bereit, mit uns hierüber zu sprechen, wenn der dritte Punkt geklärt sei, nämlich

c) das Einverständnis der Vier Mächte über den Durchflug durch die Berliner Kontrollzone.

Unsere Bitte gehe nun dahin, die Angelegenheit mit den Drei Mächten in dem Sinne aufzunehmen, daß der Punkt c) geregelt werden könne.

---

14 Vgl. dazu das Gespräch des Bundesministers Genscher mit dem sowjetischen Außenminister Gromyko am 15. September 1974 sowie das deutsch-sowjetische Regierungsgespräch am 16. September 1974; Dok. 265 und Dok. 270.
15 Zur Zustimmung der Drei Mächte zu Zwischenlandungen der Lufthansa in Berlin (West) vgl. Dok. 303, Anm. 8.

Gromyko erwiderte, die ganze Frage könne nicht mit den Dreien, sondern müsse mit den Vier Mächten geregelt werden. Was die DDR anbetreffe, so bedürfe es der Konsultation mit ihr unter Berücksichtigung der Erfordernisse der aktuellen Umstände. Die Sowjetunion habe den Dreien im Frühjahr mitgeteilt, daß des zweckmäßig wäre, über das Gesamtregime des Berliner Luftverkehrs in seiner Komplexität zu reden. Hierauf sei noch keine Antwort eingegangen. Konsultationen mit der DDR könnten daher nur vorläufig sein wegen der offenen Frage mit den Dreien. Im übrigen sei die Position der Drei keineswegs zweifelsfrei oder unangreifbar.

Der Herr *Minister* erklärte, daß es hier lediglich um die Genehmigung der Zwischenlandung der Lufthansa auf dem Wege nach Moskau respektive Tokio gehe, wie dies auch in unserem bilateralen Luftverkehrsabkommen vorgesehen sei.[16] Von einer Einbeziehung des gesamten Luftregimes von Berlin in diese Gespräche sei nie die Rede gewesen.

Botschafter *Falin* warf hier ein, in den Abkommen sei von den „Voraussetzungen" für die Einbeziehung von Berlin (West) gesprochen worden. Genau um diese gehe es bei dem, was Außenminister Gromyko ausgeführt habe.

Die Sitzung dauerte vier Stunden. Sie fand in zwar sachlicher, doch öfters auch gespannter Atmosphäre statt.

Referat 213, Bd. 112687

313

Gespräch des Bundeskanzlers Schmidt mit Ministerpräsident Kossygin in Moskau

VS-NfD   29. Oktober 1974[1]

Aufzeichnung über das Gespräch Bundeskanzler/Ministerpräsident Kossygin vom 29. Oktober 1974 von 15.00 bis 17.00 Uhr im Kreml

Seitens der Bundesrepublik Deutschland nahmen teil:

StS K. Bölling; StS Dr. D. Rohwedder; StS a. D. E. W. Mommsen; MD Dr. D. Hiss; MD Dr. P. Hermes; Vorstandsvorsitzer E. Keltsch, PREAG[2] (zeitweise); BR I Dr. Berninger (Protokollführer); Dolmetscher A. Weiß.

---

[16] Zur Frage der Landung von Flügen der Lufthansa in Berlin-Tegel vgl. Dok. 80, Anm. 5.

[1] Durchdruck.
Die Gesprächsaufzeichnung wurde von Botschaftsrat I. Klasse Berninger, Moskau, am 30. Oktober 1974 gefertigt und mit Begleitvermerk vom 31. Oktober 1974 an das Auswärtige Amt übermittelt. Dazu vermerkte er: „Die Aufzeichnung ist mit Ministerialdirektor Hiss, Bundeskanzleramt, und mit Herrn Keltsch abgestimmt. Um Weiterleitung an das Bundeskanzleramt und an das Bundesministerium für Wirtschaft wird gebeten." Vgl. Referat 421, Bd. 117691.
[2] Preußische Elektrizitäts-Aktiengesellschaft.

Seitens der Sowjetunion nahmen teil:
Stellv. Ministerpräsident Bajbakow, N.K.; Stellv. Ministerpräsident Nowikow, W.N.; Stellv. Ministerpräsident Alchimow, W.S.; Außenhandelsminister Patolitschew, N.S. (zeitweise); Vizeaußenhandelsminister Manschulo, A.N. (zeitweise); Vizepräsident Kuljew, I.A., Staatskomitee für außenwirtschaftliche Beziehungen; Vizepräsident Inosemzew, N.N., Gosplan; Stellv. Abteilungsleiter Baronin, M.I., Außenhandelsministerium.

Einleitend stellt *Bundeskanzler* Deckungsgleichheit der von Breschnew am Morgen zum Ausdruck gebrachten Interessen an wirtschaftlicher Zusammenarbeit fest. Ebenso sieht Bundeskanzler keine Differenzen der eigenen Ansichten zu den generellen Bemerkungen Kossygins vom Vormittag.[3]

Bundeskanzler leitet sodann auf Einzelpunkte über:

a) Das zusätzliche Kooperationsabkommen werde in begleitendem Briefwechsel Klarstellung über die Beibehaltung der Meistbegünstigung bringen.[4]

b) Auf das von Kossygin neu erwähnte Projekt einer großen Raffinerie im Baltikum[5] behielt sich Bundeskanzler vor, am 30.10. zurückzukommen.[6] *Kossygin* skizziert die Raffinerie mit einem Ausstoß von 10 Mio. t jährlich, Lieferung von Produkten nach unseren Angaben und Standards, 20 Jahre Geltungsdauer. Ein Raffineriestandort in der Bundesrepublik Deutschland sei demgegenüber für die russischen Überlegungen nicht attraktiv.

Kossygin betont, daß er keine unmittelbare Antwort erwartet habe und man sich nicht durch Hast in eine unbequeme Lage bringen solle. Nach seinen Vorstellungen solle Bundesrepublik Deutschland Raffinerieausrüstung liefern, könne auch die Planung vornehmen. Man werde das ganze Projekt größer als nur für die Bundesrepublik Deutschland anlegen. Bei einem Projektbeginn 1975 hält Kossygin den Beginn der Lieferungen für 1980 für realistisch. Im ganzen könne man so innerhalb von 20 Jahren 200 Mio. t Produkte liefern.

---

[3] Für das deutsch-sowjetische Regierungsgespräch am 29. Oktober 1974 in Moskau vgl. Dok. 311.

[4] Für den Wortlaut des von Bundeskanzler Schmidt und dem Generalsekretär des ZK der KPdSU, Breschnew, am 30. Oktober 1974 in Moskau unterzeichneten Abkommens zwischen der Regierung der Bundesrepublik und der Regierung der UdSSR über die weitere Entwicklung der wirtschaftlichen Zusammenarbeit vgl. BUNDESGESETZBLATT 1974, Teil II, S. 1439 f.
Am 7. November 1974 vermerkte Vortragender Legationsrat Hölscher zur Frage der Meistbegünstigung: „Da die Kompetenz für den Abschluß handelsrechtlicher Vereinbarungen auf die Europäische Gemeinschaft übergegangen ist, konnten wir nicht, wie die sowjetische Seite das wünschte, handelspolitische Bestimmungen in das Abkommen vom 30. Oktober 1974 aufnehmen. [...] Auf Wunsch der sowjetischen Seite erklärten wir uns jedoch in einem Briefwechsel zwischen MD Dr. Hermes und dem stellvertretenden Außenhandelsminister Manschulo bereit, der sowjetischen Seite zu bestätigen, ‚daß die Prinzipien des Abkommens über Allgemeine Fragen des Handels und der Seeschiffahrt zwischen der Bundesrepublik Deutschland und der Union der Sozialistischen Sowjetrepubliken vom 25. April 1958, geändert durch das Protokoll vom 31. Dezember 1960, auch künftig angewandt werden, um die Beibehaltung der derzeitig geltenden allgemeinen Prinzipien der wirtschaftlichen Beziehungen in Übereinstimmung mit den internationalen Verpflichtungen beider Seiten sicherzustellen'. Zu diesen ‚Prinzipien' des Abkommens von 1958, das zunächst bis zum 31. Dezember 1975 fortgilt, gehört die Meistbegünstigung." Vgl. Referat 421, Bd. 117684.

[5] Zum Vorschlag, in Litauen eine Raffinerie zu errichten, vgl. Dok. 311.

[6] Zum deutsch-sowjetischen Regierungsgespräch am 30. Oktober 1974 in Moskau vgl. Dok. 321.

Bundeskanzler leitet über zum Erdgas-Dreiecksgeschäft und unterstreicht deutsches Interesse.[7] *Kossygin* erwidert, daß man bis jetzt nur allgemein verhandelt habe, Preise und Lieferfristen z. B. noch offen seien. Voraussichtlich werde an die Bundesrepublik Deutschland russisches Gas geliefert, während das persische Gas im Gebiet des Kaukasus eingesetzt werde. Gestaltung der Kredite an den Iran sei deutsche Angelegenheit; daneben werde es einen deutschen Kredit an die Sowjetunion für Rohre etc. geben müssen. *Bundeskanzler* gibt seiner Überzeugung Ausdruck, daß diese oder andere Lösungen des Dreiecksgeschäfts zum Erfolg führen werden; dies hänge jetzt vom Iran gab. *Kossygin* weist auf den Ende November in Essen in Aussicht genommenen trilateralen Verhandlungstermin hin.[8]

Als nächsten Punkt schneidet *Bundeskanzler* Kursk an.[9] Die Verschiedenheit der Entscheidungsstrukturen auf beiden Seiten werde immer wieder Schwierigkeiten machen. Diese seien aber überwindbar. Bundeskanzler weist auf die Notwendigkeit der Bildung von Konsortien von Fall zu Fall hin. Auch wenn im übrigen die Bundesregierung an den Geschäften nicht selbst teilnehme, sei für unsere Unternehmen die Einstellung der Bundesregierung zu den Projekten wichtig, und sie richteten sich danach. Außerdem habe die Bundesregierung gewisse Möglichkeiten, die Firmen zu ermutigen. Als konkretes Instrument weist Bundeskanzler auf die Garantieübernahme bei Krediten hin.[10] In dieser Optik sei auch ein sehr langfristiges Kooperationsrahmenabkommen zwischen den Regierungen sehr zweckmäßig, das dann durch die deutschen Unternehmen und die zuständigen sowjetischen Stellen ausgefüllt werden könne.

Sehr ausführlich stellt Bundeskanzler die Einstellung der Bundesregierung gegenüber der Kreditfrage dar. Es gebe keine Im- und Exportkreditverbilligung aus Mitteln des Steuerzahlers. Der Bundeshaushalt sei selbst in hohem Maße auf Kredite angewiesen, die zur Zeit im Interesse der Inflationsbekämpfung 10–11% kosten würden. Scherzhaft bemerkte *Kossygin*, daß er für 15% bereit sei, Kredite an die Bundesrepublik Deutschland zu geben. Er sei jedoch sicher, daß er auch dafür keine Rohstoffe von der Bundesrepublik Deutschland bekomme.

---

[7] Zum geplanten Dreiecksgeschäft zwischen der Bundesrepublik, dem Iran und der UdSSR über die Lieferung von Erdgas vgl. Dok. 275, Anm. 12.

[8] Am 12. Dezember 1974 informierte Vortragender Legationsrat I. Klasse Kruse die Botschaft in Moskau: „Die kürzlichen Verhandlungen über das Erdgasdreiecksgeschäft in Essen haben noch nicht zum Abschluß geführt werden können. Insbesondere ist noch keine Einigung über den Preis erzielt worden. Alle drei Parteien haben sich zwar ‚aufeinander zu bewegt‘, dabei seien die Sowjets relativ konstruktiv gewesen. Iranische Seite am wenigsten ‚beweglich‘. Die Diskrepanz erscheint nach Angaben deutscher Seite überbrückbar. [...] Die Verhandlungen sollen im Frühjahr 1975 in Moskau fortgesetzt werden." Vgl. den Drahterlaß Nr. 1068; Referat 405, Bd. 113926.

[9] Zum Stand der Verhandlungen über die Errichtung eines Hüttenwerks im Gebiet von Kursk vgl. Dok. 311, Anm. 30.

[10] In einer Aufzeichnung des Referats 421 vom 15. Oktober 1974 zur Gewährung von Bundesbürgschaften für den Export in die UdSSR wurde festgestellt, daß sich nach Auffassung der Bundesregierung „das ihr zur Verfügung stehende Instrument der Bürgschaftspolitik" bewährt habe: „Das Bundesobligo aus der Indeckungnahme von Ausfuhrgeschäften nach der Sowjetunion beziffert sich auf rd. sieben Mrd. DM und stellt damit bei weitem das höchste Obligo dar, das die Bundesregierung aus der Verbürgung von Ausfuhrgeschäften mit einem einzelnen Land eingegangen ist. Sie dokumentiert damit zugleich ihre Bereitschaft, im Interesse der wirtschaftlichen Zusammenarbeit mit der Sowjetunion weitgehende Verpflichtungen zu übernehmen und die Möglichkeiten auszuschöpfen, die ihr im Rahmen ihres Förderungsinstrumentariums zu Gebote stehen." Vgl. Referat 421, Bd. 117691.

Bundeskanzler stellt im einzelnen dar, daß der öffentliche Kredit lediglich der Finanzierung öffentlicher Investitionen vom Straßenbau bis zum Krankenhausbau diene. Jede Abzweigung für andere Zwecke vermindere das schon zu geringe öffentliche Investitionsvolumen. *Kossygin* repliziert, daß es sich hier ähnlich verhielte, wie wenn aus russischem Haushalt Mittel für ein großes Raffinerieprojekt zugunsten der Bundesrepublik Deutschland eingesetzt werden.

Als einzige Ausnahme von Krediten an das Ausland, die mit besonderen Konditionen ausgestattet sind, erwähnt *Bundeskanzler* Kapitalhilfekredite an Entwicklungsländer. Kein anderes Land habe staatliche Kredite erhalten. Im Fall Italiens handele es sich um eine Zentralbankanleihe von 5 Mrd. DM gegen Goldverpfändung.[11] Dies sei eine kurzfristige Zahlungsbilanzhilfe. Zu der von Kossygin aufgeworfenen Frage der Rückzahlung weist Bundeskanzler auf die Verwertung des Goldpfandes hin.

Zur Außenhandelsfinanzierung im Im- und Export stellt Bundeskanzler die privaten Finanzierungsmöglichkeiten dar, entweder mit Hilfe der inländischen oder ausländischer Kreditmärkte. Auch hier sei die Bundesregierung nur mit Garantien involviert. Diese konservativen Finanzierungspraktiken müßten im Zusammenhang mit dem hohen Maß an Preisstabilität in der Bundesrepublik Deutschland und der stark überschüssigen Handelsbilanz gesehen werden. Die Zinshöhe bei deutschen Krediten an das Ausland dürfe im übrigen nicht isoliert gesehen werden, sondern zusammen mit den übrigen Konditionen eines Geschäfts (Preis, Qualität, Zuverlässigkeit, Service etc.). Man könne natürlich einen Zins von 6 1/2% darstellen, dann müsse indessen der Preis für die Lieferung höher angesetzt werden, oder vice versa.

Auf die Entgegnung von *Kossygin*, ob dies als Ermunterung an alle gemeint sei, sich konservativer Finanzierungsmethoden zu bedienen, meint *Bundeskanzler*, daß dies schwer zu machen sei, wir uns aber durch die Methoden anderer nicht verführen ließen.

Kossygin wirft die Frage auf, wie große Projekte mit der Bundesrepublik Deutschland realisiert werden sollen. Man habe nun schon über viele Jahre das „konservative" Finanzierungssystem in Anspruch genommen. Aber er glaube, daß eine genauere Vorstellung über das für Lieferungen in die Sowjetunion verfügbare Kreditvolumen vorhanden sein müsse. Er sei beispielsweise in der Lage, 20 Projekte vorzuschlagen, an denen die Sowjetunion interessiert sei. Unbekannt sei, welche Finanzierungsmöglichkeiten die Bundesrepublik Deutschland habe. Wenn er über die denkbaren Finanzierungsdimensionen unterrichtet sei, könne er die Projekte nennen, die in diesem Spielraum finanziert werden sollten. Es genüge nicht, eine Finanzierung jeweils im Einzelfall sicherzustellen. Es sei vielmehr erforderlich, einen längeren Zeitraum zu übersehen. Die Realisierung von Projekten ohne Kreditmöglichkeiten sei unrealistisch. Es genüge nicht, daß zwar heute eine Kreditmöglichkeit vorhanden sei, morgen aber nicht mehr. Er weise beispielsweise auf das Erdgas-Röhren-Geschäft hin[12], das ein für beide Seiten günstiges Abkommen sei. Die für dieses Geschäft ge-

---

11 Zum Kredit der Bundesrepublik für Italien vgl. Dok. 247, Anm. 29.
12 Zum Abkommen vom 29. Oktober 1974 über die Lieferung von Erdgas und Röhren vgl. Dok. 311, Anm. 28.

währten Kredite würden in wenigen Jahren getilgt werden. Die Sowjetunion sei ein sehr reiches Land. Er könne Möglichkeiten für weitere Großgeschäfte hier aufzeigen. Es bestehe aber dann die Gefahr, daß die Kreditdimensionen auf der Seite der Bundesrepublik Deutschland nicht ausreichten und dann aus den von ihm vorgesehenen Geschäften nichts werde.

Bundeskanzler erklärt, daß die Finanzierungskapazität der Bundesrepublik Deutschland wegen der Offenheit des Kreditmarktes praktisch unbegrenzt sei. Eine Notwendigkeit zu einer Begrenzung von Finanzierungen käme nur unter folgenden Gesichtspunkten in Betracht:

1) Mangelnde Bonität des Schuldners; keine Zweifel hinsichtlich der SU;

2) Fähigkeit des Schuldners, die Zinsen zu zahlen; auch hier hinsichtlich SU keine Zweifel;

3) Häufung politischer Risiken. Auch hier beständen bei der SU keine Zweifel.

Kossygin erklärt, daß er diese Antwort erwartet habe. Es sei klar, daß diese Anforderungen an den Schuldner gestellt würden. Aus der Feststellung des Kanzlers, daß die Kreditmöglichkeiten unbegrenzt seien, ergebe sich, daß für zu finanzierende Großprojekte Kreditmöglichkeiten gefunden werden könnten. Die Sowjetunion habe ihre Schulden stets rechtzeitig bezahlt.

Bundeskanzler bestätigt, daß der Kreditmarkt grundsätzlich unbegrenzt sei. Finanzierungen, wie sie bisher für die Erdgas-Röhren-Geschäfte vorgenommen worden seien, seien praktisch jeden Tag möglich. Es liege jedoch eine „frisierte Finanzierung" vor. Den vereinbarten 6 1/2 % Zinsen stehe auf der anderen Seite ein gewisser Preis für das Objekt gegenüber. Man könne auch Exportkredite zu einem Zinssatz von 4 % bereitstellen, praktisch zu jedem beliebigen Zinssatz. Das Konsortium müsse aber seinerseits 11 % Zinsen pro Jahr bezahlen. Die Differenz zwischen dem Marktzinssatz und dem Angebotszinssatz müsse gedeckt werden, und zwar entweder über die Rohrlieferanten oder den Gasbezieher. Eine Finanzierung der Differenz durch den Staatshaushalt scheide aus. Budgetmittel zur Überbrückung von Zinsdifferenzen würden nicht eingesetzt; das gelte auch für den Handel der Bundesrepublik Deutschland mit den USA oder Belgien oder anderen Staaten. *Kossygin* meint, daß die Differenz dann naturgemäß im Preis untergebracht sei.

Bundeskanzler möchte zu diesem Komplex noch drei Gedanken äußern:

1) SU wird bei Bestellungen ihren Gesamtaufwand betrachten.

2) Das gleiche gelte für uns. Wenn wir in der SU etwas kaufen möchten, aber sehen, daß es in Teheran oder Saudi-Arabien billiger sei, dann kauften wir dort.

3) Bisher sei kein Großgeschäft an der Finanzierungsfrage gescheitert. Kreditkonditionen könnten nach Belieben frisiert werden.

Kossygin meint, es sei wichtig, daß die Frage der Finanzierung einmal besprochen worden sei. Er nehme zur Kenntnis, daß Finanzierungsfragen nicht ein Grund für ein Bremsen der Entwicklung seien. Weder die Sowjetunion noch die Bundesrepublik Deutschland sei ein Wohlfahrtsamt. Die Sowjetunion tue das, was für sie zweckmäßig sei. Auch die Bundesrepublik Deutschland bestelle dort, wo das Angebot günstig sei. Aber die Bundesrepublik Deutschland finde nun einmal kein günstigeres Rohstoffangebot als in der Sowjetunion. Sie solle doch einmal versuchen, Erdöl „rund um die Erde zu schleppen" und mehrere Male umzupumpen. Das gleiche gelte für Erdgas. Dieser Komplex sei geklärt.

Er wolle sich nun dem Atomkraftwerk zuwenden.[13] Für die Modalitäten der vorgesehenen Errichtung eines Atomkraftwerks gebe es verschiedene Varianten. Eine Variante sei die Errichtung eines Kraftwerks in der Sowjetunion und der Bau einer Gleichstromleitung durch Polen und die DDR. Eine weitere Variante bestehe darin, daß das Kraftwerk in der DDR oder in der ČSSR, also in der Nähe der Grenze der Bundesrepublik Deutschland gebaut werde. Eine weitere Variante sei, daß das Kraftwerk in der Sowjetunion gebaut werde, dort im Rahmen der Erzeugung energieintensiver petrochemischer Halbstoffe eingesetzt werde, die dann in die Bundesrepublik Deutschland exportiert würden. Auf diese Weise würden auch keine Verluste entstehen wie im Falle der Stromübertragung. Günstig sei ein Kraftwerk mit vier Einheiten von je 1300 MW. Das wäre eine seriöse Lösung, die eine Produktion von 30 Mrd. KW-Stunden pro Jahr ermögliche. Die Bundesrepublik Deutschland solle Uran liefern, das die Sowjetunion anreichere und zu Brennelementen verarbeite. Ein derartiges Abkommen wäre günstig sowohl für die Bundesrepublik Deutschland wie für die Sowjetunion.

Im Zusammenhang mit dem Atomkraftwerk möchte er folgende Frage stellen: Glaube man ernsthaft, eine Stromtransitleitung über Berlin ziehen zu können? Ein derartiges Unternehmen sei kompliziert. Im Ernstfall wäre selbst Berlin damit nicht einverstanden. Die Sowjetunion bemühe sich, die Elektrizitätsmaste aus den Städten zu entfernen, während sich die Bundesregierung bemühe, sie in Westberlin zu errichten. Oder wolle man mit Kabeln arbeiten? Solle die Transitleitung über die Dächer laufen? Die günstigste Vereinbarung bestehe darin, Energie aus einem Kernkraftwerk einzusetzen, um Rohstoffe zu verarbeiten und diese Halbstoffe, beispielsweise Erdölderivate, zu exportieren. Natürlich sei es auch möglich, eine Transitleitung zu bauen. Sie führe durch fremde Länder, die sich dies bezahlen ließen. Dies müsse abgewogen werden.

Bundeskanzler weist darauf hin, daß viele Varianten denkbar seien. Anstelle der von Kossygin erwähnten vier Blöcke sei bisher vorgesehen worden, einen Block zu 1200 bis 1400 MW zu liefern.

1300 MW wirft *Kossygin* ein.

Bundeskanzler hält eine spätere Ausweitung der jetzt vorgesehen Lieferung eines Blocks für nicht ausgeschlossen. Er wolle aber zunächst einmal unsere Interessenlage im Hinblick auf Westberlin schildern. Diese Stadt erzeuge ihren Strom selbst, unabhängig von einem Verbundnetz. Der Bau eines Atomkraftwerks in dieser Stadt sei nicht günstig. Es sei deshalb unser Interesse, Berlin an ein Verbundnetz anzuschließen. Der von der Sowjetunion erstmals vorgebrachte Gedanke, Berlin mit einem auf sowjetischem Territorium stehenden Kernkraftwerk zu versorgen, sei deshalb interessant. Honecker habe angeboten, Berlin aus der DDR zu versorgen.[14] Dieses Angebot sei bisher nicht positiv

---

[13] Zur Lieferung von Kernkraftwerken in die UdSSR bzw. der Lieferung von Strom in die Bundesrepublik vgl. Dok. 303, Anm. 4, und Dok. 305, Anm. 9 und 10.
[14] Mit Schreiben vom 10. September 1974 legte der Erste Sekretär des ZK der SED, Honecker, Bundeskanzler Schmidt dar: „Die Regierung der Deutschen Demokratischen Republik wird in Kürze

beantwortet worden. Für diese Nichtbeantwortung hätten u. a. technische Gründe gesprochen, weil die Normen in der DDR für Spannungsqualitäten andere seien als bei uns.

Kossygin wirft ein, daß die Frequenz mit 50 Hz dieselbe sei wie bei uns.

Bundeskanzler antwortet, daß die zulässigen Toleranzen in der DDR für unsere Technik zu groß seien.

Kossygin hält dies für lösbar. *Bundeskanzler* weist darauf hin, daß es zusätzlich politische Gründe gäbe, die dazu führen, lieber mit der Sowjetunion als mit der DDR abzuschließen. Er wolle auf folgendes Problem hinweisen:

Bei der Lieferung des Kernkraftwerks gebe es COCOM-Probleme[15], die nur dann gelöst werden könnten, wenn Berlin durch das Kraftwerk mitversorgt werde. Es wäre unehrlich, wenn er diese Gründe verschweigen würde.

Kossygin kehrt zu dem Gedanken zurück, vier Kraftwerke zu je 1300 MW, insgesamt 5200 MW, in der Sowjetunion zu bauen.

Bundeskanzler meint, daß ein derartiger Bau nur in Schritten vollzogen werden könne.

Herr *Keltsch* weist auf die Möglichkeit einer Phasenverschiebung von jeweils neun Monaten hin.

Kossygin bemerkt, daß bei nur einer Kraftwerkseinheit im Falle einer Reparatur Berlin ohne Strom bleibe. Im übrigen solle nach seiner Auffassung aus den bereits erwähnten Gründen die Stromleitung um Berlin herumgeführt werden. Es sei das beste, diese Leitung an Berlin vorbeizuziehen und von dieser Hauptleitung eine Stichleitung nach Berlin zu bauen. Würde man die Hauptleitung in die Bundesrepublik Deutschland über Berlin führen, so bedeute dies einen

---

Fortsetzung Fußnote von Seite 1368

dem Senat von Berlin West ein Angebot über Stromlieferungen aus dem Netz der DDR unterbreiten. Wie mir bekannt ist, hat die Bundesregierung seit längerer Zeit zugesagt, der DDR ein Angebot über die Lieferung und Errichtung eines Kernkraftwerkes auf dem Territorium der DDR vorzulegen, dessen Bezahlung u. a. durch Stromlieferungen nach der BRD und Berlin West langfristig erfolgen soll. Die Verhandlungen zu diesem Projekt könnten sofort beginnen." Vgl. BONN UND OST-BERLIN, S. 310.

Am 9. Dezember 1974 bot die Regierung der DDR dem Senat von Berlin (West) an, „Elektroenergie aus dem Netz der Deutschen Demokratischen Republik (in einer Größenordnung bis zu 300 MW) ab 1975 zu liefern und die hierfür erforderlichen Übertragungsleitungen und anderen technischen Einrichtungen [...] zu schaffen". Vgl. ZEHN JAHRE DEUTSCHLANDPOLITIK, S. 282.

15 Zu dem am 24. September bei COCOM eingereichten Antrag auf Gewährung einer Exportgenehmigung vgl. Dok. 286, Anm. 18.

Ministerialdirektor Hermes führte am 21. Oktober 1974 zum Stand des Antragsverfahrens aus: „Inzwischen hat Italien unserem Antrag ebenfalls zugestimmt, so daß nur noch die Reserven der drei wichtigsten Länder: der USA, Großbritannien und Frankreich sowie der Niederlande bestehen. [...] Aus Gesprächen von unseren Botschaftsvertretern mit Angehörigen des Office of Science and Technology im amerikanischen Außenministerium wurde ersichtlich, daß die amerikanische Seite irritiert darüber ist, daß die Bundesrepublik Deutschland nach dem abzuschließenden Vertrag mit der Sowjetunion auch Natururan zur Anreicherung in die UdSSR liefern soll, das anschließend zur Herstellung der Brennelemente wieder nach Deutschland zurückgeliefert wird. Diese Regelung könne man sich auf amerikanischer Seite nur so erklären, daß die UdSSR entweder selbst nicht über genügend Natururan verfüge oder es nur zu einem wesentlich höheren Preis beschaffen könne. Als denkbar bezeichneten die amerikanischen Gesprächspartner auch, daß die UdSSR dem bei Betreibung des Reaktors anfallenden Plutonium strategische Bedeutung beimesse. Die Tatsache, daß die Bundesrepublik Deutschland nicht beabsichtige, das angereicherte Uran ihrer Kontrolle zu unterwerfen, erschwere eine positive Stellungnahme der USA zu dem geplanten Vertrag, zumal wenn sich die Beachtung der IAEO-Safeguards nicht durchsetzen lassen werde." Vgl. Referat 421, Bd. 117699.

Skandal, gegen den sich die Einwohner wehren würden. Kossygin zeichnet auf ein vor ihm liegendes Blatt Berlin als Kreis ein und kennzeichnet die Hauptleitung als einen Strich, der unmittelbar an Berlin vorbeiführt.

Bundeskanzler zeichnet in diese Linie einen Haken ein, der durch Berlin durchgeht und erklärt, daß die Leitung in dieser Weise laufen müsse. Es mache keine Schwierigkeiten, die Leitung in dieser Weise zu führen. Er wolle den politischen Grund, der dafür spreche, erklären.

Kossygin bemerkt, daß es keine Einwendungen gebe, die Leitung dicht an Berlin vorbeizuführen. Es komme uns doch darauf an, Westberlin zu versorgen und die Leitung außerdem in die Bundesrepublik Deutschland zu führen. Die geeignete Lösung dafür sei eine Stichleitung nach Westberlin.

Bundeskanzler weist darauf hin, daß die Auffassungen zu dieser Frage nicht gleich seien. Es sei eine Umformstation erforderlich, die auf dem Gebiet von Berlin, nicht aber auf dem Gebiet der DDR liegen solle. Er nehme bei der Versorgung Westberlins die Abhängigkeit von der Sowjetunion in Kauf, nicht aber die Abhängigkeit von der DDR.

Kossygin erklärt, daß eine Abhängigkeit von der DDR in jedem Falle bestehe. Eine Ausnahme ergebe sich nur dann, wenn das Kabel vom Kraftwerk in die Bundesrepublik Deutschland durch die Ostsee verlegt werde.

Bundeskanzler stimmt zu, daß die Durchleitung durch die DDR erforderlich sei. Er glaube auch nicht, daß hinsichtlich der Linie SU–DDR–BRD Schwierigkeiten entstünden.

Kossygin erklärt, daß all dies ausgeschlossen sei. Das Geschäft stehe auf solider Basis.

Bundeskanzler bemerkt, daß bei der Zuleitung nach Berlin beispielsweise ein kleiner Fehler passieren könne mit der Folge, daß Berlin von der Stromzuleitung abgeschnitten werde, nicht aber die Bundesrepublik Deutschland.

Herr *Keltsch* erklärt hierzu, daß in Westeuropa andere Spannungsverhältnisse beständen als in Osteuropa. In Westeuropa beständen die gleichen Spannungsverhältnisse wie in Westberlin. Wir legen Wert darauf, daß diese Systeme in der Bundesrepublik Deutschland und in Westberlin gekuppelt würden. Dies könne beispielsweise durch eine 380 KW-Leitung geschehen. Wenn z. B. bei dem Kraftwerk im Baltikum oder der Leitung nach Westberlin eine Panne eintrete, werde Westberlin aufgrund seines Stromverbundes[16] mit der Bundesrepublik Deutschland bzw. mit Westeuropa automatisch von dort aus versorgt. Irgendwelche Schalter auf dem Gebiet der DDR seien nicht erforderlich.

Kossygin erklärt, daß sich zu dieser Frage Experten treffen sollten. Der Zulauf des Stroms aus der Bundesrepublik Deutschland bereite keine Schwierigkeiten. Den Technikern, die sich treffen sollten, sollten genaue Aufgaben gestellt werden. Herr *Keltsch* weist nochmals auf die Wichtigkeit einer automatischen Versorgung bei Ausfall der Stromverbindung hin.

Kossygin meint, daß die Bilanz folgendermaßen gezogen werden könne: Es solle ein Kraftwerk gebaut werden, das Westberlin und die Bundesrepublik Deutschland versorgt. Bei Ausfall solle eine automatische Versorgung Westberlins aus

---

[16] Korrigiert aus: „Stromverbrauchs".

der Bundesrepublik Deutschland bestehen, ohne daß in der DDR Schalter montiert würden. Die kommerziellen Teile des Angebots wie Preise, Kredite etc. könnten dann später geprüft werden.

An dieser Stelle wurde das Gespräch beendet, da Bundeskanzler auf 17 Uhr zu einem Vier-Augen-Gespräch mit Breschnew verabredet war.[17]

Referat 421, Bd. 117691

314

Gespräch des Bundeskanzlers Schmidt mit dem Generalsekretär des ZK der KPdSU, Breschnew, in Moskau

105-62.A/74 geheim 29. Oktober 1974[1]

Vier-Augen-Gespräch zwischen Bundeskanzler Helmut Schmidt und dem Generalsekretär des ZK der KPdSU, Leonid Iljitsch Breschnew, am Dienstag, dem 29. Oktober 1974, von 17.00 bis 19.00 Uhr in Breschnews Arbeitszimmer im Kreml.

Breschnew begann, er habe mit Kossygin über die Frage der Stromleitung gesprochen, bei der es darum gehe, ob die Leitung über Berlin-West geführt werden solle oder ob eine Abzweigung nach Berlin-West geführt werden solle.[2] Er habe diese Frage jedoch nicht ganz mit Kossygin besprechen können, da sie von Kollegen unterbrochen worden seien. Offen gesagt, glaube er, daß diese Fragen von großem Interesse seien und von großer Dimension. Z. Z. gebe es in der Welt ein großes Durcheinander, man müsse diese Frage klug durchdenken. Viele hätten derzeit Sorgen mit Energieproblemen, mit der Erdölversorgung usw. In Europa versuche auch Frankreich, einen dominierenden Platz im Handel mit der Sowjetunion einzunehmen. Auch Italien mache der Sowjetunion entsprechende Vorschläge, nicht zu reden von den sozialistischen Ländern, die auch in Fragen Erdgas und Erdöl gut Bescheid wüßten. Der Appetit sei bei allen sehr groß. Vielleicht habe Kossygin dem Herrn Bundeskanzler bereits über die sowjetischen Vorkommen an Erdgas und Erdöl berichtet, die bereits entdeckt worden seien und in die entsprechenden Gruppen A und B eingeteilt würden. Früher hätten die Gebiete um Baku, Kuibyschew und Maikop als ölfündig gegolten, jetzt habe sich dies nach Norden verschoben. Ehrlich gesagt, sei es nicht leicht, dies alles in den europäischen Teil der Sowjetunion zu bringen. Man habe Probleme, führe jedoch die entsprechenden Arbeiten durch. Wenn das Erdöl und Erdgas in den europäischen Teil kämen, würde sich das Bild

---

[17] Für das Gespräch vgl. Dok. 314.

[1] Ablichtung.
Die Aufzeichnung wurde von Dolmetscher Weiß am 1. November 1974 gefertigt.

[2] Zur Einbeziehung von Berlin (West) in ein Stromverbundnetz zwischen der Bundesrepublik und der UdSSR vgl. Dok. 313.

grundlegend verändern. Die sowjetischen Vorkommen seien riesig. Er habe seinerzeit in den Vereinigten Staaten anläßlich seines Besuches[3] eine Rede vor Geschäftsleuten gehalten[4] und gesagt, die sowjetische Seite glaube, daß die Amerikaner sehr gute Geschäftsleute seien, aber nicht über den Elan verfügten, den die sowjetische Seite anbiete. Er habe sie gefragt, wie sie, wenn ihnen die sowjetische Seite eine Billion Kubikmeter Erdgas anbiete, reagieren würden. Darauf hätten sie applaudiert, inzwischen seien sie jedoch etwas abgekühlt. Zuerst habe man dies mit den Japanern machen wollen, die ja auch die Initiatoren gewesen seien. Auch heute noch hätten sie diesen Gedanken nicht fallengelassen. Es störte sie jedoch ein Umstand, nämlich daß die Sowjetunion statt einer Pipeline eine Eisenbahn baue. Dies habe jedoch nichts mit den Japanern oder den Chinesen zu tun, sondern sei eine Frage der wirtschaftlichen Notwendigkeit und Zweckmäßigkeit. Die Japaner gewännen dort Holz und Kohle, die Sowjetunion liefere Kokskohle. An Hand einer Karte Sibiriens zeigte Breschnew dann den Verlauf der bestehenden Transsibirischen Eisenbahn und berichtete, daß diese Gegend ungeheuer reich an Naturschätzen sei, so an Gold, Kohle, Erdöl und Metallen, es gebe riesige Vorkommen von Kokskohle, die Gegend sei jedoch schwach bevölkert. Man werde in der Zukunft daraus ein großes Industriegebiet machen. Die geplante Baikal-Amur-Magistrale werde mitten durch all diese Reichtümer gezogen, von Ust-Kut bis zu dem eisfreien Hafen Komsomolsk-am-Amur. Der Bau der Eisenbahn sei eine Frage interner Zweckmäßigkeit, stelle ein sehr großes Bauvolumen dar; man hoffe, es in fünf Jahren zu schaffen. Man baue die Eisenbahn von beiden Seiten her. In dem betreffenden Gebiet gebe es sehr viel Holz von den verschiedensten Arten. In einigen Jahren werde es dort so aussehen wie heute in der Ukraine, im Donezbecken oder um Baku. Von dem Baikalsee sagten die Wissenschaftler, er verfüge über ein Drittel der Weltsüßwasservorräte. Dies sei ein sehr tiefer See mit über 90 kleineren Zuflüssen, die meist von Quellwasser gespeist würden sowie von Tauwassern, weshalb er besonders rein sei. Im Baikalsee gebe es einen in der Welt sonst unbekannten Fisch, Omonj, der wie ein großer Hering aussehe.

Da die Zeit des Herrn Bundeskanzlers in der Sowjetunion begrenzt sei, werde er wohl keine Gelegenheit haben, sich das Land, außer Kiew[5], näher anzusehen, obwohl er, Breschnew, bereit sei, alle Möglichkeiten hierfür zu schaffen.

Der Herr *Bundeskanzler* warf ein, er werde gern wiederkommen.

---

[3] Der Generalsekretär des ZK der KPdSU, Breschnew, hielt sich vom 18. bis 25. Juni 1973 in den USA auf.

[4] Der Generalsekretär des ZK der KPdSU, Breschnew, erklärte am 22. Juni 1973 in Washington: „Ich kann Ihnen mitteilen, daß wir, als wir vor gar nicht allzulanger Zeit auf dem hohen Forum, das ein Plenum des Zentralkomitees der KPdSU darstellt, die Situation auf dem Gebiet der Außenwirtschaftsbeziehungen der UdSSR auswerteten, zu dem Schluß kamen: Wir können uns heute nicht mit dem zufriedengeben, was wir erreicht haben. [...] Wir haben, offen gesagt, viele unserer Dienststellen scharf kritisiert, die sich mit dieser Angelegenheit befassen, wegen ihrer mangelnden Weitsicht, ihrer Zaghaftigkeit und ihren veralteten Vorstellungen sowie wegen der Mängel in ihrer Arbeit. Mit der gleichen Offenheit möchte ich jedoch an dieser Stelle, und nicht hinter dem Rücken, sondern von Angesicht zu Angesicht, auch die amerikanischen Geschäftsleute kritisieren, die wir seit W. I. Lenins Zeiten einerseits gerade wegen ihrer Geschäftstüchtigkeit schätzen, die aber andererseits mitunter den nötigen Mut und die Weitsicht vermissen lassen und in veralteten Vorstellungen leben." Vgl. BRESCHNEW, Wege, Bd. 4, S. 175.

[5] Zum Besuch des Bundeskanzlers Schmidt am 30./31. Oktober 1974 in Kiew vgl. Dok. 311, Anm. 22.

Breschnew fuhr fort, er lade ihn schon heute dazu ein, wieder zu einem offiziellen Besuch in die Sowjetunion zu kommen. Die Werktätigen eines in der Nähe von Moskau gelegenen großen Elektronikwerkes hätten ihn gern zu einem Besuch bei sich eingeladen. Er, Breschnew, habe jedoch mitteilen müssen, daß dies dem Herrn Bundeskanzler wohl kaum möglich sein werde. Die Werktätigen hätten ihm deshalb als Souvenir eine elektronische Quarzuhr geschickt, auf die sie sehr stolz seien. Breschnew fragte, welche Fragen der Herr Bundeskanzler zu erörtern wünsche.

Der Herr *Bundeskanzler* erwiderte, er würde gern an eine Bemerkung vom Tag zuvor anknüpfen, als Breschnew gesagt habe, er mache sich über den sogenannten Revanchismus in der Bundesrepublik Sorgen.[6] In diesem Zusammenhang würde er gern einige Worte zur deutschen Armee sagen, Breschnew kenne sich wie er selbst in militärischen Fragen aus. Der Herr Bundeskanzler unterstrich den defensiven Charakter der Bundeswehr, der auch in der geplanten Wehrstrukturreform[7] zum Ausdruck komme (Anlage[8]), und schlug Breschnew vor, seine Bemerkungen hierzu von sowjetischen Spezialisten in diesen Fragen prüfen zu lassen. Er wolle vorschlagen, um die Beziehungen auch in diesem Bereich zu normalisieren, daß die Sowjetunion nunmehr ihren Militärattaché in die Bundesrepublik entsende und umgekehrt.[9] Man könne den sowjetischen Militärattaché auch zu Manövern einladen. Umgekehrt, glaube er, könne man dasselbe tun. Er glaube, man müsse versuchen, wachsendes Vertrauen zu erwerben.

Breschnew antwortete darauf, er glaube, der Herr Bundeskanzler habe ganz und gar recht. Er wolle hierzu nur kurz eines sagen: Der Herr Bundeskanzler könne in seinem Land und in der ganzen Welt erklären, die Sowjetunion und ihre Verbündeten würden niemals, er betone, niemals, mit irgendwelchen Waffen als erste die BRD angreifen. Kein Bürger der BRD dürfe in Folge eines militärischen Zusammenstoßes sterben. Natürlich seien die sowjetischen Streitkräfte relativ stärker, aber das, was er soeben gesagt habe, sei das Wichtigste.

Was die sowjetische Öffentlichkeit beunruhige, so sei dies die Tatsache der Präsenz amerikanischer Waffen im Gebiet der Bundesrepublik. In den letzten Jahren habe sich die Sowjetunion um eine Verbesserung der Beziehungen zu den Vereinigten Staaten bemüht. Man habe hierbei nicht geringe Arbeit geleistet.

---

[6] Für das Gespräch am 28. Oktober 1974 in Moskau vgl. Dok. 309.

[7] Zur Wehrstrukturreform der Bundeswehr vgl. Dok. 64, Anm. 35.

[8] Dem Vorgang beigefügt. Die undatierte Aufzeichnung zum Gespräch des Bundeskanzlers Schmidt mit dem Generalsekretär des ZK der KPdSU, Breschnew, am 29. Oktober 1974 in Moskau enthielt folgende Angaben zur Wehrstrukturreform: „Im Heer werden diejenigen Komponenten verstärkt, die der Verteidigung dienen: Vorrangige Ausrüstung mit Panzerabwehrlenkraketen und Flugabwehr-Waffensystemen. Auflösung des Stabes der Luftlandedivision. Ausrüstung der Luftlandebrigaden für Panzerabwehraufgaben. Logistik und Sanitätswesen der Bundeswehr werden sich zunehmend auf ortsfeste Anlagen abstützen. Der verstärkte Ausbau des Depotnetzes in der Bundesrepublik Deutschland ermöglicht eine Kürzung der Transportkapazität. Außerdem wird die Lufttransportkapazität der Luftwaffe reduziert. Bei der Folgegeneration der Rad-Kfz wird weitgehend auf geländegängiges Gerät verzichtet, da der Bundeswehr im Verteidigungsfall das gut ausgebaute Straßen- und Wegenetz der Bundesrepublik Deutschland zur Verfügung stünde." Vgl. VS-Bd. 14056 (010); B 150, Aktenkopien 1974.

[9] Zum Austausch von Militärattachés zwischen der Bundesrepublik und der UdSSR Vgl. Dok. 213, Anm. 11.

Erst vorgestern sei Kissinger aus Moskau abgeflogen.[10] Man habe angestrengt daran gearbeitet, einen Abkommensentwurf auszuarbeiten, der über das erste SALT-Abkommen, also über 1977[11], hinausgehe. Am Ende der Gespräche habe er als Bilanz die sowjetischen Vorschläge dargelegt, Kissinger betrachte diese als sehr gute Grundlage für einen Vertrag. Es zeichne sich nun ab, daß man im nächsten Jahr weiterkommen werde. Dies berichte er dem Herrn Bundeskanzler vertraulich. Die Grundsätze und Konturen bezüglich der militärischen Fragen des sowjetischen Vertragsentwurfs enthielten nach Meinung Kissingers viele wesentliche positive Elemente. Er glaube, dies sei eine wichtige Tatsache nicht nur für die Vereinigten Staaten und die Sowjetunion, sondern auch für die europäischen Staaten, da sie ja die jeweiligen Verbündeten seien. In früheren Gesprächen habe man auf verschiedenen Ebenen die Frage des Abzugs der amerikanischen Bomber und strategischen Raketen aus der Bundesrepublik angeschnitten. Diese Frage sei jedoch noch offen. Die sowjetische Seite habe auch nicht weiter darauf bestanden. Vielleicht brauche man hier Geduld. Er wolle noch ein anderes Moment anschneiden. Derzeit gebe es für den erfolgreichen Abschluß der KSZE eine Bremse, nämlich die Frage der vertrauensbildenden Maßnahmen.[12] Er könne dem Herrn Bundeskanzler eine Aufzeichnung zeigen über seine seinerzeitigen Gespräche mit dem französischen Staatspräsidenten Pompidou in Saslawl bei Minsk.[13] Man sei seinerzeit auf diese Themen eingegangen und habe Formen von vertrauensbildenden Maßnahmen besprochen wie Truppenübungen und ähnliche. Er habe in dem sehr persönlichen Gespräch gesagt, Herr Präsident, die Truppen können nicht ständig in Uniform in den Kasernen herumstehen. Sie bräuchten immer irgend etwas, um üben zu können, die Flieger müßten fliegen, die Panzereinheiten Schußübungen auf Übungsplätzen abhalten, manche müßten Märsche veranstalten, und

---

10 Der amerikanische Außenminister Kissinger hielt sich vom 23. bis 27. Oktober 1974 in der UdSSR auf. Vgl. dazu Dok. 303, Anm. 12.

11 Vgl. dazu Artikel VIII Absatz 2 des Interimsabkommens vom 26. Mai 1972 zwischen den USA und der UdSSR über Maßnahmen hinsichtlich der Begrenzung strategischer Waffen (SALT); Dok. 187, Anm. 11.

12 Am 10. Juli 1974 gab Legationsrat I. Klasse Roßbach, Genf (KSZE-Delegation), Ausführungen des Mitglieds der sowjetischen KSZE-Delegation, Mendelewitsch, vom 3. Juli 1974 zu vertrauensbildenden Maßnahmen wieder: „Mendelewitsch bestätigte auf Frage, daß die SU bereit sei, alle Manöver, die unter der Kommandoebene eines Armeecorps (Armee) stattfinden, anzukündigen; dieser Fall trete praktisch schon ab der Größenordnung von zwei Divisionen ein. Mendelewitsch erklärte weiter, die SU halte am Grundkonzept der Notifizierung an Nachbarn (Beseitigung von Beunruhigung) fest. Die Bereitschaft, multinationale Manöver auf der Führungsebene eines Armeekorps an alle Teilnehmer anzukündigen, sei bereits ein wichtiges Zugeständnis und Entgegenkommen an den Westen. Multinationale Manöver fänden in der SU nicht statt. Größere nationale Manöver in dem Polen benachbarten sowjetischen Grenzgebiet würden ausschließlich gegenüber Polen notifiziert werden. Der von der SU zugestandene Grenzbereich mit einer Tiefe von 100 km sei das Äußerste, was die SU einräumen könne. Über die Einbeziehung der Küstengewässer in derartige Grenzgebiete werde derzeit in Moskau beraten." Vgl. Referat 212, Bd. 100019.
Ministerialdirektor Brunner, z.Z. Genf, resümierte am 23. Oktober 1974 die Gespräche mit der sowjetischen KSZE-Delegation: „Zu der Frage der Manöverankündigung ist die Sowjetunion unverändert unbeweglich. Es gibt keinerlei Flexibilität zu der Frage des Umfangs der Ankündigungszone und dem Adressatenkreis. Hier setzt die Sowjetunion Erwartungen auf uns und deutet an, manches werde möglich werden, wenn wir den Grundsatz der Freiwilligkeit dieser vertrauensbildenden Maßnahme stärker zur Geltung brächten." Vgl. den Drahtbericht Nr. 1505; VS-Bd. 10126 (212); B 150, Aktenkopien 1974.

13 Staatspräsident Pompidou führte am 11./12. Januar 1973 in Saslawl bei Minsk Gespräche mit dem Generalsekretär des ZK der KPdSU, Breschnew. Vgl. dazu AAPD 1973, I, Dok. 15.

es würden gelegentlich Spiele auf den Karten veranstaltet, d.h. Stabsübungen. Manchmal übe man auch in natura, das seien aber Manöver und Übungen. „Ich sagte zu Pompidou, wollen wir doch vereinbaren, wenn bei uns Truppenübungen veranstaltet werden, schicken wir Ihnen eine entsprechende Einladung, dann können Ihre Offiziere und Generäle auf der Tribüne stehen und sehen, wie die Division X gegen die Division Y kämpft. Diese Einladungen brauchen keinen obligatorischen Charakter zu tragen, das heißt, wenn wir Ihnen eine Einladung senden, brauchen Sie der nicht unbedingt Folge zu leisten." Die sowjetische Seite sei jedoch bereit, jedes Mal den Franzosen, und nicht nur den Franzosen, sondern auch den nächsten Nachbarn Einladungen zu schicken. Es lohne sich jedoch nicht, derartige Einladungen an Luxemburg zu senden. Pompidou habe seinerzeit positiv reagiert und gesagt, dies sei gut. Man solle, fuhr Breschnew fort, jedoch offen sein: Damals habe er nicht gedacht, daß auf der KSZE solche Vorschläge unterbreitet würden, wie etwa, daß man über Truppenverschiebungen bis zum Ural informieren müsse. Der Herr Bundeskanzler sehe sicher selbst, daß dies absurd sei, nicht etwa vom Standpunkt einer möglichen Gefahr für die sowjetischen Seite aus, sondern was die Notwendigkeit der Schaffung eines bürokratischen Apparates anbelange. Bei der Bewegung einer Kompanie müsse man Norwegen, die Türkei, ja dreißig Staaten unterrichten. Dazu brauche man einen riesigen Verwaltungsapparat. Man sei doch auf beiden Seiten Politiker. Wenn man sage, man sei bereit, ein Abkommen zu unterzeichnen, so würde das die Völker erfreuen, ein Abkommen mit der Verpflichtung, daß keiner gegenüber den anderen Gewalt anwende, die Souveränität und Unabhängigkeit des anderen Staates respektiere, ebenso wie die Unverletzlichkeit der Grenzen. Das sei das, was von Bedeutung sei. Und was auf dem Gebiet von Truppenbewegungen von Bedeutung sei, solle man hineinschreiben. Auch unsere Truppen würden sich bewegen. Nolens volens komme man auf den Gedanken, dies sei hier ein Punkt, den man als Hebel in der Hand behalten wolle, um den erfolgreichen Abschluß der KSZE zu bremsen. Er habe mit dem kanadischen Regierungschef Trudeau gesprochen, auch der habe gesagt, er sei für einen erfolgreichen und schnellen Abschluß der KSZE. Er habe mit Nixon gesprochen. Auch Ford habe ihm in einer Botschaft bestätigt, daß er bereit sei, den Kurs auf einen schnellen und erfolgreichen Abschluß der KSZE fortzuführen. Auch Giscard d'Estaing habe bestätigt, daß es nötig sei, Anstrengungen zu unternehmen, damit die KSZE schnell und erfolgreich abgeschlossen werde. Auch der Herr Bundeskanzler habe dies erklärt. Die sowjetische Seite und alle sozialistischen Länder sagten dies. Trotzdem nehme die KSZE kein Ende. Könnten denn etwa die Schweiz, Luxemburg oder Griechenland solche Fragen lösen? Natürlich müßten hier die Vereinigten Staaten, die Sowjetunion, Großbritannien, Frankreich, Italien, die Bundesrepublik ihr gewichtiges Wort sagen: Ende mit dem Seiltanz. Nicht nur die Völker der Bundesrepublik und der Sowjetunion, sondern alle europäischen Völker erwarteten hier Lösungen, und man habe die Hoffnung auf solch eine Lösung, das heiße auf den erfolgreichen Abschluß der KSZE. Welche Alternative gebe es für die wichtigsten grundsätzlichen Punkte der Konferenz, wenn man die Völker nicht enttäuschen wolle? Was solle man dann den Völkern sagen? Das wäre doch ein schwerer Schlag für den moralischen und politischen Zustand der Völker Europas. Er wolle betonen, daß er von der friedlichen Idee, und das könne er auch im Namen der Tschechoslowakei, Bulgariens, aller sozialistischen Länder sagen, von der Weiterverfolgung dieser Idee und dieser Politik nicht ablassen werde, damit die Völker Europas in Ruhe leben könnten, ohne ideologische Fragen zu behandeln, ohne Schaden für die Systeme, denn das sei ja Sache der einzelnen Staaten selbst.

Hier in diesem Arbeitszimmer, an der Stelle, wo jetzt der Herr Bundeskanzler sitze, habe seinerzeit Nixon[14] gesessen. Er sei gerade angekommen gewesen, und man habe bereits in der ersten Stunde ein Vier-Augen-Gespräch geführt. Nixon habe gesagt, beide Seiten hätten soviel Atomwaffen, daß sie einander sieben- bis zehnmal gegenseitig vernichten könnten. Beide Seiten sollten sich darum kümmern, daß die Menschheit, vor allem die Europäer, nicht von diesen Waffen umkämen. Nixon habe weiter gesagt, er wisse, daß Breschnew sein System liebe, ebenso wie er, Nixon, das eigene Staatssystem liebe. Diese Frage solle beiseite bleiben und nicht zum Gegenstand von Verhandlungen werden. Er habe dem zugestimmt. Man habe sofort ein sachliches Gespräch begonnen, und der Herr Bundeskanzler kenne ja die Abkommen, die unterzeichnet worden seien. Leider habe es dann in den Vereinigten Staaten interne Schwierigkeiten gegeben. Es sei ihm, Breschnew, schwergefallen, sich in diesen Sachen zurechtzufinden, um so mehr, als er sich ja nicht habe einmischen wollen. Auch aus der sowjetischen Presse habe man ersehen können, wie ruhig man sich demgegenüber verhalten habe, ohne irgendwelche Interpretation der inneren Vorgänge in den USA. Selbst die Regenbogenpresse könne der Sowjetunion keinerlei Einmischung vorwerfen. Diesen Grundsatz solle man auch auf Europa anwenden. Wir hätten unser eigenes System, die Italiener wieder ein anderes System. Das dürfe nicht Gegenstand der Verhandlungen sein. Darüber könne man gelegentlich ein Scherzwort verlieren oder sich etwas Interessantes erzählen, daraus dürfe man jedoch kein Prinzip machen und darüber streiten.

In der letzten Nacht der Verhandlungen mit Kissinger habe er an diesen die Frage gerichtet, ob es richtig sei, was man gelegentlich in der amerikanischen Presse lese, daß nämlich viele Persönlichkeiten, selbst Staatsmänner, davon sprächen, die USA müßten stärker werden, denn nur so könne der Friede in der Welt sicher sein. Und dies, obwohl in allen Abkommen und öffentlichen Erklärungen seit 1972 von dem Grundsatz der Gleichberechtigung die Rede sei. Er habe Kissinger weiter die Frage gestellt, ob dieser an die Möglichkeit eines atomaren Krieges glaube. Es sei schon spät in der Nacht gewesen, und deshalb habe er zu Kissinger gesagt, dieser brauche ihm nicht sofort eine Antwort zu geben, da die Frage wohl unerwartet gekommen sei. Wenn der Herr Bundeskanzler ihn fragen würde, würde er antworten und erklären, warum er diese Antwort gebe. Kissinger habe weder ja noch nein gesagt. Er, Breschnew, habe diese Frage nicht von ungefähr gestellt. Vielleicht denke der eine oder andere in der Welt gelegentlich an die Möglichkeit eines atomaren Krieges. Er glaube, daß jeder vernünftige Mensch, und die Menschen in den Vereinigten Staaten seien klug, verstehe, was ein Atomkrieg bedeute. Wenn jemand einmal etwa

---

14 Präsident Nixon besuchte die UdSSR vom 22. bis 30. Mai 1972. Vgl. dazu AAPD 1972, I, Dok. 149, und AAPD 1972, II, Dok. 161.
Präsident Nixon hielt sich ferner vom 27. Juni bis 3. Juli 1974 in der UdSSR auf. Vgl. dazu Dok. 197, Dok. 199 und Dok. 200.

als erster angreifen sollte oder wenn etwa die sowjetische Seite solch einen politischen Fehler oder solch eine politische Dummheit begehen würde, so würden die Europäer untergehen, vielleicht bliebe noch etwas von Lateinamerika. Aber in Europa würde die ganze Industrie zerstört, alle kulturellen und wissenschaftlichen Werte der Menschen. Deshalb lasse er den Gedanken an die Möglichkeit eines atomaren Krieges in keiner Weise zu. Er sei überzeugt davon, daß der Herr Bundeskanzler dies als eine Tatsache ansehe.

Der Herr *Bundeskanzler* erwiderte, er sei überzeugt davon, daß unabhängig davon, welche Persönlichkeiten etwa in Moskau oder Washington an der Regierung seien, die politische Elite in den größeren Staaten der Welt niemals mit Absicht auf einen Atomkrieg zugehen könne. Er hielte das für ausgeschlossen. Seit etwa zehn Jahren sei dies seine Überzeugung, nachdem beide Seiten die Kubakrise analysiert hätten. Die Gefahr liege nicht in Washington oder Moskau. Die Gefahr könne bei kleineren Staaten liegen, die nicht wüßten, was sie auslösten; so wie es Terroristen gebe, die ihren eigenen Tod in Kauf nähmen. Es gebe aber auch eine Gefahr, die in Drohungen liege. Deshalb unterstütze die deutsche Seite die Politik der Sowjetunion und der USA, was den NV-Vertrag[15] und SALT anbelange. Im eigenen und im europäischen Interesse hofften wir, daß mit den Amerikanern über 1977 hinaus ein weittragendes Abkommen, SALT II, erreicht werde.

Breschnew erwiderte, er sei sich dessen sicher.

Der Herr *Bundeskanzler* fuhr fort, er wolle noch eine Bemerkung bezüglich der amerikanischen Truppen machen. Dies sei eines der Themen, worüber man in Wien sprechen müsse. Er sei sich bewußt, daß die sowjetischen, deutschen und amerikanischen Interessen nicht voll zusammenfielen.

Breschnew warf ein, man müsse die Stützpunkte reduzieren.

Der Herr *Bundeskanzler* fuhr fort, die Anwesenheit fremder Truppen stelle auch ein gewisses stabilisierendes Element dar. Aus deutscher Kraft allein könne deutsches Gebiet nicht verteidigt werden, deshalb bräuchten wir das Bündnis und eine gewisse Präsenz verbündeter Truppen, damit die Sicherheit im Verteidigungsfalle durch das Bündnis gewährleistet werde. Möglicherweise bräuchten das nicht so viele Truppen zu sein.

Breschnew fuhr fort, die sowjetische Seite sei nicht gegen die Zusammenarbeit mit den USA. Sie sprächen mit den Amerikanern über Interkontinentalraketen.

Der Herr *Bundeskanzler* fuhr seinerseits fort, vielleicht brauche man nicht so viele Raketen in Europa. Der Schlüssel der Frage sei das Gleichgewicht zu den sowjetischen Truppen und Raketen.[16] Im amerikanischen Senat und in der

---

[15] Für den Wortlaut des Nichtverbreitungsvertrags vom 1. Juli 1968 vgl. BUNDESGESETZBLATT 1974, Teil II, S. 785–793.

[16] Rückblickend führte Helmut Schmidt dazu aus, er habe angesichts der „auf die Bundesrepublik gerichteten sowjetischen Nuklearwaffen" das Gespräch auf das europäische Gleichgewicht gelenkt, „zu dessen Erhaltung auch die amerikanischen Truppen in Europa notwendig seien [...]. Der Schlüssel zur Sicherheit Europas liege im Gleichgewicht nicht nur mit den sowjetischen Truppen, sondern auch mit deren Raketen." Schmidt führte dazu weiter aus: „Meines Wissens war dies das erste Mal, daß wir von Bonner Seite auf das spezifische Ungleichgewicht hinwiesen, das mit der großen Zahl sowjetischer Mittelstreckenraketen gegeben ist, die auf europäische Ziele und auf die Bundesrepublik gerichtet sind. Ich hätte die Bedrohung durch die eurostrategischen Waffen der Sowjetunion

amerikanischen Öffentlichkeit gebe es eine starke Neigung, einige Truppen aus Europa abzuziehen. Zweitens gebe es den Vorschlag, im Rahmen der MBFR zunächst nur die amerikanischen und sowjetischen Truppen zu reduzieren, alle nationalen aber zunächst zu belassen[17], dies sei die Vorstellung von Kissinger, die wir unterstützten. Jedoch sei es sein, des Herrn Bundeskanzlers, Interesse, auch deutsche Truppen einzubeziehen sowie die übrigen europäischen Truppen. Breschnew habe von Pompidou gesprochen. Dessen Nachfolger Giscard d'Estaing sei sein persönlicher Freund, er könne Breschnew versichern, daß dieser sein volles Vertrauen verdiene. Vielleicht könnte bei dem nächsten Treffen auch darauf hingewiesen werden, daß es ein Fehler sei, daß Frankreich nicht an der MBFR teilnehme.

Breschnew erwiderte, er kenne die Position Frankreichs und wisse, warum Frankreich Kernwaffen baue.

Der Herr *Bundeskanzler* wiederholte, Breschnew könne darauf hinweisen, daß die Franzosen doch auch an der KSZE mitarbeiteten.

Breschnew fuhr fort, man spreche über Waffen und vergesse die Dokumente. Er glaube, daß man all dies lösen könne. Die Wiener Probleme ließen sich jedoch leichter lösen, wenn man in Genf zu Erfolg komme.

Der Herr *Bundeskanzler* erwiderte, er glaube, daß es in Genf schnell gehen werde; er stelle sich vor, daß man längstens bis Ostern fertig werde. Er habe unseren Diplomaten Weisung gegeben, sich in den strittigen Fragen zu Korb III zurückzuhalten. Wir hätten nur ein vitales Interesse. Dies sei, daß der Grundsatz der friedlichen Grenzänderung den gleichen Rang habe wie die anderen Prinzipien. Er wolle noch eine Fußnote machen zu den vertrauensbildenden Maßnahmen, was die Truppen anbelange: Wir seien bereit, uns entsprechenden Maßnahmen zu unterwerfen, wenn dies auch andere täten. Er glaube auch, daß es Unfug sei, Truppenbewegungen bis zum Ural zu notifizieren, ebenso bezüglich jedes Bataillons. Es gehe hier um größere Truppenbewegungen, über das Territorium könne man sich auf dem Kompromißwege einigen.

(Fortsetzung des Gespräches am nächsten Morgen verabredet.)[18]

VS-Bd. 14056 (010)

Fortsetzung Fußnote von Seite 1377
schon allein deshalb zur Sprache gebracht, weil Breschnew seinerseits davon gesprochen hatte, die Sowjetunion sei durch amerikanische Raketen aus der Bundesrepublik bedroht. [...] Darüber hinaus aber hielt ich die Betonung des Gleichgewichts für nötig, weil ich eine Beunruhigung über die damals in Erprobung befindlichen neuen sowjetischen Mittelstreckenraketen SS 20 empfand, die mir eine zusätzliche Bedrohung meines Landes darzustellen schienen. Der Generalsekretär oder seine Stäbe sollten wissen, daß hier ein Problem entstand, das wir unsererseits erkannt hatten. Tatsächlich haben dann die neuen SS 20 und die neuen sowjetischen Backfire-Bomber von November 1974 an in den SALT-Gesprächen eine wichtige Rolle gespielt." Vgl. SCHMIDT, Menschen, S. 64.

[17] Vgl. dazu die am 22. November 1973 von den an den MBFR-Verhandlungen teilnehmenden NATO-Mitgliedstaaten vorgelegten Rahmenvorschläge; Dok. 9, Anm. 2.
[18] Vgl. Dok. 315.

315

Gespräch des Bundeskanzlers Schmidt mit dem Generalsekretär des ZK der KPdSU, Breschnew, in Moskau

105-61.A/74 geheim   30. Oktober 1974[1]

Vier-Augen-Gespräch zwischen dem Herrn Bundeskanzler Helmut Schmidt und dem Generalsekretär des ZK der KPdSU, Leonid Iljitsch Breschnew, am Mittwoch, dem 30. Oktober 1974, von 10.00 bis 12.30 Uhr in Breschnews Arbeitszimmer im Kreml.

Der Herr *Bundeskanzler* begann das Gespräch mit der Frage, wie Breschnew die Entwicklung der Position Chinas in der Welt sehe. *Breschnew* erwiderte, er habe gerade den Gedanken gehabt, den Herrn Bundeskanzler zu fragen, wie dieser die Entwicklung Chinas beurteile.

Der Herr *Bundeskanzler* führte aus, wir betrachteten mit etwas Sorge die Spannung zwischen der Sowjetunion und China, da wir befürchteten, daß dies im Weltmaßstab die politische Entspannung beeinträchtigen könne. Wir wollten uns in keiner Weise einmischen und unsere Beziehungen zur Sowjetunion frei von negativen Auswirkungen der sowjetischen Spannung zu China halten. Die Chinesen schürten die Furcht vor der Sowjetunion. Z. Z. gebe es eine Tendenz, Angehörige unserer Opposition nach Peking einzuladen.[2] Er selbst werde im Frühjahr, etwa März/April, in Peking einen Besuch machen[3], der jedoch keine operative Bedeutung habe, da China weit von der Bundesrepublik entfernt sei. Es handele sich hier um einen Besuch, dem sein Vorgänger Willy Brandt bereits zugestimmt habe. In diesem Zusammenhang wolle er darauf hinweisen, daß er großen Wert darauf gelegt habe, nach seinem Amtsantritt zuerst hierher nach Moskau zu kommen (Breschnew warf ein, er wisse dies sehr wohl zu schätzen), dann Ende des Jahres mit Ford[4] zusammenzutreffen und dann einen kurzen Besuch in Peking zu machen.

Breschnew erwiderte, er habe keine Einwände. Jeder Staat und jeder Staatsmann solle frei entscheiden, wohin er fahre. Wir kennten die sowjetischen Position gegenüber China. Die Sowjetunion wünsche freundschaftliche Beziehungen zu China, solche Beziehungen, wie es früher gegeben habe. In vielen Bereichen, ja fast auf allen Gebieten, habe die Sowjetunion lange Jahre hindurch China geholfen. Es falle ihm im Moment schwer, den Grund zu erklären, warum die Beziehungen derzeit schlecht seien. Vielleicht sei dies nach der Reise

---

[1] Ablichtung.
 Die Gesprächsaufzeichnung wurde von Dolmetscher Weiß am 1. November 1974 gefertigt.
[2] Der CDU-Vorsitzende Kohl besuchte die Volksrepublik China vom 3. bis 12. September 1974.
 Der CSU-Vorsitzende Strauß besuchte die Volksrepublik China vom 12. bis 24. Januar 1975. Vgl. dazu den Drahtbericht des Botschafters Pauls, Peking, vom 17. Januar 1975; AAPD 1975.
[3] Bundeskanzler Schmidt besuchte die Volksrepublik China vom 29. Oktober bis 2. November 1975. Für die Gespräche mit dem chinesischen Stellvertretenden Ministerpräsidenten Teng Hsiao-ping am 29. und 31. Oktober 1975 und mit dem Vorsitzenden des Zentralkomitees und des Politbüros der Kommunistischen Partei Chinas, Mao Tse-tung, am 30. Oktober 1975 vgl. AAPD 1975.
[4] Bundeskanzler Schmidt und Bundesminister Genscher besuchten die USA vom 4. bis 7. Dezember 1974. Vgl. dazu Dok. 354, Dok. 355 und Dok. 357–362.

Chruschtschows nach China geschehen[5], er wisse es nicht. Diese Situation beobachte er nun bereits schon länger als zehn Jahre. Vielleicht sei ein Grund dafür der chinesische Großmachtchauvinismus. In China gebe es endlose innere Kämpfe. Die Situation sei die, daß die Chinesen versuchten, überall Zwietracht zu säen. Den Ereignissen etwas vorauseilend, wolle er sagen, daß er davon überzeugt sei, daß der Herr Bundeskanzler seinerseits davon überzeugt sein könne, daß die Chinesen sagen würden, man dürfe den Russen nicht trauen; die Russen hätten die Absicht Europa, einschließlich der Bundesrepublik Deutschland, zu erobern und ihn, den Herrn Bundeskanzler, ins Gefängnis zu werfen. In China gebe es jeden Monat irgendeine neue Strömung, z. Z. beschäftige man sich mit der sogenannten Konfuziustheorie. Er werde versuchen, etwas wiederzugeben, was er selbst gelesen habe. Mao habe gesagt, jeder Chinese müsse in sich die Fehler suchen, die es in der Konfuziuslehre gebe. Er glaube, daß 99 % der Chinesen keine Ahnung von der Konfuziuslehre hätten. Er selbst sei seinerzeit einmal bei einem Parteitag in Korea gewesen und habe auf dem Rückflug Zwischenstation in China gemacht. Das sei zu einer Zeit gewesen, da die Beziehungen noch gut gewesen seien. Während dieses Besuches habe er Mao nicht gesehen, diesen habe er zum letzten Mal in Moskau auf einer Durchreise nach Peking getroffen. Sein, Breschnews, damaliger Besuch habe drei Tage gedauert. Zu jener Zeit sei eine Kampagne im Gange gewesen, im Verlaufe derer die Persönlichkeit der Chinesen überprüft worden sei, ob sie Feinde seien oder keine Feinde. Er selbst habe seinerzeit erlebt, wie vor einer Pagode Chinesen an der Wand gestanden hätten und sich einer Prüfung ihrer Persönlichkeit hätten unterziehen müssen. Die Sowjetunion habe früher wirklich normale Beziehungen zu China gehabt, wie es zwischen Staaten üblich sei. Sie habe China wirtschaftlich viel geholfen und einiges in China gebaut. Einmal habe Mao gewünscht, ein Walzwerk ohne entsprechende Rohstoffversorgung zu bauen – er wisse nicht warum –, die sowjetische Seite habe gesagt, nun gut. Im weiteren berichtete Breschnew von seinem Bruder Jakob, der als Chefmonteur und Leiter einer Werkhalle in dem Betrieb gearbeitet habe, in dem er, Breschnew, praktisch aufgewachsen sei. Dieser Bruder habe den Auftrag erhalten, nach China zu fahren und bei dem Aufbau des Walzwerks mitzuwirken. Er habe seinen Bruder dazu überreden müssen, damit nicht der Eindruck entstanden sei, er nutze seine Stellung aus.

Er habe soeben gesagt, jeder Staat müsse über sein Verhalten zu China selbst entscheiden, selbst entscheiden, ob seine Staatsmänner nach China fahren oder nicht. Dies sei seine offizielle Ansicht. Privat habe er folgende Beobachtung gemacht: Alle wüßten, daß sie China sehr schlecht kennten. Um China kennenzulernen, müsse man es mindestens 20 Jahre studieren. Aber alle wollten die Bedeutung freundschaftlicher Beziehungen zu China hervorheben. Es gebe da einen richtigen Pilgerstrom nach Peking, der in letzter Zeit jedoch etwas geringer geworden sei. Er habe dies nur zur Abwechslung berichtet. Die deutsch-sowjetischen Beziehungen würden durch die Reise des Herrn Bundeskanzlers nicht verdorben. Ehrlich gesagt, es werde nichts geschehen gegen die Sowjetunion oder gegen die sozialistischen Länder. Er bezweifele nicht, daß man dem

---

[5] Der Erste Sekretär des ZK der KPdSU, Chruschtschow besuchte die Volksrepublik China vom 31. Juli bis 3. August 1958 und erneut vom 30. September bis zum 4. Oktober 1959.

Herrn Bundeskanzler in China einen guten Empfang bereiten werde. Er habe schon des öfteren gesagt, auf jedem Parteitag gesagt, die Sowjetunion wolle gute Beziehungen zu China. Sie erwarte keine Liebe und bitte auch nicht ihre Alliierten um Liebe. Sie wünsche normale, vernünftige politische Atmosphäre und Beziehungen. Insgesamt gesehen, sei China wirtschaftlich ein schwaches Land. Seine Devisen verdiene es in Hongkong. Vielen Ländern, auch Entwicklungsländern, verspreche es große Kredite, soviel er jedoch wisse, habe China nirgendwo irgend etwas Ernsthaftes gegeben, habe keinen Staudamm errichtet, kein Stahlwerk oder etwas ähnliches. Würde man aus Presseberichten die chinesischen Versprechen zusammenstellen, so seien diese zehnmal so groß wie die der Sowjetunion und der Bundesrepublik Deutschland zusammengenommen. Auch derzeit gebe es in China wieder innere Kämpfe. Der Kaderverschleiß sei sehr groß. Es gebe einen Kampf zwischen Militärs und Zivilisten. Neue Personen und Gesichter erschienen auf der politischen Bühne. Aber das chinesische Volk sei sehr diszipliniert. Der Grund hierfür sei wohl ein Gefühl der Angst. Man habe Angst, wenn man sehe, wie anderen in Anwesenheit vieler Menschen der Kopf abgeschlagen werde. Dies sei eine Tatsache. Dies sei allen Botschaftern, der ganzen Welt bekannt. Während der Bewegung der Hun-Wei-Bin (= Roten Garden) habe es öffentliche Hinrichtungen gegeben. Menschen, die Angst hätten, wüßten ihre Zunge zurückzuhalten. Man könne lächeln, aber trotzdem alles verstehen. Es falle ihm schwer, die Situation zu beurteilen, wolle nur sagen, die sowjetische Seite wünsche freundschaftliche Beziehungen zu China ohne irgendwelche militärischen Versuchungen. Die Chinesen seien z. Z. dabei, sich eine Atommacht aufzubauen. Bis diese jedoch so stark sei wie die der sowjetischen, auch der sowjetischen Luftwaffe oder Panzerstreitkräfte, sei noch ein sehr weiter Weg.[6] Die Chinesen zwängen allen den Gedanken auf, die Gefahr drohe aus dem Norden. Dies sei jedoch eine reine, hundertprozentige Lüge. Man könne jede Expertenkommission in den Fernen Osten schicken, um zu sehen, wie die sowjetische Seite dort den Krieg vorbereite. Man sage, die Sowjetunion unterhalte dort eine Millionenarmee. Dies sei alles interne chinesische Propaganda. Der Herr Bundeskanzler werde dies sehen. Sogar bei der Vollversammlung der Vereinten Nationen habe der chinesische Delegierte gesagt, es gebe keine sozialistischen Länder außer China. Er, Breschnew, habe in der Sowjetunion den Imperialismus hundertprozentig restauriert. Es gebe in Peking jedoch eine sowjetische Botschaft, auch ein Sonderkabel zwischen den Botschaften. Es gebe auch noch etwas Handel. Die chinesische Seite habe darum gebeten, sowjetische Zivilflugzeuge kaufen zu können. Die Sowjetunion habe dem zugestimmt. Er wisse nicht, ob eine entsprechende Vereinbarung bereits unterzeichnet worden sei. Jedenfalls sei er von der Bitte der Chinesen unterrichtet.

Auf einer internationalen Konferenz der kommunistischen und Arbeiterparteien[7] habe eine Äußerung Maos einmal große Empörung hervorgerufen, er könne sich erinnern bei Togliatti und auch bei anderen Genossen. Es gebe ein Stenogramm dieser Äußerung, er habe sie auch genau im Gedächtnis. Mao habe da-

---

6 So in der Vorlage.
7 Die Konferenz der kommunistischen und Arbeiterparteien fand vom 14. bis 19. November 1957 in Moskau statt.

mals gesagt, man müsse mit dem Imperialismus einen Krieg führen. Auch wenn 300 Millionen sterben würden, der Rest würde bleiben, und wir hätten den Imperialismus besiegt. Einen halben Tag lang seien alle Kongreßteilnehmer geschockt gewesen. Damals habe man noch Achtung vor Mao gehabt. Dies sei eine von ihm persönlich vorgebrachte Theorie gewesen. Auf der zweiten Tagung[8], an der er selbst auch teilgenommen habe, sei von chinesischer Seite Liu Shao-chi anwesend gewesen. Die Konferenz habe damals zwei oder drei Monate gedauert, man habe kein Ende gefunden, da alle für eine friedliche Lösung der Frage eingetreten seien. Liu Shao-chi sei sehr autoritär gewesen. Jede Nacht habe er lange Berichte nach Peking gesendet. Nur mittags hätte er zu den Sitzungen kommen können. Er, Breschnew, wisse nicht, was mit Liu Shao-chi im Verlaufe der Auseinandersetzungen mit Mao Tse-tung passiert sei[9]. Es habe da einen sogenannten Parteitag gegeben, auf dem als Nachfolger Lin Piao gewählt worden sei.[10] Dann habe es wieder einen Kampf gegen die Anhänger Lin Piaos gegeben, der selbst in einem Flugzeug umgekommen sei.[11] Z.Z. gebe es in China keine Volksversammlung. Wenn man sich ausrechne, wieviel in der Welt an Metall, Stahl oder Erdöl auf einen Kopf der Bevölkerung komme und wieviel in China, so sehe man, wie China wirtschaftlich aussehe. Es gebe keine Lösung für diese Probleme, nur Intrigen.

Der Herr *Bundeskanzler* führte hierauf aus, es habe vor zwei Jahren im deutschen Parlament, als es um die Ratifizierung des Moskauer Vertrags gegangen sei, eine Debatte über die Rolle Chinas gegeben. Er selbst habe damals für die

---

[8] Die Konferenz der kommunistischen und Arbeiterparteien fand vom 11. bis 25. November 1960 in Moskau statt.

[9] Im Kommuniqué vom 31. Oktober 1968 über die erweiterte 12. Plenartagung des Achten Zentralkomitees der KPCh wurde zum Parteiausschluß und zur Absetzung von Liu Shao-chi vom Amt des Staatspräsidenten ausgeführt: „Die Plenartagung billigte den ‚Bericht über die Untersuchung der Verbrechen des Renegaten, versteckten Kollaborateurs und Arbeiterverräters Liu Shao-chi' [...] Die Plenartagung ist der Meinung, daß die Aufdeckung der konterrevolutionären Wesenszüge Liu Shao-chis durch die Partei und die revolutionären Massen im Verlauf der großen proletarischen Kulturrevolution ein großer Sieg der Ideen Mao Tse-tungs und der großen proletarischen Kulturrevolution ist. Die Plenartagung brachte ihre tiefste revolutionäre Empörung über die konterrevolutionären Verbrechen Liu Shao-chis zum Ausdruck und nahm einstimmig den Beschluß an, Liu Shao-chi ein für allemal aus der Partei auszuschließen, ihn all seiner Ämter innerhalb und außerhalb der Partei zu entheben und weiterhin mit ihm und seinen Komplicen über die durch Verrat an der Partei und unserem Land begangenen Verbrechen abzurechnen." Vgl. EUROPA-ARCHIV 1969, D 75.

[10] Der IX. Parteitag der KPCh fand vom 1. bis 24. April 1969 in Peking statt. Am 14. April 1969 billigte der Parteitag ein neues Parteistatut, in dem zum chinesischen Verteidigungsminister Lin Piao ausgeführt wurde: „Comrade Lin Piao has consistently held high the great red banner of Mao Tsetung Thought and has most loyally and resolutely carried out and defended Comrade Mao Tsetung's proletarian revolutionary line. Comrade Lin Piao is Comrade Mao Tsetung's close comrade-in-arms and successor." Vgl. PEKING REVIEW vom 30. April 1969, S. 36.

[11] Im Zusammenhang mit dem Absturz eines chinesischen Militärflugzeugs am 13. September 1971 in der Nähe von Ulan Bator erschienen zuerst in der Presse Hongkongs und schließlich auch in der amerikanischen Presse unbestätigte Meldungen über den Verbleib des chinesischen Verteidigungsministers Lin Piao. Der designierte Nachfolger des Vorsitzenden Mao Tse-tung sei bereits seit dem Sommer 1971 nicht mehr in der Öffentlichkeit gesehen worden. Als Gegner einer Annäherung an die USA habe Lin Piao erfolglos einen Putsch gegen Mao Tse-tung unternommen und sei schließlich auf der Flucht in die UdSSR mit dem Flugzeug abgestürzt. Zudem seien zahlreiche Kandidaten des Politbüros sowie Mitglieder des Zentralkomitees seit dem 12. September 1971 verschwunden. Demgegenüber vermuteten andere Quellen, Lin Piao habe sich aus Krankheitsgründen der Annäherung an die USA nicht widersetzen können und sei vielmehr einem internen Machtkampf um die Nachfolge Mao Tse-tungs zum Opfer gefallen oder habe Selbstmord begangen. Vgl. dazu den Artikel „Pfeil im Rücken"; DER SPIEGEL, Nr. 48 vom 22. November 1971, S. 115–119.

Regierung gesprochen und eindringlich davor gewarnt zu versuchen, mit Hilfe Chinas gegen die Sowjetunion zu spielen.[12] Dies sei nach wie vor seine Ansicht. Die Sowjetunion sei nah, China weit.

Breschnew entgegnete, es gehe natürlich nicht nur darum, ob ein Land von dem anderen nah oder weit entfernt sei, auch wenn dies stimme. Er wolle noch einmal hervorheben, daß die BRD die Tatsache hochschätzen müsse, daß nach einem schrecklichen und ungerechtfertigten Krieg die Sowjetunion wünsche, ein guter Nachbar und freundschaftlicher Nachbar der Bundesrepublik zu bleiben. Dies sei das Entscheidende. Die Partei und das Volk zu guten Beziehungen zur Bundesrepublik zu bringen, diese zu festigen, sei ein wichtiger politischer Faktor, von dem er auf jedem Parteitag[13] gesprochen habe. Und, er hoffe, es werde ihm nichts zustoßen, er sei gesund, z.Z. nur etwas müde, werde er auch auf dem XXV. Parteitag der KPdSU[14] betonen, daß dies das Programm der Partei sei, ein Programm der guten Beziehungen und Freundschaft. Und dies sei von größtem Wert, obwohl es auch noch heute Menschen gebe, die ohne Beine und ohne Hände oder ohne Augenlicht herumliefen. Aber auch die würden die Linie der Partei unterstützen und wünschen, daß zukünftige Generationen dieses Schicksal nicht erleiden würden. Deshalb müsse man gegen un-

---

12 Bundesminister Schmidt führte am 24. Februar 1972 im Bundestag aus: „Zur selben Zeit, da die beiden Supermächte Konfrontation zu vermeiden wünschten und die Suche nach Feldern der Zusammenarbeit begann, wurde auch die Tendenz erkennbar, daß die bisherige Bipolarität, von der Herr Strauß soeben sprach, durch ein neues Gleichgewicht mit mehreren Pfeilern abgelöst werden konnte. In der kommunistischen Welt war die frühere Einheit im Glauben zerbrochen. Der Bruch zwischen Moskau und Peking hat die Vorstellung von der Einheit des Weltkommunismus, von der Einheitlichkeit seines Vorgehens ad absurdum geführt. Das Hegemoniebedürfnis der Sowjetunion hatte sich in einer brutalen Invasion in der Tschechoslowakei geäußert. Aber das westliche Verlangen nach einem Europa, das mehr ist als nur Westeuropa, konnte damit ebensowenig auf Dauer erstickt werden wie das Verlangen in ganz Osteuropa, auch in der Sowjetunion, nach mehr Berührung mit dem Westen. Wer Entspannung in Europa will, der muß Zusammenarbeit suchen, und zwar ohne neue Unsicherheiten ins Spiel zu bringen. Ich habe die Darlegungen von Herrn Strauß über China soeben vielleicht nicht ganz verstanden. Aber ich wiederhole für diejenigen, die meinen, der Basis der Ostpolitik müsse der Faktor China hinzugefügt werden: Wer Entspannung in Europa will, muß Zusammenarbeit suchen, ohne neue Unsicherheitsfaktoren ins Spiel zu bringen." Vgl. BT STENOGRAPHISCHE BERICHTE, Bd. 79, S. 9920.
13 Der Generalsekretär des ZK der KPdSU, Breschnew, erklärte in seinem Rechenschaftsbericht vor dem XXIII. Parteitag der KPdSU am 29. März 1966 in Moskau: „Die Sowjetunion ist brennend an der Wahrung der europäischen Sicherheit interessiert. Heute tritt bei der Zuspitzung der internationalen Spannung als Hauptverbündeter der Vereinigten Staaten in Europa der westdeutsche Imperialismus auf. Westdeutschland wird immer mehr zu einem Herd der Kriegsgefahr, in dem die revanchistischen Leidenschaften brodeln. [...] Die Politik der BRD wird immer mehr von den gleichen monopolistischen Kreisen bestimmt, die seinerzeit Hitler ans Ruder brachten. [...] Niemand hat das Recht zu vergessen, daß sich die Teilnehmer der Anti-Hitler-Koalition – die Sowjetunion, die Vereinigten Staaten, England und Frankreich – nach Zerschlagung der hitlerschen Aggressoren im Potsdamer Abkommen feierlich verpflichtet haben, alles zu tun, damit Deutschland nie mehr seine Nachbarn und die Erhaltung des Weltfriedens gefährde. Die Sowjetunion wird dieser Verpflichtung treu bleiben." Vgl. EUROPA-ARCHIV 1966, D 262 f.
Breschnew führte am 30. März 1971 in seinem Rechenschaftsbericht vor dem XXIV. Parteitag der KPdSU in Moskau aus: „Neue Perspektiven in Europa eröffnen sich durch die wesentliche Veränderung unserer Beziehungen zur BRD. Während der gesamten Nachkriegszeit gingen wir wie auch unsere verbündeten Freunde davon aus, daß vor allem die Unantastbarkeit der Grenzen der europäischen Staaten die Grundlage für einen dauerhaften Frieden in Europa darstellt. Durch die Verträge der Sowjetunion und Polens mit der BRD wird nunmehr die Unantastbarkeit der Grenzen, darunter auch der zwischen der DDR und der BRD sowie der Westgrenze des polnischen Staates, mit aller Bestimmtheit bestätigt." Vgl. EUROPA-ARCHIV 1971, D 241.
14 Der XXV. Parteitag der KPdSU fand vom 24. Februar bis zum 5. März 1976 in Moskau statt.

sere Opposition hart auftreten, und nicht deshalb, weil sie etwa eine Gefahr für die Sowjetunion darstelle. Wenn es einen Krieg geben würde, so wäre das der letzte Krieg für uns, für die Sowjetunion, für alle. Deshalb solle man sich vornehmen, nicht sich in irgendwelchen Einzelheiten zu verlieren, sondern sich um die Hauptsache zu kümmern. Deshalb habe er auch von dem Mut und von der Kühnheit gesprochen, die erforderlich seien, um den neuen Weg zu gehen. Dies gelte auch für die sowjetische Seite, da sie an Millionen von Invaliden Rente zahlen müsse sowie Hinterbliebenenunterstützung. Viele dieser Invaliden seien Abgeordnete im Lande, in örtlichen Sowjets. Auch hier könne sich theoretisch eine Opposition bilden, aber sie unterstützten alle hundertprozentig seine Politik. Er habe dies in allgemeinen Zügen gesagt, es sei jedoch nicht unwichtig, vielleicht sogar ein bestimmender Faktor unserer Beziehungen. Bei seiner Rede auf dem Essen zu Ehren des Herrn Bundeskanzlers habe er einige ziemlich gewichtige Worte gesagt.[15] Vielleicht werde sie der Herr Bundeskanzler noch einmal lesen, so wie er dies mit der Rede des Herrn Bundeskanzlers tun werde. Man werde dann feststellen können, daß seine Rede keine schlechte Rede gewesen sei. Dasselbe gelte für die Worte des Herrn Bundeskanzlers bezüglich der wirtschaftlichen Zusammenarbeit[16], die die beiderseitige politische Linie ergänze. Die sowjetische Seite sehe das so, daß sie uns nichts umsonst geben und daß auch wir nichts umsonst der Sowjetunion zu geben bräuchten. Dies sei völlig ausgeschlossen. Freunde sein bedeute nicht, sich gegenseitig Geschenke zu machen.

Der Herr *Bundeskanzler* erklärte, Freunde müßten auch miteinander rechnen können.

Breschnew stimmte dem zu und fuhr fort, auch was die Errichtung des geplanten Kernkraftwerkes anbelange[17], müsse man rechnen, was dies der einen Seite und was dies der anderen Seite bringe, und nicht nur für die nächste Zeit, sondern im Verlaufe von ca. 25 Jahren. Es gebe Gebiete, auf denen die Bundes-

---

[15] Am 28. Oktober 1974 führte der Generalsekretär des ZK der KPdSU, Breschnew, bei einem zu Ehren des Bundeskanzlers Schmidt in Moskau gegebenen Essen aus: „Die Gestaltung neuer Beziehungen zwischen der UdSSR und der BRD ist bei weitem keine einfache Sache. Leider wird sie mitunter noch schwieriger durch Rückfälle in eine Politik, die nichts mit dem Geist der Zeit gemein hat. Immer noch spürt man in der Bundesrepublik Deutschland die Wirkung jener Kräfte, deren Ansichten den staatlichen und sozialen Realitäten Europas fremd sind und in längst vergangenen Jahren wurzeln. Die Geschichte hat aber ihre Wahl getroffen, und es ist kein Zufall, daß heute nicht die Kräfte der Vergangenheit die Politik der Bundesrepublik Deutschland bestimmen. Die Völker unserer Länder erinnern sich nur zu gut daran, was sie erleben mußten, als daß sie die erreichten wohltuenden Veränderungen geringschätzten. Der Zweite Weltkrieg hat unserer Generation so viel Leid und Not zugefügt, wie kaum unseren Vätern und Großvätern zuteil geworden war. Es ist gar nicht so einfach, unter der tragischen Vergangenheit einen Strich zu ziehen. Das fordert aber die Sorge um die Zukunft, um das friedliche Leben der Völker. Die Generationen, die das Kanonendonner gehört haben, dürfen die Schrecken des Krieges nicht erfahren." Vgl. EUROPA-ARCHIV 1974, D 592.

[16] Am 28. Oktober 1974 führte Bundeskanzler Schmidt in seiner Tischrede in Moskau aus: „In unserem gemeinsamen Handel erleben wir jedes Jahr enorme Zuwachsraten. Die wirtschaftliche Zusammenarbeit erfaßt immer weitere Bereiche. Auf beiden Seiten besteht der Wunsch und die Bereitschaft, durch langfristige Planungen diese Zusammenarbeit zu vertiefen und über die Kategorie des klassischen Handels hinaus zu einer tiefer greifenden wirtschaftlichen Kooperation zu finden. Ich teile auch Ihre Ansicht, daß die Vertiefung des Wirtschaftsaustausches fruchtbar für die politische Entwicklung sein wird, aber ich möchte hinzufügen, daß Fortschritte nur möglich sind, wenn sie parallel auf allen Gebieten voranschreiten." Vgl. BULLETIN 1974, S. 1303.

[17] Zur Lieferung von Kernkraftwerken in die UdSSR bzw. der Lieferung von Strom in die Bundesrepublik vgl. Dok. 313.

republik größere Erfolge habe als die Sowjetunion. Andererseits gebe es auch viele Dinge, bei denen die sowjetische Industrie gewisse Erfolge errungen habe. Die Sowjetunion sei nicht mehr das Land der Leute, die in Bastschuhen herumliefen wie vor fünfzig Jahren. Dies müsse man sehen. Ein kleiner Beweis hierfür sei die dem Herrn Bundeskanzler tags zuvor als Geschenk überreichte elektronische Uhr sowjetischer Produktion.[18] Breschnew berichtete weiter, wie ihm eine ähnliche Uhr seinerzeit von Tito geschenkt worden sei[19], eine Uhr jedoch nicht jugoslawischer Produktion, und er seinen Minister für Radioelektronik[20] angewiesen habe, eine derartige Uhr selbst zu bauen. Dies sei inzwischen gelungen, wie der Herr Bundeskanzler feststellen könne. Jedes Land habe seine Vorzüge, die nicht absolut seien, aber ähnlich. Die Sowjetunion habe große Erfolge auf industriellem Gebiet erzielt. Man habe große Arbeiten auf dem Gebiet der Landwirtschaft durchgeführt. Das militärische Potential sei bekannt. Z. Z. habe die Sowjetunion eine Bevölkerung von 252 Millionen. In zehn bis zwanzig Jahren würden es 300 Millionen sein. Es gebe genügend Grund zum Nachdenken. Sowohl die sowjetische wie auch unsere Seite hätten Nahrung genug, sich Gedanken zu machen. Dasselbe habe er Nixon gesagt sowie Kissinger bei ihrer achten Begegnung[21]. Demnächst werde er sich mit Präsident Ford[22] treffen. Er beabsichtige hier nicht, etwas zu sagen, was unsere Beziehungen zu den europäischen Ländern oder den USA stören könne. Er sei sicher, daß man, würde er auch nur ein Wort sagen, sofort uns davon unterrichten würde. Er werde nichts sagen, nicht nur deshalb, sondern auch aus gutem Grunde. Wenn die Sowjetunion gute Beziehungen zu den USA zu haben wünsche, warum solle sie dabei die Beziehungen Belgiens, Frankreichs und anderer zu den USA stören. Das wäre nicht richtig. Innerlich wehre er sich gegen die Einrichtung der militärischen Blocksysteme. Weg mit dem Warschauer Pakt, weg mit der NATO. Es sollten die Grundsätze der europäischen Sicherheit gelten. Er verkaufe uns etwas, wir ihm etwas, Frankreich mache mit, andere. So käme man schnell zu einer Verbesserung der Beziehungen, so könne man eher Vertrauen schaffen und Vereinbarungen schließen, und es würden sich auch Einzelfragen besser lösen lassen, Fragen, die nichts mit Sicherheit und wirtschaftlicher Zusammenarbeit zu tun hätten. Alle sähen das ein, aber trotzdem. Er begreife nicht, warum die KSZE nicht zu Ende gehe. Er wolle von einer Einzelheit vertraulich berichten und hoffe, daß der deutsche Dolmetscher ein Mann des Vertrauens des Herrn Bundeskanzlers sei und nichts davon hinauskomme, obwohl es dann bei den Geheimakten liegen werde. Er habe sich des öfteren mit Pompidou getroffen, das letzte Mal in Pizunda.[23] Pompidou habe ihm damals gesagt, er sei sehr krank. Er habe ihm nicht gesagt, an welcher Krankheit er leide, er habe ihm jedoch unter vier Augen gesagt, daß es sich um eine schwere Krankheit hande-

---

18 Vgl. dazu das Gespräch des Bundeskanzlers Schmidt mit dem Generalsekretär des ZK der KPdSU, Breschnew, am 29. Oktober 1974 in Moskau; Dok. 314.
19 Der Generalsekretär des ZK der KPdSU, Breschnew, hielt sich vom 22. bis 25. September 1971 in Jugoslawien auf.
20 Walerij Dmitrijewitsch Kalmykow.
21 Der amerikanische Außenminister Kissinger hielt sich vom 23. bis 27. Oktober 1974 in der UdSSR auf. Vgl. dazu Dok. 303, Anm. 12.
22 Zu den Gesprächen des Präsidenten Ford mit dem Generalsekretär des ZK der KPdSU, Breschnew, am 23./24. November 1974 in Wladiwostok vgl. Dok. 354.
23 Staatspräsident Pompidou besuchte am 12./13. März 1974 die UdSSR. Vgl. dazu Dok. 88, Anm. 4.

le. Pompidou habe gesagt, man müsse alle Anstrengungen unternehmen, um die KSZE zu Ende zu bringen. Man habe das Gespräch damals mit der Erörterung des dritten Korbs beendet. Pompidou habe gesagt, da sei viel Unsinn darunter. Er, Breschnew, habe darauf ein Papier herausgenommen und gesagt, daß gerade die französische Delegation vorgeschlagen habe, einen Punkt aufzunehmen – das heiße, die französische Delegation und andere Länder, er wisse nicht, welche –, daß man das Recht habe, in der Sowjetunion eigene Theater nach freier Wahl zu eröffnen, mit eigener Verwaltung und selbstgewählter Thematik, unabhängig von der entsprechenden sowjetischen Gesetzgebung. Er, Breschnew, habe dies Pompidou vorgelesen – und obwohl es die Wahrheit gewesen sei, sei es doch recht hart gewesen –, Pompidou habe darauf geantwortet, er sei empört und werde entsprechende Anweisung seiner Delegation geben. Breschnew fuhr fort, da habe eine Delegation etwas unterjubeln wollen.

Der Herr *Bundeskanzler* entgegnete, vielleicht habe es sich hier um übertriebenen Ehrgeiz von Diplomaten gehandelt.

Breschnew erwiderte, Ehrgeiz dürfe nicht die Ruhe in Europa bestimmen.

Er sage dies im Namen der gesamten sowjetischen Führung, unabhängig davon, daß er der Generalsekretär der KPdSU sei, doch wüßten alle, daß in der Sowjetunion die gesamte Politik, Innen- wie Außenpolitik, von der Partei bestimmt werde.

Der Herr *Bundeskanzler* führte aus, das Wichtigste sei, daß beide Seiten, und insbesondere die Deutschen, alles tun müßten, daß sich die Schrecken der Vergangenheit nicht wiederholten. Er sei sich ganz sicher, daß er dies im Namen der überwältigenden Mehrheit seines Volkes, insbesondere im Namen der jungen Generation, sagen könne. Er selbst werde alles tun, um dazu beizutragen, daß die KSZE bald erfolgreich abgeschlossen werde. Was den Korb III angehe, so sei er auch gegen jede künstliche Übertreibung und habe Anweisung gegeben, daß unsere Delegation hierin keine Aktivitäten mehr entwickle.

Er sei völlig davon überzeugt, daß die Vertiefung der wirtschaftlichen Zusammenarbeit ein gutes Beispiel sein könne, das beide Staaten den anderen Staaten geben könnten. Des weiteren habe Breschnew von unserer Opposition gesprochen. Mit der Opposition gebe es wirklich Schwierigkeiten. Seine Regierung werde bis 1976 im Amt sein[24] und dann einen Wahlkampf führen. Er wünsche deshalb sehr, daß bis 1976 der Kurs der Zusammenarbeit noch gestärkt werden könne und die beiden verbleibenden Jahre dazu benutzt würden, die wirtschaftliche Zusammenarbeit zu vertiefen und unwiderruflich zu machen. Dies sei die grundsätzliche Linie, die auch in dem zu unterzeichnenden Abkommen unterstrichen werde, die dann in einzelnen Abkommen fortzuführen sei.

Kossygin habe tags zuvor einen Vorschlag bezüglich einer neuen großen Raffinerie gemacht.[25] Dieser Vorschlag sei sehr interessant. Wir würden unsere Antwort sorgfältig abwägen. Es gebe auch entsprechende Vorschläge für Projekte auf deutscher Seite, z.B. auf dem Gebiet des Verkehrswesens, der Chemie, der Flugsicherung: Vielleicht habe die deutsche Seite auch die Möglichkeit, zu der

---

24 Die siebte Wahlperiode des Bundestags endete am 13. Dezember 1976.
25 Für den Vorschlag des Ministerpräsidenten Kossygin bezüglich der Errichtung einer Raffinerie vgl. Dok. 311 und Dok. 313.

Vorbereitung der Olympischen Spiele 1980 in Moskau beizutragen. Was das Kursk-Projekt anbelange[26], sei er der Ansicht, daß dies auf einem guten Weg sei und daß die Schwierigkeiten mit einer deutschen Firma überwunden würden. Das Projekt sei technisch neuartig und von einer Dimension, die das bisher in der Welt Gehabte übersteige. Er wolle sich folgende Fußnote hierzu erlauben: Bei diesem Projekt, auch bei anderen Projekten, würden beide Seiten gelegentlich Fehler machen. Auf unserer Seite liege der Fehler bei Korf, auf sowjetischer Seite bei der zu langwierigen Arbeit der sowjetischen Bürokratie. So habe die deutsche Seite bei diesem Riesenprojekt z. B. noch nicht die Gelegenheit gehabt, das Gelände zu besichtigen und beste technische Lösungen an Ort und Stelle zu überlegen. Dies sei ein Beispiel für viele bürokratische Schwierigkeiten.

Breschnew erwiderte, der Herr Bundeskanzler könne sich nicht vorstellen, wie entschieden er gegen die Bürokratie in seinem Lande kämpfe. Leider komme es immer wieder zu Schwierigkeiten. Einmal liege die Schuld hier, einmal da. Es gebe eben verschiedene Systeme. Vielleicht solle man ein neues Organ schaffen, um über diese Schwierigkeiten hinwegzukommen.

Der Herr *Bundeskanzler* entgegnete, Gespräche auf höchster Ebene gäben Gelegenheit, Schwierigkeiten zu erörtern und dann Druck auf die unteren Instanzen auszuüben.

Breschnew erwiderte, er stimme dem zu. Manchmal dauere es ein halbes Jahr, bis auf eine Anfrage er die entsprechenden Antworten erhalte. Er sei selbst über alle wirtschaftlichen Fragen und die mit der Bundesrepublik erörterten Projekte auf dem laufenden.

Der Herr *Bundeskanzler* führte weiter aus, vielleicht könne man vereinbaren, daß, wenn in wichtigen Angelegenheiten durch Verschulden der Bürokratie Verzögerungen einträten, er darüber direkt Breschnew informiere; er bitte Breschnew, im umgekehrten Falle ihn zu informieren.

Breschnew entgegnete, er sei bereit, mit dem Herrn Bundeskanzler auf allen Linien und über alle Kanäle Kontakt zu halten. Bei der letzten Begegnung habe er den Eindruck gewonnen, daß ja auch der Herr Bundeskanzler diese Ansicht vertrete. Wenn das so sei, würde dies der gemeinsamen Sache recht nützlich sein.

Der Herr *Bundeskanzler* führte weiter aus, die Fachleute beider Seiten hätten bereits längere Zeit über ein großes Kernkraftwerk beraten, das von deutscher Seite geliefert und aus Rücklieferung von Strom bezahlt werden solle. Dabei habe die Frage der Trassenführung eine große Rolle gespielt. Er habe tags zuvor mit Kossygin erneut über diese Frage gesprochen und den Eindruck gewonnen, daß sich am Ende des Gespräches eine Einigung abzeichnete in dem Sinne, daß durch die Leitung sowohl die Bundesrepublik wie Berlin (West) versorgt würden, wobei, falls technische Schwierigkeiten aufträten oder irgend etwas anderes passiere, der Strom automatisch auch in umgekehrter Richtung fließen könne und Berlin (West) so aus der Bundesrepublik versorgt werde.

---

26 Zum Stand der Verhandlungen über die Errichtung eines Hüttenwerks im Gebiet von Kursk vgl. Dok. 311, Anm. 30.

Es sei für ihn sehr wichtig, bei diesem Besuch eine grundsätzliche Übereinkunft hierüber zu erzielen, da dies von seiten der Opposition und der öffentlichen Meinung der Bundesrepublik als entscheidendes Zeichen für Fortschritte in der wirtschaftlichen Zusammenarbeit mit der Sowjetunion gesehen werde. Die Vereinbarung über die Kooperation auf dem Rohstoffsektor[27], die unterzeichnet werden solle, hinterlasse bei der deutschen Öffentlichkeit keinen so tiefen Eindruck. Die Tatsache, daß die beiden Außenminister in den von ihnen erörterten Fragen tags zuvor keinerlei Einigung erzielt hätten[28], würde in der Bundesrepublik keinen guten Eindruck machen. Deshalb sei das Stromprojekt um so wichtiger, durch das die Sowjetunion und die Bundesrepublik über Berlin (West) verbunden werden sollten. Er glaube, daß dieser Frage große wirtschaftliche wie politische Bedeutung zukomme. Es wäre im übrigen das erste Mal, das das osteuropäische und das westeuropäische Stormverbundnetz direkt miteinander verkoppelt würden. Das habe einen gewissen Charme für die Öffentlichkeit.

Er wolle noch ein offenes Wort sagen. Bei dem Stand der Gespräche bis zum Abend des vorherigen Tages habe man die Sorge, daß der derzeitige Besuch im deutschen Parlament in der nächsten Woche insgesamt als Mißerfolg ausgelegt werden könne. Deshalb wolle er noch einmal sagen, er zöge es ernsthaft vor, lieber länger in Moskau zu bleiben, als nach Kiew zu fahren[29], da sonst der Eindruck entstehen könne, daß bei dieser Reise wichtige Fragen zugunsten von Stadtbesichtigungen unerledigt geblieben seien. Vielleicht könne man diese Frage bei der Plenarsitzung am Nachmittag entscheiden.[30]

(Breschnew telefoniert und schickt Zettel.)

Breschnew erwiderte, Kossygin habe ihm von dem Projekt und von den Gesprächen hierüber berichtet. Er, Breschnew, verstehe das so, daß die deutsche Seite in der Sowjetunion ein Atomkraftwerk errichte und die Sowjetunion eine Stromleitung in die Bundesrepublik ziehe und dabei eine technische Abzweigung nach Berlin (West) baue.

Der Herr *Bundeskanzler* warf ein, er habe mit Kossygin sich dahingehend geeinigt, daß wenn ein Reaktor aus technischen Gründen ausfalle oder sonstige Störungen einträten, der Strom automatisch auch in umgekehrter Richtung fließen könne.

Breschnew erwiderte, er habe es so verstanden, daß es nicht um einen Reaktor gehe, sondern um zwei oder drei; falls ein Reaktor ausfalle, müsse ja die Versorgung sichergestellt sein.

Der Herr *Bundeskanzler* entgegnete, Kossygin habe von vier Reaktoren gesprochen.

Breschnew erwiderte, er wisse nicht, ob es sich hier um vier oder fünf Reaktoren handele.

---

[27] Vgl. dazu das Abkommen vom 30. Oktober 1974 zwischen der Regierung der Bundesrepublik und der Regierung der UdSSR über die weitere Entwicklung der wirtschaftlichen Zusammenarbeit; BUNDESGESETZBLATT 1974, Teil II, S. 1439 f.

[28] Für das Gespräch des Bundesminister Genscher mit dem sowjetischen Außenminister Gromyko am 29. Oktober 1974 in Moskau vgl. Dok. 312.

[29] Zum Besuch des Bundeskanzlers Schmidt am 30./31. Oktober 1974 in Kiew vgl. Dok. 311, Anm. 22.

[30] Zum deutsch-sowjetischen Regierungsgespräch am 30. Oktober 1974 in Moskau vgl. Dok. 321.

Der Herr *Bundeskanzler* stellte fest, man sei sich offenbar einig, daß mehrere Blöcke gebaut werden sollten. Der wichtigste Punkt für ihn sei die Automatik der Versorgung von Berlin (West).

Breschnew warf ein, dies sei die technische Seite des Projekts.

Der Herr *Bundeskanzler* betonte, dies sei auch eine politische Seite. Wir hätten keine Hemmung, uns in der Stromversorgung von der Sowjetunion abhängig zu machen. Wir hätten jedoch Hemmung, von der DDR abzuhängen.

Breschnew fuhr fort, übrigens brauche man über die Einigung zwischen der Bundesrepublik und seinem Land hinaus auch noch die Zustimmung der Länder, durch die die Leitung geführt werden müsse. Diese Zustimmung werde man wohl erhalten.

Der Herr *Bundeskanzler* fuhr fort, er gehe davon aus, daß man hierzu die Zustimmung der souveränen DDR und Polens brauche. Er sei sich sicher, daß die Sowjetunion die Billigung der DDR erhalten werde. Er wisse, daß ohne die DDR die Durchführung dieses Projektes unmöglich sei. Nur müsse unsere Vorstellung berücksichtigt werden, daß die Umspannwerke für die Bundesrepublik und für Berlin (West) sich nicht auf dem Territorium der DDR befänden. Er habe den Eindruck, daß er sich mit Kossygin hierin einig sei, bitte jedoch Breschnew, noch einmal mit Kossygin darüber zu sprechen, damit volle Klarheit hergestellt sei.

Breschnew erwiderte, er werde dies gern tun, er entscheide diese Dinge ja nicht allein.

Der Herr *Bundeskanzler* erklärte, er wolle noch zwei Punkte erwähnen. Er wolle ausdrücklich die erfreuliche Entwicklung der Ausreisen aus humanitären Gründen betonen und sei dankbar auch in bezug auf die innenpolitische Bedeutung dieses Themas für unsere Seite. Er hätte gern die Frage gestellt, ob wir davon ausgehen könnten, daß die derzeitige Ausreisezahl, das heiße die Zahl von 1974, auch in den nächsten vier Jahren beibehalten werde, und wolle fragen, ob er dies auch in der Öffentlichkeit feststellen könne.

Breschnew erwiderte, er wisse hierüber nicht genau Bescheid, und führte telefonisch ein Gespräch. Daraufhin erklärte er, der Innenminister[31] habe ihm gesagt, er könne zunächst zusagen, habe aber den Minister noch gefragt, wieviele Anträge jährlich genehmigt würden. Der Minister würde in ca. fünf Minuten zurückrufen.

Der Herr *Bundeskanzler* fuhr fort, er habe noch einen anderen Punkt, den zu erwähnen er gezwungen sei. Erstens die deutsch-sowjetische Parlamentariergruppe in Bonn, zweitens Amnesty International und drittens Frau Bukowskij hätten in der deutschen Presse eine Kampagne in Sachen des sowjetischen Bürgers Wladimir Bukowskij begonnen.[32] Er wolle sich in keiner Weise in inner-

---

31 Nikolaj Anissimowitsch Schtscholokow.
32 Der sowjetische Schriftsteller Bukowskij wurde am 5. Januar 1972 wegen „Untergrabung der sowjetischen Autorität" zu sieben Jahren Haft und anschließend fünf Jahren Verbannung verurteilt. Dazu wurde in der Presse berichtet: „Der 29jährige Bukowskij hat bereits drei Jahre in Arbeitslagern und zwei in Heilanstalten verbracht. [...] Bukowskij, der als wichtiger Informant westlicher Journalisten in der Sowjetunion galt, war der ‚Agitation und antisowjetischen Propaganda' beschuldigt worden. Es wurde ihm zu Last gelegt, daß er versucht habe, eine Vervielfältigungsmaschine aus dem Ausland in die Sowjetunion zu schmuggeln, um damit Propagandamaterial zu ver-

sowjetische Angelegenheiten einmischen. Er wolle nur Breschnew informieren, daß dieser Fall die deutsche Öffentlichkeit beschäftige und beunruhige, und aus humanitären Gründen um Milde bitten. Ein entsprechender Brief der Mutter Bukowskijs sei öffentlich an ihn gerichtet worden.

Hierauf erwiderte *Breschnew*, er könne keine Antwort geben, da er zum ersten Mal davon höre, daß es etwas mit einem Bukowskij gebe. (Der sowjetische Dolmetscher Kurpakow erklärte Breschnew, es handele sich um einen sowjetischen Schriftsteller, der nach westlichen Pressemeldungen einer Verfolgung ausgesetzt sei.) Er werde sich schnell für die Sache interessieren. Wenn er bis zur Abreise des Herrn Bundeskanzlers noch eine Antwort erhalte, werde er sie diesem zukommen lassen. Diese Fragen seien ja kein Geheimnis. Unsere Presse beeinflusse damit das Klima.

Der Herr *Bundeskanzler* bemerkte, er trage dazu nicht bei. In einer Botschaft Breschnews habe es einen Satz gegeben, der ihn bewegt habe. Er nehme alle Botschaften Breschnews wichtig und ernst und freue sich, daß man auch in Zukunft Botschaften austauschen werde. In einer dieser Botschaften habe es jedoch einen Satz gegeben im Zusammenhang mit der Errichtung des Umweltbundesamtes in Berlin. Breschnew habe geschrieben, er verstehe, daß ein neuer Mann ein umfangreiches Erbe übernehmen müsse. Damit habe Breschnew den Nagel auf den Kopf getroffen. Er wolle Breschnew versichern, daß, soweit er dies beeinflussen könne, er verhindern werde, daß ähnliche Streitigkeiten in Zukunft neu entstünden. Er sei sich dessen gewiß, daß sein Vorgänger Willy Brandt, als dieser das Gesetz gebilligt und dem Parlament unterbreitet habe[33], seinerseits davon überzeugt gewesen und dies auch heute noch sei, daß er in voller rechtlicher Übereinstimmung mit dem Vier-Mächte-Abkommen handele. Brandt habe guten Gewissens in bezug auf das Vier-Mächte-Abkommen gehandelt. Er wolle sagen, daß er Brandts Rechtsstandpunkt teile, wolle jedoch hinzufügen, daß es gelegentlich im Leben einen Unterschied zwischen der Verfechtung von Rechtsstandpunkten und der politischen Zweckmäßigkeit gebe. Er habe mit Brandt des öfteren über diesen Punkt gesprochen und sei sich mit ihm darüber einig. Brandts Standpunkt werde auch in Zukunft wichtig sein, da er als Vorsitzender der SPD weiterhin ein wichtiger Politiker der Bundesrepublik sein werde. Zum Schluß wolle er deutlich betonen, daß er es für wichtig halte, daß Breschnew zu passender und für ihn bequemer Zeit wieder die Bundesrepublik besuche.

Fortsetzung Fußnote von Seite 1389

breiten. Außerdem soll Bukowskij versucht haben, Angehörige der sowjetischen Streitkräfte zur Weitergabe von militärischen Informationen an Journalisten zu überreden." Vgl. den Artikel „Höchststrafe von zwölf Jahren Freiheitsentzug für Bukowskij"; DIE WELT vom 6. Januar 1972, S. 1.
Am 9. Oktober 1974 wurde in der Presse berichtet: „Die Mutter des zu zwölf Jahren Haft verurteilten sowjetischen Regimekritikers Wladimir Bukowskij hat in einem offenen Brief an den Bundeskanzler Schmidt appelliert, sich bei seinem bevorstehenden Besuch in Moskau für ihren Sohn einzusetzen. In dem gestern westlichen Korrespondenten in Moskau übergebenen Brief schreibt Frau Bukowskij, sie flehe als Mutter Schmidt von ganzem Herzen an, während seiner Gespräche Parteisekretär Leonid Breschnew zu bitten, ihren Sohn in die Freiheit zu entlassen. Die Gesundheit ihres Sohnes sei durch viele Monate langen grausamen Hunger ‚katastrophal' ruiniert." Vgl. den Artikel „Bukowskijs Mutter appelliert an Bundeskanzler Schmidt"; DIE WELT vom 9. Oktober 1974, S. 2.

[33] Zum Entwurf der Bundesregierung vom 25. Januar 1974 für ein Gesetz über die Errichtung des Umweltbundesamts vgl. Dok. 22, Anm. 8.

Breschnew dankte für die Einladung und erklärte, er nehme sie an. Andererseits lade er schon jetzt den Herrn Bundeskanzler ein, wieder in die Sowjetunion zu kommen, wobei er folgenden Gedanken hinzufügen wolle: Vielleicht könne man sich in Zukunft schriftlich oder mündlich verständigen, damit solche Treffen kurzfristig und aufgrund sachlicher Erwägungen vereinbart werden könnten. So treffe er sich z. B. kurzfristig mit Ford, auch mit Giscard d'Estaing[34], obwohl man in zwei Tagen nicht alle Fragen besprechen könne, doch trotzdem seien diese Treffen von großer Wichtigkeit.

Der Herr *Bundeskanzler* dankte seinerseits für diese Einladung. Vielleicht könne man die Vereinbarung über regelmäßige Konsultationen in der Gemeinsamen Erklärung[35] gelegentlich so auslegen, daß die Konsultationen nicht auf Außenministerebene, sondern auf der Ebene der führenden Persönlichkeiten erfolgten.

Breschnew erklärte, genau das meine er. Er wolle noch einen Punkt ansprechen, über den er seinerzeit schon mit Brandt gesprochen habe. Obwohl die Programme der beiden Parteien im Grundsätzlichen verschieden seien, sei die KPdSU bereit, mit der SPD auf Parteiebene zusammenzuarbeiten.[36] Man könne hierbei etwa an Fragen des Friedens, der internationalen Entspannung, vielleicht in gewissem Umfange auch der wirtschaftlichen Zusammenarbeit denken, unbeschadet des Wesens des jeweiligen Parteiprogramms. Die Parteien seien verschieden, und man wolle sich da auch nicht einmischen.

Der Herr *Bundeskanzler* erwiderte, Brandt habe ihm hiervon erzählt, auch im Parteipräsidium habe man hierüber gesprochen. Ehrlich gesagt, würde die SPD die staatliche Ebene vorziehen. Die internationale Zusammenarbeit der SPD sei auf sozialdemokratische Parteien beschränkt, und man wolle keine Tür für falsche Interpretationen öffnen.

Breschnew erwiderte, er verstehe dies. Er wolle in diesem Zusammenhang betonen, daß die sowjetische Seite die Koalition von SPD und FDP unterstütze.

Der Herr *Bundeskanzler* führte weiter aus, die innenpolitische Zukunft der Koalition werde nicht leicht sein.

Breschnew fügte hinzu, wenn man hier irgend etwas Nützliches von sowjetischen Seite tun könne, sei man nicht abgeneigt, jetzt oder über entsprechende Kanäle entsprechende Empfehlungen oder Ratschläge entgegenzunehmen.

---

34 Der Generalsekretär des ZK der KPdSU, Breschnew, hielt sich vom 4. bis 7. Dezember 1974 in Paris auf.

35 In der Gemeinsamen Erklärung vom 30. Oktober 1974 über den Besuch des Bundeskanzlers Schmidt und des Bundesministers Genscher vom 28. bis 31. Oktober 1974 in der UdSSR wurde ausgeführt: „Im Interesse der weiteren Entwicklung des Meinungsaustausches zwischen den Regierungen der Bundesrepublik Deutschland und der Union der Sozialistischen Sowjetrepubliken und in dem Wunsche, die Zusammenarbeit auf politischem Gebiet zu vertiefen, vereinbarten beide Seiten regelmäßige Konsultationen zu wichtigen Fragen der bilateralen Beziehungen sowie internationalen Problemen von gegenseitigem Interesse. Zeitpunkt und Ebene ihrer Durchführung werden jeweils auf diplomatischem Wege vereinbart. Wenn beide Seiten dies für notwendig halten, jedoch in der Regel mindestens einmal jährlich, werden Begegnungen der Außenminister oder ihrer Beauftragten stattfinden, und zwar abwechselnd in Bonn und Moskau." Vgl. BULLETIN 1974, S. 1307.

36 Der Generalsekretär des ZK der KPdSU, Breschnew, schlug Bundeskanzler Brandt am 16. September 1971 während der Autofahrt von Simferopol nach Oreanda vor, neben den zwischenstaatlichen Beziehungen auch regelmäßige Kontakte auf der Ebene der Parteien SPD und KPdSU herzustellen. Vgl. dazu AAPD 1971, II, Dok. 310.

1391

Der Herr *Bundeskanzler* antwortete, er glaube, die beste Hilfe wäre, in der täglichen Arbeit und bei den Konsultationen dafür Sorge zu tragen, daß man der Öffentlichkeit zeigen könne, daß die von Willy Brandt eingeleitete Politik der Verständigung mit der Sowjetunion Fortschritte zeitige. Die Opposition behaupte, man habe zu große Erwartungen erzeugt, die man nicht erfüllen könne. Sein Interesse sei es, zu zeigen, daß diese Erwartungen berechtigt seien.

Breschnew erklärte, er verstehe die Schwierigkeit der Position der Bundesregierung in Anbetracht der Existenz der Opposition und deren Thesen, die der Bundesregierung untergeschoben würden. Auf einmal alle Fragen lösen zu wollen, wäre schwierig. Er wolle folgendes sagen, was vielleicht keinen konkreten Inhalt habe, aber ein präziser Ausdruck seiner Ansicht sei. Man könne in Zukunft mehr erreichen, wovon man heute überhaupt spreche, wenn die KSZE erfolgreich abgeschlossen sein werde. Das Element des Vertrauens werde in diesem Maße all das übertreffen, woran der Herr Bundeskanzler jetzt denke. Dieses Wort habe präzise Genauigkeit und Gewicht, denn es sei das Wort der sowjetischen Partei und Regierung. Man habe viele Jahre lang im Kalten Krieg gelebt, erst vor kurzem habe man begonnnen, den Kalten Krieg zu begraben, und in den drei Jahren so große Fortschritte erzielt. Das sei kein Vergleich mit 25 Jahren Kalten Krieges. Man habe in jenen Jahren keinen einzigen Schritt getan.

Er habe diese Frage nicht anschneiden wollen, im Lichte des gegenseitigen Vertrauens und im Laufe eines vertraulichen Gesprächs (und der Herr Bundeskanzler könne sicher sein, daß er dies nicht für die Öffentlichkeit benutzen werde), aber sein Volk und seine Regierung reagierten sehr negativ auf die Existenz eines Rundfunksenders, Freies Europa[37] oder wie der auch immer heißen möge; er habe keine Zeit, sich diese Sendungen anzuhören. Jedoch habe man ihm geschrieben, daß dieser Sender nur antisowjetische Sendungen verbreite. Er bitte nicht darum, die Sowjetmacht zu loben. Es sei die Sache jeder einzelnen Person, auf etwas stolz zu sein oder nicht. Es sei vielleicht auch nur ein kleiner Strich, wenn man versuchte, Schritt für Schritt die Dinge auf die richtige Stelle zu bringen. Vielleicht seien Brandt oder der Herr Bundeskanzler zu voreilig gewesen, hätten zu viel Vorschuß bei der Errichtung des Umweltbundesamts genommen und sich so in eine schwierige Lage gebracht. Breschnew fuhr fort, aber darüber solle man nicht mehr weinen. Auch glaube er, daß eine Politik, wo man zu große Übereile zeige, nicht nützlich sei, ebenso wie unnütze Verzögerungen.

---

[37] Der 1949 gegründete Sender „Radio Free Europe" mit Sitz in München strahlte landessprachliche Sendungen für Bulgarien, die ČSSR, Polen, Rumänien und Ungarn aus. Dazu hieß es in einem Memorandum der Nordatlantischen Versammlung vom November 1972: „It had the task of broadcasting the voices of the exiles to their former countries to ‚sustain the morale of captive peoples and stimulate them in a spirit of non-cooperation.' [...] Between May 1949 and June 1971, 86% of RFE's income was derived from US Government sources. The remainder of the income was raised from public subscription by the Radio Free Europe Fund". Vgl. Referat 212, Bd. 109291.
In der Vergangenheit kam es wiederholt zu Beschwerden wegen der Tätigkeit des Senders seitens der osteuropäischen Staaten. Vgl. dazu AAPD 1971, II, Dok. 245; AAPD 1972, II, Dok. 268, und AAPD 1973, II, Dok. 154 und Dok. 292.

Der Herr *Bundeskanzler* erklärte, er stimme zu, daß Hast dem Fortschritt schade. Was die beiden US-Sender[38] auf deutschem Boden anbelange, so sei er auch nicht glücklich darüber. Dies sei ein Rest aus der amerikanischen Besatzungszeit. Er werde Breschnews Bemerkung zum Anlaß nehmen, um zu prüfen, ob man nicht auch hier Schritte in Richtung auf eine Normalisierung unternehmen könne. Z. Z. habe die deutsche Seite keinen Einfluß auf die Sendungen. Als er noch Verteidigungsminister gewesen sei[39], habe er gegenüber der amerikanischen Regierung erklärt, man solle diese Sendungen einstellen, sie seien eine Verletzung der deutschen Souveränität. Er werde Breschnews Bemerkung zum Anlaß nehmen, um erneut in die Sache einzusteigen. Dies sei auch in unserem Interesse.

Breschnew erwiderte, er glaube dies auch. Er wolle noch ein Thema bezüglich der Weiterentwicklung der beiderseitigen Beziehungen anschneiden. Man habe sich über den Austausch von Militärattachés geeinigt.[40] Vielleicht könne man mit der Herstellung richtiger Beziehungen zwischen den Militärs beider Seiten beginnen. Vielleicht könne die sowjetische Seite unseren Minister[41] einladen, der Sowjetunion im nächsten Jahr einen Besuch abzustatten. Vielleicht könne man auch über einen gemeinsamen Austausch von Schiffsbesuchen in den jeweiligen Häfen sprechen. Er sage das in allgemeinen Worten. Dies könne auch ein Element des Vertrauens sein.

Man müsse schrittweise den beiden Völkern solche geistige und moralische Nahrung geben, damit sie die Zusammenarbeit unterstützen. Er wolle versichern, daß die Gründung einer Institution keine Beruhigung bringe, im Gegenteil, das bedeute praktisch nichts, erzeuge aber Illusionen, und der Mensch sei immer Illusionen ausgesetzt. Solche Illusionen könnten sich so entwickeln, daß sie die Grundsätze des Vier-Mächte-Abkommens berührten. Er wolle dies als Politiker dem Herrn Bundeskanzler sagen, damit dieser dies politisch verstehe.

Der Herr *Bundeskanzler* erwiderte, er glaube, man verstünde sich. Auch er glaube, daß Politik das Gegenteil von Illusionen sei. Was die militärische Zusammenarbeit angehe, so glaube er, man solle zunächst den Austausch der Militärattachés verwirklichen. Die Idee von gegenseitigen Schiffsbesuchen halte er für ausgezeichnet. Vielleicht könne man sich 1975 konkret darüber verständigen. In einer dritten Stufe könne man einer Einladung unseres Verteidigungsministers nähertreten, worauf wir natürlich mit einer Gegeneinladung antworten würden.

Breschnew erwiderte, die Reihenfolge spiele für ihn keine Rolle. Man spreche hier von Grundsätzlichem. Man sei zu jedem Schritt bereit. Vielleicht wäre auch dies ein Schritt zum Vertrauen, zur sachlichen Zusammenarbeit, damit die Vergangenheit in die Geschichte eingehe, damit sie Sache der Historiker

---

38 Der Rundfunksender „Radio Liberty" nahm seine Tätigkeit im März 1953 auf. Er sendete in Russisch sowie in 18 weiteren in der UdSSR gesprochenen Sprachen. Sendestationen befanden sich außer in der Bundesrepublik noch in Spanien und der Republik China (Taiwan). 99,8 % der Finanzmittel wurden von der amerikanischen Regierung zur Verfügung gestellt. Vgl. dazu das Memorandum der Nordatlantischen Versammlung vom November 1972; Referat 212, Bd. 109291.
39 Helmut Schmidt war von 1969 bis 1972 Bundesminister der Verteidigung.
40 Zum Austausch von Militärattachés zwischen der Bundesrepublik und der UdSSR Vgl. Dok. 213, Anm. 11.
41 Georg Leber.

werde. Man solle eine neue Seite in der Geschichte schreiben, aber die Geschichte an einem Tag zu schreiben sei sehr, sehr schwer. Er wolle, daß der derzeitige Besuch des Herrn Bundeskanzlers Gewicht habe, er tue jedenfalls alles dazu. In der sowjetischen Presse werde von jedem einzelnen Zusammentreffen berichtet, von seiner, Breschnews, Teilnahme an den Gesprächen, an der Unterzeichnung, an der Begrüßung und Verabschiedung des Herrn Bundeskanzlers, das heiße, jeder Schritt werde registriert.[42] Im übrigen glaube er, daß die Geschäftskreise der Bundesrepublik keine geringere Rolle spielten als die Führer der CDU/CSU, das heiße, daß die Geschäftskreise der Bundesrepublik wohl an den Großprojekten mit der Sowjetunion interessiert seien.

Der Herr *Bundeskanzler* fügte hinzu, auch die Arbeiter.

Breschnew fuhr fort, er glaube dies auch, da die sowjetischen Aufträge unsere Industrie auslasteten. Wenn das gemeinsame Ziel von Großvorhaben in der Gemeinsamen Erklärung[43] stärker herausgearbeitet werde, wäre dies auch ein gewichtiger Faktor für die Koalition und die Regierung. Er glaube, Willy Brandt habe es schwerer gehabt. Er wolle hier nicht in Details eingehen, aber der Herr Bundeskanzler wisse dies. Obwohl Willy Brandt große Weisheit in diesen Fragen gezeigt habe, habe er es im Lande doch erheblich schwerer gehabt. Willy Brandt habe sehr weise gehandelt. Was die Familienzusammenführung angehe, habe er inzwischen die entsprechenden Informationen erhalten und könne sagen, daß die Zahlen für die Zukunft ungefähr stabil bleiben würden, das heiße, es könnten in einem Jahr mehr, in einem anderen weniger sein, man werde jedoch von sowjetischer Seite keine Hindernisse errichten, mit Ausnahme natürlich der Berücksichtigung der allgemeinen Vorschriften und der Interessen der staatlichen Sicherheit. Die Ausreisezahlen hätten einmal dreieinhalb Tausend Personen betragen, dann 300, 400, in den letzten Jahren zwischen 3000 und 4000.

Der Herr *Bundeskanzler* erklärte, er sei sehr dankbar für diese Mitteilung. Wenn Breschnew keine Einwände habe, werde er erklären, daß man damit rechnen könne, daß die Zahlen stabil blieben.

---

[42] Am 31. Oktober 1974 resümierte Gesandter Balser, Moskau, die Berichterstattung in den sowjetischen Medien zum Besuch des Bundeskanzlers Schmidt: „1) Sowjetische Öffentlichkeitsmedien haben dem Besuch bemerkenswert große Aufmerksamkeit gewidmet. Gute Atmosphäre, sachlich konstruktiver Charakter und sachliche, gegenseitig nützliche Zusammenarbeit wurden hervorgehoben. 2) Fernsehen begann am Abschlußtag Nachrichtensendung mit dem Besuch, der überwiegenden Teil der Sendung in Anspruch nahm, davon zehnminütige Ansprache des Bundeskanzlers an die Zuschauer. Sie wurde in russischer Sprache – einschließlich des Passus, wonach die Deutschen Hoffnung nicht aufgegeben hätten, eines Tages friedlich unter einem Dach zusammenzuleben – korrekt wiedergegeben". Vgl. den Drahtbericht Nr. 3968; Referat 213, Bd. 112687.

[43] In der Gemeinsamen Erklärung vom 30. Oktober 1974 über den Besuch des Bundeskanzlers Schmidt und des Bundesministers Genscher vom 28. bis 31. Oktober 1974 in der UdSSR wurde ausgeführt: „Der Bundeskanzler und der Generalsekretär des ZK der KPdSU drückten die Befriedigung über die günstige Entwicklung der Wirtschaftsbeziehungen zwischen beiden Staaten aus. Es wird erwartet, daß das Volumen des Warenverkehrs zwischen der Bundesrepublik Deutschland und der UdSSR im Jahre 1974 etwa um 50 Prozent gegenüber dem Vorjahr anwächst. Die Handelsbilanz wird ausgeglichener. [...] Beide Seiten begrüßten, daß während des Aufenthalts des Bundeskanzlers H. Schmidt in der UdSSR ein drittes Abkommen über Lieferungen von etwa 60 Mrd. Kubikmeter sowjetischen Erdgases in die Bundesrepublik Deutschland im Zeitraum von 1978 bis 2000 und den Ankauf in der Bundesrepublik Deutschland von Großröhren und Ausrüstungen für die Gasindustrie unterzeichnet wurde. Die Durchführung dieses Abkommens wird den Warenverkehr zwischen beiden Staaten im genannten Zeitraum erheblich steigern." Vgl. BULLETIN 1974, S. 1307 f.

Breschnew erwiderte hierauf, die sowjetische Seite sei in dieser Frage ruhig. Sie habe über 2 1/2 Millionen Bürger deutscher Nationalität. Welchen Unterschied mache es hier, wenn jährlich 3000 ausreisten. Die Sowjetunion habe eine jährliche Bevölkerungszuwachsrate von 3 1/2 Millionen. Er gebe sein Wort. Es sei hier jedoch vielleicht nicht gut zu sagen „stabil", da die Zahlen zwischen 3000 und 4000 schwankten.

Der Herr *Bundeskanzler* erklärte, vielleicht könne man sagen, der Durchschnitt der letzten Jahre bleibe stabil.

Breschnew meinte, vielleicht sage man besser so. 1972 seien 3506 Personen ausgereist, 1973 4113. Nach Angaben seines Innenministers blieben die Zahlen in den kommenden fünf Jahren ungefähr so. Er wolle im Vertrauen sagen, die sowjetische Seite werde keine Agitation betreiben.

Der Herr *Bundeskanzler* warf ein, unsere Seite auch nicht.

Breschnew schloß mit den Worten, diese Gespräche seien in konstruktivem und positivem Ton geführt worden. Sie würden eine gewichtige positive Rolle für die Zukunft spielen.

VS-Bd. 14056 (010)

316

Gespräch des Bundesministers Genscher mit dem sowjetischen Außenminister Gromyko in Moskau

213 VS-NfD 30. Oktober 1974[1]

Betr.: Vormittagssitzung in Moskau am Mittwoch, den 30. Oktober 1974 zwischen Bundesminister Genscher und Außenminister Gromyko

An den Gesprächen nahmen teil:

Von deutscher Seite: Staatssekretär Gehlhoff; Botschafter Sahm; MD van Well; MD Sanne; MDg Kinkel; VLR I Meyer-Landrut. Zeitweilig: MD Hermes, VLR I von Pachelbel.

Von sowjetischer Seite: Botschafter Falin; Abteilungsleiter Bondarenko; Stellvertretender Leiter Dritten Europäische Abteilung, Kwizinskij; Referatsleiter für die Bundesrepublik Deutschland, Terechow.

Der Herr *Minister* führte aus als Resümee der gestrigen Gespräche[2], bei denen die Frage der Einbeziehung Berlins in den bilateralen Austausch behandelt wor-

---

[1] Die Gesprächsaufzeichnung wurde von Vortragendem Legationsrat I. Klasse Meyer-Landrut am 4. November 1974 gefertigt.
[2] Für die Gespräche des Bundeskanzlers Schmidt und des Bundesministers Genscher am 29. Oktober 1974 in Moskau vgl. Dok. 311–314.

den sei: Diese hätten ein höchst unbefriedigendes Ergebnis gehabt. Wir betrachteten diese Situation als sehr ernst. Die negative Haltung der Sowjetunion in dieser Frage werde in der deutschen Öffentlichkeit eine große Enttäuschung hervorrufen, was auch auf die Gesamtbeurteilung des Besuches Einfluß haben wird.

Gromyko sagte, die deutsche Seite solle nicht erwarten, daß die Sowjetunion nachgeben werde, insoweit, als ihre prinzipielle Position berührt werde bezüglich Westberlins. Hier sei die Grenze. Wörtlich erklärte er: Sie glauben, Westberlin immer enger und enger an die Bundesrepublik anschließen zu können. Wir könnten mit den gleichen Waffen antworten. Unter Berücksichtigung der geographischen Lage hätten wir sowie die DDR ein ganzes Arsenal von entsprechenden Möglichkeiten. Wir handeln zurückhaltend, weil wir dies im Hinblick auf die internationale Lage für richtig halten. Es gibt verschiedene Möglichkeiten. Man kann die Sowjetunion provozieren und uns in eine Lage bringen, daß wir zu solchem Handeln gezwungen werden. Ihre Berufung auf die Drei Mächte macht auf uns keinen Eindruck. Wir haben keinen Richter nötig. Wir wissen selbst, was rechtens ist und was nicht. Wir sind Teilnehmer des Vierseitigen Abkommens und können es selber interpretieren. Deshalb berufen Sie sich nicht auf Interpretationen der Drei Mächte.

Der Herr *Minister* erwiderte, uns sei wohl bewußt, in welcher geographischen Lage sich Berlin (West) befinde. Wir seien allerdings bisher davon ausgegangen, daß der Moskauer Vertrag und das Vier-Mächte-Abkommen über Berlin sowie der Grundvertrag mit der DDR darauf angelegt seien, die Lage in Europa zu entspannen und in diesem Sinne zu verbessern. Dies allerdings schließe nach unserer Ansicht das Ausnutzen der geographischen Lage Berlins, um Druck auszuüben, aus. Wir gehen davon aus, daß dieser Geist auch unsere Partner leitet. Die Bundesregierung habe nicht die Absicht, die sowjetische Regierung von ihrer prinzipiellen Position abzubringen, sondern praktische Lösungen zu finden. Die Rechtsstandpunkte beider Seiten sind bekannt. Für die Bundesregierung sei die Meinung der Drei, die in Westberlin die Oberste Gewalt haben, von Gewicht. Wir könnten nur hoffen, daß sie mit der der vierten Macht zusammenfällt. Die Bundesregierung hat nicht die Absicht, Berlin (West) in ihr System einzubeziehen. Sie hält sich insoweit an das Vier-Mächte-Abkommen, ebenso jedoch auch an die dort angesprochenen Bindungen.[3]

Gromyko: Man habe über das Kulturprogramm[4] und die Einrichtung von Reisebüros[5] gesprochen. Er wolle die sowjetische Position wiederholen. Hinsichtlich der Einbeziehung Berlins in den Sportverkehr solle man die Form der zwei Einladungen vorsehen, wie dies auch dem Vier-Mächte-Abkommen entspreche[6]. Was die zusätzliche Erklärung der sowjetischen Seite anbetrifft, so könne

---

[3] Vgl. dazu Anlage II Absatz 1 des Vier-Mächte-Abkommens über Berlin vom 3. September 1971; Dok. 18, Anm. 4.

[4] Zu den Verhandlungen über ein Zweijahresprogramm zum Abkommen vom 19. Mai 1973 zwischen der Bundesrepublik und der UdSSR über kulturelle Zusammenarbeit vgl. Dok. 311, Anm. 15.

[5] Zu den Verhandlungen über die Errichtung eines Büros der Deutschen Zentrale für Tourismus (DZT) in Moskau bzw. eines Büros von INTOURIST in Frankfurt/Main vgl. Dok. 311, Anm. 16.

[6] Vgl. dazu Anlage IV A zum Vier-Mächte-Abkommen über Berlin vom 3. September 1971; Dok. 22, Anm. 11.

diese neben der allgemeinen Formel, die im Text des Programms ihren Niederschlag finde, jedoch mit etwa den gleichen Formulierungen abgegeben werden.

Zum Tourismus wolle er, Gromyko, folgendes ausführen: Die Beziehungen zwischen der „Bundeszentrale"[7] und dem West-Berliner Verkehrsamt seien eine innere Angelegenheit. In allen Fragen, in denen die Beziehungen zwischen der Bundesrepublik und der Sowjetunion betroffen seien, könnten jedoch Westberliner Ämter nicht von der „Bundeszentrale" vertreten werden. Etwas anderes sei die Verteilung von Informationsmaterial über Berlin (West). Hier könne man beide Augen schließen. Es sei der Sowjetregierung gleichgültig, wer solches Material verteile. Diese Frage werde von sowjetischer Seite nicht hochgespielt werden. Das Zentralproblem sei, die Touristik-Verbindungen sollten nicht so einen Charakter annehmen, daß Westberliner Ämter wie das Verkehrsamt von Berlin als einer Bundesorganisation unterstellt erscheinen würden.

Der Herr *Minister* erklärte, die vorgeschlagene Formulierung für die einseitige Erklärung bedürfe noch einer Bewertung auch im Lichte der hier geführten Gespräche. Das gleiche gelte für die Form der Einladungen zu Sportveranstaltungen in Berlin (West). Hierbei müsse berücksichtigt werden, daß die Bundesregierung dem DSB keine Weisungen erteilen könne und ihn nicht vertrete, d. h. die Frage müsse mit dem Sportbund besprochen werden. Nach einem solchen Gespräch würden wir eine Meinungsäußerung abgeben.

Was das Büro der Deutschen Zentrale für Fremdenverkehr angehe, so habe er Minister Gromyko wie folgt verstanden:

1) Offizielle Ämter von Berlin (West) dürften nicht durch Behörden der Bundesrepublik vertreten werden; das sei bei der DZT[8] nicht der Fall.

2) Das Material über Berlin (West) könne von der DZT verteilt werden. Dabei müsse er feststellen, daß als Herausgeber dieses Materials das Verkehrsamt von Berlin in Erscheinung treten könne. Er könne jedoch zusagen, daß in diesem Material keine politischen Aussagen enthalten sein würden, wie die, daß Berliner Ämter Bundesbehörden unterstellt seien, oder auch solche, die die Lage von Berlin (West) behandeln. Andererseits habe er, der Minister, aber auch nichts darüber gesagt, wen das Moskauer Büro vertritt.

Gromyko erklärte, die sowjetische Position sei klar. Das Moskauer Büro könne nicht den Senat oder die Senatsorgane vertreten. Was das Reklamematerial anbetrifft, so sei die sowjetische Seite bereit, dieses zu akzeptieren, soweit es keine politischen Aussagen enthalte, wie beispielsweise „Land Berlin". Den Aufdruck des Herausgebers betrachte er als eine technische Frage, nicht als eine politische.

Der Herr *Minister* äußerte, es sollte über diesen Punkt weitergesprochen werden. Unsere Seite müßte sich auch einmal die Prospekte anschauen.

Gromyko faßte zusammen: In beiden Fragen (Kultur und Tourismus) sei nun die Antwort von deutscher Seite zu geben. Es wäre gut, wenn die Antwort noch bis zur Abreise erteilt werden könne.

---

[7] An dieser Stelle Fußnote in der Vorlage: „Gromyko meinte offensichtlich die DZT (Deutsche Zentrale für Fremdenverkehr)".
[8] Deutsche Zentrale für Tourismus.

Der Herr *Minister* erwiderte, wir würden die Erläuterungen zum Kulturaustausch prüfen und mit dem Deutschen Sportbund Kontakt aufnehmen[9]. Ebenfalls würde die Frage der Touristikbüros geprüft werden. Die Antwort werde auf diplomatischem Wege erteilt werden. Bis zur Abreise sei dieses nicht möglich.

Gromyko leitete über zum Abkommen über wissenschaftlich-technische Zusammenarbeit[10], nahm unseren Vorschlag einer zusätzlichen Erläuterung zur Protokollnotiz auf und schlug folgenden, von den Sowjets abzugebenden Wortlaut einer Erläuterung vor:

„Natürliche Personen werden aus der Zusammenarbeit im Rahmen der besonderen Vereinbarungen aufgrund ihres Wohnsitzes in Berlin (West) oder wegen ihrer beruflichen Tätigkeit nicht ausgeschlossen."

Gromyko übergab einen entsprechenden Text in russischer Sprache.

Der *Minister* erklärte: Wir sähen in dieser Formulierung einen erheblichen Fortschritt und bewerteten den Vorschlag positiv, müßten ihn jedoch noch in Bonn mit den anderen beteiligten Stellen besprechen, was wir von uns aus in positivem Sinne tun würden.

Gromyko sagte, wenn von deutscher Seite gesagt würde in Form einer offiziellen Erklärung, daß die westdeutsche Seite die Sowjetunion von ihrer Position abgebracht hätte oder daß die sowjetische Seite ihre Position bezüglich der ihrer Auffassung nach ungesetzlichen Organisationen geändert habe, so würde die sowjetische Seite eine Gegenerklärung abgeben.

Der Herr *Minister* führte aus, wir machen keine Prestigepolitik oder eine Politik des Rechthabens oder des Rechtenbehaltenwollens. Die unterschiedlichen Rechtsauffassungen zu den Bundesbehörden würden durch diese Regelung nicht berührt. Die sowjetische Seite habe sich zu Personen geäußert. Was wir sagen würden ist nur das, was in der sowjetischen Erläuterung steht, nämlich, daß niemand aus entsprechenden Ressortabkommen ausgeschlossen wird aufgrund seines Wohnsitzes oder seines Beschäftigungsverhältnisses, insofern auch kein Bundesbediensteter.

Gromyko präzisierte, daß er diesen Text als abgestimmte Übereinkunft beider Seiten betrachte.

Der Herr *Minister* erklärte daraufhin, daß der Fortschritt, der sich im Laufe dieses Gesprächs hinsichtlich der Einbeziehung Berlins in die bilateralen Abkommen abgezeichnet habe, nicht der gegenwärtig für das Kommuniqué vorgesehenen Formulierung entspreche. Er sei der Meinung, daß man die entsprechenden Aussagen jetzt etwas positiver formulieren könne. Dies gelte wohl auch im Hinblick auf eine Aussage bezüglich der Rechtshilfe.

Gromyko stimmte dem zu, woraufhin Mitarbeiter beider Seiten gebeten wurden, entsprechende Formulierungen auszuarbeiten.[11]

---

[9] Zu den Verhandlungen zwischen der Bundesrepublik und der UdSSR über die Sportbeziehungen vgl. Dok. 312, Anm. 9.

[10] Zur Einbeziehung von Berlin (West) in ein Abkommen zwischen der Bundesrepublik und der UdSSR über wissenschaftlich-technische Zusammenarbeit vgl. Dok. 311, Anm. 18.

[11] In der Gemeinsamen Erklärung vom 30. Oktober 1974 zum Besuch des Bundeskanzlers Schmidt und des Bundesministers Genscher vom 28. bis 31. Oktober 1974 in der UdSSR wurde ausgeführt: „Beide Seiten betonten die Nützlichkeit der Ausweitung der vertraglichen Grundlagen der Beziehun-

Gromyko griff nunmehr die KSZE-Frage auf. Er bedauere, daß im Entwurf der Gemeinsamen Erklärung kein Hinweis auf den Abschluß der KSZE auf Gipfelebene mehr enthalten sei. In Bonn habe ihm der Bundeskanzler erklärt, daß er gegen diesen Gedanken nichts einzuwenden habe.[12] Er, Gromyko, hoffe, daß wir unser Einverständnis zum Abschluß der Konferenz auf Gipfelebene geben könnten.[13]

Als zweiten Punkt wolle er die Möglichkeit friedlicher Grenzänderungen erwähnen. Er habe dem Minister in New York eine Formel übergeben[14], die unter Berücksichtigung der amerikanischen Formel[15] – genauer gesagt der westdeutschen Formel – ausgearbeitet worden sei. Er hoffe, daß auf dieser Basis nun Einigung erzielt werde.

Er müsse aber feststellen, daß er gelinde gesagt erstaunt gewesen sei, daß wir diese Frage noch einmal aufgeworfen hätten, obwohl bereits hierüber in Form des sogenannten „schwimmenden Satzes" Einigung bestanden habe.

Der Herr *Minister*: „aber keine abschließende Einigung". Er halte im übrigen eine weitere Textabstimmung in Genf für erforderlich.

Gromyko erklärte sich einverstanden, aber er müsse nochmals feststellen, daß von unserer Seite der Versuch gemacht worden sei, etwas zu ändern, was bereits in Genf vereinbart war.[16]

Der Herr *Minister* sagte, der genaue Text hänge davon ab, an welcher Stelle er im Prinzipienkatalog erscheinen solle, und darüber sei eine Einigung noch nicht erzielt worden. Im übrigen wolle er hier noch einmal ganz prinzipiell feststellen, daß eine befriedigende Lösung dieser Frage für uns ein elementares Anliegen sei; das sollte die Sowjetunion sehen.

Gromyko erwiderte, er müsse feststellen, daß die Schwierigkeiten von der westdeutschen Seite verursacht worden seien. Der Text sei abgestimmt gewesen.

Fortsetzung Fußnote von Seite 1398

gen zwischen den beiden Ländern. [...] Sie stellten fest, daß in den Besprechungen, die sie über wissenschaftlich-technische Zusammenarbeit, über den Kulturaustausch und die Einrichtung von Touristik-Büros in beiden Ländern führten, Fortschritte erzielt wurden, die es gestatten, die Arbeit an diesen Abkommen erfolgversprechend fortzuführen. Sie stellten ferner fest, daß die Möglichkeit besteht, günstige Ergebnisse in entsprechenden Fragen der Gewährung von Rechtshilfe zu erzielen. [...] Beide Seiten erörterten die Frage, die mit der Anwendung des Vier-Mächte-Abkommens vom 3. September 1971 zusammenhängen, soweit sie ihre bilateralen Beziehungen betrifft, und bekräftigten insoweit die Gemeinsame Erklärung vom 21. Mai 1973." Vgl. BULLETIN 1974, S. 1308 f.

12 Vgl. dazu das Gespräch des Bundeskanzlers Schmidt mit dem sowjetischen Außenminister Gromyko am 16. September 1974; Dok. 269.

13 In der Gemeinsamen Erklärung vom 30. Oktober 1974 zum Besuch des Bundeskanzlers Schmidt und des Bundesministers Genscher vom 28. bis 31. Oktober 1974 in der UdSSR wurde ausgeführt: „Der Bundeskanzler und der Generalsekretär des ZK der KPdSU erörterten Fragen, die mit der Konferenz über Sicherheit und Zusammenarbeit in Europa zusammenhängen. Sie waren sich darin einig, daß ein möglichst baldiger erfolgreicher Abschluß den Interessen der europäischen Völker und dem Interesse der weiteren Entspannung und eines dauerhaften Friedens in Europa dienen würde. Beide Seiten werden alle erforderlichen Anstrengungen unternehmen, um, gestützt auf die bereits erreichten positiven Ergebnisse und in Zusammenarbeit mit allen anderen Teilnehmern der Konferenz, die Lösung der noch offenen Fragen zu fördern." Vgl. BULLETIN 1974, S. 1309.

14 Vgl. dazu das Gespräch des Bundesministers Genscher mit dem sowjetischen Außenminister Gromyko am 26. September 1974 in New York; Dok. 277.

15 Zum amerikanischen Vorschlag für den Grundsatz der friedlichen Grenzänderung in einer KSZE-Prinzipienerklärung vgl. Dok. 202.

16 Vgl. dazu das Dokument CSCE/II/A/126; Dok. 102, Anm. 7.

Die Bundesrepublik habe ihre Position geändert. Er hoffe, daß sie nunmehr in Genf eine konstruktive Haltung einnehmen werde.

Der Herr *Minister* verwies darauf, daß eine weitere Textabstimmung erforderlich sei. Im übrigen bestehe eine Konfusion hinsichtlich der sowjetischen Texte. Gromyko habe ihm in New York eine Formel übergeben; Kowaljow in Genf unserer Delegation eine weitere[17], und in Washington sei von sowjetischer Seite ein dritte Formel übergeben worden[18].

Der Herr Minister bat Herrn D 2, diese Texte vorzulesen.

Gromyko bezeichnete den Text, den er dem Minister in New York gegeben hat, als falsch, das „nur" müsse vor dem Hinweis auf das Völkerrecht stehen.

Daraufhin meldete sich *Kwizinskij* zu Wort. Die ganze Sache hänge nur an der Bundesrepublik. Kissinger habe zu Gromyko gesagt[19], den Amerikanern sei die Sache egal; sie würden akzeptieren, was die Deutschen annehmen können.[20]

MD *van Well* erwiderte, es sei nicht allein die deutsche Position, sondern die der Neun und der Fünfzehn.

Kwizinskij entgegnete, selbstverständlich würden die Neun und die Fünfzehn uns unterstützen. Aber alles hänge von uns ab.

Gromyko schnitt dann die Gleichwertigkeit der Prinzipien an. Er habe in Gymnich[21] schon gesagt, man solle diese Frage gar nicht aufgreifen. Alle Prinzipien sollten konsequent verwirklicht oder erfüllt werden.

---

[17] Ministerialdirigent Brunner, z. Z. Genf, berichtete am 23. Oktober 1974, der Leiter der sowjetischen KSZE-Delegation, Kowaljow, habe am selben Tag erklärt, „die amerikanische Formel (,in accordance with international law, the participating states consider that their frontiers can be changed through peaceful means and by agreement') sei für die Sowjetunion inakzeptabel. Sie rege politisch zu Grenzänderungen geradezu an. Die Sowjetunion sei jedoch bereit, eine Formel über friedliche Grenzänderungen, die von der am 5. April registrierten etwas abweiche, in die Prinzipienerklärung einzufügen. Dies sei eine ,erhebliche Konzession', denn im Moskauer Vertrag stehe bekanntlich im Text selbst nichts über friedliche Grenzänderungen. Kowaljow wiederholte die am 26. September in New York von Gromyko vorgeschlagene Formel, jedoch mit einer Abweichung bei der Stellung des Wortes ,nur': ,les États participants considèrent que leurs frontières peuvent être modifiées seulement conformément au droit international par des moyens pacifiques et par voie d'accord.'" Vgl. den Drahtbericht Nr. 1511; VS-Bd. 10114 (210); B 150, Aktenkopien 1974.

[18] Die am 27. September 1974 übergebene Formel lautete: „The participating states consider that their frontiers can change only in accordance with international law, by peaceful means and by agreement." Vgl. VS-Bd. 10130 (212); B 150, Aktenkopien 1974.

[19] Der amerikanische Außenminister Kissinger hielt sich vom 27. Juni bis 3. Juli 1974 in der UdSSR auf. Zu seinem Gespräch mit dem sowjetischen Außenminister Gromyko über den Grundsatz der friedlichen Grenzänderung in einer KSZE-Prinzipienerklärung vgl. Dok. 198.

[20] Botschafter von Staden, Washington, berichtete am 2. Oktober 1974, ihm sei bei einem Gespräch im amerikanischen Außenministerium über den Grundsatz der friedlichen Grenzänderung in einer KSZE-Prinzipienerklärung dargelegt worden, „wie wichtig es in amerikanischen Augen sei, daß die Bundesregierung zu der zwischen den beiden Außenministern im Juli abgesprochenen und von den USA vor der Sommerpause in Genf eingebrachten Formulierung zum peaceful change stehe. Gromyko habe an verschiedenen Orten und bei verschiedenen Gelegenheiten verbreitet, daß die USA und die Bundesrepublik zu diesem Punkt verschiedener Auffassung seien, dem müsse noch entschiedener als bisher entgegengewirkt werden. [...] Deshalb wäre es zweckmäßig, wenn man sich auch von deutscher Seite zu der Formulierung betreffend peaceful change in Genf und anderswo sobald wie möglich bekenne und auf ihrer Durchsetzung bei der KSZE bestehe. Die USA würden uns wie bisher in diesem Bereich voll unterstützen, könnten aber auch nicht päpstlicher als der Papst verhalten." Vgl. den Drahtbericht Nr. 2919; VS-Bd. 10114 (210); B 150, Aktenkopien 1974.

[21] Für das Gespräch des Bundesministers Genscher mit dem sowjetischen Außenminister Gromyko am 15. September 1974 auf Schloß Gymnich vgl. Dok. 263.

Der Herr *Minister* verwies auf seine Ausführungen in Gymnich: Es dürfe keine Ober- oder Unterprinzipien geben. In den Schlußempfehlungen von Helsinki heiße es schon: Alle Prinzipien sollten gleichermaßen uneingeschränkt respektiert und angewandt werden. Zusätzlich erschiene es uns jedoch notwendig, zum Ausdruck zu bringen, daß keines der Prinzipien so ausgelegt werden dürfe, daß ein anderes dadurch beeinträchtigt werde. Es sei hier nicht der Ort, über Formulierungen zu sprechen, aber diese Gedanken müssen zum Ausdruck kommen.

Das Gespräch dauerte drei Stunden.

Referat 213, Bd. 112687

317

Aufzeichnung des Botschafters Roth und des Ministerialdirigenten Lautenschlager

200-350.13
410-350.13
30. Oktober 1974[1]

1) Herrn Staatsminister Wischnewski über 2) Herrn Staatssekretär[2]

Herrn Minister[3]

zur Vorbereitung der Besprechung am 5. November 1974, 8.00–9.30 Uhr.[4]

Betr.: Vorbereitung einer Präsidentschaftskonferenz in Paris;
hier: Deutsche Verhandlungsvorstellungen

Bezug: Weisung Leiter Leitungsstab vom 22.10.1974[5]

I. Präsident Giscard hat nach informellen Erörterungen der Regierungschefs (14.9.[6]) und der Außenminister (16.9.[7], 15.10.[8]) am 24.10.74[9] zu einer Präsident-

---

[1] Die Aufzeichnung wurde von den Vortragenden Legationsräten I. Klasse von der Gablentz und Jelonek sowie von Vortragendem Legationsrat Trumpf konzipiert.
[2] Hat Staatssekretär Gehlhoff am 1. November 1974 vorgelegen.
[3] Hat Bundesminister Genscher am 2. November 1974 vorgelegen.
[4] Zum Gespräch bei Bundesminister Genscher vgl. Dok. 323.
[5] Mit Schreiben vom 22. Oktober 1974 teilte Ministerialdirigent Kinkel Staatssekretär Gehlhoff mit: „Im Hinblick auf die in Paris und Brüssel stattfindenden Vorgespräche für das Gipfeltreffen der Neun bittet Herr Minister um eine Vorlage über die deutschen Verhandlungsvorstellungen." Vgl. Referat 200, Bd. 108867.
[6] Zum Abendessen der Staats- und Regierungschefs der EG-Mitgliedstaaten und des Präsidenten der EG-Kommission, Ortoli, am 14. September 1974 in Paris vgl. Dok. 268.
[7] Zur Konferenz der Außenminister der EG-Mitgliedstaaten im Rahmen der EPZ am 16. September 1974 in Paris vgl. Dok. 299, Anm. 7.
[8] Zum informellen Treffen der Außenminister der EG-Mitgliedstaaten am 15. Oktober 1974 in Luxemburg vgl. Dok. 299.
[9] Korrigiert aus: „23.10.1974".

schaftskonferenz nach Paris eingeladen[10]. BK hat die Einladung angenommen und dabei Präferenz für den Termin 9./10. Dezember geäußert.[11] Eine Ad-hoc-Gruppe hoher Regierungsvertreter bereitet in zwei Untergruppen – institutionelle Fragen, Paris (am 24.[12] und 29.10. und 6.11.), Substanzfragen, Brüssel (23.[13] und 27.10.[14], 5.[15] und 7.11.74) – ein Arbeitsdokument vor, das die Außenminister am 11.11.74[16] in Brüssel prüfen werden.

[10] Am 24. Oktober 1974 schlug Staatspräsident Giscard d'Estaing Bundeskanzler Schmidt die Einberufung einer Gipfelkonferenz der EG-Mitgliedstaaten vor: „Lors de notre diner à l'Elysée le 14 septembre, nous avons envisagé les perspectives d'une reprise de notre effort commun dans la voie de la construction et du développement de la Communauté. [...] Le résultat de ces échanges de vues conduit le Gouvernement français, dans l'exercice des responsabilités qui lui incombent au titre de la Présidence, à la conviction que le moment est venu de réunir une conférence présidentielle pour examiner la situation de la Communauté, et prendre ensemble les décisions qu'elles appelle." Vgl. das Schreiben; Referat 410, Bd. 101248.

[11] Mit Schreiben vom 5. November 1974 nahm Bundeskanzler Schmidt die Einladung des Staatspräsidenten Giscard d'Estaing vom 24. Oktober 1974 zu einer Gipfelkonferenz der EG-Mitgliedstaaten in Paris an. Dazu führte er aus: „Ich habe Bundesminister Genscher gebeten, gemeinsam mit seinen Kollegen durch eine gründliche Vorbereitung der Präsidentschaftskonferenz dafür Sorge zu tragen, daß sie zu einem vollen Erfolg führt. Für eine Präsidentschaftskonferenz würde ich allerdings einen Termin Anfang Dezember vorziehen. Ich denke hierbei insbesondere an den 9. und 10. Dezember." Vgl. Referat 200, Bd. 108867.

[12] Am 28. Oktober 1974 berichteten Vortragender Legationsrat I. Klasse von der Gablentz und Vortragender Legationsrat Trumpf anläßlich einer Ressortbesprechung im Auswärtigen Amt über die Sitzung der Untergruppe der Ad-hoc-Gruppe am 24. Oktober 1974 in Paris zur Vorbereitung einer Gipfelkonferenz der EG-Mitgliedstaaten. Legationsrat I. Klasse Gansäuer vermerkte dazu am 29. Oktober 1974: „Grundlage der Erörterung sei das französische Arbeitspapier gewesen. Die Kommission und die belgische Delegation hätten einen Alternativvorschlag ausgearbeitet, der an die Stelle der Präambel und des Abschnitts I des französischen Papiers treten solle. Hierzu habe sich weitgehende Zustimmung abgezeichnet. [...] Alle Delegationen (bis auf uns und Frankreich) hätten sich gegen die Aufwertung der Ständigen Vertreter zu Staatssekretären ausgesprochen, da eine solche Maßnahme nicht mit ihren Verfassungsbestimmungen in Einklang zu bringen sei. [...] Wir hätten darauf bestanden, daß alle drei Punkte (Abstimmungsverfahren, größerer Entscheidungsspielraum der Ständigen Vertreter, Anhebung des Status der Ständigen Vertreter zu Staatssekretären) im Papier verbleiben." Vgl. Referat 410, Bd. 101248.

[13] Botschafter Lebsanft, Brüssel (EG), berichtete am 23. Oktober 1974, der Ausschuß der Ständigen Vertreter habe zur Vorbereitung der EG-Gipfelkonferenz Verfahrensfragen sowie die Themen Inflation und Energie erörtert. Vgl. dazu den Drahtbericht Nr. 3602; Referat 410, Bd. 101248.

[14] Korrigiert aus: „28.10."
Am 29. Oktober 1974 berichtete Botschafter Lebsanft, Brüssel (EG), die Untergruppe der Ad-hoc-Gruppe zur Vorbereitung eines Gipfelkonferenz der EG-Mitgliedstaaten habe am 27. Oktober 1974 in Brüssel Arbeitsdokumente der EG-Kommission und „die beiden Substanzfragen ,Inflation etc.' und ,Energie'" behandelt. Vgl. den Drahtbericht Nr. 3670; Referat 412, Bd. 109320.

[15] Botschafter Lebsanft, Brüssel (EG), resümierte am 6. November 1974 die Sitzung der Untergruppe der Ad-hoc-Gruppe zur Vorbereitung einer Gipfelkonferenz der EG-Mitgliedstaaten mit Vortrag: „Französischer Vorsitzender (Botschafter Burin des Roziers), bestand unter Hinweis auf Verantwortung der Präsidentschaft darauf, daß Diskussion Vorentwurf des Vorsitzes für Bericht der Ad-hoc-Gruppe [...] zugrundegelegt wurde und nicht die von der Kommission vorbereiteten Arbeitsunterlagen (diese sollen lediglich Annex des Berichts bilden). Da Berichtsentwurf der Präsidentschaft im materiellen Teil insbesondere bei Themen Inflationsbekämpfung nur bruchstückhaft formuliert war, fehlte der Diskussion präziser Bezugspunkt. Es war deshalb deutscher Delegation auch nicht möglich, Kommentare der Weisung zu Arbeitsunterlagen der Kommission in Aussprache geschlossen vorzutragen. Französischer Botschafter wird für nächste Sitzung der Ad-hoc-Gruppe am Donnerstag, 7.11.1974, im Lichte der Diskussion überarbeiteten Berichtsentwurf vorlegen. Mit seiner Verhandlungsführung vom Vorsitz beanspruchter weiter Spielraum für Abfassung könnte zu großen Schwierigkeiten für endgültige Verabschiedung des Berichts der Ad-hoc-Gruppe an Außenminister, die am 11.11.1974 tagen, führen und ggf. schriftliche Gesamtdarstellung der deutschen Position im Annex zum Bericht erforderlich machen." Vgl. den Drahtbericht Nr. 3777; Referat 412, Bd. 109320.

[16] Vortragender Legationsrat I. Klasse Dohms informierte am 13. November 1974 über das informelle Treffen der Außenminister der EG-Mitgliedstaaten am 11. November 1974 in Brüssel, das Treffen

Wir müssen zu den in diesen Verhandlungen aufgeworfenen Fragen Stellung nehmen sowie zu folgenden Vorfragen:

1) Daß eine Präsidentschaftskonferenz in Paris stattfindet, sollte nicht mehr in Frage gestellt werden.[17] Franzosen haben mit ihrer Einladung allerdings einer Empfehlung der Außenminister, die diese erst nach Prüfung des Arbeitsdokuments am 11.11.74 aussprechen wollten, vorgegriffen. Paris beruft sich dabei auf Kopenhagener Gipfelkommuniqué[18]: Häufigere Treffen der Regierungschefs, zu denen Präsidentschaft einlädt. Falls andere Partner (u. U. die Niederländer, die allgemeinen Vorbehalt grundsätzlich aufrechterhalten) Zweifel an der Opportunität einer Präsidentschaftskonferenz äußern, könnten wir darauf hinweisen, daß bereits nach Kopenhagener Gipfelkommuniqué und erst recht im Lichte der Vorschläge für die Pariser Konferenz Treffen der neun Regierungschefs etwas ganz Normales sein sollten, die nicht durch spektakuläre Entscheidungen gerechtfertigt werden müßten.

2) Der Erwartungshorizont sollte niedrig gehalten werden. Die Lage der Gemeinschaft und ihrer Mitglieder engt den politischen Spielraum der Regierungschefs ein. Für Großbritannien und Dänemark werden überdies alle europapolitischen Neuerungen zu einem innenpolitischen Problem:

– Vor Abschluß der sogenannten „Neuverhandlung" der Beitrittsbedingungen und positivem Referendum[19] muß die Regierung Wilson jeden Eindruck vermeiden, neue europapolitische Verpflichtungen einzugehen.

Fortsetzung Fußnote von Seite 1402

habe „zu einer weiteren Klärung der Probleme und zu begrenzten Fortschritten in institutionellen Fragen" geführt: „Obwohl Außenminister noch nicht formell entschieden haben, ob sie den Regierungschefs die Abhaltung einer Präsidentschaftskonferenz empfehlen, läuft die Entwicklung auf eine Präsidentschaftskonferenz voraussichtlich am 9./10. Dezember in Paris hinaus, zu der Frankreich bereits eingeladen hat. Gegenwärtiger Stand der Vorbereitungen spricht dafür, keine Erwartungen auf einen ‚großen Gipfel' vom Typ Den Haag (1969) oder Paris (1972) zu wecken, sondern zu betonen, daß Pariser Präsidentschaftskonferenz Beginn einer neuen europapolitischen Praxis sein sollte, nach der Treffen der Regierungschefs normaler Bestandteil europäischer Beratungs- und Entscheidungsverfahren sind und nicht durch spektakuläre Entscheidungen gerechtfertigt zu werden brauchen." Hinsichtlich der Behandlung von Sachfragen teilte Dohms mit: „Zum Thema Sozial- und Regionalpolitik machte die deutsche Seite [...] deutlich, daß uns die gespannte deutsche Haushaltslage bei der Übernahme zusätzlicher Verpflichtungen vor äußerst schwierige Probleme stelle. BM Genscher nannte als Voraussetzungen für die Verwirklichung des Regionalfonds: institutionelle Fortschritte, Ausbau der gemeinsamen Energiepolitik, Erfolge bei der Stabilitätspolitik und Klärung der britischen Frage. Unverkennbar ist, daß in der Frage des Regionalfonds bedeutende Meinungsverschiedenheiten fortbestehen, desgleichen hinsichtlich der von uns abgelehnten Aufstockung des Sozialfonds." Vgl. den Runderlaß Nr. 127; Referat 410, Bd. 101248.

17 Dieser Satz wurde von Bundesminister Genscher hervorgehoben. Dazu vermerkte er handschriftlich: „r[ichtig]".

18 In Ziffer 3 des Kommuniqués der Gipfelkonferenz der EG-Mitgliedstaaten am 14./15. Dezember 1973 in Kopenhagen hieß es dazu: „Die Staats- und Regierungschefs und die Außenminister der Mitgliedstaaten der Europäischen Gemeinschaft [...] haben beschlossen, häufiger zusammenzukommen. Derartige Zusammenkünfte sollen stattfinden, wenn sie aufgrund der Umstände zweckmäßig sind und wenn Impulse oder die nähere Bestimmung neuer Leitlinien für das europäische Einigungswerk notwendig erscheinen. Dem jeweiligen Präsidentschaftsland obliegt es, derartige Zusammenkünfte einzuberufen und die näheren Bedingungen für ihre Vorbereitung und Gestaltung vorzuschlagen. Die Staats- und Regierungschefs halten es für äußerst wichtig, daß die Gemeinschaftsorgane uneingeschränkt funktionieren und in ihnen die notwendigen Beschlüsse rechtzeitig getroffen werden." Vgl. EUROPA-ARCHIV 1974, D 54.

19 Zur Ankündigung des britischen Außenministers Callaghan auf der EG-Ministerratstagung am 4. Juni 1974 in Luxemburg, über die Ergebnisse der Verhandlungen zur Neuregelung der EG-Beitrittsbedingungen in einem Referendum abstimmen zu lassen, vgl. Dok. 157, Anm. 6.

Im Manifest der Labour Party für die Wahlen zum britischen Unterhaus am 10. Oktober 1974 wur-

– Die dänische Minoritätsregierung will gegenüber ihrer eigenen Öffentlichkeit die traditionelle These aufrechterhalten, der EG-Beitritt sei im wesentlichen eine wirtschaftliche und keine politische Angelegenheit.

3) In den Sachfragen Inflationsbekämpfung und Energiepolitik zeichnet sich ab, daß die Diskussionen relativ unergiebig sein werden. Uns wird dabei im ersten Themenkomplex, den Franzosen im zweiten eine Schlüsselrolle zufallen. Da der jeweilige Bewegungsspielraum – wenn auch aus unterschiedlichen Gründen – eng sein dürfte, wird es schwerfallen, Substanz in die Beratungsergebnisse zu bringen. Das Treffen der Regierungschefs dürfte daher in diesem Bereich über Bekundungen zu Integrationsbereitschaft und Appelle nicht hinauskommen. Deren Wert sollte allerdings nicht unterschätzt werden. Für uns ist die Erhaltung des freien Warenverkehrs, der durch die bestehenden Ungleichgewichte auch weiterhin gefährdet bleibt, von entscheidender Bedeutung. Unsere Konzessionsbereitschaft sollte sich daher nicht zuletzt an seiner Sicherung orientieren.

II. Institutionelle Fragen

Erörterung folgte dem Aufbau des französischen Arbeitspapiers[20], dessen Text durch Abänderungsvorschläge inzwischen wesentlich verändert wurde. Wir haben eine Reihe von Textvorschlägen eingebracht.

Zu I: Zusammenhang EG/EPZ; Treffen der Regierungschefs; politische Rolle des Rats (Außenminister)

Es bestand Übereinstimmung,

– die künstliche Trennung EG/EPZ, die bisher vor allem von Franzosen durchgesetzt wurde, zu überwinden,
– den Regierungschefs eine ihrer globalen politischen Verantwortung entsprechende Rolle im Einigungsprozeß zu geben, ohne die vorhandenen Entscheidungsverfahren zu beeinträchtigen.

Französischer Vorschlag, hierfür einen „Europäischen Rat" mit kleinem Sekretariat zu schaffen, wird lediglich von Italienern unterstützt[21], während alle anderen, wie auch wir, die Treffen der Regierungschefs in die vorhandenen Strukturen einfügen und insbesondere die Einheitlichkeit des Rats wahren möchten.

Fortsetzung Fußnote von Seite 1403

de ausgeführt: „In the greatest single peacetime decision of this century – Britain's membership of the Common Market – the British people were not given a chance to say whether or not they agreed to the terms accepted by the Tory Government. [...] The Labour Government pledges that within twelve months of this election we will give the British people the final say, which will be binding on the Government – through the ballot box – on whether we accept the terms and stay in or reject the terms and come out." Vgl. BRITAIN WILL WIN WITH LABOUR. October 1974 Labour Party Manifesto; London 1974.

20 Zur undatierten französischen Aufzeichnung vgl. Dok. 297.
Für die revidierte Fassung des am 15. Oktober 1974 in Luxemburg vom französischen Außenminister Sauvagnargues vorgelegten „Document du Travail" vgl. Referat 010, Bd. 178582.

21 In dem undatierten Aide-mémoire der italienischen Regierung zur Gipfelkonferenz der EG-Mitgliedstaaten wurde ausgeführt: „Dans ce contexte, nous pensons que la proposition de créer un ‚Conseil Européen' (qui pourrait être dénommé d'une manière plus appropriée ‚Conseil de la Communauté Européenne') composé des chefs de gouvernements, des ministres des Affaires Etrangères et de la Commission, dans la mesure où elle préfigure la fusion entre communauté économique et coopération politique, présente des aspects particulièrement positifs. A notre avis, ce Conseil ne doit ni représenter simplement une nouvelle configuration du Conseil de la CEE, ni impliquer la dégradation des compétences et des procédures communautaires." Vgl. Referat 410, Bd. 101248.

Ein Entwurf der Belgier und der Kommission, der auch unsere Beiträge berücksichtigt, sieht vor:
- Regierungschefs treffen sich mit Außenministern im Rat der EG und bei derselben Gelegenheit im Rahmen der EPZ, um die Probleme zu behandeln, die sich für Europa in globaler Perspektive stellen.
- Funktion des Rats (Außenminister) zur Erteilung politischer Impulse und zur Koordinierung wird verstärkt. Behandlung von EPZ-Themen bei derselben Gelegenheit.

Wir stimmen dem neuen Entwurf zu.[22]

[23]Zu II: EPZ

Der magere französische Entwurf ist durch unseren Entwurf als Arbeitsgrundlage ersetzt worden.[24] Franzosen werden Synthese im Lichte der Diskussion vom 29. Oktober erstellen. Wir setzen uns ein für:
- Erstreckung der EPZ auf alle Bereiche der Außenpolitik (das schließt auch – unausgesprochen – außenpolitische Aspekte der Sicherheit ein);[25]
- Zusammenwirken der Präsidentschaft und der EG-Vertretungen im Ausland bei „konzertierter Diplomatie";[26]
- verstärkte Abstimmung vor wichtigen bilateralen Begegnungen mit Drittstaaten;[27]
- umfassendes Mandat an PK zu ständiger Prüfung internationaler Lage mit Hilfe ständiger Arbeitsgruppen;[28]
- verstärkte Beziehungen zum EP in außenpolitischen Fragen (Zulassung parlamentarischer Anfragen).[29]

---

22 Der Satz wurde von Bundesminister Genscher hervorgehoben. Dazu vermerkte er handschriftlich: „r[ichtig]".

23 Beginn der Seite 4 der Vorlage.

24 Am 28. Oktober 1974 legten die Vertreter der Bundesrepublik in der Untergruppe der Ad-hoc-Gruppe zur Vorbereitung einer Gipfelkonferenz der EG-Mitgliedstaaten folgendes Arbeitspapier vor: „a) Dans la perspective d'une politique étrangère commune la coopération politique doit être renforcée dans tous les domaines de la politique internationale qui affectent les intérêts de la Communauté Européenne en devenir. b) L'intensification de la coopération politique européenne se traduit d'ores et déjà de plus en plus par les actions diplomatiques que la présidence est appelée de faire au nom des Neuf. Pour assurer la cohésion d'ensemble entre les activités communautaires et de coopération politique afin que progressivement la Communauté Européenne s'exprimé d'une seule voix elle associe à ces actions les représentants des Neuf pays ainsi que ceux des Communautés dans les pays tiers et auprès des grandes organisations internationales. [...] c) Pour mettre en relief leur positions communes les Neuf se concerteront, dans la mesure possible, avant des contacts bilatéraux importants d'un des neuf pays avec des pays tiers. d) [...] e) Compte tenu du rôle croissant de la Coopération Politique Européenne dans la construction Européenne il importe d'associer plus étroitement l'Assemblée Européenne à ses travaux par la voie des réponses présidentielles à des questions parlementaires." Vgl. den Drahtbericht Nr. 1046 COREU aus Paris; Referat 200, Bd. 108867.

25 Dieser Absatz wurde von Bundesminister Genscher hervorgehoben. Dazu vermerkte er handschriftlich: „r[ichtig]".

26 Dieser Absatz wurde von Bundesminister Genscher hervorgehoben. Dazu vermerkte er handschriftlich: „r[ichtig] (einschließlich UN)".

27 Dieser Absatz wurde von Bundesminister Genscher hervorgehoben. Dazu vermerkte er handschriftlich: „r[ichtig]".

28 Dieser Absatz wurde von Bundesminister Genscher hervorgehoben. Dazu vermerkte er handschriftlich: „r[ichtig]".

29 Dieser Absatz wurde von Bundesminister Genscher hervorgehoben. Dazu vermerkte er handschriftlich: „r[ichtig]".

Zu III: Verbesserung der Leistungsfähigkeit der Institutionen

Es geht im wesentlichen um zwei Vorschläge:

1) Mehrheitsbeschlüsse[30]

Bis auf Briten und Dänen sind alle Delegationen bereit, von der Praxis der einstimmigen Beschlußfassung abzugehen. Eine vertiefte Diskussion über die Modalitäten einer Rückkehr zur Abstimmung hat noch nicht stattgefunden. Zwei Textvorschläge wurden eingebracht, ein belgischer und ein deutscher. Unser eigener Vorschlag sieht vor:

– Grundsätzliche Anwendung der Vertragsbestimmungen über die Beschlußfassung[31], Verantwortung hierfür bei Präsidentschaft;
– verlangt ein Mitglied des Rates abweichend davon einstimmige Beschlußfassung (wegen wichtiger nationaler Interessen), so soll es dies in der vertraulichen Sitzung der Minister vor Beginn der Ratstagung begründen;
– auch wo nach Vertrag Einstimmigkeit erforderlich ist, sollen Ratsmitglieder durch Stimmenthaltung die Beschlußfassung erleichtern.[32]

Belgischer Vorschlag sieht vor:

– Bei Vorlage eines Kommissionsvorschlags beschließt der Rat „über seine Arbeitsmethode";
– setzt er Fristen für die Beschlußfassung;
– dabei übernimmt Präsidentschaft die Initiative.

Entscheidend ist die Frage der Modalitäten des Beschlußverfahrens. Ein bloßes Bekenntnis, von der Einstimmigkeit abgehen zu wollen, wird nicht weiterführen. Ferner: Ein Fortschritt ist nur dann zu erzielen, wenn das Prinzip umgekehrt wird, d. h. wenn die Abstimmung die Regel, die Einstimmigkeit die Ausnahme wird.[33] Um allen Mitgliedstaaten die Annahme dieses Prinzips zu erleichtern, soll seine praktische Anwendung in die Hände der Präsidentschaft gelegt werden. Wesentlich ist auch das grundlegende Einverständnis, daß ein Mitgliedstaat bei Vorliegen vitaler nationaler Interessen nicht überstimmt wird. Deshalb muß die Möglichkeit eingeräumt werden, diese Interessen im vertraulichen Kreis geltend zu machen, zugleich aber mit der Pflicht, sie zu begründen.

Beim belgischen Vorschlag ist die Umkehrung des Prinzips nicht gewährleistet, da der Rat sich jeweils im Einzelfall zunächst über seine Arbeitsweise verständigen muß. Dabei besteht die Gefahr, daß die Abstimmung die Ausnahme bleiben wird.

Wir sollten deshalb an unserem Vorschlag festhalten.[34]

---

[30] Vgl. dazu die Entscheidung des EWG-Ministerrats vom 28./29. Januar 1966 („Luxemburger Kompromiß"); Dok. 109, Anm. 16.
[31] Vgl. dazu Artikel 148 Absatz 1 des EWG-Vertrags vom 25. März 1957; Dok. 268, Anm. 14.
[32] Ende der Seite 4 der Vorlage.
[33] Dieser Satz wurde von Bundesminister Genscher hervorgehoben. Dazu vermerkte er handschriftlich: „r[ichtig]".
[34] Dieser Satz wurde von Bundesminister Genscher hervorgehoben. Dazu vermerkte er handschriftlich: „r[ichtig]".

2) Aufwertung des Ausschusses der Ständigen Vertreter zu einem politischen Instrument

Bis auf Franzosen und Italiener haben alle Delegationen gegen Aufwertung der Ständigen Vertreter zu Staatssekretären politisch oder konstitutionell begründete Reserven. Jedoch besteht allgemein Verständnis für einen wesentlichen Sinn des Vorschlags, nämlich die Ständigen Vertreter stärker in die nationale europapolitische Willensbildung einzubeziehen. Ob Aussicht besteht, auf politischer Ebene eine Einigung herbeizuführen, ist offen.

Wir sollen unseren Vorschlag aufrechterhalten.[35]

Zu IV: Zusammenarbeit auf Gebieten, die weder zum Zuständigkeitsbereich der Römischen Verträge noch zur EPZ gehören

Französische Vorstellung eines dritten Bereichs europäischer Einigungspolitik neben EG und EPZ

– intergouvernementale Zusammenarbeit in „Ministerkollegien" der zuständigen neun Ressortminister mit Beamtenausschüssen

wurde von anderen Delegationen mehr unter dem Aspekt einer Neuner-Zusammenarbeit in Verbindung mit der Tätigkeit des Rats diskutiert. Hiernach soll die Zusammenarbeit zwischen den Neun auf neue Bereiche erstreckt werden, die über den Zuständigkeitsbereich der Verträge hinausgehen, und zwar durch regelmäßige Treffen der zuständigen Minister, die normalerweise auch im Rat zusammentreten. Auf diese Weise kann die bereits begonnene Arbeit im Rahmen der EG (z. B. Erziehung, Umwelt, Justiz) in erweiterter Form fortgesetzt werden.

Die Möglichkeit einer erweiterten intergouvernementalen Zusammenarbeit auch außerhalb des Rats ist damit nicht ausgeschlossen. Diese Frage bedarf weiterer Erörterungen und einer näheren Bezeichnung der in Frage kommenden Sachgebiete. Grundsätzliche Einigkeit besteht darüber, den deutschen Vorschlag zur Schaffung einer Paß- und Paßkontrollunion zu prüfen (Einsetzung einer Arbeitsgruppe, deren Mandat allerdings noch offen ist). Ein italienischer Vorschlag für eine Arbeitsgruppe „Europäisches Bürgerrecht" hat hingegen kaum Aussicht auf Annahme.[36]

Zu V: Europäisches Parlament

Sowohl gegen baldige Verwirklichung der Direktwahl zum EP wie die Verstärkung seiner Befugnisse bestehen erhebliche britische Reserven. Auch die Dänen haben negativ reagiert.

1) Direktwahl

Franzosen schlagen vor, Direktwahl bis spätestens 1980 zu realisieren und entsprechende Bestimmungen durch Rat 1976 zu erlassen.

---

[35] Dieser Satz wurde von Bundesminister Genscher hervorgehoben. Dazu vermerkte er handschriftlich: „r[ichtig]".

[36] Im Aide-memoire der italienischen Regierung zur Vorbereitung der Gipfelkonferenz der EG-Mitgliedstaaten am 9./10. Dezember 1974 in Paris wurde ausgeführt: „A notre avis cette idée se rattache au principe de la citoyenneté européenne, que l'Italie préconisa au Sommet de Paris en octobre 1972 et qui pourrait être avantageusement repris au cours du prochain Sommet. A cet égard on pourrait décider que la citoyenneté européenne ait effet immédiatement pour tous ceux qui seraient nés après une certaine date: par exemple le 1er janvier 1975." Vgl. Referat 410, Bd. 101248.

Vorschlag entspricht unseren Vorstellungen (und wird vermutlich auch von der Mehrheit der Mitgliedstaaten akzeptiert).

Wir sollten uns aber nicht mit einer Formel zufriedengeben, die nur eine Absichtserklärung, aber keine Fristsetzung enthält. Wir meinen, daß auch den Briten zugemutet werden kann, die Verpflichtung zu übernehmen, das Vertragsziel (Art. 138 EWG-Vertrag[37]) der Einführung direkter Wahlen zum EP bis 1980 zu erfüllen.[38]

2) Verstärkung der Befugnisse des EP

Franzosen und wir treten für eine Absichtserklärung ein, daß das EP

– im Bereich der politischen Einigung ein Vorschlags- und Initiativrecht erhält,

– im Gemeinschaftsbereich entsprechend den Fortschritten der Einigung schrittweise neue Zuständigkeiten erhält.

Es erscheint verfrüht, hinsichtlich der Befugnisse des EP konkretere Forderungen zu stellen. Insbesondere wird kaum Einigung zu erzielen sein, dem EP bereits jetzt mehr Mitverantwortung im legislativen Bereich einzuräumen. Die Frage ist bisher nicht abschließend diskutiert.

Zu VI: Europäische Union

Französische Vorstellung, die Stufen einer pragmatischen Entwicklung zur EU durch „verfassungsgebende Treffen" zu markieren, wurde von uns und anderen ergänzt durch Hinweis auf die Notwendigkeit, auch an der Definition der Zielvorstellung vorausschauend weiterzuarbeiten. Hierzu haben Italiener und Briten einen noch nicht näher diskutierten Textentwurf vorgelegt.

Wir sollten uns weiterhin für eine Verbindung der beiden Konzepte

– rückschauende Fixierung der Etappen des Entwicklungsprozesses,

– vorausschauende Definition der Zielvorstellung

einsetzen.

Wichtig bleibt, daß das Ziel der EU aufrechterhalten bleibt einschließlich des auf der Pariser Gipfelkonferenz ins Auge gefaßten Zeithorizonts[39].

III. Substanzfragen

1) Inflationsbekämpfung, Beschäftigungsprobleme, Regionalpolitik

Die EG-Kommission hat zu diesem Thema ein umfangreiches Arbeitsdokument vorgelegt[40], mit dem sich die Ad-hoc-Gruppe Brüssel beschäftigt.

---

[37] Für Artikel 138 des EWG-Vertrags vom 25. März 1957 vgl. Dok. 294, Anm. 13.

[38] Dieser Absatz wurde von Bundesminister Genscher hervorgehoben. Dazu vermerkte er handschriftlich: „r[ichtig]".

[39] Vgl. dazu Ziffer 16 der Erklärung der Gipfelkonferenz der EG-Mitgliedstaaten und -Beitrittsstaaten am 19./20. Oktober 1972 in Paris; Dok. 19, Anm. 4.

[40] Botschafter Lebsanft, Brüssel (EG), übermittelte am 25. Oktober 1974 zwei Arbeitsdokumente der EG-Kommission zur Vorbereitung der Gipfelkonferenz der EG-Mitgliedstaaten. Das erste Arbeitsdokument war mit den Grundlagen gemeinsamer europäischer Maßnahmen im Bereich der Wirtschaft befaßt. Im zweiten Arbeitsdokument wurden erste konkrete Vorschläge für die im Hinblick auf die Inflationsbekämpfung und die Energieversorgung zu verfolgende Politik vorgestellt. Vgl. dazu den Drahtbericht Nr. 3649; Referat 412, Bd. 109320.

In der bisherigen Diskussion zeichnet sich folgende Gliederung des Themenkomplexes ab:
- Analyse der Weltwirtschaftslage;
  Probleme, Konsequenzen, wirtschaftspolitische Folgerungen;
- Erarbeitung allgemeiner wirtschaftspolitischer Orientierungen, mit deutlicher Nuancierung für einzelne Länder;
- Beschluß konkreter gemeinschaftlicher Aktionen,
  konjunktur-, sozial-, regional-, währungs- und zahlungsbilanzpolitischer Art.

Zweck der Aussprache der Präsidentschaftskonferenz sollte sein:
– die Bevölkerung Europas problembewußt zu machen, sie auf die veränderten weltwirtschaftlichen Gegebenheiten und deren Folgen hinzuweisen und die Bereitschaft zur Mitgestaltung des Anpassungsprozesses zu aktivieren;
– eine auf Disziplin und Solidarität fußende wirtschaftspolitische Gemeinschaftsstrategie zu entwickeln (Stabilisierungsprogramm mit flankierenden Maßnahmen).

Während uns aus nationaler Perspektive daran liegen könnte, das Thema auf Lageanalyse und Orientierungen zu beschränken, zeigt sich die Mehrzahl der Partner weniger an abstrakten, deklamatorischen Leitsätzen als an konkreten Aktionen interessiert. Dabei besteht eine starke Tendenz, den Akzent von der Stabilisierungspolitik auf Rezessionsgefahr und Beschäftigungsprobleme zu verlagern und den Solidaritätsaspekt in vielfältiger Ausprägung in den Vordergrund zu stellen. Wir werden mit einem ganzen Bündel von Wünschen konfrontiert werden, denen wir
– entweder aus stabilitätspolitischen Gründen
  – Aufforderung zu mehr Expansionspolitik
    (dürfte wahrscheinlich zum Zeitpunkt des Treffens für uns (noch) nicht annehmbar sein);
  – koordiniertes Floaten
    (erst dann sinnvoll und durchzuhalten, wenn Mindestmaß an Kohärenz der Wirtschaftspolitiken wiederhergestellt);
– oder finanzpolitischen Gründen
  – Ausbau der Währungsbeistände, Poolung der Reserven;
  – Arbeitslosenunterstützungskasse, Mittelbereitstellung für Arbeitsbeschaffung;
  – Regionalpolitik, insbesondere Regionalfonds

zurückhaltend bis ablehnend gegenüberstehen dürften.

Deutlich ist bereits geworden, daß der Regionalfonds, zu dem die Kommission einen auf die deutschen Bedingungen weitgehend eingehenden neuen Vorschlag gemacht hat[41], von einigen Partnern als Prüfstein europäischer Solidarität und Erfolgsmesser der Konferenz angesehen wird.[42]

---

41 Zur Einrichtung des Europäischen Regionalfonds vgl. Dok. 65, Anm. 42.
Referat 412 legte am 27. November 1974 dar, daß die EG-Kommission sich in ihrem Vorschlag vom 31. Oktober 1974 für einen Regionalfonds mit einem Volumen von 1,4 Milliarden Rechnungseinheiten bei dreijähriger Laufzeit ausgesprochen habe. Als Anteil der Bundesrepublik an den aufzubrin-

Höchst zweifelhaft ist jedenfalls, ob es uns gelingt, den Themenkomplex „Inflationsbekämpfung" im rein Deklamatorischen zu halten und alle Aktionswünsche rundweg abzulehnen. Möglich erscheint die Durchsetzung dieser restriktiven Linie für den Sozial- und Währungsbereich. Problematisch wird es beim „Uralt-Projekt" Regionalfonds. Unsere Position wird dadurch erleichtert, daß wir darauf hinweisen können, es an Bereitschaft zu praktischer Solidarität in letzter Zeit nicht haben fehlen lassen (bilateraler Notenbankkredit an Italien[43], EG-Gemeinschaftsanleihe). Sie wird andererseits dadurch erschwert, daß wir nach Lage der Dinge unsererseits keine Aktionen vorschlagen können, die den Integrationsprozeß voranbringen, unseren Partnern zusagen und vor allem nichts kosten.

2) Energiepolitik

Auch hierzu hat die EG-Kommission ein umfangreiches Arbeitsdokument[44] vorgelegt. Ihre Vorstellungen zielen darauf ab, aus der jahrelangen Stagnation herauszukommen und die Gemeinschaft nach innen und außen energiepolitisch zu profilieren.

Als Aktionsbereiche kämen dafür grundsätzlich in Frage

nach innen:

– Einschränkung des Energieverbrauchs,

– Verringerung der Einfuhrabhängigkeit durch Förderung alternativer Energiequellen,

– Forschung und Entwicklung neuer Energieträger;

nach außen:

– Förderung der Kooperation mit den Verbraucher- und den Erzeugerländern.

Im Bereich der inneren Energiepolitik sind – wie die Diskussion bisher zeigte – kaum konkrete Aktionen zu erwarten, weil entweder der Fundamentalgegensatz in Fragen oder Organisation der Märkte (wie Dirigismus-, wie Marktwirtschaft) fortbesteht, einige Vorschläge der Kommission (wie Einsetzung einer EG-Energieagentur)[45] jedenfalls für die federführenden Ressorts inakzeptabel sind oder aber Detailarbeiten in Sachfragen noch nicht weit genug gediehen sind.

In den Mittelpunkt dürften damit rücken:

– die Auseinandersetzung um die französische Haltung zum IEP[46] und eine Beteiligung der Gemeinschaft als solcher am IEP sowie

---

Fortsetzung Fußnote von Seite 1409

genden Mittel seien 28 Prozent abzüglich 6,4 Prozent Anteil an den Rückflüssen vorgesehen worden. Bei Annahme des Vorschlags würde die jährliche Nettobelastung des Bundeshaushalts 100,6 Millionen Rechnungseinheiten bzw. 367 Millionen DM betragen. Vgl. dazu Referat 312, Bd. 105691.

[42] Dieser Satz wurde von Bundesminister Genscher hervorgehoben. Dazu vermerkte er handschriftlich: „Stabilitätspolitik aber auch!"

[43] Zum Kredit der Bundesrepublik für Italien vgl. Dok. 247, Anm. 29.

[44] Am 5. Juni 1974 legte die EG-Kommission dem EG-Ministerrat die Aufzeichnungen „Auf dem Wege zu einer neuen energiepolitischen Strategie für die Gemeinschaft" und „Energie für Europa: Forschung und Entwicklung" vor. Für den Wortlaut vgl. BULLETIN DER EG, Beilage 4 und 5/1974.

[45] Beginn der Seite 11 der Vorlage.

[46] Zum von der Energie-Koordinierungsgruppe am 19./20. September 1974 verabschiedeten Internationalen Energieprogramm vgl. Dok. 284, Anm. 9, und Dok. 302, Anm. 3.

– Giscards Initiative zu einer multilateralen Konferenz über Energiefragen (Erdölkonferenz)⁴⁷ im Verhältnis zum Dialogvorhaben im Rahmen des IEP.

Da es wenig aussichtsreich erscheint, die Frage der Zustimmung zur Erdölkonferenz mit der Forderung nach Beitritt Frankreichs zum IEP zu verknüpfen, könnten als Konferenzziele in diesem Bereich angestrebt werden:

– Zustimmung Frankreichs zur Beteiligung der Gemeinschaft als solcher am IEP
– dadurch indirekte Befruchtung und Förderung der Arbeiten an der Vewirklichung einer europäischen Energiestrategie, wie vom Rat am 17. September⁴⁸ grundsätzlich beschlossen.
– Zustimmung zu Giscards Vorschlag einer dreiteiligen Erdölkonferenz, auf der die Gemeinschaft geschlossen und einheitlich auftritt, wobei der französischen Initiative allerdings ein europäisches Etikett gegeben werden sollte. Bereitschaft zu einer Vorkonferenz nach französischem Vorschlag (EG, USA, Japan – Saudi-Arabien, Algerien, Iran, Venezuela – Brasilien, Zaire, Indien), die allerdings erst nach der Präsidentschaftskonferenz stattfinden sollte.⁴⁹

Roth
Lautenschlager

Referat 410, Bd. 101248

---

[47] Am 24. Oktober 1974 sprach sich Staatspräsident Giscard d'Estaing dafür aus, eine Konferenz der erdölexportierenden Staaten sowie der erdölverbrauchenden Industrie- und Entwicklungsländer einzuberufen: „Je crois, pour ma part, que la réunion d'une conférence d'un nombre restreint de pays, et quand je dis restreint, je pense à un chiffre de l'ordre de 10 ou 12, qui interviendrait au début de l'année 1975 et qui réunirait en nombre égal des pays représentant les principaux exportateurs de pétrole, des pays représentant les pays industrialisés importateurs de pétrole, et d'autres représentant les pays non industrialisés importateurs de pétrole, une telle conférence pourrait avoir une grande utilité, si elle cherchait à traiter les deux problèmes suivants: le premier problème, c'est la nature de la garantie qui peut être offerte aux pays exportateurs de pétrole concernant la protection de leur revenu, autrement dit le problème de l'indexation du prix du pétrole sur un certain nombre d'éléments de référence. En contrepartie de la recherche d'un accord sur ce point, devraient être examinées les conditions dans lesquelles doit se dérouler la phase actuelle d'ajustement de l'économie mondiale, car un ajustement est nécessaire, et la garantie de revenu ne peut pas être donnée à partir de n'importe quel niveau de revenu, encore mois, bien entendu, à partir d'une relance perpétuelle du prix ou de l'inflation." Vgl. LA POLITIQUE ETRANGÈRE 1974, II, S. 137.
[48] Zur Entschließung des EG-Ministerrats vom 17. September 1974 über Energiefragen vgl. Dok. 253, Anm. 7.
[49] Dieser Absatz wurde von Bundesminister Genscher durch Fragezeichen hervorgehoben. Ende der Seite 11 der Vorlage.

318

Botschaftsrat I. Klasse Eiff, Belgrad, an das Auswärtige Amt

114-14495/74 VS-vertraulich   Aufgabe: 30. Oktober 1974, 18.00 Uhr[1]
Fernschreiben Nr. 550   Ankunft: 30. Oktober 1974, 19.04 Uhr
Citissime nachts

Betr.: KH-Abkommen mit Jugoslawien[2]

Bezug: Drahterlasse Nr. 366[3] und 367[4] vom 29.10.1974

1) Habe heute Weisung im Außenministerium bei Unterstaatssekretär Miličević in Gegenwart von Deutschlandreferenten Krstić ausgeführt. Es war notwendig, DE 367 zu verwenden, da Miličević sofort auf mögliche Alternativen (gemeinsame Erklärung, Briefwechsel) zu sprechen kam.

2) Miličević erklärte, daß er unverzüglich Außenminister Minić über unsere Antwort unterrichten werde. Nach seiner persönlichen Meinung werde es sei-

---

[1] Hat Bundesminister Genscher am 3. November 1974 vorgelegen, der handschriftlich vermerkte: „Ich bitte um eine Stellungnahme. An meiner Auffassung – in den Bemerkungen zum Weisungsentwurf niedergelegt – hat sich nichts geändert."

[2] In Artikel 5 des am 20. Juni 1974 paraphierten Abkommens zwischen der Bundesrepublik und Jugoslawien über die Gewährung von Kapitalhilfe hieß es: „Die Regierung der Bundesrepublik Deutschland legt besonderen Wert darauf, daß bei den sich aus der Darlehensgewährung ergebenden Lieferungen die Erzeugnisse der Industrie des Landes Berlin bevorzugt berücksichtigt werden." Vgl. Referat 420, Bd. 117747.
Am 12. Oktober 1974 übermittelte Botschafter Jaenicke, Belgrad, ein jugoslawisches Aide-memoire. In Ziffer 2 des Aide-mémoire wurde zu Artikel 5 des am 20. Juni 1974 paraphierten Abkommens zwischen der Bundesrepublik und Jugoslawien über Kapitalhilfe ausgeführt: „Hinsichtlich des Wortlauts des Artikels 5 des Abkommensentwurfs ist die Regierung der S[ozialistischen]F[öderativen]R[epublik] Jugoslawien nicht bereit, ihre bekannte prinzipielle Haltung zum Problem West-Berlin, das Gegenstand seitens der Regierung der SFR Jugoslawien anerkannter und geachteter internationaler Verträge ist, dem besonderen Standpunkt der Regierung der B[undes]R[epublik] Deutschland anzupassen. Wenn jedoch die Regierung der BR Deutschland auch weiterhin darauf besteht, daß dieser Artikel im Text des Abkommens verbleibt, wird die Regierung der SFR Jugoslawien – wegen der präzisen Interpretation des Inhalts dieses Artikels – bei der Unterzeichnung des Abkommens der Regierung der BR Deutschland offiziell notifizieren, daß sie den Erklärung vom 3. Oktober d. J., nach der es sich um einen Wunsch der Regierung der BR Deutschland handelt, der die jug. Seite durch nichts bindet, zur Kenntnis genommen hat. Das Dokument, das diesen Standpunkt der Regierung der SFR Jugoslawien interpretiert, würde in Jugoslawien zusammen mit dem Abkommenstext veröffentlicht werden." Vgl. den Drahtbericht Nr. 511; Referat 420, Bd. 117748.

[3] Staatssekretär Sachs wies die Botschaft in Belgrad an, der jugoslawischen Regierung hinsichtlich der Verhandlungen über ein Kapitalhilfeabkommen mitzuteilen, die Bundesregierung stimme den im jugoslawischen Aide-mémoire vom 12. Oktober 1974 enthaltenen Vorschlägen für die Formulierung der Präambel, der Ziffern 2 und 3 sowie für den Briefwechsel zum Abkommen zu. Ferner sei darzulegen, daß wegen der von der Bundesregierung angestrebten Einbeziehung von Berlin (West) in das Abkommen auf Artikel 5 nicht verzichtet werden könne. Die jugoslawische Regierung solle gebeten werden, von der beabsichtigten einseitigen Erklärung Abstand zu nehmen. Zu Artikel 5 sollte ausgeführt werden: „Die in Ziffer 2, 1. Absatz des letzten jugoslawischen Aide-mémoire anscheinend zugrundeliegende [...] Annahme, die Bundesregierung wünsche mit diesem Artikel einen besonderen Standpunkt bezüglich der Auslegung des Vier-Mächte-Abkommens zur Geltung zu bringen und die jugoslawische Seite darauf festzulegen, hat hier erstaunt. Die Bundesregierung strebt dies nicht an; auch wäre Artikel 5 hierfür offensichtlich nicht geeignet." Vgl. VS-Bd. 8862 (420); B 150, Aktenkopien 1974.

[4] Für den Drahterlaß des Vortragenden Legationsrats Scholl vgl. VS-Bd. 8862 (420); B 150, Aktenkopien 1974.

ner Regierung nicht möglich sein, auf eine öffentliche Darlegung ihrer Interpretation zu Artikel 5 zu verzichten. Es sei seiner Seite schon außerordentlich schwergefallen, die Beibehaltung des Artikels 5 in dem Abkommen zu konzedieren. Für die jugoslawische Regierung und die jugoslawische Öffentlichkeit handele es sich, wie bereits mehrfach dargelegt worden sei, um ein Abkommen besonderer Art. Die jugoslawische Öffentlichkeit würde es nicht verstehen, wenn dieses Abkommen, das die Ablösung der jugoslawischen Wiedergutmachungsforderung beinhalte, Elemente der Bindung enthielte, die die jugoslawische Verfügungsfreiheit begrenzten.

Artikel 5 stelle eine solche Beschränkung der jugoslawischen Verfügungsfreiheit zumindest optisch dar. Die jugoslawische Regierung müsse deshalb die tatsächliche Tragweite dieser Bestimmung klarstellen. Er könne aber nochmals versichern, daß sich an der bekannten, uns entgegenkommenden jugoslawischen Haltung zum Berlin-Problem nichts ändere und auch in Zukunft nichts ändern werde. Deshalb bleibe es bei Artikel 6.[5]

Insgesamt sei die jugoslawische Regierung mit ihrer letzten Stellungnahme, wie Außenminister Minić bereits bei Übergabe des Aide-mémoire am 12.10. unserem Botschafter erklärt habe[6], an die letzten Grenzen ihrer Möglichkeiten gegangen. Er sehe deshalb nicht, daß auf unsere letzte Bitte noch ein wesentliches Entgegenkommen möglich sein könnte. Allerdings sehe er persönlich durchaus Möglichkeiten, über Form und Inhalt einer zusätzlichen Erklärung zu Artikel 5 zu reden. Schließlich fragte Milićević, ob der Verzicht auf eine zusätzliche Erklärung für uns eine conditio sine qua non für den Vertragsabschluß sei. Wäre dies der Fall, müsse mit einer äußerst schroffen Reaktion seiner Regierung gerechnet werden. Milićević regte an, diesen Punkt zunächst durch eine Rückfrage in Bonn zu klären und darauf hinzuweisen, daß es nützlich wäre, wenn von Bonn sofort Alternativvorschläge zu Form und Inhalt einer zusätzlichen Erklärung gemacht werden könnten.

3) Ich entgegnete, daß ich seine Frage, ob der Verzicht auf eine zusätzliche Erklärung eine conditio sine qua non für den Vertragsabschluß darstelle, im gegenwärtigen Zeitpunkt weder bejahen noch verneinen könne und daß es mir nicht zweckmäßig erscheine, in dieser Phase wegen einer Antwort auf diese

---

[5] Artikel 6 des am 20. Juni 1974 paraphierten Abkommens zwischen der Bundesrepublik und Jugoslawien über die Gewährung von Kapitalhilfe: „Mit Ausnahme der Bestimmungen des Artikels 4 hinsichtlich des Luftverkehrs gilt dieses Abkommen auch für das Land Berlin, sofern nicht die Regierung der Bundesrepublik Deutschland gegenüber der Regierung der Sozialistischen Föderativen Republik Jugoslawien innerhalb von drei Monaten nach Inkrafttreten des Abkommens eine gegenteilige Erklärung abgibt." Vgl. Referat 420, Bd. 117747.

[6] Botschafter Jaenicke, Belgrad, berichtete am 12. Oktober 1974, der jugoslawische Außenminister Minić habe zu dem am 20. Juni 1974 paraphierten Abkommen zwischen der Bundesrepublik und Jugoslawien über die Gewährung von Kapitalhilfe erklärt: „Die Bundesregierung habe mit ihrer letzten Stellungnahme ein etwas größeres Verständnis für die jug[oslawischen] Anliegen gezeigt, doch sei sie überwiegend auf Betonung ihrer eigenen Probleme bedacht. Sie unterschätze die Probleme der jugoslawischen Regierung. Die jug. Regierung zeige ihrerseits maximales Verständnis für die Interessen der Bundesregierung. [...] Mit ihren neuerlichen Vorschlägen wolle seine Regierung trotzdem noch einen weiteren Schritt tun. Damit sei jedoch die Grenze erreicht, die sich seine Regierung politisch leisten könne, da sie die Interessen der jug. Öffentlichkeit, verschiedener Organisationen und der Opfer des Faschismus zu berücksichtigen habe. Dieser Faktor sei nicht zu unterschätzen, von seiner Berücksichtigung hänge die Entwicklung der weiteren Zusammenarbeit zwischen Jugoslawien und uns ab. Die Gefühle der durch das Abkommen betroffenen Menschen seien die Gefühle des ganzen jug. Volkes." Vgl. den Drahtbericht Nr. 511; Referat 420, Bd. 117748.

präzise Frage zurückzufragen. Nach der mir vorliegenden Weisung bitte Bundesregierung in voller Kenntnis und Berücksichtigung der jugoslawischen Interessenlage und unter Würdigung der von der jugoslawischen Seite mit ihren letzten Vorschlägen unternommenen Bemühungen nochmals um sorgfältige und wohlwollende Prüfung der außerordentlich gewichtigen Gründe, aus denen ihr eine zusätzliche jugoslawische Erklärung zu Artikel 5 unannehmbar erscheine. Auf diese Bitte erwarte die Bundesregierung eine Antwort, nach deren Vorliegen sie sich erneut äußern werde. Die mir vorliegende Weisung mache es mir nicht möglich zu sagen, daß auf unserer Seite eine Marge für eine irgendwie geartete Zusatzerklärung bestehe[7], doch hätte ich keine Bedenken, seine Anregung nach sofortiger Prüfung von Alternativmöglichkeiten für eine zusätzliche Erklärung umgehend nach Bonn zu übermitteln.

4) Im weiteren Verlauf des Gesprächs, das zum Schluß ohne Milićević geführt wurde, fragte ich nochmals nach dem genauen Sinn der jugoslawischen Ausführungen in Ziff. 2, 1. Absatz des jugoslawischen Aide-mémoire vom 12. Oktober, die uns überrascht hätten, weil bis dato von jugoslawischer Seite das Berlin-Problem zu keinem Zeitpunkt als Motiv der Ablehnung des Artikels 5 genannt worden, uns vielmehr immer wieder versichert worden sei, daß es um nichts anderes gehe, als den besonderen Charakter des Abkommens gegenüber einem gewöhnlichen Kapitalhilfeabkommen herauszustellen und Elemente der Beschränkung jugoslawischer Verfügungsfreiheit deswegen tunlichst aus dem Vertrag herauszuhalten.

Hierauf erwiderten sowohl Milićević wie Krstić, daß die in dem Aide-mémoire angeführte „bekannte prinzipielle jugoslawische Haltung zum Problem Westberlin" eine letztlich unseren Interessen entgegenkommende Haltung sei, daß jedoch keine jugoslawische Bereitschaft bestehe, über diese Haltung hinaus der weitergehenden Forderung der Bundesregierung zu Art. 5 noch mehr entgegenzukommen. Meine eingehenden Darlegungen, daß Artikel 5 mit dem Vier-Mächte-Abkommen nichts zu tun habe, blieben im übrigen kommentarlos.

Krstić stellte ferner von sich aus in Abrede, daß die zusätzliche Erklärung von der jugoslawischen Regierung möglicherweise als Alibi gegenüber der Sowjetunion oder der DDR verwandt werden sollte. Dritten Staaten sei man zu dem Abkommen im allgemeinen wie zu diesem besonderen Punkt nicht die geringste Erklärung schuldig. Dementsprechend sei man bei Anfragen bisher verfahren und werde dies auch in Zukunft nicht anders halten. Die jugoslawische Erklärung zu Artikel 5 werde, dies versicherten beide Gesprächspartner mehrfach, allein im Hinblick auf die jugoslawische Öffentlichkeit für erforderlich gehalten, der gegenüber es schon schwer genug zu vertreten sei, daß die jugoslawische Wiedergutmachungsforderung mit einem deutschen Kapitalhilfekredit abgelöst werde, und die von der jugoslawischen Regierung fordere, daß das Abkommen wenigstens optisch dem Gegenstand entspreche, d. h. von unangemessenen Bindungen der jugoslawischen Regierung frei sei. Der Hinweis in dem Aide-mémoire auf die von der jugoslawischen Regierung „anerkannten und geachteten internationalen Verträge" betreffend Berlin sei „im Grunde nur po-

---

[7] Der Passus „Die mir vorliegende ... geartete Zusatzerklärung bestehe" wurde von Bundesminister Genscher hervorgehoben. Dazu vermerkte er handschriftlich: „r[ichtig]".

lemisch" gemeint gewesen (Krstić). Meine Frage, ob dies bedeute, daß dieser Hinweis überflüssig gewesen wäre, blieb unbeantwortet.

5) Nach Lage der Dinge ist nicht damit zu rechnen, daß die jugoslawische Regierung unserer Bitte, von einer zusätzlichen Erklärung zu Artikel 5 abzusehen, entsprechen wird. Drei Möglichkeiten zeichnen sich ab:
- das Abkommen scheitert an dieser Frage,
- wir erklären uns zum Abschluß des Abkommens, dessen Text nunmehr unstreitig feststeht, bereit und lassen die Frage einer zusätzlichen Erklärung ganz im Ermessen der jugoslawischen Regierung,
- wir nützen die jugoslawische Bereitschaft zur Diskussion von Alternativen hinsichtlich Form und Inhalt einer zusätzlichen Erklärung.

Ich möchte mich aus der Sicht der Botschaft für den zuletzt genannten Weg aussprechen. Auf diese Weise hätten wir wenigstens die Möglichkeit, eine für uns optimale Zusatzerklärung zu erreichen, wenn das Abkommen nicht überhaupt scheitern soll. Nach meinem Eindruck wäre etwa eine – gemeinsame oder einseitige – Erklärung durchzusetzen, die feststellt, daß das Prinzip der Lieferungebundenheit von Artikel 5 nicht berührt wird.[8]

[gez.] Eiff

VS-Bd. 8862 (420)

---

[8] Botschaftsrat I. Klasse Eiff, Belgrad, berichtete am 7. November 1974 ergänzend, das jugoslawische Außenministerium habe ihm die Bereitschaft der jugoslawischen Regierung zur Unterzeichnung des am 20. Juni 1974 paraphierten Abkommens zwischen der Bundesrepublik und Jugoslawien über Kapitalhilfe mitgeteilt. Dazu sei ausgeführt worden: „Die jug[oslawische] Regierung könne nicht davon abgehen, ihre Interpretation von Artikel 5 zu geben. Sie sei bereit, dies in der für uns annehmbarsten Weise [...] zu tun. In Artikel 5 bringe die Bundesregierung einseitig einen Wunsch zum Ausdruck. Nachdem die jug. Regierung mit der Aufnahme von Artikel 5 in das Abkommen ursprünglich nicht einverstanden gewesen sei, halte sie sich wenigstens für verpflichtet, ihrerseits ihre Ansicht festzustellen, damit das Gleichgewicht gewahrt bleibe. Es gebe folgende Alternativen: einen einseitigen Brief, den die Bundesregierung nicht zu bestätigen brauche, der auch nicht hier in der Presse, sondern lediglich im jug. Gesetzblatt (,quasi invisiblement') veröffentlicht werde; einen Briefwechsel, der nirgends veröffentlicht zu werden brauche, auch nicht im jug. Gesetzblatt. Der Inhalt einer einseitigen Erklärung stehe naturgemäß im Ermessen der jug. Regierung, doch könne uns vorab der Text informell mitgeteilt werden. Der Brief könne ggf. in einem kurzen Satz bestehen, in dem festgestellt werde, daß die jug. Regierung in Artikel 5 einen einseitigen Wunsch der Bundesregierung sehe." Vgl. den Drahtbericht Nr. 563; VS-Bd. 14067 (010) B 150, Aktenkopien 1974. Zur Stellungnahme der Bundesregierung vgl. Dok. 341.

319

Aufzeichnung des Ministerialdirigenten Jesser

313-321.00 TSA   31. Oktober 1974[1]

Über Herrn Staatssekretär[2] Herrn Minister[3] mit dem Vorschlag, Herrn Botschafter von Braun zu Verhandlungen über die Wiederaufnahme der diplomatischen Beziehungen mit dem Tschad[4] zu ermächtigen und anliegenden Entwurf eines Drahterlasses an die Botschaft Paris[5] zu zeichnen.

Betr.: Wiederaufnahme diplomatischer Beziehungen mit dem Tschad

Bezug: Drahtbericht Nr. 3391 der Botschaft Paris vom 30.10.1974[6]

Gemäß beigefügtem Drahtbericht der Botschaft Paris hat der tschadische Botschafter in Paris Herrn Botschafter von Braun am 30. Oktober d.J. aufgesucht und ihm im Auftrage seiner Regierung mitgeteilt, daß Präsident Tombalbaye das Verhältnis zur Bundesrepublik Deutschland zu bereinigen und Verhandlungen zur Wiederaufnahme der diplomatischen Beziehungen zu beginnen wünsche. Die tschadische Regierung sei bereit, einen Bevollmächtigten zur Führung der Verhandlungen zu benennen und bitte uns um Mitteilung, wen wir zur Führung der Verhandlungen ermächtigen. Über die Person des tschadischen Unterhändlers ist noch nichts bekannt.

---

[1] Die Aufzeichnung wurde von Vortragendem Legationsrat Fiedler konzipiert.

[2] Hat Staatssekretär Sachs am 31. Oktober 1974 vorgelegen, der handschriftlich vermerkte: „Ich glaube, wir können uns diesem Wunsch nicht verschließen, sollten aber keine übermäßige Eile zeigen. Außerdem stellt sich die Frage, ob wir nicht zunächst uns mit Entsendung eines Geschäftsträgers begnügen sollten."
Hat Staatssekretär Gehlhoff am 7. November 1974 vorgelegen.

[3] Hat Bundesminister Genscher vorgelegen.

[4] Vortragender Legationsrat Fiedler faßte am 18. Juni 1974 die Ereignisse zusammen, die am 12. Juni 1974 zum Abbruch der diplomatischen Beziehungen durch die tschadische Regierung geführt hatten: „Dr. Staewen, der im Rahmen der technischen Hilfe in Bardai im Nordtschad eine Arztstation leitete, wurde in der Nacht vom 21./22. April d.J. zusammen mit zwei Franzosen von der Rebellenbewegung FROLINAT (Front de Libération Nationale du Tschad) entführt. Frau Staewen, die bei dem Überfall schwer verletzt worden war, starb kurze Zeit danach." Seit dem 18. Mai 1974 seien mit den Entführern Verhandlungen geführt worden. Die Bundesregierung habe sich am 11. Juni 1974 zur Zahlung eines Lösegelds in Höhe von zwei Millionen DM und zur Ausstrahlung eines Kommuniqués der FROLINAT durch die Deutsche Welle bereit gefunden: „Unter Abwägung aller Umstände mußte den humanitären Überlegungen Priorität gegenüber der Staatsräson eingeräumt werden. Unter Zurückstellung aller Bedenken hat der Herr Minister entschieden, auf ein vertretbares Mindestmaß der Forderungen einzugehen und unabhängig von den Franzosen mit den Rebellen am 11. Juni abzuschließen." Staewen sei am 17. Juni 1974 in der Bundesrepublik eingetroffen. Die Ausstrahlung des Kommuniqués der FROLINAT habe die tschadische Regierung zum Abbruch der diplomatischen Beziehungen veranlaßt: „Botschafter Seldis und Frau Seldis hatten das Land innerhalb von zwei Stunden zu verlassen. Der Botschafter wurde unter Polizeibewachung zum Flugplatz gebracht und ist am 13. Juni in Bonn eingetroffen. Zur Abwicklung blieben noch zwei Beamte in N'Djemena zurück, die am 15. Juni das Land verlassen mußten. Gleichzeitig wurden alle Deutschen (etwa 40) ausgewiesen." Vgl. Referat 303, Bd. 103044.

[5] Dem Vorgang nicht beigefügt.

[6] Botschafter Freiherr von Braun, Paris, berichtete, daß ihm der tschadische Botschafter in Paris, Tobio, am 30. Oktober 1974 mitgeteilt habe, „daß sein Präsident das Verhältnis zur Bundesrepublik zu bereinigen und Verhandlungen zur Wiederaufnahme der diplomatischen Beziehungen zu beginnen wünsche". Braun habe geantwortet, daß die Bundesrepublik bereit sei, „die Wiederaufnahme der Beziehungen zu prüfen". Vgl. Referat 303, Bd. 103040.

Die tschadische Initiative geht zurück auf ein Gespräch zwischen Herrn Staatsminister Wischnewski und tschadischen Persönlichkeiten in Kingston Ende Juli 1974[7] sowie auf eine Kontaktaufnahme des Beraters der tschadischen Regierung für wirtschaftliche Angelegenheiten, des israelischen Staatsangehörigen Libon, mit der Botschaft Paris im Oktober d. J.[8] Zur Wahrung des Gesichts hatte die tschadische Regierung zunächst eine Geste der Bundesrepublik erwartet. Herrn Libon war gesagt worden, daß nach den Vorfällen im Frühsommer d. J. nur ein offizieller Schritt der tschadischen Regierung die Normalisierung einleiten könnte. Dieser Schritt ist nunmehr früher als ursprünglich erwartet erfolgt. Die tschadische Regierung möchte die Wiederherstellung der freundschaftlichen Beziehungen möglichst am 28. November d. J., dem „Tag der Versöhnung", verkünden.

Es wird vorgeschlagen, auf die tschadische Initiative einzugehen und Herrn Botschafter von Braun zu ermächtigen, diese Verhandlungen in Paris zu führen. Herr Botschafter von Braun ist mit den Umständen, die zum Abbruch der Beziehungen geführt haben, vertraut. Für Paris spricht auch, daß Frankreich unsere Schutzmacht ist.

Es ist nicht auszuschließen, daß die tschadische Regierung, ähnlich wie die guineische Regierung es getan hat[9], ein Schuldbekenntnis[10] in der Sache Geisel-

---

[7] Vortragender Legationsrat Holubek vermerkte am 29. Juli 1974, Staatsminister Wischnewski habe am 26. Juli 1974 in Kingston dem tschadischen Staatssekretär im Ministerium für Wirtschaft, Planung und internationale Zusammenarbeit, Moundari, und dem tschadischen Botschafter in Brüssel, Oueddo, erklärt, „daß die Bundesregierung den Ablauf der Geschehnisse, die zu dem Abbruch der Beziehungen geführt hatten, außerordentlich bedauere. Die Bundesregierung habe das Rebellenmanifest nur über einen einzigen Sender mit dem größten Mißvergnügen ausstrahlen lassen. Sie habe sich erst dann dazu entschlossen, nachdem durch die Verhaftung von Familienmitgliedern des Rebellenführers durch die tschadische Regierung eine akute Gefahr für das Leben des deutschen Arztes Dr. Staewen entstanden sei. [...] Falls die tschadische Regierung beschlösse, die diplomatischen Beziehungen zur Bundesrepublik wieder aufzunehmen, werde seiner Auffassung nach die Antwort der Bundesregierung sicherlich positiv sein." Vgl. Referat 303, Bd. 103040.

[8] Am 9. Oktober 1974 berichtete Botschafter Freiherr von Braun, Paris: „Hatte heute den Besuch eines Monsieur David Libon, der mir durch den früheren Staatssekretär im Quai, Jean de Lipkowski, und durch den senegalesischen Botschafter Guillabert (im Namen von Präsident Senghor) angekündigt war. Libon, israelischer Staatsbürger, in Odessa geboren, ist Inhaber eines tschadischen Diplomatenpasses, die ihn als Conseiller financier des tschadischen Präsidenten ausweist." Zu seinem Anliegen habe Libon erklärt: „Der Leiter der tschadischen Delegation bei der Konferenz von Kingston habe dort im Juli den Besuch eines hohen deutschen Vertreters (Staatsminister Wischnewski?) erhalten. Dieser habe ihm in unbestimmter Form von einer deutschen Bereitschaft zur Wiederaufnahme diplomatischer Beziehungen gesprochen. Präsident Tombalbaye, hierüber im August unterrichtet, habe ihm, Libon, den Auftrag erteilt, auf geeignet erscheinende Weise zu ermitteln, wie dies geschehen könne [...]. Zur Sache selbst habe er derzeit außer der tschadischen Bereitschaft zur Wiederaufnahme wenig zu sagen. Präsident Tombalbaye habe bei der Erteilung des Auftrages sehr anerkennend von den früheren engen Beziehungen zur Bundesrepublik gesprochen und mit Dankbarkeit technische und andere Hilfe erwähnt. Er wolle allerdings nicht als ‚demandeur' auftreten." Vgl. den Drahtbericht Nr. 3157; Referat 303, Bd. 103040.

[9] Am 21./22. November 1970 landeten Invasionstruppen in einer Stärke von 350 bis 400 Mann an der Küste von Guinea. Nach der Befreiung von guineischen Regimegegnern und inhaftierten Portugiesen aus einem Gefangenenlager sowie einem vergeblichen Angriff auf den Präsidentenpalast in Conakry zogen sich die Truppen wieder zurück. In der Folgezeit beschuldigte Präsident Sékou Touré Botschafter Lankes, Conakry, an der Vorbereitung und Durchführung des Invasionsversuchs beteiligt gewesen zu sein. Guinea brach am 29. Januar 1971 die diplomatischen Beziehungen zur Bundesrepublik ab. Vgl. dazu AAPD 1970, III, Dok. 608, und AAPD 1971, I, Dok. 8.
Der technische Leiter einer französischen Brauerei, Marx, wurde am 29. Dezember 1970 von den guineischen Behörden verhaftet und am 24. Januar 1971 unter dem Vorwurf der Beteiligung an dem Invasionsversuch zu lebenslanger Zwangsarbeit verurteilt. Um die Freilassung von Marx und zwei

nahme Dr. Staewen verlangt. Im Hinblick auf unsere Stellung in Afrika, die nicht zuletzt auf Beachtung des Grundsatzes der Nichteinmischung beruht, müßte in den Verhandlungen erreicht werden, daß die Wiederaufnahme ohne Vorbedingungen erfolgt.[11]

Auch die Frage der künftigen Entwicklungshilfe an den Tschad sollte nicht in die Verhandlungen einbezogen werden, da diese erst Inhalt künftiger Beziehungen sein kann.

Zur Frage unserer Präsenz im Tschad wird Abteilung 3 einen gesonderten Vorschlag machen.[12]

Abteilung 4 hat mitgezeichnet.[13]

Jesser

Referat 313, Bd. 103040

Fortsetzung Fußnote von Seite 1417

anderer, wegen Verstößen gegen die Einreisebestimmungen inhaftierter Bundesbürger zu erwirken, willigte die Bundesregierung ein, am 22. Juli 1974 eine offizielle Erklärung folgenden Inhalts abzugeben: „Es gehört zu den tragenden Grundsätzen der Außenpolitik der Bundesregierung, sich weder direkt noch indirekt in die inneren Angelegenheiten anderer Staaten einzumischen. Die Bundesregierung lehnt jede Androhung oder Anwendung von Gewalt in den internationalen Beziehungen ausdrücklich ab. Seien Sie versichert, daß die Bundesregierung alle Gewaltakte und subversiven Tätigkeiten gegen eine fremde Regierung oder gegen die Integrität eines fremden Staates scharf verurteilt, gleichgültig ob solche Akte von Regierungen, Gruppen oder Einzelnen unternommen werden. Diese Erklärung bezieht sich insbesondere auf die Bürger der Bundesrepublik Deutschland, denen nachgewiesen ist, daß sie in Guinea bedauerlicherweise gegen die obengenannten Grundsätze verstoßen haben." Zum letzten Satz der Erklärung stellte Ministerialdirektor Lahn am 15. Juli 1974 fest: „Der guineischerseits zugefügte Satz soll offensichtlich dazu dienen, den seinerzeit gegen Marx durchgeführten Schauprozeß und die jahrelange Inhaftierung nachträglich zu rechtfertigen." Vgl. Referat 010, Bd. 178573.

Am 29. Juli 1974 wurden die drei Gefangenen in Conakry dem Staatssekretär im italienischen Außenministerium, Pedini, zur Überführung in die Bundesrepublik übergeben. Vgl. die Aufzeichnung des Ministerialdirigenten Jesser vom 30. Juli 1974; Referat 010, Bd. 178573.

10 Dieses Wort wurde von Staatssekretär Gehlhoff hervorgehoben. Dazu vermerkte er handschriftlich: „Kommt nicht in Betracht".

Diese Anmerkung von Gehlhoff wurde von Bundesminister Genscher hervorgehoben. Dazu vermerkte er handschriftlich: „r[ichtig]".

11 Am 13. November 1974 erteilte Staatssekretär Gehlhoff Botschafter Freiherr von Braun, Paris, folgende Weisung: „Sie werden gebeten, dem tschadischen Botschafter mitzuteilen, daß wir bereit seien, in Verhandlungen über die Wiederaufnahme der Beziehungen mit dem Tschad einzutreten. Sie werden ermächtigt, diese Verhandlungen zu führen. Unsere Stellung in Afrika beruht u. a. auf der Beachtung des Grundsatzes der Nichteinmischung. Sollte der tschadische Bevollmächtigte – wie im Falle Guineas – ein Schuldbekenntnis der Bundesrepublik verlangen, werden Sie gebeten, ihm mitzuteilen, daß nur die Wiederaufnahme ohne Vorbedingungen in Betracht gezogen werden könne. Die Frage einer möglichen künftigen Entwicklungshilfe kann nicht in die Verhandlungen einbezogen werden, da darüber erst nach Normalisierung gesprochen werden kann." Vgl. den Drahterlaß Nr. 1131; Referat 303, Bd. 103040.

12 Dieser Absatz wurde von Staatssekretär Gehlhoff hervorgehoben. Dazu vermerkte er handschriftlich: „Hierbei sollte ernsthaft die Frage einer Doppelakkreditierung geprüft werden."

13 Am 3. Dezember 1974 wurde mitgeteilt: „Die Regierungen der Bundesrepublik Deutschland und der Republik Tschad haben im Hinblick auf die in letzter Zeit zwischen den beiden befreundeten Ländern aufgetretene Mißverständnisse und in dem Bestreben, die sie verbindende und von beiden Völkern bei vielen Anlässen zum Ausdruck gebrachte Freundschaft zu bewahren, beschlossen, ihre Mißverständnisse auszuräumen und die diplomatischen Beziehungen wie auch ihre traditionelle Zusammenarbeit wieder herzustellen." Vgl. BULLETIN 1974, S. 1457.

Die diplomatischen Beziehungen zwischen der Bundesrepublik und dem Tschad wurden am 28. November 1974 wieder aufgenommen. Vgl. dazu BULLETIN 1974, S. 1548.

320

Botschafter Wieck, Teheran, an das Auswärtige Amt

114-14567/74 VS-vertraulich Aufgabe: 2. November 1974, 13.15 Uhr[1]
Fernschreiben Nr. 1027 Ankunft: 2. November 1974, 13.54 Uhr
Cito

Betr.: Projekt „Löwe Iran"[2]

Bezug: DB 931 vom 2.10.1974 VS-vertraulich[3]

Zur Information

I. Stellvertretender Verteidigungsminister Toufanian unterrichtete mich am 30. Oktober in einer auf seinen Wunsch zustande gekommenen Unterredung von eineinhalb Stunden über die Entscheidung des Schah betreffend die künftige Panzerausrüstung der iranischen Streitkräfte. Das Ergebnis fasse ich wie folgt zusammen:

1) Iran wird die in den nächsten Jahren bestehende Panzerlücke (rund 350 Panzer) durch den Kauf des britischen Panzers Chieftain V und die spätere Erneuerung des ganzen Bestandes mit den nachfolgenden Losen des Chieftain (z.B. mit stärkerem Motor – 1200 PS), die auch in der britischen Armee eingeführt werden, vornehmen.

Die Einfuhr vollständiger Panzer wird schrittweise durch Montage mit wachsendem Anteil der Eigenanfertigung ersetzt werden.

2) Das britische Angebot sei zeitlich und preislich günstiger als die bisherigen Angebote der deutschen Seite. Die Vorschläge des deutschen Konsortiums unter Führung von Krauss-Maffei sähen eine Fertigung in Iran erst ab 1981 vor. Der Panzer würde teurer als die Panzer britischer Herkunft.

3) Die Entscheidung sei endgültig. Der ursprünglich für Herbst dieses Jahres geplante Besuch in der Bundesrepublik Deutschland werde nicht stattfinden.

II. Ich habe nach Entgegennahme dieser Erklärung folgendes festgestellt:

1) Die Bundesregierung werde die Entscheidung der iranischen Regierung respektieren. Vorbehaltlich weiterer Erklärungen seitens der Bundesregierung wollte ich jedoch folgendes feststellen:

2) Wie sich aus dem Verlauf der Audienzen mit dem Schah (Bundesminister Friderichs, StS Dr. Mann, Dr. Wolf) und aus dem anschließenden Briefwechsel zwischen Staatssekretär Dr. Mann und ihm – General Toufanian – ergäbe, hätte die iranische Regierung uns gebeten, in Iran den Bau des auf Leopard II gestützten Lion Iran zu genehmigen und zu ermöglichen. Das Industriekonsortium habe auf dieser Grundlage und mit dieser Beschränkung ein Angebot vorbereitet und erläutert.

---

[1] Hat Vortragendem Legationsrat I. Klasse Kruse am 11. November 1974 vorgelegen, der handschriftlich vermerkte: „Dix, bitte auch an StS Gehlhoff und Sachs sowie Dg 40/D 4".
[2] Zur Frage der Lieferung von Panzern des Typs „Leopard" in den Iran vgl. Dok. 278.
[3] Für den Drahtbericht des Botschafters Wieck, Teheran, vgl. Dok. 278, Anm. 10.

3) Die Bundesregierung sei zu keinem Zeitpunkt im Verlauf der mehrmonatigen Kontakte gebeten worden, zur Auffüllung einer iranischen Panzerlücke die Montage und den Nachbau des Leopard I zu genehmigen. Ein Vergleich zwischen einem entsprechenden Angebot der britischen Seite und dem auf Leopard II gestützten Angebot des deutschen Firmenkonsortiums sei daher nicht zulässig und möglich. Auf einen solchen Vergleich sich stützende Kritik an dem Angebot des Konsortiums (Zeit und Preis) müsse ich als unbegründet und unberechtigt zurückweisen.

3) Der iranischen Regierung sei die deutsche Politik in der Exportfrage immer bekannt gewesen. Die iranische Seite habe in den Verhandlungen mit uns die Herbeiführung eigener Produktionsstätten angestrebt und diesem Ziel eine hohe Priorität, ein starkes Gewicht beigemessen. Wenn dies heute nicht mehr der Fall sei, so liege der Grund für den Wegfall der Geschäftsgrundlage für dieses in Aussicht genommene Projekt in der Sinneswandlung der iranischen Regierung, die wir respektieren würden.

Sollte die iranische Regierung Zweifel an der Qualität des Nachfolgepanzers für den Leo II haben, so möchte ich sagen, daß die Bundesregierung zu dem vorgesehenen Zeitpunkt die Entscheidung über den Nachfolgepanzer treffen werde, und dieser nächste Panzer wäre angesichts der großen Bedeutung des Waffensystems für uns und für unsere Verbündeten auf dem europäischen Festland mit an Sicherheit grenzender Wahrscheinlichkeit von der gleichen Qualität im Vergleich zu den in Zukunft vorhandenen Waffensystemen auf beiden Seiten wie der Leopard I heute.

III. General Toufanian bestätigte im Verlauf der Unterhaltung, daß bei der Entscheidung politische Erwägungen, die mit der rüstungsexportorientierten Politik Großbritanniens und der Rüstungsexporten gegenüber zurückhaltenden Politik der Bundesregierung in Zusammenhang ständen, eine nicht unerhebliche Rolle gespielt hätten. Für die Chieftain-Entscheidung habe auch der Umstand eine Rolle gespielt, daß auf diese Weise eine Standardisierung erreicht werden könne.

Im übrigen wies er darauf hin, daß das Projekt einer Panzerkettenfertigung der Firma Diehl in Iran von der vorstehend geschilderten Entscheidung unberührt bleibe.[4] Die Firma Diehl ist inzwischen davon durch Toufanian unterrichtet worden und wird die Produktionsstätte jetzt so auslegen, daß dort auch Ketten für Chieftain-Panzer gebaut werden können.

IV. Wertend stelle ich fest:

1) Iran hat die Beseitigung der in den nächsten zwei bis drei Jahren zu füllenden Panzerlücke an die Spitze seiner Prioritätsliste gestellt und das im Frühjahr aufgestellte Ziel, Eigenfertigung in Iran, zurückgestellt. Ob diesem Wechsel der Priorität eine Änderung der Bedeutung oder der Einschätzung der Kriegsgefahr zugrunde liegt, bleibt zu prüfen.

Iran glaubt, in Großbritannien einen Partner zu haben, der in Übereinstimmung mit seiner Rüstungsexportpolitik keine Bedingungen hinsichtlich Mon-

---

[4] Botschaftsrat Gerhardt, Teheran, teilte am 25. Juli 1974 mit, daß die Karl Diehl GmbH, Nürnberg, am Vortag mit dem iranischen Verteidigungsministerium einen Vertrag über die Fertigung von Panzerketten im Iran unterschrieben habe. Vgl. dazu den Drahtbericht Nr. 737; Referat 422, Bd. 117154.

tage und Eigenfertigung in Iran stellt. Preisliche und sogar in den Bereich der Qualitätsvergleiche gehende Vergleiche müssen als Vorwand für die Entscheidung angesehen werden. Richtig ist, daß sich mit der Fortführung des Chieftain-Programms möglicherweise eine Standardisierung früher erreichen läßt.

2) Es ist nicht auszuschließen, daß Iran von Anfang an gehofft hat, eine Wandlung der Haltung der Bundesregierung in der Exportfrage schrittweise herbeiführen zu können, und daß in dem Augenblick, als sich dies nicht bestätigte, die Überlegungen zur Orientierung nach Großbritannien energisch eingesetzt haben. Das dürfte etwa im Juli dieses Jahres gewesen sein. Die Frage eines Exports von Leo I ist gleichwohl nicht offiziell an uns gestellt worden, wohl, weil man keine Ablehnung haben wollte. Die Frage nach Montage und Eigenfertigung von Leo I in Iran ist ebenfalls nicht gestellt worden. Dafür habe ich bislang keine überzeugende Erklärung.

3) Ich halte es für ziemlich ausgeschlossen, daß von diesem Projekt der Zusammenarbeit abgelassen worden ist, weil man nicht in den Zugzwang hat kommen wollen, bei der geplanten gemeinsamen Exportraffinerie[5] unerwünschte Konzessionen machen zu müssen. Es ist der iranischen Seite bekannt, daß die Raffinerie mit uns gebaut werden kann, wenn ihre Produkte auf dem deutschen Markt konkurrenzfähig sind. Privilegierte Preisbedingungen für Rohöl werden auch nicht mit Panzerangeboten zu erreichen sein.

4) Es bleibt abzuwarten, ob die iranische Seite in anderen Bereichen der rüstungswirtschaftlichen Zusammenarbeit (Beschaffung von Lastwagen für die Streitkräfte[6], U-Boote[7]) eine Zusammenarbeit mit uns anstrebt oder ob auch auf diesen Gebieten eine politisch motivierte Abwendung von der Bundesrepublik stattfinden wird.[8]

[gez.] Wieck

VS-Bd. 8846 (403)

---

[5] Zum Projekt der Errichtung einer Erdölraffinerie in Buschehr vgl. Dok. 166, Anm. 9.
Botschafter Wieck, Teheran, teilte am 31. Oktober 1974 nach einer weiteren Verhandlungsrunde am 28. Oktober 1974 mit, die National Iranian Oil Company (NIOC) habe erstmals den Rohölpreis erläutert, zu dem das Erdöl der gemeinsamen Raffineriegesellschaft zur Verfügung gestellt werden solle. Es habe sich gezeigt, „daß es aufgrund der bisherigen Verhandlungsführung der NIOC wünschenswert ist, die iranische Regierung auf die Schwierigkeiten und insbesondere auf die überhöhte Gewinnvorstellung der NIOC hinzuweisen und die deutsche Position näher zu erläutern. Es sollte versucht werden, die Verhandlungen aus dem isolierten Gewinnmaximierungsdenken der NIOC herauszulösen und die für Iran mit dem Raffinerieprojekt verbundenen übrigen Vorteile (Anreiz für weitere Industrieprojekte, Anschlußprojekt der Petrochemie, verbesserte Infrastruktur des Landes) stärker in die iranischen Überlegungen einzubeziehen." Die nächste Verhandlungsrunde solle am 14./15. Januar 1975 in Teheran stattfinden. Vgl. den Drahtbericht Nr. 1016; Referat 311, Bd. 104764.
[6] Ministerialdirektor Hermes führte dazu am 25. September 1974 aus: „Die aus der Sowjetunion stammenden LKWs der iranischen Armee sollen durch westliche Modelle ersetzt werden. Verhandlungen laufen mit britischen, französischen und deutschen Firmen. Der Schah soll die Beschaffung von Fahrzeugen der nächsten Bundeswehrgeneration empfohlen haben, wenn die Fertigung dieser Fahrzeuge weitgehend im Iran durchgeführt werden könne. Da der Export von militärischen Radfahrzeugen nicht unter das Kriegswaffenkontrollgesetz fällt, erscheint sowohl ein Export von Fahrzeugen wie auch eine Zusammenarbeit bei der Fertigung unter ausfuhrrechtlichen Gesichtspunkten unproblematisch." Vgl. VS-Bd. 8846 (403); B 150, Aktenkopien 1974.
[7] Zum Projekt der Lieferung von U-Booten in den Iran vgl. Dok. 278, Anm. 11.
[8] Am 22. November 1974 referierte Staatssekretär Sachs Informationen der Karl Diehl GmbH, Nürnberg, und der Botschaft in Teheran zu Gesprächen mit dem stellvertretenden iranischen Verteidi-

321

Aufzeichnung des Ministerialdirigenten Kinkel

010-2333/74 VS-vertraulich   4. November 1974

Betr.: Abschlußgespräch im Kreml am Mittwoch, dem 30. Oktober 1974, 14.45 Uhr[1]

Teilnehmer auf deutscher Seite: Bundeskanzler, Bundesminister Genscher, Staatssekretär Bölling, Staatssekretär Rohwedder, Parlamentarische Staatssekretärin Schlei, Ministerialdirektor van Well, Dolmetscher Armbruster und Weiß, Ministerialdirigent Dr. Kinkel;

Teilnehmer auf sowjetischer Seite: Generalsekretär Breschnew, Kossygin, Minister Gromyko sowie vier weitere Mitarbeiter.

Besprochen wurde:

1) Projekt Stromschiene[2]:

Bundeskanzler erläuterte nochmals Bedeutung des Projekts, insbesondere für Berlin.

Kossygin erklärte, daß das Projekt technisch lösbar sein müsse, ebenso die Frage, wo und wie umgeschaltet werde. Die Durchführung der Stromschiene durch die DDR müsse mit dieser besprochen werden. Offen sei noch die Frage des Preises des Stroms. Die Frage der tangentialen Führung der Trasse müsse noch besprochen werden. Wenn Projekt aber prinzipiell gelöst sei, werde die Umschaltung sicher keine unlösbare Rolle mehr spielen. Als gelöst könne betrachtet werden die Einschaltung West-Berlins, ebenso die Umschaltung. Es gelte nun noch, die wirtschaftlichste Trassenführung herauszufinden.

Bundeskanzler bat darum, daß Sowjetunion die notwendigen Verhandlungen mit DDR übernehme.

Fortsetzung Fußnote von Seite 1421

gungsminister Toufanian: „Dr. Gassner von der Firma Diehl teilte der Botschaft am 12.11. Einzelheiten über ein unerwartetes Interesse von General Toufanian an Angaben über Leopard I, verbesserte Version, mit. [...] Dr. Holtmeier von der Firma MAK Maschinenbau GmbH, Kiel, wurde durch General Toufanian zur Übergabe von Unterlagen und sofortiger Ausarbeitung einer Kurznotiz über den letzten Stand der Entwicklung und über Preise aufgefordert. Nach Angaben der Herren Gassner und Holtmeier soll die Beschaffung des Panzers Chieftain zwar vom Schah entschieden, der Vertrag mit den Briten jedoch noch nicht unterzeichnet sein. Am 13.11. teilte General Toufanian unserem Verteidigungsattaché in Teheran mit, die Entscheidung zugunsten des Chieftain sei gefallen. Er habe mit den Briten definitiv gesprochen. Der Verteidigungsattaché berichtete jedoch, daß noch nicht zu erkennen sei, ob die eindeutigen Aussagen von General Toufanian lediglich taktische Manöver sind oder die Möglichkeit offen lassen, daß durch eine klare politische deutsche Entscheidung zu der Frage der Montage des Panzers Leopard I mit zunehmender Eigenfertigung im Iran die Verhandlungen wieder aufgenommen werden könnten." Vgl. VS-Bd. 8846 (403); B 150, Aktenkopien 1974.

[1] Bundeskanzler Schmidt und Bundesminister Genscher hielten sich vom 28. bis 31. Oktober 1974 in der UdSSR auf. Vgl. dazu Dok. 309 und Dok. 311–316.

[2] Zur Lieferung von Kernkraftwerken in die UdSSR bzw. der Lieferung von Strom in die Bundesrepublik vgl. Dok. 314 und Dok. 315.

Kossygin bestätigte dies und erklärte, die UdSSR würden die Verhandlungen führen.

Bundeskanzler betonte nochmals, daß die Transformation auf West-Berliner Boden liegen müsse, der DDR-Stromschalter auf dem Gebiet der DDR.

Kossygin erwiderte, daß dies ein Problem für die Fachleute sei. Er faßte nochmals zusammen: Die Sowjetunion werde mit der DDR verhandeln; anschließend werde ein technisches Lösungsschema erarbeitet werden müssen; anschließend müsse erneut verhandelt werden.

Bundeskanzler betonte nochmals, daß für heute darüber Klarheit bestehe, die Umschaltstation müsse auf West-Berliner Gebiet liegen.

Kossygin antwortete: Von uns aus ja; wir müssen aber noch mit der DDR sprechen.

Bundeskanzler bat darum, die Angelegenheit nicht ins Kommuniqué[3] aufzunehmen.

Kossygin betonte, daß es sich um ein außerordentlich leistungsfähiges Kraftwerk handeln werde.

Bundeskanzler erwiderte, daß beide Seiten ein großes technisches Risiko eingingen, daß es sich außerdem um die erste Verbindung technischer Art zwischen Ost und West handele.

Bundeskanzler wies abschließend zu dieser Frage darauf hin, daß von deutscher Seite hierzu keine weiteren Erklärungen mehr notwendig seien.

Breschnew erwiderte: von sowjetischer Seite auch nicht.

2) Schlußworte:

Breschnew erklärte, daß die deutsch-sowjetische Begegnung rechtzeitig und nützlich gewesen sei. Die Gespräche hätten dies bestätigt. Die unterzeichnungsreifen Dokumente schlössen noch nicht alle laufenden Verhandlungen ab; die Richtung sei aber gut. Die Sowjetunion wünsche internationale Entspannung, das gelte insbesondere auch für die KSZE. Wirtschaftliche Beziehungen seien außerordentlich wichtig. Er bedankte sich für die Einladung in die Bundesrepublik[4] und wies darauf hin, daß man nun regelmäßig zusammentreffen wolle. Man gehe aufeinander zu. Die Einigung über internationale Fragen müsse ebenfalls hervorgehoben werden. Er drückte zum Schluß die allgemeine Genugtuung der sowjetischen Seite über die Begegnung aus, die in freundschaftlicher Atmosphäre stattgefunden habe.

Bundeskanzler begann das Schlußwort mit einem Dank für die Einladung, die Gastfreundschaft und die Offenheit der Gespräche. Er betonte, daß die sowjetische Seite sicher neugierig gewesen sei auf die neue Regierung in Bonn; die Gespräche hätten gezeigt, wie sehr sich diese Regierung bemühe, die von Brandt

---

3 Für den Wortlaut der Gemeinsamen Erklärung vom 30. Oktober 1974 anläßlich des Besuchs des Bundeskanzlers Schmidt und des Bundesministers Genscher vom 28. bis 31. Oktober 1974 in der UdSSR vgl. BULLETIN 1974, S. 1307–1309.

4 Für die von Bundeskanzler Schmidt mündlich ausgesprochene Einladung zu einem Besuch in der Bundesrepublik vgl. Dok. 315.
Vgl. dazu auch die Gemeinsame Erklärung vom 30. Oktober 1974 anläßlich des Besuchs des Bundeskanzlers Schmidt und des Bundesministers Genscher vom 28. bis 31. Oktober 1974 in der UdSSR vgl. BULLETIN 1974, S. 1309.

und Scheel eingeleitete Politik fortzusetzen. Er drückte seine Zuversicht aus, daß der offene Meinungsaustausch sich fortsetzen werde. Eine Verbesserung der Wirtschaftsbeziehungen bringe auch zwangsläufig einen Ausbau der allgemeinen Beziehungen mit sich. Bundeskanzler dankte für die Annahme der Einladung in die Bundesrepublik. Dann bestehe auch sicher eher die Möglichkeit, unmittelbare Gespräche über einen längeren Zeitraum hinweg zu führen.

Kossygin wies darauf hin, daß es leider eben notwendig sei, protokollarische Dinge durchzupeitschen.

Bundeskanzler sagte abschließendes Wort der Bewertung: Wir fahren nach Bonn zurück in dem Bewußtsein, daß wir einen Schritt nach vorn getan haben. Dies können wir auch der Öffentlichkeit und insbesondere auch unserer Opposition im Bundestag sagen. Nochmals Worte des Dankes.

Es wurde vereinbart, daß die Gemeinsame Erklärung am Mittwoch, dem 6. November 1974 veröffentlicht wird, die Tatsache des abgeschlossenen Kooperationsabkommens[5] am nächsten Tag.

Kinkel

VS-Bd. 14056 (010)

322

Aufzeichnung des Ministerialdirigenten Blech

210-506.01-3070/74 VS-vertraulich   **5. November 1974**[1]

Betr.: Besuch des Regierenden Bürgermeisters von Berlin beim Papst[2];
      hier: Haltung des Vatikans in der Frage der Begleitung des Regierenden Bürgermeisters durch den Botschafter der Bundesrepublik Deutschland

I. Der Herr Bundesminister empfing heute um 9.30 Uhr Nuntius Bafile auf dessen Wunsch.

Der Nuntius eröffnete das Gespräch mit seinem Dank dafür, daß der Herr Minister ihn so kurzfristig zu empfangen bereit gewesen sei. Es gehe ihm darum,

---

[5] Für den Wortlaut des Abkommens vom 30. Oktober 1974 zwischen der Regierung der Bundesrepublik und der Regierung der UdSSR über die weitere Entwicklung der wirtschaftlichen Zusammenarbeit vgl. BUNDESGESETZBLATT 1974, Teil II, S. 1439f.

[1] Ministerialdirigent Blech leitete die Aufzeichnung am 5. November 1974 an Bundesminister Genscher weiter. Dazu vermerkte er: „Hiermit wird der Vermerk über das heutige Gespräch zwischen dem Herrn Minister und dem Nuntius mit der Bitte um Zustimmung zum Inhalt und Verteiler vorgelegt."
Hat Ministerialdirigent Kinkel am 6. November 1974 vorgelegen.
Hat Genscher am 8. November 1974 vorgelegen. Vgl. den Begleitvermerk; VS-Bd. 10120 (210); B 150, Aktenkopien 1974.

[2] Zur Frage einer Audienz des Regierenden Bürgermeisters von Berlin, Schütz, bei Papst Paul VI. vgl. Dok. 310, Anm. 6.

den Standpunkt des päpstlichen Staatssekretariats in der oben bezeichneten Frage darzulegen, soweit er hierzu imstande sei. Die Deutsche Botschaft beim Vatikan habe seinerzeit den Wunsch vorgetragen, der Papst möge den Regierenden Bürgermeister empfangen. Obwohl der Papst wegen der gleichzeitigen Bischofssynode sehr beschäftigt gewesen sei, sei er bereit gewesen, den Regierenden Bürgermeister zu sehen. Es wäre jedoch nicht mit dem vatikanischen Protokoll konform gewesen, wenn der Regierende Bürgermeister hierbei von Botschafter Böker, wie gewünscht, begleitet worden wäre. Schon der ehemalige Bundeskanzler Brandt sei als Regierender Bürgermeister zweimal allein beim Papst gewesen[3]; dem gegenüber habe man keine Neuerungen einführen wollen. Es habe kein Anlaß bestanden, von den Präzedenzfällen abzuweichen. Es sei zu bedenken, daß der Vatikan mehr als andere auf das Protokoll bedacht sein müsse. Der Empfang von Besuchern – mehrere täglich – sei ein bedeutender Teil der Arbeit des Papstes; seine Umgebung habe daher auf eine strenge Einhaltung der entsprechenden protokollarischen Regeln Wert zu legen. Auf jeden Fall sei festzuhalten, daß das Protokoll eines Besuches vom Empfangenden und nicht vom Besucher bestimmt werde. Dies sei unbestreitbar.

Im gegebenen Falle sei eine unglückliche Indiskretion geschehen. Man habe in Rom über den Besuch in gutem Stil verhandelt, wie dies in allen solchen Fällen geschehe. Trotz dieses Rahmens seien diese Verhandlungen in Berlin preisgegeben und damit eine Begründung für das Nichtzustandekommen des Besuches des Regierenden Bürgermeisters gegeben worden[4], der einen Sturm ausgelöst habe. Es handele sich um einen eklatanten Bruch der Vertraulichkeit; der Staatssekretär[5] sei beunruhigt und verstimmt.

Dabei sei dem Verhalten des Heiligen Stuhles eine Interpretation gegeben worden, als ob er die Bindungen zwischen Berlin und der Bundesrepublik Deutschland verkenne. Dies sei ganz unbegründet. Man habe sich ja nur wie früher verhalten. Die ständige Einstellung des Heiligen Stuhles zu den Bindungen komme nicht nur in der Presseerklärung des Vatikans vom 31. Oktober[6], sondern

---

3 Botschafter Böker, Rom (Vatikan), teilte dazu am 16. Oktober 1974 mit: „Nach hiesigen Feststellungen scheint es richtig zu sein, daß den damaligen Regierenden Bürgermeister Brandt in einem Fall nur ein Legationsrat der Botschaft, im zweiten Fall kein Mitglied der Botschaft zur Audienz begleitet hat. Aus welchen Gründen diese Verfahrensweise gewählt wurde, läßt sich hier nicht mehr feststellen." Vgl. den Drahtbericht Nr. 106; Referat 210, Bd. 111634.
4 Ministerialdirigent Blech vermerkte am 31. Oktober 1974: „Am 30.10.1974 erschienen in großen Zeitungen Agenturmeldungen über die Absage der Reise des Regierenden Bürgermeisters. Die Berichte, die offensichtlich auf gezielten Informationen beruhten, gaben unter ausdrücklicher Bezugnahme auf die Empfehlung von Botschafter Böker die ihnen zugrunde liegenden Überlegungen aus dem Bericht der Vatikan-Botschaft wieder. [...] Bei einer gesellschaftlichen Veranstaltung am Abend des 30.10.1974 machte der Regierende Bürgermeister in einem Gespräch uns gegenüber keinen Hehl daraus, daß er selbst die Angelegenheit in die Öffentlichkeit getragen habe. [...] Nach seinen eigenen Äußerungen betrachtet der Regierende Bürgermeister den ganzen Vorgang in erster Linie unter dem Gesichtspunkt des beginnenden Wahlkampfes in Berlin." Vgl. Referat 210, Bd. 111634.
5 Agostino Casaroli.
6 Dazu wurde in der Presse berichtet: „Im Zusammenhang mit dem abgesagten Besuch des Regierenden Bürgermeisters von Berlin in Rom hat das vatikanische Presseamt am Donnerstag eine Erklärung veröffentlicht. Darin heißt es, die Einstellung des Vatikans zum Status Berlins sei geprägt von voller Anerkennung des Vier-Mächte-Abkommens. Der Vatikan verkenne auch nicht die besonderen Bindungen West-Berlins mit der Bundesrepublik. [...] In der Erklärung des vatikanischen Presseamtes heißt es weiter, der Papst habe Schütz auf dessen Wunsch eine Privataudienz gewähren wollen ‚als Zeichen seiner besonderen Wertschätzung und Hochachtung für den Herrn Bürgermeister und für die Stadt Berlin'. Für den Besuch habe dasselbe Protokoll gelten sollen, das

1425

auch darin zum Ausdruck, daß das Audienzgesuch des Regierenden Bürgermeisters dem Heiligen Stuhl durch die Botschaft übermittelt worden sei und auch von vatikanischer Seite die Selbstverständlichkeit nie in Abrede gestellt worden sei, daß die Botschaft diese Aufgabe wahrnehmen könne.

Der Herr Minister wies darauf hin, daß hier zwischen verschiedenen Komplexen Unterschiede gemacht werden müßten.

Was die Indiskretion anbetreffe, so sei der Vorgang nicht durch die Bundesregierung an die Öffentlichkeit gebracht worden. Die Indiskretion sei bedauerlich.

Es sei aber auch festzuhalten, daß unserem Wunsch, den Regierenden Bürgermeister von Berlin im Ausland bei Besuchen auf hoher Ebene durch unseren Botschafter begleiten zu lassen, noch nie widersprochen worden sei, ausgenommen diejenigen Länder, die die Außenvertretung Berlins durch die Bundesrepublik Deutschland ohnehin bestreiten. Optisch ergebe sich daraus eine Nähe zwischen der Haltung des Vatikans und derjenigen des Ostblocks. Die Frage sei, wie diesem Eindruck entgegengewirkt werden könne.

Der Herr Minister zitierte sodann aus dem Bericht von Botschafter Böker über sein Gespräch mit Erzbischof Benelli[7], in dem dieser unter Bezug auf die Presseerklärung der Bundesregierung[8] zur Haltung des Regierenden Bürgermeisters bemerkt habe, daß er eine solche Unterstützung des Regierenden Bürgermeisters vom Außenminister der Bundesrepublik nicht erwartet habe. Er, der Herr Minister, habe diese Presseäußerung zwar vorher nicht gekannt. Er billige sie aber und solidarisiere sich mit ihr vollständig. Daneben hätte er dem Re-

---

Fortsetzung Fußnote von Seite 1425
auch bei den Besuchen des Regierenden Bürgermeisters Brandt in den Jahren 1960 und 1966 – also vor dem Abschluß des Vier-Mächte-Abkommens – Anwendung gefunden habe. [...] Das vatikanische Presseamt bedauere, daß aus dem Vorfall völlig unbegründete Folgerungen gezogen worden seien. Man habe damit die ‚aufrichtige und respektvolle Herzlichkeit' in Zweifel gestellt, die die Beziehungen zwischen dem Heiligen Stuhl und dem deutschen Volk und der Regierung der Bundesrepublik beseele." Vgl. den Artikel „Der Vatikan bedauert Absage von Schütz"; FRANKFURTER ALLGEMEINE ZEITUNG vom 1. November 1974, S. 4.

[7] Botschafter Böker, Rom (Vatikan), teilte am 31. Oktober 1974 mit, der Unterstaatssekretär im Staatssekretariat des Heiligen Stuhls, Benelli, habe ihm zur Absage einer Audienz des Regierenden Bürgermeisters von Berlin, Schütz, bei Papst Paul VI. erklärt: „Der Vatikan habe gar nicht zu erkennen vermögen, daß wir dem Besuch des Regierenden Bürgermeisters eine politische Bedeutung beimessen. Für den Heiligen Stuhl hätten solche Audienzen einen sakrosankten Charakter". Böker berichtete dazu weiter: „Ich erwiderte, bei allem Respekt für Person und Amt des Papstes müsse ich darauf hinweisen, daß ausländische Politiker eine Audienz beim Papst nicht ganz so bewerteten. Für sie handele es sich nicht nur um eine Geste der Höflichkeit und Bezeugung des Respektes, sondern sie suchten in der Regel auch das politische Gespräch. Im vorliegenden Falle sei die bloße Tatsache, daß unsere Note, in der wir um die Audienz baten, erklärte, der Regierende Bürgermeister werde von dem Botschafter begleitet sein, ausreichend Hinweis darauf gewesen, daß der Besuch keinen persönlichen religiösen, sondern einen offiziellen und politischen Charakter habe. Hier verhaspelte sich Benelli und meinte, genau dies wolle der Vatikan ja nicht, ging dann aber schnell darüber hinweg." Vgl. den Drahtbericht Nr. 112; Referat 210, Bd. 111634.

[8] Dazu wurde in der Presse berichtet: „Die Bundesregierung und die CDU/CSU-Opposition im Bundestag haben sich mit dem Entschluß des Regierenden Bürgermeisters von Berlin, Schütz, solidarisch erklärt, seinen Besuch im Vatikan abzusagen, weil der Papst an der vorgesehenen Audienz nicht den deutschen Botschafter beim Heiligen Stuhl teilnehmen lassen wollte. Ein Regierungssprecher versicherte in Bonn, die Bundesregierung habe selbstverständlich für die Haltung von Schütz volles Verständnis. Auf eine Frage sagte er, ob der deutsche Botschafter an solchen Audienzen teilnehme, richte sich nach der protokollarischen Art des Besuches." Vgl. die Meldung „Bundesregierung billigt Absage von Schütz an den Papst"; FRANKFURTER ALLGEMEINE ZEITUNG vom 31. Oktober 1974, S. 1.

gierenden Bürgermeister, wenn dieser ihn gefragt hätte, geraten, wegen eben jenes optischen Eindruckes von seiner Reise abzusehen. Der Herr Minister drückte sodann seine Genugtuung über die Bereitschaft des Heiligen Vaters aus, trotz seiner Inanspruchnahme den Regierenden Bürgermeister zu empfangen und damit auch auf Berlin einzugehen. Gerade in der Frage, wie dies geschehe, liege aber der bedenkliche Punkt, und es stelle sich das Problem, wie dieser bedenkliche Punkt zu beseitigen sei. Er, der Herr Minister, frage daher, ob der Besuch des Regierenden Bürgermeisters beim Papst in Begleitung des Botschafters zu einem passenden Zeitpunkt nicht nachgeholt werden solle.

Der Nuntius entgegnete, hierfür keine Weisung zu haben. Die Indiskretion und die Erklärung der Bundesregierung danach habe jedoch die Situation sicher nicht erleichtert.

Der Herr Minister wiederholte, daß er diese Erklärung im Nachhinein voll autorisiere. Hierüber sollte kein Mißverständnis bestehen.

Der Nuntius bemerkte, daß gegen die Absage des Besuches durch den Regierenden Bürgermeister nichts zu sagen sei. Entscheidend sei der Bruch der Vertraulichkeit und die Tatsache, daß dadurch ein Sturm ausgelöst worden sei, in dem der Heilige Stuhl Diffamierungen ausgesetzt sei. Damit stelle sich die andere Frage, wie sich die Bundesregierung hiervon distanzieren könne. Wenn durch sie die Haltung des Heiligen Stuhles nicht auf das richtige Maß zurückgeführt werde, entstehe nicht nur dem Ansehen des Heiligen Stuhles, sondern auch der Sache Berlins ein Schaden.

Der Herr Minister wiederholte, daß gerade deshalb ein Ausweg gesucht werden müsse.

Der Nuntius stellte erneut die Frage, was der Heilige Stuhl denn Schlimmes getan habe? Man hätte über seine Haltung sehr verschiedener Meinung sein können. Ebenso gewiß sei aber, daß er mit dieser Haltung, die der ständigen vatikanischen Übung entspreche, nichts Unrechtes getan habe.

Der Herr Minister betonte noch einmal, daß es gerade darum gehe, einen solchen Eindruck zu vermeiden. Dies geschehe am besten durch die Möglichkeit, den Besuch nachzuholen.

Der Nuntius verwies hierauf nochmals darauf, daß er dazu keine Instruktionen habe. Der Bruch der Vertraulichkeit habe alles schwieriger gemacht. Auf keinen Fall habe der Heilige Stuhl etwas getan, was die Bindungen Berlins und bestehende Übungen beeinträchtigt hätte; er habe allerdings auch der bestehenden Übung nichts Neues hinzufügen wollen. Es sollte ganz klar dargelegt werden, daß die Bundesregierung von Rechts wegen nicht mehr hätte verlangen können.

Der Herr Minister führte hierzu aus, daß man dies in den Antworten auf die parlamentarischen Anfragen sicher so nicht sagen könne. Gewiß hätte man den Vatikan nicht dazu zwingen können, den Botschafter als Begleiter des Regierenden Bürgermeisters beim Besuch beim Papst zuzulassen. Aber die Tatsache bleibe bestehen, daß es außerhalb der Sowjetunion und ihrer Verbündeten keinen Fall des Ausschlusses des Botschafters gebe.

Auf die Bemerkung des Nuntius, daß dies für den Vatikan eben nicht gelte, verwies der Herr Minister auf Präzedenzfälle für Ausnahmen.

Der Nuntius entgegnete hierauf, er habe darüber keine näheren Informationen. Ausnahmen wären wohl immer möglich; aber im Falle Deutschlands hätte es eben bisher keine gegeben. Auch könne man Ausnahmen eben nicht verlangen.

Der Herr Minister erklärte nochmals, daß wir in der Sache Wert auf die Begleitung des Regierenden Bürgermeisters durch unseren Botschafter überall in Ausnahme Moskaus und seiner Verbündeten[9] legen müssen. Wir hätten hier die Auswirkungen auf andere, die Optik, in Rechnung zu stellen. Der Nuntius könne jedoch davon ausgehen, daß wir mit den Antworten auf die parlamentarischen Anfragen das Problem nicht verschärfen wollten[10]. Dies wäre leichter, wenn gesagt werden könnte, der Besuch des Regierenden Bürgermeisters zusammen mit dem Botschafter könne nachgeholt werden.

Der Nuntius sagte, dies könne er nicht erklären.

Der Herr Minister meinte hierzu, daß sich dies vielleicht durch den Nuntius noch vor der Fragestunde am 7.11. klären ließe.

Der Nuntius zeigte sich hierzu skeptisch.

Der Herr Minister unterstrich nochmals, daß er dem Regierenden Bürgermeister keinen Rat gegeben habe, daß er aber, wäre er gefragt worden, wegen der Optik zum Verzicht auf den Besuch ohne Botschafter geraten hätte. Die Indiskretion sei in der Tat bedauerlich.

Der Nuntius insistierte, daß, wenn die Haltung des Heiligen Stuhles korrekt gewesen sei – und hierüber könne kein Zweifel bestehen –, dies von der Bundesregierung in ihren Erklärungen vor dem Parlament erwähnt werden sollte. Dann wäre die Sache erledigt. Er müsse noch einmal darauf hinweisen, daß Bestehendes nicht beeinträchtigt worden sei. Die Deutsche Botschaft sei ja eingeschaltet gewesen.

Der Herr Minister gab hierauf zu bedenken, daß in ähnlich gelagerten Fällen auch die sowjetische Regierung uns eine Antwort in der Sache gebe, gerade wenn sie den Botschafter ausschließe. Das Argument, unsere Botschaft beim

---

[9] Der Passus „in Ausnahme Moskaus und seiner Verbündeten" wurde von Bundesminister Genscher gestrichen.

[10] Am 7. November 1974 führte Staatsminister Moersch zur Anfrage des CDU-Abgeordneten Kunz hinsichtlich der „Weigerung von Papst Paul VI., zusammen mit dem Regierenden Bürgermeister von Berlin auch den Deutschen Botschafter beim Heiligen Stuhl in Audienz zu empfangen", aus: „Herr Abgeordneter Kunz, der Heilige Stuhl hat sowohl öffentlich als auch auf diplomatischem Wege der Bundesregierung erklärt, daß sich seine Haltung ausschließlich aus der Übung des vatikanischen Protokolls erkläre. Die Bundesregierung hat dies zur Kenntnis genommen. Der Heilige Stuhl hat auf dem gleichen Wege klargestellt, daß er in keiner Weise beabsichtigt habe oder beabsichtige, die bestehenden Bindungen zwischen der Bundesrepublik und Berlin (West) in Frage zu stellen oder zu beeinträchtigen. Die Bundesregierung hat dies mit Befriedigung aufgenommen. Die Bundesregierung kann jedoch bei der Beurteilung des gesamten Vorgangs nicht an der Tatsache vorübergehen, daß der Regierende Bürgermeister von Berlin während seiner Aufenthalte in anderen Staaten seine Besuche bei hochrangigen Repräsentanten in Begleitung des Botschafters der Bundesrepublik Deutschland abstatten kann, wenn er dies wünscht. Es liegt nahe, daß sowohl der Regierende Bürgermeister als auch die Bundesregierung auf eine derartige Begleitung, die die Zusammengehörigkeit der Bundesrepublik Deutschland mit Berlin (West) zum Ausdruck bringt, Wert legen. Ein Verzicht hierauf könnte Anlaß zu Mißdeutungen geben. Es findet daher das volle Verständnis der Bundesregierung, wenn der Regierende Bürgermeister von Berlin es unter den gegebenen Umständen vorgezogen hat, von seinem Besuch beim Heiligen Stuhl abzusehen." Vgl. BT STENOGRAPHISCHE BERICHTE, Bd. 90, S. 8622.

Vatikan sei eingeschaltet gewesen, sei daher nicht zu verwenden. Es beseitige nicht die Nähe des Verhaltens des Vatikans zum Verhalten Moskaus.

Der Nuntius entgegnete, dies sei nur de facto so. Im Unterschied zu Moskau wolle jedoch der Vatikan nichts gegen die Bindungen, die er in seiner Erklärung vom 31. Oktober ausdrücklich erwähnt habe, unternehmen.

Der Herr Minister sagte, er nehme die Äußerung zu den Bindungen mit großer Befriedigung zur Kenntnis, auch wenn sie (dies auf einen Einwurf des Nuntius) nichts Neues besage. Im übrigen wies er darauf hin, daß seinerzeit der Regierende Bürgermeister Brandt bei einem seiner Besuche von einem Beamten der Botschaft begleitet worden sei. Auch sei seinerzeit die Begleitung durch den Botschafter nicht erbeten worden.

Der Nuntius bemerkte dann mit der Bitte um Vertraulichkeit, er sei leider vor der Entscheidung des Vatikans, die Begleitung durch den Botschafter abzulehnen, nicht gefragt worden, jetzt komme es aber darauf an, die Sache auf ihr wirkliches Maß zurückzuführen.

Der Herr Minister versicherte nochmals, wir würden uns um eine entschärfende Antwort bemühen.

Der Nuntius äußerte den Wunsch, Wahrheit und Gerechtigkeit mögen wieder hergestellt werden. Schließlich sei alles auf einen eklatanten Bruch der Vertraulichkeit auf deutscher Seite zurückzuführen.

Der Herr Minister bemerkte hierzu, die Antworten der Bundesregierung gegenüber dem Parlament seien immer wahrheitsgemäß.

Der Nuntius entgegnete, dies gelte sicher für die Absicht der Bundesregierung. Hier bestehe aber auf ihrer Seite eine Verpflichtung, einen entstandenen Schaden zu beheben.

Der Herr Minister beendete das Gespräch mit der Erklärung, wir würden die Versicherungen von vatikanischer Seite bezüglich der Haltung des Heiligen Stuhles zu Berlin und ihren Bindungen gern bekanntgeben. Wir könnten aber auch nicht verschweigen, daß der Botschafter nicht ausgeschlossen werden sollte, wenn der Gast von ihm begleitet zu werden wünsche. Wir würden bei unseren Erklärungen sowohl die Interessen Berlins wie auch unsere Beziehungen zum Heiligen Stuhl im Auge haben.

Das Gespräch wurde kurz nach 10.00 Uhr abgeschlossen.

II. Im Anschluß an das Gespräch mit dem Herrn Minister bat der Nuntius den Unterzeichneten um eine Fortführung der Erörterung. Dies dauerte etwa eine Stunde. Im wesentlichen handelte es sich um eine Wiederholung der beiderseitigen Positionen, wie sie im vorhergehenden Gespräch zwischen dem Herrn Minister und dem Nuntius zum Ausdruck gebracht worden waren. Darüber hinaus ist festzuhalten:

— Ich habe wiederholt, daß es sehr sachdienlich wäre, wenn vor dem Bundestag darauf hingewiesen werden könnte, daß Besuch des Regierenden Bürgermeisters beim Papst in Begleitung des Botschafters zu einem noch festzusetzenden Zeitpunkt nachgeholt würde. Auch wenn der Nuntius hierzu im Augenblick keine Instruktionen habe, so sei doch bis zur Fragestunde im Parlament noch genügend Zeit, dies mit den Heiligen Stuhl zu klären. Der Nuntius schloß eine solche Möglichkeit viel prononcierter als im Gespräch mit dem Herrn Minister aus. Das Staatssekretariat sei in einem solchen Maße verärgert, daß es aussichtslos sei, von ihm eine entsprechende Zusage zu erwarten.

— Ebenfalls prononcierter als im Gespräch mit dem Herrn Minister und mit der nochmaligen Bitte um absolute Vertraulichkeit distanzierte sich der Nuntius von der Entscheidung des Vatikans. Er sei entsetzt gewesen, als er von dem Vorgang Kenntnis erhalten habe. Wäre er gefragt worden, hätte er in Kenntnis der besonderen Problematik um Berlin und ihrer psychologischen Implikationen dafür votiert, einen Weg zur Rücksichtnahme auf die Wünsche des Regierenden Bürgermeisters zu finden. Es war deutlich, daß der Nuntius gerade unter diesem Gesichtspunkt die schnelle Absage des Regierenden Bürgermeisters und die Indiskretion bedauerte. Allem Anschein nach hätte er von einer weiteren vertraulichen Erörterung der Angelegenheit zwischen dem Heiligen Stuhl und unserer Botschaft seine eigene Einschaltung in die Entscheidungsbildung des Heiligen Stuhles und dadurch eine auch unsere Seite befriedigende Lösung erhofft.

— Diese persönliche Haltung des Nuntius hinderte ihn nicht, immer wieder darauf zu drängen, die Bundesregierung möge im Interesse von „Wahrheit und Gerechtigkeit" in ihren parlamentarischen Äußerungen ausdrücklich feststellen, der Vatikan habe nichts Unrechtes getan und wir hätten keinen Anspruch darauf, von ihm ein anderes Verhalten als das gewählte zu erwarten. Entsprechende Hoffnungen wurden ihm selbstverständlich nicht gemacht, sondern immer wieder auf die diesbezüglichen Ausführungen des Herrn Ministers verwiesen. Im übrigen wurde er auf die Sprachregelung der Bundesregierung gegenüber der Presse hingewiesen, wo immerhin die Tatsachenfeststellung getroffen worden sei, daß der Vatikan seine Entscheidung mit protokollarischen Erwägungen begründet habe; irgendwelche politische Deutungen seien von der Bundesregierung gegenüber der Öffentlichkeit nicht vorgenommen worden. Der Nuntius bezeichnete diese Darstellung der reinen Fakten als nicht ausreichend; es sollte eben von uns auch gesagt werden, daß der Heilige Stuhl sich legitimerweise so verhalten habe.

— Der Nuntius wurde von mir mehrfach darauf hingewiesen, daß das Verhalten der deutschen Seite und die Reaktion der deutschen Öffentlichkeit im Kontext der besonderen Sensibilität in Berlin und der nicht unbeträchtlichen Irritation weiter deutscher Kreise über bestimmte Tendenzen der Ostpolitik des Heiligen Stuhles gesehen werden müsse. Ich verwies dabei insbesondere auf das in der Presse gemeldete Vorhaben einer Besuchsreise des Erzbischofs Poggi als Vertreter Casarolis in der DDR.[11] Der Nuntius ließ

---

[11] Botschaftsrat I. Klasse Schaad, Rom (Vatikan), berichtete am 4. November 1974, in der italienischen Tageszeitung „Il Messaggero" vom selben Tag sei über eine von Erzbischof Poggi für Mitte November des Jahres geplante Reise in die DDR berichtet worden: „Seine Aufgabe sei es u. a., einen Themenkatalog für die Anfang nächsten Jahres geplanten grundsätzlichen Gespräche zwischen DDR und Vatikan mit den zuständigen ostdeutschen Regierungsstellen vorzubereiten. [...] Der ‚Messaggero' fügte hinzu, die Reise Poggis sei ein Zeichen für die nach Abschluß des Grundvertrages [...] geänderte Politik des Vatikans, der nunmehr dabei sei, die bisher gegenüber der DDR gezeigte Zurückhaltung abzubauen. ‚Ostberliner Kreise', so fährt der ‚Messaggero' fort, hätten in diesen Tagen auch darauf hingewiesen, welche Bedeutung in ihren Augen in diesem Zusammenhang dem Umstand

keinen Zweifel, daß ihm dieser psychologische Hintergrund voll gegenwärtig sei und daß er jenen Tendenzen kritisch gegenüberstehe. Er ging so weit, die Hoffnung auszudrücken, daß aus Gesprächen wie denjenigen Poggis nichts herauskomme.

Blech

VS-Bd. 10120 (210)

323

Aufzeichnung des Legationsrats Chrobog

5. November 1974[1]

Betr.: Vermerk über das Ministergespräch über Europa-Fragen am 5. November 1974 um 8.00 Uhr

Teilnehmer: Bundesminister, StS Gehlhoff, StS Sachs, StM Wischnewski, StM Moersch, MD Hermes, MDg Kinkel, MDg Lautenschlager, MDg Ruhfus, von Pachelbel, von der Gablentz, Jelonek, Ruyter, Sulimma, Trumpf, Chrobog.

BM eröffnete das Gespräch mit der Frage nach dem Stand Regionalfonds.[2]

Fortsetzung Fußnote von Seite 1430
zukomme, daß die Bitte des Regierenden Bürgermeisters Schütz, vom Papst gemeinsam mit dem ‚westdeutschen Botschafter beim Vatikan' zur Audienz empfangen zu werden, von Papst Paul VI. abgelehnt worden sei." Eine entsprechende Meldung in der Tageszeitung „Die Welt" führte Schaad auf Gespräche zurück, „die Erzbischof Casaroli am Rande einer Vortragsveranstaltung am 31. Oktober 1974 mit Journalisten in Rom geführt hat. Auf die Frage, ob er bald nach Ostberlin reise, soll Casaroli erwidert haben, er lese manchmal in den Zeitungen Dinge, von denen er nicht einmal träume. Im weiteren Verlauf des Gesprächs habe er aber hinzugefügt, er werde langsam [zu] alt für das viele Reisen, das sei nun Sache jüngerer Leute, wie zum Beispiel Erzbischof Poggis. Im übrigen soll Casaroli die Beziehungen zur Bundesrepublik Deutschland als ‚ausgezeichnet' und die Reaktion in Deutschland in der Angelegenheit des Schütz-Besuches als einen Sturm im Wasserglas bezeichnet haben." Vgl. den Drahtbericht Nr. 113; Referat 501, Bd. 165571.
Ministerialdirigent Blech vermerkte am 7. November 1974, der Apostolische Nuntius Bafile habe ihm telefonisch mitgeteilt: „Er habe wegen der Nachricht in Rom angefragt, daß Casaroli erklärt habe, er reise nicht nach Ostberlin, jedoch werde sein Mitarbeiter Erzbischof Poggi Gespräche in der DDR führen. Casaroli habe eine solche Erklärung nicht abgegeben." Vgl. Referat 210, Bd. 111634.

1 Hat Ministerialdirigent Kinkel am 5. November 1974 vorgelegen.
2 Zum Europäischen Regionalfonds vgl. Dok. 317, Anm. 41.
Referat 412 legte am 4. November 1974 dar: „Das Auswärtige Amt kann sich kaum der Argumentation entziehen, die für die Behandlung des Regionalfonds auf dem Regierungscheftreffen spricht. 1) Bis zur Unterbrechung der Verhandlungen im März vertrat die deutsche Delegation ein Angebot der Bundesregierung, das unsere Partner jedoch für ungenügend hielten. Nunmehr hat die Kommission im Hinblick auf das Regierungscheftreffen einen Kompromißvorschlag gemacht, der unserem damaligen Angebot fast völlig entspricht. [...] 2) Beim ‚Pariser Dîner' am 14.9. wurde positiv und unstreitig festgestellt, daß die Regionalpolitik zum Themenkreis des Regierungscheftreffens zu zählen sei. 3) Das Argument des BMF, unser Angebot habe seinerzeit zum Komplex ‚Übergang zur zweiten Stufe der WWU' gehört und sei durch ‚Wegfall der Geschäftsgrundlage' hinfällig geworden, wird unsere Partner nicht überzeugen. Denn wir hatten den Zusammenhang mit der zweiten Stufe bereits selbst aufgegeben [...] 4) Die Regionalpolitik ist in dem Themenkatalog des Re-

StM Wischnewski erklärte, Minister Apel sei zur Zeit negativ eingestellt. Auch das Bundeskanzleramt sei inzwischen schwankend geworden und teile eher die Auffassung von Apel.

Lautenschlager: Großbritannien geht es zur Zeit nicht um den Regionalfonds. Im Mittelpunkt des Interesses dort Budget-Neuverhandlungen. Man müsse sich darüber im klaren sein, daß die Bundesrepublik, deren Anteil gemessen am Bruttosozialprodukt erheblich tiefer liege, im Endergebnis die Differenz aufbringen müsse. Engländer werden Thema Budget-Neuverhandlungen am 12. November[3], 2./3. Dezember[4] bzw. auf dem Gipfel[5] zur Sprache bringen. Wir müssen uns fragen, was uns das Verbleiben Großbritanniens in der EG wert sei. Er sei der Auffassung, das finanzielle Opfer müsse erbracht werden.

Direktwahlen EP:

BM stellte Frage, ob es denkbar sei, daß alle anderen Länder außer Großbritannien direkt wählen.

StM Moersch: Muß möglich sein – Verweis auf den Ständerat[6] in der Schweiz.

Ruyter: Auf diese Weise würde der Auftrag der Römischen Verträge[7] nicht erfüllt.

Hermes: Im Ergebnis kommt es auf die Befugnisse an, die dem Europäischen Parlament eingeräumt werden. Diese würden sicherlich geringer sein, wenn ein oder zwei Länder sich an der Direktwahl nicht beteiligen.

StS Gehlhoff: Wenn sieben Länder direkt wählen, wäre dies unbedingt ein Fortschritt.

BM: Selbstverständlich davon auszugehen, daß das Wahlsystem – nachdem die einzelnen Länder die EP-Abgeordneten wählen – unterschiedlich sein muß und sich nach nationalem Wahlrecht richtet. Wollte man hier auch noch zu einem einheitlichen Wahlrecht kommen, so wäre das Problem der Direktwahl EP endgültig vom Tisch.

Fortsetzung Fußnote von Seite 1431
    gierungscheftreffens zusammengefaßt mit Inflationsbekämpfung und Vollbeschäftigung. Wir können nicht eine Lage entstehen lassen, bei der unsere Forderungen zur Stabilität daran scheitern, daß wir nicht mehr zu Zugeständnissen beim Regionalfonds stehen, die unsere Partner schon für feststehend halten." Vgl. Referat 412, Bd. 105691.

3 Korrigiert aus: „13. November".
    Botschafter Lebsanft, Brüssel (EG), teilte am 12. November 1974 zur EG-Ministerratstagung vom selben Tag mit: „Außenminister Callaghan betonte, daß für seine Regierung das Haushaltsproblem Angelpunkt der Neuverhandlungen sei. Eine faire und gerechte Lösung dieser Frage könne entscheidenden Einfluß auf den Ausgang des Referendums der britischen Bevölkerung über das weitere Verbleiben Großbritanniens in der EG haben. Britische Regierung wolle nicht das gesamte Finanzierungssystem der EG ändern, sie strebe jedoch auf der Basis des Artikels 235 des EWG-V[ertrags] die Einführung einer Art automatischer Selbstkorrektur an, die verhindere, daß Diskrepanz zwischen Finanzierungsanteil EG-Haushalt und Anteil der Mitgliedstaaten an BIP der Gemeinschaft zu groß werde." Vgl. den Drahtbericht Nr. 3876; Referat 410. Bd. 105644.

4 Zur EG-Ministerratstagung am 2./3. Dezember 1974 in Brüssel vgl. Dok. 350.

5 Zur Gipfelkonferenz der EG-Mitgliedstaaten am 9./10. Dezember 1974 in Paris vgl. Dok. 369.

6 Vgl. dazu Artikel 80 der Bundesverfassung der Schweiz vom 29. Mai 1874 in der Fassung vom 6. Dezember 1964: „Der Ständerat besteht aus 44 Abgeordneten der Kantone. Jeder Kanton wählt zwei Abgeordnete, in den geteilten Kantonen jeder Landesteil einen Abgeordneten." VERFASSUNGEN EUROPAS, S. 250.

7 Vgl. dazu Artikel 138 des EWG-Vertrags vom 25. März 1957; Dok. 294, Anm. 13.

Vorschlag: Bei unterschiedlichen Wahlsystemen sollen die sieben hierzu bereiten Länder zu dem vorgesehenen Termin die EP-Parlamentarier direkt wählen.

Im übrigen davon auszugehen, daß Großbritannien logischerweise an einer Direktwahl interessiert sein müsse, gekoppelt mit einer Erweiterung der Befugnisse des EP. Die im EP gefaßten wirtschaftlichen Beschlüsse dürften in erster Linie auf Kosten der Bundesrepublik Deutschland gehen.

Lautenschlager: Das ist zwar richtig, die Engländer wollen aber nicht, daß die Erweiterung der Befugnisse des EP zu Lasten des eigenen Parlaments geht.

Politische Zusammenarbeit:

Teilnehmer waren sich darüber einig, die Vorlage auf Seite 4 dahingehend zu korrigieren, daß der Begriff „Begegnungen" ersetzt wird durch die Formulierung „vor wichtigen außenpolitischen Initiativen".[8]

Energiefragen:

Bundesminister kritisiert den letzten Absatz der Seite 11 der Vorlage.[9]

Hermes: Im Prinzip bestand zwischen allen Beteiligten Einigkeit darüber, daß zu einem späteren Zeitpunkt auch eine Konferenz mit den ölproduzierenden Ländern stattfinden solle. Nur die Auffassung über das Timing ist unterschiedlich. Französische Initiative[10] setzt sich völlig von westlicher Solidarität ab und verlangt, daß eine derartige Konferenz stattfindet, bevor westliche Länder eine gemeinsame Position erarbeitet haben.

Im Procedere völlig gegen amerikanische Interessen gerichtet.

Vorschlag: Was den französischen Vorschlag betrifft, so können wir über ein Lippenbekenntnis zur prinzipiellen Bereitschaft nicht hinausgehen.

StS Sachs: Besonders gefährlich in dem französischen Vorschlag die Indexierung.

BM: Praktisch soll eine dynamische Rente für Ölscheichs eingeführt werden.

Zwischen allen Teilnehmern bestand Einigkeit, daß wir mitten in den zwischen den Franzosen und den USA bestehenden Konflikt geraten.

BM: Die französische Haltung hat dazu beigetragen, das Mißtrauen auf seiten der arabischen Staaten zu wecken. Der Eindruck, den Sauvagnargues auf seiner Reise[11] bezüglich der Haltung der übrigen EG-Staaten und der USA erweckt hat, und die durch ihn erfolgte Unterstreichung der französischen Haltung hat allein innenpolitische Motive, die für die Araber aber nicht durchschaubar sind. Gefährlich, daß von französischer Seite so getan wird, als suchten sie allein den Dialog mit den ölproduzierenden Ländern.

---

[8] Für Seite 4 der Aufzeichnung des Botschafters Roth und des Ministerialdirigenten Lautenschlager vom 30. Oktober 1974 vgl. Dok. 317, Anm. 23 und 32.

[9] Für Seite 11 der Aufzeichnung des Botschafters Roth und des Ministerialdirigenten Lautenschlager vom 30. Oktober 1974 vgl. Dok. 317, Anm. 45 und 49.

[10] Zur Initiative des Staatspräsidenten Giscard d'Estaing vom 24. Oktober 1974 für eine internationale Erdölkonferenz vgl. Dok. 317, Anm. 47.

[11] Der französische Außenminister Sauvagnargues besuchte vom 19. bis 21. Oktober 1974 den Libanon und daran anschließend am 22. Oktober 1974 Jordanien. Vgl. dazu Dok. 306, Anm. 3 und 4.

StS Gehlhoff: Der letzte Absatz auf Seite 11 muß dahingehend geändert werden, daß der Termin gestrichen und der Teilnehmerkreis geändert wird.

Lautenschlager: Ziel war es, zu versuchen, die Franzosen auf einem derartigem Umweg in die IEP[12] mit hereinzuziehen.

Hermes: Die Amerikaner behandeln die französischen Vorschläge zunächst dilatorisch. Vorschlag: Man muß es hier genauso machen wie die Franzosen bei der Frage des Follow-up[13], als sie darauf hinwiesen, daß zunächst bilateral zwischen den Hauptstädten Gespräche geführt werden sollten. Genauso müssen wir jetzt darauf hinweisen, daß zunächst Gespräche zwischen den westlichen Ländern zu führen seien.

Lautenschlager: Vor dem Gipfeltreffen darf in dieser Frage überhaupt nichts passieren.

Hermes (auf Frage BM): Bezüglich Energiekonferenz haben Franzosen über ihren französischen Botschafter in Genf[14] mit Yamani gesprochen. Hier muß einmal nachgehakt werden, um etwas über den Inhalt dieser Gespräche zu erfahren.

BM und StM Wischnewski: Das Unangenehme an dem französischen Vorschlag ist, daß die Ölländer namentlich aufgeführt sind. Aus diesem Grunde werden wir nicht die Möglichkeit haben, uns zu sperren.

Stabilitätspolitik:

Hermes: Bekenntnis zur Stabilitätspolitik von dem Gipfeltreffen nicht zu erwarten. Es dürfte ein verbaler Kompromiß gefunden werden, etwa dahingehend: Kampf gegen die Inflation und Warnung vor Rezession und Arbeitslosigkeit.

Regionalfonds:

StM Wischnewski: Bin nach wie vor für einen Regionalfonds. Es müssen aber Wege gefunden werden, daß dieser Fonds im Haushalt 1975 keinen Niederschlag findet. Falls institutionelle Fortschritte auf dem Gipfel nicht zu erreichen sind, ist es unmöglich, als einziges Ergebnis eine Entscheidung über den Regionalfonds mit nach Haus zu bringen, mit dem Erfolg, daß wir mehr Geld zahlen müssen. Entscheidung über Regionalfonds sollte abhängig gemacht werden von institutionellen Fortschritten und Ausgang des britischen Referendums[15].

BM: Von einer Zustimmung zur Direktwahl der EP kann Regionalfonds wohl nicht abhängig gemacht werden, da dies nicht durchsetzbar. Außer man wolle auf diese Weise Regionalfonds endgültig verhindern. Eher schon könnte man Regionalfonds von der Einführung des Mehrheitsprinzips abhängig machen.

---

[12] Zum von der Energie-Koordinierungsgruppe am 19./20. September 1974 verabschiedeten Internationalen Energieprogramm vgl. Dok. 284, Anm. 9, und Dok. 302, Anm. 3.
[13] Zur Energiekonferenz vom 11. bis 13. Februar 1974 in Washington sowie zur Einsetzung der Energie-Koordinierungsgruppe vgl. Dok. 49, besonders Anm. 2.
[14] Jean Fernand-Laurent.
[15] Zum geplanten Referendum in Großbritannien über die Ergebnisse der Verhandlungen zur Neuregelung der EG-Beitrittsbedingungen vgl. Dok. 317, Anm. 19.

Lautenschlager: Für Engländer ist Regionalfonds zur Zeit ohne jedes Interesse; entscheidend allein Neuverhandlungen über Budgetfragen. Durch Junktim bestrafen wir letzten Endes nur die Italiener.

Hermes: Von den Italienern in der Zukunft Druck bezüglich des Regionalfonds zu erwarten, von den Engländern bezüglich Neuverhandlungen Budget.

Jelonek: Auch die Iren haben inzwischen erklärt, daß sie Gipfelkonferenz von dem Fortschritt bei Regionalfonds abhängig machen wollen.[16]

StS Gehlhoff: Unmöglich, den Regionalfonds als einziges Ergebnis der Gipfelkonferenz mitzubringen. Regionalfonds nur zu verkraften, wenn gleichzeitig Fortschritte im institutionellen und substantiellen Bereich (z.B. Energiefragen) erzielt werden.

Europäische Union:

Lautenschlager: Engländer wollen Ziel der EU nicht verankert wissen. Wir sollten hier Franzosen unterstützen, die an dem gesteckten Ziel festhalten.

StM Wischnewski: Wir können nicht hinter das zurückgehen, was von der Bundesregierung bereits im Parlament ausgeführt worden ist.

BM: Unmöglich, den Zeitplan 1980[17] abzusagen. Wir müssen an dem gesteckten Ziel festhalten. Die Definitionsbemühungen der Engländer sind nur ein Trick, um die Sache vom Tisch zu bringen.

Teilnehmerkreis des Ministertreffens am 11.11. in Brüssel:

Hier wurde noch keine abschließende Entscheidung über die Begleitung des Ministers getroffen.

Überlegungen gingen dahin, auch einen möglichst hohen Beamten des BMWi zuzuziehen. Allerdings mit den Hinweis, daß er an den Verhandlungen selbst nicht teilnehmen könne.

Chrobog

Referat 010, Bd. 178582

---

16 In einem Aide-mémoire vom 30. Oktober 1974 führte die irische Regierung zum Europäischen Regionalfonds aus: „The Regional Fund was originally proposed to be 2250 million units of account from 1974 to 1976 inclusive (500, 750 and 1000 for each of these 3 years) and last March was suggested by the Commission to be 1450 for these 3 years (320, 490, 640). We understand that the Commission is now proposing a fund of 1400 million units of account, for 1975 to 1977 inclusive. This would involve no money for 1974, and, on the basis of the progression suggested last March, about 310 in 1975 and 470 in 1976 viz a total of 780 for the 3 year period for which the fund was envisaged. [...] The Irish Government having considered these proposals has notified the Commission that even leaving on one side the question of the share of the fund proposed for Ireland, which, unchanged at six percent, remains a figure which the Irish Government has already indicated is unacceptable, the proposal to reduce the size of the fund for the years 1974 to 1976 to a figure barely one third of the original figure proposed for these years, and the proposal virtually to double the share of the fund allocated countries recognised as being least in need, at the expense, as to half this diversion, of the amount allocated to the group of three countries in need, is unacceptable. Ireland has indicated, as have other member States, that its attitude to the holding of a presidential meeting will be governed by whether it can be established by the time of the next ministerial meeting on 11 November that there is a basis for the achievement of firm orientations at the presidential conference on ‚question de fond' including regional policy which is an essential element of any further economic integration of the Community." Vgl. Referat 412, Bd. 105691.
17 Vgl. dazu Ziffer 16 der Erklärung der Gipfelkonferenz der EG-Mitgliedstaaten und -Beitrittsstaaten am 19./20. Oktober 1972 in Paris; Dok. 19, Anm. 4.

324

**Vortragende Legationsrätin I. Klasse Finke-Osiander
an die Botschaft in Budapest**

214-552 UNG-3055^I/74 VS-vertraulich 5. November 1974[1]
Fernschreiben Nr. 260 Aufgabe: 6. November 1974, 09.01 Uhr
Citissime

Betr.: Übergabe unserer Antwortnote auf die ungarische Note vom 11. Juli 1974[2] (Reparationsforderungen und Vorstellungen über langfristige wirtschaftliche Zusammenarbeit)

I. Staatssekretär Gehlhoff hat am 5. November 1974 den ungarischen Botschafter empfangen und ihm unsere Antwortnote auf die im Bezug genannte ungarische Note übergeben.

Text unserer Antwortnote folgt mit nächstem VS-v-Kurier Ende dieser Woche.[3]

II. Der Staatssekretär hat bei Übergabe der Note etwa folgendes ausgeführt:

Die Bundesregierung habe sowohl die reparationsrechtlichen Forderungen wie die Vorschläge für eine Intensivierung der wirtschaftlichen Zusammenarbeit, die in der ungarischen Note vom 11. Juli dieses Jahres übermittelt worden seien, sehr sorgfältig geprüft. Das Ergebnis dieser Prüfung sei in unserer Antwortnote ausführlich dargelegt.

Es werde den Botschafter sicherlich nicht überraschen, daß die Bundesregierung zu dem Ergebnis gekommen sei, daß sie auf die vorgetragenen ungarischen Forderungen nicht eingehen könne. Die Bundesregierung habe ihre Zwei-

---

[1] Hat Staatssekretär Gehlhoff am 5. November 1974 vorgelegen.
[2] Zur ungarischen Verbalnote vom 11. Juli 1974 vgl. Dok. 229, Anm. 7.
[3] In der Note vom 5. November 1974 erklärte die Bundesregierung zu den ungarischen Forderungen nach Wiedergutmachung: „Was die unter 1) der Anlage 1 zur Verbalnote vom 11. Juli 1974 genannten Forderungen betrifft, muß das Auswärtige Amt darauf hinweisen, daß sie sämtlich unter die Artikel 30 Absätze 2 bis 4 des ungarischen Friedensvertrages von 1947 fallen. Nach Absatz 3 dieses Artikels wird ungarisches Eigentum in Deutschland gemäß den Maßnahmen zurückerstattet, die von den Besatzungsmächten in Deutschland bestimmt werden. Die Durchführung der von den Besatzungsmächten erlassenen Bestimmungen ist jedoch seit langem abgeschlossen. Die darin vorgesehenen Fristen sind abgelaufen. [...] Die übrigen in der ungarischen Note genannten Forderungen, einschließlich der Ansprüche wegen nationalsozialistischer Verfolgungsmaßnahmen (Ziffer 2 der Anlage 1), fallen sämtlich unter Absatz 4 des Artikels 30 des ungarischen Friedensvertrages. Wie der ungarischen Regierung gewiß bekannt ist, ist diese Bestimmung des ungarischen Friedensvertrages durch den Artikel 5 Absatz 4 des Londoner Schuldenabkommens vom 27. Februar 1953 für die Bundesrepublik Deutschland verbindlich geworden. [...] In dem Gemeinsamen Protokoll über die Verhandlungen zwecks Aufnahme diplomatischer Beziehungen ist die Erklärung der Delegation der Bundesrepublik Deutschland festgehalten, ‚daß sie, soweit die ungarische Seite detaillierte und rechtlich begründete Ansprüche betreffend die Rückerstattung verschleppter ungarischer Güter vorlegen wird, bereit sei, diese unter Berücksichtigung der gegebenen Rechtslage wohlwollend zu prüfen'. Aus den Erörterungen, die dieser Formulierung vorangingen ergibt sich, daß die Bundesregierung dabei an angeblich verschleppte ungarische Eisenbahnwagen und sonstiges Staatsvermögen dachte und der ungarischen Seite anheimstellte, diese Forderungen zu begründen und insbesondere darzulegen, warum nach ungarischer Ansicht das Londoner Schuldenabkommen darauf keine Anwendung findet. Die Ausführungen der ungarischen Verbalnote vom 11. Juli 1974 enthalten weder einen Hinweis auf den Verbleib der verschleppten Eisenbahnwagen noch Rechtsausführungen zur Frage des ungarischen Friedensvertrages und des Londoner Schuldenabkommens." Vgl. VS-Bd. 10164 (214); B 150, Aktenkopien 1974.

fel, daß sie in dieser Frage noch weitere Schritte tun könne, bereits bei früheren Gelegenheiten geäußert, zum Beispiel bei den Gesprächen über die Aufnahme der diplomatischen Beziehungen[4], in Konsultationen zwischen den Außenministerien und beim Besuch von Minister Scheel in Budapest im April dieses Jahres[5]. Die Bundesregierung sehe sich nicht in der Lage, über das bisher bereits Geleistete hinauszugehen. Staatssekretär Gehlhoff verwies dabei auf die 1971 geschlossenen beiden Abkommen, aus denen einmal 100 Mio. DM für fristgerecht eingereichte Anträge nach dem Bundesrückerstattungsgesetz[6] und zum anderen 6,25 Mio. DM für die Entschädigung von Opfern pseudomedizinischer Versuche bereitgestellt worden sind.[7]

Der Staatssekretär erläuterte weiter, daß die in der Note dargelegte Auffassung der Bundesregierung auch der Haltung entspreche, die die Bundesregierung gegenüber anderen Staaten einnehme, sie betreffe nicht Ungarn allein. Er wolle hier nicht auf die Folgewirkungen des Zweiten Weltkrieges eingehen, obwohl zum Beispiel die Tatsache, daß jetzt zwei Staaten in Deutschland bestünden, und die Haltung der DDR zu Fragen der Wiedergutmachung selbstverständlich auch eine Rolle spielten.

Wie in unserer Antwortnote auch hervorgehoben werde, sei es der Wunsch der Bundesregierung, mit Ungarn zu einer umfassenden Zusammenarbeit auf allen dafür in Frage kommenden Gebieten zu gelangen. Wir sähen die deutsch-ungarischen Beziehungen auf einem langen historischen Hintergrund. Bereits vor dem Kriege hätten zwischen unseren Ländern gute Beziehungen bestanden. Auch die Beziehungen zwischen der Bundesrepublik Deutschland und Ungarn hätten sich günstig entwickelt. Diese Beziehungen wollten wir weiter pflegen und ausbauen. Dies gelte insbesondere auch auf dem wirtschaftlichen Sektor. Der bevorstehende Besuch von Minister Friderichs in Budapest[8] werde si-

---

[4] Seit dem 13. August 1973 verhandelten die Bundesrepublik und Ungarn über die Aufnahme diplomatischer Beziehungen, die am 21. Dezember 1973 erfolgte. Vgl. dazu AAPD 1973, II, Dok. 251, und AAPD 1973, III, Dok. 421.

[5] Bundesminister Scheel hielt sich vom 7. bis 9. April 1974 in Ungarn auf. Vgl. dazu Dok. 116.

[6] Für den Wortlaut des Gesetzes vom 19. Juli 1957 zur Regelung der rückerstattungsrechtlichen Geldverbindlichkeiten des Deutschen Reichs und gleichgestellter Rechtsträger (Bundesrückerstattungsgesetz) vgl. BUNDESGESETZBLATT 1957, Teil I, S. 734–742.

[7] Vom 11. bis 22. Januar 1971 fanden Verhandlungen zwischen dem Bundesministerium der Finanzen und dem ungarischen Finanzministerium über eine Globalentschädigung für ungarische Opfer von pseudomedizinischen Versuchen aus der Zeit des Nationalsozialismus sowie über ungarische Rückerstattungsansprüche statt. Dazu teilte das Bundesministerium der Finanzen mit: „Die Verhandlungen führten am 22. Januar 1971 zum Abschluß einer Vereinbarung zwischen den beiden Finanzministerien, die deutsche Zahlung von 6,25 Mio. DM zur abschließenden pauschalen Entschädigung der ungarischen Opfer pseudomedizinischer Menschenversuche vorsieht. Damit werden alle Individualverfahren erledigt, die auf Grund eines Beschlusses der Bundesregierung vom 26. Juli 1951 bei dem Internationalen Komitee vom Roten Kreuz in Genf eingeleitet worden waren. Eine zweite, ebenfalls am 22. Januar 1971 abgeschlossene Vereinbarung zwischen der Bundesrepublik und der Landesorganisation für die Interessenvertretung der Nazi-Verfolgten in Ungarn führt zu einer globalen Erledigung von über 62 000 Anmeldungen mit schätzungsweise 200 000 Ansprüchen ungarischer Geschädigter, die aufgrund des Bundesrückerstattungsgesetzes von 1957 bei den deutschen Wiedergutmachungsbehörden anhängig waren. Die Bundesrepublik zahlt an die Interessenvertretung zur pauschalen Abgeltung der genannten Ansprüche einschl. aller im Bundesrückerstattungsgesetz vorgesehenen Zinsen einen Betrag von 100 Mio. DM, der in drei gleichen Jahresraten 1972, 1973 und 1974 fällig wird." Vgl. BULLETIN 1971, S. 180.

[8] Bundesminister Friderichs hielt sich am 11./12. November 1974 in Ungarn auf. Am 15. November 1974 resümierte die Botschaft in Budapest ein Gespräch Friderichs mit dem ungarischen Finanz-

cherlich die Gelegenheit bieten, ausführlich die Möglichkeiten zum weiteren Ausbau der wirtschaftlichen Beziehungen zu erörtern. Generell sei es unser Wunsch, die Beziehungen zwischen unseren beiden Ländern und Völkern weiterzuentwickeln. Wir sähen eine solche Entwicklung der deutsch-ungarischen Beziehungen über ihre bilaterale Bedeutung hinaus zugleich als einen Beitrag für die Stabilisierung der Lage in ganz Europa.

Wenn wir hinsichtlich der Prüfung der ungarischen Note zu keinem anderen Ergebnis gelangen konnten, bedeute dies nicht, daß wir kein Interesse an den gegenseitigen Beziehungen hätten. Wir wünschten im Gegenteil den Ausbau der Beziehungen, und wir legten großen Wert auf ein gutes deutsch-ungarisches Verhältnis. Ohne der Antwort der ungarischen Regierung vorgreifen zu wollen (dies liege ihm fern), glaube er, daß wir mehr erreichen könnten für die gegenseitigen Beziehungen, wenn wir auf anderen Wegen und zukunftsorientiert die Beziehungen ausbauen würden.

Botschafter Hamburger beschränkte sich bei der Entgegennahme der Note auf die Feststellung, daß er sich ohne eingehende Prüfung unserer Antwort jetzt nicht zu deren Inhalt äußern könne. Es sei klar, daß der Tenor der deutschen Antwort in Budapest wenig Freude, sondern Enttäuschung auslösen werde. Die Antwort der Bundesregierung werde in Budapest sorgfältig geprüft werden, wohin er selbst morgen reisen werde, um den Besuch von Minister Friderichs mit vorzubereiten. Er hoffe darauf, daß die Reise von Minister Friderichs erfolgreich sein werde.

Abschließend erwähnte der Staatssekretär, daß er dem ersten Stellvertretenden ungarischen Außenminister Marjai selbst noch einmal geschrieben habe, um sich für dessen Einladung nach Budapest zu bedanken.[9] Er bedaure, daß er immer noch nicht in der Lage sei, einen Termin für diese Reise zu nennen. Ihm liege jedoch an dieser Reise, und er werde sicherlich nach Budapest kommen, sobald es ihm möglich sei.[10]

Finke-Osiander[11]

VS-Bd. 10164 (214)

Fortsetzung Fußnote von Seite 1437

minister Faluvégi: „Ungarn will offenbar Ersatzforderungen wegen Personenschäden nicht forcieren, wünscht aber, daß deutsche Expertengruppe zur Prüfung der Stichhaltigkeit ungarischer Restitutionsunterlagen entsandt wird. Ungarn sichert absolute Vertraulichkeit zu. Sofern deutsche Experten ungarische Unterlagen als stichhaltig anerkennen, wäre sodann über Volumen der Restitution bzw. entsprechenden Schadenersatzes auf politischer Ebene zu verhandeln. Ungarn würde hierbei größte Flexibilität zeigen." Zur Verbalnote der Bundesregierung vom 5. November 1974 habe Faluvégi ausgeführt, „daß er gerade aus dem Ausland zurückgekehrt sei und we[ni]g Zeit gehabt habe, die von StS Gehlhoff Botschafter Hamburger übergebene Verbalnote zu lesen. Deren Inhalt habe ihn begreiflicherweise nicht gefreut". Vgl. den Drahtbericht Nr. 425; VS-Bd. 10164 (214); B 150, Aktenkopien 1974.

[9] Botschafter Kersting, Budapest, vermerkte am 25. September 1974, der ungarische Außenminister Puja habe am 23. September 1974 ausgeführt, „daß mit den bisherigen politischen Konsultationen auf Direktorenebene doch gute Erfahrungen gemacht worden seien. Deshalb schlage er vor, eine Begegnung der Herren van Well und Nagy für Anfang nächsten Jahres zu vereinbaren. [...] Als letzten Vorschlag für die Besuchsdiplomatie wies er auf die Nützlichkeit eines Treffens eines unserer Staatssekretäre mit seinem Vertreter, dem StS Marjai, in Budapest hin." Vgl. den Schriftbericht Nr. 919; Referat 214, Bd. 112673.

[10] Ungarn beantwortete die Verbalnote der Bundesregierung vom 5. November 1974 am 25. Februar 1975. Vgl. dazu die Aufzeichnung des Ministerialdirektors van Well vom 18. März 1975; AAPD 1975.

[11] Paraphe.

325

Aufzeichnung des Ministerialdirektors Hermes

413-491.09-1649/74 VS-vertraulich 6. November 1974[1]

Über Herrn Staatssekretär[2] Herrn Minister
Betr.: Exportpolitik bei der Lieferung sensitiver Kernanlagen
Bezug: Aufzeichnung von 31.7.1974 – 413-491.09 INI[3]
  Aufzeichnung vom 8.8.1974 – 413-491.23/0 – VS-NfD[4]
  Drahtbericht der Botschaft Washington Nr. 3235 vom 1.11.74 – VS-v[5]

Zweck der Vorlage: Zur Unterrichtung und mit der Bitte um Zustimmung zur Annahme einer amerikanischen Einladung zu einer Konferenz der wichtigsten Lieferstaaten

Anl.: 3[6]

I. Nach der indischen Kernexplosion[7] hatten wir Überlegungen angestellt, wel-

---

[1] Die Aufzeichnung wurde von Vortragendem Legationsrat I. Klasse Randermann konzipiert.
[2] Hat Staatssekretär Sachs am 11. November 1974 vorgelegt, der handschriftlich vermerkte: „Vgl. beiliegenden Vermerk".
  In der Aufzeichnung vom 11. November 1974 für Bundesminister Genscher vermerkte Sachs: „Wir werden uns wohl dieser amerikanischen Einladung nicht entziehen können. Es besteht aber die Gefahr, daß bei lang andauernden Verhandlungen über die künftige Exportpolitik bei der Lieferung sensitiver Kernanlagen unsere eigenen Exportinteressen erheblich in Mitleidenschaft gezogen werden. Dies gilt insbesondere für den Fall Brasilien. Brasilien hat uns, wie auch in der Aufzeichnung vermerkt, ein Angebot auf weitreichende Zusammenarbeit auf diesem Sektor gemacht. Als ich vom brasilianischen Staatspräsidenten Geisel empfangen wurde, hat er mich in sachlicher Beziehung nur auf dieses Thema angesprochen, und die bisherigen Verhandlungen sind auch recht gut verlaufen. Die Brasilianer erwarten in absehbarer Zeit von uns nunmehr eine positive Entscheidung."
  Hat Genscher vorgelegen. Vgl. VS-Bd. 8857 (413); B 150, Aktenkopien 1974.
[3] Vgl. Dok. 228.
[4] Botschafter z.b.V. Balken resümierte das Angebot für eine Zusammenarbeit auf dem Gebiet der friedlichen Nutzung der Kernenergie, das Staatssekretär Haunschild, Bundesministerium für Forschung und Technologie, am 22./23. Juli 1974 in Brasilia von der brasilianischen Regierung unterbreitet worden war. Neben der Lieferung von mindestens vier Kernkraftwerken durch Firmen aus der Bundesrepublik, der gemeinsamen Errichtung einer Konversionsanlage für Natururan, einer Brennelementefabrik sowie einer Wiederaufbereitungsanlage zeige sich die brasilianische Regierung an Anlagen zur Urananreicherung interessiert. Dazu bemerkte Balken: „Ein Problem in diesem Zusammenhang stellt jedoch der brasilianische Wunsch nach Errichtung einer Zentrifugenanlage für Urananreicherung und einer Wiederaufbereitungsanlage in Brasilien [dar]. Mit der Zentrifugenanlage kann hoch angereichertes, für Kernwaffenzwecke verwendbares Material hergestellt werden. In einer Wiederaufbereitungsanlage fällt Plutonium ab, mit dem ebenfalls relativ einfach Plutoniumbomben hergestellt werden können." Vgl. Referat 413, Bd. 105375.
[5] Botschafter von Staden, Washington, berichtete, der Botschaft sei am 1. November 1974 vom stellvertretenden Direktor der amerikanischen Abrüstungsbehörde, Zurhellen, ein Papier mit dem Vorschlag einer Konferenz der wichtigsten Lieferstaaten von Kernindustrieanlagen übergeben worden. Darin sei ausgeführt worden: „The US G[overnment] envisions undertakings among suppliers to establish common restraints and conditions on nuclear supply, with a view to minimizing the risks of nuclear weapons proliferation. We are considering a small, private conference of key suppliers as a means of working out such undertakings. All suppliers would of course be free to apply more restrictive policies." Vgl. VS-Bd. 9448 (220); B 150, Aktenkopien 1974.
[6] Dem Vorgang nicht beigefügt.
[7] Zur Zündung eines nuklearen Sprengsatzes durch Indien am 18. Mai 1974 vgl. Dok. 228.

che über den NV-Vertrag[8] hinausgehenden Maßnahmen notwendig sein könnten, um eine weitere Proliferation von Kernwaffen möglichst zu verhindern. Im Hinblick auf die Möglichkeit, daß gewisse Staaten sich später über den NV-Vertrag oder eingegangene Sicherheitskontrollverpflichtungen hinwegsetzen könnten, waren wir u. a. zu dem Schluß gekommen, daß zusätzliche Einschränkungen beim Export sensitiver Kernanlagen notwendig sein könnten. Dies sollte für Staaten gelten, deren politische Stabilität nicht gesichert erscheint, die sich in einem Spannungsgebiet befinden oder die erkennen lassen, daß sie ggf. unter Bruch des NV-Vertrages sich Kernwaffen zulegen wollten. Es bestand Einigkeit darüber, daß unsere Gedanken zunächst in informeller Form mit den Amerikanern und Briten sowie mit anderen wichtigen, uns befreundeten Lieferstaaten diskutiert werden sollten. Bei den Gesprächen mit Brasilien über eine von den Brasilianern vorgeschlagene umfangreiche Zusammenarbeit auf dem Kerngebiet sollte bis zum Ergebnis dieser Konsultationen bezüglich der sensitiven Anreicherungsanlagen (Zentrifugen) und der Wiederaufbereitungsanlagen äußerste Zurückhaltung geübt werden.

II. Nachdem erste Gespräche in Bonn, Washington und auch während der IAEO-Generalkonferenz in Wien[9] stattgefunden haben, laden nunmehr die Amerikaner, wie sich aus dem anliegenden Drahtbericht[10] der Botschaft Washington vom 1. November ergibt, zu einer zahlenmäßig kleinen und vertraulichen Konferenz der Hauptlieferstaaten ein, um Übereinstimmung über eine gemeinsame Politik bezüglich von Kernexporten und Sicherungsmaßnahmen zu erzielen.

Eingeladen wurden außer uns Frankreich, Großbritannien, Japan, Kanada und die Sowjetunion. Die Amerikaner teilten hierzu mit, es gebe gewisse Anzeichen für eine Bereitschaft der Sowjetunion zur Mitarbeit. Frankreichs Reaktion sei noch unklar. Zu einem späteren Zeitpunkt sei daran gedacht, Indien, Schweden und Südafrika hinzuzuziehen. Über den Ort und Zeitpunkt der vorgeschlagenen Konferenz wurden noch keine Vorschläge gemacht. Die Botschaft Washington ist um Einholung entsprechender zusätzlicher Auskünfte gebeten worden.

Die amerikanischen Diskussionsvorschläge, die als nicht erschöpfend bezeichnet wurden, sehen folgendes vor:

1) Zusammenarbeit mit Nichtkernwaffenstaaten auf dem Kerngebiet nur gegen Verpflichtung zur nur friedlichen Verwendung mit ausdrücklichem Ausschluß von Kernsprengungen;

2) Lieferung nuklearer Gegenstände nur gegen IAEO-Sicherheitskontrollen mit ausreichenden Bestimmungen über die Dauer entsprechender Abkommen und die Unterwerfung auch des erzeugten spaltbaren Materials;

3) Lieferung von waffengrädigem Material und von Anreicherungs- und Wiederaufarbeitungsanlagen einschließlich der entsprechenden Technologie an Nicht-

---

[8] Für den Wortlaut des Nichtverbreitungsvertrags vom 1. Juli 1968 vgl. BUNDESGESETZBLATT 1974, Teil II, S. 785–793.
[9] Die XVIII. Generalkonferenz der Internationalen Atomenergie-Organisation fand vom 16. bis 20. September 1974 statt.
[10] Dem Vorgang nicht beigefügt. Vgl. Anm. 5.

kernwaffenstaaten nur für multinationale Unternehmen oder gegen eine allgemeine Verpflichtung zur Non-Proliferation einschließlich der Unterwerfung des gesamten Brennstoffkreislaufs des Empfangsstaates unter IAEO-Sicherungsmaßnahmen;

4) Maßnahmen zum physischen Schutz von Anlagen und Material vor Entwendung oder Sabotage;

5) Besonders strenge Bedingungen für die Lieferung von sensitivem Material und Anlagen in Spannungsgebiete oder an nicht-stabile Länder.

III. Hinsichtlich der Aussichten der von den USA vorgeschlagenen Konferenz sind Voraussagen kaum möglich. Die von den Amerikanern vorgeschlagenen Maßnahmen dürften nur erfolgversprechend sein, wenn sich alle potentiellen Lieferstaaten ihnen anschließen.

Die Aussichten einer Beteiligung der Sowjetunion, die bisher als Exporteur von sensitiven Kernanlagen oder hochangereichertem Kernmaterial auf dem Weltmarkt nicht hervorgetreten ist und bei der die Amerikaner offensichtlich schon vorgefühlt haben, scheinen nicht schlecht zu sein. Im Rahmen des Zangger-Ausschusses[11], der in Wien die Liste der unter den NV-Vertrag fallenden nuklearen Gegenstände ausarbeitete, hat sich die Sowjetunion dem Vorgehen westlicher Lieferstaaten angeschlossen. Gegenüber den Kanadiern haben die Sowjets ihre Besorgnis über die Entwicklung erklärt und den Wunsch geäußert, an entsprechenden Kontakten der Lieferstaaten diesmal von Anfang an beteiligt zu werden.

Entscheidend dürfte die Haltung Frankreichs sein. Frankreich hat es bisher immer abgelehnt, sich in bezug auf den NV-Vertrag formell zu binden. Hier handelt es sich jedoch um ein über den NV-Vertrag hinausgehendes, allgemeines Interesse an der Verhinderung einer weiteren Proliferation von Kernwaffen. Hieran sollte auch Frankreich interessiert sein. Es ist jedoch nicht auszuschließen, daß Frankreich erklärt, sich die Hände freihalten zu wollen. Gegenüber den Kanadiern haben die Franzosen erklärt, sie wollten vom NV-Vertragssystem unabhängig bleiben, aber in der Kette der Non-Proliferation nicht das schwächste Glied sein.

IV. Der Vorschlag der USA zur Abhaltung einer Konferenz der wichtigsten Lieferstaaten deckt sich mit den Anregungen, die wir den Amerikanern unter Beteiligung des BMFT und des BMWi Ende August in Washington gegeben haben.[12]

Auch materiell entsprechen die amerikanischen Vorschläge den Gedanken, die wir hier schon im Juli zusammen mit Bundeskanzleramt, BMWi und BMFT entwickelt haben.

Es hat sich inzwischen jedoch gezeigt, daß die Durchführung dieser Grundsätze im konkreten Einzelfall auf Schwierigkeiten stößt. Selbstbeschränkungen beim Export sensitiver Kernanlagen könnten die Exportinteressen unserer Kernindustrie, die durch den einheimischen Markt nur zu etwa 40% ausgelastet ist, erheblich berühren. Es zeichnet sich immer mehr die Möglichkeit ab, daß Be-

---

11 Zur Arbeit des Zangger-Komitees vgl. Dok. 228, Anm. 6.
12 Vgl. dazu die Gespräche des Botschafters Roth am 29./30. August 1974 in Washington; Dok. 261.

steller von Kernkraftwerken ihre Exportaufträge auch von einer Sicherung ihrer Versorgung mit Anreicherungs- und Wiederaufarbeitungsleistungen abhängig machen. Dies gilt besonders für den z.Z. akuten Fall Brasiliens, das sein Angebot einer umfangreichen Zusammenarbeit mit uns auf dem Kerngebiet (Volumen möglicherweise ca. 15 Milliarden DM) von der Lieferung von Anreicherungs- und Wiederaufarbeitungsanlagen abhängig macht. Mit Widerständen unserer Industrie und ggf. auch des BMWi und BMFT gegen über den NV-Vertrag hinausgehende Exportbeschränkungen ist daher zu rechnen.

V. Trotz der unsicheren Erfolgsaussichten der Konferenz und ihrer möglichen Auswirkungen auf die Exportchancen unserer Kernindustrie wird vorgeschlagen, die amerikanische Einladung anzunehmen.

Eine Absprache unter den wichtigsten Lieferländern bezüglich des Exports sensitiver Kernanalogen dürfte die einzig z.Z. politisch praktikable Chance sein, eine weitere Proliferation von Kernwaffen vielleicht noch zu verhindern oder zumindest zu verzögern. Dieser Gesichtspunkt sollte für uns vorrangig sein. Eine Ablehnung der Teilnahme an der von uns selbst angeregten Konferenz wäre auch in unserem Verhältnis zu den USA politisch nicht zu vertreten. Auch bei anderen Lieferländern einschließlich der Sowjetunion könnten wir uns leicht dem Verdacht aussetzen, daß unser Bekenntnis zum Grundsatz der Non-Proliferation nur deklaratorischer Natur ist. Sache unserer Verhandlungsführung auf der Konferenz dürfte es dann sein, auch die Exportinteressen unserer Kernindustrie zu wahren. Über das Gesamtergebnis wird zu gegebener Zeit das Kabinett zu entscheiden haben.

VI. Im Falle der Zustimmung des Herrn Ministers ist beabsichtigt, nach erzieltem Einvernehmen mit dem Bundeskanzleramt und den zuständigen Ressorts der amerikanischen Regierung unsere Zustimmung zu dem Zusammentreten der vorgeschlagenen Konferenz mitzuteilen.[13]

Bezüglich des Teilnehmerkreises sollte lediglich erwogen werden, ob wir den Amerikanern nicht noch die Einladung der Niederlande als unseren Partner in der deutsch-britisch-niederländischen Gaszentrifugenzusammenarbeit[14] vorschlagen sollten. Wir können über Exportbeschränkungen bei Zentrifugen kaum ohne die Niederlande sprechen. Die hiesige britische Botschaft ist informell gebeten worden, in London hierüber die Meinung der britischen Regierung zu erfragen. Großbritannien hat z.Z. den Vorsitz im deutsch-britisch-niederländischen gemeinsamen Regierungsausschuß inne.

---

[13] Ministerialdirektor Hermes wies die Botschaft in Washington am 25. November 1974 an, im amerikanischen Außenministerium darzulegen, daß die Bundesregierung einer Konferenz der wichtigsten Lieferstaaten von Kernindustrieanlagen „zur Ausarbeitung von Absprachen bezüglich einer gemeinsamen Politik auf dem Gebiete nuklearer Exporte und von Sicherungsmaßnahmen" zustimme. Die Bundesregierung würde dabei eine Teilnahme der Niederlande begrüßen. Ferner sollte dargelegt werden: „Wir erwägen, ob wir mit den für die deutschen Exporte in Betracht kommenden Ländern die bereits begonnenen Gespräche auf der Grundlage der amerikanischen Vorschläge [...] fortführen, wobei wir darauf achten würden, daß der Verlauf der von den Amerikanern vorgeschlagenen Konsultationen hierdurch nicht präjudiziert wird." Vgl. den Drahterlaß Nr. 4988; VS-Bd. 8857 (413); B 150, Aktenkopien 1974.

[14] Die Bundesrepublik, Großbritannien und die Niederlande unterzeichneten am 4. März 1970 in Almelo ein Abkommen über die Zusammenarbeit bei der Entwicklung und Nutzung des Gasultrazentrifugenverfahrens zur Herstellung angereicherten Urans. Für den Wortlaut vgl. BUNDESGESETZBLATT 1971, Teil II, S. 930–949.

VII. Hinsichtlich des Falles Brasilien, zu dem das BMFT z.Z. eine Kabinettsvorlage mit einem positiven Votum für die vorgeschlagene Zusammenarbeit ausarbeitet, bleibt eine gesonderte Aufzeichnung vorbehalten.[15]

Abteilungen 2 und 3 haben mitgezeichnet.

Hermes

VS-Bd. 8857 (413)

326

Botschafter von Staden, Washington, an das Auswärtige Amt

114-14675/74 geheim
Fernschreiben Nr. 3289
Citissime

Aufgabe: 7. November 1974, 16.35 Uhr
Ankunft: 8. November 1974, 08.35 Uhr

Betr.: KSZE

Bezug: DB 3255 vom 4.11.1974 – POL-341.00-1564/74 VS-v[1]

Zur Unterrichtung

I. Mitarbeiter führte am 6.11. mit KSZE-Referenten des State Department etwa einstündiges Gespräch, dessen Zweck es war, Näheres über die amerikanische Position in der Frage friedlicher Wandel, Gleichwertigkeit und Zusammengehörigkeit der Prinzipien sowie über die Hintergründe der offensichtlichen Meinungsunterschiede zwischen Sonnenfeldt und dem zuständigen NATO-Referat in Erfahrung zu bringen. Dabei machte Gesprächspartner einige grundsätzliche Ausführungen, die für die Beurteilung der US-Haltung wichtig sind und auch zum besseren Verständnis der amtsinternen amerikanischen Bewertungsunterschiede dienen.

---

[15] Zur Zusammenarbeit mit Brasilien auf dem Gebiet der friedlichen Nutzung der Kernenergie vgl. Dok. 356.

[1] Botschafter von Staden, Washington, resümierte ein Gespräch im amerikanischen Außenministerium: „KSZE-Referent des State Department sagte Mitarbeiter am 31.10. zu den Ausführungen Sonnenfeldts in Bonn (peaceful-change-Formel vom 26.7. sei nicht durchsetzbar, man müsse sich deshalb Rückfallpositionen überlegen), hier liege eine Modifizierung der amerikanischen Haltung vor, die für ihn selbst überraschend gekommen sei. Im NATO-Referat des State Department, wo die Weisungen für die amerikanische KSZE-Delegation in Genf geschrieben würden, sei man bisher davon ausgegangen, daß die zwischen Bonn und Washington vereinbarte Formel aufrechterhalten werden müsse und daß es, nachdem die Zuordnung zum Prinzip der Unversehrtheit der Grenzen kaum mehr möglich sei, darauf ankomme, wenigstens einen vor allem die deutsche Seite befriedigenden Text zu erreichen. Wenn Sonnenfeldt jetzt davon abgehe, dann müsse es sich wohl um eine der ‚linkages' handeln, für die Kissinger augenblicklich eine so große Vorliebe besitze und die vor allem den Franzosen immer ein so großes Mißtrauen einflößten, weil sie meinten, daß dadurch häufige regionale europäische globalen amerikanischen Interessen untergeordnet würden, wobei Kissinger allerdings so argumentieren würde, daß ein globaler Interessenaustausch letztlich auch den Europäern zugute komme." Vgl. VS-Bd. 10130 (212); B 150, Aktenkopien 1974.

KZSE-Referent äußerte sich wie folgt:

1) Das NATO-Referat sehe die KSZE vornehmlich im Zusammenhang mit den Erfordernissen des Atlantischen Bündnisses. Es komme darauf an, die Allianz politisch so geschlossen wie möglich zu halten. Dazu gehöre, daß nicht nur die Europäer auf die globalen Belange der USA Rücksicht nähmen, sondern daß auch die Amerikaner die Interessen der Europäer im größtmöglichen Maße unterstützen. Auf der KSZE stünden vor allem bei Korb I vitale europäische und besonders deutsche Interessen auf dem Spiel. Der Prinzipienkatalog sei das Herzstück der Konferenz. Daraus folge, daß z.B. westliche Konzessionen bei Korb I nicht durch östliche Konzessionen bei Korb III aufgewogen werden könnten. Man müsse Sorge tragen, daß gerade hier ein ausgewogenes Ergebnis erzielt werde. Den von den Sowjets gewünschten Prinzipien müsse eigentlich eine gleiche Zahl von Prinzipien, auf die der Westen besonderen Wert lege, gegenüberstehen. Das vom Westen zugestandene Prinzip der Unversehrtheit der Grenzen müsse durch ein östliches Zugeständnis über den friedlichen Wandel, das die Europäer voll befriedige, ausgeglichen werden. Wenn es nicht gelinge, den friedlichen Wandel dem Unversehrtheitsprinzip zuzuordnen, müsse er so formuliert werden, daß bei einer Zuordnung zum Grundsatz der Souveränität die westeuropäischen Interessen im vollen Umfang gewahrt bleiben. Um zu vermeiden, daß die Sowjets später dem Prinzip der Unversehrtheit eine herausragende Bedeutung zumäßen, sei es für die Europäer ferner wesentlich, die Gleichwertigkeit und den Interpretationszusammenhang der Prinzipien eindeutig festzulegen. Die USA selbst könnten als der Sowjetunion mindestens ebenbürtige Macht mit lockereren Bestimmungen leben, nicht aber die Westeuropäer. Schon aus diesem Grunde unterstütze das NATO-Referat die europäischen Bemühungen, den Text bei Korb I so maschenfest wie nur möglich zu machen.

2) Gegenüber dieser atlantischen Perspektive betrachte die Amtsspitze, zu der Sonnenfeldt gehöre, die KSZE stark unter dem übergeordneten Aspekt der amerikanisch-sowjetischen Gesamtbeziehungen und der Konfliktverhütung zwischen den zwei Supermächten. Die KSZE nehme in dieser Sicht im Vergleich zu SALT und auch MBFR eine ziemlich niedrige Stellung in der Prioritätenliste der amerikanischen Außenpolitik ein. Die auf Veranlassung Kissingers erfolgte Grundsatzweisung an die amerikanische KSZE-Delegation gehe dahin, das Profil der USA so tief wie möglich zu halten und dadurch Kollisionen mit der SU auf einem für die USA weniger wichtigen diplomatischen Schauplatz aus dem Weg zu gehen. Während Kissinger am Anfang die größten Befürchtungen wegen möglicher negativer Auswirkungen der KSZE auf die Verteidigungsbereitschaft des Westens und den Zusammenhalt des Bündnisses gehabt habe und in diesem Zusammenhang auch die Äußerung gefallen sei, die Konferenz dürfe kein Erfolg werden, sei er in der letzten Zeit nicht zuletzt unter dem Eindruck der westeuropäischen Geschlossenheit und auch nach Verabschiedung der Atlantischen Erklärung[2] (die ja von vornherein auch ein Gegengewicht gegen ein gesamteuropäisches Dokument bilden sollte) stärker dazu übergegangen, in der KSZE ein mögliches Tauschobjekt im Rahmen eines globalen Interessenausgleichs zwischen den beiden Supermächten zu sehen. Nichts mache dies deutlicher als die Bereitschaft Kissingers, trotz seiner äußerst geringen Vorliebe für

---

[2] Zur Erklärung über die Atlantischen Beziehungen vom 19. Juni 1974 vgl. Dok. 183 und Dok. 191.

die KSZE dem sowjetischen Parteichef[3] ein Gipfeltreffen als Abschlußphase zu konzedieren, ohne sich im übrigen um die konkreten Ergebnisse größere Sorgen zu machen.

3) Ungeachtet der prinzipiellen Haltung der Amtsspitze in Sachen KSZE wäre es jedoch nicht richtig, aus den Bemerkungen Sonnenfeldts in Bonn[4] und Brüssel[5] (europäische Vorstellungen bei Korb I seien gegenüber SU nicht realisierbar) den Schluß zu ziehen, daß die USA die Europäer in Zukunft nicht mehr unterstützen würden. Offensichtlich gebe es Winke der sowjetischen an die amerikanische Führung, auf ihre Partner im Sinne einer zügigen Abwicklung der KSZE einzuwirken und ihnen klarzumachen, daß Moskau in der Frage des peaceful change usw. keine Möglichkeiten zu einem Eingehen besonders auf die deutschen Wünsche sehe. Sonnenfeldt oder ein anderer gebe diese Mitteilungen weiter, um dann den Sowjets sagen zu können, man habe sein möglichstes getan. Vielleicht sei Sonnenfeldt auch der Ansicht, daß sich die Westeuropäer im Interesse einer Weiterentwicklung der Entspannung zwischen den Großmächten, die ja auch Europa zugute komme, mit einem geringen Ergebnis bei Korb I zufriedengeben sollten.

Dies bedeute aber nicht, daß die Administration auf ihre Verbündeten einen wirklichen Druck ausüben werde. Wenn sie merke, daß die Europäer fest blieben, werde sie sich solidarisch verhalten und den Sowjets zu verstehen geben, daß z. B. die Neun in dieser für sie vitalen Frage zu einem substantiellen Preisnachlaß nicht bereit seien. Die Europäer müßten in einem solchen Fall allerdings verstehen, wenn die amerikanische Seite ihre Unterstützung nicht an die große Glocke hänge. Es sei gewissermaßen ein Betriebsunfall gewesen, daß sich die USA damit einverstanden erklärt hätten, die zwischen BM Genscher

---

[3] Leonid Iljitsch Breschnew.

[4] Ministerialdirigent Ruhfus informierte die Botschaft in Washington sowie die Ständigen Vertretungen bei den Europäischen Gemeinschaften bzw. bei der NATO in Brüssel am 30. Oktober 1974 über ein Gespräch des Ministerialdirigenten Blech mit dem Berater im amerikanischen Außenministerium, Sonnenfeldt, am 28. Oktober 1974 zur KSZE: „Anknüpfend an die von den Amerikanern am Vortag gegebene Information, daß sich die sowjetische Seite in Moskau in einer kurzen Erörterung des ‚peaceful change' ablehnend zu der von den Amerikanern im Juli in Genf eingebrachten Formel geäußert hätten, erläuterte MDg Blech dann die Bedeutung, die wir bei der Formulierung ‚peaceful change' dem Hinweis ‚in accordance with international law' beimessen. [...] Sonnenfeldt unterstrich, daß die Juli-Formel (deren Bezeichnung als ‚amerikanisch' er ungern hörte) nicht durchzusetzen sei. [...] MDg Blech wies ferner darauf hin, daß für uns gerade wegen der Unterbringung des ‚peaceful change' in Prinzip 1 eine befriedigende Aussage über die Gleichwertigkeit aller Prinzipien und ihren Interpretationszusammenhang wichtig sei. Sonnenfeldt zeigte sich auch hier bezüglich der Durchsetzung unserer Vorstellungen skeptisch. Die Amerikaner seien nicht bereit, viel Energie darauf zu verwenden, sie würden jedoch die europäischen Wünsche akzeptieren." Vgl. den Drahterlaß Nr. 4551; VS-Bd. 9960 (204); B 150, Aktenkopien 1974.

[5] Botschafter Krapf, Brüssel (NATO), berichtete am 29. Oktober 1974 über Ausführungen des Beraters im amerikanischen Außenministerium, Sonnenfeldt, im Ständigen NATO-Rat: „Der französische Botschafter ging zunächst auf eine Bemerkung Sonnenfeldts über die Haltung der Neun zur Frage des friedlichen Wandels ein. Er bemerkte, daß die Neun die ‚amerikanische Formel' unterstützten. Sonnenfeldt erwiderte lächelnd, er wisse wohl, daß die Neun diesen Beschluß gefaßt hätten und ständig von einer ‚amerikanischen Formel' sprächen. Genaugenommen handele es sich jedoch nicht um eine amerikanische Initiative. Die Sowjetunion werde diese Formel nicht akzeptieren, weil sie diese dahin interpretiere, daß sie zu einer Änderung von Grenzen auffordere (ask for a change of borders). Die Vereinigten Staaten wüßten die Unterstützung der Neun zu schätzen, aber man müsse sich darüber klar sein, daß auch mit dieser Unterstützung eine Einigung auf der Basis dieser Formel mit der Sowjetunion nicht zu erreichen sei." Vgl. den Drahtbericht Nr. 1502; VS-Bd. 8084 (201); B 150, Aktenkopien 1974.

und Außenminister Kissinger vereinbarte Formel zum friedlichen Wandel[6] am 26. Juli selbst in Genf[7] einzubringen. Dadurch habe die SU den Eindruck erhalten, als hätten die USA ihre Konferenzstrategie grundlegend geändert und sich von einer stillen zu einer aktiven Partnerschaft entschlossen. Die Sowjets hätten sich inzwischen wieder beruhigt, nachdem sie erkannt hätten, daß die USA ihr niedriges Profil beibehielten. Sie würden sicher wieder mißtrauisch werden, wenn von der Formel vom 26.7. weiter als einem amerikanischen Text gesprochen würde. Es wäre für die westliche Konferenztaktik und in Berücksichtigung der spezifischen amerikanischen Interessenlage nützlicher, wenn die Europäer die Hauptverantwortung für die erforderlichen Aktionen bei Korb I übernähmen und sich mit einer verhältnismäßig lautlosen amerikanischen Unterstützung begnügten.

4) Gesprächspartner unterstrich abschließend nochmals, daß das NATO-Referat fortfahren werde, der Amtsleitung nahezubringen, daß – unter der Voraussetzung natürlich, daß die Westeuropäer selbst in der Sache fest blieben – substantielle Konzessionen an die östliche Seite in den o. a. erwähnten Punkten im Interesse der Geschlossenheit des Atlantischen Bündnisses nicht vertretbar seien. Darüber hinaus werde man immer wieder darauf hinweisen, daß vor allem die Bundesrepublik in die Lage versetzt werden müsse, die bei Korb I erzielte Regelung innenpolitisch voll vertreten und verantworten zu können. Wenn in diesem Zusammenhang die Befürchtung geäußert werde, daß bei einem zu starken westlichen Insistieren die KSZE in Frage gestellt sei, dann müsse man darauf antworten, daß der Hauptinteressent schließlich die SU sei. Die sowjetische Führung habe in dieses Unternehmen ein Gutteil ihres Prestiges engagiert. Sie werde deshalb die KSZE wahrscheinlich auch bei einem für sie nicht ganz befriedigenden Gesamtergebnis nicht platzen lassen.

II. Bei den obigen Ausführungen handelt es sich um den umfassendsten Überblick über die amerikanische KSZE-Konzeption, der uns seit längerer Zeit von amtlicher Seite gegeben wurde. Er gibt Aufschluß über zwei Denkweisen, die die amerikanische Entscheidungsbildung beeinflussen und bei denen sich atlantische und übergreifende Aspekte des Ost-West-Gleichgewichts einander gegenüberstehen. Die Ausführungen scheinen mir auch bemerkenswert wegen des in der Atlantischen Perspektive zum Ausdruck kommenden Verständnisses für die deutschen Interessen und wegen der Schlußfolgerungen, die nach Abwägung beider Ausgangslagen für das weitere operative Vorgehen in Genf gezogen werden.

III. Um strikten Quellenschutz wird gebeten. Für Vorlage dieses Berichts beim Herrn Bundesminister wäre ich dankbar.[8]

[gez.] Staden

VS-Bd. 14061 (010)

---

[6] Zum amerikanischen Vorschlag für den Grundsatz der friedlichen Grenzänderung in einer KSZE-Prinzipienerklärung vgl. Dok. 202.

[7] Zur Einführung des amerikanischen Vorschlags für den Grundsatz der friedlichen Grenzänderung in einer KSZE-Prinzipienerklärung am 26. Juli 1974 vgl. Dok. 223, Anm. 8.

[8] Ministerialdirektor van Well leitete den Drahtbericht des Botschafters von Staden, Washington, am 8. November 1974 an Staatssekretär Gehlhoff und Bundesminister Genscher weiter. Dazu ver-

327

**Gespräch des Bundesministers Genscher
mit dem französischen Außenminister Sauvagnargues in Paris**

VS-vertraulich 9. November 1974[1]

Vor dem Konsultationsgespräch am 9.11.1974[2] bat AM *Sauvagnargues* Herrn Bundesminister zu einer Unterhaltung unter vier Augen, an der auch StS Gehlhoff[3] und die beiden Botschafter[4] teilnahmen.

Er eröffnete – ohne protokollarische Umschweife, wie er betonte – die Unterhaltung mit der Frage, ob Deutschland und Frankreich sich noch auf der gleichen Wellenlänge bezüglich der Gipfelkonferenz[5] befänden. Herr Wormser habe aus Bonn, und zwar nach Gesprächen im Kanzleramt und im Auswärtigen Amt, aber auch aufgrund der deutschen Presse, eine große Skepsis über die Aussichten der Gipfelkonferenz berichtet; sei sie nützlich, habe sie überhaupt einen Sinn, was könne man auf ihr erreichen, u. ä.?

Er füge hinzu, daß Frankreich zu diesem Punkte nach wie vor der Ansicht sei, daß die Gipfelkonferenz abgehalten werden müsse, selbst wenn sie nur in einigen Punkten Teilfortschritte erreiche.

Darüber hinaus müsse man über Inflation, Energie und einige andere Substanz- sowie Institutionsfragen Einigung herbeiführen.

Bundesminister antwortete darauf, daß nirgends in der deutschen Presse an der Nützlichkeit der Gipfelkonferenz gezweifelt worden sei. Allerdings sei man – und hier schließe er die Bundesregierung nicht aus – der Ansicht, daß eine gute Vorbereitung notwendig sei. In einigen Punkten sei Einigung möglich, bei einigen anderen müßten sich noch einige der Gipfelteilnehmer etwas bewegen. Eines wolle er gleich sagen, die Bundesregierung sei nicht bereit, noch in der Lage, über den Regionalfonds und den Sozialfonds, insbesondere über deren Er-

---

Fortsetzung Fußnote von Seite 1446
   merkte er: „Bei der Sitzung des Politischen Komitees in Paris am 7.11.74 habe ich mich – unter Hinweis auf die ambivalente Haltung der SU und das amerikanische Verhalten – dafür eingesetzt, die Formel vom 26.7. in allen Gesprächen weiter zu vertreten, und dafür die volle Unterstützung des PK erhalten. Botschaft Washington ist unterrichtet." Vgl. VS-Bd. 14061 (010); B 150, Aktenkopien 1974.

[1] Die Gesprächsaufzeichnung wurde von Botschafter Freiherr von Braun, Paris, am 11. November 1974 gefertigt und mit Begleitvermerk vom 12. November 1974 an das Auswärtige Amt übermittelt. Vgl. dazu VS-Bd. 9935 (202); B 150, Aktenkopien 1974.
[2] Für das Gespräch des Bundesministers Genscher mit dem französischen Außenminister Sauvagnargues am 9. November 1974 in Paris vgl. Dok. 328.
[3] Staatssekretär Gehlhoff hielt sich am 8./9. November 1974 in Paris auf. Zu seinem Gespräch mit dem Generalsekretär im französischen Außenministerium, de Courcel, am 8. November 1974 berichtete er am selben Tag: „De Courcel war knapp bei seinen Ausführungen über die Abhängigkeit der Außenpolitik von den innenpolitischen Gegebenheiten. Er beschränkte sich auf die Feststellung, daß es in Frankreich bereits 600 000 Arbeitslose gebe und daß sich Frankreichs innenpolitische Sorge in erster Linie auf die Arbeitslosigkeit, bei uns bisher auf die Inflation beziehe. Angesichts dieser Tatsache könne Frankreich nicht anders, als sich auf die Energiepolitik als den Versuch eines Auswegs zu konzentrieren." Vgl. den Drahtbericht Nr. 3486; Referat 202, Bd. 109191.
[4] Sigismund Freiherr von Braun und Olivier Wormser.
[5] Zur Gipfelkonferenz der EG-Mitgliedstaaten am 9./10. Dezember 1974 in Paris vgl. Dok. 369.

höhung zu sprechen. Für uns sei wichtig, daß auf dem institutionellen Sektor – und als Beispiel wolle er die Direktwahl zum Europäischen Parlament nennen – Bewegung eintrete.

AM *Sauvagnargues* bezeichnete nach diesen Äußerungen des Bundesministers das Gespräch als sehr nützlich. Wir gingen also doch zusammen. Es gebe allerdings einen Aufstand der Kleinen gegen regelmäßige Treffen. Seien auch die Deutschen der Ansicht, daß zwar dieses Gipfeltreffen stattfinden soll, spätere aber ausfallen könnten?

Bundesminister antwortete dem Sinn nach: Wir seien nicht nur für dieses Treffen, sondern auch dafür, daß spätere Treffen ins Auge gefaßt würden, allerdings hinge dies davon ab, inwieweit ein Erfolg vorhergesehen werden könne. Die Bundesregierung sähe es gern, daß die Regierungschefs als Rat zusammentreten (StS *Gehlhoff* fügte hinzu, in Anwesenheit der Außenminister).

AM *Sauvagnargues* entwickelte darauf seine bekannte Philosophie, nach der gemeinschaftseigene Themen dem Rat als Rat, also verstärkt durch die Kommission, zugewiesen würden und dieser als Rat entscheide. Andere Dinge würden von den neun Regierungen entschieden, deren Chefs zu diesem Zweck zusammenträten. Dies müsse man genau auseinanderhalten, der Rat der Neun, also nicht der EG-Ministerrat, sei ein Rat sui generis. Dies werde in der Präambel[6] (offenbar die Präambel zu dem mir nicht bekannten Entwurf einer Neuner-Erklärung für den Gipfel) deutlich ausgedrückt.

Der *Bundesminister* wies darauf hin, daß der Bundeskanzler an der Stärkung des Rates interessiert sei.[7] Andere Räte mögen wegfallen. Er denke als Vorbild hierbei an den deutschen Rat der Ministerpräsidenten.

AM *Sauvagnargues* bemerkte, daß die Franzosen auch mit dem etwas schlechteren niederländischen Text[8] zufrieden sein würden. Auch Ortoli werde anwesend sein.

---

[6] In der Präambel der Neufassung des französischen „Document de Travail" zur Gipfelkonferenz der EG-Mitgliedstaaten am 9./10. Dezember 1974 in Paris wurde ausgeführt: „Les objectifs suivants peuvent être formulés: Il y a lieu d'assurer la cohésion d'ensemble des activités communautaires et des activités de coopération politique. Devant le défi global auquel elle est confrontée, l'Europe doit affirmer sa solidarité économique et politique. Le développement pragmatique de l'ensemble sui generis que constitue d'ores et déjà la combinaison entre activités communautaires et coopération politique doit se faire dans le strict respect du Traité de Rome. La solidarité interne de la Communauté doit être renforcée tant par l'amélioration des procédures communautaires que par le développement progressif de politique communes." Vgl. Referat 410, Bd. 101288.

[7] Legationsrat I. Klasse Gansäuer vermerkte am 14. Oktober 1974 Äußerungen des Ministerialdirektors Hermes und des Ministerialdirigenten Fischer, Bundeskanzleramt, in einer Ressortbesprechung am 11. Oktober 1974 hinsichtlich einer möglichen „Führungsrolle" des EG-Ministerrats: „Herr D 4 führte aus, daß es sich hierbei um einen einschneidenden Vorschlag handele, der ein Grundanliegen des Herrn Bundeskanzlers sei. Der Vorschlag habe bereits viel Sympathie gefunden. Es sei jedoch zur Zeit noch nicht möglich, detailliertere Vorschläge zu machen. [...] BK ergänzte, daß der Herr Bundeskanzler in seinem Anliegen von der Mehrheit der Regierungschefs in der Gemeinschaft unterstützt werde. Der Herr Bundeskanzler sähe am liebsten die Rückkehr zum alleinigen Allgemeinen Rat. Da das aber nicht möglich sei, müsse der Allgemeine Rat eine Lenkungsfunktion übernehmen. In den besonderen Räten der Fachminister könnten weiterhin die allgemeinen Sachfragen behandelt werden. Bei Beschlüssen in Angelegenheiten von großer Tragweite müßten aber die Außenminister beteiligt werden." Vgl. Referat 410, Bd. 101288.

[8] Im Arbeitspapier der niederländischen Regierung vom 15. Oktober 1974 wurde zur Fortentwicklung der Institutionen der Europäischen Gemeinschaften ausgeführt: „The suggestion to let the conference of heads of government occasionally act as the Council of the European Communities

Er habe den Eindruck, wir lägen nicht sehr weit auseinander.

Bundesminister kam sodann auf die Aufstockung des Sozialfonds zu sprechen. Dem könnten wir nicht zustimmen. Dies müsse er ganz deutlich sagen. Was den Regionalfonds beträfe, so sei es notwendig zu wissen, was dazu kommt und wie der Fonds verteilt werden soll.

AM *Sauvagnargues* bemerkte darauf, daß jeder einige Opfer bringen müsse. Bei dem Regionalfonds hätte Frankreich, und dies sei ein Opfer, bereits den Vorschlag der Kommission[9] angenommen. Bonn sollte dem Sozialfonds zustimmen. Die italienischen und irischen Probleme wären damit geregelt, und England gegenüber habe man eine bessere Ausgangsposition wegen der Haushaltsfragen. AM Sauvagnargues betonte die Notwendigkeit, daß jeder für eine Lösung der auf dem Gipfel anstehenden Probleme etwas beitragen müsse, und wenn kein anderer deutscher Beitrag denkbar sei, so müsse dieser eben auf dem finanziellen Gebiet liegen.

Bundesminister (ohne zunächst hierauf einzugehen) stellte die Frage, ob, nach Frankreichs Eindruck, die Engländer größeren Wert auf den Haushaltsteil ihrer Forderungen oder auf den Regionalfonds legten. Er selber glaube, daß die Regierung das Haushaltsproblem zur Zeit für wichtiger halte, weil sie dann auf den Regionalfonds später immer noch zurückkommen könnte.

AM *Sauvagnargues* teilte diese Auffassung.

Zur Finanzfrage bemerkte der *Bundesminister*, hier sei es für uns äußerst schwierig entgegenzukommen. Er müsse noch einmal sagen, daß der Sozialfonds keinesfalls aufgestockt werden könne. Ob man es wolle oder nicht, habe die Steuerreform den Bund eine beträchtliche Anzahl von Milliarden gekostet. Wir müßten von dieser Tatsache ausgehen.

AM *Sauvagnargues* sagte zum Abschluß des Vier-Augen-Gesprächs, Frankreich habe seit 15 Jahren erstmalig eine europäische Initiative ergriffen. Es habe hierzu Opfer gebracht und sei auch bereit, sie weiter zu bringen. Er müsse aber erwarten, daß auch andere Opfer brächten. Wenn nunmehr die französische Initiative zu nichts führe, so müßten die anderen Länder sich klar sein über die Folgen, die aus diesem Mißerfolg entspringen könnten.

VS-Bd. 9935 (202)

Fortsetzung Fußnote von Seite 1448

and to let it take formal decisions within the meaning of the European treaties meets with too many objections. It would mean adding a new decision-making body to the already existing ones, thus weakening the power of the existing institutions, since the summit conference would soon be regarded as a body of appeal. [...] The suggestion put forward by the French was evidently inspired in part by the consideration that better coordination is needed between the various Councils in order to promote greater coherence in European policy. While it is true that the ever increasing proliferation of Councils is a great problem, there are other ways of solving it. The three Benelux governments have already proposed that Council sessions be held if necessary en cadre restreint which are attended by several Ministers when it comes to important decisions in spheres for which more than one Minister is responsible." Vgl. Referat 410, Bd. 101248.

[9] Zum Vorschlag der EG-Kommission vom 31. Oktober 1974 für eine Neuregelung des Europäischen Regionalfonds vgl. Dok. 317, Anm. 41.

328

**Gespräch des Bundesministers Genscher
mit dem französischen Außenminister Sauvagnargues in Paris**

9. November 1974[1]

AM *Sauvagnargues* sagte eingangs, daß die Politischen Direktoren bei der Vorbereitung der institutionellen Themen für die Gipfelkonferenz gute Arbeit gemacht hätten. Das ursprüngliche französische Papier[2] sei zwar etwas „deformiert" worden, weil man Rücksicht auf die Positionen der anderen Partner nehmen mußte. Frankreich habe seine Ausgangsposition zurückstecken müssen, was nicht bedeute, daß es nicht später einmal zu ihr zurückkehren werde. Der kleinste gemeinsame Nenner, den man jetzt suche, solle natürlich möglichst weit gehen. Aber auch der kleine gemeinsame Nenner rechtfertige voll die Einberufung der Gipfelkonferenz.[3] Bei der Ministertagung in Brüssel am 11.11.[4] gedenke er, Sauvagnargues, als Vorsitzender[5] bei den institutionellen Fragen nicht allzuviel Zeit zu verlieren. Was nicht lösbar sei, könne für eine Entscheidung auf der Gipfelkonferenz weiterverwiesen werden. Frankreich werde nicht für jeden Punkt kämpfen; damit würde man nur denjenigen Delegationen in die Hand spielen, denen an dem Gipfel nicht gelegen sei.

Frankreich sei an der europäischen Versammlung interessiert. Hierzu seien sich Sieben einig; die Engländer und Dänen hätten Vorbehalte. Genau dies könne man am 11.11. in Brüssel feststellen und dabei darauf verweisen, daß schließlich auch England und Irland die Römischen Verträge unterzeichnet hät-

---

[1] Die Gesprächsaufzeichnung wurde von Botschaftsrat I. Klasse Haas, Paris, am 12. November 1974 gefertigt.
Hat Ministerialdirektor van Well und Vortragendem Legationsrat Rosengarten am 13. November 1974 vorgelegen.

[2] Zur undatierten französischen Aufzeichnung vgl. Dok. 297.
Für die revidierte Fassung vgl. Referat 010, Bd. 178582.

[3] Zur Gipfelkonferenz der EG-Mitgliedstaaten am 9./10. Dezember 1974 in Paris vgl. Dok. 369.

[4] Zum informellen Treffen der Außenminister der EG-Mitgliedstaaten am 11. November 1974 in Brüssel vgl. Dok. 317, Anm. 16.
Am 13. November 1974 informierte Vortragender Legationsrat I. Klasse Dohms ergänzend: „Auf der Grundlage eines französischen Arbeitsdokuments vom 15.10. konnte zu institutionellen Fragen den Ministern am 11.11. ein abgestimmtes Papier vorgelegt werden, das von den Außenministern bei einem zweiten Durchgang am 18.11. in Paris (mit einigen offenen Fragen) zur Vorlage an Regierungschefs fertiggestellt werden soll. [...] Präambel unterstreicht Notwendigkeit, innere und äußere Probleme Europas als Ganzes zu sehen und daher den (von uns stets erstrebten) Gesamtzusammenhang zwischen Arbeiten der EG und der EPZ zu gewährleisten. Zur Frage politischer Führung und Koordinierung der gesamten Europapolitik besteht Einigkeit über: regelmäßige Treffen Regierungschefs mit Außenministern und Kommissionspräsidenten; Behandlung von EG- und EPZ-Themen bei Ratstagungen auf Ebene Regierungschefs oder Außenminister nach jeweils gültigen Regeln; verstärkte politische (,impulsgebende und koordinierende') Rolle des Rats in der Besetzung der Außenminister. Für Ausgestaltung werden Regierungschefs zwei Optionen vorgelegt: französisches Modell ‚Europäischen Rats' mit kleinem Sekretariat (Unterstützung nur von Italien); Treffen im Rat, besonderes Sekretariat daher unnötig. Falls aus politischen Gründen erwünscht, könnten beide Optionen verbunden werden: Treffen der Regierungschefs im Rat werden ‚Europäischer Rat' genannt." Vgl. den Runderlaß Nr. 127; Referat 410, Bd. 101248.

[5] Frankreich übernahm am 1. Juli 1974 die EG-Ratspräsidentschaft.

ten, ohne Vorbehalte gegen den Artikel 138[6] geltend zu machen. Was den dänischen Formulierungsvorschlag angehe, sei wohl denkbar, daß er die englische Zustimmung erhalte; für Frankreich sei er aber zu vage.

Zur Frage der Mehrheitsbeschlüsse glaube er, Sauvagnargues, daß eine gemeinsame Formel gefunden werden könne. Er habe nichts gegen den deutschen Formulierungsvorschlag. England und Dänemark wollten ihn wohl aber nicht.

Zusammenfassend stellte Sauvagnargues fest, daß bei den institutionellen (politischen) Fragen die Vorbereitungen zu 70% gediehen seien.

Zur Frage der Konzeption von Treffen von Regierungschefs sagte Sauvagnargues, es gehe nicht darum, eine neue Institution zu schaffen. Richtig sei, daß es Angelegenheiten der EG gäbe, die unstreitig nach EG-Regeln zu behandeln seien, andere indessen, die den Normen der EPZ unterlägen. Es sei sonnenklar, daß keine dieser zwei Prozeduren für Fragen aus dem jeweils anderen Bereich anwendbar sein könnten. Wenn die Regierungschefs gemeinsam Fragen besprächen, seien sie der Rat. Wenn sie politische Fragen besprächen, seien sie nicht der Rat. Beispiel Türkei: Die Assoziation der Türkei an die EG[7] sei Ratssache; die türkische Politik in der Zypern-Frage sei es nicht.

Die belgische Formel unter I sei schlecht. Sie verdunkele das Problem der „cohésion globale".

Die Sekretariats-Frage könne den Regierungschefs überwiesen werden.

Er, Sauvagnargues, sehe eine relativ kurze Debatte über institutionelle Fragen voraus.

Zu den Substanzfragen sagte AM Sauvagnargues folgendes: Bei der Stabilitätspolitik sei ihm natürlich klar, daß sie auf den nationalen Ebenen betrieben werden müsse. Der Gipfel könne dazu aber eine Formulierung verabschieden, in der z. B. stehe, daß die Anti-Inflationspolitiken so aufeinander abgestimmt sein sollten, daß sie sich nicht gegenseitig schaden.

Zu den Sozialfragen sei Frankreich bereit, den Textvorschlag der Kommission zu akzeptieren. Wenn es dabei Probleme gebe, werde Frankreich nicht insistieren.

Zu den Finanzfragen müsse man das Treffen der Finanzminister abwarten.[8] In

---

[6] Korrigiert aus: „134".
Für Artikel 138 des EWG-Vertrags vom 25. März 1957 vgl. Dok. 294, Anm. 13.

[7] Die Türkei und die EWG schlossen am 12. September 1963 ein Abkommen zur Gründung einer Assoziation. Für den Wortlaut vgl. BUNDESGESETZBLATT 1964, Teil II, S. 510–549.

[8] Zur EG-Ministerratstagung auf der Ebene der Wirtschafts- und Finanzminister am 18. November 1974 in Brüssel teilte Botschafter Lebsanft, Brüssel (EG), am 19. November 1974 mit, der französische Wirtschafts- und Finanzminister Fourcade habe zusammenfassend festgestellt, daß den Staats- und Regierungschefs der EG-Mitgliedstaaten folgende Fragen vorgelegt werden sollten: „1) Ist der politische Wille vorhanden, die Konvergenz der Wirtschafts- und Finanzpolitiken zu verbessern? (Dabei wäre ein Gleichgewicht zwischen Inflationsbekämpfung und Aufrechterhaltung der wirtschaftlichen Aktivitäten unter Berücksichtigung der sozialen Implikationen anzustreben.) 2) Gibt es Möglichkeiten für gewisse Schritte auf dem Weg zur Wirtschafts- und Währungsunion, nämlich Verstärkung entsprechender Mechanismen und der finanziellen Solidarität (ohne daß von Regierungschefs technische Entscheidungen erwartet würden)? 3) Soll gemeinsame Haltung zu internationalen Währungsfragen erarbeitet werden (bei Reform des Weltwährungssystems, recyclage, Kontrolle der Eurodollar-Märkte)? Ad-hoc-Gruppe Brüssel soll diese Fragen in ihrem Bericht zur Vorbereitung der Präsidentschaftskonferenz unter Berücksichtigung der Ratsaussprache aufnehmen." Vgl. den Drahtbericht Nr. 3977; Referat 412, Bd. 105687.

1451

der Goldfrage solle man nicht zu ehrgeizig sein, da sehe er, Sauvagnargues, nur eine Bestätigung der Vereinbarung von Zeist[9] voraus.

Zum Regionalfonds wolle er hier nicht sprechen, weil er diese Frage zuvor in seinem Büro mit dem Bundesminister erörtert habe.[10]

Zur Energiepolitik sagte Sauvagnargues, daß es Frankreich darum gehe, eine Konfrontation zu vermeiden, sowohl mit den Produzentenländern wie auch mit den Vereinigten Staaten, aber auch mit der Zwölfergruppe.

Der Präsident habe gesagt, daß Frankreich der Zwölfergruppe nicht beitreten werde.[11] Er habe nicht gesagt, daß Frankreich niemals beitreten werde. Er habe nur gesagt, Frankreich tritt nicht bei, Punkt!

Gegen die Zwölfergruppe habe Frankreich Bedenken, weil dort ein falsches Problem auf falsche Weise zu falscher Zeit behandelt werde. Man beschäftige sich mit der Embargo-Thematik, obwohl es kein Embargo gäbe. Man befasse sich nicht mit dem Preisproblem, obwohl es dies gäbe. In diesem Zusammenhang werde viel Falsches geredet, z.B. auch von Fallschirmjägern, die die Ölfelder besetzen würden. Man solle die Ölproblematik nicht aus dem politischen Blickwinkel sehen, obwohl man natürlich den politischen Aspekt auch nicht übersehen dürfe. Die Meinung, daß alles sich von selbst lösen würde, wenn Frankreich dem Zwölferclub beitrete, sei falsch. Würde Frankreich ihm beitreten, würde ein Treffen der Produzenten- mit den Konsumentenländern jedenfalls unmöglich gemacht werden. Frankreichs Abwesenheit vom Club garantiere ein solches Treffen allerdings nicht.

Frankreich denke an einen Parallelprozeß der Vorbereitung der Ölkonferenz und der Harmonisierung der Energiepolitiken der Neun. Frankreich wolle ein vorbereitendes Treffen, auf dem die Kommission als solche durch einen Kommissar, begleitet von den neun nationalen Experten, vertreten sein soll. Auf dem vorbereitenden Treffen gehe es nicht um Substanzfragen, sondern um eine Traktandenliste.

Dennoch werde allein schon das Zusammentreffen der Vorbereitenden Konferenz einen politischen Einfluß auf die Ölproduzenten haben. Natürlich müßten die ölkonsumierenden Länder ihre Politiken harmonisieren. Der Vorschlag des Präsidenten[12] impliziere den Ausschluß von bilateralen Gesprächen mit den Produzentenländern.

Außenminister Kissinger sei von der Weisheit des französischen Vorschlags nicht überzeugt. Dabei hätte der französische Vorschlag die Amerikaner nicht überraschen dürfen. Er, Sauvagnargues, habe schon bei der Fünfer-Konferenz in Washington die grundsätzliche französische Position offengelegt.[13]

---

[9] Zur Vereinbarung der Finanzminister der EG-Mitgliedstaaten vom 22./23. April 1974 über die Verwendung der Goldreserven zur Überwindung von Zahlungsbilanzdefiziten vgl. Dok. 160, Anm. 5.
[10] Vgl. Dok. 327.
[11] Vgl. dazu die Ausführungen des Staatspräsidenten Giscard d'Estaing vom 24. Oktober 1974; Dok. 302, Anm. 4.
[12] Zur Initiative des Staatspräsidenten Giscard d'Estaing vom 24. Oktober 1974 für eine internationale Erdölkonferenz vgl. Dok. 317, Anm. 47.
[13] Zu den Gesprächen der Außen- und Finanzminister der Bundesrepublik, Frankreichs, Großbritanniens, Japans und der USA am 28./29. September 1974 in Washington vgl. Dok. 285, Dok. 289 und Dok. 292.
Der französische Außenminister Sauvagnargues regte am 29. September 1974 in Washington vor

Der *Bundesminister* erklärte, daß auch seine Regierung die Energiepolitik als ein wichtiges Thema der Gipfelkonferenz ansehe. Bonn habe den Vorschlag des französischen Präsidenten begrüßt, weil es – wie Paris – keine Konfrontation wünsche und weil der Vorschlag den Willen zur Kooperation glaubhaft mache. Man werde große Energie aufwenden müssen, um die Politik der Verbraucherländer zu koordinieren. Spannungen mit den Vereinigten Staaten müßten in dieser Frage auf jeden Fall vermieden werden. Er fragte Außenminister Sauvagnargues, ob die Gemeinschaft als solche am IEP[14] mitwirken könne sowie nach den Reaktionen der angesprochenen Länder auf den französischen Vorschlag.

Außenminister *Sauvagnargues* antwortete zur ersten Frage, die Kommission als solche könne sich nicht beteiligen, weil Frankreich ja nicht mitwirke. Vielleicht könne man eine Formel finden, die es der Kommission erlaube, sich informiert zu halten.

Der *Bundesminister* bat, diese Haltung noch einmal zu überprüfen. Frankreich würde, auch wenn die Kommission, nicht aber es selbst, mitwirke, eine Sonderposition einnehmen.

Außenminister *Sauvagnargues* erwiderte, daß eine solche Lösung, die zwar rechtlich möglich sei, politisch Frankreichs Haltung unklar und unglaubhaft machen würde. Er wiederholte, daß Frankreich gegen eine Befassung der OECD mit dem Energieproblem keine Einwände hätte. Die Frage, ob sich die Gemeinschaft über die Vorgänge in der OECD informiert halten könne, sei er bereit zu prüfen (kurze Auslassung).

Zur zweiten Frage des Bundesministers sagte Außenminister Sauvagnargues, die französischen Sondierungen bei den Produzentenländern seien noch im Gange: Lipkowski reise nach Saudi-Arabien, Bettencourt in den Iran und Broglie nach Venezuela. Bisher seien die Reaktionen der Produzentenländer ziemlich klar zustimmend. Beim Schah wisse er allerdings nicht, welche Wirkung Kissingers Gespräch mit ihm gehabt habe.[15] Algerien habe gewisse Einwendungen (gegen die Drei-Parteien-Formel und ...), doch würde sich da eine gemeinsame Basis finden lassen. Was die Vereinigten Staaten anginge, so seien sie nach wie vor mißtrauisch. Sie hätten noch nicht den fundamentalen Unter-

---

Fortsetzung Fußnote von Seite 1452

Pressevertretern Gespräche zwischen den erdölproduzierenden und -verbrauchenden Staaten an: „Je vous renvoie à cet égard au discours que j'ai prononcé aux Nations-Unies, dont le thème central a été précisément le thème de l'interdépendance; de quoi s'agit-il? Il y a de fait que les pays producteurs ont assurément des revendications justifiées. Il n'était pas normal de garder artificiellement aussi bas les prix des produits de base et la France, depuis longtemps, n'a cessé de souligner la gravité de la détérioration des termes des échanges et celles des problèmes posés par l'écart croissant qui sépare pays industrialisés des pays du tiers-monde. Mais décidément, nous sommes, en ce moment, en train de passer à l'excès inverse: un certain transfert des pouvoirs économiques et peut-être politiques est en train de s'opérer et certaines pratiques d'apparence, il faut bien le dire, assez monopolitique, des pays producteurs vont alimenter la spirale inflationniste, posant à leurs pays et à tous les pays consommateurs un problème qui va bientôt devenir insupportable. [...] Il faut donc que l'affirmation d'une certaine solidarité entre pays consommateurs s'accompagne immédiatement d'une offre de dialogue et d'un démarrage du dialogue entre consommateurs et producteurs. Voilà en tous cas le point de vue de la France, point de vue qui, au fond, n'a été sérieusement contesté par personne." Vgl. LA POLITIQUE ETRANGÈRE 1974, II, S. 97.

14 Zum von der Energie-Koordinierungsgruppe am 19./20. September 1974 verabschiedeten Internationalen Energieprogramm vgl. Dok. 284, Anm. 9, und Dok. 302, Anm. 3.

15 Der amerikanische Außenminister Kissinger hielt sich vom 1. bis 3. November 1974 im Iran auf.

schied der jetzigen französischen Politik gegenüber der früheren eingesehen: Frankreich opponiere nicht mehr gegen die Zwölf und habe jetzt einen konkreten Vorschlag für ein Kooperationsgespräch zwischen Konsumenten und Produzenten gemacht.

Auf eine Frage des Bundesministers kam Außenminister Sauvagnargues auf die französischen taktischen Vorstellungen zum Außenministertreffen am 11.11. in Brüssel zurück. Er werde am Montag keinen Kompromiß suchen und schließe nicht aus, daß man unentschiedene Punkte der Entscheidung der Gipfelkonferenz überlasse. Auf Einwurf des Bundesministers bestätigte AM Sauvagnargues, daß sich die Außenminister auch am 18.11.[16] mit solchen Punkten befassen könnten.

Dem deutschen Formulierungsvorschlag zur Frage der Rechte der Versammlung (Punkt V, 4. Absatz) könne Frankreich zustimmen.

Der *Bundesminister* wies darauf hin, daß Erklärungen der Regierungschefs zur Konjunkturpolitik konkreter und substantieller formuliert werden müßten. Die Öffentlichkeit erwarte dies. Außenminister *Sauvagnargues* fragte, ob Bonn dazu einen Textvorschlag habe. Im Quai arbeite man ebenfalls an einem Text. Der entsprechende Formulierungsvorschlag der Kommission erscheine brauchbar.

Der *Bundesminister* wies darauf hin, daß der Bundeskanzler besonderes Interesse an der Paßunion und an der Aufwertung des Ausschusses der Ständigen Vertreter habe und daß man in diesen Punkten mehr sehen wolle als bloße Prüfungsaufträge. Die Frage, ob Paris einen deutschen Vorstoß in dieser Richtung unterstützen würde, bejahte Außenminister *Sauvagnargues*. (Der *Bundesminister* sagte, daß gegen die Aufwertung der Ständigen Vertreter von einigen Partnerländern zwar verfassungsrechtliche Bedenken eingeschoben würden, daß dahinter aber wohl eher die Sorge stecke, daß die Ständigen Vertreter – angesichts der häufigen Regierungswechsel – selbst zu oft wechseln könnten.)

Der Bundesminister kündigte einen deutschen Formulierungsvorschlag an. Außenminister *Sauvagnargues* bemerkte, daß das deutsche Anliegen auch das französische sei.

Referat 202, Bd. 111206

---

[16] Zur Konferenz der Außenminister der EG-Mitgliedstaaten im Rahmen der EPZ am 18. November 1974 in Paris teilte Vortragender Legationsrat I. Klasse Dohms am 19. November 1974 mit: „Außenminister bestätigten Grundlagen des Arbeitspapiers über institutionelle Fragen: Gesamtzusammenhang zwischen der Tätigkeit der EG und der EPZ (Sauvagnargues sprach von Konvergenz), regelmäßige Treffen der Regierungschefs als normaler Teil europäischer Beratungs- und Entscheidungsmechanismen, operative Ausrichtung einer verstärkten EPZ, verstärkte politische Rolle des Rats in der Besetzung der Außenminister, Zusammenarbeit auf Gebieten, die über Anwendungsbereich der Verträge hinausgehen [...]. Wichtigster Fortschritt war eindeutig, die regelmäßigen Treffen der Regierungschefs ‚im Rat der Gemeinschaft und im Rahmen der politischen Zusammenarbeit' abzuhalten. Offen ist noch die Frage der Bezeichnung dieser Treffen (Franzosen glauben, auf Bezeichnung ‚Europäischer Rat' aus psychologischen Gründen nicht verzichten zu können, nachdem sie auf ihr ursprüngliches Konzept eines besonderen ‚europäischen Rats' verzichtet hatten)." Vgl. den Runderlaß Nr. 132; Referat 010, Bd. 178582.

329

Gespräch des Bundesministers Genscher mit dem britischen Außenminister Callaghan auf Schloß Gymnich

105-64.A/74 VS-vertraulich 10. November 1974[1]

Der Herr Bundesminister des Auswärtigen traf am 10. November 1974 um 15.30 Uhr auf Schloß Gymnich mit dem britischen Außenminister Callaghan zu einem Gespräch in kleinem Kreise zusammen, an dem Staatsminister Wischnewski, Botschafter von Hase und der britische Botschafter, Sir Nicolas Henderson, teilnahmen.

Der Herr *Bundesminister* sagte einleitend, bei der letzten Begegnung in Luxemburg[2] sei vorgesehen gewesen, daß am 11. November[3] die Entscheidung falle, ob eine Gipfelkonferenz[4] stattfinde oder nicht. Die britische und die deutsche Reaktion seien positiv gewesen. Die Antwort auf diese Fragen sei nunmehr durch die französische Einladung[5] bereits vorweggenommen, was, wie er höre, in einigen Ländern nicht so freundlich aufgenommen worden sei. Der deutschen Seite gehe es darum, daß die Konferenz mit einem gewissen Erfolg ende. Was die öffentliche Meinung angehe, so bestehe einige Skepsis. Man wolle vor allem Fortschritte in den institutionellen, aber auch in den materiellen Fragen sehen. Zunächst sollte man sich darüber klar sein, was sich überhaupt erreichen lasse. Deutscherseits wolle man vermieden sehen – er sage das ganz offen –, daß der Gipfel zu einer Konferenz über einen Europäischen Regionalfonds werde. Dies sei nicht möglich.

Außenminister *Callaghan* sagte, in England gebe es keine öffentliche Meinung über eine Gipfelkonferenz. Dieses Thema sei nicht von vorrangigem Interesse. Auf der anderen Seite sei diese Frage für die unmittelbar Betroffenen aber wichtig. Es sei nicht zu leugnen, daß es unter den einzelnen Ländern unterschiedliche Einstellungen zu konkreten Fragen gebe. Für ihn komme es daher vor allem darauf an, daß der Gipfel den Regierungschefs die Möglichkeit biete, in einen Gedankenaustausch einzutreten und so den Versuch zu machen, von einer Divergenz zu einer Konvergenz zu kommen. Das halte er für das Allerwichtigste. Was den Regionalfonds angehe, so habe er sich allerdings einer gewissen Gefahr ausgesetzt, indem er den Italienern, die an dieser Frage sehr interessiert seien und starke Gründe dafür hätten, zu verstehen gegeben habe, er werde nicht im Weg stehen, wenn die Italiener dieses Thema anschneiden

---

1 Die Gesprächsaufzeichnung wurde von Vortragendem Legationsrat I. Klasse Weber am 11. November 1974 gefertigt und mit Begleitvermerk vom 12. November 1974 an das Ministerbüro geleitet. Hat Bundesminister Genscher am 15. November 1974 vorgelegen. Vgl. VS-Bd. 14054 (010); B 150, Aktenkopien 1974.
2 Zum informellen Treffen der Außenminister der EG-Mitgliedstaaten am 15. Oktober 1974 in Luxemburg vgl. Dok. 299.
3 Zum informellen Treffen der Außenminister der EG-Mitgliedstaaten am 11. November 1974 in Brüssel vgl. Dok. 317, Anm. 16, und Dok. 328, Anm. 4.
4 Zur Gipfelkonferenz der EG-Mitgliedstaaten am 9./10. Dezember 1974 in Paris vgl. Dok. 369.
5 Für das Schreiben des Staatspräsidenten Giscard d'Estaing vom 24. Oktober 1974 vgl. Dok. 317, Anm. 10.

wollten. Es sei aber unmöglich, auf dem Gipfel Einzelheiten zu erörtern. Dies sei auch Wilsons Einstellung. Sehr viel wichtiger als diese Frage sei eine faire und richtige Regelung des Budgetproblems.

Über die Energiepolitik sollte im Kreis der Delegationen ausführlicher gesprochen werden. Man sei über die französische Haltung besorgt und halte es für angezeigt, daß die übrigen Partner ihre Politik gegenüber Frankreich koordinieren.

Der Herr *Bundesminister* verwies auf die Bedeutung der Beschäftigungssicherung und der Inflationsbekämpfung nicht nur für die Industrieländer, sondern für das Funktionieren der Gemeinschaft. Was die Ausführungen zum Regionalfonds und zu der Budgetfrage angehe, so sei man davon nicht überrascht gewesen. Bezüglich der Energiepolitik müsse man gleichzeitig eine innere und eine äußere Energiepolitik verfolgen. Er wolle den Minister im größeren Kreis über seine Gespräche mit Sauvagnargues vom Vortage[6] unterrichten.

Zu den institutionellen Fragen führte der Herr Bundesminister aus, die Bedeutung der Mehrheitsentscheidungen[7] werde vielleicht manchmal etwas überschätzt. Das Recht, vitale Interessen geltend zu machen, müsse gewahrt bleiben. In den Sitzungen des Ministerrats werde oft sehr viel Zeit und Energie durch Detailfragen in Anspruch genommen, die im nationalen Rahmen überhaupt nicht auf den Kabinettstisch kämen, da sie bereits vorher geregelt würden. Jedes Land solle nach wie vor entscheiden können, was vitale Interessen seien, und hierin nicht überstimmt werden können. Ein weiterer wichtiger Punkt im Zusammenhang mit den institutionellen Fragen sei die Direktwahl zum Europäischen Parlament, eine Angelegenheit, die für alle Fraktionen des Bundestags von größter Bedeutung sei. Hier gehe es in erster Linie um den zeitlichen Ablauf. Man wäre dankbar, wenn Großbritannien eine freundlichere Haltung einnehmen könne, da es nicht darum gehe, eine verbindliche Zusage zu geben.

Außenminister *Callaghan* sagte, bezüglich der institutionellen Fragen habe er große Schwierigkeiten. Seine Position in der Direktwahl sei unverändert[8], und er könne sich in diesem Bereich auch nicht um einen zehntel Millimeter bewegen, solange die britische Haltung nicht klar sei und man nicht wisse, ob Großbritannien in der Gemeinschaft bleibe. Wenn diejenigen, die Großbritannien auch weiterhin im Gemeinsamen Markt sehen wollten, Druck auszuüben versuchten, erzielten sie die gegenteilige Wirkung. Es gehe darum, ob die Integrität des britischen Parlaments gewahrt bleibe, da gegenwärtig zwei entgegenge-

---

[6] Für die Gespräche des Bundesministers Genscher mit dem französischen Außenminister Sauvagnargues am 9. November 1974 in Paris vgl. Dok. 327 und Dok. 328.

[7] Vgl. dazu die Entscheidung des EWG-Ministerrats vom 28./29. Januar 1966 („Luxemburger Kompromiß"); Dok. 109, Anm. 16.

[8] Zur Haltung der britischen Regierung gegenüber dem Europäischen Parlament vgl. Dok. 113, Anm. 14. Gesandter von Schmidt-Pauli, London, teilte am 7. August 1974 mit: „Eine Anfrage im F[oreign] O[ffice] ergab, daß britische Regierung weder jetzt noch in absehbarer Zukunft neue Initiativen zur Verwirklichung der in Artikel 138 EWG-Vertrag vorgesehenen direkten Wahlen zum Europäischen Parlament beabsichtige. Britische Regierung wolle zunächst das Ergebnis der ‚Neuverhandlungen' abwarten. Britische Regierung wolle zunächst das Ergebnis der ‚Neuverhandlungen' abwarten. Solange diese Frage nicht geklärt sei, werde die die Regierung tragende Labour-Partei auch keine Mitglieder in das Europäische Parlament entsenden. Somit habe ihre Direktwahl zur Zeit für die Partei keine aktuelle Bedeutung." Vgl. den Drahtbericht Nr. 2049; Referat 410, Bd. 105629.

setzte Tendenzen spürbar seien: Eine weise in Richtung eines nationalen Separatismus (Schottland, Wales), die andere in Richtung Brüssel.

Zur Frage der Mehrheitsentscheidungen bemerkte Außenminister Callaghan, dies hänge von den jeweiligen Fragen ab. Man sei bereit, zu einer Vereinbarung beizutragen, wenn dies möglich sei. Er bezweifle aber, ob in dieser Frage viel Substanz liege. Entscheidend sei, ob man zueinander Vertrauen habe. Dieses Vertrauen könne nicht durch schriftliche Formeln ersetzt werden.

Der Herr *Bundesminister* erinnerte daran, wie oft man schon innerhalb relativ kurzer Zeit am Verhandlungstisch in Brüssel sog. vitale Interessen habe sterben sehen. Häufig genug seien Empfehlungen in den eigenen vorbereiteten Texten nicht von Bestand gewesen. Die Einstimmigkeitsregel solle nur wichtigen Entscheidungen vorbehalten bleiben, und es gehe vor allem darum, den Ministerrat zu einem politischen Entscheidungsinstrument zu machen.

Außenminister *Callaghan* stimmte zu, daß Fragen von sekundärer Bedeutung außerhalb des Rats geregelt werden sollten.

Staatsminister *Wischnewski* führte zur Frage der Direktwahlen aus, der derzeitige Vorschlag trage den britischen Wünschen Rechnung. Ein entsprechender Vorschlag würde 1975 von der Versammlung erörtert und käme erst 1976 vor den Ministerrat, d. h. erst nach dem britischen Referendum[9]. In diesem Zusammenhang verwies er auf den Sozialistenkongreß in Den Haag[10] und die dort zutage getretene Bereitschaft, die britischen Interessen zu berücksichtigen.

Außenminister *Callaghan* erklärte, daß die Labour Party dort nicht vertreten gewesen sei und er keine Einwände gegen das Verfahren habe, sofern er sich nicht verpflichten müsse, 1976 in dieser Frage etwas Bestimmtes zu sagen oder zu tun.

Der Herr *Bundesminister* sagte, es stehe der Versammlung frei zu tun, was sie wolle, und der Ministerrat könne ihr keine Vorschriften machen. Man habe nicht angeregt, daß auf dem Gipfel alle ja zu dem Vorschlag sagen sollten, obgleich feststehe, wer ja sagen werde, sondern der Gipfel solle sich nur damit befassen. Hierdurch werde das Referendum in Großbritannien in keiner Weise präjudiziert.

Außenminister *Callaghan* sagte, er könne keine verbindliche Zusage über eine Entscheidung im Jahre 1976 geben. Die Angelegenheit müsse geprüft werden, sobald sie dem Ministerrat vorliege, und er könne auch vertraulich keine Zusicherungen geben. Persönlich erscheine ihm diese Frage als für den Gipfel ungeeignet, da sie eher Differenzen als Eintracht schaffe.

---

9 Zum geplanten Referendum in Großbritannien über die Ergebnisse der Verhandlungen zur Neuregelung der EG-Beitrittsbedingungen vgl. Dok. 317, Anm. 19.

10 Am 1./2. November 1974 fand in Den Haag eine Konferenz der sozialdemokratischen Parteien der EG-Mitgliedstaaten statt, an der auch Bundeskanzler Schmidt teilnahm. In der Presse wurde dazu berichtet: „Bundeskanzler Schmidt richtete erneut scharfe Kritik gegen die europäischen Institutionen und deren Arbeitsweise. [...] Zum Problem der von London geforderten Neuverhandlung der britischen Beitrittsbedingungen sagte er, daß er bereit sei, mit den Engländern Kompromisse zu schließen. Die Konferenzteilnehmer bedauerten die Entscheidung der Labour Party, sich an diesem Treffen nicht zu beteiligen, betonten jedoch, daß sie die Haltung der Partei Wilsons respektierten." Vgl. den Artikel „Sozialisten wollen enger zusammenarbeiten"; DIE WELT vom 4. November 1974, S. 2.

Staatsminister *Wischnewski* betonte, es gehe darum, ein auf demokratische Weise gewähltes Parlament zustande zu bringen. Dabei habe man keine Bedenken, das in den einzelnen Ländern geltende Wahlsystem auch für diese Wahlen anzuwenden. Er sagte, die SPD-Fraktion habe beschlossen, eine Arbeitsgruppe zum Studium dieser Fragen einzusetzen, in der der Parteivorsitzende selbst mitarbeiten wolle. Ihm schwebe eine Lösung vor, die es auch den führenden Parlamentsmitgliedern der einzelnen Parteien erlaube, an den Arbeiten der europäischen Versammlung teilzunehmen. Dies zeige die Bedeutung, die Brandt dieser Frage beimesse.

Außenminister *Callaghan* verwies erneut darauf, daß in Großbritannien, besonders von den Abgeordneten selbst, über die Souveränität von Westminster eifersüchtig gewacht werde. Falls auf dem Gipfel eine Erklärung verabschiedet werde, die dem nicht Rechnung trage, könnte dies einen ernsten Rückschlag bedeuten. Vielleicht sei die Situation nach dem Referendum etwas anders, doch unter den derzeitigen Bedingungen sollte die Frage nur soweit angesprochen werden, als dies für unerläßlich gehalten werde.

Das Gespräch endete gegen 16.30 Uhr.

VS-Bd. 14054 (010)

330

Aufzeichnung des Ministerialdirigenten Lautenschlager

413-491.09 FRA-1661/74 VS-vertraulich   **11. November 1974**[1]

Betr.: Zusammenarbeit mit Frankreich bei der Urananreicherung[2]

I. Sachstand

1) Die Bundesrepublik Deutschland, Großbritannien und die Niederlande arbeiten aufgrund des 1971 in Kraft getretenen Übereinkommens von Almelo[3]

---

[1] Ablichtung.
Die Aufzeichnung wurde von Vortragendem Legationsrat I. Klasse Randermann und Vortragendem Legationsrat von Wagner konzipiert.
Ministerialdirigent Lautenschlager leitete die Aufzeichnung am 11. November 1974 an Staatssekretär Sachs und Bundesminister Genscher weiter. Dazu vermerkte er: „In der Anlage wird mit Bitte um Zustimmung eine Aufzeichnung zu dem obigen Thema vorgelegt, die im Auswärtigen Amt unter Mitwirkung des Bundeskanzleramtes, des BMWi, BMVg und BMFT erstellt worden ist. Die obengenannten Häuser holen intern zu dem Text dieser Aufzeichnung gleichzeitig die Zustimmung der jeweiligen Leitungen ein. Der Inhalt der mit den Briten und Niederländern vereinbarten Verhandlungsrichtlinien und der anliegenden Aufzeichnung entspricht im wesentlichen den Vorschlägen, die dem Herrn Minister mit der Bezugsaufzeichnung vorgelegt worden waren."
Hat Sachs am 14. November 1974 vorgelegen.
Hat Ministerialdirigent Kinkel am 15. November 1974 vorgelegen.
Hat Genscher vorgelegen. Vgl. den Begleitvermerk; VS-Bd. 8858 (413); B 150, Aktenkopien 1974.
[2] Zu einer möglichen Beteiligung Frankreichs an der Entwicklung und Nutzung des Gasultrazentrifugenverfahrens zur Herstellung angereicherten Urans vgl. Dok. 243.
[3] Für den Wortlaut des Abkommens vom 4. März 1970 zwischen der Bundesrepublik, Großbritannien

bei der Entwicklung und Nutzung des Gaszentrifugenverfahrens zur Herstellung von angereichertem Uran zusammen. Die drei Staaten bedienen sich bei dieser Zusammenarbeit gemeinsamer Industrieunternehmen (URENCO/CENTEC), die der Aufsicht eines Gemeinsamen Regierungsausschusses (Joint Committee) unterliegen.

2) Nach einem jahrelangen Konkurrenzkampf um die Verwirklichung des französischen Gasdiffusionsverfahrens oder des Zentrifugenverfahrens haben nunmehr erste Gespräche über eine Zusammenarbeit auf industrieller Ebene zwischen URENCO/CENTEC und dem französischen Atomenergiekommissariat (CEA) stattgefunden.[4] Vorausgegangen waren zuletzt ein Verhandlungsangebot der Troikaregierungen[5] sowie Empfehlungen auf dem Kopenhagener Gipfel[6] und des Ministerrats der EG vom 4.6.1974[7].

3 a) Das wirtschaftliche Interesse Frankreichs und der Troikapartner hinsichtlich einer möglichen Zusammenarbeit ist etwa gleich stark. Frankreich muß sich bis 1975 für den Bau einer weiteren Anreicherungsanlage entscheiden. Es ist sicher daran interessiert, daß die zweite Anlage nach dem technologischen und kommerziell günstigsten Verfahren, dem Zentrifugenverfahren, errichtet wird. Notfalls kann es jedoch auch eine zweite Diffusionsanlage erstellen. Das Interesse der Troika liegt in der Verhinderung des Baus einer nur im großen Maßstab rentablen Diffusionsanlage, deren Kapazität den Markt für das Zentrifugenverfahren verengen könnte. Beide Seiten haben ein gemeinsames Interesse daran, der zu erwartenden künftigen amerikanischen Konkurrenz auch auf dem Zentrifugengebiet gewachsen zu sein.

b) Die Troikapartner sind immer davon ausgegangen, daß Frankreich aus politischen Gründen von einer Beteiligung am Zentrifugenverfahren nicht ausge-

---

Fortsetzung Fußnote von Seite 1458
    und den Niederlanden über die Zusammenarbeit bei der Entwicklung und Nutzung des Gasultrazentrifugenverfahrens zur Herstellung angereicherten Urans (Abkommen von Almelo) vgl. BUNDESGESETZBLATT 1971, Teil II, S. 930–949.

[4] Am 11. Juni 1974 fanden in Düsseldorf Gespräche zwischen dem Leiter des französischen Atomenergie-Kommissariats, Giraud, und Vertretern der URENCO/CENTEC, Buckinghamshire, statt. Für die Gesprächsaufzeichnung vgl. Referat 413, Bd. 105372.

[5] Ministerialdirigent Poensgen teilte der Botschaft in Paris am 13. November 1973 mit: „Die drei bei der Entwicklung des Gasultrazentrifugenverfahrens zusammenarbeitenden Länder Großbritannien, Niederlande und B[undes]R[epublik] Deutschland beabsichtigen nunmehr, die französische Regierung einzuladen, am fortschreitenden Ausbau der Zentrifugenanreicherungskapazität in Europa teilzunehmen und alsbald Gespräche hierüber aufzunehmen. Sie gehen dabei davon aus, daß der europäische Markt bei Beibehaltung des freien Zugangs der europäischen Elektrizitätsversorgungsunternehmen zu Lieferquellen außerhalb Europas (USA, SU) keinen Raum für den Bau einer Diffusionsanlage neben Zentrifugenanlagen bietet. Die Einladung beruht deshalb auf der Grundvoraussetzung, daß Frankreich auf den Bau einer Diffusionsanlage verzichtet." Vgl. den Drahterlaß Nr. 4114; Referat 413, Bd. 105301.

[6] Vgl. dazu die Anlage „Energie" zum Kommuniqué der Gipfelkonferenz der EG-Mitgliedstaaten am 14./15. Dezember 1973 in Kopenhagen; Dok. 23, Anm. 6.

[7] Korrigiert aus: „16.6.1974".
    In der Entschließung des EG-Ministerrats vom 4. Juni 1974 über die Versorgung der Gemeinschaft mit angereichertem Uran wurde ausgeführt: „Der Rat der Europäischen Gemeinschaften [...] nimmt mit Befriedigung zur Kenntnis, daß die Initiatoren der Ultrazentrifugierung und der Gasdiffusion in Europa beschlossen haben, in die Phase der Verwirklichung ihrer Projekte einzutreten; sie ihre Absicht bekundet haben, sich untereinander über ihre Projekte zu beraten, [...] empfiehlt, [...] daß der Gedankenaustausch zwischen den Erzeugern im Hinblick auf eine konzertierte und harmonische Entwicklung der derzeitigen Projekte solange als erforderlich fortgesetzt wird." Vgl. AMTSBLATT DER EUROPÄISCHEN GEMEINSCHAFTEN Nr. C 69 vom 14. Juni 1974, S. 1.

schlossen werden kann, wenn es einen entsprechenden Wunsch äußert. Auch wir haben ein Interesse daran, das Verhältnis zwischen Frankreich und den Drei zum Nutzen der europäischen Zusammenarbeit auszubauen.

4 a) In den gemeinsamen Unternehmen URENCO/CENTEC darf kein Material mit dem für Waffen erforderlichen Anreicherungsgrad zur Herstellung von Kernwaffen oder sonstigen Kernsprengkörpern erzeugt werden. Großbritannien ist jedoch in einem vertraulichen Briefwechsel zum Vertrag von Almelo zugestanden worden, daß es für Verteidigungszwecke eine nationale Zentrifugenanlage bauen oder von den gemeinsamen Industrieunternehmen angereichertes Material in einer nationalen Anlage für Verteidigungszwecke weiter anreichern kann. In Großbritannien finden insoweit keine Sicherheitskontrollen statt.

b) Für die in trilateraler Zusammenarbeit betriebenen zivilen Zentrifugenanlagen haben die Troikapartner Sicherheitskontrollen durch EURATOM[8], die nach dem Inkrafttreten des Verifikationsabkommens[9] von der IAEO zu verifizieren sind, akzeptiert. Dies wird auch für die in Großbritannien gelegene Anlage gelten.

Frankreich hingegen ist seit 1958 konsequent bestrebt, sich EURATOM-Sicherheitskontrollen zu entziehen. Bereits vor Jahren wurde ihm zugestanden, für militärische Zwecke bestimmtes spaltbares Material nicht mehr EURATOM-Kontrollen zu unterwerfen. 1971 hat es anläßlich der Verabschiedung des Verhandlungsmandates des EG-Rates für die EG-Kommission für die Verhandlungen mit der IAEO über den Abschluß des Verifikationsabkommens[10] im Grundsatz erreicht, daß auch für friedliche Zwecke bestimmtes spaltbares Material in Frankreich nur dann EURATOM-Kontrollen unterliegt, wenn dies von Frankreich eingegangene internationale Verpflichtungen (Lieferungen aus den USA) erfordern. Diese Regelung wird zusammen mit dem Verifikationsabkommen in Kraft treten. IAEO-Sicherungsmaßnahmen lehnt Frankreich ebenfalls ab.

c) Frankreich ist dem NV-Vertrag[11] nicht beigetreten, hat aber durch seinen Außenminister vor der Generalversammlung der Vereinten Nationen 1968 erklärt, daß es sich so verhalten werde, als sei es Partei des NV-Vertrages.[12] Diese Erklärung gilt auch heute noch.

---

[8] Vgl. dazu Artikel VII Absatz 2 des Abkommens vom 4. März 1970 zwischen der Bundesrepublik, Großbritannien und den Niederlanden über die Zusammenarbeit bei der Entwicklung und Nutzung des Gasultrazentrifugenverfahrens zur Herstellung angereicherten Urans; Dok. 243, Anm. 7.

[9] Für den Wortlaut des Übereinkommens vom 5. April 1973 zwischen Belgien, der Bundesrepublik, Dänemark, Irland, Italien, Luxemburg, den Niederlanden, EURATOM und der IAEO in Ausführung von Artikel III Absätze 1 und 4 des Vertrags vom 1. Juli 1968 über die Nichtverbreitung von Kernwaffen (Verifikationsabkommen) sowie des dazugehörigen Protokolls vgl. BUNDESGESETZBLATT 1974, Teil II, S. 795–832.

[10] Zum am 20. September 1971 verabschiedeten Mandat des EG-Ministerrats an die EG-Kommission für die Verhandlungen mit der IAEO über ein Verifikationsabkommen vgl. Dok. 243, Anm. 10.

[11] Für den Wortlaut des Nichtverbreitungsvertrags vom 1. Juli 1968 vgl. BUNDESGESETZBLATT 1974, Teil II, S. 785–793.

[12] Der französische UNO-Botschafter Bérard legte am 12. Juni 1968 in New York die Haltung der französischen Regierung zum Nichtverbreitungsvertrag vom 1. Juli 1968 dar: „Certes, il ne veut pas la dissémination des armes atomiques. Autant que quiconque, il est convaincu que, si tous les peuples doivent être appelés à bénéficier des avantages pacifiques de l'énergie atomique, il serait dangereux que ces armes se multiplient. C'est-à-dire qu'il comprend parfaitement que les Etats non nucléaires renoncent à l'option atomique dans les conditions prévues par le traité. De la même façon, il

1460

d) Der Export von Anlagen, Technologie und Material aus der Gaszentrifugenzusammenarbeit ist nach dem Vertrag von Almelo nur mit einstimmiger Billigung des Gemeinsamen Regierungsausschusses zulässig.[13] Jede der drei Regierungen hat daher insoweit ein Vetorecht.

5) In den oben erwähnten Gesprächen zwischen URENCO/CENTEC und CEA wurde die französische Forderung vorgebracht, daß Frankreich das Recht haben solle, das Zentrifugenverfahren in einer eigenen Anlage auch militärisch zu nutzen. Außerdem wünschen die Franzosen, bei dem Export von Zentrifugenmaterial und Know-how an Drittländer weitgehend frei zu sein. Schließlich stellt sich das Problem der Sicherheitskontrollen in Frankreich, das die Franzosen von sich aus nicht angeschnitten haben.

Diese politischen Fragen fallen in die Zuständigkeit nicht der Industrieunternehmen, sondern der betroffenen Regierungen.

6) Bisheriger Stand und weiteres Verfahren

Im September 1974 hat der Direktor für Außenbeziehungen des französischen Kernenergiekommissariats (CEA), Goldschmidt, den derzeitigen Vorsitzenden des Gemeinsamen Regierungsausschusses, Herzig (UK), auf die politischen Fragen einer Zusammenarbeit zwischen Frankreich und der Troika angesprochen. Die Franzosen betrachten dieses Gespräch als offizielles Ersuchen um Aufnahme von Regierungsverhandlungen über die politischen Fragen. Im Rahmen des Gemeinsamen Regierungsausschusses einigte man sich Anfang Oktober auf die unten dargelegten Verhandlungsrichtlinien, die weitgehend deutschen Vorschlägen entsprechen und die den zuständigen Ministern auch in den übrigen Troikastaaten zur Billigung vorgelegt werden sollen. In der kommenden Sitzung des Gemeinsamen Regierungsausschusses am 18./19. November 1974 soll sodann anhand dieser Verhandlungsrichtlinien ein zunächst noch allgemein gehaltenes Papier über die Auffassung der Troika zu den politischen Fragen einer möglichen Zusammenarbeit erstellt werden. Dieses Papier würde über die britische Botschaft in Paris dem französischen Außenministerium zugeleitet werden.

Fortsetzung Fußnote von Seite 1460
    considère que les Etats nucléaires ne doivent d'aucune façon, directement ou indirectement, favoriser une dissémination qui serait contraire aux intérêts du monde dans son ensemble. C'est d'ailleur inévitablement, ce qui se passe et continuera de se passer de toutes façons. Aucun pays, détenteur des responsabilités terrifiantes qui résultent de la possession de ces armes n'envisagera jamais de les partager avec d'autres. La France, pour sa part, qui ne signera pas le traité de non dissémination, se comportera dans l'avenir, dans ce domaine, exactement comme les Etats qui décideraient d'y adhérer. Aucune doute n'existe certainement à cet égard dans l'esprit de personne." Vgl. LA POLITIQUE ETRANGÈRE 1968, I, S. 148.

13 In Artikel II Absatz 5 des Abkommens vom 4. März 1970 zwischen der Bundesrepublik, Großbritannien und den Niederlanden über die Zusammenarbeit bei der Entwicklung und Nutzung des Gaszentrifugenverfahrens zur Herstellung angereicherten Urans wurde festgelegt: „Der Gemeinsame Ausschuß [...] d) berät und beschließt über Vorschläge für I. die Übermittlung von Informationen aus den Hoheitsgebieten der Vertragsparteien, die das Ergebnis der in Artikel I bezeichneten Zusammenarbeit sind oder an denen den gemeinsamen Industrieunternehmen nach diesem Übereinkommen Rechte zugeteilt wurden; II. die Gewährung von Lizenzen oder Unterlizenzen für die Benutzung einer der unter Ziffer I bezeichneten Informationen oder einer im Verlauf der in Artikel I bezeichneten Zusammenarbeit gemachten Erfindung außerhalb der Hoheitsgebiete der Vertragsparteien; III. die Ausfuhr von Ausrüstungen oder Materialien aus den Hoheitsgebieten der Vertragsparteien, die im Rahmen der in Artikel I bezeichneten Zusammenarbeit entwickelt, hergestellt oder verarbeitet worden sind". Vgl. BUNDESGESETZBLATT 1971, Teil II, S. 932 f.

II. Verhandlungsrichtlinien

1) Grundtendenz

Die französische Forderung nach gleichen Rechten wie die drei Troikastaaten, insbesondere wie Großbritannien als Kernwaffenstaat, wird im politischen Bereich grundsätzlich anerkannt. Voraussetzung ist jedoch eine gleichartige Ausgangslage, d. h. Frankreich muß bereit sein, auch gleiche Pflichten zu übernehmen.

2) Militärische Nutzung des Zentrifugenverfahrens durch Frankreich

Eine Gleichbehandlung Frankreichs mit Großbritannien wirft hier besonders schwierige Probleme auf, weil die französische Force de Dissuasion im Gegensatz zu der britischen nuklearen Streitmacht nicht der NATO assigniert ist. Im Hinblick hierauf wäre es vorzuziehen, daß Frankreich seine Forderung auch nach einer militärischen Nutzung des Zentrifugenverfahrens zunächst zurückstellt. Auf absehbare Zeit kann Frankreich seinen militärischen Bedarf an angereichertem Material aus der bereits vorhandenen eigenen Diffusionsanlage decken.

Falls Frankreich, wie zu erwarten ist, jedoch von vornherein auf seiner Forderung beharrt, müßten hierüber getrennte Regierungsverhandlungen geführt werden (sowohl bei den Briten als auch bei den Niederländern bestehen Bedenken, der französischen Forderung zu entsprechen; die Position der Bundesregierung wäre noch festzulegen).

Für den Fall, daß Frankreich seine Forderung tatsächlich zurückstellt, muß vor Abschluß eines Zusammenarbeitsabkommens sichergestellt werden, daß die militärische Nutzung durch Frankreich ohne vorherige Zustimmung der drei Regierungen ausgeschlossen bleibt.

3) Sicherheitskontrollen in Frankreich

Von Frankreich muß gefordert werden, daß es seine zivilen Zwecken dienende Zentrifugenanlage sowohl EURATOM-Sicherheitskontrollen als auch IAEO-Verifikationsmaßnahmen unterstellt. Diese Sicherungsmaßnahmen sollten sich hierbei nicht nur auf die Anlage selbst, sondern auch auf das in ihr produzierte angereicherte Uran erstrecken. Wie weit diese Forderung nach IAEO-Verifikation und Ausdehnung der Kontrollen auf angereichertes Uran, das in den französischen Brennstoffkreislauf gelangt, voll durchgesetzt werden kann, muß dem Verhandlungsverlauf überlassen bleiben.

4) NV-Vertrag und Re-Export durch Frankreich

Von Frankreich soll zwar nicht der Beitritt zum NV-Vertrag, aber bezüglich des Re-Exports von Anlagen, Technologie und Material die formelle Bestätigung seiner früheren Erklärung verlangt werden, daß es sich so verhalten werde, als sei es Partei des NV-Vertrages.

Um Frankreich nicht besser zu stellen, als es die Troikaländer nach dem Vertrag von Almelo untereinander sind, soll ferner ein Export oder Re-Export von Anlagen, Technologie und Material durch Frankreich nur mit Zustimmung des Gemeinsamen Regierungsausschusses zulässig sein. Hierdurch wären auch etwaige über den NV-Vertrag hinausgehende Selbstbeschränkungen abgedeckt, die sich die Drei aus Non-Proliferationsgründen auferlegen könnten.

Die drei Regierungen wären demnach bereit, Frankreich einen Export oder Re-Export von Anlagen, Technologie und Material unter gewissen politischen Bedingungen zu gestatten. Es ist jedoch nicht ausgeschlossen, daß die gemeinsamen Industrieunternehmen URENCO/CENTEC aus kommerziellen Gründen einen Export überhaupt nicht zulassen wollen (die Industrieunternehmen sind in ihrer Geschäftsführung frei). Der politische Forderungskatalog der drei Regierungen darf daher die noch auszuarbeitende kommerzielle Verhandlungsposition der Industrieunternehmen nicht außer acht lassen.

5) Berücksichtigung der französischen Haltung zu amerikanischen Vorschlägen über zusätzliche Exportbeschränkungen[14] als Folgemaßnahmen der indischen Kernexplosion[15]

Es stellt sich neuerdings die Frage, ob ein Zusammenarbeitsabkommen mit Frankreich hinsichtlich des Zentrifugenverfahrens politisch vertretbar wäre, falls sich die Franzosen amerikanischen Vorschlägen über Exportbeschränkungen für Wiederaufarbeitungs- und Anreicherungsanlagen allgemein, d. h. auch für das französische Diffusionsverfahren, widersetzen. Eine Entscheidung hierüber wäre jedoch verfrüht, weil die internationale Diskussion über diese Fragen erst noch bevorsteht. Diese Frage muß aber vor der Beendigung der Verhandlungen mit Frankreich im Lichte der dann gegebenen internationalen Situation geprüft werden.

[Lautenschlager][16]

VS-Bd. 8858 (413)

331

Aufzeichnung des Ministerialdirektors van Well

230-381.10-2262/74 geheim 13. November 1974[1]

Betr.: Palästina-Frage in den Vereinten Nationen[2]

Die Außenminister der Neun diskutierten am 11. November in Brüssel im kleinsten Kreise die Behandlung der Palästina-Frage in den Vereinten Nationen. Sauvagnargues sagte einleitend, die französische Regierung sei wegen ihrer Abstimmung über die Anhörung der PLO getadelt worden.[3] Nun hätten die tat-

---

14 Zu den amerikanischen Vorschlägen bezüglich der Ausfuhr von Kernindustrieanlagen vgl. Dok. 325.
15 Zur Zündung eines nuklearen Sprengsatzes durch Indien am 18. Mai 1974 vgl. Dok. 228.
16 Verfasser laut Begleitvermerk. Vgl. Anm. 1.

1 Hat Staatssekretär Gehlhoff am 14. November 1974 vorgelegen.
2 Zur Abstimmung in der UNO-Generalversammlung am 14. Oktober 1974 über eine Teilnahme der PLO an der Debatte über die „Palästina-Frage" vgl. Dok. 283, Anm. 9, und Dok. 306, Anm. 5.
3 Ministerialdirigent Lautenschlager, z. Z. Luxemburg, berichtete am 14. Oktober 1974: „S[auvagnargues] erläuterte franz[ösische] Gründe für positives Votum und berief sich hierbei ausdrück-

1463

sächlichen Entwicklungen bestätigt, daß die französische Haltung wohlbegründet gewesen sei. Frankreich wolle aber nicht ein zweites Mal so weit vorangehen, sondern im Verband der Neun bleiben. Es lege größten Wert darauf, eine gemeinsame Haltung für die bevorstehende Palästina-Debatte herbeizuführen. Es sei zwar schwer, vor Vorliegen eines Resolutionsentwurfs darüber zu sprechen, die Neun könnten jedoch darüber diskutieren, welche Elemente eines Resolutionsentwurfs ihnen akzeptabel und welche ihnen nicht akzeptabel erscheinen würden.

Sauvagnargues hielt folgende Elemente für annehmbar:

1) das Verbot des Gebietserwerbs durch Gewaltanwendung;

2) die Respektierung der Rechte des palästinensischen Volkes;

3) die Respektierung des Rechts auf Selbstbestimmung des palästinensischen Volkes unter der Voraussetzung, daß dieses Recht nicht „denaturiert" werde, indem es die Existenz Israels in Frage stellt;

4) das Recht der einzelnen Palästinenser, in ihre Heimat zurückzukehren bzw. das Recht auf Entschädigung (Vollversammlungsresolution Nr. 194[4]) – (Sauvagnargues bemerkte hier, sogar die Vereinigten Staaten hätten dafür gestimmt);

5) das Recht Israels auf Souveränität und territoriale Integrität, in gesicherten und anerkannten Grenzen (Sauvagnargues definierte diese Grenzen als die des Jahres 1967) zu leben; eventuell weitere direkte oder indirekte Bezugnahmen auf die Sicherheitsresolution 242[5].

Folgendes könnten die Neun nicht akzeptieren:

1) Das Recht auf Rückkehr, wenn es sich auf das ganze palästinensische Volk und auf das ganze Territorium des früheren Palästina bezieht.

2) Die PLO könne nicht die Position eines Mitgliedstaates bei den Vereinten Nationen erhalten; die PLO sei zwar dabei, eine internationale Position als Vertreter des palästinensischen Volkes zu erlangen, die Neun sollten in dieser Frage jedoch keine allzu eindeutige Haltung einnehmen (pas prendre position trop nettement) und sollten zusehen, daß die Rolle der PLO in den VN begrenzt bleibt.

Auf den Einwurf von Thorn, daß wohl die schwierigsten Punkte die Frage der PLO und des Rechts auf Heimkehr seien, antwortete Sauvagnargues, daß wahr-

---

Fortsetzung Fußnote von Seite 1463
lich auf klare Weisung des Staatspräsidenten. Er bezeichnete franz. Haltung als logische Folge der Neuner-Erklärung vom November 1973. [...] In anschl[ießender] Diskussion kritisierten fast alle Anwesenden verspätete Unterrichtung über franz. Absichten und gaben ihrer Enttäuschung Ausdruck, durch das franz. Vorgehen praktisch vor fait accompli gestellt worden zu sein." Staatsminister Wischnewski habe auf Wunsch der Bundesregierung nach einer einheitlichen Stimmabgabe ausgeführt: „Solche gemeinsame Haltung habe für uns wesentliche Bedeutung. Einmal im Hinblick auf Wirksamkeit der EPZ, aber auch im Hinblick auf zu befürchtende negative Auswirkungen auf euro-arabischen Dialog." Vgl. den Drahtbericht Nr. 146; Referat 310, Bd. 104867.

[4] In Resolution Nr. 194 der UNO-Generalversammlung vom 11. Dezember 1948 wurde ausgeführt: „The General Assembly, Having considered further the situation in Palestine, [...] Resolves that the refugees wishing to return to their homes and live at peace with their neighbours should be permitted to do so at the earliest practicable date, and that compensation should be paid for the property of those choosing not to return and for loss of or damage to property which, under principles of international law or in equity, should be made good by the Governments or authorities responsible". Vgl. UNITED NATIONS RESOLUTIONS, Serie I, Bd. II, S. 85–89.

[5] Für die Resolution Nr. 242 des UNO-Sicherheitsrats vom 22. November 1967 vgl. Dok. 10, Anm. 13.

scheinlich jede Bezugnahme auf das Recht auf Heimkehr inakzeptabel sein würde. Man solle eine allgemeine Formel, wie z.B. eine Bezugnahme auf die Resolution 194, ansteuern. Er würde sich der Stimme enthalten, wenn auf das Rückkehrrecht des palästinensischen Volkes hingewiesen würde. Man solle auch nicht eine getrennte Abstimmung für einzelne inakzeptable Passagen beantragen, wenn die Resolution insgesamt zu ambitiös sei. Überhaupt tendiere er dazu, sich der Stimme zu enthalten, wenn die Resolution zu vieldeutig (trop ambiguë) werde.

Van der Stoel meinte, die Neun sollten sich von ihrer Erklärung vom 6. November 1973[6] inspirieren lassen (Respektierung der legitimen Rechte der Palästinenser und der Sicherheitsresolution 242). Er sprach die Hoffnung aus, daß der Resolutionstext gemäßigt sei[7] und daß die Neun zusammenbleiben.

Herr Bundesminister Genscher bedankte sich für die Darlegung der französischen Haltung. Er plädierte für die Ausarbeitung einer gemeinsamen Haltung der Neun, meinte aber, daß konkrete Überlegungen erst nach Vorliegen eines Entwurfs angestellt werden könnten.

Auf Frage von van Elslande, wo das Entscheidungszentrum der Neun läge, stimmte man darin überein, daß die Koordination in New York stattfinden solle.[8]

Callaghan führte aus, er könne, da es Schwierigkeiten der Übersetzung gegeben habe, zu nichts, was ausgeführt worden sei, sein Einverständnis erklären. Die Minister könnten jetzt nicht den Saal verlassen und sagen, daß sie sich geeinigt hätten. Zum Procedere sei er dafür, daß die Neun zusammengehen und ihre Haltung mit den USA besprechen sollten. Kissinger solle bei seinen Friedensbemühungen nicht behindert werden; er trage die Hauptlast.

Sauvagnargues schloß mit der Bemerkung ab, er habe nur vorläufige Klärungen beabsichtigt gehabt.

van Well

VS-Bd. 9971 (230)

---

[6] Für die Nahost-Erklärung der Außenminister der EG-Mitgliedstaaten vom 6. November 1973 vgl. Dok. 10, Anm. 6.
[7] Botschafter Freiherr von Wechmar, New York (UNO), berichtete am 15. November 1974: „Wir erhielten heute vertraulich arabischen Entwurf für Res[olution] zu Abschluß Palästina-Debatte [...]. Die arabischen Beratungen dauern an. Nach erstem Eindruck ist Text teilweise sehr vage und unausgeglichen. Über Israel und sein Lebensrecht wird kein Wort verloren. Araber könnten allerdings sagen, daß durch Hinweis auf Charta der VN auch Lebensrecht VN-Mitglieds Israel impliziert werde." Vgl. den Drahtbericht Nr. 2394; Referat 310, Bd. 104867.
[8] Vgl. dazu die Sitzung der UNO-Botschafter der EG-Mitgliedstaaten am 22. November 1974 in New York; Dok. 339, Anm. 6.

332

Aufzeichnung des Ministerialdirigenten Fischer

302-321.00 VIV-1835^(II)/74 VS-vertraulich 13. November 1974[1]

Über Herrn Staatssekretär[2] dem Herrn Minister[3] zur Unterrichtung und mit dem Vorschlag vorgelegt, den beigefügten Text einer Drahtweisung an die Botschaft Paris[4] zu genehmigen.[5]

Betr.: Aufnahme diplomatischer Beziehungen zu Nordvietnam

1 Anlage

Sachstand

1) Das Bundeskabinett hatte den Bundesminister des Auswärtigen am 11.7.1973 ermächtigt, der nordvietnamesischen Regierung Gespräche

a) über die Aufnahme diplomatischer Beziehungen,

b) über Grundsatzfragen einer Aufbauhilfe

anzubieten.[6]

Das Angebot zu a) übermittelte unsere Botschaft in Paris der dortigen Vertretung von Nordvietnam mit dem Vorschlag, die Gespräche zwischen den Botschaftern beider Länder in Paris aufzunehmen.

Das Angebot zu b) wird erst nach Aufnahme diplomatischer Beziehungen unterbreitet werden.

2) Die nordvietnamesische Regierung ließ am 5. September 1973[7] durch den Pariser Botschaftsrat Lieu ihr grundsätzliches Einverständnis zur Aufnahme von Gesprächen in Paris mitteilen.[8] Zugleich ließ sie aber erkennen, daß sie die

---

[1] Hat Vortragendem Legationsrat I. Klasse Schönfeld am 14. November 1974 vorgelegen.
   Hat Ministerialdirigent Kinkel am 18. November 1974 vorgelegen.
[2] Walter Gehlhoff.
[3] Hat Bundesminister Genscher am 13. November 1974 vorgelegen.
[4] Dem Vorgang beigefügt. Vgl. Anm. 14.
[5] An dieser Stelle wurde von Vortragendem Legationsrat I. Klasse Schönfeld handschriftlich eingefügt: „Ebenso die Unterrichtung des BK durch Übersendung eines Durchdrucks dieser Vorlage (g[e]g[ebenen]f[al]ls W[ieder]v[or]l[age] Schönfeld)".
[6] Das von den Konfliktparteien geschlossene Abkommen vom 27. Januar 1973 über die Beendigung des Krieges und die Wiederherstellung des Friedens in Vietnam nahm die Bundesregierung zum Anlaß, mit der Demokratischen Republik Vietnam (Nordvietnam) in Verhandlungen über die Aufnahme diplomatischer Beziehungen einzutreten. Vgl. dazu AAPD 1973, I, Dok. 68, AAPD 1973, II, Dok. 223, und AAPD 1973, III, Dok. 316.
[7] Korrigiert aus: „1974".
[8] Gesandter Blomeyer-Bartenstein, Paris, gab am 5. September 1973 die Ausführungen des nordvietnamesischen Botschaftsrats Lieu wie folgt wieder: „1) Die nordviet[namesische] Regierung ist bereit, Ende September in Paris Verhandlungen aufzunehmen, die von den Chefs der Botschaft zu führen sind. [...] 2) Ziel der Verhandlungen soll eine Vereinbarung sein über den Inhalt eines gemeinschaftlichen Kommuniqués, das die gegenseitige Anerkennung und die Aufnahme diplomatischer Beziehungen feststellt und das Datum seiner Veröffentlichung. 3) Andere Probleme, die bilaterale Fragen betreffen, sollen nach Aufnahme der diplomatischen Beziehungen erörtert werden." Vgl. den Drahtbericht Nr. 2635; VS-Bd. 9912 (312); B 150, Aktenkopien 1973.

Frage der Vertretung von Berlin (West) erst nach der Aufnahme diplomatischer Beziehungen erörtern wolle.

Am 2.10. erklärte unser Botschaftsvertreter, daß wir die Frage der Vertretung von Berlin (West) als Element der diplomatischen Beziehungen in den Gesprächen klären müßten.[9] Daraufhin setzten die Nordvietnamesen die Gesprächskontakte nicht fort.

In der ersten Jahreshälfte 1974 erschienen in dem nordvietnamesischen Regierungsorgan „Nhan Dan" mehrere polemische Artikel gegen unsere Haltung in der Berlin-Frage, die vorbehaltlos den Standpunkt der DDR wiedergaben.[10]

In einem Interview mit dem ARD-Korrespondenten Scharlau am 30.4.1974, das am 14.7. ausgestrahlt wurde, erklärte der nordvietnamesische Außenminister Nguyen Duy Trinh auf die Frage nach den diplomatischen Beziehungen zur Bundesrepublik Deutschland, daß „die deutsche Seite Bedingungen" gestellt habe, die nicht unsere beiden Länder betreffen.[11] Damit bezog er sich auf unsere Position zur Vertretung der Interessen von Berlin (West).

3) Im Juli 1974 signalisierten deutsche Besucher in Hanoi Hinweise darauf, daß die nordvietnamesische Regierung keine Hindernisse mehr für die Aufnahme von Gesprächen über die Herstellung von diplomatischen Beziehungen sieht. Den Eindruck bestärkte ein Gespräch, das VLR I Berendonck am 4.10. mit einer Delegation des nordvietnamesischen Friedenskomitees führte[12], die als

---

[9] Am 2. Oktober 1973 informierte Botschaftsrat I. Klasse Feit, Paris, den nordvietnamesischen Botschaftsrat Lieu über die Bereitschaft der Bundesregierung, Verhandlungen mit dem Ziel eines gemeinschaftlichen Kommuniqués über die Aufnahme diplomatischer Beziehungen aufzunehmen: „Die Vertretung Westberlins und der von Personen mit ständigem Wohnsitz in Berlin-West sei für uns ein Element der diplomatischen Beziehungen. [...] Lieu versuchte dann – ohne dies ausdrücklich beim Namen zu nennen – klarzumachen, daß die Vertretungsbefugnis für Berlin und der Berliner eine bilaterale Frage sei, die nach Aufnahme der diplomatischen Beziehungen erörtert werden könnte." Vgl. den Drahtbericht Nr. 2959; VS-Bd. 9912 (312); B 150, Aktenkopien 1973.

[10] Generalkonsul Breuer, Hong Kong, resümierte am 6. Februar 1974 die Berichterstattung der nordvietnamesischen Parteizeitung „Nhan Dan" zur geplanten Errichtung des Umweltbundesamts in Berlin (West): „Die Entscheidung ein Umweltbundesamt in Westberlin zu errichten, widerspreche dem Völkerrecht und den wirklichen Interessen der Bevölkerung in der Bundesrepublik Deutschland. Sie diene den Interessen der aggressiven und expansionistischen Kräfte in diesem Land. Westberlin gehöre nicht zum Staatsgebiet der Bundesrepublik und unterliege nicht seiner Gesetzgebung. Dies sei völkerrechtlich anerkannt. Die arrogante Haltung der Bonner Regierung sei Ausdruck ihres kriminellen Plans, Westberlin zu annektieren und die feindliche Politik gegen die DDR fortzusetzen. Die Schatten der Vergangenheit lasteten noch schwer auf der Politik der Brandt-Regierung, und es gebe genügend Grund, die Aufrichtigkeit ihrer Erklärungen über friedliche Koexistenz und Zusammenarbeit und über ihre Ostpolitik in Frage zu stellen." Vgl. den Schriftbericht Nr. 135; Referat 312, Bd. 100385.

[11] Am 3. Mai 1974 übermittelte Generalkonsul Bente, Hong Kong, den Wortlaut des Interviews des nordvietnamesischen Außenministers Nguyen Duy Trinh: „The Government of the D[emocratic] R[epublic of]V[iet]n[am] is ready to establish diplomatic relations with all countries on the basis of equality and respect for each other's sovereignty and independence and in conformity with the principles of the Paris agreement. [...] If there are obstacles to the establishment of diplomatic relations between the DRVN and the FRG, then it is because in the past the FRG advanced conditions which did not concern our two countries and did not conform to the above-mentioned principles." Vgl. den Drahtbericht Nr. 65; Referat 312, Bd. 100385.

[12] Vortragender Legationsrat I. Klasse Berendonck notierte am 7. Oktober 1974 Äußerungen des Sekretärs des nordvietnamesischen Friedenskomitees, Do Xuan Oanh: „Oanh ging auf die Frage der Herstellung diplomatischer Beziehungen zu uns ein. Er sagte, er wünsche die baldige Herstellung dieser Beziehungen ‚von ganzem Herzen'. Die nordvietnamesische Bevölkerung wünsche ‚so schnell wie möglich' breite Beziehungen zur Bundesrepublik, die über die diplomatischen Beziehungen noch hinausgingen. Seine Delegation möchte dazu beitragen, diese Beziehungen so schnell wie mög-

Gast deutscher karitativer Organisationen in der Bundesrepublik Deutschland weilte.

Daraufhin wurde der nordvietnamesischen Regierung über ihre Botschaft in Paris erneut mitgeteilt, daß wir jederzeit bereit seien, die Gespräche ohne Vorbedingungen zu beginnen. Es wurde zugleich darauf hingewiesen, daß wir in den Gesprächen alle wichtigen Fragen, die mit der Aufnahme diplomatischer Beziehungen zusammenhängen, erörtern wollen.

4) Die nordvietnamesische Botschaft ließ am 8.11. mitteilen, daß sie zu Gesprächen im November 1974 bereit sei.[13]

Gründe

Wir sollten auf den nordvietnamesischen Vorschlag eingehen und die Aufnahme von Gesprächen auf Botschafterebene vorschlagen, und zwar in der Woche vom 25. November.[14]

Aus indirekten Hinweisen haben wir den Eindruck gewonnen, daß die Regierung in Hanoi zur Berlin-Frage einen flexibleren Standpunkt einnimmt.

Fischer

VS-Bd. 10033 (302)

Fortsetzung Fußnote von Seite 1467

lich herstellen zu helfen. Er vertrete eine Massenorganisation, sei jedoch mit der Außenpolitik seines Landes ‚einig'. Vor ihrer Abreise aus Hanoi habe die Delegation im Außenministerium über den Stand der Beziehungen zur Bundesrepublik Deutschland gesprochen und dort gehört, daß die Zeit reif sei für die Aufnahme diplomatischer Beziehungen. Seine Delegation wäre beauftragt zu hören, wie das Auswärtige Amt zu dieser Angelegenheit stehe." Vgl. Referat 302, Bd. 101743.

[13] Botschafter Freiherr von Braun, Paris, informierte am 8. November 1974: „Botschaftsrat Lieu suchte heute BR I Haas auf und teilte folgendes mit: Seine Regierung habe die Bereitschaft der Bundesregierung zur Kenntnis genommen, jederzeit in Gespräche über die Aufnahme diplomatischer Beziehungen einzutreten. Diesem Wunsch folgend, habe seine Regierung die Botschaft der DRV in Paris angewiesen, jederzeit im Laufe dieses Monats der Botschaft der BRD zum Beginn von Verhandlungen über die Aufnahme diplomatischer Beziehungen zur Verfügung zu stehen." Vgl. den Drahtbericht Nr. 3485; VS-Bd. 10033 (302); B 150, Aktenkopien 1974.

[14] Am 13. November 1974 wies Staatssekretär Gehlhoff die Botschaft in Paris an, „der dortigen Botschaft der Demokratischen Republik Vietnam vorzuschlagen, die Gespräche über die Aufnahme diplomatischer Beziehungen in der Woche vom 25. November auf Botschafterebene zu beginnen". Gehlhoff gab ferner zur Kenntnis: „Die Nordvietnamesen sind davon unterrichtet, daß die Einbeziehung Berlins wesentlicher Inhalt der Gespräche über die Aufnahme der Beziehungen sein wird." Vgl. den Drahterlaß Nr. 1157; VS-Bd. 10033 (302); B 150, Aktenkopien 1974.

Zum Gespräch des Botschafters Freiherr von Braun, Paris, mit dem nordvietnamesischen Botschafter Vo Van Sung am 27. November 1974 in Paris vgl. Dok. 353, Anm. 3.

333

Aufzeichnung des Ministerialdirigenten Jesser

310-321.00 ISR-1861/74 geheim   15. November 1974[1]

Über Herrn Staatssekretär[2] Herrn Minister[3]

Betr.: Wirtschaftshilfe an Israel

Stellungnahme zum Schreiben des Bundeskanzleramts vom 28.10.1974[4] und Vorlage eines Schreibens des Herrn Bundesministers an den Herrn Bundeskanzler[5]

I. Bisher hat die Bundesrepublik folgende Leistungen an Israel erbracht:

a) Wiedergutmachungsabkommen von 1952[6] (+ 450 Mio. an Jewish Claims Agency)

(nicht rückzahlbar)   3 Mrd. DM

b) Kredite der „Aktion Geschäftsfreund" 1961–1965[7]

(rückzahlbar, Rückzahlungsbedingungen 1970 auf

Kapitalhilfebedingungen umgeschuldet[8])   569,8 Mio. DM

---

[1] Die Aufzeichnung wurde von Vortragendem Legationsrat I. Klasse Redies konzipiert.

[2] Hat Staatssekretär Gehlhoff am 15. November 1974 vorgelegen.

[3] Hat Bundesminister Genscher am 28. November 1974 vorgelegen, der handschriftlich vermerkte: „Siehe meinen Brief an Bu[ndes]K[anzler]".

[4] Für das Schreiben vgl. VS-Bd. 9990 (310).

[5] Bundesminister Genscher führte am 27. November 1974 zu einer möglichen Einstellung der Kapitalhilfe für Israel ab dem Jahr 1977 aus: „Wie schon in unserem Gespräch möchte ich noch einmal mit diesem Brief meine Auffassung wiederholen, daß ich eine solche Entscheidung der Bundesregierung für nicht vertretbar halten würde. Israel befindet sich gerade jetzt in einer besonders schwierigen Phase seiner Politik. Nicht zuletzt durch die Ereignisse in den Vereinten Nationen setzt sich der Isolierungsprozeß Israels im internationalen Bereich weiter fort. Die Finanz- und Zahlungsbilanzlage des Landes hat sich rapide verschlechtert, wie die jüngsten harten Maßnahmen der israelischen Regierung gezeigt haben. In dieser Situation müßte, auch wenn das erst ab 1977 gelten soll, die Ankündigung einer Einstellung der Kapitalhilfe als ein Abwenden der Bundesrepublik Deutschland von Israel aufgefaßt werden. Unabhängig davon, ob man das jetzt ankündigt oder nicht, würde ich die Entscheidung aus den genannten Gründen auch in der Sache für nicht vertretbar halten. Wir müssen die außerordentlich schwierige Situation Israels jederzeit bedenken." Vgl. das Schreiben an Bundeskanzler Schmidt; VS-Bd. 9990 (310); B 150, Aktenkopien 1974.

[6] Für den Wortlaut des Abkommens vom 10. September 1952 zwischen der Bundesrepublik und Israel vgl. BUNDESGESETZBLATT 1953, Teil II, S. 37–97.

[7] Bundeskanzler Adenauer und Ministerpräsident Ben Gurion führten am 14. März 1960 ein Gespräch im Waldorf-Astoria-Hotel in New York. Die von Ben Gurion geäußerten konkreten Wünsche nach Krediten führten zur Aktion „Geschäftsfreund". Adenauer erklärte sein grundsätzliches Einverständnis, Israel finanziell zu unterstützen, legte sich aber nicht in Einzelheiten fest. Von israelischer Seite wurde jedoch die Haltung des Bundeskanzlers als konkrete Zusage gewertet, daß die Bundesrepublik Israel eine Entwicklungshilfe auf kommerzieller Basis in Form eines Darlehens von jährlich 200 Mio. DM für zehn Jahre gewähren werde. Vgl. dazu AAPD 1966, I, Dok. 120. Vgl. dazu ferner BEN GURION UND ADENAUER, S. 330–344.
Im Rahmen der Aktion „Geschäftsfreund" wurden zwischen 1961 und 1965 in halbjährlichen, jeweils neu ausgehandelten Tranchen Zahlungen an Israel geleistet.

[8] Die Bundesregierung und Israel vereinbarten im April 1970 die Stundung der Rückzahlung der im Rahmen der Aktion „Geschäftsfreund" gewährten Kredite. Die Vereinbarung sah vor, daß Israel bis 1975 keine Rückzahlungen zu leisten hatte; gleichzeitig wurde der Zinssatz auf drei Prozent festgelegt. Vgl. dazu AAPD 1970, I, Dok. 25, und AAPD 1970, II, Dok. 298.

c) Waffenlieferungen bis 1965⁹ (nicht rückzahlbar)   rd. 200 Mio. DM
d) Ausgleichszahlungen 1965 für nicht gelieferte Waffen¹⁰
(nicht rückzahlbar)   150 Mio. DM
e) Kapitalhilfe von 1965 bis 1974 (rückzahlbar)¹¹   1,375 Mrd. DM.

Ferner kommen der israelischen Zahlungsbilanz die Leistungen der individuellen Wiedergutmachung an in Israel lebende Empfänger zugute (bis 30.6.74 etwa 44,5 Mrd. DM, davon etwa ein Drittel an in Israel lebende Empfänger).

Anmerkung: Im Zusammenhang mit der Israel-Hilfe wird häufig eine 2 Mrd.-DM-Zusage von Adenauer an Ben Gurion aus dem Jahre 1960 erwähnt und darauf hingewiesen, daß mit den Zahlungen der „Aktion Geschäftsfreund" (s. oben b) und deren anschließender Fortführung durch Kapitalhilfe (s. oben e) dieser Betrag jetzt erreicht sei.¹² Die Geheimakten über die Adenauer-Ben Gurion-Gespräche liegen im Bundeskanzleramt, so daß dem AA hierüber nichts Zuverlässiges bekannt ist.

II. Die Frage einer Fortführung unserer Kapitalhilfe an Israel stellt zweifellos ein schwieriges Problem dar. Auf der einen Seite ist – und Israel wird hierauf gewiß mit Nachdruck hinweisen – die Finanz- und Zahlungsbilanzlage des Landes schlecht, wie die jüngsten harten Maßnahmen der israelischen Regierung erneut gezeigt haben.¹³ Die wirtschaftliche Situation wird dadurch weiter erschwert, daß der weltweite Sympathieverlust für die israelische Politik nunmehr auch auf das internationale Judentum übergreift und dessen Zuwendungen an Umfang deutlich nachlassen. Auf der anderen Seite sind aus unserer Sicht folgende Gesichtspunkte zu bedenken:

---

9 Im August 1962 genehmigte Bundeskanzler Adenauer eine Ausrüstungshilfe an Israel mit einem Gesamtumfang von 240 Mio. DM. Im Oktober 1964 gelangten Nachrichten über die durchgeführten und noch auszuführenden geheimen Lieferungen, die unter dem Decknamen „Frank[reich]/Kol[onien]" liefen und u. a. 150 Panzer aus amerikanischer Produktion beinhalteten, an die Öffentlichkeit. Vom Februar 1965 an bemühte sich die Bundesregierung um eine Einstellung der Waffenlieferungen gegen die Zahlung einer Ablösungssumme an Israel. Vgl. dazu AAPD 1965, I, Dok. 1, Dok. 2 und Dok. 70.

10 Nach Verhandlungen des CDU-Abgeordneten Birrenbach als Sonderbeauftragtem der Bundesregierung vom 7. bis 10. März, vom 17. bis 22. März sowie vom 6. bis 14. April 1965 in Israel über die Ablösung der Waffenlieferungen sowie die Aufnahme diplomatischer Beziehungen akzeptierte Israel eine Ausgleichszahlung für die nicht mehr gelieferten Panzer. Vgl. dazu AAPD 1965, II, Dok. 185.

11 Die Bundesrepublik und Israel schlossen seit 1966 jährlich neu zu verhandelnde Abkommen über Kapitalhilfe. Diese beliefen sich zunächst auf 160 Mio. DM und wurden ab 1968 auf 140 Mio. DM festgelegt. Vgl. dazu AAPD 1966, I, Dok. 146, bzw. AAPD 1968, I, Dok. 168.

12 An dieser Stelle handschriftliche Fußnote in der Vorlage: „Rest noch 55 Mio. (1974)".

13 In der Presse wurde zu den wirtschaftspolitischen Maßnahmen der israelischen Regierung vom 10. November 1974 berichtet: „Die Regierung in Jerusalem hat in der Nacht zum Sonntag das israelische Pfund um 43 Prozent abgewertet und einschneidende Importbeschränkungen erlassen. Die darauffolgenden Preiserhöhungen – bis zu 200 Prozent – haben die Aufmerksamkeit der israelischen Öffentlichkeit vorübergehend von der drohenden Kriegsgefahr abgewendet. [...] Der Hauptzweck der Abwertung, erklärte das Finanzministerium in Jerusalem, sei die Verhinderung des weiteren Schwundes der Devisenreserven. Diese sind auf ein Gefahrenniveau von 800 Millionen Dollar gesunken. Mit einer Ausflußrate von drei bis vier Millionen Dollar pro Tag hätte dies die israelischen Staatskassen bis zum kommenden Sommer völlig geleert. In hohem Grade ist diese Entwicklung das Ergebnis der riesigen Verteidigungsausgaben des Landes. Sie belaufen sich für den derzeitigen Haushalt auf 14 Milliarden israelische Pfund (Gesamthaushalt: 35 Milliarden)." Vgl. den Artikel „Abwertung und Preiserhöhungen sollen Israels Wirtschaft retten"; DIE WELT vom 11. November 1974, S. 1.

1) Die jetzigen Zahlungen an Israel in Höhe von 140 Mio. DM jährlich erfolgen aus Mitteln und zu Bedingungen unserer Entwicklungshilfe. Mit einem Bruttosozialprodukt (BSP) pro Kopf von 2610 US-$ im Jahre 1972 (Italien 2180 US-$) kann Israel nach objektiven Maßstäben jedoch nicht mehr als ein Entwicklungsland angesehen werden. BMZ und BMF werden deshalb nicht ohne eine gewisse Berechtigung Bedenken gegen weitere Zahlungen aus dem Haushaltsplan des BMZ erheben können, zumal im DAC[14] Bestrebungen vorhanden sind, einige Staaten mit hohem BSP pro Kopf, darunter Israel, aus der Entwicklungsländerliste zu streichen oder diese Liste wenigstens so zu differenzieren, daß Länder mit einem BSP pro Kopf von über 1000 US-$ nicht mehr als Empfänger von Kapitalhilfe zu weichen Bedingungen in Frage kommen sollen. Allerdings sind Entscheidungen noch nicht getroffen, vermutlich wegen Widerstands der USA und anderer Länder in überschaubarer Zeit auch nicht zu erwarten.

2) Die Zahlung einer jährlichen Kapitalhilfe an Israel von 140 Mio. DM entspricht aus arabischem Aspekt nicht dem von uns erklärten Grundsatz einer ausgewogenen Nahostpolitik. Es wird geltend gemacht, nach der Bevölkerungszahl und der Bedürftigkeit erhielten die arabischen Länder weit weniger als Israel, so etwa Jordanien 1974 45 Mio. DM, oder die zu den „least developed countries" zählenden Länder wie der Jemen mit 6 Mio. Einwohnern 5 Mio. DM bzw. der Sudan mit 17 Mio. Einwohnern 65 Mio. DM. Nur bei Ägypten mit 36 Mio. Einwohnern läge der Betrag in diesem Jahr mit 150 Mio. DM erstmals höher. Auf der arabischen Seite werden unsere Zahlungen an Israel dementsprechend immer wieder zum Anlaß genommen, um die Ehrlichkeit unserer Politik zu bezweifeln oder um die eigenen Forderungen nach oben zu drücken.[15]

3) Über kurz oder lang werden wir allerdings auch unsere Kapitalhilfe an die arabischen Entwicklungsländer zu überprüfen haben, sobald der Abfluß von Geldern aus den arabischen Erdölländern in die Nicht-Erdölländer eine konkretere und organisiertere Form angenommen hat.[16] Wann, bei welchen Ländern und in welchem Umfang dies nötig sein wird, läßt sich jetzt noch nicht genauer überblicken. In jedem Fall würde jedoch eine Beibehaltung unserer Zahlungen an Israel Schritte in dieser Richtung von vornherein erheblich erschweren.

---

[14] Development Assistance Committee.
[15] Am 13. November 1974 wies Ministerialdirigent Sigrist auf das Verhältnis zwischen den seitens der Bundesrepublik an Israel und seine arabischen Nachbarn geleisteten Zahlungen hin: „Ausgewogen wäre die Politik, wenn die Zahlungen an Israel ein Gegengewicht gegen die Zahlungen an die umgebenden arabischen Länder darstellen würden. Sie liegen aber weit darunter, wenn man die Zahlungen 1974 an Ägypten 150 Mio. DM, Jordanien 45 Mio. DM und Syrien 50 Mio. DM = 245 Mio. DM feststellt, 1975 für diese Länder (Ägypten 165, Jordanien 45 plus Syrien 60) zu zahlen bereit ist und unsere Beiträge zu multilateralen Aktionen (UNRWA) nicht vergißt. Außerdem: Auch die Erdölmilliarden kommen zum Teil den arabischen Nachbarn Israels zugute, die Erdölerpressung hat die Bereitschaft, Israel zu helfen, überall mehr oder weniger ausgehöhlt. [...] Solange Israels Existenz nicht politisch gesichert ist und infolgedessen die Wirtschaft des Landes außerordentlichen Belastungen ausgesetzt ist, dürfte man die Fortführung unserer Zahlungen nicht in Frage stellen. Deshalb Vorschlag: Weiterzahlen. Überprüfen der Lage nach Abschluß eines die Grenzen Israels sichernden Friedensvertrages." Vgl. VS-Bd. 9990 (310); B 150, Aktenkopien 1974.
[16] Zur Rückführung der Devisenüberschüsse der erdölproduzierenden Staaten („recycling") vgl. Dok. 177, Anm. 27.

III. Bei Abwägung des Für und Wider neigt Abt. 3 dazu, der Auffassung von Bundeskanzleramt, BMF und BMZ mindestens insoweit zuzustimmen, daß ein Gespräch mit Israel über den Fragenkreis eingeleitet werden sollte. Um Belastungen unserer Beziehungen zu Israel zu vermeiden, sollten wir uns jedoch für Flexibilität in den Gesprächen einsetzen, sofern etwa Israel eine schrittweise, sich über einen längeren Zeitraum erstreckende Senkung der Kapitalhilfe vorzieht.

Die Gespräche sollten bald aufgenommen werden. Zur Zeit wird bekanntlich die Gründung eines Fonds für weitere Wiedergutmachungsleistungen in Höhe von 600 Mio. DM erörtert[17], der im Frühjahr bei Verabschiedung des Haushaltsplans 1975 vom Bundestag abschließend gebilligt werden soll. Die Mittel werden de facto in erster Linie Neueinwanderern nach Israel zugute kommen und stellen damit eine indirekte Förderung der israelischen Bemühungen um eine verstärkte Emigration aus der Sowjetunion dar. Auf dem Hintergrund dieser zusätzlichen Leistungen der Bundesrepublik und vor ihrer definitiven Bewilligung werden sich Gespräche über eine Einstellung oder schrittweise Senkung der Wirtschaftshilfe an Israel leichter führen lassen.

Soweit hier bekannt, beabsichtigt BM Bahr im Dezember eine Reise nach Israel.[18] Auch bei dieser Gelegenheit könnte die Angelegenheit mit der israelischen Seite erörtert werden.[19]

IV. Es erscheint erforderlich, das Problem auf höherer Ebene zu besprechen. In Betracht kommt eine Erörterung entweder in einem Koalitionsgespräch oder in einem Gespräch der Fachministerien (AA, BMF, BMZ) unter der Leitung des Herrn Bundeskanzlers. Bei einem Koalitionsgespräch dürften die politischen Gesichtspunkte eher zum Tragen kommen.

Der Entwurf eines Schreibens des Herrn Ministers an den Herrn Bundeskanzler ist in der Anlage beigefügt.[20]

Abteilung 4 hat mitgezeichnet mit dem Hinweis, daß bei der Beurteilung des Problems auch die sich aus der Erdölverteuerung ergebenden Verlagerungen von Wirtschaftsmacht mit zu berücksichtigen seien. Sie weist weiter auf die laufenden EG-Verhandlungen mit Israel (auch deutsche Ablehnung von Finanz-

---

[17] Zum Plan einer Stiftung für jüdische Opfer aus der Zeit des Nationalsozialismus vgl. Dok. 293 und Dok. 368.
[18] Bundesminister Bahr hielt sich vom 15. bis 22. Dezember 1974 in Israel auf. Botschaftsrat I. Klasse Rückriegel, Tel Aviv, teilte dazu am 18. Dezember 1974 mit, Bahr sei „bisher mit Arbeitsminister Baram, Handels- und Industrieminister Bar-Lev, Außenminister Allon und Premierminister Rabin zusammengetroffen. Für 19.12. ist Gespräch mit Verteidigungsminister Peres vorgesehen. Sämtliche Gespräche brachten Tour d'horizon, wobei Israelis ihre Position verdeutlichten. Besonders bei Gespräch mit Premierminister, aber auch bei übrigen Kabinettsmitgliedern, wurde spürbar, daß Israel vorerst einmal auf Zeitgewinn abstellt. Außerdem: Keine Rückkehr zu den Grenzen von 1967 aus strategisch-militärischen Gründen, wobei Umfang der von Israel für notwendig gehaltenen arabischen Konzessionen vage bleibt. Entsprechend Wunsch von BM Bahr wird von ausführlicher Berichterstattung abgesehen, da er selbst beabsichtigt, eine zusammenfassende Aufzeichnung über seine Gespräche anzufertigen, die nach Rückkehr Auswärtigem Amt und Botschaft zugänglich gemacht werden wird." Vgl. den Drahtbericht Nr. 442; Referat 310, Bd. 104790.
[19] Zu diesem Absatz vermerkte Bundesminister Genscher handschriftlich: „Kein Anlaß."
[20] Dem Vorgang beigefügt. Vgl. Anm. 5.

wünschen) hin²¹ und befürwortet eine sorgfältige Prüfung des geeigneten Zeitpunkts für etwaige Gespräche mit Israel.

Jesser

VS-Bd. 9990 (310)

334

Drahterlaß des Vortragenden Legationsrats I. Klasse Munz

203-321.00 TUR-2279/74 VS-vertraulich 18. November 1974[1]
Fernschreiben Nr. 4844 Plurex   Aufgabe: 19. November 1974, 10.06 Uhr

Betr.: Deutsch-türkische Beziehungen;
   hier: Zypern, militärische Zusammenarbeit[2], Ministerbesuch

StS Gehlhoff bat heute den türkischen Botschafter zu sich; aus dem Gespräch ist folgendes festzuhalten:

1) Zypern

StS Gehlhoff gab der Hoffnung Ausdruck, daß nach den gestrigen Wahlen in Griechenland[3] und der Bildung einer neuen Regierung in der Türkei[4] der Weg zu einer politischen Lösung des Zypern-Problems unter Berücksichtigung der Grundsätze der Souveränität, Unabhängigkeit und Integrität Zyperns sich eröffnen werde. Botschafter Halefoglu wies darauf hin, daß auch seine Regierung

---

[21] Zu den Verhandlungen über ein Präferenzabkommen mit Israel im Rahmen eines Globalabkommens mit Staaten des Mittelmeerraums vgl. Dok. 283, Anm. 4.
In einer weiteren Verhandlungsrunde am 9./10. Dezember 1974 konnte eine Einigung über die bisher noch offen gebliebenen Punkte erzielt werden. Vgl. dazu BULLETIN DER EG 12/1974, S. 87f.

[1] Drahterlaß an die Botschaften in Ankara und Washington sowie an die Ständige Vertretung bei der NATO in Brüssel.
Hat Staatssekretär Gehlhoff am 19. November 1974 vorgelegen.

[2] Zur Frage einer Wiederaufnahme der Verteidigungshilfe an die Türkei vgl. Dok. 286, Anm. 10.

[3] Bei den Parlamentswahlen in Griechenland am 17. November 1974 wurde die Regierung von Ministerpräsident Karamanlis im Amt bestätigt.

[4] Ministerpräsident Ecevit beendete am 18. September 1974 durch seinen formellen Rücktritt die Koalition mit der Nationalen Heilspartei des Stellvertretenden Ministerpräsidenten Erbakan. Die Bildung einer neuen Regierungskoalition gelang Ecevit, der als amtierender Ministerpräsident weiterhin mit der Wahrnehmung der Regierungsgeschäfte betraut blieb, indes nicht. Präsident Korutürk ernannte daraufhin am 13. November 1974 Senator Irmak zum neuen Ministerpräsidenten. Dessen Regierung übernahm am 17. November 1974 die Amtsgeschäfte. Botschafter Sonnenhol, Ankara, führte dazu am 18. November 1974 aus: „Das neue Kabinett kommt einer Bankrotterklärung des Parlaments gleich, dessen konservative Mehrheit aus politischen und persönlichen Gründen nicht bereit ist, die Führung des Landes zu übernehmen. Die Regierung Irmak trägt deutlich die Handschrift des Staatspräsidenten und wird mit oder Vertrauensvotum des Parlaments letztlich vom Staatspräsidenten abhängig bleiben. In der Zypernfrage kann Irmak vielleicht leichter als jeder Parteipolitiker die Verantwortung für die Zugeständnisse auf sich nehmen, die Ecevit bereits geplant hatte." Vgl. den Drahtbericht Nr. 1141; Referat 203, Bd. 101448.

diesen Prinzipien zuletzt in der kürzlichen VN-Resolution[5] zugestimmt habe. Der Sieg von Karamanlis und die Bildung einer neuen türkischen Regierung seien in der Tat ermutigend. Sowohl Karamanlis als auch der neue türkische Außenminister Esenbel seien bestens und seit längerem mit diesem Problem vertraut. Eine Lösung werde um so leichter erzielt, je weniger man von außen darauf einzuwirken versuche.

2) Militärische Zusammenarbeit

StS Gehlhoff bezog sich auf die diesbezüglichen Schreiben von Botschafter Halefoglu an ihn vom 28.10.1974[6] und an den Minister vom 13.11.1974[7]. Die Bundesregierung habe diesen Komplex sorgfältig geprüft. Sie sehe sich aus außen- und innenpolitischen Gründen gegenwärtig[8] nicht in der Lage, der Unterzeichnung des Abkommens über die achte Tranche der NATO-Verteidigungshilfe und der Freigabe der Lieferung von Kriegswaffen zuzustimmen. Die Bundesregierung habe jedoch beschlossen, ab sofort die Lieferung „sonstiger Rüstungsgüter" (gemäß Außenwirtschaftsgesetz[9]) freizugeben. Die Bundesregierung prüfe weiter, wann die Freigabe der in der Kriegswaffenliste[10] enthaltenen Materialien und die Unterzeichnung der achten Tranche der NATO-Verteidigungshilfe erfolgen kann. Halefoglu wies darauf hin, daß er sich nach früheren Gesprä-

---

[5] In Resolution Nr. 3212 der UNO-Generalversammlung vom 1. November 1974 wurde ausgeführt: „The General Assembly, [...] 1) Calls upon all States to respect the sovereignty, independence, territorial integrity and non-alignment of the Republic of Cyprus and to refrain from all acts and interventions directed against it; 2) Urges the speedy withdrawal of all foreign armed forces and foreign military presence and personnel from the Republic of Cyprus, and the cessation of all foreign interference in its affairs; 3) Considers that the constitutional system of the Republic of Cyprus concerns the Greek Cypriot and Turkish Cypriot communities; [...] 5) Considers that all the refugees should return to their homes in safety and calls upon the parties concerned to undertake urgent measures to that end". Vgl. UNITED NATIONS RESOLUTIONS, Serie I, Bd. XV, S. 253.

[6] In dem Schreiben an Staatssekretär Gehlhoff führte der türkische Botschafter Halefoglu aus: „Je n'avais, naturellement, pas manqué de communiquer le rapport de notre entretien du 25 septembre 1974 à Ankara en soulignant notamment l'impression favorable que j'avais retenue de vos déclarations toujours compréhensives et amicales envers notre pays. Toutefois, n'ayant reçu, jusqu'à présent, aucune indication positive au sujet de la reprise de l'aide militaire allemande, je suis sûr que Vous comprenderez les sentiments qui me font écrire cette lettre. Je me vois aussi dans l'obligation d'ajouter que nous avons été plutôt surpris par les déclarations de Monsieur le Ministre de la Défense le 18 octobre 1974 à ZDF. Je voudrais Vous dire en toute sincérité que j'espère qu'il existe à l'heure actuelle un malentendu et compte tenu de ce que Vous m'avez dit lors de notre entretien et comme rien ne s'est passé pour changer les circonstances, je souhaite qu'il Vous soit possible de nous communiquer sous peu Votre décision positive." Vgl. Referat 201, Bd. 102498.

[7] In seinem Schreiben an Bundesminister Genscher legte der türkische Botschafter Halefoglu zur Verteidigungshilfe der Bundesrepublik an die Türkei dar: „Votre Excellence sait, sans doute, que les différentes démarches orales ou écrites que moi-même ainsi que mes collaborateurs avons faites auprès des responsables du Ministère des Affaires Etrangères pour la reprise de cette aide sont restées jusqu'à présent sans résultats précis. Certes, nos interlocuteurs nous ont affirmés à plusieurs reprises qu'il ne s'agissait pas d'un embargo et qu'une décision positive pouvait intervenir à tout instant. Mais je dois dire qu'à part ces paroles amicales et bienveillantes, la situation est loin d'être satisfaisante, bien au contraire. Actuellement, toutes les livraisons y compris celles concernant les achats effectués dans le cadre du budget national turc se trouvent stoppées et la signature de l'Accord de la 8e Tranche a été également ajournée. L'application de la décision d'arrêt a été aussi quelque peu brutale, puisque les autorités allemandes ont cru même nécessaire de décharger un avion militaire turc alors qu'il s'apprêtait à décoller avec matériel allemand livré." Vgl. Referat 201, Bd. 102498.

[8] Dieses Wort wurde von Staatssekretär Gehlhoff handschriftlich eingefügt.

[9] Vgl. dazu Paragraph 7 des Außenwirtschaftsgesetzes vom 28. April 1961; Dok. 148, Anm. 7.

[10] Für die Kriegswaffenliste zum Kriegswaffenkontrollgesetz vom 20. April 1961 in der ab dem 30. September 1973 gültigen Fassung vgl. BUNDESGESETZBLATT 1973, Teil I, S. 1053–1056.

chen im AA zu einer optimistischen Berichterstattung nach Ankara ermutigt gesehen habe. Durch die kürzliche Presseerklärung des Bundesministers der Verteidigung[11] sei er seiner Regierung gegenüber persönlich in eine peinliche Situation geraten. Dies sei der Grund für seinen Brief an den Bundesminister des Auswärtigen gewesen. Die Haltung der Bundesregierung sei für die türkische Seite schwer zu verstehen. Die Bundesregierung sei die erste Regierung, die ihre Militärhilfe für die Türkei eingestellt habe. Die türkische Seite habe bisher Stillschweigen bewahrt; in der türkischen Öffentlichkeit wachse jedoch das Unbehagen.

Die jetzige Freigabe der „sonstigen Rüstungsgüter" werde die türkische Regierung nicht zufriedenstellen. Immerhin sei es ein erster konstruktiver Schritt im Hinblick auf die sicher noch zu erwartenden weiteren Gesten der Bundesregierung. Es wäre bedauerlich, wenn die Bundesregierung die Türkei mit der Frage von Waffenlieferungen unter politischen Druck setzen wolle. Die türkische Regierung habe im übrigen die Absicht gehabt, die türkische Rüstungsindustrie in engem Zusammenwirken mit der deutschen Industrie aufzubauen. Hieran sei ganz offensichtlich auch die deutsche Industrie interessiert.

StS Gehlhoff versicherte, daß die deutschen Lieferbeschränkungen nicht aufgrund irgendeines Drucks von griechischer Seite erfolgt seien und wir auch nicht die Absicht hätten, unsererseits Druck auf die türkische Regierung auszuüben. Es sei ein wichtiger Grundsatz dieser Bundesregierung wie im übrigen auch ihrer Vorgängerinnen, aus unserer historischen Erfahrung heraus Waffenlieferungen gegenüber so zurückhaltend wie möglich zu sein. Im allgemeinen erstrecke sich dieser Grundsatz nicht auf die Zusammenarbeit im Bündnis. In einem Krisenfall wie Zypern möchte die Bundesregierung sich jedoch keinen Vorwürfen aussetzen. Die jetzige Entscheidung sei im übrigen nicht der Schlußpunkt; die Möglichkeiten weiterer Lockerungen werden weiter geprüft. Halefoglu machte darauf aufmerksam, daß die türkischen Streitkräfte unter Umständen die übrigen Rüstungsgüter auch dort kaufen könnten, wo sie die erforderlichen Kriegswaffen erhalten. Botschafter Halefoglu stellte die Frage, ob eine persönliche Botschaft des türkischen Ministerpräsidenten an den Bundeskanzler hilfreich sein könne. StS Gehlhoff erwiderte, dies müsse der türkischen Entscheidung überlassen bleiben. Er persönlich sei dabei nicht optimistisch.

3) Ministerbesuch

StS Gehlhoff teilte Botschafter Halefoglu mit, der Bundesaußenminister beabsichtige, der Türkei einen Besuch abzustatten[12], nachdem der ursprünglich für

---

[11] In einem Nachrichtenspiegel des Presse- und Informationsamts, der einer Aufzeichnung des Ministerialdirigenten Ruhfus vom 31. Oktober 1974 beigefügt war, wurden die Ausführungen des Bundesministers Leber wie folgt wiedergegeben: „Bundesverteidigungsminister Leber bestätigte am 18. Oktober in einem Rundfunkinterview, daß seit Ausbruch des Zypern-Konflikts alle militärischen Lieferungen an die betreffenden Länder eingestellt worden seien. Die Bundesregierung habe gegenwärtig nicht die Absicht, ihre diesbezüglichen Überlegungen wieder aufzuheben. Nach Auskunft des Ministers liegt kein offizielles türkischen Ersuchen um Waffenlieferungen größeren Umfangs vor. Sollte die Türkei ein solches Begehren vorbringen, müßte es sorgsam geprüft werden, insbesondere nach der finanziellen Seite hin. Der Minister betonte: ‚Erst brauchen wir Frieden in diesem Raum.' Für Griechenland gelte dasselbe wie für die Türkei." Vgl. Referat 201, Bd. 102498.

[12] Bundesminister Genscher hielt sich vom 18. bis 20. Juni 1975 in der Türkei auf. Vgl. dazu den Drahtbericht des Ministerialdirektors van Well, z. Z. Ankara, vom 19. Juni 1975 sowie den Drahtbericht des Botschafters Sonnenhol, Ankara, vom 23. Juni 1975; AAPD 1975.

Oktober vorgesehene Besuch von Ministerpräsident Ecevit in Bonn wegen der türkischen Regierungskrise nicht zustande gekommen ist. Der Termin müsse noch vereinbart werden; der Minister denke an Frühjahr 1975. Halefoglu begrüßte diese Mitteilung, die von seiner Regierung sicher positiv aufgenommen werde.

Munz[13]

VS-Bd. 9949 (203)

335

Gespräch des Staatssekretärs Gehlhoff mit dem Ersten Sekretär des ZK der PVAP, Gierek, in Warschau

Geheim　　　　　　　　　　　　　　　　　　　　　　**20. November 1974**[1]

Aufzeichnung über ein Gespräch zwischen dem Ersten Sekretär des ZK der Vereinigten Polnischen Arbeiterpartei, Gierek, und dem Staatssekretär des Auswärtigen Amts Dr. Gehlhoff.[2] An dem Gespräch nahm auf jeder Seite ein Dolmetscher sowie ein persönlicher Referent des Ersten Sekretärs teil, der Protokoll führte. Das Gespräch dauerte ca. 45 Minuten.

Nach einem einleitenden, in französischer Sprache geführten kurzen Gespräch übergab der Herr Staatssekretär den an Herrn Gierek gerichteten Brief des Herrn Bundeskanzlers[3] zusammen mit einer Übersetzung.

Nach Lektüre des Briefes sagte Herr *Gierek*, es sei sein Wunsch sowie der Wunsch der polnischen Regierung, im Verhältnis zwischen den beiden Völkern Wege zu einer Annäherung und allmählich auch zur Freundschaft zu finden. Den Brief des Bundeskanzlers fasse er als eine Einleitung zu dem auf, was der Staatssekretär sicherlich jetzt im Namen des Bundeskanzlers vortragen werde.

---

[13] Paraphe.

[1] Die Gesprächsaufzeichnung wurde von Vortragendem Legationsrat I. Klasse Buring gefertigt.

[2] Staatssekretär Gehlhoff hielt sich vom 20. bis 23. November 1974 in Warschau auf. Vgl. dazu auch Dok. 336 und Dok. 338.

[3] Mit Schreiben vom 19. November 1974 erklärte Bundeskanzler Schmidt dem Ersten Sekretär des ZK der PVAP, Gierek: „Seien Sie bitte nochmals versichert, daß ich seit langem aus persönlicher Überzeugung für das von meiner Regierung ebenso wie von meinem Amtsvorgänger Willy Brandt nachdrücklich angestrebte Ziel eintrete, eine dauerhafte Verständigung und eine die Vergangenheit überwindende Zusammenarbeit zwischen unseren Staaten und Völkern zu erreichen. Herr Botschafter Piątkowski hat mir zusammen mit Ihrem Schreiben Entwürfe für Vereinbarungen sowie für eine Erklärung der polnischen Regierung übermittelt, die Ihre Vorstellungen für eine Lösung der anstehenden Fragen enthalten. Ich habe diese Entwürfe aufmerksam geprüft. Dabei habe ich den Eindruck gewonnen, daß in einigen zentralen Punkten die beiderseitigen Vorstellungen noch erheblich voneinander abweichen. Ich habe es daher für zweckmäßig gehalten, Herrn Staatssekretär Gehlhoff vom Auswärtigen Amt zu beauftragen, Ihnen die Vorstellungen meiner Regierung persönlich eingehend zu erläutern." Vgl. Archiv der sozialen Demokratie, Depositum Helmut Schmidt, Mappe 6605.

Der in dem Brief enthaltenen Feststellung, wonach es notwendig sei, zu einer positiven Regelung der bilateralen Beziehungen zu gelangen, könne er ebenso zustimmen wie der Feststellung, daß es erforderlich sei, eine dauerhafte Verständigung und eine auf die Überwindung der Vergangenheit gerichtete Zusammenarbeit zu erreichen.

Die noch offenen konkreten Probleme müßten aber vorher geregelt werden.

Der Herr *Staatssekretär* führte aus, der Bundeskanzler habe den letzten Brief des Ersten Sekretärs[4] nebst Anlagen sehr sorgfältig geprüft. Den Inhalt dieser Papiere habe er eingehend mit dem Außenminister, dem Wirtschaftsminister[5], dem Finanzminister[6] und dem Arbeitsminister[7] beraten. Der Bundeskanzler glaube nicht, daß es sinnvoll sei, den schriftlichen Dialog mit Herrn Gierek unbegrenzt fortzusetzen. Deshalb habe er den Staatssekretär des Auswärtigen Amts als seinen Beauftragten und mit seinem Vertrauen entsandt, um dem Ersten Sekretär seine Vorstellungen zu erläutern.

Der Bundeskanzler sei der Ansicht, daß der 1970 geschlossene Vertrag[8] eine gute Basis darstelle, um die bilateralen Beziehungen darauf aufzubauen. Es gebe jedoch eine ganze Reihe von Fragen, die erledigt werden, und von Dingen, die geschehen müßten, damit die 1970 geschaffene Basis gefestigt und ausgebaut werden könne. Einige Komplexe der zu regelnden Fragen wiesen in die Vergangenheit, andere in die Zukunft hin. Zu den einzelnen Fragenkomplexen habe der Bundeskanzler folgende Vorstellungen:

Für den Bundeskanzler, die Bundesregierung, das Parlament und die Öffentlichkeit sei die Frage der Ausreisegenehmigungen und der Umsiedlung von großer Bedeutung. Die Bundesregierung möchte gern eine Gesamtregelung dieses Problems im Laufe der nächsten drei bis fünf Jahre erreichen. Ihrer Meinung nach sei eine solche Regelung bisher nicht erreicht worden. Kern dieser Regelung sollte eine Vereinbarung über die Ausreisen in den nächsten drei Jahren sein, und zwar dahingehend, daß in den nächsten drei Jahren ca. 150 000 polnischen Staatsangehörigen deutscher Volkszugehörigkeit Ausreisegenehmigungen zu erteilen seien. In der Praxis würde es insbesondere darauf ankommen, gleich zu Anfang der Aktion die sog. Härtefälle zu berücksichtigen. Diese Härtefälle bereiteten Bundeskanzler und Bundesregierung in Form von Parlamentsanfragen immer wieder erhebliche Schwierigkeiten und seien leider ein Hindernis für die Gestaltung der Beziehungen. Die Bundesregierung gehe davon aus, daß bei Erreichung der soeben genannten Umsiedlerzahl innerhalb der nächsten drei Jahre das Umsiedlungsproblem zwar noch nicht abschließend, aber doch so weit geregelt sein werde, daß es innerhalb der zwei darauffolgenden Jahre möglich sein sollte, eine Regelung über dann noch verbleibende Fälle zu erzielen.

---

[4] Zum Schreiben des Ersten Sekretärs des ZK der PVAP, Gierek, an Bundeskanzler Schmidt vom 26. September 1974 vgl. Dok. 295, Anm. 4.

[5] Hans Friderichs.

[6] Hans Apel.

[7] Walter Arendt.

[8] Für den Wortlaut des Vertrags vom 7. Dezember 1970 zwischen der Bundesrepublik und Polen über die Grundlagen der Normalisierung ihrer gegenseitigen Beziehungen vgl. BUNDESGESETZBLATT 1972, Teil II, S. 362 f.

Die Bundesregierung hoffe, daß es möglich sein werde, in den Fällen, wo unterschiedliche Interpretationen über die Antragsberechtigung bestünden, eine einvernehmliche Klärung herbeizuführen. Sie sei der Auffassung, daß es zweckmäßig sei, die bisher schon bestehenden Kontakte zwischen dem Polnischen und dem Deutschen Roten Kreuz zu verbessern und bessere Kontaktmöglichkeiten zwischen den beiden Regierungen zwecks Regelung dieser Fragen herzustellen.

Der zweite große zu behandelnde Fragenkomplex betreffe die Wirtschaftsbeziehungen und die Ausweitung der bilateralen Kooperation. Dieser Komplex lasse sich in zwei Punkte aufteilen:

1) Gewährung eines Finanzkredits und

2) andere Möglichkeiten zur Förderung der Wirtschaftsbeziehungen, d. h. insbesondere Gewährung von Exportbürgschaften.

Der Bundeskanzler habe ihn beauftragt, auf Schwierigkeiten im Zusammenhang mit der Gewährung des Finanzkredits hinzuweisen. Die Bundesregierung sei sich der großen Bedeutung des Ausbaues der Wirtschaftsbeziehungen bewußt. Sie habe deshalb in der Vergangenheit ihrer Bereitschaft zur Förderung dieser Beziehungen dadurch Ausdruck verliehen, daß sie einen Finanzkredit in Höhe von 1 Milliarde DM angeboten habe.[9] Inzwischen habe sich in der Bundesrepublik die Wirtschaftslage geändert.[10]

Auf einigen Gebieten seien Schwierigkeiten aufgetreten. Neben einer nennenswerten Arbeitslosigkeit hätten sich auch im Haushalt große Schwierigkeiten ergeben. Dessen ungeachtet, habe der Bundeskanzler ihn beauftragt, dem Ersten Sekretär zu versichern, daß Bundeskanzler und Bundesregierung am Angebot des Finanzkredits noch festhalten. Schon heute habe der Bundeskanzler erhebliche Schwierigkeiten dabei zu überwinden. Er wisse nicht, welche weiteren Schwierigkeiten sich beim Haushalt und auf dem Arbeitsmarkt in den nächsten Monaten bzw. bis zum Sommer 1975 ergeben würden.

Was die Kreditkonditionen anbelange, so seien hierüber bei den bisherigen Gesprächen gewisse Erörterungen erfolgt. Zur Zeit seien die Vorstellungen über die Konditionen noch unterschiedlich, insbesondere hinsichtlich der Laufzeit und des Zinssatzes des Kredits. Der Bundeskanzler hoffe jedoch, daß die vorhandenen Differenzen bei den Konditionen überbrückbar seien.

Der Staatssekretär fuhr fort und sagte, er sei beauftragt, bei der Erörterung dieser Frage hinzuzufügen, daß der Auszahlungsrhythmus des Kredits in einem angemessenen zeitlichen Zusammenhang mit der Regelung anderer Fragen – gemeint sei der Umsiedlungskomplex – stehen müsse. Der Bundeskanzler habe ihn ferner beauftragt zu betonen, daß ein derartiger Finanzkredit nur der Volksrepublik Polen angeboten worden sei. Ein derartiger Kredit sei in der Vergangenheit keinem anderen Land von der Bundesregierung angeboten wor-

---

[9] Zum Angebot des Bundesministers Scheel vom 18. Oktober 1973 vgl. Dok. 26, Anm. 3.

[10] Am 15. November 1974 vermerkte Ministerialdirektor Sanne, Bundeskanzleramt, Bundeskanzler Schmidt habe Staatssekretär Gehlhoff am selben Tag angewiesen, bei seinem Besuch vom 20. bis 23. November 1974 in Warschau bezüglich des Polen in Aussicht gestellten Finanzkredits darauf hinzuweisen, „daß die Bundesregierung nicht sicher sei, wie lange sie das Angebot von einer Milliarde noch aufrechterhalten könne". Vgl. VS-Bd. 10160 (214); B 150, Aktenkopien 1974.

den, und sie beabsichtige auch nicht, in der Zukunft einem anderen Land ein solches Kreditangebot zu machen.

Was die sonstige Förderung der Wirtschaftsbeziehungen betreffe, so wolle er zunächst feststellen, daß sich das Volumen des bilateralen Handels in den letzten vier Jahren fast vervierfacht habe. Die Bundesregierung wisse allerdings, daß im beiderseitigen Handel ein erhebliches Ungleichgewicht bestehe. Hierbei spiele das Problem der Liberalisierung eine gewisse Rolle. Die Bundesregierung sei bestrebt, nach Möglichkeiten zu suchen, um die Liberalisierung voranzutreiben, und sie sei zuversichtlich, solche Möglichkeiten zu finden.

Ein wichtiges Gebiet sei nach Auffassung der Bundesregierung eine langfristig angelegte Kooperation zwischen den Wirtschaften der beiden Länder. Sie sei davon überzeugt, daß das gegenwärtig vorhandene Ungleichgewicht im bilateralen Handel auf die Dauer nur durch eine günstige Entwicklung der wirtschaftlichen und industriellen Kooperation zu beseitigen sei. Die Bundesregierung setze daher große Hoffnungen auf das vor kurzem unterzeichnete Kooperationsabkommen mit einer zehnjährigen Laufzeit.[11] Möglichkeiten für eine erfolgreiche Kooperation sehe sie insbesondere auf folgenden Gebieten: Energiewirtschaft, Rohstoffe, Hüttenwesen, Chemie, Schiffsbau und Maschinenbau.

Die Bundesregierung sei gern bereit, im Rahmen ihrer Möglichkeiten die Ausweitung des Handelsverkehrs zu fördern, und zwar durch Verbürgung der bei Banken oder Exporteuren in der Bundesrepublik aufgenommenen Kredite. Auf dieser Basis sehe sie die Möglichkeit, eine entsprechende Vereinbarung mit der polnischen Regierung zu schließen. Er wolle jedoch nicht verschweigen, daß es nach Meinung der Bundesregierung und auch nach Meinung von Wirtschaftsexperten vor allem aber auf die Praxis ankomme. Daher halte es die Bundesregierung für zweckmäßig, mit der Ausweitung der Kooperation zu beginnen, wobei gegebenenfalls mit der Erteilung von Bürgschaften gerechnet werden könne.

Insgesamt sei es das Ziel der Bundesregierung, die Wirtschaftsbeziehungen zwischen den beiden Ländern so zu gestalten, daß diese ein Beispiel für eine gute Zusammenarbeit in Europa wären.

Der Staatssekretär wandte sich nun dem Gebiet der Entschädigung für Opfer der nationalsozialistischen Gewaltherrschaft zu. Ebenso wie sein Vorgänger wisse Bundeskanzler Schmidt, daß die nationalsozialistische Gewaltherrschaft in ganz Europa, besonders aber in Polen, tiefe Wunden geschlagen habe. Der Bundeskanzler sehe, genauso wie sein Vorgänger, keine Möglichkeit, ein spezifisches Abkommen über die Entschädigung der Verfolgten und Opfer des Naziregimes zu schließen. Der frühere Bundeskanzler Willy Brandt habe im Zusammenhang mit den Verhandlungen über den Vertrag von 1970 erläutert, weshalb dies nicht möglich sei.[12] Auch später sei dies wiederholt erläutert worden. Bundeskanzler Schmidt müsse an dieser Auffassung festhalten. Diese Hal-

---

[11] Bundesminister Genscher und der polnische Stellvertretende Ministerpräsident Olszewski unterzeichneten am 1. November 1974 ein Abkommen zwischen der Bundesrepublik und Polen über die Entwicklung der wirtschaftlichen, industriellen und technischen Zusammenarbeit. Für den Wortlaut vgl. BUNDESGESETZBLATT 1975, Teil II; S. 619–621.

[12] Bundeskanzler Brandt erläuterte dem Ersten Sekretär des ZK der PVAP, Gomułka, am 7. Dezember 1970 die Haltung der Bundesregierung zur Entschädigung polnischer Opfer aus der Zeit des Nationalsozialismus. Vgl. dazu AAPD 1970, III, Dok. 589.

tung bedeute nicht, daß die Verbrechen Hitlers und seiner Schergen von der Bundesregierung geleugnet würden. Der Bundeskanzler, wie auch die Bundesregierung, sei aber der Meinung, daß es rund 30 Jahre nach Beendigung des Zweiten Weltkrieges darauf ankomme, die Zukunft zu gestalten und zu verhindern, daß je wieder derartige Gewalttaten geschehen könnten.

Zum Sozialversicherungskomplex, d. h. zur Frage der Renten- und Unfallversicherung, führte der Herr Staatssekretär folgendes aus:

Die Bundesregierung würde die Verhandlungen über dieses Thema gern fortsetzen, und zwar unter Anknüpfung an die im Februar 1974 geführten Gespräche[13]. Diese Gespräche hätten bereits zu gewissen gemeinsamen Vorstellungen geführt. Ausgehend von diesen gemeinsamen Überlegungen, habe die Bundesregierung den Entwurf eines Abkommens[14] ausgearbeitet, der nahezu fertig sei und demnächst der polnischen Seite übergeben werden solle.[15] Dieser Entwurf sehe eine pauschale Abgeltung für aus der Vergangenheit herrührende Ansprüche und ferner für solche Ansprüche vor, die in Zukunft etwa entstehen könnten. Die Frage der Pauschale solle nicht in einer gesonderten Vereinbarung geregelt werden, sondern Teil eines Gesamtabkommens über die Renten- und Unfallversicherung sein.

Zur Frage der Rentenpauschale wolle er auftragsgemäß noch zwei Erläuterungen geben:

1) Der Zweck der Pauschale solle in dem Abkommen nicht im einzelnen spezifiziert werden.

2) Zur Höhe der Rentenpauschale habe die Bundesregierung in der Vergangenheit bereits eine Zahl genannt, die dem Ersten Sekretär sicherlich bekannt sei. In den jüngsten polnischen Vorschlägen sei eine andere Zahl genannt worden. Die Bundesregierung hoffe jedoch, daß zwischen diesen beiden Zahlen eine Lösung gefunden werden könne. Sie schlage daher vor, Verhandlungen über ein Rentenabkommen aufzunehmen und am Schluß dieser Verhandlungen zu versuchen, eine Einigung über die Höhe der Rentenpauschale zu erzielen.

Zum Abschluß seiner Ausführungen sagte der Staatssekretär, daß er nun im Auftrage des Bundeskanzlers die Vorstellungen der Bundesregierung zu den anstehenden Fragen erläutert habe. Dem Bundeskanzler sei klar, daß zwischen den Vorstellungen der Bundesregierung und den Auffassungen der polnischen Regierung noch erhebliche Differenzen bestünden. Er hoffe jedoch, daß es möglich sein werde, eine gute gemeinsame Basis zu finden, um hinsichtlich der einzelnen Fragenkomplexe zu entsprechenden Vereinbarungen zu gelangen.

Diese Vereinbarungen sollten die Grundlage für den Ausbau und die Festigung der bilateralen Beziehungen bilden. Die Vorstellungen der Bundesregierung, so sagte der Staatssekretär abschließend, seien in einem inoffiziellen Papier zu-

---

[13] Zu den Gesprächen über Rentenzahlungen am 7./8. Februar 1974 in Warschau vgl. Dok. 26, Anm. 7.
[14] Zum Entwurf des Bundesministeriums für Arbeit und Sozialordnung vom 15. Mai 1974 vgl. Dok. 134, Anm. 12.
[15] Botschafter Ruete, Warschau, teilte am 6. Dezember 1974 mit, daß er am Vortag dem polnischen Stellvertretenden Außenminister Czyrek den Entwurf eines Sozialversicherungsabkommens übergeben habe. Vgl. dazu den Drahtbericht Nr. 1036; Referat 513, Bd. 2138a.

sammengefaßt worden[16]. Dieses Papier wolle er gern übergeben, doch sei aus zeitlichen Gründen eine Übersetzung leider nicht möglich gewesen. Diese Übersetzung werde er morgen dem Ersten Sekretär übermitteln lassen.

Herr *Gierek* antwortete – nachdem der Staatssekretär ihm das Dokument übergeben hatte –, dies sei nicht nötig; die polnische Seite werde die Übersetzung selbst vornehmen. Anschließend sagte er, er danke dem Staatssekretär herzlich für die mündlichen Informationen, die er ihm im Auftrage des Bundeskanzlers übermittelt habe. Er sei nicht in der Lage, sofort zu den einzelnen Problemen Stellung zu nehmen. Zweifellos handele es sich hierbei um keine leichten Fragen. Aus den Ausführungen des Staatssekretärs seien Ansichten der Bundesregierung zu entnehmen, die auf falschen Daten beruhten. Er wisse nicht, wie die Bundesregierung zu solchen Daten komme. Auf die neuen Vorschläge bzw. Gegenvorschläge der Bundesregierung werde er sich bemühen, morgen zu antworten, und schlage als Gesprächstermin 16.00 Uhr vor.[17] Schon heute könne er der Auffassung des Bundeskanzlers zustimmen, daß die noch zu regelnden Probleme nicht leicht seien. Polen habe den ehrlichen und guten Willen, sich mit der Bundesrepublik über die prinzipiellen Fragen zu verständigen und seine Beziehungen zu dem zweiten deutschen Staat, wenn auch noch nicht auf der Basis der Freundschaft, so doch auf der Basis eines guten Einvernehmens und einer guten Zusammenarbeit zu gestalten. Er glaube, „beide Seiten werden wohl noch lange arbeiten müssen", um zu einer Verständigung zu gelangen, doch hoffe er, daß es zu einer Verständigung kommen werde.

VS-Bd. 10159 (214)

336

Gespräch des Staatssekretärs Gehlhoff mit dem Ersten Sekretär des ZK der PVAP, Gierek, in Warschau

Geheim   21. November 1974[1]

Aufzeichnung über ein Gespräch zwischen dem Ersten Sekretär des ZK der PVAP, Gierek, und StS Dr. Gehlhoff, welches am 21. November 1974 stattfand. Außer den beiden Dolmetschern war niemand anwesend. Das Gespräch dauerte von 16.00 bis 17.15 Uhr.

Nach einleitenden Worten sagte Herr *Gierek*, er habe mit großer Aufmerksamkeit den Brief des Bundeskanzlers[2] und das ihm gestern überreichte Doku-

---

16 Zu dem von Staatssekretär Gehlhoff am 20. November 1974 in Warschau übergebenen Non-paper vgl. Dok. 336, Anm. 9 und 12.
17 Vgl. Dok. 336.

1 Die Gesprächsaufzeichnung wurde von Vortragendem Legationsrat I. Klasse Buring gefertigt.
2 Zum Schreiben des Bundeskanzlers Schmidt vom 19. November 1974 an den Ersten Sekretär des ZK der PVAP, Gierek, vgl. Dok. 335, Anm. 3.

ment³ studiert, welches den Standpunkt der Bundesregierung enthalte in bezug auf die anstehenden Fragen. Er bitte den Staatssekretär, dem Bundeskanzler seinen Dank für dessen Brief zu übermitteln. Das gestern übergebene Dokument sowie die diesbezüglich vom Staatssekretär gegebenen Erläuterungen würden Gegenstand einer sorgfältigen Analyse sein. Er wolle jedoch schon heute in aller Offenheit den polnischen Standpunkt zu den in dem Dokument enthaltenen Auffassungen der Bundesregierung darlegen und gewisse Fragen kommentieren. Er teile die in dem Brief des Bundeskanzlers geäußerte Überzeugung, daß beide Seiten bestrebt sein müßten, zu einer dauerhaften Verständigung zwischen den beiden Völkern und Staaten sowie zu einer Zusammenarbeit zu gelangen, die auf die Überwindung der Vergangenheit gerichtet sei. Diese Sache habe absolut vorrangige Bedeutung und sei daher Gegenstand seiner ernsten Sorge.

Er wolle offen und ehrlich folgendes sagen (Gierek las seine Ausführungen von einem vorbereiteten Papier ab): Das gestern überreichte Dokument und der dazu vom Staatssekretär abgegebene Kommentar müßten auf polnischer Seite Verwunderung und Reflexionen darüber auslösen, welches wohl die Faktoren und Gründe gewesen sein mögen, die zu einer Verschärfung der Haltung der Bundesrepublik geführt hätten. Wenn man die heutige Haltung der Bundesregierung mit der bei den in den⁴ April-Gesprächen 1974⁵ geäußerten Haltung vergleiche, so müsse man eine deutliche Verschärfung feststellen. Es sei Sache der Bundesregierung, eine Bewertung darüber vorzunehmen, was sie bewogen habe, die Chancen einer Verständigung zwischen den beiden Staaten und Völkern einer so schweren Belastungsprobe zu unterziehen. Schon eine flüchtige Analyse des zwischen ihm und dem Bundeskanzler geführten direkten brieflichen Meinungsaustausches und des gestrigen Dokuments führe zu dem Schluß, daß eine Versteifung der Haltung der Bundesrepublik festzustellen sei. Darüber hinaus sei ein Zurückgehen in solchen Fragen festzustellen, bei denen man hätte meinen können, sie befänden sich bereits auf einem guten Weg, um eine Vereinbarung erzielen zu können.

Um aus der Sackgasse herauszukommen, in die die bilateralen Beziehungen geraten seien, habe die polnische Seite am 11. April 1974⁶ dem damaligen Bundeskanzler Willy Brandt Dokumente übermitteln lassen⁷, in denen der polnische Standpunkt zu den ungelösten Problemen dargelegt sei. Später dann, am 26. September 1974, seien Bundeskanzler Schmidt erneut Vorschläge zur Lösung der einzelnen Fragen unterbreitet worden⁸. Die polnische Regierung habe sich dabei zu einem elastischen Vorgehen entschlossen, um eine Annäherung der Standpunkte zu ermöglichen.

---

³ Für Auszüge aus dem von Staatssekretär Gehlhoff am 20. November 1974 in Warschau übergebenen Non-paper vgl. Anm. 9 und 12.
⁴ So in der Vorlage.
⁵ Vgl. dazu das Gespräch des Bundeskanzlers Brandt mit dem Abteilungsleiter im ZK der PVAP, Frelek, am 11. April 1974 bzw. die Gespräche des Ministerialdirektors van Well am 23./24. April 1974 in Warschau; Dok. 118 bzw. Dok. 134.
⁶ Korrigiert aus: „16. April 1974".
⁷ Zum polnischen Non-paper vom 11. April 1974 („Frelek-Papier") vgl. Dok. 118, Anm. 2.
⁸ Zum Schreiben des Ersten Sekretärs des ZK der PVAP, Gierek, vom 26. September 1974 an Bundeskanzler Schmidt vgl. Dok. 295, Anm. 4.

Der gegenwärtige Standpunkt der Bundesregierung laufe auf eine ultimative Formulierung eines Junktims hinaus. Dies in Fragen, die ihrem Inhalt nach einen unterschiedlichen Charakter hätten. Auf diese Art könne man nicht zu einer Annäherung der Standpunkte und zu konstruktiven Lösungen kommen. Eine solche Haltung diene auch nicht der politischen Präsentation der akuten Fragen und auch nicht der Verteidigung künftiger entsprechender Vereinbarungen.

Zum Problem der Umsiedlung wolle er folgendes sagen: In dem gestern überreichten Dokument werde die Ausreise von 150000 Personen aus Polen innerhalb der nächsten drei Jahre gefordert.[9] Es sei von polnischer Seite schon wiederholt festgestellt worden, und er wolle dies heute nochmals betonen, daß eine solche Forderung unrealistisch sei und keine Bestätigung durch die vorhandenen Fakten finde. Außerdem sei festzustellen, daß die Ausreisen in die Bundesrepublik zunehmend ihren ursprünglichen Charakter, nämlich den einer Familienzusammenführung, verlören und immer mehr den Charakter von Ausreisen zu Erwerbszwecken annähmen, die durch die materielle Lage bestimmter Personen bedingt seien. Die Lage auf diesem Gebiet habe sich in den letzten Jahren systematisch und deutlich gebessert. Daher habe der in früheren Jahren vorhandene Anreiz für die Emigration an Bedeutung verloren.

Die im Zusammenhang mit der Unterzeichnung des Vertrags von 1970[10] polnischerseits genannte Größenordnung bezüglich der Ausreisen[11] sei von der polnischen Seite schon lange erfüllt worden. Dessen ungeachtet, setze die polnische Seite aus humanitären Gründen und aus Großzügigkeit die Erteilung von Ausreisegenehmigungen fort und beabsichtige, dies auch in Zukunft zu tun. Sie tue dies, ohne an die Adresse der Bundesregierung Vorbedingungen zu stellen, die diese zu erfüllen hätte. Es würde der bekannten und traditionellen polnischen Auffassung von Humanismus widersprechen, ein Junktim zwischen der Umsiedlungsfrage und Wirtschaftsfragen herzustellen. Dies sei nach wie vor die Auffassung der polnischen Regierung.

Das gestern überreichte Dokument der Bundesregierung hingegen enthalte die Feststellung, daß die Auszahlung der einzelnen Tranchen des Finanzkredits in

---

[9] In dem von Staatssekretär Gehlhoff am 20. November 1974 in Warschau übergebenen Non-paper wurde zur Frage der Umsiedlung ausgeführt: „Um die von beiden Seiten angestrebte Gesamtlösung des Ausreiseproblems innerhalb von drei bis fünf Jahren zu verwirklichen, schlägt die Bundesregierung eine Vereinbarung beider Seiten vor, die folgende Punkte umfassen sollte: 1) Die Absicht, das Ausreiseproblem insgesamt innerhalb von höchstens fünf Jahren zu lösen, sollte nochmals bekräftigt werden. 2) Kernstück der Vereinbarung sollte eine Übereinkunft über die kontinuierliche Abwicklung von 150000 Ausreisen innerhalb der nächsten drei Jahre bilden. 3) Innerhalb dieses zeitlichen und zahlenmäßigen Rahmens sollte die bevorzugte Erledigung von Härtefällen vorgesehen werden, die aufgrund der stockenden Durchführung der Ausreisen entstanden sind. 4) Es sollte eine Verständigung darüber erfolgen, daß nach Abwicklung der gemäß Ziffer 2 fest vereinbarten Ausreisezahlen noch verbleibende, vom Deutschen Roten Kreuz dem Polnischen Roten Kreuz übermittelte Umsiedlungswünsche innerhalb weiterer zwei Jahre positiv erledigt werden sollen, soweit sie die Kriterien der ‚Information' erfüllen. 5) Zweifelsfälle, in denen unterschiedliche Auffassungen über die Berechtigung des Ausreiseantrages im Sinne der Kriterien der ‚Information' bestehen, sollten einvernehmlich geklärt werden." Vgl. VS-Bd. 10159 (214); B 150, Aktenkopien 1974.

[10] Für den Wortlaut des Vertrags vom 7. Dezember 1970 zwischen der Bundesrepublik und Polen über die Grundlagen der Normalisierung ihrer gegenseitigen Beziehungen vgl. BUNDESGESETZBLATT 1972, Teil II, S. 362 f.

[11] Vgl. dazu die „Information" der polnischen Regierung; Dok. 56, Anm. 4.

einem bestimmten zeitlichen Zusammenhang mit der Realisierung der Ausreisen stehen müsse.[12] Ein solcher Standpunkt laufe auf einen Kuhhandel besonderer Art hinaus und bedeute: Eine Kredittranche gegen eine bestimmte Zahl von Emigranten. Dies wäre ein reiner Menschenhandel, weshalb ein derartiges Junktim polnischerseits in keinem Fall akzeptabel sei. Man habe polnischerseits u. a. Überlegungen darüber angestellt, ob die Präsentierung eines solchen Junktims vielleicht dazu gedacht sei, Polen die Lust an dem Finanzkredit zu nehmen.

Nicht akzeptabel für die polnische Regierung sei ferner die in dem Dokument enthaltene Forderung, daß Streitfälle bei Umsiedlungsfragen gemeinsam geprüft werden müßten. Entscheidungen über die Ausreise polnischer Staatsangehöriger seien eine souveräne Angelegenheit der zuständigen polnischen Behörden.

In der Frage der Umsiedlung stehe die polnische Regierung voll zu dem Standpunkt, den sie im April d. J. geäußert und am 26. September d. J. wiederholt habe. Dies bedeute: Sie sähe die Möglichkeit, Genehmigungen für Ausreisen in die beiden deutschen Staaten für etwa 140 000 Personen innerhalb der nächsten drei bis fünf Jahre zu erteilen, wobei in dieser Zahl die seit dem 8. Dezember 1970 erteilten Ausreisegenehmigungen inbegriffen seien. In polnischer Sicht würde dies eine komplexe Regelung des Umsiedlungsproblems bedeuten.

Zur Frage des Finanzkredits und der Ausfuhrbürgschaften: Er teile die Auffassung des Bundeskanzlers, wonach gute und langfristig angelegte Wirtschaftsbeziehungen ein wesentlicher Beitrag zur weiteren Entwicklung der bilateralen Beziehungen seien. Er wolle betonen, daß die von der Bundesregierung bekundete Bereitschaft, Polen den erwähnten Finanzkredit in Höhe von 1 Mrd. DM zu gewähren, polnischerseits gebührend gewürdigt werde. Die Konditionen dieses Kredits müßten allerdings zwischen beiden Seiten noch vereinbart werden. Polen sei bereit, Gespräche hierüber in nächster Zukunft wiederaufzunehmen. Der Finanzkredit würde zweifellos als Instrument zur Stimulierung der Wirtschaftsbeziehungen eine nützliche Rolle spielen. Keinesfalls jedoch könne es die polnische Regierung akzeptieren, daß dieser Kredit als Druckmittel verwendet werde, um Entscheidungen in anderen Fragen, insbesondere humanitären, herbeizuführen. Es sei verfehlt zu glauben, gewisse Kreise in der Bundesrepublik verbreiteten solche Ansichten, daß die gegenwärtige Lage in Polen die polnische Regierung zwinge, den angebotenen Finanzkredit ohne Rücksicht

---

[12] In dem von Staatssekretär Gehlhoff am 20. November 1974 in Warschau übergebenen Non-paper wurde zur Gewährung eines Finanzkredits für Polen ausgeführt: „Im Zusammenhang mit der gemeinsamen Erörterung von Maßnahmen, die geeignet sind, der deutsch-polnischen wirtschaftlichen Zusammenarbeit eine möglichst breite Grundlage zu sichern, hat die Bundesregierung der polnischen Regierung einen ungebundenen Finanzkredit in Höhe von 1 Mrd. DM angeboten. Sie möchte nicht verhehlen, daß es ihr die in der Bundesrepublik Deutschland eingetretene wirtschaftliche Lage und deren voraussichtliche weitere Entwicklung zunehmend erschweren, die für diesen Kredit erforderlichen Mittel bereitzustellen. Trotz gewachsener und weiterhin wachsender Schwierigkeiten hält sie dieses Angebot wegen der Bedeutung, die sie der Entwicklung der deutsch-polnischen Beziehungen beimißt, gegenwärtig noch aufrecht. Was die Konditionen des Kredits betrifft, so sieht die Bundesregierung die grundsätzliche Möglichkeit, in künftigen Verhandlungen zu Vereinbarungen zu gelangen, die für beide Seiten annehmbar sind. Dabei wird die Auszahlung der einzelnen Tranchen des Kredites in einem angemessenen zeitlichen Zusammenhang mit der Abwicklung des Problems der Ausreisen stehen müssen." Vgl. VS-Bd. 10159 (214); B 150, Aktenkopien 1974.

auf die Konditionen anzunehmen. Der Kreditmarkt nicht nur in Europa, sondern in der ganzen Welt sei für Polen offen, weil Polen als ehrlicher und zuverlässiger Wirtschafts- und Finanzpartner gelte. Der polnische Export sei in den letzten drei Jahren um etwa das Fünffache gestiegen. Die Umsätze beim Handelsverkehr mit vielen Ländern zeigten eine dynamische Aufwärtsentwicklung. Polen disponiere über reiche Rohstoffvorkommen und über immer modernere Produktionskapazitäten.

Der Staatssekretär habe gestern gewisse Schwierigkeiten signalisiert, welche die Bundesregierung in Bezug auf die Aufrechterhaltung ihres Kreditangebots habe, und dabei auch auf die gegenwärtige Wirtschaftslage in der Bundesrepublik hingewiesen. Indes könne auch dieses Signal die polnische Regierung nicht dazu bewegen, den Finanzkredit zu jeder Bedingung zu akzeptieren. Insbesondere nicht dann, wenn damit ein Junktim konstituiert werde, welches außerhalb des wirtschaftlichen Gebiets liege.

Was die Bundesbürgschaften bei Krediten im Zusammenhang mit dem Investitionsgüterexport aus der Bundesrepublik nach Polen anbelange, so sei es doch so, daß dies von Vorteil für beide Seiten sei. Es handele sich also hierbei keineswegs um philanthropische Erwägungen. Wenn die Bundesregierung an der Realisierung großer Kooperationsprojekte mit Polen interessiert sei – u. a. auf dem Energiesektor, bei Rohstoffen, im Chemiebereich, beim Schiffsbau oder Maschinenbau –, so sei die polnische Seite gern bereit, derartige Vorhaben gemeinsam mit der Bundesrepublik auszuführen. Sollten sich jedoch aus diesen oder jenen Gründen für die Bundesregierung Schwierigkeiten bei der Erteilung von Bürgschaften zwecks Förderung von Investitionsgüterexporten nach Polen ergeben, so werde die polnische Regierung, wie bisher, auf die Offerten anderer Länder zurückgreifen müssen. Aus verschiedenen Gründen hielte es Polen jedoch für wünschenswert, daß die Entwicklung der Wirtschaftsbeziehungen zwischen der Volksrepublik Polen und der Bundesrepublik Deutschland zu einem guten Beispiel für den Ausbau der Zusammenarbeit in Europa würde. Er teile daher den von der Bundesregierung geäußerten Standpunkt, daß alle Möglichkeiten ausgeschöpft werden sollten, um das kürzlich unterzeichnete Kooperationsabkommen mit zehnjähriger Laufzeit[13] zu verwirklichen und mit einem konkreten Inhalt zu erfüllen.

Zur Frage der Entschädigungen. Er wolle offen sagen, daß der jüngste Standpunkt der Bundesregierung in dieser Frage für die polnische Regierung eine besondere Enttäuschung gewesen sei. Er befürchte, daß auf Grund dieses Standpunkts Polen eine weitere bittere Erfahrung machen werde, zumal darin ein Echo auf die Vergangenheit zum Ausdruck komme; insbesondere für die mittlere und ältere Generation. Ein derartiger Standpunkt der Bundesregierung bedeute eine äußerst bittere Enttäuschung, vor allem für die etwa 180 000 ehemaligen KZ-Häftlinge und Antifaschisten, für die eine Entschädigung ein unabdingbares moralisch-politisches Recht sei. Er frage den Staatssekretär, wie denn die polnische Regierung diesen Personen klarmachen solle, daß all das erlittene Leid, der Verlust der Gesundheit und der Freiheit keine Entschädi-

---

13 Für den Wortlaut des Abkommens vom 1. November 1974 zwischen der Bundesrepublik und Polen über die Entwicklung der wirtschaftlichen, industriellen und technischen Zusammenarbeit vgl. BUNDESGESETZBLATT 1975, Teil II, S. 619–621.

gung verdienten. Wie solle man denn diesen Personenkreis davon überzeugen, daß sie etwas Schlechteres seien als ihre Leidensgenossen aus westeuropäischen Ländern[14]. Wie solle man denn polnischerseits diesen Menschen klarmachen, warum eine sozialdemokratisch-liberale Bundesregierung die Forderungen dieser Personengruppe ablehne. Die Frage der Entschädigung für diesen Personenkreis ziehe sich leider schon über ca. 15 Jahre hin, und eine Lösung sei immer noch nicht erreicht. Man müsse seitens der Bundesregierung aber daran denken, daß diese Frage in etwa zehn bis fünfzehn Jahren „tot" sein werde, und zwar deshalb, weil diejenigen Menschen, die seinerzeit ein so großes Leid hätten erleiden müssen, wegsterben. Hingegen werde die moralische Bedeutung dieses Problems noch für viele kommende Generationen in Polen als Dorn in den Beziehungen zur Bundesrepublik bestehen bleiben. Aus diesem Grunde sei es mit Blick auf eine positive Gestaltung des künftigen bilateralen Verhältnisses notwendig, dieses Hindernis auf dem Weg zu guten Beziehungen zwischen den beiden Völkern zu beseitigen.

Zur Frage der Renten- und Unfallversicherung.

Herr Gierek sagte hierzu, die Haltung der Bundesregierung in dieser Frage, d. h. in der Frage der Rentenversicherung und der Sozialleistungen, betrachte die polnische Regierung als einen Test für den guten Willen der Bundesregierung. Mit Hilfe einer solchen Vereinbarung wolle man polnischerseits, außer den Leistungen, die Polen seit Kriegsende für die ehemaligen KZ-Häftlinge schon erbracht habe, diesem Personenkreis „etwas helfen". Hierbei sei es sekundär, ob dies formal im Text der Vereinbarung fixiert werde oder nicht. Eine gute Plattform für Gespräche über dieses Thema bilde nach polnischer Ansicht die Gesprächsrunde vom Februar 1974[15], wo auf Expertenebene bereits gewisse Überlegungen ausgearbeitet worden seien. Die von der polnischen Regierung genannte Höhe der Rentenpauschale stelle eine vollbegründete Forderung dar. Der Staatssekretär habe gestern die baldige Übergabe eines Entwurfs der Bundesregierung für ein Abkommen über Fragen der Renten- und Unfallversicherung in Aussicht gestellt.[16] Ein solcher Entwurf werde polnischerseits sehr aufmerksam und sorgfältig geprüft werden.

Der Staatssekretär habe gestern u. a. die Meinung des Bundeskanzlers dargelegt, wonach es nicht zweckmäßig sei, den Briefwechsel auf höchster Ebene unbegrenzt fortzusetzen. Er teile nicht nur diese Auffassung, sondern sage offen, Ziel dieses Briefwechsels sei polnischerseits eine Beschleunigung des Meinungsaustausches zwecks Lösung der offenen Fragen gewesen. Sollte jedoch die Bundesregierung einen schnelleren und wirksameren Weg vorzuschlagen haben, um zu einer Verständigung zu gelangen, dann sei Polen gern bereit, einen solchen Weg zu beschreiten.

---

[14] Die Bundesrepublik schloß am 11. Juli 1959 mit Luxemburg, am 7. August 1959 mit Norwegen, am 24. August 1959 mit Dänemark, am 18. März 1960 mit Griechenland, am 8. April 1960 mit den Niederlanden, am 15. Juli 1960 mit Frankreich, am 28. September 1960 mit Belgien, am 2. Juni 1961 mit Italien, am 29. Juni 1961 mit der Schweiz, am 9. Juni 1964 mit Großbritannien und am 3. August 1964 mit Schweden Abkommen über die Entschädigung für Opfer nationalsozialistischer Verfolgung. Außerdem enthielt der Finanz- und Ausgleichsvertrag mit Österreich vom 27. November 1961 („Kreuznacher Abkommen") eine Wiedergutmachungsregelung.

[15] Zu den Gesprächen über Rentenzahlungen am 7./8. Februar 1974 in Warschau vgl. Dok. 26, Anm. 7.

[16] Zur Übergabe am 5. Dezember 1974 vgl. Dok. 335, Anm. 15.

Aufgrund des bisherigen Meinungsaustausches auf hoher Ebene und sonstiger wiederholter Kontakte sei beiden Regierungen der Standpunkt des Verhandlungspartners auch im einzelnen bekannt. Er fürchte, daß die Einführung neuer, erschwerender Elemente in den bisherigen Standpunkt der Bundesregierung zu einer Verschärfung der „Sackgasse" führen könnte, in die die bilateralen Beziehungen geraten seien. Solche neuen und erschwerenden Elemente könnten einen negativen Einfluß auf den Stand und die weitere Entwicklung der Beziehungen ausüben. Angesichts dieser Lage könnten die Verhandlungspartner zu nichts kommen, es sei denn, daß auf höchster Ebene Entscheidungen getroffen würden. Auf polnischer Seite seien solche Entscheidungen getroffen und in seinem Brief an den Bundeskanzler vom 26. 9. zum Ausdruck gebracht worden.

Herr Gierek sagte, er hoffe sehr, daß die Mission des Staatssekretärs dazu beitragen werde, daß auch auf seiten der Bundesregierung entsprechende Entscheidungen getroffen würden. Aus dem jüngsten Brief des Bundeskanzler entnehme er dessen Willen, solche Entscheidungen zu treffen. Herr Gierek schloß seine Ausführungen mit der Feststellung, daß dies der polnische Standpunkt zu den noch offenen wichtigen Problemen sei. Anschließend bat er den Staatssekretär, dem Bundeskanzler den Ausdruck seiner Hochachtung zu übermitteln.

Der *Staatssekretär* dankte Herrn Gierek für dessen Ausführungen und sagte, seine erste Aufgabe nach der Rückkehr nach Bonn werde es sein, dem Bundeskanzler die Mitteilungen des Ersten Sekretärs voll und getreulich zu übermitteln. Schon heute könne er Herrn Gierek versichern, daß Bundeskanzler und Bundesregierung diese Mitteilungen sehr aufmerksam studieren würden. Er wäre dankbar, wenn Herr Gierek ihm noch einige Bemerkungen gestatten würde.

Herr Gierek habe vorhin gesagt, daß die Erläuterungen, die er, der Staatssekretär, gestern im Auftrag des Bundeskanzlers zum Standpunkt der Bundesregierung abgegeben habe[17], Gegenstand einer eingehenden Prüfung und Analyse sein würden. Am Schluß seiner gestrigen Erläuterungen habe er als Gedächtnisstütze dem Ersten Sekretär ein inoffizielles Papier übergeben. Er hoffe, daß die polnische Regierung nach einer genauen Prüfung dieses Papiers und seiner Erläuterungen zu der Schlußfolgerung kommen werde, daß von einer Verschärfung der Haltung der Bundesregierung nicht die Rede sein könne. Er wolle kurz skizzieren, wie sich nach Auffassung des Bundeskanzlers die Entwicklung der bilateralen Beziehungen seit 1970 und im Jahre 1974 darstelle.

Im Vertrag von 1970 sei eine wichtige Frage territorialer Art, nämlich die Frage der polnischen Westgrenze, behandelt worden.[18] In diesem Zusammenhang habe es eine Information über humanitäre Fragen gegeben. Die Bundesregierung habe seinerzeit die Hoffnung gehabt, daß auf Grund der damaligen Absprachen die humanitären Fragen hätten befriedigend geregelt werden kön-

---

17 Vgl. dazu Dok. 335.
18 Vgl. dazu Artikel I des Vertrags vom 7. Dezember 1970 zwischen der Bundesrepublik und Polen über die Grundlagen der Normalisierung ihrer gegenseitigen Beziehungen; Dok. 188, Anm. 9.

nen. Auf seiten der Bundesrepublik sei über die Abwicklung der humanitären Probleme nach 1970 eine gewisse Enttäuschung eingetreten.

In der Zeit nach 1970 sei es wiederholt zu Gesprächen und Verhandlungen über diesen Fragenkomplex gekommen. Bei den Gesprächen auf Ministerebene im Oktober[19] und Dezember 1973[20] sei man sich in bezug auf die Auffassungen zur Regelung dieser Frage schon sehr nahe gewesen. Nach dem Eindruck der Bundesregierung sei die polnische Regierung mit den von ihr im April und September 1974 übergebenen Papieren von ihrer früheren Linie – d. h. von der im Oktober und Dezember 1973 vertretenen polnischen Linie – abgewichen.

Bundeskanzler und Bundesregierung seien weiterhin an einer befriedigenden Regelung der deutsch-polnischen Beziehungen und einer guten Zusammenarbeit stark interessiert. Die Bundesregierung hoffe daher, daß es zu einer Regelung der offenen Fragen kommen werde. Man habe gestern und heute über vier große Fragenkomplexe gesprochen. In einigen der behandelten Fragen glaube er, eine doch schon weitgehende Übereinstimmung feststellen zu können. In anderen Fragen wiederum gebe es zweifellos noch erhebliche Differenzen. Im Dezember 1973 sei man sich schon sehr nahe bezüglich der Auffassungen gewesen.

Der Erste Sekretär habe heute gesagt, polnischerseits habe man den Eindruck, die Haltung der Bundesregierung habe sich verschärft. Dies sei nicht zutreffend. Die Bundesregierung hoffe, durch konkrete Gespräche die noch vorhandenen Schwierigkeiten überwinden zu können. Herr Gierek habe heute ferner ausgeführt, der Finanzkredit sei kein geeignetes Mittel, um Druck auf die Haltung der polnischen Seite auszuüben. Dies sei auch nicht die Absicht der Bundesregierung.

Herr Gierek habe ferner ausgeführt, die vom Bundeskanzler signalisierten wirtschaftlichen Schwierigkeiten der Bundesrepublik seien nicht geeignet, Polen zu veranlassen, den Finanzkredit zu jeder Bedingung zu akzeptieren. Die Bundesregierung wolle keineswegs Druck ausüben oder einen solchen Anschein erwecken.

Der Bundeskanzler habe ihn vielmehr mit dem Auftrag nach Warschau gesandt, Herrn Gierek ungeschminkt die Lage zu erläutern, in der sich die Bundesrepublik befinde. Ungeachtet erheblicher Bedenken, die von vielen Wirtschaftsexperten geäußert worden seien, sei der Bundeskanzler entschlossen, das Angebot an Polen bezüglich des Finanzkredits noch aufrechtzuerhalten. Die von den Experten geäußerten Bedenken hätten nichts mit Politik zu tun, sondern stünden im Zusammenhang mit der Entwicklung der Wirtschaftslage in der Bundesrepublik. Er bitte um Verständnis dafür, daß er auftragsgemäß dargelegt habe, daß die Bundesregierung damit rechne, daß die erwähnten Schwierigkeiten in den nächsten Monaten noch zunehmen würden.

Zu den Ausführungen von Herrn Gierek in Sachen Junktim wolle er bemerken, daß die Bundesregierung eine Gesamtregelung der bilateralen Beziehungen an-

---

[19] Bundesminister Scheel hielt sich vom 18. bis 20. Oktober 1973 in Warschau auf. Vgl. dazu AAPD 1973, III, Dok. 325, Dok. 328 und Dok. 331.

[20] Der polnische Außenminister Olszowski hielt sich am 6./7. Dezember 1973 in der Bundesrepublik auf. Vgl. dazu AAPD 1973, III, Dok. 402.

strebe. Bundeskanzler und Bundesregierung seien überzeugt, daß zwecks Herstellung guter Beziehungen mehrere Fragenkomplexe bereinigt und geregelt werden müßten. Man müsse auf allen Gebieten vorankommen, um zu einer vollständigen Normalisierung der Beziehungen zu gelangen.

Abschließend bat der Staatssekretär Herrn Gierek, seine gestern vorgetragenen Erläuterungen zu den einzelnen Fragenkomplexen in diesem Sinne zu verstehen.

Herr *Gierek* antwortete, er habe den Staatssekretär richtig verstanden, könne jedoch nur das bestätigen, was er soeben ausgeführt habe. Er habe gestern ein inoffizielles Dokument erhalten, und die polnische Seite werde dieses Dokument auch als inoffizielles Papier behandeln. Dennoch lasse dieses Dokument eine Interpretation der Haltung der Bundesregierung zu und sei daher, wie auch die gestrigen Erläuterungen des Staatssekretärs, eine der Grundlagen für seine, d. h. Giereks, heutigen Feststellungen gewesen. Er bitte den Staatssekretär, sich das gestern von ihm überreichte Dokument noch einmal in Ruhe durchzulesen. Er werde dann gewiß feststellen, daß die Bemerkungen, die er, Gierek, heute gemacht habe, durchaus zutreffend seien. Er wolle diese Bemerkungen nicht noch einmal wiederholen. Zu dem Vorwurf, Polen habe seine Verpflichtungen im Zusammenhang mit der Familienzusammenführung nicht erfüllt, wolle er bemerken, daß Polen seit 1970 in die beiden deutschen Staaten auf Grund entsprechender Genehmigungen etwa 60 000 Personen habe ausreisen lassen, und zwar nicht nur Deutsche. Es seien dabei auch Personen aus gemischten Familien gewesen. Man habe aber polnischerseits aus humanitären Gründen diesen Umstand unberücksichtigt gelassen. Die polnische Regierung habe sich bei dieser Aktion ausschließlich von humanitären Erwägungen leiten lassen. Wenn er seine Überlegungen zu dieser Frage resümiere und unter dem Gesichtspunkt einer ökonomischen Kalkulation betrachte, so müsse er eigentlich zu dem Schluß kommen, daß man die Ausreisen beim jetzigen Stand der Dinge an sich stoppen müßte.

Er verstehe auch nicht, weshalb die Bundesregierung bei der Umsiedlungsfrage immer wieder zu der gleichen Zahl zurückkehre, ohne hierbei die Zahl der nach 1970 bereits ausgereisten Personen zu berücksichtigen. Die polnische Seite habe die Ausreisen trotz allem bisher nicht gestoppt und beabsichtige dies aus humanitären Gründen auch in Zukunft nicht zu tun. Dies sei ihre Haltung, unabhängig davon, ob es zu einer Einigung beim Finanzkredit und in der Rentenfrage kommen werde oder nicht. Zum Schluß wolle er sagen, daß er diesem Problem nicht so viel Aufmerksamkeit widmen würde, wenn er nicht glaubte, daß eine Regelung dieser Frage gefunden werden könne. Er teile die Auffassung des Bundeskanzlers und dessen Hoffnung, daß es möglich sei, eine Regelung zu finden. Man müsse allerdings bei der Suche nach einer Lösung von einer realistischen Grundlage und nicht von aufgebauschten Informationen ausgehen, von denen er nicht wisse, woher die Bundesregierung sie nehme. Ziel der polnischen Regierung sei es nach wie vor, allmählich zu einer vollen Normalisierung der bilateralen Beziehungen zu gelangen.

Seit ca. 1000 Jahren lebten die beiden Völker auf dem gleichen Kontinent. Die Geschichte ihrer Beziehungen sei sehr vielschichtig, doch sei nicht alles in dieser langen Geschichte als schlecht zu bezeichnen. Es habe auch Perioden gegeben, die man als gut und nützlich bezeichnen könne. Polen identifiziere das deutsche Volk nicht mit den Naziverbrechern. Aber der Staatssekretär werde ihm sicher Recht geben, wenn er feststelle, daß ein bestimmtes Maß an Schuld dem deutschen Volk insgesamt zuzuschreiben sei. Man müsse nun versuchen, die noch ungelösten Probleme zu regeln und Brücken zwischen den beiden Völkern zu schlagen. Die beiden Völker seien schließlich doch als Nachbarn zu betrachten und darauf angewiesen, miteinander zusammenzuleben. Früher praktizierte Methoden, so vor allem Gewaltanwendung im zwischenstaatlichen Verhältnis, seien ja heute zum Glück nicht mehr anwendbar. Somit bleibe also für die Gestaltung des zwischenstaatlichen Verhältnisses zwischen Polen und der Bundesrepublik – und dies sei das Ziel der polnischen Regierung – Zusammenarbeit und auch Freundschaft. Damit es aber zu einer Zusammenarbeit und mit der Zeit auch zu einer Freundschaft zwischen den beiden Völkern kommen könne, müßten die auf dem Weg zu diesem Ziel noch vorhandenen Schwierigkeiten beseitigt werden. Dies sollte bei gutem Willen beider Seiten möglich sein.

Vor einiger Zeit hätten ihn ausländische Journalisten gefragt, ob er bereit sei, in die Bundesrepublik zu reisen. Er habe geantwortet, daß er sogar noch 1974 bereit wäre, dies zu tun, sofern die grundlegenden Probleme vorher gelöst wären. Es sei für ihn jedoch unmöglich, in die Bundesrepublik zu reisen bzw. von dort zurückzukommen, ohne dem polnischen Volk sagen zu können, daß die wichtigsten Fragen geregelt worden seien. Er hoffe, daß es bei gutem Willen beider Regierungen möglich sein werde, einen Ausweg aus der jetzigen schwierigen Situation zu finden und die Voraussetzungen für die Gestaltung guter bilateraler Beziehungen in der Zukunft zu schaffen. Dies habe er als Ergänzung seiner heutigen Ausführungen noch sagen wollen.

Abschließend bat er den Staatssekretär nochmals, dem Bundeskanzler herzliche Grüße und den Ausdruck seiner Hochachtung zu übermitteln.

Der *Staatssekretär* antwortete, er werde dem Bundeskanzler nicht nur die Grüße des Ersten Sekretärs, sondern auch seinen Eindruck übermitteln, daß der bei der Bundesregierung vorhandene gute Wille zur Lösung der noch offenen Fragen auch auf seiten der polnischen Regierung vorhanden sei. Es sei doch offensichtlich so, daß beide Regierungen, trotz der gegenwärtig vorhandenen Schwierigkeiten, nach einem in die Zukunft weisenden Weg zur Gestaltung eines guten Verhältnisses zwischen den beiden Staaten suchten. Er wolle dem Ersten Sekretär versichern, daß er in der Bundesrepublik stets sehr willkommen sein werde. Dies habe der Bundeskanzler ausdrücklich betont. Dem Bundeskanzler sei durchaus klar, daß er Herrn Gierek heute noch kein festes Datum für diesen Besuch vorschlagen könne.

Den Zeitpunkt werde Herr Gierek zu gegebener Zeit selbst bestimmen müssen. Er wiederhole nochmals, daß der Erste Sekretär in der Bundesrepublik stets willkommen sein werde.

Herr *Gierek* antwortete, die Umstände und den Zeitpunkt eines eventuellen Besuchs in der Bundesrepublik könne man natürlich erst besprechen, wenn man alle Möglichkeiten zur Erledigung der vorerst noch offenen Fragen studiert hätte und zu einer befriedigenden Regelung der wichtigsten Probleme gelangt sei. Vorher sei es nicht sinnvoll, über den Zeitpunkt eines solchen Besuchs zu sprechen. Wenn er auch heute seine grundsätzliche Bereitschaft zu einem solchen Besuch bekundet habe, so habe er damit seinen Willen und seine ehrliche Absicht bekunden wollen, die Voraussetzungen für eine Annäherung zwischen beiden Staaten und Völkern zu schaffen.

VS-Bd. 10159 (214)

337

Aufzeichnung des Bundesministers Genscher

010-2469/74 VS-vertraulich   21. November 1974

Notiz über ein Gespräch mit Botschafter Falin am 21.11.1974, Beginn 13.00 Uhr – Ende 15.10 Uhr

Botschafter Falin hatte mich zu einem Gespräch unter vier Augen im Rahmen eines Mittagessens eingeladen.

Nach allgemeinen Bemerkungen über den Besuch in der Sowjetunion[1] kam der Botschafter auf die Frage des wissenschaftlich-technischen Abkommens zu sprechen. Er teilte mir mit, er sei am Sonntag[2] für einige Stunden in Moskau gewesen und habe dabei auch ein zweistündiges Gespräch mit Herrn Gromyko gehabt; er spreche auf der Grundlage dieses Gespräches mit mir.

Es gäbe für die sowjetische Seite keine zweite, dritte und vierte Verhandlungsposition, sondern das, was jetzt gesagt werde, müsse sehr ernst genommen werden. Die sowjetische Seite sähe keine Möglichkeit, die Bediensteten der Bundesämter und Anstalten in Berlin-West in den Austausch – auch im Rahmen von Ressortabkommen – einzubeziehen, es sei denn, daß diese Bediensteten noch eine andere Funktion hätten, sei es als Hochschullehrer, sei es als Mitarbeiter von Institutionen, auch wenn es sich um Institute handelte, die den Ämtern unterstehen, sei es auch als private Forscher. Der sowjetische Rechtsstandpunkt, daß alle Bundesämter und Anstalten unrechtmäßig in Berlin-West seien, lasse das gar nicht zu, sonst würde das einer Aufgabe des sowjetischen Rechtsstandpunktes gleichkommen.

Ich erwiderte ihm, so bedauerlich der sowjetische Rechtsstandpunkt sei, wir könnten ihn im Rahmen dieser Gespräche ganz sicher nicht verändern. Deshalb sei es in Gymnich[3] wie in Moskau um praktische Lösungen unter Aufrechterhaltung der beiderseitigen Rechtsstandpunkte gegangen. Nach der gan-

---

[1] Bundeskanzler Schmidt und Bundesminister Genscher hielten sich vom 28. bis 31. Oktober 1974 in der UdSSR auf. Vgl. dazu Dok. 309, Dok. 311–316 und Dok. 321.
[2] 17. November 1974.
[3] Vgl. dazu das Gespräch des Bundesministers Genscher mit dem sowjetischen Außenminister Gromyko am 15. September 1974 sowie das deutsch-sowjetische Regierungsgespräch am 16. September 1974; Dok. 265 und Dok. 270.

zen Genesis des Gesprächs mit ihm im Juni[4] und den Unterhaltungen mit Herrn Gromyko in Gymnich und Moskau[5] sei es zweifelsfrei, daß die von Herrn Gromyko in Moskau übergebene Formulierung die Einbeziehung der Bediensteten der Bundesämter und Anstalten abdecke und daß sie auch so gemeint gewesen sei. Anders sei die Erklärung Gromykos, wir könnten aber nicht sagen, daß die Sowjetunion ihren Rechtsstandpunkt verändert habe, nicht zu verstehen. Sicherheitshalber hatte ich in Moskau ja noch einmal das Ergebnis des Gespräches dahin zusammengefaßt, daß niemand wegen seines ständigen Aufenthaltsortes und wegen seiner beruflichen Tätigkeit ausgeschlossen werde und daß das somit auch für alle Bundesbediensteten gelte. Wenn Worte noch einen Sinn hätten, dann könne es über das Gesprächsergebnis nicht den geringsten Zweifel geben. Uns bedrücke, daß man jetzt davon abrücken wolle.

Falin erwiderte, mit beruflicher Tätigkeit in der von Gromyko übergebenen Notiz sei nicht die Beschäftigung bei einer bestimmten Behörde gemeint gewesen, sondern der Beruf als Physiker oder Chemiker.

Ich habe ihm darauf erwidert, daß damit seinem Argument der Sinn genommen sei.

Er fügte dann hinzu, er müsse wohl einräumen, daß Herr Gromyko sich vielleicht nicht so präzise ausgedrückt habe, wie das erforderlich gewesen sei. Aber man müsse verstehen, daß es die sowjetische Seite, vor allem auch vor ihren Freunden in der DDR, nicht vertreten könne, wenn die Sowjetunion die Teilnahme der Präsidenten oder anderer höherer Chargen der Bundesämter hinnehme. Dann solle man lieber das Abkommen jetzt auf Eis legen und sich anderen Projekten zuwenden, die zukunftsträchtiger seien.

Gleichwohl wolle er zu erwägen geben, ob man sich nicht mündlich dahingehend verständigen könne, daß bestimmte Personen von uns nicht vorgeschlagen würden, so daß sie auch von der sowjetischen Seite nicht abgelehnt zu werden brauchten.

Ich habe dazu entgegnet, eine solche mündliche Verständigung hielte ich nicht für möglich. Ich sei für klare und aufrichtige Beziehungen und nicht für augenzwinkernde.

Im übrigen wisse er aus den Gesprächen von Gymnich und Moskau, daß ich nicht beabsichtige, das Deutsche Parlament zu täuschen, wenn ich, was mit Sicherheit geschähe, gefragt würde, ob alle Mitarbeiter der Bundesämter einbezogen seien. Man könne natürlich das wissenschaftlich-technische Abkommen, wie er es formuliert habe, auf Eis legen. Nur müsse ich ihm sagen, daß diese Rücknahme des Moskauer Gesprächsergebnisses und ein Liegenlassen dieses Abkommens zu einer nicht zu unterschätzenden Belastung unserer Bemühungen um eine positive Entwicklung der Beziehungen führen werde. Man solle die Ernüchterung in der deutschen Öffentlichkeit über die sowjetische Haltung nicht unterschätzen. Ich müsse mich wirklich fragen, ob man in Moskau die ganze Bedeutung der Berlin-Frage für unsere Politik, aber auch für das öffent-

---

[4] Für das Gespräch des Bundesministers Genscher mit dem sowjetischen Botschafter Falin am 12. Juli 1974 vgl. Dok. 212 und Dok. 213.

[5] Vgl. dazu die Gespräche des Bundesministers Genscher mit dem sowjetischen Außenminister Gromyko am 29./30. Oktober 1974 in Moskau; Dok. 312 und Dok. 316.

liche Bewußtsein, voll erkenne. Auf keinen Fall würde ich es bei dem Ergebnis unserer heutigen, eher inoffiziellen Unterhaltung bewenden lassen, sondern unseren Standpunkt der sowjetischen Seite noch einmal sehr nachdrücklich darlegen. Ich müßte dabei offenlassen, ob das in einem Brief des Herrn Bundeskanzlers an Herrn Breschnew, in einem Brief von mir an den sowjetischen Außenminister oder in anderer Weise geschehe. Wir würden es außerdem für nützlich halten, einen Gesprächsversuch auf Expertenebene zu unternehmen.

Ich hatte den Eindruck, daß Falin mir im Grunde, was die Beurteilung des Moskauer Gesprächsergebnisses angeht, Recht gab. Ich fühlte mich außerdem durch seinen Hinweis, was die Freunde in der DDR sagen würden, in meiner Auffassung bekräftigt, daß man offensichtlich nach einer nachträglichen Intervention der DDR versucht, teilweise von dem Moskauer Gesprächsergebnis abzuweichen. Teilweise deshalb, weil die Einbeziehung noch anderweitig tätiger Personen aus den Bundesämtern anerkannt werden soll, worauf auch eine von ihm beiläufig gemachte Bemerkung hindeutet, wonach man ja sehr großzügig sein könne in der Bewertung anderweitiger Tätigkeiten.

[Genscher][6]

VS-Bd. 14056 (010)

338

Gespräche des Staatssekretärs Gehlhoff mit dem polnischen Stellvertretenden Außenminister Czyrek in Warschau

214-321.00 POL   21./22. November 1974[1]

Anmerkung: Die Gespräche begannen am Donnerstag, dem 21., um 11.00 Uhr vormittags. Die erste kurze Sitzung war prozeduralen Fragen sowie Aufnahme der Konsultation über internationale Fragen gewidmet. Die Gespräche wurden am 22. November 1974 um 10.00 Uhr fortgesetzt und um 12.30 Uhr beendet.[2]
Staatssekretär *Gehlhoff* eröffnete den Meinungsaustausch zur KSZE mit der Feststellung, wenn zügig weiterverhandelt werde, könnte die zweite Phase zu Beginn des nächsten Jahres abgeschlossen werden und die Schlußkonferenz im kommenden Frühjahr stattfinden. Das Ergebnis der zweiten Phase müsse abgewartet werden, bis entschieden werden könne, auf welcher Ebene die dritte Phase stattfinden solle. Er könne sich vorstellen, daß die dritte Phase auf der Ebene der Regierungschefs stattfinden werde. Aber zunächst müßten gute Er-

---

[6] Vermuteter Verfasser der nicht unterzeichneten Aufzeichnung.
[1] Durchschlag als Konzept.
   Die Aufzeichnung wurde von Referat 214 am 25. November 1974 gefertigt.
[2] Staatssekretär Gehlhoff hielt sich vom 20. bis 23. November 1974 in Warschau auf. Vgl. dazu auch Dok. 335 und Dok. 336.

gebnisse erzielt werden. Der Staatssekretär stellte sodann fest, es habe die wenigsten Schwierigkeiten bei Korb II gegeben. Bei Korb I seien erhebliche Fortschritte erzielt worden. Jedoch seien noch vier Themen zu behandeln, nämlich 1) die Möglichkeit der friedlichen und einvernehmlichen Grenzänderung, 2) der Interpretationszusammenhang, 3) das Prinzip, daß früher geschlossene Verträge nicht berührt werden, und 4) die vertrauensbildenden Maßnahmen.

Bei Korb III seien Fortschritte erzielt worden. Er sei für uns von erheblicher Bedeutung, und zwar aus der allgemeinen Überlegung heraus, daß die Politik der Entspannung Auswirkungen auf die Menschen in ganz Europa haben müßte. Bei diesem Korb seien zwei Kategorien zu unterscheiden, nämlich humanitäre Fragen und Fragen der Information. Beide seien für einzelne Länder, auch im westlichen Europa, von unterschiedlichem Gewicht. Der Bundesregierung käme es mehr auf die humanitären Fragen an. Es sei nicht unsere Absicht, die Konferenz durch immer neue Forderungen zu verzögern. Wir seien jedoch der Auffassung, daß über die Einzelheiten des Korbes III mit der gleichen Sorgfalt gesprochen werden müsse wie bei Korb I und Korb II.

Bei Korb IV machten wir uns den dänischen Vorschlag zu eigen, der vorsehe, daß zwei Jahre nach Abschluß der Konferenz hochrangige Experten prüften, welche praktischen Fortschritte erzielt worden seien, und dann aufgrund der ermittelten Ergebnisse Vorschläge unterbreiteten.[3]

Vizeminister *Czyrek* erklärte zu Beginn seiner Erwiderung, Polen sei einer der Pioniere der KSZE, weil es bei aller Anerkennung der Verantwortung der Supermächte von der Notwendigkeit der Teilnahme und Mitverantwortung aller europäischen Staaten überzeugt sei. Es betrachte die Konferenz als Etappe auf dem Weg zum Endziel eines kollektiven Sicherheitssystems, das errichtet werden solle, wenn einmal die Situation dafür reif sei.

Was die weiteren Termine der Konferenz betreffe, so seien die polnischen Ansichten den deutschen nahe. Zum Korb I übergehend, sagte Vizeminister Czyrek, Polen habe geschichtliche Erfahrungen mit den Grenzen seines Volkes und lege daher besonderen Wert auf eine eindeutige und klare Aussage zur Unverletzlichkeit der Grenzen. Jede Abschwächung dieser Aussage müsse es als ungutes Zeichen für die Völker Europas betrachten. Das Prinzip der Unverletzlichkeit der Grenzen sei ein Ergebnis der in Europa entstandenen Lage und daher eine besondere Kategorie. Das Prinzip der friedlichen Änderung der Grenzen dagegen sei im internationalen Recht verankert und nicht bestritten. Es gehörte jedoch zum Prinzip der Souveränität.

---

[3] Ministerialdirigent Brunner, z. Z. Genf, berichtete am 1. Mai 1974, Dänemark habe in der Arbeitsgruppe „Konferenzfolgen" einen Resolutionsentwurf vorgelegt, der innerhalb der EPZ und der NATO abgestimmt sei. In dem Vorschlag vom 26. April 1974 werde ausgeführt, die Bestimmungen der KSZE sollten zukünftig multilateral im Rahmen von bestehenden internationalen Organisationen und durch Expertentreffen gewährleistet werden. Darüber hinaus solle 1977 „eine Zusammenkunft leitender Beamter einberufen werden, um a) die Ausführung der von der Konferenz über Sicherheit und Zusammenarbeit in Europa gefaßten Beschlüsse sowie den Stand der Beziehungen zwischen den Teilnehmerstaaten im allgemeinen zu beurteilen, und b) so wie es im Lichte dieser Beurteilung angebracht erscheint, Vorschläge über geeignete Maßnahmen zur Verfolgung der durch die Konferenz über Sicherheit und Zusammenarbeit in Europa gesetzten Ziele zu unterbreiten, die sich erstrecken könnten auf I) zusätzliche Zusammenkünfte von Experten; II) weitere Zusammenkünfte leitender Beamter, III) eine neue Konferenz." Vgl. den Drahtbericht Nr. 630; Referat 212, Bd. 111549.

Die polnische Seite sei befriedigt, daß so große Fortschritte bei Korb II erzielt worden seien, wenngleich sie gerne ein noch besseres Ergebnis gesehen hätte.

In Hinblick auf Korb III sei die Auffassung richtig, derzufolge die Menschen wissen sollten, daß ihnen die Konferenz etwas gebracht habe. Die polnische Seite habe jedoch den Eindruck, es sei eine Zeitlang die Übung westlicher Länder gewesen, die sozialistischen Länder an die Wand zu drücken, weil sie gemeint hätten, daß gewisse Fragen für diese peinlich seien. In der Praxis seien jedoch solche westlichen Länder nicht bereit gewesen, für sich selbst zu akzeptieren, was sie von den sozialistischen Ländern gefordert hätten.

So habe Holland zum Beispiel bei Verhandlungen über ein Kulturabkommen polnische Vorschläge abgelehnt und erst nachgegeben, nachdem die polnische Seite nachgewiesen habe, daß diese Vorschläge im Einklang mit der Schlußerklärung von Helsinki[4] stünden. Man solle nicht versuchen, der anderen Seite sein Wunschbild von Freiheit aufzudrängen. Hingegen käme es darauf an, etwas auszuarbeiten, was dann wirklich realisiert werden könne.

Zu Korb IV übergehend, erklärte Vizeminister Czyrek, der dänische Vorschlag sei der beste Beweis dafür, daß die osteuropäischen Länder mit ihrem Vorschlag eines Konsultationsorganes recht hätten. Wenn der dänische Vorschlag den Anfang einer Änderung in der Haltung der westlichen Länder enthalte, dann sei er zu begrüßen.

Anknüpfend an die Bemerkung Vizeminister Czyreks, Polen sei aufgrund seiner geschichtlichen Erfahrungen in Hinblick auf Grenzveränderungen empfindlich und halte das Prinzip der Unverletzlichkeit der Grenzen für wichtig, erklärte Staatssekretär *Gehlhoff*, die Bundesregierung gehe davon aus, daß Grenzen unverletzlich seien. Sie dürften nicht mit Gewalt geändert werden, und es dürfe auch nicht mit einer gewaltsamen Änderung gedroht werden. Für uns hingegen sei wichtig, daß Grenzen einvernehmlich geändert werden könnten. Das habe für uns Deutsche Bedeutung und sei auch für Europa wichtig. 1959 sei die Grenze zwischen Syrien und Ägypten aufgehoben worden.[5] Dies sei ein Beispiel für eine friedliche und einvernehmliche Änderung von Grenzen. Für die Bundesregierung sei es vertretbar, daß das Prinzip der friedlichen und einvernehmlichen Änderung im Prinzipienkatalog bei dem einen oder dem anderen Prinzip untergebracht werde, zum Beispiel beim Prinzip der Souveränität. Dann müßten jedoch andere Formulierungen gewählt werden.

Vizeminister *Czyrek* entgegnete darauf, bei der Unterbringung des Prinzips der friedlichen und einvernehmlichen Änderung beim Prinzip der Unverletzlichkeit werde dies ausschließlich in einen Zusammenhang mit dem Gewaltverbot gebracht, während Polen meine, daß es andere Formen der Garantie der Unverletzlichkeit der Grenzen gebe, zum Beispiel Abkommen.

Abkommen seien nicht minder wichtig als der Verzicht auf Gewalt. Polen wolle jedoch weder dem Gewaltverzicht noch der Unverletzlichkeit mindere Bedeutung beimessen. Wenn der Staatssekretär festgestellt habe, daß das Prinzip

---

[4] Für den Wortlaut der Schlußempfehlungen der multilateralen Vorgespräche der KSZE vom 8. Juni 1973 vgl. SICHERHEIT UND ZUSAMMENARBEIT, Bd. 2, S. 593–607.

[5] Am 1. Februar 1958 schlossen sich Ägypten und Syrien zur Vereinigten Arabischen Republik zusammen.

der Unverletzlichkeit auch beim Prinzip der Souveränität untergebracht werden könne, sei dadurch die Möglichkeit, zu einem Einvernehmen zu kommen, gegeben.

Der *Staatssekretär* beendete den Meinungsaustausch über die KSZE, indem er feststellte, er glaube, daß man nicht mehr weit voneinander entfernt sei. Es gehe jetzt darum, die entsprechenden Formulierungen zu finden.

Zu MBFR übergehend, sagte Staatssekretär Gehlhoff, die Bundesregierung glaube, daß die Sicherheit für alle europäischen Staaten sowohl durch politische als auch durch militärische Schritte herbeigeführt werden müsse. Insofern bestehe ein Zusammenhang zwischen den Genfer und den Wiener Verhandlungen. Aus diesem Grunde lege sie auch Wert auf die Vereinbarung gewisser vertrauensbildender Maßnahmen, insbesondere auf den Austausch von Manöverbeobachtern sowie die Ankündigung zwischen allen Staaten von Manövern. Andererseits seien die Materien in Genf und in Wien sehr unterschiedlich, wobei sich diejenige von Wien als besonders kompliziert darstelle. Die Bundesregierung gehe davon aus, daß es sehr lange dauern werde, bis es in Wien zu Vereinbarungen kommen werde. Trotzdem glaube sie, daß gewisse Fortschritte, die in Wien erzielt werden könnten, günstige Wirkungen auf Fortschritte in Genf hätten.

Zur westlichen Position im einzelnen erklärte der Staatssekretär, die westlichen Länder gingen davon aus, daß die bestehende militärische Sicherheit aufrechterhalten werden solle. Das Ziel sei ein ungefährer Gleichstand der Truppenstärken und Rüstungen auf beiden Seiten.

Um dieses Ziel zu erreichen, könne man nur in Phasen vorgehen. In der ersten Phase sollten nur die Truppen der Großmächte, in der zweiten auch die aller anderen reduziert werden. Die Bundesregierung könne sich mit dem Phasenkonzept[6] einverstanden erklären. Es müsse jedoch zwischen beiden Phasen eine enge Verbindung hergestellt werden. Die Bundesregierung lege den allergrößten Wert darauf, daß die Bundeswehr in die allgemeine Truppenreduzierung einbezogen werde.

Es stelle sich die Frage, ob man die Stärken numerisch oder prozentual reduzieren solle. Die Westmächte gingen vom Ziel aus, daß ein Gleichstand der Truppen und Rüstungen erreicht werden solle. Das bestehende Ungleichgewicht zwischen Ost und West würde verstärkt werden, wenn auf beiden Seiten in gleichen Größenordnungen reduziert werden würde. Es habe auch nicht viel Sinn, Höchststärken für einzelne NATO-Streitkräfte vorzusehen. Die Bundeswehr sei voll in das westliche Bündnis integriert. Daher sollten die Reduktionen von Bündnis zu Bündnis gesehen werden.

Vizeminister *Czyrek* erwiderte hierauf, es handele sich in der Tat um eine sehr komplizierte Materie. Die europäische Sicherheit sei Teil der Sicherheit überhaupt und daher sei eine besondere Rolle der Großmächte gegeben. Das Ziel der Gespräche für Zentraleuropa sei, die bestehende Sicherheit aller nicht zu gefährden. Es müßte die gleiche Sicherheit, das gleiche Sicherheitsgefühl für alle gewährleistet werden. Man sollte möglichst bald, zunächst vielleicht sym-

---

[6] Vgl. dazu die am 22. November 1973 von den an den MBFR-Verhandlungen teilnehmenden NATO-Mitgliedstaaten vorgelegten Rahmenvorschläge; Dok. 9, Anm. 2.

bolisch, Reduzierungsschritte vornehmen, die für das allgemeine Klima und den Fortgang der Gespräche wichtig sein würden. Die polnische Seite hätte Phasen mit enger Verbindung miteinander zugestimmt. Es gäbe jedoch Unterschiede, und zwar zur Frage, welche Truppen und Waffen der Reduktion unterliegen, ob dies nur für Truppen oder auch für die Luftwaffe und Atomwaffen zutreffe. Die polnische Seite sei für eine Reduktion von Truppen und Waffen. Es erscheine ihr nicht genügend, wenn als Überlegungen die Reduktion nur auf Truppen beschränkt werden. In diesem Falle würde man dort anfangen, wo die Gefahr am wenigsten gegeben sei. Die Gefahr aber sei bei Waffen entscheidender als bei der Truppenzahl selbst. Deshalb setze sich die polnische Seite für die gleichrangige Behandlung von Truppen und Waffen einschließlich Atomwaffen ein.

Unterschiede bestünden auch beim Verfahren. Es gehe um die Frage, ob ausgehandelte Zahlen zugrunde gelegt werden oder ob in Prozent reduziert werde. Die Antwort hänge viel davon ab, ob lediglich Truppen oder Truppen und Waffen reduziert würden und ob die Frage der Asymmetrie richtig eingeschätzt werde. Die polnische Seite ziehe es vor, daß ein Anfang mit bestimmten Zahlen gemacht werde. Sie sei gegen die Asymmetrietheorie, u. a. deshalb, weil die europäische Sicherheit Komponente des allgemeinen Kräfteverhältnisses sei und weil es übertrieben wäre, aus den im europäischen Raum gegebenen Verhältnissen heraus diese Theorie aufzubauen und sie zu fetischisieren.

Die polnische Seite trete für die gleichzeitige Reduzierung der Supermächte und aller anderen Teilnehmer ein. Von einigen Ländern habe er, Czyrek, die Auffassung gehört, daß, wenn die Gefahr amerikanischer Reduzierungen in Europa einträte, man eine europäische Armee mit eigenen Nuklearwaffen aufbauen müsse. Diese Armee sei in einer formell selbständigen Rolle gegenüber dem Osten und den Amerikanern konzipiert. Manche Vertreter westlicher Länder hätten Polen dieses Vorhaben so dargelegt, als sei es bereits eine sichere Sache. Wir sollten von den Polen nicht Meinung erwarten, daß diese Armee als ihr Ziel Washington betrachte. Sie werde vielmehr als ihr Ziel Warschau ansehen. Dadurch würde das bestehende Gleichgewicht gefährdet, denn die Amerikaner zögen zwar ab, würden aber ihre Truppen nicht auflösen. Dies würde zur Gefährdung beim Wettrüsten in Europa führen. Da der polnischen Seite diese Tendenzen in diplomatischen Gesprächen vorgetragen worden seien, hätten sie sie ernst genommen und nehmen diese Gefahr auch weiterhin ernst, um diese Gefahr soweit wie möglich zu bändigen. Die polnische Seite sei demnach der Auffassung, daß die Großmächte und die europäischen Staaten gleichzeitig reduzieren müßten.

Die politische Entspannung solle die militärische Entspannung einleiten. Deshalb sei die KSZE prioritär. Der Westen sehe noch nicht klar, was in Wien geschehe, deshalb versuche er, soviel wie möglich vertrauensbildende Maßnahmen in Genf einzubauen. Dabei müsse Genf in Wirklichkeit auf die wichtigen Maßnahmen begrenzt bleiben.

Staatssekretär *Gehlhoff* antwortete hierauf, er bäte Vizeminister Czyrek zu überlegen, daß seit Kriegsende fast 30 Jahre vergangen seien. Der Zeitraum 1945 bis nunmehr fast 1975 sei eine Epoche des Friedens. Er wisse sehr gut, wie die Völker Europas durch den von Hitler geführten Krieg gelitten hätten.

Er betrachte es als Fortschritt, daß von der Bundesrepublik keine Bedrohung ausgegangen sei und eine revanchistische Politik nicht gemacht werde.

Er wolle außerdem noch folgendes feststellen. Die Ratifikationsurkunde zum Nichtverbreitungsvertrag[7] sei noch nicht hinterlegt worden.[8] Es sei die feste Absicht der Bundesregierung, nicht nur für sich selbst an der Nichtverbreitungspolitik festzuhalten, sondern ihr möglichst weltweite Geltung zu verschaffen. Wenn die Urkunde noch nicht hinterlegt sei, so liege das ausschließlich an den Schwierigkeiten mit Italien[9] und der Tatsache, daß aufgrund dessen das Verifikationsabkommen[10] zwischen der EG und der IEAO noch nicht in Kraft sei.

Vizeminister *Czyrek* erklärte, er habe mit großer Aufmerksamkeit zugehört. Diese Erklärung des Staatssekretärs sei um so wichtiger, als die Bundesrepublik wegen ihres Potentials eine Schlüsselrolle bei der Frage spiele, ob es gelinge, in Europa eine Politik der Nichtverbreitung durchzuführen. Wenn die Bundesrepublik auf den Gedanken käme, Nuklearmacht zu werden, wäre das atomare Wettrüsten in Europa eine vollendete Tatsache. Deshalb begrüße er die Politik der Nichtverbreitung der Bundesregierung. Eine zu lange Pause zwischen der Ratifizierung und der Hinterlegung der Ratifikationsurkunde könnte leicht als eine Politik betrachtet werden, als leicht geöffnete Tür, als leicht skizzierten Vorbehalt (Reservation). Deshalb wolle er nicht verheimlichen, welche Bedeutung in der nach dem indischen Experiment[11] eingetretenen Situation der Tatsache zukäme, daß die Bundesrepublik einen Schlußstrich ziehen könnte. Polen habe eine Tradition im Kampf gegen die Gefahr des atomaren Wettrüstens in Europa. Es sei weiterhin in dieser Frage sehr empfindlich.

---

[7] Für den Wortlaut des Nichtverbreitungsvertrags vom 1. Juli 1968 vgl. BUNDESGESETZBLATT 1974, Teil II, S. 785–793.

[8] Zur Ratifizierung des Nichtverbreitungsvertrags vom 1. Juli 1968 durch die Bundesrepublik vgl. Dok. 143.

[9] Zum Stand der Ratifizierung des Nichtverbreitungsvertrags vom 1. Juli 1968 in Italien vgl. Dok. 248, Anm. 7.
Botschafter Meyer-Lindenberg, Rom, berichtete am 29. Oktober 1974 aus einem Gespräch mit dem Generalsekretär im italienischen Außenministerium: „Gaja erklärte mir, daß Italien nach wie vor in Anbetracht eigener Interessenlage und europäischer Verantwortung fest entschlossen sei, sowohl das Verifikationsabkommen (VA) als auch den Nichtverbreitungsvertrag (NV) so schnell wie möglich zu ratifizieren. Das italienische Außenministerium habe mit Sicherheit damit gerechnet, daß das Parlament dem VA bis Ende Oktober zustimmen würde. In diesem Falle wäre eine Ratifizierung des NV-Vertrages bis zur Jahreswende durchaus möglich gewesen, denn gerade der NV-Vertrag werde von der überwiegenden Mehrheit der Parlamentsmitglieder begrüßt. Wenn nunmehr wegen der innenpolitischen Krise in Italien das Ratifikationsverfahren des VA eine Verzögerung erfahren habe, so empfinde auch das Außenministerium diesen Umstand als bedauerlich. Es sei aber nicht in der Lage, bei den gegenwärtigen Verhältnissen Abhilfe zu schaffen. Sobald eine neue Regierung gebildet sei – was nach Gajas Ansicht keine längere Zeit dauern könne –, werde sich das Außenministerium für eine beschleunigte Ratifizierung des VA einsetzen. Unmittelbar nach der Ratifizierung des VA könne dann das Zustimmungsverfahren zum NV-Vertrag eingeleitet werden. Von einer Einleitung des Zustimmungsverfahrens zum NV-Vertrag vor erfolgtem Abschluß der parlamentarischen Behandlung des VA halte er nichts." Vgl. den Drahtbericht Nr. 1817; Referat 220, Bd. 107354.

[10] Für den Wortlaut des Übereinkommens vom 5. April 1973 zwischen Belgien, der Bundesrepublik, Dänemark, Irland, Italien, Luxemburg, den Niederlanden, EURATOM und der IAEO in Ausführung von Artikel III Absätze 1 und 4 des Vertrags vom 1. Juli 1968 über die Nichtverbreitung von Kernwaffen (Verifikationsabkommen) sowie des dazugehörigen Protokolls vgl. BUNDESGESETZBLATT 1974, Teil II, S. 795–832.

[11] Zur Zündung eines nuklearen Sprengsatzes durch Indien am 18. Mai 1974 vgl. Dok. 228.

Staatssekretär *Gehlhoff* ging sodann zum Thema Naher Osten über. Er sagte, das Problem beschäftige die internationale Politik seit zweieinhalb Jahrzehnten. Die Bundesregierung sei überzeugt, daß der Konflikt so schnell wie möglich gelöst werden sollte. Diese Haltung basiere auf Resolution Nr. 242[12] der Vereinten Nationen, die heute vor sieben Jahren auf den Tag genau angenommen worden sei, aber auch auf den Resolutionen Nr. 338[13], 339[14] und 340[15]. Die territoriale Frage müßte gelöst werden. Das Recht aller Staaten auf sichere Grenzen müsse anerkannt werden, und das schließe Israel ein. Man müsse auch anerkennen, daß die Palästinenser ein Volk für sich seien und Anspruch darauf hätten, über ihr Schicksal zu bestimmen. Es sei nicht unsere Aufgabe, darüber zu befinden, in welcher Weise sich die Palästinenser organisieren wollten.

Dieser Frage müsse jedenfalls größere Aufmerksamkeit zugewandt werden als bisher.

Die Delegation der Bundesrepublik habe sich bei der Abstimmung über die Frage, ob eine Delegation der Palästinenser vor dem Plenum der Vereinten Nationen auftreten solle, der Stimme enthalten.[16] Dafür seien zwei Gründe maßgebend. Es sei eine feste Praxis der Vereinten Nationen, daß nur etablierte Regierungen im Plenum sprechen können. Es habe Fälle gegeben, daß nicht einmal eine voll etablierte Regierung in ihrer Eigenschaft als Beobachter vor dem Plenum das Wort hat ergreifen können. Hinzu komme, daß die Bundesregierung nicht abschließend befinden wolle, wer das palästinensische Volk vertrete. Darüber müßten die Palästinenser selbst entscheiden, und es sei nicht sicher, ob sie die Entscheidung endgültig getroffen hätten, wenngleich es so aussehe, daß es die PLO unter Arafat sein werde.

Vizeminister *Czyrek* sagte darauf, entscheidend sei die Position Israels in diesem Raum. Solange Israel weiterhin auf seiner bisherigen Position beharre, das Damoklesschwert für die arabischen Länder zu sein, solange werde es immer wieder zu Konflikten kommen. Entschließe sich Israel dagegen, gleichberechtigtes Mitglied dieser Region zu sein und mit den arabischen Staaten auszukommen, werde sich die Lage ändern. Bisher sehe die polnische Seite keine Änderung. Dagegen sehe sie eine gewisse mäßigende Rolle der beiden Großmächte bei der Begrenzung dieses Konfliktes. Bei der Suche nach einer friedlichen Regelung spiele die Palästina-Frage eine Rolle. Die Palästinenser seien an der ganzen Entwicklung unschuldig. Eine gerechte Regelung ihrer Frage sei die wichtigste politische Frage. Solange sie nicht gelöst sei, werde Unruhe herrschen. Es sei ein Fortschritt, daß man sich entschlossen habe, dieser Tatsache Rechnung zu tragen. Polen habe mit Entschiedenheit der Zulassung der Vertreter der Palästinenser bei den Vereinten Nationen zugestimmt, da es sich um einen wichtigen Schritt zur Regelung handele. Es sei über die letzten militärischen Maßnahmen Israels beunruhigt. Auch die arabischen Staaten hätten mi-

---

[12] Für die Resolution Nr. 242 des UNO-Sicherheitsrats vom 22. November 1967 vgl. Dok. 10, Anm. 13.
[13] Für die Resolution Nr. 338 des UNO-Sicherheitsrats vom 22. Oktober 1973 vgl. Dok. 125, Anm. 6.
[14] Zur Resolution Nr. 339 des UNO-Sicherheitsrats vom 23. Oktober 1973 vgl. Dok. 24, Anm. 11.
[15] Für die Resolution Nr. 340 des UNO-Sicherheitsrats vom 25. Oktober 1973 vgl. Dok. 24, Anm. 11.
[16] Zur Abstimmung in der UNO-Generalversammlung am 14. Oktober 1974 über eine Teilnahme der PLO an der Debatte über die „Palästina-Frage" vgl. Dok. 283, Anm. 9, und Dok. 306, Anm. 5.

litärische Maßnahmen eingeführt. Es sei zu hoffen, daß es im Dialog zwischen den Supermächten, den arabischen Staaten und den europäischen Staaten mit Israel gelinge, den Kriegsausbruch zu verhindern und die Genfer Gespräche[17] aufzunehmen.

Staatssekretär *Gehlhoff* bemerkte, Arafat habe in seiner Rede vor den Vereinten Nationen von einem Traum gesprochen.[18] Für uns sei es die große Frage zu wissen, ob die PLO an die Schaffung eines Staates Palästina denke, der das heutige Israel einschließe, ob sie also an eine Lösung denke, die praktisch auf die Auflösung Israels hinauslaufe, oder ob die ins Auge gefaßte Lösung Israel in seinen Grenzen von 1967 unberührt lasse. Er wäre dankbar zu erfahren, wie Minister Czyrek diese Frage beurteile.

Vizeminister *Czyrek* entgegnete, er habe in Warschau mit Arafat gesprochen.[19] Dieser müsse im Kampfzustand Erklärungen abgeben, die alle Strömungen bei den Palästinensern befriedigten. Nach Wissen und Beurteilung der polnischen Seite stehe Arafat auf der Grundlage, daß Israel eine historische Sache geworden sei und man sich mit diesem Zustand arrangieren solle. Die endgültige Stellungnahme Arafats werde von der Rolle abhängen, die Israel anstrebe. Wenn es eine dominierende Rolle anstrebe, so werde Arafat weiter von seiner Vernichtung sprechen. Sollte aber Israel bereit sein, sich mit den Arabern und den Palästinensern zu arrangieren, werde sich die Frage entschärfen.

Staatssekretär *Gehlhoff* sagte darauf, da bestehe ein Teufelskreis. Die Araber hätten vor einer Expansions- und Hegemonialpolitik Israels Angst und dieses habe Angst davor, aufgelöst zu werden. Israel habe immer betont, daß es um so mehr Zugeständnisse machen könne, je mehr es an Sicherheit erhalte. Israel habe eine Geschichte hinter sich, die seine Sorge verständlich mache. Deshalb sei es wichtig, das israelische Sicherheitsproblem zu lösen.

Vizeminister *Czyrek* meinte hierzu, wenn Israel seine Grundeinstellung zur Frage seiner Rolle ändere, würde das auch die Lage insgesamt entscheidend ändern. Für Israel sei freilich eine derartige Änderung schwierig, da die gesamte Hilfe der jüdischen Diaspora auf dem Ausnahmezustand beruhe, in dem sich Israel befinde. Israel könne jedoch seine Existenz auf die Dauer nicht auf das Prinzip des Ausnahmezustandes gründen. Die Zeit arbeite für die Araber. Einseitige Sympathien für Israel hätten es in seiner Politik des Ausnahmezustandes bestärkt. Es habe jedoch alle Chancen, die Schweiz des Nahen Ostens zu sein.

Staatssekretär *Gehlhoff* sagte abschließend zu diesem Thema, die Bundesregierung sei der Auffassung, daß ein realistischer Weg zur friedlichen Regelung des Problems allein derjenige sei, den man im vorigen Jahr angefangen habe zu beschreiben. Sie habe wenig Möglichkeiten einzugreifen, aber sie wolle alle Beteiligten auf diesem Wege unterstützen.

---

17 Zur Friedenskonferenz für den Nahen Osten in Genf vgl. Dok. 10, Anm. 9.
18 Zur Rede des Vorsitzenden des Exekutivkomitees der PLO, Arafat, am 13. November 1974 in New York vgl. Dok. 340, Anm. 4.
19 Der Vorsitzende des Exekutivkomitees der PLO, Arafat, hielt sich vom 3. bis 6. August 1974 in Polen auf.

Vizeminister *Czyrek* wandte sich sodann der Politik im Ostseeraum zu. Er erklärte, Polen messe der Entwicklung dieser Region große Bedeutung bei. Dafür seien einmal politische Gründe maßgebend, weil es sich um eine Gruppe von Staaten handele, die entweder verschiedenen Pakten angehörten oder neutral seien und die durch eine vorbildliche Zusammenarbeit zur Entwicklung in ganz Europa beitragen könnten. Die Möglichkeiten hierzu seien größer als auf dem Balkan oder in anderen Regionen. Ökonomische Gründe kämen hinzu, weil die Wirtschaften der betreffenden Länder in vieler Hinsicht komplementär seien, und schließlich müsse die gemeinsame Sorge dem Schutz der Ostsee vor Verschmutzung gelten.

Deshalb sei Polen mit seiner Initiative zur Danziger Konvention zur Fischerei[20] hervorgetreten und habe auch die finnische Initiative[21] unterstützt. Die Bundesrepublik habe leider die Danziger Konvention noch nicht ratifiziert. Polen erwäge, wie in dieser Region weiter verfahren werden solle, um die friedliche Zusammenarbeit zu entwickeln. Die Konzeption dazu sei noch nicht fertig. Wenn es soweit sei, werde Polen die Bundesrepublik unterrichten und es begrüßen, wenn sie sich an den in Betracht kommenden Maßnahmen beteiligen würde.

Staatssekretär *Gehlhoff* erwiderte, wir könnten schon heute zusagen, daß wir die Vorschläge, die uns eines Tages hierzu übermittelt werden würden, sorgfältig prüfen würden. Er stimme der Notwendigkeit der Reinerhaltung der Meere zu.

Staatssekretär Gehlhoff sprach sodann das Thema Zypern an. Er stellte fest, wir unterhielten freundschaftliche Beziehungen zu Griechenland und zur Türkei. Die Bundesregierung bedaure es, daß wegen der Lage auf Zypern ein Konflikt zwischen zweien ihrer Bündnispartner ausgebrochen sei. Sie habe sich um die Beilegung des Konflikts teils allein und teils mit ihren Partnern bemüht und werde diese Bemühungen fortsetzen.

Die Vergangenheit habe gezeigt, daß das Verhältnis zwischen beiden Gemeinschaften unbefriedigend gewesen sei. Es sei die Aufgabe der Zyprer selbst, dieses Verhältnis zu regeln. Es sehe so aus, daß dafür eine kantonale Regelung getroffen werden müsse. Zypern müsse als unabhängiger Staat erhalten bleiben, der an seiner bisherigen außenpolitischen Orientierung festhalte. Zypern soll also nicht zwischen den beiden Bevölkerungen geteilt werden.

---

20 Vom 4. bis 13. September 1973 fand in Danzig eine Konferenz zur Vorbereitung einer Konvention über die Fischerei und den Schutz der lebenden Ressourcen in der Ostsee und den Belten statt. Vortragender Legationsrat Neuer notierte dazu am 18. September 1973: „Als schwierig und zeitraubend erwies sich die Abstimmung der deutschen Fassung des Übereinkommens und der Schlußakte. In einer elfstündigen Nachtsitzung konnte jedoch ein einheitlicher deutscher Text fertiggestellt werden. Als unlösbar erwies sich hierbei die Frage der Bezeichnung Danzigs. Die DDR-Delegation erklärte sich außerstande, ‚Danzig' zu akzeptieren. Auch auf eine Kombination mit ‚Gdansk' (Schrägstrichlösung) könne sie nicht eingehen. Da beide Seiten an einer deutschen Fassung des Übereinkommens stark interessiert waren, einigten wir uns auf unseren Vorschlag dahin, die Ortsbezeichnung ganz fallen zu lassen." Vgl. Referat 500, Bd. 193970.
Für den Wortlaut der Konvention vom 13. September 1973 über die Fischerei und den Schutz der lebenden Ressourcen in der Ostsee und den Belten vgl. BUNDESGESETZBLATT 1976, Teil II, S. 1564–1569.

21 Am 22. März 1974 unterzeichneten die Bundesrepublik, Dänemark, die DDR, Finnland, Polen, Schweden und die Sowjetunion in Helsinki das Übereinkommen über den Schutz der Meeresumwelt des Ostseegebiets. Für den Wortlaut vgl. BUNDESGESETZBLATT 1979, Teil II, S. 1230–1281.

Vizeminister *Czyrek* erklärte, Polen sei der Auffassung, daß es innere Probleme gebe, die von beiden Gemeinschaften geregelt werden sollten. Es gebe jedoch auch außenpolitische Aspekte, unter denen die innere Lage ausgenutzt werde. Polen sei der Auffassung, daß Zypern als unabhängiger, souveräner und neutraler Staat erhalten bleiben sollte. Es sei nicht im Interesse der Sicherheit und Entspannung, Zypern in die Paktpolitik einzubeziehen. Entsprechende Pläne seien kein Geheimnis. Polen unterstütze eine Regelung im Rahmen der Vereinten Nationen, um den neutralen Charakter der Republik zu erhalten. Er, Czyrek, sehe mit Befriedigung, daß wir uns in der Gesamtkonzeption nahe seien.

Staatssekretär *Gehlhoff* erwiderte darauf, er möchte dies mit dem Hinweis auf eine Differenz unterstreichen: Es handele sich um ein regionales Problem, das regional geregelt werden sollte. Darauf bemerkte Vizeminister *Czyrek*, regional ja, aber nicht im NATO-Rahmen.

Er ging sodann zu den Beziehungen zwischen EG und RGW über und sagte, die EG habe lange Zeit versucht, von den sozialistischen Staaten anerkannt zu werden. Sekretär Fadejew habe dem Vorsitzenden des Ministerrats in Kopenhagen einen Besuch gemacht und dabei gewisse Ideen angeregt.[22] Seit dieser Zeit habe sich auf seiten der EG nicht viel getan, um mit dem RGW Gespräche über die Ausarbeitung von Prinzipien der Zusammenarbeit zwischen beiden Gruppierungen aufzunehmen.[23] Die Kommission der EG habe umgekehrt beschlossen, den einzelnen Mitgliedstaaten ab 1.1.1975 keine bilateralen Handelsabkommen zu gestatten.[24] Die Materie solle vielmehr durch Abkommen zwischen der EG und den einzelnen sozialistischen Staaten geregelt werden, wobei die EG die neuen Methoden nahezubringen versuche. Polen fände das alles etwas unpassend. Es scheine ihm, daß die EG-Kommission versuche, die Politik des Aufzwingens ihrer Entscheidungen fortzusetzen. Dies sei der Beweis

---

[22] Zum Besuch des RGW-Generalsekretärs Fadejew am 27. August 1973 in Dänemark vgl. Dok. 64, Anm. 21.

[23] Zu den Bemühungen um eine gemeinsame Handelspolitik der EG-Mitgliedstaaten gegenüber den RGW-Mitgliedstaaten vgl. Dok. 250, Anm. 6 und 7.
Der aufgrund des Beschlusses des EG-Ministerrats vom 17. September 1974 von der EG-Kommission ausgearbeitete Entwurf für Handelsabkommen zwischen den Europäischen Gemeinschaften und den RGW-Mitgliedstaaten wurde am 7. November 1974 vom EG-Ministerrat gebilligt. Gemäß Entwurf erklärten die Europäischen Gemeinschaften ihre Bereitschaft, mit den einzelnen RGW-Mitgliedstaaten „langfristige, nicht präferenzielle Handelsabkommen auf der Grundlage gegenseitiger Vereinbarungen mit gleichwertigen Vorteilen und Verpflichtungen" abzuschließen: „Die einzelnen Abkommen würden die jeweilige Struktur des Handels der Gemeinschaft mit den verschiedenen Ländern berücksichtigen. Die Gemeinschaft beabsichtigt, vorbehaltlich der üblichen Ausnahmen, die Meistbegünstigung auf zolltariflichem Gebiet zu gewähren. Auch Bestimmungen für den Agrarsektor sind nicht ausgeschlossen. Wie in solchen Abkommen üblich, sieht der Entwurf die Einführung gemischter Ausschüsse und entsprechender Schutzmechanismen vor." Vgl. BULLETIN DER EG 11/1974, S. 14.
Am 11. November 1974 führte Botschafter Lebsanft, Brüssel (EG), zur Übergabe des Abkommensentwurfs an die diplomatischen Vertretungen Polens in Brüssel und Genf aus: „Erster Versuch der Kommission, Angebot dem hiesigen Handelsattaché zu übergeben, mit dem sie ständig Kontakt habe, sei fehlgeschlagen. Höchst vertraulich habe er jedoch Kommission empfohlen, Angebot an Botschaft zu schicken. Dies sei geschehen, und zwar durch Boten; um Sicherheit zu haben über Tatsache der Übermittlung. Polnischer Vertreter in Genf habe das Angebot unter der Bedingung angenommen, daß darüber kein Pressekommuniqué herausgegeben werde." Vgl. den Drahtbericht Nr. 3856; Referat 411, Bd. 499.

[24] Zur gemeinsamen Handelspolitik der Europäischen Gemeinschaften vgl. Dok. 215, Anm. 16.

für das Beharren auf gewissen alten Positionen. Polen sei mit dieser Methode nicht einverstanden. Es sehe die Berechtigung der EG in einer konstruktiven Rolle, aber nicht darin, daß aus der Position der Politik der Stärke gehandelt werde. Polen sei vorsichtig, weil es auf seiten der EG noch keine konstruktive Idee für die Zusammenarbeit mit den sozialistischen Staaten festgestellt habe. Umgekehrt wolle die Kommission die bilaterale Zusammenarbeit der Staaten untereinander bremsen. Polen sehe dies als Hinweis auf die wirkliche Tendenz des Gemeinsamen Marktes. Er wolle die direkte Frage stellen, ob dies Ausdruck lediglich der Politik der Kommission oder der Politik der Mitgliedstaaten sei.

Staatssekretär *Gehlhoff* sagte darauf, er sehe die Notwendigkeit zu einer Klarstellung.

1) Die sechs und sodann die neun westeuropäischen Länder hätten sich aus geschichtlichen und politischen, d. h. aus ausschließlich inneren Motiven, zusammengeschlossen, wobei dieser Zusammenschluß selbstverständlich Wirkungen habe.

2) Die Neun hätten unter sich beschlossen, im Weg der Integration immer mehr Souveränität an die Gemeinschaft zu übertragen. Dies sei bereits in einem erheblichen Maße geschehen, und die nächste Etappe werde am 1.1.1975 beginnen.

3) Auf seiten der EG werde dann bezüglich der Handelspolitik eine vollständige Souveränitätsübertragung eingetreten sein. Auf seiten des RGW sei dies jedoch nicht geschehen. Deshalb habe die Gemeinschaft das Angebot zum Abschluß von Handelsabkommen an die einzelnen RGW-Mitgliedstaaten gerichtet. Dies sei nur aufgrund unseres Kenntnisstandes über die Verhältnisse im RGW geschehen.

4) Die EG sei im ganzen entschlossen, eine nach außen offene Politik zu führen, und die Bundesrepublik sei daran besonders interessiert.

5) Die einzelnen bilateralen Handelsabkommen zwischen den Mitgliedstaaten der Gemeinschaft und den RGW-Mitgliedsländern enthielten eine Reihe von Regelungen über Zollsätze etc. Die Gemeinschaft sei sich dessen bewußt, daß es nicht gelingen werde, diese Regelungen bis zum 1.1.1975 zu ersetzen. Deshalb habe sie beschlossen, die bestehenden bilateralen Regelungen autonom fortzusetzen. Eine Verschlechterung des bisher bestehenden Zustandes solle nicht eintreten, und er sei davon überzeugt, daß dies auch nicht der Fall sein werde.

6) Die EG sei nicht darauf aus, von den osteuropäischen Staaten anerkannt zu werden. Sie habe keinen Anerkennungskomplex. Wir begrüßen jedenfalls die ersten Kontakte zwischen der Gemeinschaft und dem RGW.

Vizeminister *Czyrek* antwortete mit der Frage, ob die Kommission mit ihren Vorschlägen nicht habe warten können, bis sich der Charakter der Beziehungen zwischen den beiden Integrationen kristallisiert habe. Worin liege der Grund, daß sie so beharrlich auf dem 1. Januar bestehe? Da die polnische Seite diese Prozedur nicht akzeptiere, frage sich, was mit den bestehenden vertraglichen Regelungen zwischen den Staaten geschehen werde. Er nehme die Erklärung des Staatssekretärs zur Kenntnis, daß nicht die Absicht bestehe, prakti-

1503

schen Schaden eintreten zu lassen. Aber auch die EG-Länder seien, was die einzelnen Vorschriften betreffe, nicht auf einen vertragslosen Zustand vorbereitet.

Staatssekretär *Gehlhoff* sagte dazu, es sei seit längerem bekannt, daß die Handelsbefugnisse auf die Gemeinschaft übertragen werden sollten. Die Länder der Gemeinschaft seien der Auffassung, daß sie Verzögerungen beim Zusammenwachsen nicht eintreten lassen sollten. Es sei seit längerem das Bestreben der EG, den vertragslosen Zustand, wenn er schon eintrete, möglichst zeitlich zu begrenzen. Die Gemeinschaft bereite sich darauf vor, die bestehenden bilateralen Regelungen autonom aufrechtzuerhalten. Auch wenn eine Weile ein vertragsloser Zustand herrsche, werden alle Regelungen und Begünstigungen in Kraft bleiben. Die Gemeinschaft sei dabei, dies im Inneren zu formalisieren.

Referat 214, Bd. 116627

339

Gespräch des Bundesministers Genscher mit dem israelischen Botschafter Meroz

22. November 1974[1]

22. November 1974, 11.00 Uhr: Gespräch im Dienstzimmer des Ministers

Teilnehmer: Minister Genscher, israelischer Botschafter Meroz, Ministerialdirigent Dr. Kinkel

Minister hatte israelischen Botschafter zu diesem Gespräch gebeten. Er eröffnete Gespräch mit der Bemerkung, er habe gehört, daß die Rede unseres UNO-Botschafters von Wechmar[2] in Israel nicht gut aufgenommen worden sei.[3]

---

[1] Durchdruck.
Die Gesprächsaufzeichnung wurde von Ministerialdirigent Kinkel gefertigt.

[2] Botschafter Freiherr von Wechmar, New York (UNO), führte am 19. November 1974 in der UNO-Generalversammlung aus: „We support the Palestinian people's right to self-determination. For us Germans, with our own bitter experience, this is indeed only natural. It is inadmissible, in our view, to acquire territory by force, and we consider it necessary for Israel to end the territorial occupation it has maintained since the conflict of 1967. [...] But we also think that the settlement to be reached in the Palestinian question must incorporate all the essential principles laid down in Security Council resolution 242 (1967). It must be based, above all, on respect for the sovereignty, territorial integrity and independence of every State in the Middle East, as well as on the right of those States to live in peace within their recognized boundaries. The right to live, as well as a secure existence, must be guaranteed for all states in the area. This applies not least to Israel." Vgl. UN GENERAL ASSEMBLY, 29th Session, Plenary Meetings, S. 969 f.

[3] Botschafter von Puttkamer, Tel Aviv, berichtete am 21. November 1974, er sei am selben Tag zum Abteilungsleiter im israelischen Außenministerium, Shek, gerufen worden, der den Auftrag gehabt habe, „,keine Demarche', sondern einige Anmerkungen des Außenministers zur Rede Botschafter von Wechmars in der PLO-Debatte zu übermitteln". Shek habe sodann erklärt: „Wenn in der Rede gesagt wurde, daß der Konflikt schon zu lange dauere, so hätte auch festgestellt werden müssen, daß dies nicht an Israel läge, sondern an den Arabern, die sich geweigert hätten 1948, 1956 und

Meroz erwiderte, dies sei in der Tat so. Von Wechmar habe vom Selbstbestimmungsrecht der Palästinenser gesprochen, nicht aber von dem der Israelis; von gesicherter Existenz, nicht aber von gesicherten Grenzen; Nuancen der Darstellung seien anders gewesen als bisher. Er wolle nicht verschweigen, daß die Erklärung auch durchaus positive Punkte enthalten habe.

Minister erklärte, er habe die Rede, die Herr von Wechmar gehalten habe, vorher nicht gesehen. Er könne sich vorstellen, daß man sie hätte etwas glücklicher fassen können. Im übrigen sei aber der Text der Rede nicht richtig wiedergegeben worden.⁴ Er selbst hätte anders formuliert. Es sei auch durchaus zu fragen, ob unser Vertreter als erster der Neun habe sprechen müssen. Minister legte Wert auf die Feststellung, daß diese Rede jedenfalls keine Änderung unserer Politik bedeute.

Minister sprach sodann die bevorstehende Abstimmung über PLO-Entschließung⁵ an: Aus unserer Sicht sei einheitliche Haltung der Neun wichtig. Versucht würde, Ablehnung zu erreichen. Minister erklärte, hier sehe er die Sach-

---

Fortsetzung Fußnote von Seite 1504

1967 Frieden zu schließen. Wenn sie wollten könnten sie den Frieden morgen haben." Zur Haltung des israelischen Außenministers Allon habe Shek ferner bemerkt: „Besondere Unzufriedenheit drückt Allon mit dem Passus ‚to acquire territory by force' aus. Israel sei nie in einen Krieg gezogen, um Territorien zu erwerben. Die Bundesregierung wisse sehr wohl, daß Israel jederzeit zu territorialen Kompromissen bereit sei. Israel sei noch nicht einmal in einer UN-Generalversammlung als Aggressor bezeichnet worden. [...] In diesem Zusammenhang der Rede werde in Jerusalem auch ein Hinweis auf die Terrorangriffe der PLO vermißt. Ein ‚Anbohren der Resolution 242' sei in den Augen der israelischen Regierung außerordentlich gefährlich, da nur die Terroristen davon profitieren könnten." Vgl. den Drahtbericht Nr. 412; Referat 310, Bd. 104867.

4 Botschafter von Puttkamer, Tel Aviv, führte am 21. November 1974 zur Rede des Botschafters Freiherr von Wechmar, New York (UNO), vom 19. November 1974 aus: „Nachdem mir leider sehr verspätet jetzt der genaue Text der Wechmar-Rede vorliegt, kann ich nur konstatieren, daß ein großer Teil der israelischen Kritik völlig ins Leere stößt. Da ich aus den Worten des U[nter]StS Shek entnehme, daß sich auch Botschafter Meroz auf den Weg ins Auswärtige Amt machen wird, stelle ich anheim, diese Gelegenheit zur Klarstellung zu benutzen". Vgl. den Drahtbericht Nr. 414; Referat 310, Bd. 104867.

5 In Resolution Nr. 3236 der UNO-Generalversammlung vom 22. November 1974 wurde ausgeführt: „The General Assembly [...] 1) Reaffirms the inalienable rights of the Palestinian people in Palestine, including: a) The right to self-determination without external interference; b) The right to national independence and sovereignty; 2) Reaffirms also the inalienable right of the Palestinians to return to their homes and property from which they have been displaced and uprooted, and calls for their return; 3) Emphasizes that full respect for and the realization of these inalienable rights of the Palestinian people are indispensable for the solution of the question of Palestine; 4) Recognizes that the Palestinian people is a principal party in the establishment of a just and lasting peace in the Middle East; 5) Further recognizes the right of the Palestinian people to regain its rights by all means in accordance with the purposes and principles of the Charter of the United Nations; 6) Appeals to all States and international organizations to extend their support to the Palestinian people in its struggle to restore its rights, in accordance with the Charter; 7) Requests the Secretary-General to establish contacts with the Palestine Liberation Organization on all matters concerning the question of Palestine". Vgl. UNITED NATIONS RESOLUTIONS, Serie I, Bd. XV, S. 254.
In Resolution Nr. 3237 der UNO-Generalversammlung vom 22. November 1974 hieß es: „The General Assembly [...] 1) Invites the Palestine Liberation Organization to participate in the sessions and the work of the General Assembly in the capacity of observer; 2) Invites the Palestine Liberation Organization to participate in the sessions and the work of all international conferences convened under the auspices of the General Assembly in the capacity of observer; 3) Considers that the Palestine Liberation Organization is entitled to participate as an observer in the sessions and the work of all international conferences convened under the auspices of other organs of the United Nations; 4) Requests the Secretary-General to take the necessary steps for the implementation of the present resolution." Vgl. UNITED NATIONS RESOLUTIONS, Serie I, Bd. XV, S. 254.

lage allerdings nicht sehr hoffnungsvoll. Starke Unterstützung habe Bundesregierung bei den Holländern, evtl. auch bei den Engländern.

Für den Fall, daß nur Enthaltung erreichbar sei[6], was er fest annehme, sei scharfe explanation of vote[7] geplant.

Botschafter *Meroz* antwortete, Israel hoffe auf ablehnende Haltung der Bundesregierung.

Minister wies darauf hin, daß eine solche ablehnende Haltung unter Umständen bei einem Land befürwortende Haltung provozieren könne.

Minister fragte Botschafter Meroz, wie sich die Amerikaner verhalten würden.

Meroz antwortete, er sei sicher, daß die USA ablehnen würden.[8] Ebenso einige lateinamerikanische Länder. Israel habe stark auf Unterstützung der Bundesrepublik gerechnet.

Minister fragte Botschafter Meroz, wie eine scharfe explanation of vote aus israelischer Sicht gesehen werde.

Meroz antworte, er könne nur seine persönliche Meinung sagen; aber er sei sicher, daß er auch auf Rückfrage die Antwort erhalten werde: Für Israel wäre eine Nein-Stimme der Bundesrepublik wichtiger.

---

[6] Am 22. November 1974 vermerkte Ministerialdirigent Kinkel, Botschafter Freiherr von Wechmar, New York (UNO), habe ihm telefonisch mitgeteilt, die UNO-Botschafter der EG-Mitgliedstaaten seien am selben Tag bezüglich der Resolution Nr. 3236 der UNO-Generalversammlung übereingekommen, „sich gemeinsam der Stimme zu enthalten und zwar mit einer kurzen, aber sehr starken explanation of vote der Franzosen, in der ausdrücklich auf die Resolution 242 sowie andere einschlägige UN-Entscheidungen Bezug genommen wird und Israel ausdrücklich genannt wird". Zur Abstimmung über die Resolution Nr. 3237 der UNO-Generalversammlung sei folgendes vereinbart worden: „Hinsichtlich des Resolutionsentwurfs über den Beobachterstatus der PLO bei den VN wollten die Botschafter gemeinschaftlich mit Nein stimmen und hierzu ebenfalls eine gemeinschaftliche explanation of vote abgeben. Der Franzose habe allerdings noch keine Zustimmung hierzu aus Paris erhalten. Die Engländer wollten zu diesem Punkt eine ergänzende, sich ausdrücklich auf die Franzosen beziehende explanation abgeben." Vgl. Referat 010, Bd. 178569.

[7] Botschafter Freiherr von Wechmar, New York (UNO), legte am 22. November 1974 vor der UNO-Generalversammlung zur Stimmenthaltung der Bundesrepublik in der Abstimmung über die Resolution Nr. 3236 dar: „With regard to draft resolution A/L 741, […] it seems evident to us that its text is not balanced because no reference is made to the realities of the situation as they present themselves today in the Middle East. We deem such a reference indispensable. On the one hand, we hold that the draft resolution should have expressly mentioned all the resolutions the General Assembly and the Security Council have adopted on the matter of the Middle East, including Security Council resolution 242 (1967) of 22 November 1967. On the other hand, we feel it was necessary to stipulate that a just and lasting peace should be found within the framework of a settlement which respects the sovereignty, territorial integrity and independence of all States in the region as well as the right of those states to live in peace within their recognized boundaries. This applies not least to Israel. Without these qualifications my delegation had to abstain on a text the adoption of which will, in our view, complicate even more a settlement of the Middle East question". Zur Ablehnung der Resolution Nr. 3237 durch die Bundesrepublik führte Wechmar sodann aus: „With regard to draft resolution A/L 742, we have voted against it for the following reasons. This resolution on the observer status of the PLO aims at bringing into closer relationship with the United Nations an organization which is not a State and which cannot be assimilated to a State. It is also intended to establish this relationship on a permanent basis. In this connexion it is necessary to recall the fact that our Organization in its main structure is an organization of States; its Members are States and it should, in principle, deal with States or other organizations or associations of States, that is, with intergovernmental organizations." Vgl. UN GENERAL ASSEMBLY, 29th Session, Plenary Meetings, S. 1074.

[8] Die USA stimmten am 22. November 1974 in der UNO-Generalversammlung gegen die Annahme der Resolutionen Nr. 3236 und Nr. 3237. Vgl. dazu UN GENERAL ASSEMBLY, 29th Session, Plenary Meetings, S. 1066.

Minister fragte Botschafter Meroz, worauf er den Stimmungswandel in den Vereinten Nationen zurückführe.

Meroz erwiderte, dies sei schwer zu sagen. In jedem Falle gehe es um eine Entrechtung Israels. Dabei müsse scharf zwischen einer Aufwertung der PLO und Aufwertung der Palästinenser unterschieden werden.

Minister wies Meroz darauf hin, daß die Sitzung euro-arabischer Dialog abgesagt worden sei.[9]

Meroz erwiderte, Israel habe das mit Interesse zur Kenntnis genommen. Im übrigen dürfe er sich für die deutsche Stimmabgabe bei der UNESCO recht herzlich bedanken.[10]

Referat 010, Bd. 178569

---

[9] Botschafter Schirmer informierte am 21. November 1974 zu der für den 26. November 1974 vorgesehenen Sitzung der Allgemeinen Kommission im Rahmen des europäisch-arabischen Dialogs: „Die Arabische Liga hatte die französische Präsidentschaft wissen lassen, daß die für den 26. November vorgesehene Sitzung der Allgemeinen Kommission erst dann anberaumt werden könne, wenn die Teilnahme der PLO an den Beratungen der AK sichergestellt sei. EPZ-Ministerrat befaßte sich 18. November mit dieser Frage. [...] Es wurde beschlossen, der arabischen Seite mitzuteilen, daß bis zum vorgesehenen Termin der ersten Sitzung der Allgemeinen Kommission am 26. November die Prüfung der Frage durch die europäische Seite nicht abgeschlossen werden könnte. Generalsekretär Mahmud Riad erklärte dem französischen Botschafter in Kairo am 20. November, daß es unter diesen Umständen am 26. November nicht zum Zusammentritt der AK kommen könne. Er schlug jedoch vor, daß arabische und europäische Seite zunächst in kleinerem Kreis (ohne PLO) zusammentreffen, um den Dialog fortzusetzen." Vgl. den Runderlaß Nr. 4899; VS-Bd. 10005 (32); B 150, Aktenkopien 1974.

[10] Vortragender Legationsrat Schmitz vermerkte am 6. Dezember 1974: „Auf der 18. Generalkonferenz der UNESCO (18.10. – 22.11.1974) versuchten die arabischen Staaten, Israel in der Organisation zu isolieren und seine Mitgliedsrechte einzuschränken. Letztes, nicht ausgesprochenes Ziel dürfte längerfristig sein, Israel aus der UNESCO auszuschließen oder seinen Austritt zu provozieren (Beispiel Portugal). Alle Abstimmungen hatten ein für Israel negatives Ergebnis. [...] Angesichts der generellen Politik der arabischen Staaten, die Stellung Israels im Kreis der UNESCO zu beeinträchtigen, hat die deutsche Delegation ebenso wie die überwiegende Mehrheit unserer EG-Partner eine deutliche Haltung zugunsten Israels eingenommen. Dabei wurde teilweise berechtigte Kritik an dem israelischen Verhalten [...] und unsere Bedenken gegen die ausdrückliche Einbeziehung Israels in die europäische Region zurückgestellt." Vgl. Referat 232, Bd. 115746.

340

Aufzeichnung des Ministerialdirektors van Well

230-381.10   22. November 1974[1]

Über den Herrn Staatssekretär[2] dem Herrn Minister[3]

Betr.: VN-Politik

I. Vorschlag

1) Überprüfung unserer Haltung in den VN

2) Initiative in der EPZ: Einleitung einer Grundsatzdiskussion über das Gesamtverhalten der Neun in den VN

3) Verstärkte Information der Öffentlichkeit, um extremen Reaktionen entgegenzuwirken

II. Sachverhalt und Begründung

1) Der PLO-Führer Arafat, mit den protokollarischen Ehren eines Staatsoberhauptes empfangen, sprach am 13. November im Plenum der Generalversammlung (GV) der VN.[4] Am Vortag war die korrekt legitimierte Delegation Südafrikas, einer der Gründerstaaten der VN, von der Teilnahme an der GV ausgeschlossen worden.[5] Beide Vorgänge beruhen auf Mehrheitsbeschlüssen der GV.

---

[1] Durchdruck.
Die Aufzeichnung wurde von Vortragendem Legationsrat I. Klasse Gorenflos konzipiert.

[2] Walter Gehlhoff.

[3] Hat Bundesminister Genscher laut Vermerk des Ministerbüros vorgelegen.

[4] Der Vorsitzende des Exekutivkomitees der PLO, Arafat, erklärte vor der UNO-Generalversammlung: „Despite abiding world crises, despite even the gloomy powers of backwardness and disastrous wrong, we live in a time of glorious change. An old world order is crumbling before our eyes, as imperialism, colonialism, neo-colonialism and racism, the chief form of which is zionism, ineluctably perish. We are privileged to be able to witness a great wave of history bearing peoples forward into a new world that they have created. In that world just causes will triumph. Of that we are confident. The question of Palestine belongs in this perspective of emergence and struggle. Palestine is crucial amongst those just causes fought for unstintingly by masses labouring under imperialism and aggression. [...] Even as today we address the General Assembly from what is before all else an international rostrum, we are also expressing our faith in political and diplomatic struggle as complements, as enhancements of our armed struggle. [...] Why therefore should I not dream and hope? For is not revolution the making real of dreams and hopes? So let us work together that my dream may be fulfilled, that I may return with my people out of exile, there in Palestine to live with this Jewish freedom-fighter and his partners, with this Arab priest and his brothers, in one democratic State where Christian, Jew and Muslim live in justice, equality and fraternity. [...] In my formal capacity as Chairman of the PLO and leader of the Palestinian revolution I call upon Jews to turn away one by one from the illusionary promises made to them by Zionist ideology and Israeli leadership. They are offering Jews perpetual bloodshed, endless war and continuous thraldom. [...] Today I have come bearing an olive branch and a freedom-fighter's gun. Do not let the olive branch fall from my hand. I repeat: Do not let the olive branch fall from my hand. War flares up in Palestine, and yet it is in Palestine that peace will be born." Vgl. UN GENERAL ASSEMBLY, 29th Session, Plenary Meetings, S. 862 f. und 868. Für den deutschen Wortlaut (Auszüge) vgl. EUROPA-ARCHIV 1975, D 619–622.

[5] Botschafter Freiherr von Wechmar, New York (UNO), berichtete am 13. November 1974 über die Abstimmung in der UNO-Generalversammlung vom Vortag: „Die mit überwältigender Mehrheit gefällte Entscheidung, Südafrika von der Mitarbeit an der 29. GV auszuschließen, stellt einen weiteren Schritt in Richtung auf eine Radikalisierung der VN und die Isolierung des Westens inner-

Diese Vorgänge haben scharfe öffentliche Kritik an den VN ausgelöst. Sie wurden auch beim EPZ-Außenministertreffen am 11.11. kurz erörtert[6], wobei der Herr Bundesminister sich für eine grundsätzliche Behandlung der VN-Problematik in der EPZ aussprach.

2) Die beiden Ereignisse sind symptomatisch für die Lage in den VN. Die Staaten der Dritten Welt verfügen über eine sichere Zweidrittelmehrheit und beherrschen damit weithin die sachliche Arbeit und das Verfahren der Weltorganisation. Durch rücksichtslosen Gebrauch ihrer Mehrheit haben sie die VN immer mehr zu einem Instrument zur Durchsetzung ihrer Interessen gemacht. Auch die Rechts- und Verfahrensordnung der VN wird von der Mehrheit manipuliert. Die begrenzte internationale Ordnungs- und Ausgleichsfunktion der VN ist erheblich gestört.

Die VN sind für die Dritte Welt ein hervorragendes Forum mit weltweiter Resonanz, auf dem sie ihre politischen und wirtschaftlichen Forderungen propagieren kann und durch Beschlüsse der zuständigen Gremien international zu legitimieren sucht.

- Politisch fordert die Dritte Welt volle Gleichberechtigung und Mitsprache bei allen internationalen Problemen. Zur Zeit steht noch im Vordergrund der Abschluß der Dekolonisierung und die Auseinandersetzung mit Südafrika. Dazu tritt wieder verstärkt die Nahost-Frage.
- Wirtschaftlich geht es um einen Verteilungskampf um die begrenzten Güter der Erde. Von der Forderung nach verstärkter Hilfe ist die Dritte Welt zunehmend zur Forderung nach einer Neuordnung der internationalen Wirtschaftsbeziehungen übergegangen, die heute im Mittelpunkt der Auseinandersetzung steht (Charta der wirtschaftlichen Rechte und Pflichten[7]; neue internationale Wirtschaftsordnung[8]).

Auf dem Forum der VN solidarisierte sich die äußerst heterogene Staatengruppe der Dritten Welt in der gemeinsamen Frontstellung gegen die westlichen

---

Fortsetzung Fußnote von Seite 1508
halb der Organisation dar. Zum ersten Mal hat sich die Mehrheit – sogar unter tätiger Mitwirkung ihres Präsidenten – in einer grundsätzlichen Frage über bindende Bestimmungen der Charta bewußt hinweggesetzt. [...] Bei aller begreiflichen Ungeduld gegenüber Südafrika, das die Charta selbst laufend verletzt, kann die Mehrheit trotz gegenteiliger Versicherung bona fide nicht behaupten, sich satzungsgemäß verhalten zu haben. Der GV-Präsident hatte ein Gutachten des Rechtsberaters in der Tasche, das dies verneint. Es handelte sich, was sogar Bouteflika in Gesprächen zugab, um eine politische Entscheidung am Vorabend der Palästina-Debatte, im Sinne eines Tauschgeschäfts zwischen Arabern und Schwarzafrikanern, mit welcher der Rechtsbruch bewußt in Kauf genommen wurde. [...] Es war kein Anwendungsfall des Nord-Süd-Konflikts, sondern eine klare Isolierung der rechtsstaatlich argumentierenden westlichen Demokratien." Vgl. den Drahtbericht Nr. 2345; Referat 010, Bd. 178587.

6 Zur Konferenz der Außenminister der EG-Mitgliedstaaten im Rahmen der EPZ am 11. November 1974 in Brüssel vgl. Dok. 331.

7 Vgl. dazu den Vorschlag des Präsidenten Echeverria für eine Charta der wirtschaftlichen Rechte und Pflichten der Staaten; Dok. 36, Anm. 4.
Für die Charta vgl. die Resolution Nr. 3281 der UNO-Generalversammlung vom 12. Dezember 1974; UNITED NATIONS RESOLUTIONS, Serie I, Bd. XV, S. 300–305.

8 Die UNO-Generalversammlung verabschiedete am 1. Mai 1974 mit Resolution Nr. 3201 und Resolution Nr. 3202 eine Erklärung und ein Aktionsprogramm über die Errichtung einer neuen internationalen Wirtschaftsordnung. Für den Wortlaut der Resolutionen vgl. UNITED NATIONS RESOLUTIONS, Serie I, Bd. XIV, S. 527–536.

und zunehmend auch die östlichen Industriestaaten. Dabei werden die starken internen Gegensätze und Spannungen zurückgedrängt. Besonders die algerische Führung[9] (Vorsitz der Ungebundenen) versteht es, die multilaterale Zusammenarbeit entschlossen und geschickt als Instrument zur Disziplinierung auseinanderstrebender Interessen einzusetzen. Auch der Ost-West-Gegensatz tritt gegenüber der Nord-Süd-Polarisation besonders im wirtschaftlichen Bereich stark zurück.

3) Die Konstellation in den VN weist auf eine weltweite Verschiebung der Kräfteverhältnisse zu Lasten der westlichen Industriestaaten hin; sie ist das Ergebnis einer langfristigen und nicht reversiblen Entwicklung der Nachkriegszeit. Die hundert Stimmen der Dritten Welt stellen keine nur numerische, im übrigen aber ohnmächtige Mehrheit dar, sondern repräsentieren ein wachsendes politisches, wirtschaftliches und militärisches (Schwellenmächte) Potential, das die Dritte Welt auch ausspielt (Ölkrise).

Die tatsächlichen Kräfteverhältnisse spiegeln sich jedoch in den VN in einer starken Verzerrung wider. Das Abstimmungsprinzip (ein Staat – eine Stimme) gibt der Dritten Welt in den VN ein weit überproportionales Gewicht, einen „Platzvorteil". Die verzerrte Kräfterelation in den VN trägt dazu bei, die Selbsteinschätzung der Dritten Welt zu übersteigern und den Nord-Süd-Konflikt zu verschärfen. Für die Industriestaaten sind die VN damit ein besonders ungünstiges Terrain für die politische und wirtschaftliche Auseinandersetzung mit der erstarkenden Dritten Welt.

4) In der gegebenen Situation können isolierte Bemühungen eines Staates wenig ausrichten. Dem geschlossenen Vorgehen der Dritten Welt, die mit wachsendem Geschick mit den Mitteln einer koordinierten Konferenzdiplomatie operiert, haben die Industriestaaten jedoch bisher noch keine ausreichenden Kräfte entgegensetzen können.

Eine noch engere Zusammenarbeit und Abstimmung der Neun sind unerläßliche Voraussetzung, wenn die Neun ihr Gewicht gegenüber der Mehrheit voll zur Geltung bringen wollen. Ein einheitliches Votum der Neun wiegt mehr als neun Stimmen. Über die bestehende Zusammenarbeit hinaus, die sich auf Sachfragen konzentriert, sollten die Neun – zunächst auf der Ebene der VN-Arbeitsgruppe – eine grundsätzliche Diskussion über ihr Gesamtverhalten in den VN einleiten mit dem Ziel, gemeinsame Taktiken und, soweit möglich, auch eine gewisse Strategie zu entwickeln.

Darüber hinaus sollten sich die Neun um eine verstärkte und auf grundsätzliche Aspekte erweiterte Koordinierung mit anderen westlichen Industriestaaten, namentlich den USA, bemühen.

5) Für die Bestimmung unserer Haltung sind folgende allgemeine Gesichtspunkte in Betracht zu ziehen:

– Eine grundsätzlich auf Kompromiß und Beschwichtigung angelegte Politik kann vorübergehend Entlastung schaffen, jedoch keine Probleme lösen. Das Konsensusverfahren (Annahme von Beschlüssen ohne Abstimmung) hilft

---

[9] Der algerische Außenminister Bouteflika war Präsident der XXIX. UNO-Generalversammlung.

meist nicht, Gegensätze zu überbrücken, sondern verdeckt allenfalls einen Dissens, ohne eine tragfähige Grundlage für die Zusammenarbeit zu schaffen.

Wir sollten in zentralen Bereichen der Auseinandersetzung offener und entschiedener Stellung nehmen, nachdem wir uns nicht mehr die Zurückhaltung eines neuen Mitglieds auferlegen müssen. Wir müssen auch bereit sein, auf Abstimmung zu bestehen, wenn anders unsere Position nicht deutlich gemacht werden kann, und ein Mehrheitsvotum gegen uns in Kauf zu nehmen.

— Wo immer eine konstruktive sachliche Zusammenarbeit möglich ist, sollten wir unsere Mitarbeit konsequent und womöglich auch verstärkt fortsetzen.
— Wo sich keine aussichtsreiche Zusammenarbeit anbietet, kann Zurückhaltung oder Desinteresse angezeigt sein. Wo wir uns ständigen und wiederholt zurückgewiesenen Angriffen ausgesetzt sehen, wird zu prüfen sein, ob wir uns immer wieder dem Tribunal stellen wollen. In Einzelfällen könnte auch ein Fernbleiben von der Abstimmung erwogen werden.
— Bei allen Bemühungen ist in Rechnung zu stellen, daß wir die Situation in den VN nicht kurzfristig oder durch spektakuläre Aktionen oder Reaktionen beeinflussen können. Zu warnen ist insbesondere vor dem vielleicht naheliegenden Gedanken, finanziellen Druck auszuüben. Die Ölländer könnten durch uns verursachte Zahlungslücken mühelos ausgleichen (regulärer Haushalt der VN – ohne freiwillige Beiträge – 270 Mio. Dollar pro Jahr) und damit den Einfluß der Dritten Welt weiter stärken.

6) Die Öffentlichkeit sollte verstärkt und gezielt informiert werden (z. B. Hintergrundgespräche), um Fehleinschätzungen und einer extremen Abwertung der VN entgegenzuwirken, die auch für uns ein wesentlicher Faktor der internationalen Politik bleiben. Andererseits sollte das Verständnis dafür gefordert werden, daß Abstimmungen gegen uns keinen außenpolitischen Rückschlag bedeuten müssen.

gez. van Well

Referat 010, Bd. 178587

341

Ministerialdirektor Hermes an Botschafter Jaenicke, Belgrad

420-444.00 JUG-1732^{II}/74 VS-vertraulich   25. November 1974 Uhr[1]
Fernschreiben Nr. 390   Aufgabe: 28. November 1974, 14.30 Uhr
Citissime

Betr.: KH-Abkommen mit Jugoslawien;
hier: Erklärung zur Berlin-Präferenzklausel (Art. 5)[2]

Bezug: DB der Botschaft Belgrad Nr. 563 vom 7.11.74[3]

Für Botschafter:

I. Zur Information:

Hiesiger jugoslawischer Botschafter übergab am 22.11.74 Herrn StM Wischnewski den nachstehenden Formulierungsvorschlag einer vom jugoslawischen Finanzminister[4] bei Unterzeichnung zu übergebenden schriftlichen Erklärung zu Art. 5 des Abkommens:

„Sehr geehrter Herr ...,

ich habe die Ehre, Ihnen mitzuteilen, daß die Regierung der SFR Jugoslawien den Artikel 5 des Vertrages über die Gewährung der Kapitalhilfe, den wir heute unterzeichnet haben, als den Wunsch der Regierung der Bundesrepublik Deutschland, der Ihren Standpunkt ausdrückt, auffaßt.

Genehmigen Sie, sehr geehrter Herr ..., die Versicherung meiner ausgezeichneten Hochachtung."

Botschafter Lončar erklärte, es handele sich um eine Vorab-Information über das, was die jugoslawische Seite als Verfahren bei der Unterzeichnung bezüglich einer Erklärung zu Artikel 5 vorzuschlagen beabsichtige.

II. Weisung

Sie werden gebeten, im jugoslawischen Außenministerium folgendes als Antwort auf die jugoslawischen Vorschläge vom 7.11. und 22.11.1974 vorzutragen:

1) Die Bundesregierung ist der Auffassung, daß der Inhalt des am 20.6.74 paraphierten Kapitalhilfe-Abkommens und die Grundsätze, die für die gesamte deutsche Kapitalhilfe und damit auch für dieses Abkommen gültig sind, während der Verhandlungen wie auch in den Gesprächen nach der Paraphierung erschöpfend dargelegt worden sind.

---

[1] Der Drahterlaß wurde von Legationsrat I. Klasse Bliesener konzipiert.
 Hat Ministerialdirigent Meyer-Landrut am 25. November 1974 zur Mitzeichnung vorgelegen.
 Hat Ministerialdirigent Sigrist und Vortragendem Legationsrat I. Klasse Mühlen am 25. November 1974 vorgelegen.
 Hat laut Vermerk des Vortragenden Legationsrats Lewalter vom 28. November 1974 Bundesminister Genscher vorgelegen.
[2] Für Artikel 5 des am 20. Juni 1974 paraphierten Abkommens zwischen der Bundesrepublik und Jugoslawien über die Gewährung von Kapitalhilfe vgl. Dok. 318, Anm. 2.
[3] Für den Drahtbericht des Botschaftsrats I. Klasse Eiff, Belgrad, vgl. Dok. 318, Anm. 8.
[4] Momčilo Cemović.

Über die Bedeutung dieser Grundsätze haben zwischen den Vertragsparteien niemals Zweifel bestanden.

2) Aus diesen Gründen ist die Bundesregierung unverändert der Auffassung, daß für die Abgabe erläuternder Erklärungen keine sachliche Notwendigkeit bestehe. Sie sieht sich außerstande, eine solche Erklärung entgegenzunehmen und bittet daher nochmals, davon Abstand zu nehmen.

III. Zur Ergänzung Ihrer Ausführungen können Sie folgende Gedankengänge verwerten:

Unsere Ablehnung der jugoslawischen Vorschläge ist so zu verstehen, daß wir keine Erklärung vor, während oder nach der Unterzeichnung entgegennehmen können.

An dieser Haltung hat auch der jugoslawische Vorschlag vom 22.11.1974 zur Formulierung einer solchen Erklärung bei Anerkennung des Bemühens, zu einem Kompromiß beizutragen, zum Bedauern der Bundesregierung nichts ändern können. Auch eine Erklärung in der zuletzt von der jugoslawischen Regierung vorgeschlagenen Form muß den Eindruck erwecken, daß über die Auslegung des Art. 5 ein Dissens zwischen den vertragschließenden Parteien besteht.[5]

Erläuternde Erklärungen zu diesem Abkommen, das Kernstück der Brioni-Absprache[6] ist, würden zu Mißverständnissen und damit zu Reaktionen in der Öffentlichkeit führen, die die Zielsetzung dieser Absprache, nämlich freundschaftliche und langfristige Zusammenarbeit zwischen unseren Ländern zu ermöglichen, ernsthaft beeinträchtigen würden.

Obgleich wir nach der Paraphierung des Abkommens und nach dem Staatsbesuch Präsident Titos in Bonn[7] davon ausgehen mußten, daß das Abkommen in der damals vorliegenden Form unterzeichnungsreif gewesen sei, haben wir Verständnis für die nachträglichen jugoslawischen Änderungswünsche gezeigt und – soweit möglich – diesen entsprochen. Wir hoffen, daß die jugoslawische Regierung ihrerseits Verständnis für unsere Haltung aufbringt.

IV. Wenn der Verlauf des Gespräches zweifelsfrei[8] zuläßt, sind Sie ermächtigt, der jugoslawischen Seite einen Unterzeichnungstermin aus der Sicht der Botschaft vorzuschlagen.[9]

Hermes[10]

VS-Bd. 8862 (420)

---

[5] An dieser Stelle wurde von Ministerialdirektor Hermes gestrichen: „Maßgebend für unsere Haltung sind politische Gründe, insbesondere das Interesse unserer Ostpolitik."
[6] Vgl. dazu das Kommuniqué über den Besuch des Bundeskanzlers Brandt am 18./19. April 1973 auf Brioni; Dok. 27, Anm. 2.
[7] Zum Besuch des Staatspräsidenten Tito vom 24. bis 27. Juni 1974 in der Bundesrepublik vgl. Dok. 186, Dok. 188 und Dok. 190.
[8] Dieses Wort wurde von Bundesminister Genscher handschriftlich eingefügt.
[9] Botschaftsrat I. Klasse Eiff, Belgrad, teilte am 2. Dezember 1974 mit: „Bezugsweisung wurde von Botschafter Jaenicke am Samstag, 30.11., bei Maksić ausgeführt. Maksić äußerte Bedauern, daß Bundesregierung sich nicht in der Lage sehe, jug[oslawische] Erklärung, die ein ‚Minimum des Minimums' darstelle, entgegenzunehmen, und kam noch einmal auf sein bereits früher gebrachtes Argument zurück, der in Artikel 5 zum Ausdruck gebrachte einseitige Wunsch der Bundesregierung

342

Runderlaß des Vortragenden Legationsrats I. Klasse Dohms

240-312.74   Aufgabe: 26. November 1974, 19.21 Uhr
Fernschreiben Nr. 138 Ortex

Betr.: Zum Treffen der neun Außenminister in Brüssel am 25.11. zur Vorbereitung der Präsidentschaftskonferenz

I. 1) Die neun AM setzten am 25.11. in einem weiteren informellen Treffen in Brüssel die Vorbereitung der geplanten Präsidentschaftskonferenz[1] fort. Sie konzentrierten sich dabei auf die sogenannten Sachthemen. Die außerordentlich zähflüssigen Beratungen führten in einigen Bereichen zu begrenzten Fortschritten, in anderen zu einer weiteren Klärung unterschiedlicher Positionen. Deutlich wurde, daß die AM ihre jeweilige Verhandlungsmarge weitgehend ausgeschöpft haben und die weitere Behandlung bzw. Lösung der streitigen Kernfragen den Regierungschefs überlassen müssen. Am 2./3.12. soll allerdings noch ein weiterer Versuch gemacht werden, das bisherige Beratungsergebnis aufzubessern.[2] Die Ad-hoc-Gruppe Brüssel wurde beauftragt, ihren Bericht im Lichte der gestrigen Diskussion noch einmal zu überarbeiten.

2) Der Bericht zu den Sachthemen gliedert sich in die Abschnitte: Wirtschaftspolitik, Währungs- und Finanzfragen, Arbeitsmarktprobleme, Regionalpolitik und Energiepolitik.

Fortsetzung Fußnote von Seite 1513
   sei in einem zweiseitigen Vertrag unüblich und bedürfe daher eines Gegengewichts auf jug. Seite. Von unserer Seite wurde dazu gesagt, daß ein in einem zweiseitigen Vertrag von einer Seite zum Ausdruck gebrachter Wunsch per se keines formellen Gegengewichts bedürfe." Ihm, Eiff, gegenüber habe Maksić sich erkundigt, „ob unsere Weigerung, eine jug. Erklärung vor, während oder nach der Unterzeichnung entgegenzunehmen, sich auch auf eine mündliche Erklärung erstrecke. Gemäß Absprache mit Botschafter Jaenicke bejahte ich diese Frage." Ferner sei von der Botschaft klargestellt worden, „daß eine mündliche Erklärung des Finanzministers speziell zu Artikel 5 bei Unterzeichnung, d. h. in Gegenwart des Botschafters, als an unsere Adresse gerichtet betrachtet werden müßte und der Vertrag in diesem Fall von uns nicht unterzeichnet werden könnte." Vgl. den Drahtbericht Nr. 598; VS-Bd. 10158 (214); B 150, Aktenkopien 1974.
10 Paraphe.

[1] Zur Gipfelkonferenz der EG-Mitgliedstaaten am 9./10. Dezember 1974 in Paris vgl. Dok. 369.
[2] Botschafter Lebsanft, Brüssel (EG), berichtete am 3. Dezember 1974 zum informellen Treffen der Außenminister der EG-Mitgliedstaaten vom Vortag zur Vorbereitung der Gipfelkonferenz: „Im Bereich der Sachthemen führten Außenminister lediglich zum Abschnitt Regionalpolitik noch einmal eingehende materielle Aussprache. Alle Delegationen stimmten überein, daß von den Regierungschefs in Paris eine operationelle Entscheidung zum Regionalfonds erwartet wird. BM Genscher hat an der grundsätzlichen deutschen Bereitschaft hierzu keinen Zweifel gelassen. Diese Aussage, die den Weg für die Präsidentschaftskonferenz endgültig freigemacht hat, fand bei allen Delegationen (insbesondere auch beim italienischen, irischen und britischen Außenminister) äußerst positives Echo. BM Genscher machte jedoch zugleich klar, daß wir dabei von der durch bisherige Beratungen gestärkten Erwartungen ausgingen, daß Präsidentschaftskonferenz auch parallele Fortschritte in anderen Bereichen bringen werde. Aussprache über Höhe und Modalitäten des Regionalfonds ließ folgende Ausrichtung erkennen: Höhe des Regionalfonds ist von Regierungschefs selbst festzulegen. Hinsichtlich Ausgestaltung des Fonds geht Tendenz eindeutig in die Richtung der jetzigen Kommissionsvorschläge, die unsere Vorschläge von Anfang dieses Jahres aufgenommen haben." Vgl. den Drahtbericht Nr. 4217; Referat 200, Bd. 108867.
Zur EG-Ministerratstagung am 2./3. Dezember 1974 in Brüssel vgl. ferner Dok. 350.

- Über das Kapitel Wirtschaftspolitik ist man sich weitgehend einig geworden.³ Auf der Basis einer einvernehmlichen Analyse der wirtschaftlichen Lage wurden als gleichrangige Ziele der Wirtschaftspolitik: Inflationsbekämpfung, Abbau der Zahlungsbilanzungleichgewichte und Beschäftigungsstabilisierung, festgelegt und über die grundlegenden Orientierungen der Wirtschafts- und Finanzpolitik für Überschuß- bzw. Defizitländer Einigkeit erzielt. AM Genscher hob in der Diskussion die Notwendigkeit der Anpassung der Produktionsstrukturen und der Verstärkung der privaten Unternehmensinvestitionen besonders hervor.

- Bei den Währungs- und Finanzfragen wird (mit britischem Vorbehalt) an der Zielsetzung der WWU – trotz der eingetretenen Verzögerungen – festgehalten.⁴ Einvernehmen wurde auch darüber erzielt, daß eine Wiederangliederung der aus dem EG-Währungsverbund ausgescherten Partner⁵ zur Zeit nicht opportun ist, ebenso wenig wie die Einführung einer einheitlichen europäischen Rechnungseinheit. Einig ist man sich darüber, den europäischen Fonds für währungspolitische Zusammenarbeit⁶ zu einem Instrument der Koordinierung der Geld- und Kreditpolitik auszugestalten. Umstritten bleibt eine eventuelle Aufstockung seiner finanziellen Mittel. In der äußeren Währungspolitik (Zehner-, Fünfergruppe, IWF-Reform usw.) wird der Vorsatz erneuert, gemeinsam vorzugehen. Besondere Bedeutung wird dabei den Fragen: Kontrolle des Euromarktes und Rückschleusung der Ölgelder⁷ beigemessen.

- Arbeitsmarktprobleme: Hierbei geht es im wesentlichen darum, Folgen wirtschaftspolitischer Anpassungsprozesse für die Beschäftigten abzufangen bzw. zu lindern. Der Forderung, die Mittel des EG-Sozialfonds aufzustocken, setzte AM Genscher den Vorschlag entgegen, die vorhandenen und zum Teil nicht genutzten Mittel des Sozialfonds für eine bestimmte Zeit anders als bisher einzusetzen, und zwar gezielt für bestimmte Regionen und besonders betroffene Gruppen von Arbeitnehmern. Das Echo auf diesen Vorschlag, der

---

3 Im Bericht der Außenminister der EG-Mitgliedstaaten vom 27. November 1974 wurde zur wirtschaftlichen Lage festgestellt: „La situation économique de la Communauté s'est gravement détériorée. Les tendances inflationnistes et dans certains pays membres les déficits des balances des paiements déjà considérables, se sont nettement aggravés depuis le début de la crise énergétique. [...] De l'avis des Ministres des Affaires étrangères, il est indispensable que l'opinion publique soit pleinement informée de la situation et des nécessités auxquels ait faut faire face. [...] Pour que les efforts entrepris par les Gouvernements nationaux ne se contrarient pas mutuellement, s'accordent aux objectifs de la Communauté et tendent à revêtir un caractère complémentaire, les Ministres des Affaires étrangères estiment nécessaire d'améliorer la convergence des politiques économiques et financières des Etats membres." Vgl. Referat 410, Bd. 101248.
4 Im Bericht der Außenminister der EG-Mitgliedstaaten vom 27. November 1974 wurde zum Ziel einer Wirtschafts- und Währungsunion ausgeführt: „Les Chefs de Gouvernement ayant constaté que les vicissitudes internes et internationales n'ont pas permis d'accomplir, en 1973 et en 1974, les progrès escomptés sur la voie de l'union économique et monétaire, pourraient affirmer qu'à cet égard leur volonté n'a pas fléchi et que leur objective ultime demeure celui qu'ils s'étaient fixé lors de la Conférence de Paris." Vgl. Referat 410, Bd. 101248.
5 Zur Freigabe der Wechselkurse des Pfund Sterling am 23. Juni 1972, des irischen Pfunds am 24. Juni 1972, der italienischen Handelslira am 13. Februar 1973 und des französischen Franc am 19. Januar 1974 vgl. Dok. 23 bzw. Dok. 253, Anm. 14.
6 Zum „Europäischen Fonds für währungspolitische Zusammenarbeit" vgl. Dok. 253, Anm. 11.
7 Zur Rückführung der Devisenüberschüsse der erdölproduzierenden Staaten („recycling") vgl. Dok. 177, Anm. 27.

auch einen weitgehenden Verzicht auf bisherige Rückflüsse in die BR Deutschland beinhaltet, wurde von einigen Partnern, insbesondere Frankreich, positiv aufgenommen, während andere Partner und die Kommission an der Aufstockungsforderung festhielten. Dieses Problem geht also streitig auf die Gipfelkonferenz.

– In der Regionalpolitik sind die Fronten unverändert. Während unsere Partner vom Gipfeltreffen einen operationellen Beschluß zum Regionalfonds erwarten, hat AM Genscher noch einmal dargelegt, daß die Verwirklichung des Regionalfonds für uns mit Fortschritten in anderen Integrationsbereichen verknüpft ist: institutionelle Fortschritte, Ausbau der gemeinsamen Energiepolitik, Erfolge bei der Stabilitätspolitik und Klärung der britischen Frage.

Italien und abgeschwächt Irland betonten demgegenüber, daß über den Regionalfonds so oder so entschieden werden müsse und davon ihre Zustimmung zum Treffen Regierungschefs abhänge. Die von französischer Seite lancierte Idee eines „Minifonds" als befristete Übergangslösung, der in erster Linie den eigentlichen Problemgebieten Italien und Irland zugute kommen sollte, wurde nur andiskutiert, so daß sich noch kein klares Meinungsbild abzeichnete. Einverständnis bestand schließlich darüber, daß die Regionalfondsfrage den Regierungschefs zur Entscheidung überlassen werden müsse.

– Energiepolitik: Obwohl in diesem Bereich erhebliche Meinungsverschiedenheiten fortbestehen, brachte die gestrige Diskussion doch eine gewisse, wenn auch nur partielle Annäherung der Standpunkte. Unverkennbar ist das französische Interesse – trotz kategorischer Ablehnung eines Beitritts Frankreichs und auch der EG als solcher zum gegenwärtigen Zeitpunkt zum IEP[8] –, den Graben zu den Partnerstaaten zumindest nicht tiefer werden zu lassen. AM Sauvagnargues vermittelte den Eindruck, daß Paris eine De-facto-Annäherung ans IEP durch paralleles Verhalten anstrebe. Das Bestreben, aus dem energiepolitischen Abseits herauszukommen, wurde auch daraus deutlich, daß sich Frankreich hinsichtlich des Zeitplanes der Verbraucher/Konsumenten-Konferenz[9] erheblich flexibler zeigte und nunmehr die Notwendigkeit einer gründlichen Vorbereitung unter allen Verbraucherländern anerkennt, ohne auf einer Vorkonferenz mit den Erzeugerländern zu bestehen.

Die Außenminister stellten schließlich als Ergebnis ihrer Diskussion Einigkeit über folgende Ziele fest:

– Notwendigkeit eines Dialogs mit den Produzentenländern;
– Notwendigkeit der Abstimmung mit anderen Verbraucherländern vor Eröffnung des Dialogs mit den Förderländern;
– Notwendigkeit für die EG, abgestimmte Positionen zu definieren und in den oben genannten Beratungen zu vertreten.

---

[8] Zum von der Energie-Koordinierungsgruppe am 19./20. September 1974 verabschiedeten Internationalen Energieprogramm vgl. Dok. 284, Anm. 10.
[9] Zur Initiative des Staatspräsidenten Giscard d'Estaing vom 24. Oktober 1974 für eine internationale Erdölkonferenz vgl. Dok. 317, Anm. 47.

Bei der Erörterung der Möglichkeiten zur Verwirklichung einer eigenständigen EG-Energiepolitik auf der Grundlage der Energieresolution vom 17.9.1974[10] gab es begrenzte Fortschritte, insbesondere im Hinblick auf die Verringerung der Importabhängigkeit und der Verbrauchseinsparung. Konkretere Festlegungen auf Aktionen in bestimmten Bereichen erwiesen sich auch mit Rücksicht auf britische Vorbehalte als nicht möglich. Wir streben nach wie vor an, daß das Treffen der Regierungschefs in diesem Bereich für den noch im Dezember 1974 geplanten Energierat[11] deutliche Orientierungen und Impulse gibt.

II. Institutionelle Fragen

Am Rande des Ministertreffens überarbeitete die Ad-hoc-Gruppe Arbeitspapier institutionelle Fragen[12], das voraussichtlich am 2.12. von den Ministern abschließend gebilligt werden kann. Arbeitspapier entspricht im ganzen unserem Wunsch, Wandel französischer Haltung in institutionellen Fragen festzuschreiben. Größte Schwierigkeit war Haltung des Vereinigten Königreichs, das sich vor Abschluß der sogenannten Neuverhandlungen und Referendum nicht festlegen wollte. Es gelang, Briten zu bewegen, Kompromißtext über Europäische Union zuzustimmen und gegen Direktwahl und Befugniserweiterung des Europäischen Parlaments einseitigen Vorbehalt unter Hinweis auf Referendum[13] einzulegen. Dagegen gelang es nicht, VK[14] von einer Erwähnung des sogenannten Luxemburger Kompromisses[15] im Text über Abstimmungsverfahren im Rat abzubringen.[16]

Zur Entscheidung der Regierungschefs wurden vor allem folgende Fragen offen gehalten:

– Bezeichnung der regelmäßigen Treffen der Regierungschefs „als Rat der Gemeinschaft und im Rahmen der EPZ" (Überrest des ursprünglichen französischen Konzepts eines besonderen „Europäischen Rats"[17]),

---

10 Zur Entschließung des EG-Ministerrats vom 17. September 1974 über Energiefragen vgl. Dok. 253, Anm. 7.

11 Zur EG-Ministerratstagung auf der Ebene der Energieminister am 17. Dezember 1974 in Brüssel vgl. Dok. 369, Anm. 12.

12 Für den Bericht zu institutionellen Fragen der Untergruppe der Ad-hoc-Gruppe zur Vorbereitung der Gipfelkonferenz der EG-Mitgliedstaaten in Paris, der am 11. November 1974 von Vortragendem Legationsrat I. Klasse Ruyter vorgelegt wurde, vgl. Referat 410, Bd. 101248.

13 Zum geplanten Referendum in Großbritannien über die Ergebnisse der Verhandlungen zur Neuregelung der EG-Beitrittsbedingungen vgl. Dok. 317, Anm. 19.

14 Vereinigtes Königreich.

15 Zur Entscheidung des EWG-Ministerrats vom 28./29. Januar 1966 („Luxemburger Kompromiß") vgl. Dok. 109, Anm. 16.

16 Referat 200 und Referat 410 führten am 14. November 1974 zum britischen Wunsch nach Erwähnung der Entscheidung des EWG-Ministerrats vom 28./29. Januar 1966 („Luxemburger Kompromiß") im Abschlußkommuniqué der Gipfelkonferenz der EG-Mitgliedstaaten am 9./10. Dezember 1974 in Paris aus: „Für uns ist nicht tragbar, daß das 1966 in Luxemburg auf Ministerebene beschlossene Protokoll [...] durch die Erwähnung in einem Dokument der Regierungschefs einen erhöhten rechtlich-politischen Charakter erhält. Auf Luxemburger Protokoll ist bisher von keiner Gipfelkonferenz Bezug genommen worden. Auch in Beitrittsverhandlungen und Beitrittsakte ist es nicht behandelt worden. Außerdem enthält es einen offenen Dissens in einer Frage, wo in Wirklichkeit heute kein Dissens mehr besteht. Kein Mitglied will in sehr wichtigen Fragen andere Mitglieder majorisieren (Stichwort: Keine Kampfabstimmungen im Rat). Aber: Praxis ist über Luxemburger Protokoll noch hinausgegangen; Abstimmungen finden auch in unwichtigen Fragen fast kaum noch statt." Vgl. Referat 410, Bd. 101248.

17 Zum französischen Vorschlag für einen Europäischen Rat vgl. Dok. 297.

- Sekretariat für Treffen der Regierungschefs (wahrscheinlich Streichung, da weder französisches Konzept besonderen Sekretariats noch unser Konzept administrativer Betreuung durch Generalsekretariat des Rats durchsetzbar),
- Abstimmungsverfahren (Verzicht auf die Praxis einstimmiger Entscheidung in jeder Frage mit oder ohne Hinweis auf Beschlüsse von Luxemburg oder „vitale Interessen"),
- Rolle der Ständigen Vertreter (Verstärkung durch „Mitgliedstaaten, die das für nötig halten", für uns zu schwache Formel),
- Direktwahl und Befugniserweiterung des EP (zu Gesamtvorbehalt des VK kommt dänische Ablehnung fester Zeitgrenzen: Ratsbeschluß 1976 über Vorschläge der Versammlung, Direktwahl spätestens 1980).

III. Form und Datum der Präsidentschaftskonferenz in Paris

Nach ersten Vorstellungen der Präsidentschaft sollen Regierungschefs mit Außenministern und Kommissionspräsidenten[18] am 9.12. um 15.00 Uhr im engsten Kreis beraten. Zum Abendessen wird der Kreis um die Delegationsleiter in den Untergruppen der Ad-hoc-Gruppe (Ständige Vertreter, Politische Direktoren) erweitert. Am 10.12. sollen vormittags die Außenminister mit ihren Mitarbeitern Texte erarbeiten. Getrennte Mittagessen des Präsidenten[19] für die Regierungschefs und des französischen Außenministers für seine Kollegen und ihre Mitarbeiter. Nachmittags Sitzung der Regierungschefs mit Außenministern und Kommissionspräsidenten zur Fertigstellung der Texte. Möglicherweise Verlängerung bis in den Abend hinein.

Dohms[20]

Referat 240, Bd. 102875

[18] François-Xavier Ortoli.
[19] Valéry Giscard d'Estaing.
[20] Paraphe.

343

Botschafter Behrends, Wien (MBFR-Delegation), an das Auswärtige Amt

114-14982/74 geheim
Fernschreiben Nr. 899
Citissime

Aufgabe: 26. November 1974, 21.30 Uhr[1]
Ankunft: 26. November 1974, 23.32 Uhr

Betr.: MBFR;
hier: 9. Informelles Gespräch der vierten Verhandlungsrunde am 26. November 1974

Bezug: Delegationsbericht Nr. 292 v. 26.11.74 Tgb.-Nr. 1209 VS-v[2]

I. An der informellen Sitzung am 26.11.74 nahmen Chlestow, Smirnowskij, Strulak, Oeser, Resor, Dean, Adriaenssen und ich teil. Beide Seiten unterbreiteten neue Vorschläge:

– der Osten den Vorschlag einer „joint declaration", mit der die elf direkten Teilnehmer ein Moratorium der Personalstärke ihrer Streitkräfte (ausschließlich Marine) für die Dauer der Verhandlungen vereinbaren;

– der Westen den Vorschlag eines non-increase für das Personal der Luftstreitkräfte beider Seiten in Ergänzung des bereits vorgeschlagenen non-increase für das Personal der Landstreitkräfte beider Seiten[3] für den Zeitraum zwischen den beiden Verhandlungsphasen (gemäß Weisung des NATO-Rats vom 20.11.74).

II. Im einzelnen:

1) Chlestow führte in einer längeren Erklärung aus, daß das westliche Verhandlungsprogramm im Unterschied zum östlichen Vertragsentwurf[4] auf eine Veränderung des bestehenden Kräfteverhältnisses abziele und daher nicht Grundlage einer für beide Seiten akzeptablen Lösung sein könne. Er verwies auf den östlichen Vorschlag eines ersten Reduzierungsschrittes vom 15. Okto-

---

[1] Hat Vortragendem Legationsrat I. Klasse Pfeffer vorgelegen.
Hat Vortragendem Legationsrat Holik am 27. November 1974 vorgelegen.
[2] Botschafter Behrends, Wien (MBFR-Delegation), übermittelte den Vorschlag der an den MBFR-Verhandlungen teilnehmenden Warschauer-Pakt-Staaten vom 26. November 1974 für ein Moratorium der Land- und Luftstreitkräfte: „The Kingdom of Belgium, Canada, the Czechoslovak Socialist Republic, the German Democratic Republic, the Federal Republic of Germany, the Grand Duchy of Luxemburg, the Kingdom of the Netherlands, the Polish People's Republic, the Union of Soviet Socialist Republics, the United Kingdom of Great Britain and Northern Ireland and the United States of America, which are participants in the negotiations on mutual reduction of forces and armaments [...], guided by the desire to supplement political détente in Europe by measures of military détente and thus to contribute to a more stable relationship and to the strengthening of peace and security on the European continent, desiring to contribute to the achievement at the negotiations of specific results and to refrain from actions which may hamper this, declare that they hereby undertake not to increase the numerical strength of their forces in Central Europe for the duration of the negotiations." Vgl. den Drahtbericht Nr. 898; VS-Bd. 8146 (201); B 150, Aktenkopien 1974.
[3] Zum Vorschlag der an den MBFR-Verhandlungen teilnehmenden NATO-Mitgliedstaaten vom 22. Mai 1974 für eine Vereinbarung, die Stärke der Landstreitkräfte zwischen Phase I und Phase II der MBFR-Verhandlungen nicht zu erhöhen, vgl. Dok. 170, Anm. 5.
[4] Zum sowjetischen Entwurf vom 8. November 1973 für ein MBFR-Abkommen vgl. Dok. 6, Anm. 12.

ber 1974⁵ und bedauerte, daß die westlichen Delegationen noch keine Bereitschaft gezeigt hätten, auf dieser Basis einen ersten Reduzierungsschritt zu suchen. Wegen dieser westlichen Haltung seien keine Fortschritte in den Verhandlungen erzielt worden. Dies beunruhige die östliche Seite. Um die Verhandlungen fruchtbarer zu machen, schlügen die östlichen direkten Teilnehmer daher vor, eine „joint declaration" zu vereinbaren, mit der die elf direkten Teilnehmer sich verpflichten, während der Dauer der Verhandlungen ihre Streitkräfte nicht zu erhöhen. Chlestow übergab den Text der „joint declaration", der mit Bezugsbericht übermittelt wurde. Im operativen Absatz erklären die elf Regierungen, „that they hereby undertake not to increase the numerical strength of their forces in Central Europe for the duration of the negotiations".

2) Chlestow erklärte, daß diese „joint declaration" keine lange Verhandlung erfordere und am Tag der Veröffentlichung oder am 1. Januar 1975 in Kraft treten könne. Die Erklärung würde den Willen der elf Regierungen bekunden, den Rüstungswettlauf in Europa zu beenden. Ein Moratorium dieser Art für die Dauer der Verhandlungen sei üblich. Es habe z. B. bei der Ausarbeitung des Nichtverbreitungsvertrages⁶ eine positive Rolle gespielt. Die vorgeschlagene Erklärung würde das Interesse daran stimulieren, eine Lösung für Reduzierungsvereinbarungen zu finden. Der östliche Vorschlag berücksichtige, daß die westlichen Staaten selbst für die Dauer der Verhandlungen einen non-increase für die Landstreitkräfte vorgeschlagen hätten.

Aus der Diskussion ergab sich, daß das vorgeschlagene Moratorium für den Personalbestand der Landstreitkräfte, Luftstreitkräfte und der mit nuklearen Waffen ausgerüsteten Einheiten jedes der elf Teilnehmerstaaten gelten soll.

3) Nach kurzer Beratung der westlichen Teilnehmer erklärte Resor, gegen den östlichen Vorschlag sprächen folgende Gesichtspunkte:

a) Der Westen habe stets klargemacht, daß es Ziel der Verhandlungen sein müsse, das Problem der schwerwiegenden Disparitäten beim Personalbestand der Landstreitkräfte und bei Panzern zu lösen. Der östliche Vorschlag würde dazu führen, diese Disparitäten für einen unbegrenzten Zeitraum einzufrieren und das gegenwärtige Kräfteverhältnis aufrechtzuerhalten und zu kodifizieren.

b) Das vorgeschlagene Moratorium würde den Inhalt künftiger Reduzierungsvereinbarungen im Sinne der östlichen Vorstellungen präjudizieren.

c) Der östliche Vorschlag würde nationale sub-ceilings entstehen lassen. Der Westen habe keinen Zweifel daran gelassen, daß er solche sub-ceilings nicht akzeptieren werde.

d) Der östliche Vorschlag sehe ceilings für Streitkräfte vor, über deren Stärke es wegen der östlichen Weigerung, in eine Datendiskussion einzutreten, keine übereinstimmenden Vorstellungen gebe. Über den Inhalt der Verpflichtung würden daher auf beiden Seiten unterschiedliche Vorstellungen bestehen.

---

5 Zum Verhandlungsvorschlag der an den MBFR-Verhandlungen teilnehmenden Warschauer-Pakt-Staaten vom 15. Oktober 1974 vgl. Dok. 308, Anm. 2.
6 Für den Wortlaut des Nichtverbreitungsvertrags vom 1. Juli 1968 vgl. BUNDESGESETZBLATT 1974, Teil II, S. 785–793.

Eine solche in Inhalt und Tragweite unbestimmte Verpflichtung werde nicht Vertrauen schaffen, sondern das Gegenteil bewirken.

4) Ich habe die Notwendigkeit einer Datendiskussion unterstrichen und auf häufige östliche Vorwürfe verwiesen, daß der westliche Vorschlag wegen seiner Begrenzung auf die Reduzierung von Landstreitkräften die Verstärkung des Luftwaffenpersonals freistelle.

Um diesen Bedenken Rechnung zu tragen und um Fortschritte in den Verhandlungen zu ermöglichen, schlügen die westlichen Delegationen vor, einen non-increase des Personals der Luftwaffen beider Seiten als Ergänzung des vom Westen bereits vorgeschlagenen non-increase für das Personal der Landstreitkräfte für den Zeitraum zwischen den beiden Verhandlungsphasen zu erwägen. Ein solches „commitment" würde unter keinen Umständen eine Verpflichtung implizieren, das Personal der Luftstreitkräfte zu vermindern. Die westlichen Delegationen könnten jedoch in Verbindung mit einer zweiten Phase andere angemessene Methoden der Begrenzung des Personals der Luftstreitkräfte im Reduzierungsgebiet erwägen.

Oeser kritisierte, daß der westliche Vorschlag eine Verminderung des Luftwaffenpersonals und ihrer Bewaffnung ausschließe. Die östlichen Delegierten nahmen im übrigen zu diesem Vorschlag nicht Stellung.

5) Zur Kritik Resors an dem östlichen Moratorium-Vorschlag erklärten Strulak, Chlestow und Smirnowskij, es handele sich nicht um einen Reduzierungsvorschlag. Ein solches vereinbartes non-increase könne daher nicht Reduzierungsvereinbarungen präjudizieren. Die Gültigkeitsdauer der Verpflichtung sei nicht unbegrenzt. Man könne auch über eine zeitliche Begrenzung sprechen. Es sei nicht die Absicht des Ostens, die Streitkräftestärken einzufrieren, sondern eine Grundlage zu schaffen, um Reduzierungsvereinbarungen zu erleichtern. Eine solche Vereinbarung werde einen positiven Einfluß auf die öffentliche Meinung haben. Im Westen werde häufig behauptet, daß die Sowjetunion ihre Streitkräfte im Reduzierungsgebiet verstärke. Der Westen habe selbst gesagt, daß eine Überprüfung der Daten ergeben habe, daß die Daten sowohl für die NATO-Streitkräfte wie für die WP-Streitkräfte etwas höher lägen als die vom Westen vorgelegten Daten[7]. Um so wichtiger sei es, eine Vereinbarung über das non-increase der Streitkräfte während der Verhandlungsdauer abzuschließen. Diese Vereinbarung werde außer Kraft treten, sobald das erste Reduzierungsabkommen abgeschlossen sei.

6) Obwohl Adriaenssen eingehend die Notwendigkeit einer Datendiskussion und eine Vereinbarung über die Ausgangsdaten als Voraussetzung jeder Vereinbarung über Streitkräfte erläuterte, äußerten sich die östlichen Teilnehmer nicht zu diesem Punkt.

Ebensowenig gingen sie auf Resors Kritik ein, daß der östliche Erklärungsentwurf die Herstellung nationaler sub-ceilings vorsehe. Resor erklärte abschließend, daß die westlichen Delegationen natürlich weiterhin den östlichen Vorschlag prüfen würden. Sie erwarteten andererseits, daß der Osten sorgfäl-

---

[7] Zu den von den teilnehmenden NATO-Staaten am 20. November 1973 in die MBFR-Verhandlungen eingeführten Streitkräftedaten vgl. Dok. 147, Anm. 7.

tig den westlichen Vorschlag eines non-increase für das Luftwaffenpersonal prüfe.

III. Die NATO-Ad-hoc-Gruppe erörterte am 26.11.1974 die Auswirkungen des östlichen Vorschlags auf die westliche Verhandlungsposition (1), die östlichen Motive für den Vorschlag (2) und die westliche Reaktion (3).

1) Die Vereinbarung des vorgeschlagenen Moratorium hätte voraussichtlich nach Ansicht der AHG folgende Auswirkungen:

a) Vertragliche Festschreibung des gegenwärtigen Kräfteverhältnisses auf unabsehbare Zeit

Der Westen würde in einer solchen „freeze"-Situation in die Rolle eines Demandeurs gedrängt.

b) Die Herstellung nationaler sub-ceilings

Individuelle vertragliche Verpflichtungen jedes direkten Teilnehmers.

c) Gleichstellung aller elf direkten Teilnehmer und damit negative Präjudizierung des Phasenkonzepts[8]

d) Loslösung der Verpflichtung zur Einhaltung ungleicher ceilings vom Ziel des common-ceiling-Konzepts

e)[9] Präjudizierung künftiger Reduzierungsvereinbarungen auf der Basis von a) bis d)[10]

Resor verwies darauf, daß die NATO die Möglichkeit eines force limitation-agreement (FLA) aus diesen und anderen Gründen bereits 1973 bei Erarbeitung des Verhandlungsmandats verworfen habe.[11]

2) Als Motiv für den Moratorium-Vorschlag und sein „timing" wurde übereinstimmend die propagandistische Wirkung auf die öffentliche Meinung in den NATO-Staaten, auch im Hinblick auf die KSZE und die Ministerkonferenz der NATO[12], bezeichnet.

Ein Moratorium lasse sich als ein Art „CBM" verkaufen.

Zugleich verspreche es dem Osten, künftige Reduzierungsverhandlungen im Sinne seiner Vorstellungen zu steuern. Mit einer östlichen Presseunterrichtung über den Vorschlag müsse in naher Zukunft gerechnet werden.

3) Zur Behandlung des Vorschlages wurde folgendes erwogen:

a) Der amerikanische und der türkische Botschafter[13] sowie der italienische Vertreter plädierten dafür, ein Moratorium unverzüglich a limine abzulehnen. Jede Art Moratorium müsse schließlich an der Disparität des Streitkräfteumfangs und an der Loslösung vom common-ceiling-Zirkel scheitern. Mit einem Moratorium verbundene Vorbehalte über die Nicht-Präjudizierung künftiger

---

[8] Vgl. dazu die am 22. November 1973 von den an den MBFR-Verhandlungen teilnehmenden NATO-Mitgliedstaaten vorgelegten Rahmenvorschläge; Dok. 9, Anm. 2.
[9] Korrigiert aus: „f)".
[10] Korrigiert aus: „e)".
[11] Für das Papier CM (73) 83 (Final) „Alliance Approach to Negotiations on MBFR" vom 17. Oktober 1973 vgl. VS-Bd. 9417 (221). Vgl. dazu ferner AAPD 1973, III, Dok. 326.
[12] Zur NATO-Ministerratstagung am 12./13. Dezember 1974 in Brüssel vgl. Dok. 372–374 und Dok. 376.
[13] Vecdi Türel.

Reduzierungsvereinbarungen sein wertlos. Habe man sich erst mit einem Moratorium für Personal angefreundet, werde man sich kaum einem „freeze" der Ausrüstung entziehen können.

b) Rose und ich plädierten gegen eine sofortige a limine-Ablehnung des östlichen Vorschlages, zumal dies die Kompetenz der AHG überschreite.

Rose schlug auf persönlicher Basis vor, dem Vorschlag zunächst mit Skepsis, kritischen Kommentaren und Fragen zu begegnen. Gleichzeitig könne im NATO-Rat erwogen werden, ob dem Osten nicht ebenso publikumswirksamer, für ihn aber voraussichtlich unannehmbarer Gegenvorschlag eines Moratoriums entgegengestellt werden könne, der u. a. globale, beziffert und kollektiv vereinbarte ceilings vorsähe.

c) Ich wies darauf hin, daß eine andere denkbare Möglichkeit ein nicht vereinbartes Moratorium sei. Wenn z. B. im Kommuniqué der Ministerkonferenz der NATO ein Passus aufgenommen werde, daß die NATO-Staaten davon ausgingen, daß während der Verhandlungen die Gesamtpersonalstärken der Landstreitkräfte und der Luftstreitkräfte beider Seiten im Reduzierungsraum nicht wesentlich vermehrt würden und daß die NATO-Staaten sich nach diesem Grundsatz verhalten würden, vorausgesetzt, daß der Osten dies ebenso täte, würde eine vertragliche Festschreibung des Kräfteverhältnisses vermieden und eine publizistisch glaubwürdige Gegenposition eingenommen.

4) Die Gruppe beschloß

a) gegenüber östlichen Delegierten vorläufig im Sinne der von den westlichen Unterhändlern bereits eingenommenen Linie zu reagieren (vgl. Bezugsbericht Anlage 2[14]),

b) Presseanfragen im Fall von Leaks gemäß Bezugsbericht Anlage 3[15] zu beantworten,

c) den NATO-Rat mit der endgültigen Stellungnahme zu befassen. Diese wird im Rahmen der mündlichen Berichterstattung im Rat am 29.11.[16], an der ich

---

[14] Botschafter Behrends, Wien (MBFR-Delegation), berichtete am 26. November 1974, die MBFR-Ad-hoc-Gruppe der NATO sei übereingekommen, den Vorschlag der an den MBFR-Verhandlungen teilnehmenden Warschauer-Pakt-Staaten vom 26. November 1974 für ein Moratorium der Land- und Luftstreitkräfte wie folgt zu beantworten: „1) Your proposal would enshrine the present unsatisfactory East-West relationship of forces in an international agreement. 2) Its objective thus appears to be the same as the objective of your various first step proposals: To gain our acceptance of the present force relationship as the basis for reductions. 3) We cannot accept this. We want substantial reductions which would reduce or eliminate the major ground force disparities. 4) By agreement, participants are here to negotiate reductions, not a freeze. We have ourselves proposed non-increase commitments in connection with a first phase reduction agreement [...]. 5) Your proposal would result in national ceilings on the armed forces of the individual participants. We have told you of our decided opposition to this idea. 6) Whatever you may say, acceptance of the present East-West force relationship in an international agreement would unavoidably create a precedent for later negotiations on reductions. 7) Your proposal is unworkable because there is no agreement on how many forces there now are in the area." Vgl. den Drahtbericht Nr. 898; VS-Bd. 8146 (201); B 150, Aktenkopien 1974.

[15] Für den von Botschafter Behrends, Wien (MBFR-Delegation), am 26. November 1974 übermittelten Antwortkatalog zu Presseanfragen über den Vorschlag der an den MBFR-Verhandlungen teilnehmenden Warschauer-Pakt-Staaten vom 26. November 1974 für ein Moratorium der Land- und Luftstreitkräfte vgl. den Drahtbericht Nr. 898; VS-Bd. 8146 (201); B 150, Aktenkopien 1974.

[16] Botschafter Krapf, Brüssel (NATO), berichtete am 29. November 1974, es habe auf der Sitzung des Ständigen NATO-Rats vom selben Tag Einigkeit darüber geherrscht, daß der Vorschlag der an den MBFR-Verhandlungen teilnehmenden Warschauer-Pakt-Staaten vom 26. November 1974 für ein

teilnehme, und im Schlußbericht der AHG über die vierte Verhandlungsrunde[17] geschehen.

Hierzu erbitte ich vorläufige Weisung bis Donnerstag, 28.11., 9.00 Uhr (AHG-Sitzung).[18]

[gez.] Behrends

VS-Bd. 8246 (201)

Fortsetzung Fußnote von Seite 1523

Moratorium der Land- und Luftstreitkräfte unannehmbar sei. Aus „taktischen Gründen" könnten sich die Bündnispartner indessen nicht auf eine bloße Zurückweisung des Vorschlags beschränken: „Der Vorschlag bedarf deshalb sorgfältiger Prüfung. Dabei soll auch untersucht werden, ob und ggf. in welcher Weise ein Gegenvorschlag eingebracht werden soll." Er, Krapf, habe zum Vorschlag eines Moratoriums dargelegt, daß über eine Festschreibung der bestehenden Disparitäten hinaus die Gefahr bestehe, „daß eine Nicht-Erhöhungs-Regelung der Sowjetunion als Vorwand zur Einmischung in qualitative Verbesserungen des Westens [...] dienen könne. Bei der Prüfung eines Gegenvorschlags müsse man sehr vorsichtig vorgehen. Vielleicht sei es angebracht, auf der Basis des ursprünglichen Vorschlags zunächst der anderen Seite Fragen zu stellen, z. B. zum Datenproblem. Die Öffentlichkeit werde für eine Zurückweisung des sowjetischen Vorschlags durch die Bündnispartner wohl Verständnis haben, da er in diametralem Gegensatz zu dem stünde, was wir mit MBFR wollten." Vgl. den Drahtbericht Nr. 1713; VS-Bd. 9460 (221); B 150, Aktenkopien 1974.

17 Für den Bericht der Ad-Hoc-Gruppe der NATO, „Ad hoc Group Report to NAC on Current Status of MBFR Negotiations", der am 28. November 1974 übermittelt wurde, vgl. VS-Bd. 9452 (221).

18 Am 27. November 1974 teilte Botschafter Roth der Ständigen Vertretung bei der NATO in Brüssel und der MBFR-Delegation in Wien zum Vorschlag der an den MBFR-Verhandlungen teilnehmenden Warschauer-Pakt-Staaten vom 26. November 1974 für ein Moratorium der Land- und Luftstreitkräfte mit, dieser sei aus folgenden Gründen nicht annehmbar: „1) Er versucht, in verbindlicher Weise das bestehende unausgewogene Kräfteverhältnis in Mitteleuropa festzuschreiben, ohne daß er eine klare zeitliche Begrenzung erkennen ließe. 2) Dies würde geschehen, ohne daß der von jeder Seite zugrunde gelegte numerische Umfang der Streitkräfte bekannt wäre. 3) Die einzelnen direkten Teilnehmer würden sich zu nationalen Höchststärken verpflichten. Dies würde die notwendige Inner-Allianz-Flexibilität beeinträchtigen. 4) Es wäre nicht auszuschließen, daß durch eine entsprechende Absprache die Bereitschaft der anderen Seite, zu akzeptablen Reduzierungen zu kommen, nachlassen könnte, während der Reduzierungsdruck auf westlicher Seite zunehmen könnte. 5) Die Einbeziehung Ungarns ist in dem Entwurf nicht erwähnt." Zur Option einer sofortigen Ablehnung des Moratoriumsvorschlags führte Roth aus: „Es ist damit zu rechnen, daß der östliche Vorschlag in die Öffentlichkeit kommt und seine Wirkung nicht verfehlen wird. Wir würden es daher vorziehen, positiver zu reagieren und diesem Vorschlag offensiv mit einem eigenen Vorschlag zu begegnen, der die negativen Aspekte des WP-Vorschlags vermeiden würde." Vgl. den Drahterlaß Nr. 5018; VS-Bd. 9463 (221); B 150, Aktenkopien 1974.

344

Aufzeichnung des Ministerialdirektors Hiss, Bundeskanzleramt

VS-vertraulich 29. November 1974[1]

Betr.: Kurzvermerk über das Telefongespräch Giscard d'Estaing/BK am 28.11.74, 18.00 – 19.00 Uhr

I. Zu den institutionellen Fragen des offiziellen Treffens der Regierungschefs[2] wurde folgendes besprochen:

a) Giscard erklärte, er werde bei seinem Vorschlag bleiben, die künftigen Treffen der Regierungschefs als „Europäischen Rat"[3] zu bezeichnen. Auf Gegenfragen des Bundeskanzlers stellte Giscard klar, daß hierbei nach den Regeln des Ministerrats verfahren werden solle, auch was den Vorsitz angehe. BK erwiderte, er stimme dem französischen Vorschlag zu. Giscard erwähnte noch, daß die Treffen ohne Experten nur im Kreise der Regierungschefs und Außenminister stattfinden sollten; die Anwesenheit eines Protokollanten sei erforderlich.

b) Wahl zum Europäischen Parlament

Giscard erwähnte einen Vorschlag von AM Genscher, hierfür ein festes Datum vorzusehen. Er wies gleichzeitig auf den britischen Widerstand hin. Die Frage solle auf dem „Gipfel" diskutiert werden. BK umriß die deutschen Vorstellungen:

Die Acht sollten sich jetzt entscheiden, die Wahl aufgrund nationaler Gesetze einzuführen; dabei sollte die heutige nationale Sitzverteilung im Europäischen Parlament beibehalten werden. Großbritannien solle sobald wie möglich mitmachen. Giscard wollte demgegenüber die Frage der nationalen Sitzverteilung offen lassen. BK hob abschließend hervor, daß nach wie vor der Rat das entscheidende Gremium sei.

c) Mehrheitsentscheidungen

Giscard bekannte sich zu einer häufigeren Anwendung von Mehrheitsentscheidungen und erwähnte die britischen Vorbehalte. BK erklärte unter Hinweis

---

[1] Ablichtung.
Ministerialdirigent Fischer, Bundeskanzleramt, übermittelte die Aufzeichnung am 29. November 1974 an Ministerialdirigent Kinkel. Dazu führte er aus: „Der Bundeskanzler hat gestern abend ein langes Telefongespräch mit Präsident Giscard d'Estaing geführt. Er hat Auftrag gegeben, eine Ablichtung des Vermerks dem Bundesminister des Auswärtigen zur persönlichen Kenntnisnahme zu übersenden."
Hat Kinkel am 30. November 1974 vorgelegen, der die Weiterleitung an die Staatssekretäre Gehlhoff und Sachs sowie an Staatsminister Wischnewski verfügte.
Hat Sachs am 2. Dezember 1974 vorgelegen.
Hat Kinkel erneut am 2. Dezember 1974 vorgelegen, der handschriftlich vermerkte: „1) VS-vertraulich einstufen; 2) Orig[inal] liegt Min[ister] vor. Weitere Abl[ichtung] exist[iert] m[eines] W[issens] nicht."
Hat Gehlhoff am 7. Dezember 1974 vorgelegen.
Hat Wischnewski vorgelegen. Vgl. den Begleitvermerk; VS-Bd. 14062 (010); B 150, Aktenkopien 1974.
[2] Zur Gipfelkonferenz der EG-Mitgliedstaaten am 9./10. Dezember 1974 in Paris vgl. Dok. 369.
[3] Zum französischen Vorschlag für einen Europäischen Rat vgl. Dok. 297.

darauf, daß dies eine Annäherung an den Vertrag[4] bedeute, unsere Zustimmung.

II. Sachthemen des „Gipfels"

Zum Themenbereich „Inflationsbekämpfung und Arbeitsplatzsicherung" meinte Giscard, daß der Vorbereitungsstand im ganzen befriedigend sei.

a) Zwar sei die Frage der Fortentwicklung des Europäischen Fonds für währungspolitische Kooperation noch offen. Hier könne Frankreich unserem Petitum aber nachgeben.

b) Sozialfonds

Hier bezeichnete Giscard den Vorschlag der Kommission als akzeptabel, erklärte sich aber bereit, den Standpunkt der Bundesrepublik zu unterstützen.

c) Regionalfonds

Diese Frage bezeichnete Giscard als „very difficult". Irland[5] und Italien[6] wollten auf alle Fälle eine Entscheidung. Giscard schlug vor, Pierre-Brossolette nach Bonn zu schicken, um eine gemeinsame Position auszuarbeiten. Vom Kanzler wurde als Gesprächspartner Dr. Hiss vorgeschlagen. Als Termin wurde Montag[7] vereinbart. Im einzelnen bezeichnete Giscard den Minifonds (ca. 700 Mio. RE anstatt 1,4 Mrd. RE) als akzeptabel, wies aber auf den möglichen britischen Widerstand hin. BK schlug vor, den Fonds in zwei Stufen aufzubauen. Erste Stufe in Paris zu entscheiden: Minifonds gemäß dem Vorschlag Chiracs; zweite Stufe: Erweiterung, nachdem Briten sich für den Verbleib in der EG endgültig entschieden haben. Man soll den Briten eine „Karotte vorhalten". Giscard erklärte ausdrücklich sein Einverständnis mit einem Regionalfonds, auch wenn Frankreich keine Auszahlungen erhalte.

d) Energiefragen

Nach Giscards Meinung ist Paris „not the proper place", um diese Fragen zu entscheiden, die in Relation zu USA ebenso wichtig seien wie unter europäischen Gesichtspunkten. Er erwähnte sein bevorstehendes Treffen mit Ford[8] und äußerte die Hoffnung, daß man bis Ende Dezember ein Agreement erreichen werde. Die Verknüpfung der Verbraucherkonferenz mit einer Konferenz

---

[4] Vgl. dazu Artikel 148 Absatz 1 des EWG-Vertrags vom 25. März 1957; Dok. 268, Anm. 14.

[5] Zur irischen Haltung gegenüber dem Europäischen Regionalfonds vgl. Dok. 323, Anm. 16.

[6] In einem undatierten Aide-mémoire der italienischen Regierung zur Gipfelkonferenz der EG-Mitgliedstaaten wurde ausgeführt: „Politique Regionale: nous estimons que la mise en œuvre de la politique régionale [...] constitue le lien logique entre une lutte généralisée contre l'inflation et l'exigence de corriger les déséquilibres régionaux existant sans porter atteinte – d'une manière non supportable – aux niveaux d'occupation de nos pays. Il est évident que ce but difficile (lutte contre l'inflation sans sacrifier les nécessités de développement et des nouveaux investissements) sera d'autant plus réalisable dans la mesure où les moyens du Fonds régional (et ceux du Fonds social) seront concentrés dans les zones et dans les secteurs historiquement moins favorisés ou plus fortement frappés par l'augmentation du prix de l'énergie. En outre, la mise en œuvre et le développement des politiques régionales et sociales, l'entrée en fonction immédiate du Fonds européen pour le développement régional, ainsi que l'évolution et l'adaption de la politique agricole commune devront contribuer à réaliser une politique budgétaire de la Communauté plus équilibrée entre engagements extérieurs [...] et engagements intérieurs. Cela faciliterait, pour les mêmes raisons la solution des problèmes soulevés par la Grande-Bretagne." Vgl. Referat 410, Bd. 101248.

[7] 2. Dezember 1974.

[8] Zum Treffen des Präsidenten Ford mit Staatspräsident Giscard d'Estaing vom 14. bis 16. Dezember 1974 auf Martinique vgl. Dok. 376, Anm. 11.

der Verbraucherländer, Förderländer und Entwicklungsländer[9] müsse zwischen Frankreich, Bundesrepublik, USA und Großbritannien diskutiert werden; sie betreffen nicht so sehr den Kreis der Neun. Der BK weist auf die enge Verbindung der Energiefragen mit der politischen Nahost-Situation hin und fragt nach Giscards Meinung zu Kissingers neuer Fazilität.[10] Er weist auf die Kritik hin, die der „Gipfel" erfahren würde, wenn er die Themen Energie und Recycling[11] ausklammert. Er fragt Giscard, auf welche Weise er (BK) bei seinen Gesprächen mit Ford[12] Frankreich hilfreich sein könne.

Er suche eine Kombination der französischen und amerikanischen Konferenzvorschläge. Dabei sei nach unserer Ansicht die Kooperation mit den Produzenten – möglicherweise in einer Konferenzserie – vital. Falsch sei, wenn die USA vielleicht bis zu einer Konfrontation mit den Produzenten zu gehen bereit seien. Eine neue Nahost-Krise mit einem Ölembargo könnten manche Regierungen nicht überstehen. Im Nahen Osten sei im übrigen eine politische Zusammenarbeit der USA mit der Sowjetunion notwendig, wenn man den Raum stabilisieren wolle. BK schlägt vor, daß USA und Frankreich nach dem Treffen von Martinique bekanntgeben, daß sie sich über einen kombinierten Konferenzplan verständigt haben, dreiseitige Konferenzen unter gleichzeitiger Berücksichtigung von Konferenzen der Verbraucherländer zur Vorbereitung ihrer Position abzuhalten.

BK drückt seine Skepsis gegenüber der Kissinger-Fazilität aus. Wir würden auf diese Weise den Arabern das Gläubiger-Risiko abnehmen. Gleichzeitig würde man so den Italienern neue Verschuldungsmöglichkeiten eröffnen, anstatt sie zu einer gesunden Wirtschafts- und Zahlungsbilanzpolitik zurückzubringen.

---

[9] Zur Initiative des Staatspräsidenten Giscard d'Estaing vom 24. Oktober 1974 für eine internationale Erdölkonferenz vgl. Dok. 317, Anm. 47.

[10] Zum amerikanischen Vorschlag vom 28. September 1974 zur Einrichtung eines Stabilitätsfonds über 15 Milliarden Dollar vgl. Dok. 285.
Am 14. November 1974 führte der amerikanische Außenminister Kissinger in Chicago über die Energie- und Zahlungsbilanzproblematik aus: „The most serious immediate problem facing the consuming countries is the economic and financial strain resulting from high oil prices. Producer revenues will inevitably be reinvested in the industrialized world; there is no other outlet. But they will not necessarily flow back to the countries whose balance of payments problems are most acute. [...] Therefore the governments of Western Europe, North America, and Japan should move now to put in place a system of mutual support that will augment and buttress private channels whenever necessary. The United States proposes that a common loan and guarantee facility be created to provide for redistributing up to $25 billion in 1975, and as much again the next year if necessary." Vgl. DEPARTMENT OF STATE BULLETIN, Bd. 71 (1974), S. 753f. Für den deutschen Wortlaut vgl. EUROPA-ARCHIV 1975, D 11.
In einem Gespräch mit Bundeskanzler Schmidt am 22. November 1974 führte der Staatssekretär im amerikanischen Finanzministerium, Bennett, zum Stabilitätsfonds aus: „Die Beteiligungsquoten seien offen. Für USA könne man z. B. an 30 v. H. denken; für die Bundesrepublik wurden als Beispiel 15 v. H. genannt. Die Quoten sollten nach einem Schlüssel bestimmt werden, der sich aus der Höhe des BSP, dem Welthandelsanteil und der Höhe der Ölimport-Rechnung ergibt. Die Garantie solle der Höhe der Beteiligung entsprechen, nicht doppelt so hoch sein wie im Fall der EG-Anleihe. Die Ziehungen wären nicht automatisch, sondern u. a. auch von einer vernünftigen Energiepolitik des Schuldnerlandes abhängig." Vgl. die Aufzeichnung des Ministerialdirektors Hiss, Bundeskanzleramt, vom 23. November 1974; Archiv der sozialen Demokratie, Depositum Helmut Schmidt, Mappe 6995.

[11] Zur Rückführung der Devisenüberschüsse der erdölproduzierenden Staaten („recycling") vgl. Dok. 177, Anm. 27.

[12] Bundeskanzler Schmidt und Bundesminister Genscher hielten sich vom 4. bis 7. Dezember 1974 in den USA auf. Vgl. dazu Dok. 354, Dok. 355 und Dok. 357–362.

Giscard hält den BK-Vorschlag einer Abfolge von Konferenzen
(1. Konferenz mit den Förderländern über Prozedurfragen und Sachthemen, 2. Konsultation zwischen Konsumenten, 3. weitere Stufe mit den Förderländern) für eine gute Position und würde ihn unterstützen, wenn BK seinerseits die USA dafür gewinnt.

Zum Gipfel-Treffen bemerkt Giscard, daß am Montag[13] nachmittag eine gemeinsame Sitzung der Regierungschefs und Außenminister sein solle mit einem anschließenden Essen. Am Dienstag[14] morgen sollten Außenminister und Regierungschefs getrennt tagen. Dabei sollen von den Regierungschefs die Energiefragen, auch im Hinblick auf die Konferenzen, besprochen werden. Im Kommuniqué soll aber die Substanz dieser Unterhaltung nicht erscheinen, allenfalls ein Hinweis auf den Meinungsaustausch.

Zum Kissinger-Fonds zeigt Giscard weniger Reserve als BK. Er erwähnt Möglichkeiten, die Petro-Dollars aus der Finanzierung der Zahlungsbilanzdefizite der Industrieländer herauszuhalten (Hinweis auf schweizerische Maßnahmen der Kapitalimport-Restriktionen). Giscard sieht eine finanzielle Solidarität unter den Industrieländern positiv.

BK weist auf unsere Präferenz für IMF hin[15], worauf Giscard von einer Übersicht über alle bestehenden Fazilitäten spricht, um zu sehen, ob mehr erforderlich sei.

Zum Schluß des Gesprächs wird die britische Beitrittsfrage angesprochen. Der französische Standpunkt lautet unverändert, daß das Finanzierungssystem der Gemeinschaft nicht verändert werden könne. „Es kann nicht ein Land für das andere zahlen". Allenfalls könnte die Übergangszeit um ein Jahr verlängert werden, innerhalb welcher Großbritannien bestimmte Beitragsquoten zahle.

BK wird diese französische Position bei seinem bevorstehenden Besuch Wilson mitteilen.[16]

BK schließt das Gespräch ab mit einer Frage nach der Höhe der Arbeitslosigkeit in Frankreich. Giscard beziffert die französische Arbeitslosenquote mit 3,2 % und erwähnt, daß das politische Problem für ihn erst bei 4 % beginne. Der Bundeskanzler weist auf unsere konjunkturpolitischen Absichten hin, die aber auf dem „Gipfel" konsultiert werden sollten. Vor allem müßten wir von unseren europäischen Partnern die Aufforderung zu einer expansiveren Konjunkturpolitik erwarten. Giscard kündigt für den 29.11.74 sein Einladungsschreiben zum Pariser Treffen an, das gleichzeitig veröffentlicht werde. BK sagt Annahme zu und Veröffentlichung ebenfalls am 29.11.

Das Telefongespräch soll vor der Abreise nach Washington am Montag oder Dienstag[17] nachmittag fortgesetzt werden. Dabei möchte BK auch die Frage

---

[13] 9. Dezember 1974.
[14] 10. Dezember 1974.
[15] Zu den Vorschlägen des Direktors des IWF, Witteveen, zur Schaffung einer Fazilität vom 17./18. Januar 1974 bzw. vom 30. September 1974 vgl. Dok. 181, Anm. 25, bzw. Dok. 289, Anm. 6.
[16] Zum Besuch des Bundeskanzlers Schmidt vom 30. November bis 1. Dezember 1974 in Großbritannien vgl. Dok. 346.
[17] 3. Dezember 1974.

des Verhältnisses Frankreich zum Internationalen Energieprogramm[18] (Energieagentur bei der OECD) ansprechen.[19]

Hiss

VS-Bd. 14062 (010)

345

Aufzeichnung des Vortragenden Legationsrats I. Klasse Marré

301-544.80 CHL 29. November 1974[1]

Betr.: Chilereise von Staatsminister Wischnewski[2]

Zusammenfassung

Vom 17. bis zum 20. November 1974 führte Staatsminister Wischnewski in Santiago de Chile Gespräche mit der chilenischen Regierung vorwiegend über humanitäre Fragen. Er erreichte die Zusicherung,

a) daß 14 von 42 politisch verfolgten Personen[3], an deren Aufnahme in der Bundesrepublik Deutschland die Bundesregierung besonders interessiert ist, unverzüglich ausreisen dürfen;

---

[18] Vgl. dazu die Ausführungen des Staatspräsidenten Giscard d'Estaing vom 24. Oktober 1974; Dok. 302, Anm. 4.

[19] Ministerialdirektor Hiss, Bundeskanzleramt, notierte am 4. Dezember 1974, Bundeskanzler Schmidt habe in dem Telefongespräch mit Staatspräsident Giscard d'Estaing am Vorabend zunächst über seinen Besuch vom 30. November bis 1. Dezember 1974 in Großbritannien berichtet. Weitere Gesprächsthemen seien der Europäische Regionalfonds, die Frage einer Direktwahl des Europäischen Parlaments und Mehrheitsentscheidungen im EG-Ministerrat gewesen. Zur Erörterung der Energiepolitik vermerkte Hiss: „Giscard will den Gedanken einer Sequenz von Konferenzen unterstützen, wenn ihm die USA zustimmen. BK schlägt erneut vor, daß ein positives Resultat erst nach dem Treffen Giscard/Ford als Ergebnis dieses Treffens der Öffentlichkeit bekanntgegeben werden solle. Am Sonntag (8. Dezember 1974) soll Hiss Pierre-Brossolete unterrichten, was in diesem Punkt BK bei seinem Gespräch mit Ford erreichen konnte. [...] Anschließend bringt BK das Gespräch auf die Teilnahme Frankreichs an der International Energy Agency. Giscard weist darauf hin, daß die EG nicht der IEA als Mitglied beitreten kann, solange auch Frankreich nicht Mitglied ist. In dieser Frage hänge alles vom Verlauf des künftigen Dialogs mit den Produzenten ab. Erst dieser könne vermeiden, daß ein Beitritt zur IEA wie eine Gegnerschaft aussieht. Frankreich sei aber für eine Diskussion der betreffenden Fragen unter den Neun, bevor in bestimmten Punkten die IEA Entscheidungen trifft. Giscard erwartet, daß Frankreich mit der Aktionsrichtung der IEA übereinstimmt, und sieht das Problem mehr in der formellen juristischen Zugehörigkeit. BK drückt sein Bedauern über diese Sachlage aus, zugleich aber auch sein Verständnis." Vgl. Archiv der sozialen Demokratie, Depositum Helmut Schmidt, Mappe 6586.

[1] Die Aufzeichnung wurde von Vortragenden Legationsrat I. Klasse Marré am 29. November 1974 über Staatssekretär Gehlhoff an Staatsminister Wischnewski geleitet.
Hat Gehlhoff am 4. Dezember 1974 vorgelegen. Vgl. den Begleitvermerk; Referat 301, Bd. 100586.

[2] Zur Reise vgl. auch WISCHNEWSKI, Leidenschaft, S. 281 f.

[3] Am 11. September 1973 wurde Präsident Allende von den chilenischen Streitkräften unter dem Kommando des Generals Pinochet gestürzt. Vortragender Legationsrat I. Klasse Marré führte am 31. Oktober 1973 zum Flüchtlingsproblem infolge des Regierungsumsturzes aus: „Seit dem Staats-

b) daß die chilenische Regierung sich hinsichtlich derjenigen unter den übrigen 28 Personen, gegen die Gerichtsverfahren schweben, für eine Beschleunigung dieser Verfahren verwenden will;

c) daß die chilenische Regierung Anträge derjenigen unter den übrigen 28 Personen, die bereits rechtskräftig zu Haftstrafen verurteilt worden sind, auf Umwandlung der Urteile in Landesverweis wohlwollend prüfen will.

Staatsminister Wischnewski teilte der chilenischen Regierung mit, daß die Bundesregierung umgehend für die Verwirklichung eines Regierungsabkommens vom 21.8.1973[4] über einen Warenhilfekredit von 21,1 Mio. DM Sorge tragen werde.

Vorgeschichte der Reise

1) Bereits auf zwei früheren Chilereisen (im September 1973[5] und im März 1974[6]) hatte sich in seiner Eigenschaft als Bundestagsabgeordneter der heuti-

Fortsetzung Fußnote von Seite 1529

streich vom 11. September 1973 wollen oder müssen zahlreiche in Chile wohnhafte Menschen das Land verlassen, um einer Verfolgung zu entgehen. [...] Die Zahl der für eine Ausreise in Betracht kommenden Chilenen ist völlig unbekannt. Schätzungen sprechen von 7000 bis 10000 [...]. Auch die Zahl der übrigen Lateinamerikaner dürfte mehrere Tausend betragen. Mitte Oktober sollen etwa 2800 Chilenen und sonstige Lateinamerikaner in den ausländischen Botschaften der Hauptstadt teils Asyl, teils Zuflucht gefunden haben. [...] Die Deutsche Botschaft in Santiago hat unmittelbar nach dem Umsturz begonnen, Schutzsuchenden mit Rat und Tat zu helfen. Sie hat verschiedenen deutschen Staatsangehörigen einstweilige Zuflucht in den Räumen der Botschaft gewährt und erreicht, daß ihnen freie Ausreise nach Deutschland ermöglicht wurde. Ferner hat sie einige chilenische Schutzsuchende – derzeit sind es drei –, die sich in unmittelbarer Verfolgungsgefahr befanden, aufgenommen. In etwa 50 anderen Fällen – Chilenen und sonstige Lateinamerikaner – hat sie dafür Sorge getragen, daß Schutzsuchenden in anderen lateinamerikanischen Botschaften Asyl gewährt wurde." Vgl. Referat 010, Bd. 178572.

4 In Artikel 1 des Abkommens vom 21. August 1973 zwischen der Regierung der Bundesrepublik und der chilenischen Regierung über Kapitalhilfe wurde festgelegt: „Die Regierung der Bundesrepublik Deutschland ermöglicht es der Regierung der Republik Chile oder einem anderen von beiden Regierungen gemeinsam auszuwählenden Darlehensnehmer, bei der Kreditanstalt für Wiederaufbau, Frankfurt/Main, zur Finanzierung der Einfuhr folgender Waren: Düngemittel; chemische Harze; Stähle; Autoersatzteile; Industriemaschinen und Ersatzteile; Ausrüstungsgüter für Eisenbahnen und Ersatzteile; Rohstoffe und chemische Produkte; Rohstoffe und pharmazeutische Produkte; pharmazeutische Ausrüstungsgüter; Ausrüstungsgüter für den Bergbau; Ausrüstungsgüter für das Fernmeldewesen; Materialien und Ersatzteile für die elektronische Industrie aus der Bundesrepublik Deutschland und der damit zusammenhängenden Leistungen ein Darlehen bis zur Höhe von einundzwanzig Millionen einhunderttausend Deutschen Mark aufzunehmen." Vgl. BUNDESGESETZBLATT 1975, II, S. 198.

5 Botschafter Luedde-Neurath, Santiago de Chile, resümierte am 1. Oktober 1973 den Besuch der SPD-Abgeordneten Wischnewski und Brück vom 24. bis 28. September 1973 in Chile: „Die Abgeordneten führten mit Innenminister General Bonilla zwei Gespräche, in denen der General die Gründe für den militärischen Umsturz darlegte, während die Abgeordneten ihre Vorbehalte hinsichtlich der Existenz politischer Gefangener und die Besorgnis ihrer Partei über die Ereignisse in Chile darlegten. General Bonilla veranlaßte, daß noch während des Aufenthalts der beiden Abgeordneten alle inhaftierten Deutschen auf freien Fuß gesetzt wurden bzw. ihre Abreise vorbereitet wurde. Das Entgegenkommen der chilenischen Regierung in dieser Angelegenheit spiegelte das große Interesse wider, das diese an guten Beziehungen mit der Bundesrepublik Deutschland hat, zumal mindestens gegen einen der inhaftierten Deutschen gravierende Beschuldigungen (Besitz von Dynamit) vorlagen." Vgl. den Drahtbericht Nr. 242; Referat 301, Bd. 100588.

6 Die SPD-Abgeordneten Wischnewski und Brück hielten sich vom 1. bis 9. März 1974 in Chile auf. Botschafter Luedde-Neurath, Santiago de Chile, berichtete dazu am 11. März 1974: „Die Abgeordneten Wischnewski und Brück besuchten am Donnerstag, den 7.3.1974, in Begleitung des Sozialreferenten der Botschaft die Gefangeneninsel Dawson, auf der gegenwärtig 37 führende Politiker der inzwischen verbotenen U[nidad]P[opuplar]-Parteien festgehalten werden. Ein großer Teil der Gefangenen bekleidete führende Ämter in der Regierung Allende. [...] In Gesprächen mit den Gefan-

ge Staatsminister Wischnewski bei der Militärregierung für inhaftierte Personen – insbesondere aus dem Kreis der mit der SPD befreundeten Radikalen Partei Chiles – eingesetzt. Er erreichte gewisse Erleichterungen, darunter die Umwandlung der Inhaftierung des Vorsitzenden der Radikalen Partei, Anselmo Sule, in Hausarrest.

Ende September 1974 wurde Herr Sule unter der Beschuldigung, er habe während seines Hausarrests unerlaubte politische Kontakte unterhalten, wiederum festgenommen. In einem Brief bat Frau Sule StM Wischnewski, erneut nach Chile zu kommen und in Gesprächen mit der Militärregierung die Freilassung ihres Mannes zu erwirken.

2) Das harte Vorgehen der Militärregierung gegenüber Anhängern des Allenderegimes und die Aufhebung demokratischer Grundrechte in Chile hatten zu einer erheblichen Abkühlung des deutsch-chilenischen Verhältnisses geführt. Auch der Bereich der Entwicklungshilfe wurde davon erfaßt. Die Erfüllung eines am 21.8.1973 – also kurz vor dem Umsturz – unterzeichneten Regierungsabkommens über einen Warenhilfekredit in Höhe von 21,1 Mio. DM stieß auf Schwierigkeiten beim BMZ wie auch innerhalb der SPD-Bundestagsfraktion, obwohl die völkerrechtliche Gültigkeit dieses Abkommens zweifelsfrei feststand[7]. Die chilenische Regierung drängte immer stärker auf eine klare Stellungnahme der Bundesregierung zur Abwicklung des Vertrags. Sie äußerte ihr Befremden darüber, daß die SPD-Bundestagsfraktion in einer Entschließung vom 17.9.1974 die Bundesregierung aufgefordert hatte, jede Hilfe an die Junta einzustellen, und die völkerrechtliche Gültigkeit des Abkommens bezweifelte.[8]

Zur Klärung dieser Fragen entschloß sich Staatsminister Wischnewski, nach Santiago de Chile zu fliegen und Gespräche mit der chilenischen Regierung zu führen.

Fortsetzung Fußnote von Seite 1530

genen konnten die Abgeordneten feststellen, daß sie von dem militärischen Bewachungspersonal korrekt behandelt werden und daß die Versorgung mit Lebensmitteln und Medikamenten ausreichend ist. Bei dem in Anwesenheit von Militärs getrennt geführten ca. 40-minütigen Gesprächen mit allen dort gefangengehaltenen früheren Vertretern der SPD-Schwesterpartei ‚Partido Radical' kam jedoch zum Ausdruck, daß die Gefangenen weniger einer physischen, sondern wegen ihrer Rechtsunsicherheit (keine Informationen, welche Anklagen gegen sie erhoben, wann Prozesse stattfinden, wie hoch die Urteile voraussichtlich ausfallen werden, kein Kontakt mit Verteidigern zur Vorbereitung von Entlastungsmaterial, etc.) einer starken psychischen Belastung ausgesetzt sind." Vgl. den Drahtbericht Nr. 172; Referat 301, Bd. 100603.

[7] In Artikel 7 des Abkommens vom 21. August 1973 zwischen der Regierung der Bundesrepublik und der chilenischen Regierung über Kapitalhilfe wurde festgelegt: „Dieses Abkommen tritt am Tage seiner Unterzeichnung in Kraft." Vgl. BUNDESGESETZBLATT 1975, II, S. 198.

[8] In der von der SPD-Fraktion verabschiedeten Resolution über Chile hieß es: „Ein Jahr nach dem Militärputsch in Chile muß festgestellt werden, daß die Junta nach wie vor das Land nur mit Mitteln des Terrors regieren kann. Die Sozialdemokratische Bundestagsfraktion verurteilt erneut das Verhalten dieser Militärs auf das Schärfste. Wenn die chilenische Junta weiterhin die demokratischen und gewerkschaftlichen Rechte und Freiheiten des eigenen Volkes mit Füßen tritt und viele aufrechte Demokraten einkerkert, foltert und umbringt, so trifft sie mit Recht die Verachtung der Welt. Jede Hilfe, die als Billigung oder Unterstützung des Militärregimes verstanden werden kann, muß unterbleiben. Die Fraktion fordert die Bundesregierung auf, alle ihr zur Verfügung stehenden Mittel einzusetzen, um zur Wiederherstellung friedlicher und demokratischer Verhältnisse in Chile beizutragen." Vgl. „Informationen der Sozialdemokratischen Fraktion im Deutschen Bundestag" vom 18. September 1974; Referat 301, Bd. 100586.

Verlauf des Besuchs

a) Gespräche mit der chilenischen Regierung

Vom Leiter des Länderreferats 301[9] und von seinem persönlichen Referenten[10] begleitet, führte Staatsminister Wischnewski vom 18. bis 20. November 1974 zahlreiche Gespräche in der chilenischen Hauptstadt. Gesprächspartner aus Kreisen der chilenischen Regierung waren: Staatschef General Pinochet, Außenminister Carvajal, Innenminister Benavides, Koordinationsminister Saez, Wirtschaftsminister Leniz, Arbeitsminister Díaz.

Im Mittelpunkt der Gespräche stand die Erörterung humanitärer Wünsche der Bundesregierung. Staatsminister Wischnewski führte u. a. folgendes aus:

Die Bundesregierung wolle sich nicht in die inneren Angelegenheiten Chiles einmischen. Sie sei aber – aus rein humanitären Gründen – an dem Geschick inhaftierter Personen interessiert. Er – der Staatsminister – habe im März d. J. einen Brief des damaligen Bundeskanzlers Brandt an General Pinochet überbracht, in dem um milde Behandlung für eine Anzahl Politiker der Radikalen Partei und für den ehemaligen Außenminister Almeyda (von der Sozialistischen Partei) gebeten wurde. Auf diesen Brief sei keine Antwort eingegangen. Nun sei er – der Staatsminister – im Auftrag der Bundesregierung nach Chile gekommen, um alle bilateralen Fragen, vor allem aber unsere humanitären Anliegen, zu erörtern. Er sei ermächtigt, der chilenischen Regierung den ausdrücklichen Dank der Bundesregierung für die korrekte Lösung des Problems der Asylierten auszusprechen, vor allem dafür, daß die Lösung in einer Form vorgenommen wurde, die die bilateralen Beziehungen nicht belastet habe. Die Bundesregierung sei aber weiterhin an der Aufnahme bestimmter Personen aus Chile, die in die Bundesrepublik auszureisen wünschten, interessiert.

Staatsminister Wischnewski übergab dem chilenischen Innenminister eine Liste mit den Namen von 42 Personen[11] – darunter die in dem Brief des ehemaligen Bundeskanzlers Brandt aufgeführten Politiker – mit der Bitte, ihnen die baldige Ausreise zu ermöglichen. Er wies darauf hin, daß zwar kein juristischer Zusammenhang zwischen diesem Anliegen und der wirtschaftlichen Zusammenarbeit, insbesondere nicht mit der Durchführung des Regierungsabkommens vom 21.8.1973, dessen Gültigkeit die Bundesregierung nicht bestreite, bestehe. Es gebe jedoch in der Bundesrepublik Deutschland eine öffentliche Meinung, auf die die Bundesregierung Rücksicht nehmen müsse. Die zukünftige Zusammenarbeit mit Chile werde erleichtert und eine gute Entwicklung der deutsch-chilenischen Beziehungen erheblich gefördert, wenn sich die chilenische Regierung in humanitären Fragen entgegenkommend zeige und er – der Staatsminister – nach seiner Rückkehr aus Chile der Bundesregierung, wie auch einige Tage später den EG-Außenministern in Brüssel[12], dementsprechend positiv berichten könne. Auf eine diesbezügliche Frage von Staatschef Pinochet erklärte der Staatsminister, es gebe keinen Beschluß der Bundesregierung über die Einstellung deutscher Kapitalhilfe an Chile.

---

9 Hans Hermann Marré.
10 Wilhelm Schönfelder.
11 Für die von Staatsminister Wischnewski übergebene Liste vgl. Referat 301, Bd. 100586.
12 Zur EG-Ministerratstagung fand 2./3. Dezember 1974 in Brüssel vgl. Dok. 350.

Staatschef Pinochet und die übrigen Regierungsmitglieder unterstrichen in ihren Darlegungen immer wieder ihr starkes Interesse an einem guten Verhältnis zur Bundesrepublik Deutschland. Sie wiesen auf den bedeutenden Anteil des deutschen Elements an der Entwicklung Chiles und auf die traditionelle Freundschaft der beiden Länder hin. Die Generäle erklärten ihre Zuneigung zu Deutschland auch mit ihrer militärischen Ausbildung, die sich an deutschen Vorbildern orientiert habe. Es fiel auf, daß die chilenischen Gesprächspartner jeden Hinweis auf die erhebliche Verstimmung vermieden, die das deutsche Votum zugunsten der Chileresolution der VN-Vollversammlung[13] in chilenischen Regierungskreisen ausgelöst hatte.

Hinsichtlich der humanitären deutschen Anliegen äußerten sich die chilenischen Gesprächspartner wie folgt:

Es seien drei Kategorien von Personen zu unterscheiden, die aus politischen Gründen inhaftiert oder in ihrer Bewegungsfreiheit eingeschränkt seien:

1) Etwa 750 Personen befänden sich aufgrund des Ausnahmezustandes und diesbezüglicher Gesetze in Sicherheitsverwahrung. Gegen sie seien keine Verfahren eingeleitet worden. Ihre freie Ausreise in ein Land ihrer Wahl sei nunmehr in Zusammenarbeit mit dem Internationalen Roten Kreuz und anderen Hilfsorganisationen eingeleitet worden. Eine erste Liste mit Namen von 100 Freizulassenden sei soeben veröffentlicht worden. Sobald Aufnahmeländer für diese Personen gefunden seien, würden weitere Listen von je 100 Personen veröffentlicht.

2) Gegen etwa 1200 Personen seien Verfahren vor den ordentlichen Gerichten anhängig. Die Gerichte seien unabhängig. Erst nach Abschluß der Verfahren könne eine Umwandlung etwaiger Haftstrafen in Landesverweis erfolgen.

3) Weitere etwa 1200 Personen seien nach dem Umsturz zu Haftstrafen verurteilt worden. Auch hier bestehe die Möglichkeit einer Umwandlung in Landesverweis. Zusammen mit den unter 2) genannten Personen würden diese Häftlinge nach Abschluß der ersten Entlassungsphase (s. Ziffer 1) in einer zweiten Etappe erfaßt und des Landes verwiesen. Im Innenministerium erwartet man die Entlassung von mindestens 90% aller Inhaftierten der Kategorien 2) und 3).

Von chilenischer Seite wurde eine wohlwollende Prüfung der von Staatsminister Wischnewski übergebenen Liste zugesichert. Eine kleine deutsch-chile-

---

[13] In der Resolution Nr. 3219 der UNO-Generalversammlung vom 6. November 1974 wurde ausgeführt: „The General Assembly, [...] 1) Expresses its deepest concern that constant flagrant violations of basic human rights and fundamental freedoms in Chile continue to be reported; 2) Reiterates its repudiation of all forms of torture and other cruel, inhuman or degrading treatment or punishment; 3) Urges the Chilean authorities to respect fully the principles of the Universal Declaration of Human Rights and to take all necessary steps to restore and safeguard basic human rights and fundamental freedoms [...]; 4) Endorses the recommendation made by the Sub-Commission on Prevention of Discrimination and Protection of Minorities, in its resolution 8 (XXVII), that the Commission on Human Rights at its thirty-first session should study the reported violations of human rights in Chile, with particular reference to torture and cruel, inhuman or degrading treatment or punishment; 5) Requests the President of the twenty-ninth session of the General Assembly and the Secretary General to assist in any way they may deem appropriate in the re-establishment of basic human rights and fundamental freedoms in Chile in the light of paragraph 3 above; 6) Requests the Secretary-General to submit a report to the General Assembly at its thirtieth session on the action taken and progress achieved under paragraphs 3 to 5 above." Vgl. UNITED NATIONS RESOLUTIONS, Serie I, Bd. XV, S. 83.

nische Arbeitsgruppe befaßte sich in zwei Sitzungen mit den einzelnen Fällen. In der Abschlußbesprechung am 20. November 1974 überreichte Innenminister Benavides ein Papier mit der Mitteilung, daß 14 Personen aus dieser Liste unverzüglich die Ausreise gestattet werde. Unter ihnen befanden sich drei der zwölf prominenten Politiker, für die sich der damalige Bundeskanzler Brandt in seinem Brief vom 28. Februar 1974 an General Pinochet eingesetzt hatte: nämlich die Vorstandsmitglieder der Radikalen Partei Benjamin Teplitzki, Edgardo Enriquez Froeden und Kurt Dreckmann. Zu den weiteren Freizulassenden gehören Professoren, Ärzte, Juristen und Journalisten, darunter der bekannte sozialistische Journalist Oscar Waiss. (Einige von ihnen, darunter Teplitzki, sind inzwischen ausgereist.)

Innenminister Benavides erklärte, bei den übrigen 28 Personen dieser Liste handele es sich entweder um Häftlinge, gegen die Untersuchungsverfahren schweben, (darunter zehn prominente Politiker, gegen die wegen Steuerhinterziehung und Bereicherung im Amt ermittelt werde) oder um Strafgefangene, die Haftstrafen abzubüßen hätten. Der Innenminister sicherte Staatsminister Wischnewski zu, er werde sich für eine Beschleunigung anhängiger Gerichtsverfahren und für die Umwandlung verhängter bzw. noch zu verhängender Freiheitsstrafen in Landesverweis einsetzen.

Auch Koordinationsminister Saez schaltete sich durch Gespräche mit Staatschef Pinochet in die Bemühungen um einen Erfolg der humanitären Mission von Staatsminister Wischnewski ein. Er reist Anfang Dezember zu Kontaktaufnahmen mit Wirtschaftskreisen nach Deutschland und trifft in Bonn mit Bundesminister Friderichs und Staatsminister Wischnewski zusammen.[14] Letzterer hat ihn eindringlich darauf hingewiesen, daß Voraussetzung jeder amtlichen deutsch-chilenischen Zusammenarbeit das Entgegenkommen der Militärregierung im humanitären Bereich sei. Minister Saez ist sich offenbar der Bedeutung dieses Zusammenhangs bewußt.

Unter den 28 Personen, deren Freilassung im Augenblick noch nicht erfolgt, befindet sich der ehemalige Außenminister Almeyda. Er gilt als prominentester chilenischer Häftling, für den sich auch Staatsminister Wischnewski in allen Gesprächen mit Regierungsmitgliedern – wenn auch erfolglos – verwandte. Zusammen mit anderen prominenten Politikern der Allende-Regierung ist er im Lager Ritoque interniert. Laut Mitteilung Frau Almeydas an Staatsminister Wischnewski werde ihr Mann dort korrekt behandelt und gehe es ihm, den

---

[14] Vortragender Legationsrat I. Klasse Marré resümierte am 23. Dezember 1974 den Aufenthalt des chilenischen Ministers für wirtschaftliche Koordination, Saez, in der Bundesrepublik: „Nach einem fast dreiwöchigen Aufenthalt in der Bundesrepublik Deutschland flog Minister Saez am 18. Dezember 1974 nach Chile zurück. Während seines Besuchs wickelte er ein umfangreiches Reise- und Besprechungsprogramm ab. Er hielt sich zu Gesprächen mit Industriefirmen und Wirtschaftsverbänden u. a. in Hamburg, Düsseldorf, München und Frankfurt auf. Zu Beginn und zu Ende seines Besuchs war er jeweils mehrere Tage in Bonn und wurde hier von den Bundesministern Genscher, Friderichs und Ertl sowie von Staatsminister Wischnewski empfangen. In Frankfurt traf er am 12. Dezember 1974 mit Bundesminister Bahr zusammen. Vorrangig galt das Interesse des Besuchers der Erkundung von Möglichkeiten einer engeren deutsch-chilenischen Zusammenarbeit im Wirtschaftsbereich. Wie das Auswärtige Amt von ihm selbst und von einigen seiner Gesprächspartner erfuhr, stieß er überall auf eine ihn überraschende Aufgeschlossenheit – seiner Darstellung nach selbst bei Bundesminister Bahr, den er anfänglich für seinen schwierigsten Gesprächspartner gehalten hatte." Vgl. Referat 301, Bd. 101786.

Umständen entsprechend, gut. Frau Almeyda vertrat die Meinung, daß die VN-Resolution, mit der die Militärjunta aufgefordert wurde, ihren Mann freizulassen[15], ihm wenig dienlich gewesen sei, auch wenn sie sie für richtig halte. In einem Gespräch Staatsminister Wischnewskis mit den Ehefrauen aller verhafteten Politiker, an deren Freilassung die Bundesregierung interessiert ist, äußerte Frau Almeyda unter Zustimmung der anwesenden Damen die Überzeugung, daß die umgehende Verwirklichung des von ihrem Manne unterzeichneten KH-Abkommens durch die Bundesregierung notwendig sei. Hierdurch werde die Junta gezwungen, ihrerseits den humanitären Wünschen der Bundesregierung entgegenzukommen, sei doch die Militärregierung angesichts der katastrophalen Wirtschaftslage Chiles auf ausländische Hilfe dringend angewiesen. Die prompte Realisierung des Abkommens werde es der Bundesregierung ermöglichen, stärker als bisher Einfluß auf humanitäre Fragen und damit auch auf die baldige Freilassung politischer Häftlinge zu nehmen.

b) Gespräche mit sonstigen Persönlichkeiten

Während seines Aufenthalts in Santiago führte Staatsminister Wischnewski Informationsgespräche mit Persönlichkeiten unterschiedlichster politischer Herkunft. Er traf zusammen: mit Vertretern der in der Flüchtlingsfürsorge tätigen internationalen Organisationen; mit Vertretern der im allgemeinen juntafreundlichen deutsch-chilenischen Gemeinschaft; mit dem ehemaligen Innenminister (unter Allende) Briones; mit Fuentealba, dem früheren Vorsitzenden der Christlich-Demokratischen Partei (der wenige Tage später wegen juntafeindlicher Äußerungen des Landes verwiesen wurde)[16]; mit dem jetzigen Vorsitzenden dieser Partei, Patricio Aylwin; mit den Ehefrauen einer Anzahl überwiegend der Radikalen Partei angehörender inhaftierter Politiker. Diese Gespräche vermittelten ein anschauliches, wenn auch teilweise sehr widersprüchliches Bild der gegenwärtigen Lage Chiles.

Bewertung der Gespräche und der gegenwärtigen Lage Chiles

Das Bemühen der chilenischen Regierung, mit Ländern – wie der Bundesrepublik Deutschland –, bei denen sie eine gewisse Aufgeschlossenheit für ihre Belange voraussetzt, wieder ins Gespräch und zu einem guten Einvernehmen zu

---

[15] In der Resolution Nr. 3215 der UNO-Generalversammlung vom 6. November 1974 wurde gefordert: „The General Assembly, Having considered the report of the Trade and Development Board on the first part of its fourteenth session, […] Considering that the President of the third session of the United Nations Conference on Trade and Development, Mr. Clodomiro Almeyda, former Minister for Foreign Affairs of Chile, has already been imprisoned for a year, […] Commissions the President of the twenty-ninth session of the General Assembly and the Secretary-General of the United Nations to request the Government of Chile to release immediately Mr. Clodomiro Almeyda, the President of the third session of the United Nations Conference on Trade and Development." Vgl. UNITED NATIONS RESOLUTIONS, Serie I, Bd. XV, S. 294 f.

[16] Legationssekretär Schönfelder führte am 18. September 1974 zum Gespräch des Staatsministers Wischnewski mit dem ehemaligen Vorsitzenden der Christlich-Demokratischen Partei Chiles aus, Fuentealba habe über die Rolle des chilenischen Geheimdiensts berichtet und erklärt, „daß die verschiedenen Geheimdienstorganisationen sehr oft Aktionen unternähmen, von denen die Regierung nichts wisse. Vor allen Dingen Oberst Contreras mache, was er wolle. Die Generäle hätten ‚schrecklich Angst' vor ihm. Zu den humanitären Fragen meinte Fuentealba, daß internationaler Druck sehr wichtig sei. Dieser müsse aber vorsichtig ausgeübt werden, da er sich ansonsten gegen diejenigen auswirke, denen geholfen werden solle. Die Militärs in der Regierung seien ohne politische Erfahrung und im Augenblick gewillt, gegen die ganze Welt anzutreten. Mit ihnen müsse ‚pädagogisch' umgegangen werden." Vgl. Referat 301, Bd. 100586.

kommen, war unverkennbar. Es hat den Anschein, als ob die Militärjunta inzwischen zu der Einsicht gelangt ist, daß ihr die Weltmeinung und insbesondere die Meinung von Ländern, die zu traditionellen Freunden Chiles zählen, nicht länger gleichgültig sein kann. Dementsprechend waren die chilenischen Gesprächspartner Staatsministers Wischnewskis um eine herzliche Atmosphäre bemüht und zeigten Verständnis für die offene und sachliche Art, mit der Staatsminister Wischnewski auch Fragen anschnitt, deren Erörterung mit anderen ausländischen Besuchern sie vermutlich als unzulässige Einmischung in innere Angelegenheiten Chiles abgelehnt hätten. Das Ergebnis der Besprechungen – umgehende Freilassung von einem Drittel der Personen, an denen die Bundesregierung interessiert ist – kann als erfolgreich bezeichnet werden. Es bleibt abzuwarten, ob auch die übrigen Zusicherungen eingehalten und binnen kurzem – wie von der chilenischen Regierung angekündigt – das Häftlingsproblem durch Freilassung nahezu aller Inhaftierten gelöst wird. Erst dann kann von deutscher Seite eine engere Zusammenarbeit erwogen werden.

Im übrigen ermöglicht ein dreitägiger, mit Besprechungen angefüllter Aufenthalt in Chile nur sehr eingeschränkt die Gewinnung neuer Erkenntnisse und Bewertungen. Rein äußerlich läßt das Straßenbild der chilenischen Hauptstadt die Beherrschung durch ein Militärregime nicht erkennen. Erst recht nicht sind für den flüchtigen Beobachter Anzeichen eines „Terrorregimes" oder einer „blutigen faschistischen Diktatur" erkennbar. Die Beurteilung der Lage durch die verschiedenen Gesprächspartner des Staatsministers war je nach Grad der Sympathie oder Distanz zum Militärregime stark unterschiedlich. Allende-Anhänger, wie etwa die politisch sehr engagierten Ehefrauen von Ex-Außenminister Almeyda und der inhaftierten Politiker der Radikalen Partei, werfen der Militärjunta weiterhin massive Verletzungen der Menschenrechte (willkürliche Verhaftungen, Folterungen, Einleitung von Scheinprozessen, Unterdrückung von Grundrechten) vor, machen sie für das Elend der breiten Massen verantwortlich und behaupten, die Junta fühle sich immer stärker innen wie außen isoliert sowie zunehmender Kritik aus den eignen Reihen ausgesetzt. Bei der christdemokratischen Führung hat die Distanzierung zur Militärregierung aus Enttäuschung über die ausgebliebene verantwortliche Beteiligung politischer Parteien an den Regierungsgeschäftigen zugenommen und bemüht sich der „progressivere" Flügel um eine Annäherung an die gemäßigten Teile der früheren Volksfront. Hingegen wird in Wirtschaftskreisen, wie auch in weiten Teilen der deutsch-chilenischen Gemeinschaft, der gegenwärtige Kurs für richtig gehalten und besteht die Tendenz, Meldungen über Verletzungen der Menschenrechte für Verleumdungen einer gezielten Antijunta-Kampagne interessierter ausländischer Kreise – vor allem des linken Lagers – zu halten.

Fest steht, daß die erhoffte wirtschaftliche Verbesserung für breite Teile der ärmeren Bevölkerung bis hin zum Mittelstand bisher ausgeblieben ist (Inflationsrate 1974 voraussichtlich weit über 300%!). Daher macht sich wachsender Mißmut breit, der allerdings weniger politisch als wirtschaftlich motiviert ist. Die Position der Militärjunta erscheint derzeit noch ungefährdet, zumal keine echte Alternative sichtbar ist und die für eine Regierungsverantwortung in Betracht kommenden Parteien und -gruppierungen untereinander uneins sind. Ob es im Lande einen nennenswerten Widerstand oder gar größere bewaffnete Untergrundgruppen gibt, ist unklar: Die weiterhin harte Behandlung von Anhängern oder Mitgliedern extremer Linksgruppen durch das Militär könnte Ausdruck der Besorgnis vor einer derartigen Opposition sein. In diesem Zusammenhang sind auch die Verletzungen von Menschenrechten zu sehen, deren Existenz wohl kaum abgestritten werden kann, wenn sie auch wohl nicht den von Juntagegnern behaupteten Umfang besitzen. Auch bleibt offen, ob die Junta diese Mißstände veranlaßt, duldet oder mangels Kontrolle über untergeordnete Organe und angesichts des offenkundigen Zuständigkeitswirrwarrs bei den Geheimdiensten nicht beseitigen kann.

Im Augenblick sollten unsere Bemühungen darauf gerichtet sein, in Verbindung mit unseren Verbündeten Einfluß auf die Rückkehr zu rechtsstaatlichen Verhältnissen in Chile zu nehmen. Eine Politik internationaler Isolierung ist da weniger hilfreich als eine gezielte wirtschaftliche Zusammenarbeit, die den notleidenden Schichten der chilenischen Bevölkerung zugute kommt und gleichzeitig zu einer Milderung repressiver Maßnahmen der Militärregierung führt. Hingegen ist wohl auf absehbare Zeit nicht mit der Wiedereinführung demokratischer Verhältnisse in Chile zu rechnen, da – zumindest im Augenblick noch – diejenigen Kräfte in der Militärregierung die Oberhand zu besitzen scheinen, die keine Änderung der gegenwärtigen Situation anstreben.

[Marré][17]

Referat 301, Bd. 100586

346

Botschafter von Hase, London, an Bundesminister Genscher

114-15085/74 VS-vertraulich Aufgabe: 1. Dezember 1974, 19.15 Uhr[1]
Fernschreiben Nr. 3055 Ankunft: 1. Dezember 1974, 22.30 Uhr
Citissime

Bitte Bundesminister vor Abfahrt nach Brüssel[2] vorlegen

Betr.: Besuch des Herrn Bundeskanzlers in London 30.11.–1.12.1974

Zur Information und mit der Bitte um Weisung zu V.

I. Bundeskanzler Schmidt weilte auf Einladung des britischen Premierministers und des Parteivorstands (National Executive Committee) der Labour-Partei am 30. November und 1. Dezember in London und Chequers. Er war begleitet von StS Gehlhoff, StS Bölling, MDg Fischer, MR Heck (BMF) und seinem Persönlichen Referenten[3]. Im Mittelpunkt des öffentlichen Interesses stand die

[17] Verfasser laut Begleitvermerk. Vgl. Anm. 1.
[1] Hat Vortragendem Legationsrat Trumpf am 6. Dezember 1974 vorgelegen.
[2] Bundesminister Genscher nahm am 2./3. Dezember 1974 an der EG-Ministerratstagung teil. Vgl. dazu Dok. 350.
[3] Udo F. Löwke.

knapp halbstündige Rede als „fraternal delegate" der SPD vor dem Labour-Parteitag.[4] Die Rede wurde mit starkem Beifall von allen Delegierten aufgenommen. Die erwarteten Mißtöne traten nicht auf. Einige Anti-EG-Demonstranten vor dem Versammlungsgebäude gehörten zum gewohnten Bild derartiger Parteitage. Pro-Europäer zeigten sich begeistert und dankbar für die Botschaft des Bundeskanzlers, der Verbleib Großbritanniens in der Gemeinschaft liege in britischem und deutschem Interesse, der Menge der Anti-Europäer bot die Rede keinen Ansatzpunkt zum Protest. Kommentierungen sprechen von „Geschick, Takt, Charme und Witz", die jedoch die zentrale Forderung nach Zusammenarbeit und Solidarität nicht verbargen (s. dazu Pressetelegramm).

Am Rande des Parteitags hatte der Bundeskanzler ein über halbstündiges Gespräch mit der früheren israelischen Ministerpräsidentin Golda Meir. Der Bundeskanzler bemerkte mir gegenüber, die Darlegungen von Frau Meir hätten ihn in seiner Auffassung von dem besonderen Ernst der Lage im Nahen Osten noch wesentlich bestärkt.

Außerdem führte der Bundeskanzler ein mehr als einstündiges vertrauliches Gespräch mit Oppositionsführer Heath, in dem dieser vor allem die von den Konservativen geplante Strategie für die parlamentarische und öffentliche Behandlung der Europa-Frage darlegte. Heath vermittelte dabei, wie mir der Bundeskanzler vertraulich sagte, den Eindruck, daß die Konservativen zwar gegen das Referendumsgesetz stimmen, jedoch nach Verabschiedung des Gesetzes weiterhin im Parlament und in der Öffentlichkeit für die europäische Sache eintreten würden.

Ab Spätnachmittag des 30.11. führte der Bundeskanzler Gespräche mit PM Wilson, teils unter vier Augen, teils in einem um AM Callaghan, Schatzkanzler Healey, Minister Lever (Wirtschafts- und Finanzberater des PM) und Verteidigungsminister Mason erweiterten Kreis in Chequers. Am Sonnabend wurden Fragen der EG, am Sonntag vormittag internationale Wirtschaftsfragen behandelt. Zusammenfassend halte ich aus den Gesprächen nach Sachgebieten geordnet folgendes fest:

II. Fragen der Europäischen Gemeinschaft

1) Zur Gipfelkonferenz[5]

Bundeskanzler betonte zu Auftakt des Gesprächs, ein Gipfel ohne Fehlschlag habe bereits in sich eine Rechtfertigung. Callaghan unterstrich, auf dem Gipfel sei politischer Wille erforderlich, „if we miss the opportunity at this summit,

---

[4] Bundeskanzler Schmidt erklärte am 30. November 1974 vor dem Parteitag der britischen Labour Party in London: „Let me say a word on the European Community also. [...] But all I want really to say is only this and even at the risk of a walk out: Your comrades on the continent want you to stay and you please will have to weigh this if you talk of solidarity – you have to weigh it. Your comrades on the continent believe that it is in their interest as well as in yours, too. More than often, of course, we ourselves do have our own misgivings about the European Commission and its decisions. I think for instance of its agricultural policies. [...] Of course, Europe is not merely an agricultural affair. We have to concentrate on industrial growth and on industrial cooperation. My party feels the advantages of EC, the Community, so far do have greater weight than the stresses and burdens. After all it is an organization whose pace and direction can only be decided by the agreement of all its members. We feel that it provides us with the necessary means for cooperation which we do need to solve the problems of the present day crisis of the world's economic structure." Vgl. Referat 204, Bd. 101400.

[5] Zur Gipfelkonferenz der EG-Mitgliedstaaten am 9./10. Dezember 1974 in Paris vgl. Dok. 369.

we will go downhill". Bundeskanzler stellte als wichtigste Themen die gemeinsame Energiepolitik, der sich Regierungschefs selbst annehmen müßten, und die Europa-Frage, einschließlich Regionalfonds und institutioneller Fragen, heraus.

2) Zu Großbritanniens Stellung in der Gemeinschaft (Neuverhandlungen)[6]

Bundeskanzler drängte Wilson zu erklären, welche Bedingungen noch erfüllt sein müßten, um den Verbleib Großbritanniens in der Gemeinschaft sicherzustellen. Eine Reihe von Ländern sei vielleicht nicht mehr so stark wie zur Zeit der Beitrittsverhandlungen an der britischen Mitgliedschaft interessiert. Man habe zwar den Eindruck, die britische Regierung strebe den Verbleib an, die öffentliche Meinung vermittle jedoch ein anderes Bild.

Wilson und Callaghan führten folgendes aus: Das Vereinigte Königreich wolle im Gemeinsamen Markt bleiben, aber auf der Grundlage akzeptabler Bedingungen. Die gegenwärtigen Bedingungen ließen sehr zu wünschen übrig. Hauptforderungen seien in den Reden vom 1. April[7] und 4. Juni[8] vorgetragen worden: Budget, CAP[9], Beziehungen zum Commonwealth, Zugangsmöglichkeiten billiger Nahrungsmittel, vor allem auch Zucker, und Flexibilität der regionalen Beihilfepolitik (s. u.). Auf Drängen des Bundeskanzlers bestätigten beide, es gebe keine bisher unerklärten Forderungen, keine „Salami-Taktik", kein Nachschieben weiterer Wünsche. Die britische Seite würdigte die bereits erzielten Fortschritte in den Beziehungen zum Commonwealth (AKP, Zucker).

Die Budget-Frage nannte Wilson „important" für die britische Lebensfähigkeit, aber nicht „vital", während Callaghan sie im Blick auf die Erfüllung des Labour-Manifests[10] als „sehr wichtig" bezeichnete. Ihre Hauptfunktion sei, der Partei die korrekte Erfüllung des Wahlmanifests zu demonstrieren und damit eine Spaltung der Partei zu verhindern. Man könne es nicht darauf ankommen lassen, daß die Einheit der Labour-Partei an der Frage des Gemeinsamen Marktes zerbreche. Alle Partner, bis auf Deutschland und Frankreich, hätten mehr oder weniger erkennen lassen, daß sie bereit seien, die britische Forderung und damit eine Kompromißformel zu akzeptieren. Was man brauche, sei eine Formel, die den Grundsatz der Gleichbehandlung bekräftigt, nicht Geld.[11] Es sei schwierig, mit Frankreich eine „compatible rhetoric" für den Kompromiß zu finden. Man müsse die Frage den Bürokraten entziehen. Gegenüber Sorgen des Bundeskanzlers, die britischen Forderungen könnten doch zu einer Änderung der Verträge führen, betonten Wilson und Callaghan, sie wollten nur Verbesserungen und Änderungen von innen heraus. Änderungen des Vertrages seien nicht beantragt worden.

---

[6] Zum britischen Wunsch nach Neuregelung der EG-Beitrittsbedingungen vgl. Dok. 99, Anm. 3, und Dok. 133.
[7] Zu den Ausführungen des britischen Außenministers Callaghan auf der EG-Ministerratstagung am 1./2. April 1974 in Luxemburg vgl. Dok. 133, Anm. 5.
[8] Zu den Ausführungen des britischen Außenministers Callaghan auf der EG-Ministerratstagung am 4. Juni 1974 in Luxemburg vgl. Dok. 157, Anm. 6.
[9] Common Agricultural Policy.
[10] Zum Manifest der Labour Party für die Wahlen zum britischen Unterhaus am 10. Oktober 1974 vgl. Dok. 317, Anm. 19.
[11] Zu den Verhandlungen über die britischen EG-Beitragszahlungen vgl. Dok. 350.

Zur Frage des Regionalfonds und der Regionalhilfepolitik führte der Bundeskanzler aus, seine Einrichtung sei notwendig, die Frage sei nur, ob er funktioniere und inwieweit er mit der nationalen Beilhilfepolitik kollidiere. Die Bundesregierung sei bereit, den Fonds zu vergrößern, man dürfe aber bei der Bewertung der Leistungskraft der Bundesrepublik nicht immer die Höhe der Devisenreserven des Bundes mit dem Umfang des Bundeshaushalts verwechseln.

Wilson erwiderte, daß sich gerade in diesem Bereich die wichtige Frage der Souveränität, vor allem des Parlaments, stelle. Wichtiger als die Höhe eines Regionalfonds sei die freie Beweglichkeit im Rahmen eines nationalen Beihilfeprogramms, das schnell und flexibel eingesetzt werden sollte.

Der Bundeskanzler sprach sich für mehr Pragmatismus in der Gemeinschaft aus. Dafür brauche man Großbritannien in den kommenden schwierigen Jahren ganz besonders. Großbritannien könne auf Deutschland, Holland, Dänemark und wahrscheinlich Irland zählen, wenn es darum gehe, pragmatischen Lösungen den Vorzug zu geben. Er unterstütze die britische Forderung nach flexibler Anwendung des Regionalfonds. Grundsätzlich sei Lage Großbritanniens aber heute anders als bis 1971. Es liege ein unterzeichneter und ratifizierter Vertrag vor[12], an dem man nicht ohne weiteres vorbeigehen, den man nicht einfach in Frage stellen könne. Die britische öffentliche Meinung habe offensichtlich auch noch nicht verstanden, worauf die Regierung mit ihren Forderungen hinauswolle.

Hierzu führten vor allem Wilson und Healey aus: Die britische öffentliche Meinung sei zur Zeit nicht mehr so „fiercely" gegen die Gemeinschaft wie vor einiger Zeit. Bei einer Verschlechterung der Wirtschaftslage, z. B. bei einer Zahl von 1 Mio. Arbeitslosen, würde die Gemeinschaft gewiß wieder zum Sündenbock und ein Referendum sicherlich negativ ausgehen. Ehe man die öffentliche Meinung bearbeite, müsse die Partei überzeugt und gewonnen werden. Dafür sind sichtbare Erfolge in den Neuverhandlungen unerläßlich. Wilson betonte, es herrsche in Großbritannien das Gesetz, „no parliament can bind its successor". Heath habe versprochen, die Zustimmung des Volkes zu erwirken, und habe dieses Versprechen nicht gehalten. Die Bedingungen seien bisher „predominantly bad and unnecessarily crippling", so daß Großbritannien kein vollwertiges Mitglied sein könne.

Healey wies darauf hin, das Zentralproblem sei psychologischer Natur. Für die Mehrheit des britischen Volkes sei die Vorstellung schrecklich, einen ständigen Verlust an nationaler Identität zu erleiden und die Kontrollmöglichkeiten über die zukünftige Entwicklung zu verlieren. „The infernal machinery robs us of our virility." Auch Harold Lever hob hervor, man könne sich z. Z. mit dem Gedanken einer Wirtschafts- und Währungsunion nicht befreunden. Diese – wie das Ziel einer Politischen Union[13] – trügen zum nationalen Identitätsverlust bei.

---

[12] Für den Wortlaut des Vertragswerks vom 22. Januar 1972 über den Beitritt von Dänemark, Großbritannien, Irland und Norwegen zu den Europäischen Gemeinschaften vgl. BUNDESGESETZBLATT 1972, Teil II, S. 1127–1431.

[13] Vgl. dazu Ziffer 16 der Erklärung der Gipfelkonferenz der EG-Mitgliedstaaten und -Beitrittsstaaten am 19./20. Oktober 1972 in Paris; Dok. 19, Anm. 4.

Auf Frage StS Gehlhoffs, welches grundsätzliche Interesse Großbritannien am Gemeinsamen Markt habe, antwortete Wilson, es sei „in the highest and widest econcomic interest of Britain and Europe if we remain". Grundsätzlich erklärte Wilson auf die eingangs gestellte Frage des Bundeskanzlers nach der zukünftigen britischen Europapolitik, er sei „absolutely prepared to give the assurance you have asked for", d. h. Einsatz für einen positiven Ausgang des Referendums[14], wenn die Ergebnisse der Neuverhandlungen befriedigend sind.

Zu den institutionellen Fragen stellte der Bundeskanzler in den Vordergrund, a) dem Rat der Außenminister umfassendere Kompetenz zu geben und b) die Zahl der Sonderministerräte auf allenfalls drei zu beschränken, in denen die verschiedenartigen Interessen in Einklang und zum Kompromiß gebracht werden könnten. Ein Ausgleich sei eher möglich, wenn die Delegationsleiter über einen größeren Zuständigkeitsbereich verfügten als nur über eine relative begrenzte Manövriermasse. Er sei für eine Politisierung der Entscheidungen. Man würde wahrscheinlich auch den französischen Präsidenten[15] als Verbündeten gegen die französische Bürokratie gewinnen können. Wilson stimmte der Idee der Straffung der Ministerräte zu.

Zur französischen Haltung bemerkte Healey, einer der wichtigsten Gründe für Frankreich, der Erweiterung der EG zuzustimmen, sei wahrscheinlich die Sorge gewesen, „that the Germans are running the show". Bis auf eine gewisse Annäherung an die NATO könne man allerdings bisher kaum eine Änderung der französischen Haltung gegenüber der de Gaulles und Pompidous feststellen.

3) Zur Verteidigungspolitik

Verteidigungsminister Mason führte aus, man habe – auch im Rahmen der „defence review"[16] – die britischen Verteidigungsanstrengungen vor allem aus europäischer Überzeugung ganz auf das Kerngebiet Europa und damit auf die Bundesrepublik Deutschland konzentriert. Wenn Europa politisch nicht verwirklicht werde, befürchte er auch einen Zusammenbruch seiner Bemühungen im Verteidigungsbereich. Wilson unterbrach hier Mason mit der eindeutigen Feststellung, welches Ergebnis auch immer in der Europa-Politik herauskomme, Verbleib und Verteidigungswillen Großbritanniens in der NATO würden dadurch unbeeinflußt bleiben. Es gäbe keine Interdependenz zwischen Europa- und Verteidigungspolitik.

III. Internationale Wirtschaftsfragen

Healey bemerkte einleitend, vor wenigen Monaten hätten noch einige Industrienationen die durch die Ölpreiserhöhungen verursachte Kosteninflation mit nachfragedämpfenden Mitteln zu bekämpfen versucht. Angesichts der immer klarer hervortretenden Gefahr eines Rückgangs des Welthandels und der daraus resultierenden rezessiven Faktoren in der Weltwirtschaft seien sich jetzt alle Industrienationen, die Bundesrepublik eingeschlossen, über die Notwendig-

---

[14] Zum geplanten Referendum in Großbritannien über die Ergebnisse der Verhandlungen zur Neuregelung der EG-Beitrittsbedingungen vgl. Dok. 317, Anm. 19.
[15] Valéry Giscard d'Estaing.
[16] Zur geplanten Überprüfung der britischen Verteidigungslasten vgl. Dok. 175, Anm. 15, und Dok. 350, Anm. 8.

keit einig, einen weltweiten Rückgang der Beschäftigung möglichst zu verhindern.

1) Nach britischer Auffassung stelle sich jetzt als wichtigste Aufgabe für die internationale wirtschaftliche Zusammenarbeit, eine Übereinkunft über die Methode für die Rückschleusung der in den nächsten Jahren anfallenden Zahlungsbilanzüberschüsse der ölproduzierenden Länder zu finden (1975 65 Mrd. Dollar und bis 1980 kumulativ 400 Mrd. Dollar, wobei es schwierig sei, präzise Vorausberechnungen anzustellen).[17]

Healey äußerte sich zurückhaltend zu dem amerikanischen Vorschlag eines Sonderfonds von vorläufig 25 Mrd. Dollar[18] und schlug statt dessen vor, die besonderen IMF-Ölfazilitäten[19] weiter auszubauen.

Die Frage des Bundeskanzlers, ob die Ölfazilitäten nur in extremen Notfällen oder aber von einem Defizitland quasi automatisch in Anspruch genommen werden dürften, blieb unbeantwortet.

Callaghan schlug vor, das recycling nicht einer einzigen Institution anzuvertrauen. Da die kreditgewährenden OPEC-Länder im IMF-Rahmen ein Mitspracherecht – das zwar an und für sich erwünscht wäre – hätten, wäre die Errichtung eines zweiten, von den OPEC-Ländern nicht mitbestimmten Recycling-Mechanismus wünschenswert. Ansatzpunkt für eine solche Lösung, die im übrigen immerhin einige der Kissingerschen Vorschläge aufgreifen könnte, wäre die BIZ[20]. Im übrigen unterstrichen alle britischen Gesprächsteilnehmer, daß das kommerzielle westliche Bankensystem in Zukunft immer weniger in der Lage sein werde, die anschwellende Summe von Petrodollars rückzuschleusen. Andererseits habe sich der Eurodollarmarkt besser gehalten als erwartet. Der Bundeskanzler äußerte sich ebenfalls zurückhaltend über den amerikanischen Vorschlag, lehnte mit Nachdruck die Schaffung von neuen Institutionen für die Rückschleusung ab und sprach sich für den Ausbau der IMF-Ölfazilitäten aus. Im übrigen warnte er vor einer Überdramatisierung des Rückschleusungsproblems unter Hinweis auf die Tatsache, daß die Währungsreserven keines der Industriestaaten in den letzten Monaten für die Finanzierung der ölinduzierten Zahlungsbilanzdefizite in Anspruch genommen werden mußten.

2) Die britischen Gesprächspartner äußerten sich kritisch zum französischen Vorschlag einer trilateralen Ölkonferenz[21], auf der nach ihrer Ansicht eine uneinige Konsumentengruppe einer geschlossenen Front von Ölproduzenten und Entwicklungsländern gegenüberstände.

Außerdem wiesen sie auf die Gefahr hin, daß die Franzosen in diesem Gremium durch größere Nachgiebigkeit als die übrigen Konsumentenländer um die Gunst der Ölproduzenten zu werben versuchen könnten.

---

[17] Zur Rückführung der Devisenüberschüsse der erdölproduzierenden Staaten („recycling") vgl. Dok. 177, Anm. 27.
[18] Zum amerikanischen Vorschlag vom 14. November 1974 zur Einrichtung eines Stabilitätsfonds über 25 Milliarden Dollar vgl. Dok. 344, Anm. 10.
[19] Zu den Vorschlägen des Direktors des IWF, Witteveen, zur Schaffung einer Fazilität vom 17./18. Januar 1974 bzw. vom 30. September 1974 vgl. Dok. 181, Anm. 25, bzw. Dok. 289, Anm. 6.
[20] Bank für Internationalen Zahlungsausgleich.
[21] Zur Initiative des Staatspräsidenten Giscard d'Estaing vom 24. Oktober 1974 für eine internationale Erdölkonferenz vgl. Dok. 317, Anm. 47.

3) Beide Seiten waren sich über die Notwendigkeit einig, im Verhältnis zu den Ölproduzenten eine Konfrontation zu vermeiden und auf die amerikanische Regierung einzuwirken, damit diese sich in der Öffentlichkeit gegenüber den Ölproduzenten konzilianter äußere („to modify their rhetoric"). Ebenso herrschte Übereinstimmung darüber, daß man den ölproduzierenden Staaten ihre weltwirtschaftliche Verantwortung eindringlich vor Augen führen müsse. Dies könne u. a. bei bilateralen Besuchen geschehen. Nach Ansicht des Bundeskanzlers stellen Kapitalbeteiligungen der Ölproduzenten an Unternehmen der Industriestaaten, die allerdings unter Kontrolle bleiben müßten, ein Mittel dar, um in den OPEC-Ländern durch eine derartige Beteiligung an den Risiken unserer eigenen Betriebe das Verantwortungsbewußtsein für die Wirtschaftsentwicklung im Westen zu stärken.

Die britischen Gesprächspartner zeigten sich demgegenüber eher zurückhaltend.

4) Auf eine besorgte Frage nach den Ursachen der jüngsten Unruhen auf den internationalen Devisenmärkten antwortete der Bundeskanzler mit dem Hinweis, daß in einem System flexibler Wechselkurse der deutsche Leistungsbilanzüberschuß auf kurz oder lang zu einer Aufwertung der DM führen müsse. Die britischen Gesprächspartner drückten ihre Besorgnis aus, daß die Notwendigkeit von Paritätsanpassungen angesichts des häufig irrationalen Verhaltens der Devisenmärkte zu Vertrauenskrisen und Spekulationswellen führen könnte.

In diesem Zusammenhang unterstrichen beide Seiten den Nutzen von informellen Treffen der Finanzminister der fünf großen Industriestaaten.

IV. Auf einer gemeinsamen Pressekonferenz vor Abflug stellten der Bundeskanzler und PM Wilson fest, die in sehr aufgeschlossener Atmosphäre verlaufenen Gespräche seien außerordentlich nützlich gewesen, man verstünde die beiderseitigen Positionen, insbesondere in den Fragen des Pariser Gipfeltreffens, jetzt besser als vorher. Beide sprachen von der Notwendigkeit, zwar dieselben wirtschaftspolitischen Ziele in der EG zu verfolgen, dabei jedoch Raum für unterschiedliche, der jeweiligen nationalen Wirtschaftslage angemessene Konjunkturpolitiken zu lassen. (Voller Wortlaut der Pressekonferenz wurde gesondert telegraphisch übermittelt.)

V. Eine Unterrichtung der Botschafter der anderen Sieben durch Sir Oliver Wright und die Botschaft ist für die nächsten Tage vorgesehen. Ich bitte um Weisung, wie weit dabei von dem unter II. und III. oben Berichteten Gebrauch gemacht werden kann und welche besonderen Akzente gesetzt werden sollen. Sprechzettel der britischen Unterrichtung wird, wenn irgend möglich, vorher zur Billigung vorgelegt werden.

[gez.] Hase

VS-Bd. 8851 (410)

347

Aufzeichnung des Vortragenden Legationsrats I. Klasse Redies

2. Dezember 1974

Herrn D 3[1] im Hause

Am 29. November suchte mich Abdallah Frangieh (PLO) zu einem Gespräch auf.

Abdallah Frangieh erklärte eingangs, auf arabischer Seite sei allgemein begrüßt worden, daß die Bundesregierung ihre Haltung in der VN-Palästina-Debatte so klar zum Ausdruck gebracht habe.[2] Es habe zwar in der deutschen Presse eine Reihe kritischer Artikel gegeben, jedoch hätten auch diese Berichte eine objektive Haltung insofern widergespiegelt, als sie die zentrale Bedeutung des Palästinenser-Aspekts für jede Lösung des Nahost-Konflikts herausgestellt hätten.

Für Arafat sei es unmöglich gewesen, schon in seiner VN-Rede[3] von einer Anerkennung Israels zu sprechen, da Israel seinerseits eine so völlig negative Haltung zum Gedanken eines Palästinenser-Staates und zur PLO einnehme. Außerdem gebe es für Arafat noch immer Schwierigkeiten innerhalb der PLO, auf die er zu achten habe. Diese Schwierigkeiten gingen allerdings weniger, wie es in der Presse oft hieße, von der „Ablehnungsfront" von Habash usw. aus, sondern von oppositionellen Kräften innerhalb der Fatah. Habash und die anderen kleineren Gruppen der „Ablehnungsfront" seien heute völlig isoliert, wie er – Frangieh – selber bei Besuchen in Palästinenser-Lagern während seines kürzlichen Aufenthalts im Libanon bestätigt gefunden habe. Die Behauptung dieser Gruppen, Arafat betreibe eine Politik der Kapitulation, sei nicht zuletzt durch die innerarabischen und internationalen Erfolge der PLO ad absurdum geführt worden. Hinzu komme, daß neuerdings auch der Irak und Libyen immer mehr von einer Unterstützung der radikalen Palästinenser-Flügel abgingen.

Mit der Bildung einer palästinensischen Exilregierung sei in der ersten Zeit des kommenden Jahres zu rechnen. Eine solche Exilregierung solle nach den derzeitigen Vorstellungen innerhalb der PLO-Führung auch bekannte Persönlichkeiten aus den besetzten Gebieten umfassen. Die PLO wolle nicht in Gespräche über eine Regelung des Nahost-Konflikts eintreten, ohne für die Vertretung der Palästinenser eine möglichst breite Basis zu haben. Vor der Bildung der Exilregierung solle allerdings noch versucht werden, auch mit König Hussein zu einer Abstimmung zu kommen. Dies sei für Arafat wohl der bisher

---

[1] Hat Ministerialdirektor Lahn am 3. Dezember 1974 vorgelegen, der die Weiterleitung an Ministerialdirigent Jesser verfügte und handschriftlich vermerkte: „Über unser Verhältnis zur PLO müßten wir mal sprechen, auch mit H[errn] Redies, selbst wenn er Dg 23 ist."
Hat Jesser am 4. Dezember 1974 vorgelegen.
[2] Zu den Ausführungen des Botschafters Freiherr von Wechmar, New York (UNO), vor der UNO-Generalversammlung am 19. November 1974 vgl. Dok. 339, Anm. 2.
[3] Zur Rede des Vorsitzenden des Exekutivkomitees der PLO, Arafat, vor der UNO-Generalversammlung am 13. November 1974 in New York vgl. Dok. 340, Anm. 4.

schwierigste Abschnitt seiner Politik. Im Hinblick auf den noch nicht vergessenen Bürgerkrieg in Jordanien im September 1970[4] betrachteten es viele Palästinenser heute noch als leichter, sich mit den Israelis an einen Tisch zu setzen als mit König Hussein. Die palästinensisch-jordanischen Gespräche sollten unter Teilnahme von Ägypten und Syrien im Dezember beginnen. Dabei werde es einmal um das Schicksal der in Ostjordanien lebenden Palästinenser gehen, zum anderen um das künftige Verhältnis zwischen einer befreiten Westbank und dem jetzigen Jordanien. Die PLO sei hier zu Kompromissen bereit. Hingegen werde sie keinesfalls ihren bisherigen Standpunkt aufgeben, daß die Vertretung der palästinensischen Interessen im Rahmen von Friedensverhandlungen bei den Palästinensern selber liegen müsse und nicht von König Hussein oder einem anderen arabischen Staatsmann wahrgenommen werden können.

Im übrigen rechne man in der PLO-Führung damit, daß es noch etwa ein bis zwei Jahre dauern werde, bis die Bemühungen um eine Regelung des Nahost-Konflikts zu einem Abschluß gelangt seien, vorausgesetzt allerdings, daß Israel nicht vorher einen Präventivkrieg beginne. In den ersten Monaten des kommenden Jahres werde auch die Genfer Nahost-Friedenskonferenz[5] wieder zusammentreten. Die USA würden in dieser Hinsicht künftig mehr Rücksicht auf die Sowjets nehmen als bisher. Allerdings würden die Palästinenser bei der ersten Konferenzrunde wohl noch nicht vertreten sein.

Abdallah Frangieh fragte schließlich, ob nicht der Zeitpunkt gekommen sei, um zwischen der PLO und uns Kontakte auf einer höheren Ebene als bisher herzustellen. Ich erwiderte ihm, daß der jetzige Zeitpunkt im Hinblick auf die von ihm selber eingangs angeführte kritische Haltung der deutschen Öffentlichkeit wohl kaum geeignet sei, derartige Überlegungen anzustellen. Abdallah Frangieh meinte hierzu, er selber verstehe dies, es sei für ihn jedoch schwierig, mit solchen Argumenten auch die PLO-Führung zu überzeugen.

Redies

Referat 310, Bd. 108755

---

[4] In Jordanien kam es im Verlauf des Jahres 1970 zu wiederholten bewaffneten Auseinandersetzungen zwischen der Regierung und palästinensischen Organisationen.
[5] Zur Friedenskonferenz für den Nahen Osten in Genf vgl. Dok. 10, Anm. 9.

348

Aufzeichnung des Vortragenden Legationsrats I. Klasse Pfeffer

201-371-4198/74 VS-vertraulich   3. Dezember 1974

Herrn D 2[1]

Betr.: „No first use", NATO-Doktrin, SALT-Verhandlungen

Bezug: Besprechung beim Herrn Bundesminister vom 27.11.1974

1) Von einigen wird die Auffassung vertreten, die SALT-Verhandlungen würden im Endergebnis zu einem faktischen oder zu einem (von den USA und der Sowjetunion) vereinbarten „no first use"[2] führen. Die Vorverhandlungen in Wladiwostok[3] hätten uns diesem Ziel, das vielleicht begrüßenswert sei, wiederum ein Stück näher gebracht.

2) Dagegen ist folgendes einzuwenden:

Der defensive Ersteinsatz von Kernwaffen gehört zur NATO-Doktrin[4], und zwar deshalb, weil der Warschauer Pakt ein großes konventionelles Übergewicht über die NATO hat. Würden die NATO oder die USA auf den „defensiven first use" im Rahmen des Abschreckungsspektrums verzichten, bliebe für den Warschauer Pakt oder die Sowjetunion die theoretische Möglichkeit, einen konventionellen Krieg unterhalb der Nuklearschwelle gegen die NATO oder einzelne NATO-Mitglieder zu führen und zu gewinnen, ohne daß der Warschauer Pakt oder die Sowjetunion die Kernwaffen-Retorsion zu befürchten hätte.

3) Der Warschauer Pakt braucht die theoretische Möglichkeit eines nuklearen Ersteinsatzes nicht, weil die NATO ein reines Verteidigungsbündnis ist; aber selbst wenn der Warschauer Pakt, in subjektiver Verkennung dieser Tatsache, einen Angriff der NATO je für möglich halten sollte, dann sicher nicht einen Angriff in der konventionellen Form, weil die NATO wegen ihrer Unterlegenheit auf diesem Gebiet mit Sicherheit geschlagen werden würde.

4) Aus diesen Gründen strebt die Sowjetunion seit längerem einen „no first use" an, der für die NATO sehr gefährlich, für den Warschauer Pakt ganz ungefährlich ist. Die Amerikaner hatten, wie wir aus San Clemente[5] wissen, Mühe, bei der Aushandlung des Abkommens zur Verhinderung von Kernwaffen-

---

[1] Hat Ministerialdirektor van Well vorgelegen.
[2] An dieser Stelle Fußnote in der Vorlage: „‚No first use': ‚Nicht-Ersteinsatz' von Kernwaffen".
[3] Zu den Gesprächen des Präsidenten Ford mit dem Generalsekretär des ZK der KPdSU, Breschnew, am 23./24. November 1974 in Wladiwostok vgl. Dok. 354.
[4] Zum strategischen Konzept MC 14/3 („flexible response") vgl. Dok. 94, Anm. 7.
[5] Am 30. Juni 1973 fand in San Clemente eine Sitzung des Ständigen NATO-Rats statt, an der Präsident Nixon und der amerikanische Außenminister Kissinger teilnahmen. Vgl. dazu AAPD 1973, II, Dok. 214.

kriegen vom 22. Juni 1973[6] die Sowjetunion von dem Gedanken abzubringen, sie könnte von den USA ein „no first use"-Abkommen erreichen.

5) Diese Überlegungen haben nur mittelbar zu tun mit den Auswirkungen der nuklearstrategischen Parität. Die nuklearstrategische Parität drängt die beiden Supermächte dazu, immer neue Sicherungen zu suchen, die eine Kernwaffenauseinandersetzung zwischen ihnen verhindern helfen. Die Gefahr eines teilweisen „decoupling" ist für die NATO so lange erträglich, als für den Warschauer Pakt ungewiß bleibt, ob bei einem konventionellen Angriff des Warschauer Pakts gegen die NATO die Vereinigten Staaten als erste Kernwaffen zu defensiven Zwecken einsetzen.

Ein „no first use" würde diese Unsicherheit beseitigen. Kurz: Ein faktischer oder gar vereinbarter „no first use" stellt die stärkste Form des von den europäischen NATO-Partnern so gefürchteten „decoupling" dar, d. h. die Auflösung der NATO-Triade und die Auflösung der Abschreckung.

6) „No first use" liegt demnach nicht im Interesse der USA und noch viel weniger im Interesse der europäischen NATO-Partner. Der „no first use" hat keinen kriegverhindernden Charakter, da er sich nur auf eine bestimmte Lage in einem bereits ausgebrochenen Krieg bezieht. Der „no first use" hätte aber einen eminent abschreckungsmindernden Charakter.

Im Falle des Versagens der Abschreckung würde der „no first use" die NATO in eine nahezu verzweifelte Lage bringen.

Ein die unterschiedlichen Kräfteverhältnisse beider Seiten berücksichtigendes Abkommen zur Kriegsverhinderung müßte den Ersteinsatz aller Waffen, auch der konventionellen, verbieten.

7) Mit diesen Klarstellungen ist nichts gegen die Notwendigkeit und Nützlichkeit von SALT-Vereinbarungen, solange diese in sich ausgewogen sind, gesagt.

Pfeffer

VS-Bd. 8244 (201)

---

[6] Für den Wortlaut des Abkommens vom 22. Juni 1973 zwischen den USA und der UdSSR zur Verhinderung eines Atomkriegs vgl. DEPARTMENT OF STATE BULLETIN, Bd. 69 (1973), S. 160 f. Für den deutschen Wortlaut vgl. EUROPA-ARCHIV 1973, D 418 f. Vgl. dazu ferner AAPD 1973, II, Dok. 204.

349

**Botschafter Roth an die
Ständige Vertretung bei der NATO in Brüssel**

221-372.20/31-1921/74 geheim   Aufgabe: 3. Dezember 1974, 19.39 Uhr[1]
Fernschreiben Nr. 5113 Plurex
Citissime

Betr.: MBFR
      hier: Östlicher Vorschlag eines Moratoriums[2]

Bezug: DB Nr. 1726 vom 2.12.1974 geh.[3]

I. Für die weitere Behandlung des östlichen Vorschlags ergeben sich folgende denkbare Szenarios:

1) Der Westen benutzt die nächste informelle Sitzung am 10. Dezember, um auf den östlichen Vorschlag zu reagieren. Dies wäre auf folgende Weise möglich:

– Der Westen lehnt den Vorschlag unter detaillierter Angabe der Gründe ab: In diesem Falle müßte mit einer späteren propagandistischen Behandlung des Vorschlags durch die östliche Seite gerechnet werden. Der Westen müßte sich darauf mit publikumswirksamer Sprachregelung vorbereiten.

– Der Westen reagiert mit einem eigenen offensiven Vorschlag, der wesentliche Elemente der MBFR-Position der NATO enthält und eine öffentlichkeitswirksame Alternative zum östlichen Vorschlag darstellt.

2) Der Westen reagiert am 10. nicht. Dann gibt es folgende östliche Aktionsmöglichkeiten:

---

[1] Der Drahterlaß wurde von Vortragendem Legationsrat I. Klasse Ruth konzipiert.
Hat Ministerialdirektor van Well vor Abgang am 3. Dezember 1974 vorgelegen.

[2] Zum Vorschlag der an den MBFR-Verhandlungen teilnehmenden Warschauer-Pakt-Staaten vom 26. November 1974 für ein Moratorium der Land- und Luftstreitkräfte vgl. Dok. 343.

[3] Gesandter Boss, Brüssel (NATO), berichtete über die Sitzung des Politischen Ausschusses der NATO auf Gesandtenebene zum Vorschlag der an den MBFR-Verhandlungen teilnehmenden Warschauer-Pakt-Staaten vom 26. November 1974 für ein Moratorium der Land- und Luftstreitkräfte: „1) Außer mir setzten sich der britische und der niederländische Sprecher für die Ausarbeitung eines Gegenvorschlags ein. Der kanadische und der italienische Sprecher meinten, der östliche Vorschlag könne in überzeugender Weise auch ohne Gegenvorschlag zurückgewiesen werden. Der amerikanische Sprecher war nach wie vor ohne Weisung. 2) Die von uns in Erwägung gezogene zweite Alternative eines Gegenvorschlags (einseitige Erklärung im Kommuniqué der bevorstehenden NATO-Ministerkonferenz) fand keine Unterstützung. [...] Der britische Sprecher war der Ansicht, man solle nicht einzelne Elemente eines Gegenvorschlags anführen, sondern einen vollständigen Entwurf eines Abkommens zur Diskussion stellen. Als Beispiel zirkulierte er das als Anlage 2 vorgelegte Papier. [...] Der britische Sprecher wiederholte, daß der östliche Vorschlag seinen Eindruck auf die Öffentlichkeit nicht verfehlen werde. Aus britischer Sicht sei es völlig ausgeschlossen, daß man sich auf eine bloße Zurückweisung beschränke. [...] Gegen die Form des britischen Entwurfs eines Gegenvorschlags (Anlage 2) äußerten sich auf persönlicher Basis außer mir auch der belgische und niederländische Sprecher: Ein vollständig ausgearbeiteter Abkommensentwurf habe einen erheblich stärkeren Bindungsgrad als die Zusammenstellung einzelner Elemente eines Gegenvorschlags. Der britische Vorschlag würde das Bündnis hinsichtlich der Form einer Nichterhöhungsregelung festlegen; zwei einseitige Erklärungen seien einem Abkommen vorzuziehen." Vgl. VS-Bd. 9693 (500); B 150, Aktenkopien 1974.

- Der Vorschlag wird vom Osten nicht wieder aufgegriffen. Dies erscheint unwahrscheinlich.
- Der Vorschlag wird am 10. Dezember vom Osten wiederholt und in der Plenarsitzung am 12. Dezember formalisiert. In diesem Falle sind folgende westliche Reaktionen denkbar:
    - Westen ist darauf vorbereitet, in der Plenarsitzung den Vorschlag abzulehnen.
    - Westen sagt Prüfung während der Gesprächspause[4] zu (erscheint uns nicht zweckmäßig, weil damit das Problem lediglich vertagt würde).
    - Westen reagiert mit der Ablehnung des östlichen Vorschlags und antwortet mit einem westlichen Gegenzug, der wesentliche Elemente der NATO-Verhandlungsposition zur Geltung bringen würde.

3) Östliche Seite formalisiert den Vorschlag und veröffentlicht ihn ganz oder in Einzelheiten. Die öffentliche Reaktion des Westens wird dann davon abhängen, ob und wie er in den letzten Sitzungen in Wien intern reagiert hat. Jedenfalls müßte er darauf vorbereitet sein, auch in der Gesprächspause öffentlich Stellung zu nehmen.

II. Nach unserer Auffassung sollte versucht werden, eine gemeinsame NATO-Position so rechtzeitig zu formulieren, daß sie noch vor Abschluß der vierten Verhandlungsrunde in Wien zur Geltung gebracht werden kann. Eine Verzögerung der Antwort würde dem Osten die Möglichkeit geben, die Gesprächspause zu propagandistischer Aktion zu nutzen. Deshalb läge es u. E. im Interesse der Allianz, zwischen zwei Möglichkeiten zu wählen.

1) Ablehnung des östlichen Vorschlags mit eingehender und öffentlichkeitswirksamer Begründung. Damit verbunden eine geeignete Darstellung unserer MBFR-Position im NATO-Kommuniqué.[5]

2) Reaktion mit Gegenvorstellungen auf der Basis unseres MBFR-Konzepts. Eine solche Gegenreaktion müßte folgenden Gesichtspunkten gerecht werden:
- Übereinstimmung mit und Hinführung auf bisherige NATO-Vorschläge zum no-increase[6],
- Etablierung des Prinzips des global ceiling und der kollektiven Erklärung,
- zeitliche Begrenzung einer Zusage,
- Hinweis auf das Verhandlungsziel der Herstellung eines stabileren militärischen Kräfteverhältnisses,
- Verknüpfung mit der Bereitschaft der anderen Seite, eine Datendiskussion zu führen,

---

[4] Die MBFR-Verhandlungen in Wien wurden am 12. Dezember 1974 unterbrochen und am 30. Januar 1975 wiederaufgenommen.

[5] Vgl. dazu Ziffer 5 des Kommuniqués der NATO-Ministerratstagung am 12./13. Dezember 1974 in Brüssel; Dok. 372, Anm. 12.

[6] Zum Vorschlag der an den MBFR-Verhandlungen teilnehmenden NATO-Mitgliedstaaten vom 22. Mai 1974 für eine Vereinbarung, die Stärke der Landstreitkräfte zwischen Phase I und Phase II der MBFR-Verhandlungen nicht zu erhöhen, vgl. Dok. 170, Anm. 5.
Zu einem entsprechenden Vorschlag vom 26. November 1974 für die Luftstreitkräfte vgl. Dok. 343.

- Verhinderung einer Kodifizierung des bestehenden unausgewogenen Kräfteverhältnisses in Mitteleuropa,
- keine Beeinträchtigung der Verstärkung der Kampfkraft durch strukturelle oder organisatorische Maßnahmen.

Soll diese Reaktionsart zum taktisch am besten geeigneten Zeitpunkt zum Zuge kommen, müßten sich die Verbündeten rasch auf eine gemeinsame Linie einigen können. Dies setzt naturgemäß voraus, daß eine Reaktion nicht detailliert (also kein Abkommensentwurf) sein könnte und eine Chance haben müßte, als mittlere Linie von allen Verbündeten mitgetragen zu werden.

3) Wir geben der Alternative unter Ziff. 2 aus verhandlungstaktischen und Publizitätsgründen den Vorzug und hoffen, daß es gelingt, eine Einigung auf diese Linie zu erzielen. Dabei sind wir uns darüber im klaren, daß andere Verbündete, insbesondere die Amerikaner, eine rasche Ablehnung des östlichen Vorschlags vorziehen könnten. Sollte sich bei der Diskussion in Brüssel die Alternative stellen, entweder eine gemeinsame ablehnende Position im Sinne der amerikanischen Vorstellungen (siehe weiter unten) noch bis zur Ratssitzung zu formulieren oder eine westliche Reaktion bis nach den Feiertagen zu verzögern, würden wir einer raschen gemeinsamen Bündnisaktion den Vorzug geben.

III. Zu Überlegungen einzelner Verbündeter

1) Der britische Vorschlag[7] scheint uns vor allem deshalb bedenklich, weil er eine formalisierte Reaktion auf den östlichen Vorschlag darstellen würde und eine völkerrechtlich verbindliche Aussage enthalten würde. Wir ziehen eine politische Absichtserklärung vor. Darüber hinaus scheint uns der britische Vorschlag durch die in der Präambel erfolgte Aufzählung der direkten Teilnehmer im Zusammenhang mit dieser no-increase-Erklärung in die Nähe nationaler Verpflichtungen zu kommen. Dies können wir nicht annehmen, zumal dies die erste konkrete Absprache über Höchststärken wäre. Eine auch nur partiell negativ präjudizierende Wirkung muß vermieden werden. U.E. genügt die Umschreibung: areas in which reductions will take place.

2) Von der amerikanischen Botschaft haben wir am 3. Dezember erfahren, daß der amerikanische Sprecher am 4. Dezember die Vorstellungen Washingtons in Brüssel vortragen wird.[8] Diese laufen auf eine klare Ablehnung des östlichen Vorschlags hinaus. Auf amerikanischer Seite befürchtet man, negative Auswir-

---

[7] Gesandter Boss, Brüssel (NATO), übermittelte am 2. Dezember 1974 einen Vertragsentwurf, den der britische Sprecher im Politischen Ausschuß der NATO auf Gesandtenebene unterbreitet habe. Darin wurde ausgeführt: „For a period of twelve months from 1 January 1975 neither side will increase the aggregate total of its ground and air force manpower in Central Europe beyond the level existing on 1 January 1975 and accordingly [...] each side will provide the other with details of the size of its ground and air forces situated in Central Europe on that date; [...], provided the two sides are satisfied with the progress of the negotiations, this commitment will be renewed and fresh details of the size of forces shall be provided at the end of this twelve months period." Vgl. den Drahtbericht Nr. 1726; VS-Bd. 9693 (500); B 150, Aktenkopien 1974.

[8] Botschafter Krapf, Brüssel (NATO), berichtete am 4. Dezember 1974, ein Gegenvorschlag zum Vorschlag der an den MBFR-Verhandlungen teilnehmenden Warschauer-Pakt-Staaten vom 26. November 1974 für ein Moratorium der Land- und Luftstreitkräfte sei von den USA abgelehnt worden, während Belgien, die Bundesrepublik, Großbritannien und die Niederlande diese Idee befürwortet hätten. Man sei übereingekommen, eine gemeinsame Haltung in der NATO zu erarbeiten. Vgl. dazu den Drahtbericht Nr. 1749; VS-Bd. 9460 (221); B 150, Aktenkopien 1974.

kungen für den künftigen Gang der MBFR-Verhandlungen nicht verhindern zu können. Es werden vor allem folgende Aspekte unterstrichen:
- Gefahr der Festschreibung des bestehenden Kräfteverhältnisses,
- Gefahr der implizierten Anerkennung nationaler Höchststärken,
- Unmöglichkeit, eine entsprechende Absprache zu konkretisieren, ohne daß Einigung über Ausgangsdaten erzielt wurde,
- Gefahr der Vernachlässigung der bestehenden Disparitäten.

Generell wird auf amerikanischer Seite befürchtet, daß mit einer entsprechenden Zusage eine Behinderung der alliierten Streitkräfte ohne ausreichende Kompensation auf der anderen Seite verbunden sei.

IV. 1) Wir anerkennen das Gewicht der amerikanischen Argumente. Sie sind auch für uns die Basis für die Ablehnung des östlichen Vorschlags. Anders als Washington sind wir jedoch der Auffassung, daß es möglich wäre, einen Gegenzug gegen den östlichen Vorschlag so zu formulieren, daß dessen negative Aspekte vermieden werden und daß Bestandteile des westlichen Konzepts (overall ceiling, kollektive Erklärung, Datenbasis) zur Geltung gebracht und etabliert werden könnten, würde die andere Seite auf einen entsprechenden Vorschlag eingehen. Vor allen Dingen hätte eine offensive Reaktion den Vorzug, in der politischen Öffentlichkeit noch überzeugender zu sein. Wir sind deshalb der Auffassung, daß diese Alternative in der Allianz wenigstens sorgfältig und konkret geprüft werden sollte.

2) Sie werden gebeten, folgenden Text im SPC als Diskussionsbeitrag und als Versuch einer Formulierung der mittleren Linie zur Diskussion zu stellen:

a) Each side would state collectively its intention not to exceed the overall numerical total of its ground and air force manpower in the area of reductions which total would have to be expressed by agreed overall figures for the two sides.

Oder

Each side would state its intention not to raise the overall numerical total of its ground and air force manpower in the area of reductions beyond whichever is the numerically superior level of the two sides on ... each side would have provided the other side with the overall numerical total of its ground and air force manpower.

b) These statements of intent would remain in effect for the period ending 31st of December, 1975 or until the conclusion of a reduction agreement if that is earlier (eventuell mit Erneuerungsmöglichkeit gemäß britischem Vorschlag).

c) Each side would state its determination to continue its efforts towards working out agreements on reductions which would serve the objectives of bringing about a more stable relationship in Central Europe and strengthening peace and security in Europe.

d) Each side would declare that these statements of intent would not prejudice the terms of possible future agreements.

e) Questions concerning the assurance and necessary exceptions for normal exercises and rotations could be addressed if the East would respond positively to the allied suggestion.

Dieser Vorschlag könnte von der Ad-hoc-Gruppe informell gesprächsweise eingeführt werden. Er könnte die Basis von Presseverlautbarungen bilden, falls der Osten die Vertraulichkeit brechen sollte.[9]

[gez.] Roth[10]

VS-Bd. 9460 (221)

350

Botschafter Lebsanft, Brüssel (EG), an das Auswärtige Amt

Fernschreiben Nr. 4222	Aufgabe: 3. Dezember 1974, 20.00 Uhr[1]
Citissime	Ankunft: 3. Dezember 1974, 21.13 Uhr

Betr.: 317. Tagung des Rates der EG am 2./3.12.1974 in Brüssel
TOP 7: Bestandsaufnahme der Wirtschafts- und Finanzlage in der Gemeinschaft seit der Erweiterung und Überblick über die künftige Entwicklung (DOK R-2829-74[2])

I. 1) Rat befaßte sich heute in etwa zwei Stunden dauernder Aussprache mit britischer Finanzbelastung, ohne zu abschließender Einigung zu kommen. Wie alle Delegationen während der Aussprache betonten, war dies in heutiger Sit-

---

[9] Botschafter Roth resümierte am 10. Dezember 1974 die Weisung, die im Ständigen NATO-Rat am 6. Dezember 1974 zum Vorschlag der an den MBFR-Verhandlungen teilnehmenden Warschauer-Pakt-Staaten vom 26. November 1974 für ein Moratorium der Land- und Luftstreitkräfte beschlossen wurde: „Der Text stellt fest, daß aus folgenden Gründen die Alliierten gegenüber dem östlichen Vorschlag skeptisch sind: Eine Stillhalteabsprache wäre ohne Datenbasis illusorisch. Die NATO besteht auf kollektiven Absprachen und globalen Höchststärken. Eine Stillhalteabsprache darf nicht von Reduzierungen in Richtung auf einen ungefähren Gleichstand der Landstreitkräfte beider Seiten ablenken." Vgl. VS-Bd. 9460 (221); B 150, Aktenkopien 1974.
Botschafter Behrends, Wien (MBFR-Delegation), berichtete am 11. Dezember 1974, im Emissärgespräch am Vortag hätten die Vertreter der Warschauer-Pakt-Staaten präzisiert, „daß ihr Vorschlag nationale sub-ceilings, jedoch keine Einigung über die Streitkräftedaten vorsieht". Im Anschluß habe ein Vertreter der NATO-Mitgliedstaaten am 6. Dezember 1974 beschlossene Stellungnahme abgegeben. In der Diskussion hätten sich die Vertreter der NATO-Mitgliedstaaten vor allem gegen nationale sub-ceilings und für das Prinzip des common ceiling ausgesprochen. Vgl. den Drahtbericht Nr. 933; VS-Bd. 9464 (221); B 150, Aktenkopien 1974.
Über die Plenarsitzung am 12. Dezember 1974 in Wien berichtete Behrends, der Leiter der amerikanischen MBFR-Delegation, Resor, habe zusammenfassend die Vorschläge der Warschauer-Pakt-Staaten für die MBFR-Verhandlungen als „beschränkte Zwischenziele" charakterisiert. „In einer scharf formulierten Rede [...] beschuldigte Chlestow den Westen des ‚ungerechtfertigten Negativismus'. [...] Auf den ‚freeze'-Vorschlag der östlichen direkten Teilnehmer eingehend, meinte Chlestow, es sei zu hoffen, daß die erste negative Reaktion der westlichen Unterhändler nicht das letzte Wort gewesen sei." Vgl. den Drahtbericht Nr. 935 vom 12. Dezember 1974; VS-Bd. 8246 (201); B 150, Aktenkopien 1974.
[10] An dieser Stelle vermerkte Vortragender Legationsrat I. Klasse Ruth handschriftlich: „Im Entwurf abgezeichnet."
[1] Hat Vortragendem Legationsrat Trumpf am 6. Dezember 1974 vorgelegen.
[2] Für den Wortlaut der Bestandsaufnahme, die dem EG-Ministerrat am 27. Oktober 1974 von der EG-Kommission vorgelegt wurde, vgl. BULLETIN DER EG, Beilage 7/1974.

zung auch nicht zu erwarten. Minister beschlossen, Gipfelkonferenz[3] mit dem Problem zu befassen. Dabei wird allgemein davon ausgegangen, daß es dort möglich sein wird, im Rahmen eines Globalkompromisses auch Lösung für englisches Problem zu finden. Außenminister Sauvagnargues deutete ebenfalls Möglichkeit einer solchen Lösung an, obwohl französische Delegation und auch Vorsitzender[4] sich am kritischsten zu britischen Wünschen geäußert hatten. (Callaghan nach Zusammenfassung und Erwiderung von AM Sauvagnargues: „From your words, Mr. President, I hear the icy jet coming towards me.")

2) Tour de table ergab sehr bald, daß von britischer Delegation vorgelegter Erklärungsentwurf[5] bei allem Verständnis für britisches Problem keine Mehrheit im Rat finden würde. Deutsche und belgische Delegation legten daher ihrerseits Texte für Entschließungsentwurf[6] vor (wurde von Teilnehmern an Ratstagung mitgenommen), die sich bei gleicher vorwiegend politischer Begründung durch die beiden Delegationsleiter nach Auffassung der Ratsmitglieder vor allem durch Zeitfaktoren unterschieden. Während Entwurf der belgischen Delegation davon ausgeht, daß Kommission unmittelbar nach Gipfelkonferenz

---

[3] Zur Gipfelkonferenz der EG-Mitgliedstaaten am 9./10. Dezember 1974 in Paris vgl. Dok. 369.

[4] Frankreich übernahm am 1. Juli 1974 die EG-Ratspräsidentschaft.

[5] Ministerialdirigent Bömcke, Brüssel (EG), übermittelte am 14. November 1974 den Entwurf vom 12. November 1974 für eine Erklärung, die nach britischem Wunsch auf der EG-Ministerratstagung am 2./3. Dezember 1974 in Brüssel verabschiedet werden sollte: „Bearing in mind the need to promote convergence in the performance of the economies of member states if the Community is to work properly, the Council agreed that member states with below-average G[ross] D[omestic] P[roduct] per head should not bear a share of the burden of the financing of the Community budget disproportionate with their share of Community GDP and invited the Commission as a matter of urgency to propose ways and means of giving effect to this principle." Vgl. den Drahtbericht Nr. 3947; Referat 410, Bd. 105612.

[6] Vortragender Legationsrat Trumpf übermittelte am 5. Dezember 1974 der Botschaft in London den Entwurf der Bundesrepublik für eine Erklärung des EG-Ministerrats zum britischen Wunsch nach Neuregelung der EG-Beitrittsbedingungen: „Ausgehend von der Überlegung, die die Gemeinschaft bereits während der Beitrittsverhandlungen den Bewerberländern vorgetragen und an die die Kommission in ihrer Bestandsaufnahme vom 25.10.1974 erinnert hat, nämlich, sollten in der gegenwärtigen Gemeinschaft oder einer erweiterten Gemeinschaft unannehmbare Situationen auftreten, die Existenz der Gemeinschaft selbst es erfordern würde, daß die Organe eine angemessene Lösung zu ihrer Behebung finden; ausgehend ferner von der Tatsache, daß die Kommission in ihrer Bestandsaufnahme die Möglichkeit künftiger Probleme in der Haushaltsfinanzierung nicht auszuschließen vermochte, hat der Rat seine Bereitschaft erklärt, im Jahre 1978 die Kommission zu beauftragen, die Haushaltslage der Gemeinschaft im Hinblick auf die wahrscheinliche Situation in den einzelnen Mitgliedstaaten im Jahre 1980 zu überprüfen mit dem Ziel, ggf. auftretende schwerwiegende Unzuträglichkeiten zu vermeiden." Vgl. den Drahterlaß Nr. 1730; Referat 410, Bd. 105613.

Im Entwurf der belgischen Regierung wurde vorgeschlagen: „Dans le contexte de leurs discussions sur la situation économique de la Communauté et sur la réaction des Etats membres face à la crise économique mondiale, les chefs de Gouvernement sont conscients de l'interdépendance croissante des économies des Etats membres. Ils sont convenus de promouvoir la convergence de leurs politiques économiques en vue de la réalisation de l'union économique et monétaire. Dès lors que surviennent des situations considérées au sein de la Communauté comme inacceptables pour le développement économique d'un Etat membre, ou des transferts de ressources nées des obligations communautaires ont pour effet d'aggraver la situation de leur balance de paiements d'une manière telle que la situation de leur économie et la progressive convergence des politiques économiques indispensables pour atteindre les objectifs prévus au second alinéa, seraient rendues plus difficiles encore, les chefs de Gouvernement sont convenus de charger les institutions de la Communauté d'élaborer les dispositions pratiques pour rencontrer une telle situation. Ces dispositions devront aussi tenir compte de la nécessité pour l'Etat membre concerné de contribuer équitablement compte tenu de sa situation économique aux dépenses communautaires." Vgl. die undatierte Anlage zu einer Aufzeichnung des Auswärtigen Amts und des Bundesministeriums der Finanzen vom 5. Dezember 1974; Referat 410, Bd. 105613.

damit beginnen soll, Mittel und Wege zu prüfen, mit denen unannehmbarer Situation begegnet werden kann, wenn sie eintritt, unterstellt deutscher Entwurf, daß unannehmbare Situation nicht vor 1978 eintreten wird und Prüfung daher zu diesem Zeitpunkt erfolgen soll. Alle Delegationen behielten sich vor, deutsche und belgische Erklärung sorgfältig zu prüfen, ob darüber hinaus materielle Unterschiede in den beiden Texten enthalten sind. Britische Delegation gab – vorbehaltlich Prüfung – belgischem Text den Vorzug, weil dieser sofortige Prüfung durch Kommission vorsieht. Callaghan betonte, Großbritannien wolle Korrektionsmechanismus, der System der Eigeneinnahmen nicht verändere und auch nicht automatisch in Kraft treten solle, sondern lediglich dann angewendet werde, wenn Situation dies erfordere. Falls sich wirtschaftliche Situation günstig für Großbritannien entwickle, wie dies einige Delegationen annähmen, werde sich Anwendung des Korrektionsmechanismus erübrigen. Außerdem solle dieser Mechanismus nicht nur für britische Situation gelten, sondern auch dann angewendet werden, wenn anderer Mitgliedstaat in vergleichbare Lage gerate. Auf diese Feststellung legte insbesondere italienische Delegation wert. An deutschem Vorschlag, den er im Prinzip guthieß, bemängelte Callaghan, daß er durch Verschiebung der Prüfung auf 1978 politischen Notwendigkeiten nicht Rechnung trage.

3) Britische Delegation, für die sich AM Callaghan in einleitender Stellungnahme sehr ausführlich äußerte, hob vor allem politische Bedeutung des Problems hervor. Großbritannien habe versucht, seine Änderungswünsche im Hinblick auf Beitrittsbedingungen im Rahmen der Verträge und der Gemeinschaftsmechanismen zu verwirklichen. Wenn man britischerseits eine Bilanz ziehe, müsse man sagen, daß bisherige Entwicklung zufriedenstellend verlaufen sei. Behandlung der einzelnen Probleme in den verschiedenen Zusammensetzungen des Rates mache gute Fortschritte. Labour Party habe britischen Wählern versprochen, daß diese selbst über Beziehungen EG–Großbritannien würden entscheiden können.[7] Frage der englischen Finanzbeiträge und faire Behandlung Großbritanniens in diesem Punkt werde wichtige Rolle bei britischer Entscheidung spielen, die im Sommer, spätestens im Oktober nächsten Jahres fallen solle. Minister Callaghan hofft, daß es ihm möglich sein werde, seinen Kabinettskollegen und britischem Volk zu sagen, Verhandlungen seien mit zufriedenstellendem Resultat zu Ende gegangen. Er verwies auf die heute im Unterhaus und im NATO-Rat bekanntgegebene Entscheidung über Abbau der britischen Präsenz in Übersee und Konzentrierung der englischen Verteidigungsanstrengungen auf Mitteleuropa[8], die man ebenfalls in diesem Zusammenhang sehen müsse.

---

[7] Zum geplanten Referendum in Großbritannien über die Ergebnisse der Verhandlungen zur Neuregelung der EG-Beitrittsbedingungen vgl. Dok. 317, Anm. 19.

[8] Der britische Verteidigungsminister Mason gab am 3. Dezember 1974 vor dem britischen Unterhaus eine, gemessen am Bruttosozialprodukt, einprozentige Verringerung des Verteidigungshaushalts über zehn Jahre in Höhe von 4,7 Milliarden Pfund bekannt. Neben einer Reduzierung der Zahl der Dienstleistenden in den Streitkräften sollte auch eine umfassende strategische Neuordnung durchgeführt werden. Dazu führte Mason aus: „The priority we are giving to our NATO contribution necessarily requires a contraction in our commitments outside the alliance. We have reviewed these commitments case by case, bearing particularly in mind the decisions taken by the Labour Government in 1968 about the reduction of the British presence east of Suez." Vgl. HANSARD, Commons, Bd. 882, Sp. 1353.

4) AM Sauvagnargues brachte als Vorsitzender Verständnis aller Delegationen für britisches Probleme zum Ausdruck, aber auch Gemeinschaft habe ihre politischen Probleme. Zugehörigkeit Großbritanniens zu Gemeinschaft sei politisch und wirtschaftlich von größter Bedeutung. Wenn Großbritannien allerdings verlange, daß man die Gemeinschaft zerstöre, um seinen Wünschen entgegenzukommen, werde ein Gebilde geschaffen, dem anzugehören für Großbritannien selbst nicht mehr interessant sein könne. Wenn System der Eigeneinnahmen und Agrarmarktordnung geändert würde (Callaghan hatte als noch ausstehendes Problem Frage der Lebensmitteleinfuhren aus Ländern des Commonwealth in Großbritannien genannt), entstehe eine große Freihandelszone, die jedenfalls nicht französischen Vorstellungen von Europa entspreche.

II. Stellungnahme der Delegationen im einzelnen:

1) Großbritannien

Großbritannien wolle Änderungen der Beitrittsbedingungen im Rahmen des Vertrages und der Gemeinschaftsmechanismen verwirklicht sehen. Eine Reihe von Problemen werde jetzt im Rat in seinen verschiedenen Zusammensetzungen behandelt. Verhandlungen verliefen im Tempo unterschiedlich, Ergebnis im ganzen zufriedenstellend. So seien z. B. Frage des Protokolls Nr. 22[9], trade und aid, Beziehungen zu AKP, Beistand im Landwirtschaftsbereich, Koordinierung von regionalpolitischen Hilfsmaßnahmen, allgemeine Präferenzen und Zucker zufriedenstellend gelöst. Dies werde Entscheidung des britischen Volkes über Beziehungen zu EG beeinflussen, ohne daß er sagen könne, wie Entscheidung ausgehen werde. Es gebe außer der Finanzbelastung allerdings auch noch andere offene Fragen, z. B. Einfuhr von Nahrungsmitteln aus Commonwealth-Ländern in das Vereinigte Königreich. Er räume ein, daß englische Wünsche Flexibilität des Vertrages manchmal aufs Äußerste strapazierten. Es handle sich aber um politische Erfordernisse, denen man Rechnung tragen müsse. Am Ende der Verhandlungen über verschiedene britische Wünsche werde er sagen müssen, ob man erfolgreich gewesen sei. Er wisse noch nicht, welche Antwort er auf diese Frage geben werde, sehe es aber als seine Pflicht an, dem englischen Volk darüber seine Meinung zu sagen. Vorwurf der Salami-Taktik treffe nicht zu. Großbritannien habe diesen Eindruck lediglich dadurch hervorgerufen, daß Materien vom Rat in unterschiedlichen Zusammensetzungen behandelt würden. Dies sei nach englischer Auffassung aus sachlichen Gründen notwendig. Großbritannien wolle so bald wie möglich klare Entscheidung über Verhältnis zur Gemeinschaft herbeiführen. Gegenwärtige Regierung habe versprochen, daß Volk selbst über Zugehörigkeit zur Gemeinschaft entscheiden werde. Form sei noch offen. Da in diesem Jahr bereits zweimal gewählt worden sei[10], biete sich Referendum an. Das müsse aber noch entschieden werden. Regierung beabsichtige, im Februar oder März kommenden Jahres Gesetzgebung für Volksbefragung einzuleiten. Entscheidung wäre dann im Juni oder Juli, spätestens nach Sommerpause im Oktober möglich.[11] Daher britischer Wunsch, in

---

[9] Für den Wortlaut des Protokolls Nr. 22 zur Akte vom 22. Januar 1972 über die Beitrittsbedingungen und die Anpassung der Verträge vgl. BUNDESGESETZBLATT 1972, Teil II, S. 1372–1377.
[10] Am 28. Februar und 10. Oktober 1974 fanden Wahlen zum britischen Unterhaus statt.
[11] Die britische Regierung verabschiedete am 26. Februar 1974 ein Weißbuch, in dem ein Referendum über die EG-Mitgliedschaft Großbritanniens für Ende Juni 1975 angekündigt wurde.

diesem Monat noch zu Ergebnis im Hinblick auf Finanzbeitrag zu kommen, wenn nicht im Rat, dann auf Gipfelkonferenz. Persönliches Interesse an positiver Entscheidung. Im Unterhaus und im NATO-Rat werde Großbritannien heute mitteilen, daß es seine überseeische Präsenz liquidiere, soweit dies möglich sei. Zwar werde Großbritannien noch Verpflichtungen von den Falkland-Inseln über Gibraltar bis Hongkong behalten. Es werde seine Verteidigungsanstrengungen aber auf Mitteleuropa konzentrieren und dafür eine Summe von 300 Mio. Pfund jährlich aufbringen müssen. Auch dies hänge mit der heutigen Diskussion über englischen Finanzbeitrag zusammen. Großbritannien wolle nichts anderes, als daß der Rat beschließe, daß Mitgliedstaaten mit unterdurchschnittlichem Sozialprodukt nicht einen Anteil an den Finanzbeiträgen zum Gemeinschaftshaushalt tragen sollten, der dem Sozialprodukt nicht entspricht. Auftrag an Kommission zur Ausarbeitung von Vorschlägen sei nur sinnvoll, wenn Rat politische Leitlinie dafür gebe. Großbritannien glaube, daß unannehmbare Situation im Sinne der Erklärung während der Beitrittsverhandlungen bereits 1977 akut werde. Wenn Briten 1975 eine Entscheidung träfen, sollten sie wissen, in welcher Weise Gemeinschaft 1977 mit der Situation fertig werden wolle und ob sie fair behandelt würden.

2) Bundesrepublik

Minister Wischnewski führte aus, Beitritt Großbritanniens zur Gemeinschaft sei bedeutender Fortschritt des europäischen Einigungswerks gewesen. Mitgliedschaft Großbritanniens und aktive Mitwirkung in EG seien notwendig, um Einheit und politisches Gewicht Europas in der Welt zu erhalten. Schwerwiegende Folgen für Gemeinschaft, wenn es nicht gelinge, Bevölkerung Großbritanniens davon zu überzeugen, daß Platz ihres Landes in EG ist. Bisherige Erfahrung habe gezeigt, daß großer Teil der britischen Wünsche im Rahmen bestehender Institutionen und Verfahren und im Einklang mit Verträgen behandelt werden konnte. Zuversichtlich, daß Gemeinschaft auch faire Antwort auf britische Sorge geben kann, daß Großbritannien nicht in unbilliger Weise durch Beitrag zu Gemeinschaftshaushalt belastet wird. System der eigenen Einnahmen dürfe jedoch nicht gefährdet werden. Zustimmung zu britischem Textvorschlag nicht möglich, aber Bereitschaft, nach einer Formel zu suchen, die akzeptable Grundlage für Referendum sein soll. Auch Möglichkeit, über Formel aus Beitrittsverhandlungen[12] hinauszugehen. Dabei ist zu berücksichtigen, daß Problem, wenn überhaupt, sich erst in Zukunft stellen wird und daß Verknüpfung der Haushaltsbelastung mit BIP vermieden werden muß. Vorlage der deutschen Formel.

3) Dänemark

Interesse an zufriedenstellender Lösung für Großbritannien. Neue Mitgliedstaaten haben es schwerer, sich an Gemeinschaft zu gewöhnen, als dies ursprünglich bei alten der Fall war, weil zu Eingewöhnungsschwierigkeiten noch

---

[12] In den Verhandlungen über den EG-Beitritt Dänemarks, Großbritanniens, Irlands und Norwegens wurde festgelegt: „Sollten in der gegenwärtigen Gemeinschaft oder einer erweiterten Gemeinschaft unannehmbare Situationen auftreten, so würde die Existenz der Gemeinschaft selbst es erfordern, daß die Organe eine angemessene Lösung zu ihrer Behebung finden." Vgl. die undatierte Anlage zur Aufzeichnung des Vortragenden Legationsrats Trumpf vom 26. November 1974; Referat 410, Bd. 105612.

allgemeine wirtschaftliche Schwierigkeiten in gegenwärtiger Situation hinzukämen. Englischer Text könnte dänische Unterstützung finden. Auch deutscher und belgischer Text seien akzeptabel. Doch würde Dänemark aus politischen Gründen belgischem Text den Vorzug geben. System der Eigenmittel dürfe auf keinen Fall geändert werden. Verhandlungen müßten auf der Grundlage erfolgen, daß Großbritanniens Verbleiben in der Gemeinschaft gesichert sein müsse.

4) Belgien

AM van Elslande schloß sich in politischer Hinsicht unserer Erklärung an. Belgien sei der Auffassung, daß innerhalb absehbarer Zeit unannehmbare Situation entstehen könnte. Dies würde nicht zur Konvergenz der Volkswirtschaften beitragen. Daher Bereitschaft, Lösung für dieses Problem zu suchen. Britischer Text sei dafür aber nicht unbedingt richtig. Daher Vorlage eigenen belgischen Textes. Entscheidung über dieses Problem sollte nicht im Rat fallen, sondern Gipfelkonferenz vorbehalten bleiben. Gründe: Minister könnten sich nicht einigen, Erklärung müsse in möglichst feierlicher Form erfolgen, auf Gipfel werde man über eine Reihe von Dingen sprechen und vielleicht zu Globalkompromiß gelangen.

5) Niederlande

Wenn unannehmbare Situation eintrete, müsse man sich damit beschäftigen. Man könne jetzt schon Frage prüfen, welche Maßnahmen zu treffen seien, falls dies erforderlich werde. Kommission sollte gebeten werden, sich mit der Frage zu befassen und Vorschläge darüber zu machen, was im gegebenen Zeitpunkt geschehen könne. Auf keinen Fall dürfe System der Eigenmittel angetastet werden. Callaghan habe von einem Korrekturmechanismus gesprochen. Das gefalle Niederlanden sehr gut. Dieser Korrekturmechanismus müsse für alle Länder gelten und sollte nur ausgelöst werden, wenn unannehmbare Situation entstehe.

6) Luxemburg

Schließt sich politischer Stellungnahme der Bundesrepublik an. Gemeinschaft habe viel Zeit darauf verwendet, englischen Beitritt zu verwirklichen. Dies dürfe jetzt nicht wieder in Frage gestellt werden. Keine Änderung des gegenwärtigen Finanzierungssystems, aber Bereitschaft, unannehmbarer Situation zu begegnen. Englisches Problem sollte am besten im Rahmen der Entwicklung der Gemeinschaft seine Lösung finden. Problem werde sich frühestens 1978 stellen, deswegen würde Luxemburg deutschen Text vorziehen.

7) Italien

Verständnis für britisches Problem, aber keine Lösung, die gegen Buchstaben oder Geist der Verträge verstößt. Behebung des Problems am besten durch Strukturpolitik, die systematisch zu Änderungen und damit hin zu Konvergenz der Volkswirtschaften der Mitgliedstaaten führt. Bereit, auf britische Wünsche einzugehen, wenn drei Bedingungen beachtet werden: keine Änderung des Systems der Eigenmittel, Lösung muß allgemeine Geltung haben, Strukturpolitik darf nicht in Frage gestellt werden. Deutscher und belgischer Vorschlag sollten geprüft werden. Da Problem sich erst 1977 stellen werde, müsse man sich auf dieses Datum beziehen. Kommission könnte aber schon mit Vorbereitungsarbeiten beginnen.

8) Irland

Will Großbritannien helfen, in der Gemeinschaft zu bleiben, sieht aber Schwierigkeiten, sich jetzt schon mit hypothetischen Entwicklungen zu befassen. Irland habe geringstes Sozialprodukt in der Gemeinschaft, aber keine politischen Schwierigkeiten und wolle sich daher nicht mit England vergleichen. Bei Lösung des Problems müsse man verschiedene Fallen vermeiden. So dürfe man z. B. nicht das Prinzip des juste retour anstelle der Gemeinschaftsfinanzierung setzen. Es werde auch sehr schwierig sein, Nettogewinn und -belastung für jeden Mitgliedstaat zu errechnen. Belgischer und deutscher Vorschlag seien konstruktiv. Kommission sollte beauftragt werden, Vorschläge zu machen, wie man diese Anregungen im Rahmen des Gemeinschaftssystems verwirklichen kann.

9) Frankreich

System der Eigeneinnahmen schließe Frage der nationalen Beiträge aus. Englischer Vorschlag sei gegen die Verträge und die Errichtung eines wirklichen gemeinsamen Marktes gerichtet. Die Bestimmungen der Beitrittsakte sähen für 78 und 79 noch Korrekturen für finanzielle Belastung der neuen Mitgliedstaaten vor.[13] Es ließe sich nicht vorhersehen, wie hoch Anteil zu diesem Zeitpunkt sein werde. Außerdem ergäben sich Unterschiede für britische Belastung, je nachdem, ob man tatsächlichen Wechselkurs oder Haushaltswechselkurs zugrunde lege. Französischer Sprecher verwies auf entsprechende Ausführungen in der Kommissionsmitteilung. Es sei vorstellbar, daß die Schere zwischen Finanzbeiträgen für 1977 und britischem BIP viel geringer sein werde, als Großbritannien das heute denke. Im Hinblick auf die weitere Entwicklung des Handels zwischen den Mitgliedstaaten sei davon auszugehen, daß zwei Elemente der Eigeneinnahmen, nämlich Zölle und Abschöpfungen, sich für Großbritannien verringern würden. Bleibe als drittes Element Mehrwertsteuer. Es sei anerkannt, daß ein enger Zusammenhang zwischen Mehrwertsteuer und BIP bestehe. Britischer Anteil werde also sinken, wenn Mehrwertsteuer sinke, und steigen, wenn britische Wirtschaft sich aufgrund des Nordseeöls oder steigender Investitionen entwickle. Dynamischer Effekt des Beitritts werde sich auf jeden Fall bemerkbar machen. Damit sei klargestellt, daß britisches Problem bis 1977 künstliches Problem sei. Frankreich sei bereit, Lösung für unannehmbare Situation zu suchen, sobald sie entstehe. Wenn man das jetzt tue, komme man zu einem System, in dem Finanzbeiträge und BIP voneinander abhängen würden.

Ausführungen der französischen Delegation wurden vom Ratspräsident in seiner Eigenschaft als französischer Delegationsleiter ergänzt. AM Sauvagnargues sprach sich für deutschen Vorschlag aus, weil dieser Behandlung des Problems zu dem Zeitpunkt vorsehe, an dem es sich wirklich stellen könne. Bereitschaft, Großbritannien zu helfen, dürfe nicht so weit gehen, daß Gemeinschaft darüber zur Freihandelszone umgestaltet werde. Britisches Finanzproblem sei im Grunde minimal. Es handle sich um Beträge, die der Differenz in der englischen Handelsbilanz für einen Zeitraum von zwei bis drei Wochen ent-

---

[13] Vgl. dazu Artikel 131 und 132 der Akte vom 22. Januar 1972 über die Beitrittsbedingungen und die Anpassungen der Verträge; Dok. 133, Anm. 22 bzw. 23.

sprächen. Auf keinen Fall dürfe man zu einer Situation kommen, in der Großbritannien sich von Europa à la carte das aussuche, was ihm gefalle.

10) AM Callaghan antwortete Sauvagnargues, indem er sagte, daß man sich in einer schwierigen Situation befinde, wenn dies das letzte Wort Frankreichs gewesen sei. Bejahendenfalls müsse Großbritannien dies hinnehmen und beide Seiten hätten die Folgen zu tragen. Nach britischer Vorausberechnung werde Finanzbeitrag 1977 bereits um vier Prozent über BIP liegen. Wenn Entwicklung anders verlaufe, werde übrigen Mitgliedstaaten kein Schaden entstehen. Großbritannien wolle lediglich, daß jetzt schon ein Korrekturmechanismus festgelegt werde, der bei unannehmbarer Situation angewendet wird. Trete unannehmbare Situation nicht ein, unterbliebe Anwendung des Mechanismus. Dann habe höchstens Kommission einige Monate umsonst gearbeitet. Dies sei aber das geringere Übel, wenn man sich vorstellte, welche politische Bedeutung Ausarbeitung eines Korrekturmechanismus im gegenwärtigen Zeitpunkt für Verbleib Großbritanniens in der Gemeinschaft habe. Außerdem sei Großbritannien voll mit allgemeiner Geltung des Korrektionsmechanismus einverstanden.

11) Kommission äußerte sich in dieser Debatte nicht.

[gez.] Lebsanft

Referat 410, Bd. 105644

351

Gesandter Boss, Brüssel (NATO), an das Auswärtige Amt

114-15129/74 VS-vertraulich   Aufgabe: 3. Dezember 1974, 20.30 Uhr[1]
Fernschreiben Nr. 1735   Ankunft: 3. Dezember 1974, 21.52 Uhr
Citissime nachts

Bericht muß bei Dienstbeginn 4.12.1974 MD Dr. Blech vorliegen

Betr.: KSZE
    hier: Konsultation im NATO-Rat

Zur Unterrichtung

I. Der NATO-Rat erörterte am 3. Dezember im Hinblick auf die bevorstehende NATO-Ministerkonferenz[2] den Stand der KSZE. Die Diskussion wurde im wesentlichen durch die Delegationsleiter aus Genf oder durch Experten aus den

---

[1] Ablichtung.
   Hat Legationsrat von Berg am 5. Dezember 1974 vorgelegen, der die Weiterleitung an Vortragenden Legationsrat I. Klasse Lücking und Vortragenden Legationsrat Kastrup verfügte und handschriftlich vermerkte: „Handakte Viereressen?"
   Hat Lücking am 10. Dezember 1974 vorgelegen, der handschriftlich vermerkte: „Nicht nötig."
   Hat Kastrup am 10. Dezember 1974 vorgelegen.
[2] Zur NATO-Ministerratstagung am 12./13. Dezember 1974 in Brüssel vgl. Dok. 372–374 und Dok. 376.

Hauptstädten geführt. Das Ergebnis des Meinungsaustausches läßt sich wie folgt zusammenfassen:

1) Alle Sprecher waren der Meinung, daß es für eine zusammenfassende Bestandsaufnahme noch zu früh sei. Hierzu müsse das Ende der gegenwärtigen Verhandlungsrunde abgewartet werden. Sie befürworteten eine weitere Konsultation im NATO-Rat gegen Ende Januar.[3]

2) Die Haltung der Bündnispartner zur Konferenz umschrieb der niederländische Sprecher mit „bedingtem Optimismus".

3) Nahezu alle Sprecher wiesen darauf hin, daß sich Strategie und Taktik der Bündnispartner bewährt habe und keine Veranlassung bestehe, davon abzugehen. Wenn die Solidarität der Bündnispartner gewahrt bleibe, werde man durch sachliches und ruhiges Weiterverhandeln weitere Erfolge erzielen.

4) Die Einbindung der Konferenz in einen Terminplan wurde von allen Sprechern abgelehnt. Einige Sprecher meinten, angesichts der noch zu bewältigenden Verhandlungsmaterie sei ein Ende der zweiten Phase vor Ostern nicht möglich. Mehrere Sprecher unterstrichen die Notwendigkeit ausgewogener Fortschritte der gesamten Konferenzmaterie und warnten davor, zu viele Probleme dem „Schlußhandel" vorzubehalten; es bestehe dann die Gefahr, daß in der vermutlich hektischen Schlußatmosphäre wesentliche Anliegen der Bündnispartner zur Disposition gestellt würden.

5) Im einzelnen wurden folgende Punkte angesprochen:

– Prinzipienkatalog:
Mehrfacher Hinweis auf die noch zu leistende Arbeit, Problematik und Bedeutung von „peaceful change" und des Zusammenhangs der Prinzipien.

– Vertrauensbildende Maßnahmen:
Fast alle Sprecher wiesen auf den völlig unbefriedigenden Stand der Diskussion hin. Manche setzten sich für eine baldige Initiative der Bündnispartner auf diesem Gebiet ein, um zu verhindern, daß der Gesamtbereich in den „Schlußhandel" hineingezogen wird.

– Korb III:
Nahezu alle Sprecher zeigten sich befriedigt über den vereinbarten Text zur Familienzusammenführung[4] und äußerten vorsichtigen Optimismus bezüglich „Heirat" und „Tourismus".

---

[3] Eine weitere Konsultation im Ständigen NATO-Rat mit den Delegationsleitern bei der KSZE in Genf fand am 11. Februar 1975 in Brüssel statt. Vgl. dazu den Drahtbericht des Gesandten Boss, Brüssel (NATO), vom 11. Februar 1975; AAPD 1975.

[4] Botschafter Blech, Genf (KSZE-Delegation), übermittelte am 28. November 1974 den Text über die Familienzusammenführung, der „in der kommenden Woche geistig registriert werden" solle. Darin sicherten die an der KSZE teilnehmenden Staaten zu, Gesuche von Personen zu behandeln, „die mit Angehörigen ihrer Familie zusammengeführt werden möchten, unter besonderer Beachtung von Gesuchen dringenden Charakters – wie solchen, die von Kranken oder alten Personen eingereicht werden." Ferner sicherten die Staaten zu, daß im Rahmen der Anträge auf Familienzusammenführung anfallende Gebühren niedrig zu halten seien, daß persönlicher Besitz bei Umsiedlung mitgeführt werden könne und daß sie die Bemühungen des Roten Kreuzes bzw. des Roten Halbmondes unterstützen würden: „Sie bestätigen, daß die Einreichung eines Gesuches betreffend Familienzusammenführung zu keiner Veränderung der Rechte und Pflichten des Gesuchstellers oder seiner Familienmitglieder führen wird. Der aufnehmende Teilnehmerstaat wird angemessene Sorge tragen hinsichtlich der Arbeitsbeschaffung für Personen aus anderen Teilnehmerstaaten, die in die-

– Folgeeinrichtungen:
Während einige Sprecher meinten, das Thema sei noch nicht diskussionsreif, meinte der amerikanische Sprecher, ein Kompromiß zwischen dänischem Vorschlag[5] und finnisch-jugoslawischem Vorschlag[6] werde wohl unvermeidlich sein.

6) Zum KSZE-Teil des Kommuniqués der bevorstehenden NATO-Ministerkonferenz waren die meisten Sprecher der Ansicht, daß es möglichst knapp sein sollte, sich anschließen könne an das Ottawa-Kommuniqué[7] und zum Ausdruck bringen solle, daß konkrete Fortschritte möglich seien.[8]

7) In einem kurzen Wortwechsel mit seinem türkischen Kollegen[9] wies der griechische Botschafter[10] erneut darauf hin, daß die griechische Regierung sich angesichts der Ereignisse in Zypern ihre endgültige Haltung zu allen Konferenzergebnissen vorbehalte.

II. 1) Besonders ausführlich nahm der kanadische Sprecher (Botschafter Delworth) Stellung, er gab einen zusammenfassenden Überblick über die Konferenzsituation und wichtige Fragen der Konferenzmaterie.

Einleitend wies er auf den Text zur Familienzusammenführung hin und hob hervor, daß das Ergebnis insgesamt befriedigend und der Solidarität der Bündnispartner zu verdanken sei. Der Text entspreche zwar nicht in allen Punkten den ursprünglichen Forderungen, biete aber konkrete Ergebnisse. Er lasse deutlich den Fortschritt in der Haltung erkennen, zu der die Sowjets gelangt oder gedrängt worden seien. Der Text sei auch insofern beispielhaft, als er zeige, daß sich Zusammenhalt und Geduld der Bündnispartner auszahlten.

Die KSZE sei ein neues Element in den Ost-West-Beziehungen, weil zum ersten Mal ein breites Spektrum von Materien multilateral verhandelt werde. Es sei deshalb nicht erstaunlich, daß man nur langsam Fortschritte erziele. Die Punkte, über die man sich inzwischen geeinigt habe, entsprächen im großen und ganzen den wesentlichen Vorstellungen der Bündnispartner. Im Bereich von Korb III bestehe die Aussicht auf ein Ergebnis, das sich günstig auf den Abbau von Hindernissen für den freien Austausch von Menschen und Ideen auswirken werde. Die Sowjetunion und ihre Freunde seien in Fragen, deren

---

Fortsetzung Fußnote von Seite 1560
    sem Staat im Rahmen der Familienzusammenführung mit dessen Bürgern ständigen Wohnsitz nehmen." Vgl. den Drahtbericht Nr. 1653; Referat 212, Bd. 111542.
    Am 2. Dezember 1974 berichtete Blech, die Unterkommission 8 (Menschliche Kontakte) habe dem Text über Familienzusammenführung zugestimmt. Vgl. dazu den Drahtbericht Nr. 1663; Referat 212, Bd. 111541.

5 Zum dänischen Vorschlag vom 1. Mai 1974 vgl. Dok. 338, Anm. 3.

6 Zum jugoslawischen Vorschlag für ein KSZE-Folgeorgan vgl. Dok. 90, Anm. 3.
    Vortragender Legationsrat I. Klasse Freiherr von Groll, z. Z. Genf, übermittelte am 12. Juni 1974 den finnischen Entwurf vom Vortag und teilte dazu mit, daß ihn „westliche Delegationen […] sehr reserviert" aufgenommen hätten, da er im Gegensatz zum dänischen Vorschlag „die alsbaldige Konstituierung einer Art ‚Koordinationsausschuß' vorzieht." Vgl. den Drahtbericht Nr. 861 vom 12. Juni 1974; Referat 212, Bd. 111549.

7 Vgl. dazu Ziffer 7 des Kommuniqués der NATO-Ministerratstagung am 18./19. Juni 1974 in Ottawa; Dok. 183, Anm. 3.

8 Vgl. dazu Ziffer 4 des Kommuniqués der NATO-Ministerratstagung am 12./13. Dezember 1974 in Brüssel; Dok. 372, Anm. 11.

9 Orhan Eralp.

10 Angelos Chorafas.

Diskussion sie lieber ausgewichen wären, einem ständigen Druck ausgesetzt. Dies mache der Sowjetunion auch klar, daß der Westen als ganzes im Bereich von Korb III ernsthaft interessiert sei und hier Verbesserungen anstrebe. Um die zu erwartenden positiven Entscheidungen der Konferenz durchzuführen, seien gewisse Konferenzfolgen notwendig („it will be necessary to ensure that there is some continuation after the conference").

Zu Korb I wies der kanadische Sprecher darauf hin, daß wegen des geringen Fortschritts bei der Diskussion der vertrauensbildenden Maßnahmen sowie im Bereich der Körbe III und IV eine zeitliche Diskrepanz nicht entstehe. Die drei noch ausstehenden Prinzipien sollten besonnen und geduldig erörtert werden, ebenso wie die wichtigen Schlußklauseln in diesem Bereich.

Zum Prinzip der Unverletzlichkeit der Grenzen meinte er, es könne nicht überzeugend als Anerkennung existierender Grenzen interpretiert werden, da in demselben Text festgestellt werde, daß Grenzen nicht angetastet („assaulted") oder daß Gebiete nicht besetzt oder usurpiert („seized or usurped") werden dürfen, hinzu komme noch, daß ein Satz über den „peaceful change" bei einem der Prinzipien eingefügt werde. (Wortlaut dieses Teils der kanadischen Ausführungen folgt als Anlage II[11])

Folgende Probleme der Prinzipiendeklaration seien noch nicht gelöst:
- der genaue Wortlaut und der Platz der Aussage über den „peaceful change",
- im 10. Prinzip die Notwendigkeit zur Wahrung der Vier-Mächte-Rechte – wie er sagte – „in Berlin" ohne eine Sanktionierung der sowjetischen „special rights and arrangements" in Osteuropa,
- der Schlußsatz über „Interdependenz" der Prinzipien,
- die Verwendung des rumänischen Vorschlags[12]

---

[11] Dem Vorgang beigefügt. Vgl. VS-Bd. 10114 (210); B 150, Aktenkopien 1974.

[12] Am 1. Februar 1974 brachte die rumänische Delegation in Korb I einen Vorschlag zum Gewaltverzicht ein, mit dem die an der KSZE teilnehmenden Staaten sich verpflichten sollten, „1) mit den für wünschenswert erachteten Klärungen und Ergänzungen in bilateralen und multilateralen Abkommen, deren Abschluß sie für notwendig halten, die Verpflichtung zu bekräftigen, in ihren gegenseitigen Beziehungen keine Gewalt anzuwenden oder anzudrohen; 2) alle Anstrengungen zu machen, um jeden Streitfall, dessen Verschleppung geeignet ist, die Aufrechterhaltung des Friedens und der Sicherheit in Europa zu bedrohen, mit friedlichen Mitteln beizulegen. [...]; 3) keine Truppen auf das Gebiet eines anderen Teilnehmerstaates ohne dessen freie Einwilligung oder unter Verletzung der Bedingungen der gegebenen Einwilligung eindringen zu lassen und auf ihm zu unterhalten; 4) keine Machtdemonstration vorzunehmen, um einen anderen Staat zu veranlassen, auf die volle Ausübung seiner souveränen Rechte zu verzichten; 5) Verhandlungen über die Verwirklichung von Maßnahmen, die auf eine allgemeine Abrüstung unter wirksamer internationaler Kontrolle abzielen, guten Glaubens zu führen; 6) keinerlei Zwang oder Druck im wirtschaftlichen Bereich auszuüben, der gegen die politische Unabhängigkeit und der Souveränität innewohnenden Rechte eines Teilnehmerstaates gerichtet ist [...]; 7) mit allen Mitteln, welche die Bildung, Kultur, Information wie auch die Erweiterung menschlicher Kontakte jedem Teilnehmerstaat verfügbar machen, die Schaffung einer Atmosphäre des Vertrauens und der Achtung zwischen den Völkern zu fördern, die dazu angetan ist, Propaganda für einen Angriffskrieg und Anwendung oder Androhung von Gewalt gegen einen anderen Teilnehmerstaat auszuschließen, und auf ihren Gebieten Aufwiegelung, falsche Informationen und feindliche Propaganda gegen andere Staaten nicht zuzulassen." Vgl. den Drahterlaß Nr. 115 des Vortragenden Legationsrats Gehl an die Botschaft in Bukarest vom 15. Februar 1974; Referat 212, Bd. 111536.
Am 26. November 1974 vermerkte Referat 212, Ziffer 7 des rumänischen Vorschlags zum Gewaltverzicht sei in der Zwischenzeit registriert worden, während Ziffer 3, „gegen die USA wegen Berlin intern Einwände erhoben hatten," zurückgezogen worden sei. Vgl. Referat 212, Bd. 111522.

– und schließlich die „zweite Lesung" der Prinzipien der Unverletzlichkeit der Grenzen und der territorialen Integrität.

Diese offenen Fragen bedürften sorgfältiger Konsultation und Koordination der Alliierten.

Eindeutig enttäuschend sei der Verhandlungsstand bei den vertrauensbildenden Maßnahmen, bei denen, abgesehen von zweitrangigen Fragen, kein Fortschritt erzielt worden sei. Dies sei nicht überraschend, da der Warschauer Pakt offensichtlich die Regelung dieser Fragen bis zur Schlußrunde zurückstellen wolle. Es sei ein Beispiel für einen Bereich, in dem voreilige Konzessionen dem Westen schaden würden und volle Koordination des Bündnisses sichergestellt werden müsse.

Im Hinblick auf Korb III gab der kanadische Sprecher der Hoffnung auf weiteren Fortschritt vor Schluß dieser Runde Ausdruck. Damit könne man in Tagen rechnen, wenn weiterhin sorgfältig und abgestimmt vorgegangen werde.

Abschließend warnte er eindringlich vor „Konferenzmüdigkeit". Dies würde den Westen wichtige Konferenzerfolge kosten.

2) Der norwegische Sprecher (Herr Mevik) führte aus, daß im großen und ganzen der Konferenzfortschritt nach wie vor wie im Kommuniqué von Ottawa als „langsam und ungleichmäßig" bezeichnet werden könne. In den letzten Wochen zeichne sich allerdings eine ermutigende Belebung ab, die auf größere sowjetische Flexibilität zurückzuführen sei. Er warnte davor, daraus bereits weitreichende Schlüsse zu ziehen. Eine zusammenfassende Bewertung werde erst nach Schluß der gegenwärtigen Runde möglich sein.

Im Bereich der Prinzipien sollten die Bündnispartner alles ihnen nur Mögliche tun, um die noch ungelösten Fragen zügig zu lösen. Vielleicht seien neue Verfahren (methods) nötig, um die erforderliche Beschleunigung zu erreichen. Jedenfalls sei es aber unmöglich, mit den Prinzipien noch vor Weihnachten fertig zu werden.

Bedauerlich sei der Stand der Diskussion über vertrauensbildende Maßnahmen. Hinsichtlich der Parameter sei die Sowjetunion völlig unbeweglich, sie wolle diese Frage offensichtlich bis zum Schluß zurückstellen. In dieser Lage müßten die Bündnispartner zusammenhalten, um die andere Seite unter Druck zu setzen. Es bestehe die Gefahr, daß die Sowjetunion versuchen werde, für ihr Entgegenkommen im Bereich von Korb III Zugeständnisse bei den vertrauensbildenden Maßnahmen zu erlangen.

Die Frage der Konferenzfolgen sei für eine Substanzdiskussion noch nicht reif.

Das Kommuniqué der bevorstehenden NATO-Ministerkonferenz solle den augenblicklichen Stand der Konferenzarbeiten widerspiegeln. Ein konstruktives Herangehen an die noch verbleibenden Fragen werde einen frühzeitigen und sinnvollen Abschluß der Konferenz ermöglichen.

3) In den Ausführungen des amerikanischen Sprechers (Botschafter Sherer) fiel auf, daß er mehrfach darauf hinwies, die Hauptprobleme lägen nunmehr im Bereich von Korb III. Außerdem waren seine Einlassungen zu den Konferenzfolgen bemerkenswert. Er meinte, daß zwar der dänische Vorschlag einer „Zwischenperiode" nach der KSZE weiterhin zu unterstützen sei, daß aber ein Kompromiß zwischen dem dänischen Vorschlag einerseits und dem finnischen

1563

und jugoslawischen Vorschlägen andererseits auf Dauer unvermeidlich erscheine. Die NATO-Delegationen in Genf sollten bald über die Art des Kompromisses Konsultationen aufnehmen. Weiterhin bemerkte der amerikanische Sprecher, daß der Vorschlag Maltas (Mittelmeer-Erklärung[13]) sorgfältiger Abstimmung bedürfe, um ihm in angemessener Weise begegnen zu können. Zum Zeitplan schließlich führte er aus, daß es bei gutem Willen aller zumindest technisch möglich sei, die Phase II im nächsten Frühjahr zu Ende zu bringen. Es sollten keine künstlichen Fristen festgelegt werden, Verzögerungen um ihrer selbst willen seien sinnlos.

Der Sprechzettel, der den amerikanischen Ausführungen zugrunde lag, wird als Anlage I[14] vorgelegt. (Sprechzettel wurde nicht zirkuliert.)

4) Der niederländische Sprecher (Botschafter van der Valk) qualifizierte seine insgesamt optimistische Lagebewertung durch zwei Bemerkungen: Die Kompromißbereitschaft der Sowjetunion in Einzelbereichen von Korb III werde nicht durch entsprechende Erklärungen für die sowjetische Innenpolitik abgedeckt. Außerdem dürfe eine eher optimistische Einschätzung nicht zu dem Fehlschluß führen, daß man vor einem überragenden einseitigen Obsiegen des Westens stehe.

Zum Zeitplan wies er darauf hin, daß eine sorgfältige „erste Lesung" aller Bereiche der Konferenzmaterie vor Ostern nahezu unmöglich sei. Dies möge für die Sowjetunion verwirrend sein, aber sie sei für diesen Umstand verantwortlich. Es sei völlig undenkbar, daß der Westen sich in dieser Situation selbst auf einen Zeitplan festlegen werde.

Zu den vertrauensbildenden Maßnahmen teilte er die negative Beurteilung anderer Sprecher und wies darauf hin, daß man eine „Notfallplanung" aufstellen müsse, um zu verhindern, daß die Verhandlung in dieser Materie bis zur Schlußrunde aufgeschoben werde. Er halte es für angebracht, einen Hinweis auf die Notwendigkeit von Fortschritten bei den vertrauensbildenden Maßnahmen in das Kommuniqué der bevorstehenden NATO-Ministerkonferenz aufzunehmen.

5) Der türkische Sprecher (Botschafter Benler) würdigte gewisse Fortschritte im Rahmen von Korb III. Insgesamt habe der Westen jedoch noch nichts Wesentliches in Genf erreicht.

6) Der britische Sprecher (Mr. Fall) hob hervor, daß sich die Taktik der Bündnispartner bewährt habe und beibehalten werden müsse. Wesentlich sei die Aufrechterhaltung der Kohärenz der Bündnispartner. Dies werde schon aus

---

[13] Am 11. September 1974 unterbreitete die maltesische KSZE-Delegation ein „Arbeitsdokument über Fragen betreffend die Sicherheit in Europa." Darin wurde festgestellt, daß die bei der KSZE vorgesehenen vertrauensbildenden Maßnahmen nicht ausreichen würden, um den Staaten des Mittelmeerraums Sicherheit zu verschaffen, und „daß die beiden Supermächte eine echte und dauerhafte Entspannung nicht erreichen können ohne die Entstehung eines unabhängigen Europas, dem es freisteht, seine eigene Identität zu behaupten und einen wirksamen Puffer zwischen den beiden Supermächten zu bilden." Intendiert sei die „Schaffung eines neuen unabhängigen, souveränen Gebildes," das nicht nur Europa, sondern auch den gesamten Mittelmeerraum, den Iran und die Golfstaaten einschließen sollte. „Die Vereinigten Staaten von Amerika und die Union der Sozialistischen Sowjetrepubliken werden ‚pari passu' mit dem Aufbau dieses neuen souveränen unabhängigen Gebildes schrittweise ihre Truppen aus der Region abziehen." Vgl. CSCE/CC/44; Referat 212, Bd. 111514.
[14] Dem Vorgang beigefügt. Vgl. VS-Bd. 10114 (210); B 150, Aktenkopien 1974.

praktischen Gründen (zeitraubende Abstimmungen der Neun und der Fünfzehn) schwieriger, wenn sich das Verhandlungstempo steigere. Darauf müsse man sich insbesondere für die Schlußrunde der zweiten Phase vorbereiten.

Zu den amerikanischen Bemerkungen über einen Kompromiß bei den Konferenzfolgen wies er auf die Unterschiedlichkeit der jugoslawischen und finnischen Vorschläge hin, die amerikanische Anregung müsse sorgfältig geprüft werden.

Zu den vertrauensbildenden Maßnahmen dürfe man nicht auf ein Entgegenkommen der Sowjetunion warten, sondern müsse die Initiative ergreifen. Zumindest einige Fragen müßten weiterverhandelt werden, vielleicht könne man Rahmenregelungen vereinbaren und die Festlegung von Zahlen der Schlußrunde vorbehalten.

Auch der britische Sprecher setzte sich für eine Erwähnung der vertrauensbildenden Maßnahmen im Kommuniqué der Herbstministerkonferenz ein.

7) Der dänische NATO-Botschafter[15] wies darauf hin, daß der sowjetische Druck auf ein baldiges Ende der KSZE offensichtlich mit der Planung für das Treffen der europäischen kommunistischen Parteien[16] zusammenhänge.

Weiterhin bemerkte er, daß man sich auf starken sowjetischen Druck in der Frage der Konferenzfolgen einstellen solle. Es sei wichtig, hier und in anderen Fragen sich auch weiterhin der Unterstützung der Neutralen zu versichern. Die Konsultation im Bündnis müsse in der Schlußphase sicherlich verstärkt werden (Einbeziehung des NATO-Rats).

8) Der belgische Sprecher (Botschafter Herpin) wies in kurzen Bemerkungen zu den einzelnen Konferenzthemen darauf hin, daß wesentliche Fragen offen seien und eine Lösung einiger Grundsatzprobleme noch nicht abzusehen sei.

9) Der deutsche Sprecher (Botschafter Dr. Blech) schloß sich den niederländischen Bewertungen an, daß bedingter Optimismus angebracht sei. Zur Zeitplanung führte er aus, daß alle Beteiligten einen schnellen Abschluß der Konferenz wünschten, Schnelligkeit dürfe aber nicht auf Kosten der Sorgfalt gehen. Im Hinblick auf die jüngsten Ergebnisse im Bereich von Korb III bestehe keine Veranlassung zu Entmutigung, auch die Vorschläge der Bündnispartner zur Frage der „Heirat" und des „Tourismus"[17] seien Grundlagen für eine vernünftige weitere Diskussion.

---

15 Anker Svart.
16 Im Kommuniqué des Konsultativtreffens der kommunistischen und Arbeiterparteien Europas vom 16. bis 18. Oktober 1974 in Warschau wurde ausgeführt: „Nach einem ausführlichen und brüderlichen Meinungsaustausch, an dem sich alle auf dem Treffen vertretenen Parteien beteiligten, wurde Übereinstimmung erzielt, daß es notwendig und zweckmäßig ist, eine Konferenz der kommunistischen und Arbeiterparteien Europas vorzubereiten und einzuberufen. Es wurde der Wunsch geäußert, daß die Konferenz nicht später als Mitte 1975 stattfindet." Vgl. NEUES DEUTSCHLAND vom 19. Oktober 1974, S. 1.
17 Botschafter Blech, Genf (KSZE-Delegation), berichtete am 2. Dezember 1974 über den Stand der Verhandlungen in der Unterkommission 8 (Menschliche Kontakte) der Kommission III: „Offen sind noch folgende Themen: Eheschließungen; Reiseerleichterungen; Tourismus; Jugendaustausch; einleitender Text [...]. Bei dem Text zur Eheschließung wünscht der Westen drei Elemente (einen Hinweis auf eine Ein- und Ausreisemöglichkeit zur Eheschließung, Ausreisemöglichkeiten für Ehepartner nach ihrer Heirat, zügige und nicht zu teure Bearbeitung von zur Eheschließung nötigen Dokumenten. [...] Mit der Behandlung der Texte zu ,Tourismus' und ,Jugendaustausch' wurde noch nicht begonnen. In dem Einleitungstext wird voraussichtlich gesagt werden, daß die Bewegungsfreiheit

Im Mittelpunkt der Aufmerksamkeit stehe allerdings Korb I. Auch hier sei das bisher Erreichte nicht entmutigend. Die auf die Diskussion der Prinzipien verwendete Zeit habe sich gelohnt. Der Zeitfaktor sei weniger bedeutend als das, was man in der Substanz erreichen könne. Schwierige Verhandlungen stünden noch vor uns. Für uns sei die Frage des friedlichen Wandels am bedeutendsten. Der von den USA in Genf eingebrachte Text[18] sei eine gute Grundlage der weiteren Diskussion. Von ähnlicher Bedeutung sei die Gleichwertigkeit und der Interpretationszusammenhang der Prinzipien. Diese Probleme seien ausschlaggebend für die „Philosophie" der Prinzipiendeklaration. Daraus ergebe sich, daß es sich hierbei keineswegs um ein Anliegen handele, das für die Bundesrepublik spezifisch sei.

Die Diskussion über die vertrauensbildenden Maßnahmen sei bisher wenig erfolgreich gewesen. Es müsse vermieden werden, daß alle wichtigen Fragen in diesem Bereich zurückgestellt würden. In der hektischen Atmosphäre der letzten Tage der zweiten Phase werde man sicher keine guten Ergebnisse erzielen. Es bestehe darin auch die Gefahr, daß die Sowjetunion versuche, Zugeständnisse bei den vertrauensbildenden Maßnahmen mit Konzessionen in der Frage der Konferenzfolgen aufzurechnen.

Der von manchen Delegationen in Genf empfundene Zeitdruck sei nicht vom Westen geschaffen worden. Es müsse vermieden werden, daß die Bündnispartner sich diesem Zeitdruck aussetzten. Die Strategie der Osteuropäer könne darauf abzielen, möglichst viele Fragen offenzuhalten. Diese würden dann zum Gegenstand eines Schlußhandels gemacht, bei der der Westen als „Demandeur" auftreten müsse. Die Osteuropäer rechneten für diesen Fall wohl auch damit, daß dann die Geschlossenheit des Westens wegen der Frage der Prioritäten aufbrechen werde. Man müsse sich deshalb sorgfältig auf den Schlußhandel vorbereiten und den Zusammenhalt in Fragen der Substanz und der Taktik unvermindert aufrechterhalten.

10) Der portugiesische Sprecher (de Almeida) unterstrich die Bedeutung der vertrauensbildenden Maßnahmen und setzte sich für eine Initiative der Bündnispartner auf diesem Gebiet ein. Er betonte das portugiesische Interesse an einer Klausel über Entwicklungsländer und brachte erneut die Bedenken gegenüber dem maltesischen Vorschlag zu einer Mittelmeerresolution vor. Wie Botschafter Herpin setzte auch er sich für einen Hinweis auf die vertrauensbildenden Maßnahmen im Kommuniqué ein.

11) Der luxemburgische Sprecher (Herr Helminger) hob hervor, daß nunmehr erstmals die gesamte Konferenzmaterie in Genf ausgebreitet sei und die Sowjetunion nicht im unklaren darüber sein könne, welche Punkte für den Westen wesentlich seien und wo östliche Zugeständnisse erforderlich seien. Es sei wichtig, daß die Bündnispartner in Genf die Initiative behielten.

12) Der französische NATO-Botschafter[19] wies darauf hin, daß die sowjetischen Zugeständnisse bei der Familienzusammenführung noch nicht erkennen lie-

Fortsetzung Fußnote von Seite 1565
(freer movement) und Kontakte erleichtert werden." Vgl. den Drahtbericht Nr. 1663; Referat 212, Bd. 111541.
[18] Zur Einführung des amerikanischen Vorschlags für den Grundsatz der friedlichen Grenzänderung in einer KSZE-Prinzipienerklärung am 26. Juli 1974 in Genf vgl. Dok. 223, Anm. 8.
[19] François de Tricornot de Rose.

ßen, ob die Sowjetunion nunmehr grundsätzlich bereit sei einzulenken oder ob es sich hier nur um ein punktuelles Zugeständnis handele. Er schloß sich den Ausführungen Botschafters Blech zur Frage der sowjetischen Konferenzstrategie an: Es müsse verhindert werden, daß alle wichtigen Fragen in den Schlußhandel hineingezogen würden. Man solle in Ruhe weiterverhandeln, die Zeit arbeite keinesfalls gegen den Westen.

13) Der italienische Sprecher (Herr Civiletti) ging auf den maltesischen Vorschlag ein, er warnte vor der Absicht Maltas, dieses Thema in einer Sondergruppe zu diskutieren. Das Thema müsse weiterhin im Koordinationsausschuß behandelt werden.

[gez.] Boss

VS-Bd. 10114 (210)

352

Staatssekretär Gehlhoff an Botschafter Grabert, Wien

502-507.40 DDR-OST VS-NfD   **Aufgabe: 4. Dezember 1974, 21.10 Uhr**[1]
Fernschreiben Nr. 5143 Plurex
Citissime

Betr.: Konsularvertrag Österreich–DDR[2]

Bezug: DB Nr. 894 vom 22.11.1974 – VS-NfD[3]

Für Botschafter

I. 1) Die im Bezugsdrahtbericht wiedergegebene österreichische Haltung gegenüber unseren Vorstellungen bezüglich des zwischen Österreich und der DDR

---

[1] Der Drahterlaß wurde von Vortragendem Legationsrat Bütow konzipiert.
[2] Am 10. Mai 1974 wurde ein Konsularvertrag zwischen Österreich und der DDR paraphiert. Vgl. dazu Dok. 192.
[3] Botschafter Grabert, Wien, berichtete, er habe weisungsgemäß im österreichischen Außenministerium einen Zusatz zum Konsularvertrag zwischen Österreich und der DDR vorgeschlagen, „daß Art. 1 nur auf solche Fälle der bilateralen Doppelstaatler (Österreicher – DDR-Einwohner) anwendbar ist, die sich auf ihre österreichische Staatsbürgerschaft bzw. DDR-Staatsbürgerschaft berufen". Eine solche Regelung „würde dem Optionsrecht für Deutsche aus der DDR, die in Österreich konsularischen Schutz begehren, in Übereinstimmung mit den Regeln des Völkerrechts, aber entgegen den politischen Zielen der DDR, eine vertragliche Anerkennung verschaffen". Dieser Vorschlag und die Streichung des Artikels 1 seien von österreichischer Seite abgelehnt worden: „Bei den Gesprächen hierüber hat Botschafter Nettel die österreichische Bereitschaft, keinen Alleinvertretungsanspruch aus Art. 1 herauszulesen, dadurch unterstrichen, daß er anbot, einschlägige Fragen in der amtlichen Begründung abzuhandeln und die entsprechenden Formulierungen, die unseren Bedenken Rechnung tragen sollen, mit uns abzustimmen. [...] Da wir bisher auf diese Formulierungsvorschläge nicht eingegangen sind, ist es keineswegs mehr sicher, ob er noch zu seinen früheren eigenen Vorschlägen steht." Grabert betonte ferner, daß Österreich ebenfalls nicht zu einem offiziellen klärenden Briefwechsel mit der Bundesregierung über den Konsularvertrag mit der DDR bereit sei. Vgl. Referat 010, Bd. 178600.

paraphierten, aber noch nicht unterzeichneten Konsularvertrages ist höchst unbefriedigend und negativ. Bisher hat sich noch kein Staat der DDR gegenüber auf die von ihr angestrebte, ausdrücklich von der Staatsangehörigkeitsgesetzgebung der DDR[4] ausgehende Vertragsbestimmung so weit eingelassen, wie Österreich es zu tun im Begriff ist. Im Gegensatz zu den Briten[5] sind die Österreicher auch nicht einmal bereit, einen Briefwechsel mit uns zu vollziehen, durch den unsere Position gewahrt wird. Die österreichische Haltung steht im Widerspruch zur traditionellen guten Zusammenarbeit, bei der wir österreichischen Belangen stets weitgehend Rechnung getragen haben, zuletzt in der Unterstützung bei einem erfolgreichen Versuch, Wien als drittes Konferenzzentrum der Vereinten Nationen einzurichten.[6]

2) Im Hinblick auf diese Haltung der Bundesregierung ist es zu bedauern, daß die österreichische Seite zwar sehr weit auf die bekannten politischen Interessen der DDR eingeht, sich aber andererseits nicht in der Lage sieht, auch den Interessen der Bundesrepublik Deutschland gleichermaßen Rechnung zu tragen. Wir vermissen an dieser Haltung die gerade von einem neutralen Land wie Österreich zu erwartende Gleichbehandlung. Eine der Bundesrepublik Deutschland gegenüber nur mündlich abgegebene Klarstellung kann nicht als Äquivalent für die schriftlich fixierte Bezugnahme auf die Staatsangehörigkeitsgesetzgebung der DDR in Art. 1 des Konsularvertrages Österreichs mit der DDR[7] angesehen werden.

---

[4] Zur Staatsbürgerschaftsgesetzgebung der DDR vgl. Dok. 192, Anm. 6.

[5] Zu den Verhandlungen zwischen Großbritannien und der DDR über einen Konsularvertrag vgl. Dok. 192, Anm. 17.
Ministerialdirektor van Well vermerkte am 18. November 1974, der britische Botschaftsrat Cromartie habe zu den Verhandlungen Großbritanniens mit der DDR über einen Konsularvertrag mitgeteilt: „Das wesentliche Ergebnis der Unterrichtung ist: a) Die britische Seite sah sich nicht in der Lage, die DDR dazu zu bewegen, auf eine Bezugnahme auf die DDR-Staatsbürgerschaftsgesetzgebung im Konsularvertrag zu verzichten. b) Die britische Seite wird jedoch – wie gegenüber der DDR bereits angekündigt – in einem Briefwechsel mit uns klarstellen, daß die Rechte der Bundesrepublik durch den Vertrag mit der DDR nicht berührt werden. Sie ist mit der Veröffentlichung des Briefwechsels einverstanden." Van Well empfahl, der Briefwechsel müsse drei Punkte enthalten: „a) Bestätigung unserer Rechte aus dem deutsch-britischen Konsularvertrag aus dem Jahre 1956 mit der Verweisung auf Art. 116 GG; b) Hinweis auf die fortbestehende umfassende deutsche Staatsangehörigkeit und auf die Verantwortung Großbritanniens als einer der Vier Mächte für Fragen, die Deutschland als Ganzes betreffen; c) außerdem muß die Veröffentlichung des Briefwechsels geklärt werden, auch die Frage, wo und in welcher Form der Briefwechsel veröffentlicht wird." Vgl. Referat 210, Bd. 111635.

[6] Dazu wurde in einer Aufzeichnung des Referats 210 vom 13. November 1974 ausgeführt: „Österreich strebt an, daß die Vereinten Nationen neben New York und Genf auch Wien offiziell zu einem VN-Konferenzzentrum erklären. Die österreichische Regierung hat angeboten, Räumlichkeiten kostenlos zur Verfügung zu stellen. Das Donaupark-Projekt, das in erster Linie für UNIDO und IAEO vorgesehen ist, wird nach seiner Fertigstellung im Jahre 1978 noch Raum für weitere Sekretariatseinheiten sowie für Konferenzen bieten. Die österreichische Regierung hat die Bundesregierung um Unterstützung ihrer Bemühungen um eine Verstärkung der VN-Präsenz in Wien gebeten. Bundeskanzler Kreisky hat sich deswegen in einem Schreiben vom 18.10.1974 an Bundeskanzler Schmidt gewandt. Dieser hat mitgeteilt, daß wir den österreichischen Vorschlägen positiv gegenüberstehen und den Antrag in New York unterstützen werden." Vgl. Referat 010, Bd. 178600.

[7] Am 22. Februar 1974 übermittelte Botschafter Schirmer, Wien, Artikel 25 des Entwurfs der DDR für einen Konsularvertrag mit Österreich, der in einer abgewandelten Endfassung zu Artikel 1 wurde. Vgl. dazu Dok. 48, Anm. 7.

3) Wir müssen daher zumindest darauf bestehen, daß Österreich uns gegenüber eine eindeutige Erklärung abgibt, die gegenüber Art. 1 des Konsularvertrages mit der DDR materiell und formell ein ausreichendes Gewicht hat. Botschafter Nettel hatte Ende Mai d. J. vorgeschlagen, vorbehaltlich späterer Präzisierungen, folgende Formulierung in die amtlichen Erläuterungen der österreichischen Regierung zum Vertragsgesetz aufzunehmen:

„Art. 1 (früher 25) enthält – ohne zu Grundsatzfragen der Staatsangehörigkeit des betroffenen Personenkreises Stellung zu nehmen – eine Definition des in Frage kommenden Personenkreises. Die allgemein anerkannten Regeln des Völkerrechts, insbesondere das WÜK[8] im Verhältnis zu den Vertragsstaaten dieser Konvention, werden nicht berührt."[9]

Solche amtlichen Erläuterungen der österreichischen Regierung zur Begründung des Vertragsgesetzes würden zwar die österreichische Interpretation des Konsularvertrages widerspiegeln und damit nicht ganz ohne völkerrechtlichen Wert sein. Sie könnten auch Grundlage für entsprechende interne Anweisungen an die österreichischen Behörden sein. Sie würden jedoch keinen vollwertigen Ersatz für eine schriftliche Erklärung der österreichischen Regierung uns gegenüber darstellen.

4) Darüber hinaus müssen wir aus den dargelegten Gründen darauf bestehen, daß die österreichische Regierung in unmittelbarem zeitlichem Zusammenhang mit der Unterzeichnung des Konsularvertrages mit der DDR uns gegenüber eine schriftliche Erklärung abgibt, die der von Botschafter Nettel erwogenen Formulierung für die amtlichen Erläuterungen entspricht und noch um etwa folgende Sätze ergänzt wird:

„Der Botschaft und den konsularischen Vertretungen der Bundesrepublik Deutschland in Österreich steht weiterhin das Recht zu, konsularische Aufgaben für alle Deutschen wahrzunehmen, wenn sie dies wünschen. Dieses Recht gilt unabhängig davon, ob die betreffenden Personen im Besitz eines entsprechenden Personaldokuments sind."

Diese Erklärung der österreichischen Seite ist für uns insbesondere auch deshalb wichtig, damit vor der deutschen Öffentlichkeit bei Bekanntwerden der Unterzeichnung des Konsularvertrages Österreich/DDR gegebenenfalls auf diese unseren Interessen zumindest teilweise entsprechenden Erklärung hingewiesen werden kann.

5) Eine österreichische Formulierungshilfe bei etwaigen im Bundestag abzugebenden Erklärungen ist für uns entbehrlich.

II. Sie werden gebeten, Ihre Gespräche mit der österreichischen Regierung auf der Grundlage der unter I. 1)–4) dieses Erlasses enthaltenen Darlegung unse-

---

[8] Für den Wortlaut des Wiener Übereinkommens vom 24. April 1963 über konsularische Beziehungen vgl. BUNDESGESETZBLATT 1969, Teil II, S. 1585–1703.
[9] Für den Vorschlag des Abteilungsleiters im österreichischen Außenministerium, Nettel, vom 29. Mai 1974 vgl. den Drahtbericht Nr. 523 des Gesandten Freiherr von Dungern, Wien, vom 30. Mai 1974; Referat 502, Bd. 167030.

rer Position fortzusetzen und dazu insbesondere auch Ihr am 5. Dezember bevorstehendes Gespräch mit Bundeskanzler Kreisky auszunutzen. Drahtbericht erbeten.[10]

Gehlhoff[11]

Referat 502, Bd. 167030

353

Botschafter Freiherr von Braun, Paris, an das Auswärtige Amt

114-15156/74 VS-vertraulich   Aufgabe: 4. Dezember 1974, 21.10 Uhr[1]
Fernschreiben Nr. 3774   Ankunft: 4. Dezember 1974, 22.28 Uhr
Cito

Betr.: Aufnahme diplomatischer Beziehungen zu Nordvietnam
hier: Zweite Gesprächsrunde

Bezug: DB 3685 v. 27.11.74[2] VS-vertraulich[3]

Zur Information

I. Wie vereinbart, traf ich mich heute mit Botschafter Sung in der nordvietnamesischen Botschaft zum zweiten Gespräch über die Aufnahme diplomatischer

---

[10] Botschafter Grabert, Wien, berichtete am 6. Dezember 1974, er habe Bundeskanzler Kreisky die zentrale Bedeutung der Staatsbürgerschaftsregelung im Konsularvertrag zwischen Österreich und der DDR verdeutlicht und einen erklärenden Briefwechsel zwischen Österreich und der Bundesrepublik vorgeschlagen. Der Text sei allerdings noch nicht mit dem Auswärtigen Amt abgestimmt: „Artikel 1 des Konsularvertrages Österreich–DDR enthält – ohne zu Grundsatzfragen der Staatsangehörigkeit des betroffenen Personenkreises Stellung zu nehmen – eine Definition des in Frage kommenden Personenkreises. Die allgemein anerkannten Regeln des Völkerrechts, insbesondere das WÜK im Verhältnis zu den Vertragsstaaten dieser Konvention, werden nicht berührt. Der Botschaft und den konsularischen Vertretungen der Bundesrepublik Deutschland in Österreich steht weiterhin das Recht zu, konsularische Aufgaben für alle Deutschen wahrzunehmen, wenn sie dies wünschen. Dieses Recht gilt unabhängig davon, ob die betreffenden Personen im Besitz eines entsprechenden Personaldokuments sind." Vgl. den Drahtbericht Nr. 923; Referat 010, Bd. 178600.
Am 11. Dezember 1974 übermittelte Ministerialdirektor von Schenck der Botschaft in Wien den Entwurf einer Note, die die österreichische Regierung bei Abschluß des Konsularvertrags der Bundesregierung übermitteln solle und mit der den Bedenken der Bundesregierung bezüglich Artikel 1 des Konsularvertrags Rechnung getragen werden sollte. Vgl. dazu den Drahterlaß; Referat 010, Bd. 178600.
Grabert berichtete am 12. Dezember 1974, er habe dem Abteilungsleiter im österreichischen Außenministerium, Nettel, mitgeteilt, daß die Bundesregierung auf einem schriftlichen Aide-mémoire über Artikel 1 des Konsularvertrags bestehe. Eine mündliche Erklärung gegenüber der Botschaft sei nicht ausreichend. Vgl. dazu den Drahtbericht Nr. 939; Referat 010, Bd. 178600.

[11] Paraphe.

[1] Hat Legationsrat I. Klasse Heinemann am 9. Dezember 1974 vorgelegen, der die Weiterleitung an Vortragenden Legationsrat Kastrup verfügte.
Hat Kastrup am 9. Dezember 1974 vorgelegen, der die Weiterleitung an Vortragenden Legationsrat I. Klasse Lücking verfügte.
Hat Lücking am 10. Dezember 1974 vorgelegen.

[2] Korrigiert aus: „22.11.74."

[3] Botschafter Freiherr von Braun, Paris, berichtete über die erste Gesprächsrunde mit dem nord-

Beziehungen. Auf Bitten von Sung legte ich ihm anhand der von VLR Dr. Kastrup und LRI Dr. Truhart überbrachten Gesprächszettel unsere Position zu den drei Fragen dar, zu denen er bei unserem ersten Gespräch um nähere Erläuterungen gebeten hatte:

1) Fragen im Zusammenhang mit der Errichtung von Botschaften,

2) konsularischer Schutz,

3) Zuständigkeiten der Botschaften insbesondere unter dem Gesichtspunkt der Vertretung von Interessen von Berlin (West) und von Personen mit ständigem Wohnsitz in Berlin (West).

Einleitend hatte ich Sung darauf hingewiesen, daß diese Punkte im wesentlichen Zusammenhang mit der Aufnahme diplomatischer Beziehungen stünden. Sie bedürften daher der vorherigen Klärung und angemessener schriftlicher Fixierung. Meine Gesprächsunterlagen zu diesen Punkten übersende ich mit Kurier.[4]

Im Zusammenhang mit der Darlegung der Berlin-Fragen übergab ich Sung den Briefwechsel mit der ČSSR[5] als Beispiel für die von uns angestrebte Klarstellung.

Sung erläuterte in seiner Erwiderung zunächst, wie schon im ersten Gespräch, die Ausgangsposition seiner Regierung: Für sie solle Inhalt der Gespräche lediglich die Aufnahme diplomatischer Beziehungen sein. Über andere Fragen könne man später sprechen. Insbesondere sei seine Regierung davon ausgegangen, daß die Fragen Berlin (West) betreffend nicht Gegenstand der Verhandlungen sein sollten, da dies ihrer Auffassung nach nicht eine Frage sei, die die Beziehungen zwischen unseren beiden Ländern betreffe. Die anderen von mir berührten Fragen seien ohnehin eher technischer Natur. Auch über sie sollte grundsätzlich erst dann gesprochen werden, wenn über die Aufnahme diplomatischer Beziehungen Einigung erzielt worden sei. Das könne man aber noch sehen (on verra). Er verstehe nun meine Ausführungen so, daß für uns die Auf-

---

Fortsetzung Fußnote von Seite 1570
vietnamesischen Botschafter Vo Van Sung zur Aufnahme diplomatischer Beziehungen, man habe sich auf eine Agenda für die Gespräche geeinigt, Vertraulichkeit und einen neuen Gesprächstermin vereinbart. Sung habe zusätzliche Erläuterungen erbeten darüber, „a) was wir im einzelnen unter konsularischem Schutz verstehen. Er gehe davon aus, daß jeder Staat sich seiner Bürger annimmt. b) Was wir unter Fragen im Zusammenhang mit der Errichtung von Botschaften verständen. Nach seiner Ansicht würden die Fragen in der Wiener Diplomatenkonvention geregelt. c) Was wir im einzelnen unter Kompetenzen der Botschaft, insbesondere für die Vertretung der Interessen von Berlin (West) und der Einwohner von Berlin (West), verständen." Vgl. VS-Bd. 10107 (210); B 150, Aktenkopien 1974.

4 Botschafter Freiherr von Braun, Paris, übermittelte am 5. Dezember 1974 die am Vortag im Gespräch mit dem nordvietnamesischen Botschafter Vo Van Sung verwendeten Unterlagen, die auf den von Vortragendem Legationsrat Kastrup und Legationsrat I. Klasse Truhart übermittelten Gesprächszetteln basierten. Dazu notierte er, „das nächste Gespräch wird sich auf Berlinfragen konzentrieren, wobei Sung wahrscheinlich kritisch zu unseren Ausführungen Stellung nehmen und vielleicht prozedurale Gegenvorschläge bringen wird". Für den Schriftbericht und die Gesprächsunterlagen vgl. VS-Bd. 10033 (203); B 150, Aktenkopien 1974.

5 Während einer Verhandlungsrunde vom 6. bis 10. August 1973 in Prag zwischen der Bundesrepublik und der ČSSR über die Aufnahme diplomatischer Beziehungen wurden in Briefwechseln die konsularische Betreuung für Personen mit ständigem Wohnsitz in Berlin (West) sowie Einreise und Aufenthalt von Personen mit ständigem Wohnsitz in Berlin (West) vereinbart. Vgl. dazu AAPD 1973, II, Dok. 244.
Ferner wurde Berlin (West) durch Noten vom 23. bzw. 27. November 1973 in den beiderseitigen Rechtshilfeverkehr einbezogen. Vgl. dazu Dok. 20, Anm. 4.

nahme diplomatischer Beziehungen von der Regelung gewisser Fragen abhängig gemacht werden solle (subordonné, soumis). Daraufhin bekräftigte ich Sung gegenüber mit Nachdruck, daß die Regelung der Frage der Vertretung der Interessen von Berlin (West) und der in Berlin (West) ständig ansässigen Personen für uns vital und essentiell für die Aufnahme diplomatischer Beziehungen und daher Bestandteil der Aufnahme diplomatischer Beziehungen sei.

Nachdem Sung mehrmals insistierend festgestellt hatte, er müsse Erläuterungen so verstehen, daß für uns die Regelung Berlin (West) betreffend integrierender Bestandteil der diplomatischen Beziehungen sei, bemerkte er, daß unter diesen Umständen der gesamte Gesprächsgegenstand noch einmal überdacht werden müsse. Bei diesen Überlegungen müßten seines Erachtens die Interessen beider Parteien berücksichtigt werden. Er halte es also für nützlich, zunächst über die Berlin-Frage nachzudenken, ehe man über etwas anderes spreche. Die Diskussion hierüber könne bei dem nächsten Gespräch fortgesetzt werden.

Das etwa einstündige Gespräch verlief in freundlicher Atmosphäre. Das nächste Gespräch wird am 18. Dezember 1974, um 16.00 Uhr in unserer Botschaft stattfinden.[6]

[gez.] Braun

VS-Bd. 10107 (210)

354

Deutsch-amerikanisches Regierungsgespräch in Washington

Geheim   **5. Dezember 1974**[1]

Gespräch des Herrn Bundeskanzlers und des Herrn Bundesaußenministers mit Präsident Ford und Außenminister Kissinger am 5. Dezember 1974 von 11.00 bis 12.45 Uhr.[2]

Anwesend: General Scowcroft, Botschafter Hillenbrand, Botschafter von Staden.

---

[6] Vgl. dazu Dok. 380.

[1] Die Gesprächsaufzeichnung wurde von Botschafter von Staden, Washington, am 6. Dezember 1974 gefertigt.
Hat Ministerialdirigent Kinkel am 9. Dezember 1974 vorgelegen, der die Weiterleitung an Staatssekretär Gehlhoff verfügte. Dazu vermerkte er handschriftlich: „Weitere Ausfertigung geht an 204."
Hat Gehlhoff am 10. Dezember 1974 vorgelegen, der die Weiterleitung an Staatssekretär Sachs und Ministerialdirektor Hermes verfügte.
Hat Sachs am 13. Dezember 1974 vorgelegen.
Hat Vortragendem Legationsrat I. Klasse Schönfeld am 12. Dezember 1974 vorgelegen, der handschriftlich vermerkte: „D 4 hat bereits die zweite Ausfertigung z[ur] Kenntnis genommen."

[2] Bundeskanzler Schmidt und Bundesminister Genscher hielten sich vom 4. bis 7. Dezember 1974 in den USA auf.

Nachdem der Herr *Bundeskanzler* die Punkte dargelegt hatte, die er zur Erörterung vorschlagen wolle, erwähnte er, daß eine kurze gemeinsame Presseerklärung[3] wünschenswert sei. Die Bevölkerung in Europa warte auf die Ergebnisse dieser Gespräche. Auch der französische Staatspräsident sei daran besonders interessiert. BK gab anschließend einen Überblick über die Lage in Frankreich. Er betonte sein Vertrauensverhältnis zu Präsident Giscard d'Estaing und erwähnte, daß der frühere Finanzminister Shultz eine Persönlichkeit sei, die besonders gut für private Vermittlungsaufträge eingesetzt werden könnte.

Der *Präsident* äußerte sein Vertrauen in Shultz und stimmte im Prinzip zu. Anschließend schilderte Präsident kurz die Besuche in Japan und Südkorea.[4] Präsident Park bezeichnete er als einen sehr starken Früher seines Landes in einer schwierigen Situation. Dann ging Präsident zu Wladiwostok[5] über.

Auf die Frage *Bundeskanzlers*, wie es zum Ort des Treffens gekommen sei, antworteten *Präsident* und Außenminister *Kissinger*, daß die Sowjets ursprünglich ein Treffen in Europa vorgeschlagen hätten. Dies wäre aber schwierig gewesen wegen eventueller Besuche in anderen europäischen Hauptstädten. Peking habe, wie Kissinger vertraulich hinzusetzte, keine Einwendungen gegen Wladiwostok erhoben.

Bundeskanzler erkundigte sich nach SALT. Nach kurzer Darstellung der Verhandlungsgeschichte (FBS-Kompromiß schon im Oktober bei Besuch von Kissinger in Moskau[6]), beschrieb *Kissinger* die SALT-Vereinbarung[7] dahingehend, daß die USA in den kommenden zehn Jahren jeweils mehr Sprengköpfe haben werde als die Sowjetunion. Kissinger nannte dann die Anzahl von MIRV auf verschiedenen sowjetischen und amerikanischen Raketentypen. Er erwähnte ferner, daß Bomber jeweils als eine Waffe gezählt werden. Schließlich nannte er die einbezogenen und nicht einbezogenen Bomber auf beiden Seiten (einbezogen Bison und Bear auf sowjetischer, B 52 und B 1 auf amerikanischer Seite).

---

3 Für den Wortlaut der Gemeinsamen Erklärung vom 6. Dezember 1974 vgl. BULLETIN 1974, S. 1499 f. Für einen Auszug vgl. Dok. 355, Anm. 8.

4 Präsident Ford besuchte Japan vom 18. bis 22. November 1974 und Südkorea am 22./23. November 1974.

5 Zu den Gesprächen des Präsidenten Ford mit dem Generalsekretär des ZK der KPdSU, Breschnew, am 23./24. November 1974 in Wladiwostok vgl. auch Dok. 372 und Dok. 374.

6 Der amerikanische Außenminister Kissinger hielt sich vom 23. bis 27. Oktober 1974 in der UdSSR auf. Vgl. dazu Dok. 303, Anm. 12.

7 Am 24. November 1974 verabschiedeten die USA und die UdSSR in Wladiwostok eine Gemeinsame Erklärung zu den Verhandlungen über eine Begrenzung strategischer Waffen (SALT): „They reaffirm the intention to conclude a new agreement on the limitation of strategic offensive arms, to last through 1985. [...] Agreement was reached that further negotiations will be based on the following provisions. 1) The new agreement will incorporate the relevant provisions of the Interim Agreement of May 26, 1972, which will remain in force until October 1977. 2) The new agreement will cover the period from October 1977 through December 31, 1985. 3) Based on the principle of equality and equal security, the new agreement will include the following limitations: a) Both sides will be entitled to have a certain agreed aggregate number of strategic delivery vehicles; b) Both sides will be entitled to have a certain aggregate number of ICBMs and SLBMs [...] equipped with multiple independently targetable warheads (MIRVs). 4) The new agreement will include a provision for further negotiations beginning no later than 1980–1981 on the question of further limitations and possible reductions of strategic arms in the period after 1985. 5) Negotiations between the delegations of the U.S. and USSR to work out the new agreement incorporating the foregoing points will resume in Geneva in January 1975." Vgl. DEPARTMENT OF STATE BULLETIN, Bd. 71 (1974), S. 879. Für den deutschen Wortlaut vgl. EUROPA-ARCHIV 1975, D 95 f.

Die Sowjets planten 200 bis 300 landgebundene bewegliche Raketen, die mitgezählt würden. (Außerhalb des Gesprächs erwähnte Kissinger, daß die Sowjets voraussichtlich 185 überschwere Raketen mit MIRV versehen würden.) Kontrovers sei die Frage von luftgebundenen Raketen mit einer Reichweite von weniger als 600 km (wie mir Iklé später erläuterte, ein äußerst komplexes Problem, das sich in gedrängter Form nicht darstellen ließe). Kissinger bemerkte, die USA könnten das Wurfgewicht ihrer Raketen innerhalb der vorhandenen Silos ums Dreifache auf 9000 bis 12 000 Pfund erhöhen.

Landraketen würden immer verwundbarer. Das würde die SU zur Umrüstung zwingen. Sie würde selbst bei 85% Landraketen enden gegen 25% bei USA. Hier sei SU technisch zurück. Sie habe seegebundene Raketen noch nicht gemirvt.

Übergehend auf Nahost, sagte *Präsident*, Sowjets würden gerne möglichst bald nach Genf[8] zurückgehen. USA hielten das jedoch im jetzigen Zeitpunkt für hoffnungslos. Zunächst müßten Ägypten und Israel verhandeln. *Kissinger* machte darauf aufmerksam, daß darüber mit Rücksicht auf Ägypten erst gesprochen werden dürfe, wenn man sich über Wiederaufnahme der Verhandlungen tatsächlich geeinigt habe.

Bundeskanzler erläuterte die verzweifelte Situation, in der Israel sich sehe.

Kissinger meinte, ein Sieg wäre für Israel ebenso gefährlich wie eine Niederlage. Im Kriegsfall könnten die Großmächte involviert werden und ein neues Ölembargo[9] verhängt werden. Dann sind die Israelis mittendrin.

Bundeskanzler sah drei Gefahren: die Verzweiflung der Israelis, die sowjetische Rolle hinter der Kulisse, die französische Nahostpolitik. Wir könnten in absehbarer Zeit gezwungen sein, uns in dieser Frage öffentlich von Frankreich zu dissoziieren.

Kissinger äußerte sich mit großer Erbitterung über die Rolle der französischen Diplomatie, die Tag um Tag antiamerikanische Agitation in den arabischen Hauptstädten betreibe. Darüber werde man durch mehrere Nahost-Regierungen unterrichtet. Die französische Diplomatie trete feindseliger auf als die sowjetische. Kissinger sprach Sauvagnargues guten Willen nicht ab, bezeichnete aber Puaux u. a. im Quai d'Orsay als ausgeprägt antiamerikanisch.

Auf Frage von Bundeskanzler nach sowjetischer Haltung erwiderte Kissinger, daß Gromyko, der für Nahost und noch mehr für KSZE zuständig sei (für SALT Breschnew selbst), absolut kein Verständnis für die Nahost-Frage habe. Er gehe die Problematik mit einer Art Strichliste an, von der er abhaken wolle. Seine Forderungen seien mit denen der Araber identisch. Diese verständen aber besser, daß man die Probleme einzeln angehen müsse. Gromyko wolle Hunderte von Punkten gleichzeitig lösen. Außerdem erzähle er den Arabern jedes Wort, das man mit ihm spreche. Er sei absolut nicht hilfreich.

Bundeskanzler fragte nach der Haltung von Breschnew. Zur Arbeitsteilung bemerkte er, Gromyko sei auch für Berlin zuständig, während Breschnew sich Fragen wirtschaftlicher Zusammenarbeit vorbehielte. Bundeskanzler unterstrich,

---

8 Zur Friedenskonferenz für den Nahen Osten in Genf vgl. Dok. 10, Anm. 9.
9 Zum Ölboykott und seiner Aufhebung vgl. Dok. 1, Anm. 3, und Dok. 75, Anm. 11.

daß er Breschnew in diesem Zusammenhang klar gesagt habe, es sei mit keinerlei deutscher Kredithilfe zu rechnen.[10]

Präsident und *Kissinger* bestätigen Arbeitsteilung in Moskau. In Nahost-Frage beginne Breschnew aber, unruhig zu werden. Kissinger erwähnte, daß er gegenüber Breschnew in einem Gespräch, an dem nur Dobrynin teilgenommen habe, auf den wenig hilfreichen „approach" von Gromyko hingewiesen habe. Zur Substanz bemerkte Kissinger, daß man zu einer israelisch-ägyptischen Verhandlung kommen müsse. Die Implementierung einer neuen Vereinbarung würde helfen, sechs Monate zu gewinnen. Syrien könnte unter diesen Umständen das UNDOF-Mandat[11] noch einmal verlängern, und man könne dann vielleicht nach Genf zurückkehren. Die Methode von Gromyko dagegen müsse zu einer Explosion führen, weil sie Israel zum Krieg zwingen werde. Die innenpolitische Lage in Israel sei die schwierigste, die er je gesehen habe.

Bundeskanzler wies darauf hin, in welche schwierige und gefährliche Lage wir im Falle eines Nahost-Krieges kämen, auch gegenüber der SU. Darüber sei auch mit Schlesinger bei dessen Besuch in Bonn[12] gesprochen worden. Wir könnten ruhiger sein, wenn die USA alles ihnen Mögliche versuchten, um sich mit der SU über die Behandlung der Nahost-Frage zu verständigen.

Kissinger meinte, daß man noch vier bis sechs Monate Zeit habe, in denen keine wesentliche Gefahr bestünde. Er wiederholte seine vorstehend dargestellten Vorstellungen über den Ablauf und meinte, daß man innerhalb dieser Zeit zusehen sollte, sich mit der SU zu verständigen.

Übergehend auf Wirtschaftsfragen gab *Bundeskanzler* zunächst Darstellung über Entstehung derzeitiger Krise, die schon vor Ölpreisexplosion sichtbar geworden sei. Schwerwiegend sei, daß die Regierungen jetzt zum ersten Mal physisch außerstande seien, der arbeitenden Bevölkerung reale Einkommenserhöhungen in Aussicht zu stellen. Im Gegenteil, stellenweise gingen die Realeinkommen zurück. Wo sie sich steigern, beruhe dies auf Schulden. In der Wirtschaft seien die psychologischen Implikationen nicht weniger wichtig als die Sache selbst. Im gegenwärtigen Klima investiere niemand, jeder warte ab. Den Gewerkschaften aber sei nicht zuzumuten, ihren Mitgliedern zu sagen, daß sie unfähig seien, Lohnerhöhungen zu erwirken. Bundeskanzler wies insbesondere auf schwierige Lage in einigen europäischen Ländern hin.

Kissinger warf ein, daß nach amerikanischen Informationen französische Polizei systematisch durch Kommunisten infiltriert werde.

Bundeskanzler fuhr fort, daß self-fulfilling prophecy im negativen Sinne kommen müsse, wenn wir unseren Völkern keinen Aufschwung versprechen könn-

---

10 Zu den Gesprächen des Bundeskanzlers Schmidt mit dem Generalsekretär des ZK der KPdSU, Breschnew, vom 28. bis 31. Oktober 1974 in Moskau vgl. Dok. 309, Dok. 311, Dok. 314, Dok. 315 und Dok. 321.
11 Zur Einsetzung der UNDOF vgl. die Resolution Nr. 350 des UNO-Sicherheitsrats vom 31. Mai 1974; Dok. 242, Anm. 7.
Am 29. November 1974 beschloß der UNO-Sicherheitsrat eine Verlängerung des Mandats der UNDOF um weitere sechs Monate. Vgl. dazu die Resolution Nr. 363; UNITED NATIONS RESOLUTIONS, Serie II, Bd. IX, S. 61.
12 Der amerikanische Verteidigungsminister Schlesinger besuchte die Bundesrepublik am 4./5. November 1974. Vgl. dazu Dok. 365, Anm. 7.

ten. Er sei sehr beunruhigt über das, was man in amerikanischen Kommentaren an düsteren Prophezeiungen lese.

Bundeskanzler stellte dann deutsches Wirtschaftsprogramm dar, das nach diesem Treffen sowie europäischem Gipfel[13] am 11.12. verkündet werden sollte.[14] Der Sinn sei, den Schwerpunkt von Inflationsbekämpfung auf Investitionsförderung zu verschieben, ohne inflationäre Entwicklung zu riskieren. Inflationsrate werde wahrscheinlich unter 8 % bleiben.

Präsident schildert US-Wirtschaftslage seit seiner Amtsübernahme.[15] Damals habe nur noch Burns ernsthaft gegen Inflation gekämpft. Nach Amtsantritt habe er vor allem Konsensus mit dem Kongreß gesucht. In den USA sei die Vertrauenskrise bei den Konsumenten kritischer als die bei den Investoren. Seit Anfang September habe sich die Wirtschaftslage beschleunigt verschlechtert. Er habe Greenspan deshalb gebeten, Überprüfung vorzunehmen und Ende dieser Woche Vorschläge zu machen. Er nehme an, daß Greenspan vor allem versuchen werde, den Haushalt auf einem Niveau von nicht mehr als 306 oder 307 Mrd.[16] Dollar festzuhalten. Schon davon würden stimulierende Wirkungen ausgehen. Gewisse Steuererleichterungen wären besser als erhöhte Ausgaben. Der Kongreß sei aber geneigt, Einkommenshilfen zu geben (income supplement), statt Investitionen zu stimulieren. Der gegenwärtige Kongreß gehe am 21.12. auseinander, der neue sei noch eine unbekannte Größe.[17] Das Haus werde jedenfalls liberaler werden. Der Senat sei eher konservativ. Die Inflationsrate sinke und stünde jetzt bei 0,9 % monatlich. Man hoffe, sie nächsten Sommer auf 7–8 % zu bringen. Die Arbeitslosigkeit könnte bis Februar auf 7 % steigen. Greenspan sei besorgt, der neue Kongreß könne zu viele stimulierende Programme beschließen und den falschen Weg einschlagen, Einkommensförderung zu betreiben. Burns werde weitere Lockerungen nur vornehmen, wenn die Regierung ernste Anstrengungen mache, die öffentlichen Ausgaben niedrig zu halten.

Bundeskanzler unterstreicht, daß die Verschlechterung der Lage sich schneller vollziehe, als man befürchtet habe, vor allem auch im psychologischen Sinne. Das sei der Eindruck im Gespräch mit Bankern in New York[18], und das greife

---

[13] Zur Gipfelkonferenz der EG-Mitgliedstaaten am 9./10. Dezember 1974 in Paris vgl. Dok. 369.

[14] Das Kabinett verabschiedete am 12. Dezember 1974 das „Programm stabilitätsgerechter Aufschwung". Für den Wortlaut vgl. BULLETIN 1974, S. 1556–1560.
Bundeskanzler Schmidt stellte am 13. Dezember 1974 die zwölf wirtschaftspolitischen Maßnahmen im Bundestag vor, darunter neue Investitionen des Bundes in Höhe von 1,13 Mrd. DM, ein Vorziehen der Investitionen des zweiten Halbjahres 1975, Investitionszulagen und Lohnzuschüsse für Unternehmen, diverse Steuererleichterungen sowie eine Expansion des sozialen Wohnungsbaus. Zur Umsetzung dieser Maßnahmen wurden drei Gesetzesvorlagen in den Bundestag eingebracht. Vgl. dazu BT STENOGRAPHISCHE BERICHTE, Bd. 90, S. 9420 f.
Der Bundestag billigte die drei Gesetzesvorlagen am 19. Dezember 1974.

[15] Nach dem Rücktritt von Präsident Nixon am 9. August 1974 übernahm Vizepräsident Ford die Präsidentschaft.

[16] Korrigiert aus: „Mio."

[17] Am 5. November 1974 fanden Wahlen zum amerikanischen Repräsentantenhaus und Teilwahlen zum Senat statt. Der neue Kongreß trat am 14. Januar 1975 zusammen.

[18] Am 6. Dezember 1974 führte Bundeskanzler Schmidt vor Wirtschaftsfachleuten in New York aus: „Ich sehe nicht ohne Besorgnis, daß für den Zustand der Weltwirtschaft immer häufiger das Wort Krise – also Weltwirtschaftskrise – benutzt wird. Das erweckt bei vielen böse Erinnerungen an die

auf uns über. Es liege weitgehend in amerikanischer Hand, ob wir einer Katastrophe entgegengingen. Man müsse Investitionen stimulieren, nicht den Verbrauch. Das sei nicht nur für Amerika, sondern für uns alle von Bedeutung. Man würde eine Depression weitgehend der amerikanischen Politik zur Last legen. Vor allen Dingen müssen Investitionen und Beschäftigung gefördert werden. Die Außenwelt warte auf die große USA, die sich ihres Gewichts bewußt sein müsse. *Präsident* sagte, man sei sich dessen bewußt, müsse aber in der Gemeinsamen Erklärung wegen des neuen Kongresses vorsichtig sein. Zeitlich wäre es unweise, jetzt, während noch der alte Kongreß sitzt, eine Veränderung in der Wirtschaftspolitik anzuzeigen. Man könne sich in der Erklärung deshalb nur allgemein äußern.

Bundeskanzler sagte, er verstehe dies. Was die Welt brauche, sei jetzt, daß die Überschußländer die Nachfrage stimulierten, während die Defizitländer vor allem die Inflation bekämpfen müßten.

Übergehend auf Martinique[19] entwickelte Bundeskanzler einen Kompromiß zwischen den Vorstellungen von Kissinger und Giscard d'Estaing in drei Phasen. Er sei von Giscard ermächtigt zu sagen, daß dieser bereit wäre, auf ein solches Schema einzugehen. Giscard d'Estaing könnte hohe Beamte der Konferenzteilnehmer gemäß seinem Vorschlag zu einer Vorbesprechung einladen, in der Datum und Ort einer Ministerkonferenz sowie die Tagesordnung beschlossen werden könnten. Diese Vorkonferenz könne ein bis drei Wochen dauern. Danach könnten die Gruppen ihre Haltungen im „caucus" abstimmen, was bedeuten würde, daß die Konsumenten später koordiniert auftreten würden, wenn Kissinger das wünsche. Dies hätte den Vorteil, daß Frankreich beteiligt wäre, und man könnte dabei die amerikanischen Vorschläge diskutieren. Als letzte Phase käme dann die Ministerkonferenz.

Vorschalten könnte man eine Art Pugwash-Konferenz[20] privater Personen aller drei Gruppen. Ein brain-storming.

Präsident sagt, er wolle darüber nachdenken, und unterstreicht, daß man Einigkeit unter den Verbraucherländern brauche. Diese müsse man von Anbeginn haben. Schon vor der Vorkonferenz.

Bundeskanzler erinnerte an Energiekonferenz.[21] US könnten auf uns zählen, wenn es darauf ankäme. Wichtig sei, daß die erste Phase signalisiere, daß hier keine Konfrontation gesucht werden sollte. Der Phasenplan nehme der Koordinierung der Konsumenten den dramatischen Charakter.

Kissinger wendet ein, daß man dem Slogan Konfrontation Widerstand leisten müsse. Die USA hätten gute Beziehungen zu Iran, Saudi-Arabien und sogar

---

Fortsetzung Fußnote von Seite 1576
Zeit vor 45 Jahren, als wir wirklich eine Weltwirtschaftskrise durchzustehen hatten. [...] Ich glaube, wir haben allen Grund, die Krisenfurcht nicht zu schüren. Man kann eine Depression auch herbeireden nach dem Muster der sich erfüllenden Prophezeiung." Vgl. BULLETIN 1974, S. 1493 f.

[19] Zum Treffen des Präsidenten Ford mit Staatspräsident Giscard d'Estaing vom 14. bis 16. Dezember 1974 auf Martinique vgl. Dok. 376, Anm. 11.

[20] Vom 7. bis 10. Juli 1957 fand in Pugwash (Kanada) erstmals eine internationale Konferenz von Wissenschaftlern aus allen interessierten Staaten statt, die sich gegen die atomare Aufrüstung wandte. In unregelmäßigen Abständen fanden an verschiedenen Orten weitere sogenannte „Pugwash-Konferenzen" statt, die von einem ständigen Komitee organisiert wurden.

[21] Zur Energiekonferenz vom 11. bis 13. Februar 1974 in Washington vgl. Dok. 49.

Algerien. Was solle denn der konkrete Inhalt der Konfrontation sei? Konfrontation drohe höchstens, wenn eine schlecht vorbereitete Konferenz mit den Ölproduzenten scheitere und dann Verzweiflung einsetze. Der Schah[22] z.B. verstehe das sehr gut. Die Weiseren unter den Produzenten wüßten, daß sie sich den Ruin des Westens nicht wünschen könnten. Was die französische Diplomatie tue, müsse jedoch zur Konfrontation führen. Giscard d'Estaing könne doch schon befriedigt sein, wenn man grundsätzlich einer Konferenz mit den Produzenten zustimme. Ehe man aber in eine Vorbereitungsphase eintrete, müsse man einen Beweis der Einigkeit des Westens haben.

Auf Insistieren von Bundeskanzler wiederholte Kissinger diese Argumentation. Er erwähnte einen Brief von Sauvagnargues, der die Notwendigkeit der Vorbereitung unter den Konsumenten anerkenne. Unter dieser Voraussetzung könne man sich in Martinique grundsätzlich zu einer Konferenz mit den Produzenten verpflichten. Kissinger wiederholte anschließend seine lebhaften Klagen über die sträflich antiamerikanische Haltung (viciously anti-American) der französischen Bürokratie.

Präsident stimmte zu, daß man Giscard helfen solle. Man müsse versuchen, bis morgen eine Formel auszuarbeiten.

Bundeskanzler wandte sich anschließend dem Kissinger-Vorschlag[23] zu und bezeichnete den 25-Milliarden-Fonds als gefährlich, weil er den Defizit-Ländern leicht Ausweichmöglichkeiten aufzeige, die Araber vom Kreditrisiko entlaste und die deutsche Finanzkraft übersteige. Wir müßten das Geld bei Wirksamwerden der Garantie aus dem Haushalt nehmen. *Präsident* und *Kissinger* argumentierten demgegenüber, daß der Fonds dem Westen nur dann mehr Freiheit gebe, wenn die Produzenten nicht beteiligt wären. Ferner werde man die Kreditvergabe an wirtschaftspolitische Bedingungen knüpfen.

Bundeskanzler wies darauf hin, daß die Einhaltung solcher Bedingungen zweifelhaft sei.

Beide Seiten waren sich darüber einig, daß ein solcher Plan ohne parlamentarische Zustimmung nicht durchgeführt werden könnte.

VS-Bd. 9961 (204)

---

[22] Reza Pahlevi.
[23] Zum amerikanischen Vorschlag vom 14. November 1974 zur Einrichtung eines Stabilitätsfonds über 25 Milliarden Dollar vgl. Dok. 344, Anm. 10.

355

Deutsch-amerikanisches Regierungsgespräch in Washington

420-400.00 USA-1844/74 VS-vertraulich   5. Dezember 1974[1]

Vermerk über eine Besprechung der deutschen und amerikanischen Delegation unter Vorsitz von Präsident Ford und Bundeskanzler Schmidt am 5. Dezember 1974 im Blair House in Washington. Dauer 2 1/2 Stunden.[2]

Deutsche Teilnehmer: Bundeskanzler; Bundesminister des Auswärtigen; Botschafter von Staden; Staatssekretär Pöhl; Staatssekretär Schlecht; Staatssekretär Bölling; Herr Buschmann; Herr Schmidt, MdB; Herr Münchmeyer; Herr Merkle; Staatssekretär Schüler; Ministerialdirektor Hermes; Ministerialdirektor Hiss; Gesandter Matthias.

Amerikanische Teilnehmer: Präsident Ford (zeitweise); Finanzminister Simon; Greenspan, Vorsitzender der Wirtschaftsberaterausschusses des Präsidenten; Seidmann, Berater des Präsidenten; Eberle, STR (Special Trade Representative); Enders, State Department; Ingersoll, State Department; Bennett, Treasury; Burns, Vorsitzender des Federal Reserve System; Botschafter Hillenbrand; G. Shultz, ehemaliger Finanzminister; Sonnenfeldt, State Department; Hormats, NSC (National Security Council).

Bundeskanzler schlug als Hauptthema eine Aussprache über die Konjunktur der Weltwirtschaft vor. In welcher Richtung wird sich die Weltkonjunktur voraussichtlich entwickeln? Die psychologischen Faktoren gewinnen an Bedeutung. In der Bundesrepublik 3 bis 4% Arbeitslose. Eine Depression ist in jedem Falle vermeidbar. Wir, Amerikaner und Deutsche, müssen den Menschen sagen, wie wir die Situation beurteilen und zu beeinflussen beabsichtigen. Die soziale und politische Stabilität vieler Länder stehe dabei mit auf dem Spiel. Nicht allerdings in der Bundesrepublik, aber in deren Nachbarschaft.

Finanzminister *Simon*: Wir teilen Ihre Sorgen in manchen Bereichen. Auch für uns liegt eine Depression außer Betracht. Dagegen wird die Rezession auch noch im Jahre 1975 anhalten, in dem wir erst für das dritte Quartal mit einer Aufwärtsentwicklung rechnen. Der gegenwärtige Zustand der amerikanischen Wirtschaft erklärt sich aus einer Reihe von Sonderfaktoren. Dabei spielt der Vietnam-Krieg eine bedeutende Rolle. Über ein Jahrzehnt sind beträchtliche Haushaltsdefizite hingenommen worden. Die Inflation liegt jetzt auf einer Jahresrate von etwa 7,5%. Der Hauptanteil des Kampfes gegen die Inflation liegt bei der Fiskal- und Geldpolitik. Die Demokratien haben aber die Fähigkeiten, mit dieser Situation fertig zu werden. Ein deficit spending ist einkalkuliert. Eine Hauptgefahr sieht die Regierung jedoch darin, zu große Anreize zur Ex-

---

[1] Die Gesprächsaufzeichnung wurde von Ministerialdirektor Hermes am 10. Dezember 1974 gefertigt.
Hat Bundesminister Genscher vorgelegen.
[2] Bundeskanzler Schmidt und Bundesminister Genscher hielten sich vom 4. bis 7. Dezember 1974 in den USA auf.

pansion zu früh zu schaffen. Dies ist in der Vergangenheit mehrfach zum Schaden der wirtschaftlichen Entwicklung getan worden.

Greenspan: Der langsame Abwärtstrend der Konjunktur ist Ende September plötzlich in eine scharfe Abwärtsbewegung umgeschlagen. Auch weiterhin sind zahlreiche Arbeitsentlassungen zu erwarten. Die Hauptschwäche der Konjunktur wird durch den Rückgang der Autoverkäufe und der Bauindustrie gekennzeichnet. Aber auch sonst zeigen die Verbraucher große Zurückhaltung. Alles in allem erweist sich die gegenwärtige Lage als eine klassische Rezession, die etwa Mitte 1975 ihren tiefsten Stand erreicht haben dürfte. Die Inflationserwartungen sind lebhaft und weit verbreitet. Der Rückgang des Vertrauens in die Wiedergewinnung der Stabilität ist erheblich. Aufgabe der Regierung ist es, gegen Inflation und Rezession gleichzeitig anzugehen. Wenn die Autokäufe und die Bauindustrie in wenigen Monaten ihren Tiefstand erreicht haben werden, könnte von diesen beiden Bereichen der Aufschwung ausgehen, es sei denn, die Investitionsquote würde noch weiter zurückgehen.

Burns: Die Geldmengenvermehrung für 1974 liegt bei 5%. Die starke Restriktionspolitik ist im Juli vorsichtig gelockert worden. Seitdem ist das Zinsniveau zurückgegangen (prime rate von zwölf auf zehn im November, im übrigen sogar von 14,5 auf 9%). Die Sparkasseneinlagen werden auf Jahresbasis um 6% zunehmen. Zwei Bankenzusammenbrüche haben die amerikanischen Einleger ohne einen Dollar Verlust überstanden. Der angesammelte Notfonds der Banken hat zusammen mit dem FED[3] jeden Nachteil von den Sparern abgewendet. Eine weitere leichte Zunahme der Geldmengenversorgung ist beabsichtigt, aber sicher nicht in einer Größenordnung von 9 bis 10%.

Staatssekretär *Schlecht* erklärte die deutsche Stabilitätspolitik seit Frühjahr 1973:

Das reale Bruttosozialprodukt wird 1974 nur noch um 1% zunehmen; die Unterbeschäftigung liegt bei 3 bis 4%. Unsere strukturellen Schwierigkeiten konzentrieren sich auf die Bauindustrie, die Automobilindustrie und die Textilindustrie. Der Investitionsrückgang beträgt 1974 5% gegenüber dem Vorjahr. Die Zeit für eine teilweise Änderung unserer Wirtschaftspolitik ist gekommen. Der Aufschwung muß ohne Beeinträchtigung der Preisstabilität in Angriff genommen werden. Für 1975 kann ein reales Wachstum des BSP von 2 bis 2,5% erwartet werden. Die Inflationsrate sollte 1975 nicht mehr als 6,5% betragen, die Arbeitslosenrate etwa 2,5%. Der Abbau der Außenhandelsüberschüsse muß in beträchtlichem Umfang erfolgen. In der Geld- und Kreditpolitik wird die Zentralbankgeldmenge um etwa 8 bis 9% vermehrt werden. Eine Investitionszulage von 7,5% ist beabsichtigt.

Bundeskanzler: Nach den Konsultationen in Washington und nach dem EG-Gipfel[4] werden wir unser neues Konjunkturprogramm bekanntgeben.[5] Das ist

---

[3] Federal Reserve System.
[4] Zur Gipfelkonferenz der EG-Mitgliedstaaten am 9./10. Dezember 1974 in Paris vgl. Dok. 369.
[5] Zur Ankündigung des Bundeskanzlers Schmidt am 13. Dezember 1974 im Bundestag vgl. Dok. 354, Anm. 14.

dann ein Datum, von dem die Gewerkschaften und Unternehmer bei ihren zukünftigen Planungen ausgehen können.

Simon: Das Vertrauen der amerikanischen Wirtschaft in eine Änderung zum Guten in der Wirtschaftsentwicklung ist noch gering. Die Presse ist in diesen Dingen ganz überwiegend unwissend und irreführend. Die Rentabilität der Unternehmen betrage heute nur etwa 20% im Vergleich zu 1965.

Bundeskanzler: Sie sollten ein Haushaltsdefizit planen.

Simon: Wir haben schon genügend Anreize zu Haushaltsdefiziten.

Greenspan: Die Reflation führte bei uns in der Vergangenheit zu beträchtlichen Nominalzunahmen, aber der Anteil der realen Zunahme des BSP ist dabei immer geringer geworden. Auch wenn wir nichts besonderes unternehmen, findet schon eine gewisse Expansion statt (z.B. durch die hohen Beiträge, die in der Sozialversicherung gezahlt werden).

Bundeskanzler: Wie hoch ist die Arbeitslosenversicherung?

Simon: In den einzelnen Branchen verschieden, in der Automobilindustrie 90 bis 94% des letzten Lohnes, im Durchschnitt vielleicht etwa bei 60% des letzten Lohnes.

Bundeskanzler: Bei uns werden die Arbeitslosen ab 1.1.1975 rund 70% des letzten Lohnes erhalten (ohne Überstunden).[6]

Bundeskanzler: Sie könnten durch ihre Wirtschaftspolitik in Amerika einen allgemeinen Pessimismus verbreiten, der weithin negative Auswirkungen hätte. Sie haben als wirtschaftliche Führungsmacht des Westens eine besondere Verantwortung. Dabei kann man die Dinge nicht nur laufen lassen.

Finanzminister *Simon*: Wir verstehen Ihren Standpunkt voll und wissen, daß Sie selbst mit den Schwierigkeiten in der Vergangenheit besser als wir fertig geworden sind. Wir dürfen aber nicht zu schnell möglicherweise etwas Falsches in Gang setzen. Der Kongreß würde sowieso nicht vor März 1975 handeln. Bis Mitte 1975 müssen wir noch durch eine schwierige Zeit gehen. Wir müssen die Inflation brechen.

Bundeskanzler: Ihre Zahlungsbilanzdefizite haben in der Vergangenheit die Weltwirtschaft sehr beeinflußt. Sie haben auch zu spät begonnen, Antiinflationspolitik zu treiben. Was jetzt der Fall zu sein scheint, deutet darauf hin, daß zu spät der Wiederaufschwung versucht wird.

Simon: Sie haben für die Vergangenheit recht, besonders für 1969/70.

Greenspan: Unsere sehr hohe Inflationsrate geht langsam herunter. Die Agrarpreise sinken, und die Ölpreiserhöhung scheint verkraftet.

Simon: Erst müssen wir die Inflation brechen, sonst haben wir in einem Jahr eine Inflationsrate von 15%.

---

6 Vgl. dazu die Verordnung vom 2. Januar 1975 über die Leistungssätze des Unterhaltsgeldes, des Kurzarbeitergeldes, des Schlechtwettergeldes, des Arbeitslosengeldes und der Arbeitslosenhilfe für das Jahr 1975 (AFG-Leistungsverordnung); BUNDESGESETZBLATT 1975, Teil I, S. 113–123.

Bundeskanzler: Warum haben Sie so empfindlich auf meine Bemerkungen über eine Änderung des DM-Wechselkurses reagiert? Eine Höherbewertung der DM über den Markt wäre kein Unglück. Das könnte auch in Ihrem Interesse liegen.

Simon: Wir in der Treasury fühlten uns nicht betroffen; was wir vermeiden müssen, ist eine Unruhe auf den Devisenmärkten.

Bundeskanzler: Erfahrungsgemäß werden die Devisenmärkte nur zwei bis drei Tage beeinflußt.

Simon: Sind Sie mit unseren Goldverkäufen[7] zufrieden?

Bundeskanzler: Ja, der amerikanische Goldmythos war mir immer unverständlich.

Simon: Tendenziell bewegen wir uns im allgemeinen in derselben Richtung; bei 6,5% Arbeitslosen haben wir den empfindlichen Punkt erreicht.

Bundeskanzler fordert Herrn Schmidt, MdB, Vorsitzender der IG Bergbau und Energie, auf, aus seiner Sicht etwas zu sagen.

Schmidt: Die Arbeitnehmer haben über die Inflationsmentalität gesiegt; sie erkennen die Zusammenhänge und sind in ihren Forderungen zurückhaltend. Sie wollen eine reale Zunahme ihrer Löhne und wissen, worauf es dabei ankommt. Ein großer Vorteil der deutschen Gewerkschaftsbewegung ist die Beschränkung der Einzelgewerkschaften auf 16. Kein Wettbewerb unter den Gewerkschaften. In der gegenwärtigen Phase ist das Ziel der Arbeitnehmer ein bescheidener realer Einkommenszuwachs.

Nach Eintreffen von Präsident Ford geben Finanzminister Simon und Mr. Greenspan ein Resümee der bisherigen Erörterungen.

Simon: Arbeitslosenzahl in der Bundesrepublik entspricht ungefähr der in den USA, da nur etwa 3% von den 6,5% Arbeitslosen versicherte Arbeitnehmer sind.

Greenspan weist auf den Rat des Bundeskanzlers hin, in den USA ein Haushaltsdefizit vorzusehen und mehr auf Expansion zu gehen. Außerdem habe der Bundeskanzler an die Führungsrolle der Vereinigten Staaten in der westlichen Welt appelliert.

Bundeskanzler: Unternehmer und Gewerkschaften und Regierungen sind zusammen für die Wiedergewinnung einer neuen Vertrauensatmosphäre verantwortlich.

Präsident *Ford*: Wir haben die steile Abwärtsentwicklung der letzten Monate nicht erwartet. Die Höhe der Zahl der Arbeitslosen ist sehr enttäuschend. Allerdings werden wohl die Zahlen über den geringeren jüngsten Preisanstieg günstiger sein. Wir müssen im Kommuniqué zum Ausdruck bringen, daß unsere

---

[7] Dazu wurde in der Presse berichtet: „Die Vereinigten Staaten werden zwei Millionen Unzen Gold (56 700 Kilogramm) aus ihrem Reservenbestand verkaufen. Wie Finanzminister Simon am Dienstag vor einem Untersuchungsausschuß des Repräsentantenhauses erklärte, soll der Verkauf am 6. Januar auf einer öffentlichen Auktion erfolgen. Diese Menge Gold hat nach offiziellem Preis einen Wert von 84,4 Millionen Dollar, doch liegt der Preis auf dem offenen Markt beträchtlich höher." Vgl. die Meldung „Amerika verkauft Goldreserven"; FRANKFURTER ALLGEMEINE ZEITUNG vom 4. Dezember 1974, S. 1.

beiden Regierungen eng und vertrauensvoll zusammenarbeiten, um – in Verantwortung für die Weltwirtschaft – weltwirtschaftlich ungünstige Entwicklungen zu vermeiden.[8]

Bundeskanzler: Wir haben dasselbe Ziel, aber streben es mit verschiedenen Mitteln an.

Präsident *Ford*: Unsere Medizin ist zur Zeit noch verschieden. Selbst in Gegenden, die nicht von einem Rückgang der allgemeinen Wirtschaftsaktivität betroffen sind, stellen wir einen starken Rückgang der Käufe fest (z. B. in Washington D. C.). Wir werden keine Entwicklung zulassen, die zu einer ernsthaften weltweiten Depression führt. Das können wir im Kommuniqué festhalten, dabei aber keine Details über die Mittel und Methoden angeben.

VS-Bd. 14066 (010)

---

[8] Dazu wurde in der Gemeinsamen Erklärung vom 6. Dezember 1974 ausgeführt: „Der Präsident und der Bundeskanzler erörterten ausführlich die Weltwirtschaftslage und prüften wirksame Lösungen für die anstehenden wirtschaftspolitischen Probleme. Sie stimmten überein, daß die internationalen Energieprobleme, der starke Preisauftrieb in der Welt, die Konjunkturabschwächung sowie große Zahlungsbilanzungleichgewichte die politische und soziale Stabilität in zahlreichen Ländern ernsthaft bedrohen. Zur Überwindung dieser Schwierigkeiten bedarf es einer schöpferischen neuen Anstrengung bei der Abstimmung der Wirtschaftspolitik zwischen den Vereinigten Staaten und der Bundesrepublik Deutschland gemeinsam mit deren Partnern in der Europäischen Gemeinschaft. Die Vereinigten Staaten von Amerika und die Bundesrepublik Deutschland bekennen sich zu der Verantwortung, die ihnen für eine gedeihliche Wirtschaftsentwicklung und für die Sicherung des Welthandels zukommt. [...] Sie bekräftige erneut ihre internationalen Verpflichtungen, Handels- und Zahlungsbeschränkungen zu verhindern, die sich nachteilig auf andere Länder auswirken. Der Präsident und der Bundeskanzler stimmten überein, daß unter den derzeitigen Bedingungen beide ihre Binnenwirtschaftspolitik so gestalten müssen, daß Produktion und Beschäftigung gestärkt und neue inflationäre Impulse vermieden werden. Sie bekräftigen, daß beide Länder die Investitionstätigkeit fördern, die steigende Arbeitslosigkeit bekämpfen und Maßnahmen ergreifen müssen, um das Vertrauen in die kreditpolitische und wirtschaftliche Entwicklung zu stärken. Sie stellten fest, daß sich die beiden Länder in ihrem Kampf gegen die Inflation in unterschiedlichen Positionen befinden und daß ihre jeweilige Politik dem Rechnung tragen muß. Sie sind entschlossen, eine ernsthafte Verschlechterung ihrer Konjunktur nicht zuzulassen, erforderlichenfalls werden sie angemessene Gegenmaßnahmen ergreifen." Vgl. BULLETIN 1974, S. 1499.

356

Ministerialdirigent Lautenschlager an die Botschaft in Brasilia

413-491.09 BRA-1808/74 VS-vertraulich Aufgabe: 5. Dezember 1974, 14.28 Uhr[1]
Fernschreiben Nr. 5150 Plurex
Cito

Betr.: Deutsch-brasilianische Zusammenarbeit bei der friedlichen Nutzung der Kernenergie[2]
Bezug: DE Nr. 214 vom 22.11.1974 VS-NfD[3]
DB Nr. 366 vom 21.11.1974 VS-NfD[4]

I. Brasilianischer Botschafter[5] sprach am 4.12.1974 bei StS Sachs vor und erklärte, brasilianische Regierung sei dringend an deutscher Entscheidung über vorgeschlagene Zusammenarbeit interessiert, da sie möglichst umgehend ihr Kernenergieprogramm planen und ihre Reaktorbestellungen aufgeben müsse. Für diese Zusammenarbeit habe die Bundesrepublik Priorität. Brasilien sei auch bereit, alle notwendigen Sicherungsmaßnahmen der IAEO zu akzeptieren. Die brasilianische Regierung hoffe, daß die Fragen der Sicherungsmaßnahmen sofort diskutiert werden könnten, so daß eine Unterzeichnung der entsprechenden Vereinbarungen noch bis zum Ende dieses Jahres möglich seien. Die geplante Zusammenarbeit würde das deutsche Prestige in Brasilien erheblich stärken und uns große Perspektiven eröffnen.

StS Sachs erwiderte, daß mit dieser Angelegenheit Bundesminister gestern befaßt worden sei und daß wir in der Lage sein würden, bis zum Ende der nächsten Woche nach der noch notwendigen Abstimmung mit den Ressorts eine definitive Antwort zu geben. Diese Antwort werde positiv ausfallen, insbesondere auch deshalb, weil Brasilien bereit sei, alle notwendigen Sicherungsmaßnahmen zu akzeptieren. Geprüft werden müsse noch, ob über die Sicherungsmaßnahmen getrennt oder im Zusammenhang mit den übrigen materiellen Punk-

---

[1] Der Drahterlaß wurde von Vortragendem Legationsrat I. Klasse Randermann konzipiert.
Hat Staatssekretär Sachs am 5. Dezember 1974 vorgelegen.
[2] Zur Zusammenarbeit mit Brasilien auf dem Gebiet der friedlichen Nutzung der Kernenergie vgl. Dok. 325, Anm. 2 und 4.
[3] Ministerialdirektor Hermes informierte die Botschaft in Brasilia, „die brasilianischen Informationen aus Bonn, wonach Kabinettsvorlage bezüglich deutsch-brasilianischer Zusammenarbeit im Bereich der Kernenergie durch das Auswärtige Amt verzögert worden seien, treffen nicht zu. Das BMFT hat bisher den Entwurf einer entsprechenden Vorlage noch nicht vorgelegt. [...] Auch das AA befürwortet die mit Brasilien beabsichtigte Zusammenarbeit. Schwierigkeiten bereitet jedoch die NV-Problematik, besonders im Hinblick auf die mögliche Lieferung einer Anreicherungs- und einer Wiederaufbereitungsanlage. Hier ist insofern eine neue Situation eingetreten, als die USA inzwischen für diesen Fragenkomplex erwartungsgemäß eine internationale Abstimmung vorgeschlagen haben." Vgl. Referat 413, Bd. 105375.
[4] Botschafter Röding, Brasilia, berichtete, die brasilianische Regierung verfüge über Informationen, nach denen das Auswärtige Amt einen Kabinettsbeschluß über die Zusammenarbeit mit Brasilien auf dem Gebiet der Kernenergie verzögere. Röding sei gewarnt worden, es gebe „starke Aktivität ausländischer Konkurrenz, Amerikaner, aber auch Franzosen" sowie „Regime-interne Pression auf Regierung im Sinne von Alternativen." Röding empfahl deshalb eine positive Grundsatzentscheidung des Kabinetts. Vgl. Referat 413, Bd. 105375.
[5] Egberto da Silva Mafra.

ten verhandelt werden solle. Auch wir seien an der von Brasilien vorgeschlagenen Zusammenarbeit außerordentlich interessiert.

II. Zunächst nur zur dortigen Information:

1) Entgegen der ursprünglichen Absicht brauchte das Bundeskabinett mit der Frage unserer Zusammenarbeit mit Brasilien nicht befaßt zu werden. Die beteiligten Ressorts haben sich vielmehr auf eine gemeinsame Linie geeinigt, der folgende Überlegungen zugrunde liegen:

a) Vom wirtschaftlichen Standpunkt wäre die Zusammenarbeit mit Brasilien zu begrüßen. Unsere Kern- und besonders unsere Reaktorindustrie ist durch den einheimischen Markt nur zu 40% ihrer Kapazitäten ausgelastet. Aufgrund der scharfen amerikanischen Konkurrenz sind neue Märkte nur schwer zu erschließen. Brasilien kommt ferner als Natururan-Lieferant in Betracht, für das sich Anfang der 80er Jahre eine Verknappung abzeichnet und für das neue Versorgungsquellen gefunden werden müssen.

b) Für unsere politischen Beziehungen zu Brasilien wäre es eine erhebliche Belastung, wenn wir eine derartige Zusammenarbeit mit einem Land, das sich stets als zuverlässiger Partner und traditioneller Freund Deutschlands erwiesen hat, ablehnen würden. Das besonders gute deutsch-brasilianische Verhältnis könnte gestört werden, auch mit Auswirkungen auf unsere sonstige industrielle Zusammenarbeit.

c) Vom NV-Standpunkt ist jedoch ein Export von sensitiven Kernanlagen in ein Land wie Brasilien bedenklich. Brasilien ist nicht Partei des NV-Vertrages. Es hat auch den Vertrag von Tlatelolco über eine kernwaffenfreie lateinamerikanische Zone[6] nicht in Kraft gesetzt, um sich die Möglichkeit offenzuhalten, selbst Kernsprengkörper für friedliche Zwecke zu entwickeln. Zwischen militärischen und friedlichen Kernsprengungen kann jedoch nicht unterschieden werden.

d) Eine uneingeschränkt positive Entscheidung zugunsten Brasiliens zum gegenwärtigen Zeitpunkt würde die von den USA vorgeschlagenen Konsultationen über eine gemeinsame Exportpolitik bei der Lieferung sensitiver Kernanlagen[7] präjudizieren. Ein deutscher Alleingang würde wahrscheinlich eine Einigung von vornherein unmöglich machen. Unser Verhältnis zu den USA, von denen wir bezüglich der Versorgung mit spaltbarem Material z.Z. noch voll abhängig sind, würde belastet.

2) Von diesen Voraussetzungen ausgehend und in dem Bemühen, in der Sache so positiv wie möglich zu verfahren, haben sich die beteiligten Ressorts folgender vom BM gebilligten Haltung des Auswärtigen Amts angeschlossen:

---

[6] Für den Wortlaut des Vertrags vom 14. Februar 1967 über die Schaffung einer kernwaffenfreien Zone in Lateinamerika (Vertrag von Tlatelolco) vgl. UNTS, Bd. 634, S. 282–423. Für den deutschen Wortlaut vgl. EUROPA-ARCHIV 1967, D 152–165.

[7] Zu den amerikanischen Vorschlägen bezüglich der Ausfuhr von Kernindustrieanlagen vgl. Dok. 325. Ministerialdirektor Hermes vermerkte am 9. Dezember 1974, daß sich über die geplante Konferenz „außer uns Großbritannien, Kanada, Japan und die Sowjetunion positiv geäußert oder eine positive Antwort in Aussicht gestellt" hätten. „Eine französische Antwort steht noch aus. Wir bemühen uns zusammen mit den Briten, eine Teilnahme der Niederlande als unserem Partner bei der Gaszentrifugenzusammenarbeit zu erreichen. Die USA haben sich hierzu bisher ablehnend verhalten." Ferner verlange die UdSSR eine Teilnahme der DDR an der Konferenz. Eine solche Teilnahme sei zwar deutschlandpolitisch vertretbar, entbehre aber wegen der geringen Bedeutung der DDR im Bereich der Kernanlagentechnik jeglicher Grundlage. Vgl. VS-Bd. 8857 (413); B 150, Aktenkopien 1974.

a) Wir erklären den Brasilianern, daß wir bereit sind, mit ihnen auch über die Lieferung der sensitiven Anreicherungs- und Wiederaufarbeitungsanlagen zu verhandeln.

Zur Grundlage der politischen Verhandlungen machen wir die Vorschläge, die uns die USA als Diskussionsgrundlage für die von ihnen vorgeschlagene Konferenz der wichtigsten Lieferländer gemacht haben.

Dies würde bedeuten, daß wir die nicht sensitiven Anlagen (Reaktoren, Brennelementfabrik) an Brasilien noch gegen die normalen, anlagebezogenen IAEO-Sicherungsmaßnahmen liefern können. Der Exportgenehmigung für die sensitiven Anlagen sowie der entsprechenden Technologie würden wir jedoch nur zustimmen, wenn Brasilien spätestens zum Zeitpunkt der Lieferung oder der Technologieübertragung die Grundsätze des NV-Vertrages akzeptiert und seinen gesamten Brennstoffkreislauf IAEO-Sicherheitskontrollen unterworfen hat.

Hierüber muß in den Verhandlungen mit Brasilien Einvernehmen hergestellt werden. (Diese deutsche Linie wäre ggf. im Lichte des Ergebnisses der von den USA vorgeschlagenen Konsultationen der wichtigsten Lieferländer zu modifizieren.)

Diese Lösung böte die Chance, unsere wirtschaftlichen Interessen in Brasilien zu wahren und eine Beeinträchtigung unserer bilateralen Beziehungen zu vermeiden. Der Vorwurf, die von den USA vorgeschlagene Konferenz der Lieferländer von vornherein zu präjudizieren, könnte uns nicht gemacht werden. Wir würden uns insofern gegenüber den USA loyal verhalten. Die amerikanische Regierung ist über die Möglichkeit, daß wir diesen Weg gehen werden, informiert worden und hat keine Einwendungen erhoben.[8]

b) Ob Brasilien mit einer Unterstellung seines gesamten Brennstoffkreislaufes einverstanden sein wird, bleibt abzuwarten. Diese Unterstellung würden den Verzicht auf eigene friedliche Kernexplosionen bedeuten. Bisher war Brasilien hierzu nicht bereit. Nicht auszuschließen ist jedoch, daß das brasilianische Interesse an einer Zusammenarbeit mit uns hierfür groß genug ist. Die sich bei einer Ablehnung durch Brasilien ergebende Lage müßte dann auch im Lichte des Ergebnisses der von den USA vorgeschlagenen Konferenz neu geprüft werden. In diesem Falle würden wir vor der politischen Entscheidung stehen, ob wir unserer Nichtverbreitungspolitik und unserem Verhältnis zu den USA oder den Exportinteressen der deutschen Kernindustrie und unserem Verhältnis zu Brasilien den Vorrang zu geben haben. Hierüber könnte nur das Kabinett entscheiden.

3) Bezüglich des weiteren gegenüber Brasilien einzuschlagenden Verfahrens wird am Montag, den 9.12.1974, eine Ressortbesprechung im AA stattfinden.[9]

---

[8] Zur Mitteilung an die amerikanische Regierung vgl. Dok. 325, Anm. 13.
  Botschafter von Staden, Washington, berichtete am 27. November 1974, die amerikanische Regierung werde nicht darum bitten, „unsere bilateralen Gespräche mit Empfängerländern aufzuschieben." Vgl. den Drahtbericht Nr. 3518; VS-Bd. 8857 (413); B 150, Aktenkopien 1974.

[9] In der Ressortbesprechung im Auswärtigen Amt „wurden insbesondere die Kriterien diskutiert, die die Vereinigten Staaten in ihrer Einladung zu einer Konferenz potentieller Lieferländer von Kernanlagen genannt haben und die den Regierungsverhandlungen mit Brasilien zugrundegelegt werden sollen." Es wurde Übereinstimmung erzielt, daß Lieferungen von waffenfähigem Nuklearmaterial an Brasilien nur stattfinden könnten, wenn Brasilien „eine allgemeine Verpflichtung zur Non-Proliferation einschließlich der Unterwerfung des gesamten Brennstoffkreislaufs [...] unter

III. Es bestehen keine Bedenken, daß auch die Botschaft die brasilianische Regierung bereits jetzt über die grundsätzlich positive Haltung der Bundesregierung gemäß Ziff. 1 informiert. Einzelheiten über unsere Auffassung zu der Frage der Non-Proliferation und der Sicherungsmaßnahmen sollten jedoch noch nicht mitgeteilt werden. Hierzu und zum weiteren Verfahren bleibt weiterer DE im Verlauf der nächsten Woche vorbehalten.[10]

Lautenschlager[11]

VS-Bd. 8857 (413)

Fortsetzung Fußnote von Seite 1586
IAEO-Sicherungsmaßnahmen" eingehe. Ferner einigte man sich darauf, daß sich Brasilien der Bundesrepublik gegenüber verpflichten müsse, ein Sicherungsabkommen mit der IAEO abzuschließen. Eine entsprechende Klausel solle auch in Verträge der Privatindustrie aus der Bundesrepublik mit brasilianischen Firmen aufgenommen werden. Schließlich müsse die brasilianische Regierung auch „eine allgemeine Erklärung zur Nichtverbreitungspolitik abgeben". Vgl. die Aufzeichnung des Vortragenden Legationsrats I. Klasse Randermann vom 11. Dezember 1974; VS-Bd. 8857 (413); B 150, Aktenkopien 1974.

10 Am 11. Dezember 1974 informierte Ministerialdirektor Hermes die Botschaft in Brasilia, Staatssekretär Sachs werde am 13. Dezember 1974 dem brasilianischen Botschafter da Silva Mafra mitteilen, daß die Bundesregierung den „Verhandlungsrichtlinien, die in den deutsch-brasilianischen Gesprächen vom 30.9. bis 4.10.1974 über eine Zusammenarbeit auf dem Gebiet der friedlichen Verwendung der Kernenergie erarbeitet worden waren," zustimme. Sie sei bereit, „im Januar 1975 in Verhandlungen über Fragen der Nichtverbreitungspolitik, der erforderlichen Sicherungsmaßnahmen und über andere Angelegenheiten einzutreten, die der Regelung durch ein Regierungsabkommen bedürfen, welches die Voraussetzung wäre. Sie würde sich freuen, zu diesem Zweck eine brasilianische Delegation in Bonn begrüßen zu können. Die Bundesregierung schlägt für die Regierungsverhandlungen die als Anlage beigefügte Tagesordnung vor." In der beigefügten Tagesordnung wurden als Gesprächsthemen vorgeschlagen: „1) Industrial Cooperation: a) nuclear reactor industry; b) uranium enrichment; c) fuel element fabrication; d) reprocessing of irradiated fuels. 2) Natural Uranium. 3) Non-Proliferation: a) general commitment; b) safeguards: i) non-sensitive nuclear material, equipment, and installations; ii) sensitive nuclear material, equipment, and installations, including transfer of relevant technology; c) export and re-export of nuclear material, equipment, and installations, including relevant technology. 4) Physical Protection." Vgl. den Drahterlaß Nr. 5244; Referat 413, Bd. 105375.
Für das Gespräch von Sachs mit da Silva Mafra am 13. Dezember 1974 vermerkte Hermes am selben Tag Informationen des Bundesministeriums für Forschung und Technologie, daß die USA in Brasilien „eine lebhafte Kampagne" begonnen hätten, „um das Zustandekommen der deutsch-brasilianischen Zusammenarbeit auf dem Gebiet der friedlichen Nutzung der Kernenergie zu verhindern." Dabei argumentierten die Amerikaner, daß die deutschen Sicherheitsnormen nicht mit den weltweit gebräuchlichen amerikanischen übereinstimmten und daß die amerikanische Methode zur Anreicherung von Nuklearmaterial der deutschen überlegen sei. Hermes empfahl, dem brasilianischen Botschafter mitzuteilen, daß die deutschen Sicherheitsnormen strenger als die amerikanischen seien und daß die Amerikaner einen Export ihrer Anreicherungsanlagen nicht garantieren könnten, ohne vorher den Kongreß zu konsultieren. Vgl. Referat 413, Bd. 105375.
11 Paraphe.

357

Aufzeichnung des Ministerialdirektors van Well

201-363.60/2-4282/74 VS-vertraulich   9. Dezember 1974[1]

Betr.: Militärhilfe für die Türkei und Griechenland

Am 6. Dezember wurde zwischen Präsident Ford, dem Bundeskanzler und den beiden Außenministern in Washington die o. a. Frage erörtert.[2] Kissinger berichtete, er wolle in Kürze in einer Pressekonferenz in deutlicher Form die Haltung des Kongresses kritisieren.[3] Eine Unterbrechung der Militärhilfe an die Türkei wäre ein Unglück für die westliche Verteidigung. Diese Hilfe werde nicht geleistet, um der Türkei eine Gunst zu erweisen, sondern sei ein essentieller Bestandteil der westlichen Verteidigung. Die Griechen sagten immer, daß die USA die einzige Macht seien, die zu einer Lösung des Zypern-Problems einen entscheidenden Beitrag leisten könnten. Wenn dem so sei, so dürften die USA aber nicht ihre Beziehungen zur Türkei schwächen.

Kissinger berichtete, im Oktober habe Ecevit sich zu einem Bündel von Konzessionen in der Zypern-Frage bereit erklärt. Dann habe der Kongreß seine Entscheidung in der Frage der Rüstungshilfe getroffen[4], und Ecevit habe ihm mitgeteilt, er müsse mit den Konzessionen nunmehr vier Wochen warten. In der Zwischenzeit sei die Position Ecevits schwächer geworden. Dann habe er erneut ein Paket von Konzessionen vorgesehen gehabt, sei aber damit im Nationalen Sicherheitsrat gescheitert.

Kissinger erzählte, Karamanlis habe ihm kürzlich einen Brief geschrieben und ihn gebeten, nach Ankara zu reisen, um zu vermitteln. Aber er könne dies nicht tun, solange die Militärhilfe in Frage gestellt sei.

---

[1] Hat Vortragendem Legationsrat Vollers am 13. Dezember 1974 vorgelegen, der die Weiterleitung an Vortragenden Legationsrat I. Klasse Pfeffer „n[ach] R[ückkehr]" verfügte.
Hat Pfeffer am 18. Dezember 1974 vorgelegen.

[2] Bundeskanzler Schmidt und Bundesminister Genscher hielten sich vom 4. bis 7. Dezember 1974 in den USA auf. Vgl. dazu auch Dok. 354–355 und Dok. 358–362.

[3] Der amerikanische Außenminister Kissinger erklärte am 7. Dezember 1974 auf einer Pressekonferenz in Washington: „As you know, Congress in October enacted legislation which will cut off military assistance to Turkey on December 10. As you are also aware, the Senate has now acted to extend the period prior to a cutoff. It is absolutely essential, and the President and I strongly urge, that the House take similar action immediately. To begin with, the congressional decision to terminate military assistance to Turkey has not served the purpose it was designed to accomplish. Rather, it undermines the ability of the U.S. Government to assist in bringing about a just settlement of the tragic conflict on Cyprus. [...] Even more important, the U.S. military assistance to Turkey is not, and has never been, granted as a favor. It has been the view of the U.S. Government since 1947 that the security of Turkey is vital to the security of the eastern Mediterranean, to NATO Europe, and therefore to the security of the Atlantic community. [...] The security interests of the West may be irreparably damaged unless the Congress takes immediate action to permit military assistance to Turkey to continue." Vgl. DEPARTMENT OF STATE BULLETIN Bd. 71 (1974), S. 909.

[4] Zur Entscheidung des amerikanischen Kongresses über die Aussetzung der Verteidigungshilfe an die Türkei vgl. Dok. 286, Anm. 9.

Der Präsident verwies auf die starke griechische Lobby in Washington. Die griechischstämmigen Kongreßabgeordneten hätten sich mit der jüdischen Kongreßgruppe verbündet und übten erheblichen Druck aus.

Kissinger glaubte, daß die jüngste Entscheidung des Senats, die Beendigung der Militärhilfe um zwei Monate auf den 13. Februar zu verschieben[5], die Möglichkeit verschaffe, in der Zwischenzeit bei den Verhandlungen Fortschritte zu erzielen. Leider werde das Repräsentantenhaus bis zum 12. Dezember in der Sache nicht tätig werden, so daß mit einer Unterbrechung der Militärhilfe für ein bis zwei Wochen gerechnet werden müsse.[6]

Der Bundeskanzler erklärte, die Bundesrepublik werde die militärische Hilfe für die Türkei und für Griechenland wieder aufnehmen.[7] Präsident Ford begrüßte diese Erklärung.

van Well[8]
(nach Diktat verreist)

VS-Bd. 8627 (201)

---

[5] Am 4. Dezember 1974 entschied der amerikanische Senat, die Verteidigungshilfe für die Türkei einzustellen. Allerdings sah ein Zusatz vor, daß der Präsident diesen Beschluß bis zum 13. Februar 1974 suspendieren dürfe, wenn er der Meinung sei, daß eine Fortsetzung der Verteidigungshilfe den Verhandlungen im Zypern-Konflikt dienlich sei. Vgl. dazu CONGRESSIONAL RECORD, Bd. 120, Teil 28, S. 38151–38153.

[6] Am 17. bzw. 18. Dezember 1974 billigten der Senat und das Repräsentantenhaus einen Kompromiß, der vorsah, das Verbot der Verteidigungshilfe für die Türkei bis zum 5. Februar 1975 auszusetzen. Vgl. dazu CONGRESSIONAL RECORD, Bd. 120, Teil 30, S. 40382–40385 und S. 40852.

[7] Zur Frage einer Wiederaufnahme der Verteidigungshilfe an die Türkei vgl. Dok. 334.
Botschafter Krapf, Brüssel (NATO), berichtete am 10. Dezember 1974 über ein Gespräch des Bundesministers Leber mit dem türkischen Verteidigungsminister Sancar am Rande der Ministersitzung der Eurogroup am Vortag in Brüssel. Sancar habe die Aussetzung der Verteidigungshilfe durch die Bundesrepublik bedauert und mittels einer Liste die türkischen Wünsche präzisiert. Leber habe versichert, „der Lieferstop sei kein gegen die Türkei gerichteter Schritt gewesen, vielmehr habe die Bundesregierung im Rahmen der geltenden Gesetze und Regeln wegen des Zypern-Konflikts und des unglücklichen allianzinternen Streits zweier Bundesgenossen nicht anders handeln können. Er hoffe, daß die allgemeine Entwicklung eine baldige Wiederaufnahme der Verteidigungshilfe erlaube. Die Bundesregierung habe aber noch keine Beschlüsse gefaßt." Vgl. den Drahtbericht Nr. 1779; VS-Bd. 9955 (203); B 150, Aktenkopien 1974.
Zur Wiederaufnahme der Verteidigungshilfe an die Türkei durch die Bundesregierung vgl. auch Dok. 378.

[8] Paraphe.

358

Aufzeichnung des Ministerialdirektors van Well

204-321.35 USA-2369/74 VS-vertraulich 9. Dezember 1974[1]

Betr.: Gespräch zwischen Bundeskanzler, Präsident Ford und den Außenministern Genscher und Kissinger am 6. Dezember 1974 in Washington;
hier: wirtschafts- und energiepolitische Fragen

Konjunkturpolitische Fragen

Einleitend drückte der Bundeskanzler seine Besorgnis darüber aus, daß die Vereinigten Staaten in der Wirtschaftspolitik zu wenig zu spät tun würden. Beim Meinungsaustausch am Vortage[2] hätten Greenspan und Simon eine eher reservierte Haltung zum Problem der Wirtschaftsankurbelung eingenommen. Er hoffe, daß Präsident Ford wirtschaftspolitische Maßnahmen zur Belebung der Konjunktur ergreifen werde, wenn die Dinge sich weiter verschlechtern würden.

Der Präsident verwies darauf, daß er Greenspan, Simon und Burns gebeten habe, Vorschläge auszuarbeiten, wie man den veränderten Verhältnissen begegnen könne. Inzwischen sei die Arbeitslosenquote auf 6,5 % gestiegen, und es sei damit zu rechnen, daß im Zuge des Bergarbeiterstreiks[3] die Arbeitslosigkeit weiter zunehmen werde.

Ihm seien zwei Optionen vorgelegt worden. Die erste bestehe in einer Erhöhung der Benzinsteuer um 20 bis 25 Cents pro Gallone bei gleichzeitiger Zahlung von Steuervergütungen an die unteren Einkommensgruppen. Gleichzeitig sollten die Staatsausgaben von 340 Mrd. auf 320 Mrd. reduziert werden.

Diese Option bezeichnete der Präsident als weit weniger akzeptabel als die zweite Option. Diese sieht eine Erhöhung der Einfuhrsteuer auf Importöl von 1 1/2 bis 3 $ vor. Sie soll bei den Raffinerien, nicht jedoch beim Importeur erhoben werden. Gleichzeitig sollte der auf 5,50 $ pro Barrel festgesetzte Höchstpreis für einheimisches Öl aufgehoben werden. Ferner sollte eine „windfall"-Gewinnsteuer auf einheimisches Öl erhoben werden. Diese Maßnahmen sollen die Öl-

---

[1] Durchschlag als Konzept.
Die Aufzeichnung wurde mit Drahterlaß Nr. 1388 vom 10. Dezember 1974 von Vortragendem Legationsrat I. Klasse Dannenbring an die Botschaft in Washington übermittelt. Dazu vermerkte er: „Es wird davon ausgegangen, daß Botschafter von Staden in Washington eine Neuner-Unterrichtung durchführt. D 2 wird die Gelegenheit des Zusammentreffens der neun Direktoren in Paris ebenfalls für eine Unterrichtung in großen Zügen benutzen." Vgl. VS-Bd. 9961 (204); B 150, Aktenkopien 1974.

[2] Zum deutsch-amerikanischen Regierungsgespräch am 5. Dezember 1974 in Washington über wirtschaftspolitische Fragen vgl. Dok. 355.

[3] Dazu wurde in der Presse berichtet: „United Mine Workers president Arnold Miller today ordered striking miners back to work after he signed a new contract with the coal industry, ending a 24-day work stoppage. Mr. Miller said the miners approved the three-year pact by a vote of 44,754 to 34,741. He said they would begin returning to work tomorrow. A coal industry spokesman called the contract a ‚very forward-looking agreement.' It calls for a 64-per-cent boost in wages and fringe benefits over its three-year span". Vgl. den Artikel „U.S. Coal Miners Approve Contract, End 24-Day Strike"; INTERNATIONAL HERALD TRIBUNE vom 6. Dezember 1974, S. 1.

einfuhren verringern und die Erschließung einheimischer Ölquellen stimulieren.

Der Bundeskanzler meinte hierzu, daß die Erhöhung der Ölsteuer den allgemeinen Wirtschaftstrend wohl kaum ändern werde. Sie werde sicherlich nicht dazu beitragen, daß mehr Autos verkauft werden und daß die Beschäftigung in der Automobilindustrie zunehme. Wahrscheinlich werde jedoch diese Konsequenz in Kauf genommen werden müssen.

Der Präsident warf hier ein, daß die Erhöhung der Bezinsteuer tiefgreifende Wirkungen auf die Automobilindustrie haben und auch die gesamte petrochemische Industrie treffen werde.

Der Bundeskanzler meinte, Simon sollte ein Haushaltsdefizit einplanen. Die Staatsausgaben sollten erhöht werden, die realen Kapitalinvestitionen zu stimulieren. Die USA müßte sonst damit rechnen, daß ihre Arbeitslosenquote bis Februar auf 8 % steigt.

Der Präsident antwortete, seine Vorstellungen liefen in Richtung der Gedanken des Bundeskanzlers. Er denke daran, die Kaufkraft der unteren Einkommensgruppen zu erhöhen. Auch sei er nicht für die Verringerung der Staatsausgaben. Was die Erhöhung des Haushaltsdefizits angehe, so werde er die Frage noch einmal überprüfen. Mitte Januar, wahrscheinlich in der State of the Union Message, werde er entsprechende Ankündigungen machen.[4] Bis dahin werde man die Trends weiter beobachten. Burns sei sehr auf die Autonomie der Federal Reserve Bank bedacht. Als er, der Präsident, Burns im September/Oktober zum Lockern der Geldpolitik angehalten habe, habe dieser die Gegenforderung nach strikter Kontrolle der Staatsausgaben gestellt.

Energiepolitische Fragen

Der Präsident sagte hierzu, daß man nach der gestrigen Diskussion[5] über die Frage eines Verbraucher-Erzeuger-Dialogs noch einmal die amerikanischen Prioritäten überdacht habe. Essentiell sei die Dringlichkeit von Maßnahmen. Zweitens sei die Solidarität der Verbraucherländer von maximaler Bedeutung. Drittens sei zu sagen, daß auch die These von der Vermeidung einer Konfrontation von großer Bedeutung sei.

Die amerikanische Seite schlage folgenden Stufenplan vor:

1) Sehr vertrauliche Treffen von unabhängigen sachverständigen Persönlichkeiten der Hauptverbraucherländer. Der Präsident wollte Mr. Shultz hierfür benennen.

2) Eine öffentliche Tagung von unabhängigen Persönlichkeiten der Verbraucherländer auf einer breiteren Grundlage; auch diese Treffen sollten unter Sachverständigen, nicht von Regierungsvertretern abgehalten werden.

---

4 In einer Rundfunk- und Fernsehansprache am 13. Januar 1975 kündigte Präsident Ford die wirtschafts- und energiepolitischen Schritte seiner Regierung an. Vorgesehen waren u. a. eine Einfuhrsteuer auf ausländisches Rohöl, ein Energiesparprogramm, Steuererleichterungen und ein höheres Haushaltsdefizit. Vgl. dazu PUBLIC PAPERS, FORD 1975, S. 30–35.
Am 15. Januar 1975 wiederholte Ford seine Vorschläge im Bericht zur Lage der Nation vor dem amerikanischen Kongreß. Vgl. dazu PUBLIC PAPERS, FORD 1975, S. 36–46. Für den deutschen Wortlaut vgl. EUROPA-ARCHIV 1975, D 139–146.

5 Zum deutsch-amerikanischen Regierungsgespräch am 5. Dezember 1974 in Washington über Energiepolitik vgl. Dok. 354.

3) Arbeitstreffen von Regierungsvertretern der Verbraucherländer.

4) Bis zum 30. Juni Treffen von Vertretern der Verbraucher- und Erzeugerländer.

Der Bundeskanzler erklärte sich mit diesem Schema grundsätzlich einverstanden und wollte es mit dem französischen Staatspräsidenten[6] besprechen. Er schlug jedoch vor, daß das unter Ziffer 1 genannte Treffen sachverständiger Persönlichkeiten in zwei Etappen organisiert werden sollte. Erste Etappe nur unter privaten Persönlichkeiten der Verbraucherländer. Zweites Treffen zugleich mit unabhängigen Persönlichkeiten aus dem Iran, Saudi-Arabien und Venezuela.

Der Präsident erklärte sich damit einverstanden. Kissinger warf jedoch ein, die Franzosen müßten verstehen, daß es zu keinem Verbraucher-Erzeuger-Dialog kommen werde ohne vorherige Solidarität der Verbraucherländer.

Der Bundeskanzler meinte, daß allein schon die Festsetzung eines Datums für ein Verbraucher-Erzeuger-Treffen einen Sachzwang ausüben wird.

Präsident und Kissinger führten aus, daß man den Franzosen auf Martinique[7] klarmachen werde, daß es ohne Verbrauchersolidarität keinen Dialog geben werde. Auf Martinique werde man sich einverstanden erklären mit einem Verbraucher-Erzeuger-Treffen, ohne jedoch ein Datum zu nennen. Zwischen Deutschen und Amerikanern könne man jedoch davon ausgehen, daß man den 30. Juni anvisieren solle.

Zusätzliche Finanzfazilität bei der OECD

Der Bundeskanzler sagte, er habe seine Haltung zu dem Fonds[8] noch einmal überprüft. 25 Mrd. $ sei zuviel. Die Bundesrepublik könne dazu einen angemessenen Beitrag nicht leisten.

Der Präsident betonte, was wichtig sei, sei das Konzept eines solchen Fonds, nicht die Höhe. Ein solcher Fonds würde Verhandlungsposition der Verbraucherländer stärken.

Der Bundeskanzler hielt es auch für wichtig, die Modalitäten der Inanspruchnahme des Fonds zu regeln. Er wolle betonen, daß er den Fonds im Prinzip nicht ablehne. Das werde er auch der Presse gegenüber klarstellen.[9]

van Well[10]

VS-Bd. 9961 (204)

---

[6] Valéry Giscard d'Estaing.

[7] Zum Treffen des Präsidenten Ford mit Staatspräsident Giscard d'Estaing vom 14. bis 16. Dezember 1974 auf Martinique vgl. Dok. 376, Anm. 11.

[8] Zum amerikanischen Vorschlag vom 14. November 1974 zur Einrichtung eines Stabilitätsfonds über 25 Milliarden Dollar vgl. Dok. 344, Anm. 10.

[9] Bundeskanzler Schmidt führte am 6. Dezember 1974 vor dem National Press Club in Washington aus: „Wir haben andererseits auch mit Interesse den Vorschlag von Herrn Kissinger zur Kenntnis genommen, einen Kredit- und Garantiefonds der Industrieländer zu schaffen, und wir prüfen diesen Vorschlag gründlich. Ich habe darüber ausführlich mit dem Präsidenten der Vereinigten Staaten gesprochen." Vgl. BULLETIN 1974, S. 1493.

[10] Paraphe.

359

Aufzeichnung des Ministerialdirektors van Well

210-331.45-3425/74 VS-vertraulich 9. Dezember 1974[1]

Betr.: Luftverkehr Berlin

Der Bundesaußenminister erwähnte gegenüber Dr. Kissinger am 6. Dezember in Washington, daß wir auf Fortschritte bei der Einbeziehung Westberlins in den internationalen Luftverkehr bestehen müßten. Zunächst wollten wir abwarten, welches Ergebnis die von Außenminister Gromyko vorgesehenen Gespräche zwischen der Sowjetunion und der DDR haben würden.[2] Wir würden die Sowjets in nächster Zeit danach fragen. Falls jedoch, wie zu erwarten, nichts dabei herauskomme, würden wir die Drei Mächte bitten, die Angelegenheit auf politischer Ebene erneut mit der Sowjetunion aufzugreifen. Dabei sollten die Drei Mächte sich nicht auf den Sonderfall von Zwischenlandungen der Lufthansa auf dem Wege nach Moskau und Japan[3] beschränken, sondern das allgemeine Problem von Landungen nicht-alliierter Flugzeuge in Westberlin ansprechen, wobei die alliierten Flugrechte und das Korridorsystem ausgeklammert bleiben sollten.

Kissinger erklärte sich mit dem Verfahren einverstanden.

gez. van Well
(nach Diktat verreist)

VS-Bd. 10112 (210)

---

[1] Hat Ministerialdirektor van Well erneut vorgelegen, der die Weiterleitung an Ministerialdirigent Meyer-Landrut verfügte. Dazu vermerkte er handschriftlich: „M. E. sollte die Anfrage in Moskau erfolgen."
Hat Meyer-Landrut vorgelegen, der handschriftlich für Referat 210 vermerkte: „Bitte, Erlaß für B[otschaft] Moskau vorzubereiten."
Hat Vortragendem Legationsrat I. Klasse Lücking vorgelegen.
[2] Zur Absicht des sowjetischen Außenministers Gromyko, die DDR in bezug auf die Einbeziehung von Berlin (West) in den internationalen Luftverkehr zu konsultieren, vgl. Dok. 312.
[3] Zur Frage der Landung von Flügen der Lufthansa in Berlin-Tegel vgl. Dok. 80, Anm. 5.

360

Aufzeichnung des Ministerialdirektors van Well

212-341.14 USA-3416/74 VS-vertraulich 9. Dezember 1974[1]

Betr.: KSZE

Der Bundesaußenminister erörterte am 6. Dezember in Washington mit Dr. Kissinger das weitere Vorgehen bei der KSZE.

Kissinger erklärte sich bereit, daß wir uns in der Frage des peaceful change aus der sowjetischen Schußlinie ziehen. Er sagte, die Vereinigten Staaten würden sich in dieser Frage vor die Bundesrepublik stellen. Er wolle selbst mit Dobrynin darüber sprechen, sobald wir uns über die sachliche Verhandlungsposition geeinigt hätten. Kissinger regte an, zwischen Korb III und Korb I einen „trade-off" zu machen. Der Westen könnte sich bei Korb III flexibler zeigen, wenn der Osten bei Korb I die wesentlichen essentialia berücksichtige. Kissinger führte die Schwierigkeiten des Sommers und Herbsts darauf zurück, daß Gromyko ihm gesagt habe, Herr Genscher habe Gromyko erklärt, der peaceful change sei ein amerikanisches Problem. Der Bundesaußenminister bekräftigte, es werde keine Zustimmung der Bundesregierung zur Prinzipiendeklaration geben, wenn sie den Eindruck einer friedensvertragsähnlichen Regelung vermittele.

Kissinger deutete an, daß die Sowjets aufgrund der Gespräche in Wladiwostok[2] annehmen könnten, daß die Amerikaner mit einer Beendigung der zweiten KSZE-Phase im Februar einverstanden sein könnten.[3] Die USA seien nicht daran interessiert, diese Phase vor dem Besuch Breschnews im Mittleren Osten[4] zu beenden.

Bundesaußenminister und Kissinger waren sich darin einig, daß es besser sei, die Schlußphase für Juni anzustreben. Kissinger deutete an, die amerikanische Zustimmung zur dritten Phase könne vielleicht als Hebel für sowjetisches Einlenken in Sachen syrischer Haltung zum Nahost-Konflikt benutzt werden.

Der Bundesaußenminister hielt es nicht für glücklich, die Schlußphase in einen zeitlichen Zusammenhang mit dem 30. Jahrestag der deutschen Kapitulation am 8. Mai zu bringen. Auch hätten wir im Mai wichtige Landtagswahlen.[5] Ihm wäre daher der Juni lieber.

Beide Minister erörterten auch die mögliche sowjetische Absicht, unmittelbar nach dem KSZE-Gipfel in Ostberlin eine Konferenz der europäischen kommu-

---

[1] Hat Bundesminister Genscher laut Vermerk des Vortragenden Legationsrats Lewalter vom 18. Dezember 1974 vorgelegen.

[2] Zu den Gesprächen des Präsidenten Ford mit dem Generalsekretär des ZK der KPdSU, Breschnew, am 23./24. November 1974 in Wladiwostok vgl. Dok. 354, Dok. 372 und Dok. 374.

[3] Die zweite Phase der KSZE wurde am 19. Juli 1975 in Genf beendet.

[4] Dazu wurde in der Presse berichtet: „Der Generalsekretär der Kommunistischen Partei der Sowjetunion, Breschnew, hat nach einer Meldung der sowjetischen Nachrichtenagentur TASS [...] seinen für Mitte Januar geplanten Besuch in den Hauptstädten von Ägypten, Syrien und des Irak verschoben." Vgl. den Artikel „Sadat gibt sowjetischem Druck nicht nach"; FRANKFURTER ALLGEMEINE ZEITUNG vom 31. Dezember 1974, S. 1.

[5] Am 4. Mai 1974 fanden in Nordrhein-Westfalen und im Saarland Wahlen zum Landtag statt.

nistischen Parteien abzuhalten. Beide Minister hielten es für gut, unter diesen Umständen auch eine Gipfelkonferenz der NATO-Staaten vorzusehen, die unmittelbar vor dem KSZE-Gipfel in Bonn abgehalten werden könnte. Kissinger erklärte sich bereit, einen solchen Gedanken zu unterstützen. Wir sollten ihn in der Diskussion allmählich einführen.

Diese Überlegungen sollten zunächst rein interner Natur sein und nicht nach außen getragen werden. Ein sorgfältiger Plan muß ausgearbeitet werden.

van Well

VS-Bd. 10126 (212)

361

Aufzeichnung des Ministerialdirektors van Well

214-322.00 POL-3424/74 VS-vertraulich   9. Dezember 1974

Betr.: Gierek-Besuch in den Vereinigten Staaten[1]

Bei einem Gespräch im kleinsten Kreise am 6. Dezember in Washington berichtete Präsident Ford, Herr Gierek habe ihn darauf angesprochen, daß Polen Entschädigungsforderungen gegen die Bundesrepublik erhebe, die Bundesrepublik diese aber ablehne.[2] Der Bundeskanzler und der Bundesaußenminister erwiderten hierauf, daß wir Wiedergutmachung aus grundsätzlichen Erwägungen ablehnen müßten. Wir hätten uns jedoch bereit erklärt, gegebenenfalls bei der Rentenpauschale mehr zu zahlen.[3] Präsident Ford fragte, ob wir damit einverstanden seien, daß er den Polen mitteile, er habe die Frage gegenüber dem Bundeskanzler angeschnitten, daß wir zwar das Prinzip nicht anerkennen könnten, jedoch in der Rentenfrage flexibel seien. Der Bundeskanzler widersprach dem nicht, stellte jedoch fest, daß wir in der Umsiedlungsfrage sehr unbefriedigt seien und daß wir eine polnische Zusage über 150 000 Umsiedler erwarteten. Das solle den Polen auch gesagt werden.

van Well[4]
(nach Diktat verreist)

VS-Bd. 10160 (214)

[1] Der Erste Sekretär des ZK der PVAP, Gierek, besuchte die USA vom 6. bis 13. Oktober 1974.
[2] Zu Fragen der Wiedergutmachung, der Umsiedlung und der Rentenzahlungen in den Beziehungen zwischen der Bundesrepublik und Polen vgl. Dok. 335 und Dok. 336.
[3] Vortragender Legationsrat Arnot vermerkte, Bundeskanzler Schmidt habe in einer Ressortbesprechung am 18. Oktober 1974 im Bundeskanzleramt bezüglich der Rentenzahlungen die Bereitschaft gezeigt, „den Betrag auf eine Milliarde aufzustocken. Es muß aber sichergestellt werden, daß es sich um reine Rentenzahlungen handelt und daß damit nicht andere Forderungen, wie etwa Wiedergutmachung (Zwangsarbeit oder KZ-Arbeit) vermischt werden." Vgl. die Aufzeichnung vom 22. Oktober 1974; VS-Bd. 10159 (214); B 150, Aktenkopien 1974.
[4] Paraphe.

362

Aufzeichnung des Ministerialdirektors van Well

230-381.10-2375/74 VS-vertraulich 9. Dezember 1974

Betr.: Enttäuschung über die Entwicklung in den Vereinten Nationen

Am 6. Dezember wurde zwischen dem amerikanischen Präsidenten, dem Bundeskanzler und den beiden Außenministern in Washington die Lage in den Vereinten Nationen erörtert.[1] Beide Seiten äußerten sich kritisch darüber, daß die Länder der Dritten Welt zunehmend zu radikalen Blockabstimmungen übergingen und daß der algerische Präsident der Generalversammlung[2] sich parteiisch verhalten habe. Kissinger kündigte an, daß er nach der diesjährigen Generalversammlung[3] in einer Rede scharfe Kritik üben werde.[4] Präsident Ford verwies darauf, daß bei der Fortsetzung des derzeitigen Verhaltens der VN-Mehrheit die öffentliche Unterstützung der Vereinten Nationen in den Vereinigten Staaten abnehmen werde. Der Bundeskanzler warf ein, daß das bei uns schon der Fall sei. Der Bundesminister wies darauf hin, daß der Komplex zwischen den Neun erörtert werden solle.[5] Der Präsident verwies auf die immer zögernder und restriktiver werdende Haltung des Kongresses bei der Genehmigung von Finanzmitteln für die Vereinten Nationen. Kissinger hielt den Gedanken von Herrn Genscher für gut, daß der Westen nicht immer nur reagieren sollte. Es sei bedauerlich, daß 80 Prozent der Tagesordnung der Vereinten Nationen

---

[1] Zur Haltung der Bundesrepublik gegenüber der UNO vgl. Dok. 340.
[2] Abdul Aziz Bouteflika.
[3] Die XXIX. UNO-Generalversammlung endete am 19. Dezember 1974.
[4] In einer Pressekonferenz am 7. Dezember 1974 in Washington führte der amerikanische Außenminister Kissinger aus: „We have been disturbed by some of the trends in the United Nations. We believe that it is unfortunate that there is a bloc that votes automatically, regardless of the merits of the dispute. And we have some questions about the procedures that were adopted on various deliberations. We believe that if the United Nations is to fulfill its functions, it is essential for the debates in the General Assembly to be related at least to some extent to the merits of the dispute rather than to automatic voting patterns. And I think there must be a scrupulous observance of the charter and of the procedures." Vgl. DEPARTMENT OF STATE BULLETIN Bd. 71 (1974), S. 914.
[5] Am 11. Dezember 1974 führte Bundesminister Genscher im Bundestag aus: „Meine Damen und Herren, dennoch sei hier ein Wort zu der Situation der Vereinten Nationen angemerkt, wie sie sich in diesen Wochen darstellt. Niemand in diesem Hohen Hause wird darüber Befriedigung empfinden. Das ist übrigens der Grund dafür, daß die Bundesregierung beantragt hat, bei der nächsten Zusammenkunft der Außenminister im Rahmen der Europäischen Politischen Zusammenarbeit das Thema ‚Verhalten in den Vereinten Nationen, Entwicklung einer Strategie in den Vereinten Nationen zur Verdeutlichung unserer Position' zu einem bevorzugten Thema zu machen. [...] Was wir dabei leisten können, ist die Herbeiführung einer eindeutigen Position und die Erkennung unserer Möglichkeiten in der Generalversammlung; denn wir alle sind daran interessiert, daß nicht durch Mehrheitsbeschlüsse, die auch über Satzungsregeln hinweggehen, die Bedeutung, die Handlungsfähigkeit der Vereinten Nationen herabgesetzt wird." Vgl. BT STENOGRAPHISCHE BERICHTE, Bd. 90, S. 9245 f.
Botschafter Freiherr von Wechmar, New York (UNO), berichtete am 19. Dezember 1974, er habe bei einem Gespräch mit den Botschaftern der EG-Mitgliedstaaten im Rahmen der EPZ über den Verlauf der UNO-Generalversammlung allgemeine Zustimmung zum Vorschlag für eine Diskussion über die UNO in der EPZ erhalten: „Weiter schlug ich vor, die New Yorker Missionschefs oder andere Angehörige der hiesigen Missionen an wichtigen EPZ-Konsultationen in den Hauptstädten teilnehmen zu lassen. Kein Widerspruch, ausdrückliche Unterstützung durch dänischen Botschafter." Vgl. den Drahtbericht Nr. 2987; Referat 230, Bd. 113977.

von den Ländern der Dritten Welt vorgeschlagen und bestimmt würden. Der Westen solle sich nicht immer der Stimme enthalten, sondern eine eigene Agenda für die Vereinten Nationen entwickeln.

van Well[6]
(nach Diktat verreist)

VS-Bd. 9971 (230)

363

Aufzeichnung des Ministerialdirigenten Meyer-Landrut

214-444.00 JUG-3438/74 VS-vertraulich   **10. Dezember 1974**

Betr.: Kapitalhilfe-Abkommen mit Jugoslawien;
hier: Berlin-Frage[1]

Aufgrund einer Weisung vom 9.12. d. Js.[2] hat Botschafter Jaenicke dem Abteilungsleiter Westeuropa im jugoslawischen Außenministerium, Maksić, folgendes „Non-paper" übergeben und erläutert:

„1) Die Bundesregierung hat die jugoslawische Antwort vom 5. Dezember 1974[3] zur Kenntnis genommen und geprüft. Sie hat mit Befriedigung festgestellt, daß die jugoslawische Seite von einer interpretativen Erklärung zu Art. 5[4] Abstand

---

[6] Paraphe.

[1] Zur Präferenzklausel für Berlin (West) im Abkommen zwischen der Bundesrepublik und Jugoslawien über die Gewährung von Kapitalhilfe vgl. Dok. 341.

[2] Staatssekretär Sachs wies Botschafter Jaenicke, Belgrad, an, mit einem Non-paper auf das jugoslawische Non-paper vom 5. Dezember 1974 zu reagieren und klarzustellen, daß eine Unterzeichnung des am 20. Juni 1974 paraphierten Abkommens zwischen der Bundesrepublik und Jugoslawien über die Gewährung von Kapitalhilfe am 10. Dezember 1974 nur stattfinden könne, wenn „die jugosl[awische] Seite unseren Feststellungen nicht widerspricht". Vgl. den Drahterlaß Nr. 401; VS-Bd. 8862 (420); B 150, Aktenkopien 1974.

[3] Botschaftsrat I. Klasse Eiff, Belgrad, berichtete am 5. Dezember 1974 über das jugoslawische Non-paper, das ihm im jugoslawischen Außenministerium übergeben worden sei. Darin werde ausgeführt, daß Jugoslawien die Mitteilungen der Bundesregierung zum am 20. Juni 1974 paraphierten Abkommen über die Gewährung von Kapitalhilfe geprüft habe und sich bereit erkläre, „das von innerstaatlichen politischen Gründen geleitete Ansuchen der Bundesregierung der Bundesrepublik Deutschland zu akzeptieren und ihre Auslegung des Artikels 5 des Kapitalhilfeabkommens im direkten Verkehr [...] mit der Bundesregierung der Bundesrepublik Deutschland nicht mitzuteilen. Dabei hat die Regierung der S[ozialistischen] F[öderativen] R[epublik] J[ugoslawien] die Bedeutung dieses Abkommens und seinen in der Präambel des Abkommens zum Ausdruck gebrachten politischen Inhalt vor Augen, in der Absicht, zur unverzüglichen Unterzeichnung des Abkommens beizutragen." Als Termin für die Unterzeichnung werde der 10. Dezember 1974 vorgeschlagen. Mündlich sei ferner erklärt worden, „daß sich am jug[oslawischen] Standpunkt hinsichtlich Berlin (West) nichts geändert habe und daß dies auf Anfrage so erklärt werde. Seine Seite gehe davon aus, daß wir ‚nicht mehr' als dies sagen würden." Vgl. den Drahtbericht Nr. 607; VS-Bd. 8862 (420); B 150, Aktenkopien 1974.

[4] Für Artikel 5 des am 20. Juni 1974 paraphierten Abkommens zwischen der Bundesrepublik und Jugoslawien über die Gewährung von Kapitalhilfe vgl. Dok. 318, Anm. 2.

nimmt. Sie möchte allerdings klarstellen, daß das Ersuchen der Bundesregierung nicht „innerstaatlich-politische Gründe" hat. Die Bundesregierung mißt Art. 5 als Bestandteil des Vertrages grundsätzliche Bedeutung bei.

2) Die Bundesregierung versteht den Art. 5 so, wie er im Abkommen formuliert ist. Sie geht davon aus, daß die jugoslawische Regierung diese Auffassung teilt.

3) Die Bundesregierung hat mit Genugtuung zur Kenntnis genommen, daß sich am jugoslawischen Standpunkt hinsichtlich Berlin (West) nichts geändert hat und Jugoslawien seine Haltung in der Berlin-Frage entsprechend der bisherigen Praxis fortführt."

Mündlich hat Botschafter Jaenicke zusätzlich ausgeführt:

„Wir haben zur Kenntnis genommen, daß die jugoslawische Seite auf Anfrage die Kontinuität ihrer Berlin-Haltung feststellt. Wir gehen jedenfalls davon aus, daß sie keine Erklärung in der Öffentlichkeit abgibt, die den Vertragsinhalt einschränkend interpretiert."

Diese Demarche erfolgte am 9. Dezember d. Js. um ca. 20 Uhr. Botschafter Jaenicke unterrichtete mich anschließend telefonisch.

Maksić habe die Demarche und das „Non-paper" entgegengenommen und erklärt, daß die jugoslawische Seite weitere Ausführungen hierzu nicht machen könne und nicht zu machen gedenke. Das jugoslawische Kabinett habe entschieden, daß die Unterzeichnung am 10. Dezember d. Js. um 12 Uhr stattfinden könne. Eine Bestätigung des Unterzeichnungstermins sollte bis 24 Uhr der jugoslawischen Seite mitgeteilt werden.

Am 10. Dezember morgens unterrichtete Botschaftsrat Eiff Referat 214, daß die Botschaft die Rede des jugoslawischen Finanzministers[5], der das Abkommen unterzeichnen wird, in Händen habe. Sie enthalte keinerlei politische Aussagen, sondern lediglich die bei solchen Anlässen üblichen freundlichen Worte. Darüber hinausgehende Erklärungen seien nicht zu erwarten.

---

[5] Anläßlich der Unterzeichnung des Abkommens zwischen der Bundesrepublik und Jugoslawien über die Gewährung von Kapitalhilfe erklärte der jugoslawische Finanzminister Cemović am 10. Dezember 1974 in Belgrad: „Dieses Abkommen geht von der Einigung der beiden Regierungen aus, die in dem gemeinsamen Kommuniqué anläßlich des Besuches des damaligen Bundeskanzlers Brandt in Jugoslawien im April 1973 zum Ausdruck gebracht wurde, daß die noch übrigen offenen Fragen aus der Vergangenheit durch langfristige Zusammenarbeit auf wirtschaftlichem und anderen Gebieten gelöst werden sollen. Die Regierung der S[ozialistischen] F[öderativen] R[epublik] J[ugoslawien] ist überzeugt, daß die Unterzeichnung dieses Abkommens [...] die weitere allseitige, fruchtbare und gegenseitig nützliche Zusammenarbeit zwischen der SFRJ und der Bundesrepublik Deutschland ermöglichen wird, worin sie nicht nur die tatsächlichen Interessen der beiden Länder, sondern auch einen bedeutsamen Beitrag zu einem größeren Vertrauen und einer breiteren Zusammenarbeit auf internationaler Ebene sieht." Vgl. die am 17. Dezember 1974 mit Schriftbericht Nr. 1309 der Botschaft in Belgrad übermittelte Übersetzung; Referat 420, Bd. 117748.
Dazu wurde in der Presse gemeldet: „In Belgrad ist am Dienstag der Kapitalhilfevertrag in Höhe von siebenhundert Millionen Mark zwischen der Bundesrepublik Deutschland und Jugoslawien unterzeichnet worden. Die Unterschrift leisteten der deutsche Botschafter in Belgrad, Jaenicke, und der jugoslawische Finanzminister Cemović. [...] Allerdings bestehen, was die endgültige Aufgabe weiterer aus der Vergangenheit abgeleiteter Forderungen betrifft, auf jugoslawischer Seite möglicherweise andere Vorstellungen als auf seiten der Bundesrepublik: Dies jedenfalls wollen Zeugen der Vertragsunterzeichnung aus der Erklärung des jugoslawischen Finanzministers herauslesen, die sich in diesem Punkte in deutlicher Nuance von den Worten des Botschafters Jaenicke unterschieden habe." Vgl. den Artikel „Kapitalhilfe-Vertrag unterzeichnet"; FRANKFURTER ALLGEMEINE ZEITUNG vom 11. Dezember 1974, S. 4.

Ein Bericht über das Gespräch, das Botschafter Jaenicke mit Maksić am 9. Dezember d. Js. geführt hat, ist angekündigt.[6]

Ich habe Staatssekretär Gehlhoff unterrichtet, daß die jugoslawische Seite unseren im Erlaß an Botschafter Jaenicke enthaltenen Feststellungen nicht widersprochen und das diese Gedanken enthaltende „Non-paper" entgegengenommen hat. Der Herr Staatssekretär stimmte daraufhin dem Vorschlag von Botschafter Jaenicke zu, den Termin für die Unterzeichnung zu bestätigen.[7]

Hiermit über Staatssekretär Gehlhoff[8] zur Unterrichtung des Herrn Ministers.[9]

Meyer-Landrut

VS-Bd. 10158 (214)

364

Vizeadmiral Steinhaus, Bundesministerium der Verteidigung, z. Z. Brüssel, an das Auswärtige Amt

114-15246/74 VS-vertraulich   Aufgabe: 10. Dezember 1974, 10.30 Uhr[1]
Fernschreiben Nr. 1778   Ankunft: 10. Dezember 1974, 14.21 Uhr
Cito

Betr.: Ministerkonferenz der Eurogroup am 9. Dezember 1974

I. Die Ministerkonferenz der Eurogroup wurde von dem norwegischen Verteidigungsminister Fostervoll geleitet. Die offene Sitzung am Vormittag wurde am Nachmittag durch die geschlossene Sitzung fortgesetzt (worüber gesondert berichtet wird[2]).

Griechenland war durch den Ständigen Vertreter bei der NATO[3] vertreten.

Das zentrale Thema der Konferenz war der übereinstimmende Appell der Verteidigungsminister an die Länder der Eurogroup, die europäische Zusammenarbeit auf dem Gebiet der Sicherheit und Verteidigung durch konkrete Maß-

---

[6] Botschafter Jaenicke, Belgrad, berichtete am 10. Dezember 1974, er habe dem Abteilungsleiter im jugoslawischen Außenministerium, Maksić, am Vorabend das Non-paper der Bundesregierung vom 9. Dezember 1974 übergeben. Maksić habe eine Erklärung dazu abgelehnt, „da weitere Erklärungen wohl nicht erforderlich seien." Jaenicke bat, das Non-paper nicht an die Öffentlichkeit gelangen zu lassen. Vgl. den Drahtbericht Nr. 617; VS-Bd. 8862 (420); B 150, Aktenkopien 1974.
[7] Für den Wortlaut des Abkommens vom 10. Dezember 1974 zwischen der Bundesrepublik und Jugoslawien über die Gewährung von Kapitalhilfe vgl. BUNDESGESETZBLATT 1975, Teil II, S. 362 f.
[8] Hat Staatssekretär Gehlhoff am 10. Dezember 1974 vorgelegen, der die Weiterleitung an Bundesminister Genscher verfügte und handschriftlich vermerkte: „StS Sachs hat Doppel."
[9] Hat Bundesminister Genscher am 22. Dezember 1974 vorgelegen.

[1] Hat Vortragendem Legationsrat Holik am 11. Dezember 1974 vorgelegen.
Hat Vortragendem Legationsrat Vollers am 16. Dezember 1974 vorgelegen.
[2] Zur Ministersitzung der Eurogroup im kleinsten Kreis am 9. Dezember 1974 in Brüssel vgl. Dok. 365.
[3] Angelos Chorafas.

nahmen zu verbessern. Dies wurde angesichts der krisenhaften wirtschaftlichen Lage in den meisten Ländern von NATO-Europa einerseits und der wachsenden Verteidigungsanstrengungen des Warschauer Pakts andererseits als das Gebot der Stunde bezeichnet.

II. 1) Das Hauptthema der Vormittagssitzung war die Studie über „Trends der europäischen Verteidigung und gemeinsame Maßnahmen, die zur Verbesserung der Sicherheit des europäischen NATO-Gebiets erforderlich sind – Oslo-Studie" (EG/176/74).[4] Sie wurde von Minister Fostervoll als gemeinsame Studie der Eurogroup eingeführt. Fostervoll wies darauf hin, daß nach Ansicht der Eurogroup in dieser Studie die Trends richtig dargestellt worden seien, auch wenn die zugrundegelegten Daten zum Teil fortlaufender Überprüfung bedürften.

Fostervoll betonte bei der Erwähnung der Nützlichkeit der Studie die Bedeutung von Ad-hoc-Gruppen. Er wies aber auch darauf hin, daß die Rolle der Ständigen Vertreter dadurch nicht geschwächt werden dürfe. Dieser Hinweis erfolgte offenbar auf die Intervention des belgischen Ständigen Vertreters[5] in einer der letzten Botschaftersitzungen der Eurogroup.

BM Leber erläuterte den Zweck der Studie und wies darauf hin, daß der Stillstand der Eurogroup-Aktivitäten überwunden werden müsse und daß es gelte, Rückschritte zu verhindern. Er betonte die Notwendigkeit einer verbesserten Zusammenarbeit, um eine größere Ausnutzung der knappen Mittel zu erreichen. Nur so könne vermieden werden, daß sich die Kluft zwischen dem konventionellen Streitkräftepotential des Warschauer Pakts und der NATO zum Nachteil der Allianz weiter vergrößere. Er betonte die Notwendigkeit, den politischen Willen zur Kooperation immer wieder zu praktizieren, was begleitet sein müsse von konkreten Maßnahmen, die in die Wege zu leiten seien. Er machte dabei drei Vorschläge, die einstimmig akzeptiert wurden:

– Untersuchung einer einheitlichen Grundbewaffnung für Jagdbomber der 80er Jahre;
– Untersuchung, einen Panzerabwehr-Hubschrauberverband für den Mittelabschnitt aufzustellen;
– Analyse, welches das beste Verfahren für Rüstungszusammenarbeit sei.

Der britische Verteidigungsminister Mason und der belgische Verteidigungsminister van den Boeynants unterstützten die Oslo-Studie und die deutschen Vorschläge.

---

[4] Für die Studie „European Defence Trends: Cooperative Measures Required to Improve the Security of NATO Europe (Oslo Study)" vgl. VS-Bd. 8165 (201).
Dazu wurde in der Presse berichtet: „So ist während der Tagung der Euro-Gruppe über die sogenannte Oslo-Studie gesprochen worden, in der die These vertreten wird, daß das konventionelle Element der gemeinsamen Verteidigung zwar verstärkt werden müsse, aber die atomaren Sicherheitskräfte nicht geschwächt werden dürften. [...] Da die Oslo-Studie der Euro-Gruppe und die Vorstellungen des amerikanischen Verteidigungsministers über die gemeinsame Sicherheitspolitik zwar im strategischen Ansatzpunkt identisch sind, doch im politischen Ansatz verschieden bleiben, erwarten Kenner der innerstrategischen Situation eine lebhafte Auseinandersetzung über die langfristige Verteidigungsplanung." Vgl. den Artikel „Keine Kräftesymmetrie beider Paktsysteme?"; FRANKFURTER ALLGEMEINE ZEITUNG vom 10. Dezember 1974, S. 4.
[5] André de Staercke.

Der belgische Verteidigungsminister wies darauf hin, daß die Empfehlungen der Eurogroup generell oft über das hinausgingen, was die Verteidigungsminister in ihren Ländern durchsetzen könnten. Er schlug vor, daß die Ständigen Vertreter ein Verfahren entwickeln, wie die Arbeit der Eurogroup in den Ländern auf breiterer Basis harmonisiert werden könne. Der Vorschlag wurde akzeptiert.

Auch der niederländische Verteidigungsminister Vredeling betonte die Nützlichkeit der Oslo-Studie. Er wies auf die Bedeutung der Entspannungsbemühungen zwischen Ost und West und auf die Bedeutung der europäischen Einigung als Rahmen für europäische Zusammenarbeit auf dem Sektor Sicherheit und Verteidigung hin.

Minister Vredeling schlug vor, zum Zwecke einer besseren Rüstungszusammenarbeit einen unter den Ländern abgestimmten Zeitplan für den Ersatz von Rüstungsmaterial zu erstellen. Dieser Vorschlag wurde akzeptiert.

Der italienische Verteidigungsminister Forlani stimmte den Empfehlungen der Oslo-Studie ebenfalls zu, wies allerdings auf die Schwierigkeiten der Durchführung hin. Als Gründe nannte er die prekäre wirtschaftliche Lage in den einzelnen Ländern, Zahlungsbilanzprobleme, nationale Prioritäten und zum Teil auch Fehleinschätzung der Entspannung.

2) Rüstungszusammenarbeit

a) Vor Behandlung des allgemeinen EURONAD[6]-Berichtes (EG/181/74)[7] und des besonderen Berichtes über die Rolle der europäischen Verteidigungsindustrie (EG/168/74)[8] gab der Vorsitzende einen Überblick über den Stand der „Nachfolge F-104".[9] Der von den vier Nachfolgeländern gebildete Lenkungsausschuß habe in Verbindung mit den betreffenden Regierungen und Herstellerfirmen die vier zur Auswahl stehenden Typen mit dem Ergebnis bewertet, daß alle die an sie zu stellenden Anforderungen erfüllt seien. Ein Schlußbericht solle bis Ende Dezember vorgelegt werden, in dem auch die finanziellen und industriellen Aspekte des Problems beleuchtet würden. Verhandlungen mit Frankreich und Schweden seien noch im Gange. Die endgültige Entscheidung über die Einführung eines bestimmten Typs sei und bleibe jedoch in nationaler Zuständigkeit.

b) Ergänzend zu dem Fortschrittsbericht des EURONADs (EG/181/74) betonte der niederländische Verteidigungsminister die schwierigen militärischen, politischen und wirtschaftlichen Probleme, die bislang die Erfolge gebremst hätten. Die Eurogroup-Grundsätze der Rüstungszusammenarbeit seien jedoch ein

---

[6] European National Armaments Directors.
[7] Für die Studie „EURONAD Progress Report to Ministers" vgl. VS-Bd. 8167 (201).
[8] Für die Studie „Role of European Defence Industry: Improvement of European Equipment Collaboration" vgl. VS-Bd. 8167 (201).
[9] Zur geplanten Ersetzung von Flugzeugen des Typs „F-104-Starfighter" vgl. Dok. 174.
In Belgien, Dänemark, den Niederlanden und Norwegen wurde vor allem die Einführung des französischen Kampfflugzeugs des Typs „Mirage" oder die des amerikanischen Kampfflugzeugs des Typs „F-16" diskutiert. Botschafter Obermayer, Den Haag, berichtete am 21. Oktober 1974, Meldungen in der französischen Tageszeitung „Le Monde", nach denen die Herstellerfirma der „Mirage", Dassault, versucht habe, niederländische Politiker zu bestechen, hätten in den Niederlanden „erheblichen Staub aufgewirbelt". Ermittlungen seien eingeleitet worden. Vgl. den Schriftbericht Nr. 1575; Referat 201, Bd. 102442.

gutes Beispiel, wie man vorankommen könne. Es gelte jetzt, sie mit Leben zu erfüllen. Es sei eine wichtige Aufgabe der Minister, hier den politischen Willen der Regierungen zu mobilisieren.

c) Es sei bedauerlich, daß die Untersuchungen der Eurogroup-Experten bezüglich AALS[10] und SAM[11] noch zu keinen Erfolgen geführt hätten. Es gelte jedoch, nicht in Pessimismus zu verfallen, sondern in den Berichten das Wort „derzeitig" zu unterstreichen und beide Vorhaben im Auge zu behalten.

d) Wichtig sei es, die EURONADS bei ihrer Arbeit, die Zahl der EUROSCHED-Projekte systematisch zu erweitern und sie hierbei – falls erforderlich – im Rahmen einer Sondersitzung der Minister zu unterstützen.[12] Vielleicht sei es ein geeigneter Weg, gemeinsame Mittel für Forschung und Entwicklung einzusetzen, um zu gemeinsamen Waffensystemen zu kommen.

Die Niederlande seien besonders an der Entwicklung des zukünftigen Panzers interessiert. Da die kleineren Länder sich keine eigene Entwicklung leisten könnten, sollte ihnen Gelegenheit gegeben werden, an den Entwicklungen der anderen wenigstens als Beobachter teilzunehmen.

e) BM Leber stimmte diesen Ausführungen zu und regte eine gemeinsame Bestandsaufnahme der Zukunftsplanungen betreffend Hauptkampfpanzer an. Er wies darüber hinaus mit Nachdruck darauf hin, daß der Hang zur Perfektion gerade auf dem Rüstungsgebiet viel Zeit und Geld koste. Hier müsse ein vernünftiger Mittelweg gefunden werden. Belgien unterstützte diese Ansicht.

f) Die aufgrund britischer Initiative entwickelten Gedanken zur Rationalisierung der Rüstungszusammenarbeit (EG/168/74) wurden vom britischen Verteidigungsminister ergänzend erläutert. Um alle „Grundsätze der Rüstungszusammenarbeit" wirksamer zu gestalten, sei ein breiter Informationsaustausch über Rüstungsprogramme genauso notwendig wie die Koordinierung der europäischen Rüstungskäufe in den USA. Alle wesentlichen Probleme müßten den Ministern zur Entscheidung vorgelegt werden, um so ...[13] zu unterstützen. Mit einigen Vorschlägen erläuterte er die britische Intention:

– Die Feldhaubitze 70 sei ein altes EUROSCHED-Projekt. Darum fänden sich hierfür keine weiteren Partner. Das gleiche gelte für den Spähpanzer 70. Er empfahl ferner, den Hubschrauber Lynx (britisch-französisches Projekt) in seiner Heeres- und U-Jagd-Version einer Überprüfung zu unterziehen. Großbritannien werde selbst bereits Anfang nächsten Jahres über die Einführung von Milan entscheiden. Auch die Fla-Rak-Waffen[14] gegen Tiefflieger böten hinsichtlich der nächsten Generation Möglichkeiten der Zusammenarbeit. Ein weiteres, sehr wichtiges Feld hierfür sei auch die Entwicklung moderner Antriebe für Kriegsschiffe, ein Arbeitsgebiet, das bislang vernachlässigt wurde.

---

[10] Air Approach and Landing System.
[11] Surface-to-air-missiles.
[12] So in der Vorlage.
[13] Unvollständige Übermittlung des Drahtberichts.
[14] Flugabwehrraketenwaffen.

Bei dem Problem Infanterie-Unterstützungswaffen sei man hinsichtlich der Munition auf der 14. CNAD[15] ein großes Stück weitergekommen. Es gelte, diese Fortschritte auch hinsichtlich der Waffe selbst zu erreichen.

Der Vorsitzende führte zusammenfassend aus, daß EURONAD der Gradmesser für die Fortschritte in den gesamten Verteidigungsbemühungen sei und bliebe. Fortschritte müßten erreicht werden, und hier sei die Unterstützung der Minister nötiger denn je. Er dankte ferner den Niederlanden für die von Admiral van Bergh geleistete Arbeit in EURONAD und die Bereitschaft, einen Nachfolger zu stellen.

g) EUROCOM EG/170/74[16]

BM Leber stimmte den Empfehlungen in EG/170/74 insofern nur eingeschränkt zu, als er empfahl, das Dokument D/O dann noch einmal den Ministern vorzulegen, wenn zu dem Teilsystem „Funkwählnetz" die notwendige Übereinstimmung erreicht worden sei.

Um bis zur möglichen Einführung eines EUROCOM-Systems den Zeitzwischenraum zu überbrücken, bot BM Leber an, das deutsche AUTOKO-System (automatisiertes Korpsstammnetz) zu nutzen, das sich mühelos an ein späteres EUROCOM-System anpassen ließe. Er deutete darauf hin, daß die einschlägige deutsche Industrie grundsätzlich bereit sei, mit anderen NATO-Ländern und deren Industrien die mögliche Zusammenarbeit auszuhandeln.

3) Maßnahmen der praktischen Zusammenarbeit

a) Zu Eurotraining gab BM Leber einen Fortschrittsbericht. In diesem wies er auf die Zusammenarbeit bei Lance und bei der gemeinsamen Ausbildung von Hubschrauberpiloten hin. In beiden Bereichen sind Fortschritte erzielt worden. Er schlug vor, in Zukunft bereits jetzt auch ohne standardisierte Ausrüstung und harmonisierte Doktrinen eine Vereinheitlichung des Ausbildungsstoffes, der Ausbildungsgänge und der Ausbildungsmethoden in geeigneten Bereichen zu untersuchen.

Er wies auch darauf hin, daß Zusammenarbeit auf dem Ausbildungssektor auch erhöhte Initialkosten mit sich bringen könne, wenn es darum gehe, gemeinsame Ausbildungseinrichtungen aufzubauen. Gewisse Opfer seien unvermeidlich, um spätere Einsparungen zu erzielen.

Minister Mason erwähnte im Zusammenhang mit Eurotraining eine Liste von weiteren Projekten, bei denen nach britischer Auffassung Zusammenarbeit möglich sei.

b) Zum Eurolog[17] trug Minister Mason vor, das wesentliche sei zur Zeit, daß „Grundsätze" entwickelt worden seien, die von sechs Eurogroup-Ländern als verabschiedungsreif angesehen werden. Die Grundsätze sollen aber erst unterzeichnet werden, wenn sie so aufbereitet sind, daß die übrigen Eurogroup-Länder, die inzwischen ihr Interesse bekundet haben, diesen Grundsätzen zustimmen können.

---

15 Conference of National Armaments Directors.
16 Für die Studie „Euro Working Group on Battlefield Communications (EUROCOM)" vom 14. November 1974 vgl. VS-Bd. 8167 (201).
17 Euro Logistics.

c) Minister Vredeling gab einen Bericht über Eurolongterm. Als wesentliches Ergebnis der Untergruppe „Land" nannte er die Erarbeitung des taktischen Unterkonzeptes „Panzerabwehr", welches noch um die „Luft-Komponente" ergänzt werden muß. SR[18] wies auf die Bedeutung der Harmonisierung von taktischen Konzepten ganz allgemein für den Bereich der Rüstungsstandardisierung hin und nannte das erarbeitete Anschlußverfahren eine wesentliche Voraussetzung für dieses Ziel.

4) Das Europackage 74 wurde einstimmig verabschiedet und als Anhang zum Kommuniqué freigegeben.[19]

5) Minister Fostervoll betonte abschließend die Nützlichkeit der Öffentlichkeitsarbeit, die natürlich nicht um ihrer selbst Willen gepflegt werden dürfe. Er erwähnte, daß er am Nachmittag ein Tonbandinterview zur Ausstrahlung in den USA geben werde.

[gez.] Steinhaus

VS-Bd. 8169 (201)

365

Vizeadmiral Steinhaus, Bundesministerium der Verteidigung, z. Z. Brüssel, an das Auswärtige Amt

114-15248/74 VS-vertraulich Aufgabe: 10. Dezember 1974, 10.25 Uhr[1]
Fernschreiben Nr. 1777 Ankunft: 10. Dezember 1974, 15.18 Uhr

Betr.: Eurogroup Minister-Sitzung am 9.12.1974
hier: Restricted session[2]

In der restricted session wurden folgende Punkte besprochen:

1) Maßnahmen zum Schutz der neuen Ölfelder in der Nordsee (niederländische Anfrage).

2) Ministerial guidance,[3]

3) Eurogroup-Vorsitz im Jahre 1975,

Hier hat der britische Verteidigungsminister Mason den Vorsitz angenommen.

---

[18] Ständiger Rat.
[19] Für den Wortlaut des Kommuniqués der Ministersitzung der Eurogroup am 9. Dezember 1974 in Brüssel und den Anhang zum Europackage 1974 vgl. BULLETIN 1974, S. 1507–1509.
[1] Hat Vortragendem Legationsrat Holik am 11. Dezember 1974 vorgelegen.
Hat Vortragendem Legationsrat Vollers am 13. Dezember 1974 vorgelegen.
[2] Zum allgemeinen Teil der Ministersitzung der Eurogroup am 9. Dezember 1974 in Brüssel vgl. Dok. 364.
[3] Für den Bericht DPC/D (73)30 (Revised) „Ministerial Guidance" des Ausschusses für Verteidigungsplanung der NATO (DPC) vom 28. November 1974 vgl. VS-Bd. 8011 (201).

10. Dezember 1974: Steinhaus an Auswärtiges Amt   365

Im einzelnen ist berichtenswert:

I. Schutz der Ölfelder in der Nordsee

1) Der niederländische Verteidigungsminister[4] erklärte, daß nach seiner Ansicht eine enge Zusammenarbeit der Nordseeanliegerstaaten in der Überwachung der neuen Ölfelder nötig sei, da sie lebensnotwendig für Europa sind. Der Militärausschuß habe SACLANT den Auftrag gegeben, eine Studie über den Schutz der Ölfelder im Krisen- und Kriegsfalle zu erarbeiten. Es sei aber auch nötig, im Frieden die Anlagen gegen Terroristen zu schützen. Dies sei u. U. dadurch möglich, daß die beteiligten Länder Niederlande, Großbritannien, Dänemark, Norwegen und Deutschland Informationen austauschen und einen Plan zu Überwachung zum Schutz im Frieden aufstellen.

2) Der britische Verteidigungsminister erklärte, daß Großbritannien selbst diese Probleme untersucht hätte. Es seien aber auch die Fischereirechte zu beachten und Maßnahmen zum Schutz der Küstenanlagen zu treffen. Nach seiner Ansicht müsse untersucht werden:
– der Schutz gegen Angriffe von außen (SACLANT-Auftrag),
– die Zusammenarbeit im Unfallrettungs- und Katastrophendienst,
– die Zusammenarbeit im Kampfe gegen Terroristen, gestützt auf das internationale Seerecht.

3) Minister Leber schlug vor, der Vorsitzende[5] solle in seinem Bericht im DPC[6] das Problem anschneiden und die Erweiterung des Auftrages vorschlagen.

4) Es wurde ein Vorschlag des Vorsitzenden angenommen, daß die politischen und rechtlichen Seiten dieses Problems im Zusammenhang mit dem SACLANT-Bericht durch die Ständigen Vertreter untersucht werden sollen.

II. Ministerial guidance

1) Minister Leber unterrichtete zunächst über seine Gespräche mit dem amerikanischen Verteidigungsminister Schlesinger über die gemeinsame Strategie und die Erhaltung der Verteidigungsfähigkeit des Bündnisses.[7] Er wies dabei u. a. auch darauf hin, daß die Erklärung von Wladiwostok[8] eine neue Variante in die NATO-Verteidigungsanlage hineinbringe. Er wandte sich danach den

---

[4] Hendrikus Vredeling.
[5] Alv Jakob Fostervoll.
[6] Zur Ministersitzung des Ausschusses für Verteidigungsplanung der NATO (DPC) am 10./11. Dezember 1974 in Brüssel vgl. Dok. 366.
[7] Zu den Gesprächen des Bundesministers Leber mit dem amerikanischen Verteidigungsminister Schlesinger am 4./5. November 1974 wurde in der Presse berichtet: „Beide Minister verständigten sich über eine noch engere Verzahnung von Strategie und Taktik der europäischen Verteidigung. Leber begrüßte die Ausführungen Schlesingers über die neue amerikanische Raketenstrategie. Der amerikanische Verteidigungsminister stellte fest, die in Europa gelagerten siebentausend taktischen Nuklearsprengköpfe würden nicht verringert. In ihren weiteren Gesprächen wollen sich beide Minister unter anderem über das militärstrategische Konzept der NATO unterhalten. Kernpunkt ist hier die Suche nach einer Richtzahl für alle Mitglieder der Allianz zur Relation von Verteidigungsausgaben und Bruttosozialprodukt. Bisher haben sich beide darüber noch nicht geeinigt. Man erwartet jedoch, daß Schlesinger und Leber die Auffassung vertreten werden, daß jedes Land mindestens vier Prozent des Bruttosozialproduktes für die Verteidigung aufwenden solle." Vgl. den Artikel „Schlesinger will erhöhte Kampfkraft in Europa"; FRANKFURTER ALLGEMEINE ZEITUNG vom 5. November 1974, S. 1.
[8] Zur Gemeinsamen Erklärung der USA und UdSSR vom 24. November 1974 vgl. Dok. 354, Anm. 7.

1605

Schlüsselelementen der Ministerweisung zu. Er wies dabei besonders darauf hin, daß es darauf ankomme, die Warnzeit nicht auf Kosten der Sicherheit zu verlängern, und eine erfolgreiche Vorneverteidigung nur möglich sei, wenn präsente Kräfte zur Verfügung ständen. Er stellte besonders heraus, daß es nicht akzeptabel sei, die konventionellen Streitkräfte der Allianz als Hauptabschreckung und Hauptverteidigung gegen konventionelle Kräfte anzusehen. Es komme darauf an, die Unkalkulierbarkeit des Risikos für einen Angreifer zu erhalten. Dies würde nur durch die Erhaltung der Verzahnung der Elemente der Triade gewährleistet. Er wies darauf hin, daß wir zwar zur Zeit einen Angriff der Sowjetunion nicht zu befürchten hätten, bei einem Nachlassen der Verteidigungsanstrengungen jedoch die Sowjetunion ermuntern würden, risikoreiche Politik zu betreiben.

2) Der britische Verteidigungsminister wies darauf hin, daß die konventionelle Seite von den USA zunächst sehr überbetont worden sei. Sie müsse besser ausgeglichen in das Konzept eingepaßt werden. Wir müßten uns jedoch damit abfinden, daß der Kongreß auf die US-Regierung erheblichen Druck ausübt. Vieles, was im Entwurf angeschnitten sei, werde schon irgendwie untersucht; z.B. Rationalisierung, Flexibilität usw. Man solle andererseits die positive Seite der amerikanischen Initiative sehen, es müsse jedoch die Funktion der zuständigen Gremien der Allianz erhalten bleiben (u.a. MC 161).

3) Der belgische Außenminister[9] erklärte temperamentvoll, daß nach seiner Ansicht das Dokument Änderungen des strategischen Konzepts enthalte. Die Schwelle zum Einsatz nuklearer Waffen solle weiter hinaufgesetzt werden. Da es für uns unmöglich sei, mit dem Warschauer Pakt konventionell gleichzuziehen, müsse den USA klargemacht werden, daß das neue Konzept beim Warschauer Pakt als Abkehr von der Bereitschaft zum Einsatz nuklearer Waffen ausgelegt werden wird. Der US-Forderung, zusätzliche Anstrengungen zu machen, werde Belgien folgen. Eine erhebliche Verstärkung sei jedoch finanziell nicht möglich. Wenn außer der Verstärkung der stehenden Streitkräfte auch noch Verbesserungen für die Reserve vorgenommen werden sollten, sei das finanziell nicht zu schaffen. Er stimmte Minister Leber zu, daß die Öffentlichkeit mit der Wahrheit konfrontiert werden müsse. Gegenüber dem Gegner zähle nur die Realität, da der Gegner über unsere Streitkräfte gut orientiert sei. Bei der US-Tendenz, eine lange Warnzeit einzukalkulieren, würde er als Verteidigungsminister der Sowjetunion den Überraschungsangriff stärker in seine Überlegungen einbeziehen. Es seien daher ständige einsatzbereite Kräfte von guter Qualität notwendig. Die Vorstellung, konventionelle Kräfte als Hauptabschreckung zu bezeichnen, sei gefährlich und nicht akzeptabel. Er bezweifelte, ob der Wille, alle Mittel einzusetzen, noch vorhanden sei.

4) Auch der türkische Verteidigungsminister[10] lehnte es ab, die konventionellen Streitkräfte als Hauptelement der Abschreckung zu bezeichnen, da die dazu erforderliche Streitkräftezahl nicht zu erreichen sei. Er stimmte der Beurteilung der Kräftelage durch die High Level Working Group[11] zu. Wenn es

---

[9] Renaat van Elslande.
[10] Ilhami Sancar.
[11] Vgl. dazu die Studie „European Defence Trends: Cooperative Measures Required to Improve the Security of NATO Europe (Oslo Study)"; VS-Bd. 8165 (201).

nicht sicher wäre, daß im Notfall schnell Nuklearwaffen eingesetzt werden, wäre unsere Strategie unglaubwürdig.

5) Der niederländische Verteidigungsminister erklärte, er und seine Regierung seien völlig gegenteiliger Auffassung. Man sollte die Verteidigung Europas nicht auf Nuklearwaffen stützen. Dies sei eine schlechte Lösung. Er sei der Ansicht, daß man die taktischen Nuklearwaffen erheblich vermindern müsse, da ihr Einsatz nicht mehr glaubwürdig sei. Die Niederländer hätten sich daher entschlossen, die Lance in einer nichtnuklearen Version einzuführen und auch das F-104-Nachfolgeflugzeug nichtnuklear auszurüsten. Die Nuklearwaffen müßten in die MBFR-Verhandlungen einbezogen werden, aber die Niederlande würde dies nicht in Wien auf den Tisch bringen. Die Entscheidung der US sei gefallen; sich damit nicht abzufinden, würde nicht helfen.

6) Der italienische Verteidigungsminister[12] schlug vor, im Hinblick auf die Komplexität des Themas Standardisierung und die Problematik des strategischen Konzepts eine Denkpause einzulegen.

7) Minister Leber wies darauf hin, daß wir scheinbar nicht einer kleinen Veränderung, sondern einem neuen Stadium gegenüberstehen. Wladiwostok habe die strategisch-nukleare Parität deklariert. In diesem Stadium mache eine Verminderung der konventionellen Streitkräfte die Abschreckung unglaubwürdig. Da eine Herstellung der konventionellen Parität nicht möglich sei, dürfe man aber auch nicht angebliche Verlängerung von Warnzeit und der konventionellen Kriegsdauer versuchen, die Parität zu konstruieren.[13] Der Überraschungsfall sei als realistisches Element anzusehen, ein langer Krieg wegen der erheblichen Zerstörung nicht akzeptabel. Man müsse nach einer sehr kurzen Warnzeit einen Angriff für eine gewisse Zeit konventionell abwehren können. Daher dürfe es ein Abrutschen der konventionellen Kräfte nicht geben. Die Abwehrfähigkeit müsse verstärkt werden, damit auch die konventionelle Seite glaubwürdig bleibe.

8) Der belgische Verteidigungsminister[14] wandte sich entschieden gegen die niederländische Auffassung. Er unterstrich, daß niemand den Einsatz von Nuklearwaffen wolle, auch niemand einen Konflikt überhaupt wolle. Der Abstand unserer konventionellen Streitkräfte zu den Streitkräften der Warschauer-Pakt-Staaten würde immer größer. Es müsse weiterhin sicher sein, daß, wenn wir angegriffen würden und uns im Nachteil befänden, Nuklearwaffen eingesetzt würden. Wenn dieser Nukleareinsatz nicht mehr sicher sei, wäre zu fragen, was dann überhaupt noch bleibe.

9) Der niederländische Verteidigungsminister erklärte, daß Wladiwostok zeige, daß die strategischen Nuklearwaffen nicht mehr eingesetzt würden. Daher sei auch die Verwendung taktischer Nuklearwaffen nicht mehr glaubwürdig. Eine andere Auffassung sei Selbstbetrug. Man dürfe die konventionellen Streitkräfte nicht vernachlässigen. Sie seien aber teurer als US-Nuklearwaffen. Er glaube nicht an Angriffsabsichten der Sowjetunion in Mitteleuropa, aber halte gewisse Entwicklungen im Nahen Osten für gefährlich.

[12] Arnaldo Forlani.
[13] So in der Vorlage.
[14] Paul van den Boeynants.

10) Der britische Verteidigungsminister stellte fest, daß die Niederlande einer Verminderung der US-taktischen Nuklearwaffen in Europa zustimmten, zugleich ihre Lance ohne Nuklearfähigkeit einführten, also die Strategie der Triade durchbrechen würden. Damit sei die Schwelle erheblich vermindert. Er fragte, ob die Niederlande denn bereit seien, ihre konventionellen Streitkräfte zu verdoppeln.

11) Der belgische Verteidigungsminister stellte heraus, daß, wenn man sich nicht auf die Nuklearwaffen verlassen wolle, man konventionell nicht vermindern dürfe. Die konventionellen Streitkräfte der Allianz würden aber laufend vermindert. Man müsse sie erhalten, möglichst vergrößern, und die Nuklearwaffen müßten als backing bleiben. Wir seien dem Warschauer Pakt gegenüber mehr im Nachteil als wir glaubten, denn wenn das konventionelle Kräfteverhältnis eins zu zwei nach der Zahl sei, dann sei es in Wirklichkeit eins zu vier oder sogar schlechter, wenn unsere Soldaten nur noch sechs Monate Ausbildung statt der zwei Jahre auf der anderen Seite hätten. Es dürfe keine Veränderung der Strategie geben, der Wille zum Nukleareinsatz müsse erhalten bleiben.

[gez.] Steinhaus

VS-Bd. 8169 (201)

366

Botschafter Krapf, Brüssel (NATO), an das Auswärtige Amt

114-15265/74 VS-vertraulich   Aufgabe: 11. Dezember 1974, 18.55 Uhr[1]
Fernschreiben Nr. 1788   Ankunft: 11. Dezember 1974, 19.44 Uhr

Betr.: Bericht über DPC-Ministersitzung am 10. und 11.12.74
       hier: Plenarsitzung

Zur Information

I. 1) Nach den Erklärungen der Vorsitzenden von Eurogroup[2] und Militärausschuß[3] behandelten die Minister den Tagesordnungspunkt NATO-Streitkräfteplanung für den Zeitraum 1975–79. (Text des Vorsitzenden des Militärausschusses wird mit Kurier übersandt.)

Der Generalsekretär[4] stellte einleitend fest, daß die nationalen Beiträge zwar gewisse Verbesserungen der Verteidigungsstärke der NATO brächten, in meh-

[1] Hat Vortragendem Legationsrat I. Klasse Ruth am 16. Dezember 1974 vorgelegen.
[2] Für die Ausführungen des norwegischen Verteidigungsministers Fostervoll auf der Ministersitzung des Ausschusses für Verteidigungsplanung der NATO (DPC) am 10. Dezember 1974 in Brüssel vgl. das Dokument DPC-VR (74) 28 „Verbatim Record of the Meeting of the Defence Planning Committee held on Tuesday, 10th December 1974, at 9.30 a.m. at NATO Headquarters Brussels"; VS-Bd. 8066 (201).
[3] Peter Hill-Norton.
[4] Joseph Luns.

reren Ländern jedoch Tendenzen zu nachlassenden Verteidigungsaufwendungen erkennbar seien, die zu großer Besorgnis Anlaß gäben.

Aus der nachfolgenden Diskussion ist zu berichten:

a) Portugal war vertreten durch Admiral José Pinneiro de Azevedo, Chief of Naval Staff.

Er erklärte, daß der Platz für sein Land weiterhin in der NATO sei. Portugal müsse jedoch zunächst die Probleme lösen, die sich aus der Entkolonisierung und Demokratisierung des Landes ergeben. Dabei sei der Beitrag zur NATO zunächst noch bescheiden.

b) Der dänische Verteidigungsminister[5] stellte fest, daß die Strukturänderungen der dänischen Streitkräfte[6] dem Rechnung tragen, was das Land unter Berücksichtigung der derzeitigen wirtschaftlichen Verhältnisse leisten könne. Der reale Anstieg des Verteidigungshaushaltes für 1974 betrage drei bis vier Prozent mit einem Investitionsanteil von 25 Prozent. Dadurch sei es Dänemark möglich, ein umfassendes Beschaffungsprogramm durchzuführen.

c) Der britische Verteidigungsminister[7] bemerkte, daß für sein Land noch keine festen Planungszahlen vorlägen. Er stellte jedoch heraus, daß 75 Prozent der Dringlichkeitsforderungen trotzdem zum großen Teil erfüllt werden könnten. NATO-Verpflichtungen behielten Priorität. Nur noch ein bis zwei Prozent der Verteidigungsausgaben entfielen nach Durchführung der Strukturänderung[8] auf Ausgaben außerhalb der NATO. Die Entscheidungen über die neue Struktur würden jedoch erst nach abgeschlossenen Konsultationen mit den Verbündeten getroffen.

d) Der niederländische Verteidigungsminister[9] erklärte, daß die nunmehr veränderten niederländischen Maßnahmen[10] ein Beispiel für erfolgreiche Konsul-

---

[5] Erling Brøndum.

[6] Die dänische Regierung schlug am 14. Dezember 1971 eine Verteidigungsreform vor, die unter anderem die Herabsetzung der Wehrdienstzeit und eine Verringerung des Heeres von sechs auf fünf Brigaden sowie der Anzahl der Panzer um 200 bis 300 Stück vorsah. Dazu berichtete Botschafter Scholl, Kopenhagen, am 19. Dezember 1972: „Die Reformvorschläge stoßen in der NATO auf heftige Kritik, da die zuständigen NATO-Kreise bei Durchführung der dänischen Pläne befürchten, daß sich die militärische Lage an der Nordflanke des NATO-Bereichs verschlechtert." Vgl. den Schriftbericht Nr. 1048; Referat I A 5, Bd. 418.
Am 14. Februar 1973 beschloß die dänische Regierung, im Rahmen einer neuen Wehrstruktur die Dauer der allgemeinen Wehrpflicht um drei Monate auf neun Monate zu senken, sowie die Verteidigungsausgaben in Zukunft nur noch der allgemeinen Preis- und Lohnsteigerung anzupassen. Vgl. die Aufzeichnung „Proposal for the Future Structure of the Danish Armed Forces", die der dänische Verteidigungsminister Olesen am 19. Februar 1973 an Bundesminister Leber übermittelte; Referat 201, Bd. 102458.
Botschafter Ahrens, Kopenhagen, berichtete am 28. August 1974, in den Verhandlungen über den dänischen Haushalt werde diskutiert, die Verteidigungsausgaben erneut um 130 bis 150 Millionen Kronen zu senken. Verteidigungsminister Brøndum habe sich allerdings gegen den Vorschlag gewandt. Vgl. dazu den Drahtbericht Nr. 197; Referat 201, Bd. 102458.
Das dänische Parlament lehnte am 5. Dezember 1974 den Haushaltsentwurf der Regierung ab, worauf diese für den 9. Januar 1975 Neuwahlen ansetzte. Vgl. dazu den Drahtbericht Nr. 265 von Ahrens vom 5. Dezember 1974; Referat 204, Bd. 101389.

[7] Roy Mason.

[8] Zur geplanten Überprüfung der britischen Verteidigungslasten vgl. Dok. 175, Anm. 15, und Dok. 350, Anm. 8.

[9] Hendrikus Vredeling.

[10] Zur niederländischen Verteidigungsreform vgl. Dok. 175, Anm. 12 und 13.
Ministerialdirigent Ruhfus vermerkte am 17. Oktober 1974, daß die niederländischen Vorhaben

tationen in der NATO seien. Über 1980 hinaus sei für sein Land jedoch die Erhaltung der derzeitigen Verteidigungshöhe nicht mehr möglich.

e) Der kanadische Minister[11] erklärte, daß der Verteidigungsetat für das Haushaltsjahr 1974/75 um 12,4 Prozent höher als im vergangenen Jahr und für 1975/76 eine weitere Steigerung um 11,2 Prozent geplant sei. Damit seien Kürzungen auch der Personalstärken nicht erforderlich. Insgesamt müsse jedoch der Anteil der Investitionskosten erheblich erhöht werden.

f) Der italienische Verteidigungsminister[12] beteuerte die Kontinuität der italienischen Regierungspolitik, einschließlich der fortdauernden Bindung an die NATO. Die wirtschaftliche Lage zwänge jedoch zu zeitweiligen Einschränkungen. Italien sei bereit, Anregungen des Bündnisses zu berücksichtigen.

g) BM Leber bestätigte die Richtigkeit der Beurteilung des deutschen Verteidigungsbeitrages. Er wies darauf hin, daß die Sowjetunion über eine enorme militärische Produktionskapazität verfüge. Dies sei darin erkennbar, daß die Sowjetunion nicht nur einen hohen Ausrüstungsstand der Streitkräfte gegenüber Europa unterhalte, sondern auch gegenüber China. Darüber hinaus sei sie noch in der Lage, umfangreiche Waffenlieferungen an Länder außerhalb des WP durchzuführen. Damit könnte die SU kurzfristig auf dem Materialsektor eine entscheidende Verschiebung des Kräfteverhältnisses herbeiführen. Diese Tatsache müsse die NATO mit in ihre Planungsüberlegungen einbeziehen. Er wies weiterhin darauf hin, daß trotz der Entspannung die SU eine tiefgehende ideologische Offensive unternähme. Das Bündnis verhalte sich hiergegen passiv. Ohne zu einem „kalten Krieger" werden zu wollen, wies der Minister darauf hin, daß der Bestand der Allianz von einem offensiven Vorgehen in diesem Bereich abhängen könne. Militärisch gebe das Bündnis eine Reihe von Positionen auf. Die britischen Streitkräftepläne führten zu Schwächungen in Übersee und an den Flanken. Weil er über diese Entwicklung besorgt sei, müsse man die geplanten Entwicklungen des britischen „Defence Review" gründlich in der NATO diskutieren. Die italienische Regierung bat er um Aufklärung über die italienischen Streitkräftepläne[13], damit sie verständlicher würden. Außerdem wies er auf die Abhängigkeit Europas von der Ölversorgung hin (nur 2,5 Prozent europäische Selbstversorgung). Die SU säße mit ihrem Stützpunktnetz auf den Ölwegen. Er sei befriedigt, daß sich der NATO-Rat mit dieser Frage besonders befassen wird.

Fortsetzung Fußnote von Seite 1609
zur Verteidigungsreform aufgrund heftiger Kritik aus der NATO abgemildert worden sein: „Anteil der Verteidigungsausgaben bleibt bis zum Vorliegen eines positiven MBFR-Ergebnisses unverändert; Dienstzeitverkürzung soll schrittweise und synchron zu den MBFR-Verhandlungen durchgeführt werden. Von den insgesamt elf niederländischen HAWK-Batterien [...] in der Bundesrepublik Deutschland sollen nur drei statt fünf in die Niederlande zurückgeführt werden. Von den acht niederländischen NIKE-Batterien in der Bundesrepublik Deutschland [...] werden jetzt, wie ursprünglich vorgesehen, vier reduziert." Vgl. Referat 201, Bd. 102442.

[11] James Richardson.
[12] Arnaldo Forlani.
[13] In einer Aufzeichnung des Bundesministeriums der Verteidigung vom 6. September 1974 wurde ausgeführt, daß Italien nicht mehr in der Lage sei, mit den vorhandenen Haushaltsmitteln den Personalbestand seiner Streitkräfte auf dem bestehenden Niveau zu halten. Obwohl eine politische Entscheidung noch ausstehe, sei seit 1973 eine „stillschweigende schrittweise Verkürzung der Ausbildung" in der Armee eingetreten. Deshalb sei fraglich, ob Italien zukünftig in der Lage sei, seinen Verpflichtungen gegenüber der NATO nachzukommen. Vgl. Referat 201, Bd. 102441.

h) Der norwegische Verteidigungsminister wies auf die erheblichen qualitativen Verbesserungen in den norwegischen Streitkräften hin. Er machte aufmerksam auf die neuen Aufgaben, die durch die Erdölförderung im Nordseebereich entstehen werden.

i) Der amerikanische Verteidigungsminister[14] leitete seine Bemerkungen ein mit dem Hinweis darauf, daß der WP seine Verteidigungsanstrengungen jährlich um drei bis fünf Prozent erhöhe. Angesichts dieser Entwicklung und der Herausforderung an die NATO müsse das Bündnis rechtzeitig die richtigen Prioritäten setzen. Letztlich ginge es um die Erhaltung der Freiheit und Sicherheit. Schlesinger zitierte einen Historiker: „Die wichtigste soziale Maßnahme einer Regierung muß sein, ihrem Volke ein Leben in Freiheit zu sichern."

Das militärische Gleichgewicht könne nur dadurch erhalten werden, daß man gegen die Bedrohung der Freiheit eines Volkes antritt und nicht dadurch, daß man von vornherein festlegt, wieviel Geld aus einem BSP für Verteidigung ausgegeben werden darf. Man müsse sich davor hüten, dem modischen Trend zu folgen, die Beseitigung wirtschaftlicher Schwierigkeiten, besonders der Arbeitslosigkeit, in der Kürzung der Militärhaushalte zu sehen. Im Lichte dieser Erkenntnisse habe er alle Veranlassung, BM Lebers Ausführungen zu unterstützen. Entspannung sei nur bei einem angemessenen Kräfteverhältnis möglich. Die glücklichen Zeiten seien vorbei (in denen Europa von einem amerikanischen Machtüberschuß profitieren könne).

k) Der Bericht über Streitkräfteplanung 1975 bis 1980 wurde ohne Änderungen angenommen.[15]

II. Rationalisierung und Standardisierung

Die Berichte über diese beiden Gebiete[16] wurden zur Kenntnis genommen. Aus der Diskussion ergab sich, daß alle Nationen die Bedeutung von Fortschritten auf diesem Gebiet erkannt haben, aber auch um die damit verbundenen Schwierigkeiten wissen. Die Arbeit der Eurogroup in diesem Bereich wurde anerkannt. BM Leber wies darauf hin, daß Spezialisierung kein Vorwand für Reduzierungen sein dürfe und daß wir dazu übergehen müßten, die Waffensysteme einfacher zu gestalten, um unnütze Kosten zu vermeiden.

Es müsse auf jeden Fall verhindert werden, daß zusätzliche Arbeitsgruppen geschaffen werden, es sei denn, bestehende würden aufgelöst. Die Bundesrepublik sei allein an über 300 Arbeitsgruppen beteiligt.

Der niederländische Verteidigungsminister regte an, daß man auch im Bereich der Verteidigung versuchten sollte, nationale Souveränitäten abzubauen.

III. Der Zwischenbericht über die Flexibilitätsstudie wurde ohne Diskussion zur Kenntnis genommen.

---

14 James R. Schlesinger.
15 Für den Bericht DPC/D (74) 21 „NATO Force Plan 1975–1979" des Ausschusses für Verteidigungsplanung der NATO vom 4. Dezember 1974 vgl. VS-Bd. 8011 (201).
16 Für den Bericht DPC/D (74)33 „Standardization" des Ausschusses für Verteidigungsplanung der NATO (DPC) vom 4. Dezember 1974 vgl. VS-Bd. 8011 (201).
Für den Bericht DPC/D (74)31 „Rationalisation and Specialisation of Defence Tasks" des Ausschusses für Verteidigungsplanung der NATO (DPC) vom 27. November 1974 vgl. VS-Bd. 8011 (201).

IV. Über die Infrastruktur und NICS[17] -Produktionsaufteilung wird besonders berichtet.[18]

V. Der Bericht über MBFR[19] wurde ohne Diskussion zur Kenntnis genommen.

[gez.] Krapf

VS-Bd. 9451 (221)

367

Ministerialdirektor van Well, z.Z. Brüssel, an das Auswärtige Amt

114-15277/74 geheim Aufgabe: 11. Dezember 1974, 13.30 Uhr[1]
Fernschreiben Nr. 1791 Ankunft: 12. Dezember 1974, 15.29 Uhr
Citissime nachts

Betr.: Viereressen

Das traditionelle Viereressen am Vorabend der NATO-Ministerratstagung[2] fand gestern in freundschaftlicher Atmosphäre statt. Gastgeber war der britische Außenminister. BM machte auf Wunsch seiner Kollegen[3] einleitende Ausführungen über aktuelle Berlin- und die Beziehungen zwischen der Bundesrepublik Deutschland und der DDR betreffende Fragen:

1) Bei dem letzten Besuch in Moskau[4] seien auch praktische Fragen der Lebensfähigkeit Berlins erörtert worden, insbesondere die Energieversorgung der Stadt. Berlin sei die einzige deutsche Großstadt, die weder dem östlichen noch dem westlichen Stromverbundsnetz angehöre. Seit über fünfzehn Jahren bemühe sich die Bundesregierung, Berlin an das westliche Energienetz anzuschlie-

---

[17] NATO Integrated Communications System.
[18] Botschafter Krapf, Brüssel (NATO), berichtete am 11. Dezember 1974, auf der Ministersitzung des Ausschusses für Verteidigungsplanung der NATO (DPC) sei bezüglich des NATO-Infrastrukturprogramms 1975–1979 „einem Plafond in Höhe von 400 Mio. IAU [...], wenn auch zögernd, von allen Ländern zugestimmt" worden. Der Vorsitzende des Militärausschusses, Hill-Norton, habe allerdings gewarnt, daß diese Summe für die avisierten Projekte zu gering sei. Ferner sei gemäß eines Kompromißvorschlags des NATO-Generalsekretärs Luns beschlossen worden, die NICS-Projekte „einer 27,5-prozentigen Produktionsaufteilung zu unterwerfen." Vgl. den Drahtbericht Nr. 1784; VS-Bd. 8195 (201); B 150, Aktenkopien 1974.
[19] Für den Abschlußbericht der Ad-hoc-Gruppe der NATO vom 12. Dezember 1974 über die vierte MBFR-Verhandlungsrunde vgl. VS-Bd. 9452 (221).
Vgl. dazu auch Dok. 375.

[1] Hat Vortragendem Legationsrat Rosengarten am 16. Dezember 1974 vorgelegen, der handschriftlich vermerkte: „1) Hat H[errn] Feit vorgelegen. 2) H. M[üller]-Ch[orus]."
Hat Vortragendem Legationsrat Müller-Chorus am 16. Dezember 1974 vorgelegen.
[2] Zur NATO-Ministerratstagung am 12./13. Dezember 1974 in Brüssel vgl. Dok. 372–374 und Dok. 376.
[3] James Callaghan (Großbritannien), Henry Kissinger (USA) und Jean Sauvagnargues (Frankreich).
[4] Bundeskanzler Schmidt und Bundesminister Genscher hielten sich vom 28. bis 31. Oktober 1974 in der UdSSR auf. Vgl. dazu Dok. 309, Dok. 311–316 und Dok. 321.

ßen. Ein einseitiger Anschluß an das östliche Netz komme auf keinen Fall in Frage. Es gehe uns darum, die Energieversorgung Berlins auf einen zusätzlichen neuen Pfeiler zu stellen. Spätestens für 1980 müßten wir sonst mit Problemen in der Energieversorgung der Stadt rechnen. Im Zusammenhang mit der Lieferung eines Kernkraftwerkes an die Sowjetunion biete sich uns nunmehr eine Chance, das Ziel des Anschlusses der Stadt an das westliche Energiesystem zu verwirklichen. Die von der Sowjetunion zunächst vorgeschlagene Stichleitung nach Berlin sei für uns nicht akzeptabel. In Moskau sei dann die Tangentiallösung erörtert worden. Getrennte Umschalt- und Kontrollstellen für West-Berlin und für die DDR sollen auf der Sektorengrenze stehen. Eine direkte – von der DDR aus nicht zu unterbrechende – Leitung solle in die Bundesrepublik führen. Wir brauchten die Zustimmung Polens und der DDR. Auf die Frage Kossygins, ob wir diese Verhandlungen selbst führen wollten, hätten wir geantwortet, wir betrachteten die Sowjetunion als den geeigneteren Partner für die Führung der erforderlichen Gespräche.[5]

Die Sowjets hätten schließlich gesagt, sie wollten ein erprobtes Kraftwerk, d. h. nicht das neueste Werk, was das technische Know-how anbetrifft. BM erklärte, dies dürfe eine Erleichterung für die Lösung der mit der Lieferung zusammenhängenden Fragen darstellen. Er verwies darauf, daß wir die Angelegenheit bereits vor einiger Zeit bilateral angesprochen hätten, und bat um wohlwollende Prüfung (COCOM).[6] Die Drei Mächte und die Bundesrepublik hätten ein gemeinsames Interesse an der Sicherung der Energieversorgung Berlins.

2) Die Problematik der Einbeziehung Berlins in bilaterale Verträge mit der Sowjetunion erläuterte BM anhand des wissenschaftlich-technischen Abkommens. Wir hätten in Gesprächen mit Botschafter Falin den Eindruck gewonnen gehabt, daß die Sowjets bereit seien, die ad-personam-Lösung bezüglich der in Berlin gelegenen Bundesinstitutionen zu akzeptieren.[7] Bei jüngsten Kontakten mit den Sowjets zur Implementierung des Abkommens hätten wir aber feststellen müssen, daß Moskau wieder hinter diese Position zurückgehen wolle.[8]

---

[5] Vgl. dazu das Gespräch des Bundeskanzlers Schmidt mit Ministerpräsident Kossygin am 29. Oktober 1974 in Moskau; Dok. 313.

[6] Zu dem am 4. September 1974 bei COCOM eingereichten Antrag auf Gewährung einer Exportgenehmigung vgl. Dok. 313, Anm. 15.
Das Bundesministerium für Wirtschaft faßte am 19. November 1974 zusammen: „Vorbehalte gegen das Projekt werden zur Zeit nur noch von den USA, Frankreich und Großbritannien geltend gemacht. Während man auf seiten der beiden letztgenannten Länder mit einem Einlenken rechnen kann, sind die Bedenken der USA grundsätzlicher Art. Sie zielen hauptsächlich auf die freiwillige Zulassung von Sicherheitskontrollen durch die UdSSR, wie sie in den IAEO-Bestimmungen für Nichtkernwaffenstaaten vorgesehen sind. Großbritannien und die USA wollen sich diesen Kontrollen freiwillig unterwerfen." Vgl. Referat 421, Bd. 117699.
Am 4. Dezember 1974 berichtete Gesandter Blomeyer-Bartenstein, Paris, die französische Regierung habe am Vortag der Lieferung eines Kernkraftwerks aus der Bundesrepublik in die UdSSR zugestimmt: „Französische Billigung umfasse die Errichtung des Kernkraftwerks, die Ausfuhr des erforderlichen Natururans und auch eine später notwendig werdende Wiederauffüllung der Brennelemente. Die französische Zustimmung erfolge im Interesse von West-Berlin und der Möglichkeit, West-Berlin gegebenenfalls auch von der Bundesrepublik aus mit elektrischer Energie zu versorgen." Vgl. den Drahtbericht Nr. 3765; Referat 421, Bd. 117699.

[7] Vgl. dazu das Gespräch des Bundesministers Genscher mit dem sowjetischen Botschafter Falin am 12. Juli 1974; Dok. 213.

[8] Vgl. dazu das Gespräch des Bundesministers Genscher mit dem sowjetischen Botschafter Falin am 21. November 1974; Dok. 337.

3) Im Bereich der Einbeziehung Berlins in den internationalen Luftverkehr hätten die Sowjets uns zunächst gesagt, darüber lasse sich sprechen, sobald bestimmte Hindernisse beseitigt seien. Wir hätten darunter die Notwendigkeit verstanden, eine gemeinsame Position der Vier Mächte bezüglich der in ihre ausschließliche Zuständigkeit fallenden Fragen herbeizuführen (Berliner Luftkontrollzone). Dann hätten die Sowjets aber zusätzliche Elemente eingeführt. Gromyko habe gesagt, die sowjetische Regierung müsse erst mit der DDR sprechen.[9] BM unterstrich, wir hätten den Sowjets klar gesagt, daß wir die Luftkorridore nicht einbeziehen wollten, von unserer mangelnden eigenen Zuständigkeit ganz abgesehen. Vor dem Auswärtigen Ausschuß des Bundestages habe er, Genscher, gesagt, zu den Kostbarkeiten in und um Berlin gehörten die Luftkorridore. So sehr unsere Wünsche nach Ausdehnung des eigenen Luftverkehrs auch berechtigt seien, wir müßten sie zurückstellen, wenn es darum ginge, die Luftkorridore intakt zu halten.

4) Zusammenfassend stellte BM fest, er sei davon überzeugt, daß die sowjetische Politik mittel- und langfristig das Ziel verfolge, die Position Berlins unterhalb der Schwelle des Vier-Mächte-Abkommens auszuhöhlen. Insoweit habe sich nichts geändert. Eine große Rolle spielten in dieser Hinsicht die sowjetischen Bemühungen um eine Entmutigung, um die Schwächung der psychologischen Widerstandskraft der Berliner Bevölkerung. Nur dort, wo das sowjetische Interesse dominiere, wie bei der Lieferung des Kernkraftwerkes, sei die Sowjetunion sogar bereit, einen Beitrag für die Lebensfähigkeit von Berlin zu leisten.

5) Bundesminister erläuterte die neue Regelung des Swings mit der DDR[10], der das Kabinett am Vormittag zugestimmt hatte. Dabei betonte er, der in der Öffentlichkeit entstandene Eindruck, die Bundesregierung habe mit der Paraphierung eines Textes zum Swing eine Vorleistung erbracht, sei unzutreffend. Der Text zum Swing sei Anfang Dezember abgestimmt und paraphiert worden, die DDR-Führung habe der Bundesregierung die Rücknahme des Zwangsumtauschs[11] für die Rentner bereits Anfang November zugesichert.[12] BM unter-

---

[9] Vgl. dazu das Gespräch des Bundesministers Genscher mit dem sowjetischen Außenminister Gromyko am 29. Oktober 1974 in Moskau; Dok. 312.

[10] Zur Abrechnung des Waren- und Dienstleistungsverkehrs zwischen der Bundesrepublik und der DDR vgl. Dok. 152, Anm. 13.
In einem Briefwechsel vom 6. Dezember 1974 vereinbarten der Leiter der Treuhandstelle für den Interzonenhandel, Kleindienst, und der Stellvertretende Minister für Außenwirtschaft der DDR, Behrendt, die Fortsetzung der Swing-Regelung bis zum 31. Dezember 1981 in Höhe von maximal 850 Millionen VE. Für den Wortlaut des Briefwechsels vgl. NEUES DEUTSCHLAND vom 11. Dezember 1974, S. 2.

[11] Zur Neuregelung des Mindestumtauschs für die Einreise in die DDR vgl. Dok. 11, Anm. 11.

[12] Staatssekretär Gaus, Ost-Berlin, berichtete am 4. Dezember 1974, er habe dem Ersten Sekretär des ZK der SED, Honecker, mitgeteilt, daß nach seiner Kenntnis „Wege gefunden seien, die Befreiung der Rentner vom Mindestumtausch und die Verlängerung des Swing-Abkommens zu beschließen". Gaus teilte mit: „Honecker sagte dann, er gehe davon aus, daß zur selben Stunde unseres Gesprächs in West-Berlin der Briefwechsel über die Verlängerung des Swings zwischen Kleindienst und Behrendt paraphiert werde. Für diesen Fall entwickelte Honecker folgende Zeitvorstellung: Sehr bald nach der Paraphierung, möglicherweise schon morgen, am 5.12.1974, werde Vizeaußenminister Nier mich ins hiesige Außenministerium bitten, um über mich die Bundesregierung offiziell davon zu unterrichten, daß die Rentner vom Mindestumtausch befreit werden würden. Zu dieser Unterrichtung werde die Mitteilung gehören, daß die Rentner-Freistellung vom Mindest-

strich weiter, wir hätten eine clausula rebus sic stantibus stipuliert, um im Rahmen des Möglichen eine Garantie dafür zu haben, daß die DDR nicht erneut für uns negative Maßnahmen im Reise- und Besucherverkehr trifft, ohne Konsequenzen für den Swing befürchten zu müssen.

BM erklärte, für die von der DDR uns gegenüber gemachten Offerten seien sicherlich die jüngst in Moskau geführten Gespräche von Bedeutung gewesen. Viele Angebote würden allerdings unter der Voraussetzung gemacht, daß die Kosten von der Bundesrepublik Deutschland erstattet würden! Wir würden den ganzen Themenkatalog sorgfältig prüfen und sehen, worüber es zu sprechen lohne.

Bezüglich des Autobahn-Projekts Hamburg–Berlin wies BM darauf hin, daß sorgfältig die Frage untersucht werden müsse, ob der Verkehr auf einer solchen nach Abschluß des Vier-Mächte-Abkommens neu gebauten Straße von dem Transitabkommen[13] abgedeckt sei.

6) Britischer Außenminister dankte BM für den, wie er sagte, klaren, interessanten Bericht von großer Aktualität. Französischer Außenminister wies darauf hin, daß seine Regierung anfängliche Bedenken zurückgestellt und der Lieferung des Kernkraftwerkes an die Sowjetunion zugestimmt habe. Bezüglich der Luftkorridore habe er stets die Auffassung vertreten, daß es sich um eine außerordentlich delikate Frage handele. Große Vorsicht sei geboten, weil die Bestrebungen der Sowjetunion darauf hinausliefen, die DDR ins Spiel zu bringen. Im übrigen empfehle er auch eine gewisse Vorsicht bei der Erstreckung bestimmter Verträge auf Berlin, die die Fragen des Status und der Sicherheit berührten. Bei dem Besuch Breschnews in Paris[14] sei über Berlin überhaupt nicht gesprochen worden. Er, Sauvagnargues, finde es ermutigend, daß die Reaktion der Sowjetunion auf die Errichtung des Umweltbundesamtes in Berlin[15] vorsichtig und letztlich sehr begrenzt gewesen sei. Es sei ein gutes Zeichen, wenn man bedenke, daß die Sowjetunion zunächst eine sehr scharfe Reaktion

---

Fortsetzung Fußnote von Seite 1614

umtausch am 10.12. im Gesetzblatt der DDR veröffentlicht werde und am 20.12. in Kraft trete. Dabei gehe die DDR davon aus, daß der Briefwechsel zur Verlängerung des Swing-Abkommens ebenfalls am 10.12. in Ost-Berlin unterzeichnet werde." Vgl. den Gesprächsauszug, den Ministerialdirektor Sanne, Bundeskanzleramt, am 5. Dezember 1974 mit Drahterlaß an Bundeskanzler Schmidt, z. Z. Washington, übermittelte; VS-Bd. 14061 (010); B 150, Aktenkopien 1974.
Am 9. Dezember 1974 erklärte der stellvertretende Sprecher der Bundesregierung, Grünewald: „Die DDR hatte sich zu dieser Befreiung der Rentner vom Zwangsumtausch bereits Ende November gegenüber der Bundesregierung gebunden. Sie hatte diesen Schritt jedoch damals nicht bekanntgegeben. Es ist völlig klar, daß die Anweisung der Bundesregierung an ihren Beauftragten, einen Text für eine Swing-Regelung nach 1975 mit Beauftragten der DDR abzustimmen und zu paraphieren, erst ergangen ist, nachdem die DDR-Führung sich gebunden hatte, die Rentner vom Zwangsumtausch auszunehmen. Der in der Öffentlichkeit durch eine Meldung des ‚Neuen Deutschland' entstandene Eindruck, die Bundesregierung habe mit der Paraphierung eines Textes zum Swing eine Vorleistung erbracht, ist unzutreffend." Vgl. BULLETIN 1974, S. 1506.
Für den Wortlaut der Anordnung Nr. 2 vom 10. Dezember 1974 über die Durchführung eines verbindlichen Mindestumtausches von Zahlungsmitteln vgl. GESETZBLATT DER DDR, Teil I, S. 565.

13 Für den Wortlaut des Abkommens vom 17. Dezember 1971 zwischen der Regierung der Bundesrepublik und der Regierung der DDR über den Transitverkehr von zivilen Personen und Gütern zwischen der Bundesrepublik und Berlin (West) vgl. EUROPA-ARCHIV 1972, D 68–76.
14 Der Generalsekretär des ZK der KPdSU, Breschnew, hielt sich vom 4. bis 7. Dezember 1974 in Frankreich auf. Vgl. dazu Dok. 374, Anm. 18 und 19.
15 Vgl. dazu die Erklärung des sowjetischen Außenministeriums vom 20. Juli 1974; Dok. 227, Anm. 2.

angekündigt habe. Botschafter Jefremow habe er wiederholt gesagt, wenn auf den Transitwegen etwas unternommen werde, so laufe das auf eine Zerstörung des Vier-Mächte-Abkommens hinaus. Vielleicht seien diese Warnungen in Moskau nicht ohne Wirkung geblieben.

7) BM dankte den Vertretern der Drei Mächte für die klare Haltung, die sie im Sommer bei den Schwierigkeiten wegen des Umweltbundesamtes[16] eingenommen haben.[17] Ihre Unterstützung sei nicht nur von der Regierung und dem Parlament dankbar registriert worden, sondern habe in der gesamten deutschen Öffentlichkeit einen außerordentlich starken positiven Widerhall gefunden.

8) Der von der Bonner Vierergruppe erarbeitete Entwurf für einen Berlin-Passus im NATO-Kommuniqué[18] wurde kurz diskutiert. Nach Neufassung der beiden Schlußsätze ist er inzwischen gebilligt.[19]

[gez.] van Well

VS-Bd. 9941 (206)

---

[16] Zu den Behinderungen im Transitverkehr nach Berlin (West) vgl. Dok. 225, Anm. 20, und Dok. 227, Anm. 4.

[17] Vgl. dazu die Demarche der Drei Mächte bei der sowjetischen Regierung vom 5. August 1974; Dok. 230.

[18] Im Entwurf der Bonner Vierergruppe für den Berlin-Passus im Kommuniqué der NATO-Ministerratstagung am 12./13. Dezember 1974 in Brüssel wurde ausgeführt: „The Ministers [...] underlined the importance of these aspects of the Quadripartite Agreement for the viability of the city. The Ministers emphasized the inseparable link between détente in Europe and scrupulous respect for all the commitments undertaken in the Quadripartite Agreement, which was concluded with the desire to achieve practical improvement in the Berlin situation." Vgl. die Aufzeichnung des Referats 210 vom 9. Dezember 1974; Referat 010, Bd. 178578.

[19] In Ziffer 7 des Kommuniqués der NATO-Ministerratstagung am 12./13. Dezember 1974 in Brüssel wurde erklärt: „The Ministers reviewed the developments concerning Berlin and Germany which have taken place since their last meeting in June 1974, especially as regards the application of those provisions of the Quadripartite Agreement relating to the Western Sectors of Berlin. They considered, in particular, traffic and ties between the Western Sectors and the Federal Republic of Germany and the representation abroad of the interests of those sectors by the Federal Republic of Germany. They emphasized the importance to the viability and security of the city of all the provisions of the Quadripartite Agreement. The Ministers also emphasized that there is an essential connection between détente in Europe and the situation relating to Berlin." Vgl. NATO FINAL COMMUNIQUÉS, S. 328 f. Für den deutschen Wortlaut vgl. EUROPA-ARCHIV 1975, D 237.

368

Aufzeichnung des Vortragenden Legationsrats I. Klasse Rumpf

514-552-1441/74 VS-vertraulich   12. Dezember 1974[1]

Betr.: Plan einer Stiftung für notleidende jüdische Opfer nationalsozialistischer Gewaltmaßnahmen

I. In einem Gespräch zwischen dem Herrn Bundeskanzler und dem Vorsitzenden der Conference on Jewish Claims against Germany, Herrn Dr. Nahum Goldmann, das am 8. Oktober 1974 in Gegenwart von Herrn MDg Dr. Per Fischer (Bundeskanzleramt) stattgefunden hat[2], entwickelte der Herr Bundeskanzler die näheren Umrisse des Projektes einer Stiftung für jüdische NS-Opfer. Er unterbreitete damit Herrn Goldmann ein Angebot, das dieser im Prinzip annahm. Über die Einzelheiten finden noch Besprechungen zwischen Herrn Goldmann, dem israelischen Finanzminister Sapir und dem Beauftragten des Bundeskanzlers, dem früheren Bundesfinanzminister Alex Möller, MdB, statt.

II. Der Plan sieht die Errichtung einer Stiftung im Ausland (vermutlich Schweiz) vor, die mit einem Betrag von DM 540 Mio. aus dem Bundeshaushalt ausgestattet werden soll, woraus notleidende, vorwiegend aus Osteuropa stammende, jüdische Verfolgte zu entschädigen wären, die aus dem BEG[3] und den mit einigen westlichen Staaten geschlossenen Wiedergutmachungsabkommen[4] keine Entschädigung erhalten konnten, weil sie erst nach dem 31. Dezember 1965 in den Westen gekommen sind.[5] Weitere DM 60 Mio. sind für nichtjüdische Verfolgte vorgesehen und sollen durch das Bundesministerium der Finanzen verteilt werden. Die Zahlungen aus dem Bundeshaushalt sollen ab 1976 in sechs Jahresraten geleistet werden. Entwürfe für die Satzung der nach ausländischem Recht zu gründenden Stiftung, die von einem dreiköpfigen Vorstand und einem Verwaltungsrat aus 22 Personen unter Vorsitz von Herrn Goldmann geleitet werden soll, liegen bereits vor.

In die Satzung und ins Haushaltsgesetz sollen Richtlinien für die Zweckbestimmung der Stiftung aufgenommen werden, um eine zweckentsprechende Verwendung der Mittel soweit als möglich zu sichern. Die Gründung möchte man

---

[1] Hat Ministerialdirigent Dreher vorgelegen, der die Aufzeichnung mit Begleitvermerk vom 12. Dezember 1974 über Ministerialdirigent Jesser und Staatssekretär Gehlhoff an Bundesminister Genscher weiterleitete. Dazu vermerkte Dreher: „In der Anlage lege ich eine von Referat 514 zum obigen Thema gefertigte Aufzeichnung mit der Bitte um Kenntnisnahme vor. Es erscheint nicht zweckmäßig, das Schreiben des Herrn Nachmann im einzelnen zu beantworten; es wird daher vorgeschlagen, das Schreiben vom 19. November 1974 lediglich förmlich zu bestätigen; der Entwurf eines solchen Antwortschreibens ist beigefügt."
Hat Jesser am 18. Dezember 1974 vorgelegen.
Hat Gehlhoff am 19. Dezember 1974 vorgelegen.
Hat Genscher am 22. Dezember 1974 vorgelegen. Vgl. VS-Bd. 9725 (514); B 150, Aktenkopien 1974.
[2] Vgl. Dok. 293.
[3] Für den Wortlaut des Gesetzes vom 29. Juni 1956 zur Entschädigung für Opfer der nationalsozialistischen Verfolgung (Bundesentschädigungsgesetz) vgl. BUNDESGESETZBLATT 1956, Teil I, S. 562–596.
[4] Zu den Abkommen der Bundesrepublik über die Entschädigung für Opfer nationalsozialistischer Verfolgung vgl. Dok. 336, Anm. 14.
[5] Zum Wegfall des Anspruchs auf Entschädigung für „Post-sixty-five-Fälle" vgl. Dok. 293, Anm. 3.

im Frühjahr 1975 mit einem Festessen in Washington oder New York proklamieren, bei dem der Bundeskanzler und Herr Goldmann sprechen wollen.

Der Herr Bundeskanzler bezeichnete diesen Vorschlag als eine letzte Geste zur Wiedergutmachung und verlangte dafür verbindliche Abschlußerklärungen sowohl von der Claims Conference als auch von dem Staat Israel.

Herr Goldmann machte gegen die Organisationsform verschiedene Vorbehalte geltend und meinte auch, eine Abschlußerklärung vom Staat Israel sei wohl kaum zu erhalten.

III. Das Projekt ist ohne Beteiligung der zuständigen Abteilungen des Auswärtigen Amts und gegen den erklärten Willen des Bundesfinanzministers und seiner Berater vorbereitet und ausgearbeitet worden. Mit einigen Spitzenpolitikern der drei Fraktionen sollen darüber Gespräche geführt worden sein. Das Bundeskanzleramt beabsichtigt, einen Entschließungsantrag der drei Fraktionen des Deutschen Bundestages herbeizuführen, durch den die Bundesregierung zu dieser Maßnahme aufgefordert werden soll.[6] Anschließend soll im Haushaltsgesetz die Grundlage für die Ausgabe von DM 600 Mio. geschaffen werden. Aus dem Bundeskanzleramt verlautete ferner, daß sich der ehemalige Bundesaußenminister Walter Scheel gegenüber dem Bundeskanzler mit der Errichtung dieser Stiftung schriftlich einverstanden erklärt habe. Der Wortlaut dieses Briefes liegt den zuständigen Abteilungen jedoch nicht vor.

IV. Die Grundzüge dieses Projektes sind, wahrscheinlich durch Indiskretion von jüdischer Seite, bereits in der Nr. 44 der Illustrierten „Quick" vom 24. Oktober 1974[7] veröffentlicht worden. Erst dadurch erfuhr der Vorsitzende des Direktoriums des Zentralrates der Juden in Deutschland, Herr Werner Nachmann, von dem letzten Stand der Sache. Er wandte sich daraufhin an den Bundeskanzler, das Bundesministerium der Finanzen und mit dem o. a. Schreiben vom 19. November 1974 auch an den Bundesminister des Auswärtigen, um darüber Klage zu führen, daß er an der Vorbereitung nicht beteiligt worden ist. Den ihm angebotenen Sitz im Stiftungsrat hält er nicht für eine ausreichende Gewähr, die Verwendung der Mittel zu überwachen. Er ist auch der Ansicht, daß die Bundesregierung die Rolle von Herrn Goldmann im Judentum und im Staat Israel erheblich überschätzt.

V. Die Opposition hat die Angelegenheit inzwischen zum Gegenstand einer parlamentarischen Anfrage gemacht, die in diesen Tagen vom Bundesminister der Finanzen oder seinem Vertreter ausweichend beantwortet wird (Anlage[8]).

---

[6] Ein Gespräch des Bundeskanzlers Schmidt mit den Fraktionsvorsitzenden Carstens (CDU/CSU), Mischnick (FDP) und Wehner (SPD) fand am 16. Januar 1975 statt.

[7] Dazu wurde berichtet, die Bundesregierung habe mit der Jewish Claims Conference „eine noch geheimgehaltene Vereinbarung über 600 Millionen Mark Wiedergutmachung getroffen". Präsident des Jüdischen Weltkongresses, Goldmann, „erhielt die Bonner Zusage, als er am 8. Oktober Bundeskanzler Schmidt und Finanzminister Apel besuchte. Die Summe ist ab 1975 in fünf Raten fällig, 60 Millionen davon sind für nichtjüdische NS-Verfolgte bestimmt. Die Bundesregierung wünscht aber eine gewisse Kontrolle des Finanzgebarens dieser Stiftung und will auch auf die Formulierung der Satzung Einfluß nehmen. Die Verhandlungen mit Goldmann soll jetzt der frühere Finanzminister Dr. Alex Möller für Bonn zu Ende führen." Vgl. die Meldung „Bonn zahlt 600 Millionen Mark für NS-Verfolgte"; QUICK, Nr. 44 vom 24. Oktober 1974, S. 11.

[8] Dem Vorgang beigefügt. Für die Ablichtung aus den Stenographischen Berichten über die Bundestagssitzung vom 11. Dezember 1974 vgl. VS-Bd. 9725 (514); B 150, Aktenkopien 1974.
Am 11. Dezember 1974 stellte der CDU-Abgeordnete Benz im Bundestag die Frage: „Treffen Pres-

VI. Gegen das Projekt dieser Stiftung sind erhebliche Bedenken zu erheben, die im wesentlichen bereits von Bundesfinanzminister Apel in einem Schreiben vom September 1974 dem Bundeskanzler dargelegt worden sind.

1) Die Proklamation dieser Stiftung und die damit verbundene Zusage der Bundesregierung, noch einmal DM 540 Mio. für jüdische Verfolgte zu zahlen, wird wahrscheinlich zu unliebsamen Rückwirkungen in den osteuropäischen Staaten führen. Dort wird man kein Verständnis dafür haben, daß wir die Entschädigung in Osteuropa ansässiger Nazi-Opfer ablehnen, dafür aber an Juden, die diese Länder verlassen haben oder auswandern wollen, Wiedergutmachung zahlen. Der gegen uns bereits hinsichtlich der Wiedergutmachungsverträge mit westlichen Staaten erhobene Vorwurf der Diskriminierung würde verstärktes Gewicht erhalten. Wir würden uns außerdem dem Vorwurf aussetzen, die Abwanderungsbestrebungen der osteuropäischen Juden finanziell zu unterstützen.

Infolgedessen müßten wir entweder eine weitere Belastung unserer Beziehungen zu den osteuropäischen Staaten in Kauf nehmen oder letzten Endes die Wiedergutmachung auch auf deren Staatsangehörige erstrecken, was unübersehbare finanzielle Konsequenzen hätte.

2) Auch Jugoslawien, das sich mit dem von uns vor einigen Jahren gemachten Wiedergutmachungsangebot von DM 100 Mio.[9] nicht zufriedengeben wollte, könnte trotz der Anleihe von DM 700 Mio.[10] auf seine Entschädigungsforderungen zurückkommen, da es nicht darauf verzichtet hat.

3) Es ist zu befürchten, daß durch diese „Abschlußgeste" auch andere immer wieder erhobene und von uns abgelehnte Entschädigungsforderungen, wie z. B. die der Zwangssterilisierten, der Zwangsarbeiter und der Nationalgeschädigten[11], belebt würden.

Fortsetzung Fußnote von Seite 1618
semeldungen zu, wonach die Bundesregierung der Jewish Claims Conference Zusagen hinsichtlich einer weiteren Wiedergutmachungsleistung von 600 Millionen DM gemacht hat?" Parlamentarischer Staatssekretär Haehser, Bundesministerium der Finanzen, erläuterte dazu: „Herr Kollege Benz, die Bundesregierung hat schon vor längerer Zeit Überlegungen aufgenommen, wie das Werk der Wiedergutmachung für rassisch und politisch Verfolgte endgültig abzuschließen sei. In Gesprächen, in die auch die Vorsitzenden der drei im Bundestag vertretenen Fraktionen einbezogen waren, ist eine Abschlußregelung ins Auge gefaßt worden. Da die Gespräche noch nicht abgeschlossen sind, werden Sie verstehen, daß ich Einzelheiten hierzu noch nicht mitteilen kann." Auf die zweite Frage von Benz: „Ist die Vereinbarung der Bundesregierung mit der Jewish Claims Conference gegebenenfalls mit dem Zentralrat der Juden in Deutschland abgesprochen worden?" antwortete Haehser: „Herr Kollege Benz, wie sich aus der Antwort auf Ihre erste Frage ergibt, ist die Möglichkeit einer Abschlußregelung ins Auge gefaßt worden und Gegenstand von Gesprächen. Eine Vereinbarung fester Art hierüber gibt es noch nicht. Die Bundesregierung hatte in ihre Überlegungen auch den Zentralrat der Juden in Deutschland einbezogen. Dieser hat vor Abschluß der klärenden Gespräche eine negative Position eingenommen. Die Bundesregierung wird weiterhin mit dem Zentralrat in Verbindung bleiben." Vgl. BT STENOGRAPHISCHE BERICHTE, Bd. 90, S. 9267 f.

9 Zu dem am 19. Mai 1971 durch Staatssekretär Bahr, Bundeskanzleramt, überbrachten Angebot der Bundesregierung vgl. AAPD 1971, II, Dok. 178.

10 Zum Abkommen vom 10. Dezember 1974 zwischen der Bundesrepublik und Jugoslawien über die Gewährung von Kapitalhilfe vgl. Dok. 363.

11 In Artikel VI des Zweiten Gesetzes zur Änderung des Bundesentschädigungsgesetzes vom 14. September 1965 (BEG-Schlußgesetz) wurde der Begriff der Nationalgeschädigten definiert: „Personen, die unter der nationalsozialistischen Gewaltherrschaft aus Gründen ihrer Nationalität unter Mißachtung der Menschenrechte geschädigt worden und am 1. Oktober 1953 Flüchtlinge im Sinne der Genfer Konvention vom 28. Juli 1951 gewesen sind, haben Anspruch auf Entschädigung für einen dauernden Schaden an Körper oder Gesundheit. Aus Gründen der Nationalität ist derjenige geschädigt, bei dem die Zugehörigkeit zu einem fremden Staat oder zu einem nicht-deutschen Volkstum

4) Mit einer verbindlichen Abschlußerklärung des Staates Israel ist nicht zu rechnen. Dies ergibt sich nicht nur aus Bemerkungen des Herrn Goldmann, sondern auch aus einem Bericht unserer Botschaft Tel Aviv vom 3. Dezember 1974 (Anlage[12]). Die Abschlußerklärung der Claims Conference aber hat geringen Wert, da deren Legitimation, als Vertreterin aller Juden zu sprechen, sehr zweifelhaft ist. Im übrigen könnte weder eine Erklärung des Staates Israel noch eine Erklärung der Claims Conference deutsche Gerichte binden, wenn Einzelpersonen Klagen erheben würden.

5) Die Proklamation dieser Stiftung würde unsere Beziehungen zu den arabischen Staaten und damit unsere Nahostpolitik beeinträchtigen. Trotz etwaiger Sicherungsklauseln in der Satzung oder im Haushaltsgesetz wird sich nicht ausschließen lassen, daß Herr Goldmann und die jüdische Mehrheit im Stiftungsrat die Mittel auch politischen Zwecken zuführt. Selbst wenn dies tatsächlich unterbleiben sollte, wird unsere Zahlung von der arabischen Propaganda vermutlich als finanzielle Unterstützung Israels mißdeutet werden.

VII. Aus den dargelegten Gründen erscheint es angebracht, das ganze Projekt erneut zur Diskussion zu stellen und insbesondere seine außenpolitischen Auswirkungen zu überdenken. Wenn es für unumgänglich gehalten wird, die Wiedergutmachung, die uns bereits DM 48 Milliarden gekostet hat und zur Erfüllung bestehender Verpflichtungen fast die gleiche Summe noch kosten wird, durch eine solche „Abschlußmaßnahme" zu erweitern, sollte überlegt werden, ob es dafür nicht einen anderen Weg gibt, der die einseitige Bevorzugung der jüdischen Claims Conference vermeidet und größere Gewähr der Endgültigkeit bietet. Dazu empfiehlt sich eine Beratung durch die Wiedergutmachungsexperten der Bundesministerien.[13]

Rumpf

VS-Bd. 9725 (514)

Fortsetzung Fußnote von Seite 1619
    ganz oder wesentlich den Grund für die schädigende Maßnahme gebildet hat. Soweit keine anderen Gründe für die unter Mißachtung der Menschenrechte vorgenommene schädigende Maßnahme ersichtlich sind, wird bei dem Personenkreis nach den Sätzen 1 und 2 vermutet, daß die Schädigung aus Gründen der Nationalität erfolgt ist." Der Artikel legte ferner die genauen Bedingungen fest, unter denen die sogenannten Nationalgeschädigten Anspruch auf Entschädigungsleistungen hatten. Vgl. BUNDESGESETZBLATT 1965, Teil I, S. 1337.

12 Dem Vorgang beigefügt. Botschaftsrat I. Klasse Rückriegel, Tel Aviv, berichtete am 3. Dezember 1974 über Gespräche von Vertretern des Bundesministeriums der Finanzen mit der israelischen Regierung: „Die Herren vom BMF waren von der israelischen Regierung zu einem Informationsbesuch allgemeiner Art eingeladen. Die Gespräche, die bei dieser Gelegenheit auch über Wiedergutmachung geführt wurden, bestanden in ihrem wesentlichen Teil in dem Bemühen der israelischen Seite, die Herren mit dem Gedanken vertraut zu machen, daß es sich bei dem Betrag von 600 Mio. DM, der aufgrund der Verhandlungen mit Dr. Nahum Goldmann nunmehr für eine Entschädigung der Spätaussiedler aus Osteuropa vorgesehen ist, nach israelischen Vorstellungen nicht um eine abschließende Zahlung handle, daß man vielmehr von israelischer Seite später weitere Zahlungen erwarte." Vgl. den Schriftbericht Nr. 1670; VS-Bd. 9725 (514); B 150, Aktenkopien 1974.

13 Der Passus „sollte überlegt werden ... Wiedergutmachungsexperten der Bundesministerien" wurde von Bundesminister Genscher hervorgehoben. Dazu vermerkte er handschriftlich: „r[ichtig]". Ein der Aufzeichnung beigefügter Entwurf eines Antwortschreibens von Genscher auf das Schreiben des Vorsitzenden des Zentralrats der Juden in Deutschland, Nachmann, vom 19. November 1974 wurde von Ministerialdirigent Dreher am 13. Januar 1975 gestrichen und mit dem handschriftlichen Vermerk „cessat" versehen. Dazu vermerkte Dreher handschriftlich: „Herr Kinkel hat mich davon unterrichtet, daß Herr BM Genscher am 6.1.75 die Angelegenheit mündlich mit Herrn

369

Runderlaß des Vortragenden Legationsrats I. Klasse Dohms

240-312.74
Fernschreiben Nr. 152 Ortex
Citissime

Aufgabe: 12. Dezember 1974, 18.27 Uhr

Zum Pariser Treffen der Regierungschefs der EG-Staaten am 9. und 10. Dezember 1974

I. Allgemeine Bemerkungen

„Letzter Gipfel", wie Präsident Giscard ihn nannte, erfüllte im ganzen die Erwartungen, die in der gegenwärtigen Lage Europas realistischerweise an ein solches Treffen der Regierungschefs gestellt werden konnten. Das Ergebnis schöpft die politischen Möglichkeiten des Augenblicks aus. Es berücksichtigt insbesondere die Lage der wirtschaftlich schwächeren EG-Länder. Zu den wesentlichen Faktoren für den Erfolg des Treffens gehören der Wandel der europapolitischen Haltung Frankreichs, der französische Wunsch nach einer erfolgreichen Präsidentschaftskonferenz unter französischem Vorsitz[1], das deutsche Einlenken beim Regionalfonds[2] sowie unsere Bemühungen in der Frage der britischen Finanzbelastung im Rahmen des EG-Haushalts[3]. Auch daß sich dank deutscher Bemühungen Ansätze für eine Annäherung des französisch-amerikanischen Gegensatzes in der Energiefrage abzeichnen, hat eine Rolle gespielt. Weiter war von wesentlicher Bedeutung die Bereitschaft vor allem der Bundesregierung, unverzüglich konjunkturbelebende Maßnahmen zu ergreifen.

Atmosphäre der als Arbeitstreffen organisierten Konferenz war gut. Britisch-französische Gegensätze vor allem in der Budgetfrage konnten überbrückt und entschärft werden. Regierungschefs, Außenminister und Kommissionspräsident[4] tagten die meiste Zeit unter sich; am zweiten Tage trafen sich Außenminister mit Mitarbeitern und erteilten entsprechende Weisungen für verschiedene Ar-

---

Fortsetzung Fußnote von Seite 1620
Nachmann besprochen habe, die Beantwortung des Schreibens v[om] 19. Nov[ember] sei nicht mehr erforderlich." Vgl. VS-Bd. 9725 (514); B 150, Aktenkopien 1974.

1 Frankreich übernahm am 1. Juli 1974 die EG-Ratspräsidentschaft.
2 Am 29. November 1974 legten das Bundesministerium für Wirtschaft und Referat 412 eine Aufzeichnung vor, in der zum Stand der Überlegungen für einen Europäische Regionalfonds und zur Haltung der Bundesregierung ausgeführt wurde: „Die Kommission schlägt vor, den Fonds für die Jahre 1975–1977 mit insgesamt 1400 Mio. RE auszustatten. 1973 hatte die Kommission für die Jahre 1974–1976 ein Fondsvolumen von insgesamt 2250 Mio. RE vorgeschlagen. Die Mehrzahl der Mitgliedstaaten ist bereit, dem Kommissionsvorschlag zuzustimmen (ohne ein höheres Fondsvolumen auszuschließen). Im Entwurf des Bundeshaushalts 1975 sind keine Mittel für den Regionalfonds vorgesehen. Anfang 1974 hatte das Bundeskabinett entschieden, daß äußerstenfalls einem Fondsvolumen von 1400 Mio. RE (einschließlich 150 Mio. RE aus dem Agrarfonds) zugestimmt werden könne. Auf dieser Basis schien damals eine Einigung möglich. Meinungsverschiedenheiten bestanden vor allem noch über die Verteilung der Rückflüsse auf die einzelnen Mitgliedstaaten. Die Verhandlungen über den Fonds wurden dann wegen der Ungewißheit über die britische Haltung zur Gemeinschaft nicht fortgesetzt." Vgl. Referat 412, Bd. 105691.
3 Zu den Bemühungen der Bundesregierung um einen Kompromiß in der Frage der britischen Beitragsleistungen zum EG-Haushalt vgl. Dok. 350, Anm. 6.
4 François-Xavier Ortoli.

beitsgruppen zur Formulierung des Konferenzergebnisses, das in der Schlußphase von Regierungschefs und Außenministern abschließend formuliert wurde. Dabei konnte zurückgegriffen werden auf die sehr detaillierten, mehr als zweimonatigen Vorbereitungsarbeiten, die als Ergebnis der vorangegangenen vier Treffen der Außenminister[5] und der Arbeiten der Ad-hoc-Gruppen (drei Sitzungen der Politischen Direktoren, neun der Ständigen Vertreter) vorlagen. Beim Treffen der Regierungschefs ging es im wesentlichen darum,

- Zweifel an den politischen Zielen und dem Zusammenhalt der Gemeinschaft auszuräumen, die die einschneidenden weltwirtschaftlichen Veränderungen des letzten Jahres geweckt hatten;
- angesichts der wirtschaftlichen Schwierigkeiten der meisten EG-Partner gemeinschaftliche Solidarität zu praktizieren;
- Aufgabe und Verantwortung der Gemeinschaft und ihrer Mitglieder bei der Bewältigung internationaler Wirtschaftsprobleme zu verdeutlichen;
- die politische Handlungsfähigkeit der Gemeinschaft zu stärken.

Unter diesen Aspekten hat das Pariser Treffen Fortschritte gebracht. Die Ergebnisse sind in einem Kommuniqué zusammengefaßt, das am 13.12. im Bulletin der Bundesregierung erscheint[6] (vgl. hierzu Meldung Nr. 097 des Informationsfunks vom 11.12.).

- Die Zielsetzungen des Pariser Gipfels von 1972 (Europäische Union, Wirtschafts- und Währungsunion)[7] sind als langfristige politische Orientierungen, auch von Großbritannien, bestätigt worden.
- In der von den Briten zum Kernpunkt ihrer Neuverhandlungswünsche gemachten Frage des Budgetbeitrags wurde ein Kompromiß gefunden, der die innenpolitische Entscheidung der Briten über den Verbleib in der EG erleichtern sollte.[8]

[5] Zum informellen Treffen der Außenminister der EG-Mitgliedstaaten am 11. November 1974 in Brüssel vgl. Dok. 317, Anm. 16, und Dok. 328, Anm. 4.
Zur Konferenz der Außenminister der EG-Mitgliedstaaten im Rahmen der EPZ am 18. November 1974 in Paris vgl. Dok. 328, Anm. 16.
Zum informellen Treffen der Außenminister der EG-Mitgliedstaaten am 25. November 1974 in Brüssel vgl. Dok. 342.
Zum informellen Treffen der Außenminister der EG-Mitgliedstaaten am 2. Dezember 1974 in Brüssel vgl. Dok. 342, Anm. 2.
[6] Für den Wortlaut des Kommuniqués der Gipfelkonferenz der EG-Mitgliedstaaten am 9./10. Dezember 1974 in Paris vgl. BULLETIN 1974, S. 1537–1540. Für Auszüge vgl. Anm. 8, 9, 13, 14, 19, 23, 26 und 32.
[7] Zur Gipfelkonferenz der EG-Mitgliedstaaten und -Beitrittsstaaten am 19./20. Oktober 1972 in Paris vgl. Dok. 19, Anm. 4.
[8] Im Kommuniqué der Gipfelkonferenz der EG-Mitgliedstaaten am 9./10. Dezember 1974 in Paris wurde dazu ausgeführt: „34) Der Premierminister des Vereinigten Königreichs hat mitgeteilt, ‚auf welcher Grundlage die Regierung Ihrer Majestät die Verhandlungen über das Verbleiben Großbritanniens in der Gemeinschaft führen will', und hat die spezifischen Probleme dargelegt, denen die britische Regierung größte Bedeutung beimißt. 35) Die Regierungschefs erinnern an die von der Gemeinschaft in den Beitrittsverhandlungen abgegebene Erklärung, die wie folgt lautet: ‚Sollten unannehmbare Situationen auftreten, so würde die Existenz der Gemeinschaft selbst es erfordern, daß die Organe eine angemessene Lösung zu ihrer Behebung finden.' 36) Sie bekräftigen, daß das System der eigenen Mittel ein Grundelement der wirtschaftlichen Integration der Gemeinschaft darstellt. 37) Sie fordern die Organe der Gemeinschaft (den Rat und die Kommission) auf, so rasch wie möglich einen allgemein anwendbaren Korrekturmechanismus auszuarbeiten, mit dem im Rahmen des Systems und des Funktionierens der eigenen Mittel anhand objektiver Kriterien und un-

- Die uns als Hauptzahler nicht leicht gewordene Entscheidung über den Regionalfonds[9] ist ebenso als Beweis gemeinschaftlicher Solidarität zu werten wie die Bereitschaft, bei Festlegung nationaler Konjunkturpolitiken die Belange der ganzen Gemeinschaft im Auge zu behalten. Unsere Zustimmung zum Regionalfonds wurde möglich, weil sich ausreichende Ansätze für die von uns geforderten positiven Entwicklungen in anderen Bereichen ergeben haben. Das geplante deutsche Konjunkturprogramm[10] wurde als deutscher Beitrag zum abgestimmten Vorgehen innerhalb der EG begrüßt.
- Das Angebot zu enger wirtschaftspolitischer Abstimmung mit den USA zeigt die Bereitschaft der Gemeinschaft, einen angemessenen Teil der Verantwortung für die Lösung der internationalen Wirtschaftsprobleme zu übernehmen.
- Erwartungsgemäß konnten die Probleme der äußeren Energiepolitik noch nicht gelöst werden, obwohl sich die Aussichten dafür gebessert haben. Positive Perspektive kommt im Ausblick auf das Treffen Giscard/Ford zum Ausdruck.[11] In der internen Energiepolitik richten sich die Erwartungen auf den Energierat vom 17.12.1974.[12]
- Fortschritte im politisch-institutionellen Bereich gehen in Richtung auf größere Einheitlichkeit, politische Stärkung und Straffung der europäischen Entscheidungsstrukturen (Verwendung des umfassenden Begriffs „Europäische Gemeinschaft"; Kohärenz EG/EPZ; dreimal jährliches Treffen der Regierungschefs als Rat der Gemeinschaft und im Rahmen der EPZ; Betonung politischer Rolle des Rats in Besetzung der Außenminister; häufigere Mehrheitsbeschlüsse; EPZ-Außenvertretung durch Präsidentschaft).[13]

Fortsetzung Fußnote von Seite 1622
    ter besonderer Berücksichtigung der Anregungen der britischen Regierung hierzu im Laufe des Annäherungsprozesses der Volkswirtschaften der Mitgliedstaaten das mögliche Auftreten von Situationen verhindert werden kann, die für einen Mitgliedstaat unannehmbar und mit dem reibungslosen Funktionieren der Gemeinschaft unvereinbar wären." Vgl. EUROPA-ARCHIV 1975, D 46.
9 Zum Europäischen Regionalfonds wurde im Kommuniqué der Gipfelkonferenz der EG-Mitgliedstaaten am 9./10. Dezember 1974 in Paris mitgeteilt: „22) Die Regierungschefs beschließen, daß der Europäische Fonds für regionale Entwicklung […] ab 1. Januar 1975 von den Organen der Gemeinschaft verwirklicht wird. 23) Der Fonds wird 1975 mit 300 000 000 RE und in den Jahren 1976 und 1977 mit jeweils 500 000 000 RE, also mit 1 300 000 000 RE, ausgestattet." Vgl. EUROPA-ARCHIV 1975, D 45.
10 Zum Investitionsprogramm der Bundesregierung vom 13. Dezember 1974 vgl. Dok. 354, Anm. 14.
11 Präsident Ford und Staatspräsident Giscard d'Estaing trafen sich vom 14. bis 16. Dezember 1974 auf Martinique. Zur dort getroffenen Absprache im Bereich der Energiepolitik vgl. Dok. 376, Anm. 11.
12 Auf der EG-Ministerratstagung auf der Ebene der Energieminister am 17. Dezember 1974 in Brüssel wurden die Delegationen von französischer Seite über das Ergebnis des Treffens zwischen Präsident Ford und Staatspräsident Giscard d'Estaing vom 14. bis 16. Dezember 1974 auf Martinique informiert. Vgl. dazu den Drahtbericht Nr. 4459 des Botschafters Lebsanft, Brüssel (EG), vom 18. Dezember 1974; Referat 412, Bd. 105695.
Darüber hinaus wurden ein „Aktionsprogramm im Bereich der rationellen Energienutzung" und eine Entschließung zur Energiepolitik verabschiedet. Für den Wortlaut vgl. EUROPA-ARCHIV 1975, D 56–59.
13 Im Kommuniqué der Gipfelkonferenz der EG-Mitgliedstaaten am 9./10. Dezember 1974 in Paris wurde dazu festgestellt: „3) Die Regierungschefs haben daher beschlossen, dreimal jährlich und so oft wie nötig mit den Außenministern als Rat der Gemeinschaft und im Rahmen der Politischen Zusammenarbeit zusammenzutreten. […] Um den Zusammenhang der Gemeinschaftstätigkeiten und die Kontinuität der Arbeit zu gewährleisten, werden die Außenminister als Rat der Gemeinschaft mit einer impulsgebenden und koordinierenden Rolle betraut. Sie können bei der gleichen Gelegenheit im Rahmen der Politischen Zusammenarbeit zusammentreten. […] 4) In der Perspek-

– Stellung des Europäischen Parlaments und seine Rolle im Einigungsprozeß soll weitreichende Stärkung erfahren (Direktwahl, Befugniserweiterung, Initiativrolle bei politischer Einigung, Fragerecht zur EPZ).[14] Befristete dänische und britische Vorbehalte[15] hemmen nicht Beginn der Arbeiten an Direktwahl, die ab 1978 eingeführt werden soll.

II. Im einzelnen

1) Wirtschafts-, Regional- und Energiepolitik

a) Wirtschaftspolitik

Ausgiebig und intensiv erörterten die Regierungschefs die wirtschaftliche Gesamtlage und die Perspektiven der weltwirtschaftlichen Entwicklung.

Sie stimmten überein in der Analyse der Lage ebenso wie in der Festlegung der innerhalb der Gemeinschaft zu verfolgenden wirtschaftspolitischen Ziele. Neben der Bekämpfung von Inflation und Arbeitslosigkeit messen sie jetzt der Vermeidung einer allgemeinen Rezession hohe Priorität bei. Die Sorge, daß sich die weltweite wirtschaftliche Abschwächung krisenhaft zuspitzen könnte, beherrschte die gesamte Diskussion.

Angesichts der sehr unterschiedlichen Verhältnisse in den einzelnen Mitgliedstaaten bestand Einverständnis darüber, daß nicht eine uniforme, sondern nur eine auf die jeweiligen nationalen Gegebenheiten abgestellte Konjunktur- und Finanzpolitik zur Wiederherstellung des inneren und äußeren Gleichgewichts führen kann.

Fortsetzung Fußnote von Seite 1623

tive der europäischen Einigung bekräftigen die Regierungschefs erneut ihren Willen, in allen Bereichen der internationalen Politik, die die Interessen der Europäischen Gemeinschaft berühren, zunehmend gemeinsame Positionen festzulegen und eine abgestimmte Diplomatie zu betreiben. Die Präsidentschaft nimmt die Rolle des Sprechers der Neun wahr und tritt auf diplomatischer Ebene für sie auf. Sie trägt dafür Sorge, daß die erforderliche Abstimmung stets rechtzeitig stattfindet. [...] 6) Im Hinblick auf eine bessere Funktionsfähigkeit des Rates der Gemeinschaft halten sie es für zweckmäßig, auf die Praxis zu verzichten, wonach die Entscheidung über jede Frage von der einstimmigen Billigung durch die Mitgliedstaaten abhängig gemacht wird, und zwar ungeachtet ihres jeweiligen Standpunkts zu den am 28. Januar 1966 in Luxemburg festgelegten Schlußfolgerungen." Vgl. EUROPA-ARCHIV 1975, D 41 f.

[14] Zur Stellung des Europäischen Parlaments wurde im Kommuniqué der Gipfelkonferenz der EG-Mitgliedstaaten am 9./10. Dezember 1974 in Paris ausgeführt: „4) [...] In Anbetracht der wachsenden Bedeutung der Politischen Zusammenarbeit für den Aufbau Europas ist es wichtig, das Europäische Parlament enger an den Arbeiten zu beteiligen, unter anderem durch Beantwortung der Fragen, die von den Abgeordneten in bezug auf die Tätigkeiten der Politischen Zusammenarbeit an die Präsidentschaft gerichtet werden. [...] 12) Die Regierungschefs haben festgestellt, daß das im Vertrag festgelegte Ziel allgemeiner Wahlen zum Europäischen Parlament so bald wie möglich verwirklicht werden sollte. Hierzu erwarten sie mit Interesse die Vorschläge des Parlaments und wünschen, daß der Rat hierüber 1976 beschließt. In diesem Fall würde ab 1978 die allgemeine direkte Wahl erfolgen. [...] Das Europäische Parlament nimmt am weiteren Aufbau Europas teil. Die Regierungschefs werden nicht verfehlen, die Auffassungen zu berücksichtigen, die sie hierzu von ihm im Oktober 1972 erbeten hatten. Die Kompetenzen des Europäischen Parlaments werden, insbesondere durch die Übertragung bestimmter Befugnisse im Gesetzgebungsverfahren der Gemeinschaften, erweitert." Vgl. EUROPA-ARCHIV 1975, D 42 f.

[15] Die britische Delegation erklärte zur angestrebten Direktwahl des Europäischen Parlaments, die britische Regierung „wolle die Regierungen der anderen acht Mitgliedstaaten nicht daran hindern, auf dem Wege zur allgemeinen Wahl des Europäischen Parlaments Fortschritte zu machen. Die britische Regierung könne ihrerseits nicht zu dem Vorschlag Stellung nehmen, bevor der Prozeß der Neuverhandlungen abgeschlossen und die Ergebnisse dieser Neuverhandlungen dem britischen Volk unterbreitet worden seien." Von dänischer Seite wurde erklärt: „Die dänische Delegation kann sich im jetzigen Stadium noch nicht zur Einführung der allgemeinen Wahl im Jahre 1978 verpflichten." Vgl. EUROPA-ARCHIV 1975, D 43.

In einer abgestimmten Lasten- und Rollenverteilung erklärten sich die Überschußländer bereit, die Binnennachfrage durch konjunkturbelebende Maßnahmen zu stimulieren, während die Defizitländer ihrerseits ohne Rückgriff auf protektionistische Praktiken durch Stabilisierung ihrer Produktionskosten ihre Wettbewerbsposition verbessern wollen.

Als Ergebnis dieses aufeinander abgestimmten Vorgehens werden ein „Aufschwung in der Stabilität", ein Abbau der innergemeinschaftlichen Diskrepanzen und insbesondere eine Erleichterung der Beschäftigungs- und Wettbewerbslage der schwächeren Partner erwartet.

Die Regierungschefs stimmten darin überein, daß eine Konvergenz der Wirtschaftspolitik nur zu erreichen ist, wenn die einzelstaatlichen Maßnahmen ständig und wirksam abgestimmt und am Ziel der Gemeinschaftssolidarität ausgerichtet werden.

Einig waren sich die Regierungschefs auch darüber, daß die Gefahr einer weltweiten Rezession nicht von der EG allein, sondern nur in enger Zusammenarbeit mit den USA abgewendet werden kann. Die nachdrückliche Empfehlung des deutschen Bundeskanzlers zu einer stärkeren Abstimmung der Wirtschaftspolitik zwischen EG und USA wurde positiv aufgenommen. Giscard d'Estaing wurde gebeten, bei seinem Treffen mit Präsident Ford das Interesse der Gemeinschaft an einem möglichst gleichgerichteten Vorgehen auf dem Gebiet der Konjunktur- und Finanzpolitik zu bekräftigen (wobei die EG ein baldiges Umschalten der US-Wirtschaftspolitik auf Expansion begrüßen würde).

Entgegen den Erwartungen verzichteten die Regierungschefs darauf, im Kommuniqué zu Währungsfragen Stellung zu nehmen. Dem dürfte das Einverständnis zugrunde gelegen haben, daß konkrete Maßnahmen zur Zeit nicht opportun sind und sich die Wirtschafts- und Finanzminister ohnehin bei ihrem nächsten Treffen am 16. Dezember 1974 mit diesem Fragenkomplex (einschließlich der bekannten Fourcade-Vorschläge[16]) befassen werden.[17]

b) Regionalpolitik

Die Einigung über die Einsetzung eines Regionalfonds mit Wirkung vom 1.1. 1975 wurde aufgrund der Weichenstellung im Kreis der Außenminister vom 2.12. relativ schnell erreicht. Das deutsche Entgegenkommen in dieser seit zwei Jahren streitigen Frage wurde allgemein begrüßt und dürfte als Beweis praktischer Solidarität zugunsten schwächerer Partner nicht unerheblich zum positiven Verlauf der Konferenz beigetragen haben. Maßgeblichen Anteil an der Einigung hatte aber auch der Verzicht Frankreichs auf seine bisher hartnäckig vorgetragene Forderung nach Gleichstellung bei der Mittelvergabe mit Großbritannien.

---

16 Zu den Vorschlägen des französischen Wirtschafts- und Finanzministers Fourcade vom 16. September 1974 vgl. Dok. 251, Anm. 10.

17 Der EG-Ministerrat auf der Ebene der Wirtschafts- und Finanzminister kam am 19. Dezember 1974 zusammen. Botschafter Lebsanft, Brüssel (EG), berichtete, daß vier Punkte behandelt worden seien: „1) Europäische Rechnungseinheit, 2) koordiniertes Vorgehen bei der Überwachung der Euromärkte, 3) Rückschleusung der Ölgelder (recycling), 4) europäischer Fonds für währungspolitische Zusammenarbeit. In allen vier Punkten faßte Rat nur prozedurale Beschlüsse, worüber sich Vorsitzender Fourcade tief enttäuscht zeigte." Vgl. den Drahtbericht Nr. 4789 vom 20. Dezember 1974; Referat 412/424, Bd. 105687.

1625

Der Fonds wird in den kommenden drei Jahren (Versuchszeitraum) insgesamt 1,3 Mrd. RE (rd. 4,7 Mrd. DM), davon 150 Mio. RE aus dem Agrarfonds, zur Schaffung zusätzlicher Arbeitsplätze in den Gebieten der Gemeinschaft mit den größten wirtschaftlichen Problemen[18] einsetzen können. Begünstigt werden sollen Regionen mit überwiegend landwirtschaftlicher Bevölkerung, im Wandel befindlichen Industrien und struktureller Arbeitslosigkeit. Italien wird 40, Großbritannien 28, Irland 6 v. H. und Belgien 1,5, Dänemark 1,3, die Niederlande 1,7, Luxemburg 0,1 und Deutschland 6,4 v. H. des Gesamtvolumens erhalten. Diese Prozentsätze werden sich bis auf den Italiens dadurch noch etwas ermäßigen, daß Irland über seine Quote von 6 v. H. hinaus noch ein zusätzlicher fester Betrag von 6 Mio. RE zugesagt wurde.

Bedauerlich ist, daß es den Regierungschefs nicht gelungen ist, sich gleichzeitig auf eine stärkere Koordinierung der nationalen Beihilfepolitik mit regionaler Zielsetzung zu einigen. Dies scheiterte am Widerstand Wilsons, der die ohnehin relativ flexible Handhabung der Beihilfepolitik durch die Kommission noch weiter entschärft sehen will. Es ist jedoch davon auszugehen, daß diese Frage, die von erheblicher wettbewerbspolitischer Bedeutung ist, bei der förmlichen Verabschiedung des Regionalfonds im Rat erneut aufgegriffen wird.

c) Energiepolitik

Im Zentrum der Erörterungen standen die äußeren Energieaspekte. Wie zu erwarten, konnten die wesentlichen Streitfragen: Verhältnis Frankreichs zum IEP und Verbraucher/Konsumenten-Konferenz noch nicht endgültig gelöst werden. Die Diskussion bestätigte aber – wie bereits in den Vorbereitungen der Außenminister erkennbar – Bereitschaft und Bemühen aller Partnerstaaten, die verschiedenen internationalen Aktivitäten zur Lösung des Energieproblems in ein harmonischeres Verhältnis zueinander zu bringen und das Aufreißen eines Grabens zwischen IEP und EG-Energiepolitik zu vermeiden.

In den Beratungen der Regierungschefs wurde deutlich, daß dem bevorstehenden Treffen zwischen Giscard d'Estaing und Ford in diesem Zusammenhang große Bedeutung zukommt, wobei die Erwartung gerechtfertigt scheint, daß die noch vorhandenen französisch-amerikanischen Gegensätze in der Dialogfrage wenn nicht ausgeräumt, so doch weiter reduziert werden können.

Die Vertagung der Energieproblematik dürfte auch dazu geführt haben, daß die erhofften politischen Impulse zur beschleunigten Entwicklung einer eigenständigen EG-Energiepolitik zumindest im Kommuniqué relativ schwach ausgefallen sind. Im Bereich der internen Energiepolitik richten sich jetzt die Hoffnungen auf den Energierat vom 17.12.1974, von dem erste konkrete Fortschritte erwartet werden.

2) Politisch-institutionelle Fragen

a) Kohärenz EG/EPZ und Treffen der Regierungschefs

Ziffer 2 des Kommuniqués enthält allgemeine Forderung der Regierungschefs zu engstem Zusammenwirken EG/EPZ.[19] Regierungschefs und Außenminister

---

[18] Korrigiert aus: „Gebieten".

[19] Ziffer 2 des Kommuniqués der Gipfelkonferenz der EG-Mitgliedstaaten am 9./10. Dezember 1974 in Paris: „Da die internen Probleme, die der Aufbau Europas mit sich bringt, und die Probleme, die sich Europa von außen stellen, als Ganzes gesehen werden müssen, halten es die Regierungschefs

behandeln Fragen aus beiden Bereichen bei gleicher Gelegenheit, wenn auch nach verschiedenen Verfahren. Unser Vorschlag, häufigere EPZ-Sitzungen auf allen Ebenen in Brüssel und hierfür administrative Hilfe des Generalsekretariats des Rats für die Präsidentschaft, wurde nicht in den Text aufgenommen; wir hoffen aber, daß sich dies allmählich in der Praxis durchsetzen wird.

Mit ihrer Entscheidung, dreimal im Jahr und immer dann, wenn nötig, mit den Außenministern „als Rat der Gemeinschaft und im EPZ-Rahmen" zusammenzutreffen, machen Regierungschefs ihre umfassende politische Autorität zum festen Bestandteil europäischer Entscheidungsstrukturen. Verzicht auf ursprüngliche französische Vorstellung eines besonderen „Europäischen Rats"[20] (wegen dänischen Einspruchs auch als Name für Treffen der Regierungschefs nicht aufrechterhalten) mit besonderem Sekretariat bedeutet klare Einordnung der Regierungscheftreffen in bestehende Strukturen. Wunsch nach Stärkung politischer Leitungs- und Koordinierungsfunktion zeigt sich auch in Betonung der impulsgebenden und koordinierenden Rolle des Rats in der Besetzung der Außenminister.

b) EPZ

Ziffer 4 bringt Verstärkung der Rolle der Präsidentschaft und das vom EP und der Bundesregierung seit langem geforderte Fragerecht des EP auch auf außenpolitischem Gebiet. Präsidentschaft wird nicht nur mit Verantwortung für interne Abstimmung (bereits Ziffer 3[21], Kopenhagener Bericht[22]), sondern auch mit Außenvertretung im Rahmen konzertierter Diplomatie betraut. Ausdrückliche Erstreckung der EPZ auf alle Bereiche der Außenpolitik ist eine für die praktische Arbeit nützliche Klarstellung. Dasselbe gilt für folgende Punkte im Bericht der Außenminister, der von Regierungschefs zur Kenntnis genommen worden ist: Umfassendes Mandat an das PK, internationale Entwicklung laufend mit dem Ziel abgestimmter Positionen zu verfolgen; operative Aufgaben der Korrespondenten- und Arbeitsgruppen.

c) Stärkung der EG-Institutionen

Ziffer 5 erklärt Willen zur Verbesserung der Gemeinschaftsverfahren und grundsätzliche Zustimmung zur Übertragung der für neue Gemeinschaftspolitiken erforderlichen Befugnisse auf EG.[23] Die in Vorbereitungsphase heftig umstrittene Frage der Einschränkung der Einstimmigkeitspraxis im Rat ist so gelöst worden, daß praktische Fortschritte auch hier wahrscheinlicher geworden sind. Politischer Wille zur Abstimmung mit qualifizierter Mehrheit ist festgeschrie-

---

Fortsetzung Fußnote von Seite 1626

für erforderlich, die Tätigkeiten der Gemeinschaften und die Arbeiten der Politischen Zusammenarbeit weiterzuentwickeln und ihren Gesamtzusammenhang zu gewährleisten." Vgl. EUROPA-ARCHIV 1975, D 41.

20 Zum französischen Vorschlag vom Oktober 1974 für einen „Europäischen Rat" vgl. Dok. 297.

21 Korrigiert aus: „8".

22 Für Ziffer 3 des Kommuniqués der Gipfelkonferenz der EG-Mitgliedstaaten am 14./15. Dezember 1973 in Kopenhagen vgl. Dok. 317, Anm. 18.

23 Ziffer 5 des Kommuniqués der Gipfelkonferenz der EG-Mitgliedstaaten am 9./10. Dezember 1974 in Paris: „Die Regierungschefs halten es für erforderlich, die Solidarität der Neun sowohl durch Verbesserung der Gemeinschaftsverfahren als auch durch Entwicklung neuer gemeinsamer Politiken in noch zu bestimmenden Bereichen und durch Übertragung der zu diesem Zweck erforderlichen Handlungsbefugnisse auf die Organe zu verstärken." Vgl. EUROPA-ARCHIV 1975, D 42.

ben. Auf britischen Wunsch, der innenpolitisch motiviert ist und sich nicht prinzipiell gegen Mehrheitsbeschlüsse richtet, wurde ein abschwächender Hinweis auf die Luxemburger Beschlüsse von 1966[24] aufgenommen (Ziffer 6). Stellung der Ständigen Vertreter soll in der Weise verbessert werden, daß sie an nationaler Willensbildung zu europapolitischen Fragen mitwirken und gleichzeitig Ratsentscheidungen so weit vorbereiten, daß Rat nur noch die wichtigsten politischen Fragen erörtert. Weitergehende Reform des AStV zu einem politischen Instrument, wofür sich deutsche Delegation eingesetzt hatte, ließ sich wegen Verfassungsbedenken einiger Mitgliedstaaten nicht durchsetzen. Schließlich wurde jetzt ebenfalls die seit Haager Gipfelkonferenz[25] von Bundesregierung geforderte Stärkung der Exekutivbefugnisse der Kommission im Kommuniqué verankert (Ziffer 8[26]).

d) Europäisches Parlament

Mit Grundsatzbeschluß über baldige Verwirklichung der Direktwahl zum EP, Erweiterung seiner Befugnisse im legislativen Bereich und Betonung seiner Rolle bei der Weiterentwicklung der Europapolitik haben sich langjährige Bestrebungen durchgesetzt, die von der Bundesregierung seit jeher unterstützt wurden. EP wird hierdurch erheblichen Auftrieb erhalten und Gemeinschaft an demokratischer Basis gestärkt. Für Direktwahl wurden feste Fristen gesetzt: baldige Vorlage eines Entwurfs durch EP, Ratsbeschluß darüber gemäß Art. 138 EWG-V[27] im Jahre 1976, Einführung direkter Wahlen ab 1978. Die beiden Vorbehalte sollen Durchführung dieses Zeitplans nicht aufhalten. Britischer Vorbehalt hat volle Gültigkeit nur bis Referendum über EG-Mitgliedschaft des Vereinigten Königreichs[28], dänischer wurde im Hinblick auf die Neuwahl des dänischen Parlaments Anfang 1975[29] abgegeben.

e) Europäische Union

Grundsatzbeschluß von 1972 wurde bestätigt und zugleich festgestellt, daß Prozeß pragmatischer Umwandlung zur Union begonnen hat und fortgesetzt werden soll. Daneben soll Gesamtkonzeption im Laufe nächsten Jahres erarbeitet werden. Neues Element ist hier, daß die Vorarbeiten in die Hände eines europäischen „Weisen", des belgischen MP Tindemans, gelegt werden. Dieser soll bis Ende 1975 zusammenfassenden Bericht vorlegen und sich dabei auf die 1972 in Paris angeforderten Berichte der EG-Organe[30] stützen. Praktisch wird

---

[24] Zu den Entscheidungen des EWG-Ministerrats vom 28./29. Januar 1966 („Luxemburger Kompromiß") vgl. Dok. 109, Anm. 16.

[25] Zur Gipfelkonferenz der EG-Mitgliedstaaten am 1./2. Dezember 1969 in Den Haag vgl. Dok. 19, Anm. 3.

[26] In Ziffer 8 des Kommuniqués der Gipfelkonferenz der EG-Mitgliedstaaten am 9./10. Dezember 1974 in Paris wurde als Beschluß der Staats- und Regierungschefs festgehalten: „Sie halten es übereinstimmend für angebracht, von den Bestimmungen des Rom-Vertrags Gebrauch zu machen, nach denen die Durchführungs- und Verwaltungsbefugnisse, die sich aus den Gemeinschaftsregelungen ergeben, der Kommission übertragen werden können." Vgl. EUROPA-ARCHIV 1975, D 42.

[27] Für Artikel 138 des EWG-Vertrags vom 25. März 1957 vgl. Dok. 294, Anm. 13.

[28] Zum geplanten Referendum in Großbritannien über die Ergebnisse der Verhandlungen zur Neuregelung der EG-Beitrittsbedingungen vgl. Dok. 317, Anm. 19.

[29] Die Wahlen zum dänischen Parlament fanden am 9. Januar 1975 statt.

[30] Vgl. dazu Ziffer 16 der Erklärung der Gipfelkonferenz der EG-Mitgliedstaaten und -Beitrittsstaaten am 19./20. Oktober 1972 in Paris; Dok. 19, Anm. 4.

dies dazu führen, daß PM Tindemans auf der Basis der Berichte des EP, der Kommission und des Europäischen Gerichtshofs sowie von Konsultationen mit den neun Regierungen arbeitet und damit zugleich den Rat von der Aufgabe entlastet, einen eigenen Bericht abzufassen.

f) Paßunion[31]

Ziffer 9 legt Prinzip fest, daß Zusammenarbeit der Neun auf neuen, von Verträgen nicht erfaßten Gebieten nach Möglichkeit im Rahmen des Rates stattfinden soll.[32] Auf deutsche Initiative wird erste konkrete Anwendung die Prüfung der Möglichkeit sein, eine Paßunion zu errichten. Bis Ende 1976 soll Arbeitsgruppe einen Entwurf vorlegen, in dem namentlich Harmonisierung des Ausländerrechts und Abschaffung der innergemeinschaftlichen Paßkontrollen vorgesehen werden soll, ferner Vorabeinführung eines einheitlichen Passes. Eine weitere Arbeitsgruppe soll sich mit Frage europäischer Bürgerrechte befassen.[33] Hiermit wird eine seit langem vorgetragene italienische Forderung erfüllt.

3) Britische Finanzbelastung

Für Hauptpunkt britischer Wunschliste nach „Neuverhandlung" der Beitrittsbedingungen[34], die Verminderung der Finanzbelastung des Vereinigten Königreichs durch den EG-Haushalt, wurde schließlich auf der Basis eines italienischen Vermittlungsvorschlags und nach Einlenken der Franzosen eine Lösungsformel gefunden. Text berücksichtigt einzelne Aspekte der auf letzter Ratstagung eingebrachten deutschen und belgischen Formel[35] (z. B. Anknüpfung an EG-Erklärung von 1970[36], Anerkennung des Systems der Eigeneinnahmen). Die Gemeinschaftsinstitutionen werden aufgefordert, im Rahmen des Systems der eigenen Einnahmen der EG einen allgemein anwendbaren Korrekturmechanismus zu erarbeiten, mit dessen Hilfe vermieden werden soll, daß für einen Mitgliedstaat unannehmbare Situationen auftreten, die mit dem reibungslosen Funktionieren der Gemeinschaft unvereinbar sind. Rat und Kommission obliegt es damit, jetzt – und nicht erst in einigen Jahren, wenn von Briten befürchtete Situation eintreten sollte – aufgrund dieser Orientierungen konkret Form, Inhalt und Modalitäten eines finanziellen Ausgleichsmechanismus zu verabschieden. Mit dieser Formel (Ziffer 37) sind die acht den britischen Wünschen weit entgegengekommen. Die britische Regierung dürfte damit instand

---

31 Zum Vorschlag einer Paßunion der EG-Mitgliedstaaten vgl. Dok. 297, Anm. 9.
32 Ziffer 9 des Kommuniqués der Gipfelkonferenz der EG-Mitgliedstaaten am 9./10. Dezember 1974 in Paris: „Die Zusammenarbeit zwischen den Neun auf Gebieten, die über den Anwendungsbereich der Verträge hinausgehen, wird in den Bereichen, in denen sie eingeleitet worden ist, fortgeführt. Sie sollte durch die Zusammenkunft von Regierungsvertretern, die wenn immer möglich im Rat zusammentreten, auf weitere Gebiete ausgedehnt werden." Vgl. EUROPA-ARCHIV 1975, D 42.
33 Vgl. dazu Ziffern 10 und 11 des Kommuniqués der Gipfelkonferenz der EG-Mitgliedstaaten am 9./10. Dezember 1974 in Paris; EUROPA-ARCHIV 1975, D 42.
34 Zum britischen Wunsch nach Neuregelung der EG-Beitrittsbedingungen vgl. Dok. 99, Anm. 3, und Dok. 133.
35 Zum belgischen Entwurf für eine Erklärung des EG-Ministerrats und zum britischen Wunsch nach Neuregelung der EG-Beitrittsbedingungen vgl. Dok. 350, Anm. 6.
36 Zu der in den Beitrittsverhandlungen gegenüber Dänemark, Großbritannien, Irland und Norwegen abgegebenen Erklärung vgl. Dok. 350, Anm. 12.

gesetzt worden sein, Ergebnis des Gipfels auch innenpolitisch als einen wesentlichen Fortschritt bei den „renegotiations" zu deklarieren.

Dohms[37]

Referat 240, Bd. 102875

370

Ministerialdirektor van Well, z. Z. Brüssel, an das Auswärtige Amt

| Fernschreiben Nr. 1793 | Aufgabe: 12. Dezember 1974, 17.00 Uhr |
| Citissime | Ankunft: 12. Dezember 1974, 17.53 Uhr |

Betr.: Gespräch von Bundesminister Genscher mit Außenminister Agústsson am Rande der NATO-Konferenz[1]

1) Am 12.12. trafen sich BM Genscher und AM Agústsson vor Eröffnung der Außenministerkonferenz zu einem kurzen Gespräch. Der Bundesminister bedauerte die Verschärfung der Lage[2] durch die Aufbringung der „Arcturus"[3] und die Verurteilung des Kapitäns.[4] Er plädierte für eine Niederschlagung der

---

[37] Paraphe.

[1] Zur NATO-Ministerratstagung am 12./13. Dezember 1974 in Brüssel vgl. Dok. 372–374 und Dok. 376.

[2] Zu den Auseinandersetzungen zwischen der Bundesrepublik und Island wegen der Erweiterung der isländischen Fischereizone vgl. Dok. 87, besonders Anm. 3.

[3] Botschafter Hergt, Reykjavik, berichtete am 24. November 1974 über die Aufbringung eines Fischereischiffes aus der Bundesrepublik durch ein isländisches Küstenwachboot am selben Tag: „16.29 Uhr bis 16.31 Uhr: Küstenwachboot ‚Aegir' feuert drei Warnschüsse gegen deutschen Fischdampfer ‚Arcturus N.' und stoppt Schiff. 16.49 Uhr: Sieben Bewaffnete der ‚Aegir' betreten als Prisenkommando die ‚Arcturus N.'. 19.58 Uhr: Abbruch Funkverkehr mit ‚Arcturus N.'. Schiff meldet sich nicht mehr. Genaue Position konnte von ‚Arcturus N.' nicht mehr durchgegeben werden." Hergt teilte weiter mit: „Habe sofort telefonisch StS Thorsteinsson, den ich zu Hause erreichen konnte, von Zwischenfall unterrichtet, schärfstens protestiert und Verbindung zu Schiff verlangt. Nach Rückfrage bei Justizministerium bestätigte Th. Vorfall und Hergang. Hinzufügte, Schiff sei bei Fischen innerhalb 50-S[ee]M[eilen]-Zone angetroffen worden und werde nun in nächsten Hafen eingebracht, um Kapitän vor Gericht zu stellen. Ich habe auf Unrechtmäßigkeit isländischen Vorgehens unter Verwendung dort bekannter Argumente (Hohe See usw.) und auf mögliche ernste Folgen hingewiesen. Ferner habe ich erneut um sofortige Verbindung mit Schiff gebeten. Th. stellte lediglich in Aussicht, daß ich über Weiteres möglichst bald unterrichtet würde." Vgl. den Drahtbericht Nr. 220; Referat 500, Bd. 193921.

[4] Am 28. November 1974 informierte Botschafter Hergt, Reykjavik, daß ein Gericht auf den Westmänner-Inseln den Kapitän der „Arcturus N.", Masteit, zu folgender Strafe verurteilt habe: „1) 1,5 Mio. i[sländische] Kr[onen] Strafe, zahlbar in vier Wochen, ersatzweise fünf Monate Haft für Kapitän. 2) Fang und Fanggeräte einschließlich Kurrleinen werden beschlagnahmt. 3) Bezahlen der Verfahrenskosten, insbesondere Kosten Staatsanwalt und Verteidiger zu je 65 000 iKr. 4) Urteil sofort vollstreckbar, Strafgeld sowie Zahlungen für Fang und Fanggeräte erhält Fischereigrenzfonds. 5) Verteidigung hat vorsorglich Berufung gegen Urteil eingelegt. 6) Zu zahlen sind für Fang und Fanggeräte insgesamt 10 783 750 iKr. 7) Für Strafe, Kosten nach Ziffern 3) und 6) sowie für Berufungsgebühren ist eine Kaution von ca. 14 Mio. iKr. zu stellen, was Vertreter Reederei bereits ge-

Strafe, auch um die Atmosphäre in der öffentlichen Meinung der Bundesrepublik Deutschland zu entspannen. Der Bundesminister schlug vor, man solle gemeinsam nach einer politischen Lösung suchen, und regte in diesem Zusammenhang einen Besuch von AM Agústsson in Bonn an. Agústsson bedauerte ebenfalls, daß es noch zu keiner Verhandlungslösung gekommen sei, und erwähnte, daß die Gefrierschiffe, die bisher eine Lösung unmöglich gemacht hätten, von der öffentlichen Meinung in Island als gefährlich für die isländischen Fischereibestände angesehen würden. Man müsse mit dieser öffentlichen Meinung rechnen, ob sie nun berechtigt sei oder nicht. Es sei in der Tat an der Zeit, eine politische Lösung zu finden, nachdem es den Beamten in mehreren Anläufen nicht gelungen sei, eine Verhandlungslösung durchzubringen. Für ihn als Politiker sei es jedoch schwierig, nach Bonn zu kommen, ohne daß neue Gesichtspunkte für die Weiterführung der Gespräche aufgetaucht seien. Auch müsse solch ein Besuch gut vorbereitet werden.

Der Bundesminister zeigte Verständnis für die innenpolitischen Überlegungen von Agústsson und gab zu überlegen, ob man nicht an zwei Gesprächsrunden denken solle. Er sei bereit, nach einem Besuch von Agústsson in Bonn auch nach Reykjavik zu kommen. Der isländische Außenminister hielt das für einen guten Vorschlag, der am Rande der Konferenz noch weiter erörtert werden solle. Er übergab dann seinen als Anlage übermittelten Antwortbrief an den Bundesminister.[5] Er erklärte ferner, daß er im Auftrag seiner Regierung bei der Außenministerkonferenz den Fischereizonenstreit ansprechen müsse.[6] Er wer-

Fortsetzung Fußnote von Seite 1630
stern vorsorglich veranlaßt haben. Schiff ist freigegeben und kann heute (28. November) noch auslaufen (14 Mio. iKr. = 297 000 DM)." Vgl. den Drahtbericht Nr. 225; Referat 500, Bd. 193921.

[5] Mit Schreiben vom 9. Dezember 1974 äußerte Bundesminister Genscher seine „tiefe Sorge über die Entwicklung der deutsch-isländischen Beziehungen nach Aufbringung des deutschen Fischereifahrzeuges ‚Arcturus' und dem im Anschluß daran ergangenen Gerichtsurteil". Dabei wolle er vor allem auf die politischen Konsequenzen dieses Vorgehens hinweisen: „Als Teilnehmer an den zwischen unseren Regierungen eingeleiteten Verhandlungen werden Sie, verehrter Herr Kollege, selbst bezeugen können, daß die Bundesregierung stets bemüht war, in der Fischereizonenfrage einen fairen Kompromiß zu finden. Wir sind Ihrer Regierung dabei in den umstrittenen Sachfragen bis zum Äußersten entgegengekommen und hatten geglaubt, mit dem in Bonn ausgehandelten Abkommensentwurf eine Lösung gefunden zu haben, die den Fischereiinteressen Ihres Landes weit entgegenkommt. Um so größer war unsere Enttäuschung, als dieses Abkommen vom Auswärtigen Ausschuß des Althings abgelehnt wurde und isländische Küstenwachboote – in Verletzung des Urteils des Internationalen Gerichtshofs – auf Hoher See gegen deutsche Fischereifahrzeuge völkerrechtswidrige Maßnahmen ergriffen [...]. Sie wissen, Herr Außenminister, daß die Politik des Gewaltverzichts eines der grundlegenden Fundamente unserer Außenpolitik überhaupt ist und daß diese Politik von den Staaten Europas und in anderen Teilen der Welt gewürdigt und anerkannt wird. Um so mehr bedauern wir es, daß sich Island als ein Mitglied der europäischen Völkerfamilie der Anwendung von Gewalt als Mittel zur Durchsetzung seiner Interessen bedient. Island und die Bundesrepublik gehören dem Atlantischen Bündnis an, in dem sie gemeinsame Anstrengungen für die Sicherheit ihrer Länder unternehmen und der eine ggf. für die Verteidigung des anderen eintritt. [...] Es kann nicht im Interesse unserer Länder liegen, daß eine Eskalation von Auseinandersetzungen in der Fischereizonenfrage Unsicherheit an der Nordflanke unseres Bündnisses erzeugt, die für die Verteidigungsfähigkeit unserer Allianz heute vielleicht wichtiger denn je ist." Vgl. Referat 204, Bd. 101406.

[6] Botschafter Krapf, Brüssel (NATO), berichtete am 13. Dezember 1974, der isländische Außenminister Agústsson habe am Vortag im NATO-Ministerrat ausgeführt, daß Island an der Mitgliedschaft in der NATO und der verteidigungspolitischen Zusammenarbeit mit den USA festhalten wolle: „Im übrigen sei Außenpolitik für Island im wesentlichen Fischereipolitik. Jede isländische Regierung seit 25 Jahren habe eine Ausdehnung der isländischen Fischereigrenzen auf den gesamten Festlandsockel angestrebt. Die Entscheidung der isländischen Regierung vom 1. September 1972, die zur Ausdehnung auf 50 Meilen geführt habe, stelle lediglich die letzte Maßnahme dar, leider sei der Fischereidisput mit der Bundesrepublik Deutschland noch nicht gelöst. Die neue isländische

de sich jedoch bemühen, dies behutsam zu tun. Der Bundesminister erklärte, daß er es für besser halte, dieses Problem bilateral zu lösen und die Problematik jetzt nicht in der Allianz aufzubringen. Er regte daher an, daß der isländische Außenminister doch noch einmal mit seiner Regierung sprechen solle und sich unter Hinweis auf das Gespräch mit Außenminister Genscher gegen eine Erörterung im Rahmen der Außenministerkonferenz aussprechen solle. Falls Agústsson die Fischereizonenfrage in der NATO-Diskussion aufbringe, müsse er (BM Genscher) entsprechend antworten. Er halte es im Interesse einer funktionsfähigen Allianz für besser, diese Frage bilateral zu erörtern.[7] Der isländische Außenminister erklärte sich bereit, diese Frage noch einmal mit seiner Regierung telefonisch aufzunehmen. Er würde gegebenenfalls vorschlagen, daß er die Angelegenheit Generalsekretär Luns vortragen werde.

Weitere Berichterstattung bleibt vorbehalten.

[gez.] van Well

Anlage

„Ministry for Foreign Affairs
Reykjavik, 10 December 1974
Iceland

His Excellency
Mr. Hans-Dietrich Genscher
Foreign Minister of the Federal Republic of Germany

Dear Foreign Minister,

I thank you for your letter of December 1974, where you express your concern over the lack of progress in finding a solution to our fisheries dispute and your

---

Fortsetzung Fußnote von Seite 1631

Regierung habe bereits ihre Absicht bekannt gegeben, die Fischereigrenzen im Jahre 1975 auf 200 Seemeilen auszudehnen, ein genaues Datum sei jedoch noch nicht festgelegt worden." Vgl. den Drahtbericht Nr. 1805; Referat 500, Bd. 198922.

[7] Ministerialdirektor van Well unterrichtete die Botschaft in Reykjavik am 20. Dezember 1974 über ein Gespräch, das er selbst und Ministerialdirektor von Schenck mit dem isländischen Botschafter Tryggvason geführt hätten. Unter Bezugnahme auf die Unterredung des Bundesministers Genscher mit dem isländischen Außenminister am 12. Dezember 1974 in Brüssel sei die Einladung an Agústsson zu einem Besuch in Bonn wiederholt worden, „falls die isländische Seite dem Gedanken des Besuchsaustauschs näherzutreten bereit sei. [...] Die Überlegungen, die in Bonn zu dem möglichen Gesprächsziel für den Besuch von Herrn Agústsson angestellt wurden, gingen in die folgende Richtung: Wie schon der Bundesminister in Brüssel gesagt habe, erwarteten wir die Niederschlagung der gegen den Kapitän der ‚Arcturus' verhängten Strafe und die Zurückgabe der Kaution. Die deutsche Seite würde dann Zug um Zug des Anlandeverbot für isländischen Frischfisch aufheben. Ferner sollte erörtert werden, welche weiteren Schritte im Zusammenhang mit dem Abschluß des vorgesehenen Interimsabkommens unternommen werden sollten. Die deutsche Seite sei nach wie vor bereit, das vorbereitete Abkommen abzuschließen. Wir hätten jedoch gehört, daß auf isländischer Seite Schwierigkeiten wegen der Froster bestünden. Wir nähmen an, daß Herr Agústsson diese Frage bei seinem Besuch näher darlegen würde. Wir wüßten nicht, ob schon bei dem Besuch von Herrn Agústsson, wie wir es uns eigentlich erhofften, eine Einigung in der Sache erzielt werden könnte. Jedenfalls sollte dieser Punkt entscheidungsreif sein, wenn der Gegenbesuch in Reykjavik erfolgt. Wir gingen davon aus, daß in dieser Periode des Versuchs einer Verständigung auf hoher Ebene sich keine weiteren Zwischenfälle ereignen, die zwangsläufig die Verhandlungsatmosphäre beeinträchtigen würden." Vgl. den Drahterlaß Nr. 5390; Referat 500, Bd. 193922.

protest against the arrest of the trawler „Arcturus". I can assure you that my Government on its part sincerely deplores the lack of agreement in this vital issue and I will endeavour to explain the matter from our point of view. Let me first say, however, that the trawler „Arcturus" was arrested for violation of Icelandic law and the case was dealt with through established court procedure which applies equally to Icelandic and foreign nationals. The case has been appealed and will now go to the Supreme Court of Iceland. In the circumstances I will not endeavour to interfere with that legal process.

As far as our unfortunate dispute is concerned, I want to draw your attention to the fact that on 15 February 1972, the Parliament of Iceland passed an unanimous resolution in connection with the extension of the Icelandic fishery limits to 50 miles which was to take effect on 1 September 1972. In this resolution it is stated that „efforts to reach a solution of the problems connected with the extension be continued through discussions with the Government of the United Kingdom and the Federal Republic of Germany".

As you know, an agreement was concluded on 13 November 1973 between the governments of Iceland and the United Kingdom.[8] Under the terms of this agreement a specified number of British trawlers was authorized to continue fishing activities inside the 50-mile-limit for a period of two years. In the agreement freezer-trawlers were expressly excluded. The reason was, in the view of the Icelandic Government, that it was considered reasonable that a substantial portion of the fresher-trawlers, particularly the smaller ones, should have some time to adjust to the new situation and solve the problems involved. This consideration did not apply to the freezer-trawlers which were in a better position to pursue their activities elsewhere, as they, indeed, have done. This agreement has now been in operation for more than a year and its terms have been strictly adhered to by both parties.

I would like to emphasize that the Government of Iceland has always been willing to apply similar considerations to German trawlers and we have conducted our long negotiations with the Government of the Federal Republic along those lines. The Federal Government, on the other hand, has insisted on the access of freezer-trawlers to the fishery zone. Throughout the negotiations the Icelandic opposition to the admission of freezer-trawlers has been made crystal clear. During the most recent round of negotiations in Bonn the Icelandic delegation stated that there was solid opposition to that kind of solution. When it had definitely been stated by the German delegation that such a solution was insisted upon, the Icelandic delegation agreed to formulate a draft which would contain the utmost concessions that the Federal Republic was

---

[8] Zur Beilegung des britisch-isländischen Fischereistreits führte Premierminister Heath am 13. November 1973 vor dem britischen Unterhaus aus: „During my discussions with the Icelandic Prime Minister on 15th and 16th October, we worked out a basis for an interim settlement of the fisheries dispute. This has now been embodied in an exchange of notes, which I am glad to be able to tell the House was signed in Reykjavik at 2.45 p.m. today, of which I have just had confirmation. The agreement will last for two years and will be without prejudice to the legal rights of either Government in relation to the substantive dispute. It is based on an estimated annual catch of about 130 000 tons by British vessels in the disputed area, but no actual catch limit is incorporated. The main provisions are for reductions in the number of British trawlers fishing in the disputed area and restrictions on the areas in which they will operate." Vgl. HANSARD, Commons, Bd. 864, Sp. 250.

willing to make, including the provision for 17 freezer-trawlers.⁹ While clearly stating that the Icelandic Government maintained its position, the Icelandic delegation undertook to recommend this draft to the Government of Iceland in order to avoid the complete break-down of the negotiations. The draft was then submitted to the Government of Iceland with the recommendations of the two delegations. This draft however, was rejected by the Foreign Affairs Committee of the Icelandic Parliament and the Icelandic Government.¹⁰ That is where this unfortunate dispute still stands today and in addition, the German authorities have now imposed a landing ban on Icelandic products in German ports.¹¹

As far as Iceland is concerned, the Government is willing to continue the negotiations but cannot agree to a solution which it considers to be incompatible with the vital interests of the Icelandic people, such as the admission of huge modern freezer-trawlers which would create a precedent for similar demands from other countries. This is particularly important for the Icelandic people

---

9 Vom 23. bis 25. Oktober 1974 fanden in Bonn Gespräche über eine Beilegung des Fischereistreits statt. Die isländische Delegation wurde von Botschafter Andersen geleitet. Am 25. Oktober 1974 unterrichtete Ministerialdirektor von Schenck die Botschaft in Reykjavik: „Es zeigte sich, daß die Positionen beider Seiten unverändert waren. Andersen brach daraufhin die Verhandlungen nicht ab. Nachdem er sich in besonders eingehender Weise nach den für uns unverzichtbaren Mindestforderungen erkundigt [hatte] und mit dem isländischen Premierminister telefonisch in Verbindung getreten war, erklärte er [...], er sei zwar nicht ermächtigt, weiter zu verhandeln. Er sei jedoch ermächtigt, sich unsere Vorstellungen über eine mögliche Kompromißlösung in der Freezerfrage genau darlegen zu lassen, um seine Regierung im einzelnen darüber informieren zu können, in welchem Umfang wir die Vollfroster weiter einzusetzen wünschten." Daraufhin sei am 24./25. Oktober 1974 ein „Interimsabkommen in Form eines Notenwechsels" entworfen worden, das eine Laufzeit bis zum 13. November 1975 haben sollte und eine Regelung enthielt, nach der insgesamt 17 Fabrikschiffe aus der Bundesrepublik unter bestimmten Auflagen innerhalb der 50-Seemeilen-Zone um Island fischen durften. Andersen habe in dem Zusammenhang betont, „daß er und seine Begleiter nur auf persönlicher Basis verhandelten, sie seien aber bereit, den erarbeiteten Text in Reykjavik der isländischen Regierung zu Annahme zu empfehlen". Vgl. den Drahterlaß Nr. 4493; Referat 500, Bd. 193921.
Ziffer 5 des Entwurfs vom 25. Oktober 1974 für ein Interimsabkommen zwischen der Bundesrepublik und Island zur Regelung des Fischereistreits lautete: „The Government of the Federal Republic of Germany shall ensure that freezer trawlers do not fish in the waters between 12 and 50 miles around Iceland from 1 November to 30 April. In the period between 1 May to 31 October each named freezer trawler may not fish for more than 120 days in these waters. Beginning and termination of fishing activities by these trawlers shall be duly notified by the authorities designated by the Federal Republic of Germany to the authorities designated by the Government of Iceland. The freezer trawlers shall not use in these waters nets of a different type and size than the gear used by wet fish trawlers from the Federal Republic of Germany." Vgl. Referat 500, Bd. 193921.
10 Am 14. November 1974 übermittelte Botschafter Hergt, Reykjavik, die telefonische Nachricht des isländischen Außenministers Agústsson, daß sich der auswärtige Ausschuß des isländischen Parlaments gegen die Annahme des Entwurfs vom 25. Oktober 1974 für ein Interimsabkommen zwischen der Bundesrepublik und Island zur Regelung des Fischereistreits ausgesprochen habe. Vgl. dazu den Drahtbericht Nr. 215; Referat 500, Bd. 193921.
11 Ministerialdirektor von Schenck teilte der Botschaft in Reykjavik am 29. November 1974 mit: „Im Einvernehmen mit dem Bundeskanzler, dem Bundesminister des Auswärtigen und dem Bundesminister für Ernährung, Landwirtschaft und Forsten haben die Ministerpräsidenten der vier Küstenländer heute beschlossen, daß in Anbetracht der Schwere der Zwischenfälle in den Gewässern um Island ein Anlandestopp für isländischen Fisch in der Bundesrepublik verfügt werden soll. Dieser Anlandestopp soll so lange dauern, bis die isländische Regierung annehmbare Voraussetzungen für die Fortsetzung der Verhandlungen geschaffen hat. [...] Das Auswärtige Amt hatte schon zuvor dem innerhalb der Bundesregierung federführenden BML und dem Bundeskanzleramt zum Ausdruck gebracht, daß gegen ein Anlandeverbot weder außenpolitische noch völkerrechtliche Bedenken bestehen würden. Die Durchführung der erforderlichen Maßnahmen liegt innerstaatlich in den Händen der Bundesländer." Vgl. den Drahterlaß Nr. 5063; Referat 500, Bd. 193921.

now, when more than 100 delegations at the Law of the Sea Conference have in effect supported the concept of an exclusive economic zone of up to 200 miles for the coastal state.[12]

It is my earnest hope that the Government of the Federal Republic of Germany will reconsider its position so that the friendship of our two nations can be further solidified. I can assure you that such a course would be welcomed by everyone in Iceland.

I avail myself of this opportunity to renew to your Excellency the assurances of my highest consideration.

(Sign.) Einar Agústsson"

Referat 010, Bd. 178585

371

Botschafter Steltzer, Kairo, an das Auswärtige Amt

114-15295/74 geheim Aufgabe: 13. Dezember 1974, 14.40 Uhr[1]
Fernschreiben Nr. 2030 Ankunft: 13. Dezember 1974, 14.56 Uhr
Citissime

Betr.: Besuch des Bundesministers a. D. Dr. Schröder bei Präsident Sadat und Außenminister Fahmi[2]

Bezug: DB Nr. 1955 vom 2.12.1974 – Pol 310.NO VS-v

1) Gespräch mit Präsident Sadat dauerte etwa 45 Minuten und befaßte sich vornehmlich mit Aussichten Genfer Konferenz[3], PLO und Verhältnis zur Sowjetunion. Die Auffassungen des Präsidenten folgten in etwa der Linie, wie sie

---

[12] Die zweite Runde der dritten UNO-Seerechtskonferenz fand vom 20. Juni bis 29. August 1974 in Caracas statt. Am 9. September 1974 stellte der „Arbeitsstab Seerechtskonferenz" des Auswärtigen Amts dazu fest: „Der Vormarsch der Idee der Wirtschaftszone ist das wichtigste Ergebnis von Caracas." Es habe sich eine Gruppe von zwanzig „Verfechtern der exklusiven Wirtschaftszone (Patrimonial Sea)" herausgebildet: „Die Anhänger der Wirtschaftszone schieden sich in solche, die der Zone praktisch den Charakter eines Küstenmeeres geben (z. B. Mexiko, Kanada, Norwegen, Island, Kenia, Tansania, Indien, China, Australien und Neuseeland) und solche, die sich auf eine coastal State's resources jurisdiction beschränken wollten (USA, UK, UdSSR, Frankreich)". Letztere wollten zur Sicherung von Grundfreiheiten wie der Freiheit der Schiffahrt für die Wirtschaftszone „den Charakter der Hohen See bewahren". Die zwanzig Staaten der „sog. Territorialistengruppe" hätten dagegen die von ihnen bereits zum Teil seit 1952 einseitig vorgenommene Ausdehnung des Küstenmeeres auf 200 Seemeilen für die einfachste Lösung gehalten und für den jeweiligen Küstenstaat sehr weitgehende Rechte, so z. B. die „Jurisdiktion über lebende und mineralische Meeresschätze" beansprucht. Vgl. Referat 500, Bd. 102890.

[1] Hat Vortragendem Legationsrat I. Klasse Redies am 18. Dezember 1974 vorgelegen.
[2] Der CDU-Abgeordnete Schröder hielt sich vom 9. bis 16. Dezember 1974 in Ägypten auf.
[3] Zur Friedenskonferenz für den Nahen Osten in Genf vgl. Dok. 10, Anm. 9.

bereits in meiner Unterhaltung mit UStS Mohammed Riad erkennbar war. Im einzelnen ist hierzu folgendes zu bemerken:

1.1) Dr. Schröder unterrichtete eingangs Präsident Sadat über seine Eindrücke vom letzten Israel-Besuch[4] und stellte dar, daß die Atmosphäre von einer gewissen Ratlosigkeit bestimmt würde. Er habe den Eindruck, daß Israel den Frieden wolle, aber die Folgen des letzten Krieges noch nicht verwunden habe. Israelis dächten daran, mit Ägypten zu verhandeln, aber nicht mit anderen Konfrontationsstaaten. Er, Schröder, sei der Meinung, daß ein solcher Alleingang für Ägypten mit Rücksicht auf die Stimmung im arabischen Lager nicht möglich sei. Präsident Sadat stimmte ihm darin zu.

1.2) Dr. Schröder befragte Sadat nach den geplanten weiteren Schritten in Richtung auf eine Friedenslösung. Präsident Sadat verwies auf die Ergebnisse von Wladiwostok[5] und bemerkte, daß die Sowjets sehr auf ein baldiges Zustandekommen der Genfer Konferenz drängten. Sie verfolgten damit handfeste eigene Interessen und wollten versuchen, auf diese Weise die weitere Entwicklung mitzubestimmen. Andererseits sei auch die Rede von weiteren „step by step"-Maßnahmen in näherer Zukunft. Er sei der Meinung, daß man sowohl an schrittweise Maßnahmen als auch an eine Einberufung der Genfer Konferenz denken könne.

Die Lage stelle sich ihm folgendermaßen dar: USA habe Israel voll aufgerüstet und die Sowjetunion Syrien. Ägypten sei dabei leer ausgegangen, was ihn nicht übermäßig beunruhige, da er sein Hauptaugenmerk auf den Wiederaufbau Ägyptens richte. Die Kriegshysterie, die vor wenigen Wochen die Welt beunruhigte, sei von den Israelis künstlich angefacht worden. Weder Syrien noch Ägypten hätten kriegerische Handlungen ernstlich ins Auge gefaßt.

Präsident Sadat würde sich weiterhin – wie er erklärte – nicht gegen schrittweise Maßnahmen sperren, die geeignet sind, den Nahost-Konflikt einer endgültigen Lösung näherzubringen. Als nächster Schritt käme ein weiterer Rückzug aus dem Sinai und den Golanhöhen in Betracht. Hierüber könnten dann in Genf die entsprechenden Vereinbarungen getroffen werden.

---

[4] Der CDU-Abgeordnete Schröder besuchte mit einer Delegation des Auswärtigen Ausschusses des Bundestags vom 1. bis 9. September 1974 Israel. Botschafter von Puttkamer, Tel Aviv, berichtete am 9. September 1974: „In einer abschließenden Besprechung, die ich mit der Delegation am Vorabend ihrer Abreise hatte, machten alle Abgeordneten keinen Hehl aus ihrer Enttäuschung über ‚israelische Sturheit'. [...] Dr. Schröders Resümee lautete, wo auch immer er nach seinen Eindrücken gefragt werde, müsse er leider sagen, daß Israel kein Friedenskonzept anzubieten habe." Vgl. den Drahtbericht Nr. 328; Referat 310, Bd. 104787.

[5] Im Kommuniqué über die Gespräche des Präsidenten Ford mit dem Generalsekretär des ZK der KPdSU, Breschnew, am 23./24. November 1974 in Wladiwostok wurde zur Lage im Nahen Osten festgestellt: „In the course of the exchange of views on the Middle East both Sides expressed their concern with regard to the dangerous situation in that region. They reaffirmed their intention to make every effort to promote a solution of the key issues of a just and lasting peace in that area on the basis of the United Nations resolution 338, taking into account the legitimate interests of all the peoples of the area, including the Palestinian people, and respect for the right to independent existence of all States in the area. The Sides believe that the Geneva Conference should play an important part in the establishment of a just and lasting peace in the Middle East, and should resume its work as soon as possible." Vgl. DEPARTMENT OF STATE BULLETIN, Bd. 71 (1974), S. 880f. Für den deutschen Wortlaut vgl. EUROPA-ARCHIV 1975, D 94.
Zum Gipfeltreffen von Wladiwostok vgl. auch Dok. 354, besonders Anm. 7, und Dok. 374.

1.3) Auf die Frage Dr. Schröders nach seiner Auffassung zu dem PLO-Problem bemerkte Präsident Sadat, daß eine Lösung zwar schwierig, aber nicht undenkbar sei. Er hätte mit Hussein im Sommer bereits verhandelt[6] und nach seiner Meinung eine bessere Lösung erzielt, als dies in Rabat der Fall gewesen sei. Nachdem nunmehr die Beschlüsse in Rabat[7] gefaßt seien, müßten die Dinge ihren Lauf nehmen. Die Resolution von Rabat besage, daß die PLO die alleinige Vertreterin palästinensischer Interessen sei, und es gebe darüber hinaus eine weitere nicht veröffentlichte Resolution, die die Ausdehnung eines künftigen palästinensischen Staates auf die Gebiete des früheren Palästina beschränke, die Israel räumen werde.

Es fiele den USA und Israel schwer, sich mit der PLO abzufinden, aber sie müßten sich an zwei unabdingbare Tatsachen gewöhnen:

a) daß an der PLO kein Weg vorbeigehe. Die PLO sei bereit, an den Verhandlungen in Genf teilzunehmen und damit Israel als Verhandlungspartner zu akzeptieren. Die USA würden vielleicht noch eine Zeitlang brauchen, um sich mit diesem Faktum abzufinden;

b) daß ein palästinensischer Staat auf dem Territorium der Westbank und dem Gazastreifen entstehen werde.

Sadat, der mit kühler Distanz von den Palästinensern sprach, betonte, daß sich die PLO daran gewöhnen müsse, eigene politische Verantwortung zu übernehmen und sich von radikalen Gruppen im palästinensischen Lager zu trennen. Er habe seinerzeit aus diesem Grunde darauf bestanden, daß die PLO bei der Flugzeugentführung nach Tunis verantwortlich eingeschaltet würde[8] und auch die strafrechtliche Verfolgung der Entführer und freigelassenen Palästinenser übernehme. Er glaube, daß durch diesen Schritt den Flugzeugentführungen sowie Angriffen auf Botschaften durch Palästinenser endgültig ein Ende gesetzt worden sei.

---

6 Zum Besuch des Königs Hussein vom 16. bis 18. Juli 1974 in Kairo vgl. Dok. 221, Anm. 10.
7 Zur Gipfelkonferenz der Mitgliedstaaten der Arabischen Liga vom 26. bis 29. Oktober 1974 in Rabat vgl. Dok. 306, Anm. 8.
Die Gipfelkonferenz verabschiedete ferner eine „Resolution über Palästina", in der sich die Konferenzteilnehmer verpflichteten, „das Recht des palästinensischen Volkes zu bekräftigen, in jedem palästinensischen Territorium, das befreit wird, eine unabhängige nationale Autorität unter Führung der Palästinensischen Befreiungsorganisation, der einzigen legitimen Vertretung des palästinensischen Volkes, zu errichten". Vgl. EUROPA-ARCHIV 1975, D 616.
8 Zur Entführung eines Flugzeugs der Luftfahrtgesellschaft „British Airways" am 21. November 1974 wurde in der Presse gemeldet: „Die Guerilleros hatten das britische Verkehrsflugzeug am späten Donnerstagabend in Dubai in ihre Gewalt gebracht. Nach einem Irrflug durch den Nahen Osten landete der Jet auf dem Flugplatz der tunesischen Hauptstadt." Nachdem ein Passagier erschossen wurde, konnte die Geiselnahme erst am 24. November 1974 mit der Freilassung der übrigen Passagiere beendet werden. Es gelang den vier Geiselnehmern, „Ägypten und die Niederlande zur Freigabe von sieben palästinensischen Attentätern und Luftpiraten" zu zwingen. Vgl. den Artikel „Die Luftpiraten lassen in Tunis alle Passagiere frei"; FRANKFURTER ALLGEMEINE ZEITUNG vom 25. November 1974, S. 3.
Ergänzend dazu wurde am Folgetag berichtet: „Die Aktion der vier Luftpiraten, die einer angeblich radikalen palästinensischen Splittergruppe angehören, war sowohl von den arabischen Staaten als auch von der PLO als Verrat an der Sache der Palästinenser verurteilt worden. An den Verhandlungen mit ihnen waren neben tunesischen und britischen Vertretern auch führende Mitglieder der PLO beteiligt." Vgl. den Artikel „Palästinensische Terroristen in tunesischem Gewahrsam"; FRANKFURTER ALLGEMEINE ZEITUNG vom 26. November 1974, S. 3.

Dr. Schröder fragte sodann nach Meinung Sadats zu dem von ihm vorgesehenen Treffen mit Arafat, das – wie Schröder betonte – nur seiner eigenen Information dienen sollte. Präsident begrüßte diesen Entschluß und verwies auf das Gespräch Sauvagnargues/Arafat[9], worauf Schröder entgegnete, daß er dieses Gespräch nicht als Regierungsmitglied, sondern als freier und unabhängiger Mann führen werde.

1.4) Auf die Frage Schröders nach Sadats Einstellung zur Sowjetunion erfolgte ein derart freimütiges Bekenntnis, daß Dr. Schröder mich darum bat, darüber nicht schriftlich zu berichten, sondern ihm die Unterrichtung des Herrn Bundesministers zu überlassen. Allgemein ist zu bemerken, daß Sadats Antwort die Ausführungen Mohammed Riads vom 1.12. bestätigt und nichts auf etwaige Befürchtungen hindeutet, Ägypten könne wieder auf das östliche Lager einschwenken. Präsident Sadat betonte, daß Primat der ägyptischen Außenpolitik die Unabhängigkeit von auswärtigen Einflüssen sei.

1.5) Präsident Sadat dankte am Ende des Gesprächs für die von der Bundesrepublik Deutschland gewährte Hilfe und unterstrich die Bedeutung des Projekts Kattara-Senke[10] für die künftige wirtschaftliche Entwicklung Ägyptens. Dr. Schröder empfahl, daß im Interesse einer zügigen Fertigstellung der „feasibility study" für diesen Zweck möglichst qualifizierte Ägypter zur Mitarbeit herangezogen werden sollen.

1.6) Präsident Sadat wirkte entspannt und zuversichtlich. Obgleich er Kissinger namentlich nicht erwähnte, scheint er doch weiter auf die amerikanische Nahostpolitik zu bauen. Bemerkenswert war die Zurückhaltung gegenüber einer baldigen Einberufung der Genfer Konferenz. Sadat scheint vorerst nicht mit der Möglichkeit eines kriegerischen Konflikts zu rechnen. Die PLO wird mit Reserve betrachtet und eher als notwendiges Übel in das politische Kalkül einbezogen.

---

[9] Zum Gespräch des französischen Außenministers Sauvagnargues mit dem Vorsitzenden des Exekutivkomitees der PLO, Arafat, am 21. Oktober 1974 in Beirut vgl. Dok. 306, Anm. 3.

[10] Am 20. April 1973 legten Wissenschaftler aus der Bundesrepublik eine Studie zu dem ägyptischen Projekt eines Wasserkraftwerkes in der Kattara-Senke vor. Vgl. dazu AAPD 1973, II, Dok. 176.
Am 1. März 1974 erläuterte dazu Vortragender Legationsrat Niemöller: „Das Projekt ‚Kattara-Senke' (Einlassung von Mittelmeerwasser in die unter dem Meeresspiegel liegende Senke zur Wasserkraftgewinnung unter Herstellung eines Kanals durch Nuklearsprengung) ist von ägyptischer Seite als ‚top-priority project' eingestuft worden. Begründung: Der ab 1976/78 zu erwartende elektrische Energiebedarf kann im Hinblick auf die Bevölkerungszunahme und das sich abzeichnende industrielle Wachstum vom Hochstaudamm Assuan allein nicht mehr gedeckt werden." Im Mai 1973 sei von ägyptischer Seite der Wunsch geäußert worden, bei diesem Projekt mit der Bundesrepublik zusammenzuarbeiten: „Die deutsche Seite hat dem ägyptischen Wunsch entsprochen und für die Durchführbarkeitsstudie aus Mitteln der Technischen Hilfe in der Rahmenplanung für 1974 11,3 Mio. DM bereitgestellt, vorausgesetzt, ‚daß dieses Vorhaben in seinen Risiken abgrenzbar und wirtschaftlich vernünftig ist'. Die Kreditanstalt für Wiederaufbau wurde mit der Projektprüfung beauftragt. Die Prüfung ergab, daß das Projekt ‚Durchführbarkeitsstudie Kattara-Senke' für förderungswürdig und – vorbehaltlich einer politischen Normalisierung der Lage im Nahen Osten – für realisierbar gehalten wird." Vgl. Referat 310, Bd. 104694.
Am 5. Juli 1974 wurde ein Regierungsabkommen zwischen der Bundesrepublik und Ägypten über technische Zusammenarbeit beim Kattara-Projekt unterzeichnet, und am 9. Juli 1974 wurde ein Finanzierungsvertrag zwischen der Kreditanstalt für Wiederaufbau und Ägypten über 11,3 Mio. DM zur Erstellung einer Durchführbarkeitsstudie geschlossen. Vgl. dazu Referat 310, Bd. 104694.

2) Gestern abend fand ebenfalls Gespräch mit Außenminister Fahmi statt[11], aus dem ich der Eilbedürftigkeit halber jetzt nur über die geplante Begegnung zwischen Dr. Schröder und Arafat berichte.

Zu den Kontaktbemühungen Dr. Schröders mit Arafat erklärte Fahmi, daß sich zwei Herren des hiesigen PLO-Büros, darunter Said Kamal, im Vorraum aufhielten, um mit ihm das weitere Procedere zu erörtern. Im Einverständnis mit Dr. Schröder wurden die Herren hereingebeten. Es wurde mit ihnen vereinbart, daß am kommenden Dienstag oder Mittwoch[12] in der ägyptischen Botschaft in Damaskus ein Gespräch mit Arafat stattfinden solle.

Alle Vorbereitungen werden unter Ausschluß deutscher Botschaften geschehen[13], eine Bestätigung des geplanten Treffens durch Arafat würde Dr. Schröder durch das ägyptische Außenministerium erhalten. Es wurde darüber hinaus vereinbart, über dieses Vorgespräch strengstes Stillschweigen zu bewahren.[14]

[gez.] Steltzer

VS-Bd. 9991 (310)

---

[11] Botschafter Steltzer, Kairo, teilte zu dem Gespräch des CDU-Abgeordneten Schröder mit dem ägyptischen Außenminister am 12. Dezember 1974 mit, daß Fahmi zur Absicht Schröders, den Vorsitzenden des Exekutivkomitees der PLO, Arafat, in Damaskus zu treffen, geäußert habe, „es sei für solche Kontakte an der Zeit, denn im Falle der Bildung einer palästinensischen Exilregierung würden ohnehin mindestens siebzig Staaten diese Regierung sofort anerkennen. Er erwähnte ferner das kürzliche Gespräch Sauvagnargues–Arafat in Beirut, mit dem Frankreich bereits die Initiative ergriffen habe." Schröder habe darauf geantwortet, daß er als „freier Abgeordneter" handele. Steltzer führte dazu aus: „Von hier aus kann nicht übersehen werden, welche Reaktionen Dr. Schröders Schritt bei pro-israelischen Teilen unserer öffentlichen Meinung sowie in USA und Israel auslösen könnte. Jedoch besteht aus meiner Sicht kein Zweifel, daß er für unsere Beziehungen mit den arabischen Ländern außerordentlich nützlich sein wird. Die uns auch von ägyptischer Seite immer dringender nahegelegte Erwartung sichtbarer Schritte der Bundesrepublik im Nahost-Konflikt fände damit eine erste Antwort." Vgl. den Drahtbericht Nr. 2022; VS-Bd. 9991 (310); B 150, Aktenkopien 1974.

[12] 17. bzw. 18. Dezember 1974.

[13] Am 16. Dezember 1974 bat Botschaftsrat Bartels, Damaskus, „für den Fall, daß es zu einer Begegnung zwischen Dr. Schröder und Arafat kommt", um Weisung, „ob mein Vertreter oder ich Dr. Schröder bei dieser Begegnung begleiten sollen". Vgl. den Drahtbericht Nr. 219 vom 16. Dezember 1974; VS-Bd. 9991 (310); B 150, Aktenkopien 1974.
Ministerialdirigent Jesser antwortete am gleichen Tag: „Sie werden gebeten, unter keinen Umständen an einer etwaigen Begegnung zwischen Dr. Schröder und Arafat teilzunehmen." Vgl. den Drahterlaß Nr. 194; VS-Bd. 9991 (310), B 150, Aktenkopien 1974.

[14] Der CDU-Abgeordnete Schröder traf am 17. Dezember 1974 in Damaskus mit dem Vorsitzenden des Exekutivkomitees der PLO, Arafat, zusammen. Dazu wurde in der Presse berichtet: „Das Zusammentreffen des CDU-Politikers Schröder mit dem Chef der ‚Organisation zur Befreiung Palästinas' (PLO), Arafat, im syrischen Außenministerium ist in Bonn trotz der vorherigen Ankündigung durch eine libanesische Zeitung als Überraschung empfunden worden. Der CDU/CSU-Fraktionsvorsitzende Carstens sagte, seine Fraktion sei von diesem Gespräch Schröders nicht vorher unterrichtet worden; es beruhe ‚auf einer persönlichen Entscheidung' Schröders. Das Auswärtige Amt nahm am Dienstag noch keine Stellung. Carstens legte Wert auf die Feststellung, daß Schröder als Vorsitzender des außenpolitischen Ausschusses des Bundestages in den Nahen Osten gereist sei. Die israelische Botschaft nannte Schröders Treffen mit Arafat ‚bedauerlich', der Vorsitzende der jüdischen Gemeinde Berlins, Galinski, nannte es einen ‚empörenden Schritt'. Schröder hatte laut dpa einhalb Stunden mit Arafat gesprochen. Vor ihm hatte kein auch nur halbwegs so hochrangiger Politiker der Bundesrepublik mit Arafat konferiert. Arafat gab in Damaskus keine Erklärung zu dem Treffen. Schröder sagte: ‚Wir haben uns darüber unterhalten, wie es zu einem Frieden kommen kann. Während der Unterhaltung habe ich seine Friedensbemühungen begrüßt. Beide Seiten haben ihre Hoffnung ausgedrückt, daß ein Weg zu einem gerechten und konstruktiven Frieden gefunden wird.'" Vgl. die Meldung „Bonner Überraschung über Schröders Treffen mit Arafat"; FRANKFURTER ALLGEMEINE ZEITUNG vom 18. Dezember 1974, S. 1.

372

Gesandter Boss, Brüssel (NATO), an das Auswärtige Amt

114-15301/74 VS-vertraulich	Aufgabe: 13. Dezember 1974, 18.30 Uhr
Fernschreiben Nr. 1806	Ankunft: 13. Dezember 1974, 19.06 Uhr
Citissime	

Betr.: NATO-Außenministerkonferenz in Brüssel am 12./13. Dezember 1974
hier: Bewertung und Zusammenfassung

I. Bewertung

Die Konferenz behandelte besonders komplexe und kritische Gegenstände. Sie verlief harmonisch. Der Meinungsaustausch der Minister war dieses Mal sehr intensiv. Fast der gesamte erste Konferenztag, der früher durch vorbereitete Erklärungen ausgefüllt war, diente der Diskussion im engsten Kreise.[1] Die Teilnahme einer Reihe von Verteidigungsministern, darunter des Bundesministers Leber, an der „restricted session" machte die sachlichen Zusammenhänge und die Verbindung der Konferenzteile (Außenministerkonferenz und vorangegangene Konferenzen der Verteidigungsminister: Eurogroup[2], DPC[3], NPG[4]) augenfällig.

II. Hauptthemen

Die Konferenz hat folgende Hauptthemen behandelt:

1) die Absprachen von Wladiwostok[5],

2) die Auswirkungen der wirtschaftlichen Schwierigkeiten auf die Verteidigung,

3) KSZE,

4) MBFR,

5) Mittelmeerfragen, insbesondere Zypern-Konflikt und griechisch-türkischer Streit.

Die Themen 1 und 2 wurden in der „restricted session" behandelt. Hierzu ergeht gesonderter Erlaß aus Bonn. Detaillierter Bericht über die Sitzung im größeren Kreise folgt.[6]

---

[1] Zu den Beratungen der NATO-Ministerratstagung am 12. Dezember 1974 in kleinem Kreis vgl. Dok. 374 und Dok. 376.

[2] Zur Ministertagung der Eurogroup am 9. Dezember 1974 in Brüssel vgl. Dok. 364 und Dok. 365.

[3] Zur Ministertagung des Ausschusses für Verteidigungsplanung der NATO (DPC) am 10./11. Dezember 1974 in Brüssel vgl. Dok. 366.

[4] Die Ministertagung der Nuklearen Planungsgruppe der NATO fand am 10. Dezember 1974 in Brüssel statt.

[5] Zu den Gesprächen des Präsidenten Ford mit dem Generalsekretär des ZK der KPdSU, Breschnew, am 23./24. November 1974 in Wladiwostok vgl. Dok. 354, besonders Anm. 7. Vgl. dazu auch Dok. 371, Anm. 5, und Dok. 374.

[6] Vgl. Dok. 373.

III. Zusammenfassung der Ergebnisse

1) Wladiwostok, Wirtschaft und Verteidigung

Schwerpunkt der Konferenz lag auf dem Zusammenhang zwischen wirtschaftlichen Schwierigkeiten und deren möglichen politischen, verteidigungspolitischen und entspannungspolitischen Auswirkungen.

Der Herr Bundesminister hat hierzu folgendes ausgeführt: Die Bundesregierung begrüße die Absprachen von Wladiwostok. Diese Absprachen enthielten große Chancen für eine Stabilisierung im nuklear-strategischen Bereich. Alle Verbündeten müßten mithelfen, daß diese positiven Chancen zur Entfaltung kämen. Die Absprachen von Wladiwostok würden unterlaufen, wenn die europäischen Partner der USA ihre konventionellen Streitkräfte vernachlässigten. Die NATO-Triade, also das Zusammenwirken der drei Komponenten der Abschreckung, dürfe auf keinen Fall faktisch aus dem Gleichgewicht gebracht werden.

Um diese Ziele zu erreichen, müßten die Bundesgenossen auch weiterhin zwei Voraussetzungen erfüllen, eine ökonomische und eine politische Voraussetzung. Wirtschaftliche Voraussetzung sei die Bewahrung unserer Stabilitäten. Die Gipfelbegegnung in Washington[7], das europäische Präsidentschaftstreffen[8] und nationale Konjunktursteuerungs- und Arbeitslosenbekämpfungsprogramme würden die gemeinschaftlichen Lösungen der wirtschaftlichen Schwierigkeiten erleichtern.

Politische Voraussetzung sei die Erhaltung des Verteidigungswillens unserer Bevölkerung. Hier liege die Führungsaufgabe der Regierungen, die sich nicht von der öffentlichen Meinung leiten lassen, sondern sie formen müsse. Der Bundesminister appellierte in diesem Zusammenhang an die übrigen Regierungen, nicht einseitig zu reduzieren. Eine realistische Entspannungspolitik setze eine klare und feste Verteidigungspolitik voraus, da sonst z. B. auch der Anreiz für die andere Seite, Rüstungskontrollvereinbarungen zu schließen, entfalle.

2) Deutschland- und Berlinpolitik

Zur Deutschland- und Berlinpolitik ist es gelungen, aufgrund der Verabredungen beim Viereressen am Vorabend der Konferenz[9] einen eindeutigen Passus in das NATO-Kommuniqué (Ziffer 7[10]) zu bringen. Damit wird die Unterstützung unseres Standpunktes durch die gesamte Allianz bekräftigt.

3) KSZE

Die Probleme der KSZE wurden, nicht zuletzt aus Zeitgründen, verhältnismäßig allgemein behandelt. Die überwiegende Meinung ging dahin, das Bündnis solle wegen des Zeitpunkts und der Ebene der dritten Phase sich jetzt noch nicht festlegen (vgl. Ziffer 4 des Kommuniqués[11]), sondern die Entscheidung

---

[7] Bundeskanzler Schmidt und Bundesminister Genscher hielten sich vom 4. bis 7. Dezember 1974 in den USA auf. Vgl. dazu Dok. 354, Dok. 355 und Dok. 357–362.

[8] Zur Gipfelkonferenz der EG-Mitgliedstaaten am 9./10. Dezember 1974 in Paris vgl. Dok. 369.

[9] Zum Gespräch des Bundesministers Genscher mit den Außenministern der Drei Mächte am 10. Dezember 1974 in Brüssel vgl. Dok. 367.

[10] Für Ziffer 7 des Kommuniqués der NATO-Ministerratstagung am 12./13. Dezember 1974 in Brüssel vgl. Dok. 367, Anm. 19.

[11] Ziffer 4 des Kommuniqués der NATO-Ministerratstagung am 12./13. Dezember 1974 in Brüssel: „Ministers noted that at the Conference on Security and Cooperation in Europe there had been

hierüber auch weiterhin von der Substanz der Ergebnisse abhängig machen. Einige Minister warnten vor bilateralen Festlegungen einzelner Bundesgenossen gegenüber der Sowjetunion.

Mehrere Minister betonten die Notwendigkeit von Fortschritten auf dem Gebiet der vertrauensbildenden Maßnahmen.

4) MBFR

Zu MBFR bekräftigten die Minister ihre Entschlossenheit, „an der Herbeiführung eines ungefähren Gleichstandes in der Form eines vereinbarten common ceiling für die Landstreitkräfte festzuhalten" (Ziffer 5 des Kommuniqués[12]). Es herrschte die Meinung vor, daß zunächst keine weiteren Elemente in die Wiener Verhandlungen eingeführt werden sollten. Das bezog sich insbesondere auf die Option III. Die amerikanische Regierung scheint sich mit dieser Frage Zeit lassen zu wollen. Nur der niederländische Außenminister[13] plädierte für baldige Überlegungen der Allianz in dieser Richtung.

5) Mittelmeerfragen, insbesondere Zypern-Konflikt und griechisch-türkischer Streit

Der griechische[14] und der türkische Außenminister[15] schlugen einen außerordentlich versöhnlichen Ton an.

Daß die beiden Minister sich im Rahmen des Bündnisses so freundschaftlich begegneten, mag als weiterer Beweis für die integrierende Kraft der NATO gelten.

In Vertretung
[gez.] Boss

VS-Bd. 14063 (010)

Fortsetzung Fußnote von Seite 1641
enough progress to show that substantial results were possible. Nonetheless, important questions remain to be resolved. Ministers expressed the undiminished determination of their governments to work patiently and constructively towards balanced and substantial results under all the Agenda headings of the Conference, so as to bring about a satisfactory conclusion to the Conference as a whole as soon as may be possible." Vgl. NATO FINAL COMMUNIQUÉS, S. 327 f. Für den deutschen Wortlaut vgl. EUROPA-ARCHIV 1975, D 236.

[12] Ziffer 5 des Kommuniqués der NATO-Ministerratstagung am 12./13. Dezember 1974 in Brüssel: „Ministers of the participating countries reviewed the state of the negotiations in Vienna on Mutual and Balanced Force Reductions. These negotiations have as their general objective to contribute to a more stable relationship and to the strengthening of peace and security in Europe, and their success would advance détente. These Ministers were resolved to pursue these negotiations with a view to ensuring undiminished security for all parties, at a lower level of forces in Central Europe. They reaffirmed their commitment to the establishment of approximate parity in the form of an agreed common ceiling for the ground force manpower of NATO and the Warsaw Pact in the area of reductions. They considered that a first phase reduction agreement covering United States and Soviet ground forces would be an important and practical first step in this direction. They noted that the negotiations have, so far, not produced results and expressed the hope that a constructive response to the Allied proposals would soon be forthcoming. They reaffirmed the importance they attach to the principle to which they adhere in these negotiations that NATO forces should not be reduced except in the context of a Mutual and Balanced Force Reduction agreement with the East." Vgl. NATO FINAL COMMUNIQUÉS, S. 328. Für den deutschen Wortlaut vgl. EUROPA-ARCHIV 1975, D 236 f.

[13] Max van der Stoel.
[14] Demetrios Bitsios.
[15] Melih Esenbel.

373

Botschafter Krapf, Brüssel (NATO), an das Auswärtige Amt

114-15303/74 VS-vertraulich	Aufgabe: 13. Dezember 1974, 18.15 Uhr
Fernschreiben Nr. 1807	Ankunft: 13. Dezember 1974, 19.37 Uhr
Citissime	

Betr.: NATO-Außenministerkonferenz in Brüssel am 12./13. Dezember 1974
hier: Sitzungsbericht über Plenum

Im Plenum der Konferenz wurden am Nachmittag des 12. und am Vormittag des 13. Dezember die Tagesordnungspunkte
– Ost-West-Beziehungen und Entspannung,
– Mittelmeer,
– Ausschuß für Probleme der modernen Gesellschaft
behandelt. Dabei äußerten sich vorwiegend die Minister der kleineren NATO-Länder zum Stand der Ost-West-Verhandlungen, während die Außenminister der Vereinigten Staaten, Großbritanniens, Frankreichs[1] sowie der Herr Bundesaußenminister nicht mehr Stellung nahmen.

1) KSZE

Die meisten Sprecher erkannten an, daß Fortschritte erzielt werden konnten, warnten jedoch davor, sich unter Zeitdruck setzen zu lassen. Die Außenminister der Niederlande und Luxemburgs[2] kritisierten, ohne Frankreich zu nennen, die Praxis, sich bilateral mit der Sowjetunion zur Frage der Beendigung der Konferenz festzulegen, es müsse der Allianz als ganzes vorbehalten bleiben, hierüber zu befinden. Luxemburg hielt Abschluß der zweiten Konferenzphase etwa im März, der dritten im Juli für denkbar, Kanada, die Niederlande und Italien hielten es für verfrüht, über einen Abschlußtermin und über das Niveau der Schlußkonferenz zu sprechen.

Auf den Verhandlungsstand in Genf wurde nicht näher eingegangen. Die Außenminister der Niederlande, Italiens[3], Belgiens und Kanadas[4] betonten jedoch die Bedeutung einer noch ausstehenden Einigung über Prinzipien der Beziehungen zwischen den Staaten sowie über vertrauensbildende Maßnahmen.

2) MBFR

Der gegenwärtige Verhandlungsstand in Wien wurde allgemein skeptisch bewertet. Vor diesem Hintergrund hielten die Außenminister der Niederlande und Belgiens es für angebracht, die Verhandlungsposition des Westens zu überdenken und nach Möglichkeit zu erweitern. Außenminister van der Stoel befürwortete im Prinzip die Einbeziehung taktischer Nuklearwaffen in MBFR, legte jedoch Wert auf folgende Klarstellungen:

---

[1] Jean Sauvagnargues.
[2] Gaston Thorn.
[3] Mariano Rumor.
[4] Mitchell W. Sharp.

- Es müsse sichergestellt werden, daß die Glaubhaftigkeit der nuklearen Abschreckung nicht beeinträchtigt werde,
- die Einführung der Option III unmittelbar nach Wladiwostok[5] wäre taktisch unklug,
- sie dürfe nicht als einseitige Konzession erfolgen,
- sie müsse darauf ausgerichtet sein, das Zustandekommen eines common ceiling zu erleichtern.

Auf den Einwand von Generalsekretär Luns, eine gemeinsame Haltung innerhalb der Allianz in dieser Frage könne nicht vor Abschluß der gerade erst eingeleiteten Studie über das Nunn-Amendment[6] herbeigeführt werden, schränkte Minister van der Stoel weiter ein: Der Augenblick für die Einbringung der Option III sei noch nicht gekommen, und die Niederlande würden nichts tun, was ihre Bündnispartner in Verlegenheit bringen könne. Es komme ihm hauptsächlich darauf an, die notwendigen, sehr viel Zeit beanspruchenden Studien nicht zu lange hinauszuschieben.

Von den übrigen Delegationen zeigten nur die Belgier Verständnis für die niederländischen Anregungen, wobei sie besondere Betonung auf den konditionalen Charakter der Option III legten. Außenminister van Elslande hielt es außerdem für psychologisch schwierig, den neuen östlichen Vorschlag eines Moratoriums[7] einfach beiseite zu schieben. Man müsse gründlicher überlegen, wie man darauf reagieren könne, ohne das Ziel des common ceiling zu gefährden.

3) Sonstige Fragen

Der norwegische Außenminister Fostervoll berichtete über die am 25. November eingeleiteten Verhandlungen mit der Sowjetunion über den Kontinental-Sockel[8], die in sachlicher Atmosphäre geführt würden.

Hinsichtlich Spitzbergens stellt Minister Fostervoll klar, daß Pressemeldungen über angeblichen sowjetischen Druck auf Abschluß eines für die Sowjetunion günstigen Vertrages über Spitzbergen[9] keine Grundlage hätten. Vor Ende des

---

[5] Zu den Gesprächen des Präsidenten Ford mit dem Generalsekretär des ZK der KPdSU, Breschnew, am 23./24. November 1974 in Wladiwostok vgl. Dok. 354, besonders Anm. 7. Vgl. dazu auch Dok. 371, Anm. 5, und Dok. 374.

[6] Zum Jackson-Nunn-Amendment vgl. Dok. 31, Anm. 8.

[7] Zum Vorschlag der an den MBFR-Verhandlungen teilnehmenden Warschauer-Pakt-Staaten vom 26. November 1974 für ein Moratorium der Land- und Luftstreitkräfte vgl. Dok. 343.

[8] Zum Beginn der Verhandlungen am 25. November 1974 in Moskau über den Grenzverlauf in der Barentssee wurde in der Presse berichtet: „Wegen der in diesem Gebiet vermuteten Ölvorkommen und der dadurch noch wachsenden strategischen Bedeutung der nördlichen Seepassage ins Weltmeer für die sowjetische Flotte kommt den Verhandlungen politisches Gewicht zu. Eine vom Nordpol aus gemessene Sektorenlinie als Grundlage der Aufteilung würde die Sowjetunion bevorteilen; Norwegen stützt sich auf die Genfer Konvention von 1958, die im Falle von Nichteinigung bei Verhandlungen die Mittellinie vorschreibt. Es ist völlig offen, ob und wann eine Einigung zwischen der Sowjetunion und Norwegen zustande kommt und welche praktischen Folgen beiderseitige Ansprüche auf gleiches Gebiet haben können." Vgl. die Meldung „Beginn der Verhandlungen Norwegen – Sowjetunion"; FRANKFURTER ALLGEMEINE ZEITUNG vom 26. November 1974, S. 3.

[9] Botschafter Heipertz, Oslo, berichtete am 7. Oktober 1974: „Bereits Anfang September hatte New York Times unter Hinweis auf ‚gut informierte Kreise in NATO Brüssel und USA' berichtet, die sowjetische Regierung drücke auf Norwegen, um eine gemeinsame sowjetisch-norwegische Verwaltung von Spitzbergen zu erreichen. Auch strebe die Sowjetunion eine vollständige Demilitarisierung des nördlichsten Teils von Norwegen an." Diese Meldung sei vom norwegischen Außenministerium umgehend dementiert worden. Vgl. den Drahtbericht Nr. 221; Referat 204, Bd. 101409.

letzten Krieges habe die Sowjetunion zwar einmal ein norwegisch-sowjetisches Kondominium vorgeschlagen[10], sei auf diesen Gedanken jedoch nie mehr zurückgekommen.

4) Mittelmeer

Die Außenminister Italiens, Griechenlands und der Türkei äußerten Besorgnis über zunehmenden Einfluß der Sowjetunion vor dem Hintergrund der weiterhin explosiven Situation im Nahen Osten. Sie dankten Kissinger für seine Friedensbemühungen und appellierten an alle Bündnispartner, nach Möglichkeit zu einer dauerhaften Regelung auf Grundlage der bekannten UN-Resolutionen beizutragen.

Hinsichtlich Zyperns wurde die versöhnliche Haltung der Delegationen Griechenlands und der Türkei allseits als gutes Omen für Überwindung des Konflikts aufgenommen. Der türkische Außenminister Esenbel bezeichnete seinen griechischen Kollegen Bitsios als alten Freund, dessen Berufung Hoffnung auf Fortschritte in den gemeinsamen Bemühungen zur Überwindung der Krise begründe. Bitsios stellte seinerseits fest, beide hätten lange Jahre gemeinsam für eine friedliche Lösung gearbeitet, und er sehe keinen Grund, warum dies nicht auch in Zukunft möglich sein solle.

Außenminister Callaghan stellte fest, daß die britische Entscheidung, die souveränen Basen auf Zypern beizubehalten[11], ausschließlich im Interesse der Allianz getroffen worden sei.

5) Ausschuß für Probleme der modernen Gesellschaft

Die Minister stimmten dem Bericht des Ständigen Ausschusses sowie den Empfehlungen zur Leitstudie über Binnengewässerverschmutzung, dem Schlußbericht über die Leitstudien über Luftverschmutzung und Straßensicherheit ohne Debatte zu.[12]

[gez.] Krapf

VS-Bd. 14063 (010)

---

10 Am 14. Januar 1947 meldete die sowjetische Nachrichtenagentur TASS: „Negotiations were held between the Soviet and Norwegian Governments at the end of 1944 and early in 1945 concerning the islands of Spitsbergen, when the Soviet side raised the question of the necessity of revising the treaty on Spitsbergen, concluded on February 9, 1920, in Paris. That treaty [...] was signed without knowledge of the Soviet Union and without its participation. Since among the Powers which signed that treaty there were States which fought against the allied Powers, that treaty cannot remain valid. The treaty utterly disregards the interests of security of the USSR in the north as well as important economic interests of the Soviet Union. [...] During these Soviet-Norwegian negotiations an understanding was reached about the necessity of joint defence of the Spitsbergen islands. Consultation with the allied Governments concerned regarding a revision of the treaty of 1920 was also envisaged. But negotiations were not completed." Diese Meldung wurde am 17. Januar 1947 von der norwegischen Regierung bestätigt. Vgl. DOCUMENTS ON INTERNATIONAL AFFAIRS 1947–1948, S. 282–285.

11 Am 5. Dezember 1974 übermittelte Botschafter Oncken, Athen, Informationen über ein Gespräch des britischen Botschafters in Athen mit Erzbischof Makarios. Darin habe Richards den „britischen Standpunkt zur Frage britischen Truppenabzugs aus Zypern erläutert. Es sei beabsichtigt, zunächst einige Luftwaffen-Einheiten abzuziehen, die Bodentruppen vorläufig zu belassen und später allmählich abzuziehen. Einen Zeitplan für diese ‚phased withdrawals' habe Großbritannien zur Zeit noch nicht. Man denke daran, auf die Dauer alle britischen Einheiten bis auf eine abzuziehen." Vgl. den Drahtbericht Nr. 790; Referat 203, Bd. 101460.

12 In Ziffer 10 des Kommuniqués der NATO-Ministerratstagung am 12./13. Dezember 1974 in Brüssel wurde dazu ausgeführt: „Ministers noted the progress of the work of the Committee on the Chal-

374

Aufzeichnung des Ministerialdirektors van Well

201-362.05/1-4340/74 VS-vertraulich　　　　　　　　14. Dezember 1974[1]

Betr.: Ministersitzung des NATO-Rats in kleinem Kreise am 12. Dezember in Brüssel

Generalsekretär Luns beschrieb einleitend die wirtschaftlichen Schwierigkeiten (Inflation, Arbeitslosigkeit, Energie), denen sich die Mitglieder der Allianz gegenübersehen. Hinzu käme der Ausbau des Militärpotentials der UdSSR. Er begrüßte deshalb die vorgesehene Diskussion in kleinem Kreise. Die militärpolitische Lage im Nahen Osten könne nicht von der vorgenannten Problematik getrennt werden. Ein erneuter Ausbruch von Feindseligkeiten in Nahost werde schwer zu lokalisieren sein. Es bestände dann die Gefahr eines neuen Ölembargos[2], das unseren Industriewirtschaften und unseren sozialen und politischen Systemen einen schweren Schlag versetzen würde. Die Ereignisse im östlichen Mittelmeer hätten die Allianz alles andere als gestärkt. Der Gegner könne zwei beträchtliche Gewinne verzeichnen: wirtschaftliche und soziale Erosionserscheinungen in einigen Bündnisländern sowie einen Graben zwischen den Vereinigten Staaten und einigen Verbündeten.

Kissinger berichtete anschließend ausführlich über das Treffen in Wladiwostok.[3] Zur Ortswahl sei es deshalb gekommen, weil der Präsident[4] nicht ausschließlich wegen des Treffens mit Breschnew nach Europa kommen, aber auch nicht wegen der Zusammenkunft mit Breschnew eine große Tour Europas zu diesem Zeitpunkt arrangieren wollte. Die Zeitungsmeldungen über eine Verstimmung Pekings wegen der Ortswahl[5] seien aus der Luft gegriffen. Peking sei konsultiert worden und habe keine Bedenken geäußert. In Wladiwostok habe die So-

---

Fortsetzung Fußnote von Seite 1645
　lenges of Modern Society, especially on solar and geothermal energy resources as well as on coastal water pollution, improved sewage disposal, urban transport and health care. Ministers also noted the start of projects on the disposal of hazardous wastes and action to follow up completed CCMS studies on the prevention of ocean oil spills, road safety improvement, cleaner air and pure river water, thus enhancing the quality of life for their citizens." Vgl. NATO FINAL COMMUNIQUES, S. 329. Für den deutschen Wortlaut vgl. EUROPA-ARCHIV 1975, D 237.

[1] Hat Ministerialdirigent Kinkel am 16. Dezember 1974 vorgelegen.
[2] Zum Ölboykott und seiner Aufhebung vgl. Dok. 1, Anm. 3, und Dok. 75, Anm. 11.
[3] Zu den Gesprächen des Präsidenten Ford mit dem Generalsekretär des ZK der KPdSU, Breschnew, am 23./24. November 1974 in Wladiwostok vgl. Dok. 354, besonders Anm. 7. Vgl. dazu auch Dok. 371, Anm. 5, und Dok. 374.
[4] Gerald R. Ford.
[5] Zur chinesischen Position wurde in der Presse erläutert, „wie empfindlich ein Gipfeltreffen der beiden ‚Supermächte' gerade an diesem Ort die Chinesen trifft. Wladiwostok ist Teil der pazifischen Küstenzone vom Nordostzipfel Koreas bis zum Mündungsgebiet des Amur, die China 1860 an Rußland abtreten mußte auf Grund eines der ‚ungleichen Verträge', deren Rechtskraft Peking noch heute bestreitet. Gewiß, Washington hat Peking noch vor der öffentlichen Ankündigung von der Ortswahl unterrichtet. Aber das ändert nichts daran, daß die Chinesen es als Provokation empfinden müssen, wenn der neue amerikanische Präsident Entspannungs-Gespräche mit Breschnew inmitten des sino-sowjetischen Spannungsfeldes in einer Kriegshafenstadt abhält". Vgl. den Artikel „Pekings Verdruß über Wladiwostok"; FRANKFURTER ALLGEMEINE ZEITUNG vom 25. November 1974, S. 12.

wjetunion eine beträchtliche Anstrengung unternommen, um die Gespräche zum Erfolg zu führen. Sie habe SALT als Vehikel zur Förderung ihrer Entspannungspolitik nach Westen eingesetzt. Warum? Was auch immer die ursprünglichen Beweggründe der sowjetischen Führer für die Einleitung ihrer Entspannungspolitik gewesen sein mögen, sie hätten jetzt in diese Politik sehr viel investiert, und ihr Scheitern müßte zu personellen Konsequenzen führen. Auch hätten die Sowjets davon ausgehen müssen, daß der neue amerikanische Präsident im Augenblick eine Option habe, Fortschritte im strategischen Bereich zu beschleunigen. Man könne davon ausgehen, daß die Sowjets befürchtet hätten, die von Senator Jackson besonders repräsentierten Tendenzen in der amerikanischen öffentlichen Meinung könnten sich durchsetzen. Auch sei wahrscheinlich, daß die Sowjets nunmehr ihrerseits die Sinnlosigkeit eines weiteren Wettrüstens mit strategischen Waffen erkannt hätten, da nämlich bei einer immer weiter steigenden Expansion in neue technologische Dimensionen es immer schwieriger werde, den wirklich militärischen Wert der Waffensysteme zu definieren, und der Zweck der Übung dann lediglich darin bestehen würde, dem Gegner zu folgen.

Zwei Drittel der Gespräche von Wladiwostok seien SALT gewidmet gewesen. Man habe vor folgenden Problemen gestanden:

1) Bestimmung der Gesamtzahl der Trägerwaffen,

2) Bestimmung der Gesamtzahl der MIRV-Raketen,

3) Behandlung der FBS,

4) Berücksichtigung der französischen und britischen Nuklearstreitkräfte,

5) Kompensation für geographische Faktoren (Verletzbarkeit der Sowjetunion durch chinesische Kurz- und Mittelstreckenraketen).

Amerikanisches Ziel sei gewesen,

1) gleiche Zahl der Trägerwaffen (no perceived inequality),

2) gleiche Höchstgrenze für MIRV,

3), 4) und 5) Einbeziehung von FBS und von französischen und britischen Nuklearstreitkräften und Anrechnung von geographischen Faktoren sollte abgelehnt werden.

Bereits bei den Gesprächen Kissingers im Oktober 1974 in Moskau[6] habe die Sowjetunion nicht mehr auf der Anrechnung von FBS bestanden, damals jedoch noch nicht auf die Anrechnung der französischen und britischen Kernstreitkräfte verzichtet. Auch hätten die Sowjets sich erst in Wladiwostok einverstanden erklärt, daß die equal aggregates bereits am Anfang und nicht erst am Ende der Laufzeit des SALT-II-Abkommens herbeigeführt werden müßten. Die Sowjetunion müsse also 180 strategische Trägerwaffen bis 1977 zerstören. Die USA hätten das Recht, bis dahin oder auch danach ihren gegenwärtigen Bestand an Trägerwaffen zu erhöhen. Die Zahl 1320 für MIRV sei ein amerikanischer Vorschlag gewesen; sie berücksichtige das Minuteman-Programm für die nächsten zwölf Jahre und eine zusätzliche kleine Anzahl, um die Trident-Produktionslinie offenzuhalten für den Fall, daß das Abkommen nicht einge-

---

[6] Der amerikanische Außenminister Kissinger hielt sich vom 23. bis 27. Oktober 1974 in der UdSSR auf. Vgl. dazu Dok. 303, Anm. 12.

halten wird. Die Sowjets hätten entgegen Pressemeldungen die MIRV-Höchstzahl nicht vorgeschlagen.[7]

Es sei in Wladiwostok nicht darüber gesprochen worden, wie die FBS-Frage weiter behandelt werden solle. Es sei insbesondere nicht diskutiert worden, ob man FBS bei MBFR behandeln soll. Das Thema sei schlicht fallengelassen worden. Ob man die FBS in MBFR einbeziehen solle, hänge von der Entscheidung der NATO ab. Er, Kissinger, sei der Meinung, es würde falsch sein, in MBFR jetzt eine Nuklear-Option[8] einzuführen. Dies sage er unabhängig davon, daß er die bisherige von der NATO vorgeschlagene konventionelle Verhandlungsoption[9] für lächerlich halte. Die nukleare Option solle man einige Monate (some months) aufhalten. Die Sache solle man Anfang nächsten Jahres prüfen. Sie solle nicht so kurz nach Wladiwostok eingeführt werden, denn alle Konzessionen, die dort gemacht worden seien, hätten die Sowjets gemacht, und die Politiker würden jetzt zunächst eine schwere Zeit mit ihren Militärs haben, um diese Konzessionen zu verkaufen. Deshalb seien zusätzliche sowjetische Konzessionen in MBFR wohl in nächster Zeit kaum zu erwarten. Die Konzessionsbereitschaft der Sowjets in Wladiwostok reflektiere die Bedeutung, die die politische Führung in Moskau dem Entspannungsprozeß beimesse.

Es sei das erste Mal in der Geschichte, daß ein gemeinsames ceiling vereinbart worden sei. Die Bedeutung des ceiling liege vor allem darin, daß die eine Seite sich nicht zu einem Wettrüsten veranlaßt zu sehen braucht, weil sie die Planzahl der anderen Seite nicht kennt.

Er sei in der Öffentlichkeit und im Kongreß kritisiert worden, weil die sowjetischen Trägerwaffen trotz gleicher Zahlen ein höheres Wurfgewicht haben würden.[10] Dem könne er entgegenhalten, daß die landgestützten Raketen immer

---

[7] Dazu wurde in der Presse gemeldet: „The proposed U.S.-Soviet accord for ‚capping' total numbers of missiles and bombers in each of the two superpowers' arsenals reportedly allows each side to considerably expand the number of its multiple warhead missiles. [...] Informed sources conceded that the MIRV ceiling was well beyond the level sought by President Ford or his predecessor, Richard Nixon. The 1300 range was described as almost twice as high as the 600-to-700-missile level Mr. Nixon proposed for the Russians at a Moscow summit meeting with Mr. Brezhnev last June. At that time, a different type of agreement was sought, over a shorter time. What was agreed to by President Ford and Mr. Brezhnev at Vladivostok, administration officials said, were the best figures on which the United States could obtain Russian agreement." Vgl. den Artikel „Vladivostok Accord Is Said to Allow Increase in MIRVs"; INTERNATIONAL HERALD TRIBUNE vom 28. November 1974, S. 2.

[8] Zu Überlegungen für eine Einbeziehung der Option III in die MBFR-Verhandlungen vgl. Dok. 298.

[9] Zu den am 22. November 1973 von den an den MBFR-Verhandlungen teilnehmenden NATO-Mitgliedstaaten vorgelegten Rahmenvorschlägen vgl. Dok. 9, Anm. 2. Vgl. dazu auch Dok. 209.

[10] Zur Reaktion in den USA auf die Gespräche des Präsidenten Ford mit dem Generalsekretär des ZK der KPdSU, Breschnew, am 23./24. November 1974 in Wladiwostok wurde in der Presse berichtet, Ford habe am 3. Dezember 1974 bestätigt, „daß die Vereinigten Staaten und die Sowjetunion die Gesamtzahl ihrer strategischen Waffenträger im Zeitraum von 1975 bis 1985 auf jeweils 2400 beschränken und innerhalb dieser Größenordnung beiderseits je 1320 Raketen mit Mehrfach-Sprengkörpern (MIRV) ausrüsten wollen. [...] Angesichts scharfer Kritik im Kongreß an der Abmachung von Wladiwostok (die nach Ansicht vieler Senatoren nichts anderes als sanktionierter Rüstungswettlauf ist) erklärte Ford, ‚ein Deckel auf künftige Aufrüstung' sei gesetzt worden sei und gegenwärtige Entwicklungen damit eingeschränkt würden. [...] Die Vereinigten Staaten könnten sowohl die Schubkraft und Nutzlast ihrer Fernraketen als auch die Bestückungszahl dieser Waffen mit ‚MIRV' innerhalb der Höchstgrenze steigern. [...] Der sowjetische Vorsprung an Schubkraft und Nutzlast von Interkontinental-Raketen bleibe unbestritten." Vgl. den Artikel „In Washington wird die Atom-Strategie neu überdacht"; FRANKFURTER ALLGEMEINE ZEITUNG vom 4. Dezember 1974, S. 1.

verwundbarer würden. Die USA könnten die Unverwundbarkeit nicht durch Erhöhung des Wurfgewichts verbessern. Darüber hinaus könnten die Minutemen in ihren gegenwärtigen Silos mit einem vierfach höheren Wurfgewicht versehen werden. In den 80er Jahren werde die Sowjetunion viel verwundbarer sein, weil 85% ihrer strategischen Streitkräfte landgestützt seien gegenüber nur 25% der amerikanischen.

Das für SALT II vereinbarte ceiling liege unter der gegenwärtigen sowjetischen Höchststärke und beträchtlich unter den sowjetischen Verstärkungsmöglichkeiten.

Abschließend stellte Kissinger hierzu fest, daß das SALT II-Abkommen die Stabilität erhöhen werde und zu gegebener Zeit zu Reduzierungen der strategischen Waffen führen werde.

Zu China sagte Kissinger, daß es einer unserer besseren NATO-Verbündeten sei. Peking habe ein starkes Interesse an der Stärke der NATO. Daß die USA und China noch keine diplomatischen Beziehungen hergestellt hätten, wiege nicht schwer. Das amerikanische Verbindungsbüro in Peking habe alle Kontakte und Einflußmöglichkeiten einer Botschaft; die volle Normalisierung sei nicht dringlich. Es bestehe kein zwingender Grund, für diesen Formalakt 20 Millionen Taiwanesen fallenzulassen.

Callaghan teilte die Auffassung Kissingers, daß man mit der Einführung der nuklearen Option in MBFR noch etwas warten solle.

Auf eine Frage Callaghans nach der Relation zwischen den amerikanischen Nuklearstreitkräften in der Luft und auf See antwortete Kissinger, das hänge davon ab, ob man nach Einheiten oder nach Wurfgewicht rechne. Er nannte eine Relation von 25% in der Luft und 50% auf See, wobei das Wurfgewicht der Luftstreitkräfte größer sei.

Auf eine weitere Frage von Callaghan bejahte Kissinger, daß die Sowjetunion intensiv an Anti-U-Boot-Kriegführung arbeite, allerdings nur an Abwehrmaßnahmen in Küstennähe. Die Trident werde außerhalb der Reichweite massiver Anti-U-Boot-Anstrengungen bleiben.

Auf eine weitere Frage Callaghans nach der Zusammensetzung der sowjetischen Nuklearstreitkräfte antwortete Kissinger, daß drei bis vier landgestützte Raketentypen, davon ein schwerer Raketentyp, mit MIRV versehen würden, und zwar mit sechs Sprengköpfen pro Rakete im Durchschnitt. Die Sowjets hätten noch nicht damit begonnen, sie einsatzbereit zu machen. Sie würden fünf bis sechs Jahre brauchen, um die im SALT II-Abkommen vorgesehenen Zahlen einsatzbereit zu machen. Die Sowjets hätten noch nicht damit begonnen, MIRVs auf U-Booten zu testen. Die landgestützten Raketen würden immer verwundbarer. In der Technologie der seegestützten Raketen würden die Vereinigten Staaten für längere Zeit den Sowjets voraus bleiben.

Minister Leber begrüßte das Übereinkommen von Wladiwostok als ein Element der Stabilität. Die Höchststärken seien zwar beträchtlich, aber immerhin seien Obergrenzen gesetzt worden. Nach der Einigung über den numerischen Gleichstand würden in den nächsten Jahren andere Fragen wie Treffgenauigkeit, Unverwundbarkeit der Basen und Wurfgewicht in den Vordergrund treten. Ein besonders Politikum sei es, daß ein numerischer Gleichstand nicht nur faktisch eintreten, sondern daß er auch deklariert werde.

Minister Leber meinte, daß nunmehr die dritte Etappe in der Geschichte der Nuklearwaffen eröffnet werde. Die erste Etappe sei das Atommonopol der USA gewesen, in der die Doktrin der massiven Vergeltung[11] zu einer geringeren Bedeutung der konventionellen Waffen geführt habe. In der zweiten Etappe hätten die Sowjets ebenfalls Nuklearwaffen erhalten. Der Westen habe die Doktrin der massiven Vergeltung ersetzt durch die der flexiblen Reaktion[12], und die konventionellen Waffen hätten eine höhere Bedeutung erlangt. In der dritten Etappe werde es einen strategischen Gleichstand sowohl de facto als auch deklariert geben. Das strategische Konzept der flexiblen Reaktion werde nicht involviert, aber die Bedeutung der konventionellen Komponente werde sich erhöhen. Es werde in der Praxis immer unwahrscheinlicher, daß die konventionelle Lücke durch Nuklearwaffen aufgefüllt werden könne. Die konventionellen Streitkräfte der NATO müßten so stark sein, das die Frage erst gar nicht aufkommen kann, ob die USA mit dem Risiko des Opfers ihrer eigenen Bevölkerung durch Einsatz der strategischen Waffen in die konventionelle Lücke eintreten werde. Zwar dürfe die NATO-Triade (konventionell – taktisch-nuklear – strategisch-nuklear) nicht mit einem Fragezeichen versehen werden, aber sie dürfe an der unteren Stufe nicht schwach werden. Besondere Sorge bereite, daß die konventionelle Produktionskapazität (vor allem Panzer) der Sowjets laufend steige.

Minister Leber dankte Kissinger dafür, daß die Frage der taktischen Nuklearwaffen zunächst nicht in MBFR eingebracht werden solle. Er verwies jedoch auf den Druck, der durch das Nunn-Amendment[13], das einen Bericht über die amerikanischen taktischen Nuklearwaffen in Europa bis Ende März 1975 verlange, entstehen würde.

Kissinger antwortete hierauf, daß die Administration vom neuen Kongreß[14] eine ganze Serie außenpolitischer Herausforderungen zu erwarten habe. Die Administration werde aber in Angelegenheiten des nationalen Interesses nicht nachgeben, von ihrem Vetorecht Gebrauch machen und gegebenenfalls eine nationale Debatte führen. Sie würde sich vom Kongreß nicht zu Schritten zwingen lassen, die mit dem nationalen Interesse nicht vereinbar seien. Das gelte auch für das[15] Nunn-Amendment.

Kissinger erklärte erneut, daß die nukleare Option für MBFR noch einige Zeit offengehalten werden sollte. Die Sowjets hätten gerade Konzessionen bei den strategischen Stärken gemacht. Breschnew habe seine Militärs dazu bringen

---

[11] Am 13. Dezember 1956 verabschiedete der NATO-Ministerrat in Paris die Politische Direktive CM (56) 138. Auf der Sitzung des Ständigen NATO-Rats am 9. Mai 1957 wurden die entsprechenden Durchführungsbestimmungen MC 14/2 „Overall Strategic Concept for the Defense of the North Atlantic Area" und MC 48/2 „Measures to Implement the Strategic Concept" für ein Konzept der „massiven Vergeltung" („massive retaliation") gebilligt. Für den Wortlaut vgl. NATO STRATEGY DOCUMENTS, S. 269–276, S. 277–313 und S. 315–331.
[12] Zum strategischen Konzept MC 14/3 („flexible response") vgl. Dok. 94, Anm. 7.
[13] Zum Jackson-Nunn-Amendment vgl. Dok. 31, Anm. 8.
[14] Am 5. November 1974 fanden Wahlen zum amerikanischen Repräsentantenhaus sowie Teilwahlen zum Senat statt. Der neue Kongreß trat am 14. Januar 1975 zusammen.
[15] Korrigiert aus: „vom".

müssen, Reduktionen im strategischen Bereich zu akzeptieren. Man könne jetzt so bald keine neuen Konzessionen in Richtung sowjetische Reduktionen in Europa erwarten. Aber er halte die gegenwärtige NATO-Verhandlungsposition für lächerlich. Entweder müsse man in Wien solange auf der Stelle treten, bis man die nukleare Option einführen könne, oder man müsse die eigene Verhandlungsposition im konventionellen Bereich aufbessern.

Kissinger bemerkte zu den Ausführungen von Minister Leber, daß die heutzutage im Bereich strategischer Waffen zu treffenden Einsatzentscheidungen sehr viel schwieriger seien als in den fünfziger Jahren. Er habe den Eindruck, daß die Sowjets einen nuklearen Krieg nicht wollten. Die Grausamkeit des letzten Krieges stecke ihnen noch in den Knochen. Sie hätten nie ihre volle Stärke ausgenutzt. Das möge sich ändern, wenn eine neue Generation in Moskau an die Macht käme, die nicht mehr so stark mit den Erinnerungen der Vergangenheit belastet sei.

Kissinger teilte die Meinung von Minister Leber, daß eine ausreichende konventionelle Stärke aufrechterhalten werden müsse. In welcher Weise diese konventionelle Stärke mit taktischen Nuklearwaffen angereichert werden könne, müsse noch geprüft werden.

Van der Stoel führte aus, er habe ursprünglich beabsichtigt gehabt, die baldige Einführung der nuklearen Option in MBFR vorzuschlagen. Kissinger habe ihn jedoch davon überzeugt, daß man noch einige Monate warten sollte. Es werde schwierig, die bisherige konventionelle Verhandlungsposition in Wien aufrechtzuerhalten. Da die NATO für die Prüfung der nuklearen Option ohnehin Monate benötige, sollte sehr bald mit einer entsprechenden Studie für die Einführung der nuklearen Option begonnen werden.

Kissinger präzisierte auf einen Einwurf, daß er nicht das in der NATO-Position verlangte common ceiling kritisieren wollte, dies halte er vielmehr für erstrebenswert. Was er für absurd halte, sei, für den Abzug einer Panzerarmee so wenig an westlichen Reduktionen anzubieten wie vorgesehen sei.

Auf Frage von van der Stoel nach den amerikanisch-sowjetischen Verhandlungen über die Begrenzung unterirdischer Kernwaffentests und über die Kontrolle friedlicher Kernexplosionen[16] antwortete Kissinger, daß die Verhandlungen sehr langsam liefen und daß nicht gesagt werden könne, ob die Sowjetunion immer noch daran interessiert sei, Fortschritte zu machen.

Auf die Frage, ob nicht das common ceiling von Wladiwostok zu einem qualitativen Wettrüsten führen würde, antwortete Kissinger, daß er dies bei offensiven Waffen für außerordentlich unwahrscheinlich halte. Wenn man den geringen Prozentsatz der amerikanischen landgestützten Waffen betrachte, so zähle die Treffgenauigkeit der sowjetischen Waffen nicht viel. Einen strategischen Durchbruch halte er nur bei Abwehrsystemen für möglich, wie z. B. bei Laser[17]. Etwas Derartiges würde sehr destabilisierend sein. Auf Fragen zu FBS sagte Kissinger, daß das Thema von den Sowjets sicherlich in der einen oder

---

16 Vgl. dazu Artikel III des Abkommens vom 3. Juli 1974 zwischen den USA und der UdSSR über die Begrenzung unterirdischer Kernwaffenversuche, in dem die Aufnahme von Verhandlungen über die Kontrolle friedlicher unterirdischer Nukleartests vereinbart war; Dok. 197, Anm. 9.
17 Korrigiert aus: „Lazer".

anderen Form in jeder Verhandlung zur Sprache gebracht werden würde. In Wladiwostok sei es nicht aufgeworfen worden. Für eine Einbeziehung in MBFR sehe er große Probleme, da bei einigen FBS, z. B. F-111, das Rückführungstempo (rate of reinforcement) sehr schnell sei. Die Sowjets hätten etwa 180 Langstreckenbomber vom Typ „Bear" und „Bison". Er halte es für möglich, daß diese ziemlich obsoleten Bomber abgeschafft und damit das ceiling von Wladiwostok erreicht würde (die Sowjets haben z. Z. 180 strategische Waffen mehr, als das ceiling ihnen zugesteht).

Kissinger berichtete über ein Gespräch mit Gretschko in Wladiwostok, der die westlichen FBS als sehr wichtig bezeichnet habe. Gretschko habe ihm gesagt, wenn er die westlichen Streitkräfte befehligte, so würde er die FBS als eine nützliche Erstschlagstreitmacht ansehen. Kissinger bemerkte hierzu, daß dies allerdings nicht die Mission der FBS sei. Dennoch meinte Kissinger, die FBS spielten eine sehr nützliche Rolle für die Verteidigung Europas, da die Sowjets sie in ihren Planungen nicht ausklammern könnten.

Minister Genscher begrüßte die Übereinkunft von Wladiwostok. Er verwies auf die Gefahren für die Stabilität, die entstehen würden, wenn der Westen nicht konventionell stark genug bleibe. Die Regierungen in allen Bündnisländern hätten eine politische Führungsaufgabe. Die Erwartungen in der Entspannungspolitik dürften nicht dazu führen, daß der Verteidigungswille nachlasse.

Der Minister drückte seine Genugtuung aus, daß die Niederlande nicht beabsichtigten, auf eine Einführung der nuklearen Option in MBFR zu dringen. Er habe aber auch Bedenken gegen die von Herrn van der Stoel vorgeschlagene Studie, da schon eine solche Studie die Verhandlungsposition des Westens vorzeitig decouvrieren könnte. Es gehe darum, das Bewußtsein für die Notwendigkeit einer wirklich angemessenen konventionellen Verteidigung zu schärfen. Die ökonomische Stabilität sei die Voraussetzung der politischen Stabilität. Beides brauchten wir, um die Bereitschaft zur Verteidigung aufrecht zu erhalten.

Luns erklärte, daß – da er die NATO-Studien nur unternehme, wenn Einstimmigkeit vorliege – dem Vorschlag von van der Stoel nicht entsprochen werden könne.

Sauvagnargues berichtete über die Gespräche mit Breschnew in Paris. Seine Ausführungen sind uns weitgehend durch die Berichterstattung aus Paris bekannt.[18] Er verteidigte die KSZE-Passage des Kommuniqués[19]. Der Hinweis

---

[18] Botschafter Freiherr von Braun, Paris, berichtete am 8. Dezember 1974 über den Besuch des Generalsekretärs des ZK der KPdSU, Breschnew, vom 4. bis 7. Dezember 1974 in Frankreich: „Die französische wie auch die sowjetische Seite scheinen mit Verlauf und Ergebnis des Treffens Giscard – Breschnew sehr zufrieden. Frankreich sieht seine Rolle als privilegierter Gesprächspartner der Sowjetunion im Westen bestätigt und erhofft sich erhebliche Fortschritte im Bereich der wirtschaftlichen Zusammenarbeit. Breschnew dürfte sich seinerseits überzeugt haben, daß auch nach dem Wechsel im Präsidentenamt die Grundlinien der französischen Außenpolitik unverändert sind." Gesprächsthemen seien u. a. „Berlin und die Entspannung in Europa", die KSZE, die Lage im Nahen Osten, auf Zypern und in Südostasien sowie die Notwendigkeit einer allgemeinen und vollständigen Abrüstung gewesen. Im bilateralen Bereich seien vor allem Fragen der wirtschaftlichen Zusammenarbeit erörtert worden. Vgl. den Drahtbericht Nr. 3801; Referat 213, Bd. 112696.

[19] Im Kommuniqué über den Besuch des Generalsekretärs des ZK der KPdSU, Breschnew, vom 4. bis 7. Dezember 1974 in Frankreich wurde zur KSZE ausgeführt: „Les deux parties ont noté qu'au cours de la Conférence à Genève, des progrès substantiels ont été accomplis, notamment au cours des dernières semaines, en vue de la mise au point des projets de documents finals. La France et

auf den KSZE-Gipfel bedeute keine Änderung der französischen Haltung, da aus der Passage klar ersichtlich sei, daß noch weitere Anstrengungen notwendig seien, um die zweite Phase abzuschließen. Um diese Passage sei sehr gerungen worden. Giscard d'Estaing und Breschnew hätten hierüber allein 2 1/2 Stunden diskutiert. Auch der Hinweis auf die Unterzeichnung eines oder mehrerer Dokumente bedeute keine Änderung der französischen Haltung. Seine Regierung sei für die Unterzeichnung einer einzigen Schlußakte, der die von der Konferenz angenommenen Dokumente beigefügt sind. Was den peaceful change angehe, so sei den Sowjets klargemacht worden, daß Frankreich hier die deutsche Haltung unterstützen werde. Seine Regierung hoffe auf einen baldmöglichen Abschluß der KSZE und gebe sich bei Korb III keinen allzu großen Hoffnungen hin. Gromyko habe großes Interesse an MBFR bekundet und die Einbeziehung von Nuklearwaffen als notwendig bezeichnet. Unter Bezugnahme auf die Äußerungen von van der Stoel zur Einbringung der nuklearen Option sagte Sauvagnargues, die Allianz müsse diese Frage im Zusammenhang mit einer Prüfung ihrer Sicherheitsstrategie sehen. Frankreich sei bereit, sich daran zu beteiligen. Unter Bezugnahme auf die Bemerkungen von Minister Genscher über die gegenseitige Neutralisierung der strategischen Waffen und die Bedeutung der konventionellen Stärke sagte Sauvagnargues, man solle in der Allianz über die flexible Reaktion nachdenken und bei der Abschreckung die Rolle der taktischen Nuklearwaffen in die Prüfung einbeziehen.

Kissinger übte verhaltene Kritik an der KSZE-Gipfel-Aussage im französisch-sowjetischen Kommuniqué. Zwischen dieser Aussage und der entsprechenden Passage von Wladiwostok sei ein Unterschied. In Wladiwostok sei nur gesagt worden, es werde die Hoffnung zum Ausdruck gebracht, daß Fortschritte erzielt würden, die einen Gipfel möglich machten[20], während im französisch-sowjetischen Text davon ausgegangen werde, daß entsprechende Fortschritte bereits erzielt worden sind. Auf den Tempus komme es an.

Zu einer Bemerkung Sauvagnargues über das amerikanisch-sowjetische Abkommen vom 22. Juni 1973[21] bekräftigte Kissinger erneut, daß es sich nicht nur auf die Verhinderung des Nuklearkrieges beziehe, sondern auf die Verhinderung jedweden Krieges, der zu einer nuklearen Auseinandersetzung führen könnte. Nuklearkrieg könne nur verhindert werden, wenn konventioneller

---

Fortsetzung Fußnote von Seite 1652

l'Union soviétique se déclarent résolues à intensifier leurs efforts en vue du règlement des questions en suspens dans le cadre de l'ordre du jour agréé à Helsinki et de la conclusion de la deuxième phase de la Conférence. Elles constatent que sont créées de bonnes prémisses pour la conclusion à bref délai de la Conférence et pour la tenue de sa troisième phase et la signature des documents finals au niveau le plus élevé." Vgl. LA POLITIQUE ETRANGÈRE 1974, II, S. 243. Für den deutschen Wortlaut vgl. EUROPA-ARCHIV 1975, D 61.

20 Zur KSZE wurde im Kommuniqué über die Gespräche des Präsidenten Ford mit dem Generalsekretär des ZK der KPdSU, Breschnew, am 23./24. November 1974 in Wladiwostok dargelegt: „Having reviewed the situation at the Conference on Security and Cooperation in Europe, both Sides concluded that there is a possibility for its early successful conclusion. They proceed from the assumption that the results achieved in the course of the Conference will permit its conclusion at the highest level and thus be commensurate with its importance in ensuring the peaceful future of Europe." Vgl. DEPARTMENT OF STATE BULLETIN, Bd. 71 (1974), S. 880. Für den deutschen Wortlaut vgl. EUROPA-ARCHIV 1975, D 94.

21 Für den Wortlaut des Abkommens vom 22. Juni 1973 zwischen den USA und der UdSSR zur Verhinderung eines Atomkrieges vgl. DEPARTMENT OF STATE BULLETIN, Bd. 69 (1973), S. 160f. Für den deutschen Wortlaut vgl. EUROPA-ARCHIV 1973, D 418f.

Krieg verhindert werde. Es wäre eine Vertragsverletzung, wenn die Sowjetunion einen konventionellen Angriff beginne.

Sauvagnargues erwiderte auf die KSZE-Kritik Kissingers, im Kommuniqué von Wladiwostok sei von conditions für den KSZE-Gipfel die Rede, im französisch-sowjetischen Kommuniqué von Prämissen für einen solchen Gipfel. Zwischen beiden Begriffen sehe er keinen Unterschied.

van Well

VS-Bd. 14063 (010)

375

Botschafter Behrends, Wien (MBFR-Delegation), an das Auswärtige Amt

114-15308/74 geheim Aufgabe: 14. Dezember 1974, 13.10 Uhr[1]
Fernschreiben Nr. 946 Ankunft: 14. Dezember 1974, 15.11 Uhr
Cito

Delegationsbericht Nr. 316/74
Zur Information
Betr.: MBFR
    hier: Bewertung der vierten Verhandlungsrunde

I. Die vierte Runde der MBFR-Verhandlungen von Ende September bis Mitte Dezember 1974[2] brachte eine Belebung der Verhandlungen durch neue Vorschläge beider Seiten und recht intensiven Meinungsaustausch. Das Verhandlungsklima blieb entspannt und sachlich. Dennoch wurden wirkliche Fortschritte nicht erzielt. Selbst die Umrisse eines möglichen Konsenses über Reduzierungen sind noch nicht erkennbar.

II. Die östliche Seite, auf der die Sowjetunion noch stärker als früher dominierte, ist an einer Fortführung der Verhandlungen interessiert und hat sich auf eine längere Verhandlungsdauer eingestellt. Sie hat im Grunde kein Interesse an substantiellen Verminderungen und daher auch nicht an Kompromissen, die eine Einigung auf substantielle Verminderungen erleichtern würden. Die Verminderung von Streitkräften ist für die Sowjetunion kein Wert an sich, sondern ein Mittel zu politischen Zwecken, nämlich der Legalisierung des be-

---

[1] Hat Vortragendem Legationsrat Kunz am 16. Dezember 1974 vorgelegen, der die Weiterleitung an Vortragenden Legationsrat Holik und an Vortragenden Legationsrat I. Klasse Pfeffer verfügte. Dazu vermerkte er handschriftlich: „Lesenswert!"
Hat Pfeffer vorgelegen.
Hat Holik am 19. Dezember 1974 vorgelegen.

[2] Die vierte Runde der MBFR-Verhandlungen in Wien fand vom 24. September bis 12. Dezember 1974 statt.

stehenden, für den WP günstigen Kräfteverhältnisses und der Einengung der politischen und militärischen Bewegungsfreiheit Westeuropas, vor allem der Bundesrepublik Deutschland.

Diese Ziele lassen sich auch durch symbolische Reduzierungen erreichen. Der Osten konzentriert sich daher darauf, das ursprüngliche östliche Konzept in immer kleineren Dosierungen anzubieten und nur innerhalb dieses eingeengten Rahmens marginale Veränderungen vorzunehmen.

Zu diesem Zweck hat der Osten am 15. Oktober 1974 einen förmlichen Vorschlag für einen kleinen ersten Reduzierungsschritt vorgelegt[3] und am 26. November 1974 das Einfrieren der gegenwärtigen Personalstärken der Land- und Luftstreitkräfte der elf direkten Teilnehmer im Reduzierungsgebiet vorgeschlagen.[4] Die östliche Taktik, das östliche Konzept in immer kleineren Dosierungen anzubieten, erlaubt es dem Osten, sich den Anschein aktiver, erfolgsorientierter und flexibler Verhandlungsführung zu geben. Daß dies nicht zuletzt Ziel des Vorschlags eines ersten Schrittes war, bewies die Lancierung dieses Vorschlages in die westliche Presse unter Bruch der vereinbarten Vertraulichkeit der Verhandlungen.

III. Der östliche Vorschlag eines ersten Schrittes scheint auf den ersten Blick den Vereinigten Staaten entgegenzukommen, da er für die Amerikaner die Hälfte der westlichen Gesamtreduzierung von 20 000 Mann vorsieht, d. h. einen Reduzierungsanteil, der etwa doppelt so hoch ist wie der Anteil der amerikanischen Truppen an den NATO-Streitkräften im Reduzierungsgebiet. In Wirklichkeit ist die östliche Verhandlungstaktik der kleinen und kleinsten Schritte gerade mit der amerikanischen Interessenlage, aber auch mit der Großbritanniens und der Niederlande, unvereinbar. Die Reduzierungsbedürfnisse dieser Staaten, die aus innenpolitischen Gründen unter Erfolgszwang stehen, könnten derzeit nur durch substantielle Reduzierungen befriedigt werden. Die Vorlage eines formalisierten Vorschlags eines ersten Reduzierungsschrittes hat daher auf die Amerikaner enttäuschend und ernüchternd gewirkt. Auch die Amerikaner stellen sich jetzt auf eine lange Verhandlungsdauer ein. Ihr Zeitplan geht nicht mehr davon aus, daß bis zur Vorlage des Verteidigungshaushalts im Kongreß im Frühsommer substantielle Fortschritte erzielt werden, sondern sieht vor allem vor, gegenüber dem Kongreß den Nachweis einer im Rahmen des Zumutbaren flexiblen Verhandlungsführung, die am Ziel substantieller Reduzierungen orientiert bleibt, führen zu können. Die Vereinigten Staaten gehen davon aus, daß auf die Dauer auch die Sowjetunion an einem Verhandlungsergebnis interessiert ist. Sie möchte verhindern, daß dieses Interesse durch Vereinbarungen symbolischen Charakters befriedigt wird.

Aus diesem Grunde leisten die Amerikaner heftigen Widerstand gegen alle Formen kleiner Schritte, sei es ein erster Reduzierungsschritt oder ein „freeze". Diese Haltung entspricht dem NATO-Konzept.[5] Zur Frage des freeze hat sich

---

[3] Zum Verhandlungsvorschlag der an den MBFR-Verhandlungen teilnehmenden Warschauer-Pakt-Staaten vom 15. Oktober 1974 vgl. Dok. 308, Anm. 2.

[4] Zum Vorschlag der an den MBFR-Verhandlungen teilnehmenden Warschauer-Pakt-Staaten vom 26. November 1974 für ein Moratorium der Land- und Luftstreitkräfte vgl. Dok. 343.

[5] Vgl. dazu die am 22. November 1973 von den an den MBFR-Verhandlungen teilnehmenden NATO-Mitgliedstaaten vorgelegten Rahmenvorschläge; Dok. 9, Anm. 2. Vgl. dazu auch Dok. 209.

jedoch ein Dissens innerhalb der NATO entwickelt, dessen Überwindung bis zum Beginn der nächsten Verhandlungsrunde[6] unerläßlich ist.

IV. In dieser Verhandlungsrunde konzentrierte sich der Osten darauf, seine Vorschläge eines ersten Reduzierungsschrittes und eines freeze zu vertreten, ohne eine Modifizierung dieser Vorschläge aufgrund der westlichen Kritik in Aussicht zu stellen.

Die westliche Seite konzentrierte sich auf folgende Themen:

1) Wessen Streitkräfte sollen zuerst reduziert werden? (Phasenkonzept?) Es erwies sich bald, daß eine Fortsetzung der Diskussion dieser Frage wenig sinnvoll ist, da der Osten keine Zweifel daran ließ, daß die marginalen Konzessionen, die er im Rahmen des Ersten-Schritt-Vorschlages angeboten hat, sein vorläufig letztes Wort in dieser Frage sind.

2) Definition der Landstreitkräfte und Datenaustausch. Der Osten erkannte durchaus, daß die vom Westen angebotene neue Definition der Landstreitkräfte und das Angebot einer Einigung über Ausgangsdaten[7] den Weg zu einer Verminderung der westlichen Reduzierungsanforderungen an den Osten eröffnen und damit eine Einigung über das common ceiling erleichtern würde. Die östliche Seite zeigte sich jedoch desinteressiert, weil sie ihr Konzept eines ersten kleinen Reduzierungsschrittes nicht kompromittieren und vor allem einer Datendiskussion aus dem Wege gehen will. In der Datenfrage war der Osten völlig in der Defensive. Es fiel der östlichen Seite nicht leicht, ihre Position, die vom Westen genannten Daten weder anzuerkennen noch zu bestreiten, durchzuhalten. Ebenso schwer fiel es dem Osten, die westlichen Argumente zu entkräften, daß eine Einigung über die Fakten, d. h. die Ausgangsdaten, notwendige Voraussetzung jeder Diskussion über Reduzierungsmengen ist und eine erste vertrauensbildende Maßnahme wäre. Obwohl sich der Osten bewußt ist, in der Datenfrage in einer wenig komfortablen Position zu sein, ist nicht damit zu rechnen, daß sich die östliche Haltung in absehbarer Zeit ändern wird.

3) Welche Art von Streitkräften sollten reduziert werden? Das westliche Angebot einer Nichtvermehrungsverpflichtung für das Personal der Luftstreitkräfte beider Seiten[8] war eine wesentliche Modifizierung der bisherigen westlichen Haltung. Sie wurde vom Osten als solche erkannt, aber kaum kommentiert, weil dieser an das westliche Konzept substantieller Reduzierungen gebundene

---

[6] Die fünfte Runde der MBFR-Verhandlungen in Wien begann am 30. Januar 1975.

[7] Die Themen Datenaustausch und Definition der Landstreitkräfte wurden vom Leiter der amerikanischen MBFR-Delegation, Resor, im Emissärgespräch am 15. Oktober 1974 eingeführt. Botschafter Behrends, Wien (MBFR-Delegation), berichtete dazu: „Er bot eine Vereinbarung über die Definition der Landstreitkräfte an, bei der das Personal der Helikoptereinheiten des WP, die der Unterstützung der Landstreitkräfte dienten, in die Landstreitkräfte einbezogen, dagegen das bisher vom Westen den Landstreitkräften zugerechnete Personal der polnischen und tschechoslowakischen Luftverteidigungsstreitkräfte ausgeklammert würden." Dies würde „die Ausgangszahl für die Festlegung der Verminderungen der WP-Seite beträchtlich vermindern. Angesichts dessen würde eine solche Vereinbarung ein Einvernehmen erfordern, daß der nächste Schritt ein Austausch von Daten über die Gesamtstärke der Landstreitkräfte auf beiden Seiten mit dem Ziel einer Einigung darüber sein werde und daß die so definierten Landstreitkräfte die zu reduzierenden Streitkräfte sein würden." Vgl. den Drahtbericht Nr. 809; VS-Bd. 8246 (201); B 150, Aktenkopien 1974.

[8] Zum Vorschlag der an den MBFR-Verhandlungen teilnehmenden NATO-Mitgliedstaaten vom 26. November 1974 für ein Moratorium der Luftstreitkräfte vgl. Dok. 343.

Vorschlag dem Osten bei seinem Versuch, symbolische Reduzierungen durchzusetzen, eher hinderlich ist.

V. Für die Frage der Weiterentwicklung der NATO-Position scheinen mir folgende Erwägungen von Bedeutung zu sein:

1) Die Verhandlungen können nur erfolgreich geführt werden, wenn der Westen sich auf eine lange Dauer der Verhandlungen einstellt, sich nicht unter Erfolgszwang setzt und die Geschlossenheit der Allianz wahrt. Wenn – wie gelegentlich in letzter Zeit – Differenzen innerhalb des westlichen Lagers und nationale Sonderinteressen nach außen sichtbar werden, erschwert und verlängert dies die Verhandlungen.

2) Obwohl die östliche Taktik zur Zeit auf das Durchsetzen eines ersten kleinen Schrittes ausgerichtet ist, besteht kein Anlaß zu der Schlußfolgerung, daß nur auf dieser Basis eine Einigung möglich ist.

Die sowjetische Delegation ließ erkennen, daß sie sich auch die Option eines substantiellen Reduzierungsabkommens offenhalten will. Dies ergibt sich schon daraus, daß sowjetische Delegierte häufig ein gewisses Interesse an einem common ceiling für Land- und Luftstreitkräfte erkennen lassen.

3) Die Sowjetunion wird jedoch nicht zu ernsthaften Verhandlungen über substantielle Verminderungen bereit sein, solange sie sich Chancen ausrechnet, daß der Westen letzten Endes doch einen ersten Reduzierungsschritt akzeptieren könnte.

4) Eine objektive Erschwerung dieser Verhandlungen ist die sehr unterschiedliche Ausgangssituation auf beiden Seiten, z. B. die Tatsache, daß die amerikanischen und sowjetischen Streitkräfte im Reduzierungsgebiet nach ihrem politischen Gewicht einigermaßen vergleichbar sind, jedoch nicht nach Umfang und Anteil am Gesamtpotential, daß die nichtamerikanischen Streitkräfte im Reduktionsgebiet in östlicher Sicht politisch und militärisch wesentlich relevanter sind als die nichtsowjetischen Streitkräfte in westlicher Sicht. Es ist schwierig, aber wohl unvermeidlich, diesen objektiven Unterschieden im westlichen Konzept stärker Rechnung zu tragen.

5) Die beharrliche und kompromißlose Ablehnung von nationalen ceilings für andere als amerikanische Streitkräfte durch die NATO-Staaten hat seine Wirkung nicht verfehlt. Ich halte eine Lösung, die die notwendige Flexibilität sowohl für die Entwicklung der gemeinsamen NATO-Verteidigung wie für die europäischen Entwicklungen wahrt, für durchsetzbar, wenn wir weiterhin keinen Zweifel daran lassen, daß dies eine conditio sine qua non ist.

6) Falls eine Aufgabe oder wesentliche Modifizierung des Phasenkonzepts in der NATO erwogen werden sollte, müßte der Anstoß dazu von den Amerikanern ausgehen, deren Interessen dadurch in erster Linie berührt werden. Es gibt bisher keine Anzeichen dafür, daß die Vereinigten Staaten dazu bereit wären. Bei der Prüfung dieser Frage aus deutscher Sicht scheint mir das Argument, daß ein Phase I-Abkommen die östliche Gegenleistung für Reduzierungen der Bundeswehr und die Reduzierungsmethode für die Bundeswehr zu unserem Nachteil präjudizieren kann, nicht mehr relevant zu sein:

a) Es wird sehr schwierig sein, die Sowjetunion dazu zu bewegen, mehr zu reduzieren, als ihrem gegenwärtigen Anteil an den WP-Streitkräften entspricht

(d. h. ca. 50 Prozent der östlichen Gesamtreduktion). Dies gilt unabhängig davon, ob auf westlicher Seite das Phasenkonzept aufgegeben oder beibehalten wird.

b) Die Reduzierungsmodalitäten für Stationierungsstreitkräfte werden zwangsläufig andere sein als die für Streitkräfte der im Reduzierungsgebiet gelegenen Staaten. Reduzierungsmodalitäten, wie sie für die Bundeswehr möglich und allein akzeptabel wären, sind offensichtlich auf die amerikanischen Streitkräfte nicht anwendbar. Dies gilt unabhängig davon, ob Reduzierungen in einer Phase oder zwei Phasen vereinbart werden.

7) Der konzeptionelle Durchbruch bei SALT[9] wird vermutlich dazu führen, daß MBFR für die Vereinigten Staaten eine höhere Priorität gewinnt. Die Sowjetunion wird vermutlich erst nach Abschluß der KSZE erfolgsorientierter verhandeln wollen. Dies ist von Bedeutung für die Wahl des Zeitpunktes der möglichen Einführung der Option III.

VI. Das Interesse der Presse und Öffentlichkeit in den NATO-Staaten für MBFR blieb auch in dieser Verhandlungsrunde gering. Bezeichnend dafür ist, daß Meldungen von zwei westlichen Nachrichtenagenturen über den östlichen freeze-Vorschlag, die offensichtlich auf einer Indiskretion auf östlicher Seite beruhen, völlig unbeachtet blieben und nur von einer niederländischen Zeitung aufgegriffen wurden.

[gez.] Behrends

VS-Bd. 8245 (201)

376

Aufzeichnung des Ministerialdirektors van Well

201-362.05/1-4357/74 VS-vertraulich   **16. Dezember 1974**[1]

Betr.: Ministersitzung des NATO-Rats in kleinem Kreise am 12.12.1974 in Brüssel;
hier: Erörterung der Auswirkungen der Wirtschafts- und Energieprobleme auf die Verteidigungsanstrengungen

Generalsekretär Luns hatte das Thema kurz eingeführt (vgl. Vermerk 201-362.05/1-4340/74 VS-v vom 14.12.1974[2]).

Kissinger war der erste der Außenminister, der hierzu sprach. Er ging davon aus, daß die Probleme der Inflation und der Arbeitslosigkeit nicht auf einer

---

[9] Vgl. dazu die Gemeinsame Erklärung der USA und der UdSSR vom 24. November 1974; Dok. 354, Anm. 7.

[1] Hat Bundesminister Genscher am 21. Dezember 1974 vorgelegen.

[2] Vgl. Dok. 374.

rein nationalstaatlichen Grundlage gelöst werden könnten. Die amerikanische Regierung sei bereit, ihre Bemühungen mit den europäischen Verbündeten zu koordinieren. Die Gespräche des Bundeskanzlers in Washington[3] hätten diesem Zweck bereits in hervorragendem Maße gedient. In Kürze würden auch Gespräche hierüber mit Großbritannien stattfinden.[4] Washington sei bereit, hierüber mit allen Verbündeten zu sprechen. Von alliierter Seite würde die amerikanische Regierung gedrängt, die Inflation weiter zu bekämpfen, gleichzeitig aber zu reflationieren. Die Diskussion hierüber in den Vereinigten Staaten sei schwierig, aber sie scheine in die erbetene Richtung zu laufen. Zwischen den Alliierten müßten die möglichen Konsequenzen dieser Politik erörtert werden.

Zur Energiefrage sagte Kissinger, die USA suchten nicht die Konfrontation mit den Arabern. Auf die selbst gestellte Frage, warum die USA solche Anstrengungen im Nahen Osten unternähmen, antwortete er, daß ein neuer Krieg ernste Folgen für Europa und Japan haben könnte. Die intensiven amerikanischen Vermittlungsbemühungen gingen nicht auf ein amerikanisches Interesse zurück, die Grenzfrage in der einen oder anderen Weise zu lösen, sondern auf die großen Sorgen über die Gefährdung der europäischen Volkswirtschaften und der daraus entstehenden Risiken für die soziale und politische Situation in Westeuropa. Der amerikanische Appell zur Verbrauchersolidarität[5] solle der zunehmenden politischen Demoralisierung der Industrieländer entgegenwirken. In einigen Ländern sei bereits eine Lage eingetreten, wo die politische Führung nicht mehr die von ihr als notwendig angesehenen Entscheidungen treffen könne, weil die innenpolitische Lage ihr die Hände binde. Dieser Zustand der Impotenz werde noch dadurch verstärkt, daß weit entfernte Länder mit ihrer Ölpolitik unmittelbar in die wirtschaftlichen und politischen Strukturen der Industrieländer eingriffen. Die Verbrauchersolidarität solle diese Einmischung in die Entscheidungen der Industriestaaten abwehren und diesen Staaten wieder das Vertrauen geben, daß sie ihr eigenes Schicksal selbst bestimmen können.

Diese Überlegungen lägen den amerikanischen Vorschlägen zugrunde, nicht jedoch die Absicht, eine Konfrontation herbeizuführen. Die USA seien gewillt, notfalls allein das Erforderliche zu tun. Wenn man es zusammen mache, wäre der Erfolg größer. Er wolle offen lassen, ob die amerikanischen Vorschläge in jedem technischen Detail richtig seien. Das sei eine völlig zweitrangige Frage. Die Hauptsache sei die Harmonisierung des politischen Willens.

Was den Vorschlag einer Verbraucher-Erzeuger-Entwicklungsländer-Konferenz[6] angehe, so sei die amerikanische Regierung bereit, an einem solchen Dialog teilzunehmen, wenn vorher die Auffassung der westlichen Verbraucherstaaten har-

---

[3] Bundeskanzler Schmidt und Bundesminister Genscher hielten sich vom 4. bis 7. Dezember 1974 in den USA auf. Vgl. dazu Dok. 354, Dok. 355 und Dok. 357–362.
[4] Premierminister Wilson hielt sich vom 29. bis 31. Januar 1975 in den USA auf.
[5] Zum amerikanischen Vorschlag vom 14. November 1974 zur Einrichtung eines Stabilitätsfonds über 25 Milliarden Dollar vgl. Dok. 344, Anm. 10.
[6] Zur Initiative des Staatspräsidenten Giscard d'Estaing vom 24. Oktober 1974 für eine internationale Erdölkonferenz vgl. Dok. 317, Anm. 47.

monisiert worden sei.[7] Wenn dies gelinge, könnte eine solche Konferenz in sechs Monaten, ja vielleicht noch früher zustande kommen.

Herr Minister Genscher verwies auf die am gleichen Vormittag in Bonn im Kabinett getroffenen wichtigen wirtschaftspolitischen Entscheidungen zur Ankurbelung der Wirtschaft.[8] Ziel sei ein Aufschwung in Stabilität. Die Maßnahmen seien in Washington und auf dem Pariser Gipfel[9] intensiv mit den Partnern vorbesprochen worden. Es sei notwendig, die Wirtschaftspolitik in Zukunft in diesem Geiste abzustimmen, damit eine Flucht in den Protektionismus verhindert werde. Es sei notwendig, gleichzeitig die Inflation und die Arbeitslosigkeit zu bekämpfen und einen entsprechenden Mittelweg zu finden. Die Schwierigkeiten, in denen wir uns befänden, gingen nicht allein auf die Erhöhung der Energiepreise zurück. Tatsache sei, daß wir in unseren Gesellschaften über unsere Verhältnisse lebten. Wir lebten in einer Inflation der Ansprüche. Das solle man offen aussprechen. Es sei die Führungsaufgabe der Regierungen, die öffentliche Meinung mitzubilden. Auch die Sozialpartner hätten ihre Verantwortung. Die beste Verteidigungspolitik wäre ohne jeden Effekt, wenn wir durch den Verlust der ökonomischen Stabilität die politische Stabilität verlieren würden. Wir sollten unter Beweis stellen, daß die freien Gesellschaften in der Lage sind, diese Probleme zu bewältigen, damit sie verteidigungswürdig bleiben. Wenn wir uns in den westlichen Gremien abstimmen könnten über unsere Wirtschaftspolitiken, dann leisteten wir auch einen Beitrag zur Stärkung des Bündnisses.

Kissinger hielt die Tendenz, Slogans zu produzieren, für ein Zeichen der Demoralisierung. Er warnte vor leeren Etiketten. Eine Dialog-Konferenz mit den Produzentenländern, die schlecht vorbereitet sei, wäre ein „disaster". Man müsse sich fragen, was das Ergebnis sein sollte angesichts der Tatsache, daß der bisherige bilaterale Dialog ergebnislos verlaufen sei. Zuerst müsse ein „intellektuelles Klima" geschaffen werden, damit eine Konferenz ein Erfolg werden könne.

Sauvagnargues berichtete über die wirtschafts- und energiepolitische Diskussion auf dem Gipfel in Paris, über die Absicht, einen Aufschwung in Stabilität herbeizuführen, die Wirtschaftspolitiken zur Konvergenz zu bringen und auf protektionistische Maßnahmen zu verzichten. Er verwies darauf, daß die acht Partner den französischen Präsidenten[10] gebeten haben, mit Präsident Ford über eine Koordinierung der Wirtschaftspolitik zu sprechen.

---

[7] Am 13. Dezember 1974 wurde Bundeskanzler Schmidt durch den „Erdölexperten und privaten Berater des amerikanischen Außenministers Kissinger", Levy, über Kissingers Bereitschaft unterrichtet, „einer Dreierkonferenz (Erdölproduzenten, -verbraucher und Entwicklungsländer) zuzustimmen, wenn es vorher eine allgemein akzeptierte Haltung der Verbraucherländer gebe". Am gleichen Tag übermittelte Schmidt diese Information telefonisch Staatspräsident Giscard d'Estaing und führte aus: „Der amerikanische Außenminister wünsche, daß die zweite Stufe der Konferenzen, nämlich die Abstimmung zwischen den Ölverbraucherländern, vorgezogen werde und erst danach eine Dreierkonferenz auf Expertenebene, mit dem Ziel, die Tagesordnung und den Termin für die Haupt-Dreierkonferenz zu beschließen, abgehalten werde." Vgl. die Aufzeichnung des Legationsrats I. Klasse Leonberger, Bundeskanzleramt; Archiv der sozialen Demokratie, Depositum Helmut Schmidt, Mappe 6586.

[8] Zum Investitionsprogramm der Bundesregierung vom 13. Dezember 1974 vgl. Dok. 354, Anm. 14.

[9] Zur Gipfelkonferenz der EG-Mitgliedstaaten am 9./10. Dezember 1974 in Paris vgl. Dok. 369.

[10] Valéry Giscard d'Estaing.

Zur Energiefrage meinte Sauvagnargues, es sei besser, im jetzigen Zeitpunkt darüber nicht weiter zu sprechen, da nunmehr viel von dem Treffen in Martinique[11] abhänge. Das Problem sei weitgehend eine Frage des Kalenders. Die Sache sei wegen möglicher Preiserhöhungen auf Produzentenseite dringlich. Der Dialog solle, um solche Preistendenzen abfangen zu können, möglichst bald eröffnet werden. Man brauche nicht gleich in Substanzfragen einzusteigen, vielmehr solle eine erste Konferenz sich zunächst mit Fragen der Prozedur und der Tagesordnung der Sachkonferenz befassen. Parallel zur Prozedurkonferenz könne die Verbraucherharmonisierung durchgeführt werden. Es sei nicht angezeigt, mit dem Dialog zu warten, bis sich die objektiven Bedingungen im Energiebereich geändert hätten.

Der portugiesische Staatssekretär Campinos gab eine kurze Erklärung ab, in der er die Treue seines Landes zur Allianz bekräftigte. Sie sei die einzige Garantie seiner Sicherheit. Seine Regierung wünsche die Annäherung an die Europäische Gemeinschaft.

Callaghan bezeichnete es als dringend notwendig, die Auswirkungen der Wirtschafts- und Energiekrise auf die NATO-Verteidigung zu prüfen. Wir befänden uns am Ende einer Ära, die durch eine einmalige Erhöhung des Lebensstandards der westlichen Welt gekennzeichnet sei. Jetzt gebe es kein Wachstum. Rüstungspolitisch stehe man vor der Alternative, keine zusätzlichen Investitionen in der Rüstung zu machen und damit die Waffen allmählich obsolet werden zu lassen oder zusätzliche Investitionen im Verteidigungsbereich vorzunehmen und dafür in anderen Bereichen einen Rückgang in Kauf zu nehmen. Callaghan bekundete eine tiefe Sorge über die Zukunft der Demokratie.

Was die Wirtschaftspolitik angehe, so bezeichnete er die von den Niederlanden[12] und der Bundesrepublik angekündigten Maßnahmen als gut. Der wirkli-

---

[11] Präsident Ford und Staatspräsident Giscard d'Estaing trafen sich vom 14. bis 16. Dezember 1974 auf Martinique. Botschafter von Staden, Washington, berichtete dazu am 17. Dezember 1974, es sei im amerikanischen Außenministerium mitgeteilt worden, die USA und Frankreich hätten sich in der Frage einer Konferenz der Erdölproduzenten und -Konsumenten auf ein Dreiphasenmodell geeinigt. Allerdings hätten die USA darauf bestanden, daß eine Hauptkonferenz nur stattfinden könne, „wenn es tatsächlich zu einer gemeinsamen Position der Konsumentenländer käme". Frankreich habe sich auch zu koordinierten Maßnahmen mit der Internationalen Energieagentur bereitgefunden, lehne allerdings weiterhin in der ersten Phase das „Emergency-Energy-Sharing" der IEA ab. Vgl. den Drahtbericht Nr. 3725; VS-Bd. 8848 (403); B 150, Aktenkopien 1974.
Im Kommuniqué vom 16. Dezember 1974 wurde zur Frage der Energieversorgung ausgeführt: „The two Presidents [...] recognized the importance for the USA, the EEC and other industrialized nations of implementing policies for the conservation of energy, the development of existing and alternative sources of energy, and the setting up of new mechanisms of financial solidarity. They stressed the importance of solidarity among oil importing nations on these issues. The two Presidents also exchanged views on the desirability of a dialogue between consumers and producers and in that connection discussed the proposal of the President of the French Republic of October 24 for a conference of oil exporting and importing countries. They agreed that it would be desirable to convene such a meeting at the earliest possible date." Vgl. DEPARTMENT OF STATE BULLETIN, Bd. 72 (1975), S. 43. Für den deutschen Wortlaut vgl. EUROPA-ARCHIV 1975, D 137.
[12] Botschafter Obermayer, Den Haag, teilte am 11. November 1974 mit, daß die niederländische Regierung am 6. November 1974 angekündigt habe, sie werde „innerhalb von zwei Wochen sowohl der Zweiten Kammer des Parlaments als auch der Stiftung der Arbeit Entwürfe für eine Reihe neuer Verordnungen und Maßnahmen vorlegen, die darauf abzielen, den Konjunkturabstieg zu bremsen". Ziel der Maßnahmen sei es, „im Zusammenhang mit der Bekämpfung der Inflation übermäßige Lohnsteigerungen zu vermeiden; andererseits jedoch den privaten Verbrauch nicht schrumpfen zu lassen; die Investitionstätigkeit anzuregen; schwachen Wirtschaftssektoren besondere Aufmerksamkeit zu widmen. [...] Im Rahmen dieses Programms beabsichtigt das Kabinett, einen in seiner Höhe

che Motor der Entwicklung müßten aber die USA sein. Sie müßten zum frühestmöglichen Zeitpunkt reflationieren. Die Europäische Gemeinschaft sei dabei, ihre Wirtschaftspolitiken zu koordinieren. Aber in einer Krise wie der jetzigen müßte die Koordination sich auf die USA und die anderen westlichen Industriestaaten erstrecken.

Minister Leber forderte dazu auf, die Energieprobleme einzubetten in die größeren politischen und Sicherheitszusammenhänge. Die Energiefrage werde auf lange Sicht die Ost-West-Problematik vertiefen. Er drückte in diesem Zusammenhang seine Sorge aus über die Entwicklungen im Mittelmeer, daß die Eskadra stärker werde, daß Großbritannien Positionen in Zypern und Südostasien aufgeben wolle[13] und daß die Sowjetunion die Kontrolle der Ölwege erhalten könnte.

Luns meinte hierzu, daß er gegenwärtig keine Aussicht dafür sehe, daß die geographische Ausdehnung des Allianzbereichs erweitert werden könnte, aber man müsse Eventualfallpläne machen.

Kissinger bemerkte zu den Ausführungen von Minister Leber über die sowjetische Eskadra, man solle die Argumente der Navy nicht mit den Realitäten der strategischen Lage verwechseln. Die Eskadra sei der amerikanischen Sechsten Flotte wesentlich unterlegen. Was die Sechste Flotte im Mittelmeer bedrohe, seien sowjetische landgestützte Flugzeuge.

An Sauvagnargues gewandt sagte Kissinger, man solle keine übermäßigen Erwartungen in die Gespräche in Martinique setzen. Was den französischen Energiekonferenz-Gedanken angehe, so wolle er offen heraus sagen, daß er eine solche Konferenz nicht vorbereitet sehen möchte wie die KSZE, wo man am Anfang nicht gewußt hätte, wo die Reise hingeht. Die Konferenz könne erst dann zusammentreten, wenn eine klare westliche Position vorliege. In diesem Sinne gehe die amerikanische Seite nach Martinique mit der Absicht, eine solche Position auszuarbeiten.

van Well

VS-Bd. 14063 (010)

Fortsetzung Fußnote von Seite 1661

noch nicht festgelegten Betrag auszuwerfen, der jedoch nicht unter einer Milliarde Gulden liegen soll. U. a. will man mithilfe von Steuersenkungen die Kaufkraft der Bevölkerung aufrechterhalten und die Investitionsneigung stärken." Vgl. den Schriftbericht Nr. 1685; Referat 420, Bd. 108684.

[13] Vgl. dazu die Rede des britischen Verteidigungsministers Mason vom 3. Dezember 1974; Dok. 350, Anm. 8.

377

Aufzeichnung des Ministerialdirektors van Well

212-341.20 17. Dezember 1974

Über Herrn Staatssekretär[1] Herrn Minister[2] mit der Bitte um Zustimmung.
Betr.: KSZE;
 hier: Selbstbestimmungsrecht

I. 1) In Genf steht nach eingehender Diskussion in der Prinzipienunterkommission nunmehr folgender Text über das Selbstbestimmungsrecht zur vorläufigen Registrierung an:

„The participating states will respect the equal rights of peoples and their right to self-determination, acting at all times in conformity with the purposes and principles of the charter of the United Nations[3] and the relevant norms of international law, including those relating to territorial integrity of states.

By virtue of the principle of equal rights and self-determination of peoples, all peoples always have the right, in full freedom, to determine, when and as they wish, their internal and external political status, without external interference, and to pursue as they wish their political, economic, social and cultural development.

The participating states recall/reaffirm the universal significance of respect for and effective exercise of equal rights and self-determination of peoples for the development of friendly relations among themselves as among all states; they also recall the importance of the elimination of any form of violation of this principle."

2) Umstritten ist noch die Formulierung am Ende des ersten Satzes „and the relevant norms of international law including those relating to territorial integrity of states." Sie soll den Bedenken zahlreicher (auch westlicher) Staaten Rechnung tragen, die befürchten, eine extensive Formulierung des Selbstbestimmungsrechts der Völker könne, angesichts nationaler Minderheiten auf ihrem Gebiet, ihre staatliche Einheit gefährden. Wir haben klargemacht, daß wir nicht weitergehen können, als daß wir die Respektierung des Selbstbestimmungsrechts durch die Staaten unter den – an sich selbstverständlichen – Vorbehalt der Beachtung der geltenden Regeln des Völkerrechts einschließlich derjenigen stellen, die die territoriale Integrität betreffen. Insofern haben wir den in Frage stehenden Satz als Kompromißvorschlag eingeführt, nachdem andere, weitergehende Formulierungen von mehreren Delegationen eingebracht worden waren.

3) Gegen den unter 2) zitierten Satzteil hat Rumänien Einwände erhoben, die es unter der Hand damit begründet, daß es sich von der Breschnew-Doktrin[4]

---

[1] Hat Staatssekretär Gehlhoff am 18. Dezember 1974 vorgelegen.
[2] Hat Bundesminister Genscher am 18. Dezember 1974 vorgelegen.
[3] Für den Wortlaut der UNO-Charta vom 26. Juni 1945 vgl. BUNDESGESETZBLATT 1973, Teil II, S. 433–503.
[4] Zur „Breschnew-Doktrin" vgl. Dok. 223, Anm. 9.

befreien möchte. Seine Einwände richten sich gegen die Formulierung „relevant norms of international law". Rumänien schlägt alternativ verschiedene Zusätze vor, die alle darauf hinauslaufen, daß der Vorbehalt auf das allgemeine Völkerrecht beschränkt wird. Wir sind jedoch nach wie vor daran interessiert, die unter I. 1) zitierte Formel beizubehalten, da sie am wenigsten Raum für zweifelhafte Interpretationsversuche offenläßt.

Allenfalls käme für uns als Rückfallposition die von den Rumänen u. a. vorgeschlagene Formel in Betracht:

„and the relevant norms of general international law, including those relating to territorial integrity of states."

Sie enthält eine allgemeine Unterstellung des Respekts des Selbstbestimmungsrechts unter den Vorbehalt der Regeln des allgemeinen Völkerrechts. Sie kann letztlich auch nicht dazu führen, daß bilaterale Absprachen über die Achtung des Selbstbestimmungsrechts, auf die sich zwei Staaten geeinigt haben, außer Kraft gesetzt werden (Brief zur deutschen Einheit[5]).

II. Es wird vorgeschlagen, die Delegation anzuweisen, dem Prinzip 8 in der unter I. 1) angeführten Form zuzustimmen. Sollte sich diese Position jedoch nicht halten lassen und die Delegation in Gefahr geraten, isoliert zu werden, wird sie ermächtigt, der unter I. 3) erwähnten Formel zuzustimmen, da wir uns in Anbetracht der bevorstehenden Diskussionen um die friedliche Grenzänderung und den Interpretationszusammenhang nicht vorzeitig in eine schwierige Lage bringen sollten.[6]

van Well

Referat 212, Bd. 111534

---

[5] Zu den Briefen zur deutschen Einheit, die bei der Unterzeichnung des Moskauer Vertrags am 12. August 1970 und des Grundlagenvertrags am 21. Dezember 1972 übergeben wurden, vgl. Dok. 158, Anm. 6.

[6] Für die entsprechende Weisung vgl. den Drahterlaß Nr. 767 des Ministerialdirigenten Meyer-Landrut vom 18. Dezember 1974 an die KSZE-Delegation in Genf; Referat 212, Bd. 111534.

378

**Aufzeichnung des
Ministerialdirektors Sanne, Bundeskanzleramt**

VS-NfD   18. Dezember 1974[1]

Betr.: Ministergespräch mit dem Bundeskanzler über Fragen des Rüstungsexports am 18. Dezember 1974

Teilnehmer: Bundeskanzler, BM Genscher, BM Friderichs, BM Leber, Chef BK[2].

I. Politische Grundsätze

Es bestand Übereinstimmung, daß am Wortlaut der Politischen Grundsätze der Bundesregierung für den Export von Kriegswaffen und sonstigen Rüstungsgütern[3] nichts geändert werden soll. Hinsichtlich der praktischen Handhabung dieser Grundsätze bestand die Tendenz, zu einer vereinfachten Handhabung zu gelangen. Auf Wunsch des Bundeskanzlers soll eine Entscheidung darüber vom Bundessicherheitsrat in seiner nächsten Sitzung[4] getroffen werden.

II. Deutsch-französische Rüstungszusammenarbeit
hier: Exporte in Drittländer

Der Bundeskanzler stellte fest, daß die Bundesregierung den Standpunkt eingenommen habe, sie werde sich bei Zulieferungen an Frankreich so verhalten, als ob Frankreich Endverbrauchsland sei. Das bedeute, daß die Verantwortung für den Export in Drittländer bei Frankreich liege.

Der Bundesminister für Wirtschaft wies darauf hin, daß wir uns dann bei der Genehmigung von Direktexporten von Waffen und Rüstungsgütern in die von Frankreich belieferten Länder entsprechend verhalten, d. h. solchen Direktexporten im Grundsatz zustimmen müßten.

Der Bundeskanzler entgegnete, daß Entscheidungen in jedem konkreten Einzelfall nach sorgfältiger Prüfung getroffen werden müßten.

Der Bundesminister des Auswärtigen wies auf den letzten Absatz von Artikel 2 der deutsch-französischen Vereinbarung vom 3.11.1971 hin, nach dem die nationalen Gesetze über die Ausfuhr von Kriegswaffen und sonstigen Rüstungsgütern zu beachten sind.[5] Er wies auf die außenpolitischen Probleme hin, die

---

1 Ablichtung.
Die Aufzeichnung wurde mit Begleitvermerk des Staatssekretärs Schüler, Bundeskanzleramt, vom 19. Dezember 1974 an die Bundesminister Genscher, Apel, Friderichs und Leber übermittelt.
Hat Genscher am 22. Dezember 1974 vorgelegen. Vgl. Referat 010, Bd. 178592.
2 Manfred Schüler.
3 Die „Politischen Grundsätze der Bundesregierung für den Export von Kriegswaffen und sonstigen Rüstungsgütern" wurden am 16. Juni 1971 vom Kabinett verabschiedet. Vgl. dazu AAPD 1971, I, Dok. 83.
4 Der Bundessicherheitsrat tagte am 25. Januar 1975.
5 Zur deutsch-französischen Zusammenarbeit auf dem Rüstungssektor legte Vortragender Legationsrat I. Klasse Kruse am 11. Dezember 1974 dar: „In deutsch-französischer Gemeinschaftsproduktion werden gegenwärtig die Panzerabwehr-Flugkörper Milan und Hot, der Boden-Luft-Flugkörper Roland und das Flugzeug Alpha-Jet gefertigt. Frankreichs Interesse ist aus wirtschaftlichen und politischen Gründen darauf gerichtet, diese Waffen ungehindert exportieren zu können. Diesem Interesse hat die Bundesregierung Rechnung getragen, indem sie mit der französischen Regierung im

etwa durch einen Export französischer Waffen mit deutschen Komponenten an den Irak und durch den Einsatz solcher Waffen gegen Israel entstehen könnten.

Es wurde entschieden, daß eine Gruppe von Abteilungsleitern aus dem AA, dem BMWi, dem BMVg und dem BK eine Bestandsaufnahme der französischen Lieferabsichten ausarbeiten und die Haltung der Bundesregierung in den nach Artikel 2 der genannten Vereinbarung vorgesehenen Konsultationen mit der französischen Regierung vorbereiten soll.[6]

III. Verteidigungshilfe, Export von Rüstungsgütern und Lieferung von Überschußmaterial an die Türkei[7] und an Griechenland

Es wurde entschieden, daß kommerzielle Waffenlieferungen an beide Länder wieder genehmigt werden.

Der Bundeskanzler stellte fest, daß im Haushalt 1975 Mittel für eine Verteidigungshilfe an Griechenland nicht verfügbar seien.

Die oben erwähnte Gruppe von Abteilungsleitern (unter Beteiligung des BMF) soll Anfang Januar einen Vorschlag ausarbeiten über die Abwicklung der 7. Tranche der Verteidigungshilfe an die Türkei und die Wiederaufnahme von Gesprächen mit Griechenland über Verteidigungshilfe.[8]. Die Aktion müsse psychologisch und politisch als Gleichbehandlung beider Länder verstanden werden.

IV. Einzelfälle

a) Folgende Exportvorhaben wurden genehmigt:

– Lieferung von Zielfernrohren für das Heckler & Koch-Gewehr an Saudi-Arabien, dessen Bau in Lizenzfertigung von Frankreich an Saudi-Arabien vergeben worden ist.[9]

Fortsetzung Fußnote von Seite 1665

Februar 1972 eine Vereinbarung über die Ausfuhr des gemeinsam produzierten Rüstungsmaterials in dritte Länder schloß. In Artikel 2 der Vereinbarung verpflichteten sich beide Regierungen, sich grundsätzlich gegenseitig nicht daran zu hindern, das gemeinsam entwickelte und gefertigte Rüstungsmaterial in Drittländer auszuführen; die für die Lieferung von Einzelteilen und Komponenten an das ausführende Land erforderlichen Ausfuhrgenehmigungen nach den in den nationalen Gesetzen vorgesehenen Verfahren ohne Verzug zu erteilen; solche Ausfuhrgenehmigungen nur im Ausnahmefall und nach vorangegangenen Konsultationen zu versagen; die nationalen Gesetze über die Ausfuhr von Kriegswaffen und sonstigen Rüstungsgütern im Geiste der deutsch-französischen Zusammenarbeit auszulegen und anzuwenden." Kruse erläuterte, daß die in Artikel 2 der Vereinbarung genannten Versagensgründe für die Bundesregierung durch das Kriegswaffenkontrollgesetz vom 20. April 1961 und das Außenwirtschaftsgesetz vom 28. April 1961 definiert seien: „Die Bundesregierung hat deshalb durch Kabinettsbeschluß vom 1. Dezember 1971 die vorgenannte deutsch-französische Regierungsvereinbarung mit folgender Maßgabe gebilligt: 1) Die Ausfuhrgenehmigungen für Zulieferungen an Frankreich können versagt werden, wenn sie im Gegensatz zu deutschen zwingenden gesetzlichen Bestimmungen stehen (§ 6 Absatz 3 Kriegswaffenkontrollgesetz) oder die Gefahr einer schweren und nachhaltigen Störung unserer auswärtigen Beziehungen herbeiführen würden. 2) Zulieferungen für französische Exporte in Spannungsgebiete unterliegen in jedem Fall der Konsultationspflicht." Vgl. Referat 010, Bd. 178592.

6 Zur weiteren Erörterung der deutsch-französischen Rüstungskooperation bei Exporten in Drittstaaten vgl. die Aufzeichnung des Ministerialdirigenten Lautenschlager vom 27. Januar 1975; AAPD 1975.

7 Zur Frage einer Wiederaufnahme der Verteidigungshilfe an die Türkei vgl. Dok. 357, Anm. 7.

8 Zur Wiederaufnahme der Verteidigungshilfe an Griechenland und an die Türkei vgl. die Aufzeichnung des Ministerialdirektors van Well vom 19. Februar 1975; AAPD 1975.

9 Zu diesem Vorhaben nahm Ministerialdirektor Hermes am 2. Dezember 1974 Stellung: „Das Auswärtige Amt hat gemäß Paragraph 7 Absatz 1 Außenwirtschaftsgesetz zu prüfen, ob der fragliche Export zu einer Störung des friedlichen Zusammenlebens der Völker oder zu einer erheblichen Störung der auswärtigen Beziehungen der Bundesrepublik führen kann. Nach übereinstimmender

- Tonnageerhöhung auf 1100 t für zwei U-Boote, die die Howaldt-Werke-Deutsche Werft AG für Ecuador bauen.[10]
- Lieferung von 27 Panzerabwehrlenkflugkörpern Cobra mit Übungskopf und Zubehör zu Erprobungszwecken an die Philippinen.[11]

Außerdem soll eine Voranfrage der Nordseewerke wegen Lieferung eines U-Bootes an den Iran positiv beantwortet werden, falls der Bundesminister des Auswärtigen nach Prüfung des Vorgangs zustimmt.[12]

b) Der Bundesminister der Verteidigung teilte mit, daß Argentinien die Absicht habe, ein U-Boot an Libyen zu verkaufen, dessen Einzelteile von der Bundesrepublik nach Argentinien geliefert worden sind.[13] Die Lieferung der Ein-

---

Fortsetzung Fußnote von Seite 1666
    Ansicht der Abteilungen 3 und 4 ist die Gefahr einer solchen Störung im Falle der Ausfuhr der 2000 Zielfernrohre nach Saudi-Arabien gegeben. [...] Im BMWi ist dieser Antrag von der zuständigen Abteilung mit negativem Votum der Leitung des Hauses vorgelegt worden. Eine Entscheidung steht noch aus." Vgl. Referat 010, Bd. 178592.

[10] Am 13. Dezember 1974 erläuterte Ministerialdirektor Hermes die bereits erfolgte „Zustimmung der am Genehmigungsverfahren beteiligten Ressorts" zur Herstellung von zwei U-Booten (zu je 1100 t) für die Kriegsmarine von Ecuador: „Der Genehmigungsbescheid an die Howaldtswerke-Deutsche Werft AG erging aufgrund positiver Entscheidung des Bundessicherheitsrats (BSR) vom Mai 1973 über die Firmenverhandlungen mit Ecuador über Lieferung von zwei U-Booten. Die Tonnage-Erhöhung von 450 t auf 1100 t wird von bisheriger BSR-Praxis bei U-Boot-Lieferungen an lateinamerikanische Länder abgedeckt (Argentinien, Kolumbien, Peru, Venezuela). [...] Deutschland ist mit Ecuador durch langjährige Lieferbeziehungen – auch im Rüstungsbereich – verbunden. Der Einkauf deutscher U-Boote ist Teil eines für mehrere Länder Lateinamerikas typischen Marinebeschaffungsprogramms. Die Tonnage (unter 1600 t) entspricht den für uns geltenden WEU-Rüstungsbeschränkungen im Unterwasserschiffbau. Eine Störung des Flottengleichgewichts zwischen Ecuador und seinen Nachbarn durch die Beschaffung der Boote ist nicht zu befürchten." Vgl. Referat 010, Bd. 178592.

[11] Dazu führte Ministerialdirektor Hermes aus: „Die Philippinen sind bestrebt, die Ausrüstung ihrer zahlenmäßig bisher relativ kleinen Streitkräfte zu modernisieren. Hierzu gehört die Ausstattung der Infanterie mit panzerbrechendem Gerät, d. h. mit Verteidigungswaffen. Die Beschaffung deutscher Geräte entspricht philippinischem Bemühen, die Rüstungsbeschaffung (bisher nahezu ausschließlich US-Material) zu diversifizieren. Seit Erlangung der Unabhängigkeit (1946) waren die Philippinen nicht in kriegerische Auseinandersetzungen mit Nachbarländern verwickelt. Südostasien ist kein Spannungsgebiet. Die sich aus der Erprobung möglicherweise ergebende Beschaffung des Systems Cobra bringt keine ins Gewicht fallende Veränderung des Rüstungsgleichgewichts der südostasiatischen Staaten mit sich." Das Auswärtige Amt schließe sich daher dem zustimmenden Votum des Bundesministeriums für Wirtschaft und des Bundesministeriums der Verteidigung an. Vgl. die Aufzeichnung vom 13. Dezember 1974; Referat 010, Bd. 178592.

[12] Zum Projekt der Lieferung von U-Booten in den Iran vgl. Dok. 278, Anm. 11.
Ministerialdirektor Hermes teilte dazu am 3. Dezember 1974 mit, das Bundesministerium der Verteidigung und das Bundesministerium für Wirtschaft hätten keine Einwände gegen das Vorhaben, sofern das Auswärtige Amt die Lieferung der U-Boote befürworte. Er, Hermes, vertrete dagegen die Ansicht, daß eine Genehmigung des Exports „mit den Politischen Grundsätzen für die Rüstungsexportkontrolle nur schwer vereinbar" sei, „weil eine solche Lieferung nicht nur den bisherigen Rahmen der deutsch-iranischen Rüstungsbeziehungen erheblich überschreiten, sondern auch unseren Entscheidungsspielraum gegenüber ähnlichen Wünschen des Irak, Pakistans und Indiens einschränken würde. Wir könnten uns dann gegenüber solchen Wünschen kaum ablehnend verhalten, ohne unsere Beziehungen zu den betreffenden Staaten schweren Belastungen auszusetzen und unsere Politischen Grundsätze für die Rüstungsexportkontrolle in Frage zu stellen." Daher schlage er vor, den betroffenen Firmen mitzuteilen, „daß Genehmigungen für den Export von U-Booten nach dem Iran nicht in Aussicht gestellt werden können". Vgl. VS-Bd. 8846 (403); B 150, Aktenkopien 1974.

[13] Am 30. April 1969 schlossen die Howaldtswerke-Deutsche Werft AG und die argentinische Marine einen Vertrag über die Lieferung von Teilen für zwei 900-Tonnen-U-Boote, die in der argentinischen Werft La Plata zusammengebaut werden sollten. Vgl. dazu die Aufzeichnung des Vortragenden Legationsrats I. Klasse Behrends vom 9. Mai 1969; VS-Bd. 1712 (201); B 150, Aktenkopien 1969.
Vgl. dazu auch AAPD 1971, I, Dok. 19.

zelteile sei ohne Endverbleibsklausel erfolgt.[14] Er neige dazu, keinen Einspruch gegenüber der argentinischen Regierung vorzubringen.

Der Bundeskanzler stellte fest, daß er gegenwärtig sein Einverständnis dazu nicht geben könne. Er neige vielmehr dazu, der argentinischen Regierung mit einer Note mitzuteilen, daß die Bundesregierung von einer Lieferung des U-Boots an Libyen abzusehen bitte.

Es wurde festgestellt, daß der Vorgang zunächst zwischen dem AA und dem BMVg weiterbehandelt werden soll.

Sanne

Referat 010, Bd. 178592

379

Aufzeichnung des Botschafters Schirmer

Arbeitsstab 32   **18. Dezember 1974**[1]

Über Herrn Staatssekretär[2] Herrn Minister[3]

Betr.: Stand des Europäisch-Arabischen Dialogs

Bezug: StS-Vorlage vom 13. Dezember 1974 – 32-510.10 EG[4]

Zweck der Vorlage: Zur Information

I. Auf der diesjährigen Abschlußsitzung der Europäischen Koordinierungsgruppe unter französischem Vorsitz am 17. Dezember 1974 kamen alle neun Delega-

---

[14] Vortragender Legationsrat Heinichen informierte die Botschaft in Buenos Aires am 5. Dezember 1974, daß Argentinien trotz fehlender Endverbleibszusicherung für die U-Boot-Komponenten aus der Bundesrepublik nach „Abs. 4 Geheimschutzvereinbarung vom 13.6.1969 – Ressortabkommen BMVg – verpflichtet" sei, „‚militärische Verschlußsachen nicht ohne vorherige Zustimmung des Herausgebers an einen dritten Staat oder an Angehörige dieses Staates' weiterzugeben. Gemäß der VS-Einstufungsliste für U-Boote Argentinien sind einige Leistungsdaten sowie ein Teil der Konstruktionsunterlagen Verschlußsachen im Sinne der Geheimschutzvereinbarung. [...] Hinsichtlich der SST-4 Torpedos ist Argentinien gemäß Ziff. 2.2 des Vertrags mit AEG-Telefunken verpflichtet, für Weiterlieferung Zustimmung des BMVg einzuholen. Hier wurde in Direktorenbesprechung entschieden, daß der argentinische Wunsch auf Freigabe der U-Boote für Weiterlieferung an Libyen abgelehnt werden muß." Vgl. den Drahterlaß Nr. 522; Referat 422, Bd. 117140.

[1] Die Aufzeichnung wurde von Botschafter Schirmer und von Legationsrat I. Klasse Weiß konzipiert.

[2] Hat Staatssekretär Gehlhoff am 20. Dezember 1974 vorgelegen.

[3] Hat Bundesminister Genscher am 23. Dezember 1974 vorgelegen.

[4] In der Aufzeichnung führte Botschafter Schirmer aus: „Der Herr Bundesminister hat am 23. November 1974 zugestimmt, daß im Interesse der Weiterführung des europäisch-arabischen Dialogs eine begrenzte Gruppe von europäischen und arabischen Vertretern zusammentritt, um unter Ausklammerung der PLO-Problematik Fragen des weiteren Verfahrens (Bildung von Arbeitsausschüssen und Kriterien der Zusammenarbeit) zu klären. Auf der Sitzung der Europäischen Koordinierungsgruppe am 3. Dezember 1974 haben die Franzosen darauf bestanden, daß bereits in der mündlichen Mitteilung an die Araber die Bereitschaft angeboten werden müsse, über die PLO-Problematik zu diskutieren. Hiergegen erhob die deutsche Delegation Einspruch und wurde dabei von

tionen zu folgender politischer Bewertung des Dialogs und seines gegenwärtigen Standes:
a) Angesichts der wachsenden Spannung im Nahen Osten ist eine Institutionalisierung des Dialogs (z. B. Beginn der Tätigkeit der Arbeitsausschüsse) von allergrößter Wichtigkeit, da jede Verbindungslinie zu den Arabern im Krisenfalle nützlich sein wird.
b) Der Dialog besitzt einen hohen integrationspolitischen Stellenwert für die europäische Zusammenarbeit.
c) Der Dialog wird die europäisch-arabischen Beziehungen auf wirtschaftlichem, technischem und kulturellem Gebiet in großem Maße vertiefen und damit beide Regionen insgesamt stärker miteinander verbinden.[5]
II. Der Dialog tritt zur Zeit wegen des Versuches der arabischen Seite, eine palästinensische Präsenz zu erreichen, auf der Stelle.[6]
Seit der Gipfelkonferenz von Rabat[7] und der Gewährung des Beobachterstatus durch die Vereinten Nationen an die PLO[8] betrachten es die arabischen Staaten als selbstverständlich, daß die PLO als Vollmitglied der Arabischen Liga wie jeder andere Mitgliedsstaat am Dialog teilnimmt. Diese Haltung ist nicht unbedingt als politische Demonstration zu sehen, sondern ist eher aus der Grundvoraussetzung des Dialogs abzuleiten, daß alle Mitgliedstaaten der EG und der Arabischen Liga teilnehmen können.
Für die europäische Seite stellt sich die Frage der Teilnahme der PLO derzeit jedoch in anderem Lichte, da sie nach unserer Auffassung indirekt eine Politisierung des Dialogs bedingen und damit laufende Friedensbemühungen im Nahen Osten behindern könnte. Die EPZ-Ministerräte vom 4. März[9] und 1./2. April 1974[10] haben eine solche Behinderung der Friedensbemühungen ausdrücklich ausgeschlossen.

Fortsetzung Fußnote von Seite 1668
  Großbritannien, Dänemark und den Niederlanden unterstützt. Bei der Besprechung mit den Politischen Direktoren während des NATO-Treffens in Brüssel am 12. Dezember 1974 haben die Franzosen nochmals vorgeschlagen, mit den Arabern im Rahmen einer begrenzten Kontaktgruppe zusammenzukommen [...]. Die Franzosen haben nicht darauf bestanden, die Diskussion der PLO-Frage schon bei der Einladung der Kontaktgruppe zu erwähnen und haben damit offenbar unsere Bedenken berücksichtigt. Die deutsche Delegation beabsichtigt, bei der nächsten Sitzung der Europäischen Koordinierungsgruppe am 17. Dezember daran festzuhalten, daß es überflüssig ist, europäischerseits zu diesem Zeitpunkt die PLO-Problematik ausdrücklich anzusprechen. Wir rechnen damit, daß die Araber einer allgemein gehaltenen Aufforderung zur Weiterführung des Dialogs nachkommen werden und daß es möglich sein wird, noch in diesem Jahr – wie die französische Präsidentschaft es anstrebt – eine begrenzte europäisch-arabische Kontaktgruppe zusammentreten zu lassen." Vgl. Referat 310, Bd. 104984.
[5] Die Absätze a) bis c) wurden von Bundesminister Genscher hervorgehoben. Dazu vermerkte er handschriftlich: „r[ichtig]".
[6] Zur Forderung der Arabischen Liga nach Einbeziehung der PLO in den europäisch-arabischen Dialog vgl. Dok. 339, Anm. 9.
[7] Zur Gipfelkonferenz der Mitgliedsstaaten der Arabischen Liga vom 26. bis 29. Oktober 1974 in Rabat vgl. Dok. 306, Anm. 8, und Dok. 371, Anm. 7.
[8] Vgl. dazu die Resolution Nr. 3237 der UNO-Generalversammlung vom 22. November 1974; Dok. 339, Anm. 5.
[9] Zur Konferenz der Außenminister der EG-Mitgliedstaaten im Rahmen der EPZ am 4. März 1974 in Brüssel vgl. Dok. 77.
[10] Zur Konferenz der Außenminister der EG-Mitgliedstaaten im Rahmen der EPZ am 1./2. April 1974 in Luxemburg vgl. Dok. 111.

Die Delegationen Großbritanniens, Dänemarks, der Niederlande und der Bundesrepublik Deutschland haben dieser Bewertung ein besonderes politisches Gewicht beigemessen. Während die französische Delegation noch Anfang Dezember versucht hatte, eine Entscheidung zu forcieren, daß den Arabern die europäische Bereitschaft angeboten werden sollte, in kleinerem Kreise die PLO-Teilnahme zu erörtern, hat sie sich nunmehr der oben skizzierten Linie angeschlossen.

Alle Delegationen stimmten überein, daß die PLO-Frage bis auf weiteres ausgeklammert bleiben sollte und wir auf Zeitgewinn hinarbeiten müßten. Andererseits müsse jedoch auch auf arabischer Seite dem Eindruck vorgebeugt werden, die Neun steuerten einen Konfrontationskurs, da sonst der Dialog zu scheitern drohe. Um daher das Gespräch nicht abreißen zu lassen, wurde beschlossen, daß der irische Vorsitzende[11] Anfang Januar als Vertreter der neuen Präsidentschaft der arabischen Seite einen Höflichkeitsbesuch machen solle.[12] Er kann dabei unser Interesse an der praktischen Weiterführung des Dialogs dadurch unterstreichen, daß er von europäischer Seite ausgearbeitete Geschäftsordnungen für die Allgemeine Kommission und ihre Arbeitsausschüsse überreicht und vorschlägt, mit der Erörterung praktischer Projekte in den Arbeitsausschüssen zu beginnen. Er wird der Europäischen Koordinierungsgruppe auf ihrer nächsten Sitzung am 22. Januar 1975 in Dublin[13] über seine Gespräche berichten.

Schirmer

Referat 310, Bd. 104984

---

[11] Garret FitzGerald.
[12] Der Vorsitzende der Europäischen Koordinierungsgruppe, Kennan, führte gemeinsam mit dem Beauftragten des EG-Ministerrats, Meyer, am 18. Januar 1975 ein Gespräch mit dem Generalsekretär der Arabischen Liga, Riad.
[13] Zur Vorbereitung der Sitzung der Europäischen Koordinierungsgruppe vgl. die Aufzeichnung des Botschafters Schirmer vom 17. Januar 1975; AAPD 1975.

380

Botschafter Freiherr von Braun, Paris, an das Auswärtige Amt

114-15354/74 VS-vertraulich Aufgabe: 19. Dezember 1974, 12.11 Uhr[1]
Fernschreiben Nr. 3932 Ankunft: 19. Dezember 1974, 13.45 Uhr
Citissime

Betr.: Verhandlungen über die Aufnahme diplomatischer Beziehungen zu Nordvietnam;
hier: Dritte Gesprächsrunde am 18. Dezember 1974

Bezug: Schriftbericht vom 5.12.1974 – Pol 302-768I/74 VS-v[2]

Zur Information

I. Botschafter Sung erklärte anhand eines vorbereiteten Sprechzettels zu den von mir beim letzten Gespräch[3] vorgebrachten Punkten folgendes:

1) Über die Aufnahme diplomatischer Beziehungen werde ein Kommuniqué verfaßt. Er wolle uns einen Entwurf hierzu bis zur nächsten Sitzung zustellen.

2) Ein Aide-mémoire könnte unsere Einigung zu den folgenden Punkten enthalten:
– Personalbestand der Botschaften (insgesamt 15 entsandte Kräfte),
– gleichzeitige Eröffnung der beiden Botschaften in den beiden Hauptstädten,
– gleichzeitige Entsendung von Botschaftern,
– Unterstützung bei Erwerb oder Miete eines Botschaftsgebäudes,
– Nachrichtenverbindung,
– Privilegien des Botschafters und der Botschaftsangehörigen. Diese sollten nach Ansicht seiner Regierung so geregelt werden, daß die Angehörigen der jeweiligen Botschaften denen anderer Botschaften in den beiden Hauptstädten gleichgestellt würden (dies wiederholte er im Laufe der Unterhaltung mehrfach).

3) Schriftliche Fixierung (ebenfalls Aide-mémoire) über Einräumung konsularischer Befugnisse an die beiden Botschaften.

Die Konsularbeamten sollen diplomatischen Status haben und Angehörige der Außenministerien sein.

Nach Aufnahme diplomatischer Beziehungen könne über ein Konsularabkommen verhandelt werden.

---

[1] Hat Legationsrat I. Klasse Heinemann am 20. Dezember 1974 vorgelegen, der die Weiterleitung an Vortragenden Legationsrat Kastrup verfügte.
Hat Kastrup am 27. Dezember 1974 vorgelegen, der die Weiterleitung an Vortragenden Legationsrat I. Klasse Lücking verfügte.
Hat Lücking am 30. Dezember 1974 vorgelegen.

[2] Botschafter Freiherr von Braun, Paris, übermittelte den Sprechzettel „Fragen im Zusammenhang mit der Errichtung von Botschaften", der dem Gespräch mit dem nordvietnamesischen Botschafter Vo Van Sung am 4. Dezember 1974 (zweite Gesprächsrunde) zugrunde lag. Vgl. dazu Dok. 353, Anm. 4.

[3] Vgl. Dok. 353.

4) In der Frage der Vertretung Berlins (West) und der ständig in Berlin (West) ansässigen Personen bekräftigte Sung nochmals den ursprünglichen Standpunkt seiner Regierung, daß sie im Zusammenhang mit der Aufnahme diplomatischer Beziehungen eigentlich nicht zu behandeln wären. Da wir dies aber mit Nachdruck wünschten, sei er bereit, darüber zu sprechen, dies aber unter der Bedingung, daß wir unsererseits zustimmten, über gewisse in den Pariser Vietnam-Abkommen[4] und der Schlußakte der Pariser Vietnam-Konferenz[5] enthaltene Fragen zu sprechen. Er begründete diesen Wunsch insbesondere damit, daß die Pariser Schlußakte einen Appell an alle Staaten zur Beachtung der in ihr und in den Pariser Abkommen geregelten Fragen enthalte. Sollten wir diesem Wunsch zustimmen, so werde er bei dem nächsten Gespräch näher ausführen, um welche Fragen es sich handle.

Den folgenden Meinungsaustausch gebe ich zusammengefaßt wieder:

II. Zu den Punkten 2 und 3 erwiderte ich folgendes:

- Ich stelle fest, daß Sung sich in beiden Fällen nicht auf die Wiener Konvention[6] beziehe, sie also nicht in unseren bilateralen Beziehungen anwenden wolle. Daraus folge für uns, daß die Liste der Punkte, über die wir uns bilateral zu einigen hätten, erweitert werden müsse.

- Die Wiener Konvention enthalte eine Reihe allgemeiner Regelungen, die von uns in den Beziehungen mit anderen Staaten stets angewandt würden. Dies gelte insbesondere für das Prinzip der Gegenseitigkeit, das z. B. in der Frage der Bewegungsfreiheit für den Botschafter und das Botschaftspersonal erhebliche praktische Auswirkungen habe. Hierauf wolle ich ihn besonders aufmerksam machen, da diese Regel auf das Personal verschiedener Vertretungen in der Bundesrepublik Deutschland angewandt würde.

Seinen Ausführungen entnahm ich, daß er ein Prinzip der Nichtdiskriminierung unter den verschiedenen Vertretungen am selben Ort vertrete. Dies bringe ein neues Element in die Diskussion.

- Die deutsche Seite gehe schließlich davon aus, daß gewisse Fragen in Form eines Notenwechsels oder eines von beiden Seiten zu unterzeichnenden Pro-

---

[4] Am 27. Januar 1973 unterzeichneten der amerikanische Außenminister Rogers, der nordvietnamesische Außenminister Nguyen Duy Trinh, der südvietnamesische Außenminister Tran Van Lam und der Außenminister der Provisorischen Revolutionsregierung der Republik Südvietnam, Nguyen Thi Binh, in Paris ein Abkommen über die Beendigung des Kriegs und die Wiederherstellung des Friedens in Vietnam. Für den Wortlaut des Abkommens und der zugehörigen vier Protokolle vgl. DEPARTMENT OF STATE BULLETIN, Bd. 68 (1973), S. 169–188. Für den deutschen Wortlaut vgl. EUROPA-ARCHIV 1973, D 112–122 (Auszug).

[5] Vom 26. Februar bis 2. März 1973 fand in Paris die Internationale Konferenz zur Wiederherstellung des Friedens in Vietnam statt. In der Schlußakte bestätigte und billigte sie das Abkommen vom 27. Januar 1973 sowie die zugehörigen vier Protokolle. In Artikel 5 wurde ausgeführt: „For the sake of a durable peace in Viet-Nam, the Parties to this Act call on all countries to strictly respect the fundamental national rights of the Vietnamese people, i.e. the independence, sovereignty, unity, and territorial integrity of Viet-Nam and the right of the South-Vietnamese people to self-determination and to strictly respect the Agreement and the Protocols by refraining from any action at variance with their provisions." Vgl. DEPARTEMENT OF STATE BULLETIN, Bd. 68 (1973), S. 346. Für den deutschen Wortlaut vgl. EUROPA-ARCHIV 1973, D 125.

[6] Für den Wortlaut des Wiener Übereinkommens vom 18. April 1961 über diplomatische Beziehungen vgl. BUNDESGESETZBLATT 1964, Teil II, S. 958–1005.

tokolls schriftlich fixiert werden sollten, während er die Regelung in Form eines Aide-mémoire vorschlage.

Zu diesen Ausführungen nahm Sung wie folgt Stellung:
- Wir seien der erste Staat, der eine so detaillierte Regelung verlange. Seine Regierung sei bereit, auf unseren Wunsch einzugehen. Über die Wiener Konvention wolle seine Regierung nicht anläßlich einer bilateralen Abmachung befinden. Er sei bereit, über alle diejenigen Punkte zu sprechen, die wir in eine schriftliche Vereinbarung aufnehmen wollten. Er erbat von uns hierzu einen Entwurf.
- Bei der Anwendung des Prinzips der Gegenseitigkeit müßten wir auch die Verschiedenheit der Bedingungen in den beiden Ländern berücksichtigen, z. B. Kriegs- oder Notzustand in Nordvietnam. Die Bedingungen würden sich in Nordvietnam jedoch langsam günstiger entwickeln.
- Ein Aide-mémoire habe für seine Regierung dieselbe Wirkung wie ein Notenaustausch oder ein Protokoll. Er bleibe bei seinem Vorschlag eines Aide-mémoire. Die Übergabe des von uns erbetenen Entwurfs werde aber die Frage der Form der schriftlichen Vereinbarung nicht präjudizieren. (Über sie ist also noch zu verhandeln.)

III. Zu Punkt 4 unter I. erklärte ich Sung, ihm dazu solange keine Antwort geben zu können, als ich nicht wisse, welche Fragen er im Zusammenhang mit den Pariser Abkommen und der Schlußakte zu besprechen wünsche. Handelte es sich um Fragen, die die Souveränität dritter Staaten berührten, so müsse ich ihm jetzt schon sagen, daß solche Fragen nicht Gegenstand unserer Besprechungen sein könnten.

Außerdem erkläre ich in diesem Zusammenhang nochmals, daß für uns eine befriedigende Regelung für Berlin (West) und die ständig in Berlin (West) ansässigen Personen unabdingbarer integraler Bestandteil diplomatischer Beziehungen sei.

Sung erwiderte, daß die Pariser Abkommen Fragen regeln, die die „Souveränität und die Kompetenzen" seiner Regierung in bezug auf „Vietnam" beträfen.

Darauf erklärte ich ihm, daß diese Fragen noch der Präzisierung bedürften und ich ihm unter diesen Umständen keine Antwort bezüglich unserer Bereitschaft zur Verhandlung über gewisse Fragen aus den Pariser Abkommen erteilen könnte.

IV. Da ich während des Monats Januar 1975 von Paris abwesend bin, vereinbarten wir als Termin für das nächste Gespräch den 5. Februar 1975, 16.00 Uhr.[7] Bis dahin müßten wir der nordvietnamesischen Botschaft unseren Vorschlag zum Inhalt einer Vereinbarung betr. die Punkte 2 und 3 unter I zu stellen. Die nordvietnamesische Seite wird uns ihrerseits den Kommuniqué-Text übersenden.

---

[7] Das vierte Gespräch des Botschafters Freiherr von Braun, Paris, mit dem nordvietnamesischen Botschafter Vo Van Sung über die Aufnahme diplomatischer Beziehungen fand am 12. Februar 1975 statt.

Am 5. Februar werde ich auch dazu Stellung nehmen müssen, ob und inwieweit wir uns auf ein Gespräch über Fragen der Pariser Abkommen und der Pariser Schlußakte einlassen können.[8]

[gez.] Braun

VS-Bd. 10107 (210)

381

Botschafter Krapf, Brüssel (NATO), an das Auswärtige Amt

114-15372/74 VS-vertraulich   Aufgabe: 20. Dezember 1974, 12.30 Uhr[1]
Fernschreiben Nr. 1845   Ankunft: 20. Dezember 1974, 14.30 Uhr

Betr.: Deutsch-isländischer Fischereizonenstreit
       hier: Strategische Bedeutung von Island für die NATO
Bezug: Plurex Nr. 1793 vom 12.12.1974[2] und
        Plurex Nr. 1805 vom 13.12.1974[3]

Zur Unterrichtung

Bei den weiteren Überlegungen zu unserem Verhalten im Fischereizonenstreit mit Island bitte ich, auch die nachstehend kurz dargestellte strategische Bedeutung Islands für die NATO zu berücksichtigen. Angesichts der ständig zunehmenden Stärke der sowjetischen Flotte stellen die in Island stationierten amerikanischen NATO-Einrichtungen[4] einen unersetzbaren Stützpunkt sowohl für die atlantische Verteidigung insgesamt als auch ganz besonders für die Sicherheit Mitteleuropas dar. Die Bedeutung Islands ist für uns wegen unserer Abhängigkeit von den Verbindungswegen mit den Vereinigten Staaten höher einzuschätzen als die der Staaten der Südostflanke. Für die NATO bedeutet der Stützpunkt in Island vor allem:

1) eine unersetzliche Basis sowohl für die Überwachung der Zufahrtswege der sowjetischen Flotte in den Nordatlantik und die Nordsee wie auch für die westlichen Anti-U-Boot-Operationen;

---

[8] Zur Stellungnahme der Bundesregierung vgl. die Aufzeichnung des Ministerialdirigenten Fischer, Bundeskanzleramt, vom 23. Januar 1975; AAPD 1975.

[1] Hat Vortragendem Legationsrat Kunz am 30. Dezember 1974 vorgelegen.
Hat Vortragendem Legationsrat I. Klasse Pfeffer am 17. Januar 1975 vorgelegen.

[2] Vgl. Dok. 370.

[3] Zu dem Bericht des Botschafters Krapf, Brüssel (NATO), über die Ausführungen des isländischen Außenministers Agústsson während der NATO-Ministerratstagung am 12. Dezember 1974 vgl. Dok. 370, Anm. 6.

[4] Die USA unterhielten auf Island den Stützpunkt Keflavik, der aufgrund des Verteidigungsabkommens vom 5. Mai 1951 zwischen den USA und Island eingerichtet wurde. Für den Wortlaut vgl. UNTS, Bd. 205, S. 174–179.
Zur Revision des Abkommens vom 22. Oktober 1974 vgl. Dok. 183, Anm. 24.

2) ebenso für die NATO-Luftaufklärung gegen sowjetische Luftoperationen unter relativ günstigen geographischen und kostenmäßigen Bedingungen;
3) ein wichtiges Bindeglied für das Frühwarnsystem für Europa und Nordamerika;
4) die größtmögliche Sicherung der nördlichen atlantischen Versorgungslinien;
5) eine wichtige Versorgungsbasis für die „strike fleet", die es ermöglicht, jeweils in den strategisch vorteilhaftesten Gebieten zu operieren.

Ein Ausfallen der Basis Island auch in Friedenszeiten oder ihre Beeinträchtigung würde nach Ansicht des Military Committee die Abschreckungs- und Verteidigungsfähigkeit der Allianz im atlantisch-mitteleuropäischen Bereich empfindlich schwächen.

Bei aller Rücksichtnahme auf deutsche Fischerei-Interessen sollte daher vermieden werden, daß die Auseinandersetzung mit Island einen Punkt erreicht, an dem sie auf die Stimmung innerhalb des Bündnisses übergreift (wie im Fall des Vereinigten Königreichs[5]) und die innenpolitische Position der gegenwärtig relativ NATO-freundlichen isländischen Regierung gefährdet.

[gez.] Krapf

VS-Bd. 8085 (201)

382

Bundeskanzler Schmidt an Präsident Ford

VS-vertraulich   23. Dezember 1974[1]

Persönlich

Vertraulich

Sehr geehrter Herr Präsident,

nach der erfreulichen Annäherung der Standpunkte der Vereinigten Staaten und Frankreichs über das weitere Procedere in der internationalen Energiepolitik[2] möchte ich auf meinen Vorschlag für ein vorbereitendes privates Treffen von unabhängigen Sachverständigen[3] zurückkommen.

---

[5] Zur Auswirkung des Fischereistreits auf die isländische Haltung zur NATO vgl. AAPD 1973, II, Dok. 255.

[1] Ablichtung.
Das Schreiben wurde mit Drahterlaß des Vortragenden Legationsrats I. Klasse Schönfeld vom 23. Dezember 1974 an Botschafter von Staden, Washington, übermittelt. Schönfeld wies Staden an: „Bitte umgehend beigefügte persönliche und vertrauliche Botschaft des Bundeskanzlers an Präsident Ford nebst Höflichkeitsübersetzung an hoher Stelle im Weißen Haus mit der Bitte um sofortige Vorlage überreichen." Vgl. den Drahterlaß Nr. 2331; VS-Bd. 8848 (403); B 150, Aktenkopien 1974.

[2] Zum Ergebnis des Treffens des Präsidenten Ford mit Staatspräsident Giscard d'Estaing vom 14. bis 16. Dezember 1974 auf Martinique im Bereich der Energiepolitik vgl. Dok. 376, Anm. 11.

[3] Zum Vorschlag des Bundeskanzlers am 5. Dezember 1974 gegenüber Präsident Ford vgl. Dok. 354.

1) Ich stelle mir vor, daß sich in der zweiten Hälfte Januar eine Gruppe von nicht mehr als fünfzehn Sachverständigen etwa zwei bis drei Tage lang trifft, ohne jede Publizität und am besten in der Anonymität einer großen Stadt wie Hamburg, München oder Frankfurt. Die deutsche Seite würde einladen und auch die sonstigen organisatorischen Vorbereitungen übernehmen.

Ich unterstreiche, daß die Gesprächsteilnehmer nicht Beamte oder Beauftragte ihrer Regierung sein sollen und daß sie die Regierungen auch nicht binden können. Auf der anderen Seite muß es sich um Persönlichkeiten handeln, die das Vertrauen ihrer Regierungen genießen und direkten Zugang zur Regierungsspitze haben.

Aufgabe dieser Sachverständigen sollte es sein, alle die großen Probleme zu diskutieren, die für die Weltwirtschaft nach der Explosion der Ölpreise entstanden sind, und Lösungsvorschläge auszutauschen, die durchaus nicht einvernehmlich gefunden werden müssen, sondern Alternativen aufzeigen können. Zu den Themen gehören ebenso die monetären wie die energiepolitischen wie auch die handelspolitischen Maßnahmen, die von den Staaten einzeln oder gemeinsam unternommen werden könnten, um den drohenden Einbruch in der Weltwirtschaft aufzufangen und in eine positive Entwicklung umzukehren. Das Schwergewicht würde ich bei den monetären Fragen sehen, weil hier am schnellsten gehandelt werden muß und kann.

Teilnehmer sollten mindestens aus den Vereinigten Staaten, Großbritannien, Frankreich und Japan, eventuell außerdem aus Italien und Benelux kommen.

2) Zu diesem Zwecke richte ich heute einen gleichen Brief an Präsident Giscard d'Estaing[4] sowie einen entsprechenden Brief an Ministerpräsident Harold Wilson[5]. Ich wäre Ihnen für baldige grundsätzliche Zustimmung und für Benennung von ein oder zwei Personen dankbar. Unmittelbar nach Eingang Ihrer Antwort würde ich – je nach Ihrem Ratschlag – mich an Ministerpräsident Miki und eventuell an Ministerpräsident Moro und Ministerpräsident den Uyl wenden. Ebenso wird ein deutscher Vertrauensmann (voraussichtlich ein international versiertes Vorstandsmitglied der Deutschen Bank) sodann direkte Einladungen an die von Ihnen benannten Personen ergehen lassen.

3) Wie ich Ihnen gegenüber erwähnt habe, stammt der Gedanke an eine solche private Konferenz ursprünglich aus einem über den iranischen Wirtschaftsminister Ansari zwischen mir und dem Schah von Iran geführten Meinungsaustausch. Wir kamen überein, daß eine private Konferenz außer den oben

---

[4] Für das Schreiben an Staatspräsident Giscard d'Estaing vgl. VS-Bd. 8848 (403); B 150, Aktenkopien 1974.
Bundeskanzler Schmidt unterrichtete Giscard d'Estaing bereits am 13. Dezember 1974 über seinen Vorschlag für inoffizielle Gespräche auf Expertenebene. Legationsrat I. Klasse Leonberger, Bundeskanzleramt, notierte über das Telefongespräch: „Zu der Idee, ein Expertengremium theoretische Vorarbeit zur Lösung der Ölpreis- und Versorgungsprobleme leisten zu lassen, führte der BK aus, daß er in der Lage wäre, dieses Vorhaben im Januar – als ein ‚private enterprise' – auf den Weg zu bringen. Teilnehmerkreis 15 Personen. Der BK äußerte, daß er die Zustimmung des französischen Präsidenten für dieses Projekt begrüßen würde. Er erinnerte in diesem Zusammenhang an die Arbeit der ‚First Library Group' und unterstrich seine Auffassung, daß für das obengenannte Expertengremium nur Privatpersonen ohne offizielle Funktion ausgewählt werden sollten." Vgl. Archiv der sozialen Demokratie, Depositum Helmut Schmidt, Mappe 6586.
[5] Für das Schreiben an Premierminister Wilson vgl. VS-Bd. 8848 (403); B 150, Aktenkopien 1974.

erwähnten Verbraucherstaaten auch unabhängige Sachverständige aus Iran, Saudi-Arabien, Algerien und Venezuela umfassen sollte. Ich habe dem Schah zugesagt, Ihnen gegenüber dazu die Initiative zu übernehmen. Entsprechend Secretary of State Kissingers Ratschlag würde ich jetzt aber die Zusammenkunft von Experten bloß aus Verbraucherstaaten gemäß obiger Ziffern 1) und 2) vorangehen lassen.[6] Ich werde darüber nichts nach Teheran mitteilen. Wohl aber werde ich dem Schah sagen, daß ich unsere gemeinsame Anregung an Sie weitergegeben habe und Ihre Antwort erwarte.

4) Wenn die unter 1) genannte Zusammenkunft erfolgreich verlaufen sein wird, sollte meines Erachtens danach für zwei Tage zu einer Zusammenkunft mit den in Ziffer 3) genannten ölexportierenden Staaten eingeladen werden. Es könnte sein, daß Sie Saudi-Arabien und Präsident Giscard d'Estaing Algerien auffordern wollen, einen privaten Experten zu nominieren. Ob der Schah sich, wie er vorschlug, an Venezuela wenden sollte, oder ob Sie dies lieber selbst tun wollen, stelle ich anheim.

5) Ich sehe dies als meine private Initiative an, nicht als eine Sache der Bundesregierung. Daher wäre ich Ihnen dankbar, wenn Sie Ihre Antwort mir direkt zuleiten würden.[7] Im Bundeskanzleramt steht im übrigen Ministerialdirektor Sanne als Ansprechpartner zur Verfügung.

Mit freundlichen Grüßen
gez. Ihr Helmut Schmidt

VS-Bd. 8848 (403)

---

[6] Zum Vorschlag des amerikanischen Außenministers Kissinger für eine Konferenz der erdölverbrauchenden Staaten vgl. Dok. 376, Anm. 7.
[7] Botschafter von Staden, Washington, übermittelte am 26. Dezember 1974 das Antwortschreiben des Präsidenten Ford: „As I told you during your visit here, your proposal for a mid-January meeting of consumer country experts has much to recommend it and we will be prepared to participate. Our ‚unofficial' representative will be Mr. George Shultz, former Secretary of the Treasury. He has my full confidence as well as that of Secretary Kissinger. However, Mr. Chancellor, I cannot be so hopeful with regard to the meeting with experts from producing countries, which you suggest should follow on the consumer meeting. As you and I have discussed [...] we do not believe that multilateral consumer-producer meetings – whether at the official or unofficial level – will serve any useful purpose until the consumers are thoroughly prepared, and have come to substantial agreement on the common course they will follow – particularly in the financial field. [...] In sum, Mr. Chancellor, we welcome the opportunity to send an unofficial representative to the Federal Republic in mid-January to meet with representatives from other consumer countries. Should you decide, however, to follow the consumers' meeting – no matter how successful it might be – with a meeting with selected producers, the United States would have to leave the conference at that time." Vgl. den Drahtbericht Nr. 3780; VS-Bd. 8848 (403); B 150, Aktenkopien 1974.

Personenregister

Bei der Benutzung des Personenregisters sind folgende Hinweise zu beachten:
- Die Personen werden in alphabetischer Folge erfaßt.
- In der Regel wird die maßgebliche Funktion im Jahr 1974 genannt. Falls im Kontext erforderlich, wird zusätzlich auf frühere Funktionen hingewiesen.
- Bei einigen Personen sind im Rahmen der Edition ausschließlich bestimmte Funktionen vor dem Jahr 1974 von Interesse. In diesen Fällen erfolgen nähere zeitliche Angaben.
- Steht ein Dokument in seiner Gesamtheit in Beziehung zu einer Person, ist die Dokumentennummer angegeben.
- Beim Nachweis einzelner Seiten beziehen sich hochgestellte Ziffern auf Fußnoten.
- Zu den im Auswärtigen Amt gebräuchlichen deutschen Funktionsbezeichnungen für ausländische Diplomaten werden in Einzelfällen die entsprechenden Termini in der jeweiligen Landessprache in Klammern hinzugefügt.
- **Band I** reicht von Dokument 1 bis 193 bzw. von Seite 3 bis 858 und **Band II** von Dokument 194 bis 382 bzw. von Seite 859 bis 1677.

Abdessalam, Belaid Industrie- und Energieminister der Demokratischen Volksrepublik Algerien **Dok. 10** und S. 52–56, 93, 517, 1050[12]

Abelein, Manfred Mitglied des Deutschen Bundestages (CDU) S. 523, 524[6]

Abrassimow, Pjotr Andrejewitsch 1962–1971 Botschafter der Union der Sozialistischen Sowjetrepubliken in Ost-Berlin S. 1001

Acland, Antony Arthur Erster Privatsekretär des britischen Außenministers (Principal Private Secretary to the Secretary of State) S. 408, 412, 759

Adenauer, Konrad 1949–1963 Bundeskanzler der Bundesrepublik Deutschland S. 118[17], 210, 256, 1172[9], 1469[7], 1470

Adriaenssen, Jan Leiter der belgischen Delegation bei den MBFR-Verhandlungen in Wien S. 156–158, 384, 725[12], 1519, 1521

Afshar, Amir Aslan Botschafter des Kaiserreichs Iran in Bonn S. 301

Agústsson, Einar Außenminister der Republik Island **Dok. 370** und S. 358[3], 359 f., 797

Ahrens, Werner Botschafter der Bundesrepublik Deutschland in Kopenhagen S. 1609[6]

Alchimow, Wladimir Sergejewitsch Stellvertretender Minister für Außenhandel der Union der Sozialistischen Sowjetrepubliken S. 1364

Alessandrini, Federico Pressesprecher des Heiligen Stuhls S. 1263[7]

Alexy, Helmut Botschaftsrat an der Botschaft der Bundesrepublik Deutschland in Moskau S. 181[1], 327

Alichanow Stellvertretender Vorsitzender des Staatskomitees für außenwirtschaftliche Beziehungen der Union der Sozialistischen Sowjetrepubliken S. 363[10]

Allende Gossens, Salvador 1970–1973 Präsident der Republik Chile S. 1529[3]

Allon, Yigal stellvertretender Ministerpräsident sowie Minister für Erziehung und Kultur des Staates Israel, seit 3. Juni 1974 stellvertretender Ministerpräsident und Außenminister **Dok. 241, 283, 306** und S. 1472[18], 1504[3]

de Almeida, A. Fortunato Leiter der portugiesischen Delegation bei der KSZE in Genf S. 1566

Almeyda Medina, Clodomiro Mitglied des ZK der Sozialistischen Partei Chiles (in Chile inhaftiert); 1970–1973 Außenminister der Republik Chile S. 1532, 1534–1536

Almeyda Medina, Irma Cáceres S. 1534 f.

Amerongen, Otto Wolff von Präsident des Deutschen Industrie- und Handelstages sowie Vorsitzender des Ost-Ausschusses der Deutschen Wirtschaft und des Arbeitskreises UdSSR S. 1195

al-Anbari, Abdul-Amir Generalsekretär im irakischen Ministerium für Erdöl und Bodenschätze S. 228

Andersen, Arne Bogh 1968–1973 Botschafter des Königreichs Dänemark in Ottawa S. 163[7]

Andersen, Hans George Rechtsberater im isländischen Außenministerium S. 359 f., 361[6], 1634[9]

Andersen, Knud B. 1971–1973 Außenminister des Königreichs Dänemark S. 37, 190[10]

Anderson, David Erster Sekretär an der amerikanischen Botschaft in Bonn S. 176

Andreae, Kurt Vortragender Legationsrat I. Klasse und Leiter des Referats „Abrüstung und Rüstungskontrolle (weltweit)" im Auswärtigen Amt **Dok. 261, 287** und S. 191[1], 232[1], 1312[1]

Andréani, Jacques Leiter der französischen Delegation bei der KSZE in Genf S. 919[9], 969 f., 1156

Andrei, Stefan Sekretär des ZK der Kommunistischen Partei Rumäniens S. 897, 898[12]

Andreotti, Giulio seit 27. März 1974 Verteidigungsminister der Italienischen Republik, seit 22. November 1974 Minister für Haushalt und Entwicklung des Südens S. 746 f., 754, 758, 1193[23]

Andropow, Jurij Wladimirowitsch Vorsitzender des Komitees für Staatssicherheit (KGB) beim Ministerrat der Union der Sozialistischen Sowjetrepu-

1681

bliken und Mitglied des Politbüros des ZK der KPdSU S. 624[9]

Androutsopoulos, Adamantios Ministerpräsident, Minister für Koordination und Planung sowie bis 23. Juli 1974 Finanzminister der Republik Griechenland S. 966[14], 1035[6]

Angerhausen, Julius Weihbischof von Essen S. 1146

Ansari, Hooshang Minister für Wirtschaft und Finanzen des Kaiserreichs Iran S. 72[15], 649, 1225

Anthonioz, Pierre Botschafter der Französischen Republik in Havanna S. 563[6]

Apel, Hans Parlamentarischer Staatssekretär beim Bundesminister des Auswärtigen, seit 16. Mai 1974 Bundesminister der Finanzen; Mitglied des Deutschen Bundestages (SPD) **Dok. 289** und S. 80[2], 408–410, 412, 418, 470, 472, 551[6], 569[1], 784, 831, 864[18], 900–903, 906, 933, 971, 1023[4], 1090[4], 1232, 1246f., 1264, 1267[2], 1271f., 1318[1], 1432, 1477, 1618f.

Arafat, Yasser Sprecher der palästinensischen Organisation „Al Fatah" sowie Vorsitzender des Exekutivkomitees der PLO S. 98, 122, 977, 1053, 1176, 1332, 1499f., 1508, 1544, 1638f.

Archipow, Iwan Wassiljewitsch Erster Stellvertretender Vorsitzender des Staatskomitees für außenwirtschaftliche Beziehungen der Union der Sozialistischen Sowjetrepubliken, seit März 1974 Stellvertretender Ministerpräsident S. 1339

Arendt, Walter Bundesminister für Arbeit und Sozialordnung und Mitglied des Deutschen Bundestages (SPD) S. 106[10], 914, 1477

Arias Navarro, Carlos Ministerpräsident von Spanien S. 1031[2], 1032

Armbruster, Walter Dolmetscher und Leiter des Sprachendienstes an der Botschaft der Bundesrepublik Deutschland in Moskau S. 800, 1422

Armstrong of Ilminster, Baron of Ashhill in the County of Somerset (Robert Temple Armstrong) Erster Privatsekretär des britischen Premierministers (Principle Private Secretary to the Prime Minister) S. 780

Arnalds, Jón L. Staatssekretär im isländischen Fischereiministerium S. 360

Arnaud, Claude stellvertretender Abteilungsleiter im französischen Außenministerium (Directeur-adjoint des Affaires politiques) S. 155, 970, 1115[42]

Arnold, Hans Ministerialdirektor und Leiter der Abteilung für Auswärtige Kulturpolitik im Auswärtigen Amt S. 119[1]

Arnot, Alexander Vortragender Legationsrat und Vertreter der Leiterin im Referat „Polen, Tschechoslowakei, Jugoslawien, Albanien, Bulgarien, Rumänien, Ungarn" des Auswärtigen Amts **Dok. 235** und S. 1279[1], 1595[3]

al-Assad, Hafiz Präsident der Arabischen Republik Syrien S. 530, 532, 546, 811, 885

Atatürk (Mustafa Kemal Pascha) 1923–1938 Präsident der Republik Türkei S. 1020[8]

Aufricht, Josef seit 15. Februar 1974 Angestellter im Sprachendienst des Auswärtigen Amts, seit 19. März 1974 Dolmetscher und Übersetzer an der Botschaft der Bundesrepublik Deutschland in Budapest S. 495[1]

Aurisch, Klaus Legationsrat I. Klasse im Referat „Atlantisches Bündnis und Verteidigung" des Auswärtigen Amts S. 461[5]

Averoff-Tossizza, Evangelos seit 27. Juli 1974 Verteidigungsminister der Republik Griechenland; 1956–1963 Außenminister des Königreichs Griechenland S. 1120[3], 1205

Aylwin Azócar, Patricio Vorsitzender der Christlich-Demokratischen Partei Chiles S. 1535

de Azevedo, José Batista Pinheiro Chef des portugiesischen Marinecorps und seit 25. April 1974 Mitglied der „Junta zur nationalen Errettung" (Junta Nacional de Salvação) S. 1609

Babiuch, Edward Mitglied des Politbüros und Sekretär des ZK der PVAP sowie Mitglied des Staatsrats der Volksrepublik Polen S. 704

Bäumer, Walter Vortragender Legationsrat und Vertreter des Leiters im Referat „Kriegsfolgen: Aus Krieg und Besatzung entstandene Fragen, Stationierung ausländischer Truppen, Auslandsschulden, beschlagnahmtes Auslandsvermögen, Wiedergutmachung, beamtenrechtliche Kriegsfolgen" des Auswärtigen Amts S. 1005 f.

Bafile, Corrado Titularerzbischof von Antiochia und Apostolischer Nuntius in Bonn **Dok. 322** und S. 1262[5], 1308, 1310 f.

Bahr, Egon Bundesminister für besondere Aufgaben beim Bundeskanzler und Bevollmächtigter der Bundesregierung in Berlin bis 16. Mai 1974, seit 8. Juli 1974 Bundesminister für wirtschaftliche Zusammenarbeit; Mitglied des Deutschen Bundestages (SPD); 1969–1972 Staatssekretär im Bundeskanzleramt **Dok. 22, 64, 70, 80, 84, 88, 90, 239** und S. 4, 40, 64, 71, 85 f., 87[9], 88, 100[1], 108[2], 109, 110[9], 123[1], 127, 138–141, 151, 171, 173[9], 176–181, 211–213, 284, 305, 306[2], 308, 427, 458[2], 517, 523 f., 540, 545, 608, 624, 767[3], 768, 1016[5], 1171, 1196, 1212, 1472, 1534[14]

Bajbakow, Nikolaj Konstantinowitsch Stellvertretender Ministerpräsident der Union der Sozialistischen Sowjetrepubliken und Vorsitzender des Staatlichen Plankomitees (Gosplan) S. 1364

Bakarić, Vladimir Mitglied des ZK und des Präsidiums des Bundes der Kommunisten Jugoslawiens S. 830

Baker, John Alexander Mitarbeiter im amerikanischen Außenministerium (Director, Office of East European Affairs, seit Juni 1974 Office of United Nations Political Affairs) S. 1133, 1141

el-Bakusch, Mahmoud Abteilungsleiter im libyschen Außenministerium S. 235

Balfour-Paul, Hugh Botschafter des Vereinigten Königreichs von Großbritannien und Nordirland in Damaskus S. 1053

Balken, Richard Botschafter der Bundesrepublik Deutschland in Jakarta, seit 14. Februar 1974 Botschafter z. b. V. im Auswärtigen Amt S. 1439[4]

Balser, Johannes Gesandter an der Botschaft der Bundesrepublik Deutschland in Moskau, seit 2. April 1974 Vertreter des Botschafters **Dok. 230** und S. 615[23], 788[6], 977[11], 1394[42]

Baram, Moshe seit 28. Mai 1974 Arbeitsminister des Staates Israel S. 1472[18]

Barber, Anthony Schatzkanzler des Vereinigten Königreichs von Großbritannien und Nordirland bis 4. März 1974 S. 784[24]

Bar-Lev, Haim Handels- und Industrieminister des Staates Israel S. 1472[18]

Baronin, Michail Iwanowitsch stellvertretender Abteilungsleiter im sowjetischen Außenhandelsministerium S. 1364

Barre, Raymond Mitglied des Vorstands der französischen Notenbank; 1967–1972 Vizepräsident der EG-Kommission in Brüssel und Leiter der Abteilung für wirtschaftliche und finanzielle Angelegenheiten S. 1321

Barte, Karl Vortragender Legationsrat und Vertreter des Leiters der Handelsvertretung bzw. seit 7. Februar 1974 Botschaftsrat und Vertreter des Botschafters der Bundesrepublik Deutschland in Sofia, seit 18. Mai 1974 Botschaftsrat I. Klasse S. 439

Bartels, Eyvind Botschafter des Königreichs Dänemark in Washington S. 12

Bartels, Herwig Botschaftsrat und Leiter des deutschen Stabes an der französischen Botschaft in Damaskus (Schutzmachtvertretung für deutsche Interessen), seit 7. August 1974 Geschäftsträger ad interim an der Botschaft der Bundesrepublik Deutschland in Damaskus S. 530[3], 1014[4], 1053[8], 1639[13]

Bauch, Johannes Vortragender Legationsrat und persönlicher Referent des Bundesministers für besondere Aufgaben beim Bundeskanzler, am 15. Juli 1974 in den Geschäftsbereich des Auswärtigen Amts zurückversetzt, seit 20. August 1974 Botschaftsrat an der Vertretung der Bundesrepublik Deutschland bei den Internationalen Organisationen in Genf S. 176, 327[2]

Baudouin I. König der Belgier S. 469, 473

Beamish, Tufton (seit 1974: **Baron Chelwood of Lewes**) Mitglied des britischen Unterhauses und des Europäischen Parlaments in Straßburg S. 37

Behrends, Wolfgang Leiter der Delegation der Bundesrepublik Deutschland bei den MBFR-Verhandlungen in Wien mit der Amtsbezeichnung Botschafter **Dok. 9, 39, 40, 52, 72, 119, 147, 170, 209, 224, 296, 308, 343, 375** und S. 19^{2+3}, 22^{11}, 25^{15+16}, 384^{2+3}, 1259^2, 1299^9, 1552^9

Behrendt, Heinz Stellvertretender Außenhandelsminister der DDR S. 226^4, 647^{13}, 1614^{10}

Belezkij, Wiktor Nikolajewitsch Botschaftsrat an der sowjetischen Botschaft in Ost-Berlin S. 212

Belkacem, Charif Staatsminister der Demokratischen Volksrepublik Algerien S. 517

Ben Amer, Taha Sherif Minister für Verkehr der Arabischen Republik Libyen S. 235

Benavides Escobar, Oscar General der chilenischen Polizei, seit 10. Juli 1974 Innenminister der Republik Chile S. 1532, 1534

Ben Bella, Mohammed A. 1963–1965 Präsident der Demokratischen Volkrepublik Algerien S. 44

Benda, Ernst Präsident des Bundesverfassungsgerichts in Karlsruhe S. 565^3

Benelli, Giovanni Titularerzbischof von Tusuros und Unterstaatssekretär im Staatssekretariat des Heiligen Stuhls S. 1145^1, 1146–1148, 1346, 1426

Bengsch, Alfred Kardinal, Bischof von Berlin und Vorsitzender der Berliner Ordinarienkonferenz **Dok. 300** und S. 1145^1, 1146–1148, 1261^2, 1262^5

Ben Gurion, David 1949–1953 und 1955–1963 Ministerpräsident und Verteidigungsminister des Staates Israel S. 1469^7, 1470

Ben-Horin, Eliashiv Botschafter des Staates Israel in Bonn bis Oktober 1974 S. 280^{10}, 316 f., 728^9, 1049

Benler, Ö. Leiter der türkischen Delegation bei der KSZE in Genf S. 1564

Bennett, Jack F. seit 10. Mai 1974 Staatssekretär im amerikanischen Finanzministerium (Under Secretary for Monetary Affairs) S. 680^{10}, 1527^{10}, 1579

Bensch, Peter Generalkonsul der Bundesrepublik Deutschland in Recife, seit 12. September 1974 Vortragender Legationsrat im Referat „Mittelmeerfragen, Portugal, Spanien, Italien, San Marino, Heiliger Stuhl, Griechenland, Türkei, Zypern, Malta, Malteser-Ritter-Orden" des Auswärtigen Amts S. 1031^1

Bensi, Cesare Staatssekretär im italienischen Außenministerium S. 854

Bensien, Peter Brigadegeneral a. D. der Bundeswehr S. 650

Bente, Wolfgang Vertreter des Generalkonsuls der Bundesrepublik Deutschland in Hongkong mit der Amtsbezeichnung Generalkonsul S. 1467^{11}

Benz, Gerold Mitglied des Deutschen Bundestages (CDU) S. 1618^8

Bérard, André 1967–1970 Leiter der Ständigen Vertretung der Französischen Republik bei der UNO in New York S. 1460^{12}

Berendonck, Gerd Vortragender Legationsrat I. Klasse und Leiter des Referats „Südostasien, Australien, Neuseeland, Ozeanien" bzw. seit 15. September 1974 des Referats „Süd- und Südostasien" im Auswärtigen Amt S. 274^7, 1467

Berg, Detlof von Legationssekretär im Referat „Außenpolitische Fragen, die Berlin und Deutschland als Ganzes betreffen" des Auswärtigen Amts, seit 3. April 1974 Legationsrat, seit 12. November 1974 Legationsrat I. Klasse S. 600^1, 1062^1, 1064^{9+10}, 1559^1

Bergold, Harry E. Jr. Mitarbeiter im amerikanischen Verteidigungsministerium (Deputy Assistant Secretary for European and North Atlantic Treaty Organization Affairs) S. 928

Berkhan, Karl Wilhelm Parlamentarischer Staatssekretär im Bundesministerium der Verteidigung und Mitglied des Deutschen Bundestages (SPD) S. 1065^4

Berkhouwer, Cornelis Präsident des Europäischen Parlaments in Straßburg S. 551^6, 1122

Berman, Franklin Delow Erster Sekretär an der britischen Botschaft in Bonn bis September 1974 S. 566

Bernhardt, Hans Stellvertretender Abteilungsleiter im Außenministerium der DDR, seit 2. Mai 1974 Botschaftsrat an der Ständigen Vertretung in Bonn S. 645

Berninger, Karl Heinrich Botschaftsrat I. Klasse an der Botschaft der Bundesrepublik Deutschland in Moskau S. 1363

Bettencourt, André 1967/1968 Staatssekretär im französischen Außenministerium; 1969–1972 beigeordneter Staatssekretär beim Ministerpräsidenten bzw. 1972/1973 beim Außenminister S. 1453

de Beus, Jacobus Gijsbertus Botschafter des Königreichs der Niederlande in Bonn bis November 1974 S. 261[24]

Bhutto, Zulfiqar Ali Ministerpräsident, Außenminister, Verteidigungsminister und Minister für Atomenergie der Islamischen Republik Pakistan S. 373[11], 1126[9]

Bielka-Karltreu, Erich Botschafter der Republik Österreich in Paris, seit 8. Juli 1974 Außenminister S. 958

Bierring, Ole Abteilungsleiter im dänischen Außenministerium S. 383, 392

Bijedić, Džemal Präsident des Bundesexekutivrates der Sozialistischen Föderativen Republik Jugoslawien S. 111

Birmelin, Manfred Legationsrat I. Klasse im Referat „Staats- und Verwaltungsrecht" des Auswärtigen Amts S. 238[1]

Birnbaum, Hans Generaldirektor der Salzgitter AG S. 1195

Birrenbach, Kurt Mitglied des Deutschen Bundestages (CDU); 1965 Sonderbeauftragter der Bundesregierung für Nahost-Fragen S. 1470[10]

Bisengimana Chef der zairischen Staatskanzlei S. 112

Bismarck, Otto Fürst von 1862–1890 Ministerpräsident des Königreichs Preußen; 1871–1890 Reichskanzler des Deutschen Reiches S. 1045 f.

Bitsios, Dimitrios seit 15. Oktober 1974 Außenminister der Republik Griechenland S. 1642, 1645

Blancard, Jean Unterstaatssekretär im französischen Verteidigungsministerium S. 374

Blatow, Anatolij Iwanowitsch Mitarbeiter im ZK der KPdSU und persönlicher Referent des Generalsekretärs S. 800, 806, 1340

Blech, Klaus Ministerialdirigent und Leiter der Unterabteilung 21 in der Politischen Abteilung des Auswärtigen Amts, seit 15. November 1974 Ministerialdirektor und Leiter des Planungsstabs sowie Leiter der Delegation der Bundesrepublik Deutschland bei der KSZE in Genf mit der Amtsbezeichnung Botschafter; 1971–1973 Vortragender Legationsrat I. Klasse und Leiter des Referats „Außenpolitische Fragen, die Berlin und Deutschland als Ganzes betreffen" **Dok. 35, 207, 223, 322** und S. 46[1], 64[1], 76[1], 85[1], 88[10], 171[1], 176[1], 214[1], 216[1], 227[1], 327[2], 604[1], 623, 639[1], 643[1], 671, 676[16], 735, 767, 770, 859[1], 899[16], 933[1+4], 934[9+1], 937, 940, 947[1], 968[1], 970 f., 1000[6], 1005, 1007, 1011[9], 1016[1+4], 1024[1], 1062[1], 1064[9+10], 1096[7], 1197 f., 1209[1], 1259[1], 1279[3], 1326[1], 1329[1], 1331[12], 1445[4], 1560[4], 1565, 1567

Bliesener, Erich Legationsrat I. Klasse im Referat „Wirtschaftsbeziehungen zum Westen" des Auswärtigen Amts S. 108[1], 1512[1]

Blomeyer-Bartenstein, Horst Gesandter und Vertreter des Botschafters der Bundesrepublik Deutschland in Paris, seit 6. November 1974 mit der Amtsbezeichnung Botschafter S. 663, 711[13], 893[3], 1251[18+19], 1466[8], 1613[6]

Bock, Siegfried Abteilungsleiter im Außenministerium der DDR und Leiter der Delegation bei der KSZE in Genf **Dok. 226** und S. 51 f., 1234

Böcker, Alfons Botschaftsrat I. Klasse an der Botschaft der Bundesrepublik Deutschland in London, seit 9. Dezember 1974 Vortragender Legationsrat I. Klasse und Leiter des Referats „Naher Osten" im Auswärtigen Amt S. 614[20], 759, 1271[6]

Böker, Alexander Botschafter der Bundesrepublik Deutschland beim Heiligen Stuhl **Dok. 260, 291, 300, 310** und S. 1424–1429

Böll, Heinrich Schriftsteller S. 204 f.

Bölling, Klaus seit 20. Mai 1974 Staatssekretär und Chef des Presse- und Informationsamts der Bundesregierung sowie Sprecher der Bundesregierung S. 1229, 1340, 1363, 1422, 1537, 1579

Bömcke, Eberhard Ministerialdirigent im Bundesministerium für Wirtschaft und Vertreter des Leiters der Ständigen Vertretung der Bundesrepublik Deutschland bei den Europäischen Gemeinschaften in Brüssel S. 1088^7, 1553^5

van den Boeynants, Paul Verteidigungsminister des Königreichs Belgien S. 743, 746, 753, 1600 f., 1607 f.

Boidevaix, Serge seit März 1974 Kabinettsdirektor des französischen Außenministers (Directeur du cabinet du ministre), seit Mai 1974 außenpolitischer Berater im Kabinett des Ministerpräsidenten (Conseiller pour les affaires internationales et la coopération) S. 337^3, 338

Bondarenko, Alexander Pawlowitsch Abteilungsleiter im sowjetischen Außenministerium S. 327, 340, 600, 1187, 1340, 1358, 1395

Bonilla, Oscar Innenminister der Republik Chile, seit 10. Juli 1974 Verteidigungsminister S. 1530^5

Bonnet, Christian Staatssekretär beim Minister für Landentwicklung, Ausrüstung, Wohnraum und Tourismus der Französischen Republik, seit 28. Mai 1974 Minister für Landwirtschaft S. 900, 906–910

Borch, Otto Leiter der Ständigen Vertretung des Königreichs Dänemark bei der UNO in New York S. 1596^5

Boss, Walter Gesandter und Vertreter des Leiters der Ständigen Vertretung der Bundesrepublik Deutschland bei der NATO in Brüssel **Dok. 304, 351, 372** und S. 402^{25}, 702^3, 703^7, 869^6, 1548^3, 1550^7

Bottai, Bruno Leiter des Presse- und Informationsamtes des italienischen Außenministeriums S. 1079

Boumedienne, Houari Präsident des algerischen Revolutionsrats sowie Ministerpräsident und Verteidigungsminister der Demokratischen Volksrepublik Algerien **Dok. 121, 123** und S. 170^{12}, 396, 432, 514 f., 531, 547 f., 562 f., 821, 833, 885

Bourguiba, Habib Präsident der Tunesischen Republik S. 547

Bouteflika, Abdul Aziz Außenminister der Demokratischen Volksrepublik Algerien S. 164^{12}, 435, 517, 527, 1235, 1508^5, 1596

Bouverat, Colette Dolmetscherin im Sprachendienst des Auswärtigen Amts mit der Funktionsbezeichnung Vortragende Legationsrätin für Tätigkeiten bei offiziellen Anlässen S. 112^1, 251^1, 470^1, 687^1

Bouzar, Ahmed Gesandter und Geschäftsträger a. i. an der algerischen Botschaft in Bonn S. 40

Bräutigam, Hans Otto Ministerialrat im Bundeskanzleramt **Dok. 58** und S. 47^{2+5+6}, 487^{7+9}, 143^{10}, 175^{13}, 176, 1016^4, 1233^2, 1324^8

Brandt, Willy Bundeskanzler der Bundesrepublik Deutschland bis zu seinem Rücktritt am 6. Mai 1974; Mitglied des Deutschen Bundestages und Vorsitzender der SPD; 1957–1966 Regierender Bürgermeister von Berlin; 1966–1969 Bundesminister des Auswärtigen und Vizekanzler **Dok. 1, 10, 15, 25, 28, 36, 37, 68, 73, 81, 99, 110, 113, 114, 115, 118, 121, 123, 124, 125, 126, 127, 131** und S. 9^1, 14, 85, 89^7, 90^{10}, 108^2, 123, 128, 130, 133^{16}, 142, 143^{11}, 170^{13}, 184, 203^3, 212, 235, 241 f., 243^{13+14}, 244, 247, 249, 253, 256, 270, 274^4, 278^{15}, 281, 317, 328, 331, 334, 337 f., 339^2, 342, 351, 362–367, 370 f., 397, 402 f., 413, 427^9, 428 f., 434, 439, 448 f., 458^2, 468–470, 500, 514 f., 577^{24}, 579, 581, 584 f., 599, 603, 609, 618, 620 f., 623–625, 640^4, 641^{12}, 642–644, 651^2, 679, 696, 701^{21}, 731, 736^8, 802 f., 807 f., 810, 813, 886, 888, 896^4, 897, 898^{12}, 933 f., 937, 952^{15}, 960 f., 963, 994^{10}, 1000, 1014, 1017^9, 1078, 1096, 1114 f., 1158, 1164, 1188–1190, 1195, 1318^1, 1322, 1324, 1343, 1353, 1379, 1390–1392, 1394, 1423, 1425, 1429, 1476^3, 1479, 1482, 1532, 1534

Braun, Sigismund Freiherr von Botschafter der Bundesrepublik Deutschland in Paris; 1970–1972 Staatssekretär im Auswärtigen Amt **Dok. 82, 157,**

353, 380 und S. 251, 489, 533[15], 913[40], 967[4], 1024[3], 1061[8], 1105[21], 1106, 1289f., 1416f., 1418[11], 1447, 1468[13], 1652[18]

Breitner, Paul Mitglied der Fußball-Nationalmannschaft der Bundesrepublik Deutschland S. 813[18]

Breschnew, Jakow Iljitsch S. 1380

Breschnew, Leonid Iljitsch Generalsekretär des ZK der KPdSU; 1944/1945 Generalmajor in der Roten Armee **Dok. 1, 37, 64, 88, 185, 309, 314, 315** und S. 44, 64f., 68f., 182[8], 184f., 187, 193[7], 208, 234, 327–329, 332, 343[12], 382, 431[16], 468[27], 491, 493, 533, 623[5], 624[9], 639–642, 680[13], 771[2], 786, 811, 814, 820[20], 826f., 845, 869, 887, 932, 935[5], 957, 974, 975[5], 984, 1092, 1158, 1164, 1173f., 1188–1190, 1194f., 1209–1213, 1223, 1260, 1322, 1324, 1329[4], 1331, 1348–1351, 1353–1356, 1364, 1371, 1422f., 1445, 1493, 1574f., 1594, 1636[5], 1646, 1648[10], 1650, 1652f.

Breuer, Richard Generalkonsul der Bundesrepublik Deutschland in Hongkong S. 1467[10]

Bridges, Lord (Thomas Edward Bridges) Privatsekretär des britischen Premierministers (Private Secretary for Overseas Affairs to the Prime Minister) S. 482, 780

Brimelow, Thomas Staatssekretär im britischen Außenministerium (Permanent Under-Secretary of State and Head of the Diplomatic Service) S. 703[4]

Briones, Olivos 1973 Innenminister der Republik Chile S. 1535

Brockdorff-Dallwitz, Thilo Johann Roger Graf Legationsrat I. Klasse im Referat „Polen, Tschechoslowakei, Jugoslawien, Albanien, Bulgarien, Rumänien, Ungarn" des Auswärtigen Amts S. 108

de Broglie, Prince Jean 1966/1967 Staatssekretär im französischen Außenministerium; 1969–1973 Vorsitzender des Auswärtigen Ausschusses des französischen Parlaments S. 1453

Brøndum, Erling Verteidigungsminister des Königreichs Dänemark S. 1609

Broumas, Nikolaos Botschafter der Republik Griechenland in London S. 964

Bruce, David K. E. Leiter des amerikanischen Verbindungsbüros in Peking, seit November 1974 Leiter der Ständigen Vertretung der Vereinigten Staaten von Amerika bei der NATO in Brüssel S. 166, 170

Brück, Alwin Mitglied des Deutschen Bundestages (SPD) und bis 5. Juni 1974 Vorsitzender des Ausschusses für wirtschaftliche Zusammenarbeit, seit 16. Mai 1974 Parlamentarischer Staatssekretär im Bundesministerium für wirtschaftliche Zusammenarbeit S. 1530[6]

Brückmann, Ingrid S. 565[2+3], 566–568, 602, 858

Brunner, Guido Ministerialdirigent und Leiter des Planungsstabs im Auswärtigen Amt sowie Leiter der Delegation der Bundesrepublik Deutschland bei der KSZE in Genf, seit 3. Mai 1974 Ministerialdirektor, seit 5. November 1974 Mitglied der EG-Kommission in Brüssel und Leiter der Abteilung „Forschung, Wissenschaft und Bildung" **Dok. 12, 102, 226** und S. 166, 184[15], 201[6], 368[3], 450, 597[3], 697[26], 867[3], 868[4], 970[9+11+12], 983[4+8], 1157, 1194, 1374[12], 1400[17], 1494[3]

Büscher Journalist (Neue Ruhr-Zeitung, Essen) S. 173

Bütow, Carl-Hans Vortragender Legationsrat und Vertreter des Leiters im Referat „Gesandtschafts- und Konsularrecht; Internationales Verkehrsrecht" des Auswärtigen Amts S. 1567[1]

Bukowskij, Wladimir Konstantinowitsch sowjetischer Schriftsteller S. 1389f.

Bukowskaja, Nina S. 1389f.

Bunker, Ellsworth Sonderbotschafter der Vereinigten Staaten von Amerika (Ambassador-at-Large) S. 98

Buring, Karl Heinz Vortragender Legationsrat I. Klasse im Sprachendienst des Auswärtigen Amts S. 102[1], 1476[1], 1481[1]

Burns, Arthur Frank Direktor der amerikanischen Notenbank (Chairman of the Board of Governors of the Federal Reserve System) S. 683[10], 831, 1256f., 1576, 1579f., 1590f.

Busch, Rolf Trygve Leiter der Ständigen Vertretung des Königreichs Norwegen bei der NATO in Brüssel S. 383, 1313

Buschmann, Karl Vorsitzender der Industriegewerkschaft Textil und Bekleidung im Deutschen Gewerkschaftsbund S. 1579

Caetano, Marcello José das Neves Alves Ministerpräsident der Portugiesischen Republik bis zu seiner Absetzung am 29. April 1974 S. 591 f.

Callaghan, James seit 7. März 1974 Außenminister des Vereinigten Königreichs von Großbritannien und Nordirland **Dok. 99, 100, 177, 329** und S. 316, 339 f., 430, 462 f., 468, 472, 476 f., 483 f., 485^{14}, 487, 549, 551–555, 569 f., 664^6, 690, 701^{21}, 703, 714, 728, 730^{15}, 787–790, 795 f., 964, 973^3, 980, 1019^1, 1022, 1029^5, 1035–1037, 1069, 1205^4, 1243, 1304–1306, 1330^9, 1432^3, 1465, 1538–1542, 1553–1555, 1557, 1559, 1612, 1615, 1643, 1645, 1649, 1661

van Campen, Philippus Canisius Maria Kabinettchef des niederländischen Ministerpräsidenten S. 292, 295

Campinos, Joaquim Jorge de Pinho Staatssekretär im portugiesischen Außenministerium S. 1661

Carstens, Karl Mitglied des Deutschen Bundestages und Vorsitzender der CDU/CSU-Fraktion S. 376, 1618^6, 1639^{14}

Carvajal Prado, Patricio Vizeadmiral der chilenischen Marine und Verteidigungsminister der Republik Chile, seit 10. Juli 1974 Außenminister S. 1532

Casaroli, Agostino Titularbischof von Karthago und Sekretär des Rats für die öffentlichen Angelegenheiten der Kirche beim Staatssekretariat des Heiligen Stuhls **Dok. 291** und S. 1145^1, 1146^2, 1148, 1306^6, 1307, 1308^{10}, 1310, 1346, 1425

Casey, William Joseph Unterstaatssekretär im amerikanischen Außenministerium (Under Secretary of State for Economic Affairs) bis 14. März 1974 S. 127^5

Cash, Frank E. Gesandter und Vertreter des Botschafters der Vereinigten Staaten von Amerika in Bonn S. 85, 87, 877^{10}

Castro Ruz, Fidel Ministerpräsident der Republik Kuba und Generalsekretär der Kommunistischen Partei Kubas S. 563

Catalano di Melilli, Felice Leiter der Ständigen Vertretung der Italienischen Republik bei der NATO in Brüssel S. 878, 1313, 1336 f.

Catana, Nicolae Militärattaché an der rumänischen Botschaft in Belgrad S. 501^6

Ceauşescu, Nicolae Vorsitzender des Staatsrats und seit 28. März 1974 Präsident der Sozialistischen Republik Rumänien sowie Generalsekretär des ZK der Rumänischen Kommunistischen Partei S. 895, 897 f.

Cemović, Momčilo Finanzminister der Sozialistischen Föderativen Republik Jugoslawien S. 1598

Černík, Oldřich 1968/1969 Ministerpräsident der Tschechoslowakischen Sozialistischen Republik S. 39^5

Chaban-Delmas, Jacques Generalinspekteur der Finanzen und Mitglied des Vorstands der „Union des Démocrates pour la République"; 1969–1972 Ministerpräsident der Französischen Republik S. 14, 482, 490, 588

Chatti, Habib Außenminister der Tunesischen Republik **Dok. 180**

Cheysson, Claude Mitglied der EG-Kommission in Brüssel und Leiter der Abteilung „Entwicklung und Zusammenarbeit, Haushalt und Finanzkontrolle" S. 271, 656^3, 980

Chiao Kuan-hua Stellvertretender Außenminister der Volksrepublik China, seit November 1974 Außenminister S. 740^9

Chi Peng-fei Außenminister der Volksrepublik China bis November 1974 S. 740^9

Chirac, Jacques Landwirtschaftsminister der Französischen Republik, seit 1. März 1974 Innenminister, seit 27. Mai 1974 Ministerpräsident S. 251^2, 663–666, 696, 711^{14}, 716^{14}, 760, 844, 847, 899, 910, 914, 916, 918, 1225^5, 1244^3, 1301^{12}

Chlestow, Oleg Nikolajewitsch Leiter der sowjetischen Delegation bei den MBFR-Verhandlungen in Wien **Dok. 170, 296** und S. 37f., 134, 156–158, 296[2], 297–301, 384–388, 510, 625–627, 988, 1259, 1299, 1338[2], 1519–1521, 1552[9]

Chňoupek, Bohuslaw Außenminister der Tschechoslowakischen Sozialistischen Republik **Dok. 215**

Chondron de Courcel, Geoffroy Louis Generalsekretär im französischen Außenministerium (Secrétaire général du ministère) S. 1447[3]

Chorafas, Angelos Leiter der Ständigen Vertretung der Republik Griechenland bei der NATO in Brüssel bis November 1974 S. 383, 965, 1028, 1336f., 1561, 1599

Chou En-lai Ministerpräsident der Volksrepublik China S. 738[5], 740, 1190

Chrobog, Jürgen Legationsrat im Ministerbüro des Auswärtigen Amts, seit 9. Dezember 1974 Legationsrat I. Klasse **Dok. 323** und S. 857, 1264[1+2]

Chruschtschow, Nikita Sergejewitsch 1953–1964 Erster Sekretär des ZK der KPdSU und 1958–1964 Ministerpräsident der Union der Sozialistischen Sowjetrepubliken S. 814, 1380

Churchill, Winston S. 1940–1945 und 1951–1955 Premierminister des Vereinigten Königreichs von Großbritannien und Nordirland S. 781[10]

Citron, Klaus Jürgen Vortragender Legationsrat und Vertreter des Leiters im Referat „Vereinigte Staaten von Amerika, Vereinigtes Königreich, Gemeinsame Fragen des Commonwealth, Kanada, Irland, Nordische Staaten, Österreich, Schweiz, Liechtenstein" des Auswärtigen Amts, seit 9. Dezember 1974 Botschaftsrat an der Ständigen Vertretung der Bundesrepublik Deutschland bei der NATO in Brüssel S. 16[1], 316[1], 317[10], 321[1], 587[3], 1052[1]

Civiletti, Carlo Mitglied der italienischen Delegation bei der KSZE in Genf S. 1567

Clarke, Bruce C. Jr. Mitglied der amerikanischen Delegation bei den MBFR-Verhandlungen in Wien S. 1133, 1137

Colombo, Emilio Finanzminister der Italienischen Republik vom 27. März bis 22. November 1974 S. 689, 1321

Contreras Sepulvedo, Manuel Oberst der chilenischen Armee und Chef des Geheimdienstes S. 1535[16]

Cortina Mauri, Pedro Außenminister von Spanien S. 874[18]

Cosgrave, Liam Ministerpräsident der Republik Irland S. 485, 1185, 1228

da Costa Gomes, Francisco Chef des portugiesischen Generalstabs bis zu seiner Absetzung am 15. März 1974 und erneut seit 29. April 1974, seit 25. April 1974 Mitglied der „Junta zur nationalen Errettung" (Junta Nacional de Salvação) und seit 1. Oktober 1974 Präsident der Portugiesischen Republik S. 591[4], 594

de Courcel siehe: Chondron de Courcel

Cousins, Ralph W. Admiral der amerikanischen Marine und Oberbefehlshaber der NATO-Streitkräfte im Atlantik (SACLANT) S. 756

Crean, Gordon Gale Botschafter von Kanada in Bonn S. 556, 558

Crittenberger, Willis D. Jr. Generalmajor der amerikanischen Streitkräfte und Mitglied der amerikanischen Delegation bei den MBFR-Verhandlungen in Wien S. 1286

Cromartie, Ronald Ian Talbot Botschaftsrat an der britischen Botschaft in Bonn S. 566, 1568[5]

Cromer, 3rd Earl of (George Rowland Stanley Baring) Botschafter des Vereinigten Königreichs von Großbritannien und Nordirland in Washington bis März 1974 S. 12

Cullimore, Charles A. K. Erster Sekretär an der britischen Botschaft in Bonn S. 176

Czyrek, Józef Stellvertretender Außenminister der Volksrepublik Polen **Dok. 26, 103, 145, 338** und S. 216, 218f., 344[1], 346, 348f., 506[3], 579–582, 586, 651–655, 706, 1095f., 1308[10], 1480[15]

Dahlhoff, Günther Botschaftsrat und Mitglied der Delegation der Bundesrepublik Deutschland bei der KSZE in Genf S. 968

Dahrendorf, Ralf Mitglied der EG-Kommission in Brüssel und Leiter der Abteilung „Forschung, Wissenschaft und Bildung" bis 11. November 1974 S. 81, 697[26]

Dannenbring, Fredo Vortragender Legationsrat I. Klasse und Leiter des Referats „Vereinigte Staaten von Amerika, Vereinigtes Königreich, Gemeinsame Fragen des Commonwealth, Kanada, Irland, Nordische Staaten, Österreich, Schweiz, Liechtenstein" im Auswärtigen Amt **Dok. 49, 120** und S. 16[1], 56[1], 138[1], 166[1], 412, 428, 587[1], 681[1], 697[1], 726, 729, 759, 779[2], 859[1], 1239[1], 1243[1], 1322[1], 1590[1]

Dassel, Peter Legationsrat I. Klasse und Vertreter des Botschafters der Bundesrepublik Deutschland in Amman S. 976[10]

Daud Khan, Sardar Mohammed Staatschef, Ministerpräsident, Außenminister und Verteidigungsminister der Republik Afghanistan; 1954–1963 Ministerpräsident des Königreichs Afghanistan S. 302[6]

Daume, Willi Ehrenvorsitzender des Deutschen Sportbundes und Präsident des „Nationalen Olympischen Komitees für Deutschland" S. 329[9]

Davignon, Etienne Vicomte Abteilungsleiter im belgischen Außenministerium, seit November 1974 Präsident des Direktionsausschusses der Internationalen Energie-Agentur (IEA) der OECD in Paris S. 32[7], 392f., 855, 859, 861[9], 862f.

Dayan, Moshe Verteidigungsminister des Staates Israel bis 3. Juni 1974 S. 95

Dean, Jonathan Vertreter des Leiters der amerikanischen Delegation bei den MBFR-Verhandlungen in Wien S. 156–158, 296[2], 297, 384, 387, 420[6], 626f., 1133, 1136–1139, 1337

Delworth, Thomas seit Dezember 1974 Leiter der kanadischen Delegation bei der KSZE in Genf S. 1561–1563

Denktasch, Rauf Sprecher der türkischen Volksgruppe auf Zypern und bis 15. Juli 1974 Vizepräsident der Republik Zypern S. 1029[5], 1126[8], 1128, 1215, 1220

Díaz, Nicanor General der chilenischen Luftwaffe und seit 10. Juli 1974 Arbeitsminister der Republik Chile S. 1532

Diehl, Günter Botschafter der Bundesrepublik Deutschland in Neu Delhi S. 629, 1001[4]

Dietrich, Hans Botschafter der Bundesrepublik Deutschland in Singapur; 1970–1973 Vortragender Legationsrat I. Klasse und Leiter des Referats „Internationale Wirtschaftsfragen der Verteidigung, des Post- und Fernmeldewesens und des Fremdenverkehrs" bzw. seit August 1973 des Referats „Verkehrspolitik, Post- und Fernmeldewesen, Fremdenverkehr" im Auswärtigen Amt S. 275[8], 1060[3]

Dingens, Peter Vortragender Legationsrat im Referat „Sowjetunion" des Auswärtigen Amts; vom 16. April bis 10. Mai 1974 an die Botschaft der Bundesrepublik Deutschland in Moskau abgeordnet **Dok. 51**

Disdorn, Hannspeter Legationsrat I. Klasse an der Botschaft der Bundesrepublik Deutschland in Belgrad, seit 9. April 1974 Botschaftsrat, seit 24. Juni 1974 Vortragender Legationsrat im Referat „Polen, Tschechoslowakei, Jugoslawien, Albanien, Bulgarien, Rumänien, Ungarn" des Auswärtigen Amts S. 947[1]

Dix, Wolfgang Legationssekretär, bzw. seit Oktober 1974 Legationsrat im Referat „Grundsatzfragen der Außenwirtschaftspolitik; Außenhandelsförderung; Gewährleistungen im Außenhandel und Kapitalexport; Rüstungsexportkontrolle" des Auswärtigen Amts S. 1419[1]

Do Xuan Oanh Sekretär des Friedenskomitees der Demokratischen Republik Vietnam (Nordvietnam) S. 1467[12]

Dobrynin, Anatolij Fjodorowitsch Botschafter der Union der Sozialistischen Sowjetrepubliken in Washington S. 56–59, 61–63, 430, 438, 523, 890, 996[12], 1219, 1255, 1575, 1594

Döpfner, Julius Kardinal, Erzbischof von München und Freising sowie Vorsitzender der Deutschen Bischofskonferenz S. 1145[1], 1146, 1346f.

Döring, Karl Botschafter der Bundesrepublik Deutschland in Kinshasa S. 113[4], 117[16]

Dohmes, Johannes Legationsrat I. Klasse im „Büro Staatssekretäre" des Auswärtigen Amts S. 501[2], 505[1], 857, 1014[3+4]

Dohms, Gerhard Vortragender Legationsrat I. Klasse und Leiter des „Informationsreferats Ausland" im Auswärtigen Amt **Dok. 111, 169, 342, 369** und S. 55[13], 408[3], 608[4], 668[21], 971[3], 980[3+8], 1258[10], 1302[4], 1303[7], 1402[16], 1450[4], 1454[16]

Donaldson, William H. Unterstaatssekretär im amerikanischen Außenministerium (Under Secretary of State for Security Assistance) bis 10. Mai 1974 S. 166, 200[4], 515[11]

Douglas-Home, Alexander Frederick Außenminister des Vereinigten Königreichs von Großbritannien und Nordirland bis 4. März 1974 S. 252[6]

Dragan S. 895–899

Dreckmann, Kurt Vorstandsmitglied der chilenischen Radikalen Partei (in Chile inhaftiert) S. 1534

Dreher, Herbert Ministerialdirigent und Vertreter des Leiters der Rechtsabteilung sowie Leiter der Unterabteilung 51 (Allgemeine Rechtsangelegenheiten) des Auswärtigen Amts; 1968–1972 Vortragender Legationsrat I. Klasse und Leiter des Referats „Allgemeine Personalangelegenheiten, Personal bei inter- und supranationalen Organisationen" S. 103[6], 104[7], 216[1], 227[4], 1005 f., 1145[1], 1617[1], 1620[13]

Dröge, Heinz Vortragender Legationsrat I. Klasse im Bundeskanzleramt, seit 1. November 1974 in den Geschäftsbereich des Auswärtigen Amts zurückversetzt und seit 13. November 1974 Botschafter der Bundesrepublik Deutschland in Saigon S. 153[1], 238[1], 505[1], 1095[1], 1331[12]

Dschamali Staatssekretär im irakischen Außenministerium S. 227 f.

Ducci, Roberto Abteilungsleiter im italienischen Außenministerium S. 659, 1215

Duisenberg, Willem F. Finanzminister des Königreichs der Niederlande S. 696

Dulles, John Foster 1953–1959 Außenminister der Vereinigten Staaten von Amerika S. 887

Dungern, Friedrich Freiherr von Gesandter und Vertreter des Botschafters der Bundesrepublik Deutschland in Wien S. 194[3]

Eagleburger, Lawrence S. Mitarbeiter im amerikanischen Außenministerium (Executive Assistant to the Secretary of State) S. 1133, 1141

Eban, Abba Außenminister des Staates Israel bis 3. Juni 1974 **Dok. 46** und S. 35, 265, 317

Eberle, William D. Sonderbotschafter des amerikanischen Präsidenten für Handelsangelegenheiten (The President's Special Representative for Trade Negotiations) bis zu seinem Rücktritt am 24. Dezember 1974 S. 439, 1579

Ecevit, Bülent seit 25. Januar 1974 Ministerpräsident der Republik Türkei, vom 18. September bis 16. November 1974 geschäftsführender Ministerpräsident **Dok. 238** und S. 964[2], 966[14], 967[5], 1020–1022, 1044[2], 1045, 1126[9], 1128[13], 1130, 1473[4], 1476, 1588

Echeverría Alvarez, Luis Präsident der Vereinigten Mexikanischen Staaten **Dok. 36**

Eickhoff, Walter Legationsrat I. Klasse und Leiter des deutschen Stabs an der französischen Botschaft in Bagdad (Schutzmachtvertretung für deutsche Interessen), seit 23. Februar 1974 Geschäftsträger a. i. an der Botschaft der Bundesrepublik Deutschland, seit 22. Oktober 1974 Vertreter des Botschafters S. 227[2]

Eiff, Hansjörg Botschaftsrat I. Klasse und Vertreter des Botschafters der Bundesrepublik Deutschland in Belgrad **Dok. 318** und S. 108, 110, 1126[8], 1513[9], 1597[3], 1598

Eisenhower, Dwight D. 1953–1961 Präsident der Vereinigten Staaten von Amerika S. 230[3], 541

Elísson, Már Geschäftsführer des Verbands der Fischereien Islands S. 360

Ellsworth, Robert F. Abteilungsleiter im amerikanischen Verteidigungsministerium (Assistant Secretary of Defense, International Security Affairs) S. 751, 755, 757, 928, 1133

van Elslande, Renaat Außenminister des Königreichs Belgien S. 320, 549[2], 856[28], 859–862, 864, 869, 879f., 980, 1216[9], 1304, 1465, 1557, 1606, 1643f.

Enders, Thomas seit Juli 1974 Abteilungsleiter im amerikanischen Außenministerium (Assistant Secretary for Economic and Business Affairs) S. 1251[18], 1579

Engelhard, Michael Legationsrat I. Klasse und Vertreter des Leiters im „Büro Staatssekretäre" des Auswärtigen Amts, am 9. Dezember 1974 in den Geschäftsbereich des Bundespräsidialamts versetzt **Dok. 193** und S. 171[1], 196[1], 200[1], 203[1], 289[3], 292[1], 301[1], 562[1], 875[3], 894[5], 933[1], 1086[15]

Engels, Joseph Botschaftsrat an der Botschaft der Bundesrepublik Deutschland in Brasilia, seit 17. Mai 1974 Vertreter des Leiters im „Informationsreferat Ausland" des Auswärtigen Amts mit der Amtsbezeichnung Vortragender Legationsrat S. 1229[1], 1231[10], 1233[14]

Eppler, Erhard Bundesminister für wirtschaftliche Zusammenarbeit bis zu seinem Rücktritt am 8. Juli 1974; Mitglied des Deutschen Bundestages (SPD) S. 41[3], 109f., 112[16], 235, 237, 833, 840, 885[3], 897[9], 994, 1040–1042, 1043[2]

Eralp, Orhan Leiter der Ständigen Vertretung der Republik Türkei bei der NATO in Brüssel S. 232, 382, 744, 746, 748, 1028, 1313, 1561

Erbakan, Necmettin Stellvertretender Ministerpräsident der Republik Türkei vom 25. Januar bis 18. September 1974 S. 1473[4]

Erler, Fritz 1949–1967 Mitglied des Deutschen Bundestages und 1964–1967 Vorsitzender der SPD-Fraktion S. 1342[8]

Ertl, Josef Bundesminister für Ernährung, Landwirtschaft und Forsten sowie Mitglied des Deutschen Bundestages (FDP) S. 271, 466, 467[23], 668, 900, 906–910, 1087, 1090[4], 1229, 1231f., 1534[14], 1634[11]

Esenbel, Melih seit 17. November 1974 Außenminister der Republik Türkei, seit 30. November 1974 geschäftsführender Außenminister S. 1474, 1642, 1645

Esters, Helmut Mitglied des Deutschen Bundestages (SPD) S. 152

Etemad, A. Präsident der iranischen Atomenergiekommission S. 1225[6]

Ewald, Manfred Präsident des Deutschen Turn- und Sportbundes sowie des Nationalen Olympischen Komitees der DDR S. 172[4]

Fadejew, Nikolaj W. Generalsekretär des Rats für Gegenseitige Wirtschaftshilfe (RGW) in Moskau S. 245[21], 1502

Fahd ibn Abdul Aziz Zweiter Stellvertretender Ministerpräsident und Innenminister des Königreichs Saudi-Arabien S. 783

Fahmi, Ismail Außenminister der Arabischen Republik Ägypten **Dok. 29, 201** und S. 531, 533[14], 540f., 544f., 1142–1144, 1635, 1639

Falin, Walentin Michajlowitsch Botschafter der Union der Sozialistischen Sowjetrepubliken in Bonn **Dok. 55, 172, 178, 212, 213, 275, 337** und S. 64, 88f., 91, 203[3], 212[5], 327, 328[5], 340, 341[4], 342[9], 343[12], 366, 524[9], 600, 623–625, 639, 640[5], 641f., 866, 974, 1061[8], 1172, 1187f., 1192, 1196f., 1199[8], 1340, 1352[18], 1358, 1363, 1395

Fall, Brian James Proetel Mitarbeiter im britischen Außenministerium (First Secretary) und Mitglied der britischen Delegation bei der KSZE in Genf S. 1564f.

Faluvégi, Lajos Finanzminister der Ungarischen Volksrepublik S. 1437[8]

Faulkner, Brian Chef der Exekutive (Chief Minister) der britischen Provinz Nordirland bis zu seinem Rücktritt am 28. Mai 1974, seit Mai 1974 Vorsitzender der „Unionist Party of Northern Ireland" S. 485

Feisal ibn Abdul-Aziz al Saud König des Königreichs Saudi-Arabien S. 126, 170, 532, 548, 833, 885

Feit, Christian Botschaftsrat I. Klasse an der Botschaft der Bundesrepublik Deutschland in Paris, seit 21. August 1974 Vortragender Legationsrat I. Klasse und Leiter des Referats „Frankreich, Andorra, Monaco, Belgien, Niederlande, Luxemburg, Österreich, Schweiz, Liechtenstein" im Auswärtigen Amt S. 1467, 1612[1]

Fernand-Laurent, Jean Leiter der Ständigen Vertretung der Französischen Republik bei den Internationalen Organisationen in Genf S. 1245[6], 1434

Fernandez Font, Marcelo Außenhandelsminister der Republik Kuba S. 563[6]

Fiedler, Heinz Vortragender Legationsrat und Vertreter des Leiters im Referat „Nord- und Westafrika" bzw. seit 15. September 1974 im Referat „Westafrika" des Auswärtigen Amts S. 112[1], 1052[1], 1416[1]

Filbinger, Hans Ministerpräsident des Landes Baden-Württemberg und stellvertretender Vorsitzender der CDU sowie bis 31. Oktober 1974 Präsident des Bundesrates S. 1023

Finck von Finckenstein, Hans-Werner Graf Botschaftsrat I. Klasse und Vertreter des Botschafters der Bundesrepublik Deutschland in Prag S. 956[26]

Finke-Osiander, Renate Vortragende Legationsrätin I. Klasse und Leiterin des Referats „Polen, Tschechoslowakei, Jugoslawien, Albanien, Bulgarien, Rumänien, Ungarn" im Auswärtigen Amt **Dok. 216, 229, 324** und S. 103[5], 106[9], 216[1], 227[1], 439[1], 447[1], 451[1], 579[1], 620[1+2], 654[7], 833, 899[16], 933[1+3], 947[1], 1024[4], 1259[1], 1279[1]

Fischer, Gerhard Botschafter der Bundesrepublik Deutschland in Kuala Lumpur, seit 18. März 1974 Ministerialdirigent und Leiter der Unterabteilung 30 in der Politischen Abteilung des Auswärtigen Amts **Dok. 332**

Fischer, Oskar Stellvertretender Außenminister der DDR S. 1235 f.

Fischer, Paul Botschafter des Königreichs Dänemark in Paris S. 486

Fischer, Per Ministerialdirigent und Vertreter des Leiters in der Abteilung für „Auswärtige und innerdeutsche Beziehungen, äußere Sicherheit" des Bundeskanzleramts **Dok. 206, 251, 253, 302** und S. 112, 151, 283, 301, 408, 410, 470[1], 482, 486, 489, 681[1], 779[1], 780, 859, 1079[1], 1083, 1086 f., 1267, 1302[3], 1448[7], 1525[1], 1537, 1674[8]

FitzGerald, Garret Außenminister der Republik Irland S. 550, 1216[9], 1670

Fleischhauer, Carl August Vortragender Legationsrat I. Klasse und Leiter des Referats „Allgemeines Völkerrecht" im Auswärtigen Amt **Dok. 92, 140** und S. 194[2], 327, 340, 358[1+3], 467[25], 676, 768[6], 770, 971[15], 982[1], 1005 f., 1193[25], 1310[13]

Ford, Gerald R. Vizepräsident der Vereinigten Staaten von Amerika, seit 9. August 1974 Präsident **Dok. 284, 358, 361, 382** und S. 124, 430, 1053, 1075, 1086, 1143[6], 1189, 1218, 1221[11], 1249, 1265[8], 1325, 1375, 1379, 1385, 1391, 1526, 1529[19], 1572–1579, 1582 f., 1588 f., 1596, 1623, 1625 f., 1636[5], 1646 f., 1648[10], 1660, 1661[11]

Forlani, Arnaldo seit 23. November 1974 Verteidigungsminister der Italienischen Republik S. 1601, 1607, 1610

Fostervoll, Alv Jakob Verteidigungsminister des Königreichs Norwegen S. 742, 746, 755, 758, 1599–1601, 1603–1605, 1608, 1611, 1644

Fouchet, Christian Vorsitzender der „Bewegung für die Zukunft des französischen Volkes" bis zu seinem Tod am 11. August 1974; 1958–1962 Botschafter der Französischen Republik in Kopenhagen und Vorsitzender der EWG-Kommission für Vorschläge zur Gründung einer „Union der Europäischen Völker" S. 1111

Fouchet, Paul Botschafter der Französischen Republik in Brasilia S. 400

Fourcade, Jean-Pierre seit 28. Mai 1974 Wirtschafts- und Finanzminister der Französischen Republik S. 688, 692, 900–906, 971, 1258[9], 1264, 1451[8]

1693

Franco y Bahamonde, Francisco Staatschef von Spanien und Oberbefehlshaber der Nationalen Streitkräfte S. 993f., 1031¹, 1032f.

François-Poncet, André 1949–1953 Hoher Kommissar der Französischen Republik für Deutschland S. 1172⁹

Frangieh, Abdallah Mitglied des Nationalrats der PLO; 1968–1972 Vertreter der PLO im Büro der Arabischen Liga in Bonn **Dok. 347**

Frank, Paul Staatssekretär des Auswärtigen Amts bis 31. Mai 1974, seit 1. Juli 1974 Staatssekretär und Chef des Bundespräsidialamts; 1959/1960 Vortragender Legationsrat I. Klasse und Leiter der Referate „Frankreich, Belgien, Niederlande, Luxemburg, Italien" und „Maghreb" im Auswärtigen Amt **Dok. 30, 55, 71, 76, 86, 150** und S. 13¹, 40, 41³, 46¹, 52¹, 76¹⁺², 85¹, 92f., 94¹, 100¹, 102, 112, 117–119, 134, 138¹, 139⁵, 142¹⁺⁵, 151, 166¹, 169⁹, 171¹, 176¹, 196¹, 200¹, 203¹⁺³, 210f., 213, 216¹, 222¹, 223¹, 235, 238, 251, 269, 274, 280⁶⁺¹⁰, 283¹, 289, 301, 309¹, 324¹, 328⁵, 344¹, 351⁷, 366¹, 367, 368¹, 376f., 378⁹, 394¹, 395⁸, 396f., 399, 403, 405¹, 412, 414, 416, 419, 425², 428, 432, 434, 437, 479, 495², 502, 505¹, 517, 522–524, 540, 545, 562¹, 565f., 568, 579¹, 600, 603, 611, 620², 623, 639¹, 643¹, 648², 649f., 654³, 671, 852, 1025⁴

Franke, Egon Bundesminister für innerdeutsche Beziehungen sowie Mitglied des Deutschen Bundestages (SPD); 1966–1969 stellvertretender Vorsitzender der SPD-Fraktion im Deutschen Bundestag S. 646¹², 1342⁹

de Freitas Cruz, João C. L. C. seit September 1974 Leiter der Ständigen Vertretung der Portugiesischen Republik bei der NATO in Brüssel S. 1335²

Frelek, Ryszard Abteilungsleiter im ZK der PVAP **Dok. 118** und S. 579–582, 586, 621⁴, 651f., 654f., 962⁹, 1096

Freundt, Hans Helmut Botschafter der Bundesrepublik Deutschland in Kuwait, seit 13. Dezember 1974 Botschafter in Kigali S. 373¹⁰

Freytag, Arno Regierungsdirektor an der Vertretung der Bundesrepublik Deutschland bei den Internationalen Organisationen in Wien S. 1056⁶

Frick, Helmut Legationssekretär im Referat „Allgemeines Völkerrecht" des Auswärtigen Amts, seit 25. April 1974 Legationsrat S. 1005f.

Friderichs, Hans Bundesminister für Wirtschaft und Mitglied des Deutschen Bundestages (FDP) S. 40, 41³, 64, 68, 70f., 72¹⁵, 104, 108², 235–237, 362⁸, 648, 649⁶, 709, 833, 836–838, 885³, 904–906, 911, 949, 951, 1007, 1090⁴, 1125, 1189, 1195, 1225, 1243, 1318¹, 1329, 1330¹⁰, 1419, 1437f., 1477, 1534, 1665

Friedrich, Gerhard Mitarbeiter im Büro des Ministerrats der DDR und Leiter der Delegation in den Kommissionen für Transit Berlin (West) und für den DDR-Verkehr S. 144¹²

Froeden, Edgardo Enriquez Vorstandsmitglied der chilenischen Radikalen Partei (in Chile inhaftiert) S. 1534

Fuentealba, Renan ehemaliger Vorsitzender der Christlich-Demokratischen Partei Chiles S. 1535

Fukuda, Takeo Finanzminister von Japan, seit 9. Dezember 1974 Stellvertretender Ministerpräsident und Direktor der Wirtschaftsplanungsagentur; 1965/1966 und 1968–1971 sowie 1971/1972 Außenminister; 1973 Staatsminister für Verwaltungsangelegenheiten S. 784²⁴, 1264

Gablentz, Otto von der Vortragender Legationsrat I. Klasse und Leiter des Referats „Europäische Einigung und politische Zusammenarbeit; Europarat; Nichtstaatliche europäische Organisationen; WEU (nichtmilitärische Angelegenheiten)" sowie bis 20. August 1974 des Referats „Frankreich, Andorra, Monaco, Belgien, Niederlande, Luxemburg" im Auswärtigen Amt **Dok. 23, 53, 149, 155, 164, 168** und S. 26¹, 31¹⁺², S. 33¹⁵, S. 36²⁷, 51¹, 72¹, 74¹, 162², 166¹, 188¹, 227¹, 253¹⁰, 261²⁴, 339¹, 378¹, 388¹, 397⁸, 411¹², 470¹, 549¹, 559¹⁺², 560³,

597¹, 615²¹, 775¹, 1044¹, 1214, 1243¹, 1401¹, 1402¹², 1431

Gaja, Roberto Generalsekretär im italienischen Außenministerium S. 470, 1498⁹

Galley, Robert Verteidigungsminister der Französischen Republik, seit 28. Mai 1974 Minister für Ausrüstung (Ministre de l'Equipement) S. 156

Galinski, Heinz Vorsitzender der Jüdischen Gemeinde Berlin S. 1639¹⁴

al-Gamasi, Mohammed Abdel Ghani Generalmajor der ägyptischen Streitkräfte S. 57⁴

Gansäuer, Karl Friedrich Legationsrat I. Klasse im Referat „Europäische Gemeinschaften: Handels- und Agrarpolitik, Beziehungen zu den außereuropäischen Industrieländern, den Staatshandelsländern, Lateinamerika, Asien; GATT" des Auswärtigen Amts S. 1402¹², 1448⁷

Gardini, Walter stellvertretener Abteilungsleiter im italienischen Außenministerium S. 392 f.

Garvey, Terence Botschafter des Vereinigten Königreichs von Großbritannien und Nordirland in Moskau S. 615, 1010–1012

Gassner, Gerd Geschäftsführer der Firma Diehl GmbH u. Co., Nürnberg S. 1421⁸

de Gaulle, Charles 1958–1969 Staatspräsident der Französischen Republik S. 156, 170, 210, 230, 251, 588, 690, 1110, 1541

Gaus, Günter Staatssekretär im Bundeskanzleramt, seit 20. Juni 1974 Leiter der Ständigen Vertretung der Bundesrepublik Deutschland in Ost-Berlin mit der Amtsbezeichnung Staatssekretär **Dok. 11, 18, 34, 43, 57, 98, 152** und S. 85, 87⁹, 176, 178 f., 223–225, 289, 324–327, 376, 810

Gehl, Jürgen Vortragender Legationsrat und Vertreter des Leiters im Referat „Fragen der allgemeinen Ost-West-Beziehungen (u. a. Konferenz für Sicherheit und Zusammenarbeit in Europa)" des Auswärtigen Amts S. 181¹, 604¹, 658¹⁰, 660¹, 699¹³, 859¹, 860⁴, 968¹, 1326¹, 1562¹²

Gehlhoff, Walter Leiter der Ständigen Vertretung der Bundesrepublik Deutschland bei der UNO in New York mit der Amtsbezeichnung Botschafter, seit 31. Mai 1974 Staatssekretär des Auswärtigen Amts **Dok. 185, 195, 232, 235, 248, 300, 305, 310, 327, 334, 335, 336, 338, 352** und S. 515¹⁰, 517³, 518⁷⁺⁸, 629, 632, 663¹, 671, 676¹⁶, 677¹, 697¹, 735², 759¹, 780, 783, 833, 850, 858, 875, 884 f., 892, 894, 899, 920, 921⁴, 925¹, 933 f., 937, 943–946, 947¹, 954, 966¹⁴, 970 f., 982¹, 985, 1001, 1008, 1040¹, 1041⁶, 1042⁷, 1044², 1062, 1202⁵, 1207², 1209¹, 1224, 1225⁶, 1226 f., 1254¹, 1261², 1273, 1279, 1302, 1318¹, 1326³, 1340, 1358, 1395, 1401, 1416, 1418¹⁰⁻¹², 1419¹, 1431 f., 1434–1437, 1446⁸, 1447 f., 1463¹, 1466, 1468¹⁴, 1469, 1508, 1525¹, 1537, 1541, 1572¹, 1599, 1617¹, 1663, 1668

Genscher, Hans-Dietrich Bundesminister des Innern, seit 16. Mai 1974 Bundesminister des Auswärtigen und Vizekanzler, seit 1. Oktober 1974 Vorsitzender der FDP; Mitglied des Deutschen Bundestages **Dok. 157, 163, 171, 177, 202, 203, 212, 213, 214, 215, 216, 225, 234, 250, 256, 263, 264 265, 266, 267, 276, 277, 283, 284, 288, 312, 316, 322, 327, 328, 329, 337, 339, 346, 359, 360, 370** und S. 86⁶, 180, 227⁴, 292², 565³, 566, 586¹³, 600, 611, 621, 624, 639¹, 643¹, 651¹, 657 f., 690, 704¹, 713 f., 716, 718–721, 735, 767, 772, 776, 787–790, 793–796, 809¹, 816²⁶, 830²⁰, 831, 833, 839–841, 850¹, 854¹⁷, 857–861, 864–866, 875, 876⁸⁺⁹, 884, 885³, 888¹¹, 895–901, 920–922, 928¹, 933, 964¹, 967–970, 971³, 972–974, 978, 998, 1000 f., 1014 f., 1033, 1034¹, 1036 f., 1048–1051, 1054¹, 1061 f., 1064⁹⁺¹⁰, 1068¹, 1083¹, 1090¹⁺⁴, 1098, 1120, 1122–1125, 1129, 1132², 1137, 1144, 1177¹, 1182¹⁹⁺²², 1187–1190, 1192, 1194, 1196, 1199 f., 1203, 1208, 1211 f., 1216⁹, 1229¹, 1233, 1235 f., 1246, 1248–1251, 1261¹, 1264, 1267², 1273, 1279, 1280¹⁰, 1281¹¹, 1282, 1283¹⁴, 1294¹, 1302, 1304 f., 1306¹, 1318¹, 1329, 1340, 1342 f., 1345, 1348–1354, 1391³⁵, 1394⁴³, 1401, 1402¹¹, 1403¹⁷, 1405²², 1405²⁵⁻²⁹, 1406³³⁺³⁴, 1407³⁵, 1408³⁸, 1410⁴², 1411⁴⁹, 1412¹, 1414⁷, 1416, 1418¹⁰, 1422, 1431–

1695

1435, 1439, 1442, 1446, 1458¹, 1465f., 1469, 1472, 1474–1477, 1479¹¹, 1508f., 1512¹, 1514², 1515f., 1525, 1534¹⁴, 1546, 1572, 1579–1585, 1588, 1590, 1595f., 1599, 1612–1616, 1617¹, 1618, 1620¹³, 1638, 1641, 1643, 1652, 1658¹, 1660, 1663, 1665, 1668, 1669⁵

George, Scott Mitarbeiter im amerikanischen Außenministerium (Director for Central European Affairs) S. 1214

Georgiew, Stojan Abteilungsleiter im bulgarischen Außenministerium S. 439

Gerhardt, Walter Botschaftsrat an der Botschaft der Bundesrepublik Deutschland in Teheran S. 1420⁴

Gescher, Ditrich Vortragender Legationsrat im Referat „Sicherheit in Europa, Abrüstung- und Rüstungskontrolle (regional)" des Auswärtigen Amts S. 384¹, 458¹, 461⁵, 479², 635¹, 660⁴

el-Ghadafi, Muamar Vorsitzender des Revolutionären Kommandorats der Arabischen Republik Libyen S. 532f., 814, 833, 885

Ghizikis, Phaidon Generalleutnant der griechischen Streitkräfte und bis 11. Dezember 1974 Präsident der Republik Griechenland S. 980, 1035⁶

Gierek, Edward Erster Sekretär des ZK der PVAP **Dok. 165, 335, 336** und S. 286, 344, 346, 348f., 427¹¹, 505–508, 583f., 585, 586¹³, 620², 933, 934⁶⁺⁹, 960–962, 1026, 1095–1097, 1203, 1279f., 1282, 1595

Gieseler, Karl Heinz Generalsekretär des Deutschen Sportbundes in Frankfurt/Main S. 1361⁹

Giolitti, Antonio Minister für Haushalt und Wirtschaftsplanung der Italienischen Republik bis 22. November 1974 S. 690

Giraud, André Generaldirektor des französischen Atomenergie-Kommissariats und Leiter der Electricité de France S. 1459⁴

Giscard d'Estaing, Valéry Wirtschafts- und Finanzminister der Französischen Republik, seit 27. Mai 1974 Staatspräsident **Dok. 157, 249, 250, 279, 344** und S. 272⁴⁴, 588, 678f., 681f., 687–691, 695–697, 711, 722, 726¹⁴, 748, 760, 781, 784, 796, 810, 824, 831f., 899f., 903f., 910, 913, 915f., 918, 959, 973, 997, 1036¹⁰, 1070, 1073–1075, 1090f., 1093f., 1098, 1103, 1105f., 1108, 1110–1113, 1116–1118, 1177, 1181f., 1185–1187, 1210, 1229f., 1273, 1275, 1301¹², 1303⁸, 1319–1321, 1324, 1375, 1378, 1391, 1401, 1402¹⁰⁺¹¹, 1411, 1452, 1463³, 1518, 1529¹⁹, 1541, 1573, 1577f., 1621, 1623, 1625f., 1652¹⁸, 1653, 1660, 1661¹¹, 1676f.

Gliga, Vasile Stellvertretender Außenminister der Sozialistischen Republik Rumänien S. 897¹¹

Gökmen, Oduz 1966–1972 Botschafter der Republik Türkei in Bonn S. 1034

Göttelmann, Wolfgang Legationsrat I. Klasse an der Botschaft der Bundesrepublik Deutschland in Kairo, seit 22. Dezember 1974 im Referat „Zivilrecht, Handels- und privates Wirtschaftsrecht" des Auswärtigen Amts S. 535¹

Goetz, Jiři Stellvertretender Außenminister der Tschechoslowakischen Sozialistischen Republik, seit 25. April 1974 Botschafter in Bonn S. 949⁸, 951, 957

Goldmann, Nahum Präsident des Jüdischen Weltkongresses und der Conference on Jewish Material Claims against Germany in New York **Dok. 293** und S. 815, 1617f., 1620

Goldschmidt, Bertrand Leiter der Abteilung für Außenbeziehungen des französischen Atomenergiekomissariats (CEA) und Ständiger Vertreter der Französischen Republik im Gouverneursrat der IAEO in Wien S. 1461

Gomułka, Władysław 1957–1971 Mitglied des Staatsrats der Volksrepublik Polen; 1956–1970 Erster Sekretär des ZK der PVAP S. 1479¹²

Gorenflos, Walter Vortragender Legationsrat I. Klasse und Leiter des Referats „Vereinte Nationen: allgemeine Fragen, Generalversammlung, Sicherheitsrat" im Auswärtigen Amt **Dok. 246** und S. 921, 1044¹, 1052¹, 1508¹

Gortschakow, Alexander Michajlowitsch 1856–1882 Außenminister des Russischen Reichs S. 1046⁶

Gould, Kingdon Jr. Botschafter der Vereinigten Staaten von Amerika in Den Haag S. 261²⁴

Grabert, Horst Staatssekretär und Chef des Bundeskanzleramts bis 15. Mai 1974, seit 1. Oktober 1974 Botschafter der Bundesrepublik Deutschland in Wien **Dok. 352** und S. 213^9, 235, 1267^2

Grande, George K. Leiter der kanadischen Delegation bei den MBFR-Verhandlungen in Wien S. 297f.

Graybeal, Sydney Norman Mitglied der amerikanischen Delegation bei der Ständigen amerikanisch-sowjetischen Beratungskommission zur Implementierung von SALT S. 1316–1318

Greenspan, Alan seit August 1974 Vorsitzender des Wirtschaftsberaterstabes (Council of Economic Advisers) beim amerikanischen Präsidenten S. 1576, 1579–1582, 1590

Gretschko, Andrej Antonowitsch Verteidigungsminister der Union der Sozialistischen Sowjetrepubliken und Mitglied des Politbüros des ZK der KPdSU S. 882, 931f., 1652

Grewe, Wilhelm G. Botschafter der Bundesrepublik Deutschland in Tokio S. 11^{11}

Grigorjanz, Sergej Iwanowitsch sowjetischer Journalist S. 185

Grönebaum, Herbert Dolmetscher an der Botschaft der Bundesrepublik Deutschland in Prag S. 947^1

Groll, Götz Freiherr von Vortragender Legationsrat I. Klasse und Leiter des Referats „Fragen der Allgemeinen Ost-West-Beziehungen (u. a. Konferenz für Sicherheit und Zusammenarbeit in Europa)" im Auswärtigen Amt sowie Vertreter des Leiters in der Delegation der Bundesrepublik Deutschland bei der KSZE in Genf mit der Amtsbezeichnung Gesandter **Dok. 108, 142, 196** und S. 26f., 29.f., 153^1, 422^2, 423^5, 604^{1+2}, 607^1, 683^1, 718^6, 730^{14}, 771^2, 919^9, 968^1, 1233^{1+2}, 1259^1, 1326^1, 1328^6, 1561^6

Gromyko, Andrej Andrejewitsch Außenminister der Union der Sozialistischen Sowjetrepubliken und Mitglied des Politbüros des ZK der KPdSU **Dok. 80, 84, 221, 263, 264, 265, 266, 267, 269, 277, 312, 316** und S. 44^{11}, 146, 154, 167, 169, 177f., 181^2, 182^8, 184, 185^{15}, 193, 249, 280^6, 282, 289, 307, 311, 362, 365f., 429, 437^{34+35}, 444, 449, 522f., 530, 597f., 608^6, 676, 763, 767^{3+4}, 768–770, 811, 820^{22}, 832, 865, 873^{16}, 875f., 877^{10}, 889, 891, 901, 919^9, 935, 984^9, 1015^8, 1061, 1196, 1198–1200, 1210, 1212, 1214, 1217–1219, 1242, 1259f., 1324^{12}, 1326^3, 1339, 1342f., 1345, 1348–1352, 1353^{21}, 1354, 1422, 1491f., 1574f., 1593f., 1653

Gross, Otto Prälat in Berlin S. 1307

Grubjakow, Wassilij Fjodorowitsch Botschafter der Union der Sozialistischen Sowjetrepubliken in Ankara S. 1020

Grünewald, Armin stellvertretender Sprecher der Bundesregierung S. 174^{11}, 669, 833, 1079, 1614^{12}

Guazzaroni, Cesidio Abteilungsleiter im italienischen Außenministerium S. 470, 1079

Güneş, Turan Außenminister der Republik Türkei vom 25. Januar bis 16. November 1974 S. 1019^1, 1029^5, 1034, 1036^9, 1215

Guillabert, André Botschafter der Republik Senegal in Paris S. 1417^8

Guillaume, Günter Referent im Bundeskanzleramt bis zu seiner Verhaftung am 24. April 1974 S. 620^3, 623^5, 624, 640, 643f., 646^{12}, 653, 677, 810, 1191, 1350

Guldberg, Ove Außenminister des Königreichs Dänemark S. 320, 488, 550–553, 714, 1216^9, 1304, 1306

Gundelach, Finn Mitglied der EG-Kommission in Brüssel und Leiter der Abteilung „Binnenmarkt und Zollverwaltung" S. 696

Gustafsson, Paul Verner Erkki Unterstaatssekretär im finnischen Außenministerium S. 321

Gwischiani, Dschamir Michajlowitsch Stellvertretender Vorsitzender des Staatskomitees für Wissenschaft und Technik beim Ministerrat der Union der Sozialistischen Sowjetrepubliken S. 64

Haas, Wilhelm Botschaftsrat, zur Dienstleistung beim NATO-Generalsekretariat in Brüssel beurlaubt, seit 1. Juni 1974 Botschaftsrat I. Klasse an der Ständigen Vertretung der Bundesrepublik Deutschland bei der NATO in Brüssel bzw. seit 27. August 1974 an der Botschaft in Paris S. 1450[1], 1468[13]

Haehser, Karl Mitglied des Deutschen Bundestages (SPD) und seit 1. April 1974 Parlamentarischer Staatssekretär beim Bundesminister der Finanzen S. 1618[8]

Hajjaj, Aref Dolmetscher im Sprachendienst des Auswärtigen Amts S. 517[1]

Halefoglu, Vahit Botschafter der Republik Türkei in Bonn **Dok. 334** und S. 1202[5]

Hallgrímsson, Geir seit 27. August 1974 Ministerpräsident der Republik Island S. 1634[9]

Hallier, Hans-Joachim Vortragender Legationsrat I. Klasse und Leiter des Ministerbüros sowie des Leitungsstabs im Auswärtigen Amt bis 19. Mai 1974, seit 10. Juli 1974 Botschafter der Bundesrepublik Deutschland in Kuala Lumpur S. 41[3], 85[1], 216[1], 278[15], 279[1], 283[1], 301[1], 368[1], 394[1], 629[3]

Hallstein, Walter 1958–1967 Präsident der EWG-Kommission in Brüssel S. 666

Halstead, John Gelder Horler Abteilungsleiter im kanadischen Außenministerium (Assistant Secretary of State for External Affairs) S. 383, 390, 394

Hamburger, László Leiter der ungarischen Handelsvertretung in Köln; seit 21. Januar 1974 Botschafter der Ungarischen Volksrepublik in Bonn S. 1436, 1438

Hamdani, Smaïl Berater des algerischen Präsidenten und stellvertretender Generalsekretär des Präsidialamtes S. 517

Hampe, Karl-Alexander Vortragender Legationsrat I. Klasse und Leiter des Referats „Lateinamerika, östlicher Teil" bzw. seit 15. September 1974 des Referats „Argentinien, Uruguay, Paraguay, Brasilien, Karibischer Raum" im Auswärtigen Amt S. 1250[14]

Hansen, Niels Gesandter an der Ständigen Vertretung der Bundesrepublik Deutschland bei der UNO in New York S. 1111[32]

Hartling, Poul Ministerpräsident des Königreichs Dänemark **Dok. 114** und S. 692[16], 1185 f., 1228

Hartman, Arthur A. seit 8. Januar 1974 Abteilungsleiter im amerikanischen Außenministerium (Assistant Secretary for European Affairs) S. 72–74, 166, 177[4], 238, 258, 283, 288, 335[2], 368, 378, 400, 413, 428, 431, 438, 522[2], 602, 633[1], 634 f., 638[7], 700[18], 967[5], 1019, 1034[3], 1214, 1324[12], 1328

Hartmann, Rüdiger Vortragender Legationsrat und Vertreter des Leiters im Referat „Atlantisches Bündnis und Verteidigung" des Auswärtigen Amts, seit 25. November 1974 Botschaftsrat an der Botschaft der Bundesrepublik Deutschland in Kairo S. 232[1], 722[1], 742[1], 746[1], 869[1], 877[1], 923[1], 1031[1], 1044[1]

Hartogh, Abraham K. F. Botschafter des Königreichs der Niederlande bei der NATO in Brüssel S. 381, 685, 757, 1313 f.

Hase, Karl-Günther von Botschafter der Bundesrepublik Deutschland in London **Dok. 20, 83, 346** und S. 252[6], 408, 631[8], 703[4], 759, 854[17], 1036[12], 1330[9], 1455

Hassan II. König des Königreichs Marokko S. 547 f.

Hassel, Wolf-Ulrich von Gesandter und Vertreter des Leiters der Ständigen Vertretung der Bundesrepublik Deutschland bei der UNO in New York S. 1036[10]

Haunschild, Hans-Hilger Staatssekretär im Bundesministerium für Forschung und Technologie und für das Post- und Fernmeldewesen bzw. seit Mai 1974 im Bundesministerium für Forschung und Technologie S. 911[36], 1225[6], 1439[4]

Hauthal, Horst Vortragender Legationsrat I. Klasse und Leiter des Referats „Südasien" bzw. seit 15. September 1974 des Referats „Mittlerer Osten, Maghreb" im Auswärtigen Amt S. 629[5]

Healey, Denis seit 7. März 1974 Schatzkanzler des Vereinigten Königreichs von Großbritannien und Nordirland S. 485, 692 f., 696, 784, 1069, 1245, 1247, 1256 f., 1264, 1538, 1540–1542

Heath, Edward Premierminister des Vereinigten Königreichs von Großbritannien und Nordirland bis 4. März 1974; Vorsitzender der Konservativen Partei

S. 252⁶, 488, 696, 782¹⁶, 1538, 1540, 1633⁸

Heck Ministerialrat im Bundesministerium der Finanzen S. 1537

Hecker, Martin Legationssekretär im Sprachendienst des Auswärtigen Amts, seit 30. November 1974 an der Botschaft in Amman S. 629¹

Heeb, Fritz Rechtsanwalt in Zürich S. 205

Heimsoeth, Harald Botschafter der Bundesrepublik Deutschland in Nairobi; 1971/1972 Vortragender Legationsrat I. Klasse und Leiter der Gruppe I C sowie des Referats „Vereinte Nationen: Politische Fragen der VN-Sonderorganisationen, der weltweiten zwischenstaatlichen und nicht-staatlichen internationalen Organisationen" im Auswärtigen Amt S. 1057¹⁰

Heinemann, Gustav Bundespräsident der Bundesrepublik Deutschland bis 30. Juni 1974 S. 242¹², 376, 469, 473, 620³, 644 f., 895³, 1173

Heinemann, Klaus Legationsrat I. Klasse im Referat „Außenpolitische Fragen, die Berlin und Deutschland als Ganzes betreffen" des Auswärtigen Amts S. 1570¹, 1671¹

Heinichen, Otto-Kaban Vortragender Legationsrat und Vertreter des Leiters im Referat „Grundsatzfragen der Außenwirtschaftspolitik; Erdölpolitik; Außenhandelsförderung, Gewährleistungen im Außenhandel und Kapitalexport; Rüstungsexportkontrolle" des Auswärtigen Amts S. 93¹⁰, 955²⁵, 1668¹⁴

Heipertz, Otto Geschäftsträger an der Botschaft der Bundesrepublik Deutschland in Prag mit der Amtsbezeichnung Gesandter und seit 15. Februar 1974 mit der Amtsbezeichnung Botschafter, seit 18. April 1974 Botschafter in Oslo S. 1644⁹

Heldt, Hans Joachim Legationsrat I. Klasse im Referat „Grundsatzfragen der Außenwirtschaftspolitik; Erdölpolitik; Außenhandelsförderung, Gewährleistungen im Außenhandel und Kapitalexport; Rüstungskontrolle" des Auswärtigen Amts, seit 11. Januar 1974 Vortragender Legationsrat S. 274¹, 501¹

Hellbeck, Hannspeter Vortragender Legationsrat I. Klasse und Leiter des Referats „Ostasien" bzw. seit 15. September 1974 des Referats „Ostasien, Australien, Neuseeland, Ozeanien" im Auswärtigen Amt S. 83¹, 84

Helminger, P. Leiter der luxemburgischen Delegation bei der KSZE in Genf S. 1566

Henderson, Nicholas Botschafter des Vereinigten Königreichs von Großbritannien und Nordirland in Bonn **Dok. 76** und S. 176, 179–181, 211–213, 408, 412, 565, 567 f., 669, 671, 673, 676¹⁶, 780, 1016–1018, 1455

Hendus, Heinrich Botschafter der Bundesrepublik Deutschland in Rabat S. 548¹⁶

Hergt, Raimund Vortragender Legationsrat I. Klasse und Leiter der Gruppe 61 (Bilaterale und multilaterale Zusammenarbeit) in der Abteilung für Auswärtige Kulturpolitik des Auswärtigen Amts bis 20. März 1974, seit 26. Mai 1974 Botschafter der Bundesrepublik Deutschland in Reykjavik S. 1630³⁺⁴, 1634¹⁰

Herly, Jean Botschafter der Französischen Republik in Tel Aviv S. 1332

Hermes, Peter Ministerialdirektor und Leiter der Abteilung für Außenwirtschaftspolitik, Entwicklungspolitik und europäische wirtschaftliche Integration im Auswärtigen Amt **Dok. 31, 66, 91, 117, 148, 153, 228, 285, 286, 289, 292, 294, 325, 341** und S. 64, 112¹⁶, 166, 198¹⁰, 216¹, 301¹, 412, 415, 417, 428, 463 f., 470¹, 482¹, 486¹, 569¹, 594, 595⁵, 759, 779¹, 783²¹, 894⁴, 899², 908²³, 937, 1005, 1007, 1071¹¹, 1120¹, 1227¹¹, 1240⁹, 1302³, 1322⁴, 1323⁵, 1340, 1363, 1364⁴, 1369¹⁵, 1395, 1419¹, 1421⁶, 1431–1435, 1442¹³, 1448⁷, 1572¹, 1579, 1584¹, 1585⁷, 1587¹⁰, 1666⁹, 1667¹⁰⁻¹²

Herpin Mitglied der belgischen Delegation bei der KSZE in Genf S. 1565

Herter, Christian A. 1959–1961 Außenminister der Vereinigten Staaten von Amerika S. 401²³

Herzig, Christopher Unterstaatssekretär im britischen Energieministerium S. 1461

1699

Heyken, Eberhard Legationsrat I. Klasse an der Botschaft der Bundesrepublik Deutschland in Moskau S. 146², 329⁹, 340

Heymer, Guido Legationsrat I. Klasse an der Botschaft der Bundesrepublik Deutschland in Prag S. 952¹⁵

Hibbert, Reginald Alfred Gesandter an der britischen Botschaft in Bonn S. 85 f.

Hiehle, Joachim seit 20. Mai 1974 Staatssekretär im Bundesministerium der Finanzen S. 1008

Hillenbrand, Martin J. Botschafter der Vereinigten Staaten von Amerika in Bonn **Dok. 159, 227** und S. 162–165, 176, 178–181, 200⁴, 211–213, 283, 317, 399, 428, 522 f., 565, 567 f., 594, 603, 671, 673, 676¹⁶, 699, 700¹⁸, 726, 729, 865⁵, 992, 1016–1018, 1572, 1579

Hill-Norton, Peter Flottenadmiral der britischen Marine und seit 1. April 1974 Vorsitzender des Militärausschusses der NATO S. 750, 755 f., 758, 965, 1608, 1612¹⁸

Hiss, Dieter Ministerialdirektor und Leiter der Abteilung „Währung, Geld und Kredit" im Bundesministerium der Finanzen, seit Mai 1974 Leiter der Abteilung „Wirtschafts-, Finanz- und Sozialpolitik" im Bundeskanzleramt **Dok. 344** und S. 670²⁶, 1214, 1229, 1340, 1363, 1579

Hitler, Adolf 1933/1934 Reichskanzler des Deutschen Reiches und 1934–1945 „Führer und Reichskanzler" S. 936, 1480, 1497

Höffner, Joseph Kardinal und Erzbischof von Köln S. 1146

Hölscher, Dieter Vortragender Legationsrat und Vertreter des Leiters im Referat „Wirtschaftsbeziehungen West-Ost" des Auswärtigen Amts S. 440⁵⁺¹², 445¹⁸, 1163¹, 1364⁴

Hoffmann, Karel Generalsekretär des tschechoslowakischen Gewerkschaftsrates und Mitglied des ZK der KPČ S. 948

Hofmann, Wilfried Botschaftsrat und Vertreter des Leiters in der Delegation der Bundesrepublik Deutschland bei den MBFR-Verhandlungen in Wien, seit 17. Juni 1974 Botschaftsrat I. Klasse **Dok. 94** und S. 625¹, 1132, 1133³

Holik, Josef Friedrich Botschaftsrat und Leiter der Botschaft der Bundesrepublik Deutschland in Mogadischu mit der Amtsbezeichnung Botschafter, seit 20. November 1974 Vertreter des Leiters im Referat „Atlantisches Bündnis und Verteidigung" des Auswärtigen Amts mit der Amtsbezeichnung Vortragender Legationsrat S. 1519¹, 1599¹, 1604¹, 1654¹

Holleben, Ehrenfried von Botschafter der Bundesrepublik Deutschland in Lissabon bis zum Eintritt in den Ruhestand am 31. Mai 1974 **Dok. 136**

Holtmeier, Gerhard Geschäftsführer der Firma Maschinenbau Kiel GmbH (MaK) S. 1421⁸

Holtz, Uwe Mitglied des Bundestages (SPD) und seit 6. Juni 1974 Vorsitzender des Ausschusses für wirtschaftliche Zusammenarbeit S. 885³

Holubek, Reinhard Vortragender Legationsrat und Leiter der Botschaft der Bundesrepublik Deutschland in Bangui mit der Amtsbezeichnung Botschafter bis 18. Mai 1974, vom 1. Juli bis 16. September 1974 persönlicher Referent des Staatsministers beim Bundesminister des Auswärtigen, Wischnewski, seit 11. November 1974 im Referat „Regionale Planung und Koordinierung, Kulturabkommen" S. 1417⁷

Hommel, Nicolas Generalsekretär des EG-Ministerrats in Brüssel S. 1305

Honecker, Erich Erster Sekretär des ZK der SED und Vorsitzender des Nationalen Verteidigungsrats der DDR sowie Mitglied des Staatsrats S. 4, 221, 362, 364, 623⁵, 641, 644⁵, 646¹¹, 802, 805, 807 f., 1211, 1223, 1236, 1350, 1368, 1614¹²

Hopf, Theodor Oberst und Chef des Stabes im Streitkräfteamt der Bundeswehr S. 939

Hormats, Robert Mitarbeiter im Nationalen Sicherheitsrat der Vereinigten Staaten von Amerika S. 1579

Hoveyda, Amir-Abbas Ministerpräsident des Kaiserreichs Iran **Dok. 73** und S. 274 f., 278, 330, 648, 924

Hüsch, Heinz Günther Rechtsanwalt in Neuss S. 895

Hughes, Arthur Zweiter Sekretär an der amerikanischen Botschaft in Bonn S. 565

Humphreys, David C. Leiter der Abteilung für Verteidigungsplanung im Generalsekretariat der NATO in Brüssel (Assistant Secretary-General, Division of Defence Planning and Policy) S. 753

Husák, Gustav Generalsekretär des ZK der KPČ S. 829

Hussein II. König des Haschemitischen Königreichs Jordanien **Dok. 242** und S. 58, 98, 531, 976[10], 1332, 1544 f., 1637

Hussein, Saddam Stellvertretender Vorsitzender des Revolutionären Kommandorats der Republik Irak und Stellvertretender Generalsekretär der Arabischen Sozialistischen Baath-Partei des Irak S. 228[7]

Husson, Philippe seit April 1974 Gesandter und Vertreter des Botschafters der Französischen Republik in Moskau S. 1011 f.

Hyland, William G. Mitarbeiter im amerikanischen Außenministerium (Director of Intelligence and Research) S. 1141

Iklé, Fred Charles Direktor der amerikanischen Abrüstungsbehörde (ACDA) in Washington S. 419, 1133, 1149 f., 1574

Iljitschow, Leonid Fjodorowitsch Stellvertretender Außenminister der Union der Sozialistischen Sowjetrepubliken S. 738[5], 1127

Ingersoll, Robert Stephen Abteilungsleiter im amerikanischen Außenministerium (Assistant Secretary of State for East Asia and Pacific Affairs), seit 10. Juli 1974 Staatssekretär (Deputy Secretary of State) S. 1579

Inosemzew, Nikolaj Nikolajewitsch Direktor des Instituts für Weltwirtschaft und internationale Beziehungen der Akademie der Wissenschaften der Union der Sozialistischen Sowjetrepubliken S. 1364

Irmak, Sadi seit 17. November 1974 Ministerpräsident der Republik Türkei, seit 29. November 1974 geschäftsführender Ministerpräsident S. 1473[4], 1475

Irwin, John N. Botschafter der Vereinigten Staaten von Amerika in Paris S. 489, 494

Ismail, Mohammed Hafiz General der ägyptischen Streikräfte sowie Sicherheitsberater und Kabinettschef des ägyptischen Präsidenten S. 530

Jackling, Roger William 1968–1972 Botschafter des Vereinigten Königreichs von Großbritannien und Nordirland in Bonn S. 87[9], 90[10], 736[8], 1000

Jackson, Henry M. Senator des amerikanischen Bundesstaates Washington S. 60[12], 128[8], 192, 596, 995[15], 1050, 1647

Jacquin de Margerie, Emmanuel Abteilungsleiter im französischen Außenministerium (Chargé des affaires d'Europe) S. 337 f.

Jaenicke, Joachim Botschafter der Bundesrepublik Deutschland in Belgrad **Dok. 27, 341** und S. 501[6], 829[17], 833, 1412[2], 1413[6], 1597–1599

Jagielski, Mieczysław Stellvertretender Ministerpräsident der Volksrepublik Polen und Vorsitzender der Planungskommission sowie Mitglied des Politbüros des ZK der PVAP S. 704

Jahn, Gerhard Bundesminister der Justiz bis 16. Mai 1974; Mitglied des Deutschen Bundestages (SPD) S. 565[3], 566

Jalloud, Abdul Salam Ministerpräsident der Arabischen Republik Libyen S. 235–237, 264, 373[12], 814

Jaroszewicz, Piotr Ministerpräsident der Volksrepublik Polen und Mitglied des Politbüros des ZK der PVAP S. 704, 1282

Javits, Jacob K. Senator des amerikanischen Bundesstaates New York S. 1250

Jefremow, Michail Timofejewitsch Botschafter der Union der Sozialistischen Sowjetrepubliken in Ost-Berlin S. 179, 248[28], 865[5], 1017 f., 1616

Jeglić, Željko Gesandter an der jugoslawischen Botschaft in Bonn S. 834

Jelonek, Alois Vortragender Legationsrat I. Klasse und Leiter des Referats

„Europäische Wirtschafts- und Währungsunion; Industrie-, Regional-, Sozial-, Energie- und Verkehrspolitik der EG; Internationale Währungspolitik, OECD" im Auswärtigen Amt S. 80[1], 482[1], 779[1], 1264[1], 1401[1], 1431, 1435

Jenkins, Roy seit 7. März 1974 Innenminister des Vereinigten Königreichs von Großbritannien und Nordirland S. 252, 694, 1069

Jesser, Walter Ministerialdirigent und Leiter der Unterabteilung 31 in der Politischen Abteilung des Auswärtigen Amts **Dok. 319, 333** und S. 83[2], 119[1], 227[2], 228[7], 318[1], 517[1], 535[1], 1250[14], 1544[1], 1617[1], 1639[13]

Jirka, Ernst Vortragender Legationsrat I. Klasse und Leiter des Referats „Verkehrspolitik, Post- und Fernmeldewesen, Fremdenverkehr" im Auswärtigen Amt S. 1060[2]

Jobert, Michel Außenminister der Französischen Republik bis 27. Mai 1974 **Dok. 65** und S. 14, 35, 92[5], 125[5], 156, 167, 169, 197 f., 199[13], 210, 238[4], 279[2], 280 f., 282[19], 294[8], 315 f., 319 f., 337[3], 399 f., 408[3], 417, 429, 432 f., 436 f., 468, 476 f., 549[2], 550–553, 555, 588, 619, 667, 679, 760, 893, 912[37], 1105, 1117

Jørgensen, Anker 1971–1973 Ministerpräsident des Königreichs Dänemark S. 692[16]

Johanes, Jaromír Leiter des Ministerbüros im tschechoslowakischen Außenministerium S. 947[1]

Johannesson, Olafur Ministerpräsident der Republik Island bis zu seinem Rücktritt am 9. Mai 1974, geschäftsführender Ministerpräsident bis 27. August 1974, seit 28. August 1974 Minister für Justiz und Handel S. 358–360

Johnson, Lyndon B. 1963–1969 Präsident der Vereinigten Staaten von Amerika S. 401[23], 493

Johnson, Ural Alexis Sonderbotschafter des amerikanischen Präsidenten (Ambassador-at-Large) sowie Leiter der amerikanischen Delegation bei den Verhandlungen über eine Begrenzung strategischer Waffen (SALT) S. 63, 191, 232–234, 1153 f., 1312–1316, 1318

Jonas, Franz Bundespräsident der Republik Österreich bis zu seinem Tod am 24. April 1974 S. 828[14]

Jósepsson, Lúdvík Handels- und Fischereiminister der Republik Island bis 27. August 1974 S. 359 f., 361[6]

Juan Carlos de Borbón y Borbón Prinz von Asturien und designierter König von Spanien **Dok. 237** und S. 874[18], 994[13]

Kaamel, Mohamed Ibrahim Botschafter der Arabischen Republik Ägypten in Bonn S. 885

Kádár, János Erster Sekretär des ZK der Ungarischen Sozialistischen Arbeiterpartei **Dok. 116**

Kadnar, Milan stellvertretender Abteilungsleiter im tschechoslowakischen Außenministerium S. 947[1]

Kalmykow, Walerij Dmitrijewitsch 1965–1972 Minister für Radioelektronik der Union der Sozialistischen Sowjetrepubliken S. 1385

Kamal, Said inoffizieller Vertreter der PLO im Büro der Arabischen Liga in Bonn S. 1639

Kaminsky, Horst Erster Stellvertreter der Finanzminister der DDR, seit April 1974 Präsident der Staatsbank S. 222[4]

Kapitanow, P. G. Oberst der sowjetischen Streitkräfte und Mitarbeiter im sowjetischen Verteidigungsministerium sowie Mitglied der Delegation bei den MBFR-Verhandlungen in Wien S. 1286

Kaplan, Philip S. Zweiter Sekretär an der amerikanischen Botschaft in Bonn S. 162, 164, 633 f., 658[10]

Kaplin, Anatolij Stepanowitsch Gesandter und Vertreter des Botschafters der Union der Sozialistischen Sowjetrepubliken in Bonn, seit März 1974 Botschafter in Dublin S. 89[9]

Kappler, Herbert ehemaliger SS-Obersturmbannführer (in Italien inhaftiert) S. 1077 f.

Karamanlis, Konstantinos seit 24. Juli 1974 Ministerpräsident der Republik Griechenland; 1955–1963 Ministerpräsident des Königreichs Griechenland (seit

1963 in Frankreich im Exil) **Dok. 240, 273** und S. 1035[6], 1028[2], 1035, 1038, 1082, 1122, 1126[9], 1132, 1473[3], 1474, 1588

Kardelj, Edvard Mitglied des ZK und des Präsidiums des Bundes der Kommunisten Jugoslawiens S. 830

Karjalainen, Ahti Außenminister der Republik Finnland S. 321, 1015[8]

Kassarow, Petko Mitarbeiter im bulgarischen Außenhandelsministerium S. 439

Kastl, Jörg Leiter der Politischen Abteilung im Generalsekretariat der NATO in Brüssel (Assistant Secretary-General, Division of Political Affairs) S. 292, 943–946

Kastrup, Dieter Vortragender Legationsrat und Vertreter des Leiters im Referat „Außenpolitische Fragen, die Berlin und Deutschland als Ganzes betreffen" des Auswärtigen Amts S. 85[1], 100[1], 222[1], 306[1], 328[5], 643[1], 920[1], 999, 1009[1], 1016[5], 1059[1], 1060[4], 1559[1], 1570[1], 1571, 1671[1]

Keating, Paul Staatssekretär im irischen Außenministerium; 1970–1972 Botschafter der Republik Irland in Bonn S. 32

Keil, Franz Vortragender Legationsrat und Vertreter des Leiters im Referat „Südostasien, Australien, Neuseeland, Ozeanien" bzw. seit 15. September 1974 im Referat „Süd- und Südostasien" des Auswärtigen Amts S. 895

Kekkonen, Urho Kaleva Präsident der Republik Finnland S. 321

Keller, Rupprecht von Botschafter der Bundesrepublik Deutschland in Ottawa **Dok. 183**

Keltsch, Erhard Vorstandsvorsitzender der Preußischen Elektrizitäts-AG, Hannover, und Vorsitzender der Fachgruppe „Elektrotechnik" in der deutsch-sowjetischen Kommission für wirtschaftliche und wissenschaftlich-technische Zusammenarbeit S. 1165[10], 1195, 1363, 1369f.

Kennan, Sean P. Mitarbeiter im irischen Außenministerium S. 1670[12]

Kennedy, John F. 1961–1963 Präsident der Vereinigten Staaten von Amerika S. 255f., 401[23], 493

Kersting, Hermann Geschäftsträger an der Botschaft der Bundesrepublik Deutschland in Budapest mit der Amtsbezeichnung Gesandter, seit 5. Februar 1974 Botschafter S. 495[1], 1005[7+8], 1006[9], 1007[13+15], 1438[9]

Khaddam, Abdel Halim Außenminister und Stellvertretender Ministerpräsident der Arabischen Republik Syrien S. 1013–1015

Khalatbari, Abbas Ali Außenminister des Kaiserreichs Iran S. 708, 713

Khalid, Mansour Außenminister der Demokratischen Republik Sudan S. 164[12], 435

Kiesinger, Kurt Georg Mitglied des Deutschen Bundestages und Ehrenvorsitzender der CDU; 1966–1969 Bundeskanzler der Bundesrepublik Deutschland S. 1033[7]

Killick, John E. Unterstaatssekretär im britischen Außenministerium (Deputy Under-Secretary of State) S. 703[4], 1036[9]

Kimura, Toshio seit 16. Juli 1974 Außenminister von Japan S. 1245, 1247

Kinkel, Klaus Ministerialrat und Leiter des Ministerbüros im Bundesministerium des Innern, seit 20. Mai 1974 Ministerialdirigent und Leiter des Ministerbüros sowie des Leitungsstabs im Auswärtigen Amt **Dok. 193, 204, 241, 253, 321** und S. 651[1], 663[1], 697[1], 735[2], 759, 831[1], 899[1], 933[1], 937, 943[1], 995[15], 1068[1], 1132[1], 1158[1], 1159[1], 1229[1], 1235[1], 1248[1], 1249[1], 1254[1], 1279, 1302[2], 1358, 1395, 1401, 1431, 1458[1], 1466[1], 1504, 1506[6], 1525[1], 1572[1], 1620[13], 1646[1]

Kirchschläger, Rudolf Außenminister der Republik Österreich, seit 8. Juli 1974 Bundespräsident S. 195[7], 828, 853, 856[29], 958, 1077

Kirkpatrick, Ivone A. 1950–1953 Hoher Kommissar des Vereinigten Königreichs von Großbritannien und Nordirland für Deutschland S. 1172[9]

Kissinger, David S. 428

Kissinger, Elisabeth S. 428

Kissinger, Henry A. Außenminister der Vereinigten Staaten von Amerika; 1969–1973 Sicherheitsberater des amerikanischen Präsidenten **Dok. 42, 67, 68, 69, 96, 97, 104, 131, 138, 160, 163, 171, 187, 195, 197, 199, 200, 202, 203,**

276, 303, 357, 360 und S. 9–18, 19^2, 31^4, 56f., 59, S. 72f., 75, 94–100, 123f., 126f., 138–141, 162^2, 164, 177f., 181^2, 193, 197–199, 238–240, 242, 252f., 255–260, 261^{24}, 262–267, 293–295, 309–319, 331, 335–337, 339, 350f., 364f., 369, 380, 389^7, 410, 413, 416f., 465f., 468^{27}, 484, 489, 492–494, 513–516, 518, 522f., 530–534, 544–547, 555, 557, 588, 609, 617, 679, 683^{10}, 718f., 759, 761–763, 772, 774, 783, 786, 787–791, 793–795, 810f., 813, 831–834, 863^{13}, 875f., 886, 928^2, 929^4, 944–946, 967–969, 983^8, 990, 992–994, 996, 997^{24}, 1019, 1033, 1036^9, 1037, 1050, 1073^{10}, 1075, 1137, 1141, 1143^6, 1153, 1238–1241, 1243–1251, 1256, 1259, 1264–1266, 1298, 1315f., 1333f., 1336^9, 1337, 1374, 1376, 1378, 1385, 1400, 1443^1, 1444, 1446, 1452, 1465, 1527, 1542, 1546^5, 1572–1575, 1577f., 1590, 1592f., 1596, 1612, 1638, 1643, 1645–1654, 1658–1660, 1662, 1677

Klein, Radoslav Leiter der tschechoslowakischen Delegation bei den MBFR-Verhandlungen in Wien S. 156, 158, 384f., 387, 625^1

Kleindienst, Willi Ministerialdirigent im Bundesministerium für Wirtschaft und Leiter der Treuhandstelle für den Interzonenhandel in Berlin (West); 1968 Ministerialrat und Leiter des Referats „Interzonenhandel" im Bundesministerium für Wirtschaft S. 226^4, 647^{13}, 1614^{10}

Klerides, Glavkos John Sprecher der griechischen Bevölkerungsgruppe auf Zypern und bis 22. Juli 1974 Präsident des zypriotischen Parlaments, vom 23. Juli bis 6. Dezember 1974 amtierender Präsident sowie vom 8. August bis 6. Dezember 1974 Außen- und Innenminister der Republik Zypern S. 967, 981, 1028, 1128f., 1215, 1220

Klingeberg, Werner Botschafter der Bundesrepublik Deutschland in Georgetown bis zum Eintritt in den Ruhestand am 31. Oktober 1974 S. 563^6

Knackstedt, Günter Vortragender Legationsrat und Vertreter des Leiters im Parlaments- und Kabinettsreferat des Auswärtigen Amts, seit 22. April 1974 Botschaftsrat an der Botschaft der Bundesrepublik Deutschland in Madrid, seit 19. Dezember 1974 Botschaftsrat I. Klasse S. 127^2, 1032^5

Knappstein, Karl Heinrich 1962–1969 Botschafter der Bundesrepublik Deutschland in Washington S. 614^{18}

Königs, Philipp Generalkonsul und Vertreter des Leiters des Generalkonsulats der Bundesrepublik Deutschland in Mailand; 1969–1973 Vortragender Legationsrat und Vertreter des Leiters im Referat „Internationale Wirtschaftsfragen der Verteidigung, des Verkehrs, des Post- und Fernmeldewesens und des Fremdenverkehrs" bzw. seit 1. Oktober 1972 im Referat „Verkehrspolitik, Post- und Fernmeldewesen" des Auswärtigen Amts S. 275^{10}, 467^{23}

Körner, Peter Ministerialrat im Bundesministerium der Verteidigung und persönlicher Referent des Staatssekretärs Mann S. 1224

Kohl, Helmut Ministerpräsident des Landes Rheinland-Pfalz und Vorsitzender der CDU S. 1379^2

Kohl, Michael Staatssekretär beim Ministerrat der DDR, seit 20. Juni 1974 Leiter der Ständigen Vertretung in Bonn mit der Amtsbezeichnung Minister S. 50, 171, 173^9, 324, 644f., 810, 920–922

Kohnstamm, Max Vizepräsident des „Aktionskomitees für die Vereinigten Staaten von Europa" S. 1318

Konfuzius * ca. 551 v. Chr. † ca. 479 v. Chr. S. 737^1

Koptelzew, Walentin Alexejewitsch Botschaftsrat an der sowjetischen Botschaft in Bonn S. 767^3, 770, 865^5, 937, 941

Korff, Hans Clausen 1959–1969 Ministerialdirektor und Leiter der Haushaltsabteilung im Bundesministerium der Finanzen S. 1213

Korkud, Selçuk Botschaftsrat an der türkischen Botschaft in Bonn S. 1201^3

Korutürk, Fahri Präsident der Republik Türkei S. 1020, 1473^4

Kosciusko-Morizet, Jacques Botschafter der Französischen Republik in Washington S. 12

Kosmin, Dmitrij W. Leiter der sowjetischen Handelsvertretung in Köln S. 64

Kossygin, Alexej Nikolajewitsch Ministerpräsident der Union der Sozialistischen Sowjetrepubliken **Dok. 313** und S. 39[5], 64, 69, 247, 302, 608[6], 738[5], 761, 805, 1160, 1193[23], 1330[10], 1331, 1339, 1348f., 1354, 1356–1358, 1371, 1385–1389, 1422–1424

Kostandow, Leonid Arkadjewitsch Minister für Chemische Industrie der Union der Sozialistischen Sowjetrepubliken und Mitglied des ZK der KPdSU S. 247, 329, 363, 365

Kowaljow, Anatolij Gawrilowitsch Stellvertretender Außenminister der Union der Sozialistischen Sowjetrepubliken und Leiter der sowjetischen Delegation bei der KSZE in Genf S. 423[5], 1194, 1400

Krag, Jens Otto Chefdelegierter der EG-Kommission bei der amerikanischen Regierung in Washington; 1971/1972 Ministerpräsident des Königreichs Dänemark S. 1110

Kraigher, Sergej Präsident der Abgeordnetenversammlung der sozialistischen Republik Slowenien S. 833, 838f.

Krajčir, František Erster Stellvertretender Außenminister der Tschechoslowakischen Sozialistischen Republik S. 954[21]

Krapf, Franz Leiter der Ständigen Vertretung der Bundesrepublik Deutschland bei der NATO in Brüssel mit der Amtsbezeichnung Botschafter **Dok. 7, 75, 93, 95, 130, 141, 161, 174, 175, 176, 191, 197, 199, 200, 236, 262, 288, 307, 366, 373, 381** und S. 57[2], 72, 75, 161[11], 163[5], 165[14], 233, 292, 431[16], 480[6], 484[13], 703[7], 720[11], 819[16], 831[1], 943, 1259[2], 1312, 1317, 1445[5], 1523[16], 1550[8], 1589[7], 1631[6]

Krebs, Werner Legationsrat I. Klasse an der Botschaft der Bundesrepublik Deutschland in Rabat, seit 9. Januar 1974 im Referat „Regionale Planung und Koordinierung, Kulturabkommen" des Auswärtigen Amts S. 440[6], 950[10]

Kreft, Dieter Senatsdirektor beim Senator für Familie, Jugend und Sport von Berlin S. 291[15]

Kregel, Wilhelm Vorsitzender des Deutschen Sportbundes in Frankfurt/Main bis April 1974 S. 172[4]

Kreisky, Bruno Bundeskanzler der Republik Österreich S. 887, 1078, 1568[6], 1570

Křepelák, Oldrich Abteilungsleiter im tschechoslowakischen Außenministerium S. 947[1]

Krstić Mitarbeiter im jugoslawischen Außenministerium S. 1412, 1414f.

Krüger, Elfriede Vortragende Legationsrätin im Referat „Fragen der allgemeinen Ost-West-Beziehungen (u.a. Konferenz für Sicherheit und Zusammenarbeit in Europa)" des Auswärtigen Amts S. 1155[1]

Kruse, Hansheinrich Vortragender Legationsrat I. Klasse und Leiter des Referats „Grundsatzfragen der Außenwirtschaftspolitik; Erdölpolitik; Außenhandelsförderung, Gewährleistungen im Außenhandel und Kapitalexport; Rüstungsexportkontrolle" im Auswärtigen Amt S. 216[1], 246[23], 274[1], 373[10], 374[16], 501[1], 515[11], 629[1], 632[15], 861[8], 864[18], 1085[7], 1224, 1255[1], 1365[8], 1419[1], 1665[5]

Kühn, Alfred Gesandter und Mitglied der Delegation der Bundesrepublik Deutschland bei der KSZE in Genf, seit 3. Dezember 1974 Vortragender Legationsrat I. Klasse und Leiter des Referats „Sowjetunion" im Auswärtigen Amt **Dok. 281** und S. 610[1], 635[3], 730[16], 866[2]

Kukan, Eduard Mitarbeiter im tschechoslowakischen Außenministerium S. 947[1]

Kuljew, I. A. Stellvertretender Vorsitzender des Staatskomitees für außenwirtschaftliche Beziehungen der Union der Sozialistischen Sowjetrepubliken S. 804[20], 1364

Kunz, Gerhard Mitglied des Deutschen Bundestages (CDU) S. 1428[10]

Kunz, Gerhard Wilhelm Vortragender Legationsrat im Referat „Atlantisches Bündnis und Verteidigung" des Auswärtigen Amts S. 928[1], 1285[1], 1286[5], 1287[7+8], 1654[1], 1674[1]

Kurpakow, Iwan Dolmetscher im sowjetischen Außenministerium S. 327, 340, 1187, 1348

Kusnezow, Wassilij Wassiljewitsch Erster Stellvertretender Außenminister der Union der Sozialistischen Sowjetrepubliken S. 248[28+29], 291, 306[2], 308, 327, 340, 343, 1009f.

Kwizinskij, Julij Alexandrowitsch stellvertretender Abteilungsleiter im sowjetischen Außenministerium; Mitglied der sowjetischen Delegation bei den MBFR-Verhandlungen in Wien bis Februar 1974 S. 37–40, 148, 1340, 1358, 1395

Lahn, Lothar Ministerialdirektor und Leiter der Politischen Abteilung (Abteilung 3) im Auswärtigen Amt **Dok. 66** und S. 84[7], 112[1], 119[1], 301[1], 318[1], 375[17], 563[6], 775[3], 1013[1], 1016[1], 1250[13], 1417[9], 1544

Lahr, Rolf Botschafter der Bundesrepublik Deutschland in Rom bis zum Eintritt in den Ruhestand am 31. Januar 1974 S. 467[25]

Lahusen, Carl Gesandter an der Botschaft der Bundesrepublik Deutschland in Washington S. 9, 928

Laird, Melvin R. 1969–1972 Verteidigungsminister der Vereinigten Staaten von Amerika S. 126, 1075

Lang, Norbert Gesandter und Vertreter des Botschafters der Bundesrepublik Deutschland in Helsinki S. 855[26]

Lange, Halvard M. 1946–1965 Außenminister des Königreichs Norwegen S. 379[7]

Lankes, Johann Christian Botschafter der Bundesrepublik Deutschland in Beirut; 1969/1970 Botschafter in Conakry S. 1417[9]

Lantzke, Ulf Ministerialdirektor und Leiter der Abteilung für Energiepolitik und Mineralische Rohstoffe im Bundesministerium für Wirtschaft, seit Mai 1974 Sonderberater für Energiefragen beim Generalsekretär der OECD in Paris und seit November 1974 Exekutiv-Direktor der Internationalen Energie-Agentur (IEA) der OECD in Paris S. 200[4]

Lapie, Pierre-Olivier Koordinator für die deutsch-französische Zusammenarbeit S. 900, 910–913, 919

Lardinois, Petrus Mitglied der EG-Kommission in Brüssel und Leiter der Abteilung für Landwirtschaft S. 271, 696

La Rocca, Umberto stellvertretender Abteilungsleiter im italienischen Außenministerium S. 549, 555

Latsoudis, Efstathios Verteidigungsminister der Republik Griechenland bis 27. Juli 1974 S. 754

Laulan, Yves Vorsitzender des Wirtschaftsausschusses der NATO S. 29

Lautenschlager, Hans Ministerialdirigent und Leiter der Unterabteilung 40 bzw. seit 1. Juli 1974 der Unterabteilung 41 in der Abteilung für Außenwirtschaftspolitik, Entwicklungspolitik und europäische wirtschaftliche Integration des Auswärtigen Amts **Dok. 13, 280, 317, 330, 356** und S. 41[3], 216[1], 779[1], 782[15], 899[1], 1002[6], 1120[1], 1123[12], 1224[1], 1255[1], 1293[11], 1431–1435, 1463[3]

Leber, Georg Bundesminister der Verteidigung und Mitglied des Deutschen Bundestages (SPD) S. 15, 250, 292[2], 295, 365, 503f., 624, 667, 722, 743f., 746–751, 753f., 755[20], 914, 916, 929, 932, 939, 944, 1090[4], 1137, 1335, 1336[9], 1393, 1474[6], 1475, 1589[7], 1600, 1602f., 1605–1607, 1610f., 1640, 1649–1651, 1662, 1665

Lebsanft, Ulrich Leiter der Ständigen Vertretung der Bundesrepublik Deutschland bei den Europäischen Gemeinschaften in Brüssel mit der Amtsbezeichnung Botschafter **Dok. 19, 350** und S. 35[24], 270[41], 271[42], 551[6], 664[6], 861[9], 901[8], 973[9], 1402[13–15], 1408[40], 1432[3], 1451[8], 1502[23], 1514[2], 1625[17]

Leburton, Edmond Jules Isidore Ministerpräsident des Königreichs Belgien bis zu seinem Rücktritt am 18. Januar 1974, bis 27. April 1974 geschäftsführender Ministerpräsident S. 613[15]

Lecompt, Jacques Vertreter des Leiters der Ständigen Vertretung der Französischen Republik bei der UNO in New York S. 1036[10]

Leister, Klaus Dieter Regierungsdirektor und Leiter des Ministerbüros im Bundesministerium der Finanzen, seit 16. Mai 1974 Leiter des Kanzlerbüros im Bundeskanzleramt S. 1068[1], 1079, 1083[1], 1203[1], 1318[1]

Lenin, Wladimir Iljitsch 1917–1924 Vorsitzender des Rats der Volkskommissare der Russischen Sozialistischen Föderativen Sowjetrepublik S. 1020[8]

Leniz, Fernando seit 10. Juli 1974 Wirtschaftsminister der Republik Chile S. 1532

Leonberger, Kurt Legationsrat I. Klasse an der Botschaft der Bundesrepublik Deutschland in Dakar, seit 25. November 1974 ins Bundeskanzleramt abgeordnet S. 1660[7], 1676[4]

Leopold II. 1865–1909 König der Belgier S. 114

Lersner, Heinrich Freiherr von Ministerialrat und Leiter der Unterabteilung „Wasserwirtschaft" in der Abteilung „Umweltschutz" im Bundesministerium des Innern, seit 25. Juli 1974 Präsident der Umweltbundesamtes in Berlin (West) S. 180[13]

de Leusse de Syon, Bruno Botschafter der Französischen Republik in Kairo S. 1507[9]

Lever, Harold seit 7. März 1974 Kanzler des Herzogtums Lancaster und britischer Sonderbeauftragter für EG-Fragen S. 783, 786, 831, 1538, 1540

Levy, Walter James Berater des amerikanischen Präsidenten in Wirtschaftsfragen S. 1660[7]

Lewalter, Karl Walter Vortragender Legationsrat und Vertreter des Leiters im Ministerbüro des Auswärtigen Amts S. 9[1], 94[1], 100[14], 279[1], 287[1], 461[1], 470[1], 857, 922[11], 1048[1], 1062[1], 1064[9], 1068[1], 1158[1], 1248[1+6], 1250[15], 1512[1], 1594[1]

Libon, David Wirtschaftsberater der tschadischen Regierung S. 1417

Lieu Botschaftsrat und Geschäftsträger der Demokratischen Republik Vietnam (Nordvietnam) in Paris S. 1466[8], 1467[9], 1468[13]

Lilienfeld, Georg von Botschafter der Bundesrepublik Deutschland in Teheran, seit 6. Juni 1974 Botschafter in Madrid Dok. 237 und S. 66[7], 72[15], 274[5], 301, 303[9], 304[12], 648f., 708[4], 710[9], 994[13]

Limbourg, Peter Botschafter der Bundesrepublik Deutschland in Brüssel S. 855[27], 856[28], 862[11], 1321[21]

Limmer, Herbert Vortragender Legationsrat I. Klasse und Leiter des Referats „Organisation" im Auswärtigen Amt S. 939[11]

Lin Piao 1959–1971 Verteidigungsminister der Volksrepublik China S. 737[1], 1382

Lipatti, Valentin Leiter der rumänischen Delegation bei der KSZE in Genf S. 368[3]

de Lipkowski, Jean Noël Staatssekretär im französischen Außenministerium bis Februar 1974 und erneut vom 1. März bis 27. Mai 1974 S. 545, 1417[8], 1453

Liu Shao-chi 1959–1968 Vorsitzender des Nationalen Volkskongresses der Volksrepublik China S. 1382

Lodal, Jan Mitarbeiter des amerikanischen Präsidialamtes (Executive Staff, Verification Panel) S. 1133, 1141

Lodge, Henry Cabot Sondergesandter der Vereinigten Staaten von Amerika beim Heiligen Stuhl S. 1146

Loeck, Hans-Werner Vortragender Legationsrat I. Klasse und Leiter des Referats „Europäische Gemeinschaften: Handels- und Agrarpolitik, Beziehungen zu den außereuropäischen Industrieländern, den Staatshandelsländern, Lateinamerika, Asien, GATT" im Auswärtigen Amt S. 482[1], 486[1], 569[1], 809[1], 821[1], 907[22]

Löwke, Udo F. Persönlicher Referent beim Leiter des Ministerbüros im Bundesministerium der Finanzen bzw. seit 16. Mai 1974 beim Leiter des Kanzlerbüros im Bundeskanzleramt S. 1537

Logan, Donald Arthur Vertreter des Leiters der Ständigen Vertretung des Vereinigten Königreichs von Großbritannien und Nordirland bei der NATO in Brüssel S. 964

Lončar, Budimir Botschafter der Sozialistischen Föderativen Republik Jugoslawien in Bonn S. 108–110, 112[16], 504[16], 834, 897[9], 1512

Long, Russell Senator des amerikanischen Bundestaates Louisiana S. 404

López Bravo, Gregorio 1969–1973 Außenminister von Spanien S. 266

Lord, Winston Mitarbeiter im amerikanischen Außenministerium (Director, Policy Planning Staff) S. 75, 1141

Loridan, Walter Botschafter des Königreichs Belgien in Washington S. 12

Lowenstein, James Gordon Mitarbeiter im amerikanischen Außenministerium (Deputy Assistant Secretary for European Affairs) S. 1133, 1135

Luciolli, Mario Botschafter der Italienischen Republik in Bonn S. 461[1], 1079

Lücking, Wilhelm Vortragender Legationsrat I. Klasse und Leiter des Referats „Außenpolitische Fragen, die Berlin und Deutschland als Ganzes betreffen" im Auswärtigen Amt **Dok. 44, 48, 54, 122, 244, 254** und S. 46[1], 64[1], 85[1], 306[1], 328[5], 405[1], 437[35], 600[1], 602[10], 859[1], 875[1], 920[1], 1012[11], 1062[1], 1559[1], 1570[1], 1593[1], 1671[1]

Ludviger, Emil Mitglied des Bundesexekutivrates der Sozialistischen Föderativen Republik Jugoslawien und Minister für Außenhandel S. 834

Luedde-Neurath, Kurt R. Botschafter der Bundesrepublik Deutschland in Santiago de Chile S. 1530[5]

Lüders, Carl-Heinz Gesandter und Vertreter des Botschafters der Bundesrepublik Deutschland in Moskau, seit 9. April 1974 Leiter der Ständigen Vertretung beim Europarat in Straßburg S. 362[4]

Lukanow, Andrej Karlow Erster Stellvertretender Außenhandelsminister der Volksrepublik Bulgarien S. 445[18]

Lumumba, Patrice 1960 Ministerpräsident der Republik Kongo S. 118[17]

Luns, Joseph Generalsekretär der NATO **Dok. 71, 214** und S. 165[4], 313–315, 382f., 430, 607, 748, 753, 755–757, 796, 873, 879[10], 965, 1028, 1030, 1205, 1335[2], 1608, 1612[18], 1632, 1644, 1646, 1652, 1658, 1662

Lustig, René Erster Botschaftsrat an der französischen Botschaft in Bonn bis Dezember 1974 S. 176, 566f., 671, 676[16]

Lynden, Rijnhard Bernhard Baron van Botschafter des Königreichs der Niederlande in Washington, seit März 1974 Abteilungsleiter im niederländischen Außenministerium S. 12, 389, 392, 608[6], 929

Macmillan, Harold 1957–1963 Premierminister des Vereinigten Königreichs von Großbritannien und Nordirland S. 230[3]

Macovescu, Gheorghe Außenminister der Sozialistischen Republik Rumänien S. 895, 898[12]

Maihofer, Werner Bundesminister für besondere Aufgaben beim Stellvertreter des Bundeskanzlers bis 7. Mai 1974, seit 16. Mai 1974 Bundesminister des Innern; Mitglied des Deutschen Bundestages (FDP) S. 896, 899, 913f., 1113

Makarios III., Myriarthes (Michael Christodulos Muskos) Erzbischof; Präsident der Republik Zypern bis zu seinem Sturz am 15. Juli 1974 und erneut seit 7. Dezember 1974 S. 964[2], 967, 975f., 980, 1020f., 1126[8], 1130, 1175, 1216, 1220, 1645[11]

Maksić, Milivoje Abteilungsleiter im jugoslawischen Außenministerium S. 108f., 111, 834, 1513[9], 1597–1599

la Malfa, Ugo Finanzminister der Italienischen Republik bis zu seinem Rücktritt am 28. Februar 1974, seit 23. November 1974 stellvertretender Ministerpräsident S. 664[8]

Malik, Jakow Alexandrowitsch 1948–1952 und erneut seit 1968 Leiter der Ständigen Vertretung der Union der Sozialistischen Sowjetrepubliken bei der UNO in New York S. 1219

Maljarow, Michail P. stellvertretender Generalstaatsanwalt der Union der Sozialistischen Sowjetrepubliken S. 204

Manafski, Kiril Mitarbeiter im bulgarischen Außenministerium S. 439

Mann, Siegfried Staatssekretär im Bundesministerium der Verteidigung S. 275[11], 374, 632, 648[3], 650f., 1224, 1226f., 1419

Manschulo, Alexej Nikolajewitsch Stellvertretender Außenhandelsminister der Union der Sozialistischen Sowjetrepubliken S. 1364

Mansfield, Michael J. Senator des amerikanischen Bundesstaates Montana S. 404, 751, 1135

Mao Tse-tung Vorsitzender des ZK und des Politbüros der Kommunistischen Partei Chinas S. 737^{1+2}, 739, 1190^{15}, 1380–1382

Margarete II. Königin des Königreichs Dänemark S. 779^2

de Margerie siehe: Jacquin de Margerie

Marjai, Jószef Erster Stellvertretender Außenminister der Ungarischen Volksrepublik S. 1438

Marquet, Alois Abteilungsleiter im österreichischen Außenministerium S. 852

Marré, Hans Hermann Vortragender Legationsrat I. Klasse und Leiter des Referats „Lateinamerika, westlicher Teil" bzw. seit 15. September 1974 des Referats „Andenstaaten und Mittelamerika" im Auswärtigen Amt **Dok. 345** und S. 151^1

Martino, Gaetano 1954–1957 Außenminister der Italienischen Republik S. 379^7

Marx, Adolf S. 1417^9

Masmoudi, Mohammed 1969–1973 Außenminister der Tunesischen Republik S. 164^{12}, 435

Mason, Roy seit 7. März 1974 Verteidigungsminister des Vereinigten Königreichs von Großbritannien und Nordirland S. 743–745, 747–749, 754, 758, 1538, 1541, 1554^8, 1600, 1602–1606, 1608 f.

Massion, Georg Vortragender Legationsrat I. Klasse im Bundeskanzleramt S. 112^1, 283^1, 859^2

Massmann, Gerd Vortragender Legationsrat im Referat „Sicherheit in Europa, Abrüstung und Rüstungskontrolle (regional)" des Auswärtigen Amts S. 384^1, 458^1

Masteit, Werner S. 1630^4

Mattes, Arnulf Legationsrat I. Klasse, seit 11. Januar 1974 Vortragender Legationsrat im Referat „Polen, Tschechoslowakei, Jugoslawien, Albanien, Bulgarien, Rumänien, Ungarn" des Auswärtigen Amts S. 1005, 1007

Matthias, Helmut Richard Gesandter an der Botschaft der Bundesrepublik Deutschland in Washington S. 928^1, 1251^{18}, 1579

Matthöfer, Hans Parlamentarischer Staatssekretär im Bundesministerium für wirtschaftliche Zusammenarbeit, seit 16. Mai 1974 Bundesminister für Forschung und Technologie; Mitglied des Deutschen Bundestages (SPD) S. 109^8, 1050^{12}

Maultaschl, Ferdinand seit 4. Februar 1974 Dritter Sekretär an der österreichischen Botschaft in Bonn S. 1060^2

Maurin, François General der französischen Luftwaffe und Chef des Generalstabs S. 1117

Mavros, Georgios Außenminister der Republik Griechenland vom 27. Juni bis 15. Oktober 1974 **Dok. 256, 257** und S. 1019^1, 1035, 1044^2, 1046 f., 1120–1122, 1124, 1175, 1205, 1215

McAuliffe, Dennis P. Generalmajor der amerikanischen Armee und Mitarbeiter im Verteidigungsministerium S. 928

McCaffrey, Thomas Pressesprecher des britischen Außenministeriums (Chief Information Officer) S. 412

McClellan, John L. Senator des amerikanischen Bundesstaates Arkansas S. 930

McCloy, John J. 1949–1952 Hoher Kommissar der Vereinigten Staaten von Amerika für Deutschland S. 1172^9

McNally, Tom Politischer Berater des britischen Außenministers Callaghan (Political Adviser) S. 408, 412, 759

McNamara, Robert S. Präsident der Weltbank S. 303, 1041

Medeghri, Ahmed Innenminister der Demokratischen Volksrepublik Algerien bis zu seinem Tod am 10. Dezember 1974 S. 517

Medwedowskij, Pawel Michajlowitsch stellvertretender Abteilungsleiter im sowjetischen Außenministerium S. 1011

Meehan, Francis J. Botschaftsrat an der amerikanischen Botschaft in Bonn S. 999

Meir, Golda Ministerpräsidentin des Staates Israel bis zu ihrem Rücktritt am

11. April 1974, bis 3. Juni 1974 geschäftsführende Ministerpräsidentin S. 58, 97, 313, 514, 1538

Mellbin, Skjøld Gustav stellvertretender Abteilungsleiter im dänischen Außenministerium und Leiter der Delegation bei der KSZE in Genf S. 869

Melovski, Miloš außenpolitischer Berater des jugoslawischen Staatspräsidenten S. 834

Mendelewitsch, Lew Issaakowitsch Mitglied der sowjetischen Delegation bei der KSZE in Genf S. 423, 866[2], 867[3], 1374[12]

Menemencioglu, Turgut Botschafter der Republik Türkei in London S. 964

Menne, Fritz Leiter der Handelsvertretung der Bundesrepublik Deutschland in Sofia mit der Amtsbezeichnung Gesandter, seit 7. Februar 1974 Botschafter S. 439, 442[11], 444[15], 447[1], 451[1]

Menzies, Arthur R. Leiter der Ständigen Vertretung von Kanada bei der NATO in Brüssel S. 234, 560, 1313

Merkle, Hans Geschäftsführer der Robert Bosch GmbH, Stuttgart S. 1579

Meroz, Yohanan Unterstaatssekretär im israelischen Außenministerium, seit 28. Oktober 1974 Botschafter des Staates Israel in Bonn **Dok. 339** und S. 190[10], 1048, 1051

Meschduretschki, Peter seit 8. März 1974 Botschafter der Volksrepublik Bulgarien in Bonn S. 439

Messmer, Pierre Ministerpräsident der Französischen Republik bis 27. Mai 1974 S. 14, 251[2]

Metternich, Klemens Lothar Wenzel Fürst von 1809–1821 Außenminister und 1821–1848 Haus-, Hof- und Staatskanzler des Kaiserreichs Österreich S. 257

Mevik, Leif Leiter der norwegischen Delegation bei der KSZE in Genf S. 1563

Meyer, Gerhard Abteilungsleiter im Außenministerium der DDR S. 47, 173

Meyer, Klaus stellvertreter Generalsekretär der EG-Kommission in Brüssel S. 798[1], 1670[12]

Meyer von Waldeck, Friedrich (Clemens Friedrich Meyer) * 1824 † 1899 S. 1046[6]

Meyer-Landrut, Andreas Vortragender Legationsrat I. Klasse und Leiter des Referats „Sowjetunion" im Auswärtigen Amt, seit 15. November 1974 Ministerialdirigent und Leiter der Unterabteilung 21 in der Politischen Abteilung **Dok. 74, 146, 172, 178, 363** und S. 60[12], 64[1], 89[9], 100[1], 203[3], 212[5], 248[29], 290[10], 327, 329[9], 340, 800[1], 937, 1173[4], 1199[8], 1259[1], 1322[1], 1329[1], 1331[12], 1339[1], 1340, 1351[15+16], 1358, 1395, 1512[1], 1593[1], 1664[6]

Meyer-Lindenberg, Hermann Botschafter der Bundesrepublik Deutschland in Madrid, seit 1. Februar 1974 Botschafter in Rom **Dok. 248** und S. 185[16], 467[23+25], 468[27], 470, 854, 1069[4], 1498[9]

Michael Oberst der amerikanischen Streitkräfte und Mitarbeiter im amerikanischen Verteidigungsministerium S. 1133

Mika, František Gesandter an der tschechoslowakischen Botschaft in Bonn S. 949[1]

Miki, Takeo stellvertretender Ministerpräsident und Umweltminister von Japan bis 12. Juli 1974, seit 9. Dezember 1974 Ministerpräsident S. 1676

Milićević, Nikola Unterstaatssekretär im jugoslawischen Außenministerium S. 1412–1414

Miller, Arnold Ray Vorsitzender der amerikanischen Gewerkschaft der Bergarbeiter S. 1590[3]

Miller, Robert H. stellvertretender Direktor der amerikanischen Abrüstungsbehörde (ACDA) in Washington S. 1133

Minić, Miloš Vizepräsident des Bundesexekutivrats und Außenminister der Sozialistischen Föderativen Republik Jugoslawien S. 830[20], 833, 840–842, 1126[8], 1412f.

Mischnick, Wolfgang Vorsitzender der FDP-Fraktion im Deutschen Bundestag S. 644, 1342[10], 1618[6]

Mitchell, E. John Erster Sekretär an der britischen Botschaft in Bonn S. 631¹¹

Mitterrand, François Erster Sekretär der französischen Sozialistischen Partei und Vize-Präsident der Sozialistischen Internationale S. 588, 711

Mladenow, Peter Außenminister der Volksrepublik Bulgarien **Dok. 105, 107**

Mobutu, Sese Seko (Joseph-Désiré) Präsident der Republik Zaire **Dok. 28**

Möcklinghoff, Gerd Ministerialdirigent und stellvertretender Leiter der Abteilung „Internationale Agrarpolitik, Fischereipolitik" im Bundesministerium für Ernährung, Landwirtschaft und Forsten S. 360

Möller, Alex 1969–1971 Bundesminister der Finanzen; 1964–1969 und erneut seit 1972 stellvertretender Vorsitzender der SPD-Fraktion im Deutschen Bundestag S. 1269, 1271 f., 1342⁹, 1617, 1618⁷

Moersch, Karl Parlamentarischer Staatssekretär bzw. seit 19. August 1974 Staatsminister beim Bundesminister des Auswärtigen; Mitglied des Deutschen Bundestages (FDP) S. 502, 504, 697¹, 1023⁴, 1095¹, 1302³, 1428¹⁰, 1431 f.

Moundari Staatssekretär im Ministerium für Wirtschaft, Planung, Handel und internationale Zusammenarbeit der Republik Tschad S. 1417⁷

Molloy, John G. Botschafter der Republik Irland in Washington S. 12

Moltmann, Gerhard Botschafter der Bundesrepublik Deutschland in Algier S. 435³⁰, 517

Mommsen, Ernst Wolf Beauftragter für Technik und Beschaffung im Bundesministerium der Verteidigung im Rang eines Staatssekretärs und Vorstandsvorsitzender der Fried. Krupp GmbH, Essen S. 642, 1083, 1195, 1213, 1340, 1345, S. 1357³⁰, 1363

Monnet, Jean Präsident des „Aktionskomitees für die Vereinigten Staaten von Europa"; 1952–1955 Präsident der Hohen Behörde der Europäischen Gemeinschaft für Kohle und Stahl (EGKS) in Luxemburg **Dok. 302** und S. 781¹⁰

Moro, Aldo Außenminister der Italienischen Republik, seit 22. November 1974 Ministerpräsident **Dok. 110** und S. 120, 320, 461, 464, 466, 468 f.,549 f., 552, 554, 617, 714, 1079, 1081 f., 1302, 1676

Mühlen, Ewald Vortragender Legationsrat I. Klasse und Leiter des Referats „Wirtschaftsbeziehungen zum Westen" im Auswärtigen Amt **Dok. 137** und S. 108¹, 127¹, 130¹³, 1251¹⁸, 1512¹

Müller, Gerd Mitglied der Fußball-Nationalmannschaft der Bundesrepublik Deutschland S. 813¹⁸

Müller, Werner Abteilungsleiter im Presse- und Informationsamt der Bundesregierung S. 47, 173

Müller-Chorus, Gerhard Botschaftsrat und Vertreter des Botschafters der Bundesrepublik Deutschland in Tripolis, seit 16. September 1974 Vortragender Legationsrat und Vertreter des Leiters im Referat „Frankreich, Andorra, Monaco, Belgien, Niederlande, Luxemburg, Österreich, Schweiz, Liechtenstein" des Auswärtigen Amts S. 532¹², 1612¹

Münchmeyer, Alwin Vorsitzender des Bundesverbandes der deutschen Banken in Köln S. 1579

Muñoz Ledo, Porfirio Minister für Arbeit und Soziale Sicherheit der Vereinigten Mexikanischen Staaten S. 151

Muntasser, Omar Unterstaatssekretär im libyschen Außenministerium (Under-Secretary for Petroleum) S. 235

Munz, Hermann Vortragender Legationsrat I. Klasse und Leiter des Referats „Mittelmeerfragen; Portugal, Spanien, Italien, San Marino, Heiliger Stuhl, Griechenland, Türkei, Zypern, Malta, Malteser-Ritter-Orden" im Auswärtigen Amt **Dok. 334** und S. 461¹⁺², 470¹, 591¹⁺³, 1031¹, 1145¹, 1202⁵, 1204¹, 1214¹, 1335¹

Nachmann, Werner Vorsitzender des Direktoriums des Zentralrats der Juden in Deutschland S. 1617¹, 1618, 1620¹³

Nadim Unterstaatssekretär im iranischen Außenministerium S. 301

Nagy, János Stellvertretender Außenminister der Ungarischen Volksrepublik und Leiter der Delegation bei der KSZE in Genf S. 495², 1005⁷, 1438⁹

Nasser, Gamal Abdel 1954–1970 Präsident der Vereinigten Arabischen Republik S. 44, 125⁶, 546, 814

Naupert, Heinz Botschafter der Bundesrepublik Deutschland in Tunis **Dok. 180**

Nestroy, Harald Legationsrat I. Klasse im Referat „Lateinamerika, westlicher Teil" bzw. seit 15. September 1974 im Referat „Andenstaaten und Mittelamerika" des Auswärtigen Amts S. 151¹

Nettel, Erik Abteilungsleiter im österreichischen Außenministerium S. 195⁷, 852 f., 1567³, 1569, 1570¹⁰

Neuer, Walter Vortragender Legationsrat und Vertreter des Leiters im Referat „Völkerrechtliche Verträge" des Auswärtigen Amts S. 1501²⁰

Neumann, Hansjoachim Vortragender Legationsrat und Vertreter des Leiters im Referat „Südasien" bzw. seit 15. September 1974 im Referat „Mittlerer Osten, Maghreb" des Auswärtigen Amts S. 274¹, 631¹¹

Nguyen Duy Trinh Außenminister der Demokratischen Republik Vietnam (Nordvietnam) S. 1467, 1672⁴

Nguyen Thi Binh Außenministerin der Provisorischen Revolutionsregierung der Republik Vietnam (Südvietnam) S. 1672⁴

Niemöller, Christoph Vortragender Legationsrat und Vertreter des Leiters im Referat „Naher Osten" des Auswärtigen Amts S. 34¹⁹, 163⁸, 273⁴⁵, 1052¹, 1638¹⁰

Nier, Kurt Stellvertretender Außenminister der DDR **Dok. 11, 34, 43, 57, 98, 152** und S. 76, 79 f., 85 f., 87⁹, 179, 224–226, 289, 292, 324–327, 376, 1614¹²

Nixon, Richard M. Präsident der Vereinigten Staaten von Amerika bis zu seinem Rücktritt am 9. August 1974 **Dok. 25, 81, 115, 189, 225** und S. 5, 13 f., 17, 32, 44, 55, 57, 59⁹, 60¹², 126⁹, 127⁵, 128, 130, 132, 160, 168 f., 177, 193⁷, 207, 234, 238⁵, 239–242, 268–270, 281, 289, 304, 317, 337–339, 350², 351, 366, 389⁷, 397, 399, 401, 403 f., 416⁹, 417, 419⁴, 430, 431¹⁶, 433, 439, 468, 511, 514, 516, 532, 599, 618 f., 628, 667, 678, 680, 682, 697², 698, 699⁹, 701, 726², 762, 771², 773 f., 783, 786, 788, 791, 803, 804¹⁹, 810 f., 813, 816, 820¹⁸, 820²⁰⁺²¹, 834 f., 843–849, 869, 872¹³, 874¹⁸, 878, 879¹¹, 880², 886, 928², 929, 932, 944, 957, 965⁸, 1019², 1033, 1050, 1053¹⁰, 1086¹³, 1092, 1375 f., 1385, 1546⁵

Noebel, Hans Heinrich Gesandter und Vertreter des Botschafters der Bundesrepublik Deutschland in Washington S. 242⁹, 614¹⁹, 1022¹⁰

Nogueira, Albano Leiter der Ständigen Vertretung der Portugiesischen Republik bei der NATO in Brüssel bis August 1974 S. 753, 758

Nowikow, Wladimir Nikolajewitsch Stellvertretender Ministerpräsident der Union der Sozialistischen Sowjetrepubliken **Dok. 15** und S. 329 f., 362, 1195, 1330¹⁰, 1364

al-Numeiri, Jaafir Präsident der Demokratischen Republik Sudan S. 532

Nunn, Sam Senator des amerikanischen Bundesstaates Georgia S. 128⁸, 596

Oancea, Constantin Botschafter der Sozialistischen Republik Rumänien in Bonn bis September 1974 S. 897⁸

Obermayer, Adolf Botschafter der Bundesrepublik Deutschland in Den Haag S. 1601⁹, 1661¹²

Ockrent, Roger Albert Leiter der Ständigen Vertretung des Königreichs Belgien bei der OECD in Paris S. 261

Oeser, Ingo Leiter der Delegation der DDR bei den MBFR-Verhandlungen in Wien S. 296², 297, 299 f., 725¹², 1339, 1519, 1521

Oesterhelt, Jürgen Vortragender Legationsrat an der Handelsvertretung bzw. seit 7. Februar 1974 Botschaftsrat an der Botschaft der Bundesrepublik Deutschland in Sofia, seit 14. August 1974 Vortragender Legationsrat und seit 8. Oktober 1974 Vertreter des Leiters im Referat „Höherer Dienst; Wahlkonsuln" des Auswärtigen Amts S. 439

Ohlsen, Otto Leiter des Suchdienstes Hamburg des Deutschen Roten Kreuzes S. 1283

Oldenkott, Bernd Vortragender Legationsrat I. Klasse im Bundeskanzleramt S. 1067^9

Olszewski, Kazimierz Stellvertretender Ministerpräsident sowie Minister für Außenhandel und Seehandel der Volksrepublik Polen S. 1479^{11}

Olszowski, Stefan Außenminister der Volksrepublik Polen S. 102^3, 103^4, 104, 106^{9+10}, 216, 217^3, 218f., 220^{10}, 334f., 347–349, 425^2, 426, 506–508, 580, 621^4, 651, 652^4, 653f., 704, 707^8, 961^3, 962f., 1025, 1095f., 1282

Oncken, Dirk Botschafter der Bundesrepublik Deutschland in Athen **Dok. 240, 273** und S. 964^2, 967^5, 1089^{12}, 1120, 1127^{10}, 1129, 1645^{11}

d'Ornano, Michel seit 28. Mai 1974 Industrieminister der Französischen Republik S. 905

Ortoli, François-Xavier Präsident der EG-Kommission in Brüssel **Dok. 162** und S. 81^5, 196, 260, 320, 463, 467^{23}, 549–553, 571, 617^2, 633^2, 715, 980, 1177, 1181, 1228, 1230, 1273, 1303^7, 1304, 1321, 1448, 1518, 1621

Ortona, Egidio Botschafter der Italienischen Republik in Washington S. 12

Ossipow, Nikolaj Grigorjewitsch Stellvertretender Außenhandelsminister der Union der Sozialistischen Sowjetrepubliken S. 69^{12}

el-Oubaidi Mitglied des Kabinetts des saudischen Erdölministers Yamani S. 40

Oueddo, Aladji Botschafter der Republik Tschad in Brüssel S. 1417^7

al-Pachahi, Adnan Staatsminister in der Regierung von Abu Dhabi und Persönlicher Repräsentant des Präsidenten der Vereinigten Arabischen Emirate; 1966/1967 Außenminister S. 164^{12}, 435

Pachelbel-Gehag, Rüdiger von Vortragender Legationsrat I. Klasse und Leiter des Pressereferats im Auswärtigen Amt S. 412, 1358, 1395, 1431

Pahlevi, Mohammed Reza Schah des Kaiserreichs Iran **Dok. 166** und S. 43, 72, 168, 170, 303, 305, 648f., 760, 815, 821f., 833, 923^2, 924^6, 1419, 1421^{6+8}, 1453, 1578, 1677

Pakowski, Horst Legationsrat I. Klasse im Referat „Europäische Gemeinschaften: Grundsatzfragen, Institutionen, Assoziierungen, Innerer Ausbau; Beziehungen zu den Staaten der EFTA, des Mittelmeerraums und Afrikas" des Auswärtigen Amts S. 270^{41}

da Palma Carlos, Adelino Ministerpräsident der Portugiesischen Republik vom 16. Mai bis 11. Juli 1974 S. 812^{15}, 847

Palumbo Abteilungsleiter im italienischen Schatzministerium S. 1079

Pansa Cedronio, Paolo Stellvertretender Generalsekretär der NATO S. 1028

Park Chung Hee General der südkoreanischen Streitkräfte und Präsident der Republik Korea (Südkorea) S. 1573

Patolitschew, Nikolaj Semjonowitsch Mitglied des ZK der KPdSU und Minister für Außenhandel der Union der Sozialistischen Sowjetrepubliken S. 1340, 1364

Paul VI. (Giovanni Battista Montini) Papst S. 1145–1147, 1148^6, 1262, 1307f., 1310f., 1346f., 1424f., 1427, 1428^{10}, 1429

Pauls, Rolf Friedemann Botschafter der Bundesrepublik Deutschland in Peking **Dok. 173**

Pavičević, Mišo Botschafter der Sozialistischen Föderativen Republik Jugoslawien in Rom S. 827^{11}

Pawlow, Sergej Pawlowitsch Vorsitzender des Komitees für Körperkultur und Sport beim Ministerrat der Union der Sozialistischen Sowjetrepubliken S. 329^9

Paye, Jean-Claude Zweiter Botschaftsrat an der französischen Botschaft in Bonn bis Mai 1974 S. 176

Pearson, Lester B. 1948–1957 Außenminister von Kanada S. 379^7

Peart, Frederick seit 7. März 1974 Minister für Landwirtschaft und Fischerei des Vereinigten Königreichs von Großbritannien und Nordirland S. 781

Peck, Edward Leiter der Ständigen Vertretung des Vereinigten Königreichs von Großbritannien und Nordirland bei der NATO in Brüssel S. 233, 1312f., 1317, 1336

Peckert, Joachim Gesandter und Vertreter des Botschafters der Bundesrepublik Deutschland in Ankara Dok. 233 und S. 964^2, 967^5, 1038^{15}

Pedini, Marco Staatssekretär im italienischen Außenministerium S. 1302, 1417^9

Peled Mitarbeiter im israelischen Außenministerium S. 1048

Pell, Claiborne Senator des amerikanischen Bundesstaates Rhode Island S. 1250

Penkow, Penko Marinow Geschäftsträger a.i. an der Botschaft der Volksrepublik Bulgarien in Bonn bis März 1974; 1972/1973 Leiter der bulgarischen Handelsvertretung S. 442^{12}

Pereira, Aristides Generalsekretär der „Partei für die Unabhängigkeit Guineas und der Kapverdischen Inseln" (PAIGC) in Guinea-Bissau S. 812^{15}

Peres, Shimon Informationsminister des Staates Israel, seit 28. Mai 1974 Verteidigungsminister S. 1472^{18}

Petri, Alexander Legationssekretär im Referat „Außenpolitische Fragen, die Berlin und Deutschland als Ganzes betreffen" des Auswärtigen Amts, von April bis August 1974 an das Generalkonsulat der Bundesrepublik Deutschland in Genf abgeordnet, seit November 1974 an der Botschaft in Pretoria S. 194^1

Petrignani, Rinaldo Persönlicher Referent des italienischen Ministerpräsidenten S. 1079

Petrow, Ljuben Stellvertretender Außenminister der Volksrepublik Bulgarien S. 439

Pfeffer, Franz Vortragender Legationsrat I. Klasse und Leiter des Referats „Atlantisches Bündnis und Verteidigung" im Auswärtigen Amt Dok. 38, 348 und S. 229^1, 292, 660^1, 708^1, 816^1, 817$^{5-7}$, 818^{8+9+12}, 869^1, 871^7, 880^1, 928^1, 943, 1285^1, 1312^1, 1519^1, 1588^1, 1654^1, 1674^1

Piątkowski, Wacław Botschafter der Volksrepublik Polen in Bonn Dok. 216, 235 und S. 102, 427, 505f., 579, 620^2, 654^7, 1095, 1097, 1279^4, 1476^3

Pieck, Werner Legationsrat I. Klasse, seit 11. Januar 1974 Vortragender Legationsrat im Referat „Fragen der allgemeinen Ost-West-Beziehungen (u.a. Konferenz für Sicherheit und Zusammenarbeit in Europa)" des Auswärtigen Amts S. 181^{1+3}, 185^{20}, 604^1, 1155

Pierre-Brossolette, Claude Mitarbeiter im französischen Finanzministerium (Directeur du Trésor), seit 27. Mai 1974 Generalsekretär im französischen Präsidialamt S. 663f., 668f., 1083, 1090, 1094, 1526, 1529^{19}

Pinochet Ugarte, Augusto General und Oberbefehlshaber der chilenischen Armee sowie Vorsitzender der Militärjunta; amtierender Präsident der Republik Chile, seit 25. Juni 1974 Staatspräsident und „Oberster Führer der Nation" S. 1529^3, 1532–1534

Pishva, Manoucher Vertreter des Leiters der Ständigen Vertretung des Kaiserreichs Iran bei der UNO in New York S. 924^6

Podgornyj, Nikolaj Wiktorowitsch Vorsitzender des Präsidiums des Obersten Sowjet der Union der Sozialistischen Sowjetrepubliken und Mitglied des Politbüros des ZK der KPdSU S. 64, 69, 534^{16}, 820^{21}, 1020^8

Pöhl, Karl Otto Staatssekretär im Bundesministerium der Finanzen S. 222^4, 663, 666, 668f., 1243, 1318^1, 1579

Poensgen, Gisbert Ministerialdirigent und Leiter der Unterabteilung 41 in der Abteilung für Außenwirtschaftspolitik, Entwicklungspolitik und europäische wirtschaftliche Integration des Auswärtigen Amts, seit 1. Juli 1974 in den Geschäftsbereich des Bundespräsidialamts versetzt S. 470^1, 482^1, 486^1, 595^5, 663, 668f., 670^{26}, 765^{27}, 779^1, 781^{8+12}, 782^{13}, 783^{17}, 784^{23}, 1031^3, 1302^1, 1459^5

Poggi, Luigi Titularerzbischof von Forontoniana und Mitglied des Rats für die öffentlichen Angelegenheiten der Kirche beim Staatssekretariat des Heiligen Stuhls S. 1430f.

Pompei, Gian Franco Botschafter der Italienischen Republik beim Heiligen Stuhl S. 1309[11]

Pompidou, Georges Staatspräsident der Französischen Republik bis zu seinem Tod am 2. April 1974 S. 13 f., 184, 243, 245, 269 f., 281, 362, 365, 382, 432[21], 470[33], 482[2], 486[2], 487, 489 f., 555[16], 587[5], 588, 695 f., 711, 780, 805 f., 1103[19], 1105 f., 1114–1116, 1193[22], 1374 f., 1378, 1385 f., 1542

Poniatowski, Michel Gesundheitsminister der Französischen Republik, seit 28. Mai 1974 Staatsminister sowie Innenminister; Vorsitzender der Partei der Unabhängigen Republikaner S. 913 f., 1113

Puaux, François Abteilungsleiter im französischen Außenministerium (Directeur des Affaires politiques) S. 32[7], 33, 35, 74, 88[10], 337[3], 338, 367 f., 617–620, 1574

Puja, Frigyes Außenminister der Ungarischen Volksrepublik S. 495, 498, 1005[7], 1438[9]

Puttkamer, Jesco von Botschafter der Bundesrepublik Deutschland in Tel Aviv **Dok. 46, 306** und S. 35[20+22], 1048, 1051[14], 1504[3], 1505[4], 1636[4]

Quarles van Ufford, Bryan Edward Leiter der niederländischen Delegation bei den MBFR-Verhandlungen in Wien S. 37, 625[1], 927[8]

Rabasa, Emilio O. Außenminister der Vereinigten Mexikanischen Staaten S. 151

Rabin, Yitzak seit 10. März 1974 Minister für Arbeit des Staates Israel, seit 3. Juni 1974 Ministerpräsident und Minister für Kommunikation S. 1237[3], 1271, 1334, 1472[18]

Rabinowitz, Yehoshua Bürgermeister von Tel Aviv, seit März 1974 Wohnungsbauminister des Staates Israel, seit 28. Mai 1974 Finanzminister S. 1270

Radji, Parviz Camran Sonderberater des iranischen Ministerpräsidenten S. 301

Rafei Staatssekretär im syrischen Außenministerium S. 1014

Ramsbotham, Peter seit 3. März 1974 Botschafter des Vereinigten Königreichs von Großbritannien und Nordirland in Washington S. 317

Randermann, Phil-Heiner Vortragender Legationsrat I. Klasse und Leiter des Referats „Internationale Zusammenarbeit auf dem Gebiet der friedlichen Nutzung der Kernenergie, der Weltraumerschließung und der Ozeanographie" im Auswärtigen Amt **Dok. 243** und S. 129[9], 612[11], 1001[1], 1439[1], 1458[1], 1584[1], 1586[9]

Rantzau, Detlef Graf zu Botschaftsrat I. Klasse an der Ständigen Vertretung der Bundesrepublik Deutschland bei der NATO in Brüssel, seit 28. Oktober 1974 in den Geschäftsbereich des Bundeskanzleramts versetzt **Dok. 217**

Raster, Egon Vortragender Legationsrat I. Klasse und Leiter des Referats „Arbeits- und Sozialrecht" im Auswärtigen Amt S. 216[1]

Rath, Meshulam Botschaftsrat an der israelischen Botschaft in Bonn S. 189[5]

Ratschkow Mitarbeiter im sowjetischen Außenhandelsministerium S. 59

Reder, Walter ehemaliger SS-Obersturmbannführer (in Italien inhaftiert) S. 1077 f.

Redies, Helmut Vortragender Legationsrat I. Klasse und Leiter des Referats „Naher Osten" im Auswärtigen Amt, seit 9. Dezember 1974 Leiter der Unterabteilung 23 in der Politischen Abteilung **Dok. 77, 167, 184, 283, 347** und S. 31[4], 54[10], 260[23], 373[12], 535[1], 656[3], 775[4], 981[14], 1013[1], 1015[8], 1052[1], 1332[1], 1469[1], 1635[1]

Renger, Annemarie Präsidentin des Deutschen Bundestages (SPD) S. 48, 173 f., 181, 212 f.

Renger, Reinhard Regierungsdirektor im Bundesministerium der Justiz S. 1067[9]

Resor, Stanley R. Leiter der amerikanischen Delegation bei den MBFR-Verhandlungen in Wien S. 19[2], 22[11], 25[15], 38[2], 156–158, 160, 296[2], 297, 300, 384, 387, 625[1], 626 f., 722, 724, 1133, 1136, 1259, 1337, 1519–1522, 1552[9], 1656[7]

Rheker, Gisela Botschaftsrätin I. Klasse und Vertreterin des Botschafters der Bundesrepublik Deutschland in Warschau, seit 1. August 1974 Gesandtin S. 219^9

Riad, Mahmoud Generalsekretär der der Arabischen Liga in Kairo **Dok. 126** und S. 544, 564, 798 f., 981, 1216^9, 1636, 1638

Richards, Francis Brooks Botschafter des Vereinigten Königreichs von Großbritannien und Nordirland in Athen S. 1645^{11}

Richardson, Gordon Gouverneur der britischen Notenbank (Bank of England) S. 783

Richardson, James A. Verteidigungsminister von Kanada S. 1610

Richthofen, Hermann Freiherr von Vortragender Legationsrat im Referat „Allgemeines Völkerrecht" des Auswärtigen Amts S. 947^1

al-Rifai, Zaid Ministerpräsident, Außenminister und Verteidigungsminister des Haschemitischen Königreichs Jordanien S. 776, 1052 f.

Ritchie, Albert Edgar Staatssekretär im kanadischen Außenministerium, seit August 1974 Sonderberater des Privy Council S. 869

Ritzel, Gerhard Botschafter der Bundesrepublik Deutschland in Oslo, seit 22. April 1974 Botschafter in Prag S. 947^1, 955, 956$^{26-28}$, 957, 958^{33+34}

Rockefeller, Nelson A. seit 20. August 1974 Vizepräsident der Vereinigten Staaten von Amerika S. 1075

Rodman, Peter persönlicher Mitarbeiter des amerikanischen Außenministers S. 428, 727

Rodriguez, Luis Orlando Botschafter der Republik Kuba in Wien S. 563^6

Röding, Horst Botschafter der Bundesrepublik Deutschland in Brasilia S. 1584^4

Rogers, William P. 1969–1973 Außenminister der Vereinigten Staaten von Amerika S. 305^{16}, 1672^4

Rohr, Hans-Jürgen Staatssekretär im Bundesministerium für Ernährung, Landwirtschaft und Forsten S. 663, 667 f., 1087, 1229

Rohwedder, Detlev Karsten Staatssekretär im Bundesministerium für Wirtschaft S. 40, 110^9, 281^{16}, 632, 648, 651, 911, 973^9, 1108, 1214, 1224–1227, 1318^1, 1340, 1363, 1422

Romanow, Leonid Michajlowitsch stellvertretender Abteilungsleiter im sowjetischen Außenministerium S. 327, 340

de Rose siehe: de Tricornot de Rose, *François*

Rose, Clive Leiter der britischen Delegation bei den MBFR-Verhandlungen in Wien S. 156–158, 627^7, 725^{11}, 986, 1523

Rosengarten, Ulrich Vortragender Legationsrat im Referat „Europäische Einigung und politische Zusammenarbeit; Europarat; Nichtstaatliche europäische Organisationen; WEU (nichtmilitärische Angelegenheiten)" des Auswärtigen Amts S. 1450^1, 1612^1

Roßbach, Anton Legationsrat I. Klasse im Referat „Sicherheit in Europa, Abrüstung und Rüstungskontrolle (regional)" des Auswärtigen Amts und Mitglied der Delegation der Bundesrepublik Deutschland bei der KSZE in Genf, seit 21. Oktober 1974 an der Vertretung bei der OECD in Paris S. 6^1, 1374^{12}

Roth, Ernst Legationsrat I. Klasse im Referat „Naher Osten" des Auswärtigen Amts S. 545^9

Roth, Hellmuth Leiter der Unterabteilung 22 in der Politischen Abteilung des Auswärtigen Amts und Beauftragter der Bundesregierung für Fragen der Abrüstung und Rüstungskontrolle mit der Amtsbezeichnung Botschafter **Dok. 6, 101, 112, 143, 258, 274, 317, 349** und S. 134, 136^8, 159^1, 160$^{8-10}$, 232^1, 292, 350^{1+2}, 351, 375^{17}, 458^2, 501^5, 859^1, 925^1, 926^{4+5}, 1028^1, 1034^1, 1149 f., 1154, 1252, 1254^1, 1259^1, 1294^1, 1296^5, 1302^{14}, 1312^1, 1314^{12}, 1524^{18}

Rouillon, Fernand Mitarbeiter im französischen Außenministerium (Sousdirecteur, Afrique-Levant) S. 798^1

Rowold, Karl Botschafter der Bundesrepublik Deutschland in Reykjavik bis zum Eintritt in den Ruhestand am 30. Juni 1974 **Dok. 87**

Rubin, Władysław Erzbischof von Gnesen S. 1145f., 1148

Rückriegel, Helmut Botschaftsrat I. Klasse und Vertreter des Botschafters der Bundesrepublik Deutschland in Tel Aviv S. 1472[18], 1620[12]

Ruete, Hans Botschafter der Bundesrepublik Deutschland in Warschau **Dok. 56, 85, 103, 145, 154, 165** und S. 104[8], 107[11], 579, 580[6], 934[9], 962[9], 1480[15]

Ruhfus, Jürgen Ministerialdirigent und Leiter der Unterabteilung 23 in der Politischen Abteilung des Auswärtigen Amts mit der Amtsbezeichnung Botschafter, seit 14. Oktober 1974 Leiter der Unterabteilung 20 S. 1431, 1445[4], 1475[11], 1609[10]

Ruhnau, Heinz seit 20. Mai 1974 Staatssekretär im Bundesministerium für Verkehr und für das Post- und Fernmeldewesen S. 951

Rumor, Mariano Ministerpräsident der Italienischen Republik, seit 23. November 1974 Außenminister **Dok. 247, 248** und S. 469f., 474, 689, 698, 844, 849, 994, 1177–1179, 1182, 1228, 1643, 1645

Rumpf, Helmut Vortragender Legationsrat I. Klasse und Leiter des Referats „Kriegsfolgen: Aus Krieg und Besatzung entstandene Fragen, Stationierung ausländischer Truppen, Auslandsschulden, beschlagnahmtes Auslandsvermögen, Wiedergutmachung, beamtenrechtliche Kriegsfolgen" im Auswärtigen Amt **Dok. 368** und S. 1005f.

Rumsfeld, Donald H. Leiter der Ständigen Vertretung der Vereinigten Staaten von Amerika bei der NATO in Brüssel, seit August 1974 Stabschef im amerikanischen Präsidialamt S. 165, 181[2], 233, 685, 752, 758, 965, 1335[2]

Ruoff, Herbert Botschaftsrat I. Klasse und Vertreter des Botschafters der Bundesrepublik Deutschland in Canberra S. 274[7]

Rush, Kenneth Staatssekretär im amerikanischen Außenministerium (Deputy Secretary of State), seit 29. Mai 1974 wirtschaftspolitischer Koordinator; 1969–1972 Botschafter in Bonn S. 90[10], 100[1], 176[3], 177, 635, 680[10], 736[8], 1000

Rusk, Dean D. 1961–1968 Außenminister der Vereinigten Staaten von Amerika S. 614[18], 1519

Ruth, Friedrich Vortragender Legationsrat I. Klasse und Leiter des Referats „Sicherheit in Europa, Abrüstung und Rüstungskontrolle (regional)" im Auswärtigen Amt **Dok. 2, 32, 298** und S. 19[1], 159[1+2], 296[1], 350[1], 384[1], 419[1], 479[1+2], 508[1], 635[2], 660[1], 662[7], 859[1], 866[1], 1132[1], 1133[3], 1208[6], 1254[1], 1312[1], 1337[1], 1548[1], 1552[10], 1608[1]

Ruyter, Hans Michael Vortragender Legationsrat I. Klasse und Leiter des Referats „Europäische Gemeinschaften; Grundsatzfragen, Institutionen, Assoziierungen, innerer Ausbau; Beziehungen zu den Staaten der EFTA, des Mittelmeerraums und Afrikas" im Auswärtigen Amt S. 189[5], 463[9], 482[1], 779[1], 1120[1], 1123[14], 1431f., 1517[12]

Růžek, Miloslav Generalsekretär im tschechoslowakischen Außenministerium und Stellvertretender Außenminister der Tschechoslowakischen Sozialistischen Republik S. 954[21]

Sabah al-Ahmad al-Jabir al-Sabah Außenminister des Scheichtums Kuwait S. 776, 981

Sacharow, Andrej Dmitrijewitsch sowjetischer Atomphysiker S. 183

Sachs, Hans-Georg Staatssekretär im Auswärtigen Amt **Dok. 59, 231** und S. 41[3], 127, 166[1], 212[5], 309[1], 425[1], 501, 505[1], 663[1], 697[1], 720, 897[11], 1001, 1023[1], 1040[1], 1049, 1079[1], 1123f., 1129, 1132, 1203, 1302[3], 1318[1], 1412[3], 1416, 1419[1], 1421[8], 1431, 1433, 1439, 1458[1], 1525[1], 1572[1], 1584, 1587[10], 1597[2], 1599[8]

Sadat, Jihan S. 540, 1142

Sadat, Mohamed Anwar Präsident und Ministerpräsident der Arabischen Republik Ägypten **Dok. 124, 125, 127, 371** und S. 95, 97f., 126, 304, 310, 331, 429, 434, 493, 541, 563f., 810f., 814, 885–888

Saez, Raúl seit 10. Juli 1974 Minister für wirtschaftliche Koordination der Republik Chile S. 1532, 1534

Sahm, Ulrich Botschafter der Bundesrepublik Deutschland in Moskau **Dok. 45, 185, 221, 290** und S. 59[10], 64, 66[6], 67[8+9], 153[1], 212[5], 327, 330, 340, 363[11], 600, 624[9], 639[1], 771[2], 873[14+16], 882[6], 884[10], 939, 1165[10], 1187, 1340, 1341[5], 1348, 1354[20], 1355[26], 1358, 1395

Samjatin, Leonid Mitrofanowitsch Generaldirektor der sowjetischen Nachrichtenagentur TASS beim Ministerrat der Union der Sozialistischen Sowjetrepubliken S. 1340, 1345

Sampson, Nicos Präsident der Republik Zypern vom 15. bis 23. Juli 1974 S. 964[2], 981[9], 1037, 1175

Sancar, Ilhami General der türkischen Streitkräfte, seit 17. November 1974 Verteidigungsminister der Republik Türkei S. 1589[7], 1606

Sanne, Carl-Werner Ministerialdirektor und Leiter der Abteilung für „Auswärtige und innerdeutsche Beziehungen, äußere Sicherheit" im Bundeskanzleramt **Dok. 21, 211, 252, 272, 378** und S. 9[1], 40, 85, 100[1], 110[9], 176, 213, 308[5], 327, 329[9], 340, 341[4], 343[12], 373[13], 397[8], 470, 501[3], 505, 639[1], 642, 645[8], 677[1], 833, 885, 1068[1], 1090, 1129, 1187, 1199[8], 1209[1], 1214, 1229, 1279[6], 1318[1], 1329[4], 1340, 1352[18], 1358, 1395, 1478[10], 1614[12], 1677

Sapir, Pinhas Finanz-, Handels- und Industrieminister des Staates Israel bis 28. Mai 1974 S. 1269–1271, 1617

Sartorius, Heinrich Botschafter der Bundesrepublik Deutschland in Nikosia S. 1126[8], 1128[14], 1215[7]

Sauer, Helmut Mitglied des Deutschen Bundestages (CDU) S. 1096[7]

Sauvagnargues, Jean Botschafter der Französischen Republik in Bonn, seit 28. Mai 1974 Außenminister **Dok. 327, 328** und S. 85–87, 90[10], 92, 176, 178–181, 210–213, 251, 565[3], 566–568, 673, 675, 679, 696, 701[21], 714, 716, 718–722, 730[15], 736[8], 762, 776, 787–790, 793, 796, 862[11], 890, 893, 899–901, 919, 944, 967–973, 980f., 1000, 1036, 1089, 1143[5], 1216, 1218, 1289–1291, 1293, 1304, 1332, 1404[20], 1433, 1456, 1463–1465, 1516, 1518, 1553, 1555, 1558f., 1574, 1578, 1612, 1615f., 1638, 1639[11], 1643, 1652–1654, 1660–1662

Schaad, Dieter Botschaftsrat I. Klasse und Vertreter des Botschafters der Bundesrepublik Deutschland beim Heiligen Stuhl S. 1148[6], 1430[11]

Scharlau, Winfried Journalist (Arbeitsgemeinschaft der öffentlich-rechtlichen Rundfunkanstalten der Bundesrepublik Deutschland, ARD) S. 1467

Schauer, Hans Ministerialrat im Bundeskanzleramt, seit 9. Juli 1974 Gesandter an der Botschaft der Bundesrepublik Deutschland in Washington S. 40[1], 235[1], 301[1]

Scheel, Hermann Dolmetscher im Sprachendienst des Auswärtigen Amts; vom 30. September bis 20. Dezember 1974 zur Delegation der Bundesrepublik Deutschland bei der KSZE in Genf abgeordnet S. 64[1], 340

Scheel, Mildred S. 428

Scheel, Walter Bundesminister des Auswärtigen und Vizekanzler bis 15. Mai 1974, vom 7. bis 15. Mai 1974 mit der Wahrnehmung der Geschäfte des Bundeskanzlers der Bundesrepublik Deutschland beauftragt; Mitglied des Deutschen Bundestages und Vorsitzender der FDP bis 30. Juni 1974, seit 1. Juli 1974 Bundespräsident **Dok. 26, 42, 56, 63, 65, 67, 69, 70, 90, 96, 97, 100, 104, 105, 106, 107, 116, 135, 138** und S. 13[1], 37, 44[11], 52–56, 76[1], 80[1], 82[7], 83[1], 85[1], 88[1], 94[1], 100[1], 101, 108[2], 123, 127f., 146, 164, 194[3], 195[7], 196–198, 199[12], 203[5], 210, 222[1], 223[1], 235f., 247, 274, 278[15], 283[2], 284[10], 286[19], 293, 294[8], 307, 309[1], 314–316, 318–320, 324[1], 327, 331f., 334[25], 335f., 342, 343[11], 344[1], 351, 366f., 374[15], 376[4], 405[1], 411[12], 423[3], 425[3], 426, 461f., 464–468, 471, 477f., 494, 506–508, 513–515, 522, 527, 531, 540f., 544, 549–558, 562[1], 565[3], 571, 580f., 600, 603, 608, 617, 619, 621, 629, 672[6], 673, 707[8], 713, 731, 767[3+4], 855[24+26], 876, 912[37], 922, 941, 947, 957, 959, 961[3], 962f., 992[1], 994[10], 1005[7], 1023[4+5], 1031f., 1103[19], 1105, 1111[32], 1117, 1158, 1161, 1171, 1193[25], 1248, 1267[2], 1331, 1342[10], 1343, 1424, 1437, 1618

Scheibe, Elisabeth-Charlotte Gesandtin und Vertreterin des Botschafters der Bundesrepublik Deutschland in Den Haag S. 943[4]

Schenck, Dedo von Ministerialdirektor, Leiter der Rechtsabteilung und Völkerrechtsberater im Auswärtigen Amt **Dok. 132, 192** und S. 358[1], 361[6], 378, 676, 1005 f., 1147[5], 1262[5], 1263[7], 1306, 1311[14], 1346, 1570[10], 1632[7], 1634[9+11]

Scheske, Ulrich Botschafter der Bundesrepublik Deutschland in Islamabad S. 373[11], 1126[9]

Schilling, Wolf-Dietrich Vortragender Legationsrat im Bundeskanzleramt, seit 8. September 1974 Botschaftsrat und Vertreter des Botschafters der Bundesrepublik Deutschland in Tripolis S. 40, 112, 151, 283, 301, 408, 470, 482, 505, 517, 525, 897[8]

Schirmer, Hans Botschafter der Bundesrepublik Deutschland in Wien, seit 30. September 1974 Chefinspekteur im Auswärtigen Amt und Leiter des „Arbeitsstabs Europäisch-Arabischer Dialog" mit der Amtsbezeichnung Botschafter **Dok. 379** und S. 195[7], 852, 853[14+15], 1507[9], 1568[7]

Schiwkow, Todor Vorsitzender des Staatsrats der Volksrepublik Bulgarien und Erster Sekretär des ZK der Kommunistischen Partei Bulgariens **Dok. 106** und S. 453

Schlaich, Georg Joachim Vortragender Legationsrat I. Klasse und Leiter des Referats „Außenpolitische Grundsätze der Entwicklungshilfe, Grundsätze der Kapitalhilfe; Entwicklungspolitik der Europäischen Gemeinschaften" im Auswärtigen Amt, seit 3. Februar 1974 Leiter der Delegation der Bundesrepublik Deutschland bei der Abrüstungskonferenz (CCD) in Genf mit der Amtsbezeichnung Botschafter S. 612[10]

Schlecht, Otto Staatssekretär im Bundesministerium für Wirtschaft S. 709, 804, 1579 f.

Schlegel, Volker Legationssekretär im Referat „Nord- und Westafrika" bzw. seit 15. September 1974 im Referat „Westafrika" des Auswärtigen Amts S. 112[1]

Schlei, Marie Mitglied des Deutschen Bundestages (SPD) und seit 16. Mai 1974 Parlamentarische Staatssekretärin beim Bundeskanzler S. 1340, 1422

Schleiminger, Günther Exekutivdirektor und Vertreter der Bundesrepublik Deutschland beim Internationalen Währungsfonds in Washington D.C. S. 1258[10]

Schlesinger, James R. Verteidigungsminister der Vereinigten Staaten von Amerika **Dok. 210** und S. 63, 124, 168, 232[3], 751 f., 1316, 1336 f., 1575, 1605, 1611

Schmid, Carlo Koordinator für die deutsch-französische Zusammenarbeit S. 900, 910, 911[36], 912 f., 919

Schmid, Walter Vortragender Legationsrat I. Klasse und Leiter des Referats „Regionale Planung und Koordinierung, Kulturabkommen" im Auswärtigen Amt; bei den Verhandlungen über den Kulturaustausch mit der ČSSR mit der Funktionsbezeichnung Gesandter S. 440[6]

Schmidbauer, Werner Oberstleutnant im Generalstab der Bundeswehr S. 1133[3], 1141

Schmidt, Adolf Vorsitzender der Industriegewerkschaft Bergbau und Energie im Deutschen Gewerkschaftsbund und Mitglied des Deutschen Bundestages (SPD) S. 1579, 1582

Schmidt, Hannelore S. 1211

Schmidt, Helmut Bundesminister der Finanzen, seit 16. Mai 1974 Bundeskanzler der Bundesrepublik Deutschland; Mitglied des Deutschen Bundestages (SPD); 1969–1972 Bundesminister der Verteidigung **Dok. 151, 157, 159, 160, 162, 181, 186, 188, 189, 201, 247, 248, 249, 250, 252, 257, 268, 269, 274, 275, 279, 293, 302, 303, 309, 313, 314, 315, 344, 357, 358, 382** und S. 82[6], 104[8], 106[9+10], 108[2], 109[8], 123[18], 127[4+5], 129, 133[16], 170[13], 198, 271, 272[44], 405, 426, 438[38], 486 f., 581, 586[13], 595, 621, 623[6], 624 f., 631[10], 645, 646[11], 651[2], 697 f., 711[14], 731, 735[3], 740[9], 760, 771[2], 800 f., 802[9], 803–805, 807 f., 833–837, 839, 842–844, 846 f., 859–864, 898[12], 899–901, 903 f., 906, 910, 912–917, 920, 933–935, 947,

959f., 961³, 962, 966¹⁴, 978, 992f., 994¹⁰, 995, 997, 1017⁹, 1023, 1033f., 1090f., 1094, 1098, 1128¹³, 1199, 1203f., 1206, 1222f., 1229–1233, 1236, 1239, 1241, 1243, 1249, 1254, 1260, 1273, 1275, 1279f., 1294, 1303, 1306¹, 1329–1331, 1348–1355, 1357f., 1398¹¹, 1399, 1402, 1422–1424, 1448, 1457¹⁰, 1466⁵, 1469, 1472, 1475–1482, 1484, 1486–1490, 1493, 1529¹⁹, 1537–1543, 1568⁶, 1572–1583, 1595f., 1614¹², 1617–1619, 1634¹¹, 1659, 1665f., 1668

Schmidt, Peter Klaus Attaché im Referat „Europäische Einigung und politische Zusammenarbeit; Europarat; Nichtstaatliche europäische Organisationen; WEU (nichtmilitärische Angelegenheiten" des Auswärtigen Amts, seit Mai 1974 Legationssekretär an der Botschaft der Bundesrepublik Deutschland in Kairo bzw. seit September 1974 an der Botschaft in Beirut S. 9¹

Schmidt-Dornedden, Horst Botschaftsrat I. Klasse im Bundespräsidialamt, seit 2. August 1974 Botschafter der Bundesrepublik Deutschland in Amman **Dok. 242** und S. 83¹, 1332⁴

Schmidt-Pauli, Edgar von Gesandter und Vertreter des Botschafters der Bundesrepublik Deutschland in London S. 579²⁵, 985¹¹, 1019¹, 1029⁵, 1036⁹, 1056⁹, 1134⁵, 1205⁴, 1456⁸

Schmitz, Theodor Vortragender Legationsrat und Beauftragter des Auswärtigen Amts für die organisatorische Durchführung der EPZ-Tagungen, seit 22. April 1974 Leiter des Referats „VN-Sonderorganisationen und Dekolonisierungsfragen" S. 1507¹⁰

Schödel, Günther Ministerialdirigent und Vertreter des Leiters der Abteilung für Auswärtige Kulturpolitik im Auswärtigen Amt S. 119¹, 121¹¹⁺¹²

Schön, Helmut Bundestrainer der Fußball-Nationalmannschaft der Bundesrepublik Deutschland S. 813¹⁸

Schönfeld, Peter Vortragender Legationsrat I. Klasse und Leiter des „Büro Staatssekretäre" im Auswärtigen Amt S. 64¹, 151¹, 153¹, 238¹, 283¹, 301¹, 341⁴, 396¹, 425¹, 470¹, 505¹, 629¹, 677¹, 681¹, 779¹, 857f., 859¹⁺², 1079¹, 1095¹, 1273⁴, 1279³, 1306¹, 1308⁸⁺⁹, 1322¹, 1346¹, 1466¹⁺⁵, 1572¹, 1675¹

Schönfelder, Wilhelm Legationssekretär und bis 15. Mai 1974 persönlicher Referent des Parlamentarischen Staatssekretärs Apel bzw. seit 17. September 1974 des Staatsministers Wischnewski S. 1532, 1535¹⁶

Scholl, Günther 1970–1973 Botschafter der Bundesrepublik Deutschland in Kopenhagen S. 1609⁶

Scholl, Jürgen Vortragender Legationsrat und Vertreter des Leiters im Referat „Wirtschaftsbeziehungen zum Westen" des Auswärtigen Amts, seit 14. November 1974 Botschaftsrat und Vertreter des Botschafters der Bundesrepublik Deutschland in Lima S. 127¹, 594¹, 1412⁴

Schröder, Gerhard Mitglied des Deutschen Bundestages (CDU) und Vorsitzender des Auswärtigen Ausschusses; 1961–1966 Bundesminister des Auswärtigen **Dok. 371** und S. 885³

Schtschelokow, Nikolaj Anissimowitsch Innenminister der Union der Sozialistischen Sowjetrepubliken S. 1389

Schüler, Manfred Staatssekretär im Bundesministerium der Finanzen, seit 15. Mai 1974 Staatssekretär und Chef des Bundeskanzleramts S. 170¹³, 632, 648³, 651, 687, 899¹, 1090, 1203, 1224, 1283, 1318¹, 1579, 1665

Schüssler, Hans Ministerialdirigent und stellvertretender Leiter der Abteilung für Außenwirtschaftspolitik und Entwicklungshilfe im Bundesministerium für Wirtschaft S. 228

Schütz, Klaus Regierender Bürgermeister von Berlin und Vorsitzender des Landesverbandes der SPD in Berlin S. 143¹¹, 174, 180, 248, 284, 342, 522¹, 735³, 1346, 1347⁶, 1424–1430

Schukla, Vidya Charan Minister für Rüstungsproduktion der Indischen Union S. 630

Schumacher, Kurt 1946–1952 Vorsitzender der SPD und 1949–1952 Vorsitzender der SPD-Fraktion im Deutschen Bundestag S. 781¹⁰

Schuman, Robert 1948–1953 Außenminister der Französischen Republik S. 781[10]

Schumann, Maurice 1969–1973 Außenminister der Französischen Republik S. 1111[32]

Schwarzmann, Hans Botschafter der Bundesrepublik Deutschland in Mexiko City S. 151

Schweinhage Geschäftsführer der DEMINEX (Deutsche Erdölversorgungsgesellschaft mbH), Essen S. 246[23]

Scowcroft, Brent Generalleutnant der amerikanischen Streitkräfte und Mitarbeiter im Beraterstab des amerikanischen Präsidenten (Deputy Assistant to the President for National Security Affairs) S. 726, 1239, 1572

Seidl, Alfred Vorsitzender der CSU-Fraktion im Bayerischen Landtag, seit November 1974 Staatssekretär im Bayerischen Justizministerium S. 376[4]

Seidmann, L. William Mitarbeiter im Beraterstab des amerikanischen Präsidenten (Assistant to the President for Economic Affairs) S. 1579

Sekou Touré, Ahmed Präsident der Republik Guinea S. 1417[9]

Seldis, Kornelia S. 1416[4]

Seldis, Werner Vortragender Legationsrat und Leiter der Botschaft der Bundesrepublik Deutschland in N'Djamena bis zum Abbruch der Beziehungen am 13. Juni 1974, seit 4. Oktober 1974 Generalkonsul in Casablanca S. 1416[4]

Sell, Akelei Dolmetscherin an der Botschaft der Bundesrepublik Deutschland in Moskau S. 1330[10]

Semjonow, Wladimir Semjonowitsch Stellvertretender Außenminister der Union der Sozialistischen Sowjetrepubliken S. 804[17], 1154

Senghor, Léopold-Sédar Präsident der Republik Senegal S. 1417[8]

Servan-Schreiber, Jean-Jacques Minister für Reformen der Französischen Republik vom 28. Mai bis 9. Juni 1974 S. 667

Seuffert, Walter Vizepräsident des Bundesverfassungsgerichts in Karlsruhe S. 565[3]

Sharp, Mitchell W. Außenminister von Kanada, seit 8. August 1974 Präsident des Privy Council S. 557, 587, 1643

ach-Shawaf, Najdat Botschafter im irakischen Außenministerium S. 228[7]

Shek, Zeev Y. Abteilungsleiter im israelischen Außenministerium S. 1504[3], 1505[4]

Sherer, Albert W. Botschafter der Vereinigten Staaten von Amerika in Prag und seit 14. Februar 1974 Leiter der amerikanischen Delegation bei der KSZE in Genf S. 684[3], 731, 772, 1563 f.

Shore, Peter seit 7. März 1974 Handelsminister des Vereinigten Königreichs von Großbritannien und Nordirland S. 692, 973[9]

Shultz, George P. Finanzminister der Vereinigten Staaten von Amerika bis zu seinem Rücktritt am 14. März 1974 S. 127[4+5], 133[16], 438[38], 595, 680[10], 682, 782, 784[24], 1075, 1085, 1573, 1579, 1591, 1677[7]

Siebourg, Gisela Dolmetscherin im Sprachendienst des Auswärtigen Amts S. 40, 517[1], 525[1], 530[1], 540[1], 544[1], 726

Sieger, Alexander Vortragender Legationsrat I. Klasse und Leiter des Referats „Wirtschaftsbeziehungen West-Ost" im Auswärtigen Amt; 1971–1973 Vortragender Legationsrat und 1972/1973 Vertreter des Referatsleiters S. 66[5], 109[6], 947[1], 953[18], 1005, 1097[10], 1164[8]

Siemens, Peter von Aufsichtsratsvorsitzender der Siemens AG, München S. 114[5], 118. 912

Sigrist, Helmut Ministerialdirigent und Beauftragter für Vertragsverhandlungen aus dem Bereich der Abteilung für Außenwirtschaftspolitik, Entwicklungspolitik und europäische wirtschaftliche Integration des Auswärtigen Amts mit der Amtsbezeichnung Botschafter sowie seit 1. Juli 1974 Leiter der Unterabteilung 40 **Dok. 239** und S. 445[18], 594[1], 947[1], 951–953, 1024[4], 1025[5], 1054[3], 1055[4+5+6], 1419[1], 1471[15], 1512[1]

da Silva Mafra, Egberto seit 11. Juni 1974 Botschafter der Föderativen Republik Brasilien in Bonn S. 1584, 1587[10]

Silvestrini, Achille stellvertretender Sekretär des Rats für die öffentlichen Angelegenheiten der Kirche beim Staatssekretariat des Heiligen Stuhls S. 1148[6]

Simjanin, Michail Wassiljewitsch sowjetischer Journalist S. 804[17]

Simon, Dieter Legationsrat I. Klasse bzw. seit 28. März 1974 Vortragender Legationsrat im Referat „Wirtschaftsbeziehungen West-Ost" des Auswärtigen Amts, seit 24. Juli 1974 Botschaftsrat an der Botschaft der Bundesrepublik Deutschland in Athen; vom 5. bis 16. August 1974 in das Auswärtige Amt nach Bonn zum Referat „Wirtschaftsbeziehungen West-Ost" abgeordnet S. 705[5]

Simon, Klaus Ministerialdirigent und bis 13. Oktober 1974 Leiter der Unterabteilung 20 in der Politischen Abteilung des Auswärtigen Amts, seit 12. November 1974 Botschafter der Bundesrepublik Deutschland in Helsinki **Dok. 67, 218, 245** und S. 9[1], 138[1], 155, 166[1], 188[1], 210[1], 222[1], 227[1], 283, 284[10], 286[19], 292, 335[2], 351[7], 394[1], 396[3], 424[7], 437[34], 470[1], 504[16], 549[1+2], 681[1], 701[21], 708[1], 816[1], 843[1], 859[1], 893[1], 895[2], 896[6], 897[11], 898[13], 899[16+1], 933[1], 971[1], 974[1], 1024[3], 1031[1], 1034[1], 1065[3], 1201[2+3]

Simon, William E. Vorsitzender der amerikanischen Energiebehörde, seit 9. Mai 1974 Finanzminister der Vereinigten Staaten von Amerika S. 263[28], 680[10], 683[10], 831, 1241[10], 1244, 1256, 1257[8], 1264, 1579, 1581f., 1590f.

Simonet, Henri François Vizepräsident der EG-Kommission in Brüssel und Leiter der Abteilung „Steuern und finanzielle Investitionen, Energie und EURATOM-Sicherheitskontrollen" S. 696, 765, 973[9]

Sindermann, Horst Mitglied des Politbüros des ZK der SED und Vorsitzender des Ministerrats der DDR S. 304[12], 641

Singh, Kewal Staatssekretär im indischen Außenministerium S. 1001[4]

Sisco, Joseph J. Abteilungsleiter im amerikanischen Außenministerium (Assistant Secretary for Near Eastern and South Asian Affairs), seit 19. Februar 1974 Unterstaatssekretär (Under Secretary of State for Political Affairs) S. 75, 797[24], 965, 967, 1214, 1333

Smirnow, Wassilij Nikolajewitsch Zweiter Sekretär an der sowjetischen Botschaft in Bonn S. 937

Smirnowskij, Michail Nikolajewitsch Mitglied der sowjetischen Delegation bei den MBFR-Verhandlungen in Wien S. 156, 158, 299, 384, 625, 627f., 1519, 1521

Šnuderl, Boris Mitglied im Bundesexekutivrat der Sozialistischen Föderativen Republik Jugoslawien und Stellvertender Außenminister S. 108[3]

Soames, Christopher Vizepräsident der EG-Kommission in Brüssel und Leiter der Abteilung „Auswärtige Beziehungen" S. 556, 558, 696, 980

Soares, Mario Generalsekretär der portugiesischen Sozialistischen Partei und seit 16. Mai 1974 Außenminister der Portugiesischen Republik S. 591[2], 665, 797, 812[15]

Sohl, Hans-Günther Präsident des Bundesverbandes der Deutschen Industrie S. 66[7], 911, 1097

Sokolak, Henryk Abteilungsleiter im polnischen Außenministerium S. 651, 652[4], 653–655

Sokorac, Aleksander Kabinettchef des jugoslawischen Staatspräsidenten S. 834

Solschenizyn, Alexander Issajewitsch sowjetischer Schriftsteller **Dok. 51** und S. 183, 390

Solschenizyna, Natalja Swetlowa S. 203[2], 204f.

Sonnenfeldt, Helmut Berater im amerikanischen Außenministerium (Counselor) S. 9, 72–75, 166, 238, 335[2], 368, 378, 380, 389f., 400, 413, 428, 430–432, 484[13], 635, 638[7], 683[10], 819[16], 831, 996[22], 1000, 1133, 1141, 1214, 1249[10], 1324[12], 1328, 1443–1445, 1579

Sonnenhol, Gustav Adolf Botschafter der Bundesrepublik Deutschland in Ankara **Dok. 238, 271** und S. 1044[2], 1045, 1047, 1473[4]

Soufflet, Jacques seit 28. Mai 1974 Verteidigungsminister der Französischen Republik S. 916

Soysal Abteilungsleiter im türkischen Außenministerium **Dok. 233** und S. 393, 1038[15]

Spangenberg, Dietrich Staatssekretär und Chef des Bundespräsidialamts, seit 1. Juli 1974 Bevollmächtigter der Bundesregierung in Berlin S. 113, 645[8]

Speigl, Matthäus Brigadegeneral und bis 30. September 1974 Militärattaché an der Botschaft der Bundesrepublik Deutschland in Washington S. 928

de Spinola, Antonio stellvertretender Chef des portugiesischen Generalstabs bis 15. März 1974, vom 25. April bis 30. September 1974 Mitglied der „Junta zur nationalen Errettung" (Junta Nacional de Salvação) und vom 15. Mai bis 30. September 1974 Präsident der Portugiesischen Republik S. 591[2+4], 592, 593[8], 594, 812[15], 832

Spyridakis, Emmanuel Gesandter und Vertreter des Botschafters der Republik Griechenland in Bonn S. 1129

Stabler, Wells Mitarbeiter im amerikanischen Außenministerium (Deputy Assistant Secretary for European Affairs) S. 614[19], 1022[10]

Stabreit, Immo Vortragender Legationsrat und Vertreter des Leiters im Referat „Sowjetunion" des Auswärtigen Amts, seit 3. September 1974 zur Teilnahme am „Advanced Study Program" des „Center for International Affairs" der Harvard Universität in Boston abgeordnet S. 203[1], 214[1], 524[9], 1009[1], 1017[8]

Staden, Berndt von Botschafter der Bundesrepublik Deutschland in Washington; 1970–1973 Ministerialdirektor und Leiter der Politischen Abteilung bzw. seit 1. Oktober 1972 der Abteilung 2 im Auswärtigen Amt **Dok. 3, 4, 5, 14, 16, 17, 24, 30, 33, 47, 60, 63, 96, 97, 179, 210, 225, 326** und S. 166, 177[4], 184[14], 350[2], 351, 367, 522[1+2], 523, 619, 633[1], 634[4], 635[2], 638[7], 659[16], 660[18], 683[10], 700[18], 732[23], 967[5], 1119[2], 1214, 1239, 1249[10], 1325[14], 1333[7], 1400[20], 1439[5], 1443, 1572, 1579, 1586[8], 1590[1], 1661[11], 1675[1], 1677[7]

de Staercke, André Marie Leiter der Ständigen Vertretung des Königreichs Belgien bei der NATO in Brüssel S. 181[2], 379f., 748, 758, 965f., 1313, 1336f., 1600

Staewen, Christoph S. 1416[4], 1418

Staewen, Elfriede S. 1416[4]

Stalin, Jossif Wissarionowitsch 1922–1953 Generalsekretär des ZK der KPdSU und 1941–1953 Vorsitzender des Rats der Volkskommissare bzw. des Ministerrats der Union der Sozialistischen Sowjetrepubliken sowie Volkskommissar für Verteidigung S. 932

Statham, Norman Gesandter an der britischen Botschaft in Bonn S. 412, 463[9]

Steffler, Christel Vortragende Legationsrätin und Vertreterin des Leiters im Referat „Europäische Einigung und politische Zusammenarbeit; Europarat; Nichtstaatliche europäische Organisationen; WEU (nichtmilitärische Angelegenheiten)" sowie bis 20. August 1974 im Referat „Frankreich, Andorra, Monaco, Belgien, Niederlande, Luxemburg" des Auswärtigen Amts **Dok. 41, 144, 220, 222** und S. 31[1], 34[17], 92[1], 337[1], 378[1], 388[1], 549[2], 656[1], 892[14], 893[1], 1044[1]

Steg, Rudolf Gesandter und Vertreter des Botschafters der Bundesrepublik Deutschland in Rom S. 467[25], 1076[22], 1077[23+24], 1081[7]

Steinhaus, Rolf Vizeadmiral und seit 1. Februar 1974 Leiter des Planungsstabs im Bundesministerium der Verteidigung **Dok. 364, 365**

Steinhoff, Johannes General der Bundeswehr und bis 31. März 1974 Vorsitzender des Militärausschusses der NATO in Brüssel S. 234

Steltzer, Hans Georg Botschafter der Bundesrepublik Deutschland in Kairo **Dok. 29, 259, 371** und S. 533[14], 535[20], 540, 885, 888

Stemerdink, A. Staatssekretär im niederländischen Verteidigungsministerium S. 943

Steppan, Hans-Lothar Legationsrat I. Klasse im Referat „Vereinigte Staaten von Amerika, Vereinigtes Königreich, Gemeinsame Fragen des Commonwealth,

Kanada, Irland, Nordische Staaten, Österreich, Schweiz, Liechtenstein" des Auswärtigen Amts, seit 25. April 1974 an der Botschaft der Bundesrepublik Deutschland in Helsinki S. 16[1]

van der Stoel, Max Außenminister des Königreichs der Niederlande S. 261[24], 262, 319, 550–552, 608, 696, 713, 797, 864[18], 982, 1304, 1465, 1642–1644, 1651–1653

Stoessel, Walter John Jr. Abteilungsleiter im amerikanischen Außenministerium (Assistant Secretary of State for European Affairs) bis 7. Januar 1974, seit 4. März 1974 Botschafter der Vereinigten Staaten von Amerika in Moskau S. 9, 615, 873[14+16], 882[6], 884[10], 1009f., 1012

Stoph, Willi Vorsitzender des Staatsrats der DDR und Mitglied des Politbüros des ZK der SED S. 304, 324, 645

Stratiew, Metodio Dimitrow Exarch von Sofia S. 1147

Strauß, Franz Josef Vorsitzender der CSU und Mitglied des Deutschen Bundestages S. 1341, 1343, 1379[2], 1383[12]

Streator, Edward J. Mitarbeiter im amerikanischen Außenministerium (Director for NATO and Atlantic Political-Military Affairs) S. 1133

Strenziok, Gert Vortragender Legationsrat und Vertreter des Leiters im Referat „Mittelmeerfragen: Portugal, Spanien, Italien, San Marino, Heiliger Stuhl, Griechenland, Türkei, Zypern, Malta, Malteser-Ritter-Orden" des Auswärtigen Amts S. 1031[1], 1044[1]

Štrougal, Lubomír Ministerpräsident der Tschechoslowakischen Sozialistischen Republik S. 947

Strulak, Tadeusz Leiter der polnischen Delegation bei den MBFR-Verhandlungen in Wien S. 156, 158, 298f., 384, 626[2], 725[12], 1519, 1521

Stücklen, Richard Stellvertretender Vorsitzender der CDU/CSU-Fraktion und Vorsitzender der CSU-Landesgruppe im Deutschen Bundestag S. 376

Suchodrew, Wiktor Michajlowitsch Mitarbeiter im sowjetischen Außenministerium S. 1187

Sule, Anselmo Vorsitzender der chilenischen Radikalen Partei (in Chile inhaftiert) S. 1531

Suliak französischer Journalist S. 122

Sulimma, Hans-Günter Vortragender Legationsrat und Vertreter des Leiters im Pressereferat des Auswärtigen Amts S. 1431

Sulzberger, Cyrus Leo amerikanischer Autor und Journalist S. 532

Sunay, Cevdet 1966–1973 Präsident der Türkischen Republik S. 1020[8]

Sung siehe: Vo Vang Sung

Suslow, Wladimir Pawlowitsch Abteilungsleiter im sowjetischen Außenministerium S. 1010f.

Svart, Anker Botschafter des Königreichs Dänemark in Brüssel und Leiter der Ständigen Vertretung bei der NATO S. 686, 1315, 1336f., 1565

Svoboda, Ludvik Präsident der Tschechoslowakischen Sozialistischen Republik und bis März 1974 Ehrenmitglied des Präsidiums des ZK der KPČ S. 958

Szydlak, Jan Mitglied des Politbüros des ZK der PVAP S. 704

Taleb, Ahmed Informations- und Kultusminister der Demokratischen Volksrepublik Algerien S. 517

el-Talhi, Gadalla Azzus Minister für Industrie und Rohstoffe der Arabischen Republik Libyen S. 235

Tank, Kurt deutscher Ingenieur in Indien S. 629

Taqa Staatssekretär im irakischen Außenministerium S. 228[7]

Teng Hsiao-ping Stellvertretender Ministerpräsident der Volksrepublik China und Mitglied im Politbüro des ZK der Kommunistischen Partei Chinas S. 1190[15]

Teplitzki, Benjamin Vorstandsmitglied der chilenischen Radikalen Partei (in Chile inhaftiert) S. 1534

Terechow, Wladislaw Petrowitsch Mitarbeiter im sowjetischen Außenministerium S. 340, 600[5], 1340, 1358, 1395

Thomson, George Mitglied der EG-Kommission in Brüssel und Leiter der Abteilung „Regionalpolitik" S. 696

Thomson, John Adam Unterabteilungsleiter im britischen Außenministerium (Assistant Under-Secretary of State) S. 271, 614[20], 631[8]

Thorn, Gaston Außenminister des Großherzogtums Luxemburg, seit 18. Juni 1974 Ministerpräsident, Staatsminister, Außenminister, Minister für Außenhandel und Minister für Sport S. 245[21], 261[24], 549–552, 555, 849, 1178f., 1186, 1228, 1303f., 1464, 1643

Thorsteinsson, Pétur Generalsekretär im isländischen Außenministerium S. 1630[3]

Tickell, Crispin Charles Cervantes Mitarbeiter im britischen Außenministerium (Head of Western Organisations Department) S. 155, 419, 1134[5]

Timerbajew, Roland Machmutowitsch stellvertretender Abteilungsleiter im sowjetischen Außenministerium S. 1323[5]

Timmermann, Klaus Vortragender Legationsrat und Vertreter des Leiters im Referat „Regionale Planung und Koordinierung, Kulturabkommen" des Auswärtigen Amts S. 119[1]

Tindemans, Leo stellvertretender Ministerpräsident und Minister für den Haushalt des Königreichs Belgien, seit 27. April 1974 Ministerpräsident S. 613[15], 693, 695f., 848f., 856[28], 859, 864, 1103, 1179f., 1186, 1228, 1303, 1321[21], 1628f.

Tito, Josip Broz Staatspräsident der Sozialistischen Föderativen Republik Jugoslawien **Dok. 186, 188** und S. 108, 110[9], 111, 503, 760, 833–838, 842f., 860[4], 887, 993, 1335, 1385, 1513

Tobio, Dagache Botschafter der Republik Tschad in Paris S. 1416, 1418[11]

Toedtmann, Anneliese Stellvertretende Gesundheitsministerin der DDR S. 407[10]

Togliatti, Palmiro 1921 Mitbegründer der KPI; 1944–1964 Generalsekretär des ZK der KPI S. 1381

Tokowinin, Awrelij Andrejewitsch stellvertretender Abteilungsleiter im sowjetischen Außenministerium, seit 20. Juni 1974 Gesandter und Vertreter des Botschafters der Union der Sozialistischen Sowjetrepubliken in Bonn S. 148, 248[29], 327, 329[9], 340, 800[5], 934, 937

Tombalbaye, N'Garta Präsident der Republik Tschad S. 1416, 1417[8]

Tomkins, Edward Botschafter des Vereinigten Königreichs von Großbritannien und Nordirland in Paris S. 482, 669

Torschkow Mitarbeiter im sowjetischen Außenministerium S. 327

Toufanian stellvertretender Verteidigungsminister des Kaiserreichs Iran und Leiter der „Military Industries Organisation" (MIO) S. 274[5], 650, 1224, 1226[10], 1227, 1419f., 1421[8]

Tran Van Lam 1973 Außenminister der Republik Vietnam (Südvietnam) S. 1672[4]

Treviranus, Hans Vortragender Legationsrat I. Klasse und Leiter des Referats „Völkerrechtliche Verträge" im Auswärtigen Amt S. 376[1], 1145[1], 1148[6]

de Tricornot de Rose, François Leiter der Ständigen Vertretung der Französischen Republik bei der NATO in Brüssel S. 232f., 240, 380, 384–387, 561, 720[11], 882f., 966, 1314, 1566

Trudeau, Pierre Elliott Ministerpräsident von Kanada **Dok. 135** und S. 787, 1193[24], 1375

Truhart, Peter Legationsrat I. Klasse im Referat „Ost- und Südafrika" des Auswärtigen Amts S. 1571

Truman, Harry S. 1945–1952 Präsident der Vereinigten Staaten von Amerika S. 932

Trumpf, Jürgen Vortragender Legationsrat und Vertreter des Leiters im Referat „Europäische Gemeinschaften: Grundsatzfragen, Institutionen, Assoziierungen, Innerer Ausbau; Beziehungen zu den Staaten der EFTA, des Mittelmeerraums und Afrikas" des Auswärtigen Amts **Dok. 297** und S. 482[1], 486[1], 1120[1], 1401[1], 1402[12], 1431, 1537[1], 1552[1], 1554[6]

Tryggvason, Arni Botschafter der Republik Island in Bonn S. 1632[7]

Tschou En-lai siehe: Chou En-lai

Tserendondov, Denzengiin Botschafter der Mongolischen Volksrepublik in London S. 83^{2+3}, 84^7

Tsounis Abteilungsleiter im griechischen Außenministerium S. 1021

Tucker, Gardiner L. Leiter der Abteilung für Logistik und Bewaffnung im Generalsekretariat der NATO S. 756

Türel, Vecdi Leiter der türkischen Delegation bei den MBFR-Verhandlungen in Wien S. 1522

Tuovinen, Matti Abteilungsleiter im finnischen Außenministerium S. 321, 855

den Uyl, Joop Ministerpräsident des Königreichs der Niederlande S. 693, 695 f., 848, 943^4, 1184 f., 1228, 1676

Vachata, Bohumil stellvertretender Abteilungsleiter im tschechoslowakischen Außenministerium S. 947^1

van der Valk, Jo Mitarbeiter im niederländischen Außenministerium und seit 1. September 1974 Mitglied der Delegation bei der KSZE in Genf S. 1564

Varley, Eric seit 7. März 1974 Energieminister des Vereinigten Königreichs von Großbritannien und Nordirland S. 785^{26+27}

Vedel, Georges Professor und Ehrendekan der Rechts- und Wirtschaftswissenschaftlichen Fakultät der Universität Paris S. 1108

Verheugen, Günter Referent für Öffentlichkeitsarbeit im Bundesministerium des Innern, seit 20. Mai 1974 Leiter des „Arbeitsstabs Analysen und Information" im Auswärtigen Amt S. 726, 858, 1214

Vest, George S. Mitarbeiter im amerikanischen Außenministerium (Special Assistant to the Secretary for Press Relations), seit 29. April 1974 Abteilungsleiter (Assistant Secretary of State for Politico-Military Affairs) S. 1133

Vetter, Heinz-Oskar Erster Vorsitzender des Deutschen Gewerkschaftsbundes in Düsseldorf S. 825

Vibe, Kjeld Generaldirektor im norwegischen Außenministerium S. 392

Villot, Jean Kardinal und Staatssekretär im Staatssekretariat des Heiligen Stuhls S. 1308, 1346 f.

Vimont, Jacques Pierre Botschafter der Französischen Republik in Moskau S. 615

Vlachos, Angelos Generalsekretär im griechischen Außenministerium, seit 9. Oktober 1974 Minister beim Ministerpräsidenten der Republik Griechenland S. 1044, 1047

Vogel, Joachim-Richard Vortragender Legationsrat und Vertreter des Leiters im Referat „Europäische Wirtschafts- und Währungsunion; Industrie-, Regional-, Sozial-, Energie- und Verkehrspolitik; Internationale Währungspolitik" des Auswärtigen Amts, seit 29. Juli 1974 Generalkonsul der Bundesrepublik Deutschland in Recife S. 445^{18}

Vogel, Wolfdietrich Legationsrat I. Klasse bzw. seit 11. Januar 1974 Vortragender Legationsrat im Referat „Polen, Tschechoslowakei, Jugoslawien, Albanien, Bulgarien, Rumänien, Ungarn" des Auswärtigen Amts, seit 10. Juli 1974 Botschaftsrat an der Botschaft der Bundesrepublik Deutschland in Warschau S. 495^2

Volcker, Paul A. Staatssekretär im amerikanischen Finanzministerium (Under Secretary for Monetary Affairs) bis zu seinem Rücktritt am 8. April 1974 S. 680^{10}, 784^{24}

Vollers, Claus Vortragender Legationsrat im Referat „Atlantisches Bündnis und Verteidigung" des Auswärtigen Amts S. 227^1, 1588^1, 1599^1, 1604^1

Vo Vang Sung Botschafter der Demokratischen Republik Vietnam (Nordvietnam) in Paris S. 1570–1572, 1671–1673

Vredeling, Hendrikus Verteidigungsminister des Königreichs der Niederlande S. 743 f., 746–749, 754 f., 1601 f., 1604 f., 1607, 1609, 1611

Wachter, Helmut Referent an der Botschaft der Bundesrepublik Deutschland in Kinshasa, seit 2. Dezember 1974 an der Botschaft in Paris S. 114^6

Wade, James P. Mitarbeiter im amerikanischen Verteidigungsministerium (Deputy Assistant Secretary, Policy Plans and National Security Council Affairs) S. 1133

Wagner, Wilhelm Adolf Ritter von Vortragender Legationsrat im Referat „Internationale Zusammenarbeit auf dem Gebiet der friedlichen Nutzung der Kernenergie, der Weltraumerschließung und der Ozeanographie" des Auswärtigen Amts; vom 24. Juli bis 24. August 1974 zur Teilnahme an der Dritten Seerechtskonferenz in Caracas abgeordnet S. 1458^1

Waiss, Oscar Journalist und Mitglied der Sozialistischen Partei Chiles S. 1534

Waldheim, Kurt Generalsekretär der UNO S. 43^9, 57^4, 92^5, 99, 275^{12}, 839^{15}, 841, 924^6, 1036^9, 1145^{10}, 1216, 1220, 1223, 1235

Wallau, Hans Theodor Botschaftsrat an der Vertretung der Bundesrepublik Deutschland bei den Internationalen Organisationen in Genf, seit 30. Mai 1974 persönlicher Referent des Bundesministers des Auswärtigen und seit 22. Juli 1974 mit der Amtsbezeichnung Vortragender Legationsrat S. 943^1, 1267^2

Wassew, Wladillen Michajlowitsch Mitarbeiter im sowjetischen Außenministerium S. 1012^{11}

Weber, Hans Herbert seit Mai 1974 Ministerialdirektor und Leiter der Abteilung „Währung, Geld und Kredit" im Bundesministerium der Finanzen S. 1079, 1455^1

Weber, Heinz Vortragender Legationsrat I. Klasse und Vertreter des Leiters im Sprachendienst des Auswärtigen Amts sowie Leiter des Fachbereichs Dolmetscher S. 166^1, 283, 412, 428

Wechmar, Rüdiger Freiherr von Staatssekretär und Chef des Presse- und Informationsamts der Bundesregierung sowie Sprecher der Bundesregierung bis 20. Mai 1974, seit 12. Juli 1974 Leiter der Ständigen Vertretung der Bundesrepublik Deutschland bei der UNO in New York mit der Amtsbezeichnung Botschafter S. 517, 540, 1216^9, 1219, 1332^5, 1465^7, 1504f., 1506^7, 1508^5, 1596^5

Weckmann-Muñoz, Luis Botschafter der Vereinigten Mexikanischen Staaten in Bonn, seit April 1974 Sonderbeauftragter des Generalsekretärs der UNO für Zypern S. 151

Wehner, Herbert Vorsitzender der SPD-Fraktion im Deutschen Bundestag; 1958–1973 stellvertretender Vorsitzender der SPD S. 623, 645, 897, 1318^1, 1618^6

Weiß, Andreas Dolmetscher im Sprachendienst des Auswärtigen Amts S. 1187, 1219, 1348, 1363, 1371^1, 1379^1, 1422

Weiss, Jürgen Legationsrat I. Klasse im Referat „Höherer Dienst; Wahlkonsuln" des Auswärtigen Amts, seit 2. September 1974 dem „Arbeitsstab Europäisch-Arabischer Dialog" zugeteilt S. 58^5, 1668^1

van Well, Günther Ministerialdirektor und Leiter der Politischen Abteilung (Abteilung 2) im Auswärtigen Amt **Dok. 8, 17, 50, 78, 89, 128, 129, 134, 139, 156, 158, 172, 178, 182, 187, 198, 202, 203, 219, 227, 276, 282, 284, 294, 295, 299, 331, 340, 357, 358, 359, 360, 361, 362, 367, 370, 374, 376, 377** und S. 9^2, 11^{11}, 17^9, 46^1, 64^1, 72^4, 76^1, 85^1, 87^9, 89, 100^1, 102, 105 f., 134, 137^9, 138^1, 146, 155, 162–165, 166^1, 171^1, 176^1, 179^{10}, 188^1, 196^1, 203^1, 214^1, 216^{1+2}, 222^1, 223^1, 227^1, 232^3, 238, 283^1, 284^9, 287^1, 288, 292, 301^1, 348, 350^2, 381, 390–393, 394^1, 396, 405^1, 412, 414–417, 419, 425^1, 428–431, 433, 438, 459^3, 470^1, 479, 506, 524^9, 611, 617–620, 623, 635^1, 638^6, 643^1, 652 f., 657, 681^1, 702, 706^6, 726, 733^{25}, 733$^{27-29}$, 759, 761$^{15-17}$, 762^{18}, 763^{22}, 856, 865^5, 899, 925^1, 926^3, 928^1, 932^{13}, 934^1, 937–939, 947^1, 967^1, 971^1, 982^3, 992, 1005, 1007, 1009^1, 1016, 1024^1, 1079^1, 1115^{42}, 1116^{43}, 1140, 1193^{25}, 1201^1, 1202^5, 1204^2, 1207, 1209^1, 1219, 1243^1, 1252, 1254^1, 1259^1, 1294^1, 1296^5, 1326^1, 1329, 1331^{12}, 1336^9, 1340, 1351^{16}, 1358, 1360^7, 1395, 1422, 1438^9, 1446^8, 1450^1, 1546, 1548^1, 1568^5, 1666^8

Wellenstein, Edmund P. Generaldirektor in der Verwaltung der EG-Kommission in Brüssel und Leiter des Direktorats I (Auswärtige Beziehungen) S. 980

Werner, Günter Franz Botschafter der Bundesrepublik Deutschland in Tripolis S. 236⁵

Werner, Pierre Ministerpräsident, Staatsminister, Finanzminister und Minister für Kultur des Großherzogtums Luxemburg bis 28. Mai 1974, bis 18. Juni 1974 geschäftsführender Ministerpräsident S. 452²

Weseloh, Hans Achim Journalist (Frankfurter Allgemeine Zeitung) S. 40

Wetter, Friedrich Bischof von Speyer S. 1146

Wever, Karl-Heinz Vortragender Legationsrat I. Klasse und Leiter des Referats „Nord- und Westafrika" bzw. seit 15. September 1974 des Referats „Westafrika" im Auswärtigen Amt S. 112¹, 114⁷, 115⁸⁺⁹, 118¹⁹

Wickert, Erwin Botschafter der Bundesrepublik Deutschland in Bukarest S. 895³, 896⁴, 898¹²

Wieck, Hans-Georg Ministerialdirektor und Leiter des Planungsstabes im Bundesministerium der Verteidigung, seit 1. Februar 1974 in das Referat „Mittlerer Osten, Maghreb" des Auswärtigen Amts versetzt mit der Amtsbezeichnung Botschafter, seit 31. Mai 1974 Botschafter der Bundesrepublik Deutschland in Teheran **Dok. 166, 208, 320** und S. 649, 1224 f., 1226¹⁰

Wiese Walter Regierungsdirektor im Bundesministerium des Innern S. 1067⁹

Wietersheim, Armin von Oberstleutnant im Generalstab und Militärattaché an der Botschaft der Bundesrepublik Deutschland in Teheran S. 924 f.

Wiggin, Charles Douglas Unterabteilungsleiter im britischen Außenministerium (Assistant Under-Secretary of State) S. 759

Wilford, Kenneth Michael Abteilungsleiter im britischen Außenministerium (Deputy Under-Secretary of State) S. 631¹¹

Wilson, James Harold Vorsitzender der Labour Party und seit 4. März 1974 Premierminister des Vereinigten Königreichs von Großbritannien und Nordirland **Dok. 113, 181** und S. 251³, 410 f., 487–490, 571, 664, 690, 692 f., 695, 760, 971³, 1036¹², 1069, 1084, 1088, 1094, 1144, 1179–1181, 1183 f., 1186 f., 1205⁴, 1228, 1305, 1324, 1330⁹, 1456, 1457¹⁰, 1526, 1537–1541, 1543, 1622⁸, 1626, 1659⁴, 1676

Winogradow, Wladimir Michajlowitsch Botschafter der Union der Sozialistischen Sowjetrepubliken in Kairo und sowjetischer Vertreter bei der Friedenskonferenz für den Nahen Osten in Genf S. 98

Winzer, Otto Außenminister der DDR S. 922

Wischnewski, Hans-Jürgen Mitglied des Deutschen Bundestages (SPD) und seit 16. Mai 1974 Parlamentarischer Staatssekretär bzw. seit 19. August 1974 Staatsminister beim Bundesminister des Auswärtigen **Dok. 345** und S. 697¹, 776, 973⁹, 1095¹, 1124, 1229 f., 1273, 1302³, 1318¹, 1401, 1417, 1431 f., 1434 f., 1455, 1457 f., 1463³, 1512, 1525¹, 1556

Witte, Barthold Mitglied der Delegation der Bundesrepublik Deutschland bei der KSZE in Genf, seit 24. Juli 1974 Vertreter des Botschafters in Kairo und seit 3. Oktober 1974 Botschaftsrat I. Klasse S. 610²

Witteveen, Johannes Direktor des Internationalen Währungsfonds in Washington D.C. S. 303, 784²⁵, 822³, 902, 1256

Wojna, Ryszard polnischer Journalist S. 219 f.

Wolf, Alfred Ministerialrat im Bundesministerium der Justiz S. 340, 770

Wolf, Helmut Vorstandsvorsitzender der Krauss-Maffei AG, München S. 1226, 1419

Wolters, Hans-Georg Staatssekretär im Bundesministerium für Jugend, Familie und Gesundheit S. 407

Wormser, Olivier Direktor der französischen Notenbank, seit 5. Juli 1974 Botschafter der Französischen Republik in Bonn S. 1016–1018, 1230, 1447

Woronzow, Julij Michajlowitsch Gesandter an der sowjetischen Botschaft in Washington S. 284⁹, 1000

Wright, John Oliver Unterstaatssekretär im britischen Außenministerium (Deputy to the Permanent Under-Secretary of State) S. 408, 410, 412, 414f., 549, 553, 555, 579[25], 759, 1543

Wulf, Helmut Ministerialdirigent im Bundesministerium für Verkehr bzw. seit 16. Mai 1974 im Bundesministerium für Verkehr und für das Post- und Fernmeldewesen sowie Leiter der Delegation der Bundesrepublik in den Kommissionen für Transit Berlin (West) und für den DDR-Verkehr S. 144[12]

Wyszyński, Stefan Kardinal, Erzbischof von Gnesen und Warschau sowie Primas von Polen S. 286, 1308[10]

Yamani, Ahmed Zaki Minister für Erdöl und mineralische Bodenschätze des Königreichs Saudi-Arabien **Dok. 10** und S. 52–56, 93, 166, 170, 778[14], 1245, 1266, 1434

Yariv, Ahron Generalmajor der israelischen Streitkräfte S. 57[4]

Zagari, Mario Justizminister der Italienischen Republik vom 14. März bis 22. November 1974 S. 1078

Zamundu, Agenong'ha Kasongo Botschafter der Republik Zaire in Bonn bis November 1974 S. 112

Zeman, Karel stellvertretender Abteilungsleiter im tschechoslowakischen Außenministerium S. 947[1]

Zierer, Wolfgang Vortragender Legationsrat im Referat „Mittelmeerfragen; Portugal, Spanien, Italien, San Marino, Heiliger Stuhl, Griechenland, Türkei, Zypern, Malta, Malteser-Ritter-Orden" des Auswärtigen Amts, seit 8. April 1974 Vertreter des Leiters im „Parlaments- und Kabinettsreferat" S. 461[1]

Zimmermann, Armin Admiral, Generalinspekteur der Bundeswehr und Leiter der Hauptabteilung I „Militärische Angelegenheiten" im Bundesministerium der Verteidigung S. 1117

Zolotas, Xenophon Minister für Planung und Koordination der Republik Griechenland **Dok. 257** und S. 1120–1122, 1125, 1129

Zurhellen, J. Owen Jr. Stellvertretender Direktor der amerikanischen Abrüstungsbehörde (ACDA) in Washington S. 1439[5]

Sachregister

Bei der Benutzung des Sachregisters sind folgende Hinweise zu beachten:
- Das Sachregister erfaßt in alphabetischer Reihenfolge Staaten, Organisationen und Institutionen sowie weitere Sachbegriffe.
- Die Einträge zu den Schlagworten „Abkommen und Verträge", „Gesetze und Verordnungen", „Konferenzen und Verhandlungen" sowie „Noten und Memoranden" folgen der Chronologie.
- Kursiv gedruckte Querverweise erschließen die zwischen den Schlagworten bestehenden Verbindungen.
- Bezieht sich ein Schlagwort auf ein Dokument als Ganzes, so ist die Dokumentennummer angegeben.
- Beim Nachweis einzelner Seiten beziehen sich hochgestellte Ziffern auf Fußnoten.
- Verweise über die Beziehungen zweier Staaten zueinander finden sich bei dem in der Schlagwortfolge alphabetisch zuerst aufgeführten Staat. So werden beispielsweise die Fundstellen zu den französisch-algerischen Beziehungen unter „Algerien" und dort beim Unterschlagwort „Frankreich" genannt. Ebenso werden die Beziehungen übernationaler Organisationen zueinander alphabetisch verschlagwortet.
- Die bilateralen Beziehungen der Bundesrepublik Deutschland werden allerdings stets unter dem Schlagwort des jeweils fremden Staates erfaßt. Entsprechendes gilt für das Verhältnis der Bundesrepublik Deutschland zu übernationalen Organisationen wie etwa der UNO.
- In einigen Fällen wird unmittelbar hinter dem Schlagwort zu einem Staat ein eigenes Schlagwort wie „Frankreich–Bundesrepublik Deutschland" oder „USA–Bundesrepublik Deutschland" gebildet, um eine zusätzliche Untergliederung möglich zu machen.
- Die Beziehungen eines Staates zu einer übernationalen Organisation bzw. zu internationalen Verhandlungen werden unter dem Schlagwort der Organisation bzw. der Verhandlungen erfaßt. Ist ein Staat nicht Mitglied einer Organisation bzw. Teilnehmer der Verhandlungen, ist die Fundstelle unter dem Schlagwort des Staates ausgewiesen.
- Wirtschaftsunternehmen werden unter einem eigenen Schlagwort aufgeführt.
- **Band I** reicht von Dokument 1 bis 193 bzw. von Seite 3 bis 858, **Band II** von Dokument 194 bis 382 bzw. von Seite 859 bis 1677.

Abkommen und Verträge
- Generalakte der Berliner Konferenz vom 26.2.1885
S. 116

- Vertrag vom 9.2.1920 über Spitzbergen
S. 1645[10]

- Konkordat vom 20.7.1933 zwischen dem Deutschen Reich und dem Heiligen Stuhl (Reichskonkordat)
S. 1147[5], 1148[6], 1262

- Abkommen vom 20.7.1936 zwischen dem Australischen Bund, der Französischen Republik, dem Kaiserreich Japan, dem Königreich Bulgarien, dem Königreich Griechenland, dem Königreich Jugoslawien, dem Königreich Rumänien, der Türkischen Republik, der Union der Sozialistischen Sowjetrepubliken und dem Vereinigten Königreich von Großbritannien und Nordirland über die Meerengen (Abkommen von Montreux)
S. 1020

- Abkommen vom 9.6.1945 zwischen dem Vereinigten Königreich von Großbritannien und Nordirland, den Vereinigten Staaten von Amerika und der Föderativen Republik Jugoslawien (Belgrader Abkommen)
S. 827[10]

- UNO-Charta vom 26.6.1945
siehe: UNO-Charta

- Kommuniqué vom 2.8.1945 über die Konferenz von Potsdam (Potsdamer Abkommen)
S. 1383[12]

- Vereinbarung vom 27.12.1945 über die Gründung des Internationalen Währungsfonds und der Internationalen Bank für Wiederaufbau und Entwicklung (Abkommen von Bretton Woods)
S. 694

- Friedensvertrag vom 10.2.1947 zwischen den Alliierten und Assoziierten Mächten und der Republik Finnland
S. 323

- Friedensvertrag vom 10.2.1947 zwischen den Alliierten und Assoziierten Mächten und der Italienischen Republik
S. 827[10]

- Friedensvertrag vom 10.2.1947 zwischen den Alliierten und Assoziierten Mächten und der Volksrepublik Rumänien
S. 898[13]

- Friedensvertrag vom 10.2.1947 zwischen den Alliierten und Assoziierten Mächten und der Ungarischen Volksrepublik
S. 1006, 1008[16], 1436[3]

- Nordatlantikvertrag vom 4.4.1949
siehe: NATO-Vertrag

- Konvention vom 4.11.1950 zum Schutze der Menschenrechte und Grundfreiheiten
S. 1121, 1124[16]

- Vertrag vom 18.4.1951 über die Gründung der Europäischen Gemeinschaft für Kohle und Stahl (EGKS)
S. 1090

- Verteidigungsabkommen vom 5.5.1951 zwischen den Vereinigten Staaten von Amerika und der Republik Island
S. 797[24], 1674[4]

- Abkommen vom 28.7.1951 über die Rechtsstellung der Flüchtlinge (Genfer Flüchtlingskonvention)
S. 1619[11]

- Abkommen vom 20.9.1951 über den Handel zwischen den Währungsgebieten der Deutschen Mark (DM-West) und den Währungsgebieten der Deutschen Mark der Deutschen Notenbank (DM-Ost) (Berliner Abkommen)
S. 225 f., 647

- Internationales Pflanzenschutzabkommen vom 6.12.1951
S. 442[12]

- Vertrag vom 27.5.1952 über die Gründung einer Europäischen Verteidigungsgemeinschaft
S. 930[10]

- Abkommen vom 10.9.1952 zwischen der Bundesrepublik Deutschland und dem Staat Israel über die Wiedergutmachung (Luxemburger Abkommen)
S. 1268[2], 1469

- Abkommen vom 27.2.1953 über deutsche Auslandsschulden (Londoner Schuldenabkommen)
S. 322, 898[13], 1006, 1008[16], 1436[3]

Abkommen und Verträge

- Haager Übereinkommen vom 1.3.1954 über den Zivilprozeß
  S. 147 f., 769, 1197
- Vereinbarung vom 5.10.1954 zwischen der Italienischen Republik, dem Vereinigten Königreich von Großbritannien und Nordirland, den Vereinigten Staaten von Amerika und der Föderativen Volksrepublik Jugoslawien (Londoner Abkommen)
  S. 827
- Pariser Verträge vom 23.10.1954
  S. 156[7]
- Vertrag vom 23.10.1954 über die Beziehungen zwischen der Bundesrepublik Deutschland und den Drei Mächten (Deutschland-Vertrag)
  S. 672, 673[9], 675, 1217[14]
- Vertrag vom 23.10.1954 zur Regelung aus Krieg und Besatzung entstandener Fragen (Überleitungsvertrag)
  S. 1007
- WEU-Vertrag vom 23.10.1954
  S. 156
- Protokoll Nr. II vom 23.10.1954 über die Streitkräfte der WEU
  S. 930[10]
- Abkommen vom 2.12.1954 zwischen dem Kaiserreich Iran und der Union der Sozialistischen Sowjetrepubliken über die Regelung von Grenz- und Finanzfragen
  S. 1159
- Vertrag vom 14.5.1955 zwischen der Volksrepublik Albanien, der Volksrepublik Bulgarien, der DDR, der Volksrepublik Polen, der Volksrepublik Rumänien, der Tschechoslowakischen Sozialistischen Republik, der Ungarischen Volksrepublik und der Union der Sozialistischen Sowjetrepubliken über Freundschaft, Zusammenarbeit und gegenseitigen Beistand
  S. 250
- Vertrag vom 15.5.1955 zwischen den Vier Mächten und der Republik Österreich betreffend die Wiederherstellung eines unabhängigen und demokratischen Österreich (Österreichischer Staatsvertrag)
  S. 828, 1060[2]
- Konsularvertrag vom 30.7.1956 zwischen der Bundesrepublik Deutschland und dem Vereinigten Königreich von Großbritannien und Nordirland
  S. 853 f., 1568[5]
- Vertrag vom 25.3.1957 zur Gründung der Europäischen Wirtschaftsgemeinschaft (EWG-Vertrag)
  siehe: Römische Verträge
- Abkommen vom 25.4.1958 zwischen der Bundesrepublik Deutschland und der Union der Sozialistischen Sowjetrepubliken über Allgemeine Fragen des Handels und der Seeschiffahrt
  S. 1329, 1364[4]
- Abkommen vom 11.7.1959 zwischen der Bundesrepublik Deutschland und dem Großherzogtum Luxemburg über die Entschädigung für Opfer nationalsozialistischer Verfolgung
  S. 1486[14], 1617
- Abkommen vom 7.8.1959 zwischen der Bundesrepublik Deutschland und dem Königreich Norwegen über die Entschädigung für Opfer nationalsozialistischer Verfolgung
  S. 1486[14], 1617
- Abkommen vom 24.8.1959 zwischen der Bundesrepublik Deutschland und dem Königreich Dänemark über die Entschädigung für Opfer nationalsozialistischer Verfolgung
  S. 1486[14], 1617
- Abkommen vom 18.3.1960 zwischen der Bundesrepublik Deutschland und dem Königreich Griechenland über die Entschädigung für Opfer nationalsozialistischer Verfolgung
  S. 1486[14], 1617
- Abkommen vom 8.4.1960 zwischen der Bundesrepublik Deutschland und dem Königreich der Niederlande über die Entschädigung für Opfer nationalsozialistischer Verfolgung
  S. 1486[14], 1617
- Abkommen vom 15.7.1960 zwischen der Bundesrepublik Deutschland und der Französischen Republik über die Entschädigung für Opfer nationalsozialistischer Verfolgung
  S. 1486[14], 1617
- Garantievertrag vom 16.8.1960 zwischen dem Vereinigten Königreich von Großbri-

tannien und Nordirland, dem Königreich Griechenland und der Republik Türkei über die Unabhängigkeit Zyperns
S. 980, 1019[1]
- Bündnisvertrag vom 16.8.1960 zwischen der Republik Zypern, dem Königreich Griechenland und der Republik Türkei
S. 980, 1019[1]
- Abkommen vom 28.9.1960 zwischen der Bundesrepublik Deutschland und dem Königreich Belgien über die Entschädigung für Opfer nationalsozialistischer Verfolgung
S. 1486[14], 1617
- Wiener Übereinkommen vom 18.4.1961 über diplomatische Beziehungen
S. 49f., 145, 175[13], 224, 325[7], 377, 444, 1571[3], 1672f.
- Abkommen vom 2.6.1961 zwischen der Bundesrepublik Deutschland und der Italienischen Republik über die Entschädigung für Opfer nationalsozialistischer Verfolgung
S. 1486[14], 1617
- Abkommen vom 29.6.1961 zwischen der Bundesrepublik Deutschland und der Schweizerischen Eidgenossenschaft über die Entschädigung für Opfer nationalsozialistischer Verfolgung
S. 1486[14], 1617
- Assoziierungsabkommen vom 9.7.1961 zwischen der EWG und dem Königreich Griechenland
S. 1120–1123
- Finanz- und Ausgleichsvertrag vom 27.11.1961 zwischen der Bundesrepublik Deutschland und der Republik Österreich („Kreuznacher Abkommen")
S. 1486[14], 1617
- Vertrag vom 22.1.1963 zwischen der Bundesrepublik Deutschland und der Französischen Republik über die deutsch-französische Zusammenarbeit
S. 211, 665
- Wiener Übereinkommen vom 24.4.1963 über konsularische Beziehungen
S. 444, 850f., 852[11], 855, 1569, 1570[10]
- Abkommen vom 5.7.1963 zwischen der Bundesrepublik Deutschland und der Französischen Republik über die Errichtung des Deutsch-Französischen Jugendwerks
S. 912[37]
- Vertrag vom 5.8.1963 über das Verbot von Kernwaffenversuchen in der Atmosphäre, im Weltraum und unter Wasser (Teststopp-Abkommen)
S. 785
- Handelsabkommen vom 14.10.1963 zwischen den Europäischen Gemeinschaften und dem Kaiserreich Iran
S. 302[4]
- Abkommen vom 9.6.1964 zwischen der Bundesrepublik Deutschland und dem Vereinigten Königreich von Großbritannien und Nordirland über die Entschädigung für Opfer nationalsozialistischer Verfolgung
S. 1486[14], 1617
- Abkommen vom 3.8.1964 zwischen der Bundesrepublik Deutschland und dem Königreich Schweden über die Entschädigung für Opfer nationalsozialistischer Verfolgung
S. 1486[14], 1617
- Vertrag vom 8.4.1965 über die Einsetzung eines gemeinsamen Rats und einer vereinigten Kommission der Europäischen Gemeinschaften (Fusion der Exekutiven)
S. 679[7], 687[3], 864, 1103, 1179
- Internationaler Pakt vom 19.12.1966 über bürgerliche und politische Rechte
S. 89[9], 223
- Vertrag vom 14.2.1967 über die Schaffung einer kernwaffenfreien Zone in Lateinamerika (Vertrag von Tlatelolco)
S. 386[8], 1585
- Vertrag vom 1.7.1968 über die Nichtverbreitung von Kernwaffen (Nichtverbreitungsvertrag)
siehe: Nichtverbreitungsvertrag
- Vertrag vom 18.3.1969 zwischen der Bundesrepublik Deutschland und der Republik Zaire über die Förderung und den gegenseitigen Schutz von Kapitalanlagen
S. 116
- Abkommen vom 26.5.1969 zwischen der Französischen Republik und der Union der Sozialistischen Sowjetrepubliken über den Handel
S. 1085

- Abkommen vom 9.7.1969 zwischen der Bundesrepublik Deutschland und den Vereinigten Staaten von Amerika über den Devisenausgleich
S. 595 f.
- Assoziierungsabkommen vom 29.7.1969 zwischen der Europäischen Wirtschaftsgemeinschaft und den mit dieser Gemeinschaft assoziierten Staaten und der Republik Madagaskar (II. Abkommen von Jaunde)
S. 900[5]
- Assoziierungsabkommen vom 24.9.1969 zwischen der Europäischen Wirtschaftsgemeinschaft und der Vereinigten Republik Tansania, der Republik Uganda und der Republik Kenia (Abkommen von Arusha)
S. 900[5]
- Übereinkommen vom 4.3.1970 zwischen der Bundesrepublik Deutschland, dem Vereinigten Königreich von Großbritannien und Nordirland und dem Königreich der Niederlande über die Zusammenarbeit bei der Entwicklung und Nutzung des Gaszentrifugenverfahrens zur Herstellung angereicherten Urans (Abkommen von Almelo)
S. 1056[7], 1057[11], 1058, 1442[14], 1458[1], 1460–1462
- Handelsabkommen vom 19.3.1970 zwischen den Europäischen Gemeinschaften und der Sozialistischen Föderativen Republik Jugoslawien
S. 836[11]
- Vertrag vom 12.8.1970 zwischen der Bundesrepublik Deutschland und der Union der Sozialistischen Sowjetrepubliken (Moskauer Vertrag)
siehe: Moskauer Vertrag
- Langfristiges Abkommen vom 15.10.1970 zwischen der Bundesrepublik Deutschland und der Volksrepublik Polen über den Warenverkehr und die Zusammenarbeit auf wirtschaftlichem und wissenschaftlich-technischem Gebiet
S. 1024[3]
- Vertrag vom 7.12.1970 zwischen der Bundesrepublik Deutschland und der Volksrepublik Polen über die Grundlagen der Normalisierung ihrer gegenseitigen Beziehungen (Warschauer Vertrag)
siehe: Warschauer Vertrag
- Langfristiges Abkommen vom 17.12.1970 zwischen der Bundesrepublik Deutschland und der Tschechoslowakischen Sozialistischen Republik über den Warenverkehr und die Kooperation auf wirtschaftlichem und wissenschaftlich-technischem Gebiet
S. 948
- Vereinbarung vom 22.1.1971 zwischen den Finanzministerien der Bundesrepublik Deutschland und der Ungarischen Volksrepublik über die Entschädigung der Opfer pseudomedizinischer Menschenversuche
S. 1437
- Vereinbarung vom 22.1.1971 zwischen der Bundesrepublik Deutschland und der Interessenvertretung der Verfolgten des Nationalsozialismus in Ungarn
S. 1437
- Vertrag vom 27.5.1971 zwischen der Union der Sozialistischen Sowjetrepubliken und der Vereinigten Arabischen Republik über Freundschaft und Zusammenarbeit
S. 534
- Vertrag vom 9.8.1971 zwischen der Republik Indien und der Union der Sozialistischen Sowjetrepubliken über Frieden, Freundschaft und Zusammenarbeit
S. 277
- Vier-Mächte-Abkommen über Berlin vom 3.9.1971
siehe: Vier-Mächte-Abkommen
- Protokoll vom 30.9.1971 über Verhandlungen zwischen dem Bundesministerium für das Post- und Fernmeldewesen und dem Ministerium für Post- und Fernmeldewesen der DDR
S. 978
- Abkommen vom 30.9.1971 über Maßnahmen zur Verminderung der Gefahr des Ausbruchs eines unbeabsichtigten Atomkriegs zwischen den USA und der UdSSR
S. 1316 f.
- Abkommen vom 11.11.1971 zwischen der Bundesrepublik Deutschland und der Union der Sozialistischen Sowjetrepubliken über den Luftverkehr
S. 328[5], 935, 1061, 1349, 1363
- Abkommen vom 10.12.1971 zwischen der Bundesrepublik Deutschland und den

Vereinigten Staaten von Amerika über den Devisenausgleich
S. 595 f.
- Abkommen vom 13.12.1971 zwischen der Bundesrepublik Deutschland und der Französischen Republik über die Befreiung öffentlicher Urkunden von der Legalisation
S. 911[33]
- Abkommen vom 17.12.1971 zwischen der Regierung der Bundesrepublik Deutschland und der Regierung der DDR über den Transitverkehr von zivilen Personen und Gütern zwischen der Bundesrepublik und Berlin (West) (Transitabkommen)
S. 142, 144, 174 f., 178, 978, 1168, 1615
- Vereinbarung vom 20.12.1971 zwischen der Regierung der DDR und dem Senat von Berlin über die Regelung der Frage von Enklaven durch Gebietsaustausch
S. 978
- Vereinbarung vom 20.12.1971 zwischen der Regierung der DDR und dem Senat von Berlin über Erleichterungen und Verbesserungen des Reise- und Besucherverkehrs
S. 978
- Vertragswerk vom 22.1.1972 über den Beitritt des Königreichs Dänemark, des Vereinigten Königreichs von Großbritannien und Nordirland, der Republik Irland und des Königreichs Norwegen zu EWG, EURATOM und EGKS
S. 418, 483, 572–574, 576, 578, 663[5], 690[10], 765, 781, 1517[16], 1539 f., 1555 f., 1558
- Abkommen vom 8.2.1972 zwischen der Bundesrepublik Deutschland und der Republik Zaire über Kapitalhilfe
S. 116
- Vertrag vom 9.4.1972 zwischen der Republik Irak und der Union der Sozialistischen Sowjetrepubliken über Freundschaft und Zusammenarbeit
S. 277
- Abkommen vom 23.5.1972 zwischen den Vereinigten Staaten von Amerika und der Union der Sozialistischen Sowjetrepubliken über die Zusammenarbeit beim Umweltschutz
S. 680

- Abkommen vom 23.5.1972 zwischen den Vereinigten Staaten von Amerika und der Union der Sozialistischen Sowjetrepubliken über die Zusammenarbeit im Gesundheitswesen
S. 680
- Abkommen vom 24.5.1972 zwischen den Vereinigten Staaten von Amerika und der Union der Sozialistischen Sowjetrepubliken über wissenschaftlich-technologische Zusammenarbeit
S. 680
- Abkommen vom 24.5.1972 zwischen den Vereinigten Staaten von Amerika und der Union der Sozialistischen Sowjetrepubliken über die Zusammenarbeit bei der Erforschung des Weltraums
S. 680
- Abkommen vom 25.5.1972 zwischen den Vereinigten Staaten von Amerika und der Union der Sozialistischen Sowjetrepubliken über die Vermeidung von Zwischenfällen auf See
S. 680
- Interimsabkommen vom 26.5.1972 zwischen den Vereinigten Staaten von Amerika und der Union der Sozialistischen Sowjetrepubliken über Maßnahmen hinsichtlich der Begrenzung strategischer Waffen (SALT I)
S. 191 f., 193[7], 234, 484[13], 680, 752, 817–819, 870 f., 881–883, 1153, 1193, 1314, 1316, 1374, 1573[7]
- Vertrag vom 26.5.1972 zwischen den Vereinigten Staaten von Amerika und der Union der Sozialistischen Sowjetrepubliken über die Begrenzung der Raketenabwehrsysteme (ABM-Vertrag)
S. 234, 680, 819, 871, 1316–1318
- Langfristiges Abkommen vom 5.7.1972 zwischen der Bundesrepublik Deutschland und der Union der Sozialistischen Sowjetrepubliken über den Handel und die wirtschaftliche Zusammenarbeit
S. 65, 290, 935, 1085, 1095[19], 1165, 1210
- Abkommen vom 22.7.1972 zwischen den Mitgliedstaaten der EGKS einerseits und der Portugiesischen Republik andererseits über den Abbau von Zöllen
S. 657[8]
- Vertrag vom 21.12.1972 zwischen der Bundesrepublik Deutschland und der

DDR über die Grundlagen der Beziehungen
siehe: Grundlagenvertrag
- Abkommen vom 27.1.1973 über die Beendigung des Kriegs und die Wiederherstellung des Friedens in Vietnam
S. 305[16], 1466[6], 1467[11], 1672–1674
- Abkommen vom 8.2.1973 zwischen der Bundesrepublik Deutschland und der Arabischen Republik Ägypten über finanzielle Zusammenarbeit
S. 1015[7]
- Abkommen vom 5.4.1973 zwischen der Bundesrepublik Deutschland, dem Königreich Belgien, der Italienischen Republik, dem Großherzogtum Luxemburg, dem Königreich der Niederlande, der EURATOM und der IAEO in Ausführung von Art. III Abs. 1 und 4 des Vertrages vom 1.7.1968 über die Nichtverbreitung von Kernwaffen (Verifikationsabkommen)
siehe: Nichtverbreitungsvertrag
- Abkommen vom 19.5.1973 zwischen der Bundesrepublik Deutschland und der Union der Sozialistischen Sowjetrepubliken über die Entwicklung der wirtschaftlichen, industriellen und technischen Zusammenarbeit
S. 65, 290 f., 935, 1164
- Abkommen vom 19.5.1973 zwischen der Bundesrepublik Deutschland und der Union der Sozialistischen Sowjetrepubliken über kulturelle Zusammenarbeit
S. 222, 290, 329[8], 935, 1351, 1360
- Zusatzprotokoll vom 19.5.1973 zum Abkommen vom 11.11.1971 zwischen der Bundesrepublik Deutschland und der Union der Sozialistischen Sowjetrepubliken über den Luftverkehr
S. 328[5], 935
- Abkommen vom 22.6.1973 zwischen der Bundesrepublik Deutschland und der Französischen Republik zu Änderung des Abkommens vom 5.7.1963 über die Errichtung des Deutsch-Französischen Jugendwerks
S. 912[37]
- Abkommen vom 22.6.1973 zwischen den Vereinigten Staaten von Amerika und der Union der Sozialistischen Sowjetrepubliken zur Verhinderung eines Atomkriegs

S. 14, 32, 231, 257, 338, 468, 1092, 1546 f., 1653
- Handelsabkommen vom 26.6.1973 zwischen den Europäische Gemeinschaften und der Sozialistischen Föderativen Republik Jugoslawien
S. 836[11]
- Abkommen vom 27.6.1973 zwischen der Bundesrepublik Deutschland und der Arabischen Republik Ägypten über technische Zusammenarbeit
S. 1015[7]
- Abkommen vom 21.8.1973 zwischen der Bundesrepublik Deutschland und der Republik Chile über Kapitalhilfe
S. 1530–1532, 1535
- Konvention vom 13.9.1973 über die Fischerei und den Schutz der lebenden Ressourcen in der Ostsee und den Belten
S. 1501
- Waffenstillstandsregelung vom 11.11.1973 zwischen der Arabischen Republik Ägypten und dem Staat Israel
S. 57, 95, 310, 846
- Vertrag vom 11.12.1973 zwischen der Bundesrepublik Deutschland und der Tschechoslowakischen Sozialistischen Republik über die gegenseitigen Beziehungen
S. 182, 186, 455, 700, 769, 947[2–4], 950 f.
- Vertrag vom 21.12.1973 zwischen der Republik Österreich und der Tschechoslowakischen Sozialistischen Republik über die gemeinsame Staatsgrenze
S. 958
- Vertrag vom 21.12.1973 zwischen der Republik Österreich und der Tschechoslowakischen Sozialistischen Republik über das Verfahren zur Untersuchung von Vorfällen an der gemeinsamen Staatsgrenze
S. 958
- Vereinbarung vom 18.1.1974 zwischen der Arabischen Republik Ägypten und dem Staat Israel über Truppenentflechtung
S. 57, 97, 126, 310, 533[15], 846, 1050, 1052[4], 1142[4]
- Übereinkommen vom 22.3.1974 über den Schutz der Meeresumwelt des Ostseegebiets
S. 921, 1501

- Abkommen vom 11.4.1974 zwischen der Bundesrepublik Deutschland und der Arabischen Republik Ägypten über finanzielle Zusammenarbeit
S. 1015[7]
- Vereinbarung der Finanzminister der EG-Mitgliedstaaten vom 22./23.4.1974 über die Verwendung der Goldreserven zur Überwindung von Zahlungsbilanzdefiziten
S. 681[5], 902, 1078[29], 1452
- Abkommen vom 25.4.1974 zwischen der Bundesrepublik Deutschland und den Vereinigten Staaten von Amerika über den Devisenausgleich
S. 438[38], 489[3], 594–597, 748, 752 f.
- Abkommen vom 25.4.1974 zwischen der Bundesrepublik Deutschland und der DDR auf dem Gebiet des Gesundheitswesens
S. 407[10]
- Vereinbarung vom 25.4.1974 zwischen dem Bundesministerium der Finanzen und dem Ministerium der Finanzen der DDR über den Transfer aus Guthaben in bestimmten Fällen
S. 221[4]
- Vereinbarung vom 25.4.1974 zwischen dem Bundesministerium der Finanzen und dem Ministerium der Finanzen der DDR über den Transfer von Unterhaltszahlungen
S. 221[4]
- Abkommen vom 8.5.1974 zwischen der Bundesrepublik Deutschland und der DDR über die Sportbeziehungen
S. 284[7]
- Vereinbarung vom 31.5.1974 zwischen der Arabischen Republik Syrien und dem Staat Israel über Truppenentflechtung
S. 846, 1050, 1053[7], 1142[4]
- Abkommen vom 28.6.1974 zwischen den Vereinigten Staaten von Amerika und der Union der Sozialistischen Sowjetrepubliken über Zusammenarbeit im Energiebereich
S. 516, 820
- Abkommen vom 28.6.1974 zwischen den Vereinigten Staaten von Amerika und der Union der Sozialistischen Sowjetrepubliken über Zusammenarbeit in der Forschung und Entwicklung von Kunstherzen
S. 516, 820
- Abkommen vom 28.6.1974 zwischen den Vereinigten Staaten von Amerika und der Union der Sozialistischen Sowjetrepubliken über Zusammenarbeit im Wohnungsbau und anderen Bereichen des Bauwesens
S. 516
- Langfristiges Abkommen vom 29.6.1974 zwischen den Vereinigten Staaten von Amerika und der Union der Sozialistischen Sowjetrepubliken über wirtschaftliche, industrielle und technische Zusammenarbeit
S. 516, 820
- Protokoll vom 3.7.1974 zum Vertrag vom 26.5.1972 zwischen den Vereinigten Staaten von Amerika und der Union der Sozialistischen Sowjetrepubliken über die Begrenzung der Raketenabwehrsysteme (ABM-Vertrag)
S. 516
- Vertrag vom 3.7.1974 zwischen den Vereinigten Staaten von Amerika und der Union der Sozialistischen Sowjetrepubliken über die Begrenzung unterirdischer Atomtests
S. 516, 819[17], 871 f., 883 f., 1651[16]
- Abkommen vom 5.7.1974 zwischen der Bundesrepublik Deutschland und der Arabischen Republik Ägypten über die Förderung und den gegenseitigen Schutz von Kapitalanlagen
S. 121
- Abkommen vom 5.7.1974 zwischen der Bundesrepublik Deutschland und der Arabischen Republik Ägypten über technische Zusammenarbeit beim Kattara-Projekt
S. 1638[10]
- Verteidigungsabkommen vom 22.10.1974 zwischen den Vereinigten Staaten von Amerika und der Republik Island
S. 797[24], 1674[4]
- Abkommen vom 30.10.1974 zwischen der Bundesrepublik Deutschland und der Union der Sozialistischen Sowjetrepubliken über die weitere Entwicklung der wirtschaftlichen Zusammenarbeit
S. 1364, 1388, 1424

1739

- Abkommen vom 1.11.1974 zwischen der Bundesrepublik Deutschland und der Volksrepublik Polen über die Entwicklung der wirtschaftlichen, industriellen und technischen Zusammenarbeit
S. 1479[11], 1485
- Abkommen vom 11.11.1974 zwischen der Bundesrepublik Deutschland und der Ungarischen Volksrepublik über die wirtschaftliche, industrielle und technische Zusammenarbeit
S. 953[17]
- Übereinkommen vom 18.11.1974 über ein Internationales Energieprogramm
S. 1240[9]
- Abkommen vom 10.12.1974 zwischen der Bundesrepublik Deutschland und der Sozialistischen Föderativen Republik Jugoslawien über die Gewährung von Kapitalhilfe
S. 1598 f., 1619[10]
- Vertrag vom 19.12.1974 zwischen der Republik Österreich und der Tschechoslowakischen Sozialistischen Republik über die Regelung bestimmter finanzieller vermögensrechtlicher Fragen
S. 958
- Abkommen vom 22.1.1975 zwischen der Bundesrepublik Deutschland und der Tschechoslowakischen Sozialistischen Republik über die weitere Entwicklung der wirtschaftlichen, industriellen und technischen Zusammenarbeit
S. 953[19]
- Abkommen vom 14.5.1975 zwischen der Bundesrepublik Deutschland und der Volksrepublik Bulgarien über die Entwicklung der wirtschaftlichen, industriellen und technischen Zusammenarbeit
S. 953[18]

Abrüstung und Rüstungskontrolle
siehe: MBFR und SALT

Afghanistan
S. 44[11], 277, 302

Ägypten
S. 923[2], 1048[2], 1216[9]
- Algerien
S. 547, 885
- Arabische Staaten
S. 95 f., 1636
- DDR
S. 533
- Energiepolitik und Ägypten
siehe: Energiepolitik
- Europäische Gemeinschaften
S. 119 f., 537, 545, 885
- Frankreich
S. 120, 125[6], 400, 535[20], 545, 1143, 1332[5]
- Großbritannien
S. 125[6], 339, 555, 887
- Irak
S. 885
- Israel
S. 97 f., 121, 310, 313, 733, 814, 1050, 1052[3], 1334, 1574 f., 1636
- Italien
S. 120
- Jordanien
S. 531, 976, 1545, 1637
- Jugoslawien
S. 814, 887
- Libyen
S. 533, 547[15], 814, 885
- Marokko
S. 547 f.
- Nahost-Konflikt und Ägypten
siehe: Nahost-Konflikt
- PLO
S. 1545, 1637, 1638 f.
- Polen
S. 533
- Saudi-Arabien
S. 546, 548, 885
- Schweiz
S. 120
- Sudan
S. 532 f., 885
- Syrien
S. 44[11], 249[32], 885, 1495
- UdSSR
S. 123, 289[5], 311 f., 366[15], 429, 514, 530, 533 f., 546, 563, 795, 811, 814, 887, 1594[4], 1635, 1638
- UNO-Mitglied
siehe: UNO
- USA
S. 59[8], 95 f., 123, 126, 262, 283[3], 310, 429, 434, 492 f., 514[7], 530–533, 535[20], 544–547, 563, 699[9], 810 f., 885 f., 1143 f., 1238[8], 1266[9], 1333 f., 1638

**Ägypten–
Bundesrepublik Deutschland
Dok. 29, 124, 125, 127, 201, 259, 371**
und S. 44, 283, 304, 429, 434f., 484, 488, 493, 514f., 524f., 541³, 555, 562–564, 609, 1050, 1471

- Aufnahme diplomatischer Beziehungen
  S. 535, 886
- Deutsche Frage und Wiedervereinigung
  siehe: Deutsche Frage
- Handels- und Wirtschaftsbeziehungen
  S. 120–122, 535, 540, 544f., 564, 888, 1015, 1143
- Kapitalhilfe
  S. 897, 1638

Agence France Presse (AFP)
S. 122¹⁷

Albanien
S. 455, 829

Algerien
S. 164¹², 280⁸, 435, 546, 548, 778, 1216⁹, 1238⁸

- Ägypten und Algerien
  siehe: Ägypten
- Bundesrepublik Deutschland
  Dok. 121, 123 und S. 44, 93, 283, 429, 434, 484, 488, 493, 514f., 524f., 541³, 562–564, 609, 776, 886
- Dänemark
  S. 488
- Energiepolitik und Algerien
  siehe: Energiepolitik
- Europäische Gemeinschaften
  S. 35²², 271, 315, 776
- Europäische Politische Zusammenarbeit
  S. 527, 715¹¹
- Frankreich
  S. 1453, 1677
- Handelsbeziehungen
  S. 525, 1050
- Internationales Währungssystem und Algerien
  siehe: Internationales Währungssystem
- Kuba
  S. 563
- Marokko
  S. 548
- Nahost-Konflikt und Algerien
  siehe: Nahost-Konflikt

- Niederlande
  S. 778¹⁴
- Syrien
  S. 514, 532
- Tunesien
  S. 547
- UdSSR
  S. 520f., 527, 562
- UNO-Mitglied
  siehe: UNO
- USA
  S. 3³, 432, 513f., 520f., 526f., 562, 1266⁹, 1333, 1578

Allgemeiner Deutscher Nachrichtendienst (ADN)
S. 646

Amnesty International
S. 1389

Angola
S. 592⁵, 593⁸, 594

Arabische Liga
S. 1216⁹

- Bundesrepublik Deutschland
  Dok. 126 und S. 544, 564, 618¹²
- Energiepolitik und Arabische Liga
  siehe: Energiepolitik
- Europäische Gemeinschaften
  S. 798
- Europäische Politische Zusammenarbeit
  S. 618¹², 656³, 715¹¹, 798, 981, 1507⁹, 1669f.
- Frankreich
  S. 1507⁹
- Irland
  S. 1670
- Nahost-Konflikt und Arabische Liga
  siehe: Nahost-Konflikt
- PLO
  S. 1507⁹, 1637, 1669

Arabische Republik Jemen (Nordjemen)
S. 541³, 1216⁹

Arabische Staaten
S. 824

- Ägypten und Arabische Staaten
  siehe: Ägypten
- Energiepolitik und Arabische Staaten
  siehe: Energiepolitik

1741

- Europäische Gemeinschaften
  S. 41, 45, 125⁵, 126, 164¹², 261, 280, 319, 528, 656³, 775³, 1081, 1091
- Europäische Politische Zusammenarbeit
  S. 53f., 188f., 201, 236, 266, 317, 320, 336f., 339, 395, 400²¹, 415, 514, 517, 520, 528f., 543, 547, 656, 715, 728, 775–779, 795f., 981, 1049, 1216, 1221, 1333, 1669f.
- Frankreich
  S. 53, 168, 200, 434, 776, 796, 1015⁸, 1266, 1574
- Großbritannien
  S. 53, 796
- Internationales Währungssystem und Arabische Staaten
  siehe: Internationales Währungssystem
- Israel
  S. 815, 1049, 1465⁷, 1507¹⁰
- Japan
  S. 95, 126
- Jugoslawien
  S. 503, 814, 822f., 841
- Nahost-Konflikt und Arabische Staaten
  siehe: Nahost-Konflikt
- Niederlande
  S. 53f., 319
- UdSSR
  S. 60, 95, 543, 546, 814, 816, 878f., 1574
- UNO
  S. 1142–1145, 1238
- USA
  S. 95, 126, 200, 252⁶, 262, 432, 542f., 547, 733, 777f., 799, 1238

Arabische Staaten–Bundesrepublik Deutschland
Dok. 10, 13 und S. 93, 94¹, 201, 227⁴, 453, 520, 538, 776, 796, 885, 1013, 1143, 1471, 1620, 1639¹¹
- Ausrüstungshilfe
  S. 372f.
- Aufnahme diplomatischer Beziehungen
  S. 540f., 1049
- Visumspflicht
  S. 545⁹, 1014f.

ARD (Arbeitsgemeinschaft der öffentlich-rechtlichen Rundfunkanstalten der Bundesrepublik Deutschland)
S. 1467

Argentinien
S. 829, 1667f.

Associated Press (AP)
S. 10⁷

Atlantische Erklärung
siehe: Transatlantische Erklärungen

Australien
S. 274, 374, 894⁴, 1152, 1635¹²

Auswärtiges Amt
Dok. 193, 234 und S. 50, 111, 127–129, 133, 143¹⁰, 151⁴, 152, 175¹³, 176, 194, 204f., 224, 227², 276¹³, 278, 325, 360, 369⁵, 371, 375¹⁶, 405, 427¹¹, 461², 463⁹, 502, 504, 506, 523, 565³, 569¹, 584¹², 609, 615, 624, 630, 648, 650⁸, 651, 669, 766²⁷, 833, 856, 896⁴⁺⁶, 897¹¹, 899¹⁴, 908²³, 910³¹, 914, 920–922, 933f., 947¹, 951¹⁴, 970⁹, 1002, 1008¹⁶⁺¹⁷, 1040–1043, 1054, 1058, 1065, 1067f., 1133, 1196, 1201²⁺³, 1203, 1226, 1227¹¹, 1250¹⁴, 1255, 1263⁷, 1275, 1281, 1294¹, 1329, 1363¹, 1402¹², 1447, 1468¹², 1470, 1472, 1475, 1505⁴, 1534¹⁶, 1553⁶, 1570¹⁰, 1584³⁺⁴, 1585f., 1618, 1634¹¹, 1635¹², 1639¹⁴, 1666, 1667¹¹, 1668

Bahrain
S. 3³, 541³, 1216⁹

Bangladesch
S. 629⁵

Bank für Internationalen Zahlungsausgleich (BIZ)
S. 1542

Belgien
S. 12¹², 709⁷, 930¹⁰, 1113, 1124¹⁶, 1601
- Bundesrepublik Deutschland
  Dok. 194 und S. 115, 274, 469, 473, 499, 693, 855f., 907, 1103
- DDR
  S. 850, 855f., 859
- Deutsche Frage und Wiedervereinigung
  siehe: Deutsche Frage
- EG-Mitglied
  siehe: Europäische Gemeinschaften
- Energiepolitik und Belgien
  siehe: Energiepolitik
- Europäische Politische Zusammenarbeit und Belgien
  siehe: Europäische Politische Zusammenarbeit
- Frankreich
  S. 862, 1601
- Großbritannien
  S. 966

- Internationales Währungssystem und Belgien
  siehe: Internationales Währungssystem
- KSZE und Belgien
  siehe: KSZE
- MBFR und Belgien
  siehe: MBFR
- Nahost-Konflikt und Belgien
  siehe: Nahost-Konflikt
- NATO-Mitglied
  siehe: NATO
- Nichtverbreitungsvertrag und Belgien
  siehe: Nichtverbreitungsvertrag
- Niederlande
  S. 114
- Polen
  S. 1024[4]
- SALT
  S. 1313
- Schweden
  S. 1601
- UNO-Mitglied
  siehe: UNO
- USA
  S. 966, 1385, 1601[9]
- Zaire
  S. 113[4], 114–118
- Zypern-Konflikt und Belgien
  siehe: Zypern-Konflikt

Berlin
  Dok. 245 und S. 597[3], 753, 796[18], 858, 937, 992, 1025, 1165[10], 1322
- Alliierte Kommandatura
  S. 86[6], 565[3], 567[8], 603, 1063[5+6], 1064[11]
- Außenvertretung von Berlin (West)
  S. 147, 226, 284, 290f., 328, 330, 803[15], 1323, 1351f., 1360, 1424–1430, 1571f., 1672
- Bindung an die Bundesrepublik Deutschland
  Dok. 132 und S. 78, 88, 142[2], 177[4], 180, 212, 215, 956[27], 1012[10], 1018, 1168–1172, 1190, 1194, 1350, 1396, 1424f., 1427, 1428[10], 1429
- Bulgarien
  S. 440[5], 442[10], 444
- Bundespräsenz in Berlin (West)
  Dok. 54 und S. 47, 76–79, 85–91, 101, 143, 176[1+3], 177, 179–181, 248[29], 522f., 601, 736, 762f., 789, 1000f., 1018, 1169

- ČSSR
  S. 83, 949[9], 955–957, 1571
- DDR
  S. 47–49, 76–79, 85–87, 101, 142–145, 172f., 177, 214[2], 221–223, 225f., 284, 291, 326, 328[5], 331, 407, 565[2], 601, 646[10+11], 788, 865, 995[20], 998–1000, 1009[2], 1010, 1012[11], 1018, 1060[3], 1061, 1210f., 1223, 1236, 1242, 1323, 1362f., 1368–1371, 1396, 1467, 1593
- Demokratische Republik Vietnam (Nordvietnam)
  S. 1467f., 1571f., 1672f.
- Drei Mächte
  Dok. 44 und S. 78, 85–91, 101, 144, 175f., 211–215, 284, 328, 331f., 437[34+35], 522–524, 565–569, 600[2], 601–603, 615f., 671–674, 701[21], 736, 762f., 770, 787–790, 803[15], 890, 936, 938f., 996[22], 999f., 1009–1012, 1016–1018, 1059–1064, 1146, 1168, 1170, 1172, 1239[4], 1323f., 1362f., 1396, 1593, 1612–1616
- Einbeziehung in den Grundlagenvertrag
  siehe: Grundlagenvertrag
- Finnland
  S. 321, 323
- Frankreich
  S. 212, 675f., 901, 971[3], 1064[9], 1146, 1613[6], 1615f., 1652[18]
- Großbritannien
  S. 212, 675f., 763, 1059[1], 1146, 1324
- Heiliger Stuhl
  Dok. 322 und S. 1146, 1261[2], 1262, 1263[7], 1306–1310, 1346f.
- internationaler Luftverkehr
  Dok. 244, 359 und S. 328, 331f., 438, 859, 1169, 1324, 1349, 1361–1363, 1413[5], 1614
- Jugoslawien
  S. 1412[2+3], 1413–1415, 1512f., 1597f.
- Kanada
  S. 547
- KSZE
  S. 368[2], 458[2], 671–676, 718–720, 730[15], 774, 969[5], 984, 1000, 1260
- Kuba
  S. 1250[14]
- NATO
  S. 944, 1060, 1616, 1641
- Transitverkehr zwischen der Bundesrepublik und Berlin (West)

S. 77, 79, 85f., 87⁹, 89, 100¹, 101, 142–144, 174f., 176¹⁺³, 177–179, 291, 364, 601, 732²², 788, 865⁵, 995f., 998f., 1000⁶, 1009², 1010, 1011⁹⁺¹⁰, 1012¹¹, 1017, 1190¹⁷, 1194
- Türkei
  S. 1060
- UdSSR
  Dok. 265, 312, 337 und S. 78, 89–91, 101, 146–150, 176³, 177–179, 212, 214–216, 248f., 285, 289–291, 306–308, 328–331, 334²⁵, 340–343, 362, 366, 437f., 449, 522–524, 600–603, 615f., 623, 641, 701, 732, 735–737, 763, 767³, 768–770, 788, 803, 808, 832, 865f., 873, 901, 936, 938–941, 950⁹, 955, 979²⁰, 996, 999–1001, 1009–1012, 1017, 1059, 1062–1064, 1147, 1166f., 1190, 1192, 1193²⁵, 1194, 1196–1200, 1219, 1223, 1242, 1251, 1323f., 1330, 1348–1355, 1368–1371, 1387–1390, 1392, 1395–1398, 1422f., 1427–1429, 1574, 1593, 1612–1616, 1652¹⁸
- Umweltbundesamt
  Dok. 18, 21, 22, 55, 122, 139, 172, 195, 227, 230 und S. 47, 101, 142, 143¹¹, 144, 176–181, 248²⁹, 284⁹, 331, 334²⁵, 437, 641, 701, 732, 760, 762f., 787–789, 832, 901, 940, 971³, 979²⁰, 995²⁰, 996²², 1017f., 1170f., 1190¹⁷, 1349, 1390, 1392, 1467¹⁰, 1615f.
- USA
  S. 212, 437f., 494, 516, 522–524, 547, 603, 675f., 701, 732, 760, 832, 865f., 873, 936, 995f., 999–1001, 1119, 1146, 1239, 1242, 1323⁴, 1324, 1562¹², 1593
- Verfassung vom 1.9.1950
  S. 567⁸
- Vier-Mächte-Verantwortung
  S. 328⁵, 332, 1119, 1170, 1217¹⁴, 1362f., 1562, 1614
- Warschauer Pakt
  S. 101, 441, 770

Berlin-Klausel
S. 146f., 149, 222, 225f., 248²⁷⁺²⁹, 284, 289f., 321, 323, 328f., 342, 407, 615f., 949⁹, 1085, 1352¹⁸

Bild-Zeitung (Hamburg)
S. 943

Bonner Vierergruppe
Dok. 232 und S. 87⁹, 290¹⁰, 328⁵, 437³⁵, 516, 565³, 568, 603, 616, 671, 673⁹, 676, 701²¹, 730, 732, 762, 763²¹, 787, 789, 969, 982, 983⁶, 1000, 1012¹¹, 1059¹, 1060⁴, 1062f., 1064⁹, 1119, 1616

Brasilien
- Bundesrepublik Deutschland
  Dok. 356 und S. 1004, 1439²⁺⁴, 1440, 1442f.
- Energiepolitik und Brasilien
  siehe: Energiepolitik
- Frankreich
  S. 400, 1584⁴
- Nichtverbreitungsvertrag und Brasilien
  siehe: Nichtverbreitungsvertrag
- USA
  S. 400, 1584⁴, 1587¹⁰

British Broadcasting Corporation (BBC)
S. 62¹³

Bulgarien
S. 62¹³, 1147, 1392³⁷
- ČSSR
  S. 954
- Energiepolitik und Bulgarien
  siehe: Energiepolitik
- Europäische Gemeinschaften
  S. 440⁵, 445
- Frankreich
  S. 443, 445
- Jugoslawien
  S. 828
- KSZE und Bulgarien
  siehe: KSZE
- MBFR und Bulgarien
  siehe: MBFR
- Nahost-Konflikt und Bulgarien
  siehe: Nahost-Konflikt
- UdSSR
  S. 448f.
- USA
  S. 450

Bulgarien–Bundesrepublik Deutschland
Dok. 105, 106, 107 und S. 83², 84⁷, 486, 608
- Aufnahme diplomatischer Beziehungen
  S. 440f., 447
- Berlin und Bulgarien
  siehe: Berlin
- Handels- und Wirtschaftsbeziehungen
  S. 440, 442f., 445–448, 953f.

- Kulturbeziehungen
  S. 440, 443 f., 446
- wissenschaftlich-technische Zusammenarbeit
  S. 440, 442, 447

Bundesamt für gewerbliche Wirtschaft
S. 370

Bundesamt für Verfassungsschutz
S. 624[8]

Bundesanstalt für Arbeit
S. 446

Bundesanwaltschaft
S. 624[8]

Bundesgerichtshof
S. 624[8]

Bundesgrenzschutz
S. 204, 645[8]

Bundeskabinett
S. 79[9], 82[6], 83[2], 85[3], 102, 108[2], 180[12], 227[4], 250[35], 251, 274[6], 276[13], 277, 358[3], 368[2], 369, 371[5], 427[11], 502, 577, 631[10], 697[26], 898[12], 916, 918, 1001[2], 1017, 1023[4], 1040, 1058, 1065[4], 1123[12], 1193[25], 1229–1232, 1246[7], 1250[13], 1319[3], 1320, 1349, 1443, 1466, 1576[14], 1584[3+4], 1585 f., 1614, 1621[2], 1666[5]

Bundeskanzleramt
S. 9[1], 47[5+6], 48[7+9], 50, 52[1], 85, 143[10], 175[13], 176, 213, 221, 224 f., 325, 373[14], 378[9], 405 f., 501 f., 579[1], 624[8], 630–632, 642, 645, 668, 678[2], 833, 920–922, 1058, 1062, 1065[1], 1067[9], 1083, 1187, 1224, 1243, 1268[2], 1329, 1363[1], 1432, 1441 f., 1447, 1458[1], 1469 f., 1472, 1618, 1634[11], 1677

Bundeskriminalamt
S. 624[8]

Bundesministerium der Finanzen
S. 106[9], 133, 779[1], 910[31], 1007 f., 1203, 1232, 1268[2], 1431[2], 1437[7], 1471 f., 1553[6], 1617 f., 1619[8], 1620[12], 1666

Bundesministerium der Justiz
S. 334[25], 565[3], 1062[1], 1065[1], 1067[9]

Bundesministerium der Verteidigung
S. 127–129, 132, 137, 275[11], 371, 374, 422, 461[5], 502, 630–632, 650 f., 660[1], 748[12], 779[1], 1058, 1065[1+4], 1067, 1133, 1201[3], 1227, 1294[1], 1312[1], 1458[1], 1610[13], 1666, 1667[11+12], 1668

Bundesministerium des Innern
S. 603, 678[2], 762, 858, 896[4], 899[14], 913[40], 914[41], 1017[9], 1062, 1065[1], 1067[9], 1113, 1284

Bundesministerium für Arbeit und Sozialordnung
S. 584[12], 1203, 1480[15]

Bundesministerium für das Post- und Fernmeldewesen
S. 49[13]

Bundesministerium für Ernährung, Landwirtschaft und Forsten
S. 442[12], 908[23], 1231, 1634[11]

Bundesministerium für Forschung und Technologie
S. 129 f., 132 f., 440[7], 949[9], 1004, 1050[12], 1057, 1225[6], 1441–1443, 1458[1], 1584[3], 1587[10]

Bundesministerium für Jugend, Familie und Gesundheit
S. 49[14]

Bundesministerium für Verkehr
S. 864, 951[14]

Bundesministerium für Wirtschaft
S. 127 f., 132 f., 228, 270[41], 306[20], 371, 374[15], 375[17], 502, 630–632, 651, 779[1], 915[46], 955[25], 973, 1004, 1007 f., 1024[3], 1043, 1058, 1225[5], 1226, 1250[16], 1331, 1363[1], 1435, 1441 f., 1458[1], 1613[6], 1621[2], 1666, 1667[11+12]

Bundesministerium für wirtschaftliche Zusammenarbeit
S. 41[3], 109[6], 110[10], 1016[3+5], 1040, 1042 f., 1471 f., 1531

Bundespräsidialamt
S. 83[1]

Bundespresseamt
siehe: Presse- und Informationsamt der Bundesregierung

Bundesrat
S. 212[7], 221, 602 f., 611, 615[23], 700[20], 732[20], 999[3], 1023

Bundessicherheitsrat
S. 274[2], 277 f., 370, 372, 374, 375[17], 458, 501, 503, 629[3], 630–632, 1665, 1667[10]

Bundestag
S. 89[7], 90, 142, 173, 211–213, 214[2], 215, 244, 250[35], 376[4], 378, 416, 471, 473, 505, 524[7], 546, 600[2], 601–603, 611, 619, 623[6], 631[10], 640[7], 644[6], 645, 646[11], 665[11], 677[2],

690, 693, 700[19+20], 732[20], 735[3+4], 754, 762, 788, 999[3], 1023[4], 1075[21], 1096[7], 1217, 1232, 1239, 1268, 1272, 1343[13], 1354[24], 1382, 1388, 1390, 1424, 1426[8], 1428f., 1435, 1472, 1492, 1531, 1569, 1576[14], 1596[5], 1616, 1618, 1619[8]
- Ausschuß für innerdeutsche Beziehungen
  S. 524[7], 603
- Ausschuß für Jugend, Familie und Gesundheit
  S. 524[7], 603
- Ausschuß für wirtschaftliche Zusammenarbeit
  S. 112[16], 885[3]
- Auswärtiger Ausschuß
  S. 566, 613, 885[3], 1614, 1636[4], 1639[14]
- Entwicklungsausschuß
  S. 152
- Haushaltsausschuß
  S. 152, 524[7], 603
- Innenausschuß
  S. 524[7], 602 f.
- Vermittlungsausschuß
  S. 603, 611[8], 700[20]

Bundesverband der deutschen Industrie (BDI)
S. 66[7], 113, 114[5], 116, 535, 540, 545, 910[31]

Bundesverfassungsgericht
S. 91, 376[4], 377, 565–569, 602

Bundesversammlung
S. 621[5], 713[18]

Bundeswehr
S. 134 f., 137 f., 250, 295, 296[2], 298 f., 352 f., 490, 501[3], 509, 513, 645[8], 649, 702, 724, 762, 925[2], 988 f., 1066 f., 1201[2], 1207, 1255, 1285 f., 1296 f., 1300, 1373, 1496, 1657 f.

Burundi
S. 900[5]

CDU (Christlich-Demokratische Union Deutschlands)
S. 376, 677[2], 691[12], 951[13], 1190, 1217[14], 1379[2], 1394, 1426[8], 1428[10], 1470[10], 1618[6+8], 1635[2], 1636[4], 1639[11+14]

Central Treaty Organization (CENTO)
S. 649[6]

Chile
- Bundesrepublik Deutschland
  Dok. 345 und S. 275, 372 f.
- Europäische Gemeinschaften
  S. 1532
- Europäische Politische Zusammenarbeit
  S. 37, 1112
- Jugoslawien
  S. 829
- UNO-Mitglied
  siehe: UNO

China
siehe: Republik China (Taiwan) und Volksrepublik China

Columbia Broadcasting System (CBS)
S. 1073[19]

COMECON (Council for Mutual Economic Aid/Assistance)
siehe: Rat für Gegenseitige Wirtschaftshilfe (RGW)

Coordinating Committee for East-West Trade Policy (COCOM)
S. 502, 1251, 1369, 1613

ČSSR (Československá Socialistická Republika)
S. 3, 62[13], 382, 979, 1392[37]
- Bulgarien und ČSSR
  siehe: Bulgarien
- Demokratische Republik Vietnam (Nordvietnam)
  S. 954
- Energiepolitik und ČSSR
  siehe: Energiepolitik
- Europäische Gemeinschaften
  S. 948[7], 952 f.
- Indien
  S. 958
- Japan
  S. 958
- Jugoslawien
  S. 829, 954
- Kanada
  S. 954 f.
- KSZE und ČSSR
  siehe: KSZE
- MBFR und ČSSR
  siehe: MBFR
- Österreich
  S. 957 f.

- Polen
  S. 654 f., 705⁵, 954
- Schweden
  S. 954
- Tschechoslowakisches Rotes Kreuz
  S. 952, 954 f.
- UdSSR
  S. 39⁵, 867, 956 f., 1383¹²
- Ungarn
  S. 954
- USA
  S. 954 f., 957 f.
- Zypern
  S. 959 f.

ČSSR–Bundesrepublik Deutschland
  Dok. 215 und S. 84⁷, 486, 800⁴, 804¹⁷, 1235⁵, 1571
- Aufnahme diplomatischer Beziehungen
  S. 84⁴, 1571⁵
- Berlin und ČSSR
  siehe: Berlin
- Handels- und Wirtschaftsbeziehungen
  S. 948 f., 951–954, 1097
- humanitäre Fragen
  S. 952–955
- kulturelle Zusammenarbeit
  S. 950
- Rechtshilfe
  S. 83, 84⁴, 1571⁵
- Wiedergutmachung
  S. 1203
- wissenschaftlich-technische Zusammenarbeit
  S. 441⁷, 949 f., 951

CSU (Christlich-Soziale Union)
  S. 376⁴, 677², 951¹³, 1190, 1217¹⁴, 1341⁵, 1379², 1394, 1426⁸, 1618⁶, 1639¹⁴

Dänemark
  S. 12¹², 840, 1113, 1124¹⁶, 1601
- Algerien und Dänemark
  siehe: Algerien
- Bundesrepublik Deutschland
  Dok. 114 und S. 274, 693, 771³, 780²
- EG-Mitglied
  siehe: Europäische Gemeinschaften
- Energiepolitik und Dänemark
  siehe: Energiepolitik
- Europäische Politische Zusammenarbeit und Dänemark
  siehe: Europäische Politische Zusammenarbeit
- Frankreich
  S. 1601
- Internationales Währungssystem und Dänemark
  siehe: Internationales Währungssystem
- Kanada
  S. 556
- KSZE und Dänemark
  siehe: KSZE
- MBFR und Dänemark
  siehe: MBFR
- Nahost-Konflikt und Dänemark
  siehe: Nahost-Konflikt
- NATO-Mitglied
  siehe: NATO
- Nichtverbreitungsvertrag und Dänemark
  siehe: Nichtverbreitungsvertrag
- SALT
  S. 1315
- Schweden
  S. 1601
- UdSSR
  S. 771³
- USA
  S. 1601⁹

Dahome
  S. 900⁵

DDR (Deutsche Demokratische Republik)
  S. 850–856, 1501²⁰
- Ägypten und DDR
  siehe: Ägypten
- Belgien und DDR
  siehe: Belgien
- Berlin und DDR
  siehe: Berlin
- Deutscher Turn- und Sportbund (DTSB)
  S. 4⁶, 49, 171 f., 222, 284⁷
- Energiepolitik und DDR
  siehe: Energiepolitik
- Finnland
  S. 850, 855
- Frankreich
  S. 850, 852, 855, 1083

- Gesetz vom 20.2.1967 über die Staatsbürgerschaft der DDR
  S. 851f., 1568
- Gesetz vom 16.10.1972 zur Regelung von Fragen der Staatsbürgerschaft
  S. 851f., 1568
- Großbritannien
  S. 850, 852–854, 856[30], 1568
- Heiliger Stuhl
  Dok. 260, 291, 300, 310 und S. 1430f.
- Interzonenhandel
  siehe: Deutsch-deutsches Verhältnis
- Iran
  S. 304f.
- Italien
  S. 850, 852, 854
- Jugoslawien
  S. 829, 1414
- KSZE und DDR
  siehe: KSZE
- Kuba
  S. 221[2], 563[6]
- MBFR und DDR
  siehe: MBFR
- NATO
  S. 856
- Österreich
  Dok. 48, 352 und S. 850, 852f., 856[30], 1060[2]
- Polen
  S. 286, 580[4+6], 583[11], 653f., 705[5], 804f., 1097[10], 1279[4]
- Portugal
  S. 847
- Türkei
  S. 1061
- UdSSR
  S. 70f., 177, 181, 249, 291, 330, 341, 362, 364f., 529, 640f., 802–805, 808, 1000[6], 1165[10], 1211, 1223, 1234, 1309, 1350, 1363, 1389, 1422f., 1492f., 1593, 1614f.
- UNO-Mitglied
  siehe: UNO
- USA
  Dok. 254 und S. 284, 850[1], 996, 1010, 1017
- Verfassung vom 6.4.1968
  S. 1222f., 1236, 1242
- Volkskammer
  S. 1018, 1223

Demokratische Republik Kongo
siehe: Zaire

Demokratische Republik Vietnam (Nordvietnam)
S. 240[15]
- Berlin und Demokratische Republik Vietnam
  siehe: Berlin
- Bundesrepublik Deutschland
  Dok. 332, 353, 380
- ČSSR und Demokratische Republik Vietnam
  siehe: ČSSR
- Vietnam-Krieg und Demokratische Republik Vietnam
  siehe: Vietnam-Krieg

Demokratische Volksrepublik Jemen (Südjemen)
S. 302[7], 1471

Demokratische Volksrepublik Korea (Nordkorea)
S. 1380

Deutsch-deutsche Gespräche
Dok. 282 und S. 178, 608, 1233[2]
- Gespräch Gaus/Nier am 15.1.1974
  Dok. 11 und S. 79, 143
- Gespräch Gaus/Nier am 22.1.1974 in Ost-Berlin
  S. 76–80, 85, 142, 178[5]
- Gespräch Gaus/Nier am 31.1.1974 in Ost-Berlin
  Dok. 34 und S. 47, 80, 173, 178[6]
- Gespräch Gaus/Nier am 7.2.1974 in Ost-Berlin
  Dok. 43 und S. 145
- Gespräch Gaus/Nier am 21.2.1974 auf Schloß Gymnich
  Dok. 57 und S. 175[14], 223–226
- Gespräch Gaus/Nier am 6./7.3.1974 in Ost-Berlin
  Dok. 79 und S. 226, 289
- Gespräch Gaus/Nier am 14.3.1974
  Dok. 98
- Gespräch Gaus/Nier am 23.5.1974 in Ost-Berlin
  Dok. 152

Deutsch-deutsches Verhältnis
S. 3f., 5[8], 51f., 70f., 76–80, 101, 107, 292, 304f., 332, 364f., 486, 496, 602[9+10], 800[4], 802–805, 826, 860, 867, 989, 998, 1119,

1165¹⁰, 1190, 1223, 1234, 1235⁵, 1342, 1368f., 1389, 1585⁷, 1612f.
- Affäre Guillaume
  S. 623⁵, 624, 640, 643–646, 653, 677, 810, 1191, 1350
- Arbeitsmöglichkeiten für Journalisten
  S. 47, 144, 173
- Fluchthilfe/Fluchtversuche
  S. 48
- Gefangenenaustausch
  S. 1083
- Gesundheitsverhandlungen
  S. 49, 143, 172, 221f., 407
- Grundlagenvertrag
  siehe: Grundlagenvertrag
- innerdeutscher Reiseverkehr
  S. 47, 808, 1615
- Interzonenhandel
  S. 225f., 327, 646¹¹
- Kulturbeziehungen
  S. 47, 222, 406
- Mindestumtausch
  S. 48, 142², 249, 646¹¹, 808, 1210f., 1614
- Post- und Fernmeldeverkehr
  S. 49, 143, 172, 221f., 407
- Sportbeziehungen
  S. 4, 48f., 143, 171, 222, 284
- Ständige Vertretungen
  Dok. 58, 92, 207 und S. 4, 49–51, 143¹⁰, 145, 171, 175, 177f., 221–223, 284, 324–327, 362, 405–407, 449, 644–647, 810, 1119
- Swingregelung
  S. 647, 1614f.
- Transitkommission
  S. 175
- Transitverkehr zwischen der Bundesrepublik und Berlin (West)
  siehe: Berlin
- Umweltfragen
  S. 142f., 178
- Zahlungsverkehr
  S. 49, 143, 172, 221f., 407⁹

Deutsche Bischofskonferenz
S. 1146², 1147, 1262, 1307f.

Deutsche Bundesbank
S. 129, 131, 133, 647¹³, 1069⁴, 1080–1082

Deutsche Forschungsgemeinschaft (DFG)
S. 910³¹

Deutsche Frage und Wiedervereinigung
S. 55¹¹, 423³, 424⁷, 536, 547, 598, 602⁹, 637, 702, 1160⁴, 1223, 1235⁵, 1236⁶, 1504²
- Ägypten
  S. 538, 547
- Alleinvertretung
  S. 1567³
- Alliierter Kontrollrat
  S. 673⁸
- Belgien
  S. 850, 855f., 859
- Drei Mächte
  Dok. 182, 367 und S. 671–674, 702, 730, 761, 1641
- Europäische Politische Zusammenarbeit
  S. 674
- Finnland
  S. 850, 855
- Frankreich
  S. 675f., 850, 852, 855, 919, 971³, 984, 985¹¹
- Grenzfrage
  S. 44, 54, 55¹¹, 94
- Großbritannien
  S. 675f., 730, 850, 852–854, 984, 985¹¹, 1568
- Heiliger Stuhl
  S. 1145–1148, 1262, 1344f.
- Irak
  S. 228
- Italien
  S. 850, 852, 854
- KSZE
  Dok. 158 und S. 678, 702, 718–720, 730, 761, 774, 787, 789f., 794, 826, 889¹, 901, 919, 968f., 983³, 984, 985¹¹, 996, 1217¹⁴, 1221, 1234, 1653
- NATO
  S. 674, 856, 944, 1641
- Österreich
  S. 194f., 850, 852f., 1567–1569, 1570¹⁰
- Staatsangehörigkeit
  Dok. 192 und S. 194f., 858f., 1567–1569, 1570¹⁰

1749

- UdSSR
  S. 39, 1394[42]
- Ungarn
  S. 499
- USA
  S. 176[1], 494, 675f., 984, 985[11], 1119
- Vier-Mächte-Verantwortung
  S. 77, 216, 291, 672f., 676, 730[15], 794f., 901, 919, 944, 968f., 983[3], 984, 985[11], 1097, 1217[14], 1568[5]

Deutsche Presse-Agentur (dpa)
S. 1639[14]

Deutscher Entwicklungsdienst (DED)
S. 1016, 1040f.

Deutscher Gewerkschaftsbund (DGB)
S. 910[31]

Deutscher Sportbund (DSB)
S. 4[6], 171f., 222, 284[7], 291[15], 941, 1361, 1397f.

Deutsches Rotes Kreuz (DRK)
S. 218, 581, 583, 585, 952, 954f., 962, 1173[4], 1280, 1283f., 1478, 1483[9]

Deutsche Stiftung für Entwicklungsländer (DSE)
S. 1040

Deutsche Welle
S. 62[13], 1416[4]

Deutsche Zentrale für Tourismus (DZT)
S. 1351, 1359, 1396f.

Deutschlandfunk
S. 941

Die Welt (Hamburg)
S. 1191[20], 1260[6], 1431[11]

Ecuador
S. 1667

EFTA
siehe: European Free Trade Association

EGKS
siehe: Europäische Gemeinschaft für Kohle und Stahl

Elfenbeinküste
S. 900[5]

Energiepolitik
S. 287, 446, 453, 515–517, 529[10], 648[3], 764
- Ägypten
  S. 53[8], 121, 538, 887f.
- Algerien
  S. 3[3], 53[8], 239, 515, 517–520, 525f., 553[12], 563, 778[14], 821, 833, 1050f., 1245[6], 1411, 1453, 1578, 1677
- Arabische Liga
  S. 543
- Arabische Staaten
  S. 41f., 53–56, 94, 124, 125[5], 126, 139, 141, 164[8], 166, 168, 170, 236, 261f., 264, 280, 294, 312f., 319, 432, 434, 449, 475[3], 478, 488, 532, 538f., 541f., 564, 694, 713f., 778, 783, 812, 822f., 833, 863, 887f., 1049f., 1069, 1215f., 1246, 1265f., 1333, 1433, 1471, 1659
- Belgien
  S. 261, 861–863, 1180, 1676
- Brasilien
  S. 1004, 1245[6], 1411, 1439[2+4], 1584–1587
- Bulgarien
  S. 449–451
- Bundesrepublik Deutschland
  S. 3, 17[7], 41f., 65–72, 92, 101, 132f., 138, 140f., 168, 236f., 240, 246, 273[45+47], 276f., 281, 282[19], 302, 305, 329[10], 330, 362–365, 390, 450f., 487, 519, 525f., 528, 529[10], 538, 542f., 563f., 595, 612, 641f., 680, 708–710, 785, 801[7], 802–805, 821, 825, 832f., 861–863, 887f., 893f., 900, 905f., 911[33], 918f., 972f., 993f., 1001–1004, 1042, 1050f., 1054–1059, 1069, 1071f., 1084f., 1087, 1097, 1164, 1165[10], 1177, 1179, 1187, 1194f., 1212–1215, 1225–1227, 1240, 1246f., 1250f., 1257, 1266f., 1319f., 1322f., 1325[14], 1330, 1355–1358, 1364–1371, 1384–1389, 1394[43], 1410f., 1421–1423, 1433, 1439, 1453, 1456–1463, 1517, 1527f., 1529[19], 1543, 1577f., 1583[8], 1584–1587, 1591f., 1612–1614, 1621, 1660, 1662, 1675–1677
- ČSSR
  S. 1097, 1368
- Dänemark
  S. 313[11], 475, 487f., 713f., 888[11], 1186
- DDR
  S. 67, 70f., 363, 802, 804f., 1368–1370, 1389, 1613
- Energiekonferenz vom 11. bis 13.2.1974 in Washington
  siehe: Konferenzen und Verhandlungen
- Energie-Koordinierungsgruppe
  S. 198, 200, 261, 281, 318[2], 335[2], 433, 515, 714[10], 785[28], 861[9+10], 862f., 894[4],

973[9], 993f., 1071, 1085[7], 1094[16], 1100[6], 1182[20], 1240, 1265[6], 1319[3], 1434[12], 1453[14], 1516[8]
- Energiesparmaßnahmen
  S. 138, 140, 515[11], 861[8], 906, 1100[7], 1244[3], 1246f., 1256f., 1265f., 1320, 1410, 1517, 1591[4]
- Entwicklungsländer
  S. 17[7], 55, 122, 140f., 151f., 166, 197, 285, 303, 515[10], 518f., 526, 539, 553, 765[27], 812, 821, 823, 835, 839, 1042f., 1239f., 1245f., 1542
- Erdgasversorgung
  S. 59, 60[11], 65–67, 69, 71f., 247, 276f., 302, 305f., 329[10], 330, 362f., 365, 450f., 525f., 532, 708–710, 801[7], 803, 805, 863, 1213, 1226, 1246[7], 1356f., 1365–1368, 1371f., 1394[43]
- Erdölfazilitäten und Sonderfonds
  siehe: Internationales Währungssystem
- Erdölversorgung
  S. 3, 11[10], 15, 17f., 41–43, 46, 53–56, 59f., 69, 93–95, 122, 124–126, 138, 152, 168–170, 197, 236f., 245f., 252[6], 273[45], 276f., 280, 285, 294, 303, 305, 312f., 319, 330[10], 383, 449–451, 475, 478, 487f., 492f., 515[10+11], 517[3], 518–520, 525, 532, 538f., 541–543, 563f., 694, 710, 713–715, 751, 754, 765[27], 778, 782–786, 799, 810, 812, 815, 821f., 833, 835–837, 846, 861[8], 862f., 887f., 906, 911[33], 1021, 1049f., 1069, 1071, 1080, 1084, 1099, 1177, 1180, 1182, 1184–1186, 1195, 1214, 1216, 1226, 1239–1241, 1243–1247, 1256–1258, 1265–1267, 1319f., 1333, 1355–1357, 1364, 1368, 1371f., 1386, 1421, 1452, 1471f., 1510, 1527, 1541–1543, 1558, 1574f., 1581, 1590–1592, 1604f., 1610f., 1644[8], 1646, 1659, 1661[11], 1662, 1676
- Europäische Gemeinschaften
  S. 16–18, 31[4], 55, 81, 82[7], 92f., 101, 124, 125[5], 126, 152, 166–170, 196–200, 202, 236, 253f., 261, 264, 268, 273, 280f., 294, 336, 466, 469[32], 471[3], 478, 492f., 532, 553, 765f., 778, 785, 839, 841, 861f., 905f., 918, 972f., 1049, 1080, 1094, 1098–1101, 1177, 1179f., 1182, 1184–1187, 1245f., 1257, 1267, 1276, 1289[5], 1290, 1292, 1304, 1318–1320, 1333, 1355, 1402[13+14], 1403[16], 1404, 1408[40], 1410f., 1433–1435, 1447, 1452f., 1456, 1514, 1516f., 1526–1528, 1529[19], 1539, 1623, 1626, 1660, 1661[11]

- Europäische Politische Zusammenarbeit
  S. 164[8], 269, 316, 318, 478, 1216
- Frankreich
  S. 17[7], 55[13], 92, 121, 124f., 140, 167–170, 196–200, 240, 261, 269, 273, 281, 282[19], 285, 294, 432–434, 518, 526, 711, 785, 821, 861–863, 893f., 900, 905f., 911[33], 918f., 972f., 993f., 1002f., 1049, 1054–1059, 1069, 1071f., 1084f., 1087, 1094, 1100, 1182, 1215, 1240, 1245f., 1248, 1256f., 1266f., 1319f., 1330, 1369[15], 1410f., 1433f., 1447, 1452–1454, 1456, 1458–1463, 1516, 1526–1529, 1529[19], 1542, 1577f., 1585[7], 1592, 1613[6], 1615, 1621, 1623, 1626, 1659[6], 1660–1662, 1675f.
- Griechenland
  S. 1021
- Großbritannien
  S. 17[7], 141, 252[6], 782[16], 783, 785, 810, 821, 863, 919, 1003f., 1049, 1055–1059, 1069, 1072, 1085, 1178[4], 1184, 1245, 1247, 1256f., 1266f., 1330, 1369[15], 1456, 1458–1463, 1517, 1527, 1542f., 1558, 1585[7], 1613[6], 1661, 1676
- Indien
  S. 822, 1245[6], 1411
- Integriertes Energieprogramm (IEP)
  S. 1085[7], 1100f., 1240[9], 1244, 1246, 1265, 1302[4], 1410f., 1434, 1453, 1516, 1529, 1626
- Internationale Energieagentur (IAE)
  siehe: Internationale Energieagentur
- Irak
  S. 3[3], 53[8], 313[11], 821
- Iran
  S. 43, 67, 69, 71f., 170, 276f., 302f., 305f., 329[10], 330, 362f., 365, 649[6], 708–711, 801[7], 803, 805, 821f., 833, 905f., 1004, 1213, 1225–1227, 1245[6], 1265, 1356, 1365, 1411, 1421, 1453, 1577f., 1592, 1676f.
- Irland
  S. 1185
- Israel
  S. 1049–1051
- Italien
  S. 17[7], 754, 810, 821f., 836, 1069, 1071f., 1080, 1177f., 1215, 1243, 1265, 1369[15]
- Japan
  S. 17[7], 59, 124, 126, 141, 166, 196f., 305, 466, 782, 785, 821, 1245, 1247, 1256,

1266f., 1319³, 1320, 1372, 1411, 1585⁷, 1676
- Jugoslawien
  S. 812, 823, 825
- Kanada
  S. 17⁷, 196, 383, 1319³, 1585⁷
- Kohleversorgung
  S. 43, 67⁹, 450f., 785, 1100⁷, 1213, 1244³, 1246⁷, 1372
- Kuwait
  S. 3³, 812
- Libyen
  S. 3³, 236f., 277, 313¹¹, 821, 833
- Luxemburg
  S. 1179, 1676
- Mexiko
  S. 151
- NATO
  S. 383, 847, 1604f., 1646, 1659–1662
- Niederlande
  S. 3³, 17⁷, 41⁴, 95⁴, 126⁷, 197, 313¹¹, 319, 475, 488, 538⁹, 713f., 778, 821, 863, 888¹¹, 1055–1058, 1356²⁸, 1369¹⁵, 1458–1463, 1585⁷, 1676
- Norwegen
  S. 196f., 1319³, 1611, 1644⁸
- Polen
  S. 1097, 1368, 1389
- Portugal
  S. 1265
- Rat für Gegenseitige Wirtschaftshilfe
  S. 822
- „Recycling" der Erdöleinnahmen
  siehe: Internationales Währungssystem
- Saudi-Arabien
  S. 53⁸, 140, 170, 277, 285, 778, 784, 821, 822³, 833, 1245⁶, 1411, 1453, 1577, 1592, 1677
- Schweden
  S. 894⁴
- Schweiz
  S. 894⁴, 1003⁶
- Syrien
  S. 313¹¹
- Türkei
  S. 709, 1021, 1265
- UdSSR
  S. 59–61, 65–72, 129, 131¹⁴, 132, 246f., 302, 305, 362–365, 390, 449f., 641f., 708–710, 751, 801⁷, 802–805, 820, 822, 825, 1003, 1164, 1165¹⁰, 1194f., 1212–1214, 1250f., 1322f., 1325¹⁴, 1330, 1355–1358, 1364–1372, 1384–1389, 1394⁴³, 1422f., 1585⁷, 1610, 1612–1614, 1644⁸, 1662
- UNO
  S. 55¹³, 92, 121, 141, 170, 235, 239, 515¹⁰, 518, 553, 784
- Uranversorgung/Kernenergie
  S. 43, 67, 70f., 129, 131, 247, 273⁴⁶, 305, 363–365, 450, 525, 595, 612, 711, 801⁷, 802, 804f., 825, 1001–1004, 1050f., 1054–1059, 1100⁷, 1164, 1165¹⁰, 1225, 1244⁴, 1246⁷, 1250f., 1292, 1319³, 1322f., 1325¹⁴, 1330, 1356, 1358, 1368, 1369¹⁵, 1384f., 1387–1389, 1422f., 1439–1443, 1458–1463, 1584–1587, 1613–1615
- USA
  S. 3³, 16–18, 31⁴, 53⁸, 55, 59–61, 71, 95, 124, 126, 129, 132, 138–141, 166–170, 196–200, 202, 239¹⁰, 252⁶, 253f., 261, 263f., 268f., 285, 294, 313¹¹, 336, 432–434, 450, 466, 487, 492f., 518, 526, 532, 538⁹, 595, 612, 713, 785, 820–822, 825, 832f., 861–863, 893f., 906, 919, 972, 994, 1002–1004, 1055, 1057, 1085, 1216¹⁰, 1218, 1239–1241, 1243–1247, 1256, 1258, 1265f., 1319³, 1320, 1325¹⁴, 1330, 1369¹⁵, 1372, 1411, 1433f., 1439, 1452–1454, 1458–1463, 1527f., 1577f., 1583⁸, 1585f., 1590–1592, 1613⁶, 1621, 1623, 1626, 1659–1662, 1675–1677
- Venezuela
  S. 17, 1245⁶, 1411, 1453, 1592, 1677
- Zaire
  S. 1245⁶, 1411

Entspannungspolitik
S. 5, 7, 29, 38, 79, 101, 142², 144, 154, 167, 182–184, 187, 192, 203², 211, 215f., 221², 241, 243, 249, 279²⁵, 280⁶, 299, 304, 311, 322, 352, 377⁶, 383, 390, 392f., 429, 448, 451, 453f., 459f., 471³, 495⁴, 498, 507, 516, 536, 598, 601⁵, 609⁶, 640⁷, 642¹³, 643⁴, 644⁵, 653, 684³, 686, 700, 719, 729¹³, 752, 755²⁰, 772f., 793¹¹, 794, 796¹⁸, 800⁴, 811, 814, 816, 820, 831, 834, 844–849, 859f., 871, 928, 934⁶, 941¹⁴, 945, 957, 959, 961³, 975, 979, 991f., 994–996, 998, 1049, 1114, 1115³⁹, 1140, 1156f., 1159f., 1168–1171, 1176, 1183²³, 1192, 1207, 1235⁵, 1236⁶, 1242, 1282, 1335, 1340f., 1343, 1355¹⁶, 1379, 1383¹²,

1391, 1399¹³, 1423, 1445, 1494, 1497, 1502, 1519², 1564¹³, 1601, 1610f., 1616¹⁸⁺¹⁹, 1641, 1642¹², 1643, 1646⁵, 1647f., 1652

Entwicklungshilfe
Dok. 239 und S. 141, 285, 303, 432, 455, 515¹⁰, 816, 822, 840–842, 994¹⁰, 1013¹, 1124, 1250¹⁴, 1366, 1418, 1471

Europäisch-Arabischer Dialog
Dok. **77, 167, 180, 184, 379** und S. 31, 34f., 42, 54¹⁰, 93, 163–165, 169f., 188–190, 201f., 210f., 236, 240, 252⁶, 255, 259–268, 273, 279², 280, 283², 285, 287–289, 294f., 303, 312, 315–317, 335², 336–339, 394f., 399f., 414–417, 432, 434f., 453, 463, 475–478, 484, 488, 513f., 519, 521, 526f., 531f., 534, 537, 539–544, 555, 618, 620, 656f., 660¹⁹, 699¹³, 718, 728, 733, 760, 764f., 766²⁷, 795f., 815, 839f., 878, 886, 888, 980–982, 1014, 1049, 1112, 1176, 1181, 1216, 1221, 1237, 1246, 1266f., 1274, 1276, 1289⁵, 1303⁷, 1464³, 1507

Europäische Atomgemeinschaft (EURATOM)
S. 612f., 666¹⁴, 1055⁵, 1056f., 1183²³, 1460, 1462

Europäische Gemeinschaften (EG)
Dok. **19, 294, 302** und S. 28⁶, 44, 162², 269, 317¹⁰, 378f., 445, 526, 531, 549–555, 563⁶, 614, 633, 659, 711, 731¹⁶, 1024⁴, 1025⁵, 1026

– Ägypten und Europäische Gemeinschaften
siehe: Ägypten

– Agrarpolitik
Dok. **280** und S. 81³, 82⁶, 271, 294, 338, 408³, 409f., 418, 451, 462–464, 483, 570, 572–574, 577, 664⁶, 765, 906–910, 1080, 1084, 1087, 1094, 1178–1181, 1183–1185, 1228, 1278, 1526⁶, 1538⁴, 1539, 1555, 1621², 1626

– Algerien und Europäische Gemeinschaften
siehe: Algerien

– Arabische Liga und Europäische Gemeinschaften
siehe: Arabische Liga

– Arabische Staaten und Europäische Gemeinschaften
siehe: Arabische Staaten

– Belgien
S. 81⁴, 271⁴², 418, 469, 473, 679, 692f., 696, 864, 907, 1103, 1111³³, 1179f., 1186, 1216⁹, 1228⁵, 1231¹⁰, 1277, 1303f., 1402¹², 1405f., 1451, 1553f., 1557f., 1626, 1628f.

– Bericht vom 8.10.1970 an Rat und Kommission über die stufenweise Verwirklichung der Wirtschafts- und Währungsunion in der Gemeinschaft (Werner-Bericht)
S. 452²

– Bericht der Außenminister der EG-Mitgliedstaaten vom 27.10.1970 über die Politische Einigung (Davignon-Bericht)
siehe: Europäische Politische Zusammenarbeit

– Bericht der Ad-hoc-Gruppe vom 25.3. 1972 für die Prüfung der Frage einer Erweiterung der Befugnisse des Europäischen Parlaments (Vedel-Bericht)
S. 1108, 1276

– Bulgarien und Europäische Gemeinschaften
siehe: Bulgarien

– Bundesrepublik Deutschland
Dok. **162, 253, 317, 323** und S. 12, 17, 37, 80, 82, 102, 120, 188, 189⁵, 196–198, 200f., 271–273, 280–282, 287f., 295, 335², 409–411, 412³, 418, 423³, 424⁷, 429, 430¹², 445, 448f., 451, 462–466, 468–474, 483, 487f., 490f., 496, 499, 529, 544, 556–558, 569–579, 587, 590, 664–668, 672⁷, 677–679, 682⁸, 692f., 699, 720f., 764–766, 780f., 785f., 810, 836, 839f., 859², 863f., 886, 902–904, 906–910, 918f., 960, 971–973, 1049, 1054–1059, 1070, 1072–1075, 1079–1084, 1086–1088, 1090–1095, 1121, 1166, 1177–1188, 1194, 1216⁹, 1228–1233, 1237f., 1289–1293, 1304f., 1319–1321, 1355, 1445⁴, 1447–1449, 1451, 1453–1456, 1503f., 1514², 1515–1518, 1525–1529, 1532, 1538, 1540f., 1543, 1553f., 1556–1558, 1621, 1623, 1625–1629

– Chile und Europäische Gemeinschaften
siehe: Chile

– ČSSR und Europäische Gemeinschaften
siehe: ČSSR

– Dänemark
S. 10, 11¹¹, 37, 190¹⁰, 245²¹, 271⁴², 475³, 487f., 556, 692, 696, 765²⁶, 1070, 1106,

1753

1110, 1180, 1185–1187, 1216⁹, 1228⁵, 1304, 1306, 1403f., 1406f., 1450f., 1518, 1540, 1556f., 1624, 1626–1628, 1629³⁶
- Energiepolitik und Europäische Gemeinschaften
  siehe: Energiepolitik
- Entwicklungspolitik
  S. 464, 570, 775⁴, 839, 1183
- Erklärung vom 14.12.1973 über „Die Europäische Identität"
  S. 15⁹, 382, 430
- Europäische Investitionsbank
  S. 1123¹⁴
- Europäische Politische Zusammenarbeit
  S. 36, 81, 161, 164, 798³, 980, 1088, 1090f., 1112, 1179, 1181, 1187, 1228, 1274, 1289⁵, 1290–1293, 1304f., 1404f., 1450⁴, 1451, 1454¹⁶, 1623f., 1626f.
- Europäischer Entwicklungsfonds
  S. 901–904, 918, 971f.
- Europäischer Gerichtshof
  S. 1629
- Europäisches Parlament
  S. 37, 471⁴, 478, 485, 551⁶, 574, 589, 909²⁵, 1088, 1091, 1098, 1107–1109, 1121⁵, 1122, 1178–1180, 1182, 1185, 1275f., 1289⁵, 1290, 1292, 1305, 1405, 1407f., 1432–1434, 1448, 1456–1458, 1517f., 1525, 1529¹⁹, 1624, 1627–1629
- Fonds für währungspolitische Zusammenarbeit
  S. 81⁴, 1092, 1100–1103, 1319–1321, 1515, 1526, 1625¹⁷
- Fouchet-Pläne
  S. 1111, 1276
- Frankreich
  Dok. 297 und S. 82, 169, 270–273, 281, 317, 408³, 409, 411, 433f., 445, 465¹⁶, 473, 487, 514, 572, 587f., 663–666, 668f., 678f., 681, 687–689, 692f., 696f., 721, 760, 765²⁶, 780, 785, 810, 836, 840, 864, 902–904, 906–910, 918f., 971–973, 979, 1049, 1054–1059, 1070, 1072–1075, 1082, 1084, 1086–1088, 1090–1095, 1103, 1105f., 1108, 1110, 1113, 1121, 1180f., 1185–1187, 1216⁹, 1228–1230, 1231¹⁰, 1237, 1273–1275, 1277, 1303–1306, 1319–1321, 1401f., 1404, 1407f., 1435, 1447–1455, 1516–1518, 1525–1529, 1539, 1541, 1553, 1555, 1558f., 1621, 1625, 1627, 1629
- Gemeinschaftsanleihe
  S. 1081, 1084, 1088, 1091f., 1098–1100, 1180, 1184f., 1320f., 1410
- Gemeinschaftshaushalt
  S. 570, 575f., 664⁶, 902–904, 1553⁵⁺⁶, 1555f., 1558, 1621f., 1629
- Globalabkommen mit Mittelmeerländern
  S. 34¹⁹, 42⁶, 189⁵, 190¹⁰, 265, 270f., 318, 418, 534, 657, 776⁷, 900, 1014, 1237⁴, 1472
- Grenzausgleichsabgabe
  S. 668²⁰⁺²¹, 907, 1232
- Griechenland und Europäische Gemeinschaften
  siehe: Griechenland
- Großbritannien
  Dok. 133, 350 und S. 37, 80², 82⁷, 251f., 271⁴¹, 339², 408–412, 417f., 452, 462–466, 468f., 471f., 476, 482–491, 556¹, 587f., 663f., 666, 678, 688, 690, 692–694, 696, 728, 759, 763–766, 780f., 785f., 810, 903, 945, 972, 973⁹, 997, 1055–1059, 1069f., 1074f., 1084, 1106, 1111³³, 1179–1181, 1184–1187, 1228⁵, 1229², 1273, 1277f., 1290, 1302⁴, 1304–1306, 1320, 1403, 1406–1408, 1432–1435, 1449–1451, 1455f., 1514², 1515–1517, 1525f., 1528, 1529¹⁹, 1538–1541, 1543, 1552, 1621f., 1624–1626, 1628–1630, 1662
- Industrie- und Technologiepolitik
  S. 570, 664⁶
- Internationales Währungssystem und Europäische Gemeinschaften
  siehe: Internationales Währungssystem
- Iran und Europäische Gemeinschaften
  siehe: Iran
- Irland
  S. 80², 488, 692, 765²⁶, 1112, 1122, 1185, 1187, 1216⁹, 1228⁵, 1435, 1449f., 1514², 1516, 1526, 1540, 1556¹², 1558, 1626, 1629³⁶
- Israel und Europäische Gemeinschaften
  siehe: Israel
- Italien
  S. 80², 462, 464, 466, 469, 471–474, 664–666, 668, 678f., 681, 689f., 692f., 720f., 810, 823, 835f., 1072–1075, 1080–1083, 1179f., 1182, 1228⁵, 1231¹⁰, 1302, 1304, 1320, 1404, 1407f., 1435, 1449, 1450⁴, 1455, 1514², 1516, 1526, 1554, 1557, 1626, 1629

Europäische Gemeinschaften

- Japan und Europäische Gemeinschaften
  siehe: Japan
- Jugoslawien und Europäische Gemeinschaften
  siehe: Jugoslawien
- Kanada und Europäische Gemeinschaften
  siehe: Kanada
- Kommission der Europäischen Gemeinschaften
  S. 31, 34, 36^{24}, 80^2, 81 f., 93^6, 164^8, 165, 189^5, 196, 271^{41+42}, 320, 463, 465 f., 469^{32}, 549^2, 550–553, 556–558, 571 f., 573^{13+15}, 574^{17}, 576^{22}, 577^{24}, 656^3, 657, 658^{12}, 666, 668, 679^7, 687–697, 715, 721, 765, 785^{29}, 798^1, 823^4, 863, 865^3, 902^{12}, 903, 907–909, 918, 952^{16}, 972 f., 980, 1055^5, 1056 f., 1087 f., 1094 f., 1098 f., 1105 f., 1108–1111, 1121^5, 1123^{12}, 1179, 1181, 1184–1186, 1228^5, 1229^{2+3}, 1230, 1231^{10}, 1232, 1233^{14}, 1237^4, 1273, 1305, 1319, 1321, 1402^{12}, 1402^{14+15}, 1405, 1408–1410, 1431^2, 1435^{16}, 1448 f., 1450^4, 1452–1454, 1460, 1502 f., 1514^2, 1518, 1526, 1538^4, 1553, 1556–1559, 1621, 1622^8, 1626, 1629
- KSZE
  S. 154^5, 369, 423^3, 424^7, 495^4, 559, 672, 730, 789, 1162, 1217^{14}, 1221
- Libyen und Europäische Gemeinschaften
  siehe: Libyen
- Luxemburg
  S. 245^{21}, 679, 692 f., 1178 f., 1186, 1228^5, 1231^{10}, 1275, 1277, 1303 f., 1557, 1626
- Marokko und Europäische Gemeinschaften
  siehe: Marokko
- MBFR
  S. 135, 495^4, 1140^{13}, 1287
- Mehrheitsentscheidungen
  S. 465 f., 1090, 1180, 1182, 1185, 1232, 1277, 1289^5, 1290–1292, 1406, 1434, 1451, 1456 f., 1517 f., 1525, 1529^{19}, 1627 f.
- Nahost-Konflikt und Europäische Gemeinschaften
  siehe: Nahost-Konflikt
- NATO
  S. 167, 452, 589 f., 792, 1127
- Nichtverbreitungsvertrag und Europäische Gemeinschaften
  siehe: Nichtverbreitungsvertrag
- Niederlande
  S. 271^{41+42}, 679, 692 f., 696, 778, 864^{18}, 907, 1055–1058, 1072 f., 1111^{33}, 1180, 1184 f., 1187, 1228^5, 1231^{10}, 1277, 1304, 1448, 1540, 1557, 1626
- Norwegen und Europäische Gemeinschaften
  siehe: Norwegen
- Paßunion
  S. 1088, 1093 f., 1099, 1113 f., 1177 f., 1182, 1228, 1275, 1289^5, 1290, 1292, 1407, 1454, 1629
- Polen und Europäische Gemeinschaften
  siehe: Polen
- Portugal und Europäische Gemeinschaften
  siehe: Portugal
- Rat der Europäischen Gemeinschaften
  S. 35, 36^{24}, 93^6, 120, 188, 189^5, 273^{45}, 295, 318, 412^3, 437, 439, 452^2, 462 f., 465^{16}, 551^6, 552, 556, 569, 572^{12}, 573^{15}, 574^{17}, 579^{25}, 613, 664^6, 679, 689, 715^{11}, 718, 721, 765^{26}, 839^{15}, 863 f., 900, 918, 952^{16}, 971 f., 1015^8, 1023^4, 1055^5, 1056, 1057^{10}, 1087 f., 1090 f., 1094^{18}, 1098, 1100^7, 1101^{13}, 1103–1107, 1108^{27}, 1112, 1178–1182, 1185, 1187, 1228, 1229^{2+3}, 1230^7, 1231, 1233^{14}, 1274 f., 1277, 1289^5, 1290–1292, 1293^{11}, 1304 f., 1404–1407, 1410^{44}, 1411, 1448, 1450^4, 1451, 1454^{16}, 1456 f., 1459 f., 1502, 1517 f., 1525, 1529^{19}, 1541, 1552–1559, 1622^8, 1623, 1624^{13+14}, 1626 f., 1629, 1670^{12}
- Rat für Gegenseitige Wirtschaftshilfe
  S. 245, 409, 497, 1087 f., 1094, 1302^4, 1502 f.
- Regionalpolitik
  S. 80^2, 81 f., 102, 270 f., 408^3, 418, 463, 466, 570, 575, 664^6, 765, 1080 f., 1178 f., 1184, 1278, 1304, 1403^{16}, 1408–1410, 1431 f., 1434 f., 1447–1449, 1452, 1455 f., 1514, 1516, 1526, 1529^{19}, 1539 f., 1555, 1621, 1623, 1625 f.
- Rumänien und Europäische Gemeinschaften
  siehe: Rumänien
- Sozialpolitik
  S. 81^{3+4}, 574, 575^{17}, 1403^{16}, 1409 f., 1447–1449, 1451, 1515 f., 1526
- Spanien und Europäische Gemeinschaften
  siehe: Spanien

1755

Europäische Gemeinschaft für Kohle und Stahl

- Sudan und Europäische Gemeinschaften
  siehe: Sudan
- Syrien und Europäische Gemeinschaften
  siehe: Syrien
- Tagungen des EG-Ministerrats
  siehe: Konferenzen und Verhandlungen
- Transatlantische Erklärungen und Europäische Gemeinschaften
  siehe: Transatlantische Erklärungen
- Tunesien und Europäische Gemeinschaften
  siehe: Tunesien
- Türkei und Europäische Gemeinschaften
  siehe: Türkei
- UdSSR und Europäische Gemeinschaften
  siehe: UdSSR
- Ungarn und Europäische Gemeinschaften
  siehe: Ungarn
- UNO
  S. 537[8], 839[15], 1098, 1110f., 1238, 1405[26]
- USA und Europäische Gemeinschaften
  siehe: USA
- Volksrepublik China und Europäische Gemeinschaften
  siehe: Volksrepublik China
- Warschauer Pakt
  S. 589
- Wirtschafts- und Währungsunion
  S. 80[2], 81, 92[4], 271f., 408[3], 417, 452, 462f., 472, 570, 574f., 588, 664[6], 764, 1074[20], 1101[13], 1115[39], 1179, 1278, 1292, 1431[2], 1451[8], 1515, 1540, 1553[6]

Europäische Gemeinschaft für Kohle und Stahl (EGKS)
S. 666[14], 1183[23]

Europäische Politische Union
S. 31f., 35f., 45, 81[4], 245, 257, 271, 300, 303, 355f., 408[3], 423[3], 452, 462f., 468, 549–552, 554f., 558, 570, 576, 587[3], 588, 590, 614[17+18], 703, 764, 1073[20], 1098, 1105–1107, 1114, 1118, 1179, 1181f., 1277f., 1291–1293, 1306, 1407f., 1435, 1517, 1540, 1628

Europäische Politische Zusammenarbeit (EPZ)
Dok. 50 und S. 126[10], 171[13], 210, 229, 659[17], 1023[4], 1105–1107, 1111–1113, 1276, 1407, 1433, 1507[10], 1627

- Algerien und Europäische Politische Zusammenarbeit
  siehe: Algerien
- Arabische Liga und Europäische Politische Zusammenarbeit
  siehe: Arabische Liga
- Arabische Staaten und Europäische Politische Zusammenarbeit
  siehe: Arabische Staaten
- Belgien
  S. 32, 34, 161, 320, 379f., 392f., 475f., 478, 549[2], 657f., 715, 1465
- Bericht der Außenminister der EG-Mitgliedstaaten vom 27.10.1970 über die Politische Einigung (Davignon- bzw. Luxemburger Bericht)
  S. 589[11], 695[22]
- Bericht der Außenminister der EG-Mitgliedstaaten vom 13./14.5.1971 über den Nahost-Konflikt
  S. 54[9]
- Bericht der Außenminister der EG-Mitgliedstaaten vom 23.7.1973 (Zweiter Luxemburger Bericht)
  S. 33[6], 81[4], 727
- Bundesrepublik Deutschland
  S. 31–36, 54, 156, 163f., 200, 202, 240, 287–289, 318–320, 337f., 366–368, 381, 390–393, 397, 399, 402–404, 413–418, 470[33], 475–478, 549–558, 560, 590, 604–607, 609, 614f., 617–619, 656, 658, 670, 684, 703, 713, 716–718, 727–729, 764, 775–779, 798[1], 799, 967f., 993, 1036f., 1044[2], 1087, 1098–1118, 1175f., 1179, 1305, 1405, 1464[3], 1465, 1505f., 1508–1510, 1590, 1596[5], 1668[4], 1670
- Chile und Europäische Politische Zusammenarbeit
  siehe: Chile
- Dänemark
  S. 32, 35[19], 155, 163[7], 320, 383, 392, 477f., 550–553, 657, 703, 714, 1117f., 1596[5], 1669[4], 1670
- Deutsche Frage und Wiedervereinigung
  siehe: Deutsche Frage
- Energiepolitik und Europäische Politische Zusammenarbeit
  siehe: Energiepolitik
- Erklärung der EG-Mitgliedstaaten vom 13.10.1973 zur Lage im Nahen Osten
  S. 528, 541

Europäische Politische Zusammenarbeit

- Erklärung der EG-Mitgliedstaaten vom 6.11.1973 zur Lage im Nahen Osten
S. 41–43, 46, 52–54, 55[11], 93[10], 164[12], 189, 190[10], 228, 399, 455, 465, 475[3], 528, 537f., 541, 1142, 1464[3], 1465
- Europäisch-Arabischer Dialog
siehe: Europäisch-Arabischer Dialog
- Europäische Gemeinschaften und Europäische Politische Zusammenarbeit
siehe: Europäische Gemeinschaften
- Frankreich
S. 31[4], 32–35, 155f., 161, 162[2], 164f., 199, 201, 240, 265, 279, 287[3], 316–320, 337f., 367f., 378f., 381f., 397–400, 404, 410, 413, 415, 429f., 436, 475–478, 549[2], 550–553, 555, 556[1], 617–620, 656[5], 657f., 670, 703, 714–716, 720, 728, 798[1], 967f., 980–982, 1036, 1087, 1089[12], 1111f., 1114, 1116, 1156, 1187, 1332, 1405, 1463–1465, 1506[6], 1507[9], 1668, 1669[4], 1670
- Griechenland und Europäische Politische Zusammenarbeit
siehe: Griechenland
- Großbritannien
S. 32–34, 155f., 160, 320, 339f., 404, 409, 413–418, 436, 463, 475–477, 549, 551–555, 632[11], 657, 702f., 714, 763–765, 980–982, 1035–1037, 1465, 1506, 1669[4], 1670
- Irland
S. 32, 155, 477, 550–552, 605f., 657, 703[7], 1112, 1117f., 1333[5], 1670
- Israel und Europäische Politische Zusammenarbeit
siehe: Israel
- Italien
S. 32f., 36, 161, 162[2], 320, 392f., 472, 475f., 478, 549f., 552–555, 617, 657–659, 714, 1178, 1333[5]
- Japan und Europäische Politische Zusammenarbeit
siehe: Japan
- Jugoslawien und Europäische Politische Zusammenarbeit
siehe: Jugoslawien
- Kanada und Europäische Politische Zusammenarbeit
siehe: Kanada
- Konferenzen der Außenminister der EG-Mitgliedstaaten im Rahmen der EPZ
siehe: Konferenzen und Verhandlungen

- KSZE
S. 8, 26–28, 30–33, 163, 243, 245, 368f., 383, 388–394, 415, 428, 461[5], 559f., 598f., 604–607, 610[1], 658, 661, 674, 684f., 699[13], 702, 718–720, 729–731, 734[33], 771f., 786, 793, 795, 860, 891f., 946, 1112f., 1155, 1157, 1218, 1400, 1445, 1494[3], 1565
- Kuwait und Europäische Politische Zusammenarbeit
siehe: Kuwait
- Luxemburg
S. 161, 477, 549–552, 555, 657, 703, 1179, 1464
- MBFR
S. 32, 137, 165, 388–394, 721, 1092, 1301
- Nahost-Konflikt und Europäische Politische Zusammenarbeit
siehe: Nahost-Konflikt
- NATO
Dok. 93, 95 und S. 29, 32, 36[26], 164f., 199[12], 201, 254f., 268, 292, 368, 416, 436, 589f., 609, 684, 702f., 730, 794f., 892, 1111f., 1117, 1156
- Nichtverbreitungsvertrag und Europäische Politische Zusammenarbeit
siehe: Nichtverbreitungsvertrag
- Niederlande
S. 34, 161, 163[8], 260–262, 319f., 381, 392f., 477, 550–552, 657, 703, 713f., 982, 1465, 1506, 1669[4], 1670
- Norwegen und Europäische Politische Zusammenarbeit
siehe: Norwegen
- PLO und Europäische Politische Zusammenarbeit
siehe: PLO
- Politisches Komitee
Dok. 8, 155 und S. 9[4], 10f., 28[6], 155, 162–165, 188, 201f., 254f., 260f., 263f., 267f., 273[45], 281, 288, 318–320, 335, 366–368, 378–383, 388–394, 397, 413–416, 437, 462, 465, 475f., 478, 549[2], 555, 556[1], 558[10], 559f., 600, 604–607, 614f., 618, 620, 634, 684, 702, 716f., 720, 721[18], 727[6], 798[3], 892, 979f., 1111, 1274, 1293, 1303[11], 1305, 1405, 1447[8], 1627
- Politisches Sekretariat
S. 670, 1082, 1088, 1091, 1111f., 1179, 1182

1757

- Portugal und Europäische Politische Zusammenarbeit
  siehe: *Portugal*
- SALT
  S. 1092
- Transatlantische Erklärungen und Europäische Politische Zusammenarbeit
  siehe: *Transatlantische Erklärungen*
- Tunesien und Europäische Politische Zusammenarbeit
  siehe: *Tunesien*
- Türkei und Europäische Politische Zusammenarbeit
  siehe: *Türkei*
- UdSSR und Europäische Politische Zusammenarbeit
  siehe: *UdSSR*
- UNO
  S. 1506[6], 1508–1510, 1596
- USA und Europäische Politische Zusammenarbeit
  siehe: *USA*
- verteidigungspolitische Zusammenarbeit
  Dok. 38 und S. 160f., 209, 270[40], 293–295, 300, 350, 351[7], 352, 356, 416, 436, 589f., 669, 670[26], 1084, 1087f., 1093, 1099, 1112, 1114–1118, 1140, 1178
- Volksrepublik China und Europäische Politische Zusammenarbeit
  siehe: *Volksrepublik China*
- Warschauer Pakt
  S. 382, 388, 529
- Zypern-Konflikt und Europäische Politische Zusammenarbeit
  siehe: *Zypern-Konflikt*

Europäische Sicherheitskonferenz
siehe: *KSZE*

Europarat
S. 413, 590, 1023[4], 1110, 1124

European Free Trade Association (EFTA)
S. 189[5], 557[9], 657[8]

EWG (Europäische Wirtschaftsgemeinschaft)
siehe: *Europäische Gemeinschaften*

FDP (Freie Demokratische Partei)
S. 107, 449[12], 621[6], 644, 677[2], 691[12], 697[26], 761[16], 839, 951[13], 1160[4], 1161[5], 1189, 1230, 1342, 1348, 1391, 1618[6]

FIFA (Fédération Internationale des Football Associations)
S. 329[9]

Finnland
S. 1113
- Berlin und Finnland
  siehe: *Berlin*
- Bundesrepublik Deutschland
  Dok. 78 und S. 855, 1015[8]
- DDR und Finnland
  siehe: *DDR*
- Deutsche Frage und Wiedervereinigung
  siehe: *Deutsche Frage*
- KSZE und Finnland
  siehe: *KSZE*
- Neutralität
  S. 321[2], 322
- UdSSR
  S. 67, 329[10]

Frankreich
S. 12[12], 62, 428, 470[33], 563[6], 690, 780, 803, 824f., 837f., 841, 930[10], 1243, 1383[12], 1575, 1635[12]
- Ägypten und Frankreich
  siehe: *Ägypten*
- Algerien und Frankreich
  siehe: *Algerien*
- Arabische Liga und Frankreich
  siehe: *Arabische Liga*
- Arabische Staaten und Frankreich
  siehe: *Arabische Staaten*
- Belgien und Frankreich
  siehe: *Belgien*
- Brasilien und Frankreich
  siehe: *Brasilien*
- Bulgarien und Frankreich
  siehe: *Bulgarien*
- Dänemark und Frankreich
  siehe: *Dänemark*
- DDR und Frankreich
  siehe: *DDR*
- EG-Mitglied
  siehe: *Europäische Gemeinschaften*
- Energiepolitik und Frankreich
  siehe: *Energiepolitik*
- Europäische Politische Zusammenarbeit und Frankreich
  siehe: *Europäische Politische Zusammenarbeit*

- Force de frappe
  S. 230, 270⁴⁰, 436, 492, 669, 797, 807, 847, 884, 1058, 1087, 1093, 1378, 1462
- Griechenland
  S. 1045, 1089, 1121, 1131 f., 1204²
- Großbritannien
  S. 252, 404, 408³, 409, 413⁵, 437, 617 f., 669, 875⁵, 966, 971³, 983 f., 1018, 1036⁹⁺¹⁰, 1055–1059, 1064⁹, 1088, 1094, 1459–1463, 1539, 1621
- Internationales Währungssystem und Frankreich
  siehe: Internationales Währungssystem
- Irak
  S. 167, 228, 1666
- Iran
  S. 305, 709⁷, 711, 760, 905, 1225⁵⁺⁶, 1227¹¹, 1421⁶, 1453
- Israel
  S. 433, 1332
- Italien
  S. 437, 468, 1069, 1071 f., 1084
- Jordanien
  S. 1332 f.
- Kanada
  S. 1441
- KSZE und Frankreich
  siehe: KSZE
- Libanon
  S. 374, 1332, 1433
- MBFR und Frankreich
  siehe: MBFR
- Nahost-Konflikt und Frankreich
  siehe: Nahost-Konflikt
- NATO-Mitglied
  siehe: NATO
- Nichtverbreitungsvertrag und Frankreich
  siehe: Nichtverbreitungsvertrag
- Niederlande
  S. 260, 1055–1058, 1459–1463, 1601
- Norwegen
  S. 1601
- PLO
  S. 1332, 1463³, 1464, 1638, 1639¹¹
- Polen
  S. 651², 1024⁴
- Portugal
  S. 665
- Präsidentschaftswahlen am 5./19.5.1974
  S. 482 f., 487⁵, 490, 513, 547, 555¹⁶, 579²⁵, 587 f., 599, 667, 711, 726¹⁴, 747⁷, 810, 824⁶, 915, 944⁸, 993⁶, 1301¹²
- SALT
  S. 232 f., 882 f., 1314, 1647
- Saudi-Arabien
  S. 374, 1245⁶, 1434, 1453, 1666
- Spanien
  S. 266
- Südafrika
  S. 374
- Syrien
  S. 400
- Türkei
  S. 1036⁹, 1037
- UdSSR
  S. 86 f., 89⁷⁺⁹, 179, 184, 212, 213⁹, 214, 241, 243, 362, 364 f., 382, 430, 468²⁷, 615, 736, 805, 860, 890, 901, 908²³, 919, 944, 985¹¹, 996²², 999 f., 1009, 1011 f., 1018, 1061, 1085, 1193, 1324, 1325¹², 1371, 1374 f., 1385 f., 1391, 1615, 1652 f.
- Ungarn
  S. 499
- UNO-Mitglied
  siehe: UNO
- USA
  Dok. 63 und S. 12–14, 74, 167–170, 187, 200, 210, 229–232, 257–260, 263, 279, 283², 292–295, 309, 314 f., 317, 337 f., 367 f., 379, 396–401, 404, 413, 415, 429, 432–434, 436 f., 439, 468, 484, 489, 499, 514, 547, 588, 619, 667, 679, 682⁸, 699, 759 f., 781, 784, 793, 810, 831 f., 847, 879⁹, 890, 893, 944, 967 f., 972 f., 997, 1055–1058, 1064⁹, 1073 f., 1085, 1089, 1093, 1114, 1216 f., 1329, 1385, 1433 f., 1440, 1443¹, 1452–1454, 1460, 1463, 1526 f., 1573 f., 1577 f., 1592, 1621, 1623, 1625 f., 1661 f., 1675
- Venezuela
  S. 1453
- Volksrepublik China
  S. 738
- Warschauer Pakt
  S. 628
- Zypern-Konflikt und Frankreich
  siehe: Zypern-Konflikt

**Frankreich–
Bundesrepublik Deutschland**
Dok. **23, 53, 65, 144, 157, 169, 219, 220, 249, 250, 251, 279, 327, 344** und S. 85–88, 198, 200–202, 212 f., 231, 240, 279^{2+5}, 280, 282, 286, 293 f., 316, 337 f., 396, 399, 404, 409, 413, 416 f., 429 f., 436 f., 439, 471^3, 490 f., 499, 507, 534, 641, 673, 675 f., 678 f., 681, 687, 690 f., 693, 711, 728, 736, 762, 774, 781, 787–790, 831, 852, 855, 877^{10}, 944 f., 967 f., 982, 983^4, 984 f., 997, 1016–1018, 1060, 1064^9, 1069–1072, 1074, 1098, 1105–1107, 1111^{32}, 1131, 1144, 1177, 1210, 1217, 1229 f., 1248, 1273, 1289 f., 1319 f., 1324, 1330, 1378, 1417, 1456, 1529^{19}, 1573 f., 1577, 1592 f., 1612–1616, 1676

– Berlin und Frankreich
  siehe: Berlin

– Deutsche Frage und Wiedervereinigung
  siehe: Deutsche Frage

– deutsch-französisches Jugendwerk
  S. 912

– französische Truppen in der Bundesrepublik
  S. 628, 1093, 1117 f.

– Handels- und Wirtschaftsbeziehungen
  S. 445

– Konsultationen
  Dok. **205, 206, 328** und S. 483, 669 f., 695, 722, 890, 892, 945^{11}, 972, 1087^4, 1103, 1113–1115, 1447

– kulturelle Zusammenarbeit
  S. 911–913, 919

– wissenschaftlich-technische Zusammenarbeit
  Dok. **243, 330** und S. 911 f.

– Zusammenarbeit auf dem Energiesektor
  S. 273, 281

– Zusammenarbeit auf dem Gebiet der inneren Sicherheit
  S. 913 f.

– Zusammenarbeit auf dem Gebiet der Verteidigung
  S. 270, 294, 374 f., 1055^4, 1093, 1117 f., 1665 f.

Gabun
S. 900^5

General Agreement on Tariffs and Trade (GATT)
S. 11^{11}, 518^7, 557^9, 573 f., 680, 694, 905, 1024^4

Generalanzeiger (Bonn)
S. 122^{17}

Gesetze und Verordnungen
– Grundgesetz vom 23.5.1949
  siehe: Grundgesetz

– Gesetz vom 2.5.1953 über die innerdeutsche Rechts- und Amtshilfe in Strafsachen
  S. 568

– Gesetz vom 29.6.1956 zur Entschädigung für Opfer der nationalsozialistischen Verfolgung (Bundesentschädigungsgesetz)
  S. 1268, 1617

– Gesetz vom 19.7.1957 zur Regelung der rückerstattungsrechtlichen Geldverbindlichkeiten des Deutschen Reichs und gleichgestellter Rechtsträger (Bundesrückerstattungsgesetz)
  S. 898^{13}, 1268, 1437

– Gesetz vom 18.12.1958 zum Haager Übereinkommen vom 1.3.1954 über den Zivilprozeß
  S. 147, 769^7

– Ausführungsgesetz vom 20.4.1961 zu Artikel 26 Absatz 2 des Grundgesetzes (Kriegswaffenkontrollgesetz)
  S. 370^2, 371 f., 502, 1421^6, 1474, 1666^5

– Außenwirtschaftsgesetz vom 28.4.1961
  S. 370^2, 371 f., 502, 630, 1201^2, 1474, 1666^{5+9}

– Verordnung vom 22.8.1961 zur Durchführung des Außenwirtschaftsgesetzes vom 28.4.1961 (Außenwirtschaftsverordnung)
  S. 371

– Zweites Gesetz vom 14.9.1965 zur Änderung des Bundesentschädigungsgesetzes (BEG-Schlußgesetz)
  S. 1268, 1619^{11}

– Gesetz vom 22.12.1967 über Maßnahmen zur Förderung des deutschen Films (Filmförderungsgesetz) in der Fassung vom 6.5.1974
  S. 936 f.

- Siebzehntes Gesetz vom 24.6.1968 zur Ergänzung des Grundgesetzes
  S. 91
- Gesetz vom 9.7.1968 über die Erweiterung des Katastrophenschutzes
  S. 91
- Gesetz vom 9.7.1968 zur Änderung des Wirtschaftssicherstellungsgesetzes und des Ernährungssicherstellungsgesetzes
  S. 91
- Gesetz vom 9.7.1968 zur Änderung des Gesetzes zur Sicherstellung des Verkehrs und zur Sicherstellung von Arbeitsleistungen für Zwecke der Verteidigung einschließlich des Schutzes der Zivilbevölkerung (Arbeitssicherstellungsgesetz)
  S. 91
- Gesetz vom 13.8.1968 zur Beschränkung des Brief-, Post- und Fernmeldegeheimnisses
  S. 91
- Gesetz vom 15.11.1973 zum Internationalen Pakt vom 19.12.1966 über bürgerliche und politische Rechte
  S. 90[9], 223[9]
- Gesetz vom 16.11.1973 über die Gewährung von Erleichterungen, Vorrechten und Befreiungen an die Ständige Vertretung der DDR
  S. 406, 524[7]
- Verordnung vom 24.4.1974 über die Gewährung von Erleichterungen, Vorrechten und Befreiungen an die Ständige Vertretung der DDR
  S. 406
- Gesetz vom 22.7.1974 über die Errichtung des Umweltbundesamts
  S. 89, 214[2], 215, 732, 735, 762f., 787f., 999[3], 1390
- Gesetz vom 24.7.1974 über die Rechtsverhältnisse der Parlamentarischen Staatssekretäre
  S. 1023
- Gesetz vom 30.7.1974 zum Abkommen vom 13.12.1971 zwischen der Bundesrepublik Deutschland und der Französischen Republik über die Befreiung öffentlicher Urkunden von der Legalisation
  S. 911[35]
- Verordnung vom 2.1.1975 über die Leistungssätze des Unterhaltsgeldes, des Kurzarbeitergeldes, des Schlechtwettergeldes, des Arbeitslosengeldes und der Arbeitslosenhilfe für das Jahr 1975 (AFG-Leistungsverordnung)
  S. 1581[6]

Gewerkschaft Öffentliche Dienste, Transport und Verkehr (ÖTV)
S. 241[3]

Ghana
S. 99[11], 1066[4]

Griechenland
S. 455, 709[7], 1086, 1126[9]
- Europäische Gemeinschaften
  S. 976[7], 1073[20], 1120–1125, 1130f., 1175, 1182
- Europäische Politische Zusammenarbeit
  S. 383, 430, 967f., 1037, 1044[2], 1045, 1303[7]
- Frankreich und Griechenland
  siehe: Frankreich
- Großbritannien
  S. 964f., 967[4], 1019[1], 1035, 1124[16], 1205[4], 1645[11]
- Iran
  S. 306[20]
- Italien
  S. 832
- Jugoslawien
  S. 828, 1126[8]
- KSZE und Griechenland
  siehe: KSZE
- MBFR und Griechenland
  siehe: MBFR
- Nahost-Konflikt und Griechenland
  siehe: Nahost-Konflikt
- NATO-Mitglied
  siehe: NATO
- Türkei
  S. 964–966, 1019[1], 1021, 1033, 1034[2], 1035, 1037–1039, 1044–1047, 1127f., 1130, 1176, 1202, 1205, 1474, 1640, 1642, 1645
- UdSSR
  S. 1021[9], 1045, 1127, 1130f.
- USA
  S. 967, 1022[10], 1045, 1047, 1082, 1127, 1130f., 1215, 1588f.
- Zypern-Konflikt und Griechenland
  siehe: Zypern-Konflikt

**Griechenland–
Bundesrepublik Deutschland**
Dok. **240, 255, 256, 257, 273** und S. 276, 966, 1037 f., 1089[12], 1175, 1475, 1501
- Handels- und Wirtschaftsbeziehungen
S. 1122
- Kapitalhilfe
S. 1124 f., 1132
- Verteidigungshilfe
S. 370 f., 375[17], 501[3], 503, 1201 f., 1589, 1666

Großbritannien
S. 12[12], 286, 827[10], 837 f., 946, 994, 1180, 1243, 1383[12], 1635[12], 1637[8]
- Ägypten und Großbritannien
siehe: *Ägypten*
- Arabische Staaten und Großbritannien
siehe: *Arabische Staaten*
- Belgien und Großbritannien
siehe: *Belgien*
- DDR und Großbritannien
siehe: *DDR*
- EG-Mitglied
siehe: *Europäische Gemeinschaften*
- Energiepolitik und Großbritannien
siehe: *Energiepolitik*
- Europäische Politische Zusammenarbeit und Großbritannien
siehe: *Europäische Politische Zusammenarbeit*
- Frankreich und Großbritannien
siehe: *Frankreich*
- Griechenland und Großbritannien
siehe: *Griechenland*
- Indien
S. 630–632, 1323
- Internationales Währungssystem und Großbritannien
siehe: *Internationales Währungssystem*
- Iran
S. 1419–1421
- Irland
S. 485, 703[7]
- Island
S. 359[3], 360[5], 1633, 1675
- Israel
S. 339
- Italien
S. 437, 469, 629 f., 1072
- KSZE und Großbritannien
siehe: *KSZE*
- MBFR und Großbritannien
siehe: *MBFR*
- Nahost-Konflikt und Großbritannien
siehe: *Nahost-Konflikt*
- NATO-Mitglied
siehe: *NATO*
- Nichtverbreitungsvertrag und Großbritannien
siehe: *Nichtverbreitungsvertrag*
- Niederlande
S. 1442, 1458–1463
- Nordirland-Konflikt
S. 485, 694
- Parlamentswahlen am 28.2.1974
S. 251, 286[17], 339, 421[8], 452, 485, 570, 1555
- Parlamentswahlen am 10.10.1974
S. 780, 1049, 1073, 1094, 1182, 1266, 1403[19], 1555
- PLO
S. 1506
- Polen
S. 652[2], 655, 705[5], 1024[4]
- SALT
S. 233, 1312 f., 1317, 1647, 1649
- Saudi-Arabien
S. 783
- Türkei
S. 964, 967[4], 968[6], 981, 1019[1], 1036 f.
- UdSSR
S. 86 f., 897[7+9], 212, 213[9], 214, 615, 736, 786, 996[22], 999 f., 1009–1012, 1018, 1061, 1324, 1325[12]
- Ungarn
S. 499
- UNO-Mitglied
siehe: *UNO*
- USA
S. 160, 238[4+6], 252, 257, 280, 312, 339 f., 410, 413–417, 419–421, 428 f., 437, 468, 472, 484, 487, 489, 555, 576 f., 760, 832, 879[9], 929, 1055, 1064[9], 1132, 1152, 1440, 1659
- Zaire
S. 114 f., 118
- Zypern-Konflikt und Großbritannien
siehe: *Zypern-Konflikt*

**Großbritannien–
Bundesrepublik Deutschland**
Dok. **76, 99, 100, 113, 177, 181, 329, 346** und S. 85–88, 155 f., 212 f., 339 f., 401[23], 404, 419–421, 430, 437, 452, 469, 487, 489 f., 549, 578 f., 614, 668 f., 673, 675 f., 690, 692 f., 736, 774, 787–790, 852–854, 856[30], 877[10], 982, 983[4], 984 f., 990, 997, 1004, 1016–1018, 1060, 1064[9], 1088, 1093, 1118, 1134, 1298, 1323 f., 1330, 1440, 1442, 1528, 1529[19], 1568, 1593, 1612–1616, 1676

– Berlin und Großbritannien
siehe: Berlin

– britische Truppen in der Bundesrepublik
S. 160

– Deutsche Frage und Wiedervereinigung
siehe: Deutsche Frage

– Handels- und Wirtschaftsbeziehungen
S. 486

– wissenschaftlich-technische Zusammenarbeit
S. 1055–1059, 1458–1463

– Zusammenarbeit auf dem Gebiet der Verteidigung
S. 629–632

Grundgesetz vom 23.5.1949
S. 91, 180, 567[8], 602[9], 651

– Artikel 24
S. 1066, 1067[8]

– Artikel 35
S. 1067[8]

– Artikel 59
S. 376 f.

– Artikel 76
S. 524[7]

– Artikel 77
S. 701[20], 732[20]

– Artikel 87
S. 1066, 1067[8]

– Artikel 93
S. 377 f.

– Artikel 116
S. 195, 851, 853[13], 854, 1568[5]

Grundlagenvertrag vom 21.12.1972 zwischen der Bundesrepublik Deutschland und der DDR
S. 4[4–6], 49[14], 50[16], 71, 79, 143, 182, 186, 194, 221[2], 225, 291, 377, 449, 602, 646[10+11], 675, 789, 850, 853[13], 922, 940, 1147[5], 1342, 1351, 1396, 1430[11]

– Artikel 9
S. 719, 890

– „Brief zur deutschen Einheit"
S. 672, 676, 969, 1664

– Einbeziehung von Berlin (West)
S. 4, 51, 171 f., 326

– Zusatzprotokoll
S. 194

Guatemala
S. 829

Guinea
S. 1417, 1418[9+11]

Guyana
S. 812[14]

Heiliger Stuhl
– Berlin und Heiliger Stuhl
siehe: Berlin

– Bundesrepublik Deutschland
S. 1145[1], 1147 f., 1261–1263, 1306[3], 1308[10], 1311[14], 1424–1431

– DDR und Heiliger Stuhl
siehe: DDR

– Deutsche Frage und Wiedervereinigung
siehe: Deutsche Frage

– Polen
S. 1307–1309, 1311

– UdSSR
S. 1308[7]

IAEO
siehe: Internationale Atomenergieorganisation

IG Bergbau und Energie
S. 1582

Il Messaggero (Rom)
S. 1430[11]

Indien
S. 629[5], 884, 1635[12]

– Atomtest am 18.5.1974
Dok. **228** und S. 632[11+15], 923[2], 924, 977 f., 1151, 1439, 1463, 1498

– Bundesrepublik Deutschland
Dok. **148** und S. 277 f., 375[17], 1667[12]

– ČSSR und Indien
siehe: ČSSR

Indonesien

- Energiepolitik und Indien
  siehe: Energiepolitik
- Großbritannien und Indien
  siehe: Großbritannien
- Iran
  S. 277, 302, 822
- Italien
  S. 630 f.
- Nichtverbreitungsvertrag und Indien
  siehe: Nichtverbreitungsvertrag
- Pakistan
  S. 277, 302, 629[5]
- UdSSR
  S. 277, 630, 631[8]
- USA
  S. 1323, 1440
- Volksrepublik China
  S. 278, 1152

Indonesien
S. 99[11], 305[16], 1041

International Development Agency (IDA)
S. 904

Internationale Atomenergieorganisation (IAEO)
S. 515, 612, 1002–1004, 1055[5], 1056 f., 1152, 1323, 1325[14], 1369[15], 1440 f., 1460, 1462, 1498, 1568[6], 1584, 1586, 1587[9], 1613[6]

Internationale Energieagentur (IAE)
S. 1240[9], 1529[19], 1661[11]

Internationaler Gerichtshof (IGH)
S. 358[3]

Internationaler Währungsfonds (IWF)
S. 11[11], 92[4], 167, 169, 197[4], 303[9], 518[7], 765[27], 847, 902, 1089, 1124, 1247, 1256[5+6], 1257 f., 1515, 1528

- Ausschuß der Zwanzig
  S. 784[25]
- Gouverneursrat
  S. 1257[7]
- Interimsausschuß
  S. 1257[7], 1258
- Italien
  S. 1069[4], 1080
- Zehnergruppe
  S. 253 f., 269, 682[7], 783[20], 836[10], 902[10], 1078[29], 1515

Internationales Komitee vom Roten Kreuz (IKRK)
S. 1125, 1128[14], 1437[7], 1533

Internationales Olympisches Komitee (IOC)
S. 4[6], 222[7], 284[7]

Internationales Währungssystem
S. 14, 100[14], 452, 520, 539, 694, 821, 835, 992, 1070, 1245

- Algerien
  S. 520
- Arabische Staaten
  S. 765, 831, 833, 835, 1215, 1578
- Belgien
  S. 1676
- Bundesrepublik Deutschland
  S. 92, 272, 487, 491, 519, 528, 669, 688 f., 698 f., 782, 784, 832, 847, 896, 993 f., 1071, 1078[29], 1087, 1186, 1194, 1264, 1266, 1366, 1527 f., 1542 f., 1578, 1582, 1592, 1676
- Dänemark
  S. 487
- Erdölfazilitäten und Sonderfonds
  S. 553, 784, 812, 822[3], 839[15], 1256–1258, 1527 f., 1542, 1578, 1592, 1659
- Europäische Gemeinschaften
  S. 486 f., 688 f., 782, 1092, 1102, 1179 f., 1185 f., 1266, 1276, 1320 f., 1451[8], 1515, 1625
- Frankreich
  S. 92, 272, 487, 669, 688 f., 711, 784, 810, 832, 993, 1071, 1087, 1092, 1102, 1179 f., 1194, 1258, 1264, 1515, 1527 f., 1676
- Fünfergruppe
  S. 1215, 1220, 1239 f., 1243–1248, 1255–1258, 1264–1267, 1452, 1515, 1543
- Großbritannien
  S. 487 f., 765, 783 f., 810, 832, 1102, 1179 f., 1194, 1256–1258, 1264, 1515, 1542 f., 1676
- Iran
  S. 833
- Irland
  S. 1102, 1179 f., 1515
- Israel
  S. 1470[13]
- Italien
  S. 689, 698 f., 783, 810, 823, 832, 836 f., 993 f., 1069, 1071, 1078[29], 1102, 1179 f., 1366, 1515, 1527

1764

- IWF
  siehe: Internationaler Währungsfonds
- Japan
  S. 782, 784, 1256, 1258, 1269, 1527[10], 1676
- Jugoslawien
  S. 835
- Luxemburg
  S. 1676
- Niederlande
  S. 1676
- „Recycling" der Erdöleinnahmen
  S. 765, 783f., 887f., 1184, 1186, 1240f., 1244f., 1247, 1256f., 1265f., 1320, 1451[8], 1471, 1515, 1527f., 1542, 1625[17]
- Rumänien
  S. 896
- USA
  S. 487, 491, 520, 528, 682, 698f., 782–784, 823, 837, 993, 1194, 1256–1258, 1264–1266, 1527f., 1542, 1578, 1582, 1592, 1676

IOC
  siehe: Internationales Olympisches Komitee

Irak
  S. 3[3], 795[16], 1544
- Ägypten und Irak
  siehe: Ägypten
- Bundesrepublik Deutschland
  Dok. 59 und S. 277, 373, 541[3], 1667[12]
- Energiepolitik und Irak
  siehe: Energiepolitik
- Frankreich und Irak
  siehe: Frankreich
- Iran
  S. 227, 228[7], 275, 302, 712
- Japan
  S. 227[2], 228
- Nahost-Konflikt und Irak
  siehe: Nahost-Konflikt
- Spanien
  S. 228
- Syrien
  S. 712
- UdSSR
  S. 228, 277, 712, 1594[4]

Iran
  Dok. 208 und S. 168, 277, 302, 649[6], 841, 1367, 1564[13]
- DDR und Iran
  siehe: DDR
- Energiepolitik und Iran
  siehe: Energiepolitik
- Europäische Gemeinschaften
  S. 302, 304, 1302[4]
- Frankreich und Iran
  siehe: Frankreich
- Griechenland und Iran
  siehe: Griechenland
- Großbritannien und Iran
  siehe: Großbritannien
- Indien und Iran
  siehe: Indien
- Internationales Währungssystem und Iran
  siehe: Internationales Währungssystem
- Irak und Iran
  siehe: Irak
- Israel
  S. 923[2]
- Italien
  S. 710f.
- Japan
  S. 305, 710
- Jordanien
  S. 303
- Jugoslawien
  S. 306[20], 815
- Kanada
  S. 1225[6], 1302[4]
- Nahost-Konflikt und Iran
  siehe: Nahost-Konflikt
- NATO
  S. 649[6]
- Nichtverbreitungsvertrag und Iran
  siehe: Nichtverbreitungsvertrag
- Pakistan
  S. 277, 302f., 924
- Schweden
  S. 1225[6]
- Tunesien
  S. 303
- Türkei
  S. 72[15], 306

- UdSSR
S. 66f., 69, 71f., 302, 305, 329[10], 330, 362f., 365, 708–710, 923[2], 1213, 1356, 1365, 1421[6]
- UNO-Mitglied
siehe: UNO
- USA
S. 140, 262, 305, 832, 923[2], 1225[6], 1453, 1577
- Venezuela
S. 1677
- Vietnam-Krieg und Iran
siehe: Vietnam-Krieg
- Volksrepublik China
S. 302
- Zaire
S. 303

Iran–Bundesrepublik Deutschland
Dok. 73, 166 und S. 227, 228[7], 246, 923–925, 1676
- Ausrüstungshilfe
Dok. 153, 278, 320 und S. 274–278, 372f., 375[17], 708, 712, 1667
- Farbfernsehen
S. 1225
- Handels- und Wirtschaftsbeziehungen
S. 66f., 69, 71f., 302, 305f., 329[10], 330, 362f., 365, 649[7], 708–710, 801[7], 803, 805, 905, 1213, 1225–1227, 1356, 1365, 1421
- wissenschaftlich-technische Zusammenarbeit
S. 1004

Irland
S. 12[12], 1333[5], 1124[16]
- Arabische Liga und Irland
siehe: Arabische Liga
- EG-Mitglied
siehe: Europäische Gemeinschaften
- Energiepolitik und Irland
siehe: Energiepolitik
- Europäische Politische Zusammenarbeit und Irland
siehe: Europäische Politische Zusammenarbeit
- Großbritannien und Irland
siehe: Großbritannien
- Internationales Währungssystem und Irland
siehe: Internationales Währungssystem
- KSZE und Irland
siehe: KSZE
- NATO
S. 477, 703[7]
- Nichtverbreitungsvertrag und Irland
siehe: Nichtverbreitungsvertrag

Island
S. 1635[12], 1124[16]
- Bundesrepublik Deutschland
Dok. 87, 370, 381
- Großbritannien und Island
siehe: Großbritannien
- NATO-Mitglied
siehe: NATO
- USA
S. 797, 1631[6], 1674

Israel
S. 62[13], 280, 537, 1417, 1666
- Ägypten und Israel
siehe: Ägypten
- Arabische Staaten und Israel
siehe: Arabische Staaten
- Attentat auf die israelische Olympia-Mannschaft
S. 1048
- Energiepolitik und Israel
siehe: Energiepolitik
- Europäische Gemeinschaften
S. 35[20+22], 188–190, 271[41], 339, 656f., 1237f., 1472
- Europäische Politische Zusammenarbeit
Dok. 46, 306 und S. 35, 265, 287, 318, 320, 434, 560[3], 656f., 728, 777f., 796, 886, 1049
- Frankreich und Israel
siehe: Frankreich
- Großbritannien und Israel
siehe: Großbritannien
- Internationales Währungssystem und Israel
siehe: Internationales Währungssystem
- Iran und Israel
siehe: Iran
- Jordanien
S. 732[23], 733, 1052, 1334[11]
- KSZE
S. 188, 560[3], 718[6]
- Libanon
S. 810f.

- Nahost-Konflikt und Israel
  siehe: Nahost-Konflikt
- NATO
  S. 1335
- Niederlande
  S. 609[6], 778
- PLO
  S. 1176, 1332–1334, 1500, 1505, 1508[4], 1544, 1637
- Saudi-Arabien
  S. 814
- Syrien
  S. 98, 121, 282[20], 310–313, 732, 1049f., 1052[3], 1053
- UdSSR
  S. 35[20], 514, 886, 1472
- UNO-Mitglied
  siehe: UNO
- USA
  S. 57f., 59[8], 95f., 262[26], 282[20], 283[3], 310, 317, 429[3], 433, 492f., 514, 531, 563, 684, 699[9], 878, 886, 1020, 1050, 1237f., 1266[9], 1333f., 1471, 1636
- Zypern-Konflikt und Israel
  siehe: Zypern-Konflikt

Israel–Bundesrepublik Deutschland
  Dok. 241, 283, 339 und S. 46, 189, 227[2], 280[10], 316f., 493, 528, 815, 886, 1013[1], 1538, 1636, 1639[11+14]
- Handels- und Wirtschaftsbeziehungen
  Dok. 333 und S. 1014[3]
- Kapitalhilfe
  S. 1469[5], 1470–1472
- Rüstungszusammenarbeit
  S. 372, 503, 546, 1470
- Wiedergutmachung
  S. 1268–1271, 1469–1473, 1618, 1620

Italien
  S. 12[12], 114[6], 682[7], 689f., 832, 837, 930[10], 946, 1241f., 1332[5], 1376, 1471
- Ägypten und Italien
  siehe: Ägypten
- DDR und Italien
  siehe: DDR
- EG-Mitglied
  siehe: Europäische Gemeinschaften
- Energiepolitik und Italien
  siehe: Energiepolitik

- Europäische Politische Zusammenarbeit und Italien
  siehe: Europäische Politische Zusammenarbeit
- Frankreich und Italien
  siehe: Frankreich
- Griechenland und Italien
  siehe: Griechenland
- Großbritannien und Italien
  siehe: Großbritannien
- Indien und Italien
  siehe: Indien
- Internationales Währungssystem und Italien
  siehe: Internationales Währungssystem
- Iran und Italien
  siehe: Iran
- Jugoslawien
  S. 823, 827f., 836
- KSZE und Italien
  siehe: KSZE
- MBFR und Italien
  siehe: MBFR
- Nahost-Konflikt und Italien
  siehe: Nahost-Konflikt
- NATO-Mitglied
  siehe: NATO
- Nichtverbreitungsvertrag und Italien
  siehe: Nichtverbreitungsvertrag
- Österreich
  S. 1077f.
- PLO
  S. 1333[5]
- Polen
  S. 705[5], 1024[4], 1308[10]
- SALT
  S. 393, 1313
- UdSSR
  S. 66, 184, 329[10], 468[27], 1193, 1371
- USA
  S. 437, 832, 879[9], 1215
- Zypern-Konflikt und Italien
  siehe: Zypern-Konflikt

Italien–Bundesrepublik Deutschland
  Dok. 109, 110, 247, 248 und S. 274, 437, 549, 690f., 693, 852, 854, 856[28], 1215, 1309[11], 1366, 1410, 1498[9], 1676
- Deutsche Frage und Wiedervereinigung
  siehe: Deutsche Frage

- Handels- und Wirtschaftsbeziehungen
  S. 466f., 1080–1082, 1084, 1087, 1096, 1241
- Zusammenarbeit auf dem Gebiet der Verteidigung
  S. 629f.

IWF
siehe: Internationaler Währungsfonds

Japan
  S. 114, 432, 841, 1243, 1593
- Arabische Staaten und Japan
  siehe: Arabische Staaten
- Bundesrepublik Deutschland
  S. 1676
- ČSSR und Japan
  siehe: ČSSR
- Energiepolitik und Japan
  siehe: Energiepolitik
- Europäische Gemeinschaften
  S. 17[9], 35[19], 1080
- Europäische Politische Zusammenarbeit
  S. 11, 163, 282[22], 399, 434, 465
- Internationales Währungssystem und Japan
  siehe: Internationales Währungssystem
- Irak und Japan
  siehe: Irak
- Iran und Japan
  siehe: Iran
- Kanada
  S. 556, 558
- Nahost-Konflikt und Japan
  siehe: Nahost-Konflikt
- Nichtverbreitungsvertrag und Japan
  siehe: Nichtverbreitungsvertrag
- Polen
  S. 652[2]
- Transatlantische Erklärungen und Japan
  siehe: Transatlantische Erklärungen
- UdSSR
  S. 59[10], 67, 1372
- USA
  S. 163, 282[22], 1086[13], 1249, 1440, 1573
- Vietnam-Krieg und Japan
  siehe: Vietnam-Krieg
- Volksrepublik China
  S. 282[22], 739

Jemen
siehe: Arabische Republik Jemen (Nordjemen) und Demokratische Volksrepublik Jemen (Südjemen)

Jewish Claims Conference
Dok. 293, 368

Jordanien
  S. 776
- Ägypten und Jordanien
  siehe: Ägypten
- Bundesrepublik Deutschland
  Dok. 242 und S. 541[3], 1471
- Frankreich und Jordanien
  siehe: Frankreich
- Iran und Jordanien
  siehe: Iran
- Israel und Jordanien
  siehe: Israel
- Nahost-Konflikt und Jordanien
  siehe: Nahost-Konflikt
- PLO
  S. 976[10], 1544f.
- Syrien
  S. 1545
- USA
  S. 96[7], 262[26], 283[3], 429[3], 514[7], 699[9], 777, 1052–1054, 1238[8], 1266[9], 1333

Jüdischer Weltkongreß
  S. 1271

Jugoslawien
  S. 455, 709[7], 829, 837, 887, 993f., 1335
- Ägypten und Jugoslawien
  siehe: Ägypten
- Arabische Staaten und Jugoslawien
  siehe: Arabische Staaten
- Berlin und Jugoslawien
  siehe: Berlin
- Bulgarien und Jugoslawien
  siehe: Bulgarien
- Chile und Jugoslawien
  siehe: Chile
- ČSSR und Jugoslawien
  siehe: ČSSR
- DDR und Jugoslawien
  siehe: DDR
- Energiepolitik und Jugoslawien
  siehe: Energiepolitik
- Europäische Gemeinschaften
  S. 823, 835, 836

- Europäische Politische Zusammenarbeit
  S. 163
- Griechenland und Jugoslawien
  siehe: Griechenland
- Internationales Währungssystem und Jugoslawien
  siehe: Internationales Währungssystem
- Iran und Jugoslawien
  siehe: Iran
- Italien und Jugoslawien
  siehe: Italien
- KSZE und Jugoslawien
  siehe: KSZE
- Mexiko
  S. 829
- Nahost-Konflikt und Jugoslawien
  siehe: Nahost-Konflikt
- NATO
  S. 828
- Österreich
  S. 828
- Polen
  S. 829
- Portugal
  S. 812, 835
- Rumänien
  S. 828 f.
- Syrien
  S. 811
- Türkei
  S. 1126[8]
- UdSSR
  S. 826, 841, 994, 1385, 1414
- Ungarn
  S. 829
- USA
  S. 826
- Warschauer Pakt
  S. 502
- Zypern-Konflikt und Jugoslawien
  siehe: Zypern-Konflikt

Jugoslawien–Bundesrepublik Deutschland
Dok. 186, 188, 190 und S. 760

- Aufnahme diplomatischer Beziehungen
  S. 813
- Gastarbeiter
  S. 813, 825
- Handels- und Wirtschaftsbeziehungen
  S. 812, 824 f.
- Kapitalhilfe
  Dok. 27, 318, 341, 363 und S. 504, 897, 1619
- rüstungswirtschaftliche Zusammenarbeit
  S. 501–504
- Wiedergutmachung
  S. 108[3], 109 f., 427[11], 580[6], 1413 f., 1619

Kamerun
S. 900[5]

Kanada
S. 99[11], 1635[12]

- Berlin und Kanada
  siehe: Berlin
- Bundesrepublik Deutschland
  Dok. 135 und S. 607
- ČSSR und Kanada
  siehe: ČSSR
- Dänemark und Kanada
  siehe: Dänemark
- Energiepolitik und Kanada
  siehe: Energiepolitik
- Europäische Gemeinschaften
  Dok. 129 und S. 161, 587[3], 728
- Europäische Politische Zusammenarbeit
  S. 163, 383, 390, 394, 399, 430, 434, 465, 556–558, 658
- Frankreich und Kanada
  siehe: Frankreich
- Iran und Kanada
  siehe: Iran
- KSZE und Kanada
  siehe: KSZE
- MBFR und Kanada
  siehe: MBFR
- NATO-Mitglied
  siehe: NATO
- Nichtverbreitungsvertrag und Kanada
  siehe: Nichtverbreitungsvertrag
- SALT
  S. 234, 1313
- Transatlantische Erklärungen und Kanada
  siehe: Transatlantische Erklärungen
- UdSSR
  S. 390, 1193, 1375, 1441

- USA
  S. 161, 556, 558, 658[12], 1152, 1215, 1440
- Vietnam-Krieg und Kanada
  siehe: Vietnam-Krieg
- Volksrepublik China
  S. 739[8]
- Warschauer Pakt
  S. 390

Katar
S. 3[3], 541[3]

Kenia
S. 900[5], 117[14], 1635[12]

Kolumbien
S. 1667[10]

Konferenz der Kultusminister der Länder
S. 910[31]

Konferenz über Sicherheit und Zusammenarbeit in Europa
siehe: KSZE

Konferenzen und Verhandlungen
- Internationale Währungs- und Finanzkonferenz der Vereinten Nationen vom 1. bis 23.7.1944 in Bretton Woods
  S. 694
- Europäischer Kongreß vom 7. bis 11.5.1948 in Den Haag
  S. 588
- Tagung des NATO-Ministerrats am 13.12.1956 in Paris
  S. 379[7]
- Internationale Konferenz von Wissenschaftlern vom 7. bis 10.7.1957 in Pugwash (Kanada)
  S. 1577
- Konferenz der kommunistischen und Arbeiterparteien vom 14. bis 19.11.1957 in Moskau
  S. 1381
- Landwirtschaftskonferenz der EWG vom 3. bis 11.7.1958 in Stresa
  S. 1084, 1087, 1094 f., 1178[7], 1185 f.
- Konferenz der kommunistischen und Arbeiterparteien vom 11. bis 25.11.1960 in Moskau
  S. 1382
- Tagung des EWG-Ministerrats am 17.4.1962 in Paris
  S. 1111[33]
- Tagung des EWG-Ministerrats vom 28. bis 30.6.1965 in Paris
  S. 465[16]
- Tagung des EWG-Ministerrats am 28./29.1.1966 in Luxemburg
  S. 465[16], 1290[7], 1406[30], 1456[7], 1517[15+16], 1628[24]
- Tagung des Politischen Beratenden Ausschusses des Warschauer Pakts vom 4. bis 6.7.1966 in Bukarest
  S. 182[8]
- Tagung des NATO-Ministerrats am 13./14.12.1967 in Brüssel
  S. 379[8]
- Tagung des NATO-Ministerrats am 24./25.6.1968 in Reykjavik
  S. 136[7]
- Tagung des Politischen Beratenden Ausschusses des Warschauer Pakts am 17.3.1969 in Budapest
  S. 182[8]
- Dritte Weltkonferenz der kommunistischen und Arbeiterparteien am 7.6.1969 in Moskau
  S. 184[12]
- Gipfelkonferenz der EG-Mitgliedstaaten am 1./2.12.1969 in Den Haag
  S. 81, 410, 452[2], 571, 577, 588, 1403[16], 1628
- Tagung des Ministerkomitees des Europarats am 12.12.1969 in Paris
  S. 1124[16]
- Tagung des NATO-Ministerrats am 26./27.5.1970 in Rom
  S. 7[4]
- 16. Generalkonferenz der UNESCO vom 12.10. bis 14.11.1970 in Paris
  S. 446[19]
- Tagung des EG-Ministerrats am 26./27.10.1970 in Luxemburg
  S. 589[11], 695[22]
- Konferenz der Außenminister der EG-Mitgliedstaaten am 19.11.1970 in München
  S. 54[9]
- Tagung des NATO-Ministerrats am 3./4.12.1970 in Brüssel
  S. 752[10]
- Tagung des EG-Ministerrats am 1.3.1971 in Brüssel
  S. 1103[19]

- Tagung des EG-Ministerrats am 8./9.5. 1971 in Brüssel
S. 1232[12]
- Zweite Ordentliche Bischofssynode nach dem Zweiten Vatikanischen Konzil vom 30.9. bis 6.11.1971 in Rom
S. 1147
- Tagung des NATO-Ministerrats am 9./10.12.1971 in Brüssel
S. 7[4]
- Tagung des EG-Ministerrats vom 13. bis 16.3. und 20. bis 24.3.1972 in Brüssel
S. 92[4]
- Tagung des NATO-Ministerrats am 30./31.5.1972
S. 7[4]
- Gipfelkonferenz der EG-Mitgliedstaaten und -Beitrittsstaaten am 19./20.10.1972 in Paris
S. 32[5], 42[6], 80[2], 81, 300[9], 410, 463[12], 464[12], 473, 549[4], 554, 556, 571, 577, 588[9], 695, 702[3], 764[24], 1073, 1103, 1109, 1113, 1179, 1184, 1277, 1292, 1403[16], 1407[36], 1408, 1435[17], 1540[13], 1622, 1628[30]
- XXVIII. Tagung der Vertragsstaaten des GATT vom 1. bis 14.11.1972 in Genf
S. 573[14]
- Tagung der Warschauer-Pakt-Staaten über theoretische Probleme der wissenschaftlich-technischen Revolution und ihre Auswirkungen auf den ideologischen Kampf am 22./23.11.1972 in Sofia
S. 1309[11]
- Internationale Konferenz zur Wiederherstellung des Friedens in Vietnam vom 26.2. bis 2.3.1973 in Paris
S. 1672
- Tagung des EG-Ministerrats am 25./26.6.1973 in Luxemburg
S. 270[41]
- Sitzung des Ständigen NATO-Rats am 30.6.1973 in San Clemente
S. 1546
- 1. Phase der KSZE auf Außenministerebene vom 3. bis 7.7.1973 in Helsinki
siehe: KSZE
- Konferenz der Außenminister der EG-Mitgliedstaaten im Rahmen der EPZ am 23.7.1973 in Kopenhagen
S. 210

- Tagung des EG-Ministerrats am 23./24.7.1973 in Brüssel
S. 210
- Treffen der Vorsitzenden der kommunistischen und Arbeiterparteien der Warschauer-Pakt-Staaten und der Mongolei am 30./31.7.1973 auf der Krim
S. 186
- IV. Konferenz der Blockfreien Staaten vom 5. bis 9.9.1973 in Algier
S. 517
- Ministerkonferenz der Mitgliedstaaten des GATT vom 12. bis 14.9.1973 in Tokio
S. 573[14], 905
- „Weltkongreß der Friedenskräfte" vom 25. bis 31.10.1973 in Moskau
S. 184[12]
- Tagung des EG-Ministerrats am 6.11.1973 in Brüssel
S. 785[29]
- Konferenz der Außenminister der EG-Mitgliedstaaten im Rahmen der EPZ am 20.11.1973 in Kopenhagen
S. 28[6], 32
- Arabische Gipfelkonferenz vom 26. bis 28.11.1973 in Algier
S. 164[12], 435
- Tagung des EG-Ministerrats am 3./4.12.1973 in Brüssel
S. 271[41]
- Tagung des NATO-Ministerrats am 10./11.12.1973 in Brüssel
S. 13[3], 22[10], 75[5], 313, 315, 382, 796[18]
- Gipfelkonferenz der EG-Mitgliedstaaten am 14./15.12.1973 in Kopenhagen
S. 9[1], 32[5], 33, 36, 43, 92f., 164, 190[10], 280, 294[7], 410f., 473, 521[9], 537, 551[6], 571, 577, 695f., 702[3], 715[11], 918, 1072f., 1109, 1184, 1278, 1306, 1403, 1459, 1627[22]
- Tagung des EG-Ministerrats am 17./18.12.1973 in Brüssel
S. 575[17]
- Tagung des EG-Ministerrats am 14./15.1.1974 in Brüssel
S. 35, 55[12], 80[2]
- Tagung des Ausschusses für die Reform des internationalen Währungssystems

- und verwandte Fragen (Zwanziger-Ausschuß) am 17./18.1.1974 in Rom
  S. 784[25]
- Tagung des EG-Ministerrats am 30.1.1974 in Brüssel
  S. 82[6+7]
- Tagung des EG-Ministerrats am 4./5.2.1974 in Brüssel
  S. 81, 271[41], 1109
- Energiekonferenz vom 11. bis 13.2.1974 in Washington
  Dok. 49 und S. 17[7], 18, 32, 34[18], 55f., 59, 93, 99–101, 121, 123[1], 124–126, 133[16], 138–141, 162, 166–170, 200, 201[6], 210, 231, 235f., 238[4+5], 239f., 254[10], 260[20], 261–264, 268, 273[47], 279[2], 280f., 285, 288, 305, 315f., 318f., 331, 337, 432f., 450, 468[27], 515, 517[3], 518f., 563, 714, 785, 832, 861–863, 893[3], 905, 918f., 973[9], 1071, 1085[7], 1094, 1182[20], 1215, 1240[9], 1266, 1434[13], 1577
- XI. Wehrkundetagung am 16.2.1974 in München
  S. 293
- Konferenz der Außenminister der OAS-Mitgliedstaaten vom 21. bis 23.2.1974
  S. 400
- Konferenz der Außenminister der EG-Mitgliedstaaten im Rahmen der EPZ am 4.3.1974 in Brüssel
  S. 210, 240, 252, 260f., 264, 279, 287, 288[6+7], 294[6], 295, 318–320, 335f., 337[6], 367[4], 394[5], 399[15], 463[7], 477[6], 878[8], 886[9], 1669
- Tagung des EG-Ministerrats am 4.3.1974 in Brüssel
  S. 259, 271[42], 273, 556[1]
- Konferenz über den Schutz der Meeresumwelt des Ostseegebiets vom 18. bis 22.3.1974 in Helsinki
  S. 921[6]
- Konferenz der Außenminister der Mitgliedstaaten des Koordinierungsbüros der Blockfreien Staaten vom 19. bis 22.3.1974 in Algier
  S. 541, 811, 837, 839, 841
- Tagung des EG-Ministerrats auf der Ebene der Landwirtschaftsminister vom 21. bis 23.3.1974 in Brüssel
  S. 409, 483[8]
- Tagung des Rats der Arabischen Liga vom 25. bis 28.3.1974 in Tunis
  S. 776f.
- Tagung des EG-Ministerrats am 1./2.4.1974 in Luxemburg
  S. 408, 418, 462f., 466, 472[7], 476[4], 483, 569–571, 1539[7+8]
- Konferenz der Außenminister der EG-Mitgliedstaaten im Rahmen der EPZ am 1./2.4.1974 in Luxemburg
  Dok. 111 und S. 320[15], 549[2], 713[4], 717, 1669
- Sondersitzung der UNO-Generalversammlung über Rohstoffe und Entwicklung vom 9.4. bis 2.5.1974 in New York
  S. 269, 281[16], 285, 303, 395f., 403, 432, 450, 466, 513, 515, 517f., 522[3+4], 526, 553[12], 555, 617, 839[15], 840f.
- Tagung des Politischen Beratenden Ausschusses des Warschauer Pakts am 17./18.4.1974 in Warschau
  S. 511, 533, 625[1], 626, 987
- Informelles Treffen der Außenminister der EG-Mitgliedstaaten im Rahmen der EPZ am 20./21.4.1974 auf Schloß Gymnich
  Dok. 128 und S. 411, 475, 556, 558, 588f., 599, 617, 619f., 633, 659, 660[19], 716f., 1105
- Konferenz der Finanzminister der EG-Mitgliedstaaten am 22./23.4.1974 in Zeist
  S. 681[5], 1078[29]
- Treffen liberaler Parteiführer im Rahmen der Liberalen Internationale vom 27. bis 29.4.1974 in Ottawa
  S. 587[2]
- Tagung des EG-Ministerrats auf der Ebene der Landwirtschaftsminister am 29./30.4.1974 in Luxemburg
  S. 907[20+22]
- 54. Sitzung des Ministerkomitees des Europarats am 6.5.1974 in Straßburg
  S. 657
- Tagung des gemeinsamen arabischen Verteidigungsrats am 20./21.5.1974 in Kairo
  S. 543
- Konferenz der Erdölminister aus neun OAPEC-Mitgliedstaaten am 1./2.6.1974 in Kairo
  S. 778[14]

- Konferenz der Palästinensischen Nationalrats vom 1. bis 9.6.1974 in Kairo
  S. 977, 1176
- Tagung des EG-Ministerrats am 4.6.1974 in Luxemburg
  S. 664[6], 668, 681, 690, 721[15], 765, 780[4+6], 1180[15], 1403[19], 1539[7+8]
- Tagung des EG-Ministerrats auf der Ebene der Landwirtschaftsminister am 4.6.1974 in Luxemburg
  S. 668, 681, 781, 907[20]
- Konferenz der Außenminister der EG-Mitgliedstaaten im Rahmen der EPZ am 10./11.6.1974
  S. 557, 618, 656–658, 684f., 687[2], 702, 713–717, 720, 727, 728[8+9], 776
- Konferenz der Wirtschafts- und Finanzminister sowie der Notenbankpräsidenten der Zehnergruppe am 11.6.1974 in Washington
  S. 682, 783[20], 902
- Sitzung der Nuklearen Planungsgruppe der NATO am 11./12.6.1974 in Bergen
  S. 751[5]
- Tagung des Ausschusses des Gouverneursrats des IWF für die Reform des internationalen Währungssystems am 12./13.6.1974 in Washington
  S. 1257[7]
- Konferenz der Staats- und Regierungschefs der OAU vom 12. bis 16.6.1974 in Mogadischu
  S. 775
- Ministersitzung der Eurogroup der NATO am 13.6.1974 in Brüssel
  S. 742–749, 755
- Ministersitzung des Ausschusses für Verteidigungsplanung (DPC) der NATO am 14.6.1974 in Brüssel
  S. 749–758
- Tagung des EG-Ministerrats auf der Ebene der Landwirtschaftsminister am 17./18.6.1974 in Luxemburg
  S. 908[24]
- Tagung des NATO-Ministerrats am 18./19.6.1974 in Ottawa
  Dok. 183 und S. 552, 554, 560, 617f., 633[1], 634[4], 658f., 661, 683–686, 700, 703, 720, 730[15], 734, 759, 762f., 787, 843, 860, 870, 873, 984, 1217[12], 1221[14], 1561[7], 1616[19]
- 28. Tagung des Rats für Gegenseitige Wirtschaftshilfe vom 18. bis 21.6.1974 in Sofia
  S. 805[21]
- 3. UNO-Seerechtskonferenz vom 20.6. bis 29.8.1974 in Caracas
  S. 1021[9], 1635
- Tagung des EG-Ministerrats am 25.6.1974 in Luxemburg
  S. 552[8], 721, 909[26]
- Sitzung des NATO-Rats auf der Ebene der Staats- und Regierungschefs der NATO-Mitgliedstaaten am 26.6.1974 in Brüssel
  Dok. 191 und S. 667[16], 760, 790, 811, 831[2], 834[3], 944[6], 992[3], 993, 1035, 1038[14]
- Tagung des EG-Ministerrats auf der Ebene der Landwirtschaftsminister am 15. bis 17.7.1974 in Brüssel
  S. 909[25], 1099
- Konferenz der Außenminister der EG-Mitgliedstaaten im Rahmen der EPZ am 22.7.1974 in Brüssel
  Dok. 222 und S. 993[4]
- Tagung des EG-Ministerrats am 22./23.7.1974 in Brüssel
  S. 971–973, 979, 1237
- Informelles Treffen der Staats- und Regierungschefs der EG-Mitgliedstaaten und des Präsidenten der EG-Kommission, Ortoli, am 14.9.1974 in Paris
  Dok. 268 und S. 1088[9], 1094[20], 1095, 1194, 1228, 1273, 1303, 1401, 1402[10], 1431[2]
- Konferenz der Außenminister der EG-Mitgliedstaaten im Rahmen der EPZ am 16.9.1974 in Paris
  S. 1303, 1401
- Tagung des EG-Ministerrats auf der Ebene der Wirtschafts- und Finanzminister am 16.9.1974 in Brüssel
  S. 1081, 1092[10]
- XVIII. Generalkonferenz der IAEO vom 16. bis 20.9.1974 in Wien
  S. 1440
- Tagung des EG-Ministerrats am 17.9.1974 in Brüssel
  S. 1411
- Tagung des EG-Ministerrats auf der Ebene der Landwirtschaftsminister vom 17. bis 20.9.1974 in Brüssel
  S. 1094[18], 1123, 1229[2+3], 1230, 1231[10]

Konferenzen und Verhandlungen

- Treffen der Außen- und Finanzminister der Bundesrepublik, Frankreichs, Großbritanniens, Japans und der USA am 28./29.9.1974 in Washington
  Dok. 285, 289, 292 und S. 1215, 1220, 1239f., 1248, 1452
- Jahrestagung des IWF und der Weltbank vom 30.9. bis 4.10.1974 in Washington
  S. 1256[5+6], 1257[7+8], 1258[9]
- Tagung des EG-Ministerrats auf der Ebene der Außen- und Landwirtschaftsminister am 2.10.1974 in Luxemburg
  S. 1233[14], 1275
- Tagung des EG-Ministerrats am 14./15.10.1974 in Luxemburg
  S. 1302
- Informelles Treffen der Außenminister der EG-Mitgliedstaaten am 15.10.1974 in Luxemburg
  Dok. 299 und S. 1273, 1278, 1289f., 1401, 1455
- Konsultativtreffen der kommunistischen und Arbeiterparteien Europas vom 16. bis 18.10.1974 in Warschau
  S. 1565
- 18. Generalkonferenz der UNESCO vom 17.10. bis 25.11.1974 in Paris
  S. 1507[10]
- Tagung des EG-Ministerrats auf der Ebene der Landwirtschaftsminister am 21./22.10.1974 in Luxemburg
  S. 909[27]
- Tagung der Außenminister der Mitgliedstaaten der Arabischen Liga vom 22. bis 25.10.1974 in Rabat
  S. 1333
- Gipfelkonferenz der Mitgliedstaaten der Arabischen Liga vom 26. bis 29.10.1974 in Rabat
  S. 1332[4], 1333, 1637, 1669
- Konferenz der sozialdemokratischen Parteien der EG-Mitgliedstaaten am 1./2.11.1974 in Den Haag
  S. 1457
- Konferenz der Außenminister der OAS-Mitgliedstaaten vom 8. bis 12.11.1974 in Quito
  S. 1250[14]
- Konferenz der Außenminister der EG-Mitgliedstaaten im Rahmen der EPZ am 11.11.1974 in Brüssel
  S. 1303, 1509
- Informelles Treffen der Außenminister der EG-Mitgliedstaaten am 11.11.1974 in Brüssel
  S. 1402f., 1450, 1454f., 1463–1465, 1622
- Tagung des EG-Ministerrats am 12.11.1974 in Brüssel
  S. 1303, 1432
- Konferenz der Außenminister der EG-Mitgliedstaaten im Rahmen der EPZ am 18.11.1974 in Paris
  S. 1450[4], 1454, 1622
- Tagung des EG-Ministerrats auf der Ebene der Wirtschafts- und Finanzminister am 18.11.1974 in Brüssel
  S. 1451
- Informelles Treffen der Außenminister der EG-Mitgliedstaaten am 25.11.1974 in Brüssel
  Dok. 342 und S. 1622
- Tagung des Assoziationsrats EWG–Griechenland auf Ministerebene am 2.12.1974 in Brüssel
  S. 1123[15]
- Informelles Treffen der Außenminister der EG-Mitgliedstaaten am 2.12.1974 in Brüssel
  S. 1622
- Tagung des EG-Ministerrats am 2./3.12.1974 in Brüssel
  S. 1432, 1514, 1517, 1537[2], 1552–1559, 1629
- Ministersitzung der Eurogroup der NATO am 9.12.1974 in Brüssel
  S. 744f., 747, 1589[7], 1599–1608, 1640
- Gipfelkonferenz der EG-Mitgliedstaaten am 9./10.12.1974 in Paris
  Dok. 369 und S. 1095, 1184, 1273–1278, 1290, 1293, 1303f., 1321[21], 1407[36], 1432, 1434f., 1447–1450, 1453–1455, 1457f., 1514, 1515[4], 1516–1518, 1525–1528, 1538f., 1543, 1553, 1556f., 1576, 1580, 1641, 1660
- Sitzung der Nuklearen Planungsgruppe der NATO am 10.12.1974 in Brüssel
  S. 1640

- Ministersitzung des Ausschusses für Verteidigungsplanung (DPC) der NATO am 10./11.12.1974 in Brüssel
S. 758, 1336⁹, 1605⁶, 1608–1612, 1640
- Tagung des NATO-Ministerrats am 12./13.12.1974 in Brüssel
Dok. 372, 373, 374, 376 und S. 1219, 1328, 1522f., 1548³, 1549⁵, 1550, 1559, 1561, 1563–1565, 1612, 1616¹⁸, 1630–1632, 1669⁴, 1674³
- Tagung des EG-Ministerrats auf der Ebene der Energieminister am 17.12.1974 in Brüssel
S. 1517, 1623, 1626
- Tagung des EG-Ministerrats auf der Ebene der Wirtschafts- und Finanzminister am 19.12.1974 in Brüssel
S. 1625
- Überprüfungskonferenz zum Nichtverbreitungsvertrag vom 5. bis 30.5.1975 in Genf
S. 611f.

Kongo
siehe: Volksrepublik Kongo und Zaire

Korea
siehe: Demokratische Volksrepublik Korea (Nordkorea) und Republik Korea (Südkorea)

Kreditanstalt für Wiederaufbau
S. 1638¹⁰

KSZE (Konferenz über Sicherheit und Zusammenarbeit in Europa)
Dok. 12 und S. 4, 304, 486, 527, 529, 793, 874, 921, 945, 979, 992, 1210, 1303⁷, 1309¹¹
- 1. Phase der KSZE (Außenministerkonferenz) vom 3. bis 7.7.1973
S. 183, 244, 333²³, 369⁴, 423, 459, 791³
- 2. Phase der KSZE (Kommissionsphase) ab 18.9.1973
S. 26, 154⁵, 184¹⁵, 243, 332–334, 389, 423, 448, 453f., 456, 458², 461, 539, 561, 608⁴, 636, 638, 684³, 686, 729¹³, 771, 791³, 794, 801⁶, 849, 889¹, 891f., 959, 998², 1156, 1158f., 1493, 1560, 1564–1566, 1594, 1643, 1653¹⁹
- 3. Phase der KSZE
S. 27f., 51f., 185¹⁵⁺¹⁶, 186f., 244, 332, 334, 389, 391f., 435, 448, 453f., 458², 468²⁷, 493f., 514, 539, 559, 561, 597³, 598f., 608⁴, 618, 640, 674, 684³, 685, 719, 729¹³, 731, 762f., 771³, 772, 786, 793f., 801, 804¹⁹, 827, 848f., 873, 879, 889¹, 891, 946, 958, 960, 996, 1190f., 1209³, 1260, 1327f., 1399, 1445, 1493, 1594f., 1641–1643, 1653f.
- Belgien
S. 27, 392, 560, 658, 685, 848f., 860f., 879f., 1157, 1565, 1643
- Berlin und KSZE
siehe: Berlin
- Bulgarien
S. 454, 1376
- Bundesrepublik Deutschland
S. 29f., 43, 51f., 61f., 153f., 243–245, 332–334, 365, 368–370, 381, 390f., 400, 422–424, 438, 448, 456, 458–461, 494, 496–498, 507, 514, 547, 560, 597–599, 604–608, 610, 635–638, 660–662, 671–676, 678, 684f., 699f., 702, 718–720, 729–731, 734, 761f., 786, 791, 793f., 801, 804¹⁹, 804–808, 810, 835, 859–861, 875–877, 889–892, 900f., 919, 941f., 959f., 968–971, 982³, 984f., 995f., 998, 1000, 1082, 1157–1163, 1190f., 1194, 1209³, 1217f., 1221f., 1234, 1259¹, 1260f., 1326³, 1327, 1345, 1348, 1374¹², 1375, 1378, 1386, 1399–1401, 1443¹, 1444–1446, 1493–1496, 1565f., 1594f., 1653, 1663f.
- ČSSR
S. 369, 867, 951, 958f., 1376
- Dänemark
S. 369, 392, 560, 562, 686, 771³, 985¹¹, 1156, 1326, 1328, 1494f., 1561, 1563, 1565
- DDR
Dok. 226, 281 und S. 51f., 673, 761, 867, 901, 998
- Deutsche Frage und Wiedervereinigung
siehe: Deutsche Frage
- Europäische Gemeinschaften und KSZE
siehe: Europäische Gemeinschaften
- Europäische Politische Zusammenarbeit und KSZE
siehe: Europäische Politische Zusammenarbeit
- Finnland
S. 730f., 891¹², 959, 970⁹, 1561, 1563, 1565
- Frankreich
S. 27, 29f., 184¹⁵, 243f., 362⁴, 365, 369, 429, 494, 559, 561, 598, 658, 671, 675f.,

686f., 718f., 730, 762, 789f., 793, 795, 877[10], 890, 900f., 919, 945, 959, 968–970, 982[3], 983f., 985[11], 1018, 1156f., 1218, 1259[2], 1374f., 1378, 1386, 1445[5], 1566f., 1643, 1652–1654

− Griechenland
S. 559, 685, 795, 1157, 1375

− Großbritannien
S. 28, 460, 561, 671, 675f., 686, 730, 761f., 786, 789f., 795, 867[3], 877[10], 982–985, 1018, 1157, 1259[2], 1326–1329, 1375, 1564f.

− Irland
S. 605f.

− Israel und KSZE
siehe: Israel

− Italien
S. 28, 30, 33, 392, 658, 685, 718[6], 801, 849, 1157, 1329, 1375, 1566, 1643

− Jugoslawien
S. 27, 30, 368–370, 729, 814, 826–828, 835, 868, 959, 970[9], 1561, 1564f.

− Kanada
S. 29, 394, 460, 547, 561f., 607, 685, 795, 1157, 1328, 1375, 1561–1563, 1643

− Korb I (Prinzipienkatalog)
Dok. 102, 140, 198, 223, 377 und S. 8, 27f., 33, 153[2], 154, 181f., 184[15], 185[16], 186f., 243–245, 391f., 423f., 431[16], 438, 454, 456, 458f., 560f., 598f., 637f., 671–676, 685, 700, 719, 729[13], 730–732, 734, 761, 771[2], 774, 789–791, 793f., 806, 826f., 889–891, 901, 919, 941f., 946, 960, 968–970, 995f., 1018, 1155, 1159, 1161–1163, 1217f., 1221f., 1234, 1375, 1379, 1399–1401, 1443–1461, 1494–1496, 1560, 1562f., 1566, 1594, 1643, 1653

− Korb I (vertrauensbildende Maßnahmen)
Dok. 2, 108, 150, 156, 196 und S. 6–8, 26[2], 27, 33, 52, 184[15], 185[16], 186f., 332f., 391, 431[16], 459–461, 511, 559–561, 597[3], 599, 674, 685–687, 700, 719, 729[13], 730–732, 762, 771[2], 774, 791, 793–795, 806f., 860f., 889[1], 891, 892[14], 941f., 1155f., 1160f., 1218, 1222, 1259[1], 1374f., 1378, 1494, 1496f., 1560, 1562–1566, 1642f.

− Korb II (wirtschaftliche Zusammenarbeit, Umweltschutz)
S. 7[4], 29, 33, 153[2], 185[16], 186[21], 243, 391, 453f., 456, 458, 560, 685, 729[13], 946, 1155f., 1160–1163, 1494f.

− Korb III (Kontakte, Kultur- und Informationsaustausch)
Dok. 142 und S. 7, 27f., 52, 61, 154, 183, 184[14+15], 185[16], 186f., 393, 424[7], 431[16], 453f., 458, 497, 560–562, 597[3], 599, 635[2], 638, 658, 686, 720, 729[13], 730f., 734[33], 761f., 771[2], 774, 791, 793–795, 806f., 848f., 860f., 891f., 901, 919[9], 941f., 946, 970, 996, 1155–1157, 1159, 1161–1163, 1217, 1234, 1259[1], 1328, 1378, 1386, 1444, 1494f., 1560, 1562–1565, 1594, 1653

− Korb IV (Konferenzfolgen, Ständiges Organ)
Dok. 90 und S. 7f., 27–29, 37, 52, 163[4+5], 185[15+16], 186f., 391f., 431[16], 454, 456, 458[2], 560, 562, 635[2], 661f., 719f., 959f., 1157, 1494f., 1561–1566

− Liechtenstein
S. 970[9]

− Luxemburg
S. 333, 559, 849, 1157, 1375, 1566, 1643

− Malta
S. 970[9], 1564, 1566f.

− MBFR
Dok. 290, 304 und S. 6, 8, 26[2], 182, 244, 333, 511, 609[6], 627f., 635[2], 771[2], 873, 987, 990, 1139, 1192, 1301f., 1496f., 1522, 1658

− Mittelmeerraum
S. 27, 33, 559f., 658, 684[4], 685, 699f., 718, 729, 760, 1564, 1566

− multilaterale Vorgespräche
S. 1161, 1233

− NATO und KSZE
siehe: NATO

− Neutrale Staaten
S. 7f., 30, 183, 459f., 635[3], 946, 959, 970, 971[13], 1234, 1328, 1565

− Niederlande
S. 27, 29, 163, 389, 392f., 561, 609[6], 685, 687, 795, 848, 985[11], 1157, 1259[2], 1328, 1495, 1560f., 1564f., 1643

− Norwegen
S. 29, 383, 392, 460, 560f., 636, 685f., 867, 1156f., 1328, 1375, 1563

− Österreich
S. 959, 970[9]

− Polen
S. 349, 507, 867, 1374[12], 1494–1496

− Portugal
S. 30, 1566

- Rumänien
  S. 368–370, 1562, 1663 f.
- Schlußakte
  S. 163, 1653
- Schlußempfehlungen der multilateralen Vorgespräche vom 8.6.1973
  S. 6, 33, 333, 423, 460, 636, 662, 686, 729[13], 1401, 1495
- Schweden
  S. 946, 959, 970[9]
- Schweiz
  S. 718[6], 946, 959, 970[9], 1375
- Spanien
  S. 422[2], 718[6], 729
- Türkei
  S. 393, 460, 687, 795, 867, 1157, 1329, 1375, 1561, 1564
- UdSSR
  Dok. 45 und S. 7f., 26[2], 27–29, 43, 51f., 61f., 153f., 185[18], 209, 243–245, 318, 332–334, 362[4], 365, 368[2], 369, 390–393, 422–424, 458–460, 461[5], 468[27], 493, 547, 560–562, 597, 599, 606, 609[6], 611[2], 627f., 635–638, 658, 661f., 686, 719f., 761–763, 771–774, 786, 789f., 793–795, 801, 804[19], 805–807, 814, 826f., 848f., 859–861, 866[2], 867–869, 873, 875–877, 879, 889–892, 901, 919, 946, 984, 995f., 1156–1163, 1191, 1194, 1217f., 1221f., 1234f., 1259f., 1326[3], 1327f., 1345, 1348, 1374–1376, 1385f., 1392, 1399f., 1423, 1445f., 1561–1567, 1574, 1594, 1642f., 1652–1654, 1658
- Ungarn
  S. 497f., 608[4], 867
- USA
  Dok. 179, 326 und S. 26[2], 28, 30, 61, 185[18], 318, 332, 350[2], 365, 368[2], 369, 400, 417, 428, 438, 458[2], 460, 461[5], 494, 514, 547, 597, 607, 635, 637, 658, 671, 675f., 678, 684–686, 699f., 718f., 729–732, 734, 739, 760–762, 786, 789f., 794, 801, 817, 834f., 848, 860, 873, 875–877, 879, 889–892, 919[9], 945[12], 946, 969, 982[3], 983[4+8], 995f., 1155–1157, 1163, 1217f., 1221f., 1259f., 1326–1329, 1375, 1399f., 1561, 1562[12], 1563–1566, 1594f., 1653f., 1662
- Volksrepublik China und KSZE
  siehe: Volksrepublik China
- Warschauer Pakt und KSZE
  siehe: Warschauer Pakt

- Zypern
  S. 970[9]

Kuba
S. 563[6], 1377
- Algerien und Kuba
  siehe: Algerien
- Berlin und Kuba
  siehe: Berlin
- Bundesrepublik Deutschland
  S. 563, 1250
- DDR und Kuba
  siehe: DDR
- UdSSR
  S. 185, 208
- USA
  S. 1249

Kuwait
S. 3[3], 776
- Bundesrepublik Deutschland
  S. 276, 372f., 541[3]
- Energiepolitik und Kuwait
  siehe: Energiepolitik
- Europäische Politische Zusammenarbeit
  S. 981

Le Monde (Paris)
S. 1601[9]

Libanon
S. 1216[9], 1544
- Bundesrepublik Deutschland
  S. 374, 541[3]
- Frankreich und Libanon
  siehe: Frankreich
- Israel und Libanon
  siehe: Israel
- Nahost-Konflikt und Libanon
  siehe: Nahost-Konflikt

Liberia
S. 812[14]

Libyen
S. 3[3], 532, 1544, 1667f.
- Ägypten und Libyen
  siehe: Ägypten
- Bundesrepublik Deutschland
  Dok. 62 und S. 227[4], 264, 277, 373
- Energiepolitik und Libyen
  siehe: Energiepolitik
- Europäische Gemeinschaften
  S. 35[22], 271[41]

- Tunesien
  S. 547
- UdSSR
  S. 532 f.
- USA
  S. 533

Liechtenstein
- KSZE und Liechtenstein
  siehe: KSZE

Luxemburg
S. 1113, 1124[16]
- Bundesrepublik Deutschland
  S. 549
- EG-Mitglied
  siehe: Europäische Gemeinschaften
- Energiepolitik und Luxemburg
  siehe: Energiepolitik
- Europäische Politische Zusammenarbeit und Luxemburg
  siehe: Europäische Politische Zusammenarbeit
- Internationales Währungssystem und Luxemburg
  siehe: Internationales Währungssystem
- KSZE und Luxemburg
  siehe: KSZE
- MBFR und Luxemburg
  siehe: MBFR
- Nahost-Konflikt und Luxemburg
  siehe: Nahost-Konflikt
- NATO-Mitglied
  siehe: NATO
- Nichtverbreitungsvertrag und Luxemburg
  siehe: Nichtverbreitungsvertrag
- Polen
  S. 1024[4]
- SALT
  S. 1315
- UNO-Mitglied
  siehe: UNO
- Zypern-Konflikt und Luxemburg
  siehe: Zypern-Konflikt

Madagaskar
S. 900[5], 902[12]

Mali
S. 900[5]

Malta
- KSZE und Malta
  siehe: KSZE

Marokko
S. 547 f., 778
- Ägypten und Marokko
  siehe: Ägypten
- Algerien und Marokko
  siehe: Algerien
- Bundesrepublik Deutschland
  S. 227[4], 776
- Europäische Gemeinschaften
  S. 35[22], 271[41], 776
- Nahost-Konflikt und Marokko
  siehe: Nahost-Konflikt
- Syrien
  S. 548[16]
- USA
  S. 548, 1238[8], 1266[9], 1333

Mauretanien
S. 900[5], 1216[9]

MBFR (Mutual and Balanced Force Reduction)
Dok. **6, 9, 40, 52, 119, 147, 224, 258, 296, 308, 375** und S. 304, 529, 684[3], 772, 793, 860, 945, 1324[12], 1524[18]
- Ad-hoc-Gruppe der NATO in Wien
  S. 19[3], 20, 25, 157–159, 161, 297[5], 300[10], 301, 628, 990, 1139, 1522, 1523[14], 1524[17], 1552, 1612[19]
- Belgien
  S. 38[2], 156, 161, 206 f., 384, 393, 431[15], 498, 509, 625[1], 627[7], 725, 849, 859, 988, 990, 1519, 1521, 1548[3], 1550[8], 1643 f.
- Bulgarien
  S. 454 f., 457
- Bundesrepublik Deutschland
  Dok. **86, 274, 298** und S. 22[11], 25[15], 37–40, 38[2], 134–138, 157[3], 158, 207 f., 295–299, 365, 381, 390, 393, 400, 419–422, 431 f., 438, 453, 456 f., 479–482, 498 f., 507, 509, 608[4], 626–628, 637, 678, 702, 722–726, 762, 786, 859, 925–928, 931, 960, 988–990, 1116, 1132–1141, 1150, 1190, 1192, 1194, 1242, 1254 f., 1260 f., 1285–1288, 1312, 1326 f., 1338[2], 1339, 1377 f., 1496 f., 1519, 1521, 1523 f., 1548–1552, 1650, 1652, 1655, 1657
- „common ceiling"
  S. 19[2], 21–23, 25, 39, 136 f., 158, 160, 209, 297[5], 298–300, 351[7], 353–355, 387, 389, 393, 420, 431, 438, 456 f., 480 f., 510 f., 627, 723, 762, 931, 988, 991, 1136–1140, 1192, 1207, 1254 f., 1286–1288,

1295 f., 1298, 1300, 1338, 1496, 1522 f., 1549, 1552⁹, 1642, 1644, 1651, 1656 f.
- „constraints" (Bewegungsbegrenzungen) S. 24, 1150
- ČSSR
S. 38², 156, 158, 299 f., 384 f., 387, 431¹⁵, 457, 498, 625¹, 626², 627⁷, 951, 959, 990, 1656⁷
- Dänemark
S. 161, 1326, 1327 f.
- Datendiskussion
S. 23, 25, 511, 627, 991, 1139 f., 1287 f., 1497, 1520 f., 1524¹⁶, 1549, 1551, 1552⁹
- DDR
S. 38², 134, 296², 298–300, 498, 509, 626², 627⁷, 722, 725¹², 989 f., 1339, 1519, 1521
- Emissärgespräche
Dok. 39, 72, 94, 343 und S. 21, 24 f., 38, 206–208, 350³, 351, 509 f., 626 f., 723⁵, 725¹¹⁺¹², 927, 986, 987⁸⁺⁹, 990, 1548, 1656⁷
- Europäische Gemeinschaften und MBFR
siehe: *Europäische Gemeinschaften*
- Europäische Politische Zusammenarbeit und MBFR
siehe: *Europäische Politische Zusammenarbeit*
- Explorationsgespräche vom 31.1. bis 28.6.1973
S. 22¹⁰, 24, 38¹, 135 f., 298, 353, 356, 385, 1295⁴
- FBS (Forward Based Systems) S. 1648
- Frankreich
S. 165, 296², 628, 726, 1082, 1116, 1140¹³, 1207 f., 1259², 1286 f., 1378, 1653
- Griechenland
S. 161, 207 f.
- Großbritannien
S. 25¹⁵, 156, 157³, 158, 160, 207 f., 300, 350², 352, 384–387, 419–421, 431¹⁵, 479, 509, 512, 627⁷, 723, 725¹¹, 762, 786, 990, 1132, 1134, 1150, 1259², 1286 f., 1298, 1301, 1326–1329, 1339, 1519², 1523, 1548³, 1550 f., 1649, 1655
- Italien
S. 136⁸, 159², 161, 208, 393, 498, 608⁴, 849, 1301, 1329, 1522, 1548³

- Kanada
S. 22¹¹, 161, 207, 297 f., 300, 394, 431¹⁵, 509, 512, 723, 1328, 1519², 1548³
- KSZE und MBFR
siehe: *KSZE*
- Landstreitkräfte
S. 206³, 350³, 454, 456, 481, 498, 512, 723³⁺⁵, 724⁷, 725¹², 959, 987, 989, 991, 1139 f., 1208, 1286⁴, 1295, 1338, 1519, 1521, 1523, 1548²⁺³, 1549⁶, 1550⁸, 1551, 1552⁹, 1642, 1655–1657
- Luftstreitkräfte
S. 25¹⁵, 39 f., 63, 206³, 208 f., 299, 300¹⁰, 352, 356, 384 f., 420⁷, 454, 456, 481, 498, 510–512, 609⁶, 628, 723³, 959, 1136, 1138 f., 1287, 1288¹², 1296, 1497, 1519, 1521, 1523, 1548²⁺³, 1549⁶, 1550⁸, 1551, 1552⁹, 1655–1657
- Luxemburg
S. 38², 161, 299, 431¹⁵, 498, 509, 626, 627⁷, 927⁸, 990, 1519²
- NATO
Dok. 288 und S. 19²⁺³, 20–22, 25, 38, 40, 63, 135–137, 157, 159², 185¹⁷, 207–209, 296², 297–301, 352–357, 381, 384³, 385, 387–394, 420–422, 479, 481 f., 495⁴, 508–513, 625¹, 627, 637, 723–725, 754 f., 758, 791, 817 f., 834, 848, 925², 926 f., 987, 989–991, 1132, 1134–1141, 1285–1288, 1294–1301, 1302¹⁴, 1326–1329, 1339, 1519, 1521–1524, 1548–1552, 1612, 1640, 1642–1644, 1648–1653, 1655–1658
- Nichtumgehungsvereinbarungen
S. 356 f., 481, 1138 f.
- Niederlande
S. 37, 38², 160 f., 207, 431¹⁵, 498, 509, 609⁶, 627⁷, 725, 748, 752, 754 f., 786, 848, 927⁸, 987⁹, 988, 990 f., 1259², 1328, 1519², 1548³, 1550⁸, 1607, 1610¹⁰, 1642–1644, 1651–1653, 1655, 1658
- Norwegen
S. 161, 1328
- nukleare Streitkräfte
S. 40, 63, 206³, 208 f., 299, 300¹⁰, 352, 356, 384–386, 454, 456 f., 481, 509 f., 512, 609⁶, 628, 723³, 726, 959, 989, 1288, 1497, 1520, 1607
- „Option III" des amerikanischen MBFR-Vorschlags vom 16.4.1973
Dok. 101 und S. 160, 419 f., 1132, 1134–1138, 1140, 1150, 1207, 1295–1298, 1312, 1642–1644, 1648–1653, 1658

MBFR

- Plenarsitzungen
  S. 19f., 23f., 38, 159, 206, 208, 298, 481, 509, 625[1], 626, 628, 723[3], 724[7+8], 986, 1549, 1552[9]
- Polen
  S. 38[2], 39, 134, 156, 208, 300, 384, 431[15], 457, 498, 507, 509, 626[2], 627[7], 989f., 1338[2], 1496f., 1519, 1521, 1656[7]
- prozentuale Reduzierung
  S. 333, 387, 959, 1207f., 1254f.
- Rahmenvorschläge der NATO-Mitgliedstaaten vom 22.11.1973 für die MBFR-Verhandlungen
  S. 19[3], 38, 134f., 158, 207f., 296, 298, 351–353, 355, 387, 389, 420, 454f., 625[1], 626f., 722, 926, 987, 1254[4], 1286, 1294, 1338, 1378, 1496, 1522, 1648, 1651, 1655
- Reduzierungsphasen
  Dok. 209 und S. 23–25, 38f., 136–138, 157–161, 208f., 295, 296[2], 297[5], 298–300, 350[2+3], 351, 353–355, 384[3], 387, 393, 420, 431, 438, 455, 480–482, 498, 510, 512, 609[6], 626–628, 723[5], 724[7], 725, 931, 987–991, 1136–1141, 1150, 1286, 1288, 1294f., 1297–1299, 1302[14], 1338, 1496f., 1522, 1523[14], 1642[12], 1656–1658
- Reduzierungsraum
  S. 21[9], 38[2], 39, 134, 297, 299f., 354, 356f., 384[2], 480f., 627[7], 637, 1137, 1140[13], 1207, 1286, 1295, 1297, 1300f., 1338[2], 1521, 1523, 1550, 1657
- Reduzierung von einheimischen und stationierten Streitkräften
  Dok. 32 und S. 25, 63, 157f., 159[2], 206[3], 208, 296[2], 297–300, 350[3], 351–357, 365, 431, 438, 455, 480f., 512f., 625[1], 626, 722, 762, 925[2], 926[3], 927, 986–988, 991, 1116, 1139f., 1294–1297, 1300, 1378, 1496f., 1642[12], 1656, 1658
- Rumänien
  S. 207, 509, 990
- SALT
  S. 420[7], 438, 457, 511, 1139, 1140[13], 1149, 1154f., 1312, 1658
- sowjetischer Entwurf vom 8.11.1973 für ein MBFR-Abkommen
  S. 23, 351, 355, 454, 625[1], 626[2], 723f., 988, 1519
- stabilisierende Maßnahmen
  S. 8, 19[3], 20f., 23f., 26[2], 159[2], 160f., 209, 353f., 356f., 511, 635[2], 637, 926, 1140[13], 1207, 1301
- Stillhalteabsprachen und Moratorien
  Dok. 112, 349 und S. 209, 510, 512, 628, 723, 725, 927, 987, 989, 1288, 1298, 1519–1523, 1524[16+18], 1644, 1655f., 1658
- symbolische Reduzierungsstufe
  S. 297[5], 299, 384[3], 387, 479f., 510, 512, 627f., 723–726, 959, 988, 1208[6], 1255, 1287, 1299f., 1338, 1496f., 1519f., 1655–1657
- Teilnehmerfrage
  S. 25, 134, 136f., 158, 298, 353, 356, 387, 431, 480f., 626, 725[12], 926f., 1208[6], 1286, 1288, 1297–1299, 1301, 1520, 1522, 1524[16], 1550, 1656
- Türkei
  S. 161, 207f., 393, 1329, 1522
- UdSSR
  Dok. 170 und S. 21, 22[10+11], 23f., 26[2], 37–40, 134f., 137, 156, 158, 185[17], 206[3], 207–209, 295, 296[2], 297–301, 318, 333, 351–356, 365, 384–388, 390, 394, 420, 430f., 455f., 479–481, 498f., 509f., 512, 609[6], 625–628, 752, 754, 762, 771[2], 848, 873, 926f., 931f., 987–989, 991, 1141, 1150, 1192, 1194, 1208, 1254f., 1259f., 1285–1288, 1294–1299, 1301, 1312, 1326[3], 1327, 1338[2], 1377f., 1496f., 1519–1521, 1524[16], 1552[9], 1642[12], 1650f., 1653–1658
- Ungarn
  S. 23[12], 136[8], 161, 353, 356, 480[6], 481, 498f., 608[4], 627[7], 1301, 1524[16]
- USA
  S. 19[2], 20f., 22[10+11], 23f., 25[15+16], 38f., 156, 158–161, 206[3], 207f., 209[10], 296–301, 296[2], 318, 350–352, 354f., 357, 365, 384, 387, 400, 419–422, 430f., 438, 455f., 480f., 498, 509, 512, 626–628, 722–724, 726, 752, 762, 771[2], 817f., 834, 848f., 873, 925[2], 926f., 931f., 987–991, 1132–1141, 1192, 1207f., 1242, 1254f., 1259f., 1285f., 1294–1301, 1312, 1326–1329, 1337–1339, 1377f., 1444, 1496f., 1519–1521f., 1548[3], 1550f., 1552[9], 1642, 1648, 1650–1652, 1655, 1656[7], 1657f.
- Verifikationen
  S. 209, 353f., 357, 420[7], 926, 1207, 1300–1302
- vertrauensbildende Maßnahmen
  S. 498, 1140[13], 1522
- Volksrepublik China und MBFR
  siehe: *Volksrepublik China*

- Warschauer Pakt
  S. 19³, 22¹¹, 23, 25¹⁶, 39, 40⁶, 134–136, 158, 161, 207–209, 296², 297–301, 352, 384³, 385, 456, 481 f., 508–512, 625¹, 627⁷, 723³, 724, 758, 926⁵, 927⁸, 987, 989–991, 1136, 1288, 1296 f., 1299, 1519², 1521, 1523¹⁴⁻¹⁶, 1548², 1550⁸, 1552⁹, 1642¹², 1644⁷, 1655, 1656⁷, 1657

Mexiko
S. 1635¹²
- Bundesrepublik Deutschland
  Dok. 36
- Energiepolitik und Mexiko
  siehe: Energiepolitik
- Jugoslawien und Mexiko
  siehe: Jugoslawien
- UNO-Mitglied
  siehe: UNO

Mongolische Volksrepublik
Dok. 20

Mosambik
S. 592⁵, 593⁸, 594

Moskauer Vertrag vom 12.8.1970
S. 44, 153², 182, 422–424, 598, 640, 642¹³, 789, 935, 978, 1158, 1170, 1188, 1340, 1343 f., 1348 f., 1351, 1354, 1382, 1383¹², 1396, 1400¹⁷
- Präambel
  S. 800⁴
- Artikel 2
  S. 44¹¹, 245, 826
- Artikel 3
  S. 154, 245, 391¹⁰, 422, 676, 826
- „Brief zur deutschen Einheit"
  S. 672, 676, 969, 1664
- Leitsätze vom 20.5.1970 für einen Vertrag („Bahr-Papier") bzw. Absichtserklärung vom 12.8.1970
  S. 291

Multi Role Combat Aircraft (MRCA)
S. 629–632, 742⁴, 744¹⁰

Mutual and Balanced Force Reduction
siehe: MBFR

Nahost-Konflikt
Dok. 24 und S. 3, 62, 119, 263, 279², 475, 488, 518, 527, 813, 1267

- Ägypten
  S. 42⁶, 46, 57, 97 f., 121, 125⁶, 303, 310–313, 514, 530–532, 555, 563, 733, 795, 810 f., 838¹⁴, 885 f., 976, 1050, 1052, 1142–1145, 1266¹¹, 1333 f., 1574 f., 1635–1637, 1638 f.
- Algerien
  S. 513 f., 527–529, 532, 562, 1333
- Arabische Liga
  S. 542, 1637
- Arabische Staaten
  S. 41–46, 52–54, 58, 164¹², 309, 400¹⁹, 493, 527 f., 531, 533¹³, 538, 657, 777, 810 f., 814–816, 878 f., 886, 1054, 1142–1145, 1238, 1244, 1266, 1333, 1465⁷, 1499 f., 1636
- Belgien
  S. 1465
- Bulgarien
  S. 455
- Bundesrepublik Deutschland
  Dok. 293 und S. 41³, 42–46, 52–54, 58, 93, 122¹⁷, 227 f., 253, 304, 317¹⁰, 371 f., 375¹⁷, 381, 390, 529, 534, 536, 538, 562, 609, 795, 834, 837, 976 f., 1014, 1051¹⁴, 1142–1145, 1176, 1216, 1220 f., 1238, 1345, 1465, 1471, 1499 f., 1504², 1505–1507, 1527, 1574 f., 1636, 1639
- Dänemark
  S. 1142, 1144
- Europäische Gemeinschaften
  S. 99, 120, 123 f., 126, 294, 429, 469³², 536–538, 1238
- Europäische Politische Zusammenarbeit
  S. 31, 34, 52–54, 93 f., 164¹², 169, 188–190, 198¹⁰, 202, 260 f., 265, 267, 273⁴⁵, 287, 311, 315–317, 335², 336, 339, 381, 399, 404, 453, 465, 475 f., 478, 484, 492 f., 527–529, 531, 542, 544, 563, 564⁸, 657, 713 f., 728, 777, 795, 815, 878 f., 1014, 1112, 1142, 1144, 1176, 1332–1334, 1463–1465, 1505 f., 1669
- Frankreich
  S. 42, 125, 273⁴⁵, 280⁶, 317¹⁰, 362⁴, 400, 404, 429, 433, 484, 555, 796, 1143 f., 1332, 1463–1465, 1506⁶, 1574, 1652¹⁸
- Genfer Verhandlungen
  S. 35²⁰, 43, 45, 53 f., 58, 96, 120 f., 189 f., 400²¹, 433, 530 f., 533, 534¹⁸, 537⁸, 555, 714⁵, 733, 772, 795, 810 f., 872¹³, 873¹⁴,

1781

878, 886, 976f., 1053, 1334, 1500, 1545, 1574f., 1635–1638
- Griechenland
  S. 1021, 1645
- Großbritannien
  S. 42, 125, 252^6, 312, 1144, 1465, 1506
- Irak
  S. 227f.
- Iran
  S. 303
- Israel
  S. 41, 42^6, 43, 44^{12}, 45, 52f., 57f., 95, 97f., 121, 125f., 189f., 309–313, 493, 514, 527f., 530f., 533^{13}, 555, 563, 657, 732f., 750, 777, 791, 810f., 814f., 838^{14}, 873^{14}, 878, 977, 1020, 1050, 1052, 1054, 1176, 1238, 1244, 1266^{11}, 1332–1334, 1464, 1465^7, 1472^{18}, 1499f., 1504^{2+3}, 1505–1507, 1538, 1545, 1574f., 1636f.
- israelisch-arabischer Krieg 1973 („Jom-Kippur-Krieg")
  S. 530^5, 546, 547^{15}, 548, 724, 814, 816, 838, 840, 885, 887, 997^{24}, 1020
- Italien
  S. 1333^5, 1645
- Japan
  S. 1659
- Jordanien
  S. 58, 98, 303, 531, 732^{23}, 733, 815, 976, 1052–1054, 1266^{11}, 1333f., 1545
- Jugoslawien
  S. 503, 810f., 814f., 837, 841
- Libanon
  S. 810f.
- Luxemburg
  S. 1464
- Marokko
  S. 548, 1333
- NATO
  S. 57^2, 94–100, 253, 309–313, 381, 609, 732^{23}, 750, 791, 795f., 846, 1021, 1645f., 1659
- Niederlande
  S. 609^6, 1142, 1144, 1465, 1506, 1607
- Palästina-Frage
  Dok. 331 und S. 42, 44f., 54^9, 55^{11}, 95, 98, 121, 400^{19}, 455, 527f., 531, 533^{13}, 537^8, 562–564, 733, 777f., 795, 815, 872^{13}, 873^{14}, 878, 886, 976f., 1142–1145, 1176, 1220, 1238, 1332^3, 1334, 1499f., 1504^2, 1505–1507, 1544, 1636^5, 1637
- Saudi-Arabien
  S. 532, 814f., 1266^{11}, 1333
- „Schwarzer September"
  S. 1048^2
- „Sechs-Punkte-Plan" vom 11.11.1973
  S. 811
- Sechs-Tage-Krieg vom 5. bis 10.6.1967
  S. 41^5, 42^6, 55^{11}
- Suez-Kanal
  S. 57, 96–98, 125^6, 400^{21}, 548, 1554^8
- Suez-Krise 1956
  S. 125
- Syrien
  S. 96, 97f., 121, 282, 303, 310–313, 514, 530f., 555, 732, 791, 795, 811, 838^{14}, 976, 1014, 1020, 1050, 1266^{11}, 1333, 1575, 1594, 1636
- Tunesien
  S. 777, 1637
- Türkei
  S. 1645
- UdSSR
  S. 44, 46, 57f., 61, 95–98, 120, 123, 125, 164^{12}, 169, 177^4, 189f., 245, 280^6, 282, 309–313, 362^4, 389f., 429f., 431^{16}, 486, 493, 514, 516, 527, 530, 546, 597^3, 609^6, 714^5, 732^{23}, 733, 772, 795, 811, 813–816, 845f., 859, 872f., 878f., 885f., 976f., 1176, 1345, 1500, 1527, 1545, 1574f., 1594, 1607, 1636, 1645, 1652^{18}
- UNO
  S. 42^6, 44, 97, 99, 125^6, 189, 309–311, 313, 455, 732^{23}, 1053, 1142–1145, 1176, 1216, 1220, 1238, 1463–1465, 1505–1507, 1509, 1575, 1645
- USA
  S. 46, 57–59, 75, 93–100, 120, 123, 125^6, 126, 164^{12}, 169, 170^{13}, 177^4, 189f., 230, 238^6, 245, 252f., 258, 260, 262, 264, 280, 282f., 288, 294, 303, 309–313, 316f., 317^{10}, 318f., 335^2, 336, 339, 389f., 399f., 404, 429, 431^{16}, 484, 486, 492f., 513f., 516, 527, 530f., 541, 544, 546, 555, 597^3, 609, 683^{10}, 699, 714^5, 732f., 760, 772, 777, 795, 810f., 813–815, 834, 846, 872f., 878f., 885f., 997^{24}, 1050, 1052, 1143f., 1216, 1221, 1244, 1266, 1333, 1464f., 1500, 1506, 1527, 1545, 1574f., 1594, 1636–1638, 1659

- Warschauer Pakt
  S. 533

NATO (North Atlantic Treaty Organization)
Dok. 348 und S. 10, 39, 126[9], 128[7], 162[2], 209, 238[4+5], 258[17], 267[36], 275, 317[10], 371–373, 375[17], 417, 430, 589, 596, 625, 679, 823f., 992, 1183[23], 1224, 1241f., 1385, 1595

- Bericht des NATO-Ministerrats vom 14.12.1956 über die nicht-militärische Zusammenarbeit
  S. 379, 381, 383
- Bericht des NATO-Ministerrats vom 13./14.12.1967 über die künftigen Aufgaben der Allianz („Harmel-Bericht")
  S. 379, 381, 383
- Ausschuß für Verteidigungsplanung (DPC)
  Dok. 176, 366 und S. 230, 385[7], 748[12], 749, 1336[9], 1337[10], 1604[3], 1605, 1640
- Belgien
  S. 156[6], 274, 379f., 392, 394, 560, 685, 742f., 746, 748, 753, 755, 758, 844, 848f., 869, 879, 965f., 1028, 1157, 1313, 1336f., 1548[3], 1550[8], 1565, 1600–1602, 1606–1608, 1643f.
- Berlin und NATO
  siehe: Berlin
- Bundesrepublik Deutschland
  Dok. 71, 141, 214 und S. 156[6], 233, 276, 293, 381, 390–392, 394, 401[23], 410, 497, 499, 503, 560, 638, 669, 684, 700f., 703, 712, 720[11], 742[4], 743f., 746–751, 753–755, 760, 793–796, 810, 844, 846f., 856, 930, 966, 993, 1028–1030, 1037f., 1049, 1055[4], 1093, 1117, 1119, 1157, 1201f., 1204[2], 1205f., 1312f., 1317, 1327, 1336f., 1445[4], 1474, 1523f., 1550[8], 1565f., 1600, 1602f., 1605–1607, 1610f., 1631[5], 1632, 1640f., 1643, 1649f., 1652f., 1660, 1662
- CENTAG
  S. 1117
- Dänemark
  S. 274, 383, 392, 487, 560, 562, 686, 703, 742, 744, 869, 1156, 1315, 1326, 1328, 1336f., 1565, 1605, 1609
- DDR und NATO
  siehe: DDR
- Deutsche Frage und Wiedervereinigung
  siehe: Deutsche Frage
- Energiepolitik und NATO
  siehe: Energiepolitik
- Eurogroup
  Dok. 174, 175, 364 und S. 155f., 669, 754f., 758, 1093, 1115, 1117, 1589[7], 1608, 1611, 1640
- „Europackage"
  S. 745, 1604
- Europäische Gemeinschaften und NATO
  siehe: Europäische Gemeinschaften
- Europäische Politische Zusammenarbeit und NATO
  siehe: Europäische Politische Zusammenarbeit
- „flexible response"
  S. 385f., 686, 751, 752[10], 1546, 1650
- Frankreich
  S. 30, 73f., 155, 229–233, 238[5], 239f., 266, 281[12], 295, 314f., 368[5], 378–382, 402, 410, 490, 559, 561, 617f., 669, 686f., 703, 720, 742, 746–748, 760, 793, 795–797, 829, 831, 844, 847, 882f., 943[3], 944–946, 966, 1028, 1055[4], 1058, 1082, 1093, 1114f., 1116[32], 1117f., 1131, 1156f., 1204[2], 1259[2], 1314, 1445[4], 1462, 1541, 1566f., 1643, 1652–1654, 1660–1662
- Griechenland
  S. 208, 276, 383, 559, 685, 754, 795, 797, 965, 1028–1030, 1035, 1038, 1127, 1130f., 1156f., 1201f., 1204[2], 1205f., 1215, 1336f., 1501, 1599, 1640, 1642, 1645
- Großbritannien
  S. 156[6], 208, 233, 401[23], 460, 463, 561, 617f., 633[1], 634[4], 686, 702f., 742[4], 743–749, 753f., 758, 760, 786, 795–797, 856, 929, 943[3], 964–966, 1028f., 1093, 1157, 1259[2], 1312f., 1317, 1326–1329, 1336f., 1462, 1523, 1541, 1548[3], 1550[7+8], 1554, 1556, 1564f., 1600, 1602–1606, 1608–1610, 1643, 1645, 1649, 1661f., 1675
- Iran und NATO
  siehe: Iran
- Irland und NATO
  siehe: Irland
- Island
  S. 358[3], 683, 797, 843, 1631f., 1674f.
- Israel und NATO
  siehe: Israel
- Italien
  S. 156[6], 208, 274, 392, 394, 401[23], 685, 742[4], 746f., 754, 758, 844, 849, 878, 966,

NATO

1157, 1313, 1329, 1336f., 1522, 1548³, 1567, 1601, 1607, 1610, 1643, 1645
- Jugoslawien und NATO
 siehe: *Jugoslawien*
- Kanada
 S. 234, 383, 390, 395, 460, 547, 560–562, 589, 685f., 742⁴, 743, 745¹⁴, 795, 843, 869, 871, 883, 1157, 1313, 1328, 1548³, 1561–1563, 1610, 1643
- KSZE
 Dok. 7, 130, 161, 262, 351 und S. 8, 163, 181, 243, 368f., 381, 388–394, 431¹⁶, 460, 461⁵, 494, 495⁴, 598f., 608, 610¹, 636, 660–662, 674, 730, 786, 791, 793–795, 817, 834, 848f., 866f., 868⁵, 869, 873, 879f., 891f., 945f., 983f., 1221, 1259, 1326–1329, 1400, 1444, 1494³, 1640f., 1643, 1652–1654
- Luxemburg
 S. 156⁶, 559, 683, 703, 844, 849, 966, 1157, 1315, 1566, 1643
- „massive retaliation"
 S. 1650
- MBFR und NATO
 siehe: *MBFR*
- Militärausschuß
 S. 234, 750, 753, 755f., 965, 1030, 1605, 1608, 1612¹⁸, 1675
- Multilaterale Atomstreitmacht (MLF)
 S. 401
- Nahost-Konflikt und NATO
 siehe: *Nahost-Konflikt*
- Niederlande
 S. 156⁶, 274, 381, 392f., 561, 608, 685, 687, 703, 742–744, 746–749, 753–755, 757, 795, 797, 844, 848, 929, 943, 945, 966, 1157, 1259², 1313f., 1328, 1548³, 1550⁸, 1560, 1564f., 1601–1605, 1607–1610f., 1643f., 1651
- Nordatlantische Versammlung
 S. 1392³⁷, 1393³⁸
- Norwegen
 S. 156⁶, 274, 383, 392, 460, 560f., 685f., 742–744, 746, 755, 758, 966, 1156f., 1313, 1328, 1563, 1599f., 1603–1605, 1608, 1611, 1644f.
- Nukleare Planungsgruppe
 S. 230, 751⁵, 1335–1337, 1640
- „Oslo-Studie"
 S. 1600f.
- Politischer Ausschuß
 S. 26–30, 162¹¹, 479, 561, 660⁴, 685⁷, 856, 869⁶, 1259², 1326–1329, 1548³, 1550⁷, 1551
- Portugal
 Dok. 307 und S. 753, 758, 797, 847, 966, 1566, 1609, 1661
- SACLANT
 S. 756
- SALT
 Dok. 61, 301 und S. 193, 818f., 834, 848, 871f., 1153, 1252f., 1325¹², 1546, 1647–1653
- Spanien und NATO
 siehe: *Spanien*
- SPC
 S. 479
- Ständiger Rat
 Dok. 75 und S. 19³, 30, 57², 164¹³, 165¹⁴, 191³, 193⁸, 207, 232–235, 253f., 287³, 295, 378–383, 388–395, 420, 431¹⁶, 434²⁷, 484¹³, 509, 559–562, 596¹⁰, 633¹, 638, 660–662, 683–687, 702³, 720¹¹, 794, 869–874, 877–884, 892, 944f., 964–966, 1028–1030, 1134, 1136–1139, 1141, 1153, 1155–1157, 1252, 1259², 1312–1318, 1445⁵, 1519, 1523, 1552⁹, 1554, 1556, 1559–1567, 1604, 1610
- Tagungen des NATO-Ministerrats
 siehe: *Konferenzen und Verhandlungen*
- Transatlantische Erklärungen und NATO
 siehe: *Transatlantische Erklärungen*
- Türkei
 S. 208, 232, 274, 382, 393, 460, 649⁶, 687, 744, 746, 748, 795, 965, 1020⁸, 1028f., 1035, 1038, 1127, 1130f., 1157, 1201f., 1313, 1329, 1474, 1501, 1522, 1564, 1588³, 1606f., 1640, 1642, 1645
- UdSSR und NATO
 siehe: *UdSSR*
- USA
 S. 13, 99, 124, 130, 132, 165, 207, 229–235, 238⁴, 239f., 253, 287³, 293, 295, 309–315, 319, 337, 378–383, 395, 397⁸⁺⁹, 401²³, 402, 404, 413, 431, 460, 484¹³, 494, 514, 547, 560–562, 589, 609, 633¹, 634⁴, 667, 684–686, 720¹¹, 732²³, 742, 745–747, 749, 751–754, 757f., 791–795, 816–820, 844–849, 869–874, 877–884, 929f., 943³, 944f., 965, 993, 995¹⁵, 1028, 1055⁴, 1117–1119, 1135f., 1155–1157, 1202, 1239,

1259, 1312–1318, 1326–1329, 1335², 1336f., 1443f., 1446, 1522, 1547, 1548³, 1550⁸, 1561, 1563–1565, 1588³, 1600⁴, 1602, 1604, 1606–1608, 1611, 1641, 1643, 1646–1655, 1658–1660, 1662
- Volksrepublik China und NATO
  siehe: Volksrepublik China
- Warschauer Pakt
  S. 388, 750, 756, 794, 1202, 1206
- Wirtschaftsausschuß
  S. 29
- Zypern-Konflikt und NATO
  siehe: Zypern-Konflikt

NATO-Vertrag vom 4.4.1949
S. 276¹³, 383, 844, 847
- Artikel 4
  S. 312, 379, 381
- Artikel 5
  S. 796
- Artikel 6
  S. 229², 845

Nepal
S. 99¹¹, 812¹⁴

Neue Ruhr Zeitung (Essen)
S. 173

Neues Deutschland (Ost-Berlin)
S. 1615¹²

Neuseeland
S. 374, 894⁴, 1180, 1635¹²

New York Times
S. 61

Nhan Dan (Hanoi)
S. 1467

Nichtverbreitungsvertrag vom 1.7.1968
S. 467, 924, 1001–1004, 1057, 1151, 1440–1442, 1520
- Belgien
  S. 613
- Brasilien
  S. 1584³, 1585f.
- Bundesrepublik Deutschland
  Dok. 143 und S. 977f., 1152, 1377, 1498, 1584³
- Dänemark
  S. 612f.
- Europäische Gemeinschaften
  S. 613, 1498
- Europäische Politische Zusammenarbeit
  S. 614f.
- Frankreich
  S. 1152, 1441, 1460, 1462
- Großbritannien
  S. 614, 1151f., 1460
- Indien
  S. 977f., 1002⁴, 1152
- Iran
  S. 1152
- Irland
  S. 612f.
- Italien
  S. 467f., 613, 615, 1081, 1498
- Japan
  S. 1152
- Kanada
  S. 1152
- Luxemburg
  S. 613
- Niederlande
  S. 613
- Polen
  S. 1498
- UdSSR
  S. 614–616, 977f., 1151f., 1377
- USA
  S. 612, 614, 978, 1151, 1377, 1584³
- Verifikationsabkommen
  S. 468, 611–613, 615, 978, 1055⁵, 1056, 1057¹⁰, 1082⁷, 1460, 1498
- Zangger-Komitee
  S. 1002f., 1152

Niederlande
S. 3³, 12¹², 666, 840, 930¹⁰, 995, 1113, 1124¹⁶, 1601, 1637⁸, 1661
- Algerien und Niederlande
  siehe: Algerien
- Arabische Staaten und Niederlande
  siehe: Arabische Staaten
- Belgien und Niederlande
  siehe: Belgien
- Bundesrepublik Deutschland
  S. 274, 693, 907, 943, 1055–1058, 1356²⁸, 1442, 1458–1463, 1610¹⁰, 1676
- EG-Mitglied
  siehe: Europäische Gemeinschaften
- Energiepolitik und Niederlande
  siehe: Energiepolitik

1785

- Europäische Politische Zusammenarbeit und Niederlande
  siehe: Europäische Politische Zusammenarbeit
- Frankreich und Niederlande
  siehe: Frankreich
- Großbritannien und Niederlande
  siehe: Großbritannien
- Internationales Währungssystem und Niederlande
  siehe: Internationales Währungssystem
- Israel und Niederlande
  siehe: Israel
- KSZE und Niederlande
  siehe: KSZE
- MBFR und Niederlande
  siehe: MBFR
- Nahost-Konflikt und Niederlande
  siehe: Nahost-Konflikt
- NATO-Mitglied
  siehe: NATO
- Nichtverbreitungsvertrag und Niederlande
  siehe: Nichtverbreitungsvertrag
- PLO
  S. 1506
- Polen
  S. 1495
- SALT
  S. 848, 1313 f.
- Schweden
  S. 1601
- UdSSR
  S. 37, 608
- UNO-Mitglied
  siehe: UNO
- USA
  S. 261, 929, 1055, 1601[9]
- Zaire
  S. 114
- Zypern-Konflikt und Niederlande
  siehe: Zypern-Konflikt

Niger
S. 900[5]

Nordatlantikpakt
siehe: NATO

Norddeutscher Rundfunk
S. 524[6]

North Atlantic Fisheries Commission
S. 360

Norwegen
S. 205, 1113, 1124[16], 1601, 1635[12]
- Bundesrepublik Deutschland
  S. 205, 274
- Energiepolitik und Norwegen
  siehe: Energiepolitik
- Europäische Gemeinschaften
  S. 1556[12], 1629[36]
- Europäische Politische Zusammenarbeit
  S. 383, 392, 430
- Frankreich und Norwegen
  siehe: Frankreich
- KSZE und Norwegen
  siehe: KSZE
- MBFR und Norwegen
  siehe: MBFR
- NATO-Mitglied
  siehe: NATO
- SALT
  S. 1313
- Schweden
  S. 1601
- UdSSR
  S. 44[11], 867, 1644 f.
- Zypern-Konflikt und Norwegen
  siehe: Zypern-Konflikt

Noten und Memoranden
- Schreiben der Drei Hohen Kommissare vom 26.5.1952 an Bundeskanzler Adenauer über die Ausübung des den Drei Mächten vorbehaltenen Rechts in bezug auf Berlin
  S. 1172
- Note der sowjetischen Regierung vom 4.12.1956 an die Bundesregierung über den Rechtshilfeverkehr
  S. 147, 1197
- Note der Bundesregierung vom 5.8.1957 an die sowjetische Regierung über den Rechtshilfeverkehr
  S. 147, 1197
- Schreiben der Drei Botschafter vom 3.9.1971 an die Bundesregierung über die Interpretation der Anlage II zum Vier-Mächte-Abkommen
  S. 212[7]

- Notenwechsel vom 11.11.1971 zwischen der Bundesregierung und der sowjetischen Regierung über den Fluglinienplan
S. 1061
- Note der sowjetischen Regierung vom 29.10.1973 an die Regierungen der Drei Mächte über die Errichtung des Umweltbundesamtes
S. 788[8]
- Note des Außenministeriums der DDR vom 6.11.1973 an das Auswärtige Amt über die Errichtung des Umweltbundesamtes
S. 78
- Note der Regierungen der Drei Mächte vom 29.12.1973 an die sowjetische Regierung über die Errichtung des Umweltbundesamtes
S. 78[6]
- Aide-mémoire der Bundesregierung vom 16.1.1974 an die Regierung der DDR über die Errichtung des Umweltbundesamtes
S. 47, 78
- Note der sowjetischen Regierung vom 21.2.1974 an die Regierungen der Drei Mächte über die Errichtung des Umweltbundesamtes
S. 788[8]
- Note der französischen Regierung vom 28.2.1974 an die Bundesregierung über den Europäisch-Arabischen Dialog
S. 273[45]
- Aide-mémoire der französischen Regierung vom 1.3.1974 an die Bundesregierung über eine Energieagentur
S. 273
- Aide-mémoire der französischen Regierung vom 1.3.1974 an die Bundesregierung über Kooperation im Energiebereich
S. 273
- Aide-mémoire der Regierungen der Drei Mächte vom 12.3.1974 an die Bundesregierung über Rechts- und Amtshilfe zwischen dem Bundesverfassungsgericht und Gerichten in Berlin (West)
S. 565[3], 566, 568
- Aide-mémoire der kanadischen Regierung vom 20.4.1974 an die EG und die EPZ über die Beziehungen zwischen den EG und Kanada
S. 556–558, 587[3], 658
- Aide-mémoire der Bundesregierung vom 24.5.1974 an die österreichische Regierung über die Konsularverhandlungen mit der DDR
S. 852–855
- Aide-mémoire der Regierungen der EG-Mitgliedstaaten im Rahmen der EPZ vom 10./11.6.1974 an die Regierungen der Arabischen Staaten über den Europäisch-Arabischen Dialog
S. 715[11], 775–779, 796[17], 798
- Aide-mémoire der Bundesregierung vom 20.6.1974 an die finnische Regierung über Staatsangehörigkeitsfragen
S. 855
- Note der ungarischen Regierung vom 11.7.1974 an die Bundesregierung über Wiedergutmachung
S. 1005–1008, 1436, 1438
- Note der Bundesregierung vom 23.7.1974 an die algerische Regierung über den Uranabbau
S. 1050[12]
- Aide-mémoire der griechischen Regierung vom 27.8.1974 an die Regierungen der EG-Mitgliedstaaten über Finanzhilfe
S. 1121
- Aide-mémoire der Bundesregierung vom 23.9.1974 an die amerikanische, britische und französische Regierung über die Erteilung einer Ausnahmegenehmigung für die Ausfuhr eines Kernkraftwerks in die UdSSR
S. 1251[18]
- Aide-mémoire der luxemburgischen Regierung vom 23.9.1974 an die Regierungen der EG-Mitgliedstaaten über die Vorbereitung einer Gipfelkonferenz der EG-Mitgliedstaaten
S. 1303
- Aide-mémoire der italienischen Regierung vom Oktober 1974 an die Regierungen der EG-Mitgliedstaaten über die Vorbereitung einer Gipfelkonferenz der EG-Mitgliedstaaten
S. 1404[21], 1407[36], 1526[6]

- Note der Bundesregierung vom 4.10. 1974 an den Heiligen Stuhl zur Teilnehmerliste für die Bischofssynode in Rom
  S. 1261, 1263[7], 1311[14]
- Aide-mémoire der jugoslawischen Regierung vom 12.10.1974 an die Bundesregierung über ein Kapitalhilfe-Abkommen
  S. 1413 f.
- Aide-mémoire der irischen Regierung vom 30.10.1974 an die Regierungen der EG-Mitgliedstaaten über den Europäischen Regionalfonds
  S. 1435[16]
- Note der Bundesregierung vom 5.11. 1974 an die ungarische Regierung über Wiedergutmachung
  S. 1436, 1438[8]

NPD (Nationaldemokratische Partei Deutschlands)
S. 1018, 1062–1064

Obervolta
S. 900[5]

Oman
S. 302, 541[3]

Organization for Economic Cooperation and Development (OECD)
S. 11[11], 17[9], 18, 43[7], 93[6], 167, 169, 197, 261, 281[12], 285, 305, 433, 515, 785, 847, 861[8], 862, 894, 905 f., 919, 973[9], 994, 1085, 1110, 1124, 1240[9], 1319[4], 1453, 1529

Organization of Arab Petroleum Exporting Countries (OAPEC)
S. 3, 53[8]

Organization of Petroleum Exporting Countries (OPEC)
S. 3[3], 43[7], 236, 303, 515, 812[14], 863, 1245[6], 1247, 1542 f.

Osservatore Romano (Rom)
S. 1262

Österreich
S. 542, 887
- Bundesrepublik Deutschland
  S. 194 f., 852 f., 856[30], 1060[2], 1567–1570
- ČSSR und Österreich
  siehe: ČSSR
- DDR und Österreich
  siehe: DDR
- Deutsche Frage und Wiedervereinigung
  siehe: Deutsche Frage
- Italien und Österreich
  siehe: Italien
- Jugoslawien und Österreich
  siehe: Jugoslawien
- KSZE und Österreich
  siehe: KSZE
- UdSSR
  S. 1060[2]
- UNO-Mitglied
  siehe: UNO
- USA
  S. 1060[2]

Ostpolitik der Bundesregierung
S. 119, 241, 243, 247, 293, 304, 364, 381, 427[11], 441 f., 499 f., 536, 538, 547, 608, 621, 624 f., 639[2], 679, 738, 800[4], 807, 810, 947, 960, 961[3], 1025, 1322, 1351, 1383[12], 1467[10], 1513[5]

Ostverträge
S. 185[16], 456, 675 f., 700 f., 1049, 1168
- Moskauer Vertrag vom 12.8.1970
  siehe: Moskauer Vertrag
- Warschauer Vertrag vom 7.12.1970
  siehe: Warschauer Vertrag

Pakistan
S. 629[5], 923[2], 1126[9]
- Bundesrepublik Deutschland
  S. 278, 373, 375[17], 1667[12]
- Indien und Pakistan
  siehe: Indien
- Iran und Pakistan
  siehe: Iran
- Zypern-Konflikt und Pakistan
  siehe: Zypern-Konflikt

Panama
S. 99[11], 164

Peru
S. 99[11]
- Bundesrepublik Deutschland
  S. 1041, 1667[10]

Philippinen
S. 1667

PLO (Palestine Liberation Organization)
S. 1053, 1176, 1238, 1332 f., 1463, 1505[3], 1635

- Ägypten und PLO
  siehe: Ägypten
- Arabische Liga und PLO
  siehe: Arabische Liga
- Bundesrepublik Deutschland
  Dok. 374 und S. 1499, 1505–1507, 1638f.
- Europäische Politische Zusammenarbeit
  S. 1333, 1505, 1506[6], 1507[9], 1668[4], 1669f.
- Frankreich und PLO
  siehe: Frankreich
- Großbritannien und PLO
  siehe: Großbritannien
- Israel und PLO
  siehe: Israel
- Italien und PLO
  siehe: Italien
- Jordanien und PLO
  siehe: Jordanien
- Niederlande und PLO
  siehe: Niederlande
- Polen
  S. 1499f.
- UdSSR
  S. 977
- UNO
  S. 1332[5], 1464, 1499f., 1505–1508, 1544, 1669
- USA
  S. 1506, 1637

Polen
S. 99[11], 305[16], 979, 1392[37], 1499f.
- Ägypten und Polen
  siehe: Ägypten
- Belgien und Polen
  siehe: Belgien
- ČSSR und Polen
  siehe: ČSSR
- DDR und Polen
  siehe: DDR
- Energiepolitik und Polen
  siehe: Energiepolitik
- Europäische Gemeinschaften
  S. 1502–1504
- Frankreich und Polen
  siehe: Frankreich
- Großbritannien und Polen
  siehe: Großbritannien
- Heiliger Stuhl und Polen
  siehe: Heiliger Stuhl

- Italien und Polen
  siehe: Italien
- Japan und Polen
  siehe: Japan
- Jugoslawien und Polen
  siehe: Jugoslawien
- KSZE und Polen
  siehe: KSZE
- Luxemburg und Polen
  siehe: Luxemburg
- MBFR und Polen
  siehe: MBFR
- Nichtverbreitungsvertrag und Polen
  siehe: Nichtverbreitungsvertrag
- Niederlande und Polen
  siehe: Niederlande
- PLO und Polen
  siehe: PLO
- Polnisches Rotes Kreuz
  S. 217[4], 581, 1283, 1478, 1483[9]
- UdSSR
  S. 44[11], 286, 365, 580[6], 651[2], 705[5], 804, 867, 975, 984[9], 1165[10], 1374[12]
- USA
  Dok. 361 und S. 286, 651[2], 1097
- Zypern-Konflikt und Polen
  siehe: Zypern-Konflikt

Polen–Bundesrepublik Deutschland
Dok. 26, 85, 103, 118, 134, 145, 154, 165, 211, 216, 235, 252, 272, 295, 335, 336, 338 und S. 286, 486, 800[4], 804[17], 963, 989, 1235[5], 1613
- Finanzkredit
  S. 102–107, 219f., 345–347, 349, 425–427, 506[2], 580[6], 581f., 584–586, 652–654, 704f., 707, 961f., 963[9], 933f.,1096, 1203, 1279[4+6], 1280–1282, 1478f., 1483–1485, 1488f.
- „Frelek-Papier" vom 11.4.1974
  S. 505, 579f., 582, 583[11], 586[13], 652–654, 704–706, 961–963, 1026, 1096, 1280–1282, 1482
- Handels- und Wirtschaftsbeziehungen
  S. 347, 507, 582, 651[2], 652f., 655, 705f., 961[3], 963, 1024–1027, 1097, 1478f., 1483–1485
- humanitäre Fragen
  Dok. 56 und S. 102, 103[5+6], 104f., 107, 344–349, 425–427, 505[2], 507, 580–586, 621, 652–654, 704f., 707, 933, 961[3],

1789

Portugal

962f., 1025f., 1096⁷, 1097, 1203f., 1279⁴⁺⁶, 1280–1284, 1477f., 1483f., 1487–1489, 1595
- Kulturbeziehungen
  S. 446
- Rentenfragen
  S. 102–105, 106¹⁰, 107¹¹, 219, 220¹⁰, 346, 425², 427¹¹, 506², 507, 582, 584–586, 621⁴, 652–655, 706, 933, 961, 1025, 1097, 1203f., 1279⁴⁺⁶, 1280–1282, 1480, 1486, 1489, 1595
- Warschauer Vertrag vom 7.12.1970
  siehe: Warschauer Vertrag
- Wiedergutmachung
  S. 104, 107¹¹, 345, 427¹¹, 506², 508, 580⁶, 581–586, 622, 652–654, 704f., 707, 933, 961–963, 1026, 1096⁷, 1097, 1203, 1279⁴⁺⁶, 1281f., 1479, 1485f., 1595

Portugal
S. 993f., 1032, 1507¹⁰
- Bundesrepublik Deutschland
  S. 835
- DDR und Portugal
  siehe: DDR
- Energiepolitik und Portugal
  siehe: Energiepolitik
- Europäische Gemeinschaften
  S. 657, 665, 832, 1082, 1182, 1661
- Europäische Politische Zusammenarbeit
  S. 430, 657, 980, 1112
- Frankreich und Portugal
  siehe: Frankreich
- Jugoslawien und Portugal
  siehe: Jugoslawien
- KSZE und Portugal
  siehe: KSZE
- NATO-Mitglied
  siehe: NATO
- Regierungsumsturz vom 23.4.1974
  Dok. 136 und S. 657, 753, 812¹⁵, 832, 835, 847, 994, 1032
- Rumänien
  S. 847
- UdSSR
  S. 847
- Ultramarpolitik
  S. 593f., 657, 754, 797, 812, 1609
- USA
  S. 832

- Zypern-Konflikt und Portugal
  siehe: Zypern-Konflikt

Pravda (Moskau)
S. 640⁴, 804¹⁷, 1341⁵

Presse- und Informationsamt der Bundesregierung
S. 47, 194, 1475¹¹

Quick (München)
S. 1618

Radio Bremen
S. 524⁶

Radio Free Europe
S. 62¹³, 443, 445, 1392f.

Radio Liberty
S. 62¹³, 443, 445, 1393

Rat für Gegenseitige Wirtschaftshilfe (RGW)
S. 448
- Energiepolitik und Rat für Gegenseitige Wirtschaftshilfe
  siehe: Energiepolitik
- Europäische Gemeinschaften und Rat für Gegenseitige Wirtschaftshilfe
  siehe: Europäische Gemeinschaften

Republik China (Taiwan)
S. 1393³⁸, 1649

Republik Korea (Südkorea)
S. 1573

Republik Vietnam (Südvietnam)
- Vietnam-Krieg und Republik Vietnam
  siehe: Vietnam-Krieg

Reuters
S. 59

RGW
siehe: Rat für Gegenseitige Wirtschaftshilfe

Römische Verträge vom 25.3.1957
S. 452, 472, 483, 571, 574, 590, 690¹⁰, 765, 781, 1178⁶, 1180, 1182, 1229³, 1230f., 1289⁵, 1290f., 1293¹¹, 1304–1306, 1407, 1448⁶, 1450, 1629
- EWG-Vertrag vom 25.3.1957
  S. 572, 575, 952¹⁶, 1090, 1107f., 1231¹⁰, 1232, 1233¹⁴, 1275, 1292¹⁰, 1406, 1408, 1432, 1451, 1456⁸, 1526, 1628

Ruanda
S. 900⁵

Rumänien
S. 1392[37]
- Bundesrepublik Deutschland
  Dok. 204 und S. 443, 501 f.,1024[4], 1203
- Europäische Gemeinschaften
  S. 445[18]
- Internationales Währungssystem und Rumänien
  siehe: Internationales Währungssystem
- Jugoslawien und Rumänien
  siehe: Jugoslawien
- KSZE und Rumänien
  siehe: KSZE
- MBFR und Rumänien
  siehe: MBFR
- Portugal und Rumänien
  siehe: Portugal
- Ungarn
  S. 829
- Warschauer-Pakt-Mitglied
  siehe: Warschauer Pakt

Rüstungsexportpolitik
Dok. 66, 91, 117, 378 und S. 546, 629–632, 648–651, 712
- Politische Grundsätze der Bundesregierung vom 16.6.1971
  S. 274 f., 276[13], 371, 502, 546[13], 631, 1665, 1667[12]

SALT (Strategic Arms Limitation Talks)
Dok. 47 und S. 182, 252[6], 286, 304, 389[7], 431[16], 484, 529, 772, 793, 860, 874, 1324[12], 1547
- Belgien und SALT
  siehe: Belgien
- Bundesrepublik Deutschland
  S. 233, 1154, 1252 f., 1312 f., 1317, 1377, 1649, 1652
- Dänemark und SALT
  siehe: Dänemark
- Europäische Expertengruppe
  Dok. 287
- Europäische Politische Zusammenarbeit und SALT
  siehe: Europäische Politische Zusammenarbeit
- FBS (Forward Based Systems)
  S. 63, 192, 230, 232 f., 286, 393, 420[7], 438, 484[13], 494, 733, 817 f., 1149, 1154, 1252 f., 1312–1315, 1325[12], 1573, 1647, 1651 f.
- Frankreich und SALT
  siehe: Frankreich
- Großbritannien und SALT
  siehe: Großbritannien
- ICBM (Intercontinental Ballistic Missile)
  S. 191, 231, 233 f., 752 f., 1154, 1314, 1573[7]
- IRBM (Intermediate Range Ballistic Missile)
  S. 1137, 1149
- Italien und SALT
  siehe: Italien
- Kanada und SALT
  siehe: Kanada
- Luxemburg und SALT
  siehe: Luxemburg
- MBFR und SALT
  siehe: MBFR
- MIRV (Multiple Independently Targetable Reentry Vehicle)
  S. 63, 191 f., 233 f., 286[19], 438, 484[13], 494, 733, 752, 817 f., 882[6], 883, 884[10], 1149, 1313–1315, 1573 f., 1647–1649
- MRBM (Medium-Range Ballistic Missile)
  S. 232, 1137, 1149
- NATO und SALT
  siehe: NATO
- Nichtumgehungsklausel
  S. 1149, 1154, 1253, 1314
- Niederlande und SALT
  siehe: Niederlande
- Norwegen und SALT
  siehe: Norwegen
- SLBM (Sea-Launched Ballistic Missile)
  S. 191, 231, 233 f., 817, 1154, 1314, 1573[7]
- Standing Consultation Commission
  S. 872
- Türkei und SALT
  siehe: Türkei
- UdSSR
  S. 62 f., 191–193, 232–235, 242, 438, 484[13], 486, 494, 516, 597[3], 733, 752 f., 817–819, 834, 848, 870–872, 881–883, 931 f., 1137, 1149 f., 1153 f., 1252 f., 1312–1318, 1324[12], 1374, 1377, 1378[16], 1546, 1573 f., 1647–1649, 1651 f.

- USA
S. 62f., 191–193, 230, 232–235, 242, 253, 350², 438, 484¹³, 486, 494, 516, 597³, 733f., 752f., 817–819, 834, 848, 870–872, 880–883, 928², 931f., 1141, 1149f., 1153–1155, 1252f., 1312–1318, 1324¹², 1374, 1377, 1444, 1546, 1573f., 1647–1649, 1651f.
- Verifikation
S. 234
- Volksrepublik China und SALT
siehe: Volksrepublik China

Sambia
S. 835

Saudi-Arabien
S. 841, 1367
- Ägypten und Saudi-Arabien
siehe: Ägypten
- Bundesrepublik Deutschland
S. 93, 276f., 372–374, 541³, 548, 888, 1245⁶, 1666
- Energiepolitik und Saudi-Arabien
siehe: Energiepolitik
- Frankreich und Saudi-Arabien
siehe: Frankreich
- Großbritannien und Saudi-Arabien
siehe: Großbritannien
- Israel und Saudi-Arabien
siehe: Israel
- Nahost-Konflikt und Saudi-Arabien
siehe: Nahost-Konflikt
- UNO-Mitglied
siehe: UNO
- USA
S. 126, 140, 262, 283³, 429³, 514⁷, 699⁹, 777, 814f., 1238⁸, 1266⁹, 1333, 1577, 1677

Schweden
S. 45, 840, 1113, 1124¹⁶
- Belgien und Schweden
siehe: Belgien
- ČSSR und Schweden
siehe: ČSSR
- Dänemark und Schweden
siehe: Dänemark
- Energiepolitik und Schweden
siehe: Energiepolitik
- Iran und Schweden
siehe: Iran
- KSZE und Schweden
siehe: KSZE
- Niederlande und Schweden
siehe: Niederlande
- Norwegen und Schweden
siehe: Norwegen
- USA
S. 1440

Schweiz
S. 45, 206⁶, 1269, 1432, 1500
- Bundesrepublik Deutschland
S. 275
- Energiepolitik und Schweiz
siehe: Energiepolitik
- Frankreich und Schweiz
siehe: Frankreich
- KSZE und Schweiz
siehe: KSZE

Sender Freies Berlin
S. 524⁶

Senegal
S. 303, 900⁵, 1066⁴, 1417⁸

SEW (Sozialistische Einheitspartei Westberlins)
S. 1062³

Somalia
S. 264, 900⁵

Sowjetunion
siehe: UdSSR

Spanien
S. 993f., 1393³⁸
- Bundesrepublik Deutschland
Dok. 237 und S. 275, 832
- Europäische Gemeinschaften
S. 35²², 271⁴¹, 665, 1032f., 1082
- Frankreich und Spanien
siehe: Frankreich
- Irak und Spanien
siehe: Irak
- KSZE und Spanien
siehe: KSZE
- NATO
S. 266f., 874²⁰, 994, 1032f.
- USA
S. 266, 874, 994f., 1032f.

SPD (Sozialdemokratische Partei Deutschlands)
S. 107, 364¹², 449¹², 484, 621⁶, 623⁶, 640⁴, 645, 646¹¹, 677², 691¹², 804¹⁷, 825,

842²², 897, 934, 951¹³, 960, 961³, 1188²⁺⁵, 1189, 1268², 1318¹, 1342, 1390f., 1458, 1530⁵⁺⁶, 1531, 1538, 1618⁶

Sri Lanka
S. 812¹⁴

Ständige Vertretungen der Bundesrepublik Deutschland und der DDR
siehe: Deutsch-deutsches Verhältnis

Stiftung Preußischer Kulturbesitz
S. 46, 1017⁹

Strategic Arms Limitation Talks
siehe: SALT

Südafrika
S. 126
- Bundesrepublik Deutschland
  S. 374
- Frankreich und Südafrika
  siehe: Frankreich
- UNO-Mitglied
  siehe: UNO
- USA
  S. 1440

Sudan
S. 164¹², 280⁸, 435, 715¹¹, 1216⁹
- Ägypten und Sudan
  siehe: Ägypten
- Bundesrepublik Deutschland
  S. 541³, 1471
- Europäische Gemeinschaften
  S. 315
- UdSSR
  S. 532f.

Syrien
S. 1216⁹, 1639
- Ägypten und Syrien
  siehe: Ägypten
- Algerien und Syrien
  siehe: Algerien
- Bundesrepublik Deutschland
  Dok. 231 und S. 541³, 733, 1049, 1471¹⁵
- Energiepolitik und Syrien
  siehe: Energiepolitik
- Europäische Gemeinschaften
  S. 1014
- Frankreich und Syrien
  siehe: Frankreich
- Irak und Syrien
  siehe: Irak
- Israel und Syrien
  siehe: Israel
- Jordanien und Syrien
  siehe: Jordanien
- Jugoslawien und Syrien
  siehe: Jugoslawien
- Marokko und Syrien
  siehe: Marokko
- Nahost-Konflikt und Syrien
  siehe: Nahost-Konflikt
- UdSSR
  S. 96, 249³², 289⁵, 311f., 366¹⁵, 514, 530, 546, 712, 795, 811¹⁰, 976, 1594, 1636
- USA
  S. 59⁸, 96⁷, 262²⁶, 263, 282, 283³, 310f., 429³, 514⁷, 546, 699⁹, 795¹⁶, 1238⁸, 1266⁹, 1333

Tansania
S. 835, 900⁵, 1041, 1635¹²

TASS (Telegrafnoe Agentstvo Sovetskogo Sojuza)
S. 1645¹⁰

Togo
S. 900⁵

Tonga
S. 265

Transatlantische Beziehungen
Dok. 5, 17, 41, 60, 82, 83, 89, 168 und S. 31, 32⁷, 123¹, 124, 126, 162¹¹, 166–170, 198¹⁰, 199–202, 210f., 239, 253–270, 273⁴⁵, 279–282, 285, 287–289, 292–295, 309, 313–318, 335f., 378–383, 396–405, 409–411, 413–417, 428–430, 432–437, 448, 451–453, 462, 465, 468f., 471–474, 484, 487, 489–492, 496, 499, 509, 513f., 542f., 556–558, 562, 576f., 589f., 599, 617–620, 633f., 658, 660¹⁹, 669, 679, 682, 694f., 699, 727, 740⁹, 777, 823, 888¹¹, 919, 944, 991f., 1049, 1085f., 1089, 1115³⁹, 1181
- Rede von Kissinger am 23.4.1973 in New York
  S. 10⁷, 239, 255, 267, 279, 380, 398f., 416, 435³², 557f.
- „Year of Europe"
  S. 398, 403f.

Transatlantische Erklärungen
S. 435f.

1793

- Europäische Gemeinschaften/Europäische Politische Zusammenarbeit
  Dok. 3 und S. 13, 31, 33f., 74f., 162, 253f., 266[32], 268f., 279[2], 281, 282[19], 287[3], 288f., 335f., 367, 382, 397[8+9], 401–403, 416f., 430, 468, 490, 514, 552–554, 557[9], 558, 587[3], 599f., 617f., 633f., 658–660, 727
- Japan
  S. 9, 10[7], 11f., 17[9], 163, 282, 434, 491, 633[1], 694
- Kanada
  S. 434, 557[9], 558, 587[3], 633[1]
- NATO („Atlantische Erklärung")
  Dok. 4, 16, 169 und S. 10, 11[11], 12, 74f., 165, 238[4], 254, 266[32], 267f., 279[2], 281f., 287[3], 335f., 380, 382, 397[9], 399, 401–403, 405[29], 410, 416f., 430, 468, 490, 514, 552–554, 599, 617f., 633[1], 634[4], 658f., 718, 720, 734, 759, 790–793, 797, 811, 834, 843–845, 849, 870[5], 874, 944f., 995, 1444

Trident
S. 63, 192

Trybuna Ludu (Warschau)
S. 219

Tschad
Dok. 319 und S. 900[5]

Tschechoslowakei
siehe: ČSSR

Tunesien
S. 164[12], 280[8], 435, 547, 778, 1216[9]
- Algerien und Tunesien
  siehe: Algerien
- Bundesrepublik Deutschland
  S. 227[4], 775–779
- Europäische Gemeinschaften
  S. 35[22], 271[41], 315, 776
- Europäische Politische Zusammenarbeit
  S. 715[11]
- Iran und Tunesien
  siehe: Iran
- Libyen und Tunesien
  siehe: Libyen
- Nahost-Konflikt und Tunesien
  siehe: Nahost-Konflikt

Türkei
S. 455, 708, 712, 1126[9]
- DDR und Türkei
  siehe: DDR
- Europäische Gemeinschaften
  S. 976[7], 1073[20], 1451
- Europäische Politische Zusammenarbeit
  S. 382, 393, 430, 967f., 1036f., 1044[2], 1045, 1130
- Frankreich und Türkei
  siehe: Frankreich
- Griechenland und Türkei
  siehe: Griechenland
- Großbritannien und Türkei
  siehe: Großbritannien
- Iran und Türkei
  siehe: Iran
- Jugoslawien und Türkei
  siehe: Jugoslawien
- KSZE und Türkei
  siehe: KSZE
- MBFR und Türkei
  siehe: MBFR
- Nahost-Konflikt und Türkei
  siehe: Nahost-Konflikt
- NATO-Mitglied
  siehe: NATO
- SALT
  S. 232, 1313
- UdSSR
  S. 867, 1020, 1021[9], 1039, 1130
- USA
  S. 967[5], 1019f., 1022, 1035[3], 1036[9], 1037–1039, 1045, 1127, 1129f., 1202, 1215, 1249, 1588f.
- Zypern-Konflikt und Türkei
  siehe: Zypern-Konflikt

Türkei–Bundesrepublik Deutschland
Dok. 238, 334 und S. 274, 966, 967[5], 1019–1022, 1044[2], 1060[4], 1127–1130, 1175, 1501
- Berlin und Türkei
  siehe: Berlin
- Verteidigungshilfe
  Dok. 271 und S. 501[3], 1249, 1474f., 1589, 1666

UdSSR (Union der Sozialistischen Sowjetrepubliken)
S. 15, 44[11], 167, 203–206, 432, 520, 777, 813, 815, 823f., 826, 837, 840, 848, 1225[6], 1243, 1335, 1380, 1393[38], 1459[5], 1606, 1610, 1635[12], 1650

- Ägypten und UdSSR
  siehe: Ägypten
- Algerien und UdSSR
  siehe: Algerien
- Arabische Staaten und UdSSR
  siehe: Arabische Staaten
- Breschnew-Doktrin
  („sozialistisches Commonwealth")
  S. 982³, 984, 985¹¹, 1663
- Bulgarien und UdSSR
  siehe: Bulgarien
- ČSSR und UdSSR
  siehe: ČSSR
- Dänemark und UdSSR
  siehe: Dänemark
- DDR und UdSSR
  siehe: DDR
- Energiepolitik und UdSSR
  siehe: Energiepolitik
- Europäische Gemeinschaften
  S. 182, 186f., 245, 589, 908, 1085, 1162f., 1165f., 1186, 1209f., 1364⁴
- Europäische Politische Zusammenarbeit
  S. 211, 337, 388, 529, 552, 1112f., 1115³⁹
- Finnland und UdSSR
  siehe: Finnland
- Frankreich und UdSSR
  siehe: Frankreich
- Griechenland und UdSSR
  siehe: Griechenland
- Großbritannien und UdSSR
  siehe: Großbritannien
- Heiliger Stuhl und UdSSR
  siehe: Heiliger Stuhl
- Indien und UdSSR
  siehe: Indien
- INTOURIST
  S. 1351¹⁶, 1396
- Irak und UdSSR
  siehe: Irak
- Israel und UdSSR
  siehe: Israel
- Italien und UdSSR
  siehe: Italien
- Japan und UdSSR
  siehe: Japan
- Jugoslawien und UdSSR
  siehe: Jugoslawien
- Kanada und UdSSR
  siehe: Kanada
- KSZE und UdSSR
  siehe: KSZE
- Kuba und UdSSR
  siehe: Kuba
- Libyen und UdSSR
  siehe: Libyen
- MBFR und UdSSR
  siehe: MBFR
- Nahost-Konflikt und UdSSR
  siehe: Nahost-Konflikt
- NATO
  S. 126⁹, 388, 686, 811, 995¹⁵, 1192, 1327, 1646, 1674f.
- Nichtverbreitungsvertrag und UdSSR
  siehe: UdSSR
- Niederlande und UdSSR
  siehe: Niederlande
- Norwegen und UdSSR
  siehe: Norwegen
- Österreich und UdSSR
  siehe: Österreich
- PLO und UdSSR
  siehe: PLO
- Polen und UdSSR
  siehe: Polen
- Portugal und UdSSR
  siehe: Portugal
- SALT und UdSSR
  siehe: SALT
- Sowjetisches Rotes Kreuz
  S. 1173⁴
- Sudan und UdSSR
  siehe: Sudan
- Syrien und UdSSR
  siehe: Syrien
- Türkei und UdSSR
  siehe: Türkei
- Ungarn
  S. 867
- UNO-Mitglied
  siehe: UNO
- USA
  Dok. 187, 197, 199, 200 und S. 44, 56f., 60f., 71, 73f., 86f., 89⁷⁺⁹, 96, 100f., 160, 177f., 181², 184f., 193, 207, 211f., 213⁹, 214, 229, 231f., 234, 241f., 246, 284⁹,

286, 304, 311, 318, 331, 338, 350f., 353, 363–365, 381, 384, 387, 389, 417, 428, 431, 437f., 484, 486, 491, 493, 511, 513f., 516, 522f., 527, 529, 534, 597, 602, 615, 618, 626–628, 667, 680, 682[8], 684[3], 719, 722, 731–734, 736, 760, 762f., 771[2], 772–774, 786, 788, 791, 792[7], 794, 803, 804[19], 811, 813, 832, 834, 843, 845f., 848, 860, 865, 875–878, 889–891, 928f., 931f., 936, 944–946, 957, 987, 995f., 999–1001, 1009–1012, 1018, 1061, 1062[4], 1141, 1149, 1153f., 1192, 1217–1219, 1222, 1259f., 1286, 1314f., 1324, 1327, 1357[30], 1372–1374, 1376f., 1385, 1391, 1400, 1440f., 1444–1446, 1527, 1545–1547, 1573–1575, 1594, 1605, 1607, 1636, 1640f., 1644, 1646–1649, 1651f.
- Volksrepublik China
S. 737[2], 738–740, 1315, 1325[12], 1372, 1379–1384, 1610, 1646f.
- Warschauer Pakt und UdSSR
siehe: Warschauer Pakt
- Zypern-Konflikt und UdSSR
siehe: Zypern-Konflikt

UdSSR–Bundesrepublik Deutschland
Dok. 1, 14, 37, 51, 64, 70, 80, 84, 88, 146, 151, 185, 212, 213, 221, 263, 267, 269, 270, 275, 277, 309, 311, 314, 315, 316, 321 und S. 37–40, 44, 62, 88–91, 101, 135, 184, 212[5], 214–216, 284, 352, 390f., 486, 499, 503, 522–524, 546f., 600–603, 606, 608, 615f., 627f., 676, 679, 722–726, 735–738, 761, 771[3], 860, 866, 1000, 1015[8], 1017, 1088, 1167–1173, 1208, 1209[2], 1217f., 1234f., 1235[5], 1242, 1248, 1260, 1285–1288, 1322, 1358–1363, 1442, 1593, 1612f.
- Berlin und UdSSR
siehe: Berlin
- Deutsche Frage und Wiedervereinigung
siehe: Deutsche Frage
- Handels- und Wirtschaftsbeziehungen
Dok. 15, 269, 305, 313 und S. 245–247, 249, 302, 305, 329f., 362–365, 390, 447f., 639[2], 641f., 708–710, 801–805, 825, 908, 910, 995[15], 1085, 1189, 1191, 1194f., 1209f., 1212–1214, 1250f., 1322f., 1325[14], 1340–1342, 1344f., 1350, 1353–1358, 1371f., 1384–1389, 1391, 1394, 1422–1424, 1574f., 1613f.
- humanitäre Fragen
Dok. 266 und S. 328, 362, 807, 809, 942, 1389f., 1394f.
- Kommission für wirtschaftliche und wissenschaftlich-technische Zusammenarbeit
S. 64f., 67[8], 68–70, 362[8], 801[7], 1164, 1165[10], 1166, 1195, 1351[16]
- Konsularfragen
S. 735
- Kulturbeziehungen
S. 222, 290, 329f., 341f., 735, 1351, 1353f., 1355, 1360, 1396–1398
- Luftverkehrsverhandlungen
S. 328, 1059, 1061, 1169, 1349, 1361–1363, 1593, 1614
- Moskauer Vertrag vom 12.8.1970
siehe: Moskauer Vertrag
- Rechtshilfe
Dok. 35, 74, 178 und S. 83[4], 248, 328, 334, 342–344, 442[10], 444, 449, 938, 1169, 1171f., 1194, 1197–1199, 1212, 1214, 1219, 1352–1354, 1361, 1398
- Sportbeziehungen
S. 291, 329f., 341f., 735, 941, 1361, 1396–1398
- wissenschaftlich-technische Zusammenarbeit
S. 248, 290, 328f., 334, 340f., 639[2], 641f., 736[5], 788, 935, 938–941, 1166f., 1171–1173, 1194, 1196–1200, 1212, 1214, 1219, 1352–1355, 1361f., 1398, 1491–1493, 1613

Uganda
S. 900[5]

Ungarn
S. 305[16], 1392[37]
- ČSSR und Ungarn
siehe: ČSSR
- Europäische Gemeinschaften
S. 497, 608[4]
- Frankreich und Ungarn
siehe: Frankreich
- Großbritannien und Ungarn
siehe: Großbritannien
- Jugoslawien und Ungarn
siehe: Jugoslawien
- KSZE und Ungarn
siehe: KSZE
- MBFR und Ungarn
siehe: MBFR
- Rumänien und Ungarn
siehe: Rumänien
- UdSSR und Ungarn
siehe: UdSSR

- Warschauer-Pakt-Mitglied
  siehe: Warschauer Pakt

Ungarn–Bundesrepublik Deutschland
Dok. 116, 229, 324 und S. 83^2, 84^7, 486, 608, 1203

- Aufnahme diplomatischer Beziehungen
  S. 495^2, 496 f., 500
- Deutsche Frage und Wiedervereinigung
  siehe: Deutsche Frage
- Handels- und Wirtschaftsbeziehungen
  S. 495 f., 953 f., 1007, 1436–1438
- Kulturbeziehungen
  S. 495 f.
- Wiedergutmachung
  S. 1005–1007, 1436–1438
- wissenschaftlich-technische Zusammenarbeit
  S. 441^7, 496

UNO (United Nations Organization)
S. 99^{11}, 277, 375, 423^6, 839, 855^{26}, 1183^{23}

- 2. Entwicklungsdekade
  S. 1040
- Ägypten
  S. 1144
- Algerien
  S. 396, 515, 553^{12}, 1510, 1596
- Arabische Staaten und UNO
  siehe: Arabische Staaten
- Belgien
  S. 1465
- Bundesrepublik Deutschland
  Dok. 246, 340 und S. 151^4, 395, 672^6, 803, 839, 841, 921, 935, 969, 1017, 1051, 1143 f., 1212^{10}, 1223, 1235 f., 1238, 1240 f., 1262, 1342, 1465, 1504–1507, 1544, 1568, 1596
- Chile
  S. 1533, 1535
- DDR
  S. 672^6, 803, 921, 969, 1223, 1235 f., 1262, 1342
- Energiepolitik und UNO
  siehe: Energiepolitik
- Europäische Gemeinschaften und UNO
  siehe: Europäische Gemeinschaften
- Europäische Politische Zusammenarbeit und UNO
  siehe: Europäische Politische Zusammenarbeit
- Frankreich
  S. 1036 f., 1332^5, 1453^{13}, 1460, 1463–1465, 1506^6
- Generalversammlung
  S. 539, 672^6, 924, 935, 1017^8, 1067 f., 1110, 1128, 1142, 1144, 1145^{10}, 1220 f., 1235, 1240, 1245^6, 1332^5, 1381, 1460, 1463^2, 1499, 1505^3, 1508, 1509^5, 1510^9, 1596
- Großbritannien
  S. 1036^{10}, 1465, 1506
- Iran
  S. 842, 924
- Israel
  S. 99, 1051, 1238, 1469^5, 1504, 1506 f.
- Luxemburg
  S. 1465
- Mexiko
  S. 151
- Nahost-Konflikt und UNO
  siehe: Nahost-Konflikt
- Niederlande
  S. 1465, 1506
- Österreich
  S. 1066, 1235^4, 1568
- PLO und UNO
  siehe: PLO
- Resolution Nr. 194 der Generalversammlung vom 11.12.1948
  S. 1464 f.
- Resolution Nr. 1710 der Generalversammlung vom 19.12.1961
  S. 840^{18}
- Resolution Nr. 2626 der Generalversammlung vom 24.10.1970
  S. 840^{19}
- Resolution Nr. 3201 der Generalversammlung vom 1.5.1974
  S. 1509^8
- Resolution Nr. 3202 der Generalversammlung vom 1.5.1974
  S. 553^{12}, 1509^8
- Resolution Nr. 3210 der Generalversammlung vom 14.10.1974
  S. 1238^9
- Resolution Nr. 3212 der Generalversammlung vom 1.11.1974
  S. 1474

UNO

- Resolution Nr. 3215 der Generalversammlung vom 6.11.1974
  S. 1535
- Resolution Nr. 3219 der Generalversammlung vom 6.11.1974
  S. 1533
- Resolution Nr. 3236 der Generalversammlung vom 22.11.1974
  S. 1505^5, 1506^{6-8}
- Resolution Nr. 3237 der Generalversammlung vom 22.11.1974
  S. 1505^5, 1506^{6-8}, 1669^8
- Resolution Nr. 3239 der Generalversammlung vom 29.11.1974
  S. 1068^{10}
- Resolution Nr. 3281 der Generalversammlung vom 12.12.1974
  S. 1509
- Resolution Nr. 3355 der Generalversammlung vom 18.12.1974
  S. 1235^4
- Resolution Nr. 186 des Sicherheitsrats vom 4.3.1964
  S. 976^7, 1065^3
- Resolution Nr. 242 des Sicherheitsrats vom 22.11.1967
  S. 42^6, 45f., 53, 528, 536f., 1464f., 1499, 1504^{2+3}, 1506^{6+7}
- Resolution Nr. 338 des Sicherheitsrats vom 22.10.1973
  S. 42^6, 57^4, 528, 537, 872^{13}, 1499, 1636^5
- Resolution Nr. 339 des Sicherheitsrats vom 23.10.1973
  S. 42^6, 57^4, 99, 528, 537, 1499
- Resolution Nr. 340 des Sicherheitsrats vom 25.10.1973
  S. 42^6, 99, 528, 537, 1499
- Resolution Nr. 341 des Sicherheitsrats vom 27.10.1973
  S. 99, 1065^4
- Resolution Nr. 350 des Sicherheitsrats vom 31.5.1974
  S. 1053^7, 1575^{11}
- Resolution Nr. 353 des Sicherheitsrats vom 20.7.1974
  S. 974–976, 1019^1, 1126
- Resolution Nr. 357 des Sicherheitsrats vom 14.8.1974
  S. 1029, 1125
- Resolution Nr. 360 des Sicherheitsrats vom 16.8.1974
  S. 1036f.
- Resolution Nr. 361 des Sicherheitsrats vom 30.08.1974
  S. 1175f.
- Resolution Nr. 363 des Sicherheitsrats vom 29.11.1974
  S. 1575^{11}
- Saudi-Arabien
  S. 842
- Sicherheitsrat
  S. 42^6, 275^{12}, 827^{10}, 1067f., 1091, 1110, 1126^5, 1143, 1176, 1235^4
- Südafrika
  S. 1508f.
- UdSSR
  S. 99, 807, 935, 984^9, 1017, 1067, 1220f.
- UNCTAD (United Nations Conference on Trade and Development)
  S. 151^4, 443, 517^3, 1535^{15}
- UNDOF (United Nations Disengagement Observer Force)
  S. 1053, 1575
- UNEF (United Nations Emergency Force)
  S. 57^2, 99, 189, 310
- UNEF II
  S. 1065
- UNESCO (United Nations Educational, Scientific and Cultural Organization)
  S. 1507
- UNFICYP (United Nations Peace-Keeping Force in Cyprus)
  S. 1019^1, 1036, 1045^4, 1065
- UNIDO (United Nations Industrial Development Organization)
  S. 1568^6
- UNO-Charta vom 26.6.1945
  siehe: UNO-Charta
- UNRWA (United Nations Relief and Work Agency)
  S. 1471^{15}
- USA
  S. 99, 164, 395, 1067, 1216, 1238, 1240, 1464, 1506, 1596f.
- Volksrepublik China
  S. 1381
- Wirtschafts- und Sozialrat
  S. 1235^4

- Zypern-Konflikt und UNO
  siehe: Zypern-Konflikt

UNO-Charta vom 26.6.1945
S. 44[11], 322, 424, 719, 1465[7], 1509[5], 1663

- Artikel 2
  S. 322
- Artikel 42
  S. 1065
- Artikel 51
  S. 796[19]
- Artikel 53 und 107 (Feindstaatenklauseln)
  S. 673f.
- Artikel 103
  S. 790[13]

USA (United States of America)
S. 3[3], 4f., 62, 81[4], 114, 151, 432, 502[11], 520, 694, 777, 807, 813, 821, 824, 827[10], 840, 1071, 1152, 1185, 1198, 1243, 1392[37], 1441, 1459, 1601[9], 1635[12], 1667[11]

- Ägypten und USA
  siehe: Ägypten
- Algerien und USA
  siehe: Algerien
- amerikanische Truppen in Europa
  S. 13, 127[5], 128f., 131f., 160, 181f., 187, 198[10], 207, 230, 258, 280, 293f., 304, 338, 357, 382, 398[9], 404, 431, 438, 457, 468[27], 489, 529, 542, 594–597, 700, 734, 738, 751[7], 752[10], 792, 796[18], 844, 929f., 945, 1115, 1116[43], 1117, 1192, 1207, 1242, 1260[4], 1285, 1294, 1373, 1377f., 1497, 1605–1608, 1650[14], 1655, 1658
- Arabische Staaten und USA
  siehe: Arabische Staaten
- Belgien und USA
  siehe: Belgien
- Brasilien und USA
  siehe: Brasilien
- Bulgarien und USA
  siehe: Bulgarien
- ČSSR und USA
  siehe: ČSSR
- Dänemark und USA
  siehe: Dänemark
- DDR und USA
  siehe: DDR
- Energiepolitik und USA
  siehe: Energiepolitik
- Europäische Gemeinschaften
  S. 60, 99, 166, 239, 260, 269, 288, 294, 317, 397[9], 404, 408[3], 413, 415, 416[9], 433–435, 439, 468[27], 471, 490–493, 514, 553, 576f., 587[3], 588f., 677, 682, 699, 759, 777, 865[2], 972, 1055[4], 1073–1075, 1080, 1526, 1623, 1625
- Europäische Politische Zusammenarbeit
  Dok. 69, 81, 149 und S. 9–12, 14, 31, 33f., 36, 74f., 200–202, 211, 240, 243, 253–255, 265f., 269f., 283[2], 285, 293, 309, 311, 314–318, 320, 337–340, 366–368, 378–383, 394–397, 400, 402–404, 410, 413–417, 429f., 437, 462, 473, 475–478, 489, 492, 529, 550, 552, 553[11], 555, 558, 577, 587[3], 589, 614[18+19], 617, 619, 658f., 667, 669, 713f., 716–718, 727–730, 740[9], 760, 878f., 967f., 993, 997, 1045, 1050, 1092, 1113, 1115, 1117f., 1445, 1465, 1510, 1590[1]
- Federal Reserve Bank
  S. 1591
- Federal Reserve System
  S. 1580
- Frankreich und USA
  siehe: Frankreich
- Griechenland und USA
  siehe: Griechenland
- Großbritannien und USA
  siehe: Großbritannien
- Handelsgesetzgebung
  S. 60f., 404, 439, 516, 773, 820
- Indien und USA
  siehe: Indien
- Internationales Währungssystem und USA
  siehe: Internationales Währungssystem
- Iran und USA
  siehe: Iran
- Island und USA
  siehe: Island
- Israel und USA
  siehe: Israel
- Italien und USA
  siehe: Italien
- Japan und USA
  siehe: Japan
- Jordanien und USA
  siehe: Jordanien

- Jugoslawien und USA
  siehe: *Jugoslawien*
- Kanada und USA
  siehe: *Kanada*
- Kongreß (Senat und Repräsentantenhaus)
  S. 60[12], 61, 127[5], 130 f., 160, 167, 199, 207, 209, 231, 240, 241[6], 258[17], 293, 397[9], 401, 404, 489, 491, 509, 516[16], 596, 751, 773 f., 783, 817, 884[10], 929 f., 931, 987, 995, 1053[10], 1086[13+15], 1135–1138, 1239[3], 1242, 1249 f., 1257, 1265[8], 1285, 1294, 1296, 1298, 1377, 1576 f., 1581, 1587[10], 1589 f., 1591[4], 1596, 1648, 1650, 1655
- Kongreßwahlen am 5.11.1974
  S. 1250, 1576[14]
- KSZE und USA
  siehe: *KSZE*
- Kuba und USA
  siehe: *Kuba*
- Libyen und USA
  siehe: *Libyen*
- Marokko und USA
  siehe: *Marokko*
- MBFR und USA
  siehe: *MBFR*
- Nahost-Konflikt und USA
  siehe: *Nahost-Konflikt*
- NATO-Mitglied
  siehe: *NATO*
- Nichtverbreitungsvertrag und USA
  siehe: *Nichtverbreitungsvertrag*
- Niederlande und USA
  siehe: *Niederlande*
- Österreich und USA
  siehe: *Österreich*
- PLO und USA
  siehe: *PLO*
- Polen und USA
  siehe: *Polen*
- Portugal und USA
  siehe: *Portugal*
- SALT und USA
  siehe: *SALT*
- Saudi-Arabien und USA
  siehe: *Saudi-Arabien*
- Schweden und USA
  siehe: *Schweden*
- Sechste Flotte
  S. 1315, 1662
- Siebte Flotte
  S. 1315
- Spanien und USA
  siehe: *Spanien*
- Südafrika und USA
  siehe: *Südafrika*
- Syrien und USA
  siehe: *Syrien*
- Türkei und USA
  siehe: *Türkei*
- UdSSR und USA
  siehe: *UdSSR*
- UNO-Mitglied
  siehe: *UNO*
- Vietnam-Krieg und USA
  siehe: *Vietnam-Krieg*
- Volksrepublik China
  S. 282[22], 491, 737[2], 848, 1382[11], 1573, 1646, 1649
- Warschauer Pakt
  S. 1119
- Watergate-Affäre
  S. 241[6], 516, 532, 698, 772, 928[2], 929[4], 992, 1053[10], 1054, 1100
- Zypern-Konflikt und USA
  siehe: *Zypern-Konflikt*

USA–Bundesrepublik Deutschland
Dok. 25, 30, 33, 42, 67, 68, 96, 97, 104, 115, 120, 122, 131, 138, 159, 160, 163, 171, 189, 202, 203, 210, 225, 261, 276, 284, 286, 303, 354, 355, 357, 358, 360, 362, 382 und S. 9–18, 72–75, 85–88, 94[1], 176, 197, 200, 202, 212 f., 231, 238–240, 253, 256–259, 293 f., 304, 314–317, 319, 331 f., 335–338, 350 f., 366–368, 410, 413–417, 419–421, 465, 469, 484, 487, 499, 532, 546, 555, 603, 607, 614, 617–620, 633–635, 637, 638[7], 667, 673, 675 f., 718, 736, 759 f., 772–774, 787–790, 834, 865 f., 877[10], 878[8], 879[9], 967 f., 971[3], 972 f., 982, 983[4+8], 984 f., 990, 999–1001, 1004, 1016–1018, 1033, 1037, 1050, 1055, 1060, 1064[9], 1075, 1086, 1115[42], 1116[43], 1127, 1129, 1132–1141, 1143 f., 1188 f., 1221, 1247, 1298, 1323, 1330, 1336[9], 1379, 1383[12], 1393, 1439–1446, 1527 f., 1586, 1593, 1595, 1605, 1612–1616, 1639[11], 1641, 1659 f.

- Berlin und USA
  siehe: *Berlin*

- Deutsche Frage und Wiedervereinigung
  siehe: Deutsche Frage
- Devisenausgleich
  Dok. 31, 137 und S. 283, 438, 489, 748, 752 f., 1118
- wissenschaftlich-technische Zusammenarbeit
  S. 595

Vatikan
  siehe: Heiliger Stuhl

Venezuela
- Bundesrepublik Deutschland
  S. 246, 275, 373, 1667[10]
- Energiepolitik und Venezuela
  siehe: Energiepolitik
- Frankreich und Venezuela
  siehe: Frankreich
- Iran und Venezuela
  siehe: Iran

Vereinigte Arabische Emirate
  S. 3[3], 164[12], 280[8], 315, 435, 541[3], 715[11], 1216[9]

Vereinigtes Königreich von Großbritannien und Nordirland
  siehe: Großbritannien

Vereinigte Staaten von Amerika
  siehe: USA

Vereinte Nationen
  siehe: UNO

Vier-Mächte-Abkommen vom 3.9.1971
  S. 4[6], 47[5+6], 48, 51[19], 77, 78[5+6], 79, 83[4], 85–91, 100 f., 142[2], 146, 149, 172 f., 176[3], 177, 180, 213, 214[2], 215, 222[5+9], 225, 247[26], 248 f., 284, 289–291, 323, 326, 331 f., 340[3], 341 f., 343[11], 438[35], 441, 444, 495, 524[6], 601, 615 f., 641, 673[8], 675, 735 f., 767[3], 768[4], 788, 796[18], 803, 865, 936 f., 939, 955[25], 956, 978, 995, 999[2+3], 1001, 1012, 1017[9], 1059 f., 1063[4], 1064, 1166–1170, 1172, 1190–1192, 1194, 1209[3], 1219, 1223 f., 1235[5], 1236, 1242, 1323, 1344, 1348–1355, 1359, 1361, 1390, 1393, 1396, 1399[11], 1412[3], 1414, 1425[6], 1614–1616
- Präambel
  S. 1169
- Teil I
  S. 77[3]
- Teil II
  S. 77[4], 215, 1009[2], 1010, 1018, 1169
- Anlage II
  S. 90[10], 212, 736[8], 1018, 1169, 1396
- Anlage III
  S. 77[4]
- Anlage IV
  S. 90[11], 146 f., 226, 308, 449, 770, 940, 1169, 1172, 1323, 1352, 1360, 1396, 1615
- Schlußprotokoll
  S. 86[7], 177[4], 178, 284[9], 615[22], 1000 f., 1011

Vietnam
  siehe: Demokratische Republik Vietnam (Nordvietnam) und Republik Vietnam (Südvietnam)

Vietnam-Krieg
  S. 305[16]
- Demokratische Republik Vietnam (Nordvietnam)
  S. 1672[4], 1673
- Internationale Kontrollkommission
  S. 305
- Iran
  S. 304 f.
- Kanada
  S. 305
- Republik Vietnam (Südvietnam)
  S. 1672[4]
- USA
  S. 240, 305[16], 1579, 1672[4]
- Vietnam-Verhandlungen in Paris
  S. 240

Voice of America
  S. 62[13]

Volksrepublik China
  S. 455, 739[8], 807, 829, 848, 884, 887, 1112, 1635[12]
- Bundesrepublik Deutschland
  Dok. 173 und S. 278, 302, 1190, 1379–1384, 1383[12]
- Europäische Gemeinschaften
  S. 740 f.
- Europäische Politische Zusammenarbeit
  S. 382, 740 f., 1113
- Frankreich und Volksrepublik China
  siehe: Frankreich
- Indien und Volksrepublik China
  siehe: Indien

1801

Volksrepublik Kongo

- Iran und Volksrepublik China
  siehe: *Iran*
- Japan und Volksrepublik China
  siehe: *Japan*
- Kanada und Volksrepublik China
  siehe: *Kanada*
- KSZE
  S. 739
- MBFR
  S. 739
- NATO
  S. 738, 1649
- SALT
  S. 1315
- UdSSR und Volksrepublik China
  siehe: *UdSSR*
- UNO-Mitglied
  siehe: *UNO*
- USA und Volksrepublik China
  siehe: *USA*

Volksrepublik Kongo
S. 900[5]

Warschauer Pakt
S. 440, 495[4], 500, 752, 824, 922, 932f., 1309, 1385, 1546, 1600, 1606–1608, 1610f.

- Berlin und Warschauer Pakt
  siehe: *Berlin*
- Bundesrepublik Deutschland
  S. 639[2], 642[13]
- Europäische Gemeinschaften und Warschauer Pakt
  siehe: *Europäische Gemeinschaften*
- Europäische Politische Zusammenarbeit und Warschauer Pakt
  siehe: *Europäische Politische Zusammenarbeit*
- Frankreich und Warschauer Pakt
  siehe: *Frankreich*
- Jugoslawien und Warschauer Pakt
  siehe: *Jugoslawien*
- Kanada und Warschauer Pakt
  siehe: *Kanada*
- KSZE
  S. 7f., 51f., 424[7], 460, 608[4], 610, 635[3], 758, 866–868, 971[13], 1233f., 1563
- MBFR und Warschauer Pakt
  siehe: *MBFR*

- Nahost-Konflikt und Warschauer Pakt
  siehe: *Nahost-Konflikt*
- NATO und Warschauer Pakt
  siehe: *NATO*
- Rumänien
  S. 501[5+6], 502
- UdSSR
  S. 1657
- Ungarn
  S. 497
- USA und Warschauer Pakt
  siehe: *USA*
- Zypern-Konflikt und Warschauer Pakt
  siehe: *Zypern-Konflikt*

Warschauer Vertrag vom 7.12.1970
S. 217[4], 346f., 506[3], 652[4], 963[9], 1097, 1280, 1383[12], 1477, 1479, 1483

- Artikel I
  S. 826, 1487
- Artikel IV
  S. 890

Washington Post
S. 59

Wehrstrukturkommission
S. 250[35]

Wehrstrukturreform
S. 250, 1285, 1373

Weltbank
S. 112[16], 114[6], 167, 169, 303[9], 518[7], 542, 822, 1041

Westeuropäische Union (WEU)
S. 155f., 703[4], 747f., 930, 1023[4], 1114f., 1117f., 1667[10]

Wirtschaftsunternehmen
- AEG Telefunken
  S. 1668[14]
- Aeroflot
  S. 203, 328[5]
- Amerikanische Shell
  S. 710[10]
- APCO Oil
  S. 710[10]
- AUA (Austrian Airlines)
  S. 1060
- Babcock-Brown-Boveri-Reaktor GmbH
  S. 1165[10]
- Bayer AG
  S. 710[9]

1802

Wirtschaftsunternehmen

- Bayern-Gas AG
  S. 525[4]
- BBC, Mannheim (Brown, Boveri & Cie. AG)
  S. 1165[10]
- Bechtel Corporation
  S. 60[11]
- BEWAG (Berliner Elektrizitätswerke AG)
  S. 1097[10]
- British Airways
  S. 1637[8]
- Brown & Root
  S. 60[11]
- Cities Service
  S. 710[10]
- Danzer GmbH
  S. 117
- Dassault
  S. 1601[9]
- DEMINEX (Deutsche Erdölversorgungsgesellschaft mbH)
  S. 120, 228[8], 246, 710
- Deutsche Bank AG
  S. 66[7], 69[12], 1356[28], 1676
- Deutsche BP
  S. 649[7]
- Deutsche Lufthansa AG
  S. 328[5], 331, 438, 591[2], 1059[1], 1061, 1324, 1363, 1593
- Deutsche Shell
  S. 649[7]
- Ente Nazionale Idrocarbure (ENI)
  S. 306[20]
- Feldmühle AG
  S. 68[11]
- Fiat S.p.A.
  S. 66[6], 825[7]
- Fried. Krupp GmbH
  S. 66[5], 116, 363[11], 1357[30]
- Garantieabwicklungsgesellschaft mbH
  S. 1040
- Gas-Versorgung Süddeutschland GmbH
  S. 525[4]
- Gaz de France
  S. 306[20]
- Gelsenberg AG
  S. 236, 649[7]
- General Electric Company
  S. 825[7]
- Grand Central
  S. 710[10]
- Herstatt
  S. 782[15]
- HEW (Hamburger Elektrizitätswerke)
  S. 1097[10]
- Hoechst AG
  S. 710[9]
- Howaldt-Werke – Deutsche Werft Kiel
  S. 1227[11], 1667
- Karl Diel GmbH, Nürnberg
  S. 1420, 1421[8]
- KLM (Koninklijke Luchtvaart Maatschappij)
  S. 1060[3]
- Klöckner-Humboldt-Deutz AG (KHD)
  S. 114, 116, 655, 1213
- Knappsack
  S. 1214
- Korf-Stahl AG
  S. 66[5], 363[11], 1357, 1387
- Kraftwerk Union AG (KWU)
  S. 802[11], 825[7], 1165[10], 1225[6]
- Krauss-Maffei AG
  S. 274[7], 275[8], 649[7], 1226, 1419
- Maschinenbau Kiel GmbH (MaK)
  S. 649[7], 1422[8]
- Mannesmann Export AG
  S. 69[12], 1356[28]
- Massey-Ferguson
  S. 655[8]
- Mercedes Benz
  S. 114
- Messerschmidt-Bölkow-Blohm GmbH
  S. 374[16]
- Mobil Oil
  S. 236
- National Iranian Gas Company
  S. 363[10], 708[4]
- National Iranian Oil Company (NIOC)
  S. 649[7], 710[9+10]
- National Petrochemical Company (NPC)
  S. 710[9]
- Natural Gas
  S. 60[11]
- NUKEM GmbH (Nuklear-Chemie und -Metallurgie GmbH)
  S. 129[9], 131 f.

- NWK (Nordwestdeutsche Kraftwerke)
  S. 1097[10]
- Occidental Petroleum Corporation
  S. 60[11]
- Österreichische Mineralölverwaltung AG
  S. 306[20]
- PanAm (Pan American World Airways)
  S. 1060
- Polime-Oekop GmbH
  S. 706
- PREAG (Preußen-Elektra AG)
  S. 1097[10], 1165[10], 1363
- Rheinische Braunkohlenwerke AG
  S. 649[7]
- Rheinstahl AG
  S. 370 f., 372[9]
- Rheinstahl Nordseewerke GmbH Emden
  S. 1227[11]
- Ruhrgas AG
  S. 66[7], 69[12], 306[20], 363[10], 708[4], 1356[28]
- Ruhrgas/Gasunie
  S. 525[4]
- Salzgitter AG
  S. 66[5], 363[11], 642, 1213
- SAS (Scandinavian Airlines System)
  S. 1060
- Schweizerische Gesellschaft für Erdgas (Swissgas)
  S. 306[20]
- Siemens AG
  S. 114[5], 116, 118, 372, 912, 950
- SNAM Gas S.p.A.
  S. 306[20]
- Sonatrach
  S. 525[4]
- Tenneco Inc.
  S. 60[11]
- Texaco–El Paso
  S. 60[11], 709
- Texas Eastern Transmission
  S. 60[11]
- Thyssen Röhrenwerke AG
  S. 69[12]
- Thyssen Stahlunion Export GmbH
  S. 66[7], 1356[28]
- THY (Türk Hava Yollari)
  S. 1060
- Uhde GmbH
  S. 1357
- URENCO/CENTEC
  S. 1459–1461
- VEBA AG (Vereinigte Elektrizitäts- und Bergwerks-AG)
  S. 649[7], 1214
- Volkswagenwerke AG
  S. 152, 1213
- Westinghouse Electric Corporation
  S. 109[6], 825[7]

Zaire
S. 114, 835, 900[5]
- Belgien und Zaire
  siehe: Belgien
- Bundesrepublik Deutschland
  Dok. 8
- Energiepolitik und Zaire
  siehe: Energiepolitik
- Großbritannien und Zaire
  siehe: Großbritannien
- Iran und Zaire
  siehe: Iran
- Niederlande und Zaire
  siehe: Niederlande

ZDF (Zweites Deutsches Fernsehen)
S. 1474[6]

Zentralafrikanische Republik
S. 900[5]

Zentralrat der Juden in Deutschland
S. 1618, 1619[8]

Zypern
- ČSSR und Zypern
  siehe: ČSSR
- KSZE und Zypern
  siehe: KSZE
- Regierungsumsturz am 15.7.1974
  S. 959 f., 964[2], 967[5], 975, 980, 1034[2], 1037, 1130, 1175

Zypern-Konflikt
Dok. 233 und S. 1073[20], 1210
- Belgien
  S. 965 f.
- Bundesrepublik Deutschland
  S. 966, 971[3], 974–976, 1019–1022, 1034–1039, 1044–1047, 1125–1131, 1175 f., 1201[2], 1204[2], 1205 f., 1215 f., 1220, 1473, 1475, 1501 f., 1589[7]

- Europäische Politische Zusammenarbeit
  Dok. 218 und S. 974, 976, 980f., 993, 1035–1037, 1038^{15}, 1045, 1050, 1112, 1130, 1175, 1181, 1303^7, 1305
- Frankreich
  S. 966, 971^3, 1036, 1045, 1652^{18}
- Genfer Verhandlungen
  S. 976^7, 981^{11}, 1019, 1021, 1022^{13}, 1028f., 1035, 1036^9, 1037, 1044, 1045^4, 1125, 1176, 1205^4
- Griechenland
  S. 964–967, 974^4, 975f., 980f., 1020–1022, 1028–1030, 1033, 1034^2, 1035, 1037–1039, 1044–1047, 1082, 1125–1131, 1156, 1175f., 1204^2, 1205f., 1215f., 1220, 1473f., 1561, 1589f., 1640, 1642, 1645
- Großbritannien
  S. 964–966, 967^4, 974^4, 976^7, 980f., 1019^1, 1028f., 1035–1037, 1205^4, 1645
- Israel
  S. 1050
- Italien
  S. 966
- Jugoslawien
  S. 1126
- Luxemburg
  S. 966
- NATO
  Dok. 217, 236 und S. 975, 1037, 1050, 1126^5, 1127f., 1205f., 1640, 1642, 1645
- Niederlande
  S. 966
- Norwegen
  S. 966
- Pakistan
  S. 1126
- Polen
  S. 1502
- Portugal
  S. 966
- Türkei
  S. 964–967, 974^4, 976, 980^4, 981, 1019–1022, 1028f., 1033–1039, 1044–1047, 1082, 1125, 1126^6, 1127–1131, 1156, 1175f., 1201^2, 1205, 1215f., 1220, 1249^9, 1451, 1473f., 1561, 1589f., 1640, 1642, 1645
- UdSSR
  S. 974–976, 1020–1022, 1039, 1045, 1126f., 1130f., 1175f., 1205, 1652^{18}
- UNO
  S. 974–976, 981, 1036, 1125f., 1128, 1175, 1216, 1220, 1502
- USA
  S. 965, 993, 1019, 1022, 1036^9, 1037–1039, 1045, 1050, 1127, 1130f., 1215f., 1249^9, 1589f.
- Warschauer Pakt
  S. 1205

Organisationsplan des Auswärtigen Amts vom September 1974

Stand: September 1974

Koordinator für die deutsch-französische Zusammenarbeit BM a.D. Prof. Dr. Carlo Schmid	02 Planungsstab Ministerialdirektor Dr. Brunner	03 Arbeitsstab Analysen und Information Verheugen

Staatssekretär im Auswärtigen Amt
Dr. Hans-Georg Sachs
Geschäftsbereich: Abt. 4, 6
Persönlicher Referent: LR I Dohmes

---

1 Zentralabteilung
Ministerialdirektor Hoppe

2 Politische Abteilung
Ministerialdirektor van Well

Unterabteilung 10 Ministerialdirigent Eick	Unterabteilung 11 Ministerialdirigent Dencker	Unterabteilung 20 Ministerialdirigent Dr. Simon	Unterabteilung 21 Ministerialdirigent Dr. Blec
100 Allgemeine Personalangelegenheiten VLR I Dr. Dr. Wöckel	110 Organisation VLR I Dr. Limmer	200 Europäische Einigung und politische Zusammenarbeit; Europarat; Nichtstaatliche europäische Organisationen; WEU (nichtmilitärische Angelegenheiten) VLR I von der Gablentz	210 Außenpolitische Fragen, die B Deutschland als Ganzes betre VLR I Dr. Lücking
101 Höherer Dienst; Wahlkonsuln VLR I Dr. Jungfleisch	111 Liegenschaften und Sachverwaltung Ausland VLR I Dr. Bertele	201 Atlantisches Bündnis und Verteidigung VLR I Dr. Pfeffer	212 Fragen der allgemeinen Ost-W Beziehungen (u. a. Konferenz Sicherheit und Zusammenarb Europa) VLR I Frhr. von Groll
103 Gehobener, mittlerer und einfacher Dienst; Arbeiter VLR I Dr. Leuteritz	112 Haushalt und Finanzen VLR I Dr. Elsaesser	202 Frankreich, Andorra, Monaco, Belgien, Niederlande, Luxemburg, Österreich, Schweiz, Liechtenstein VLR I Dr. Feit	213 Sowjetunion VLR I Dr. Meyer-Landrut
104 Personal bei inter- und supranationalen Organisationen N.N.	113 Besoldung VLR I Islebe	203 Mittelmeerfragen; Portugal, Spanien, Italien, San Marino, Heiliger Stuhl, Griechenland, Türkei, Zypern, Malta, Malteser-Ritter-Orden VLR I Dr. Munz	214 Polen, Tschechoslowakei, Jugoslawien, Albanien, Bulga Rumänien, Ungarn VLR I Dr. Finke-Osiander
105 Sprachendienst VLR I Kusterer	114 Chiffrier- und Fernmeldewesen VLR I Dr. Schultz	204 Vereinigte Staaten von Amerika, Vereinigtes Königreich, Gemeinsame Fragen des Commonwealth, Kanada, Irland, Nordische Staaten VLR I Dr. Dannenbring	215 Gruppe Auswärtige Angelege beim Bevollmächtigten der Bu regierung in Berlin VLR I von Klewitz
106 Gesundheitsdienst LRegMedDir Dr. Pagel	115 Innerer Dienst VLR Maus		
	116 Bibliothek und Dokumentation VLR Dr. Rasmussen		
12 Ausbildung und Fortbildung Botschafter Ramisch	117 Politisches Archiv und Historisches Referat VLR I Dr. Weinandy	Unterabteilung 22 Beauftragter der Bundesregierung für Fragen der Abrüstung und Rüstungskontrolle Botschafter Roth	Unterabteilung 23 Ministerialdirigent Dr. Ruhf
13 Inspekteure Chefinspekteur N.N.	118 Geheimschutz und Sicherheit VLR I Voos	220 Abrüstung und Rüstungskontrolle (weltweit) VLR I Dr. Andreae	230 Vereinte Nationen: allgemeine Generalversammlung, Sicher VLR I Dr. Gorenflos
14 Botschafter z.b.V. Botschafter Balken	119 Vorprüfungsstelle VLR Häckl	221 Sicherheit in Europa, Abrüstung und Rüstungskontrolle (regional) VLR I Dr. Ruth	231 Politische Fragen des Wirtschafts- und Sozialbereic der Vereinten Nationen VLR I Dr. Hillger
		222 Verifikation, B- und C-Waffen-Verbote, technologische Fragen, Friedensforschung VLR I Dr. Hauber	232 VN-Sonderorganisationen un nisierungsfragen VLR Schmitz

240 Informationsreferat Ausland
VLR I Dohms